BIBLIOTHÈQUE
DE LA PLÉIADE

CHARLES DE GAULLE

Mémoires

INTRODUCTION
PAR JEAN-LOUIS CRÉMIEUX-BRILHAC

ÉDITION PRÉSENTÉE, ÉTABLIE ET ANNOTÉE
PAR MARIUS-FRANÇOIS GUYARD

CHRONOLOGIE ET RELEVÉ DE VARIANTES
PAR JEAN-LUC BARRÉ

nrf

GALLIMARD

Tous droits de traduction, de reproduction et d'adaptation réservés pour tous les pays.

© *Librairie Plon, 1954, 1956, 1959, 1970, 1971, pour les textes de Charles de Gaulle.*

© *Éditions Gallimard, 2000, pour l'ensemble de l'appareil critique.*

CE VOLUME CONTIENT :

Introduction
par Jean-Louis Crémieux-Brilhac
« Un écrivain nommé Charles de Gaulle »
par Marius-François Guyard
Chronologie et Note sur les variantes
par Jean-Luc Barré
Note sur la présente édition
par Marius-François Guyard

MÉMOIRES DE GUERRE

L'APPEL (1940-1942)

L'UNITÉ (1942-1944)

LE SALUT (1944-1946)

MÉMOIRES D'ESPOIR

LE RENOUVEAU (1958-1962)

L'EFFORT (1962-...)

Appendices

Appel aux Français (18 juin 1940)
Note remise à MM. Pleven,
Diethelm, Coulet (18 mars 1942)
Déclaration publiée dans les journaux clandestins
(23 juin 1942)
Télégramme à R. Pleven et M. Dejean
(27 août 1942)

Lettre au président F. D. Roosevelt
(26 octobre 1942)

Note au sujet de l'entretien
du général de Gaulle et du général Eisenhower
(30 décembre 1943)

Télégramme au général de Lattre
(3 janvier 1945)

Déclaration à l'Assemblée constituante
(1er janvier 1946)

Notices, notes et variantes
Cartes
Bibliographie
Index

INTRODUCTION

« *Dans tous les dits et écrits qui accompagnèrent mon action, qu'ai-je été moi-même, sinon quelqu'un qui tâchait d'enseigner*[1] ? » écrit Charles de Gaulle quelques semaines avant sa mort, aux dernières pages de ses Mémoires d'espoir.

Et il est vrai que l'homme d'action qu'il fut n'a pas cessé de se vouloir pédagogue. Ce militaire, qui donne la palme, dans la hiérarchie des grands hommes, aux grands penseurs, puis aux grands écrivains avant les grands hommes d'État, et, ensuite seulement, aux grands chefs de guerre, s'était, jusqu'à l'approche de la cinquantaine, distingué davantage par ses écrits que par ses exploits. De La Discorde chez l'ennemi *au* Fil de l'épée, *à* Vers l'armée de métier, *le plus retentissant de ses ouvrages de l'entre-deux-guerres, à* La France et son armée, *enfin à son Mémorandum de l'automne 1939 sur la nécessaire refonte du dispositif militaire français, son apport le plus marquant a consisté en ouvrages politiques visant l'intérêt supérieur du pays. À partir du 18 Juin 1940, ses Appels, Messages et Discours de guerre, y compris son acte de rébellion initial, peuvent passer pour les formes renouvelées d'une pédagogie qui, grâce à la radio, perce, depuis l'Angleterre, la barrière de l'espace. Tout aussi « pédagogiques » sont les discours qu'il prononce après son retour au pouvoir, de 1958 à 1969, soit pour convaincre les Français et les rassembler sur les*

---

1. P. 1194.

objectifs qu'il se fixe, soit pour inculquer aux autres chefs d'État les leçons qu'autorisent son expérience, son âge et son prestige : il y témoigne d'une maîtrise du jeu d'acteur qui en fait un artiste des conférences de presse et la première star politique de la télévision. Ses Mémoires s'inscrivent dans ce cadre.

Depuis César, il est exceptionnel qu'un homme qui a fait l'histoire s'impose aussi dans l'histoire comme un homme qui a écrit l'histoire. Qu'est-ce qui fait que trente ans après la mort du général de Gaulle, et une fois retombée la clameur des hagiographies, ses Mémoires sont toujours lus et peuvent être tenus pour un classique, éclipsant les « Souvenirs » de tous les chefs de guerre français ou étrangers de la Seconde Guerre mondiale aussi bien que de la Première, mis à part les Mémoires sur la Deuxième Guerre mondiale de Churchill ?

Pourtant, de Gaulle fait-il autre chose que de reprendre le flambeau que lui a tendu Clemenceau ? Vers l'armée de métier, qu'il publie en 1934, n'est postérieur que de quatre ans aux mémoires posthumes de l'homme d'État presque nonagénaire, Grandeurs et misères d'une victoire. Dans cet ouvrage encore brûlant de passion et non dépourvu de mérite littéraire, ne sont-elles pas gaulliennes, les mises en garde anxieuses devant la remontée militariste de l'Allemagne ? Et gaulliens ces avertissements ? « Qu'ont-ils fait, ces chefs militaires, pour nous donner une frontière puissamment résistante ? Rien. Quand ont-ils protesté contre cette absence d'organisation ? Jamais. » Comme sont gaulliennes ces interrogations de l'« implacable républicain » sur la vulnérabilité et l'instabilité politiques françaises : « Le passage de la Constituante de 1789 à notre dernière République fut d'une succession incohérente de toutes les formes de gouvernement, sans continuité [...] Comment expliquer ces sautes de vent ? Un pays en sursaut d'ascension ou en convulsions de neurasthénie ? Ces manquements se paient plus cher que les peuples ne le pensent[1]. »

Mais qui lit encore Grandeurs et misères d'une victoire, chronique d'un polémiste plus que d'un mémorialiste et règlement de comptes d'un vieillard amer ?

En revanche, les Mémoires du général de Gaulle, avant tout ses Mémoires de guerre, demeurent. Et rayonnent. Une diffusion

---

1. Georges Clemenceau, *Grandeurs et misères d'une victoire*, Plon, 1930, p. 310, 348 et 313.

cumulée en langue française dépassant deux millions d'exemplaires, des traductions en près de vingt-cinq langues, des rééditions populaires récentes tant en France qu'à l'étranger.

La valeur littéraire de l'œuvre, riche en pages d'anthologie, l'explique pour une part. Mais sans doute et d'abord le fait qu'elle est la relation de quelques-unes des années les plus dramatiques de notre histoire par l'homme qui fut, selon son plus récent biographe étranger, « le dernier grand Français[1] », — le dernier ayant « la passion de la France ». Et que ses Mémoires posent à l'historien comme au citoyen des questions qui ne se limitent ni à leur auteur, ni à un passé révolu.

Exceptionnels, ils le sont, en premier lieu, par la singularité de l'homme et l'ampleur de son rôle. Notre bagage mental juxtapose, à son sujet, les étiquettes qu'énoncent les manuels : Le prophète militaire. Le rebelle du 18 Juin, au cœur du pire effondrement militaire, politique et moral qu'ait connu la France depuis les guerres de Religion, sinon depuis la guerre de Cent Ans. La remontée de l'abîme. « Le Libérateur », figure inconnue dans notre histoire comme dans celle de tous les vieux États-nations européens. Le chef vainqueur d'une France vaincue à laquelle il rend « son épée, son prestige et son rang ». Le refondateur de la République et le réformateur d'institutions toujours vivantes. Le décolonisateur. Dans ses dernières années, enfin, le sage qui laisse tomber ses oracles parmi les nations. Tout compte fait, l'homme qui aura le plus contribué à façonner la France et l'image de la France durant trente ans — et par-delà sa mort.

Richelieu, Henri IV, Washington, Cincinnatus, Solon... ? En tout cas, la plus puissante et la plus atypique personnalité française d'homme d'État depuis Bonaparte. Tel dans l'action, tel dans ses Mémoires. Rien d'un aventurier. Soldat, sans avoir le prestige d'un homme de guerre auréolé de victoires, bien qu'il ait commandé les deux seules contre-offensives locales d'une grande unité française en mai 1940 (mais il n'a plus conduit ensuite une unité au combat). Et non pas de ceux qu'on mettrait spontanément dans la catégorie du génie, si l'on privilégiait la part du supra-normal, de l'imprévisible, du fulgurant, voire du démoniaque. Mais homme de haute culture, de juste raison, de calcul et de passion dominée, d'autant plus impressionnant par là dans les emportements et la démesure. Grand de caractère par nature et par

---

[1]. Charles Williams, *The Last Great Frenchman*, London, Little, Brown and C°, 1993.

choix, d'un charisme étudié, fait de logique et d'autorité apparemment incarnée : « Le Connétable de France », selon le mot que s'attribua Churchill. Et sans exemple par sa formidable aptitude à dire non qui peut s'exprimer avec une brutalité sans nuances, même à l'égard de personnalités dont il est ou a été proche et à l'égard de gouvernements amis, comme ce fut souvent le cas : non à l'État-major et à sa « doctrine », non au maréchal Pétain, qui avait été son protecteur, non à la défaite de la France, non à la collaboration et à Vichy, non aux grands chefs de guerre, ses alliés, Churchill et Roosevelt, s'ils lui semblent abuser de leur puissance ou méconnaître les droits de la France, non au général Giraud, non à l'emprise communiste, non aux féodalités résistantes et au gouvernement d'assemblée, non aux officiers factieux d'Algérie, non à l'entrée de la Grande-Bretagne dans le Marché commun et à l'Europe supranationale, non à « l'impérialisme américain », non à l'intégration militaire de la France dans l'O.T.A.N. (et avec si peu de ménagements que le président des États-Unis Johnson lui fait demander s'il exige que soient aussi déménagés de France les cimetières américains[1]). Non, pour finir, à la subversion en 1968...

Pourtant cet homme des ruptures et des défis, « homme des tempêtes », n'est nullement enfermé dans ses refus ; il est habile, au contraire, à saisir l'occasion et même à créer l'événement, faisant « des coups d'éclat », selon le mot de Malraux, « comme le pommier fait des pommes ». Si intransigeant et inflexible qu'il soit, il est doué d'un pragmatisme qui sait reconnaître « la force des choses » pour s'y adapter d'autant plus hardiment : ancré dans le passé, il se fait l'apôtre des chars et se passionnera pour les techniques nouvelles ; il n'hésite pas, en 1943-1944, à traiter avec le parti communiste et à l'intégrer à son gouvernement pour ressouder la résistance à l'envahisseur ; revenu au pouvoir en 1958, il n'a rien de plus pressé que de sceller la réconciliation avec l'Allemagne, lui, le saint-cyrien d'avant 1914, si longtemps obsédé par le Rhin et la volonté de détacher la Rhénanie de l'Allemagne.

« Homme d'avant-hier », mais capable, comme l'a dit encore Malraux, d'être « homme d'après-demain ». Ne doutant pas, en juin 1940, que les États-Unis et l'Union soviétique se retrouveraient un jour en guerre contre l'Allemagne nazie. L'un des premiers Français à pressentir, après la Seconde Guerre mondiale, l'exigence de décolo-

---

1. Dean Rusk, *As I saw it*, New York, Norton, 1990, p. 271.

nisation, même s'il lui faudra quinze ans pour vouloir ou pouvoir l'appliquer. Sans faiblesses ni complaisance pour l'Est durant la guerre froide, mais convaincu avant beaucoup d'autres que l'Allemagne divisée serait réunifiée et affirmant, trente ans avant la chute du mur de Berlin, ne connaître d'Europe que de l'Atlantique à l'Oural, au point de fonder un volet de sa diplomatie sur ce postulat. Pénétré, enfin, dans son tâtonnement vers l'avenir, de l'intuition d'une « société de participation », si vague qu'en soit encore pour lui le contenu.

En tout cela, un style de gouvernement en rupture totale avec la tradition de la République parlementaire : autocrate à Londres et à Alger, mais qui s'est tôt engagé à restaurer les libertés dès la victoire acquise ; monarque républicain durant ce qu'on est tenté d'appeler son principat, de 1958 à 1969 ; cependant toujours respectueux de ses contrats avec la nation. On imagine mal un autre gouvernant français se targuant comme lui d'avoir proclamé, le 19 juin 1940, alors qu'il n'était qu'un militaire rebelle : « Au nom de la France, je déclare formellement ce qui suit[1]... » Ou introduisant en ces termes de majesté la Déclaration organique de Brazzaville de novembre 1940, qui dénonce l'illégalité et l'inconstitutionnalité du gouvernement de Vichy : « Au nom du Peuple et de l'Empire français, Nous, général de Gaulle, Chef des Français Libres, Déclarons... Ordonnons... » Quel autre aurait refusé par ces mots, en 1944, la grâce du ministre de l'Intérieur de Vichy, Pucheu, condamné à mort sans qu'aient été trouvées les preuves d'une culpabilité aujourd'hui patente : « Je le dois à la France ! »

Quel autre, revêtu pour la circonstance de son uniforme, aurait dit à la nation, face à l'insurrection d'une partie de l'armée[2] : « Au nom de la France, j'ordonne que tous les moyens, je dis tous les moyens soient employés pour barrer la route à ces hommes-là, en attendant de les réduire. J'interdis à tout Français, et, d'abord, à tout soldat, d'exécuter aucun de leurs ordres... »

Ou se serait adressé aux Français par la télévision avec une telle affectueuse familiarité[3] : « Eh bien, mon cher et vieux pays... »

Homme d'une ancienne France, à coup sûr, mais immergé dans un présent qu'il renouvelle dans la pérennité même qu'il illustre.

---

1. *L'Appel*, « Documents », Plon, 1954, p. 268-269.
2. Message radiodiffusé et télévisé du 23 avril 1961.
3. Allocution radiodiffusée et télévisée du 29 janvier 1960.

« Comment l'avez-vous trouvé ? » demandait-on à Pierre Mendès France, à l'issue du dernier entretien qu'il eut avec le Général avant de se retrancher dans une irréconciliable opposition : *« Souverain ! »*

★

Des Mémoires sont toujours d'abord révélateurs d'un tempérament. Si, dans la carrière du général de Gaulle, la rencontre d'un tempérament et de circonstances exceptionnelles s'est faite avec une soudaineté qui l'a projeté du jour au lendemain dans l'histoire, tout s'est passé comme si ce quasi inconnu se préparait depuis vingt ans à son rôle.

Né en 1890 à Lille, il est issu d'une famille de petite, mais ancienne noblesse[1]. *Sa formation initiale, comparable à celle de nombreux officiers de carrière de sa génération, doit, en outre, beaucoup à la personnalité de son père. Celui-ci, professeur, puis préfet des études au collège de l'Immaculée Conception de Paris-Vaugirard où l'adolescent fit la majeure partie de ses études secondaires, était un homme de forte culture, officier de mobiles en 1870-1871, monarchiste de relations, d'inclination puis « de regret » avant de s'accepter « républicain de raison », mais assez peu conformiste pour reconnaître le patriotisme des communards et n'être pas antidreyfusard, fidèle pourtant à sa foi au point de suivre un moment en exil les jésuites chassés par la législation anticléricale. Charles de Gaulle tient de lui sa passion de l'histoire, sa culture à la fois littéraire, historique et philosophique, son scepticisme à l'égard des régimes instables qui ont secoué le XIX*[e] *siècle français et une liberté d'esprit qui lui fera enrôler parmi les premiers Français Libres les volontaires de toute extraction « qui ne veulent pas vivre couchés », et qui l'engagera, dès 1940, à rendre aux juifs, dans la France libérée, « une juste égalité de droits*[2] *». Mais sa volonté d'être un grand homme, sa hauteur orgueilleuse, sa conscience de soi, son mépris des conformismes et des médiocrités militaires, son goût de l'affrontement enfin,*

---

1. Sur la généalogie des de Gaulle et le cadre familial, voir Philippe de Gaulle, *Mémoires accessoires*, Plon, 1997, p. 9-43, et dans le présent volume la Chronologie, année 1890.
2. Lettre du 22 août 1940 à Albert Cohen, conseiller politique du Congrès juif mondial, Charles de Gaulle, *Lettres, notes et carnets*, t. XII, p. 292. Voir également à ce sujet le dossier publié dans *Le Point* par Georges Broussine (20 juin 1998), largement complété par Alain Peyrefitte (27 juin 1998).

poussé jusqu'à la provocation, ne procèdent que de lui-même. Saint-cyrien de 1910, grièvement blessé et fait prisonnier à Douaumont, breveté de l'École de guerre en 1924, il a été en poste de 1932 à 1937 au Secrétariat général permanent du Conseil supérieur de la Défense nationale, ce qui l'a placé pendant cinq années cruciales au confluent de la politique et de l'armée.

Sa carrière a été rapide sans être éclatante. Elle l'a fait distinguer pourtant. D'abord par le maréchal Pétain, puis par un homme politique alors promis à un grand avenir, Paul Reynaud : il a été son conseiller à peine occulte. Penseur militaire hétérodoxe, il a été, avant l'Allemand Guderian, le théoricien de l'arme blindée. Il s'en est fait obstinément le champion, plaidant par ses écrits et, à la Chambre des députés, par la voix de Paul Reynaud, pour une réforme de la tactique et de l'organisation de l'armée. Il s'est heurté à l'inertie de l'État-Major. En 1939, deux mois après la déclaration de guerre, alors qu'il commandait les chars de la Ve armée, il a adressé au haut-commandement, puis n'a pas craint de diffuser sous sa signature, au défi du règlement, à quatre-vingts personnalités un mémorandum-manifeste intitulé L'Avènement de la force mécanique *et prônant la réforme de la doctrine militaire et la constitution, sans délai, d'un corps blindé, seul capable, dans son esprit, d'éviter à la France une défaite « misérable »[1].*

À l'heure des combats, ses succès à la tête d'une division cuirassée improvisée, à Montcornet, dans l'Aisne, le 17 mai 1940, puis du 26 au 29 mai au sud de la Somme lui ont valu d'être promu général de brigade à titre temporaire. Le 5 juin, Reynaud, président du Conseil, l'a appelé pour lui confier les fonctions de sous-secrétaire d'État à la Défense nationale. Il les a occupées onze jours. Quand Reynaud s'est effondré le 16 juin, laissant la place au maréchal Pétain qui, dès le 17, a demandé l'armistice, il a refusé de s'incliner. La suite est connue...

Mais la conjonction qui devait décider de sa vie était bien plus précoce. Elle associait une conception quasi religieuse de la France à l'exceptionnelle conscience qu'il avait de sa valeur, du rôle qu'il se

---

1. « Si nous ne réagissons pas à temps, nous perdrons misérablement cette guerre par notre faute », dit-il, en janvier 1940 à Blum, selon les Mémoires de ce dernier, *Œuvres de Léon Blum, 1940-1945*, Albin Michel, 1959, p. 116. Sur cet entretien, voir *L'Appel*, p. 23-24.

croyait et se voulait appelé à jouer[1], et de la représentation qu'il se faisait du chef nécessaire au salut du pays. De ce chef, il avait défini les traits — à son image — dans plusieurs écrits : « *Les puissants se forment eux-mêmes. Faits pour imprimer leur marque plutôt que d'en subir une, ils bâtissent dans le secret de leur vie intérieure l'édifice de leurs sentiments, de leurs concepts, de leur volonté. C'est pourquoi, dans les heures tragiques où la rafale balaie les conventions et les habitudes, ils se trouvent seuls debout et, par là, nécessaires. Rien n'importe plus à l'État que de ménager dans les cadres ces personnages d'exception qui seront son ultime recours*[2]. »

De sorte que le récit que nous offrent ses Mémoires est à la fois constamment replacé dans le cadre temporel de notre histoire nationale, et sous-tendu par la double relation personnelle qu'il a nouée, d'une part, avec la France, qu'il entend sauver, d'autre part, avec les Français, ce qui n'est pas pour lui la même chose. À travers l'épopée de la France Libre (« Nous n'avons jamais rien fait de mieux », écrira-t-il peu avant sa mort à l'un de ses premiers compagnons[3]), mais aussi lors des crises dramatiques qu'il affronte après son retour au pouvoir en 1958, et même dans ses exils du pouvoir, ce qui se joue entre lui — ou plutôt entre son personnage — et les Français est le drame de la chute et du Salut, du Salut d'une France dont il est le prophète et l'instrument.

Car, à partir du 28 juin 1940, jour où Churchill le reconnaît comme « Chef des Français Libres » (« Vous êtes seul ? Eh bien ! Je vous reconnais seul ! »), première occasion où les Mémoires mentionnent « de Gaulle » à la troisième personne, le général de Gaulle se subordonne au personnage qu'il devient. Il est désormais investi d'une mission salvatrice. Le lecteur attentif décèlera les étapes de la construction de ce personnage qu'il assume et de la conscience que l'homme de Gaulle en prend, à mesure que son rayonnement s'amplifie et que deviennent plus exigeants, de ce fait, les devoirs et les contraintes que son rôle lui impose. La progression s'accorde au fil des événements. Reconnu « Chef des

---

[1]. Voir entre autres, cette confidence du manuscrit de *L'Appel*, vite supprimée (avant la dernière phrase du premier paragraphe du chapitre « La Chute », p. 46 du présent volume) : « Depuis bien des années, une sorte d'intuition m'avertissait que j'aurais à prendre un jour en charge la détresse de la patrie ».
[2]. *Vers l'armée de métier*, Berger-Levrault, édition de 1944, p. 203.
[3]. Lettre du 6 avril 1970 à Jean Marin, *Lettres, notes et carnets*, t. XII, p. 119.

Français Libres » et prenant en charge l'honneur de la nation, suivi seulement de quelques hommes, le voici, en peu de semaines, promu chef de la *« France Libre »*, dès lors qu'il a pu se rendre maître, sous l'Équateur, d'une terre où flottera le drapeau national ; le voici, en décembre 1940, conscient d'être assez connu — ou reconnu — par des Français de France pour parler des « gaullistes »[1]. Il se pourrait bien que la manifestation patriotique du 11 novembre 1940 où les étudiants parisiens portaient « deux gaules » en tête de leur cortège, ait été pour lui révélatrice[2]. Encore quelques semaines et celui qui s'était autoproclamé à Brazzaville gérant provisoire des intérêts de la nation s'affirme comme responsable de « l'âme de la France » et de ce qui fut la mission de la France au long des siècles et parmi les nations. Et lorsqu'en juin 1942 Bir Hakeim prouve au monde que les combattants français sont dignes des poilus de Verdun, que le même mois les mouvements de résistance de France non occupée le reconnaissent pour chef, et qu'à l'occasion de la Fête nationale, des patriotes manifestent à son appel dans vingt-six de nos villes, ses interlocuteurs notent qu'il a pris conscience d'être le symbole de la Résistance et l'objet d'une mystique[3]. Au jour de la libération de Paris, il se voit comme l'instrument du destin dans l'histoire de cette France dont il est le chevalier servant.*

La conclusion, si belle et qui peut passer, avec le recul du temps, pour si étrange, de L'Appel *traduit la ferveur de la mission dont lui-même et ses Français Libres se sentaient investis ; elle marque ce qui fut*

---

1. Voir Charles de Gaulle, *Lettres, notes et carnets, Juin 1940-Juillet 1941*, Plon, 1981, p. 202-203, à la date du 18 décembre 1940 dans une lettre à son fils. On savait à Londres, à cette date, que le terme était utilisé en France (il figure dès le 2 novembre 1940 dans un rapport de préfet). Si de Gaulle l'emploie dans des conversations privées en 1941 et fréquemment en 1942, le mot « gaullisme » n'apparaît que six fois dans les deux premiers volumes des *Mémoires de guerre*, notamment à l'occasion de l'arrivée de Jean Moulin à Londres, en octobre 1941, et toujours entre guillemets.
2. Manifestation connue à Londres avec retard et relatée par la B.B.C. le 29 novembre ; voir *Ici Londres, Les Voix de la Liberté*, sous la direction de J.-L. Cremieux-Brilhac, Documentation française, t. I, p. 149. De Gaulle se réfère au 11 novembre 1940 à Paris dans *L'Appel*, p. 135.
3. Il souligne le caractère de cette aura mystique dans un de ses propos d'après-guerre. Le 2 mai 1946, il objecte à son aide de camp, qui le compare à Clemenceau : « Je vois une différence essentielle entre l'aventure de Clemenceau et la nôtre. Clemenceau n'a jamais suscité de mystique. Il a été le grand souffle [...] qui a fait changer la victoire de camp, il *a été le fait* de la victoire. Au lieu que, dans ce que nous avons fait, nous avons été portés en avant par la grande vague de fond que j'ai suscitée, et qui dépassait infiniment ma personne » (Claude Guy, *En écoutant de Gaulle*, Grasset, 1996, p. 63).

effectivement une étape dans une ascension qui aura été aussi mythique que très pragmatiquement politique : « *Au fond de l'abîme, [la France] se relève, elle marche, elle gravit la pente. Ah ! mère, tels que nous sommes, nous voici pour vous servir*[1]. » *Reconstruction littéraire évidente, mais qui ne fait qu'amplifier les dernières lignes de son discours londonien du 18 juin 1942*[2].

Ainsi l'idéalisation et la personnalisation de la France vont de pair avec sa propre promotion au rang des élus de l'histoire, semblable à l'un de ces orants défenseurs de la foi qui encadraient, sur les anciens vitraux, une image vénérée. Et cette ascension va elle-même de pair avec l'effacement de l'homme Charles de Gaulle devant le personnage qu'il se doit d'être, selon un processus de dédoublement, ou plutôt de « *détriplement* » *de l'individu, qu'a mis en lumière un des meilleurs analystes du Général, le politologue de Harvard Stanley Hoffmann : Charles, personne privée, se dissimule au public au point que les Mémoires ne lui consacrent qu'une page pour évoquer son enfance et son éducation ; trois lignes pour mentionner le passage de son avion en juin 1940 au-dessus du village breton où agonisait sa mère, et le thé insipide qu'on lui fit boire à l'escale de Jersey ; une demi-page pour décrire sa vie et celle de sa famille à Londres ; une page pour sa vie à Alger. De ses sentiments n'apparaissent que de rares reflets : sa fureur de mai 1940 lorsqu'il assiste au reflux d'une infanterie qui se débande parce qu'on n'a pas donné à notre armée les armes de sa défense ; l'atroce secousse qu'est pour lui l'échec de l'opération sur Dakar, en septembre ; la tentation de l'abandon lors de la menace de sécession de l'amiral Muselier en février 1942, ou les larmes de joie en apprenant l'issue heureuse du siège de Bir Hakeim. Pas un mot sur sa pratique ni sur sa foi religieuse.*

L'homme privé, que les Mémoires effacent, coexiste, en second lieu, avec le général de Gaulle, qui parle, agit, négocie, décide ; mais ce dernier lui-même habite l'armure du personnage-symbole auquel il subordonne son action et qui lui impose sa perpétuelle contrainte. Non qu'il proclame, au cours de la phase londonienne et algéroise, « *Je suis la France !* » *comme le prétendent ses détracteurs. Tout au plus a-t-il lancé en guise de consigne à René Cassin, chargé de négocier les accords franco-britanniques du 7 août 1940 :* « *Nous sommes la France.* » *Et à la provocation que Churchill lui a jetée à la figure, en septembre 1942 :*

---

1. P. 262.
2. Voir p. 262 et n. 48.

« Non, vous n'êtes pas la France, je ne vous reconnais pas pour la France, vous n'êtes que la France Combattante », il n'a pas hésité à riposter : « *Pourquoi discutez-vous avec moi si je ne suis pas la France[1] ?* » Mais l'évolution du vocabulaire des Mémoires est significative : si le personnage de Gaulle mentionné à la troisième personne n'apparaît qu'une cinquantaine de fois dans le tome I des Mémoires de guerre, on le retrouve plus de 100 fois dans le tome II et une vingtaine de fois dans les seuls deux derniers chapitres du tome III. L'évolution est encore plus nette dans ses appels radiophoniques et surtout dans ses discours de Londres et d'Alger. Ce n'est plus, comme en 1940 : « *Au nom du Peuple et de l'Empire français, Nous déclarons...* », mais : « *La France entend que...* », « *La France veut que...* »

Sans doute est-il alors loin d'être un chef d'État et plus loin encore d'être reconnu par ses grands alliés, mais, dira-t-il vingt ans plus tard, « *je n'ai pas cessé de faire comme si...* ». Quelle qu'ait été la part des calculs d'ordre tactique, on ne peut guère douter que se soit produit, dans son esprit et dans son comportement, à mesure qu'il a pris conscience d'être le rassembleur des Français, un phénomène d'identification avec la France elle-même, qu'éclairent ses Mémoires. Il s'en expliquera avec simplicité, en 1946, devant son collaborateur Claude Mauriac : « *Il est impossible d'avoir représenté la France, d'avoir été la France, et d'entrer dans une catégorie quelconque de la Nation. Le Roi n'appartenait pas à l'Académie, ni Napoléon[2]* ». Et quarante ans plus tard, un de ses anciens Premiers ministres, fidèle entre les fidèles, n'hésitera pas à écrire dans ses propres Mémoires que « *le Général était un homme difficile, car il mêlait sans cesse son image et l'avenir de la France[3]* ». Les Mémoires d'espoir, qui clôturent la série, sont l'aboutissant de cette évolution : ils sont la chronique d'un monarque en majesté qui incarne la France.

C'est qu'à la France l'unit un lien mystique : il est « hanté par elle ». Il ne prétend pas opposer un Frankreich über alles au Deutschland über alles de l'Allemagne nazie : la France est à ses yeux, « depuis vingt siècles », terre d'élection. De sorte que le titre du

---

1. Selon le compte rendu britannique de l'entretien. Propos soigneusement dépourvu de son tranchant dans *L'Unité*, p. 297 : « Si je ne suis pas à vos yeux le représentant de la France », etc.

2. Claude Mauriac, *Le Temps immobile*, V. *Aimer de Gaulle*, Grasset, 1978, p. 203.

3. Michel Debré, *Trois Républiques pour une France*, Albin Michel, 1988, t. I, p. 162.

premier volume des Mémoires de guerre : L'Appel, *pourrait bien avoir un double sens : évoquant non seulement son propre message du 18 Juin aux Français, mais aussi « l'appel venu du fond de l'histoire » qui l'a inspiré.*

« Une passion intransigeante à l'égal de sa piété religieuse », écrit-il de la foi patriotique de sa mère : il la lui doit. Elle a été renforcée en lui par son milieu, puis par une étude approfondie, à la fois enthousiaste et douloureuse, du passé de la nation. La France selon Charles de Gaulle est autrement complexe que « la princesse des contes ou la madone aux fresques des murs » rêvée dans son enfance et qu'il évoque aux premières lignes de L'Appel, *car elle est dotée d'une double destinée, temporelle et spirituelle, dont la conception, influencée par la littérature nationaliste de sa jeunesse et par Barrès comme par la lecture inavouée, mais prégnante de Hugo*[1], *s'apparente surtout à celle du Péguy de* L'Argent (suite). *Non pas « Douce France » (il se cabre en entendant ces mots pendant les combats de la Libération), ni Marianne (dont la destinée aurait commencé en 1789), mais nation héroïne marquée par le sacre de Reims comme par les drames de la Commune et qu'il connaît depuis toujours dans ses grandes heures et ses détresses*[2]. *Une France dont la nature serait « d'accomplir " les gestes de Dieu ", de répandre la pensée libre, d'être un champion de l'Humanité*[3] », *et qui ne saurait être coupable, ni entachée de honte : objet de sa part de ce patriotisme d'affectivité passionnelle et d'idéalité si étonnant pour les Britanniques et les Américains, dont le patriotisme n'est ni incarné, ni marqué par la mémoire d'immenses traumatismes, ni davantage enorgueilli par le culte d'une « exception » millénaire imposant* l'exemplarité *et la grandeur.*

Si une telle foi l'inspire, où il faut voir le moteur de son action et la première clef interprétative des Mémoires, *elle n'est pas séparable d'une philosophie de l'histoire qui peut se ramener à quelques concepts simples, en même temps qu'à une morale.*

---

1. Hugo qui, lui aussi, soutint « une grande querelle ». Voir François Mangarlonne, *Des Bonaparte et de l'exception de Gaulle*, Nice, Bélisane, 1993, qui a remarquablement éclairé l'influence hugolienne sur les discours de guerre du Général.
2. « Vous vivez en France depuis douze ans, Mr Murphy ? Moi, j'y vis depuis deux mille ans ! » (propos tenu à Alger le 14 juillet 1943, rapporté par Maurice Schumann et par le colonel Passy).
3. *Le Renouveau*, p. 1046.

L'article premier de sa conception de l'histoire est que les hommes passent, de même que les idéologies et les régimes, tandis que les nations demeurent.

Ainsi rejette-t-il la vision d'une Seconde Guerre mondiale dont l'enjeu serait la suprématie d'une des deux « religions temporelles » de l'époque, communisme et fascisme : il n'y perçoit que la volonté de domination mondiale de nations de proie. Il est tout aussi étranger à l'idéalisation du capitalisme ou à l'exaltation de la lutte de classes. Pour lui, « toutes les idéologies sont vouées au même échec catastrophique[1] *». D'où, sur le caractère idéologique de cette guerre, une ambiguïté calculée. Non qu'il soit insensible à l'enjeu spirituel et moral du conflit, qui rend l'engagement de la France en 1939 d'autant plus conforme à son génie : l'« élément moral qui lie entre eux tous les peuples opprimés ou menacés de l'être », rappelle-t-il le 2 octobre 1941 devant les représentants de la presse alliée à Londres, « c'est la volonté d'assurer la victoire fondée sur la liberté, la dignité et la sécurité des hommes contre un système dont le principe même est l'abolition des droits de l'individu ». Et le 25 novembre suivant, au club français d'Oxford, il dénonce « un mouvement qui ne reconnaît de droits qu'à la collectivité raciale ou nationale, [...] et remet à la dictature le pouvoir exorbitant de définir le bien et le mal, de décréter le vrai et le faux, de tuer ou de laisser vivre ».*

Mais le grand jeu de la politique, c'est, pour lui, entre les nations qu'il se joue, son ressort final ne saurait être le sentiment, car il est toujours l'intérêt. Les nations, en particulier, qui ont dominé la vie de l'Europe, ont des constantes propres, liées au contexte géographique, à des traits durables du caractère collectif et aux représentations que leur a inculquées l'histoire qu'elles se sont faite. Chacune a des droits et des devoirs, dont le premier est la souveraineté, et il ne jugera pas illégitime que des nations naissent ou renaissent à l'histoire, surtout si elles se sont forgé une communauté d'âme en combattant : ainsi, l'on ne peut exclure que la conception qu'il a d'une nation ait influé, dans les années 1950, sur son attitude face au problème algérien. Quoi qu'il en soit, la politique internationale n'est faite, à ses yeux, que de relations de pouvoir entre nations. Les États qui les animent sont autant de monstres froids. Des Anglais, avant-garde du « monde anglo-saxon », il pense que leur

---

1. Le 30 janvier 1945. Claude Mauriac, *Le Temps immobile*, V, p. 126.

insularité les empêchera pour longtemps d'être des Européens fiables : de crise en crise, même dans l'alliance, il ne leur cédera jamais. Derrière le jeu communiste qu'exploite la stratégie de Moscou, il ne veut voir que les ambitions impériales de la Russie séculaire. Ainsi, l'on ne trouvera dans ses Mémoires, non plus que dans ses discours, aucune mention, si ce n'est protocolaire, de « l'Union soviétique » : il n'y parle jamais que de la Russie et des Russes. S'il lui arrive d'y mentionner « le fascisme italien », le nazisme n'y apparaît pas une fois, au point qu'on se demanderait s'il en a pénétré le caractère spécifique, bien qu'il n'en méconnaisse ni l'arbitraire, ni les atrocités : mais Hitler ne fait, selon lui, que poursuivre la « guerre de Trente Ans » engagée par Guillaume II en 1914 et dans laquelle la France, plus qu'aucun autre allié occidental, a été prodigue de son sang. Et de se demander en 1941 à propos de l'Allemagne si « une loi de nature du germanisme » serait de produire « indéfiniment des équipes de tyrans capables d'entraîner leur peuple à l'asservissement[1] ».

Il n'en va pas autrement des régimes politiques que des idéologies. Ils ne sont, à ses yeux, que la forme institutionnelle, doublée au besoin d'un habillage doctrinal, dont se pare, pour un temps, la pérennité des nations. Ainsi du régime politique de la France. Est-il lui-même républicain ? Est-ce un démocrate ? Rien d'étonnant si certains se posent très tôt la question et si ses déclarations et ses actes ne cesseront de prêter à interprétations contradictoires. Il apprécie, quand il le découvre en 1941-1942, le fonctionnement du présidentialisme américain et il admire l'efficacité et la cohésion dans l'épreuve que la monarchie parlementaire donne à l'Angleterre. Mais, classé comme un homme d'extrême droite par le Times *avant même son arrivée à Londres, ayant substitué, en août 1940, « la devise de nos drapeaux, Honneur et Patrie » à « la devise de nos mairies, Liberté-Égalité-Fraternité » dans l'annonce de ses émissions radiophoniques, il doit publiquement se défendre, dès la fin de 1940, d'être un aspirant dictateur*[2]. *Sa Déclaration organique de novembre 1940 a proclamé que la Constitution de la République était toujours en vigueur. Mais un mois plus tard, il assure que « la France ne consentirait pas à retrouver le statut*

---

1. Discours prononcé à un déjeuner offert à la Presse alliée, Londres, 2 octobre 1941, *Discours et messages*, t. I, Plon, 1970, p. 107 et suiv.
2. « Je ne veux pas être un dictateur, je veux être un leader. » Extrait de sa première conférence de presse, reproduit par le quotidien *France*, le 4 décembre 1940.

politique, moral et social qu'elle avait auparavant[1] » et, *pendant ses dix-huit premiers mois d'exil, sourd au vœu de la fraction radicalisante ou socialiste de son entourage londonien, il se refuse à laisser dire par ses porte-parole que la France Libre se bat pour la démocratie. Certes, il tient compte de l'allergie de la majorité de ses officiers, Leclerc et Larminat en tête, aux pratiques et aux fautes de la III*ᵉ *République, ainsi que des rancœurs d'une opinion publique française traumatisée, et il attend 1942 —, l'année de son accord avec les Mouvements de résistance de zone non occupée et du débarquement allié en Afrique du Nord, qui, en novembre, y intronise l'amiral Darlan et y consolide paradoxalement le régime de Vichy sous protectorat américain — pour rendre patent l'indispensable « virage démocratique » qu'il a préparé pas à pas. Alors, il s'imposera comme le chef du parti du mouvement face au « Vichy libre » instauré à Alger, il invoquera « les justes lois de la légitime République ». Et il sera en effet le champion, puis le restaurateur des libertés républicaines, sans manquer jamais, étant au pouvoir, de soumettre son action au verdict populaire.*

Qu'il soit, en fin de compte, républicain, oui, sans aucun doute, il l'est, dans la mesure où aucun autre régime ne peut se concevoir pour la France contemporaine. Il confiera en 1963 le fond de sa pensée à son ministre Alain Peyrefitte[2] : « *Je n'aime pas la République pour la République. Mais comme les Français y sont attachés, j'ai toujours pensé qu'il n'y avait pas d'autre choix.* » *Ainsi témoignera-t-il toujours considération et respect au comte de Paris, chef de la Maison de France. S'il est loin d'être maurrassien, il reste marqué par les origines monarchistes de sa famille, et la relativité historique des régimes les lui fait juger, les uns comme les autres, en termes pragmatiques. D'où sa Déclaration d'avril 1942 aux mouvements de résistance, où il n'a pas craint de stigmatiser tout autant le fonctionnement de la III*ᵉ *République et le régime de Vichy. Dans sa condamnation des vices structurels de la III*ᵉ *République*[3]*, puis de la IV*ᵉ*, il ne variera jamais. Léon Blum, rentrant de déportation en 1945, le sentira « posé sur la*

---

1. *Ibid.*
2. Alain Peyrefitte, *C'était de Gaulle*, Fayard, 1997, t. II, p. 534.
3. Cette critique ne lui était pas spécifique : elle émanait, dans les années 30, d'un bon nombre de républicains (Tardieu, Carré de Malberg…), pour ne pas parler du Parti social français du colonel de La Rocque.

République plutôt qu'incorporé à elle[1] ». *Cette marge explique, pour une bonne part, autant que son tempérament monarchique, les interminables suspicions de ses détracteurs. Républicain de raison, comme l'était devenu son père, et non de tradition, il veut seulement une autre République, qui soit digne, à ses yeux, de la France. Il faut « refaire la France », il s'y emploiera : résolution si précoce — elle perce dans ses propos dès 1941 — et si opiniâtre qu'elle est un élément de continuité des deux séries de Mémoires.*

Et l'on rejoint ici un autre trait de sa philosophie de l'histoire : s'il est vrai que les Français font la France, et qu'ils peuvent la faire glorieuse ou pitoyable, ils ne sont pas la France. À l'un de ses officiers de marine qui, au lendemain du sabordage de la flotte de Vichy à Toulon, en novembre 1942, soutenait que le maréchal Pétain aimait les Français, il ripostait : « Le Maréchal aime peut-être les Français, mais pas assez la France[2] ». *Non qu'il adopte la distinction maurrassienne entre pays légal et pays réel. Mais vouloir « alléger les souffrances des Français », comme Pétain s'en flatte, n'est pas servir la France, et prétendre la refaire sous le talon de l'ennemi ne peut être que trahison ou duperie. Quant aux Français, de Gaulle les a jugés « insuffisants » en trop de cas. Il a été ulcéré par l'attentisme d'un grand nombre pendant la guerre. Pourtant, aucun reproche qui déprécierait la nation ne filtre dans ses Mémoires. En revanche, il revient maintes fois sur les risques que leur fait encourir un trait du caractère national : « Le peuple français [...] est par nature, et cela depuis les Gaulois, perpétuellement porté aux divisions et aux chimères », « toujours mobile », accoutumé à « se diviser en tendances inconciliables », de sorte que tout, dans tous les domaines, s'y « trouve toujours totalement remis en cause » et qu'alternent apogées et désastres.*

Par bonheur, l'histoire n'est jamais jouée. Il croit à l'influence fondamentale des individus sur les événements, aussi étranger en cela au courant dominant de la pensée historique d'après-guerre qu'inaccessible à toute imprégnation marxiste. Le passé prouve que les événements peuvent être infléchis, voire façonnés par la volonté humaine. Les Français ont eu plus d'une fois la chance historique, à la pire extrémité, de voir surgir celui — ou celle — qui montre la voie, qui sauve et qui

---

1. Mémoires inédits de Géraud Jouve.
2. Souvenir de l'auteur, témoin de cet échange.

rassemble, par le combat et dans le sacrifice. Tel aura été son propre rôle. Et parce qu'il l'a assumé en 1940, il se trouve investi d'une « légitimité » renforcée par l'adhésion de la nation résistante, confirmée comme par un sacre dans l'apothéose de la Libération, fondée plus valablement que la légalité juridique ou arithmétique, inaltérable à condition qu'il sache en rester digne, et qui ne cessera de faire de lui un recours en lui conférant, même loin du pouvoir, un droit naturel au gouvernement de la France.

Cette notion de légitimité, qui peut être distincte de la légalité, il l'a fait d'abord revivre pour l'opposer à Pétain, puis à Giraud et à Roosevelt. Elle aura été l'une des bases de la logique de son action pendant trente ans, comme elle est une des bases de l'unité conceptuelle des deux séries de Mémoires. Elle a des sources typiquement françaises aujourd'hui bien connues[1], *les débats ravivés à chaque changement de régime dans la France du* XIXe *siècle, de Talleyrand à Chateaubriand*[2], *d'Émile Ollivier à Ferry, et dont les échos ont entouré son enfance. Aussi l'on ne peut s'étonner qu'elle soit restée aussi parfaitement étrangère à la plupart de ses interlocuteurs anglo-saxons de l'époque, à Roosevelt tout le premier, pour qui il n'y avait de légitimité que celle qui résultait légalement de l'élection : d'où la raillerie du Président américain affirmant que de Gaulle se prenait pour le fils naturel de Jeanne d'Arc et de Clemenceau.*

Mais sa « légitimité », parce qu'elle est, en quelque sorte, transcendante, lui impose des devoirs. Le premier est de ne jamais déchoir ni plier dans la lutte pour la résurrection de la France. Le deuxième — qui, après la Libération, sera l'enjeu de sa nouvelle « grande

---

1. Grâce aux travaux d'Odile Rudelle. Voir notamment : « Le Rétablissement de la légalité républicaine », *Espoir*, n° 98, juillet 1994. Si l'ouvrage majeur sur la notion de légitimité est dû au politologue italien Guglielmo Ferrero (*Pouvoir*, New York, Brentano, 1943, et Plon, 1945), il est certain que la conception qu'a de Gaulle de la légitimité s'est formée indépendamment et antérieurement : elle se rattache au courant de pensée catholique qui avait été celui du « légitimisme constitutionnel » et qui, à la fois traditionaliste et libéral, sans rapport avec *L'Action française*, fut perpétué jusque dans l'entre-deux-guerres par la revue *Le Correspondant*, que lisait la famille de Gaulle. Voir Odile Rudelle, « *Le Correspondant* », communication au colloque de la Fondation Charles de Gaulle sur *Charles de Gaulle, la jeunesse et la guerre, 1890-1920*, Lille, 1999.

2. Chateaubriand soutient qu'un mandat politique n'a pas de légitimité s'il n'a « été continué ni par la souveraineté de la gloire, ni par celle du peuple, ni par celle du temps » ; cité par Odile Rudelle, *ibid*. La pensée de Charles de Gaulle semble bien avoir été celle-là.

querelle » — *consistera à « doter [la nation] d'une République capable de répondre de son destin »*, c'est-à-dire à donner à l'État une structure institutionnelle assez solide pour corriger l'incorrigible division des Français. Ce fut l'objet de la Constitution de la Ve République, complétée par l'élection du président de la République au suffrage universel : grâce à quoi devaient être ramenés à leur rôle les « corps intermédiaires », inévitables agents de désunion, contenus les « politichiens » (comme il les qualifie parfois en privé) et bridées les féodalités nouvelles — partis politiques, féodalités de l'argent ou corporations professionnelles. Ainsi aura-t-il, comme il y songeait à Alger déjà, en 1943, *« fermé la parenthèse ouverte par la Révolution française »*, source séculaire d'instabilité, quels qu'aient pu être, par ailleurs, ses apports. (Mais d'où aussi les accusations de bonapartisme de la part d'opposants, qui, dans un pays marqué par l'échec du Second Empire et du boulangisme, contestaient toute forme d'« appel au peuple »).

Cela étant acquis, son troisième et permanent devoir sera de *« guider les Français vers l'effort et la grandeur »* pour faire *« parvenir la France aux sommets »*. Le devoir d'assurer l'indépendance nationale et, de pair, le respect des contrats, écrits ou non écrits, qui le lient à la nation, en même temps que le souci de sa propre dignité, sont à la base d'une moralité politique qui exige que la France, et lui-même, soient exemplaires.

Pour sa part, et si forte que soit sa légitimité fondée le 18 juin 1940, il sait trop bien où conduisent les dictatures pour n'exercer cette légitimité qu'à une condition expresse, c'est que le peuple, par qui s'exprime aujourd'hui « la voix de Dieu », reste autour de lui rassemblé et lui exprime son soutien à travers la ferveur qui entoure ses déplacements, les élections ou les referendums : témoignages du contrat de confiance — toujours révocable — qui unit, sans intermédiaire, le guide et la nation.

★

Une telle cohérence de l'ambition nationale et du système de pensée chez une aussi puissante personnalité explique l'unité profonde d'objectif des Mémoires de guerre *et des* Mémoires d'espoir.

Certes, on ne peut mettre à tous égards les deux œuvres sur le même plan. Dix-sept ans séparent la publication du premier volume du cinquième. Les Mémoires de guerre, *drame de la chute et de la résurrection d'un pays habitué à tenir le premier rang*, sont une épopée où se rencontrent et se heurtent des géants de l'histoire au niveau desquels de Gaulle s'élève pour faire de la France Libre « *la plus grande aventure collective française de ce siècle* », sorte de miracle plus « *miraculeux* » que celui de la Marne en 1914, car dû à un seul homme parti de rien.

Au contraire, la tâche dont rendent compte les Mémoires d'espoir est « *dépouillée des impératifs exaltants d'une période héroïque* », en un temps « *propice aux tentations centrifuges des féodalités d'à présent* » et « *de toutes parts sollicité par la médiocrité* », « *dans une société matériellement avide et moralement bouleversée*[1] ». Histoire avant tout franco-française d'un pouvoir, qui fut assurément décisif par un renouvellement des institutions aussi radical, dans la seule année 1958-1959, que celui du Consulat et qui brilla du talent, de l'audience et des éclats diplomatiques de son leader, mais qui fut, dans le même temps, contraint de présider à la disparition de l'Empire français, alourdi par des contraintes d'intendance jusque dans les années les plus « *glorieuses* » de l'économie française, et surtout dépourvu d'aucun sursaut de la nation comparable à celui de la Libération. Récit ramené parfois au satisfecit documentaire d'un rapport de conseil d'administration, qui retrouve, en revanche, son alacrité pour évoquer le premier voyage du chef de l'État dans l'Allemagne d'Adenauer ou la visite de Khrouchtchev à Paris, et qui rayonne d'une jubilation si triomphante pour narrer les obstructions qu'il surmonta en vue d'imposer l'élection du président de la République au suffrage universel que ce chapitre eût sans doute été le sommet de l'œuvre achevée. Il s'y étale cependant une amertume vengeresse pour stigmatiser les partis politiques acharnés à « *rétablir leur régime de malheur* » : sans trêve, il y dénonce les fiefs qui « *fussent-ils additionnés, ne représentent pas la volonté du peuple* », « *les anciennes écoles dirigeantes qui ont pris parti pour la décadence* », la presse, « *toujours confinée dans l'aigreur, la critique et la ratiocination* » et « *l'alliance des chimères, des chantages et des lâchetés* » qui aurait, sans lui « *précipité la France au gouffre* » en mai 1968, avant d'amener, l'année suivante, le peuple à « *lui manquer* ». Désenchantement : « *L'exaltation des* Mémoires de guerre *est loin* », a pu écrire Stanley Hoffmann dans l'article le plus pénétrant qui ait salué la sortie des Mémoires d'espoir. « *Il y avait plus d'espoir dans les*

---

1. *Le Renouveau*, p. 909.

trois volumes d'un homme qui avait de bonnes raisons de croire que jamais plus le destin ne le rappellerait[1]. »

L'unité des deux ensembles de Mémoires n'existe pas moins. Elle tient d'abord à la place qu'ils occupent dans l'histoire de ce genre littéraire. À côté des mémoires de cour, des mémoires d'épée ou des mémoires journalistiques, pour ne pas parler des mémoires d'une âme, ils appartiennent à cette catégorie si rare des « Mémoires d'État » dont Pierre Nora a mis en évidence à la fois la singularité et le grand rôle qu'ils jouent dans la mémoire nationale[2].

Que les Mémoires du général de Gaulle s'inspirent des Mémoires d'outre-tombe *par le souci littéraire ou qu'ils s'apparentent, dans les premiers chapitres de* L'Appel, *aux mémoires de grands serviteurs de l'État et de l'idée d'État, tels que Sully ou Richelieu, il n'est pas abusif de les rapprocher des* Mémoires de Louis XIV *ou du* Mémorial de Sainte-Hélène. *Même transfiguration du moi en incarnation de la nation et de l'État, même conviction orgueilleuse et comme naturelle de son propre caractère irremplaçable, dans une même aspiration à la grandeur qui interdit de déchoir ou de déroger, même distinction, sans doute aussi, entre ce qu'est la France et ce que sont les Français, et même volontarisme dans l'affirmation, le maintien ou la restauration de l'État. L'État, le Chef des Français Libres s'efforçait déjà de le reconstruire dans sa pénurie londonienne afin d'en faire, plus dignement que Vichy, un contre-pouvoir qui puisse être reconnu par les grands alliés. Vingt ans plus tard, c'est à l'État qu'il réserve la maîtrise du Plan de développement économique dont l'exécution doit être une « ardente obligation ». Car, sans l'État, rien de grand, dans une nation, ne peut être entrepris. Il se garde de dire « L'État, c'est moi ! » En est-il pourtant si loin, quand, revenu au pouvoir après une longue traversée du désert, il affirme : « Tout ce qui sera fait par l'État le sera de par mon autorité, sous ma responsabilité et, dans bien des cas, sur mon impulsion[3] ». Pour lui aussi, « le métier de roi est grand, noble, délicieux ». Ce métier, comme il le décrit, lorsque, à l'automne 1943, à Alger, il se trouve enfin à la tête d'un véritable État, privé certes de sa*

---

1. Stanley Hoffmann, « Les *Mémoires d'espoir* », *Esprit*, décembre 1970.
2. Voir à ce sujet le vaste panorama qu'il dresse sous le titre : « Les Mémoires d'État, de Commynes à de Gaulle », *Les Lieux de mémoire*, Gallimard, t. II/2, p. 355-400.
3. *Le Renouveau*, p. 995.

métropole, mais d'un État ! « Autour de moi, les intérêts se dressent, les rivalités s'opposent, les hommes sont chaque jour plus humains. Dans mon bureau des Glycines, je pétris leur lourde pâte[1]. »

★

Faut-il s'étonner si les Mémoires du général de Gaulle sont une réécriture de l'histoire ? Il les a voulus tels, constamment porteurs d'une leçon, ou plutôt d'une triple leçon. L'enseignant, qu'il dit n'avoir jamais cessé d'être, vise ici, en effet, à inculquer aux Français tout à la fois une connaissance des faits du passé, une représentation mentale de ces faits aussi durable que possible et aussi conforme à la sienne propre, enfin des modèles ou des principes d'action pour l'avenir.

Nul didactisme cependant. Et l'apport proprement historique de ses Mémoires ne saurait être sous-estimé, surtout celui des Mémoires de guerre. *Sur les péripéties qui ont conduit au désastre de 1940, objet des deux premiers chapitres de l'ouvrage, les témoignages avaient aussitôt abondé, mais, à l'exception des Mémoires de Paul Reynaud*[2]*, ils émanaient d'apologistes de l'armistice et du gouvernement de Vichy. L'éclairage qu'en donne de Gaulle est capital : il fait de ces deux chapitres liminaires le socle de l'ouvrage. La défaite française de 1940 a été essentiellement militaire, et due en premier lieu à des raisons techniques et tactiques : une bataille perdue n'était pas une guerre perdue. Partant de là, il déroule l'épopée du refus, de l'héroïsme et de l'honneur sans exemple dans notre histoire, façonnée par une volonté, la sienne, qui a recréé une force armée, fait « rentrer morceau par morceau » l'Empire français dans la guerre, rallié la Résistance intérieure, arraché une reconnaissance internationale alors que Roosevelt et Staline avaient affirmé que la France n'existait plus, poussé nos unités de débarquement jusqu'à Paris, Strasbourg et Berchtesgaden, pour finalement replacer une France victorieuse parmi les Grands de la planète.*

Ces événements complexes qui, pendant quatre ans se sont passés hors de France, d'une France alors coupée de tout lien avec le monde libre sinon par la voix peu audible des radios extérieures, sont restés

---

[1] *L'Unité*, p. 435.
[2] Paul Reynaud, *La France a sauvé l'Europe*, Flammarion, 1947. On peut y ajouter le rapport de la Commission d'enquête sur les événements survenus en France de 1933 à 1945, mais sa diffusion est restée quasi confidentielle.

mal connus des Français et ignorés de beaucoup : *l'appel du 18 Juin mis à part, les Français ne savent pas tout ce qu'ils doivent au général de Gaulle. Lorsqu'en 1954 et 1956 paraissent ses premiers volumes,* L'Appel *et* L'Unité, *trois ouvrages seulement d'acteurs ou de témoins français ayant quelque autorité et une ambition synthétique ont été publiés sur la France Libre :* Envers et contre tout, *de Jacques Soustelle, en 1947 et 1950 ; les* Mémoires *du général Catroux en 1949 et les trois volumes de* Souvenirs *du colonel Passy, échelonnés de 1948 à 1951. Tous trois n'apportent des événements qu'une vue partielle — Soustelle principalement sur la période 1942-1944, Catroux sur les affaires du Levant et sur la négociation de Gaulle-Giraud de 1943, Passy sur l'activité des services secrets de la France Libre de 1940 à la mi-1943. Deux d'entre eux sont politiquement suspects à une partie de l'opinion publique : Soustelle, brillant spécialiste de l'Amérique précolombienne devenu à Londres un fanatique du gaullisme, pousse dans* Envers et contre tout *l'agressivité antianglaise, antiaméricaine et anticommuniste jusqu'à l'outrance, et son ouvrage, concomitant avec la montée du Rassemblement du peuple français dont il était un des leaders, n'a pas manqué de passer pour une machine de propagande ; quant aux* Souvenirs *de Passy, documentés et riches de précisions techniques, mais raides dans leurs partis pris, ils ont souffert de la suspicion entretenue depuis 1947 autour de l'action du « B.C.R.A. » et de son chef, tant par la gauche française que par certains dirigeants de la Résistance.*

De sorte que les deux premiers tomes des Mémoires de guerre *comblent, en 1954-1956, un vide historique. Ils ouvrent largement le dossier de Gaulle en même temps que celui de l'amorce d'État qu'il reconstitua à Londres et à Alger jusqu'à en faire le gouvernement de la France. Sur près de 1 400 pages, 700 sont consacrées à des documents pour la plupart inédits, réunis, à l'exemple des Mémoires de Guizot, en une seule annexe à la fin de chaque ouvrage et classés par chapitres du récit*[1]. *Outre une étroite sélection de discours de guerre du Général et quelques ordonnances et décrets qui jalonnent les étapes de son action,*

---

1. Ces documents ne sont pas reproduits dans la présente édition, non plus que les annexes du tome III, paru en 1959 ; toutefois ils sont fréquemment cités dans les notes, et huit d'entre eux figurent p. 1213-1226. On les trouvera en appendice à chacun des trois tomes dans la « Collection bleue » des *Œuvres complètes* de Charles de Gaulle, Plon, 1970.

ils sont constitués pour la plus grande part de télégrammes, lettres, rapports, instructions aux chefs militaires de la France Libre ou au délégué général clandestin en France, échanges de dépêches avec les dirigeants alliés et accords diplomatiques, à quoi s'ajoutent des comptes rendus de mission aussi marquants que la relation par Jean Moulin de la première séance du Conseil national de la Résistance, aussi pittoresques que le rapport du général d'Astier sur ses rencontres à Alger avec Giraud, Darlan et le comte de Paris, et — last, but not least — des notes rédigées au sortir d'entretiens avec Churchill, Eden, Roosevelt, Eisenhower ou Giraud. Placées à la fin de l'ouvrage, ces pièces n'en alourdissent pas la rédaction et sont d'autant plus importantes qu'elles ont été sélectionnées par de Gaulle lui-même. Beaucoup ont été rédigées ou profondément remaniées par lui. Elles portent sa griffe, elles sont la justification de ce qu'il avance. Qui plus est, elles restituent parfois plus fidèlement la tonalité de l'époque, plus crûment la violence de certains échanges avec les Alliés que la rédaction élaborée avec dix ans de recul par un auteur qui, sans mâcher ses mots, tient à montrer les choses de haut.

Car les *Mémoires de guerre,* outre leur nouveauté documentaire, les révélations qu'ils apportent et la lumière qu'ils projettent sur les grands acteurs de l'époque, sont, je l'ai dit, une réécriture de l'histoire : c'est bien là aussi ce qui contribue à leur intérêt. Ils ne sont pas à proprement parler une histoire de la France Libre, dont des volets entiers, jugés accessoires, sont sacrifiés au bénéfice de l'action diplomatique et militaire : l'ouvrage n'en est que mieux centré et la dramatisation y gagne. Que les *Mémoires de guerre* soient une apologie de l'action du général de Gaulle, nul ne s'en étonnera, c'est une loi du genre : aucune fausse manœuvre ne lui est imputable, toutes les initiatives, tous les succès lui sont dus, hors ceux dont le crédit revient, dans le cadre de ses instructions, aux grands exécutants militaires, Kœnig, Juin, Leclerc ou de Lattre. S'il reconnaît amplement les mérites du général Catroux qui sut se grandir en inclinant dès 1940 ses cinq étoiles devant les deux étoiles temporaires du « brigadier » de Gaulle, bien peu d'hommages sont décernés dans les deux premiers tomes aux auxiliaires civils, hormis Jean Moulin et Pierre Brossolette : tout au plus un bref qualificatif élogieux pour René Cassin, Maurice Schumann, Viénot ou tels de ses ministres d'Alger. Si l'on comprend qu'il n'ait pas voulu alourdir son récit d'un encombrant palmarès, d'autant moins justifié pour les débuts de la France Libre que les talents n'y abondaient pas et qu'en tout temps l'inspiration fut bien la sienne, on ne s'étonne pas moins de l'absence de certains seconds rôles dont les responsabilités furent parfois capitales.

Échecs et camouflets subis sont escamotés lorsqu'il n'a pu rendre gifle pour gifle. Pas une allusion au refus britannique de lui redonner la parole sur les ondes de la B.B.C. au lendemain du 18 Juin : l'allocution célèbre, si hardie et si belle qui figure dans les annexes de L'Appel à la date du 19 juin (« Au nom de la France, je déclare formellement ce qui suit... »), non seulement ne fut jamais diffusée, mais ne fut rédigée qu'après coup, selon toute vraisemblance le 23 juin[1]. Pas une allusion à la mise à l'index des services de la France Libre et à l'interdiction d'antenne qui le frappe personnellement, pendant toute la première quinzaine de septembre 1941, par décision d'un Churchill outragé. Les incidents peu glorieux et les concessions obligées sont passés sous silence. Il n'admet pas d'avoir demandé à Eisenhower de faire défiler deux divisions américaines dans Paris, au lendemain de la libération de la capitale, afin d'impressionner la population et d'y consolider l'ordre. Des événements déplorables comme le soulèvement de Sétif de mai 1945 et sa répression sont ramenés à la plus simple expression.

C'est dire que ni le récit ni l'interprétation des faits ne peuvent être toujours pris à la lettre. L'analyse historique récente et l'ouverture des archives anglaises et américaines ont amené à réviser certaines appréciations ou à nuancer la perspective. Pour se limiter à un exemple, si abusives et brutales qu'aient été les immixtions britanniques en Syrie et au Liban sous mandat français, qui font dénoncer par de Gaulle « la profondeur de malveillance du dessein britannique », force est d'admettre aujourd'hui que Churchill n'avait pas pour dessein d'exclure les Français du Proche-Orient et que les affaires de Syrie et du Liban ont pesé d'une manière disproportionnée sur les relations franco-britanniques du temps. Son règlement de comptes avec Roosevelt n'est qu'un prêté pour un rendu : si fondés que soient ses griefs, il ferait oublier que cet adversaire obstiné fut aussi l'un des grands Présidents américains. Le lecteur ne perdra toutefois pas de vue que de Gaulle, exclu à partir de l'entrée en guerre des États-Unis des décisions straté-

---

1. Comme le confirment les documents retrouvés récemment au National Record Office britannique par François Delpla, *L'Appel du 18 Juin*, Grasset, 2000 (à paraître).

gico-politiques mondiales, fut réduit bien souvent à deviner et que, si son flair était exceptionnellement pénétrant, il lui arrive d'accréditer, à l'encontre des « Anglo-Saxons », une méfiance chronique et des soupçons infondés[1].

Mais la réécriture de l'histoire que constituent les Mémoires de guerre ne traduit pas seulement les vues du général de Gaulle en guerre, elle vise à graver dans l'esprit des Français, outre le refus de l'inacceptable, outre l'admiration pour l'énergie triomphante du Chef de la France Libre et le devoir de s'en inspirer, ces trois leçons qui marqueront leur avenir mental : ni la France ni les Français ne sont coupables de la défaite de 1940 ; la France Libre, c'était la France ; les Français se sont libérés par eux-mêmes en 1944.

La défaite de 1940 ? Lui-même a proclamé, dès juin 1940, que la bataille perdue n'était qu'un épisode de la nouvelle guerre de Trente Ans et que le désastre français était dû à la sclérose du commandement et, derrière lui, à un régime incapable de trancher. Mais, quelles qu'aient été les fautes, un crime a été commis, l'armistice, et, pour lui, ce crime a un nom : Weygand. Autant sinon plus que Pétain, naufragé de la vieillesse, dont la déchéance consentie reste, à ses yeux, un drame national, de Gaulle l'en tient pour coupable : un général en chef n'a pas à se dire prêt à jeter les armes avant la dernière bataille, ni à sommer son gouvernement de capituler. Encore de Gaulle a-t-il atténué son propos : il a, en effet, apporté à son manuscrit au sujet de Weygand la plus singulière correction de l'ouvrage, la plus grave. Elle a trait au récit de la visite qu'il fit au généralissime à son quartier général de Montry, le 8 juin 1940. Il rapporte qu'il le trouva « résigné à la défaite et décidé à l'armistice ». Dans les Mémoires, tels que nous les lisons, Weygand conclut l'entretien sur ces mots : « Ah ! Si j'étais sûr que les Allemands me laisseraient les forces nécessaires pour maintenir l'ordre[2] ! » Suivant la version originale, le général en chef aurait, en fait, laissé échapper cet aveu, que n'aurait désavoué aucun des affidés au « complot de la paix » : « Ah ! Si j'étais sûr que les Allemands me laissent les moyens d'étrangler la gueuse ! » (Dans le langage de L'Action française,

---

[1]. Ainsi l'assertion (L'Unité, p. 551 et 558-559) selon laquelle Roosevelt aurait connu et approuvé, en août 1944, le complot ourdi par Laval afin de porter Herriot au pouvoir dans Paris libéré, et qui est contredite par les sources américaines les plus fiables.

[2]. L'Appel, p. 48.

« *la gueuse* » était la République). *Le manuscrit initial a disparu, mais de Gaulle l'avait lu séparément à deux de ses proches dont le témoignage est indubitable : et c'est en accord avec eux, en famille, qu'il décida de l'édulcorer « pour ne pas rouvrir le procès Weygand ».*

La deuxième leçon que le général de Gaulle s'est efforcé d'inculquer, dès ses discours de guerre et de nouveau dans les Mémoires de guerre, *c'est que la France Libre était la France. Étonnant mélange de foi, d'illusionnisme, de pouvoir de conviction et, finalement, de vérité ! Car si de Gaulle n'a pas ignoré la passivité de tant de Français sous l'Occupation, s'il s'est indigné que l'armée de l'armistice se soit laissé désarmer sans tirer un coup de feu le 27 novembre 1942, avec le seul général de Lattre pour sauver l'honneur, ses Français Libres avaient témoigné que c'était la France qui était à Koufra, à Bir Hakeim et sur le Garigliano, lui-même avait bel et bien fini par convaincre les opinions publiques en guerre que la France Libre était la France. La saga de quelques-uns est étendue à la France entière*[1] — *et le fait est qu'en août 1944 la France Libre est effectivement devenue la France.*

La troisième leçon, suivant laquelle les Français se seraient libérés par eux-mêmes, est évidemment la plus discutable. Certes, de Gaulle n'ignore ni n'omet « le concours de nos chers et admirables alliés[2] ». *Et il est, à coup sûr, prodigieux que, quatre ans après la débâcle de 1940, une armée française ait victorieusement débarqué sur nos côtes et qu'une division française ait libéré Paris ; il est avéré que, de leur côté, les F.F.I. avaient créé au printemps de 1944 de larges zones d'insécurité sur les arrières ennemis, que la Résistance a apporté, notamment grâce à l'exécution des plans de sabotage des voies ferrées et des télécommunications, une contribution surprenante à la réussite du débarquement de Normandie*[3], *puis que les maquis bretons, méridionaux, alpins, jurassiens, limousins, entre autres, ont remarquablement facilité l'avance des divisions alliées et durement entravé la retraite allemande du Sud-Ouest. Les recherches des trente dernières années obligent toutefois d'admettre que les Forces françaises de l'Intérieur, tardivement*

---

1. « Une véritable translation historique », écrit Henry Rousso, *Le Syndrome de Vichy 1944-198...*, Seuil, 1987, p. 259.
2. Allocution prononcée le 25 août 1944 à l'Hôtel de Ville de Paris, *L'Unité*, « Documents », Plon, p. 709.
3. D'après l'étude comparée des sources, le retard ainsi imposé à des divisions allemandes faisant mouvement vers la tête de pont a pu atteindre 48 à 72 heures.

armées, ont joué surtout le rôle d'auxiliaires des forces de débarquement et que « *l'insurrection nationale* », hormis des cas aussi spectaculaires que ceux de Paris ou de Marseille, a consisté davantage à prendre le pouvoir sur les ruines du régime de Vichy qu'à prendre l'occupant à la gorge.

Le récit des Mémoires — *la libération de Paris mise à part* — relève ici du mythe plus que de la réalité. Les Allemands n'ont pas perdu 600 hommes pour réduire, en mars 1944, le bastion des Glières, première parcelle libérée, pendant deux mois, du territoire français : il est douteux qu'ils y aient eu un seul tué[1]. Et dans l'été 1944, jamais les maquis n'ont « retenu » huit divisions allemandes, dont aucune ne serait parvenue sur le front de Normandie.

Ce ne sont là que des exemples parmi bien d'autres. Ces inexactitudes s'expliquent — pour une part — du fait des conditions dans lesquelles ont été rédigées les pages consacrées à la Résistance. De Gaulle n'avait jamais suivi les détails de l'action en France d'aussi près que les affaires diplomatiques ou les opérations militaires[2]. Outre le souvenir de ses rencontres avec les chefs de la Résistance intérieure, il a tiré, pour l'année 1943-1944, sa documentation de l'ouvrage de Jacques Soustelle et surtout de ses entretiens de 1953 à 1958 avec l'ancien chef de ses services secrets, le colonel Passy, et des documents bruts communiqués par ce dernier, documents qui, lorsqu'ils émanaient de la Résistance militaire, notamment communiste, relevaient souvent de la propagande plus que de la réalité.

Ce fait amène à s'interroger, de façon plus générale, sur la place que les Mémoires de guerre *consacrent à la Résistance. Elle est à la fois exagérée et modeste. Curieusement interprétative aussi.*

Exagérée ? On a vu l'amplification que de Gaulle fait de la Résistance dans sa phase ultime : le vœu qu'il exprimait dès 1942 en affirmant la libération nationale inséparable de l'insurrection nationale s'est réalisé. Une telle mise en valeur nourrit la légende dorée de la France.

Modeste ? Seize pages sur deux cent soixante et une dans L'Appel, une trentaine, en y comptant le récit de la libération de Paris, dans

---

1. Les pertes allemandes imputées à l'action des maquis sont couramment décuplées.
2. Les archives correspondantes, mis à part quelques documents majeurs, n'étaient pas conservées dans ses dossiers, mais par les soins des organismes spécialisés, B.C.R.A. et commissariat à l'Intérieur.

L'Unité[1]. *La disproportion est encore plus flagrante si l'on tient compte des documents annexes.*

Curieusement interprétative ? De Gaulle, peut-être pour ne pas revenir sur des détails connus grâce aux livres de Soustelle et de Passy, donne des rapports entre la France Libre et la Résistance une vue cavalière, synthétique, où les raccourcis conduisent à des amalgames chronologiques et à des erreurs de faits, de dates, exceptionnellement même de noms, sans qu'ait été exercé — comme ce fut le cas dans le reste de l'ouvrage — le contrôle minutieux de leur exactitude. Confusions le plus souvent ponctuelles ou bénignes, mais parfois calculées[2]. *Prématurée l'affirmation selon laquelle il aurait conçu le projet de Conseil national de la Résistance dès 1941, alors que celui-ci ne s'imposa que dans une conjoncture précise, en février 1943, afin de contrebalancer, par le soutien des organisations résistantes coalisées, le potentiel de 300 000 combattants dont se prévalait le général Giraud. Omise, la proclamation en faveur du général de Gaulle que vota le C.N.R. lors de sa réunion constitutive du 27 mai 1943, à laquelle est substitué (méconnaissance du détail des faits ou souci de couvrir un subterfuge londonien ?) un projet de motion télégraphié antérieurement par Jean Moulin, et dont le C.N.R., encore inexistant, ignorait tout*[3]. *Retouchés certains textes d'époque, afin d'attester la continuité de la pensée gaullienne*[4]. *Négligée l'aide capitale apportée par*

---

1. « Autant de place — donc d'attention ? — est accordée à l'extension des comités de la France Libre dans le monde qu'à l'effort clandestin des résistants », s'étonne le meilleur historien de la France Libre et de la Résistance de l'époque, Henri Michel, « Les *Mémoires* du général de Gaulle », *Revue d'histoire de la Deuxième Guerre mondiale*, n° 27, juillet 1957.

2. Contrôle assuré notamment grâce au concours du normalien de 1932 et futur diplomate René Trotobas-Thibault, aide de camp du Général en 1941, qui fut chargé par celui-ci de trier et de réviser la documentation de base des *Mémoires de guerre*.

3. Moulin avait expédié le 8 mai 1943 à Londres le condensé d'une motion demandant « l'installation rapide d'un gouvernement provisoire à Alger sous la présidence de De Gaulle, avec Giraud comme chef militaire », qu'il se proposait de faire approuver par le C.N.R. ; reçu le 14 mai, ce texte avait été diffusé le 15 à la presse londonienne et transmis au général Giraud comme ayant été envoyé de France au nom du C.N.R. C'est lui que donnent *L'Unité*, p. 363 et les « Documents » de *L'Unité*, Plon, p. 475. La motion réellement votée par le C.N.R., le 27 mai, ne parvint à Londres qu'en juin, alors que de Gaulle était déjà installé à Alger. Elle est reproduite dans les « Souvenirs du B.C.R.A. » du colonel Passy, *Missions secrètes en France*, Plon, 1951.

4. Comme la correction singulière que le Général a apportée dans *L'Unité* (« Documents », Plon, p. 445) au texte des « Nouvelles Instructions » du

les services secrets britanniques, maîtres des liaisons aériennes et maritimes et des transmissions par radio, pour ne pas parler du financement clandestin, et dont seuls sont retenus les indéniables coups fourrés. Gommé le débat sur l'opportunité de l'action directe immédiate contre les occupants, entamé dès 1941 et qui, pendant toute la phase de Libération, opposa dramatiquement aux prudences de la France Libre les activistes de la Résistance, communistes en tête[1] *: comme si nul, et moins que tout autre le parti communiste, ne devait, surtout en cette période de guerre froide, se prétendre devant l'histoire plus résistant que de Gaulle. Tronqué le discours fameux prononcé le soir de la Libération — « Paris outragé,... Paris martyrisé, mais Paris libéré » — pour n'en conserver qu'un morceau digne des anthologies*[2].

La synthèse et le raccourci offrent un double avantage : privilégier une vue œcuménique de la Résistance en transcendant ses dissensions et faire prévaloir, pour le présent et pour l'avenir, l'interprétation gaulliste du « fait résistant ».

Il y a là un enjeu qu'on ne doit pas sous-estimer : d'autant moins qu'il était l'objet, depuis la fin de la guerre, d'un débat ardent qui n'est pas totalement clos. Où la Résistance avait-elle ses vraies racines, à Londres ou sur la terre de France ? À qui revenait la vraie légitimité résistante, aux patriotes de l'Intérieur ou aux « émigrés » de la France Libre ? Et qui avait le mieux servi la cause résistante, le B.C.R.A. ou les Francs-Tireurs et Partisans ? Les Mémoires *de*

---

21 février 1943, prescrivant à Jean Moulin de constituer un Conseil de la Résistance avec participation des mouvements, des partis politiques et des syndicats résistants. Un alinéa, rédigé par Moulin, précisait : « Les membres du Conseil de la Résistance devront avoir été investis de la confiance des groupements qu'ils représentent et pouvoir statuer *souverainement* sur l'heure et au nom de leurs mandants. » Le projet de Moulin avait été révisé et signé par de Gaulle. Dans *L'Unité*, le mot *souverainement* est supprimé. Repentir : de Gaulle, en 1956, n'entend pas avoir reconnu fût-ce la moindre apparence de « souveraineté » à un « organisme représentatif de la France résistante ».

1. Ainsi la « Directive donnée par le général de Gaulle au sujet des opérations des forces de l'Intérieur » du 16 mai 1944, reproduite dans *L'Unité*, « Documents », Plon, p. 689, n'est qu'un extrait du texte original, dont elle n'offre qu'un aspect unilatéral. Le document complet définit bien les modalités et axes d'intervention de la Résistance, mais stipule que le débarquement allié ne doit pas être le signal d'une insurrection générale ni d'actions spontanées, les soulèvements prévus devant avoir lieu ultérieurement et sur ordre, afin de permettre à la Résistance de durer.

2. Texte intégral dans *Ici Londres, Les Voix de la Liberté*, t. V, p. 214-216.

guerre, *instrument de célébration, face à Vichy, d'une France Libre méconnue, furent aussi, en leur temps, une arme politique, visant, en pleine guerre froide, à enraciner une mémoire gaulliste de la Résistance face à la revendication de légitimité d'anciens chefs de mouvements clandestins aussi notables qu'Henri Frenay, de « Combat », face surtout à l'effort de propagande et de reconstruction historique du parti communiste qui, depuis son entrée en guerre en 1941, s'appliquait à monopoliser l'héritage du jacobinisme patriote. Il devait être clair pour les lecteurs du général de Gaulle (comme il l'était pour lui) que la Résistance, née de l'acte fondateur du 18 Juin, rassemblée autour de lui par Jean Moulin et incorporée à la France Combattante, n'avait cessé d'être inspirée et pilotée par lui et les siens jusqu'à la victoire. Sans lui et Moulin, il y aurait bien eu des résistances, il n'y aurait pas eu la Résistance*[1]. *C'est ce que tend à démontrer la typologie des résistants que les Mémoires de guerre répartissent implicitement en trois classes : les compagnons et missionnaires du général de Gaulle, à commencer par Moulin, placé définitivement au premier rang (ce qui était loin d'être acquis jusque-là), devant Brossolette*[2], *Delestraint ou Rémy ; les chefs des mouvements de résistance, dont il salue le courage et les martyrs, mais qui, pour beaucoup, font figure à ses yeux de féodaux concurrents, acharnés à maintenir leur autonomie par rapport au chef de la France Libre qui, lui, s'acharnait à reconstruire l'État ; enfin, le peuple résistant, si proche de lui qu'il n'aura jamais été besoin entre eux de médiateurs, qu'ils viennent des partis ou des mouvements.*

Acteur de l'Histoire, le général de Gaulle impose ainsi sa vision de l'Histoire, renforcée par les mythes qui ont étayé son action. Il l'impose durablement, car les archives de guerre de la France n'auront été rendues accessibles que pour partie et tardivement, et l'analyse critique des sources aura été retardée d'autant : mais rien ne peut altérer l'essentiel, qui fut, grâce à lui, la remontée de l'abîme. Sa vision nourrit,

---

1. Sur « ce cas étrange d'une mémoire historique mythifiée » et la concurrence entre la mémoire gaulliste et la mémoire communiste de la Résistance, voir l'article de Pierre Nora : « Gaullistes et communistes », *Les Lieux de mémoire*, t. III, vol. I, p. 348 et suiv.
2. Faut-il noter que le superbe éloge de Brossolette (*L'Unité*, p. 428), égal de Moulin en mérites et dans le sacrifice, mais non par les services rendus, n'apparaît pas spontanément dans le texte initial, mais est un ajout à la troisième version, visant manifestement à réparer un oubli.

de même, l'image que les Français se feront le plus communément de la Résistance, sans que soit aucunement diminués — bien au contraire — les mérites des combattants de l'Intérieur. Tout au plus reste estompé le fait que si David l'a emporté sur Goliath, je veux dire que si de Gaulle a pu tenir victorieusement tête au chef d'État allié sûr de lui et dominateur qu'était Roosevelt, il l'a dû, pour une large part, à l'appui qu'il a obtenu de la Résistance unifiée sous son égide.

★

Les Mémoires de guerre *allaient d'autant plus profondément impressionner les contemporains et modeler les esprits à venir qu'au héros inflexible du 18 Juin, pour qui « notre grandeur et notre force [consistaient] uniquement dans l'intransigeance en ce qui concerne les droits de la France », se superpose, en la personne de l'auteur, un nouveau de Gaulle. Sa rigueur documentaire convainc. Mais surtout, il semblerait que la retraite et l'âge lui aient enseigné une suprême hauteur de vues, la sérénité dans les jugements et la volonté d'apaisement national. Il n'a jamais varié dans son espoir de rassembler les Français sur une mystique ou dans une action commune : il en apporte les preuves. Éloge de l'armée française, pilier de l'État, à qui il n'hésite pas à attribuer l'antériorité de la Résistance sur le sol national et dont il magnifie les chefs victorieux. Tribut accordé à l'héroïsme des résistants communistes, qu'il a ramenés un instant dans l'unité nationale tout en s'appliquant à les garder sous sa coupe. Hommage aux talents des leaders alliés auxquels il s'est mesuré, à Churchill en particulier (ce qui ne l'empêche pas de le malmener à l'occasion), et même, obscurément, à Staline, sans qu'il se dissimule ses crimes. Gratitude envers Reynaud, à qui il a seulement manqué d'avoir été Carnot. Mansuétude à l'égard de Pétain, naguère « son chef et son modèle », grand soldat « mort en 1925 », Pétain qu'il n'avait pas hésité à qualifier sur les antennes de la B.B.C. de « Père la défaite*[1] *». Souci d'équité jusque envers les « dévoyés » de la collaboration, Darlan,*

---

1. Allocution radiodiffusée sur les premières fusillades d'otages, 23 octobre 1941 (*Discours et messages*, t. I, p. 123). Unique appréciation aussi péjorative du maréchal Pétain dans les discours de guerre, le Foreign Office ayant, de l'automne 1940 à 1943, interdit à la B.B.C., contre le gré du général de Gaulle, de mettre en cause « la personne du Maréchal ».

Laval, et jusqu'au « *malheureux amiral Derrien* » qui, pour n'avoir pas su désobéir à Vichy, ouvrit en novembre 1942 Bizerte aux Allemands. « La France pleure ses enfants morts ». « Ceux des Français qui, en petit nombre, choisirent le chemin de la boue, n'y renièrent pas la patrie » : le temps fera son œuvre, « porte entrouverte au pardon[1] ». On est loin du ton des discours de guerre.

À tous égards, cette grande œuvre historique est ainsi, par son contenu, et plus qu'il n'y paraît d'abord, un acte politique. Et sa publication a été, à son tour, par l'effet qu'elle a eu sur l'opinion, un acte politique de premier ordre. Elle aura été un relais, mal perçu à l'époque, dans la carrière de l'homme d'État qui a entamé, en 1953, la phase la plus amère de sa traversée du désert : le rebondissement du personnage de Gaulle à la faveur de la littérature est d'autant plus spectaculaire qu'il est alors retiré de l'action politique et y semble résigné. Les jugements portés sur l'œuvre n'en sont, dans l'instant, que plus libres.

Le fait est que, lors de la sortie de L'Appel, en octobre 1954, de Gaulle est retranché à Colombey. Il a démissionné le 20 octobre 1946 de la présidence du Gouvernement provisoire pour ne pas cautionner la perspective d'un régime d'assemblée qu'il n'a cessé de combattre. À partir de 1947, il a tenté de faire prévaloir ses vues en matière constitutionnelle par la voie des élections, à la tête du Rassemblement du peuple français, le « R.P.F. ». Ce dernier, malgré d'éclatants succès, a tourné au fiasco. En janvier 1953, le Général a délié les anciens élus du R.P.F. de tous liens avec le mouvement et il se prépare à mettre, le 4 décembre 1954, le Rassemblement définitivement en sommeil, sans le dissoudre, mais tout en confirmant son propre retrait de la vie politique. Entre-temps, est d'ailleurs monté au zénith un président du Conseil tout gaullien, bien que résolument parlementaire, Pierre Mendès France : quatre mois ont suffi à ce dernier pour liquider la guerre d'Indochine, acheminer la Tunisie vers l'indépendance, casser la C.E.D. et redonner du nerf à une IVe République flageolante. Jamais le retour de Charles de Gaulle aux affaires n'a semblé plus éloigné.

---

1. *L'Unité*, p. 561. Et de même dans *Le Salut*, p. 624-625. Inflexible entre 1944-1946 contre les traîtres, le général de Gaulle avait toujours tenu à fixer des limites à l'épuration. Celle-ci était loin d'avoir été symbolique, mais était considérée comme achevée quand parut *L'Appel* : le Parlement avait voté en mars 1953 une loi d'amnistie et supprimé la Haute Cour de justice. Entre temps, le R.P.F. avait ouvert libéralement ses rangs aux ex-« attentistes ».

Selon un sondage de 1955, un pour cent seulement des Français y croient[1].

Dans cette conjoncture politiquement défavorable, la parution de L'Appel, suivi, en 1956, de L'Unité, a un retentissement national. Le succès de vente est, à soi seul, flatteur ; encore n'en est-il pas le plus sûr témoignage. De Gaulle avait choisi soigneusement son éditeur, la Librairie Plon, dans le fil de la tradition qui avait fait de celle-ci l'éditeur des Mémoires de Poincaré, Clemenceau, Joffre, Foch et Churchill[2]. Cent mille exemplaires de L'Appel sont vendus en un mois, et le tirage en est, en 1958, au cent soixantième mille. Quand sort L'Unité, le 18 juin 1956, quarante-deux mille exemplaires en sont vendus dans la semaine. En octobre 1959, la vente cumulée des deux premiers volumes de l'édition Plon dépasse 266 000 exemplaires. Ces chiffres, remarquables, restent cependant inférieurs à ceux des best sellers des trente années précédentes[3]. Le retour du Général au pouvoir et un lancement en livre de poche vont doper les ventes[4]. De Gaulle n'avait eu de cesse que sorte une édition populaire des Mémoires de guerre. La Librairie Hachette, qui avait créé en 1953 la collection du Livre de poche, décida d'ajouter à la série romanesque une série historique : ils en furent le premier titre[5]. Deux ans après la sortie, le 28 octobre 1959, du dernier volume des Mémoires, la vente cumulée des trois tomes dans leurs deux éditions dépassait le million d'exem-

---

1. Voir le sondage I.F.O.P. des 23-26 décembre 1955. Question : « Après les prochaines élections, un nouveau gouvernement sera constitué. Qui souhaiteriez-vous comme président du Conseil ? » 1 % des réponses mentionnent Charles de Gaulle. *Sondages, revue française de l'opinion publique*, 1955, n° 4.
2. Comme il l'explique à son précédent éditeur, Berger-Levrault ; voir *Lettres, notes et carnets, 1951-1958*, Plon, 1985, p. 202.
3. Selon les documents recueillis dans le cadre des séminaires de Jean-Pierre Rioux et Odile Rudelle à l'Institut d'études des sciences politiques de Paris en 1987-1989 et conservés à la Fondation Charles de Gaulle, *Jésus en son temps*, de Daniel Rops, a culminé à 521 000 exemplaires ; le *Napoléon* de Bainville a atteint 450 000 exemplaires et *L'Histoire d'Angleterre* de Maurois (de 1937) en est à 420 000.
4. « Personne n'aurait imaginé que Paris serait à ce point fasciné », note le correspondant de la *Süddeutsche Zeitung* de Munich le 21 novembre 1959, après la sortie du tome III. « Devant ce livre dont personne n'était forcé de parler, on peut voir comme jamais à quel point ce personnage domine les pensées. »
5. Lettre adressée par de Gaulle au Livre de poche le 21 mai 1958, à dix jours de son retour au pouvoir : « J'ai souhaité que beaucoup de Français puissent connaître ces souvenirs de la grande épreuve nationale. Le Livre de Poche fait le nécessaire. Je l'en remercie. » (Archives privées.)

plaires[1]. Les seules ventes en livres de poche allaient atteindre pour chacun des volumes respectivement 450 000, 400 000 et 310 000 exemplaires. Le succès se poursuivit. Aux retirages de l'édition initiale, à la publication après la mort du Général de ses œuvres complètes et à une édition in-quarto illustrée s'ajouta notamment, à partir de 1980, une nouvelle édition populaire dans la collection Pocket : en quinze ans, les ventes de chaque tome de cette édition ont été d'une quarantaine de milliers d'exemplaires.

Mais plus significatif est le succès de presse dès la sortie du premier volume. Il est immense et quasi unanime. Seuls n'y participent pas L'Humanité, qui s'abstiendra de rendre compte des Mémoires avant 1959 ; Le Canard enchaîné, qui se borne à quelques facéties sans aigreur, et le carré des nostalgiques du vichysme, dont la violence d'invective envers de Gaulle n'eût pas déparé jadis Gringoire ni l'ancienne Action française : « Son esprit est faible, sa culture nulle et sa vanité immense [...]. Un jacobin de droite ne peut être qu'un faible d'esprit ; mais quand il est aussi un mégalomane au point de s'identifier avec la France, et surtout quand il se croit un justicier et qu'il se couvre de sang innocent, alors il n'est plus que ce que l'Évangile appelle un possédé[2]. »

En revanche, tous les grands journaux consacrent à L'Appel des pages entières, avec souvent trois, voire quatre articles de commentaires élogieux. On reproduit à l'envi les portraits qu'il a brossés des grands protagonistes, Reynaud, Weygand, Churchill, Eden, Moulin, Molotov. Les quotidiens de province, servis en citations par l'agence France-Presse, ne sont pas en reste.

En un temps où fleurit encore la critique littéraire, c'est en premier lieu vers l'écrivain que monte l'admiration : « S'il ne s'appelait pas de Gaulle et n'était pas le personnage historique qu'il est devenu, ce serait simplement un très remarquable écrivain » (Émile Henriot dans Le

---

1. Les échotiers se mettent de la partie. *France-Soir* du 29 mars 1961 croit pouvoir annoncer dans sa rubrique des « Potins de la Commère » que « le général de Gaulle vient de recevoir un chèque de 7 325 000 F. C'est le montant de ses droits d'auteur pour l'année 1960 pour le dernier tome de ses *Mémoires*. Il a immédiatement fait virer cette somme à la Fondation Anne de Gaulle ».

2. *Écrits de Paris*, décembre 1954. La revue renchérira en juillet-août 1956 à propos de la sortie de *L'Unité* : « *Mémoires de guerre* ? [...] Titre fort abusif, car où et quand a-t-il fait la guerre durant son séjour à Londres ? Il manque un adjectif, qui est celui de *civile* ».

Monde, *23 octobre 1954*) ; « Un des grands livres de l'époque [...], un héroïque épisode raconté par un écrivain de grande classe » (André Rousseaux dans Le Figaro Littéraire, *30 octobre*) ; « L'écrivain rejoint les plus grands, égal à son prodigieux destin » (Pierre de Boisdeffre, Combat, *28 octobre*) ; « Comme César, comme Napoléon, le général de Gaulle a le style de son destin, un style accordé à l'histoire. Ne croyons pas que cela soit commun : il n'est que de lire les autres. Le général de Gaulle les a laissés se vider de leur encre ! [...] Le grand ton de Bossuet... » (François Mauriac, *11 octobre 1954*[1]) ; « L'œuvre a une beauté, recèle une sorte de grandeur, a des éclats que le plus malveillant des critiques ne saurait nier » (Roger Stéphane, France-Observateur, *28 octobre*) ; « Un Tacite, un César, un Retz [...]. Voilà de bien grands ancêtres, n'est-il pas vrai ? De Gaulle en est digne » (Jean Mauduit, Témoignage chrétien, *5 novembre*) ; « De Gaulle est un des grands écrivains latins de langue française [...] Après avoir frappé de grands coups, il en frappe les médailles » (Claude Roy, Libération, *3 novembre*).

L'hommage à l'homme d'État et au politique en guerre n'est pas moindre[2]. On découvre, on s'étonne, on admire. C'est à qui reproduit les phrases fameuses : « Il me fallait gagner les sommets et n'en descendre jamais plus » ou « Je suis trop pauvre pour me courber ! » (« C'est beau comme du Corneille, comme du Shakespeare ! » note Claude Roy). La gauche, qui pense n'avoir plus rien à craindre du Général, participe au concert. Le socialiste Jean Texcier, auteur dès *1940* des Conseils à l'Occupé avant de devenir le rédacteur en chef du journal clandestin Libération-Nord, est le plus chaleureux : « Cette gloire-là, nous autres, qui fûmes les premiers gaullistes, nous y demeurons fidèles : ayant lu passionnément le livre — altier — des " Mémoires " nous le saluons avec une reconnaissance rajeunie que rien, jamais, n'entamera » (Le Populaire-Dimanche, *7 novembre*).

Seul Claude Roy, se souvenant sans doute qu'il écrit dans le journal des compagnons de route du P.C.F., ajoute à ses louanges une note acerbe (Libération, *3 novembre 1954*) : « Si évidents ses talents, si

---

1. François Mauriac, *Bloc-Notes 1952-1957*, Flammarion, 1958.
2. La seule contestation argumentée émane du général Weygand, dans une lettre à *Paris-Match*, reproduite, pour l'essentiel, par *Le Monde* du 28 octobre 1954, puis dans son livre, *En lisant les Mémoires du général de Gaulle*, Flammarion, 1955.

pur son désintéressement, il n'est point d'homme au monde qui, de rien, ni jamais, réponde à soi seul de tout [...], même le général de Gaulle, envers qui la patrie est reconnaissante, la littérature débitrice, et la République sur ses gardes ».

En revanche, dans L'Express du 5 novembre, hebdomadaire de choc du mendésisme, Mauriac redit son exultation : « *Voici le point exact où la foi de Charles de Gaulle accomplit ce miracle : cet officier inconnu dit aux Anglais : "Moi, la France !" et ils ont cru que c'était en effet la France que cet homme avait emportée avec lui [...] et qu'elle ne détenait en propre que cette grandeur intemporelle dont ce Français inflexible avait décidé d'être le défenseur, le répondant et le gardien ».*

Et d'ajouter, à part lui, dans son Bloc-Notes : « *Le général de Gaulle, en voilà un qui est sûr de son éternité !* »

L'accueil fait en 1956 au tome II, L'Unité, est aussi chaleureux. Quelques socialistes et Henri Frenay, qui fut le chef du mouvement clandestin Combat, disent leurs états d'âme : ils gardent le regret que de Gaulle n'ait pas pris, à la Libération, la tête d'un grand parti travailliste répondant aux espoirs de la Résistance[1]. Et pour la première fois paraît le compte rendu d'un historien mettant en œuvre les récents acquis de la critique historique[2]. Les réserves sont marginales.

Il est clair que, de 1954 à 1958, les Mémoires auront contribué à maintenir et à grandir l'image de De Gaulle, en même temps qu'à estomper autour de lui les souvenirs du R.P.F.

C'est avec le troisième tome, Le Salut, publié en octobre 1959, qu'une critique autre que celle des nostalgiques du vichysme se mêle au concert des louanges. Les éloges sont aussi nombreux et fervents qu'en 1956, émanant des mêmes auteurs et exprimés dans des termes voisins. Mais de Gaulle est à nouveau depuis quinze mois au sommet de l'État. L'âpre procès qu'il fait du parlementarisme dans l'ouvrage, ainsi que les conditions discutées de son retour au pouvoir, hérissent une large fraction de la gauche : « *Le chef prestigieux* » n'aurait pas

---

1. Voir notamment l'article de Frenay dans *Preuves* de décembre 1956.
2. Et qui, seul de tous les analystes et bien qu'ayant été gaulliste de guerre, paré depuis 1951 de l'autorité de secrétaire général du Comité d'histoire de la Deuxième Guerre mondiale, avance, comme une constatation, cette note iconoclaste d'inspiration socialiste : « On comprend bien que, au fond, de Gaulle n'est ni démocrate, ni républicain ». (Henri Michel, « Les *Mémoires* du général de Gaulle ».

dû se muer « en une espèce de messie politique[1] ». *L'appréciation portée sur les* Mémoires *sera désormais difficilement séparable du regard que chacun porte sur l'action du nouveau chef de l'État.*

Si le parti socialiste se borne à prendre mélancoliquement ses distances, les quatre organes les plus influents de la presse de gauche sont, cette fois, sévères : L'Humanité *consacre aux* Mémoires de guerre *quatre articles de première page qui ne sont pas exempts de considération, mais dont les titres sont parlants : « Le Culte du Moi », « Le Faux Arbitre », « La Fausse Grandeur », « Une politique du passé » ; dans* Libération, *Claude Roy, toujours élogieux pour l'écrivain, condamne, le 4 novembre 1959, son « égocratie mystique, à la fois rusée et débonnaire » ; le 12,* France-Observateur, *s'attaque, fait sans précédent, à de Gaulle écrivain par la plume d'un intellectuel en vue, Roland Barthes, qui dénonce « ce style follement anachronique [...] où le théâtre littéraire atteint une impudeur stupéfiante [...], ce style de pasticheur plus que d'écrivain ». Entre-temps, Jean-Jacques Servan-Schreiber, directeur de* L'Express, *a commis un long et cruel article (que Mauriac condamnera) : après s'être « émerveillé de la lucidité d'esprit, de la clarté de vision » de ce génie intraitable, « de Gaulle le Magnifique », dont « la vision, la force apparaissent à tous les détours de ce livre étonnant », il stigmatise « le Guide » pour qui « la démocratie, c'est la voyoucratie », et qui aurait sombré dans la mégalomanie délirante, comme en témoignerait le document qu'il a placé en annexe de tête de son nouvel ouvrage : un dialogue entre de Gaulle et la France, écrit par Claudel et qui se termine par ces mots :*

« Femme, tais-toi ! et ne demande pas autre chose que ce que je suis capable de t'apporter.

— Que m'apportes-tu donc, ô mon fils ? »

Et le Général, levant le bras, répond :

« La volonté[2] ! »

Tout aussi remarquable que le succès des deux premiers tomes des Mémoires de guerre *en France est leur retentissement à l'étranger.*

---

1. Francis Leenhardt, *Le Populaire*, 16 octobre 1959.
2. Ce poème, récité à la Comédie-Française par Jean-Louis Barrault le 28 octobre 1944 au cours d'une soirée consacrée aux poètes de la Résistance en présence de De Gaulle, avait profondément touché celui-ci. Voir Claude Mauriac, *Le Temps immobile*, V, p. 90.

XLVI *Introduction*

La diffusion est mondiale. En quatre ans et demi, au moins L'Appel *est publié dans tous les pays non communistes d'Europe sauf la Grèce, ainsi qu'en U.R.S.S., aux États-Unis, en Amérique latine, en Israël, à Beyrouth (en arabe) et à Hong Kong ; il l'est en 1960 au Japon. La traduction des autres tomes suit rapidement, sauf en Chine communiste, où le troisième volume,* Le Salut, *n'est publié qu'en 1985, et en Russie, où il est toujours inédit*[1] *(comme l'y sont toujours les* Mémoires d'espoir*). Les tirages sont toutefois modestes, nulle part plus de 6 000 exemplaires, sauf en Angleterre et aux États-Unis : manifestement, le lecteur s'intéresse moins à l'histoire de la France en guerre qu'à celle du monde en guerre, telle que l'a contée Churchill.*

En revanche, comme en France, l'écho dans la presse est beaucoup plus significatif que le succès de vente, tant en Europe occidentale qu'en Amérique. Seule l'Italie fait exception : l'expérience mussolinienne l'a rendue allergique aux hommes providentiels : pas un quotidien n'y rend compte des Mémoires[2]. *Au contraire, les réactions des médias en Angleterre, dans les pays germanophones et même aux États-Unis sont d'un intérêt politique puissant. Elles illustrent, et sans aucun doute, accroissent le prestige dont jouit de Gaulle*[3] *dans les élites de ces pays. Tous les « quotidiens de qualité » et magazines politiques ou d'informations générales, ainsi que les grandes radios d'Angleterre,*

---

1. Mis à part deux extraits traduits en 1990 dans l'*Annuaire d'études françaises*, à l'occasion du centenaire de De Gaulle. La parution en russe des Mémoires (*L'Appel* en 1957, *Le Salut* en 1960, à l'occasion de la visite de Khrouchtchev en France) a une double signification politique : début de « dégel » après la mort de Staline et révision des jugements publiés sur de Gaulle au temps du R.P.F. La préface de *L'Appel* a été relue en haut lieu. Son auteur, qui, en 1952, avait traité de Gaulle de « fasciste » et d'« agent de l'impérialisme » reconnaît qu'il aurait eu pendant la guerre « le sens des réalités en partageant les vues du nationalisme bourgeois, la force de caractère et la persévérance dans la lutte pour l'indépendance de son pays. À un moment donné et dans une certaine mesure, son activité lui a valu le soutien du peuple français ». Voir Viatcheslav Smirnov, « De Gaulle dans l'historiographie soviétique », *Espoir*, n° 109, novembre 1996.
2. L'étude de presse faite sous la direction du professeur Gaetano Quaglieriello révèle que seules trois revues de standing ont rendu compte de *L'Appel* : *Il Ponte*, *Nuova Antologia* et *Il Mulino*, respectivement de mai, septembre et novembre 1955, seule la première étant franchement favorable.
3. Pour ne pas parler de la presse francophone belge et suisse, qui est à l'unisson des journaux français, ni de la presse latino-américaine : *La Nación*, de Buenos Aires, donne de larges extraits de l'ouvrage en prépublication ; les grands quotidiens mexicains rendent hommage à de Gaulle, défenseur de la souveraineté nationale.

d'Allemagne, de Suisse allemande et des États-Unis rendent compte de L'Appel. *Le plus influent journal suisse, la* Neue Zürcher Zeitung, *consacre quatorze livraisons d'une page chacune à en reproduire les premiers chapitres*[1]. *En Angleterre, où l'on a connu de Gaulle mieux qu'ailleurs et où l'on continue à déplorer son « arrogance » et l'excès de ses critiques envers le pays hôte, une presse soucieuse d'équité se penche sur son passé. On reconnaît que les outrances du chef de la France Libre procédaient d'une tactique efficace, tout en regrettant qu'il n'ait pas voulu comprendre les contraintes de* Realpolitik *auxquelles le pays le mieux disposé envers lui fut parfois soumis. Et l'on explore avec un mélange d'agacement et d'admiration l'écart entre la réalité historique vue de Londres et les mythes créés par lui, sans pourtant exonérer Churchill de toute critique. De ce panorama, émergent les conclusions de deux articles, celui de l'*Economist, *qui, en d'autres temps, ne l'avait pas ménagé*[2] : « *Ses Mémoires sont entièrement dignes de trouver place dans une bibliothèque aux côtés de ceux de Sir Winston Churchill.* » *Et celui de Harold Nicolson, ministre britannique de l'Information en juin 1940* : « *De Gaulle nous a inspiré cette sensation miraculeuse qu'il serait capable de tirer son peuple de l'abîme par la force de ses rêves et de leurs espoirs. C'est cette sensation miraculeuse que savoureront ceux qui liront ce grand et généreux livre* [...]. *Une tâche surhumaine s'était imposée à lui et il l'a accomplie avec une force d'âme surhumaine. L'étonnement se mêle à notre gratitude et à notre respect*[3]. »

De la presse américaine, globalement élogieuse, mais plus lointaine et où persistent quelques acharnements haineux[4], *on retiendra le pessimisme sur la IV*ᵉ *République qui se fait jour ici et là, succédant aux espoirs mis, une saison, en Mendès France, comme si de Gaulle était*

---

1. Du 23 octobre au 13 novembre 1954, avec, en conclusion, le 18 novembre, un article remarquable de l'ancien ministre roumain des Affaires étrangères Gafencu. Pour le tome III, le journal consacrera trente livraisons à la reproduction des premiers chapitres, entre le 28 octobre 1959 et le 8 janvier 1960.
2. Après la publication en anglais de *L'Unité*, 10 octobre 1959.
3. *The Observer*, 30 octobre 1955.
4. Notamment de l'hebdomadaire *Time Magazine* (31 octobre 1955), qui tire à plus de 6 millions d'exemplaires et qui, sous le titre « Orgueil et Préjugés », emprunté au titre du roman célèbre de Jane Austen, dénonce en de Gaulle un mégalomane dangereux « qui se refuse à jamais courber le manche à balai qui semble se prolonger de son dos à son cerveau » et vient de commettre un livre « aussi ennuyeux qu'indubitablement sincère ».

désormais l'ultime recours : « *La tragédie de ce livre est son épilogue non écrit [...]. Le grand combat de De Gaulle durant la Deuxième Guerre mondiale contre la défaite et l'infamie n'a été qu'une bataille gagnée dans une guerre perdue. La France de ses discours et de ses rêves souffre des mêmes maux fondamentaux qu'avant guerre. [...] Il reste que, pour des Américains comme pour de Gaulle, la France ne peut pas être la France sans la grandeur.* » *On ne s'arrêterait pas à ces remarques si elles n'étaient tirées d'un article d'une page publié le 23 octobre 1955 par la* New York Times Review of Books, *panorama bibliographique d'une autorité sans égale aux États-Unis, sous la signature de Hanson Baldwin, un des grands commentateurs politiques, et si l'hebdomadaire* Newsweek, *qui tire alors à trois millions d'exemplaires, n'avait conclu la même semaine dans le même sens*[1].

Les réactions allemandes méritent plus encore l'analyse. Pas un Land *dont le principal quotidien ne rende compte de chaque tome. L'Allemagne ne connaissait pas de Gaulle : elle le découvre, avec sa singularité, sa démesure et son style, auquel tous les commentateurs rendent hommage*[2], *et cette découverte atténue l'amertume, persistante chez certains, d'avoir vu la France vaincue accéder à égalité, grâce à lui, au rang des vainqueurs. Mais c'est surtout vers l'avenir qu'est tournée une large fraction de la presse qui s'interroge sur le rôle dévolu au couple France-Allemagne dans la nouvelle Europe. De Gaulle y aurait-il sa place ? Beaucoup en doutent. Serait-il d'ailleurs capable de surmonter son vieux nationalisme ? Le récit de ses différends du temps de guerre avec les Anglais et les Américains suggère cependant à certains commentateurs qu'une France agissant dans son esprit pourrait être une meilleure interlocutrice qu'une République inconsistante.* « *Le nationalisme français, même excessif, demeure, pour une fois, beaucoup plus intelligent que nous n'y étions habitués* », *conclut le critique du plus prestigieux quotidien allemand*[3]. « *Son livre* L'Unité *a valeur d'aver-*

---

1. *Newsweek*, 22 octobre 1955 : « Le retrait de De Gaulle de la politique active, après qu'il se fut imposé au premier plan pendant et après la guerre, venait de son refus des institutions de la IVe République. Comme les dix dernières années l'ont montré, [...] l'absence d'un exécutif fort a réduit la France à un état de quasi-impuissance dans les périodes de crises ».
2. « Un livre grandiose, et davantage : un monument de la France » (*Münchener Merkur*, 12 novembre 1955) ; « Cet homme personnifie le meilleur de la France » (*Stuttgarter Zeitung*, 12 novembre 1955) ; « Quel homme ! » (*Radio Hambourg*, 6 décembre 1955), etc.
3. *Frankfurter Zeitung*, 26 mai 1956.

tissement », *signale, de son côté,* Die Welt, *qui passe pour la voix du grand patronat rhénan*[1] *et qui envisage résolument l'avenir :* « Il y a une autre France que celle qui se décompose depuis des années. Une France qui permet de ne pas désespérer des chances d'avenir de ce pays ». *Dès 1954, le rédacteur de ces lignes, correspondant allemand à Paris, avait perçu plus lucidement que beaucoup d'autres la relance politique à laquelle préludaient les* Mémoires. *Il avait intitulé son compte rendu de* L'Appel *:* « À la veille d'un nouveau départ. »

★

Quinze ans se sont écoulés depuis la parution de L'Appel *quand de Gaulle entreprend les* Mémoires d'espoir. *Il approche de quatre-vingts ans. Après qu'il eut tenu les rênes de la France près de onze ans, le peuple,* « poussé par de mauvais bergers », *lui a signifié son congé. La crise de mai 1968, dont il est sorti vainqueur, mais ébranlé, sans en avoir compris le sens, l'a incité à brusquer les choses en risquant le referendum hasardeux (referendum-suicide ?) du 27 avril 1969. Il l'a perdu. Pour la première fois, le peuple lui a manqué. Le peuple a contesté sa légitimité.* « Alors, ce n'est plus la peine ! » *confie-t-il à Malraux.*

D'ailleurs, il a accompli la mission qui lui incombait en revenant au pouvoir en 1958. Dès 1967, ses proches notaient chez lui de la lassitude. Les géants de la politique et les chefs d'armées, ses partenaires du temps de guerre, avaient disparu. Les espoirs mis dans le rapprochement avec l'Allemagne lui laissaient un goût amer. « Ça ne m'amuse plus », *dit-il, en avril 1968 à l'amiral Flohic :* « Il n'y a plus rien à faire de difficile ou d'héroïque*[2] ».

Les Mémoires d'espoir *sont sa dernière mission, plus importante que de gouverner :* « Ma seule tâche, aujourd'hui, c'est de préparer l'avenir par mes Mémoires d'espoir, l'avenir des grandes choses que connaîtront d'autres générations », *dit-il à Jean Mauriac*[3]. *Il le dit à*

---

1. *Die Welt*, 7 août 1956. Le compte rendu de *L'Appel*, paru dans *Die Welt* le 12 novembre 1954, concluait en ces termes déjà prémonitoires : « L'ouvrage concerne aussi le lecteur allemand. Il lui montre un aspect de la France […] trop souvent oublié. Il lui fait souhaiter d'avoir cette France pour partenaire, peut-être incommode, mais valable ».
2. François Flohic, *Souvenirs d'Outre-Gaulle*, Plon, 1979, p. 172.
3. Jean Mauriac, *Mort du général de Gaulle*, Grasset, 1972, p. 131.

tous ses visiteurs. À Bernard Tricot[1] *: « C'est la seule chose utile que je puisse encore faire : montrer au pays ce que j'ai voulu, le rappeler à l'essentiel. Maintenant, c'est la grisaille. Mais la France ne peut pas s'en contenter éternellement. » À Jean-Marcel Jeanneney*[2] *: « Ce qui m'importe, c'est l'opinion de l'histoire. Ce qui m'importe, c'est ce que l'on pensera dans deux générations, c'est le jugement que l'on portera : ai-je été utile à mon pays ou non ? »*

Peu de révélations dans l'ouvrage. Celui-ci traite d'événements dont tous les Français ont été témoins, même s'ils en ont ignoré la face cachée. Il n'est pas assorti d'annexes documentaires : de Gaulle, pressé par le temps, les avait réservées pour une publication ultérieure ; l'essentiel en a été rendu heureusement accessible, par les soins de l'amiral Philippe de Gaulle, dans la précieuse édition des Lettres, notes et carnets.

On ne sous-estimera pourtant pas la portée des Mémoires d'espoir. *En dépit des multiples études et témoignages qui ont, entretemps, éclairé la période, l'ouvrage a paradoxalement gagné en intérêt historique. Nous mesurons mieux la rupture qu'a constituée dans nos institutions l'introduction d'un régime semi-présidentiel renforcé par l'élection du président de la République au suffrage universel : elle nous contraint, comme l'a montré Pierre Nora*[3]*, à voir les événements antérieurs avec des yeux différents et bouscule notre perspective historique depuis la Révolution française. Nous sommes aussi plus sensibles à ce qu'a eu d'extraordinaire, en plein XX*e *siècle, dans un pays de tradition dominante républicaine et parlementaire, l'exercice pendant onze ans d'une quasi monarchie élective, assumée avec une telle fermeté de dessein. L'originalité des* Mémoires d'espoir *est dans la vision qu'a de Gaulle du caractère si particulier de son pouvoir et de sa façon d'en user, avec le constant volontarisme et l'orgueil, porté au niveau du grandiose, d'un homme d'exception qui sculpte sa propre statue. Elle tient, en même temps, à un trait, lui-même exceptionnel, de son action : ce mystique de la France, bien loin de laisser la mystique se dégrader en politique, ne cesse de subordonner la politique à la mystique. Et c'est sans doute par là qu'il se distingue le plus profondément d'un*

---

1. Bernard Tricot, *Mémoires*, Éditions du Quai Voltaire, 1994, p. 378.
2. Jean Mauriac, *Mort du général de Gaulle*, p. 133.
3. Pierre Nora, « L'Historien devant de Gaulle », *De Gaulle en son siècle*, La Documentation française/Plon, 1991, t. I, p. 177-178.

Bismarck, auquel sa politique, dans cette période, l'apparente par tant de côtés. Le fait est d'autant plus singulier que la mystique va de pair chez lui avec un pragmatisme qui n'exclut ni le calcul, ni la ruse, ni, s'il le faut, le double langage, et tient compte, en toute conjoncture, de « la force des choses », mais sans qu'il renonce jamais aux principes qu'il respecte, ni aux buts ultimes qu'il s'est fixés.

Onze années de « monarchie élective » : l'expression ne figure pas dans les Mémoires d'espoir, mais il l'a employée plus d'une fois en privé[1], et le lecteur doit avoir présente à l'esprit l'interprétation qu'il a donnée publiquement de ses pouvoirs constitutionnels, qui ne sauraient admettre ni dyarchie ni « cohabitation » : « Le président est évidemment seul à détenir et à déléguer l'autorité de l'État [...]. Il doit être évidemment entendu que l'autorité indivisible de l'État est confiée tout entière au président par le peuple qui l'a élu, qu'il n'en existe aucune autre, ni ministérielle, ni civile, ni militaire, ni judiciaire, qui ne soit conférée et maintenue par lui [...][2]. »

En réalité, les Mémoires d'espoir veulent être, plus encore que les Mémoires de guerre, une gerbe de leçons à travers un récit. Ils sont en outre un testament. Et plus que pour les Mémoires de guerre, qui comblaient un vide de la connaissance historique, la relation des événements y est subordonnée à l'image qui en restera. Comme si, selon la formule de Stanley Hoffmann, de Gaulle avait voulu, « pour les Français d'aujourd'hui et de demain », jouer le rôle du temps, qui schématise le passé dans la mémoire des hommes : schématisme dû moins à la course de vitesse contre la mort qu'à la volonté de privilégier la suite d'actions exemplaires dont il a honoré l'histoire nationale en l'incarnant[3]. Il ramène celles-ci à l'essentiel sans redouter les ellipses, il gomme ou infléchit le sens des étapes intermédiaires, comme si sa volonté

---

1. « Oui, nous sommes en monarchie », dit-il à Peyrefitte le 13 juin 1963, « mais c'est une monarchie élective. Elle est d'une tout autre nature que la monarchie héréditaire de l'Ancien Régime. Elle a institué une nouvelle légitimité qui fait la jonction avec la légitimité interrompue par la Révolution. Mais cette légitimité repose sur le peuple ». Alain Peyrefitte, C'était de Gaulle, t. II, p. 537.
2. Même si « tout commande, dans les temps ordinaires, de maintenir la distinction entre la fonction et le champ d'action du président de la République et du Premier ministre » (Conférence de presse du 31 janvier 1964).
3. Stanley Hoffmann, « Les Mémoires d'espoir », Esprit, décembre 1970.

avait d'avance fixé la voie suivant la ligne droite qui est, disait-il à Londres, « *le plus court, mais aussi le plus sûr chemin* ».

Ainsi traite-t-il de haut et avec quelque condescendance les péripéties contestées qui l'ont ramené au pouvoir en 1958, car il suffit que le lecteur en retienne non pas le « 2 décembre sans coup d'État » qu'il avait appelé de ses vœux, mais l'habileté et l'intégrité qui, devant l'impuissance des pouvoirs, ont fait à nouveau de lui, cette fois dans les formes de la légalité, le sauveur de la République. Il juge inutile de faire allusion à la dette du nouveau régime envers la République précédente, le caractère néfaste des institutions frappant, à ses yeux, le reste d'inconsistance[1].

De même, il plie son récit du règlement algérien à une logique a posteriori. On sait par des témoignages concordants, que, dès avant 1958, il n'excluait pas l'indépendance algérienne et qu'il tenait la thèse de l'intégration de l'Algérie à la France pour une vue de l'esprit ; mais on peut l'en croire lorsqu'il explique dans ses Mémoires qu'il avait abordé le sujet « sans avoir un plan rigoureusement établi ». D'où une progression politique « pas à pas » et un récit qui n'esquive aucun des immenses obstacles qu'il eut à surmonter. Mais on sait aussi[2] que des facteurs dont il n'était pas le maître l'obligèrent à infléchir sa démarche, à « jouer chaque fois une carte dessous », à renoncer à « la solution la plus française » qui aurait eu sa préférence — une forme d'association, comparable à ce que fut la « Communauté » pour l'Afrique noire et Madagascar, et qui eût échelonné les transitions avant la reconnaissance de l'indépendance complète. Pourtant, à le lire, chaque épisode du drame semble n'être qu'une étape vers un terme préconçu — l'indépendance de l'Algérie — suivant un déroulement qu'il n'aurait cessé de conduire. La simplification linéaire de son dessein, tel qu'il apparaît au lecteur, rend plus impressionnants son don de prévision et sa maîtrise du cheminement. Qu'il dilue sous une forme peu convaincante la conclusion de son discours de Mostaganem : « Vive l'Algérie française ! », que, finalement, les événements l'aient amené à concéder l'indépendance à l'Algérie, sans défaite militaire, mais aux conditions

---

1. C'est ce que signifie à lui seul, le titre de son premier volume, *Le Renouveau*, qui disqualifie implicitement les douze années antérieures.
2. En particulier par son gendre, alors colonel en Algérie, Alain de Boissieu, *Pour servir le Général*, Plon, 1982, notamment p. 126, et par son dernier secrétaire général de l'Élysée, Bernard Tricot, *Mémoires*, p. 373 et suiv.

que revendiquaient les nationalistes algériens, son génie politique, qui est aussi la réussite des Mémoires, est, après avoir résolu un problème apparemment insoluble, d'avoir su faire un succès de ce revers. Et l'important est manifestement ce qu'il en restera, comme il l'a voulu, dans le souvenir des générations : à savoir qu'il était sans doute le seul à pouvoir mettre un terme au drame algérien et que l'abandon, si douloureux fût-il, si sanglantes qu'aient été ses péripéties, s'opéra, grâce à lui, sans guerre civile en France et sans atteintes irrémédiables à la légalité.

En matière de politique étrangère, l'apport inédit des Mémoires d'espoir est, ici encore, moins dans la révélation de faits pour la plupart connus que dans le récit, avantageusement et souvent brillamment rapporté, des rencontres avec les grands partenaires étrangers, Adenauer, Eisenhower, Macmillan, Kennedy, Khrouchtchev : le héros de l'histoire y joue son rôle avec un bonheur qui est celui d'un « artiste de la politique ».

Si notables que soient pourtant les faits et si pittoresques les rencontres, ils ne valent que par l'esprit d'une politique. Et dans le cas de Gaulle, par le style de cette politique. Ce qui nous ramène aux leçons que l'auteur a voulu léguer, et qui sont pour lui l'essentiel.

Ces leçons doivent résulter, en premier lieu, comme pour les Mémoires de guerre, de l'exemplarité d'un grand homme. Il n'a cessé d'y veiller. Le « mythe de Gaulle », il l'offre aux Français comme un élément d'espoir en leur avenir (d'où le titre, qui pourrait passer pour énigmatique, des Mémoires d'espoir) : car « un homme de l'Histoire est un ferment, une graine[1] ».

La seconde leçon commande toutes les autres : c'est la volonté de grandeur. Le règlement algérien, venant après l'octroi de l'indépendance aux pays d'Afrique noire et à Madagascar, tout comme la mise en place d'institutions efficaces ne sont que des préalables : la France doit être remise en état de peser sur le destin du monde. Politique des mains libres en vue d'une politique de la grandeur française. Le mot même de « grandeur » jalonnait ses livres d'avant guerre[2]. Il était présent, mais rare dans ses discours de Londres ; il était devenu fréquent à l'approche

---

1. Propos rapporté par André Malraux, en date du 11 décembre 1969, *Les Chênes qu'on abat...*, Œuvres complètes, Bibl. de la Pléiade, t. III, p. 192.
2. *Le Fil de l'épée* porte en épigraphe la citation d'*Hamlet* : « Être grand, c'est soutenir une grande querelle » ; *Vers l'armée de métier* a pour dernière phrase : « Car l'épée est l'axe du monde et la grandeur ne se divise pas. »

de la Libération. « *La route de la grandeur est libre* », *écrivait-il dans les* Mémoires de guerre, *après avoir rendu compte de ce fait inouï : la capitulation de l'Allemagne nazie et du Japon en présence des plénipotentiaires français. L'ambition de la grandeur française domine la pensée de l'auteur des* Mémoires d'espoir. *Elle donne une cohésion à son action. Elle est pour lui inséparable de l'indépendance nationale.*

C'est la volonté d'indépendance nationale et de grandeur qui l'inspire quand il dote la France de l'arme atomique ; quand il réconcilie la France avec l'Allemagne et mise sur l'Europe — une Europe des patries — qu'il ambitionnerait de piloter et dont il voudrait faire un coin à enfoncer entre les deux blocs atlantique et soviétique, voire une tierce puissance mondiale ; quand il refuse, en 1964-1965, de se plier à la règle de majorité dans le cadre de la politique agricole commune et s'oppose, en 1963 et 1967, à l'entrée de la Grande-Bretagne dans le Marché commun ; quand il reconnaît, en 1964, la Chine communiste et se rapproche de la Russie soviétique (1964-1966) ; quand, surtout, sans cesser d'être fidèle à l'alliance atlantique, il multiplie les efforts, année après année, pour soustraire la France, dans un contexte qui n'est plus celui de 1947, à ce qu'il considère comme la vassalité américaine. Au fond, depuis trente ans, son dessein n'a pas varié : le cadre s'est élargi, d'une Europe où la France jouait sa partie entre l'Allemagne et l'Angleterre à un monde que dominent l'Amérique et l'U.R.S.S. ; mais la même volonté d'indépendance l'inspire, dont il s'applique à donner l'exemple.

Les Mémoires d'espoir, *qui s'arrêtent à mi-règne, ne rendent compte que très partiellement de l'autorité mondiale qu'il assume en outre. Elle lui est de plus en plus spontanément reconnue. Non qu'il ait les moyens de s'imposer en arbitre. Mais son prestige international est un élément de ce qu'il tient pour la grandeur française. Il se veut, auprès des opinions publiques ou de certains dirigeants étrangers, l'oracle dont l'avenir confirmera les pronostics. Conseils à Eisenhower, puis à Kennedy de ne pas s'engager dans le guêpier vietnamien ; invitation à tels dirigeants alliés hésitants de rester fermes devant les Soviétiques lors des crises de Berlin ou de la crise de Cuba de 1962. Prise de position publique, dans un discours prononcé à Phnom Penh en 1966, en faveur de l'autodétermination des peuples d'Indochine à l'exclusion de toute intervention étrangère. Solidarité affirmée avec les peuples du Tiers-Monde. Il visite les continents, dénonçant les incohérences et les dangers, affirmant le droit à l'indépendance et promettant l'aide de la France.*

Ses déplacements à l'étranger sont de plus en plus d'immenses succès populaires, même quand les résultats politiques ou économiques restent minces. Son discours majestueux à Westminster devant les deux chambres réunies du Parlement impressionne la Grande Bretagne. Il en est de même aux États-Unis et au Canada. « *J'avais vu le Général réduire les Américains à la dimension de nains* », *rapporte un journaliste anglais qui suit le cortège français :* « *À côté de lui, Eisenhower, en dépit de son charme [...] paraissait pesant et prosaïque.* » *Il reçoit une longue ovation du Congrès quand il est invité à s'adresser à lui en séance plénière. La réception de New York est enthousiaste : huit cents kilos de confettis sont répandus sur son passage à travers Manhattan*[1]. « *Causer avec de Gaulle était comme faire sur les genoux l'ascension d'une montagne, ouvrir un petit portail au sommet et attendre que l'oracle s'exprime* », *relate le secrétaire d'État américain Dean Rusk*[2]. *Et par un retour des choses dont il est conscient, cette politique de présence tous azimuts, d'opposition voyante aux prétentions de* « *l'impérialisme américain* » *et de non-engagement entre les blocs antagonistes bénéficie en France d'un assentiment massif, alors même que son gouvernement est par ailleurs contesté, et elle lui vaut le ralliement d'un million d'électeurs communistes : exactement comme, vingt ans plus tôt, sa résistance à Churchill et Roosevelt contribuait à resserrer autour de lui les rangs des résistants.*

Mais plus important que le rang, l'influence et le prestige retrouvés est pour lui ce qu'il y a de vertu morale dans l'aspiration à la grandeur. Elle seule permet à la France d'être digne de sa mission. Ainsi définit-il la grandeur en dialoguant avec son ministre Alain Peyrefitte, le 22 mars 1964[3] :

« *La grandeur, c'est le chemin qu'on prend pour se dépasser.*

— *Alors, pour la France, la grandeur...*

— *C'est de s'élever au-dessus d'elle-même pour échapper à la médiocrité et se retrouver telle qu'elle a été dans ses meilleures périodes.*

— *C'est-à-dire ?*

— *Rayonnante.* »

Et, ajoute Peyrefitte, « *pour lui-même, naturellement, la grandeur, c'est de dépasser " sa pauvre humanité " en s'identifiant à la France*

---

1. *Daily Mail*, 6 avril 1960 ; *France-Soir*, 27 avril 1960.
2. Dean Rusk, *As I saw it*, p. 268.
3. Voir Alain Peyrefitte, *C'était de Gaulle*, t. II, p. 91.

[...]. La France le grandit et il grandit la France ». La grandeur de la France est maintenant liée à sa personne. Et c'est être aveugle à cette conjonction historique que contester son action. Une des dernières notes qu'il transcrit — postérieurement à 1967 — dans son dernier cahier de réflexions et de citations, est significative : « Suivant Stendhal, l'erreur de Napoléon fut : "Avoir appelé ce peuple grande nation, oubliant qu'elle n'était grande qu'à condition de l'avoir pour chef " ».

On conçoit qu'il ait affirmé à plusieurs reprises qu'il n'aurait ni remplaçant, ni successeur : sa « légitimité », ce prestige, dont il relate les manifestations avec une complaisance heureuse, ne sont pas transmissibles. Certes, les institutions qu'il laisse encadreront l'avenir. Il n'en est pas moins pessimiste pour l'avenir de la France : elle n'est plus « le mastodonte de l'Europe », il ressent avec angoisse sa faiblesse ; sans lui, elle « risque de retomber en jachère ». Au lendemain de sa démission, il écrit à sa sœur[1] *: « Les Français d'à présent ne sont pas encore, dans leur majorité, redevenus un assez grand peuple pour porter, à la longue, l'affirmation de la France que je pratique en leur nom depuis trente ans. »*

Il s'inquiète, de plus, si l'on en croit Malraux, à l'idée de vivre « la fin d'une civilisation ». « La France a été l'âme de la chrétienté. Disons l'âme de la civilisation européenne. J'ai tout fait pour la ressusciter [...]. J'ai tenté de dresser la France contre la fin d'un monde. Ai-je échoué ? [...] Il ne s'agit plus de savoir si la France fera l'Europe, il s'agit de comprendre qu'elle est menacée de mort par la mort de l'Europe[2]*. »*

Ce contexte psychologique morose donne son vrai sens aux Mémoires d'espoir. *Écarté du pouvoir, le message ultime qu'il leur confie est bien là, dans cet acharnement anxieux à faire survivre le supplément d'âme qui résultait de son union avec la France, comme en témoigne aussi la lettre qu'il adressait à sa belle-sœur trois jours avant sa mort : « Faites, s'il vous plaît, des vœux et même des prières pour le grand travail que j'ai entrepris et que je destine autant aux contemporains qu'aux générations futures, et cela, au nom de celles et de ceux qui ont agi en même temps et dans le même but que moi*[3]*. »*

---

1. Lettre à Mme Alfred Cailliau, 14 mai 1969, *Lettres, notes et carnets*, t. XII, p. 25-26.
2. André Malraux, *Les Chênes qu'on abat...*, p. 226-227. L'esprit des propos semble véridique, même si le dialogue reconstruit par Malraux n'est aucunement « photographique » et si la hantise du déclin de l'Europe lui est plus familière qu'à de Gaulle.
3. Lettre à Mme Jacques Vendroux, 6 novembre 1970, *Lettres, notes et carnets*, t. XII, p. 169.

Introduction

★

Le Renouveau, *volet inaugural des* Mémoires d'espoir, *parut exactement un mois avant qu'il ne s'éteigne. Les réactions furent bien différentes de celles qui avaient accueilli quinze ans plus tôt* L'Appel *et* L'Unité *: une presse assez souvent réservée, aussi bien en France qu'à l'étranger ; en revanche, un immense succès de public. L'accueil fait aux deux séries des* Mémoires *aura remarquablement témoigné de l'évolution des opinions publiques.*

« Le grand maître du mystère et du drame politique a de nouveau surpris le pays », écrivait le Washington Post *le 8 octobre 1970. Le premier tome des* Mémoires d'espoir *était, en effet, sorti la veille, comme pour un ultime coup de théâtre gaullien. Alors que la parution avait été annoncée depuis plusieurs semaines pour le 20 novembre, un communiqué, diffusé par la radio le 7 octobre au matin, avait annoncé que le volume était disponible le jour même dans les librairies. Pierre-Louis Blanc, le diplomate que de Gaulle avait chargé de réunir la documentation nécessaire à sa rédaction, avait convaincu le Général et l'éditeur Marcel Jullian, alors grand maître de la Librairie Plon, de porter l'ouvrage directement et massivement à la connaissance du public en misant sur la surprise. Cela ne s'était jamais fait. De Gaulle avait applaudi l'idée de court-circuiter une presse qu'il ne portait pas dans son cœur. Le contrat prévoyait un tirage total de 750 000 exemplaires ; un tirage de 250 000 exemplaires attendait depuis le 2 octobre dans les entrepôts. Le 6, de Gaulle passa sa journée à dédicacer trois cents exemplaires, dont dix-sept sur papier hollande imprimés pour des destinataires élus : outre les membres de sa famille, le pape, la reine d'Angleterre, Harold Macmillan, Nikita Khrouchtchev, Mme Eisenhower, le fils aîné du chancelier Adenauer, les trois anciens Premiers ministres de la V*[e] *République, André Malraux et le comte de Paris. Le 7 octobre, dès 7 heures du matin, vingt camionnettes de livraison portant des panneaux « Charles de Gaulle » sillonnaient la capitale ; pour la province, les convois de livres étaient partis la veille au soir. « Cent vingt mille exemplaires sont mis en place dans toute la France. À 8 heures 30, les clients font déjà la queue devant les librairies*[1]*. »*

---

1. Pierre-Louis Blanc, *Charles de Gaulle au soir de sa vie*, Fayard, 1990, p. 305-308.

En quarante-huit heures, 175 000 exemplaires sont vendus. Les standards téléphoniques de Plon sont bloqués. Ils enregistrent dans la semaine cinq mille appels par jour. En mars 1971, l'éditeur annoncera 600 000 ventes.

Tout s'est passé comme si le Général avait voulu, pour la première et la dernière fois depuis son départ, s'adresser directement à la nation. Seules l'intéressent les réactions du pays profond, rapporte Pierre-Louis Blanc. Il est rassuré : « À ma grande surprise, de Gaulle sifflote [...]. Le pays ne l'a pas oublié. On l'écoute. Sa voix continue de porter. Le dialogue avec les Français n'est pas rompu [...]. L'accueil ayant été fervent, il ira de l'avant, l'ombre du doute dissipée ».

Que Les Mémoires d'espoir *bénéficient ensuite de l'immense vague éditoriale qui suit la disparition de leur auteur et qui est la plus grosse qu'il ait jamais suscitée*[1] *est évident. Le succès de vente, éclatant dès la parution du premier tome, est plus spectaculaire encore pour le second,* L'Effort, *paru le 19 mars 1971. Pourtant, il ne comprend que deux chapitres de l'œuvre inachevée, mais il a un attrait particulier, tout de circonstance : un portrait longuement buriné du nouveau président de la République, Georges Pompidou, auquel de Gaulle ne pardonne pas de lui « avoir manqué » et dont le brevet de compétence et de fidélité enrobe des restrictions implicites. Sur un tirage initial de 500 000 exemplaires de* L'Effort, *375 000 sont placés en quarante-huit heures. Un sondage publié par* L'Express *le 5 avril sur les « best sellers » de la première semaine de diffusion donne dans le peloton de tête* Love Story *d'E. Segal (en vente depuis octobre),* L'Effort, *et* Les Chênes qu'on abat... *de Malraux, ce dernier ouvrage sorti volontairement le même jour que* L'Effort. *À la neuvième semaine, Malraux est en tête de liste, mais* L'Effort *reste au palmarès : les 500 000 exemplaires du tirage initial ont été vendus.*

Des dispositions avaient été prises, dans l'été de 1970, pour que les traductions anglaise, allemande et espagnole du Renouveau *soient entreprises sans attendre que paraisse l'édition française. Dès le 11 octobre, le* Sunday Telegraph *a pu entamer la publication de larges extraits du livre : ils s'échelonnent jusqu'à la mi-novembre. Les*

---

1. Entre 1970 et 1974, 132 livres et albums disant la gloire du Général auront été publiés : « Intense soif bibliographique, nécessaire fidélité (des anciens), reconnaissance : âge d'or des publications gaullologues » (Jean-Pierre Rioux, « Le Souverain en mémoire », *De Gaulle en son siècle*, t. I, p. 307).

ventes des éditions étrangères, sans approcher, de loin, celles de l'édition française, sont fortes. En Italie, où L'Appel *n'avait pas dépassé 4 000 exemplaires, l'éditeur doit retirer trois fois entre décembre 1970 et janvier 1971 et vend plus de 24 000 exemplaires. En Allemagne, l'édition, qui dépasse 40 000 exemplaires, figure, la semaine de sa sortie, en tête de la liste des « best sellers » que publie l'hebdomadaire* Der Spiegel. *On comptera d'ici 1974 des éditions en seize langues dans dix-huit pays, auxquelles s'ajouteront en 1979 et 1984 des traductions en chinois parues à Hong Kong et à Taïwan. Seuls les pays communistes, à l'exception de la Pologne (1974), ignoreront l'ouvrage.*

Cet extraordinaire succès de public, tant en France qu'à l'étranger, est à la mesure du rôle qu'a tenu de Gaulle sur la scène mondiale dans ses dernières années. À sa mort, le deuil est planétaire. La grandeur de la cérémonie d'hommage funèbre à Notre-Dame, qui réunit tous les chefs d'État du monde, ne peut se comparer qu'à l'hommage funèbre à Churchill à Westminster. Le 14 novembre, sur instruction du ministre de l'Éducation nationale, Olivier Guichard, la première page des Mémoires de guerre *(« Toute ma vie, je me suis fait une certaine idée de la France… ») ou les derniers paragraphes du tome III, qui résonnent comme un adieu, sont lus dans toutes les écoles françaises.*

Les comptes rendus de l'ouvrage se mêlent pendant plusieurs semaines aux commentaires nécrologiques, innombrables et déférents. « Un grand homme d'État, le plus grand, sans doute, qui soit sorti des rangs de la bourgeoisie française à notre époque », commente l'éditorialiste de L'Humanité, *tandis que l'hebdomadaire américain* Time, *bassement hargneux quinze ans plus tôt et souvent critique par la suite, lui consacre sa couverture et conclut que ses qualités « impondérables dans les calculs du pouvoir — force morale, style, vision — autant que telles de ses prouesses feront durer son souvenir, exactement comme a survécu en France le souvenir de cet autre grand Français, plus contesté encore, Napoléon Bonaparte ».* L'Economist *est à l'unisson*[1]. *Mais si la grandeur de l'homme est partout reconnue tandis que s'accroît le succès de public des* Mémoires d'espoir, *le jugement porté par les médias sur l'ouvrage est contrasté, et les deux chapitres posthumes de* L'Effort *parus en*

---

1. « Un homme d'État », *L'Humanité*, 11 novembre 1970 sous la signature de son rédacteur en chef, Andrieu ; « Vision de gloire, frisson de grandeur », *Time*, 23 novembre 1970 ; *The Economist*, 14 novembre 1970.

1971 reçoivent un accueil mitigé, parfois sévère. Même de Gaulle écrivain est contesté[1].

Il faut, dans ces réserves, faire la part, en France, des haines d'extrême droite avivées par « *l'abandon de l'Algérie*[2] », ainsi que des rancunes de la classe politique et de la presse que de Gaulle avait étrillées et qui critiquaient « *l'exercice solitaire, voire peu démocratique, du pouvoir* », enfin de la sensibilité d'une nouvelle génération pour qui « *dix ans, c'était assez* » ; il faut tenir compte, à l'étranger, des amertumes dont il avait abreuvé les Américains, des déceptions anglaises et allemandes et de la persistante bouderie des Italiens, qui lui en voulaient encore de n'avoir pas été plus européen. Il s'y attendait. Que la presse anglaise fût la plus objective, il le prévoyait aussi, mais non pas que certains des plus importants organes de la presse d'outre-Rhin, qui l'encensaient naguère, ménageraient si peu son ouvrage, tout en le célébrant, lui, « *comme le dernier géant, issu d'un autre siècle, souverain entre les souverains*[3] ».

Plus qu'aux éloges[4], aux rancœurs ou aux commentaires dosant les louanges et la déploration[5], voire les propos vipérins, on s'arrêtera aux questions que la mort du Héros et la lecture de son livre-testament suscitent à l'époque en France et surtout à l'étranger. Elles se ramènent à trois.

---

1. Son style, objet de l'admiration du feuilletoniste littéraire du *Monde* Pierre-Henri Simon (13 novembre 1970), est jugé communément moins éclatant que celui des *Mémoires de guerre*, et est mis en question par des iconoclastes variés, tels André Fontaine (dans *Preuves*, 1er semestre 1971) : « La dernière illustration du grand style », « la syntaxe du temps des carrosses » ; Jean-François Revel (dans *L'Express*, 12-18 novembre 1970) : « Prose de style comme on dit meuble de style » ; ou Roger Judrin (dans *La Nouvelle Revue française*, mars 1973) : « Un bon écrivain, mais non pas un grand écrivain ; il y a fort loin de Montluc à Retz et à Saint-Simon ». Réactions du même ordre dans *Neue Zürcher Zeitung* (1er novembre 1970) ou *Frankfurter Zeitung* : « Un langage qui pourrait être mis en musique sur un thème de la Marseillaise » (13 novembre 1970).

2. Le cas est patent pour les périodiques d'extrême droite, *Minute*, *Esprit de Paris* et *Rivarol*, mais aussi pour Jacques Soustelle, qui, dans une chronique libre du *Guardian* en date du 11 novembre 1970, qualifie les *Mémoires d'espoir* de « tissu de contre-vérités ».

3. *Frankfurter Allgemeine Zeitung*, 13 novembre 1970.

4. En particulier de Noël Copin dans *La Croix* (11 octobre 1970), de Thierry Maulnier dans *Le Figaro* (12 octobre), de Romain Gary dans *Le Figaro Littéraire* (26 octobre et 1er novembre), de Pierre-Henri Simon dans *Le Monde* (13 novembre), de Paul-Marie de La Gorce dans *Spectacle du Monde* (novembre 1970).

5. Tels ceux du directeur du *Monde*, André Fontaine, qui se dit, dès le 9 octobre 1970, partagé entre l'admiration, l'émotion et le regret des « jugements abusifs » proférés par l'auteur.

Avec son « art de magicien », de Gaulle n'a-t-il pas été « le plus grand illusionniste en même temps que le plus grand patriote du siècle » ; « la dernière incarnation de la France ancienne », et sa disparition ne marque-t-elle pas « avec la fin d'une grande performance, la fin d'une grande illusion romantique » entretenue par lui, l'agonie du mythe de la France grande puissance, tout comme avec les funérailles de Churchill a pris fin le mythe de l'Angleterre grande puissance[1] ?

Si la France, avec ses moyens désormais limités, veut continuer de jouer un rôle mondial et endiguer un impérialisme américain envahissant, le meilleur moyen d'y parvenir était-il de braver et même de provoquer obstinément les États-Unis ; n'était-il pas — n'est-il pas — d'amener à maturité une tierce puissance en cherchant à construire « une Europe infiniment plus intégrée économiquement et politiquement qu'il ne l'eût tolérée, ce qui ne signifie pas nécessairement l'Europe technocratique, la supranationalité bureaucratique[2] » ?

Enfin, puisque l'onction de De Gaulle par l'Histoire interdisait qu'il eût ni successeur ni remplaçant dans le rôle hors normes qu'il avait tenu, fallait-il qu'il voue à l'opprobre, avec une aussi inhabituelle violence que dans les Mémoires d'espoir, *et la classe politique et le monde de la presse[3], au risque d'hypothéquer le fonctionnement d'une République qui ne pourrait se passer ni de partis, ni de « corps intermédiaires » ? À moins de n'avoir pas compris ce que devenait l'esprit du temps[4] ? Ou de souhaiter la résurgence d'un gouvernement autocratique, ce qui n'était manifestement pas dans sa pensée ?*

★

Trente ans se sont écoulés. Aux images du général triomphant, champion de l'indépendance, s'est ajoutée celle du « vieil homme recru d'épreuves, détaché des entreprises, sentant venir le froid éternel, mais

---

1. *The Guardian*, 28 octobre 1970 ; notations de même inspiration dans la *Frankfurter Zeitung* du 13 novembre, tandis que le magazine américain *Time* souligne qu'il était parvenu à donner à la France « une puissance disproportionnée » par rapport aux moyens de celle-ci (27 novembre).
2. Stanley Hoffmann, « Les *Mémoires d'espoir* », *Esprit*, décembre 1970.
3. Au point que, le 18 mars 1971, le commentateur politique du *Monde*, Pierre Viansson-Ponté, dans un article intitulé « Esquisse pour le blason d'un roi », met en doute que de Gaulle eût laissé sortir sous cette forme les deux chapitres posthumes.
4. Ce qu'affirme le 1ᵉʳ novembre 1970 la *Neue Zürcher Zeitung*, dix ans plus tôt très gaulliste.

jamais las de guetter dans l'aube la lueur d'espérance » et qui chemine, *les traits tirés, mais toujours droit, dans le vent d'une plage d'Irlande, ayant consolidé le régime par sa démission et combinant sans doute le plan des* Mémoires d'espoir *ou se récitant du Chateaubriand. Cette dernière apparition, dans son dénuement altier, ajoute un élément humain aux représentations du personnage que celui-ci a voulues.*

Représentations qui, pour les générations nouvelles, sont d'un autre temps, et intégrées à ce point à notre histoire qu'il faut relire ces pages pour comprendre que ce passé fut un présent incertain, à partir duquel « l'homme des tempêtes » sut infléchir ou modeler, au jour le jour, notre avenir, avec des moyens plus d'une fois dérisoires.

L'homme d'action et le créateur de mythes ne font plus qu'un. La statue qu'il s'est édifiée reçoit les hommages de tous ; les Mémoires *en sont le monument dédicatoire : ils témoignent de son art d'affiner « la stratégie de sa propre mémoire ». Leur version domine la nôtre, même quand l'historien en a dépisté les entorses ou les outrances. Ayant à plusieurs reprises divisé les Français, mais acharné à les rassembler, tel demeure son pouvoir d'intégration dans la citoyenneté qu'il les rallie plus unanimement après sa mort qu'en ses jours de gloire. Dépositaire du Salut public, il a incarné le refus de la honte et de l'abdication historique. La mémoire gaulliste de la Résistance a, non pas effacé, mais supplanté la mémoire communiste de la Résistance. Au tournant du siècle, le souvenir embelli des « années dorées du gaullisme », puis les* Mémoires d'espoir *ont marqué les esprits au point de rendre incompréhensible que de Gaulle président de la République ait eu d'autres opposants que des politiciens aigris ou des vichystes impénitents, et qui avaient, eux aussi, leur logique*[1]. *Gloire nationale consacrée, il nous transmet, à travers les* Mémoires, *le relais d'une mission séculaire de la France qu'il aura voulue, en fin de compte, moins nationaliste qu'humaniste — « Car en notre temps, la seule querelle qui vaille est celle de l'homme*[2] ! » —, *ce qui pourrait bien être un premier paradoxe au regard du gaullisme initial.*

---

1. Tout, dans les *Mémoires d'espoir*, tend, en effet, à récuser le fait que de larges minorités intellectuelles et populaires aient été allergiques à sa pratique de personnalisation du pouvoir : c'est pourtant ce qu'attestent les sondages d'opinion et l'étude de l'électorat, qui confirment le poids du conservatisme social parmi les électeurs gaullistes (encore que les ouvriers en aient constitué une part remarquable). Voir Chantal Morelle, *De Gaulle, le gaullisme et les gaullistes*, A. Colin, 1998, p. 80-88.

2. Conférence de presse du 25 mars 1959, *Discours et messages 1958-1962*, p. 86.

Il en est de même de la consolidation de l'ancrage démocratique français et de la refondation de la République. L'élection présidentielle au suffrage universel est entrée dans les mœurs. Le paradoxe est ici que cette mutation ait été l'œuvre d'un homme qui, porteur de tant de vues de pionnier, fut, par tant d'aspects de sa culture, une incarnation de l'ancienne France, au surplus de tempérament monarchique et en rupture avec des décennies de tradition politique française, et qu'il ait su faire accepter cette mutation comme un retour aux sources, tout en bousculant, du même coup, notre représentation de l'histoire post-révolutionnaire[1]. *Singulière rencontre avec son vieux complice et adversaire Churchill, incarnation de l'Angleterre impériale et qui, tenant la démocratie pour le pire des régimes à l'exclusion de tous les autres, sut lui donner quelques-unes de ses plus belles heures.*

Seule ne lui a pas survécu l'illusion, prolongée par la magie de son action et de son verbe, d'une France qui serait restée une puissance de premier rang. Par un dernier paradoxe, les incertitudes qu'en éprouvent les Français à l'aube du troisième millénaire rendent plus actuelles les questions qui sous-tendent ses Mémoires *: celles de la souveraineté nationale, de l'Europe, du refus du déclin face aux changements imprévisibles par où s'exprime la force des choses, et, en fin de compte, les inquiétudes liées à ce qu'on appelle aujourd'hui l'identité nationale, objet suprême de son combat. Telle la statue du commandeur, il ressurgit des* Mémoires *en champion intraitable de l'État-nation.*

Que la page soit ou non tournée, notre vision de la France et de nous-mêmes serait différente si de Gaulle n'avait pas existé. Personnage bâti de roc, mais dont le pouvoir eût été inconcevable sans la maîtrise des idées et des mots. Le seul grand homme de notre histoire avec Napoléon Ier qui, s'étant voulu un homme légendaire, ait su le devenir.

Ses Mémoires *n'y sont pas pour rien.*

JEAN-LOUIS CRÉMIEUX-BRILHAC.

---

1. Voir sur cette remise en question de la perspective traditionnelle l'analyse de Pierre Nora, « L'Historien devant de Gaulle », *De Gaulle en son siècle*, t. I, p. 177.

UN ÉCRIVAIN
NOMMÉ CHARLES DE GAULLE

Très tôt, Charles de Gaulle a eu deux vocations : les armes et l'écriture. Deux vocations indissociables, au service de « notre dame la France[1] ». Les articles que publie entre les deux guerres le jeune officier paraissent le plus souvent dans des revues professionnelles ; la plupart traitent de problèmes militaires. Au cours de la même période, quatre livres font connaître les expériences et les vues d'avenir d'un soldat. Mais livres et articles débordent le cadre de l'armée, pourtant « une des plus grandes choses du monde[2] » : analyses politiques, réflexions sur l'Histoire, maximes morales révèlent une personnalité qui se croit promise à un grand destin et, en quelques pages du Fil de l'épée *sur « l'homme de caractère[3] », dessine un autoportrait prophétique.*

En 1939, les idées militaires de cet officier hors normes sont bien connues de ses chefs qui les désapprouvent, mais aussi de quelques hommes politiques. Paul Reynaud les défend ; Léon Blum, qui les a combattues, puis s'y est rallié, en vain d'ailleurs : pour la défense nationale, il s'en remet à Édouard Daladier, qui suit l'état-major. Mais l'audience de l'écrivain reste modeste : l'éditeur fait tirer mille cinq cents exemplaires de Vers l'armée de métier *et n'en vendra que la moitié.*

Pourtant, Charles de Gaulle est certain d'avoir progressé sur les chemins de l'écriture. En août 1938, il affirme au maréchal Pétain :

1. *L'Unité*, p. 387.
2. *L'Appel*, p. 6.
3. *Le Fil de l'épée*, 10/18, 1962, p. 53-60.

« Du point de vue des idées et du style, j'étais ignoré [en 1927], j'ai commencé de ne plus l'être[1]. » Orgueilleuse litote... Dix jours plus tard, le colonel écrira au même correspondant : « *Monsieur le Maréchal, vous avez des ordres à me donner en matière militaire. Pas sur le plan littéraire*[2]. »

Cette distinction tactique, de Gaulle, pour lui-même, ne l'opère pas. Quand il réfléchissait naguère sur la formation des chefs, il concluait : « *la véritable école du commandement est donc la culture générale*[3] ». Qu'est-ce à dire ? Ni les arts plastiques ni la musique ne tiennent une grande place dans la culture gaullienne ; essentiellement philosophiques, historiques et littéraires, les nourritures de cet écrivain sont d'abord des œuvres écrites.

Officier, ces officiers naturellement l'attirent qui, avant lui, surent et aimèrent écrire : un Vauvenargues, un Vigny. Sa réflexion militaire est stimulée, influencée par des ouvrages plus techniques : il cite dans ses Mémoires de guerre les auteurs français, anglais, allemands, italiens qui l'ont aidé à comprendre les conditions des conflits modernes et à construire sa propre doctrine. Plus largement, des Commentaires de César aux historiens de nos guerres en passant par Guibert ou Ardant du Picq, la pensée stratégique de Charles de Gaulle s'appuie sur les leçons du passé pour répondre aux questions du présent.

Mais pensée et sensibilité sont fécondées par des lectures bien étrangères à la chose militaire. Si l'on a pu définir la culture comme ce qui reste quand on a tout oublié, on ne peut le répéter dans le cas présent : de Gaulle n'oublie rien et il ne cesse d'apprendre. Son itinéraire intellectuel ressemble à son parcours professionnel : entré dans un rang médiocre à Saint-Cyr, il en est sorti parmi les premiers et, jusqu'en 1940, il se montre un militaire en formation continue. Génie appliqué, il est aussi ce lecteur infatigable qui sera le plus exigeant des écrivains.

Charles a d'abord reçu l'éducation traditionnelle des collèges religieux du XXe siècle commençant, enrichie par les leçons de son père, Henri de Gaulle : à la trinité « français, latin, grec » s'ajoutaient beaucoup d'« histoire-géographie », la philosophie, l'allemand ; rien que de banal pour un jeune Français de ce temps et de ce milieu. Mais, là où d'autres se hâtent d'oublier, de Gaulle reprend et élargit ce qu'on lui a

---

1. *Lettres, notes et carnets*, 1919-1940, Plon, 1980, p. 473.
2. Lettre du 28 août 1938.
3. *Vers l'armée de métier*, Berger-Levrault, 1944, p. 217-218.

enseigné au collège et à Saint-Cyr. Ses carnets de captivité le prouvent : à côté de lectures nouvelles, en particulier historiques, il relit ses classiques, d'Eschyle à Corneille. Et, le soir venu, à Colombey, il reprendra Sophocle. Alain Larcan ayant dressé un précieux inventaire des références littéraires de Charles de Gaulle[1], plutôt que de le résumer, j'esquisserai les traits caractéristiques de sa culture.

Dans tous les sens du terme, elle est classique. L'auteur des Mémoires de guerre n'est pas seulement « un de ces grands écrivains latins de langue française » que salue Claude Roy[2] : ce rebelle, ce réfractaire aux idées reçues exalte « l'ordre classique » du « Grand Siècle[3] ». Après tout, ce Chateaubriand qu'il admire tant, dont il relit les Mémoires d'outre-tombe avant d'écrire les siens, a aussi été un néoclassique.

Comme Chateaubriand encore, Charles de Gaulle s'ouvre volontiers à la modernité. En philosophie, Émile Boutroux inspire ses vues sur la « contingence » de l'action de guerre. Le rôle qu'il donne à l'intuition trahit le lecteur de Bergson, dont Malraux aperçoit les « œuvres complètes » en bonne place dans la bibliothèque de Colombey[4].

La modernité, parfois, n'est que la mode. Cyrano a emballé le jeune Charles ; le mémorialiste se souviendra de L'Aiglon et, à l'approche du terme, restera fidèle à son emballement de jeunesse. « Lillois de Paris[5] », il a longtemps admiré et cité son compatriote Albert Samain.

Autrement profond, son attachement à Péguy. Le lieutenant de Gaulle était abonné aux Cahiers de la Quinzaine. Le colonel choisira pour épigraphe de La France et son armée un vers d'Ève. Le mémorialiste reprendra à son compte l'opposition de la « mystique » à la « politique ». Le président de la République pourra dire à Alain Peyrefitte : « Aucun écrivain ne m'a autant marqué » et citer de mémoire à son ministre telle formule qu'il a fait sienne : « L'ordre et l'ordre seul fait en définitive la liberté. Le désordre fait la servitude[6]. »

Grand lecteur, de Gaulle, ne se fiant pas à sa seule mémoire, note dans ses carnets des citations qu'on retrouvera, vingt ou trente ans

---

1. *Charles de Gaulle. Itinéraires intellectuels et spirituels*, Presses universitaires de Nancy, 1993.
2. Dans *Libération*, 3 novembre 1954.
3. *La France et son armée*, Plon, coll. « Présences », 1938, p. 87.
4. *Les Chênes qu'on abat…*, Œuvres complètes, Bibl. de la Pléiade, t. III, p. 577.
5. *L'Appel*, p. 5.
6. *C'était de Gaulle*, t. II, Fayard, 1997, p. 188.

plus tard, dans ses discours, ses livres et jusque dans les Mémoires d'espoir. Dans l'entre-deux-guerres, ne résistant pas au plaisir de montrer l'étendue et la diversité de sa culture, il affectionne les épigraphes, qu'il emprunte à Hegel ou à Goethe, aussi bien qu'à son cher Samain ou à Péguy. Au fil des pages, on rencontre Valéry, Maeterlinck, Barrès et bien d'autres noms, sans compter ceux d'écrivains militaires. À un colonel que Pétain veut lui substituer dans la rédaction d'un livre que le Maréchal signera, il cite ironiquement Paul Bourget et André Gide. En 1943, dans l'avion qui le conduit à Alger, un compagnon de voyage l'interroge sur le roman contemporain ; sans hésiter, il affirme que les deux œuvres les plus importantes des années 1930 sont La Condition humaine et le Journal d'un curé de campagne, mais, ajoute-t-il, le meilleur écrivain de ce temps, c'est François Mauriac. Qu'on approuve ou non le palmarès du Général, il atteste une attention à la littérature, et en particulier au style, remarquable chez un homme d'action.

Si nourrie des œuvres du passé et du présent, cette culture est-elle chrétienne ? Elle l'est assurément grâce à des auteurs comme Péguy, Mauriac ou Bernanos. Grâce à Claudel aussi ? En tête des « Documents » du Salut, de Gaulle a tenu à placer l'ode que le vieux poète a composée à la gloire du Libérateur, mais a-t-il vraiment apprécié le génie claudélien ? Ce n'est pas sûr. Rien pourtant de plus catholique. Or Charles de Gaulle, sa vie durant, a été un catholique croyant et pratiquant. Mais il appartient à une génération, à un milieu qui séparent la religion de la culture. Dans ses carnets, non destinés à la publication, exceptionnelles sont les références à la Bible ou à des ouvrages théologiques, et, quand il publie ses Mémoires, il y fait rarement état des ses convictions religieuses. Alors, il est vrai, il est devenu, ou il a voulu devenir le rassembleur de tous les Français ; or, si la plupart sont baptisés, beaucoup ne participent pas aussi pleinement que lui à la communion catholique.

L'auteur des Mémoires de guerre est cet homme qui, ayant réalisé « un grand dessein », entreprend d'en raconter « l'exécution[1] ». Il aborde et poursuit cette entreprise, porté par cette « culture générale » qui est peut-être « l'école du commandement » et assurément celle de la

---

1. Malraux, *Antimémoires*, Œuvres complètes, Bibl. de la Pléiade, t. III, p. 9 : « les *Mémoires de guerre* du général de Gaulle [...] le récit de l'exécution d'un grand dessein ».

littérature. Quand triomphe L'Appel, en 1954, cet auteur n'est pas un débutant : de ses expériences littéraires, il a dû dégager des leçons. On peut en effet suivre, de livre en livre jusqu'en 1940, la progression d'un écrivain.

En 1924, La Discorde chez l'ennemi *rassemble cinq études sur les dissensions allemandes au cours de la Grande Guerre. Les analyses sont claires, le développement est bien conduit. Mais dans cet ouvrage solide et pertinent, seuls quelques traits satiriques relèvent une prose assez terne. On lit avec amusement que le « Parti de la Patrie » de l'amiral Tirpitz « réunissait tout ce que le pangermanisme comptait de plus pur et de plus résolu comme officiers en retraite, marchands de canons, armateurs ruinés, professeurs aux impératifs catégoriques » ; on aime voir « Scheidemann qui courait suivre les insurgés, puisqu'il était leur chef*[1]. » De telles trouvailles restent exceptionnelles. Charles de Gaulle n'a pas encore découvert le style gaullien.

Celui-ci s'affirme dans Le Fil de l'épée *qui regroupe en 1932 des conférences prononcées quelques années plus tôt à l'École de guerre. Même si leur texte a été remanié en vue de la publication, cette origine parlée explique maints traits de l'écriture, y compris les « manies » que déplorera encore en 1969 le rédacteur des Mémoires d'espoir[2] : le rythme ternaire, par exemple. À vrai dire, le livre entier appelle la lecture à haute voix : il garde de l'éloquence le rythme, marqué par cette ponctuation qui désespérera longtemps les éditeurs. Œuvre toute classique, assurément, pourvu que l'on se rappelle la formule de Gide : tout classicisme naît d'un romantisme dompté. Sous des dehors impersonnels, Charles de Gaulle ne parle que de lui, et pas seulement lorsqu'il peint « l'homme de caractère ». « Voilà donc, écrit-il, le soldat soumis à la règle*[3]. » : il songe à la discipline militaire, mais on songera aussi à la règle, non moins stricte, à laquelle se soumet l'écrivain qui compose un traité de moraliste épris de belles sentences dans une langue toute romaine. Œuvre cuirassée, où sous la cuirasse bat le cœur d'un de ces « ambitieux de premier rang [...] qui, de la rive où les fixent les jours ordinaires, ne rêvent qu'à la houle de l'Histoire[4]. »

Vers l'armée de métier *a un tout autre propos que* Le Fil de

---

1. *La Discorde chez l'ennemi*, p. 219 et 273.
2. Voir p. LXXXVII.
3. *Le Fil de l'épée*, p. 148.
4. *Ibid.*, p. 183-184.

l'épée : *présenter un plan de réforme militaire, ce qui n'appelle pas les procédés et les ornements d'un livre de considérations morales. Pour le fond, l'œuvre de 1934 est résumée dans les* Mémoires de guerre, *au premier chapitre. La forme ne mérite pas moins l'attention. Elle surprend parfois. Comment ne pas relever ces vers blancs qui poétisent l'univers mécanique où nous entraîne l'auteur ? Voici les chars « franchissant les fossés de trois mètres de large, / gravissant les talus de trente pieds de haut, / écrasant tous réseaux, grilles ou palissades*[1] *». Si, en dépit de tels alexandrins qu'auraient pu signer Hugo ou… Rostand, le texte est moins flamboyant que* Le Fil de l'épée *; si les tics oratoires en marquent moins le style, on retrouve dans* Vers l'armée de métier *le moraliste, l'amateur de formules, comme cette ultime sentence : « Car l'épée est l'axe du monde et la grandeur ne se divise pas*[2]. *» Enfin, tant d'allusions à la «personnalité», au «caractère» révèlent un homme prêt à jouer le premier rôle dans la révolution militaire qu'il réclame.*

À la dernière phrase de Vers l'armée de métier *fait écho la première de* La France et son armée *: « La France fut faite à coups d'épée*[3]. *» Les lecteurs du livre de 1938 ignorent que sa publication marque le dénouement d'un conflit entre le maréchal Pétain et le colonel de Gaulle. On parlerait de querelle littéraire s'il s'agissait de deux écrivains ; en l'espèce, l'un se contentait de signer, l'autre écrivait. Rien de la polémique entre le Maréchal et son ancien collaborateur n'apparaît dans le texte que précède une longue dédicace à Pétain. Remarquablement construit, le livre a la sérénité d'une étude historique, tout en constituant une longue déclaration d'amour à la France, à son armée, à son peuple. Le finale sonne déjà comme un discours des années 1940 : «Vieux peuple […] Peuple fort […] Ah ! grand peuple*[4]. *» Avant les* Mémoires de guerre, *l'écrivain Charles de Gaulle a sans doute produit là son chef-d'œuvre.*

Ç'aurait pu être le chef-d'œuvre inconnu, car il parut au moment de Munich. Le public acheta pourtant plus de 6 000 exemplaires des deux tirages successifs[5]. *La critique aussi s'y intéressa plus favora-*

---

1. Vers l'armée de métier, p. 120.
2. Ibid., p. 230.
3. La France et son armée, p. 1.
4. Ibid., p. 277.
5. Chiffre cité par Paul-Marie de La Gorce, De Gaulle, Perrin, 1999, p. 113.

blement qu'aux ouvrages précédents : moins technique et engagé que Vers l'armée de métier, le livre s'inscrivait dans une collection, « Présences », dirigée chez Plon par Daniel-Rops — double référence plus littéraire que Berger-Levrault, jusqu'alors éditeur attitré de Charles de Gaulle. L'avenir souriait donc à l'écrivain, mais celui-ci devait s'effacer devant le colonel de blindés qu'emporterait bientôt « la houle de l'Histoire ».

Après le fameux mémorandum adressé en janvier 1940 à quelques dizaines de responsables militaires et politiques, de Gaulle, pendant plusieurs années, n'écrira plus que d'autres mémorandums, des dépêches, des notes, des directives. Ces années-là, pour les Français à l'écoute de la B.B.C., il est une voix. Ce qu'ils entendent, ils ignorent que cela a été rédigé au prix d'efforts qu'évoqueront, à plusieurs reprises, les Mémoires de guerre... Reste que ces textes ont été élaborés pour être dits, avec quelle force ! Naguère auteur de livres, Charles de Gaulle est devenu un orateur. Quand il reprendra la plume, il retrouvera souvent les chemins de l'éloquence.

Mémoires de guerre.

Lorsque paraît, en 1954, la première partie des Mémoires de guerre, l'auteur n'est plus l'écrivain militaire méconnu de naguère : il est désormais, comme le dira René Coty, « le plus illustre des Français[1] ». Événement politique, la publication de L'Appel est aussi un événement littéraire. Avec les deux volumes suivants, ce livre formera une œuvre, avec son architecture, son héros, ses personnages, qui sont parfois, eux aussi, des héros, avec son style enfin. On suivra ailleurs[2] la genèse de cet ensemble ; on le considère ici tel qu'il apparut, sous sa forme achevée, en 1959.

Le lecteur avait sous les yeux trois livres dont les jaquettes — bleue pour L'Appel, blanche pour L'Unité, rouge pour Le Salut —, formaient au dos un drapeau tricolore. Nos trois couleurs illustraient une architecture qui répartit le temps du récit en trois périodes de deux années : 1940-1942, 1942-1944, 1944-1946. Loin d'être artificielle, cette division marque les étapes d'un itinéraire. Les dernières pages de chaque volume décrivent un aboutissement, glorieux ou mélancolique : Bir Hakeim, sacre parisien, « départ ». Pour ses Mémoires

---

1. Message du 29 mai 1958 au Parlement.
2. Voir la Notice de Mémoires de guerre, p. 1229-1231.

d'espoir, le Général prévoira une construction analogue, chacun des trois livres devant se terminer sur un dénouement heureux ou triste : fin de la guerre d'Algérie, réélection à la présidence et second départ, définitif.

Dans les Mémoires de guerre, chaque tome comprend sept ou huit chapitres, non moins attentivement organisés que l'œuvre. Celle-ci s'ouvre et se referme sur deux textes poétiques : « une certaine idée de la France », les quatre saisons. L'attaque et le finale de chaque chapitre sont toujours fortement marqués. Entre ces deux extrémités, le récit est coupé de pauses, de portraits, de scènes dialoguées, parfois d'anecdotes significatives, comme celle du téléphone de Léon Blum[1]. On verra avec quel art sûr le narrateur emploie tous ces éléments d'une architecture, dont ici on dégage simplement les grandes lignes.

Au « bout à bout » de Churchill, le Général opposait sa volonté de faire « une œuvre ». Cette œuvre, il lui a donné une forme qui informe le fond. Il raconte une certaine histoire de la France, remontée de l'abîme au salut, à l'appel d'un héros dont la vie s'est peu à peu transformée en destin. Cet homme, constate le narrateur, est devenu un symbole, un personnage : « de Gaulle », dont Charles doit accepter de jouer le rôle. En 1946, le personnage a quitté la scène mais quoi ! dirait l'orateur, l'Histoire ne s'arrête jamais, si les individus meurent, ou, pire, vieillissent. On lit au terme des Mémoires de guerre : « espérance » ; le mot est là pour la France, mais aussi pour le « vieil homme » : son espoir, en 1959, est devenu réalité.

Pour beaucoup de Français, l'histoire de la France Libre serait « une imagerie d'Épinal fixée par les Mémoires de guerre[2] ». À l'ironique formule de Jean-Louis Crémieux-Brilhac il est tentant d'opposer le vers de Boileau : « Le vrai peut quelquefois n'être pas vraisemblable », vers admirablement illustré par l'historien si attentif de La France Libre. Les Mémoires de guerre, ce n'est pas « de l'histoire écoutée aux portes de la légende[3] » : ils disent une vérité invraisemblable.

Invraisemblable, la destinée qui mène Charles de Gaulle de la solitude du 18 juin 1940 au triomphe des Champs-Élysées, quatre ans plus tard. Et pourtant, cela fut ; et c'est cet itinéraire que retracent

---

1. *L'Appel*, p. 25.
2. Jean-Louis Crémieux-Brilhac, *La France Libre*, p. 33.
3. Hugo, *La Légende des siècles*, préface.

les Mémoires. *Mais, en chemin, le narrateur, qui ordonne et stylise, ne risque-t-il pas, emporté par sa volonté d'édifier une œuvre, d'écrire un récit édifiant ? de trahir, en la simplifiant, la réalité si complexe de ces années de guerre ? À trop vouloir illustrer « une certaine idée de la France »* — *et de lui même* —, *n'a-t-il pas sublimé la grandeur de la patrie et magnifié le rôle de son « guide » ? Poser de telles questions, tenter d'y répondre, il le faut, si l'on veut apprécier littérairement les* Mémoires de guerre.

Il existe en effet en littérature des formes à peu près pures : on aimera la musique d'un poème sans se soucier d'histoire ou de psychologie. Il existe même des formes vides, « abolis bibelots d'inanité sonore ». Mais, dans la tragédie ou le roman, comment séparer la forme du fond ? La force d'un Racine ou d'un Flaubert est toute dans leur accord. Quant aux Mémoires, ils ne sont jamais de l'art pour l'art. Certains ne valent que comme des documents. Ceux du Général, de toute évidence, présentent sur des faits un témoignage[1], *servi par un art de persuader.*

Ils persuadent en effet, et d'abord de la sincérité du témoin. On sait, dès les premières pages, d'où il parle, comme on disait en 1968. Il y déclare la passion qui l'anime — *le culte de la France. Il confesse sa certitude, très tôt formée, d'avoir à jouer un rôle éminent au service de la patrie. Tout au long de l'œuvre, l'amour passionné de la France et la conscience de sa propre valeur inspireront Charles de Gaulle. On ne peut vraiment lui reprocher de s'avancer masqué.*

Sincère donc, mais véridique ? De Rousseau à Gide, les professionnels de la sincérité ne sont-ils pas les plus grands menteurs ? De Gaulle n'est pas de ces professionnels, ne dit pas à tout propos : je suis sincère. Simplement, il l'est. Mais quel crédit accorder à un témoignage aussi fortement personnalisé ?

On ne reprochera pas au témoin de dégager les grandes lignes sans s'attarder aux détails[2]. *Un tel parti n'exclut pas la véracité. Il l'exclut cependant quand le mémorialiste rapporte les péripéties d'une crise en omettant un élément décisif. Ainsi de la médiation britannique qui*

---

1. À son archiviste, Alice Garrigoux, le Général déclare : « Ce n'est pas un ouvrage d'histoire mais le témoignage d'un homme, donc faillible et incomplet » (A. Garrigoux, « Archiviste du général de Gaulle », *Espoir*, n° 69, décembre 1989, p. 42).
2. Il lui arrive pourtant de s'y attarder, par exemple sur l'affaire Dufour (*L'Unité*, p. 479-482).

permit en 1941 le règlement de la deuxième affaire Muselier[1]. Ainsi encore de l'intervention de Churchill en faveur de la défense de Strasbourg, à Versailles chez Eisenhower, le 3 janvier 1945 : le mémorialiste s'étonne de la présence du Premier anglais, alors qu'il a sollicité son appui par un télégramme, cité d'ailleurs dans les « Documents » du Salut[2]. Plaidera-t-on que la distance des faits à leur narration altère fatalement l'exactitude du témoignage ? Ici et là, de Gaulle n'a pu oublier ; sa mémoire l'eût-elle trahi, il avait réuni une documentation suffisante pour lui éviter une interprétation qui néglige, non des minuties, mais des données essentielles.

Au surplus, il avait le culte de l'Histoire et croyait aux vertus du recul, gage d'objectivité. Mais le recul précisément n'est pas ici celui que prend un mémorialiste séparé des événements rapportés par une longue période de retraite et de détachement. Entre son départ de 1946 et le temps des Mémoires de guerre, il a présidé le R.P.F., dénoncé dans les communistes des « séparatistes » : comment l'oublierait-il quand il évoque ses relations avec le « parti » pendant les années de guerre et de libération ? Son témoignage sera inévitablement marqué par ce qu'il a éprouvé, non dans le temps du récit, mais dans celui de l'écriture qui est aussi celui de la guerre froide. Du reste, y eut-il jamais des mémorialistes objectifs ? Écrire l'histoire des autres, à d'autres époques que la sienne, en faisant abstraction de ses préférences, est déjà difficile : ni Jaurès ni Gaxotte ne peuvent parler froidement de la Révolution. Écrire sa propre histoire, quand on a été le grand acteur de l'histoire d'une patrie adorée est un pari fort risqué. Charles de Gaulle le gagne pourtant, mais non à tout coup. César, dont on l'a abusivement rapproché, fait œuvre d'historien, mais ses Commentaires sont aussi un plaidoyer pro Caesare.

Tour à tour narrative, épique, lyrique, la forme des Mémoires de guerre informe, on l'a vu, le fond. Pourtant, malgré omissions et glissements, l'œuvre, dans son ensemble, dit une vérité. Ce plaidoyer passionné sait aussi être serein. Il l'est sûrement à l'égard de Winston Churchill, admiré, aimé, jalousé et, à certains moments, détesté. Churchill a été l'allié des jours sombres contre l'ennemi commun. L'adversaire alors était à Vichy, prétendant incarner la France. Le recul, ici, semble avoir permis au mémorialiste d'atteindre une relative sérénité.

---

1. *L'Appel*, p. 220-221 et n. 3, p. 221.
2. *Le Salut*, p. 734 et n. 19.

« Le Maréchal » — *toujours nommé ainsi* — *des* Mémoires *n'est plus celui qu'attaquait férocement l'orateur de Londres, mais un naufragé du grand âge, égaré par une ambition sénile. L'un des pires collaborateurs, Joseph Darnand, se voit sinon absous, du moins compris : ce héros des deux guerres fut un « grand dévoyé de l'action*[1] *».*

S'efforçant à l'objectivité, n'y parvenant pas toujours, l'écrivain construit son œuvre sur des faits. Mais ces faits, ni pour lui, ni pour la France, ne sont neutres : il les a vécus et veut en tirer la leçon. « Ce qu'il y a en [lui] d'affectif[2] *» donne à l'enseignement une couleur très personnelle. L'Histoire devient épopée, comme à Bir Hakeim, quand elle ne suscite pas des cris lyriques : « Oh ! cœur battant d'émotion, sanglots d'orgueil, pleurs de joie ! », « Ah !, c'est la mer*[3] *! ». Mais tout est vrai, même si ce n'est pas tout le vrai des années 1940 : la mémoire de Charles de Gaulle est sélective. Elle l'est de par une volonté artistique, mais aussi politique, excluant ce que l'auteur ne veut pas dire et ce qu'il ne peut pas dire : pas de révélations sur les vies privées, rien qui porte atteinte à l'honneur de la France et de son « guide ».*

Une histoire des années 1940-1946 qui négligerait les Mémoires de guerre *serait tristement incomplète : ce grand texte d'un grand artiste offre une explication cohérente et forte de ce que fut en ce temps-là « la fortune de la France*[4] *».*

Qui parle, et de qui parle le narrateur ? De Charles ? « Il n'y a pas de Charles dans ses Mémoires[5] *».* *À la lettre, Malraux dit vrai : le héros est un « personnage qui n'a pas de prénom*[6] *», même si l'on rencontre, exceptionnellement, un « Charles de Gaulle*[7] *». Pourtant, le narrateur des* Mémoires de guerre *n'est pas seulement l'homme public. Dès les premières pages, il évoque ses parents, l'enfant, l'adolescent qu'il fut. À chaque étape de son parcours, il rappelle qu'il est époux et père. Si son épouse n'a pas de prénom non plus, il nomme, avec une sobre affection, ses enfants : Philippe, Élisabeth et la petite Anne. Il mentionne ses résidences successives, consacrant ses dernières pages à La Boisserie : « C'est ma demeure*[8] *». La nature alentour lui*

---

1. *Le Salut*, p. 837.
2. *L'Appel*, p. 5.
3. *Ibid.*, p. 259 ; *L'Unité*, p. 573.
4. *Ibid.*, p. 104.
5. *Les Chênes qu'on abat…*, *Œuvres complètes*, t. III, p. 582.
6. *Antimémoires, ibid.*, p. 110.
7. *L'Unité*, p. 414.
8. *Le Salut*, p. 873.

inspire alors le poème en prose des quatre saisons, où apparaît le « vieil homme[1] *».* Une fois même, il parle de sa santé : « au début de 1944 », à Alger, Charles est « tombé sérieusement malade[2] » ; le lecteur, évidemment, n'en saura pas plus.

Plus souvent que ces rares échos d'une existence privée, on a remarqué le procédé d'un narrateur écrivant « de Gaulle », comme s'il était le spectateur de son propre destin. Il y avait un précédent : César dans ses Commentaires. De là à affirmer que le Général comme César... Malice trompeuse : ce qui est constant dans les Commentaires ne l'est pas dans les Mémoires de guerre, dont on connaît l'attaque fameuse : « Toute ma vie, je me suis fait une certaine idée de la France. » Après quoi, le narrateur ne cessera plus d'écrire « je », scandant son récit d'innombrables « pour moi » ou « quant à moi ».

Lorsqu'il se nomme « de Gaulle », il ne singe pas César. Il s'agit souvent de rapporter ce que d'autres pensent ou disent à son sujet. Ainsi des généraux alliés en Afrique du Nord : « Il leur fallait, en effet, dans leurs rapports avec de Gaulle, surmonter une surprise à vrai dire bien compréhensible[3]. » Ainsi encore du président Roosevelt : « Dans le discours qu'il prononça le 3 mars [...] il fit une allusion transparente à de Gaulle[4]. » À l'Assemblée constituante, « On comprenait que, si de Gaulle se résignait à cette situation pour tenter de rester en place, son prestige s'en irait à vau-l'eau[5]. »

De telles phrases et nombre d'autres semblables relèvent d'un discours indirect libre ; y remplacer « de Gaulle » par « moi » serait ridicule : l'orgueil souvent reproché au Général deviendrait une insupportable infatuation. Très banalement enfin, l'écrivain a le souci de rompre la monotonie d'un genre, les mémoires, où le « je », si l'on n'y prend garde, prolifère.

Ici et là, l'alternance entre la première et la troisième personne crée une distance entre deux hommes : celui qu'a été le narrateur, tel qu'il se voit ; celui qu'ont rencontré, admiré, détesté les autres, tel qu'il l'imagine. Dès L'Appel, le mémorialiste montre qu'il a pris conscience de ce dédoublement : « Il allait en résulter pour moi-même une perpétuelle

---

1. *Le Salut*, p. 875.
2. *L'Unité*, p. 435.
3. *Ibid.*, p. 525.
4. *Le Salut*, p. 675.
5. *Ibid.*, p. 865.

sujétion. Le fait d'incarner, pour mes compagnons le destin de notre cause, pour la multitude française le symbole de son espérance, pour les étrangers la figure d'une France indomptable au milieu des épreuves allait commander mon comportement et imposer à mon personnage une attitude que je ne pourrais plus changer. Ce fut pour moi, sans relâche, une forte tutelle intérieure, en même temps qu'un joug bien lourd[1]. »

Rien n'éclaire mieux que ce texte à la première personne la nécessité pour l'écrivain d'utiliser la troisième dès qu'il s'agit du « personnage » symbolique qu'est devenu Charles de Gaulle.

D'une personne à l'autre, la différence n'est pas entre le subjectif et l'objectif : « je » parle parfois de soi avec détachement et il arrive à « de Gaulle » de trahir les secrets d'un « moi ». « Pauvre moi » ! « Et moi, pauvre homme[2] ! » Ainsi soupire, à la fin de L'Appel, celui que Bir Hakeim vient de secouer de « sanglots d'orgueil ». N'a-t-il pas, dès la première page, reconnu ce qu'il y avait en lui d'« affectif » ? Il s'agissait alors de la France, mais cette affectivité reparaîtra tout au long de l'œuvre. Elle frappe d'autant plus qu'elle surgit dans un récit où le narrateur affirme sa certitude d'avoir eu raison, ne dissimule pas la conscience de sa supériorité. À plusieurs reprises, ce héros sûr de lui et dominateur avoue non seulement la faiblesse des moyens dont il dispose — « *Comme elle est courte l'épée de la France*[3] ! » — mais ses propres insuffisances. S'il évoque très sobrement ses sentiments « à mesure que s'envolaient les mots irrévocables[4] » du 18 juin, il confesse après l'échec de Dakar : « *les jours qui suivirent me furent cruels*[5] ». À l'annonce du haut fait de Bir Hakeim, il pleure. Et la « sérénité » qu'il trouve à Colombey, comme elle est « amère » ! Nul décodage n'est nécessaire pour reconnaître l'ennui du solitaire dans « le petit parc » dont il a « fait quinze mille fois le tour[6] ».

Les *Mémoires de guerre* ne sont pas les confessions de Charles, mais ils ne sont jamais le froid récit d'une grande entreprise. N'était-elle pas inspirée par une passion ? Une passion vécue par un « pauvre homme » qui, au prix d'« une forte tutelle intérieure », accepte de s'identifier à son mythe. La tutelle n'est pas toujours assez forte pour

---

1. *L'Appel*, p. 114.
2. *Ibid.*, p. 262.
3. *L'Unité*, p. 507.
4. *L'Appel*, p. 73.
5. *Ibid.*, p. 111.
6. *Le Salut*, p. 874.

empêcher les émotions de s'exprimer. Ces aveux certes sont étudiés : l'écrivain est trop attentif pour les laisser échapper contre son gré. Si réservé quand il s'agit de sa foi, pourtant profonde, il a voulu qu'on reconnût sous le personnage une personne, avec son intelligence, son caractère, mais aussi avec ses souffrances et ses joies.

Face à la France et à l'Histoire, le narrateur n'est pas seul : il a des compagnons, des partenaires, des adversaires, des ennemis. Avec les ennemis, qu'il n'a évidemment pas rencontrés, le mémorialiste pourrait s'en tenir à une condamnation qui, pour lui, va de soi, mais les pages qu'il consacre à Mussolini et à Hitler, lorsqu'il médite sur leur chute, illustrent sa philosophie de l'histoire. Le rêve mussolinien ne manquait pas de « grandeur », mais en se rangeant derrière Hitler le dictateur italien a trahi la cause de « la latinité[1] ». Quant au Führer, si « fascisme et racisme mêlés lui procurèrent une doctrine[2] », il a incarné une « Allemagne, séduite au plus profond d'elle-même[3] » ! Parmi les Alliés, Staline, lui aussi, personnifiera une ambition nationale.

Ses adversaires, de Gaulle les épargne parfois, ce qui peut être une manière de leur refuser l'existence. Racontant la scène qui l'opposa en 1945 à François Mitterrand[4], il ne nomme pas celui dont il a, treize ans plus tard, affronté l'hostilité. Mais le président de la République, auteur du Salut, devait-il, pouvait-il humilier le haut fonctionnaire déloyal de la Libération ?

Avec Vichy, en revanche, le mémorialiste n'y va pas de main morte. Sévère pour Weygand[5], il n'ignore pas que, tout en refusant de s'unir à de Gaulle, le proconsul a, en Afrique du Nord, mené une politique anti-allemande et pro-américaine — qui lui valut d'être banni par les collaborateurs et rappelé en métropole avant d'être arrêté par la Gestapo. Weygand, c'est le honteux armistice. Mais Vichy, c'est Pétain.

Pétain, l'antihéros des Mémoires de guerre. Avec lui, de Gaulle poursuit un dialogue commencé lorsque « le Maréchal » était encore « un grand homme ». Si l'âge explique bien des choses, expliquer n'est pas absoudre. Du remarquable portrait de L'Appel au procès de 1945, en passant par les velléités de résistance du chef de l'État français

---

1. *Le Salut*, p. 759.
2. *Ibid.*, p. 760.
3. *Ibid.*
4. *Ibid.*, p. 830-831.
5. Voir l'Introduction de Jean-Louis Crémieux-Brilhac, p. XXXIII.

et son ultime démarche de 1944 auprès du Général, on suit quatre années d'un règne illégitime, d'un « naufrage » qui aurait pu être celui de la France.

De l'autre côté de la Manche, puis de la Méditerranée, il y a eu de Gaulle et ses alliés. Churchill, le premier en date et sans nul doute le plus admiré, joue dans les Mémoires de guerre un rôle si capital qu'on peut considérer qu'il en est le héros, juste après le Général. La relation des deux hommes est vraiment personnelle, et très affective. On conçoit qu'elle ait dominé le spectacle monté par Robert Hossein[1]. Tout commence par la rencontre du 9 juin 1940, à Downing Street, dont le récit est accompagné d'un portrait inoubliable du « grand artiste[2] » qu'est le Premier britannique. À partir de là, de collaboration amicale en affrontements, de réconciliations en brouilles, les Mémoires de guerre racontent une histoire qui n'est pas toujours l'Histoire. Churchill s'y montre généreux et machiavélique, ami loyal et adversaire sournois ou déclaré. Comme l'auteur l'a annoncé, on sent les « frictions » de « deux caractères[3] ». Ce que perd en route l'exactitude est largement compensé par la vivacité du récit et une certaine vérité psychologique.

C'est aussi une relation d'homme à homme, de soldat à soldat, que de Gaulle, dans ses Mémoires — mais aussi dans la réalité — noue avec Eisenhower. Plus distante, celle qu'il établit avec Roosevelt, à Anfa puis à Washington. D'un côté, une sincère admiration et beaucoup de méfiance. De l'autre, une condescendance souriante et beaucoup d'incompréhension. Qu'aura pesé cette expérience dans la politique américaine du président de la République ?

Les compagnons du Général sont traités beaucoup plus sobrement que ses partenaires. Certains sont seulement nommés. D'autres ont droit à une brève appréciation élogieuse. Mais nul lecteur des Mémoires ne confondra Catroux, le général (trop) diplomate, avec Thierry d'Argenlieu, le moine-soldat. Deux personnages dominent : Jean Moulin, Leclerc. « Jean Moulin, écrivait de Gaulle en 1947, je l'ai bien souvent réuni dans mon esprit et dans mon cœur à Leclerc[4]. »

---

1. « De Gaulle. Celui qui a dit " Non " », présenté au Palais des Congrès de Paris (octobre 1999-février 2000). Texte d'Alain Decaux et Alain Peyrefitte.
2. L'Appel, p. 51.
3. Ibid.
4. Lettre du 12 décembre 1947 à Laure Moulin, sœur de Jean.

Auprès de ces deux figures emblématiques, les traits d'autres résistants ou chefs militaires semblent moins accusés, même si les personnalités de Juin et de De Lattre sont caractérisées avec beaucoup de nuances.

Quant aux hommes politiques qui, à un moment ou à un autre, accompagnèrent l'action de Charles de Gaulle, ils sont, eux aussi, rapidement campés. Léon Blum, chef du gouvernement de Front populaire en 1936, devenu gaulliste en prison, reparu fatigué après la victoire, est peint avec une sympathie sans aveuglement. Au lucide et courageux Paul Reynaud, victime de juin 1940, le Général garde toute son estime[1], s'interdisant de dénoncer telle influence néfaste qui a pu s'exercer sur lui.

Pour faire revivre tous ces acteurs de l'Histoire, le mémorialiste devait les replacer dans le temps, suspendre son récit pour les peindre, les montrer en action dans des scènes, les faisant dialoguer avec lui-même. Il lui fallait encore veiller à rythmer sa narration par des attaques et des retombées — ou des élévations.

Que faire du temps ? Tout mémorialiste affronte la question. S'il suit, pas à pas, la chronologie, ses mémoires tournent au journal ou à la chronique. Ainsi procède Churchill, dont de Gaulle entend se distinguer. Les choses étant ce qu'elles sont, les journées d'un homme, même exceptionnel, mêlent le privé au public. Décide-t-on, comme le fait, à très peu près, l'auteur des Mémoires de guerre, d'écarter les détails domestiques, dans la vie publique elle-même s'entremêlent chaque jour l'accessoire et l'essentiel, l'intendance et le politique : au sortir « d'une séance d'arbre de Noël[2] », le Général apprend la mort de Darlan. Le mélange des petits faits et des grands événements a la saveur même de l'existence, mais on risque de perdre de vue le sens de l'action menée. Pour éviter ce risque, le mémorialiste pourra choisir de grouper par thèmes les éléments de son expérience. Le lecteur alors suivra aisément ces analyses, mais à lui d'opérer la synthèse. La durée vécue lui échappera et il peinera à découvrir, dans une succession d'exposés — chacun fût-il chronologique —, l'unité d'une destinée.

Avec le temps les Mémoires de guerre jouent, entre les deux écueils du pointillisme journalier et de la discontinuité thématique. Si

---

1. Il y a pourtant, me signale Jean-Louis Crémieux-Brilhac, « une nuance inexprimée de dédain » dans le portrait de *L'Appel*, p. 70 : Reynaud y apparaît incapable de s'évader « de la normale et du calcul » — ce que fera de Gaulle les 17 et 18 juin.
2. *L'Unité*, p. 330.

Un écrivain nommé Charles de Gaulle LXXXI

l'architecture générale est chronologique, l'écrivain, en décrivant chaque étape, échappe à la tyrannie du temps des horloges.

Les premiers chapitres de L'Appel *conduisent le lecteur jusqu'en août 1941. Les deux suivants envisagent la période de septembre 1941 à juin 1942 sous deux angles différents. Dans* « Les Alliés » *on voit comment, au long de ces mois, de Gaulle a vécu ses rapports avec les Anglo-Saxons et les Russes. Au début du chapitre suivant, il écrit :* « Tandis que [...] la France Combattante étendait sa campagne diplomatique, elle ne cessait pas elle-même de s'agrandir. Si le présent récit expose successivement le développement de ces deux efforts, ceux-ci n'en étaient pas moins simultanés et conjugués[1]. » *De fait, repartant de septembre 1941, le narrateur va décrire* « le développement » *de la France combattante jusqu'à l'exploit de Bir Hakeim, suivi, à Londres, du deuxième anniversaire du 18 Juin. L'héroïque résistance de Koenig et de ses soldats a permis que cet anniversaire fût une consécration. La boucle est bouclée.*

Le début de L'Unité *se situe en amont de cette fin de* L'Appel, « au troisième printemps de la guerre[2] ». *Les quatre premiers chapitres nous mèneront jusqu'au 9 novembre 1943. Ce jour-là,* « la volonté nationale[3] » *s'est imposée ; autrement dit : le Général est devenu le seul chef du gouvernement d'Alger. Ensuite, le récit retrace les événements survenus de novembre 1943 à l'été 1944 en adoptant, successivement, trois points de vue :* « Politique », « Diplomatie », « Combat[4] ». *Ces trois voies convergeront dans le chapitre final,* « Paris » *: intrigues politiques, tractations diplomatiques et combats aboutissant au triomphe du héros dans sa capitale : dénouement aussi nécessaire que l'était pour* L'Appel Bir Hakeim.

Le Salut *évoque dans son premier chapitre (*« La Libération »*)* « les dix semaines[5] » *qui suivent l'entrée du Général à Paris. Après quoi,* « Le Rang », « L'Ordre », « La Victoire » *traitent tour à tour des événements diplomatiques, politiques, militaires au terme desquels le Reich hitlérien capitule sans conditions. Dans* « Discordances », *le mémorialiste s'attache à la politique extérieure qu'il a menée de la victoire à l'automne 1945. Il réserve pour* « Désunion » *les obstacles*

---

1. *L'Appel*, p. 219.
2. *L'Unité*, p. 265.
3. *Ibid.*, p. 411.
4. Titres des chapitres v, vi et vii de *L'Unité*.
5. *Le Salut*, p. 587.

qu'il a rencontrés à l'intérieur dès le printemps 1945 jusqu'au référendum et aux élections d'octobre. Enfin, « Départ » relatera la suite, de novembre 1945 à janvier 1946. Ainsi, dans Le Salut, le récit, d'abord chronologique, le redevient à la fin, après quatre chapitres thématiques. Les Mémoires d'espoir, pour ce qu'on en connaît, accentueront la tendance de l'écrivain à s'écarter de la narration linéaire.

Dans l'ensemble, les Mémoires de guerre avaient habilement résolu le problème du temps. Libérés des « documents » renvoyés en appendices, ils font alterner récit et pauses. Le récit rend sensible la continuité d'une entreprise. Les pauses éclairent le récit : le narrateur souvent y explique les intentions de De Gaulle. Autre est l'éclairage, mais non moins efficace, lorsqu'il reprend sa narration à deux ou trois fois dans des perspectives distinctes et complémentaires.

L'art du narrateur est aussi un art de portraitiste. Qu'il définisse en quelques mots, en quelques phrases, une personnalité ou qu'il fasse poser plus longtemps son modèle, ce sont toujours portraits de moraliste. À travers les actes, en écoutant les propos — ce qu'ils expriment, ce qu'ils cachent —, c'est la psychologie de Churchill ou de Roosevelt que cherche à atteindre le narrateur. De leur vie privée, bien sûr, il parlera encore moins que de la sienne. De leur physique il ne retiendra pas grand-chose ; d'autant plus remarquées seront les notations sur l'infirmité du Président américain ou la gloutonnerie de Staline.

Ces hommes, même dans le discours indirect, on les entend. On a reproché à l'auteur des Antimémoires de faire parler Mao comme Malraux. Le héros des Mémoires de guerre parle comme le « de Gaulle » qu'il est devenu. Souvent, d'ailleurs, il cite les discours qu'a prononcés ce personnage symbolique. Mais, s'il recompose les propos de ses interlocuteurs, s'il n'en respecte pas toujours la lettre, il en conserve l'esprit et le ton. Ils ne parlent pas comme le Général, ce Churchill rêvant tout haut à la conquête de Dakar, ce Staline disant à « M. de Gaulle » : « À la fin, il n'y a que la mort qui gagne. »

À cette matière habilement distribuée, il faut encore imposer un rythme ; il faut que le narrateur rende sensible le projet de l'architecte en donnant à l'œuvre entière comme à ses composantes — livres, chapitres — une unité d'allure. C'est, ici et là, la fonction des attaques et des finales.

Partis d'« une certaine idée de la France », les Mémoires de guerre s'achèvent sur un hymne d'espérance. L'Appel se termine par une invocation du héros à sa « mère », la France. La fin de L'Unité évoque « l'appel » qui « peu à peu fut entendu » et annonce « l'étape du Salut[1] ». Étape attaquée in medias res : « *Le rythme de la libération est d'une extrême rapidité[2].* »

Cette rapidité caractérise nombre d'attaques de chapitre — où l'auteur fait le point temporel : « *C'est dans la nuit du 5 au 6 juin[3]* » ; « *Toute la journée du 7 novembre[4]* » ; « *L'hiver approche[5]* ». Différent est le lancement des chapitres à thème : « *La diplomatie, sous des conventions de forme, ne connaît que les réalités[6]* » ; « *Comme elle est courte l'épée de la France[7] !* » ; « *S'il n'est de style, suivant Buffon[8] [...]*. »

Les finales sont presque toujours lyriques ou oratoires. « *Ah ! du moins, que l'honneur soit sauvé[9] !* », s'exclame le général Frère à la fin de « La Pente ». Aux dernières lignes de « La Chute » — on est le 17 juin 1940 — le narrateur se présente ainsi : « *Je m'apparaissais à moi-même, seul et démuni de tout, comme un homme au bord d'un océan qu'il prétendrait franchir à la nage[10].* » Si « La France Libre » se termine sur une note « modestement » humoristique[11], c'est à Chateaubriand que « L'Afrique » emprunte ses derniers mots : « *Mener les Français par les songes[12]* ». Au terme de « Londres », « *chacun* » des Français Libres se montre « *ambitieux de voir notre force [...] grandir par d'autres ralliements, frapper l'ennemi, s'approcher de la France[13]* ». Tous ces finales sont ceux des premiers chapitres de L'Appel. Au lecteur de découvrir les autres ; aucun n'est indifférent.

Aucun non plus n'a été écrit au courant de la plume. Les manuscrits montrent que de Gaulle a été particulièrement attentif aux fins de chapitre. Il lui a fallu ainsi bien des retouches avant de trouver cette belle clausule de « L'Ordre » : « *l'inquiétude lucide de*

---

1. *L'Unité*, p. 584.
2. *Le Salut*, p. 587.
3. *L'Appel*, p. 46.
4. *L'Unité*, p. 304.
5. *Ibid.*, p. 411.
6. *Ibid.*, p. 449.
7. *Ibid.*, p. 507.
8. *Le Salut*, p. 677.
9. *L'Appel*, p. 46.
10. *Ibid.*, p. 71.
11. *Ibid.*, p. 91.
12. *Ibid.*, p. 123.
13. *Ibid.*, p. 145.

l'amour[1] ». *Les finales des* Mémoires de guerre *naissent d'un vrai travail d'écrivain, d'un écrivain qui, on l'a vu, revendiquait, depuis bien des années, un style à lui.*

Sur ce style, qui croire de Jean-François Revel ou de François Mauriac ? Le premier, ne citant du reste que des « discours, déclarations et conférences de presse *», se moque d'«* un produit synthétique *», «* laborieusement élaboré *», «* lequel respire toujours l'artifice et l'archaïsme *» ; or, «* les archaïsmes sont les élégances du maladroit[2] *». Cinq ans plus tard, Mauriac ne se contente pas d'admirer «* l'auteur de tant de pages prophétiques *» : il retrouve dans les* Mémoires de guerre *tantôt «* l'accent de Pascal *», tantôt «* le grand ton majestueux [...] à la fois celui de Bossuet et celui des* Mémoires d'outre-tombe[3] *». Les jugements sur l'écrivain Charles de Gaulle dépendraient-ils des préférences politiques des juges, l'antigaulliste Revel raillant «* le style du Général *» qu'exalte le gaulliste Mauriac ? Il existe heureusement des critiques que n'aveugle pas l'idéologie. Claude Roy est de ceux-là qui reconnaît dans l'auteur de* L'Appel *«* un de ces grands écrivains latins de langue française[4] *».*

Si je cite à nouveau cette formule, c'est qu'elle caractérise avec justesse la langue du mémorialiste. N'en déplaise à Jean-François Revel, le goût de l'archaïsme ne révèle pas nécessairement la maladresse, ou bien on regardera Valéry et Gide comme de grands maladroits. Comme eux, Charles de Gaulle aime rendre aux mots français leur saveur latine : il montrera l'« affreuse infirmité *» d'un régime, dont les dirigeants «* se ruent à la servitude[5] *» ; il sentira «* d'innombrables sollicitudes se tourner vers une simple maison[6] *». L'auteur aime aussi reprendre des mots et des tours anciens comme ce «* ne pas laisser de *» qu'il affectionne un peu trop.*

Archaïque — ou classique —, le Général l'est aussi par sa fidélité au groupement ternaire, rythme d'orateur qu'on retrouve en maintes pages de ses Mémoires. *«* Mon père, homme de pensée, de culture, de traditions[7] *» ; «* l'intelligence, l'ardeur, l'éloquence[8] *» ; «* toute l'activité

---

1. *Le Salut*, p. 716.
2. Jean-François Revel, *Le Style du Général*, Julliard, 1959, p. 12, 96.
3. François Mauriac, *De Gaulle*, Grasset, 1964, p. 51, 124, 126.
4. Voir p. LXVII et n. 2.
5. *L'Appel*, p. 70.
6. *Le Salut*, p. 873.
7. *L'Appel*, p. 5.
8. *Ibid.*, p. 6.

politique, technique et administrative[1] ». Dans ce même premier chapitre de L'Appel, les phrases aussi vont par trois : « *Je pouvais voir la France [...]. Je pouvais la voir [...]. Je pouvais la voir, ensuite*[2]. » Conforme aux recettes classiques, aux fameux trois points des professeurs, la rhétorique gaullienne sait aussi trouver d'autres cadences. Ainsi, lorsqu'il passe de la chaleur d'un rassemblement à la solitude : « *Les acclamations se sont tues. La réunion a pris fin. Chacun retourne à sa tâche. Me voilà seul, en face de moi-même*[3]. »

La tradition encore inspire le choix des images. Ainsi, l'épée, si présente dans les écrits antérieurs, revient maintes fois dans les Mémoires de guerre. Ce goût des images guerrières ne surprend pas chez un soldat. L'imagerie religieuse étonne davantage chez un écrivain si réservé dès que sa foi est en cause. De la « Madone » à « notre dame », il s'agit toujours en fait de la France. Digne fils d'une mère qui « *portait à la patrie une passion intransigeante à l'égal de sa piété religieuse*[4] », Charles de Gaulle exprime sa propre passion patriotique avec les mots d'une foi qu'il professe sans l'afficher.

Ces images et bien d'autres, empruntées aux domaines les plus divers, Francis Quesnoy les a étudiées dans une thèse solide[5] où il examine la grammaire, la rhétorique et la musique des Mémoires. Aussi soulignerai-je seulement quelques traits révélateurs. D'abord, la référence au jeu, qu'il soit de hasard ou dramatique. Le Fil de l'épée célébrait déjà « *le jeu divin du héros*[6] », « *fait pour agir, risquer, jouer le rôle* » ; le Churchill des Mémoires de guerre « *maîtrisait le jeu terrible où il était engagé*[7] ». De Gaulle place les premiers chapitres de L'Unité sous le signe du théâtre : « Intermède », « Tragédie », « Comédie ». Plus traditionnelles, les images maritimes ne sont pas moins révélatrices : la France est un navire, dont de Gaulle est le capitaine (dans les Mémoires d'espoir, il aura un « second » : le Premier ministre). Il mène son esquif à travers les écueils et affronte évidemment les tempêtes. Enfin, d'un bout à l'autre de l'œuvre, est filée la métaphore de la pente qui mène droit à la chute dans « l'abîme ». Suivra la

---

1. *L'Appel*, p. 7.
2. *Ibid.*, p. 6-7.
3. *Ibid.*, p. 261.
4. *Ibid.*, p. 5.
5. *Le Style de Charles de Gaulle dans les « Mémoires de guerre » et les « Mémoires d'espoir »*, Paris-Sorbonne, 1987 (dactylographié), 883 p.
6. *Le Fil de l'épée*, p. 54.
7. *L'Appel*, p. 51.

remontée vers les sommets où, on le sait, il n'y a pas d'encombrement, mais où resplendit la grandeur.

La grandeur engendrerait-elle la grandiloquence ? Et l'air des cimes, à force d'être pur, serait-il irrespirable ? Certes « ce grand esprit altier et solitaire » qu'était, selon Léon Blum, le général de Gaulle a composé une œuvre altière où le héros, seul au 18 Juin, se retrouve seul en 1946 à Colombey.

Il a conduit son récit dans un style toujours soutenu, ce qui pourrait lasser, si le narrateur ne savait varier les tons. S'il doit souvent être précis, écrire en technicien, l'humour ne lui est pas étranger, comme dans ce dialogue avec Anthony Eden : « Savez-vous, me dit M. Eden avec bonne humeur, que vous nous avez causé plus de difficultés que tous nos alliés d'Europe ? — Je n'en doute pas, répondis-je en souriant, moi aussi. La France est une grande puissance[1]. »

On peut, comme tel critique qui omet la « bonne humeur » de l'un et le sourire de l'autre, voir dans ce finale l'expression d'un énorme gallo — ou gaullo-centrisme. Lue intégralement, au terme d'un chapitre intitulé « Comédie », l'anecdote apparaît comme une détente, où l'auteur s'amuse de son personnage.

Et quel humour noir lorsqu'à la fin des entretiens avec Staline, le Général voit le dictateur qui « s'était remis à manger[2] » !

D'autres fois, la narration débouche sur une envolée lyrique ou, de sèche qu'elle était, devient épique. Aux portraits, aux scènes qui rompent la monotonie, il faut ajouter les méditations du héros face à lui-même, ou les descriptions : telle celle des lieux parisiens chargés d'histoire — qu'il voit ou entrevoit en allant de l'Arc de Triomphe à Notre-Dame.

Jean-François Revel demeurait « confondu par la solidité du mythe de De Gaulle grand styliste[3] ». Quarante ans après, on reste interdit par la cécité d'un critique qu'aveuglait son hostilité à la politique du Général. Chez l'écrivain, si l'on retrouve « le grand ton majestueux » qu'admirait François Mauriac, on entend aussi d'autres accents. Pour Buffon, « le style est de l'homme même[4] ». Aussi peut-on dire du style des Mémoires de guerre ce que Mendès France disait de l'homme : « Souverain[5] ».

---

1. *L'Unité*, p. 365.
2. *Le Salut*, p. 665.
3. *Le Style du Général*, p. 156.
4. *Discours sur le style*.
5. Voir l'Introduction de Jean-Louis Crémieux-Brilhac, p. XIV.

Mémoires d'espoir.

« *Pourquoi écrire*[1] ? », demande le Général à Malraux. Il a déjà répondu : « *Comme dans les* Mémoires de guerre, *il s'agit de dire ce que j'ai fait, comment, pourquoi*[2]. »

« *Comme dans les* Mémoires de guerre », *Charles de Gaulle organisera son récit en trois volumes, dont chacun couvrira une période de trois ou quatre ans : 1958-1962, 1962-1966, 1966-1969. Comme naguère, il réunira une documentation et fournira un énorme effort de rédaction. Là s'arrêtent les ressemblances entre deux œuvres, tant les conditions et l'exécution du travail diffèrent de l'une à l'autre.*

Les conditions ? On pense d'abord à l'âge : le Général a 78 ans quand il entreprend ses Mémoires d'espoir, *mais les années n'ont en rien altéré ses facultés. En revanche, l'âge crée en lui l'obsession du terme inévitable — d'où la nécessité de faire vite.*

Au surplus l'écrivain de 1969 n'est plus celui qui, en 1959, achevait ses Mémoires de guerre. *Pendant dix années, il a beaucoup écrit, et d'abord des textes non destinés au public : directives données à ses collaborateurs, notes prises en vue d'entretiens importants, etc. Quant aux textes publics, ils étaient rédigés pour être dits à la radio, à la télévision, dans des conférences de presse. Ici et là, il s'est affirmé comme un maître original de l'art oratoire, usant d'une rhétorique classique et efficace, émaillant son propos de trouvailles verbales, le rythmant d'une façon très personnelle. Ces dix années d'éloquence vont peser lourd sur la rédaction d'une œuvre écrite pour être lue.*

Il parle à Malraux de ces « *manies d'écriture* » *dont il voudrait* « *se délivrer*[3] », *et son visiteur croit qu'*« *il fait allusion au rythme ternaire qui l'obsède et l'irrite*[4] ». *Ce rythme n'est pas seul en cause. Trop souvent, l'auteur des* Mémoires d'espoir *écrit comme parlait le président dans ses conférences de presse. L'auditeur d'un exposé oral supporte que l'orateur souligne les divisions de son propos, énumère les problèmes qu'il veut traiter. Le lecteur des* Mémoires d'espoir *se lasse vite des* « *Ainsi de* » *en série. On pourrait cependant reprendre sur le style de cette œuvre testamentaire ce qui a été dit du style des* Mémoires de guerre *: tout est de la même encre, mais l'encre a pâli.*

1. *Les Chênes qu'on abat...*, p. 593.
2. *Ibid.*, p. 583.
3. *Ibid.*
4. *Ibid.*

Pourquoi ? Les conditions d'un travail intense mais hâtif, les habitudes de l'orateur, on peut les inscrire au passif de l'écrivain : de Gaulle a voulu aller vite et n'a pas su se délivrer de ses « manies ». Mais est-ce sa faute si le sujet de l'œuvre est moins captivant que celui des Mémoires de guerre[1] ? S'il dispose, par rapport aux événements de 1958-1962 d'un peu moins de recul qu'il n'en avait lorsqu'il décrivait son avant-guerre et les débuts de la France Libre ? Cette différence de recul est peut-être secondaire. L'inégalité des sujets ne l'est pas. Les premiers Mémoires disaient la prouesse d'un héros seul et inconnu au départ de son entreprise. En 1958, c'est encore un solitaire qui sort de son désert pour assumer les pouvoirs de la République, mais le désert était « bien fertile[2] », selon le mot de Jean Lacouture, et le Général en sortait revêtu de sa gloire, d'une gloire ravivée par les Mémoires de guerre. Tout de suite, il est l'État et le restera jusqu'au terme. Si riche et passionnant que soit son bilan, qu'il s'agisse des institutions, de l'Algérie, de la réconciliation franco-allemande, c'est un bilan d'homme d'État. Ce n'est plus la montée vers les sommets d'un rebelle intraitable. Celui qui a dit « Non » est à présent celui à qui le peuple a, d'entrée de jeu, dit « Oui ». Si appliqué que demeure un mémorialiste, qu'obsède d'ailleurs la marche du temps, l'histoire qu'il fait revivre se prête mal au lyrisme et n'a rien d'une épopée.

En lisant les Mémoires d'espoir, on éprouve « la mélancolie » qu'inspire à leur auteur « l'effacement de la rhétorique dans les débats du Parlement qui perdent de leur dramatique attrait[3] ». Naguère, au Palais-Bourbon, au Luxembourg, retentissaient de grandes voix, s'affrontaient des idéaux. Aujourd'hui on y entend des exposés techniques, on assiste à des combats de chiffres. Il y a aussi beaucoup d'exposés et de chiffres dans les Mémoires d'espoir.

On y retrouve, pourtant, de temps à autre, la verve et le mouvement des Mémoires de guerre. Comme Jean-Louis Crémieux-Brilhac, j'admire l'allégresse offensive avec laquelle de Gaulle revit son combat pour l'élection au suffrage universel du président de la République. Il arrive encore au narrateur d'évoquer avec bonheur ses rencontres avec des partenaires étrangers : Adenauer ou Khrouchtchev, par exemple. Si importante pour l'histoire franco-allemande que soit la visite du

---

1. Voir l'Introduction de Jean-Louis Crémieux-Brilhac, p. XXVI-XXVII.
2. « Un désert bien fertile », titre du chapitre XVIII, *De Gaulle*, t. II, p. 400.
3. *Le Renouveau*, p. 1123.

Un écrivain nommé Charles de Gaulle LXXXIX

chancelier à La Boisserie, le récit n'en a pas un grand relief et le dialogue des deux hommes reste ce qu'il fut sans doute : émouvant, mais sage. Le bouillant chef soviétique était plus pittoresque que le vieil Adenauer, et le mémorialiste a su rendre le ton, les gestes de Khrouchtchev : en particulier les entretiens de Rambouillet lui inspirent des pages savoureuses, où l'on entend l'un menacer et l'on voit l'autre « s'envelopper de glace[1] ». Digne d'un Saint-Simon, la formule est une trouvaille ou plutôt une retrouvaille : jadis, l'auteur l'avait employée pour décrire son attitude face à Lyttelton[2].

De tels bonheurs sont rares. Ce regret n'enlève rien à l'intérêt historique de l'œuvre, même si le Général gomme certaines difficultés, même s'il simplifie. Le récit de son retour au pouvoir en 1958 élimine des faits attestés par des témoins sûrs, comme Pierre Pflimlin, et on ne lit pas sans étonnement que le rapatriement des Français d'Algérie « se passe comme il faut[3] ». Ces écarts mêmes intéressent l'histoire : ils permettent de mieux saisir les intentions et les arrière-pensées du Général.

Adoptant un parti dont il s'était progressivement rapproché en élaborant ses Mémoires de guerre, l'auteur, cette fois, n'a pas voulu écrire « un récit chronologique[4] ». S'il conserve la division générale en trois périodes, il partage Le Renouveau en sept chapitres dont les titres annoncent une organisation thématique. Pour commencer, « Les Institutions » ; pour finir, « Le Chef de l'État » : places significatives de l'importance donnée à l'œuvre et à la pratique constitutionnelles. Entre ce début et cette fin l'auteur explore tour à tour cinq domaines : « L'Outre-Mer », « L'Algérie », « L'Économie », « L'Europe », « Le Monde ». En mettant les problèmes économiques au centre du livre, le Général répond à ceux qui lui reprochent de négliger « l'intendance ». L'ordre suivi a du reste varié au cours de la composition et l'affaire algérienne est déjà traitée dans « L'Outre-Mer ».

Du point de vue historique, la structure du Renouveau n'est pas neutre. L'enchevêtrement des problèmes, tel que le vécut le Général de mai 1958 à juillet 1962, n'apparaît guère. En revanche, le professeur de Gaulle, comme le Président dans ses conférences de presse, débrouille

---

1. *Le Renouveau*, p. 1081.
2. *L'Appel*, p. 166.
3. *L'Effort*, p. 1188.
4. *Les Chênes qu'on abat...*, p. 583.

la complexité quotidienne en classant les questions auxquelles il a dû répondre. Le procédé favorise une relecture de l'Histoire ; si la clarté y gagne, l'exactitude y perd.

Comme pour Les Chênes qu'on abat..., *« le destin s'est chargé de l'épilogue*[1] *». La mort a frappé l'écrivain alors qu'il venait de rédiger le deuxième chapitre de* L'Effort. *Qu'eût été l'œuvre achevée ? Ses « nouveaux mémoires*[2] *», de Gaulle leur avait donné un début qui rappelait celui des anciens : une évocation de la France. Au terme des* Mémoires de guerre, *brillait « la lueur de l'espérance*[3] *». Malgré son pessimisme quant à l'actualité, n'aurait-il pas conclu son troisième volume sur le même ton ? André Malraux, qui a si bien compris de Gaulle, lui fait dire : « La France [...]. Oh ! elle étonnera encore ! Mais, je le répète, en partant de ce que j'ai fait*[4] *. »*

★

Charles de Gaulle est ce général de brigade à titre temporaire qui, en juin 1940, entre à titre définitif dans l'Histoire. Personnage historique s'il en fut, il était « un mythe aussi[5] *». Au carrefour du réel et de l'imaginaire, de l'histoire et de la légende, les* Mémoires de guerre *ont leur place dans cette bibliothèque idéale que Malraux confondait parfois avec celle de la Pléiade*[6]*, où ils entrent aujourd'hui, suivis des* Mémoires d'espoir.

Ils devaient y entrer, surtout en cette fin de siècle où l'on entend tant de propos ahurissants sur « les années de Gaulle ». Pour retrouver ce qu'elles furent, rien ne peut remplacer les Mémoires *du Général, même si d'autres lectures sont indispensables pour compléter, rectifier ce témoignage génial, passionné et passionnant. Malgré quelques passages d'une écriture brillante, on peut n'accorder aux* Mémoires d'espoir *que cette valeur de témoignage. Les* Mémoires de guerre, *eux, possèdent une force que ne révèle pas un titre à dessein conventionnel, une force qui contraste avec la faiblesse ou la platitude d'autres mémorialistes du même temps.*

1. Les Chênes qu'on abat..., p. 1240.
2. A. Palewski, 11 mai 1970, Lettres, notes et carnets, 1969-1970, p. 131.
3. Le Salut, p. 875.
4. Les Chênes qu'on abat..., p. 659.
5. Ibid., p. 640.
6. L'Homme précaire et la littérature, Gallimard, 1977, p. 259.

C'est d'abord la force d'un mythe : le dernier de notre aventure nationale ? Un destin authentique a très vite engendré une légende épique que l'auteur des Mémoires de guerre, *tout en respectant l'histoire, a su illustrer mieux que personne. Peut-être a-t-il été, sinon le dernier grand écrivain français, le dernier grand écrivain de la France, d'une France en passe, si l'on n'y prend garde, de devenir, elle aussi, un mythe. Mais, aurait-il dit, la patrie en a vu d'autres. Quel que soit l'avenir de la nation, cet homme aura existé qui, alors qu'elle était « en péril de mort »*[1] *» a voulu la croire immortelle. Et cet écrivain demeure qui du passé a su faire naître l'espoir.*

Même étranger à l'histoire qu'il raconte, on lirait ce récit d'une aventure exceptionnelle comme on lit les épopées de héros lointains. Ici comme là, la donnée est simple : un homme est seul face au destin dont il triomphe, provisoirement. Grandiose et inusable, ce thème ne suffirait pas à assurer la valeur de l'œuvre : encore fallait-il un compositeur pour l'orchestre. Sans Homère, pas d'Ulysse, et pas de Roland sans le poète de la Chanson.

Ici, héros et écrivain ne font qu'un : l'histoire est écrite par celui qui l'a faite. Telle est la prétention de tous les mémorialistes. Mais qui s'intéresserait à la Fronde ou aux mesquines intrigues de Versailles, s'il ne s'était trouvé un Retz, un Saint-Simon pour les rendre passionnantes ? C'est qu'ils savent, par leur art, communiquer leur passion. Comme eux, de Gaulle, autre passionné, réanime une époque qui s'éloigne. À travers son style, on découvre cet « homme de caractère » dont il avait brossé le portrait. Des actes, que ce style met en valeur, se dégage une leçon : un être d'exception enseigne les pouvoirs de l'homme, sans dissimuler les obstacles qu'autrui lui a opposés, ni ceux qu'il rencontrait dans son « pauvre moi ».

Épopée rationnelle, les Mémoires de guerre, *cette histoire datée, ont une portée plus grande que leur sujet. Nourri des moralistes français, Charles de Gaulle prend leur suite. Non que ce chrétien moralise : il décrit les hommes tels qu'il les voit. Son regard est pénétrant et la charité n'est pas son fort. Tendu lui-même vers les sommets, il montre, par un exemple vivant, ce que peut accomplir l'effort humain. Grand réaliste, qu'on dit machiavélien, de Gaulle prend appui sur les êtres et les choses, tels qu'ils sont, pour servir un idéal qu'il appelle*

---

1. Affiche de juillet 1940.

« la France ». La leçon ne vaut pas pour notre seule patrie : à travers le monde, beaucoup l'ont entendue.

Pendant la traversée du désert, Albert Camus demanda un jour au Général « en quoi, à son avis, un écrivain pourrait servir la France ». Réponse : « Tout homme qui écrit (un temps), et qui écrit bien, sert la France[1]. » Comment ne pas appliquer cette réponse à l'écrivain Charles de Gaulle ?

Dans « les Mémoires du XXe siècle », Malraux distinguait ceux que domine « l'introspection » et ceux qui font « le récit de l'exécution d'un grand dessein », comme les Mémoires de guerre ou Les Sept Piliers de la sagesse[2]. Le Général avait visé haut, mais, son récit achevé, il n'eut pas à soupirer, comme Lawrence : « N'était-ce donc que cela[3] ? » : il avait su donner à son œuvre la grandeur même de son dessein.

« Qu'est-ce qu'un artiste gaulliste[4] ? », interrogeait-il. En tout cas, ce n'est pas l'auteur superbement anachronique des Mémoires de guerre. Pour qualifier cet artiste-là, une seule épithète : « gaullien ».

MARIUS-FRANÇOIS GUYARD.

---

1. *Les Chênes qu'on abat...*, p. 638.
2. *Antimémoires*, p. 9.
3. Le chapitre XXXV du *Démon de l'absolu* (Malraux, *Œuvres complètes*, Bibl. de la Pléiade, t. II, p. 1189) porte ce titre inspiré des réflexions de Lawrence sur *Les Sept Piliers de la sagesse*.
4. *Les Chênes qu'on abat...*, p. 638.

CHRONOLOGIE

1890

22 novembre : naissance à Lille, chez sa grand-mère maternelle, de Charles, André, Joseph, Marie de Gaulle, qui est baptisé le jour même en l'église Saint-André. Il est le troisième enfant de Henri, Charles, Alexandre de Gaulle, professeur de lettres, et de Jeanne Caroline, Marie Maillot. Le ménage aura cinq enfants : avant Charles étaient nés Xavier (1887-1955) et Marie-Agnès (1889-1946) ; après lui naîtront Jacques (1893-1946) et Pierre (1897-1959).

L'ascendance paternelle de Charles de Gaulle, dont la généalogie remonte au XIIIe siècle, est d'origine normande et bourguignonne avec des branches flamande et champenoise. La tradition orale lui prête aussi des attaches galloises. L'orthographe du nom varie selon les archives, s'écrivant « de Gaulle » de façon constante depuis le XVIIe siècle. On a trace d'un Richard de Gaule recevant de Philippe-Auguste, vers 1210, un fief près d'Elbeuf, et deux siècles plus tard d'un Jean de Gaule qui se signale à la bataille d'Azincourt (1415) et résiste en Normandie aux Anglais avant de devoir s'exiler en Bourgogne, où une partie de la famille semble s'être fixée à Cuisery (Saône-et-Loire). C'est seulement à partir de François de Gaulle, anobli en 1604, qu'il est possible d'établir dans sa continuité l'histoire d'une lignée où se mêlent religieux, militaires, négociants et hommes de loi. Fils d'Antoine de Gaulle (1675-1730), « marchand et juge consul » en Champagne, Jean-Baptiste de Gaulle (1720-1797), devient, sous Louis XV, procureur au Parlement de Paris. Son fils aîné, Jean-Baptiste Philippe (1756-1832), avocat au barreau de Paris, emprisonné en 1794, échappe de peu à la guillotine dans la nuit du 9 au 10 thermidor. En 1812, il entre à l'âge de 56 ans dans le service des postes de la Grande Armée, sert en Allemagne et après Waterloo, s'établit de nouveau à Paris où il mourra du choléra. Son troisième fils, Julien Philippe (1801-1883) est le grand-père de Charles de Gaulle. Chartiste, il enseigne l'histoire médiévale et publie une *Histoire de Paris* (1845) et une *Vie de saint Louis* (1847). Son épouse, Joséphine de Gaulle, née Maillot, est une romancière et une essayiste prolifique. Le couple a trois enfants, Charles, Jules — l'un et l'autre sans descendance — et Henri (1848-1932), futur père de Charles. Admissible à l'École polytechnique, Henri Charles Alexandre de Gaulle (1848-1932) est contraint de renoncer à une carrière militaire pour subvenir aux difficultés matérielles de sa famille. Tout en poursuivant des études de droit et de lettres, il se consacre à l'enseignement. En 1870, engagé comme volontaire aux bataillons de mobiles de la Seine, il participe aux combats de Saint-Denis, de Stains et du Bourget et commande en janvier 1871 la 3e compagnie de mobiles. Il qualifie de « capitulation » l'armistice signé par Jules Favre. Reçu en 1875 au concours de rédacteur au ministère de l'Intérieur, mais refusant de servir la politique anticléricale du régime, il demande l'année suivante sa mise en congé sans solde. Il reprend alors ses activités de professeur de littérature (cours préparatoires à Polytechnique) et d'histoire (cours préparatoires à Saint-Cyr) au collège Sainte-Geneviève, dirigé par les Jésuites. Le 2 août 1886, il épouse à Lille sa cousine issue de germain, Jeanne Caroline Marie Maillot (1860-1940), fille de Jules Émile Maillot (1819-1891), fabricant de tulle, et de Julie Marie Delannoy (1835-1912).

Du côté Delannoy, l'ascendance maternelle de Charles de Gaulle a des racines irlandaise et écossaise et, du côté Maillot, des attaches allemandes. Julie Marie Delannoy est la fille d'Andronic Mac Cartan, un des médecins de Louis XVIII, d'origine irlandaise, et d'Anne Fleming, une Écossaise née à Londres. Émigrés en France au XVIIIe siècle, les Mac Cartan sont établis à Valenciennes depuis plusieurs générations. Jules Émile Maillot descend par sa mère, Louise Constance Kolb, d'une famille du Bade-Wurtemberg installée à Lille depuis la Révolution.

1896-1908

Charles de Gaulle fait ses études primaires comme demi-pensionnaire à l'école Saint-Thomas d'Aquin, dirigée par les frères des Écoles chrétiennes, avant d'intégrer en *octobre 1900*, le collège des Jésuites de l'Immaculée-Conception, rue de Vaugirard, où Henri de Gaulle sera nommé en 1901 professeur de philosophie et préfet des études.

En *1905*, première « œuvre » de Charles de Gaulle : *Une mauvaise rencontre*, « saynète comique » distinguée par un jury littéraire et publiée, l'année suivante, chez un imprimeur de l'Orne. La pièce est jouée en famille par l'auteur et son cousin Jean de Corbie. À la même époque, Charles de Gaulle écrit *Une campagne d'Allemagne* où il s'imagine, en 1930, à la tête des armées françaises défiant l'envahisseur allemand.

Les Congrégations étant interdites d'enseignement par la loi du 7 juillet 1904, Charles et son frère Jacques iront poursuivre leurs études en Belgique au collège du Sacré-Cœur d'Antoing. En *mai*, Charles publie dans le numéro 6 de *Hors la France*, revue du collège, une étude intitulée « La Congrégation ». Désireux de rentrer à Saint-Cyr, Charles passe une partie de l'*été 1908* en Allemagne pour y parfaire sa connaissance de la langue, nécessaire à la préparation du concours. Le *1er octobre*, il entre au collège Stanislas à Paris en classe préparatoire de l'École spéciale militaire.

1909

27 septembre : il est reçu au concours d'entrée à Saint-Cyr, 119e sur 211. Il contracte le *7 octobre* un engagement volontaire de quatre ans, précédé d'une année de service dans la troupe, qu'il effectue, sur les conseils de son père, au 33e régiment d'infanterie d'Arras.

1910

30 janvier : publication, dans le *Journal des voyages et des aventures de terre et de mer* d'un récit, *Le Secret du spahi*, signé « Charles de Lugale ».

Promu au grade de caporal le *16 avril*, et à celui de sergent le *27 septembre*, il entre le *14 octobre* à Saint-Cyr comme élève officier d'active, promotion « Fez ». Ses camarades le surnomment notamment, « Le Connétable ».

1912

Classé 13e sur 211 de sa promotion (dont le futur maréchal Juin sort major), il est promu sous-lieutenant le *1er octobre*, et choisit l'infanterie plutôt que la cavalerie, et décide de revenir au 33e d'infanterie, à la tête duquel vient d'être placé le lieutenant-colonel Pétain. Il rejoint Arras le *13*, comme chef de section à la 1re compagnie.

1913

Il est promu le *1er octobre* au grade de lieutenant. On relève dans ses notes des conceptions qui se distinguent déjà de celles de son colonel : il privilégie l'esprit d'offensive, la passion du « mouvement » sur la primauté accordée au feu.

1914

3 août : l'Allemagne déclare la guerre à la France. *Le lendemain*, de Gaulle note « Comme la vie paraît plus intense, comme les moindres choses ont du relief quand peut-être tout va cesser. » Son régiment se dirige vers les Ardennes et entre le *13* en Belgique.

Le *15*, Charles de Gaulle est blessé — « Plaie au péroné droit avec paralysie du sciatique par balle » — sur le pont de Dinant et évacué sur Charleroi et Arras avant d'être opéré à l'hôpital Saint-Joseph à Paris.

En *octobre*, le lieutenant de Gaulle rejoint le 33ᵉ R.I. et revient en première ligne en *décembre* dans la région de Châlons-sur-Marne. Suivent de longs mois de guerre de tranchées. Le colonel Claudel, nouveau commandant du 33ᵉ R.I., lui propose d'être son adjoint.

1915

18 janvier : il est cité à l'ordre de la 2ᵉ division et reçoit la croix de guerre. Promu en *février*, ce n'est qu'en *septembre* qu'il prendra définitivement le grade de capitaine.

10 mars : blessé par balle à la main gauche (à Mesnil-les-Hurlus, Somme), il est évacué à la *mi-avril* sur un hôpital du Mont-Dore.

13 juin : il rejoint son régiment dans l'Aisne.

1916

28 février : le 33ᵉ R.I. est envoyé en ligne à Douaumont, alors que la puissante offensive allemande sur Verdun, déclenchée le *21 février*, plonge le commandement français dans le désarroi. Le général Pétain se voit confier la défense de Verdun.

2 mars : blessé d'un coup de baïonnette devant le village de Douaumont, le capitaine de Gaulle est fait prisonnier et soigné dans un hôpital de Mayence, avant d'être interné au camp d'Osnabrück, en Westphalie. Porté disparu, il est cité à l'ordre de l'armée le *7 mai*.

En *octobre*, après quelques tentatives d'évasion, il est transféré au fort IX d'Ingolstadt en Bavière. Le *29*, il s'évade avec le capitaine Dupret. Les deux hommes sont repris près d'Ulm le *5 novembre*. Dans les mois qui suivent, le capitaine de Gaulle fait plusieurs conférences sur la guerre à l'intention de ses compagnons de captivité, où il stigmatise les erreurs stratégiques et tactiques du haut-commandement.

1917

En *juillet*, il est transféré au camp de Rosenberg en Franconie. Le capitaine et quelques-uns de ses compagnons s'évadent dans la *nuit du 15 octobre* ; ils sont repris après dix nuits de marche. Nouvelle tentative avortée le *30*, qui se solde par un retour à Ingolstadt et plusieurs semaines d'arrêts de rigueur.

1918

Le camp d'Ingolstadt ayant été dissous, les prisonniers sont transférés en *mai* au camp de Wülzburg en Bavière. Le *10 juin*, nouvelle tentative d'évasion du capitaine de Gaulle, suivie, le *7 juillet,* d'une cinquième tentative qui lui vaut vingt jours d'arrêts de rigueur ; il les purgera en *septembre* dans les prisons de Tassau et de Magdeburg.

Novembre : signature de l'armistice à Rethondes, le *11* ; à l'« immense joie » du capitaine de Gaulle se mêle le « regret indescriptible de n'y [à la guerre] avoir pas pris une meilleure part ». Il arrive à Lyon le *3 décembre* et retrouve peu après les siens dans la propriété familiale de la Ligerie, en Dordogne.

1919-1924

5 janvier 1919 : Charles de Gaulle est envoyé à un « cours de commandant de compagnie » à Saint-Maixent. Commence pour lui un temps de réflexion et d'instruction qui est aussi celui d'une réadaptation au siècle. Le *17 avril*, il est détaché auprès de l'armée polonaise alors aux prises avec l'Armée rouge, et affecté au 124ᵉ régiment d'infanterie. Outre sa tâche d'instructeur, il assume à Varsovie celles d'état-major opérationnel et d'encadrement des unités de combat.

De retour en France, il est rattaché administrativement en *mai 1920* au cabinet du ministre de la Guerre, « bureau des Décorations ». Il retourne à Varsovie en *juin.* Sa conduite lui vaut en *janvier 1921* une citation à l'ordre de l'Armée.

Le *11 novembre 1920,* il se fiance avec Yvonne Vendroux, de dix ans sa cadette. Des amis communs les ont présentés un mois plus tôt. Après un bref séjour en Pologne, Charles de Gaulle est nommé, en *février 1921,* professeur adjoint d'histoire à l'École spéciale militaire de Saint-Cyr. Il épouse Yvonne Vendroux le *7 avril* à Calais. Le *28 décembre*, naissance du premier enfant du couple, Philippe Henri Xavier ; contrairement à la légende, son parrain n'est pas le maréchal Pétain. Le *2 mai 1922*, le capitaine Charles de Gaulle est admis à l'École supérieure de guerre, où il entre le *3 novembre.* Il y affirme d'emblée son indépendance d'esprit envers les doctrines traditionnelles.

Il est breveté d'état-major le *6 octobre 1923*.

Il publie en *mars 1924*, aux éditions Berger-Levrault *La Discorde chez l'ennemi.*

15 mai 1924 : naissance à Paris de sa fille Élisabeth.

Le *31 octobre :* Charles de Gaulle sort de l'École de guerre avec une mention « Bien » qui est la rançon de sa « dissidence ».

1925-1931

En *mars 1925*, Charles de Gaulle publie dans la *Revue militaire française* un article intitulé « Doctrine a priori ou doctrine des circonstances », qui conteste l'enseignement officiel de l'École de guerre. Après un stage d'état-major en Rhénanie, il est détaché le *1ᵉʳ juillet* à l'état-major particulier du maréchal Pétain, vice-président du Conseil supérieur de la guerre, auquel il sert de « porte-plume » pour un livre sur *Le Soldat à travers les âges*.

En *août 1925*, il juge sévèrement l'attitude du Maréchal qui a accepté, à la demande du gouvernement, de se substituer à Lyautey au Maroc pour mater la révolte d'Abd el-Krim. Il dira plus tard que le malheur de Pétain fut d'être « mort en 1925 » et de ne l'avoir pas su.

C'est toutefois avec l'intérêt ostensible de son protecteur que le capitaine de Gaulle prononce une série de trois leçons à l'École de guerre en *avril 1927* : « L'Action de guerre et le Chef » (le *7 avril*), « Du caractère » (le *15 avril*) et « Du prestige » (le *22 avril*). Elles achèvent de dresser contre lui la majeure partie de la hiérarchie militaire.

Promu au grade de chef de bataillon en *septembre 1927*, il prend en *octobre* le commandement du 19ᵉ bataillon de chasseurs à Trèves.

Naissance à Trèves le *1ᵉʳ janvier* 1928 de son troisième enfant, Anne, qui est handicapée.

En *1929*, le commandant de Gaulle, à qui l'on refuse un poste de professeur à l'École de guerre, est mis à la disposition, le *18 octobre*, du général commandant les troupes du Levant. Il arrive à Beyrouth le *12 novembre*. Il y sera le chef des 2ᵉ et 3ᵉ bureaux de l'état-major.

Il publie dans la *Revue militaire française* deux des conférences prononcées à l'École de guerre, « Du caractère » en *juin 1930* et « Du prestige » en *juin 1931*, reprises en brochure par Berger-Levrault.

Le *17 août 1931*, l'Imprimerie nationale édite son *Histoire des troupes du Levant* écrite en collaboration avec le chef de bataillon Yvon.

De retour en France il *l'automne*, il est nommé le *6 novembre* à la 3ᵉ section du Secrétariat général de la Défense nationale à Paris où, comme il l'écrira dans ses *Mémoires de guerre*, il se trouve mêlé à toute l'activité politique administrative et technique pour ce qui concerne la défense du pays. Il collaborera, entre autres, avec André Tardieu et Joseph Paul-Boncour.

1932

3 mai : mort d'Henri de Gaulle à Sainte-Adresse, en Seine-Maritime.

Toujours privé d'une chaire d'enseignant, Charles de Gaulle livre dans *Le Fil de l'épée*, qui paraît chez Berger-Levrault le *22 juillet*, l'essentiel de sa pensée militaire.

1933

Publication de plusieurs articles dont, le *4 mars*, « Pour une politique de Défense nationale » dans le numéro 3 de la *Revue bleue* et, le *10 mai*, « Vers l'armée de métier » dans la *Revue politique et parlementaire*. Le *25 décembre*, il est promu au grade de lieutenant-colonel.

1934

5 mai : Charles de Gaulle publie chez Berger-Levrault, sans avoir sollicité la moindre autorisation de ses supérieurs, son livre le plus controversé, *Vers l'armée de métier*. Il y préconise la professionnalisation d'une partie de l'armée, l'emploi de l'arme blindée, la création d'un corps de manœuvre autonome doté de chars de combat, seuls garants à ses yeux de la modernisation technique et du renouveau stratégique de la défense française. Cette thèse suscite aussitôt l'opposition des caciques de l'armée — en premier lieu celle de Pétain et Weygand — et surtout celle de Léon Blum, mais obtient l'adhésion, à droite, de Paul Raynaud et, à gauche, de Léo Lagrange, Philippe Serre ou Marcel Déat.

1935

Lors d'un débat à la Chambre le *15 mars*, Philippe Serre et Paul Reynaud défendent sans succès les thèses du lieutenant-colonel de Gaulle. Une proposition de loi, dont l'auteur n'est autre que Charles de Gaulle lui-même, est déposée par Paul Reynaud le *31 mars* en vue de la création d'un corps spécialisé.

1936

7 mars : le coup de force d'Hitler réoccupant la zone démilitarisée de la Rhénanie confirme le lieutenant-colonel de Gaulle dans la conviction que la France ne dispose pas de moyens suffisants pour répondre à l'agresseur.
16 avril : il est chargé de cours au Centre des hautes études militaires.
Le *14 octobre*, lors d'un entretien avec Léon Blum, il tente de convaincre le président du Conseil de créer d'urgence une armée blindée. Ce dernier, quoique séduit, se refuse à modifier les plans défensifs de l'État-major, notamment pour la création d'un corps cuirassé.

1937

13 juillet : Charles de Gaulle est affecté au 507ᵉ régiment de chars basé à Metz — embryon du « corps cuirassé » qu'il préconise — ; il en prend par intérim le commandement le *5 septembre* et est promu colonel le *25 décembre*. On le surnomme le « Colonel Motors ».

1938

11 mars : s'appuyant sur l'efficacité fulgurante de ses unités cuirassées, Hitler envahit l'Autriche. À l'heure des accords de Munich (*septembre*) qui indiquent Charles de Gaulle, la France ne dispose d'aucune division cuirassée en état de fonctionnement. La publication, le *27 septembre*, de *La France et son armée* (Librairie Plon) ouvrage qui n'est pas sans rappeler le livre « commandé » naguère par le maréchal Pétain, consomme la rupture avec ce dernier.

1939

22 mai : signature du Pacte d'acier entre l'Italie et l'Allemagne.
23 août : signature du Pacte germano-soviétique.

Le *2 septembre*, veille de la déclaration de guerre de la Grande-Bretagne et de la France à l'Allemagne, qui vient d'envahir la Pologne, le colonel de Gaulle est nommé commandant par intérim des chars de la Ve armée, dans la région Lorraine-Alsace. Pour livrer bataille il ne dispose que d'un ensemble disparate de bataillons dispersés, non de l'une de ces grandes unités pour lesquelles il ne cesse de militer depuis plusieurs années.

11 novembre : Charles de Gaulle adresse au général Gamelin, commandant en chef, une « note sur l'emploi des chars » demandant que ceux-ci soient utilisés « en largeur et en profondeur, dans le cadre d'une grande unité ». Il ne reçoit pas de réponse.

1940

21 janvier : il adresse à quatre-vingts personnalités, parmi lesquelles les généraux Gamelin, Weygand et Georges, le président du Conseil Daladier et Paul Reynaud, un mémorandum intitulé : « L'Avènement de la force mécanique », qui dénonce la conduite de l'État-major et prophétise le désastre à venir.

21 mars : Paul Reynaud est nommé président du Conseil. De Gaulle rédige la déclaration ministérielle qui sera lue à la Chambre le *22 mars*, mais refuse d'entrer au cabinet de Paul Reynaud.

26 avril : il est affecté au commandement par intérim de la 4e division cuirassée en formation.

10 mai : offensive générale des armées allemandes à l'ouest. Le *même jour* Churchill, succédant à Neville Chamberlain, devient Premier ministre.

À partir du 17 mai, la 4e D.C.R., placée sous les ordres de Charles de Gaulle, s'illustre au cours d'actions sur Montcornet (*17 mai*), Crécy-sur-Serre (*19 mai*) et au nord de Laon (*19 et 20 mai*), puis refoule l'ennemi débouchant d'Abbeville (*du 27 au 30 mai*). Le colonel de Gaulle juge inopportun le remplacement le *19 mai*, à la tête des armées, de Gamelin par Weygand. La veille, *18 mai*, le maréchal Pétain a accepté la vice-présidence du Conseil.

25 mai : Charles de Gaulle est nommé général de brigade à titre temporaire, à compter du *1er juin*.

5 juin : début de la bataille de France ; Rommel franchit la Somme. — Charles de Gaulle est nommé par Paul Reynaud sous-secrétaire d'État au ministère de la Défense nationale et de la Guerre ; sa mission est d'organiser « l'arrière » et d'assurer la coordination avec Londres.

9 juin : il se rend en Angleterre pour tenter de convaincre le Premier Ministre Winston Churchill de renvoyer en France le corps expéditionnaire britannique embarqué à Dunkerque et une partie de la Royal Air Force.

10 juin : il presse Reynaud de décider le repli vers l'Afrique. Dans la soirée, il quitte Paris pour Orléans, avec le chef du gouvernement. — L'Italie déclare la guerre à la France et à la Grande-Bretagne.

11 juin : de Gaulle se rend à Arcis-sur-Aube, au Q.G. du général Huntziger ; il est chargé par le président du Conseil d'offrir à ce dernier le commandement en chef, en remplacement du général Weygand. Puis il participe à Briare à un Conseil suprême franco-britannique. Il reçoit mission d'organiser un éventuel « réduit breton ».

13 juin : à la préfecture de Tours a lieu une nouvelle réunion franco-britannique, dont il n'est informé qu'avec retard, et à laquelle il n'assiste que partiellement. Paul Reynaud informe Churchill de l'éventualité d'un projet d'armistice et lui demande de délier la France de son engagement, pris le *28 mars*, de ne pas négocier de paix séparée. Désapprouvant le chef du gouvernement, de Gaulle envisage de démissionner.

14 juin : les troupes allemandes entrent dans Paris, déclarée ville ouverte le *11*. — De Gaulle fait route de Tours à Bordeaux où le gouvernement se replie. Il repart le soir même pour Rennes à destination de Brest et de l'Angleterre, après avoir obtenu de Reynaud l'instruction de solliciter du gouvernement britannique les moyens de transport nécessaires à la poursuite de la lutte en Afrique du Nord.

15 juin : il quitte Brest pour Plymouth à bord du contre-torpilleur *Milan*.

16 juin : dès son arrivée à Londres, il est saisi par Jean Monnet d'un projet d'union franco-britannique. Après avoir reçu par téléphone l'accord de Reynaud, il appuie ce projet de fédération auprès de Churchill, qui le fait approuver par le cabinet britannique.

À son retour à Bordeaux, à 21 h 30, il apprend la démission de Paul Reynaud après que le projet d'Union a été repoussé par une partie de ses ministres, dont Pétain, qui est appelé à former le nouveau gouvernement.

17 juin : à 9 heures, il s'envole pour l'Angleterre, accompagné du lieutenant Geoffroy de Courcel. Arrivé à Londres vers 12 h 30, il s'entretient avec Churchill dans l'après-midi.

Le gouvernement du maréchal Pétain demande l'armistice.

18 juin : le général de Gaulle lance sur les antennes de B.B.C. son premier appel à la résistance, qui, prononcé vers 18 heures, ne sera diffusé que vers 22 heures.

18 et 19 juin : le gouvernement du maréchal Pétain le désavoue et lui donne à deux reprises l'ordre de regagner la France.

22 juin : par décision du ministère de la Guerre, sa promotion au grade de général de brigade à titre temporaire est annulée. Dans un discours à la B.B.C. de Gaulle exhorte à nouveau les Français à le rejoindre pour continuer le combat. — Signature à Rethondes de l'armistice franco-allemand.

23 juin : par décret du président Lebrun, il est mis à la retraite d'office par mesure disciplinaire. Il remet aux autorités britanniques un mémorandum préconisant la constitution d'un « Conseil de Libération ».

24 juin : il stigmatise l'armistice à la B.B.C., exprimant sa honte et sa révolte. — Signature de l'armistice franco-italien.

28 juin : le gouvernement britannique reconnaît de Gaulle comme chef de tous les Français Libres.

1er juillet : le maréchal Pétain s'installe à Vichy.

3 juillet : la flotte anglaise attaque les navires français au mouillage à Mers el-Kébir.

4 juillet : le tribunal militaire de la 17e région condamne Charles de Gaulle à une peine de quatre ans de prison et cent francs d'amende pour refus d'obéissance.

8 juillet : discours de Charles de Gaulle à la B.B.C. à la suite du drame de Mers el-Kébir, qualifié d'« odieuse tragédie », mais qui ne saurait toutefois remettre en cause, à ses yeux, l'alliance avec l'Angleterre.

10 juillet : à Vichy, l'Assemblée nationale délègue les pleins pouvoirs constituants au maréchal Pétain.

14 juillet : De Gaulle passe en revue les premiers contingents des Forces françaises libres qui défilent dans Londres.

16 juillet : mort de sa mère, Jeanne de Gaulle, à Paimpont (Ille-et-Vilaine).

24 juillet : transfert du quartier général de la France Libre de St Stephen's House au 4, Carlton Gardens.

3 août : le tribunal militaire permanent de la 1re région, siégeant à Clermont-Ferrand, condamne par contumace le colonel d'infanterie breveté d'état-major (en retraite) Charles de Gaulle à la peine de mort, à la dégradation militaire et à la confiscation de ses biens meubles et immeubles. Motifs : trahison, atteinte à la sûreté extérieure de l'État, désertion à l'étranger en temps de guerre, sur un territoire en état de guerre et de siège. *Ce jour-là*, le Général affirme que la guerre mondiale n'est pas seulement un conflit d'ordre militaire ou économique, mais qu'il concerne la société elle-même.

7 août : il signe un accord avec le gouvernement britannique consacrant la reconnaissance de la Force française libre par la Grande-Bretagne et fixant les règles qui régiront les rapports entre les deux autorités.

26-29 août : après les Nouvelles-Hébrides le *22 juillet* et Tahiti le *2 août*, le Tchad se rallie à la France Libre. Ce ralliement sera suivi de celui du Cameroun le lendemain, du Congo le *28* et de l'Oubangui-Chari le *29*.

31 août : le général de Gaulle s'embarque pour l'Afrique, à destination de Dakar, dans le but de rallier les territoires de l'Afrique-Occidentale française à la France Libre.

Septembre : l'opération franco-britannique devant Dakar, menée *entre le 23 et le 25* conjointement par le général de Gaulle et l'amiral Cunningham, se solde par un fiasco. Il poursuit sa mission vers l'Afrique-Équatoriale.

8 octobre : arrivée triomphale à Douala (Cameroun).

13 octobre : après avoir échappé à un accident d'avion, il arrive à Fort-Lamy (Tchad), où l'attend Félix Éboué et où il rencontre le général Catroux, qui se met à sa disposition.

22 octobre : Laval rencontre Hitler à Montoire, où aura lieu *le surlendemain* l'entrevue Hitler-Pétain.

24 octobre : arrivée à Brazzaville (Moyen-Congo) du Général, qui s'était rendu le *23* en Oubangui.

27 octobre : à Brazzaville, il lance un manifeste annonçant la création du Conseil de défense de l'Empire, proclamant sa résolution de « diriger l'effort français dans la guerre » et prenant l'engagement solennel de rendre compte de ses actes « aux représentants du peuple français dès qu'il aura été possible de les désigner librement ».

Novembre : après le ralliement du Gabon le *9*, il se rend à Libreville le *15*. Le *16*, il signe à Brazzaville la Déclaration organique « au nom du peuple et de l'Empire français », par laquelle il affirme l'illégalité et l'inconstitutionnalité du gouvernement de Vichy et institue par ordonnance l'ordre de la Libération. Il regagne l'Angleterre *le lendemain*.

29 novembre : dans un discours à la B.B.C., à la suite de la manifestation des étudiants le *11 novembre* à Paris, il déclare que la guerre actuelle « est une révolution, la plus grande de toutes celles que le monde a connues ».

13 décembre : Pétain renvoie Laval ; les Allemands refusent de traiter avec son successeur.

24 décembre : le Conseil de défense de l'Empire est reconnu par le gouvernement britannique. Le *31*, dans un message diffusé à la radio de Londres, il incite les Français à observer l'« heure d'espérance » le *1ᵉʳ janvier*.

1941

2 janvier : arrestation par les policiers anglais de l'amiral Muselier, numéro 2 de la France Libre, accusé d'avoir tenté de fournir à Darlan le plan de l'expédition de Dakar. Après avoir pris connaissance des pièces du dossier, le Général proteste auprès d'Anthony Eden et remet le *7 janvier* une analyse prouvant qu'il ne s'agit que de « faux » destinés à brouiller la France Libre avec le gouvernement anglais. Le *8 janvier*, il menace de rompre toute relation avec le gouvernement britannique. L'amiral Muselier est libéré *le lendemain*.

1er mars : la colonne du général Leclerc, partie du Tchad, s'empare de l'oasis italienne de Koufra. C'est, selon Jean Lacouture, la première étape d'une « sorte de résurrection guerrière ».

14 mars : le Général s'envole pour « l'Orient compliqué » et arrive à Khartoum au lendemain de la victoire des forces franco-britanniques à Keren (Érythrée).

Du 7 au 14 avril, il séjourne au Caire.

18 mai : discours à la radio de Brazzaville après la signature de l'accord (*11-12 mai*) entre Darlan et le représentant d'Hitler, Vogel, ouvrant la Syrie aux Allemands. Les premiers avions allemands sont arrivés en Syrie dès le *9 mai.* Le *20,* retour du général de Gaulle au Caire.

6 juin : Winston Churchill adresse à Charles de Gaulle un télégramme où il affirme qu'une « entreprise commune au Levant » doit être fondée sur une confiance et une collaboration réciproques et sur le souci de « donner satisfaction aux aspirations des Arabes ».

7 juin : les forces franco-britanniques venant de Palestine et de Transjordanie pénètrent en Syrie et au Liban. Début de l'opération « Exporter ».

8 juin : le général Catroux proclame l'indépendance de la Syrie et du Liban, qui avaient été placés sous mandat français par la S.D.N. L'affrontement entre les troupes de Vichy sous les ordres du général Dentz et celles de la France Libre est vif.

21 juin : entrée à Damas des troupes britanniques et de la 1re division française libre. — De Gaulle y arrive le *23.* Il nomme Catroux délégué général et plénipotentiaire au Levant. Premières frictions franco-anglaises.

22 juin : les forces allemandes envahissent l'U.R.S.S.

7 juillet : entrée des unités de la France Libre et des forces alliées à Beyrouth.

14 juillet : l'armistice de Saint-Jean-d'Acre conclu entre les autorités vichystes et britanniques est désapprouvé par le général de Gaulle et le Conseil de défense de l'Empire : le chef de la France Libre y voit une « transmission de la Syrie et du Liban aux Britanniques » favorisant, qui plus est, les troupes de Vichy.

24-25 juillet : après d'âpres négociations, conclusion des accords de Gaulle-Lyttleton qui transfèrent à la France Libre l'exercice de l'administration civile en Syrie et au Liban et, *de facto,* l'exercice du mandat.

26 juillet : à Beyrouth, de Gaulle confirme, dans une allocution, son intention d'établir la souveraineté et l'indépendance réelles du Liban.

1er septembre : il regagne Londres où il apprend que l'accès aux antennes de la B.B.C. lui est, jusqu'à nouvel ordre, interdit. Ulcéré par une déclaration du Général à un journal américain très critique à son égard, Churchill suspend durant quinze jours les contacts entre les administrations britanniques et la France Libre.

24 septembre : le Général signe une ordonnance portant organisation des pouvoirs publics de la France Libre, instituant un Comité national français et réorganisant le Conseil de défense de l'Empire.

26 septembre : l'Union soviétique reconnaît le général de Gaulle comme chef des Français Libres. Le gouvernement britannique reconnaît le Comité national français comme représentant tous les Français Libres qui se rallient au mouvement pour soutenir la cause alliée.

27 septembre : l'indépendance de la Syrie est proclamée par le général Catroux au nom du général de Gaulle.

22 octobre : exécution de 98 otages, à Châteaubriant et au camp de Souges, en représailles aux attentats perpétrés à Paris contre des militaires allemands.

25 octobre : premier entretien à Londres entre le Général et Jean Moulin, arrivé de France le *20*, et qui lui présente un rapport détaillé sur la situation et les perspectives de la Résistance française.

11 novembre : discours à l'Albert Hall ; de Gaulle revendique pour la France Libre la double devise « Honneur et Patrie » et « Liberté, Égalité et Fraternité ».

7 décembre : les Japonais attaquent la flotte américaine à Pearl Harbor. Le Japon et l'Allemagne déclarent la guerre aux U.S.A.

24 décembre : ralliement de Saint-Pierre-et-Miquelon à la suite de l'intervention des Forces françaises libres commandées par l'amiral Muselier. L'opération provoque aux États-Unis « une vraie tempête », selon la formule du Général dans ses *Mémoires de guerre*.

1942

1er janvier : à Washington, la Déclaration des Nations unies est signée par vingt-cinq États. La France Libre y adhérera le lendemain.

Jean Moulin est parachuté en France dans la *nuit du 1er au 2 janvier* avec mission de réaliser en zone non occupée « l'unité d'action de tous les éléments qui résistent à l'ennemi et à ses collaborateurs ».

14 janvier : de Gaulle rejette la proposition américaine tendant à placer Saint-Pierre-et-Miquelon sous administration alliée.

28 février : il décide d'envoyer l'escadrille Normandie (future Normandie-Niémen) en U.R.S.S.

27 avril : de Gaulle remet à Christian Pineau une « Déclaration aux mouvements de résistance ».

5 mai : débarquement anglais à Madagascar à l'insu du général de Gaulle.

24 mai : le Général s'entretient à Londres avec M. Molotov, ministre des Affaires étrangères de l'Union soviétique, qui envisage de conclure avec la France une « alliance indépendante ».

11 juin : sortie victorieuse des défenseurs de Bir Hakeim.

22 juin : Laval annonce « la relève » et déclare : « Je souhaite la victoire de l'Allemagne. »

23 juin : déclaration du Général publiée en France dans les journaux clandestins.

9 juillet : reconnaissance par les États-Unis du Comité national français comme « symbole de la résistance française à l'Axe ».

14 juillet : la France Libre devient la France Combattante ; cette appellation, qui englobe la Résistance intérieure, est reconnue par la Grande-Bretagne. — Manifestations patriotiques en zone non occupée.

16-17 juillet : rafle du « Vel' d'Hiv » où 12 000 juifs sont arrêtés par les autorités françaises, à la demande des Allemands.

22 juillet : la décision est prise par les Anglais et les Américains d'un débarquement en Afrique du Nord, sans participation des Forces françaises libres et à l'insu du général de Gaulle.

23 juillet : entretien infructueux à Londres du Général avec les chefs de l'Armée et de la Marine américaines, dont le général Eisenhower, le général Marshall, l'amiral Stark, sur les effectifs de la France Combattante et l'ouverture d'un second front.

8 août : entretien au Caire, où il est arrivé le 5, avec M. Casey, ministre d'État de Grande-Bretagne : ce dernier l'invitant à faire procéder au plus tôt à des élections en Syrie et au Liban, il s'y refuse, le menaçant d'« un grief ineffaçable ».

12 août : il gagne Beyrouth où il est chaleureusement accueilli.

14 août : par une lettre à Churchill, il proteste formellement contre les ingérences britanniques au Levant.

28 août : discours prononcé à Beyrouth au Cercle de l'Union française où il affirme que c'est à la France seule d'« organiser » l'indépendance de la Syrie et du Liban.

17 septembre : arrivée à Londres de Charles Vallin et Pierre Brossolette.

22 septembre : dans une « Instruction personnelle et secrète », de Gaulle fixe au général Leclerc sa mission : s'emparer des oasis du Fezzan et atteindre Tripoli. Il annule un nouveau voyage au Caire et part pour Londres où il arrive le 25.

28 septembre : l'Union soviétique reconnaît la France Combattante et son organe directeur, le Comité national français.

29 septembre : entretien difficile avec Churchill et Eden sur la Syrie et Madagascar, où la situation créée par l'Angleterre menace, aux yeux du Général, de remettre en question la coopération entre les deux pays.

30 septembre : de Gaulle propose au Comité national sa démission, si celle-ci « doit servir les intérêts de la France ». Offre refusée massivement.

3-15 octobre : conférence à Londres des principaux chefs de la Résistance. De Gaulle impose l'autorité de Jean Moulin, contestée par une partie des délégués.

22 octobre : création d'un comité de coordination des mouvements de résistance de la zone non occupée — il sera présidé par Jean Moulin — et d'une armée secrète commandée par le général Delestraint.

2 novembre : victoire d'El-Alamein.

8 novembre : débarquement anglo-américain au Maroc et en Algérie. Tenu à l'écart de la préparation de l'opération, à la demande de Roosevelt — ce qui lui sera confirmé par Churchill —, de Gaulle s'insurge contre cette entrée « par effraction » sur le territoire national. Mais le soir même, dans un discours prononcé à la radio de Londres, il adjure les forces françaises d'Afrique du Nord de ne pas s'opposer au débarquement allié.

11 novembre : les Allemands occupent la zone libre.

16 novembre : déclaration officielle du général de Gaulle et du Comité national français condamnant l'accord conclu le *13* par les Anglo-Saxons avec l'amiral Darlan nommé haut-commissaire pour l'Afrique du Nord. Dans un entretien à Londres avec Winston Churchill et Anthony Eden sur la situation en Afrique du Nord, de Gaulle se retranche derrière « le caractère moral » de cette guerre.

24 novembre : l'amiral Darlan est assassiné à Alger. De Gaulle rejette toute responsabilité dans cette « exécution ».

25 novembre : il propose au général Giraud de le rencontrer en territoire français afin de créer « un pouvoir central provisoire ». Giraud, nommé peu après haut-commissaire et commandant en chef en Afrique du Nord, refuse la proposition.

27 novembre : à la suite de la mort de l'amiral Darlan, Roosevelt revient sur l'invitation faite à de Gaulle le *20 décembre* de le rencontrer à Washington.

1943

13 janvier : arrivée à Londres de Fernand Grenier, député communiste, qui annonce le ralliement du P.C.F. à la France Combattante.

16 janvier : invité par Winston Churchill à se rendre au Maroc pour rencontrer le général Giraud à l'occasion d'une conférence interalliée, le général de Gaulle décline l'invitation.

23 janvier : à la demande réitérée du Premier Ministre anglais, il accepte de se rendre à Casablanca à la conférence d'Anfa où il rencontrera le président Roosevelt et le général Giraud.

26 janvier : il rejette la proposition, que le général Giraud lui fait, à l'instigation de Roosevelt, de constituer un triumvirat (de Gaulle, Giraud et le général Georges). Il rentre en Angleterre.

30 janvier : création de la Milice française, dirigée par Darnand.

15 février : Jean Moulin et le général Delestraint séjournent à Londres.

16 février : création du Service du travail obligatoire (S.T.O.).

21 février : mémorandum du Comité national français définissant les conditions préalables à l'union des forces françaises.

3 mars : le gouvernement britannique refuse au Général les moyens de gagner le Proche-Orient.

10 mars : de Gaulle charge le général Catroux d'une mission à Alger pour préparer un accord avec le général Giraud.

30 mars : sur son ordre, Jean Moulin se rend à nouveau en mission en France pour constituer un Conseil national de la Résistance, englobant les partis politiques.

27 avril : le général Giraud écrit au Général qu'il reconnaît sa subordination au pouvoir politique.

6 mai : après avoir repoussé la proposition du général Giraud de le rencontrer ailleurs qu'à Alger, le Général insiste sur l'urgence de créer un organisme gouvernemental cohérent.

15 mai : Jean Moulin lui adresse un message l'informant que le Conseil national de la Résistance (C.N.R.) est constitué.

17 mai : le général Giraud invite de Gaulle à venir à Alger « pour former avec lui le pouvoir central français ».

21 mai : sur la pression de Roosevelt, Winston Churchill, aux prises avec le chef de la France Libre depuis l'échec d'Anfa, adresse à Anthony Eden, de Washington, un télégramme dans lequel il envisage d'« éliminer de Gaulle en tant que force politique ». Il se heurte à l'opposition du cabinet britannique.

27 mai : première réunion à Paris du Conseil national de la Résistance.

31 mai : arrivée du général de Gaulle à Alger.

3 juin : par décret, le Comité français de libération nationale (C.F.L.N.) est constitué à Alger sous la coprésidence des généraux de Gaulle et Giraud.

4 juin : discours radiodiffusé à Alger annonçant la création et la mission du Comité français de libération nationale.

9 juin : arrestation à Paris du général Delestraint, chef de l'armée secrète.

19 juin : Eisenhower convoque de Gaulle et Giraud à une conférence destinée à préparer la participation française à la poursuite de la guerre. Il fait part au général de Gaulle de la volonté de Roosevelt que le commandement en chef de l'armée française revienne à Giraud. Diktat jugé inacceptable par de Gaulle.

21 juin : arrestation de Jean Moulin à Caluire.

25 juin : Mussolini est arrêté.

31 juillet : Giraud est confirmé dans ses fonctions de « commandant en chef des forces terrestres » sous le contrôle du Comité militaire présidé par Charles de Gaulle.

10-17 août : débarquement allié en Sicile.

26 août : les États-Unis, la Grande-Bretagne et l'Union soviétique reconnaissent le C.F.L.N.

8 septembre : signature par l'Italie de l'armistice avec les Alliés. — Soulèvement des résistants corses (libération de l'île : *4 octobre*).

17 septembre : une Assemblée consultative provisoire, instituée par une ordonnance du C.F.L.N., s'installe à Alger. Elle sera inaugurée le *3 novembre*.

9 novembre : de Gaulle remanie le C.F.L.N. Le général Giraud conserve ses fonctions de commandant en chef, mais ne fait plus partie du C.F.L.N. De Gaulle en est seul président.

23 novembre : grave crise franco-britannique au sujet du Liban.

25 novembre : devant l'Assemblée consultative, il définit l'objectif prioritaire : « le retour d'une grande puissance à sa place de grande puissance par le chemin de la guerre et de l'effort ».

28 novembre : conférence de Téhéran, qui réunit Churchill, Staline et Roosevelt.

1944

Du 24 janvier au 2 février, conférence de Brazzaville. Dans son discours d'ouverture, de Gaulle précise, après avoir fait l'éloge de la mission civilisatrice de la France dans ses territoires d'outre-mer, que le devoir national consiste à aider les peuples de l'Empire « à s'élever peu à peu jusqu'au niveau où ils seront capables de participer chez eux à la gestion de leurs propres affaires ».

27-28 janvier : Churchill donne au commissaire à l'Intérieur Emmanuel D'Astier son accord pour armer massivement la Résistance française.

1ᵉʳ février : création des Forces françaises de l'intérieur (F.F.I.).

7 mars : devant l'Assemblée consultative provisoire, le Général annonce qu'une Assemblée nationale constituante sera élue par la nation et que les élections municipales et départementales se dérouleront au plus tôt.

20 mars : exécution à Alger de Pierre Pucheu, ancien ministre de l'Intérieur de Vichy.

22 mars : arrêté le *3 février,* Pierre Brossolette se suicide.

4 avril : remaniement du C.F.L.N., dont deux communistes sont désormais membres.

21 avril : par l'article 17 de l'ordonnance portant organisation des pouvoirs publics en France après la Libération, le droit de vote est accordé aux femmes.

11-18 mai : reprise de l'offensive alliée en Italie.

19 mai : le Général signe une ordonnance portant organisation des pouvoirs publics en France au cours de la Libération et faisant suite à celles des *10 janvier, 14 mars* et *21 avril* de la même année.

3 juin : le C.F.L.N. devient le gouvernement provisoire de la République française. Charles de Gaulle en est le président. Il quitte Alger pour Londres sur l'invitation de Churchill.

4 juin : entretien avec Churchill sur le débarquement, l'administration des territoires français libérés et les rapports franco-américains. En guise de conclusion, Churchill déclare à de Gaulle : « Chaque fois qu'il me faudra choisir entre vous et Roosevelt, je choisirai toujours Roosevelt ». Lors d'une entrevue, Eisenhower communique le texte d'une proclamation destinée au peuple français à de Gaulle, qui la juge inacceptable : il n'y est nulle part fait mention d'une autorité française.

6 juin : débarquement allié en Normandie. De Gaulle prononce à la radio de Londres un discours annonçant que la « bataille de

France » est engagée et exhortant le peuple français à favoriser la progression des troupes alliées.

10 juin : entretien à Londres avec le général Walter Bedell-Smith, chef d'état-major d'Eisenhower, qui presse le Général de se rendre à Washington pour y rencontrer le président Roosevelt. L'entretien porte en outre sur la reconnaissance du gouvernement provisoire de la République française et sur la monnaie émise d'office par les Alliés. De Gaulle rend public *ce même jour* son différend avec les Alliés.

13 juin : il s'embarque à bord du contre-torpilleur *La Combattante* à destination de la France.

14 juin : il débarque non loin de Courseulles, puis gagne Bayeux, où il prononce sa première allocution en terre française libérée et installe le premier commissaire de la République.

26 juin : dans un discours prononcé devant l'Assemblée consultative à Alger où il se trouve depuis le *16*, il insiste à la suite des initiatives américaines unilatérales en France libérée sur la nécessité du « respect intégral de la souveraineté française ».

27 juin : il se rend en Italie. Après un bref passage à Naples, il inspecte le front et s'entretient avec les généraux Juin, Wilson, Alexander et Clark.

30 juin : il est reçu à Rome par le pape Pie XII.

Du 5 au 12 juillet : voyage officiel aux États-Unis et au Canada.

Du 6 au 8 juillet : il s'entretient à plusieurs reprises avec le président Roosevelt qui lui annonce notamment le rôle prédominant que les États-Unis comptent jouer dans l'organisation du monde de l'après-guerre. Réception triomphale à New York. Le gouvernement américain reconnaît le gouvernement provisoire de la République française comme l'autorité *de facto* ayant qualité pour assurer la direction des affaires civiles en France pendant la période de libération. Le *11 juillet*, le Général se rend à Québec, puis à Ottawa, le *12* à Montréal.

13-24 juillet : bataille du Vercors.

25 juillet : à Alger, devant l'Assemblée consultative provisoire, le Général affirme la nécessité de poursuivre la guerre jusqu'à la victoire totale sur l'ennemi, soulignant l'importance des combats des forces françaises en Méditerranée et de la Résistance sur le sol national, et insistant sur l'obligation d'assurer l'indépendance nationale après la libération du pays.

27 juillet : il signe l'ordonnance rétablissant la liberté syndicale. Cette ordonnance sera complétée par les ordonnances des *9 et 15 août.*

7 août : « La bataille de France se précipite », déclare-t-il dans une allocution radiodiffusée à Alger, après la « percée d'Avranches » le *31 juillet.*

15 août : débarquement de la Ire armée française en Provence.

18 août : le Général quitte Alger pour Casablanca, Gibraltar et la France.

19 août : début de l'insurrection de Paris. Raoul Nordling négocie avec le général von Choltitz une trêve permettant aux Allemands d'évacuer Paris.

20 août : De Gaulle arrive en France. Il rencontre le général Eisenhower, puis se rend à Cherbourg, Coutances, Avranches et Rennes.

21 août : il adresse une lettre au général Eisenhower où il lui demande d'intervenir militairement afin de libérer Paris et de secourir l'insurrection populaire.

22 août : Eisenhower donne l'ordre à la 2ᵉ division blindée de Leclerc de marcher sur la capitale.

23 août : un communiqué diffusé par la B.B.C. annonce que les patriotes occupent à Paris certains édifices publics.

24 août : dans la soirée, trois chars de la 2ᵉ D.B. de Leclerc atteignent l'Hôtel de Ville tenu par les résistants.

25 août : toute la division pénètre dans Paris après de vifs combats ; de Gaulle y entre à 16 heures et s'installe au ministère de la Guerre. Il se rend à l'Hôtel de Ville où il prononce une allocution en hommage à la résistance de Paris et aux troupes françaises qui ont libéré la capitale.

26 août : après un défilé triomphal sur les Champs-Élysées, le Général se rend à Notre-Dame pour assister à un *Te Deum* ; à son entrée dans la cathédrale une fusillade éclate.

31 août : le Gouvernement provisoire s'installe à Paris.

6 septembre : de Gaulle demande au général Eisenhower d'autoriser les troupes françaises à participer à la campagne d'Allemagne.

9 septembre : il forme son premier gouvernement métropolitain, qui comprendra des représentants des mouvements de la Résistance et des communistes.

Du 14 au 18 septembre : il visite plusieurs grandes villes de province (Lyon, Marseille, Toulouse, Bordeaux) dans le but de rassurer la population en proie à « une vaste confusion », que le parti communiste s'efforce d'« exploiter ».

12 octobre : il signe l'ordonnance fixant la composition de l'Assemblée consultative élargie. Les trois quarts des délégués sont des résistants.

17 octobre : il signe une ordonnance procédant à la refonte des allocations familiales.

23 octobre : le Gouvernement provisoire qu'il préside est reconnu par les États-Unis, l'Angleterre et l'Union soviétique.

25 octobre : il fait pression sur les Alliés, lors d'une conférence de presse, pour que ceux-ci aident la France à reconstituer son armée.

28 octobre : il impose au gouvernement la dissolution des milices patriotiques, contre l'avis du Conseil national de la Résistance.

10-12 novembre : il reçoit à Paris Churchill et Eden. Il est invité à faire partie de la Commission européenne de Londres. Il obtient que la France ait une zone d'occupation en Allemagne.

13 novembre : en compagnie de Churchill il inspecte le front de Lorraine.

18 novembre : il institue la Haute-Cour pour juger les responsables du régime de Vichy.

25 novembre : la 2ᵉ division blindée reprend Strasbourg, au terme d'une opération fulgurante menée par Leclerc à travers les Vosges.

27 novembre : Maurice Thorez, secrétaire du P.C.F., réfugié pendant la guerre en U.R.S.S., rentre en France et appelle à l'unité.

Du 24 novembre au 16 décembre : voyage officiel du Général à Moscou, via Le Caire, Téhéran, Stalingrad.

2 décembre : premier entretien avec Staline, suivi de deux autres le *6* et le *8*. Le *10* il signe le traité d'alliance et d'assistance mutuelle franco-soviétique. Il quitte Moscou le lendemain.

16-31 décembre : offensive allemande dans les Ardennes.

1945

1ᵉʳ janvier : malgré les ordres de repli sur les Vosges donnés par le commandement allié après la nouvelle offensive allemande en Alsace du Nord, de Gaulle ordonne au général de Lattre de Tassigny de « prendre à son compte » la défense de Strasbourg.

15 janvier : le gouvernement provisoire de la République française adresse aux gouvernements américain, britannique et russe un mémorandum déplorant la mise à l'écart de la France des conférences internationales, notamment de celle de Yalta qui doit s'ouvrir le *4 février suivant*.

13 février : le Général décline l'invitation du président Roosevelt, de retour de Yalta, à le rencontrer à Alger (c'est-à-dire en territoire français) ; il juge le procédé inacceptable.

22 février : il signe l'ordonnance instituant les comités d'entreprise et qui sera complétée par l'ordonnance du *25 février*.

29 mars : de Gaulle donne l'ordre au général de Lattre de Tassigny de franchir le Rhin pour s'emparer de Karlsruhe et Stuttgart.

12 avril : mort de Roosevelt.

28 avril : mort de Mussolini.

30 avril : suicide de Hitler.

4 mai : la division Leclerc atteint Berchtesgaden.

7 et 8 mai : en présence du général français Sevez, le général Jodl signe à Reims, le 7, la capitulation de toutes les forces allemandes ; *le lendemain*, de Gaulle impose la présence du général de Lattre, à Berlin, à la cérémonie qui marque la cessation des hostilités et la victoire des Alliés.

26 juin : le Général signe l'ordonnance portant nationalisation des transports aériens.

17 juillet : début de la conférence de Potsdam.

23 juillet : ouverture du procès du maréchal Pétain.

7 août : de Gaulle commue la peine de mort prononcée à l'encontre du maréchal Pétain en détention à perpétuité. Il nomme l'amiral Thierry d'Argenlieu haut-commissaire en Indochine, et le général Leclerc commandant des troupes françaises en Indochine.

6 et 9 août : les Américains larguent des bombes atomiques sur Hiroshima et Nagasaki.

Du 21 au 30 août : voyage du Général aux États-Unis et au Canada. Ses entretiens avec le président Truman, le *24 et 25 août,* permettent d'améliorer les relations entre les deux pays et de conclure un accord sur l'Indochine. Les deux parties restent en revanche divisées sur le problème allemand, de Gaulle exigeant des « garanties ».

2 septembre : capitulation du Japon.

15 septembre : publication de *Trois études* aux éditions Berger-Levrault (recueil d'articles parus avant-guerre).

Octobre : le Général acquiert la propriété de « Vert-Cœur » à Milon-la-Chapelle, pour y faire installer, selon le vœu de Mme Charles de Gaulle, la Fondation Anne-de-Gaulle.

4 octobre : parution de l'ordonnance portant création de la Sécurité sociale.

5 octobre : fin du procès et exécution de Pierre Laval.

9 octobre : le Général signe l'ordonnance portant organisation de l'Institut d'études politiques et de l'École nationale d'administration.

19 octobre : il signe l'ordonnance instituant l'assurance sociale obligatoire pour tous les salariés.

21 octobre : référendum et élections de l'Assemblée nationale constituante : 18 584 746 « oui » à la première question du référendum (l'Assemblée devrait-elle être ou non constituante ?) et 12 794 913 à la seconde (pouvoirs de l'Assemblée). Sont élus à l'Assemblée : 159 communistes et apparentés, 146 socialistes et apparentés, 29 radicaux, 42 U.D.S.R., 150 M.R.P., 53 modérés et 7 non-inscrits.

13 novembre : l'Assemblée nationale constituante élit, à l'unanimité de ses 555 votants, Charles de Gaulle président du gouvernement provisoire de la République.

17 novembre : devant les exigences du parti communiste qui demande que plusieurs portefeuilles soient attribués à ses représentants, le Général remet son mandat à la disposition de l'Assemblée.

19 novembre : il est confirmé comme président du gouvernement ; ses divergences avec les partis politiques ne cessent de croître.

23 novembre : le parti communiste ayant renoncé à ses exigences, le Général présente son nouveau gouvernement et expose son programme devant l'Assemblée constituante.

2 décembre : nationalisation de la Banque de France et des grandes banques de dépôt.

19 décembre : un massacre perpétré par le Viêt-minh marque le début de la guerre d'Indochine.

1946

3 janvier : mariage de la fille du Général, Élisabeth, avec le chef d'escadrons Alain de Boissieu.

14 janvier : retour à Paris, après un séjour privé de huit jours à la villa Sous-le-Vent (cap d'Antibes), au cours duquel il consulte ses proches sur son éventuel retrait des affaires.

20 janvier : il annonce à ses ministres, qu'il a convoqués ce dimanche rue Saint-Dominique, que, devant la réapparition du « régime exclusif des partis », il décide de se retirer et adresse une lettre en ce sens au président de l'Assemblée nationale.

21 janvier : il s'installe dans un pavillon loué à Marly en attendant que « La Boisserie », dévastée par les Allemands, soit remise en état.

Mai : conformément au souhait du Général, le projet de constitution voté par l'Assemblée nationale constituante est rejeté par le peuple français consulté par voie de référendum (10 584 359 « non », 9 454 034 « oui »). C'est une défaite pour les socialistes et les communistes, un succès pour le M.R.P.

30 mai : le Général s'installe à « La Boisserie ».

16 juin : il prononce à Bayeux un important discours sur la réforme de l'État : le chef de l'État, « placé au-dessus des partis », « arbitre au-dessus des contingences politiques », doit être par ses décisions « le garant de l'indépendance nationale » ; il préconise l'institution d'une deuxième Chambre où siégeraient « des représentants des organisations économiques, familiales, intellectuelles, pour que se fasse entendre, au-dedans même de l'État, la voix des grandes activités du pays ».

27 août : dans une déclaration faite lors d'un déplacement en Bretagne, il s'élève contre le nouveau projet de constitution émanant de l'Assemblée constituante — projet qui sera soumis au pays par référendum le *13 octobre* —, qui ne prévoit pour le chef de l'État qu'un rôle honorifique ; il réitérera ces critiques le *29 septembre* lors d'un passage à Épinal.

13 octobre : adoption de la Constitution de la IVe République par 53,25 % des suffrages exprimés, alors qu'un tiers des électeurs s'est abstenu (8 520 000 abstentions, 9 297 000 « oui », 8 165 000 « non »).

1er novembre : dans une déclaration, le Général affirme « que le système qu'institue la Constitution est absurde et périmé et que, s'il n'est profondément changé, il va peser lourdement sur nos nouvelles destinées ».

28 novembre : dans une déclaration, il dément être candidat à la présidence de la République, ne croyant pas bien servir le pays en acceptant de « devenir le garant d'une Constitution qui consacre ce régime et [de] présider, dans l'impuissance, à l'impuissance de l'État ».

1947

16 janvier : Vincent Auriol est élu président de la République.

22 janvier : Paul Ramadier devient le premier président du Conseil de la IVe République.

31 mars : à Bruneval, devant de nombreuses délégations de combattants de la Résistance, le Général déclare que « le jour va venir, où rejetant les jeux stériles et réformant le cadre mal bâti où s'égare la nation et se disqualifie l'État, la masse immense des Français se rassemblera sur la France ».

7 avril : dans un discours prononcé à Strasbourg, il affirme la nécessité d'un Rassemblement du peuple français dont il annoncera la création le *14 avril,* en invitant à se joindre à lui « toutes les Françaises et tous les Français qui veulent s'unir pour le salut commun ».

24 avril : lors d'une conférence de presse tenue à la Maison de la Résistance alliée, il définit l'organisation et les buts du R.P.F., dont le secrétaire général est Jacques Soustelle.

15 mai : voyage à Bordeaux, à l'occasion de l'inauguration d'une plaque à la mémoire de Félix Éboué ; il affirme devant 100 000 personnes les conceptions du R.P.F. à propos de l'Union française.

29 mai : dépôt à la préfecture de police des statuts du R.P.F. portant les signatures du général de Gaulle, d'André Malraux, Gaston Palewski, Gilbert Renault, Jacques Soustelle et des professeurs Léon Mazeau et Pasteur Vallery-Radot. Le siège de l'association est situé 81, rue Taitbout à Paris (IXe), avant d'être transféré 5, rue de Solférino (VIIe) le *1er juillet.*

31 mai et *1er juin :* devant le comité exécutif du R.P.F., il fait connaître sa décision de présenter des candidats aux élections municipales prochaines, au risque que le R.P.F. devienne un parti comme les autres.

30 juin : publication de *Discours et messages, 1940-1946* aux Éditions Berger-Levrault.

De 1947 à 1952, le général de Gaulle visitera tous les départements français afin d'y rencontrer les militants du R.P.F. et d'y présider des réunions.

27 juillet : à Rennes, il dénonce les dangers communistes.

9 août : parution du premier numéro de *L'Étincelle ouvrière,* organe de liaison des groupes de l'action ouvrière du R.P.F.

5 octobre : à l'hippodrome de Vincennes, devant une foule évaluée à près d'un million de personnes, de Gaulle stigmatise le régime des partis et salue « la puissance intacte des États-Unis », « contrepoids des ambitions mondiales des Soviets ».

19 et 26 octobre : le R.P.F. obtient avec près de 40 % des suffrages, la mairie des treize plus grandes villes (dont Marseille, Strasbourg, Lille et Bordeaux) et la majorité absolue au Conseil municipal de Paris.

27 octobre : le Général demande la dissolution de l'Assemblée nationale et « l'institution d'un régime électoral directement majoritaire ».

28 novembre : mort dans un accident d'avion du général Leclerc.

1948

Janvier : le Général lance à Saint-Étienne son manifeste en faveur de l'association capital-travail, contre « l'exploitation et la lutte des classes ».

6 janvier : décès de sa fille Anne.

7 mars : à Compiègne, il se déclare « prêt pour assurer la direction du pays vers son salut et sa grandeur dès que les conditions [permettront] de porter les responsabilités nécessaires ».

3 avril : adoption par le Congrès américain du programme d'aide économique à l'Europe, le plan Marshall.

Du 16 au 18 avril : premières assises nationales du R.P.F. marquées par l'intervention d'André Malraux et l'appel solennel que le Général lance à la mobilisation démocratique du peuple français pour « réformer le régime ».

1949

29 janvier : création du Conseil de l'Europe.

8 mai : constitution de la République fédérale allemande.

15 septembre : Adenauer est élu chancelier de la R.F.A.

7 octobre : proclamation de la République démocratique d'Allemagne.

1950

11 février : lors du Conseil national du R.P.F., au Vélodrome d'Hiver, le Général rappelle que, l'unité nationale ayant été rompue, le pays devra choisir entre le communisme et l'association capital-travail qui assurera l'indépendance de la France.

12 avril : dans un communiqué, il condamne un article publié dans *Carrefour*, le *11 avril*, par le colonel Rémy, membre du Conseil de direction du R.P.F., qui justifie rétrospectivement l'attitude du maréchal Pétain en juin 1940 en expliquant qu'il fallait à la France « deux cordes à son arc », et la « corde » Pétain comme la « corde » de Gaulle.

1951

17 juin : élections législatives à la proportionnelle sous le système dit des « apparentements ». Le R.P.F. n'obtient que 22 % des suffrages (contre 40 % en 1947), soit 118 sièges sur 625.

22 juin : lors d'une conférence de presse au palais d'Orsay, de Gaulle demande la conduite des affaires du pays, le R.P.F. étant « la formation qui a obtenu le plus grand nombre de voix ». Il est plus que jamais pris dans la contradiction qui mine son mouvement, entre un mépris affiché de l'institution parlementaire et le recours de celle-ci comme seul moyen d'accès au pouvoir.

16 juillet : mort du maréchal Pétain à l'île d'Yeu.

25 octobre : en Angleterre les conservateurs remportent les élections. Retour de Winston Churchill au pouvoir.

4 novembre : dans un discours prononcé lors de la clôture du Conseil national du R.P.F. à Saint-Mandé, le Général affirme qu'« il faut que la confédération européenne se fasse » et que « l'Allemagne y entre ».

1952

11 janvier : mort du général de Lattre.
6 mars : grâce à l'aide de 27 députés du R.P.F., qui ne se sont pas conformés à la discipline de vote et aux consignes du Général, Antoine Pinay est investi comme président du Conseil.
6 juin : le Général condamne le traité de la Communauté européenne de défense (C.E.D.) — signé à Paris le *27 mai* — qui place les forces armées européennes sous l'autorité des Américains.
Du 4 au 6 juillet : la réunion du Conseil national en session extraordinaire, confirme les divisions au sein du mouvement. Le *6 juillet*, l'adoption d'une motion sur les règles de la cohésion parlementaire entraîne la démission des 27 députés R.P.F. ayant voté pour l'investiture Pinay. Ces derniers se constituent en un « groupe indépendant d'action républicaine et sociale » et sont exclus du Conseil de direction du R.P.F. le *12 juillet*. Le Général songe à mettre le Rassemblement « en veilleuse ».
4 novembre : le général Eisenhower est élu président des États-Unis.
23 décembre : Le Général déclare, après la démission du gouvernement Pinay, que « toute combinaison qui tend à prolonger le système, comme ce fut fait depuis six années, doit être, dans l'intérêt public, condamnée et combattue ».
27 décembre : il est opéré de la cataracte.

1953

5 mars : mort de Staline.
26 avril et *3 mai :* les élections municipales donnent des résultats décevants pour le R.P.F. qui obtient seulement 10,6 % des voix.
6 mai : le général annonce que le R.P.F. ne participera plus aux activités de l'Assemblée nationale ni aux élections. « Voici venir la faillite des illusions, conclut-il. Il faut préparer le recours. »
27 juin : dans un communiqué, il déclare que tout adhérent du Rassemblement du peuple français qui participerait à un gouvernement de l'actuel régime se trouverait « par là même en dehors du Rassemblement ».
Du 4 au 22 octobre : voyage dans l'océan Indien, de Madagascar à l'Éthiopie.
7 et *8 novembre :* les Assises nationales du Rassemblement du peuple français, prévues pour ces dates, sont annulées.
23 décembre : René Coty est élu président de la République.

1954

13 mars-7 mai : encerclement à Diên Biên Phu des forces françaises par le Viêt-minh.
7 avril : dans une conférence à l'hôtel Continental, le Général

réaffirme son opposition à la Communauté européenne de défense, son refus de mêler le R.P.F. au « système » et déclare que la France « doit chercher à faire cesser la guerre » en Indochine.

26 avril : ouverture à Genève de la conférence sur l'Indochine. Les accords qui s'ensuivent le *21 juillet* mettent fin aux hostilités et à l'hégémonie française en Indochine.

9 mai : après la chute de Diên Biên Phu, le Général se rend à l'Arc de Triomphe, mais ne parvient pas à mobiliser la foule.

22 juin : à propos du gouvernement nouvellement formé par Pierre Mendès France, il déclare que : « Quelles que soient les intentions des hommes le présent régime ne saurait produire qu'illusions et velléités. »

28 août : il se félicite du rejet massif de la C.E.D. par l'Assemblée.

22 octobre : publication de *L'Appel*, premier tome des *Mémoires de guerre*, à la Librairie Plon. Il en a entrepris la rédaction en *février 1946* et s'est véritablement remis à la tâche *durant le printemps et l'été 1953*. En *février 1954*, il lance à ses proches : « Ça y est, j'en ai fini ! »

1ᵉʳ novembre : début de l'insurrection algérienne.

1955

25 janvier : nomination de Jacques Soustelle (républicain social) comme gouverneur général de l'Algérie.

6 février : renversement du gouvernement Mendès France.

9 février : décès à Bordeaux de Xavier, frère aîné du Général.

13 septembre : dans un communiqué, le secrétaire général du R.P.F. fait part des décisions du général de Gaulle de suspendre le fonctionnement du mouvement tout en maintenant l'antenne du 5, rue de Solférino.

1956

20 mars : indépendance de la Tunisie après celle du Maroc le *2*.

Au printemps, devant l'aggravation de la situation en Algérie et en raison des problèmes de politique intérieure, Pierre Mendès France (en *mars*) et le général Juin (en *mai*) consultent le Général.

8 juin : publication du deuxième tome des *Mémoires de guerre*, *L'Unité*, à la Librairie Plon ; l'ouvrage est salué comme un événement tant littéraire que politique.

Du 8 août au 18 septembre : le Général se rend aux Antilles françaises et dans les territoires français du Pacifique, où, sensible à l'accueil populaire, il demande à ses partisans de se tenir prêts à toute éventualité.

1957

7 janvier : début de la « bataille d'Alger » ; le général Massu est chargé du maintien de l'ordre.

Du 10 au 18 mars : le Général voyage au Sahara, de Colomb-Béchar à Ghardaïa.

20 mars : après s'être félicité de la détente franco-tunisienne et avoir rendu hommage aux nouvelles dispositions de la France à l'égard de la Tunisie, Bourguiba déclare que « le général de Gaulle pourrait être la chance ultime pour obtenir de l'opinion française qu'elle comprenne et qu'elle accepte cette reconversion, sans aucun sentiment de frustration ou d'humiliation, et pour réussir cette construction nouvelle ». Dans le même temps, au Palais-Bourbon comme au 5 de la rue Solférino, les milieux gaullistes semblent de nouveau en ébullition.

25 mars : signature des traités de Rome instituant la C.E.E. et l'Euratom ; ils seront ratifiés en France par l'Assemblée nationale le *10 juillet*.

1958

13 mai : après quatre semaines de crise ministérielle, Pierre Pflimlin remplace Félix Gaillard à la tête du gouvernement. À 17 heures Alger se soulève : le siège du gouvernement général est occupé. Les insurgés créent un Comité de salut public pour le maintien de l'Algérie française.

14 mai : le Comité de salut public d'Alger lance un appel au général de Gaulle pour constituer un gouvernement de salut public.

15 mai : de Gaulle fait une déclaration dans laquelle il se dit « prêt à assumer les pouvoirs de la République ».

16 mai : vote de l'état d'urgence à l'Assemblée.

19 mai : le Général fait une conférence de presse au palais d'Orsay : il déclare qu'il ne pourrait assumer de pouvoirs que « ceux que la République lui aurait elle-même délégués » et assure qu'il ne se prépare pas, à soixante-sept ans, à commencer « une carrière de dictateur ».

27 mai : il déclare dans un communiqué avoir entamé le processus régulier nécessaire à l'établissement d'un gouvernement républicain capable d'assurer l'unité et l'indépendance du pays, et indique qu'il ne saurait approuver toute action qui mettrait en cause l'ordre public.

28 mai : démission du gouvernement Pflimlin. De Gaulle consent à rencontrer dans la nuit André Le Troquer, président de l'Assemblée nationale, et Gaston Monnerville, président du Conseil de la République ; ceux-ci repoussent les conditions posées par le Général : pleins pouvoirs, mise en congé du Parlement pour un an.

29 mai : à 5 heures du matin, il retourne à Colombey-les-Deux-Églises. René Coty, président de la République, annonce aux Assemblées qu'il a décidé de faire appel au « plus illustre des Français ».

De retour à Paris, le Général s'entretient à 19 h 30 à l'Élysée avec René Coty, et annonce à 21 h 30 dans un communiqué les conditions dans lesquelles il est prêt à assumer la charge du gouvernement. Il a transigé sur deux points : pleins pouvoirs pour six mois et non un an, comparution devant l'Assemblée. À la même heure, le président Coty fait savoir dans un communiqué qu'il a pressenti le général de Gaulle pour former un gouvernement — qui sera le dernier de la IVe République — et que celui-ci a accepté. Dans la nuit, le Général retourne à Colombey-les-Deux-Églises.

31 mai : le Général reçoit à Paris à l'hôtel La Pérouse les présidents des groupes parlementaires. Vif échange avec François Mitterrand sur les conditions de son retour au pouvoir.

1er juin : la composition de son ministère est rendue publique. À 15 heures le Général se présente à l'investiture de l'Assemblée nationale, qui lui est accordée à 21 h 15 par 329 voix sur 553 votants.

2 juin : l'Assemblée nationale donne les pleins pouvoirs à son gouvernement et vote le projet de loi le chargeant de la réforme constitutionnelle, qui sera soumis au référendum.

3 juin : la session du Parlement est suspendue.

Du 3 au 7 juin : voyage du Général en Algérie pour y manifester la restauration du pouvoir de l'État.

4 juin : le Général s'adresse à la foule d'Alger à laquelle il lance un « Je vous ai compris » mémorable et annonce qu'il n'y aura plus qu'un seul collège électoral en Algérie.

1er au 3 juillet : nouveau voyage du Général en Algérie, où il inspecte l'armée. Le *3*, il annonce un plan de développement économique et accorde le droit de vote aux femmes musulmanes. Il refuse de recevoir le Comité de salut public, mais s'entretient avec de nombreuses personnalités musulmanes et avec le général Massu, préfet d'Alger.

8 août : il déclare devant le Comité consultatif constitutionnel que les populations d'outre-mer pourront opter entre l'indépendance et l'association.

Du 20 au 29 août : il effectue un voyage en Afrique noire, à Madagascar et en Algérie pour expliquer le sens de la future Constitution et le statut fédéral de la Communauté. Si l'accueil est dans l'ensemble favorable et chaleureux, celui, hostile, qu'il reçoit dans la Guinée de Sékou Touré entraîne la rupture entre ce pays et la France.

14 septembre : visite du chancelier de la République fédérale d'Allemagne, Konrad Adenauer que le Général reçoit en privé à Colombey-les-Deux-Églises. La rencontre relance le rapprochement franco-allemand.

17 septembre : le Général adresse un mémorandum au général Eisenhower, président des États-Unis, et à Harold Macmillan, premier ministre de Grande-Bretagne proposant la création d'un « directoire atlantique » à trois. L'offre est repoussée.

28 septembre : le projet de Constitution de la Ve République est approuvé par 79,2 % des suffrages exprimés en métropole, plus de 96 % en Algérie et 93 % dans les départements et territoires d'outre-mer.

3 octobre : à Constantine, le Général annonce la mise en œuvre d'un plan économique et social (plan de Constantine) pour l'Algérie. — Création de L'Union pour la Nouvelle République (U.N.R.).

13 octobre : le Général adresse aux insurgés algériens un appel à « la paix des braves » qui ne trouve pas d'écho.

20 et 30 novembre : aux élections législatives, les formations qui soutiennent l'action du général de Gaulle obtiennent la majorité absolue à l'Assemblée.

21 décembre : le Général est élu président de la République et de la Communauté par un collège de 80 000 élus, parlementaires et locaux. Il obtient 78,5 % des suffrages exprimés.

27 décembre : il fait adopter le plan Rueff comportant une dévaluation du franc, un alourdissement des charges fiscales et la libéralisation des échanges extérieurs, en vue de rétablir l'équilibre budgétaire et économique et de permettre à la France d'aborder la première étape de la réalisation du Marché commun.

1959

8 janvier : le Général prend ses fonctions de président de la République et de la Communauté. Il nomme Michel Debré Premier ministre. La Ve République est fondée.

17 mars : il affirme que la fabrication de la bombe atomique française est une priorité absolue.

11 mai : la conférence des Quatre (États-Unis, U.R.S.S., Grande-Bretagne et France) sur le statut de Berlin et les traités de paix allemands s'ouvre à Genève. Elle sera ajournée le *20 juin*.

26 août : au Conseil des ministres le Général indique les grandes lignes de sa politique d'autodétermination pour l'Algérie. *Le lendemain,* il entreprend un nouveau déplacement en Algérie, au cours duquel il visite les zones d'opérations et sonde les réactions de l'armée.

Du 2 au 4 septembre : il reçoit à Paris le président Eisenhower, à qui un accueil enthousiaste est réservé.

16 septembre : dans une allocution radiodiffusée et télévisée, il présente son projet d'autodétermination pour l'Algérie.

28 octobre : publication du troisième tome des *Mémoires de guerre, Le Salut,* à la Librairie Plon.

3 novembre : à l'École militaire, il proclame la nécessité pour la France de disposer d'une politique de défense indépendante.

Du 19 au 21 décembre : il réunit à Paris une conférence occidentale à laquelle participent le général Eisenhower, président des États-Unis, Harold Macmillan, premier ministre britannique, et Konrad Adenauer, chancelier de la République fédérale d'Allemagne. Y sont débattus le projet de conférence au sommet, à laquelle participera l'Union soviétique, le problème de Berlin, le désarmement et l'aide aux pays en voie de développement.

6 décembre : décès de Pierre de Gaulle, frère du général, à Neuilly-sur-Seine.

1960

18 janvier : publication d'une interview dans laquelle le général Massu, commandant le corps d'armée d'Alger, se déclare ouvertement opposé à la politique algérienne du général de Gaulle.

24 janvier : Massu est démis de ses fonctions. À la suite de son limogeage, une grève générale est décrétée à Alger et des émeutes éclatent.

26 janvier : envoyé à Alger par le chef de l'État, le Premier ministre Michel Debré ne parvient pas à convaincre l'armée de réduire la sédition.

29 janvier : dans un discours télévisé, de Gaulle réaffirme sa position en faveur de l'autodétermination et ordonne aux révoltés de rentrer dans le rang, ce qu'ils font le lendemain.

3 février : l'Assemblée vote les pouvoirs spéciaux au gouvernement qui sera remanié *deux jours plus tard.* Jacques Soustelle est démis de ses fonctions ministérielles ; Pierre Messmer est nommé ministre des Armées.

13 février : explosion de la première bombe atomique française à Reggane (Sahara).

Du 3 mars au 3 avril : le Général accueille à Paris Nikita Khrouchtchev en visite officielle.

Du 5 au 8 avril : le président de la République se rend à Londres où lui est réservée, dit-il, une réception d'une « splendeur exceptionnelle ». À Westminster, il fait un éloge solennel du peuple et du système politique anglais.

Du 8 avril au 4 mai : il se rend en visite officielle au Canada, aux États-Unis, en Guyane, Martinique et Guadeloupe. Son séjour aux États-Unis est marqué par son discours au Capitole, consacré aux relations Est-Ouest, à l'aide aux pays sous-développés et aux problèmes nucléaires.

16 mai : ouverture à Paris du sommet des quatre Grands (Eisenhower, Khrouchtchev, Macmillan, de Gaulle) ; mais exploitant l'incident de l'avion espion américain U2 abattu au-dessus de l'U.R.S.S. quelques semaines plus tôt, Nikita Khrouchtchev quitte la réunion et provoque ainsi l'échec de la conférence.

10 juin : une délégation de la Wilaya IV du F.L.N. est reçue secrètement par de Gaulle à l'Élysée.

14 juin : dans une allocution télévisée, de Gaulle se prononce pour l'émancipation de l'Algérie et lance un appel au dialogue.

20 juin : le F.L.N. répond positivement à l'appel du Président de la République française, et envoie une délégation à Melun. L'entretien tourne court.

29 juillet : Adenauer et de Gaulle se retrouvent à Rambouillet pour discuter de la question de l'union politique européenne.

4 novembre : dans un discours télévisé, de Gaulle se prononce pour une paix négociée en Algérie, mais ne paraît plus favorable à l'indépendance.

Du 9 au 12 décembre : de Gaulle est accueilli dans diverses villes d'Algérie par une population hostile. Le *10*, à Alger où il a renoncé à se rendre, les affrontements éclatent entre les partisans de l'Algérie française et ceux du F.L.N. Le Général revient convaincu de la représentativité du F.L.N.

20 décembre : lors d'une allocution radiotélévisée, il explique aux Français le sens du référendum sur l'Algérie.

1961

8 janvier : le référendum sur l'autodétermination de l'Algérie recueille 75 % de oui (en suffrages exprimés) ; Le F.L.N. se déclare prêt à négocier.

11 février : réunion à Paris des six pays de la Communauté européenne, qui créent « la commission Fouchet » en vue d'instaurer une « Europe politique ».

5 mars : nouvelle conférence à Lucerne des envoyés du F.L.N. avec MM. Pompidou et de Leusse.

17-18 mars : vague d'attentats de l'O.A.S. (Organisation armée secrète) à Paris.

Avril : nouveaux attentats de l'O.A.S., en Algérie et en métropole.

22 avril : « putsch » des généraux Challe, Zeller, Jouhaud et Salan qui s'emparent des principaux centres de décisions à Alger. De Gaulle décide de recourir à l'article 16 de la Constitution, qui lui confère les pleins pouvoirs.

23 avril : dans un discours télévisé, de Gaulle dénonce le pronunciamiento du « quarteron de généraux en retraite » et somme l'armée française de rester fidèle à la République.

25 avril : échec du putsch. Reddition de Challe et Zeller le *26*. Ils seront condamnés, le *1er juin*, à quinze ans de réclusion criminelle. Salan et Jouhaud rejoignent l'O.A.S.

20 mai : ouverture, à Évian, des négociations entre le gouvernement français et le G.P.R.A. De Gaulle, proclame un cessez-le-feu unilatéral et la libération de 6 000 prisonniers F.L.N.

Du 31 mai au 2 juin : le Général accueille John F. Kennedy, président des États-Unis et son épouse en voyage officiel.

13 juin : ajournement de la conférence d'Évian.

30 juin : le Général annonce officiellement la suspension des négociations d'Évian et fait planer l'hypothèse d'un partage de l'Algérie.

15 juillet : Habib Bourguiba réclame l'évacuation de Bizerte par la France.

19 juillet : les forces tunisiennes ayant attaqué la base de Bizerte, de Gaulle décide l'intervention des parachutistes français. On dénombre plusieurs centaines de victimes tunisiennes. Bourguiba fait appel aux Nations unies.

20 juillet : alors que les combats se poursuivent à Bizerte, les négociations franco-algériennes reprennent à Lugrin, de nouveau interrompues huit jours plus tard par le G.P.R.A., qui pose le préalable de la reconnaissance de la souveraineté algérienne sur le Sahara.

5 septembre : le Général fait savoir que la France ne s'opposera pas à la souveraineté algérienne sur le Sahara.

8 septembre : il échappe à un attentat de l'O.A.S. sur la route de Colombey, à Pont-sur-Seine.

1962

8 février : manifestation anti-O.A.S. à Paris ; plusieurs victimes au métro Charonne.

5 mars : reprise des négociations franco-algériennes à Évian, relancées secrètement depuis le *11 février*. Le *20 mars*, le général annonce un prochain référendum sur la question algérienne.

18 mars : de Gaulle annonce à la télévision la conclusion d'un cessez-le-feu qui entre en vigueur le *19* et la signature des accords d'Évian.

26 mars : émeutes à Alger ; la répression de la manifestation de l'O.A.S. fait 47 morts, rue d'Isly.

8 avril : par référendum, 90 % des Français (inscrits) approuvent les accords d'Évian.

14 avril : après la démission de Michel Debré, Georges Pompidou est nommé Premier ministre.

20 avril : arrestation à Oran de Raoul Salan, dirigeant de l'O.A.S.

15 mai : les cinq ministres M.R.P. du gouvernement Pompidou démissionnent en réaction aux critiques formulées par le Président contre l'intégration européenne.

23 mai : Salan est condamné à la détention à perpétuité : de Gaulle accueille ce verdict comme un défi.

17 juin : accord de cessez-le-feu entre le F.L.N. et l'O.A.S. à l'exception d'une minorité qui se déclare en faveur de la poursuite de la campagne d'attentats. Salan, incarcéré, fera le *19 juin suivant* une déclaration à la presse où il reconnaîtra la validité de ces accords.

3 juillet : proclamation de l'indépendance de l'Algérie qui a été approuvée à 99,72 % par la population algérienne, lors du référendum du *1ᵉʳ juillet*.

22 août : le Général et son épouse échappent de justesse à un attentat au Petit-Clamart. Le colonel Bastien-Thiry, chef de l'opération, est arrêté : il sera condamné à mort en *mars 1963* et exécuté, de Gaulle ayant refusé d'exercer son droit de grâce.

Du 4 au 9 septembre : de Gaulle, visitant une dizaine de villes d'Allemagne fédérale, y reçoit un accueil enthousiaste.

12 septembre : il propose à la nation de se prononcer par référendum le *28 octobre suivant* sur l'élection du Président au suffrage universel.

5 octobre : le cabinet Pompidou est mis en minorité à l'Assemblée nationale. Le général accepte sa démission.

10 octobre : le général décrète la dissolution de l'Assemblée nationale. Des élections se dérouleront le *18* et le *25 novembre*.

18 octobre : dans une allocution télévisée, de Gaulle déclare qu'il se retirera s'il est mis en minorité.

Du 22 au 29 octobre : dans la crise provoquée par l'installation de missiles soviétiques à Cuba, il soutient Kennedy et approuve le blocus de l'île imposé par Washington.

28 octobre : l'élection du président de la République au suffrage universel est approuvée par 66,25 % des suffrages exprimés, majorité que le Général juge médiocre.

25 novembre : au second tour du scrutin électoral, la coalition gaulliste U.N.R.-U.D.T. obtient 229 sièges sur 465 et disposera de la majorité avec l'appoint des « républicains indépendants ». Deux semaines plus tard, le cabinet Pompidou est réinvesti par 268 voix contre 116.

1963

14 janvier : au cours d'une conférence de presse, de Gaulle s'explique sur les raisons pour lesquelles il considère l'adhésion britannique à la C.E.E. comme prématurée et sur les motifs qui conduisent la France à rejeter le projet américain de « Force multilatérale ».

22 janvier : le chancelier Adenauer et le général de Gaulle signent à Paris un accord de coopération franco-allemand qui suscite l'irritation de Washington et de Londres.

21 juin : la France retire de l'O.T.A.N. sa flotte de l'Atlantique et de la Manche.

3 août : l'U.R.S.S., les U.S.A. et la Grande-Bretagne signent à Moscou un accord relatif aux essais nucléaires, auquel de Gaulle refuse de se joindre.

29 août : le Général se prononce pour l'indépendance de la péninsule indochinoise et une collaboration avec le Viêt-nam dans son entier.

Septembre : le second « plan de stabilisation » économique est élaboré sous la pression du chef de l'État comme moyen de lutter contre l'inflation et le déficit du commerce extérieur.

24-25 novembre : le Général assiste aux obsèques de John F. Kennedy, assassiné à Dallas le *22 novembre* et rend hommage avec émotion au jeune président.

1964

27 janvier : la France reconnaît la République populaire de Chine.

13 mars : le Général accueille au château de Champs (Seine-et-Marne) le président algérien Ben Bella pour sa première visite officielle en France.

Du 16 au 19 mars : le Général reçoit un accueil triomphal à Mexico.

17 avril : il subit l'opération de la prostate. Georges Pompidou assure l'intérim pendant deux semaines.

Du 20 septembre au 16 octobre : le Général visite dix États du continent sud-américain et s'efforce de renforcer les échanges scientifiques et culturels avec la France.

19 décembre : il assiste au transfert des cendres de Jean Moulin au Panthéon, au cours duquel André Malraux prononce un discours resté célèbre.

1965

30 janvier : de Gaulle assiste à Londres aux obsèques de Winston Churchill.

7 février : début des bombardements américains au Nord-Viêt-nam.

29 juin : le Général réunit Georges Pompidou, Michel Debré, Gaston Palewski et André Malraux pour les consulter sur sa candidature à un nouveau mandat.

30 juin : il suspend la participation de la France au Marché commun, après l'échec des négociations agricoles. *Le même jour*, il décide de se représenter aux élections présidentielles.

29 octobre : l'enlèvement de Mehdi Ben Barka, chef de l'opposition marocaine, à Paris, provoque la colère du Général et la rupture des relations franco-marocaines.

4 novembre : de Gaulle annonce à la télévision sa décision de briguer un second mandat présidentiel.

5 décembre : au premier tour des élections présidentielles, il ne recueille que 44 % des suffrages contre 32 % pour son principal adversaire François Mitterrand. Mis en ballottage, il envisage, pendant quelques heures, de se retirer.

19 décembre : lors d'un entretien télévisé avec Michel Droit, il renverse, par la pertinence de ses propos, la situation à son profit. Il est réélu président de la République avec 54,49 % des suffrages.

1966

8 janvier : le troisième gouvernement Pompidou est constitué.

7 mars : dans une lettre au président Johnson, de Gaulle annonce le retrait de la France des organismes intégrés de l'O.T.A.N.

11 mai : après l'accord des Six à Bruxelles sur la politique agricole commune, la France réintègre la Communauté.

Du 20 au 30 juin : voyage officiel du général de Gaulle en U.R.S.S., au cours duquel il signe plusieurs accords.

1ᵉʳ septembre : il est reçu avec enthousiasme au Cambodge. Devant 200 000 personnes rassemblées par le prince Sihanouk, il dénonce l'intervention militaire américaine en Indochine.

11 septembre : à Mururoa, il assiste pour la première fois à l'explosion d'une bombe atomique française.

1967

24 et 25 janvier: il s'entretient à Paris avec le premier ministre anglais Harold Wilson, venu demander l'adhésion de son pays à la Communauté européenne.

Du 5 au 12 mars: les élections législatives menacent de mettre en péril le pouvoir gaulliste qui ne dispose plus que de trois voix de majorité. Les « giscardiens » deviennent les arbitres de la majorité.

6 avril: le Général nomme de nouveau Georges Pompidou Premier ministre.

2 juin: il décide l'embargo sur les livraisons d'armes à destination des pays du Proche-Orient (dont Israël, principal bénéficiaire de ces livraisons) engagés dans une nouvelle crise.

Du 15 au 26 juillet: voyage officiel à Saint-Pierre et Miquelon et au Québec. Il prononce au château Frontenac un discours encourageant l'autonomisme québécois. Le 24, sur la place de l'hôtel de ville de Montréal, il lance : « Vive le Québec libre », formule qui déchaîne les acclamations, mais est ressentie comme une provocation par le gouvernement fédéral du Canada. Le 25, il décide d'interrompre son séjour, et regagne Paris par avion. Le gouvernement canadien a déclaré son propos « inacceptable ».

Du 6 au 12 septembre: voyage officiel en Pologne. Après avoir visité Auschwitz, il invite ses hôtes à ne pas se résigner à la politique des blocs et s'attire une réplique sévère du secrétaire général du P.C. polonais Gomulka, qui prône la solidarité avec l'U.R.S.S.

27 novembre: lors d'une conférence de presse à l'Élysée, il définit le « peuple juif » comme « un peuple d'élite, sûr de lui-même et dominateur » et met Israël en garde contre l'occupation prolongée des territoires occupés. Ces déclarations suscitent de violentes controverses.

1968

15 janvier: premiers affrontements à la faculté de Nanterre entre policiers et étudiants. Le Général découvre un malaise qu'il semble ne pas avoir pressenti.

27 janvier: lors d'une conférence à l'Institut des hautes études militaires, Charles de Gaulle défend l'idée de stratégie nucléaire « tous azimuts ».

6 février: il préside la cérémonie d'ouverture des Jeux Olympiques d'hiver de Grenoble.

24 mars: il prononce à Lyon un discours en faveur de la régionalisation.

2 mai: les cours à la faculté de Nanterre sont suspendus après de nouveaux incidents. La Sorbonne, occupée par les étudiants, est évacuée et fermée dans la soirée par la police. *La veille*, Georges Pompidou, Premier ministre, est parti pour l'Iran et l'Afghanistan.

Le *6*, les étudiants arrêtés sont condamnés à deux mois de prison. S'ensuivent de violentes manifestations.

10 mai : les tentatives de négociation ayant échoué, les barricades se multiplient dans Paris. Le *11*, la C.G.T. appelle à la grève générale pour le *16*. Le soir, Georges Pompidou annonce à la télévision la réouverture de la Sorbonne pour le *13* et des mesures d'apaisement en faveur des étudiants arrêtés.

13 mai : des négociations américano-vietnamiennes s'ouvrent à Paris à l'initiative de la France. Les services publics sont paralysés par la grève générale, et 300 000 manifestants défilent dans Paris aux cris de « Dix ans [de De Gaulle] c'est assez ! ».

14 mai : de Gaulle se rend en visite officielle en Roumanie, tandis que le mouvement de grève s'étend à toute la France.

18 mai : à son retour, il dénonce « la chienlit » et déclare : « la récréation est finie ».

24 mai : à la télévision, il annonce un référendum sur la « participation ». Le *25*, sous la présidence du Premier ministre, s'ouvrent des négociations au ministère des Affaires sociales, rue de Grenelle, avec les délégations syndicales qui obtiennent que le S.M.I.C. soit augmenté de 35 % ; mais les syndicats ne peuvent assurer la reprise du travail.

28 mai : alors que François Mitterrand annonce prématurément sa candidature à la présidence de la République « en cas de vacance du pouvoir » et que des unités de l'armée sont aux portes de Paris, de Gaulle consulte ses proches et paraît résigné à partir.

29 mai : en fin de matinée, il quitte l'Élysée pour une destination d'abord inconnue. Ce sera Baden-Baden, P.C. du général Massu, qui l'assure de la fidélité de l'armée. Dans l'après-midi, il rentre à La Boisserie et convoque le Conseil des ministres pour le lendemain.

30 mai : après un entretien avec Georges Pompidou, il annonce à 16 heures la dissolution de l'Assemblée nationale et dénonce la menace communiste. Dans la soirée, plus d'un demi-million de ses partisans défilent de la place de la Concorde à l'Étoile.

30 juin : les gaullistes remportent massivement les élections législatives, mais cette victoire apparaît davantage comme celle du Premier ministre que celle du Président. De Gaulle remplace Georges Pompidou par Maurice Couve de Murville.

20 août : il condamne l'invasion de la Tchécoslovaquie par les troupes soviétiques.

24 août : la première bombe thermonucléaire française a explosé à Faugataufa.

9 septembre : de Gaulle présente à la nation son projet de participation.

23 novembre : alors que la dévaluation paraissait décidée après une fuite massive de capitaux, la parité du franc est maintenue à la demande du Général.

25 décembre : embargo sur les armes à destination d'Israël, après un raid israélien contre des avions français à Beyrouth.

1969

17 janvier : à Rome, Georges Pompidou annonce qu'il pourrait être candidat à la présidence de la République. Le Général réplique par un communiqué assurant qu'il remplira « son mandat jusqu'à son terme ».

Du 8 février au 2 mars : il reçoit en voyage officiel à Paris le président Nixon ; une entente chaleureuse s'établit entre les deux chefs d'État.

11 mars : le Général annonce que le référendum sur la régionalisation, la réforme du Sénat et la suppression du Conseil économique et social aura lieu le *27 avril.*

25 avril : dernier appel du chef de l'État en faveur du « oui », alors qu'à gauche, au centre et même à droite les appels en faveur du « non » se multiplient. De Gaulle annonce qu'en cas de désaveu il quittera ses fonctions.

27 avril : le « non » recueille près de 53 % des voix. À minuit, le général de Gaulle annonce que ses fonctions, de ce fait, prennent fin aussitôt.

Du 10 mai au 19 juin : en pleine campagne des élections présidentielles, Charles de Gaulle séjourne en Irlande ; à la fin de son séjour, il est l'hôte du président De Valera.

15 juin : Georges Pompidou, élu président de la République, reçoit les félicitations du Général.

19 juin : de retour à Colombey, le Général poursuit la rédaction des *Mémoires d'espoir,* se déclarant désormais étranger à la marche des « affaires ».

11 décembre : André Malraux, qui a démissionné au lendemain du *27 avril,* est accueilli à La Boisserie. Cet entretien inspirera son livre *Les Chênes qu'on abat...*

1970

Avril : publication chez Plon du tome I des *Discours et messages.*

Du 4 au 26 juin : séjour en Espagne au cours duquel l'ancien chef de l'État français est reçu, le *8,* par Franco au Prado.

23 octobre : parution du premier tome des *Mémoires d'espoir* qui rencontre un succès considérable. Les réactions de la presse sont en revanche plus mitigées.

9 novembre : Charles de Gaulle meurt à La Boisserie, vers 19 h 30, d'une rupture de l'aorte abdominale. L'annonce du décès, *le lendemain* dans la matinée, provoque une vive émotion dans le monde entier. Dans un testament daté de 1952, le Général déclare refuser tous les honneurs.

12 novembre : après une cérémonie officielle à Notre-Dame de Paris où sont réunis une trentaine de souverains et des représentants de presque toutes les nations, les obsèques se déroulent dans l'après-midi à Colombey en la seule présence de la famille, des proches, des Compagnons de la Libération (350 survivants), d'un détachement d'honneur des armées, des habitants du village et du peuple de la France, comme il l'avait souhaité. Le Général est inhumé aux côtés de sa fille Anne dans le cimetière du village.

JEAN-LUC BARRÉ.

NOTE SUR LES VARIANTES

Dans un texte aussi élaboré, aussi concerté, où un certain usage des mots paraît commander sans cesse au traitement des faits et la suprématie du verbe ordonner la vérité de l'action, les repentirs sont lourds de sens et non dépourvus d'ambiguïté. À quelles fins littéraires ou politiques, Charles de Gaulle a-t-il inlassablement remanié son texte de page en page, de manuscrits en dactylogrammes ? De quels arrangements avec le réel, de quelle entreprise d'exaltation ou de dissimulation procède au juste tout ce qui a été ici révisé, refondu, atténué ou retranché ? Un tel matériau, ciselé avec tant de patience et d'acharnement, témoigne en tout cas de ce que fut, de bout en bout, la démarche de l'écrivain. Rebelle à toute confession, ennemi du dévoilement ou de l'introspection, il poursuit, au-delà du témoignage, l'ambition de forger une œuvre d'art dédiée à la grande histoire qu'il relate et au personnage qui l'incarne.

Chateaubriand disait de Saint-Simon qu'il écrivait « à la diable des pages immortelles ». Rien n'est moins vrai chez de Gaulle. Les documents dont nous disposons pour chaque volume[1] — deux voire trois états manuscrits suivis de deux ou trois dactylogrammes — montrent une longue et difficile confrontation avec les mots. De Gaulle écrit avec peine, raturant, se reprenant à chaque ligne ou presque ; ses premiers feuillets sont noircis d'une petite écriture nerveuse, hâtive, resserrée à l'extrême, et pour une part illisible. On le voit attentif à la composition, à l'ordonnancement de ses phrases, comme s'il attendait de chacune d'elles l'éclat d'une maxime. Rares chez lui sont les paragraphes qui n'auront pas été sondés, fouillés au moins jusqu'au premier dactylogramme, certains étant encore retouchés ultérieurement, voire sur épreuves. Il résulte parfois

---

[1]. Ils sont conservés à la Bibliothèque nationale de France, département des manuscrits.

quelque sécheresse d'un style aussi dominé et visant de toute évidence au plus haut classicisme. Mais nous verrons que tant d'austérité majestueuse ne conduit pas toujours à l'économie du trait un auteur en même temps si soucieux de soigner ses effets.

« De Gaulle est un homme qui, où qu'il soit, ne cesse de crayonner le brouillon de ses mémoires », disait l'ambassadeur Jean Chauvel. Est-ce cette incessante maturation, préalable à l'écriture proprement dite, qui explique que l'essentiel du récit et de l'analyse soit mis en place dès le manuscrit de départ — ce qui ne l'empêchera pas de subir jusqu'au bout variantes et retouches. En réalité, tout en ayant médité son texte de longue date et affûté quelques formules destinées à rester dans les mémoires, de Gaulle s'est imprégné de la documentation considérable qu'il a fait rassembler. L'exigence du style n'interdit pas celle de l'exactitude chronologique ou technique. Avant d'affronter la page blanche, il dispose ainsi du matériau brut de l'épopée : rapports, correspondances, répertoire des protagonistes, fussent-ils les plus modestes.

La mise en forme (en scène ?) peut dès lors s'opérer. Ce qui frappe dans le manuscrit initial, c'est la fougue, le naturel, la liberté d'allure, avec lesquels l'écrivain progresse, plus mordant, plus virulent, plus agressif qu'il ne le sera jamais par la suite. On ne dira pas qu'il s'abandonne, mais il est encore dans les temps de « cette première maladresse, où le cœur se montre », selon le mot de Jean Paulhan. La pudeur, la retenue envers lui-même et les siens qu'il s'impose dans l'évocation de sa vie n'apparaîtront que lors des étapes ultérieures de la rédaction. Le premier mouvement le porte davantage à l'aveu, à l'effusion. S'il faut attendre la fin du premier volume des *Mémoires de guerre* pour apprendre que de Gaulle est capable à son tour de « sanglots » et de « larmes » — un 11 juin 1942, à propos de Bir Hakeim —, c'est un patriote, un soldat, un homme « dévoré de chagrin[1] » qui se découvre à nous deux ans plus tôt, dans la première version de son texte. Ce qui vaut pour l'expression des sentiments est plus net encore quand il s'agit des jugements ou considérations portées sur les hommes et les événements. Il livre alors son opinion la plus immédiate et sans doute la plus profonde.

La reprise en mains du texte s'effectue dans un deuxième état manuscrit où le Général s'applique à mieux former ses lettres, à se rendre lisible en vue de la dactylographie. Mise au propre, mise au net où, « aventurier malgré lui », il s'emploie à retrouver « le chemin de la règle », comme l'écrit Adrien Le Bihan dans *De Gaulle et son double*. À ce stade-là, la plupart des corrections ou additions portées sur le premier manuscrit sont écartées ou remaniées, mais il arrive que l'ultime révision n'intervienne, comme à regret, que sur le tout dernier dactylogramme. Ainsi de tel jugement sur Léon Blum à la Libération[2] — l'auteur ne semble se résoudre à l'adoucir qu'*in*

---

1. *L'Appel*, « La Pente », var. *t*.
2. *Le Salut*, « Désunion », var. *g*.

extremis — et d'une manière générale de ce qui concerne ses relations complexes avec Londres ou Washington...

Passé le cap du deuxième manuscrit, le livre est de nouveau soumis, dans le premier dactylogramme à un examen approfondi, après lequel ne subsisteront plus guère, sauf exception, que des variations anodines sur un verbe ou un adjectif.

L'exigence de rigueur, de concision, qui préside à l'élaboration de son œuvre ne va pas chez ce styliste sans excès d'emphase et de solennité. En homme de théâtre trop préoccupé de ses entrées et de ses sorties, l'auteur des *Mémoires de guerre* surcharge le plus souvent ses incipit et ses conclusions. Ainsi la sobriété originelle de l'ouverture du cinquième chapitre de *L'Appel* — « À Londres, l'atmosphère était lourde » — ou de celui du premier chapitre de *L'Unité* — « En 1942 se fixe le sort de la guerre[1] » — se mue-t-elle peu à peu en quelque formule plus ostentatoire. De Gaulle n'imagine pas davantage de quitter la scène sans dramatisation cornélienne.

On ne saurait évidemment chercher à préciser le sens et la valeur de chacune des variantes retenues ; le lecteur pourra s'y reporter et en éprouver l'intérêt. De cet ensemble de choses tues ou réservées, fragments ou développements plus complets, que retenir en réalité ?

La part de l'autobiographie reste des plus ténues. L'homme appelé par l'Histoire et conscient de ne plus s'appartenir ne s'intéresse guère à l'homme privé. Il campe un de Gaulle mythique et quasi impersonnel, autour duquel gravitent compagnons ou adversaires, partenaires ou rivaux et s'organise cette histoire avec laquelle il semble faire corps depuis l'origine.

C'est en premier lieu aux Alliés que sont consacrées le plus souvent les pages demeurées inédites de ses *Mémoires de guerre*. Des affaires du Levant aux complots d'Alger, des démêlés d'Anfa aux discordances de Yalta, la critique du double jeu anglais et de l'ostracisme américain à son égard est aussi incisive que possible. De Gaulle y expose sans fard aucun ses griefs envers Churchill et Roosevelt, et le caractère « odieux » de leurs procédés. Mais son réquisitoire le plus implacable, il le réserve aux hommes de Vichy. Pourquoi Charles de Gaulle s'est-il abstenu *in fine* de livrer ces « attendus » dont il regrettait pourtant que la Haute-Cour ne les eût pas mis « plus nettement » en exergue[2] ? Point par point, il démontre la vanité tragique, la faillite intégrale tant militaire que politique, du système de la collaboration. C'est avec la même netteté, la même sûreté dans l'analyse qu'il établit le constat de son incompatibilité sans appel, à la Libération, avec les partis politiques renaissants[3]. Ailleurs, touchant tel ou tel protagoniste de l'épopée gaullienne,

---

1. « Intermède », var. *a*.
2. *Le Salut*, « Désunion », var. *e*.
3. *Ibid.*, « Départ », var. *e*.

ici Giraud, là Pompidou[1], il peut suffire d'une demi-phrase pour restituer au portrait sa cruelle vérité d'origine.

Nombre de ces variantes fournissent des aperçus du « grand jeu » (selon sa propre formule) déployé par le chef de la France Libre à Londres ou à Alger, à Beyrouth ou à Moscou. Dans ses rapports de force avec Churchill, Eisenhower ou Giraud, avec les hommes de la Résistance, le commandement militaire allié ou les états-majors des partis, l'arme suprême du grand solitaire reste le mélange de ruse, de défi et de bluff dont il ne cesse d'user pour survivre et finalement s'imposer.

Plus d'une dizaine d'années après avoir achevé ses *Mémoires de guerre*, le vieil homme qui vient de prendre un congé définitif du pouvoir renoue avec l'écriture. Nous sommes au printemps de 1969. Non moins difficile d'accès que les précédents, le premier manuscrit des *Mémoires d'espoir*, biffé en tout sens, recouvert d'un enchevêtrement de mots à peine formés, où chaque ligne tracée en hâte semble un obstacle surmonté, atteste une élaboration aussi âpre et complexe. La technique n'a pas changé : une fois établie la version initiale, l'écrivain reprend son texte pour une mise au net autographe avant de le soumettre à la première frappe, elle-même suivie de deux autres états dactylographiés et d'un jeu d'épreuves largement corrigé. Ce processus n'est que partiellement accompli pour les deux chapitres qui composent *L'Effort*, le Général n'ayant eu le temps, avant de mourir, que de retravailler le premier dactylogramme de son livre.

Pressé par les délais que l'âge et le temps lui imposaient, Charles de Gaulle n'est sans doute pas allé aussi loin dans le réexamen de son œuvre ultime que dans celui des *Mémoires de guerre*. Les variantes des *Mémoires d'espoir* sont donc moins riches et moins abondantes. Parmi celles que nous avons retenues, on ne peut manquer de s'arrêter sur un long paragraphe retranché du chapitre I du *Renouveau*[2] et relatif à la réforme du Sénat, envisagé par le Général dès son retour aux affaires. Il révèle qu'il l'a différée à cette époque en raison de « l'opposition conjuguée de tous les intéressés », avant de l'exhumer dix ans plus tard sans que la réaction des mêmes personnes soit plus favorable. L'homme d'État qui vient d'être désavoué par son peuple sur ce point a-t-il voulu minimiser, en l'écartant de ses *Mémoires* la portée d'une bataille perdue ?

La relation de l'affaire algérienne ne fait guère l'objet de correctifs aussi marquants. On aurait pu attendre des manuscrits qu'ils reflètent les évolutions sinueuses et parfois contradictoires du Général à cet égard. Il n'en est rien ou presque. Fidèle à son refus des effusions et moins enclin que jamais à livrer ses sentiments intimes, le mémorialiste répugne à trop évoquer les larmes de

---

1. *L'Effort*, chapitre 2, n. 3.
2. « Les Institutions, var. *i*.

Note sur les variantes CXXXV

Michel Debré le jour où il lui annonce l'imminence d'une république algérienne, et lui-même dissimule sa propre émotion devant le désarroi de son Premier ministre[1].

C'est une censure plus étrange qu'il semble avoir exercée dans le bref récit de sa dernière rencontre à Londres avec Winston Churchill. Qu'avait-il de compromettant ou de trop personnel à ses yeux, ce mot « Amitié[2] » que son hôte chancelant répète à son intention ? Au moment de le reproduire dans le deuxième manuscrit, de Gaulle lui substitue d'autorité une formule plus avantageuse pour lui, et presque insolite dans la bouche du vieil Anglais : « Vive la France ! » Ainsi, s'écrit l'Histoire parfois...

Avant d'être interrompu par la mort, le rédacteur de *L'Effort* livre une ultime offensive contre les « catégories politiques », ses ennemis de toujours. Sa « raison d'être », conclut-t-il dans le manuscrit initial, fut toujours de préserver contre elles ce qui est « assurément salutaire dans l'ordre national[3] ».

J.-L. B.

---

1. *Le Renouveau*, « L'Algérie », var. *b*.
2. *Ibid.*, « Le Monde », var. *e*.
3. *L'Effort*, chapitre 2, var. *e*.

NOTE SUR LA PRÉSENTE ÉDITION

LES ÉDITIONS DES MÉMOIRES

La Librairie Plon a publié les éditions originales de *L'Appel* (1954), de *L'Unité* (1956), du *Salut* (1959), du *Renouveau* (1970) et de *L'Effort* (1971). Outre plusieurs tirages du vivant du Général, les *Mémoires de guerre* sont réimprimés et édités par Plon, avec leurs « Documents », en 1973 et 1990.

Dans les éditions de poche (Livre de poche historique, 1960-1961 ; Presse Pocket, 1980 et 1989-1990), « il n'a été retenu des documents qui accompagnaient [l'originale] qu'un choix de ceux qui ont été rédigés par l'auteur ». En 1973, au Livre de poche, édition des *Mémoires d'espoir*.

Le Club français du livre, le Club français des bibliophiles, le Club Édito Service (Genève) publient les *Mémoires* dans le cadre d'une édition des *Œuvres complètes* du Général.

Enfin, la Librairie Plon réunit en un volume les *Mémoires de guerre* (1989 et 1994), les « Documents » étant exclus. Elle réunit de même en un volume les *Mémoires d'espoir* (1980 et 1984).

Entre toutes ces éditions, seules la présence, la sélection ou l'absence des « Documents » font la différence, le texte même des *Mémoires* demeurant inchangé.

PRINCIPES DE CETTE ÉDITION

Mémoires de guerre.

Charles de Gaulle n'ayant pratiquement rien changé au texte de l'édition originale de ses *Mémoires*, celle-ci est reproduite ici, sous réserve de deux séries de modifications :

1º Celles que l'auteur a lui-même opérées, pour rectifier — très rarement — des erreurs de fait (voir p. 1234).

2º Celles qui corrigent de manifestes fautes d'impression ou des leçons douteuses, le manuscrit permettant de rétablir une forme correspondant à l'intention de l'écrivain.

Rectifications d'auteur et d'éditeur — excepté les corrections d'erreurs typographiques — sont signalées en leur lieu.

Il n'en va pas de même pour la ponctuation et l'orthographe.

On a, dans la plupart des cas, respecté la ponctuation gaullienne, considérant qu'elle était inhérente au texte, au rythme que voulait lui donner Charles de Gaulle. Chez lui, la phrase, même écrite, appelle la diction à haute voix : phrase d'orateur où les virgules scandent le débit. D'autres signes relèvent de l'écrit et de l'oral. Écrire : « Mon premier colonel : Pétain[1] », c'est peut-être se conformer à un usage militaire, c'est surtout détacher le nom propre avec plus de force. Quant aux cas, explicables par une faute d'impression, où l'on a normalisé la ponctuation, il a paru assez vain de les signaler.

L'orthographe de Charles de Gaulle est aussi impeccable que sa syntaxe. Sur deux points seulement elle apparaît discutable : les majuscules et les noms de personne. La majuscule règne dans les *Mémoires de guerre* et prolifère dans les *Mémoires d'espoir*. Le Général disait à François Goguel : « Puisqu'on accorde une majuscule à l'Assemblée et au Sénat, il n'y a aucune raison de la refuser au Gouvernement[2]. » En effet. Pourtant, l'usage est là, que j'ai suivi dans ce cas comme dans les autres, où le texte s'en écartait. On lira ici : « Le président de la République », mais « le Président » quand Roosevelt, ou de Gaulle, n'est pas nommé ensuite. Là aussi, il eût été inutile de mentionner, à chaque fois, la correction apportée.

La prodigieuse mémoire du Général semble curieusement le trahir lorsqu'il cite les noms des personnes, y compris, mais peut-être surtout, de personnes qu'il a bien connues. Il écrit « Frénay », « Mendès-France », attribuant à l'un un accent aigu, à l'autre un trait d'union, également superflus. L'orthographe exacte a été rétablie sans autre commentaire. Aux psychologues d'épiloguer sur ces lapsus : leur tâche sera plus malaisée que pour le goût des majuscules...

Mémoires d'espoir.

On a suivi les mêmes règles que pour les *Mémoires de guerre*. Le volume posthume, *L'Effort*, posait un problème spécifique : comment avait été établi le texte publié en 1971 ? Celui-ci a donc été systématiquement confronté avec le dernier dactylogramme corrigé de la main du Général. Cette confrontation a montré la qualité du travail de Pierre-Louis Blanc ; nous avons relevé une seule erreur de lecture ou, peut-être, une seule faute d'impression non corrigée. La rectification est indiquée en son lieu (p. 1198, var. *c*).

---

1. *L'Appel*, p. 6.
2. Cité par Claude Dulong, *La Vie quotidienne à l'Élysée du temps de Charles de Gaulle*, Hachette, 1974, p. 106.

Documents et annotation.

Chacun des trois volumes des *Mémoires de guerre* présentait en annexe des « Documents » : discours, dépêches, télégrammes, lettres, comptes rendus d'audiences, décrets. Nombre de ces pièces étaient l'œuvre du général de Gaulle ; d'autres avaient été revues et souvent corrigées par lui. Dans une édition en un volume il n'était pas possible de reproduire un ensemble nettement plus étendu que le texte même des *Mémoires* et par lequel l'auteur souhaitait illustrer et justifier sur pièces un récit relativement concis.

D'autre part, les pièces en question se retrouvaient, souvent dans les *Discours et messages*, revus par le Général en 1970 et dans les *Lettres, notes et carnets* publiés par l'amiral de Gaulle : treize volumes de 1980 à 1997. Les notes de la présente édition permettent au lecteur de se reporter à ces textes accessibles.

Elles citent aussi des passages significatifs des « Documents » qui ne figurent ni dans *Discours et messages* ni dans *Lettres, notes et carnets*. Parfois, elles signalent des coupures pratiquées par le Général, voire des informations qu'il avait recueillies, sans juger bon de les utiliser.

Pour situer et éclairer le texte des *Mémoires*, il fallait encore citer des acteurs ou des interprètes des événements qu'ils relatent : chefs de guerre, biographes, historiens. Il fallait aussi pour les lecteurs de l'an 2000 décoder des sigles, préciser des identités, expliciter des allusions ; évidents entre 1954 et 1971, ils sont devenus aujourd'hui énigmatiques. On a, par exemple, traduit « M.R.P. », identifié Sikorski, rendu à Léon Blum son « lâche soulagement ».

Enfin, il a semblé bon à Jean-Louis Crémieux-Brilhac et à moi-même de reproduire intégralement quelques-uns des « Documents » : l'appel du 18 juin tel que de Gaulle l'a publié et tel qu'il fut prononcé ; le « testament » du 18 mars 1942 ; la déclaration du général de Gaulle du 23 juin 1942, publiée dans les journaux clandestins ; le télégramme du 27 août 1942 à Pleven et M. Dejean ; la longue lettre à Roosevelt du 26 octobre 1942, qui ne reçut jamais de réponse ; la note sur l'entretien qui se déroula à la villa des Glycines le 30 décembre 1943 entre le général de Gaulle et le général Eisenhower ; le télégramme que le général de Gaulle envoya au général de Lattre le 3 janvier 1945 et enfin la déclaration faite par le Général le 1er janvier 1946 à l'Assemblée constituante. Tous ces textes sont donnés en appendice, avant l'appareil critique.

★

L'amiral Philippe de Gaulle a publié des *Mémoires*, qui pour moi n'ont pas été *accessoires*. À ce titre déjà, et pour l'accueil qu'il m'a réservé, je lui dois ma reconnaissance. Je le lui dois surtout pour avoir permis, avec Mme de Boissieu, aux artisans du présent volume d'accéder aux manuscrits du Général.

J'inscrirai ensuite le nom d'un ami trop tôt disparu, Alain Peyrefitte, envers qui ma gratitude n'est pas seulement celle d'un lecteur de son irremplaçable *C'était de Gaulle* ; nos échanges, autour du spectacle de Robert Hossein et de cette édition des *Mémoires*, m'ont permis de préciser plus d'un point. Ayant eu le privilège d'être un collaborateur de Geoffroy de Courcel à l'ambassade de Londres et, le collègue, au Conseil franco-britannique, de Jean Marin, j'ai pu interroger les acteurs éminents de la France Libre. Leur témoignage n'a cessé de m'accompagner.

On verra dans les notes tout ce que m'ont apporté les travaux de nombreux historiens et biographes, en particulier *L'Abîme* de Jean-Baptiste Duroselle, *De Gaulle et Churchill* de François Kersaudy et le monumental *De Gaulle* de Jean Lacouture.

À l'Institut Charles de Gaulle, le professeur Alain Larcan, président du Conseil scientifique et M. Guillaume Papazoglou, bibliothécaire, ont tout fait pour faciliter et éclairer mes recherches, complétant celles que je menais à la Bibliothèque nationale, à la Sorbonne et à l'École normale supérieure.

Des collègues ont accepté de m'informer en des domaines où ils ont de longtemps affirmé leur maîtrise, ainsi de Chateaubriand pour M. Jean-Claude Berchet, de Saint-Simon pour M. Yves Coirault, du cinéma pour M. Jean Tulard, dont, pour un autre travail, je n'avais pas sollicité en vain la compétence napoléonienne.

Quant à M. Jean-Louis Crémieux-Brilhac, non content d'écrire la brillante introduction historique qu'on attendait de l'auteur de *La France Libre*, il a lu, avec une extrême attention, mes propres textes, me communiquant maintes remarques, grâce auxquelles j'ai pu nuancer, compléter, voire rectifier une première rédaction. Qu'il trouve ici l'expression de ma très vive reconnaissance.

Celle-ci n'est pas moins vive à l'égard de Mme Françoise Marcassus-Combis, lectrice si efficacement scrupuleuse de mes manuscrits et de la Bibliothèque de la Pléiade où j'ai été accueilli, une fois encore, avec la même courtoisie et la même attentive gentillesse que naguère.

M.-F. G.

MÉMOIRES DE GUERRE

★

L'APPEL

1940-1942

© *Librairie Plon, 1954.*

LA PENTE

  Toute ma vie, je me suis fait une certaine idée de la France[1]. Le sentiment me l'inspire aussi bien que la raison. Ce qu'il y a, en moi, d'affectif imagine naturellement la France, telle la princesse des contes ou la madone aux fresques des murs, comme vouée à une destinée éminente et exceptionnelle. J'ai, d'instinct, l'impression que la Providence l'a créée pour des succès achevés ou des malheurs exemplaires. S'il advient que la médiocrité marque, pourtant, ses faits et gestes, j'en éprouve la sensation d'une absurde anomalie, imputable aux fautes des Français, non au génie de la patrie. Mais aussi, le côté positif de mon esprit me convainc que la France n'est réellement elle-même qu'au premier rang ; que, seules, de vastes entreprises sont susceptibles de compenser les ferments de dispersion que son peuple porte en lui-même ; que notre pays, tel qu'il est, parmi les autres, tels qu'ils sont, doit, sous peine de danger mortel, viser haut et se tenir droit. Bref[a], à mon sens, la France ne peut être la France sans la grandeur.

  Cette foi a grandi en même temps que moi dans le milieu où je suis né. Mon père, homme de pensée, de culture, de tradition, était imprégné du sentiment de la dignité de la France. Il m'en a découvert l'Histoire. Ma mère portait à la patrie une passion intransigeante à l'égal de sa piété religieuse. Mes trois frères, ma sœur, moi-même, avions pour seconde nature une certaine fierté anxieuse au sujet de notre pays. Petit Lillois de Paris[2], rien ne me frappait davantage que les symboles de nos gloires : nuit descendant sur Notre-

Dame, majesté du soir à Versailles, Arc de Triomphe dans le soleil, drapeaux conquis frissonnant à la voûte des Invalides. Rien ne me faisait plus d'effet que la manifestation de nos réussites nationales : enthousiasme du peuple au passage du tsar de Russie, revue de Longchamp, merveilles de l'Exposition[3], premiers vols de nos aviateurs. Rien ne m'attristait plus profondément que nos faiblesses et nos erreurs révélées à mon enfance par les visages et les propos : abandon de Fachoda, affaire Dreyfus, conflits sociaux, discordes religieuses[4]. Rien ne m'émouvait autant que le récit de nos malheurs passés : rappel par mon père de la vaine sortie du Bourget et de Stains, où il avait été blessé ; évocation par ma mère de son désespoir de petite fille à la vue de ses parents en larmes : « Bazaine a capitulé[5] ! »

Adolescent, ce qu'il advenait de la France, que ce fût le sujet de l'Histoire ou l'enjeu de la vie publique, m'intéressait par-dessus tout. J'éprouvais donc de l'attrait, mais aussi de la sévérité, à l'égard de la pièce qui se jouait, sans relâche, sur le forum ; entraîné que j'étais par l'intelligence, l'ardeur, l'éloquence qu'y prodiguaient maints acteurs et navré de voir tant de dons gaspillés dans la confusion politique et les divisions nationales. D'autant plus qu'au début du siècle apparaissaient les prodromes de la guerre. Je dois dire que ma prime jeunesse imaginait sans horreur et magnifiait à l'avance cette aventure inconnue. En somme, je ne doutais pas que la France dût traverser des épreuves gigantesques, que l'intérêt de la vie consistait à lui rendre, un jour, quelque service signalé et que j'en aurais l'occasion[6].

Quand j'entrai dans l'armée[b], elle était une des plus grandes choses du monde. Sous les critiques et les outrages qui lui étaient prodigués, elle sentait venir avec sérénité et, même, une sourde espérance, les jours où tout dépendrait d'elle. Après Saint-Cyr, je fis, au 33ᵉ régiment d'infanterie, à Arras, mon apprentissage d'officier. Mon premier colonel : Pétain, me démontra ce que valent le don et l'art de commander. Puis, tandis que l'ouragan m'emportait comme un fétu à travers les drames de la guerre : baptême du feu, calvaire des tranchées, assauts, bombardements, blessures, captivité[7], je pouvais voir la France, qu'une natalité déficiente, de creuses idéologies et la négligence des pouvoirs avaient privée d'une partie des moyens nécessaires à sa défense, tirer d'elle-même un incroyable effort, suppléer par des sacrifices sans mesure à tout ce qui lui manquait et terminer l'épreuve dans la victoire. Je pouvais la voir, aux jours les plus critiques, se rassembler moralement, au début sous l'égide de Joffre, à la fin sous l'impulsion du « Tigre[8] ». Je pouvais la voir, ensuite, épuisée de pertes et de ruines, bouleversée dans sa structure sociale et son équilibre moral, reprendre d'un pas vacillant sa marche vers son destin, alors que le régime, reparaissant tel qu'il était naguère et reniant Clemenceau, rejetait la grandeur et retournait à la confusion.

Pendant les années suivantes, ma carrière parcourut des étapes variées : mission et campagne en Pologne, professorat d'histoire à Saint-Cyr, École de guerre, cabinet du Maréchal[9], commandement du 19e bataillon de chasseurs à Trèves, service d'état-major sur le Rhin et au Levant. Partout, je constatais le renouveau de prestige que ses succès récents valaient à la France et, en même temps, les doutes qu'éveillaient, quant à l'avenir, les inconséquences de ses dirigeants. Au demeurant, je trouvais, dans le métier militaire, l'intérêt puissant qu'il comporte pour l'esprit et pour le cœur. Dans l'armée, tournant à vide, je voyais l'instrument des grandes actions prochaines.

Il était clair, en effet, que le dénouement de la guerre n'avait pas assuré la paix. L'Allemagne revenait à ses ambitions[c], à mesure qu'elle recouvrait ses forces. Tandis que la Russie s'isolait dans sa révolution ; que l'Amérique se tenait éloignée de l'Europe ; que l'Angleterre ménageait Berlin pour que Paris eût besoin d'elle ; que les États nouveaux[10] restaient faibles et désaccordés, c'est à la France seule qu'il incombait de contenir le Reich. Elle s'y efforçait, en effet, mais d'une manière discontinue. C'est ainsi que notre politique avait, d'abord, usé de la contrainte sous la conduite de Poincaré[11], puis tenté la réconciliation à l'instigation de Briand, cherché, enfin, un refuge dans la Société des Nations. Mais[d] l'Allemagne se gonflait de menaces. Hitler approchait du pouvoir.

À cette époque[12], je fus affecté au secrétariat général de la Défense nationale, organisme permanent dont le président du Conseil disposait pour la préparation à la guerre de l'État et de la nation. De 1932 à 1937, sous quatorze ministères, je me trouvai mêlé, sur le plan des études, à toute l'activité politique, technique et administrative, pour ce qui concernait la défense du pays. J'eus, notamment, à connaître des plans de sécurité et de limitation des armements qu'André Tardieu et Paul-Boncour présentèrent respectivement à

Genève ; à fournir au cabinet Doumergue[13] des éléments pour ses décisions, quand il choisit de prendre une autre voie après l'avènement du Führer ; à tisser la toile de Pénélope du projet de loi d'organisation de la nation pour le temps de guerre[14] ; à m'occuper des mesures que comportait la mobilisation des administrations civiles, des industries, des services publics. Les travaux que j'avais à faire, les délibérations auxquelles j'assistais, les contacts que je devais prendre*e*, me montraient l'étendue de nos ressources, mais aussi l'infirmité de l'État.

Car c'est l'inconsistance du pouvoir qui s'étalait en ce domaine. Non, certes, que les hommes qui y figuraient manquassent d'intelligence ou de patriotisme. Au contraire, je voyais passer à la tête des ministères d'indiscutables valeurs et, parfois, de grands talents. Mais le jeu du régime les consumait et les paralysait. Témoin réservé, mais passionné, des affaires publiques, j'assistais à la répétition continuelle du même scénario. À peine en fonction, le président du Conseil était aux prises avec d'innombrables exigences, critiques et surenchères, que toute son activité s'employait à dérouter sans pouvoir les maîtriser. Le Parlement, loin de le soutenir, ne lui offrait qu'embûches et défections. Ses ministres étaient ses rivaux. L'opinion, la presse, les intérêts, le tenaient pour une cible désignée à tous les griefs. Chacun, d'ailleurs, — lui-même tout le premier, — savait qu'il n'était là que pour une courte durée. De fait, après quelques mois, il lui fallait céder la place. En matière de défense nationale, de telles conditions interdisaient aux responsables cet ensemble de desseins continus, de décisions mûries, de mesures menées à leur terme, qu'on appelle une politique.*f*

C'est pourquoi le corps militaire, auquel l'État ne donnait d'impulsions que saccadées et contradictoires, s'enfermait dans son conformisme. L'armée se figeait*g* dans les conceptions qui avaient été en vigueur avant la fin de la dernière guerre. Elle y était d'autant plus portée que ses chefs[15] vieillissaient à leur poste, attachés à des errements qui avaient, jadis, fait leur gloire.

Aussi, l'idée du front fixe et continu dominait-elle la stratégie prévue pour une action future. L'organisation, la doctrine, l'instruction, l'armement, en*h* procédaient directement. Il était entendu qu'en cas de guerre la France mobiliserait la masse de ses réserves et constituerait un nombre aussi grand que possible de divisions, faites, non pas pour manœuvrer, attaquer, exploiter, mais pour tenir des secteurs. Elles seraient mises en position le long de la frontière française et de la frontière belge, — la Belgique nous étant, alors, explicitement alliée, — et y attendraient l'offensive de l'ennemi.

Quant aux moyens : tanks, avions, canons mobiles et pivotants, dont les dernières batailles de la Grande Guerre avaient montré qu'ils permettaient, déjà, la surprise et la rupture et dont la puissance n'avait cessé de grandir depuis lors, on n'entendait s'en servir que pour renforcer la ligne et, au besoin, la rétablir par des contre-attaques locales. Les types d'engins étaient fixés en conséquence : chars lents, armés de pièces légères et courtes, destinés à l'accompagnement de l'infanterie et non point aux actions rapides et autonomes ; avions de chasse conçus pour la défense du ciel, auprès desquels l'armée de l'air comptait peu de bombardiers et aucun appareil d'assaut ; pièces d'artillerie faites pour tirer à partir d'une position fixe avec un étroit champ d'action horizontal, mais non pas pour pousser à travers tous les terrains et faire feu dans tous les azimuts. Au surplus, le front était, à l'avance, tracé par les ouvrages de la ligne Maginot que prolongeaient les fortifications belges. Ainsi, serait tenue par la nation en armes une barrière à l'abri de laquelle elle attendrait, pensait-on, que le blocus eût usé l'ennemi et que la pression du monde libre l'acculât à l'effondrement.

Une telle conception de la guerre convenait à l'esprit du régime. Celui-ci, que la faiblesse du pouvoir et les discordes politiques condamnaient à la stagnation, ne pouvait manquer d'épouser un système à ce point statique. Mais aussi, cette rassurante panacée répondait trop bien à l'état d'esprit du pays pour que tout ce qui voulait être élu, applaudi ou publié n'inclinât pas à la déclarer bonne. L'opinion, cédant à l'illusion qu'en faisant la guerre à la guerre[16] on empêcherait les belliqueux de la faire, conservant le souvenir de beaucoup de ruineuses attaques, discernant mal la révolution apportée, depuis, à la force par le moteur, ne se souciait pas d'offensive. En somme, tout concourait à faire de la passivité le principe même de notre défense nationale.

Pour moi une telle orientation était aussi dangereuse que possible. J'estimais qu'au point de vue stratégique elle remettait à l'ennemi l'initiative en toute propriété. Au point de vue politique, je croyais qu'en affichant l'intention de maintenir nos armées à la frontière, on poussait l'Allemagne à agir contre les faibles, dès lors isolés : Sarre[17], pays rhénans, Autriche, Tchécoslovaquie, États baltes, Pologne, etc. ; qu'on détournait la Russie de se lier à nous ; qu'on assurait à l'Italie que, quoi qu'elle fît, nous n'imposerions pas un terme à sa malveillance. Au point de vue moral, enfin, il me paraissait déplorable[i] de donner à croire au pays qu'éventuellement la guerre devait consister, pour lui, à se battre le moins possible.

À vrai dire, la philosophie de l'action, l'inspiration et l'emploi des armées par l'État, les rapports du gouvernement et du commandement, m'occupaient depuis longtemps. À cet égard, j'avais déjà manifesté ma pensée par quelques publications : *La Discorde chez l'ennemi*, *Le Fil de l'épée*, un certain nombre d'articles de revue. J'avais fait en public, par exemple à la Sorbonne, des conférences[18] sur la conduite de la guerre. Mais[j], en janvier 1933, Hitler devenait le maître du Reich. Dès lors, les choses ne pouvaient que se précipiter. Faute que personne proposât rien qui répondît à la situation, je me sentis tenu d'en appeler à l'opinion et d'apporter mon propre projet. Mais, comme l'affaire risquait d'avoir des conséquences, il me fallait m'attendre à ce qu'un jour se posent sur moi les projecteurs de la vie publique. C'est avec peine que j'en pris mon parti après vingt-cinq ans passés sous les normes militaires.

Sous le titre : *Vers l'armée de métier*, je lançai mon plan et mes idées. Je proposais de créer d'urgence une armée de manœuvre et de choc, mécanique, cuirassée, formée d'un personnel d'élite, qui s'ajouterait aux grandes unités fournies par la mobilisation. En 1933, un article de la *Revue politique et parlementaire*[19] me servit d'entrée en matière. Au printemps de 1934, je fis paraître le livre qui exposait les raisons et la conception de l'instrument qu'il s'agissait de construire[20].

Pourquoi ? Traitant, d'abord, de la couverture de la France, je montrais que la géographie qui organise l'invasion de notre territoire par le nord et le nord-est, la nature du peuple allemand qui le porte aux grandes ambitions, le sollicite vers l'ouest et lui trace comme direction : Paris, à travers la Belgique, le caractère du peuple français qui l'expose à être surpris au début de chaque conflit, nous commandaient de tenir une fraction de nos forces toujours en éveil, prête à se déployer tout entière, à tout instant. « Nous ne pouvons, écrivais-je, nous en remettre, pour supporter le premier choc, à la défensive hâtive de formations mal assurées. Le moment est venu d'ajouter à la masse de nos réserves et de nos recrues, élément principal de la résistance nationale, mais lente à réunir et lourde à mettre en œuvre, un instrument de manœuvre capable d'agir sans délai, c'est-à-dire permanent, cohérent, rompu aux armes[21]. »

Ensuite, j'invoquais la technique. Depuis que la machine dominait l'ordre guerrier, comme le reste, la qualité de ceux qui avaient à mettre en œuvre les machines de guerre devenait un élément essentiel du rendement de l'outillage. Combien était-ce vrai, surtout, pour les engins nouveaux : chars, avions, navires, que le moteur avait engendrés, qui allaient se perfectionnant à un rythme très rapide et qui ressuscitaient la manœuvre ! Je notais : « Il est de fait, dorénavant, que sur terre, sur mer et dans les airs, un personnel de choix, tirant le maximum d'un matériel extrêmement puissant et varié, possède sur des masses plus ou moins confuses une supériorité terrible[22]. » Je citais Paul Valéry : « On verra se développer les entreprises d'hommes choisis, agissant par équipes, produisant en quelques instants, à une heure, dans un lieu imprévus des événements écrasants. »

Abordant les conditions que la politique, à son tour, imposait à la stratégie, je constatais que celle-ci ne saurait se borner à la stricte défense du territoire puisque celle-là devait étendre son champ d'action au-delà des frontières. « Bon gré, mal gré, nous faisons partie d'un certain ordre établi dont tous les éléments se trouvent solidaires... Ce qu'il advient, par exemple, de l'Europe centrale et orientale, de la Belgique, de la Sarre, nous touche essentiellement... De combien de sang et de larmes payâmes-nous l'erreur du Second Empire qui laissa faire Sadowa sans porter l'armée sur le Rhin ?... Nous devons donc être prêts à agir au-dehors, à toute heure, en toute occasion. Comment, pratiquement, le faire, s'il faut, pour entreprendre quoi que ce soit, mobiliser nos réserves[23] ?... » Au surplus, dans la concurrence qui renaissait entre l'Allemagne et nous au point de vue de la puissance guerrière, nous ne pouvions manquer d'être distancés sur le terrain de la masse. Par contre, « étant donné nos dons d'initiative, d'adaptation, d'amour-propre, il ne tenait qu'à nous de l'emporter quant à la qualité[24] ». Je concluais ce « Pourquoi ? » comme suit : « Un instrument de manœuvre préventif et répressif, voilà de quoi nous devons nous pourvoir[25]. »

Comment ? Le moteur fournissait les éléments de la

réponse ; « le moteur qui s'offre à porter ce que l'on veut, où il le faut, à toutes les vitesses et distances ;... le moteur qui, s'il est cuirassé, possède une telle puissance de feu et de choc que le rythme du combat s'accorde avec celui des évolutions[26]. » Partant de là, je fixais le but à atteindre : « Six divisions de ligne et une division légère, motorisées tout entières, blindées en partie, constitueront l'armée propre à créer l'événement[27]. »

La composition qu'il convenait de donner à cette armée était nettement précisée. Chacune des divisions de ligne devait comporter : une brigade blindée à deux régiments, l'un de chars lourds, l'autre de chars moyens, et un bataillon de chars légers ; une brigade d'infanterie, comprenant deux régiments et un bataillon de chasseurs et portée en véhicules tous terrains ; une brigade d'artillerie, pourvue de pièces tous azimuts, formée de deux régiments servant respectivement des canons courts et des canons longs et complétée par un groupe de défense contre avions. Pour seconder ces trois brigades, la division aurait encore : un régiment de reconnaissance ; un bataillon du génie ; un bataillon de transmissions ; un bataillon de camouflage ; des services. La division légère, destinée à l'exploration et à la sûreté éloignée, serait dotée d'engins plus rapides. En outre, l'armée elle-même disposerait de réserves générales : chars et canons très lourds, génie, transmissions, camouflage. Enfin, une forte aviation d'observation, de chasse et d'assaut serait organiquement attachée à ce grand corps : un groupe pour chaque division, un régiment pour le tout, sans préjudice des actions d'ensemble que mènerait l'armée mécanique de l'air en conjugaison avec celles de l'armée mécanique au sol.

Mais, pour que l'armée de choc fût à même de tirer le meilleur rendement possible du matériel complexe et coûteux dont elle serait équipée, pour qu'elle puisse agir soudain, sur n'importe quel théâtre, sans attendre des compléments, ni procéder à des apprentissages, il faudrait la composer d'un personnel professionnel. Effectif total : cent mille hommes. La troupe serait donc formée d'engagés. Servant six ans dans le corps d'élite, ils se trouveraient, pendant ce temps, façonnés par la technique, l'émulation, l'esprit de corps. Ils fourniraient, ensuite, des cadres aux contingents et aux réserves.

Alors, était décrit l'emploi de ce bélier stratégique pour la rupture d'une résistance bien établie. Mise en place effectuée à l'improviste, en une seule nuit, ce que rendraient possible la motorisation de tous les éléments, leur capacité d'évoluer dans tous les terrains, l'utilisation du camouflage actif et passif. Attaque déclenchant trois mille chars, disposés en plusieurs échelons sur un front moyen de cinquante kilomètres, suivis et appuyés de près par l'artillerie décentralisée, rejoints sur les objectifs successifs par les fantassins portés avec leurs moyens de feu et d'organisation du sol, le tout étant articulé en deux ou trois corps d'armée, éclairé et soutenu par l'aviation propre aux divisions et à l'armée. Progression de tout le système atteignant normalement une cinquantaine de kilomètres au cours d'une journée de bataille. Après quoi et si l'adversaire persistait à opposer une résistance continue, regroupement général, soit pour élargir latéralement la brèche, soit pour reprendre l'effort vers l'avant, soit pour tenir le terrain conquis.

Mais, une fois la muraille percée, de plus vastes perspectives pourraient, soudain, se découvrir. L'armée mécanique déploierait, alors, l'éventail de l'exploitation. J'écrivais, à ce sujet : « Souvent, le succès remporté, on se hâtera d'en cueillir les fruits et de pousser dans la zone des trophées. On verra l'exploitation devenir une réalité, quand elle n'était plus qu'un rêve… Alors, s'ouvrira le chemin des grandes victoires, de celles qui, par leurs effets profonds et rapidement étendus, provoquent chez l'ennemi un ébranlement général, comme la rupture d'un pilier fait, quelquefois, crouler la cathédrale… On verra des troupes rapides courir au loin derrière l'ennemi, frapper ses points sensibles, bouleverser son dispositif… Ainsi, sera restaurée cette extension stratégique des résultats d'ordre tactique qui constituait, jadis, la fin suprême et comme la noblesse de l'art[28]… » Mais le peuple et l'État adverses, à un certain point de détresse et dans l'anéantissement de l'appareil de leur défense, pourraient, eux-mêmes, s'effondrer.

D'autant plus et d'autant plus vite que « cette aptitude à la surprise et à la rupture se conjuguait parfaitement bien avec les propriétés, désormais essentielles, des aviations de combat[29] ». J'évoquais l'armée de l'air préparant et prolongeant par ses bombardements les opérations menées au sol par l'armée mécanique et, réciproquement, celle-ci conférant, par l'irruption dans les zones ravagées, une utilité stratégique immédiate aux actions destructives des escadres aériennes.

Une si profonde évolution de l'art exigeait celle du commandement. Ayant mis en relief le fait que, désormais, la radiophonie donnait le moyen de relier entre eux les éléments de l'armée future, je terminais l'ouvrage en montrant quels procédés le commandement devait employer pour mener l'instrument nouveau. Pour les chefs, il ne s'agirait plus de diriger, par ordres anonymes, à partir de postes enterrés, une lointaine matière humaine. Au contraire, la présence, le coup d'œil, l'exemple, redeviendraient essentiels au milieu du drame mouvant, rempli d'aléas imprévus et d'occasions instantanées, que serait le combat des forces mécaniques. La personnalité du chef importerait beaucoup plus que les recettes codifiées. « Serait-ce pas tant mieux, demandais-je, si l'évolution devait ainsi favoriser l'élévation de ceux qui, dans les heures tragiques, où la rafale balaie les conventions et les habitudes, se trouvent seuls debout et, par là, nécessaires[30] ? »

Pour finir, j'en appelais à l'État. Pas plus qu'aucun autre corps, l'armée, en effet, ne se transformerait d'elle-même. Or, le corps spécialisé devant amener de profonds changements dans l'institution militaire, en même temps que dans la technique et la politique de la guerre, c'était aux pouvoirs publics qu'il incombait de le créer. Certes, il y faudrait, cette fois encore, un Louvois ou un Carnot. D'autre part, une pareille réforme ne pouvait être qu'une partie d'un tout, un élément dans l'effort de rénovation du pays[k]. « Mais, si cette refonte nationale devait commencer par l'armée, il n'y aurait là rien que de conforme à l'ordre naturel des choses. Alors, dans le dur travail qui doit rajeunir la France, son armée lui servira de recours et de ferment. Car l'épée est l'axe du monde et la grandeur ne se divise pas[31]. »

Pour dresser ce projet d'ensemble, j'avais, naturellement, mis à profit les courants d'idées déclenchés à travers le monde par l'apparition du moteur combattant. Le général Estienne, apôtre et premier inspecteur des chars, imaginait, dès 1917, d'en faire agir un bon nombre à grande distance en avant de ceux qui accompagnaient l'infanterie. C'est pour cela qu'à la fin de 1918, d'énormes engins de 60 tonnes commençaient à sortir des usines. Mais l'armistice avait arrêté la fabrication et confiné la théorie dans la formule de l'« action d'ensemble » complétant celle de l'« accompagnement ». Les Anglais, qui s'étaient montrés des précurseurs en engageant le Royal Tank Corps, à Cambrai en 1917, dans une action massive et profonde, continuaient à nourrir la conception du combat autonome de détachements cuirassés, conception dont le général Fuller et M. Liddell Hart étaient les protagonistes. En France, en 1933, le Commandement, réunissant au camp de Suippes des éléments épars, mettait à l'essai un embryon de division légère pour la sûreté et la découverte[32].

D'autres voyaient plus large encore. Le général von Seeckt, dans son ouvrage : *Pensées d'un soldat*, paru en 1929, évoquait les possibilités qu'une armée de qualité, — sous-entendu la Reichswehr de cent mille hommes servant à long terme, — possédait par rapport à des masses sans cohésion, — dans son esprit, celles des Français. Le général italien Douhet, calculant les effets que les bombardements aériens pourraient produire sur les centres de l'industrie et de la vie, jugeait l'armée de l'air capable d'emporter, à elle seule, la décision[33]. Enfin, le « Plan maximum », soutenu à Genève par M. Paul-Boncour en 1932, proposait d'attribuer à la Société des Nations une force professionnelle, disposant de tous les chars et de tous les avions d'Europe et qui serait chargée de la sécurité collective. Mon plan visait à bâtir en un tout et pour le compte de la France ces vues fragmentaires mais convergentes.

L'ouvrage souleva, d'abord, de l'intérêt mais point d'émotion. Tant que *Vers l'armée de métier* parut n'être qu'un livre remuant des idées dont la hiérarchie userait à son gré, on voulut bien y voir une originale théorie. Il ne venait à l'esprit de personne que notre organisation militaire pût en être modifiée. Si j'avais eu l'impression que rien ne pressait, en effet, j'aurais pu m'en tenir à faire valoir ma thèse dans les milieux spécialisés, comptant que, l'évolution aidant, mes arguments feraient leur chemin. Mais Hitler, lui, n'attendait pas.

Dès octobre 1933, il rompait avec la Société des Nations et prenait, d'office, sa liberté d'action en matière d'armements. Les années 1934 et 1935 voyaient le Reich déployer un immense effort de fabrication et de recrutement. Le régime national-socialiste affichait sa volonté de briser le traité de Versailles en conquérant le « Lebensraum[34] ». Il fallait à cette politique un appareil militaire offensif. Certes, Hitler préparait la levée en masse. Peu après son avènement, il instaurait le service du travail et, ensuite, la conscription. Mais, en outre, il avait besoin d'un instrument d'intervention pour trancher les nœuds gordiens, à Mayence, à Vienne, à Prague, à Varsovie, et pour que la lance germanique, pourvue d'une pointe aiguisée, fût en mesure de pénétrer d'un seul coup au cœur de la France.

Les renseignés, d'ailleurs, n'ignoraient pas que le Führer entendait imprimer sa marque à la nouvelle armée allemande ; qu'il écoutait volontiers les officiers naguère groupés autour du général von Seeckt, tels Keitel, Rundstedt, Guderian, partisans de la manœuvre, de la vitesse, de la qualité et, de ce fait, orientés vers les forces mécaniques ; qu'enfin, adoptant les théories de Goering, il voulait une aviation dont l'action pût être directement liée à la bataille terrestre. Je fus, bientôt, avisé que lui-même s'était fait lire mon livre, dont ses conseillers faisaient cas[35]. En novembre 1934, on apprit que le Reich créait les trois premières Panzerdivisions. Un ouvrage, publié à cette époque par le colonel Nehring, de l'état-major de la Wehrmacht, spécifiait qu'elles auraient une composition pour ainsi dire identique à celle que je proposais pour nos futures divisions cuirassées. En mars 1935, Goering annonçait que le Reich était en train de se donner une puissante armée de l'air et que celle-ci comprendrait, outre beaucoup de chasseurs, de nombreux bombardiers et une forte aviation d'assaut. D'ailleurs, bien que ces mesures fussent autant de violations flagrantes des traités, le monde libre se bornait à y opposer la protestation platonique de la Société des Nations.

Il m'était insupportable de voir l'ennemi du lendemain se doter des moyens de vaincre, tandis que la France en restait privée. Pourtant, dans l'incroyable apathie où était plongée la nation, aucune voix autorisée ne s'élevait pour réclamer qu'on fît le nécessaire. L'enjeu était tel qu'il ne me parut pas permis de me réserver, si minces que fussent mon importance et ma notoriété. La responsabilité de la défense nationale incombait aux pouvoirs publics. Je décidai de porter le débat*j* devant eux.

Je fis, d'abord, alliance avec André Pironneau, rédacteur en chef de *L'Écho de Paris*, puis directeur de *L'Époque*. Il prit à tâche de faire connaître le projet d'armée mécanique et de tenir le pouvoir en haleine par l'aiguillon d'un grand organe de presse. Liant sa campagne à l'actualité, André Pironneau publia quarante articles de fond qui rendirent le sujet familier. Chaque fois que les événements tournaient l'attention du public vers la défense nationale, mon amical collaborateur démontrait dans son journal la nécessité de créer le corps spécialisé. Comme on savait que l'Allemagne portait l'essentiel de son effort d'armement sur les engins d'attaque et d'exploitation, Pironneau poussait les cris d'alarme qu'ailleurs l'indifférence étouffait obstinément. Il prouva, à vingt reprises, que la masse cuirassée allemande, appuyée par l'aviation, pourrait faire crouler soudain notre défense et jeter dans notre peuple une panique qu'il ne surmonterait pas.

Tandis qu'André Pironneau faisait sa bonne besogne, d'autres journalistes et critiques posaient, tout au moins, la question. Tels : Rémy Roure et le général Baratier, dans *Le Temps*, Jean-Marie Bourget, les généraux de Cugnac et Duval dans *Le Journal des Débats*, Émile Buré et Charles Giron dans *L'Ordre*, André Lecomte dans *L'Aube*, le colonel Émile Mayer, Lucien Nachin, Jean Auburtin, dans diverses revues, etc[36]. Cependant, le bloc des faits acquis était trop compact pour qu'on pût l'entamer à coups d'articles de presse. Il fallait faire saisir du problème les instances politiques du pays.

M. Paul Reynaud me parut, par excellence, qualifié pour cette entreprise. Son intelligence était de taille à en embrasser les raisons ; son talent, à les faire valoir ; son courage, à les soutenir. En outre, tout notoire qu'il fût, M. Paul Reynaud donnait l'impression d'être un homme qui avait son avenir devant soi. Je le vis, le convainquis et, désormais, travaillai avec lui.

À la tribune de la Chambre des députés, il fit, le 15 mars 1935, une intervention saisissante, montrant pourquoi et comment notre organisation militaire devait être complétée par une armée mécanique de qualité. Peu après, comme le gouvernement demandait le vote des deux ans, M. Paul Reynaud, tout en donnant son accord, déposa une proposition de loi tendant à « la création immédiate d'un corps spécialisé de six divisions de ligne, une division légère, des réserves générales et des services, formé de militaires servant par contrat et qui devrait être complètement mis sur pied au plus tard le 15 avril 1940 ». Pendant trois ans, M. Paul Reynaud affirma sa position par plusieurs discours qui remuèrent profondément la pâte parlementaire, par un ouvrage intitulé *Le Problème militaire français*, par de vigoureux articles et interviews, enfin par des entretiens sur le sujet avec des politiques et des militaires importants. Ainsi prenait-il la figure d'un homme d'État novateur et résolu, naturellement désigné pour exercer le pouvoir en cas de difficultés graves[37].

Comme je croyais bon que la mélodie fût jouée sur des instruments divers, je m'appliquai à mettre d'autres hommes publics dans le jeu. M. Le Cour Grandmaison, séduit par ce qui, dans l'armée de métier, répondait à nos traditions, s'en fit noblement l'apôtre. Trois députés de gauche[m] : Philippe Serre, Marcel Déat, Léo Lagrange, dont le talent convenait pour mettre en relief le côté révolutionnaire de l'innovation, acceptèrent d'entrer en ligne. Le premier le fit, en effet, et d'une manière si brillante qu'il prit rang de grand orateur et, peu après, entra au gouvernement. Le second, sur les dons de qui je comptais particulièrement, fut, après son échec aux élections de 1936, attiré dans une voie opposée. Le troisième se trouva empêché, par le parti dont il était membre[38], d'affirmer ses convictions. Mais, bientôt, des hommes aussi considérables que M. Paul-Boncour à la Chambre et le président Millerand au Sénat me firent entendre qu'ils étaient, à leur tour, favorables à la réforme.

Cependant, les organismes officiels et leurs soutiens officieux, plutôt que de reconnaître d'évidentes nécessités et d'accepter le changement, quitte à en aménager la formule et les modalités, s'accrochèrent au système en vigueur. Malheureusement, ils le firent d'une manière si catégorique qu'ils se fermèrent à eux-mêmes la voie de la résipiscence. Pour combattre la conception de l'armée mécanique, ils s'appliquèrent à la défigurer. Pour contredire l'évolution technique, ils s'employèrent à la contester. Pour résister aux événements, ils affectèrent de les ignorer. Je vérifiai, à cette occasion, que la confrontation des idées, dès lors qu'elle met en cause les errements accoutumés et les hommes en place, revêt le tour intransigeant des querelles théologiques.

Le général Debeney, glorieux commandant d'armée de la Grande Guerre, qui, en 1927, en sa qualité de chef d'état-major général, avait élaboré les lois d'organisation militaire, condamnait formellement le projet. Dans *La Revue des Deux Mondes*, il exposait avec autorité que tout conflit européen serait tranché, en définitive, sur notre frontière du nord-est et que le problème consistait à tenir solidement celle-ci. Il ne voyait donc rien à changer aux lois, ni à la pratique, insistant seulement pour que l'on renforçât le système qui en était issu. Le général Weygand intervenait à son tour dans la même *Revue des Deux Mondes*. Admettant, à priori, que ma conception séparerait l'armée en deux tronçons : « À aucun prix, deux armées ! » protestait-il. Quant au rôle que j'assignais au corps spécialisé, il n'en niait pas l'intérêt, mais affirmait qu'il pouvait être rempli par des éléments déjà constitués : « Nous avons, expliquait-il, une réserve mécanisée, motorisée et montée. Rien n'est à créer, tout existe. » Le 4 juillet 1939, parlant en public à Lille, le général Weygand devait proclamer encore qu'à son avis il ne nous manquait rien[39].

Le maréchal Pétain crut devoir entrer en ligne. Il le fit dans une préface au livre du général Chauvineau : *Une invasion est-elle encore possible ?* Le Maréchal y professait que les chars et les avions ne modifiaient pas les données de la guerre et que l'élément principal de la sécurité française était le front continu étayé par la fortification. *Le Figaro* publiait, sous la signature de Jean Rivière, une série d'articles inspirés et rassurants : *Les chars ne sont pas invincibles, La Faiblesse des chars, Quand les hommes politiques s'égarent*, etc. Dans *Le Mercure de France*, un général « Trois étoiles » rejetait le principe même de la motorisation : « Les Allemands, déclarait-il, étant naturellement offensifs, doivent naturellement avoir des Panzerdivisions. Mais la France, pacifique et défensive, ne peut être que contre-motorisatrice[40]. »

D'autres critiques usaient de la raillerie. Celui d'une grande revue littéraire écrivait : « On est gêné pour apprécier, avec la courtoisie qu'on voudrait, des idées qui avoisinent l'état de délire. Disons simplement que M. de Gaulle a été devancé, il y a nombre d'années, par le père Ubu, qui était grand tacticien, lui aussi, avec des idées modernes. Comme nous serons de retour de Pologne, disait-il, nous imaginerons, au moyen de notre science en physique, une machine à vent pour transporter toute l'armée[41]. »

Si le conformisme du parti de la conservation se montrait foncièrement hostile, celui du parti du mouvement n'était pas mieux disposé. Léon Blum, dans *Le Populaire* de novembre-décembre 1934, exprimait sans ménagements l'aversion et l'inquiétude que lui inspirait mon plan. En plusieurs articles : *Soldats de métier et armée de métier, Vers l'armée de métier ?, À bas l'armée de métier !*, il se dressait, lui aussi, contre le corps spécialisé. Il le faisait, non point en invoquant l'intérêt de la défense nationale, mais au nom d'une idéologie qu'il intitulait démocratique et républicaine, et qui, dans ce qui était militaire, voulait traditionnellement voir une menace pour le régime. Léon Blum jetait donc l'anathème contre un corps de professionnels, dont, à l'en croire, la composition, l'esprit, les armes, mettraient automatiquement la République en danger[42].

Ainsi étayées à droite et à gauche, les instances officielles se refusèrent à tout changement. Le projet de M. Paul Reynaud fut rejeté par la commission de l'armée de la Chambre. Le rapport, présenté à ce sujet par M. Sénac et rédigé avec la collaboration directe de l'état-major de l'armée, concluait que la réforme proposée « était inutile, non souhaitable, et qu'elle avait contre elle la logique et l'Histoire ». À la tribune de l'Assemblée, le général Maurin, ministre de la Guerre, répondait aux orateurs favorables au corps de manœuvre : « Quand nous avons consacré tant d'efforts à construire une barrière fortifiée, croit-on que nous serions assez fous pour aller, en avant de cette barrière, à je ne sais quelle aventure ? » Il ajoutait : « Ce que je vous dis là, c'est la pensée du gouvernement qui, tout au moins en ma personne, connaît parfaitement le plan de guerre. » Ces paroles, qui réglaient le sort du corps spécialisé, prévenaient, en même temps, les bons entendeurs d'Europe que, quoi qu'il advînt, la France n'entreprendrait rien d'autre que de garnir la ligne Maginot.

Comme il était à prévoir, la réprobation ministérielle s'étendait à ma personne. Toutefois, ce fut par éclats épisodiques, non par formelle condamnation. C'est ainsi qu'à l'Élysée, à la fin d'une séance du Conseil supérieur de la défense nationale dont j'assurais le secrétariat, le général Maurin m'interpella vivement : « Adieu, de Gaulle ! Là où je suis, vous n'avez plus votre place ! » Dans son cabinet, il criait à des visiteurs qui lui parlaient de moi : « Il a pris un porte-plume : Pironneau, et un phonographe : Paul Reynaud. Je l'enverrai en Corse ! » Cependant, tout en faisant gronder le tonnerre, le général Maurin eut la hauteur d'âme de ne pas le lancer. Peu après, M. Fabry[43], qui le remplaçait rue Saint-Dominique, et le général Gamelin, qui succédait au général Weygand comme chef d'état-major général tout en restant à la tête de l'état-major de l'armée, adoptèrent à l'égard du projet la politique négative de leurs prédécesseurs et, vis-à-vis de moi, la même attitude gênée et irritée.

Au fond, les hommes responsables, tout en maintenant le *statu quo*, ne laissaient pas d'être secrètement sensibles à mes raisons. Ils étaient, d'ailleurs, trop avertis pour ajouter entièrement foi à leurs propres objections. Quand ils déclaraient excessives les idées que je répandais au sujet des possibilités de la force mécanique, ils n'en étaient pas moins inquiets devant celle que se forgeait le Reich. Quand ils prétendaient suppléer aux sept divisions de choc par autant de grandes unités ordinaires de type défensif et quand ils appelaient celles-ci : motorisées, parce qu'elles seraient transportées en camions, ils savaient, mieux que personne, qu'il y avait là, simplement, un jeu de mots. Quand ils alléguaient qu'en adoptant le corps spécialisé on couperait notre armée en deux, ils affectaient de méconnaître que le service de deux ans, voté depuis qu'avait paru mon livre, permettait, au besoin, d'introduire dans le corps d'élite une certaine proportion de soldats du contingent ; qu'il existait une marine, une aviation, une armée coloniale, une armée d'Afrique, une gendarmerie, une garde mobile, qui étaient spécialisées, sans dommage pour la cohésion de l'ensemble ; enfin, que ce qui fait l'unité des diverses forces nationales, c'est non pas l'identité de leur matériel et de leur personnel mais le fait de servir la même patrie, sous les mêmes lois, autour du même drapeau.

C'était donc avec chagrin que je voyais ces hommes éminents se faire, en vertu d'une sorte de loyalisme à l'envers, non point des guides exigeants, mais des porte-parole rassurants. Pourtant, sous leur apparente conviction, je sentais leur nostalgie des horizons qui leur étaient ouverts. Premier épisode d'une longue série d'événements, où une part de l'élite française, condamnant chacun des buts que je serais amené à poursuivre, mais, au fond d'elle-même, désolée de s'en tenir à l'impuissance, m'accorderait, à travers ses blâmes, le triste hommage de ses remords.

Le destin suivait son cours. Hitler, sachant maintenant à quoi s'en tenir sur notre compte, ouvrait la série des coups de force. Déjà, en 1935, à l'occasion du plébiscite de la Sarre, il avait créé une atmosphère si menaçante que le gouvernement français abandonnait la partie avant qu'elle ne fût jouée et qu'ensuite les Sarrois, attirés et intimidés par le déchaînement germanique, votaient en masse pour le IIIe Reich. Mussolini, de son côté, bravant les sanctions de Genève grâce à l'appui du ministère Laval et à la tolérance du cabinet Baldwin, passait à la conquête de l'Éthiopie. Soudain, le 7 mars 1936, l'armée allemande franchit le Rhin.

Le traité de Versailles interdisait aux troupes du Reich l'accès des territoires de la rive gauche, que l'accord de Locarno avait, en outre, neutralisés. En droit strict, nous pouvions les réoccuper, dès lors que l'Allemagne reniait sa signature. Si le corps spécialisé avait existé, ne fût-ce qu'en partie, avec ses engins rapides et son personnel prêt à marcher sur l'heure, la force naturelle des choses l'aurait, du coup, porté sur le Rhin. Comme nos alliés, Polonais, Tchèques, Belges, étaient prêts à nous soutenir et les Anglais engagés d'avance, Hitler eût certainement reculé. Il était, en effet, au début de son effort d'armement et encore hors d'état d'affronter un conflit généralisé. Mais, pour lui, un tel échec, infligé par la France, à cette époque, sur ce terrain, risquait d'avoir, dans son propre pays, des conséquences désastreuses. En jouant un pareil jeu, il pouvait, d'un seul coup, tout perdre.

Il gagna tout. Notre organisation, la nature de nos moyens, l'esprit même de notre défense nationale, sollicitèrent vers l'inaction un pouvoir qui n'y était que trop porté et nous empêchèrent de marcher. Puisque nous n'étions prêts qu'à tenir notre frontière en nous interdisant à nous-mêmes de la franchir en aucun cas, il n'y avait pas à attendre une riposte de la France. Le Führer en était sûr. Le monde entier le constata. Le Reich, au lieu de se voir contraint de retirer ses troupes aventurées, les établit, sans coup férir, dans tout le territoire rhénan, au contact immédiat de la France et de la Belgique. Dès lors, M. Flandin, ministre des Affaires étrangères, pouvait bien, l'âme ulcérée, se rendre à Londres pour s'informer des intentions de l'Angleterre ; M. Sarraut, président du Conseil, pouvait bien déclarer que le gouvernement de Paris « n'admettrait pas que Strasbourg fût à portée de canon allemand » ; la diplomatie française pouvait bien obtenir de la Société des Nations un blâme de principe pour Hitler, ce n'étaient là que gestes et mots en face du fait accompli[44].

À mon sens, l'émotion que l'événement provoqua dans l'opinion pouvait être salutaire. Les pouvoirs publics étaient en mesure d'en profiter pour combler de mortelles lacunes. Bien qu'on fût absorbé, en France, par les élections et par la crise sociale qui les suivit, tout le monde se trouvait d'accord pour renforcer la défense du pays. Si l'effort était porté sur la création de l'instrument qui nous manquait, l'essentiel pouvait être sauvé. Il n'en fut rien. Les crédits militaires considérables, ouverts en 1936, furent employés à compléter le système existant, mais non à le modifier.

J'avais eu, pourtant, quelque espoir. Dans le grand trouble qui agitait, alors, la nation et que la politique encadrait dans une combinaison électorale et parlementaire intitulée : front populaire, il y avait, me semblait-il, l'élément psychologique qui permettait de rompre avec la passivité. Il n'était pas inconcevable qu'en présence du national-socialisme triomphant à Berlin, du fascisme régnant à Rome, du phalangisme approchant de Madrid, la République française voulût, tout à la fois, transformer sa structure sociale et réformer sa force militaire. Au mois d'octobre, Léon Blum, président du Conseil, m'invita à venir le voir[45]. Il se trouva que notre entretien eut lieu l'après-midi même du jour où le roi des Belges avait déclaré mettre fin à l'alliance avec la France et avec l'Angleterre. Le roi alléguait que, si son pays était attaqué par l'Allemagne, cette alliance ne le protégerait pas. « En effet, proclamait-il, étant donné les possibilités des forces mécaniques modernes, nous serions seuls, en tout état de cause. »

Avec chaleur, Léon Blum m'assura de l'intérêt qu'il portait à mes idées. « Pourtant, lui dis-je, vous les avez combattues. — On change d'optique, répondit-il, quand on devient chef du gouvernement. » Nous parlâmes, d'abord, de ce qui se passerait si, comme il fallait le prévoir, Hitler marchait sur Vienne, sur Prague ou sur Varsovie. « C'est très simple, fis-je observer. Suivant l'occurrence, nous rappellerons nos disponibles ou nous mobiliserons nos réserves. Alors, regardant par les créneaux de nos ouvrages, nous assisterons passivement à l'asservissement de l'Europe. — Eh ! quoi ? s'écria Léon Blum, voudriez-vous que nous portions un corps expéditionnaire en Autriche, en Bohême, en Pologne ? — Non ! dis-je. Mais, si la Wehrmacht s'avance le long du Danube ou de l'Elbe, que n'irions-nous au Rhin ? Tandis qu'elle déboucherait sur la Vistule, pourquoi n'entrerions-nous pas dans la Ruhr ? Au reste, le fait seul que nous serions capables de ces ripostes empêcherait, sans doute, les agressions. Mais notre actuel système nous interdit de bouger. Au contraire, le corps cuirassé nous y déterminerait. N'est-il pas vrai qu'un gouvernement peut trouver quelque soulagement à se sentir orienté d'avance ? » Le président du Conseil en convint de bonne grâce, mais déclara : « Il serait, certes, déplorable que nos amis d'Europe centrale et orientale soient, momentanément, submergés. Toutefois, en dernier ressort, rien ne serait fait, pour Hitler, tant qu'il ne nous aurait pas abattus. Comment y parviendrait-il ? Vous conviendrez que notre système, mal conformé pour l'attaque, est excellent pour la défense. »

Je démontrai qu'il n'en était rien. Rappelant la déclaration publiée le matin par Léopold III, je fis remarquer que c'était l'infériorité où nous plaçait, par rapport aux Allemands, l'absence d'un corps d'élite mécanique qui nous coûtait l'alliance belge. Le chef du gouvernement ne le contesta pas, bien qu'il pensât que l'attitude de Bruxelles n'eût pas seulement des motifs stratégiques. « En tout cas, dit-il, notre front défensif et nos ouvrages fortifiés protégeraient notre territoire. — Rien n'est moins sûr, lui répondis-je. Déjà, en 1918, il n'y avait plus de front inviolable. Or, quels progrès ont fait, depuis, les chars et les avions ! Demain, l'action concentrée d'un nombre suffisant d'engins sera susceptible de rompre, dans un secteur choisi, n'importe quelle barrière défensive. Une fois la brèche ouverte, les Allemands seront en mesure de pousser, loin derrière nos lignes, une masse rapide et cuirassée appuyée par leur armée de l'air. Si nous en avons autant, tout pourra être réparé. Sinon, tout sera perdu. »

Le président du Conseil me déclara que le gouvernement, approuvé par le Parlement, avait décidé d'engager, en dehors du budget ordinaire, de grandes dépenses pour la défense nationale et qu'une part importante des crédits devait être consacrée aux chars et à l'aviation. J'appelai son attention sur le fait que, parmi les avions dont la construction était prévue, presque tous seraient destinés à l'interception et non à l'attaque. Quant aux chars, il s'agissait, pour les neuf dixièmes, de Renault et de Hotchkiss du type 1935, modernes dans leur genre, mais lents, lourds, armés de petits canons courts, faits pour accompagner le combat de l'infanterie, mais pas du tout pour constituer un ensemble autonome de grandes unités. Au reste, on n'y songeait pas. Notre organisation resterait donc ce qu'elle était. « Nous allons, remarquai-je, construire autant d'engins et dépenser autant d'argent qu'il en faudrait pour l'armée mécanique et nous n'aurons pas cette armée. — L'emploi des crédits affectés au département de la Guerre, observa le Président, est l'affaire de M. Daladier et du général Gamelin. — Sans doute, répondis-je. Permettez-moi, cependant, de penser que la défense nationale incombe au gouvernement. »

Pendant notre conversation, le téléphone avait sonné dix fois, détournant l'attention de Léon Blum sur de menues questions parlementaires ou administratives. Comme je prenais congé et qu'on l'appelait encore, il fit un grand geste las. « Voyez, dit-il, s'il est facile au chef du gouvernement de se tenir au plan que vous tracez quand il ne peut rester cinq minutes avec la même idée[46] ! »

J'appris bientôt que le président du Conseil, quoique frappé par notre entretien, n'ébranlerait pas les colonnes du temple et que l'on appliquerait, tel quel, le plan prévu antérieurement. Désormais, notre chance d'équilibrer, en temps voulu, la force nouvelle du Reich me semblait fort compromise. J'étais convaincu, en effet, que le caractère d'Hitler, sa doctrine, son âge, l'impulsion même qu'il avait donnée au peuple allemand, ne lui permettaient pas d'attendre. Les choses iraient, maintenant, trop vite pour que la France rattrapât son retard, ses dirigeants l'eussent-ils voulu.

Le 1er mai 1937, défilait, à travers Berlin, une Panzerdivision complète, survolée par des centaines d'avions. L'impression produite sur les spectateurs et, d'abord, sur M. François-Poncet[47], ambassadeur de France, et sur nos attachés militaires fut celle d'une force que rien, sauf une force semblable, ne pourrait arrêter. Mais leurs rapports ne firent pas modifier les dispositions prises par le gouvernement de Paris. Le 11 mars 1938, Hitler réalisait l'Anschluss. Il lançait sur Vienne une division mécanique, dont le seul aspect ralliait le consentement général et avec laquelle, le soir même, il entrait triomphalement dans la capitale autrichienne. En France, loin de tenir compte de cette rude démonstration, on s'appliqua à rassurer le public par la description ironique des pannes subies par quelques chars allemands au cours de cette marche forcée. On ne se laissait pas davantage éclairer par les leçons de la guerre civile espagnole, où les tanks italiens et les avions d'assaut allemands, si réduit que fût leur nombre, jouaient le rôle principal dans tout combat où ils paraissaient.

En septembre, le Führer, avec la complicité de Londres[p], puis de Paris, exécutait la Tchécoslovaquie. Trois jours avant Munich, le chancelier du Reich, parlant au palais des Sports de Berlin, avait mis les points sur les i, au milieu des rires de joie et des hourras d'enthousiasme. « Maintenant, criait-il, je puis avouer publiquement ce que, déjà, vous savez tous. Nous avons réalisé un armement tel que le monde n'en a jamais vu ! » Le 15 mars 1939, il arrachait au président Hácha l'abdication définitive et entrait à Prague le même jour. Après quoi, dès le 1er septembre, il se lançait sur la Pologne. Dans ces actes successifs d'une seule et même tragédie, la France jouait le rôle de la victime qui attend son tour.

Pour moi, j'assistais à ces événements sans surprise, mais non sans douleur. Après avoir, en 1937, participé aux travaux du Centre des hautes études militaires, j'avais reçu le commandement du 507e régiment de chars, à Metz. Mes obligations de colonel et mon éloignement de Paris me privaient des facilités et des contacts nécessaires pour soutenir ma grande querelle. D'autre part, M. Paul Reynaud était entré, au printemps de 1938, dans le cabinet Daladier avec la charge de la Justice, puis celle des Finances. Outre que la solidarité ministérielle le liait, dorénavant, le rétablissement de notre équilibre économique et monétaire constituait une tâche si pressante qu'elle absorbait le ministre. Surtout, l'obstination montrée par le pouvoir à cultiver un système militaire statique pendant que le dynamisme allemand se déployait sur l'Europe, l'aveuglement d'un régime qui poursuivait ses jeux absurdes en face d'un Reich prêt à bondir sur nous, la stupidité des badauds qui acclamaient l'abandon de Munich[48], n'étaient, en vérité, que les effets d'un profond renoncement national. À cela, je ne pouvais rien. Toutefois, en 1938, sentant se lever la tempête, je publiai *La France et son armée*. J'y montrais comment, de siècle en siècle, l'âme et le sort du pays se reflètent constamment au miroir de son armée[49] ; ultime avertissement que, de ma modeste place, j'adressais à la patrie à la veille du cataclysme.

Quand, en septembre 1939, le gouvernement français, à l'exemple du cabinet anglais, accepta d'entrer dans le conflit déjà commencé en Pologne, je n'eus pas le moindre doute qu'il le faisait avec l'illusion qu'en dépit de l'état de guerre on ne se battrait pas à fond. Comme commandant des chars de la Ve armée, en Alsace, c'est sans aucun étonnement que je vis nos forces mobilisées s'établir dans la stagnation, tandis que la Pologne était foudroyée en deux semaines par les Panzerdivisions et les escadres aériennes. Il est vrai que l'intervention soviétique hâtait l'écrasement des Polonais. Mais, dans l'attitude de Staline, faisant, tout à coup, cause commune avec Hitler, on discernait sa conviction que les Français resteraient immobiles, qu'ainsi le Reich avait les mains libres et qu'il était préférable de partager avec lui la proie, plutôt que d'être la sienne. Tandis que les forces ennemies se trouvaient, presque en totalité, employées sur la Vistule, nous ne faisions rien, en effet, à part quelques démonstrations, pour nous porter sur le Rhin. Nous ne faisions rien, non plus, pour mettre l'Italie hors de cause en lui donnant le choix entre l'invasion française et la cession de gages de sa neutralité. Nous ne faisions rien, enfin, pour réaliser tout de suite la jonction avec la Belgique en gagnant Liège et le canal Albert.

Encore, l'école dirigeante voulait-elle voir dans cet attentisme une fructueuse stratégie. À la radio, les gouvernants, en premier lieu le président du Conseil, et, dans la presse, maints notables, s'appliquaient à faire valoir les avantages de l'immobilité, grâce à laquelle, disaient-ils, nous maintenions sans pertes l'intégrité du territoire. M. Brisson, directeur du *Figaro*, s'informant de mon opinion au cours d'une visite qu'il me faisait à Wangenbourg et m'entendant regretter la passivité de nos forces, s'exclamait : « Ne voyez-vous pas que nous avons, d'ores et déjà, gagné la Marne blanche ? » Passant à Paris, en janvier, et dînant rue de Rivoli chez M. Paul Reynaud, j'y rencontrai Léon Blum. « Quels sont vos pronostics ? » me dit celui-ci. « Le problème, répondis-je, est de savoir si, au printemps, les Allemands attaqueront vers l'ouest pour prendre Paris ou vers l'est pour atteindre Moscou. — Y pensez-vous ? s'étonna Léon Blum. Les Allemands attaquer à l'est ? Mais pourquoi iraient-ils se perdre dans les profondeurs des terres russes ? Attaquer à l'ouest ? Mais que pourraient-ils faire contre la ligne Maginot ? » Le président Lebrun visitant la Ve armée, je lui présentai mes chars. « Vos idées me sont connues, me dit-il aimablement. Mais, pour que l'ennemi les applique, il semble bien qu'il soit trop tard. »

C'est pour nous qu'il était trop tard. Le 26 janvier, toutefois, je tentai un dernier effort. Aux quatre-vingts principales personnalités du gouvernement, du Commandement, de la politique, j'adressai un mémorandum[50] destiné à les convaincre que l'ennemi prendrait l'offensive avec une force mécanique, terrestre et aérienne, très puissante ; que, de ce fait, notre front pouvait être, à tout moment, franchi ; que, faute de disposer nous-mêmes d'éléments de riposte équivalents, nous risquions fort d'être anéantis ; qu'il fallait décider, tout de suite, la création de l'instrument voulu ; que, tout en poussant les fabrications nécessaires, il était urgent de réunir, en un corps de réserve mécanique, celles des unités existantes ou en cours de formation qui, à la rigueur, pouvaient y figurer.

Je concluais : « À aucun prix, le peuple français ne doit tomber dans l'illusion que l'immobilité militaire actuelle serait conforme au caractère de la guerre en cours. C'est le contraire qui est vrai. Le moteur confère aux moyens de destruction modernes une puissance, une vitesse, un rayon d'action, tels que le conflit présent sera, tôt ou tard, marqué par des mouvements, des surprises, des irruptions, des poursuites, dont l'ampleur et la rapidité dépasseront infiniment celles des plus fulgurants événements du passé... Ne nous y trompons pas ! Le conflit qui est commencé pourrait bien être le plus étendu, le plus complexe, le plus violent de tous ceux qui ravagèrent la terre. La crise, politique, économique, sociale, morale, dont il est issu, revêt une telle profondeur et présente un tel caractère d'ubiquité qu'elle aboutira fatalement à un bouleversement complet de la situation des peuples et de la structure des États. Or, l'obscure harmonie des choses procure à cette révolution un instrument militaire, — l'armée des machines, — exactement proportionné à ses colossales dimensions. Il est grand temps que la France en tire la conclusion. »

Mon mémorandum ne provoqua pas de secousse. Pourtant, les idées lancées et les preuves étalées finissaient par faire quelque effet. À la fin de 1939, il existait deux divisions légères mécaniques et on en formait une troisième. Toutefois il ne s'agissait que d'unités de découverte, qui eussent été très utiles pour éclairer les manœuvres d'une masse cuirassée, mais dont le rendement serait faible dès lors que cette masse n'existait pas. Le 2 décembre 1938, le Conseil supérieur de la guerre, sur l'insistance du général Billotte, avait décidé la création de deux divisions cuirassées. L'une était formée au début de 1940. L'autre devait l'être au mois de mars. Des chars de 30 tonnes du type B, dont les premiers exemplaires existaient depuis quinze ans et dont on fabriquait, enfin ! trois centaines, armeraient ces divisions. Mais chacune, quelle que fût la qualité des engins, serait très loin d'avoir la puissance que j'avais proposée. Elle comprendrait cent vingt chars ; j'en aurais voulu cinq cents. Elle disposerait d'un seul bataillon d'infanterie se déplaçant en camions ; suivant moi, il en fallait sept en véhicules tous terrains. Elle posséderait deux groupes d'artillerie ; c'étaient sept groupes, dotés de pièces tous azimuts, que je jugeais nécessaires. Elle n'aurait pas de groupe de reconnaissance ; à mon sens, elle en avait besoin. Enfin, je ne concevais l'emploi des unités mécaniques que sous la forme d'une masse autonome, organisée et commandée en conséquence. Au contraire, il n'était question que d'affecter les divisions cuirassées à divers corps d'armée d'ancien type, autrement dit de les fondre dans le dispositif général.

Les mêmes velléités de changement, qui, à défaut de volonté, apparaissaient sur le plan militaire, se faisaient jour dans le domaine politique. L'espèce d'euphorie que la drôle de guerre avait, d'abord, entretenue dans le personnel dirigeant, commençait à s'effacer. En mobilisant des millions d'hommes, en consacrant l'industrie à la fabrication des armes, en engageant d'énormes dépenses, on amorçait dans la nation des bouleversements dont les effets apparaissaient, déjà, aux politiques alarmés. Rien, d'ailleurs, n'annonçait chez l'ennemi l'affaiblissement progressif que l'on attendait du blocus. Sans qu'on préconisât tout haut une autre politique de guerre, dont on n'avait pas les moyens, chacun tournait, cependant, son malaise et ses aigreurs contre celle qui était pratiquée. Conformément aux habitudes, le régime, incapable d'adopter les mesures qui eussent assuré le salut, mais cherchant à donner le change à lui-même et à l'opinion, ouvrit une crise ministérielle. Le 21 mars, la Chambre renversait le cabinet Daladier. Le 23, M. Paul Reynaud formait le gouvernement.

Appelé à Paris par le nouveau président du Conseil, je rédigeai, à sa demande, une déclaration nette et brève qu'il adopta telle quelle pour la lire au Parlement[51]. Puis, tandis que, déjà, les intrigues bruissaient dans les coulisses, je fus au Palais-Bourbon assister d'une tribune à la séance de présentation.

Celle-ci fut affreuse. Après la déclaration du gouvernement, lue par son chef devant une Chambre sceptique et morne, on n'entendit guère, dans le débat, que les porte-parole des groupes ou des hommes qui s'estimaient lésés dans la combinaison. Le danger couru par la patrie, la nécessité de l'effort national, le concours du monde libre, n'étaient évoqués que pour décorer les prétentions et les rancœurs. Seul, Léon Blum, à qui, pourtant, nulle place n'avait été offerte, parla avec élévation. Grâce à lui, M. Paul Reynaud l'emporta, quoique d'extrême justesse. Le ministère obtint la confiance à une voix de majorité. « Encore », devait me dire plus tard M. Herriot, président de la Chambre, « je ne suis pas très sûr qu'il l'ait eue. »

Avant de regagner mon poste, à Wangenbourg, je demeurai quelques jours auprès du président du Conseil installé au Quai d'Orsay. C'était assez pour apercevoir à quel point de démoralisation le régime était arrivé. Dans tous les partis, dans la presse, dans l'administration, dans les affaires, dans les syndicats, des noyaux très influents étaient ouvertement acquis à l'idée de cesser la guerre. Les renseignés affirmaient que tel était l'avis du maréchal Pétain, ambassadeur à Madrid, et qui était censé savoir, par les Espagnols, que les Allemands se prêteraient volontiers à un arrangement. « Si Reynaud tombe, disait-on partout, Laval prendra le pouvoir avec Pétain à ses côtés. Le Maréchal, en effet, est en mesure de faire accepter l'armistice par le Commandement. » Par milliers d'exemplaires, circulait un dépliant, portant sur ses trois pages l'image du Maréchal, d'abord en chef vainqueur de la Grande Guerre avec la légende : « Hier, grand soldat !... » ensuite en ambassadeur : « Aujourd'hui, grand diplomate !... » enfin en personnage immense et indistinct : « Demain ?... »

Il faut dire que certains milieux voulaient voir l'ennemi bien plutôt dans Staline que dans Hitler. Ils se souciaient des moyens de frapper la Russie, soit en aidant la Finlande, soit en bombardant Bakou, soit en débarquant à Stamboul, beaucoup plus que de la façon de venir à bout du Reich. Beaucoup professaient tout haut l'admiration qu'ils éprouvaient à l'égard de Mussolini. Quelques-uns, au sein même du gouvernement, travaillaient à obtenir que la France achetât les bonnes grâces du Duce en lui cédant Djibouti, le Tchad, une part d'un condominium sur la Régence tunisienne. De leur côté, les communistes, qui s'étaient bruyamment ralliés à la cause nationale tant que Berlin s'opposait à Moscou, maudissaient la guerre « capitaliste » dès l'instant où s'étaient accordés Molotov et Ribbentrop. Quant à la masse, désorientée, sentant qu'à la tête de l'État rien ni personne n'était en mesure de dominer les événements, elle flottait dans le doute et l'incertitude. Il était clair qu'un revers grave susciterait dans le pays une vague de stupeur et d'effroi qui risquerait de tout emporter.

Dans cette atmosphère délétère, M. Paul Reynaud s'efforçait d'établir son autorité. C'était d'autant plus difficile qu'il se trouvait en conflit permanent avec M. Daladier, auquel il succédait à la présidence du Conseil, mais qui restait au gouvernement comme ministre de la Défense nationale et de la Guerre. Cette situation étrange ne pouvait être modifiée, car le parti radical, sans la tolérance duquel le ministère serait tombé, exigeait que son chef y demeurât en attendant d'en reprendre la tête à la première occasion. D'autre part, M. Paul Reynaud, dans son désir d'élargir son infime majorité, tâchait de dissoudre les préventions des modérés à son égard. Opération délicate, car une large fraction de la droite souhaitait la paix avec Hitler et l'entente avec Mussolini. Le président du Conseil se trouva ainsi conduit à appeler auprès de lui, comme sous-secrétaire d'État, M. Paul Baudouin, très actif dans ces milieux, et à le nommer secrétaire du Comité de guerre qu'il venait d'instituer.

À la vérité, M. Paul Reynaud avait pensé me confier cette fonction. Le Comité de guerre, qui assurait la conduite du conflit et réunissait, à cette fin, les principaux ministres ainsi que les commandants en chef de l'Armée, de la Marine et de l'Air, pouvait jouer un rôle capital. Préparer ses délibérations, assister à ses séances, notifier ses décisions et en suivre l'exécution, c'était la charge de son secrétaire. Beaucoup de choses pourraient dépendre de la manière dont elle serait exercée. Mais, si M. Paul Reynaud paraissait souhaiter qu'elle le fût par moi, M. Daladier, lui, ne voulait pas y consentir. Au messager du président du Conseil, qui venait, rue Saint-Dominique, lui parler de ce désir, il répondait, tout de go : « Si de Gaulle vient ici, je quitterai ce bureau, je descendrai l'escalier et je téléphonerai à Paul Reynaud qu'il le mette à ma place. »

M. Daladier n'était nullement hostile à ma personne. Il l'avait prouvé, naguère, en prenant lui-même, comme ministre, la décision de m'inscrire au tableau d'avancement, dont la cabale des bureaux essayait de m'écarter. Mais M. Daladier, qui, depuis plusieurs années, portait la responsabilité de la défense nationale, avait épousé le système en vigueur. Sentant que les événements allaient trancher, d'un jour à l'autre, assumant à l'avance les conséquences de leur arbitrage, estimant que, de toute façon, il était trop tard pour changer l'organisation, il tenait, plus que jamais, aux positions qu'il avait prises. Mais, pour moi, assurer le secrétariat du Comité de guerre malgré l'opposition du ministre de la Défense nationale était, évidemment, impossible. Je repartis pour le front.

Auparavant, j'avais été voir le général Gamelin qui me convoquait à son quartier du château de Vincennes. Il s'y trouvait dans un cadre semblable à celui d'un couvent, entouré de peu d'officiers, travaillant et méditant sans se mêler au service courant. Il laissait le général Georges commander le front Nord-Est, ce qui pouvait aller tant qu'il ne s'y passait rien, mais deviendrait, sans doute, insoutenable si la bataille s'engageait. Le général Georges était, quant à lui, installé à La Ferté-sous-Jouarre avec une partie de l'état-major, tandis que d'autres bureaux fonctionnaient à Montry sous la direction du général Doumenc, major général. En fait, l'organe du commandement suprême était coupé en trois tronçons. Dans sa thébaïde de Vincennes, le général Gamelin me fit l'effet d'un savant, combinant en laboratoire les réactions de sa stratégie.

Il m'annonça, tout d'abord, qu'il voulait porter de deux à quatre le nombre des divisions cuirassées et me fit connaître sa décision de me donner le commandement de la 4e, laquelle serait formée à partir du 15 mai. Quels que fussent les sentiments que m'inspirait, du point de vue général, notre retard, peut-être irrémédiable, quant aux forces mécaniques, j'éprouvai une grande fierté à me voir appelé comme colonel au commandement d'une division. Je le dis au général Gamelin. Il me répondit simplement. « Je comprends votre satisfaction. Quant à votre inquiétude je ne la crois pas justifiée. »

Le Généralissime me parla, alors, de la situation, telle qu'il la voyait. Dévoilant une carte où étaient portés le dispositif de l'ennemi et le nôtre, il me dit qu'il s'attendait à l'attaque prochaine des Allemands. Celle-ci, d'après ses prévisions, serait dirigée principalement sur la Hollande et la Belgique et viserait le Pas-de-Calais pour nous couper des Anglais. Divers indices lui donnaient à penser que l'ennemi exécuterait, au préalable, une opération de couverture ou de diversion vers les pays scandinaves. Lui-même se montrait, non seulement confiant dans ses propres dispositions et dans la valeur de ses forces, mais satisfait et, même, impatient de les voir mettre à l'épreuve. À l'entendre, je me convainquis qu'à force de porter en lui-même un certain système militaire et d'y appliquer son labeur, il s'en était fait une foi. Je crus sentir aussi que, se reportant à l'exemple de Joffre, dont il avait été, dans les débuts de la Grande Guerre, le collaborateur immédiat et, quelque peu, l'inspirateur, il s'était convaincu qu'à son échelon l'essentiel était d'arrêter, une fois pour toutes, sa volonté sur un plan défini et de ne s'en laisser ensuite détourner par aucun avatar. Lui, dont l'intelligence, l'esprit de finesse, l'empire sur soi, atteignaient un très haut degré, ne doutait certainement pas que, dans la bataille prochaine, il dût finalement l'emporter.

C'est avec respect, mais aussi quelque malaise, que je quittai ce grand chef, s'apprêtant, dans son cloître, à assumer tout à coup une responsabilité immense, en jouant le tout pour le tout sur un tableau que j'estimais mauvais.

Cinq semaines après, éclatait la foudre. Le 10 mai, l'ennemi, ayant auparavant mis la main sur le Danemark et presque toute la Norvège[52], entamait sa grande offensive. Celle-ci serait, de bout en bout, menée par les forces mécaniques et par l'aviation, la masse suivant le mouvement sans qu'il fût jamais besoin de l'engager à fond. En deux groupements : Hoth et Kleist, dix divisions cuirassées et six motorisées se ruaient vers l'ouest. Sept de ces dix Panzers, traversant l'Ardenne, atteignaient la Meuse en trois jours. Le 14 mai, elles l'avaient franchie, à Dinant, Givet, Monthermé, Sedan, tandis que quatre grandes unités motorisées les appuyaient et les couvraient, que l'aviation d'assaut les accompagnait sans relâche et que les bombardiers allemands, frappant derrière notre front les voies ferrées et les carrefours, paralysaient nos transports. Le 18 mai, ces sept Panzers étaient réunies autour de Saint-Quentin, prêtes à foncer, soit sur Paris, soit sur Dunkerque, ayant franchi la ligne Maginot, rompu notre dispositif, anéanti l'une de nos armées. Pendant ce temps, les trois autres, accompagnées de deux motorisées et opérant dans les Pays-Bas et le Brabant, où les Alliés disposaient de l'armée hollandaise, de l'armée belge, de l'armée britannique et de deux armées françaises, jetaient dans cet ensemble de 800 000 combattants un trouble qui ne serait pas réparé. On peut dire qu'en une semaine le destin était scellé. Sur la pente fatale, où une erreur démesurée nous avait, de longtemps, engagés, l'armée, l'État, la France, roulaient, maintenant, à un rythme vertigineux.

Il existait, pourtant, trois mille chars français modernes et huit cents auto-mitrailleuses. Les Allemands n'en avaient pas plus[53]. Mais les nôtres étaient, comme prévu, répartis dans les secteurs du front. Ils n'étaient, d'ailleurs, pour la plupart, nullement construits, ni armés, pour faire partie d'une masse de manœuvre. Même, les quelques grandes unités mécaniques portées à l'ordre de bataille furent engagées séparément. Les trois divisions légères, jetées vers Liège et vers Breda à la découverte, durent refluer rapidement et furent, alors, étalées pour tenir un front. La 1re division cuirassée, remise à un corps d'armée et lancée seule à la contre-attaque, le 16 mai, à l'ouest de Namur, fut enveloppée et détruite. Le même jour, la 2e, transportée en chemin de fer vers Hirson, voyait ses éléments, à mesure de leur débarquement, successivement engloutis dans la confusion générale. La veille, au sud de Sedan, la 3e division, qui venait d'être constituée, disloquée tout aussitôt entre les bataillons d'une division d'infanterie, s'enlisait par fragments dans une contre-attaque avortée. Eussent-elles été, d'avance, réunies, ces unités mécaniques, en dépit de leurs déficiences, auraient pu porter à l'envahisseur des coups redoutables. Mais, isolées les unes des autres, elles n'étaient plus que lambeaux six jours après la mise en marche des groupements cuirassés allemands. Quant à moi, discernant la vérité à travers des bribes de nouvelles, il n'était rien que je n'eusse donné pour avoir eu tort.

Mais la bataille, fût-elle désastreuse, arrache le soldat à lui-même. Celle-ci me saisit à mon tour. Le 11 mai, je reçois l'ordre de prendre le commandement de la 4e division cuirassée, qui, d'ailleurs, n'existe pas, mais dont les éléments, venus de points très éloignés, seront mis, peu à peu, à ma disposition. Du Vésinet, où est d'abord fixé mon poste, je suis appelé, le 15 mai, au Grand Quartier général pour y recevoir ma mission.

Celle-ci m'est notifiée par le major général. Elle est large. « Le Commandement, me dit le général Doumenc, veut établir un front défensif sur l'Aisne et sur l'Ailette pour barrer la route de Paris. La VIe armée, commandée par le général Touchon et formée d'unités prélevées dans l'Est, va s'y déployer. Avec votre division, opérant seule en avant dans la région de Laon, vous avez à gagner le temps nécessaire à cette mise en place. Le général Georges, commandant en chef sur le front Nord-Est, s'en remet à vous des moyens à employer. D'ailleurs, vous dépendrez de lui seul et directement ; le commandant Chomel assurera la liaison. »

Le général Georges me reçoit, calme, cordial, mais visiblement accablé. Il me confirme ce qu'il attend de moi et ajoute : « Allez, de Gaulle ! Pour vous, qui avez, depuis longtemps, les conceptions que l'ennemi applique, voilà l'occasion d'agir. » Les bureaux font, ensuite, diligence pour diriger vers Laon, à mesure que ce sera possible, les éléments qui me sont destinés. Je constate que l'état-major, submergé par les innombrables problèmes de mouvements et de transports que posent, partout, la surprise et le bouleversement subis dans ces terribles jours, s'acquitte au mieux de sa tâche. Mais on sent que l'espoir s'en va et que le ressort est cassé.

Je file jusqu'à Laon, établis mon poste à Bruyères, au sud-est de la ville, et parcours les environs. En fait de troupes françaises, il n'y a, dans la région, que quelques éléments épars appartenant à la 3ᵉ division de cavalerie, une poignée d'hommes qui tient la citadelle de Laon et le 4ᵉ groupe autonome d'artillerie, chargé d'un éventuel emploi d'engins chimiques, oublié là par hasard. Je m'annexe ce groupe, formé de braves gens qui n'ont d'armes que des mousquetons, mais dont je dispose, pour la sûreté, le long du canal de Sissonne. Le soir même, les patrouilles ennemies prennent, déjà, leur contact.

Le 16, rejoint par un embryon de mon état-major, je fais des reconnaissances et recueille des informations. L'impression que j'en retire est que de grosses forces allemandes, qui ont débouché des Ardennes par Rocroi et par Mézières, marchent, non pas vers le sud, mais vers l'ouest pour gagner Saint-Quentin, en se couvrant à gauche par des flancs-gardes portées au sud de la Serre. Sur toutes les routes venant du Nord, affluent de lamentables convois de réfugiés. J'y vois, aussi, nombre de militaires désarmés. Ils appartiennent aux troupes que l'offensive des Panzers a mises en débandade au cours des jours précédents. Rattrapés dans leur fuite par les détachements mécaniques de l'ennemi, ils en ont reçu l'ordre de jeter leurs fusils et de filer vers le sud pour ne pas encombrer les routes. « Nous n'avons pas, leur a-t-on crié, le temps de vous faire prisonniers ! »

Alors, au spectacle de ce peuple éperdu et de cette déroute militaire, au récit de cette insolence méprisante de l'adversaire, je me sens soulevé d'une fureur sans bornes. Ah ! c'est trop bête ! La guerre commence infiniment mal. Il faut donc qu'elle continue. Il y a, pour cela, de l'espace dans le monde. Si je vis, je me battrai, où il faudra, tant qu'il faudra, jusqu'à ce que l'ennemi soit défait et lavée la tache nationale. Ce que j'ai pu faire, par la suite, c'est ce jour-là que je l'ai résolu.

Pour commencer, j'attaquerai demain matin avec les forces, quelles qu'elles soient, qui me seront parvenues. Avançant vers le nord-est d'une vingtaine de kilomètres, je tâcherai d'atteindre, sur la Serre, Montcornet, nœud des routes vers Saint-Quentin, Laon et Reims. Ainsi, je couperai l'ennemi, que l'ennemi ne pourra plus utiliser dans sa marche à l'ouest, et je barrerai les deux autres qui, autrement, le mèneraient tout droit au front ténu de la VIe armée. À l'aube du 17 mai, j'ai reçu trois bataillons de chars : un du type B (46e bataillon), renforcé d'une compagnie de type D2 et appartenant à la 6e demi-brigade ; les deux autres du type Renault 35 (2e et 24e bataillons) formant la 8e demi-brigade. Je les lance en avant sitôt que paraît le jour. Culbutant sur leur route les éléments ennemis qui, déjà, envahissent le terrain, ils atteignent Montcornet. Jusqu'au soir, ils combattent aux abords et à l'intérieur de la localité, réduisant maints nids de résistance et attaquant au canon les convois allemands qui tâchent de passer. Mais, sur la Serre, l'ennemi est en force. Nos chars, que rien ne soutient, ne peuvent, évidemment, la franchir.

Dans la journée, arrive le 4e bataillon de chasseurs. À peine débarqué, je l'emploie à réduire, près de Chivres, une avant-garde adverse qui a laissé passer nos chars et s'est, ensuite, révélée. C'est bientôt fait. Mais, depuis le nord de la Serre, l'artillerie allemande tire sur nous. La nôtre est loin d'être en place. Tout l'après-midi, les Stukas, fondant du ciel et revenant sans cesse, bombardent en piqué nos chars et nos camions. Nous n'avons rien pour leur répondre. Enfin, des détachements mécaniques allemands, de plus en plus nombreux et actifs, escarmouchent sur nos arrières. Enfants perdus à trente kilomètres en avant de l'Aisne, il nous faut mettre un terme à une situation pour le moins aventurée.

La nuit venue, je place au contact de l'ennemi le régiment de reconnaissance, 10e cuirassiers, qui vient de me rejoindre et je ramène vers Chivres les chars et les chasseurs. Il y a, sur le terrain, plusieurs centaines de morts allemands et nombre de camions ennemis brûlés. Nous avons fait cent trente prisonniers. Nous n'avons pas perdu deux cents hommes. À l'arrière, sur les routes, des réfugiés ont cessé de fuir. Certains, même, rebroussent chemin. Car le bruit court dans leurs tristes colonnes que les troupes françaises ont avancé.

Maintenant, c'est, non plus au nord-est, mais au nord de Laon, qu'il faut agir car d'importantes forces ennemies, venant de Marle et allant vers l'ouest, se dirigent sur La Fère en longeant le cours de la Serre. En même temps, les flancs-gardes allemandes commencent à se répandre au sud et menacent d'atteindre l'Ailette. La 4ᵉ division cuirassée emploie la nuit du 18 au 19 mai à se mettre en place aux débouchés nord de Laon. Entre-temps, j'ai reçu des renforts : le 3ᵉ cuirassiers, soit deux escadrons de chars Somuas, et le 322ᵉ régiment d'artillerie à deux groupes de 75. En outre, le général Petiet, commandant la 3ᵉ division légère de cavalerie, m'a promis l'appui de ses canons mis en batterie à hauteur de Laon.

Il est vrai que, sur quelque cent cinquante chars dont je dispose, à présent, trente seulement sont du type B et armés de 75, une quarantaine du type D2 ou de marque Somua avec de petits canons de 47, et que le reste : Renault 35 n'a que des pièces courtes de 37, efficaces tout au plus jusqu'à six cents mètres. Il est vrai que, pour les Somuas, chaque équipage est formé d'un chef de char qui n'a jamais tiré le canon et d'un conducteur qui n'a pas fait quatre heures de conduite. Il est vrai que la division comporte un seul bataillon d'infanterie, transporté, d'ailleurs, en autobus et, de ce fait, vulnérable à l'extrême au cours de ses déplacements. Il est vrai que l'artillerie vient d'être constituée au moyen de détachements fournis par de multiples dépôts et que beaucoup d'officiers font la connaissance de leurs hommes littéralement sur le champ de bataille. Il est vrai qu'il n'y a pas, pour nous, de réseau radio et que je ne puis commander qu'en dépêchant des motocyclistes aux échelons subordonnés et, surtout, en allant les voir. Il est vrai qu'il manque à toutes les unités beaucoup des moyens de transport, d'entretien, de ravitaillement qu'elles devraient, normalement, comporter. Cependant, il se dégage, déjà, de cet ensemble improvisé, une impression d'ardeur générale. Allons ! les sources ne sont pas taries.

Le 19, à l'aube, en avant ! Les chars de la division, par objectifs successifs, sont dirigés sur Crécy, Mortiers et Pouilly. Ils doivent y atteindre les ponts et couper à l'ennemi la route de La Fère. L'artillerie les accompagne. À droite, le régiment de reconnaissance et le bataillon de chasseurs assurent la couverture sur la rivière du Baranton et une découverte est portée vers Marle. La matinée se passe bien. Nous arrivons sur la Serre, après avoir mis en fuite divers éléments adverses qui s'infiltraient dans la région. Mais, au nord de la rivière, l'ennemi est en position. Il tient en force les passages et détruit ceux de nos chars qui tentent de les aborder. Son artillerie lourde entre en ligne. En fait, nous sommes au contact des grandes unités allemandes qui affluent vers Saint-Quentin. Pour pouvoir franchir le cours d'eau et pousser nos chars plus avant, il nous faudrait de l'infanterie, que nous n'avons pas, et une artillerie plus puissante. Au cours de ces heures difficiles, je ne puis m'empêcher d'imaginer ce qu'eût pu faire l'armée mécanique dont j'avais si longtemps rêvé. Qu'elle eût été là, ce jour-là, pour déboucher soudain vers Guise, l'avance des Panzer-divisions était arrêtée du coup, un trouble grave jeté dans leurs arrières, le groupe d'armées du Nord en mesure de se ressouder à ceux du Centre et de l'Est.

Mais, il n'y a, au nord de Laon, que de bien pauvres moyens. Ce sont donc les Allemands qui passent la Serre. Ils le font, depuis la veille, à Montcornet où nous ne sommes plus. À partir de midi, ils le font également à Marle. Avec nombre de blindés, de canons automoteurs, de mortiers portés en auto, de fantassins motorisés, ils attaquent notre droite sur la rivière du Baranton et nos arrières à Chambry. Voici, maintenant, les Stukas! Jusqu'à la nuit ils vont nous bombarder, redoutables aux véhicules qui ne peuvent sortir des routes et aux pièces d'artillerie à découvert. Au début de l'après-midi, le général Georges m'envoie l'ordre de ne pas poursuivre. Le déploiement de la VIe armée est accompli et ma division doit être, incessamment, employée à d'autres tâches. Je décide de retarder l'ennemi d'un jour encore, en regroupant la division, pour la nuit, autour de Vorges, prête à l'attaquer dans son flanc s'il veut pousser de Laon sur Reims ou sur Soissons, et en repassant l'Aisne seulement le lendemain.

Le mouvement s'exécute en ordre, bien que, partout, l'adversaire tente de nous accrocher. Pendant la nuit, la guérilla ne cesse pas aux issues des cantonnements. Le 20 mai, la 4e division cuirassée se dirige vers Fismes et vers Braine, littéralement au milieu des Allemands qui foisonnent sur le parcours, tiennent de multiples points d'appui et attaquent nos colonnes avec de nombreux blindés. Grâce aux chars, qui, à mesure, nettoient chemins et abords, nous atteignons l'Aisne sans accident grave. Cependant, à Festieux, le 10ᵉ cuirassiers, régiment de reconnaissance, qui forme l'arrière-garde avec un bataillon de chars, ne se dégage qu'avec peine et, sur le plateau de Craonne, les trains de la division, violemment pris à partie, doivent laisser sur place des camions incendiés.

Tandis que la 4ᵉ division cuirassée opérait dans le Laonnais, plus au nord les événements suivaient leur cours au rythme rapide de la marche des Panzerdivisions. Le commandement allemand, ayant décidé de liquider les armées alliées du Nord avant d'en finir avec celles du Centre et de l'Est, poussait vers Dunkerque ses forces mécaniques. Celles-ci reprennent l'offensive, à partir de Saint-Quentin, en deux colonnes : l'une allant droit à l'objectif par Cambrai et Douai, l'autre filant le long de la côte par Étaples et Boulogne. Entre-temps, deux Panzerdivisions s'emparent d'Amiens et d'Abbeville et y installent, au sud de la Somme, des têtes de pont qui serviront plus tard. Du côté des Alliés, le 20 mai au soir, l'armée hollandaise a disparu, l'armée belge recule vers l'ouest, l'armée britannique et la Iʳᵉ armée française se voient coupées de la France.

Sans doute, le commandement français manifeste-t-il l'intention de rétablir le contact entre les deux tronçons de ses forces, en portant à l'attaque le groupe d'armées du Nord à partir d'Arras vers Amiens et la gauche du groupe d'armées du Centre à partir d'Amiens vers Arras. Le 19, c'est cela qu'a prescrit le général Gamelin. Le général Weygand, qui le remplace, le 20 mai, et qui, le lendemain, se rendra en Belgique, reprend l'idée à son compte. Théoriquement, ce plan est logique. Mais, pour qu'il soit exécuté, il faudrait que le Commandement lui-même ait encore l'espérance et la volonté de vaincre. Or, l'écroulement de tout le système de doctrines et d'organisation, auquel nos chefs se sont attachés, les prive de leur ressort. Une sorte d'inhibition morale les fait, soudain, douter de tout et, en particulier, d'eux-mêmes. Dès lors, les forces centrifuges vont, bientôt, se révéler. Le roi des Belges ne tardera pas à envisager la reddition ; Lord Gort[54], le rembarquement ; le général Weygand, l'armistice.

Pendant que, dans le désastre, se dissout le Commandement, la 4ᵉ division cuirassée marche vers l'ouest. D'abord, il a été question de lui faire franchir la Somme pour prendre la tête de l'attaque que l'on projette vers le nord. Mais l'idée est abandonnée. On a ensuite envisagé de l'employer, avec d'autres forces, à refouler les Allemands qui ont passé la Somme à Amiens. Mais on renonce à la faire concourir à cette tentative, pour laquelle on lui prend, cependant, un de ses bataillons de chars. Finalement, au cours de la nuit du 26 au 27 mai, le commandant de la division, — nommé général l'avant-veille, — reçoit du général Robert Altmayer, commandant la Xe armée qui groupe les forces portées hâtivement sur la basse Somme, l'ordre de prendre, sans délai, la direction d'Abbeville et d'attaquer l'adversaire qui a installé, au sud de la cité, une tête de pont solidement tenue.

À ce moment, la division stationne autour de Grandvilliers. Mise en route le 22 mai, par Fismes, Soissons, Villers-Cotterêts, Compiègne, Montdidier, Beauvais, elle a, en cinq jours, parcouru 180 kilomètres. On peut dire que, depuis sa naissance dans les champs de Montcornet, elle n'a pas cessé de combattre ou de marcher. L'état des chars s'en ressent. Il en est resté une trentaine sur l'itinéraire. Par contre, de précieux compléments nous ont rejoints en chemin : un bataillon de chars B (47e bataillon) ; un bataillon du type D2 (19e bataillon), doté d'engins de 20 tonnes, qu'il m'a fallu, malheureusement, détacher devant Amiens[55] ; le 7e régiment de dragons portés ; un groupe d'artillerie de 105 ; une batterie de défense contre avions ; cinq batteries de 47 antichars. Sauf le bataillon D2, toutes ces unités ont été improvisées. Mais elles sont, dès leur arrivée, saisies par l'ambiance d'ardeur qui flotte sur la division. Enfin, pour l'opération qui vient de m'être prescrite, le 22e régiment d'infanterie coloniale et l'artillerie de la 2e division de cavalerie sont mis à ma disposition. Au total, 140 chars en état de marche et six bataillons d'infanterie, appuyés par six groupes d'artillerie, vont donner l'assaut au front Sud de la tête de pont.

Je décide d'attaquer le soir même. Car les avions allemands ne cessent d'épier la division et il n'y a de chance d'obtenir quelque effet de surprise qu'en hâtant le déclenchement. Les Allemands, en fait, nous attendent de pied ferme. Depuis une semaine, ils tiennent, face au sud, Huppy à l'ouest, Bray-lès-Mareuil, sur la Somme, à l'est, et, entre ces deux villages, les bois de Limeux et de Bailleul. En arrière, ils ont organisé Bienfay, Villers, Huchenneville, Mareuil. Enfin, le mont Caubert, qui, de la même rive de la Somme, commande Abbeville et ses ponts, sert de réduit à leur défense. Ces trois lignes successives sont les trois objectifs que je fixe à la division.

Celle-ci s'engage à 18 heures : la 6e demi-brigade, chars lourds, avec le 4e bataillon de chasseurs, sur Huppy ; la 8e demi-brigade, chars légers, avec le 22e colonial, sur les bois de Limeux et de Bailleul ; le 3e cuirassiers, chars moyens avec le 7e dragons, sur Bray. C'est le centre qu'appuie principalement l'artillerie. À la nuit tombée, le premier objectif est pris. Dans Huppy, s'est rendu ce qui reste du bataillon allemand qui l'occupait. Près de Limeux, nous avons capturé, entre autres, plusieurs batteries antichars et retrouvé les carcasses des engins de la brigade mécanique anglaise qu'elles avaient détruits quelques jours plus tôt.

Avant l'aurore, nous repartons. La gauche doit prendre : Moyenneville et Bienfay ; le centre : Huchenneville et Villers ; la droite : Mareuil ; le « clou » de l'attaque étant l'action des chars B, qui, obliquant de l'ouest vers l'est, ont mission de cisailler l'arrière de la ligne allemande. Pour tout le monde, le but final est le mont Caubert. La journée est très dure. L'ennemi, renforcé, s'acharne. Son artillerie lourde, installée sur la rive droite de la Somme, nous bombarde violemment. D'autres batteries, tirant du mont Caubert, nous font également souffrir. Le soir, l'objectif est atteint. Seul, le mont Caubert tient toujours. Il y a, sur le terrain, un grand nombre de morts des deux camps. Nos chars sont très éprouvés. Une centaine, à peine, est encore en état de marche. Mais, pourtant, un air de victoire plane sur le champ des combats. Chacun tient la tête haute. Les blessés ont le sourire. Les canons tirent allègrement. Devant nous, dans une bataille rangée, les Allemands ont reculé.

Dans son ouvrage *Abbeville*[56], historique de la division allemande Blümm qui tenait la tête de pont, le major Gehring devait écrire quelques semaines plus tard :

« Que s'était-il passé, dans l'ensemble, le 28 mai ?

« L'ennemi nous avait attaqués avec de puissantes forces blindées. Nos unités antichars s'étaient battues héroïquement. Mais les effets de leurs coups avaient été considérablement réduits par la valeur des cuirasses. L'ennemi était donc parvenu à percer avec ses chars entre Huppy et Caumont. Notre défense antichars étant écrasée, l'infanterie avait cédé le terrain...

« Tandis que les nouvelles alarmantes affluent à l'état-major de la division et que, sous le feu incessant de l'artillerie française, il n'y a plus moyen de communiquer avec aucun des bataillons en ligne, le général commandant la division se porte lui-même vers l'avant... Il rencontre la troupe en déroute, la regroupe, la remet en ordre et la conduit sur les positions de défense préparées à quelques kilomètres en arrière des premières lignes...

« Mais une profonde terreur des chars a pénétré les membres des soldats... Les pertes sont lourdes... Il n'est pour ainsi dire personne qui n'ait perdu des camarades bien chers... »

Cependant, des renforts arrivent aux Allemands. Au cours de la nuit du 27 au 28, ils ont pu relever toutes leurs unités en ligne. Cadavres et prisonniers nous en fournissent les preuves. Dans la nuit du 28 au 29, nouvelle relève. Ce sont donc des troupes intactes que nous allons rencontrer, le troisième jour comme le deuxième. À nous, il ne parvient rien. Il faudrait, pourtant, peu de chose pour achever le succès. Tant pis ! Le 29 mai, tels que nous sommes, nous attaquerons encore une fois.

Ce jour-là, assaut du Caubert ; notre principal effort étant porté par ses glacis ouest. De Moyenneville et de Bienfay, doivent partir nos derniers chars B, ainsi que les Somuas passés de la droite à la gauche. Le bataillon de chasseurs réduit de plus de moitié, le régiment de reconnaissance diminué des deux tiers, un bataillon de dragons, ont à les suivre. De Villers, seront lancés les Renault qui nous restent avec le 22e colonial. Pour nous aider, le général Altmayer a prescrit à la 5e division légère de cavalerie, étirée le long de la Somme en aval de la tête de pont, de pousser sa droite sur Cambron. Mais elle ne pourra progresser. Il a demandé le concours de l'aviation de bombardement pour agir sur les issues d'Abbeville, mais les avions sont ailleurs. À 17 heures, notre action se déclenche. Les pentes du mont sont atteintes, mais la crête reste à l'ennemi. Quand la nuit tombe, les Allemands, appuyés par une artillerie puissante, contre-attaquent sur les villages de Moyenneville et de Bienfay sans réussir à les reprendre.

Le 30 mai, la 51e division écossaise, commandée par le général Fortune et récemment arrivée en France, vient, toute gaillarde et pimpante, relever la 4e division cuirassée. Celle-ci se regroupe près de Beauvais. Avec moi, les colonels : Sudre, Simonin, François, pour les chars ; de Ham, pour le régiment de reconnaissance ; Bertrand, pour les chasseurs ; Le Tacon, pour les coloniaux ; de Longuemare, pour les dragons ; Chaudesolle et Ancelme, pour l'artillerie ; Chomel, pour l'état-major, font le bilan de l'opération. Nous n'avons pu liquider entièrement la tête de pont d'Abbeville, réduite, pourtant, des trois quarts. Telle qu'elle est, à présent, l'ennemi ne peut en déboucher en force, à moins, d'abord, de la reconquérir. Nos pertes sont lourdes ; moindres, toutefois, que celles de l'adversaire. Nous ramenons cinq cents prisonniers, qui s'ajoutent à ceux de Montcornet, et une grande quantité d'armes et de matériel tombés entre nos mains.

Hélas ! au cours de la bataille de France, quel autre terrain fut ou sera conquis que cette bande profonde de 14 kilomètres ? Mis à part les équipages d'avions abattus dans nos lignes, combien d'autres Allemands auront été faits prisonniers ? Au lieu et place d'une pauvre division, faible, incomplète, improvisée, isolée, quels résultats n'eût pas obtenus, pendant ces derniers jours de mai, un corps d'élite cuirassé dont nombre d'éléments existaient, d'ailleurs, bel et bien, quoique contrefaits et dispersés ? Que l'État eût joué son rôle ; qu'il eût, lorsqu'il en était temps, orienté son système militaire vers l'entreprise, non la passivité ; que nos chefs eussent, en conséquence, disposé de l'instrument de choc et de manœuvre qui fut souvent proposé au pouvoir et au commandement ; alors nos armes avaient leur chance et la France retrouvait son âme.

Mais, le 30 mai, la bataille est virtuellement perdue. L'avant-veille, le roi et l'armée belges ont capitulé. À Dunkerque, l'armée britannique commence son rembarquement. Ce qu'il reste des troupes françaises dans le Nord essaie d'en faire autant ; retraite forcément désastreuse. Avant peu, l'ennemi entamera vers le sud la deuxième phase de son offensive contre un adversaire réduit d'un tiers et dépourvu, plus que jamais, des moyens de riposter aux forces mécaniques allemandes.

Dans mon cantonnement de Picardie, je ne me fais pas d'illusions. Mais j'entends garder l'espérance. Si la situation ne peut être, en fin de compte, redressée dans la métropole, il faudra la rétablir ailleurs. L'Empire est là, qui offre son recours. La flotte est là, qui peut le couvrir. Le peuple est là qui, de toute manière, va subir l'invasion, mais dont la République peut susciter la résistance, terrible occasion d'unité. Le monde est là, qui est susceptible de nous fournir de nouvelles armes et, plus tard, un puissant concours. Une question domine tout : les pouvoirs publics sauront-ils, quoi qu'il arrive, mettre l'État[x] hors d'atteinte, conserver l'indépendance et sauvegarder l'avenir ? Ou bien vont-ils tout livrer dans la panique de l'effondrement ?

À cet égard, — je le prévois sans peine, — beaucoup de choses dépendront de l'attitude du Commandement. Que celui-ci se refuse à abaisser le drapeau tant que, suivant les termes du règlement militaire, « n'auront pas été épuisés tous les moyens que commandent le devoir et l'honneur », bref, qu'il adopte, en dernier ressort, la solution africaine, il peut devenir, dans le naufrage, la bouée de sauvetage de l'État. Qu'au contraire, s'abandonnant lui-même, il pousse à la reddition un pouvoir sans consistance, quel argument va-t-il fournir à l'abaissement de la France !

Ces réflexions hantent mon esprit, tandis que, le 1er juin, je me rends à la convocation que m'adresse le général Weygand. Le Commandant en chef me reçoit au château de Montry. Il montre, comme d'habitude, ce don de clarté et ce ton de simplicité qui lui sont caractéristiques. Il me fait, d'abord, son compliment au sujet de l'opération d'Abbeville, pour laquelle il vient de m'attribuer une très élogieuse citation[57]. Puis, il me demande mon avis sur ce qu'il conviendrait de faire des quelque mille deux cents chars modernes dont nous disposons encore.

J'indique au généralissime que, suivant moi, ces chars devraient, sans délai, être réunis en deux groupements : le principal, au nord de Paris ; l'autre, au sud de Reims ; ce qui subsiste des divisions cuirassées en fournirait les noyaux. Pour le commandement du premier, j'avance le nom du général Delestraint, inspecteur des chars. À ces groupements seraient accolées respectivement trois et deux divisions d'infanterie, dotées de moyens de transport, avec une artillerie doublée. On aurait ainsi un moyen d'infortune pour agir dans le flanc de tel ou tel des corps mécaniques allemands, quand, poussant dans leur direction de marche, après rupture de notre front, ils se trouveraient, plus ou moins, disloqués en largeur et étirés en profondeur. Le général Weygand prend acte de mes propositions. Après quoi, il me parle de la bataille.

« Je serai, dit-il, attaqué, le 6 juin, sur la Somme et sur l'Aisne. J'aurai sur les bras deux fois plus de divisions allemandes que nous n'en avons nous-mêmes. C'est dire que les perspectives sont bouchées. Si les choses ne vont pas trop vite ; si je puis récupérer, à temps, les troupes françaises échappées de Dunkerque ; si j'ai des armes à leur donner ; si l'armée britannique revient prendre part à la lutte, après s'être rééquipée ; si la Royal Air Force consent à s'engager à fond dans les combats du continent ; alors, il nous reste une chance. » Et le Commandant en chef ajoute en hochant la tête : « Sinon !... »

Je suis fixé. L'âme lourde, je quitte le général Weygand.

D'un seul coup, était tombée sur ses épaules une charge écrasante qu'au surplus il n'était pas fait pour porter. Quand il avait, le 20 mai, pris le commandement suprême, c'était trop tard, sans nul doute, pour gagner la bataille de France. On peut penser que le général Weygand s'en aperçut avec surprise. Comme il n'avait jamais envisagé les possibilités réelles de la force mécanique, les effets immenses et subits des moyens de l'adversaire l'avaient frappé de stupeur. Pour faire tête au malheur, il eût fallu qu'il se renouvelât ; qu'il rompît, du jour au lendemain, avec des conceptions, un rythme, des procédés, qui ne s'appliquaient plus ; qu'il arrachât sa stratégie au cadre étroit de la Métropole ; qu'il retournât l'arme de la mort contre l'ennemi qui l'avait lancée et mît dans son propre jeu l'atout des grands espaces, des grandes ressources et des grandes vitesses, en y englobant les territoires lointains, les alliances et les mers. Il n'était pas homme à le faire. Son âge, sans doute, s'y opposait ainsi que sa tournure d'esprit, mais, surtout, son tempérament.

Weygand était, en effet, par nature, un brillant second. Il avait, à ce titre, admirablement servi Foch. Il avait, en 1920, fait adopter par Pilsudski un plan qui sauva la Pologne. Il avait, comme chef d'état-major général, fait valoir avec intelligence et courage, auprès de plusieurs ministres et sous leur autorité, les intérêts vitaux de l'armée. Mais, si les aptitudes requises pour le service d'état-major et celles qu'exige le Commandement ne sont nullement contradictoires, elles ne sauraient être confondues. Prendre l'action à son compte, n'y vouloir de marque que la sienne, affronter seul le destin, passion âpre et exclusive qui caractérise le chef, Weygand n'y était, ni porté, ni préparé. D'ailleurs, qu'il y eût en cela l'effet de ses propres tendances ou d'un concours de circonstances, il n'avait, au cours de sa carrière, exercé aucun commandement. Nul régiment, nulle brigade, nulle division, nul corps d'armée, nulle armée ne l'avaient vu à leur tête[58]. Le choisir pour prendre le plus grand risque qu'ait connu notre histoire militaire, non parce qu'on l'en savait capable, mais sous prétexte « qu'il était un drapeau », ce fut le fait de l'erreur, — habituelle à notre politique, — qui s'appelle : la facilité.

Du moins, dès qu'il fut reconnu que le général Weygand n'était pas l'homme pour la place, il eût fallu qu'il la quittât, soit qu'il demandât sa relève, soit que le gouvernement en prît, d'office, la décision. Il n'en fut rien. Dès lors, le généralissime, emporté par un courant qu'il renonçait à maîtriser, allait chercher l'issue à sa portée, savoir : la capitulation. Mais, comme il n'entendait pas en assumer la responsabilité, son action consisterait à y entraîner le pouvoir. Il y trouva le concours du Maréchal qui, pour des raisons différentes, exigeait la même solution. Le régime, sans foi ni vigueur, opta pour le pire abandon. La France aurait donc à payer, non seulement un désastreux armistice militaire, mais aussi l'asservissement de l'État. Tant il est vrai que, face aux grands périls, le salut n'est que dans la grandeur.

Le 5 juin, j'apprends que l'ennemi reprend l'offensive. Dans la journée, je vais demander ses ordres au général Frère, commandant la VIIe armée, dans la zone de qui se trouve ma division. Tandis qu'autour de lui on dépouille des rapports alarmants et que, sous les dehors du sang-froid professionnel, percent les doutes et les réticences, ce bon soldat me dit : « Nous sommes malades. Le bruit court que vous allez être ministre. C'est bien tard pour la guérison. Ah ! du moins, que l'honneur soit sauvé ! »

LA CHUTE

C'est dans la nuit du 5 au 6 juin que M. Paul Reynaud, en remaniant son gouvernement, m'y fit entrer comme sous-secrétaire d'État à la Défense nationale. La nouvelle me fut annoncée le matin par le général Delestraint, inspecteur des chars, qui l'avait entendue à la radio. Quelques instants après, un télégramme officiel m'en donnait confirmation. Ayant fait mes adieux à ma division, je pris la route de Paris.

En arrivant rue Saint-Dominique, je vis le président du Conseil. Il était, comme à son ordinaire, assuré, vif, incisif, prêt à écouter, prompt à juger. Il m'expliqua pourquoi il avait cru devoir, quelques jours plus tôt, embarquer dans son cabinet le maréchal Pétain, dont nous ne doutions, ni l'un ni l'autre, qu'il fût le paravent de ceux qui voulaient l'armistice. « Mieux vaut, dit M. Paul Reynaud employant la formule d'usage, l'avoir dedans que dehors. »

« Je crains, lui répondis-je, que vous n'ayez à changer d'avis. D'autant plus que les événements vont aller, maintenant, très vite et que le défaitisme risque de tout submerger. Entre nos forces et celles des Allemands le déséquilibre est tel, qu'à moins d'un miracle, nous n'avons plus aucune chance de vaincre dans la Métropole, ni même de nous y rétablir. D'ailleurs le Commandement, foudroyé par la surprise, ne se ressaisira plus. Enfin, vous connaissez mieux que personne de quelle atmosphère d'abandon est enveloppé le gouvernement. Le Maréchal et ceux qui le poussent vont avoir, désormais, beau jeu. Cependant, si la guerre de 40 est perdue, nous pouvons en gagner une autre. Sans renoncer à combattre sur le sol de l'Europe aussi longtemps que possible, il faut décider et préparer la continuation de la lutte dans l'Empire. Cela implique une politique adéquate : transport des moyens vers l'Afrique du Nord, choix de chefs qualifiés pour diriger les opérations, maintien de rapports étroits avec les Anglais, quelques griefs que nous puissions avoir à leur égard. Je vous propose de m'occuper des mesures à prendre en conséquence. »

M. Paul Reynaud me donna son accord. « Je vous demande, ajouta-t-il, d'aller à Londres au plus tôt. Au cours des entretiens que j'ai eus, les 26 et 31 mai, avec le gouvernement britannique, j'ai pu lui donner l'impression que nous n'excluions pas la perspective d'un armistice. Mais, à présent, il s'agit, au contraire, de convaincre les Anglais que nous tiendrons, quoi qu'il arrive, même outre-mer s'il le faut. Vous verrez M. Churchill et vous lui direz que le remaniement de mon cabinet et votre présence auprès de moi sont les marques de notre résolution. »

Outre cette démarche d'ordre général, je devais agir à Londres pour tâcher d'obtenir, à mon tour, que la Royal Air Force, — spécialement l'aviation de chasse, — continuât de participer aux opérations de France. Enfin, j'avais à réclamer, comme l'avait précédemment fait le président du

Conseil, des précisions quant aux délais dans lesquels les unités britanniques échappées au désastre de Dunkerque pouvaient être réarmées et renvoyées sur le continent. La réponse à ces deux questions comportait des éléments techniques, que les états-majors étaient en mesure de fournir, mais aussi des décisions qui revenaient à M. Winston Churchill en sa qualité de ministre de la Défense.

Tandis que les organismes de liaison arrangeaient les entretiens que je devais avoir dans la capitale britannique, je fus, le 8 juin, prendre contact avec le général Weygand au château de Montry[1]. Je trouvai le Commandant en chef calme et maître de lui. Mais quelques instants de conversation suffirent à me faire comprendre qu'il était résigné à la défaite et décidé à l'armistice. Voici, presque textuellement, ce que fut notre dialogue, dont les termes sont — et pour cause ! — restés gravés dans mon esprit.

« Vous le voyez, me dit le Commandant en chef, je ne m'étais pas trompé quand je vous ai, il y a quelques jours, annoncé que les Allemands attaqueraient sur la Somme le 6 juin. Ils attaquent en effet. En ce moment, ils passent la rivière. Je ne puis les en empêcher.

— Soit ! ils passent la Somme. Et après ?

— Après ? C'est la Seine et la Marne.

— Oui. Et après ?

— Après ? Mais c'est fini !

— Comment ? Fini ? Et le monde ? Et l'Empire ? » Le général Weygand éclata d'un rire désespéré.

« L'Empire ? Mais c'est de l'enfantillage ! Quant au monde, lorsque j'aurai été battu ici, l'Angleterre n'attendra pas huit jours pour négocier avec le Reich. » Et le Commandant en chef ajouta en me regardant dans les yeux : « Ah ! si j'étais sûr que les Allemands me laisseraient les forces nécessaires pour maintenir l'ordre… ! »

La discussion eût été vaine. Je partis, après avoir dit au général Weygand que sa manière de voir était à l'opposé des intentions du gouvernement. Celui-ci n'abandonnerait pas la lutte, même si les combats devaient être malheureux. Il ne fit aucune observation nouvelle et se montra fort courtois quand je pris congé de lui.

Avant de reprendre la route de Paris, je causai quelque temps avec des officiers de divers états-majors venus, ce matin-là, au rapport du général Weygand et que je connaissais. Ils me confirmèrent dans l'impression qu'aux échelons élevés du Commandement on tenait la partie pour perdue et que, tout en s'acquittant mécaniquement de ses attributions, chacun envisageait tout bas et, bientôt, souhaiterait tout haut qu'il fût mis fin, n'importe comment, à[a] la bataille de France. Pour orienter les esprits et les courages vers la continuation de la guerre dans l'Empire, l'intervention catégorique du gouvernement était immédiatement nécessaire.

Je le déclarai, dès mon retour, à M. Paul Reynaud et l'adjurai de retirer le commandement au général Weygand qui avait renoncé à vaincre. « C'est impossible pour le moment, me répondit le président du Conseil. Mais[b] nous devons songer à la suite. Qu'en pensez-vous ?

— En fait de suite, lui dis-je, je ne vois maintenant qu'Huntziger[2]. Bien qu'il n'ait pas tout pour lui, il est capable, à mon avis, de s'élever jusqu'au plan d'une stratégie mondiale. »

M. Paul Reynaud agréa, en principe, ma suggestion sans vouloir, toutefois, la mettre aussitôt en pratique.

Pourtant, résolu à poser la question de nouveau et à bref délai, je m'attelai à l'élaboration du plan de transport en Afrique du Nord de tous les éléments possibles. Déjà, l'état-major de l'Armée, en liaison avec la Marine et l'Air, avait commencé de préparer l'évacuation au-delà de la Méditerranée de tout ce qui n'était pas engagé dans la bataille. Il s'agissait, en particulier, des deux classes de recrues qui s'instruisaient dans les dépôts de l'Ouest et du Midi et des fractions du personnel des unités mécaniques qui avaient pu échapper au désastre du Nord ; en tout, 500 000 hommes de qualité. Par la suite, les débris de nos armées refluant vers les côtes, beaucoup d'éléments combattants pourraient sans doute être embarqués. En tout cas, ce qui resterait de l'aviation de bombardement, à laquelle le rayon d'action de ses appareils permettait de franchir la mer, les survivants des groupes de chasse, le personnel des bases aériennes, les dépôts des équipages de la flotte, enfin et surtout notre flotte elle-même, auraient à rallier l'Afrique. La Marine, à qui revenait la mission d'exécuter ces transports, évaluait à 500 000 tonnes le renfort de navires de charge qui lui était nécessaire et qui devrait s'ajouter aux bateaux français dont elle disposait déjà. C'est à l'Angleterre qu'il faudrait demander ce concours.

Le 9 juin, de bonne heure, un avion m'amena à Londres. J'avais avec moi mon aide de camp Geoffroy de Courcel et M. Roland de Margerie, chef du cabinet diplomatique du président du Conseil. C'était dimanche. La capitale anglaise offrait l'aspect de la tranquillité, presque de l'indifférence. Les rues et les parcs remplis de promeneurs paisibles, les longues files à l'entrée des cinémas, les autos nombreuses, les dignes portiers au seuil des clubs et des hôtels, appartenaient à un autre monde que celui qui était en guerre. Sans doute, les journaux laissaient-ils transparaître la situation réelle, malgré les nouvelles édulcorées et les puériles anecdotes dont les remplissait, comme à Paris, l'optimisme officieux. Sans doute, les affiches qu'on lisait, les abris qu'on creusait, les masques qu'on portait, évoquaient-ils les grands périls possibles. Cependant, il sautait aux yeux que la masse de la population ne mesurait pas la gravité des événements de France, tant leur rythme était rapide. On pouvait voir, en tout cas, qu'au sentiment des Anglais, la Manche était encore large.

M. Churchill me reçut à Downing Street[3]. C'était la première fois que je prenais contact avec lui. L'impression que j'en ressentis m'affermit dans ma conviction que la Grande-Bretagne, conduite par un pareil lutteur, ne fléchirait certainement pas. M. Churchill me parut être de plain-pied avec la tâche la plus rude, pourvu qu'elle fût aussi grandiose. L'assurance de son jugement, sa grande culture, la connaissance qu'il avait de la plupart des sujets, des pays, des hommes, qui se trouvaient en cause, enfin sa passion pour les problèmes propres à la guerre, s'y déployaient à leur aise. Par-dessus tout, il était, de par son caractère, fait pour agir, risquer, jouer le rôle, très carrément et sans scrupule. Bref, je le trouvai bien assis à sa place de guide et de chef. Telles furent mes premières impressions.

La suite ne fit que les confirmer en me révélant, en outre, l'éloquence propre à M. Churchill et l'usage qu'il savait en faire. Quel que fût son auditoire : foule, assemblée, conseil, voire interlocuteur unique, qu'il se trouvât devant un micro, à la tribune, à table, ou derrière un bureau, le flot original, poétique, émouvant, de ses idées, arguments, sentiments lui procurait un ascendant presque infaillible dans l'ambiance dramatique où haletait le pauvre monde. En politique éprouvé, il jouait de ce don angélique et diabolique pour remuer la lourde pâte anglaise aussi bien que pour frapper l'esprit des étrangers. Il n'était pas jusqu'à l'humour dont il assaisonnait ses gestes et ses propos et à la manière dont il utilisait tantôt la bonne grâce et tantôt la colère qui ne fissent sentir à quel point il maîtrisait le jeu terrible où il était engagé.

Les incidents rudes et pénibles qui se produisirent à maintes reprises entre nous, en raison des frictions de nos deux caractères, de l'opposition de certains intérêts de nos pays respectifs, des abus que l'Angleterre commit au détriment de la France blessée, ont influé sur mon attitude à l'égard du Premier Ministre, mais non point sur mon jugement. Winston Churchill m'apparut, d'un bout à l'autre du drame, comme le grand champion d'une grande entreprise et le grand artiste d'une grande Histoire.

Ce jour-là, j'exposai au Premier britannique ce que le président du Conseil français m'avait chargé de lui dire quant à la volonté de notre gouvernement de continuer la lutte, même s'il le fallait dans l'Empire. M. Churchill manifesta la vive satisfaction que lui causait cette résolution. Mais serait-elle suivie d'effet ? Il me laissa penser qu'il n'en était pas convaincu. En tout cas, il ne croyait plus à la possibilité d'un rétablissement militaire en France métropolitaine et me le fit voir en refusant catégoriquement le concours du gros de son aviation.

Depuis le rembarquement de l'armée anglaise à Dunkerque, la Royal Air Force ne coopérait plus à la bataille que d'une manière épisodique. D'ailleurs, à l'exception d'un groupe de chasse qui suivait encore le destin de notre aviation, les escadrilles britanniques, ayant leurs bases en Grande-Bretagne, se trouvaient trop éloignées pour agir au profit d'un front qui reculait sans cesse vers le sud. À ma demande pressante de transférer sur les terrains au sud de la Loire tout au moins une partie de l'aviation anglaise de coopération, M. Churchill fit une réponse formellement négative. Quant aux forces de terre, il promit l'envoi en Normandie d'une division canadienne, qui arrivait de son pays, et le maintien de la 51e division écossaise[4] ainsi que des débris de la brigade mécanique qui combattaient encore avec nous. Mais il déclara ne pouvoir indiquer, même approximativement, vers quelle date le corps expéditionnaire, qui venait d'échapper à la destruction en Belgique, — non sans y laisser son matériel, — serait susceptible de retourner à la bataille.

Ainsi donc, l'union stratégique se trouvait pratiquement rompue entre Londres et Paris. Il avait suffi d'un revers sur le continent pour que la Grande-Bretagne voulût s'absorber dans sa propre défense. C'était la réussite du plan germanique, dont Schlieffen[5], par-delà la mort, demeurait l'inspirateur et qui, après les échecs allemands de 1914 et de 1918, aboutissait enfin à séparer les forces françaises et les forces anglaises et, du même coup, à diviser la France et l'Angleterre. Il n'était que trop aisé d'imaginer quelles conclusions le défaitisme allait en tirer chez nous.

En dehors de cet entretien avec M. Churchill, j'avais dans la même journée pris contact avec M. Eden ministre de la Guerre, M. Alexander Premier lord de l'Amirauté, Sir Archibald Sinclair ministre de l'Air, le général Sir John Dill chef d'état-major impérial. J'avais, d'autre part, conféré avec M. Corbin, notre ambassadeur, M. Monnet, *chairman* du Comité franco-britannique de coordination pour les achats de matériel, et les chefs de nos missions : militaire, navale, aérienne. Il était clair que si, à Londres, le calme régnait sur la foule, au contraire l'angoisse du désastre et le doute quant à la fermeté des pouvoirs publics français remplissaient les esprits avertis. Dans la soirée, l'avion me ramena malaisément au Bourget dont le terrain venait d'être bombardé.

Au cours de la nuit du 9 au 10 juin, M. Paul Reynaud me fit appeler à son domicile. Des renseignements graves venaient de lui parvenir. L'ennemi avait atteint la Seine en aval de Paris. D'autre part, tout donnait à penser que, d'une heure à l'autre, les forces blindées allemandes allaient passer à l'attaque décisive en Champagne. La capitale était donc immédiatement menacée par l'ouest, l'est et le nord. Enfin, M. François-Poncet[6] annonçait de Rome qu'il s'attendait à tout instant à recevoir du gouvernement italien la déclaration de guerre. Devant ces mauvaises nouvelles, je n'avais qu'une suggestion à faire : adopter le parti du plus grand effort et aller au plus tôt en Afrique en épousant, dans toutes ses conséquences, la guerre de coalition.

Pendant les quelques fractions de jour et de nuit que je passai rue Saint-Dominique, je n'eus que trop de raisons de renforcer ma conviction qu'il n'y avait rien d'autre à faire. Les choses allaient trop vite pour qu'on pût les ressaisir sur place. Tout ce qu'on envisageait prenait[d] aussitôt le caractère de l'irréalité. On se reportait aux précédents de la guerre 14-18 qui ne s'appliquaient plus du tout. On affectait de penser qu'il y avait encore un front, un commandement actif, un peuple prêt aux sacrifices ; ce n'étaient là que rêves et souvenirs. En fait, au milieu d'une nation prostrée et stupéfaite, derrière une armée sans foi et sans espoir, la machine du pouvoir tournait dans une irrémédiable confusion.

Rien ne me le fit mieux sentir que les rapides visites protocolaires que je rendis aux principaux personnages de la République : d'abord le président Lebrun, à qui je fus présenté en même temps que les nouveaux ministres, ensuite les présidents des Assemblées, enfin les membres du gouvernement. Tous montraient du calme et de la dignité. Mais il était clair que, dans le décor où les installait l'usage, ils n'étaient plus que des figurants. Au milieu du cyclone, les conseils des ministres, les instructions lancées vers le bas, les comptes rendus reçus en haut, les déclarations publiques, le défilé des officiers, fonctionnaires, diplomates, parlementaires, journalistes, qui avaient à rapporter ou à demander quelque chose, donnaient l'impression d'une sorte de fantasmagorie sans objet et sans portée. Sur les bases et dans le cadre où l'on se trouvait engagé, il n'y avait aucune issue, excepté la capitulation. À moins de s'y résigner, — ce que faisaient déjà certains, et non des moindres, — il fallait à tout prix changer de cadre et de bases. Le redressement dit « de la Marne » était possible, mais sur la Méditerranée.

Le 10 juin fut une journée d'agonie. Le gouvernement devait quitter Paris le soir. Le recul du front s'accélérait. L'Italie déclarait la guerre. Désormais, l'évidence de l'effondrement s'imposait à tous les esprits. Mais, au sommet de l'État, la tragédie se jouait comme dans un rêve. Même, à de certains moments, on eût pu croire qu'une sorte d'humour terrible pimentait la chute de la France roulant du haut de l'Histoire jusqu'au plus profond de l'abîme.

C'est ainsi que, dans la matinée, l'ambassadeur d'Italie, M. Guariglia, vint faire, rue Saint-Dominique, une visite assez étrange. Il fut reçu par Baudouin qui rapportait comme suit les propos du diplomate : « Vous verrez que la déclaration de guerre va finalement éclaircir les relations entre nos deux pays ! Elle crée une situation dont, au bout du compte, il sortira un grand bien... »

Peu après, entrant moi-même chez M. Paul Reynaud, j'y trouvai M. W. Bullitt. Je pensais que l'ambassadeur des États-Unis apportait au président du Conseil, de la part de Washington, quelque encouragement pour l'avenir. Mais non ! Il était venu faire ses adieux. L'ambassadeur demeurait à Paris dans l'intention d'intervenir, à l'occasion, en faveur de la capitale. Mais, si louable que fût le motif qui inspirait M. Bullitt, il n'en restait pas moins qu'au cours des journées suprêmes il n'y aurait pas d'ambassadeur d'Amérique auprès du gouvernement français. La présence de M. D. Biddle, chargé des relations avec les gouvernements réfugiés, quelles que fussent les qualités de cet excellent diplomate, n'ôterait pas à nos officiels l'impression que les États-Unis ne donnaient plus cher de la France.

Cependant, tandis que M. Paul Reynaud préparait hâtivement une déclaration qu'il allait faire à la radio et au sujet de laquelle il était en train de me consulter, le général Weygand arriva rue Saint-Dominique. À peine annoncé, il entra, tout de go[7], dans le bureau du président du Conseil. Comme celui-ci marquait quelque étonnement, le Commandant en chef répondit qu'il avait été convoqué. « Pas par moi ! » dit M. Paul Reynaud. « Ni par moi ! » ajoutai-je. « Alors, c'est un malentendu ! poursuivit le général Weygand. Mais l'erreur est utile car j'ai à faire une importante communication. » Il s'assit et se mit à exposer la situation telle qu'il la voyait. Sa conclusion était transparente. Nous devions, sans délai, demander l'armistice. « Les choses en sont au point, déclara-t-il en déposant un papier sur la table, que les responsabilités de chacun doivent être nettement établies. C'est pourquoi j'ai rédigé mon avis et je remets cette note entre vos mains. »

Le président du Conseil, bien qu'il fût talonné par l'obligation de prononcer dans un très bref délai l'allocution qui était annoncée, entreprit de discuter l'opinion du Généralissime. Celui-ci n'en démordait pas. La bataille dans la Métropole était perdue. Il fallait capituler. « Mais il y a d'autres perspectives », dis-je à un certain moment. Alors, Weygand, d'un ton railleur :

« Avez-vous quelque chose à proposer ?

— Le gouvernement, répondis-je, n'a pas de propositions à faire, mais des ordres à donner. Je compte qu'il les donnera. »

M. Paul Reynaud finit par congédier le Commandant en chef et l'on se sépara dans une atmosphère très lourde.

Les dernières heures de présence du gouvernement dans la capitale furent remplies par les dispositions qu'impliquait un pareil exode. À vrai dire, beaucoup de choses avaient été préparées en vertu d'un plan de repli établi par le secrétariat général de la Défense nationale. Mais il restait tout l'imprévu. D'autre part, l'arrivée imminente des Allemands sous les murs de Paris posait de cruels problèmes. J'avais moi-même, dès mon entrée en fonction, préconisé que la capitale fût défendue et demandé au président du Conseil, ministre de la Défense nationale et de la Guerre, qu'il nommât gouverneur, dans cette intention, un chef résolu. Je proposai le général de Lattre, qui venait de se distinguer à la tête d'une division dans les combats autour de Rethel. Mais, bientôt, le Commandant en chef déclarait Paris « ville ouverte » et le Conseil des ministres l'approuvait. Cependant, il fallait, à l'improviste, organiser l'évacuation d'une masse de choses et d'une foule de gens. Je m'en occupai jusqu'au soir, tandis que partout on emballait des caisses, que bruissaient du haut en bas de l'immeuble les visiteurs du dernier moment et que sonnaient sans arrêt des téléphones désespérés.

Vers minuit, M. Paul Reynaud et moi montâmes dans la même voiture. Le voyage fut lent, sur une route encombrée. À l'aurore, nous étions à Orléans et entrions à la préfecture où le contact fut pris par fil avec le Grand Quartier qui s'installait à Briare. Peu après le général Weygand téléphonait, demandant à parler au président du Conseil. Celui-ci prit l'appareil et, à sa vive surprise, s'entendit annoncer que M. W. Churchill arriverait dans l'après-midi. Le Commandant en chef, par la liaison militaire, l'avait prié de venir d'urgence à Briare.

« Il faut, en effet, ajoutait le général Weygand, que M. Churchill soit directement informé de la situation réelle sur le front.

— Eh quoi ? dis-je au chef du gouvernement, admettez-vous que le Généralissime convoque ainsi de son propre mouvement le Premier Ministre britannique ? Ne voyez-vous pas que le général Weygand poursuit, non point un plan d'opérations, mais une politique, et que celle-ci n'est pas la vôtre ? Le gouvernement va-t-il le laisser plus longtemps en fonction ?

— Vous avez raison ! répondit M. Paul Reynaud. Cette situation doit cesser. Nous avons parlé du général Huntziger comme successeur possible de Weygand. Allons tout de suite voir Huntziger ! »

Mais, les voitures étant avancées, le président du Conseil me dit : « À la réflexion, il vaut mieux que vous alliez seul chez Huntziger. Pour moi, je vais préparer les entretiens de tout à l'heure avec Churchill et les Anglais. Vous me retrouverez à Briare. »

Je trouvai à Arcis-sur-Aube, son poste de commandement, le général Huntziger, commandant le groupe d'armées du Centre. Au même moment, ce groupe d'armées était attaqué et percé sur le front de Champagne par le corps blindé de Guderian. Cependant, je fus frappé par le sang-froid d'Huntziger. Il m'informa de sa mauvaise situation. Je le mis au courant de l'ensemble des affaires. En conclusion, je lui dis : « Le gouvernement voit bien que la bataille de France est virtuellement perdue, mais il veut continuer la guerre en se transportant en Afrique avec tous les moyens qu'il est possible d'y faire passer. Cela implique un changement complet dans la stratégie et dans l'organisation. L'actuel généralissime n'est plus l'homme qui puisse le faire. Vous, seriez-vous cet homme-là ?

— Oui ! répondit simplement Huntziger.

— Eh bien ! vous allez recevoir les instructions du gouvernement. »

Pour gagner Briare, je pris par Romilly et Sens, afin de prendre contact avec divers commandants de grandes unités. Partout, s'étalaient des signes de désordre et de panique. Partout, refluaient vers le sud des éléments de troupes, pêle-mêle avec des réfugiés. Mon modeste équipage fut arrêté une heure près de Méry, tant la route était encombrée. Un étrange brouillard, — que beaucoup confondaient avec une nappe de gaz, — augmentait l'angoisse de la foule militaire, telle un troupeau sans berger.

Au Grand Quartier de Briare[8], j'allai à M. Paul Reynaud et le mis au courant de la réponse d'Huntziger. Mais je vis bien que, pour le président du Conseil, le remplacement immédiat de Weygand n'était plus dans sa perspective et qu'il avait épousé, de nouveau, l'idée de poursuivre la route de la guerre avec un généralissime qui voulait prendre celle de la paix. En passant dans la galerie, je saluai le maréchal Pétain, que je n'avais pas vu depuis 1938[9]. « Vous êtes général ! me dit-il. Je ne vous en félicite pas. À quoi bon les grades dans la défaite ? — Mais, vous-même, monsieur le Maréchal, c'est pendant la retraite de 1914 que vous avez reçu vos premières étoiles. Quelques jours après, c'était la Marne. » Pétain grogna : « Aucun rapport ! » Sur ce point, il avait raison. Le Premier Ministre britannique arrivait. On entra en conférence.

Au cours de cette séance se confrontèrent ouvertement les conceptions et les passions qui allaient dominer la nouvelle phase de la guerre. Tout ce qui avait, jusqu'alors, servi de base à l'action et aux attitudes n'appartenait plus qu'au passé. La solidarité de l'Angleterre et de la France, la puissance de l'armée française, l'autorité du gouvernement, le loyalisme du Commandement, cessaient d'être des données acquises. Chacun des participants se comportait déjà, non plus en tant que partenaire dans un jeu mené en commun, mais comme un homme qui, désormais, s'oriente et joue pour son compte.

Le général Weygand fit voir que son souci, à lui, était de liquider au plus vite la bataille et la guerre. S'aidant des témoignages des généraux Georges et Besson, il déroula devant la conférence le tableau d'une situation militaire sans espoir. Le Commandant en chef, qui, au surplus avait été chef d'état-major général de 1930 à 1935, exposait les raisons de la défaite des armées sous ses ordres du ton posé, quoique agressif, de quelqu'un qui en tire des griefs sans en porter la responsabilité. Sa conclusion fut qu'il fallait terminer l'épreuve, car le dispositif militaire pourrait s'effondrer tout à coup, ouvrant carrière à l'anarchie et à la révolution.

Le Maréchal intervint en renfort du pessimisme. M. Churchill, voulant détendre l'atmosphère, lui dit d'un ton enjoué :

« Voyons ! Monsieur le Maréchal, rappelez-vous la bataille d'Amiens, en mars 1918, quand les affaires allaient si mal. Je vous ai fait visite, alors, à votre Quartier général. Vous m'indiquiez votre plan. Quelques jours après le front était rétabli. »

Alors, le Maréchal, durement :

« Oui, le front fut rétabli. Vous, les Anglais, étiez enfoncés. Mais, moi, j'ai envoyé quarante divisions pour vous tirer d'affaire. Aujourd'hui, c'est nous qui sommes mis en pièces. Où sont vos quarante divisions ? »

Le président du Conseil français, tout en répétant que la France ne se retirerait pas de la lutte et tout en pressant les Anglais d'envoyer à notre aide le gros de leur aviation, montra qu'en dépit de tout il ne se séparait pas de Pétain et de Weygand, comme s'il espérait les voir un jour se rallier à sa politique. M. Churchill parut imperturbable, plein de ressort, mais se tenant vis-à-vis des Français aux abois sur une cordiale réserve, saisi déjà, et non peut-être sans une obscure satisfaction, par la perspective terrible et magnifique d'une Angleterre laissée seule dans son île et que lui-même aurait à conduire dans l'effort vers le salut. Quant à moi, pensant à la suite, je mesurais ce que ces palabres avaient de vain et de conventionnel, puisqu'elles n'avaient pas pour objet la seule solution valable : se rétablir outre-mer.

Après trois heures de discussions, qui n'aboutirent à rien, on se mit à dîner autour de la même table. J'étais à côté de Churchill. Notre conversation fortifia la confiance que j'avais dans sa volonté. Lui-même en retint, sans doute, que de Gaulle, bien que démuni, n'était pas moins résolu.

L'amiral Darlan, qui ne s'était pas manifesté pendant la conférence, parut après le repas. Poussant devant lui le général Vuillemin, chef d'état-major général de l'Air, il vint à M. Paul Reynaud. L'objet de sa démarche donnait fort à penser. Une opération combinée de la flotte et de l'aviation de bombardement avait été préparée contre Gênes. D'après le plan, l'exécution devait se déclencher au cours de la nuit. Mais Darlan, s'étant ravisé, voulait donner le contre-ordre en se couvrant des perplexités du général Vuillemin qui redoutait les réactions italiennes contre les dépôts d'essence de Berre. Toutefois, l'amiral demandait l'accord du gouvernement. « Qu'en pensez-vous ? me dit M. Paul Reynaud. — Au point où nous en sommes, répondis-je, le plus raisonnable est, au contraire, de ne rien ménager. Il faut exécuter l'opération prévue. »

Darlan l'emporta, cependant, et le contrordre fut donné. Par la suite, Gênes fut, tout de même, bombardé par une faible fraction navale avec trois jours de retard sur les prévisions. Cet incident me fit comprendre que Darlan, lui aussi, jouait maintenant son propre jeu.

Au cours de la journée du 12, logé au château de Beauvais, propriété de M. Le Provost de Launay, je travaillai avec le général Colson au plan de transport en Afrique du Nord. À vrai dire, les événements auxquels j'avais assisté la veille et l'isolement où j'étais à présent laissé me donnaient à craindre que l'esprit d'abandon n'eût gagné trop de terrain et que le plan ne s'appliquât jamais. Cependant, j'étais résolu à faire tout ce qui était en mon pouvoir pour que le gouvernement le prît à son compte et l'imposât au commandement.

Ayant achevé l'essentiel, je me rendis à Chissay, où résidait M. Paul Reynaud. Il était tard. Le président du Conseil, sortant du Conseil des ministres qui s'était tenu à Cangey et auquel je n'étais pas convié, arriva vers 11 heures du soir accompagné de Baudouin. Tandis qu'ils dînaient avec leur entourage, je m'assis près de la table et posai nettement la question de l'Afrique du Nord. Mais mes interlocuteurs ne voulaient parler que d'un problème, connexe d'ailleurs et très urgent, que le Conseil des ministres venait d'évoquer. Quelle devait être la prochaine destination du gouvernement ? En effet, les Allemands, ayant franchi la Seine, atteindraient bientôt la Loire. Deux solutions étaient envisagées : Bordeaux ou Quimper ? Il s'ensuivit, autour des assiettes, une discussion que la fatigue et l'énervement rendirent confuse et mouvementée. Aucune décision formelle ne fut prise et M. Paul Reynaud se retira en me donnant rendez-vous pour le matin.

J'étais, naturellement, pour Quimper. Non pas que j'eusse d'illusions quant à la possibilité de tenir en Bretagne, mais, si le gouvernement s'y repliait, il n'aurait pas, tôt ou tard, d'autre issue que de prendre la mer. Car, les Allemands devant nécessairement occuper la péninsule pour agir contre les Anglais, il ne pourrait y avoir de « zone libre » en Bretagne. Une fois embarqués, les ministres prendraient, selon toute vraisemblance, la direction de l'Afrique, soit directement, soit après avoir fait halte en Angleterre. De toute façon, Quimper était l'étape vers les décisions énergiques. Aussi, quand M. Paul Reynaud, dès mon entrée au gouvernement, m'avait parlé du projet de « réduit breton », je m'y étais rallié. Inversement, c'est pour des motifs inspirés par leur politique et non, — quoi qu'ils pussent prétendre, — par l'art militaire, que s'y opposaient ceux qui, tels Pétain, Weygand, Baudouin, poussaient à la capitulation.

Le 13, de bonne heure, je retournai à Chissay. Après un long débat et malgré mes arguments, le président du Conseil prit la décision de transférer les pouvoirs publics à Bordeaux, alléguant que tel était l'avis émis la veille par les ministres. Je n'en fus que plus acharné à réclamer, tout au moins, la signature d'un ordre prescrivant au Commandant en chef de prévoir et de préparer les transports en Afrique. C'était bien là, je le savais, l'intention ultime de M. Paul Reynaud. Mais, si pressantes et lassantes étaient les intrigues et influences contraires qui accédaient constamment à lui, que je voyais, heure par heure, disparaître ce suprême espoir.

Cependant, le président du Conseil signa, ce jour-là, vers midi, une lettre adressée au général Weygand et dans laquelle il lui précisait ce que le gouvernement attendait désormais de lui. D'abord : « Tenir aussi longtemps que possible dans le Massif central et en Bretagne. » Ensuite : « Si nous échouions,... nous installer et organiser la lutte dans l'Empire en utilisant la liberté des mers. » Cette lettre marquait, assurément, une intention salutaire. Mais elle n'était pas, suivant moi, l'ordre catégorique qu'imposaient les circonstances. D'ailleurs, une fois signée, elle se trouvait remise en cause dans les coulisses et ne fut, en définitive, expédiée que le lendemain[10].

Au cours de la même matinée du 13, M. Jeanneney, président du Sénat, et M. Herriot, président de la Chambre, étaient venus à Chissay. Le premier, promenant un maintien résolu au milieu de l'agitation, invoquait l'exemple de Clemenceau, dont il avait été, dans les grands moments de 1917 et 1918, le collaborateur direct et intime au gouvernement[11]. Le second, affable et disert, exprimait avec éloquence les émotions multiples dont il était traversé. L'un et l'autre se montraient favorables au président du Conseil, opposés à la capitulation, tout prêts à se transporter à Alger avec les pouvoirs publics. Il m'apparut, une fois de plus, que M. Paul Reynaud, quelles que fussent autour de lui les cabales de l'abandon, pouvait rester maître du jeu pourvu qu'il ne concédât rien.

J'étais à Beauvais au début de l'après-midi, quand M. de Margerie, chef du cabinet diplomatique de M. Paul Reynaud, m'appela au téléphone. « Une conférence va s'ouvrir dans un instant, à la préfecture de Tours, entre le président du Conseil et M. W. Churchill qui vient d'arriver avec plusieurs de ses ministres. Je vous en préviens en hâte comme j'en suis moi-même prévenu. Bien que vous ne soyez pas convoqué, je suggère que vous y veniez. Baudouin est à l'œuvre et mon impression n'est pas bonne. » Telle fut la communication de M. de Margerie.

Je roulai vers Tours, sentant bien tout ce qu'il y avait d'inquiétant dans cette réunion inopinée, dont le président du Conseil, auprès de qui je venais de passer plusieurs heures, n'avait pas cru devoir me parler[12]. La cour et les couloirs de la préfecture étaient remplis d'une foule de parlementaires, fonctionnaires, journalistes, accourus aux nouvelles et qui formaient comme le chœur tumultueux d'une tragédie près de son terme. J'entrai dans le bureau où se trouvait M. Paul Reynaud encadré par Baudouin et Margerie. La conférence était suspendue. Mais M. Churchill et ses collègues revenaient tout justement. Margerie m'indiqua rapidement que les ministres britanniques, s'étant concertés dans le parc, allaient donner leur réponse à cette question posée par les Français : « Malgré l'accord du 28 mars 1940, qui exclut toute suspension d'armes séparée, l'Angleterre accepterait-elle que la France demandât à l'ennemi quelles seraient, pour elle-même, les conditions d'un armistice ? »

M. Churchill s'assit. Lord Halifax, Lord Beaverbrook, Sir Alexander Cadogan, prirent place, ainsi que le général Spears qui les accompagnait. Il y eut un moment de silence écrasant. Le Premier Ministre prit la parole en français. D'un ton égal et triste, dodelinant de la tête, cigare à la bouche, il commença par exprimer sa commisération, celle de son gouvernement, celle de son peuple, quant au sort de la nation française. « Nous voyons bien, dit-il, où en est la France. Nous comprenons que vous vous sentiez acculés. Notre amitié pour vous reste intacte. Dans tous les cas, soyez sûrs que l'Angleterre ne se retirera pas de la lutte. Nous nous battrons jusqu'au bout, n'importe comment, n'importe où, même si vous nous laissez seuls. »

Abordant la perspective d'un armistice entre Français et Allemands, dont je pensais qu'elle le ferait bondir, il exprima, au contraire, une compréhension apitoyée. Mais soudain, passant au sujet de la flotte, il se montra très précis et très rigoureux. De toute évidence, le gouvernement anglais redoutait à tel point de voir livrer aux Allemands la flotte française qu'il inclinait, tandis qu'il en était temps encore, à marchander son renoncement à l'accord du 28 mars contre des garanties quant au sort de nos navires. Telle fut, en fait, la conclusion qui se dégagea de cette affreuse conférence[13]. M. Churchill, avant de quitter la salle, demanda en outre, avec insistance, que si la France cessait le combat elle remît auparavant à l'Angleterre les quatre cents aviateurs allemands qui étaient prisonniers. Cela lui fut aussitôt promis.

Conduits par M. Paul Reynaud, les Britanniques passèrent alors dans la pièce voisine, où se trouvaient les présidents des Assemblées, ainsi que plusieurs ministres. Là, le ton fut très différent. MM. Jeanneney, Herriot, Louis Marin, notamment, ne parlèrent que de continuer la guerre. J'allai à

M. Paul Reynaud et lui demandai, non sans vivacité : « Est-il possible que vous conceviez que la France demande l'armistice ? — Certes, non ! me dit-il. Mais il faut impressionner les Anglais pour obtenir d'eux un concours plus étendu. » Je ne pouvais, évidemment, tenir cette réponse pour valable. Après qu'on se fut séparé, au milieu du brouhaha, dans la cour de la préfecture, je rentrai atterré à Beauvais, tandis que le président du Conseil télégraphiait au président Roosevelt pour l'adjurer d'intervenir, faisant comprendre que, sans cela, tout était pour nous bien perdu. Dans la soirée, M. Paul Reynaud déclarait à la radio : « S'il faut un miracle pour sauver la France, je crois au miracle. »

Il me paraissait acquis que tout serait bientôt consommé[14]. De même qu'une place assiégée est bien près de la reddition dès lors que le gouverneur en parle, ainsi la France courait à l'armistice, puisque le chef de son gouvernement l'envisageait officiellement. Ma présence dans le Cabinet, si secondaire qu'y fût ma place, allait devenir une impossibilité. Cependant, au moment même où, au cours de la nuit, j'allais envoyer ma lettre de démission, Georges Mandel, averti par mon chef de cabinet, Jean Laurent, me fit demander d'aller le voir.

André Diethelm m'introduisit auprès du ministre de l'Intérieur. Mandel me parla sur un ton de gravité et de résolution dont je fus impressionné. Il était, tout autant que moi, convaincu que l'indépendance et l'honneur de la France ne pouvaient être sauvegardés qu'en continuant la guerre. Mais c'est à cause de cette nécessité nationale qu'il me recommanda de rester encore au poste où je me trouvais. « Qui sait, dit-il, si finalement nous n'obtiendrons pas que le gouvernement aille, tout de même, à Alger ? » Il me raconta ce qui, après le départ des Anglais, s'était passé au Conseil des ministres où, disait-il, la fermeté avait prévalu en dépit de la scène que Weygand était venu y faire. Il m'annonça que, dans l'instant, les premiers éléments allemands entraient à Paris. Puis, évoquant l'avenir, il ajouta : « De toute façon, nous ne sommes qu'au début de la guerre mondiale. Vous aurez de grands devoirs à remplir, Général ! Mais avec l'avantage d'être, au milieu de nous tous, un homme intact. Ne pensez qu'à ce qui doit être fait pour la France et songez que, le cas échéant, votre fonction actuelle pourra vous faciliter les choses. » Je dois dire que cet argument me convainquit d'attendre avant de me démettre. C'est à cela qu'a peut-être tenu, physiquement parlant, ce que j'ai pu faire par la suite.

Le 14 juin : repli du gouvernement ! Je fis mes adieux à mes hôtes Le Provost de Launay. Ils ne partiraient pas, eux, et entourés de tout ce qui n'était, parmi les leurs, ni mobilisé, ni mobilisable, attendraient dans leur maison les combats de la retraite, puis l'arrivée de l'envahisseur. Vers la fin de l'après-midi, après un sombre voyage sur la route encombrée par des convois de réfugiés, j'atteignis Bordeaux et me fis conduire au siège de la Région militaire où était prévue la résidence de M. Paul Reynaud. Le député-maire de la ville, M. Marquet[15], était là et me donna la primeur des propos décourageants qu'il s'apprêtait à tenir au président du Conseil.

Celui-ci étant arrivé, je lui dis : « Depuis trois jours, je mesure avec quelle vitesse nous roulons vers la capitulation. Je vous ai donné mon modeste concours, mais c'était pour faire la guerre. Je me refuse à me soumettre à un armistice. Si vous restez ici, vous allez être submergé par la défaite. Il faut gagner Alger au plus vite. Y êtes-vous, oui ou non, décidé ? — Oui ! » répondit M. Paul Reynaud. « Dans ce cas, repris-je, je dois aller moi-même tout de suite à Londres pour arranger le concours des Anglais à nos transports. J'irai demain. Où vous retrouverai-je ? » Et le président du Conseil : « Vous me retrouverez à Alger. »

Il fut convenu que je partirais dans la nuit et passerais, d'abord, en Bretagne pour voir ce qu'on pouvait y faire embarquer. M. Paul Reynaud me demanda, enfin, de convoquer Darlan auprès de lui pour le lendemain matin. Il voulait, me dit-il, lui parler de la flotte.

Darlan était en route pour gagner La Guéritoulde. Dans la soirée, je l'eus au bout du fil et lui fixai le rendez-vous. Une voix mauvaise me répondit : « Aller à Bordeaux, demain ? Je ne sais ce que peut bien y faire le président du Conseil. Mais je commande, moi, et n'ai pas de temps à perdre. » Finalement, il obtempéra. Cependant, le ton pris par Darlan découvrait de tristes perspectives. Quelques minutes après, je mesurais l'évolution de certains esprits au cours d'une brève conversation avec Jean Ybarnegaray[16], ministre d'État, qui s'était montré, jusque-là, partisan de la lutte à outrance. Il vint à moi à l'hôtel Splendide où je dînais à la hâte en compagnie de Geoffroy de Courcel. « Pour moi, dit-il, ancien combattant, rien ne compte que d'obéir à mes chefs, Pétain et Weygand ! — Peut-être verrez-vous un jour, répondis-je, que, pour un ministre, le salut de l'État doit l'emporter sur tous les sentiments. » Au maréchal Pétain, qui dînait dans la même salle, j'allai en silence adresser mon salut. Il me serra la main, sans un mot. Je ne devais plus le revoir, jamais.

Quel courant l'entraînait et vers quelle fatale destinée ! Toute la carrière de cet homme d'exception avait été un long effort de refoulement. Trop fier pour l'intrigue, trop fort pour la médiocrité, trop ambitieux pour être arriviste, il nourrissait en sa solitude une passion de dominer, longuement durcie par la conscience de sa propre valeur, les traverses rencontrées, le mépris qu'il avait des autres. La gloire militaire lui avait, jadis, prodigué ses caresses amères. Mais elle ne l'avait pas comblé, faute de l'avoir aimé seul. Et voici que, tout à coup, dans l'extrême hiver de sa vie, les événements offraient à ses dons et à son orgueil l'occasion, tant attendue ! de s'épanouir sans limites ; à une condition, toutefois, c'est qu'il acceptât le désastre comme pavois de son élévation et le décorât de sa gloire.

Il faut dire que, de toute manière, le Maréchal tenait la partie pour perdue. Ce vieux soldat, qui avait revêtu le harnois au lendemain de 1870, était porté à ne considérer la lutte que comme une nouvelle guerre franco-allemande. Vaincus dans la première, nous avions gagné la deuxième, celle de 1914-1918, avec des alliés sans doute, mais qui jouaient un rôle secondaire. Nous perdions maintenant la troisième. C'était cruel, mais régulier. Après Sedan et la chute de Paris, il n'était que d'en finir, traiter et, le cas échéant, écraser la Commune, comme, dans les mêmes circonstances, Thiers l'avait fait jadis. Au jugement du vieux Maréchal, le caractère mondial du conflit, les possibilités des territoires d'outre-mer, les conséquences idéologiques de la victoire d'Hitler, n'entraient guère en ligne de compte. Ce n'étaient point là des choses qu'il eût l'habitude de considérer.

Malgré tout, je suis convaincu qu'en d'autres temps, le maréchal Pétain n'aurait pas consenti à revêtir la pourpre dans l'abandon national. Je suis sûr, en tout cas, qu'aussi longtemps qu'il fut lui-même, il eût repris la route de la guerre dès qu'il put voir qu'il s'était trompé, que la victoire demeurait possible, que la France y aurait sa part. Mais, hélas ! les années, par-dessous l'enveloppe, avaient rongé son caractère. L'âge le livrait aux manœuvres de gens habiles à se couvrir de sa majestueuse lassitude. La vieillesse[b] est un naufrage. Pour que rien ne nous fût épargné, la vieillesse du maréchal Pétain allait s'identifier avec le naufrage de la France[17].

C'est à cela que je pensais en roulant dans la nuit vers la Bretagne. En même temps, je fortifiais ma résolution de continuer la guerre, où que cela pût me conduire. Arrivé à Rennes le matin du 15 juin, j'y vis le général René Altmayer, qui commandait les éléments divers engagés à l'est de la Mayenne, le général Guitry, commandant la Région militaire, et le préfet d'Ille-et-Vilaine. Tous trois faisaient de leur mieux dans leurs domaines respectifs. Je m'efforçai d'organiser la coordination de leurs efforts et de leurs moyens pour la défense du terrain. Puis, je gagnai Brest, en doublant des convois anglais qui allaient s'y réembarquer. À la préfecture maritime, j'étudiai avec l'amiral Traub et « l'Amiral-Ouest » de Laborde les possibilités et les besoins de la marine quant à l'embarquement des troupes dans les ports de Bretagne. L'après-midi, je montai à bord du contre-torpilleur *Milan* qui devait m'amener à Plymouth, en compagnie d'une mission de chimistes conduite par le général Lemoine et que M. Raoul Dautry, ministre de l'Armement, envoyait mettre « l'eau lourde »[18] à l'abri en Angleterre. En quittant la rade de Brest, le *Richelieu* me rendit les honneurs, paré à gagner Dakar. De Plymouth, je me rendis à Londres, où j'arrivai le 16 au lever du jour.

Quelques minutes après, dans la chambre de l'hôtel Hyde Park, où je faisais ma toilette, entrèrent MM. Corbin et Monnet. L'ambassadeur m'annonça, d'abord, que les divers rendez-vous que je devais avoir avec les Anglais pour traiter l'affaire des transports étaient arrangés pour la matinée. Il était, en outre, entendu, qu'à moins d'une demande d'armistice de la France à l'Allemagne, M. Churchill rencontrerait M. Paul Reynaud, à Concarneau, le lendemain matin, pour prescrire en commun l'exécution des embarquements. Puis, mes interlocuteurs passèrent à un autre sujet.

« Nous savons, dirent-ils, qu'à Bordeaux, l'esprit d'abandon progresse rapidement. D'ailleurs, pendant que vous étiez en route pour venir ici, le gouvernement français a confirmé par télégramme la demande faite oralement, le 13, à M. W. Churchill par M. Paul Reynaud et tendant à obtenir que la France fût dégagée de l'accord du 28 mars. Nous n'avons pas encore connaissance de la réponse que feront les Anglais et qu'ils doivent adresser ce matin. Mais nous pensons qu'ils vont accepter, moyennant des garanties concernant la flotte[19]. On approche donc des derniers moments. D'autant que le Conseil des ministres doit se réunir à Bordeaux dans la journée et que, suivant toute vraisemblance, ce conseil sera décisif. »

« Il nous a semblé, ajoutaient MM. Corbin et Monnet, qu'une sorte de coup de théâtre, jetant dans la situation un élément tout nouveau, serait de nature à changer l'état des esprits et, en tout cas, à renforcer M. Paul Reynaud dans son intention de prendre le chemin d'Alger. Nous avons donc préparé avec Sir Robert Vansittart, secrétaire permanent du Foreign Office, un projet qui semble saisissant. Il s'agirait d'une proposition d'union de la France et de l'Angleterre qui serait solennellement adressée par le gouvernement de Londres à celui de Bordeaux. Les deux pays décideraient la fusion de leurs pouvoirs publics, la mise en commun de leurs ressources et de leurs pertes, bref la liaison complète entre leurs destins respectifs. Devant une pareille démarche, faite dans de pareilles circonstances, il est possible que nos ministres veuillent prendre du champ et, tout au moins, différer l'abandon. Mais encore faudrait-il que notre projet fût adopté par le gouvernement britannique. Vous seul pouvez obtenir cela de M. Churchill. Il est prévu que vous déjeunerez tout à l'heure avec lui. Ce sera l'occasion suprême, si toutefois, vous approuvez l'idée. »

J'examinai le texte qui m'était apporté. Il m'apparut aussitôt que ce qu'il avait de grandiose excluait, de toute manière, une réalisation rapide. Il sautait aux yeux qu'on ne pouvait, en vertu d'un échange de notes, fondre ensemble, même en principe, l'Angleterre et la France, avec leurs institutions, leurs intérêts, leurs Empires, à supposer que ce fût souhaitable. Les points mêmes qui, dans le projet, seraient susceptibles d'être réglés d'une manière pratique, — comme, par exemple, la mise en commun des dommages, — exigeraient des négociations complexes. Mais, dans l'offre que le gouvernement britannique adressait au nôtre, il y aurait une manifestation de solidarité qui pourrait revêtir une réelle signification. Surtout, je pensai, comme MM. Corbin et Monnet, que le projet était de nature à apporter à M. Paul Reynaud, dans la crise ultime où il était plongé, un élément de réconfort et, vis-à-vis de ses ministres, un argument de ténacité. J'accepterai donc de m'employer auprès de M. Churchill pour le lui faire prendre à son compte.

La matinée fut chargée. Je commençai par régler la destination du *Pasteur*, qui transportait un millier de canons de 75, des milliers de mitrailleuses et des lots de munitions venant des États-Unis. Sur le rapport de notre mission militaire, le navire, qui était en mer, fut dérouté par mon ordre de Bordeaux, où il allait, vers un port de Grande-Bretagne. Étant donné la tournure des événements, il fallait empêcher que ce chargement, alors inestimable, tombât aux mains de l'ennemi. En fait, les canons et les mitrailleuses apportés par le *Pasteur* contribuèrent à réarmer les Britanniques qui avaient perdu, à Dunkerque, presque tout leur matériel.

Quant à l'affaire des transports, je trouvai chez les Anglais un sincère empressement à renforcer nos moyens pour l'embarquement de nos éléments et la protection des convois ; la machinerie de l'exécution étant montée par l'Amirauté en liaison avec notre mission navale que commandait l'amiral Odend'hal. Mais il était évident qu'à Londres on ne croyait guère à un sursaut de la France officielle. Les contacts que je pris me laissèrent voir que les mesures prévues par nos alliés, dans les divers domaines, l'étaient en fonction de notre renonciation imminente à la lutte. Par-dessus tout, le sort de notre marine hantait, littéralement, les esprits. Pendant ces heures dramatiques, chaque Français sentait peser sur lui l'interrogation muette ou exprimée de tous les Anglais rencontrés : « Que va-t-il advenir de votre flotte ? »

Le Premier Ministre britannique avait, lui aussi, cela en tête quand je vins, avec MM. Corbin et Monnet, déjeuner au Carlton Club en sa compagnie. « Quoi qu'il arrive, lui dis-je, la flotte française ne sera pas volontairement livrée. Pétain lui-même n'y consentirait pas. D'ailleurs, la flotte, c'est le fief de Darlan. Un féodal ne livre pas son fief. Mais pour qu'on puisse être sûr que l'ennemi ne mettra jamais la main sur nos navires, il faudrait que nous restions en guerre. Or, je dois vous déclarer que votre attitude à Tours m'a fâcheusement surpris. Vous y avez paru faire bon marché de notre alliance. Votre résignation sert les gens qui, chez nous, inclinent à la capitulation. " Vous voyez bien que nous y sommes forcés, disent-ils. Les Anglais eux-mêmes nous donnent leur consentement. " Non ! C'est tout autre chose que vous avez à faire pour nous encourager dans la crise effroyable où nous sommes. »

M. Churchill parut ébranlé. Il conféra un moment avec le major Morton son chef de cabinet. Je supposai qu'il prenait, *in extremis*, les dispositions nécessaires pour faire modifier une décision déjà arrêtée. Peut-être fut-ce là la cause du fait qu'une demi-heure plus tard, à Bordeaux, l'ambassadeur d'Angleterre venait retirer des mains de M. Paul Reynaud la note qu'il lui avait d'abord apportée et par laquelle le gouvernement britannique consentait, en principe, à ce que la France demandât à l'Allemagne les conditions d'un éventuel armistice.

J'entretins alors M. Churchill du projet d'union des deux peuples. « Lord Halifax m'en a parlé, me dit-il. Mais c'est un énorme morceau. — Oui ! répondis-je. Aussi la réalisation impliquerait-elle beaucoup de temps. Mais la manifestation peut être immédiate. Au point où en sont les choses, rien ne doit être négligé par vous de ce qui peut soutenir la France et maintenir notre alliance. » Après quelque discussion, le Premier Ministre se rangea à mon avis. Il convoqua, sur-le-champ, le cabinet britannique et se rendit à Downing Street pour en présider la réunion. Je l'y accompagnai et, tandis que les ministres délibéraient, me tins, avec l'ambassadeur de France, dans un bureau attenant à la salle du Conseil. Entre-temps, j'avais téléphoné à M. Paul Reynaud pour l'avertir que j'espérais lui adresser, avant la fin de l'après-midi et d'accord avec le gouvernement anglais, une très importante communication. Il me répondit qu'en conséquence il remettait à 17 heures la réunion du Conseil des ministres. « Mais, ajouta-t-il, je ne pourrai différer davantage. »

La séance du cabinet britannique dura deux heures, pendant lesquelles sortaient, de temps en temps, l'un ou l'autre des ministres pour préciser quelque point avec nous, Français. Soudain, tous entrèrent, M. Churchill à leur tête. « Nous sommes d'accord ! » s'exclamaient-ils. En effet, sauf détails, le texte qu'ils apportaient était celui-là même que nous leur avions proposé. J'appelai aussitôt par téléphone M. Paul Reynaud et lui dictai le document. « C'est très important ! dit le président du Conseil. Je vais utiliser cela à la séance de tout à l'heure. » En quelques mots, je lui adressai tout ce que je pus d'encouragement. M. Churchill prit l'appareil : « Allô ! Reynaud ! de Gaulle a raison ! Notre proposition peut avoir de grandes conséquences. Il faut tenir ! » Puis, après avoir écouté la réponse qui lui était faite : « Alors, à demain ! à Concarneau. »

Je pris congé du Premier Ministre. Il me prêtait un avion pour rentrer tout de suite à Bordeaux. Nous convînmes que l'appareil resterait à ma disposition en prévision d'événements qui m'amèneraient à revenir. M. Churchill lui-même devait aller prendre le train pour embarquer sur un destroyer afin de gagner Concarneau. À 21 h 30, j'atterrissais à Bordeaux. Le colonel Humbert et Auburtin, de mon cabinet, m'attendaient à l'aérodrome. Ils m'apprenaient que le président du Conseil avait donné sa démission et que le président Lebrun avait chargé le maréchal Pétain de former le gouvernement. C'était la capitulation certaine. Ma décision fut prise aussitôt. Je partirais dès le matin.

J'allai voir M. Paul Reynaud. Je le trouvai sans illusion sur ce que devait entraîner l'avènement du Maréchal et, d'autre part, comme soulagé d'un fardeau insupportable. Il me donna l'impression d'un homme arrivé à la limite de l'espérance. Ceux-là seuls qui en furent témoins peuvent mesurer ce qu'a représenté l'épreuve du pouvoir pendant cette période terrible. À longueur des jours sans répit et des nuits sans sommeil, le président du Conseil sentait peser sur sa personne la responsabilité entière du sort de la France. Car, toujours, le chef est seul en face du mauvais destin. C'est lui qu'atteignaient tout droit les péripéties qui marquèrent les étapes de notre chute : percée allemande à Sedan, désastre de Dunkerque, abandon de Paris, effondrement à Bordeaux. Pourtant, il n'avait pris la tête du gouvernement qu'à la veille même de nos malheurs, sans nul délai pour y faire face et après avoir, depuis longtemps, proposé la politique militaire qui aurait pu les éviter. La tourmente, il l'affronta avec une solidité d'âme qui ne se démentit pas. Jamais, pendant ces journées dramatiques, M. Paul Reynaud n'a cessé d'être maître de lui. Jamais on ne le vit s'emporter, s'indigner, se plaindre. C'était un spectacle tragique qu'offrait cette grande valeur, injustement broyée par des événements excessifs.

Au fond, la personnalité de M. Paul Reynaud répondait à des conditions où il eût été possible de conduire la guerre dans un certain ordre de l'État et sur la base de données traditionnellement acquises. Mais tout était balayé ! Le chef du gouvernement voyait autour de lui s'effondrer le régime, s'enfuir le peuple, se retirer les Alliés, défaillir les chefs les plus illustres. À partir du jour où le gouvernement avait quitté la capitale, l'exercice même du pouvoir n'était plus qu'une sorte d'agonie, déroulée le long des routes, dans la dislocation des services, des disciplines et des consciences. Dans de telles conditions, l'intelligence de M. Paul Reynaud, son courage, l'autorité de sa fonction, se déployaient pour ainsi dire à vide. Il n'avait plus de prise sur les événements déchaînés.

Pour ressaisir les rênes, il eût fallu s'arracher au tourbillon, passer en Afrique, tout reprendre à partir de là. M. Paul Reynaud le voyait. Mais cela impliquait des mesures extrêmes : changer le Haut-Commandement, renvoyer le Maréchal et la moitié des ministres, briser avec certaines influences, se résigner à l'occupation totale de la Métropole, bref, dans une situation sans précédent, sortir à tous risques du cadre et du processus ordinaires.

M. Paul Reynaud ne crut pas devoir prendre sur lui des décisions aussi exorbitantes de la normale et du calcul. Il essaya d'atteindre le but en manœuvrant. De là, en particulier, le fait qu'il envisagea un examen éventuel des conditions de l'ennemi, pourvu que l'Angleterre donnât son consentement. Sans doute, jugeait-il que ceux-là mêmes qui poussaient à l'armistice reculeraient quand ils en connaîtraient les conditions et qu'alors s'opérerait le regroupement de toutes les valeurs pour la guerre et le salut. Mais le drame était trop rude pour que l'on pût composer. Faire la guerre sans ménager rien ou se rendre tout de suite, il n'y avait d'alternative qu'entre ces deux extrémités. Faute, pour M. Paul Reynaud, de s'être tout à fait identifié à la première, il cédait la place à Pétain qui adoptait complètement la seconde[20].

Il faut dire qu'au moment suprême le régime n'offrait aucun recours au chef du dernier gouvernement de la IIIe République[21]. Assurément, beaucoup des hommes en place répugnaient à la capitulation. Mais les pouvoirs publics, foudroyés par le désastre dont ils se sentaient responsables, ne réagissaient aucunement. Tandis qu'était posé le problème, dont dépendaient pour la France tout le présent et tout l'avenir, le Parlement ne siégeait pas, le gouvernement se montrait hors d'état de prendre en corps une solution tranchée, le président de la République[22] s'abstenait d'élever la voix, même au sein du Conseil des ministres, pour exprimer l'intérêt supérieur du pays. En définitive, cet anéantissement de l'État était au fond du drame national. À la lueur de la foudre, le régime paraissait, dans son affreuse infirmité, sans nulle mesure et sans nul rapport avec la défense, l'honneur, l'indépendance de la France.

Tard dans la soirée, je me rendis à l'hôtel où résidait

Sir Ronald Campbell, ambassadeur d'Angleterre, et lui fis part de mon intention de partir pour Londres. Le général Spears, qui vint se mêler à la conversation, déclara qu'il m'accompagnerait. J'envoyai prévenir M. Paul Reynaud. Celui-ci me fit remettre, sur les fonds secrets, une somme de 100 000 francs. Je priai M. de Margerie d'envoyer sans délai à ma femme et à mes enfants, qui se trouvaient à Carantec, les passeports nécessaires pour gagner l'Angleterre, ce qu'ils purent tout juste faire par le dernier bateau quittant Brest. Le 17 juin à 9 heures du matin, je m'envolai, avec le général Spears et le lieutenant de Courcel sur l'avion britannique qui m'avait transporté la veille. Le départ eut lieu sans romantisme[23] et sans difficulté.

Nous survolâmes La Rochelle et Rochefort. Dans ces ports brûlaient des navires incendiés par les avions allemands. Nous passâmes au-dessus de Paimpont, où se trouvait ma mère, très malade[24]. La forêt était toute fumante des dépôts de munitions qui s'y consumaient. Après un arrêt à Jersey, nous arrivâmes à Londres au début de l'après-midi. Tandis que je prenais logis et que Courcel, téléphonant à l'ambassade et aux missions, les trouvait déjà réticentes, je m'apparaissais à moi-même, seul et démuni de tout, comme un homme au bord d'un océan qu'il prétendrait franchir à la nage.

LA FRANCE LIBRE

Poursuivre la guerre ? Oui, certes ! Mais pour quel but et dans quelles limites ? Beaucoup, lors même qu'ils approuvaient l'entreprise, ne voulaient pas qu'elle fût autre chose qu'un concours donné, par une poignée de Français, à l'Empire britannique demeuré debout et en ligne. Pas un instant, je n'envisageai la tentative sur ce plan-là. Pour moi ce qu'il s'agissait de servir et de sauver, c'était la nation et l'État.

Je pensais, en effet, que c'en serait fini de l'honneur, de l'unité, de l'indépendance, s'il devait être entendu que, dans cette guerre mondiale, seule la France aurait capitulé et qu'elle en serait restée là. Car, dans ce cas, quelle que dût être l'issue du conflit, que le pays, décidément vaincu, fût un jour débarrassé de l'envahisseur par les armes étrangères ou qu'il demeurât asservi, le dégoût qu'il aurait de lui-même et celui qu'il inspirerait aux autres empoisonneraient son âme et sa vie pour de longues générations. Quant à l'immédiat, au nom de quoi mener quelques-uns de ses fils à un combat qui ne serait plus le sien ? À quoi bon fournir d'auxiliaires les forces d'une autre puissance ? Non ! Pour que l'effort en valût la peine, il fallait aboutir à remettre dans la guerre, non point seulement des Français, mais la France.

Cela devait comporter : la réapparition de nos armées sur les champs de bataille, le retour de nos territoires à la belligérance, la participation du pays lui-même à l'effort de ses combattants, la reconnaissance par les puissances étrangères du fait que la France, comme telle, aurait continué la lutte, bref, le transfert de la souveraineté, hors du désastre et de l'attentisme, du côté de la guerre et, un jour, de la victoire.

Ce que je savais des hommes et des choses ne me laissait pas d'illusions sur les obstacles à surmonter. Il y aurait la puissance de l'ennemi, que seule pourrait briser une longue usure et qui trouverait le concours de l'appareil officiel français pour s'opposer au redressement guerrier de la France. Il y aurait les difficultés morales et matérielles qu'une lutte longue et acharnée comporterait forcément pour ceux qui auraient à la faire comme parias et sans moyens. Il y aurait la montagne des objections, imputations, calomnies, opposées aux combattants par les sceptiques et les peureux pour couvrir leur passivité. Il y aurait les entreprises dites « parallèles », mais en fait rivales et opposées, que ne manquerait pas de susciter, parmi les Français, leur passion de la dispute et que la politique et les services alliés utiliseraient, suivant la coutume, afin de disposer d'eux. Il y aurait, de la part de ceux qui visaient à la subversion, la volonté de dévoyer la résistance nationale vers le chaos révolutionnaire d'où leur dictature sortirait. Il y aurait, enfin, la tendance des grands États à profiter de notre affaiblissement pour pousser leurs intérêts au détriment de la France.

Quant à moi, qui prétendais gravir une pareille pente, je n'étais rien, au départ. À mes côtés, pas l'ombre d'une force, ni d'une organisation. En France, aucun répondant et aucune notoriété. À l'étranger, ni crédit, ni justification. Mais ce dénuement même me traçait ma ligne de conduite. C'est en épousant, sans ménager rien, la cause du salut national que je pourrais trouver l'autorité. C'est en agissant comme champion[a] inflexible de la nation et de l'État qu'il me serait possible de grouper, parmi les Français, les consentements, voire les enthousiasmes, et d'obtenir des étrangers respect et considération. Les gens qui, tout au long du drame, s'offusquèrent de cette intransigeance ne voulurent pas voir que, pour moi, tendu à refouler d'innombrables pressions contraires, le moindre fléchissement eût entraîné l'effondrement. Bref, tout limité et solitaire que je fusse, et justement parce que je l'étais, il me fallait gagner les sommets et n'en descendre jamais plus.

La première chose à faire était de hisser les couleurs. La radio s'offrait pour cela. Dès l'après-midi du 17 juin, j'exposai mes intentions à M. Winston Churchill. Naufragé de la désolation sur les rivages de l'Angleterre, qu'aurais-je pu faire sans son concours ? Il me le donna tout de suite et mit, pour commencer, la B.B.C. à ma disposition. Nous convînmes que je l'utiliserais lorsque le gouvernement Pétain aurait demandé l'armistice. Or, dans la soirée même, on apprit qu'il l'avait fait. Le lendemain, à 18 heures, je lus au micro le texte que l'on connaît[1]. À mesure que s'envolaient les mots irrévocables, je sentais en moi-même se terminer une vie, celle que j'avais menée dans le cadre d'une France solide et d'une indivisible armée[b]. À quarante-neuf ans, j'entrais dans l'aventure, comme un homme que le destin jetait hors de toutes les séries.

Pourtant, tout en faisant mes premiers pas dans cette carrière sans précédent, j'avais le devoir de vérifier qu'aucune autorité plus qualifiée que la mienne ne voudrait s'offrir à remettre la France et l'Empire dans la lutte[2]. Tant que l'armistice ne serait pas en vigueur, on pouvait imaginer, quoique contre toute vraisemblance, que le gouvernement de Bordeaux choisirait finalement la guerre. N'y eût-il que la plus faible chance, il fallait la ménager. C'est pour cela que, dès mon arrivée à Londres, le 17 après-midi, je télégraphiai à Bordeaux pour m'offrir à poursuivre dans la capitale anglaise, les négociations que j'avais commencées la veille au sujet du matériel en provenance des États-Unis, des prisonniers allemands et des transports vers l'Afrique.

La réponse fut une dépêche me sommant de rentrer sans délai. Le 20 juin, j'écrivis à Weygand, qui avait pris dans la capitulation le titre étonnant de « ministre de la Défense nationale », pour l'adjurer de se mettre à la tête de la résistance et l'assurer, s'il le faisait, de mon obéissance entière.

Mais cette lettre devait m'être, quelques semaines plus tard, retournée par son destinataire avec une mention dont le moins qu'on puisse dire est qu'elle marquait sa malveillance[c]. Le 30 juin, « l'ambassade de France »[3] me notifiait l'ordre de me constituer prisonnier à la prison Saint-Michel à Toulouse pour y être jugé par le Conseil de guerre. Celui-ci m'infligeait, d'abord, quatre ans de prison. Puis, sur appel *a minima* exigé par le « ministre » Weygand, me condamnait à la peine de mort.

Escomptant, d'ailleurs, — et pour cause ! — cette attitude de Bordeaux, je m'étais déjà tourné vers les autorités d'outre-mer. Dès le 19 juin, j'avais télégraphié au général Noguès, commandant en chef en Afrique du Nord et résident général au Maroc, pour me mettre à ses ordres au cas où il rejetterait l'armistice. Le soir même, parlant à la radio, j'adjurais « l'Afrique de Clauzel, de Bugeaud, de Lyautey, de Noguès, de refuser les conditions ennemies[4] ». Le 24 juin, par télégramme, je renouvelai mon appel à Noguès et m'adressai également au général Mittelhausser et à M. Puaux, respectivement commandant en chef et haut-commissaire au Levant, ainsi qu'au général Catroux, gouverneur général de l'Indochine. Je suggérais à ces hautes autorités de former un organisme de défense de l'Empire, dont je pouvais assurer tout de suite les liaisons avec Londres[d]. Le 27 juin, ayant eu connaissance d'un discours quelque peu belliqueux de M. Peyrouton, résident général en Tunisie, je l'adjurai à son tour de faire partie du Comité de défense, tout en renouvelant mes offres au général Mittelhausser et à M. Puaux. Le même jour, à tout hasard, je faisais retenir ma place et celle de mes officiers à bord d'un cargo français qui s'apprêtait à gagner le Maroc.

En fait de réponse, j'eus seulement un message de l'amiral de Carpentier, commandant la marine au Levant, qui m'annonçait que M. Puaux et le général Mittelhausser avaient télégraphié au général Noguès dans le même sens que moi. En outre, un des fils du général Catroux, qui se trouvait alors à Londres, m'apporta un télégramme que son père lui adressait, l'encourageant à combattre et le chargeant de m'exprimer sa sympathique approbation. Mais, en même temps, les Anglais qui avaient envoyé en Afrique du Nord M. Duff Cooper, membre du Cabinet, avec le général Gort, pour proposer à Noguès le concours de leurs forces, voyaient leur délégation rentrer à Londres sans même avoir été reçue[5]. Enfin, le général Dillon, chef de la liaison militaire britannique en Afrique du Nord, était renvoyé d'Alger.

Pourtant, le premier mouvement de Noguès avait été de relever le drapeau. On sait qu'au vu des conditions allemandes, il avait, le 25 juin, télégraphié à Bordeaux, pour faire entendre qu'il était prêt à poursuivre la guerre. Employant une expression dont je m'étais moi-même servi à la radio six jours auparavant, il évoquait « la panique de Bordeaux », qui ne permettait pas au gouvernement « d'apprécier objectivement les possibilités de résistance de l'Afrique du Nord ». Il invitait Weygand « à reconsidérer ses ordres concernant l'exécution de l'armistice » et protestait que, si ces ordres étaient maintenus, « il ne pourrait les exécuter que la rougeur au front ». Il est clair que si Noguès avait choisi la voie de la résistance, tout l'Empire l'y aurait suivi. Mais on apprit bientôt que lui-même, ainsi que les autres résidents gouverneurs, commandants supérieurs, obtempéraient aux sommations de Pétain et de Weygand et acceptaient l'armistice. Seuls, le général Catroux, gouverneur général de l'Indochine, et le général Legentilhomme, commandant les troupes de la Côte des Somalis, maintinrent leur réprobation. L'un et l'autre furent remplacés sans que leurs subordonnés fissent grand-chose pour les soutenir[6].

D'ailleurs, cette sorte d'affaissement de la plupart des « proconsuls » coïncidait, dans la Métropole, avec un effondrement politique total. Les journaux qui nous parvenaient de Bordeaux, puis de Vichy, étalaient leur acceptation, ainsi que celle de tous les partis, groupements, autorités, institutions. L'Assemblée nationale, réunie les 9 et 10 juillet, remettait à Pétain tous les pouvoirs, presque sans en avoir débattu. À la vérité, quatre-vingts membres présents votaient courageusement contre cette abdication. D'autre part, ceux des parlementaires qui s'étaient embarqués sur le *Massilia* pour gagner l'Afrique du Nord avaient, par là, témoigné que pour eux l'Empire ne devait pas cesser la lutte. Cependant, c'est un fait qu'aucun homme public n'éleva la voix pour condamner l'armistice[7].

Au reste, si l'écroulement de la France avait plongé le monde dans la stupeur, si les foules, par toute la terre, voyaient avec angoisse s'abîmer cette grande lumière, si tel poème de Charles Morgan ou tel article de François Mauriac[8] tiraient des larmes de bien des yeux, les États, eux, ne tardaient pas à accepter les faits accomplis. Sans doute, les gouvernements des pays en guerre contre l'Axe rappelaient-ils de France leurs représentants, soit qu'ils le fissent spontanément, comme pour Sir Ronald Campbell ou le général Vanier[9], soit que les Allemands exigeassent ces départs. Mais, à Londres, restait, tout de même, installé dans l'immeuble de l'ambassade de France, un consul qui communiquait avec la Métropole, tandis que M. Dupuis, consul général du Canada, demeurait auprès du Maréchal et que l'Union sud-africaine y laissait son représentant. Surtout, on pouvait voir s'assembler à Vichy, autour de Mgr Valerio Valeri, nonce du pape, de M. Bogomolov, ambassadeur de l'Union soviétique, bientôt de l'amiral Leahy, ambassadeur des États-Unis, un corps diplomatique imposant. Il y avait là de quoi refroidir l'ardeur des personnalités que leur premier mouvement eût portées vers la Croix de Lorraine*.

Ainsi, parmi les Français comme dans les autres nations, l'immense concours de la peur, de l'intérêt, du désespoir, provoquait autour de la France un universel abandon. Si nombre de sentiments restaient fidèles à son passé, si maints calculs s'attachaient à tirer parti des lambeaux que lui laissait le présent, nul homme au monde, qui fût qualifié, n'agissait comme s'il croyait encore à son indépendance, à sa fierté, à sa grandeur. Qu'elle dût être, désormais, serve, honteuse, bafouée, tout ce qui comptait sur la terre tenait le fait pour acquis. Devant le vide effrayant du renoncement général, ma mission m'apparut, d'un seul coup, claire et terrible. En ce moment, le pire de son histoire, c'était à moi d'assumer la France.

Mais il n'y a pas de France sans épée[10]. Constituer une force de combat, cela importait avant tout. Je m'y employai aussitôt. Certains éléments militaires se trouvaient en Angleterre. C'étaient, d'abord, les unités de la division légère alpine qui, après avoir fait brillamment campagne en Norvège sous les ordres du général Béthouart, avaient été ramenées en Bretagne au milieu de juin et s'y étaient rembarquées en même temps que les dernières troupes anglaises. C'étaient, d'autre part, des navires de la marine de guerre, — au total près de 100 000 tonnes, — réfugiés de Cherbourg, de Brest, de Lorient, avec, à bord, outre leurs équipages, maints isolés et auxiliaires, le tout formant un effectif d'au moins dix mille marins. C'étaient, encore, plusieurs milliers de soldats blessés naguère en Belgique et hospitalisés en Grande-Bretagne. Les missions militaires françaises avaient organisé le commandement et l'administration de tous ces éléments, de manière à les maintenir sous l'obédience de Vichy et à préparer le rapatriement général.

Le seul fait de prendre contact avec ces fractions multiples et dispersées comportait, pour moi, de grandes difficultés. Je ne disposais, tout d'abord, que d'un nombre infime d'officiers, presque tous subalternes, remplis d'une immense bonne volonté, mais impuissants à forcer l'appareil de la hiérarchie. Ce qu'ils pouvaient faire, et qu'ils firent, c'était de la propagande auprès des gradés et hommes qu'ils parvenaient à rencontrer. Le rendement devait être faible. Huit jours après mon appel du 18 juin, le nombre des volontaires campés dans la salle de l'Olympia, que les Anglais nous avaient prêtée, ne montait qu'à quelques centaines.

Il faut dire que les autorités britanniques ne favorisaient guère nos efforts. Sans doute, avait été distribué par leurs soins un tract prévenant les militaires français qu'ils pouvaient choisir entre le rapatriement, le ralliement au général de Gaulle et le service dans les forces de Sa Majesté. Sans doute les instructions données par Churchill, les interventions de Spears, chargé par le Premier Ministre des liaisons entre la France Libre et les services anglais, parvenaient-elles quelquefois à vaincre l'inertie ou l'opposition. Sans doute, la presse, la radio, beaucoup d'associations, d'innombrables particuliers, faisaient-ils à notre entreprise une chaleureuse réclame. Mais le commandement britannique, qui attendait d'un jour à l'autre l'offensive allemande et, peut-être, l'invasion, se trouvait trop absorbé par ses propres préparatifs pour s'occuper d'une tâche à ses yeux très secondaire. D'ailleurs, par commodité et habitude professionnelles, il inclinait à respecter l'ordre normal, c'est-à-dire Vichy et ses missions. Enfin, ce n'est pas sans méfiance qu'il considérait ces alliés d'hier, humiliés par le malheur, mécontents d'eux-mêmes et des autres et tout chargés de griefs. Que feraient-ils, si l'ennemi déferlait ? Le plus sage n'était-il pas de les rembarquer au plus vite ? Et qu'importaient, en définitive, les quelques bataillons sans cadres et équipages sans états-majors que le général de Gaulle prétendait pouvoir rallier ?

Le 29 juin, je me rendis à Trentham Park, où se trouvait campée la division légère de montagne. Le général commandant la division[11] voulait lui-même regagner la France, quoique avec la ferme intention de rentrer quelque jour en ligne, ce qu'il devait, d'ailleurs, faire effectivement et glorieusement plus tard. Mais il avait pris ses dispositions pour que je puisse voir chaque corps de troupe rassemblé. Ainsi me fut-il possible de rallier une grande partie des deux bataillons de la 13ᵉ demi-brigade de Légion étrangère, avec leur chef le lieutenant-colonel Magrin-Verneret, dit Monclar, et son adjoint le capitaine Kœnig, deux centaines de chasseurs alpins, les deux tiers d'une compagnie de chars, quelques éléments d'artillerie, du génie, des transmissions, plusieurs officiers de l'état-major et des services, parmi lesquels le commandant de Conchard, les capitaines Dewavrin et Tissier. Cela, bien qu'après mon départ du camp, les colonels britanniques de Chair et Williams, envoyés par le War Office, eussent à leur tour réuni les troupes pour leur dire littéralement ceci : « Vous avez toute latitude pour servir sous les ordres du général de Gaulle. Mais nous devons vous faire observer, en tant qu'hommes parlant à des hommes, que si vous vous y décidez, vous serez des rebelles à votre gouvernement... »

Le lendemain, je voulus visiter les camps d'Aintree et de Haydock où se trouvaient rassemblés plusieurs milliers de marins français. Dès mon arrivée, l'amiral anglais commandant à Liverpool me déclara qu'il s'opposait à ce que je voie les hommes parce que cela pourrait nuire au bon ordre. Il me fallut partir bredouille. Je fus plus heureux à Harrow Park quelques jours après. Malgré tout, un courant d'engagements s'organisait parmi nos marins. Quelques officiers résolus, qui m'avaient aussitôt rejoint, tels les capitaines de corvette d'Argenlieu, Wietzel, Moulec, Jourden, s'y employaient de tout leur cœur. Les officiers et équipages de trois petits navires de guerre s'étaient tout de suite déclarés : sous-marin *Rubis* (commandant Cabanier) qui croisait sur les côtes de Norvège ; sous-marin *Narval* (commandant Drogou) qui, dès mon appel, quitta Sfax et rallia Malte, pour être, plus tard, coulé en action dans la Méditerranée ; chalutier-patrouilleur *Président-Honduce* (commandant Deschatres). L'arrivée du vice-amiral Muselier[12], contre lequel les incidents de sa carrière et les traits de sa personnalité dressaient dans la Marine de nombreux éléments, mais dont l'intelligence et le savoir-faire présentaient des avantages dans cette période aventureuse, me permit de donner un centre et un répondant technique à l'embryon de nos forces navales. Pendant ce temps, quelques douzaines d'aviateurs, que j'allai voir au camp de

Saint-Atham, se groupaient autour des capitaines de Rancourt, Astier de Villatte, Bécourt-Foch[13], en attendant que le commandant Pijeaud en reçût le commandement.

Cependant, des volontaires isolés atteignaient chaque jour l'Angleterre. Ils venaient généralement de France, amenés par les derniers navires qui en étaient régulièrement partis, ou évadés sur de petits bateaux dont ils avaient pu se saisir, ou encore parvenus à grand-peine à travers l'Espagne en échappant à la police de ce pays, qui enfermait ceux qu'elle prenait dans le camp de Miranda. Des aviateurs, dérobant des appareils aux consignes de Vichy, réussissaient à quitter l'Afrique du Nord pour atterrir à Gibraltar. Des marins de commerce, que les hasards de la navigation et, parfois, l'évasion d'un navire, — comme par exemple le *Capo Olmo*, commandant Vuillemin, — avaient conduits hors des ports français, réclamaient un poste de combat. Des Français vivant à l'étranger venaient demander du service. Ayant réuni à White City deux mille blessés de Dunkerque, convalescents dans les hôpitaux anglais, j'obtins deux cents engagements. Un bataillon colonial, qui se trouvait à Chypre, détaché de l'armée du Levant, se rallia spontanément avec son chef, le commandant Lorotte. Dans les derniers jours de juin, abordait en Cornouailles une flottille de bateaux de pêche amenant au général de Gaulle tous les hommes valides de l'île de Sein. Jour après jour, le ralliement de ces garçons resplendissants d'ardeur et dont beaucoup, pour nous rejoindre, avaient accompli des exploits, affermissait notre résolution. Sur ma table s'entassaient des messages venus de tous les points du monde et m'apportant, de la part d'individus ou de petits groupes, d'émouvantes demandes d'engagement. Mes officiers et ceux de la mission Spears déployaient des prodiges d'insistance et d'ingéniosité pour arranger leur transport.

Tout à coup, un événement lamentable vint suspendre le courant. Le 4 juillet, la radio et les journaux annonçaient que la flotte britannique de la Méditerranée avait, la veille, attaqué l'escadre française au mouillage à Mers el-Kébir. En même temps, nous étions informés que les Anglais avaient occupé par surprise les navires de guerre français réfugiés dans les ports de Grande-Bretagne, débarqué de force et interné, — non sans incidents sanglants, — les états-majors et les équipages. Enfin, le 10, était publiée la nouvelle du torpillage, par des avions anglais, du cuirassé *Richelieu* ancré en rade de Dakar. Les communiqués officiels et les feuilles publiques de Londres tendaient à présenter cette série d'agressions comme une sorte de victoire navale. Il était clair que, pour le gouvernement et l'amirauté britanniques, l'angoisse du péril, les relents d'une vieille rivalité maritime, les griefs accumulés depuis le début de la bataille de France et venus au paroxysme avec l'armistice conclu par Vichy, avaient éclaté en une de ces sombres impulsions par quoi l'instinct refoulé de ce peuple brise quelquefois toutes les barrières.

Il n'avait jamais été, cependant, vraisemblable que la flotte française entamât d'elle-même des hostilités contre les Britanniques. Depuis mon arrivée à Londres, je l'avais constamment affirmé au gouvernement anglais ainsi qu'à l'Amirauté. D'ailleurs, il était certain que Darlan, indépendamment de tous motifs évidents d'intérêt national, n'irait pas de lui-même céder aux Allemands son propre bien : la Marine, aussi longtemps qu'il en disposerait. Au fond, si Darlan et ses seconds renonçaient à jouer le rôle magnifique que leur offraient les événements et à devenir le recours ultime de la France, alors que, par contraste avec l'armée, la flotte se trouvait intacte, c'est parce qu'ils se croyaient certains de conserver leurs bateaux. M. Alexander, Premier lord de l'Amirauté, Lord Lloyd, ministre anglais des Colonies, et l'amiral Sir Dudley Pound, Premier lord de la mer, venus à Bordeaux le 18 juin, avaient obtenu de Darlan sa parole d'honneur que nos navires ne seraient pas livrés. Pétain et Baudouin, de leur côté, s'y étaient formellement engagés. Enfin, contrairement à ce que les agences anglaises et américaines avaient, d'abord, donné à croire, les termes de l'armistice ne comportaient aucune mainmise directe des Allemands sur la flotte française[14].

Par contre, il faut reconnaître que, devant la capitulation des gouvernants de Bordeaux et les perspectives de leurs défaillances futures, l'Angleterre pouvait redouter que l'ennemi parvînt, un jour, à disposer de notre flotte. Dans cette éventualité, la Grande-Bretagne eût été mortellement menacée. En dépit de la douleur et de la colère où nous étions plongés, moi-même et mes compagnons, par le drame de Mers el-Kébir, par les procédés des Anglais, par la façon dont ils s'en glorifiaient, je jugeai que le salut de la France était au-dessus de tout, même du sort de ses navires, et que le devoir consistait toujours à poursuivre le combat.

Je m'en expliquai ouvertement, le 8 juillet, à la radio. Le gouvernement britannique, sur le rapport de son ministre de l'Information, M. Duff Cooper, eut l'habileté élégante de me laisser disposer, pour le faire, du micro de la B.B.C., quelque désagréables que fussent, pour les Anglais, les termes de ma déclaration[15].

Mais c'était, dans nos espoirs, un terrible coup de hache. Le recrutement des volontaires s'en ressentit immédiatement. Beaucoup de ceux, militaires ou civils, qui s'apprêtaient à nous rejoindre, tournèrent alors les talons. En outre, l'attitude adoptée à notre égard par les autorités dans l'Empire français, ainsi que par les éléments navals et militaires qui le gardaient, passa, la plupart du temps, de l'hésitation à la réprobation. Vichy, bien entendu, ne se fit pas faute d'exploiter à outrance l'événement. Les conséquences allaient en être graves quant au ralliement des territoires africains.

Pourtant, nous reprîmes notre tâche. Le 13 juillet, je me risquai à annoncer : « Français ! Sachez-le ! Vous avez encore une armée de combat. » Le 14 juillet, je passai à Whitehall, au milieu d'une foule saisie par l'émotion, la revue de nos premiers détachements, pour aller ensuite à leur tête déposer une gerbe tricolore à la statue du maréchal Foch. Le 21 juillet, j'obtins que plusieurs de nos aviateurs prissent part à un bombardement de la Ruhr et fis publier que les Français Libres avaient repris le combat. Entre-temps, tous nos éléments, suivant l'idée émise par d'Argenlieu, adoptèrent comme insigne la Croix de Lorraine. Le 24 août, le roi George VI venait rendre visite à notre petite armée. À la voir, on pouvait reconnaître que « le tronçon du glaive » serait fortement trempé. Mais, mon Dieu ! qu'il était court[16] !

Fin juillet, le total de nos effectifs atteignait à peine sept mille hommes. C'était là tout ce que nous pourrions recruter en Grande-Bretagne même, ceux des éléments militaires français qui n'avaient pas rallié étant, maintenant, rapatriés. À grand-peine, nous récupérions les armes et le matériel qu'ils avaient laissés sur place et dont, souvent, s'étaient emparés, soit les Anglais, soit d'autres alliés. Quant aux navires, nous n'étions en mesure d'en armer que quelques-uns, et c'était un crève-cœur que de voir naviguer les autres sous pavillon étranger. Peu à peu et malgré tout, prenaient corps nos premières unités, pourvues de moyens disparates, mais formées de gens résolus.

Ceux-ci étaient, en effet, de cette forte espèce à laquelle devaient appartenir les combattants de la résistance française, où qu'ils aient pu se trouver. Goût du risque et de l'aventure poussée jusqu'à l'amour de l'art, mépris pour les veules et les indifférents, propension à la mélancolie[17] et, par là même, aux querelles pendant les périodes sans danger, faisant place dans l'action à une ardente cohésion, fierté nationale aiguisée jusqu'à l'extrême par le malheur de la patrie et le contact d'alliés bien pourvus, par-dessus tout confiance souveraine en la force et en la ruse de leur propre conjuration, tels furent les traits psychologiques de cette élite partie de rien et qui devait, peu à peu, grandir au point d'entraîner derrière elle toute la nation et tout l'Empire.

Tandis que nous tâchions de nous forger quelques forces, s'imposait la nécessité de régler nos rapports avec le gouvernement britannique. Celui-ci, d'ailleurs, y était disposé, non point tant par goût des précisions juridiques que dans son désir de voir fixer pratiquement, en territoire de Sa Majesté, les droits et les obligations de ces personnages sympathiques, mais passablement contrariants, qu'étaient les Français combattants.

Dès le premier instant, j'avais entretenu M. Churchill de mon intention de provoquer, si possible, la formation d'un « Comité national » pour diriger notre effort de guerre. Afin d'y aider, le gouvernement britannique faisait, le 23 juin, publier deux déclarations. La première déniait au gouvernement de Bordeaux le caractère de l'indépendance. La seconde prenait acte du projet de formation d'un Comité national français[18] et manifestait, par avance, l'intention de le reconnaître et de traiter avec lui en toute matière relative à la poursuite de la guerre. Le 23 juin, le gouvernement britannique lançait un communiqué constatant la volonté de résistance manifestée par plusieurs hautes autorités de l'Empire français et leur proposant son concours. Puis, comme rien ne venait, de nulle part, le cabinet de Londres se retrouvait en face du seul général de Gaulle et prenait le parti, le 28 juin, de le reconnaître publiquement comme « chef des Français Libres ».

C'est donc en cette qualité que j'entamai, avec le Premier Ministre et le Foreign Office, les conversations nécessaires. Le point de départ fut un mémorandum que j'avais moi-même, le 26 juin, fait parvenir à M. Churchill et à Lord Halifax. L'aboutissement fut l'accord du 7 août 1940.

Plusieurs clauses, auxquelles je tenais, donnèrent lieu à des tractations délicates entre les négociateurs : M. Strang pour nos alliés, le professeur René Cassin pour nous.

Envisageant, d'une part, l'hypothèse où les vicissitudes de la guerre amèneraient l'Angleterre à une paix de compromis, considérant, d'autre part, que les Britanniques pourraient, d'aventure, être tentés par telle ou telle de nos possessions d'outre-mer, j'insistai pour que la Grande-Bretagne garantît le rétablissement des frontières de la Métropole et de l'Empire français. Les Anglais acceptèrent finalement de promettre « la restauration intégrale de l'indépendance et de la grandeur de la France », mais sans engagement relatif à l'intégrité de nos territoires.

Bien que je fusse convaincu que les opérations militaires communes, sur terre, sur mer et dans les airs, devraient être normalement dirigées par des chefs anglais, étant donné le rapport des moyens, je me réservai dans tous les cas le « commandement suprême » des forces françaises, n'acceptant pour elles que « les directives générales du Haut-Commandement britannique ». Ainsi était établi leur caractère purement national. Encore, fis-je spécifier, — non sans objections de la part des Britanniques, — qu'en aucun cas les volontaires « ne porteraient les armes contre la France ». Cela ne signifiait pas qu'ils ne dussent jamais combattre des Français. Il fallait bien, hélas ! prévoir le contraire, Vichy étant ce qu'il était et non, point du tout, la France. Mais la clause visait à garantir que l'action militaire alliée, avec laquelle se confondait la nôtre, lors même qu'elle se heurterait aux forces de la France officielle, ne serait pas employée contre la France réelle, ne nuirait pas à son patrimoine, non plus qu'à ses intérêts.

Si les dépenses afférentes aux forces de la France Libre devaient, d'après l'accord, incomber provisoirement au gouvernement britannique, faute, pour nous, de disposer initialement d'aucune ressource, je tins à ce qu'il fût formulé qu'il ne s'agissait que d'avances, dont le remboursement serait, un jour, assuré, compte tenu des fournitures faites par nous en contrepartie. Le remboursement intégral eut lieu effectivement et au cours même du conflit[19], de telle sorte, qu'en définitive, notre effort de guerre ne resta, dans aucune mesure, à la charge de l'Angleterre.

Enfin, malgré la soif de tonnage maritime dont étaient, — trop légitimement ! — dévorés les Britanniques, nous leur fîmes admettre, non sans mal, qu'une « liaison permanente » serait établie entre leurs services et les nôtres pour régler « l'utilisation des navires de commerce français et de leurs équipages ».

C'est aux Chequers[20] que Churchill et moi signâmes ensemble le document.

L'accord du 7 août eut, pour la France Libre, une importance considérable, non seulement parce que, dans l'immédiat, il la tirait matériellement d'embarras, mais encore pour cette raison que les autorités britanniques, ayant maintenant une base officielle pour leurs rapports avec nous, n'hésitèrent plus à nous faciliter les choses. Surtout, le monde entier connut qu'un commencement de solidarité franco-anglaise était, malgré tout, rétabli. Les conséquences s'en firent bientôt sentir dans certains territoires de l'Empire et parmi les Français vivant à l'étranger. Mais aussi, d'autres États, voyant procéder par la Grande-Bretagne à un début de reconnaissance, firent quelques pas dans le même chemin. Ce fut le cas, en premier lieu, pour les gouvernements réfugiés en Angleterre, dont sans doute les forces étaient faibles, mais dont la représentation et l'influence internationales subsistaient.

Car, pour chacune des nations d'Europe que submergeaient les armées d'Hitler, l'État avait emporté sur des rivages libres l'indépendance et la souveraineté. Il devait en être de même pour celles dont, par la suite, l'Allemagne ou l'Italie occupèrent également le territoire. Pas un gouvernement ne consentit à subir le joug de l'envahisseur, non, pas un seul, excepté, hélas ! celui qui se disait le gouvernement de la France et qui, pourtant, avait à sa disposition un vaste Empire gardé par de grandes forces et l'une des premières flottes du monde !

À mesure des désastres de juin, la Grande-Bretagne avait vu arriver sur son sol les souverains et les ministres de Norvège, de Hollande, du Luxembourg, puis le président de la République et les ministres polonais et, après quelque retard, le cabinet belge[21]. Les Tchécoslovaques entreprenaient de s'organiser. Le roi d'Albanie prenait quelques contacts. C'est sous une inspiration à la fois généreuse et calculée que l'Angleterre offrait l'hospitalité à ces États réfugiés. Si dépouillés qu'ils fussent, il leur restait toujours quelque chose. Plusieurs d'entre eux apportaient l'or et les devises de leur banque. Les Hollandais avaient l'Indonésie et une flotte non négligeable, les Belges le Congo, les Polonais une petite armée, les Norvégiens de nombreux navires de commerce, les Tchèques, — ou plus exactement Benès[22], — des réseaux d'information au centre et à l'est de l'Europe et d'actives relations américaines. Au surplus, il n'était pas indifférent au prestige de l'Angleterre d'apparaître comme le suprême rempart de l'ancien monde en perdition.

Pour ces exilés, la France Libre, qui, elle, n'avait rien, était une intéressante expérience. Mais elle attirait surtout les plus inquiets et les plus malheureux, tels les Polonais et les Tchèques. À leurs yeux, nous qui restions fidèles à la tradition de la France, représentions, par là même, une espérance et un pôle d'attraction. En particulier, Sikorski[23] et Benès, tout ombrageux qu'ils fussent au milieu des intrigues et des susceptibilités qui compliquaient pour eux le malheur, établirent avec moi des rapports constants et suivis. Jamais peut-être, mieux qu'au fond de ce gouffre, je n'ai senti ce qu'était, pour le monde, la vocation[g] de la France.

Tandis que nous nous efforcions d'assurer à la France Libre un commencement d'audience internationale, je tâchais de mettre sur pied l'embryon d'un pouvoir et d'une administration. Presque inconnu, complètement dépourvu, il eût été de ma part dérisoire de proclamer « gouvernement » l'organisme élémentaire que je formais autour de moi. D'ailleurs, bien que je fusse convaincu que Vichy irait de chute en chute, jusqu'à la dégradation totale, bien que j'eusse proclamé l'illégitimité d'un régime qui était à la discrétion de l'ennemi, je voulais ménager la possibilité d'une refonte des pouvoirs publics dans la guerre si l'occasion s'en offrait jamais. Aussi, me gardai-je, jusqu'à l'extrémité, de rien bâtir, fût-ce dans les termes, qui pût gêner, le cas échéant, le regroupement de l'État. Aux détenteurs de l'autorité dans l'Empire, je n'avais suggéré que de s'unir pour sa défense. Puis, quand leur carence fut constatée, je décidai de former moi-même, dès que ce serait possible, un simple « Comité national ».

Encore fallait-il que des personnalités assez représentatives voulussent m'apporter leur concours. Pendant les premiers jours, quelques optimistes pensaient qu'on en trouverait à volonté. On annonçait, d'heure en heure, le passage à Lisbonne ou le débarquement à Liverpool de tel homme politique connu, de tel général célèbre, de tel académicien consacré[24]. Mais le démenti venait vite. À Londres même, sauf quelques exceptions, les Français notoires qui s'y trouvaient, soit en service, soit par occasion, ne rejoignirent pas la France Libre. Beaucoup se firent rapatrier. Certains demeurèrent sur place mais en faisant profession d'obédience à Vichy. Quant à ceux qui prirent parti contre la capitulation, les uns organisèrent leur exil pour leur compte en Angleterre ou aux États-Unis, d'autres se mirent au service des gouvernements britannique ou américain, rares furent les « capacités » qui se rangèrent sous ma bannière.

« Vous avez raison ! » me disait, par exemple, M. Corbin, ambassadeur de France. « Moi, qui ai consacré le meilleur de ma carrière à la cause de l'alliance franco-britannique, j'ai pris ouvertement parti en donnant ma démission le lendemain même de votre appel. Mais je suis un vieux fonctionnaire. Depuis quarante ans, je vis et j'agis dans un cadre régulier. La dissidence, c'est trop pour moi ! »

« Vous avez tort, m'écrivait M. Jean Monnet[25], de constituer une organisation qui pourrait apparaître en France comme créée sous la protection de l'Angleterre... Je partage complètement votre volonté d'empêcher la France d'abandonner la lutte... Mais ce n'est pas de Londres que peut partir l'effort de résurrection... »

« Je dois rentrer en France, faisait dire M. René Mayer[26], pour ne pas séparer mon sort de celui de mes coreligionnaires qui vont y être persécutés. »

« Je vous approuve, m'affirmait M. Bret[27]. Quant à moi, dans la Métropole ou dans l'Empire, j'aiderai de mon mieux au redressement de la France. »

« Nous allons en Amérique, me déclaraient MM. André Maurois, Henri Bonnet, de Kerillis[28]. C'est là, d'ailleurs, que nous pourrons vous être le plus utiles. »

« Nommé[b] consul général à Shangaï, m'annonçait M. Roland de Margerie, je passe à Londres, non pour vous joindre, mais pour gagner la Chine. J'y servirai, comme vous le faites ici, les intérêts de la France. »

Au contraire, M. Pierre Cot, bouleversé par les événements, m'adjurait de l'utiliser à n'importe quelle tâche, « même à balayer l'escalier ». Mais il était trop voyant pour que cela fût désirable[29].

Au total, quelles qu'en fussent les raisons, cette abstention presque générale des personnalités françaises ne rehaussait certes pas le crédit de mon entreprise. Il me fallait remettre à plus tard la formation de mon Comité. Moins il venait de notables, moins de notables avaient envie de venir.

Quelques-uns, pourtant, furent tout de suite à mes côtés et apportèrent aux devoirs qu'ils assumaient à l'improviste une ardeur et une activité grâce auxquelles, en dépit de tout, le navire prit et tint la mer. Le professeur Cassin[30] était mon collaborateur, — combien précieux ! — pour tous les actes et documents sur lesquels s'établissait, à partir de rien, notre structure intérieure et extérieure. Antoine avait à diriger l'administration des premiers services civils, tâche infiniment ingrate dans cette période d'improvisation. Lapie, Escarra, puis Hackin, — ce dernier devant bientôt périr en mer avec sa femme au cours d'une mission, — se tenaient en relation avec les bureaux du Foreign Office et ceux des gouvernements européens en exil. Ils prenaient, en outre, contact avec les Français vivant à l'étranger à qui j'avais fait appel. Pleven et Denis avaient en charge nos minuscules finances et préparaient les conditions dans lesquelles pourraient vivre les colonies qui se rallieraient. Schumann portait à la radio la parole de la France Libre, Massip dépouillait la presse et l'informait sur notre compte. Bingen réglait avec nos alliés l'emploi des navires[i] et des marins de commerce français.

Du côté proprement militaire, Muselier aidé par d'Argenlieu, Magrin-Verneret par Kœnig, Pijeaud par Rancourt, organisaient respectivement les premières unités, navales, terrestres, aériennes. Morin était en charge de l'armement. Tissier, Dewavrin, Hettier de Boislambert, formaient mon état-major. Geoffroy de Courcel faisait auprès de moi fonction de chef de cabinet, d'aide de camp, d'interprète et, souvent, de bon conseiller. Tels étaient les membres de cet « entourage », que la propagande adverse dénonçait comme un ramassis de traîtres, de mercenaires, d'aventuriers. Mais eux, soulevés par la grandeur de la tâche, se serreraient autour de moi pour le meilleur et pour le pire[31].

Aux services britanniques, dont le concours nous était alors indispensable, le général Spears présentait nos affaires. Il le faisait avec une ténacité et une dextérité dont j'ai le devoir de dire qu'elles furent, dans ces rudes débuts, d'une utilité essentielle. Pourtant, lui-même ne trouvait, du côté anglais, aucune facilité. Le conformisme des hiérarchies se défiait de ce personnage qui, en tant que membre du Parlement, officier, homme d'affaires, diplomate, écrivain, appartenait à la fois à de multiples catégories, sans se classer dans aucune. Mais lui, pour bousculer les routines, mettait au jeu son intelligence, la crainte qu'inspiraient les morsures de son esprit, enfin le charme qu'il savait montrer, à l'occasion. Par surcroît, il portait à la France, qu'il connaissait autant qu'un étranger puisse la connaître, une sorte d'amour inquiet et dominateur.

Alors que tant d'autres tenaient ma tentative pour une encombrante aventure, Spears en avait tout de suite saisi le caractère et la portée. C'est avec ardeur qu'il avait assumé sa mission auprès de la France Libre et de son chef. Mais, s'il voulait les servir, il n'en était que plus jaloux. S'il approuvait leur indépendance vis-à-vis de tous les autres, il la ressentait avec peine quand elle se dressait devant lui. C'est pourquoi, en dépit de tout ce qu'il fit pour nous aider, au départ, le général Spears devait, un jour, se détourner de notre entreprise et se mettre à la combattre[32]. Dans la passion qu'il lui opposa, n'y eut-il pas le regret de n'avoir pu la conduire et la tristesse de l'avoir quittée ?

Mais la France Libre, à sa naissance, ne rencontrait pas encore cette sorte d'adversaires que suscite le succès. Elle se débattait seulement dans les misères qui sont le lot des faibles. Nous travaillions, mes collaborateurs et moi, à Saint-Stephen's House, sur l'« Embankment » de la Tamise, dans un appartement meublé de quelques tables et chaises. Par la suite, l'administration anglaise mit à notre disposition, à Carlton Gardens, un immeuble plus commode où s'installa notre siège principal. C'est là que déferlait sur nous, jour après jour, la vague des déceptions. Mais c'est là, aussi, que venait nous soulever au-dessus de nous-mêmes le flot des encouragements.

Car, de France, affluaient les témoignages. Par les voies les plus ingénieuses, parfois avec l'accord des censeurs, des gens simples nous envoyaient des lettres et des messages. Telle cette photo, prise le 14 juin place de l'Étoile à l'arrivée des Allemands, montrant un groupe de femmes et d'hommes abîmés dans la douleur autour du tombeau du Soldat inconnu, et envoyée le 19 juin avec ces mots : « De Gaulle ! Nous vous avons entendu. Maintenant, nous vous attendrons ! » Telle cette image d'une tombe, couverte des fleurs innombrables que des passants y avaient jetées ; cette tombe étant celle de ma mère, morte à Paimpont, le 16 juillet, en offrant à Dieu ses souffrances pour le salut de la patrie et la mission de son fils.

Ainsi pouvions-nous mesurer quelle résonance trouvait, dans les profondeurs du peuple, notre refus d'accepter la défaite. En même temps, nous avions la preuve que, sur tout le territoire, on écoutait la radio de Londres et que, par là, un puissant moyen de guerre était à notre disposition. D'ailleurs, les Français vivant à l'étranger donnaient le même écho du sentiment national. Beaucoup se mettaient en rapport avec moi comme je le leur avais demandé et se groupaient pour aider la France Libre. Malglaive et Guéritte à Londres, Houdry et Jacques de Sieyès aux États-Unis, Soustelle au Mexique, le baron de Benoist au Caire, Godard à Téhéran, Guérin en Argentine, Rendu au Brésil, Piraud au Chili, Géraud Jouve à Constantinople, Victor à Delhi, Levay à Calcutta, Barbé à Tokyo, etc., prenaient à cet égard les premières initiatives[33]. J'eus, bientôt, la certitude qu'en dépit des pressions des autorités de Vichy, des calomnies de leur propagande, de la mollesse d'un grand nombre, c'est sur la France Libre que le peuple portait ce qui lui restait de fierté et d'espérance. La pensée de ce que m'imposait à moi-même cet appel suprême de la nation ne m'a plus quitté un instant dans tout ce qu'il me fallut entreprendre et supporter.

En Angleterre même, l'estime et la sympathie entouraient les Français Libres. Le roi, d'abord, voulut les leur marquer. Chacun des membres de sa famille en fit autant. D'autre part, les ministres et les autorités ne manquaient jamais l'occasion de témoigner leurs bons sentiments. Mais on ne saurait imaginer la généreuse gentillesse que le peuple anglais lui-même montrait partout à notre égard. Toutes sortes d'œuvres se fondaient pour aider nos volontaires. On ne pouvait compter les gens qui venaient mettre à notre disposition leur travail, leur temps, leur argent. Chaque fois qu'il m'arrivait de paraître en public, c'était au milieu des plus réconfortantes manifestations. Quand les journaux de Londres annoncèrent que Vichy me condamnait à mort et confisquait mes biens, nombre de bijoux furent déposés à Carlton Gardens par des anonymes et plusieurs douzaines de veuves inconnues envoyèrent l'alliance de leur mariage afin que cet or pût servir à l'effort du général de Gaulle.

Il faut dire qu'une atmosphère vibrante enveloppait alors l'Angleterre. On attendait, d'un instant à l'autre, l'offensive allemande et, devant cette perspective, tout le monde se fortifiait dans une exemplaire fermeté. C'était un spectacle proprement admirable que de voir chaque Anglais se comporter comme si le salut du pays tenait à sa propre conduite. Ce sentiment universel de la responsabilité semblait d'autant plus émouvant qu'en réalité c'est de l'aviation que tout allait dépendre.

Que l'ennemi parvînt, en effet, à saisir la maîtrise du ciel, c'en serait fait de l'Angleterre ! La flotte, bombardée par l'air, n'empêcherait pas les convois germaniques de passer la mer du Nord. L'armée, forte à peine d'une douzaine de divisions très éprouvées par la bataille de France et dépourvues d'armement, serait hors d'état de repousser les débarquements. Après quoi, les grandes unités allemandes auraient beau jeu d'occuper tout le territoire en dépit des résistances locales organisées par la Home Guard. Assurément, le roi et le gouvernement seraient, à temps, partis pour le Canada. Mais les renseignés chuchotaient les noms d'hommes politiques, d'évêques[*], d'écrivains, de gens d'affaires, qui, dans cette éventualité, s'entendraient avec les Allemands pour assurer, sous leur coupe, l'administration du pays.

Mais c'étaient là des spéculations qui ne touchaient pas la masse. Les Anglais, dans leur ensemble, se préparaient à la lutte à outrance. Chacun et chacune entraient dans le réseau des mesures de défense. Tout ce qui était : construction d'abris, distribution des armes, des outils, du matériel, travaux des usines et des champs, services, consignes, rationnement, ne laissait rien à désirer au point de vue de l'ardeur et de la discipline. Seuls manquaient les moyens, dans ce pays qui avait, lui aussi, longtemps négligé de se mettre en garde. Mais tout se passait comme si les Anglais entendaient suppléer, à force de dévouement, à ce qui leur faisait défaut. L'humour, d'ailleurs, n'y manquait pas. Une caricature de journal représentait la formidable armée allemande parvenue en Grande-Bretagne, mais arrêtée sur la route, avec ses chars, ses canons, ses régiments, ses généraux, devant une barrière de bois. Un écriteau indiquait, en effet, que pour la franchir il fallait payer un penny. Faute d'avoir reçu des Allemands tous les pennies obligatoires, le préposé anglais au péage, petit vieux courtois, mais inflexible, refusait de lever l'obstacle en dépit de l'indignation qui soulevait, d'un bout à l'autre, la monstrueuse colonne de l'envahisseur.

Cependant, alertée sur ses terrains, la Royal Air Force était prête. Dans le peuple, beaucoup, désireux de sortir d'une tension presque insupportable, en venaient à souhaiter tout haut que l'ennemi risquât l'attaque. M. Churchill, tout le premier, s'impatientait dans l'attente. Je le vois encore, aux Chequers, un jour d'août, tendre les poings vers le ciel en criant : « Ils ne viendront donc pas ! — Êtes-vous si pressé, lui dis-je, de voir vos villes fracassées ? — Comprenez, me répondit-il, que le bombardement d'Oxford, de Coventry, de Canterbury, provoquera aux États-Unis une telle vague d'indignation qu'ils entreront dans la guerre ! »

Je marquai là-dessus quelque doute, en rappelant que, deux mois auparavant, la détresse de la France n'avait pas fait sortir l'Amérique de sa neutralité. « C'est parce que la France s'effondrait ! affirma le Premier Ministre. Tôt ou tard, les Américains viendront, mais à la condition qu'ici nous ne fléchissions pas. C'est pourquoi, je ne pense qu'à l'aviation de chasse. » Il ajouta : « Vous voyez que j'ai eu raison de vous la refuser à la fin de la bataille de France. Si elle était, aujourd'hui, démolie, tout serait perdu pour vous, aussi bien que pour nous. — Mais, dis-je à mon tour, l'intervention de vos chasseurs, si elle s'était, au contraire, produite, aurait peut-être ranimé l'alliance et entraîné, du côté français, la poursuite de la guerre en Méditerranée. Les Britanniques seraient alors moins menacés, les Américains plus tentés de s'engager en Europe et en Afrique. »

M. Churchill et moi tombâmes modestement d'accord pour tirer des événements, qui avaient brisé l'Occident, cette conclusion banale mais définitive : en fin de compte, l'Angleterre est une île ; la France, le cap d'un continent ; l'Amérique, un autre monde[34].

L'AFRIQUE

Au mois d'août, la France Libre avait quelques moyens, un début d'organisation, une certaine popularité. Il me fallait tout de suite m'en servir.

Si j'étais, à d'autres égards, assailli de perplexités, il n'y avait, quant à l'action immédiate à entreprendre, aucun doute dans mon esprit. Hitler avait pu gagner, en Europe, la première manche. Mais la seconde allait commencer, celle-ci à l'échelle mondiale. L'occasion pourrait venir un jour d'obtenir la décision là où elle était possible, c'est-à-dire sur le sol de l'ancien continent. En attendant, c'était en Afrique

que nous, Français, devions poursuivre la lutte. La voie où j'avais, en vain, quelques semaines plus tôt, essayé d'entraîner gouvernement et Commandement, j'entendais naturellement la suivre, dès lors que je me trouvais incorporer à la fois ce qui, de l'un et de l'autre, était resté dans la guerre[a].

Dans les vastes étendues de l'Afrique, la France pouvait, en effet, se refaire une armée et une souveraineté, en attendant que l'entrée en ligne d'alliés nouveaux, à côté des anciens, renversât la balance des forces. Mais alors, l'Afrique à portée des péninsules : Italie, Balkans, Espagne, offrirait, pour rentrer en Europe, une excellente base de départ qui se trouverait être française. Au surplus, la libération nationale, si elle était un jour accomplie grâce aux forces de l'Empire, établirait entre la Métropole et les terres d'outre-mer des liens de communauté. Au contraire, que la guerre finît sans que l'Empire eût rien tenté pour sauver la mère patrie, c'en serait fait, sans nul doute, de l'œuvre africaine de la France.

Il était, d'ailleurs, à prévoir que les Allemands porteraient la lutte au-delà de la Méditerranée, soit pour y couvrir l'Europe, soit pour y conquérir un domaine, soit pour aider leurs associés italiens, — éventuellement espagnols[1], — à y agrandir le leur. Même, on s'y battait déjà. L'Axe visait à atteindre Suez. Si nous restions passifs en Afrique, nos adversaires, tôt ou tard, s'attribueraient certaines de nos possessions, tandis que nos alliés seraient amenés à se saisir, à mesure des opérations, de tels de nos territoires nécessaires à leur stratégie.

Participer avec des forces et des terres françaises à la bataille d'Afrique, c'était faire rentrer dans la guerre comme un morceau de la France. C'était défendre directement ses possessions contre l'ennemi. C'était, autant que possible, détourner l'Angleterre et, peut-être un jour, l'Amérique, de la tentation de s'en assurer elles-mêmes pour leur combat et pour leur compte. C'était, enfin, arracher la France Libre à l'exil et l'installer en toute souveraineté en territoire national.

Mais par où aborder l'Afrique ? De l'ensemble : Algérie, Maroc, Tunisie, je ne pouvais, dans l'immédiat, rien attendre de positif. À vrai dire, nombre de messages d'adhésion, de la part de municipalités, associations, mess d'officiers, sections d'anciens combattants, m'en avaient été, tout d'abord, adressés. Mais la résignation était vite venue, en même temps que s'étendaient les sanctions et la censure, le drame de Mers el-Kébir étouffant les ultimes velléités de résistance. Sur place, d'ailleurs, on constatait non sans un « lâche soulagement[2] », que l'armistice laissait l'Afrique du Nord en dehors de l'occupation. On y voyait l'autorité française se maintenir sous une forme militaire et catégorique qui rassurait les colons, quoique sans déplaire aux musulmans. Enfin, divers aspects de ce que Vichy appelait « la révolution nationale » : appel aux notables, relief donné à l'administration, parades d'anciens combattants, étalage d'antisémitisme[3], répondaient aux tendances de beaucoup. Bref, sans cesser d'imaginer que l'Afrique du Nord pourrait, un jour, « faire quelque chose », on s'installait dans l'attentisme[b]. Il n'y avait pas à compter, à l'intérieur, sur quelque mouvement spontané. Quant à y saisir l'autorité par une action venant du dehors, je n'y pouvais, évidemment, songer.

L'Afrique noire présentait de tout autres possibilités. Aux premiers jours de la France Libre, les manifestations qui se déroulaient à Dakar, Saint-Louis, Ouagadougou, Abidjan, Konakry, Lomé, Douala, Brazzaville, Tananarive, et les messages qui m'en arrivaient, montraient que, pour ces territoires neufs où dominait l'esprit d'entreprise, la continuation de la guerre paraissait aller de soi. Sans doute, l'attitude de résignation finalement adoptée par Noguès, l'impression défavorable produite par l'affaire d'Oran[4], l'action de Boisson, d'abord gouverneur général de l'Afrique-Équatoriale, puis haut-commissaire à Dakar, qui égarait dans l'équivoque l'ardeur de ses administrés, avaient atténué les bouillonnements africains. Cependant, le feu couvait dans la plupart de nos colonies.

C'est surtout dans l'ensemble de nos territoires équatoriaux que s'ouvraient les perspectives. Au Cameroun, en particulier, le mouvement d'opposition à l'armistice s'étendait à tous les milieux. La population, tant française qu'autochtone, de ce pays actif et vivant, s'indignait de la capitulation. On n'y doutait pas, d'ailleurs, que la victoire d'Hitler ramènerait la domination germanique subie avant la première guerre mondiale. Au milieu de l'émotion générale, on se passait des tracts, par lesquels d'anciens colons allemands, qui s'étaient naguère repliés dans l'île espagnole de Fernando Pó, annonçaient leur prochain retour dans les postes et les plantations. Un comité d'action s'était constitué autour de M. Mauclère, directeur des Travaux publics, et m'avait donné son adhésion. Sans doute, le gouverneur général

Brunot, éperdu par la conjoncture, refusait-il de prendre parti. Mais on pouvait imaginer qu'une intervention résolue, venue de l'extérieur, entraînerait la solution.

Au Tchad, les conditions semblaient meilleures encore. Le gouverneur Félix Éboué avait tout de suite réagi dans le sens de la résistance. Cet homme d'intelligence et de cœur, ce Noir ardemment français, ce philosophe humaniste, répugnait de tout son être à la soumission de la France et au triomphe du racisme nazi. Dès mes premiers appels, Éboué, d'accord avec son secrétaire général Laurentie, s'était, en principe, décidé. Les éléments français de la population inclinaient du même côté. Pour beaucoup, au demeurant, les suggestions du courage étaient aussi celles de la raison. Les militaires, dans leurs postes, au contact de la Libye italienne, conservaient l'esprit de guerre et aspiraient aux renforts que de Gaulle pourrait leur fournir. Les fonctionnaires et commerçants français, ainsi que les chefs africains, ne pensaient pas sans inquiétude à ce que deviendrait la vie économique du Tchad si son débouché normal, la Nigeria britannique, se fermait à lui tout à coup. Averti de cette situation par Éboué lui-même, je lui avais télégraphié, le 16 juillet[5]. Il m'adressait, en réponse, un rapport circonstancié, annonçant son intention de se rallier publiquement, exposant les conditions de la défense et de la vie du territoire que la France avait confié à sa garde, demandant enfin ce que j'étais en mesure de faire pour lui permettre de porter, sous la Croix de Lorraine, ses responsabilités.

Au Congo, la situation se présentait comme plus obscure. Le gouverneur général Boisson avait résidé à Brazzaville jusqu'au milieu de juillet. Installé ensuite à Dakar, mais conservant un droit de regard sur l'ensemble équatorial, il y avait laissé comme successeur le général Husson, soldat estimable mais prisonnier d'une fausse discipline. Husson, malgré le chagrin où l'avait plongé le désastre, ne s'affranchirait certainement pas de l'obédience de Vichy. En Oubangui, où maints éléments prenaient parti pour la résistance, l'issue ne dépendait que de l'attitude du Congo. Par contre, le Gabon, vieille colonie conformiste et traditionnellement portée à se distinguer des autres territoires du groupe, restait, dans certains milieux, sur une réserve énigmatique.

Considérant la situation de l'Afrique noire française, je résolus de tenter, d'abord, dans le moindre délai possible, le ralliement de l'ensemble équatorial. Je comptais que l'opération n'exigerait pas, sauf sans doute au Gabon, un véritable engagement de forces. Ensuite, si cette première affaire réussissait, j'entreprendrais d'agir en Afrique occidentale. Mais, quant à ce morceau-là, je ne pouvais penser à l'entamer que par un effort prolongé et avec d'importants moyens.

Pour commencer, le problème consistait à aborder à la fois Fort-Lamy, Douala et Brazzaville. Il fallait que toute l'affaire fût menée d'un seul coup et sans désemparer. Car Vichy, qui disposait des navires, des avions et des troupes de Dakar et qui pouvait, au besoin, recourir aux forces du Maroc, voire à la flotte de Toulon, avait tous les moyens voulus pour intervenir rapidement. L'amiral Platon, envoyé tout justement par Pétain et Darlan en mission d'inspection au Gabon et au Cameroun dans le courant de juillet, y avait influencé, dans le sens de Vichy, certains éléments militaires et civils. Je précipitai donc les choses. Lord Lloyd, ministre anglais des Colonies, à qui j'exposai mon projet, en comprit très bien l'importance, notamment pour ce qui concernait la sécurité de la Nigeria, du Gold Coast, de la Sierra Leone, de la Gambie, britanniques. Il donna à ses gouverneurs les instructions que je souhaitais et, le jour venu, mit un avion à ma disposition pour transporter de Londres à Lagos l'équipe de mes « missionnaires ».

Il s'agissait de Pleven, de Parant, d'Hettier de Boislambert. Ils auraient à régler, avec le gouverneur Éboué, les conditions de ralliement du Tchad et à exécuter, avec le concours de Mauclère et de son comité, le « coup d'État » de Douala. Au moment de leur départ, je pus joindre à l'équipe un quatrième, dont l'avenir devait montrer combien il était efficient. C'était le capitaine de Hauteclocque. Il arrivait de France, par l'Espagne, la tête bandée sur une blessure qu'il avait reçue en Champagne et passablement fatigué. Il vint se présenter à moi qui, voyant à qui j'avais affaire, réglai sa destination sur-le-champ. Ce serait l'équateur. Il n'eut le temps de s'équiper et, sous le nom de commandant Leclerc, muni de l'ordre de mission que je remis à l'équipe, s'envola avec les autres.

Mais, tout en hissant la Croix de Lorraine sur le Tchad et le Cameroun, il faudrait aussi rallier les trois colonies du Bas-Congo, de l'Oubangui et du Gabon, ce qui reviendrait essentiellement à se saisir de Brazzaville, capitale de l'Afrique-Équatoriale, siège et symbole de l'autorité. C'est de quoi je chargeai le colonel de Larminat. Ce brillant et ardent officier se trouvait alors au Caire. À la fin de juin, comme chef d'état-major de l'armée du Levant, il avait tenté, sans succès, de décider son chef, le général Mittelhausser, à continuer la lutte, puis organisé lui-même le départ vers la Palestine des éléments qui n'acceptaient pas l'armistice. Mais Mittelhausser était parvenu à leur faire rebrousser chemin, aidé, d'ailleurs, par le général Wavell, commandant en chef britannique en Orient, qui redoutait que cet exode ne lui valût, au total, plus d'ennuis que d'avantages. Seules, quelques fractions avaient persisté et gagné la zone anglaise. Larminat, mis aux arrêts, s'était échappé à son tour. Passant à Djibouti, il y avait secondé les efforts tentés en vain par le général Legentilhomme pour maintenir dans la guerre la Côte française des Somalis et s'était, ensuite, replié sur l'Égypte.

C'est là que lui parvint mon ordre de se rendre à Léopoldville. Il trouva au Congo belge l'appui discret, mais déterminé, du gouverneur général Ryckmans, la sympathie de l'opinion, enfin le concours actif des Français établis dans le territoire, moralement groupés autour du Dr Staub. D'après mes instructions, Larminat devait préparer, d'une rive à l'autre du Congo, sa propre instauration à Brazzaville et coordonner l'action sur l'ensemble équatorial.

Quand tout fut prêt, Larminat, Pleven, Leclerc, Boislambert, ainsi que le commandant d'Ornano venu du Tchad à travers maints détours, se réunirent à Lagos. Sir Bernard Bourdillon, gouverneur général de la Nigeria, donna aux Français Libres, en cette occasion, comme il devait toujours le faire, son actif et intelligent concours. Il fut convenu que le Tchad effectuerait, d'abord, son ralliement. Le lendemain serait exécutée l'affaire de Douala. Le surlendemain, celle de Brazzaville.

Le 26 août, à Fort-Lamy, le gouverneur Éboué et le colonel Marchand, commandant les troupes du territoire, proclamèrent solennellement que le Tchad se joignait au général de Gaulle et Pleven y était arrivé l'avant-veille, par avion, pour aider à l'événement[d]. Je l'annonçai moi-même à la radio de Londres et citai le Tchad à l'ordre de l'Empire[e].

Le 27, Leclerc et Boislambert réussirent brillamment le coup de main prévu au Cameroun. Pourtant, ils étaient partis avec des moyens infimes. J'avais, tout d'abord, espéré pouvoir leur procurer un détachement militaire qui faciliterait les choses. Nous avions, en effet, découvert dans un camp en Angleterre un millier de tirailleurs noirs, expédiés de Côte d'Ivoire pendant la bataille de France pour renforcer des unités coloniales et qui, arrivés trop tard, stationnaient en Grande-Bretagne en attendant le rapatriement. J'avais convenu, avec les Britanniques, que le détachement irait à Accra[7] où le commandant Parant en prendrait le commandement. On pouvait penser que le retour de ces Noirs en Afrique ne donnerait pas l'alarme à Vichy. De fait, ils furent débarqués en Gold Coast. Mais leur allure était si belle que les officiers anglais ne purent se tenir de les incorporer dans leurs propres troupes. Leclerc et Boislambert n'eurent donc à leur disposition qu'une poignée de militaires et quelques colons réfugiés de Douala. Encore, au moment de quitter Victoria[8], reçurent-ils du général Giffard, commandant en chef britannique, qui se prenait à redouter soudain les conséquences de l'opération, l'interdiction de l'exécuter. En plein accord avec moi qui leur avais télégraphié[9] qu'ils devaient agir par eux-mêmes, ils passèrent outre et, grâce à la compréhension des Anglais de Victoria, partirent en pirogue pour Douala.

La petite troupe y parvint au cours de la nuit. Un certain nombre de « gaullistes », accourus au premier signal chez le Dr Mauze, l'accueillirent comme convenu. Leclerc, devenu, comme par enchantement, colonel et gouverneur, occupa avec simplicité le palais du gouvernement. Le lendemain, escorté par deux compagnies de la garnison de Douala, il arriva par le train à Yaoundé où se trouvaient les autorités. La « transmission » des pouvoirs s'y accomplit sans douleur.

À Brazzaville, l'affaire fut aussi bien menée. Le 28 août, à l'heure fixée, le commandant Delange se rendit au palais du gouvernement à la tête de son bataillon et invita le gouverneur général Husson à céder la place. Celui-ci le fit sans résistance, quoique non sans protestations. La garnison, les fonctionnaires, les colons, les indigènes, dont, pour la grande majorité, l'opinion était faite d'avance, sous l'influence du médecin général Sicé, de l'intendant Souques, du colonel d'artillerie Serres, du lieutenant-colonel d'aviation Carretier, acceptèrent le fait avec joie. Le général de Larminat, traversant le Congo, prit aussitôt, en mon nom, les fonctions de haut-commissaire de l'Afrique équatoriale française avec pouvoirs civils et militaires. Le même bateau, qui l'avait amené, retourna à Léopoldville avec, à son bord, le général Husson.

Pour l'Oubangui, le gouverneur de Saint-Mart[10], qui n'attendait que cela, télégraphia son adhésion dès qu'il eut notification des événements de Brazzaville. Cependant, le commandant des troupes et certains éléments militaires s'enfermèrent dans leur casernement en menaçant de tirer sur la ville. Mais Larminat se rendit aussitôt à Bangui par avion et ramena au devoir ces égarés de bonne foi. Quelques officiers furent, néanmoins, mis à part et dirigés, comme ils le demandaient, sur l'Afrique-Occidentale*.

Ainsi, la plus grande partie du bloc Afrique-Équatoriale-Cameroun se trouvait jointe à la France Libre sans qu'ait coulé une seule goutte de sang. Seul, le Gabon restait détaché de l'ensemble. Il s'en était, pourtant, fallu de peu que cette colonie ne fût ralliée, elle aussi. Le 29 août, à Libreville, le gouverneur Masson, avisé par Larminat du changement d'autorité, m'avait télégraphié son adhésion. En même temps il proclamait publiquement le ralliement du territoire et le notifiait au commandant des troupes.

Mais, à Dakar, les autorités de Vichy avaient réagi rapidement. Sur injonction de leur part, le commandant de la Marine à Libreville, qui disposait d'un aviso, d'un sous-marin et de plusieurs petits navires, faisait opposition au gouverneur et annonçait l'arrivée d'une escadre. M. Masson, changeant alors d'attitude, déclarait que le ralliement du Gabon à la France Libre résultait d'un malentendu. Un hydravion de la Marine, allant et venant entre Libreville et Dakar, déportait en Afrique-Occidentale celles des notabilités qui s'étaient « compromises » et amenait au Gabon du personnel dévoué à Vichy. La situation était retournée. Une enclave hostile et, pour nous, difficile à réduire, puisqu'elle s'ouvrait sur la mer, se trouvait ainsi créée dans l'ensemble des territoires équatoriaux. Pour en profiter, Vichy envoyait à Libreville le général d'armée aérienne Têtu, avec le titre de gouverneur général de l'Afrique-Équatoriale et la mission d'y rétablir partout son autorité. En même temps, plusieurs bombardiers Glenn-Martin venaient se poser sur le terrain d'aviation et le général Têtu les donnait comme l'avant-garde de ce qui allait bientôt suivre.

Globalement, le résultat était, cependant, favorable. J'en tirai l'espoir que la deuxième partie du plan de ralliement de l'Afrique noire pourrait, à son tour, réussir.

À vrai dire, cette nouvelle phase se présentait comme beaucoup plus ardue. En Afrique-Occidentale, l'autorité établie se trouvait fortement centralisée et, d'ailleurs, étroitement reliée à celle de l'Afrique du Nord. Les moyens militaires y demeuraient considérables. La place de Dakar, bien armée, dotée d'ouvrages et de batteries modernes, appuyée par plusieurs escadrilles d'aviation, servant de base à une escadre, notamment à des sous-marins ainsi qu'au puissant *Richelieu* dont l'état-major ne rêvait que vengeance depuis que les torpilles anglaises avaient avarié le bâtiment[11], constituait un ensemble défensif et offensif redoutable. Enfin, le gouverneur général Boisson était un homme énergique, dont l'ambition, plus grande que le discernement, avait choisi de jouer la cause de Vichy. Il en donnait la preuve dès son arrivée à Dakar, au milieu du mois de juillet, en faisant mettre en prison l'administrateur en chef de la Haute-Volta, Louveau, qui avait proclamé le ralliement du territoire à la France Libre.

Dans l'état de nos moyens, je ne pouvais donc penser aborder directement la place. D'autre part, je tenais pour essentiel d'éviter une vaste collision. Ce n'est pas, hélas ! que je me fisse d'illusions sur la possibilité de parvenir à la libération du pays sans qu'entre Français le sang coulât jamais. Mais en un tel moment et sur ce terrain-là, une grande bataille engagée par nous, quelle qu'en pût être l'issue, eût gravement réduit nos chances. On ne saurait comprendre le déroulement de l'affaire de Dakar si l'on ignore que c'est cette conviction qui dominait mon esprit[12].

Mon projet initial écartait donc l'attaque directe. Il s'agirait de débarquer, à grande distance de la place, une colonne résolue qui progresserait vers l'objectif en ralliant, à mesure, les territoires traversés et les éléments rencontrés. Ainsi pouvait-on espérer que les forces de la France Libre, grossissant par contagion, aborderaient Dakar par les terres. C'est à Konakry que j'envisageais de débarquer les troupes. On pourrait, de là, marcher sur la capitale de l'Afrique-Occidentale en utilisant une voie ferrée et une route continues. Mais, pour empêcher l'escadre de Dakar d'anéantir l'expédition, il était nécessaire que celle-ci fût couverte du côté de la mer. C'est à la flotte anglaise que je devais le demander.

Je m'étais ouvert de ce projet à M. Churchill dans les derniers jours de juillet. Il ne me répondit sur-le-champ rien de positif mais, quelque temps après, m'invita à venir le voir. Je le trouvai, le 6 août, comme d'habitude, dans cette grande pièce de Downing Street qui, de par la tradition, sert à la fois de bureau au Premier Ministre et de salle de réunion au gouvernement de Sa Majesté. Sur l'immense table qui remplit la pièce, il avait fait déployer des cartes devant lesquelles il allait et venait en parlant avec animation.

« Il faut, me dit-il, que nous nous assurions ensemble de Dakar. C'est capital pour vous. Car, si l'affaire réussit, voilà de grands moyens français qui rentrent dans la guerre. C'est très important pour nous. Car la possibilité d'utiliser Dakar comme base nous faciliterait beaucoup les choses dans la dure bataille de l'Atlantique. Aussi, après en avoir conféré avec l'Amirauté et les chefs d'état-major, puis-je vous dire que nous sommes disposés à concourir à l'expédition. Nous envisageons d'y consacrer une escadre considérable. Mais, cette escadre, nous ne pourrions la laisser longtemps sur les côtes d'Afrique. La nécessité de la reprendre pour contribuer à la couverture de l'Angleterre, ainsi qu'à nos opérations en Méditerranée, exige que nous fassions les choses très rapidement. C'est pourquoi, nous ne souscrivons pas à votre projet de débarquement à Konakry et de lente progression à travers la brousse qui nous obligerait à maintenir, pendant des mois, nos navires dans ces parages. J'ai autre chose à vous proposer. »

Alors, M. Churchill, colorant son éloquence des tons les plus pittoresques, se mit à me peindre le tableau suivant : « Dakar s'éveille un matin, triste et incertaine. Or, sous le soleil levant, voici que les habitants aperçoivent la mer couverte au loin de navires. Une flotte immense ! Cent vaisseaux de combat ou de charge ! Ceux-ci s'approchent lentement en adressant par radio, à la ville, à la marine, à la garnison, des messages d'amitié. Certains arborent le pavillon tricolore. Les autres naviguent sous les couleurs britanniques, hollandaises, polonaises, belges. De cette escadre alliée se détache un inoffensif petit bateau portant le drapeau blanc des parlementaires. Il entre au port et débarque les envoyés du général de Gaulle. Ceux-ci sont conduits au gouverneur. Il s'agit de faire comprendre à ce personnage que, s'il vous laisse débarquer, la flotte alliée se retire et qu'il n'y a plus qu'à régler, entre lui et vous, les conditions de sa coopération. Au contraire, s'il veut le combat, il risque fort d'être écrasé. »

Et M. Churchill, débordant de conviction, décrivait et mimait, à mesure, les scènes de la vie future[13], telles qu'elles jaillissaient de son désir et de son imagination : « Pendant cette conversation entre le gouverneur et vos représentants, des avions français libres et britanniques survolent pacifiquement la ville, jetant des tracts de sympathie. Les militaires et les civils, parmi lesquels vos agents sont à l'œuvre, discutent passionnément entre eux des avantages qu'offrirait un arrangement avec vous et des inconvénients que présenterait, par contre, une grande bataille livrée à ceux qui, après tout, sont les alliés de la France. Le gouverneur sent que, s'il résiste, le terrain va se dérober sous ses pieds. Vous verrez qu'il poursuivra les pourparlers jusqu'à leur terme satisfaisant. Peut-être, entre-temps, voudra-t-il, " pour l'honneur ", tirer quelques coups de canon. Mais il n'ira pas au-delà. Et, le soir, il dînera avec vous en buvant à la victoire finale. »

Dépouillant la conception de M. Churchill de ce que son éloquence y ajoutait d'ornements séduisants, je reconnus, après réflexion, qu'elle s'appuyait sur des données solides. Puisque les Anglais ne pouvaient distraire longtemps vers l'équateur des moyens navals importants, il n'y avait à envisager, pour me rendre maître de Dakar, qu'une opération directe. Or, celle-ci, à moins de prendre le caractère d'une attaque en règle, devait forcément comporter quelque mélange de persuasion et d'intimidation. D'autre part, je tenais pour probable que l'Amirauté britannique serait amenée, un jour ou l'autre, avec ou sans les Français Libres, à régler la question de Dakar, où l'existence d'une grande base atlantique et la présence du *Richelieu* ne pouvaient manquer d'exciter à la fois ses désirs et ses inquiétudes.

Je conclus que, si nous étions présents, il y aurait des chances pour que l'opération prît le tour d'un ralliement, fût-il contraint, à la France Libre. Si, au contraire, nous nous abstenions, les Anglais voudraient, tôt ou tard, opérer pour leur propre compte. Dans ce cas, la place résisterait vigoureusement, avec les canons des ouvrages et l'artillerie du *Richelieu*, tandis que les bombardiers Glenn-Martin, les chasseurs Curtiss, les sous-marins, — très dangereux pour des navires qui ne disposaient, alors, d'aucun moyen de détection, — tiendraient à leur merci toute armada de transport. Et quand bien même Dakar, écrasée d'obus, devrait finalement se rendre aux Britanniques, avec ses ruines et ses épaves, il y avait à craindre que l'opération se soldât au dommage de la souveraineté française.

Après un court délai, je revins chez M. Churchill pour lui

dire que j'acceptais sa suggestion. J'élaborai le plan d'action avec l'amiral John Cunningham qui commanderait l'escadre britannique et en qui je devais trouver dans cette pénible affaire un compagnon parfois incommode, mais un marin excellent et un homme de cœur. En même temps, je faisais préparer les moyens, — très faibles ! — que nous, Français, pourrions engager dans l'entreprise. C'étaient trois avisos : *Savorgnan-de-Brazza*, *Commandant-Duboc*, *Commandant-Dominé*, et deux chalutiers armés : *Vaillant* et *Viking*. C'étaient, aussi, à bord de deux paquebots hollandais : *Pennland* et *Westerland*, faute d'en avoir, alors, qui fussent français, un bataillon de légion, une compagnie de recrues, une compagnie de fusiliers marins, le personnel d'une compagnie de chars, celui d'une batterie d'artillerie, enfin des embryons de services : en tout, deux milliers d'hommes. C'étaient, encore, les pilotes de deux escadrilles. C'étaient, enfin, quatre cargos français : *Anadyr*, *Casamance*, *Fort-Lamy*, *Nevada*, portant le matériel lourd : chars, canons, avions *Lysander*, *Hurricane* et *Blenheim* en caisses, véhicules de diverses sortes, ainsi que du ravitaillement.

Quant aux Britanniques, leur escadre ne devait pas comprendre tous les navires dont avait, d'abord, parlé M. Churchill. Elle se composait finalement de deux cuirassés d'ancien modèle : *Barham* et *Resolution*, de quatre croiseurs, du porte-avions *Ark Royal*, de quelques destroyers et d'un pétrolier. En outre, trois bateaux de transport amèneraient, à toutes fins utiles, deux bataillons d'infanterie de marine commandés par le brigadier Irwin, avec des moyens de débarquement. Par contre, il n'était plus question d'une brigade polonaise, dont on avait, tout d'abord, annoncé qu'elle participerait à l'affaire. Il semblait que les états-majors, moins convaincus que le Premier Ministre de l'importance, ou bien des chances, de l'entreprise, eussent rogné sur les moyens initialement prévus.

Quelques jours avant le départ, une âpre discussion fut soulevée par les Anglais au sujet de la destination que je donnerais en cas de réussite, à un stock d'or très important qui se trouvait à Bamako. Il s'agissait de métal précieux entreposé par la Banque de France pour son compte et pour celui des banques d'État belge et polonaise. Les réserves et les dépôts de la Banque de France avaient été, en effet, au moment de l'invasion allemande, en partie évacués sur le Sénégal, tandis qu'une autre fraction était mise à l'abri dans les caves de la Federal Bank américaine et que le solde gagnait la Martinique. À travers le blocus, les frontières, les postes de garde, l'or de Bamako était épié attentivement par les services de renseignements des divers belligérants.

Les Belges et les Polonais désiraient, très légitimement, que leur part leur fût laissée et je donnai à M. Spaak, comme à M. Zaleski[14], les assurances convenables. Mais les Britanniques, qui ne revendiquaient, évidemment, sur le tout aucun droit de propriété, entendaient, cependant, disposer de cet or comme moyen de régler directement leurs achats en Amérique, alléguant qu'ils le faisaient dans l'intérêt de la coalition. À cette époque, en effet, les États-Unis ne vendaient rien à personne qui ne fût payé comptant. Malgré l'insistance de Spears, la menace même qu'il me fit de voir les Anglais renoncer à l'expédition convenue, je refusai cette prétention. Finalement, il fut entendu, comme je l'avais, dès l'abord, proposé, que l'or français de Bamako servirait à gager seulement la part d'achats que l'Angleterre aurait à faire en Amérique pour le compte de la France Combattante.

Avant de nous embarquer, la nouvelle du ralliement du Tchad, du Cameroun, du Congo, de l'Oubangui, était venue, juste à temps, aviver nos espérances. Même si nous ne réussissions pas à mettre la main sur Dakar, tout au moins comptions-nous, grâce aux renforts que nous amenions, organiser au centre de l'Afrique une base d'action et de souveraineté pour la France belligérante.

L'expédition partit de Liverpool, le 31 août. J'étais moi-même, avec une partie des unités françaises et un état-major réduit, à bord du *Westerland* arborant le pavillon français à côté du hollandais et dont le commandant : capitaine Plagaay, les officiers, l'équipage, devaient, comme ceux du *Pennland*, se montrer des modèles d'amical dévouement. Spears m'accompagnait, délégué par Churchill en qualité d'officier de liaison, de diplomate et d'informateur. En Angleterre, je laissais, sous les ordres de Muselier nos forces en formation, sous la direction d'Antoine un embryon d'administration, et, dans la personne de Dewavrin, un élément de liaison et d'information directes. En outre, le général Catroux, qui arrivait d'Indochine, était attendu prochainement et je lui expliquais par une lettre[15] qui lui serait remise au moment de son arrivée l'ensemble de mes projets ainsi que mes intentions à son égard. Je calculais que, malgré mon absence et pourvu qu'elle ne durât pas longtemps, les réserves de sagesse accumulées par mes compagnons empêcheraient les querelles du dedans et les intrigues du dehors d'ébranler trop profondément l'édifice encore bien fragile ! Pourtant, sur le pont du *Westerland*, ayant quitté le port en pleine alerte de bombardement aérien avec ma toute petite troupe et mes minuscules bateaux, je me sentais comme écrasé par la dimension du devoir. Au large, dans la nuit noire, sur la houle qui gonflait l'océan, un pauvre navire étranger, sans canons, toutes lumières éteintes, emportait la fortune de la France[16].

Notre première destination était Freetown[17]. D'après le plan, nous devions nous y regrouper et y recueillir les dernières informations. Nous y arrivâmes seulement le 17 septembre, ayant marché à la faible vitesse de nos cargos et fait, dans l'Atlantique, un grand détour pour éviter les avions et les sous-marins allemands. Or, en cours de traversée, des radiogrammes reçus de Londres nous avaient appris, au sujet des forces de Vichy, une nouvelle qui était de nature à tout remettre en question. Le 11 septembre, trois grands croiseurs modernes : *Georges-Leygues*, *Gloire*, *Montcalm*, et trois croiseurs légers : *Audacieux*, *Fantasque*, *Malin*, sortis de Toulon, avaient passé le détroit de Gibraltar sans que la flotte anglaise les arrêtât. Ils avaient ensuite touché Casablanca et atteint Dakar. Mais, à peine jetions-nous l'ancre à Freetown, qu'un nouveau et grave renseignement mettait le comble à nos perplexités. L'escadre, renforcée à Dakar par le croiseur *Primauguet*, venait d'appareiller et se dirigeait à toute vitesse vers le sud. Un destroyer anglais, détaché en surveillance, en gardait, de loin, le contact.

Je ne pouvais douter que cette puissante force navale filât vers l'Afrique équatoriale, où le port de Libreville lui était ouvert et où il lui serait facile de reprendre Pointe-Noire et Douala. Si un pareil coup de tonnerre ne suffisait pas à retourner la situation au Congo et au Cameroun, ces magnifiques navires pourraient aisément couvrir le transport et le débarquement de forces de répression venues de Dakar, de Konakry, ou d'Abidjan. L'hypothèse se confirma, d'ailleurs, presque aussitôt, quand le cargo *Poitiers*, venant de Dakar et filant vers Libreville, ayant été arraisonné par les Anglais, fut sabordé par son commandant. Il était clair que Vichy entamait une vaste opération destinée à se rétablir dans les territoires ralliés à la France Libre et que l'envoi de sept croiseurs vers l'équateur n'était concevable qu'avec le plein assentiment, sinon sur l'ordre, des Allemands. L'amiral Cunningham tomba d'accord avec moi qu'il fallait tout de suite arrêter l'escadre de Vichy[g].

Nous convînmes que les intrus recevraient l'injonction de regagner, non Dakar, évidemment, mais Casablanca. Faute de quoi, l'escadre anglaise entamerait les hostilités. Nous pensions bien, d'ailleurs, que la menace suffirait à faire virer de bord ces bâtiments fourvoyés. Car, si la vitesse des navires britanniques, notablement inférieure, ne pouvait leur permettre d'intercepter ceux de Vichy, leur puissance, qui était double, leur assurerait l'avantage sur les autres, dès que ceux-ci devraient s'embosser dans n'importe quelle rade équatoriale qu'aucune batterie ne défendait. Il faudrait, alors, que l'agresseur lâchât prise ou acceptât le combat dans de mauvaises conditions. Il y avait peu de chances pour que le chef de l'expédition se laissât acculer à une pareille alternative.

De fait, les croiseurs anglais qui prirent contact avec l'amiral Bourragué, commandant l'intempestive escadre, obtinrent sans difficulté que celle-ci virât de bord quand son chef connut, à sa complète surprise, la présence d'une flotte franco-anglaise dans les parages. Mais les navires de Vichy, défiant toute poursuite, rallièrent, bel et bien, Dakar. Seuls les croiseurs *Gloire* et *Primauguet*, que ralentissaient des avaries de machine et avec lesquels le capitaine de frégate Thierry d'Argenlieu, embarqué sur le destroyer *Ingerfield*, se mit, de ma part, en relation directe, obtempérèrent aux conditions et gagnèrent Casablanca après avoir décliné mon offre de se réparer à Freetown[18].

Ainsi, l'Afrique française libre échappait à un très grand péril. Ce fait seul justifiait cent fois l'expédition que nous avions montée[19]. D'autre part, le comportement de l'escadre venue de Toulon, naviguant vers l'équateur comme si nous n'y étions pas, puis renonçant à sa mission à l'instant où elle s'aperçut que nous nous y trouvions nous-mêmes, donnait à penser que Vichy n'était pas fixé sur notre propre destination. Mais, après nous être congratulés d'avoir ainsi fait avorter le projet de nos adversaires, il nous fallait convenir que le nôtre était gravement compromis. En effet, les autorités de Dakar se trouvaient désormais sur leurs gardes et avaient reçu le renfort de navires de grande valeur. Nous apprenions presque aussitôt, par nos agents de renseignements, que, pour servir les batteries du front de mer, des canonniers de la marine étaient substitués aux artilleurs coloniaux, jugés moins sûrs. Bref, nos chances d'occuper Dakar paraissaient, désormais, bien réduites.

À Londres, M. Churchill et l'Amirauté estimèrent que, dans ces conditions, mieux valait ne rien entreprendre. Ils nous l'avaient télégraphié dès le 16 septembre, proposant que la flotte assurât simplement l'escorte de nos bateaux jusqu'à Douala et s'en fût ensuite ailleurs. Je dois dire que ce renoncement me sembla la pire solution. En effet, si nous laissions toutes choses en l'état à Dakar, Vichy n'aurait, pour reprendre sa tentative contre l'Afrique équatoriale, qu'à attendre le prochain retour des navires anglais vers le nord. La mer leur étant ouverte, les croiseurs de Bourragué fonceraient de nouveau vers l'équateur. Ainsi, les combattants à Croix de Lorraine, y compris le général de Gaulle, seraient-ils, tôt ou tard, bloqués dans ces territoires lointains et, lors même qu'ils n'y succomberaient pas, absorbés par une lutte stérile, menée contre d'autres Français, dans la brousse et la forêt. Pour eux, dans ces conditions, aucune perspective de combattre l'Allemand, ni l'Italien. Je ne doutais pas que ce fussent là les intentions de l'ennemi, dont les figurants de Vichy se faisaient, naturellement, les instruments, conscients ou non. Il m'apparut, qu'au point où en étaient les choses, nous devions, malgré tout, tenter d'entrer à Dakar.

Au reste, je dois reconnaître que les ralliements déjà obtenus en Afrique m'avaient rempli d'une sourde espérance, confirmée par les bonnes nouvelles qui, depuis le départ de Londres, étaient venues d'ailleurs. Le 2 septembre, les Établissements français d'Océanie, sous le gouvernement provisoire de MM. Ahne, Lagarde, Martin, s'étaient joints à la France Libre. Le 9 septembre, le gouverneur Bonvin proclamait que les Établissements français des Indes se rangeaient à mes côtés. Le 14 septembre, à Saint-Pierre-et-Miquelon, l'assemblée générale des Anciens Combattants m'adressait son adhésion formelle, après quoi le gouvernement anglais engageait le gouvernement canadien à soutenir leur mouvement. Le 20 septembre, le gouverneur Sautot, après avoir lui-même rallié les Nouvelles-Hébrides, le 18 juillet, avait, sur mon ordre, gagné Nouméa. Là, le « Comité de Gaulle », présidé par Michel Verges, s'était rendu maître de la situation avec l'appui enthousiaste de la population, ce qui permettait à Sautot de prendre le gouvernement. Enfin, j'avais pu voir l'escadre Bourragué faire demi-tour à la première injonction. Qui pouvait affirmer que nous n'allions pas trouver à Dakar cette ambiance de consentement où s'aménagent les plus formelles consignes ? En tout cas, il fallait essayer.

L'amiral Cunningham réagit dans le même sens. Nous télégraphiâmes à Londres pour réclamer, d'une manière pressante, qu'on nous laissât tenter l'opération. M. Churchill, d'après ce qu'il me dit plus tard, fut surpris et charmé de cette insistance. Il y accéda volontiers et l'action fut décidée.

Avant de partir, je dus subir, cependant, une vive démarche de Cunningham qui prétendait me prendre sous ses ordres ainsi que mes modestes forces et m'offrir, en compensation, l'hospitalité sur son cuirassé-amiral *Barham*. Je déclinai, bien entendu, la demande et l'invitation. Il y eut[b], ce soir-là, quelques éclats à bord du *Westerland* où avait lieu l'entretien. Au cours de la nuit, l'amiral m'écrivit un mot plein de cordialité, renonçant à ses exigences. Nous levâmes l'ancre le 21 septembre. À l'aurore du 23, au milieu d'une brume très épaisse, nous étions devant Dakar.

Le brouillard allait compromettre gravement notre entreprise[20]. En particulier, l'effet moral que, suivant Churchill, devait produire sur la garnison et sur la population l'aspect de notre flotte ne jouerait absolument pas, puisque l'on n'y voyait goutte. Mais il était, évidemment, impossible de différer. Le plan prévu fut donc mis à exécution. À 6 heures, je m'adressai par radio à la marine, aux troupes, aux habitants, leur annonçant notre présence et nos amicales intentions. Aussitôt après, s'envolèrent du pont de l'*Ark Royal* deux petits « Lucioles », avions français de tourisme, non armés, qui devaient atterrir sur l'aérodrome de Ouakam et y débarquer trois officiers : Gaillet, Scamaroni, Soufflet, avec une mission de fraternisation. De fait, j'appris rapidement que les « Lucioles » s'étaient posés sans difficulté et que le signal « Succès ! » se déployait sur le terrain.

Soudain, le feu de la D.C.A. se fit entendre en divers points. Des canons du *Richelieu* et de la place prenaient à partie les appareils français libres et anglais qui commençaient à survoler la ville en jetant des tracts d'amitié. Pourtant, quelque sinistre que fût cette canonnade, il me sembla qu'elle avait quelque chose d'hésitant. Aussi donnai-je l'ordre aux deux vedettes portant les parlementaires d'entrer dans le port, tandis que les avisos français libres, ainsi que le *Westerland* et le *Pennland*, se rapprochaient dans la brume jusqu'à l'entrée de la rade.

Il n'y eut, tout d'abord, aucune réaction. Le capitaine de frégate d'Argenlieu, le chef de bataillon Gotscho, les capitaines Bécourt-Foch et Perrin et le sous-lieutenant Porgès, firent amarrer leurs bateaux et descendirent sur le quai en demandant le commandant du port. Celui-ci s'étant présenté, d'Argenlieu lui dit être porteur d'une lettre du général de Gaulle pour le gouverneur général, lettre qu'il devait remettre en main propre. Mais l'interlocuteur, sans cacher son trouble, déclara aux parlementaires qu'il avait l'ordre de les arrêter. En même temps, il manifestait l'intention d'appeler la garde. Ce que voyant, les envoyés regagnèrent les vedettes. Tandis que celles-ci s'éloignaient, des mitrailleuses firent feu sur elles. D'Argenlieu et Perrin, sérieusement blessés, furent amenés à bord du *Westerland*.

Là-dessus, les batteries de Dakar commencèrent à diriger sur les navires anglais et français libres un feu intermittent qui demeura plusieurs heures sans réponse. Le *Richelieu*, que des remorqueurs avaient déplacé dans le port pour qu'il pût mieux employer ses canons, commença le tir à son tour. Vers 11 heures, le croiseur *Cumberland* ayant été sérieusement touché, l'amiral Cunningham adressa à la place, par radio, ce message : « Je ne tire pas sur vous. Pourquoi tirez-vous sur moi ? » La réponse fut : « Retirez-vous à vingt milles ! » Sur quoi, les Anglais, à leur tour, envoyèrent quelques bordées. Cependant, le temps passait sans qu'on perçût, de part ni d'autre, de réelle ardeur combative[21]. Aucun avion de Vichy n'avait pris l'air jusqu'au milieu de la journée.

De l'ensemble de ces indices, je ne tirais pas l'impression que la place fût résolue à une résistance farouche. Peut-être, la marine, la garnison, le gouverneur, attendaient-ils quelque événement qui pût leur servir de prétexte à une conciliation ? Vers midi, l'amiral Cunningham m'adressa un télégramme pour m'indiquer que tel était, à lui aussi, son sentiment. Sans doute, ne pouvait-on penser à faire entrer l'escadre dans le port. Mais ne serait-il pas possible de débarquer les Français Libres à proximité de la place dont ils tenteraient ensuite de s'approcher par la terre ? Cette alternative avait été, d'avance, envisagée. Le petit port de Rufisque, hors du rayon d'action de la plupart des ouvrages, semblait convenir pour l'opération, à la condition toutefois que celle-ci ne rencontrât pas de résistance déterminée. En effet, si nos avisos pouvaient toucher Rufisque, nos transports ne le pouvaient pas en raison de leur tirant d'eau. Il faudrait donc que les troupes fussent débarquées par chaloupes, ce qui les priverait de leurs armes lourdes et exigerait la paix complète. Cependant, ayant reçu de Cunningham l'assurance qu'il nous couvrirait du côté de la mer, je dirigeai tout vers Rufisque.

Vers 15 heures, toujours dans le brouillard, nous arrivions à pied d'œuvre. Le *Commandant-Duboc*, qui avait à son bord une section de fusiliers, entrait dans le port et envoyait vers la terre quelques marins dans une embarcation pour la manœuvre d'amarrage. Sur la rive, une foule d'indigènes accourait déjà pour accueillir la patrouille, lorsque les troupes de Vichy, en position aux alentours, ouvrirent le feu sur notre aviso, tuant et blessant plusieurs hommes. Quelques instants auparavant, deux bombardiers Glenn-Martin avaient survolé à basse altitude notre petite force, comme pour lui montrer qu'ils la tenaient à leur merci, ce qui était, en effet, le cas. Enfin, l'amiral Cunningham télégraphiait que les croiseurs *Georges-Leygues* et *Montcalm*, sortis de la rade de Dakar, se trouvaient dans la brume à un mille de nous et que les navires anglais, occupés ailleurs, ne pouvaient nous en couvrir. Décidément, l'affaire était manquée ! Non seulement le débarquement n'était pas possible, mais encore il suffirait de quelques coups de canon, tirés par les croiseurs de Vichy, pour envoyer par le fond toute l'expédition française libre. Je décidai de regagner le large, ce qui se fit sans nouvel incident.

Nous passâmes la nuit dans l'expectative. Le lendemain, la flotte anglaise, ayant reçu de M. Churchill un télégramme qui l'invitait à pousser activement l'affaire, adressa un ultimatum aux autorités de Dakar. Celles-ci répondirent qu'elles ne rendraient pas la place. Dès lors, la journée fut employée par les Britanniques à échanger au jugé, dans la brume plus épaisse que jamais, une assez vive canonnade avec les batteries de terre et les navires dans la rade. À la fin de l'après-midi, il paraissait évident qu'aucun résultat décisif ne pourrait être obtenu.

Comme le soir tombait, le *Barham* arriva tout près du *Westerland* et l'amiral Cunningham me pria de venir le voir pour discuter de la situation. À bord du cuirassé anglais l'ambiance était triste et tendue. Sans doute y déplorait-on de n'avoir pas réussi. Mais le sentiment dominant était celui de la surprise. Les Britanniques, gens pratiques, ne parvenaient pas à comprendre comment et pourquoi, à Dakar, les autorités, la marine, les troupes, déployaient cette énergie pour se battre contre leurs compatriotes et contre leurs alliés, tandis que la France gisait sous la botte de l'envahisseur. Quant à moi, j'avais, désormais, renoncé à m'en étonner. Ce qui venait de se passer me révélait, une fois pour toutes, que les gouvernants de Vichy ne manqueraient jamais d'abuser, contre l'intérêt français, du courage et de la discipline de ceux qui leur étaient soumis.

L'amiral Cunningham rendit compte de la situation. « Étant donné, déclara-t-il, l'attitude de la place et de l'escadre qui l'appuie, je ne crois pas que le bombardement puisse aboutir à une solution. » Le général Irwin, commandant les unités de débarquement, ajouta « qu'il était prêt à mettre ses troupes à terre pour donner l'assaut aux ouvrages, mais qu'il fallait bien comprendre que ce serait faire courir un grand risque à chaque bateau et à chaque soldat ». L'un et l'autre me demandèrent ce qu'il adviendrait du « mouvement » de la France Libre, s'il était mis un terme à l'expédition.

« Jusqu'à présent, dis-je, nous n'avons pas dirigé d'attaque à fond contre Dakar. La tentative d'entrer dans la place à l'amiable a échoué. Le bombardement ne décidera rien. Enfin, le débarquement de vive force et l'assaut donné aux ouvrages mèneraient à une bataille rangée que, pour ma part, je désire éviter et dont vous m'indiquez vous-mêmes que l'issue en serait très douteuse. Il nous faut donc, pour le moment, renoncer à prendre Dakar. Je propose à l'amiral Cunningham d'annoncer qu'il arrête le bombardement à la demande du général de Gaulle. Mais le blocus doit être poursuivi pour ne pas laisser leur liberté d'action aux navires qui se trouvent à Dakar. Ensuite, nous aurons à préparer une tentative nouvelle en marchant sur la place par les terres, après débarquement en des points non ou peu défendus, par exemple à Saint-Louis. En tout cas et quoi qu'il arrive, la France Libre continuera. »

L'amiral et le général anglais se rangèrent à mon avis pour ce qui était de l'immédiat. Dans la nuit tombante, je quittai le *Barham* à bord d'une chaloupe dansant sur les vagues, tandis que l'état-major et l'équipage, rangés le long des rambardes, me rendaient tristement les honneurs.

Mais deux faits allaient, pendant la nuit, faire revenir l'amiral Cunningham sur ce dont nous avions convenu. D'abord un nouveau télégramme de M. Churchill l'invitait expressément à poursuivre l'entreprise. Le Premier Ministre s'y montrait étonné et irrité que l'affaire pût tourner court, d'autant plus que, déjà, les milieux politiques de Londres et, surtout, ceux de Washington, impressionnés par les radios de Vichy et de Berlin, commençaient à s'agiter. D'autre part, le brouillard se levait et, du coup, le bombardement paraissait retrouver des chances. Sans que j'eusse été, cette fois, consulté, le combat reprit donc à l'aurore par échange de coups de canon entre la place et les Anglais. Mais, vers le soir, le cuirassé *Resolution*, torpillé par un sous-marin et tout près de couler bas, devait être pris en remorque. Plusieurs autres navires anglais étaient sérieusement touchés. Quatre avions de l'*Ark Royal* avaient été abattus. De l'autre côté, le *Richelieu* et divers bâtiments se trouvaient fort éprouvés. Le contre-torpilleur *Audacieux*, les sous-marins *Persée* et *Ajax* avaient été coulés, l'équipage du dernier ayant pu être recueilli par un destroyer anglais. Mais les forts de la place continuaient à tirer. L'amiral Cunningham décida d'arrêter les frais. Je ne pouvais que m'en accommoder. Nous mîmes le cap sur Freetown.

Les jours qui suivirent me furent cruels. J'éprouvais les impressions d'un homme dont un séisme secoue brutalement la maison et qui reçoit sur la tête la pluie des tuiles tombant du toit[22].

À Londres, une tempête de colères ; à Washington, un ouragan de sarcasmes, se déchaînèrent contre moi. Pour la presse américaine et beaucoup de journaux anglais, il fut aussitôt entendu que l'échec de la tentative était imputable à de Gaulle. « C'est lui, répétaient les échos, qui avait inventé cette absurde aventure, trompé les Britanniques par des renseignements fantaisistes sur la situation à Dakar, exigé, par don-quichottisme, que la place fût attaquée alors que les renforts envoyés par Darlan rendaient tout succès impossible... D'ailleurs, les croiseurs de Toulon n'étaient venus qu'en conséquence des indiscrétions multipliées par les Français Libres et qui avaient alerté Vichy... Une fois pour toutes, il était clair qu'on ne pouvait faire fond sur des gens incapables de garder un secret. » Bientôt, M. Churchill, à son tour, fut traité sans ménagements, lui qui, disait-on, s'était si légèrement laissé entraîner. Spears, la mine longue, m'apportait des télégrammes d'information qu'il recevait de ses correspondants et qui donnaient comme probable que de Gaulle, désespéré, abandonné par ses partisans, laissé pour compte par les Anglais, allait renoncer à toute activité, tandis que le gouvernement britannique reprendrait avec Catroux ou Muselier, à une échelle beaucoup plus modeste, le recrutement d'auxiliaires français.

Quant à la propagande de Vichy, elle triomphait sans retenue. Les communiqués de Dakar donnaient à croire qu'il s'agissait d'une grande victoire navale. D'innombrables dépêches de félicitations, adressées au gouverneur général Boisson et aux héroïques combattants de Dakar, étaient publiées et commentées par les feuilles publiques des deux zones et par les ondes dites « françaises ». Et moi, dans mon étroite cabine, au fond d'une rade écrasée de chaleur, j'achevais d'apprendre ce que peuvent être les réactions de la peur, tant chez des adversaires qui se vengent de l'avoir ressentie, que chez des alliés effrayés soudain par l'échec.

Cependant, il m'apparut très vite qu'en dépit de leur déconvenue les Français Libres restaient inébranlables. Parmi les éléments de notre expédition, que j'allai tous visiter dès que nous eûmes jeté l'ancre, aucun ne voulut me quitter. Bien au contraire, tous se trouvaient affermis par l'attitude hostile de Vichy. C'est ainsi qu'un avion de Dakar étant venu survoler nos navires au mouillage, une furieuse pétarade l'accueillit de tous les bords, ce qui n'aurait pas eu lieu une semaine auparavant. Bientôt, des télégrammes chaleureux de Larminat et de Leclerc vinrent m'apprendre que, pour eux et autour d'eux, la fidélité résolue faisait, moins que jamais, question. De Londres, aucune défaillance ne me fut signalée[23], malgré le tumulte d'aigreurs qui déferlait sur les nôtres. Cette confiance de tous ceux qui s'étaient liés à moi me fut d'un puissant réconfort. C'est donc qu'ils étaient solides les fondements de la France Libre. Allons ! Il fallait poursuivre ! Spears, quelque peu rasséréné, me citait Victor Hugo : « Le lendemain, Aymeri prit la ville[24]. »

Il faut dire que si, à Londres, la malveillance était active, le gouvernement, lui, avait su, au contraire, s'en garder. M. Churchill, quoique fortement harcelé pour sa part, ne me renia pas plus que je ne le reniai lui-même. Le 28 septembre il fit à la Chambre des communes l'exposé des événements avec autant d'objectivité que l'on pouvait en attendre et déclara que « tout ce qui s'était passé n'avait fait que renforcer le gouvernement de Sa Majesté dans la confiance qu'il portait au général de Gaulle ». Il est vrai qu'à ce moment-là le Premier Ministre savait, bien qu'il ne voulût pas le dire, comment l'escadre venue de Toulon avait pu franchir le détroit de Gibraltar. Lui-même me le raconta lorsque, deux mois après, je retournai en Angleterre.

Un télégramme, adressé de Tanger par un officier français de renseignements, secrètement rallié à la France Libre, le capitaine Luizet[25], avait donné à Londres et à Gibraltar l'indication du mouvement des navires de Vichy. Mais ce message était parvenu alors qu'un bombardement de Whitehall par les avions allemands maintenait, des heures durant, le personnel dans les caves et entraînait ensuite des perturbations prolongées dans le travail de l'état-major. Le déchiffrement de la dépêche avait eu lieu trop tard pour que le Premier lord de la mer pût alerter, quand il l'aurait fallu, la flotte de Gibraltar. Bien pire ! Alors que l'attaché naval de Vichy à Madrid avait, en toute candeur (?), prévenu lui-même l'attaché britannique et qu'ainsi l'amiral commandant à Gibraltar s'était trouvé alerté par deux sources différentes, rien n'avait été fait pour arrêter les dangereux navires.

Cependant, l'attitude publique du Premier Ministre à l'égard des « gaullistes » contribua beaucoup à amortir l'agitation du Parlement et des journaux. Malgré tout, l'affaire de Dakar devait laisser, dans les cœurs britanniques, une blessure toujours à vif et, dans l'esprit des Américains, l'idée que, s'il leur fallait un jour débarquer eux-mêmes en territoire tenu par Vichy, l'action devrait être menée sans Français Libres et sans Anglais.

Dans l'immédiat, en tout cas, nos alliés britanniques étaient bien résolus à ne pas renouveler la tentative. L'amiral Cunningham me déclara formellement qu'il fallait renoncer à reprendre l'affaire de quelque façon que ce fût. Lui-même ne pouvait plus rien me m'escorter jusqu'au Cameroun. Le cap fut mis sur Douala. Le 8 octobre, au moment où les bateaux français allaient s'engager dans l'estuaire du Wouri, les navires anglais les saluèrent et prirent le large.

Ce fut, pourtant, un extrême enthousiasme qui déferla sur la ville dès que le *Commandant-Duboc*, à bord duquel j'avais pris passage, entra dans le port de Douala. Leclerc m'y attendait. Après la revue des troupes, je me rendis au palais du gouvernement, tandis que débarquaient les éléments venus d'Angleterre. Les fonctionnaires, les colons français, les notables autochtones, avec qui je pris contact, nageaient en pleine euphorie patriotique. Pourtant, ils n'oubliaient rien de leurs problèmes particuliers, dont le principal consistait à maintenir les exportations des produits du territoire et à y faire venir ce qu'il fallait pour vivre, et qui ne s'y trouvait pas. Mais, au-dessus des soucis et des divergences, l'unité morale des Français Libres, qu'ils se fussent engagés à Londres ou ralliés en Afrique, se révélait instantanément.

Cette identité de nature entre tous ceux qui se rangeaient sous la Croix de Lorraine allait être, par la suite, une sorte de donnée permanente de l'entreprise. Où que ce fût et quoi qu'il arrivât, on pourrait désormais prévoir, pour ainsi dire à coup sûr, ce que penseraient et comment se conduiraient les « gaullistes ». Par exemple : l'émotion enthousiaste que je venais de rencontrer, je la retrouverais toujours, en toutes circonstances, dès lors que la foule serait là. Je dois dire qu'il allait en résulter pour moi-même une perpétuelle sujétion. Le fait d'incarner, pour mes compagnons le destin de notre cause, pour la multitude française le symbole de son espérance, pour les étrangers la figure d'une France indomptable au milieu des épreuves, allait commander mon comportement et imposer à mon personnage une attitude que je ne pourrais plus changer. Ce fut pour moi, sans relâche, une forte tutelle intérieure en même temps qu'un joug bien lourd[26].

Pour le moment, il s'agissait de faire vivre et de mobiliser l'ensemble équatorial français pour participer à la bataille d'Afrique. Mon intention était d'établir, aux confins du Tchad et de la Libye, un théâtre d'opérations sahariennes, en attendant qu'un jour l'évolution des événements permît à une colonne française de s'emparer du Fezzan et d'en déboucher sur la Méditerranée. Mais le désert et les difficultés inouïes des communications et des ravitaillements ne permettraient d'y consacrer que des effectifs restreints et spécialisés. Aussi voulais-je, en même temps, envoyer au Moyen-Orient un corps expéditionnaire qui s'y joindrait aux Britanniques. L'objectif lointain étant, pour tout le monde, l'Afrique du Nord française. Cependant, il fallait, d'abord, liquider l'enclave hostile du Gabon. Je donnai, à Douala, le 12 octobre, les ordres nécessaires.

Tandis que se préparait cette pénible opération, je quittai le Cameroun pour visiter les autres territoires. C'est au Tchad que je me rendis, d'abord, après un court séjour à

Yaoundé. La carrière du chef de la France Libre et de ceux qui l'accompagnaient faillit se terminer au cours de ce voyage. Car le Potez 540, qui nous portait vers Fort-Lamy, eut une panne de moteur et c'est par extraordinaire qu'il trouva moyen d'atterrir, sans trop de dégâts, au milieu d'un marécage.

Je trouvai, au Tchad, une atmosphère vibrante. Chacun avait le sentiment que le rayon de l'Histoire venait de se poser sur cette terre du mérite et de la souffrance. Rien, sans doute, n'y pourrait être fait que par tour de force, tant étaient lourdes les servitudes des distances, de l'isolement, du climat, du manque de moyens. Mais déjà, par compensation, s'y étendait l'ambiance héroïque où germent les grandes actions.

Éboué me reçut à Fort-Lamy. Je sentis qu'il me donnait, une fois pour toutes, son loyalisme et sa confiance. En même temps, je constatai qu'il avait l'esprit assez large pour embrasser les vastes projets auxquels je voulais le mêler. S'il formula des avis pleins de sens, il ne fit jamais d'objections au sujet des risques et de l'effort. Cependant, il ne s'agissait de rien moins, pour le gouverneur, que d'entreprendre un immense travail de communications, afin que le Tchad fût à même de recevoir, de Brazzaville, de Douala, de Lagos, puis de porter jusqu'aux frontières de la Libye italienne, tout le matériel et tout le ravitaillement qu'il faudrait aux Forces françaises libres pour mener une guerre active. C'étaient six mille kilomètres de pistes que le territoire devrait, par ses propres moyens, frayer ou tenir en état. En outre, il serait nécessaire de développer l'économie du pays, afin de nourrir les combattants et les travailleurs et d'exporter pour payer les frais. Tâche d'autant plus difficile qu'un grand nombre de colons et de fonctionnaires allaient être mobilisés.

Avec le colonel Marchand, commandant les troupes du Tchad, je volai jusqu'à Faya et aux postes du désert. J'y trouvai des troupes résolues mais terriblement démunies. Il n'y avait là, en fait d'éléments mobiles, que des unités méharistes et quelques sections automobiles. Aussi, quand je déclarai aux officiers que je comptais sur eux pour s'emparer un jour du Fezzan et gagner la Méditerranée, je vis la stupeur se peindre sur leurs visages. Des raids allemands et italiens, qu'ils auraient bien du mal à repousser, le cas échéant, leur semblaient beaucoup plus probables que l'offensive française à grande portée dont je traçais la perspective. Pas un seul d'entre eux, d'ailleurs, ne marquait d'hésitation à continuer la guerre et, déjà, la Croix de Lorraine était arborée partout.

Cependant, plus à l'ouest, dans les territoires du Niger et des oasis sahariennes, les camarades de ces officiers, tout pareils à ce qu'ils étaient et postés, eux aussi, aux confins de la Libye, mais n'ayant pas, au-dessus d'eux, quelque part dans la hiérarchie, un seul chef qui osât rompre le charme, se tenaient prêts à faire feu sur quiconque prétendrait les entraîner à combattre les ennemis de la France ! Parmi toutes les épreuves morales que m'infligèrent les erreurs coupables de Vichy, aucune ne me fit plus souffrir que le spectacle de cette stupide stérilité.

En revanche, j'allais trouver, à mon retour à Fort-Lamy, un encouragement notable. Il m'était apporté par le général Catroux. Lors de son arrivée à Londres[27], après mon départ pour l'Afrique, des experts en arrière-pensées imaginaient que les Anglais tenteraient de se faire un atout de rechange de ce général d'armée accoutumé aux grands emplois, tandis que de pointilleux conformistes se demandaient si lui-même accepterait d'être subordonné à un simple brigadier. Il avait vu et revu Churchill et beaucoup clabaudaient au sujet de ces entretiens au cours desquels il semblait bien que le Premier Ministre lui avait, en effet, suggéré de prendre ma place, non point, sans doute, pour qu'il l'essayât, mais avec l'intention classique de diviser pour régner. Quelques jours avant Dakar, Churchill m'avait, soudain, télégraphié qu'il envoyait Catroux au Caire afin d'agir sur le Levant où l'on espérait voir naître une occasion favorable. J'avais réagi nettement sur ce qui m'apparaissait, non, certes, comme une mauvaise idée, mais comme une initiative qui exigeait mon agrément. Churchill s'était, alors, expliqué dans des termes satisfaisants et en invoquant l'urgence[28].

Or, voici que Catroux arrivait du Caire. Au repas, je levai mon verre en l'honneur de ce grand chef, à qui je portais, depuis toujours, une déférente amitié. Il répondit d'une façon très noble et très simple qu'il se plaçait sous ma direction. Éboué et tous les assistants connurent, non sans émotion que, pour Catroux, de Gaulle était, désormais, sorti de l'échelle des grades et investi d'un devoir qui ne se hiérarchisait pas. Nul ne se méprit sur le poids de l'exemple ainsi donné. Quand, ayant fixé avec lui sa mission, je me séparai du général Catroux près de l'avion qui le ramenait au Caire, je sentis qu'il repartait grandi[29].

À Brazzaville, où j'arrivai le 24 octobre, on voyait, dans l'ensemble, les choses avec autant de conviction qu'à Douala et à Fort-Lamy. Mais on les voyait posément. C'était normal pour la « capitale ». L'administration, l'état-major, les services, les affaires, les missions, mesuraient les difficultés que les territoires équatoriaux, — les plus pauvres de tout l'Empire, — allaient avoir à surmonter pour vivre pendant des années séparés de la Métropole et pour porter l'effort de guerre. À vrai dire, certaines de leurs productions : huile, caoutchouc, bois, coton, café, peaux, seraient aisément vendues aux Britanniques et aux Américains. Mais, comme il n'y avait pas d'usines, non plus que de produits miniers, à l'exception d'un peu d'or, le total à exporter ne permettrait pas d'équilibrer tout ce qu'il allait falloir acheter au-dehors.

Pour seconder Larminat dans ce domaine, je nommai Pleven secrétaire général. Celui-ci, quand il aurait mis la machine en route, irait à Londres et à Washington, afin de régler les questions d'échéances et de paiements. Ses capacités, appuyées par l'autorité de Larminat, se révélèrent comme très efficaces. Administrateurs, planteurs, commerçants, transporteurs, voyant qu'il y avait fort à faire et que cela en valait la peine, inaugurèrent cette période d'intense activité qui allait, au cours même de la guerre, transformer profondément la vie des territoires équatoriaux. Le voyage qu'à la fin d'octobre je fis en Oubangui, où m'accueillit le gouverneur de Saint-Mart, puis celui qui me mena à Pointe-Noire qu'administrait Daguin, me permirent de donner sur place l'impulsion que tous attendaient.

Enfin, le 27 octobre, je me rendis à Léopoldville[30], où les autorités, l'armée, la population, ainsi que les Français habitant le Congo belge, me firent une très émouvante réception. Le gouverneur général Ryckmans, coupé lui aussi de sa patrie, mais voulant que son pays participât à la guerre, était en sympathie avec la France Libre. Celle-ci, d'ailleurs, couvrait le Congo belge contre l'esprit de capitulation qui avait failli l'investir par le nord. Ryckmans devait, jusqu'au bout, entretenir des rapports étroits avec son voisin français de l'autre rive du Congo. On peut noter qu'il en fut de même de leurs collègues anglais : Bourdillon en Nigeria et Huddleston au Soudan. Au lieu des rivalités et intrigues, qui naguère opposaient les voisins, il s'établit, entre Lagos, Douala, Brazzaville, Léopoldville, Khartoum, une solidarité personnelle des gouverneurs qui pesa lourd dans l'effort de guerre et le bon ordre de l'Afrique.

Cependant, tout était prêt pour terminer l'affaire du Gabon. Avant mon arrivée à Douala, Larminat avait déjà pris les premières dispositions. Sous les ordres du commandant Parant, quelques éléments, prélevés sur le Congo, s'étaient avancés jusqu'à Lambaréné, au bord de l'Ogooué. Mais ils avaient été arrêtés par la résistance des forces de Vichy. En même temps, une petite colonne, expédiée du Cameroun et commandée par le capitaine Dio, assiégeait le poste de Mitzic. À Lambaréné et à Mitzic, « gaullistes » et vichystes au contact échangeaient quelques balles et force arguments. Parfois, un Glenn-Martin de Libreville venait jeter sur les nôtres quelques bombes et beaucoup de tracts. Un Bloch 200 de Brazzaville rendait, le lendemain, la pareille aux opposants. Ces combats traînants et douloureux n'offraient pas de solution.

J'avais, dès mon arrivée, décidé de faire enlever directement Libreville et arrêté le plan d'action. On ne pouvait malheureusement douter qu'une sérieuse résistance serait opposée à nos forces. Le général Têtu, installé à Libreville, avait à sa disposition quatre bataillons, de l'artillerie, quatre bombardiers modernes, l'aviso *Bougainville* et le sous-marin *Poncelet*. Il avait mobilisé un certain nombre de colons. D'autre part, la mission qu'il avait reçue lui imposait de combattre. Pour qu'il ne pût recevoir des renforts, j'avais dû demander à M. Churchill de bien vouloir prévenir Vichy que, le cas échéant, la flotte anglaise s'y opposerait. À la suite de mon télégramme, l'amiral Cunningham était venu me voir à Douala. Nous avions convenu que ses navires ne participeraient pas directement à l'opération de Libreville mais qu'ils se tiendraient au large pour empêcher les gens de Dakar d'y envoyer de nouveaux croiseurs, s'ils en avaient, d'aventure, l'intention. De notre côté, c'est le cœur lourd que nous envisagions l'affaire et j'annonçai, au milieu de l'assentiment général, qu'aucune citation ne serait attribuée en cette pénible occasion.

Le 27 octobre, le poste de Mitzic était pris. Le 5 novembre, la garnison de Lambaréné mettait bas les armes. Aussitôt, partaient de Douala les bâtiments qui transportaient la colonne destinée à Libreville. Leclerc commandait l'ensemble ; Kœnig était à la tête des troupes de terre : un bataillon de légion, un bataillon colonial mixte : Sénégalais et colons du Cameroun. Le débarquement avait lieu à la pointe de la Mondah dans la nuit du 8 novembre et d'assez vifs combats s'engageaient, le 9, aux abords de la ville. Le même jour, sous la direction du commandant de Marmier, plusieurs des avions Lysander, que nous avions amenés en caisses d'Angleterre et qui avaient été hâtivement montés à Douala, survolaient le terrain et y jetaient quelques bombes. C'est alors que d'Argenlieu, à bord du *Savorgnan-de-Brazza*, suivi du *Commandant-Dominé*, entra dans la rade où se trouvait le *Bougainville*. En dépit des messages d'amitié, maintes fois répétés par les nôtres, le *Bougainville* se mit à tirer. La riposte du *Brazza* mit en feu cet opposant. Pendant ce temps, la Légion brisait, sur l'aérodrome, la résistance des éléments de Vichy. D'Argenlieu ayant fait parvenir au général Têtu un message l'adjurant de cesser le combat, la reddition fut conclue. Kœnig occupa Libreville. Parant, que j'avais nommé gouverneur du Gabon, prit possession de son poste. On comptait, hélas ! une vingtaine de tués.

La veille, le sous-marin *Poncelet*, ayant quitté Port-Gentil et rencontrant au large un des croiseurs de Cunningham, lui avait lancé une torpille. Grenadé par le croiseur, le sous-marin faisait surface et, tandis que l'équipage était recueilli par les Anglais, le commandant : capitaine de corvette de Saussine, sabordait le bâtiment et coulait bravement à son bord.

Restait à occuper Port-Gentil. Cela fut fait, le 12 novembre, après de longs pourparlers mais sans résistance de la place. La seule victime de cette ultime opération fut le gouverneur Masson qui, après avoir, au mois d'août, rallié le Gabon, s'était ensuite déjugé. Le pauvre homme, désespéré par cette erreur et ses conséquences, avait, après la prise de Libreville, pris place à bord du *Brazza* et débarqué à Port-Gentil, en compagnie du colonel Crochu, chef d'état-major de Têtu, pour demander à l'administrateur et à la garnison de ne pas engager, à leur tour, une lutte fratricide. Cette démarche avait contribué à empêcher le malheur. Mais, M. Masson, épuisé par les épreuves nerveuses qu'il venait de subir, se pendit dans sa cabine au cours de la traversée du retour[31].

Je me rendis à Libreville le 15, à Port-Gentil le 16 novembre. Le sentiment dominant dans la population était la satisfaction de sortir d'une situation absurde. À l'hôpital, je visitai les blessés des deux camps qui y étaient soignés côte à côte. Puis, je me fis présenter les cadres des unités de Vichy. Quelques éléments rallièrent la France Libre. La plupart, à qui leur chef avait fait donner leur parole de « rester fidèles au Maréchal », préférèrent être internés. Ils attendirent, pour reprendre du service, la rentrée de l'Afrique du Nord dans la guerre et, dès lors, comme beaucoup d'autres, firent vaillamment leur devoir. Le général Têtu fut confié à l'hospitalité des Pères du Saint-Esprit et, plus tard, transféré à l'hôpital de Brazzaville. De là, en 1943, il partit, lui aussi, pour Alger.

La radio de Dakar, de Vichy et de Paris se déchaîna en insultes furieuses, après avoir, quelques semaines plus tôt exagéré ses cris de triomphe. J'étais accusé d'avoir bombardé, brûlé et pillé Libreville, voire fusillé les notables, à commencer par l'évêque : Mgr Tardy. Il m'apparut que les gens de Vichy, en inventant de tels mensonges, voulaient couvrir quelque infamie. Lors de l'affaire de Dakar, ils avaient arrêté les trois aviateurs français libres déposés sans armes sur le terrain de Ouakam, puis Boislambert, Bissagnet et Kaouza que j'avais envoyés dans la ville, par les coulisses, avec le Dr Brunel, pour y répandre la bonne parole. Seul de ces « missionnaires », Brunel avait pu, après les événements, repasser en Gambie britannique. Les accusations lancées par Dakar me firent penser que, peut-être, on s'y proposait de se venger sur la personne des prisonniers. D'autant qu'ayant fait proposer à Boisson, avec la discrétion voulue, d'échanger ceux-ci contre Têtu et ses officiers, les ondes de Dakar avaient aussitôt publié ma démarche avec force outrages et provocations. Je prévins alors le haut-commissaire de Vichy que j'avais en main assez de ses amis pour répondre de la vie de ceux des Français Libres qu'il détenait en prison. Le ton de la radio adverse baissa instantanément.

Au reste, différents signes montraient dans quel trouble les événements jetaient les gouvernants de Vichy. L'espèce de basse euphorie, où l'armistice les avait plongés, s'était dissipée rapidement. Contrairement à ce qu'ils annonçaient naguère pour justifier leur capitulation, l'ennemi n'était pas venu à bout de l'Angleterre. D'autre part, le ralliement à de Gaulle de plusieurs colonies, puis l'affaire de Dakar, enfin celle du Gabon, faisaient voir que, si la France Libre savait user de la radio, elle était tout autre chose qu'« une poignée de mercenaires groupés autour d'un micro ». Du coup, on commençait à entrevoir en France un recours proprement français, tandis que les Allemands étaient contraints de faire entrer dans leurs calculs les difficultés croissantes que leur causerait la résistance. Au fond de l'Afrique, je percevais les saccades que, déjà, cet état de choses imprimait au comportement des gens de Vichy.

Le lendemain de Dakar, c'est par la violence qu'ils avaient, d'abord, réagi. Des avions du Maroc jetaient des bombes sur Gibraltar. Mais, aussitôt après, on essayait de l'apaisement. Des télégrammes de MM. Churchill et Eden m'informaient de conversations, ouvertes le 1er octobre, à Madrid, par l'ambassadeur M. de la Baume avec son collègue britannique Sir Samuel Hoare. Il s'agissait d'obtenir des Anglais qu'ils laissent passer en France les cargaisons venant d'Afrique, garantie étant donnée que les Allemands ne s'en empareraient pas. Mais, en outre, M. de la Baume déclarait, de la part de Baudouin, que « si l'ennemi saisissait ces denrées, le gouvernement serait transféré en Afrique du Nord et que la France reprendrait la guerre aux côtés du Royaume-Uni ».

Tout en notant le désarroi que révélaient de telles déclarations, j'avais mis les Anglais en garde. On voyait mal comment des gens, qui avaient eux-mêmes placé l'État sous la loi de l'ennemi et condamné ceux qui voulaient combattre, pourraient devenir tout à coup des champions de la résistance parce que l'envahisseur s'attribuerait quelques denrées en plus de celles qu'il prenait tous les jours. En effet, malgré les efforts tentés par le gouvernement de Londres pour encourager Vichy dans les bonnes velléités dont il offrait l'apparence, malgré les messages personnels adressés au Maréchal par le roi d'Angleterre et par le président des États-Unis, malgré les contacts pris par les Anglais avec Weygand, maintenant installé à Alger, et avec Noguès, toujours au Maroc, on vit bientôt, sous la pression allemande, disparaître toute illusion. Le 24 octobre, avait lieu la rencontre de Pétain et d'Hitler à Montoire. La collaboration de Vichy avec l'ennemi était officiellement proclamée. Enfin, dans les premiers jours de novembre, Vichy mettait un terme aux négociations de Madrid.

Désormais, d'évidentes raisons me commandaient de dénier, une fois pour toutes, aux gouvernants de Vichy, le droit de légitimité, de m'instituer moi-même comme le gérant des intérêts de la France, d'exercer dans les territoires libérés les attributions d'un gouvernement. À ce pouvoir provisoire, comme tenant et comme aboutissant, je donnai : la République, en proclamant mon obéissance et ma responsabilité vis-à-vis du peuple souverain et en m'engageant, d'une manière solennelle, à lui rendre des comptes dès que lui-même aurait recouvré sa liberté. Je fixai, en terre française, à Brazzaville, le 27 octobre, cette position nationale et internationale par un manifeste, deux ordonnances et une déclaration organique dont l'ensemble allait constituer la charte de mon action. Je crois n'y avoir pas manqué, jusqu'au jour inclus où, cinq années plus tard, je remis à la représentation nationale les pouvoirs que j'avais assumés[32]. D'autre part, je créai le Conseil de défense de l'Empire, destiné à m'aider de ses avis, et où je fis entrer, d'abord, Catroux, Muselier, Cassin, Larminat, Sicé, Sautot, d'Argenlieu et Leclerc. Enfin, j'arrêtai une fois pour toutes, par une note adressée le 5 novembre au gouvernement britannique[33], l'attitude qu'adoptait la France Libre et qu'elle invitait ses alliés à prendre vis-à-vis tant du gouvernement de Vichy que de ceux de ses proconsuls, tels Weygand ou Noguès, dont d'obstinés optimistes s'efforçaient de croire qu'ils passeraient un jour à l'action contre l'ennemi.

Au total, si notre entreprise africaine n'avait pas atteint tous les buts qu'elle avait visés, du moins la base de notre effort de guerre était-elle solidement établie, du Sahara au Congo et de l'Atlantique au bassin du Nil. Dans les premiers jours de novembre, je mis en place le commandement qui devait y diriger l'action. Éboué, nommé gouverneur général de l'Afrique équatoriale française, s'installait à Brazzaville, avec Marchand comme commandant des troupes. Lapie, appelé de Londres, devenait gouverneur du Tchad et l'administrateur Cournarie, gouverneur du Cameroun où il remplaçait Leclerc. Celui-ci, malgré les objections que lui dictait son désir de poursuivre à Douala ce qu'il avait commencé, était envoyé au Tchad pour commander les opérations sahariennes où il allait faire la dure et émouvante connaissance de la gloire. Enfin, Larminat, haut-commissaire avec pouvoirs civils et militaires, devait mener tout l'ensemble.

Avant de partir pour Londres, j'arrêtai, avec lui, le plan d'action des prochains mois. Il s'agissait, d'une part, de monter les premiers raids motorisés et aériens contre Mourzouk et Koufra. Il s'agissait, d'autre part, d'envoyer en Érythrée une brigade mixte ainsi qu'un groupe d'aviation de bombardement, qui prendraient part aux combats engagés contre les Italiens. Cette dernière expédition serait le début de l'intervention française dans la campagne du Moyen-Orient. Mais il fallait aussi recruter, encadrer, armer, les éléments qui iraient, à mesure, renforcer ces avant-gardes, tant au Sahara que sur le Nil. On ne peut imaginer quels efforts devaient exiger, dans les immensités du centre de l'Afrique, sous le climat équatorial, la mobilisation, l'instruction, l'équipement, le transport, des forces que nous voulions mettre sur pied et envoyer au combat à de colossales distances. On ne peut mesurer, non plus, quels prodiges d'activité tous allaient y apporter.

Le 17 novembre, je quittai l'Afrique française libre pour l'Angleterre, par Lagos, Freetown, Bathurst et Gibraltar. Tandis que, sous la pluie d'automne, l'avion rasait l'océan, j'évoquais les incroyables détours par où, dans cette guerre étrange, devaient désormais passer les Français combattants pour atteindre l'Allemand et l'Italien. Je mesurais les obstacles qui leur barraient la route et dont hélas ! d'autres Français dressaient devant eux les plus grands. Mais, en même temps, je m'encourageais à la pensée de l'ardeur que suscitait la cause nationale parmi ceux qui se trouvaient libres de la servir. Je songeais à ce qu'avait, pour eux, d'exaltant une aventure aux dimensions de la terre. Si rudes que fussent les réalités, peut-être pourrais-je les maîtriser, puisqu'il m'était possible, suivant le mot de Chateaubriand, « d'y mener les Français par les songes[34] ».

LONDRES

À Londres, en ce début d'hiver, la brume enveloppait les âmes. Je trouvai les Anglais tendus et mélancoliques. Sans doute pensaient-ils, avec fierté, qu'ils venaient de gagner la bataille aérienne et que les risques d'invasion s'étaient beaucoup éloignés. Mais, tandis qu'ils déblayaient leurs ruines, d'autres angoisses fondaient sur eux et sur leurs pauvres alliés.

La guerre sous-marine faisait rage. Le peuple anglais voyait, avec une anxiété croissante, les submersibles, les avions, les raiders allemands, opérer la destruction des navires dont dépendaient le cours de la guerre et jusqu'au taux des rations. Pour les ministres et les services, il n'était question que de *shipping*. Le tonnage devenait une hantise, un tyran qui dominait tout. La vie, la gloire de l'Angleterre, se jouaient chaque jour sur la mer.

En Orient, commençaient les opérations actives. Or, la Méditerranée, par suite de la défection de Vichy, devenait inaccessible aux lents convois britanniques. Les troupes et le matériel que Londres envoyait en Égypte devaient passer par le Cap, suivant une route maritime longue comme la moitié de la terre. Ce qui y était expédié, des Indes, d'Australie, de Nouvelle-Zélande, n'y arrivait également qu'après d'interminables traversées. D'autre part, la masse des matières, de l'armement, du ravitaillement, — 60 millions de tonnes en 1941, — que l'Angleterre importait pour son industrie, ses armées, sa population, ne pouvait plus lui venir que des lointains de l'Amérique, de l'Afrique ou de l'Asie. Il y fallait un tonnage colossal, naviguant en zigzag sur d'immenses distances, aboutissant au goulot des ports de la Mersey et de la Clyde et exigeant des moyens d'escorte considérables.

L'inquiétude britannique était d'autant plus lourde que, d'aucun côté, ne s'ouvraient d'heureuses perspectives. Contrairement à ce qu'avaient espéré beaucoup d'Anglais[1], le bombardement de leurs villes et la victoire de la Royal Air Force ne décidaient nullement l'Amérique à entrer en ligne. Aux États-Unis, l'opinion était, certes, hostile à Hitler et à Mussolini. D'autre part, le président Roosevelt, sitôt réélu, le 5 novembre, accentuait par ses démarches diplomatiques et ses déclarations publiques son effort pour entraîner l'Amérique vers l'intervention. Mais l'attitude officielle de Washington restait la neutralité, d'ailleurs imposée par la loi. Aussi, pendant ce sombre hiver, les Anglais devaient-ils payer en or et en devises leurs achats aux États-Unis. Même, tout concours indirect, que l'habileté casuistique du Président parvenait à leur fournir, était l'objet d'une sourcilleuse réprobation au Congrès et dans la presse. Bref, les Anglais, au rythme des paiements imposés par leurs besoins, voyaient approcher le moment où, faute de disponibilités, ils ne pourraient plus recevoir ce qu'il leur fallait pour combattre.

Du côté de la Russie soviétique, aucune fissure ne se montrait dans le marché qui la liait au Reich. Au contraire, après deux voyages de Molotov à Berlin, un accord commercial germano-russe, conclu au mois de janvier, allait aider puissamment au ravitaillement de l'Allemagne. D'autre part, en octobre 1940, le Japon avait signé le pacte tripartite, proclamant sa menaçante solidarité avec Berlin et avec Rome. En même temps, l'unité de l'Europe sous l'hégémonie allemande semblait se réaliser. La Hongrie, la Roumanie, la Slovaquie, adhéraient à l'Axe en novembre. Franco rencontrait Hitler à Saint-Sébastien[2] et Mussolini à Bordighera. Enfin, Vichy, hors d'état de maintenir même la fiction d'indépendance que lui accordait l'armistice, entrait dans la collaboration effective avec l'envahisseur.

Si, au-dehors, l'horizon était sombre, au-dedans de très lourdes charges éprouvaient le peuple britannique. La mobilisation envoyait aux armées, aux usines, aux champs, aux services publics, à la défense passive, vingt millions d'hommes et de femmes. Les consommations étaient, pour tout le monde, rigoureusement limitées, et la sévérité extrême des tribunaux réglait à mesure son compte au marché noir[a]. D'autre part, l'action aérienne de l'ennemi, pour ne plus viser à des résultats décisifs, n'en continuait pas moins, harcelant les ports, l'industrie, les voies ferrées, écrasant soudain : Coventry, la Cité de Londres, Portsmouth, Southampton, Liverpool, Glasgow, Swansea, Hull, etc., tenant en alerte les populations pendant des nuits et des nuits, épuisant le personnel de sauvegarde et de défense, contraignant une foule de pauvres gens à quitter leur lit pour s'enfoncer dans les caves, les abris, voire, à Londres, les stations de métro[b]. En cette fin de 1940, les Anglais, assiégés dans leur île, se sentaient au plus noir du tunnel.

Tant d'épreuves, subies par les Britanniques, ne facilitaient pas nos rapports avec eux. Concentrés qu'ils étaient sur leurs préoccupations, nos problèmes particuliers leur paraissaient intempestifs. En outre, ils avaient d'autant plus tendance à nous absorber que nous compliquions leurs affaires. Il leur eût été, en effet, plus commode, du point de vue de l'administration autant que de la politique, de traiter les Français Libres comme des éléments incorporés aux forces et services anglais, plutôt qu'en alliés ambitieux et revendicatifs. Au surplus, pendant cette période où la guerre se stabilisait et où, d'autre part, sévissait la pénurie, on n'inclinait pas beaucoup, dans les milieux dirigeants de Londres, à innover, ni même à trancher. Au milieu de problèmes pressants, mais insolubles, états-majors et ministères pratiquaient naturellement le régime des questions pendantes et des conflits d'attributions, tandis que le gouvernement, sous le feu des critiques du Parlement et de la presse, avait peine à s'accorder pour prendre des décisions. « Vous savez, me dit un jour Churchill, ce que c'est qu'une coalition. Eh bien ! Le cabinet britannique en est une. »

Cependant, la France Libre avait, d'urgence, besoin de tout. Après les improvisations de l'été et de l'automne, avant les entreprises nouvelles que j'étais décidé à engager au printemps, force nous était d'obtenir des Anglais l'indispensable, tout en maintenant à leur égard une indépendance résolue. De cet état de choses devaient résulter maintes frictions.

D'autant plus que le caractère mouvant et composite de notre organisation justifiait, dans une certaine mesure, la circonspection des Britanniques, en même temps qu'elle facilitait leurs ingérences. Il était inévitable que la France Libre, recrutée hâtivement, homme par homme[3], ne trouvât pas tout de suite son équilibre intérieur. À Londres, chacune de ses catégories : armée, marine, aviation, finances, affaires étrangères, administration coloniale, information, liaisons avec la France, se formait et fonctionnait dans le grand désir de bien faire. Mais l'expérience et la cohésion faisaient cruellement défaut. En outre, l'esprit aventureux de certaines personnalités, ou simplement leur inaptitude à se plier aux règles et obligations d'un service public imprimaient de rudes saccades à l'appareil. C'est ainsi que, pendant mon séjour en Afrique, André Labarthe avait quitté notre administration et que l'amiral Muselier s'était heurté aux autres services. Il s'était produit, à Carlton Gardens, d'âpres conflits de personnes et tragi-comédies de bureaux, scandalisant nos volontaires et inquiétant nos alliés.

Dès mon retour, à la fin de novembre, j'avais entrepris de mettre les gens et les choses à leur place[4]. Mais, à peine avais-je commencé cette réorganisation que je me trouvai aux prises avec une brutale erreur du gouvernement britannique, lui-même fourvoyé par l'« Intelligence ».

En effet, la fièvre obsidionale, qui travaillait alors l'Angleterre, y faisait foisonner les organes de renseignements et de sécurité. L'« Intelligence », qui est, pour les Anglais, une passion, autant qu'un service, n'avait évidemment pas manqué de pousser des antennes en direction de la France Libre. Elle y employait à la fois des gens bien inspirés et d'autres qui ne l'étaient pas. Bref, à l'instigation de quelques agents indésirables, le cabinet anglais allait, tout à coup, infliger à la France Libre une blessure qui faillit tourner mal.

Le 1er janvier au soir, me trouvant dans le Shropshire[4], auprès des miens, M. Eden me fit demander de venir le voir d'urgence au Foreign Office, où il avait récemment remplacé Lord Halifax, nommé ambassadeur aux États-Unis. Je m'y rendis directement le lendemain matin. En m'accueillant, Eden montra les signes d'une vive émotion. « Il arrive, me dit-il, quelque chose de lamentable. Nous venons d'avoir la preuve que l'amiral Muselier est secrètement en rapport avec Vichy, qu'il a tenté de transmettre à Darlan le plan de l'expédition de Dakar au moment où elle se préparait et qu'il projette de lui livrer le *Surcouf*. Le Premier Ministre, sitôt informé, a donné l'ordre d'arrêter l'amiral. Il a été approuvé par le cabinet britannique. Muselier est donc incarcéré. Nous ne nous dissimulons pas quelle impression va faire chez vous et chez nous cette affreuse histoire. Mais il nous était impossible de ne pas agir sans délai. »

M. Eden me montra, alors, les documents sur lesquels s'étayait l'accusation. Il s'agissait de notes dactylographiées à en-tête et avec le cachet du consulat de France à Londres, — toujours occupé par un fonctionnaire de Vichy, — et apparemment signées du général Rozoy, naguère chef de la mission de l'Air et récemment rapatrié. Ces notes rendaient compte de renseignements soi-disant fournis par l'amiral Muselier à Rozoy. Celui-ci était réputé les avoir fait passer à une légation sud-américaine à Londres, d'où ils devaient gagner Vichy. Mais, en chemin, d'habiles agents de l'« Intelligence » avaient, suivant M. Eden, intercepté les documents. « Après une minutieuse enquête, ajouta-t-il, les autorités britanniques devaient, hélas ! se convaincre de leur authenticité. »

Quoique d'abord abasourdi, j'eus tout de suite le sentiment que « le café était vraiment trop fort » et qu'il ne pouvait s'agir que d'une énorme erreur résultant d'une machination. Je le déclarai tout net à M. Eden et lui dis que j'allais voir moi-même ce qu'il pouvait en être et, qu'en attendant, je faisais toutes réserves sur cette extraordinaire histoire.

Cependant, n'allant pas, d'abord, jusqu'à imaginer que l'affaire pût être montée sous le couvert d'un service britannique, je l'attribuai à Vichy. Ne seraient-ce point de ses fidèles qui auraient fabriqué et laissé en Angleterre cette bombe à retardement ? Après quarante-huit heures d'information et de réflexion, je me rendis chez le ministre anglais et lui déclarai ceci : « Les documents sont ultra-suspects, tant par leur contexte que par leur source supposée. En tout cas, ce ne sont pas des preuves. Rien ne justifie l'outrageante arrestation d'un vice-amiral français. Celui-ci n'a, d'ailleurs, pas été entendu. Moi-même n'ai pas la possibilité de le voir. Tout cela est injustifiable. Pour l'instant, il faut, au minimum, que l'amiral Muselier sorte de prison et soit traité honorablement jusqu'à ce que cette sombre histoire soit éclaircie. »

M. Eden, quoique devenu perplexe, n'accepta pas de me donner satisfaction, alléguant le sérieux de l'enquête faite par les services britanniques. Par une lettre, puis par un mémoire[5], je confirmai ma protestation. Je rendis visite à l'amiral Sir Dudley Pound, Premier lord de la mer et, invoquant l'internationale des amiraux, l'invitai à intervenir dans cette déshonorante querelle cherchée à l'un de ses pairs. À la suite de mes démarches, l'attitude des autorités britanniques marqua quelques vacillations. C'est ainsi que j'obtins, comme je l'avais exigé, d'aller voir Muselier à Scotland Yard, non dans une cellule mais dans un bureau, sans garde et sans témoin, pour montrer à tout le monde et pour lui dire à lui-même que je rejetais l'imputation dont il était victime. Enfin, divers indices m'ayant donné à penser que deux individus, incorporés pendant mon séjour en Afrique dans notre « service de sécurité », sous l'uniforme français mais sur l'insistance des Anglais, avaient trafiqué dans l'affaire, je les fis venir et me convainquis, au spectacle de leur effarement, qu'il s'agissait décidément d'une « histoire d'Intelligence ».

Au général Spears, convoqué par moi le 8 janvier, je confirmai formellement ma certitude. Je lui déclarai que je donnais au gouvernement britannique un délai de vingt-quatre heures pour libérer l'amiral et lui faire réparation, faute de quoi toutes relations seraient rompues entre la France Libre et la Grande-Bretagne quelles qu'en pussent être les conséquences. Le jour même, Spears, penaud, vint me dire que l'erreur était reconnue, que les « documents » n'étaient que des faux, que les coupables avaient avoué et que Muselier sortait de prison. Le lendemain, l'attorney général me rendit visite, m'annonçant que des poursuites étaient intentées contre les auteurs de la machination, notamment plusieurs officiers britanniques, et me priant de désigner quelqu'un pour suivre, au nom de la France Libre, l'enquête et le procès ; ce que je fis. L'après-midi, à Downing Street, MM. Churchill et Eden, évidemment fort contrariés, m'exprimèrent les excuses du gouvernement britannique et sa promesse de réparer, vis-à-vis de Muselier, l'insulte qui lui avait été faite. Je dois dire que cette promesse fut tenue. Même, le changement d'attitude réciproque des Anglais et de l'amiral se révéla si complet qu'il parut bientôt excessif, comme on le verra par la suite[6].

Je ne cache pas que ce lamentable incident, en mettant en relief ce qu'il y avait toujours de précaire dans notre situation à l'égard de nos alliés, ne manqua pas d'influencer ma philosophie quant à ce que devaient être, décidément, nos rapports avec l'État britannique. Cependant, dans l'immédiat, les conséquences du mal ne furent pas toutes mauvaises. Car les Anglais, désireux, sans doute, de compenser leur erreur, se montrèrent plus disposés à traiter avec nous les affaires en suspens.

C'est ainsi que, le 15 janvier, je signai, avec M. Eden, un accord de « juridiction » concernant les Français Libres en territoire britannique et notamment les attributions de nos propres tribunaux, qui opéreraient « conformément à la législation militaire nationale ». D'autre part, nous pûmes entamer avec la Trésorerie anglaise des négociations relatives à un accord financier, économique et monétaire. Cassin, Pleven et Denis furent chargés, pour notre compte, de ces négociations qui aboutirent le 19 mars.

Les problèmes que nous devions résoudre, à cet égard, étaient tels qu'il nous fallait sortir du régime des expédients. Comment faire vivre, comme un tout, les territoires ralliés en Afrique et en Océanie, nous qui n'avions encore ni banque, ni monnaie, ni transports, ni transmissions, ni représentation commerciale reconnue à l'étranger ? Comment entretenir les forces de la France Libre réparties en tous les points du monde ? Comment décompter la valeur du matériel et des services qui nous étaient fournis par nos alliés et de ceux que nous leur fournissions ? Aux termes de l'accord, il fut entendu que tout règlement, quel qu'en fût l'objet, serait effectué à Londres entre le gouvernement anglais et le général de Gaulle, et non point arrangé avec les autorités locales françaises au hasard des circonstances. Le taux de change adopté était de 176 francs pour une livre, c'est-à-dire celui-là même qui se trouvait en vigueur avant l'armistice conclu par Vichy.

Suivant la même politique, nous fûmes amenés, un peu plus tard, à instituer la « Caisse centrale de la France Libre »[7]. Cette caisse devait effectuer tous les paiements : soldes, traitements, achats, etc., et recevoir tous les versements : contributions de nos territoires, avances de la Trésorerie britannique, dons des Français de l'étranger, etc. Elle devenait, d'autre part, banque unique d'émission de la France Libre, où que ce fût dans le monde. Ainsi, tandis que le ralliement à de Gaulle liait moralement entre eux tous nos éléments, leur administration se trouvait, elle aussi, fortement centralisée. Du fait qu'il n'y avait point, parmi nous, de fiefs budgétaires et économiques, non plus que politiques et militaires, et qu'en même temps l'Angleterre s'interdisait toute ingérence locale par les moyens financiers, l'unité s'établit sur un ensemble pourtant improvisé et dispersé à l'extrême.

Cependant, tout en consolidant notre base outre-mer, c'est à la Métropole que nous pensions surtout. Qu'y faire ? Comment ? Avec quoi ? Ne disposant d'aucun moyen pour l'action en France et ne voyant même pas par quel bout aborder le problème, nous n'en étions pas moins hantés par les plus vastes projets, espérant que le pays s'y associerait massivement. Nous[d] n'imaginions donc rien moins qu'une organisation qui nous permettrait à la fois d'éclairer les opérations alliées grâce à nos renseignements sur l'ennemi, de susciter sur le territoire la résistance dans tous les domaines, d'y équiper des forces qui, le moment venu, participeraient sur les arrières allemands à la bataille pour la libération, enfin de préparer le regroupement national qui, après la victoire, remettrait le pays en marche. Encore voulions-nous que cette contribution multiple, fournie par des Français à l'effort de guerre commun, le fût au bénéfice de la France, non point divisée en services directement rendus aux Alliés.

Mais ce terrain de l'action clandestine était, pour nous tous, entièrement nouveau. Rien n'avait jamais été préparé en France en vue de la situation où le pays était jeté. Nous savions que le service français des renseignements poursuivait, à Vichy, quelque activité. Nous n'ignorions pas que l'état-major de l'armée s'efforçait de soustraire aux commissions d'armistice certains stocks de matériel. Nous nous doutions que divers[e] éléments militaires tâchaient de prendre des dispositions dans l'hypothèse d'une reprise des hostilités. Mais ces efforts fragmentaires étaient accomplis en dehors de nous, pour le compte d'un régime dont la raison d'être consistait précisément à ne pas les utiliser, et sans que jamais la hiérarchie cherchât ou acceptât le moindre contact avec la France Libre. Bref, il n'existait rien à quoi notre action pût s'accrocher dans la Métropole. Il fallait tirer du néant le service qui opérerait sur ce champ de bataille capital.

Ce n'étaient certes pas les candidatures qui manquaient autour de moi. Par une sorte d'obscure prévision de la nature, il se trouvait qu'en 1940 une partie de la génération adulte était, d'avance, orientée vers l'action clandestine. Entre les deux guerres, en effet, la jeunesse avait montré beaucoup de goût pour les histoires de 2e Bureau, de service secret, de police, voire de coups de main et de complots. Les livres, les journaux, le théâtre, le cinéma, s'étaient largement consacrés aux aventures de héros plus ou moins imaginaires qui prodiguaient dans l'ombre les exploits au service de leur pays. Cette psychologie allait faciliter le recrutement des missions spéciales. Mais elle risquait aussi d'y introduire le romantisme, la légèreté, parfois l'escroquerie, qui seraient les pires écueils. Il n'y aurait pas de domaine où l'on aurait plus de demandes d'emploi mais où les hommes chargés des affaires devraient faire preuve de plus de sérieux en même temps[f] que d'audace.

Par bonheur, il s'en trouva de bons. Le commandant Dewavrin, dit Passy, fut leur chef. Rien n'avait préparé Passy à cette mission sans précédent. Mais, à mes yeux, c'était préférable. Sitôt désigné, d'ailleurs, il fut saisi pour sa tâche d'une sorte de passion froide qui devait le soutenir sur une route ténébreuse où il se trouverait mêlé à ce qu'il y eut de meilleur et à ce qu'il y eut de pire. Pendant le drame quotidien que fut l'action en France, Passy, secondé par Manuel, plus tard Vallon, Wybot, Pierre Bloch, etc., tint la barque à flot contre le déferlement des angoisses, des intrigues, des déceptions. Lui-même sut résister au dégoût et se garder de la vantardise, qui sont les démons familiers de cette sorte d'activité. C'est pourquoi, quelques changements qu'ait dû subir le Bureau central de renseignements et d'action, à mesure des expériences, je[g] maintins Passy en place à travers vents et marées[8].

Le plus urgent était d'installer en territoire national un embryon d'organisation. Du côté britannique, on eût voulu nous voir y envoyer simplement des agents chargés de recueillir isolément, sur le compte de l'ennemi, des renseignements relatifs à des objets déterminés. Telle était la méthode utilisée pour l'espionnage. Mais nous entendions faire mieux. Puisque l'action en France allait se déployer au milieu d'une population où foisonneraient, pensions-nous, les bonnes volontés, c'étaient[b] des réseaux que nous voulions constituer. Ceux-ci, reliant entre eux des éléments choisis, communiquant avec nous par des moyens centralisés, obtiendraient le meilleur rendement. D'Estienne d'Orves, Duclos, débarqués sur la côte de la Manche ; Fourcault, passant par l'Espagne ; Robert, Mounier, venus de Tunisie à Malte et réexpédiés en Afrique du Nord, firent les premières expériences. Peu après, Rémy, à son tour, commença cette carrière d'agent secret où il devait montrer une sorte de génie[9].

Alors, s'engagea la lutte sur ce champ jusqu'alors inconnu. Mois après mois, plutôt lune après lune, car c'est de l'astre des nuits que dépendaient beaucoup d'opérations, le B.C.R.A. commença son œuvre : recrutement de combattants pour la guerre clandestine ; ordres à donner aux missions ; rapports à dépouiller ; transports par chalutiers, sous-marins, avions ; passages par le Portugal et l'Espagne ; parachutages ; prises de contact avec les bonnes volontés qui s'offraient en France ; allers et retours d'inspections et de liaisons ; transmissions par postes radio, courriers, signaux convenus ; travail avec les services alliés qui formulaient les demandes de leurs états-majors, fournissaient le matériel et, suivant les cas, facilitaient ou compliquaient les choses. Par la suite, l'action, s'élargissant, devait englober les groupes armés du territoire et les mouvements de résistance aux multiples activités. Mais, pendant cet obscur hiver, on n'en était pas encore là !

En attendant, il fallait pratiquer avec les Anglais un *modus vivendi* qui permît au B.C.R.A. de fonctionner tout en restant national. Ce fut là une vraie gageure. Certes, les Britanniques comprenaient quels avantages pouvaient procurer, au point de vue des renseignements, — le seul qui les intéressât d'abord, — les concours fournis par des Français. Mais, ce que recherchaient surtout les organes anglais intéressés, c'étaient les concours directs. Une véritable concurrence s'engagea donc aussitôt : nous-mêmes invoquant, auprès des Français, l'obligation morale et légale de ne pas s'incorporer à un service étranger ; les Anglais utilisant leurs moyens pour tâcher de se procurer des agents, puis des réseaux, à eux.

Dès qu'un Français arrivait en Angleterre, et à moins qu'il ne fût notoire, il était chambré par l'« Intelligence » dans les locaux de Patriotic School et invité à s'engager dans les services secrets britanniques. Ce n'est qu'après toute une série de pressions et sollicitations qu'on le laissait nous rejoindre. Si, toutefois, il avait cédé, on l'isolait de nous, qui ne le verrions jamais. En France même, les Anglais jouaient de l'équivoque pour recruter leurs auxiliaires. « De Gaulle et la Grande-Bretagne, c'est la même chose ! » faisaient-ils dire. Quant aux moyens matériels, pour lesquels nous dépendions presque entièrement de nos alliés, nous ne les obtenions parfois qu'après d'obstinés marchandages. On comprend à quelles frictions mena cette manière de faire. Il est vrai que, si les Anglais frôlaient souvent la limite, ils ne la dépassaient jamais. Au moment voulu, ils mettaient les pouces et cédaient, au moins partiellement, à nos mises en demeure. Alors, s'ouvrait une période d'utile collaboration, jusqu'au jour où, soudain, grondaient de nouveaux orages.

Mais ce que nous tâchions de faire ne pouvait valoir quelque chose, à cet égard comme aux autres, que si l'opinion française nous suivait. Le 18 juin, parlant à la radio pour la première fois de ma vie[10] et imaginant, non sans vertige, celles et ceux qui étaient à l'écoute, je découvrais quel rôle allait jouer dans notre entreprise la propagande par les ondes.

Les Anglais, entre autres mérites, eurent celui de discerner immédiatement et d'utiliser magistralement l'effet qu'une radio libre était susceptible de produire sur des peuples incarcérés. Ils avaient, tout de suite, commencé d'organiser leur propagande française. Mais, en cela comme en tout, s'ils voulaient sincèrement favoriser la résonance nationale que trouvaient de Gaulle et la France Libre, ils prétendaient aussi en profiter tout en restant maîtres du jeu. Quant à nous, nous entendions ne parler que pour notre compte. Pour moi-même, il va de soi que je n'admis jamais aucune supervision, ni même aucun avis étranger, sur ce que j'avais à dire à la France.

Ces points de vue différents s'aménagèrent dans un compromis de fait d'après lequel la France Libre disposait chaque jour des ondes pendant deux fois cinq minutes. D'autre part et indépendamment de nous, fonctionnait sous la direction de M. Jacques Duchesne, journaliste employé par la B.B.C., l'équipe fameuse « des Français parlent aux

Français ». Plusieurs Français Libres, tels Jean Marin et Jean Oberlé, en faisaient partie avec mon approbation. Il était, d'ailleurs, entendu que l'équipe se tiendrait en étroite liaison avec nous, ce qui eut lieu longtemps, en effet. Je dois dire que le talent et l'efficacité de ce groupe nous déterminèrent à lui donner tout le concours que nous pouvions. Nous en faisions d'ailleurs autant pour la revue *France Libre* due à l'initiative de MM. Labarthe et Raymond Aron. Nous traitions de la même manière l'*Agence française indépendante* et le journal *France*, respectivement dirigés par Maillaud dit Bourdan et par M. Comert, avec l'appui direct du ministère britannique de l'Information mais sans nous être aucunement attachés.

Les choses allèrent ainsi, avec quelques incidents, tant que restèrent parallèles les intérêts et les politiques de l'Angleterre et de la France Libre. Plus tard, devaient venir des crises, au cours desquelles les propagandistes « des Français parlent aux Français », l'*Agence française indépendante*, le journal *France*, n'épousèrent pas notre querelle. Il est vrai que, par les antennes de Brazzaville, nous eûmes toujours le moyen de publier ce qui nous parut utile. Dès le début, en effet, notre modeste radio africaine avait activement fonctionné et moi-même m'en servis souvent. Mais nous voulions l'agrandir et l'étendre. Le matériel nécessaire fut commandé en Amérique. Il nous fallut, pour l'obtenir, non seulement patienter longtemps et payer beaucoup de dollars, mais encore déjouer aux États-Unis maintes intrigues et surenchères. Finalement, c'est au printemps de 1943 que la petite installation des commencements héroïques fut relevée, sur le Congo, par le grand poste de la France Combattante.

On comprendra quelle importance nous attachions à nos brèves émissions de Londres. Chaque jour, celui qui devait parler en notre nom entrait au studio tout pénétré de sa responsabilité. On sait que Maurice Schumann le faisait le plus souvent. On sait aussi avec quel talent. Tous les huit jours environ[11], je parlais moi-même, avec l'émouvante impression d'accomplir, pour des millions d'auditeurs qui m'écoutaient dans l'angoisse à travers d'affreux brouillages, une espèce de sacerdoce. Je fondais mes allocutions sur des éléments très simples : le cours de la guerre, qui démontrait l'erreur de la capitulation ; la fierté nationale, qui, au contact de l'ennemi, remuait profondément les âmes ; enfin, l'espoir de la victoire et d'une nouvelle grandeur pour « notre dame la France[12] ».

Pourtant, si favorable que pût être l'effet produit, il nous fallait bien constater que, dans les deux zones, l'opinion était à la passivité. Sans doute écoutait-on partout « la radio de Londres » avec satisfaction, souvent même avec ferveur. L'entrevue de Montoire avait été sévèrement jugée. La manifestation des étudiants de Paris, se portant en cortège derrière « deux gaules », le 11 novembre, à l'Arc de Triomphe, et dispersés par la Wehrmacht à coups de fusil et de mitrailleuse, donnait une note émouvante et réconfortante. Le renvoi momentané de Laval[13] apparaissait comme une velléité officielle de redressement. Le 1er janvier, comme je l'avais demandé, une grande partie de la population, surtout en zone occupée, était restée à domicile, vidant les rues et les places, pendant une heure : « l'heure d'espérance[14] ». Mais aucun signe ne donnait à penser que des Français, en nombre appréciable, fussent résolus à l'action. L'ennemi, là où il se trouvait, ne courait chez nous aucun risque. Quant à Vichy, rares étaient ceux qui contestaient son autorité. Le Maréchal lui-même demeurait très populaire. Un film de ses visites aux principales villes du Centre et du Midi, qui nous était parvenu, en donnait des preuves évidentes. Au fond, la grande majorité voulait croire que Pétain rusait et que, le jour venu il redresserait les armes. L'opinion générale était donc que lui et moi nous mettions secrètement d'accord. En définitive, la propagande n'avait, comme toujours, que peu de valeur par elle-même. Tout dépendait des événements.

Dans l'immédiat, il s'agissait de la bataille d'Afrique. La France Libre commençait à y figurer. Dès le 14 juillet[15], je m'étais mis directement en rapport avec le général Wavell, commandant en chef britannique au « Middle East », pour qu'il groupât en unités constituées les éléments français qui se trouveraient dans sa zone d'action et les envoyât en renfort au général Legentilhomme à Djibouti. Puis, quand il fut avéré que la Côte française des Somalis se soumettait à l'armistice, j'avais obtenu de Wavell que le bataillon d'infanterie de marine, rallié à Chypre en juin et complété par des Français d'Égypte, participât à la première offensive menée par les Anglais en Cyrénaïque vers Tobrouk et Derna. En France et au-dehors, beaucoup de patriotes avaient tressailli en apprenant que, déjà, le 11 décembre, le vaillant bataillon du commandant Folliot s'était distingué au combat de Sidi-Barrani[16]. Mais la grande affaire était, maintenant, d'amener en mer Rouge, depuis l'Afrique équatoriale, une division,

— hélas ! légère, — et d'obtenir qu'elle participât, comme telle, aux opérations.

Or, c'était en Érythrée et en Éthiopie que le commandement britannique voulait porter l'effort, au printemps, de manière à liquider l'armée du duc d'Aoste[17] avant d'entamer autre chose sur les rives de la Méditerranée. Quelles que fussent les distances, j'entendais qu'un premier échelon français prît part à l'action. Les 11 et 18 décembre, j'avais donné à Larminat et à Catroux les instructions nécessaires. Il s'agissait de la demi-brigade de légion étrangère, d'un bataillon sénégalais du Tchad, d'une compagnie de fusiliers marins, d'une compagnie de chars, d'une batterie d'artillerie et d'éléments de services, le tout placé sous les ordres du colonel Monclar. Déjà, un escadron de spahis, amené de Syrie en juin 1940 par le commandant Jourdier, et quelques aviateurs, venus les uns de Tunis avec le capitaine Dodelier, les autres de Rayak[18] avec les lieutenants Cornez et de Maismont, combattaient aux côtés des Anglais. J'avais fait régler l'embarquement de la Légion à destination de Port-Soudan, avec l'accord de Wavell ; les chars et l'artillerie devant suivre, eux aussi, par mer. Quant au bataillon du Tchad, il était parti pour Khartoum, tout simplement par les pistes, en utilisant des camionnettes locales. Il devait, d'ailleurs, arriver sans douleur, malgré les prédictions funestes des Africains expérimentés et, dès le 20 février, sous les ordres du commandant Garbay s'engager près de Kub-Kub et remporter un succès signalé. Par la suite, quatre autres bataillons sénégalais rejoindraient ces éléments de tête et constitueraient, avec eux, une appréciable unité de bataille. D'autre part, un groupe français de bombardement, doté d'appareils Blenheim que nous avions amenés d'Angleterre, serait expédié vers Khartoum. Enfin, les braves avisos *Savorgnan-de-Brazza* et *Commandant-Duboc* faisaient route vers la mer Rouge.

Combien la part de la France dans la bataille d'Abyssinie eût-elle eu plus d'importance, si la Côte française des Somalis, avec sa garnison de dix mille hommes bien armés et son port de Djibouti, terminus du chemin de fer d'Addis-Abeba, était redevenue belligérante ! Aussi, tout en pressant l'envoi de troupes vers l'Éthiopie, voulais-je tenter de faire rallier cette colonie française. Or, à Djibouti, après quelques velléités de refuser l'armistice, on s'était soumis aux ordres de Vichy. Mais, peut-être, le fait que, dans la région même, une bataille s'engageait contre l'ennemi et que des Français arrivaient pour y prendre part entraînerait-il un changement d'attitude ? Dans ce cas, c'est à Djibouti qu'il faudrait débarquer les troupes de la France Libre pour les y joindre à la garnison. Dès lors, une force française vraiment importante prendrait l'offensive à partir de là, en conjuguant son effort avec celui des Britanniques. Si, au contraire, la Côte des Somalis n'acceptait pas de se rallier, l'expédition française libre combattrait seule aux côtés des Anglais.

À Londres, nos alliés donnèrent leur accord à ce programme. Je chargeai le général Legentilhomme de tenter d'amener au combat ses anciennes troupes[19] de Djibouti et, en tout cas, de commander celles qui étaient ou seraient envoyées en mer Rouge depuis l'Afrique équatoriale. Il partit aussitôt pour Khartoum. Au général Catroux et au général Wavell, je fixai les conditions dans lesquelles devraient agir Legentilhomme et les forces sous ses ordres. En même temps, je priai M. Churchill de s'accommoder de l'initiative française, dont il faisait d'abord mine de prendre ombrage.

Tandis que nous tâchions de renforcer en Orient l'action des forces britanniques, nous ouvrions, aux confins du Tchad et de la Libye, un front proprement français. C'était, à vrai dire, avec des moyens bien faibles et sur d'immenses étendues. Mais là, nous pouvions ne dépendre que de nous-mêmes et je tenais essentiellement à ce qu'il en fût ainsi.

Depuis son arrivée au Tchad, Leclerc, sous les ordres du haut-commissaire de Larminat qui lui donnait tout ce qu'il pouvait, avait préparé, avec une activité extrême, les premières opérations prescrites dans le désert. En janvier, avec le lieutenant-colonel d'Ornano qui fut tué dans cette affaire, il poussait jusqu'au poste italien de Mourzouk une brillante reconnaissance, à laquelle s'était jointe une patrouille anglaise venue du Nil. Fin janvier, à la tête d'une colonne soigneusement formée, qu'appuyait notre aviation, Leclerc s'élançait vers les oasis de Koufra, à mille kilomètres de ses bases. Pendant plusieurs semaines de manœuvres et de combats, il attaquait les Italiens dans leurs postes, repoussait leurs troupes mobiles et, le 1er mars, faisait capituler l'ennemi.

Au moment même, l'avance rapide des Britanniques en Libye semblait pouvoir nous offrir des perspectives plus larges encore. C'est pourquoi, le 17 février, je prescrivis au général de Larminat de préparer la conquête du Fezzan. Le cours ultérieur des événements de Libye devait nous empêcher de passer, dès ce moment, à l'exécution. Mais Leclerc et ses Sahariens seraient, désormais, tendus vers cet objectif principal. J'avais été amené, entre-temps, à fixer, quant à la destinée de Koufra et du Fezzan, la position de la France par rapport à celle des Britanniques. Nous resterions à Koufra, bien que les oasis aient, naguère, été rattachées au Soudan anglo-égyptien[20]. Quand, un jour, le Fezzan serait conquis par nous, et pourvu que l'Angleterre reconnût notre droit à y demeurer, nous pourrions évacuer Koufra.

Pourtant, quoi que pussent faire les Anglais, et, avec eux, les Français Libres, l'initiative stratégique appartenait toujours à l'ennemi. C'est de lui que dépendait l'orientation de la guerre. Faute de pouvoir envahir l'Angleterre, allait-il déferler sur l'Afrique du Nord par Suez et par Gibraltar ? Ou bien voudrait-il régler leur compte aux Soviets ? En tout cas, des signes annonçaient qu'il allait déclencher l'une ou l'autre de ces entreprises. Quelle que fût l'éventualité, les dispositions arrêtées par nous permettraient, pensions-nous, à la France Libre d'engager utilement ce qu'elle avait de forces. Mais, en outre et malgré l'affreuse faiblesse dans laquelle nous nous débattions, j'étais résolu, devant chacun des problèmes que poserait au monde la nouvelle offensive de l'Allemagne et de ses alliés, à parler au nom de la France et à le faire comme il convenait[j].

Au mois de novembre 1940, l'Italie avait attaqué la Grèce. Le 1er mars 1941, le Reich forçait la Bulgarie à se joindre à l'Axe. Dans les premiers jours d'avril, les troupes allemandes devaient entrer en Grèce et en Yougoslavie. Par cette mainmise sur les Balkans, l'ennemi pouvait viser aussi bien à déboucher vers l'Orient qu'à interdire aux Britanniques toute tête de pont derrière la Wehrmacht si celle-ci pénétrait en Russie. Dès le début de l'offensive italienne en Grèce, j'avais télégraphié au général Metaxás[21], premier ministre hellénique, afin qu'on sût publiquement de quel côté se trouvaient les vœux et la fidélité de la France. La réponse de Metaxás marqua qu'il l'avait compris. Cependant, je ne pus réussir à obtenir des Anglais le transport en Grèce d'un petit détachement que je souhaitais y envoyer à titre symbolique. Il faut dire que Wavell, absorbé par les opérations de Libye et d'Érythrée, n'expédiait lui-même, alors, en Grèce, aucune de ses propres forces.

Au début de février, nous avions appris l'arrivée en Syrie

de la mission allemande von Hintig et Roser. L'agitation que cette mission devait susciter dans les pays arabes pouvait servir, soit à y préparer l'irruption des forces de l'Axe, soit à y créer une diversion utile en cas d'attaque de ces forces vers Kiev et Odessa.

Dans le même temps, la menace japonaise se précisait en Extrême-Orient. Sans doute ne pouvait-on démêler s'il s'agissait, de la part des Nippons, d'une volonté arrêtée d'entrer prochainement dans la guerre ou, simplement, d'une pression destinée à accrocher, dans le sud-est de l'Asie, le plus possible des forces britanniques et des préparatifs américains, tandis que l'Allemagne et l'Italie déploieraient leur effort, soit vers Moscou, soit au-delà de la Méditerranée. Mais, de toute façon, les Japonais voulaient s'assurer immédiatement du contrôle de l'Indochine. En outre, s'ils entraient en ligne, la Nouvelle-Calédonie, nos archipels du Pacifique, les Établissements français des Indes et, même, Madagascar, allaient être menacés.

En Indochine, l'intervention japonaise avait commencé dès qu'il fut clair que la France perdait la bataille en Europe. Au mois de juin 1940, le général Catroux, gouverneur général, s'était tenu pour contraint de donner satisfaction aux premières demandes nippones. Avant de s'y résoudre, il avait fait sonder les Britanniques et les Américains et conclu qu'aucun concours extérieur ne pouvait être envisagé. Là-dessus, Vichy avait remplacé Catroux par Decoux[22]. Pour moi, qui n'étais en mesure, ni de soulever en Indochine un mouvement capable d'y prendre les affaires en main, ni d'y briser l'intervention japonaise qu'un tel mouvement n'aurait pas manqué de provoquer, ni de décider les Alliés à s'opposer aux empiétements nippons, je me trouvais, jusqu'à nouvel ordre, contraint à l'expectative. C'est avec les sentiments que l'on devine que, de Douala, le 8 octobre, je l'avais télégraphié à l'inspecteur général des Colonies Cazaux, directeur des Finances à Saïgon, en réponse à un émouvant message par lequel il me rendait compte de la sympathie d'une grande partie de la population à l'égard des Français Libres, mais aussi de l'impossibilité où était l'Indochine d'agir comme elle le souhaitait[23]. À moi-même, menant une bien petite barque sur l'océan de la guerre, l'Indochine apparaissait alors comme un grand navire désemparé que je ne pourrais secourir avant d'avoir longuement réuni les moyens du sauvetage. Le voyant s'éloigner dans la brume, je me jurais à moi-même de le ramener un jour.

Au début de 1941, les Japonais poussaient le Siam à s'emparer des deux rives du Mékong, voire du Cambodge et du Laos. En même temps, ils accentuaient leurs propres exigences, réclamant pour eux-mêmes, d'abord une sorte de mainmise économique sur l'Indochine, ensuite l'occupation militaire des points essentiels. J'étais informé des développements de cette grave affaire, non seulement par les Anglais et les Hollandais à Londres, mais aussi par les représentants dont la France Libre disposait aux principaux carrefours du monde : Schompré, puis Baron et Langlade, à Singapour ; Garreau-Dombasle à Washington ; Egal à Shanghaï ; Vignes à Tokyo ; Brénac à Sydney ; André Guibaut, puis Béchamp, à Tchoung-King ; Victor à New-Delhi. Il m'apparut que les diverses politiques étaient, en l'occurrence, aussi gênées que complexes, mais qu'en tout cas personne ne ferait rien pour aider l'Indochine française à résister aux Japonais. La France Libre n'en avait, évidemment, pas les moyens. Vichy, qui, lui, les avait, mais qui s'était livré aux Allemands, se voyait refuser par eux la possibilité de les employer. Les Anglais, bien qu'ils sentissent que l'orage atteindrait un jour Singapour, ne voulaient que gagner du temps, et leur représentant à Bangkok se montrait avant tout désireux de garder avec le Siam d'amicales relations, quel que fût le sort des territoires du Mékong. Quant aux Américains, qui n'étaient prêts, ni matériellement, ni moralement, à affronter le conflit, ils entendaient ne pas intervenir.

Dans ces conditions, ce que nous pouvions faire, et qui fut fait, c'était, d'abord, notifier partout que la France Libre tiendrait pour nul et non avenu tout abandon que le gouvernement de Vichy consentirait en Indochine. C'était, aussi, sans que nos amis y ralliassent la politique et la doctrine de Vichy, ne pas gêner par des mouvements intérieurs la résistance que les autorités locales voudraient éventuellement opposer aux Japonais et aux Siamois. C'était, encore, concerter notre action dans le Pacifique avec celle des autres puissances menacées et tâcher, — mais en vain, — d'obtenir, au profit de l'Indochine, une médiation conjointe de l'Angleterre, des États-Unis et de la Hollande. C'était, enfin, organiser la défense de la Nouvelle-Calédonie et de Tahiti en commun avec l'Australie et la Nouvelle-Zélande.

À ce dernier point de vue, je vis, au mois de mars, lors de son passage à Londres, le premier ministre australien, M. Menzies, et réglai l'essentiel avec cet homme de grand sens. Après quoi, le gouverneur Sautot[24] négocia et conclut, en mon nom, un accord précis avec les Australiens, toutes précautions étant prises pour qu'il n'y eût aucun empiétement sur la souveraineté française.

Nous apprîmes bientôt que les Thaïlandais attaquaient sur le Mékong et, qu'après avoir subi de sérieux échecs sur terre et sur mer, ils obtenaient, néanmoins, les territoires convoités, grâce à une brutale pression japonaise exercée à Saïgon et à Vichy et intitulée : « médiation ». Plus tard, le Japon lui-même imposerait son contrôle à l'Indochine. Il n'y eut aucune opposition, ni même aucune protestation, de la part d'aucune autre puissance intéressée dans le Pacifique. Dès ce moment, il était clair que l'entrée des Nippons dans la guerre mondiale ne serait plus qu'une question de date.

À mesure que se précisaient les raisons d'action commune, les relations se multipliaient entre Français et Britanniques. D'ailleurs, au long des jours, on avait fait connaissance. J'ai le devoir de dire que, si mon estime était tout acquise à ceux des Anglais qui dirigeaient leur pays, il m'apparaissait que ceux-ci m'accordaient personnellement la leur. Le roi, d'abord, exemplaire et toujours informé, la reine, chacun des membres de leur famille, choisissaient maintes occasions d'en donner le témoignage. Parmi les ministres, c'est évidemment avec M. Churchill que j'étais surtout en relations publiques et privées. Mais je voyais aussi, à cette époque, soit pour les affaires, soit dans d'amicales réunions, principalement M. Eden, Sir John Anderson, M. Amery, Sir Edward Grigg, M. Alexander, Sir Archibald Sinclair, Lord Lloyd, Lord Cranborne, Lord Hankey, Sir Stafford Cripps, MM. Attlee, Duff Cooper, Dalton, Bevin, Morrison, Bevan, Butler, Brendan-Bracken. Parmi les premiers « servants[25] » civils ou militaires, c'étaient, le plus souvent, Sir Robert Vansittart, Sir Alexander Cadogan, M. Strang, M. Morton, les généraux Sir John Dill et Ismay, l'amiral Sir Dudley Pound, l'Air Marshal Portal, que j'avais à rencontrer. Mais, qu'il s'agît de gouvernants, de grands chefs, de hauts fonctionnaires, ou bien de personnalités du Parlement, de la presse, de l'économie, etc., tous montraient, quant à l'intérêt britannique, un loyalisme, une assurance, qui frappaient et en imposaient.

Ce n'est pas, certes, que ces hommes fussent aucunement dépourvus d'esprit critique, voire de fantaisie. Combien de fois ai-je, même, savouré l'humour avec lequel, en dépit de leur surmenage, ils jugeaient les hommes et les événements au cœur du drame qui nous roulait tous comme la mer roule les galets ! Mais il y avait en chacun d'eux un dévouement au service public, entre eux tous une communauté d'intentions, qui les liaient les uns aux autres. L'ensemble donnait l'impression, dans le personnel dirigeant, d'une cohésion que j'enviai et admirai bien souvent.

Mais dont j'eus, aussi, à subir les étreintes. Car, c'était une rude épreuve que de résister à la machine britannique, quand elle se mettait en mouvement pour imposer quelque chose. À moins d'en avoir fait, soi-même, l'expérience, on ne peut imaginer quelle concentration des efforts, quelle variété de procédés, quelle insistance, tour à tour gracieuse, pressante ou menaçante, les Anglais étaient capables de déployer pour obtenir satisfaction.

Tout d'abord, des allusions, prodiguées de-ci de-là, mais frappantes par leur concordance, venaient nous mettre en éveil et exercer sur nous une méthodique préparation. Soudain, au cours d'un entretien organisé dans les formes, la personnalité qualifiée produisait la demande ou l'exigence britannique. Si nous n'acceptions pas d'entrer dans les voies proposées, — et je dois dire que c'était fréquent, — commençait l'épreuve de la « pression ». Autour de nous, tout le monde s'y mettait, de toutes façons, à tous les étages. Il y avait les conversations officielles ou officieuses, où les échelons les plus divers invoquaient, suivant l'occasion, l'amitié, l'intérêt, la crainte. Il y avait l'action de la presse, habilement réservée sur l'objet même du litige, mais créant, pour ce qui nous concernait, une atmosphère de blâme et de tristesse. Il y avait l'attitude des gens avec qui nous nous trouvions en relations personnelles et qui tous, accordés d'instinct, s'efforçaient de nous convaincre. Il y avait, partout, en masse et à la fois, les objurgations, les plaintes, les promesses et les colères.

Nos partenaires britanniques y étaient aidés par la propension naturelle des Français à céder aux étrangers et à se diviser entre eux. Chez nous, parmi ceux qui, de près ou de loin, avaient eu, dans leur carrière, à s'occuper d'affaires extérieures[26], la concession était, le plus souvent, une habitude, sinon un principe. Pour beaucoup, à force d'avoir vécu sous un régime dépourvu de consistance, il était comme entendu que la France ne disait jamais : « Non ! » Aussi, dans les moments où je tenais tête aux exigences britanniques, voyais-je, jusqu'autour de moi, se manifester l'étonnement, le malaise, l'inquiétude. J'entendais chuchoter en coulisse et je lisais dans les yeux cette question : « Où donc veut-il aller ? » Comme s'il était inconcevable qu'on n'allât pas à l'acceptation. Quant à ceux des Français émigrés qui ne nous avaient pas ralliés, ils prenaient parti contre nous d'une manière quasi automatique ; la plupart suivant la pente de leur école politique pour laquelle la France avait toujours tort, du moment qu'elle s'affirmait ; tous désapprouvant de Gaulle, dont la fermeté, qu'ils qualifiaient de dictatoriale, leur paraissait suspecte par rapport à l'esprit d'abandon qu'ils prétendaient confondre avec celui de la République !

Quand ces influences multiples avaient pu jouer à fond, le silence s'étendait tout à coup. Une sorte de vide était créé autour de nous par les Britanniques. Plus d'entretiens, ni de correspondance ; plus de visites, ni de déjeuners. Les questions restaient pendantes. Les téléphones ne sonnaient plus. Ceux des Anglais que le hasard nous faisait, pourtant, rencontrer, étaient sombres et impénétrables. Nous étions ignorés, comme si, pour nous, la page de l'alliance et, même, celle de la vie, étaient, désormais, tournées. Au cœur de l'Angleterre concentrée et résolue, un froid glacial nous enveloppait[27].

Alors, venait l'attaque décisive. Une solennelle réunion franco-britannique avait lieu inopinément. Tous les moyens y étaient mis en œuvre ; tous les arguments, produits ; tous les griefs, articulés ; toutes les mélodies, chantées. Bien que, parmi les Anglais responsables, l'art dramatique eût ses degrés, chacun d'eux jouait son rôle en artiste de classe. Des heures durant, se succédaient les scènes pathétiques et alarmantes. On se quittait sur des sommations, faute que nous ayons cédé.

Quelque temps encore et c'était l'épilogue. Diverses sources britanniques émettaient des signaux de détente. Des intermédiaires venaient dire qu'il y avait, sans doute, malentendu. Des personnes qualifiées demandaient de mes nouvelles. Quelque entrefilet bienveillant paraissait dans les journaux. Là-dessus, arrivait un projet anglais d'arrangement, concernant la question débattue et qui ressemblait beaucoup à ce que nous avions, nous-mêmes, proposé. Les conditions devenant acceptables, l'affaire était vite réglée, tout au moins en apparence. Le terme y était mis au cours d'une amicale réunion, non sans que nos partenaires eussent, à tout hasard, essayé dans l'euphorie de l'entente retrouvée, d'obtenir à l'improviste quelque avantage. Puis, les rapports se renouaient comme devant ; le fond des choses restant, toutefois, indéterminé. Car, pour la Grande-Bretagne, il n'y avait jamais de cause qui fût entendue.

Au début du mois de mars 1941, je ne pouvais douter que la guerre fût sur le point de faire surgir pour nous, en Orient et en Afrique, de grandes épreuves face à l'ennemi, l'opposition obstinée de Vichy et de sérieuses dissensions avec nos alliés. C'est sur place qu'il me faudrait prendre les décisions nécessaires. Je décidai d'y aller.

Avant de partir, passant le week-end aux Chequers chez le Premier Ministre, celui-ci me fit deux annonces, en même temps que ses adieux. Le 9 mars, à l'aurore, M. Churchill vint me réveiller pour me dire, en dansant littéralement de joie, que le Congrès américain avait voté le « Lease-Lend Bill », en discussion depuis plusieurs semaines. Il y avait là, en effet, de quoi nous remplir d'aise, non seulement par le fait que les belligérants se trouvaient désormais assurés de recevoir des États-Unis le matériel nécessaire au combat, mais aussi parce qu'en devenant, suivant le mot de Roosevelt, « l'arsenal des démocraties[28] », l'Amérique faisait un pas de géant vers la guerre. Alors, voulant, sans doute, profiter de ma bonne humeur, M. Churchill formula sa deuxième communication : « Je sais, dit-il, que vous avez des griefs à l'encontre de Spears, en tant que chef de notre liaison auprès de vous. Cependant, je vous demande instamment de le garder encore et de l'emmener en Orient. C'est un service personnel que vous me rendrez. » Je ne pouvais refuser et nous nous quittâmes là-dessus.

En m'envolant vers l'équateur, le 14 mars, j'avais cette fois le sentiment que la France Libre disposait d'une armature valable. Notre Conseil de défense de l'Empire, pour dispersés que fussent ses membres, formait un ensemble estimable et cohérent, reconnu, d'ailleurs, dès le 24 décembre 1940, par le gouvernement britannique. À Londres notre administration centrale s'était affermie ; des hommes de qualité, comme Cassin, Pleven, Palewski, Antoine, Tissier, Dejean, Alphand, Dennery, Boris, Antier, etc., en formant l'ossature. D'autre part, au point de vue militaire, plusieurs officiers de valeur, tels les colonels : Petit, Angenot, Dassonville, Brosset, venus d'Amérique du Sud où ils se trouvaient en mission ; Bureau muté du Cameroun, le colonel de l'Air Valin qui nous arrivait du Brésil, donnaient plus de consistance à nos états-majors. En Orient, Catroux ; en Afrique, Larminat, avaient les affaires bien en main. Sous l'impulsion de Garreau-Dombasle pour les États-Unis, de Ledoux pour l'Amérique du Sud, de Soustelle pour l'Amérique centrale, d'Argenlieu et de Martin-Prevel pour le Canada, nos délégations s'implantaient partout dans le Nouveau Monde. Nos comités à l'étranger ne cessaient pas de se développer, en dépit de l'action exercée sur place par les représentants de Vichy, de la malveillance de la plupart des notables français et des querelles habituelles à nos compatriotes. L'Ordre de la Libération[29], que j'avais institué à Brazzaville, le 16 novembre 1940, et organisé à Londres, le 29 janvier 1941, suscitait, parmi les Français Libres, une émulation de la plus haute qualité. Enfin, nous sentions, par-dessus la mer, la France regarder vers nous.

Ces progrès de la France Libre, en moyens et en solidité, m'apparaissaient déjà, le long de ma route, dans l'attitude des gouverneurs anglais chez qui je faisais escale, à Gibraltar, à Bathurst, à Freetown, à Lagos. Je les avais, naguère, trouvés pleins de cordialité ; je les voyais, à présent, remplis de considération. En parcourant ensuite le bloc équatorial français, je ne sentis, nulle part, ni inquiétude, ni incertitude. Chacun, assuré maintenant dans sa foi et dans son espérance, tournait les yeux vers le dehors, ambitieux de voir notre force sortir de son berceau lointain, grandir par d'autres ralliements, frapper l'ennemi, s'approcher de la France.

L'ORIENT

Vers l'Orient compliqué, je volais avec des idées simples. Je savais, qu'au milieu de facteurs enchevêtrés, une partie essentielle s'y jouait. Il fallait donc en être. Je savais que, pour les Alliés, la clef de l'action était le canal de Suez, dont la perte livrerait à l'Axe l'Asie Mineure et l'Égypte, mais dont la possession permettrait, au contraire, d'agir un jour de l'est vers l'ouest, sur la Tunisie, l'Italie, le sud de la France. C'est dire que tout nous commandait d'être présents aux batailles dont le canal était l'enjeu. Je savais qu'entre Tripoli et

Bagdad, en passant par Le Caire, Jérusalem, Damas, comme entre Alexandrie et Nairobi, en passant par Djeddah, Khartoum, Djibouti, les passions et ambitions, politiques, racistes, religieuses, s'aiguisaient et se tendaient sous l'excitation de la guerre, que les positions de la France y étaient minées et convoitées, qu'il n'y avait, dans aucune hypothèse, aucune chance qu'elle en gardât aucune, si, pour la première fois dans l'Histoire, elle demeurait passive alors que tout était en cause. Le devoir était donc d'agir, là comme ailleurs, aux lieu et place de ceux qui ne le faisaient pas.

Quant aux moyens qui, dans cette région du monde, appartenaient à la France, il y avait, d'abord, ceux dont je disposais déjà : troupes combattantes, réserves en formation, mais aussi territoire du Tchad qui nous mettait à même d'agir en Libye par le sud et, en outre, procurait à l'aviation alliée l'avantage de faire venir ses appareils par air directement de l'Atlantique au Nil, au lieu de les transporter par mer suivant le périple du Cap. Il y avait, d'autre part, les atouts que Vichy était en train de perdre : présence de la France dans les États du Levant où elle avait une armée et où débouchait le pétrole ; colonie de Djibouti ; escadre d'Alexandrie[1]. Si, par tactique ou par nécessité, je pouvais envisager de laisser momentanément en dehors de la guerre tel ou tel de ces éléments, si je mesurais ce qu'il y avait souvent, parmi les exécutants, d'excusable dans leur attentisme et d'explicable dans leur obédience, je n'étais pas moins résolu à les soumettre au plus tôt. Au moment de quitter Londres, j'avais, d'ailleurs, pris l'avis des membres du Conseil de défense[2] quant à ce qu'il conviendrait de faire si, devant quelque menace directe des Allemands, l'Angleterre et la Turquie décidaient de s'assurer des territoires syrien et libanais. Bref, j'arrivais en Orient décidé à ne ménager rien, d'une part pour étendre l'action, d'autre part pour sauvegarder ce qui pourrait l'être de la situation de la France.

J'atterris, d'abord, à Khartoum, base de la bataille d'Érythrée et du Soudan. Celle-ci était conduite — fort bien — par le général Platt, chef alerte et dynamique, qui venait précisément d'enlever sur les hauteurs de Keren la ligne principale de défense des Italiens. La brigade du colonel Monclar et le groupe d'aviation du commandant Astier de Villatte y avaient brillamment participé. Quant aux troupes de Djibouti, bien que le général Legentilhomme eût pris avec elles quelques contacts, elles ne s'étaient pas décidées et le gouverneur Noailhetas réprimait par tous les moyens, y compris la peine de mort, les mouvements qui se manifestaient en faveur du ralliement.

Pour que Djibouti rentrât dans la guerre, il ne fallait donc pas compter sur une adhésion spontanée. D'autre part, je ne prétendais pas y pénétrer par les armes. Restait le blocus, qui pouvait certainement porter à la compréhension une colonie dont les subsistances lui venaient par la mer, d'Aden, d'Arabie, de Madagascar. Mais nous ne parvînmes jamais à obtenir des Anglais qu'ils fissent tout le nécessaire.

Sans doute, leur commandement militaire était-il, en principe, favorable au ralliement qui procurerait des renforts. Mais d'autres instances anglaises étaient moins pressées. « Si, pensaient-elles vraisemblablement, la concurrence[3] qui, depuis soixante ans, oppose vers les sources du Nil la Grande-Bretagne, l'Italie et la France se termine par un triomphe proprement britannique, si, les Italiens étant finalement écrasés, il apparaît que les Français sont restés passifs et impuissants, quelle situation unique aura désormais l'Angleterre dans tout l'ensemble : Abyssinie, Érythrée, Somalie, Soudan ! Pour quelques bataillons que Djibouti pourrait engager dans une bataille déjà virtuellement gagnée, faut-il renoncer à un tel résultat ? » Cet état d'esprit, plus ou moins[a] répandu parmi les Britanniques, explique, à mon avis, pourquoi les autorités de Vichy réussirent, pendant deux années, à ravitailler la colonie et, par là, à la maintenir dans une néfaste obéissance.

Leur carence ne rendait que plus méritoires les services des troupes françaises qui combattaient en Érythrée. J'allai passer avec elles les journées du 29 et du 30 mars. Un avion français m'ayant amené au terrain d'Agordat, je gagnai la région à l'est de Keren, où notre brigade, jointe à une division hindoue, formait la gauche du dispositif allié. Nos troupes étaient magnifiques. Après Kub-Kub, elles avaient pris une part notable à la victoire de Keren, en enfonçant et débordant le flanc droit des Italiens. Le lieutenant-colonel Génin, qui s'était distingué dans l'affaire, m'est présenté. Pour nous joindre, à partir d'Alger, il vient de traverser l'Afrique et, à peine arrivé, de courir au combat. « Vous avez vu, maintenant, Génin. Qu'en pensez-vous ? — Ah ! si tous, de l'autre côté, pouvaient voir, il n'y aurait pas de question[b] ! »

Au lendemain de ma visite, comme le général Platt déclenchait l'exploitation, le commandant de la brigade française entraîna son monde vers Massaoua, capitale et réduit de l'Érythrée. Montecullo et le fort Umberto une fois enlevés par les nôtres, le 7 avril, la Légion entra en trombe dans Massaoua, pêle-mêle avec une foule d'Italiens en déroute, courut au port, s'empara de l'Amirauté et donna au colonel Monclar l'honneur de recevoir la reddition du commandant de la marine ennemie en mer Rouge. Au total, le détachement français avait fait, au combat, plus de quatre mille prisonniers et reçu, à Massaoua, la reddition de dix mille autres.

Désormais, les débris des forces italiennes, rejetées en Abyssinie, n'opéreraient plus qu'en actions décousues. Mais le fait que la Somalie française restait en dehors de la lutte frustrait la France du rôle décisif qu'auraient pu jouer ses forces en marchant directement, le long du chemin de fer, de Djibouti sur Addis-Abeba où allait rentrer le Négus. Je ne pouvais qu'en tirer les déplorables conséquences. C'est ailleurs qu'il fallait, maintenant, porter les troupes françaises libres, celles qui venaient d'être engagées comme celles qui accouraient pour l'être. Palewski resterait sur place comme délégué politique et militaire, gardant à sa disposition un bataillon et quelques avions.

Au Caire, où j'atterris le 1er avril, battait le cœur de la guerre, mais un cœur mal accroché. La situation des Britanniques et de leurs alliés y apparaissait, en effet, comme instable, non seulement en raison des événements militaires, mais aussi du fait qu'ils se trouvaient sur un sol miné par les courants politiques, au milieu de populations qui assistaient, sans prendre parti, à la bataille entre Occidentaux, prêtes, toutefois, à tirer profit de la dépouille des vaincus.

Ces conditions donnaient à la conduite de la guerre en Orient un caractère très complexe. Le général Wavell, commandant en chef britannique, par bonheur fort bien doué quant au jugement et au sang-froid, se mouvait au milieu de multiples contingences, dont beaucoup n'avaient avec la stratégie que des rapports indirects. Encore, cette stratégie elle-même était-elle des plus malaisées. Au début d'avril, Wavell menait sur trois fronts une bataille qu'alimentaient avec peine d'interminables communications.

En Libye, après de beaux succès qui avaient porté les Anglais jusqu'au seuil de la Tripolitaine, il avait fallu reculer. La Cyrénaïque, sauf Tobrouk, allait être perdue. Le commandement, malgré sa valeur, les troupes, malgré leur courage, n'avaient pas encore fait l'apprentissage de cette lutte du désert, si mobile et rapide sur d'immenses espaces découverts, si lassante, avec la soif et la fièvre chroniques, sous le soleil de feu, dans les sables, au milieu des mouches. Rommel changeait la fortune au moment même où le gouvernement de Londres imposait à Wavell de dégarnir son corps de bataille en envoyant en Grèce une importante fraction de ses forces. Or, sur le front hellénique, les affaires n'allaient pas bien, non plus. Il est vrai que les victoires d'Érythrée et d'Abyssinie procuraient quelques consolations. Mais des signes alarmants apparaissaient dans les pays arabes. L'Irak s'agitait. L'Égypte restait énigmatique. Au sujet de la Syrie, les Allemands entamaient avec Vichy des tractations inquiétantes. En Palestine, le conflit latent entre Arabes et Juifs imposait maintes précautions.

À tant de difficultés, accumulées autour de Wavell, s'ajoutaient les interférences. Il y avait les télégrammes de Londres. Car, M. Churchill, impatient et compétent, ne laissait pas de demander des explications et de donner des directives. Indépendamment des visites de M. Eden, d'abord comme ministre de la Guerre, puis en avril 1941, — où je le rencontrai au Caire, — comme secrétaire d'État au Foreign Office, il y avait les démarches de l'ambassadeur, Sir Miles Lampson, investi, de par sa valeur et de par la force des choses, d'une sorte de mission permanente de coordination. Il y avait le fait que l'armée d'Orient comprenait, pour une large part, les contingents des dominions : Australie, Nouvelle-Zélande, Afrique du Sud, dont les gouvernements surveillaient jalousement l'emploi qui était fait de leurs forces, ainsi que les troupes des Indes dont il fallait user sans paraître en abuser. Bref, Wavell n'exerçait son commandement militaire qu'à travers toutes sortes d'entraves politiques.

Je dois dire qu'il les subissait avec une noble sérénité. À tel point qu'il maintenait son quartier général au Caire, où elles l'enserraient de toutes parts. C'est au cœur de cette ville grouillante, dans le tumulte et la poussière, entre les murs d'un petit bureau surchauffé par le soleil, que l'assaillaient continuellement des interventions extérieures à son domaine normal de soldat. Et voici que j'arrivais, incommode et pressant, bien résolu à résoudre, pour le compte de la France, des problèmes qui mettaient en cause les Britanniques et d'abord, leur commandant en chef.

Avec le général Catroux, je traçai nos perspectives. Ce qu'il adviendrait en Syrie et au Liban était, pour nous, l'essentiel. Tôt ou tard, il faudrait y aller. Du jour où nous y serions, la France aurait une chance d'apporter à l'effort commun une importante contribution. Autrement, cette chance étant perdue, il[d] en serait de même de la position de la France. Car, à supposer que l'Axe fût vainqueur, il dominerait là comme ailleurs. Dans le cas contraire, les Anglais prendraient notre place. L'autorité de la France Libre devait donc être étendue à Damas et à Beyrouth, dès que les événements en offriraient l'occasion.

Mais, à mon arrivée au Caire, l'occasion n'était pas en vue. On ne pouvait espérer que les autorités et l'armée du Levant rompissent d'elles-mêmes le charme maléfique qui les tenait enchaînées. Le mouvement[4] qui, à la fin de juin 1940, poussait des colonnes entières en direction de la Palestine, s'était mué en attentisme. D'ailleurs, la démobilisation de beaucoup d'officiers et d'hommes, décrétée par Vichy après ses armistices, les avait ramenés en France[e]. En outre, parmi les militaires et les fonctionnaires qui restaient en activité, Vichy avait rapatrié, voire arrêté, nombre de « gaullistes ». Bref, le mouvement espéré lors de l'arrivée au Caire du général Catroux ne s'était pas produit et nos informateurs de Beyrouth et de Damas ne nous donnaient pas à penser qu'il dût se produire bientôt.

Le même parti pris de renoncement enlisait l'escadre française d'Alexandrie. Depuis que l'amiral Godfroy avait conclu avec Andrew Cunningham l'accord qui neutralisait ses navires, le cuirassé *Lorraine*, les croiseurs : *Duguay-Trouin*, *Duquesne*, *Suffren*, *Tourville*, les contre-torpilleurs : *Basque*, *Forbin*, *Fortuné*, le sous-marin *Protée*, restaient à l'ancre dans le port. Quelques éléments des états-majors et des équipages nous rejoignaient, par intervalles. Mais les autres, obéissant aux consignes de Vichy, employaient ce temps de guerre à se prouver mutuellement que la meilleure manière de servir la France envahie consistait à ne pas combattre. Un jour d'avril, traversant la rade d'Alexandrie pour aller visiter à son bord l'amiral Cunningham, je pouvais voir, le cœur serré, les beaux navires français, somnolents et inutiles, au milieu de la flotte anglaise en plein branle-bas de combat.

Ne pouvant, pourtant, admettre que le cours de la bataille en Méditerranée n'eût aucun effet sur l'état d'esprit des chefs en Afrique et en Orient, nous avions essayé d'établir avec eux des contacts. Au mois de novembre, Catroux faisait parvenir à Weygand une lettre de voisinage. Si minces que fussent mes illusions, j'avais approuvé cette démarche. Moi-même lançai à la radio plusieurs appels explicites, déclarant, notamment, le 28 décembre 1940 : « Tous les chefs français, quelles qu'aient pu être leurs fautes, qui décideront de tirer l'épée qu'ils ont mise au fourreau, nous trouveront à leurs côtés sans exclusive et sans ambitions. Si l'Afrique française se lève, enfin ! pour faire la guerre, nous ferons corps avec elle par notre morceau d'Empire[5]. »

En janvier, ayant consulté les membres du Conseil de défense sur l'attitude que nous aurions à prendre dans l'hypothèse où Vichy rentrerait par hasard dans la lutte, je les trouvai, comme moi-même, disposés à l'union. Le 24 février, j'avais, dans le même sens, écrit au général Weygand, en dépit du sort fâcheux auquel il m'avait voué et de l'accueil disgracieux qu'il avait fait à ma précédente missive. J'adjurais Weygand de saisir la dernière occasion qui lui était offerte de reprendre le combat. Je proposais que nous nous unissions, lui faisant comprendre que, s'il y consentait, il pourrait compter sur mon respect et mon concours. D'autre part, Catroux ne manquait aucune occasion d'adresser à l'amiral Godfroy des signes engageants. Enfin, en novembre, il avait écrit à M. Puaux, haut-commissaire au Levant, au général Fougère, commandant supérieur des troupes, et au général Arlabosse, son adjoint, ne fût-ce que pour ébaucher avec eux quelque liaison.

Mais ces multiples tentatives n'avaient produit aucun résultat. À nos émissaires, Weygand répondait tantôt : « qu'il faudrait que de Gaulle fût fusillé », tantôt : « que lui-même était trop vieux pour faire un rebelle », tantôt : « que les deux tiers de la France se trouvant occupés par l'ennemi, le dernier tiers par la Marine, — ce qui était encore pire, — et Darlan le faisant continuellement espionner, il ne pouvait rien faire, quand bien même il l'aurait voulu[6] ». Quant à l'amiral Godfroy, il accueillait avec bienséance les messages du général Catroux, mais ne leur donnait pas de suite. De Beyrouth, enfin, Arlabosse adressait à Catroux une réponse correcte, mais réfrigérante. D'ailleurs, à la fin de décembre, à la suite de l'accident aérien survenu à Chiappe[7], l'ambassadeur Puaux était remplacé par Dentz, officier général très conformiste et disposé à appliquer, telles quelles, les consignes que lui donnerait Darlan. Peu après, Fougère était, à son tour, relevé et le commandement des troupes passait au général de Verdilhac.

Dans ces conditions, nous ne pouvions penser entrer en Syrie que si l'ennemi lui-même y prenait pied. En attendant, il n'était que de réunir les troupes de Legentilhomme et les mettre à la disposition de Wavell pour qu'il les engageât en Libye. C'est ce dont je convins avec le commandant en chef britannique. En même temps, je réglai avec l'Air Marshal Longmore l'organisation et l'emploi de notre petite force aérienne.

Je dois dire que nos soldats, à mesure qu'ils arrivaient, faisaient la meilleure impression. Dans cet Orient frémissant, où des échos séculaires répercutaient la renommée de la France, ils se sentaient des champions. Les Égyptiens, au demeurant, les accueillaient particulièrement bien, non, peut-être, sans l'intention que leur bonne grâce à l'égard des Français contrastât avec la froideur qu'ils montraient aux Britanniques. J'avais moi-même pris d'agréables contacts avec le prince Mohamed-Ali, cousin et héritier du roi, ainsi qu'avec Sikry Pacha, président du Conseil, et plusieurs de ses ministres. Quant aux Français résidant en Égypte : savants, membres de l'enseignement, spécialistes des antiquités, religieux, hommes d'affaires, commerçants, ingénieurs et employés du Canal, la plupart d'entre eux déployaient, pour aider nos troupes, une activité chaleureuse. Dès le 18 juin, ils avaient constitué, sous l'impulsion du baron de Benoist, du professeur Jouguet, de MM. Minost et Boniteau, une organisation qui fut, tout de suite, un des piliers de la France Libre. Pourtant, certains de nos compatriotes se tenaient à l'écart du mouvement. Parfois, le soir, allant faire quelques pas dans le jardin zoologique du Caire et passant devant la Légation de France qui lui faisait vis-à-vis, je voyais paraître aux fenêtres les visages tendus de ceux qui ne me rejoignaient pas, mais dont le regard, cependant, suivait le général de Gaulle.

Pendant les deux semaines passées au Soudan, en Égypte et en Palestine, certaines choses s'étaient donc éclaircies. Mais l'essentiel restait à faire et, pour l'instant, je n'y pouvais rien. Je retournai alors à Brazzaville. De toute façon, il était nécessaire, en effet, de pousser l'organisation de notre bloc équatorial. Si l'Orient devait être perdu, ce serait là le môle de la résistance alliée ; sinon nous y aurions une base pour quelque future offensive.

Mon inspection me porta, une fois de plus, à Douala, Yaoundé, Maroua, Libreville, Port-Gentil, Fort-Lamy, Moussoro, Faya, Fada, Abéché, Fort-Archambault, Bangui, Pointe-Noire. Beaucoup de choses y manquaient, mais non point l'ordre, ni la bonne volonté. Les gouverneurs : Cournarie au Cameroun, Lapie au Tchad, Saint-Mart en Oubangui, Fortuné au Moyen-Congo, Valentin-Smith au Gabon, — où il venait de remplacer Parant mort en service par accident d'avion, — commandaient et administraient dans cette ambiance où l'on ne doute de rien et qui enveloppe les Français quand, par hasard, ils sont d'accord pour servir une grande cause. Dans le domaine militaire, c'est à la mise sur pied de la colonne saharienne de Leclerc que je donnai la première urgence. Je lui fis envoyer d'Angleterre tout ce qui y restait de cadres, ainsi que tout le matériel approprié que les Anglais consentaient à fournir. Mais, dès la fin d'avril, je ne pouvais douter que, d'un jour à l'autre, c'est au Levant qu'il nous faudrait agir.

En effet, les Allemands débouchaient en Méditerranée. Le 24 avril, la résistance anglo-hellénique s'effondrait, tandis que les Yougoslaves venaient, eux-mêmes, de succomber. Sans doute, les Britanniques allaient-ils tenter de s'accrocher en Crète. Mais pourraient-ils y tenir ? Il me semblait évident, qu'à partir des rivages grecs, l'adversaire allait prochainement porter en Syrie tout au moins des escadrilles. Leur présence au milieu des pays arabes y soulèverait une agitation qui pourrait servir de prélude à l'arrivée de la Wehrmacht. D'autre part, des terrains de Damas, Rayak, Beyrouth, à cinq cents kilomètres de Suez et de Port-Saïd, les avions allemands bombarderaient aisément le canal et ses accès.

À cet égard, Darlan était hors d'état de repousser les exigences d'Hitler. Mais, dans l'hypothèse où les chefs et les soldats français du Levant verraient atterrir sur leurs bases les appareils de la Luftwaffe, je me berçais de l'espoir que beaucoup d'entre eux se refuseraient à subir cette présence et à la couvrir de leurs armes. En ce cas, il faudrait être en mesure de leur tendre aussitôt la main. Je fixai donc mes directives quant à l'action à entreprendre. Il s'agirait de pousser directement sur Damas la petite division du général Legentilhomme, dès que l'apparition des Allemands provoquerait chez nos compatriotes le mouvement qui semblait probable. Catroux, de son côté, se préparait, dans cette hypothèse, à prendre tous les contacts possibles, avec Dentz lui-même au besoin, de manière à établir, contre l'envahisseur de la France et de la Syrie, le front commun des Français.

Mais ces projets ne rencontraient pas l'accord des Britanniques. Le général Wavell, absorbé par ses trois fronts de bataille, n'entendait, à aucun prix, en voir s'ouvrir un quatrième. Ne voulant pas, d'ailleurs, croire au pire, il se disait certain, sur la foi des rapports du consul général anglais à Beyrouth, que Dentz résisterait aux Allemands, le cas échéant. En même temps, le gouvernement de Londres s'efforçait d'amadouer Vichy. C'est ainsi qu'au mois de février l'Amirauté britannique avait, malgré mes avertissements, accordé libre passage au paquebot *Providence*, qui transportait, de Beyrouth à Marseille, des « gaullistes » rapatriés d'office. C'est ainsi qu'à la fin d'avril était conclu avec Dentz un traité de commerce qui assurait le ravitaillement du Levant. C'est ainsi que se poursuivaient, à Aden, les négociations engagées dans le même but, pour Djibouti, par le gouverneur Noailhetas.

Les informations qui me parvenaient de France me donnaient à penser que l'influence américaine était pour quelque chose dans ces essais d'« apaisement ». On me rapportait qu'à l'égard de l'amiral Leahy, ambassadeur à Vichy, Pétain et Darlan prodiguaient leurs séductions, au moment même où, en secret, ils acceptaient les exigences d'Hitler. Roosevelt, influencé à son tour par les télégrammes de Leahy, pressait les Anglais de se montrer condescendants. Plus il me semblait nécessaire de préparer l'action au Levant, moins nos alliés y étaient disposés. Le 9 mai, Spears m'avisait, du Caire, « qu'aucune opération n'y était actuellement envisagée pour les Français Libres, qu'il y aurait, pour moi, désavantage à me rendre en Égypte et que le mieux était de reprendre le chemin de Londres[8] ».

Convaincu que la temporisation risquait de coûter cher, je crus devoir, à mon tour, impressionner les Anglais. Le 10 mai, je télégraphiai au Caire[9] à l'ambassade britannique et au commandant en chef pour protester, d'une part, contre les « décisions unilatérales prises par eux au sujet du ravitaillement du Levant et de Djibouti », d'autre part, contre les « retards apportés à la concentration de la division Legentilhomme à portée de la Syrie, alors que l'arrivée des Allemands y était chaque jour plus probable ». Je marquais que, dans ces conditions, je n'avais pas l'intention d'aller, prochainement, au Caire, que j'y laissais les choses suivre leur cours et que c'est au Tchad que je porterais, désormais, l'effort des Français Libres. Puis, je fis savoir à Londres[10] que je rappelais du Caire le général Catroux, dont la présence y devenait inutile. Enfin[k], comme l'excellent M. Parr, consul général britannique à Brazzaville, m'apportait des messages envoyés par M. Eden pour justifier la politique d'apaisement[l] à l'égard de Vichy, je lui dictai une réponse condamnant cette politique avec d'autant plus de vigueur que j'apprenais l'entrevue de Darlan et d'Hitler à Berchtesgaden, la conclusion d'un accord entre eux, enfin l'atterrissage d'avions allemands à Damas et à Alep.

C'est que l'ennemi, lui aussi, jouait le grand jeu. À son instigation, Rachid Ali Kilani, chef du gouvernement d'Irak, entamait les hostilités dans les premiers jours de mai. Les Anglais étaient assiégés sur leurs terrains d'aviation. Le 12 mai, des appareils de la Luftwaffe arrivaient en Syrie et, de là, gagnaient Bagdad. La veille, les autorités de Vichy avaient envoyé à Tel-Kotchek, sur la frontière irakienne, le matériel de guerre que la commission d'armistice italienne leur avait fait, naguère, entreposer sous son contrôle. Ces armes étaient, évidemment, destinées à Rachid Ali. Dentz, sommé par les Anglais de s'expliquer, répondait évasivement, sans nier, toutefois, les faits. Il ajoutait que s'il recevait de Vichy l'ordre de laisser débarquer les troupes allemandes il ne manquerait pas d'obéir, ce qui revenait à dire que l'ordre était déjà donné. On a su, en effet, que les plages où l'ennemi devait prendre terre se trouvaient, d'avance, désignées.

Le cabinet de Londres jugea que, dans ces conditions, mieux valait se ranger à ma manière de voir. Le retournement fut soudain et complet. Dès le 14 mai, Eden, d'une part, et Spears, — qui était toujours en Égypte, — d'autre part, me le mandèrent sans ambages. Enfin, un message de M. Churchill me demanda de me rendre au Caire et de ne pas en retirer Catroux, vu que l'action était prochaine. Très satisfait de l'attitude adoptée par le Premier Ministre britannique, je lui répondis avec chaleur et, pour une fois, en anglais[11]. Je ne pouvais, toutefois, manquer de tirer, au sujet du comportement de nos alliés dans cette affaire, les conclusions qui s'imposaient. Quant au général Wavell, son gouvernement lui avait prescrit d'entreprendre l'action prévue[m] par nous en Syrie. Je le trouvai résigné à le faire, quand j'arrivai au Caire le 25 mai. Il est vrai que la perte de la Crète et la disparition du front grec allégeaient, sur le moment, les servitudes du commandant en chef.

Cependant, en Syrie même, les choses ne tournaient pas comme nous l'avions espéré. Catroux avait, un moment, cru pouvoir exécuter notre plan et marcher sur Damas avec les seules forces françaises libres. Mais il fallut bientôt constater que la collusion entre Vichy et l'ennemi ne soulevait aucun mouvement d'ensemble parmi les troupes du Levant. Au contraire, celles-ci prenaient position à la frontière, pour résister aux Français Libres et aux Alliés, tandis que, derrière elles, les Allemands pouvaient circuler à leur gré. Comme Dentz disposait de plus de trente mille hommes, bien pourvus d'artillerie, d'aviation et de blindés, sans compter les troupes syriennes et libanaises, notre projet primitif de marcher droit sur Damas avec nos six mille fantassins, nos huit canons et nos dix chars, appuyés par nos deux douzaines d'avions, en profitant des concours que nous rêvions de trouver sur place, ne pouvait s'appliquer tel quel. Les Britanniques devaient s'en mêler et on allait à une bataille rangée.

Du moins, voulions-nous que celle-ci fût aussi peu acharnée et prolongée que possible. C'était une question de moyens. Nos amis de Beyrouth et de Damas nous faisaient dire : « Si les Alliés entrent en Syrie de toutes parts et en grand nombre, il n'y aura qu'un baroud d'honneur. Si, au contraire, les troupes du Levant se voient aux prises avec des forces médiocres en quantité et en matériel, leur amour-propre professionnel jouera et les combats seront rudes. » Accompagné du général Catroux, j'eus, à ce sujet, maints entretiens avec Wavell. Nous le pressions de pénétrer au Levant, non seulement par le sud, à partir de la Palestine, mais aussi par l'est en venant d'Irak où, justement, les Britanniques étaient en train de réduire Rachid Ali. Nous demandions au commandant en chef d'opérer avec quatre divisions, dont une blindée, et de déployer dans le ciel syrien une large part de la Royal Air Force. Nous insistions pour qu'il donnât aux troupes de Legentilhomme ce qui leur manquait surtout : des moyens de transport et un appui d'artillerie.

Le général Wavell n'était, certes, pas dépourvu d'intelligence stratégique. En outre, il désirait nous satisfaire. Mais, absorbé par les opérations de Libye et vexé, sans doute, par

L'Orient

les télégrammes comminatoires de M. Churchill[n], où il voyait l'effet de notre propre insistance[12], il opposait à nos objurgations une bonne grâce négative. Rien ne put le persuader de consacrer à l'affaire syrienne plus qu'un strict minimum de forces. Il ne mettrait en ligne, sous les ordres du général Wilson, qu'une division australienne et une brigade de cavalerie marchant par la route côtière : Tyr-Saïda, une brigade d'infanterie dirigée sur Kuneitra et Merdjayoun, une brigade hindoue prêtée à Legentilhomme qui, lui, devait se porter sur Damas par Deraa. Wavell y ajouta, plus tard, deux bataillons australiens. Enfin, un détachement hindou finit, en dernier ressort, par agir à partir de l'Irak. Le tout était appuyé par une soixantaine d'avions ; divers navires de guerre accompagnant, le long de la côte, les opérations terrestres. Au total, les Alliés engageaient moins de forces qu'il ne leur en serait opposé. Sur ces bases défectueuses, il fallait, pourtant, agir et en finir. L'ultime décision fut prise. La tragédie allait commencer.

Le 26 mai, j'avais été inspecter, à Kistina, les troupes françaises libres, maintenant concentrées, mais toujours mal pourvues. Legentilhomme me présenta sept bataillons, une compagnie de chars, une batterie, un escadron de spahis, une compagnie de reconnaissance, des éléments de services. C'est à cette occasion que je remis les premières croix de la Libération, gagnées en Libye et en Érythrée. En prenant contact avec les officiers et les hommes, je constatai qu'ils étaient tout à fait dans le même état d'esprit que moi : chagrin et dégoût d'avoir à combattre des Français, indignation à l'égard de Vichy qui dévoyait la discipline des troupes, conviction qu'il fallait marcher, s'assurer du Levant et le tourner contre l'ennemi. Le 21 mai, le colonel Collet, commandant le groupe des escadrons tcherkesses, officier d'une grande valeur et d'une bravoure légendaire, franchit la frontière et vint nous rejoindre avec une partie de ses éléments. Le 8 juin[o], Français Libres et Britanniques se portèrent en avant en agitant des drapeaux alliés, avec l'ordre, donné conjointement par Wavell et par Catroux, de ne faire usage de leurs armes que contre ceux qui tireraient sur eux. Un poste émetteur radio, installé en Palestine, répandait, depuis des semaines, par la voix des capitaines Schmittlein, Coulet et Repiton, d'amicales objurgations à l'adresse de nos compatriotes, en qui nous souhaitions, du plus profond de notre âme, ne pas trouver des adversaires. Cependant, il nous fallait passer. Par une déclaration publique[13], je ne laissai aucun doute sur ce point.

J'étais, d'ailleurs, d'autant plus résolu à pousser les choses à fond et rapidement, que maints indices donnaient à prévoir une offensive de Vichy et, peut-être, de l'Axe contre l'Afrique française libre. D'après nos renseignements Hitler avait exigé de Darlan, lors de leurs entretiens de Berchtesgaden les 11 et 12 mai, la mise à la disposition de l'Allemagne des aérodromes et des ports syriens, la possibilité, pour ses troupes, ses avions, ses navires, d'utiliser Tunis, Sfax et Gabès, la reconquête, par les forces de Vichy, des territoires équatoriaux. Sans doute, nos informateurs ajoutaient-ils que Weygand s'était refusé à ouvrir aux Allemands l'accès de la Tunisie et à déclencher l'offensive contre les territoires français libres, alléguant que ses subordonnés ne lui obéiraient pas. Mais, si le projet d'Hitler était fermement arrêté, que pèserait la protestation de Weygand qui, en dernier ressort et faute de vouloir combattre n'aurait à y opposer, dans les conseils du Maréchal, qu'une offre de démission ?

Aussi nous tenions-nous prêts à riposter à une attaque. Larminat, profitant de l'impression produite par la nouvelle de l'arrivée d'avions allemands en Syrie sur certains éléments de la Côte d'Ivoire, du Dahomey, du Togo, du Niger, se disposait à y pénétrer à la première occasion. Je lui avais, moi-même, donné des instructions quant à la conduite à tenir[14]. D'autre part, le gouvernement britannique, à qui je demandais ce qu'il ferait dans le cas où Vichy, avec ou sans le concours immédiat des Allemands, tenterait d'agir, par exemple contre le Tchad, me répondait, par message de M. Eden, qu'il nous aiderait à résister par tous les moyens en son pouvoir. Enfin, nous avions fait le nécessaire pour intéresser directement les Américains à la sécurité de l'Afrique française libre. Le 5 juin, je remettais au ministre des États-Unis au Caire un mémorandum faisant ressortir que l'Afrique devrait être un jour une base de départ américaine pour la libération de l'Europe et proposant à Washington d'installer, sans tarder, des forces aériennes au Cameroun, au Tchad et au Congo. Quatre jours après, le consul des États-Unis à Léopoldville allait voir Larminat lui demandant, de la part de son gouvernement, s'il estimait que l'Afrique équatoriale française était menacée et, sur la réponse affirmative du haut-commissaire, l'invitant à lui faire connaître quelle aide directe il souhaitait que l'Amérique lui fournît, notamment en fait d'armement. Malgré tout, et quelques précautions que nous ayons pu prendre pour la défense éventuelle du bastion équatorial, j'avais, devant la perspective d'un vaste effort mené en Afrique par l'Axe et ses collaborateurs, grand-hâte de voir le Levant fermé aux Allemands et coupé de Vichy.

Tandis qu'Anglais et Français Libres s'apprêtaient à y agir ensemble sur le terrain militaire, leur rivalité politique se dessinait derrière la façade. Auprès des états-majors alliés, autour de l'ambassade du Caire, à côté du haut-commissariat britannique à Jérusalem, dans les communications que le Foreign Office faisait à Cassin, à Pleven, à Dejean, et que ceux-ci me transmettaient de Londres, à travers les colonnes des journaux inspirés, notamment du *Palestine Post*, nous percevions les frémissements d'un personnel spécialisé, qui voyait s'ouvrir la perspective d'appliquer, enfin ! en Syrie des plans d'action dès longtemps préparés. Les événements allaient y assurer à la Grande-Bretagne un tel brelan d'atouts, politiques, militaires et économiques, qu'elle ne s'empêcherait sûrement pas de les jouer pour son compte.

D'autant plus qu'il nous serait à nous-mêmes impossible, une fois installés à Damas et à Beyrouth, d'y maintenir le *statu quo ante*. Les secousses causées par le désastre de 1940, la capitulation de Vichy, l'action de l'Axe, exigeaient que la France Libre prît, vis-à-vis des États du Levant, une position nouvelle, répondant à l'évolution et à la force des choses. Il nous apparaissait, d'ailleurs, qu'une fois la guerre finie, la France ne garderait pas le mandat. En supposant qu'il lui en restât le désir, il était clair que le mouvement des pays arabes et les nécessités internationales ne le lui permettraient pas. Or, un seul régime pouvait, en droit et en fait, être substitué au mandat, et c'était l'indépendance, la préséance historique et les intérêts de la France étant, toutefois, sauvegardés. C'est à quoi avaient, d'ailleurs, visé les traités conclus par Paris, en 1936, avec le Liban et la Syrie. Ces traités, bien que leur ratification eût été différée, constituaient des faits que le bon sens et les circonstances nous défendaient de méconnaître.

Aussi avions-nous décidé qu'en pénétrant en territoire syrien et libanais la France Libre déclarerait sa volonté de mettre fin au régime du mandat et de conclure des traités avec les États devenus souverains. Tant que la guerre durerait en

Orient, nous garderions naturellement au Levant le pouvoir suprême du mandataire, en même temps que ses obligations. Enfin, le territoire de la Syrie et du Liban faisant partie intégrante du théâtre d'opérations du Moyen-Orient, sur lequel les Anglais disposaient, par rapport à nous, d'une énorme supériorité de moyens, nous accepterions que le commandement militaire britannique exerçât, sur l'ensemble, la direction stratégique contre les ennemis communs.

Mais il apparut tout de suite que les Anglais ne s'en contenteraient pas. Leur jeu, réglé à Londres par des instances bien assurées, mené sur place par une équipe dépourvue de scrupules mais non de moyens, accepté par le Foreign Office qui en soupirait parfois mais ne le désavouait jamais, soutenu par le Premier Ministre dont les promesses ambiguës et les émotions calculées donnaient le change sur les intentions, visait à instaurer, dans tout l'Orient, le *leadership* britannique. La politique anglaise allait donc s'efforcer, tantôt sourdement et tantôt brutalement, de remplacer la France à Damas et à Beyrouth.

Comme procédé, c'est la surenchère que cette politique emploierait, donnant à croire que toute concession attribuée par nous à la Syrie et au Liban l'était grâce à ses bons offices, excitant les gouvernants locaux à formuler de croissantes exigences, enfin, soutenant les provocations auxquelles elle devait les conduire. Du même coup, on tâcherait de faire des Français des repoussoirs, de dresser contre eux l'opinion locale et internationale et, ainsi, de détourner la réprobation populaire des empiétements britanniques dans les autres pays arabes.

À peine était prise en commun la décision d'entrer en Syrie que, déjà, les Anglais laissaient percer leurs intentions. Comme Catroux préparait son projet de déclaration annonçant l'indépendance, Sir Miles Lampson demanda que la proclamation fût faite à la fois au nom de l'Angleterre et au nom de la France Libre. Je m'y opposai, naturellement. L'ambassadeur insista, alors, pour que le texte fît état de la garantie britannique donnée à notre promesse. Je repoussai cette demande, alléguant que la parole de la France n'avait pas besoin d'une garantie étrangère. M. Churchill, me télégraphiant, le 6 juin, à la veille de la marche en avant, pour m'exprimer ses vœux amicaux, insistait sur l'importance que revêtait cette fameuse garantie. Je répondis à ces souhaits, mais non à cette prétention. Il était facile de voir que nos partenaires voulaient créer l'impression que, si les Syriens et les Libanais recevaient l'indépendance, ils la devraient à l'Angleterre et se placer, pour la suite, en position d'arbitres entre nous et les États du Levant. Finalement, la déclaration de Catroux fut ce qu'elle devait être. Mais, sitôt qu'il l'eut faite, le gouvernement de Londres en publia une autre, séparément et en son propre nom[15].

Ce sont de cruels souvenirs qu'évoque en moi la campagne que nous avions dû engager. Je me revois, allant et venant, entre Jérusalem où j'ai fixé mon poste et nos braves troupes qui avancent vers Damas, ou bien allant visiter les blessés à l'ambulance franco-britannique de Mme Spears et du Dr Fruchaut. En apprenant, à mesure, que beaucoup des nôtres, et des meilleurs, restent sur le terrain, que, par exemple le général Legentilhomme est grièvement blessé, que le colonel Génin et le capitaine de corvette Détroyat[16] sont tués, que les commandants de Chevigné, de Boissoudy, de Villoutreys, sont gravement atteints, que, de l'autre côté, nombre de bons officiers et soldats tombent bravement sous notre feu, que, sur le Litani les 9 et 10 juin, devant Kiswa le 12, autour de Kuneitra et d'Ezraa les 15 et 16, de violents combats mêlent les morts français des deux camps et ceux de leurs alliés britanniques, j'éprouve à l'égard de ceux qui s'opposent à nous par point d'honneur des sentiments confondus d'estime et de commisération. Alors que l'ennemi tient Paris sous sa botte, attaque en Afrique, s'infiltre au Levant, ce courage déployé, ces pertes subies, dans la lutte fratricide qu'Hitler a imposée à des chefs tombés sous son joug, me font l'impression d'un horrible gaspillage.

Mais, plus m'étreint le chagrin, plus je m'affermis dans la volonté d'en finir. Il en est ainsi, d'ailleurs, des soldats de la France Libre, dont pour ainsi dire aucun n'aura de défaillance. Il en est ainsi, également, de tous ceux de nos compatriotes d'Égypte qui, réunis au Caire pour le premier anniversaire du 18 juin, répondent à mon allocution[17] par des acclamations unanimes.

Ce jour-là, on put croire que Dentz était sur le point de mettre fin à une lutte odieuse. Celle-ci, d'ailleurs, ne lui offrait déjà plus d'espoir. En effet, Benoist-Méchin envoyé par Vichy à Ankara pour obtenir que des renforts pussent être expédiés au Levant en traversant la Turquie, s'était heurté à un refus. D'autre part, la déroute de Rachid Ali en

Irak et sa fuite en Allemagne, le 31 mai, ouvraient aux Alliés les portes de la Syrie par le désert et par l'Euphrate. Du coup, les Allemands ne semblaient plus pressés de faire passer de nouvelles forces en pays arabes. Au contraire, les avions qu'ils y avaient envoyés étaient ramenés en Grèce. Les seuls renforts qui fussent arrivés au Levant, depuis le début des combats, étaient deux escadrilles françaises d'aviation, venues d'Afrique du Nord par Athènes, où les Allemands les avaient accueillies et ravitaillées. Or, voici que, de Washington, nous parvenait la nouvelle que M. Conty, directeur politique au haut-commissariat du Levant, avait, le 18 juin, prié le consul général américain à Beyrouth de demander d'urgence aux Britanniques quelles conditions eux-mêmes et les « gaullistes » mettraient à une cessation des hostilités.

Dès le 13 juin, prévoyant la suite et par mesure de précaution, j'avais fait connaître à M. Churchill sur quelles bases devrait être, à mon avis, conclu le futur armistice. Au cours de la réunion tenue, le 19 juin, chez Sir Miles Lampson et à laquelle assistaient Wavell et Catroux, je rédigeai dans le même sens le texte[18] des conditions qui me paraissaient acceptables pour nous-mêmes et convenables pour ceux qui nous combattaient. « L'arrangement, écrivais-je, doit avoir pour bases : un traitement honorable pour tous les militaires et tous les fonctionnaires ; la garantie donnée par la Grande-Bretagne que les droits et intérêts de la France au Levant seront maintenus de son fait ; la représentation de la France au Levant assurée par les autorités françaises libres ». Je spécifiais que « tous militaires et fonctionnaires qui le désireront pourront rester, ainsi que leurs familles, les autres étant rapatriés plus tard ». Mais j'ajoutais que « toutes dispositions devraient être prises par les Alliés pour que ce choix soit réellement libre ». Enfin, pour répondre aux bruits que faisait courir Vichy, je déclarais que « n'ayant jamais traduit en jugement ceux de mes camarades de l'armée qui m'ont combattu en exécutant les ordres reçus, je n'avais aucunement l'intention de le faire dans le cas présent ». Ce sont, essentiellement, ces dispositions qui, adoptées sur place par les Britanniques, furent aussitôt télégraphiées à Londres pour être transmises à Washington et, de là, à Beyrouth.

Aussi éprouvai-je, le lendemain, une impression désagréable quand je connus le texte exact que le gouvernement britannique avait finalement adressé et qui ne ressemblait pas à celui auquel j'avais souscrit. Il n'était même pas question de la France Libre, comme si c'était à l'Angleterre que l'on proposait à Dentz de remettre la Syrie ! N'étaient, en outre, pas mentionnées les précautions que je voulais voir prendre pour empêcher que les militaires et fonctionnaires du Levant fussent rapatriés massivement et d'autorité ; or, j'avais besoin d'en garder le plus possible. J'adressai donc à M. Eden une protestation formelle et le prévins que, quant à moi, je m'en tenais aux conditions acceptées le 19 juin, sans en reconnaître d'autres. Cette réserve devait avoir son importance, comme on le verra par la suite[19].

Pour quelles raisons les autorités de Vichy attendirent-elles plus de trois semaines avant de donner suite à leur propre intention de négocier la fin de la lutte ? Pourquoi fallut-il, de ce fait, continuer aussi longtemps des combats qui ne pouvaient rien changer, excepté le total des pertes ? Je ne découvre d'explication que dans le déclenchement de l'offensive allemande en Russie. Le 22 juin, lendemain du jour où le consul des États-Unis à Beyrouth remettait au haut-commissaire la réponse de la Grande-Bretagne, Hitler lançait ses armées vers Moscou. Il avait un intérêt évident à ce que la plus grande fraction possible des forces adverses fût accrochée en Afrique et en Syrie. Rommel s'en chargeait d'un côté. Il fallait que, de l'autre, les malheureuses forces françaises du Levant en fissent autant.

Cependant, le 21 juin, après un vif combat à Kiswa, nos troupes entraient à Damas. Catroux s'y rendit aussitôt. J'y arrivai le 23. Au cours de la nuit qui suivit, les avions allemands vinrent bombarder la ville, tuant des centaines de personnes dans le quartier chrétien et démontrant de cette manière leur coopération avec Vichy. Mais, à peine étions-nous sur place que nous parvinrent de toutes parts, notamment du Hauran, du djebel Druze, de Palmyre, de Djézireh, d'inquiétantes nouvelles quant au comportement britannique. Il n'y avait pas de temps à perdre pour montrer que la déconfiture de Vichy n'était pas le recul de la France et affirmer notre autorité.

Le 24 juin, je nommai le général Catroux délégué général et plénipotentiaire au Levant et lui fixai, par lettre, l'objet de sa mission : « Diriger le rétablissement d'une situation intérieure et économique aussi proche de la normale que le permettra la guerre ; négocier, avec les représentants qualifiés des populations, des traités instituant l'indépendance et la souveraineté des États, ainsi que l'alliance de ces États avec la France ; assurer la défense du territoire contre l'ennemi ; coopérer avec les Alliés aux opérations de guerre en Orient. » En attendant l'application des futurs traités, le général Catroux assumait « tous les pouvoirs et toutes les responsabilités du haut-commissaire de France au Levant ». Quant aux négociations à engager, elles devaient l'être « avec des gouvernements approuvés par des assemblées réellement représentatives de l'ensemble des populations et réunies dès que possible ; le point de départ des négociations étant les traités de 1936 ». Ainsi, « le mandat confié à la France au Levant serait conduit à son terme et l'œuvre de la France continuée[20] ».

Pendant mon séjour à Damas, je reçus tout ce qui s'y trouvait de notabilités, politiques, religieuses, administratives, et il s'en trouvait beaucoup. À travers l'habituelle prudence orientale, on pouvait voir que l'autorité de la France était, en notre personne, reconnue sans contestation, que l'échec du plan allemand visant à prendre pied en Syrie s'inscrivait, pour une bonne part, à notre crédit, enfin que chacun n'attendait que de nous la remise en marche des organes de l'État et l'instauration d'un gouvernement nouveau. Le général Catroux, qui avait une connaissance approfondie des hommes et des choses du pays, faisait assurer l'ordre, le ravitaillement, les services hospitaliers, mais prenait son temps pour nommer des ministres.

Au reste, le drame se terminait. Le 26 juin, Legentilhomme qui, malgré sa grave blessure, n'avait jamais cessé de commander ses troupes, s'emparait de Nebeck et, le 30, y repoussait une suprême contre-attaque. Une colonne hindoue, venue d'Irak, franchissait l'Euphrate, le 3 juillet, sur le pont de Deir ez-Zor, resté intact grâce à un hasard dont je puis dire qu'il fut bien calculé, et progressait vers Alep et vers Homs. Sur la route côtière, le 9, les Britanniques atteignaient Damour et, plus à l'est, Jezzin. Le 10 juillet, Dentz expédiait ses navires de guerre et ses avions en Turquie où ils étaient internés. Il demandait, ensuite, une suspension d'armes qui fut, aussitôt, accordée. On convint que les plénipotentiaires se réuniraient trois jours plus tard, à Saint-Jean-d'Acre.

Beaucoup de signes me donnaient à penser que ce qui sortirait de cette rencontre ne serait pas conforme aux intérêts de la France. Sans doute avais-je, le 28 juin, averti

M. Churchill « de l'importance extrême qu'allait revêtir au point de vue de notre alliance, la façon dont l'Angleterre se conduirait à notre égard en Orient ». Sans doute, avais-je obtenu que le général Catroux fût présent à la négociation. Sans doute, nos délégués de Londres avaient-ils reçu de moi-même de nettes indications quant à la façon dont devrait s'établir notre autorité au Levant, afin qu'ils s'en servissent dans leurs démarches. Mais les conditions naguère formulées par M. Eden pour l'armistice avec Dentz, l'ambiance qui régnait dans les services britanniques, le fait que le loyal Wavell, nommé vice-roi des Indes[21], venait de quitter Le Caire et que son successeur : Auchinleck, n'y était pas encore installé, ce qui laissait le champ libre aux passions des « arabisants », ne me permettaient pas de douter que l'arrangement laisserait beaucoup à désirer. En définitive, l'armistice serait conclu par Wilson avec Verdilhac. Je n'avais pas d'autre moyen de limiter les dégâts que de prendre du champ et de la hauteur, de gagner quelque nuage et de fondre, à partir de là, sur une convention qui ne m'engagerait pas et que je déchirerais dans la mesure du possible.

Le nuage fut Brazzaville. J'y demeurai, pendant qu'à Saint-Jean-d'Acre était rédigé l'acte dont le fond et la forme dépassaient, dans le mauvais sens, ce que je pouvais redouter.

En effet, le texte de l'accord équivalait à une transmission pure et simple de la Syrie et du Liban aux Britanniques. Pas un mot des droits de la France, ni pour le présent, ni pour l'avenir. Aucune mention des États du Levant. Vichy abandonnait tout à la discrétion d'une puissance étrangère et ne cherchait à obtenir qu'une chose : le départ de toutes les troupes, ainsi que du maximum de fonctionnaires et de ressortissants français. De cette façon, de Gaulle serait, autant que possible, empêché d'augmenter ses forces et de garder au Levant la position de la France.

En signant cette capitulation, Vichy se montrait fidèle à sa triste vocation. Mais les Anglais semblaient s'y prêter de toutes leurs arrière-pensées. Paraissant ignorer, jusque dans les termes, leurs alliés français libres, dont l'initiative et la coopération les avaient fortement aidés à atteindre le but stratégique, ils profitaient, apparemment, des abandons de Vichy pour essayer de ramasser sous la coupe de leur commandement militaire l'autorité que Dentz leur passait à Beyrouth et à Damas. Ils étaient, en outre, d'accord pour laisser partir au plus tôt les troupes du Levant. Celles-ci seraient, d'après la convention, concentrées sous les ordres de leurs chefs et embarquées sur les bateaux qu'enverrait Darlan. Bien plus, il était interdit aux Français Libres de prendre leur contact et tâcher de les rallier. Le matériel qu'elles laissaient serait remis aux seuls Anglais. Enfin, les troupes dites « spéciales », c'est-à-dire syriennes et libanaises, qui s'étaient toujours montrées fidèles à la France, au point que Vichy n'avait pas osé les employer contre nous dans les récents combats, devaient être placées, telles quelles, sous commandement britannique.

Avant même d'avoir eu connaissance du détail et me fondant sur les indications, naturellement édulcorées, qu'en donnait la radio de Londres, je fis connaître que je repoussais la convention de Saint-Jean-d'Acre[22]. Après quoi, je partis pour Le Caire, marquant aux gouverneurs et aux chefs militaires anglais, à chaque étape de ma route, à quel point l'affaire était sérieuse. Ainsi fis-je à Khartoum pour le général Sir Arthur Huddleston, excellent et amical gouverneur général du Soudan, à Kampala pour le gouverneur, à Ouadi-Halfa pour l'administrateur du Cercle, de façon à me faire précéder par des télégrammes alarmants. Le 21 juillet, je prenais contact avec M. Oliver Lyttelton, ministre d'État dans le gouvernement anglais et que celui-ci venait d'envoyer au Caire pour y grouper, sous son autorité, l'ensemble des affaires britanniques en Orient.

Le « captain » Lyttelton, homme aimable et pondéré, à l'esprit vif et ouvert, ne désirait manifestement pas commencer sa mission par une catastrophe. Il m'accueillit avec quelque gêne. Je m'efforçai d'éviter les éclats et, m'enveloppant de glace[23], lui déclarai, en substance, ceci :

« Grâce à la campagne que nous venons de mener ensemble, nous avons pu nous assurer un notable avantage stratégique. Voici liquidée, au Levant, l'hypothèque que la subordination de Vichy à l'Axe faisait peser sur le théâtre d'opérations d'Orient. Mais l'accord que vous venez de conclure avec Dentz est, je dois vous le dire, inacceptable. En Syrie et au Liban, l'autorité ne saurait passer de la France à l'Angleterre. C'est à la France Libre, et à elle seulement, qu'il appartient de l'exercer. Elle en doit compte à la France. D'autre part, j'ai besoin de rallier le plus possible des troupes qui viennent de nous combattre. Leur rapatriement rapide et massif, comme le fait de les tenir rassemblées et isolées, m'enlèvent tout moyen d'agir sur elles. Au total, les Français Libres ne peuvent accepter d'être écartés d'une source française de renforts et, surtout, ils n'admettent pas que notre effort commun aboutisse à instaurer votre autorité à Damas et à Beyrouth.

« Nous n'en avons pas l'intention, répondit M. Lyttelton. La Grande-Bretagne ne poursuit, en Syrie et au Liban, d'autre but que de gagner la guerre. Mais cela implique que la situation intérieure n'y soit pas troublée. Aussi nous paraît-il nécessaire que les États du Levant reçoivent l'indépendance, que l'Angleterre leur a garantie. D'autre part, tant que dure la guerre, le commandement militaire a des droits supérieurs en ce qui concerne l'ordre public. C'est donc à lui, en dernier ressort, que doivent revenir sur place les décisions. Quant aux conditions techniques qui ont été adoptées par les généraux Wilson et de Verdilhac pour le repli et l'embarquement des troupes françaises, elles répondent également au souci de faire en sorte que les choses se passent en bon ordre. Enfin, nous comprenons mal que vous ne nous fassiez pas confiance. Après tout, notre cause est commune.

— Oui, repris-je, notre cause est commune. Mais notre position ne l'est pas et notre action pourrait cesser de l'être. Au Levant, c'est la France qui est mandataire, non la Grande-Bretagne. Vous parlez de l'indépendance des États. Mais nous seuls avons qualité pour la leur donner et, en effet, la leur donnons, pour des raisons et dans des conditions dont nous sommes seuls juges et seuls responsables. Vous pouvez, certes, nous en approuver du dehors. Vous n'avez pas à vous en mêler au-dedans. Quant à l'ordre public, en Syrie et au Liban, c'est notre affaire, non point la vôtre.

— Pourtant, dit M. Lyttelton, vous avez reconnu, par notre accord du 7 août 1940[24], l'autorité du commandement britannique.

— À ce commandement, répondis-je, j'ai reconnu effectivement qualité pour donner des directives aux Forces françaises libres, mais seulement en matière stratégique et contre l'ennemi commun. Je n'ai jamais entendu que cette attribution s'étendît à la souveraineté, à la politique, à l'administration, dans des territoires dont la France a la charge. Quand nous débarquerons, un jour, sur le sol français proprement dit, invoquerez-vous les droits du commandement pour prétendre gouverner la France ? D'autre part, je dois vous répéter que je tiens à faire prendre le contact des éléments qui étaient sous l'obédience de Vichy. Ceci, du reste, est également à votre avantage. Car, il serait proprement absurde de renvoyer telles quelles des troupes échauffées par les combats et que nous retrouverons un jour en Afrique ou ailleurs. Enfin, le matériel français et le commandement des troupes spéciales doivent revenir à la France Libre.

— Vous m'avez fait connaître votre point de vue, dit alors M. Lyttelton. En ce qui concerne nos rapports réciproques en Syrie et au Liban, nous pouvons en discuter. Mais, pour ce qui est de la convention d'armistice, elle est signée. Nous devons l'appliquer.

— Cette convention n'engage pas la France Libre. Je ne l'ai pas ratifiée.

— Alors, que comptez-vous faire ?

— Voici : pour obvier à toute ambiguïté quant aux droits que semble vouloir exercer le commandement britannique en Syrie et au Liban, j'ai l'honneur de vous faire connaître que les Forces françaises libres ne dépendront plus de ce commandement à partir du 24 juillet, soit dans trois jours. En outre, je prescris au général Catroux de prendre immédiatement en main l'autorité sur toute l'étendue du territoire de la Syrie et du Liban, quelque opposition qu'il puisse rencontrer de la part de qui que ce soit. Je donne aux Forces françaises libres l'ordre d'entrer en contact, comme elles le pourront, avec tous autres éléments français et de prendre en compte leur matériel. Enfin, la réorganisation des troupes syriennes et libanaises, que nous avons déjà commencée, va être activement poursuivie. »

Je remis au captain Lyttelton une note[25] préparée à l'avance et qui précisait ces conclusions. En prenant congé, je lui dis : « Vous savez ce que moi-même et ceux qui me suivent avons fait et faisons pour notre alliance. Vous pouvez donc mesurer quel serait notre regret s'il nous fallait la voir s'altérer. Mais ni nous, ni ceux qui, dans notre pays, portent sur nous leur espoir, ne pourrions admettre que l'alliance fonctionnât au détriment de la France. Si, par malheur, le cas se présentait, nous préférerions suspendre nos engagements à l'égard de l'Angleterre. De toutes façons, d'ailleurs, nous poursuivrons le combat contre l'ennemi avec les moyens en notre pouvoir. J'ai l'intention de me rendre à Beyrouth dans trois jours. D'ici là, je suis prêt à toute négociation qui pourrait vous paraître souhaitable. »

Je quittai Lyttelton qui, sous les dehors du sang-froid, me parut ému et inquiet. J'étais moi-même assez remué. L'après-midi, je lui confirmai par lettre que la subordination des Forces françaises libres au commandement britannique cessait le 24 à midi, mais que j'étais prêt à régler avec lui les modalités nouvelles de la collaboration militaire. Enfin, je télégraphiai à Churchill ceci : « Nous considérons la convention de Saint-Jean-d'Acre comme opposée, dans son fond, aux intérêts militaires et politiques de la France Libre, c'est-à-dire de la France, et, dans sa forme, comme extrêmement pénible pour notre dignité... Je souhaite que vous sentiez personnellement qu'une telle attitude britannique, dans une affaire vitale pour nous, aggrave considérablement nos difficultés et aura des conséquences, que j'estime déplorables, au point de vue de la tâche que j'ai entreprise[26]. »

La parole était à l'Angleterre. Elle la prit dans le sens des concessions. M. Lyttelton, le soir même, ayant demandé à me revoir, me tint le langage suivant :

« Je conviens que certaines apparences ont pu vous donner l'idée que nous voulions prendre, au Levant, la place de la France. Je vous assure que c'est à tort. Pour dissiper ce malentendu, je suis prêt à vous écrire une lettre garantissant notre désintéressement complet dans le domaine politique et administratif'.

— Ce serait-là, répondis-je, une heureuse affirmation de principe. Mais il reste la convention de Saint-Jean-d'Acre qui y contrevient fâcheusement et qui, au surplus, risque de conduire à des incidents entre les vôtres qui l'appliquent et les nôtres qui ne l'acceptent pas. Il reste aussi l'extension que vous entendez donner au Levant aux attributions de votre commandement militaire et qui est incompatible avec notre position.

— Peut-être, sur ces deux questions, auriez-vous quelque chose à nous proposer ?

— Pour la première, je" ne vois d'autre issue qu'un accord immédiat entre nous au sujet de l'« application » de la convention d'armistice, corrigeant dans la pratique ce qu'il y a de vicieux dans le texte. Quant à la seconde question, il serait nécessaire et urgent que vous vous engagiez à limiter aux opérations militaires contre l'ennemi commun les attributions de votre commandement en territoire syrien et libanais.

— Permettez-moi d'y réfléchir. »

L'atmosphère s'améliorait. Après diverses péripéties, nous aboutîmes, d'abord, le 24 juillet, à un accord « interprétatif[27] » de la convention de Saint-Jean-d'Acre, accord que le général de Larminat et le colonel Valin avaient négocié pour notre compte. Les Anglais s'y déclaraient prêts à nous laisser prendre des contacts avec les troupes du Levant pour y trouver des ralliements, reconnaissaient que le matériel revenait aux Forces françaises libres et renonçaient à prendre sous leur coupe les troupes syriennes et libanaises. Il était, en outre, entendu que « si une violation substantielle de la convention d'armistice par les autorités de Vichy devait être constatée, les forces britanniques et les Forces françaises libres prendraient toutes mesures qu'elles jugeraient utiles pour rallier les troupes de Vichy à la France Libre ». Comme, déjà, plusieurs « violations substantielles » avaient été relevées, on pouvait croire, — M. Lyttelton lui-même me l'assurait, — qu'en définitive toute l'affaire de la destination des troupes allait être reconsidérée.

Je ne doutais pas de la bonne volonté du ministre anglais. Mais qu'allaient faire, en dépit des accords conclus, le général Wilson et son équipe d'arabisants ? Pour tâcher d'obtenir qu'ils se conduisent comme il fallait, je télégraphiai, derechef, à M. Churchill[28] pour l'adjurer « de ne pas laisser remettre à la disposition de Vichy une armée entière avec ses unités constituées ». « Je dois vous répéter, ajoutais-je, qu'il me paraît conforme à la sécurité élémentaire de suspendre le rapatriement de l'armée de Dentz et de laisser les Français Libres procéder comme ils l'entendent pour ramener dans le devoir ces pauvres troupes égarées par la propagande de l'ennemi. »

Le lendemain, 25, M. Oliver Lyttelton, ministre d'État dans le gouvernement britannique, m'écrivait au nom de son pays :

« Nous reconnaissons les intérêts historiques de la France au Levant. La Grande-Bretagne n'a aucun intérêt en Syrie et au Liban, excepté de gagner la guerre. Nous n'avons pas l'intention d'empiéter d'aucune façon sur la position de la France. La France Libre et la Grande-Bretagne ont, l'une et l'autre, promis l'indépendance à la Syrie et au Liban. Nous admettons volontiers, qu'une fois cette étape franchie et sans la remettre en cause, la France devra avoir au Levant une position dominante et privilégiée parmi toutes les nations d'Europe... Vous avez pu prendre connaissance des récentes assurances du Premier Ministre dans ce sens. Je suis heureux de vous les confirmer aujourd'hui[29]. »

Par la même lettre, M. Lyttelton déclarait accepter le texte d'un accord que je lui avais remis, concernant la coopération entre les autorités militaires britanniques et françaises en Orient. Il en résultait que les Anglais n'auraient pas à interférer dans les domaines politique et administratif au Levant, moyennant quoi nous acceptions que leur commandement exerçât la direction stratégique, dans des conditions, d'ailleurs, bien précisées.

Le jour même, je partis pour Damas et Beyrouth.

À l'entrée solennelle du chef de la France Libre dans la capitale syrienne, on put voir l'enthousiasme soulever cette grande cité qui, jusqu'alors, en toute occasion, avait affecté de marquer sa froideur à l'autorité française. Quelques jours après, m'adressant, dans l'enceinte de l'université, aux personnalités du pays réunies autour du gouvernement syrien et précisant le but que s'était, désormais, fixé la France au Levant, je recueillis une adhésion évidente[30].

C'est le 27 juillet que j'arrivai à Beyrouth. Les troupes françaises et libanaises y formaient la haie, tandis que la population, massée sur le parcours, prodiguait ses applaudissements. Par la place des Canons, retentissante d'enthousiasme, je me rendis au Petit Sérail où j'échangeai solennellement avec le chef du gouvernement libanais, M. Alfred Naccache, des propos pleins d'optimisme. Puis, je gagnai le Grand Sérail, où étaient réunies les personnalités françaises. La plupart avaient donné au système établi par Vichy leur concours, souvent leur confiance. Mais, en prenant contact avec elles, je vérifiai, une fois de plus, de quel poids les faits accomplis, — quand ils le sont à juste titre, — pèsent sur les attitudes et même sur les convictions. Fonctionnaires, notables, religieux, tous m'assurèrent de leur loyalisme et me promirent d'apporter au service du pays, sous l'autorité nouvelle, un dévouement sans réserves[31]. Je dois dire, qu'à très peu d'exceptions près, cet engagement fut tenu. Presque tous les Français restés au Liban et en Syrie ne cessèrent pas de se montrer, au milieu des circonstances les plus difficiles, ardemment rassemblés dans la France Libre, qui combattait pour libérer le pays tout en assumant sur place les droits et les devoirs de la France.

Ces droits et ces devoirs, il était, précisément, très urgent de les faire valoir. À peine étais-je à Beyrouth que je constatai, sans surprise, combien peu le général Wilson et les agents politiques qui l'assistaient sous l'uniforme tenaient compte des accords conclus par moi-même avec Lyttelton. Pour l'exécution de l'armistice, comme pour le comportement des Britanniques en Syrie et au Liban, tout se passait comme si personne ne nous devait rien.

Dentz, en plein accord avec les Anglais, avait concentré ses troupes dans la région de Tripoli. Il continuait à les commander. Les unités, avec leurs chefs, leurs armes, leurs drapeaux, étaient campées les unes auprès des autres, comblées par Vichy de croix et de citations, ne recevant d'informations que celles qui leur venaient par la voie hiérarchique et baignant dans la psychologie du rapatriement imminent. D'ailleurs, les navires, qui devaient les emmener en bloc, étaient déjà annoncés de Marseille ; Darlan ne perdant pas un jour pour les mettre en route, ni les Allemands pour les laisser partir. En attendant, suivant les consignes de Dentz, que la commission britannique d'armistice et les postes de police anglais faisaient intégralement respecter, les officiers et les soldats se voyaient interdire tout rapport avec leurs camarades français libres, lesquels n'avaient pas, non plus, faculté de les aborder. Dans de pareilles conditions, les ralliements seraient rares. Au lieu de l'action loyale que nous prétendions exercer sur l'esprit et la conscience d'hommes mis individuellement à même de nous entendre et de choisir, il n'y aurait que l'opération d'embarquement collectif d'une armée constituée, que l'on maintenait dans une atmosphère de rancune et d'humiliation et qui n'avait d'autre désir que de quitter, le plus tôt possible, le théâtre de ses vains sacrifices et de ses amers efforts.

Tandis que les engagements, pris à notre égard par le gouvernement britannique quant à l'interprétation de l'armistice de Saint-Jean-d'Acre, demeuraient ainsi lettre morte, il en était tout juste de même en ce qui concernait le désintéressement politique de la Grande-Bretagne en Syrie et les limites de l'autorité de son commandement militaire. Si, à Damas et à Beyrouth même, les empiétements gardaient quelque apparence de discrétion, au contraire ils s'étalaient dans les régions les plus sensibles que les ambitions de l'Angleterre ou de ses féaux husseinites[32] avaient visées de tous temps.

En Djézireh, le commandant Reyniers, délégué du général Catroux, était traité comme un suspect par les forces britanniques sur place et empêché de reformer les bataillons assyro-chaldéens et les escadrons syriens provisoirement dispersés. À Palmyre et dans le désert sévissait M. Glubb, dit « Glubb-Pacha », commandant anglais de la Transjordanian Force, qui s'efforçait de rallier les tribus bédouines à l'émir Abdullah. Dans le Hauran, les agents anglais faisaient pression sur les chefs locaux pour les déterminer à reconnaître, eux aussi, l'autorité d'Abdullah et à lui payer l'impôt. D'Alep, comme des Alaouites, venaient des rapports alarmants.

Mais c'est surtout au djebel Druze que les Britanniques manifestaient ouvertement leurs intentions. Pourtant, aucun combat n'y avait eu lieu et il était entendu entre Catroux et Wilson que les troupes alliées n'y pénétreraient pas jusqu'à décision à prendre en commun. On peut juger de notre état d'esprit quand nous apprîmes qu'une brigade britannique s'y installait, que les escadrons druzes étaient d'office pris en charge par les Anglais, que certains chefs, convoqués et indemnisés par M. Bass, dit « le commodore Bass », déclaraient rejeter l'autorité française, qu'à Soueïda, « la Maison de France », où résidait notre délégué, était devenue, de force, le siège du commandement britannique, enfin, que celui-ci, en présence des troupes et de la population, y avait fait amener le pavillon tricolore et hisser l'Union Jack.

Il fallait, tout de suite, réagir. Le général Catroux, d'accord avec moi, donna, le 29 juillet, au colonel Monclar l'ordre de se rendre immédiatement à Soueïda avec une solide colonne, de reprendre possession de la Maison de France et de récupérer les escadrons druzes. Wilson, dûment averti, m'adressa aussitôt un message quelque peu menaçant pour m'adjurer d'arrêter la colonne. Je lui répondis « que celle-ci était déjà parvenue à destination... qu'il était loisible à lui-même, Wilson, de régler avec Catroux — qui le lui avait proposé — la question du stationnement des troupes britanniques et françaises au djebel Druze, ... que je tenais pour regrettables ses menaçantes allusions ... mais que, si je restais disposé à une franche collaboration militaire, il fallait que les droits souverains de la France en Syrie et au Liban et la dignité de l'armée française restent hors de toute atteinte ».

En même temps, Monclar, arrivé à Soueïda, s'entendait déclarer par le commandant de la brigade britannique que « s'il fallait se battre, on se battait » et répondait par l'affirmative. Les choses n'allèrent pas aussi loin. Le 31 juillet, Monclar put s'installer à la Maison de France, y replacer solennellement les trois couleurs, caserner ses troupes dans la ville et reformer le groupe d'escadrons druzes sous les ordres d'un officier français. Peu après, les forces anglaises quittaient la région".

Mais, pour un incident réglé, beaucoup d'autres surgissaient partout. Wilson, d'ailleurs, annonçait qu'il allait établir ce qu'il appelait « la loi martiale » et prendre tous les pouvoirs. Nous le prévenions que, dans ce cas, nous opposerions nos pouvoirs aux siens et que ce serait la rupture. Lyttelton, quoique tenu au courant, s'abstenait d'intervenir. Même, sur le bruit que Catroux allait entamer, à Beyrouth et à Damas, des pourparlers en vue des traités futurs, le ministre d'État britannique lui écrivait directement pour demander, comme une chose qui allait de soi, que Spears fût présent à ces négociations. Cette prétention persistante à s'immiscer dans nos affaires, autant que les empiétements qui ne cessaient de se multiplier, atteignaient maintenant la limite de ce que nous pouvions supporter. Le^x 1er août, je télégraphiai à Cassin[33] d'aller voir M. Eden et de lui dire, de ma part, « que l'immixtion de l'Angleterre nous conduisait aux complications les plus graves et que les avantages douteux que la politique anglaise pourrait tirer, au Levant, de cet oubli des droits de la France, seraient bien médiocres en comparaison des inconvénients majeurs qui résulteraient d'une brouille entre la France Libre et l'Angleterre ».

Une brouille ? Londres^y n'en voulait pas. Le 7 août, M. Lyttelton vint me faire visite à Beyrouth et passa la journée chez moi. Ce fut l'occasion d'une conférence qu'on aurait pu croire décisive si aucune chose, en Orient, l'était jamais pour les Britanniques. Le ministre convint franchement que les militaires anglais n'exécutaient pas nos accords des 24 et 25 juillet. « Il n'y a là, affirma-t-il, qu'un retard imputable à des défauts de transmission et, peut-être, de compréhension, que je regrette vivement et auxquels j'entends mettre un terme. » Il parut surpris et mécontent des incidents créés par les agents anglais et dont Catroux fit le récit. Il^z déclara que Vichy violait la convention d'armistice ; que, par exemple, les cinquante-deux officiers britanniques, faits prisonniers dans les récents combats et qui devaient être rendus sans délai, ne l'avaient pas encore été et qu'on ne savait même pas où ils avaient été mis ; qu'en conséquence,

Dentz allait être transféré en Palestine et que toutes facilités nous seraient, dorénavant, données pour opérer des ralliements.

Je ne cachai pas à Lyttelton que nous étions excédés de la manière dont nos alliés pratiquaient la coopération. « Plutôt que de continuer ainsi, nous préférons, lui dis-je, suivre notre propre route, tandis que vous suivrez la vôtre. » Comme[aa] il se plaignait, à son tour, évoquant les obstacles que nous opposions au commandement britannique, je lui répondis, d'après ce que Foch, en personne, m'avait naguère appris, qu'il ne pouvait y avoir de commandement interallié valable qui ne fût désintéressé et que, quoi que lui-même, Lyttelton, pût, de bonne foi, me dire ou m'écrire, ce n'était pas ici le cas pour les Anglais. Quant à invoquer, comme le faisait Wilson, la nécessité de la défense du Levant pour usurper l'autorité en Djézireh, à Palmyre, au djebel Druze, ce n'était qu'un mauvais prétexte. L'ennemi était loin, maintenant, du djebel Druze, de Palmyre, de la Djézireh. S'il était sage de prévoir telle éventualité où la menace de l'Axe pèserait de nouveau sur la Syrie et le Liban, ce qu'il fallait faire, pour s'y préparer, c'était un plan de défense commun entre Français et Britanniques, non point une politique anglaise d'empiétements sur notre domaine[ab].

M. Lyttelton, soucieux de terminer sa visite sur quelque note d'harmonie, saisit[ac] au bond la balle du « plan de défense ». Il me proposa, pour en parler, d'introduire le général Wilson, dont je n'avais pas voulu qu'il vînt à notre réunion. Je répondis négativement mais acceptai que Wilson vît Catroux hors de Beyrouth afin de mettre un projet sur pied. Leur rencontre eut lieu le lendemain. Il n'en sortit, pratiquement, rien ; preuve que, du côté anglais, pour ce qui était du Levant, on pensait à tout autre chose qu'à une offensive des Allemands. Cependant, le ministre d'État, pour marquer sa bonne volonté, m'avait remis, en me quittant, une lettre[34] qui répétait les assurances déjà données au sujet du désintéressement politique de la Grande-Bretagne. En outre, M. Lyttelton m'avait affirmé verbalement que je serais satisfait des suites pratiques de notre entretien.

Comme tant de secousses n'avaient pas ébranlé la France Libre, j'admis qu'on pouvait, en effet, compter sur un répit dans nos difficultés. Toutefois, j'en avais assez vu pour être sûr que, tôt ou tard, la crise recommencerait. Mais[ad], à chaque jour suffisait sa peine. Pour formuler la conclusion de l'épreuve momentanément surmontée, j'adressai à la délégation de Londres, qui s'effrayait de mon attitude, des messages résumant les péripéties et déclarant, en matière de « moralité » : « Notre grandeur et notre force consistent uniquement dans l'intransigeance pour ce qui concerne les droits de la France. Nous aurons besoin de cette intransigeance jusqu'au Rhin, inclusivement[35]. »

En tout cas, à partir de là, les choses prirent une autre tournure. Larminat put, avec ses adjoints, se rendre dans celles des unités qui n'étaient pas encore embarquées et adresser hâtivement aux officiers et aux hommes l'appel du dernier moment. Catroux eut la faculté de voir certains fonctionnaires qu'il désirait personnellement garder. Moi-même reçus maintes visites. Finalement, les ralliements se montèrent à cent vingt-sept officiers et environ six mille sous-officiers et soldats, soit la cinquième partie de l'effectif des troupes du Levant[36]. En outre, les éléments syriens et libanais, totalisant deux cent quatre-vingt-dix officiers et quatorze mille hommes, furent aussitôt reconstitués. Mais vingt-cinq mille officiers, sous-officiers et soldats de l'armée et de l'aviation françaises nous étaient, en définitive, arrachés, alors que le plus grand nombre aurait, sans nul doute, décidé de nous joindre, si nous avions eu le temps et les moyens de les éclairer. Car ceux des Français qui regagnaient la France avec la permission de l'ennemi, renonçant à la possibilité d'y rentrer en combattant, étaient, je le savais, submergés de doute et de tristesse. Quant à moi, c'est le cœur étreint que je regardais en rade les navires de transport que Vichy avait expédiés et les voyais, une fois remplis, disparaître sur la mer, emportant avec eux une des chances de la patrie.

Du moins, celles qui lui restaient sur place pouvaient être, maintenant, mises en œuvre. Le général Catroux s'y appliqua très activement. Ayant le sens de la grandeur française et le goût de l'autorité, habile à manier les hommes, principalement ceux d'Orient dont il pénétrait volontiers les jeux subtils et passionnés, assuré de sa propre valeur aussi bien que dévoué[ae] à notre grande entreprise et à celui qui la dirigeait, il allait, avec beaucoup de dignité et de distinction, conduire au Levant la partie de la France. S'il m'arriva de penser que son désir de séduire et son penchant pour la conciliation ne répondaient pas toujours au genre d'escrime qui lui était imposé, s'il tarda, en particulier, à discerner dans sa profondeur la malveillance du dessein britannique, je ne laissai jamais de reconnaître ses grands mérites et ses hautes qualités. Dans une situation que d'affreuses conditions initiales, le manque de moyens, les obstacles partout dressés, rendirent exceptionnellement ingrate, le général Catroux a bien servi la France[37].

Il lui fallait, pour commencer, organiser du haut en bas la représentation française que le départ de la plupart des fonctionnaires « d'autorité » et de la majeure partie des officiers de renseignements avait, soudain et partout, réduite à presque rien. Catroux prit auprès de lui, comme secrétaire général, Paul Lepissié, qui nous était venu de Bangkok où il était ministre de France. Il délégua le général Collet et M. Pierre Bart, respectivement auprès des gouvernements syrien et libanais. En même temps, MM. David, puis Fauquenot, à Alep, de Montjou à Tripoli, Dumarçay à Saïda, le gouverneur Schœffler, puis le général Monclar, aux Alaouites, les colonels : Brosset en Djézireh, des Essars à Homs, Oliva-Roget au djebel Druze, allèrent assurer, dans chacune des régions, notre présence et notre influence.

Je dois dire que les populations marquaient, à notre égard, une chaleureuse approbation. Elles voyaient, dans la France Libre, quelque chose de courageux, d'étonnant, de chevaleresque, qui leur semblait répondre à ce qu'était à leurs yeux la personne idéale de la France. En outre, elles sentaient que notre présence éloignait de leur territoire le danger d'invasion allemande, assurait les lendemains dans le domaine économique et imposait une limite aux abus de leurs féodaux. Enfin, l'annonce généreuse que nous faisions de leur indépendance ne laissait pas de les émouvoir. Les mêmes manifestations, qui s'étaient produites lors de mon entrée à Damas et à Beyrouth se renouvelaient, quelques jours plus tard, à Alep, à Lattaquié, à Tripoli, ainsi qu'en maintes villes et bourgades de cette admirable contrée, où chaque site et chaque localité, dans leur dramatique poésie, sont comme des témoins de l'Histoire.

Mais, si le sentiment du peuple se montrait nettement favorable, les politiques se livraient moins franchement. À cet égard, le plus urgent consistait à investir, dans chacun des deux États, un gouvernement capable d'assumer les devoirs nouveaux que nous allions lui transférer, notamment aux points de vue des finances, de l'économie, de l'ordre public. Nous entendions, en effet, ne réserver à l'autorité mandataire que la responsabilité de la défense, des relations extérieures et des « intérêts communs » aux deux États : monnaie, douanes, ravitaillement, tous domaines dans lesquels il était impossible de passer aussitôt la main, comme de séparer à l'improviste la Syrie et le Liban. Plus tard, quand l'évolution de la guerre le permettrait, on procéderait à des élections d'où sortiraient des pouvoirs nationaux complets. En attendant cet aboutissement, la mise en marche de gouvernements aux attributions élargies portait déjà au point d'ébullition les passions des clans et les rivalités des personnes.

Pour la Syrie, la situation était, à ce point de vue, particulièrement compliquée. En juillet 1939, comme Paris refusait finalement de ratifier le traité de 1936, le haut-commissaire de France avait été amené à écarter le président de la République, Hachem Bey-el Atassi, et à dissoudre le Parlement. Nous trouvions en place à Damas, sous la direction de Khaled Bey Azem, personnalité d'ailleurs valable et considérée, un ministère qui se bornait à expédier les affaires sans revêtir le caractère d'un gouvernement national. J'avais, d'abord, espéré pouvoir rétablir en Syrie l'état antérieur des choses. Le président Hachem Bey, et, avec lui, le chef de son dernier gouvernement Djemil Mardam Bey, ainsi que M. Fares El Koury, président de la Chambre dissoute, s'y montraient en principe disposés au cours des entretiens que j'eus avec chacun d'eux en présence du général Catroux. Mais, bien qu'ils fussent tous trois des politiques expérimentés, des patriotes dévoués à leur pays et des hommes désireux de ménager l'amitié française, ils ne parurent pas discerner, dans toute son ampleur, l'occasion historique qui s'offrait à eux d'engager la Syrie sur la route de l'indépendance, en plein accord avec la France et en surmontant, d'un grand élan, les préventions et les griefs. Je les trouvai trop soucieux, à mon sens, de formalités juridiques et trop sensibles aux suggestions d'un pointilleux nationalisme. Cependant, j'invitai le général Catroux à poursuivre avec eux les conversations et à ne s'orienter vers une autre solution que si, décidément, leurs réserves empêchaient d'aboutir.

Au Liban, nous pûmes aller plus vite, sans, toutefois, rencontrer l'idéal. Le président de la République, Émile Eddé, inébranlable ami de la France et homme d'État confirmé, avait volontairement donné sa démission trois mois avant la campagne qui nous amenait à Beyrouth. Il n'avait pas été remplacé. D'autre part, la durée du mandat du Parlement était, de longtemps, expirée. Au point de vue des principes et de la Constitution, on se trouvait sur la table rase. Mais il n'en était pas de même quant aux luttes des clans politiques. Une rivalité acharnée opposait à Émile Eddé une autre personnalité maronite, M. Béchara El Koury. Celui-ci, rompu aux tours et détours des affaires libanaises, groupait autour de lui de nombreux partisans et de multiples intérêts. « Eddé a déjà eu le poste, me déclarait M. Koury ; à moi d'être président ! » Enfin, Riad Solh, chef passionné des musulmans sunnites, agitant autour des mosquées l'étendard du nationalisme arabe, alarmait les deux concurrents sans, toutefois, qu'ils se missent d'accord.

Nous jugeâmes, dans ces conditions, qu'il valait mieux porter à l'échelon suprême l'homme que nous trouvions en place à la tête du gouvernement, M. Alfred Naccache, moins éclatant qu'aucun des trois autres, mais capable, estimé, et dont la présence à la tête de l'État, dans une conjoncture transitoire, ne nous paraissait pas devoir provoquer d'opposition véhémente. Ce ne fut vrai, d'ailleurs, qu'en partie. Car, si Émile Eddé s'accommoda généreusement de notre choix du moment, si Riad Solh évita de gêner celui qui portait la charge, M. Béchara El Koury se déchaîna contre lui en intrigues et cabales.

En attendant la libre consultation du peuple, cette situation politique, à Damas et à Beyrouth, n'avait, en soi, rien d'inquiétant. L'ordre public ne courait pas de risques. L'administration s'acquittait de sa tâche. L'opinion admettait d'emblée le retard des élections dû à la force majeure de la guerre. Bref, la période de transition entre le régime du mandat et celui de l'indépendance pouvait et devait, sans nul doute, s'accomplir fort tranquillement, si l'intervention anglaise n'y cherchait pas systématiquement prétextes et occasions[ab].

Or, tandis que M. Lyttelton s'absorbait, au Caire, dans les problèmes que posait le ravitaillement de l'Orient, tandis que le général Wilson s'effaçait avec sa loi martiale et ses empiétements directs, Spears s'installait à Beyrouth comme chef des liaisons anglaises, pour devenir, au mois de janvier, ministre plénipotentiaire britannique auprès des gouvernements syrien et libanais. Il disposait d'atouts incomparables : présence de l'armée anglaise ; action multiforme des agents de l'Intelligence ; maîtrise des relations économiques de deux pays qui vivaient d'échanges ; appui, dans toutes les capitales, de la première diplomatie du monde ; grands moyens de propagande ; concours officiel des États arabes voisins Irak et Transjordanie où régnaient des princes husseinites, Palestine dont le haut-commissaire anglais affectait de constantes alarmes quant aux répercussions chez les Arabes de son territoire de « l'oppression » subie par leurs frères syriens et libanais, Égypte enfin où la stabilité des ministres au pouvoir comme l'ambition de ceux qui aspiraient à y parvenir n'avaient alors de chance réelle que moyennant l'agrément britannique.

Dans le milieu perméable, intrigant, intéressé, que le Levant ouvrait aux projets de l'Angleterre, le jeu, avec de pareilles cartes, était facile et tentant[38]. Seules, la perspective d'une rupture avec nous et la nécessité de ménager les sentiments de la France pourraient imposer à Londres une certaine modération. Mais la même perspective et la même nécessité limiteraient également nos parades et nos ripostes. L'inconvénient moral et matériel que présenterait, pour nous, la séparation d'avec la Grande-Bretagne avait, évidemment, de quoi nous retenir. D'ailleurs, la France Libre, à mesure qu'elle s'élargirait, ne perdrait-elle pas quelque peu de cette fermeté concentrée qui lui avait permis de l'emporter, cette fois, en jouant le tout pour le tout ? Comment, enfin, révéler au peuple français les procédés[a] de ses alliés quand, dans l'abîme où il était plongé, rien n'importait davantage que de susciter en lui la confiance et l'espérance afin de l'entraîner à la lutte contre l'ennemi ?

En dépit de tout, le fait que notre autorité s'instaurait en Syrie et au Liban, apportait au camp de la liberté un renfort considérable. Désormais, les arrières des Alliés en Orient étaient solidement assurés. Plus moyen, pour les Allemands, de prendre pied dans les pays arabes, à moins d'entreprendre une vaste et dangereuse expédition. La[a] Turquie, qu'Hitler espérait inquiéter suffisamment pour la faire adhérer à l'Axe et lui servir de pont entre l'Europe et l'Asie, ne risquait plus d'être investie et, du coup, allait s'affermir. Enfin, la France Libre était en mesure de mettre en ligne des forces accrues.

À cet égard, nous décidions de tenir les territoires du Levant avec les troupes syriennes et libanaises, une défense fixe de la côte confiée à notre marine, une réserve formée par une brigade française, le tout placé sous les ordres du général Humblot. En même temps, nous organisions, pour aller combattre ailleurs, deux fortes brigades mixtes et un groupement blindé avec les services correspondants. Le général de Larminat, remplacé dans ses fonctions de haut-commissaire à Brazzaville par le médecin général Sicé, était chargé de commander cet ensemble mobile, limité, hélas ! en effectifs mais doté d'une grande puissance de feu grâce au matériel que nous venions de prendre au Levant. En repassant par Le Caire, je vis le général Auchinleck, nouveau commandant en chef. « Dès que nos forces seront prêtes, lui dis-je, nous les mettrons à votre disposition, pourvu que ce soit pour combattre. — Rommel, me répondit-il, fera certainement ce qu'il faut pour que j'en trouve l'occasion. »

Mais tandis qu'en Méditerranée la guerre allait, dans des conditions meilleures pour nous-mêmes et pour nos alliés, se concentrer aux confins de l'Égypte et de la Libye, elle embrasait, de la Baltique à la mer Noire, d'immenses espaces européens. L'offensive allemande en Russie progressait avec rapidité. Cependant, quels que fussent les succès initiaux des armées d'Hitler, la résistance russe se renforçait, jour après jour. C'étaient là, dans l'ordre de la politique comme dans celui de la stratégie, des événements d'une incalculable portée.

De leur fait, l'Amérique voyait s'offrir à elle la chance des actions décisives. Sans doute, devait-on prévoir que le Japon entreprendrait bientôt, dans le Pacifique, une diversion de grande envergure qui réduirait et retarderait l'intervention des États-Unis. Mais cette intervention vers l'Europe et vers l'Afrique était, désormais, certaine, puisqu'une gigantesque aventure absorbait dans les lointains de la Russie l'essentiel de la force allemande, que, d'autre part, les Britanniques, avec le concours des Français Libres, avaient pu, en Orient, s'assurer de positions solides, qu'enfin le tour pris par la guerre devait réveiller l'espérance et, par suite, la combativité chez les peuples opprimés.

Ce que j'avais à faire, maintenant, c'était, dans la mesure du possible, agir sur Washington et sur Moscou, pousser au développement de la résistance française, susciter et conduire l'effort de nos moyens à travers le monde. Il me fallait, pour cela, regagner Londres, centre des communications et capitale de la guerre. J'y arrivai le 1ᵉʳ septembre, pressentant, après les récentes expériences, ce que seraient jusqu'au dernier jour les épreuves de l'entreprise, mais désormais convaincu que la victoire était au bout.

LES ALLIÉS

Aux yeux du monde, la France Libre, à l'approche de son deuxième hiver, n'était plus l'étonnante équipée qu'avaient accueillie d'abord l'ironie, la pitié ou les larmes[a]. Maintenant, on rencontrait partout sa réalité, politique, guerrière, territoriale. Il lui fallait, à partir de là, déboucher sur le plan diplomatique, se frayer sa place au milieu des Alliés, y paraître comme la France belligérante et souveraine, dont on devait respecter les droits et ménager la part de victoire. À cet égard, j'étais disposé à subir les transitions. Mais je ne voulais, ni ne pouvais, rien concéder quant au fond. En outre, j'avais hâte d'aboutir et d'acquérir la position avant que le choc décisif eût tranché le sort de la guerre. Il[b] n'y avait donc pas de temps à perdre, surtout auprès des grands : Washington, Moscou et Londres.

Les États-Unis apportent aux grandes affaires des sentiments élémentaires et une politique compliquée. Il en était ainsi, en 1941, de leur attitude vis-à-vis de la France. Tandis que, dans les profondeurs de l'opinion américaine, l'entreprise du général de Gaulle suscitait des réactions passionnées, tout ce qui était officieux s'appliquait à la traiter avec froideur ou indifférence. Quant aux officiels, ils maintenaient telles quelles leurs relations avec Vichy, prétendant ainsi disputer la France à l'influence allemande, empêcher que la flotte soit livrée, garder le contact avec Weygand, Noguès, Boisson, dont Roosevelt attendait qu'un jour ils lui ouvrent les portes de l'Afrique. Mais, par une étonnante contradiction, la politique des États-Unis, représentée auprès de Pétain, se tenait écartée de la France Libre, sous prétexte qu'on ne pouvait pas préjuger du gouvernement que se donnerait la nation française quand elle serait libérée. Au fond, ce que les dirigeants américains tenaient pour acquis, c'était l'effacement de la France. Ils s'accommodaient donc de Vichy. Si, cependant, en certains points du monde, ils envisageaient de collaborer, pour les besoins de la lutte, avec telles ou telles autorités françaises, ils entendaient que ce ne fût que par arrangements épisodiques et locaux.

Ces conditions nous rendaient difficile l'entente avec Washington. D'ailleurs, l'équation personnelle du Président affectait le problème d'un coefficient rien moins que favorable. Bien que Franklin Roosevelt et moi n'ayons pu encore nous rencontrer, divers signes me faisaient deviner sa réserve à mon égard. Je voulais, néanmoins, faire tout le possible pour empêcher que les États-Unis, qui allaient entrer dans la guerre, et la France, dont je répondais qu'elle n'en était jamais sortie, suivissent des chemins divergents.

Quant à la forme des relations à établir, dont les hommes politiques, les diplomates et les publicistes allaient, à l'envi, discuter, je dois dire qu'elle m'était, alors, à peu près indifférente. Beaucoup plus que les formules successives que les juristes de Washington draperaient autour de la « reconnaissance » m'importeraient la réalité et le contenu des rapports. Cependant, devant l'énormité des ressources américaines et l'ambition qu'avait Roosevelt de faire la loi et de dire le droit dans le monde, je sentais que l'indépendance était bel et bien en cause. Bref, si je voulais tâcher de m'entendre avec Washington, c'était sur des bases pratiques mais dans la position debout.

Pendant la période héroïque des premiers mois de la France Libre, Garreau-Dombasle et Jacques de Sieyès m'avaient très utilement servi de porte-parole. Il s'agissait maintenant de traiter. Je chargeai Pleven d'entamer les approches. Il connaissait l'Amérique. Il était habile. Il n'ignorait rien de nos propres affaires. Dès le mois de mai 1941, je lui avais, de Brazzaville, fixé cette mission comme suit : « Régler l'établissement de nos relations permanentes et directes avec le Département d'État, les rapports économiques de l'Afrique et de l'Océanie françaises libres avec l'Amérique et les achats directs par nous de matériel utile à la guerre ; mettre sur pied aux États-Unis notre information et notre propagande ; y créer nos comités et organiser le concours des bonnes volontés américaines[1]. » Pleven, parti au début de juin, n'arrivait pas les mains vides. En effet, nous offrions tout de suite aux États-Unis la possibilité d'installer leurs forces aériennes au Cameroun, au Tchad et au Congo, alors que l'Afrique était désignée d'avance pour leur servir de base vers l'Europe, du jour où ils devraient agir par les armes. En outre, devant la menace japonaise, le concours des îles du Pacifique où flottait la Croix de Lorraine aurait, pour eux, une notable importance.

De fait, le gouvernement américain ne tarda pas à demander, pour ses avions, le droit d'utiliser certaines de nos bases africaines, puis celles des Nouvelles-Hébrides et de la Nouvelle-Calédonie. N'étant pas encore belligérant, il le fit pour le compte de la « Pan American Airways » mais sans que l'on pût douter de la portée de sa démarche.

À mesure que les États-Unis voyaient s'approcher d'eux l'échéance de la guerre, Washington montrait plus d'attention à notre endroit. En août, une mission de liaison dirigée par le colonel Cunningham était envoyée au Tchad. En septembre, M. Cordell Hull déclarait publiquement qu'entre le gouvernement américain et la France Libre il y avait communauté d'intérêts. « Nos relations avec ce groupe, ajoutait-il, sont très bonnes sous tous les rapports[2]. » Le 1er octobre, Pleven était reçu officiellement au State Department par le sous-secrétaire d'État Sumner Welles. Le 11 novembre, le président Roosevelt, par lettre adressée à M. Stettinius, étendait à la France Libre le bénéfice du « lease and lend » parce que « la défense des territoires ralliés à la France Libre était vitale pour la défense des États-Unis ». À la fin du même mois, Weygand, rappelé d'Alger, emportait avec lui une illusion américaine que Washington ne savait encore par quelle autre remplacer. Entre-temps, Pleven rentrant à Londres pour faire partie du Comité national que je venais d'instituer, Adrien Tixier, directeur du Bureau international du travail, devenait, d'accord avec le Département d'État, chef de notre délégation. Enfin, à Londres même, des relations régulières s'étaient établies entre nous et M. Drexel Biddle, ambassadeur des États-Unis auprès des gouvernements réfugiés en Grande-Bretagne.

Tandis que se nouaient ainsi les premiers rapports officiels, on notait divers changements dans la presse et la radio, jusque-là malveillantes à notre sujet, à moins qu'elles ne fussent muettes. D'autre part, parmi les Français émigrés, dont certains étaient notoires, paraissait le désir de se lier à ceux qui tenaient le drapeau. C'est ainsi qu'en fondant à New York l'Institut français, qui groupait des sommités de la science, de l'histoire, de la philosophie, le professeur Focillon[3] obtenait l'accord de ses collègues pour demander au général de Gaulle de reconnaître l'établissement par décret.

Le 7 décembre, l'attaque de Pearl Harbor jetait l'Amérique dans la guerre. On aurait pu croire que, dès lors, sa politique traiterait en alliés les Français Libres qui combattaient ses propres ennemis. Il n'en fut rien, cependant. Avant que Washington finît par s'y décider, on devrait essuyer beaucoup d'avatars pénibles. C'est ainsi que, le 13 décembre, le gouvernement américain réquisitionnait dans ses ports le paquebot *Normandie* et treize autres navires français, sans consentir à traiter avec nous, ni même à nous parler, de leur emploi, ni de leur armement. Quelques semaines plus tard, *Normandie* flambait dans des conditions lamentables. Au cours du mois de décembre, le Pacte des Nations unies était négocié et signé par vingt-sept gouvernements dont nous ne faisions pas partie. Ce qu'il y avait d'étrange[d], sinon de trouble, dans l'attitude des États-Unis à notre égard, allait être, d'ailleurs, révélé par un incident presque infime en lui-même mais auquel la réaction officielle de Washington conférerait une sérieuse importance. Peut-être, de mon côté, l'avais-je provoqué pour remuer le fond des choses, comme on jette une pierre dans l'étang. Il s'agissait du ralliement de Saint-Pierre-et-Miquelon.

Nous y pensions depuis le début. Il était, en effet, scandaleux que, tout près de Terre-Neuve, un petit archipel français, dont la population demandait à se joindre à nous, fût maintenu sous l'obédience de Vichy. Les Britanniques, hantés par l'idée que, sur la route des grands convois, les sous-marins allemands pourraient un jour trouver assistance grâce notamment au poste radio qui existait à Saint-Pierre, désiraient le ralliement. Mais, suivant eux, il y fallait l'accord de Washington. Quant à moi, je tenais cet accord pour souhaitable, mais non indispensable, puisqu'il n'y avait là qu'une affaire intérieure française. Même, j'étais d'autant plus résolu à m'assurer de l'archipel que je voyais l'amiral Robert, haut-commissaire de Vichy pour les Antilles, la Guyane et Saint-Pierre, traiter avec les Américains, ce qui ne pouvait aboutir qu'à la neutralisation de ces territoires français sous garantie de Washington. Apprenant, au mois de décembre, que l'amiral Horne était précisément envoyé par Roosevelt à Fort-de-France[e] pour régler avec Robert les conditions de la neutralisation de nos possessions d'Amérique et des navires qui s'y trouvaient, je décidai d'agir à la première occasion.

Cette occasion se présenta sous les traits de l'amiral Muselier. Comme il devait se rendre au Canada pour inspecter le croiseur sous-marin *Surcouf*, alors basé à Halifax, ainsi que les corvettes françaises qui escortaient les convois, je convins avec lui qu'en principe il effectuerait l'opération. De fait, ayant réuni à Halifax, le 12 décembre, autour du *Surcouf*, les corvettes *Mimosa*, *Aconit* et *Alysse*, il se tint prêt à passer à Saint-Pierre-et-Miquelon. Mais il crut devoir, auparavant, demander lui-même, à Ottawa, l'assentiment des Canadiens et des Américains. Le secret était ainsi rompu. Je me vis obligé d'avertir les Britanniques[4] pour éviter les apparences de la dissimulation. À Muselier, Washington fit répondre : « Non ! » par son ministre à Ottawa, à qui l'amiral déclara que, dès lors, il renonçait à se rendre aux Îles. À moi-même, le gouvernement de Londres écrivit que, pour sa part, il ne faisait point obstacle, mais qu'étant donné l'opposition américaine, il demandait que l'opération fût remise. Dans ces conditions, et à moins d'un fait nouveau, on allait devoir s'y résigner.

Mais le fait nouveau survint. Quelques heures après m'avoir répondu, le Foreign Office portait à notre connaissance, — n'était-ce pas avec intention ? — que le gouvernement canadien, d'accord avec les États-Unis sinon à leur instigation, avait décidé de débarquer, de gré ou de force, à Saint-Pierre le personnel nécessaire pour s'assurer du poste radio. Nous protestâmes aussitôt à Londres et à Washington. Mais, dès lors qu'il était question d'une intervention étrangère dans un territoire français, aucune hésitation ne me parut plus permise. Je donnai à l'amiral Muselier l'ordre de rallier tout de suite Saint-Pierre-et-Miquelon. Il le fit la veille de Noël, au milieu du plus grand enthousiasme des habitants, sans que la poudre ait eu à parler. Un plébiscite donna à la France Libre une écrasante majorité. Les jeunes gens s'engagèrent aussitôt. Les hommes mûrs formèrent un détachement pour assurer la défense des îles. Savary[5], nommé administrateur, remplaça le gouverneur.

On pouvait croire que cette petite opération, si heureusement effectuée, serait entérinée sans secousse par le gouvernement américain. Tout au plus devait-on s'attendre à quelque mauvaise humeur dans les bureaux du State Department. Or, ce fut une vraie tempête qui éclata aux États-Unis. M. Cordell Hull, lui-même, la déclencha par un communiqué où il annonçait qu'interrompant ses vacances de Noël il regagnait d'urgence Washington. « L'action entreprise à Saint-Pierre-et-Miquelon par les navires soi-disant français libres, ajoutait le secrétaire d'État, l'a été sans que le gouvernement des États-Unis en ait eu au préalable connaissance

et sans qu'il y ait aucunement donné son consentement. »
Il terminait en déclarant que son gouvernement « avait
demandé au gouvernement canadien quelles mesures celui-
ci comptait prendre pour restaurer le *statu quo ante* dans
les îles[6] ».

Aux États-Unis, pendant trois semaines, le tumulte de
la presse et l'émotion de l'opinion dépassèrent les limites
imaginables. C'est que l'incident offrait tout à coup au
public américain l'occasion de manifester sa préférence
entre une politique officielle qui misait encore sur Pétain et
le sentiment de beaucoup qui inclinait vers de Gaulle. Quant
à nous, le but étant atteint, nous entendions maintenant
amener Washington à une plus juste compréhension des
choses. Comme Churchill était à Québec en conférence
avec Roosevelt, je télégraphiai au Premier Ministre pour
l'avertir du mauvais effet produit sur l'opinion française par
l'attitude du State Department. Churchill me répondit qu'il
ferait son possible pour que l'affaire fût arrangée, tout en
faisant allusion à tels développements favorables qui s'en
trouvaient empêchés. En même temps, Tixier remettait, de
ma part, à M. Cordell Hull d'apaisantes communications,
tandis que Roussy de Sales employait dans le même sens son
crédit auprès de la presse américaine et que nous nous
efforcions de mettre en œuvre M. W. Bullitt, dernier ambassadeur des États-Unis auprès de la République, lequel
séjournait, alors, au Caire[7].

Le gouvernement de Washington, très critiqué dans
son pays et tacitement désapprouvé par l'Angleterre et par
le Canada, ne pouvait en définitive qu'admettre le fait
accompli. Toutefois, avant d'y consentir, il essaya de l'intimidation en usant de l'intermédiaire du gouvernement
britannique. Mais cet intermédiaire était lui-même peu
convaincu. M. Eden me vit et me revit, le 14 janvier, et fit
mine d'insister pour que nous acceptions la neutralisation
des îles, l'indépendance de l'administration par rapport au
Comité national et un contrôle à établir sur place par des
fonctionnaires alliés. Comme je refusais une pareille solution, M. Eden m'annonça que les États-Unis songeaient
à envoyer à Saint-Pierre un croiseur et deux destroyers.
« Que ferez-vous, en ce cas, me dit-il ? — Les navires alliés,
répondis-je, s'arrêteront à la limite des eaux territoriales
françaises et l'amiral américain ira déjeuner chez Muselier
qui en sera certainement enchanté. — Mais si le croiseur

dépasse la limite ? — Nos gens feront les sommations d'usage. — S'il passe outre ? — Ce serait un grand malheur, car, alors, les nôtres devraient tirer. » M. Eden leva les bras au ciel. « Je comprends vos alarmes, concluai-je en souriant, mais j'ai confiance dans les démocraties[8]. »

Il ne restait qu'à tourner la page. Le 19 janvier, M. Cordell Hull recevait Tixier et lui développait sans aigreur les raisons de la politique qu'il avait suivie jusqu'à présent. Peu après, il prenait acte de la réponse que je lui faisais tenir. Le 22, M. Churchill, rentré en Angleterre, me fit demander d'aller le voir. J'y fus avec Pleven. Le Premier Ministre, ayant Eden auprès de lui, nous proposa, de la part de Washington, de Londres et d'Ottawa, un arrangement suivant lequel toutes choses resteraient à Saint-Pierre-et-Miquelon dans l'état où nous les avions mises. En échange, nous laisserions les trois gouvernements publier un communiqué qui sauverait tant soit peu la face au Département d'État. « Après quoi, nous dirent les ministres britanniques, nul n'interviendra dans l'affaire. » Nous acceptâmes l'arrangement. Rien ne fut, finalement, publié. Nous gardâmes Saint-Pierre-et-Miquelon et, du côté des Alliés, on ne s'en occupa plus[9].

Au reste, quelle que fût, à notre égard, la position juridique et sentimentale de Washington, l'entrée des États-Unis dans la guerre leur imposait de coopérer avec la France Libre. C'était vrai, dans l'immédiat, pour le Pacifique où, en raison de l'avance foudroyante des Japonais, nos possessions de la Nouvelle-Calédonie, des îles : Marquises, Touamotou, de la Société, et même Tahiti, pouvaient, d'un jour à l'autre, devenir essentielles pour la stratégie alliée. Certaines étaient utilisées déjà comme relais aéronavals. En outre, le nickel calédonien intéressait fortement les fabrications d'armement. Les Américains virent bientôt l'avantage que présenterait une entente avec nous. La réciproque était également vraie, car, le cas échéant, nous ne serions pas en mesure de défendre seuls nos îles. C'est donc délibérément que notre Comité national avait d'avance décidé de donner satisfaction à ce que nous demanderaient les Américains quant à nos possessions dans l'océan Pacifique, à la seule condition qu'eux-mêmes y respecteraient la souveraineté française et notre propre autorité.

Encore fallait-il que cette autorité s'exerçât sur place d'une manière satisfaisante. Ce ne pouvait être facile étant donné l'extrême éloignement et la dispersion de nos îles, le manque de moyens, le caractère des populations, très attachées certes à la France et qui l'avaient prouvé par leur ralliement, mais d'autre part remuantes et accessibles aux intrigues que suscitaient des intérêts locaux ou étrangers. Au surplus, parmi les éléments mobilisés, beaucoup des meilleurs avaient, sur mon ordre, quitté l'Océanie, pour venir combattre en Afrique dans les Forces françaises libres. C'est ainsi qu'avait été envoyé en Orient, sous les ordres du lieutenant-colonel Broche, le beau et brave bataillon du Pacifique ainsi que d'autres fractions. Cette contribution océanienne aux combats pour la libération de la France revêtait une haute signification. Mais la défense directe de nos établissements s'en trouvait plus malaisée. Enfin, l'état de guerre désorganisait la vie économique de ces lointaines possessions. Au total, la nécessité d'un pouvoir aussi fort et centralisé que possible s'imposait en Océanie.

Dès le printemps de 1941, j'avais cru bon d'y envoyer en inspection le gouverneur général Brunot, devenu disponible depuis que Leclerc avait rallié le Cameroun. Mais Brunot s'était heurté, souvent avec violence, à des fonctionnaires qui lui imputaient, non sans apparence de raison, l'intention de s'installer lui-même à leur place avec ses amis. Papeete avait été le théâtre d'incidents tragi-comiques. On y avait vu le gouverneur, le secrétaire général, le consul d'Angleterre, mis en état d'arrestation par ordre de M. Brunot, tandis qu'à Nouméa le gouverneur Sautot exhalait sa méfiance à l'égard de l'inspecteur. Des mesures exceptionnelles s'imposaient. Au mois de juillet 1941[10], je nommai le capitaine de vaisseau — puis amiral — Thierry d'Argenlieu haut-commissaire au Pacifique avec tous pouvoirs civils et militaires et la mission « de rétablir définitivement et sans demi-mesures l'autorité de la France Libre, de mettre en œuvre pour la guerre toutes les ressources qui s'y trouvent, d'y assurer, contre tous les dangers possibles et peut-être prochains, la défense des territoires français en union avec nos alliés ».

J'avais confiance en d'Argenlieu. Sa hauteur d'âme et sa fermeté le mettaient moralement à même de dominer les intrigues. Ses capacités de chef m'assuraient que nos moyens seraient utilisés avec vigueur mais à bon escient. Ses aptitudes de diplomate trouveraient à s'employer. Car si, par caractère et, j'ose dire, par vocation, il concevait l'action de la France Libre comme une sorte de croisade, il pensait, à juste titre, que cette croisade pouvait être habile. Le croiseur léger *Triomphant* et l'aviso *Chevreuil* furent mis à la disposition du haut-commissaire au Pacifique. Celui-ci commença par remettre les affaires en ordre à Tahiti. Orselli y fut nommé gouverneur, tandis que Brunot et ses « victimes » venaient s'expliquer à Londres. D'autre part, comme la situation dans tout l'Extrême-Orient ne cessait de s'alourdir, d'Argenlieu vit s'ajouter à sa mission primitive, celle de coordonner l'action de nos représentants, tant en Australie, Nouvelle-Zélande, Chine, qu'à Hong Kong, Singapour, Manille, Batavia. En même temps, Escarra, déjà notoire chez les Chinois comme juriste international, se rendait à Tchoung-king pour renouer avec le maréchal Chang Kaï-chek et préparer l'établissement de relations officielles.

Tout à coup, au début de décembre, le Pacifique s'embrasa. Après la terrible surprise de Pearl Harbor, les Japonais débarquaient en Malaisie britannique, aux Indes néerlandaises, aux Philippines, et s'emparaient de Guam, de Wake, de Hong Kong. Au début de janvier, ils bloquaient, dans Singapour, une armée britannique qui devrait bientôt capituler. En même temps, ils prenaient Manille. Dans la péninsule de Bataan était assiégé Mac Arthur. Ce que je savais de ce général m'inspirait beaucoup d'estime pour lui. Je fus trouver un jour John Winant, ambassadeur des États-Unis à Londres, diplomate rempli d'intelligence et de sentiment, et lui déclarai ceci : « Comme soldat et comme allié, je dois vous dire que la disparition de Mac Arthur serait un grand malheur. Il n'y a, dans notre camp, que peu de chefs militaires de premier ordre. Lui en est un. Il ne faut pas le perdre. Or, il est perdu, à moins que son gouvernement ne lui donne l'ordre de quitter personnellement Bataan par quelque combinaison de vedette et d'hydravion. Je crois que cet ordre devrait lui être donné et vous demande de faire connaître à ce sujet au président Roosevelt l'avis du général de Gaulle. » J'ignore si ma démarche a, ou non, contribué à la décision qui fut prise. En tout cas, c'est avec une grande satisfaction que j'appris, quelque temps après, que le général Mac Arthur avait pu atteindre Melbourne.

Dès la fin du mois de décembre, la Nouvelle-Calédonie se trouvait donc menacée et d'autant plus qu'elle flanquait l'Australie, objectif principal de l'ennemi. D'ailleurs, le 22 décembre, Vichy, prévoyant l'occupation par les Japonais de nos îles d'Océanie et voulant sans doute essayer d'y reprendre l'autorité, sous le couvert de l'envahisseur, nommait l'amiral Decoux haut-commissaire pour le Pacifique. Celui-ci ne laissait pas, par la radio de Saïgon, d'exciter la population de la Nouvelle-Calédonie à la révolte contre la France Libre. Dans le même temps, d'Argenlieu, se débattant au milieu des angoisses et des difficultés, m'adressait des rapports pleins d'énergie mais non d'illusions. Quant à moi, tout en lui marquant ma certitude qu'il sauverait tout au moins l'honneur, je faisais diriger sur Nouméa les quelques renforts disponibles : cadres, canons de marine, croiseur auxiliaire *Cap-des-Palmes*, enfin *Surcouf* dont on pensait que ses capacités sous-marines et son grand rayon d'action trouveraient leur emploi au Pacifique. Hélas ! Dans la nuit du 19 février, près de l'entrée du canal de Panama, ce sous-marin, — le plus grand du monde, — était heurté par un cargo et coulait à pic avec son commandant : capitaine de corvette Blaison et ses cent trente hommes d'équipage.

Cependant, sous la pression des événements, la coopération avec nos alliés commençait à s'organiser. Le 15 janvier, le State Department adressait à notre délégation de Washington un mémorandum précisant les engagements que prenaient les États-Unis en ce qui concernait « le respect de notre souveraineté dans les îles françaises du Pacifique ; le fait que les bases et installations qu'ils seraient autorisés à y établir resteraient acquises à la France ; le droit de réciprocité qui serait reconnu à la France en territoire américain si les bases américaines étaient maintenues après la guerre ». Le 23 janvier, M. Cordell Hull me télégraphiait que « les chefs d'état-major américain et britannique appréciaient l'importance de la Nouvelle-Calédonie et prenaient des mesures pour assurer sa défense en conformité des conditions prévues dans le mémorandum du 15 janvier ». Le secrétaire d'État exprimait aimablement « son espoir que la splendide assistance et la coopération offertes dans le passé par le haut-commissaire français seraient continuées à l'avenir[11] ».

Des mesures pratiques suivirent ces bons procédés. Le 25 février, je pouvais annoncer à d'Argenlieu que le général Patch, nommé commandant des forces terrestres américaines dans le Pacifique, avait reçu de son gouvernement l'ordre d'aller à Nouméa et de s'y entendre avec lui « directement et dans l'esprit le plus amical » pour l'organisation du commandement. Le 6 mars, le Comité national français était invité à se faire représenter au « Comité de guerre du Pacifique » établi à Londres et où siégeaient, pour des échanges d'informations et de suggestions, les délégués de la Grande-Bretagne, de la Nouvelle-Zélande, de l'Australie et des États-Unis. Le 7 mars, le gouvernement américain nous demandait et obtenait l'autorisation d'établir des bases dans l'archipel de Touamotou et les îles de la Société. Enfin, le 9 mars, arrivait à Nouméa le général Patch suivi de forces importantes.

Les possessions françaises du Pacifique avaient, désormais, des chances d'échapper à l'invasion. Pourtant, avant que la coopération entre nos alliés et nous fonctionnât sur place comme il fallait, une crise sérieuse devrait y être surmontée. Sans doute, l'harmonie avait-elle d'abord régné entre Patch et d'Argenlieu. Mais, bientôt, la présence des forces, des dollars et des services secrets américains, au milieu d'une population troublée par la fièvre obsidionale, allait aggraver les causes latentes d'agitation. Une partie de la milice, travaillée par des ambitions locales, se dérobait à l'autorité du haut-commissaire et se plaçait sous celle de Patch qui avait le tort de couvrir cette insoumission. D'autre part, le gouverneur Sautot, supportant mal d'être subordonné à d'Argenlieu, cherchait à s'assurer d'une popularité personnelle dont il pourrait se servir. Comme, après avoir patienté quelque temps, j'appelais Sautot à Londres pour lui donner une autre affectation, conforme d'ailleurs aux services qu'il avait rendus, il se décidait d'abord à obtempérer, mais ensuite, invoquant « le mécontentement que provoquait dans la population l'ordre qu'il avait reçu », il prenait sur lui « de surseoir à son départ[8] ».

Dans les formes convenables et avec la fermeté voulue, le gouverneur Sautot fut néanmoins embarqué pour se rendre à ma convocation, Montchamp étant expédié du Tchad pour le remplacer et le colonel de Conchard envoyé de Londres pour commander les troupes. Mais il s'ensuivit à Nouméa et dans la brousse des manifestations violentes, encouragées ouvertement par l'attitude des Américains. Pressentant quelque mouvement fâcheux, j'avais alerté Washington et, d'autre part, mandé à Patch que « nous ne pourrions accepter son ingérence dans une affaire française ». Mais, en même temps, j'invitais d'Argenlieu « à faire les plus grands efforts pour rétablir avec Patch des relations personnelles confiantes et à montrer, si possible, quelque bonhomie vis-à-vis d'une population évidemment agitée ».

Après trois jours d'incidents[12], le bon sens reprit tous ses droits et d'Argenlieu tous les leviers de commande. Au reste, c'était urgent, car, le 6 mai à Corregidor et le 10 à Mindanao, avaient capitulé les dernières forces américaines des Philippines, tandis que, dans la mer de Corail qui baigne au nord-est l'Australie, s'engageait entre les flottes du Japon et des États-Unis une bataille dont tout dépendait. D'un moment à l'autre, Nouméa pouvait être attaquée.

Devant le péril imminent, la population, réprouvant les désordres récents, se serra autour de l'autorité française. Divers personnages turbulents furent envoyés servir en Syrie. De son côté, Patch alla voir d'Argenlieu pour s'excuser des « malentendus » auxquels il était mêlé. Je télégraphiai au général américain qu'il avait ma confiance et celle de la France Libre pourvu qu'il marchât la main dans la main avec le haut-commissaire de France[13]. Après quoi, Américains et Français allèrent ensemble et résolument prendre leurs postes de combat. Il se trouva, d'ailleurs, qu'ils n'eurent pas à les défendre. Car, au même moment, les Japonais, vaincus dans la mer de Corail, devaient renoncer à attaquer l'Australie et la Nouvelle-Calédonie.

Ainsi, la guerre poussait les États-Unis à entretenir avec nous des relations de plus en plus étroites. Il faut dire que, chez eux, l'ambiance nationale s'y prêtait. Dans l'élan de croisade[14] qu'inspirait au peuple américain son idéalisme instinctif et au milieu de l'immense et magnifique effort d'armement et de mobilisation qu'il décidait de s'imposer, les combattants de la France Libre ne laissaient pas d'être populaires. La politique devait s'en ressentir. En février 1942, nous étions en mesure de compléter notre délégation à Washington par une mission militaire que je confiai au colonel de Chevigné. Le 1er mars, dans une déclaration publique, l'Amérique reconnaissait que « les îles françaises du Pacifique étaient sous le contrôle effectif du Comité national français et que c'est avec les autorités qui exerçaient ce contrôle que traitait et continuerait de traiter le gouvernement des États-Unis ». Pour l'Afrique équatoriale, le Département d'État déclarait, dans un communiqué du 4 avril, qu'il y reconnaissait également l'autorité de la France Libre[15], tandis qu'un consul général des États-Unis était désigné pour Brazzaville avec notre exequatur. Comme les États-Unis nous demandaient le droit d'utiliser pour leurs bombardiers lourds l'aérodrome de Pointe-Noire, nous les y autorisions à condition de nous fournir d'abord huit avions Lockheed indispensables à nos propres communications. Après une négociation serrée, les Lockheeds nous furent remis, ce qui permit au colonel de Marmier d'établir une ligne française entre Brazzaville et Damas et aux avions américains de venir transiter à Pointe-Noire. Entre l'Amérique et nous, l'atmosphère s'était éclaircie sans que nous ayons, bien au contraire, cessé d'affirmer la France.

Pendant que nous réduisions, pas à pas et non sans peine, la distance diplomatique qui séparait Washington de la France Libre, nous parvenions, d'un bond, à nouer avec Moscou des relations d'alliance. Il faut dire qu'à cet égard l'attaque déclenchée par Hitler, en mettant la Russie en péril de mort, simplifiait la procédure. D'autre part, les Soviets constataient l'absurdité de la politique par laquelle ils avaient, en 1917 et en 1939, traité avec l'Allemagne en tournant le dos à la France et à l'Angleterre. On vit les dirigeants du Kremlin, dans l'extrême désarroi où les plongeait l'invasion, retourner leur attitude immédiatement et sans réserve. Alors que la radio de Moscou n'avait pas cessé d'invectiver contre « les impérialistes anglais » et « leurs mercenaires gaullistes » jusqu'à l'instant même où les chars allemands franchissaient la frontière russe, on entendit les ondes de Moscou prodiguer les éloges à Churchill et à de Gaulle littéralement une heure après.

Dans tous les cas, pour la France écrasée, le fait que la Russie se trouvait jetée dans la guerre ouvrait les plus grandes espérances. À moins que le Reich ne réussît rapidement à liquider l'armée des Soviets, celle-ci ferait subir à l'adversaire une constante et terrible usure. Je ne doutais évidemment pas qu'une victoire à laquelle les Soviets auraient pris une part capitale pourrait, de leur fait, dresser ensuite d'autres périls devant le monde. On devrait en tenir compte, tout en luttant à leurs côtés. Mais je pensais qu'avant de philosopher il fallait vivre[16], c'est-à-dire vaincre. La Russie en offrait la possibilité. D'autre part, sa présence dans le camp des Alliés apportait à la France Combattante, vis-à-vis des Anglo-Saxons, un élément d'équilibre dont[b] je comptais bien me servir.

C'est à Damas, où je m'étais rendu après l'entrée de nos troupes dans la ville, que j'appris, le 23 juin 1941, l'ouverture des hostilités entre Russes et Allemands. Mon parti fut pris aussitôt. Dès le 24, je télégraphiai à la délégation de Londres

Les Alliés

les instructions que voici : « Sans accepter de discuter actuellement des vices et même des crimes du régime soviétique, nous devons proclamer, — comme Churchill, — que nous sommes très franchement avec les Russes, puisqu'ils combattent les Allemands... Ce ne sont pas les Russes qui écrasent la France, occupent Paris, Reims, Bordeaux, Strasbourg... Les avions, les chars, les soldats allemands que les Russes détruisent et détruiront ne seront plus là pour nous empêcher de libérer la France[17]. » Tel est le ton que je prescrivais de donner à notre propagande. En même temps, j'invitai notre délégation à aller dire en mon nom à M. Maisky, ambassadeur des Soviets à Londres : « Le peuple français est avec les Russes contre l'Allemagne. Nous souhaitons, en conséquence, organiser avec Moscou des relations militaires. »

Cassin et Dejean virent M. Maisky qui montra tout de suite les meilleures dispositions. Quant aux suites pratiques, la rupture des relations entre Vichy et Moscou, rupture qu'Hitler exigea, devait bientôt faciliter les choses. C'est pourquoi, de Beyrouth, le 2 août, j'invitai Cassin et Dejean à demander à M. Maisky « si la Russie serait disposée à entretenir des relations directes avec nous... et si elle envisagerait de nous adresser une déclaration au sujet de son intention de restaurer l'indépendance et la grandeur de la France, en y ajoutant, si possible, l'intégrité[18] ».

Les conversations aboutirent, le 26 septembre, à un échange de lettres entre M. Maisky et moi-même. L'ambassadeur de l'U.R.S.S. déclarait, au nom de son gouvernement, que celui-ci « me reconnaissait comme chef de tous les Français Libres... qu'il était prêt à entrer en relation avec le Conseil de défense de l'Empire français pour toutes questions relatives à la collaboration avec les territoires d'outre-mer placés sous mon autorité,... qu'il était disposé à prêter aide et assistance aux Français Libres pour la lutte commune,... qu'il était résolu à assurer la pleine et entière restauration de l'indépendance et de la grandeur de la France »... Toutefois, les Soviets, — pas plus que la Grande-Bretagne n'avait fait dans l'accord du 7 août 1940, — ne parlaient de notre intégrité.

Peu après, le gouvernement soviétique accréditait M. Bogomolov comme son représentant auprès du Comité national. M. Bogomolov arrivait de Vichy où il était, depuis un an, ambassadeur auprès de Pétain. Il s'adapta, sans nul embarras, aux conditions, pour le moins nouvelles, dans lesquelles il devait servir. Jamais, pourtant, je n'entendis de sa bouche aucun propos malveillant à l'égard de la personne de ceux : Maréchal ou ministres, auprès de qui il venait de représenter son gouvernement. Dans une de nos conversations, il tint même à me conter ceci : « À Vichy, j'avais des loisirs que j'employais à me promener incognito à travers la campagne en causant avec les bonnes gens. Un paysan, menant sa charrue, me dit un jour : " C'est bien triste que les Français aient été d'abord battus. Mais, voyez ce champ ! Je puis le labourer parce qu'on a su s'arranger pour que les Allemands me le laissent. Vous verrez que, bientôt, on saura s'arranger pour qu'ils s'en aillent de la France. " » J'ai supposé que, par cet apologue, illustrant la théorie du « bouclier » et de « l'épée »[19], M. Bogomolov voulait me montrer qu'il avait bien compris la situation française et, en même temps, m'expliquer les raisons des attitudes successives de la Russie soviétique.

Dès cette époque, je vis souvent M. Bogomolov. Dans toute la mesure où l'écrasant conformisme qui lui était imposé lui permettait de se montrer humain, il le faisait dans ses démarches et ses propos. Rigide, en garde, d'un seul bloc, quand il adressait ou recevait une communication officielle, cet homme de réelle culture se montrait, en d'autres circonstances, liant et détendu. Pour juger des gens et des choses, il savait pratiquer l'humour, allant même jusqu'au sourire. Je dois dire qu'à son contact je me suis persuadé que si la règle soviétique revêtait d'un carcan sans fissure la personnalité de ses serviteurs elle ne pouvait empêcher qu'il restât un homme par-dessous.

De notre côté, nous avions envoyé à Moscou, en liaison militaire, le général Petit. Les Soviets lui avaient tout de suite marqué un parti pris de bonne grâce et de considération : conférences d'état-major, visite au front, réception par Staline lui-même. J'eus, d'ailleurs, à me demander par la suite si le but de leurs avances à Petit n'était que professionnel[20]. En tout cas, les rapports qui arrivaient de diverses sources donnaient l'impression que les armées russes, d'abord rompues par l'offensive allemande, se ressaisissaient peu à peu, que le peuple, dans ses profondeurs, se levait pour la résistance, que, dans le péril national, Staline, se nommant lui-même maréchal[21] et ne quittant plus l'uniforme, s'efforçait d'apparaître moins comme le mandataire du régime que comme le chef de la Russie de toujours.

La carte de l'immense bataille était étalée sur les murs de nos bureaux. On y voyait se développer le gigantesque effort des Allemands. Leurs trois groupes d'armées : von Loeb, von Bock, von Rundstedt, avaient, en quatre mois, pénétré au cœur des terres russes, fait plusieurs centaines de milliers de prisonniers, enlevé un énorme butin. Mais, en décembre autour de Moscou, l'action vigoureuse de Joukov, puissamment aidé par un hiver rude et prématuré, arrêtait puis faisait reculer l'envahisseur. Leningrad n'était pas tombée. Sébastopol tenait encore. Il apparaissait qu'Hitler n'était pas parvenu à imposer au commandement allemand la seule stratégie qui eût pu être décisive, savoir le groupement de toutes ses forces mécaniques suivant la seule direction de la capitale soviétique afin de frapper l'ennemi droit au cœur. Malgré les triomphes exemplaires des campagnes de Pologne, de France, des Balkans, le Führer avait dû, cette fois, sacrifier aux errements anciens, répartir les moyens de choc entre ses trois maréchaux, déployer un front et non point lancer un bélier. La surprise passée, les Russes, sur d'immenses étendues, le lui feraient payer cher.

En attendant, nous nous efforcions de fournir au front de l'Est une contribution directe, si modeste qu'elle pût être. Nos corvettes et nos cargos participaient aux convois alliés qui, par l'océan Arctique, dans les conditions les plus dures, apportaient du matériel à Mourmansk. Comme je ne réussissais pas, d'abord, à obtenir des Britanniques que les deux divisions légères, formées au Levant par Larminat, fussent engagées en Libye, je donnai l'ordre en février au général Catroux de préparer le transfert de l'une d'elles vers l'Iran et le Caucase[22], ce qui enchanta les Russes et préoccupa les Anglais. Par la suite, les troupes de Larminat étant finalement affectées à la bataille contre Rommel, j'envoyai en Russie le groupe de chasse Normandie, plus tard : régiment Normandie-Niémen, qui devait y servir magnifiquement et fut la seule force occidentale combattant sur le front de l'Est. En sens inverse, nous avions vu débarquer à Londres, sous la conduite du capitaine Billotte, un détachement d'une quinzaine d'officiers et de deux centaines d'hommes de troupe qui, évadés de la captivité allemande, avaient pu atteindre la Russie pour y être, d'ailleurs, emprisonnés. Libérés peu après le début de la guerre germano-soviétique, ils nous arrivaient par le Spitzberg sur un convoi retour d'Arkhangelsk.

Le 20 janvier 1942, parlant à la radio[23], je saluai le rétablissement militaire de la Russie et affirmai l'alliance que nous avions renouée avec elle pour le présent et pour l'avenir. En février, Roger Garreau, jusque-là ministre plénipotentiaire à Bangkok et qui avait rallié la France Libre, était envoyé à Moscou comme délégué du Comité national. Garreau devait pendant trois années, utilement et intelligemment, représenter la France en Russie, y prendre tous les contacts que permettait le régime et nous tenir bien informés. Dès qu'il fut à son poste, il vit MM. Molotov et Vichynsky, respectivement commissaire et commissaire adjoint aux Affaires étrangères, ainsi que M. Lozovsky, vice-ministre. Tous trois lui marquèrent avec insistance l'intention de leur gouvernement de nouer avec la France Combattante des relations aussi étroites que possible.

Au mois de mai, M. Molotov vint à Londres. J'eus avec lui, le 24, un entretien approfondi. Il était accompagné de Bogomolov, moi de Dejean. Ce jour-là, comme par la suite, je trouvai en M. Molotov un homme dont il semblait, au physique et au moral, qu'il était fait de toutes pièces pour remplir la fonction qui lui était dévolue. Le ton sérieux, le geste rare, d'une correction prévenante mais rigoureuse, regardant au-dedans de lui-même, le ministre des Affaires étrangères soviétique disait posément ce qu'il avait à dire et écoutait avec attention. Mais il ne livrait rien qui parût spontané. Pas moyen de l'émouvoir, de le faire rire, de l'irriter. Quelque problème qui fût abordé, on sentait qu'il en connaissait le dossier, qu'il enregistrait sans faute les éléments nouveaux qu'y apportait la conversation, qu'il formulait exactement sa position officielle, mais qu'il ne sortirait pas de ce qui avait été préparé et décidé ailleurs. Il avait certainement conclu, naguère, avec Ribbentrop l'accord germano-soviétique avec la même assurance qu'il apportait à négocier, maintenant, les pactes occidentaux. En M. Molotov, qui n'était et ne voulait être qu'un rouage parfaitement agencé d'une implacable mécanique, je crois avoir reconnu une complète réussite du système totalitaire. J'en ai salué la grandeur. Mais, quoi qu'on ait pu me cacher de ce qui était au fond des choses, j'en ai senti la mélancolie.

Au cours de notre entretien de Londres, le ministre des Affaires étrangères soviétiques tomba d'accord avec moi sur ce que, dans l'immédiat, son gouvernement et le Comité national devaient faire l'un pour l'autre. La France Libre pousserait les alliés américain et britannique à ouvrir au plus tôt un second front en Europe. D'autre part, elle concourrait par son attitude diplomatique et publique à faire cesser l'isolement dans lequel la Russie soviétique s'était vue longtemps reléguée. De son côté, celle-ci nous appuierait, à Washington et à Londres, dans notre effort pour rétablir en combattant l'unité de l'Empire et l'unité nationale. Cela s'appliquerait à l'administration de nos territoires, — par exemple Madagascar, — aux entreprises soi-disant parallèles, mais en réalité centrifuges, que les Anglo-Saxons favorisaient en dehors de nous, enfin, aux mouvements de résistance en France dont Moscou reconnaissait qu'aucun gouvernement étranger, — même celui des Soviets, — n'avait le droit d'en détourner aucun de l'obédience au général de Gaulle. Quant à l'avenir, il était entendu que la France et la Russie s'entendraient pour la construction de la paix. « Mon gouvernement, me dit M. Molotov, est l'allié de ceux de Londres et de Washington. Il est essentiel pour la guerre que nous collaborions étroitement avec eux. Mais, avec la France, la Russie désire avoir une alliance indépendante. »

L'effort de la France Libre pour élargir ses relations vers Washington et vers Moscou n'empêchait pas que son centre fonctionnât toujours à Londres et que ses propres affaires : action militaire, liaisons avec la Métropole, propagande, information, finances, économie des territoires d'outre-mer, fussent, par la force des choses, comme imbriquées avec celles des Britanniques. Il en résultait, pour nous, l'obligation de maintenir avec eux des rapports plus étroits que jamais. Mais leurs empiétements nous étaient plus pénibles à mesure que nous grandissions. Pourtant, l'entrée en guerre de la Russie et de l'Amérique, qui comportait pour l'Angleterre, à son tour, les pesantes servitudes d'une alliance avec des colosses, aurait pu la déterminer à rapprocher sa politique de la nôtre et à pratiquer avec nous, pour l'action en Europe, en Orient, en Afrique, au Pacifique, une franche solidarité. Nous nous serions prêtés volontiers à un pareil changement et nous eûmes parfois l'impression que certains dirigeants britanniques y étaient également disposés.

Ainsi d'Anthony Eden. Ce ministre anglais, bien qu'aussi anglais et ministre que possible, montrait une ouverture d'esprit et une sensibilité plus européennes qu'insulaires, plus humaines qu'administratives. Cet enfant chéri des traditions britanniques : Eton, Oxford, Parti conservateur,

Chambre des communes, Foreign Office, n'en était pas moins accessible à ce qui paraissait spontané et novateur. Ce diplomate, entièrement dévoué aux intérêts de son pays, ne méprisait pas ceux des autres et restait soucieux de morale internationale au milieu des brutalités cyniques de son temps. J'ai eu souvent affaire à M. Eden. Beaucoup de questions dont nous eûmes à traiter étaient franchement désagréables. En la plupart de ces occasions, j'ai admiré, non seulement sa brillante intelligence, sa connaissance des affaires, le charme de ses manières, mais aussi l'art qu'il avait de créer et d'entretenir autour de la négociation une atmosphère de sympathie qui favorisait l'accord lorsqu'on pouvait aboutir et évitait les blessures quand on ne le pouvait pas. Par-dessus tout, je suis convaincu qu'Anthony Eden éprouvait, à l'égard de la France, une particulière dilection. C'est d'elle qu'il avait tiré une large part de sa culture. À sa raison politique elle apparaissait comme indispensable à l'équilibre d'un monde assailli par toutes les barbaries. Enfin, cet homme de cœur ne laissait pas d'être sensible au malheur d'une grande nation.

Cependant, les bonnes intentions de M. Eden ne purent faire de l'alliance une rose sans épines. Je reconnais qu'il fut souvent contrarié dans ses efforts par ce qu'il rencontrait chez nous de rugueux et d'ombrageux. Mais c'est surtout du côté britannique que se dressaient les difficultés : méfiance du Foreign Office, ambitions des coloniaux, préventions des militaires, intrigues de l'« Intelligence ». D'autre part, le monde politique de Londres, bien qu'il fût dans son ensemble favorable à la France Libre, subissait des influences qui ne l'étaient pas toujours. Certains milieux conservateurs considéraient d'un œil sourcilleux ces Français à Croix de Lorraine qui parlaient de révolution[24]. Divers éléments travaillistes se demandaient, au contraire, si de Gaulle et ses compagnons ne donnaient pas dans le fascisme. Je vois encore M. Attlee entrer doucement dans mon bureau, solliciter les assurances propres à soulager sa conscience de démocrate, puis, après m'avoir entendu, se retirer en souriant.

En dernier ressort, tout dépendait du Premier Ministre. Or, celui-ci ne pouvait, au fond de lui-même, se résoudre à admettre l'indépendance de la France Libre. En outre, M. Churchill, chaque fois que nous nous heurtions, en raison des intérêts dont nous avions respectivement la charge, faisait de notre désaccord comme une affaire personnelle. Il en était blessé et chagriné à proportion de l'amitié qui nous liait l'un à l'autre. Ces dispositions de l'esprit et du sentiment, jointes aux recettes de sa tactique politique, le jetaient dans des crises de colère qui secouaient rudement nos rapports.

D'autres raisons concouraient, d'ailleurs, à rendre alors ce grand homme irascible. Les Anglais, s'ils prodiguaient au cours de cette période de méritoires et glorieux efforts, notamment dans la lutte sous-marine, subissaient parfois des revers d'autant plus cuisants que l'ennemi qui les leur infligeait ne disposait pas toujours de la supériorité matérielle. Le 10 décembre 1941, au large de la Malaisie, le magnifique cuirassé *Prince of Wales* et le grand croiseur *Repulse* étaient coulés par des avions japonais avant d'avoir pu tirer un coup de canon. Le 15 février 1942, 73 000 soldats britanniques capitulaient à Singapour après une brève résistance. Au mois de juin, en dépit des moyens considérables accumulés en Orient par les Anglais, Rommel brisait le front de la VIIIe armée et la repoussait jusqu'aux portes d'Alexandrie, tandis que les 33 000 hommes qui avaient à tenir Tobrouk se rendaient aux Allemands avec une hâte difficile à justifier. M. Churchill mesurait, mieux que personne, les conséquences de ces revers quant à la conduite de la guerre. Mais, surtout, il en souffrait comme Anglais et comme combattant.

Il faut ajouter que, dans les milieux dirigeants, certains ne se faisaient pas faute de lui imputer sourdement une part des déconvenues britanniques. Bien que l'Angleterre tout entière tînt à Winston Churchill comme à la prunelle de ses yeux, les journaux reproduisaient, le Parlement entendait, les comités murmuraient, les clubs répandaient, des appréciations parfois malveillantes sur son compte. De tout cela il résultait que M. Churchill, au cours des premiers mois de l'année 1942, ne se trouvait pas d'humeur à s'adoucir ni à se détendre, notamment vis-à-vis de moi.

Enfin, et surtout peut-être, le Premier Ministre s'était fixé comme règle de ne rien faire d'important que d'accord avec Roosevelt. S'il éprouvait, plus qu'aucun autre Anglais, l'incommodité des procédés de Washington, s'il supportait avec peine l'état de subordination où l'aide des États-Unis plaçait l'Empire britannique, s'il ressentait amèrement le ton de suprématie que le Président adoptait à son égard,

M. Churchill avait, une fois pour toutes, décidé de s'incliner devant l'impératif de l'alliance américaine. Aussi n'entendait-il pas prendre, à l'égard de la France Libre, une attitude qui tranchât avec celle de la Maison-Blanche. Roosevelt se montrant méfiant à l'égard du général de Gaulle, Churchill serait réservé.

Lors de mon arrivée à Londres, en septembre 1941, sa mauvaise humeur était grande. Le Premier Ministre s'accommodait mal de ce qui s'était passé en Syrie et au Liban entre nous et l'Angleterre. Le 2 septembre, il alla jusqu'à m'écrire qu'étant donné mon attitude, il ne croyait pas actuellement utile de se rencontrer avec moi. Aux Communes, le 9 septembre, il fit une inquiétante déclaration. Sans doute reconnaissait-il que « parmi toutes les puissances européennes la position de la France au Levant était particulièrement privilégiée ». Mais il prenait sur lui d'ajouter « qu'il n'était pas question que la France conservât en Syrie la même position qu'elle possédait avant la guerre,... et qu'il ne pouvait s'agir, même en temps de guerre, d'une simple substitution des intérêts Français Libres aux intérêts de Vichy ». Comme d'habitude, le mécontentement de M. Churchill s'accompagnait d'une tension systématique des rapports franco-britanniques. Le gouvernement de Londres affecta, pendant plusieurs jours, de n'avoir aucune affaire à traiter avec nous et de nous fermer ses portes, ce qui m'amena, de mon côté, à suspendre toute participation des Français Libres à la radio de Londres. Cependant, suivant le rythme de l'habituel balancier, la reprise des relations suivit bientôt ces désagréments. Le 15 septembre[25], j'eus avec M. Churchill un entretien qui finit bien après avoir mal commencé. Il m'assura, pour conclure, que la politique de son gouvernement relativement au Levant demeurait telle qu'elle était définie dans nos accords du Caire.

Voulant en avoir le cœur net, je vis M. Eden plusieurs fois en octobre et en novembre. Nous aboutîmes à un arrangement qui précisait l'essentiel. L'Angleterre reconnaissait que le mandat français subsistait et que le général de Gaulle l'exerçait, jusqu'à ce qu'y soient substitués des traités dûment ratifiés suivant la législation de la République française, c'est-à-dire, en fait, après la guerre. Elle admettait que la proclamation de l'indépendance de la Syrie et du Liban par la France Libre ne modifiait pas cette situation de droit. Il était, en outre, entendu que les accords Lyttelton-de Gaulle demeuraient la charte des rapports franco-britanniques en Orient[26].

En effet, comme le général Catroux instituait, le 27 septembre, l'indépendance et la souveraineté de la République syrienne sous la présidence du cheik Tageddine et, le 26 novembre, celles de la République libanaise sous la présidence de M. Alfred Naccache, l'Angleterre, quoiqu'elle eût par avance controversé ces décisions, s'en accommodait dès lors qu'elles étaient prises et reconnaissait les deux républiques ainsi que les deux chefs d'État qui en étaient issus. D'autre part, je notifiai respectivement, le 28 novembre au secrétariat général de la Société des Nations, le 29 au gouvernement américain, à tous les autres États alliés, ainsi qu'à la Turquie, les dispositions qui venaient d'être prises en mon nom en Syrie et au Liban. « Ces dispositions, précisaient les notes, n'affectent pas la situation juridique résultant de l'acte du mandat et qui doit subsister jusqu'à la conclusion de nouveaux actes internationaux. » Le gouvernement britannique ne fit aucune objection à ces communications. Bien plus, lui-même les avait suggérées[27].

On aurait donc pu croire que la question était réglée, tout au moins jusqu'à la paix. Tout circonspect que je fusse, j'en vins moi-même à écrire à notre délégation générale au Levant qu'à mon avis, « devant les difficultés que l'Angleterre rencontrait dans les pays arabes, elle éprouvait, comme nous, le souci de voir succéder aux mesquines rivalités du passé le sentiment de solidarité des deux plus grandes puissances musulmanes ». Je donnai comme directive à la délégation « d'éviter ce qui pourrait accroître les difficultés de nos alliés et de ne rien négliger pour faciliter leur tâche par une collaboration sincère, tout en maintenant intacts la position et les droits de la France[28] ». C'était compter, malheureusement, sur ce qui n'existait pas. En réalité, la politique britannique, sans contester théoriquement le droit, continuerait d'en faire fi*.

Des incidents répétés allaient, en effet, entretenir en Orient la querelle franco-britannique. Ce fut le recrutement, — illégal, — par les Anglais d'une cavalerie druze. Ce fut leur prétention, — naturellement repoussée, — de proclamer eux-mêmes l'état de siège, c'est-à-dire de prendre le pouvoir, en Djézireh où des désordres s'étaient produits en conséquence de la révolte de l'Irak. Ce fut leur ingérence abusive dans les opérations de l'Office du blé, institué par nous au Levant et dont ils exigèrent de faire partie dans le but de s'immiscer dans l'administration locale. Ce fut la menace, — d'ailleurs vaine, — du général Wilson de faire expulser certains fonctionnaires français qui lui étaient incommodes. Ce fut l'attitude de Spears qui tenait des propos malveillants et menaçants et intervenait constamment dans les rapports de notre délégation générale avec les gouvernements de Damas et de Beyrouth.

Le général Catroux menait sa barque à travers les récifs. Bien qu'il fût enclin à composer et qu'il concédât aux Anglais plus que je ne l'aurais voulu, il se trouvait, à chaque instant, devant des intrusions nouvelles. D'où, au Levant, un incessant malaise et, à Londres, de hargneuses négociations.

Au mois de mai 1942, la pression des Britanniques s'appliqua à obtenir que des élections aient lieu sans délai en Syrie et au Liban. Notre Comité national n'était naturellement pas opposé à une consultation populaire d'où sortiraient des gouvernements entièrement représentatifs. Ceux que nous avions mis en place ne s'y trouvaient que pour la transition. Il en était ainsi, en particulier, à Damas et je regrettais, pour ma part, que le président Hachem Bey n'eût pas repris ses fonctions. Mais nous estimions que, pour faire voter les Syriens et les Libanais, il convenait d'attendre la fin de la guerre, c'est-à-dire un moment où les deux États se retrouveraient dans des conditions normales, où notre responsabilité de mandataires et de défenseurs serait allégée, où les Anglais ne seraient plus là pour peser sur le scrutin. Cependant, le général Catroux, vivement pressé par M. Casey, qui avait remplacé M. Lyttelton au Caire comme ministre d'État britannique, lui promit des élections prochaines, ce que publièrent aussitôt les journaux. Je dus m'accommoder de cet arrangement[29], tout en prescrivant de différer l'échéance. Mais il était facile de prévoir qu'il y aurait là, désormais, une source jaillissante de frictions franco-britanniques.

Il y en aurait également ailleurs. Autour de Djibouti, nos alliés jouaient le double jeu. Tout en laissant notre petite force : bataillon du commandant Bouillon, méhariste, continuer le blocus terrestre, eux-mêmes avaient cessé le blocus maritime. D'Aden par boutres arabes, de Madagascar par sous-marins ou par l'aviso *d'Iberville*, arrivait à la colonie le ravitaillement voulu pour y nourrir l'attentisme. Mais les Anglais, pendant ce temps, négociaient avec le Négus un traité qui instituait leur tutelle sur l'Éthiopie. L'action qu'ils menaient à Addis-Abeba expliquait leur inaction à l'égard de Djibouti. Car, si, grâce à leur concours, la France Libre avait pu rapidement rallier la Somalie française et disposer, par conséquent, du port, du chemin de fer et d'une force importante, elle eût été en mesure d'offrir elle-même à l'Abyssinie le débouché et la sécurité dont celle-ci avait besoin. Au contraire, tant que Vichy occupait la place, les Britanniques tenaient dans leurs seules mains le sort de l'empereur et de ses États.

C'est pourquoi, Gaston Palewski n'obtenait pas que la colonie fût effectivement bloquée. Il ne parvenait pas, non plus, à amener Anglais et Abyssins à conclure un accord à trois plutôt qu'à deux. Cependant, son activité et celle de ses adjoints : lieutenant-colonel Appert, commandant le détachement, Chancel, jeune diplomate en poste à Nairobi, préparaient utilement la suite. Les liaisons établies par eux avec divers éléments français de Djibouti et avec les autochtones, la propagande qu'ils faisaient par tracts et radio, leurs relations avec le général Platt, auraient pour effet que, le jour venu, le ralliement de la Somalie ne serait qu'une formalité. D'autre part, à Addis-Abeba, ils faisaient reparaître une représentation de la France. Nos droits sur le chemin de fer étaient réservés, nos œuvres religieuses et laïques, naguère fermées par l'occupation italienne, pouvaient reprendre leur activité, la Légation de France rouvrait ses portes. Tout en déplorant les retards, je voyais le fruit mûrir sur la rive de la mer Rouge.

Mais, soudain, l'intervention des Anglais dans une autre partie de l'Empire vint porter à leur comble mon inquiétude et mon irritation. Le 5 mai 1942, un coup de téléphone d'une agence de presse m'apprit, à 3 heures du matin, qu'une escadre britannique débarquait des troupes à Diégo-Suarez. Nos alliés occupaient par la force une possession française sans nous avoir même consultés !

Or, depuis Pearl Harbor, je m'efforçais, par de multiples démarches, de traiter du ralliement de Madagascar avec le gouvernement de Londres : conférence, le 10 décembre, avec le général Brooke, chef d'état-major impérial ; lettre adressée, le 16, à M. Churchill ; projet d'opérations remis, le 11 février, au Premier Ministre, au général Brooke et au haut-commissaire de l'Union sud-africaine ; nouvelle lettre à M. Churchill, le 19 février ; enfin, le 9 avril, note pressante à M. Eden. Dans tous ces documents je proposais l'action rapide d'une brigade française libre qui serait débarquée à Majunga et se porterait sur Tananarive avec, si c'était, par hasard, nécessaire, l'appui aérien des Britanniques, tandis que nos alliés feraient diversion en bloquant Diégo par la mer. Je revendiquais, d'autre part, pour le Comité national, l'administration de l'île[30].

Entre-temps, comme l'Union sud-africaine me paraissait directement intéressée à cette affaire, je m'enquérais des éventuels projets du gouvernement de Pretoria. Dès la fin de 1941, j'y avais envoyé le colonel Pechkoff comme délégué de la France Libre. La personnalité de Pechkoff avait séduit le général Smuts et je comptais que si l'Union devait entrer en ligne, son premier ministre ne le cacherait pas à mon habile et loyal représentant. Enfin, au mois de mars, le médecin général Sicé, haut-commissaire à Brazzaville, visitait l'Afrique du Sud. De ses conversations avec Smuts et les ministres, il retirait l'impression que l'Union n'agirait pas elle-même sur Madagascar[31]. C'est donc à Londres que j'avais déployé mes efforts, convaincu qu'il n'y avait pas de scrupules à ménager.

En effet, l'entrée du Japon dans la guerre menaçait Madagascar. Il fallait prévoir que Vichy serait, tôt ou tard, contraint par les Allemands tout au moins à laisser les raiders et les sous-marins nippons utiliser les bases de Madagascar et paralyser la navigation alliée au large de l'Afrique du Sud.

Nous étions assez bien informés de l'état des esprits dans l'île par les volontaires qui, de temps en temps, parvenaient à s'en évader et par les équipages des navires qui y faisaient escale. L'armistice de 1940 y avait été, d'abord, mal accueilli. Le gouverneur général de Coppet[32] n'aurait eu de peine, alors, à se joindre à la France Libre, s'il avait donné suite à ses propres déclarations. Mais il ne s'y était pas décidé. Vichy l'avait relevé presque aussitôt par Cayla, lequel, assisté du général d'aviation Jeaunaud, s'était appliqué à endormir l'esprit de résistance, avant de céder lui-même la place au gouverneur général Annet. Pétain serait obéi s'il prescrivait de laisser faire les Japonais à Madagascar. Il le serait aussi s'il ordonnait de résister à un débarquement allié. Or, un jour ou l'autre, les Anglo-Saxons voudraient s'assurer de l'île. Mais alors, étant donné les impulsions traditionnelles de la politique britannique, tout commandait à la France Libre d'être présente à l'opération.

On peut donc comprendre dans quels soucis me plongèrent l'action et les procédés des Anglais. D'autant plus que, le jour même de l'attaque de Diégo-Suarez, Washington publiait un communiqué déclarant que « les États-Unis et la Grande-Bretagne étaient d'accord pour que Madagascar fût restituée à la France dès que l'occupation de cette île ne serait plus essentielle pour la cause commune des Nations unies[33] ». Mais alors, en attendant, Madagascar serait donc enlevée à la France ? À quelle puissance, sinon anglo-saxonne, serait-elle rattachée ? Quelle y serait la participation française à la guerre ? Qu'y subsisterait-il dans l'avenir de l'autorité de la France ?

Il nous fallait jouer serré. J'attendis à dessein six jours pour prendre avec M. Eden le contact qu'il demandait. Le ministre britannique, au cours de l'entretien que j'eus avec lui, le 11 mai, montra un certain embarras. « Je vous garantis, me dit-il, que nous n'avons aucune visée sur Madagascar. Nous désirons que l'administration française continue à y fonctionner. — Quelle administration française ? » demandai-je. Aux propos de M. Eden je compris que les Anglais projetaient de négocier avec le gouverneur général Annet pour établir un *modus vivendi* laissant toutes choses en place à Madagascar, moyennant quoi les Alliés resteraient à Diégo-Suarez et surveilleraient le reste de l'île.

Je déclarai à M. Eden que nous étions opposés à ce plan. « Ou bien il aboutira, lui dis-je, et le résultat sera la neutralisation d'un territoire français sous la garantie des Alliés, ce que nous n'admettrons jamais. Ou bien il n'aboutira pas et il vous faudra, dans quelques semaines, entamer seuls à l'intérieur de l'île une expédition qui prendra l'aspect d'une conquête. Il me paraît, d'ailleurs, très probable que c'est cette deuxième hypothèse qui va se réaliser, car les Allemands sauront forcer Vichy à vous combattre. — Nous sommes engagés, reconnut M. Eden, dans une entreprise qui risque, en effet, de se compliquer beaucoup. Mais je suis en mesure de vous affirmer que mon gouvernement désire et compte que c'est vous qui, en définitive, établirez votre autorité sur Madagascar. Nous sommes prêts à le déclarer publiquement. » Il fut entendu que le cabinet de Londres publierait un communiqué dans ce sens, ce qu'il fit le 14 mai, déclarant : « Au sujet de Madagascar, c'est l'intention du gouvernement de Sa Majesté que le Comité national français, en tant que représentant de la France Combattante, et vu qu'il coopère avec les Nations unies, joue le rôle qui lui revient dans l'administration du territoire libéré[34]. »

Il y avait là, de la part de l'Angleterre, un engagement important. J'en pris acte le lendemain en parlant à la radio. En échange, dans mon allocution, je faisais confiance à la loyauté des Alliés. Mais je rejetais publiquement tout compromis quant à Madagascar, déclarant que c'était la volonté de la France que son Empire ne soit ni divisé, ni neutralisé. « Ce que veut la France, ajoutais-je, c'est qu'en son nom la France Combattante dirige et organise l'effort français dans la guerre sous toutes ses formes et dans tous les domaines, assure la représentation de ses droits vis-à-vis des Alliés comme elle en assure la défense contre l'ennemi, maintienne et gère la souveraineté française dans celles de ses terres qui ont été ou qui seront libérées. » Le même jour, je prescrivais au commandant des troupes en Afrique équatoriale de préparer la mise sur pied d'une brigade mixte destinée à Madagascar[35].

Mais les promesses du gouvernement britannique et mes propres affirmations quant au rôle futur du Comité national supposaient résolu un problème qui ne l'était pas. Vichy restait, en effet, maître de la quasi-totalité de l'île. On apprit bientôt que les Britanniques, bornant leur effort à la prise de Diégo, entraient en négociations avec le gouverneur général Annet. En même temps, l'« Intelligence » de l'Est-Africain envoyait sur place un groupe d'agents conduit par M. Lush. Ces mesures allaient à l'encontre de ce que voulait la France Libre. La rentrée de Madagascar dans la guerre s'en trouvait retardée, l'autorité d'Annet renforcée, la division de l'Empire prolongée. En outre, je redoutais l'action que pourrait exercer l'équipe politique britannique que nous avions vu à l'œuvre en Orient, à Djibouti, en Abyssinie. Un indice fâcheux nous fut fourni tout de suite. Pechkoff, que je voulais envoyer à Diégo-Suarez pour m'informer de ce qui s'y passait, se voyait empêché de partir.

Ainsi, vers le début de juin 1942, de lourds nuages s'étendaient sur les rapports franco-britanniques. À tous les actes alarmants ou désobligeants que les Anglais multipliaient, en Syrie, en Somalie, à Madagascar, s'ajoutaient d'autres mesures qui confirmaient nos griefs. En Gold Coast, une mission britannique, dirigée par M. Frank, prenait de mystérieux contacts avec les populations des territoires français de la boucle du Niger. En même temps, le général Giffard, commandant en chef en Afrique occidentale, prévenait les missions françaises libres de Bathurst et de Freetown[36] d'avoir à quitter les lieux. Comme moi-même me disposais à me rendre en Libye pour y inspecter nos troupes, je recevais du gouvernement britannique la demande pressante de remettre mon voyage, ce qui signifiait que les moyens ne m'en seraient pas donnés. À Londres, les gouvernants, les services, les états-majors anglais s'enveloppaient d'une atmosphère épaisse de secret, sinon de méfiance.

Il était évident que les Anglo-Saxons étaient en train d'élaborer le plan d'une vaste opération sur le théâtre occidental. Le général Marshall, chef d'état-major de l'armée américaine, et l'amiral King, commandant en chef de la Flotte de l'Atlantique, avaient séjourné à Londres au mois de mai en évitant de me voir. Pourtant, dans ce que les Alliés projetaient manifestement de faire, la France, par ses possessions, ses populations, ses forces, serait au premier chef impliquée. Mais sans doute avait-on l'idée d'en écarter autant que possible son élément actif, la France Libre, de disposer par fragments de ses terres et de sa substance, peut-être même de profiter de cette dispersion pour s'attribuer, ici et là, des parcelles de ses propriétés. Il était temps de réagir. Il fallait marquer aux Alliés que la France Libre était dans leur camp pour y incorporer la France, mais non pour y couvrir, vis-à-vis de la nation française, les abus ou empiétements qu'ils commettraient à son détriment. Le Comité national, après une délibération émouvante et approfondie, fut unanime à le penser.

Le 6 juin, je chargeai M. Charles Peake, diplomate de parfaite distinction que le Foreign Office déléguait auprès de nous, de faire part de notre position à MM. Churchill et Eden. « S'il devait arriver, lui dis-je, qu'à Madagascar, en Syrie, ou ailleurs, la France dût, par le fait de ses alliés, perdre quoi que ce fût de ce qui lui appartient, notre coopération directe avec la Grande-Bretagne et, éventuellement, les États-Unis n'aurait plus de justification. Nous devrions y mettre un terme. Cela reviendrait, en pratique, à nous concentrer dans les territoires déjà ralliés ou qui le seraient et à poursuivre la lutte contre l'ennemi dans toute la mesure de nos forces mais seuls et pour notre compte. » Le même jour, je télégraphiai, d'une part à Éboué et Leclerc, d'autre part à Catroux et Larminat, pour leur faire connaître cette décision et les inviter à s'y préparer. Je leur prescrivais aussi de prévenir les représentants alliés qui se trouvaient auprès d'eux que telle était notre résolution[37].

L'effet ne se fit pas attendre. Le 10 juin, M. Churchill me demanda de venir le voir. Nous passâmes ensemble une heure bien remplie. Après de chaleureux compliments au sujet des troupes françaises qui s'illustraient à Bir Hakeim, le Premier Ministre aborda la question de Madagascar. Il reconnut franchement que la France Combattante avait lieu d'être froissée des conditions dans lesquelles l'opération était entreprise. « Mais nous n'avons, affirma-t-il, aucune arrière-pensée au sujet de Madagascar. Quant à ce que nous allons y faire, nous n'en savons rien encore. L'île est très grande ! Nous voudrions trouver quelque arrangement pour ne pas nous y perdre. — Ce que nous voulons, nous, lui dis-je, c'est que Madagascar rallie la France Libre et rentre dans la guerre. Pour cela nous sommes prêts aujourd'hui, comme je vous l'avais proposé hier, à y engager des troupes. — Vous n'êtes pas mon seul allié », répondit le Premier Ministre. Il me donnait ainsi à entendre que Washington s'opposait à notre participation. À vrai dire, je n'en doutais pas.

J'attirai avec insistance l'attention de M. Churchill sur le danger que présentait pour notre alliance une certaine manière de faire à l'égard de l'Empire français et, demain peut-être, de la France elle-même. Il protesta de ses bonnes intentions. Puis, sursautant tout à coup : « Je suis l'ami de la France ! cria-t-il. J'ai toujours voulu, je veux, une grande France avec une grande armée. Il le faut pour la paix, l'ordre, la sécurité de l'Europe. Je n'ai jamais eu d'autre politique ! — C'est vrai ! répondis-je. Vous avez même eu le mérite, après l'armistice de Vichy, de continuer à jouer la carte de la France. Cette carte, qui s'appelle de Gaulle, ne la perdez pas maintenant ! Ce serait d'autant plus absurde que vous voici au moment où votre politique réussit et où la France Libre est devenue l'âme et le cadre de la résistance française. »

Nous parlâmes de Roosevelt et de son attitude à mon égard. « Ne brusquez rien ! dit M. Churchill. Voyez comment, tour à tour, je plie et me relève. — Vous le pouvez, observai-je, parce que vous êtes assis sur un État solide, une nation rassemblée, un empire uni, de grandes armées. Mais moi ! Où sont mes moyens ? Pourtant, j'ai, vous le savez, la charge des intérêts et du destin de la France. C'est trop lourd et je suis trop pauvre pour que je puisse me courber. » M. Churchill conclut notre entretien par une démonstration d'émotion et d'amitié. « Nous avons encore de rudes obstacles à surmonter. Mais, un jour, nous serons en France ; peut-être l'année prochaine. En tout cas, nous y serons ensemble ! » Il me reconduisit jusque dans la rue en répétant : « Je ne vous lâcherai pas. Vous pouvez compter sur moi. »

Trois jours après, M. Eden, à son tour, tint à me renouveler des assurances satisfaisantes quant au désintéressement britannique sur l'Empire français en général et Madagascar en particulier. Il m'annonça que le « brigadier » Lush était rappelé et que Pechkoff allait pouvoir partir : « Croyez-moi, dit-il avec chaleur, nous souhaitons marcher avec vous la main dans la main pour préparer le front Ouest[f]. »

Provisoirement, les choses restaient donc en suspens. Toutefois, l'avertissement que nous avions donné avait été entendu. Il était désormais peu probable que l'arbitraire britannique à l'égard de notre Empire dépassât une certaine limite. Il y avait des chances pour que l'affaire syrienne connût quelque répit, pour que la Somalie fût acculée au ralliement, pour qu'un jour la Croix de Lorraine flottât sur Madagascar. En outre, je sentais, plus nettement que jamais, qu'en dernier ressort l'Angleterre ne renoncerait pas à son alliance avec nous.

La pièce diplomatique où, en cent actes divers[38], on voyait la France Libre reprendre la place de la France, comptait parmi ses spectateurs les plus vivement intéressés les gouvernements réfugiés en Grande-Bretagne. En 1941, leur cercle s'était agrandi par l'arrivée du roi et des ministres grecs, puis du roi et des ministres yougoslaves. Pour les uns et pour les autres, ce qu'il advenait de la France était un sujet capital de préoccupation. Trahis et vilipendés dans leur pays par les *quislings*[39] qui usurpaient leur place, ils se trouvaient foncièrement hostiles à Vichy dont l'attitude servait d'argument aux collaborateurs de chez eux. D'autre part et bien que leur souveraineté ne fût pas contestée par les grandes puissances alliées, ils n'en subissaient pas moins le sort pénible des faibles livrés à la discrétion des forts. Enfin, ils ne doutaient pas que le redressement de la France fût la condition de l'équilibre de l'Europe et de leur propre avenir. C'est donc avec un enchantement secret qu'ils assistaient à l'action menée par la France Libre pour établir son indépendance. L'audience que nous trouvions auprès d'eux ne laissait jamais à désirer.

Inversement, nous ne manquions pas de cultiver les rapports avec ces gouvernements, dépourvus de territoires, mais disposant partout dans le monde libre d'une représentation officielle et d'une influence appréciable. Dejean et ses collègues du Comité national se tenaient en relations avec leurs ministres et leurs fonctionnaires. Nos états-majors, nos services, pratiquaient les leurs. Je voyais moi-même les chefs d'État et les principaux dirigeants.

De ces visites et conversations nous tirions honneur et profit, car c'est à des hommes de valeur que nous avions affaire. Mais, sous les dehors de l'étiquette, nous discernions les drames provoqués dans leurs âmes par la défaite et par l'exil. Sans doute, ces gouvernements, déployant toujours l'appareil du pouvoir, s'efforçaient-ils à la sérénité. Mais, au fond des soucis, des chagrins, où ils étaient tous plongés, chacun vivait dans l'ombre sa propre et déchirante tragédie.

À vrai dire, les gouvernants des pays occidentaux ne doutaient plus, à partir de l'entrée en guerre de la Russie et des États-Unis, que leurs pays respectifs seraient libérés. Mais dans quel état ? C'est ce dont étaient hantés mes interlocuteurs, hollandais, belges, luxembourgeois, norvégiens. La noble reine Wilhelmine, son premier ministre, le professeur Geerbrandy, son ministre des Affaires étrangères, l'entreprenant M. Van Kleffens, le prince Bernhard des Pays-Bas, voyaient avec désespoir disparaître l'empire des Indes, malgré les magnifiques efforts de la flotte de l'amiral Helfrich et la résistance poursuivie dans la brousse par le général Ter Porten. MM. Pierlot, Gutt, Spaak, formant ensemble, au service de la Belgique, l'équipe de la sagesse, de l'ardeur et de l'habileté, étaient submergés de tristesse en évoquant la question royale[40]. Quant à la grande-duchesse Charlotte, à son époux le prince Félix de Bourbon-Parme, à M. Bech leur ministre, heureusement perpétuel, ils ne cessaient de supputer les conséquences matérielles et morales que la domination nazie risquait d'avoir au Luxembourg. Enfin, le roi Haakon VII, exemplaire de confiance et de fermeté, ainsi que M. Trygve Lie, qui prodiguait dans tous les domaines une activité inlassable, se désolaient de voir disparaître leurs navires marchands : « C'est notre capital national qui sombre », répétaient les Norvégiens.

Beaucoup plus dramatique encore était la situation de la Grèce, de la Yougoslavie, de la Tchécoslovaquie, de la Pologne. Car, si l'entrée en guerre de Moscou leur garantissait la défaite de l'Allemagne, elle comportait pour elles d'autres menaces. Leurs chefs d'État et leurs ministres en parlaient ouvertement. Le roi Georges II de Grèce et M. Tsouderos, chef du gouvernement, me décrivaient l'effroyable misère où l'invasion jetait le peuple hellène, la résistance qu'il déployait, malgré tout, contre l'ennemi, mais aussi le noyautage des affamés et des combattants par le parti communiste. En même temps, j'apercevais, autour du jeune roi Pierre II de Yougoslavie et à l'intérieur même du cabinet que présidaient successivement le général Simovitch, M. Yovanovitch, M. Trifunovitch, les secousses provoquées par les événements qui disloquaient leur pays : érection de la Croatie en royaume séparé dont le duc de Spolète[41] était proclamé roi ; annexion par l'Italie de la province slovène de Ljubljana, ainsi que de la Dalmatie ; concurrence et, bientôt, hostilité de Tito, à l'égard du général Mikhaïlovitch qui, pourtant, menait, en Serbie, la lutte contre l'envahisseur.

Il est vrai que le président Benès et ses ministres, Mgr Shramek, MM. Masaryk, Ripka, le général Ingr, donnaient, au contraire, l'impression qu'ils étaient confiants dans le comportement futur des Soviets. Par l'intermédiaire de M. Bogomolov, ils entretenaient avec le Kremlin de bonnes relations apparentes. Leur représentant à Moscou, M. Fierlinger, paraissait y être en faveur. Un corps tchécoslovaque, recruté parmi les Tchèques faits prisonniers par les Russes dans les rangs de la Wehrmacht, était mis sur pied par le commandement soviétique. On pouvait voir que, pour se rétablir lui-même à Prague et restaurer l'État tchécoslovaque, c'est sur la Russie que Benès comptait avant tout, quelle que fût son aversion pour le régime soviétique.

Les entretiens avec Benès consistaient en de hautes leçons historiques et politiques qu'il professait longuement sans qu'en fussent jamais lassés ni l'auditeur ni le maître. Je l'entends encore évoquer dans nos conversations le sort de l'État aux destinées duquel il avait présidé vingt ans[42]. « Cet État, disait-il, ne peut subsister sans le soutien direct de Moscou, puisqu'il lui faut incorporer la région des Sudètes peuplée d'Allemands, la Slovaquie que la Hongrie ne se console pas d'avoir perdue, Teschen convoitée par les Polonais. La France est trop incertaine pour que nous puissions nous en remettre à sa bonne volonté. — Dans l'avenir, concluait le président, nous pourrions éviter les aléas d'une alliance exclusive avec le Kremlin, mais à la condition que la France reprenne en Europe le rang et le rôle qui doivent être les siens. En attendant, où est le choix pour moi ? » Ainsi raisonnait Benès, non sans que je sentisse le trouble qui demeurait au fond de son âme.

Les Polonais, eux, n'avaient pas de doutes. À leurs yeux, le Russe était un adversaire, lors même qu'il se trouvait forcé de combattre l'ennemi commun. Pour le président de la République Rackiewicz, pour le général Sikorski chef du gouvernement et de l'armée, pour les ministres MM. Zaleski, Raczynski, le général Kukiel, le déferlement soviétique succéderait infailliblement à la défaite allemande. Quant à la manière d'endiguer les ambitions de Moscou, quand on aurait vaincu Berlin, deux tendances partageaient les Polonais. Tantôt l'emportait en eux une sorte de doctrine du pire où leur désespoir puisait d'enivrantes illusions, comme la musique de Chopin tire le rêve de la douleur. Tantôt ils caressaient l'espoir d'une solution qui étendrait la Pologne vers l'Ouest, concéderait à la Russie une partie des terres galiciennes et lithuaniennes et obtiendrait d'elle qu'elle s'abstînt de régner à Varsovie[43] en y imposant un gouvernement communiste. Mais, quand ils envisageaient un accord, c'était dans une psychologie à ce point passionnée qu'elle provoquait la surenchère entre eux, l'incertitude des Alliés, l'irritation des Soviets.

Cependant, pour aléatoire que fût la conciliation, le général Sikorski était résolu à l'essayer. Cet homme de grand caractère répondait en personne du destin de son pays. Car, s'étant naguère opposé à la politique du maréchal Pilsudski, puis à l'outrecuidance de Beck et de Rydz-Smigly, il se trouvait, depuis le désastre, investi de tout le pouvoir dont puisse disposer un État en exil.

Dès que les armées du Reich étaient entrées en Russie, Sikorski n'avait pas hésité à rétablir avec les Soviets les relations diplomatiques, en dépit des colères accumulées dans les cœurs polonais. En juillet 1941, il signait avec les Soviets un accord déclarant nul et non avenu le partage de la Pologne effectué en 1939 par la Russie et l'Allemagne. En décembre, il s'était lui-même rendu à Moscou pour négocier la libération des prisonniers et leur transfert vers le Caucase d'où, sous les ordres du général Anders, ils pourraient gagner la Méditerranée. Sikorski avait causé longuement avec Staline. À son retour, narrant leurs entretiens, il me peignait le maître du Kremlin plongé aux abîmes de l'angoisse, mais sans que rien entamât sa lucidité, son âpreté, sa ruse. « Staline, me dit Sikorski, s'est affirmé favorable au principe d'une entente. Mais ce qu'il mettra dedans et exigera que nous y mettions ne dépendra que des forces en présence, autrement dit des appuis que nous trouverons, ou non, en Occident. Le moment venu, qui aidera la Pologne ? Ce sera la France ou personne. »

Ainsi, le chœur anxieux des gouvernements réfugiés accompagnait en sourdine les progrès de la France Libre. Tous avaient, comme les Anglais, reconnu le Comité national dans des termes réservés. Mais tous tenaient le général de Gaulle comme le Français qualifié pour parler au nom de la France. Ils le marquaient, par exemple, en signant avec moi une déclaration commune relative aux crimes de guerre, ce qui fut fait, le 12 janvier 1942, au cours d'une conférence des chefs de gouvernement. Au total, nos relations avec les États réfugiés et la réputation qu'ils contribuaient à nous faire nous aidaient sur le plan diplomatique et nous procuraient, dans l'opinion, le concours d'une foule d'impondérables.

Or si, dans le drame du monde, les grands hommes entraînaient l'opinion anglo-saxonne, c'est elle qui, inversement, malgré les censures du temps de guerre, orientait les gouvernements. Aussi tâchions-nous de la mettre dans notre jeu. Moi-même m'y efforçais, en profitant des sympathies et des curiosités que suscitait notre entreprise. Je m'adressais régulièrement au public anglais et américain. Suivant le procédé classique, je choisissais, parmi les associations qui m'invitaient à me faire entendre, une assistance qui convînt au moment et au sujet. Hôte d'honneur du déjeuner ou du dîner organisé à cette occasion, je voyais, à la fin du repas, se joindre aux convives et remplir discrètement la salle maints professionnels de l'information ou personnages privilégiés qui venaient pour le discours. Alors, ayant reçu, d'après la coutume anglaise, le compliment du « chairman » je disais ce que j'avais à dire.

Faute de savoir, hélas ! assez bien l'anglais, c'est généralement en français que je prenais la parole. Mais, ensuite, Soustelle entrait en ligne. Mon discours, traduit à l'avance, était distribué dès que je l'avais prononcé. La presse et la radio de Grande-Bretagne et des États-Unis se chargeaient d'en publier l'essentiel. Quant à l'objectivité, j'ose dire qu'elle me semblait relative dans les journaux américains qui montaient en épingle telles ou telles phrases extrapolées. Tout de même, celles-là « passaient la rampe ». Les organes anglais, eux, sans ménager souvent leurs critiques, ne déformaient guère le texte. Il faut ajouter que la presse d'Amérique latine, par amitié pour la France, estime pour le « gaullisme » et, peut-être, désir de faire compensation à l'attitude des États-Unis, ne manquait pas de mettre en bonne place mes propres déclarations. En somme, et sauf au cours de quelques crises où l'on invoquait, pour étouffer ma voix, « les nécessités militaires », j'ai toujours trouvé les démocraties alliées respectueuses de la liberté d'expression.

Avant de me rendre au Levant au printemps de 1941, je m'étais adressé déjà à des auditoires britanniques, notamment au Foyles Literary Luncheon Club et au groupe franco-anglais du Parlement. Après mon retour à Londres en septembre, et jusqu'au mois de juin suivant, la « Presse internationale », les ouvriers, puis les administrateurs et les cadres de l'usine de tanks English Electric, à Stafford, la Royal African Society, l'Association de la presse étrangère, le Club français de l'université d'Oxford, l'English Speak-ing Union, le City Livery Club, le National Defense Public Interest Committee, la municipalité et les notables d'Édimbourg, une réunion organisée au Parlement pour les membres de la Chambre des communes, m'avaient successivement entendu[44]. Au mois de mai 1942, j'avais tenu, pour la première fois, une conférence de presse[45]. Le 14 juillet 1941, comme je me trouvais à Brazzaville, la « National Broadcasting Corporation » américaine avait, par tous ses postes, relayé un appel que j'adressais par radio aux États-Unis. Le 8 juillet 1942, la « Columbia » diffusait en Amérique, spécialement au Central Park de New York où le maire La Guardia avait réuni la foule des grands jours, une allocution en anglais de « notre ami et allié le général de Gaulle ». Le 14, pour la fête nationale française, nouveau message aux Américains[46]. À ces occasions principales s'en ajoutaient d'autres où, pour être amené à parler sans apprêt, je trouvais pourtant d'utiles échos. Ainsi des réceptions qui m'étaient offertes par les villes de Birmingham, de Leeds, de Liverpool, de Glasgow, de Hull, d'Oxford, l'université d'Edimbourg, l'Amirauté à Portsmouth, les chantiers de construction navale Brigham et Cowan, les usines Talbot, les manufactures Harmelin, le journal *The Times*, enfin de multiples clubs toujours aimables et bien intentionnés.

Mais, si je variais le ton, c'étaient toujours les mêmes idées et sentiments que je lançais aux échos étrangers. À la défaite subie d'abord par la France, je donnais pour explication le système militaire périmé que toutes les démocraties pratiquaient au début de la guerre et dont mon pays s'était trouvé victime parce qu'il n'avait pas, lui, d'océans pour le couvrir et parce qu'on l'avait laissé seul à l'avant-garde. J'affirmais que la nation française continuait, sous l'oppression, de vivre d'une vie profonde et forte, et qu'elle allait reparaître résolue à l'effort et à la rénovation. J'en donnais pour preuve la résistance qui grandissait au-dedans et au-dehors. Mais je montrais le peuple français d'autant plus sensible à la façon dont ses alliés se comportaient à son égard qu'il était précipité dans le malheur et l'humiliation, que la propagande d'Hitler faisait miroiter à ses yeux des perspectives de redressement pourvu qu'il passât dans le camp totalitaire, et que Vichy n'avait tort, — devais-je pas me servir de tout? — que dans la mesure où les démocraties respectaient les droits de la France.

C'est ainsi que, le 1er avril 1942, je prononçai un discours qui, à cet égard, mit les points sur les i et provoqua de vives controverses. « Qu'on ne croie pas, déclarais-je, que cette espèce de miracle que constitue la France Combattante soit donné une fois pour toutes... Toute l'affaire repose sur ceci : que la France Combattante entend marcher avec ses alliés sous la réserve formelle que ses alliés marchent avec elle... » Visant directement les relations que les États-Unis continuaient d'entretenir avec Vichy et les tractations obscures qu'ils menaient avec ses proconsuls, j'ajoutais : « Pour les démocraties, pencher vers des gens qui ont détruit les libertés françaises et tâchent de modeler leur régime sur le fascisme ou sa caricature, ce serait introduire dans la politique les principes du pauvre Gribouille qui se jetait dans la mer de peur d'avoir à se mouiller... » J'ajoutais, en cherchant à faire gronder le tonnerre : « Il y a là la méconnaissance grave d'un fait qui domine toute la question française et qui s'appelle la révolution. Car, c'est une révolution, la plus grande de son histoire, que la France, trahie par ses élites dirigeantes et par ses privilégiés, a commencé d'accomplir. » Je m'écriais : « Il ne serait pas tolérable que le soi-disant réalisme qui, de Munich en Munich, a conduit la liberté jusqu'au bord même de l'abîme continuât à tromper les ardeurs et à trahir les sacrifices[47]... »

Les positions étaient prises. La France Libre avait réussi à se faire reconnaître par le sentiment du public et par le consentement des chancelleries, non seulement comme porte-épée de la France, mais encore comme la gérante inébranlable de ses intérêts. Ce résultat se trouvait atteint au moment même où il le fallait. Car, au début de l'été 1942, les conditions étaient réunies pour que la guerre prît un tour décisif. La Russie, restée debout, passait maintenant à l'offensive. L'Angleterre, tout en expédiant en Orient de nombreux renforts, disposait sur son territoire de forces considérables. Les États-Unis étaient prêts à porter en Occident leurs unités toutes neuves et leur énorme matériel. La France, enfin, pour écrasée et asservie qu'elle fût dans la métropole et passive dans une grande partie de ses territoires d'outre-mer, demeurait en mesure d'engager dans la lutte finale d'importantes forces militaires, son Empire et sa résistance. Comme on déploie la bannière, aux abords du champ de bataille, j'avais, au printemps de 1942, nommé « la France Combattante[48] » ce qui était, jusqu'alors, « la France Libre » et notifié aux Alliés cette nouvelle appellation.

Car le destin de la France se jouerait dans le choc prochain. C'est son territoire, — Afrique du Nord ou Métropole, — qui servirait de théâtre aux opérations. C'est ce qu'elle ferait, ou non, face à l'ennemi, qui représenterait sa part dans la victoire. Mais c'est du comportement des Alliés que dépendraient son rang dans le monde, son unité nationale, son intégrité impériale. Je ne pouvais douter que certains, non des moindres, méditaient de faire en sorte qu'en cette suprême occasion l'organisme français dirigeant fût aussi dépendant et inconsistant que possible et que la France Combattante se trouvât absorbée, sinon écartée. Mais la situation qu'elle avait acquise dans le monde était maintenant assez solide pour qu'on ne pût la briser du dehors.

À condition qu'elle-même tînt bon et qu'elle eût l'appui de la nation à mesure que celle-ci apparaîtrait dans sa réalité. Tout en menant notre combat, je ne pensais à rien d'autre. La France Combattante aurait-elle, dans l'épreuve prochaine, assez d'ardeur, de valeur, de vigueur, pour ne point se rompre au-dedans ? Le peuple français, prostré, dévoyé, déchiré, voudrait-il m'entendre et me suivre ? Pourrais-je rassembler la France ?

LA FRANCE COMBATTANTE

Tandis qu'entre l'été de 1941 et celui de 1942, la France Combattante étendait sa campagne diplomatique, elle ne cessait pas elle-même de s'agrandir. Si le présent récit expose successivement le développement de ces deux efforts, ceux-ci n'en étaient pas moins simultanés et conjugués. Mais, dès lors que le champ d'action allait s'élargissant, il me fallait placer à la tête de l'entreprise un organisme adéquat. De Gaulle ne pouvait plus suffire à tout diriger. Le nombre et la dimension des problèmes exigeaient qu'avant de décider fussent confrontés points de vue et compétences. Les mesures d'exécution devaient être décentralisées. Enfin, la forme collégiale étant, pour tous les États, celle du pouvoir, nous aiderions à nous faire reconnaître en l'adoptant pour nous-mêmes. Par ordonnance du 24 septembre 1941, j'instituai le Comité national[1].

À vrai dire, depuis le début, je ne cessais pas d'y penser. Mais le fait qu'en l'espace d'une année, j'avais eu à passer huit mois en Afrique et en Orient, surtout le manque d'hommes dits « représentatifs », m'avaient contraint de différer. À mon arrivée à Londres, après les affaires de Syrie, je pouvais prévoir, au contraire, une longue phase d'organisation. D'ailleurs si la plupart des personnalités qui m'avaient naguère rejoint étaient, au départ, peu notoires, certaines l'étaient devenues. Je pouvais donc donner au Comité une composition valable. Pour la France Combattante, le Comité national serait l'organe de direction réuni autour de moi. Les « commissaires » y délibéreraient collectivement de toutes nos affaires. Chacun d'eux aurait à diriger un des « départements » où s'exerçait notre activité. Tous seraient solidaires des décisions prises. En somme, le Comité serait le gouvernement. Il en aurait les attributions et la structure. Toutefois, il n'en porterait pas le titre, que je réservais pour le jour, si lointain qu'il dût être encore, où pourrait se former un pouvoir aux dimensions de l'unité française. C'est dans cette même perspective que mon ordonnance prévoyait la constitution ultérieure d'une Assemblée consultative, « chargée de fournir au Comité l'expression aussi large que possible de l'opinion nationale ». Bien du temps passerait, cependant, avant que cette assemblée vît le jour.

Comme il fallait s'y attendre, ma décision provoqua des remous au sein des petits groupes français qui, sous prétexte d'être politiques[a], s'agitaient plus ou moins en Grande-Bretagne et aux États-Unis. Ceux-là toléraient que de Gaulle agît comme soldat et procurât aux Alliés le renfort d'un contingent. Mais ils n'admettaient pas que le chef des Français Libres prît des responsabilités d'État. Ne m'ayant pas rallié, ils rejetaient mon autorité et préféraient s'en remettre aux étrangers, soit, en fait : Roosevelt, Churchill, Staline[2], de l'avenir de la France.

Je conviens qu'il y avait entre les conceptions de ces milieux et les miennes une réelle antinomie. Pour moi, dans le drame national, la politique devait être l'action au service d'une idée forte et simple. Mais eux, poursuivant les mêmes chimères qu'ils caressaient depuis toujours, n'acceptaient pas qu'elle fût autre chose qu'une chorégraphie d'attitudes et de combinaisons, menée par un ballet de figurants professionnels, d'où ne devaient sortir jamais qu'articles, discours, exhibitions de tribuns et répartition de places. Bien que ce régime eût été balayé par les événements, bien qu'il eût coûté à la France un désastre dont on pouvait douter qu'elle se relevât jamais, bien que ces intoxiqués fussent maintenant privés des moyens habituels de leur agitation : Parlement, congrès, cabinets, salles de rédaction, ils continuaient leur jeu à New York ou à Londres, tâchant d'y mêler, à défaut d'autres, les gouvernants, les députés, les journalistes, anglo-saxons. À l'origine des désagréments causés à la France Libre par ses propres alliés et des campagnes menées contre elle par leur presse et leur radio, il y eut, souvent, l'influence de certains Français émigrés. Ceux-là ne pouvaient manquer de désapprouver l'espèce de promotion politique qu'était, pour la France Combattante, l'institution du Comité national et allaient s'efforcer de contrarier l'opération.

C'est l'amiral Muselier qui leur servit d'instrument[b]. L'amiral possédait comme une personnalité double. En tant que marin, il montrait une valeur qui méritait grande considération et à laquelle était due, pour une large part, l'organisation de nos petites forces navales. Mais il était périodiquement saisi par une sorte de tracassin qui le poussait aux intrigues. Dès qu'il connut mon intention de former le Comité, il m'écrivit pour se poser en champion de l'entente avec les Alliés et de la démocratie que, suivant lui, ma politique risquait de mettre en péril. Afin que l'une et l'autre fussent dorénavant sauvegardées, il proposait que je me place moi-même dans une position honorifique et que je lui laisse, à lui, la réalité des pouvoirs. Quant au moyen qu'il employa pour tâcher de forcer mon consentement, ce ne fut rien moins que la menace de sécession de la Marine qui, dit-il par téléphone, « devient indépendante et continue la guerre ».

Ma réaction fut nette et la discussion fut brève. L'amiral se soumit, alléguant un malentendu. Pour des raisons de sentiment et d'opportunité, je parus me laisser convaincre, pris acte de ses engagements et le nommai commissaire à la Marine et à la Marine marchande dans le Comité national[3].

Y étaient chargés : de l'Économie, des Finances, des Colonies, Pleven ; de la Justice et de l'Instruction publique, Cassin ; des Affaires étrangères, Dejean ; de la Guerre, Legentilhomme ; de l'Air, Valin ; de l'action dans la Métropole, du Travail, de l'Information, Diethelm, qui venait d'arriver de France. Catroux et d'Argenlieu, alors en mission, devenaient commissaires sans département. J'attribuai à Pleven la charge d'assurer la coordination administrative des départements civils[4], « statut, traitements, répartition du personnel, affectation des locaux, etc. ». J'avais souhaité d'abord et tentai, par la suite, à plusieurs reprises, d'élargir la composition du Comité en y faisant entrer certaines des personnalités françaises qui se trouvaient en Amérique. C'est ainsi que je demandai leur concours à MM. Maritain et Alexis Léger[5]. Les réponses furent déférentes, mais négatives.

Le Comité national fonctionnait d'une manière satisfaisante quand Muselier ouvrit une nouvelle crise[6]. Rentré à Londres après l'expédition de Saint-Pierre, pour laquelle il avait reçu nos félicitations unanimes, il déclara, le 3 mars, en séance du Comité, que les choses n'allaient pas à son gré dans la France Libre, donna sa démission de commissaire national et m'écrivit pour me le confirmer. J'acceptai cette démission, mis l'amiral en réserve de commandement et le remplaçai par Auboyneau rappelé du Pacifique. Mais alors, Muselier déclara que, tout en cessant d'être membre du Comité national, il gardait pour lui-même le commandement en chef des forces navales, comme s'il s'agissait d'un fief dont il était possesseur. Cela ne pouvait être admis et l'affaire était réglée d'avance, quand, soudain, se déclencha l'intervention du gouvernement britannique.

Cette intervention avait été, dès longtemps, préparée, les instigateurs étant quelques agités de l'émigration et certains éléments des Communes et de la « Navy ». Les[d] conjurés avaient trouvé le concours de M. Alexander, Premier lord de l'Amirauté. Ils lui représentaient, en tant que ministre, que si Muselier partait la marine française libre allait se dissoudre, privant la Royal Navy d'un appoint non négligeable. Ils lui faisaient croire, en tant que travailliste, que de Gaulle et son comité inclinaient vers le fascisme et qu'il fallait soustraire à leur politique les forces navales françaises. Le cabinet britannique, pour des raisons qui tenaient à son équilibre intérieur et aussi, vraisemblablement, à l'intention de rendre de Gaulle plus commode en l'affaiblissant, épousa la thèse d'Alexander. Il décida d'exiger de moi le maintien de Muselier dans ses fonctions de commandant en chef des forces navales françaises libres.

Les 5 et 6 mars, M. Eden, flanqué de M. Alexander, me notifia cette mise en demeure. Pour moi, dès ce moment, la cause était définitivement entendue. Il fallait, coûte que coûte, que la décision du Comité national fût exécutée telle quelle et que' l'Angleterre renonçât à se mêler de cette affaire française. Le 8 mars, j'écrivis à Eden que moi-même et le Comité national avions décidé que Muselier n'était plus commandant en chef de la Marine et que nous n'acceptions pas, à ce sujet, l'ingérence du gouvernement anglais. J'ajoutais : « Les Français Libres considèrent que ce qu'ils font aux côtés des Britanniques et pour la même cause implique qu'ils doivent être tenus et traités comme des Alliés et que l'appui des Britanniques ne doit pas leur être donné à des conditions incompatibles avec leur propre raison d'être... S'il en était autrement, le général de Gaulle et le Comité national cesseraient de s'acharner à une tâche qui serait impossible. Ils tiennent, en effet, pour essentiel, en ce qui concerne l'avenir de la France aussi bien que le présent, de demeurer fidèles au but qu'ils se sont fixé. Ce but consiste à redresser la France et à reconstituer l'unité nationale dans la guerre aux côtés des Alliés, mais sans rien sacrifier de l'indépendance, de la souveraineté et des institutions françaises[7]. »

Je n'eus pas de réponse sur le moment. Sans doute, avant d'aller plus loin, les Anglais attendaient-ils de voir ce qui allait se produire à l'intérieur de notre marine. Or, il n'y eut sur aucun navire, dans aucun dépôt d'équipages, dans aucun établissement, aucun mouvement de dissidence. Bien au contraire, tous les éléments des forces navales françaises libres serrèrent sur de Gaulle avec une ardeur proportionnée aux difficultés qui lui étaient faites. Seuls, quelques officiers, réunis autour de l'amiral, organisèrent au siège de son état-major, où je m'étais moi-même rendu pour leur parler, une inconvenante manifestation. Je fixai alors à l'amiral Muselier une résidence qui devait l'éloigner, pour la durée d'un mois[f], de tout contact avec la Marine. J'invitai le gouvernement anglais, conformément à l'accord de juridiction du 15 janvier 1941, à assurer l'exécution de cette mesure, puisqu'elle était prise en territoire britannique. Puis, comme les assurances nécessaires tardaient à me parvenir, je m'en fus à la campagne, prêt à tout, m'attendant à tout et laissant aux mains de Pleven, de Diethelm et de Coulet une sorte de testament secret[g] qui leur confiait la mission d'informer le peuple français dans le cas où je devrais renoncer à poursuivre ce que j'avais entrepris et où je ne serais pas en mesure de m'en expliquer moi-même. Entre-temps, j'avais fait savoir à nos alliés que je ne pourrais, à mon profond regret, reprendre mes rapports avec eux avant qu'eux-mêmes eussent appliqué l'accord qui les engageait.

Ce fut fait le 23 mars. M. Peake vint me rendre visite. Il me remit une note m'annonçant que son gouvernement n'insistait pas pour que Muselier restât commandant en chef et veillerait à ce que, pendant un mois, l'amiral ne pût prendre contact avec aucun élément des forces navales françaises. Le gouvernement britannique le recommandait, toutefois, à ma bienveillance pour une affectation conforme à ses services. Sur ces entrefaites, Auboyneau, arrivé du Pacifique, prit en main l'administration et le commandement de la Marine. Au mois de mai, voulant offrir à l'amiral Muselier une chance de servir encore, je l'invitai à venir me voir pour régler avec lui les conditions d'une mission d'inspection que je comptais lui confier. Il ne vint pas. Quelques jours plus tard, cet officier général, qui avait beaucoup fait pour notre marine, me[g] notifia que sa collaboration à la France Libre était terminée. Je l'ai regretté pour lui.

Après cet incident pénible, rien ne vint plus empêcher le fonctionnement régulier de ce « comité de Londres », que les propagandes adverses, — qui ne furent pas seulement celle de l'ennemi et celle de Vichy, — représentèrent, tantôt comme un groupe de politiciens avides, tantôt comme une équipe d'aventuriers fascistes, tantôt comme un ramassis d'énergumènes communistes, mais pour qui, je l'atteste, rien ne comptait en comparaison du salut du pays et de l'État. Le Comité national se réunissait au moins une fois par semaine, avec quelque solennité, dans une grande pièce de Carlton Gardens appelée « salle de l'horloge ». Conformément à son ordre du jour, il entendait le rapport de chacun des commissaires sur les affaires de son département ou sur toute question que l'un ou l'autre croyait devoir soulever. On prenait connaissance des documents et des informations, on discutait à loisir et on concluait par des décisions rédigées en séance sous forme d'un procès-verbal et qui étaient ensuite notifiées aux forces et aux services. Jamais aucune mesure importante ne fut prise sans que le Comité ait eu à en délibérer.

J'ai toujours trouvé dans le Comité national en tant qu'organe collectif, ainsi qu'en chacun de ses membres, une aide précieuse et un concours loyal. Sans doute, demeurais-je obligé de connaître personnellement de tout ce qui valait la peine. Mais la charge m'était moins lourde du fait que des hommes de valeur m'assistaient et m'entouraient. Sans doute, ces ministres, dont aucun n'avait auparavant abordé la scène publique, pouvaient-ils manquer, dans une certaine mesure, d'autorité et de notoriété. Ils surent pourtant en acquérir. Tous, au surplus, avaient leur expérience et leur personnalité. L'ensemble qu'ils formaient ouvrait à la France Combattante des avenues d'influence qui, autrement, lui fussent restées fermées. J'ai pu rencontrer souvent chez ces collaborateurs, non certes des oppositions, mais bien des objections, voire des contradictions, à mes desseins et à mes actes. Dans les moments difficiles, où j'inclinais d'habitude vers les solutions vigoureuses, plusieurs membres du Comité penchaient vers l'accommodement. Mais, à tout prendre, c'était bien ainsi. En dernier ressort, d'ailleurs, après m'avoir éclairé, aucun commissaire national ne contestait mon arbitrage.

Si, en effet, les opinions pouvaient être partagées, ma responsabilité n'en demeurait pas moins entière. Dans la lutte pour la libération, c'était[b] toujours, en définitive, le pauvre moi qui répondait de tout. En France, notamment, ceux-là regardaient vers de Gaulle qui, en nombre croissant, commençaient à se tourner vers la résistance active. Il y avait là une réponse de plus en plus distincte à mes appels. Il y avait là, aussi, une convergence des sentiments qui me semblait nécessaire autant qu'elle était émouvante. Car, constatant que la propension des Français à se diviser et la dispersion que leur imposait l'oppression tendaient à marquer leur révolte d'un caractère d'extrême diversité, j'étais dominé par le souci de réaliser l'unité de la résistance. C'était, en effet, la condition de son efficacité guerrière, de sa valeur nationale, de son poids vis-à-vis du monde.

Dès l'été de 1941, ce qui se passait dans la Métropole nous était connu, à mesure. Indépendamment de ce qu'on pouvait lire entre les lignes des journaux ou entendre sous les mots de la radio des deux zones, un faisceau très complet de renseignements nous était constamment apporté par les comptes rendus de nos réseaux, les rapports de certains hommes en place qui posaient déjà des jalons, les propos des volontaires qui, chaque jour, nous arrivaient de France, les indications fournies par les postes diplomatiques, les déclarations faites par des émigrés à leur passage à Madrid, Lisbonne, Tanger, New York, les lettres adressées à des Français Libres par leur famille et leurs amis et que mille ruses leur faisaient parvenir. De ce fait, j'avais dans l'esprit un tableau tenu à jour. Que de fois, en causant avec des compatriotes qui venaient de quitter le pays, mais qui s'y étaient trouvés plus ou moins confinés dans leur métier ou leur localité, me fut-il donné de constater que, grâce à d'innombrables efforts d'information, de transmission, de synthèse, fournis par une armée de dévouements, j'étais, autant que personne, au courant des choses françaises !

Or, ce qui en ressortait, c'était la dégradation de Vichy. Les illusions du régime achevaient de se dissiper. D'abord, la victoire de l'Allemagne, qu'on avait proclamée acquise pour justifier la capitulation, devenait invraisemblable dès lors que la Russie était engagée dans la lutte, que les États-Unis entraient en ligne à leur tour, que l'Angleterre et la France Libre tenaient bon. La prétention de « sauver les meubles » au prix de la servitude s'avérait dérisoire, puisque nos 1 500 000 prisonniers ne rentraient pas, que les Allemands annexaient pratiquement l'Alsace et la Lorraine et tenaient le nord du pays administrativement coupé du reste du territoire[9], que les prélèvements effectués par l'occupant, en argent, matières premières, produits agricoles et industriels, épuisaient notre économie, que le Reich faisait travailler pour son compte un nombre croissant de Français. L'affirmation qu'on défendait l'Empire « contre quiconque » ne pouvait plus tromper personne, du moment qu'on forçait l'Armée et la Marine à combattre les Alliés et les « gaullistes », à Dakar, au Gabon, en Syrie, à Madagascar, alors que les Allemands et les Italiens des commissions d'armistice opéraient à leur gré à Alger, Tunis, Casablanca, Beyrouth, que les avions du Reich atterrissaient à Alep et à Damas, que les Japonais occupaient le Tonkin et la Cochinchine. Aux yeux de tous, désormais, la chance de recouvrer un jour les territoires d'outre-mer, c'était la France Combattante qui la représentait[j], en s'assurant, à mesure, de l'Afrique équatoriale, des îles d'Océanie, de Pondichéry, du Levant, de Saint-Pierre, de Madagascar, de la Somalie française et en étendant, par avance son ombre intransigeante sur l'Afrique du Nord, l'Afrique occidentale, les Antilles et l'Indochine.

Quant à la « révolution nationale », par quoi le régime de Vichy essayait de compenser sa propre capitulation, elle donnait l'impression de gaspiller des réformes dont certaines avaient, par elles-mêmes, leur valeur[10], mais qui se trouvaient compromises et discréditées par le fait qu'on les associait au désastre et à la servitude. La prétention de Vichy à la rénovation morale ou au redressement de l'autorité, même son incontestable effort d'organisation économique et sociale, n'aboutissaient, dans la forme, qu'aux défilés des légionnaires[11], à l'hagiographie du Maréchal, au foisonnement des comités et, dans le fond, aux basses persécutions, à la domination de la police et de la censure, aux privilèges et au marché noir.

Aussi voyait-on se manifester, à l'intérieur même du régime, les signes du désarroi. Depuis la fin de 1940 jusqu'à l'été de 1942, c'étaient, successivement : la révocation de Laval ; la fondation à Paris par Déat, Deloncle, Luchaire, Marquet, Suarez, etc., du « Rassemblement national populaire » qui, avec l'appui direct des Allemands, invectivait contre les gouvernants et pratiquait une bruyante surenchère en faveur de la collaboration ; les variations incessantes des attributions de Darlan ; les démissions de membres du Cabinet : Ybarnegaray, Baudouin, Alibert, Flandin, Peyrouton, Chevalier, Achard, etc. qui déclaraient, l'un après l'autre, que la tâche était impossible ; l'étrange et brusque cessation du procès de Riom ; la mise à la retraite de Weygand ; l'attentat de Colette[12] contre Laval ; la nomination de celui-ci comme chef du gouvernement. Le Maréchal lui-même publiait sa propre détresse. « De plusieurs régions de France, disait-il à la radio en août 1941, je sens souffler un vent mauvais. L'inquiétude gagne les esprits. Le doute s'empare des âmes. L'autorité du gouvernement est discutée. Les ordres sont mal exécutés. Un véritable malaise atteint le peuple français[13]. » En juin de l'année suivante, pour le deuxième anniversaire de sa demande d'armistice, il déclarait par les ondes : « Je ne me dissimule point la faiblesse des échos qu'ont rencontrés mes appels[14]. »

À mesure que déclinaient la pompe et les œuvres de Vichy, se formaient, de-ci, de-là, dans la Métropole, des noyaux de résistance. Il s'agissait, naturellement, d'activités très diverses, souvent mal délimitées, mais suscitées par les mêmes intentions. Ici[j], on rédigeait, imprimait, distribuait quelque feuille de propagande. Là, on épiait l'ennemi pour renseigner un réseau. Quelques hommes déterminés formaient des groupes d'action pour les buts les plus différents : coups de main, destructions, réception et distribution de matériel parachuté ou transporté, accueil ou embarquement des agents, passage d'une zone à l'autre, franchissement d'une frontière, etc. Certains constituaient l'embryon de mouvements dont les membres se liaient entre eux par des consignes ou simplement par l'adhésion à un même état d'esprit. Bref[k], sous l'apparence passive et ralentie qu'offrait l'existence dans la Métropole, la résistance entamait sa vie ardente et secrète. À l'intérieur, des combattants songeaient maintenant à porter des coups à l'ennemi à travers les filets tendus des policiers et des délateurs.

En août[l] 1941, s'ouvrit la série des attaques isolées contre les militaires allemands. Un capitaine sortant du métro, un officier à Bordeaux, deux soldats à Paris rue Championnet, étaient les premiers tués. D'autres exécutions[15] suivirent. Par représailles, l'ennemi fusillait des otages par centaines, jetait en prison des milliers de patriotes pour les déporter ensuite, écrasait d'amendes et de servitudes les villes où tombaient ses hommes. C'est avec une sombre fierté que nous apprenions ces actes de guerre individuellement accomplis, moyennant des risques immenses, contre l'armée de l'occupant. D'autre part, la mort des Français qui servaient de victimes à la vengeance germanique mettait notre âme en deuil mais nullement au désespoir, car elle équivalait au sacrifice des soldats sur les champs de bataille. Mais, pour d'élémentaires raisons de tactique guerrière, nous estimions que la lutte devait être dirigée et que, d'ailleurs, le moment n'était pas venu d'entamer le combat au grand jour dans la Métropole. Le harcèlement de l'ennemi, puis l'engagement, en des points choisis, de nos forces de l'intérieur, enfin le soulèvement national, que nous voulions obtenir un jour, auraient une efficacité puissante à condition de former un tout et d'être conjugués avec l'action des armées de la libération. Or, en 1941, la résistance s'ébauchait à peine et, d'autre part, nous savions qu'il s'écoulerait littéralement des années avant que nos alliés fussent prêts au débarquement[m].

Aussi, le 23 octobre, déclarai-je à la radio : « Il est absolument normal et absolument justifié que les Allemands soient tués par les Français. Si les Allemands ne voulaient pas recevoir la mort de nos mains, ils n'avaient qu'à rester chez eux... Du moment qu'ils n'ont pas réussi à réduire l'univers, ils sont sûrs de devenir chacun un cadavre ou un prisonnier... Mais il y a une tactique à la guerre. La guerre doit être conduite par ceux qui en ont la charge... Actuellement, la consigne que je donne pour le territoire occupé, c'est de ne pas y tuer ouvertement d'Allemands. Cela, pour une seule raison : c'est qu'il est, en ce moment, trop facile à l'ennemi de riposter par le massacre de nos combattants momentanément désarmés. Au contraire, dès que nous serons en mesure de passer à l'attaque, les ordres voulus seront donnés[16]. »

Tout en tâchant de limiter nos pertes qui, dans de telles conditions, étaient excessives pour de trop faibles résultats, il fallait, cependant, utiliser, au profit de l'énergie et de la solidarité nationales, l'émotion produite par la répression allemande. Le 25 octobre, comme l'envahisseur venait de massacrer, la veille, cinquante otages à Nantes et Châteaubriant et cinquante à Bordeaux, je fis connaître par radio ce qui suit : « En fusillant nos martyrs, l'ennemi a cru qu'il allait faire peur à la France. La France va lui montrer qu'elle n'a pas peur de lui... J'invite tous les Français et toutes les Françaises à cesser toute activité et à demeurer immobiles, chacun là où il se trouvera, le vendredi 31 octobre, de 4 heures à 4 h 5,... ce gigantesque garde-à-vous, cette immense grève nationale faisant voir à l'ennemi la menace qui l'enveloppe et prouvant la fraternité française[17]. » La veille du jour fixé, je renouvelai mon appel. En fait, la manifestation revêtit en maints endroits, surtout dans les usines, un caractère impressionnant. Je m'en trouvai renforcé dans ma résolution d'empêcher que la résistance ne tournât à l'anarchie, mais d'en faire, au contraire, un ensemble organisé, sans y briser, toutefois, l'initiative qui en était le ressort, ni le cloisonnement sans lequel elle eût risqué de disparaître tout entière, d'un seul coup.

En tout cas, ses éléments constitutifs, les mouvements, existaient maintenant, très résolus à maints égards, mais souffrant gravement du manque de cadres militaires. Là où ils auraient pu et dû en trouver, c'est-à-dire dans ce qui subsistait de l'armée, Vichy leur barrait la route. Et, cependant, les premiers actes de résistance étaient venus des militaires. Des officiers, appartenant aux états-majors de l'armée et des régions, soustrayaient du matériel aux commissions d'armistice. Le service de renseignements continuait d'appliquer dans l'ombre des mesures de contre-espionnage et, par intervalles, transmettait aux Anglais des informations. Sous l'action des généraux : Frère, Delestraint, Verneau, Bloch-Dassault, Durrmeyer, et en utilisant notamment les amicales des corps de troupes, des mesures de mobilisation avaient été préparées. Le général Cochet inaugurait la propagande active contre l'esprit de capitulation. Parmi les moniteurs des Chantiers de jeunesse, qui comptaient nombre d'anciens militaires, beaucoup s'entraînaient et entraînaient les autres en vue de prendre les armes. Dans ce qui restait d'unités constituées, presque tous les officiers, les gradés, les soldats, ne cachaient pas leur espérance de retourner au combat.

Le public, d'ailleurs, trouvait cela fort bon. Un film d'actualités, venu de France et que je me fis projeter à Londres, m'en donna un saisissant exemple. On y voyait Pétain, lors d'une visite à Marseille, paraître au balcon de l'hôtel de ville devant les troupes et la foule agitées d'ardeur patriotique. On l'entendait, cédant à l'immense suggestion qui s'élevait de cette masse, lui crier soudain : « N'oubliez pas que, tous, vous êtes toujours mobilisés ! » On assistait au déchaînement d'enthousiasme que ces paroles soulevaient dans l'assemblée civile et militaire, riant et pleurant d'émotion.

Ainsi, l'armée, malgré la captivité ou la mort de la plupart et, souvent, des meilleurs des siens, se montrait spontanément disposée à encadrer la résistance nationale. Mais c'est ce que ne voulait pas le « gouvernement » auquel la soumettait son obédience. Vichy, pratiquant d'abord la fiction de la neutralité, ensuite la collaboration, l'empêcha de répondre à sa propre vocation et l'enferma moralement dans une impasse dont nul ne pouvait sortir qu'en rompant avec la discipline formelle. Bien que nombre d'éléments militaires aient pourtant franchi la barrière, en particulier ceux d'entre eux qui faisaient partie des réseaux, ceux aussi qui allaient entrer dans l'armée secrète, ceux enfin qui constituèrent, plus tard, l'« Organisation de résistance de l'armée », c'est un fait que les mouvements durent, au départ, improviser eux-mêmes leurs cadres.

Dans la zone dite libre, *Combat* dont le capitaine Frenay avait pris la tête, *Libération* où Emmanuel d'Astier de La Vigerie jouait le rôle capital, *Franc-Tireur* dont Jean-Pierre Lévy présidait l'organe dirigeant, déployaient une notable activité de propagande et recrutaient des formations paramilitaires. En même temps, ce qui subsistait du syndicalisme d'antan : Confédération générale du travail, Confédération française des travailleurs chrétiens, répandait un état d'esprit favorable à la résistance. Il en était de même de quelques groupements issus d'anciens partis, notamment des socialistes, des démocrates-populaires, de la Fédération républicaine[18]. Comme les Allemands n'occupaient pas la zone, c'est naturellement à Vichy que l'on faisait opposition, c'est avec sa police et ses tribunaux que l'on avait maille à partir. Les chefs, d'ailleurs, tout en préparant des forces qui pourraient être, le cas échéant, utilisées contre l'ennemi, songeaient à la prise du pouvoir et voyaient dans la résistance, non seulement un instrument de guerre, mais encore le moyen de remplacer le régime.

Le caractère politique des mouvements de la zone Sud contribuait, certes, à les rendre vivants et remuants, à attirer dans leurs rangs des éléments d'influence, à donner à leur propagande un tour de passion et d'actualité qui frappait l'esprit public. Mais, d'autre part, la bonne entente et, par suite, l'action commune des comités directeurs ne laissaient pas d'en souffrir. Il faut dire que la masse des adhérents et des sympathisants ne se préoccupait guère du programme que la Résistance devrait appliquer plus tard, ni des conditions dans lesquelles elle prendrait un jour le pouvoir, ni du choix de ceux qui auraient, alors, à gouverner[19]. Au sentiment général, il n'était que de combattre ou, tout au moins, de s'y préparer. Acquérir des armes, trouver des cachettes, étudier et, parfois, exécuter des coups de main, voilà ce dont il s'agissait ! Pour cela, il fallait s'organiser sur place entre gens de connaissance, trouver quelques moyens et garder ses affaires pour soi. Bref, si à l'intérieur des mouvements l'inspiration était relativement centralisée, l'action se répartissait, au contraire, en groupes séparés, dont chacun avait son chef à lui et opérait pour son propre compte et qui se disputaient entre eux des ressources terriblement limitées en fait d'armes et d'argent.

Dans la zone occupée, cette concurrence disparaissait devant le danger immédiat, mais la dispersion physique des gens et des efforts s'y imposait plus encore. Là, on était au contact direct et écrasant de l'ennemi. C'est à la Gestapo que l'on avait affaire. Pas moyen de se déplacer, de correspondre, d'élire domicile, sans traverser de rigoureux contrôles. Tout suspect allait en prison en attendant d'être déporté. Quant à la résistance active, c'était, sans rémission, à la torture et au poteau d'exécution qu'elle exposait les combattants. L'activité, dans ces conditions, s'éparpillait à l'extrême. Par contre, la présence des Allemands entretenait une ambiance qui poussait à la lutte et suscitait les complicités. Aussi, les mouvements dans cette zone revêtaient-ils un caractère tendu de guerre et de conjuration. L'« Organisation civile et militaire » fondée par le colonel Touny, « Ceux de la Libération » dont Ripoche était le chef, « Ceux de la Résistance » que recrutait Lecompte-Boinet, « Libération-Nord » qu'avait créée Cavaillès ; enfin, dans le Hainaut, en Flandre, dans le pays minier, « La Voix du Nord » dirigée par Houcke, rejetaient formellement toute tendance à la politique, ne se souciaient que du combat et essaimaient de petits groupes clandestins, isolés les uns des autres.

À la fin de 1941, les communistes entrèrent, à leur tour, en action. Jusqu'alors, leurs dirigeants avaient adopté à l'égard de l'occupant une attitude conciliante, invectivant, en revanche, contre le capitalisme anglo-saxon et le « gaullisme » son serviteur. Mais leur attitude changea soudain quand Hitler envahit la Russie et qu'eux-mêmes eurent trouvé le temps de gagner les refuges et d'installer les liaisons indispensables à la lutte clandestine. Ils y étaient, d'ailleurs, préparés par leur organisation en cellules, l'anonymat de leur hiérarchie, le dévouement de leurs cadres. À la guerre nationale, ils allaient donc participer avec courage et habileté, sensibles sans doute, surtout parmi les simples, à l'appel de la patrie, mais ne perdant jamais de vue, en tant qu'armée d'une révolution, l'objectif qui consistait à établir leur dictature à la faveur du drame de la France. Ils s'efforceraient donc sans relâche de garder leur liberté d'action. Mais aussi, utilisant les tendances des combattants qui, les leurs compris, ne voulaient qu'un seul combat, ils tenteraient obstinément de noyauter toute la Résistance afin d'en faire, si possible, l'instrument de leur ambition.

C'est ainsi qu'en zone occupée ils formaient le « Front national », groupement d'aspect purement patriotique, et les « Francs-Tireurs et Partisans », force qui ne semblait destinée qu'à la lutte contre les Allemands. C'est ainsi qu'ils y attiraient maints éléments non communistes mais qui, par là même, pourraient servir de couverture à leurs desseins. C'est ainsi qu'ils poussaient certains des leurs, camouflés, dans les organes de direction de tous les autres mouvements. C'est ainsi qu'ils devaient bientôt me proposer leur concours, tout en ne cessant jamais de déblatérer sourdement contre « le mythe de Gaulle ».

Et moi, je voulais qu'ils servent. Pour battre l'ennemi, il n'y avait pas de forces qui ne dussent être employées et j'estimais que les leurs pèseraient lourd dans la sorte de guerre qu'imposait l'occupation. Mais il faudrait qu'ils le fassent comme une partie dans un tout et, pour trancher le mot, sous ma coupe. Comptant ferme sur la puissance du sentiment national et sur le crédit que me faisait la masse, j'étais, d'emblée, décidé à leur assurer leur place dans la résistance française, voire, un jour, dans sa direction. Mais je l'étais tout autant à ne les laisser jamais gagner à la main, me dépasser, prendre la tête. La tragédie où se jouait le sort de la patrie offrait à ces Français, écartés de la nation par l'injustice qui les soulevait et l'erreur qui les dévoyait, l'occasion historique de rentrer dans l'unité nationale, fût-ce seulement pour le temps du combat. Cette occasion, je voulais faire en sorte qu'elle ne fût pas, à jamais, perdue. « Vive la France ! » auront donc, cette fois encore, crié, au moment de mourir, tous ceux qui, n'importe comment, n'importe où, auront donné leur vie pour elle. Dans le mouvement incessant du monde, toutes les doctrines, toutes les écoles, toutes les révoltes, n'ont qu'un temps. Le communisme passera. Mais la France ne passera pas. Je suis sûr que, dans son destin, comptera finalement pour beaucoup le fait qu'en dépit de tout elle n'aura été, lors de sa libération, instant fugitif mais décisif de son Histoire, qu'un seul peuple rassemblé.

Au mois d'octobre 1941, j'appris la présence à Lisbonne de Jean Moulin, arrivé de France et qui cherchait à venir à Londres. Je savais qui il était. Je savais, en particulier, que préfet d'Eure-et-Loir lors de l'entrée des Allemands à Chartres il s'était montré exemplaire de fermeté et de dignité, que l'ennemi, après l'avoir malmené, blessé, mis en prison, l'avait finalement libéré avec ses excuses et ses salutations, que Vichy, l'ayant remplacé dans son poste, le tenait, depuis, à l'écart. Je savais qu'il voulait servir. Je demandai donc aux services britanniques que cet homme de qualité fût dirigé sur l'Angleterre. Il me fallut attendre deux mois pour avoir satisfaction. L'« Intelligence », en effet, s'efforçait de s'attacher Moulin. Mais lui, inversement, réclamait de m'être envoyé. Grâce à une lettre pressante adressée à M. Eden, j'obtins que le loyal voyageur parvînt à sa destination. J'aurais, ensuite, autant de peine à assurer son retour en France[19].

Dans le courant de décembre, j'eus avec lui de longs entretiens. Jean Moulin, avant d'aller à Londres, avait pris de nombreux contacts avec chacun des mouvements de résistance et, d'autre part, sondé divers milieux politiques, économiques, administratifs. Il connaissait le terrain sur lequel, de prime abord, je projetais de l'engager. Il faisait des propositions nettes et formulait des demandes précises.

Cet homme, jeune encore, mais dont la carrière avait déjà formé l'expérience, était pétri de la même pâte que les meilleurs de mes compagnons. Rempli, jusqu'aux bords de l'âme, de la passion de la France, convaincu que le « gaullisme » devait être, non seulement l'instrument du combat, mais encore le moteur de toute une rénovation, pénétré du sentiment que l'État s'incorporait à la France Libre, il aspirait aux grandes entreprises. Mais aussi, plein de jugement, voyant choses et gens comme ils étaient, c'est à pas comptés qu'il marcherait sur une route minée par les pièges des adversaires et encombrée des obstacles élevés par les amis. Homme de foi et de calcul, ne doutant de rien et se défiant de tout, apôtre en même temps que ministre, Moulin devait, en dix-huit mois, accomplir une tâche capitale. La résistance dans la Métropole, où ne se dessinait encore qu'une unité symbolique, il allait l'amener à l'unité pratique. Ensuite, trahi, fait prisonnier, affreusement torturé par un ennemi sans honneur, Jean Moulin mourrait pour la France, comme tant de bons soldats qui, sous le soleil ou dans l'ombre, sacrifièrent un long soir vide pour mieux « remplir leur matin[20] ».

Nous avions convenu qu'il agirait, d'abord, sur les mouvements de la zone Sud, pour les déterminer à former, sous sa présidence, un organisme commun qui serait directement lié au Comité national, affirmerait l'union, donnerait des mots d'ordre et réglerait les litiges internes. Cela fait, il aborderait la zone Nord et tâcherait d'instituer, pour l'ensemble du territoire, un conseil de toute la résistance rattaché à la France Combattante. Mais, dès lors qu'il s'agissait de coiffer par un seul organisme tout ce qui, dans la Métropole, participait à la lutte, deux questions étaient posées : celle des partis politiques et celle des forces militaires de l'intérieur.

Étant donné le caractère de représentation, et non point de direction, que je voulais voir prendre à ce futur conseil et qu'il prendrait, en effet, je ne comptais pas en exclure les partis. Qu'il y en eût, c'était inévitable. À mon sens, d'ailleurs, nos malheurs étaient venus, non de leur existence, mais du fait qu'à la faveur d'institutions de décadence ils s'étaient abusivement approprié les pouvoirs publics. Aussi, tout en leur réservant leur place, n'entendais-je pas qu'à présent ils s'emparassent de la Résistance. Celle-ci, au demeurant, ne procédait aucunement de leur esprit, ni de leur action, puisque tous, sans exception[21], avaient défailli au moment décisif. Mais, foudroyés hier par le désastre, ils commençaient maintenant à se ressaisir. Certains° de leurs éléments, tout en adhérant aux mouvements de résistance, se regroupaient, d'autre part, dans les cadres d'autrefois.

Il est vrai que, n'ayant plus de clientèle à flatter, de combinaisons à pratiquer, de portefeuilles à marchander, ils croyaient et donnaient à croire qu'ils retournaient aux nobles sources d'où ils étaient originaires : volonté de justice sociale, culte des traditions nationales, esprit de laïcité, flamme chrétienne[22]. Leurs organisations respectives, profondément épurées, ne voulaient rien, semblait-il, qu'apporter à la lutte une contribution immédiate en mobilisant telle ou telle tendance de l'opinion. Celle-ci, d'ailleurs, redevenait quelque peu sensible au savoir-faire de ces groupes familiers, d'autant plus qu'ils reniaient leurs erreurs. Enfin, les Alliés ne laissaient pas d'être attentifs à l'attitude des hommes des partis. Pour construire l'unité française, il y avait là des faits que je ne pouvais méconnaître. Je donnai donc à Moulin l'instruction d'introduire, le jour venu, dans le conseil à former, les délégués des partis à côté de ceux des mouvements.

Si je comptais ainsi voir s'établir quelque unité dans l'action politique en France, je voulais qu'il en fût de même de l'action militaire. À cet égard, la première difficulté venait des mouvements eux-mêmes qui, ayant recruté des groupes de combat, prétendaient les garder en propre. Au surplus, sauf en quelques régions montagneuses ou très couvertes, ces groupes ne pouvaient exister que par petites bandes. Il en était ainsi, notamment, des maquis, formés surtout de réfractaires[23], qui devaient sans cesse tenir la campagne. La seule forme de guerre à en attendre était donc la guérilla. Mais celle-ci pouvait avoir une grande efficacité si ses actions de détail faisaient partie d'un tout concerté. Laissant les fractions diverses opérer d'une manière autonome, le problème consistait donc à les relier entre elles par une armature, souple mais effective, qui me serait directement rattachée. Ainsi serait-il possible de leur fixer, sous forme de plans établis d'accord avec le commandement allié, des ensembles d'objectifs sur lesquels elles agiraient à mesure des circonstances et, notamment, quand viendrait, enfin ! le débarquement des armées. Je chargeai Moulin d'amener les mouvements à cette élémentaire cohésion de leurs éléments militaires. Il me faudrait, cependant, attendre plusieurs mois pour pouvoir créer, dans la personne du général Delestraint, un commandement de l'armée secrète.

Jean Moulin fut parachuté dans le Midi, au cours de la nuit du 1er janvier. Il emportait mon ordre de mission[24] l'instituant comme mon délégué pour la zone non occupée de la France métropolitaine et le chargeant d'y assurer l'unité d'action des éléments de résistance. De ce fait, son autorité ne serait pas, en principe, contestée. Mais il aurait à l'exercer et moi j'aurais à la soutenir. Aussi était-il entendu que c'est lui qui serait, en France, le centre de nos communications, d'abord avec la zone Sud et, dès que possible, avec la zone Nord ; qu'il aurait sous sa coupe les moyens de transmissions ; que nos chargés de mission lui seraient rattachés ; qu'il serait tenu au courant des mouvements de personnel, de matériel, de courrier, effectués pour notre compte d'Angleterre en France et réciproquement ; enfin, qu'il recevrait et distribuerait les fonds que nous adressions à différents organismes opérant dans la Métropole. Ainsi pourvu d'attributions, Moulin se mit à l'ouvrage.

Sous son impulsion, qu'appuyait la pression de la base, les dirigeants des mouvements en zone Sud formèrent bientôt entre eux une sorte de conseil dont le délégué du Comité national assumait la présidence. En mars, ils publièrent sous le titre : *Un seul combat ; un seul chef,* une déclaration commune[25] s'engageant à l'unité d'action et proclamant qu'ils menaient la lutte sous l'autorité du général de Gaulle. L'ordre commençait à régner dans les diverses activités. Au point de vue paramilitaire, on préparait la fusion. En même temps, Moulin, aidé par nous, dotait sa délégation de services centralisés.

C'est ainsi que celui des « opérations aériennes et maritimes » recevait directement du colonel Dewavrin les instructions relatives aux allées et venues des avions et des bateaux. Chaque mois, pendant les nuits de lune, des Lysanders ou des bombardiers, amenés par des pilotes, — tels Laurent et Livry-Level, — spécialisés dans ces audacieuses performances, se posaient sur les terrains choisis. Des hommes qui, chaque fois, jouaient leur vie, assuraient la signalisation, la réception ou l'embarquement des voyageurs et du matériel, la protection de tout et de tous. Souvent, c'étaient les « containers », parachutés en des points fixés, qu'il s'agissait de recueillir, d'abriter, de répartir. Le « service radio », auquel Julitte avait donné sur place un début d'organisation, fonctionnait également sous la coupe du délégué, passant à Londres et en recevant chaque mois des centaines et plus tard des milliers de télégrammes, déplaçant sans cesse ses postes repérés par les appareils de détection de l'ennemi et comblant à mesure les lourdes pertes qu'il subissait. Moulin avait créé, aussi, le « Bureau d'information et de presse », dirigé par Georges Bidault, qui nous tenait au courant de l'état des esprits, notamment dans les milieux de la pensée, de l'action sociale et de la politique. Le « Comité général des études », rattaché au délégué et où travaillaient Bastid, Lacoste, de Menthon, Parodi, Teitgen, Courtin, Debré, élaborait des projets pour l'avenir. Bloch-Lainé dirigeait, pour le compte de la délégation, les opérations financières et encaissait les fonds reçus de Londres. Ainsi Moulin, tenant en main les organes essentiels, faisait-il pratiquement sentir l'action de notre gouvernement. Dès les premiers mois de 1942, des témoins, arrivant de France, nous en fournissaient les preuves.

Tel Rémy[26]. Il revint de Paris, par une nuit de février,

apportant à nos services des liasses de documents et, à ma femme, une azalée en pot qu'il avait achetée rue Royale. Son réseau « Confrérie Notre-Dame » était en plein fonctionnement. Par exemple, aucun bateau allemand de surface n'abordait, ni ne quittait Brest, Lorient, Nantes, Rochefort, La Rochelle, Bordeaux, sans que Londres en fût prévenu par télégramme. Aucun ouvrage n'était construit par l'ennemi sur la côte de la Manche ou de l'Atlantique, en particulier dans les bases sous-marines, sans que l'emplacement et le plan en fussent connus, aussitôt, de nous. Rémy, en outre, avait méthodiquement organisé des contacts, soit avec d'autres réseaux, soit avec les mouvements de la zone occupée, soit avec les communistes. Ceux-ci, l'abordant peu avant son départ, l'avaient chargé de me dire qu'ils étaient prêts à se placer sous mes ordres et à envoyer un mandataire à Londres pour s'y tenir à ma disposition.

En mars, Pineau[27], l'un des dirigeants de « Libération-Nord » et homme de confiance des syndicalistes, venait, pour trois mois, travailler très utilement avec nous. En avril, arrivait Emmanuel d'Astier, tout armé de projets et aussi de calculs et dont je crus bon qu'avant de regagner la France il allât porter aux États-Unis quelques précisions directes au sujet de la Résistance. Brossolette nous rejoignait ensuite, prodigue d'idées, s'élevant aux plus hauts plans de la pensée politique, mesurant dans ses profondeurs l'abîme où haletait la France et n'attendant le relèvement que du « gaullisme » qu'il bâtissait en doctrine. Il allait largement inspirer notre action à l'intérieur. Puis un jour, au cours d'une mission, tombé aux mains de l'ennemi, il se jetterait lui-même dans la mort pour ne pas risquer de faiblir. Roques était venu, lui aussi, porteur des messages d'un certain nombre de parlementaires. Il serait, plus tard, arrêté et abattu. Paul Simon débarquait à son tour, envoyé de zone occupée par l'« Organisation civile et militaire » pour établir la liaison. Simon, mettant au jeu son ardente raison et sa résolution froide, devait rendre des services signalés. Il serait tué à l'ennemi à la veille de la Libération. Enfin, Philip, Charles Vallin, Viénot, Daniel Mayer[28], d'autres encore, demandaient à partir pour Londres.

Mes entretiens avec ces hommes, jeunes pour la plupart, tout bouillants d'ardeur et tendus dans leur combat et dans leur ambition, contribuaient à me démontrer à quel point était ébranlé, dans l'esprit du peuple français, le régime sous lequel il vivait au moment de son désastre. La Résistance n'était pas seulement le sursaut de notre défense réduite à l'extrémité. Elle soulevait aussi l'espoir du renouveau. Pourvu qu'après la victoire elle ne se dispersât pas, on pouvait espérer qu'elle servirait de levier à un profond changement de système et à un vaste effort national. En voyant passer devant moi ses chefs venus à mon appel, je pensais que, peut-être, ceux d'entre eux qui survivraient formeraient autour de moi l'équipe dirigeante d'une grande œuvre humaine et française. Mais ce serait à la condition, qu'une fois le péril passé, ils acceptent encore cette discipline des esprits et des prétentions sans laquelle rien ne vaut rien et qui les avait, pour une fois ! rassemblés.

Le moment, en tout cas, était venu pour moi de proclamer, d'accord avec la Résistance tout entière et en son nom, le but que nous voulions atteindre. Ce but, c'était la libération au sens complet du terme, c'est-à-dire celle de l'homme aussi bien que de la patrie. Je le fis sous la forme d'un manifeste[29] adopté en Comité national après avoir pris, en France, l'avis des mouvements et celui de la délégation. J'y déclarais que la liberté, la dignité, la sécurité, que nous avions résolu d'assurer à la France dans le monde par l'écrasement de l'ennemi, nous entendions faire en sorte que chaque homme et chaque femme de chez nous puissent les obtenir dans leur vie par le changement du mauvais régime qui les avait refusées à beaucoup. « Ce régime moral, social, politique, économique, qui avait abdiqué dans la défaite », je le condamnais donc en même temps que « celui qui était sorti d'une criminelle capitulation ». Et j'affirmais : « Tandis que le peuple français s'unit pour la victoire, il s'assemble pour une révolution. » Le manifeste fut publié, le 23 juin 1942, dans tous les journaux clandestins des deux zones, ainsi qu'à la radio de Brazzaville, de Beyrouth et de Londres.

Ce sont, surtout, ces conditions de l'action dans la Métropole qui m'imposèrent, au cours de cette période, de maintenir à Londres le siège du Comité national. Pourtant, l'idée me vint souvent de l'établir en territoire français, par exemple à Brazzaville. Il en était ainsi, notamment, chaque fois qu'une crise survenait dans nos rapports avec l'Angleterre. Mais je devais alors me répondre à moi-même : « Comment, du fond de l'Afrique, communiquer avec la patrie, me faire entendre d'elle, agir sur la Résistance ? Au contraire, en Grande-Bretagne se trouvent les moyens voulus de liaison et d'information. D'autre part, l'effort diplomatique auprès des gouvernements alliés implique des relations, une ambiance, que nous offre la capitale anglaise et qui, bien évidemment, nous manqueraient au bord du Congo. Enfin, je dois garder le contact avec celles de nos forces qui ne peuvent avoir leurs bases que dans les îles Britanniques. »

Après mon retour d'Orient, je fixai donc ma résidence à Londres. J'allais y demeurer dix mois.

Je revois ma vie, en ce temps. On peut croire qu'elle est remplie. Pour simplifier, j'habite l'hôtel Connaught. J'ai, en outre, loué, d'abord à Ellesmere dans le Shropshire, ensuite à Berkhamsted près de la capitale, une maison de campagne où je passe les week-ends auprès de ma femme et de notre fille Anne. Par la suite, nous nous installerons à Londres dans le quartier de Hampstead. Philippe, après son passage à l'École navale, navigue et combat sur l'Atlantique à bord de la corvette *Roselys*, puis, sur la Manche, comme second de la vedette lance-torpilles 96. Élisabeth, pensionnaire chez les dames de Sion, s'apprête à suivre les cours d'Oxford. Autour de nous, la population observe une sympathique discrétion. Autant sont vives les manifestations quand je parais officiellement en public, autant est gentiment réservée l'attitude des Anglais quand ils me voient, avec les miens, suivre une rue, faire le tour d'un parc, entrer dans un cinéma. Ainsi puis-je, à mon profit, vérifier que, dans ce grand peuple, chacun respecte la liberté des autres.

Le plus souvent, ma journée se passe à Carlton Gardens. C'est là que François Coulet, devenu chef de cabinet depuis que Courcel est parti commander en Libye un escadron d'automitrailleuses, et Billotte, chef de mon état-major, à la tête duquel il a succédé à Petit maintenant en mission à Moscou, et à Ortoli qui commande le *Triomphant*, me présentent comptes rendus, lettres et télégrammes. C'est là que Soustelle me fait le tableau des informations du jour, que Passy-Dewavrin m'apporte les rapports de France, que Schumann prend mes directives pour ce qu'il va dire au micro. C'est là que je règle les affaires avec les commissaires nationaux et les chefs de service, que je reçois les visiteurs ou les personnes convoquées, que je donne ordres et instructions, que je signe les décrets. Souvent le déjeuner, parfois le dîner, me réunissent à des personnalités alliées ou bien à des Français avec qui je désire converser. Quant au grand travail qu'est, pour moi, la rédaction de mes allocutions[30], je le fais chez moi, le soir ou le dimanche. En tout cas, je m'efforce de ne pas contrarier le fonctionnement des services par un emploi du temps mal réglé. En principe, à Carlton Gardens, on ne travaille pas la nuit, excepté au bureau du chiffre.

J'ai, d'ailleurs, à faire au-dehors maintes visites. Indépendamment d'entretiens avec des ministres britanniques, de conférences d'état-major, de cérémonies auxquelles m'invite le gouvernement anglais ou tel autre de nos alliés, je me rends, à l'occasion, dans l'un des centres de la vie française à Londres. L'Institut français, rallié littéralement dès la première minute dans la personne de son directeur le professeur Saurat, procure à nos compatriotes de précieux moyens d'enseignement et un actif milieu intellectuel. L'Alliance française continue son œuvre sous l'impulsion de Thémoin et de Mlle Salmon. La Maison de l'Institut de France, jusqu'au soir où elle sera écrasée par les bombes avec son administrateur Robert Cru, tire de sa bibliothèque la documentation dont nos services ont besoin. Les Amis des volontaires français, groupement dirigé par Lord Tyrrell, Lord de la Warr, Lord Ivor Churchill, formé surtout de Britanniques, en Écosse le Comité de coordination de la France Combattante, sous l'amicale présidence de Lord Inverclyde, prodiguent à nos combattants une aide aussi intelligente que généreuse. La Chambre de commerce française joue son rôle dans les échanges entre la Grande-Bretagne et les territoires ralliés. Le Centre d'accueil de la France Libre reçoit ceux qui viennent de France. L'« Hôpital français » soigne bon nombre de nos blessés. En m'associant à ces diverses institutions, je vise à resserrer en Angleterre, comme je tâche de le faire ailleurs, la solidarité nationale.

L'Association des Français de Grande-Bretagne m'y aide activement. C'est par elle, en particulier, que sont organisées quelques grandes réunions où affluent civils et militaires et qui permettent, à moi-même de rencontrer la foule française, aux assistants de manifester et d'exalter leurs convictions, à la Métropole de nous entendre grâce à la radio qui retransmet les discours et les mouvements de la salle. Déjà, le 1er mars 1941, au Kingsway Hall, devant des milliers d'auditeurs, j'ai défini notre mission et affirmé nos espérances.

Le 15 novembre, au milieu de l'assemblée qui remplit le vaste vaisseau de l'Albert Hall, je formule solennellement les trois articles de notre politique[31].

« L'article 1er, dis-je, consiste à faire la guerre, c'est-à-dire à donner la plus grande extension et la plus grande puissance possibles à l'effort français dans le conflit... Mais cet effort, nous ne le faisons qu'à l'appel et au service de la France. » Puis, condamnant à la fois le régime d'avant-guerre et celui de Vichy, je déclare : « Nous tenons pour nécessaire qu'une vague grondante et salubre se lève du fond de la nation et balaie les causes du désastre pêle-mêle avec l'échafaudage bâti sur la capitulation. C'est pourquoi, l'article 2 de notre politique est de rendre la parole au peuple dès que les événements lui permettront de faire connaître librement ce qu'il veut et ce qu'il ne veut pas. » Enfin, par l'article 3, je trace les bases que nous souhaitons donner aux institutions renouvelées de la France : « Ces bases, dis-je, elles sont définies par les trois devises des Français Libres. Nous disons : " Honneur et Patrie ", entendant par là que la nation ne pourra revivre que par la victoire et subsister que dans le culte de sa propre grandeur. Nous disons : " Liberté, Égalité, Fraternité ", parce que notre volonté est de rester fidèles aux principes démocratiques. Nous disons : " Libération ", car si notre effort ne saurait se terminer avant la défaite de l'ennemi, il doit avoir comme aboutissement, pour chacun des Français, une condition telle qu'il lui soit possible de vivre et de travailler dans la dignité et la sécurité. »

L'assistance, alors, par le spectacle de son émotion et l'ouragan de ses clameurs fournit une démonstration qui retentit loin au-delà de l'enceinte de l'Albert Hall.

De telles réunions sont rares. Au contraire, c'est fréquemment que je vais voir nos volontaires sous l'appareil d'une inspection militaire. Nos forces, terrestres, navales, aériennes, pour réduites et dispersées qu'elles soient et bien que nous ne puissions les faire que de pièces et de morceaux, forment maintenant un tout cohérent qui ne cesse de se consolider. Le plan d'organisation[32], que j'ai fixé pour 1942 aux commissaires à la Guerre, à la Marine et à l'Air, s'exécute comme prévu. Je m'en assure en visitant les unités basées en Grande-Bretagne. Alors, les hommes, voyant de près celui qu'ils appellent « le grand Charles », lui offrent par leurs regards, leur attitude, leur ardeur dans la manœuvre, l'hommage d'un attachement qui ne composera jamais.

Pour notre petite armée, qui combat en Afrique et en Orient, seuls se trouvent sur le sol anglais des centres de formation. Mais ceux-ci instruisent une grande partie des cadres. Au camp de Camberley, le colonel Renouard me présente le bataillon de chasseurs, le groupe d'artillerie, l'escadron de blindés, le détachement du génie, l'unité de transmissions, d'où sortent, tous les six mois, gradés et spécialistes. Je passe au parc d'artillerie qui, sous les ordres du commandant Boutet, met en état le matériel français apporté, naguère, en Grande-Bretagne par les services de base de l'expédition de Norvège ou par les navires de guerre venus de France lors de l'invasion. Armes, munitions, véhicules, sont expédiés pour l'équipement des nouvelles formations, concurremment avec le matériel fourni, soit par les Anglais aux termes de l'accord du 7 août 1940, soit par les Américains au titre du « Lease and lend[33] ». Les négociations et les mesures d'exécution qu'exige cette tâche capitale, incombent au Service de l'armement. Il s'en acquitte, sous la direction du colonel Morin, jusqu'au jour où cet excellent officier sera abattu en avion au cours d'une mission lointaine. Le commandant Hirsch lui succédera. À Londres même, je salue parfois la Compagnie des volontaires françaises, qui a pour capitaine Mlle Terré après Mme Mathieu et qui forme de méritantes jeunes filles aux emplois de conductrices, infirmières, secrétaires. De temps en temps, je rends visite, à Malvern, puis à Ribbersford, aux « Cadets de la France Libre ». En 1940, j'ai créé leur école, destinée aux étudiants et collégiens passés en Angleterre. Bientôt, nous en avons fait une pépinière d'aspirants. Le commandant Baudoin dirige l'École des cadets. Il en sortira cinq promotions, soit, au total, deux cent onze chefs de section ou de peloton ; cinquante-deux seront tués à l'ennemi. Rien ne réconforte autant le chef des Français Libres que le contact de cette jeunesse, fleuron d'espoir ajouté à la gloire obscurcie de la France.

Tandis que les unités des forces terrestres stationnées en Grande-Bretagne font l'instruction d'éléments destinés à combattre ailleurs, c'est à partir des ports anglais que la plupart de nos forces navales prennent part, sur l'Atlantique, la Manche, la mer du Nord, l'Arctique, à la bataille des communications. Pour le faire, tout nous commande de profiter des bases alliées. Nous n'avons, en effet, nulle part, aucun moyen qui nous soit propre de réparer, d'entretenir, de ravitailler nos navires. À fortiori, ne pouvons-nous pas les doter des moyens nouveaux : défense contre avions, asdic[34], radar, etc. qu'exige l'évolution de la lutte. Enfin, sur le vaste théâtre d'opérations maritimes dont l'Angleterre est le centre, il faut l'unité technique et tactique des efforts.

C'est pourquoi, si les navires que nous armons nous appartiennent entièrement, quelle que soit leur origine, s'ils n'ont de pavillon que le tricolore, s'il n'y a, pour les états-majors et pour les équipages, d'autre discipline que française, s'ils n'exécutent de missions que par ordre de leurs chefs, bref si notre marine demeure purement nationale, nous avons admis, qu'à moins d'épisodes qui nous amènent à l'utiliser directement, elle fait partie, pour l'emploi, de l'ensemble de l'action navale menée par les Britanniques. Elle s'y trouve, au demeurant, dans un système admirable de capacité, de discipline, d'activité, qui réagit sur sa propre valeur. Les Anglais, de leur côté, apprécient fort ce concours, prêtent aux forces navales françaises libres un large appui matériel. Leurs arsenaux, leurs services, s'ingénient à mettre en état et à pourvoir nos navires, en dépit des différences des types et de l'armement. Les matériels nouveaux qu'utilise la marine britannique sont fournis sans retard à la nôtre. Des bateaux neufs ; corvettes et vedettes, plus tard frégates, destroyers, sous-marins, nous sont offerts sitôt construits. Si notre petite flotte réussit à jouer un rôle et à soutenir sur les mers l'honneur des armes de la France, c'est grâce à l'aide alliée comme aux mérites de nos marins.

Je le constate chaque fois que je vais voir quelqu'une de ses fractions à Greenock, Portsmouth, Cowes, Dartmouth. Étant donné le caractère de la lutte, étant donné aussi l'effectif réduit dont nous disposons, nous n'armons que de petits bâtiments. Mais, à bord de ceux de la France Libre, on pousse l'effort jusqu'à la limite du possible.

Ce sont, naturellement, des navires venus de France que nous avons armés d'abord. Au printemps de 1942, de nos cinq premiers sous-marins, il reste : *Rubis*, *Minerve* et *Junon*, qui, dans les eaux norvégiennes, danoises, françaises, attaquent des navires, posent des mines, débarquent des commandos ; *Narval* a disparu près de Malte en décembre 1940 ; *Surcouf* a sombré corps et biens en février 1942. Les contre-torpilleurs *Triomphant* et *Léopard*, les torpilleurs *Melpomène* et *Bouclier* ont, pendant des mois, escorté des convois dans l'océan et dans la Manche. Puis, *Triomphant* est parti pour le Pacifique. *Léopard* a gagné l'Afrique du Sud ; plus tard, il assurera le ralliement de la Réunion ; finalement, il fera naufrage devant Tobrouk. *Melpomène* est passé en mer du Nord. *Bouclier* est devenu un de nos navires-écoles. Parmi nos cinq avisos, trois : *Savorgnan-de-Brazza*, *Commandant-Duboc*, *Commandant-Dominé*, croisent sur les côtes d'Afrique ; *Moqueuse* aide à la protection des cargos en mer d'Irlande ; *Chevreuil*, en Océanie, patrouille au large de Nouméa et rallie à la France Libre, le 27 mai 1942, les îles Wallis-et-Futuna. Deux dragueurs de mines : *Congre* et *Lucienne-Jeanne* font leur dur métier à l'entrée des ports de Grande-Bretagne. Dix chasseurs de sous-marins ont pris part à la couverture des cargos alliés entre la Cornouaille et le Pas-de-Calais. Ils ne sont plus que huit, car deux se trouvent maintenant par le fond. Six chalutiers patrouilleurs furent mis en service : *Poulmic*, coulé devant Plymouth en novembre 1940 ; *Viking*, coulé au large de la Tripolitaine en avril 1942 ; *Vaillant*, *Président-Honduce*, *Reine-des-Flots*, qui continuent à « briquer » les mers ; *Léonille*, utilisé comme dépôt pour la marine marchande. Le croiseur auxiliaire *Cap-des-Palmes* fait la navette entre Sydney et Nouméa. Quatre bâtiments-bases : *Ouragan*, *Amiens*, *Arras*, *Diligente*, complètent l'« unité marine » de Greenock et le dépôt des équipages *Bir-Hakeim* de Portsmouth où sont instruits nos marins. Le vieux cuirassé *Courbet* est un centre de passage pour les recrues, un groupe d'ateliers, un dépôt de munitions et d'approvisionnements ; ancré en rade de Portsmouth, il appuie de son artillerie la défense du grand port.

Nombre d'autres bâtiments, ceux-là fournis par les Anglais, font partie de notre petite flotte. Ce sont, d'abord, des corvettes, construites depuis le début de la guerre pour la protection des convois et qui tiennent la mer sans relâche entre l'Angleterre, l'Islande, Terre-Neuve et le Canada. Neuf nous ont été remises : *Alysse* coulée en combattant en mars 1942, *Mimosa* coulée trois mois plus tard avec, à son bord, le capitaine de frégate Birot commandant la petite division ; *Aconit*, *Lobelia*, *Roselys*, *Renoncule*, *Commandant-d'Estienne d'Orves*, *Commandant-Drogou*, *Commandant-Détroyat*. Ce sont aussi les huit vedettes lance-torpilles de la 28e flottille, sillonnant la Manche à grande vitesse pour attaquer les cargos ennemis qui, la nuit, longent la côte de France et les navires de guerre qui les escortent. Ce sont, encore, huit « motor-launches » constituant la 20e flottille et qui secondent, dans la Manche, nos chasseurs de construction française. Nous nous préparons d'ailleurs, à assurer l'armement de bâtiments tout nouveaux. Parmi les frégates qui commencent à sortir des arsenaux britanniques, plusieurs, à peine à flot, nous sont offertes par nos alliés. Nous en avons retenu quatre : la *Découverte*, l'*Aventure*, la *Surprise*, la *Croix-de-Lorraine*. Nous nous sommes réservé, aussi, le torpilleur la *Combattante*, les sous-marins *Curie* et *Doris*, dont la construction s'achève. Nous en voudrions bien d'autres, qui augmenteraient le total des submersibles, des cargos, des escorteurs ennemis, que nos navires réussissent à couler, des avions qu'ils parviennent à descendre. Mais c'est le défaut de personnel, non, certes, le manque de bateaux, qui limite notre volume et notre rôle.

En juin 1942, sept cents marins de la France Libre sont morts, déjà, pour la France. Nos forces navales comptent 3 600 marins embarqués. Il s'ajoute le bataillon de fusiliers que commande Amyot d'Inville depuis que Détroyat est mort au champ d'honneur. Il s'y ajoute, également, des isolés de l'aéronautique navale qui, faute d'être en mesure de former une unité, servent dans l'aviation. Il s'y ajoute, enfin, le « commando » qui s'instruit en Grande-Bretagne sous les ordres du lieutenant de vaisseau Kieffer. Au mois de mai, j'ai réglé, avec l'amiral Lord Mountbatten qui est chargé chez les Anglais des « opérations combinées », les conditions de l'emploi de cette troupe très résolue. Ainsi va-t-elle bientôt participer aux coups de main exécutés sur la côte française.

Ces effectifs ont, pour la moitié, été recrutés parmi les éléments de la marine qui, en 1940, se trouvaient en Angleterre. Au Gabon, au Levant, certains nous ont ralliés après avoir combattus. Il en fut de même de l'équipage du sous-marin *Ajax* coulé devant Dakar, du sous-marin *Poncelet* sabordé devant Port-Gentil, de l'aviso *Bougainville* que nous avons dû mettre hors de cause en rade de Libreville. Quelques éléments d'active nous rejoignent de temps en temps, à partir de la Métropole, de l'Afrique du Nord, d'Alexandrie, des Antilles, d'Extrême-Orient. La marine engage tout ce qu'elle peut de jeunes Français en Angleterre, en Amérique, au Levant, en Égypte, à Saint-Pierre. Enfin, les navires marchands fournissent aux forces navales une large part de leur personnel.

Pour le commissariat à la Marine le plus difficile problème est de constituer les états-majors des navires. On doit les composer d'éléments très divers, sinon disparates, en bousculant les règles des spécialités. Nous avons peu d'officiers de l'active. Aussi en formons-nous de jeunes. Sous la direction des capitaines de frégate Wietzel et Gayral, commandants successifs de la « division des écoles », l'École navale de la France Libre fonctionne activement à bord du *Président-Théodore-Tissier* et des goélettes *Étoile* et *Belle-Poule*. En quatre promotions, il en sortira quatre-vingts aspirants qui offriront à la Marine française leur vocation trempée, dès le départ, par le chagrin, le combat, l'espérance. D'autre part, les officiers de réserve, que nous trouvons à bord des bateaux de commerce ou parmi le personnel du canal de Suez, forment une large part des cadres de nos forces navales. Deux cents aspirants, recrutés de cette manière, auront, à bord des frégates, corvettes, chasseurs, vedettes, chalutiers, été de quart, au total, pendant plus d'un million d'heures.

Malgré ces prélèvements, la fraction de la flotte marchande française qui sert dans le camp des Alliés, prête à leurs convois une contribution appréciable. Sur les 2 700 000 tonnes, — soit six cent soixante paquebots et cargos, — que possédait la France au début du conflit, 700 000 tonnes, en cent soixante-dix navires, auront, après les « armistices », poursuivi l'effort de guerre. Notre service de la marine marchande, dirigé par Malglaive et Bingen, plus tard par Smeyers et Andus-Farize, assure l'armement, par des équipages français, du plus grand nombre possible de bateaux. En outre, ils interviennent dans l'emploi des autres navires dont les Britanniques se chargent ; l'Union Jack flottant, alors, à côté du tricolore à la poupe ou au haut du mât de nos vaisseaux exilés. Cependant, soixante-sept bateaux marchands, totalisant 200 000 tonnes, ont été armés par nous. Vingt sont ou seront perdus ; 580 officiers et 4 300 marins auront assuré le service. Au printemps de 1942, déjà plus d'un quart a péri en mer.

Les paquebots transportent des troupes. C'est ainsi que l'*Île-de-France*, le *Félix-Roussel*, le *Président-Paul-Doumer*, amènent en Orient les renforts britanniques venant d'Australie ou des Indes. Les cargos, portant, là où il faut, les matières premières, les armes, les munitions, naviguent d'ordinaire dans les convois. Quelquefois, l'un d'eux doit traverser seul l'océan. Dans la marine marchande, on n'arrive au port que pour en repartir. Encore, est-on bombardé pendant les escales. Au large, le service à bord est épuisant autant que dangereux. Il faut veiller nuit et jour, observer de rigoureuses consignes, courir sans cesse aux postes d'alerte. Souvent, on doit combattre, tirer le canon, manœuvrer en catastrophe pour éviter la torpille ou la bombe. Il arrive que le bateau coule et qu'on se trouve soi-même barbotant dans l'eau huileuse et glacée où, tout autour, se noient les camarades. Il arrive aussi qu'on ait la joie terrible d'assister à la chute du bombardier ou de contempler la nappe de mazout sous laquelle sombre le submersible ennemi. Il arrive même qu'on en soit cause, tout cargo que l'on soit, comme le *Fort-Binger*, qui, en mai 1942, au large de Terre-Neuve, envoie par le fond un sous-marin allemand.

Un jour, à Liverpool, l'amiral Sir Percy Noble, qui dirige, de ce poste, la navigation et le combat dans tout l'espace atlantique, me conduit à la salle des opérations installée sous terre dans le béton. Sur les murs, de grandes cartes marines indiquent la situation, heure par heure mise au point, de tous les convois alliés, de tous les navires de guerre, de tous les avions en mission, ainsi que la position repérée ou supposée des submersibles, des avions, des raiders allemands. Un central téléphonique, relié aux lignes extérieures, aux postes radio, aux bureaux du chiffre, et servi par de tranquilles équipes féminines : standardistes, sténos, plantons, transmet en bruissant à peine les ordres, messages, renseignements, lancés par le commandement vers les lointains de la mer ou qui lui en sont parvenus. Le tout s'inscrit à mesure sur des tableaux lumineux. L'immense bataille des communications est ainsi, à chaque instant, dessinée et formulée dans toutes ses péripéties.

Après avoir considéré l'ensemble, je regarde sur les cartes où sont les nôtres. Je les vois aux bons endroits, c'est-à-dire aux plus méritoires. Le salut du chef de la France Libre va, par les ondes, les y rejoindre. Mais ensuite, mesurant combien est numériquement petite la part qu'ils représentent et qui, de ce fait, s'absorbe dans un système étranger, imaginant là-bas, à Toulon, Casablanca, Alexandrie, Fort-de-France, Dakar, les navires perdus dans l'inaction, évoquant l'occasion historique que cette guerre offrait à la vocation maritime de la France, je me sens inondé de tristesse. C'est d'un pas lourd que je remonte l'escalier de l'abri souterrain.

Un sentiment analogue se mêle à ma fierté quand je prends contact avec nos aviateurs sur l'une ou l'autre des bases britanniques. En voyant ce qu'ils valent et, d'autre part, en songeant à tout ce qu'aurait pu faire, à partir de notre Afrique du Nord, du Levant ou de l'Angleterre, l'armée de l'air française pour peu qu'on l'eût laissée combattre, j'ai l'impression d'une grande chance nationale gaspillée. Mais je ne m'en applique que mieux à faire en sorte que l'effort de ceux qui ont pu me rejoindre soit porté au compte de la France. Si j'ai, naturellement, admis que, dans nos forces, tout ce qui vole à partir des bases de Grande-Bretagne sur des avions fournis par les Anglais doit faire partie du système aérien britannique, j'ai voulu que nos combattants de l'air constituent, eux aussi, un élément national.

Cela n'a pas été sans peine. Au début, nos alliés ne se souciaient guère d'une aviation française libre. Allant au plus pratique et au plus pressé, ils accueillaient dans leurs unités quelques-uns de nos pilotes. Mais ils ne nous offraient rien que d'incorporer dans la Royal Air Force nos volontaires de l'aviation. Je n'y pouvais consentir. Aussi, la destination des nôtres était-elle, pendant près d'un an, restée indéterminée. Certains, groupés en escadrilles françaises de fortune, avaient pu participer aux combats aériens d'Érythrée et de Libye. D'autres, provisoirement adoptés par des « squadrons » anglais, prenaient part à la bataille d'Angleterre. Mais la plupart, faute de matériel, d'organisation, d'entraînement, se morfondaient en marge des bases de Grande-Bretagne ou d'Égypte.

Le problème, cependant, recevait, à son tour, une solution. Au printemps de 1941, je pus régler les questions de principe avec Sir Archibald Sinclair, ministre de l'Air britannique. Compréhensif et généreux, celui-ci voulut bien reconnaître que l'existence d'une force aérienne française ne serait pas sans intérêt. Il accepta, comme je le demandais, que nous constituions des unités, dans l'espèce des groupes sur le modèle des « squadrons » ; les Britanniques nous prêtant ce qui nous manquait de personnel au sol et faisant, dans leurs écoles, l'instruction de nos engagés. Nos pilotes en excédent serviraient dans des unités anglaises. Mais ils y seraient dans la situation d'officiers français détachés, soumis à la discipline française, portant l'uniforme français. Du Caire, le 8 juin 1941, j'écrivis à Sir Archibald[35] pour consacrer l'accord qu'avait, sur ces bases, négocié le colonel Valin. Dès lors, celui-ci trouva, pour l'exécution, l'appui constant des Air Marshals : Portal, à Londres, Longmore, puis Tedder, en Orient.

C'est ainsi qu'à la fin de 1941, nous créons en Angleterre le groupe de chasse Île-de-France. Scitivaux le commande. Descendu au-dessus de la France, d'où il reviendra, d'ailleurs, il a pour successeur Dupérier. Au lendemain de la campagne de Syrie, est formé, en Égypte, le groupe de chasse Alsace, qui combat d'abord en Libye sous les ordres de Pouliguen et passe ensuite en Grande-Bretagne où Mouchotte en prend la tête pour être, l'année suivante, tué à l'ennemi. Le groupe de bombardement Lorraine naît en Orient sous les ordres de Pijeaud. Celui-ci, abattu quelques semaines plus tard à l'intérieur des lignes adverses, parvient à regagner les nôtres pour y mourir. Corniglion-Molinier le remplace. Le groupe mixte Bretagne est constitué au Tchad, avec Saint-Péreuse comme chef, pour l'appui de nos opérations sahariennes. Au printemps de 1942, sont réunis, d'une part à Londres, d'autre part à Rayak, les éléments qui vont, en Russie, constituer le groupe — ensuite régiment — Normandie. À sa tête seront successivement Tulasne et Littolf. Après leur mort, ce sera Pouyade. Enfin, certains de nos pilotes sont mis, par mon ordre, à la disposition de la Royal Air Force. Morlaix, Fayolle, Guedj, y commandent des « squadrons ». Les deux derniers seront tués en action. La gloire coûte cher dans les batailles du ciel. L'aviation française libre a, au total, perdu un nombre de morts deux fois plus grand que l'effectif qu'elle fait voler.

Cependant, si le caractère mondial de la guerre me déterminait à faire en sorte que des forces françaises soient engagées sur tous les théâtres d'opérations, c'est sur celui qui intéressait le plus directement la France, à savoir l'Afrique du Nord, que je m'appliquais à concentrer l'effort principal. Une fois anéantie l'armée italienne d'Éthiopie, interdit aux Allemands l'accès de la Syrie, étouffées dans l'œuf, à Vichy, les velléités d'agir contre l'Afrique française libre, c'est en Libye qu'il nous fallait agir.

Au mois de novembre 1941, les Britanniques y avaient, une fois de plus, pris l'offensive. S'ils réussissaient à atteindre la frontière tunisienne, il serait essentiel que nous y soyons avec eux, ayant, au préalable, aidé à battre l'ennemi. Si, au contraire, celui-ci parvenait à les refouler, nous devrions tout faire pour concourir à les arrêter avant qu'il ne submergeât l'Égypte. De toute façon, c'était le moment de déployer tout l'effort dont nous étions capables, mais en jouant notre rôle à nous afin de remporter un succès proprement français.

Nous avions deux moyens d'agir : pousser vers le Fezzan, à partir du Tchad, la colonne saharienne longuement préparée par Leclerc, ou bien engager en Libye, aux côtés des Anglais, les forces mobiles mises sur pied au Levant par Larminat. Je décidai de faire l'un et l'autre, mais de le faire dans des conditions telles que l'action de nos soldats fût au profit direct de la France.

La conquête du Fezzan et, ensuite, la marche sur Tripoli, constituaient une opération à ne risquer qu'une fois pour toutes. Si l'affaire ne réussissait pas, on ne pourrait, en effet, la renouveler de longtemps, étant donné les difficultés inouïes qu'impliquaient la formation, l'équipement, le ravitaillement, de la colonne du Tchad. C'était donc seulement dans le cas où les Britanniques, ayant repris la Cyrénaïque, entreraient en Tripolitaine que cette colonne devrait agir à fond. Autrement, il faudrait qu'elle se bornât à harceler les Italiens par des raids profonds et rapides.

D'autre part, j'entendais que le « front du Tchad », — si tant est qu'on pût donner ce nom à un ensemble d'actions forcément discontinues, — demeurât un front français. Sans doute, le déclenchement de notre entreprise saharienne devrait-il être conjugué avec la marche de la VIIIe armée britannique. C'était là une affaire de liaison avec Le Caire. Mais, pour le reste, Leclerc continuerait à ne dépendre que de moi, jusqu'au jour où, ayant effectué aux abords de la Méditerranée sa jonction avec nos alliés, il deviendrait logique de le placer sous leur direction. Je tenais d'autant plus à cette autonomie que la conquête du Fezzan mettrait entre nos mains un gage pour le règlement ultérieur du destin de la Libye.

Au cours des mois de novembre et de décembre, les Britanniques, combattant bravement et durement, pénétraient en Cyrénaïque. En prévision de leur irruption en Tripolitaine, Leclerc, soutenu par le général Serres, alors commandant supérieur des troupes en Afrique française libre, prenait ses dispositions pour s'élancer vers le Fezzan. Pour moi, j'étais, à cet égard, d'un optimisme réservé. Sachant que Rommel avait pu se dégager de l'étreinte anglaise et que, Weygand ayant été rappelé d'Afrique du Nord, l'application de l'accord Hitler-Darlan[36] permettait maintenant à l'adversaire de se ravitailler à partir de la Tunisie, je n'escomptais pas la progression rapide des Alliés vers Tripoli. Au contraire, la contre-attaque de l'ennemi me paraissait plus probable. C'est pourquoi, tout en laissant préparer l'offensive, je me réservai d'en prescrire moi-même le déclenchement. Comme d'autre part, la mission de liaison que Leclerc avait envoyée au Caire s'était laissé amener à accepter sa subordination au commandement britannique, je précisai au général Ismay qu'il n'en était rien et rectifiai, dans l'esprit des « Tchadiens », ce qui devait l'être à cet égard.

En fait, nos alliés n'entrèrent pas en Tripolitaine. Les premiers mois de 1942 furent, pour les deux adversaires, une période de stabilisation. Dès lors, pour nos troupes du Tchad, il convenait de n'exécuter que des raids de va-et-vient. Leclerc en brûlait d'envie. Le 4 février, je l'y autorisai. Il le fit, parcourant le Fezzan, dans le courant du mois de mars, avec ses patrouilles de combat appuyées par ses avions, détruisant plusieurs postes ennemis, enlevant de nombreux prisonniers, capturant du matériel. Il regagna ensuite sa base, n'ayant subi que des pertes minimes. Afin d'étendre la zone et les moyens d'action de ce chef d'exceptionnelle valeur, je lui donnai, en avril, le commandement de toutes les forces de l'Afrique française libre. Il me fallut, cette fois encore, surmonter les protestations de sa scrupuleuse modestie. Désormais, lui-même et ses troupes se sentirent certains d'enlever les oasis, dès que les événements de Libye tourneraient décidément bien. Cependant, ils auraient à attendre encore dix longs mois, sous une chaleur torride, dans les cailloux et les sables, avant de saisir la victoire et d'aller laver leur poussière dans la Méditerranée.

Mais, tandis qu'au Tchad il nous fallait différer le coup décisif, au contraire nous allions trouver, en Cyrénaïque, l'occasion tant attendue d'un fait d'armes éclatant. Pourtant, il nous avait fallu surmonter beaucoup d'obstacles avant d'obtenir des Alliés que de grandes unités françaises fussent engagées sur ce terrain.

En effet, les deux divisions légères et le régiment blindé, formés en Syrie sous les ordres de Larminat, n'avaient pas été prévus par le commandement britannique pour participer à l'offensive déclenchée à la fin d'octobre. Pourtant, les deux grandes unités étaient solides et bien armées. Chacune d'elles, motorisée, comprenait cinq bataillons d'infanterie, un régiment d'artillerie, une compagnie de défense antichars, une compagnie de défense aérienne, un groupe de reconnaissance, une compagnie et un parc du génie, une compagnie de transmissions, une compagnie de transport, une compagnie de quartier général, des services. Ces unités, comprenant toutes les armes et, de ce fait, susceptibles de jouer un rôle tactique particulier, étaient bien des divisions. Quoiqu'elles fussent, assurément, « légères », je tenais à leur donner le titre qui leur revenait. Larminat, utilisant les armes laissées par Dentz, ou bien reprises dans les magasins où les avaient détenues les commissions d'armistice italiennes, dotait toutes les fractions d'un armement redoutable que nos volontaires, ardents et dégourdis, sauraient servir le mieux du monde. C'est ainsi qu'indépendamment de l'artillerie de la division, chaque bataillon disposait en propre de six canons de 75. Une très forte dotation en mortiers et en armes automatiques lui était également assurée. Le cas échéant, pour attaquer, il faudrait alléger les troupes. Mais, s'il s'agissait de tenir le terrain, celles-ci disposeraient d'une puissance de feu tout à fait exceptionnelle.

Ayant, le 20 septembre, approuvé la composition des deux divisions légères, j'adressai à M. Churchill, le 7 octobre, une note pour le mettre au courant de nos désirs et de nos moyens. En même temps, j'écrivais au général Auchinleck, commandant en chef en Orient, pour lui rappeler combien nous souhaitions que nos troupes combattent en Libye. Je précisais à M. Churchill et au général Auchinleck que, pour ces opérations, j'étais prêt à placer sous les ordres du commandement britannique le groupement Larminat tout entier et que, d'autre part, Leclerc, quoique agissant d'une manière autonome, pourrait être lancé sur le Fezzan à la date qui nous serait demandée. Le 9 octobre, j'allai voir M. Margesson, ministre de la Guerre britannique, et le priai d'intervenir. Enfin, le 30 octobre, j'indiquai au général Catroux les conditions dans lesquelles il conviendrait que nos forces fussent engagées, c'est-à-dire par grandes unités[37].

C'est seulement le 27 novembre que je reçus la réponse britannique. Elle m'était adressée par le général Ismay, chef d'état-major du cabinet de guerre et de M. Churchill. Sa lettre équivalait à une fin de non-recevoir, aussi courtoise que formelle. Pour expliquer leur refus, nos alliés alléguaient « la dispersion des unités françaises en divers points de la Syrie », le fait « qu'elles n'étaient pas entraînées à agir en tant que divisions ou brigades », enfin « l'insuffisance de leur équipement ». Ils exprimaient, cependant, le souhait que l'avenir permît de reconsidérer la question[38].

Évidemment, le commandement anglais comptait achever la conquête de la Libye et venir à bout de Rommel sans le concours des Français. Il est vrai qu'il disposait sur place de forces terrestres et aériennes considérables et qu'il croyait l'amiral Andrew Cunningham, — chef et marin magnifique, — en mesure de faire plus qu'un miracle et d'interdire les communications de l'adversaire entre l'Italie et la Tripolitaine.

On imagine quelle déception me causa la réponse anglaise. Je ne pouvais admettre que nos troupes restassent l'arme au pied, pour un temps indéterminé, tandis que le sort du monde se jouait dans les batailles. Plutôt que d'en venir là, je préférais prendre l'aléa d'un changement d'orientation. Je convoquai donc M. Bogomolov et le priai de faire savoir à son gouvernement que le Comité national souhaitait que des forces françaises participent directement aux opérations alliées sur le front de l'Est dans le cas où le théâtre d'Afrique du Nord leur serait fermé. Bien entendu, je ne fis, à Londres, aucun mystère de ma démarche. Mais, avant même que me parvînt la réponse de Moscou, les intentions britanniques avaient changé. Le 7 décembre, M. Churchill m'écrivait une lettre chaleureuse pour me dire « qu'il venait d'apprendre combien le général Auchinleck était anxieux d'engager une brigade française libre dans les opérations de Cynéraïque ». « Je sais, ajoutait le Premier Ministre, que cette intention s'accorde avec votre désir. Je sais aussi à quel point vos hommes ont hâte d'en venir aux mains avec les Allemands[39]. »

Je répondis à M. Churchill que j'approuvais le projet et que je donnais au général Catroux les ordres nécessaires. De fait, les Anglais, indépendamment du désagrément que pouvait leur causer le transfert éventuel des forces françaises en Russie, commençaient à mesurer l'avantage militaire que comporterait notre concours à la bataille de Cyrénaïque. Ils constataient, en effet, que l'adversaire n'y cédait le terrain que pas à pas, que leurs propres troupes subissaient de lourdes pertes, qu'il leur fallait réorganiser sur place un commandement mal adapté aux opérations mécaniques. Renonçant à pousser l'offensive en Tripolitaine, ils s'attendaient, maintenant, à ce que Rommel reprît bientôt l'initiative. Cette perspective leur faisait souhaiter que nous leur prêtions la main.

Au Caire, Catroux régla donc avec Auchinleck l'acheminement vers la Libye de la 1re division légère et Kœnig, chargé de négocier les détails, obtint de nos alliés un utile complément en fait d'engins antichars, de pièces antiaériennes et de moyens de transport. En janvier, cette division eut quelques engagements brillants avec des éléments de Rommel cernés à Sollum et à Bardia et qui se rendirent bientôt. En voyant les cortèges de prisonniers allemands qu'elles avaient aidé à prendre, nos troupes étaient comme secouées d'une commotion électrique. C'est très allégrement qu'elles prirent la direction de l'ouest. Dans le courant de février, comme les Anglais installaient leurs forces principales au cœur de la Cyrénaïque sur la position dite « de Gazala » formée de plusieurs zones de résistance, les nôtres se virent attribuer celle de Bir Hakeim qui était le plus au sud. Tout en s'y organisant, ils entamèrent une lutte active d'escarmouches et de patrouilles dans le *no man's land* profond qui les séparait du gros de l'ennemi.

Mais, si la 1re division légère se voyait ainsi donner sa chance, rien n'était fait pour la 2e qui se morfondait au Levant. Or, j'entendais qu'elle aussi prît part aux opérations. Justement, M. Bogomolov était venu me dire, le 10 décembre, que mon projet d'envoyer des troupes françaises en Russie recueillait l'accord chaleureux de son gouvernement et que celui-ci était disposé à fournir sur place à nos forces tout le matériel nécessaire. J'envisageai donc d'expédier vers l'est, non seulement le groupe d'aviation Normandie, mais aussi la 2e division légère. Celle-ci, partant de Syrie et passant par Bagdad, traverserait la Perse en camions, puis, à partir de Tabriz, serait transportée par chemin de fer jusqu'au Caucase. C'était la voie suivie, depuis les ports iraniens, par les convois de matériel que les Alliés envoyaient en Russie. Le 29 décembre, j'écrivis au général Ismay pour l'avertir de mes intentions et donnai au général Catroux les instructions voulues. La 2e division partirait le 15 mars pour le Caucase si, auparavant, elle n'était pas admise en Libye.

Le commandement britannique opposa au projet de transfert de cette unité en Russie toutes les objections possibles. Mais, à Moscou, les Soviets en firent, au contraire, grand cas. Molotov parlant à Garreau, le général Panfilov à Petit, nous pressaient d'y donner suite, M. Eden, mis au courant, entra en ligne de son côté et m'écrivit pour appuyer le point de vue des militaires anglais. Je ne pouvais que m'en tenir au mien et c'est à celui-ci que voulut bien se ranger, à la fin de février, le commandement allié. Ismay me le fit savoir. Auchinleck demanda à Catroux de mettre à sa disposition la 2e division légère. Celle-ci, quittant la Syrie, arriva en Libye dans les derniers jours de mars[40].

Larminat avait, désormais, son groupement à pied d'œuvre : Kœnig en ligne à Bir Hakeim avec la 1re division ; Cazaud en réserve avec la 2e. Le régiment blindé, commandé par le colonel Rémy, recevait à l'arrière du matériel neuf. Une compagnie de parachutistes, que j'avais fait venir d'Angleterre, s'entraînait maintenant à Ismaïlia, prête à exécuter les coups de main qui lui seraient demandés. Au total, douze mille combattants, soit environ le cinquième de l'effectif que les Alliés faisaient opérer à la fois. Le groupe de chasse Alsace et le groupe de bombardement Lorraine combattaient depuis octobre dans le ciel de Cyrénaïque. Plusieurs de nos avisos et de nos chalutiers aidaient, le long de la côte, à l'escorte des convois. Ainsi, une importante force française se trouvait réunie à temps sur le théâtre principal. Dans sa justice, le Dieu des batailles allait offrir aux soldats de la France Libre un grand combat et une grande gloire. Le 27 mai, Rommel prend l'offensive. Bir Hakeim est attaqué.

Dans les entreprises où l'on risque tout, un moment arrive, d'ordinaire, où celui qui mène la partie sent que le destin se fixe. Par un étrange concours, les mille épreuves où il se débat semblent s'épanouir soudain en un épisode décisif. Que celui-ci soit heureux et la fortune va se livrer. Mais, qu'il tourne à la confusion du chef, voilà toute l'affaire perdue. Tandis qu'autour du polygone de seize kilomètres carrés tenu par Kœnig et ses hommes se joue le drame de Bir Hakeim, moi-même, à Londres, lisant les télégrammes, entendant les commentaires, voyant dans les regards tantôt l'ombre et tantôt la lumière, je mesure quelles conséquences dépendent de ce qui se passe là-bas. Si ces 5 500 combattants, portant chacun sa peine et son espoir, volontairement venus de France, d'Afrique, du Levant, du Pacifique, rassemblés là où ils le sont à travers tant de difficultés, subissent un sombre revers, notre cause sera bien compromise. Au contraire, si en ce moment, sur ce terrain, ils réussissent quelque éclatant fait d'armes, alors l'avenir est à nous !

Les premiers engagements ne laissent rien à désirer.

J'apprends que, le 27 mai, tandis que le corps principal de l'ennemi passait au sud de Bir Hakeim pour tourner la position alliée, la division mécanique italienne « Ariete » a lancé sur les Français une centaine de ses chars et en a perdu quarante dont les épaves restent sur le glacis. Le 28 et le 29, nos détachements, rayonnant dans toutes les directions, détruisent encore une quinzaine d'engins et font deux cents prisonniers. Le 30, le général Rommel, qui n'a pu, du premier coup, régler leur compte aux formations mécaniques anglaises, prend le parti de se retirer pour monter une nouvelle manœuvre. Deux jours après une colonne française, commandée par le lieutenant-colonel Broche, se porte sur Rotonda Signali, à cinquante kilomètres à l'ouest, et s'empare de cette position. Le 1er juin, Larminat inspecte nos troupes sur place. Son compte rendu est plein d'optimisme. Dans le monde, une ambiance se crée. Certains pressentent, en effet, que cette affaire pourrait bien dépasser le cadre de la tactique militaire. Avec réserve les propos, à mots couverts les radios, non sans prudence les journaux, commencent à faire l'éloge des troupes françaises et de leurs chefs.

Le lendemain, Rommel saisit l'initiative. Cette fois, il pousse droit au centre de la position du général Ritchie, chargé par Auchinleck de commander le front de combat. Les Allemands enlèvent à Got el-Skarab une brigade britannique, traversent en ce point le grand champ de mines dont les Alliés se couvrent de Gazala à Bir Hakeim et, pour élargir la brèche, dirigent contre nos troupes une division de l'Afrika Korps. Pour la première fois depuis juin 1940, le contact est largement pris entre Français et Allemands. Ce n'est d'abord que par escarmouches où nous faisons cent cinquante prisonniers. Mais, très vite, le front s'établit en vue d'une bataille. Aux deux parlementaires ennemis qui demandent qu'on veuille bien se rendre, Kœnig fait dire qu'il n'est pas venu pour cela.

Cependant, les jours suivants voient l'adversaire resserrer son étreinte. Des batteries de lourds calibres, y compris le 155 et le 220, ouvrent sur les nôtres un feu qui va s'intensifiant. Trois, quatre, cinq fois, chaque jour, les Stukas et les Junkers vont les bombarder par escadres d'une centaine d'appareils. Les ravitaillements n'arrivent plus que par faibles quantités. À Bir Hakeim, on voit baisser les stocks de munitions, diminuer les rations de vivres, réduire les distributions d'eau.

Sous le soleil brûlant, au milieu des tourbillons de sable, les défenseurs sont en perpétuelle alerte, vivent avec leurs blessés, enterrent leurs morts auprès d'eux. Le 3 juin, le général Rommel leur adresse la sommation, écrite de sa main, d'avoir à déposer les armes, « sous peine d'être anéantis comme les brigades anglaises de Got el-Skarab ». Le 5 juin, un de ses officiers vient renouveler cette mise en demeure. C'est notre artillerie qui répond. Mais, en même temps, dans de nombreux pays, l'attention du public s'éveille. Les Français de Bir Hakeim intéressent de plus en plus les gazettes parlées ou imprimées. L'opinion s'apprête à juger. Il s'agit de savoir si la gloire peut encore aimer nos soldats.

Le 7 juin, l'investissement de Bir Hakeim est complet. La 90ᵉ division allemande et la division italienne « Trieste », appuyées par une vingtaine de batteries et par des centaines de chars sont prêtes à donner l'assaut. « Tenez six jours de plus ! » avait prescrit à Kœnig le commandement allié au soir du 1ᵉʳ juin. Les six jours ont passé. « Tenez encore quarante-huit heures ! » demande le général Ritchie. Il faut dire que les pertes et le trouble causés à la VIIIᵉ armée par les coups de boutoir de l'ennemi sont tels que toute opération de relève ou de secours est désormais impossible. Quant à Rommel, pressé de courir vers l'Égypte en profitant du désarroi qu'il discerne chez les Britanniques, il s'impatiente de cette résistance qui se prolonge sur ses arrières et gêne ses communications. Bir Hakeim est devenu son souci dominant et son objectif principal. À maintes reprises, déjà, il est venu sur le terrain. Il y viendra encore pour presser les assaillants.

Le 8, se déclenchent de puissantes attaques. Plusieurs fois, l'infanterie ennemie, à grands renforts d'artillerie et de chars, tente, bravement mais en vain, d'enlever tel ou tel secteur de nos lignes. La journée est très dure pour les nôtres. La nuit aussi, que l'on passe à remettre en état les positions bouleversées. Le 9, les assauts reprennent. L'artillerie ennemie s'est encore renforcée en calibres lourds que ne peuvent contrebattre les 75 du colonel Laurent-Champrosay. Nos hommes ne reçoivent plus qu'à peine deux litres d'eau par vingt-quatre heures, ce qui, sous un pareil climat, est cruellement insuffisant. Il faut, pourtant, tenir encore, car dans le désordre qui, de proche en proche gagne les éléments divers de l'armée britannique, la résistance de Kœnig revêt maintenant une importance capitale.

« Défense héroïque des Français ! » — « Magnifique fait d'armes ! » — « Les Allemands battus devant Bir Hakeim ! » annoncent avec éclat, à Londres, à New York, à Montréal, au Caire, à Rio, à Buenos Aires, toutes les trompettes de l'information. Nous approchons du but que nous avons visé en assurant aux troupes françaises libres, — si réduit que soit leur effectif, — un grand rôle dans une grande occasion. Pour le monde tout entier, le canon de Bir Hakeim annonce le début du redressement de la France.

Mais ce qui, désormais, me hante c'est le salut des défenseurs. Je sais qu'ils ne pourront plus longtemps briser des attaques appuyées de moyens écrasants. Sans doute, suis-je certain qu'en tout cas la division ne se rendra pas, que l'adversaire sera privé de la satisfaction de voir défiler devant Rommel une longue colonne de prisonniers français et que, si nos troupes restent sur place, il lui faudra, pour en venir à bout, abattre les groupes l'un après l'autre. Mais il s'agit de les récupérer, non point de se résigner à leur glorieuse extermination. J'ai grand besoin, pour la suite, de ces centaines d'excellents officiers et sous-officiers, de ces milliers de très bons soldats. Leur exploit étant acquis, ils doivent, maintenant, en accomplir un autre, se frayer la route à travers les assaillants et les champs de mines, rejoindre le gros des forces alliées.

Bien que je me garde d'intervenir directement dans la conduite de la bataille, je ne laisse pas de faire savoir, de la manière la plus pressante, à l'état-major impérial britannique, le 8 et le 9 juin, combien il est important que Kœnig reçoive, avant qu'il soit trop tard, l'ordre de tenter la sortie. Je le répète, le 10 juin, à M. Churchill avec qui je traite la question de Madagascar. De toutes façons, le dénouement approche et je télégraphie au commandant de la 1re division légère : « Général Kœnig, sachez et dites à vos troupes que toute la France vous regarde et que vous êtes son orgueil[41] ! » Or, à la fin du même jour, le général Sir Alan Brooke, chef d'état-major impérial, m'annonce que, depuis l'aurore, l'ennemi ne cesse pas de s'acharner sur Bir Hakeim, mais que Ritchie a prescrit à Kœnig de gagner une position nouvelle s'il en trouve la possibilité. L'opération est prévue pour la nuit.

Le lendemain matin, 11 juin, les commentaires de la radio et de la presse sont dithyrambiques et funèbres. Faute de savoir que les Français essaient de se dégager, tout le monde, évidemment, s'attend à ce que leur résistance soit submergée d'un moment à l'autre. Mais voici que, dans la soirée, Brooke m'envoie dire : « Le général Kœnig et une grande partie de ses troupes sont parvenus à El Gobi hors de l'atteinte de l'ennemi. » Je remercie le messager, le congédie, ferme la porte. Je suis seul. Oh ! cœur battant d'émotion, sanglots d'orgueil, larmes de joie[42] !

Des 5 500 hommes, environ, que la 1re division légère comptait avant Bir Hakeim, Kœnig, après quatorze jours de combat, en ramenait près de 4 000 valides. Un certain nombre de blessés avaient pu être transportés vers l'arrière en même temps que les unités. Nos troupes laissaient sur le terrain 1 109 officiers et soldats, morts, blessés ou disparus. Parmi les tués, trois officiers supérieurs : le lieutenant-colonel Broche, les commandants Savey et Bricogne. Parmi les blessés restés sur le carreau : les commandants Puchois et Babonneau. Du matériel, soigneusement détruit au préalable, avait dû être abandonné. Mais nous avions infligé à l'ennemi des pertes trois fois supérieures[43] à celles que nous avions subies.

Le 12 juin, les Allemands annonçaient que, la veille, ils avaient « pris d'assaut » Bir Hakeim. Puis, la radio de Berlin publiait un communiqué déclarant : « Les Français blancs et de couleur, faits prisonniers à Bir-Hakeim, n'appartenant pas à une armée régulière, subiront les lois de la guerre et seront exécutés. » Une heure après, je faisais lancer dans toutes les langues la note suivante par les ondes de la B.B.C. : « Si l'armée allemande se déshonorait au point de tuer des soldats français faits prisonniers en combattant pour leur patrie, le général de Gaulle fait connaître qu'à son profond regret il se verrait obligé d'infliger le même sort aux prisonniers allemands tombés aux mains de ses troupes. » La journée n'était pas finie que la radio de Berlin proclamait : « À propos des militaires français qui viennent d'être pris au cours des combats de Bir Hakeim, aucun malentendu n'est possible. Les soldats du général de Gaulle seront traités comme des soldats. » Ils le furent, effectivement.

Tandis que la 1re division légère se regroupait à Sidi-Barrani et que Catroux s'occupait aussitôt de la recompléter, notre groupe d'aviation Alsace continuait de prendre part à l'action redoublée de la chasse anglaise et notre groupe Lorraine multipliait, avec les bombardiers de la Royal Air Force, les attaques contre les communications adverses.

En même temps, nos parachutistes exécutaient plusieurs raids brillants. C'est ainsi que, dans la nuit du 12 au 13 juin, leurs équipes détruisaient douze avions sur des aérodromes ennemis en Libye et que le capitaine Bergé, jeté en Crète avec quelques hommes, incendiait, avant d'être pris, vingt et un bombardiers, quinze camions et un dépôt d'essence sur le terrain de Candie.

Cependant, la VIIIe armée, sous l'empire d'une soudaine lassitude morale, abandonnait la Cyrénaïque, laissant sur place un matériel considérable. Le général Auchinleck espérait, tout au moins, conserver Tobrouk[44], place solidement organisée et ravitaillée par mer. Mais, le 24 juin, la garnison, comptant 33 000 hommes, se rendit aux Allemands. C'est à grand-peine que les Britanniques parvenaient à se rétablir à hauteur d'El-Alamein. Un secteur de la position était tenu par le général Cazaud et sa 2e division légère, enfin mis en ligne à leur tour. Parmi les réserves, comptait le groupement blindé du colonel Rémy, hâtivement pourvu de matériel. La situation était grave. Tout l'Orient, secoué de frissons inquiétants, s'attendait à voir les Allemands et les Italiens entrer au Caire et à Alexandrie.

Cette dépression de nos alliés ne devait être que passagère. Un jour viendrait où, grâce à la maîtrise de la mer, à de nouveaux renforts, à une grande supériorité aérienne, enfin aux capacités du général Montgomery, ils l'emporteraient finalement. Rommel, d'ailleurs, à bout de ravitaillement, suspendait sa marche en avant. Toutefois, l'ensemble des événements faisait ressortir l'importance de notre action. Le général Auchinleck le reconnut noblement. Le 12 juin, il publia, en l'honneur de la 1re division légère, un magnifique communiqué : « Les Nations unies, déclarait-il, se doivent d'être remplies d'admiration et de reconnaissance, à l'égard de ces troupes françaises et de leur vaillant général. »

À Londres, six jours plus tard, dix mille Français, militaires et civils, se réunissent pour célébrer le deuxième anniversaire de l'appel du 18 juin. Les quatre étages de l'Albert Hall sont bondés autant que le permettent les consignes de sécurité. Une grande draperie tricolore, marquée de la Croix de Lorraine, est tendue derrière la tribune et rassemble tous les regards. *La Marseillaise* et *La Marche lorraine* retentissent ; tous les cœurs leur font écho. Prenant place, entouré des membres du Comité national et des volontaires le plus récemment arrivés de France, j'entends toutes les bouches me crier la foi de cette foule enthousiaste. Mais, ce jour-là, en même temps que l'espoir, je sens planer l'allégresse. Je parle[p45]. Il le faut bien. L'action met les ardeurs en œuvre. Mais c'est la parole qui les suscite.

Citant le mot de Chamfort : « Les raisonnables ont duré. Les passionnés ont vécu[46] », j'évoque les deux années que la France Libre vient de parcourir. « Nous avons beaucoup vécu, car nous sommes des passionnés. Mais aussi, nous avons duré. Ah ! que nous sommes raisonnables !... » Ce que nous disons, depuis le premier jour : « La France n'est pas sortie de la guerre, le pouvoir établi à la faveur de l'abdication n'est pas un pouvoir légitime, nos alliances continuent, nous le prouvons par des actes, qui sont les combats... Certes, il nous fallait croire que la Grande-Bretagne tiendrait bon, que la Russie et l'Amérique seraient poussées dans la lutte, que le peuple français n'accepterait pas la défaite. Eh bien, nous n'avons pas eu tort... » Puis, je salue nos combattants partout dans le monde et nos mouvements de résistance en France. Je salue, aussi, l'Empire, l'Empire fidèle, base de départ pour le redressement du pays. Certes, il faudra qu'après la guerre soit transformée sa structure. Mais la France unanime entend en maintenir l'unité et l'intégrité. « Même le douloureux courage apporté à la défense de telle ou telle partie contre la France Combattante et contre ses alliés par des troupes qu'abusent encore les mensonges de Vichy est une preuve faussée, mais indubitable, de cette volonté des Français... » Je constate, qu'en dépit de tout, la France Combattante émerge de l'océan. « Quand, à Bir Hakeim, un rayon de sa gloire renaissante est venu caresser le front sanglant de ses soldats, le monde a reconnu la France... »

La tempête des vivats, puis l'hymne national chanté avec une ferveur indicible, sont la réponse de l'assistance. Ils l'entendent aussi, ceux-là, qui, chez nous, derrière les portes, les volets, les rideaux, écoutent les ondes qui vont la leur porter.

Les acclamations se sont tues. La réunion a pris fin. Chacun retourne à sa tâche. Me voilà seul, en face de moi-même. Pour cette confrontation-là, il n'y a pas d'attitude à prendre, ni d'illusions à ménager. Je fais le bilan du passé. Il est positif, mais cruel. « Homme par homme, morceau par morceau[47] », la France Combattante est, assurément, devenue solide et cohérente. Mais, pour payer ce résultat, combien a-t-il fallu de pertes, de chagrins, de déchirements !

La phase nouvelle, nous l'abordons avec des moyens appréciables : 70 000 hommes sous les armes, des chefs de haute qualité, des territoires en plein effort, une résistance intérieure qui va croissant, un gouvernement obéi, une autorité connue, sinon reconnue, dans le monde. Nul doute que la suite des événements doive faire lever d'autres forces. Pourtant, je ne me leurre pas sur les obstacles de la route : puissance de l'ennemi ; malveillance des États alliés ; parmi les Français, hostilité des officiels et des privilégiés, intrigues de certains, inertie d'un grand nombre et, pour finir, danger de subversion générale. Et moi, pauvre homme ! aurai-je assez de clairvoyance, de fermeté, d'habileté, pour maîtriser jusqu'au bout les épreuves ? Quand bien même, d'ailleurs, je réussirais à mener à la victoire un peuple à la fin rassemblé, que sera, ensuite, son avenir ? Entre-temps*q*, combien de ruines se seront ajoutées à ses ruines, de divisions à ses divisions ? Alors, le péril passé*r*, les lampions éteints, quels flots de boue déferleront sur la France ?

Trêve de doutes ! Penché sur le gouffre où la patrie a roulé, je suis son fils, qui l'appelle, lui tient la lumière, lui montre la voie du salut. Beaucoup, déjà, m'ont rejoint. D'autres viendront, j'en suis sûr ! Maintenant, j'entends la France me répondre. Au fond de l'abîme, elle se relève, elle marche, elle gravit la pente. Ah ! mère, tels que nous sommes, nous voici pour vous servir[48].

★★

L'UNITÉ
1942-1944

© *Librairie Plon*, 1956.

INTERMÈDE

Au troisième printemps de la guerre, le destin rend son arrêt. Les jeux sont faits. La balance se renverse. Aux États-Unis, d'immenses ressources sont transformées en moyens de combat. La Russie s'est ressaisie ; on va le voir à Stalingrad[1]. Les Britanniques parviennent à se rétablir en Égypte. La France Combattante grandit au-dedans et au-dehors. La résistance des peuples opprimés, notamment des Polonais, des Yougoslaves, des Grecs, prend une valeur militaire. Tandis que l'effort de l'Allemagne a atteint sa limite, que l'Italie se démoralise, que les Hongrois, les Roumains, les Bulgares, les Finlandais, perdent leurs ultimes illusions, que l'Espagne et la Turquie s'affermissent dans leur neutralité, que, dans le Pacifique, est enrayée l'avance du Japon et renforcée la défense de la Chine, tout va porter les Alliés à frapper au lieu de subir. Une action de grande envergure se prépare en Occident.

Je vois mûrir cette entreprise. Assez seul au milieu de partenaires très entourés, bien pauvre parmi les riches, je suis bercé par l'espoir, mais aussi rempli de soucis, car, au centre de l'opération, il y aura de toute façon la France. Pour elle, ce qui est en jeu, ce n'est pas seulement l'expulsion de l'ennemi hors de son territoire, c'est aussi son avenir comme nation et comme État. Qu'elle demeure prostrée jusqu'à la fin, c'en est fait de sa foi en elle-même et, par là, de son indépendance. Elle glissera du « silence de la mer[2] » à l'asthénie définitive, de la servitude imposée par l'ennemi à la subordination par rapport aux Alliés. Au contraire, rien n'est perdu si elle rentre en ligne dans son unité recouvrée. Cette[b] fois encore, l'avenir peut être sauvegardé, à condition, qu'au terme du drame, la France soit belligérante et rassemblée autour d'un seul pouvoir.

Lequel[c] ? Non, certainement, le régime de Vichy. Aux yeux du peuple et du monde, il personnifie l'acceptation du désastre. Quelles que soient les circonstances qui puissent expliquer son erreur, celle-ci est d'une telle dimension que le démon du désespoir le contraindra d'y persévérer. Sans doute, tel ou tel de ses princes pourrait-il, en le reniant, jouer un rôle épisodique. Mais, dans ce repentir tardif, personne ne verrait autre chose qu'un calcul d'opportunité. Sans doute, un grand chef militaire, appelant l'armée au bon combat, entraînerait-il des professionnels qui, au fond, n'attendent que cela. Mais une pareille initiative ne changerait rien dans le peuple aux courants déjà établis. Il n'y a pas non plus la moindre chance pour que, dans la détresse française, la foi et l'espérance des masses se portent vers le système politique que le désastre a, naguère, balayé. Les hommes qui en furent les plus représentatifs sont, sur ce point, fixés mieux que personne. Quelques-uns s'incorporent à Vichy ; beaucoup adhèrent à de Gaulle[3] ; certains se réservent encore ; pas un seul n'imagine de prendre la barre à bord du navire d'autrefois.

Mais le parti communiste est là. Depuis qu'Hitler envahit la Russie, il se pose en champion de la guerre. Engagé dans la résistance où il n'épargne pas ses pertes, invoquant les malheurs du pays et la misère populaire pour confondre en une seule révolte l'insurrection nationale et la révolution sociale, il ambitionne de se donner l'auréole du salut public. Pourvu d'une organisation que ne retient aucun scrupule et ne gêne aucune divergence, excellant à noyauter les autres et à parler tous les langages, il voudrait apparaître comme l'élément capable d'assurer une sorte d'ordre, le jour où l'anarchie déferlerait sur le pays. Au surplus, n'offrirait-il pas à la France dédaignée l'aide active de la Russie, la plus grande puissance de l'Europe ? Ainsi, le parti communiste compte-t-il trouver, dans l'écroulement de Vichy, l'occasion d'établir chez nous sa dictature. Oui ! Mais ce calcul est vain si l'État est refait ailleurs, si dans l'âme des Français la première place est prise par un gouvernement national, si son chef, dans la lumière de la victoire, paraît tout à coup à Paris.

Voilà ma tâche ! Regrouper la France dans la guerre ; lui épargner la subversion ; lui remettre un destin qui ne dépende que d'elle-même. Hier[d], il suffisait de l'action d'une poignée de Français sur les champs de bataille pour se camper devant les événements. Demain, tout sera commandé par la question d'un pouvoir central que le pays acclame et suive. Pour moi, dans cette phase capitale, il ne s'agira plus de jeter au combat quelques troupes, de rallier ici et là des lambeaux de territoire, de chanter à la nation la romance de sa grandeur. C'est le peuple entier, tel qu'il est, qu'il me faudra rassembler. Contre[e] l'ennemi, malgré les Alliés, en dépit d'affreuses divisions, j'aurai à faire autour de moi l'unité de la France déchirée[f].

On comprend combien était pressant mon désir de percer le mystère dans lequel, au cours de l'intermède, Américains et Britanniques enveloppaient leurs projets. En fait, c'est aux États-Unis qu'appartenait la décision, puisque l'effort principal leur incombait dorénavant. À Washington, le Président, les ministres, les grands chefs, se sentaient devenus les dirigeants de la coalition. Leur ton et leurs manières le montraient assez clairement. En Grande-Bretagne, on pouvait voir les avant-gardes de l'armée, de l'aviation, de la marine américaines s'installer sur les bases et dans les camps anglais. Les rues, les magasins, les cinémas, les tavernes de Londres s'emplissaient de militaires yankees bons garçons et sans façons. Le général Eisenhower, commandant en chef, le général Clark, l'amiral Stark, le général Spaatz, commandant respectivement les forces terrestres, navales, aériennes, américaines en Europe, déployaient la machinerie toute neuve de leurs états-majors au milieu de l'appareil traditionnel du War Office, de l'Amirauté, de la Royal Air Force. Les Anglais, quel que fût le contrôle qu'ils avaient d'eux-mêmes, ne cachaient pas leur mélancolie de n'être plus maîtres chez eux et de se voir dépossédés du premier rôle que, depuis deux ans et avec quel mérite ! ils avaient joué dans la guerre.

Ce n'était pas sans inquiétude que je les voyais se placer à la remorque des nouveaux venus. Il est vrai qu'on pouvait discerner, dans l'opinion et dans les milieux dirigeants, maints éléments qui s'accommodaient mal de cette espèce de sujétion. C'était le cas, notamment, pour le Foreign Office. Mais les fournitures du « prêt-bail » pesaient d'un poids écrasant sur les élans de l'indépendance. M. Churchill lui-même, que ce fût par tactique ou par sentiment, prenait le parti de n'être plus que « le lieutenant de Roosevelt[4] ». Faute que la France pût jouer son rôle traditionnel de chef de file du vieux continent, cet effacement de l'Angleterre, qui malgré son insularité y était étroitement liée, faisait assez mal augurer de la façon dont, pour finir, seraient réglées les affaires de l'Europe.

Pour l'heure, les Américains[g] hésitaient quant à leur stratégie. Deux conceptions différentes sollicitaient Roosevelt et ses conseillers. Parfois, cédant à l'impulsion du dynamisme national qu'exaltait un magnifique effort d'armement et d'organisation, Washington caressait le projet d'un débarquement rapide. Les Russes, d'ailleurs, souffrant mort et passion sous l'étreinte des armées allemandes, réclamaient à grands cris l'ouverture du « second front ». Leur insistance impressionnait les Anglo-Saxons, sourdement inquiets d'une éventuelle volte-face de Moscou. Si secrets que fussent les plans des chefs américains, nous n'ignorions pas qu'ils préparaient une opération tendant à établir en France, vers la fin de l'année, tout au moins une tête de pont.

Mais, tout en caressant l'audace[b], l'Amérique écoutait la prudence. Le plan d'un débarquement en Afrique du Nord était aussi envisagé, quitte à remettre à plus tard les grands chocs sur le sol de l'Europe. Au moment d'engager au-delà de l'Atlantique les forces de leur pays, les dirigeants des États-Unis éprouvaient, en effet, beaucoup d'appréhensions. C'était la première fois dans l'Histoire que les Américains se trouvaient amenés à prendre la tête de grandes opérations. Même au cours du premier conflit mondial ils n'avaient paru en nombre sur les champs de bataille que lors des derniers combats. Encore était-ce à titre d'appoint et, pour ainsi dire, en sous-ordre. Sans doute, depuis 1939, les États-Unis s'étaient-ils mis en devoir d'édifier une puissance militaire de premier rang. Mais, tandis que leur marine, déjà la plus forte du monde, absorbait sans difficulté autant de navires et d'avions qu'on pouvait lui en offrir, il fallait à leurs armées de terre et de l'air, hier encore embryonnaires, quelque délai pour s'adapter à de colossales dimensions. C'est pourquoi, tandis que, dans les camps, de nombreuses divisions étaient fabriquées en série sous l'impulsion du général Marshall, au Pentagone[5], à peine achevé, on se demandait anxieusement ce que donneraient, face à la Wehrmacht, tant d'unités organisées en hâte, de cadres sommairement instruits, d'états-majors formés de toutes pièces. À la veille de s'engager, on inclinait à le faire par étapes et transitions.

D'autant plus que les Britanniques étaient, de leur côté, peu disposés à hâter les choses. Ayant dû renoncer à être les « leaders », ils entendaient qu'une victoire qui ne serait plus essentiellement la leur ne leur coûtât pas trop cher. En différant les grandes batailles, on prendrait le temps d'accroître les armées des États-Unis et on ménagerait les forces anglaises. Londres, d'ailleurs, voyant l'essor des armements américains, calculait que la supériorité matérielle, déjà acquise par les Alliés, deviendrait considérable en 1943 et écrasante en 1944. Au surplus, à quoi bon précipiter les risques et, peut-être, courir à un nouveau Dunkerque, alors que chaque jour qui passait augmentait sur le front russe l'usure de l'ennemi? D'autant que les bombardements des villes allemandes par la Royal Air Force et par les escadres volantes des États-Unis commençaient à entamer fortement l'industrie du Reich, tandis que la Luftwaffe n'attaquait plus que rarement l'Angleterre. Enfin, l'entrée en ligne des cargos et des escorteurs américains tranchait la question des transports. Il faut ajouter que la stratégie de Londres, prolongeant sa politique, était tournée surtout vers la Méditerranée, où l'Angleterre défendait des positions acquises, en Égypte, dans les pays arabes, à Chypre, à Malte, à Gibraltar, et projetait d'en obtenir d'autres, en Libye, en Syrie, en Grèce, en Yougoslavie. C'était donc vers ce théâtre que les Britanniques tâchaient d'orienter l'offensive des Anglo-Saxons.

Mais, suivant que le gouvernement de Washington penchait vers le débarquement en France ou bien vers la mainmise sur le Maroc, l'Algérie, la Tunisie, la conduite qu'il pensait tenir à l'égard de la France Combattante était complètement différente. Dans le premier cas, on aurait, tout de suite, besoin de la résistance française pour concourir à la bataille. Or, on n'ignorait pas, bien qu'on affectât d'en douter, quelle action le général de Gaulle serait en mesure d'exercer. Il faudrait donc lui faire une place. Mais, dans la seconde hypothèse, on se trouverait ramené au projet poursuivi depuis 1940 par le State Department : s'assurer de l'Afrique du Nord en obtenant le concours des autorités locales et en tenant de Gaulle en dehors de l'opération. Nous allions voir, effectivement, nos alliés américains pratiquer vis-à-vis de nous ces deux attitudes, tour à tour.

Vers la fin du mois de mai 1942, ils inclinaient vers le rapprochement. Le 21, John Winant, leur bon ambassadeur à Londres, me consulta dans les formes quant aux perspectives qu'offrirait une offensive menée par-delà la Manche, au rôle direct que nous pourrions y jouer, aux rapports qui devraient, en conséquence, être établis entre le Comité national français et les gouvernements alliés. Le 1er juin, deuxième entretien demandé par l'ambassadeur. Cette fois, Eden était présent : les Anglais tenaient, en effet, à prendre part aux conversations. Le 29 juin, Eden m'entretint seul à seul de l'affaire de la reconnaissance, me soumettant, en honnête courtier, une formule proposée par le gouvernement de Washington. Le lendemain, ayant Pleven à mes côtés, j'avais avec Winant une nouvelle conversation. Pendant ce temps, Churchill, qui était à Washington pour y parler de stratégie, poussait le Président à adopter, vis-à-vis de moi, quelque apparence d'accommodement[6].

Le tout aboutit, le 9 juillet, à un mémorandum que m'adressait le State Department, après que j'en eus approuvé les termes. Le document, dont, suivant son préambule, « le général de Gaulle avait pris connaissance avec plaisir », déclarait que « le gouvernement des États-Unis et le Comité national français pratiquaient déjà une coopération étroite dans certaines zones... ; que, pour rendre cette coopération plus efficace, l'amiral Stark était désigné comme représentant du gouvernement des États-Unis, afin de se concerter avec le Comité national français sur toutes questions ayant trait à la poursuite de la guerre... ; que le gouvernement des États-Unis reconnaissait la contribution du général de Gaulle et les efforts du Comité national français afin de maintenir vivant l'esprit traditionnel de la France et de ses institutions... ; que nos buts communs seraient plus facilement atteints en prêtant toute l'assistance militaire et tout l'appui possibles au Comité national français, symbole de la résistance française contre les puissances de l'Axe[7] ».

Quatre jours après, les Britanniques, par une déclaration publique, élargissaient à leur tour les bases de leurs relations avec nous. Acceptant que « le mouvement français libre fût connu, dorénavant, sous le nom de France Combattante », le gouvernement anglais reconnaissait, le 13 juillet, que « la France Combattante était l'ensemble des ressortissants français, où qu'ils soient, et des territoires français qui s'unissent pour collaborer avec les Nations unies dans la guerre contre les ennemis communs… et que le Comité national français représentait les intérêts de ces Français et de ces territoires auprès du Royaume-Uni[8] ». Si les mots avaient un sens, cette déclaration impliquait tout au moins, de la part de l'Angleterre, la garantie qu'elle ne m'empêcherait pas d'exercer mon autorité sur les fractions de la France et de son Empire qui retourneraient au combat.

D'autres gestes et démarches marquaient que, chez les Alliés, les intentions nous étaient devenues plus favorables. Le 14 juillet, comme je passais à Londres la revue des troupes françaises, j'y constatai la présence du général Eisenhower et de l'amiral Stark. Le même jour, M. Eden, adressant par radio ses vœux au peuple français à l'occasion de la fête nationale, déclarait : « Je vous parle, non comme à des amis, mais comme à des alliés… Grâce à la décision du général de Gaulle, la France n'a jamais été absente des champs de bataille… L'Angleterre a vu avec espoir et admiration grandir la résistance du peuple de France… À nos yeux, le rétablissement de la France dans sa grandeur et son indépendance est, non seulement une promesse, mais encore une nécessité, car, sans cela, il serait vain de vouloir reconstruire l'Europe. » Le 23 juillet, le général Marshall et l'amiral King, se trouvant de nouveau à Londres, demandaient cette fois[9] à me rencontrer. Je les voyais, en effet, ainsi qu'Arnold, Eisenhower et Stark. Au cours de notre entretien, je mis les chefs américains au fait de notre position quant à l'ouverture du second front, du concours que la France pourrait y apporter du dehors et du dedans, enfin des conditions auxquelles les Alliés devraient souscrire pour qu'il y eût entre eux et nous une satisfaisante collaboration.

J'étais, naturellement, pour l'offensive directe en Europe à partir de la Grande-Bretagne. Nulle autre opération ne mènerait à la décision. D'ailleurs[i], pour la France, la meilleure solution était celle qui abrégerait les épreuves de l'invasion et hâterait l'union nationale, c'est-à-dire la bataille portée sur le sol de la Métropole. Sans doute, Vichy continuerait-il de se soumettre aux Allemands. Mais il y perdrait ce qui lui restait de crédit. Sans doute, l'envahisseur occuperait-il la zone libre. Mais alors, toutes équivoques dissipées, l'armée d'Afrique et, peut-être, la flotte retourneraient au combat, tandis qu'en France même beaucoup passeraient à la Résistance. Il deviendrait possible de réunir en un seul pouvoir les diverses autorités françaises, d'empêcher ainsi la subversion à l'intérieur et d'assurer au-dehors une imposante représentation de la France.

Encore faudrait-il que les Alliés ne fussent pas rejetés à la mer. Dans mes échanges de vues avec Churchill, Eden, Winant, Marshall, etc., je faisais le compte des forces qui seraient, d'après moi, nécessaires au débarquement. « Les Allemands, disais-je et écrivais-je, ont en France, d'après les renseignements que nous fournissent nos réseaux, un nombre de divisions qui atteint, suivant les moments, vingt-cinq, vingt-six ou vingt-sept. Ils pourront en trouver en Allemagne une quinzaine d'autres. C'est donc, au début, quelque quarante divisions que les Alliés auront à combattre. Compte tenu de l'inexpérience d'une grande partie des troupes anglo-saxonnes et de l'avantage que donnera à l'ennemi l'organisation préalable du terrain, il faudra disposer, au départ, d'au moins cinquante divisions, dont six ou sept cuirassées. En outre, la supériorité en fait d'aviation devra être écrasante. Si l'offensive a lieu au cours de l'automne prochain, les Allemands, qui seront alors engagés à fond en Russie, ne pourront que difficilement en retirer des troupes. En outre, l'action combinée de l'aviation alliée et de la résistance française sur les communications ennemies, conformément au " plan vert " établi par la France Combattante, gênera gravement, en territoire français, les transports des réserves et du matériel allemands[10]. »

J'exposais aux chefs alliés que nous, Français Libres, serions en mesure d'engager, à l'avant-garde, une division venant d'Orient, une brigade mixte prélevée sur l'Afrique équatoriale, des détachements de commandos et de parachutistes, quatre groupes d'aviation, tous les navires de guerre et cargos dont nous disposions. J'avais, d'ailleurs, dès le début de juillet, donné les instructions voulues pour que ces divers éléments fussent tenus prêts aux transports éventuellement nécessaires. En outre, je prévoyais, qu'une fois la tête de pont créée en France, nos forces y seraient complétées grâce aux ressources du lambeau de territoire libéré. Je tenais pour probable que huit divisions et quinze groupes d'aviation, à constituer en Afrique du Nord et occidentale, ainsi que beaucoup de nos bâtiments immobilisés pour l'instant à Toulon, Alexandrie, Bizerte, Casablanca, Dakar, Fort-de-France, voudraient et pourraient, après quelques semaines de remise en condition, prendre part à un second débarquement, effectué, celui-là, sur notre côte méditerranéenne et en Italie. Enfin, à mesure de l'avance des Alliés sur le sol national, serait mis sur pied un troisième échelon de forces françaises ayant pour noyaux les éléments de l'armée secrète. Le 21 juillet, j'avais adressé à M. Churchill et au général Marshall et communiqué à Moscou une note concernant le concours[j] militaire que la France était susceptible d'apporter dans les phases successives de la bataille et précisant quelles fournitures d'armement et d'équipement je demandais aux Alliés[11].

Cependant, il apparut bientôt que les Anglo-Saxons ne risqueraient pas, cette année-là, le débarquement en France. Ils viseraient donc l'Afrique du Nord en excluant notre participation. Beaucoup de faits précis nous montraient, effectivement, que les Américains ne voulaient pas laisser les Français Libres s'occuper du Maroc, de l'Algérie, de la Tunisie. Alors que nous avions pu, jusqu'au printemps de 1941, y maintenir des intelligences, nous étions coupés, depuis, de toute communication directe avec ces territoires. Jamais nos émissaires n'y arrivaient à destination. Jamais ne nous parvenaient les messages qui nous en étaient adressés, notamment par le colonel Breuillac en Tunisie, Luizet en Algérie, le colonel Lelong et Franck Brentano au Maroc. Il était clair, qu'en l'espèce, s'appliquait une consigne édictée par Washington. Mais, utilisant les détours, nous n'en étions pas moins tenus au courant des efforts déployés par les États-Unis[k], tant sur place qu'à Vichy, pour se procurer des concours.

Nous savions que M. Robert Murphy, consul général à Alger, inspirait l'action « spéciale » menée en France par l'ambassade, les consulats et les services secrets américains. M. Murphy, habile et résolu, répandu depuis longtemps dans la bonne société et, semblait-il, assez porté à croire[l] que la France c'était les gens avec qui il dînait en ville, organisait en Afrique du Nord une conjuration destinée à aider les débarquements. Il tentait aussi de susciter, à Vichy même, une révolution de palais. C'est[m] ainsi que M. Murphy avait, d'abord, appuyé le général de La Laurencie qui, à son retour de Paris, prétendait prendre la Résistance sous sa coupe afin de faire pression sur le Maréchal et d'accéder au gouvernement. « Et de Gaulle ? » lui demandait-on. « Eh bien ! nous l'amnistierons ! » Murphy avait, d'autre part, poussé certains officiers de l'entourage de Weygand à entraîner celui-ci dans une sorte de pronunciamiento pour prendre la place de Laval. En dernier lieu, comme La Laurencie ne ralliait personne et que Weygand refusait de s'insurger contre Pétain[12], M. Murphy prenait contact avec le général Giraud, évadé de captivité, brûlant de combattre à nouveau et qui lui paraissait susceptible de soulever l'armée d'Afrique dès qu'il se présenterait devant elle.

De mon côté, j'avais cherché à nouer des rapports avec le général Giraud. Dès le mois de mai 1942, au cours d'une conférence de presse[13], j'avais parlé de lui dans les meilleurs termes. En juin et juillet, plusieurs de mes correspondants l'avaient vu et revu pour lui exprimer l'espoir que nous pourrions nous unir. Ce grand chef, que j'estimais fort, n'avait pu, en 1940, saisir le succès à la tête de la VIIe armée. Nommé ensuite, à l'improviste, au commandement de la IXe armée qui se trouvait en pleine déroute, il s'était vu submergé et enlevé par l'ennemi avant d'avoir rien pu faire. Mais on pouvait penser que, mis à même d'agir dans des circonstances différentes, il prendrait sa revanche sur l'infortune. Or, voici que sa splendide évasion d'une forteresse allemande lui en offrait l'occasion. Qu'il passât à la résistance, ce devait être, à mon avis, un événement très important. Tenant pour essentiel que l'Afrique du Nord rentrât dans la guerre, je pensais que Giraud pourrait assumer un grand rôle dans cette conversion et j'étais prêt à l'y aider dans la mesure de mes moyens, pourvu qu'il le fît sans équivoque à l'égard de Vichy ou vis-à-vis de l'étranger. Après quoi, il serait normal qu'il exerçât dans la bataille de la libération le commandement de l'armée française réunifiée. Telles étaient les perspectives qu'on lui découvrit de ma part. J'espérais qu'il y répondrait d'une manière ou d'une autre et qu'il adresserait secrètement quelque hommage à ceux qui, depuis deux années, tenaient le drapeau devant l'ennemi. Il n'en fut rien. Mes avances au général Giraud ne recueillirent que son silence. Mais, comme il était aussi prolixe à la cantonade que réservé vis-à-vis de moi, je ne tardai pas à apprendre quel était son état d'esprit.

Pour lui, le problème n'était que d'ordre militaire. Il suffirait qu'une force française importante réapparût sur les champs de bataille pour que toutes autres questions fussent reléguées aux accessoires. Ce qui était moral et politique dans le drame de notre pays lui paraissait secondaire. Il pensait que le fait seul de détenir le commandement de la force la plus nombreuse lui vaudrait aussitôt le pouvoir. Il ne doutait pas que son grade et son prestige lui assureraient l'obéissance de tous les éléments mobilisés et mobilisables et la collaboration déférente des états-majors alliés. Dès lors que lui-même, Giraud, se trouverait à la tête d'une armée, et par là du pays, il traiterait le Maréchal comme un ancien très vénérable, qu'il faudrait, au besoin, libérer mais qui aurait droit seulement au piédestal. Quant au général de Gaulle, il ne pourrait rien faire d'autre que de venir se placer sous les ordres de son supérieur. Ainsi, l'unité nationale serait-elle rétablie par le fait même qu'elle se confondrait avec la hiérarchie militaire.

La manière dont le général Giraud voyait les choses ne laissa pas de m'inquiéter. Outre qu'elle répondait à une conception tant soit peu simpliste des domaines respectifs de l'armée et de la politique, outre qu'elle procédait évidemment d'une illusion quant à l'autorité naturelle que l'intéressé attribuait à sa personne, j'y voyais la source probable de divisions nationales et d'empiétements étrangers. Car, la plus grande partie de la Résistance française n'accepterait certainement pas un pouvoir fondé uniquement sur une belle carrière de soldat. D'autre part, Pétain ne manquerait pas de le condamner. Enfin, les Alliés, tenant à leur discrétion ce gouvernement sans assise, seraient portés à en abuser au détriment de la France.

Il est vrai que le général Giraud se croyait en mesure d'apporter à la coalition un avantage capital. Les rapports qui m'arrivaient à Londres m'indiquaient qu'il avait un plan de son cru[14]. Suivant Giraud, la tête de pont existait déjà et c'était la zone dite libre. Il ne tenait qu'aux Anglo-Saxons d'y arriver à un jour convenu ; lui-même se faisant fort d'assurer la couverture de leur débarquement grâce à l'armée de l'armistice dont il prendrait le commandement et que renforceraient les contingents de la Résistance. Mais, à mon sens, ce projet n'avait pas de chances de réussir. Si l'on pouvait, à la rigueur, imaginer que quelques unités de la zone « libre » suivraient, ici et là, Giraud malgré les injonctions et les malédictions que lancerait le Maréchal, il était plus que douteux que, dans l'état ultra-réduit de leur armement, ces fractions dispersées pourraient résister à la ruée de la Wehrmacht et aux coups de la Luftwaffe. Au surplus, les Alliés n'adopteraient pas un plan qui comportait, pour eux-mêmes, le plus grand risque possible. Le succès du débarquement et des opérations consécutives impliquait, en effet, l'engagement d'une aviation et d'une flotte très considérables, par conséquent l'utilisation de terrains et de ports nombreux et rapprochés. Or, si les Alliés prenaient pied dans le Midi sans s'être, au préalable, assurés de l'Afrique du Nord, ils ne disposeraient comme bases que de celles de Gibraltar et de Malte, terriblement exiguës, dépourvues et vulnérables. Quelle serait, enfin, dans cette hypothèse, l'attitude de la flotte de Toulon ? Celle-ci, sur le moment, n'obéirait qu'à Pétain et à Darlan. Or, pour peu que, suivant leurs ordres, elle s'opposât aux Alliés, l'entreprise deviendrait plus aléatoire encore.

À la fin du mois de juillet, je pressentais ce qui allait advenir. Bien qu'on nous cachât avec soin ce qu'on projetait de faire, il me paraissait très probable que les Américains borneraient leur effort de l'année à mettre la main sur l'Afrique du Nord, que les Britanniques s'en accommoderaient volontiers, que les Alliés y emploieraient le général Giraud, qu'ils me tiendraient en dehors de l'affaire et qu'ainsi ces préliminaires de notre libération, pour heureux qu'ils fussent à maints égards, comporteraient, cependant, pour nous Français, des épreuves intérieures qui dresseraient de nouveaux obstacles devant l'unité nationale.

Dans ces conditions, j'estimai n'avoir à jouer que le jeu français, puisque les autres ne jouaient que le leur. Je jugeai qu'il fallait, avant tout, renforcer la cohésion de la France Combattante, afin qu'à travers toutes les péripéties elle pût s'offrir comme un môle solide au consentement général. J'adoptai, délibérément, l'attitude raidie et durcie qu'imposait cette concentration. Pour y pousser, durant l'intermède, je décidai d'aller revoir les territoires du Levant et d'Afrique française libre, ainsi que nos troupes engagées en Orient et au Tchad. Les Alliés qui, au mois de mai, s'y étaient nettement opposés et, depuis, m'en détournaient en alléguant l'ouverture prochaine du second front, ne tentèrent pas, cette fois, d'empêcher mon voyage, ce qui, d'ailleurs, me donnait à comprendre qu'ils préparaient une opération à laquelle ils ne me mêleraient pas. D'autre part, tout en resserrant les liens intérieurs dans notre morceau d'Empire et dans notre fragment d'armée, j'entendais hâter l'unification de la Résistance en France. Comme André Philip venait d'en arriver, je le nommai, le 27 juillet, commissaire national à l'Intérieur, avec la tâche d'appuyer, par tous les moyens dont nous disposions en fait de matériel, de personnel, de propagande, la mission confiée à Jean Moulin. En même temps, je chargeai Jacques Soustelle du commissariat à l'Information[15]. Je convoquai à Londres Frenay, d'Astier, Jean-Pierre Lévy, respectivement chefs de *Combat*, *Libération* et *Franc-Tireur*, afin de les amener décidément à une action commune. Dans le but de hâter la fusion des éléments paramilitaires, je choisis le général Delestraint pour commander la future armée secrète. Enfin, voulant donner plus de poids à notre organisation, j'appelai à nous rejoindre des hommes de qualité, comme Viénot, Massigli, le général d'Astier de La Vigerie, le général Cochet, etc. Il incombait à Passy d'établir les liaisons et de régler les transports entre la France et l'Angleterre de telle sorte que je puisse fixer à chacun son rôle à mon retour d'Afrique et d'Orient.

Je partis le 5 août, ayant vu auparavant MM. Churchill et Eden et tiré de leurs propos, quelque peu embarrassés, confirmation de mon sentiment qu'ils allaient prêter la main à une entreprise contraire au pacte qui nous liait depuis juin 1940[16]. Dans l'avion qui m'emportait vers Le Caire, se trouvait M. Averell Harriman envoyé à Moscou par Roosevelt comme ambassadeur ; ce diplomate, ordinairement ouvert et disert, semblait, cette fois, replié sur un lourd secret. En passant à Gibraltar, j'eus le spectacle des vastes travaux qui y étaient engagés et je notai le comportement sibyllin du gouverneur, le général Mac Farlane, si détendu en d'autres occasions. Tous ces indices m'assuraient qu'une grande affaire se jouerait bientôt, sans nous, dans la Méditerranée. J'arrivai au Caire le 7 août.

L'ambiance y était aussi lourde que la chaleur. Les récents revers de la VIIIe armée pesaient encore sur les esprits. Bien que Rommel eût arrêté sa marche en avant depuis déjà six semaines, il était à El-Alamein, d'où le premier assaut pouvait porter, en deux heures, ses blindés à Alexandrie. Au ministère d'État, à l'ambassade, au quartier général britanniques, on observait avec inquiétude l'attitude énigmatique du roi Farouk et de beaucoup de notables égyptiens qui semblaient prêts à s'adapter à une victoire éventuelle de l'Axe. Il est vrai que Nahas Pacha[17], l'ancien adversaire des Anglais, réconcilié avec eux à l'avantage des deux parties, avait été mis par le roi à la tête du gouvernement sur la chaude recommandation de Sir Miles Lampson, ambassadeur d'Angleterre, à qui il arrivait de se rendre en audience au palais escorté d'un escadron de tanks. Nahas Pacha m'avait dit, l'année précédente : « Entre nous deux, il y a un trait commun. Vous et moi, dans notre pays, avons la majorité, pas le pouvoir. » Lui, maintenant, était au pouvoir. Mais où serait sa majorité si les forces italo-allemandes défilaient dans la capitale ?

Quant aux militaires britanniques, je trouvai le général Auchinleck tranquille, simple et droit comme naguère[18] et l'Air Marshal Tedder en pleine possession de son art et de lui-même. Mais, au-dessous d'eux, beaucoup se montraient amers et inquiets, s'attendant à de grands changements dans les hauts grades, irrités par les critiques du Parlement et des journaux de Londres, énervés par les gestes et propos désobligeants des Égyptiens qui, par exemple, affectaient d'applaudir les seules troupes françaises libres dans les rues ou les cinémas et, dès mon arrivée au Caire, répétaient que de Gaulle venait prendre le commandement en Orient. Il est vrai que, par compensation, les chefs et les états-majors voyaient affluer en Égypte les belles et bonnes troupes, les vaillantes escadrilles, le matériel de grande qualité que le gouvernement de Londres y expédiait sans lésiner en vue des prochaines revanches.

Si les Anglais semblaient partagés entre l'espoir et la mélancolie, nos hommes, eux, étaient dans l'euphorie. Bir Hakeim les avait consacrés à leurs propres yeux. J'allai les voir. Le 8 et le 11 août, Larminat me les présenta. Au cours d'une magnifique revue de la 1re division légère, je remis la croix de la Libération au général Kœnig et à quelques autres, parmi lesquels le colonel Amilakvari. J'inspectai aussi la 2e division légère, ayant à sa tête Cazaud, et le groupement mécanique de Rémy, toutes unités bien équipées et très désireuses de combattre. Nos aviateurs et nos parachutistes eurent, à leur tour, ma visite. L'ensemble constituait une force trempée par les épreuves et dont j'étais sûr que rien ne la détournerait de moi. L'aspect des bataillons, des batteries, des blindés, des services, motorisés de pied en cap, mêlant dans leurs rangs de bons soldats de toutes les races, conduits par des officiers qui, d'avance, sacrifiaient tout à la gloire et à la victoire, défilant radieux sous l'écrasant soleil du mois d'août, me comblait de confiance et de fierté. Il s'établissait entre eux et moi un contact, un accord des âmes, qui faisaient déferler en nous une espèce de vague de joie et rendaient élastique le sable que foulaient nos pas. Mais, tandis que s'éloignaient les derniers rangs de nos troupes, je revenais de ce vertige. Alors, se présentait à mon esprit la pensée des soldats, des marins, des aviateurs français qu'ailleurs des ordres absurdes destinaient à combattre les « gaullistes » et les Alliés.

À notre délégation du Caire, je pris contact avec l'importante colonie française d'Égypte. Le baron de Benoist y représentait dignement la France. Grâce à lui, que secondaient le baron de Vaux, René Filliol et Georges Gorse, nos intérêts, culturels, religieux, économiques, trouvaient un soutien efficace, en attendant que le gouvernement égyptien reconnût le Comité national français. La presse et la radio d'Égypte recevaient de notre délégué toutes indications utiles. La plupart des Français se tenaient moralement rassemblés autour de lui. En même temps, M. de Benoist, que nous ne laissions pas d'appuyer fortement de Londres, parvenait à maintenir aux services du canal de Suez leur caractère français, bien que l'Amirauté britannique les eût volontiers pris sous sa propre coupe. En fait, ce sont des Français qui ont assuré le fonctionnement du canal pendant toute la durée de la guerre ; contribution importante et méritoire à l'effort des Alliés, puisque les communications des flottes et des armées d'Orient, ainsi que les ravitaillements destinés à la Syrie, au Liban, à la Palestine, à la Transjordanie passaient par Port-Saïd, tandis que les Allemands bombardaient constamment les convois et les écluses. Aussi allai-je, à Ismaïlia, saluer le personnel du canal et visiter la petite chambre d'où Lesseps avait dirigé l'exécution de ce grandiose ouvrage, vital dans la guerre en cours.

Tout en donnant sur place aux Français Libres l'impulsion qui convenait, j'abordai avec nos alliés anglais les questions qui nous divisaient. M. Churchill se trouvait au Caire. Nous déjeunâmes ensemble le 7 août. « Je suis venu, me dit-il, pour réorganiser le commandement. En même temps, je verrai où en sont nos disputes à propos de la Syrie. Ensuite, j'irai à Moscou. C'est vous dire que mon voyage a une grande importance et me cause quelques soucis. — Il est de fait, répondis-je, que ce sont là trois graves sujets. Le premier ne regarde que vous. Pour le deuxième, qui me concerne, et pour le troisième, qui touche surtout Staline à qui vous allez sans doute annoncer que le second front ne s'ouvrira pas cette année, je comprends vos appréhensions. Mais vous les surmonterez aisément du moment que votre conscience n'a rien à vous reprocher. — Sachez, grogna

M. Churchill, que ma conscience est une bonne fille avec qui je m'arrange toujours. »

Je pus constater, en effet, que l'Angleterre continuait à traiter sans scrupule la question de la Syrie. Le 8 août, je vis M. Casey qui, bien qu'Australien, était ministre d'État dans le gouvernement de Londres et chargé, à ce titre, de coordonner les affaires britanniques en Orient. Il me parla aussitôt des élections qu'il jugeait d'urgence nécessaires dans les États du Levant. Je crus devoir fixer tout de suite mon sympathique interlocuteur. « Le Comité national français, lui dis-je, a décidé qu'il n'y aurait pas d'élections, cette année, en Syrie et au Liban, parce que la puissance mandataire n'entend pas y faire voter les gens tandis que Rommel est aux portes d'Alexandrie. Vote-t-on en Égypte, en Irak, en Transjordanie[19] ? »

Prenant, alors, l'offensive, j'énumérai au ministre d'État les griefs que nous inspirait la politique menée par l'Angleterre en dépit des accords conclus. Il m'entendit, à son tour, en tirer la même conclusion que j'avais souvent exprimée. « Il est vrai, lui dis-je, que vous êtes en ce moment, dans cette région du monde, beaucoup plus forts que nous ne le sommes. En raison de notre affaiblissement et compte tenu des crises successives qui vont, à Madagascar, en Afrique du Nord et, un jour, dans la Métropole, s'ajouter à celles où nous nous débattons, vous êtes en mesure de nous contraindre à quitter le Levant. Mais vous n'atteindrez ce but qu'en excitant la xénophobie des Arabes et en abusant de votre force à l'égard de vos alliés. Le résultat sera, pour vous, en Orient, une position chaque jour plus instable et, dans le peuple français, un ineffaçable grief à votre égard. » M. Casey, contrarié, protesta de ses bonnes intentions, tout en faisant allusion aux « responsabilités supérieures que la Grande-Bretagne exerçait dans cette zone ». Toutefois, ce jour-là, non plus que le 11 août où je le vis de nouveau[20], il ne reparla d'élections.

Le maréchal Smuts, premier ministre de l'Union sud-africaine, était au Caire, lui aussi. Nous eûmes un long entretien. Ce personnage, éminent et attrayant mais avec quelque chose d'étrange, ce héros de l'indépendance du Transvaal devenu chef du gouvernement d'un dominion de Sa Majesté, ce Boer habillé en général britannique, était, par sa valeur, de plain-pied avec tous les problèmes de cette guerre. Bien que sa capitale, Pretoria, fût aussi excentrique que possible, bien que son pays, où Blancs et Noirs se mêlaient sans s'unir, fût aux prises avec d'extrêmes difficultés raciales, bien que lui-même eût à lutter contre une opposition puissante, Smuts exerçait une réelle influence sur les dirigeants de Londres. Il devait ce privilège, non seulement au fait qu'il incarnait aux yeux des Anglais la réussite de leur conquête, mais encore à l'amitié de Churchill, capturé par lui pour quelques mois lors des combats de jadis et qui avait saisi cette occasion de le captiver lui-même pour toujours.

Le premier ministre de l'Union m'exprima l'estime qu'il portait à la France Combattante. « Si vous, de Gaulle, me dit-il, n'aviez pas rallié l'Afrique équatoriale, moi Smuts, je n'aurais pu tenir en Afrique du Sud. Car, l'esprit de capitulation ayant triomphé à Brazzaville, le Congo belge y eût, à son tour, succombé et, dès lors, les éléments qui chez moi condamnent la guerre faite aux côtés des Anglais auraient sûrement pris le dessus et pratiqué la collaboration avec les puissances de l'Axe. L'hégémonie allemande se serait établie depuis Alger jusqu'au Cap. Ne fût-ce que par votre action au Tchad et sur le Congo, vous avez rendu un grand service à notre coalition. Il est essentiel pour nous tous que votre autorité s'étende maintenant dans l'empire français et, bientôt je l'espère, en France. » Je remerciai le maréchal Smuts de cette aimable appréciation mais lui indiquai que d'autres alliés ne semblaient pas toujours la partager. Je lui en donnai pour preuves, d'abord l'action des Anglais en Syrie et au Liban[q], ensuite ce qui se passait à Madagascar, enfin l'entreprise prochaine des Anglo-Saxons en Afrique du Nord où ils tâcheraient d'instaurer un pouvoir qui ne fût pas le mien.

Smuts convint qu'il y avait là de quoi blesser la France Libre. « Mais, affirma-t-il, ces fâcheux procédés ne peuvent être qu'épisodiques. Les Américains se trompent toujours au départ. Sitôt qu'ils l'ont reconnu, ils en tirent les conséquences. Quant aux Anglais, dans la conduite de leurs affaires, entrent en jeu deux points de vue différents : celui de la routine, soutenu par les bureaux, les comités, les états-majors, et celui des vues lointaines qu'incarne de temps en temps un homme d'État, — aujourd'hui Churchill, — appuyé par le sentiment du peuple. Vous avez contre vous le premier de ces points de vue. Mais, croyez-moi, le second vous est favorable et, en dernier ressort, c'est celui-là qui s'impose toujours. »

Comme nous passions aux questions pratiques qui se posaient à Madagascar, Smuts me dit que les Anglais poursuivaient encore la chimère d'un arrangement avec le gouverneur obéissant à Vichy, qu'une fois perdue cette illusion ils reprendraient les opérations arrêtées après la prise de Diégo-Suarez, qu'ils essaieraient d'établir dans l'île une administration fonctionnant sous leur autorité directe et, qu'en définitive, ils passeraient la main au Comité national français, solution que lui-même, Smuts, recommandait depuis le premier jour. Il me donna à entendre que, dans le jeu mené à mon égard, les Britanniques réservaient comme un précieux atout le fait d'accepter, à un moment donné, que la Croix de Lorraine fût hissée sur Madagascar. Londres aurait, par là, le moyen de compenser tels désagréments que la politique alliée ménagerait, ailleurs, à la France Combattante. Pour conclure, le maréchal Smuts me promit que l'Afrique du Sud ne se prêterait à aucune dépossession de la France à Madagascar, mais, au contraire, pousserait Londres à laisser le général de Gaulle y établir son autorité. Je dois dire qu'à Pretoria les actes répondirent à cette assurance[21].

Le 12 août, je partis pour Beyrouth. Je voulais passer un mois en Syrie et au Liban, y reprendre en main les hommes et les choses, resserrer les contacts avec les gouvernements et les milieux dirigeants, réveiller le sentiment des populations, marquer dans les faits et dans les esprits la prépondérance de la France. À cet égard, l'accueil du pays fournit une démonstration aussi éclatante que possible. À Beyrouth, quand j'y entrai, ayant auprès de moi M. Alfred Naccache, président de la République libanaise, on vit se produire un extraordinaire déferlement populaire. Il en fut de même dans la Bekaa, au Liban Sud, notamment à Saïda, et chez les montagnards maronites venus en masse à Bekerbé pour entourer leur patriarche à qui je rendais visite. Accompagné du général Catroux, je parcourus le Hauran, maintenant paisible et fidèle. Puis, je gagnai le djebel Druze, territoire à tous égards volcanique. À Soueïda, après la revue des escadrons druzes, je reçus à la Maison de France les autorités et les notables, puis, au sérail, la foule ardente et pittoresque des délégués de tous les cantons. Là, au milieu d'une tempête d'acclamations, les orateurs m'affirmèrent l'attachement d'une population par qui, quelquefois, les Français furent traités moins bien.

Ayant à mes côtés le cheik El-Tageddine, président de la République syrienne, je fis mon entrée à Damas, vibrante d'un enthousiasme qu'elle ne montrait que rarement. La réception officielle par le chef de l'État et le gouvernement, les visites que me firent les corps constitués, les autorités des diverses religions, les représentants de toutes les fractions et de toutes les activités, me permirent de constater combien, depuis l'année précédente, la jeune République s'était consolidée dans sa noble capitale. Je me rendis ensuite à Palmyre, où m'attendait l'hommage des tribus bédouines. Puis, je gagnai le territoire antique et, cependant, neuf de l'Euphrate. À Deir ez-Zor, comme ailleurs, la situation, politique, administrative, économique, ne souffrait pas de comparaison avec celle que j'y avais trouvée au lendemain des tristes combats de 1941. Alep, la grande cité du Nord, où se mêlent, depuis des siècles, les courants ethniques, religieux, commerciaux qui traversent l'Asie Mineure, m'entoura de ses démonstrations. À son tour, le pays des Alaouites prodigua, en mon honneur, les témoignages de sa traditionnelle amitié pour la France. Mais c'est dans les villes de Homs et de Hama, tenues de tout temps pour les citadelles de la méfiance islamique et syrienne, que la ferveur de l'accueil, dont l'ancien président Hachem Bey-el Atassi donnait gracieusement l'exemple, parut la plus spectaculaire. Tripoli et Batroun m'offrirent, sur le chemin du retour, les preuves d'une émouvante confiance.

Cependant, sous les vagues des manifestations populaires, se découvraient les charges qui incombaient à la France mandataire. Il ne pouvait être question qu'elle en portât toujours le fardeau sur des territoires qui ne lui appartenaient pas et que les traités lui défendaient de s'attribuer. D'autre part, on voyait clairement que les élites syriennes et libanaises, quelles que fussent leurs divisions, étaient unanimes dans leur volonté d'instaurer chez elles l'indépendance, à quoi la France s'était, depuis toujours, engagée à les conduire et que je leur avais moi-même promise solennellement. Il y avait là un état d'esprit assez fort pour qu'il eût été absurde de s'y opposer. Sans doute, fallait-il sauvegarder les intérêts, économiques, diplomatiques, culturels, qui étaient le lot de la France au Levant depuis maintes générations. Mais cela semblait conciliable avec l'indépendance des États'.

Pourtant, nous n'entendions pas abolir tout à coup, à Damas et à Beyrouth, le principe de notre autorité. Y eussions-nous consenti que les Anglais auraient pris notre place en invoquant les nécessités stratégiques. J'estimais, au surplus, n'avoir pas le droit de déchirer le mandat. Outre que, de cela comme du reste, je devais compte au pays, la responsabilité internationale assumée par la France mandataire ne pouvait, sous peine d'abdication, être déposée que par accord avec les mandants, accord que les circonstances empêchaient, alors, de conclure. C'est pourquoi, tout en transmettant aux gouvernements de Damas et de Beyrouth les attributions dont nous pouvions nous dépouiller compte tenu de l'état de guerre, tout en décidant de rendre, par la voie des élections, une base normale aux pouvoirs publics dès que Rommel serait repoussé, tout en prenant l'engagement d'accomplir, quand il serait possible, les actes internationaux qui rendraient juridiquement valable le régime de l'indépendance, je ne voulais pas, pour l'instant, renoncer au droit suprême de la France en Syrie et au Liban. Quelque impatience que ce délai pût susciter parmi les politiques de profession, nous étions certains d'accomplir sans heurts graves les transitions nécessaires si l'Angleterre ne gâchait pas le jeu.

Mais elle le gâchait bel et bien. C'est ainsi que M. Naccache subissait les assauts de Spears qui excitait ouvertement ses adversaires et allait jusqu'à menacer le président parce que tels de ses ministres ne plaisaient pas aux Britanniques ou parce qu'il ne prenait pas sur lui de procéder au Liban à des élections immédiates. D'autre part, sous la pression des Anglais qui ne parlaient de rien de moins que d'interrompre tous échanges avec l'extérieur, Catroux avait accepté de les introduire dans l'office franco-syrien-libanais du blé[22]. Ils en profitaient pour contrarier le fonctionnement de l'office et provoquer l'opposition des gouvernants de Damas. Passant outre à notre droit d'option, ils avaient pris à leur compte la construction et la propriété du chemin de fer d'Haïfa à Tripoli. Comme, près de cette dernière ville, au débouché du pipe-line de l'Irak Petroleum, l'autorité française faisait fonctionner une raffinerie qui permettait de fournir le Levant d'essence par prélèvement sur la part de pétrole qui appartenait à la France, les Britanniques cherchaient par tous moyens à fermer notre établissement afin que nous-mêmes et les États du Levant fussions, en cette matière, sous leur complète dépendance. Arguant, enfin, de l'accord financier que j'avais passé avec eux le 19 mars 1941[23] et en vertu duquel leur trésorerie nous fournissait, sous forme d'avances, une partie de nos fonds publics, ils prétendaient contrôler l'emploi qui en était fait en Syrie et au Liban et, par extension, les budgets des gouvernements de Damas et de Beyrouth. Dans tous les domaines, tous les jours, partout, c'étaient, du fait de nos alliés, des ingérences multipliées par une armée d'agents en uniforme.

J'étais résolu à m'opposer à cet étouffement et, s'il devait arriver que nous succombions cependant, à faire en sorte que l'abus fût mis en pleine lumière. Ayant vérifié sur place l'état des choses, je commençai ma campagne en adressant à M. Churchill, le 14 août, une protestation formelle.

« Dès le début de mon séjour dans les États du Levant sous mandat français, lui écrivais-je, j'ai regretté de constater que les accords conclus entre le gouvernement britannique et le Comité français au sujet de la Syrie et du Liban subissent des atteintes... Les interventions constantes des représentants du gouvernement britannique... ne sont compatibles, ni avec le désintéressement politique de la Grande-Bretagne en Syrie et au Liban, ni avec le respect de la position de la France, ni avec le régime du mandat... En outre, ces interventions et les réactions qu'elles entraînent donnent à penser aux populations, dans tout l'Orient arabe, que de graves divergences compromettent ici la bonne entente entre la Grande-Bretagne et la France Combattante, cependant alliées... Je me vois amené à vous demander de rétablir dans ces pays l'application des accords dont nous avions convenu[24]... »

Le Premier Ministre reçut mon message tandis qu'il était à Moscou. Il y répondit, le 23 août, du Caire sur le chemin qui le ramenait à Londres. « Nous ne cherchons nullement à ruiner, au Levant, la position de la France... Nous reconnaissons pleinement que, dans le domaine politique, l'initiative doit rester aux autorités françaises... Nous admettons parfaitement que le mandat, au point de vue technique, ne peut prendre fin actuellement... » Mais, ayant fait sa révérence aux accords conclus, M. Churchill, comme à l'habitude, invoquait pour y contrevenir les prétentions unilatérales dont se targuait la Grande-Bretagne : « La Syrie et le Liban font partie d'un théâtre d'opérations vital et autant vaut dire chacun des événements qui se passent dans cette zone affecte directement ou indirectement nos intérêts militaires... Nous nous préoccupons de veiller à ce que notre garantie de la proclamation Catroux déclarant l'indépendance des États soit réellement suivie d'effet... Dans mon discours du 9 septembre 1941 à la Chambre des communes, j'ai précisé que la position des Français Libres en Syrie ne peut être celle dont jouissait précédemment Vichy... » M. Churchill concluait, d'une manière à dessein banale et lénitive : « Je conçois pleinement l'importance d'une étroite collaboration entre nos représentants respectifs au Levant... Notre objectif suprême est la défaite de l'ennemi[25]... »

Je m'attendais, de la part des Anglais, à ce refus déguisé de changer leur politique. Mais j'étais décidé à tirer celle-ci de l'équivoque dont elle cherchait à se couvrir. En outre, pensant à la suite, je croyais bon d'adopter une attitude générale excluant les compromis. Je télégraphiai, derechef, à M. Churchill : « Il ne m'est pas possible d'accepter votre conception suivant laquelle les ingérences politiques des représentants britanniques au Levant seraient compatibles avec les engagements pris par le gouvernement britannique relativement au respect de la position de la France et de son mandat... De plus, l'espèce de rivalité franco-britannique créée sur place par les interférences et les pressions de vos représentants est nuisible à l'effort de guerre des Nations unies... Je vous prie instamment de reconsidérer cette affaire urgente et essentielle[26]. »

En tenant ce langage, je jouais moins sur le présent, qui m'offrait peu de moyens de soutenir la querelle, que sur l'avenir où la France, peut-être, aurait de quoi la reprendre, pourvu que ceux qui parlaient en son nom eussent la fermeté voulue pour refuser l'abandon. D'autant plus que d'autres abus du même ordre étaient, au même moment, commis à Madagascar, le seraient, demain, en Afrique du Nord et risquaient, un jour, de l'être à Paris. Nous ne pourrions résister à ceux qui s'annonçaient que si nous nous opposions, dès à présent, à ceux qui étaient en cours. D'ailleurs, dépouillés pour dépouillés, il n'y avait aucune raison pour que nous nous laissions faire en silence. Je jugeai donc nécessaire de mettre l'Amérique et la Russie au courant. Si leurs gouvernements, dûment avertis, ne faisaient rien, cependant, pour amener les Britanniques à résipiscence, du moins le litige prendrait-il une résonance mondiale.

Le 16 août, j'avais reçu la visite du consul général des États-Unis, l'excellent M. Gwynn[27], venu aux nouvelles et passablement inquiet. Je ne fis rien pour le rassurer. Le 24 août, je le convoquai et lui remis une note à l'intention de son gouvernement. Le document exposait en quoi consistait l'affaire et quelles suites elle risquait d'avoir. Le lendemain, revint M. Gwynn. Il me communiqua le texte d'un télégramme adressé par M. Cordell Hull à M. John Winant, ambassadeur d'Amérique à Londres, et le chargeant de poser nettement la question aux Anglais. C'était bien là ce que je désirais. Le secrétaire d'État mandait à son ambassadeur : « Nous sommes pleinement conscients du sérieux de la situation... Le ministre britannique à Beyrouth (Spears) semble, à tout le moins, avoir conçu sa mission dans un sens plus large qu'il n'est de coutume pour un représentant diplomatique étranger... Veuillez examiner, à nouveau, cette affaire avec M. Eden... Notre gouvernement ne peut rester indifférent à une controverse qui affecte l'effort de guerre commun. »

D'autre part, M. Cordell Hull chargeait M. Gwynn « de remercier le général de Gaulle de l'avoir si complètement informé ». Mais, comme à la fin de sa missive il fallait bien un peu de venin, il l'invitait à « préciser au Général avec une égale franchise la sérieuse importance qu'attachaient les États-Unis, en tant que nation engagée dans la lutte commune, à ce que l'assurance donnée à la Syrie et au Liban soit scrupuleusement respectée[28] »...

Entre-temps, Dejean, à Londres, avait exposé nos querelles à M. Bogomolov et prévenu notre délégation de Moscou. Le 11 septembre, l'ambassadeur soviétique venait lui dire « que son gouvernement était disposé à nous aider suivant ses moyens[29] ».

Je me sentais d'autant moins porté aux ménagements que les décisions prises par les Anglo-Saxons au sujet de l'Afrique du Nord m'étaient, maintenant, connues avec certitude. Non, certes, que les Alliés me fissent rien savoir de leurs plans. Au contraire, tous ceux qui, chez eux, s'occupaient des préparatifs continuaient d'observer un silence absolu. Mais, si cette conjuration du secret nous semblait désobligeante, elle était, de surcroît, inutile. Car, d'Amérique, d'Angleterre, de France, affluaient les renseignements. Une sorte de rumeur glissait à travers le monde, tandis qu'en Orient tout ce qu'on pouvait voir montrait qu'il s'agissait bien d'une campagne africaine. Au Caire, M. Churchill, lors de son passage, avait nommé commandant en chef le général Alexander et mis Montgomery à la tête de la VIIIᵉ armée. De nombreux renforts, notamment en unités blindées, continuaient d'arriver de Grande-Bretagne. Tedder, chef de l'aviation, recevait force appareils. Tout annonçait de grands desseins qui ne visaient point l'Europe.

Le 27 août, j'étais en mesure d'annoncer à notre délégation de Londres : « Les États-Unis ont maintenant pris la décision de débarquer des troupes en Afrique du Nord française... L'opération sera déclenchée en conjugaison avec une offensive prochaine des Britanniques en Égypte... Les Américains se sont ménagé sur place des concours, utilisant la bonne volonté de nos partisans et leur laissant croire qu'ils agissaient d'accord avec nous... Le cas échéant, le maréchal Pétain donnera, sans aucun doute, l'ordre de se battre en Afrique du Nord contre les Alliés... Les Allemands trouveront dans l'affaire un prétexte pour accourir... » J'ajoutais : « Les Américains avaient, d'abord, cru qu'il leur serait possible d'ouvrir un second front en France cette année. C'est pourquoi, ayant besoin de nous, ils étaient entrés dans la voie définie par leur mémorandum du 9 juillet. Maintenant, leur plan a changé[30]... »

Tout était clair, désormais. La stratégie des Alliés se trouvait bien déterminée. Quant à leur comportement politique, il avait pour fondement l'égoïsme sacré. Aussi étais-je, moins que jamais, enclin à ajouter foi aux formules idéologiques dont ils usaient pour le couvrir. Comment prendre au sérieux les scrupules affichés par Washington, qui affectait de tenir à distance le général de Gaulle sous prétexte de laisser aux Français la liberté de choisir un jour leur gouvernement et qui, en même temps, conservait des relations officielles avec la dictature de Vichy et s'apprêtait à traiter avec quiconque ouvrirait aux troupes américaines les portes de l'Afrique du Nord ? Comment croire à la sincérité des déclarations de Londres qui, pour justifier ses interventions dans les territoires du Levant où la France était mandataire, invoquait le droit des Arabes à l'indépendance, alors qu'au même moment les Anglais mettaient en prison, aux Indes, Gandhi et Nehru, châtiaient durement, en Irak, les partisans de Rachid Ali et dictaient à Farouk, roi d'Égypte, le choix de son gouvernement ? Allons ! aujourd'hui comme hier, il n'y avait à écouter que l'intérêt de la France.

M. Casey, sur les entrefaites, crut devoir se manifester. Mais, si bonnes que fussent ses intentions, il le fit d'une manière qui ne pouvait arranger les choses. Le 29 août, il me proposa une « franche discussion » pour établir des relations plus satisfaisantes dans l'intérêt des deux pays, « car, écrivait-il, j'ai le sentiment que ces relations en Syrie et au Liban ont atteint un point critique ». Malheureusement, le ministre d'État britannique croyait devoir ajouter : « Je vous invite à me rencontrer au Caire... À défaut de cette rencontre, je serais contraint de soumettre au Premier Ministre la situation telle qu'elle m'apparaît. » Les termes de son message m'obligèrent à répondre « que j'étais prêt à discuter avec lui de ces graves affaires, mais à Beyrouth, puisqu'au cours des deux visites que j'avais eu le plaisir de lui faire au Caire nous n'avions pu nous mettre d'accord[31] »...

Ce fut, alors, M. Churchill qui entra, de nouveau, en ligne. Le 31 août, il me télégraphia, de Londres, « qu'il tenait comme moi la situation pour sérieuse..., que, d'après son sentiment, il était essentiel qu'il en discutât avec moi dans le plus bref délai possible... ; qu'il me priait de hâter mon retour à Londres et de lui faire savoir à quelle date il pourrait m'attendre ». Je ne pus que « remercier le Premier Ministre britannique de l'invitation qu'il voulait bien m'adresser... » ; lui dire que « j'entreprendrais certainement ce voyage dès que possible, mais que la situation ne me permettait pas de quitter le Levant actuellement... » ; lui répéter « qu'en tout cas, aujourd'hui encore, j'étais prêt à en discuter à Beyrouth avec M. Casey »[32]. Enfin, le 7 septembre, portant la tension à son comble, je faisais remettre à Casey par l'ambassadeur Helleu, qui m'arrivait de Téhéran, un mémorandum précisant nos griefs.

Tout en animant ainsi la controverse, je m'appliquais à éclaircir les affaires à l'intérieur du pays. Il s'agissait d'obtenir des deux gouvernements locaux qu'ils jouent fermement leur rôle, notamment dans les domaines des finances et du ravitaillement où les choses ne marchaient guère. D'autre part, il convenait de les fixer sur nos intentions à propos des élections. M. Alfred Naccache et le cheik Tageddine vinrent me voir, respectivement le 2 et le 4 septembre[33]. Je les reçus en grande pompe. L'un et l'autre me prodiguèrent des assurances de bonne volonté. De fait, ils se sentaient redressés devant leur propre tâche par la solidité de l'autorité française et n'hésitaient plus à envisager les mesures susceptibles d'établir l'équilibre des budgets, de faire marcher l'office du blé, de limiter la spéculation. D'accord avec eux et avec le général Catroux, je maintins la décision prise par le Comité national de ne faire procéder qu'au cours de l'été suivant à la consultation électorale. Mais, alors, celle-ci aurait lieu, à moins d'évolution fâcheuse de la conjoncture stratégique.

Pendant le temps que je passai à Beyrouth, je pris de nombreux contacts, suivant la coutume d'Orient où il paraît à la fois malhabile et malséant de juger et de trancher sans avoir recueilli les avis et prodigué les égards. À la résidence des Pins, où je m'étais installé, passèrent beaucoup de visiteurs ; les uns et les autres m'affirmant leur désir de voir dans leur pays l'État s'acquitter pleinement de ses obligations, mais chacun se faisant l'apôtre de tel ou tel des particularismes qui, depuis l'aurore de l'Histoire, empêchaient qu'il en fût ainsi ; tous me confirmant dans ma conviction que la Syrie et le Liban, accédant à l'indépendance, avaient tout à gagner, rien à perdre, à la présence de la France.

Les avantages que cette présence valait aux deux pays étaient incontestables et, au surplus, incontestés. Qu'il s'agît de services publics, de grands travaux, d'œuvres d'enseignement, d'établissements hospitaliers, du concours des Français, à titre de conseillers, dans les administrations, l'instruction publique, la justice, le service d'ordre, les travaux publics, des relations, professionnelles, intellectuelles, familiales, nouées par des gens de chez nous avec des Syriens et des Libanais, ces mille liens répondaient, de part et d'autre, à l'intérêt et au sentiment. De maints bureaux, chantiers, écoles, cercles, hôpitaux, qui reçurent ma visite, tout le monde pensait et disait qu'il fallait les maintenir, quelque régime qu'on appliquât aux relations politiques futures entre Paris, Damas et Beyrouth.

Bien entendu, je tâchais aussi de donner à l'organisation militaire la plus forte impulsion possible. La plupart des éléments de l'armée proprement française se trouvaient alors en Égypte. Nous n'avions laissé sur place que quelques détachements. Cette extrême exiguïté des effectifs français prouvait, du reste, que l'autorité de la France avait d'autres bases que la seule force. Il incombait donc aux troupes « spéciales », c'est-à-dire syriennes et libanaises, d'assurer la sécurité immédiate des deux États. Or, celle-ci pouvait être, à tout moment, mise en cause. En effet, vers cette fin de l'été 1942, la Wehrmacht pénétrait au cœur du Caucase, tandis que l'armée italo-allemande du désert menaçait le delta du Nil. Que l'ennemi remportât la victoire sur l'un ou l'autre de ces théâtres, l'Asie Mineure lui serait ouverte. C'est pourquoi, nous ne cessions de déployer nos efforts pour accroître la valeur des forces autochtones du Levant.

Ainsi, se formaient des embryons d'armées ; la Syrie fournissant neuf bataillons d'infanterie, un régiment de cavalerie, trois groupements d'escadrons en partie motorisés ; le Liban, trois bataillons de chasseurs ; tandis que deux groupes d'artillerie, un bataillon de chars, des unités du génie, de transport, de transmissions, restaient communs aux deux pays. De l'école militaire de Homs sortait chaque année une belle et bonne promotion. Il est vrai que quelques officiers français concouraient à l'encadrement des troupes spéciales. Mais on voyait pousser dans leurs rangs des officiers de valeur, soit syriens comme les colonels Znaïm et Chichakli, soit libanais comme les colonels Chehab et Naufal. Le matériel repris à Dentz nous permettait de pourvoir ces troupes d'un armement et d'un équipement honorables, dont le parc d'artillerie de Beyrouth, doté d'un très bon outillage, assurait l'entretien.

Je me fis à moi-même l'honneur d'inspecter les éléments, français, syriens, libanais, restés à la garde du Levant sous le commandement du général Humblot pour les forces de terre, du capitaine de frégate Kolb-Bernard pour la marine, du lieutenant-colonel Gence pour l'aviation. C'étaient vingt-cinq mille hommes dévoués qui protégeaient les deux États de tout coup de main de l'ennemi et, avec les gendarmeries locales, suffisaient à maintenir l'ordre dans un pays formé, depuis des millénaires, de fractions inconciliables, étendu comme le tiers de la France, ayant 2 500 kilomètres de frontières et voisin de régions : Irak, Transjordanie, Palestine, où régnait une chronique agitation. Le fait que le Levant sous mandat français fût, dans cette période de la guerre, aussi calme et tenu par des troupes aussi sûres aidait notablement la stratégie des Alliés, en ôtant à leurs armées, qui se battaient en Égypte, en Libye, en Éthiopie, tout souci sérieux sur leurs arrières, en affermissant les Turcs dans leur refus de livrer passage aux Allemands, en détournant d'actes hostiles l'ensemble des peuples arabes secoués par les événements.

Cependant, si rempli que fût mon voyage, les problèmes restaient en suspens. J'avais pu changer l'atmosphère et donner un coup de barre qui nous faisait gagner du temps. Comment obtenir davantage dès lors que je n'apportais aucun renfort d'hommes ni d'argent ? Une politique vaut par ses moyens. En Orient, plus sûrement encore qu'ailleurs, le rapport des forces finirait par trancher, non point l'argumentation.

Un visiteur de marque vint d'Amérique me le confirmer. C'était Wendell Wilkie. Le parti républicain l'avait opposé à Roosevelt pour l'élection présidentielle de novembre 1940. Maintenant, le Président, voulant marquer que la guerre faisait l'union sacrée, mandatait son adversaire de la veille pour s'informer à travers le monde auprès de ceux qui menaient le jeu. Wendell Wilkie avait demandé à passer au Levant, en route pour aller voir Staline et Chang Kaï-chek. Il arriva le 10 septembre et demeura vingt-quatre heures, pendant lesquelles il fut mon hôte[x].

À sa demande[y], je lui exposai les conditions de la présence française au Levant. Mais Wendell Wilkie, qui y venait pour la première fois, était déjà, apparemment, fixé sur tous les points. Revenu à Washington, il affecta d'être convaincu, à la façon sommaire de l'opinion américaine, qu'il n'y avait dans les frictions de Beyrouth qu'un épisode de la rivalité entre deux colonialismes également détestables. Au[z] sujet de ma personne, il ne se déroba point, dans le livre qu'il signa à son retour, au conformisme plaisantin de la malveillance. Comme, à Beyrouth, nous nous étions entretenus dans le bureau du haut-commissaire, pourvu naguère par M. de Martel d'un mobilier de style Empire, il me représenta singeant les manières de Napoléon. Comme je portais la tenue de toile blanche, réglementaire l'été pour les officiers français, il y vit une ostentation imitée de Louis XIV. Comme l'un des miens avait parlé de « la mission du général de Gaulle », M. Wilkie insinua que je me prenais pour Jeanne d'Arc[aa]. À cet égard, le concurrent de Roosevelt était aussi son émule[34].

Cependant, le jour même où je conférais avec l'envoyé du Président, un fait nouveau concernant la France apparaissait sur l'écran de l'actualité. À l'aurore du 10 septembre, les Anglais avaient repris l'action à Madagascar. Ayant constaté, en effet, qu'après cinq mois de négociations, ils ne pouvaient obtenir du gouverneur général Annet aucune garantie sérieuse, qu'à tout moment Vichy était susceptible de laisser les Japonais se servir de l'île et que le ministère Laval avait donné l'ordre de laisser faire ceux-ci le cas échéant, nos alliés se décidaient à l'occuper eux-mêmes.

Cette fois encore, ils allaient opérer sans le concours des

Forces françaises libres. Mais, du moins et par contraste avec ce qui s'était passé lors de l'attaque de Diégo-Suarez, nous avaient-ils avisés avant que les faits s'accomplissent. Le 7 septembre, M. Eden, exprimant à Pleven et à Dejean l'irritation de son gouvernement quant à mon attitude au Levant, laissait prévoir qu'un événement prochain à Madagascar exigerait qu'on s'entendît. Le 9 septembre, appelant auprès de lui nos deux commissaires nationaux, il leur faisait connaître « que les troupes britanniques devaient débarquer le lendemain à Majunga, que son gouvernement avait l'intention arrêtée de reconnaître l'autorité du Comité national français sur Madagascar dès que serait terminée la campagne militaire et qu'il serait désireux d'entreprendre avec moi, dès que possible, des négociations pour un accord à ce sujet ». Le 10 septembre, Londres annonçait que les forces britanniques avaient pris pied à Majunga et « qu'une administration amie, désireuse de collaborer pleinement avec les Nations unies et de contribuer à la libération de la France, serait établie dans l'île ». Le 11, M. Strang déclarait à Maurice Dejean : « Dans l'esprit du gouvernement britannique, le Comité national français doit être " l'administration amie " mentionnée dans le communiqué. Il ne dépend que de vous qu'il en soit ainsi. Quant à nous, nous sommes convaincus que nous pouvons arriver à une entente[35]. »

Je décidai de me rendre à Londres[36]. Sans doute y trouverais-je une atmosphère désagréable. Sans doute y eût-il eu pour moi, à certains égards, avantage à résider dans un territoire de souveraineté française quand serait déclenchée l'opération américaine en Afrique du Nord. Sans doute le règlement de l'affaire de Madagascar ne se ferait-il pas sans délais et sans douleurs. Mais l'enjeu était tel que je ne pouvais hésiter. J'adressai donc à M. Eden un message de bonne volonté, lui disant « que j'avais pris connaissance des rapports de Pleven et Dejean et que mon intention était de me rendre prochainement à son aimable invitation et à celle du Premier Ministre ». Il me répondit aussitôt : « Je serai heureux de discuter avec vous de nos relations au Levant et de la future administration civile de Madagascar, conformément à ce qui a été envisagé dans ma conversation du 9 septembre avec MM. Pleven et Dejean. »

Avant de gagner l'Angleterre, j'allai passer une dizaine de jours en Afrique française libre. Là, comme en Orient, j'entendais resserrer la cohésion de la France Combattante à la veille d'événements qui risqueraient de l'ébranler et fixer leur mission à nos forces militaires dans la grande entreprise prochaine. Pour la première fois, je pus gagner le Congo en partant de la Syrie sans recourir aux avions britanniques. C'est qu'en effet, sous la direction du colonel de Marmier, secondé par le colonel Vachet, plusieurs lignes aériennes françaises recommençaient à fonctionner, soit d'Alep et de Deir ez-Zor à Damas et à Beyrouth, soit de Damas à Brazzaville, soit entre Fort-Lamy, Bangui, Brazzaville, Pointe-Noire et Douala, grâce à quelques avions civils récupérés au Levant, mais surtout aux huit appareils Lockheed obtenus des États-Unis en échange de l'autorisation que nous leur avions donnée d'utiliser la base de Pointe-Noire[37] et au personnel d'Air France qui, longtemps, s'était morfondu en Argentine et au Brésil et nous avait, maintenant, ralliés. Le 13 septembre, par un vol sans escale de trois mille kilomètres, je me rendis de Damas à Fort-Lamy, marquant par là qu'il était possible de circuler entre le Taurus et l'Atlantique sans se poser ailleurs qu'en terre française libre.

À Fort-Lamy, Leclerc m'attendait. Épiant la reprise de l'offensive en Libye, il achevait la mise en condition de ses forces du désert. Une fois encore, j'allai voir les colonnes motorisées, escadres formées de véhicules de combat et de transport, armées et outillées pour le grand large, dotées d'équipages avides d'aventures lointaines, prêtes, sous les ordres des Ingold, des Delange, des Dio, des Massu, à quitter sans retour les ports de Faya, Zouar, Fada, pour naviguer et combattre sur l'océan des pierres et des sables. Je visitai le petit corps motorisé qui se disposait à saisir Zinder[38] en partant des bords du lac Tchad. Je pris contact, à Douala, Libreville, Pointe-Noire, Bangui, Brazzaville, avec les fractions diverses des deux brigades destinées, l'une à se rendre à Tananarive, l'autre à gagner, à l'occasion, Cotonou, Abidjan ou Dakar. Le colonel Carretier tirait le meilleur parti des éléments d'aviation laissés par nous sous l'équateur. Le capitaine de frégate Charrier, avec quatre petits navires, quelques avions et des postes de garde, surveillait la longue côte du Cameroun, du Gabon et du Bas-Congo. L'artillerie, l'intendance, le service de santé, faisaient des prodiges pour fournir à tous le nécessaire, malgré les distances et le climat. Chacun pressentait impatiemment les opérations qui allaient se déclencher entre l'Atlantique et le Nil et dont l'ennemi lui-même montrait qu'il les attendait en bombardant Fort-Lamy.

Le 22 septembre, sous forme d'une « Instruction personnelle et secrète[39] », je fixai à Leclerc sa mission. Il avait à s'emparer des oasis du Fezzan, à en organiser l'administration au nom de la France, puis à en déboucher pour atteindre Tripoli, tout en s'assurant de Ghât et Ghadamès. L'opération devait se déclencher dès que la VIIIe armée britannique aurait repris la Cyrénaïque et pénétrerait en Tripolitaine. Leclerc ne serait subordonné aux généraux Alexander et Montgomery qu'une fois effectuée sa jonction avec leurs forces. Alors, il participerait, sous leur commandement stratégique, à la bataille éventuelle de Tunisie. D'autre part, dans le cas où les gens de Vichy s'opposeraient au débarquement et où, aidés par les Allemands, ils livreraient bataille aux Alliés, nous devrions leur arracher les territoires français à notre portée. D'ailleurs, nos missions : Ponton en Gold Coast et Adam en Nigéria, nous ménageaient, en Côte d'Ivoire, en Haute-Volta, au Togo, au Dahomey, au Niger, les intelligences utiles. Mon instruction prescrivait donc à Leclerc de porter ses troupes, le cas échéant, en Afrique occidentale française en commençant par le Niger. Enfin, il lui fallait préparer les unités destinées à Madagascar pour y servir de noyau au futur regroupement militaire. C'était beaucoup de choses à la fois. Mais nous ne doutions de rien. Les Français Libres d'Afrique constituaient un faisceau qu'aucune épreuve ne pourrait rompre.

Quant aux Africains autochtones, leur loyalisme ne laissait rien à désirer. Qu'il s'agît des souverains et chefs traditionnels, comme les sultans du Ouadaï, du Kanem, de Fort-Lamy, le notable Orahola à Fort-Archambault, à Maho le bey Ahmed, naguère chassé du Fezzan par les Italiens, le chef Mamadou M'Baiki à Bangui, la reine des Batékés au Congo, le roi des Vilis à Pointe-Noire, le prince Félix au Gabon, le chef supérieur Paraiso à Douala, le roi des Abrons, évadé de la Côte d'Ivoire avec les siens pour rallier le général de Gaulle, etc. ; ou des évolués appartenant à l'administration, à l'armée, au commerce, à l'enseignement ; ou de la masse des humbles : cultivateurs, soldats, ouvriers, serviteurs, ils faisaient leur la cause de la France Combattante et assumaient avec conviction une large part de ses sacrifices. Mais, en même temps, un frisson d'espérance et de libération humaine faisait frémir les Africains. Le drame qui ébranlait le monde, l'épopée quelque peu merveilleuse que les « gaullistes » avaient entreprise sur leur propre continent, le spectacle des efforts que suscitait la guerre et qui modifiaient les conditions de leur existence, faisaient que, dans les cases et les campements, dans la savane et la forêt, dans le désert et au bord des fleuves, des millions d'hommes noirs, jusqu'alors courbés sous une misère millénaire, levaient la tête et interrogeaient leur destin.

Le gouverneur général Éboué s'appliquait à diriger ce mouvement venu des profondeurs. En humaniste convaincu, Éboué tenait la tendance pour salutaire, puisqu'elle visait à élever les populations au-dessus de ce qu'elles étaient, mais, en grand administrateur, il estimait que l'autorité française devait en tirer parti. Il ne reculait aucunement devant la transformation, matérielle, morale, politique, qui s'apprêtait à pénétrer l'impénétrable continent. Mais, cette révolution, il voulait qu'elle prît la marque de l'Afrique elle-même et que les changements apportés à la vie, aux mœurs, aux lois, loin d'abolir les règles ancestrales, fussent au contraire accomplis en respectant les institutions et les cadres coutumiers. C'est par là que, suivant Éboué, on servirait le progrès de l'Afrique, la puissance et le rayonnement de la France, l'association des races. Lui-même engageait dans cette voie l'administration dont il était le chef. Il lui donnait, en conséquence, ses directives pour ce qui concernait le commandement des territoires et des cercles, les conditions du travail des indigènes, la justice, la police, les prestations. À Brazzaville, je l'en félicitai. Sa manière de voir répondait à la mienne. Dans ce domaine, comme dans les autres, l'unité de la France Combattante paraissait solidement cimentée.

25 septembre ! arrivée à Londres. D'un seul coup, tout est changé. Elles sont loin les terres fidèles, les troupes ardentes, les foules enthousiastes, qui, hier encore, m'entouraient du réconfort de leur dévouement. À présent, voici, de nouveau, ce qu'on appelle le pouvoir dépouillé des contacts et des témoignages qui viennent, parfois, l'adoucir. Il n'est plus ici que dures affaires, âpres négociations, choix pénibles entre des hommes et des inconvénients. Encore, ai-je à porter la charge au cœur d'un pays, amical, certes, mais étranger, où tout le monde poursuit un but et parle un langage qui ne sont pas les nôtres et où tout me fait sentir que l'enjeu est sans proportion avec nos pauvres moyens[ab].

La reprise du contact avec le gouvernement britannique ne pouvait être que rude. Le 29 septembre[40], accompagné de Pleven, je me rendis au 10 Downing Street, où nous attendaient Churchill et Eden. Il était à prévoir que les ministres anglais exhaleraient leur irritation au sujet des affaires du Levant. Nous étions disposés à leur manifester la nôtre. Après quoi, on pouvait supposer que la conversation prendrait un tour pratique. Peut-être, en particulier, le règlement du problème de Madagascar serait-il, tout au moins, ébauché. Mais, cette fois et par le fait du Premier Ministre, l'âpreté alla croissant. M. Churchill commença, il est vrai, par me remercier d'être venu à Londres à son invitation. J'accueillis ce compliment avec un humour égal à celui qui l'inspirait. Puis, le Premier britannique engagea avec moi, au sujet de l'Orient, l'ordinaire confrontation de nos griefs respectifs. Il en vint à dire que le gouvernement britannique exigeait qu'il y eût, cette année même, des élections en Syrie et au Liban, ce qui m'amena à lui répondre qu'il n'y en aurait pas. Il conclut cet échange de diatribes en affirmant qu'aucun accord n'était possible avec moi dans le domaine de la collaboration franco-britannique au Levant. « Nous en prenons acte », dit-il. Ce à quoi je n'objectai rien.

Il aborda, ensuite, la question de Madagascar. Mais ce fut pour déclarer : « Étant donné l'état des choses à Damas et à Beyrouth, nous ne sommes nullement pressés d'ouvrir à Tananarive un nouveau théâtre de coopération avec vous... Je ne vois pas pourquoi nous y instaurerions nous-mêmes un commandement gaulliste. »

J'accueillis fort mal cette déclaration qui me semblait contenir, tout à la fois, la négation d'un engagement de l'Angleterre et l'intention d'un marchandage dont nous aurions à faire les frais. Pleven ne cacha pas, non plus, son sentiment sur ce point. M. Churchill s'en prit alors à moi sur un ton acerbe et passionné. Comme je lui faisais observer que le fait d'instituer à Madagascar une administration contrôlée par les Britanniques serait une atteinte aux droits de la France, il s'écria avec fureur : « Vous dites que vous êtes la France ! Vous n'êtes pas la France ! Je ne vous reconnais pas comme la France ! » Puis, toujours véhément : « La France ! Où est-elle ? Je conviens, certes, que le général de Gaulle et ceux qui le suivent sont une partie importante et respectable de ce peuple. Mais on pourra, sans doute, trouver en dehors d'eux une autre autorité qui ait, elle aussi, sa valeur. » Je le coupai : « Si, à vos yeux, je ne suis pas le représentant de la France, pourquoi et de quel droit traitez-vous avec moi de ses intérêts mondiaux ? » M. Churchill garda le silence.

M. Eden intervint alors et ramena la discussion sur le sujet du Levant. Il répéta les motifs que l'Angleterre prétendait avoir de s'y mêler de nos affaires. Puis, s'emportant à son tour, il se plaignit amèrement de mon comportement. M. Churchill surenchérit, criant que « dans mon attitude d'anglophobie j'étais guidé par des soucis de prestige et par la volonté d'agrandir, parmi les Français, ma situation personnelle ». Ces imputations des ministres anglais me parurent inspirées par leur désir de se créer des griefs justifiant, tant bien que mal, le fait que la France Combattante allait être tenue en dehors de l'Afrique du Nord française. Je le leur dis sans ambages. L'entretien, parvenu à ce point, ne pouvait plus servir à rien. On en convint et on se sépara.

Les semaines qui suivirent furent tendues à l'extrême. La malveillance nous entourait. Les Anglais allèrent jusqu'à suspendre, pendant onze jours, l'envoi des télégrammes adressés, de Londres, par le Comité national aux autorités françaises en Afrique, au Levant, au Pacifique. Le Foreign Office, concentrant sur Maurice Dejean la pression de ses bureaux et agitant devant lui le spectre de la rupture — épouvante suprême des diplomates — l'impressionna suffisamment pour l'amener à envisager quelles concessions nous pourrions faire afin de rétablir les bons rapports. Des concessions ? Je n'en voulais pas ! Dejean quitta donc son emploi[41]. Il le fit avec dignité et, quelques semaines plus tard, devint notre représentant auprès des gouvernements réfugiés en Grande-Bretagne. Pleven, transmettant les Finances à Diethelm, prit l'intérim des Affaires étrangères, en attendant l'arrivée de Massigli que je faisais venir de France[42].

Cependant, suivant l'usage, la tempête se calma bientôt. Les postes émetteurs de Londres voulurent bien, de nouveau, laisser partir nos télégrammes. M. Churchill, le 23 octobre, m'envoya M. Morton[43], son chef de cabinet, pour me féliciter de l'exploit du sous-marin français *Junon* qui venait de couler deux grands navires ennemis près de la côte de Norvège, m'exprimer les remerciements du gouvernement britannique pour la contribution importante et sanglante que nos troupes avaient prise, la veille, à l'offensive alliée d'El-Alamein, me faire part, enfin, des bons sentiments que lui-même, Churchill, n'avait jamais cessé de me porter. Le 30 octobre, le maréchal Smuts, qui était venu à Londres, ayant demandé à me voir, m'affirma que les Britanniques étaient décidés à reconnaître l'autorité de la

France Combattante à Tananarive. Il ajouta qu'il en serait de même, tôt ou tard, en Afrique du Nord[44]. Quelques jours auparavant, le Foreign Office s'était, effectivement, résolu à ouvrir avec nous des négociations pour un accord sur Madagascar.

On nous proposa, d'abord, qu'une fois notre administration mise en place, le commandement britannique exerçât sur celle-ci un droit de contrôle et, qu'en outre, les Anglais eussent en propre la disposition de toutes les bases, communications, transmissions, existant dans l'île. Nous repoussâmes ces prétentions. Suivant nous, l'autorité française à Madagascar devait être souveraine dans le domaine politique et administratif. Quant à la défense éventuelle de l'île, nous proposions que le commandement stratégique, en cas d'opérations menées contre l'ennemi commun, fût exercé par un officier général britannique tant que les Anglais auraient sur place plus de moyens que nous. Si le rapport des forces venait à changer, un Français prendrait la direction. D'autre part, il appartiendrait à l'autorité française de prêter à nos alliés, suivant leurs besoins, le concours de nos établissements et de nos services publics. D'avance, j'avais désigné le général Legentilhomme comme haut-commissaire pour l'océan Indien avec les plus larges pouvoirs civils et militaires. En même temps, Pierre de Saint-Mart, gouverneur de l'Oubangui, était choisi pour devenir gouverneur général de Madagascar. L'un et l'autre partiraient dès que la fin des opérations dans la grande île et l'aboutissement de nos propres négociations avec les Anglais leur permettraient d'exercer effectivement leurs fonctions.

Le gouvernement britannique se déclara bientôt d'accord avec nous sur l'essentiel. Il faut dire qu'à Madagascar même, à mesure que s'y évanouissait Vichy, les Anglais découvraient, chez les Français comme chez les autochtones, le désir quasi unanime de se rallier au général de Gaulle. Si le cabinet de Londres différait encore la solution, c'était manifestement dans l'intention de nous l'offrir, à titre d'apaisement, lorsque le débarquement allié à Alger et à Casablanca provoquerait dans nos relations les secousses qu'on pouvait prévoir. Aussi, quand le 6 novembre, lendemain du jour où l'armistice était conclu à Madagascar, M. Eden, tout sucre et miel, me proposa de publier un communiqué conjoint[45] du gouvernement britannique et du Comité national français annonçant le départ prochain du général Legentilhomme, j'en conclus qu'en Afrique du Nord les faits allaient s'accomplir.

D'autres s'en doutaient aussi, qui tenaient à nous donner des preuves de leur préférence. Le 6 août, alors que je volais vers l'Orient, le président Benès avait solennellement déclaré à Maurice Dejean « qu'il considérait le Comité national français, sous la direction du général de Gaulle, comme le véritable gouvernement de la France ». Il priait le commissaire aux Affaires étrangères de me demander, de sa part, si nous ne jugions pas le moment venu de répudier, au nom de la France, les accords de Munich et les amputations qui en étaient résultées pour la Tchécoslovaquie. J'avais répondu favorablement. À mon retour, je vis Benès et nous nous mîmes aisément d'accord. L'aboutissement fut, le 29 septembre, un échange de lettres entre moi-même et Mgr Shramek, président du Conseil tchécoslovaque. J'y déclarai : « Le Comité national français, rejetant les accords de Munich, proclame qu'il considère ces accords comme nuls et non avenus... et qu'il s'engage à faire tout ce qui sera en son pouvoir pour que la République tchécoslovaque, dans ses frontières d'avant 1938, obtienne toutes garanties concernant sa sécurité, son intégrité et son unité. » Par la réponse de Mgr Shramek, le gouvernement tchécoslovaque s'engageait, de son côté, à faire tous ses efforts pour que « la France fût restaurée dans sa force, son indépendance et l'intégrité de ses territoires métropolitains et d'outre-mer ». Le lendemain, parlant à la radio, je rendis publiques ces promesses réciproques et en soulignai la portée morale et politique[46].

De Moscou, nous vinrent également des signes encourageants. Le gouvernement soviétique, sachant ce que les Anglo-Saxons comptaient faire en Afrique du Nord, voyant quelle était, à notre égard, l'attitude des États-Unis, discernant, par les rapports que Litvinov envoyait de Washington, l'intention de Roosevelt de devenir l'arbitre entre les fractions françaises, éprouvait[a] de sérieuses inquiétudes devant cette tendance américaine à l'hégémonie. M. Bogomolov me fit entendre, de la part de son gouvernement, que la Russie, engagée dans une bataille à mort contre l'envahisseur, ne pouvait actuellement intervenir d'une manière directe, mais qu'elle n'en désapprouvait pas moins cette politique des Anglo-Saxons et qu'à la limite elle saurait s'y opposer. Le 28 septembre, Moscou, par un communiqué largement répandu, publiait que l'Union soviétique reconnaissait la France Combattante comme « l'ensemble des citoyens et des territoires français qui, par tous les moyens en leur pouvoir, contribuent, où qu'ils se trouvent, à la libération de la France » et le Comité national comme « l'organe directeur de la France Combattante, ayant seul qualité pour organiser la participation des citoyens et des territoires français à la guerre ». Aux yeux de la Russie, il ne pouvait donc y avoir, entre Vichy et la France Combattante, ni troisième force, ni troisième pouvoir[47].

Il faut dire que si l'Amérique, nouvelle vedette de l'Histoire du monde, pouvait se croire en mesure de diriger la nation française, les États européens, après l'expérience des siècles, n'avaient point cette illusion. Or, la France avait choisi d'elle-même. Les renseignements qui en arrivaient chaque jour démontraient, en effet, que la résistance ne cessait pas d'y grandir, qu'autant vaut dire tous ceux qui y prenaient part avaient moralement rallié le général de Gaulle et que tout gouvernement bâti en dehors de lui serait rejeté par la masse dès l'instant de la libération.

La façon dont se comportaient dans la Métropole les occupants et leurs collaborateurs poussait, d'ailleurs, à cette évolution. Le 22 juin, Laval déclarait, à l'indignation générale : « Je souhaite la victoire de l'Allemagne. » En juillet, une « légion »[48] formée de jeunes Français était engagée en Russie sous les ordres et l'uniforme allemands. Au mois d'août, le Maréchal promulguait une loi mettant fin à « l'activité » des bureaux des deux Chambres, lesquels, jusque-là, affectaient de subsister. Du coup, les parlementaires maudissaient le régime qu'ils avaient eux-mêmes institué[49]. Une lettre publique de protestation était adressée au Maréchal par M. Jeanneney, président du Sénat, et M. Herriot, président de la Chambre. Ce dernier, ayant renvoyé sa croix de la Légion d'honneur, pour marquer sa réprobation de voir décorer des « volontaires » combattant les Russes, était arrêté peu après, tandis que MM. Paul Reynaud, Daladier, Blum, Mandel, le général Gamelin, etc., demeuraient au fond des prisons où Vichy les avait jetés au lendemain de son avènement, sans que la justice les eût condamnés, ni même normalement inculpés. Au cours de l'été, s'aggravait la persécution des Juifs[50], menée par un « commissariat » spécial de concert avec l'envahisseur. En septembre, comme le Reich exigeait de la France une main-d'œuvre sans cesse plus nombreuse et que les ouvriers volontaires n'y suffisaient pas, on procédait à une levée obligatoire de travailleurs. Le montant total des frais d'occupation atteignait 200 milliards au début de ce mois, soit le double de ce qu'il était en septembre de l'année d'avant. Enfin, la répression allemande redoublait de violence. Pendant ces quatre mêmes semaines, un millier d'hommes étaient fusillés, dont cent seize au mont Valérien ; plus de six mille allaient en prison ou aux camps de concentration.

À mon retour du Levant et d'Afrique, je trouvai, m'attendant à Londres, des témoins et des témoignages qu'on ne pouvait récuser. Frenay, chef de *Combat*, d'Astier, chef de *Libération*, me firent leur rapport sur l'action en zone non occupée. Leurs comptes rendus mettaient en relief l'ardeur des organisations et la pression de la base vers l'unité, mais aussi l'individualisme extrême des dirigeants d'où résultaient leurs rivalités. Cependant, en découvrant les obstacles que nos alliés nous opposaient et dont, en France, on ne se doutait guère, en apprenant, en particulier, ce qui allait se passer en Algérie et au Maroc, ces responsables purent mesurer à quel point était nécessaire la cohésion dans la Métropole.

Je leur donnai pour instruction de hâter la formation, autour de Jean Moulin, du Conseil national de la résistance qui comprendrait les représentants de tous les mouvements, syndicats et partis. Je les pressai, également, de se résoudre à verser à l'armée secrète, qui allait être instituée, leurs éléments de combat. Ceux-ci dépendraient alors, dans chaque région, d'une autorité unique : le délégué militaire, nommé par moi. Pour la zone occupée, je chargeai Rémy d'y porter les mêmes directives à nos mouvements : « Organisation civile et militaire », « Ceux de la Libération », « Ceux de la Résistance », « Libération-Nord », « La Voix du Nord »[51], et même à l'organisation des « Francs-Tireurs et Partisans » qui, menée par les communistes, demandait à nous être rattachée.

Bien entendu, nous ne manquions pas de faire connaître à Londres et à Washington ce qu'on nous rapportait de France. Frenay et d'Astier voyaient les ministres et les services anglais, ainsi que les diplomates et informateurs américains. André Philip partait pour Washington, bardé de preuves et de documents et chargé de remettre à Roosevelt une lettre du général de Gaulle lui exposant les réalités de la situation française[52]. Mendès France, évadé de la Métropole, remplissait aux États-Unis une mission destinée à renseigner les ignorants. Félix Gouin, arrivé en août et mandaté par les socialistes, apprenait au parti travailliste que, chez nous, l'ancienne gauche se rangeait à présent sous la Croix de Lorraine. Peu après, Brossolette, revenant de zone occupée, amenait avec lui Charles Vallin, l'un des espoirs de l'ancienne droite et de la ligue des Croix de Feu[53]. Vallin, naguère adepte du régime de Vichy, reniait maintenant son erreur. Ce patriote ardent, cet apôtre de la tradition, se ralliait à moi de toute son âme. Il en exposait publiquement les raisons, puis allait prendre au combat le commandement d'une compagnie. Le général d'Astier de La Vigerie, le général Cochet, grands chefs de l'aviation, nous rejoignaient à leur tour. Les communistes n'étaient point en reste ; de France, ils s'apprêtaient à envoyer auprès de nous Fernand Grenier[54], tandis qu'à Moscou André Marty venait voir et revoir notre délégué Garreau pour lui dire qu'il se tenait à ma disposition. Enfin, des hommes aussi divers que Mandel, Jouhaux, Léon Blum, alors détenus par Vichy, ou bien Jeanneney, Louis Marin, Jacquinot, Dautry, Louis Gillet, etc., m'adressaient leurs avis ainsi que leur adhésion[55].

Ainsi, quelles que fussent les difficultés immenses de l'action en France, en raison des dangers et des pertes, de la concurrence des chefs, des entreprises séparées de certains groupes qu'employait l'étranger[56], la cohésion de la Résistance ne cessait pas de s'affermir. Ayant pu lui assurer l'inspiration et la direction qui la sauvaient de l'anarchie, j'y trouvais, au moment voulu, un instrument valable dans la lutte contre l'ennemi et, vis-à-vis des Alliés, un appui essentiel pour ma politique d'indépendance et d'unité.

Nous voici aux premiers jours de novembre 1942. D'un moment à l'autre, l'Amérique va commencer sa croisade[57] en Occident et diriger vers l'Afrique ses navires, ses troupes, ses escadrilles. Depuis le 18 octobre[58], les Britanniques, aidés par des forces françaises, entreprennent de chasser de Libye les Allemands et les Italiens pour se joindre, plus tard, en Tunisie, à l'armée des États-Unis et, peut-être, à une armée française. Là-bas, sur la Volga et au fond du Caucase, l'ennemi s'épuise contre la puissance russe.

Quelle chance, encore, s'offre à la France ! Pour ses fils dans le malheur, comme tout serait, maintenant, clair et simple, n'étaient les démons intérieurs qui s'acharnent à les diviser et le mauvais génie qui pousse l'étranger à se servir de leurs querelles. Ce n'est pas sans anxiété que j'attends le lever du rideau sur le nouvel acte du drame. Mais je me sens sûr des miens. Je crois qu'ils sont sûrs de moi. Je sais vers qui la France regarde. Allons! Qu'on frappe les trois coups!

TRAGÉDIE

Toute la journée du 7 novembre, les postes radio d'Amérique et d'Angleterre répètent : « Robert arrive! Robert arrive! » À les entendre, je ne doute pas que ce « Robert » — prénom de Murphy — soit le terme convenu pour désigner la force américaine à ceux des Français d'Afrique dont on s'est ménagé l'appui. C'est donc que le débarquement commence. La matinée du lendemain nous en apporte la nouvelle.

À midi, je suis à Downing Street où Churchill m'a prié de venir. Il a Eden auprès de lui. Pendant la conversation, le Premier Ministre va me prodiguer des marques d'amitié, sans me cacher, toutefois, qu'il se sent quelque peu gêné. Il me dit que, si la flotte et l'aviation anglaises jouent un rôle essentiel dans l'opération engagée, les troupes britanniques, elles, n'y agissent qu'à titre d'appoint. Pour le moment, la Grande-Bretagne a dû laisser aux États-Unis la responsabilité entière. Eisenhower a le Commandement. Or, les Américains exigent que les Français Libres soient exclus. « Nous avons été, déclare M. Churchill, contraints d'en passer par là. Soyez assuré, cependant, que nous ne renonçons aucunement à nos accords avec vous. C'est à vous que nous avons, depuis juin 1940, promis notre soutien. Malgré les incidents qui ont pu se produire, nous entendons continuer. D'ailleurs, à mesure que l'affaire prendra son développement, nous, Anglais, devrons entrer en ligne. Nous aurons, alors, notre mot à dire. Ce sera pour vous appuyer. » Et M. Churchill ajoute, en donnant des signes d'émotion : « Vous avez été avec nous dans les pires moments de la guerre. Nous ne vous abandonnerons pas dès lors que l'horizon s'éclaircit[1]. »

Les ministres anglais m'exposent alors que les Américains sont en train de débarquer en plusieurs points du Maroc, ainsi qu'à Oran et à Alger. L'opération ne va pas sans douleur, notamment à Casablanca où les forces françaises résistent avec vigueur. Le général Giraud s'est embarqué au large de la côte d'Azur sur un sous-marin britannique qui l'a amené à Gibraltar. Les Américains comptaient sur lui pour prendre le commandement des troupes françaises d'Afrique du Nord et retourner la situation. Mais, déjà, sa réussite paraît douteuse. « Saviez-vous, me dit encore Churchill, que Darlan est à Alger[2] ? »

Aux explications de mes interlocuteurs, je réponds en substance ceci : « Le fait que les Américains abordent l'Afrique, où vous Anglais, et nous Français Libres, luttons depuis plus de deux ans, est par lui-même très satisfaisant. J'y vois aussi, pour la France, la possibilité de recouvrer une armée et, peut-être, une flotte qui combattront pour sa libération. Le général Giraud est un grand soldat. Mes vœux l'accompagnent dans sa tentative. Il est dommage que les Alliés l'aient détourné de se mettre d'accord avec moi, car j'aurais pu lui procurer d'autres concours que des souhaits[3]. Mais, tôt ou tard, nous nous entendrons et d'autant mieux que les Alliés s'en mêleront moins. Quant à l'opération actuellement engagée, je ne suis pas surpris qu'elle soit dure. Il y a, en Algérie et au Maroc, beaucoup d'éléments militaires qui nous ont, l'an dernier, combattus en Syrie et que vous en avez laissé partir en dépit de mes avertissements. D'autre part, les Américains ont voulu, en Afrique du Nord, jouer Vichy contre de Gaulle. Je n'ai jamais cessé de croire que, le cas échéant, ils devraient le payer. De fait, voici qu'ils le paient et, bien entendu, nous Français devons le payer aussi. Toutefois, étant donné les sentiments qui sont au fond de l'âme de nos soldats, je crois que la bataille ne sera pas de longue durée. Mais, si brève qu'elle soit, les Allemands vont accourir. »

J'exprime, alors, à MM. Churchill et Eden mon étonnement de constater que le plan des Alliés ne vise pas, avant tout, Bizerte. Car c'est évidemment par là que les Allemands et les Italiens vont arriver en Tunisie. Faute, pour les Américains, de vouloir courir le risque d'y aborder directement, on aurait pu, pour peu qu'on me l'eût demandé, y débarquer la division Kœnig. Les ministres anglais l'admettent, tout en répétant que l'opération est sous la responsabilité des Américains. « Je comprends mal, leur dis-je, que vous, Anglais, passiez aussi complètement la main dans une entreprise qui intéresse l'Europe au premier chef[a]. »

M. Churchill me demande comment j'envisage la suite en ce qui concerne les rapports de la France Combattante et des autorités d'Afrique du Nord. Je lui réponds que, pour moi, il ne s'agit que de faire l'unité. Cela implique que des relations puissent s'établir au plus tôt[4]. Cela implique également qu'à Alger le régime et les personnages marquants de Vichy soient écartés de la scène, car la Résistance tout entière n'admettrait pas qu'ils fussent maintenus. Si, par exemple, Darlan devait régner sur l'Afrique du Nord, il n'y aurait pas d'accord possible. « Quoi qu'il en soit, dis-je enfin, rien n'importe aujourd'hui davantage que de faire cesser la bataille[b]. Pour le reste, on verra après. »

Le soir, m'adressant par radio « aux chefs, soldats, marins, aviateurs, fonctionnaires, colons français d'Afrique du Nord », je leur crie : « Levez-vous ! Aidez nos alliés ! Joignez-vous à eux sans réserve ! Ne vous souciez pas des noms, ni des formules ! Allons ! Voici le grand moment. Voici l'heure du bon sens et du courage… Français d'Afrique du Nord, que par vous nous rentrions en ligne d'un bout à l'autre de la Méditerranée, et voilà la guerre gagnée grâce à la France[c5] ! »

En fait, les informations qui parviennent à Carlton Gardens indiquent que les Américains continuent de se heurter partout à une sérieuse résistance. Sans doute, les intelligences qu'ils s'étaient d'avance assurées ont-elles effectivement joué. Sans doute, le général Mast, commandant la division d'Alger, et le général de Monsabert, commandant la subdivision de Blida, ainsi que les colonels Jousse, Baril, Chrétien, le capitaine de frégate Barjot, etc., ont-ils pu, pendant quelques heures, leur faciliter les choses, tandis qu'à Casablanca le général Béthouart essayait, en vain, d'en faire autant. Sans doute, des groupes de « gaullistes », agissant sous la conduite des Pauphilet, Vanhecke, Achiary, Esquerre, Aboulker, Calvet, Pillafort, Dreyfus, dont les deux derniers seront tués dans l'affaire, sont-ils momentanément parvenus à occuper à Alger certains bâtiments administratifs et même à tenir, toute une nuit, l'amiral Darlan en résidence obligée à la villa des Oliviers[6]. Sans doute, quelques notables, tels que MM. Rigault, Lemaigre-Dubreuil, de Saint-Hardouin, qui avaient négocié avec les Américains, jouent-ils sur place le rôle prévu en matière de renseignements et de liaison. Sans doute, enfin, la proclamation de Giraud[7] — qui ne fait aucune mention de la France Combattante — est-elle largement diffusée par radio et tracts américains, tandis que des officiers dévoués et des résistants de toutes sortes organisent pour lui à Dar-Mahidine un poste de commandement. Mais, dans l'ensemble, il est clair que le plan préparé par Leahy, Murphy et Clark pour permettre aux Alliés de débarquer sans coup férir et les messages adressés par Roosevelt à Pétain, à Noguès, à Estéva n'ont pas eu le résultat cherché.

Le 9 novembre, la situation est rien moins que brillante. Les autorités de Vichy ont partout gardé ou repris le dessus. Le Maréchal a donné l'ordre formel de combattre « l'assaillant ». À Gibraltar, le général Giraud, s'apercevant que les Alliés ne se soucient nullement de se placer sous son commandement, n'est pas encore parti pour l'Afrique du Nord, où du reste, sa proclamation n'a produit aucun effet. À Alger, Darlan, bien qu'il vienne d'ordonner le « cessez le feu » à la garnison, laisse partout ailleurs s'exécuter le « plan de défense » et continue de se réclamer de Pétain et de Laval. À Oran, on se bat sans aucun ménagement. Mais c'est surtout au Maroc que s'acharne la bataille. Casablanca, Port-Lyautey, Fédala, sont le théâtre de durs combats. À Tunis, enfin, a atterri l'amiral Platon, dépêché par Vichy pour prescrire à l'amiral Estéva, résident général, et à l'amiral Derrien, préfet maritime à Bizerte, de livrer passage aux Allemands. Ceux-ci, en effet, dans le courant de la journée, débarquent leurs parachutistes sur le terrain d'El-Alaouina sans essuyer un seul coup de fusil.

Ce soir-là, les mines sont longues dans les milieux alliés de Londres. On s'y demande si l'entreprise ne va pas aboutir à une lutte prolongée entre les troupes françaises et celles d'Eisenhower et à l'irruption, dans toute la région, des forces ennemies auxquelles se joindraient, bon gré mal gré, les Espagnols.

Mais, sur place, le bon sens l'emporte. Le général Juin, qui commandait en chef jusqu'à l'arrivée de Darlan et en second dès lors que celui-ci est présent en Afrique du Nord, discerne à quel point est absurde le combat livré aux Alliés et quelles conséquences désastreuses entraînerait le déferlement des Allemands et des Italiens. Il sait que telle est l'opinion profonde de ses subordonnés. Il presse Darlan de prescrire un « cessez le feu » général, ce à quoi celui-ci se résout le 10 novembre. Juin prend alors contact avec Giraud qui, finalement, a gagné Dar-Mahidine. Le recevant aux Oliviers, il lui indique qu'il se tient prêt à lui laisser sa propre place. Il donne au général Barré, commandant les troupes en Tunisie, l'ordre de grouper ses forces vers Medjez el-Bab et de s'y mettre en mesure d'ouvrir le feu sur les Allemands. Le 11 novembre, dans la matinée, la lutte a partout cessé entre Français et Alliés.

Elle a coûté cher. Du côté français, trois mille hommes ont été tués ou blessés. Quant aux navires, sont coulés ou irrémédiablement avariés : le croiseur *Primauguet*, les contre-torpilleurs *Albatros*, *Épervier*, *Milan*, sept torpilleurs, dix sous-marins, bon nombre de petits bâtiments, avisos, patrouilleurs, escorteurs, ainsi que plusieurs cargos. En outre, le cuirassé *Jean-Bart* est fortement endommagé ; deux sous-marins ont gagné Toulon où ils seront, bientôt, sabordés. Enfin, sur les 168 avions basés au Maroc et en Algérie, 135 ont été détruits au sol ou bien au combat. Du côté allié, les pertes s'élèvent à plus de trois mille tués, blessés, disparus. La marine britannique a perdu les destroyers *Broke* et *Malcolm*, les escorteurs *Walney* et *Hartland* et plusieurs navires transporteurs. Dans la flotte américaine, le cuirassé *Massachusetts*, les croiseurs *Wichita* et *Brooklyn*, les destroyers *Murphy* et *Ludlow* ont subi d'importantes atteintes ; une centaine de petits bâtiments, utilisés pour le débarquement, sont détruits en mer ou sur les plages ; 70 avions sont abattus[d].

Tandis que s'éteignent[e] ces absurdes combats, je me soucie de prendre contact avec l'Afrique du Nord française. Dès l'après-midi du 9 novembre, je convoque l'amiral Stark. Il se présente, les larmes aux yeux, rempli d'émotion, me dit-il, par mon appel radiodiffusé de la veille, mais aussi fort impressionné par la lutte franco-américaine à laquelle il ne croyait pas. « Eisenhower, m'indique l'amiral, en est, lui aussi, surpris et désolé. — Je voudrais, lui dis-je, envoyer une mission à Alger. Je demande au gouvernement des États-Unis de prendre les dispositions voulues pour que cette mission puisse atteindre sa destination. » Stark me promet de le faire. Le lendemain, j'écris à Churchill pour le prier d'intervenir dans ce sens auprès de Roosevelt et je désigne Pleven, Billotte, d'Astier et Frenay pour partir au premier signal[g].

Le 11 novembre, a lieu une grande réunion que les « Français de Grande-Bretagne » ont prévue depuis longtemps. Jamais l'Albert Hall ne contint plus de monde. Évidemment, la pensée de l'Afrique du Nord plane sur la foule.

En la voyant et en l'entendant, je sens que, sous la houle de l'enthousiasme, les esprits sont partagés entre la joie et l'anxiété. S'il est clair qu'on espère l'union, on ne laisse pas de redouter que de Gaulle et la France Combattante soient entraînés dans quelque basse combinaison. Comme, du haut d'une galerie, un général en retraite, réfugié en Angleterre, élève la voix pour m'adjurer de me soumettre à Giraud, le pauvre homme est, à l'instant même, arraché de sa place par des groupes exaspérés et précipité au-dehors où le poursuit la clameur publique[9].

Dans mon discours, j'affirme notre but au milieu des événements qui s'accomplissent ou qui s'annoncent. Je le fais assez modérément pour tenir les portes ouvertes aux hommes de bonne volonté, mais aussi assez nettement pour qu'on sache que ce qui est dit c'est cela même qui sera fait. Pour commencer, je salue la phase nouvelle de la guerre où, après tant de reculs, la balance des forces penche enfin vers la liberté. Je constate que, comme toujours, au centre du drame est la France. Puis, appelant à l'unité, je crie : « La France ! c'est-à-dire une seule nation, un seul territoire, une seule loi ! » Et de montrer comment notre peuple, dispersé par le désastre, se rassemble dans la résistance et que, ce mouvement national, ce qui le guide et l'encadre c'est la France Combattante et rien d'autre.

« Le ciment de l'unité française, dis-je, c'est le sang des Français qui n'ont jamais, eux, tenu compte de l'armistice, de ceux qui, depuis Rethondes[10], meurent tout de même pour la France... Le centre autour duquel se refait l'unité, c'est nous, c'est la France qui combat. À la nation mise au cachot, nous offrons, depuis le premier jour, la lutte et la lumière et c'est pourquoi la nation plébiscite la France Combattante tous les jours... Aussi, prétendons-nous rassembler tout notre peuple et tous nos territoires... Aussi, n'admettons-nous pas que quiconque vienne diviser l'effort de guerre de la patrie par aucune de ces entreprises dites parallèles, c'est-à-dire séparées, dont l'expression sourde mais puissante de la volonté nationale saurait, d'ailleurs, faire justice... Aussi est-ce au nom de la France que parle le Comité national français, quand il requiert de tous leur concours pour arracher à l'ennemi et à Vichy notre pays qu'ils écrasent, pour rétablir intégralement les libertés françaises et pour faire observer les lois de la République. » Je termine en m'écriant : « Un seul combat, pour une seule patrie ! »

Les assistants ont bien compris que, dans le jeu difficile qui s'engage, je suis prêt à m'unir à quiconque le mérite mais que je n'abandonnerai rien de ce que j'ai, une fois pour toutes, pris en charge. Une immense clameur m'apporte l'approbation de cette assemblée de Français. Après quoi, j'aurai à constater que, chez les Alliés, l'effet produit est très différent/. Leurs dirigeants et porte-parole, soupirant et hochant la tête, blâmeront notre intransigeance.

Eux-mêmes sont moins difficiles. Assurément, les Américains, sur lesquels les Anglais s'alignent, ont été étonnés et contrariés de l'échec de Giraud. Mais, puisque Eisenhower n'a pas trouvé d'autre moyen de faire cesser la résistance que de s'entendre avec Darlan, eh bien, c'est avec lui que l'Amérique fera affaire ! Le 10 novembre, le général Clark, recevant communication de l'ordre de « cessez le feu » que vient de donner l'amiral, déclare sur le ton du vainqueur qui dispose du vaincu que, dans ces conditions, « toutes les autorités civiles et militaires sont maintenues dans leurs fonctions ». Le 13 novembre, Noguès, Châtel, Bergeret[11], se réunissent autour de Darlan. Il est entendu entre eux que l'amiral devient haut-commissaire pour l'Afrique du Nord. Boisson se placera bientôt sous son obédience. Giraud, isolé du côté des vichystes aussi bien que des « gaullistes », l'a fait, lui, immédiatement, moyennant quoi il est nommé commandant en chef des troupes. Le 15, Darlan fait l'annonce de ces mesures et proclame qu'elles sont prises « au nom du Maréchal ».

Vu l'impureté de leurs sources, il faut bien, en effet, leur donner une apparence de légalité. Aussi déclare-t-on que Noguès, ayant reçu du Maréchal, lors de la détention momentanée de Darlan, une délégation de pouvoirs, l'a transmise à l'amiral qui se trouve ainsi réinvesti. Mais, bientôt, cette casuistique ne suffit plus, même aux moins scrupuleux. En effet, Pétain lui-même, après des conseils agités où, suivant nos informations, Weygand et Auphan l'ont adjuré d'approuver le « cessez le feu » en Afrique du Nord, tandis que Laval exigeait qu'il le condamne, a pris ce dernier parti. Par la voie de la radio et de la presse, il s'indigne hautement de la « félonie » de ses proconsuls. Il déclare que « Darlan a failli à sa mission ». Il fait publier une lettre que Giraud lui avait écrite, le 4 mai, pour s'engager sur l'honneur à ne faire jamais rien qui contrariât sa politique non plus que celle de Laval. Il fait connaître qu'il prend lui-même le commandement des armées françaises. Il réitère son ordre de combattre les Anglo-Saxons et de laisser la voie libre aux forces de l'Axe. Le 1er décembre, l'amiral Platon, ministre du Maréchal et chargé par lui « de la coordination des affaires militaires des trois armes », s'adressant par radio aux troupes d'Afrique, déclare : « C'est en France, qu'après tant d'épreuves, le Maréchal et son gouvernement vont reconstituer l'armée nationale... La France reconquerra l'Afrique. Vous verrez alors fuir les traîtres dans les fourgons étrangers[12]. »

Il faut donc trouver un autre subterfuge pour « légitimer » l'autorité de Darlan. On alléguera un télégramme, expédié par un subordonné et dont nul, jamais, ne publiera le texte, ni le nom du signataire[13], mais dont la simple évocation permettra au clan des augures d'insinuer, pour la galerie, que Pétain donne à l'amiral son approbation secrète. Enfin, l'argument suprême de ceux que Vichy appelle « les parjures » sera, qu'en raison de l'occupation de la zone Sud, le Maréchal est, désormais, à la merci des Allemands, qu'il ne peut plus donner d'ordres valables et que, par suite, l'autorité appartient à ceux à qui il l'avait conférée quand il était libre.

Il n'en faut pas davantage pour que le président Roosevelt surmonte, à l'égard de Darlan, les scrupules démocratiques et juridiques que, depuis plus de deux années, il opposait au général de Gaulle. Par son ordre, Clark reconnaît le haut-commissaire et entame avec lui des négociations qui aboutissent, le 22 novembre, à un accord en vertu duquel Darlan gouverne et commande pourvu qu'il donne satisfaction à ses vainqueurs anglo-saxons. Sans doute, le Président fait-il publier une déclaration affirmant que les arrangements politiques conclus entre Eisenhower et Darlan ne sont « qu'un expédient temporaire ». Mais recevant, le 23, André Philip et Tixier et s'irritant de leurs protestations, il leur crie : « Bien entendu, je traite avec Darlan, puisque Darlan me donne Alger ! Demain, je traiterai avec Laval si Laval me donne Paris ! » Il ajoute, cependant : « Je voudrais beaucoup voir le général de Gaulle pour discuter de tout cela et je vous demande de lui dire combien serait souhaitable sa visite à Washington[14]. » Enfin, le 7 décembre, Darlan, ayant obtenu l'accord des Alliés, se décrète chef de l'État français en Afrique du Nord et commandant en chef des forces terrestres, navales et aériennes avec l'assistance d'un « Conseil impérial » composé de Noguès, Giraud, Châtel, Boisson et Bergeret.

Tandis qu'à Alger, Casablanca, Dakar, les gens en fonction font demi-tour pour garder leur place, en France même se déclenche la réaction de l'ennemi. Les forces allemandes déferlent sur la zone « libre ». Vichy interdit qu'on leur résiste. L'« armée de l'armistice » doit déposer les armes en attendant qu'on la démobilise. Le général de Lattre, qui s'était fait quelque illusion, tente vaillamment d'appliquer le plan de défense et d'occuper, avec les troupes de la région de Montpellier, une position dans la montagne Noire. Il est aussitôt désavoué, abandonné de tous, mis en prison. C'est de là qu'il entre en contact avec la France Combattante qui, plus tard, aidera à son évasion et le fera venir à Londres où il se ralliera à moi une fois pour toutes. Le général Weygand, qui a tenté d'aller s'abriter à Guéret, a été arrêté par la Gestapo et conduit en Allemagne[15]. Ainsi achève de se dissiper, sans que Vichy ait fait, ni laissé, tirer sur l'ennemi un seul coup de feu, la mensongère fiction d'indépendance dont ce régime s'était couvert pour justifier sa capitulation et tromper tant de bons Français. Des apparences de sa souveraineté il ne reste plus que la flotte de Toulon. Ce ne sera pas pour longtemps.

Cette flotte, dont une partie, à tout instant disponible, a pour chef l'amiral de Laborde et dont une autre, plus ou moins désarmée, dépend directement de l'amiral Marquis, préfet maritime, demeure, en effet, sous l'obédience de Pétain, se refuse à gagner l'Afrique en dépit des adjurations de Darlan et voit les Allemands arriver à portée immédiate du port. L'accord « de neutralité[16] » que Vichy a conclu avec l'ennemi contribue à détourner nos marins de quelque ultime sursaut. C'est l'étape vers l'anéantissement. J'en suis, pour ma part, d'autant plus convaincu, qu'ayant écrit secrètement naguère à l'amiral de Laborde[17] pour tâcher de l'éclairer sur la voie commandée par l'honneur et le devoir, j'ai su qu'il s'est répandu en propos outrageants à mon égard et a menacé mon émissaire, le colonel Fourcault, non toutefois sans conserver ma lettre. Dès le 26 novembre, les Allemands se ruent sur Toulon pour y saisir nos bateaux.

Comme ils ont, à l'avance, occupé les hauteurs qui dominent l'arsenal, installé des bombardiers à proximité immédiate du port, semé des mines dans la rade, la flotte française est à leur merci. Aussi, le Maréchal, ses ministres, le préfet maritime, le commandant en chef de la flotte, paralysés par les conséquences de leur propre abandon, ne trouvent[g] rien à prescrire à ces puissants navires de guerre que de s'envoyer eux-mêmes par le fond. Trois cuirassés : *Dunkerque, Strasbourg, Provence*, 8 croiseurs : *Colbert, Dupleix, Foch, Algérie, Jean-de-Vienne, La Galissonnière, Marseillaise, Mogador*, 17 contre-torpilleurs, 16 torpilleurs, 16 sous-marins, 7 avisos, 3 patrouilleurs, une soixantaine de transports, pétroliers, dragueurs, remorqueurs, commettent ainsi, par ordre, le suicide le plus lamentable et le plus stérile qu'on puisse imaginer. Encore, 1 contre-torpilleur, 1 torpilleur, 5 pétroliers, n'ont-ils pu être sabordés et serviront aux Allemands. Seuls, 5 sous-marins, à l'initiative de leurs vaillants commandants, sont passés à la « dissidence » et ont tenté la sortie : *Casabianca*, commandant Lherminier ; *Glorieux*, commandant Meynier ; *Marsouin*, commandant Mine, parviennent à rallier Alger. *Iris*, commandant Degé, doit, faute de combustible, se réfugier dans un port espagnol. *Vénus*, commandant Crescent, coule en rade. Quant à moi, submergé de colère et de chagrin, j'en suis réduit à voir sombrer au loin ce qui avait été une des chances majeures de la France, à saluer par les ondes les quelques épisodes courageux qui ont accompagné le désastre et à recevoir au téléphone les condoléances, noblement exprimées mais sourdement satisfaites, du Premier Ministre anglais[18].

Cependant, le tour des événements ne laissait pas de renforcer partout la cohésion des Français qui, déjà, tenaient pour de Gaulle et de lui rendre favorables beaucoup de ceux qui ne l'étaient pas. Les ultimes abandons de Vichy et l'occupation totale de la Métropole achevaient, en effet, de montrer qu'il n'y avait pour le pays de salut que par la résistance. D'autre part, l'avènement de Darlan en Afrique du Nord avec l'appui des Américains provoquait une indignation générale. À ce point que, jamais encore, je n'avais sur aucun sujet rencontré parmi les nôtres une pareille unanimité.

Sans doute, des gens — c'était notre cas — qui voyaient leurs alliés traiter avec les opposants se sentaient-ils frustrés et dépités. Mais, dans leur réprobation, il y avait aussi la révolte de l'idéalisme. Par exemple, c'était avec colère que nous entendions les speakers de la radio américaine, retransmise par la B.B.C., nasiller la devise des émissions de la France Libre : « Honneur et Patrie ! » pour annoncer les propos, faits et gestes de l'amiral Darlan. Enfin, percevant les réactions du peuple qui, au fond de ses épreuves, condamnait à la fois le régime de la défaite et celui de la collaboration, nous étions sûrs que si de Gaulle s'effaçait ou, pire encore, s'il se compromettait c'était l'idéologie communiste qui l'emporterait dans les masses dégoûtées. Le Comité national en était convaincu. Nos compagnons, où qu'ils fussent, n'en doutaient pas davantage. Pour cette raison, comme pour beaucoup d'autres, je m'appuyais sur un bloc sans fissures quand j'avisais les gouvernements de Washington et de Londres qu'il n'y avait pas la moindre chance d'un arrangement entre la France Combattante et le « haut-commissaire » d'Afrique du Nord.

Dès le 12 novembre, j'invitai l'amiral Stark à le dire, de ma part, à son gouvernement. À Washington, Philip et Tixier tenaient un langage identique, le 13 à Sumner Welles, le 14 à Cordell Hull. Le 20, le colonel de Chevigné le répétait à MacCloy. Le 23[19], Philip et Tixier l'affirmaient très haut à Roosevelt[20]. Le 16 novembre, j'avais été voir MM. Churchill et Eden, qui m'avaient prié à un entretien[21] dès qu'était parvenue à Londres la proclamation de Darlan annonçant qu'il gardait le pouvoir au nom du Maréchal et avec l'accord des Alliés. Il faut dire que cette nouvelle avait causé un profond mécontentement dans beaucoup de milieux britanniques et même au sein du cabinet anglais et qu'on percevait à Londres les échos d'une opinion scandalisée. L'atmosphère, ce jour-là, était donc plus tendue que jamais et le Premier Ministre, sans toutefois désavouer Roosevelt, tenait à marquer quelques réserves vis-à-vis de la politique suivie par le Président.

Il me déclara, tout de go, qu'il comprenait et partageait mes sentiments, mais que ce qui comptait, d'abord, c'était de chasser d'Afrique les Allemands et les Italiens. Il me garantit que les dispositions prises à Alger par Eisenhower étaient essentiellement temporaires et me donna à lire les télégrammes échangés à ce sujet entre lui-même et Roosevelt. « C'est, affirma-t-il, sous la condition qu'il ne s'agit que d'un expédient que l'Angleterre a donné son consentement. »

« Je prends acte, dis-je aux ministres anglais, de la position britannique. La mienne est très différente. Vous invoquez des raisons stratégiques, mais c'est une erreur stratégique que de se mettre en contradiction avec le caractère moral de cette guerre. Nous ne sommes plus au dix-huitième siècle où

Frédéric payait des gens à la cour de Vienne pour pouvoir prendre la Silésie, ni au temps de la Renaissance italienne où on utilisait les sbires de Milan ou les spadassins de Florence. Encore, ne les mettait-on pas ensuite à la tête des peuples libérés. Aujourd'hui, nous faisons la guerre avec l'âme, le sang, la souffrance des peuples. » Je montrai, alors, à Churchill et à Eden les télégrammes reçus de France et qui traduisaient la stupeur de l'opinion. « Songez, leur dis-je, aux conséquences que cela risque d'entraîner. Si la France devait, un jour, constater que, du fait des Anglo-Saxons, sa libération c'est Darlan, vous pourriez peut-être gagner la guerre au point de vue militaire, vous la perdriez moralement et, en définitive, il n'y aurait qu'un seul vainqueur : Staline. »

On parla, ensuite, d'un communiqué[22] que le Comité national français publiait pour faire connaître qu'il n'avait rien de commun avec les combinaisons des Alliés à Alger. Pour que la diffusion fût large, il fallait que nous disposions des antennes de la B.B.C. Je demandai au Premier Ministre de ne pas s'y opposer, bien que la radio de Londres fût, pour ce qui concernait la question de l'Afrique du Nord, subordonnée aux Américains. « C'est entendu, répondit Churchill. Je vais, d'ailleurs, télégraphier à Roosevelt que le général de Gaulle doit avoir les moyens de rendre publique sa position. »

Comme on allait se séparer, Eden, ému jusqu'aux larmes, me prit à part pour me dire à quel point il était personnellement troublé. Je lui répondis que, le connaissant, je n'en étais pas surpris, car, « d'homme à homme, nous devions convenir que cette affaire n'était pas propre[23] ». L'attitude d'Eden me confirma dans mon sentiment que lui-même et, sans doute, une partie du cabinet anglais répugnaient à suivre aussi volontiers que Churchill la politique des Américains.

Après le déjeuner à Downing Street, où toute la bonne grâce de Mme Churchill eut fort à faire pour animer la conversation parmi les dames, inquiètes, et les hommes, lourdement soucieux, le Premier Ministre et moi reprîmes en tête à tête l'entretien. « Pour vous, me déclara Churchill, si la conjoncture est pénible, la position est magnifique. Giraud est, dès à présent, liquidé politiquement. Darlan sera, à échéance, impossible[24]. Vous resterez[b] le seul. » Et d'ajouter : « Ne vous heurtez pas de front avec les Américains. Patientez ! Ils viendront à vous, car il n'y a pas d'alternative. — Peut-être, dis-je. Mais, en attendant, que de vaisselle aura été cassée ! Quant à vous, je ne vous comprends pas. Vous faites la guerre depuis le premier jour. On peut même dire que vous êtes, personnellement, cette guerre. Votre armée avance en Libye. Il n'y aurait pas d'Américains en Afrique si, de votre côté, vous n'étiez pas en train de battre Rommel. À l'heure qu'il est, jamais encore un soldat de Roosevelt n'a rencontré un soldat d'Hitler, tandis que, depuis trois ans, vos hommes se battent sous toutes les latitudes. D'ailleurs, dans l'affaire africaine, c'est l'Europe qui est en cause et l'Angleterre appartient à l'Europe. Cependant, vous laissez l'Amérique prendre la direction du conflit. Or, c'est à vous de l'exercer, tout au moins dans le domaine moral. Faites-le ! L'opinion européenne vous suivra. »

Cette sortie frappa Churchill. Je le vis osciller sur son siège. Nous nous séparâmes, après avoir convenu qu'il ne fallait pas laisser la crise présente rompre la solidarité franco-britannique et que celle-ci demeurait, plus que jamais, conforme à l'ordre naturel des choses dès lors que les États-Unis intervenaient dans les affaires du vieux monde.

Dans la soirée, la radio de Londres publia, comme je l'avais demandé, que « le général de Gaulle et le Comité national ne prenaient aucune part et n'assumaient aucune responsabilité dans les négociations en cours à Alger » et que, « si ces négociations devaient conduire à des dispositions conservant le régime de Vichy en Afrique du Nord, celles-ci ne seraient évidemment pas acceptées par la France Combattante ». Notre communiqué concluait : « L'union de tous les territoires d'outre-mer dans le combat pour la libération n'est possible que dans des conditions conformes à la volonté et à la dignité du peuple français. »

Mais la bonne velléité anglaise ne devait pas résister longtemps à la pression américaine. Trois jours après, le cabinet britannique nous refusait l'utilisation de la B.B.C. pour diffuser une déclaration faite à l'appui de la nôtre par les organisations de résistance françaises. Il s'agissait d'une note, envoyée de France à l'adresse des gouvernements alliés et signée par les représentants des trois mouvements de la zone Sud : « Combat », « Libération », « Franc-Tireur », du « Mouvement ouvrier français » groupant la C.G.T. et les syndicats chrétiens, de quatre partis politiques : Comité d'action socialiste, Fédération républicaine, Démocrates populaires, Radicaux. La note déclarait : « Le général de

Gaulle est le chef incontesté de la Résistance et, plus que jamais, groupe tout le pays derrière lui… En aucun cas, nous n'admettrons que le ralliement des responsables de la trahison militaire et politique soit considéré comme une excuse pour les crimes passés… Nous demandons instamment que les destins de l'Afrique du Nord française libérée soient, au plus tôt, remis entre les mains du général de Gaulle. » Les censeurs venus de Washington avaient mis leur veto à la publication de ce document[25].

Le 21 novembre, je rencontrai moi-même leur opposition. Dans une allocution destinée à la nation française et qui était déjà enregistrée par la B.B.C., je demandais « si la libération nationale devrait être déshonorée ? » et[i], bien sûr, je répondais : « Non ! » Quelques instants avant l'heure de la diffusion, M. Charles Peake vint me dire que « par application des arrangements pris entre les Alliés et pour des raisons militaires, la radio de Londres ne pouvait procéder à des émissions concernant l'Afrique du Nord sans l'accord du gouvernement des États-Unis, qu'au sujet de mon allocution cet accord était demandé, mais que la réponse exigeait des délais dont s'excusait le gouvernement britannique ». Ce furent donc les postes radio de la France Combattante, à Brazzaville, Douala et Beyrouth, soustraits, eux, à toute ingérence étrangère, qui diffusèrent mon message et celui de la Résistance[26].

Le 24 novembre[27], au cours d'une de nos entrevues, M. Churchill crut devoir, non sans quelque embarras, me parler du retard mis par la B.B.C. à diffuser mon discours. « Comme les problèmes qui y sont traités, me dit-il, mettent en jeu la vie des soldats américains et britanniques, j'ai jugé bon de télégraphier au président Roosevelt pour avoir son approbation. Il ne l'a pas encore donnée. — Je n'ignore pas, répondis-je, qu'en territoire britannique la radio ne m'appartient pas. » Mais le comportement de Churchill me faisait voir qu'elle ne lui appartenait pas non plus.

Ainsi, au milieu des secousses, je tâchais d'être inébranlable. C'était, d'ailleurs, par[j] raisonnement autant que par tempérament. Car le système bâti à Alger me semblait trop artificiel pour résister longtemps au bélier des événements, quelque appui qu'il reçût du dehors. Les hommes qui le dirigeaient se trouvaient, d'une manière évidente, en porte à faux par rapport à chacune des tendances de l'opinion. Opposés qu'ils étaient à de Gaulle, maudits par Pétain, alarmant les attentistes, aucun courant ne portait, aucune mystique n'appuyait des chefs dont on voyait trop bien que chacune de leurs attitudes successives procédait d'une spéculation. Pourquoi donc concéder quelque chose à cette oligarchie sans avenir et sans espoir ? D'autant moins que, dans l'instant même où elle s'instaurait à Alger, ailleurs des échéances bien préparées nous faisaient grandir nous-mêmes. Aussitôt après le débarquement des Américains au Maroc et en Algérie, la France Combattante étendait son autorité à tout l'ensemble des possessions françaises dans l'océan Indien.

De ces possessions, c'est la Réunion qui fut ralliée la première. L'île Bourbon, isolée dans les lointains des mers du Sud, écartée de la route des convois qui doublaient le Cap, pauvre en ressources, habitée par une population très diverse mais ardemment française, n'entrait pas directement dans les plans des Alliés. Mais elle était exposée à quelque coup de main combiné des Japonais et des Allemands, surtout depuis que l'accès éventuel à Madagascar leur était interdit. D'autre part, nous n'ignorions pas qu'une grande partie des Réunionnais souhaitaient que leur pays prît part à l'effort de guerre. Depuis longtemps, je cherchais donc l'occasion de joindre l'île à la France Combattante. Mais les Anglais, tant qu'eux-mêmes préparaient leur action sur Madagascar et tant que les Américains se disposaient à aborder l'Afrique, retardaient mon intervention afin de ne pas alerter Vichy et l'ennemi. Maintenant, ils n'avaient plus de prétexte à m'opposer. Aussi, le 11 novembre, pris-je la décision d'effectuer le ralliement.

Depuis plusieurs mois, le contre-torpilleur *Léopard*, commandé par le capitaine de frégate Richard-Evenou, participait, dans cette intention, aux escortes et aux patrouilles au large de l'Afrique du Sud. Je lui donnai l'ordre de gagner la Réunion et d'y faire le nécessaire, en emmenant à son bord l'administrateur en chef Capagorry nommé par avance gouverneur. Le 28 novembre, le navire arrivait devant Saint-Denis. À la vue du pavillon à Croix de Lorraine, la population se porta en masse vers le port pour accueillir nos marins, tandis que beaucoup de fonctionnaires et de militaires manifestaient leur sympathie. Seule, la batterie de la pointe des Galets fit acte d'hostilité. Le *Léopard* répondit par une bordée de coups de canon et mit à terre un détachement qui, avec le concours du chef des Travaux publics Decugis et d'un groupe local rempli d'ardeur, eût tôt fait de régler l'incident. Decugis y fut malheureusement tué, ainsi que quelques spectateurs. Comme le gouverneur Aubert s'était retiré dans sa résidence de montagne, le commandant Richard-Evenou entra en rapport avec lui. Il fut entendu, « dans un but d'apaisement », que toute résistance cessait et que le gouverneur Capagorry assumait la responsabilité de l'île. Au milieu du plus vif enthousiasme, le représentant du général de Gaulle prit ses fonctions[28].

Il en fut de même, un mois plus tard, à Madagascar. À vrai dire, depuis la reddition aux Britanniques du gouverneur général Annet, le destin de la grande île était théoriquement fixé. Mais, en pratique, tout restait en suspens. Sans doute, le 11 novembre, sur la proposition réitérée de M. Eden, avais-je accepté la publication d'un communiqué commun annonçant que « le Comité national français et le gouvernement britannique étaient en conversation au sujet de Madagascar » et que « le Comité national français avait désigné le général Legentilhomme pour y être haut-commissaire[29] ». Mais je n'entendais pas prendre la grande île en main si ces mains n'étaient pas libres. Il fallait donc que les Britanniques consentissent à s'effacer dans les domaines politique et administratif.

Or, sur ce point, les négociations traînaient ; la conclusion étant retardée par les démarches des coloniaux anglais. Ceux-ci après avoir, naguère, tenté d'amener l'administration de Vichy à fonctionner sous leur coupe par le truchement du commandement militaire britannique, avaient, ensuite, fait l'essai de l'autorité directe et chargé Lord Rennel de diriger les affaires en s'aidant du concours des fonctionnaires français de bonne volonté. Lord Rennel et son équipe y renonçaient, à présent, et admettaient la nécessité de laisser faire la France Combattante. Mais ils auraient désiré garder, tout au moins, un droit de contrôle, ce que pour notre part nous n'admettions naturellement pas. Finalement, l'accord qui fut signé, le 14 décembre, par M. Eden et par moi sauvegardait tout ce qui devait l'être. Le soir, parlant à la radio, j'annonçai l'heureux événement, déclarant que, de ce fait, « notre belle et grande colonie allait pouvoir déployer dans la guerre un effort militaire et économique important » et soulignant « la loyauté entière dont venait de faire preuve notre bonne et vieille alliée l'Angleterre[30] ».

L'accord spécifiait, en effet, que les dispositions arrêtées « avaient pour but de rétablir l'exercice de la souveraineté française à Madagascar et dans ses dépendances (îles Comores, Crozet, Kerguelen, Saint-Paul, Amsterdam)... que le haut-commissaire assumait tous les pouvoirs dévolus par la loi française au gouverneur général, ainsi que les attributions de commandant des forces françaises... et que la défense de Madagascar, de ses dépendances et de la Réunion serait assurée en commun ». Le haut-commissaire procéderait, aussi rapidement que possible, à la réorganisation des forces françaises. En attendant qu'il pût disposer des moyens nécessaires, un général britannique aurait, le cas échéant, à diriger la défense du territoire. Pour Diégo-Suarez, c'est un officier de marine anglais qui y exercerait le commandement.

Une fois signée cette convention, le général Legentilhomme partit pour Tananarive où allait le rejoindre un détachement de toutes armes envoyé par l'Afrique française libre. Legentilhomme, secondé par le gouverneur général de Saint-Mart et par le colonel Bureau commandant militaire, allait remettre en marche l'administration, l'économie, les services publics, renouer les échanges extérieurs, reconstituer les troupes. En même temps, il ramènerait l'ordre dans les esprits. C'est ainsi que, quelques semaines après son arrivée, la moitié des officiers, les deux tiers des sous-officiers, la totalité des soldats des unités qui venaient de combattre les Alliés par ordre de Vichy avaient repris leur service sous l'autorité de la France Combattante. Le reste, transféré en Angleterre, rejoignit l'Afrique du Nord dès que l'union put y être faite.

En envoyant à Tananarive le général Legentilhomme, j'eus la satisfaction de pouvoir lui prescrire de passer par Djibouti. En effet, le 28 décembre, la France Combattante en avait pris possession. C'était là, sans doute, une conséquence des événements survenus à Madagascar, car depuis le début de l'intervention britannique les autorités de la côte des Somalis se trouvaient empêchées de faire venir de la grande île le ravitaillement nécessaire. Mais c'était aussi le résultat des efforts menés, pendant deux ans, par notre mission d'Afrique orientale. Tour à tour, Palewski, puis Chancel[31], entretenant tous les rapports possibles avec la colonie, y répandant notre propagande, représentant activement notre cause auprès du Négus à Addis-Abeba et du commandement britannique à Nairobi, avaient préparé le ralliement. D'autre part, le colonel Appert et son détachement, postés au contact immédiat de la garnison, l'appelant à nous rejoindre, lui donnant l'exemple d'un chef et d'une troupe de la meilleure qualité, avaient influé peu à peu sur l'état d'esprit d'un grand nombre. Malgré tout, il avait fallu, pour que les faits s'accomplissent, l'entrée de nos forces dans la colonie.

En effet, le général Dupont gouverneur de Djibouti, où il avait remplacé Noailhetas, ne se décidait pas à changer d'obédience, bien qu'au fond il le désirât et que je lui eusse écrit pour le presser de le faire. Ce que voyant, une partie de la garnison, entraînée par le lieutenant-colonel Raynal, avait franchi la frontière et s'était réunie au détachement du colonel Appert au début du mois de novembre. D'autres éléments faisaient dire qu'ils étaient prêts à en faire autant. Là-dessus, le gouvernement de Washington, pour détourner la colonie de se rallier à de Gaulle, avait envoyé sur place son consul d'Aden. Mais celui-ci ne découvrait aucune solution conforme à la politique américaine, c'est-à-dire excluant à la fois Vichy et de Gaulle. Par contre, son intervention avait pour résultat d'irriter les « gaullistes » et de les pousser à agir. Le 26 décembre, les troupes de la France Combattante, sous les ordres d'Appert et de Raynal et d'accord avec les Anglais, entraient en Somalie française et gagnaient par le train, sans coup férir, les abords de la ville. La question était tranchée. Le 28, le général Dupont signait avec Chancel, mon délégué, et le général Fowkes, représentant le commandement britannique, un accord qui transférait la colonie au Comité national français. Chancel prenait, aussitôt, les pouvoirs. Le 30 décembre, Bayardelle, nommé gouverneur de Djibouti, y assumait ses fonctions[32].

Le ralliement de la Somalie revêtait une notable importance. De ce fait, tous les territoires français de l'océan Indien étaient rentrés dans la guerre, apportant aux Occidentaux des positions stratégiques qui couvriraient l'Afrique et l'Orient en cas de réapparition de la menace japonaise. La ville même de Djibouti allait jouer, à nouveau, son rôle de port de transit à l'entrée de la mer Rouge et de débouché de l'Abyssinie. En outre, la France Combattante trouvait, dans les trois cents officiers, les huit mille hommes et le matériel qui garnissait le point d'appui, un précieux renfort pour nos troupes engagées en Libye et pour celles que nous nous disposions à reformer à Madagascar. Enfin, dans l'ordre politique, il était significatif qu'au cours de ces mêmes semaines où le système d'Alger étalait sa confusion le Comité national eût réussi à ramener dans l'unité et dans la guerre des territoires aussi lointains et aussi convoités.

Mais, plus que tout, c'est le fait qu'en Afrique les deux tronçons de l'armée française luttaient, désormais, contre le même ennemi qui allait pousser à l'union. Aucune argutie ne pouvait, en effet, dissimuler aux officiers et aux soldats qui prenaient position sur la « Dorsale » de Tunisie qu'ils faisaient, à présent, exactement la même chose que leurs camarades engagés en Libye et au Fezzan. Le même « gouvernement », qui hier condamnait ceux-ci, maudissait aujourd'hui ceux-là, sous le prétexte identique que vous « ajoutaient aux malheurs du pays ». En France, la même résistance, liée aux hommes qui n'avaient cessé de combattre, allait s'unir également à ceux qui, en Tunisie, tournaient leurs pauvres armes contre l'envahisseur. Le même peuple, qui portait ses souhaits vers de Gaulle et vers les siens, confondait dans le même espoir tous les soldats français luttant dans la même bataille. J'étais donc sûr que le désir de la fusion irait chaque jour en grandissant depuis Rabat jusqu'à Gabès. Aussi, bien que je n'eusse pas encore à répondre des troupes d'Afrique du Nord française, suivais-je leur action avec la même ardente attention que je faisais pour les autres.

Après quelques jours de confusion, dont l'ennemi avait profité pour prendre pied dans la Régence, les troupes de Tunisie, sous les ordres de Barré, s'étaient regroupées, d'une part vers Béja et Medjez-el-Bab, d'autre part vers Tébessa, pour barrer les routes de l'Algérie. Puis, la division de Constantine, commandée par le général Welwert, gagnait à son tour Tébessa, constituant avec les unités de Barré un secteur de corps d'armée confié au général Kœltz, tandis que, plus au sud, le général Delay entrait en campagne avec ses Sahariens. Le 16 novembre, Juin venait prendre le commandement de ce « détachement d'armée » qui, le 19, ouvrait le feu sur les Allemands à Medjez el-Bab et, le 22, réoccupait Gafsa et Sbeïtla. À la fin de novembre, du nord au sud de la Tunisie, une sorte de front, faible et discontinu, mais tenu par des gens décidés, assurait une première couverture à la mise en place du corps de bataille allié.

Le mois de décembre vit se renforcer les deux camps. Les Allemands et les Italiens, sous les ordres du général Nehring, recevant troupes et matériel transportés d'une rive à l'autre du détroit de Sicile ou bien amenés de Tripolitaine par la route de Gabès ; la Ire armée britannique du général Anderson mettant en ligne son corps d'avant-garde dans la région côtière à l'ouest de Tunis et de Bizerte ; le général Giraud faisant compléter les forces de Juin, d'abord par la division d'Alger ayant Deligne pour chef, puis par une division et des tabors venus du Maroc sous la conduite de Mathenet ; les Américains mettant, d'une part, une division blindée à l'appui des Anglais, d'autre part, des parachutistes et des chars en soutien des Français.

En somme, deux mois après le débarquement, le général Eisenhower n'avait encore pu porter au contact de l'ennemi qu'un petit nombre d'unités anglo-saxonnes, retardé qu'il était dans son déploiement par la crainte de voir les Espagnols prendre l'offensive au Maroc, le désir de ne pas engager ses jeunes troupes précipitamment, enfin les difficultés qu'il éprouvait à mettre en place son aviation, à transporter ses approvisionnements, à organiser ses communications, dans un pays aussi étendu que l'Afrique du Nord française, alors qu'au large sous-marins et avions ennemis attaquaient sans cesse les convois. Les premiers mois de 1943 verraient, en effet, les plus grandes pertes en tonnage subies de toute la guerre. Pendant cette période de crise, le sort de la campagne tint, en somme, essentiellement, à l'effort des troupes françaises[33]. Rôle d'autant plus méritoire qu'elles le jouaient avec un armement désuet, puisqu'elles se trouvaient, autant vaut dire, privées d'avions, de blindés, d'artillerie lourde, de canons de défense aérienne, d'antichars, de camions, tous matériels naguère remis aux commissions d'armistice ou bien détruits au cours de la bataille contre les Américains. Il n'en restait que les rares exemplaires gardés dans les unités ou camouflés dans les refuges du bled.

Entre-temps, Bizerte avait été le théâtre d'un suprême abandon. L'amiral Derrien, suivant les ordres apportés de Vichy par Platon, avait laissé les troupes allemandes pénétrer librement dans la place. Le 7 décembre, Nehring sommait le malheureux de désarmer la garnison et de lui remettre les navires, le port, l'arsenal, les ouvrages, ce qui fut fait aussitôt. Un point d'appui capital passait ainsi aux mains de l'ennemi qui, en outre, mettait la main sur 1 contre-torpilleur, 3 torpilleurs, 2 avisos, 9 sous-marins, livrés intacts en rade ou au bassin. Ce lamentable épisode marquait le terme d'une honteuse série. Désormais et exception faite de la « Phalange africaine[34] », qui aux côtés de l'ennemi combattait les Alliés, Vichy, nulle part en Afrique, ne disposait plus de nos armes. Le peu qui en restait était aux mains de soldats qui sauraient les employer pour le service de la France, les uns en Tunisie et les autres en Libye.

C'est, en effet, avec le concours du groupement Larminat que les Britanniques avaient entamé l'offensive contre Rommel. Dans l'attaque de rupture brillamment déclenchée, le 23 octobre, par Montgomery près d'El-Alamein, la 1re division légère, commandée par Kœnig, avait été engagée à l'aile sud du dispositif sur les pentes abruptes d'Himeimat. Ayant à combattre en terrain difficile et sur un front très étendu un adversaire solidement retranché, elle subissait des pertes importantes, notamment celle du brave Amilakvari[35] tué à la tête de la Légion. Quelques jours plus tard, la 2e division légère, sous les ordres du colonel Alessandri et la colonne blindée des colonels Rémy et de Kersauson participaient allègrement au début de la poursuite entreprise par la VIIIe armée. J'avais, au préalable, approuvé l'emploi qui était fait de nos forces. Mais, sur les entrefaites, le débarquement anglo-saxon au Maroc et en Algérie et l'ouverture du front de Tunisie m'amenèrent à penser qu'il serait fâcheux de laisser s'épuiser, dès à présent, le groupement Larminat. Mieux valait le mettre à même de prendre part avec tous ses moyens à la phase ultérieure des opérations, celle qui verrait la jonction des armées alliées venant de l'est et de l'ouest, la réunion en terre française de nos troupes à Croix de Lorraine avec celles d'Afrique du Nord et la destruction de l'ennemi sur le rivage de « notre mer[36] ».

Aussi avais-je entériné la décision du commandement britannique, qui, le 10 novembre, retirait du front les Français Libres pour les placer en réserve dans la région de Tobrouk. Peu après, j'acceptai la proposition que me faisait Larminat de former une division de ligne en réunissant les moyens des deux divisions légères[37]. Nous eûmes, bientôt, la possibilité de porter cette magnifique grande unité à l'effectif de trois brigades : Brosset, Alessandri, Lelong, et de la doter d'une artillerie complète, grâce aux éléments de toutes armes récupérés à Djibouti. Ainsi était constituée la 1re division française libre. Larminat et ses troupes, dominant leur impatience, attendirent le moment d'entrer de nouveau en ligne, mais cette fois pour la décision, dans la grande bataille d'Afrique qui durait depuis deux ans et à laquelle jamais nos troupes n'avaient cessé de participer.

Pendant ce temps, nous trouvions l'occasion tant souhaitée de conquérir le Fezzan et de porter au combat sur la Méditerranée un corps français venu du Tchad à travers le Sahara. L'exécution de ce projet, que j'avais formé le jour même du ralliement d'Éboué et de Marchand à Fort-Lamy, avait été préparée par Leclerc, depuis 1940, par une série de tours de force : formation des colonnes du désert, mise à pied d'œuvre des approvisionnements, prise de Koufra, reconnaissances poussées jusqu'au cœur des positions italiennes. Le moment était venu de jouer le tout pour le tout. Le 14 novembre, confirmant mon instruction du 22 septembre précédent[38], je prescrivis au général Leclerc de passer à l'offensive « en prenant pour premier objectif l'occupation française du Fezzan, avec exploitation éventuelle, soit vers Tripoli, soit vers Gabès, en conjonction avec les opérations alliées en Tripolitaine ». J'ajoutais : « Pour cette offensive, vous ne dépendrez que de moi. Mais vous devrez agir en accord avec le général Alexander commandant en chef britannique en Orient, de façon qu'à partir du moment où vous atteindrez le Fezzan vous puissiez recevoir un appui aérien effectif... Je compte déclencher votre action au plus tard quand les Alliés parviendront au golfe de Syrte. » À la vérité, lors du débarquement anglo-saxon en Algérie et au Maroc, j'avais pensé faire coïncider l'irruption de nos troupes en Libye du Sud avec leur entrée au Niger et donné l'ordre de pousser sur Zinder[39] la colonne préparée à cette intention. Mais la fin de la lutte entre Français et Alliés m'amena à suspendre l'opération secondaire. Seule aurait lieu la principale.

Celle-ci devait comporter des préliminaires ardus : débouché des colonnes à partir des bases du Tchad, marche d'approche longue d'un millier de kilomètres jusqu'au contact des postes fortifiés de l'ennemi, transport à pied d'œuvre des approvisionnements en carburant, munitions, vivres, réserves de matériel, sur lesquels serait bâtie l'attaque proprement dite. Comme à la fin de novembre l'offensive de Montgomery progressait dans de bonnes conditions et qu'en Tunisie le front des Alliés était en voie de s'établir, je donnai à Leclerc, le 28, l'ordre d'exécution[40], en spécifiant : « Vous pourrez déboucher, à partir du 2 décembre, à votre initiative et en tenant compte des suggestions du général Alexander. » Mais, quelle que fût la hâte d'en découdre qui animait Leclerc et ses troupes, leur débouché n'eut lieu que le 12 décembre, en raison d'un arrêt dans l'avance de la VIIIe armée à hauteur d'El-Agheila.

Entre-temps, il nous avait fallu parer à l'intention des Britanniques d'étendre leur autorité sur le Fezzan dès que nous l'aurions conquis. Le général Alexander avait, le 28 novembre, écrit à Leclerc pour lui annoncer l'envoi d'officiers anglais chargés de l'administration des pays occupés. « Ces officiers, précisait le commandant en chef britannique, sont délégués pour accompagner les forces sous vos ordres. Ils seront responsables des territoires occupés par vous jusqu'à ce que soit réalisée l'unité de toute la Tripolitaine sous l'autorité militaire britannique. » D'autre part, Alexander avertissait Leclerc que « la politique économique de Londres prohibait au Fezzan, en fait de monnaie, l'utilisation des francs ». Le 1er décembre, M. Charles Peake, à qui, en dépit ou à cause de son mérite, incombaient souvent des tâches ingrates, venait sans grande illusion m'apporter de la part de M. Eden une note ayant le même objet. Je répondis à M. Peake par une fin de non-recevoir aussi aimable que possible et je télégraphiai au général Leclerc : « Le Fezzan doit être la part de la France dans la bataille d'Afrique. C'est le lien géographique entre le Sud tunisien et le Tchad. Vous devez décliner purement et simplement toute immixtion britannique dans cette région sous n'importe quelle forme, politique, administrative, monétaire, etc[41]. »

Le 22 décembre, l'approche étant terminée, commença l'attaque. En deux semaines de combats acharnés, les groupements Ingold et Delange, agissant respectivement vers Oum-el-Araneb et vers Gatroum et appuyés par le groupe d'aviation Bretagne, s'emparèrent des positions de l'ennemi après avoir réglé leur compte à ses colonnes mobiles. Sous leurs ordres, Dio, Massu, Geoffroy, Sarazac, d'Abzac, etc., ramassèrent force gloire et trophées. Le 12 janvier, la prise de Sebha ouvrait la route de Tripoli. Le 13, le poste de Mourzouk tombait aux mains de nos troupes. Nous avions fait un millier de prisonniers, dont une quarantaine d'officiers, pris vingt canons, nombre de blindés et des centaines de mortiers, mitrailleuses, armes automatiques. Tandis que les troupes de Leclerc s'apprêtaient à pousser vers le nord, le colonel Delange prenait les fonctions de commandant militaire du Fezzan.

Ainsi était enfin cueilli, à force d'audace et de méthode, ce fruit savoureux du désert. Le 13 janvier 1943, j'annonçai au pays ce succès de nos armes. « Peut-être, disais-je à la radio, l'effort de ses bons soldats a-t-il quelque peu consolé la misère de la France… Oui ! Les longues et dures épreuves d'une rigoureuse préparation sous le ciel équatorial, les mortelles fatigues des colonnes lancées dans les déserts de pierre et de sable, les vols épuisants des escadrilles, les combats sanglants menés contre les postes, les troupes de manœuvre et les avions de l'ennemi, tous les hommes purs et forts qui en ont porté le poids, depuis leur jeune et glorieux général jusqu'au plus obscur soldat, en ont fait un humble don offert de toute leur ferveur à la douleur et à la fierté de la France[42]. »

Mais si, dans l'ordre militaire, les perspectives allaient s'éclaircissant, dans le domaine politique elles étaient plus obscures que jamais. À Carlton Gardens, nous étions bien renseignés[43]. Car[k], parmi les militaires, fonctionnaires, journalistes, qui allaient et venaient entre l'Afrique et l'Angleterre, beaucoup se faisaient un devoir de nous apporter messages et informations. En outre, certains « gaullistes » d'Algérie et du Maroc, mettant à profit la confusion générale, parvenaient à nous rejoindre.

Nous savions donc que le maintien de Darlan au poste suprême soulevait sur place des critiques passionnées. Les vichystes se sentaient ébranlés par la réprobation formelle du Maréchal. Les « gaullistes » étaient révoltés contre « l'expédient temporaire[44] ». Les notables[j] qui avaient négocié avec Murphy l'avènement manqué de Giraud se trouvaient frustrés dans leurs espoirs. Parmi ceux-ci, plusieurs militaires et fonctionnaires subissaient des sanctions sévères. C'est ainsi que le général Béthouart, le colonel Magnan, le contrôleur Gromand, arrêtés au Maroc par ordre de Noguès, avaient failli être fusillés. C'est à grand-peine qu'Eisenhower les avait fait transférer à Gibraltar. D'Algérie, le général Mast et le colonel Baril s'étaient vus contraints de gagner le Levant. D'autre part, dans la marine, l'aviation, l'armée, on s'indignait de voir Darlan tirer profit de sa volte-face, tandis qu'on dénombrait les épaves des navires, les carcasses des avions, les cadavres des soldats, dont la perte lui incombait. Enfin, le fait que la flotte de Toulon venait de se saborder plutôt que de lui obéir laissait penser à beaucoup que sa présence à la tête des affaires n'offrait plus, désormais, que des inconvénients.

Cet état des choses augmentait ma hâte de prendre contact avec Alger. La mission dont j'avais, d'abord, demandé à Roosevelt et à Churchill qu'on la laissât gagner l'Afrique n'avait pu, bien entendu, s'y rendre ; Washington et Londres invoquant mille prétextes pour la retenir. Au début de décembre, je m'adressai au général Eisenhower, le priant de recevoir lui-même à Alger le général d'Astier de La Vigerie, chargé par moi d'y prendre avec les chefs français toutes liaisons utiles. En cette occasion, comme plus tard en plusieurs autres, je trouvai chez le commandant en chef américain une compréhension que me refusaient les instances politiques de son pays. Il accéda à ma demande. Il est vrai qu'Eisenhower, frappé par la résistance qu'il avait rencontrée lors du débarquement, dérouté par les intrigues dont trop de Français lui donnaient le spectacle, inquiet du trouble qu'il percevait dans les esprits, était hanté par la crainte de voir cette agitation tourner au désordre et compromettre la sécurité de ses communications en pleine bataille de Tunisie. Aussi, mon intention de chercher en Afrique du Nord un terrain d'entente avec ceux qui en étaient dignes lui paraissait-elle répondre à l'intérêt commun des Alliés[45].

Le général d'Astier arriva à Alger le 20 décembre. Ce qu'il y vit et entendit lui donna l'impression d'une crise aiguë, tant bien que mal contenue par l'appareil policier dont s'entourait le pouvoir, mais bouillonnant sous le couvercle.

Il trouva le général Giraud vexé de n'avoir pu, au moment du débarquement, décider l'armée à le suivre, rendu amer par le refus opposé par les Américains à sa demande de lui confier le commandement des forces alliées, humilié de n'avoir de fonctions qu'en vertu des décisions de Darlan[46]. Son mécontentement le rendait accessible à nos suggestions. Comme mon envoyé l'invitait à nouer des rapports avec la France Combattante, notamment pour ce qui concernait la coordination des opérations militaires et le recrutement des troupes, Giraud s'y montra disposé[m].

Le comte de Paris, venu du Maroc, indiqua au général d'Astier combien la situation lui semblait grave et nuisible aux intérêts de la France. Rien n'était, suivant lui, plus nécessaire et plus urgent que d'écarter l'amiral et, cela fait, de rassembler tous les Français de bonne volonté. Il se trouvait, pour sa part, à Alger afin d'y grouper ses fidèles, de s'en servir pour aider à l'union et de s'offrir pour tout arbitrage qui lui serait demandé. Le prince se montra, d'ailleurs, aussi désintéressé que possible en ce qui, le cas échéant, intéresserait sa personne[47].

M. Lemaigre-Dubreuil, lui, ne cacha pas qu'il était, ainsi que ses amis, ulcéré de n'avoir pas accès aux postes de commande qu'auraient dû, disait-il, lui valoir ses capacités politiques et les services rendus aux Américains. Sous l'égide du général Giraud, qui suivant M. Lemaigre-Dubreuil devrait devenir chef de l'État, lui-même serait prêt à assumer, dans un gouvernement d'union, la présidence du Conseil et à confier au général de Gaulle le portefeuille de la Défense nationale.

D'Astier fut, d'autre part, informé que les milieux politiques locaux, longtemps muets et résignés, s'éveillaient sous la tornade. Le 24 novembre, MM. Saurin, Froger, Deyron, présidents respectifs des conseils généraux d'Oran, d'Alger, de Constantine, à qui s'était joint un député d'Algérie M. Sarda, avaient écrit à Darlan : « En vous plaçant sous l'autorité du gouvernement du Maréchal, dont cependant vous avez reconnu qu'il n'était plus libre de s'exercer, et en prenant les fonctions d'un délégué de ce gouvernement en Afrique du Nord, vous ne remplissez aucune des conditions qui vous conféreraient les pouvoirs d'un gouvernement légal et indépendant. »

Enfin, chez les Américains, mon représentant nota que, tout en collaborant avec l'amiral Darlan, Eisenhower et son état-major affirmaient que le haut-commissariat ne devait être que transitoire et insistaient sur leur désir de se tenir en rapport direct avec le général de Gaulle.

Quant à la foule de ceux qui, pour des motifs divers, avaient été, sous Vichy, acquis à la résistance, dont certains avaient prêté main-forte à l'intervention alliée et qui se voyaient, à présent, persécutés autant que jamais, le général d'Astier constata qu'ils étaient secrètement en proie à la plus vive effervescence. Son frère Henri, qui occupait un poste important au haut-commissariat, le professeur Capitant, chef du mouvement « Combat » en Afrique du Nord, et beaucoup d'autres visiteurs renseignés lui décrivirent l'atmosphère de complot dans laquelle baignaient ces résistants et d'où pouvait, à tout instant, sortir quelque incident sanglant.

Impressionné par cet ensemble et pressé par M. Murphy, le général d'Astier accepta de s'entretenir avec Darlan. Il comptait que la rencontre serait discrète. Mais il trouva l'amiral au milieu d'un aréopage où siégeaient, en particulier, les généraux Giraud et Bergeret. Tout ce monde lui parut sombre, tendu, plein de cautèle et de griefs. Darlan, visiblement lassé mais voulant, sans doute, raffermir son entourage, crut devoir plastronner devant mon envoyé. Il déclara qu'il avait les affaires en main, qu'à coup sûr s'imposait la nécessité de faire l'union des Français, que d'ailleurs, pour la faciliter, lui-même consentait à amnistier ceux qui, depuis l'armistice, avaient aidé les Alliés et à publier son intention de prendre sa retraite dès le lendemain de la guerre, mais qu'en attendant il représentait le seul centre possible de ralliement. Ce simulacre d'assurance contrastait trop cruellement avec les réalités de la situation, la nervosité dont faisait preuve l'amiral lui-même, l'atmosphère qui l'entourait, pour que l'on pût s'y tromper.

D'Astier le dit à Darlan, non sans faire, au surplus, état de l'opinion en France, d'où il arrivait justement. Alors, l'amiral, s'emportant, lui reprocha d'être à Alger pour susciter le désordre. « Est-ce votre avis, demanda d'Astier à Giraud, vous dont j'attends la réponse à la proposition que je vous ai faite, de la part du général de Gaulle, d'organiser une coordination entre l'action des troupes sous vos ordres et celle des forces de la France Combattante ? » Giraud ayant observé qu'il était prêt à régler la question, Darlan le coupa sèchement : « Non ! mon général. Ceci est mon affaire. » Il s'ensuivit un profond silence. Terminant cette scène pénible, le général d'Astier dit tout haut à l'amiral que sa présence était le principal obstacle à l'unité et qu'il n'avait rien de mieux à faire que de s'effacer au plus tôt. À la suite de l'entretien, les Américains firent savoir à d'Astier que Darlan exigeait son départ et qu'eux-mêmes étaient d'accord. D'Astier revint à Londres, le 24 décembre. De son passage à Alger, il rapportait la conviction que Darlan, sentant le sol se dérober sous ses pas, quitterait, à bref délai, la place[11].

Dans l'après-midi du même jour, sortant d'une séance d'arbre de Noël de nos marins, j'appris la mort de l'amiral Darlan. Celui qui l'avait tué, Fernand Bonnier de la Chapelle, s'était fait l'instrument des colères exaspérées qui mettaient autour de lui les âmes en ébullition, mais derrière lesquelles, peut-être, remuait une politique décidée à liquider un « expédient temporaire » après l'avoir utilisé. Ce tout jeune homme, cet enfant, bouleversé par le spectacle d'événements odieux, pensait que son acte serait un service rendu à la patrie déchirée en débarrassant d'un obstacle à ses yeux scandaleux le chemin de la réconciliation française. Il avait cru, d'autre part, comme il ne cessa de le dire jusqu'à l'instant de son exécution, qu'une intervention extérieure, assez haute et assez puissante pour que l'autorité de fait en Afrique du Nord ne pût lui refuser rien, se produirait en sa faveur. Certes, nul particulier n'a le droit de tuer en dehors du champ de bataille. D'ailleurs, la conduite de Darlan, comme gouvernant et comme chef, relevait de la justice nationale et non point, assurément, de celle d'un groupe ou d'un individu. Pourtant, comment méconnaître la nature des intentions qui soulevèrent cette juvénile fureur ? C'est pourquoi, la façon étrange et brutale dont l'enquête fut menée à Alger en quelques heures, le procès hâtif et tronqué devant un tribunal militaire réuni sur-le-champ et siégeant de nuit, à huis clos, l'exécution immédiate et secrète de Fernand Bonnier de la Chapelle, les ordres donnés aux censeurs pour qu'on ne sût même pas son nom, donnèrent à croire qu'on voulait à tout prix cacher l'origine de sa décision et furent une sorte de défi aux circonstances qui, sans justifier le drame, l'expliquaient et, dans une certaine mesure, l'excusaient[48].

Cependant, si le caractère tragique de la disparition de Darlan ne pouvait manquer d'être réprouvé par beaucoup, le fait même qu'il dût quitter la scène semblait conforme à la dure logique des événements[49]. Car ceux-ci, dans les grands moments, ne supportent aux postes de commande que des hommes susceptibles de diriger leur propre cours. Or, au point où en étaient les choses, Darlan ne pouvait plus rien ajouter, ni retrancher, à ce qui de toutes façons était en train de s'accomplir. Chacun — et d'abord l'amiral — se rendait compte que, pour lui, la page était maintenant tournée.

L'occasion, il l'avait manquée. En 1940, la Marine s'était trouvée, en effet, à même de jouer le premier rôle national, alors que depuis des siècles le destin continental de la France la maintenait au rang secondaire. Au milieu de l'effondrement militaire dans la Métropole, elle était, par fortune, intacte. En cet instant, les océans, les distances, la vitesse, qui étaient les éléments de sa destination, devenaient tout l'essentiel. Elle disposait de l'Empire, lui aussi inentamé. Les Alliés, menacés sur la mer, ne lui eussent pas marchandé leur concours. Combinant sa force à la leur, elle pouvait bloquer et harceler l'ennemi, couvrir et commander l'Afrique, y transporter les moyens nécessaires à l'armée libératrice et, un jour, ramener celle-ci sur nos rivages. Mais, pour une pareille tâche, il eût fallu à son chef, outre le goût du risque, une passion nationale qui ne voulût servir que la France quoi qu'il advînt de la flotte. Ce n'était pas le propre de Darlan.

Ses ambitions, ses efforts, il les avait voués à la Marine, mais à la marine seulement. Dans l'atonie de la nation et l'inconsistance de l'État, où s'était déroulée presque toute sa vie active, c'est ce grand corps, son intérêt, son attrait, sa technique, qui l'absorbèrent exclusivement. À force d'ardeur et d'habileté, il avait su en temps de paix tirer des pouvoirs publics de quoi bâtir une Marine bien dotée, mais comme un fief qui n'existait que par soi-même et pour son seul compte.

Quand la France fut défaite, ce qui parut primordial à Darlan c'est que la Marine, elle, ne le fût pas. Quand la capitulation fut conclue, il lui suffit, pour l'accepter, de croire que la Marine resterait en dehors du désastre. Quand le conflit, devenu mondial, multiplia devant la flotte les occasions d'être le recours, il eut pour but, non de l'engager, mais bien de la conserver. C'est en son nom qu'il voulut devenir le chef du gouvernement de Vichy. C'est en vue de lui assurer un champ d'action et une raison d'être, qu'en dépit de la sujétion exigée par l'ennemi, il donna à maintes reprises l'ordre de combattre les « gaullistes » et les Alliés. C'est parce qu'il voulut soutenir ce qu'il croyait être une querelle essentiellement navale qu'il pratiqua contre l'Angleterre la collaboration avec l'envahisseur allemand. Dans la décision qu'il prit, finalement, de faire cesser la lutte menée, d'après ses plans, sur les rivages de l'Afrique contre les Anglo-Saxons, ce qui l'emporta dans son âme fut-ce la passion tardive de vaincre l'envahisseur de la patrie ou bien, plutôt, l'espoir de recouvrer, en changeant de camp, les tronçons épars de la flotte ? Mais, dès lors qu'à Toulon, à Fort-de-France, à Alexandrie, les marins refusèrent de l'entendre et qu'à Casablanca, Oran, Bizerte, les navires ne furent plus qu'épaves, l'amiral Darlan connut que, si la France allait gagner la guerre, il avait, lui, perdu sa partie.

La France, sans une grande marine, ne saurait rester la France. Mais cette marine doit être sienne. Il appartient au pouvoir de la former, de l'inspirer, de l'employer, comme un instrument de l'intérêt national. Hélas ! c'est ce que ne sut faire le régime qui, pendant tant de lustres, avait flotté sur la nation sans diriger ses forces vives. À mes yeux, l'attentat d'Alger éclairait, à son tour, la cause principale de nos épreuves. Comme d'autres malheurs insignes qui avaient fondu sur la France, les fautes de l'amiral Darlan, le triste sort de notre flotte, l'insondable blessure portée à l'âme de nos marins, étaient les conséquences d'une longue infirmité de l'État.

COMÉDIE

Pour l'unité française, la disparition de Darlan comportait[a] de grandes conséquences. Il me fallait en tirer parti. Le 25 décembre, je télégraphiai au général Giraud que « l'attentat d'Alger était un indice et un avertissement et qu'il était, plus que jamais, nécessaire qu'une autorité nationale s'établît ». Puis, j'écrivais : « Je vous propose, mon général, de me rencontrer au plus tôt en territoire français, soit en Algérie, soit au Tchad. Nous étudierons les moyens qui permettraient de grouper, sous un pouvoir central provisoire, toutes les forces françaises de l'intérieur et de l'extérieur du pays et tous les territoires français susceptibles de lutter pour la libération et le salut de la France[1]. »

Si je me hâtais d'envoyer ce message, c'était pour marquer qu'on n'était pas en droit d'attendre, dès que se présentait une possibilité d'accord. Mais, si je l'adressais au général Giraud, c'était parce que je pensais qu'il allait succéder à Darlan. Les Américains, en effet, avaient maintenant le champ libre pour installer à Alger celui-là même qu'ils avaient choisi dès l'origine et dont la présence de l'amiral avait retardé l'avènement. Quant aux formalités nécessaires, elles ne dépendaient que du « Conseil impérial », c'est-à-dire de Noguès, Boisson, Châtel et Bergeret, dont Eisenhower et Murphy disposaient, évidemment. De fait, le général Giraud se trouva, le 26 décembre, investi de tous les pouvoirs, avec le titre assez étonnant de « commandant en chef civil et militaire ». Qu'il acceptât ma proposition, que nous nous réunissions tous deux à part des intrigants et des étrangers, que nous appelions à s'assembler, à notre exemple, ceux qui voulaient chasser l'ennemi de chez nous, les bases d'un gouvernement de guerre capable de s'imposer pourraient être jetées aussitôt. Par là, de longs mois d'incohérence auraient été évités. Mais, en dehors des rancunes et des prétentions de certains des Français qui se trouvaient en place, le désir qu'avaient les Alliés de maintenir sous leur dépendance le pouvoir en Afrique du Nord et d'empêcher la France de reparaître, comme puissance souveraine, avant la fin de la guerre allait retarder le succès du bon sens national.

C'est, en effet, une réponse dilatoire que le général Giraud m'adressa, le 29 décembre. Après avoir exprimé son accord quant à l'union nécessaire des Français, il recourait, pour la différer, au même motif que j'invoquais pour la hâter. « En raison, disait-il, de l'émotion profonde qu'a causée dans les milieux civils et militaires d'Afrique du Nord le récent assassinat, l'atmosphère est actuellement défavorable pour une rencontre entre nous. » Toutefois, évoquant la situation militaire et prenant à son compte, non sans la modifier quelque peu, la proposition que je lui avais fait faire par le général d'Astier d'organiser une liaison réciproque, il ajoutait : « Je crois, qu'en ce qui vous concerne, il serait préférable de m'envoyer un représentant qualifié pour la coopération des forces françaises engagées contre l'ennemi commun[2]. »

Je ne pouvais, évidemment, m'accommoder de cette attitude évasive. À peine reçue la réponse du général Giraud, je lui télégraphiai, derechef, le 1er janvier. Dans cette deuxième communication, je me félicitais « qu'un premier échange de vues ait eu lieu entre nous ». Mais j'affirmais que « la réunion de tout l'Empire et de toutes les forces françaises, en liaison avec la Résistance, ne devait être aucunement différée ». « Ma conviction, écrivais-je, est que seul un pouvoir central provisoire, sur la base de l'union nationale pour la guerre, est susceptible d'assurer la direction des efforts français, le maintien intégral de la souveraineté française et la juste représentation de la France à l'étranger. » Je renouvelais donc à Giraud ma proposition de rencontre et j'ajoutais : « La complexité de la situation à Alger ne m'échappe pas. Mais nous pouvons nous voir sans entraves, soit à Fort-Lamy, soit à Brazzaville, soit à Beyrouth, à votre choix. J'attends votre réponse avec confiance[3]. »

Tout en couchant sur le papier mes appels à l'unité, je doutais fort du résultat que pourraient avoir les télégrammes. Il ne fallait pas compter que des documents secrets, épluchés à Alger sous la surveillance des agents anglo-saxons, suffiraient à faire lever le grand souffle capable de balayer controverses et oppositions. Aussi voulais-je m'adresser à l'opinion française, comptant qu'en dernier ressort sa pression serait irrésistible. Le 2 janvier, je la pris à témoin par une déclaration publique.

Il se trouva qu'un grave incident, survenu à Alger l'avant-veille, renforçait mes arguments. Giraud avait fait arrêter plusieurs dizaines de personnes qui toutes avaient, lors du débarquement, aidé les Américains et dont plusieurs appartenaient à la police ou à l'administration. Le « commandant en chef civil et militaire » expliquait aux journalistes alliés accourus pour l'interroger qu'il s'agissait de prévenir un complot visant à de nouveaux meurtres, notamment, disait-il, « à celui de M. Robert Murphy ». Il semblait, en effet, que sous l'empire de la désillusion, certains qui, jusqu'alors, s'étaient liés à l'action du diplomate américain voulussent maintenant régler les comptes. J'eus donc beau jeu de noter, dans ma déclaration, « la confusion qui régnait en Afrique du Nord française ». J'en donnais pour raison principale l'exclusion de la France Combattante. J'en constatais les conséquences : « Situation gênante pour les opérations militaires, fait que la France était privée, au moment décisif, de l'atout que constituerait l'union de son Empire, stupeur du peuple français bouleversé dans sa misère... » J'indiquais le remède : « Établissement d'un pouvoir central provisoire et élargi, ayant pour fondement l'union nationale, pour inspiration l'esprit de guerre et de libération, pour lois les lois de la République. » Mais aussi, je faisais connaître solennellement ma proposition de rencontre avec Giraud et ma conviction que « la situation de la France et la situation générale de la guerre ne permettaient aucun retard[4] ».

Cette déclaration et les commentaires qu'elle suscita touchèrent au vif le gouvernement de Washington. Il lui était désagréable qu'on mesurât la distance qui séparait sa doctrine de sa politique. Dès que l'on sut que j'offrais l'entente à Giraud et que celui-ci tardait à l'accepter, chacun comprit que son attitude reflétait directement les suggestions de Murphy. Mais alors, comment ne pas conclure que les Américains, tout en prônant l'union, s'appliquaient à la contrarier ?

En réalité, le président Roosevelt, sous le couvert de proclamations qui publiaient le contraire, entendait que la question française appartînt à son propre domaine, que les fils de nos divisions aboutissent entre ses mains, que les pouvoirs publics qui sortiraient, un jour, de ce désordre naquissent de son arbitrage. C'est pour cela qu'il avait, d'abord, misé à la fois sur de Gaulle et sur Pétain, puis lancé Giraud dans la carrière quand il fallut prévoir la rupture avec le Maréchal, abaissé ensuite la barrière devant Darlan dès que fut constaté l'échec de l'évadé de Kœnigstein[5], en dernier lieu remis Giraud en piste après le meurtre de l'amiral. Maintenant, le Président trouvait bon que la France Combattante et le système d'Alger demeurassent séparés jusqu'au moment où lui-même imposerait aux deux parties la solution de son choix, laquelle, au surplus, ne serait sûrement pas la formation d'un vrai gouvernement français.

Ces intentions de Roosevelt ne m'échappaient évidemment pas. Je ne fus donc pas surpris d'apprendre que ma déclaration était mal accueillie à Washington. Le 4 janvier, le sous-secrétaire d'État Sumner Welles, recevant notre délégué Tixier, lui dit que son gouvernement désapprouvait mes invites à Giraud et la publicité qui leur était donnée, parce que j'y plaçais au premier plan le problème politique. Comme Tixier lui demandait en quoi cela lui paraissait fâcheux, le ministre américain allégua, une fois de plus, les exigences de la situation militaire, tout comme si l'entente proposée par de Gaulle menaçait les communications d'Eisenhower en Afrique du Nord[6] !

Que le Président fût décidé à intervenir sur place, j'en avais eu implicitement la preuve quand, au lendemain de la mort de Darlan, les Américains m'invitèrent à ajourner mon voyage imminent à Washington. Pourtant, Roosevelt lui-même, après le débarquement de ses troupes en Afrique, m'avait fait demander d'aller le voir. Tout était, apparemment, arrangé pour cette visite. Je devais partir le 27 décembre, gagner en avion Accra et y embarquer à bord d'un croiseur américain qui m'amènerait aux États-Unis. L'amiral Stark me précédait, ayant quitté Londres le 20 décembre pour préparer les voies. Le général Catroux, désigné pour m'accompagner, était arrivé à Accra le 24, venant de Beyrouth. Mais, ce jour-là, disparaissait Darlan et, du même coup, se dessinait l'intervention nouvelle du Président. Je m'aperçus aussitôt du tournant, car, le 26, M. Churchill, agissant évidemment pour le compte de M. Roosevelt, me demanda si, vu les circonstances, je ne croyais pas devoir différer mon départ. Le lendemain, le gouvernement américain me fit remettre une note dans le même sens[7].

J'étais donc fixé sur les raisons qui déterminaient Giraud à réclamer des délais. Sa réponse à mon second message, qui m'arriva le 6 janvier, acheva de m'édifier. Il me donnait son accord de principe pour un entretien à Alger et ne parlait plus, cette fois, de l'atmosphère défavorable créée par la mort de Darlan. Mais, invoquant « des engagements antérieurs », il disait ne voir aucune date possible avant la fin de janvier. Là-dessus, je lui mandai, cette fois avec quelque rudesse : « Je regrette que vos engagements antérieurs vous amènent à me proposer de différer jusqu'à la fin de janvier l'entrevue que je vous ai suggérée le 25 décembre. Je dois vous dire franchement que le Comité national et moi-même avons une autre opinion quant au caractère d'urgence que présentent la réalisation de l'unité de l'Empire et l'union de ses efforts avec ceux de la résistance nationale. »

Mais, tandis que je m'attendais à un geste de M. Roosevelt, ce fut M. Churchill qui, soudain, se manifesta. Le 17 janvier, M. Eden me remettait un télégramme que le Premier Ministre m'avait adressé du Maroc. M. Churchill me demandait de venir l'y rejoindre. « Je suis en mesure, écrivait-il, de ménager ici un entretien entre vous et Giraud dans des conditions de complète discrétion et sous les meilleurs auspices[8]. »

Ma réaction fut défavorable. Sans doute[b], M. Eden me donnait-il à entendre que Roosevelt était, lui aussi, au Maroc, où les chefs alliés tenaient une conférence pour arrêter leurs plans communs. Mais, alors, pourquoi Churchill ne me l'indiquait-il pas ? Pourquoi ne donnait-il pas d'autre objet à l'invitation qu'une rencontre avec Giraud ? Pourquoi cette invitation m'était-elle faite en son seul nom ? S'il me fallait me rendre à Anfa pour figurer dans une compétition à titre de « poulain » des Britanniques, tandis que les Américains y engageraient le leur, ce serait là une comédie inconvenante, voire dangereuse. Ma réponse à Churchill fut négative. Elle partit en même temps que le message que j'adressai à Giraud : « Souvenez-vous, lui écrivais-je, que je reste prêt à vous rencontrer, en territoire français et entre Français, où et quand vous le souhaiterez[9]. »

Deux jours après, Eden me remit un nouveau télégramme de Churchill. Celui-ci, mortifié par mon refus et d'autant plus qu'il l'avait essuyé devant les Américains, m'adjurait de reconsidérer la question. Faute de quoi, annonçait-il, l'opinion me serait sévère et lui-même ne ferait plus rien pour aider la France Combattante vis-à-vis des États-Unis tant que je resterais à la tête du « mouvement ». Mais, cette fois, il se déclarait « autorisé à me dire que l'invitation à la conférence m'était adressée par le président des États-Unis en même temps que par lui,… qu'on y traiterait, avant tout, des questions concernant l'Afrique du Nord,… que le Président, comme lui-même, serait heureux que je participe aux discussions sur ce sujet ».

Sans relever ce que le message comportait de menaçant et qui, après maintes expériences, ne m'impressionnait plus beaucoup, j'admis que « la situation de la guerre et l'état où se trouvait provisoirement la France ne me permettaient pas de refuser de rencontrer le président des États-Unis et le Premier Ministre de Sa Majesté britannique[10] ». C'est dans ces termes que je rédigeai finalement mon acceptation, non sans souligner que les questions qui allaient être débattues « étaient la suite d'une entreprise à laquelle la France Combattante ne participait pas et qui avait conduit à une situation peu satisfaisante, semblait-il, pour les Alliés et pas du tout, en tout cas, pour la France ».

Avant d'expédier ma réponse, je réunis solennellement le Comité national qui, après un examen approfondi de l'affaire, m'approuva de me rendre à Anfa, fût-ce seulement pour y voir personnellement Roosevelt. La délibération prit, à dessein, quelque temps. Je ne mis, ensuite, aucune hâte à commencer mon voyage avec mes compagnons désignés : Catroux, d'Argenlieu, Palewski devenu chef de mon cabinet, Hettier de Boislambert arrivé tout récemment de France après son évasion de la prison de Gannat où, en raison de son rôle dans l'affaire de Dakar, Vichy l'avait incarcéré. Enfin, de mauvaises conditions atmosphériques retardèrent encore notre départ. Nous n'arrivâmes que le 22 janvier au terrain de Fédala.

Il s'y trouvait, pour nous accueillir en grand mystère, le général américain Wilbur que j'avais connu autrefois à l'École supérieure de guerre et qui me salua de la part du président Roosevelt, M. Codrington qui m'apporta les compliments de M. Churchill, et le colonel de Linarès envoyé par le général Giraud pour nous prier à déjeuner. Aucune troupe ne rendait les honneurs. Mais des sentinelles américaines gardaient autour de nous un large périmètre. Des voitures américaines vinrent se ranger auprès de l'avion. Je montai dans la première. Wilbur, avant d'en faire autant, trempa un chiffon dans la boue et en barbouilla les glaces. Ces précautions avaient pour but de cacher la présence au Maroc du général de Gaulle et de ses compagnons.

À Anfa[11], les Alliés avaient mis en réquisition un ensemble de villas dont tous les habitants étaient allés loger ailleurs. En outre, on avait fait le vide tout autour. Un réseau de barbelés encerclait la conférence. Des postes américains veillaient au-dehors et au-dedans et ne laissaient entrer, ni sortir, personne. Des troupiers américains faisaient le ménage de chacun. Bref, c'était la captivité. Que les Anglo-Saxons se l'imposassent à eux-mêmes, je n'y voyais pas d'objection. Mais le fait qu'ils me l'appliquaient et, de surcroît, en terre de souveraineté française me fit l'effet d'une sorte d'outrage.

Les premiers mots que j'adressai au général Giraud manquèrent donc d'aménité. « Eh quoi ? lui dis-je, je vous ai, par quatre fois, proposé de nous voir et c'est dans cette enceinte de fil de fer, au milieu des étrangers, qu'il me faut vous rencontrer ? Ne sentez-vous pas ce que cela a d'odieux au point de vue national ? » Giraud, gêné, me répondit qu'il n'avait pu faire autrement. À vrai dire, je n'en doutais pas, étant donné les conditions dans lesquelles il s'était placé par rapport aux Américains.

Le repas fut, néanmoins, cordial. On évoqua des souvenirs communs et, à ma demande, notre hôte fit le récit de son extraordinaire évasion de Kœnigstein. Mais, quand nous fûmes sortis de table, le général Giraud parla d'autres sujets. Il répéta avec insistance : « Qu'il ne pensait qu'au combat ;... qu'il ne voulait pas s'occuper de politique ;... qu'il n'écoutait jamais quiconque prétendait lui exposer une théorie ou un programme ;... qu'il ne lisait aucun journal et ne prenait pas la radio... » Que ce fût en vertu de ses convictions ou par suite d'engagements pris, il s'affirma solidaire des « proconsuls » : Noguès, « indispensable au Maroc » ; Boisson, « qui avait su défendre sa colonie contre toute attaque étrangère, même allemande » ; Peyrouton, venu récemment remplacer Châtel au gouvernement général de l'Algérie et « qui avait de la poigne » ; Bergeret, « par exception, une bonne tête stratégique ». Il ne cacha pas qu'indépendamment de sa volonté — sans nul doute résolue — de combattre les Allemands, il n'avait rien contre le régime de Vichy. Il marqua, enfin, que le caractère élémentaire, populaire, révolutionnaire de la résistance intérieure lui était incompréhensible à moins qu'il le désapprouvât. Après cette première conversation, nous laissâmes Giraud dans sa villa et nous en fûmes dans la nôtre.

Comme l'après-midi s'avançait et que je demeurais chez moi sur une réserve calculée, je reçus la visite de M. Mac-Millan, ministre d'État britannique, que son gouvernement détachait à Alger pour y coordonner les affaires en Méditerranée occidentale. MacMillan m'indiqua, qu'en liaison avec Murphy, il s'efforçait de trouver une formule d'union acceptable à la fois par Giraud et par moi-même et qui nous serait proposée par Roosevelt et Churchill. C'était bien là l'intervention prévue. Je fis comprendre à MacMillan qu'une entente Giraud-de Gaulle ne pouvait se réaliser autrement qu'entre Français. Cependant, à la demande instante du ministre britannique, je me rendis chez Churchill[12].

En abordant le Premier Ministre, je lui dis avec vivacité que je ne serais pas venu si j'avais su qu'il me faudrait être encerclé, en terre française, par les baïonnettes américaines. « C'est un pays occupé ! » s'écria-t-il. Nous[d] étant tous deux radoucis, nous abordâmes le fond des choses. Le Premier Ministre m'expliqua qu'il s'était mis d'accord avec le Président sur un projet de solution du problème de l'Empire français. Les généraux Giraud et de Gaulle seraient placés conjointement à la présidence d'un comité dirigeant, où eux-mêmes, ainsi que tous les autres membres, seraient égaux à tous égards. Mais Giraud exercerait le commandement militaire suprême, en raison notamment du fait que les États-Unis, devant fournir de matériel l'armée française réunifiée, n'entendaient régler la question qu'avec lui. « Sans doute, avança M. Churchill, mon ami le général Georges pourrait-il vous compléter à titre de troisième président. » Quant à Noguès, Boisson, Peyrouton, Bergeret, ils conserveraient leur poste et entreraient au Comité. « Les Américains, en effet, les avaient maintenant adoptés et voulaient qu'on leur fît confiance. »

Je répondis à M. Churchill que cette solution pouvait paraître adéquate au niveau — d'ailleurs très estimable — des sergents-majors américains, mais que je n'imaginais pas que lui-même la prît au sérieux. Quant à moi, j'étais obligé de tenir compte de ce qui restait à la France de sa souveraineté. J'avais, il n'en pouvait douter, la plus haute considération pour lui-même et pour Roosevelt, sans toutefois leur reconnaître aucune sorte de qualité pour régler la question des pouvoirs dans l'Empire français. Les Alliés avaient, en dehors de moi, contre moi, instauré le système qui fonctionnait à Alger. N'y trouvant, apparemment, qu'une satisfaction médiocre, ils projetaient, à présent, d'y noyer la France Combattante. Mais celle-ci ne s'y prêterait pas. S'il lui fallait disparaître, elle préférait le faire avec honneur.

M. Churchill ne parut pas saisir le côté moral du problème. « Voyez, dit-il, ce qu'est mon propre gouvernement. Quand je l'ai formé, naguère, désigné que j'étais pour avoir lutté longuement contre l'esprit de Munich, j'y ai fait entrer tous nos Munichois notoires. Eh bien ! ils ont marché à fond, au point qu'aujourd'hui on ne les distingue pas des autres. — Pour parler ainsi, répondis-je, il faut que vous perdiez de vue ce qui est arrivé à la France. Quant à moi, je ne suis pas un homme politique qui tâche de faire un cabinet et de trouver une majorité parmi des parlementaires. » Le Premier Ministre me pria, cependant, de réfléchir au projet qu'il m'avait exposé. « Ce soir, ajouta-t-il, vous conférerez avec le président des États-Unis et vous verrez que, sur cette question, lui et moi sommes solidaires. » Par le jardin, il m'accompagna jusqu'à la grille d'entrée où une garde anglaise présentait les armes. « Constatez, me dit-il, que s'il y a ici des postes américains il s'y trouve, côte à côte et d'accord avec eux, des soldats britanniques. »

Peu après, M. Roosevelt m'envoya quelqu'un pour arranger notre rencontre. J'y fus, tard dans la soirée. Nous passâmes une heure ensemble, assis sur le même canapé, dans une grande pièce de la villa où il s'était installé. Bien que mon interlocuteur affectât d'être seul en ma compagnie, je discernais des ombres au fond d'une galerie supérieure et je voyais des rideaux remuer dans les coins. Je sus, plus tard, que M. Harry Hopkins[13] et quelques secrétaires écoutaient sans se découvrir et que des policiers armés veillaient sur le Président. En raison de ces présences indistinctes, c'est dans une atmosphère étrange que nous eûmes, Roosevelt et moi, notre première conversation. Ce soir-là, comme il en fut chaque fois que je le vis ensuite, il se montra empressé à porter son esprit vers le mien, usant du charme, pour me convaincre, plutôt que des arguments, mais attaché une fois pour toutes au parti qu'il avait pris.

Les plus hautes ambitions possédaient Franklin Roosevelt. Son intelligence, son savoir, son audace, lui en donnaient la faculté. L'État puissant, dont il était le chef, lui en procurait les moyens. La guerre lui en offrait l'occasion. Si le grand peuple qu'il dirigeait avait été longtemps enclin à s'isoler des entreprises lointaines et à se défier de l'Europe, sans cesse déchirée de batailles et de révolutions, une sorte de messianisme soulevait, à présent, l'âme américaine et la tournait vers les vastes desseins. Les États-Unis, admirant leurs propres ressources, sentant que leur dynamisme ne trouvait plus au-dedans d'eux-mêmes une assez large carrière, voulant aider ceux qui, dans l'univers, sont misérables ou asservis, cédaient à leur tour au penchant de l'intervention où s'enrobait l'instinct dominateur. C'est cette tendance que, par excellence, épousait le président Roosevelt. Il avait donc tout fait pour que son pays prît part au conflit mondial. Il y accomplissait, à présent, sa destinée, pressé qu'il était d'aboutir par l'avertissement secret de la mort.

Mais, dès lors que l'Amérique faisait la guerre, Roosevelt entendait que la paix fût la paix américaine, qu'il lui appartînt à lui-même d'en dicter l'organisation, que les États balayés par l'épreuve fussent soumis à son jugement, qu'en particulier la France l'eût pour sauveur et pour arbitre. Aussi, le fait qu'en pleine lutte celle-ci se redressât, non point sous forme d'une résistance fragmentaire et, par là, commode, mais en tant que nation souveraine et indépendante, contrarierait ses intentions. Politiquement, il n'éprouvait pas d'inclinaison à mon égard.

Il en éprouvait d'autant moins qu'il se trouvait, sans relâche, battu en brèche chez lui par l'opinion. C'est d'elle qu'il tenait le pouvoir. Mais elle pouvait le lui ôter. Au cours même de la guerre, Roosevelt, dut, par deux fois, se soumettre à l'élection. Encore, dans les intervalles, la presse, la radio, les intérêts, harcelaient le Président. Celui-ci, appliqué à séduire, mais gêné au fond de lui-même par l'infirmité douloureuse contre laquelle il luttait vaillamment, était sensible aux reproches et aux brocards des partisans. Or, justement, sa politique vis-à-vis du général de Gaulle soulevait en Amérique les plus ardentes controverses. Il faut ajouter qu'il était, ainsi qu'une vedette[14], ombrageux quant au rôle des autres. Bref, sous les manières courtoises du patricien, c'est sans bienveillance que Roosevelt considérait ma personne.

Ce soir-là, nous fîmes assaut de bonne grâce, mais nous tînmes, d'un commun accord, dans une certaine imprécision à propos de l'affaire française. Lui, traçant d'un pointillé léger la même esquisse que, d'un trait lourd, m'avait dessinée Churchill et me laissant doucement entendre que cette solution s'imposerait parce que lui-même l'avait résolu. Moi, lui marquant délicatement que la volonté nationale avait, déjà, fixé son choix et que, plus tôt ou plus tard, le pouvoir qui s'établirait dans l'Empire, puis dans la Métropole, serait celui que la France voulait. Cependant, nous prîmes soin de ne pas nous heurter de front, sentant que le choc ne mènerait à rien et sachant que, pour la suite, nous avions tous deux intérêt à nous ménager l'un l'autre.

Le lendemain, je reçus le général Giraud. Nous causâmes à loisir, seul à seul. « Que proposez-vous ? » lui dis-je. Il m'exposa son plan qui était, en somme, celui de MM. Roosevelt et Churchill. À la tête, nous serions trois : lui, le premier ; moi, le second ; comme troisième, le général Georges, que les Anglais iraient chercher en France. Pour qu'il y eût équivalence, on me nommerait général d'armée ! Mais Giraud se réservait entièrement la direction du domaine militaire. Il serait commandant en chef des forces françaises, y compris celles de la France Libre et des éléments armés de la Résistance et, à ce titre, ne dépendrait que du seul Eisenhower. Les « proconsuls » resteraient en place. Seul, Bergeret pourrait être écarté. Un « Conseil impérial », comprenant Noguès, Boisson et Peyrouton, auxquels seraient adjoints Catroux et, peut-être, Éboué, ainsi que quelques « secrétaires », coordonnerait l'administration des territoires de l'Empire, sans exercer, toutefois, aucune action politique.

La conception de Giraud me sembla inacceptable. « Ce que vous imaginez, lui dis-je, consiste à vous attribuer la réalité du pouvoir sous la protection de Roosevelt en instituant, à vos côtés, une figuration plus ou moins impressionnante. En somme, c'est le Consulat à la discrétion de l'étranger. Mais Bonaparte, Premier consul, dans la guerre et l'indépendance obtenait du peuple une approbation pour ainsi dire unanime. Quel plébiscite ferez-vous ? Si vous en faites un, vous sera-t-il favorable ? Bonaparte, d'ailleurs, se présentait comme un chef qui avait, pour la France, remporté de grandes victoires et conquis de vastes provinces. J'espère, de toute mon âme, que vous en ferez autant. Mais, pour l'instant, quels sont vos triomphes ? J'ajoute que le Premier consul excellait en matière législative et administrative. Sont-ce bien là vos aptitudes ? Au surplus, vous n'ignorez pas qu'en France l'opinion condamne, désormais, Vichy.

Or, c'est de Darlan, d'abord, puis de Noguès, Boisson, Châtel, Bergeret, que vous tenez vos fonctions. C'est au nom du Maréchal que vous les avez prises. Tout le monde connaît votre lettre à Pétain[15] lui donnant votre parole que vous ne ferez jamais rien contre sa politique. Croyez-vous, dans ces conditions, obtenir du peuple français cette adhésion élémentaire sans laquelle un gouvernement ne peut être qu'une fiction, à moins qu'il ne devienne la cible d'une révolution ? Enfin, dans la situation de dépendance où vous maintiendra, par rapport aux Anglo-Saxons, le caractère artificiel de vos pouvoirs, comment pourrez-vous sauvegarder la souveraineté française ? »

Le général Giraud déclara, une fois de plus, que « c'était là de la politique ; qu'il ne voulait pas s'y mêler ; qu'il ne s'agissait, pour lui, que de refaire l'armée française ; qu'il avait pleine confiance dans les alliés américains ». « Je viens, dit-il, de conclure avec le président Roosevelt un accord en vertu duquel les États-Unis s'engagent à équiper autant d'unités que je pourrai en constituer. Je compte disposer, dans six mois, d'une douzaine de divisions. Quant à vous[b], dans le même temps, en aurez-vous seulement la moitié ? Et qui vous donnera des armes ?

— Il ne s'agit pas, répliquai-je, d'une concurrence entre nous dans le domaine des effectifs. Les troupes qui, pour le moment, se trouvent en Afrique du Nord, appartiennent à la France. Elles ne sont pas votre possession. Vous vous en apercevrez vite si nous ne nous arrangeons pas. Le problème, c'est l'unité française dans l'Empire et dans la Métropole, ce qui commande d'instituer un pouvoir central répondant à la question. Cela fait, les diverses forces seront sans difficulté unifiées et employées. Les événements ont voulu que la France Combattante symbolisât la résistance contre l'ennemi, le maintien de la République, la rénovation nationale. C'est naturellement vers elle que se tourne le sentiment général au moment où se dissipe l'illusion que fut Vichy. D'autre part, beaucoup vous estiment fort en tant que chef militaire. Je vous tiens moi-même, à cet égard, comme un élément du capital français que je déplorerais de perdre. La solution de bon sens consiste donc en ceci : que de Gaulle forme, à Alger, un gouvernement de guerre qui deviendra, au moment voulu, celui de la République. Que Giraud reçoive de ce gouvernement le commandement de l'armée de la libération. À la rigueur, si une transition devait paraître nécessaire, formons ensemble le pouvoir central. Mais que celui-ci, dès l'abord, condamne Vichy, proclame que l'armistice fut toujours nul et non avenu, se rattache à la République et s'identifie, vis-à-vis du monde, avec l'indépendance de la France. »

Le général Giraud s'en tint à sa manière de voir. Pourtant, le voyant plus obstiné que convaincu, je gardai l'espoir qu'un jour la force des choses l'amènerait à changer sa conception. En attendant, des problèmes d'intérêt national exigeaient des solutions concertées. C'était le cas pour l'action militaire, les finances, les échanges, la monnaie, le sort de la Tunisie, celui de l'Indochine, le ralliement des Antilles, de la Guyane, de la flotte d'Alexandrie. Nous convînmes donc d'établir entre nous une liaison réciproque. J'indiquai au général Giraud que mon intention était d'envoyer en Afrique du Nord une mission ayant à sa tête le général Catroux, ce qu'il accepta aussitôt. Après quoi, Giraud et les siens déjeunèrent à notre table. Catroux, d'Argenlieu, Palewski, Boislambert, aussi bien que Linarès, Beaufre, Poniatowski, avertis par les contacts qu'ils avaient pris de leur côté, connurent sans surprise, mais non sans chagrin, que l'entente ne se faisait pas. Le repas fut mélancolique.

M. Robert Murphy me fit, ensuite, sa visite. Il semblait certain que tout s'arrangerait suivant le projet dont lui-même était l'auteur. Comme je lui marquais mes doutes et lui demandais de quelle façon réagirait, à son avis, l'opinion au Maroc et en Algérie quand on saurait qu'à Anfa l'accord n'était pas conclu, il me répondit que beaucoup en seraient satisfaits et soulagés. « L'Afrique du Nord, ajouta-t-il, ne compte pas 10 pour 100 de gaullistes[16]. » Il me confirma que le président Roosevelt et M. Churchill venaient de conclure avec le général Giraud un accord[17] prévoyant certaines livraisons d'armes et de vivres à l'Afrique du Nord — ce que j'approuvai sans réserves — mais, d'autre part, accordant conjointement au « commandant en chef civil et militaire » une reconnaissance qui, jusqu'à présent, n'avait été ni formulée par les États-Unis, ni acceptée par la Grande-Bretagne.

« Dans l'intérêt du peuple français, spécifiait l'accord, et afin de sauvegarder le passé, le présent et l'avenir de la France, le président des États-Unis et le Premier Ministre britannique reconnaissent au commandant en chef français, dont le quartier général est à Alger, le droit et le devoir d'agir comme gérant des intérêts français, militaires, économiques et financiers, qui sont associés ou s'associeront avec le mouvement de libération maintenant établi en Afrique du Nord et en Afrique occidentale françaises. Ils s'engagent à l'aider dans cette tâche par tous les moyens en leur pouvoir. » Ainsi, l'Amérique et l'Angleterre, se faisant les juges de l'intérêt du peuple français, traitaient ensemble avec le seul Giraud, lequel, sous le prétexte de ne pas faire de politique, acceptait leur autorité. J'appris que M. Churchill avait de lui-même, la veille, en causant avec Giraud, écrit sur un coin de table que la livre sterling en Afrique du Nord vaudrait 250 francs français. Elle ne valait, d'après les accords que nous avions passés avec Londres, que 176 francs. J'appris aussi que le président Roosevelt avait reçu à dîner le sultan du Maroc pour lui tenir un langage qui cadrait mal avec le protectorat français[18], sans que Giraud y vît rien à redire. Dans la soirée, M. Harold MacMillan vint me faire entendre le couplet de l'inquiétude, quant à l'avenir de la France Combattante. Enfin, le général Wilbur m'annonça que la conférence se terminerait dans les vingt-quatre heures et me remit des messages que des officiers français, en service à Casablanca, l'avaient prié de me transmettre. Je l'invitai à faire savoir à ses chefs combien je trouvais étrange qu'en pleine bataille d'Afrique du Nord, à laquelle l'armée française — y compris les Forces françaises libres — participait largement, aucune des autorités militaires alliées venues conférer à Anfa n'ait jugé à propos de me dire le moindre mot, ni des plans, ni des opérations.

Le lendemain, de bonne heure, MacMillan et Murphy me soumirent un communiqué arrêté au cours de la nuit par MM. Roosevelt et Churchill et que ceux-ci demandaient aux généraux de Gaulle et Giraud de prendre à leur propre compte et de publier conjointement. Giraud l'avait, déjà, accepté pour sa part. Suivant ce texte anglo-saxon, qui par là deviendrait français, les deux généraux se proclameraient d'accord « sur les principes des Nations unies » et annonceraient leur intention de former en commun un comité pour administrer l'empire français dans la guerre. Sans doute, la formule était-elle trop vague pour nous engager à grand-chose. Mais elle avait le triple inconvénient de provenir des Alliés, de laisser entendre que je renonçais à ce qui n'était pas simplement l'administration de l'Empire, enfin de donner à croire que l'entente était réalisée alors qu'elle ne l'était pas. Après avoir pris l'avis — unanimement négatif — de mes quatre compagnons, je répondis aux messagers que l'élargissement du pouvoir national français ne saurait résulter d'une intervention étrangère, si haute et si amicale qu'elle pût être. Toutefois, j'acceptai de revoir le Président et le Premier Ministre avant la dislocation prévue pour l'après-midi.

Mon entretien avec M. Churchill revêtit, de son fait, un caractère d'extrême âpreté. De toute la guerre, ce fut la plus rude de nos rencontres. Au cours d'une scène véhémente, le Premier Ministre m'adressa des reproches amers, où je ne pus voir autre chose que l'alibi de l'embarras. Il m'annonça qu'en rentrant à Londres il m'accuserait publiquement d'avoir empêché l'entente, dresserait contre ma personne l'opinion de son pays et en appellerait à celle de la France. Je me bornai à lui répondre que mon amitié pour lui et mon attachement à l'alliance anglaise me faisaient déplorer l'attitude qu'il avait prise. Pour satisfaire, à tout prix, l'Amérique, il épousait une cause inacceptable pour la France, inquiétante pour l'Europe, regrettable pour l'Angleterre.

Je me rendis, ensuite, chez Roosevelt. Là, l'accueil fut habile, c'est-à-dire aimable et attristé. Le Président m'exprima le chagrin qu'il éprouvait à constater que l'entente des Français restait incertaine et que lui-même n'avait pu réussir à me faire accepter même le texte d'un communiqué. « Dans les affaires humaines, dit-il, il faut offrir du drame au public. La nouvelle de votre rencontre avec le général Giraud, au sein d'une conférence où je me trouve, ainsi que Churchill, si cette nouvelle était accompagnée d'une déclaration commune des chefs français et même s'il ne s'agissait que d'un accord théorique, produirait l'effet dramatique qui doit être recherché. — Laissez-moi faire, répondis-je. Il y aura un communiqué, bien que ce ne puisse être le vôtre. »

Là-dessus, je présentai au Président mes collaborateurs. Il me nomma les siens. Entrèrent, alors, M. Churchill, le général Giraud et leur suite, enfin une foule de chefs militaires et de fonctionnaires alliés. Tandis que tout le monde s'assemblait autour du Président, Churchill réitéra à voix haute contre moi sa diatribe et ses menaces, avec l'intention évidente de flatter l'amour-propre quelque peu déçu de Roosevelt. Celui-ci affecta de ne pas le remarquer, mais, par contraste, adopta le ton de la meilleure grâce pour me présenter l'ultime demande qui lui tenait à cœur. « Accepteriez-vous, tout au moins, me dit-il, d'être photographié à mes côtés et aux côtés du Premier Ministre britannique en même temps que le général Giraud ? — Bien volontiers, répondis-je, car j'ai la plus haute estime pour ce grand soldat. — Iriez-vous, s'écria le Président, jusqu'à serrer la main du général Giraud en notre présence et devant l'objectif ? » Ma réponse fut : « *I shall do that for you.* » Alors, M. Roosevelt, enchanté, se fit porter dans le jardin où étaient, d'avance, préparés quatre sièges, braquées des caméras sans nombre, alignés, stylo en main, plusieurs rangs de reporters. Les quatre acteurs arborèrent le sourire. Les gestes convenus furent faits. Tout allait bien ! L'Amérique serait satisfaite en croyant voir, d'après les images, que la question française trouvait son *deus ex machina* en la personne du Président.

Avant de quitter Anfa, je rédigeai un bref communiqué que je proposai à Giraud sans l'avoir, bien entendu, fait connaître aux Alliés : « Nous nous sommes vus. Nous avons causé... » Nous affirmions notre foi dans la victoire de la France et dans le triomphe des « libertés humaines ». Nous annoncions l'établissement d'une liaison permanente entre nous. Giraud signa. À sa demande, l'expression : « libertés humaines » avait, dans le texte, pris la place des mots : « principes démocratiques », que j'y avais, d'abord, fait figurer[19].

Les semaines qui suivirent nous furent pénibles. J'avais pensé me rendre, depuis Anfa, en Libye où combattaient nos troupes. Mais les Alliés s'y étaient opposés. Alléguant des prétextes techniques, ils ne nous laissaient d'autre moyen de quitter l'enceinte d'Anfa qu'un avion anglais qui se rendait obligatoirement à Londres. Nous y rentrâmes le 26 janvier. Par une conférence de presse, tenue le 9 février[20], j'exposai au public ce qui s'était passé réellement à Anfa et qui ne ressemblait guère à ce que répandaient les sources anglo-saxonnes. Je soulignai sans ménagements les arrière-pensées des officiels et officieux américains qui reprochaient aux Français Combattants de « faire de la politique » et comptaient, de cette façon, empêcher que la France en ait une. Par la suite, comme je manifestais de nouveau mon intention de gagner l'Orient, le gouvernement britannique me fit savoir, cette fois par écrit, le 3 mars, qu'il m'en refusait les moyens[21].

Le concours de malveillance engagé entre Washington et Londres trouvait largement son écho dans la presse et la radio. À de nobles exceptions près, les journaux et les commentateurs en Amérique et, même, en Grande-Bretagne ne paraissaient pas mettre en doute que l'unité française dût se faire autour de Giraud. Presque tout ce que l'on trouvait à lire et à entendre étalait à mon endroit les jugements les plus sévères. Certains disaient : « déplorable orgueil », ou bien « ambition déçue ». Mais la plupart avançaient que j'étais candidat à la dictature ; que mon entourage, noyauté de fascistes et de cagoulards[22], me poussait à instituer en France, lors de la libération, un pouvoir personnel absolu ; qu'au contraire, le général Giraud, soldat sans prétentions ni intentions politiques, était le rempart de la démocratie ; que le peuple français pouvait faire confiance à Roosevelt et à Churchill pour m'empêcher de l'asservir.

Bien entendu, les éléments de l'émigration française qui ne m'avaient pas rallié et qui, par le fait même, dépendaient des étrangers épousaient et inspiraient cette thèse. En Amérique le journal *Pour la Victoire*, en Angleterre le quotidien *France*, l'*Agence française indépendante*, la revue *La France Libre*, voire, à la B.B.C., une grande partie de l'équipe *Les Français parlent aux Français*, prenaient ouvertement parti pour Giraud. En revanche, les organes d'expression « gaulliste », tels : à New York *La Voix de la France* d'Henry Torrès, à Londres *La Marseillaise* de François Quillici, à la radio anglaise la parole de Maurice Schumann, à Brazzaville le grand poste de la France Combattante, clamaient notre résolution.

Il faut dire que, si les Alliés nous criblaient de désagréments, en Afrique française les témoignages favorables allaient se multipliant. Le mouvement « Combat », où s'assemblaient les « gaullistes », voyait affluer les adhésions. René Capitant venait m'en rendre compte à Londres. Ceux des éléments de Leclerc qui prenaient, vers Ghadamès, le contact des troupes sahariennes en recevaient un accueil enthousiaste et de nombreuses demandes d'engagement. Au Niger, au Dahomey, au Togo, en Guinée, en Côte d'Ivoire, en Haute-Volta, nos émissaires trouvaient, maintenant, l'accès le plus facile. Mais c'est surtout parmi les marins que le choix populaire apparaissait au grand jour. Une grande partie des équipages des navires de guerre et de commerce, qui, du Maroc, d'Afrique occidentale, d'Algérie, passaient par les ports américains ou britanniques, en profitaient pour s'inscrire aux bureaux de recrutement de la France Combattante. C'est ainsi que le *Richelieu*, s'étant rendu de Dakar à New York pour y être remis en état, voyait trois cents marins quitter son bord afin de servir sur des navires de la Marine française libre. Le contre-torpilleur *Fantasque*, le ravitailleur *Wyoming*, le cargo *Lot*, abordant eux aussi l'Amérique, se vidaient de la même façon. Dans le port écossais de Greenock, les équipages des bateaux de transport : *Eridan*, *Ville-d'Oran*, *Champollion*, *Groix*, *Meonia*, *Jamaïque*, se ralliaient au général de Gaulle et exigeaient que leur bâtiment arborât la Croix de Lorraine[23].

Cette affaire des marins exaspéra Washington. D'autant plus que beaucoup d'indices donnaient à prévoir, qu'une fois réduite, en Tunisie, l'armée allemande et italienne qui séparait encore les troupes de Giraud de celles de Leclerc et de Larminat, un courant irrésistible entraînerait vers les Forces françaises libres maints éléments militaires d'Afrique du Nord. Aussi, les Américains, redoutant que la fin de la bataille d'Afrique y provoquât un raz de marée « gaulliste », firent un grand effort pour nous amener à composition.

Ils essayèrent la manière forte. Aux États-Unis, certains des marins qui avaient quitté leur bord pour rallier la France Combattante furent arrêtés et emprisonnés. Notre délégué Adrien Tixier, l'amiral Gayral chef de notre mission navale, étaient assaillis des démarches comminatoires du State Department et de l'Amirauté. En Grande-Bretagne, tandis que les Anglais se contentaient de prendre une attitude attristée, les Américains menaçaient les équipages français venus d'Afrique qui demandaient mes ordres. Même, un jour, le navire *Jamaïque*, amarré dans le port de Greenock, fut occupé par un détachement de soldats de marine américains. À Carlton Gardens, l'amiral Stark, désolé d'avoir à contrarier une cause à laquelle étaient attachés sa raison et son sentiment mais lié par ses consignes, déposait des plaintes instantes à destination d'Auboyneau commissaire à la Marine, de Diethelm qui, dans ses attributions, avait la marine marchande, de moi-même, à l'occasion. La presse et la radio des États-Unis publiaient des déclarations d'officiels et d'officieux qui accusaient le général de Gaulle de saboter l'effort de guerre en empêchant les navires français de remplir leur mission.

En fait, j'avais, bel et bien, donné l'ordre d'incorporer les volontaires[24], considérant que leur choix était souhaitable tant que l'organisation d'Alger fonctionnerait en dehors de nous, estimant qu'il était conforme à l'intérêt du service de les employer là où ils rêvaient d'être, plutôt que de les refouler dans un cadre où ils se trouveraient en état de sourde révolte, jugeant, enfin, que la démonstration éclairait l'opinion mondiale. Mais, en même temps, je faisais inviter Alger, par l'intermédiaire de l'amiral Fénard son chef de mission navale en Amérique, à remplacer sur les navires de guerre ceux qui changeaient d'affectation. Les disponibles, en effet, ne manquaient pas en Afrique du Nord depuis que nombre de bâtiments avaient été coulés en combattant les Alliés. Quant aux navires de commerce, j'entendais leur donner moi-même l'ordre de regagner, sous la Croix de Lorraine, leur port d'attache algérien ou marocain, pourvu que leur ralliement fût tenu pour acquis. Recevant l'amiral Stark, le 11 mars, je lui notifiai ces dispositions qui furent, effectivement, appliquées.

Les États-Unis, d'ailleurs, nous offraient le miel en même temps que le vinaigre. Le 22 février, Sumner Welles écrivait à Tixier que Roosevelt, une fois de plus, souhaitait recevoir ma visite à Washington. Une fois de plus, je répondais que j'étais prêt à m'y rendre[25]. Une fois de plus, l'invitation ne serait pas précisée. Sans doute, ce projet, disparaissant dès qu'il s'était montré, jouait-il dans la politique de la Maison-Blanche le même rôle distrayant et merveilleux qu'on attribue au serpent de mer.

Mais le tumulte de l'étranger ne nous détournait pas d'interroger le sentiment de la nation française. Or, sur ce point, il n'y avait plus l'ombre d'un doute depuis le jour où l'ennemi, occupant tout le territoire, asservissait entièrement Vichy. Le 17 novembre, Laval, pour pouvoir opérer sans entraves, s'était à son retour du quartier général du Führer fait donner par Pétain le droit de promulguer toutes lois et tous décrets sous sa seule signature[26]. Au cours de l'hiver, redoublait la persécution des Juifs malgré l'indignation publique, les protestations des évêques — comme Mgr Saliège à Toulouse, le cardinal Gerlier à Lyon — la réprobation du pasteur Bœgner, président de la Fédération protestante de France. Le 30 janvier 1943, était créée la Milice, dont Darnand, déjà incorporé dans la police allemande, devenait le secrétaire général et qui s'employait activement à traquer les patriotes. Le 16 février, s'instituait le Service du travail obligatoire, procurant au « gouvernement » le moyen de fournir sans limites à l'ennemi la main-d'œuvre qu'il exigeait. Le 29 avril, Hitler, recevant à nouveau Laval, réglait avec lui des mesures supplémentaires de collaboration[27]. Si une partie de la population demeurait encore, par détresse ou par pitié, indulgente au Maréchal, la raison de tous les Français — excepté quelques énergumènes — condamnait la politique qui se faisait en son nom. L'école dirigeante de la nation, c'était, maintenant, la Résistance et celle-ci se confondait avec la France Combattante.

Les allées et venues ne cessaient donc pas entre la Métropole et Londres. Les bureaux de Carlton Gardens, la maison de Duke Street où travaillait le B.C.R.A., diverses demeures discrètes en ville et dans la banlieue, voyaient se glisser sous le camouflage ceux que les avions, les vedettes, les chalutiers, avaient été chercher en France ou s'apprêtaient à y conduire. Au cours des quatre premiers mois de 1943, tandis que la crise africaine battait son plein, notre « Service des opérations aériennes et maritimes » transportait, dans l'un ou l'autre sens, plusieurs centaines d'émissaires et de délégués[28]. Notre siège central était rejoint par maintes personnalités ; ainsi : René Massigli que je nommai, le 5 février, commissaire national aux Affaires étrangères ; le général d'armée Beynet destiné à diriger notre mission militaire à Washington ; le général de Lavalade bientôt nommé commandant supérieur des troupes du Levant ; le général Vautrin envoyé en Libye comme chef d'état-major du groupement Larminat et qui allait, en cette qualité, être tué en service commandé ; Jules Moch qui, aussitôt, prenait à titre militaire son service dans la marine ; Fernand Grenier, amené par Rémy à la demande des communistes et qui, sous le contrôle de Soustelle, s'employait à la propagande en affichant un « gaullisme » rigoureux ; Pierre Viénot, idéaliste, intelligent, sensible, dont je projetais de faire l'ambassadeur de France en Angleterre quand le Comité national irait s'établir à Alger et qui devait mourir à la tâche ; André Maroselli, mis en charge de notre organisation de secours aux prisonniers de guerre, laquelle réussirait à expédier chaque mois plus d'un million de colis ; Georges Buisson et Marcel Poimbœuf, délégués respectivement par la C.G.T. et par les Travailleurs chrétiens et formant, avec Albert Guigui qui les avait précédés et Henri Hauck mon compagnon de la première heure, une active représentation syndicale. Des parlementaires connus : Gouin, Queuille, Farjon, Hymans et, bientôt, Jacquinot, Auriol, Le Troquer, Louis Marin[29], se hâtaient dès leur débarquement de déclarer aux agences, de proclamer à la radio, de répéter aux hommes politiques, diplomates, journalistes alliés, ce qu'affirmaient, d'autre part, les messages de MM. Jeanneney, Herriot, Blum, Mandel, Paul-Boncour[30], etc., savoir : qu'aucun gouvernement ne serait concevable, lors de la Libération, sinon celui du général de Gaulle.

En France même, la Résistance, à mesure qu'elle souffrait et agissait davantage, resserrait son unité. D'ailleurs, l'occupation de la zone qu'on avait dite « libre » effaçait certaines différences et poussait à la concentration. À la fin de 1942, j'avais pu faire la connaissance des chefs de plusieurs mouvements[31]. J'en voyais d'autres, à présent, venus d'une lune à l'autre, émergeant soudain du brouillard de fièvre, de ruse, d'angoisse, où ils cachaient leurs armes, leurs coups de main, leurs imprimeries, leurs boîtes aux lettres, et y retournant tout à coup. Au cours de cette période, passèrent, notamment : Cavaillès, philosophe que sa nature eût porté à la prudence, mais que sa haine de l'oppression poussait au plus fort de l'audace, jusqu'à ce qu'il souffrît, pour la France, la torture et la mort ; Daniel Mayer, méthodique artisan de « l'action socialiste » ; Jean-Pierre Lévy, modeste et résolu ; Saillant, syndicaliste de qualité, envoyé par Léon Jouhaux. Plusieurs renouvelaient leur visite, tels : Pineau, Sermoy-Simon[32]. En même temps, nos propres délégués parcouraient le territoire. C'est ainsi que Rémy, animateur magnifique et organisateur pratique, menant l'action secrète comme un sport grandiose mais calculé, opérait principalement à Paris et dans l'Ouest ; que Bingen rayonnait dans le Midi ; que Manuel inspectait sur place nos réseaux et nos transmissions[33]. En janvier Brossolette, un mois plus tard Passy-Dewavrin, gagnèrent, à leur tour, la France. Un jeune officier britannique, Yeo Thomas, accompagnait, à notre invitation, le chef du B.C.R.A. afin de fournir au cabinet de Londres des informations directes. Passy et Brossolette, agissant de concert, devaient prendre le contact des diverses organisations, déterminer celles du Nord à faire fonctionner entre elles une réelle coordination, à l'exemple de celles du Sud, préparer l'union des unes et des autres par le moyen d'un conseil commun et d'un seul système militaire.

En février, arrivèrent Jean Moulin mon délégué dans la Métropole et le général Delestraint commandant l'armée secrète[34]. Je revoyais le premier, devenu impressionnant de conviction et d'autorité, conscient que ses jours étaient comptés, mais résolu à accomplir, avant de disparaître, sa tâche d'unification. J'orientais le second, investi d'une mission à laquelle, à maints égards, sa carrière ne le préparait pas, mais qu'il assumait, cependant, avec la fermeté du soldat que rien n'étonne s'il s'agit du devoir.

À Moulin, qui avait longuement préparé les voies, je prescrivis de former, sans plus attendre, le Conseil national de la résistance, où siégeraient les représentants de tous les mouvements des deux zones, de tous les partis politiques et des deux centrales syndicales. L'ordre de mission[35] que je lui donnai réglait cette composition, définissait le rôle du Conseil et précisait la nature des rapports qui le liaient au Comité national. Jean Moulin aurait à présider lui-même l'organisme nouveau. Je le nommai membre du Comité national français et lui remis, dans ma maison d'Hampstead, la croix de la Libération, au cours d'une cérémonie dont aucune, jamais, ne fut plus émouvante. Delestraint, pendant son séjour, put travailler utilement avec les chefs alliés, notamment le général Brooke, le général Ismay, l'amiral Stark, qui reconnaissaient en lui un de leurs pairs. De la sorte, l'action de l'armée secrète lors du débarquement en France serait, autant que possible, liée aux plans du commandement. L'instruction que le général Delestraint reçut de moi lui fixait ses attributions. C'étaient celles d'un inspecteur général avant que la grande bataille commençât. Ce seraient, éventuellement, celles d'un commandant d'armée, dès qu'il faudrait conjuguer les opérations du dedans avec celles du dehors. Mais, peu de mois après son retour en France, cet homme d'honneur devait être arrêté par l'ennemi, déporté et, pour finir, hypocritement abattu à la porte d'un camp de misère, offrant à la patrie sa vie qu'il lui avait, d'avance, sacrifiée. Moulin et Delestraint partirent, le 24 mars, pour le combat et pour la mort.

Tant de signes marquant les progrès de l'unité de la France allaient aider à celle de l'Empire. Le Comité national prit, tout de suite, l'initiative des négociations à mener avec Alger. Huit jours après notre retour d'Anfa, le général Catroux se rendait en Afrique du Nord. Il y vit beaucoup de monde. Ensuite, ayant fait comprendre que notre but était l'entente et que les indésirables dont nous voulions l'élimination se comptaient sur les doigts des deux mains, il regagna provisoirement Beyrouth, tandis que Marchal, Charbonnières, Pechkoff, Pélabon, etc., installaient à Alger notre mission de liaison. Peu après, arrivait à Londres le général Bouscat délégué auprès de moi par le général Giraud. Les échanges de vues commençaient. Le 23 février, le Comité national arrêtait les termes d'un mémorandum adressé au « commandant en chef civil et militaire » et précisant les conditions indispensables de l'unité[36].

Tenir les armistices de 1940 comme ayant toujours été nuls et non avenus ; admettre l'impossibilité politique et morale de laisser aux postes de direction certains des hommes qui s'y trouvaient ; rétablir en Afrique du Nord la légalité républicaine ; puis, ces principes une fois acceptés par l'organisation Giraud, former un pouvoir central ayant toutes les attributions d'un gouvernement, afin que la France disposât dans la guerre d'une seule autorité responsable et d'une seule représentation ; créer, en outre, une assemblée consultative de la Résistance, destinée à fournir une expression aussi large que possible de l'opinion de la nation souffrante et militante. Ainsi était, de nouveau, formulée notre position. Le mémorandum fut remis à Giraud le 26 février et publié le 12 mars.

Il était, désormais, impossible au système d'Alger de prendre publiquement une attitude différente. Car, indépendamment de ce qui se passait en France, c'est à un rythme accéléré, qu'en Afrique même, les choses allaient dans notre sens. Parmi les masses prévalait, maintenant, le sentiment élémentaire que de Gaulle avait gagné puisque Vichy avait perdu. Dans les cadres, le caractère artificiel des pouvoirs du « commandant en chef civil et militaire » et son état de dépendance vis-à-vis des Américains suscitaient un malaise grandissant. D'ailleurs, sous la pression des missions anglo-saxonnes, elles-mêmes épiées par les journalistes et les parlementaires de leur pays, la censure politique se relâchait. Bien des yeux étaient dessillés. Les nouvelles venues de France, les propos tenus par ceux que l'occupation de l'ancienne zone libre ou le désir du combat amenaient en Afrique du Nord, la bataille qui faisait rage en Tunisie, achevaient de démentir les billevesées antigaullistes que les autorités avaient professées si longtemps.

Quelques-uns des hommes qui entouraient le général Giraud avaient assez de sens politique pour essayer de capter le courant. M. Jean Monnet fut l'inspirateur[37] de cette évolution. Il avait, en février, quitté Washington pour Alger afin d'apporter à Giraud le concours de ses capacités économiques et administratives et de ses relations américaines. Le mémorandum du Comité national lui fit penser qu'il fallait se hâter de transformer les traits du « Commandement en chef civil et militaire ». Sur ce point, M. Monnet se trouva vite d'accord avec l'habileté de M. Murphy et l'esprit délié de M. MacMillan. Le mois de mars fut donc rempli des manifestations démocratiques de Giraud.

Le 4, un statut nouveau de la « Légion des Combattants » était décrété à Alger. Le 5, Giraud déclarait par radio : « La France n'a pas de préjugés racistes. » Le 8, il faisait retirer de la circulation un numéro du *Journal officiel d'Afrique du Nord* paru la veille et qui, comme les précédents, promulguait des décrets du maréchal Pétain captés par la voie des ondes. Le 14, au cours d'une réunion d'Alsaciens et de Lorrains, Giraud donnait lecture d'un discours condamnant Vichy et rendant hommage à la République[38]. Le 15, il écrivait au général Catroux : « J'ai tenu à exposer hier les principes qui guident ma conduite. Il ne subsiste donc aucune équivoque entre nous… Je suis prêt à accueillir le général de Gaulle afin de donner à l'union une forme concrète. Je vous demande de lui en faire part. » Le 18 mars, il signait une série d'ordonnances abolissant, en maints domaines, la législation de Vichy.

Le lendemain, on entendit MM. Churchill et Cordell Hull, qui n'avaient pas paru remarquer, en son temps, le mémorandum du Comité national français, déclarer que leurs gouvernements respectifs donnaient leur adhésion complète aux principes affirmés par le général Giraud. Le 19 le général Noguès, le 21 le gouverneur général Boisson, faisaient connaître leur plein assentiment « quant aux actes et discours républicains du commandant en chef civil et militaire ». Puis, le général Bergeret, M. Rigault, M. Lemaigre-Dubreuil, donnaient leur démission des postes qu'ils occupaient. Au fur et à mesure de ces faits et de ces gestes, la plupart des journaux et des commentateurs d'Amérique et d'Angleterre élevaient un concert d'éloges et pressaient la France Combattante de se rallier à Giraud à l'égard de qui, d'après eux, les « gaullistes » ne pouvaient plus soulever d'objections valables.

Cependant, tirant avantage du discours prononcé, le 14 mars, par le général Giraud et du message qu'il avait prié Catroux de me transmettre, le Comité national publiait que « les déclarations faites à Alger marquaient, à beaucoup d'égards, un grand progrès vers la doctrine de la France Combattante, telle qu'elle avait été soutenue depuis juin 1940 et, de nouveau, exprimée par le mémorandum du 23 février ». Je faisais moi-même connaître au général Giraud « que j'avais reçu son message avec plaisir et que je comptais pouvoir me rendre prochainement en Afrique du Nord ». J'annonçai la nouvelle par radio, en invoquant l'union nationale d'une telle manière et sur un tel ton que ceux qui m'écoutaient connurent que l'unité française n'avait pas changé de champion, ni celui-ci de principes. Je télégraphiai au général Eisenhower que je serais heureux de le voir à mon arrivée à Alger, ce à quoi il répondit qu'il s'en féliciterait fort. Je demandai au gouvernement britannique de mettre, le moment venu, un avion à ma disposition. Mais, en même temps, je déclarai bien haut que je m'en tenais strictement à ma position bien connue et, qu'avant de me mettre en route, j'attendrais que le Comité national eût reçu d'Alger une réponse satisfaisante au mémorandum du 23 février. C'est alors que, pour nous réduire, l'effort suprême fut déclenché[39].

M. MacMillan ouvrit le feu. Le 17 mars, à Alger, il convoqua Guy de Charbonnières, en l'absence du général Catroux. « À présent, lui dit-il, que le commandant en chef civil et militaire s'est publiquement rallié aux principes dont se réclame la France Combattante, rien ne s'oppose à ce que l'unité se réalise autour du général Giraud. » Comme Charbonnières marquait des réserves, le ministre d'État britannique laissa éclater une violente irritation. « Si le général de Gaulle, cria-t-il, refuse aujourd'hui la main qui lui est tendue, sachez que l'Amérique et la Grande-Bretagne l'abandonneront complètement et qu'il ne sera plus rien. » Bien que M. MacMillan eût montré plus de modération dans la suite de l'entretien, on ne pouvait considérer sa démarche que comme une vague d'assaut[40].

La suivante fut menée par Mgr Spellman, archevêque de New York. Il arrivait d'Alger et demandait à me voir avec une mission explicite du président des États-Unis. C'est le 23 mars que je rencontrai l'archevêque ambassadeur. Ce prélat, d'une éminente piété, abordait les problèmes de ce monde avec l'évident souci de ne servir que la cause de Dieu. Mais la plus grande dévotion ne saurait empêcher que les affaires soient les affaires. Aussi, fut-ce d'une façon pressante que l'archevêque de New York me donna les conseils de sa sagesse.

« Liberté, égalité, charité », telle était, suivant lui, la devise dont il convenait que s'inspirât ma conduite. « Liberté » signifiait que je devais m'abstenir de poser des conditions à l'union de la France Combattante avec le général Giraud ; « égalité » qu'il me fallait entrer dans le triumvirat dont on m'avait parlé à Anfa ; « charité » que le pardon s'imposait à l'égard des hommes en place à Alger, Rabat et Dakar. « Songez, me dit Mgr Spellman, quel malheur ce serait pour vous si l'on venait à vous refuser le bénéfice d'une formule que vous auriez refusée aux autres ? Vous voyez-vous condamné à rester en Angleterre et tenu, d'office, en dehors de l'action, pendant que, sans vous, la France serait libérée ? »

Je répondis à l'archevêque que, dans ce cas, il n'y aurait pas de libération de la France, puisque la victoire consisterait pour mon pays à se voir imposer par les Anglo-Saxons une autorité de leur choix aux lieu et place de celle qui régnait grâce aux Allemands. On pouvait, d'avance, être sûr qu'alors le peuple français suivrait une troisième sorte de libérateurs, dont ne se féliciteraient pas les alliés occidentaux. Mieux valait laisser faire la volonté nationale. En conclusion, je dis à l'archevêque que celle-ci, malgré tous les obstacles, était en train de se faire jour. Je lui en donnai comme exemples le mouvement des esprits en Afrique du Nord, l'attitude des marins et, surtout, les nouvelles de France. Au total, Mgr Spellman n'en parut pas contrarié. Je dois dire même que j'eus, plus tard, la preuve que dans nos entretiens j'avais gagné sa sympathie[41].

M. Churchill, ensuite, donna de sa personne. À sa demande, le 2 avril, j'allai le voir accompagné de Massigli. Le Premier Ministre, assisté de Sir Alexander Cadogan, m'exposa que mon arrivée à Alger présenterait de graves inconvénients si l'entente n'était pas, auparavant, réalisée entre Giraud et moi. L'entente, pour M. Churchill, signifiait, bien entendu, l'acceptation des conditions qui m'avaient été notifiées à Anfa. Faute que l'accord fût conclu sur ces bases, il évoquait les fâcheuses conséquences qu'aurait, suivant lui, au point de vue de l'ordre public et de la situation militaire, ma présence en Afrique du Nord. L'avion que j'avais demandé était prêt, affirmait le Premier Ministre. Mais, de toutes façons, ne convenait-il pas d'attendre que M. Eden, alors en voyage aux États-Unis, eût le temps de revenir et que le général Catroux, qui n'était à Alger que depuis une semaine, pût exercer son influence ? Voulant que M. Churchill se découvrît, je publiai, en sortant de chez lui, que je prétendais toujours m'envoler vers Alger sans accepter de conditions. Le Premier Ministre annonça, alors, que le général Eisenhower me demandait d'ajourner mon voyage. Mais j'eus bientôt fait d'établir qu'Eisenhower ne m'avait rien demandé du tout, ce qui amena Churchill à reconnaître publiquement que la démarche n'incombait qu'à lui-même et que c'était bien lui qui s'opposait à mon départ[42].

Le 6 avril, je vis, tour à tour, M. Eden et M. Winant qui revenaient de Washington. L'un et l'autre me firent le tableau, évidemment concerté, des colères que mon obstination soulevait en Amérique et du manque à gagner qu'allait en éprouver la France. Ils me dépeignirent, par contraste, les avantages que lui vaudrait la bienveillance des Alliés si je consentais à subordonner la France Combattante à Giraud. « Je l'aurais fait de grand cœur, leur dis-je, si Giraud s'était trouvé à la tête de l'Afrique du Nord le 18 juin 1940 et avait poursuivi la guerre en repoussant les injonctions de Pétain et de Weygand. Mais, aujourd'hui, des faits sont accomplis. La nation française en a pris acte. »

Tout en résistant à la pression des Alliés, il me fallait subir celle de plusieurs de mes collaborateurs. Quelques-uns, en effet, sous l'empire de l'inquiétude que leur causait le parti pris de Washington et de Londres, des démarches insinuantes dont eux-mêmes étaient l'objet, du désir immense qu'ils avaient de voir l'union s'accomplir coûte que coûte, finissaient par se résigner. Au sein du Comité national, tel et tel de ses membres ne le cachaient pas. Le général Catroux lui-même, forcément plongé à Alger dans le milieu des gens en place et des équipes Murphy et MacMillan, me proposait dans ses dépêches de laisser à Giraud la prépondérance politique et le commandement militaire[43]. Sans méconnaître les intentions, je ne suivis pas les conseils. Car, derrière les arbres qu'étaient pour nous les difficultés immédiates, il y avait la forêt, c'est-à-dire la nation française.

Or, c'était bien l'avenir de la nation qui se jouait dans le débat. Le Comité national unanime le reconnut quand, le 10 avril, il reçut communication de la réponse faite par Giraud au mémorandum du 23 février. Catroux l'apportait d'Alger. Sans doute le document[44] accordait-il aux bons principes une adhésion ostentatoire. Mais l'application suggérée consistait, en réalité, à empêcher que la France eût un gouvernement jusqu'à la fin de la guerre et à faire en sorte que l'autorité du commandant en chef, c'est-à-dire en fait celle des Alliés, pût s'exercer sans limites.

Il nous était, en effet, proposé, une fois de plus, de n'établir à Alger qu'un « Conseil des territoires d'outre-mer » où siégeraient Giraud, de Gaulle, les résidents et gouverneurs généraux en fonctions et des « commissaires » ayant certaines tâches particulières. Ledit Conseil devrait s'interdire toute capacité politique. Il aurait un rôle de coordination administrative mais nullement de direction nationale. Quant au commandant en chef, le général Giraud, il devrait être subordonné au commandement interallié et ne relèverait, dans ses fonctions militaires, d'aucune autorité française. Bien plus, c'est à lui qu'il appartiendrait, à mesure de la libération et sous couvert de l'état de siège, d'assurer l'ordre public et de nommer les fonctionnaires sur tout le territoire de la Métropole. Ainsi, faute d'un réel pouvoir central français, l'essentiel serait à la discrétion d'un chef militaire placé sous la dépendance d'un général étranger. Ce bizarre appareil devrait rester en place tant que durerait la guerre. Après quoi, loin de procéder aussitôt à la consultation du pays, on envisageait de faire jouer une loi de 1872, dite loi Tréveneuc et prévoyant qu'en l'absence d'Assemblée nationale c'est aux conseils généraux qu'il incombait de pourvoir à l'administration et de nommer un gouvernement[i]. En somme, d'après le mémoire signé par le général Giraud, tout se passerait comme si, en tant qu'État, la France n'existait plus, tout au moins jusqu'à la victoire. C'était bien la thèse de Roosevelt.

Ce document eut pour résultat de refaire l'unanimité de notre Comité de Londres. Tous ses membres virent clairement où était la voie nationale. Le 15 avril, pour arrêter le texte de la note que le général Catroux devait porter à Alger, il n'y eut, en séance, qu'un seul mouvement. La note était simple et ferme. Donnant acte au général Giraud de ce que ses déclarations de principe offraient de satisfaisant, le Comité réitérait les conditions nécessaires d'application : formation d'un pouvoir effectif exerçant son autorité sur tous les territoires qui étaient ou seraient libérés, notamment celui de la Métropole, et ayant sous sa coupe toutes les forces françaises sans exception ; subordination au pouvoir de tous les officiers généraux, résidents et gouverneurs et, d'abord, du commandant en chef ; éloignement des hommes qui avaient pris une responsabilité personnelle dans la capitulation et la collaboration avec l'ennemi. Pour constituer l'organe gouvernemental, il était, répétions-nous, indispensable que le président et plusieurs membres du Comité national aient la possibilité de se rendre en Afrique du Nord sans qu'on leur fît aucune condition. D'autre part, afin de couper court aux bruits que répandait la presse au sujet de nos divergences, tous les membres du Comité firent solennellement connaître qu'ils étaient, plus que jamais, solidaires du général de Gaulle[45].

La France Combattante demeurant inébranlable, l'obstination apportée par le système d'Alger à nous subordonner à lui touchait, maintenant, à son terme. En Afrique même, la situation ne permettait plus d'attendre. Ce qui dominait les esprits, s'inscrivait sur les murs, retentissait dans les rues, c'était : « Que de Gaulle arrive ! » Le 14 mars, comme Giraud sortait de la salle où il avait annoncé son orientation nouvelle, la foule rassemblée sur la place l'accueillait aux cris de : « Vive de Gaulle ! » Personne ne doutait que l'attitude récemment adoptée par les autorités locales, les changements apportés à la législation de Vichy, la dissolution de la Légion, l'élargissement des prisonniers politiques, la démission de personnages en vue, fussent autant de succès pour le Comité national. La Croix de Lorraine apparaissait partout. Le mouvement « Combat » tenait le haut du pavé. Le 19 avril, les conseils généraux d'Alger, d'Oran et de Constantine m'adressaient leur hommage à l'ouverture de leur session. Le 26, M. Peyrouton, rendant visite au général Catroux, lui déclarait que, dès mon arrivée et pour faciliter l'union, il se démettrait de ses fonctions de gouverneur général de l'Algérie et demanderait à servir à titre militaire[46]. Le 1er mai, les cortèges organisés pour la fête du Travail scandaient leur marche en criant : « C'est de Gaulle qu'il nous faut ! » La veille, M. Churchill avait eu avec moi une satisfaisante conversation. M'ayant lu les plus récents rapports de M. MacMillan, il reconnut, qu'à son sens, j'avais gagné la première manche.

Comment, d'ailleurs, justifier l'éloignement où j'étais tenu, quand le sol de la Tunisie voyait, engagées dans la même bataille, du même cœur, vers les mêmes objectifs, les troupes d'Afrique et les Forces françaises libres ? Or, la lutte y était dure. À la fin de février, Rommel était entré en scène. Retardant par des arrière-gardes la marche victorieuse de

Montgomery, puis se couvrant au sud sur la ligne fortifiée Mareth, il fonçait de Sfax vers Tébessa pour s'ouvrir le passage de l'Algérie. Un corps d'armée américain et la division française Welwert — dont le vaillant général serait tué peu après — l'avaient péniblement contenu. En même temps, le général von Arnim, successeur de Nehring, attaquait, d'une part le long de la côte nord dans la région de Tabarca défendue par le corps franc du général de Monsabert et les tabors marocains, d'autre part vers Medjez el-Bab tenu par les Britanniques. On avait pu craindre un grave revers. Mais l'ensemble du dispositif allié s'était, malgré tout, maintenu, grâce notamment à l'énergie des troupes françaises si mal armées et équipées qu'elles fussent et à l'autorité du général Juin qui, des pièces et des morceaux qu'il avait entre les mains, trouvait moyen de faire un efficace instrument de combat. Or, voici qu'au milieu de mars l'entrée en ligne de la VIIIe armée, avec laquelle marchaient les unités de la France Combattante, emportait la décision.

En effet, Montgomery, dont Leclerc formait l'aile gauche et Larminat l'une des réserves, abordait, puis tournait la ligne Mareth et atteignait Gabès. Cette irruption permettait à Patton de reprendre Gafsa. Le 11 avril Sfax, le 12 Sousse et Kairouan, étaient, à leur tour, libérées. Alors, se déclenchait l'offensive générale des Alliés. Le 7 mai, Bradley et Magnan prenaient Bizerte, Anderson entrait à Tunis, Kœltz enlevait Pont-du-Fahs. Le 11 mai, la division Larminat s'emparait de Takrouna. Le lendemain, le général von Arnim, bloqué dans le cap Bon, capitulait avec 250 000 hommes.

Mais, à mesure que nos soldats du Tchad et d'Orient prenaient, tout en combattant, contact avec leurs braves camarades de Tunisie, d'Algérie, du Maroc et avec les populations, l'enthousiasme se levait autour d'eux. Le 26 mars, Larminat me télégraphiait que les centres du Sud tunisien, Médenine, Djerba, Zarzis, etc., multipliaient les démarches pour être rattachés à la France Combattante. Le 6 avril, Leclerc me mandait, qu'en le voyant avec ses hommes, Gabès avait donné le spectacle d'une explosion de joie. Le 14 avril, la presse américaine relatait, qu'à l'entrée à Sfax des Anglais et des Français Libres, tout le monde criait : « Vive de Gaulle ! » Le *New York Herald Tribune*, sous le titre : *Où est notre force ?* écrivait : « Un enthousiasme indescriptible éclata quand un fanion tricolore poussiéreux, flottant au-dessus d'un camion, annonça les soldats de la France Combattante... Les journalistes qui rapportent la scène en furent étourdis de surprise... Devant l'ardeur avec laquelle, en France, des hommes de tous les partis répondent à l'appel de de Gaulle, devant les larmes, les ovations, les fleurs de la Tunisie libérée, est-il encore permis de chercher où se trouvent la force et la gloire de notre cause ? » Le 30 avril, le colonel Van Hecke, naguère commissaire aux Chantiers de jeunesse, à présent commandant le 7e chasseurs d'Afrique, demandait à passer sous mes ordres avec tout son régiment. Le 3 mai à Sfax, le 4e spahis, à l'exception de quelques officiers, s'adressait en corps au général Leclerc pour obtenir la même faveur. Sitôt la bataille terminée, de nombreux militaires appartenant aux unités d'Afrique allaient jusqu'à quitter les rangs dans l'espoir d'être incorporés dans les troupes à Croix de Lorraine. Le 20 mai, de tous les vivats soulevés à Tunis par le défilé des Alliés en l'honneur de la victoire, le détachement français libre recueillait sa juste part[47].

C'est donc le jugement populaire qui, finalement, réglait leur compte aux tergiversations. Le 27 avril, le général Giraud m'écrivait qu'il renonçait à la prépondérance. Toutefois, il maintenait encore sa conception du « Conseil » sans réels pouvoirs où siégeraient, avec lui et moi, les résidents et gouverneurs. D'autre part, redoutant sans doute les réactions de la foule, il proposait que notre première réunion se tînt dans un lieu écarté, soit à Biskra, soit à Marrakech. Je lui répondis, le 6 mai, en affirmant encore une fois la volonté arrêtée du Comité national quant au caractère, à la composition, aux attributions de l'organe gouvernemental qu'il s'agissait de former, en repoussant l'idée que cela pût se faire dans une oasis lointaine et en exigeant de venir à Alger. L'avant-veille, dans un discours public, j'avais, assez rudement, déclaré qu'il fallait en finir[48].

Or, dans la nuit du 15 mai, Philip et Soustelle triomphants m'apportaient un télégramme[49] reçu à l'instant de Paris. Jean Moulin m'annonçait que le Conseil national de la Résistance était constitué et m'adressait, au nom du Conseil, le message suivant :

« Tous les mouvements, tous les partis de la Résistance, de la zone Nord et de la zone Sud, à la veille du départ pour l'Algérie du général de Gaulle, lui renouvellent, ainsi qu'au Comité national, l'assurance de leur attachement total aux principes qu'ils incarnent et dont ils ne sauraient abandonner une parcelle.

« Tous les mouvements, tous les partis, déclarent formellement que la rencontre prévue doit avoir lieu au siège du gouvernement général de l'Algérie, au grand jour et entre Français.

« Ils affirment, en outre : que les problèmes politiques ne sauraient être exclus des conversations ; que le peuple de France n'admettra jamais la subordination du général de Gaulle au général Giraud, mais réclame l'installation rapide à Alger d'un gouvernement provisoire sous la présidence du général de Gaulle, le général Giraud devant être le chef militaire ; que le général de Gaulle demeurera le seul chef de la Résistance française quelle que soit l'issue des négociations. »

Le 27 mai, le Conseil national, réuni au complet, 48, rue du Four, tenait sa première séance sous la présidence de Jean Moulin et me confirmait son message[50].

Ainsi, sur tous les terrains et, d'abord, sur le sol douloureux de la France, germait au moment voulu une moisson bien préparée. Le télégramme de Paris, transmis à Alger et publié par les postes radio américains, britanniques et français libres, produisit un effet décisif, non seulement en raison de ce qu'il affirmait, mais aussi et surtout parce qu'il donnait la preuve que la résistance française avait su faire son unité. La voix de cette France écrasée, mais grondante et assurée, couvrait, soudain, le chuchotement des intrigues et les palabres des combinaisons. J'en fus, à l'instant même, plus fort, tandis que Washington et Londres mesuraient sans plaisir, mais non sans lucidité, la portée de l'événement. Le 17 mai, le général Giraud me demandait « de venir immédiatement à Alger pour former avec lui le pouvoir central français ». Le 25 mai, je lui répondais : « Je compte arriver à Alger à la fin de cette semaine et me félicite d'avoir à collaborer avec vous pour le service de la France[51]. »

Avant de quitter l'Angleterre, j'écrivis au roi George VI pour lui dire combien j'étais reconnaissant, à lui-même, à son gouvernement, à son peuple, de l'accueil qu'ils m'avaient fait aux jours tragiques de 1940 et de l'hospitalité qu'ils avaient, depuis, accordée à la France Libre et à son chef. Voulant aller faire visite à M. Churchill, j'appris qu'il venait de partir « pour une destination inconnue[52] ». Ce fut donc de M. Eden que j'allai prendre congé. L'entretien fut amical. « Que pensez-vous de nous ? » me demanda le ministre anglais. « Rien, observai-je, n'est plus aimable que votre peuple. De votre politique, je n'en pense pas toujours autant. » Comme nous évoquions les multiples affaires que le gouvernement britannique avait traitées avec moi : « Savez-vous, me dit M. Eden avec bonne humeur, que vous nous avez causé plus de difficultés que tous nos alliés d'Europe ? — Je n'en doute pas », répondis-je, en souriant, moi aussi. « La France est une grande puissance. »

ALGER

Le 30 mai, à midi, un avion de la France Combattante, ayant Marmier pour chef de bord, me dépose à Boufarik. Massigli, Philip, Palewski, Billotte, Teyssot et Charles-Roux[1] m'accompagnent. Le général Giraud est là ; le général Catroux, aussi. Les représentants des missions américaine et britannique se sont placés derrière les Français. La garde mobile rend les honneurs. Une musique joue *La Marseillaise*. Quant aux voitures, elles sont françaises. Ces signes, comparés à ceux qui marquaient l'accueil d'Anfa, me montrent qu'en Afrique du Nord la France Combattante et, par elle, la France tout court ont, depuis, gagné des points.

Le public ignore notre arrivée. Toutes les censures d'Alger, de Londres, de New York ont interdit d'annoncer la nouvelle. Aussi, les localités que le cortège traverse à vive allure ne se livrent-elles, dans l'ensemble, à aucune manifestation. Seuls, des « gaullistes » vigilants applaudissent à tout hasard. À Bir-Kadeim, la population, alertée à l'improviste, afflue en criant : « Vive de Gaulle ! » Mais les autorités locales ont pris leurs dispositions pour que notre entrée à Alger ait lieu sans concours populaire. De Boufarik, dont l'aérodrome, éloigné et isolé, a été avec intention préféré à celui de Maison-Blanche, nous atteignons le Palais d'été sans avoir traversé la ville.

Un grand déjeuner est servi. Cette bonne habitude française s'impose, quels que soient les rapports et les soucis des convives. Giraud et moi sommes en face l'un de l'autre. À ma droite, je vois, sans surprise, s'asseoir le général Georges qui me raconte comment les Anglais viennent de le faire venir de France. À ma gauche est M. Jean Monnet qui m'entretient, aussitôt, de questions économiques. Catroux et Massigli encadrent mon vis-à-vis. André Philip et René Mayer, Palewski et Couve de Murville, Linarès et Billotte, entrent en conversation, ainsi que trente autres invités. Les voilà donc réunis ces Français, si divers et, pourtant, si semblables, que les vagues des événements ont roulés vers des plages différentes et qui se retrouvent, à présent, aussi remuants et assurés d'eux-mêmes qu'ils l'étaient avant le drame ! En parcourant des yeux la table, on pourrait croire, qu'en trois ans, rien de tragique ne s'est passé. Cependant, deux équipes sont là.

Entre elles, le rapport apparent des forces est facile à établir. D'un côté, tout ; de l'autre, rien. Ici, l'armée, la police, l'administration, les finances, la presse, la radio, les transmissions, sont sous l'unique dépendance du « commandement en chef civil et militaire ». La puissance des Alliés, grâce à laquelle il fut mis en place, est alertée en sa seule faveur. Pour moi, je n'ai, dans ce pays, ni troupes, ni gendarmes, ni fonctionnaires, ni compte en banque, ni moyens propres de me faire entendre. Pourtant, les attitudes, les propos, les regards de ceux que, depuis deux heures, j'ai rencontrés m'ont révélé déjà où se trouve l'ascendant. Chacun, au fond de lui-même, sait comment finira le débat.

La foule, elle, le crie à pleins poumons sur la place de la Poste où je me rends, à 4 heures, pour déposer une Croix de Lorraine au pied du monument aux morts. Bien que cette manifestation ait été improvisée, qu'aucun journal n'en ait rien dit, qu'aucune troupe ne soit venue, des milliers de patriotes, alertés soudain par le mouvement « Combat »[2], se sont rassemblés en hâte et m'accueillent par une immense clameur. Après le salut adressé à tous les Algériens qui donnèrent leur vie pour la France, j'entonne *La Marseillaise* que reprennent d'innombrables voix. Ensuite, au milieu d'un enthousiasme débordant, je gagne la villa Les Glycines où est prévue mon installation.

Déjà, y affluent les messages. La première lettre que je lis est celle du général Vuillemin, ancien chef d'état-major général de l'armée de l'air, qui depuis les malheurs de 1940 s'est retiré dans sa demeure avec sa peine et son espoir. Dans les termes les plus nobles, ce grand chef me demande de lui donner, avec le grade correspondant, le commandement d'une escadrille de la France Combattante. Après les vivats de la masse, le geste de Vuillemin éclaire pour moi le fond des choses[3]. Ici, comme ailleurs, le sentiment national a choisi. Dans le jeu qui va s'engager, l'atout maître est donc entre mes mains. Parmi les Français d'Afrique, je n'aurai, pour me faire obstacle, que l'entêtement de gens en fonctions et la méfiance de certains notables. Par contre, il me faudra compter avec l'opposition résolue des Alliés qui soutiendront le clan rival.

Pénible combat ! Il s'engage le lendemain matin. Au lycée Fromentin, où le futur gouvernement tiendra ses séances et installera certains de ses services, je me rencontre avec le général Giraud. Il est assisté par Monnet et Georges, moi par Catroux, Philip et Massigli. Nous sommes tous d'accord sur la procédure à suivre. Les sept présents se constitueront en comité de gouvernement et s'adjoindront, ensuite, d'autres membres pour compléter le ministère. Mais j'entends prendre l'avantage avant que rien soit conclu.

« Pour que nous puissions, dis-je, nous former en une seule équipe et travailler de concert, il faut que certains points essentiels soient acquis. Jusqu'à ce que notre pays soit à même d'exprimer sa volonté, le pouvoir doit assumer toutes les responsabilités nationales. Le commandement militaire, quand bien même celui qui l'exerce serait ministre ou président, sera donc nommé par le gouvernement et lui restera subordonné. Si l'on conçoit que tel chef d'armée soit placé, pour les opérations, sous la direction stratégique d'un général étranger, ce ne peut être que par ordre de l'autorité française. Je ne saurais, pour ma part, consentir à remplacer le Comité national français par un autre, s'il n'est pas, d'abord, entendu que l'autorité et la responsabilité de l'organisme nouveau seront entières dans tous les domaines, notamment dans celui-là. D'autre part, afin de bien marquer que la France n'a jamais cessé la guerre et qu'elle rejette entièrement Vichy, il est nécessaire que nous retirions leurs fonctions au général Noguès, au gouverneur général Boisson et au gouverneur général Peyrouton[4]. »

Giraud se fâche. Il n'accepte pas que le commandement soit subordonné au gouvernement. Quant aux « proconsuls », il déclare avec une véhémence extrême qu'il ne les sacrifiera pas. Je m'en tiens à mes conditions. On convient de lever la séance et de reprendre plus tard le débat sur la base de projets écrits. Au long de la discussion, seul Georges a soutenu Giraud ; Monnet cherchant des compromis ; Catroux, Philip et Massigli approuvant tous les trois, quoique sur des tons différents, la position que j'ai prise. Après cette rude entrée en matière, le gouvernement n'est pas fait. Mais je me vois comme un navigateur enveloppé par un grain épais et qui est sûr, s'il maintient le cap, que l'horizon va s'éclaircir.

En attendant, la bourrasque redouble. Une crise éclate, dont on pourrait croire qu'elle va tout compromettre si l'on ne sentait pas que l'essentiel est fixé. Le 1er juin, je réunis, aux Glycines, tout ce qu'Alger compte de journalistes[5]. Voici leur nombreuse cohorte dévorée de curiosité ! En tête, les Alliés qui ne cachent pas leur satisfaction de respirer, désormais, cet air vif d'où se tirent les gros titres et les articles percutants. Un peu en retrait, les Français partagés entre la sympathie à mon égard et la crainte de la censure que manie le directeur de l'Information du « commandement en chef civil et militaire ». En une brève déclaration, j'indique que je viens en Afrique du Nord avec mes compagnons afin d'y créer un pouvoir français effectif, dirigeant l'effort national dans la guerre, exigeant la souveraineté de la France, établi en accord avec la Résistance et excluant quelques hommes qui sont symboliques d'autre chose. Ce langage et ce ton, jusqu'alors inconnus sur la place, sont immédiatement et partout rapportés.

Dans la soirée du même jour, le colonel Jousse m'apporte une lettre de M. Peyrouton. Le gouverneur général de l'Algérie, « considérant que l'union sans arrière-pensée entre les Français est le seul moyen d'obtenir une victoire qui nous restitue notre grandeur, et dans le souci d'en faciliter l'avènement », m'adresse sa démission et me demande d'intervenir auprès de l'autorité militaire pour que lui soit donnée la possibilité de servir dans l'armée. Rien dans le texte n'indique qu'une missive semblable soit adressée à Giraud. Je réponds à M. Peyrouton que j'accepte sa démission et, « dans l'épreuve terrible que traverse la patrie, je suis sûr que les Français apprécieront, comme moi-même, la valeur désintéressée de son geste ». Je fais porter, sans délai, au général Giraud la copie de la lettre du gouverneur général et celle de ma réponse et je communique le tout aux représentants de la presse. Le lendemain, la nouvelle paraîtra dans tous les journaux du monde[6].

Le retrait de M. Peyrouton, effectué dans de telles conditions, produisit, à l'instant même, une impression considérable. Le fait qu'on apprit qu'il avait, après coup, écrit dans les mêmes termes au général Giraud n'y changea rien. Que l'ancien ministre de Vichy, venu du Brésil où il était ambassadeur afin d'assumer sur les instances de Roosevelt le gouvernement général de l'Algérie, remît ses fonctions entre mes mains et se conformât publiquement à ce que j'avais exigé, c'était un désaveu que le système d'Alger s'infligeait à lui-même. Le trouble des hommes de ce système et de leurs conseillers alliés en fut porté à son comble. D'autant plus, qu'au même moment, l'effervescence couvait en ville et qu'on signalait, de toutes parts, l'exode massif de volontaires frétant des camions et filant sur les routes pour tâcher de rejoindre les troupes de Larminat et de Leclerc. Quelques jours auparavant, Giraud, avec l'accord d'Eisenhower, avait refoulé hors du territoire français les unités à Croix de Lorraine[7]. Celles-ci se retrouvaient donc aux environs de Tripoli. Mais leurs campements lointains n'en attiraient pas moins des milliers de jeunes soldats. Giraud, cédant à l'inquiétude, se laissa aller à charger du maintien de l'ordre, dans la ville et aux alentours, l'amiral Muselier, amené par les Anglais et qui comptait, comme préfet de police, prendre sa revanche de ses anciennes mésaventures.

Je ne fus donc pas étonné de recevoir, le 2 juin, une lettre signée par le « commandant en chef civil et militaire » mais dont le style révélait d'où venait l'inspiration. Sur le ton habituel aux émigrés non ralliés de Londres, je m'y voyais accusé de vouloir chasser de leur poste des hommes dignes de confiance, porter atteinte à nos alliances et établir ma dictature et celle des cagoulards[8] qui formaient ma compagnie. Tandis que cette missive parvenait à ma connaissance, on m'informait que la garnison était consignée dans les casernes, que dans le parc du Palais d'été se concentraient force blindés, que dans Alger toutes réunions et tous cortèges étaient interdits, que la troupe et la gendarmerie occupaient les issues de la ville et les aérodromes voisins. Pendant ce temps, aux Glycines, sous la seule garde de dix spahis que Larminat m'y avait envoyés, je constatais que ce remue-ménage n'altérait pas l'empressement avec lequel les personnalités que je désirais consulter répondaient à ma convocation. Tard dans la nuit, je fis dire à Giraud que cette atmosphère de « putsch », créée devant l'étranger, me paraissait déplorable, qu'il nous fallait rompre ou aboutir et qu'une nouvelle explication s'imposait dès le lendemain. Le 3 juin, à 10 heures, les « Sept » étaient réunis.

Cette fois, le général Giraud fléchit dans son obstination.

J'avais apporté le texte d'une ordonnance et d'une déclaration instituant le nouveau comité. Les deux projets furent adoptés tels quels. Nous déclarions : « Le général de Gaulle et le général Giraud ordonnent, conjointement, la création du Comité français de la libération nationale. » Nous en devenions tous deux les présidents ; Catroux, Georges, Massigli, Monnet et Philip étant les premiers membres ; d'autres devant être désignés bientôt. Nous proclamions : « Le Comité est le pouvoir central français... Il dirige l'effort français dans la guerre sous toutes ses formes et en tous lieux... Il exerce la souveraineté française... Il assure la gestion et la défense de tous les intérêts français dans le monde... Il assume l'autorité sur tous les territoires et sur toutes les forces militaires relevant, jusqu'à présent, soit du Comité national français, soit du commandant en chef civil et militaire. » Nous ajoutions : « Jusqu'à ce que le Comité ait pu remettre ses pouvoirs au futur gouvernement provisoire de la République, il s'engage à rétablir toutes les libertés françaises, les lois de la République, le régime républicain et à détruire entièrement le régime d'arbitraire et de pouvoir personnel imposé aujourd'hui au pays[9]. »

En même temps, la question des « proconsuls » avait été réglée. Nous avions décidé que la démission de M. Peyrouton était acquise et que le général Catroux devenait gouverneur général de l'Algérie, tout en restant membre du Comité ; que le général Noguès devait quitter le Maroc ; que M. Boisson serait rappelé de Dakar dès que le ministère des Colonies aurait reçu un titulaire. D'autre part, le général Bergeret était mis à la retraite.

Malgré d'évidentes malfaçons, l'organisme ainsi créé constituait, à mes yeux, une base de départ utilisable[10]. Sans doute, faudrait-il momentanément supporter la dualité absurde qui existait à la tête. Sans doute, devait-on prévoir que la politique des Alliés, intervenant au sein du Comité par personnes interposées, y ferait naître d'âpres incidents avant que le commandant en chef en Afrique du Nord fût, dans les faits, soumis au pouvoir central, comme il l'était désormais dans les textes. Mais le Comité français de la libération nationale répondait bien aux principes dont les Français Combattants n'avaient cessé d'être les champions. Quant à l'application qui en serait faite, il m'incombait de la diriger. En confrontant le Comité avec ses responsabilités, je comptais que son évolution interne, sous la pression de l'opinion, le resserrerait autour de moi et m'aiderait à écarter ce qu'il contenait d'erratique et de centrifuge. Dans l'immédiat, l'espèce de juxtaposition qui était adoptée au départ me mettait, malgré tous ses inconvénients, en mesure d'agir sur les éléments militaires et administratifs d'Afrique du Nord jusque-là soustraits à mon autorité. Quant à tous ceux qui, en France et ailleurs, m'avaient donné leur confiance, j'étais sûr qu'ils continueraient à ne vouloir suivre que moi. En levant la séance, j'avais le sentiment qu'un grand pas venait d'être fait dans la voie de l'unité. Passant outre, pour ce prix-là, à de pénibles péripéties je donnai de bon cœur l'accolade au général Giraud.

Mais, si j'étais assez content, les Alliés, eux, n'éprouvaient qu'une satisfaction mitigée. L'institution en Afrique du Nord d'un pouvoir central français, se donnant les attributions d'un gouvernement, se réclamant de la souveraineté française et excluant les « proconsuls », était en contradiction flagrante avec la position affichée par Roosevelt et ses ministres. Aussi, la déclaration, publiée le 3 juin à midi par le Comité français de la libération nationale et faisant part de sa propre naissance, resta-t-elle, jusqu'à 9 heures du soir, sous le boisseau de la censure américaine. De mon côté, je m'étais empressé de mettre les représentants de la presse au courant de ce qui était acquis, sachant que cela ferait, tôt ou tard, tomber le barrage. Le lendemain, parlant à la radio, où déjà, d'autorité, s'introduisaient les « gaullistes », j'annonçai aux Français de France que leur gouvernement fonctionnait maintenant à Alger en attendant de venir à Paris. Le 6 juin, une réunion de « la France Combattante », où se pressaient des milliers d'auditeurs, me donnait, ainsi qu'à Philip et à Capitant, l'occasion de faire publiquement entendre le ton et la chanson qui seraient, désormais, officiels[11]. Il va sans dire que les missions américaine et britannique ne montraient guère d'empressement à laisser nos discours se répandre à travers le monde.

La mauvaise humeur des Alliés ne se limitait pas, d'ailleurs, au domaine de l'information. C'est ainsi, qu'ayant télégraphié à Londres pour mander d'urgence plusieurs de mes compagnons appelés à faire partie du gouvernement, je ne vis, de dix jours, venir personne ; les Anglais, sous divers prétextes, tardant à les laisser partir. D'ailleurs, à Alger même, le gouvernement britannique, que ce fût ou non pour son seul compte, suivait sans bienveillance le développement de nos affaires.

À peine avais-je, le 30 mai, atterri à Boufarik, j'apprenais que M. Churchill, rejoint ensuite par M. Eden, était arrivé lui-même en grand mystère. Depuis, il se tenait dans une villa retirée, non sans se faire informer secrètement par le général Georges de la marche de nos discussions. Une fois institué le Comité français, le Premier Ministre se manifesta, le 6 juin, en invitant Giraud et moi, ainsi que plusieurs commissaires, à un dîner dit « de campagne » que les égards dus à sa personne m'empêchèrent de refuser. Comme je lui marquais ce que sa présence, pendant ces journées et dans ces conditions, avait pour nous d'insolite, il protesta qu'il n'essayait nullement de se mêler des affaires françaises. « Cependant, ajouta-t-il, la situation militaire impose au gouvernement de Sa Majesté de tenir compte de ce qui se passe à l'intérieur de cette zone essentielle de communications que constitue l'Afrique du Nord. Nous aurions eu des mesures à prendre, s'il s'était produit ici quelque trop brutale secousse, par exemple si, d'un seul coup, vous aviez dévoré Giraud. »

Ce n'était point mon intention. Pour résolu que je fusse à faire en sorte que le gouvernement français en fût un, j'entendais procéder par étapes, en considération, non des appréhensions étrangères, mais de l'avantage national. J'espérais amener le général Giraud à se ranger, de lui-même, du côté de l'intérêt public. Bien qu'il eût déjà trop tardé, j'étais toujours disposé à faire en sorte qu'il jouât le premier rôle dans le domaine militaire, pourvu qu'il y fût cantonné et qu'il y tînt son poste de l'autorité française.

À vrai dire, ce ne pourrait être en la qualité effective d'un véritable commandant en chef. Plus que quiconque je le déplorais. Mais quoi ? La stratégie des puissances alliées ne comportait, à l'Occident, que deux théâtres imaginables : celui du Nord et celui de la Méditerranée. Il nous serait, hélas ! impossible de mettre sur pied assez de forces, terrestres, navales, aériennes, pour exiger qu'un général français exerçât, sur l'un ou sur l'autre, le commandement en chef proprement dit. Les hommes, certes, ne nous manquaient pas. Nous pouvions, à volonté, recruter dans les populations braves et fidèles de l'Empire. Mais l'effectif des cadres et des spécialistes dont nous disposions limitait étroitement le nombre de nos unités. Encore, étions-nous hors d'état de leur fournir nous-mêmes l'armement et l'équipement. Par comparaison avec les moyens que chacun des deux empires anglo-saxons allait aligner dans les combats d'Italie et de France, la force que nous y engagerions ne serait pas la principale. Sur terre, en particulier, elle ne dépasserait pas, de longtemps, la valeur d'un détachement d'armée et, à la rigueur, d'une armée. Il n'y avait donc guère de chance pour que, soit au nord, soit au sud, Américains et Anglais acceptassent de confier à un chef français la direction de la bataille commune.

Il en eût, certes, été autrement, si en juin 1940 le gouvernement de la République, revêtu de l'appareil de la légitimité, accompagné du noyau de l'administration centrale, disposant de la diplomatie, s'était transporté en Afrique avec les 500 000 hommes qui remplissaient les dépôts, celles des unités de campagne qu'on pouvait faire embarquer, toute la flotte de guerre, toute la flotte de commerce, tout le personnel de l'aviation de chasse, toute l'aviation de bombardement — qui s'y rendit, d'ailleurs, en effet, et qu'on en fit revenir pour remettre ses appareils aux mains de l'envahisseur. — Ce que la France avait, à cette époque, d'or et de crédit aurait permis d'acheter en Amérique un abondant matériel en attendant le « prêt-bail ». Grâce à l'ensemble de ces moyens, joints à ceux qui se trouvaient déjà en Algérie, au Maroc, en Tunisie, au Levant, en Afrique noire, il y avait de quoi rebâtir une force militaire imposante à l'abri de la vaste mer et sous la protection des escadres françaises et britanniques, notamment de cent sous-marins. De ce fait, les Alliés, venant s'installer auprès de nous sur les bases de départ de l'Afrique du Nord française, à notre propre demande et, sans doute, un an plus tôt, eussent tout naturellement reconnu sur ce théâtre l'autorité suprême d'un général ou d'un amiral français.

Mais l'affreuse panique, puis le désastreux abandon, qui avaient interdit de porter dans l'Empire les moyens encore disponibles, livré ou démobilisé la plupart de ceux qui s'y trouvaient, mis les pouvoirs publics et le commandement militaire à la discrétion de l'ennemi, ordonné de recevoir les Alliés à coups de canon, avaient d'avance ôté à la France cette chance-là comme beaucoup d'autres. Jamais encore, je n'en avais ressenti autant de chagrin qu'en ces amères circonstances.

Cependant, si l'expérience et la capacité du général Giraud ne pouvaient se déployer à la tête des opérations, elles n'en étaient pas moins susceptibles de rendre de grands services. Soit que, renonçant à présider le gouvernement, il y exerçât les fonctions de ministre des Armées, soit que, peu enclin à jouer ce rôle administratif, il devînt l'inspecteur général de nos forces en même temps que le conseiller militaire du Comité et son représentant auprès du commandement interallié. Je dois dire que, sans m'opposer à la première solution, c'est la seconde que je tenais pour la mieux appropriée. À maintes reprises, je les proposai toutes deux au choix du général Giraud. Mais il ne se résolut jamais à faire sienne ni l'une, ni l'autre. Ses illusions, l'appel de certains milieux et intérêts, l'influence des Alliés, le déterminèrent à vouloir garder personnellement la disposition entière de l'armée et, en même temps, grâce à la cosignature des ordonnances et des décrets, la possibilité d'empêcher que le pouvoir fît rien sans son propre consentement.

Il était donc inévitable que Giraud se trouvât, peu à peu, isolé et refoulé, jusqu'au jour où, enfermé dans des limites qu'il n'acceptait pas et, d'autre part, privé des appuis extérieurs qui étaient causes de son vertige, il se jetterait dans la retraite. Quant à moi, ce n'est pas sans chagrin que je me trouvai aux prises avec cette pénible affaire, touchant au plus vif un soldat de haute qualité pour qui j'éprouvais, depuis toujours, déférence et attachement. Le long de la route qui menait à l'unité du pays, j'ai rencontré, maintes fois, de ces questions de personne, où les devoirs de la charge dépassent, mais blessent, les sentiments. Je puis dire qu'en aucun cas il ne m'en coûta davantage d'imposer la loi d'airain de l'intérêt national.

Ce ne fut, d'ailleurs, que par degrés. Le 5 juin, le Comité des « Sept » se réunit. Il s'agissait, cette fois, de choisir d'autres membres et d'attribuer des fonctions. Georges fut nommé « commissaire d'État » et Catroux conserva ce titre qu'il détenait précédemment. Massigli et Philip gardèrent, respectivement, les Affaires étrangères et l'Intérieur dont ils avaient déjà la charge. Monnet reçut la responsabilité de l'Armement et du Ravitaillement. À la demande du général Giraud, entrèrent au Comité : Couve de Murville pour les Finances, René Mayer pour les Transports et les Travaux publics, Abadie pour la Justice, l'Éducation et la Santé. Moi-même y appelai : Pleven pour les Colonies, Diethelm pour l'Économie, Tixier pour le Travail, Bonnet pour l'Information[12]. D'autre part, les ambassadeurs Puaux et Helleu étaient nommés, l'un au Maroc, l'autre au Levant, tandis que nous confirmions le général Mast dans ses fonctions en Tunisie.

Ces choix m'assuraient de la suite. À Alger, Rabat, Tunis, comme c'était déjà le cas à Beyrouth, Brazzaville, Douala, Tananarive, Nouméa, l'autorité serait exercée par des hommes décidés à l'effort de guerre et sur qui je savais pouvoir compter. À Dakar, le remplacement de Boisson par Cournarie, muté du Cameroun, aurait lieu quinze jours plus tard. À Fort-de-France, tout annonçait qu'on serait bientôt en mesure de mettre les choses en ordre. Quant au gouvernement lui-même, il était composé d'hommes de raison et de valeur, qui en majorité m'étaient depuis toujours acquis et dont les autres, sauf exceptions, ne demandaient qu'à l'être à leur tour. Certain que cet ensemble était prêt à me soutenir, j'entrepris de jouer la manche suivante. Mais, avant de jeter les dés, je les secouai fortement.

Le 8 juin, le Comité, qui ne comptait toujours que sept présents, — en attendant qu'arrivent ceux de ses membres qui étaient à Londres, — aborda le problème crucial du commandement. Nous nous trouvâmes devant trois projets. L'un, apporté par Georges, prévoyait l'unification de toutes les forces françaises sous l'autorité de Giraud agissant à la fois comme ministre et comme commandant en chef, gardant, en outre, sa fonction de président, mais demeurant indépendant du gouvernement français dans le domaine militaire. Le second projet, émanant de Catroux, visait à charger directement de Gaulle du département de la Défense nationale et Giraud du commandement des troupes. Le troisième, qui était le mien, donnait au commandant en chef la mission d'instruire toutes les forces françaises et de collaborer avec les chefs militaires alliés aux plans communs d'opérations. Dès que ce serait possible, il prendrait un commandement effectif en campagne, en cessant, par là même, de faire partie du gouvernement. Suivant mon plan, l'organisation et la répartition des forces seraient réglées par un comité militaire comprenant de Gaulle et Giraud, les ministres intéressés et les chefs d'état-major, sous réserve, le cas échéant, de l'arbitrage du gouvernement. La majorité du conseil repoussa le premier projet. Giraud, soutenu par Georges, n'accepta aucun des deux autres. La plupart des membres n'en étant pas encore venus au point d'obliger le « commandant en chef » à se soumettre ou à se démettre, il fallut bien reconnaître l'impossibilité d'aboutir.

Mais, alors, à quoi servait le Comité ? C'est la question que je posai, par écrit, à ses membres. Constatant : « Qu'en l'espace de huit jours, nous ne sommes même pas parvenus à trancher le problème des pouvoirs respectifs du gouvernement et du commandement dont la solution logique et nationale crève les yeux » et que « la moindre question, qui devrait être réglée en quelques instants, nous engage dans des discussions interminables et désobligeantes », je déclarai : « ne pouvoir m'associer plus longtemps aux travaux du Comité dans les conditions où il fonctionne ». Puis, je me cantonnai aux Glycines, tout enveloppé d'affliction, laissant entendre aux ministres, fonctionnaires, généraux, qui venaient m'y voir, que je m'apprêtais à partir pour Brazzaville[13].

En fait, l'impression produite par cet éclat délibéré précipita l'évolution. Le général Giraud ayant, à tout hasard, convoqué le Comité en une séance où je n'étais pas, chacun lui fit observer qu'on ne pouvait, dans ces conditions, prendre aucune décision valable. D'autre part, la carence du système bicéphale, étalée devant les renseignés et provoquant, à l'étranger, un débordement de sarcasmes, soulevait dans tous les milieux français l'inquiétude et l'irritation. L'armée n'y échappait pas. Le général Juin[14] vint à Alger m'en rendre compte et adjurer Giraud de rabattre de ses prétentions. Le général Bouscat, chef d'état-major général de l'Air, s'employait dans le même sens. Le gouvernement général, l'université, les salles de rédaction, bouillonnaient d'alarmantes rumeurs.

Après six jours de confusion, je jugeai que l'affaire avait mûri. D'ailleurs, ceux des commissaires que Londres avait jusqu'alors retenus venaient d'arriver à Alger. Le gouvernement était, de ce fait, en mesure de siéger au complet et je comptais trouver dans cet ensemble un appui moins réservé que celui que m'apportaient les « Sept ». Je pris donc l'initiative de réunir le Comité des « Quatorze »[15] afin qu'il tentât, à son tour, de trancher la question qui étouffait le pouvoir. La réunion eut lieu, en effet. Mais alors, devant ses collègues, Giraud refusa tout net que cette question fût posée, déniant au Comité la compétence qu'avait définie une ordonnance signée de sa main. Ainsi, même au dernier acte de ce vaudeville désolant où les séquelles de Vichy et l'ingérence des étrangers traînaient, depuis sept mois, l'humiliation de la France, il s'obstinait à jouer le rôle d'un président du Conseil qui ne veut pas de gouvernement.

Il est vrai que les Alliés n'en voulaient pas davantage. Voyant dans quelle direction poussait la force des choses, ils tentèrent un nouvel effort pour empêcher que la France en eût un. Mais leur intervention même allait achever d'ébranler la position du général Giraud.

Le 16 juin, MM. Murphy et MacMillan remettaient à Massigli, pour être soumise au Comité français de la libération nationale, une requête du général Eisenhower priant les généraux de Gaulle et Giraud de venir conférer avec lui « au sujet des problèmes relatifs au commandement et à l'organisation des forces armées françaises ». L'entretien eut lieu le 19. Nous y étions trois interlocuteurs, avec un témoin muet : le général Bedell Smith. Mais MM. Murphy et MacMillan, ainsi que plusieurs fonctionnaires et militaires américains et britanniques, se tenaient dans le voisinage, attentifs et bruissants.

À dessein, j'arrivai le dernier et pris la parole le premier. « Je suis ici, dis-je à Eisenhower, en ma qualité de président du gouvernement français. Car il est d'usage, qu'en cours d'opérations, les chefs d'État et de gouvernement se rendent, de leur personne, au quartier général de l'officier qui commande les armées dont ils lui confient la conduite. Si vous désirez m'adresser une demande concernant votre domaine, sachez que je suis, d'avance, disposé à vous donner satisfaction, à condition, bien entendu, que ce soit compatible avec les intérêts dont j'ai la charge. »

Le commandant en chef interallié, s'efforçant à l'aménité, déclara alors en substance : « Je prépare, comme vous le savez, une opération très importante qui va se déclencher bientôt vers l'Italie et qui intéresse directement la libération de l'Europe et de la France. Pour la sécurité des arrières au cours de cette opération, j'ai besoin d'une assurance que je vous prie de me donner. Il faut que l'organisation actuelle du commandement français en Afrique du Nord ne subisse aucun changement. En particulier, le général Giraud doit demeurer en place avec toutes ses attributions actuelles et conserver la disposition entière des troupes, des communications, des ports, des aérodromes. Il doit être le seul à traiter avec moi de tous les sujets militaires en Afrique du Nord. Bien que je n'aie pas à m'occuper de votre organisation intérieure, qui ne regarde que vous, ces points-là sont, pour nous, essentiels. Je vous le dis de la part des gouvernements américain et britannique qui fournissent des armes aux forces françaises et qui ne sauraient continuer les livraisons si les conditions que j'indique n'étaient pas remplies.

— Je prends acte, répondis-je, de votre démarche. Vous me demandez une assurance que je ne vous donnerai pas. Car l'organisation du commandement français est du ressort du gouvernement français, non point du vôtre. Mais, vous ayant entendu, je vais vous poser quelques questions.

« Tous les États qui font la guerre, — l'Amérique, par exemple, — remettent à des généraux le commandement de leurs troupes en campagne et confient à des ministres le soin de les mettre sur pied. Prétendez-vous interdire au gouvernement français d'en faire autant ? » Le général Eisenhower se borna à répéter que sa demande visait le maintien intégral des attributions de Giraud.

« Vous avez évoqué, dis-je, vos responsabilités de Commandant en chef vis-à-vis des gouvernements américain et britannique. Savez-vous que j'ai, moi, des devoirs envers la France et, qu'en vertu de ces devoirs, je ne puis admettre l'interférence d'aucune puissance étrangère dans l'exercice des pouvoirs français ? » Eisenhower garda le silence.

Je repris : « Vous, qui êtes militaire, croyez-vous que l'autorité d'un chef puisse subsister si elle repose sur la faveur d'une puissance étrangère ? »

Après un nouveau et lourd silence, le commandant en chef américain me dit : « Je comprends très bien, mon général, que vous ayez des préoccupations à longue échéance en ce qui concerne le sort de votre pays. Veuillez comprendre que j'ai, quant à moi, des préoccupations militaires immédiates.

— J'en ai aussi, lui répondis-je. Car il faut que mon gouvernement réalise, d'urgence, la fusion entre les diverses sortes de forces françaises : celles de la France Combattante, celles d'Afrique du Nord, celles qui se forment dans la Métropole, que le système actuel l'oblige à tenir séparées. Il faut encore qu'il les arme, grâce aux moyens que vous lui fournissez dans l'intérêt de notre alliance et en échange des concours multiples que lui-même vous apporte. À ce propos, également, j'ai une question à vous poser.

« Vous rappelez-vous, qu'au cours de la dernière guerre, la France a eu, quant à la fourniture d'armes à plusieurs pays alliés, un rôle analogue à celui qu'aujourd'hui jouent les États-Unis ? C'est nous, Français, qui avons, alors, entièrement armé les Belges et les Serbes, procuré beaucoup de moyens aux Russes et aux Roumains, doté enfin votre armée d'une grande partie de son matériel. Oui ! Pendant la Première Guerre mondiale, vous, Américains, n'avez tiré le canon qu'avec nos canons, roulé en char que dans nos chars, volé en avion que sur nos avions. Avons-nous, en contrepartie, exigé de la Belgique, de la Serbie, de la Russie, de la Roumanie, avons-nous exigé des États-Unis, la désignation de tel ou tel chef ou l'institution d'un système politique déterminé ? » Encore une fois pesa le silence.

Le général Giraud, qui n'avait pas encore ouvert la bouche, déclara à ce moment : « J'ai, moi aussi, mes responsabilités, plus particulièrement vis-à-vis de l'armée. Cette armée est petite. Elle ne peut vivre que dans le cadre allié. Cela est vrai pour son commandement et son organisation, comme pour ses opérations[16]. »

Sur ce, je me levai, quittai la pièce et rentrai chez moi.

Le lendemain, comme je l'avais demandé, le grand-quartier allié me fit remettre, ainsi qu'à Giraud, une note écrite précisant les exigences des Anglo-Saxons en ce qui concernait l'appartenance de l'armée française. De ces exigences, en effet, je voulais qu'il restât trace. La note, après avoir formulé la sommation concernant les attributions de Giraud, se terminait par cette phrase : « Le commandant en chef allié tient à souligner les assurances données par les gouvernements américain et britannique et garantissant que, dans les territoires français d'Afrique du Nord et d'Afrique occidentale, la souveraineté française sera respectée et maintenue[17]. »

Bien que cette clause de style, servant d'ironique conclusion à la mise en demeure qui la contredisait, fût prise en compte par le commandant en chef allié, j'y reconnus le procédé maintes fois employé par Washington et par Londres. On rendait hommage au droit, tout en y portant atteinte. Mais je savais qu'une telle manière de faire, si elle répondait à la politique menée, à l'égard de la France, par les gouvernements américain et britannique, ne procédait pas de l'initiative, ni du caractère, du général Eisenhower[a].

Il était un soldat. Par nature et par profession, l'action lui semblait droite et simple. Mettre en œuvre, suivant les règles traditionnellement consacrées, des moyens déterminés et d'une espèce familière, c'est ainsi qu'il voyait la guerre et, par conséquent, sa tâche. Eisenhower abordait l'épreuve, façonné pendant trente-cinq ans par une technique et une philosophie qu'il n'était aucunement porté à dépasser. Or, voici que de but en blanc il se trouvait investi d'un rôle extraordinairement complexe. Tiré du cadre, jusqu'alors étroit, de l'armée américaine, il devenait Commandant en chef d'une colossale coalition. Par le fait qu'il avait à conduire les forces de plusieurs peuples dans des batailles dont dépendait le sort de leurs États, il voyait, à travers le système éprouvé des unités sous ses ordres, faire irruption des susceptibilités et des ambitions nationales.

Ce fut une chance de l'alliance que Dwight Eisenhower découvrît en lui-même, non seulement la prudence voulue pour affronter ces problèmes épineux, mais aussi l'attirance pour les horizons élargis que l'Histoire ouvrait à sa carrière. Il sut être adroit et souple. Mais, s'il usa d'habileté, il fut aussi capable d'audace. Il lui en fallut, en effet, pour jeter sur les plages d'Afrique une armée transportée d'un bord à l'autre de l'Océan ; pour aborder l'Italie en présence d'un ennemi intact ; pour débarquer de lourdes unités sur une bande de côte normande devant un adversaire retranché et manœuvrier ; pour lancer, par la trouée d'Avranches, l'armée mécanique de Patton et la pousser jusqu'à Metz. Cependant, c'est principalement par la méthode et la persévérance qu'il domina la situation. En choisissant des plans raisonnables, en s'y tenant avec fermeté, en respectant la logistique, le général Eisenhower mena jusqu'à la victoire la machinerie compliquée et passionnée des armées du monde libre.

On n'oubliera jamais[b], qu'à ce titre, il eut l'honneur de les conduire à la libération de la France. Mais, comme les exigences d'un grand peuple sont à l'échelle de ses malheurs, on pensera sans doute aussi que le Commandant en chef aurait pu, mieux encore, servir notre pays. Qu'il liât sa stratégie à la grande querelle de la France, comme il la pliait aux desseins des puissances anglo-saxonnes, qu'il armât massivement nos troupes, y compris celles de la clandestinité, que dans son dispositif il attribuât toujours une mission de premier ordre à l'armée française renaissante, notre redressement guerrier eût été plus éclatant, l'avenir plus profondément marqué.

Dans mes rapports[c] avec lui, j'eus souvent le sentiment que cet homme au cœur généreux inclinait vers ces perspectives. Mais je l'en voyais revenir bientôt et comme à regret. C'est qu'en effet la politique qui, de Washington, régentait son comportement lui commandait la réserve. Il s'y pliait, soumis à l'autorité de Roosevelt, impressionné par les conseillers que celui-ci lui déléguait, épié par ses pairs — ses rivaux[18] — et n'ayant pas encore acquis, face au pouvoir, cette assurance que le chef militaire tire, à la longue, des grands services rendus.

Pourtant, s'il se laissa aller à soutenir quelquefois les prétextes qui tendaient à nous effacer, je puis affirmer qu'il le fit sans conviction. Je le vis même s'incliner devant mes propres interventions à l'intérieur de sa stratégie chaque fois que j'y fus conduit par l'intérêt national. Au fond, ce grand soldat ressentait, à son tour, la sympathie mystérieuse qui, depuis tantôt deux siècles, rapprochait son pays du mien dans les grands drames du monde. Ce ne fut pas de son fait que, cette fois, les États-Unis écoutèrent moins notre détresse que l'appel de la domination.

En tout cas, la démarche que la politique avait, le 19 juin, dictée à Eisenhower produisit un effet contraire à celui qu'escomptait Washington. Le Comité de la libération nationale, prenant connaissance, le 21, de l'exigence des Anglo-Saxons, décida, comme je l'y invitais, de passer outre sans faire aucune réponse. Mais le Comité, mécontent et humilié, notifia à Giraud qu'il lui fallait, décidément, ou bien accepter d'être subordonné au gouvernement français, ou bien cesser d'en être membre et quitter son commandement.

En outre, comme Giraud alléguait l'inconvénient que présenterait, au point de vue du secret, l'examen des questions militaires par un aréopage de quatorze ministres, il fut décidé, comme je le proposais, d'instituer un « comité militaire » comprenant, sous ma présidence, le commandant en chef et les chefs d'état-major et ayant délégation du gouvernement pour arrêter les mesures relatives à l'organisation, au recrutement, à la fusion de nos forces, ainsi qu'à leur répartition entre les divers théâtres et les différents territoires. Quant à l'exécution, deux commandements militaires subsistaient provisoirement : Giraud demeurant responsable des forces d'Afrique du Nord, de Gaulle l'étant des autres, y compris celles de la clandestinité. Cependant, les décisions principales demeuraient réservées au Comité de la libération nationale siégeant en séance plénière[19].

Cette cote mal taillée ne me donnait nullement satisfaction. J'aurais voulu qu'on allât plus loin dans la voie du bon sens, que l'unité de direction du gouvernement lui-même fût établie une fois pour toutes, que le général Giraud vît ses attributions nettement délimitées, qu'un ou plusieurs ministres prissent en main l'administration des armées, ainsi que l'exercice direct de l'autorité militaire hors de la zone des opérations, que dans ce cadre la fusion des forces françaises d'Afrique du Nord et de celles de la France Combattante pût, enfin, se réaliser. Mais le Comité, s'il voyait le but à atteindre, était encore trop incertain pour y aller rapidement. D'ailleurs, le général Giraud annonça, sur les entrefaites, qu'il avait reçu du président Roosevelt l'invitation de se rendre à Washington afin d'y traiter la question des livraisons d'armes. Le commandant en chef demandait instamment qu'on attendît son retour pour discuter de la structure du Comité et du Commandement. La plupart des ministres choisirent de temporiser. Pour moi, je m'accommodai des dispositions transitoires avec l'idée bien arrêtée de mettre, avant peu, chaque pièce du service à la place qu'elle devait avoir.

Giraud partit le 2 juillet. Son voyage avait été organisé d'accord entre le gouvernement américain et lui-même sans consultation du Comité de la libération nationale. Indépendamment de son but pratique quant à l'armement de nos troupes, la visite était envisagée par les États-Unis comme l'occasion de manifester leur politique à l'égard de la France, d'affirmer, qu'en traitant d'affaires militaires avec l'un de nos chefs, ils se refusaient à admettre que nous eussions un gouvernement, de rendre public le soutien qu'ils continuaient d'accorder au général français choisi par eux pour l'Afrique du Nord, enfin de bâtir celui-ci dans l'opinion américaine. M. Churchill avait cru devoir prêter, à ce sujet, main-forte au président Roosevelt en adressant aux représentants britanniques à l'étranger et aux directeurs des journaux anglais un « mémorandum » dans lequel étaient exposés les griefs du Premier Ministre à l'égard du général de Gaulle. Bien entendu, ce mémorandum, pour désobligeant qu'il fût, avait été publié par les journaux américains[20].

Mais, en dépit[d] des efforts déployés, le résultat ne répondit pas à ce qu'on attendait[21]. Car, le Président et ses ministres s'appliquant à recevoir Giraud au seul titre militaire et celui-ci n'en invoquant pas d'autre, l'opinion américaine ne prit à son passage qu'un assez médiocre intérêt. La technique de l'opération qui consistait à armer quelques divisions françaises ne passionnait pas les foules et leur sentiment ne désignait aucunement comme le champion de la France le docile visiteur que louangeaient beaucoup de leurs journaux.

Quant aux milieux informés, ils trouvèrent déplaisantes l'attitude de subordination que le général Giraud crut devoir adopter et l'insistance mise par la Maison Blanche à exploiter sa présence pour afficher une politique que beaucoup n'approuvaient pas.

Ainsi de la déclaration faite par Giraud devant la presse de Washington et dont on savait qu'il avait accepté de la soumettre à l'avance au gouvernement des États-Unis et, même, d'en corriger le texte quelques instants avant la conférence[22]. Ainsi des propos tenus, le 10 juillet, par Roosevelt à propos de la visite, qui, disait le Président, « était seulement celle d'un soldat français combattant pour la cause des Alliés, puisque dans le moment présent la France n'existe plus ». Ainsi du dîner de la Maison Blanche, auquel n'assistaient que des personnalités militaires, de telle sorte que même l'ambassadeur de France Henri Hoppenot, représentant accrédité du Comité de la libération nationale, n'y était pas invité. Ainsi des discours échangés, ce soir-là, entre Giraud et le Président et qui ne faisaient pas la moindre allusion au gouvernement d'Alger, ni à l'unité, à l'intégrité, à l'indépendance de la France. Ainsi de ce qui se passa, le 14 juillet, jour de la fête nationale, où Giraud ne reçut ni témoignage, ni message, du gouvernement dont il était l'hôte, ne lui en adressa aucun et se borna, le matin à monter à bord du *Richelieu*, l'après-midi à assister dans un hôtel de New York à une réception offerte par la colonie française[23].

Sur le chemin du retour, l'arrêt qu'il fit au Canada, puis son passage en Angleterre, ne modifièrent pas l'effet produit aux États-Unis. Aux journalistes d'Ottawa, Giraud déclara que « son seul but était de refaire une armée française, car tout le reste ne comptait pas ». À la presse de Londres, qui depuis trois années assistait à l'effort de la France Libre pour soutenir la cause nationale, il affirma : « Personne n'a le droit de parler au nom de la France ! » Au total, chez les Alliés, les gens, responsables ou non, qui avaient vu et entendu le général Giraud, en tirèrent l'impression que, si sa personne et sa carrière méritaient le respect, il n'était pas fait pour diriger son pays en guerre. On en conclut que son rôle dans le redressement de la France ne pouvait être que secondaire[24].

Pendant ce temps, à Alger, le gouvernement, tiré de sa bicéphalie, prenait de la consistance. La réunion de l'Empire, les nécessités matérielles et morales de l'effort de guerre, les relations étrangères, les rapports avec la résistance métropolitaine, l'obligation de préparer ce qui devrait être fait en France lors de la libération, confrontaient notre comité avec de multiples problèmes. Nous tenions, chaque semaine, deux séances. Les sujets dont nous traitions étaient hérissés d'épines ; chaque ministre exposant, d'une part ses difficultés, d'autre part l'insuffisance de ses moyens. Du moins, tâchions-nous que les débats fussent bien préparés et aboutissent positivement. D'ailleurs, si les avis différaient, mon arbitrage se prononçait sans peine, car il n'y avait sur aucune question, à l'intérieur du gouvernement, aucune divergence profonde. Il faut dire que, faute de parlement, de partis, d'élections, il n'existait pas de jeu politique entre les membres du Comité. Ma tâche de direction en était facilitée.

D'autant plus que, techniquement, je me trouvais bien secondé. Dès le 10 juin, nous avions doté le gouvernement d'un « secrétariat général » et mis Louis Joxe à sa tête avec, comme adjoints, Raymond Offroy et Edgar Faure. Joxe reliait les ministres entre eux et avec moi, constituait les dossiers au vu desquels, d'après l'ordre du jour, délibérait le Comité, prenait acte des décisions, assurait la publication des ordonnances et des décrets, en suivait l'application. Modèle de conscience et tombeau de discrétion, il devait assister pendant trois ans, en témoin muet et actif, à toutes les séances du Conseil. Le secrétariat général, inauguré à Alger, demeurerait par la suite l'instrument du travail collectif du gouvernement.

En juillet, naquit le « Comité juridique », dont René Cassin reçut la direction et qui, avec le concours de François Marion, du président Lebahar, etc., joua, quant aux avis à fournir et aux textes à mettre en forme, le rôle normalement dévolu au Conseil d'État. Comme il fallait au gouvernement d'Alger adapter l'application des lois aux circonstances de la guerre et préparer les mesures législatives, judiciaires, administratives qui devraient être prises en France lors de la libération, on peut mesurer l'importance de ce comité. D'autre part, le « Comité du contentieux », présidé par Pierre Tissier et suppléant, lui aussi, à l'absence du Conseil d'État, rendait les arrêts temporaires de sanction ou de réparation que les abus commis par Vichy imposaient de prendre à l'intérieur des services publics. Enfin, le « Comité militaire » était pourvu d'un secrétaire : le colonel Billotte, qui m'assistait directement.

Tout au long du mois de juillet, les administrations, les états-majors, l'opinion, s'aperçurent que les hommes chargés des divers départements, en quoi traditionnellement se répartit l'autorité gouvernementale, étaient devenus des ministres, revêtus de l'autorité et de la responsabilité inhérentes à leur fonction ; que l'improvisation chronique, pratiquée par le système d'Alger depuis la fin du régime de Vichy en Afrique du Nord, faisait place à l'action d'un organisme compétent et dirigé ; qu'une administration centrale fonctionnait, maintenant, au lieu de la fausse fédération : Algérie, Maroc, Tunisie, Afrique occidentale, qui s'était instituée pour des raisons de personnes et à défaut d'une autorité de caractère national ; bref, que le pouvoir avait une tête, suivait une ligne, agissait en ordre. L'effet produit en fut tel que, dans les milieux dirigeants, l'unité autour de ma personne, si elle n'avait été, jusqu'alors, souhaitée que par certains, se trouvait maintenant admise par tout le monde, comme c'était le cas pour la masse des Français.

En somme, c'est l'État qu'on voyait reparaître dans les faits et dans les esprits avec d'autant plus de relief qu'il n'était pas anonyme. Dès lors que Vichy ne pouvait plus faire illusion, les enthousiasmes ou les consentements, sans parler des ambitions, se portaient vers de Gaulle d'une manière automatique. En Afrique du Nord, la structure ethnique et politique des populations, l'attitude de l'autorité, la pression des Alliés, avaient retardé l'évolution. Mais celle-ci, désormais, était irrésistible. Une espèce de marée des volontés et des sentiments consacrait cette légitimité profonde[25] qui procède du salut public et que, toujours, reconnut la France au fond de ses grandes épreuves, quelles que fussent les formules dites « légales » du moment. Il y avait là une exigence élémentaire dont, pour être le symbole, je ne me sentais pas moins l'instrument et le serviteur. C'étaient surtout, naturellement, les cérémonies publiques qui le démontraient à chacun. Le concours passionné des foules, l'hommage des corps constitués, l'agencement des gestes officiels, me prenant d'office pour centre, servaient d'expression à l'instinct populaire. La résolution nationale, plus puissante qu'aucun décret formel, me chargeait ouvertement d'incarner et de conduire l'État.

Le 26 juin, je me rendis en Tunisie. Je trouvai la Régence sous l'effet des secousses que lui avaient fait subir l'invasion, le parti pris de Vichy en faveur des forces de l'Axe, la collusion de certains éléments nationalistes locaux avec l'Allemand et l'Italien. Les dégâts matériels étaient graves. Les contrecoups politiques aussi. Avant mon arrivée à Alger, le « commandement en chef civil et militaire » avait destitué le bey Moncef, dont l'attitude, lors de l'occupation, s'était révélée fâcheuse eu égard aux obligations qui le liaient à la France. Nombre de membres des deux « Destour[26] » étaient en prison. Dans les campagnes, on avait dû châtier les attentats commis contre la personne et les biens de beaucoup de colons français par des pillards ou des fanatiques avec la tolérance de l'envahisseur et, parfois, sa complicité.

Le résident général Mast était à l'œuvre pour rétablir la situation. Il le faisait avec intelligence, limitant le lot des réprouvés, prenant le plus possible de contacts conciliateurs et modérant l'école de la vengeance. Je lui donnai mon appui. Aux autorités, délégations, notabilités françaises et tunisiennes qui m'étaient présentées, je montrai qu'il n'y avait que trop de circonstances atténuantes à ce qui s'était passé. Pour juger des fautes commises par les autochtones, il fallait tenir compte de l'exemple d'abandon donné sur place par Vichy, par exemple du scandale de la « Phalange africaine[27] » constituée sur son ordre pour combattre aux côtés de l'ennemi. Je déclarai que rien, maintenant, n'importait davantage que de resserrer l'union de la France et de la Tunisie en commençant par remettre en marche l'activité du pays. Je dois dire que, depuis lors, jamais mon gouvernement ne rencontra en Tunisie de difficulté grave. Au contraire, ce noble royaume s'associa, une fois de plus, à la France par son concours à l'effort de guerre et la valeur de ses soldats incorporés dans notre armée.

J'allai voir le bey Sidi Lamine, qui était monté sur le trône, suivant l'ordre de succession, après la déposition de Moncef. Il me reçut à Carthage, ayant près de lui ses ministres, notamment M. Baccouche. Malgré les remous d'opinion que soulevait le départ de son populaire prédécesseur, le nouveau souverain assumait la charge avec une digne simplicité. Je fus frappé de voir paraître en sa personne, à travers la sagesse de l'âge et du caractère, un grand dévouement au service de son pays. Lui-même, j'ai lieu de le croire, me considéra comme personnifiant cette sorte de France assurée d'elle-même et, par là, généreuse, que la Tunisie a souvent imaginée et qu'elle a parfois rencontrée. Depuis lors, j'éprouvai pour Sidi Lamine une estime et une amitié qui ne se sont pas altérées.

Le dimanche 27 juin, au milieu du déferlement populaire, après la revue des troupes et l'office à la cathédrale, je gagnai l'esplanade Gambetta. Là, m'adressant à la multitude des Français auxquels se mêlaient de nombreux Tunisiens, je parlai de la France, prévenant l'ennemi, de sa part, qu'elle le frapperait par tous moyens en son pouvoir jusqu'à ce qu'il fût abattu, saluant, en son nom, ses grands alliés et les assurant de sa compréhension fidèle pourvu que ce fût réciproque. Après quoi, je proclamai que si, jusqu'à la fin de l'épreuve, je requérais le concours de tous je dépouillais à l'avance toute prétention pour la suite, que le terme de l'œuvre que j'avais entreprise pour la libération et la victoire serait marqué par la victoire et la libération et que, cela fait, de Gaulle ne serait candidat à rien.

« À la France, m'écriai-je, à notre dame la France, nous n'avons à dire qu'une seule chose c'est que rien ne nous importe, excepté de la servir. Nous avons à la libérer, à battre l'ennemi, à châtier les traîtres, à lui conserver ses amis, à arracher le bâillon de sa bouche et les chaînes de ses membres pour qu'elle puisse faire entendre sa voix et reprendre sa marche au destin. Nous n'avons rien à lui demander, excepté, peut-être, que le jour de la liberté elle veuille bien nous ouvrir maternellement ses bras pour que nous y pleurions de joie et, qu'au jour où la mort sera venue nous saisir, elle nous ensevelisse doucement dans sa bonne et sainte terre[28]. »

Le 14 juillet, c'est Alger, capitale de l'Empire et de la France Combattante, qui offrit la démonstration de la renaissance de l'État et de l'unité nationale recouvrée. La traditionnelle prise d'armes revêtait le caractère d'une espèce de résurrection. En saluant les troupes qui défilaient, je voyais en une sorte de flamme monter vers moi leur immense désir de prendre part aux prochaines batailles. Le souffle d'allègre confiance qui passait sur l'armée et le peuple révélait l'accord des âmes, qu'avaient ébranlé les déceptions d'antan, puis détruit les malheurs d'hier, mais qu'aujourd'hui l'espoir ressuscitait. C'est la même impression que donnait, sur le Forum, la foule innombrable à laquelle, ensuite, je m'adressai.

« Ainsi donc, déclarai-je, après trois années d'indicibles épreuves, le peuple français reparaît. Il reparaît en masse, rassemblé, enthousiaste, sous les plis de son drapeau. Mais, cette fois, il reparaît uni. Et l'union que la capitale de l'Empire prouve, aujourd'hui, d'une éclatante manière, c'est la même que prouveront, demain, toutes nos villes et tous nos villages dès qu'ils auront été arrachés à l'ennemi et à ses serviteurs. » Partant de cette constatation, je soulignai, à l'intention des Alliés dont je savais qu'ils étaient tout oreilles, l'absurdité des projets qui visaient à utiliser l'effort militaire français en faisant abstraction de la France. « Dans le monde, dis-je, certains ont pu croire qu'il était possible de considérer l'action de nos armées indépendamment du sentiment et de la volonté des masses profondes de notre peuple. Ils ont pu imaginer que nos soldats, nos marins, nos aviateurs, différant en cela de tous les soldats, de tous les marins, de tous les aviateurs du monde, iraient au combat sans se soucier des raisons pour lesquelles ils affronteraient la mort. Bref, ces théoriciens, prétendument réalistes, ont pu concevoir que, pour les Français et pour les Français seulement, l'effort de guerre de la nation était susceptible d'exister en dehors de la politique et de la morale nationales. Nous déclarons à ces réalistes qu'ils ignorent la réalité. Les citoyens français qui combattent l'ennemi, où que ce soit, depuis quatre années ou depuis huit mois, le font à l'appel de la France, pour atteindre les buts de la France, d'accord avec ce que veut la France. Tout système, qui serait établi sur d'autres bases que celles-là, mènerait à l'aventure ou à l'impuissance. Mais la France, elle, qui joue sa vie, sa grandeur, son indépendance, n'admet dans cette grave matière ni l'impuissance, ni l'aventure. »

À la nation, demain victorieuse, il faudrait après sa libération un but qui pût la passionner et la maintenir dans l'effort. Aussi, après avoir glorifié l'action et les sacrifices de la Résistance, j'invoquai la flamme du renouveau qui l'inspirait dans son combat. « La France n'est pas la princesse endormie que le génie de la libération viendra doucement réveiller. La France est une captive torturée qui, sous les coups, dans son cachot, a mesuré une fois pour toutes les causes de ses malheurs comme l'infamie de ses tyrans. La France a, d'avance, choisi un chemin nouveau ! » Et d'indiquer quels objectifs la Résistance entendait atteindre à l'intérieur et au-dehors, une fois la victoire remportée. Je terminai en appelant le peuple à la fierté. « Français ! Ah ! Français ! Il y a quinze cents ans que la patrie demeure vivante dans ses douleurs et dans ses gloires. L'épreuve présente n'est pas terminée. Mais voici que se dessine la fin du pire drame de notre Histoire. Levons la tête ! Serrons-nous fraternellement les uns contre les autres et marchons tous ensemble, dans la lutte, par la victoire, vers nos nouvelles destinées[29]. »

Le déchaînement d'émotion par lequel la multitude répondit à ces paroles marquait sur place l'échec définitif des intrigues que certains m'avaient longtemps opposées. Il était bien évident que les systèmes artificiels, successivement bâtis à Alger pour ménager l'erreur et convenir aux étrangers, s'écroulaient sans rémission et que, si des formalités restaient encore à accomplir, de Gaulle avait partie gagnée. Dans la tribune, M. Murphy, apparemment impressionné, vint me faire son compliment. « Quelle foule énorme ! » me dit-il. « Ce sont là, lui répondis-je, les 10 pour 100 de gaullistes que vous aviez comptés à Alger[30]. »

Le Maroc, à son tour, fournit un spectacle semblable. Le 6 août, j'arrivai à Rabat. Longtemps, ceux qui laissaient voir leur accord avec la France Libre y avaient été durement punis et vilipendés, tandis que, dans l'ombre, beaucoup gardaient le silence. À présent, sous l'éclatant soleil, la population, les autorités, les notables, m'acclamaient sans réticence. L'ambassadeur Puaux, résident général, me fit son rapport. Il lui fallait, dans l'immédiat, faire vivre le Maroc coupé de tout et menacé par la misère. Quant à l'avenir, il voyait s'y dessiner les problèmes posés par le développement politique du Protectorat. Pourtant, le résident général était sûr que le Maroc demeurait attaché à la France et prendrait sa large part de l'effort déployé par l'Empire pour la libérer.

Sous l'apparat officiel, je pris contact d'homme à homme avec le sultan Mohamed Ben Youssef. Ce souverain, jeune, fier, personnel, ne cachait pas son ambition d'être à la tête de son pays dans la marche vers le progrès et, un jour, vers l'indépendance. À le voir et à l'entendre, parfois ardent, parfois prudent, toujours habile, on sentait qu'il était prêt à s'accorder avec quiconque l'aiderait à jouer ce rôle, mais capable de déployer beaucoup d'obstination à l'encontre de ceux qui voudraient s'y opposer. D'ailleurs, il admirait la France, croyait à son redressement et n'imaginait pas que le Maroc pût se passer d'elle. S'il avait, à tout hasard, prêté l'oreille à certains avis que l'Allemagne, dans ses triomphes, lui avait fait parvenir et écouté, lors de la conférence d'Anfa, les insinuations de Roosevelt[31], il s'était cependant montré fidèle à notre pays. On doit reconnaître que l'influence de

Noguès s'était heureusement exercée, à cet égard, sur l'esprit du souverain.

Je crus devoir prendre le sultan Mohamed Ben Youssef directement pour ce qu'il était, c'est-à-dire résolu à grandir, et me montrer à lui tel que j'étais, à savoir le chef d'une France suzeraine mais disposée à faire beaucoup pour ceux qui tenaient à elle. Utilisant le crédit que m'ouvraient, dans son âme, le succès et l'inspiration de la France Combattante, je nouai avec lui des liens d'amitié personnelle. Mais aussi, nous conclûmes une sorte de contrat d'entente et d'action commune, auquel nous ne manquâmes jamais, ni l'un ni l'autre, aussi longtemps que moi-même pus lui parler au nom de la France.

Le dimanche 8 août, je fis mon entrée à Casablanca. Les murs y disparaissaient sous les drapeaux et les oriflammes. Six mois plus tôt, il m'avait fallu résider dans la banlieue de la ville, contraint au secret et entouré des barbelés et des postes américains. Aujourd'hui, ma présence servait de preuve et de centre à l'autorité de la France. Une fois passée une brillante revue, je m'adressai à la marée humaine qui couvrait la place Lyautey. J'y pris le ton de l'assurance tranquille. La présence de la France à la victoire était, désormais, certaine grâce à l'unité française et à celle de l'Empire. Je citai en exemple le Maroc « qui crie sa ferveur, sa confiance, son espérance, par la grande voix de Casablanca[32] ». L'après-midi, je visitai Meknès. La journée du 9 août fut consacrée à Fez. La ville arabe, que je parcourus en tous sens, dans le hourvari des trompettes et sous la forêt des bannières, éclata en manifestations tout à fait exceptionnelles pour cette cité séculairement farouche. Le 10 enfin, dans la région d'Ifrane, je reçus l'accueil magnifique des Berbères et de leurs chefs.

Au moment même où, en Tunisie, en Algérie, au Maroc, se dissipaient les dernières équivoques, les Antilles françaises se ralliaient, d'un grand élan. Elles le faisaient d'elles-mêmes sans que les Alliés y eussent directement concouru.

Depuis 1940, l'amiral Robert, haut-commissaire, maintenait ces colonies sous l'obédience du Maréchal. Disposant des croiseurs : *Émile-Bertin* et *Jeanne-d'Arc*, du porte-avions *Béarn*, des croiseurs auxiliaires : *Barfleur*, *Quercy*, *Esterel*, des pétroliers : *Var*, et *Mékong*, ainsi que d'une importante garnison, il appliquait un régime de rigueur et, moyennant la garantie de sa neutralité, obtenait des Américains le ravitaillement nécessaire. Mais, à mesure des événements, la population et de nombreux éléments militaires marquaient leur désir de se joindre à ceux qui combattaient l'ennemi.

Dès le printemps de 1941, j'avais envoyé Jean Massip, *alias* le colonel Perrel, dans les parages de la Martinique et de la Guadeloupe, avec mission d'y faire pénétrer l'influence de la France Libre et d'expédier vers nos forces combattantes les volontaires qui s'évaderaient des îles. Massip, malgré beaucoup d'obstacles, avait fait tout le possible. Agissant depuis les territoires anglais de Sainte-Lucie, de la Dominique, de Trinidad, aidé sur place par quelques bons Français, tels Joseph Salvatori et Adigard des Gautries, il était parvenu à établir le contact avec les éléments résistants de Fort-de-France et de Basse-Terre et à envoyer sur les théâtres d'opération plus de deux mille engagés. Au début de 1943, tout annonçait qu'un grand mouvement entraînerait bientôt dans le camp de la libération les territoires français d'Amérique et les forces qui s'y trouvaient[33].

Au mois de mars, la Guyane se débarrassait de l'autorité de Vichy. Depuis longtemps, elle y aspirait. Déjà, en octobre 1940, j'avais vu débarquer en Afrique française libre, sous les ordres du commandant Chandon, un détachement de deux cents hommes venus des rives du Maroni. Plus tard, un « Comité du ralliement », présidé par M. Sophie, maire de Cayenne, avait été constitué. Le 16 mars 1943, la population se rassembla sur la place du Palmiste, réclamant à grands cris le départ du gouverneur, et défila dans la ville sous des pancartes à Croix de Lorraine en acclamant le nom du général de Gaulle. Devant cette effervescence, le gouverneur s'était retiré. Sophie, alors, m'avait télégraphié pour rendre compte du ralliement et demander l'envoi à Cayenne d'un nouveau chef de la colonie. Mais, sur l'avis pressant du consul des États-Unis, il avait expédié un télégramme semblable au général Giraud. Or, à cette date, l'union n'était pas faite entre le comité de Londres et l'organisation d'Alger. Aussi, les Américains, disposant des communications extérieures de la Guyane, s'étaient-ils arrangés pour que le gouverneur Rapenne, délégué par Giraud, atteignît Cayenne au plus vite, tandis que le gouverneur Bertaut, envoyé par moi, ne pouvait y parvenir. Après quoi, usant du fait que le ravitaillement de la colonie ne dépendait que de leurs bons offices, nos alliés avaient contraint la Guyane à s'accommoder d'un administrateur, au demeurant fort honorable, mais qui ne répondait pas à ce qu'elle avait réclamé. Il est vrai que, deux mois plus tard, la formation à Alger du Comité de la libération allait permettre de régulariser ce qui ressemblait fort à une mystification[34].

En juin, la Martinique accomplit les actes décisifs. Depuis des mois, l'amiral Robert recevait de ses administrés d'innombrables pétitions l'adjurant de laisser ce territoire ardemment français faire son devoir envers la France. J'avais moi-même trouvé l'occasion de faire passer à Fort-de-France, en avril 1943, le médecin général Le Dantec pour offrir à Robert une issue satisfaisante, puis, au mois de mai, proposé à Giraud d'adresser au haut-commissaire une lettre signée de nos deux noms et l'invitant à reprendre la guerre à nos côtés. Ces démarches avaient été faites auprès de l'amiral. Mais elles restaient sans réponse. Par contre, menaces et sanctions redoublaient sur place contre les résistants.

Cependant, le Comité de la libération, ayant à sa tête Victor Sévère, député-maire de Fort-de-France, Emmanuel Rimbaud, Léontel Calvert, etc., apparaissait au grand jour. Le 18 juin, anniversaire de mon appel de 1940, ce comité déposait une Croix de Lorraine devant le monument aux morts. Puis, il appelait la population à manifester en masse, ce qui eut lieu le 24 juin. Cinq jours après, le commandant Tourtet et son bataillon se joignaient au mouvement. L'effervescence gagnait la marine. L'amiral Robert dut s'incliner. Il publia, le 30 juin, « qu'il avait demandé au gouvernement des États-Unis l'envoi d'un plénipotentiaire pour fixer les modalités d'un changement de l'autorité française et qu'il se retirerait ensuite ». Cette annonce ramena le calme, bien que l'on n'admît aucunement qu'il fût besoin des Américains pour régler cette affaire nationale. Deux jours plus tard, une délégation venue de la Martinique arrivait à la Dominique, faisait part à Jean Massip du ralliement de la colonie et demandait l'envoi par le général de Gaulle d'un délégué muni de pleins pouvoirs[35].

À la Guadeloupe, les événements avaient suivi un cours analogue. Depuis longtemps, la population portait vers la France Libre ses vœux et ses espérances. MM. Valentino, président de la commission exécutive du conseil général, Meloir, Gérard et d'autres notabilités avaient formé un « Comité de la résistance ». Valentino, arrêté, puis transféré à la Guyane, parvenait après la libération de cette colonie à regagner secrètement la Guadeloupe. Le 2 mai 1943, une manifestation en faveur de la France Combattante avait lieu à Basse-Terre et se terminait par une fusillade sanglante dirigée sur la foule par le service d'ordre. Le 4 juin, Valentino tentait en vain avec ses amis de s'emparer du pouvoir, mais réussissait ensuite à se rendre auprès de Jean Massip. À la fin du même mois, le renoncement de Robert à la Martinique achevait de régler la question à la Guadeloupe.

Le 3 juillet, le Comité de la libération nationale, informé de ces événements, mandatait comme « délégué extraordinaire aux Antilles » son représentant à Washington, l'ambassadeur Henri Hoppenot. Celui-ci, accompagné d'officiers supérieurs de l'Armée, de la Marine et de l'Air, arrivait à Fort-de-France le 14 juillet. Sous une mer de drapeaux à Croix de Lorraine, dans la tempête des « Vive de Gaulle ! » il y était accueilli par Sévère et son comité avec l'immense concours du peuple. Hoppenot et sa mission prirent aussitôt les affaires en main. Avec doigté et fermeté, ils mirent tout et chacun à sa place. L'amiral Robert se rendit à Porto Rico et, de là, partit pour Vichy. Le gouverneur Ponton, venu d'Afrique équatoriale, fut nommé gouverneur de la Martinique. Le secrétaire général Poirier, puis le gouverneur Bertaut, reçurent la charge de la Guadeloupe. L'or de la Banque de France, entreposé à Fort-de-France, passa sous le contrôle du comité d'Alger. L'escadre fut dirigée sur les États-Unis et, après remise en état, gagna l'Afrique du Nord. Les troupes furent incorporées dans l'armée de la libération. En particulier, le bataillon des Antilles, sous les ordres du lieutenant-colonel Tourtet, devait prendre une part brillante aux combats de Royan où son chef serait tué à l'ennemi[36].

Le ralliement des Antilles achevait l'accomplissement d'un grand dessein national, entrevu au cours du désastre par le dernier gouvernement de la IIIe République, adopté par la France Libre immédiatement après les « armistices » et, depuis lors, poursuivi coûte que coûte, mais auquel les gouvernants de Vichy, répondant, consciemment ou non, aux intentions de l'ennemi, s'étaient opposés sans relâche. Sauf l'Indochine, que le Japon tenait à sa merci, toutes les terres de l'Empire avaient maintenant repris la guerre pour la libération de la France.

Quant aux forces françaises d'outre-mer, toutes avaient également rallié. L'escadre d'Alexandrie, échouée depuis 1940 dans la neutralisation, s'était, en juin 1943 par décision de son chef, placée aux ordres du gouvernement. En août, l'amiral Godfroy amenait dans les ports d'Afrique du Nord, par la mer Rouge, le Cap et Dakar, le cuirassé *Lorraine*, les croiseurs : *Duguay-Trouin, Duquesne, Suffren, Tourville*, les contre-torpilleurs : *Basque, Forbin, Fortuné* et le sous-marin *Protée*. Ces belles unités, comme celles qui venaient des Antilles, reprenaient la lutte à leur tour. Un tel renfort, joint aux navires restés à flot dans les ports d'Afrique et à ceux au mât desquels flottait la Croix de Lorraine, allait permettre de faire reparaître une importante force navale française sur les mers par où l'Europe verrait arriver la victoire[37].

L'obscure harmonie d'après laquelle s'ordonnent les événements faisait coïncider le renouveau de la puissance française avec le fléchissement de celle de l'ennemi. L'Italie, devenue de nouveau, suivant le mot de Byron, « la triste mère d'un empire mort[38] » et sur le point d'être envahie, prenait le chemin de la rupture avec le Reich allemand. Mais, pour le Comité français de la libération nationale, les problèmes posés par le changement de front de l'Italie allaient le conduire à s'affermir lui-même en tant que gouvernement. En même temps, les Alliés seraient contraints de constater qu'il ne pourrait y avoir de règlement valable au sujet de l'Italie sans la participation française. Et puis, la dure campagne qu'ils entamaient dans la péninsule leur ferait désirer, bientôt, le concours de nos troupes et de nos navires. Ils seraient donc amenés à nous faire une part plus large dans le domaine diplomatique comme sur le terrain des combats. Ayant besoin de la France, il leur faudrait, bon gré mal gré, s'adresser au pouvoir français.

Le 10 juillet, une armée anglaise et une armée américaine, placées sous le commandement du général Alexander, débarquaient en Sicile. Nous n'avions pas été invités à prendre part à l'opération. La raison qu'on nous en donnait était l'insuffisance d'armement de nos unités qui, en effet, ne recevaient encore que peu de matériel américain. En réalité, Washington et Londres, escomptant l'effondrement prochain de l'Italie, préféraient que nous ne fussions pas mêlés à la bataille décisive, non plus qu'à l'armistice qui viendrait la couronner.

Nos alliés se heurtèrent, en Sicile, à une très vive résistance des Allemands accourus pour défendre l'île. Pourtant, après six semaines de durs combats, les forces anglo-saxonnes finissaient par l'emporter. Mais, entre-temps, on avait appris que le Grand Conseil fasciste désavouait Mussolini, que le roi d'Italie avait fait arrêter le Duce, que le maréchal Badoglio était nommé premier ministre. Sans doute, celui-ci se proclamait-il résolu à continuer la guerre dans le camp de l'Axe. Mais il était clair que cette attitude couvrait des intentions contraires. Moins que personne le Führer en doutait. Dans le discours qu'il prononça, le lendemain, à la radio, on discernait sous les cris d'une menaçante assurance l'inquiétude de l'allié trahi. On y reconnaissait aussi une note humaine, rare chez le dictateur. Hitler saluait en Mussolini le camarade tombé. Il le faisait sur le ton d'un homme qui bientôt tombera lui aussi, mais qui entend, jusqu'au bout, se mesurer avec le destin.

Le coup de théâtre de Rome avait eu lieu le 25 juillet. Le 27, je pris publiquement position. Parlant à la radio, je déclarai que « la chute de Mussolini, signe de la défaite certaine de l'Axe et preuve de l'échec du système fasciste, était pour la France la première revanche de la justice ». « L'exemple de Mussolini, disais-je, s'ajoute à l'histoire de tous ceux qui outragèrent la majesté de la France et que le destin a châtiés. » Ayant insisté sur le fait qu'il fallait redoubler d'efforts pour atteindre à la victoire, je constatai : « L'écroulement du fascisme italien peut poser prochainement la question du règlement des comptes. Or, il est bien évident que, malgré la situation terrible où se trouve encore notre pays, un tel règlement ne saurait être ni valable, ni durable, sans la France ». Je faisais, d'ailleurs, entendre que dans cette participation nous serions animés par le désir de réconciliation, plutôt que par l'esprit de vengeance, « car le voisinage étroit et, dans une certaine mesure, l'interdépendance des deux grands peuples latins demeurent, malgré les griefs du présent, des éléments sur lesquels la raison et l'espoir de l'Europe ne renoncent pas à se poser ». Enfin, j'affirmai « les devoirs imposés et les droits conférés, en cette matière, au Comité de la libération nationale par la confiance ardente de l'immense majorité française et son propre caractère d'organisme responsable des intérêts sacrés du pays[39] ».

Mais, comment soutenir une telle politique si nous restions nous-mêmes plongés dans la confusion ? Le 31 juillet, Giraud étant rentré de son voyage à l'étranger, je pris la question corps à corps en séance du Comité. Cette fois, le gouvernement adopta des décisions qui nous rapprochaient du but.

La direction du Comité et la présidence des séances incombaient, désormais, au seul de Gaulle. Si Giraud gardait, avec le titre de président, la faculté de signer, comme moi, les ordonnances et les décrets, ce ne devait plus être là qu'une simple formalité, puisque les textes étaient auparavant arrêtés en Conseil et sous mon seul arbitrage. Dans l'ordre militaire, la fusion de toutes les forces était décidée. Le Haut-comité militaire devenait, sous ma présidence, le « Comité de la Défense nationale ». Le général Giraud était nommé, par décret, commandant en chef des forces françaises, étant entendu qu'il cesserait de faire partie du gouvernement si l'occasion se présentait, un jour, de le mettre à la tête des opérations sur un théâtre déterminé[40]. Le général Legentilhomme, rappelé de Madagascar, prenait les fonctions de vice-commissaire et, peu après, de commissaire à la Défense nationale. Le général Leyer, l'amiral Lemonnier, le général Bouscat, devenaient chefs d'état-major, respectivement de l'Armée, de la Marine et de l'Air, avec, pour les seconder en tant que sous-chefs, le général Kœnig, l'amiral Auboyneau, le général Valin. Quant à Juin, il était confirmé dans sa mission de préparer et, bientôt, de commander le corps expéditionnaire destiné à l'Italie[41].

Ces dispositions réglaient, en principe, l'essentiel. Encore fallait-il qu'elles fussent appliquées. Malgré les expériences antérieures je voulais espérer que ce serait possible ; que le général Giraud, ayant reçu le titre le plus élevé et les attributions les plus étendues que le Comité pût, sans se dessaisir, donner à un chef militaire, renoncerait à se soustraire à l'autorité du gouvernement ; qu'il se garderait d'agir, dans son domaine, en dehors de celui qui portait la charge de diriger le pouvoir. On put le croire, tout d'abord.

Au long du mois d'août et des premiers jours de septembre, le Comité de la libération nationale, continuant à fonctionner comme il l'avait fait en juillet, joua son rôle de gouvernement. Ainsi, pour ce qui concernait : la mobilisation, les finances, le ravitaillement, les transports, les logements, la marine marchande, l'aménagement des ports et des aérodromes, la santé publique, etc., purent être tranchés maints problèmes ; ceux-ci rendus très difficiles par la situation d'extrême pénurie où se trouvaient des territoires dépendant, en temps normal, de ce qui venait du dehors, mais qui maintenant ne venait plus, privés au profit de l'armée d'éléments de qualité, soumis à des prestations multiples, surpeuplés par la présence des troupes alliées et d'un grand nombre de réfugiés venus de la Métropole.

En même temps, le Comité précisait sa position, tant à l'égard de la Résistance que de Vichy. Une ordonnance convoquait pour novembre l'Assemblée consultative, tandis que, le 3 septembre, le Comité prenait, sans objection d'aucun de ses membres, la décision suivante qui était aussitôt publiée : « Assurer, dès que les circonstances le permettront, l'action de la justice à l'égard du maréchal Pétain et de ceux qui ont fait ou font partie des pseudo-gouvernements formés par lui, qui ont capitulé, attenté à la Constitution, collaboré avec l'ennemi, livré des travailleurs français aux Allemands et fait combattre des forces françaises contre les Alliés ou contre ceux des Français qui continuaient la lutte[42]. »

À l'extérieur, l'action du Comité s'affirmait de la même manière. Les missions, diplomatiques, économiques, militaires, que la France Combattante et l'organisation d'Alger avaient respectivement et séparément entretenues en Angleterre et aux États-Unis, se voyaient unifiées. Viénot à Londres, Hoppenot à Washington, étaient maintenant nos seuls représentants, chacun d'eux ayant sous sa coupe tous fonctionnaires et militaires présents dans le pays où il était accrédité. En août, nous chargions Jean Monnet, commissaire au Ravitaillement et à l'Armement, d'engager avec les gouvernements américain, britannique et canadien des négociations qui devaient aboutir à des accords réciproques de prêt-bail embrassant les matériels, denrées, services, fournis de part et d'autre et préparant ce qui serait fait lors de la libération pour assurer les besoins élémentaires de la France. Pendant ce temps, Couve de Murville, commissaire aux Finances, réglait avec le chancelier de l'Échiquier la fin de l'accord financier passé en mars 1941 entre la France Libre et l'Angleterre[43]. Le 7 septembre, nous adressions à Washington et à Londres un projet d'accord précisant « les modalités de la coopération à établir, du jour où les forces alliées débarqueront en France, entre ces forces d'une part, les autorités et la population d'autre part », et demandant que cette affaire fût mise d'urgence en discussion entre les trois gouvernements. Nous nous doutions bien, en effet, que nos alliés caressaient le projet d'assumer eux-mêmes, sous le couvert de leur commandement militaire, le gouvernement de notre pays à mesure qu'ils y pénétreraient et nous étions, naturellement, résolus à les en empêcher[44].

Enfin, voyant venir la capitulation italienne et certains que nos alliés ne nous associeraient aux avantages et honneurs du triomphe que dans la moindre mesure possible, nous leur faisions officiellement connaître « que le Comité français de la libération nationale entendait prendre part aux négociations d'armistice, puis aux délibérations et décisions des organismes qui feraient exécuter les conditions imposées ». C'est ainsi que nous nous exprimions dans une note remise, le 2 août, par René Massigli à MM. MacMillan et Murphy. La même note spécifiait les points intéressant directement la France et qui devraient, selon nous, être insérés dans la future convention[45].

Dans le domaine militaire, la collaboration du chef du gouvernement et du commandant en chef paraissait, maintenant, satisfaisante. Le général Giraud, enchanté de se voir confirmer un titre qui lui était cher et de prendre sous ses ordres les unités des forces françaises libres, affichait son loyalisme. Le comité de la Défense nationale prenait, sans heurts, les mesures concernant la fusion. Leclerc et sa colonne gagnaient le Maroc. Le groupement Larminat venait stationner en Tunisie. Divers navires et plusieurs groupes d'aviation, provenant d'Afrique du Nord, étaient envoyés en Grande-Bretagne pour opérer à partir des bases anglaises aux côtés d'éléments à Croix de Lorraine. En même temps, le comité de la Défense nationale arrêtait le plan de réorganisation de l'armée, de la marine, de l'aviation, sur la base des cadres et effectifs dont nous pouvions disposer et suivant l'armement venant des États-Unis. Quant à l'emploi de ces forces à l'intérieur de la coalition, nos intentions étaient fixées sous la forme d'un mémorandum signé : de Gaulle-Giraud et adressé, le 18 septembre, à Roosevelt, à Churchill et à Staline[46].

Ayant fait le compte des unités que nous pouvions mettre sur pied, nous indiquions que, sans préjudice de ce qui pourrait être fait auparavant en Italie avec le concours de nos troupes, l'effort principal français, sur terre, sur mer et dans les airs, devrait être directement consacré à la libération de la France et engagé, à partir de l'Afrique du Nord, par le sud de la Métropole. Toutefois, il était, écrivions-nous, nécessaire que certaines forces fournies par nous prissent part aux opérations du Nord. Il faudrait qu'au moins une division blindée française fût transportée à temps en Angleterre pour assurer la libération de Paris. D'autre part, un régiment de parachutistes, des commandos, plusieurs navires et cinq ou six groupes d'aviation devraient être engagés dès le début du débarquement. Enfin, nous faisions connaître notre volonté de diriger sur l'Extrême-Orient, dès que la bataille en Europe serait gagnée, un corps expéditionnaire et le gros de nos forces navales afin de concourir à la lutte contre le Japon et de libérer l'Indochine. Tout cela serait, en effet, accompli à mesure, de point en point.

Dans le courant du mois d'août, je passai l'inspection des troupes en Algérie, des navires de guerre parés dans les ports d'Alger et d'Oran et des bases de l'aviation[47]. Partout, à cette occasion, je réunis les officiers. Depuis le désastre de 1940, la défaillance des dirigeants de Vichy, les réflexes de la discipline, le hasard des circonstances, avaient pu conduire ces hommes d'honneur et de devoir dans d'autres chemins que celui qu'ils suivaient à présent. Mais aucun, au fond de lui-même, n'avait jamais perdu l'espoir de reprendre le combat contre les ennemis de la France. Ils étaient, sous leur attitude d'attention et de respect, profondément impressionnés par la présence de ce de Gaulle, qu'une certaine politique leur avait souvent commandé de blâmer et, parfois, prescrit de combattre, mais que l'instinct national et la logique des événements plaçaient, maintenant, au sommet du pouvoir et dont pas un seul d'entre eux n'imaginait de récuser l'autorité. Je les voyais, tendus à m'entendre et à me comprendre, tandis que je leur parlais avec la dignité, mais aussi avec la franchise, qui convenaient à eux et à moi. L'allocution terminée, les saluts échangés, les mains serrées, je quittais leur compagnie et j'allais à quelque autre tâche, plus résolu que jamais à faire en sorte que l'armée française arrachât sa part de la victoire et, par là, rouvrît l'avenir à la nation.

L'affermissement du pouvoir français contraignit les Alliés à se départir quelque peu de l'attitude de doute et de méfiance qu'ils avaient, jusqu'alors, adoptée à son égard. La reconnaissance officielle du Comité de la libération par les États-Unis, la Grande-Bretagne et la Russie soviétique fut accomplie le 26 août. Déjà, Cuba, le Mexique, la Norvège, la Grèce, la Pologne, le Chili, la Belgique, avaient fait le nécessaire[48].

À vrai dire, les formules choisies par les trois autres grandes puissances marquèrent de profondes différences. Washington s'en tint à la plus restreinte : « Le Comité est reconnu comme administrant les territoires d'outre-mer qui reconnaissent son autorité. » Londres employa les mêmes termes, mais en y ajoutant : « Aux yeux de la Grande-Bretagne, le Comité est l'organisme qualifié pour exercer la conduite de l'effort français dans la guerre. » Moscou se montra très large. Pour la Russie soviétique, le Comité représentait « les intérêts d'État de la République française ». Il était « le seul organisme dirigeant et le seul représentant qualifié de tous les patriotes français en lutte contre l'hitlérisme ». L'exemple des « grands » fut rapidement suivi par d'autres. Le 3 septembre, parlant à la radio à l'occasion du quatrième anniversaire de la guerre et prenant acte de ces démarches, je pouvais déclarer : « La reconnaissance, par vingt-six États, du Comité français de la libération nationale fournit une preuve éclatante de notre solidarité pour le triomphe et pour la paix[49]. »

Cependant, l'organisation du pouvoir, telle qu'elle avait été arrêtée le 31 juillet, ne pouvait subsister que si la subordination du Commandement au gouvernement était acquise sans équivoque au-dedans et au-dehors. L'affaire italienne va faire voir que ce n'est pas le cas.

Le 3 septembre, Badoglio, qui avait pris depuis plusieurs semaines des contacts secrets avec les Anglo-Saxons, capitule entre leurs mains par le truchement d'une délégation envoyée à Syracuse. En même temps, les forces alliées prennent pied en Calabre. Une armée américaine, sous les ordres du général Clark, s'apprête à débarquer dans la région de Naples pour joindre et, au besoin, recueillir le roi d'Italie et son gouvernement ainsi que les troupes fidèles qu'ils ont concentrées à Rome. Or, le 29 août, MacMillan et Murphy avaient remis à Massigli un mémorandum faisant prévoir la reddition des Italiens et demandant au Comité français de la libération « d'accepter qu'en son nom, comme au nom de toutes les Nations unies, le général Eisenhower fût habilité à signer avec le maréchal Badoglio une convention d'armistice qui couvrirait tous les besoins des Alliés, notamment ceux de la France ». Le mémorandum indiquait les grandes lignes de l'instrument envisagé et concluait : « Les gouvernements du Royaume-Uni et des États-Unis feront leur possible pour que le Comité français de la libération nationale envoie, s'il le désire, un représentant à la signature. »

Nous avions répondu, le 1er septembre, par une note approuvant qu'Eisenhower conclût l'armistice en notre nom, comme au nom de tous les Alliés, demandant que le texte du projet nous fût communiqué d'urgence et nous déclarant prêts à envoyer, à tout moment, là où l'acte serait signé, un représentant du commandement français.

Voici donc, pour Londres et pour Washington, l'occasion de montrer s'ils entendent, ou non, que la France soit leur associée à part entière dans les règlements successifs qui termineront les hostilités. Cette occasion paraît d'autant plus favorable qu'il s'agit, d'abord, de l'Italie, que des forces françaises n'ont jamais cessé de combattre, dont on sait déjà que le territoire ne sera pas arraché aux Allemands sans le concours de notre armée et qui, parmi les Occidentaux, n'a d'autre voisine que la France et ne saurait voir fixer, en dehors de la France, son avenir territorial, politique, économique, colonial. Pourtant, nous devrons constater que, dans cette affaire capitale, Américains et Britanniques vont procéder sans scrupule à l'égard de notre comité, quelques jours à peine après l'avoir formellement reconnu.

En effet, le 8 septembre après-midi, MacMillan et Murphy viennent dire à Massigli que la capitulation italienne est un fait accompli et que le général Eisenhower l'annoncera dans une demi-heure. Ils remettent au commissaire aux Affaires étrangères — formalité dérisoire ! — le texte de la déclaration par laquelle le Commandant en chef allié fait publier, pour ainsi dire au moment même, « qu'il a accordé au gouvernement italien un armistice militaire dont les termes sont approuvés par les gouvernements britannique, américain et soviétique ».

Comme Massigli observe qu'il n'est pas fait mention de la France, contrairement à ce que l'Angleterre et les États-Unis nous ont, par écrit, donné à croire le 29 août, ses interlocuteurs répondent que la déclaration d'Eisenhower est avant tout une manœuvre, employée précipitamment pour impressionner l'armée et la population italiennes tandis que les Alliés exécutent dans la péninsule une nouvelle et difficile opération. « Manœuvre, ou non, reprend Massigli, vous me dites qu'un armistice est signé. Quand a-t-il été signé ? Quelles en sont les conditions ? » MacMillan et Murphy se bornent à dire que le général Giraud, président du Comité français, a été tenu au courant par le Grand Quartier général et qu'il n'a fait, de notre part, aucune observation. Dans la nuit, Massigli revoyant MacMillan et le pressant de questions, le ministre d'État britannique convient que les négociations des gouvernements de Londres et de Washington avec le gouvernement italien durent depuis le 20 août. Mais il répète que Giraud a été averti de tout[50].

Le 9 septembre, je réunis le Comité de la libération. Le rapport du commissaire aux Affaires étrangères suscite, naturellement, l'émotion et le mécontentement au sujet des procédés et, sans doute, des intentions des puissances anglo-saxonnes. Nous publions un communiqué, exprimant la satisfaction que cause à la France la défaite de l'Italie, rappelant la contribution des armées et de la Résistance françaises, prenant acte de la déclaration du général Eisenhower, mais précisant que « les intérêts vitaux de la Métropole et de l'Empire impliquent la participation de la France à toute convention concernant l'Italie[51] ».

Au cours de la séance, je demande au général Giraud pour quelles raisons il n'a pas fait connaître au gouvernement et, notamment, à son chef les graves nouvelles qui lui ont été communiquées par les Alliés et qui, si nous les avions connues à temps, nous eussent permis de faire valoir ce qui est dû à la France. Giraud assure qu'il n'a reçu aucune information relative à l'armistice. Comme, dans la soirée du même jour, Massigli rapporte ce démenti à MacMillan et à Murphy, ils maintiennent leurs affirmations, tout en alléguant avec quelque embarras que l'ignorance du français au Quartier général d'Eisenhower et de l'anglais à l'état-major de Giraud pourrait être la cause du malentendu. Le lendemain, ils viennent dire, en s'excusant : « Après enquête, nous avons constaté que c'est ce matin seulement que le général Eisenhower a fait connaître au général Giraud les conditions de l'armistice[52]. »

Point de doute ! Nos alliés sont d'accord pour nous écarter, autant qu'ils le pourront, des décisions concernant l'Italie. Il faut prévoir qu'ils le seront, demain, pour tenter d'arrêter sans la France le destin de l'Europe. Mais ils doivent savoir que la France n'admet pas cette exclusion et qu'ils ne sauraient, dans l'avenir, compter sur elle s'ils la méconnaissent, à présent. Le 12 septembre, à l'occasion de ma visite officielle à Oran, je mets les points sur les i.

Parlant devant une foule immense sur le parvis de l'hôtel de ville, j'affirme[53] : « Le pays veut redoubler d'efforts pour hâter la défaite de l'ennemi. Il veut aussi prendre part, à son rang, au règlement du conflit et à la reconstruction du monde. » Sur ce point, j'en appelle à « la solidarité des nations de bonne volonté ». « Il existe entre elles, ajouté-je, une interdépendance telle que toutes ont l'obligation de tenir compte de l'intérêt vital et de la dignité des autres. » Évoquant le peuple français qui souffre et les combattants français de l'Empire et de l'intérieur qui prennent et prendront leur part des grandes batailles, je lance cet avertissement : « Le véritable réalisme, c'est de ne pas les décevoir. » Certes, je le reconnais : « En la cinquième année de la guerre, la France n'est pas, hélas ! en mesure d'aligner beaucoup de ces divisions, de ces navires, de ces escadrilles, par quoi l'on voudrait sommairement décompter la contribution des États. À la faveur d'un désastre essuyé quand la France, à peu près seule, faisait face à Hitler et à Mussolini, l'esprit d'abandon de certains a, en partie, saboté l'effort[b] national dans la guerre... Nous avons chancelé ! Oui ! C'est vrai ! Mais n'est-ce pas, d'abord, à cause de tout le sang que nous venions de répandre, quelque vingt ans auparavant, pour la défense des autres autant que pour notre défense ? » Je termine, en déclarant : « La France prétend, dans l'intérêt de tous, à la place qui lui revient dans le règlement du drame dont la liquidation commence. » Toute l'éloquence du monde est dans la clameur populaire qui répond à mon discours.

Il ressort, en tout cas, des démarches de MM. MacMillan et Murphy que nos alliés ont invoqué, sinon utilisé, l'absurde dualisme de notre gouvernement comme un alibi pour masquer leur manquement. Or, voici que, presque aussitôt, le même dualisme étale sa malfaisance à propos d'une importante opération nationale et militaire : la libération de la Corse.

Dès 1941, la France Libre avait envoyé dans l'île le capitaine Scamaroni avec mission de préparer l'action. Pendant deux ans, Scamaroni avait fait d'excellent travail, réussissant à coiffer tous les éléments de résistance, afin qu'aucun parti, aucun clan, ne pût monopoliser à son profit l'effort de tous. C'est ainsi que le « Front national », ayant pour chef politique Giovoni, pour chef militaire Vittori, tous deux communistes, avait pris l'attache du délégué de la France Libre, comme l'avaient fait, de leur côté, les patriotes moralement rassemblés autour de Raimondi et des frères Giaccobbi, ou bien les équipes formées par d'anciens militaires, telle celle du lieutenant Alphonse de Peretti. Par malheur, le vaillant délégué était tombé aux mains des Italiens qui avaient occupé l'île au lendemain du débarquement des Alliés en

Afrique du Nord. Affreusement torturé, Scamaroni s'était donné la mort pour sauvegarder ses secrets[54].

À cette époque — mars 1943 — la bataille de Tunisie approchait de son terme. Tout faisait prévoir que la Corse serait prochainement englobée dans les opérations qui viseraient l'Italie et le Midi de la France. Dans ce pays de maquis, ardemment attaché à la France et dont les prétentions et la présence de l'envahisseur exaspéraient le patriotisme, un grand courant de révolte se répandait secrètement. Des milliers d'hommes décidés, soutenus par la sympathie active de la population, attendaient impatiemment l'occasion d'entamer le combat.

L'organisation d'Alger s'était, à son tour, mise en rapport avec la Corse. Le « commandant en chef civil et militaire » y envoyait, d'abord, quelques agents, puis en avril 1943 le commandant Colonna d'Istria. Rien, là, qui ne fût très louable. Ce qui l'était moins, c'est qu'une fois constitué en juin notre comité d'Alger, le général Giraud ne me souffla mot de l'action[55] qu'il menait en Corse. Colonna se donnait sur place, sans doute en toute bonne foi, comme le représentant du gouvernement tout entier. En cette qualité, Colonna traita exclusivement avec les chefs communistes Giovoni et Vittori, soit qu'il n'aperçût pas l'inconvénient de cette préférence, soit qu'il voulût simplifier le problème, soit qu'il en eût reçu l'ordre. Il faut ajouter que le parti communiste avait envoyé de France en mission auprès de Giraud le député des Alpes-Maritimes Pourtalet qui, de Nice, s'était tenu longtemps en liaison avec Giovoni. Pourtalet n'avait pas manqué de fournir au commandant en chef sur la situation en Corse des renseignements et des suggestions dont son parti tirerait avantage.

Au cours des mois de juillet et d'août, les services secrets du général Giraud déployèrent, à mon insu, une grande activité pour armer la résistance corse. L'« Intelligence » britannique, qui n'avait pas coutume de se montrer généreuse sans arrière-pensées, procura dix mille mitraillettes. Celles-ci furent transportées d'Alger, soit par le sous-marin *Casabianca* qui accomplit plusieurs traversées périlleuses, soit par des avions anglais qui les parachutèrent sur les terrains désignés par Colonna. Toutes ces armes, reçues et réparties par les chefs du Front national, achevèrent de conférer à Giovoni et à Vittori le monopole de l'autorité. Les chefs communistes prirent sous leur coupe l'ensemble des résistants où, cependant, les membres de leur parti n'étaient qu'une minorité. Toute communication se trouvant empêchée entre Alger et les « gaullistes » de l'île, ceux-ci, faute d'autre chose, s'accommodèrent de cette organisation, au point que mon propre cousin, Henri Maillot, accepta de faire partie du comité du Front national[56], croyant répondre à mes intentions.

Le 4 septembre, lendemain du jour où Badoglio a signé l'armistice dont la nouvelle me sera, cependant, cachée jusqu'au 8, Giovoni est à Alger où l'a amené le *Casabianca*. Il y est sans que je le sache. Il vient s'entendre avec le commandant en chef au sujet d'une opération que l'acte de Syracuse va permettre de réaliser en rendant neutres ou favorables les 80 000 Italiens qui occupent la Corse. Giraud ne me dit rien de la visite qu'il reçoit. Giovoni ne prend aucun contact avec moi. Il repart le 6 septembre. Dans la soirée du 9, on apprend que les résistants se sont rendus maîtres d'Ajaccio, que le préfet a lui-même proclamé le ralliement du département au Comité de la libération nationale et que la garnison italienne n'a fait aucune opposition. C'est alors que le général Giraud vient, pour la première fois, me parler de ce qu'il a fait en Corse.

À son compte rendu, je réponds : « Au milieu des bonnes nouvelles qui nous arrivent, je suis, mon général, froissé et mécontent de la manière dont vous avez procédé à mon égard et à l'égard du gouvernement en nous cachant votre action. Je n'approuve pas le monopole que vous avez donné aux chefs communistes. Il me paraît inacceptable que vous ayez laissé croire que c'était fait en mon nom comme au vôtre. Enfin, vous ayant entendu sur la récente visite de Giovoni, l'opération dont vous avez convenu, les conditions dans lesquelles elle s'est déclenchée, je ne m'explique pas comment vous avez pu dire, ce matin[57], à notre Conseil des ministres que vous ignoriez l'imminence de l'armistice italien. De tout cela je tirerai les conséquences qui s'imposent, dès que nous aurons franchi la passe où nous voici engagés. Pour le moment, il nous faut faire face à la situation militaire. La Corse doit être secourue au plus tôt. Le gouvernement fera, ensuite, ce qu'il doit pour tarir, une bonne fois, la source de nos discordances. » Giraud et moi sommes d'accord, tout au moins, pour que des troupes soient, d'urgence, portées en Corse. Quant à l'exécution, c'est à lui qu'elle incombe. À ce point de vue, je ne doute pas qu'il fera pour le mieux.

Le Comité de la libération, réuni le lendemain, adopte la même attitude vis-à-vis du commandant en chef. Tout en lui faisant confiance pour régler la question militaire, il lui adresse le reproche d'avoir agi délibérément seul dans un domaine qui ne lui appartenait pas en propre. Au cours de la même séance, Charles Luizet est nommé préfet de la Corse. Il partira sans délai avec une solide équipe. Le général Mollard l'accompagnera comme gouverneur militaire de l'île.

C'est avec beaucoup d'ardeur qu'est menée l'action militaire en Corse. Pourtant, l'intervention des troupes régulières et des bâtiments qui les portent est tout à fait improvisée. À vrai dire, un plan complet avait été, depuis plusieurs semaines, dressé par le général Juin à la demande du commandant en chef. Dans l'hypothèse où les Italiens garderaient la neutralité, il faudrait, suivant Juin, débarquer en Corse à la fois par l'ouest et par l'est afin de couper aux Allemands les deux routes côtières. Il prévoyait l'engagement de deux divisions, dont une de montagne, d'un groupement de tabors, d'une centaine de blindés et de quelques commandos. Ainsi pourrait-on détruire ou capturer les forces allemandes déjà stationnées dans l'île et celles qui viendraient de Sardaigne. Le 9 septembre, les éléments d'une telle expédition sont disponibles et brûlent d'agir. Mais leur transport exigerait un tonnage considérable, ainsi qu'une sérieuse protection navale et aérienne. Comme les bâtiments de guerre, les navires marchands, les avions qui seraient nécessaires n'ont pas été à l'avance réunis, le commandant en chef est hors d'état d'exécuter un plan aussi vaste avec nos propres moyens. Se tournant vers les Alliés pour leur demander leur aide, il se heurte à un refus, car ceux-ci sont, au même moment, engagés à fond dans leur tentative de débarquement à Salerne[58].

Cependant, les choses en sont au point qu'il faut agir tout de suite. Giraud décide, et je l'en approuve, d'effectuer l'opération sur une échelle réduite. Les troupes qu'il parviendra, en l'espace de trois semaines, à faire passer en Corse réussiront, avec l'aide de la Résistance, à protéger la plus grande partie de l'île contre les pointes offensives des Allemands, à harceler les colonnes germaniques au cours de leur retraite, à leur infliger des pertes importantes en personnel et en matériel. Toutefois, malgré la vigueur de leur action, elles ne pourront empêcher l'ennemi de prendre le large. Il n'en restera pas moins que la libération de la Corse, ayant comporté l'engagement des forces françaises, et de celles-là seulement, aura parmi les Français et parmi les Alliés un profond retentissement.

C'est dans la nuit du 12 septembre que le vaillant *Casabianca* débarque à Ajaccio nos premiers éléments. Y arriveront, jour après jour, le bataillon de choc, le 1er régiment de tirailleurs marocains, le 2e groupement de tabors, un escadron mécanique du 1er régiment de spahis, des fractions d'artillerie, du génie, des services, ainsi que le matériel, les munitions, l'essence, indispensables, le tout transporté par les croiseurs : *Jeanne-d'Arc* et *Montcalm*, les contre-torpilleurs : *Fantasque* et *Terrible*, les torpilleurs : *Alcyon* et *Tempête*, les sous-marins : *Aréthuse* et *Casabianca*. Une escadrille d'aviation de chasse gagne la base de Campo del Oro. Quant aux Allemands, leur but est d'évacuer la brigade de S.S. qu'ils ont sur place et la 90e Panzerdivision qu'ils replient, en hâte, de Sardaigne. Leur mouvement s'exécute à l'est, par la route Bonifacio-Bastia, sous la protection d'une aviation importante et de fortes reconnaissances qu'ils lancent vers l'intérieur de l'île. De nombreux chalands à moteur les embarquent, à Bastia, pour l'île d'Elbe et pour Livourne.

Le général Henry Martin est à la tête des troupes françaises. Il conduira l'affaire parfaitement bien ; s'assurant, d'abord, d'une tête de pont à Ajaccio ; puis, poussant des commandos à l'appui de la Résistance qui accroche durement l'ennemi à Bastia, Bonifacio, Quenza, Levie, Inzecca, etc., et tient les passages de la « dorsale » de l'île ; faisant, ensuite, nettoyer Porto-Vecchio, Bonifacio, Favone, Ghisonaccia ; abordant enfin Bastia, en refoulant les Allemands par le terrain montagneux et boisé de Saint-Florent et du cap Corse. Le général Martin s'est, d'ailleurs, utilement entendu avec le général Magli commandant les forces italiennes. Celui-ci, malgré le trouble de la situation étrange où il se trouve, fournira aux nôtres des camions et des mulets et les fera, en certains points, appuyer par ses batteries. Le général Louchet, qui mène la progression dans le Nord, le commandant Gambiez pour les « chocs », les colonels : de Latour pour les goums, de Butler pour les tirailleurs, de Lambilly pour les blindés, entraînent brillamment leurs troupes. Le général Giraud se rend lui-même en Corse peu de jours après les premiers débarquements, parcourant le terrain, communiquant à tous la résolution qui l'anime. Le 4 octobre, les nôtres pénètrent dans Bastia, d'où l'ennemi a pu replier par mer son arrière-garde non sans laisser sur le terrain un abondant matériel.

Dans la soirée du même jour, je me rends auprès du commandant en chef pour le féliciter, au nom du gouvernement, de l'heureuse issue de l'opération militaire. Il l'avait prescrite et lancée. Il en avait assumé le risque. Le mérite lui en revenait. Bien que les moyens mis en œuvre fussent à assez petite échelle, les difficultés étaient grandes puisqu'il fallait jeter vers l'inconnu, à neuf cents kilomètres de nos bases, et combiner en une seule action des éléments pris, à l'improviste, dans l'armée, la marine, l'aviation. Dès le 24 septembre, j'avais dit à la radio d'Alger : « Le pays et l'Empire saluent les combattants français de Corse, à qui le commandant en chef de l'armée française vient d'aller, sur le terrain même, donner ses instructions pour les engagements de demain. À ces combattants et à leurs chefs, à ceux qui se sont levés du sol corse pour se libérer eux-mêmes et à ceux que l'armée, la marine, l'aviation françaises renaissantes y ont hardiment envoyés, le Comité de la libération nationale adresse le témoignage ardent de l'amour et de la fierté de la France[59]. »

Mais, justice étant rendue aux capacités militaires du général Giraud, il n'en restait pas moins qu'il avait procédé, vis-à-vis du gouvernement, d'une manière qu'on ne pouvait admettre. Je le lui répétai, ce soir-là, après lui avoir adressé mon compliment. « Vous me parlez politique, dit-il. — Oui, répondis-je. Car nous faisons la guerre. Or, la guerre, c'est une politique. » Il m'entendait, mais ne m'écoutait pas.

Au fond, Giraud ne se résignait à aucune forme de dépendance. Ce qu'il paraissait accepter n'était jamais acquis. Par nature et par habitude, mais aussi en vertu d'une sorte de tactique, son esprit s'enfermait dans le seul domaine militaire, refusait de considérer les réalités humaines et nationales, fermait les yeux à ce qui appartient au pouvoir. Dans cette psychologie, il ne pouvait, vis-à-vis de moi, faire abstraction de la hiérarchie d'antan. Non qu'il ne ressentît, lui aussi, le caractère exceptionnel de la mission qui m'incombait. Il sut, d'ailleurs, m'en donner, en public comme en privé, des preuves généreuses et émouvantes. Mais il n'en tirait pas de conséquences pratiques. Il faut ajouter que les circonstances qui l'avaient, naguère, porté à la première place en Afrique du Nord, le soutien que lui accordait la politique américaine, les préventions et les rancunes nourries à mon égard par certains éléments français, n'étaient pas sans influer sur ses idées et sur sa manière d'être.

Il fallait mettre un terme à une situation fausse. Désormais, j'avais résolu d'amener le général Giraud à quitter le gouvernement, tout en continuant à faire l'emploi de ses services. Au reste, les membres du Comité de la libération comprenaient, eux aussi, qu'on ne pouvait plus différer[60]. Deux nouveaux membres, que j'y avais fait entrer dans le courant de septembre, renforçaient la tendance aux solutions catégoriques. François de Menthon, arrivant de France, était devenu commissaire national à la Justice. Pierre Mendès France, quittant sur mon ordre le groupe d'aviation Lorraine, assumait la charge des Finances en remplacement de Couve de Murville qui devenait, comme il l'avait demandé, représentant de la France à la commission des Affaires italiennes. Or, ce qui, dans l'ordre politique, semblait se passer en Corse impressionnait les ministres. André Philip, étant allé visiter l'île pour voir où en étaient les choses, avait constaté comment les communistes, utilisant la Résistance, installaient des municipalités de leur choix et saisissaient les moyens d'information. À aucun prix, les ministres ne voulaient voir ce précédent se reproduire, demain, dans la Métropole. Ils me pressaient donc de réaliser le changement de structure qui mettrait le gouvernement à l'abri de telles surprises.

Leur souci était le mien. Mais j'entendais procéder, jusqu'au bout, avec ménagements à l'égard du grand soldat qui, au long de sa carrière, avait rendu tant de brillants services et dont l'ennemi, au même moment, traitait d'une manière odieuse la famille qu'il avait saisie.

Quant à la Corse, tout allait s'arranger. J'y arrivai le 8 octobre pour y passer trois magnifiques journées. Ma visite dissipa les ombres. À Ajaccio, je m'adressai au peuple sur la place de la mairie. Devant l'accueil qui m'y fut fait, mes premiers mots furent pour constater « la marée d'enthousiasme national qui nous soulève tous aujourd'hui ». Je confondis dans le même hommage les patriotes corses et l'armée d'Afrique. Je notai l'effondrement total du régime de Vichy. « Où en est donc ici, m'écriai-je, la fameuse révolution nationale ? Comment se fait-il que tant de portraits et d'insignes aient fait place, en un clin d'œil, à l'héroïque Croix de Lorraine ?... Il a suffi que le premier frisson libérateur ait parcouru la terre corse pour que cette fraction de la France se tournât, d'un seul mouvement, vers le gouvernement de la guerre, de l'unité, de la République. »

Alors, observant que ma voix s'élevait « du centre de la mer latine », je parlai de l'Italie. Je soulignai « à quel point étaient absurdes les ambitions d'un voisin latin poussé, hier, dans une monstrueuse alliance avec la cupidité germanique et qui prétextait notre décadence pour tâcher de saisir la Corse ». Mais je proclamai : « Une fois la justice rendue, la France de demain ne se figera pas dans une attitude de rancœur à l'égard d'une nation qui nous est apparentée et que rien de fondamental ne devrait séparer de nous. » « La victoire approche, dis-je en terminant. Elle sera la victoire de la liberté. Comment voudrait-on qu'elle ne fût pas, aussi, la victoire de la France[61] ? »

À Ajaccio, je pus constater que le préfet Luizet, le gouverneur militaire Mollard, le maire Eugène Macchini étaient à leur affaire. Corte vibrait d'acclamations sans perdre sa rude dignité. Je me rendis à Sartène. Je visitai Bastia, aux rues emplies de décombres, où l'ennemi avait incendié ou fait sauter, avant de fuir, de vastes dépôts de matériel et de munitions et dont le pauvre cimetière, bouleversé par les explosions, étalait le plus triste spectacle. Au milieu des premiers habitants qui avaient regagné leur demeure, le général Martin me présenta les troupes victorieuses. Partout, les groupes paramilitaires se montraient justement fiers d'avoir soutenu la gloire de la Corse en combattant pour la France. Chaque village où je m'arrêtai prodiguait les plus touchantes démonstrations, tandis que les troupiers italiens, qui s'y trouvaient cantonnés, ne cachaient pas leur sympathie. À l'arrivée et au départ, le visage cinglé par le riz que mes hôtes lançaient, suivant la coutume corse, en signe de bienvenue, j'entendais crépiter les mitraillettes de la libération.

Quatre semaines plus tard, la transformation du comité d'Alger allait être un fait accompli. De toute manière, la réunion, au début de novembre, de l'Assemblée consultative imposait son remaniement. On voyait arriver après de périlleux voyages les délégués de la Résistance. Ils apportaient en Afrique du Nord l'état d'âme de leurs mandants. Du coup, un souffle âpre et salubre passait dans les réunions, les bureaux, les journaux d'Alger. Les délégués publiaient les messages de confiance dont ils étaient chargés pour de Gaulle. Ils ne tarissaient pas sur le sujet de l'action clandestine, de ses héros, de ses besoins. Ils bouillonnaient de projets concernant l'avenir de la nation. Tout en tirant le gouvernement de son état de bicéphalie, je voulais m'y associer certains des hommes qui venaient de France.

Dans le courant d'octobre, le Comité de la libération adopta, à mon invitation, une ordonnance en vertu de laquelle il n'aurait qu'un président. Giraud lui-même y apposa sa signature. Au reste, voyant se préciser la perspective de l'envoi d'un corps expéditionnaire français en Italie, il se reprenait à espérer que les Alliés feraient appel à lui pour exercer le commandement en chef dans la péninsule. Le 6 novembre, en la présence et avec l'accord explicite du général Giraud, le Comité « demanda au général de Gaulle de procéder aux changements qu'il jugerait nécessaire d'apporter à sa composition[62] ».

Ce fut fait le 9 novembre[63]. Un an après le débarquement sanglant des Anglo-Saxons en Algérie et au Maroc, cinq mois après ma hasardeuse arrivée à Alger, la volonté nationale, pour opprimée et assourdie qu'elle fût, avait fini par l'emporter. Si évident était le courant, que la malveillance des opposants ne pouvait plus subsister que dans l'ombre. Quant aux Alliés, il leur fallait se résigner à voir la France en guerre conduite par un gouvernement français. Renonçant, désormais, à invoquer « les nécessités militaires » et « la sécurité des communications », leur politique s'accommodait de ce qu'elle ne pouvait empêcher. L'effort commun allait y gagner beaucoup. Pour moi, je me sentais décidément assez fort pour être sûr que, demain, la bataille et la victoire des autres seraient aussi la bataille et la victoire de la France.

POLITIQUE

L'hiver approche[a]. Tout annonce qu'il sera le dernier avant que les armes décident. Mais quel pouvoir va, demain, s'établir à Paris ? Ce pouvoir, que fera-t-il ? Questions qui prennent, dans tous les esprits, un tour pressant et passionné. Il s'agit, en effet, non plus d'une perspective éloignée, mais d'une échéance prochaine. C'est pourquoi, les calculs s'éveillent et viennent à la lumière. Le débat politique peut, quelque temps encore, être amorti par le sang et les larmes, voilé par les contraintes imposées à l'opinion. Malgré tout, il est ouvert, non seulement entre les gens en place et au fond des chancelleries, mais bien dans la pensée d'une masse immense de Français et dans les discussions d'un grand nombre d'étrangers. Tous savent que la France va reparaître. Tous se demandent ce qu'elle sera.

C'est cela que j'ai en vue quand je reforme, au début de novembre 1943, le Comité de la libération. La chance du pays, dans la période décisive qui commence, est l'unité nationale. J'entends que celle-ci marque le gouvernement. Chacun des principaux partis ou, pour mieux dire, des familles spirituelles[1], en quoi traditionnellement se divise le peuple français, y aura sa représentation assurée par des hommes dont l'appartenance est connue. Mais c'est la Résistance qui, aujourd'hui, fournit l'effort de guerre et porte en elle l'espoir du renouveau. Il faut donc que certains de ses chefs qui n'ont encore aucune étiquette siègent également auprès de moi. Enfin, plusieurs éminentes compétences doivent faire partie du Comité pour éclairer son action et renforcer son crédit.

Henri Queuille commissaire d'État, Pierre Mendès France commissaire aux Finances, sont des parlementaires radicaux. André Philip chargé des rapports du Comité avec l'Assemblée consultative, André Le Troquer à la Guerre et à l'Air, — tous deux députés, — Adrien Tixier au Travail et à la Prévoyance sociale, viennent du parti socialiste. Louis Jacquinot, à la Marine, est un député modéré. François de Menthon, garde des Sceaux, appartient à l'état-major des démocrates chrétiens. Tel est le lot des politiques. René Pleven commissaire aux Colonies, Emmanuel d'Astier à l'Intérieur, René Capitant à l'Éducation nationale, André Diethelm au Ravitaillement et à la Production, Henri Frenay aux Prisonniers, Déportés et Réfugiés, sont des résistants qui, jusqu'à présent, n'ont jamais fait état d'une tendance déterminée. Le général Catroux commissaire d'État chargé des Affaires musulmanes, Henri Bonnet à l'Information, René Massigli aux Affaires étrangères, René Mayer aux Communications et à la Marine marchande, Jean Monnet commissaire en mission aux États-Unis pour l'Approvisionnement et l'Armement, s'imposent par leur valeur et leur notoriété. Faute de l'agrément explicite de la hiérarchie religieuse, je ne puis, comme je l'aurais voulu, voir Mgr Hincky[2] se joindre au gouvernement.

Ainsi, le remaniement n'est pas un bouleversement. Des seize membres qui composent, à présent, le Comité de la libération, quatre seulement viennent d'y entrer. Il est vrai que quatre le quittent. Il s'agit du général Giraud, dont il est désormais reconnu par tous, lui compris, que ses fonctions militaires sont incompatibles avec l'exercice du pouvoir, du général Georges qui se retire dignement, du Dr Abadie qui a souhaité retourner à ses travaux scientifiques, du général Legentilhomme que je désigne, suivant son désir, pour un poste en Grande-Bretagne[3].

Et les communistes ? La part qu'ils prennent à la Résistance, ainsi que mon intention de faire en sorte que leurs forces s'incorporent à celles de la nation au moins pour la durée de la guerre, m'ont conduit à la décision d'en mettre deux au gouvernement. Depuis la fin du mois d'août, le « parti », pressenti, a volontiers promis le concours de plusieurs de ses membres. Mais, au moment de s'exécuter, toutes sortes de traverses viennent empêcher ceux que j'appelle au Comité de la libération de me donner une réponse positive. Tantôt la délégation du parti m'en propose d'autres, tantôt elle s'enquiert du détail de mon programme, tantôt elle insiste pour que les siens reçoivent tels portefeuilles déterminés. Bientôt, indisposé par ce marchandage prolongé, j'interromps les pourparlers.

En réalité, deux tendances divisent la délégation. Il y a celle des violents qui, à la suite d'André Marty, voudrait que le parti ne se liât à personne et, à travers la lutte contre l'ennemi, préparât d'une manière directe l'action révolutionnaire pour la prise du pouvoir. Il y a celle des manœuvriers qui vise à pénétrer l'État en collaborant avec d'autres et, d'abord, avec moi-même ; l'inspirateur de cette tactique étant Maurice Thorez, toujours à Moscou et qui adjure qu'on lui permette d'en revenir. Finalement, en mars 1944, les communistes se décideront. Ils laisseront Fernand Grenier et François Billoux prendre les postes que je leur offre : le ministère de l'Air au premier, un commissariat d'État au second. À cette occasion a lieu, à l'intérieur du gouvernement, une modification des tâches. Le Troquer est nommé commissaire national délégué pour les territoires libérés. Diethelm le remplace à la Guerre, tandis que Mendès France réunit sous sa direction l'Économie et les Finances[4].

Le Comité, ainsi composé, s'absorbe dans son labeur consacré à lever et à organiser les moyens de faire la guerre, mais aussi à préparer ce qu'il faut pour que le pays puisse être nourri, administré, redressé, lors de sa libération. Longtemps, c'est le souffle venu d'au-delà de la mer qui porta la Métropole à l'effort et à l'espérance. À présent, c'est l'appel du pays qui pousse à l'action tous ceux qui, hors de France, entendent lui porter secours. L'harmonie est établie entre les éléments actifs du dehors et du dedans. Afin d'en tirer parti, j'ai fait coïncider, dans les premiers jours de novembre, le remaniement du gouvernement d'Alger avec la réunion de l'Assemblée consultative de la Résistance.

Ainsi que l'avait fixé l'ordonnance du 17 septembre, les délégués qui venaient de France étaient, pour une cinquantaine mandatés par les organisations de résistance[5], pour une vingtaine par les partis politiques et, dans ce cas, choisis en principe parmi les parlementaires qui n'avaient pas voté, en juillet 1940, les pleins pouvoirs à Pétain. La désignation des uns et des autres procédait de comités forcément restreints et secrets. Cependant, tous arrivaient avec le sentiment d'être là au nom de la masse de ceux qui luttaient dans l'ombre. À ces deux catégories s'ajoutaient : une douzaine de communistes, notamment leurs députés de la Seine, arrêtés en 1939, détenus depuis à Alger et que le général Giraud avait remis en liberté ; vingt représentants des « résistants » de l'Empire ; dix conseillers généraux d'Algérie. Quelle que fût leur origine, les délégués avaient des traits communs qui donneraient sa figure à la « Consultative ».

Ce qui les rendait semblables et les tenait rapprochés, c'était, d'une part, un souci lancinant de l'aide à fournir aux camarades de la Résistance, quant à l'armement, à l'argent, à la propagande, et que, bien naturellement, ils jugeaient toujours insuffisante. C'était, d'autre part, l'idéologie assez confuse mais passionnée qui remplissait l'esprit des clandestins, exposés à toutes les trahisons, ignorés ou réprouvés par la lâcheté d'un grand nombre, engagés, non point seulement contre l'envahisseur allemand, mais aussi contre l'appareil judiciaire et policier de ce qui, dans la Métropole, passait encore pour l'État français. La solidarité chaleureuse de tous ceux qui « en étaient », la méfiance et, même, l'aversion à l'égard de l'administratif, du régulier, de l'officiel, enfin un désir obstiné d'épuration, voilà ce qui les hantait et, à l'occasion, les unissait en d'ardentes démonstrations.

Il s'y ajoutait l'attachement qu'ils portaient à Charles de Gaulle, parce qu'il s'était dressé contre le conformisme, parce qu'on l'avait condamné à mort, parce que dans le pays sa parole lointaine et brouillée bousculait les prudences et secouait les nostalgies. Toutefois, l'effort qu'il menait pour la restauration de l'unité nationale, la sauvegarde de la souveraineté, le redressement de l'État, était moins accessible à la plupart des délégués. Non, certes, qu'ils ne fussent préoccupés de l'avenir de la nation. Au contraire, les idées, les plans, foisonnaient parmi leurs groupes. Mais, s'ils étaient fervents de formules qui rebâtiraient l'univers, ils se montraient réservés par rapport à l'autorité sans laquelle aucun pouvoir n'accomplirait quoi que ce fût. S'ils rêvaient de revoir la France au premier rang des nations, ils redoutaient la rude action qui pourrait l'y remettre et préféraient caresser l'illusion d'un Roosevelt et d'un Churchill empressés à lui rendre sa place. S'ils n'imaginaient pas qu'un autre Français que moi fût à la tête du pays lors de la libération, s'ils entrevoyaient que je pusse y rester tandis qu'eux-mêmes, devenus les élus du peuple, marcheraient vers quelque rénovation imprécise et merveilleuse, ils demeuraient réticents quant aux attributions qu'il me faudrait pour diriger la tâche. Tout en acclamant de Gaulle d'un cœur sincère, ils chuchotaient déjà contre « le pouvoir personnel ».

D'accord entre eux dans le domaine du sentiment, les délégués se répartissaient en diverses familles d'esprits. Certains étaient de simples combattants, absorbés par la lutte elle-même. D'autres, poètes de l'action, s'enchantaient de l'air d'héroïsme et de fraternité que respirait la Résistance. Par contre, les communistes, formés en bloc compact, traitaient âprement les affaires, pratiquaient la surenchère, s'acharnaient à la propagande. Enfin, les « politiques », convaincus que notre cause était celle de la France et la servant de leur mieux, ne s'empêchaient pas cependant de penser à leur carrière, de manœuvrer pour se faire valoir suivant les normes de leur profession, de considérer l'avenir sous l'angle de l'élection, des fonctions, du pouvoir, qu'il pourrait un jour leur offrir.

Parmi ceux-ci, les « anciens », fiers d'avoir fait leur devoir en refusant naguère l'abdication, mais sachant sous quel océan d'impopularité avait sombré le régime, marchaient sur la pointe des pieds, parlaient tout doux, reniaient l'ambition. Au fond d'eux-mêmes, cependant, ils escomptaient le retour aux jeux d'autrefois moyennant quelques réformes. Les « nouveaux » se montraient sévères quant au système d'hier.

Ils y voulaient maints changements. Toutefois, sous ces réserves, ils en subissaient à l'avance les attraits. Au total, voyant autour de moi ces compagnons courageux et d'une immense bonne volonté, je me sentais rempli d'estime pour tous et d'amitié pour beaucoup. Mais aussi, sondant leurs âmes, j'en venais à me demander si, parmi tous ceux-là qui parlaient de révolution, je n'étais pas, en vérité, le seul révolutionnaire[6].

La séance inaugurale de l'Assemblée consultative eut lieu le 3 novembre 1943. Ce fut une cérémonie profondément émouvante. Les assistants avaient l'impression d'être là au nom d'une armée de souffrants et de militants et de représenter une grande force française. Après avoir adressé à l'Assemblée, « réunie malgré d'extraordinaires obstacles », le salut du Comité de la libération, j'indiquai les raisons qui m'avaient, depuis longtemps, décidé à la convoquer dès que ce serait possible et je montrai pourquoi et comment je lui demandais son concours. Ce qui la qualifiait, c'est qu'elle procédait de la Résistance, « réaction fondamentale des Français et expression élémentaire de la volonté nationale ».

Soutenir le gouvernement dans son effort de guerre « qui exige la cohésion morale autant que les moyens matériels » ; appuyer son action extérieure « qui tend à mettre la France à même de reprendre, à l'avantage de tous, son grand rôle international » ; contribuer à l'éclairer dans le choix des mesures « qui seront imposées, lors de la libération, par la nécessité de vivre, alors que la fin des combats laissera notre sol couvert de destructions et vidé de toutes réserves d'aliments et de matières premières, par l'obligation de rétablir partout, dans l'ordre et dans la dignité, l'autorité de la République, par le devoir d'assurer la justice de l'État qui est la seule valable et admissible, par les changements à apporter dans les administrations, par le retour de notre jeunesse prisonnière et déportée » ; enfin, étudier avec lui « les grandes réformes qui devront être accomplies au lendemain de la guerre », voilà, disais-je, ce que le Comité de la libération attendait de l'Assemblée. Je m'affirmais, d'avance, « certain du résultat, car vingt siècles peuvent attester qu'on a toujours raison d'avoir foi en la France[7] ».

L'Assemblée, ayant élu pour son président Félix Gouin, puis s'étant répartie en groupes : « Résistance métropolitaine » présidé par Ferrière, « Résistance extérieure » par Bissagnet, « Résistants indépendants » par Hauriou, « Parlementaires » par Auriol, « Communistes » par Marty, ne manqua pas, en effet, de discuter les grandes questions que je proposais à son examen. Entre la date de sa première réunion et celle du débarquement, elle siégea plus de cinquante fois et travailla beaucoup en commissions. Tous les ministres eurent affaire à elle. Philip chargé des rapports du Comité avec l'Assemblée, d'Astier commissaire à l'Intérieur, Menthon commissaire à la Justice, Massigli commissaire aux Affaires étrangères, Mendès France commissaire aux Finances, furent ceux qui s'en firent entendre le plus souvent.

Pour ma part, j'assistai à une vingtaine de séances. J'intervenais, alors, soit par exposés d'ensemble, soit au cours de la discussion. Je pris souvent grand intérêt aux idées et aux sentiments que découvraient les échanges de vues, car ce que je recherchais c'était l'opinion profonde. Aussi m'efforçai-je d'animer l'assistance, de la révéler à elle-même, de lui faire dire ce qu'elle pensait. En fait, l'Assemblée fit preuve d'une conscience et d'une conviction qui impressionnèrent le public français et les informateurs étrangers. Cependant, les sujets qui l'absorbèrent le plus longtemps furent, naturellement, ceux qui lui tenaient le plus à cœur ; l'épuration, l'aide à la Résistance, l'établissement des pouvoirs publics en France lors de la libération.

On assista, en effet, à des débats âpres et prolongés sur les poursuites à engager contre les personnalités de Vichy, les sanctions à infliger aux fonctionnaires accusés d'avoir ajouté aux rigueurs qui leur étaient prescrites, les compensations à donner à ceux qui avaient souffert. Sur ces points-là, les délégués pressaient le Comité d'agir vigoureusement, quitte à changer, autant qu'il le faudrait, les règles et les procédures normales. Si vive était l'émotion soulevée par le problème que plusieurs commissaires nationaux se virent rudement pris à partie pour leur faiblesse supposée. Tout en ne comprenant que trop bien que cette question de justice préoccupât, au premier chef, l'assemblée de la Résistance, je ne m'en tins pas moins à la ligne de conduite que je m'étais fixée : limiter les sanctions aux personnages qui avaient joué un rôle éminent dans la politique de Vichy et aux hommes qui s'étaient faits les complices directs de l'ennemi. Pour les territoires d'outre-mer, cela faisait très peu de monde. Mais l'état d'esprit révélé par les débats de la « Consultative » me laissait prévoir les difficultés que je trouverais dans la Métropole à contenir la vengeance et à laisser la seule justice se prononcer sur les châtiments.

L'Assemblée apporta autant de soin et de passion à formuler son opinion sur les secours envoyés aux résistants de France, les liaisons établies avec eux, le parti que notre propagande tirait de leurs actions et de leurs suggestions. Il va de soi que les clandestins, terriblement démunis et menacés, éprouvaient souvent l'impression que Londres et Alger ne faisaient pas pour eux tout le possible. Aussi, beaucoup de délégués se montrèrent-ils, au premier abord, gonflés de blâmes et de récriminations à l'égard des « services »[8]. Mais, après vérification, ils reconnurent l'étendue de l'œuvre accomplie et des obstacles rencontrés. Il leur fallut, également, mesurer l'inconvénient que présentait l'action menée en France par les services alliés, d'où résultaient sur place toutes sortes de discordances et qui privait l'autorité française d'une partie de l'audience que lui assurait, au-dehors, l'effort de guerre des Français. Toutefois, la crainte de heurter les Anglo-Saxons, qui était pour les « politiques » une seconde nature, détourna l'Assemblée d'adopter sur ce point la motion catégorique que j'aurais souhaitée.

Plus sereines, mais aussi approfondies, furent les délibérations que l'Assemblée consacra à la façon dont les pouvoirs de la République se reconstitueraient en France. Personne, bien entendu, n'imaginait que le Maréchal et son « gouvernement » fissent autre chose que disparaître. Par contre, tout le monde estimait que le peuple français devrait être aussitôt consulté et qu'une assemblée nationale aurait à se saisir de la question constitutionnelle. Mais, quant à l'espèce d'assemblée qui devrait alors le faire, les délégués n'étaient pas unanimes.

Les communistes, sous un langage prudent, laissaient deviner leur projet d'élections effectuées sur la place publique, de préférence par acclamations, sous le contrôle des organisations et des troupes de la Résistance. Ils comptaient, évidemment, que leur propre savoir-faire tirerait d'un pareil système des résultats avantageux. Des parlementaires chevronnés, tels les sénateurs Marcel Astier, Marc Rucart, Paul Giacobbi, suggéraient de réunir l'Assemblée nationale de juillet 1940. Celle-ci, sous le coup de la libération, ne manquerait pas d'abolir les pouvoirs qu'elle avait donnés à Pétain, de recevoir, pour la forme, la démission d'Albert Lebrun, d'élire un nouveau président de la République et de voter la confiance à mon gouvernement. Ensuite, elle se séparerait pour laisser la place à une Chambre et à un Sénat élus suivant le mode d'antan. Après quoi, les changements à apporter, éventuellement, à la constitution de 1875 le seraient suivant les règles que celle-ci avait fixées. C'était là la thèse de ceux qui souhaitaient le retour pur et simple aux institutions de la IIIe République.

Ils n'étaient pas nombreux. À entendre la très grande majorité, « l'ancien régime » était condamné. Mais on devait bien constater que, dans l'esprit de maints délégués, ce qu'il avait eu de vicieux consistait moins en un excès qu'en un défaut de démagogie. La confusion des pouvoirs et des responsabilités, qui l'avait privé d'un gouvernement fort, lui interdisait toute politique ferme et continue, le mettait à la dérive des événements, n'était pas, aux yeux de la plupart, ce qu'il fallait réformer. Ou, plutôt, on prétendait le faire en allant encore plus avant dans la voie où l'exécutif ne serait plus qu'une figuration.

Attribuer à une seule assemblée tous les droits sans exception, lui donner qualité pour investir et fournir les ministres, abolir le Sénat qui pouvait faire contrepoids, supprimer le chef de l'État ou, tout au moins, le réduire à une condition plus dérisoire encore que celle où l'avait enfermé le système d'autrefois, telle était la conception d'un grand nombre de délégués. On rêvait à haute voix d'une assemblée « unique et souveraine », d'une sorte de Convention qui, tout en s'épargnant à elle-même la guillotine, ne trouverait cependant pas d'obstacle à ses impulsions et où comptaient siéger, un jour, la plupart des politiques issus de la Résistance.

Cette tendance n'était pas la mienne. Ce qui me semblait essentiel pour le futur redressement du pays, c'était, au contraire, un régime d'action et de responsabilité. Il fallait, suivant moi, que les pouvoirs fussent séparés, afin qu'il y eût, respectivement et effectivement, un gouvernement, un parlement, une justice. Il fallait que le chef de l'État fût, par le mode de son élection, sa qualité, ses attributions, en mesure de remplir une fonction d'arbitre national. Il fallait que le peuple eût à s'associer directement, par voie de référendum, aux décisions capitales qui engageraient son destin. J'éprouvais de l'inquiétude à constater l'état d'esprit de ceux qui, demain, auraient en charge l'État et qui tendaient à rebâtir le régime pour les jeux des politiciens, plutôt que pour le service du pays. De cette confusion, de cette inconsistance, qui avaient mené la France au désastre et la République à l'abdication, ne tirerait-on d'autre leçon que d'aller à une inconsistance et à une confusion plus graves[9] ?

Mais ce n'était pas le moment d'organiser la discussion publique sur ce sujet. Laissant passer le flot des théories et mettant à profit la prudence de quelques-uns : Dumesnil de Gramont, Vincent Auriol, René Cassin, Louis Vallon, etc., je conduisis l'Assemblée à une conclusion réservée. Il fut admis, qu'au cours de la libération, la « Consultative », transférée dans la Métropole et convenablement élargie, continuerait son office auprès du gouvernement, qu'une fois le territoire libéré, les prisonniers et les déportés revenus, le pays élirait, successivement, les conseils municipaux, les conseils généraux et une Assemblée nationale, mais que pour celle-ci sa composition et son rôle ne seraient fixés que plus tard. En outre, les droits de vote et d'éligibilité étaient attribués aux femmes. L'ordonnance du 21 avril 1944, en réalisant cette vaste réforme, mettait un terme à des controverses qui duraient depuis cinquante ans[10].

Bien que la « Consultative » n'eût d'autre droit que celui d'exprimer son opinion et que la responsabilité de ce qui était fait, ou non, continuât de m'incomber jusqu'au jour où le peuple aurait la possibilité de parler, les Alliés ne laissaient pas d'être attentifs à ce qui se disait à la tribune et dans les antichambres. Les membres de leurs missions, ainsi que leurs journalistes, étaient assidus aux séances et dans les couloirs. Les journaux américains et anglais faisaient une large place aux discussions d'Alger. Sans doute, regrettaient-ils que cette figuration parlementaire n'eût pas qualité pour renverser le gouvernement, que le dompteur ne pût être mangé. Tout au moins essayaient-ils de surprendre des divergences.

Tous ces observateurs étaient là le jour où l'Assemblée aborda le sujet de la situation extérieure de la France. Or, par la voix des « résistants » : Bissagnet, le P. Carrière, Mayoux..., par celle des « politiques » : Auriol, Hauriou, Rucart..., par celle des communistes : Bonte, Grenier, Mercier..., les délégués approuvèrent très haut la position de principe que j'avais prise, face à l'ennemi, devant les Alliés. L'Assemblée fit connaître avec éclat que, pour elle, le général de Gaulle représentait la France en guerre et que son gouvernement était celui de la République. C'est en cette qualité que le Comité de la libération avait à collaborer avec les Nations unies et que celles-ci devaient le reconnaître. L'ordre du jour, qui formulait cet avis unanime et qu'allaient répercuter les sources mondiales de l'information, apportait à ma politique un appui très appréciable. Je ne manquai pas, pour ma part, de le faire retentir au loin[11].

Mais l'Assemblée s'en tint là. Elle préféra n'aborder franchement aucun des problèmes brûlants : Italie, Orient, Afrique, sur lesquels s'exerçait dans le présent l'action extérieure du Comité, ni aucun de ceux : Allemagne, Europe de l'Est, Indochine, qu'un proche avenir poserait devant la France et le monde. La même circonspection la détourna d'insister sur les attributions politiques et administratives que les Alliés méditaient d'exercer en France sous le couvert de leur commandement. Quant à la conduite de la guerre et à la part qui y était faite au gouvernement et à l'état-major français, la « Consultative » m'écouta, dans une attention religieuse, lui exposer cette question capitale, le plan que j'avais suivi depuis 1940, les difficultés qui ne cessaient pas de nous être opposées. Elle adopta des vœux de principe sur la place à faire à la France dans la stratégie mondiale et la contribution à fournir par les forces françaises. Mais elle ne se décida pas à formuler des exigences vis-à-vis de nos alliés[12].

En somme, sur les grands sujets, l'Assemblée s'en tenait d'instinct à des généralités déployées à la tribune dans des termes assez larges pour être approuvées par tous. On applaudissait le général de Gaulle quand il venait expliquer quelle action était entreprise ou quand il soulevait l'émotion en ramassant un débat pour en tirer la conclusion. On se piquait, par compensation, de froideur et de critique vis-à-vis de tel ou tel des commissaires nationaux qui précisaient les mesures appliquées. Mais on ne se risquait guère aux avis concrets, aux projets déterminés.

À cette réserve contribuait, certainement, le fait que l'Assemblée était seulement consultative, qu'elle ne ressentait pas l'aiguillon d'une clientèle électorale, que ses attitudes et ses votes ne pouvaient pas comporter l'excitation d'une crise ministérielle. Comptaient, aussi, l'intention de me laisser les mains libres, le désir de ménager les Alliés, le souci de l'unanimité. Mais, surtout, il y avait là comme un aveu d'inaptitude. L'Assemblée se sentait capable d'exprimer des penchants, non de résoudre des problèmes, susceptible d'effleurer une politique, mais non d'en assumer une. La mélancolie qu'elle en éprouvait réapparaîtrait plus tard, désolée et décuplée, dans les assemblées représentatives, détentrices de tous les pouvoirs et inaptes à les exercer. Pour moi, voyant, à travers les propos tenus par les groupes, se dessiner les futures prétentions et, en même temps, l'impuissance des partis, je discernais ce que serait, demain, le drame constitutionnel français. « Délibérer est[b] le fait de plusieurs. Agir est le fait d'un seul. » Pour cette raison même, on ne voudrait que délibérer.

En attendant, l'unité du gouvernement d'Alger, la réunion auprès de lui de l'Assemblée consultative, enfin le choix fait par l'opinion française, réglaient, en principe, la question politique pour la période de la libération. Mais, si les faits semblaient fixés d'avance aux yeux d'une vaste majorité, les spéculations malveillantes ne cessaient pas en France, ni ailleurs. Au contraire, ceux qui, dans des milieux divers, voire opposés, persistaient à envisager mon succès comme détestable multipliaient, pour l'empêcher, les combinaisons astucieuses à mesure que la force des choses s'apprêtait à l'imposer. Tous ceux-là, sans exception, tenaient maintenant pour assuré l'écroulement de Vichy. Mais il n'était pas un seul d'entre eux qui ne cherchât ce qu'il fallait faire pour remplacer ce régime sans que de Gaulle triomphât pour autant.

Cependant, le comportement des occupants à l'égard de Vichy précipitait sa dislocation. C'est qu'en effet les Allemands, convaincus par ce qui s'était passé en Afrique du Nord que le Maréchal et son gouvernement n'avaient pas l'autorité nécessaire pour empêcher les Français de se tourner contre eux à la première occasion, voyant venir la grande épreuve du débarquement allié, inquiets de ce que pourrait faire, alors, sur leurs arrières l'insurrection nationale, ayant besoin des ressources françaises pour leur propre économie dévorée par l'effort de guerre, n'attribuaient plus au soi-disant État français qu'une importance minime et resserraient l'étreinte directe de l'oppression. Par là, la fiction d'autonomie interne, à laquelle s'accrochait Vichy, achevait de se dissiper.

De toute façon, Pétain, ayant transmis en fait tout le pouvoir à Laval[13], ne pouvait plus affecter de jouer le rôle de bouclier dont il s'était targué jusque-là. Il s'effaçait, à présent, renonçant à intervenir dans le travail du « gouvernement », lequel, d'ailleurs, ne faisait plus guère que prendre des mesures de contrainte ou de répression. En novembre, Pétain se voyait littéralement interdire de parler à la radio. En décembre, Laval, au retour d'une visite au Führer, reformant son ministère en vue d'une collaboration plus complète avec l'envahisseur, y faisait entrer Brinon et Darnand, en attendant que ce fût Déat, sans que le Maréchal s'y opposât finalement. Celui qui se disait toujours « chef de l'État » supportait auprès de lui la présence d'un surveillant allemand en la personne de M. Renthe-Fink. Il en venait à écrire à Hitler, le 18 décembre : « Les modifications des lois françaises seront, désormais, soumises aux autorités d'occupation. » Si, par la suite, il devait néanmoins trouver la possibilité de se montrer en public, à Paris, à Rouen, à Nancy, à Saint-Étienne[14], où jusqu'au bout des témoignages de pitié et de sympathie s'adresseraient à sa personne de vieillard infortuné, il le ferait sans dire un seul mot où l'on perçût le sanglot de l'indépendance violée.

Dès lors, certaines apparences pouvaient bien entourer encore le dérisoire pouvoir de Vichy, des vantards ou des enragés se prétendre ministres, des propagandistes — tels : Philippe Henriot, et Hérold Paquis[15] — déployer, pour tromper les foules, les ressources d'un talent dévoyé, des feuilles publiques déborder d'outrages à l'égard de ceux qui combattaient, en fait, le peuple tout entier condamnait, maintenant, le régime et ne voulait que le voir s'effondrer quand s'enfuiraient les Allemands.

Les masses françaises n'avaient, naturellement, aucun doute sur la sorte de gouvernement qui s'installerait, alors, à Paris et qu'elles se préparaient à acclamer avec ferveur. Mais, parmi les politiques qui avaient instauré Pétain et craignaient que leur carrière en restât compromise, on ne se résignait pas à une pareille perspective. Dès la fin de 1943, maintes intrigues se nouaient pour ménager une solution qui limiterait, le moment venu, le pouvoir du général de Gaulle et, si possible, le tiendrait écarté. Le Maréchal lui-même prenait secrètement les dispositions voulues pour que, s'il se trouvait hors d'état d'exercer sa fonction, celle-ci fût assumée par un collège de personnalités notoires et qui avaient adopté des attitudes très diverses devant les événements. Un « acte constitutionnel » instituant, le cas échéant, ce directoire de la neutralité était remis en des mains sûres. Peu après, le Maréchal, par un autre « acte constitutionnel » apparemment contradictoire avec le précédent et destiné, celui-là, à être publié, précisait que, si lui-même venait à décéder avant d'avoir promulgué la constitution qu'il était censé préparer, les pouvoirs que lui avait conférés l'« Assemblée nationale » de 1940 reviendraient à cette même assemblée. Il est vrai que les Allemands s'opposèrent à la diffusion, bien que pour le grand public le codicille de Pétain fût pratiquement sans intérêt[16].

Dans le même temps, ceux des parlementaires qui ne m'avaient rallié ni en fait, ni en esprit, ne laissaient pas de s'agiter. Ils invoquaient leur mandat — comme s'ils ne l'avaient pas trahi. — Ils affirmaient que l'« Assemblée nationale » de juillet 1940 était toujours légitime — bien qu'elle eût formellement abdiqué. — Ils réclamaient qu'on la convoquât afin qu'elle pût, en tout état de cause, régler la question du gouvernement. Anatole de Monzie, protagoniste de ce plan, recueillait l'assentiment de plusieurs centaines de ses collègues et, tandis que s'accentuait la détresse du Maréchal, le sommait d'obtempérer. Mais Hitler, agacé par ce remue-ménage, fit écrire à Pétain, par Ribbentrop, une lettre comminatoire lui notifiant qu'il lui interdisait de faire jamais état d'un parlement disqualifié, « alors que la Wehrmacht allemande était la seule garante de l'ordre public en France ». Les parlementaires impatients se replièrent dans le silence, quitte à reprendre plus tard leur projet[17].

Les Alliés, de leur côté, ne pouvant plus compter sur Giraud pour faire équilibre à de Gaulle, cherchaient quelque expédient nouveau. Des avis venus de France m'annoncèrent que, cet expédient, ils avaient cru le trouver dans la personne du président Lebrun. Celui-ci, depuis le vote de l'assemblée de Vichy qui l'avait dépouillé de ses fonctions et contre lequel, au demeurant, il n'avait pas protesté, s'était retiré à Vizille. N'y aurait-il pas moyen, se demandaient à Washington et à Londres ceux qui visaient à manipuler la destinée politique de la France, de faire passer le président en Afrique du Nord ? Comme il n'avait pas formellement donné sa démission[18] et que son attitude à l'égard de l'ennemi ne laissait rien à désirer, ne pourrait-il se réclamer, en arrivant à Alger, d'une légitimité intacte ? Reconnu, tout aussitôt, comme le président de la République française par les puissances alliées et aussi — du moins l'espérait-on — par un grand nombre de citoyens, comment serait-il récusé par de Gaulle et par les siens ? Dès lors, c'est à lui qu'il appartiendrait de nommer les ministres, de présider leurs conseils, de signer les lois et les décrets. En comparaison des soucis que causait à la Maison-Blanche et à Downing Street l'intransigeante primauté du Général, quel changement et quel soulagement ! Il me fut rapporté que, dans les derniers jours du mois d'août, les conspirateurs américains et britanniques pensèrent tenir l'occasion.

C'était le moment, en effet, où Badoglio aux abois entrait secrètement en contact avec les Anglo-Saxons en vue de négocier la reddition de l'Italie. On traitait, à Lisbonne, dans le plus profond mystère. Les vainqueurs y étaient en mesure de faire aux vaincus des suggestions officieuses qu'on leur saurait gré d'accueillir. Or, Vizille, où résidait Lebrun, se trouvait en zone italienne d'occupation. Un soir, des officiers venus de Rome se présentèrent au président. Insistant sur la situation grave où le cours prochain de la guerre risquait de jeter la région et de le jeter lui-même, ils proposèrent à Albert Lebrun, de la part de leur gouvernement, de se rendre en Italie où il trouverait la sécurité et une résidence convenable. Toutes escortes et garanties lui seraient, d'avance, assurées. On sait que, dans le temps même où avait lieu ce contact, le commandement allié, d'accord avec Badoglio, préparait une opération qui, sitôt annoncé l'armistice italien, devait porter les Anglo-Saxons à Naples et, si possible, à Rome et recueillerait, en tout cas, le roi Victor-Emmanuel, ses ministres et d'autres personnalités. Dans la pensée de ceux qui « tenaient les fils », Lebrun, une fois en Italie, pourrait être, lui aussi, transféré là où l'on désirait.

D'après ce qui me fut dit, le président refusa catégoriquement la proposition, soit qu'il n'en vît pas le but véritable, soit plutôt que, l'ayant discerné, il ne voulût point s'y prêter. Il répondit aux Italiens : « Votre pays est en état de guerre avec le mien. Pour moi, vous êtes l'ennemi. Vous pouvez m'emmener de force. Je ne vous suivrai pas de bon gré. » La mission se retira. Mais, peu après, Hitler, alerté et décidément excédé des « histoires françaises », envoya la Gestapo arrêter le président Lebrun. Celui-ci, transféré en Allemagne, fut contraint d'y résider un an.

Je dois dire que ces combinaisons, inventées de divers côtés pour éviter l'inévitable, me faisaient l'effet d'un jeu d'ombres chinoises. Au milieu des réalités terribles qui étreignaient le monde, j'admirais combien l'intrigue peut être vivace et tenace. Mais, vraiment, je m'en souciais peu. Ce qui m'inquiétait davantage, c'était, dans la Métropole, le sort de la Résistance. Or, au cours de cette période, la tragédie, frappant à la tête, compromettait son armature et son orientation.

Le 9 juin, quelques jours après mon arrivée à Alger, le général Delestraint avait été arrêté à Paris. La mise hors de combat du commandant de l'armée secrète risquait d'entraîner la désorganisation des éléments paramilitaires au moment précis où leur chef commençait à les unifier. Aussi Jean Moulin crut-il devoir convoquer à Caluire, le 21 juin, les délégués des mouvements pour régler avec eux les mesures nécessaires. Or, ce jour-là, au cours d'une opération menée par la Gestapo et, pour le moins, étrange quant aux indications de temps, de lieu et de personnes sur lesquelles elle s'était déclenchée, mon délégué tombait, lui aussi, aux mains de l'ennemi avec ceux qui l'entouraient. Il devait, quelques semaines plus tard, mourir à force de tortures[19].

La disparition de Jean Moulin eut de lourdes conséquences. Il était de ceux qui incarnent leur tâche et, qu'à ce titre, on ne remplace pas. Le seul fait qu'il n'était plus là entraînait un trouble profond dans le fonctionnement des services : liaison, transport, répartition, information, etc., qu'il dirigeait personnellement. Or, c'étaient ces services qui faisaient un tout cohérent de l'action de la Résistance. Mais, surtout, cette décapitation devait avoir des suites politiques et dresser devant l'unité d'importantes difficultés.

Non, certes, que les sentiments des combattants en fussent influencés. Pour la masse de ceux-là, les organismes divers qui s'occupaient de les inspirer étaient quasi inconnus et les hommes qui en faisaient partie le plus souvent anonymes. Moralement, dans la lutte clandestine, c'est à de Gaulle qu'on se rattachait, tandis que pratiquement pour la vie au maquis, le coup de main, le sabotage, le coltinage des armes, la transmission du renseignement — toutes affaires menées forcément à petite échelle — on ne suivait que des chefs d'équipe. Mais, au plan des comités, des influences, des mots d'ordre, les choses n'étaient pas aussi simples. Si les éléments politiques consentaient dans une certaine mesure à faire, au plus fort du combat, abstraction de leurs ambitions, ils ne s'en dépouillaient pas, au moment surtout où ils entrevoyaient, avec la fin de l'épreuve, l'occasion du pouvoir. La personnalité de Moulin, délégué et appuyé directement par moi-même, avait pu les réunir et les contenir. Lui mort, certains allaient être portés à jouer plus activement leur jeu.

Ce serait, d'abord, le cas des communistes. Ils le feraient notamment à l'intérieur du Conseil national de la Résistance, visant à y acquérir la prépondérance de fait et, d'autre part, à lui donner la figure d'un organisme souverain, théoriquement rattaché à mon gouvernement, mais qualifié pour agir de son côté et pour son compte. Il serait alors possible d'utiliser le Conseil pour mener sous son couvert telles activités, mettre en place telles autorités, formuler tel programme et, peut-être, saisir tels pouvoirs grâce auxquels, dans le bouleversement de la libération, les lendemains pourraient chanter enfin.

Si j'avais été en mesure de nommer, sans délai, le successeur de Jean Moulin et si mon nouveau mandataire avait pu, lui aussi, s'imposer personnellement à tous les éléments représentatifs de la Résistance, il eût pris la tête de ma délégation et la présidence du Conseil national. La dualité que certains cherchaient à créer ne se serait pas produite. Mais les circonstances m'empêchèrent de trouver aussitôt celui qu'il fallait.

Ce n'était point qu'on manquât, à la tête des mouvements, d'hommes de valeur et de courage, malgré la décimation continuelle que subissait la Résistance. Mais chacun d'eux, faisant partie d'une fraction, ne pouvait s'imposer aux autres, tant était rigoureux le particularisme des chefs et de leurs équipes. D'ailleurs, le jour approchait où la France, émergeant soudain de l'oppression, la vie du pays, l'ordre public, le jugement du monde, dépendraient pour beaucoup de l'armature administrative française. Pour me représenter à l'intérieur et y diriger nos services, mais aussi pour préparer partout la confirmation ou la substitution des autorités, il me fallait quelqu'un du type « grand fonctionnaire », qui eût pris part à notre combat, en connût les données passionnées et enchevêtrées, mais n'appartînt en propre à aucune tendance et fût, au surplus, capable de rallier au moment voulu l'administration dont le gouvernement aurait prochainement besoin. Des mois allaient s'écouler avant que j'aie pu choisir et instaurer l'homme qui répondrait à ces multiples conditions.

En attendant, Claude Bouchinet-Serreulles et Jacques Bingen, que j'avais envoyés de Londres pour travailler avec Jean Moulin, assurèrent l'intérim de la délégation. Le premier, à Paris, trouva moyen de garder tous les contacts, en dépit des ravages effrayants qui dévastèrent pendant cette période les états-majors des mouvements. Le second, dans la zone Sud, se consacra principalement à l'organisation des secours à fournir aux réfractaires qui se multipliaient dans le Sud-Ouest, le Massif central et les Alpes, jusqu'à ce que, pris par l'ennemi, il mît lui-même fin à ses jours[20]. En septembre, je nommai Émile Bollaert représentant du général de Gaulle et délégué du Comité de la libération nationale. Ce grand préfet avait, dès 1940, refusé de prêter serment au Maréchal et pris sa retraite. Ses sentiments et ses capacités le qualifiaient pour le poste auquel je l'appelais à présent. Mais, peu après sa désignation, Bollaert était arrêté par les Allemands sur la côte bretonne tandis qu'il s'apprêtait à s'embarquer pour venir prendre à Alger les instructions du gouvernement. Il serait, ensuite, déporté à Buchenwald. Pour comble de malheur, Pierre Brossolette était, en même temps que Bollaert, tombé aux mains de l'ennemi. Il allait bientôt se tuer en cherchant à fuir par une fenêtre du bâtiment de la Gestapo. Or, ce vaillant compagnon se trouvait, lui aussi, naturellement désigné pour le poste en raison de sa valeur, de son ardente volonté, du prestige dont il jouissait parmi les éléments si divers de la Résistance, du fait, enfin, qu'il était comme Jean Moulin détaché de tous les partis politiques et n'attendait rien d'efficace, aujourd'hui dans la guerre et demain dans la paix, que du « gaullisme » érigé en doctrine sociale, morale et nationale. Au mois de mars 1944, Alexandre Parodi, membre du Conseil d'État et directeur général au ministère du Travail, qui lui aussi s'était refusé à servir sous Vichy et dont le frère René avait été, dans la Résistance, l'un des premiers qui fût mort pour la France, recevait à son tour la charge[21].

Les avatars de ma délégation favorisèrent les intentions des communistes vis-à-vis du Conseil national de la Résistance. Ils parvinrent à faire en sorte que, parmi ses quinze membres, cinq fussent de leur obédience notoire ou dissimulée. Le Conseil, de son propre chef, décida de se donner à lui-même un président et élut Georges Bidault. Celui-ci, résistant éminent, ayant au plus haut point le goût et le don de la chose politique, connu avant la guerre pour son talent de journaliste et son influence chez les démocrates chrétiens, ambitieux de voir ce petit groupement devenir un grand parti dont il serait le chef, accepta volontiers la fonction qu'on lui offrait et en assuma les risques. L'un de ceux-ci, non le moindre, était de se trouver débordé au sein de l'aréopage par un groupe discipliné, rompu à l'action révolutionnaire et qui excellait à utiliser la surenchère aussi bien que la camaraderie. J'eus, bientôt, l'indication des empiètements de ce groupe, des aspérités que sa pression comportait pour Georges Bidault, des difficultés que, de son fait, je trouverais bientôt devant moi. Le Conseil fit savoir, en effet, que, ses réunions plénières étant par force exceptionnelles, il déléguait ses attributions à un bureau de quatre membres, dont deux étaient des communistes, et instituait pour s'occuper des questions militaires un comité dit « d'action » que dominaient des hommes du « parti »[22].

Ce qu'il advenait en France de notre mouvement, en cette fin de 1943 et ce début de 1944, me préoccupait d'autant plus que, résidant à Alger, j'avais l'impression d'être, moins qu'à Londres, en mesure de me faire entendre. Le contact personnel que la radio me permettait de prendre avec la nation française se relâchait peu ou prou. En effet, les ondes d'Alger étaient en France moins familières que celles de la B. B. C. Sans doute, les efforts d'Henri Bonnet commissaire à l'Information, de Jacques Lassaigne directeur de Radio France, de Jean Amrouche, Henri Bénazet, Jean Castet, Georges Gorse, Jean Roire, etc., réussissaient-ils à donner de l'intérêt et du caractère à nos émissions d'Alger, de Tunis et de Rabat. D'autre part, le grand poste de Brazzaville, maintenant en plein fonctionnement sous la coupe de Géraud Jouve, obtenait une audience croissante d'un bout à l'autre du monde. Malgré tout, je sentais que ma voix parvenait aux Français comme assourdie. Et, tandis qu'il m'était plus difficile de parler tout haut à la nation, les liaisons secrètes avec la France devenaient, elles aussi, plus compliquées.

Car, c'est à partir de Londres que celles-ci s'étaient organisées. C'est de là qu'étaient envoyées, par des moyens agencés à la longue, nos instructions et nos missions. C'est là qu'arrivaient les rapports, les agents, les visiteurs, les évadés. Dans l'emploi des avions, des vedettes, des télégrammes, des messages radio, des courriers, une sorte de gymnastique, rythmée depuis la capitale anglaise, était devenue habituelle à la vaillante armée des informateurs, des transporteurs, des pourvoyeurs. Il ne pouvait être question de déchirer cette trame. Quant à en tisser une autre à partir de l'Afrique du Nord, nous ne pouvions le faire que sommairement, faute de moyens spécialisés et en raison des distances. Par exemple : un mono-moteur léger, partant d'une base anglaise, se posait après deux heures de vol sur un terrain de fortune au centre de la France et en revenait aussitôt. Mais il fallait un bimoteur, volant longtemps, disposant pour atterrir d'une piste longue et plane et trouvant, avant de repartir, de quoi refaire le plein d'essence, pour relier à la Métropole Alger, Oran, ou même Ajaccio. Nous avions donc laissé en Grande-Bretagne le principal appareil de nos communications. Mais il en résultait force retransmissions, retards et malentendus.

D'autant plus qu'en dehors des organismes spécialisés de la France Combattante il en existait un autre : l'ancien Service des renseignements de l'état-major de l'armée. Ce service, demeuré à Vichy jusqu'en novembre 1942 et qui, sous la direction des colonels Ronin et Rivet, s'y était, d'ailleurs, opposé aux Allemands dans toute la mesure du possible, avait gagné l'Afrique du Nord lors de l'occupation de la zone Sud par l'ennemi. Le « commandant en chef civil et militaire » en avait fait son instrument pour les contacts avec la Métropole. Tant que dura la bicéphalie du Comité de la libération, cet état de choses subsista avec tous les inconvénients que comportait la dualité entre l'équipe d'information et d'action qui m'était attachée et celle qui servait Giraud. Dès que celui-ci eut quitté le gouvernement pour se voir assigner une tâche purement militaire, rien, semblait-il, n'aurait dû empêcher l'unification des services spécialisés.

Mais plusieurs mois s'écoulèrent encore avant que cela fût fait. Pourtant, le Comité de la libération avait, par décret du 27 novembre 1943, prescrit la fusion, nommé Jacques Soustelle directeur général des Services spéciaux[23] et rattaché directement l'ensemble au chef du gouvernement. Cette organisation ne visait aucunement à éliminer les officiers appartenant à l'ancien Service des renseignements. Au contraire, nous entendions que leur capacité fût employée largement dans le domaine qui était le leur. Mais la sorte de guerre qu'il nous fallait mener exigeait que notre système fût constitué en un tout, qu'il dépassât le cadre et les recettes d'autrefois, que, par les voies complexes des réseaux, des maquis, des groupes francs, des mouvements, des tracts et journaux clandestins, des destructions, du sabotage administratif, il embrassât toutes les formes de la résistance et pénétrât toutes les branches de l'activité nationale. Par malheur, le général Giraud s'opposa obstinément aux décisions que le gouvernement avait prises à ce sujet.

Arguant de son titre de commandant en chef, il prétendit conserver à son entière disposition le même service qui s'y trouvait la veille. Au cours de nombreux entretiens, je m'épuisai à lui représenter que l'unité était nécessaire et que lui-même, Giraud, avait toute latitude pour actionner directement l'ensemble. Rien n'y fit. Le général Giraud continua de peser de toute son autorité sur les officiers qui se trouvaient en cause afin de les maintenir en dehors de l'obéissance prescrite.

S'il agissait de la sorte, ce n'était pas évidemment pour des raisons de stratégie. Car, quelque titre qui lui eût été laissé, il n'avait pas à exercer effectivement le commandement des opérations, que nos alliés, bien pourvus, se réservaient jalousement. Mais une certaine politique n'avait pas renoncé à se servir de lui. En France, en Afrique et parmi les notables français émigrés aux États-Unis, divers milieux lui donnaient encore sa chance dans l'intention que ce fût la leur. D'autre part, les missions et les états-majors alliés restaient sourdement fidèles à leurs projets d'hier et ne décourageaient pas Giraud de caresser, en dépit de tout, l'espérance du premier rôle. C'est pourquoi, malgré mes avertissements, il s'obstinait à garder des contacts séparés avec tels ou tels éléments de la Métropole, y envoyant, grâce à l'aide américaine, des agents qui n'étaient que les siens et créaient de la confusion.

Le vase finit par déborder. Au mois d'avril 1944, à la suite d'un incident plus sérieux que les autres, je dus mettre le général Giraud en demeure de cesser ce jeu. Comme il s'en tenait à une attitude dilatoire, le gouvernement lui retira, par décret, sa fonction théorique de commandant en chef et le nomma inspecteur général, ce qui décidément supprimait l'équivoque et, au surplus, correspondait à ce qu'il pouvait faire d'utile. Afin d'adoucir la blessure, je lui écrivis une lettre officielle qui lui adressait le témoignage du gouvernement pour les services qu'il avait rendus et une autre, personnelle, l'adjurant de donner dans les circonstances tragiques où se trouvait la patrie l'exemple de l'abnégation[24]. En même temps, le Comité de la libération nationale décidait de lui conférer la médaille militaire avec une très belle citation.

Le général Giraud préféra se retirer. Il déclina le poste auquel il était appelé, refusa la médaille militaire et s'en fut résider aux environs de Mazagran. « Je veux, dit-il, être commandant en chef ou rien. » Son départ ne provoqua aucun mouvement, ni dans les troupes, ni dans la population. Il faut dire, qu'à cette même époque, ceux des anciens tenants de Vichy qui lui avaient été attachés blâmaient son comportement lors du procès de Pucheu[25]. Appelé à témoigner devant le tribunal, il n'avait pas, lui reprochait-on, pris catégoriquement la défense de l'accusé, alors que celui-ci n'était venu en Afrique du Nord que sous la garantie formelle du « commandant en chef civil et militaire ». Pour moi, voyant le général Giraud s'écarter de l'activité alors que la guerre était loin de son terme, je déplorai son obstination. Mais quel regret peut compter s'il s'agit de l'ordre dans l'État ?

Alors, surtout, que la France souffre. Les renseignements qui nous en arrivent par courriers, ceux, notamment, que nous fournit, depuis Paris, notre service du « noyautage des administrations publiques », les indications apportées par les délégués à l'Assemblée consultative ou bien par les évadés qui ont pu passer les Pyrénées, les rapports qui nous sont faits par nos chargés de mission allant et venant entre Alger et la Métropole : Guillain de Bénouville, Bourgès-Maunoury, François Closon, Louis Mangin, le général Brisac, le colonel Zeller, Gaston Defferre, François Mitterrand[26], mon neveu Michel Cailliau, etc., nous tiennent, à mesure, au courant.

Jamais encore n'a été pire la condition matérielle des Français. Pour presque tous, le ravitaillement est une tragédie de chaque jour. Du printemps de 1943 à celui de 1944, la ration officielle ne vaut pas mille calories. Faute d'engrais, de main-d'œuvre, de carburant, de moyens de transport, la production agricole atteint à peine les deux tiers de ce qu'elle était autrefois. D'ailleurs, l'occupant prélève une grande partie de ce que fournit la réquisition ; pour la viande, il en prend la moitié. Encore, par le marché noir, taille-t-il dans ce qui reste et qui devrait être livré au public. Ce que l'Allemand mange de cette façon, il le paie avec l'argent qu'il puise dans le Trésor français. Plus de 300 milliards au total jusqu'en août 1943, plus de 400 jusqu'en mars 1944. Un million cinq cent mille prisonniers de guerre français sont toujours dans les camps de l'ennemi. Celui-ci en a, il est vrai, renvoyé spectaculairement cent mille[27]. Mais, en revanche, un million de civils lui auront été, au total, livrés par le « Service du travail ». En outre, le Reich fait travailler directement pour son compte un tiers de nos usines, brûle la moitié de notre charbon, enlève 65 pour 100 de nos locomotives, 50 pour 100 de nos wagons, 60 pour 100 de nos camions, emploie nos entreprises, notre outillage, nos matériaux, à lui construire le Mur de l'Atlantique. Se nourrir, se vêtir, se chauffer, s'éclairer, se déplacer, autant de problèmes épuisants, souvent insolubles, dans la misère où s'étiole le plus grand nombre des Français.

Et voici que, de nouveau, la guerre fait fondre sur notre sol les destructions et les pertes. Au répit qui, à cet égard, avait suivi les « armistices » et dont s'étaient vantés les auteurs de la capitulation, succèdent maintenant de sanglantes alertes. À Dieppe, puis à Saint-Nazaire[28], les forces britanniques, aidées par des groupes français, mènent au milieu des habitants des combats de va-et-vient. Les bombardements se multiplient sur nos villes. En particulier, Paris, Nantes, Rouen, Lyon, Saint-Étienne et leurs environs subissent de graves dégâts, préludant à tous ceux qui nous seront infligés pendant la future grande bataille. Avant le débarquement, trente mille personnes sont tuées par les raids aériens. En beaucoup d'endroits, notamment l'Ain, le Massif central, les Alpes, le Limousin, la Dordogne, les maquis engagent en détail la lutte contre l'occupant, qui se venge par des fusillades, des incendies, des arrestations d'otages, des amendes. Il y est aidé par la Milice, dont les cours martiales jugent sommairement et condamnent à mort une foule de patriotes.

Au reste, la répression est devenue, pour l'ennemi, une véritable opération de guerre. Il la conduit avec une méthode aussi précise qu'elle est affreuse. Il veut « nettoyer » ses arrières avant que commence la bataille qu'il sent venir. C'est pourquoi, l'action de la Gestapo et de la gendarmerie allemandes, combinée avec celle de la police et de la Milice dont dispose maintenant Darnand « secrétaire général au maintien de l'ordre », s'acharne contre nos réseaux et nos mouvements. Toutes les formes de l'épouvante, de la torture, de la corruption sont mises en œuvre pour arracher aux malheureux qu'on a pu saisir les aveux qui en livreront d'autres. La période qui précède le débarquement est marquée par la mort d'un grand nombre de chefs, tels Cavaillès, Marchal, Médéric, Péri, Politzer, Ripoche, Touny, etc., l'exécution de vingt mille résistants, la déportation de cinquante mille autres. Pendant la même période s'étalent les honteuses horreurs de la persécution juive[29]. Enfin, c'est l'époque où le Reich se fait livrer les prisonniers politiques de Vichy, notamment : Herriot, Reynaud, Daladier, Blum, Mandel, Gamelin, Jacomet, en arrête d'autres comme Albert Sarraut, François-Poncet, le colonel de La Rocque, se saisit de hauts fonctionnaires, d'hommes d'affaires, d'officiers généraux et transfère en Allemagne ces personnalités afin qu'elles lui servent d'otages ou, un jour, d'éléments d'échange.

Il n'empêche que la Résistance s'étend de plus en plus. Tandis qu'elle frappe et tue par les combats, attentats, coups de main, déraillements, où périssent beaucoup d'Allemands, et par l'exécution d'un nombre croissant de traîtres et de délateurs, elle est, en même temps, formulée, publiée, affichée partout. Grand mouvement humain et national, elle suscite idées et sentiments, dessine des doctrines, inspire l'art et la littérature. Par des prodiges d'ingéniosité, les journaux clandestins sont, régulièrement, pourvus de papier, composés, imprimés, distribués. *Franc-Tireur*, *Combat*, *Résistance*, *Défense de la France*, tirent ensemble, au total, 600 000 numéros par jour. Des revues : *Les Lettres françaises*, *Les Cahiers de la libération*, *Les Cahiers du témoignage chrétien*, *L'Université libre*, *L'Art libre*, etc., passent secrètement nombre de portes. Les Éditions de Minuit répandent sous le manteau des livres parmi lesquels *Le Silence de la mer*[30] de Vercors se copie et se répand en d'innombrables exemplaires. Par les soins du gouvernement d'Alger, les efforts de ceux qui luttent par la pensée et par la plume sont constamment répercutés au moyen de la radio. Je leur adresse, au nom de ceux qui sont libres comme de ceux qu'enferme le silence, un solennel témoignage à l'occasion d'une grande réunion organisée, le 30 octobre, par l'Alliance française et à laquelle les ondes font écho en direction de Paris[31].

La floraison de la pensée française affermit notre politique. Les intrigues qui ne cessent pas, les ambitions camouflées, la subversion que certains méditent, comment pourraient-elles prévaloir contre cette source jaillissante de courage et de renouveau ? Peut-être n'y aura-t-il là qu'un épisode, après lequel reprendront, demain, l'engourdissement et l'abaissement. Mais « demain sera un autre jour[32] ». Tant que durera la guerre, j'ai là de quoi, moralement parlant, rassembler le peuple français.

D'autant mieux que l'instinct national me prend, plus nettement que jamais, comme centre de l'unité. C'est bien par rapport à moi que manœuvrent les politiques qui cherchent des garanties en vue du proche avenir. C'est vers moi que se tourne la classe qualifiée de dirigeante, c'est-à-dire établie dans les emplois, la fortune, la notoriété. Dans cette catégorie, une fraction — en général celle que l'argent touche le moins — m'a suivi depuis longtemps ; quant à l'autre, dont la conscience troublée attend que je lui évite de redoutables bouleversements, elle s'incline maintenant en toute déférence et reporte à plus tard ses critiques et ses outrages. La masse, pour laquelle le drame ne comporte aucune spéculation, n'attend plus que mon arrivée qui sera sa libération. Enfin, pour ceux qui combattent, je me trouve être comme le symbole de ce qu'ils veulent obtenir au prix de leur sacrifice. Comment décrire ce que je ressens quand, un soir, Sermoy-Simon[33], arrivant de France où lui-même trouvera bientôt la mort, m'apporte des témoignages suprêmes venus de jeunes condamnés ? Photos des murs de prison où ils ont gravé mon nom pendant leur ultime veillée ; dernières lettres écrites aux leurs et m'invoquant comme leur chef ; récits de témoins qui, avant le feu du peloton d'exécution, ont recueilli leur cri : « Vive la France ! Vive de Gaulle ! »

Ceux-là me dictent mon devoir au moment même où j'en ai le plus besoin. Car je ne sens que trop l'usure à laquelle me soumettent les fatigues et l'épreuve morale de ma tâche. Au début de 1944, je suis tombé sérieusement malade[34]. Mais les soins éclairés des docteurs Lichtwitz et Lacroix m'ont permis de surmonter la crise au moment où courait le bruit d'une possible disparition du « Général ». Certes, les deux années qu'a duré la France Libre[35] avaient été, elles aussi, remplies de secousses et de déceptions. Mais il nous fallait, alors, jouer le tout pour le tout. Nous nous sentions entourés d'une atmosphère héroïque, soutenus par la nécessité de l'emporter à tout prix. Entre moi et ceux — tous volontaires — qui se plaçaient sous ma direction, existait un accord profond qui m'était d'un puissant secours. Maintenant, le but se rapproche, mais, à mesure, j'ai l'impression de fouler un terrain plus meuble, de respirer un air moins pur. Autour de moi les intérêts se dressent, les rivalités s'opposent, les hommes sont chaque jour plus humains.

Dans mon bureau des Glycines, je pétris leur lourde pâte. Papiers à lire ; bien que mes collaborateurs immédiats : Palewski, Billotte, Soustelle, ne me présentent, par ordre, que l'essentiel. Décisions à prendre ; quoiqu'il s'agisse seulement des principales. Personnes à recevoir ; malgré le système que j'emploie de limiter les audiences aux commissaires nationaux, aux diplomates étrangers, aux grands chefs alliés et français, à quelques hauts fonctionnaires, aux messagers qui viennent de France ou qui y sont envoyés, à certains visiteurs de marque. Par principe, je ne téléphone qu'à de très rares exceptions et personne, jamais, ne m'appelle à l'appareil[36]. La confrontation des points de vue et le choix des mesures à prendre, je les réserve, à dessein, pour les conseils du gouvernement. Ma nature m'avertit, mon expérience m'a appris, qu'au sommet des affaires on ne sauvegarde son temps et sa personne qu'en se tenant méthodiquement assez haut et assez loin.

Il n'en est que plus nécessaire de prendre, aux moments voulus, le contact des gens et des choses. Je le fais, le mieux qu'il m'est possible, en allant les voir sur place. Pendant les quinze mois où mon poste sera à Alger, j'aurai, indépendamment des réunions et des cérémonies qui ont lieu dans la capitale, passé cent jours en déplacement. En Algérie, visites aux villes et aux campagnes, inspections des troupes, des navires, des escadrilles. Au Maroc, quatre séjours. En Tunisie, trois. En Libye, un. En Afrique noire, une vaste randonnée qui me la fait parcourir tout entière. J'aurai trois fois traversé la Corse. Je me serai, à trois reprises, rendu en Italie pour y passer quelque temps auprès des forces en opérations. Lors du débarquement des Alliés en Normandie, j'irai en Angleterre et, de là, en France, à Bayeux. Peu après, aura lieu mon premier voyage aux États-Unis et au Canada. Ces tournées me réconfortent. Les hommes, si lassants à voir dans les manœuvres de l'ambition, combien sont-ils attrayants dans l'action pour une grande cause !

Par goût et par convenance ma vie privée est très simple. J'ai établi ma résidence à la villa des Oliviers, où ma femme m'a rejoint, ainsi qu'Anne dont l'état de santé nous attriste toujours autant et, bientôt, Élisabeth revenue d'Oxford pour servir au bureau qui dépouille la presse étrangère. Quant à Philippe, il continue de naviguer et de combattre dans la Manche et l'Atlantique. Aux Oliviers, le soir, je m'efforce d'être seul pour travailler aux discours qui me sont une sujétion constante[37]. Mais, souvent, nous recevons. Beaucoup d'hôtes étrangers et français nous font ainsi le plaisir de s'asseoir à notre table ; les menus étant, d'ailleurs, très courts, car le rationnement doit s'appliquer à tout le monde. Il arrive que nous passions le dimanche dans une petite maison de Kabylie.

Par intervalles, arrivent quelques nouvelles des nôtres. Mon frère Xavier a pu trouver refuge à Nyons, d'où il adresse à Alger d'utiles renseignements ; sa fille Geneviève, tombée aux mains de l'ennemi avec les dirigeants de « Défense de la France », est déportée à Ravensbrück ; son fils aîné combat en Italie. Ma sœur, Mme Alfred Cailliau, arrêtée par la Gestapo, passe un an en prison, à Fresnes, d'où elle sera transférée en Allemagne, tandis que son mari est, à l'âge de soixante-sept ans, envoyé au camp de Buchenwald ; un de leur fils, Charles, jeune officier de chasseurs, a été tué à l'ennemi lors de la bataille de France ; trois autres ont franchi la mer pour s'engager dans nos forces. En ont fait autant trois des fils de mon frère Jacques. Celui-ci, paralytique, est soustrait à la police allemande par l'abbé Pierre et son équipe qui le transportent, à bras, au-delà de la frontière suisse. Mon frère Pierre n'a cessé d'être étroitement épié. Il est, en 1943, arrêté par les Allemands et déporté au camp d'Eisenberg. Sa femme, leurs cinq enfants, auxquels ils ont joint la fille d'un résistant fusillé, traversent à pied les Pyrénées et, par l'Espagne, gagnent le Maroc. Chez les Vendroux, frères et sœur de ma femme, on a choisi de servir la même cause. En France et en Afrique, tous nos parents et alliés paient, eux aussi, de leur personne. Avec tant d'autres encouragements, j'évoque ceux qui me viennent des miens quand le fardeau s'alourdit à l'excès[38].

Il est vrai que, de ce fardeau, mes ministres portent leur part. Si, naguère, la dimension réduite de notre organisation concentrait tout entre mes mains, aujourd'hui, pour embrasser un domaine qui va s'élargissant, le pouvoir doit se répartir. Parmi les commissaires nationaux sévissent, bien sûr, des rivalités et des sollicitations centrifuges. Mais, au total, ils forment autour de moi une équipe disciplinée. Chacun d'entre eux, cependant, a son autorité propre et sa responsabilité.

Chacun aussi a sa manière. Henri Queuille apporte à la présidence des commissions interministérielles dont il a été chargé tout ce qu'il possède, par nature, de bon sens, et de prudence et tout ce qu'il a acquis d'expérience, sous la IIIe République, comme membre de douze gouvernements. René Massigli, brillant, plein de ressources, rompu aux méthodes de la diplomatie, travaille à rétablir le réseau des relations étrangères déchiré par les événements. Pierre Mendès France, esprit clair et volonté forte, résout les problèmes apparemment insolubles qui écrasent nos finances d'Alger. René Mayer, tout pétri de capacités, fait rendre leur maximum aux chemins de fer, aux ports, aux routes d'Afrique du Nord. André Le Troquer, bourru et généreux, se fait le premier serviteur de l'armée qu'il administre. André Philip est aux prises avec le flot d'idées qui jaillit de son propre esprit et avec les « malaises » successifs de l'Assemblée[39]. Jean Monnet, jouant d'un clavier étendu de solutions et de relations, s'applique à obtenir des alliés américains qu'ils organisent à temps les secours qu'ils veulent nous prêter. Henri Bonnet joue son rôle de conciliateur entre les groupes qui se disputent, déjà, les moyens de l'information. François de Menthon, Emmanuel d'Astier, René Capitant, Henri Frenay, dont les départements ministériels : Justice, Intérieur, Éducation nationale, Prisonniers, ont surtout à préparer ce qui demain sera fait en France, rivalisent d'ardeur novatrice. Fernand Grenier et François Billoux, l'un brusque, l'autre habile, tous deux capables, divisent leur soucieuse attention entre, d'une part, leurs postes respectifs : Air et Commissariat d'État et, d'autre part, leur parti qui veille sur eux du dehors. Quant à ceux des ministres qui m'entouraient au temps de la France Libre : Georges Catroux, rompu à la pratique des grandes affaires, René Pleven, André Diethelm, Adrien Tixier, qui s'y sont mis depuis quatre ans et dans quelles dures conditions ! chacun d'eux apporte à sa tâche : Questions musulmanes, Colonies, Production, Travail, une valeur que rien ne rebute, ni ne surprend[40].

Tous ces ministres, quelles que soient leur origine, leurs tendances, leur personnalité, s'associent fièrement à Charles de Gaulle et assument avec lui les responsabilités. Ils[d] y ont d'autant plus de mérite que leurs administrations sont faites de pièces et de morceaux. Cependant, malgré les lacunes, celles-ci se dévouent comme eux à leurs fonctions, non sans ce foisonnement de plans que provoque la perspective d'un pays à restaurer, mais avec une intelligence et une ardeur auxquelles je rends justice. Si, dans les bureaux d'Alger comme à l'Assemblée ou au sein des réunions, on imagine toutes sortes de projets pour rebâtir la France et le monde, on n'en fait pas moins son métier en conscience et pour pas cher. Des fonctionnaires comme Hubert Guérin, Chauvel,

Alphand, Paris, aux Affaires étrangères ; Chevreux, à l'Intérieur ; Gregh, Guindey, Leroy-Beaulieu, aux Finances ; Laurentie, aux Colonies ; Anduze-Faris, aux Transports ; Postel-Vinay, à la Caisse centrale ; des chefs d'état-major comme Leyer à la Guerre, Lemonnier à la Marine, Bouscat à l'Air, sont les piliers et les modèles de nos services. En fin de compte, d'ailleurs, c'est à moi que tout aboutit et je ne puis ignorer combien nos limites sont étroites. Or, s'il faut à la politique un élan qui la soulève, elle ne saurait être autre chose que l'art des possibilités.

Les séances du gouvernement se tiennent, maintenant, au Palais d'été. Elles ont lieu deux fois par semaine. Assisté de Louis Joxe, j'en ai fixé l'ordre du jour. Sur chaque question, le Comité entend le rapport des ministres intéressés. La délibération s'engage. Chacun donne son avis. Au besoin, je l'y invite. J'expose le mien, généralement en fin de débat. Puis, je conclus, en formulant la résolution du Conseil et, s'il le faut, en tranchant les litiges. Les décisions sont ensuite notifiées aux départements ministériels. Souvent, elles revêtent la forme d'ordonnances ou de décrets. En ce cas, les textes sont d'abord mis au point par René Cassin et son comité juridique, puis délibérés en Conseil, enfin publiés au *Journal officiel de la République française* qui paraît à Alger sous l'aspect traditionnel.

C'est ainsi que des ordonnances du 10 janvier, du 14 mars, du 21 avril, du 19 mai 1944, règlent l'organisation des pouvoirs et l'exercice de l'autorité au cours de la libération. Dix-sept « commissaires régionaux de la République », dotés de pouvoirs exceptionnels et résidant à Lille, Nancy, Strasbourg, Châlons, Dijon, Clermont-Ferrand, Lyon, Marseille, Montpellier, Limoges, Toulouse, Bordeaux, Poitiers, Rennes, Angers, Rouen, Orléans, ainsi que le préfet de la Seine, seront chargés « de prendre toutes mesures propres à assurer la sécurité des armées françaises et alliées, à pourvoir à l'administration du territoire, à rétablir la légalité républicaine et à satisfaire aux besoins de la population ». D'autre part, dans chaque ministère, un haut fonctionnaire, nommé d'avance secrétaire général, assurera la marche des services jusqu'à l'arrivée du ministre. Les communes verront rétablir les conseils municipaux de 1939 que Vichy a souvent remplacés par des délégations de son cru. Afin d'attribuer localement à la Résistance un rôle dans la remise en marche, un moyen normal d'expression, voire un exutoire à d'inévitables bouillonnements, la création d'un « Comité de libération » est prévue dans chaque département. Ce comité, formé des délégués locaux des mouvements et partis représentés au Conseil national de la Résistance, donnera ses avis au préfet, comme le faisait naguère le conseil général, en attendant que celui-ci soit rétabli par des élections. Enfin, un « commissaire national délégué en territoire libéré » prendra sur place les mesures immédiates qui paraîtront nécessaires[41].

André Le Troquer est, en avril, désigné pour cette fonction. Quant aux commissaires de la République et aux préfets de la libération, proposés au choix du gouvernement par Alexandre Parodi assisté de Michel Debré, ils sont nommés en secret, reçoivent le texte authentique du décret qui les institue et se tiennent prêts à surgir des fumées de la bataille. Deux d'entre eux : Verdier et Fourcade, seront tués à l'ennemi ; deux : Bouhey et Cassou, grièvement blessés ; neuf préfets mourront pour la France. Mais, parmi les Français, devant les Alliés, au milieu des ennemis défaits, apparaîtra entière, responsable, indépendante, l'autorité de l'État.

Il faut, qu'en même temps, paraisse sa justice. Eu égard aux épreuves subies, la libération déclenchera, sans nul doute, une impulsion élémentaire de châtiment. Alors que des hommes et des femmes qui défendaient leur pays auront été, par dizaines de mille fusillés, par centaines de mille déportés dans des camps d'affreuse misère d'où il en reviendra bien peu, que des milliers de combattants des réseaux, des maquis, des groupes d'action, considérés par l'ennemi comme en dehors des lois de la guerre, auront été abattus sur place, que d'innombrables meurtres, incendies, pillages, brutalités, auront en outre été commis, le tout à grand renfort de tortures et de trahisons et avec le concours direct de « ministres », fonctionnaires, policiers, miliciens, délateurs français ; alors que, pendant des années, maints journaux, revues, livres, discours, auront prodigué les insultes à ceux qui se battent pour la France et les hommages à l'occupant ; alors que, dans le « gouvernement », l'administration, les affaires, l'industrie, le monde, certains auront étalé, au milieu de l'humiliation et de la détresse nationales, leur collaboration avec l'envahisseur, la fuite des Allemands risquera fort d'être le signal de sommaires et sanglantes revanches. Pourtant, en dépit de tout, nul particulier n'a le droit de punir les coupables. C'est là l'affaire de l'État. Encore faut-il que celui-ci le fasse et que, dans les moindres délais, sa justice instruise les causes et rende les verdicts, sous peine d'être débordée par la fureur des groupes ou des individus.

Le Comité de la libération va donc, par ordonnance du 26 juin 1944, qui sera complétée par celle du 26 août[42], fixer les conditions dans lesquelles les crimes et délits de collaboration devront être réprimés. La base juridique des inculpations existe dans nos codes, c'est l'intelligence avec l'ennemi. Mais, cette fois, les circonstances auront été exceptionnelles, en certains cas atténuantes, en raison de l'attitude et des ordres du « gouvernement » de Vichy. Pour tenir compte de cette situation politique sans précédent et mettre les juges à même de ne pas appliquer forcément les sanctions habituelles à des fautes qui ne le sont pas, il est institué une peine nouvelle : l'indignité nationale. Celle-ci comporte la privation des droits politiques, l'exclusion des emplois publics et, au maximum, l'exil. Ainsi, éclairés sur l'espèce des délits et des crimes à réprimer et disposant d'une échelle assez élastique de peines, les tribunaux apprécieront.

Quels tribunaux ? Il va de soi que les juridictions criminelles et correctionnelles ordinaires ne sont pas faites pour juger de telles causes. Elles ne le sont pas par leur nature. Elles ne le sont pas par leur composition, car beaucoup de magistrats ont été contraints de prêter serment au Maréchal et de rendre des arrêts conformes aux ordres de Vichy. Il nous faut donc innover. C'est ce que fait le Comité de la libération en prescrivant, par avance, la création des « cours de justice » auprès du siège des cours d'appel. La présidence de la Cour et le ministère public devront y être occupés par des magistrats choisis par la Chancellerie. Les quatre jurés seront tirés au sort sur une liste établie par le président de la cour d'appel assisté de deux représentants de la Résistance qu'aura désignés le commissaire de la République. À tous égards, il paraît, en effet, indiqué d'associer la Résistance à l'œuvre officielle de la justice. Quant à ceux qui ont pris, soit au « gouvernement », soit dans les principaux emplois, une responsabilité éminente dans la capitulation ou dans la collaboration, ils seront justiciables de la Haute Cour.

Pourtant, le sort de l'un d'eux va être réglé à Alger. Il s'agit de Pierre Pucheu. Comme ministre de l'Intérieur dans le « gouvernement » de Vichy, il s'était signalé par son action rigoureuse à l'encontre des résistants, au point d'apparaître à leurs yeux comme un champion de la répression. Ayant quitté son « ministère » dans le courant de 1942, Pucheu se rendait en Espagne. Sur sa demande, le général Giraud, alors « commandant en chef civil et militaire », l'autorisait à venir au Maroc afin de servir dans l'armée, à condition qu'il le fît en secret. Mais, comme l'ancien ministre se montrait ostensiblement, Giraud l'avait fait mettre en résidence surveillée. Par la suite, le Comité de la libération décidant d'assurer l'action de la justice à l'égard des membres du « gouvernement » de Vichy, Pierre Pucheu était emprisonné. À présent, se pose cette question : doit-il être, aussitôt, jugé ?

À l'unanimité de ses membres, le gouvernement décide de faire ouvrir le procès. Au point de vue des principes, il n'y a pas motif à le remettre. Surtout, la raison d'État[43] exige un rapide exemple. C'est le moment où la Résistance va devenir, pour la prochaine bataille, un élément essentiel de la défense nationale. C'est le moment où le ministère Laval, dont Darnand fait partie comme « chargé du maintien de l'ordre », s'acharne à la briser de connivence avec les Allemands. Il faut que nos combattants, il faut que leurs adversaires, aient sans délai la preuve que les coupables ont à répondre de leurs actes. Je le déclare à la tribune de l'Assemblée consultative en citant Georges Clemenceau : « La guerre ! Rien que la guerre ! La justice passe. Le pays connaîtra qu'il est défendu[44]. »

Pour juger Pucheu, le Comité de la libération, faute de pouvoir réunir la Haute Cour, fait traduire l'accusé devant le « tribunal d'armée ». Le président est M. Vérin, premier président de la cour d'appel d'Alger. Les juges sont : le conseiller Fischer et les généraux Chadebec de Lavalade, Cochet et Schmidt. Le ministère public est occupé par le général Weiss. L'accusé se défend habilement et énergiquement. Mais deux faits, entre autres, décident le tribunal à prononcer la plus sévère sentence. Pucheu, ministre, a envoyé aux préfets des circulaires impératives pour que soient fournis au Reich les travailleurs qu'il réclame. En outre, tout donne à penser, qu'au moment où les Allemands se disposaient à fusiller un certain nombre des détenus de Châteaubriant en représailles d'attentats dirigés contre leurs soldats, le malheureux leur a, spontanément, adressé la liste de ceux qu'il leur demandait d'exécuter de préférence.

L'ennemi lui a donné cette odieuse satisfaction. On en trouvera la preuve formelle lors de la libération.

Au cours du procès, le général Giraud, cité comme témoin, n'a parlé de l'accusé qu'avec beaucoup de réticence. Après la condamnation, il vient me demander de faire surseoir à l'exécution. Je ne puis que refuser. Pierre Pucheu, lui, affirme jusqu'au bout qu'il n'a visé que l'intérêt public. Dans la dernière déclaration qu'il prononce devant ses juges, faisant allusion à de Gaulle, il s'écrie : « Celui-là, qui porte aujourd'hui l'espérance suprême de la France, si ma vie peut lui servir dans la mission qu'il accomplit, qu'il prenne ma vie ! Je la lui donne. » Il meurt courageusement, commandant lui-même : « Feu ! » au peloton d'exécution[45].

Dans la tempête où chancelle la patrie, des hommes, séparés en deux camps, prétendent conduire la nation et l'État vers des buts différents, par des chemins opposés. À partir de ce moment, la responsabilité de ceux-ci et de ceux-là se mesure ici-bas non à leurs intentions, mais à leurs actes, car le salut du pays est directement en cause. Quoi qu'ils aient cru, quoi qu'ils aient voulu, il ne saurait aux uns et aux autres être rendu que suivant leurs œuvres. — Mais ensuite ? — Ensuite ? Ah ! Que Dieu juge toutes les âmes ! Que la France enterre tous les corps !

Mais le pays, lui, doit vivre. Le Comité de la libération s'applique à faire en sorte qu'il le puisse quand ses chaînes lui seront arrachées. Étant, quant à moi, convaincu que, devant l'océan des problèmes, financiers, économiques, sociaux, qui se poseront aussitôt, rien ne se fera pratiquement qui n'ait été auparavant élaboré et décidé, je concentre sur cet objet futur une grande part de l'effort actuel du gouvernement. Or, trois périls mortels nous attendent : l'inflation, le niveau intolérablement bas des salaires et du prix des services, la pénurie du ravitaillement.

C'est, qu'en effet, la circulation fiduciaire, en raison des versements qu'il faut faire à l'occupant, dépasse, au printemps de 1944, le triple du montant de 1940, tandis que la quantité des marchandises a en moyenne baissé de moitié. Il en résulte une hausse énorme des prix réels, un marché noir effréné et, pour une grande partie de la population, d'indicibles privations. En même temps, sous la pression de l'ennemi qui cherche à attirer en Allemagne les travailleurs français, les salaires des ouvriers et les traitements des employés sont bloqués à des taux très bas. Au contraire, certains commerçants, hommes d'affaires, intermédiaires, réalisent des gains scandaleux. Le pays, à la libération, compte tenu du déferlement psychologique que celle-ci doit entraîner, risquera simultanément : l'effondrement monétaire, l'explosion des revendications sociales, la famine.

Pour le gouvernement, laisser faire et laisser passer ce serait livrer la nation à des troubles irrémédiables, car sous le choc de la libération l'inflation serait déchaînée et l'on verrait crouler toutes les digues. Mais, bloquer à la fois les avoirs, les billets, les salaires et les prix, ce serait faire sauter la chaudière. Cela impliquerait d'écrasantes contraintes, dont on voit mal comment les supporterais la nation à peine sortie de l'oppression ; cela provoquerait des secousses sociales incompatibles avec la nécessité de ranimer la production et de réparer les ruines ; cela viderait les marchés sans que les pouvoirs publics aient les moyens de pourvoir autrement à l'alimentation du peuple, puisque toutes les réserves ont disparu, que le Trésor n'a pas de devises pour payer des achats massifs au-dehors et que la flotte marchande des Alliés sera, alors, employée aux transports vers la bataille. Entre deux extrêmes, le Comité de la libération adopte une solution moyenne qui n'en sera pas, d'ailleurs, plus facile.

Échanger les billets, taxer les enrichissements, confisquer les profits illicites, réglementer les comptes en banque en ne laissant aux porteurs que la disposition d'une somme correspondant à leurs besoins immédiats, mettre à profit l'optimisme que la victoire inspirera au pays pour ouvrir un grand emprunt et absorber les liquidités, on limitera ainsi la circulation fiduciaire. Réajuster les prix payés aux producteurs, tout en subventionnant les denrées de première nécessité afin de maintenir les tarifs au plus bas, on permettra de cette façon l'approvisionnement des marchés. Accorder aux salaires et aux traitements une augmentation « substantielle » — de l'ordre de 30 pour 100 — on évitera par là la crise sociale. Mais aussi, il faut, dès à présent, s'assurer d'un renfort de vivres à l'extérieur. C'est pourquoi, le gouvernement constitue, au printemps de 1944, dans les territoires d'outre-mer, des stocks d'une valeur de dix milliards de l'époque et met sur pied, avec Washington, un « plan de six mois » prévoyant une première aide américaine[46].

Ces mesures empêcheront le pire. Mais rien ne fera que la nation, une fois libérée, ne doive subir longtemps encore la pénurie et le rationnement. Aucune formule magique et aucune astuce technique ne changeront sa ruine en aisance. Quoi qu'on invente et qu'on organise, il lui faudra beaucoup de temps, d'ordre, de travail, de sacrifices, pour reconstruire ce qui est détruit et renouveler son équipement démoli ou périmé. Encore doit-on obtenir pour cet effort le concours des classes laborieuses, faute duquel tout sombrera dans le désordre et la démagogie. Faire acquérir par la nation la propriété des principales sources d'énergie : charbon, électricité, gaz, qu'elle est, d'ailleurs, seule en mesure de développer comme il faut ; lui assurer le contrôle du crédit, afin que son activité ne soit pas à la merci de monopoles financiers ; frayer à la classe ouvrière, par les comités d'entreprise, la voie de l'association ; affranchir de l'angoisse, dans leur vie et dans leur labeur, les hommes et les femmes de chez nous, en les assurant d'office contre la maladie, le chômage, la vieillesse ; enfin, grâce à un système de larges allocations, relever la natalité française et, par là, rouvrir à la France la source vive de sa puissance ; telles sont les réformes dont je proclame, le 15 mars[47] 1944, que mon gouvernement entend les accomplir et, qu'en effet, il accomplira[48].

Dans ce secteur de notre politique, nous pouvons compter sur l'opinion. Car il y a concordance entre le malheur des hommes et leur élan vers le progrès. Beaucoup ont le sentiment que les épreuves de la guerre devront aboutir à un vaste changement dans la condition humaine. Si l'on ne fait rien dans ce sens, on rendra inévitable le glissement des masses vers le totalitarisme communiste. Au contraire, en agissant tout de suite, on pourra sauver l'âme de la France. D'ailleurs, l'opposition des privilégiés ne se fera guère sentir, tant cette catégorie sociale est compromise par l'erreur de Vichy et effrayée par le spectre révolutionnaire. Quant à la Résistance, elle est tout entière favorable à l'évolution ; les combattants, qui courent ensemble des périls semblables, étant enclins à la fraternité.

Mais les mêmes raisons profondes, qui commandent de faire rapidement de grandes réformes dans la Métropole, exigent aussi que l'on transforme le statut des territoires d'outre-mer et les droits de leurs habitants. Je le crois autant que personne, tandis que je mène la guerre avec le concours des hommes et des ressources de l'Empire. Comment pourrais-je douter, d'ailleurs, qu'au lendemain du conflit qui embrase la terre, la passion de s'affranchir soulèvera des lames de fond ? Ce qui se passe ou s'annonce, en Asie, en Afrique, en Australasie, aura partout ses répercussions. Or, si dans nos terres d'outre-mer nos malheurs n'ont pas détruit le loyalisme des populations, celles-ci n'en ont pas moins assisté à des événements bien cruels pour notre prestige : écroulement de 1940, abaissement de Vichy sous le contrôle de l'ennemi, arrivée des Américains parlant en maîtres après les combats absurdes de novembre 1942. Il est vrai, qu'en revanche, dans toute l'Afrique française, les autochtones ont été sensibles à l'exemple de la France Combattante, qu'ils constatent, sur leur propre sol, le début du redressement français, qu'ils y participent de grand cœur. C'est de là que tout peut repartir. Mais à la condition formelle de ne pas maintenir ces États et ces territoires au point où ils en étaient jadis. Et comme, en pareille matière, pour bien faire il n'est jamais trop tôt, j'entends que mon gouvernement prenne sans tarder l'initiative.

En décembre 1943, j'approuve donc le général Catroux, commissaire national chargé des questions musulmanes, quand il propose au Comité de la libération une importante réforme concernant l'Algérie. Jusqu'à présent, les habitants y sont divisés en deux collèges électoraux. Le premier, formé des Français, qu'ils le soient par origine ou par naturalisation, dispose, par rapport au deuxième qui comprend la masse musulmane, d'une majorité écrasante dans les conseils municipaux et dans les conseils généraux. Il est seul représenté au sein du parlement français. Nous décrétons que plusieurs dizaines de milliers de musulmans, parmi les « capacités », feront partie du premier collège sans qu'il soit tenu compte de leur « statut personnel ». En outre, tous les autres auront le droit de voter au sein du deuxième collège. Enfin, la proportion des élus du deuxième collège dans les Assemblées, y compris les Chambres françaises, sera accrue jusqu'à la parité. C'est là un pas considérable fait dans le sens de l'égalité civique et politique de tous les Algériens[49].

Bien entendu, la réforme soulève des critiques feutrées, tant du côté des colons que dans certains clans musulmans. Mais beaucoup d'Arabes et de Kabyles éprouvent comme un choc d'espoir et de gratitude à l'égard de la France qui, sans attendre d'être elle-même sortie de ses malheurs, rehausse leur condition et associe plus étroitement leur destin à son destin. En même temps, dans tous les milieux, on est frappé par l'autorité et la rapidité avec lesquelles le gouvernement a adopté des mesures où le régime d'autrefois butait depuis tant de lustres. Le 12 décembre 1943, accompagné du général Catroux et de plusieurs ministres, je me rends à Constantine. Là, sur la place de la Brèche, au milieu d'une foule innombrable, je publie nos décisions. Devant moi, près de la tribune, je vois pleurer d'émotion le Dr Bendjelloul et maints musulmans[50].

Pour affirmer la politique nouvelle qui conduit à l'Union française, nous faisons naître une autre occasion : la Conférence africaine de Brazzaville. René Pleven, commissaire national aux Colonies, l'a proposée et organisée. Autour de lui seront réunis vingt gouverneurs généraux et gouverneurs, au premier rang desquels Félix Éboué. Seront également présents Félix Gouin, président, et une dizaine de membres de l'Assemblée consultative, ainsi que diverses compétences non officielles. La conférence a pour but de confronter les idées et les expériences « afin de déterminer sur quelles bases pratiques pourrait être progressivement fondée une communauté française englobant les territoires de l'Afrique noire » en remplacement du système d'administration directe.

Avec une solennité voulue, je prends le chemin de Brazzaville. Par le Maroc, je gagne Dakar, où les autorités, l'armée, la flotte, les colons, la population, déploient un enthousiasme indescriptible. C'est là pourtant que, voici trois ans, l'accès du Sénégal m'était barré à coups de canon ! Konakry, Abidjan, Lomé, Cotonou, Douala, Libreville, reçoivent à leur tour ma visite et éclatent en démonstrations où l'on sent vibrer la certitude de la victoire. Brazzaville me fait un accueil émouvant, marquant sa fierté d'avoir, dans les pires années, servi de refuge à la souveraineté de la France. Je descends à la « case de Gaulle », résidence que le territoire, dans son généreux attachement, a construite pour mon usage sur la rive splendide du Congo.

Le 30 janvier, j'ouvre la conférence. Après le discours que m'adresse Pleven, j'indique pourquoi le gouvernement a décidé de la convoquer. « Sans vouloir, dis-je, exagérer l'urgence des raisons qui nous pressent d'aborder l'ensemble des problèmes africains, nous croyons que les événements qui bouleversent le monde nous engagent à ne pas tarder. » Ayant salué l'effort accompli par la France en Afrique, je note qu'avant la guerre, déjà, « apparaissait la nécessité d'y établir sur des bases nouvelles les conditions de sa mise en valeur, celles du progrès de ses habitants, celles de l'exercice de la souveraineté française ». Combien est-ce urgent, aujourd'hui, « puisque la guerre, qui aura été pour une bonne part une guerre africaine, a pour enjeu la condition de l'homme et que, sous l'action des forces psychiques qu'elle a partout déclenchées, chaque population regarde au-delà du jour et s'interroge sur son destin » ! Or, la France, je le déclare, a choisi de conduire par la route des temps nouveaux « les soixante millions d'hommes qui se trouvent associés à ses quarante-deux millions d'enfants ». — Pourquoi ? « En premier lieu, parce qu'elle est la France... Ensuite, parce que c'est dans ses terres d'outre-mer et dans leur fidélité qu'elle a trouvé son recours et sa base de départ pour sa libération... Enfin, parce qu'elle est, aujourd'hui, animée... d'une volonté ardente de renouveau[51]. »

La conférence commence, alors, ses travaux. Ceux-ci aboutiront à des propositions qui seront surtout d'ordre administratif, social et culturel. Car la réunion des gouverneurs ne peut, évidemment, trancher les questions constitutionnelles que pose la transformation de l'Empire en Union française. Mais la route est tracée qu'il n'est que de suivre. L'esprit a soufflé qui, si on le veut, fera de cette réforme une œuvre nationale à l'échelle universelle. Nul ne s'y trompe dans le monde dont, soudain, l'attention s'est fixée sur Brazzaville. Cela s'est produit du seul gré de la France, au moment où sa puissance renaissante et sa confiance ranimée la mettent en mesure d'octroyer ce que nul n'oserait encore prétendre lui arracher. Ayant donné l'accolade à Éboué qui, épuisé par trop d'efforts, mourra trois mois plus tard sans avoir vu la libération, puis, quittant la capitale de l'Afrique équatoriale et volant par Bangui, Fort-Lamy, Zinder, Niamey, Gao, je regagne Alger où, sur mon toit, flotte une bannière dont nul ne doute plus qu'elle soit celle de la légitimité.

Mais ce qui est acquis dans les faits doit être marqué dans les termes. Il est temps que le gouvernement prenne le nom qui lui revient. Malgré d'affreux déchirements, j'aurai jusqu'à l'extrême limite laissé subsister l'espoir, qu'un jour, cette proclamation pourrait se faire dans l'unanimité nationale et donner lieu au regroupement de l'État avant que les événements aient, à tout jamais, tranché. À certains des hommes qui se crurent, naguère, investis de l'autorité publique en assumant l'abandon national, j'aurai, pendant quatre longues et terribles années, ménagé la possibilité de dire un jour : « Nous nous sommes trompés. Nous rallions l'honneur, le devoir, le combat. Nous voici, avec les apparences de qualification que peuvent nous laisser les formes de la légalité, accompagnés par ceux qui, sans avoir rien fait d'indigne, nous suivent encore par discipline et fidélité. Quoi que l'ennemi puisse nous le faire payer, nous donnons l'ordre de le combattre, par tous moyens, là où il se trouve. À plus tard, si vous le voulez bien, le verdict de la politique, de la justice et de l'Histoire ! Pour le suprême effort, faites-nous place à vos côtés, au nom de l'unité et du salut de la France ! »

Mais ce cri n'a pas retenti. « Il y a, de par le monde, plus de repentirs que d'aveux[52]. » Or, d'un jour à l'autre, les armées de la libération vont aborder le sol de la patrie. Pour le pays et pour l'univers, il importe et il est urgent que notre pouvoir, tel qu'il est, s'affirme jusque dans son titre le détenteur de tous les droits que confère le choix du peuple. Le 7 mai, à Tunis, je déclare : « À ceux qui supposent, qu'à la libération, la France pourrait en revenir à l'époque féodale et se répartir entre plusieurs gouvernements, nous leur donnons rendez-vous, un jour prochain, à Marseille sur la Canebière, à Lyon sur la place Bellecour, à Lille sur la Grand-Place, à Bordeaux sur les Quinconces, à Strasbourg sur le cours de Broglie, à Paris quelque part entre l'Arc de Triomphe et Notre-Dame[53] ! » Le 15 mai, j'accueille une motion, votée à l'unanimité par l'Assemblée consultative sur la proposition d'Albert Gazier et qui sera traduite en ordonnance le 3 juin 1944. Au moment même où je m'envole pour l'Angleterre, d'où partira, trois jours après, l'assaut libérateur, le Comité de la libération nationale devient le gouvernement provisoire de la République française[54].

DIPLOMATIE

La diplomatie, sous des conventions de forme, ne connaît que les réalités. Tant que nous étions dépourvus, nous pouvions émouvoir les hommes ; nous touchions peu les services. Mais, aujourd'hui, l'unité française renaissante, cela pèse et cela compte. À mesure, la France réapparaît dans les perspectives du monde. Pas plus que les Français ne doutent, désormais, du salut de leur pays, les Alliés ne contestent qu'on doive, un jour, lui rendre sa place. En prévision de cette échéance, voici que leur politique se préoccupe notablement de nous.

Au reste, notre concours leur est, chaque jour, plus appréciable. Sans nos troupes, la bataille de Tunisie se fût, d'abord, soldée par un échec. Bientôt, l'action des Français dans le secteur décisif déterminera la victoire d'Italie. Quant à la lutte prochaine en France, gouvernements et états-majors escomptent la part qu'y prendront nos forces de l'intérieur, l'armée venue de l'Empire et ce qu'il nous reste de flotte. Et de quel prix sont, pour les Alliés, la disposition de nos bases d'Afrique et de Corse et l'aide efficace qu'ils y trouvent! Encore notre présence à leurs côtés constitue-t-elle un atout moral considérable. C'est pourquoi, la France, son intérêt, son sentiment, ne laissent pas de jouer un rôle de plus en plus important dans la façon dont ils traitent les affaires.

Cependant, s'ils se soucient de nous, Washington, Londres et Moscou limitent les rapports officiels à ce qui est indispensable. Pour[a] les États-Unis, qui redoutent les enchevêtrements de l'Europe et projettent d'y régler quelque jour la paix par arrangement direct avec la Russie des Soviets, l'admission de la France dans le concert des dirigeants contrarierait leurs desseins. Déjà, la présence anglaise leur paraît souvent intempestive, en dépit du soin que prend Londres de ne point gêner l'Amérique. Mais que de difficultés si la France en était aussi avec ses principes et ses ruines! Elle y serait, au surplus, comme le porte-parole des moyennes et des petites nations. Comment, dès lors, obtenir des Soviets cette coopération à quoi rêve la Maison-Blanche et dont le prix sera forcément le sacrifice de l'indépendance des États de la Vistule, du Danube, des Balkans? Quant à l'Asie et à ses marches, c'est le plan américain qu'il y soit mis fin aux empires des nations européennes. Pour les Indes, la question est déjà virtuellement tranchée[1]. Pour l'Indonésie, on ne croit pas que la Hollande puisse tenir tête. Mais, pour l'Indochine, comment faire si les Français ranimés se retrouvent parmi les grands? Aussi, tout en constatant volontiers notre redressement, tout en s'entendant avec nous lorsque cela est utile, Washington affectera, aussi longtemps que possible, de considérer la France comme une jachère et le gouvernement de Gaulle comme un accident incommode, auquel n'est pas dû, en somme, ce que l'on doit à un État.

L'Angleterre ne se laisse pas aller à des façons aussi sommaires. Elle sait que la présence, la puissance, l'influence de la France seront demain, comme elles l'étaient hier, nécessaires à l'équilibre. Elle n'a jamais pris son parti du renoncement français qu'était Vichy et qui lui a coûté cher. Son instinct et sa politique souhaitent que la France reparaisse sous la forme du partenaire d'antan, maniable et bien connu. Mais, à quoi bon précipiter les choses ? La victoire est, désormais, certaine et il est acquis que les forces françaises aideront les Alliés de tous leurs moyens. Quant aux règlements successifs, peut-être vaudrait-il mieux que la France y participât, mais ce serait à la condition qu'elle le fasse à titre auxiliaire, qu'elle s'incline devant le jeu américain auquel se prête la Grande-Bretagne. Or, le général de Gaulle s'en tiendrait-il à cette plasticité ? Rien n'est moins sûr. À tout prendre, il est avantageux que la souveraineté de la France demeure quelque peu nébuleuse. D'autant plus que cette imprécision pourra être mise à profit pour en finir, en Orient, avec ce qui subsiste de l'ancienne concurrence française.

La Russie soviétique observe, calcule et se méfie. Assurément, tout porte le Kremlin à désirer qu'il renaisse une France capable de l'aider à contenir le monde germanique et de rester indépendante à l'égard des États-Unis. Mais rien ne presse. Pour le moment, il faut vaincre, obtenir que le second front s'ouvre depuis la Manche jusqu'à l'Adriatique, ne pas prendre une position politique trop différente de celle des Anglo-Saxons. D'ailleurs, si la France du général de Gaulle devait être associée directement aux règlements européens, accepterait-elle de voir disparaître l'indépendance de la Pologne, de la Hongrie, des États balkaniques et, qui sait ? de l'Autriche et de la Tchécoslovaquie ? Enfin, la France de demain, que sera-t-elle ? Sa situation intérieure influera grandement sur sa politique au-dehors, notamment vis-à-vis des Soviets. Qui peut assurer qu'elle ne leur sera pas hostile sous l'action des mêmes éléments qui ont créé Vichy ? À l'opposé, n'est-il pas concevable que les communistes accèdent au pouvoir à Paris ? Dans un cas comme dans l'autre, mieux vaudrait n'avoir pas fait trop d'avances au gouvernement d'Alger. Bref, tout en nous marquant une prévenante compréhension, la Russie, quant au fond des choses, croit qu'il faut attendre et voir[2].

En somme, si, à Washington, à Londres, à Moscou, les chancelleries diffèrent dans leurs arrière-pensées, elles sont d'accord pour nous réserver notre place sans se hâter de nous la rendre. Quant à de Gaulle, qu'il soit le guide et le symbole du relèvement de la France, on en prend acte. Mais on tient pour essentiel que son action soit contenue. Déjà, le fait qu'il soit en voie de rassembler un peuple aussi divisé que le sien et qu'il ait pu constituer un pouvoir solide et cohérent semble aux experts étrangers anormal, voire scandaleux. On veut bien que, sous cette impulsion, la France sorte de l'abîme. Mais il ne s'agirait pas qu'elle parvienne jusqu'aux sommets. Officiellement, on traite donc de Gaulle avec considération, non point avec empressement. Officieusement, on encourage ce qui se dit, s'écrit, se trame à l'encontre du Général. Plus tard, on fera tout pour retrouver cette France politique, si malléable du dehors, dont on avait l'habitude.

Pour moi, il me faut le dire, je m'inquiète peu de voir la situation diplomatique du gouvernement d'Alger demeurer encore imprécise. Par rapport à ce qui était, j'ai l'impression que le plus fort est fait et que, si nous persévérons, les formalités qui restent à accomplir le seront, tôt ou tard, par surcroît. En outre, il ne convient pas que ce que nous sommes ou allons être dépende du choix des autres. Dès à présent, nous nous trouvons suffisamment établis pour nous faire entendre où et quand bon nous semble. Quant à l'avenir de la France, il est en elle-même, non point dans les convenances des Alliés. Une fois le Reich abattu, compte tenu des difficultés qui étreindront les plus grands États, rien n'empêchera la France de jouer le rôle qu'elle voudra, à condition qu'elle le veuille. La certitude[b] que j'en ai me porte à considérer avec détachement la grise mine des Alliés. Sans leur cacher que je regrette, au point de vue de l'action commune, les réserves qui marquent leur collaboration, la position que je prends n'est jamais celle du demandeur.

Sans doute, à Alger, Massigli, qui est en contact permanent avec le corps diplomatique et qui, de par sa profession, souffre particulièrement d'une position extérieure mal définie ; à Londres, Viénot, qui toute sa vie fut un apôtre de l'alliance britannique et qui s'attriste de rencontrer la réticence de l'Angleterre ; à Washington, Monnet, dont les négociations « pour l'aide et le relèvement » ne peuvent être menées à terme parce que la question des rapports franco-américains est toujours en suspens, ou bien Hoppenot[3], dont l'intelligence et la sensibilité déplorent le parti pris négatif des États-Unis ; à Moscou, Garreau, qui compare les déclarations faites en faveur de la France par les commissaires du peuple avec leurs actes circonspects, ont-ils moins de sérénité. Je les laisse le montrer, à l'occasion. Je sympathise avec l'impatience ressentie par nos représentants chez les autres Alliés : Dejean, délégué auprès des États réfugiés en Grande-Bretagne ; Baelen, chargé de nos rapports avec les gouvernements hellénique et yougoslave installés au Caire ; Coiffard à Tchoung-King ; Bonneau à Ottawa ; Pechkoff, puis Grandin de l'Eprevier, à Pretoria ; Clarac, puis Monmayou, à Canberra ; Garreau-Dombasle, Ledoux, Lancial, Arvengas, Raux, Casteran, Lechenet, en Amérique latine ; Grousset à La Havane ; Milon de Peillon à Port-au-Prince. Je mesure tout ce qu'a d'ardu la condition de nos délégués dans les pays neutres : Truelle en Espagne ; du Chayla au Portugal ; de Saint-Hardouin en Turquie ; de Benoist en Égypte ; de Vaux Saint-Cyr en Suède ; de Leusse en Suisse ; de Laforcade en Irlande. Toutefois, je m'en tiens moi-même, délibérément, à l'attitude d'un chef d'État prêt à s'entendre avec les autres s'ils viennent le lui demander, mais qui n'a rien à solliciter de ce qu'on pourrait lui offrir aujourd'hui, parce qu'il est sûr de l'avoir demain.

Telles sont les données du jeu. On le voit dans l'affaire italienne, où, en vertu du principe de la cote mal taillée, les Alliés nous tiennent à l'écart sans, cependant, nous exclure. Le 27 septembre 1943, les représentants de l'Angleterre et des États-Unis apportent à Massigli le texte complet de l'armistice qui doit être, le jour même, remis pour signature au maréchal Badoglio. Les diplomates anglo-saxons font observer — ce qui est vrai — que ce texte a tenu compte de ce que nous avions antérieurement demandé. Mais ils ne trouvent rien à répondre à la question du ministre français : « Pourquoi n'y associez-vous pas la France ? » Quelques jours après, Badoglio déclarera la guerre au Reich avec l'approbation conjointe de la Grande-Bretagne, de l'Amérique, de la Russie, sans qu'il soit question de la nôtre. En même temps, nous apprendrons qu'une conférence va s'ouvrir à Moscou, pour traiter du problème italien, entre les ministres des Affaires étrangères britannique, américain et russe et que nous n'y sommes pas invités[4].

À M. Cordell Hull, qui passe à Alger en route pour la conférence, je me garde de faire entendre la moindre récrimination, mais je marque qu'on n'aura pas pour rien ce que nous sommes et ce que nous avons. « Nous nous félicitons, lui dis-je, de vous voir prendre directement contact, pour votre compte, avec la Russie soviétique. De mon côté, je me propose d'aller, quelque jour, à Moscou pour le compte de la France. » Comme le secrétaire d'État s'enquiert de notre position au sujet des questions italiennes, je réponds : « Nous ne manquerons pas de préciser notre point de vue quand nous serons en mesure de connaître celui des autres. »

M. Cordell Hull m'indique, alors, qu'à Moscou on décidera probablement de créer une commission interalliée pour les affaires italiennes. « Peut-être, ajoute-t-il, en ferez-vous partie. — Nous verrons ! lui dis-je. En tout cas, pour décider du sort de la péninsule, il est, d'abord, nécessaire de reprendre son territoire aux Allemands, ce qui implique le concours des forces et des bases françaises. Ce concours, je sais qu'Eisenhower projette de nous le demander. Nous sommes disposés à le prêter. Mais pour cela il faut, évidemment, que nous décidions avec vous et au même titre que vous de ce que deviendra l'Italie. Nous ne saurions engager nos soldats que pour un but qui soit le nôtre. » M. Cordell Hull comprit qu'il se trouvait devant une position fermement tenue. M. Eden le comprit aussi, que je vis le 10 octobre. M. Bogomolov, quant à lui, avait pris les devants en m'expliquant que la commission de la Méditerranée était une idée soviétique et que son gouvernement exigerait qu'on nous y invitât[5].

De fait, le 16 novembre, Massigli recevait MM. Mac-Millan, Murphy et Bogomolov. Ceux-ci l'informaient que leurs trois gouvernements avaient l'intention d'instituer une « Commission consultative pour les affaires concernant l'Italie ». Cette commission représenterait sur place l'ensemble des Alliés, proposerait aux gouvernements les mesures à prendre en commun et donnerait, en leur nom, des directives au commandement militaire pour tout ce qui se rapportait à la politique et à l'administration. Il nous était demandé d'en faire partie. Le Comité de la libération accepta la proposition. Le 29 novembre, je reçus M. Vichynsky qui venait m'assurer du désir de son gouvernement de collaborer étroitement avec nous au sein de la commission. Celle-ci, composée de MacMillan, Massigli, Murphy et Vichynsky, commença alors ses travaux. Bientôt, Couve de Murville y remplacerait Massigli absorbé par son ministère. Ainsi serions-nous tenus directement au courant de ce qui se passait dans la péninsule. Ainsi prendrions-nous part aux mesures destinées, soit à sanctionner la faute de l'Italie, soit à lui permettre de surmonter son malheur. Ainsi serions-nous à même d'y mener notre politique, essentielle pour son destin, pour le nôtre et pour l'Occident[6].

Cette politique, je l'exposai au comte Sforza, qui, un soir d'octobre, se glissa dans mon bureau de la villa des Oliviers. Le vieil homme d'État regagnait l'Italie après vingt années d'exil. Sur les ruines du système fasciste, qu'il n'avait pas cessé de combattre, il s'apprêtait à diriger la politique étrangère de son infortuné pays. Je fus frappé de la noblesse et du courage avec lesquels Sforza envisageait sa tâche prochaine. « Que je sois ici devant vous, me dit-il, c'est la preuve de ma volonté de faire tout pour fonder cette coopération franco-italienne dont vous et nous payons cher le fait de l'avoir manquée et dont notre Europe va avoir, plus que jamais, besoin. » J'indiquai au comte Sforza que, sur ce point capital, je pensais tout comme lui, mais, qu'après ce qui s'était passé, la réconciliation avec l'Italie ne pourrait lui être complètement gratuite, quelle que fût notre intention de la ménager autant que possible.

Liquider les privilèges dont jouissaient, en Tunisie, les ressortissants italiens ; attribuer à la France les cantons de Tende et de La Brigue qui, quoique français, avaient été laissés à l'Italie après le plébiscite de 1860 ; rectifier la frontière aux cols de Larche, du mont Genèvre, du mont Cenis, du Petit-Saint-Bernard, pour effacer sur notre versant quelques empiétements fâcheux ; faire octroyer au Val d'Aoste le droit d'être ce qu'il est, c'est-à-dire un pays mentalement français ; exiger certaines réparations, notamment en fait de navires de guerre et de commerce, voilà les avantages, très limités mais très précis, que j'avais résolu d'assurer à la France[7].

Étant donné, d'autre part, que la Yougoslavie avait joint le camp des Alliés et compte tenu de l'effort que les troupes du général Mikhaïlovitch et celles de Tito n'avaient pas cessé de fournir, il était clair que l'Italie ne pourrait conserver, sur la côte Est de l'Adriatique, ses possessions d'avant-guerre. Cependant, nous étions prêts à l'aider à garder Trieste. Ayant fixé le comte Sforza sur tous ces points concernant les frontières italiennes, j'ajoutai : « Quant à vos colonies, si la Cyrénaïque, où les Anglais veulent se maintenir, est perdue pour vous, si nous-mêmes entendons demeurer présents au Fezzan, par contre nous souhaitons vous voir rester, non seulement en Somalie, mais encore en Érythrée et en Tripolitaine. Pour celle-ci, il vous faudra sans doute trouver un mode d'association avec les peuplades locales ; pour celle-là, vous devrez, en échange des droits qui vous seront laissés, y reconnaître la souveraineté du Négus. Mais nous tenons pour justifié que vous soyez une puissance africaine. Si vous-même le revendiquez, nous vous soutiendrons fermement[8]. »

En décembre, à la requête du général Eisenhower, le Comité de la libération porta en Italie les premiers éléments du Corps expéditionnaire français[9]. Celui-ci devait, ensuite, se renforcer jusqu'à fournir l'action décisive des Alliés lors de la bataille pour Rome. À mesure que grandissait cette participation militaire, nous parlions plus haut dans le domaine politique. Il le fallait, d'ailleurs. Car les Anglo-Saxons, appliquant à l'Italie un système d'expédients et maintenant en place le roi Victor-Emmanuel et le maréchal Badoglio, barraient la voie à la réconciliation franco-italienne et accumulaient dans la péninsule des mobiles de révolution.

Le roi avait, en 1940, laissé déclarer la guerre à la France au moment où elle succombait sous la ruée germanique, à cette France dont, en 1859, l'effort sanglant libérait l'Italie et assurait son unité et dont, en 1917, l'armée avait concouru à enrayer sur la Piave le désastre de Caporetto. Il avait accepté et subi Mussolini jusqu'à l'instant où le Duce succomba sous les événements. Badoglio avait, par la seule vertu de la victoire allemande, fait signer aux plénipotentiaires de Pétain et de Weygand un « armistice » d'après lequel les Italiens occupaient une partie du territoire français et contrôlaient les forces de notre Empire. D'autre part, c'est du régime fasciste que le maréchal-premier ministre tenait ses honneurs et son commandement. Comment ce souverain et ce chef de gouvernement auraient-ils pu organiser la coopération de leur pays avec le nôtre et conduire l'Italie dans une voie nouvelle ? C'est ce que le Comité de la libération notifia, le 22 janvier 1944, à Washington, à Londres et à Moscou, en déclarant qu'il fallait faire place nette sur le trône et au gouvernement[10].

Aux mois de mars, mai et juin, m'étant moi-même rendu en Italie pour inspecter nos troupes, je pus y voir, notamment à Naples, beaucoup de signes inquiétants. Le spectacle qui s'y offrait était celui d'une extrême misère et des lamentables effets qu'entraînait, quant à la moralité publique, le contact d'occupants bien pourvus. Comme chrétien, latin, européen[11], je ressentis cruellement le malheur de ce grand peuple, qu'une erreur avait dévoyé mais à qui le monde devait tant. Peut-être la foule italienne eut-elle instinctivement la notion de mes sentiments. Peut-être, dans son épreuve, la pensée de la France lui était-elle plus familière, comme il arrive aux pays malheureux. Toujours est-il que j'eus la surprise de voir, quand je me montrais, accourir des groupes enthousiastes et d'entendre leurs acclamations. Couve de Murville, notre représentant, très au courant et très assuré, me fit le tableau de l'Italie politique, déchirée par des courants contraires et dont on sentait déjà que le destin se jouerait entre le communisme et la papauté. Au cours de ces voyages, je dus, quoique avec regret, refuser de rencontrer Umberto[12] et Badoglio. Je n'admettais pas, en effet, que le père du prince continuât à détenir la couronne et que le maréchal fût encore le chef du gouvernement.

Mais, tandis qu'à l'occident de la Méditerranée nous commencions à cueillir les fruits d'un long effort, à l'orient c'étaient des déboires qu'il nous fallait essuyer. Dans les États du Levant, l'agitation des politiciens locaux, utilisée par la Grande-Bretagne, organisait contre nous une crise spectaculaire, afin de tirer parti, quand il en était temps encore, de la situation diminuée de la France.

Le Liban[13], cette fois, servit de champ à l'opération. Les élections y avaient eu lieu en juillet 1943. Après une période qui avait vu tant d'événements désastreux pour le prestige de la France, la chambre nouvelle manifestait naturellement un nationalisme effréné. Les Anglais, ayant fortement contribué au résultat électoral, voulaient maintenant le mettre à profit. Auprès de M. Béchara Koury, élu président de la République, et du gouvernement de M. Riad Solh, Spears faisait figure d'adversaire de la France, poussait à la surenchère et promettait, quoi qu'il arrivât, la protection britannique.

Il faut dire que l'action de Spears en Syrie et au Liban répondait à l'ensemble de la politique que la Grande-Bretagne entendait mener en Orient dans la phase ultime de la guerre. La fin victorieuse des opérations en Afrique avait rendu disponibles de nombreux effectifs anglais. Tandis qu'une fraction de ceux-ci allait combattre en Italie, une autre s'installait sur les deux rives de la mer Rouge. Sept cent mille soldats britanniques occupaient l'Égypte, le Soudan, la Cyrénaïque, la Palestine, la Transjordanie, l'Irak et les États du Levant. Londres avait, d'autre part, créé au Caire un « Centre économique », qui, grâce au jeu des crédits, au monopole des transports, aux impératifs du blocus, disposait de tous les échanges extérieurs des pays arabes, c'est-à-dire, par le fait, de la vie des populations, de l'opinion des notables, de l'attitude des gouvernements. Enfin, sur place, la présence d'une armée de spécialistes pourvus de vastes moyens financiers et, dans le monde, l'action d'une diplomatie et d'une propagande parfaitement organisées complétaient les éléments de puissance grâce auxquels l'Angleterre, débarrassée en Orient de la menace de ses ennemis, comptait s'y affirmer comme l'unique suzeraine.

Nous n'étions pas en état d'équilibrer une pression pareille. Trois bataillons sénégalais, quelques canons, quelques chars, deux avisos, une quinzaine d'avions, voilà tout ce qu'il y avait de forces françaises au Levant. S'y ajoutaient, il est vrai, les troupes syriennes et libanaises, soit dix-huit mille bons soldats placés sous notre commandement. Mais quel serait leur comportement si les gouvernements de Damas et de Beyrouth prenaient, à notre égard, une position nettement hostile ? D'ailleurs, notre extrême pauvreté ne nous permettait pas d'offrir quoi que ce fût à qui que ce fût. Quant à lutter contre le flot des informations tendancieuses que toutes les sources anglo-saxonnes ne manqueraient pas, le cas échéant, de déverser sur le monde, c'était hors de nos possibilités. Par-dessus tout, la libération de la France étant maintenant à l'horizon, il n'y aurait pour moi, en aucun cas, aucun moyen de pousser les Français et, pour commencer, mes ministres à aucune autre entreprise. Au total, nous étions trop démunis et trop absorbés pour pouvoir réprimer sur place les atteintes qui seraient portées à la position de la France.

Or, le fait se produisit dans le courant de novembre. Le gouvernement de Beyrouth se trouvait, pour des raisons d'ordre intérieur, dans une situation parlementaire difficile. Pour faire diversion, M. Riad Solh président du Conseil et M. Camille Chamoun ministre des Affaires étrangères dressaient bruyamment les revendications libanaises contre la puissance mandataire. Notre délégué général au Levant, l'ambassadeur Jean Helleu, qui voyait venir la crise, s'était rendu à Alger pour rendre compte au gouvernement. Le

5 novembre, il me fit son rapport en présence de Catroux et de Massigli et reçut nos instructions. Celles-ci l'invitaient à jeter du lest et à ouvrir des négociations à Beyrouth et à Damas en vue de transférer aux gouvernements locaux certains services concernant l'économie et la police que l'autorité française avait, jusqu'alors, détenus.

Mais, en même temps, Helleu se voyait confirmer notre position de principe au sujet du mandat, lequel, confié à la France par la Société des Nations, ne pourrait être déposé que devant les futures instances internationales et par des pouvoirs français qui ne seraient plus provisoires. C'était la position que nous avions toujours fait connaître aux Alliés, notamment à la Grande-Bretagne, sans en avoir reçu jamais aucune objection de principe. Juridiquement, si l'indépendance de la Syrie et du Liban avait une valeur internationale, c'est parce que nous-mêmes la leur avions octroyée en vertu de notre mandat. Mais, pour les mêmes raisons, nous nous trouvions obligés de conserver au Levant certaines responsabilités résultant de l'état de guerre. Eu égard à la tragédie qui faisait haleter l'univers, nous estimions que les gouvernements de Damas et de Beyrouth pouvaient attendre qu'elle fût terminée pour voir régler les dernières formalités qui limitaient encore la souveraineté des États. Il n'y a pas de doute qu'ils eussent, en effet, attendu si Londres n'avait pas encouragé leurs exigences et offert, pour les imposer, l'appui des forces britanniques.

Tandis qu'Helleu était à Alger, le parlement libanais amendait la Constitution en en faisant disparaître tout ce qui précisément se rapportait au mandat, comme s'il était aboli. Du Caire, où il passait en regagnant son poste, l'ambassadeur avait télégraphié au gouvernement de Beyrouth, lui annonçant qu'il était porteur d'instructions de son gouvernement pour l'ouverture de négociations et lui demandant de surseoir à la promulgation de la nouvelle loi constitutionnelle. Mais les Libanais passaient outre. Alors, Helleu, rentré à Beyrouth et indigné de cette provocation, opposait, le 12 novembre, son veto à la Constitution, suspendait le parlement et faisait arrêter le chef de l'État libanais, le président du Conseil et plusieurs ministres, tandis que M. Émile Eddé devenait, à titre provisoire, président de la République.

Tout en jugeant parfaitement justifiables les mesures prises par notre délégué et, surtout, les sentiments qui les lui avaient dictées, le Comité de la libération eut aussitôt la conviction qu'elles dépassaient ce que la situation générale lui permettait de soutenir. D'autant plus que, sans renoncer au principe du mandat, nous n'entendions pas remettre en cause l'indépendance déjà concédée. C'est pourquoi, dès le 13 au matin, mis au courant de ce qui venait de se passer la veille à Beyrouth, nous prîmes la décision d'y envoyer le général Catroux avec la mission de rétablir une situation constitutionnelle normale, sans toutefois désavouer Helleu. Cela signifiait que Catroux, après consultations sur place, ferait élargir Koury, Riad Solh et leurs ministres et rétablirait le président dans ses fonctions. Après quoi, serait réformé le gouvernement libanais ; la Chambre des députés devant être rappelée en dernier lieu. Quant à notre délégué, sa présence au Levant n'aurait pas de raison d'être dès lors que Catroux s'y trouverait avec pleins pouvoirs. Nous l'appellerions donc à Alger « en consultation » dans un délai de quelques jours[14].

Pour que nul ne pût se méprendre sur l'objet de la mission Catroux, je fis moi-même, le 16 novembre, à l'Assemblée consultative une apaisante déclaration. « Ce qui s'est passé à Beyrouth, déclarai-je, n'altère ni la politique de la France au Liban, ni les engagements que nous avons pris, ni notre volonté de les tenir. Notre intention consiste à voir s'établir au Liban une situation constitutionnelle normale, afin que nous puissions traiter de nos affaires communes avec son gouvernement, lui et nous en toute indépendance. » Je concluais, en disant : « Le nuage qui passe n'obscurcira pas l'horizon[15]. » Le lendemain, Catroux, traversant Le Caire, voyait M. Casey ministre d'État britannique et lui indiquait qu'il ferait incessamment remettre en liberté MM. Koury et Riad Solh. Le 19 novembre, arrivé à Beyrouth, il avait un entretien avec M. Béchara Koury, prenait acte des assurances d'amitié fidèle à la France que lui prodiguait le président et annonçait à celui-ci qu'il allait être élargi et remis en place. Personne, dès lors, ne pouvait douter de notre volonté « d'enchaîner » au plus tôt et d'adopter une conciliante solution[16].

Mais la politique britannique ne s'accommodait pas de cet accommodement. Tout se passa comme si Londres s'appliquait à jeter de l'huile sur le feu pour faire croire que l'arrangement que nous cherchions au Liban nous était arraché par l'intervention anglaise et, peut-être aussi, pour prendre une revanche sur de Gaulle après le remaniement tout récent du Comité de la libération[17]. Déjà le 13 novembre,

M. Makins, remplaçant M. MacMillan absent, était venu remettre à Massigli une note, « verbale » mais comminatoire, réclamant la réunion immédiate d'une conférence anglo-franco-libanaise destinée à régler l'incident et déclarant qu'aux yeux du gouvernement britannique nous devions révoquer Helleu[18]. Mais, le 19, alors qu'il était prouvé depuis plusieurs jours que le chemin adopté par nous était celui de l'entente, l'Angleterre lança ses foudres. Ce ne pouvait plus être, évidemment, qu'à l'intention de la galerie et pour créer l'impression d'une humiliation de la France.

Ce jour-là, en effet, M. Casey vint à Beyrouth et, flanqué du général Spears, remit au général Catroux un ultimatum pur et simple. La Grande-Bretagne, sans se soucier de l'alliance qui nous unissait, des engagements qu'elle avait pris quant à son désintéressement politique dans les États du Levant, des accords qu'en son nom M. Oliver Lyttelton avait signés avec moi, mettait le représentant de la France en demeure d'accepter la conférence tripartite et de rendre la liberté, dans un délai de trente-six heures, au président et aux ministres libanais. Faute de quoi, les Britanniques, sous prétexte de maintenir l'ordre — lequel ne leur incombait pas — proclameraient ce qu'ils appelaient « la loi martiale », s'empareraient du pouvoir par la force et enverraient leurs troupes libérer, par tous les moyens, les détenus gardés par nos soldats.

« Nous voici revenus au temps de Fachoda[19] », dit le général Catroux à MM. Casey et Spears. Il y avait, toutefois, cette différence que la France, lors de Fachoda, était en mesure d'aller jusqu'au conflit avec l'Angleterre, mais que, pour le moment, celle-ci n'en courait pas le moindre risque. Le Comité de la libération prescrivit au général Catroux de refuser la conférence tripartite, de libérer, comme il avait été convenu, M. Koury et ses ministres et, si l'Angleterre mettait à exécution sa menace de saisir l'autorité du Liban, de réunir dans un port nos fonctionnaires et nos troupes et de les ramener en Afrique. Je me chargerais, alors, d'expliquer à la France et au monde les raisons de ce départ.

En définitive, une sorte de *modus vivendi* se rétablit au Levant[20]. Les Anglais mettant une sourdine à leurs menaces ; le général Catroux négociant, à Damas et à Beyrouth, l'attribution aux États des services « d'intérêt commun » ; les gouvernants continuant de chanceler et de surenchérir au milieu de l'agitation créée par ceux qui voulaient leur place ; les

« leaders » des pays arabes voisins faisant, pour les mêmes raisons, assaut de protestations dirigées contre la France. Ainsi en était-il : au Caire, de Nahas Pacha imposé au roi Farouk comme président du Conseil par l'ambassadeur d'Angleterre ; à Bagdad, de Noury Pacha Saïd qui n'était revenu au pouvoir que grâce à l'action des troupes britanniques ; à Amman, de l'émir Abdullah dont le budget se bouclait à Londres et dont l'armée avait pour chefs le général Peake et le colonel Glubb, dits « Peake-pacha » et « Glubb-pacha ».

En février, Catroux étant revenu à Alger, le Comité de la libération nomma le général Beynet délégué général et plénipotentiaire de France au Levant[21]. Helleu n'y retournait pas. Casey avait quitté Le Caire ; Chamoun, Beyrouth. Spears, lui, demeurait en place, préparant la crise future. Avec beaucoup d'habileté et de fermeté, le nouveau représentant de la France reprit en main la situation. Cependant, il était clair qu'un tour de force constamment renouvelé ne pourrait se répéter toujours. D'autant moins que nos pauvres moyens, la passion douloureuse de l'opinion française, l'attention de l'univers, s'absorberaient dorénavant dans les événements guerriers qui décidaient du sort de l'Europe.

À cet égard, la politique, prenant de l'avance sur les faits, s'orientait partout vers ce qui suivrait la victoire. Dans le camp des Alliés, c'était le cas avant tout pour les moyens et petits États. À Alger, nous ne percevions guère que l'écho des débats dont ils étaient les enjeux, puisque leurs souverains et leurs ministres résidaient à Londres, que leur diplomatie tentait d'agir surtout à Washington et que leur propagande se déployait principalement dans les pays anglo-saxons. Pourtant, nous en savions assez pour connaître leurs angoisses. Rien, d'ailleurs, ne démontrait plus clairement et plus tristement qu'hier la chute de la France, aujourd'hui le parti pris des trois autres grandes puissances de la tenir à l'écart, hypothéqueraient gravement, demain, la paix qui se préparait.

À vrai dire, les Belges et les Luxembourgeois, bien encadrés dans l'Occident, ne doutaient pas qu'à la libération leurs frontières et leur indépendance leur seraient rendues sans conteste. Les problèmes avec lesquels ils se trouveraient, alors, confrontés seraient d'ordre économique. La France ruinée, l'Angleterre elle-même très éprouvée, ne pourraient les aider à les résoudre qu'après des délais prolongés. Dans l'immédiat, c'est sur l'Amérique qu'ils comptaient. Aussi voyait-on MM. Spaak, Gutt et Bech hanter les conférences d'Atlantic City, de Hot Springs, de Dumbarton Oaks, où se bâtissaient les plans des États-Unis pour le ravitaillement, a reconstruction et le développement de l'Europe, tandis que M. de Romrée, ambassadeur de Belgique auprès du Comité français de la libération, s'intéressait principalement aux projets concernant une confédération de l'Europe occidentale. Les Hollandais, qui, eux non plus, n'avaient guère de soucis politiques au sujet de leur métropole, en éprouvaient par contre de grands quant à l'avenir de leurs possessions d'Australasie. Dès à présent, leur gouvernement subissait la pression américaine, qui un jour les contraindrait à renoncer à leur souveraineté sur Java, Sumatra, Bornéo. Les propos du ministre plénipotentiaire de Hollande M. Van Wijk, comme les rapports que Dejean nous adressait de Londres, montraient M. Van Kleffens prévoyant avec amertume que la victoire des Alliés dans le Pacifique entraînerait la liquidation de l'empire néerlandais. Les Norvégiens, eux, croyaient déjà sentir, à travers la Suède neutre et la Finlande virtuellement vaincue, le poids écrasant de toutes les Russies. Aussi M. Trygve Lie élaborait-il, déjà, des plans d'alliance atlantique dont venait nous entretenir M. de Hougen ministre de Norvège à Alger[22]. Mais c'étaient surtout les gouvernements réfugiés de l'Europe centrale et balkanique qui manifestaient leur trouble. Car, voyant que sur leur territoire la présence des Soviétiques succéderait à celle des Allemands, ils étaient dévorés par la crainte du lendemain.

La conférence de Téhéran, qui se tint au mois de décembre 1943[23], ne fit qu'attiser leurs alarmes. Sans doute, les participants : Roosevelt, Staline et Churchill, s'étaient-ils répandus en déclarations lénitives, affirmant que l'objet de leur réunion n'était que d'ordre stratégique. Mais ce qui en avait filtré ne rassurait pas du tout les gouvernements en exil. À travers les secrets officiels, ils n'étaient pas sans discerner ce qui, à Téhéran, s'était passé d'essentiel. Staline y avait parlé comme celui à qui l'on rendait compte. Sans révéler aux deux autres le plan russe, il avait obtenu que le leur lui fût exposé et qu'on le modifiât suivant ses exigences. Roosevelt s'était joint à lui pour repousser l'idée de Churchill d'une vaste offensive des Occidentaux, par l'Italie, la Yougoslavie et la Grèce, vers Vienne, Prague et Budapest.

D'autre part, les Américains s'étaient accordés avec les Soviétiques pour refuser, malgré les suggestions britanniques, d'examiner les questions politiques concernant l'Europe centrale, en particulier la Pologne où, cependant, les armées russes étaient sur le point d'entrer. Nous-mêmes avions été tenus en dehors de l'affaire, au point que Churchill et Roosevelt, passant, l'un par le ciel de l'Afrique du Nord française, l'autre au large de ses côtes, pour gagner Le Caire et Téhéran, s'étaient gardés de prendre contact avec nous[24].

Du coup, les perspectives, dont s'effrayaient les souverains et les ministres des pays du Danube, de la Vistule et des Balkans, commençaient à se préciser. C'est ainsi, qu'en Grèce, une notable partie des éléments de la Résistance, noyautée et conduite par les communistes, se groupait en une organisation, l'« E.A.M. », qui s'efforçait tout à la fois de lutter contre l'envahisseur et de frayer la voie à la révolution. L'instrument militaire de ce mouvement, l'« E.L.A.S. », s'incorporait nombre des maquis opérant dans les montagnes helléniques et pénétrait profondément les unités de l'armée et de la flotte stationnées en Orient. Afin de garder le contact des soldats et des marins et de communiquer plus aisément avec l'intérieur du pays, le président du Conseil, M. Tsouderos et la plupart des ministres avaient fixé leur résidence au Caire. Bientôt, le roi Georges II s'y était rendu, lui aussi, mais pour assister tout justement à une crise violente. En avril 1944, M. Tsouderos devait se retirer. Son remplaçant, M. Venizelos, quittait à son tour la place. M. Papandreou formait, à grand-peine, le ministère. En même temps, de graves mutineries éclataient dans les troupes et sur les navires. Pour les réduire, il ne fallait rien de moins que l'intervention sanglante des forces britanniques. Bien qu'ensuite les représentants de toutes les tendances politiques, réunis à Beyrouth, eussent proclamé l'union nationale, les querelles reprenaient bientôt. Tout annonçait, qu'en Grèce, la retraite des Allemands serait le signal de la guerre civile.

En fait, les États-Unis prenaient soin de retirer d'avance leur épingle de ce jeu. Mais les Soviets travaillaient les Hellènes, tandis que les Britanniques, visant à l'hégémonie en Méditerranée orientale, ne cachaient pas qu'à leurs yeux les questions concernant la Grèce appartenaient à leur domaine. Aussi le gouvernement français n'y était-il jamais mêlé. Il eût été, cependant, conforme à l'intérêt européen que l'influence et la force de la France y fussent conjuguées avec celles de l'Angleterre, comme ç'avait été souvent le cas dans le passé[25]. Nul n'en était plus convaincu que M. Argyropoulo, représentant la Grèce auprès de nous. Ce patriote anxieux des menaces suspendues sur son pays, ce politique convaincu qu'une Europe dont on éloignait la France avait toutes chances de s'égarer, déplorait qu'un écran fût tendu, de l'extérieur, entre son gouvernement et celui de la République française.

Au sujet des Yougoslaves, nos alliés procédaient de même. Or, le royaume serbe-croate-slovène, en proie déjà avant la guerre à des dissensions passionnées entre ses éléments ethniques, se trouvait à présent bouleversé de fond en comble. On y avait vu les Italiens instituer un État croate et s'annexer la Dalmatie et la province slovène de Ljubljana[26]. On y avait vu le colonel Mikhaïlovitch mener vaillamment la guérilla contre les Allemands dans les montagnes de Serbie[27], plus tard Joseph Broz, dit Tito, entamer la lutte de son côté sous l'obédience communiste. On y avait vu les occupants réagir par des massacres et des destructions d'une brutalité inouïe, tandis que Mikhaïlovitch et Tito devenaient des adversaires. À Londres, le tout jeune roi Pierre II et son instable gouvernement étaient en proie, non seulement aux pires difficultés internes, mais encore à la pression impérative des Britanniques.

Ceux-ci, en effet, considéraient la Yougoslavie comme l'un des champs principaux de leur politique méditerranéenne. Au surplus, M. Churchill en avait fait son affaire personnelle. Caressant le projet d'une vaste opération balkanique, il voulait que la Yougoslavie en fût la tête de pont. Une mission militaire anglaise avait donc été envoyée, dès l'origine, auprès de Mikhaïlovitch, pour Londres pourvoyait d'armes et de conseils. Par la suite, le Premier Ministre déléguait son fils Randolph chez Tito. En fin de compte, donnant la préférence à ce dernier, le gouvernement britannique lui expédiait de quoi équiper ses troupes. Quant à Mikhaïlovitch, il se voyait privé de tout secours, vilipendé par la radio de Londres, voire accusé de trahison devant les Communes par le représentant du Foreign Office. D'autre part, en juin 1944, l'infortuné Pierre II était sommé par M. Churchill de renvoyer le gouvernement de M. Pouritch, dont Mikhaïlovitch faisait partie comme ministre de la Guerre, et de confier le pouvoir à M. Soubachitch, lequel avait au préalable reçu l'investiture de Tito. Cette manière de faire trouvait, on le comprend, l'approbation de Moscou, tandis que M. Fotich, ambassadeur yougoslave à Washington, ne parvenait pas à obtenir pour son souverain l'appui des États-Unis.

Le Comité français de la libération nationale était tenu systématiquement en dehors de ces développements. J'avais pu, par épisodes, entrer en rapport avec le général Mikhaïlovitch, lequel de son côté marquait l'ardent désir de communiquer avec moi. Divers messages s'étaient échangés. En février 1944, je lui décernai la croix de Guerre et en fis publiquement l'annonce afin de l'encourager au moment où le sol se dérobait sous ses pas. Mais jamais les officiers que je tâchai de lui envoyer, depuis Tunis ou depuis l'Italie, ne parvinrent à le joindre. Quant à Tito, à aucun moment, nous n'en reçûmes le moindre signe. Avec le roi Pierre II et ses ministres, je m'étais trouvé en cordiales relations pendant mon séjour en Grande-Bretagne. Maurice Dejean qui nous représentait auprès d'eux, M. Jodjvanovitch qu'ils déléguaient à Alger auprès de nous, servaient d'intermédiaires pour des échanges d'opinions et d'informations. Mais, en aucune occasion, le gouvernement yougoslave — faute d'en avoir sans doute la latitude — ne se tourna vers nous pour demander nos bons offices. Quant à l'Angleterre, elle ne crut pas une seule fois devoir même nous consulter. Je me trouvai donc renforcé dans ma résolution de consacrer directement à la libération de la France ce que nous pouvions avoir de moyens et de ne pas les engager dans des opérations balkaniques. Pourquoi irions-nous fournir notre concours militaire à une entreprise politique dont nous nous trouvions exclus ?

Si la progression des Soviets et l'action de leurs agents faisaient subir à certains gouvernements réfugiés le supplice de la poire d'angoisse, par contre le président Benès et ses ministres affectaient de s'en inquiéter peu pour la Tchécoslovaquie. Non qu'au fond d'eux-mêmes ils fussent rassurés. Mais ils jugeaient, qu'au lieu d'aller contre l'inévitable, mieux valait en tirer parti. Leur représentant M. Cerny nous tenait, d'ailleurs, au courant de cette manière de voir. En décembre 1943, Benès s'était rendu à Moscou et avait conclu avec Staline un « traité d'amitié, de collaboration et d'assistance mutuelle ». Regagnant Londres, il vint à Alger, le 2 janvier. Nous reçûmes avec tous les égards possibles ce chef d'État, qui à travers de terribles vicissitudes était toujours resté l'ami de la France.

Benès m'informa de ce qu'avaient été ses conversations de Moscou. Il me dépeignit Staline, réservé dans ses propos mais résolu dans ses intentions, ayant sur chacun des problèmes européens des idées tout à la fois dissimulées et bien arrêtées. Puis, lui-même m'exposa sa politique. « Regardez la carte, dit-il. Les Russes arrivent aux Carpates. Mais les Occidentaux ne sont pas près de débarquer en France. C'est donc l'Armée rouge qui libérera mon pays des Allemands. Dès lors, pour que je puisse y établir mon administration, c'est avec Staline qu'il me faut m'accorder. Je viens de le faire et à des conditions qui n'hypothèquent pas l'indépendance de la Tchécoslovaquie. Car, d'après ce dont lui et moi avons convenu, le commandement russe ne se mêlera en rien de nos affaires politiques. »

Passant à la question d'ensemble, le Président entreprit de me démontrer comme il l'avait fait déjà en d'autres occasions, que l'État tchécoslovaque n'avait de chances de renaître que moyennant l'alliance moscovite. Il promenait le doigt sur la carte et s'écriait : « Voici la région des Sudètes qui devra être reprise aux Allemands. Voici Teschen que convoitent les Polonais. Voici la Slovaquie que les Hongrois rêvent de recouvrer et où Mgr Tiszo a formé un gouvernement séparatiste. Or, demain, l'Allemagne de l'Est, la Pologne, la Hongrie, seront aux mains des Soviets. Que ceux-ci viennent à épouser les querelles de celles-là, c'est le démembrement certain. Vous le voyez, l'alliance russe est pour nous l'impératif catégorique. »

Comme j'évoquais la possibilité d'un contrepoids à l'Occident, Benès se montra sceptique. « Roosevelt, dit-il, veut s'arranger avec Staline et, après la victoire, rembarquer ses troupes au plus tôt. Churchill se soucie peu de nous. Pour lui, la ligne de défense de l'Angleterre est sur le Rhin et les Alpes. Cette ligne acquise, rien ne le passionnera excepté la Méditerranée. Pour ce qui nous concerne, il réglera son attitude d'après celle de Roosevelt moyennant quelques avantages en Orient. À Téhéran, d'un commun accord, on n'a, je le sais, soufflé mot de la Tchécoslovaquie. Il est vrai qu'il reste vous-même, général de Gaulle, artisan de cette France ferme et forte qui est indispensable à l'équilibre. Si vous n'aviez pas paru après la chute de votre pays pour l'entraîner au redressement, il n'y aurait plus eu d'espoir pour la liberté de l'Europe. Personne ne forme donc de vœux plus ardents que moi pour votre complète réussite. Mais il me faut bien constater que Washington et Londres ne la favorisent pas beaucoup. Que sera-ce demain ? Il me faut aussi me souvenir du congé signifié à Clemenceau par le parlement français au lendemain de l'autre guerre. J'étais au travail avec le grand Mazaryk quand la nouvelle en arriva à Prague. Tous deux nous eûmes la même pensée : « " C'est le renoncement de la France[28] ! " »

Ce que Benès m'avait dit, quant à l'attitude de Washington et de Londres en face des ambitions soviétiques, se vérifiait déjà dans la question polonaise. Plus l'Armée rouge approchait de Varsovie, plus nettement apparaissait le projet formé par Moscou de dominer la Pologne et d'en modifier les frontières. On discernait que Staline voulait, d'une part prendre pour lui les territoires de la Lituanie, de la Russie blanche, de la Galicie orientale, d'autre part étendre les Polonais jusqu'à l'Oder et la Neisse au détriment des Allemands. Mais il n'était pas moins clair que le maître du Kremlin entendait installer sur la Vistule un régime à sa discrétion et que les Anglo-Saxons n'y mettraient pas leur veto.

Le gouvernement réfugié à Londres se trouvait donc aux prises avec des problèmes effrayants, sans avoir la possibilité de s'opposer matériellement aux décisions de Moscou, mais tout armé moralement de cette sombre assurance qu'un patriotisme trempé par des siècles d'oppression confère aux cœurs polonais. À vrai dire, le général Sikorski, président du Conseil et commandant en chef, avait d'abord cherché un accord avec les Soviets. À l'époque où la Wehrmacht se trouvait aux portes de Moscou, cet accord avait semblé possible. Nombre de soldats polonais, faits prisonniers par les Russes en 1939, s'étaient vus autorisés à gagner le Moyen-Orient avec leur chef, le général Anders[29], tandis que Staline adoptait un ton modéré pour parler des frontières et des relations futures. À présent, le tableau était devenu très différent, tout comme la carte de guerre. Du coup, les Polonais se livraient, de nouveau, à l'aversion et à la crainte que leur inspiraient les Russes. Au printemps de 1943, ils les avaient officiellement accusés — non sans apparence de raison[30] — d'avoir, trois ans auparavant, massacré dans la forêt de Katyn dix mille de leurs officiers prisonniers. Staline, irrité, avait suspendu les relations diplomatiques. C'est alors, qu'en juillet, le général

Sikorski, revenant d'Égypte où il était allé inspecter les troupes d'Anders, trouvait la mort à Gibraltar dans un accident d'avion. Cet homme éminent, qui jouissait d'assez de prestige pour dominer les passions de ses compatriotes, d'assez d'audience internationale pour qu'on dût le ménager, était irremplaçable. Dès le lendemain de sa disparition, la crise russo-polonaise prit l'allure d'un conflit aigu.

Pourtant, le nouveau gouvernement polonais avait, par la bouche de son chef M. Mikolajczyk, promis qu'après la libération les pouvoirs publics à Varsovie seraient composés de manière à donner à Moscou toutes garanties de bon voisinage. Quant aux frontières, il ne repoussait a priori aucun projet et affirmait seulement que la question ne pouvait être réglée que par le traité de paix. Il donnait l'ordre aux forces de la Résistance en territoire national de coopérer avec les armées soviétiques. Enfin, il se tournait vers les États-Unis et la Grande-Bretagne « pour résoudre le différend et conduire à la solution de tous les problèmes en suspens ». Mais ces dispositions conciliantes ne trouvaient pas d'écho au Kremlin. Bien au contraire, les griefs des Russes grossissaient à mesure de leur avance. En janvier, à l'occasion de l'entrée de leurs troupes en territoire polonais, les Soviets publiaient une déclaration suivant laquelle la ligne dite « Curzon[31] » devrait être adoptée comme frontière orientale et le gouvernement réfugié à Londres totalement remanié. En même temps, apparaissait un corps d'armée polonais formé par les soins des Russes et dont le chef, Berling, rejetait l'autorité du gouvernement légal, tandis qu'un « Comité polonais de la libération nationale », préparé à Moscou et présidé par M. Osuska-Morawski, entrait en Galicie sur les pas des troupes soviétiques.

Il était évident que l'indépendance de la Pologne ne trouvait qu'un appui précaire auprès des Anglo-Saxons. Dès janvier 1944, M. Cordell Hull faisait une réponse évasive à la demande de médiation de M. Mikolajczyk. Encore, Roosevelt, qui devait se présenter cette année-là à l'élection pour la présidence, cultivait-il l'ambiguïté en considération des électeurs d'origine polonaise. Mais on pouvait prévoir, qu'une fois ce cap franchi, il laisserait les mains libres à Staline. Les Britanniques montraient moins de résignation. Cependant, il était probable que leur souci de s'aligner sur les Américains les amènerait finalement à céder sur le fond, moyennant quelque arrangement de forme.

En effet, MM. Churchill et Eden, tout en prononçant des paroles favorables à l'indépendance de la Pologne, pressaient M. Mikolajczyk de se rendre à Moscou. La visite eut lieu en août, au moment même où l'armée soviétique arrivait devant Varsovie et où, dans la ville, l'armée clandestine polonaise, sous les ordres du général Komorowski dit « Bor », entrait en action contre les Allemands. Après une lutte héroïque, les Polonais étaient écrasés, accusant les Russes de n'avoir rien fait pour leur porter secours et, même, de s'être opposés à ce que des avions anglais viennent se poser sur les bases soviétiques afin d'agir, à partir de là, au profit des défenseurs. Peu de jours avant, à Moscou, les ministres polonais n'obtenaient de Staline et de Molotov que des réponses décourageantes, tout en recevant notification d'un accord conclu entre l'Union soviétique et le « Comité polonais de la libération nationale », accord qui attribuait à ce comité l'administration des territoires libérés.

Cette opération d'asservissement de la Pologne, notre gouvernement n'était pas en mesure de l'empêcher. Faute d'être réellement associé à ses grands alliés dans le domaine diplomatique et de participer, en égal, à l'élaboration des plans stratégiques communs, comment aurait-il pu obtenir des puissances occidentales qu'elles adoptent l'attitude politique et les décisions militaires qui eussent, sans doute, sauvé l'indépendance polonaise tout en attribuant à la Russie la frontière qu'elle réclamait ? Pour moi, l'idée qu'avait Staline de compenser, par des acquisitions en Prusse et en Silésie au profit des Polonais, les amputations que ceux-ci subiraient à l'est était fort acceptable, pourvu que l'on procédât avec humanité aux transferts nécessaires de populations. Mais j'estimais que son intention d'instituer à Varsovie la dictature de ses dévots devait être contrecarrée. Je pensais que l'Amérique, l'Angleterre et la France, en affirmant conjointement ceci et cela à la face du monde, en agissant de concert dans ce sens auprès des gouvernements soviétique et polonais, en réservant aux flottes combinées de l'Occident l'accès futur des ports de la Baltique, quitte à ouvrir aux navires russes celui des ports de la mer du Nord, auraient pu faire en sorte que la liberté fût, finalement, rendue à la noble et vaillante Pologne.

Mais, devant les exigences de la Russie soviétique, l'Amérique choisissait de se taire. La Grande-Bretagne cherchait une formule. La France n'avait pas voix au chapitre. À

M. Morawski, actif et digne ambassadeur de Pologne auprès du Comité français de la libération, avec qui à maintes reprises je tins à m'entretenir[32], au général Sosnkowski, qui avait succédé à Sikorski comme commandant en chef et que je reçus à Alger en décembre, au général Anders que je vis avec ses troupes, en mars 1944, devant le mont Cassin, à M. Rackiewicz président de la République polonaise, avec qui j'échangeai des visites lors de mon passage à Londres en juin 1944, et à M. de Romer son ministre des Affaires étrangères que je vis à ses côtés, je ne pus qu'indiquer quelle était notre position et assurer que nous la ferions valoir quand nous en aurions les moyens.

Cependant, nous trouvâmes l'occasion d'apporter une aide au gouvernement polonais. Il s'agissait de la destination à donner à un important stock d'or que la Banque d'État de Pologne avait confié à la Banque de France, en septembre 1939, et que celle-ci avait, en juin 1940, entreposé à Bamako[33]. Au mois de mars 1944, le Comité de la libération, saisi des demandes instantes du ministre Mikolajczyk, décida de remettre les Polonais en possession de leur or. M. Bogomolov ne manqua pas de faire auprès de nous de pressantes démarches pour que la mesure fût rapportée. M'ayant, en fin de compte, demandé audience, il me dit : « Le gouvernement soviétique élève une protestation formelle contre le transfert de l'or polonais au gouvernement réfugié à Londres. Car celui-ci ne sera pas, demain, le gouvernement de la Pologne. » Je répondis qu'il l'était aujourd'hui, qu'il était reconnu par tous nos alliés, y compris la Russie, que par ses ordres des forces polonaises combattaient, en ce moment même, à côté des nôtres en Italie, qu'enfin je ne voyais pas à quel titre l'Union soviétique intervenait dans une affaire qui concernait exclusivement la Pologne et la France. M. Bogomolov se retira sans cacher sa mauvaise humeur.

Ainsi, malgré les conseils d'abstention donnés par Washington, Londres et Moscou, on voyait les moyens et petits États européens rechercher notre contact. D'autres, géographiquement éloignés, tendaient eux aussi à se rapprocher moralement de nous. Le général Vanier, délégué du Canada, nous apportait les encouragements de son pays, exemplaire dans l'effort de guerre, et négociait l'aide économique que celui-ci nous prêtait déjà, celle aussi qu'il nous fournirait à mesure de la libération. Nos alliés de l'Amérique latine marquaient, par les démarches de leurs plénipotentiaires, que le retour de la France à sa position mondiale touchait au vif leurs sentiments et leurs intérêts. C'est ce que faisaient, par exemple : pour le Brésil M. Vasco da Cunha, pour le Pérou M. de Aramburu, pour l'Équateur M. Freila Larrea, pour Cuba M. Suarez Solar. Enfin, M. de Sangroniz, très distingué et adroit délégué de l'Espagne, bien qu'il fût le seul neutre au milieu des belligérants et quelque peu gêné par un statut assez vague, s'empressait au règlement des questions concernant le Maroc, le sort de Tanger, la destination des Français qui franchissaient les Pyrénées, les échanges entre l'Afrique française et la Péninsule ibérique. Nous avions, en effet, tenu à établir avec les Espagnols les relations indispensables. Eux-mêmes l'avaient souhaité. Au demeurant, je comptais qu'un proche avenir permettrait la reprise des rapports entre Paris et Madrid dans des conditions dignes des deux grands peuples voisins[34].

Mais, à Alger, c'étaient naturellement nos relations avec les délégations des trois grands alliés qui nourrissaient surtout l'activité diplomatique. Sans que j'eusse à intervenir dans ce domaine d'une manière aussi directe qu'au temps où nous n'avions pas de ministères proprement dits, il me fallait, néanmoins, suivre de près les affaires. J'étais donc en rapports constants avec les représentants des États-Unis, de la Grande-Bretagne et de la Russie soviétique. Car, si leurs gouvernements étaient censés s'interroger pour savoir qui était réellement la France, ils n'en déléguaient pas moins auprès de nous leurs ambassadeurs et ceux-ci ne cachaient nullement qu'ils comptaient bien, avant peu, nous accompagner à Paris.

Après le remaniement du Comité de la libération sous ma seule présidence, Washington et Londres, faisant contre mauvaise fortune bon cœur, avaient pris à cet égard des dispositions convenables. M. Robert Murphy, porteur du titre imprécis de délégué du président Roosevelt, fut transféré en Italie. M. Edwin Wilson le remplaça en la qualité définie de représentant de son gouvernement auprès de notre comité. Le départ de M. Murphy et la manière d'être de son successeur amenèrent une heureuse détente dans nos rapports avec l'ambassade américaine. Car, si le premier titulaire appréciait peu le succès des « gaullistes[35] », le second, au contraire, en paraissait fort satisfait. Autant avaient été espacés et malaisés mes entretiens avec M. Murphy, autant furent fréquentes et agréables les visites de M. Wilson. Ce diplomate de valeur était aussi un homme de cœur. Sans que son loyalisme se permît de désavouer l'attitude de White House et du State Department, il en souffrait visiblement. Par son action personnelle, il sut à maintes reprises faire comprendre, sinon accepter, par chaque partie le point de vue de l'autre et prévenir, à l'occasion, des éclats qui se préparaient, soit du côté américain, soit du nôtre.

M. Duff Cooper en faisait autant pour le compte des Britanniques. Jusqu'en décembre 1943, c'est M. MacMillan qui avait représenté la Grande-Bretagne à Alger, tout en assumant d'autres charges. Il partait, maintenant, pour l'Italie où était transféré son poste de ministre d'État. Choisi, d'abord, par Churchill pour s'associer, bien qu'avec réserve, à l'action politique des Américains en Afrique du Nord, il avait compris, peu à peu, qu'il y avait mieux à faire. Son âme élevée, sa claire intelligence, s'étaient trouvées en sympathie avec l'équipe française qui voulait la France sans entraves. Moi-même sentis fondre en lui, à mesure de nos rapports, les préventions qu'il avait nourries. En échange, il eut toute mon estime. Mais, dès lors qu'il partait, Londres tint à lui donner le meilleur successeur possible et, en même temps, à normaliser la représentation britannique. M. Duff Cooper fut nommé ambassadeur à Alger, en attendant de l'être à Paris. Ce fut là un des gestes les plus aimables et les plus avisés qu'ait faits, à l'égard de la France, le gouvernement de Sa Majesté dans le Royaume-Uni.

Duff Cooper était un homme supérieur. Beaucoup[d] de dons lui étaient impartis. Qu'il s'agît de politique, d'histoire, de lettres, d'art, de science, il n'était rien qu'il ne comprît et qui ne l'intéressât. Mais il apportait à tout une sorte de modération, peut-être de modestie, qui, en lui conférant leur charme, le détournaient de s'imposer. Ses convictions, pourtant, étaient fortes ; ses principes, inébranlables ; toute sa carrière en avait témoigné. Dans son pays et à une époque où les événements exigeaient que l'on prît les meilleurs, il eût pu être le Premier. On peut penser qu'il en fût empêché par un trait de sa nature : le scrupule, et par une circonstance : la présence de Winston Churchill. Mais, s'il n'était Premier Ministre à Londres, il devait être ambassadeur à Paris. Humain, il aimait la France ; politique, il traitait les affaires avec une noble sérénité ; Britannique, il servait son roi sans détour. Placé entre Churchill et moi, il prit à tâche d'amortir les chocs. Il y réussit quelquefois. S'il avait été possible qu'un homme y parvînt toujours, Duff Cooper eût été celui-là.

Du côté russe, nous avions affaire, comme devant, à M. Bogomolov, empressé de tout savoir et attentif à ne se point livrer, quitte à se raidir, tout à coup, pour formuler ce que son gouvernement avait à dire de catégorique. En certains cas, M. Vichynsky, momentanément chargé des questions italiennes mais familier des domaines les plus étendus, venait faire le tour des problèmes. Il y montrait une grande envergure d'esprit, mais aussi, trait qui pouvait surprendre chez l'ancien procureur des Soviets[36], un agréable enjouement. Pourtant, il laissait voir par éclairs ce qu'avaient d'implacable les consignes qui le liaient. Comme je lui disais un jour, non loin d'autres qui pouvaient m'entendre : « Ce fut, pour nous, une faute de n'avoir pas pratiqué avec vous, avant 1939, une franche alliance contre Hitler. Mais quel tort avez-vous eu vous-mêmes de vous entendre avec lui et de nous laisser écraser ! » M. Vichynsky se dressa, livide. Du geste, il semblait balayer quelque mystérieuse menace. « Non ! Non ! murmura-t-il. Jamais, jamais, cela ne doit être dit ! »

En somme, les relations de la France avec ses alliés se développaient pratiquement en dépit des précautions introduites dans les formules. Le 1ᵉʳ janvier 1944 fut l'occasion d'un spectacle démonstratif. Ce jour-là, le corps diplomatique vint en grande pompe aux Oliviers me présenter ses vœux de Nouvel An, comme il est d'usage de les offrir au chef de l'État[37]. Il y avait même eu, dans le salon d'attente, une vive controverse entre les ambassadeurs d'Angleterre et de Russie sur le point de savoir lequel des deux était doyen du corps et devait prononcer l'adresse traditionnelle. M. Duff Cooper l'emporta. Mais cette visite solennelle, autant que cette concurrence, étaient les signes de notre ascension.

Il n'en restait pas moins que les desseins des dirigeants alliés, en ce qui concernait la France, maintenaient les diplomates en état de tension chronique. Roosevelt persistait à nous dénier la qualité d'être le pouvoir français lors de la libération. Tout en faisant dire que cette attitude de l'Amérique lui paraissait excessive, l'Angleterre s'y conformait. S'il ne s'était agi que d'une question de terminologie, la chose nous eût laissés froids. Mais le refus de nous reconnaître comme l'autorité nationale française couvrait, en réalité, l'idée fixe du président des États-Unis d'instituer en France son arbitrage. Cette prétention à empiéter sur notre indépendance, je me sentais à même de la rendre vaine en pratique. À l'échéance, Roosevelt serait contraint de le constater. Toutefois, le retard dû à son obstination empêcherait le commandement militaire de savoir à l'avance à qui il aurait affaire dans ses rapports avec les Français. D'autre part, il en résulterait, jusqu'à la dernière minute, entre nous et nos alliés des frictions et des incidents qu'autrement on eût évités.

Le Comité de la libération avait pourtant, dès septembre 1943, adressé à Washington et à Londres un mémorandum précisant les conditions dans lesquelles devrait fonctionner, pendant la bataille de France, la collaboration de l'administration française avec les forces alliées. Il y était spécifié que, dans la zone du combat, le commandement militaire aurait la disposition des communications, transmissions, services publics, en s'adressant aux autorités locales. À l'arrière, le gouvernement français ferait ce qu'il faudrait suivant les demandes du général Eisenhower. Pour assurer les contacts, il était prévu qu'avec chaque grande unité marcheraient des officiers français « de liaison administrative », qu'aux côtés d'Eisenhower serait détaché par nous un général pourvu des attributions et du personnel nécessaires, qu'en attendant l'arrivée du gouvernement en territoire métropolitain un de ses membres s'y rendrait pour y prendre, par délégation, toutes dispositions utiles. De fait, le corps de liaison administrative, créé en septembre 1943 sous la direction d'Hettier de Boislambert, avait été recruté et instruit, puis transporté en Angleterre. Au mois de mars 1944, j'avais désigné le général Kœnig et le général Cochet pour être adjoints respectivement aux commandants en chef alliés sur les théâtres du Nord et de la Méditerranée. À la même date, André Le Troquer était nommé commissaire national délégué en territoire libéré. Ces mesures donnaient satisfaction aux états-majors alliés. Mais, pour qu'on pût les faire jouer, il manquait l'accord des gouvernements de Washington et de Londres. Or, ceux-ci ne répondaient pas à notre mémorandum.

Le Président, en effet, conservait, de mois en mois, le document sur sa table. Pendant ce temps, aux États-Unis, se montait un « allied military government » (A.M.G.O.T.), destiné à prendre en main l'administration de la France. On voyait affluer dans cette organisation toutes sortes de théoriciens, techniciens, hommes d'affaires, propagandistes, ou bien de Français d'hier fraîchement naturalisés Yankees. Les démarches que croyaient devoir faire à Washington Monnet et Hoppenot, les observations que le gouvernement britannique adressait aux États-Unis, les demandes instantes qu'Eisenhower envoyait à la Maison-Blanche, ne provoquaient aucun changement. Comme il fallait bien, cependant, aboutir à quelque texte, Roosevelt se décida, en avril, à donner à Eisenhower des instructions en vertu desquelles c'est au commandant en chef qu'appartiendrait le pouvoir suprême en France. Il devrait, à ce titre, choisir lui-même les autorités françaises qui collaboreraient avec lui. Nous sûmes, bientôt, qu'Eisenhower adjurait le Président de ne pas le charger de cette responsabilité politique et que les Anglais désapprouvaient une procédure aussi arbitraire. Mais Roosevelt, remaniant tant soit peu la lettre de ses instructions, en avait maintenu l'essentiel[38].

À vrai dire, les intentions du Président me paraissaient du même ordre que les rêves d'Alice au pays des merveilles. Roosevelt avait risqué déjà en Afrique du Nord, dans des conditions beaucoup plus favorables à ses desseins, une entreprise politique analogue à celle qu'il méditait pour la France. Or, de cette tentative, il ne restait rien. Mon gouvernement exerçait, en Corse, en Algérie, au Maroc, en Tunisie, en Afrique noire, une autorité sans entraves. Les gens sur qui Washington comptait pour y porter obstacle avaient disparu de la scène. Personne ne s'occupait de l'accord Darlan-Clark, tenu pour nul et non avenu par le Comité de la libération nationale et dont j'avais hautement déclaré à la tribune de l'Assemblée consultative qu'aux yeux de la France il n'existait pas[39]. Que l'échec de sa politique en Afrique n'ait pu venir à bout des illusions de Roosevelt, je le regrettais pour lui et pour nos relations. Mais j'étais sûr que son projet, reconduit pour la Métropole, n'y aurait même pas un commencement d'application. Les Alliés ne rencontreraient en France d'autres ministres et d'autres fonctionnaires que ceux que j'aurais instaurés. Ils n'y trouveraient d'autres troupes françaises que celles dont j'étais le chef. Sans aucune outrecuidance, je pouvais défier le général Eisenhower d'y traiter valablement avec quelqu'un que je n'aurais pas désigné.

Lui-même, d'ailleurs, n'y songeait pas. Il était venu me le déclarer, le 30 décembre, avant de partir pour Washington et, de là, pour Londres où il allait préparer le débarquement en France. « J'avais, dit-il, été prévenu à votre égard dans un sens défavorable. Aujourd'hui, je reconnais que ce jugement était erroné. Pour la future bataille, j'aurai besoin, non seulement du concours de vos forces, mais encore de l'aide de vos fonctionnaires et du soutien moral de la population française. Il me faut donc votre appui. Je viens vous le demander. — À la bonne heure ! lui dis-je. Vous êtes un homme ! Car vous savez dire : " J'ai eu tort. " »

Nous parlâmes de l'imprécision dans laquelle restait la collaboration à établir en France entre nos autorités et le commandement militaire. Eisenhower ne me cacha pas qu'il en était très préoccupé. « Mais, ajouta-t-il, en dehors des principes il y a les faits. Or, je puis vous garantir que, pour ce qui doit me concerner et quoi que l'on puisse m'imposer comme attitude apparente, je ne connaîtrai pratiquement en France d'autre pouvoir français que le vôtre[40]. » Je lui indiquai, alors, que nous aurions probablement l'occasion de manifester notre entente à propos de la façon dont serait libéré Paris. « Il faudra, lui dis-je, que ce soient des troupes françaises qui s'emparent de la capitale. En vue de cette opération, il s'agit qu'une division française soit transportée à temps en Angleterre, comme nous, Français, l'avons demandé[41]. » Eisenhower acquiesça.

À mesure qu'approchait la période de mai-juin que les états-majors avaient choisie pour le débarquement, les Anglais manifestaient le désir de tirer le problème politique de l'impasse où il était enfoncé. M. Churchill se tenait lui-même comme le courtier désigné entre les prétentions du président Roosevelt et les refus du général de Gaulle. Mais, comme le plus grand poids de force et le plus gros volume de publicité étaient du côté américain, l'effort du Premier Ministre allait consister surtout à faire pression sur moi pour m'amener à satisfaire Roosevelt.

Au début de janvier, M. Duff Cooper[42] vint me dire : « Churchill, comme vous le savez, est tombé malade à Tunis en revenant de Téhéran. On l'a, depuis, transporté à Marrakech. Il souhaiterait beaucoup vous voir. Mais son état de santé lui interdit de se déplacer. Consentiriez-vous à aller jusqu'à lui ? » En territoire français, la visite du Premier Ministre britannique était due, normalement, au président du gouvernement français. Néanmoins, eu égard à la personne et aux circonstances, j'allai, le 12 janvier, déjeuner avec M. Churchill. Je le trouvai en pleine convalescence. Nous eûmes une longue conversation, la première depuis six mois. Y assistaient : M. Duff Cooper et Lord Beaverbrook, ainsi que Gaston Palewski.

Le Premier Ministre, pittoresque et chaleureux, s'appliqua à me décrire les avantages que je m'assurerais en entrant dans les vues du Président. Il s'agissait*, en somme, pour moi de reconnaître dans les affaires françaises la suprématie de Roosevelt, sous prétexte que celui-ci avait adopté une position publique qu'il ne pouvait abandonner et qu'il avait prise, vis-à-vis de certaines personnalités françaises compromises par Vichy, des engagements qu'il lui fallait tenir. Passant au concret, M. Churchill me suggéra d'arrêter, dès à présent, l'instance ouverte par la justice au sujet de MM. Flandin, Peyrouton et Boisson. « J'ai étudié le dossier de Flandin, me dit le Premier anglais. Il n'y a rien de grave contre lui. Le fait qu'il se trouve en Afrique du Nord prouve qu'il s'est séparé de Vichy. Si Peyrouton est venu en Algérie pour y être gouverneur, ce fut sur la désignation du président des États-Unis. Pour Boisson, le Président lui a garanti, naguère, qu'il conserverait sa place et moi je lui ai fait dire : « "Allez à la bataille et ne vous occupez pas du reste ! " » M. Churchill qualifia de regrettable le fait que les généraux Giraud et Georges aient dû quitter le gouvernement français. « Pourtant, dit-il, Roosevelt avait choisi le premier. Moi, j'avais fait venir le second. » À entendre M. Churchill, on devait se convaincre, si ce n'était déjà fait, que pour le président des États-Unis et le Premier Ministre britannique la France était un domaine où leurs choix devaient s'imposer et que leur grief principal à l'encontre du général de Gaulle c'est qu'il ne l'admettait pas.

De la meilleure humeur, je répondis à M. Churchill que l'intérêt porté par lui et par Roosevelt à nos affaires intérieures était, à mes yeux, la preuve du redressement de la France. Aussi*b* tenais-je à ne pas les décevoir en laissant se produire, demain, dans mon pays des convulsions révolutionnaires, ce qui arriverait fatalement si la justice n'était pas rendue. Je ne souhaitais pas de mal à MM. Flandin et Peyrouton. Pour le premier, je ne méconnaissais ni sa valeur, ni ses intentions. Pour le second, je n'oubliais pas le service qu'il avait rendu à l'unité en mettant son poste à ma disposition dès mon arrivée à Alger. Mais je croyais conforme à l'intérêt national qu'ils eussent tous deux à s'expliquer devant une Haute Cour de leurs actes de ministres de Vichy. La destination à donner au gouverneur général Boisson ne regardait que ses chefs. La présence ou l'absence des généraux Giraud et Georges dans mon gouvernement était mon affaire à moi. Je poursuivrais donc mon chemin, celui de l'indépendance, convaincu qu'il était le meilleur, non seulement pour l'État et la nation dont j'avais la charge, mais aussi pour notre alliance à laquelle j'étais attaché[43].

Afin d'alléger l'atmosphère, j'invitai M. Churchill à venir, le lendemain, passer à mes côtés la revue de la garnison, ce qu'il accepta volontiers. La cérémonie eut lieu dans le plus vif enthousiasme populaire. Pour la foule de Marrakech, comme pour celles qui partout ailleurs regarderaient les images sans connaître l'envers du décor, Churchill et de Gaulle apparaissant côte à côte cela signifiait que, bientôt, les armées alliées marcheraient ensemble à la victoire et que c'était là l'essentiel. Je le dis au Premier Ministre et nous convînmes, qu'après tout, c'est la foule qui avait raison.

Mais la politique des Anglo-Saxons employait, pour m'entamer, des procédés qui n'avaient pas toujours la même qualité qu'un entretien avec Churchill. Au cours de l'hiver, une vilaine affaire, destinée à m'éclabousser, fut montée par certaines instances britanniques en accord évident avec les services américains correspondants. Cela avait commencé par une campagne de presse déclenchée aux États-Unis dans le but de faire croire que l'ancienne France Combattante et son chef visaient à établir leur dictature en France et usaient, déjà, de pratiques totalitaires. On publiait, comme ayant été la formule d'engagement des volontaires Français Libres, le texte, inventé de toutes pièces, d'un serment extravagant. On accusait nos services, avant tout le B.C.R.A., de brutaliser et de torturer nos hommes afin de les plier à notre féroce discipline. Après cette préparation sortit, soudain, « l'affaire Dufour[44] ».

Sous ce nom, un agent de l'« Intelligence », recruté en France à notre insu, avait été amené en Grande-Bretagne par les Anglais dans le courant de 1942 et s'était présenté à la France Combattante en demandant à s'engager. Il se donnait pour lieutenant et chevalier de la Légion d'honneur. Bientôt, ses chefs s'étaient aperçus qu'il n'était ni l'un, ni l'autre, mais qu'en revanche il appartenait au service britannique des renseignements. Puni de prison pour avoir usurpé un grade et un titre qu'il ne possédait pas, Dufour avait contracté un nouvel engagement en sa qualité réelle, celle d'homme de troupe. Mais, un jour, comme il purgeait sa peine au camp de Camberley, il s'était évadé avec le concours de l'« Intelligence » et avait rejoint ses employeurs. Au point de vue français, il n'était donc qu'un quelconque déserteur, abusivement utilisé et protégé par un service étranger. Faute d'avoir la possibilité de s'assurer de sa personne en territoire britannique, le commandement français en Angleterre ne s'occupait pas de lui depuis plus d'une année, quand en septembre 1943 Pierre Viénot, convoqué au Foreign Office, reçut à son sujet une étonnante communication[45].

« Dufour, disait par cette voie officielle le gouvernement britannique, a déposé entre les mains de la justice anglaise une plainte pour sévices contre un certain nombre d'officiers français et contre leur chef, le général de Gaulle. En raison de la séparation des pouvoirs qui, chez nous, est absolue, le gouvernement britannique ne saurait empêcher la justice de suivre son cours. D'ailleurs, le général de Gaulle n'a pas, dans notre pays, l'immunité diplomatique. Peut-être le Général pourrait-il arrêter l'affaire par un arrangement amiable avec Dufour ? Sinon, il sera impliqué dans le procès. Nous croyons devoir lui recommander d'y attacher une sérieuse importance. Car une condamnation est probable et ce serait là, pour la presse, notamment celle des États-Unis, l'occasion d'une pénible campagne au sujet des méthodes et des procédés de la France Combattante. » De fait, de malveillantes allusions paraissaient, au même moment, dans ceux des journaux américains qui faisaient profession de nous attaquer.

Je ne pouvais me tromper sur l'origine, ni sur les mobiles, de cette action d'assez basse inspiration. Évidemment, Dufour, agent anglais et déserteur français, ne m'intentait de procès devant les tribunaux britanniques que parce qu'il y était poussé par ses maîtres. Quant au gouvernement de Londres, s'il négligeait les accords signés par lui avec la France Libre et en vertu desquels les militaires français en Grande-Bretagne n'étaient justiciables que des tribunaux militaires français, s'il déniait au général de Gaulle l'immunité qu'il reconnaissait au dernier des secrétaires de cinquante légations étrangères, s'il essayait de m'intimider par la perspective de scandaleuses calomnies, c'est qu'il se prêtait à une entreprise politique destinée à dégager les dirigeants anglo-saxons d'une position devenue intenable. À l'opinion, qui les pressait d'adopter, à l'égard du général de Gaulle, de son gouvernement, de la France, une attitude digne de l'alliance, White House et Downing Street se flattaient de faire répondre : « Nous devons nous abstenir jusqu'à ce que cette histoire soit éclaircie. »

Je décidai de traiter l'affaire sans le moindre ménagement. Comme quelques officiers en service en Angleterre s'étaient laissé impressionner par les avis du Foreign Office et avaient, d'eux-mêmes, confié notre cause à des *solicitors*, j'ordonnai que ceux-ci fussent immédiatement dessaisis. J'interdis à mes subordonnés de répondre à aucune question et à aucune convocation de la justice britannique. Je chargeai Viénot de faire savoir au Foreign Office « que je discernais le but de l'opération ; que celle-ci tendait à me salir pour justifier la faute politique commise par les Alliés ; que je prenais la chose pour ce qu'elle était, c'est-à-dire pour une infamie, et que les suites de ce " Mystère de New York ", ou de Washington, retomberaient, non certainement sur moi, mais sur ceux qui l'avaient inventé[46] ». Quatre mois passèrent sans que Londres se manifestât autrement que par des avertissements épisodiques, auxquels nous ne répondions pas.

Mais, au mois de mars, le complot revint sur le tapis. Il faut dire que l'ordonnance relative au rétablissement des pouvoirs publics en France avait été adoptée le 21 mars[47]. Tous les journaux du monde s'en emparaient pour affirmer — ce qui était vrai — que le général de Gaulle et son comité se tenaient pour le gouvernement de la France et prétendaient s'y établir sans avoir obtenu l'agrément des Alliés. Roosevelt, vivement pressé par les reporters, disait avec aigreur : « Personne, pas même le Comité français de la libération nationale, ne peut savoir ce que pense réellement le peuple français. Pour les États-Unis, la question reste donc entière. » Cependant, une semaine après que notre ordonnance fut signée, se produisit contre nous l'attaque finale dans l'affaire Dufour. Le 28 mars, M. Duff Cooper, n'osant apparemment m'aborder sur un sujet qui pourtant était censé me concerner, demanda audience à Massigli. Il le pria de me dire que la justice anglaise ne pouvait attendre davantage, que le gouvernement britannique devait la laisser agir et que le procès allait s'ouvrir.

Mais il se trouvait que nous avions de quoi faire une réponse convenable à cette communication. Au début de

1943, un Français Libre : Stéphane Manier, détaché par nous à la radio anglaise d'Accra pour y faire des émissions françaises et qui y avait parfaitement bien servi, était venu en Angleterre sur notre convocation. Par erreur ou par calcul, l'« Intelligence » l'avait, dès son arrivée, enfermé pour interrogatoire dans les locaux de « Patriotic School ». Mais là, soit par l'effet de la stupeur, soit au plus fort d'une crise de paludisme, le malheureux s'était donné la mort. Or, voici que son fils, qui servait dans la marine en Afrique du Nord, venait comme par hasard de m'écrire à ce sujet. Le jeune marin demandait que les circonstances, à tout le moins suspectes, de la mort de son père fussent tirées au clair. Il annonçait son intention de déposer entre les mains de la justice française une plainte contre les officiers de l'Intelligence Service présents en territoire français et contre les membres du gouvernement britannique, y compris M. Winston Churchill, quand ils viendraient à s'y trouver. Je chargeai Massigli de communiquer à l'ambassadeur d'Angleterre le texte de la lettre du plaignant et d'ajouter, de ma part : « Que le gouvernement français ne voyait aucun moyen d'empêcher la justice de faire son office et qu'il y avait malheureusement à craindre dans les journaux du monde entier, à l'occasion du procès, une fâcheuse campagne au sujet des méthodes et des procédés du service de l'" Intelligence ", lui-même couvert par son gouvernement. » Je ne sus pourquoi la justice britannique renonça à suivre son cours, ou comment le cabinet de Londres s'y prit pour l'arrêter malgré la séparation des pouvoirs. Ce n'était pas, d'ailleurs, de ma responsabilité. Mais, de ce jour, je n'entendis plus jamais parler de « l'affaire Dufour[48] ».

La douche chaude suivit la douche froide. Le 14 et le 17 avril, M. Duff Cooper vint me voir pour me faire une communication de la part du Premier Ministre. Celui-ci, suivant l'ambassadeur, était vivement contrarié de l'état de mes rapports avec Roosevelt. Mais il avait la conviction que, si j'allais m'entretenir d'homme à homme avec le Président, les choses iraient beaucoup mieux. En particulier, la question de la reconnaissance du Comité de la libération trouverait, à coup sûr, une solution. M. Churchill était tout prêt à transmettre à M. Roosevelt une demande tendant à me rendre à Washington et me garantissait une réponse favorable.

Je déclarai à Duff Cooper que cette invitation qui n'en était pas une, succédant à quelques autres qui n'en étaient pas non plus, avait à mes yeux peu d'attraits. Si le président des États-Unis souhaitait recevoir le président du gouvernement français, il ne tenait qu'à lui de le prier de venir. Dans ce cas, je ne manquerais pas de faire le voyage. Mais pourquoi irais-je solliciter le Président, fût-ce par l'intermédiaire de M. Churchill, d'accorder son agrément à ma visite ? Quelle interprétation serait donnée à ma démarche, alors que M. Roosevelt professait ouvertement que l'autorité en France relèverait de son investiture ? Pour moi, je n'avais rien à demander au Président. La formalité de la reconnaissance n'intéressait plus le gouvernement français. Ce qui lui importait, c'était d'être reconnu par la nation française. Or, le fait était acquis. Les Alliés auraient pu, quand cela eût été utile, nous aider à prendre figure. Ils ne l'avaient pas fait. À présent, la chose était sans importance.

Quant aux relations entre notre administration et le commandement militaire, je dis à l'ambassadeur qu'elles s'établiraient aisément dès lors que ce commandement ne prétendrait rien usurper. Dans le cas contraire, il y aurait en France le chaos. Mais ce chaos serait désastreux pour les opérations et pour la politique des Alliés. Je conclus que, sans doute, j'irais un jour à Washington, mais seulement quand les faits auraient tranché le débat ; quand, sur le premier lambeau du territoire métropolitain libéré, l'autorité de mon gouvernement serait établie sans conteste ; quand les Américains auraient fourni la preuve qu'ils renonçaient à se mêler en France d'autre chose que des opérations ; quand il serait admis, décidément, que la France était une et indivisible. En attendant, je ne pouvais qu'exprimer le souhait que cette échéance se produise au plus tôt et le désir qu'elle me permette de me rendre aux États-Unis dans des conditions satisfaisantes. J'étais, en tout cas, reconnaissant à M. Churchill de se préoccuper de mon voyage et le remerciais à l'avance de ce qu'il voudrait faire encore à ce sujet[49].

Ayant évité de donner suite aux avances des Alliés, il me fallait maintenant, suivant la loi du pendule, attendre d'eux quelque fâcheuse mesure. Effectivement, il nous fut notifié, le 21 avril, que les télégrammes échangés en chiffre entre nous et nos délégations diplomatique et militaire à Londres ne seraient plus transmis[50]. On nous donnait pour explication la nécessité de sauvegarder le secret des préparatifs en cours. Mais cette précaution, prise unilatéralement par les Anglo-Saxons vis-à-vis des Français dont les forces allaient, tout comme les leurs, jouer un rôle essentiel dans les opérations et dont le territoire serait le théâtre de la bataille, nous fit l'effet d'un outrage. Le Comité de la libération interdit, alors, à son ambassadeur Viénot et à son délégué militaire Kœnig de régler aucune affaire, aussi longtemps que les Alliés prétendraient connaître les ordres que nous donnions et les rapports qui nous étaient adressés. Cette abstention embarrassa fort Eisenhower et son état-major, tandis que la tension diplomatique s'en trouvait accentuée. Bien entendu, nos dépêches chiffrées continuaient d'arriver grâce aux militaires et fonctionnaires français qui allaient et venaient entre Londres et Alger.

La crise se trouvant parvenue au paroxysme et, d'autre part, l'échéance du débarquement étant maintenant imminente, les Alliés ne pouvaient plus différer d'aboutir à une solution. Je ne fus donc pas surpris, quand, le 23 mai, Duff Cooper me fit instamment demander de le recevoir. Depuis que, théoriquement, nous ne pouvions plus communiquer en chiffre avec Londres, je m'étais, à mon grand regret, abstenu de donner audience à l'ambassadeur d'Angleterre. Cette fois, ma porte lui fut ouverte, car il annonçait « une nouvelle orientation ». Il me dit que le gouvernement britannique m'invitait à me rendre à Londres pour y régler la question de la reconnaissance et celle de la collaboration administrative en France. Mais l'ambassadeur me déclarait aussi que son gouvernement souhaitait que je fusse présent en Grande-Bretagne au moment du débarquement.

Je répondis à Duff Cooper que j'étais très sensible à cette attention. Je tenais beaucoup, en effet, à me trouver sur la base de départ au moment où se déclencheraient les armées de la libération et je comptais, à partir de là, prendre pied sur les premiers arpents libérés du territoire métropolitain. J'acceptais donc volontiers de me rendre à Londres. Mais, quant à y conclure un accord ayant une portée politique, il me fallait faire toutes réserves. L'ambassadeur m'entendit répéter que nous ne nous intéressions pas à la reconnaissance. Je lui annonçai que, d'ailleurs, le Comité de la libération prendrait incessamment le nom de gouvernement de la République, quelle que pût être sur ce point l'opinion des Alliés. Quant aux conditions de notre collaboration avec le commandement militaire, nous les avions depuis longtemps précisées dans un mémorandum auquel on n'avait pas répondu. À présent, le gouvernement britannique était, peut-être, disposé à y souscrire. Mais le gouvernement américain ne l'était pas. À quoi bon, dès lors, arrêter entre Français et Anglais des mesures qui ne pourraient être appliquées faute de l'agrément de Roosevelt ? Nous étions, certes, prêts à négocier les modalités pratiques de la coopération, mais il fallait que ce fût à trois et non à deux. Enfin, je prévins M. Duff Cooper que je ne me rendrais à Londres que si j'avais la garantie de pouvoir communiquer par chiffre avec mon gouvernement[51].

Le 26 mai, le Comité de la libération fit sienne la position que j'avais indiquée à l'ambassadeur d'Angleterre. Il fut entendu qu'aucun ministre ne m'accompagnerait dans mon voyage, afin de marquer nettement que j'allais assister au début des opérations et visiter, le cas échéant, la population française dans la zone du combat, mais non point du tout négocier. Puis, le Comité adopta l'ordonnance en vertu de laquelle il devenait, en titre, le « gouvernement provisoire de la République française ». Le lendemain, je reçus à nouveau M. Duff Cooper et lui confirmai ma précédente réponse. Il me donna, par écrit, l'assurance voulue en ce qui concernait le chiffre[52].

C'est alors que Roosevelt, à son tour, crut bon de marquer un commencement de résipiscence. Mais, comme il tenait à ce que cette évolution fût discrète, il avait choisi, pour me la faire connaître, une voie assez détournée. Il s'agissait de l'amiral Fénard, chef de notre mission navale aux États-Unis, qui entretenait avec la Maison-Blanche de bonnes relations personnelles. L'amiral, arrivant en grande hâte des États-Unis, se présenta à moi le 27 mai et me fit le compte rendu suivant : « Le Président m'a formellement demandé de vous transmettre son invitation à venir à Washington. Étant donné la position qu'il a, jusqu'à présent, adoptée à cet égard, il ne saurait, sans perdre la face, en venir aujourd'hui à une démarche officielle. Il doit donc procéder officieusement. Si, dans les mêmes conditions, vous acceptez son invitation, les instances normales des ambassades arrangeront votre voyage sans qu'il soit nécessaire de publier qui, de Roosevelt ou de vous, en aura pris l'initiative. » Quelque étrange que fût la procédure employée par le Président, je ne pouvais faire fi du désir qu'il exprimait lui-même formellement, ni méconnaître l'intérêt que comporterait, sans doute, notre rencontre. J'admis donc que le moment allait venir bientôt de me rendre à Washington.

Mais l'effusion n'était pas de mise. Je chargeai l'amiral Fénard de faire une réponse d'attente, prenant acte de l'invitation que m'adressait Roosevelt, observant qu'aucun projet ferme ne pouvait être actuellement envisagé puisque j'allais partir pour Londres et concluant qu'il convenait que le contact fût repris plus tard.

La démarche du Président acheva de m'éclairer. Il m'apparaissait que la partie longuement et durement menée vis-à-vis des Alliés pour l'indépendance française allait se dénouer dans le sens voulu. Sans doute, faudrait-il surmonter quelque crise ultime. Mais l'issue ne faisait plus de doute. Le 2 juin, un message de M. Churchill me demande de venir d'urgence en Angleterre. Il m'a gracieusement envoyé son avion personnel. Je pars, le lendemain. Palewski, Béthouart, Billotte, Geoffroy de Courcel, Teyssot, sont à mes côtés. Après escale à Casablanca, puis à Gibraltar, nous débarquons près de Londres, le 4 juin au matin, pour être aussitôt saisis par l'engrenage des événements.

Une lettre de M. Churchill[53], qui m'est remise à l'arrivée, me prie de le rejoindre dans le train où — idée originale ! — il s'est installé, quelque part près de Portsmouth, en attendant le jour et l'heure. Nous y allons avec Pierre Viénot. Le Premier Ministre nous accueille. Il y a, auprès de lui, des ministres, notamment Eden et Bevin, des généraux, en particulier Ismay. Il y a aussi le maréchal Smuts[54], assez gêné de son personnage. En effet, quelques mois plus tôt, il a dit dans un groupe que la France, n'étant plus une grande puissance, aurait à s'agglomérer au Commonwealth, et la presse anglo-saxonne a donné à ses propos une vaste publicité. On se met à déjeuner et, tout de suite, Churchill engage le fer.

Il décrit, d'abord, de saisissante manière, la vaste entreprise guerrière qui va se déployer à partir des rivages anglais et constate avec satisfaction que la phase initiale sera menée par des moyens en majorité britanniques. « En particulier, dit-il, c'est la Royal Navy qui doit jouer le rôle capital dans les transports et la protection. » En toute sincérité, j'adresse au Premier Ministre le témoignage de mon admiration pour cet aboutissement. Que la Grande-Bretagne, après tant d'épreuves si vaillamment supportées et grâce auxquelles elle a sauvé l'Europe, soit aujourd'hui la base d'attaque du continent et y engage de telles forces, c'est la justification éclatante de la politique de courage que lui-même a personnifiée depuis les plus sombres jours. Quoi que les événements prochains doivent encore coûter à la France, elle est fière d'être en ligne, malgré tout, aux côtés des Alliés pour la libération de l'Europe.

Dans ce moment de l'Histoire, un même souffle d'estime et d'amitié passe sur tous les Français et tous les Anglais qui sont là. Mais, ensuite, on en vient aux affaires. « Faisons, me dit Churchill, un arrangement au sujet de notre coopération en France. Vous irez, ensuite, en Amérique le soumettre au Président. Il est possible qu'il l'accepte et, alors, nous pourrons l'appliquer. De toutes façons, vous causerez avec lui. C'est ainsi qu'il s'adoucira et reconnaîtra votre administration sous une forme ou sous une autre. » Je réponds : « Pourquoi semblez-vous croire que j'aie à poser devant Roosevelt ma candidature pour le pouvoir en France ? Le gouvernement français existe. Je n'ai rien à demander dans ce domaine aux États-Unis d'Amérique, non plus qu'à la Grande-Bretagne. Ceci dit, il est important pour tous les Alliés qu'on organise les rapports de l'administration française et du commandement militaire. Il y a neuf mois que nous l'avons proposé[55]. Comme demain les armées vont débarquer, je comprends votre hâte de voir régler la question. Nous-mêmes y sommes prêts. Mais où est, pour ce règlement, le représentant américain ? Sans lui, pourtant, vous le savez bien, nous ne pouvons rien conclure en la matière. D'ailleurs, je note que les gouvernements de Washington et de Londres ont pris leurs dispositions pour se passer d'un accord avec nous. Je viens d'apprendre, par exemple, qu'en dépit de nos avertissements, les troupes et les services qui s'apprêtent à débarquer sont munis d'une monnaie soi-disant française, fabriquée par l'étranger, que le gouvernement de la République ne reconnaît absolument pas et qui, d'après les ordres du commandement interallié, aura cours forcé en territoire français. Je m'attends à ce que, demain, le général Eisenhower, sur instruction du président des États-Unis et d'accord avec vous-même, proclame qu'il prend la France sous son autorité. Comment voulez-vous que nous traitions sur ces bases ?

— Et vous ! s'écrie Churchill, comment voulez-vous que nous, Britanniques, prenions une position séparée de celle des États-Unis ? » Puis, avec une passion dont je sens qu'il la destine à impressionner ses auditeurs anglais plutôt que moi-même : « Nous allons libérer l'Europe, mais c'est parce que les Américains sont avec nous pour le faire. Car, sachez-le ! chaque fois qu'il nous faudra choisir entre l'Europe et le grand large, nous serons toujours pour le grand large. Chaque fois qu'il me faudra choisir entre vous et Roosevelt, je choisirai toujours Roosevelt. » Après cette sortie, Eden, hochant la tête, ne me paraît guère convaincu. Quant à Bevin, ministre travailliste du Travail, il vient à moi et me déclare assez haut pour que chacun l'entende : « Le Premier Ministre vous a dit que, dans tous les cas, il prendrait le parti du président des États-Unis. Sachez qu'il a parlé pour son compte et nullement au nom du cabinet britannique. »

Là-dessus, Churchill et moi partons ensemble pour le Quartier général d'Eisenhower qui se trouve à proximité. Au fond d'un bois, dans une baraque aux parois tapissées de cartes, le Commandant en chef nous expose, avec beaucoup de clarté et de maîtrise de soi, son plan pour le débarquement et l'état des préparatifs. Les navires sont en mesure de quitter les ports à tout instant. Les avions peuvent prendre l'air au premier signal. Les troupes ont été embarquées depuis plusieurs jours. La vaste machinerie du départ, de la traversée, de la mise à terre des huit divisions et du matériel qui forment le premier échelon est montée dans les moindres détails. La protection de l'opération par la marine, l'aviation, les parachutistes ne laisse rien au hasard. Je constate que, dans cette affaire très risquée et très complexe, l'aptitude des Anglo-Saxons à établir ce qu'ils appellent le « planning » s'est déployée au maximum. Toutefois, le Commandant en chef doit encore fixer le jour et l'heure et, sur ce point, il est en proie à de rudes perplexités. Tout a été calculé, en effet, pour que le débarquement ait lieu entre le 3 et le 7 juin. Passé cette date, les conditions de marée et de lune exigeraient que l'opération soit reportée d'environ un mois. Or, il fait très mauvais temps. Pour les chalands, les pontons, les chaloupes, l'état de la mer rend aléatoires la navigation et l'abordage. Cependant, il faut que l'ordre du déclenchement, ou de la remise, soit donné au plus tard demain. Eisenhower me demande : « Qu'en pensez-vous ? »

Je réponds au Commandant en chef qu'il s'agit d'une décision qui relève exclusivement de sa responsabilité, que mon avis ne l'engage à rien, que j'approuve par avance sans réserve le parti qu'il choisira de prendre. « Je vous dirai seulement, ajouté-je, qu'à votre place je ne différerais pas. Les risques de l'atmosphère me semblent moindres que les inconvénients d'un délai de plusieurs semaines qui prolongerait la tension morale des exécutants et compromettrait le secret. »

Comme je m'apprête à me retirer, Eisenhower me tend, avec une gêne manifeste, un document dactylographié. « Voici, dit-il, la proclamation que je me dispose à faire à l'intention des peuples de l'Europe occidentale, notamment du peuple français. » Je parcours le texte et déclare à Eisenhower qu'il ne me satisfait pas. « Ce n'est qu'un projet, assure le Commandant en chef. Je suis prêt à le modifier suivant vos observations[56]. » Il est convenu que je lui ferai connaître explicitement, le lendemain, les changements qui me paraîtront nécessaires. M. Churchill me ramène jusqu'à son train où nous devons retrouver les nôtres. Je ne lui cache pas mon souci. Car, sur la claire perspective du combat, vient de s'étendre, une fois de plus, l'ombre d'une artificieuse politique.

En effet, la proclamation rédigée à Washington pour le compte d'Eisenhower est inacceptable. D'après ce texte, le Commandant en chef parle d'abord aux peuples norvégien, hollandais, belge et luxembourgeois en sa qualité de soldat chargé d'une tâche militaire et qui n'a rien à voir avec leur destin politique. Mais, ensuite, sur un tout autre ton il s'adresse à la nation française. Il invite à « exécuter ses ordres ». Il décide que « dans l'administration tout le monde continuera d'exercer ses fonctions, à moins d'instructions contraires », qu'une fois la France libérée « les Français choisiront eux-mêmes leurs représentants et leur gouvernement ». Bref, il se donne l'apparence de prendre en charge notre pays pour lequel il n'est, cependant, qu'un général allié habilité à commander des troupes mais qui n'a pas le moindre titre à intervenir dans son gouvernement et qui serait, au surplus, bien embarrassé de le faire. Dans ce factum, pas un mot de l'autorité française, qui, depuis des années, suscite et dirige l'effort de guerre de notre peuple et qui fait à Eisenhower l'honneur de placer sous son commandement une grande partie de l'armée française. À tout hasard, je fais remettre au Grand Quartier, le 5 juin au matin, un texte que nous pourrions admettre. Ainsi que je m'y attends, on me répond qu'il est trop tard, car la proclamation, déjà imprimée (elle l'est depuis huit jours), va être d'un instant à l'autre jetée sur la France. Le débarquement, en effet, commencera la nuit prochaine.

À Londres, tout comme naguère, j'ai installé mon bureau

à Carlton Gardens et je loge à l'hôtel Connaught. Avec grand plaisir pour moi-même, avec quelque commisération pour lui, je revois M. Charles Peake que le Foreign Office détache auprès de nous pour les liaisons. Justement, voici que ce diplomate, qui est pour nous un ami, vient, l'après-midi du 5, m'exposer le scénario qui doit se dérouler à la radio le lendemain matin. D'abord, parleront à leurs peuples les chefs d'État de l'Europe occidentale : roi de Norvège, reine de Hollande, grande-duchesse de Luxembourg, premier ministre de Belgique[57]. Ensuite, Eisenhower fera entendre sa proclamation. Enfin, il est prévu que je m'adresserai à la France. Je fais connaître à M. Charles Peake que, pour ce qui me concerne, le scénario ne jouera pas. En parlant aussitôt après le Commandant en chef, je paraîtrais avaliser ce qu'il aura dit et que je désapprouve et je prendrais dans la série un rang qui ne saurait convenir. Si je prononce une allocution, ce ne peut être qu'à une heure différente, en dehors de la suite des discours[58].

À 2 heures du matin, Pierre Viénot vient me trouver. Il sort de chez M. Churchill qui l'a appelé pour lui crier sa colère à mon égard. M. Peake arrive à son tour. Je lui confirme que la chaîne oratoire se déroulera, ce matin, sans ma participation. En revanche, je souhaite pouvoir utiliser la B.B.C. dans la soirée. Après quelques sombres heurts qui se déroulent en coulisse, la radio de Londres est, en effet, mise à ma disposition dans les conditions que j'ai demandées. J'y parle isolément à 6 heures du soir, en proie à une émotion intense, disant aux Français : « La bataille suprême est engagée... Bien entendu, c'est la bataille de France et c'est la bataille de la France !... Pour les fils de France, où qu'ils soient, quels qu'il soient, le devoir simple et sacré est de combattre l'ennemi par tous les moyens dont ils disposent... Les consignes données par le gouvernement français et par les chefs français qu'il a qualifiés pour le faire doivent être exactement suivies... Derrière le nuage si lourd de notre sang et de nos larmes, voici que reparaît le soleil de notre grandeur[59] ! »

Pendant les quelques jours que je passe en Angleterre, les nouvelles de la bataille sont bonnes. Le débarquement a réussi. Une tête de pont est établie autour de Bayeux. Les ports artificiels sont mis en place comme prévu. Quant aux forces françaises qui prennent part à l'opération : navires, escadrilles, commandos, parachutistes, les rapports que m'en font d'Argenlieu, Valin, Legentilhomme sont excellents. Leclerc et sa division attendent, en bon ordre quoique avec impatience, le moment de prendre pied en Normandie. Nos services, notamment celui de l'Intendance que, depuis les jours lointains de la France Libre, dirige l'intendant Mainguy, s'affairent à pourvoir des effectifs français de beaucoup les plus élevés qu'on ait encore vus en Angleterre et à préparer des secours pour les territoires libérés. Enfin, Kœnig me rend compte de l'action de nos forces de l'intérieur, engagées en maintes régions, soit sur missions qu'il leur donne, soit de leur propre initiative. Plusieurs grandes unités allemandes sont déjà, de ce fait, accrochées à l'arrière du front. Partout s'exécutent, en outre, les destructions prévues par nos plans. Il est vrai que, pour la première fois, les Allemands déclenchent sur Londres leurs V-1. Mais ces bombardements, pour pénibles qu'ils soient, ne sauraient modifier le cours de la bataille.

Cependant, si l'horizon stratégique semble clair, le ciel de la diplomatie ne se dégage que lentement. M. Eden s'efforce de dissiper les nuages. Il a pris à son compte personnel, d'accord évidemment avec le cabinet britannique, le problème de la coopération en France jusque-là traité par M. Churchill. Eden vient dîner et s'entretenir avec moi, le 8, en compagnie de Duff Cooper et de Viénot, insistant pour que le gouvernement français revienne sur sa décision, envoie Massigli à Londres et signe un arrangement franco-anglais. « Si vous et nous nous mettons d'accord, me dit-il, les Américains ne pourront garder une position séparée. Quand vous irez à Washington, j'irai moi-même et Roosevelt devra souscrire à ce dont nous aurons convenu. » Eden précise sa demande par une lettre qu'il adresse à Viénot. Mais nous, Français, demeurons fermes. Je répète aux Britanniques que je ne suis pas à Londres pour traiter. Le gouvernement, consulté à Alger, se range à mon avis. Massigli reste où il est. Viénot répond à Eden que, si le cabinet anglais désire entrer en pourparlers au sujet de notre mémorandum de 1943, lui-même, en tant qu'ambassadeur, est là pour recevoir ou faire les communications voulues[60].

En même temps, nous ne manquons pas de souligner en public l'absurdité de la situation où les armées alliées vont se trouver, sans liaison organisée avec le pouvoir et les fonctionnaires français, et nous dénions très haut toute valeur à la monnaie répandue chez nous par l'étranger. Le 10 juin, dans une courte interview accordée à une agence, je précise nettement les choses[61]. D'autre part, j'ai décidé que les officiers de liaison administrative, à l'exception de quelques informateurs, n'accompagneront pas les états-majors américains et britanniques, car nous n'entendons pas contribuer à l'usurpation. Il va de soi qu'un tollé s'élève contre moi dans la partie ordinairement hostile de la presse américaine[62]. Mais l'autre partie et la plupart des journaux anglais réprouvent, au contraire, l'obstination de Roosevelt. C'est le moment où, d'une seule voix, donnent à fond ceux qui, dans la presse écrite ou radiodiffusée, n'ont jamais cessé de nous soutenir de tout leur talent. Aux États-Unis : Walter Lippmann, Edgar Mowrer, Dorothy Thompson, Jeff Parsons, Eric Hawkins, Helen Kirkpatrick, Mac Wane, Charles Collingwood, Sonia Tamara, etc. ; en Grande-Bretagne : Harold Nicholson, Harold King, Bourdin, Glarner, Darcy Cillie, d'autres encore, font entendre que la plaisanterie a assez duré.

Tel est, également, l'avis des gouvernements réfugiés en Grande-Bretagne. La libération leur semblant prochaine, chacun d'eux dépouille, à présent, la psychologie de l'exil. Tous s'inquiètent de la désinvolture avec laquelle les grands alliés tendent à se comporter sur place et à régler le sort de l'Europe en l'absence des intéressés. M'entretenant avec le roi de Norvège, la reine de Hollande, la grande-duchesse de Luxembourg et leurs ministres, dînant avec MM. Pierlot, Spaak, Gutt et leurs collègues du gouvernement belge, échangeant des visites avec les présidents Benès et Rackiewicz, je les trouve satisfaits du refus opposé par la France aux empiétements des Anglo-Saxons[63]. Entre le 8 et le 20 juin, Tchécoslovaques, Polonais, Belges, Luxembourgeois, Yougoslaves, Norvégiens, reconnaissent officiellement, sous son nom, le gouvernement provisoire de la République française, malgré les démarches instantes qu'Américains et Anglais font auprès d'eux pour qu'ils s'en abstiennent. Seuls, les Hollandais gardent l'expectative, croyant qu'en déférant sur ce point aux désirs de Washington ils en obtiendront plus de compréhension à propos de l'Indonésie. Cette attitude quasi unanime des États européens ne laisse pas d'impressionner l'Amérique et la Grande-Bretagne. Mais c'est le témoignage rendu par le petit morceau de France que le combat vient d'affranchir qui achèvera de dissiper les ombres.

Le 13 juin, en effet, je pars pour visiter la tête de pont. Depuis plusieurs jours, j'étais prêt à ce voyage. Mais les Alliés ne s'empressaient pas de me le faciliter. Même, la veille, comme je dînais au Foreign Office en compagnie des ministres anglais, à l'exception du Premier, et qu'on m'y complimentait de pouvoir prendre pied sur le sol de la métropole française, une lettre de M. Churchill, remise au cours du repas à M. Eden, soulevait des objections ultimes contre mon projet. Mais Eden, ayant consulté ses collègues autour de la table, notamment Clement Attlee, m'annonçait que l'ensemble du Cabinet décidait de maintenir les dispositions arrêtées du côté britannique. Aussi le brave contre-torpilleur *La Combattante*, que commande le capitaine de corvette Patou et qui vient de se signaler au cours des opérations, peut-il, comme prévu, toucher Portsmouth et m'y prendre à son bord. J'emmène Viénot, d'Argenlieu, Béthouart, Palewski, Billotte, Coulet, Chevigné, Courcel, Boislambert, Teyssot. Le 14 juin, au matin, nous jetons l'ancre au plus près de la côte française et prenons pied sur la plage à la limite des communes de Courseulles et de Sainte-Mère-Église au milieu d'un régiment canadien qui débarque au même moment.

Le général Montgomery, commandant les forces alliées dans la tête de pont, prévenu depuis une heure, a mis gracieusement à notre disposition des voitures et des guides. Le commandant Chandon, officier de liaison français, est accouru avec son équipe. J'envoie tout de suite à Bayeux François Coulet nommé, séance tenante, commissaire de la République pour le territoire normand libéré et le colonel de Chevigné chargé, à l'instant même, des subdivisions militaires. Puis, je me rends au Quartier général. Montgomery m'accueille dans la roulotte où il travaille devant le portrait de Rommel qu'il a vaincu à El-Alamein mais pour qui il n'en éprouve que plus de considération. Chez le grand chef britannique, la prudence et la rigueur vont de pair avec l'ardeur et l'humour. Ses opérations vont leur train comme prévu. Vers le sud, le premier objectif est atteint. Il s'agit, maintenant, qu'à l'ouest les Américains s'emparent de Cherbourg et qu'à l'est les Britanniques prennent Caen, ce qui comporte, dit le général, l'engagement de nouvelles unités et des renforts de matériel. À l'entendre, je me convaincs que, sous ses ordres, les choses iront vigoureusement, mais sans hâte ni témérité. Lui ayant exprimé ma confiance, je le laisse à ses affaires et m'en vais aux miennes, à Bayeux.

Coulet y a pris ses fonctions. En effet, Bourdeau de Fontenay, commissaire de la République pour la Normandie, n'a pu sortir de Rouen, ni de la clandestinité. En attendant qu'il puisse apparaître, je tiens à marquer sans délai, qu'en tout point d'où l'ennemi a fui, l'autorité relève de mon gouvernement. Quand j'arrive à l'entrée de la ville, Coulet est là avec le maire Dodeman et son conseil municipal.

Nous allons à pied, de rue en rue. À la vue du général de Gaulle, une espèce de stupeur saisit les habitants, qui ensuite éclatent en vivats ou bien fondent en larmes. Sortant des maisons, ils me font cortège au milieu d'une extraordinaire émotion. Les enfants m'entourent. Les femmes sourient et sanglotent. Les hommes me tendent les mains. Nous allons ainsi, tous ensemble, bouleversés et fraternels, sentant la joie, la fierté, l'espérance nationales remonter du fond des abîmes. À la sous-préfecture, dans le salon où, une heure plus tôt, était encore suspendu le portrait du Maréchal, le sous-préfet Rochat se met à mes ordres, en attendant d'être relevé par Raymond Triboulet. Tout ce qui exerce une fonction accourt pour me saluer. La première visite que je reçois est celle de Mgr Picaud, évêque de Bayeux et de Lisieux. Comme la population s'est rassemblée sur la place du Château, je m'y rends pour lui parler. Maurice Schumann annonce mon allocution par les mots habituels : « Honneur et patrie ! Voici le général de Gaulle ! » Alors, pour la première fois depuis quatre affreuses années, cette foule française entend un chef français dire devant elle que l'ennemi est l'ennemi, que le devoir est de le combattre, que la France, elle aussi, remportera la victoire. En vérité, n'est-ce pas cela la « révolution nationale » ?

Isigny, cruellement détruit et d'où l'on tire encore des cadavres de dessous les décombres, me fait les honneurs de ses ruines. Devant le monument aux morts, que les bombes ont mutilé, je m'adresse aux habitants. D'un seul cœur, nous élevons notre foi et notre espoir au-dessus des débris fumants. Le bourg des pêcheurs, Grandcamp, lui aussi ravagé, a pour finir ma visite. En chemin, je salue des détachements de troupes alliées qui gagnent le front ou en reviennent et quelques escouades de nos forces de l'intérieur. Certaines d'entre elles ont efficacement aidé au débarquement. La nuit tombée, nous regagnons Courseulles, puis la mer et notre bord. Plusieurs heures s'écoulent avant que nous prenions le large, car les avions et les vedettes lance-torpilles des Allemands attaquent dans l'obscurité les navires ancrés les uns auprès des autres et qui ont pour consigne de rester là où ils sont. Le 15 juin au matin, revenu à Portsmouth, je quitte *La Combattante*. La veille, au moment où nous abordions la France, j'ai remis la croix de guerre à ce vaillant navire qui sera coulé peu après[64].

La preuve est faite. Dans la Métropole, aussi bien que dans l'Empire, le peuple français a montré à qui il s'en remet du devoir de le conduire. Dans l'après-midi du 15 juin, M. Eden vient me voir à Carlton Gardens. Il est au courant de ce qui s'est passé à Bayeux et qu'annoncent déjà les agences. Suivant lui, Roosevelt n'attend plus que mon voyage à Washington pour réviser sa position. Tout en regrettant que le gouvernement français n'ait pas adopté la procédure suggérée par celui de Londres, Eden propose, maintenant, d'établir avec Viénot un projet qui sera communiqué par lui-même à Washington et, il y compte bien, signé à la fois par les Français, les Anglais et les Américains. C'est là une voie qui me semble acceptable. Je le dis à Anthony Eden. Puis, j'écris à M. Churchill pour verser du baume sur les blessures qu'il s'est faites à lui-même. Il me répond aussitôt, « déplorant que la coopération franco-britannique n'ait pu être placée sur des bases meilleures, lui qui a fourni la preuve, dans les bons et dans les mauvais jours, qu'il est un ami sincère de la France ». Il avait cru « que mon voyage à Londres pourrait offrir la chance d'un arrangement. Il ne lui reste plus qu'à espérer que ce n'ait pas été la dernière chance ». Cependant, le Premier Ministre termine sa lettre en souhaitant que mes prochains contacts avec le président Roosevelt permettent à la France d'établir avec les États-Unis « ces bonnes relations qui sont une part de son héritage ». Lui-même m'y aidera, assure-t-il[65]. Le 16 au soir, je m'envole pour Alger, où j'arrive le lendemain.

C'est pour y apprendre en détail les heureux événements survenus en Italie. Au moment même où je partais pour Londres, l'offensive alliée dans la péninsule remportait une grande victoire. En particulier, notre corps expéditionnaire, ayant brisé sur le Garigliano les lignes fortifiées de l'ennemi, ouvrait le chemin de Rome. Français, Américains, Britanniques, y sont entrés le 5 juin. Le succès militaire produisant ses effets, le roi Victor-Emmanuel a transmis ses pouvoirs à son fils, Badoglio donné sa démission, Bonomi formé, à Salerne, le nouveau gouvernement. Voulant voir nos troupes victorieuses et apprécier sur place la portée de ces changements, je me rends en Italie le 27 juin.

D'abord, bref passage à Naples, où Couve de Murville me présente M. Prunas, secrétaire général du ministère des Affaires étrangères italien. Ce haut fonctionnaire m'apporte le salut de son gouvernement, toujours fixé à Salerne. Je le prie d'indiquer à M. Bonomi mon désir d'établir avec lui des relations directes par le truchement de Couve de Murville, ce à quoi le président du Conseil me répondra par écrit qu'il l'accepte avec beaucoup de satisfaction. Ensuite, inspection du front et entretiens avec Juin, Wilson, Alexander et Clark. Enfin, je vais à Rome et, descendant au palais Farnèse, marque que la France y rentre dans une demeure qui lui appartient[66].

Le 30 juin, visite au pape. Le Saint-Siège, conformément à son éternelle prudence, était resté jusqu'alors sur une complète réserve à l'égard de la France Combattante, puis du gouvernement d'Alger. Mgr Valerio Valeri, qui occupait en 1940 la nonciature à Paris, avait gardé ses fonctions à Vichy auprès du Maréchal, que M. Léon Bérard représentait au Vatican. Cependant, nous n'avions pas cessé d'utiliser des moyens de fortune pour faire connaître au Siège apostolique nos buts et nos sentiments, non sans, d'ailleurs, y trouver d'actives sympathies, notamment celles de l'éminent cardinal Tisserant. Nous savions que la défaite d'Hitler et de son système était souhaitée par le Saint-Père et nous voulions, dès que possible, nouer des relations avec lui. Le 4 juin, tandis qu'on se battait encore dans Rome, le commandant de Panafieu et le lieutenant Voizard avaient porté à Mgr Tisserant une lettre du général de Gaulle adressée à Pie XII. Le pape m'avait répondu le 15[67]. Aujourd'hui, je me rends à l'audience qu'il veut bien me donner.

Au Vatican, je prends d'abord contact avec le cardinal Maglione, secrétaire d'État, qui, malade et près de la mort, a tenu à se lever pour converser avec moi. De même que Rome, du haut de sa sérénité, regarde de siècle en siècle couler au pied de ses murailles le flot des hommes et des événements sans cesser d'y être attentive, ainsi l'Église assiste-t-elle, impavide mais compatissante et, au surplus, très renseignée, au flux et au reflux de la guerre. Mgr Maglione, convaincu de la victoire des Alliés, se soucie surtout de ses suites. Pour ce qui est de la France, il escompte la disparition de Vichy et déclare voir en fait, en ma personne, le chef du gouvernement français. Il espère que le changement de régime pourra s'opérer sans graves secousses, spécialement pour l'Église de France. J'indique au cardinal que le gouvernement de la République entend qu'il en soit ainsi, bien que certains milieux ecclésiastiques français aient pris à son endroit une attitude qui, demain, ne lui facilitera pas les choses. Quant à l'avenir de l'Europe après la défaite du Reich et l'ascension des Soviets, je dis que la condition d'un équilibre nouveau sera le redressement intérieur et extérieur de la France. Je demande au Vatican d'y aider de son immense influence.

Le Saint-Père me reçoit. Sous la bienveillance de l'accueil et la simplicité du propos, je suis saisi par ce que sa pensée a de sensible et de puissant. Pie XII juge chaque chose d'un point de vue qui dépasse les hommes, leurs entreprises et leurs querelles. Mais il sait ce que celles-ci leur coûtent et souffre avec tous à la fois. La charge surnaturelle, dont seul au monde il est investi, on sent qu'elle est lourde à son âme, mais qu'il la porte sans que rien ne le lasse, certain du but, assuré du chemin. Du drame qui bouleverse l'univers, ses réflexions et son information ne lui laissent rien ignorer. Sa lucide pensée est fixée sur la conséquence : déchaînement des idéologies confondues du communisme et du nationalisme sur une grande partie de la terre. Son inspiration lui révèle que, seules, pourront les surmonter la foi, l'espérance, la charité chrétiennes, lors même que celles-ci seraient partout et longtemps submergées. Pour lui, tout dépend donc de la politique de l'Église, de son action, de son langage, de la manière dont elle est conduite. C'est pourquoi le pasteur en fait un domaine qu'il se réserve personnellement et où il déploie les dons d'autorité, de rayonnement, d'éloquence, que Dieu lui a impartis. Pieux, pitoyable, politique, au sens le plus élevé que puissent revêtir ces termes, tel m'apparaît, à travers le respect qu'il m'inspire, ce pontife et ce souverain.

Nous parlons des peuples catholiques dont le sort est en balance. De la France, il croit qu'elle ne sera, d'abord, menacée que par elle-même. Il aperçoit l'occasion qu'elle va trouver, malgré ses épreuves, de jouer un grand rôle dans un monde où tant de valeurs humaines sont réduites aux abois, mais aussi le danger qu'elle court de retomber dans les divisions qui, trop souvent, paralysent son génie. Vers l'Allemagne, qui par beaucoup de côtés lui est particulièrement chère, se porte en ce moment sa principale sollicitude.

« Pauvre peuple ! me répète-t-il. Comme il va souffrir ! » Il prévoit une longue confusion en Italie, sans en éprouver, toutefois, une inquiétude excessive. Peut-être pense-t-il, qu'après l'effondrement du fascisme et la chute de la monarchie, l'Église, moralement très puissante dans ce pays, y demeurera la seule force d'ordre et d'unité ; perspective qu'il semble envisager assez volontiers. Tandis qu'il me le laisse entendre, je songe à ce que, tout à l'heure, des témoins m'ont rapporté. À peine finie la bataille d'hier, une foule énorme, d'un seul mouvement, s'est portée sur la place Saint-Pierre pour acclamer le pape, tout comme s'il était le souverain délivré de Rome et le recours de l'Italie. Mais c'est l'action des Soviets, aujourd'hui sur les terres polonaises, demain dans toute l'Europe centrale, qui remplit d'angoisse le Saint-Père. Dans notre conversation, il évoque ce qui se passe déjà en Galicie où, derrière l'Armée rouge, commence la persécution contre les fidèles et les prêtres. Il croit que, de ce fait, la Chrétienté va subir de très cruelles épreuves et que, seule, l'union étroite des États européens inspirés par le catholicisme : Allemagne, France, Italie, Espagne, Belgique, Portugal, pourra endiguer le péril. Je discerne que tel est le grand dessein du pape Pie XII. Il me bénit. Je me retire.

À mon départ, comme mon arrivée, un grand nombre de Romains sont rassemblés aux abords du Vatican pour me crier leur sympathie. Après une visite à l'église Saint-Louis-des-Français, où me reçoit Mgr Bouquin, puis à la villa Médicis où, bientôt, vont refleurir les espoirs de l'art français, je reçois notre colonie. Celle-ci, depuis 1940, ne comprend plus guère — et pour cause ! — que des membres d'ordres religieux. Tous sont venus. Le cardinal Tisserant me les présente. Quels qu'aient pu être les remous de naguère, nous nous sentons aujourd'hui soulevés par une joie identique. La fierté de la victoire a réuni des âmes qu'avaient pu disperser le désastre et ses chagrins.

Trop claires sont, à présent, les preuves de l'unité française pour que quiconque puisse refuser de voir ce soleil en plein jour. Le président des États-Unis accepte d'en convenir. Afin que ce retournement se manifeste à l'occasion d'un fait nouveau, il redouble d'insistance pour que je vienne le voir à Washington. Tandis que j'étais à Londres, l'amiral Fénard a reparu. Roosevelt l'a chargé de m'indiquer les dates qui lui semblaient favorables. Le 10 juin, le général Bedell Smith, chef d'état-major d'Eisenhower, m'a rendu visite à Carlton Gardens, envoyé par son chef qui se trouvait, ce jour-là, en Normandie dans la tête de pont et par le général Marshall tout justement présent à Londres. Bedell Smith m'a, littéralement, adjuré d'accepter la rencontre avec le Président, tant le commandement militaire a hâte de savoir à quoi s'en tenir pour ce qui est de la coopération administrative en France. À Alger, M. Seldon Chapin, qui y fait l'intérim de l'ambassadeur Wilson, se montre tout aussi pressant. Enfin, je sais que l'offensive des Alliés en territoire français va se déployer en août. S'il est possible d'aboutir à quelque accord pratique, il n'y a plus de temps à perdre.

Après délibération approfondie du gouvernement, je décide d'aller à Washington. Mais pour montrer, comme je l'ai fait lors du voyage à Londres, que je n'ai rien à y demander et que je ne négocierai pas, aucun ministre ne m'accompagnera. Les conversations du général de Gaulle et du président Roosevelt n'auront d'autre objet que leur information réciproque au sujet des problèmes mondiaux qui intéressent les deux pays. En outre, ma présence aux États-Unis, à cette période décisive de la guerre, revêtira la signification d'un hommage rendu par la France à l'effort de l'Amérique et d'une preuve de l'amitié, toujours vivante, des deux peuples. Si, à la suite des entretiens de la Maison-Blanche, le gouvernement américain se résout à entamer avec le gouvernement français des pourparlers relatifs aux rapports des armées alliées et de notre administration, il le fera, comme le gouvernement britannique, par la voie diplomatique normale. C'est sur ces bases que le State Department et notre ambassadeur Hoppenot dressent ensemble le programme de mon séjour. Il est entendu qu'à Washington je serai, à tous égards, l'hôte du président et du gouvernement des États-Unis, ce qui devra suffire à démentir communiqués et articles qui, déjà, voudraient faire entendre que je viens en Amérique, non point comme un invité, mais comme un sollicitateur. D'autre part, le Canada demande, lui aussi, ma visite et c'est avec empressement que je charge notre délégué à Ottawa, Gabriel Bonneau, de régler avec le gouvernement de M. Mackenzie King les détails de mon passage dans ce cher et valeureux pays[68].

Transporté par l'avion que le président des États-Unis m'a aimablement envoyé et accompagné de M. Chapin, je débarque à Washington le 6 juillet dans l'après-midi[69]. Béthouart, Palewski, Rancourt, Paris, Baubé et Teyssot sont avec moi. Au seuil de la Maison-Blanche, Franklin Roosevelt m'accueille, tout sourire et cordialité. Cordell Hull est à ses côtés. Après le thé, le Président et moi nous entretenons longuement, seul à seul. Il en sera de même le lendemain et le surlendemain. Je suis logé à Blair House, ancienne et curieuse demeure que le gouvernement américain a coutume d'affecter à l'installation de ses hôtes. Un solennel mais très cordial déjeuner à la Maison-Blanche, deux dîners offerts respectivement par le secrétaire d'État aux Affaires étrangères et par celui de la Guerre, une réception que je donne à notre ambassade, celle-ci provisoire puisque les locaux de l'ancienne et future ambassade de France nous sont encore fermés, constituent autant d'occasions ménagées pour mes conversations avec les dirigeants politiques et les chefs militaires qui secondent le Président.

Ce sont : M. Cordell Hull, qui s'acquitte de sa tâche écrasante avec beaucoup de conscience et de hauteur d'âme, quelque gêné qu'il puisse être par sa connaissance sommaire de ce qui n'est pas l'Amérique et par les interventions de Roosevelt dans son domaine ; MM. Patterson et Forrestal, adoptant, en tant que ministres, la psychologie de patrons d'immenses affaires, car leurs départements : Guerre et Air pour le premier, Marine pour le second, ont pris en trois années des dimensions vertigineuses et absorbent le plus clair des ressources, des capacités, de l'amour-propre américains ; M. Morgenthau, grand ami de notre cause, trésorier d'un trésor qui, pour être inépuisable, n'en est pas moins géré par lui avec un ordre scrupuleux ; le général Marshall, organisateur hardi, mais interlocuteur réservé, metteur en œuvre d'un effort et d'une stratégie qui sont aux dimensions de la terre ; l'amiral King, ardent et imaginatif, ne cachant pas sa fierté de voir le sceptre des océans passer aux mains de la marine américaine ; le général Arnold qui, à force de méthode, a su faire d'une masse d'avions hâtivement conçus, construits, essayés et d'un personnel rapidement recruté, instruit, mis en ligne, le très grand corps qu'est devenue l'aviation des États-Unis ; l'amiral Leahy[70], surpris par des événements qui défient son conformisme, étonné de me voir là mais en prenant son parti ; MM. Connally et Sol Bloom, présidents des commissions des Affaires étrangères du Sénat et des Représentants, anxieux d'être avertis de tout. Cet état-major forme un ensemble cohérent, qui, en raison du caractère de chacun de ses membres et de la personnalité étincelante de Roosevelt, ne s'accorde à lui-même qu'un éclat limité, mais qui est, sans aucun doute, à la hauteur de ses devoirs.

Entre-temps, je ne manque pas d'aller saluer le tombeau du soldat inconnu dans l'émouvant parc d'Arlington. Je me rends auprès du général Pershing[71], qui avec une simplicité sereine termine son existence à l'hôpital militaire. Pour rendre hommage à la mémoire de George Washington, je fais le pèlerinage de Mount Vernon. À Blair House, je reçois maintes personnalités et, d'abord, M. Henry Wallace, vice-président des États-Unis, qui dans son rêve de justice sociale voudrait que la victoire soit remportée *for the common man*, et M. Padilla, ministre des Affaires étrangères du Mexique, qui se trouve à Washington. Au siège de nos missions, je prends contact avec le personnel diplomatique français réuni autour d'Henri Hoppenot ; puis, le général de Saint-Didier, l'amiral Fénard, le colonel Luguet, m'y présentent nos officiers. Avant de quitter Washington, je fais une conférence de presse et cause avec le plus grand nombre possible des journalistes qui sont venus m'écouter et m'interroger[72]. Pendant cinq jours passés dans la capitale fédérale, je vois avec admiration couler le torrent de confiance qui emporte l'élite américaine et j'observe que l'optimisme va bien à qui en a les moyens.

Le président Roosevelt, lui, ne doute pas de les avoir. Au cours de nos entretiens, il se garde de rien évoquer de brûlant, mais me donne à entrevoir les objectifs politiques qu'il veut atteindre grâce à la victoire. Sa conception me paraît grandiose, autant qu'inquiétante pour l'Europe et pour la France. Il est vrai que l'isolationnisme des États-Unis est, d'après le Président, une grande erreur révolue. Mais, passant d'un extrême à l'autre, c'est un système permanent d'intervention qu'il entend instituer de par la loi internationale. Dans sa pensée, un directoire à quatre : Amérique, Russie soviétique, Chine, Grande-Bretagne, réglera les problèmes de l'univers. Un parlement des Nations unies donnera un aspect démocratique à ce pouvoir des « quatre grands ». Mais, à moins de livrer à la discrétion des trois autres la quasi-totalité de la terre, une telle organisation devra, suivant lui, impliquer l'installation de la force américaine sur des bases réparties dans toutes les régions du monde et dont certaines seront choisies en territoire français.

Roosevelt compte, ainsi, attirer les Soviets dans un ensemble qui contiendra leurs ambitions et où l'Amérique pourra rassembler sa clientèle. Parmi « les quatre », il sait, en effet, que la Chine de Chang Kaï-chek a besoin de son concours et que les Britanniques, sauf à perdre leurs dominions, doivent se plier à sa politique. Quant à la foule des moyens et petits États, il sera en mesure d'agir sur eux par l'assistance. Enfin, le droit des peuples à disposer d'eux-mêmes, l'appui offert par Washington, l'existence des bases américaines, vont susciter, en Afrique, en Asie, en Australasie, des souverainetés nouvelles qui accroîtront le nombre des obligés des États-Unis. Dans une pareille perspective, les questions propres à l'Europe, notamment le sort de l'Allemagne, le destin des États de la Vistule, du Danube, des Balkans, l'avenir de l'Italie, lui font l'effet d'être accessoires. Il n'ira assurément pas, pour leur trouver une heureuse solution, jusqu'à sacrifier la conception monumentale qu'il rêve de réaliser.

J'écoute Roosevelt me décrire ses projets. Comme cela est humain, l'idéalisme y habille la volonté de puissance. Le Président, d'ailleurs, ne présente nullement les choses comme un professeur qui pose des principes, ni comme un politicien qui caresse des passions et des intérêts. C'est par touches légères qu'il dessine, si bien qu'il est difficile de contredire catégoriquement cet artiste, ce séducteur. Je lui réponds, cependant, marquant qu'à mon sens son plan risque de mettre en péril l'Occident. En tenant l'Europe de l'Ouest pour secondaire, ne va-t-il pas affaiblir la cause qu'il entend servir : celle de la civilisation ? Afin d'obtenir l'adhésion des Soviets, faudra-t-il pas leur consentir, au détriment de ce qui est polonais, balte, danubien, balkanique, des avantages menaçants pour l'équilibre général ? Comment être assuré que la Chine, sortant des épreuves où se forge son nationalisme, demeurera ce qu'elle est ? S'il est vrai, comme je suis le premier à le penser et à le dire, que les puissances coloniales doivent renoncer à l'administration directe des peuples qu'elles régissent et pratiquer avec eux un régime d'association, il l'est aussi que cet affranchissement ne saurait s'accomplir contre elles, sous peine de déchaîner, dans des masses inorganisées, une xénophobie et une anarchie dangereuses pour tout l'univers.

« C'est, dis-je au président Roosevelt, l'Occident qu'il faut redresser. S'il se retrouve, le reste du monde, bon gré mal gré, le prendra pour modèle. S'il décline, la barbarie finira par tout balayer. Or, l'Europe de l'Ouest, en dépit de ses déchirements, est essentielle à l'Occident. Rien n'y remplacerait la valeur, la puissance, le rayonnement des peuples anciens. Cela est vrai avant tout de la France qui, des grandes nations de l'Europe, est la seule qui fut, est et sera toujours votre alliée. Je sais que vous vous préparez à l'aider matériellement et cela lui sera précieux. Mais c'est dans l'ordre politique qu'il lui faut reprendre sa vigueur, sa confiance en soi et, par conséquent, son rôle. Comment le fera-t-elle si elle est tenue en dehors des grandes décisions mondiales, si elle perd ses prolongements africains et asiatiques, bref, si le règlement de la guerre lui vaut, en définitive, la psychologie des vaincus ? »

Le grand esprit de Roosevelt est accessible à ces considérations. D'ailleurs, il éprouve pour la France, tout au moins pour l'idée que naguère il avait pu s'en faire, une réelle dilection. Mais c'est précisément en raison de ce penchant qu'il est, au fond de lui-même, déçu et irrité de notre désastre d'hier et des réactions médiocres que celui-ci a suscitées chez beaucoup de Français, notamment parmi ceux qu'il connaissait en personne. Il me le dit tout uniment. Quant à l'avenir, il est rien moins que sûr de la rénovation de notre régime. Avec amertume, il me décrit ce qu'étaient ses sentiments, quand il voyait avant la guerre se dérouler le spectacle de notre impuissance politique. « Moi-même, me dit-il, président des États-Unis, je me suis trouvé parfois hors d'état de me rappeler le nom du chef épisodique du gouvernement français. Pour le moment, vous êtes là et vous voyez avec quelles prévenances mon pays vous accueille. Mais serez-vous encore en place après la fin de la tragédie ? »

Il serait facile, mais vain, de rappeler à Roosevelt pour combien l'isolement volontaire de l'Amérique avait compté dans notre découragement après la Première Guerre mondiale, puis dans notre revers au début de la Seconde. Il le serait, également, de lui faire observer à quel point son attitude vis-à-vis du général de Gaulle et de la France Combattante, ayant contribué à maintenir dans l'attentisme une grande partie de notre élite, favorise par avance le retour de la nation française à cette inconsistance politique qu'il condamne si justement. Les propos du président américain achèvent de me prouver que, dans les affaires entre États, la logique et le sentiment ne pèsent pas lourd en comparaison des réalités de la puissance ; que ce qui importe c'est ce que l'on prend et ce que l'on sait tenir ; que la France, pour retrouver sa place, ne doit compter que sur elle-même. Je le lui dis. Il sourit et conclut : « Nous ferons ce que nous pourrons. Mais il est vrai que, pour servir la France, personne ne saurait remplacer le peuple français. »

Nos conversations se terminent[73]. Elles ont eu lieu dans le bureau de Roosevelt, près de sa table encombrée d'une multitude d'objets surprenants : souvenirs, insignes, fétiches porte-bonheur. Tandis que je me retire, le Président, qu'on roule dans sa voiture, m'accompagne quelques instants. Sur la galerie, une porte est ouverte. « Voici ma piscine. C'est là que je nage », m'indique-t-il, comme par défi à son infirmité. Avant de quitter Washington, je lui fais remettre un petit sous-marin[74], merveille de mécanique, qu'ont construit des ouvriers de l'arsenal de Bizerte. Il me remercie d'un mot charmant et m'envoie sa photographie : « Au général de Gaulle, qui est mon ami ! »

Plus tard, cependant, un anonyme me fera parvenir la photocopie d'une lettre que Roosevelt a adressée, huit jours après mon départ, à un membre du Congrès M. Joseph Clark Baldwin. Le Président y fait allusion à je ne sais quelle obscure tractation américaine relative à une entreprise française, la « Compagnie générale transatlantique », et avertit son correspondant que l'on fasse bien attention à ce que je ne l'apprenne pas, car, mis au courant, je ne manquerais pas de liquider le directeur de cette compagnie. Dans sa lettre, Roosevelt formule, d'autre part, son appréciation sur moi-même et sur nos entretiens. « De Gaulle et moi, écrit-il, avons examiné, en gros, les sujets d'actualité. Mais nous avons causé, d'une manière approfondie, de l'avenir de la France, de ses colonies, de la paix du monde, etc. Quand il s'agit des problèmes futurs, il semble tout à fait " traitable ", du moment que la France est traitée sur une base mondiale. Il est très susceptible en ce qui concerne l'honneur de la France. Mais je pense qu'il est essentiellement égoïste. » Je ne saurai jamais si Franklin Roosevelt a pensé que, dans les affaires concernant la France, Charles de Gaulle était égoïste pour la France ou bien pour lui[75].

Le 10 juillet, très rapide passage à New York. Pour ne pas fournir d'occasions à des manifestations populaires qui, à trois mois de l'élection présidentielle, pourraient sembler dirigées contre ce qu'était, jusque-là, la politique du Président, il a été convenu que mes apparitions en public y seront très limitées. D'autant plus que c'est Dewey, candidat opposé à Roosevelt, qui est gouverneur de l'État de New York. Cependant, le maire Fiorello La Guardia, tout bouillonnant d'amitié, me reçoit en grande pompe à l'hôtel de ville où s'est porté un vaste concours de foule. Ensuite, il me fait parcourir la cité. Je dépose une Croix de Lorraine à la statue de La Fayette. Je visite, dans le « Rockfeller Center », notre consulat général dirigé par Guérin de Beaumont. Je me rends au siège de « France for ever », association groupant nombre de Français et d'Américains qui ont soutenu notre combat, où Henry Torrès m'exprime les sentiments de tous. La colonie française de New York, à laquelle se sont jointes des délégations venues d'autres régions, s'est assemblée au Waldorf Astoria. Je vais la voir. Parmi les Français présents, beaucoup sont, jusqu'alors, restés sur la réserve à l'égard du général de Gaulle. Certains, même, lui ont prodigué leurs critiques, voire leurs insultes. Mais l'extrême chaleur de l'accueil que tous me font, ce soir-là, ne révèle plus de divergences. C'est la preuve que, dans le grand débat dont elle a été l'objet, la France va, décidément, l'emporter[76].

On y compte bien, au Canada, où tout a été arrangé pour en fournir le témoignage. D'abord, rendant visite à la ville de Québec, je m'y sens comme submergé par une vague de fierté française, bientôt recouverte par celle d'une douleur inconsolée, toutes les deux venues du lointain de l'Histoire. Nous arrivons, ensuite, à Ottawa en compagnie de l'ambassadeur le général Vanier. M. Mackenzie King, premier ministre, est à l'aérodrome. Je revois avec plaisir cet homme digne et fort dans sa simplicité, ce chef de gouvernement qui a, dès le premier instant, engagé au service de la liberté tout ce qu'il possède d'autorité et d'expérience. Le Canada l'a suivi, avec d'autant plus de mérite qu'il est formé de deux peuples coexistants mais non confondus, que le conflit est, pour lui, lointain et qu'aucun de ses intérêts ne s'y trouve directement en cause.

Sous l'impulsion de son gouvernement, ce pays déploie, maintenant, un puissant effort de guerre. En fait de grandes unités, d'équipages incorporés dans la Marine de Sa Majesté, d'escadrilles fournies à la Royal Air Force, le Canada met en ligne des effectifs considérables et d'une valeur militaire élevée. Ses fabrications d'armement produisent une importante proportion du matériel des Alliés. Même, les laboratoires et les usines du Canada participent aux recherches et opérations d'où sont tout près de sortir les premières bombes atomiques. Il m'est rendu compte, en secret, de l'aboutissement imminent par Pierre Auger, Jules Guéron et Bertrand Goldschmidt, savants français qui, avec mon autorisation, sont entrés dans les équipes alliées consacrées à ce travail d'apocalypse[77]. Mais, par comparaison avec ce qui s'était passé lors de la Première Guerre mondiale, cette fois l'effort du Canada revêt un caractère national. Il en résulte, pour l'État et le peuple, une sorte de promotion qui remplit de satisfaction ministres, parlementaires, fonctionnaires et citoyens. C'est ce que m'expose Mackenzie King et me répète son principal collègue, M. Louis Saint-Laurent, tout en insistant sur l'intention du Canada d'aider, autant qu'il le pourra, à la reconstruction de la France.

Je suis, pendant mon séjour, l'hôte du comte d'Athlone gouverneur général du Canada et de son épouse la princesse Alice tante du roi George VI. Ils me reçoivent d'une inoubliable manière et invitent, pour me les présenter, nombre de personnalités. Les heures suffisent à peine aux entretiens officiels, aux audiences que je dois accorder, à la cérémonie solennelle au monument aux morts d'Ottawa, à l'inspection d'aviateurs français qui s'entraînent dans les environs, au dîner offert par le gouvernement canadien, à une conférence de presse, au discours — n'en faut-il pas toujours au moins un ? — qu'en réponse à l'allocution de M. Saint-Laurent je prononce devant le Parlement, en présence du gouverneur général, des ministres, des hauts fonctionnaires et du corps diplomatique. Parlant de ce que devra être, pour la paix de demain, la coopération internationale, spécialement celle de l'Occident, insistant sur la part que mon pays veut y prendre, je conclus : « La France est sûre d'y trouver, à côté d'elle et d'accord avec elle, les peuples qui la connaissent bien. C'est dire qu'elle est sûre d'y trouver, d'abord, le Canada[78]. »

Le 12 juillet, je gagne[m] Montréal qui fait la démonstration du plus émouvant enthousiasme. Après réception à l'hôtel de ville et salut aux deux monuments consacrés respectivement aux morts canadiens et français, je m'adresse à une foule énorme[79], rassemblée sur le square Dominion et dans les avenues avoisinantes. Le maire, Adhémar Raynault, crie à ses concitoyens : « Montrez au général de Gaulle que Montréal est la deuxième ville française du monde ! » Rien ne peut donner une idée du tonnerre des vivats qui, de tous ces cœurs, montent à toutes ces bouches. Le soir, l'avion nous emporte. Le 13 juillet, nous sommes à Alger.

C'est pour y trouver le texte d'une déclaration, publiée la veille par le gouvernement américain. « Les États-Unis, y est-il dit, reconnaissent que le Comité français de la libération nationale est qualifié pour exercer l'administration de la France. » Aussitôt, le State Department entame avec Hoppenot et Alphand des négociations pour un accord de coopération administrative en territoire libéré. Déjà, Eden et Viénot ont, de leur côté, abouti à un texte satisfaisant[80]. Au début du mois d'août, Alger, Washington, et Londres sont d'accord sur des termes communs. Ce qui est conclu ressemble étonnamment à ce que nous avons proposé, une année auparavant. Le gouvernement provisoire de la République française y est désigné par son nom. Sans réticence, on admet que lui seul exerce les pouvoirs publics ; que lui seul délègue auprès des forces alliées les organes utiles de liaison ; que lui seul peut mettre à la disposition du commandement militaire les services qui sont demandés ; que lui seul émet de la monnaie en France et en fournit ce qu'il faut, contre livres et dollars, aux troupes américaines et britanniques sur son territoire.

Et maintenant, qu'elle s'étende la grande bataille de France ! Que les armées alliées, côte à côte avec la nôtre et aidées par nos forces de l'intérieur, débouchent de la Normandie vers Paris et remontent la vallée du Rhône ! Qu'entre la mer du Nord et la Méditerranée, depuis l'Atlantique jusqu'au Rhin, soit libérée de l'ennemi cette nation à qui, depuis quinze cents ans, aucune tempête, pas même celle-ci, n'a pu ôter sa souveraineté[n] ni arracher ses dernières armes. Nous rapportons à la France l'indépendance, l'Empire et l'épée.

COMBAT

Comme elle est courte l'épée de la France, au moment où les Alliés se lancent à l'assaut de l'Europe ! Jamais encore notre pays n'a, en une si grave occasion, été réduit à des forces relativement aussi limitées. Ceux qui luttent pour sa libération sont submergés de tristesse quand ils évoquent sa force d'autrefois. Mais, jamais non plus, son armée n'eut une qualité meilleure. Renaissance d'autant plus remarquable qu'elle est partie d'un abîme de renoncement.

La puissance militaire était, depuis quatorze siècles[1], la seconde nature de la France. Si notre pays avait, maintes fois, négligé sa défense, méconnu ses soldats, perdu des batailles, il n'en était pas moins apparu, de tout temps, comme capable par excellence des plus grandes actions guerrières. Les vicissitudes de l'époque contemporaine n'avaient pas infirmé la règle. Quel que fût notre affaiblissement après l'épopée napoléonienne, si cruelle que nous ait été la défaite de 1870, nous gardions la psychologie et les moyens d'un peuple fort. Artisans principaux de la victoire de 1918, nous y avions conduit les autres. Que notre armée fût en tête de toutes les armées du monde, notre flotte une des meilleures, notre aviation au premier plan, nos généraux les plus capables, cela, pour nous, allait de soi.

Aussi, l'effondrement de 1940 et l'abandon qui suivit parurent-ils à beaucoup monstrueux et irrémédiables. L'idée que, depuis toujours, les Français se faisaient d'eux-mêmes[2], l'opinion historique de l'univers sur leur compte, s'étaient soudain anéanties. Il n'y avait aucune chance pour que la France pût recouvrer sa dignité vis-à-vis d'elle-même et vis-à-vis des autres sans qu'elle eût redressé ses armes. Mais rien ne devait l'aider à refaire son unité et à reprendre du prestige autant que ce fait surprenant qu'elle sut trouver, dans son Empire à peine rassemblé, dans sa Métropole opprimée, assez de foi et de valeur guerrière pour se reforger une armée qui se battait, ma foi ! fort bien. Après Sedan et Dunkerque, la capitulation de Rethondes et celle de Turin[3], l'acceptation par Vichy de la défaite militaire et de l'asservissement de l'État, ce devait être un étonnant retour que nos forces prissent à la victoire une part importante et brillante, alors que l'ennemi occupait tout notre territoire, que deux millions de Français étaient prisonniers dans ses mains, que le gouvernement « légal » persistait à châtier les combattants.

Il existait, en Afrique, assez d'hommes mobilisables pour fournir les effectifs d'une armée de campagne. La limite, pourtant, était étroite. Car, s'il était possible de tirer des autochtones d'Algérie, du Maroc, de Tunisie, d'Afrique noire, de Madagascar autant de soldats qu'on voulait, le nombre des militaires de l'active et des réserves aptes à servir comme gradés et comme spécialistes se trouvait, au contraire, réduit. Pour l'essentiel, seuls les Français d'origine fournissaient ces catégories, indispensables à la formation des grandes unités modernes. Or, la population d'origine française ne se montait qu'à 1 200 000 âmes. Il est vrai qu'en appelant toutes les classes jusqu'à celle de 1918 on en tira 116 000 hommes, chiffre d'autant plus élevé que l'administration, la vie économique, l'ordre public, absorbaient une importante proportion d'éléments de qualité et que beaucoup de mobilisés étaient, depuis 1940, en captivité allemande. Il est vrai que la « France Libre » amena 15 000 jeunes Français, que la Corse fournit 13 000 soldats, que 12 000 garçons s'évadèrent de France par l'Espagne, que 6 000 femmes et jeunes filles entrèrent dans les services. Il est vrai que les appelés s'empressèrent à l'incorporation. Malgré tout, le recrutement des gradés et des spécialistes disposait d'insuffisantes ressources.

Il faut ajouter que les Américains, qui nous procuraient l'armement et l'équipement, y mettaient la condition que nous adoptions leurs propres règles d'organisation. Or, leur système comportait, en fait d'effectifs, une dotation extrêmement large en faveur des services, ainsi que des volants multiples destinés à combler les pertes. Pour eux, la vie et l'action des unités combattantes devaient s'appuyer sur des arrières richement pourvus. Ils ne consentaient à armer les divisions françaises qu'après avoir vérifié que les formations logistiques correspondantes étaient composées d'un personnel nombreux et qualifié. Par contre, nos troupes d'Afrique, accoutumées à vivre dans des conditions sommaires, tenaient pour du gaspillage le fait d'affecter tant de monde aux parcs, dépôts, convois et ateliers. Il en résultait de fréquentes et, parfois, désobligeantes contestations entre l'état-major allié et le nôtre et, d'autre part, chez les Français le crève-cœur d'être amenés à dissoudre de beaux régiments pour en faire des fractions auxiliaires.

Le général Giraud, tout le premier, s'y résignait mal. Ayant, lors de la conférence d'Anfa, entendu Roosevelt promettre que les États-Unis assureraient la dotation d'autant de troupes que nous pourrions en constituer, il avait espéré pouvoir équiper quatorze divisions françaises, quitte à ne former que peu d'éléments d'entretien et de remplacement. Il était donc désolé et indigné de voir des contrôleurs étrangers exiger la mise sur pied de soutiens complets et, par voie de conséquence, la réduction des corps de troupe, avant de distribuer le matériel attendu. Il nous fallait, au surplus, maintenir dans nos territoires africains un minimum de forces de souveraineté. Enfin, nous réservions deux brigades pour les porter en Indochine[4] dès que s'offrirait l'occasion. Ces forces de souveraineté et ces brigades, étant dotées d'armes françaises, ne relevaient pas des barèmes américains. Mais elles absorbaient des cadres, ce qui diminuait d'autant les possibilités de notre armée de campagne.

Pour mon compte, tout en ressentant ce qu'avait de pénible la prétention des Américains de lier leurs prêts de matériel à l'adoption de leurs schémas, j'étais d'avis que la prochaine campagne d'Europe exigerait, effectivement, des services très étoffés. En outre, dans l'affaire des livraisons d'armes, j'avais hâte de mettre un terme aux à-coups qui retardaient notre entrée en ligne. Devenu chef unique du gouvernement, je réglai donc la question. Le décret que je pris, le 7 janvier 1944[5], sur le vu des effectifs réels, des données irréductibles de l'organisation, des conditions dans lesquelles les Alliés nous fournissaient l'armement et l'équipement, fixait comme suit l'ensemble des forces terrestres destinées à la bataille de France : 1 commandement d'armée, 3 commandements de corps d'armée, 6 divisions d'infanterie, 4 divisions blindées, avec les services et remplacements nécessaires. Encore, une des divisions d'infanterie et une des divisions blindées prévues au programme ne pourraient-elles être complètement mises sur pied en temps voulu. En revanche, 3 groupements de tabors, 2 régiments de parachutistes et des commandos seraient joints à nos grandes unités. On ne peut se faire une idée de l'effort qu'eut à déployer l'état-major de l'Armée, sous la direction du général Leyer, pour réaliser malgré les manques et les saccades l'instrument militaire exemplaire que la France trouva moyen d'engager en Italie, puis de mettre en ligne dans la Métropole, enfin de lancer en Allemagne et en Autriche.

Notre marine n'était pas moins ardente. Absorbée par la technique qui est sa vie et sa passion et qui la détournait de ressasser ses récentes épreuves, elle se reconstituait, tout en prenant une part active aux opérations navales. L'amiral Lemonnier, nommé en juillet 1943 chef d'état-major général[6], apportait à cette réorganisation une grande capacité et une volonté tenace sous les dehors d'une habile modestie. Le 14 octobre 1943, le plan d'armement proposé par Lemonnier fut arrêté par le Comité de la Défense nationale[7]. Il y était prévu qu'au cours du printemps suivant notre flotte pourrait faire combattre : 2 cuirassés : *Richelieu* et *Lorraine* ; 9 croiseurs : *Gloire, Georges-Leygues, Montcalm, Émile-Bertin, Jeanne-d'Arc, Duguay-Trouin, Duquesne, Suffren, Tourville* ; 4 croiseurs légers : *Fantasque, Malin, Terrible, Triomphant* ; 3 croiseurs auxiliaires : *Cap-des-Palmes, Quercy, Barfleur* ; 2 transports d'avions : *Béarn* et *Dixmude* ; 14 torpilleurs ; 18 sous-marins ; 80 petits bâtiments : escorteurs, pétroliers, chasseurs, vedettes et dragueurs.

Ce plan comportait pour la plupart des navires une modernisation de leur armement et une remise en état, que l'arsenal de Bizerte à demi détruit, celui de Casablanca aux possibilités restreintes, celui de Dakar tout juste embryonnaire, n'étaient pas en mesure d'effectuer entièrement, mais que les bases alliées de Brooklyn et des Bermudes avaient gracieusement entreprises. Le programme serait donc effectivement réalisé. Même, aux bâtiments prévus devaient s'ajouter : les torpilleurs *Tigre* et *Trombe* saisis naguère par les Italiens et que nous avions récupérés ; un de leurs sous-marins, *Bronzo*, devenu le nouveau *Narval* ; 4 frégates cédées par les Anglais ; 6 torpilleurs-escorteurs donnés par les Américains et dont le premier, *Sénégalais*, avait été solennellement remis à notre marine par le président Roosevelt. D'autre part, 6 flottilles d'hydravions, réarmées en Sunderlands et Wellingtons, faisaient reparaître l'aéronavale française dans le ciel de l'Atlantique. Enfin, 2 régiments blindés de fusiliers, 1 groupe d'artillerie lourde de campagne, des commandos, participeraient au nom de la marine à la bataille sur le continent, tandis que 22 batteries de côte et 7 batteries antiaériennes, servies par elle, contribueraient à la défense des ports d'Afrique et de Corse.

Trente groupes d'aviation, voilà ce que nos forces aériennes avaient à constituer, pour le printemps de 1944, d'après le plan proposé par le général Bouscat et arrêté, le 22 octobre 1943, en comité de la Défense nationale[8] ; 7 groupes, dont 4 de chasseurs et 3 de bombardement, ayant leur base en Grande-Bretagne ; 21 groupes, dont 8 de chasse, 4 de bombardement, 6 de défense des côtes et des terrains, 1 de reconnaissance, 2 de transport, opérant sur le théâtre de la Méditerranée ; 2 groupes de chasse combattant en Russie. Comme il ne restait pratiquement pas d'avions français, en Algérie, au Maroc, en Tunisie, après les combats livrés aux Américains, ce sont ces adversaires d'hier qui se chargeaient généreusement de fournir en Afrique du Nord les appareils de nos escadrilles ; les Anglais et les Russes dotant, de leur côté, nos groupes sur leur territoire. Bouscat commandait avec méthode et autorité l'aviation française, hâtivement pourvue d'appareils nouveaux, intégrée soudain dans un ensemble allié dont il lui fallait s'assimiler les conventions et les procédés, mais plus que jamais empressée à combattre.

Au total, nous mettrions sur pied : une armée de campagne de 230 000 hommes, des forces de souveraineté comptant 150 000 soldats, une flotte de 320 000 tonnes avec 50 000 marins, 1 200 000 tonnes de cargos et paquebots dont les deux tiers armés par des équipages français, une aviation de 500 avions de ligne servis par 30 000 hommes. Une grande partie du matériel nous serait fournie par les Alliés au titre des accords de prêt-bail passés entre eux et nous et dans lesquels comptaient, en revanche, les services que nous leur rendions au titre des ports, transports, communications, transmissions, installations, main-d'œuvre, etc. Au point de vue moral, nos armées se voyaient, avec une joie indicible, rétablies dans leur raison d'être et débarrassées des serments[9] et des sortilèges qui les avaient, en grande partie, paralysées ou fourvoyées. Il fallait voir la ferveur avec laquelle troupes et équipages percevaient le matériel moderne, l'enthousiasme soulevé par l'ordre de départ dans les unités appelées au combat. Pendant cette période, j'ai inspecté chaque régiment, chaque navire, chaque escadrille. Dans tous les regards où je plongeais les miens, je lisais la fierté des armes. Tant est vivace la plante militaire française !

Les maquis le prouvent, de leur côté. Jusqu'à la fin de 1942, ils étaient rares et de faible effectif. Mais, depuis, l'espoir a grandi et, du même coup, le nombre de ceux qui veulent se battre. En outre, le service obligatoire du travail, qui mobilise en quelques mois 500 000 jeunes gens, surtout des ouvriers[10], pour être employés en Allemagne, ainsi que la dissolution de l'« armée de l'armistice », poussent beaucoup de réfractaires dans la clandestinité. Par groupes plus ou moins importants, les maquis se multiplient et entament la guérilla qui va jouer un rôle de premier ordre dans l'usure de l'ennemi et, plus tard, dans le développement de la bataille de France.

Les conditions dans lesquelles ces fractions autonomes se forment, vivent et combattent sont évidemment très diverses suivant la nature du terrain où elles opèrent et les armes dont elles peuvent disposer. On voit, à cette occasion, les môles naturels de la France reprendre la même importance qu'ils avaient quand, successivement, les Celtes, les Gaulois, les Francs, défendaient partout et en détail l'indépendance du pays contre les envahisseurs : Germains, Romains, Sarrasins. Le Massif central, les Alpes, les Pyrénées, le Jura, les Vosges, la forêt ardennaise, la Bretagne intérieure, attirent surtout les maquisards. C'est là, d'ailleurs, que les avions alliés trouvent les meilleurs emplacements pour déposer ou parachuter les agents et les « containers ». À l'écart des côtes, des grands centres, des principales communications, l'occupation ennemie est moins dense, la surveillance policière moins serrée. Les vieilles montagnes ravagées et forestières de l'Auvergne, du Limousin, des Cévennes, du Lannemezan ; les hauts plateaux des massifs alpestres de la Savoie et du Dauphiné ; les retraites boisées et escarpées de l'ensemble vosgien — jurassien — langrois — morvandiau ; les pentes abruptes des Ardennes françaises et belges ; les landes, taillis, creux et étangs de l'Argoat, servent aux partisans de refuges pendant les longues attentes, de bases pour les coups de main, de terrains de repli après les accrochages. Qui donc parlait de « la douce France » ?

On se réunit par bandes de quelques dizaines de compagnons. C'est, d'ordinaire, le maximum de ce qu'on peut grouper en un même point, vu les dimensions des cachettes et les difficultés du ravitaillement. On y vient grâce à quelque filière, souvent de loin, moyennant maintes précautions. Quand on est incorporé, c'est sans esprit de retour. On cantonne dans des abris creusés, des huttes, des grottes, parfois dans une baraque, une ferme en ruines, une maison forestière. Il faut supporter la dure, le froid, la pluie, surtout l'angoisse. Les maquisards sont sans cesse en alerte, prêts à filer ailleurs, éclairés autant que possible par le réseau des complicités qui, à partir des localités, des postes de gendarmerie, voire des bureaux administratifs, les avertissent des dangers ou leur signalent les occasions. Les fermes et les villages voisins fournissent des vivres à la petite troupe. Des enfants, des jeunes filles, des vieux, lui servent de porteurs ou de plantons peu compromettants. Farouchement, silencieusement, la paysannerie française aide ces gars courageux. L'ennemi se venge en fusillant dans la population civile ceux qu'il suspecte d'être complices, en déportant des notables, en incendiant des bourgs entiers.

L'embuscade près de la route que suit le convoi allemand, le déraillement du train qui transporte du personnel ou du matériel ennemi, l'attaque de l'insouciante patrouille ou du poste mal gardé, la destruction des voitures au parc, de l'essence en réservoir, des munitions entreposées, telles sont les escarmouches à quoi s'emploient les maquis, jusqu'au jour où le débarquement des armées alliées leur ouvrira un champ d'action plus large. Quand l'affaire est décidée, il s'agit qu'elle soit préparée minutieusement, car on a peu d'hommes et peu d'armes, et qu'elle s'exécute lestement, car le succès tient à la surprise. Le coup fait, il faut au plus vite s'esquiver, parce qu'aussitôt l'adversaire amène du monde, barre les routes, ratisse les alentours. Une fois terrés, les maquisards haletants font le bilan des résultats. Quel triomphe, quand ils ont vu tomber sous leurs balles des soldats de la Wehrmacht, flamber les camions, culbuter les wagons, quand ils ont pu assister à la déroute d'un groupe d'Allemands, saisir les armes des fuyards ! Mais aussi, combien souvent l'ennemi accroche le maquis ! Le combat, alors, est sans merci. S'il tourne mal, les Français survivants qui n'ont pu se dégager seront abattus sur-le-champ ou bien, après un simulacre de jugement, fusillés contre un talus. Qu'ils meurent debout, bien droits, ou couchés à cause de leurs blessures, ils crient : « Vive la France ! » en regardant en face les Allemands qui vont tirer. Plus tard, une stèle dressée sur place rappellera qu'ils sont tombés là. La Croix de Lorraine, gravée sur la pierre, dira pourquoi et comment.

Mais, dans une grande partie du pays, le terrain ne se prête pas à l'existence des maquis. Les réfractaires y sont, alors, divisés en très petites équipes où vivent chacun de son côté. Munis des faux papiers que leur procure la Résistance, qui a ses gens dans les ministères, les préfectures, les mairies, les commissariats, ils se joignent aux bûcherons, aux carriers, aux cantonniers, couchent dans des fermes écartées ou se perdent dans les grandes villes. Souvent, des usines, des chantiers, des bureaux, leur assurent une « couverture » en attendant le coup de main après lequel ils disparaissent. Ces partisans dispersés mènent des actions à très petite échelle. En revanche, ils les multiplient. Des Allemands isolés sont abattus, des grenades éclatent sous les pas des occupants, des charges de plastic avarient les véhicules. Dans le Bassin parisien, le Nord, le Lyonnais, etc., les sabotages de détail sont devenus continuels. C'est au point qu'il nous faut créer un service de protection pour sauvegarder certaines installations dont les armées vont avoir besoin.

Impossible, évidemment, de connaître au juste l'effectif de tous ces éléments qui ne fournissent d'états, ni de listes, à personne. Lors de la création de l'armée secrète, au début de 1943, nous avons évalué le total à une quarantaine de mille hommes, indépendamment de quelque trente milliers de Français et de Françaises qui font partie de nos soixante réseaux. Un an plus tard, cent mille maquisards, au moins, tiennent la campagne. Dès le début de la bataille de France, leur nombre dépassera deux cents mille. En fait, l'effectif des soldats de l'intérieur dépend directement de l'armement qui leur est donné. Quand, par hasard, un groupe reçoit ce qu'il lui faut, les volontaires y affluent. Par contre, le chef d'une troupe dépourvue doit refuser des engagements. On imagine que la question des armes à fournir à la Résistance est l'un des tout premiers soucis du gouvernement[11].

En France même, les ressources sont faibles. Sans doute certaines autorités militaires avaient-elles, en 1940, camouflé du matériel. Mais, presque toutes les cachettes ayant été découvertes par l'ennemi ou à lui livrées par Vichy, les combattants ne disposent que de peu d'armes françaises. Il est vrai que nous parvenons à leur en faire passer à partir de l'Afrique du Nord, mais peu, car il n'y en a guère et les bases d'où partent nos avions sont trop éloignées de la France. Quant aux armes qu'on prend aux Allemands, la quantité n'en sera appréciable que lors des grands chocs de l'été 1944.

Ce sont donc nos alliés qui détiennent les moyens voulus. Or, quelque fréquentes et pressantes que soient nos interventions, ils n'entendent envoyer sur la France leurs avions spécialisés et y lâcher fusils, mitraillettes, pistolets, grenades, mitrailleuses, mortiers, qu'en sérieuse connaissance de cause. Encore, malgré les précautions, la moitié du matériel parachuté tombe-t-elle aux mains de l'ennemi. D'ailleurs, si les services secrets américains et, surtout, britanniques ont peu à peu acquis la notion de ce qu'on peut attendre de la Résistance française, le commandement allié tardera à mesurer l'efficacité de cette forme de guerre, toute nouvelle pour des états-majors préparés aux seules batailles que l'on mène suivant les règles. Il y aura, jusqu'au bout, des différences cruelles entre ce que les maquis réclament, parfois désespérément, et ce qui leur est expédié. Au total, cependant, plus d'un demi-million d'armes individuelles et quatre mille collectives auront été fournies à nos forces clandestines ; les quatre cinquièmes par nos alliés.

Les maquis, les réseaux, les mouvements qui les soutiennent, la propagande qui les appuie, ont besoin de quelque argent. Le gouvernement s'efforce de le leur procurer en monnaie utilisable et qui ne les fasse pas découvrir. Tout ce qu'il y a de billets de la Banque de France, entreposés en Angleterre, en Afrique, aux Antilles, y est d'abord employé. Sont ensuite expédiés des « bons de la libération », émis à Alger par le gouvernement et avec sa garantie, que notre délégation de Paris prend en compte et qu'elle échange secrètement contre espèces dans des établissements de crédit ou chez des particuliers. Au moment de la crise suprême, il arrivera que des chefs locaux, pressés par la nécessité, procéderont à des réquisitions de fonds dont la responsabilité sera finalement endossée par l'État. Au total, plus de 15 milliards, qui en feraient 100 aujourd'hui, seront officiellement distribués à la Résistance. Bien qu'il se soit fatalement produit certains abus, les dépenses pourront être, pour plus des trois quarts, régulièrement justifiées suivant rapport de la Cour des comptes[12].

Qui sont les chefs des troupes de l'intérieur ? Presque toujours ceux qui s'instituent eux-mêmes et que les hommes reconnaissent comme tels pour leur ascendant et leur capacité. La plupart d'entre eux seront dignes de cette élémentaire confiance. Quelques-uns — des exceptions — commettront des actes condamnables. Si l'on songe aux conditions dans lesquelles ils se recrutent, faute que les cadres provenant de l'armée aient, en masse et de bonne heure, renié Vichy et pris la tête des groupes de combat, on doit proclamer que ces chefs, improvisés, isolés, affectés à une tâche terrible, ont bien servi la patrie. Au reste, une fois occupée l'ancienne zone « libre », dissoute l'armée de l'armistice et dissipés les scrupules sentimentaux et légalistes qu'inspire encore le Maréchal, nombre d'officiers et de sous-officiers de carrière passeront au maquis sous l'impulsion de l'O.R.A.[13] et de son chef le général Revers.

Tant que les forces clandestines ont à agir spontanément, au hasard des occasions et par bandes séparées, il ne saurait être question de leur imposer une hiérarchie régulière, ni de leur fixer depuis Alger ou Londres des missions précisées dans le temps et sur le terrain. Mais il y aurait de graves inconvénients à les laisser à elles-mêmes sans les rattacher à l'autorité centrale. Car on risquerait alors, soit de les voir glisser à l'anarchie des « grandes compagnies », soit de les livrer à l'emprise prépondérante des communistes. Ceux-ci, en effet, noyautent et, souvent, commandent les « Francs-Tireurs et Partisans » qui sont presque un tiers des maquis. Si de Gaulle ne tenait pas tout le monde sous son obédience, cette fraction deviendrait une force à part dont disposerait, non le pouvoir, mais l'entreprise qui vise à le saisir. En outre, d'autres éléments, ne sachant à quoi se rattacher, subiraient l'attrait de cette organisation et passeraient sous sa coupe. C'est l'époque, d'ailleurs, où les communistes s'efforcent d'accaparer le Conseil national de la Résistance, de l'amener à prendre, vis-à-vis d'Alger, l'aspect d'une sorte de gouvernement de l'intérieur et de coiffer tous les clandestins par un « Comité d'action » où eux-mêmes jouent le rôle dominant[14].

Nous avons donc créé, en France, un système qui, sans contrarier l'initiative et le cloisonnement des maquis, les rattache au commandement français et leur en fait sentir l'action. Dans chacune des régions administratives et dans certains départements, le gouvernement place un « délégué militaire » nommé par moi. Celui-ci maintient le contact avec les groupes armés de sa région, les amène à conjuguer ce que font les uns et les autres, les relie à notre centre par les moyens radio dont il dispose, leur transmet nos instructions et nous adresse leurs demandes, règle avec nos services les opérations aériennes qui leur parachutent des armes. Les maquis ont des inspecteurs : Michel Brault[15] pour l'ensemble du territoire, Georges Rebattet pour la zone Sud, André Brozen-Favereau pour la zone Nord. Après l'arrestation par l'ennemi du général Delestraint, de son second le général Desmazes, de son adjoint le colonel Gastaldo, l'armée secrète a reçu un chef d'état-major, le colonel Dejussieu. J'ai, d'autre part, nommé un « délégué militaire national », c'est-à-dire un officier d'état-major représentant le Commandement vis-à-vis de tous les éléments de combat : maquis, réseaux, équipes de sabotage, et auprès du Conseil national de la Résistance. Louis Mangin, le colonel Ély, Maurice Bourgès-Maunoury, Jacques Chaban-Delmas, assument successivement cette mission qui exige et où ils apportent beaucoup de souplesse et de fermeté[16].

À mesure que, dans des zones propices, les forces de l'intérieur iront se multipliant, qu'y apparaîtront chez l'ennemi des signes de déconfiture, qu'une action d'ensemble y deviendra possible, on verra tel ou tel chef, officier de carrière, ou non, prendre le commandement de tout ou partie des maquis du secteur. Ainsi du commandant Valette d'Ozia en Haute-Savoie, du colonel Romans-Petit dans l'Ain, du général Audibert en Bretagne, des colonels : Guillaudot dans l'Ille-et-Vilaine, Morice dans le Morbihan, Garcie, Guédin, Guingouin, pour l'Auvergne et le Limousin, André Malraux pour la Corrèze, le Lot, la Dordogne[17], Ravanel pour la Haute-Garonne, Pommiès pour les Pyrénées, Grandval en Lorraine, Chevance-Bertin en Provence, Rol et de Margerittes à Paris, Chomel en Touraine, du général Bertrand dans le Berry, etc.

Mais, dès l'instant du débarquement, il s'agira de faire en sorte que ces éléments épars concourent aux opérations alliées, que le commandement militaire leur fixe en conséquence des objectifs déterminés, qu'il leur procure les moyens d'exécuter ce qu'il attend d'eux. En ce qui concerne les destructions qui doivent paralyser l'ennemi dans ses mouvements, des plans d'ensemble ont été arrêtés par nous depuis longtemps en liaison avec des spécialistes compétents dans chaque domaine. Ainsi du « plan vert », appliqué aux voies ferrées et que nous ont proposé les chefs de « Résistance-fer » : Hardy, Armand[18], etc. ; du « plan violet », dressé avec le concours des résistants des P.T.T., comme par exemple Debeaumarché, et qui vise les transmissions télégraphiques et téléphoniques, notamment les câbles souterrains ; du « plan tortue », prévoyant aux bons endroits des coupures de routes, avec Rondenay comme principal exécutant ; du « plan bleu », en vertu duquel seront neutralisées les centrales électriques. Mais il faudra, d'autre part, que les actions locales des clandestins revêtent, au moment voulu, le caractère d'un effort national ; qu'elles prennent assez de consistance pour devenir un élément de la stratégie alliée ; qu'elles mènent, enfin, les combattants de l'ombre à se fondre avec les autres en une seule armée française.

C'est pourquoi, en mars 1944, je crée les « Forces françaises de l'intérieur » englobant obligatoirement toutes les troupes clandestines, prescris qu'elles soient organisées à mesure du possible en unités militaires conformes au règlement : sections, compagnies, bataillons, régiments, décide que les officiers qui en ont le commandement prendront à titre temporaire des grades correspondant aux effectifs qu'ils ont sous leurs ordres. On peut assurément prévoir que ces dispositions entraîneront, quant aux galons cousus sur les bérets et sur les manches, maintes exagérations dont auront à s'occuper plus tard les commissions de reclassement. Mais je tiens qu'en soumettant ces troupes aux normes traditionnelles, ce à quoi, d'ailleurs, elles aspirent, l'unité française sera finalement bien servie. Au mois d'avril, je nomme le général Kœnig commandant des forces de l'intérieur et l'envoie en Grande-Bretagne aux côtés d'Eisenhower. C'est de là qu'il pourra, au mieux, mettre en action la Résistance en la faisant concourir à la stratégie commune, en communiquant avec elle par tous les moyens voulus et en lui fournissant les armes et les appuis nécessaires. Kœnig, en outre, prendra sous ses ordres les fractions allogènes que, sous les rubriques : « Alliance », « Buckmaster », « War Office », etc., les Alliés, jusqu'alors, utilisaient directement chez nous[19].

Les forces que la France parvenait à se refaire, comment seraient-elles employées ? À cet égard, le dualisme installé à la tête du pouvoir avait pu, pendant quelque temps, contrarier les décisions. Toutefois, ce n'avait été qu'après la campagne de Tunisie et avant celle d'Italie, c'est-à-dire au cours d'une période de relative stabilisation. Il s'était trouvé, au surplus, que Giraud avait dans l'ensemble des conceptions analogues aux miennes. Mais l'automne de 1943 ouvrait la perspective de l'offensive sur le continent. En même temps, m'était attribuée la présidence unique[a] du Comité. Au moment où il fallait agir, j'en avais la possibilité, mais dans les limites étroites et, pour moi, je l'avoue, pénibles que m'imposait une coalition où les forces de la France n'étaient pas les principales.

L'idée que je me faisais de la conduite de la guerre était celle-là même que je m'étais fixée depuis 1940. Il s'agissait que notre armée, reconstituée en Afrique, rentrât dans la Métropole, contribuât avec nos forces clandestines à la libération du pays, prît part à l'invasion du Reich et s'assurât, en chemin, des gages voulus pour que le règlement final ne pût s'accomplir sans nous. Cela impliquait que l'effort allié fût dirigé vers notre territoire, qu'il comportât, non seulement un débarquement dans le Nord, mais un autre aussi dans le Midi, et que nous participions largement à cette deuxième opération. En attendant, il était bon que les Occidentaux fissent campagne en Italie, tant pour user les forces allemandes que pour dégager les routes maritimes, et il fallait que nos troupes, notre flotte, notre aviation, fussent engagées dans cette entreprise.

Cependant, la stratégie des Alliés demeurait encore imprécise. En septembre 1943, ils avaient été d'accord pour aborder l'Italie. Mais ils ne l'étaient pas sur ce qu'il faudrait faire ensuite. Les États-Unis, pour leur part, se sentaient désormais capables de livrer la bataille d'Europe en passant par le plus court, autrement dit par la France. Prendre pied en Normandie et, de là, pousser sur Paris ; débarquer en Provence et remonter la vallée du Rhône ; ils entendaient conjuguer ces deux opérations. Après quoi, les armées alliées, soudées les unes aux autres entre la Suisse et la mer du Nord, se porteraient au-delà du Rhin. La campagne d'Italie était, pour les Américains, une diversion qui ne devait pas amenuiser l'affaire principale.

Les Britanniques et, d'abord, Churchill voyaient les choses autrement. À leurs yeux, le plan américain tendait à attaquer l'ennemi là où il serait le plus dur, à prendre le taureau par les cornes. Mieux valait viser les points mous, frapper le ventre[20] de l'animal. Au lieu de se fixer directement pour objectif l'Allemagne et de l'atteindre en passant par la France, c'était, suivant les Anglais, vers l'Europe danubienne qu'il fallait marcher, à travers l'Italie et les Balkans. Le grand effort de l'alliance devrait donc consister à pousser de l'avant dans la péninsule italienne, à débarquer en Grèce et en Yougoslavie, à obtenir l'intervention des Turcs, puis à gagner l'Autriche, la Bohême, la Hongrie.

Comme il était naturel, cette stratégie répondait à la politique de Londres qui visait à établir la prépondérance britannique dans la Méditerranée et redoutait, par-dessus tout, de voir les Russes y déboucher aux lieu et place des Allemands. Lors des conférences de Téhéran et du Caire, dans les messages que le Premier Ministre adressait au Président, au cours des travaux menés à Washington par l'organisme anglo-saxon intitulé : « Combined Chiefs of Staff Committee », c'était ce plan, nous le savions, que les Anglais s'efforçaient de faire prévaloir.

Mais, quelque soin que prissent nos alliés de nous tenir à l'écart de leurs délibérations, nous avions, à présent, des forces assez importantes pour qu'on ne pût passer outre à nos propres résolutions. Or, sans méconnaître les côtés séduisants de la conception de Churchill, je ne m'y ralliais pas. Du point de vue militaire, l'opération menée depuis la Méditerranée en direction de l'Europe centrale me semblait comporter trop d'aléas. En admettant que l'on parvînt promptement à briser les forces ennemies qui occupaient l'Italie — mais rien n'y laissait prévoir une décision rapide — il faudrait ensuite franchir les barrières énormes des Alpes. Si l'on pouvait imaginer de débarquer en Dalmatie, comment se dégager des montagnes yougoslaves ? La Grèce, sans doute, était accessible, mais plus au nord quels obstacles accumulaient les massifs compliqués des Balkans ! Or, les armées américaine et britannique étaient faites pour agir surtout dans des plaines, à grand renfort de mécanique, et pour vivre sans trop de privations grâce à des convois réguliers. Je les voyais mal, lancées à travers le terrain tourmenté de la péninsule balkanique, sans ports commodes pour leur servir de bases, avec, en fait de communications, des routes médiocres et peu nombreuses, des chemins de fer rares et lents, ayant devant elles les Allemands maîtres dans l'art d'utiliser les chicanes de la nature. Non ! c'est en France qu'il fallait chercher la décision ; en France, c'est-à-dire sur un sol favorable aux opérations rapides, à proximité immédiate des bases aériennes et navales et où la Résistance, agissant sur les arrières de l'ennemi, mettrait dans le jeu allié un atout de premier ordre.

C'était aussi au nom de l'intérêt proprement français que je croyais devoir écarter, pour ce qui nous concernait, le projet des Britanniques. Tandis que l'envahisseur tenait la France asservie, faudrait-il laisser l'Occident engager ses armées dans une direction excentrique ? Notre pays serait-il libéré de loin et indirectement, sans avoir vu ses soldats et ses alliés remporter sur son sol la victoire du salut ? Son ultime armée marcherait-elle sur Prague, tandis que Paris, Lyon, Strasbourg, resteraient longtemps encore aux mains de l'ennemi ? En négligeant de faire combattre et vaincre dans la Métropole nos forces forgées outre-mer, allions-nous perdre l'occasion de resserrer, après tant de secousses, les liens de l'Union française[21] ? Enfin, au milieu de la confusion qui suivrait chez nous la retraite des Allemands et l'écroulement de Vichy, quel régime surgirait du chaos si notre armée se trouvait, alors, en Autriche ou en Hongrie et ne pouvait s'amalgamer les forces de l'intérieur ? Pour l'Angleterre et les États-Unis, le choix de la stratégie intéressait leur politique. Mais ce choix, pour la France, engageait tout son destin.

Il arriva que les vues américaines l'emportèrent d'assez bonne heure pour ce qui concernait le débarquement dans le Nord. En décembre 1943, nos alliés anglo-saxons, vivement pressés par les Russes, décidèrent d'exécuter avant la fin du printemps cette grandiose opération qu'ils appelèrent *Overlord*. Nous ne pouvions que les approuver. Mais le débarquement dans le midi de la France, bien qu'envisagé en principe et baptisé par avance *Anvil*, demeurait très discuté. M. Churchill ne renonçait pas à l'idée de porter sur l'Italie et les Balkans tout l'effort allié dans le sud de l'Europe. Il obtenait pour le général Maitland Wilson le commandement en chef dans la Méditerranée ; Alexander étant déjà à la tête des armées en Italie. Il tâchait qu'on maintînt à leur disposition le plus possible des divisions américaines et françaises et des navires spéciaux destinés aux débarquements. Sauf réaction de notre part, l'insistance du Premier Ministre allait entraîner sur le théâtre du Sud l'application du plan britannique.

Mais comment intervenir ? Étant donné[b] l'enjeu de la partie et les moyens que nous mettrions en ligne au cours de cette phase du conflit, il eût été normal que nous fussions associés aux principales décisions de la coalition ; que le chef du gouvernement français prît part aux conférences où le président des États-Unis et le Premier Ministre britannique arrêtaient les projets concernant la conduite de la guerre ; que le commandement français — en la personne par exemple du général Giraud — fût l'un des éléments de l'état-major commun où étaient élaborés les plans d'action militaire. Nous aurions été, de cette façon, en mesure de faire valoir notre point de vue et d'influer sur les conclusions. Dès lors, la stratégie alliée fût devenue complètement la nôtre, comme elle était celle des deux États qui l'avaient adoptée. Le fait que, pour l'exécution, un général américain se trouvât en charge du Nord, un général anglais du Sud, nous eût certes fait éprouver la nostalgie du passé, non point de l'inquiétude quant au présent et à l'avenir. Mais jamais les Anglo-Saxons ne consentirent à nous traiter comme des alliés véritables. Jamais ils ne nous consultèrent, de gouvernement à gouvernement, sur aucune de leurs dispositions. Par politique ou par commodité, ils cherchaient à utiliser les forces françaises pour les buts qu'eux-mêmes avaient fixés, comme si ces forces leur appartenaient et en alléguant qu'ils contribuaient à les armer.

Cette philosophie n'était pas la mienne. J'estimais que la France apportait aux coalisés, sous toutes sortes de formes, un concours qui valait beaucoup plus que le matériel qui lui était fourni. Puisqu'elle était tenue en dehors de leurs débats, je me sentais justifié, chaque fois qu'il le faudrait, à agir pour son propre compte et indépendamment des autres. Cela n'irait pas sans heurts. Mais on devrait s'en accommoder, quitte à constater par la suite que ce qui convenait à la France était à l'avantage de tous.

En décembre, se présenta l'occasion de marquer que, dans la situation qui nous était faite, nous réservions notre liberté. C'était l'époque où nos troupes commençaient à opérer en Italie. Trois divisions françaises s'y trouvaient déjà. À vrai dire, la 4e division marocaine, expédiée la dernière des trois, n'avait pas bénéficié pour son transport dans la péninsule de beaucoup d'empressement de la part des Alliés. Ceux-ci auraient préféré que nous nous contentions de renforcer par quelques bataillons les forces du général Juin. Je m'étais vu contraint d'intervenir pour que la 4e division marocaine ne fût pas ainsi débitée et pour qu'elle partît tout entière. Cela avait été fait et, sur le champ de bataille, on avait pu s'en féliciter. Sur les entrefaites, d'ailleurs, le commandement allié changeait d'attitude et invitait le général Giraud à envoyer en Italie une quatrième grande unité. Le Comité de la Défense nationale accédait à la demande et choisissait la 1re division « française libre ». Or, nous apprîmes soudain que celle-ci ne partirait pas et que la 9e division coloniale était désignée à sa place par ordre d'Eisenhower. Je lui fis aussitôt notifier que la 9e division n'était pas à sa disposition et demeurerait en Afrique du Nord. Eisenhower invoqua alors, d'une part des arrangements qu'il avait pris en dehors de nous avec le général Giraud, d'autre part des conventions passées à Anfa entre celui-ci et Roosevelt et suivant lesquelles les troupes françaises armées par les Américains seraient à la disposition entière du commandement américain. Ces arguments ne pouvaient que m'affermir dans ma position. Je maintins la décision prise. Puis j'avisai MM. Edwin Wilson et Harold MacMillan que nous proposions de régler entre les trois gouvernements les conditions dans lesquelles les forces françaises pourraient être employées par le commandement allié au même titre que les forces américaines et britanniques[22].

Il y eut quelque tumulte. Du côté de l'état-major allié, on protesta que notre manière de faire compromettait les opérations. Du côté des ambassadeurs, on déclara que l'affaire ne concernait pas les gouvernements de Washington et de Londres et devait être réglée entre le général Eisenhower et le Comité de la libération. Mais, comme nos troupes ne quittaient pas l'Afrique et qu'on en avait besoin en Italie, il fallut bien s'expliquer. Le 27 décembre, ainsi que nous l'avions dès l'abord proposé, se réunit sous ma présidence une conférence à laquelle prenaient part MM. Wilson, MacMillan et le général Bedell Smith, celui-ci remplaçant Eisenhower alors en voyage. René Massigli et le général Giraud se trouvaient à mes côtés[23].

Je fis connaître que la 1re division — non point une autre — ayant été mise à la disposition du Commandant en chef allié, irait rejoindre en Italie celles qui s'y trouvaient déjà, aussitôt que son départ nous serait régulièrement demandé. Bien entendu, aucune force française ne pouvait être employée sur aucun théâtre d'opérations sans l'ordre du gouvernement français. Puis, j'indiquai que l'incident nous amenait à préciser comment le gouvernement français entendait faire coopérer ses forces avec celles de ses alliés.

« À cette coopération, dis-je, nous sommes naturellement disposés. Mais il faut que ce soit en connaissance de cause. Or, nous ne sommes pas associés à vos plans. À toutes fins utiles, nous avons préparé un projet d'accord en vue de corriger ce fâcheux état de choses et d'organiser la coopération des trois gouvernements dans la conduite de la guerre et des trois commandements dans la stratégie. Si cet accord est conclu, tout est bien. S'il ne l'est pas, le gouvernement français ne placera ses forces sous le commandement allié que dans les conditions qu'il fixera lui-même et sous réserve de les reprendre, en tout ou en partie, quand l'intérêt national lui paraîtra l'exiger. »

J'ajoutai : « Actuellement, le commandement allié reçoit le concours de l'armée, de la flotte, de l'aviation françaises pour la campagne d'Italie, sans que nous sachions jusqu'où et jusqu'à quand on veut la pousser et l'étendre. Or, pour nous, les futurs débarquements en France sont d'une importance primordiale. Le moment est venu de dire que nous ne saurions renforcer nos troupes en Italie, ni même les y laisser longtemps, à moins que les gouvernements américain et britannique ne nous donnent la garantie que l'opération

Anvil aura lieu, que toutes les forces françaises d'Italie pourront y être engagées comme celles d'Afrique du Nord, qu'une division française sera, à temps, transportée en Grande-Bretagne afin de participer à l'opération *Overlord* et de libérer Paris. Ces garanties une fois données, s'il arrivait qu'elles fussent mises en cause, le gouvernement français reprendrait *ipso facto* la disposition de ses forces. »

Le lendemain, Massigli notifia, par lettre, à MM. Wilson et MacMillan nos propositions et nos conditions[24]. Il reçut d'eux une réponse annonçant que notre projet d'accord était étudié par leurs gouvernements et nous donnant, en attendant, les garanties que nous avions demandées au sujet de la campagne de France. Alors, reprirent les transports de troupes françaises vers l'Italie.

De ce moment, le commandement allié ne manqua plus de nous rendre compte de ses plans, de recueillir nos avis, de nous adresser par la voie régulière ses demandes de renforts français. Il s'établit à Alger entre états-majors une satisfaisante collaboration. De mon côté, je donnai maintes audiences aux principaux chefs américains et britanniques. Ainsi du général Eisenhower, de l'Air Marshal Tedder, du général Bedell Smith, avant leur départ pour la Grande-Bretagne où ils auraient à monter puis à déclencher *Overlord* ; du général Maitland Wilson quand il vint prendre son commandement et à plusieurs autres reprises ; de l'amiral Sir Andrew Cunningham ; de l'amiral Hewitt chargé des opérations de transport, d'escorte, de protection, de débarquement qu'allait comporter *Anvil* ; du général Doolittle commandant les forces aériennes stratégiques sur le théâtre méditerranéen ; des généraux : Devers, Gammell, Rooks ; de l'Air Marshal Slessor, etc. Lors de mes inspections en Italie, c'est avec confiance que le général Alexander commandant les forces alliées, le général Clark commandant la Ve armée américaine à laquelle était rattaché le corps expéditionnaire français, le général Leese commandant la VIIIe armée britannique, le général Eaker commandant l'aviation, me faisaient connaître leurs intentions et s'enquéraient du point de vue national français.

De la part de ces chefs, une telle attitude répondait, sans doute, à l'utilité immédiate. Elle n'en était pas moins méritoire. Il leur fallait, en effet, dans leurs rapports avec de Gaulle, surmonter une surprise à vrai dire bien compréhensible. Ce chef d'État, sans constitution, sans électeurs, sans capitale, qui parlait au nom de la France ; cet officier portant si peu d'étoiles, dont les ministres, généraux, amiraux, gouverneurs, ambassadeurs de son pays tenaient les ordres pour indiscutables ; ce Français, qui avait été condamné par le gouvernement « légal », vilipendé par beaucoup de notables, combattu par une partie des troupes et devant qui s'inclinaient les drapeaux, ne pouvait manquer d'étonner le conformisme des militaires britanniques et américains. Je dois dire qu'ils surent passer outre et voir la France là où elle était. En échange, ma profonde et amicale estime fut acquise à ces éminents serviteurs de leur pays et de notre cause, à ces hommes droits, à ces bons soldats.

Au reste, l'organisation à laquelle ils avaient affaire dans leurs contacts avec nous facilitait la cohésion. Le gouvernement français, depuis qu'il n'avait plus qu'une tête, se gardait bien de répartir le droit de prendre des décisions et le devoir d'en répondre. L'armature donnée au commandement était aussi simple et nette que possible. M'appuyant sur la loi d'organisation de la nation pour le temps de guerre, je portais, en tant que chef de l'État, le titre de chef des armées et, comme président du gouvernement, la charge de diriger la Défense nationale. Ce qui concernait l'emploi de nos forces et, par là même, la coopération stratégique avec les Alliés m'incombait nécessairement[25]. Dans le cadre dont je fixais l'ensemble, les ministres de la Guerre, de la Marine, de l'Air avaient à mettre sur pied, administrer, pourvoir les armées et régler avec les services américains et britanniques les fournitures d'armement. Enfin, les chefs désignés par moi exerçaient sur le terrain le commandement de nos forces à l'intérieur du système allié. C'étaient là exactement les attributions qu'exerçaient, de leur côté et pour les mêmes raisons, Roosevelt, Churchill et Staline, toutes proportions gardées, hélas ! quant à l'importance relative de leurs moyens et des nôtres.

Pour m'assister dans ma tâche, j'avais créé l'état-major de la Défense nationale et mis à sa tête le général Béthouart[26], avec comme adjoints le capitaine de vaisseau Barjot et le colonel d'aviation de Rancourt. C'est Béthouart qui réunissait les éléments des décisions, notifiait celles-ci aux intéressés, en suivait l'exécution. Il assurait, en outre, avec les Alliés les liaisons militaires sur le plan le plus élevé, se tenant en relation avec le commandant en chef sur place : Eisenhower, puis Wilson, et disposant, à l'extérieur, de nos missions militaires, terrestres, navales et aériennes. En dehors des aspérités que comportait mon propre contact, ces fonctions étaient difficiles, tant en raison de leur complexité que du fait qu'elles touchaient aux susceptibilités des gouvernements et des états-majors alliés, à celles des ministres et des hauts échelons français, partout à celles des personnes. Béthouart s'en acquitta au mieux.

Dans cette espèce de promotion que nous tâchions d'obtenir à l'intérieur de la coalition, la qualité des généraux qui commandaient nos grandes unités allait compter pour beaucoup. Or, justement, ils étaient bons. Juger sur place l'ennemi, le terrain, les moyens, combiner les différentes armes, entraîner les troupes, c'est le lot des divisionnaires ; les généraux Dody, de Monsabert, Sevez, Leclerc de Hauteclocque, du Vigier, de Vernejoul, Guillaume, Brosset, Magnan, allaient s'y distinguer tous, quoique chacun à sa manière. Les généraux Poydenot et Chaillet excelleraient à mettre en œuvre l'artillerie avec tous ses calibres. À la tête du génie, le général Dromard devait, sans faute, assurer à nos forces le passage de tous les obstacles et, pour finir, celui du Rhin. Au commandement des corps d'armée, il faut voir large et loin, ajuster en un effort unique les actions diverses et successives de plusieurs grandes unités. Les généraux Henry Martin et de Larminat, qui en eurent d'abord la charge, firent preuve de ces capacités. Les événements, d'ailleurs, les portaient, les moyens ne leur manquaient pas. Heureux les chefs qui se sentent monter vers la victoire !

Sur mer, faute que les ennemis fussent encore en état de mettre des flottes en ligne, la guerre navale consistait en l'engagement de moyens répartis sur d'immenses étendues pour la chasse aux sous-marins, la destruction des raiders, la défense contre les avions, l'escorte des convois, la protection des bases. Notre marine devait donc agir par unités fractionnées à l'intérieur du système allié. Les amiraux français, aux côtés de leurs pairs britanniques et américains, surent contribuer comme il le fallait à cette lutte sur mer où l'on est pris sans cesse au dépourvu, comme en un jeu où manquent toujours des pièces. Pour l'ensemble, Lemonnier ; pour les secteurs ou les divisions : d'Argenlieu, Collinet, Nomy, Auboyneau, Ronarc'h, Sol, Barthe, Longaud, Missoffe, Battet, etc., firent honneur à la marine française.

Quant à notre aviation, amenée par la force des choses à répartir ses escadres entre les grands groupements de chasse, d'appui direct, de bombardement, en quoi s'articulait la puissance aérienne de l'Occident, ses généraux : Bouscat, au sommet ; Valin, Gérardot, Montrelay, Lechères, etc., dans des tâches fractionnées, se montrèrent dignes d'une armée de l'air qui brûlait de reprendre son rang. Chefs d'une force toute neuve et cherchant encore ses doctrines, ils surent, avec distinction, agir dans le double domaine du moral et de la technique de manière à tirer tout le possible des hommes et du matériel.

Au premier rang des chefs qui, au temps de cette résurrection, furent en charge de nos forces, deux eurent le privilège de commander, tour à tour, l'unique armée que la France put engager dans la bataille. Les généraux Juin et de Lattre de Tassigny avaient entre eux bien des traits communs. De même âge, de même formation, ayant parcouru la carrière en même temps et du même pas rapide, sortis tous deux, sans s'y être brisés, des pièges que le désastre de 1940, puis le régime « de l'armistice », avaient tendus à leur honneur[27], ils s'offraient maintenant l'un et l'autre à exercer le grand commandement pour lequel ils étaient faits et dont toujours ils avaient rêvé. Au reste, assez généreux, en dépit de leur émulation, pour se rendre mutuellement justice. Mais, comme ils étaient différents !

Juin, concentré, égal à lui-même, s'enfermait dans sa tâche ; tirant son autorité moins de l'éclat que d'une valeur profonde, son attrait de la solidité plutôt que d'un charme apparent ; se frayant son chemin sans dédaigner, parfois, la ruse mais en évitant les détours. De Lattre, passionné, mobile, portant ses vues au loin et de toutes parts ; s'imposant aux intelligences par la fougue de son esprit et s'attachant les sentiments à force de prodiguer son âme ; marchant vers le but par bonds soudains et inattendus, quoique souvent bien calculés.

Au demeurant, chacun d'eux était maître dans son art. Juin, pour chaque opération, dessinait d'avance d'un trait ferme le plan de la manœuvre. Il le fondait sur les données qu'il tirait du renseignement ou bien de son intuition et que, toujours, les faits confirmaient. Il lui donnait comme axe une seule idée, mais assez nette pour éclairer les siens, assez juste pour qu'il n'eût pas à la changer au cours de l'action, assez forte pour s'imposer en fin de compte à l'ennemi. Ses succès, même s'ils étaient payés cher, ne semblaient pas dispendieux et, si méritoires qu'ils pussent être, paraissaient tout naturels.

De Lattre, en chaque conjoncture, recherchait avant tout l'occasion. En attendant de la trouver, il subissait l'épreuve des tâtonnements, dévoré d'une impatience qui, au-dehors, provoquait maintes secousses. Ayant discerné, tout à coup, où, quand, de quelle façon l'événement pouvait surgir, il déployait alors, pour le créer et l'exploiter, toutes les ressources d'un riche talent et d'une énergie extrême, exigeant l'effort sans limites de ceux qu'il y engageait, mais sachant faire sonner pour eux les fanfares de la réussite.

Comme Larminat, Leclerc, Kœnig le firent au plus noir de la nuit et avec de faibles moyens, Juin et de Lattre, dès que parut l'aurore, menant l'action sur une échelle plus large, quoique encore, hélas ! limitée, remirent à l'honneur, aux yeux de la nation, des Alliés, des ennemis, le commandement militaire français.

C'est en décembre 1943 que s'engage en Italie notre corps expéditionnaire. On lui fait place, c'est donc pour une tâche difficile. À ce moment les Alliés, que commande Alexander, sont entre Naples et Rome au contact du groupe des Xe et XIVe armées allemandes du maréchal Kesselring, depuis l'embouchure du Garigliano sur la Méditerranée, jusqu'à celle du Rapido sur l'Adriatique, en passant par le mont Cassin. Les Allemands, habilement et énergiquement conduits, occupent tout le long du front une position solide derrière laquelle ils en ont organisé deux autres : « Gustav » et « Hitler », le tout garni de bonnes troupes, d'armes sous casemates, d'artillerie abritée, de mines. En ce début d'hiver, la zone d'action des Français, sur le revers sud des Abruzzes aux abords d'Acquafundata, se présente comme un ensemble montagneux, enneigé, désolé, avec des crêtes rocailleuses et des pentes d'argile et de boue que noie la brume et balaie le vent. Là, nos troupes, rattachées à la Ve armée américaine, joignent celle-ci, sur sa droite, à la VIIIe armée britannique.

Rome est l'objectif des Alliés. Pour l'atteindre, le général Clark commandant la Ve armée veut déboucher dans la plaine du Liri où ses formations blindées agiront avec avantage. Mais l'accès lui en est barré par le môle du mont Cassin. Or, c'est tout droit sur le mont, là où l'ennemi est le mieux retranché, que Clark voudrait forcer la ligne adverse. Il est vrai qu'il compte sur sa puissante artillerie et, plus encore, sur son aviation qui pourra, espère-t-il, écraser tout. Le corps expéditionnaire français a pour mission d'enfoncer un coin dans les défenses ennemies au nord du fameux monastère pour aider les Alliés à l'enlever directement.

La deuxième quinzaine de décembre est marquée par la très dure progression de la 2ᵉ division marocaine qui, de nos grandes unités, se trouve la première engagée. À travers des montagnes culminant à 2 400 mètres, dans la neige ou sous la pluie, aux prises avec un ennemi qui se bat avec acharnement, cette division, commandée par Dody, s'empare pied à pied des massifs de Castelnuovo, du Pantano, de la Mainarde. Plus au sud, nos alliés se sont approchés du mont Cassin. Ils n'ont pu toutefois l'enlever. Au nord, l'armée britannique demeure sur sa position. En janvier, un effort d'ensemble est décidé par le général Clark. L'attaque reprend sur toute la ligne. En même temps, un corps allié est débarqué à Anzio[28] en vue de tourner l'adversaire. De durs combats vont se prolonger jusqu'au milieu du mois de mars sans aboutir à une solution.

Ce n'est pas faute que le corps expéditionnaire français ait prodigué ses peines et remporté des succès. Au début du mois de janvier, le général Juin a pris le commandement. La 3ᵉ division nord-africaine, général de Monsabert, et un groupement de tabors, général Guillaume, sont mis en ligne aux côtés de la division Dody. Par la suite, la 4ᵉ division marocaine commandée par Sevez viendra les rejoindre. En outre, la division italienne du général Utile[29] est affectée au secteur français. Les attaques commencent le 12 janvier. Trois semaines après, les Français ont conquis une zone profonde de vingt kilomètres, enlevé sur leur front la première position allemande, percé la seconde, fait mille deux cents prisonniers, le tout sur un terrain extrêmement tourmenté et où l'ennemi engage contre les nôtres plus du tiers des forces qu'il oppose à la Vᵉ armée. L'affaire est couronnée — on peut le dire — par l'enlèvement du Belvédère, massif organisé qui est la clef de la ligne Gustav. Sur cette position, plusieurs fois prise, perdue, reprise, le 4ᵉ régiment de tirailleurs tunisiens accomplit un des faits d'armes les plus brillants de la guerre au prix de pertes énormes. Y seront tués, notamment, son chef le colonel Roux et neuf de ses vingt-quatre capitaines. Mais, à gauche, le mont Cassin reste à l'ennemi malgré d'effroyables bombardements aériens et les assauts vaillamment répétés des Américains, des Hindous, des Néo-Zélandais. À droite, la VIIIᵉ armée ne progresse pas sensiblement. Juin, dans ces conditions, doit suspendre son avance.

Celle-ci, pourtant, laisse aux Français l'impression d'une victoire. L'ennemi n'a pas cessé de reculer devant eux. Ils ont senti à leur tête un commandement lucide et ferme dont le plan a été réalisé de point en point. La coopération des diverses grandes unités, la liaison entre les armes, n'ont rien laissé à désirer. Enfin, les nôtres ont constaté que pour la lutte en montagne qui exige des troupes le maximum d'efforts et d'aptitude manœuvrière, ils se sont montrés hors de pair dans le camp des Alliés. Ceux-ci, d'ailleurs, l'affirment hautement[d]. Rien de plus noble et de plus généreux que les témoignages rendus par le roi George VI, les généraux : Eisenhower, Wilson, Alexander et Clark au général Juin et à ses troupes.

Quand, au début du mois de mars, inspectant nos troupes en ligne[30], je parcours les forteresses naturelles qu'elles ont prises, j'éprouve comme tous ceux qui sont là une grande fierté et une solide confiance. Mais il me paraît évident qu'un nouvel effort ne saurait leur être demandé que dans le cadre d'une stratégie plus large. Juin en est, le premier, convaincu. Il a déjà, dans ce sens, fait au commandement allié des recommandations instantes. Bientôt, il va lui suggérer une conception nouvelle de la bataille.

Suivant Juin, il faut, pour prendre Rome, que l'action alliée comporte une manœuvre d'ensemble et, d'abord, un effort principal auquel tout soit subordonné. Cet effort devra être mené sur le terrain qui mène à l'objectif, c'est-à-dire au sud des Abruzzes. Il sera donc nécessaire de resserrer le front de la Ve armée afin qu'elle agisse puissamment à partir du Garigliano, tandis que la VIIIe armée, étendant sa ligne au sud, opérera par sa gauche sur Cassino et le Liri. Dès lors, la zone du général Clark se trouvera réduite à deux secteurs : au nord les monts Aurunci, au sud la plaine que borde la mer. Le commandant du corps expéditionnaire français proposera de se charger de l'attaque des monts Aurunci, tandis que les Américains progresseront à sa gauche en terrain moins accidenté.

Ayant visité les nôtres, je prends contact avec Alexander au Quartier général de Caserte. Ce grand chef, d'esprit clair, de caractère sûr, me paraît très qualifié pour commander les forces alliées. Rôle complexe, car il lui faut employer côte à côte une armée britannique, une armée américaine, un détachement d'armée français, un corps polonais, des contingents italiens, une division brésilienne ; diriger et accorder des subordonnés ombrageux ; négocier avec diverses marines et plusieurs aviations ; subir les avis et demandes d'explications de Washington et de Londres, le tout pour livrer une bataille frontale entre deux mers, ce qui limite étroitement les possibilités de manœuvre. Le général Alexander évolue entre les difficultés sans jamais cesser d'être lucide, courtois et optimiste. Il me rend compte de ses projets. Je l'écoute, me gardant d'intervenir dans le plan de ses opérations. Car je tiens que les gouvernements doivent laisser entière la liberté d'esprit et la responsabilité du commandement dans la bataille. Mais, l'ayant entendu me dire qu'il incline à changer sa stratégie dans le sens que recommande Juin, je lui en marque ma satisfaction.

Clark, pour son compte, y est, lui aussi, disposé. Je vais le voir dans la roulotte où il loge et travaille. Il me fait très bonne impression. Non seulement parce qu'il dit avec netteté ce qu'il a à dire, mais aussi parce qu'il demeure simple et droit dans l'exercice du commandement. Il y a d'autant plus de mérite que, parmi les généraux américains, il est le premier qui ait la charge d'une armée sur le théâtre occidental et que l'amour-propre de son pays est tendu vers sa réussite. Comme Alexander, Clark témoigne à l'égard de Juin de la plus haute estime et fait des troupes françaises un éloge qui n'est certainement pas feint. Le général Anders, à son tour, exprime le même jugement. Dans un secteur voisin du nôtre il commande le corps polonais qui prodigue sa bravoure au service de son espérance. Le général italien Utile et sa division prêtent de bon cœur à nos soldats un concours très appréciable. À Alger, le général Mascanheras, qui arrive du Brésil avec sa division pour gagner bientôt l'Italie, déclare qu'il entend prendre modèle sur les chefs français. Voilà de ces propos qui adoucissent bien des blessures !

Peu après, Wilson me fait savoir que la décision d'Alexander est arrêtée. L'offensive doit reprendre, en mai, sur les bases que préconise Juin. Aussitôt, nous renforçons le corps expéditionnaire. La 1re division « française libre »[31], un deuxième groupement de tabors, plusieurs groupes d'artillerie, des unités du génie, un détachement blindé, sont envoyés en Italie. D'autre part, les services qui étaient jusqu'alors ceux d'un corps d'armée reçoivent les compléments voulus pour devenir ceux d'une armée. Après quoi, la 2e division blindée étant partie pour l'Angleterre, il ne reste en Afrique du Nord, en fait de grandes unités, que la 1re et la 5e division blindée et la 9e division coloniale qui achèvent leur préparation. Nous engageons donc dans la péninsule plus de la moitié de nos moyens. C'est assez ! Au général Wilson, qui fait valoir à mes yeux la perspective d'un effort plus étendu sur les deux rives de l'Adriatique et m'exprime le souhait de pouvoir y employer, non seulement les troupes françaises qui se trouvent déjà sur place, mais encore celles qui ont été réservées, je répète que ce n'est pas leur destination finale et que le gouvernement français entend consacrer les unes et les autres à l'opération *Anvil*. « En attendant, dis-je à Wilson, notre armée, qui compte 120 000 hommes en Italie, soit plus du quart des combattants, va prendre à l'offensive prochaine une part que j'espère décisive. »

Il devait en être ainsi. La bataille commençait dans la nuit du 11 au 12 mai. Le corps expéditionnaire français attaquait les monts Aurunci. Il eût pu sembler que cet enchevêtrement de massifs interdirait une progression rapide. Mais c'est justement pour cela que le commandement français l'avait choisi comme terrain d'action. L'ennemi avait, en effet, toutes raisons apparentes de croire qu'il lui faudrait se défendre surtout, non point dans les monts eux-mêmes, mais bien au nord et au sud où les pentes étaient faibles et où passaient respectivement les deux grandes routes de Rome n° 6 et n° 7. Il serait donc surpris de nous voir l'attaquer en forces dans le secteur le plus difficile. Mais en outre, dans ce secteur même, la manœuvre du général Juin allait prendre en défaut l'adversaire. Car c'est par la crête la plus haute, la plus dépourvue de chemins, où les Allemands ne s'attendaient pas à l'irruption de l'assaillant, que les Français entreprendraient une avance accélérée, débordant continuellement à droite et à gauche les positions du défenseur et perçant de part en part ses trois lignes successives avant que, sur aucune des trois, il eût trouvé le temps de se rétablir. Encore, pour courir toutes les chances de la surprise, moyennant d'ailleurs tous les risques, le commandant du corps expéditionnaire avait-il décidé de faire enlever à l'improviste, en pleine nuit, sans préparation d'artillerie, les pentes du mont Majo, môle énorme qui couvrait tout le système des défenses allemandes.

Il est vrai que le corps expéditionnaire comprenait des troupes de premier ordre, aptes par excellence à la guerre de montagne. En particulier, la 4e division et les tabors marocains étaient capables de passer partout et le général Juin le savait mieux que personne. Il confiait donc à cette division et à ces tabors, réunis sous les ordres de Sevez, la mission de pousser aussi vite que possible par les hauts du terrain en enveloppant au sud le dispositif allemand et en prenant pour objectif final le massif de Petrella, près de Pico, sur les arrières de l'ennemi. Un admirable régiment de la 2ᵉ division marocaine, le 8ᵉ tirailleurs, colonel Molle, aurait à ouvrir la brèche en s'emparant d'un bond du mont Majo. De son côté, la 1ʳᵉ division « française libre » envelopperait au nord l'ensemble des massifs montagneux et aiderait la gauche de la VIIIᵉ armée à déboucher sur le Liri. Enfin, la rude tâche d'enlever les défenses allemandes à l'intérieur des monts Aurunci reviendrait à la 3ᵉ division nord-africaine et à la 2ᵉ division marocaine.

Comme une machine vivante dont les rouages sont mis en œuvre par des hommes qui n'ont qu'un seul but, ainsi l'armée française d'Italie réalisait exactement ce que son chef avait décidé. Le 17 mai, m'étant de nouveau rendu dans la péninsule accompagné du ministre de la Guerre André Diethelm et des généraux de Lattre et Béthouart, je le constatais sur place. Après des années d'humiliation et de déchirements, c'était un magnifique spectacle qu'offraient les troupes de Monsabert et de Dody, poussant leurs attaques vers Esperia et San Oliva, celles de Brosset engagées autour de San Giorgio, celles de Sevez et de Guillaume qui atteignaient les abords de Pico, les batteries de Poydenot suivant au plus près l'infanterie accrochée aux pentes, les sapeurs de Dromard qui, à la veille de l'assaut, avaient réussi le tour de force de construire en secret, au contact immédiat de l'ennemi, les ponts du Garigliano et, maintenant, employaient toutes les heures de tous les jours et de toutes les nuits à rendre praticables les chemins coupés et minés. Nos convois circulaient dans un ordre exemplaire, nos parcs et nos ateliers ravitaillaient les unités sans accrocs et sans retards. Dans nos ambulances, au milieu de l'afflux des blessés français et allemands, la capacité de notre service de santé ainsi que le dévouement des infirmières et conductrices de Mmes Catroux et du Luart étaient à la hauteur de leur tâche. Chacun, à chaque échelon, en chaque endroit, quelles que fussent les pertes et les fatigues, montrait cet air guilleret et empressé qui est celui des Français quand les affaires vont comme ils veulent.

Le 20 mai, toutes les positions allemandes sur une profondeur d'une trentaine de kilomètres étaient percées par les Français qui, déjà, débordaient Pico. À gauche, le 2e corps d'armée américain s'était emparé de Fondi et poussait vers les marais Pontins. À droite, cependant, les Britanniques et les Polonais, ayant pris respectivement San Angelo et le mont Cassin mais combattant dans le secteur où l'ennemi avait accumulé ses plus fortes organisations, étaient arrêtés devant la ligne Aquino-Pontecorvo. Le corps expéditionnaire français, avant de cueillir ses lauriers, de dénombrer ses cinq mille prisonniers, de faire le compte des canons et du matériel laissés entre les mains des siens, devrait participer à une nouvelle bataille et attaquer sur le front Pontecorvo-Pico, afin d'aider la gauche du général Leese à gagner le terrain libre en direction de Rome. Le 4 juin, nos premiers éléments y pénétraient. Le 5, Américains, Britanniques et Français défilaient dans la capitale.

Avec le visa du maréchal Kesselring, l'écrivain allemand Rudolf Böhmler, lui-même combattant d'Italie, a fait dans son ouvrage *Monte Cassino* l'historique de la Xe armée allemande. Ayant décrit la part brillante prise par le corps expéditionnaire français à la bataille de l'hiver, notamment au « Belvédère », l'auteur évoque les perplexités du haut-commandement allemand quand il s'aperçut que les Français avaient quitté ce secteur sans que l'on sût où ils étaient allés. Un nouvel effort des Alliés pour atteindre Rome était certainement à prévoir. « Mais, écrit Rudolf Böhmler, seule l'offensive de l'adversaire révélerait dans quelle région allait surgir le principal danger. À cet égard, c'est l'emplacement du corps expéditionnaire français qui nous donnerait une indication précise... Où donc se trouvait-il ? Quand Juin paraissait quelque part, c'est qu'Alexander y projetait quelque chose d'essentiel. Nul ne le savait mieux que Kesselring. " Mon plus grand souci, déclarait le feld-maréchal, me venait de mon incertitude quant à la direction de l'attaque du corps expéditionnaire français, quant à sa composition, quant à sa mise en place... C'est de cela que dépendaient mes décisions définitives. " » Rudolf Böhmler ajoute : « Ces craintes étaient bien fondées. Car c'est Juin qui détruisit l'aile droite de la Xe armée et ouvrit aux Alliés la route de Rome. Par des mois de combats, son corps expéditionnaire enfonça la porte qui menait à la Ville éternelle[32]. »

Valeur militaire, vertu des armes, peines et services des

soldats, il n'y a point sans cela de pays qui se tienne ou qui se remette debout. De tous temps, notre race a su fournir ces richesses à foison. Mais il y faut une âme, une volonté, une action nationales, c'est-à-dire une politique. Que la France, entre les deux guerres, eût eu à sa tête un État capable, que devant l'ambition d'Hitler elle se fût trouvée gouvernée, que son armée, face à l'ennemi, eût été pourvue et commandée, quel destin était le nôtre ! Même après le désastre de mai 1940, c'était un grand rôle encore que nous offraient notre Afrique, notre flotte, les tronçons de notre armée, pour peu que le régime et, par suite, les chefs l'aient voulu. Mais, puisqu'après tant d'abandons le pays, pour se relever, devait partir du fond du gouffre, rien ne pouvait être fait que par l'effort de ses combattants. Après Keren, Bir Hakeim, le Fezzan, la Tunisie, la gloire de nos troupes d'Italie rendait sa chance à la France. Recevant le compte rendu de leurs opérations, lors de mon arrivée à Londres à la veille du grand débarquement, je télégraphiai à leur chef : « L'armée française a sa large part dans la grande victoire de Rome. Il le fallait ! Vous l'avez fait ! Général Juin, vous-même et les troupes sous vos ordres êtes dignes de la patrie[33] ! »

Tandis que les 2ᵉ et 4ᵉ divisions et les tabors marocains se regroupaient près de Rome, Juin lançait dans son secteur à la poursuite de l'ennemi un corps d'armée commandé par le général de Larminat. Ce corps, formé des divisions Brosset et de Monsabert renforcées en blindés et en artillerie, marchait suivant la direction : lac de Bolsena, Radicofani, passage de l'Orcia, Sienne. Chacun de ces points devait être le théâtre de durs combats où seraient tués, en particulier, avec beaucoup de bons soldats, le colonel Laurent-Champrosay et le capitaine de frégate Amyot d'Inville commandant respectivement l'artillerie et le régiment de fusiliers-marins de la 1ʳᵉ division « française libre ». Cependant, Larminat, manœuvrant et attaquant, réglait leur compte aux arrière-gardes allemandes. Il faut dire que l'aviation alliée dominait complètement le ciel et écrasait les colonnes ennemies. Rien ne donnait à nos troupes la mesure de la défaite allemande mieux que les monceaux de ferraille accumulés le long des routes.

Entre-temps, les Français s'étaient emparés de l'île d'Elbe, avec l'appui des navires spéciaux que fournissaient les Britanniques et de plusieurs escadrilles américaines de chasse et de bombardement. L'opération avait été proposée par le général Giraud au lendemain de la libération de la Corse. Mais les Alliés, alors absorbés par l'affaire d'Anzio, ne s'étaient pas laissé convaincre. À présent, ils nous demandaient d'effectuer la conquête de l'île. Je leur donnai mon accord. Sous le commandement du général Henry Martin, l'attaque serait menée par la 9e division coloniale, le bataillon de choc et les commandos, toutes unités stationnées en Afrique et désignées pour faire partie de l'armée de Lattre lors de la prochaine offensive dans le midi de la France.

Pendant la nuit du 16 au 17 juin, le général Martin fit débarquer par petits groupes les « chocs » du commandant Gambiez[34] qui s'emparèrent en quelques instants des sept batteries de côte allemandes. Ensuite, la division Magnan prit pied dans la baie de Campo. Le 18 juin, après de rudes combats à Marino di Campo, Porto Longone, Porto Ferrajo, nos troupes occupaient l'île entière, ayant détruit la garnison allemande que commandait le général Gall, fait 2 300 prisonniers, capturé 60 canons et beaucoup de matériel. Le général de Lattre, qui s'était rendu sur place, me télégraphiait ce soir-là, de la « maison Napoléon », le compte rendu des résultats en soulignant qu'ils étaient acquis au jour anniversaire de mon appel de 1940[35].

À la grande entreprise dont je rêvais en lançant, alors, cet appel et qui viserait la côte de Provence, la prise de l'île d'Elbe pouvait sembler de bon augure. Mais tout dépendait encore des décisions finales des Alliés. Impressionnés par l'ampleur de la victoire en Italie, n'allaient-ils pas *in extremis* renoncer à l'opération *Anvil* pour adopter un projet divergent d'exploitation dans la péninsule ? Lors de l'ultime voyage que j'y fis à la fin de juin[36], après mon retour de Londres et de Bayeux, je trouvai le Commandement très désireux, en effet, de poursuivre la campagne avec les moyens dont il disposait sur place et, même, de l'étendre moyennant de nouveaux renforts. De sa part, c'était très naturel. Cependant, pour des raisons qui tenaient à mes responsabilités à l'échelle de la nation française, je n'entrais pas dans cette conception.

Au demeurant, les Américains, engagés rudement en Normandie, exigeaient qu'on prît pied en Provence. Marshall et Eisenhower réclamaient avec insistance que ce fût fait au mois d'août. Pour plus de sûreté, je fis, de mon côté, connaître aux généraux Wilson et Alexander que le gouvernement français les invitait d'une manière expresse à regrouper en temps voulu toutes les forces qu'il avait mises à leur disposition, afin qu'elles puissent être transportées en France au plus tard pendant le mois d'août. J'acceptais que nos éléments lancés à la poursuite de l'ennemi continuent leurs opérations pendant quelques semaines encore. Mais elles ne devraient, en aucun cas, se trouver engagées après le 25 juillet, ni dépasser la vallée de l'Arno. Je donnai directement à notre armée d'Italie, ainsi qu'à nos forces tenues prêtes en Afrique, l'ordre qui leur fixait leur prochaine destination. Quant au général Juin, malgré la tristesse qu'il éprouvait à quitter son commandement et le chagrin que moi-même je ressentais à le lui ôter[37], je le nommai chef d'état-major général de la Défense nationale, poste essentiel dans la période d'opérations très actives, de réorganisation profonde et de frictions inévitables avec les Alliés qu'ouvrait la libération. Jusqu'au jour où je quitterais le pouvoir, Juin serait, à mes côtés, comme l'un des meilleurs seconds et des plus sûrs conseillers militaires qu'ait eus jamais un guide de la France.

Finalement, la date du débarquement dans le Midi se trouva fixée au 15 août. Comme nous le voulions, toutes les forces françaises de terre, de mer et de l'air disponibles en Méditerranée auraient à y participer. En attendant, certaines de nos troupes seraient jusqu'à l'extrême limite aux prises avec l'ennemi dans la péninsule italienne. Continuant son avance avec les divisions Monsabert et Dody et un groupement de tabors, le général de Larminat s'emparait de Sienne, le 3 juillet, en prenant toutes précautions pour ne rien abîmer de cette ville merveilleuse. Le 22 juillet, nos troupes, sous les ordres directs de Juin qui tenait à mener lui-même les derniers combats en Italie, enlevaient Castelfiorentino en vue de Florence et de la vallée de l'Arno où l'ennemi allait se rétablir pour de longs mois. Alors, remettant leur secteur à des éléments alliés, les nôtres se hâtaient vers les navires qui les débarqueraient en France.

Leur transport allait s'effectuer sur une mer que dominaient les marines de l'Occident. Il est vrai que, dès septembre 1943, l'armistice de Syracuse[38] avait retiré à l'Axe presque toute la flotte italienne déjà bien éprouvée par les coups d'Andrew Cunningham. D'autre part, au printemps de 1944, le *Scharnhorst* et le *Tirpitz*, derniers cuirassés rapides de la marine allemande, étaient détruits par les Britanniques.

Cependant, il restait à l'ennemi un grand nombre de sous-marins, des raiders, des vedettes, qui de concert avec les avions continuaient de causer aux convois de lourdes pertes. Il avait donc fallu poursuivre le nettoyage des mers avant d'y risquer les armadas des débarquements.

C'est pourquoi, dans l'Atlantique, la mer du Nord, l'Arctique, les croiseurs, torpilleurs, sous-marins, frégates, corvettes, chasseurs, vedettes, escorteurs français, opérant depuis les ports de Grande-Bretagne sous les ordres de l'amiral d'Argenlieu, faisaient partie du vaste système d'attaque et de protection organisé par les Alliés. Pour *Overlord*, tous nos bâtiments basés sur l'Angleterre, soit quarante petits navires de guerre et une cinquantaine de paquebots et de cargos, furent employés aux opérations de bombardement, d'escorte, de transport que comportait la mise à terre des forces d'Eisenhower. À cette action se joignit celle d'une division de deux croiseurs : *Georges-Leygues* et *Montcalm*, commandée par l'amiral Jaujard et qui prit, devant Port-en-Bessin, une part très efficace au bombardement des plages, puis au soutien des troupes débarquées. Le vieux cuirassé *Courbet*, qui depuis quatre ans nous servait de ponton dans la rade de Portsmouth, reçut, en cette suprême occasion, un équipage réduit et un bon commandant : Wietzel, et s'en fut, sous le feu de l'ennemi, s'échouer près de la côte française afin de servir de môle au port artificiel d'Arromanches. Enfin, le commando-marine du lieutenant de vaisseau Kieffer sauta sur la plage de Ouistreham avec les premiers éléments alliés.

Dans l'Atlantique sud, la marine française, en attendant *Anvil*, contribuait avec vigueur à l'action des Occidentaux. Sept de nos croiseurs répartis en deux divisions, commandées respectivement par les amiraux Longaud et Barthe, et que viendraient bientôt renforcer les deux croiseurs de l'amiral Jaujard, faisaient partie entre Dakar et Natal des barrages destinés à intercepter les « forceurs de blocus » allemands. L'un de ceux-ci, le *Portland*, était coulé par le *Georges-Leygues*. Au long et au large de la côte ouest de l'Afrique, c'est aux forces navales et aéronavales de l'amiral Collinet qu'incombaient les opérations contre les sous-marins, les raiders et les avions ennemis.

En Méditerranée, une division de croiseurs légers français, sous les ordres du capitaine de vaisseau Sala auquel succéderait Lancelot, était, avec maintes formations navales britanniques et américaines, mise à l'appui des armées d'Italie. C'est ainsi, qu'en septembre 1943, le *Fantasque* et le *Terrible* étaient engagés vers Salerne lors du débarquement des troupes. En janvier 1944, le *Fantasque* et le *Malin* aidaient à l'affaire d'Anzio en bombardant au plus près les renforts allemands qui suivaient la voie Appienne. Puis, gagnant l'Adriatique, cette division prenait à son compte l'attaque des navires que l'ennemi faisait naviguer, de nuit, le long de la côte italienne pour suppléer aux ravitaillements empêchés sur les voies de terre par l'aviation alliée. Le 1er mars, dans les parages de Pola, nos croiseurs légers envoyaient par le fond cinq navires dont un torpilleur. Le 19 mars, ils coulaient cinq bâtiments au large de la Morée. En juin, dans l'Adriatique nord, ils en détruisaient quatre autres. Au cours de la même période, tous les convois amis qui naviguaient au large de l'Angleterre et de la Normandie, ou bien vers l'Italie, la Corse, l'Afrique du Nord, comptaient dans leur escorte des bâtiments français. Nous y perdions le torpilleur *La Combattante*, le sous-marin *Protée*, l'aviso *Ardent*, le dragueur *Marie-Mad*, le pétrolier *Nivôse*, le chasseur 5 et plusieurs navires de charge.

Dans le Pacifique enfin, le splendide *Richelieu*, commandant Merveilleux du Vignaux, allait rejoindre les flottes de ligne. En avril devant Sabang, en mai devant Soerabaya[39], il soutenait puissamment l'action des porte-avions alliés. Partout, en somme, la marine française tirait le meilleur parti des moyens qu'elle avait reformés.

Si la maîtrise de la mer permettait l'assaut du continent, c'est qu'elle se conjuguait avec la domination du ciel. À celle-ci comme à celle-là les Français prenaient une part efficace, à défaut qu'elle fût capitale. Dix-sept groupes de notre aviation accompagnaient le combat des armées d'Italie. Sept groupes appuyaient la bataille de France, dont deux en participant aux bombardements lointains qui écrasaient l'industrie allemande. Deux groupes de chasse figuraient avec honneur dans la lutte implacable où la Russie était en train de vaincre. Sur la côte de l'Afrique du Nord plusieurs groupes contribuaient à couvrir les bases à terre et les convois en mer. Les records d'un Clostermann, d'un Maridor, d'un Marin La Meslée, le sacrifice délibéré de Saint-Exupéry[40], ainsi que d'autres prouesses, étaient comme des étincelles jaillissant de l'écrasante machinerie du « grand cirque ».

Le combat de la France forme un tout. L'élan guerrier qui accroît le rôle de nos armées régulières est le même qui fait grandir nos forces de l'intérieur. Celles-ci, bien avant les débarquements, ne livrent plus seulement des escarmouches mais se risquent à des engagements en bonne et due forme. Aux rapports qui concernent les opérations des troupes, des navires, des escadrilles, se mêlent maintenant, tous les jours, des comptes rendus relatifs à l'activité des maquis et des réseaux. Tout naturellement, le feu s'étend d'abord dans le Massif central, le Limousin et les Alpes.

Le 10 septembre 1943, à Dourch dans l'Aveyron, se déroule un combat en règle qui semble une sorte de signal. Une compagnie allemande est mise en fuite par les nôtres et laisse sur le terrain son capitaine et dix soldats morts. Il est vrai qu'à La Borie le maquis vainqueur sera, à son tour, décimé et le lieutenant de Roquemaurel, son chef, tué à l'ennemi[41]. Mais, en d'autres points de l'Aveyron et du Cantal, se déroulent de nouvelles affaires où les nôtres ont l'avantage. La Corrèze se garnit de maquisards. À Saint-Ferréol, à Terrasson[42], de vifs engagements, où l'envahisseur perd plusieurs centaines d'hommes, y préludent à l'action d'ensemble que l'on fera coïncider avec le débarquement. Dans le Puy-de-Dôme, après plusieurs coups de main bien menés, le colonel Garcie réunit trois mille hommes sur la position du Mouchet et y entame, le 2 juin, une série de combats où les Allemands auront le dessous. Dans le Limousin, le Quercy, le Périgord, des accrochages multipliés causent à l'ennemi des pertes sérieuses.

La Haute-Savoie voit se dérouler des combats de plus en plus intenses. Déjà, en juin 1943 aux Dents de Lanfon, puis le mois suivant à Cluses, les Italiens qui occupaient le département avaient été fortement éprouvés. Les Allemands qui les ont relevés sont, au cours de l'hiver, assaillis en maints endroits. En février, cinq cents Français, auxquels se sont joints une soixantaine d'Espagnols, prennent position sur le plateau des Glières. Le lieutenant Morel les commande. Après sa mort ce sera le capitaine Anjot qui, à son tour, tombera au champ d'honneur. Dans le courant du mois de mars, l'ennemi, ayant risqué contre eux plusieurs coups de main infructueux, se décide à attaquer en forces. Il y engage trois bataillons, deux batteries de montagne, des mortiers lourds, avec l'odieux concours de détachements français de la milice et de la garde mobile. Au total, sept mille hommes appuyés par un groupe de Stukas montent à l'assaut du plateau des Glières. Les Allemands, en treize jours de combat, réussissent à s'en emparer. Six cents des leurs y sont tombés. Mais, à ce prix, ils n'ont pas détruit la troupe des défenseurs dont les deux tiers leur ont échappé[43].

Le département de l'Ain est le théâtre d'engagements continuels. Les forces de l'intérieur, bien commandées et organisées, dominent la situation. Elles le prouvent, le 11 novembre[44], en occupant Oyonnax pendant toute cette journée de glorieux anniversaire. Là, le colonel Romans-Petit les passe en revue devant le monument aux morts et les fait défiler à travers la ville au milieu de l'émotion populaire. Pour réduire les maquis de l'Ain, les Allemands engagent, au début de 1944, d'importantes opérations qui leur coûtent plusieurs centaines de morts. En avril, nouvel effort qu'ils doivent payer encore plus cher. En juin, ce sont les nôtres qui prennent partout l'offensive, faisant quatre cents prisonniers.

Dans la Drôme, où passent la grande ligne Lyon-Marseille, celle de Grenoble, celle de Briançon, les maquis du colonel Drouot opèrent surtout contre les voies ferrées. En décembre, un train de permissionnaires allemands saute à Portes-lès-Valence; les wagons stoppés ou renversés sont mitraillés par les nôtres qui tuent ou blessent deux cents soldats. Quelques jours après, à Vercheny, déraille un train de troupes qui est précipité dans la Drôme. En mars, au défilé de Donzère, les maquisards arrêtent et prennent sous leur feu un convoi militaire dont on retire trois cents morts et blessés. Peu après, un groupe français, attaqué près de Séderon, se bat jusqu'au dernier homme. Cependant, tout est préparé dans la Drôme pour couper à l'ennemi ses communications ferrées quand commencera la grande bataille[45].

Ce qui se passe dans l'Isère y fait également prévoir quelque vaste opération de nos forces de l'intérieur au moment de ce déclenchement. Les préliminaires sont coûteux pour l'ennemi. C'est ainsi qu'à Grenoble, le 14 novembre, la Résistance fait sauter le parc d'artillerie, où munitions, essence, véhicules, sont entreposés par les Allemands. Ceux-ci arrêtent trois cents otages. Sommés de les libérer, ils s'y refusent; mais alors, à titre de sanction, la caserne de Bonne où cantonnent plusieurs batteries de la Wehrmacht est détruite par une explosion qui tue 220 Allemands et en blesse 550. D'autre part, suivant les instructions léguées par le général Delestraint et les ordres du colonel Descour chef de nos forces de l'Isère, des combattants résolus gagnent le massif du Vercors sous la conduite du commandant Le Ray[46], afin d'en faire une place d'armes. L'accès du Vercors est interdit aux reconnaissances ennemies.

Ce sont là, au cours de cette période, les plus frappantes peut-être des actions de la Résistance dont font mention les rapports. Mais beaucoup d'autres, plus réduites ou dissimulées, sont accomplies en même temps. À travers des messages, où les lieux sont indiqués par chiffres, les ordres et les comptes rendus formulés par phrases convenues, les combattants désignés sous d'étranges pseudonymes, on discerne à quel point la guerre de l'intérieur est devenue efficace. L'adversaire le confirme par de cruelles représailles. Avant que les armées alliées prennent pied sur notre sol, l'Allemand perd chez nous des milliers d'hommes. Il est enveloppé partout d'une atmosphère d'insécurité qui atteint le moral des troupes et désoriente les chefs. D'autant plus que les autorités locales et la police françaises, soit qu'elles se trouvent de connivence volontaire avec la Résistance, soit qu'elles redoutent les sanctions qui viennent châtier les « collaborateurs », contrarient la répression beaucoup plutôt qu'elles n'y aident.

Il faut ajouter que les Allemands, lors même qu'ils ne reçoivent pas les balles et les grenades des clandestins, se sentent épiés sans relâche. Rien de ce qui concerne l'occupant n'échappe à nos réseaux. Le général Bedell Smith peut écrire au B.C.R.A. : « Au cours du mois de mai, sept cents rapports télégraphiques et trois mille rapports documentaires sont arrivés de France à Londres. » En fait, le jour où commence la bataille, tous les emplacements de troupes, de bases, de dépôts, de terrains d'aviation, de postes de commandement allemands sont connus avec précision, les effectifs et le matériel décomptés, les ouvrages de défense photographiés, les champs de mines repérés. Les échanges de demandes et d'informations entre l'état-major de Kœnig et les réseaux sont transmis immédiatement par un système radio bien agencé. Grâce à l'ensemble des renseignements fournis par la Résistance française, les Alliés sont en mesure de lire dans le jeu de l'ennemi et de frapper à coup sûr.

La nouvelle du débarquement donne aux maquis le signal d'une action généralisée. Je l'ai prescrite à l'avance en notifiant, le 16 mai[47], aux forces de l'intérieur, sous forme d'un plan dit « Caïman », les buts qu'elles doivent s'efforcer d'atteindre. Pourtant, le commandement allié envisage avec une certaine méfiance l'extension de la guérilla. En outre, il prévoit une bataille prolongée. Aussi souhaite-t-il que la Résistance ne précipite pas les choses, sauf aux abords de la tête de pont. La proclamation, que le général Eisenhower lance par radio le 6 juin, invite les patriotes français à se tenir sur la réserve. Il est vrai que, le même jour, je les adjure au contraire[48] de combattre par tous moyens en leur pouvoir, d'après les ordres qui leur sont donnés par le commandement français. Mais les livraisons d'armes dépendent du grand quartier général allié et demeurent d'abord limitées. C'est surtout des destructions, portant sur les chemins de fer, les routes, les transmissions, et dont l'importance est d'ailleurs essentielle, que se soucie « l'état-major combiné[49] ».

Pour les voies ferrées, les objectifs sont répartis entre l'aviation et la Résistance. Celle-ci prend à son compte les régions les plus éloignées : Lyon, Dijon, le Doubs, l'Est, le Centre, le Sud-Ouest, où pendant les mois de juin et de juillet auront lieu 600 déraillements. Les nôtres se chargent, en outre, sur toutes les lignes, du sabotage qui immobilisera mille huit cents locomotives et plus de six mille wagons. Pour les câbles télégraphiques souterrains, dont l'ennemi se réserve l'emploi, des destructions habiles mettent hors d'usage, le 6 juin et les jours suivants, ceux qui desservent la Normandie et la région parisienne. Quant aux fils aériens, ils subissent des coupures sans nombre. On conçoit quel trouble jette dans le camp allemand un pareil bouleversement des transports et des transmissions. D'autant plus qu'au même moment se déclenche, dans nombre de départements, une insurrection militaire qui influera notablement sur le cours des opérations. Finalement, le Commandement suprême en reconnaîtra l'avantage et fournira aux maquis un concours qui, pour rester circonspect, sera néanmoins efficace.

Pour la Bretagne, on n'attend pas. Le général Eisenhower tient à voir la presqu'île armoricaine nettoyée des troupes allemandes avant de pousser ses armées vers la Seine. Or, la Bretagne foisonne de maquisards, surtout dans les Côtes-du-Nord et le Morbihan où le terrain leur est favorable. Il a donc été décidé de fournir de l'armement aux Bretons et d'envoyer sur place notre 1er régiment de parachutistes tenu prêt en Angleterre sous les ordres du colonel Bourgoin. La veille du débarquement et au cours des journées suivantes, nos forces de l'intérieur voient leur tomber du ciel un grand nombre de « containers » et des groupes de parachutistes. Du coup, la Résistance s'enflamme. Trente mille hommes entrent en campagne, les uns organisés en unités régulières, les autres menant en détail une sorte de chouannerie. Mais les Allemands, ayant repéré à Saint-Marcel, près de Malestroit, une des bases où les nôtres reçoivent les armes venant d'Angleterre, l'attaquent le 18 juin. La position est défendue par un bataillon du Morbihan et plusieurs équipes de parachutistes sous les ordres du commandant Le Garrec. Le général en retraite de La Morlaye y commande une compagnie qu'il a lui-même formée à Guingamp. Après une lutte de plusieurs heures, l'ennemi parvient à se rendre maître du terrain couvert de ses cadavres. Mais les défenseurs ont pu se dérober[50].

La nouvelle du combat de Saint-Marcel achève de soulever la Bretagne. L'occupant se trouve bloqué dans les centres et dans les ports. Au reste, il se bat furieusement et ne fait quartier à personne. Mais les combattants bretons l'assaillent partout sans répit. Parmi eux, le colonel Bourgoin et ses hommes sont comme le levain dans la pâte. Le 1er régiment parachutiste, sur quarante-cinq officiers, en comptera vingt-trois tués. Quand les blindés de Patton, ayant franchi la trouée d'Avranches, débouchent en Bretagne au début du mois d'août, ils y trouvent la campagne partout occupée par les nôtres qui ont déjà enterré mille huit cents cadavres allemands et fait trois mille prisonniers. Pour réduire, alors, les garnisons, les maquisards servent aux chars américains de guides parfaitement renseignés et d'infanterie d'accompagnement. L'ennemi ne fait front nulle part, sauf dans les ports : Saint-Malo, Brest, Lorient, qu'il a organisés d'avance. L'affaire lui coûte, au total, plusieurs milliers de morts, près de cinquante mille prisonniers et beaucoup de matériel. Quatre divisions allemandes sont détruites.

À l'autre bout du territoire, les combats du Vercors fournissent la même preuve de l'efficacité militaire de la Résistance française. Dans les premiers jours de juin, trois mille hommes ont pris position à l'intérieur du massif. Comme le terrain extrêmement coupé s'y prête bien à la défense menée par groupes autonomes, qui est le propre des maquisards, comme d'autre part les Alpins semblent particulièrement décidés, un notable effort a pu être obtenu du commandement allié pour assurer leur armement ; 1 500 « containers » leur sont parachutés. Une mission, comprenant des officiers américains, britanniques et français, est envoyée d'Angleterre et s'installe dans le Vercors pour relier la garnison au Grand Quartier général. Plusieurs instructeurs et spécialistes venus d'Alger se mêlent aux maquisards. D'accord avec l'aviation alliée, une piste d'atterrissage est aménagée au centre du massif pour permettre la mise à terre d'un détachement de troupes régulières, le ravitaillement des combattants, l'évacuation des blessés.

Le 14 juillet, l'ennemi passe à l'attaque. Pendant dix jours, il poursuit son effort avec des forces considérables. Ses avions mitraillent les défenseurs et écrasent de bombes les rares localités. Comme la chasse allemande tient l'air tous les jours, l'aviation alliée renonce à agir, alléguant que la distance lui interdit de protéger par ses propres chasseurs les appareils de transport et de bombardement. Même, la piste sur laquelle les défenseurs espéraient voir débarquer des renforts, c'est l'ennemi qui s'en empare et y amène par planeurs plusieurs compagnies d'élite. Malgré tout, la garnison, luttant dans ses points d'appui avec un acharnement exemplaire, tient l'assaillant en échec jusqu'au 24 juillet. À cette date, les Allemands achèvent d'occuper le Vercors. Ils y ont engagé l'équivalent d'une division et perdu plusieurs milliers d'hommes. Dans leur fureur, ils tuent les blessés et bon nombre de villageois. À Vassieux, la population du bourg est entièrement massacrée. Des chasseurs alpins du Vercors, une moitié a donné sa vie pour la France, l'autre réussit à se replier[51].

Ces faits d'armes ont, dans toutes les régions, un vaste retentissement. Bien entendu, les radios d'Alger, de Londres et de New York ne manquent pas de les mettre en relief. Au milieu de juillet, quarante départements sont en pleine insurrection. Ceux du Massif central, du Limousin, des Alpes, ainsi que la Haute-Garonne, la Dordogne, la Drôme, le Jura, tout comme les départements bretons, appartiennent aux maquisards, que ceux-ci proviennent de l'« Armée secrète », des « Francs-Tireurs et Partisans », de l'« Organisation de résistance de l'armée », des « Corps francs ». Bon gré mal gré, les préfets y entrent en rapport avec la Résistance et les « préfets de la libération » — que ce soient ou non les mêmes — apparaissent, comme tels, à découvert. Les municipalités de 1940 reprennent leurs fonctions là où elles étaient révoquées. La Croix de Lorraine est arborée sur les poitrines, les murs, les drapeaux des monuments publics. Quant aux Allemands, leurs garnisons, assaillies, surmenées, coupées les unes des autres, vivent dans une angoisse incessante. Leurs isolés sont tués ou pris. Leurs colonnes ne peuvent se déplacer sans être accrochées à chaque pas. Ils réagissent par le massacre et l'incendie, comme à Oradour-sur-Glane, à Tulle, à Ascq, à Cerdon[52], etc. Mais, tandis qu'en Normandie la bataille leur est chaque jour plus dure, dans une grande partie de la France leur situation tend à devenir désespérée.

À la fin du mois de juillet, les forces françaises de l'intérieur retiennent devant elles huit divisions ennemies[53], dont aucune ne pourra renforcer celles qui se battent sur le front. La 1re division d'infanterie et la 5e division parachutiste en Bretagne, la 175e division en Anjou et en Touraine, la 116e Panzerdivision autour de Paris, la division dite « Ostlegion » dans le Massif central, la 181e division à Toulouse, la 172e division à Bordeaux, la valeur d'une division prélevée sur l'armée de Provence pour garder la vallée du Rhône, se trouvent clouées là où elles sont. En outre, trois Panzerdivisions, que le commandement allemand appelle d'urgence en Normandie pour qu'elles s'engagent dans les quarante-huit heures, subissent d'énormes retards. La 17e Panzer, aux prises avec les nôtres entre Bordeaux et Poitiers, perd dix jours[54] avant que ses colonnes aient réussi à se frayer la route. La 2e Panzer S. S. dite « Das Reich », partie de Montauban le 6 juin et qui ne peut utiliser les voies ferrées — toutes hors d'usage — voit ses éléments arrêtés dans le Tarn, le Lot, la Corrèze, la Haute-Vienne ; le 18 juin seulement, elle arrive à Alençon épuisée et décimée. La 11e Panzer, venue en huit jours par chemin de fer du front russe à la frontière française, met vingt-trois jours pour traverser la France depuis Strasbourg jusqu'à Caen. Et comment évaluer l'effet produit sur l'état matériel et moral de toutes les autres unités allemandes par les avatars des convois, du ravitaillement, des liaisons ?

Pour les mêmes raisons, on peut prévoir que les arrières des forces ennemies chargées de la défense de la côte méditerranéenne vont devenir intenables dès que Français et Américains débarqueront en Provence. Dans les premiers jours du mois d'août, le délégué militaire dans le Sud-Est, colonel Henri Zeller[55], vient de France pour me le dire. Il affirme, qu'une fois pris Toulon et Marseille, nos troupes pourront déborder rapidement les résistances successives qui barreront la vallée du Rhône, car la région des Alpes et le Massif central sont déjà en possession de nos forces de l'intérieur. Zeller répète sa démonstration aux généraux Patch et de Lattre à qui je l'envoie aussitôt. Ceux-ci modifient en conséquence le rythme qu'ils prévoyaient pour leur progression. Les événements donneront raison à Zeller. Lyon, que le Commandement ne comptait prendre qu'au bout de deux mois de bataille, sera entre nos mains dix-sept jours après le débarquement.

Le même mouvement qui, en France et en Afrique, pousse les Français au combat ne manque pas d'avoir son contrecoup en Indochine. À Saïgon et à Hanoï, tout en vivant dans la perspective d'un coup de force subit de l'occupant, on ne doute maintenant, pas plus qu'ailleurs, de la victoire finale des Alliés. Outre les prodromes de l'effondrement de l'Allemagne, on constate le recul du Japon. Non seulement l'offensive des flottes et des armées nippones a été, dans l'ensemble, enrayée depuis l'été 1943, mais ce sont les Alliés qui, à présent, ont l'initiative : l'amiral Nimitz progressant d'île en île dans le Pacifique central, le général MacArthur avançant vers les Philippines, Lord Mountbatten reprenant pied en Birmanie avec le concours des forces de Chang Kaï-chek.

C'est pourquoi, certaines autorités françaises d'Indochine se tournent peu à peu vers le gouvernement d'Alger. M. François, directeur de banque, vient de Saïgon pour le dire ; M. de Boisanger[56], chef du bureau politique du gouvernement général, pousse de discrètes antennes en direction du général Pechkoff, notre ambassadeur à Tchoung-King[57] ; le général Mordant, commandant supérieur des troupes, entre secrètement en rapport avec le colonel Tutenges, chef du service de renseignements que nous avons installé au Yunnan.

Pour moi, le but immédiat à atteindre en Extrême-Orient c'est la participation de nos forces aux opérations militaires. L'idée[b] qu'en observant jusqu'au bout, à l'égard des Japonais, une complaisante passivité on pourrait, en définitive, conserver la position de la France me paraît indigne et dérisoire. Je ne doute pas que, dans une situation stratégique où l'Indochine se trouve au centre du dispositif de l'ennemi, celui-ci, durement pressé et refoulé aux alentours, en viendra nécessairement à supprimer dans la péninsule tout risque de s'y voir combattu. Comment, en cas de revers sur les champs de bataille voisins, tolérerait-il, au plein milieu de ses propres éléments, la présence d'une armée française de 50 000 hommes, alors qu'au surplus la fiction de la neutralité de la France s'écroulerait avec Vichy ? Tout commande de prévoir qu'un jour les Japonais voudront liquider les troupes et l'administration françaises. Voulût-on même supposer que, moyennant de nouvelles et déshonorantes garanties, ils laisseraient subsister quelques vestiges de nos garnisons et quelques bribes de notre pouvoir, il serait inimaginable que, d'une part les États et les peuples de la Fédération[58], d'autre part les Alliés, admettraient la restauration de la puissance française sur des terres où nous n'aurions pris aucune part à la lutte mondiale.

Il s'agit donc d'obtenir qu'une résistance militaire soit préparée dans la péninsule, afin que l'ennemi ne puisse, sans coup férir, s'y emparer de nos postes, balayer nos représentants et nous faire perdre totalement la face. Il faut aussi envoyer en Extrême-Orient une force destinée à rentrer dans les territoires d'Indochine dès que s'offrira l'occasion. Le 29 février 1944, j'écris au général Mordant[59] pour l'affermir dans les bonnes intentions dont je sais qu'elles sont les siennes et pour lui préciser ce que le gouvernement attend de lui et de ses troupes dans la situation extraordinairement difficile où il se trouve placé. Peu après, je désigne le général Blaizot[60] pour commander les forces destinées à l'Extrême-Orient. Mais, comme ces forces ne pourraient alors agir qu'à partir des Indes, de la Birmanie ou de la Chine, leur expédition comporte l'accord des Alliés. Or, Washington, Londres et Tchoung-King se montrent très réticents. Nous obtenons, cependant, du gouvernement britannique et de Lord Mountbatten commandant en chef dans l'océan Indien que le général Blaizot reçoive la faculté de s'installer à New Delhi, afin de préparer la suite. Un échelon avancé de nos troupes part avec le général. C'est un premier pas vers le but. Mais, au fond, nous savons bien que le problème de l'Indochine, comme tout l'avenir de la France, ne sera réglé qu'à Paris.

Or, le 15 août, les premiers éléments de la Ire armée française et du VIe corps américain débarquent sur la côte de Provence. Le général Patch commande initialement l'ensemble. De Lattre est à la tête des nôtres. J'ai approuvé le plan de leur opération. Dès que les troupes auront abordé, il s'agit pour les Américains de marcher vers Grenoble avec, comme axe, la route « Napoléon » ; il s'agit pour les Français de s'emparer de Toulon et de Marseille, puis de remonter le Rhône. Dans la soirée j'apprends que, sous la protection d'un gigantesque bombardement naval et aérien, la mise à terre des premiers éléments américains entre Cavalaire et Le Trayas, celle des parachutistes à Carnoules, au Luc, au Muy, celle de nos commandos d'Afrique au Rayol et au Lavandou, ont eu lieu de nuit comme prévu et, qu'au cours de la journée, trois divisions américaines ont entamé leur débarquement. Le 16 voit le début de l'action des divisions : Brosset, de Monsabert, du Vigier, qui prennent pied au Rayol, à Cavalaire, à Saint-Tropez, à Sainte-Maxime afin d'attaquer Toulon, tandis que les Américains atteignent Draguignan.

Dans les entreprises humaines, il advient qu'en vertu d'un effort de longue haleine, on obtienne soudain un élan unique d'éléments divers et dispersés. Le 18 août, les nouvelles, arrivant à flot, éclairent à la fois tous les terrains de la lutte, font voir sur chacun d'entre eux quelle part y prennent les Français, montrent que les actions des nôtres forment un tout cohérent.

En Provence, de Lattre, discernant le désarroi de la XIXe armée allemande, pousse à fond son avantage. Par son ordre, les corps d'armée de Larminat et de Monsabert achèvent d'investir Toulon et certains de nos éléments courent déjà vers Marseille. La division Magnan, les groupements de tabors de Guillaume, les services, sont en mer pour les rejoindre. Les divisions Dody, Sevez, de Vernejoul, se tiennent prêtes à en faire autant. Notre aviation commence à traverser la mer. Notre flotte, de tous ses canons, concourt à l'appui des troupes. C'est le même jour que le front allemand de Normandie achève de s'effondrer. La division Leclerc, engagée depuis le 11 août[61], se distingue dans l'opération. La route de Paris est ouverte. Dans la capitale, la police et les partisans vont tirer sur l'envahisseur. De toutes les régions affluent les messages annonçant que la Résistance est aux prises avec l'ennemi. Comme cela avait été voulu, la bataille alliée de France est aussi « la bataille de la France[62] ». Les Français n'y livrent « qu'un seul combat pour une seule patrie[63] ».

La politique, la diplomatie, les armes, ont de concert préparé l'unité. Il faut, maintenant, rassembler la nation dès qu'elle sortira du gouffre. Je quitte Alger pour Paris.

PARIS

Paris, depuis plus de quatre ans, était le remords du monde libre. Soudain, il en devient l'aimant. Tant que le géant[1] semblait dormir, incarcéré et stupéfié, on s'accommodait de sa formidable absence. Mais, à peine le front allemand est-il percé en Normandie, que la capitale française se retrouve, tout à coup, au centre de la stratégie et au cœur de la politique. Les plans des chefs d'armée, les calculs des gouvernements, les manœuvres des ambitieux, les émotions des foules, se tournent aussitôt vers la Ville. Paris va reparaître[a]. Que de choses pourraient changer!

D'abord, Paris, si on le laisse faire, tranchera en France la question du pouvoir. Personne ne doute que si de Gaulle arrive dans la capitale sans qu'on ait, à son encontre, créé des faits accomplis il y sera consacré par l'acclamation du peuple. Ceux qui, au-dedans et au-dehors, dans quelque camp qu'ils se trouvent, nourrissent l'espoir d'empêcher cet aboutissement ou, tout au moins, de le rendre incomplet et contestable chercheront donc, au dernier moment, à exploiter la libération pour faire naître une situation dont je sois embarrassé et, si possible, paralysé. Mais, comme la nation a choisi, le sentiment public va balayer ces tentatives.

L'une est menée par Pierre Laval. Pendant les mêmes journées d'août où l'on me rend compte, à mesure, des succès décisifs remportés en Normandie, du débarquement en Provence, des combats livrés par nos forces de l'intérieur, des prodromes de l'insurrection parisienne, je suis tenu au courant de l'intrigue ourdie par l'homme de la collaboration. Cela consiste à réunir à Paris l'Assemblée « nationale » de 1940 et à former, à partir de là, un gouvernement dit « d'union » qui, invoquant la légalité, accueillera dans la capitale les Alliés et de Gaulle. De cette façon, l'herbe sera coupée sous les pieds du Général. Sans doute devra-t-on lui faire place au sein de l'exécutif et, au besoin, à sa tête. Mais, après l'avoir ainsi moralement découronné et privé de l'appui du sentiment populaire, on se débarrassera de lui par les moyens propres au régime : attribution d'honneurs stériles, obstruction croissante des partis, enfin opposition générale sous la double imputation d'être impuissant à gouverner et de viser à la dictature. Quant à Laval, ayant ménagé le retour des parlementaires, ce dont ceux-ci lui sauront gré même s'ils doivent lui infliger une condamnation de principe, il se sera effacé en attendant que vienne l'oubli et que changent les circonstances.

Mais, pour faire aboutir un tel plan, il faut le concours d'éléments antagonistes. Il faut, en premier lieu, la participation d'une éminente personnalité, assez représentative du Parlement, assez notoire dans son opposition à la politique de Pétain, assez appréciée de l'étranger, pour que l'opération ait l'apparence d'une restauration républicaine. M. Herriot semble l'homme nécessaire[2]. Il n'est que de le décider. Il faut, aussi, qu'on puisse penser qu'à leur entrée à Paris les Alliés reconnaîtront le nouveau pouvoir. Il faut, encore, que les Allemands soient consentants, puisque ce sont leurs troupes qui tiennent la capitale. Il faut, enfin, obtenir l'agrément du Maréchal, sans quoi les occupants refuseront l'autorisation, les Alliés la reconnaissance, les parlementaires la convocation, alors qu'on est, dans tous les cas, assuré du refus indigné de la Résistance.

Laval peut croire, au début du mois d'août, qu'il va obtenir les concours jugés par lui indispensables. Par M. Enfière, ami de M. Herriot, utilisé par les Américains pour leurs liaisons avec le président de la Chambre et qui est en relation avec les services de M. Allen Dulles à Berne, il vérifie que Washington verrait d'un bon œil un projet qui tend à coiffer ou à écarter de Gaulle[3]. S'étant tourné vers les Allemands, le chef du « gouvernement » les trouve également favorables. En effet, Abetz, Ribbentrop et d'autres, jugent que, la France une fois libérée, il serait bon qu'il y ait à Paris un exécutif qui traînerait les séquelles de Vichy, plutôt qu'un gouvernement sans peur et sans reproche. Avec l'accord des occupants, Laval se rend à Maréville, où Herriot est détenu, et persuade celui-ci de l'accompagner à Paris afin d'y convoquer le Parlement de 1940. Quant à Pétain, il laisse entendre qu'il serait prêt à s'y rendre, lui aussi.

Je dois dire que, malgré les apparentes complicités obtenues par Pierre Laval, ce complot désespéré me semblait sans avenir. Sa réussite, en dernier ressort, exigerait que je m'y prête. Or rien, pas même la pression des Alliés, n'aurait pu me décider à tenir l'Assemblée de 1940 comme qualifiée pour parler au nom de la France. D'ailleurs, pensant au tourbillon que la Résistance était en train de soulever partout et qu'elle allait déchaîner à Paris, je ne doutais guère que l'entreprise dût être étouffée dans l'œuf. Déjà, le 14 juillet, d'importantes manifestations s'étaient produites dans la banlieue[4]. On y avait, en divers points, déployé le drapeau tricolore, chanté *La Marseillaise*, défilé au cri de : « Vive de Gaulle ! » À la Santé[5], ce jour-là, les détenus politiques, se donnant le mot de cellule en cellule et bravant la pire répression, avaient pavoisé toutes les fenêtres, chassé les gardiens, fait retentir le quartier de leurs hymnes patriotiques. Le 10 août, les cheminots cessaient le travail. Le 15, la police se mettait en grève. Le 18, ce devait être le tour des postiers. Je m'attendais à apprendre, d'un moment à l'autre, que le combat commençait dans la rue, ce qui, évidemment, ferait s'évanouir les illusions des parlementaires.

Mais, à l'opposé du plan de Laval, celui que s'étaient fixé, de leur côté, certains éléments politiques de la Résistance pour s'attribuer le pouvoir me paraissait avoir plus de chances. Ceux-là, je le savais, voulaient tirer parti de l'exaltation, peut-être de l'état d'anarchie, que la lutte provoquerait dans la capitale pour y saisir les leviers de commande avant que je ne les prenne. C'était, tout naturellement, l'intention des communistes. S'ils parvenaient à s'instituer les dirigeants du soulèvement et à disposer de la force à Paris, ils auraient beau jeu d'y établir un gouvernement de fait où ils seraient prépondérants.

Mettant à profit le tumulte de la bataille, entraînant le Conseil national de la Résistance dont plusieurs membres, en dehors de ceux qui étaient de leur obédience, pourraient être accessibles à la tentation du pouvoir ; usant de la sympathie que les persécutions dont ils étaient l'objet, les pertes qu'ils subissaient, le courage qu'ils déployaient, leur valaient dans beaucoup de milieux ; exploitant l'angoisse suscitée dans la population par l'absence de toute force publique ; jouant enfin de l'équivoque en affichant leur adhésion au général de Gaulle, ils projetaient d'apparaître à la tête de l'insurrection comme une sorte de Commune, qui proclamerait la République, répondrait de l'ordre, distribuerait la justice et, au surplus, prendrait soin de ne chanter que *La Marseillaise*, de n'arborer que le tricolore. À mon arrivée, je trouverais en fonction ce gouvernement « populaire », qui ceindrait mon front de lauriers, m'inviterait à prendre en son sein la place qu'il me désignerait et tirerait tous les fils. Le reste, pour les meneurs du jeu, ne serait plus qu'alternance d'audace et de prudence, pénétration des rouages de l'État sous le couvert de l'épuration, inhibition de l'opinion par le moyen d'une information et d'une milice bien employées, élimination progressive de leurs associés du début, jusqu'au jour où serait établie la dictature dite du prolétariat[6].

Que ces projets politiques fussent mêlés aux élans du combat me paraissait inévitable. Que l'insurrection dans la grande ville dût, pour certains, tendre à l'institution d'un pouvoir dominé par la IIIe Internationale, je le savais depuis longtemps. Mais je tenais, néanmoins, pour essentiel que les armes de la France agissent dans Paris avant celles des Alliés, que le peuple contribue à la défaite de l'envahisseur, que la libération de la capitale porte la marque d'une opération militaire et nationale. C'est pourquoi, prenant le risque, j'encourageais le soulèvement, sans rejeter aucune des influences qui étaient propres à le provoquer. Il faut dire que je me sentais en mesure de diriger l'affaire de manière qu'elle tournât bien. Ayant pris sur place, à l'avance, les mesures appropriées, prêt à porter à temps dans la ville une grande unité française, je me disposais à y paraître moi-même afin de cristalliser autour de ma personne l'enthousiasme de Paris libéré.

Le gouvernement avait fait le nécessaire pour que le commandement des forces[b] régulières qui existaient dans Paris appartînt à des chefs qui lui fussent dévoués. Dès juillet, Charles Luizet, préfet de la Corse, était nommé préfet de police. Après deux tentatives infructueuses, il put entrer à Paris le 17 août, juste à temps pour assumer ses fonctions quand la police saisit la Préfecture. D'autre part, le général Hary devrait se mettre, au moment propice, à la tête de la garde républicaine, — que Vichy appelait garde de Paris, — du régiment de sapeurs-pompiers, de la garde mobile et de la gendarmerie, toutes unités qui seraient enchantées de recevoir un chef nommé par de Gaulle.

Mais, par la force des choses, il en était autrement des fractions de partisans qui se formaient dans les divers quartiers. Celles-là suivaient naturellement les chefs qu'elles-mêmes se donnaient et dont les communistes, soit directement, soit sous le couvert du « Front national », s'efforçaient qu'ils fussent des leurs. Quant aux échelons supérieurs, c'est en pesant sur le Conseil national de la Résistance que le

« parti » tâchait de les fournir. Le Conseil s'en était remis, en matière militaire, à un comité d'action, dit « Comac », de trois membres dont Kriegel-Valrimont et Villon. Le titre de chef d'état-major des forces de l'intérieur avait été, par la même voie, donné à Malleret-Joinville après l'arrestation par les Allemands du colonel Dejussieu. Rol-Tanguy était institué chef des forces de l'Île-de-France[7]. À s'en tenir à ces nominations, on aurait pu supposer que la direction des éléments combattants serait aux mains des communistes.

Mais c'étaient là des titres, non point de nettes attributions. En fait, ceux qui les portaient n'exerceraient pas le commandement au sens hiérarchique du terme. Plutôt que par ordres donnés et exécutés suivant les normes militaires, ils procéderaient par proclamations, ou bien par action personnelle limitée à certains points. Les partisans, en effet, qui compteraient au plus 25 000 hommes armés, formeraient des groupes autonomes, dont chacun agirait moins suivant les consignes d'en haut que d'après les occasions locales et ne quitterait guère son quartier où il avait ses refuges. Du reste, le colonel de Margueritttes, officier très confirmé, était chef des forces de l'intérieur de Paris et de la banlieue. Les généraux Revers et Bloch-Dassault conseillaient respectivement le « Comac » et le « Front national ». Enfin, Chaban-Delmas, délégué militaire du gouvernement, rentré à Paris le 16 août après avoir été recevoir à Londres les instructions de Kœnig, se tenait au centre de tout. Perspicace et habile, ayant seul les moyens de communiquer avec l'extérieur, il contrôlerait les propositions et, moyennant de longues et rudes palabres, contiendrait les impulsions du Conseil[8] et des comités. Par-dessus tout, le général de Gaulle et son gouvernement avaient sur place leur représentant.

Alexandre Parodi portait cette charge. Le 14 août, renforçant son autorité, je l'avais nommé ministre délégué dans les territoires non encore libérés[9]. Comme il parlait en mon nom, ce qu'il disait pesait lourd. Parce que sa conscience était droite, son désintéressement total, sa dignité absolue, il avait pris au-dessus des passions un ascendant moral certain. Rompu, en outre, au service de l'État, il revêtait au milieu du tumulte le prestige de l'expérience. Il avait, d'ailleurs, sa politique, conforme à son caractère, qui concédait volontiers le détail mais soutenait l'essentiel avec une douce fermeté. Tout en faisant leur part aux exigences de l'idéologie et aux prétentions des personnes, il s'appliquait à ménager la suite afin que je trouve à Paris un jeu sans fâcheuses hypothèques. Il faut dire que Georges Bidault, président du Conseil national de la Résistance, s'accordait avec Parodi et concourait à éviter le pire en employant, de son côté, la tactique combinée de l'audace dans les mots et de la prudence dans les actes. Quant aux administrations, nul n'y récuserait l'autorité de mon délégué et de ceux que j'avais désignés pour diriger les services[10]. C'est sans l'ombre d'une difficulté que Parodi, au moment voulu, s'établirait à Matignon, que les secrétaires généraux s'installeraient dans les ministères, que Luizet préfet de police prendrait la place de Bussière, que Flouret préfet de la Seine s'assoirait dans le fauteuil de Bouffet. L'armature officielle que le gouvernement d'Alger avait instituée d'avance encadrerait aussitôt Paris comme elle le faisait des provinces.

Le 18 août après-midi, je m'envolai d'Alger sur mon avion habituel dont Marmier était chef de bord. Le général Juin et une partie de mes compagnons suivaient dans une « forteresse volante » que les Américains avaient tenu à nous prêter en alléguant que son équipage connaissait très bien la route et le terrain de destination. Première étape : Casablanca. Mon intention était d'en repartir dès la nuit pour débarquer, le lendemain, à Maupertuis près de Saint-Lô. Mais la « forteresse » avait eu en chemin des incidents mécaniques qui exigeaient une mise au point. D'autre part, les missions alliées, invoquant les couloirs et les règles de la circulation aérienne, insistaient pour que nous fassions escale à Gibraltar avant de longer la côte d'Espagne et celle de France. C'était un jour de retard.

Le 19, je quittai Casablanca. Une foule considérable faisait la haie le long des rues par où j'allais à l'aérodrome. La tension de tous les visages révélait que chacun devinait le but de mon voyage, bien qu'on l'ait tenu secret. Guère de bravos, ni d'acclamations, mais tous les couvre-chefs ôtés, les bras levés, les regards appuyés. Ce salut ardent et silencieux me fit l'effet d'un témoignage que m'adressait la multitude à un moment décisif. J'en fus ému. À mes côtés, le résident général l'était aussi. « Quel destin est le vôtre ! » me dit Gabriel Puaux[11].

À Gibraltar, tandis que nous dinions chez le gouverneur, des officiers alliés vinrent dire que la « forteresse » n'était pas en état de repartir, que, mon propre Lockheed n'ayant aucun armement, il pourrait être imprudent d'aborder sans escorte le ciel de la Normandie, qu'en somme il semblait raisonnable que je diffère mon départ. Sans mettre en doute la sincérité des motifs qui inspiraient cet avis, je jugeai bon de ne pas le suivre. À bord de mon appareil, je m'envolai à l'heure que j'avais dite. Peu après, la « forteresse » trouva moyen de s'envoler aussi. Le dimanche 20 août, vers 8 heures, j'atterris à Maupertuis.

Kœnig m'attendait, ainsi que Coulet commissaire de la République en Normandie et un officier envoyé par Eisenhower. Je me rendis d'abord au quartier général du Commandant en chef allié. En route, Kœnig m'exposa la situation à Paris, telle qu'il la connaissait par les messages de Parodi, de Chaban-Delmas, de Luizet et les informations apportées par des émissaires. J'appris ainsi que la police, qui faisait grève depuis trois jours, avait, à l'aurore du 19, occupé la Préfecture et ouvert le feu sur les Allemands ; qu'un peu partout des équipes de partisans en faisaient autant ; que les ministères étaient aux mains de détachements désignés par la délégation ; que la Résistance s'installait dans les mairies de la ville et de la banlieue, non parfois sans bataille, comme à Montreuil, plus tard à Neuilly ; que l'ennemi, occupé à évacuer ses services, n'avait pas, jusqu'alors, réagi très durement, mais que plusieurs de ses colonnes étaient en train de traverser Paris, ce qui pouvait, à tout instant, le pousser aux représailles. Quant à la situation politique, il semblait bien que Laval n'avait abouti à rien, tandis qu'à Vichy on attendait, d'un jour à l'autre, le départ forcé du Maréchal[12].

Eisenhower, ayant reçu le compliment que je lui fis sur l'allure foudroyante du succès des forces alliées, m'exposa la situation. La IIIe armée, Patton, menant la poursuite en tête du groupe d'armées Bradley, se disposait à franchir la Seine en deux colonnes. L'une, au nord de Paris, atteignait Mantes. L'autre, au sud, arrivait à Melun. Derrière Patton, le général Hodges, commandant la Ire armée américaine, regroupait les forces qui venaient d'achever le nettoyage du terrain dans l'Orne. À gauche de Bradley, le groupe d'armées Montgomery, refoulant la résistance tenace des Allemands, progressait lentement vers Rouen. Mais, à droite, c'était le vide, dont Eisenhower entendait profiter pour pousser Patton vers la Lorraine aussi loin que le permettraient les possibilités de ravitaillement en essence. Ultérieurement, l'armée de Lattre et l'armée Patch viendraient du sud se souder à l'ensemble du dispositif. Le plan du Commandant en chef me parut tout à fait logique, sauf sur un point dont je me souciais fort : personne ne marchait sur Paris.

J'en marquai à Eisenhower ma surprise et mon inquiétude. « Du point de vue stratégique, lui dis-je, je saisis mal pourquoi, passant la Seine à Melun, à Mantes, à Rouen, bref partout, il n'y ait qu'à Paris que vous ne la passiez pas. D'autant plus que c'est le centre des communications qui vous seront nécessaires pour la suite et qu'il y a intérêt à rétablir dès que possible. S'il s'agissait d'un lieu quelconque, non de la capitale de la France, mon avis ne vous engagerait pas, car normalement c'est de vous que relève la conduite des opérations. Mais le sort de Paris intéresse d'une manière essentielle le gouvernement français. C'est pourquoi je me vois obligé d'intervenir et de vous inviter à y envoyer des troupes. Il va de soi que c'est la 2ᵉ division blindée française qui doit être désignée en premier lieu. »

Eisenhower ne me cacha pas son embarras. J'eus le sentiment qu'il partageait, au fond, ma manière de voir, qu'il était désireux de diriger Leclerc sur Paris, mais que, pour des raisons qui n'étaient pas toutes d'ordre stratégique, il ne pouvait le faire encore. À vrai dire, il expliquait le retard apporté à cette décision par le fait qu'une bataille dans la capitale risquait d'avoir pour conséquences de vastes destructions matérielles et de grandes pertes pour la population. Cependant, il ne me contredit pas quand je lui fis observer que, de ce point de vue, l'attente pourrait se justifier si, dans Paris, il ne se passait rien, mais qu'elle n'était pas acceptable dès lors que les patriotes y étaient aux prises avec l'ennemi et que tous les bouleversements de toutes sortes pouvaient survenir. Il me déclara, toutefois, que « la Résistance s'était engagée trop tôt. — Pourquoi, trop tôt ? lui demandai-je, puisqu'à l'heure qu'il est vos forces atteignent la Seine ». En fin de compte, le Commandant en chef m'assura que, sans pouvoir fixer encore une date précise, il donnerait avant peu l'ordre de marcher sur Paris et que c'était la division Leclerc qu'il destinait à l'opération. Je pris note de cette promesse, en ajoutant néanmoins que l'affaire était, à mes yeux, d'une telle importance nationale que j'étais prêt à la prendre à mon compte et, si le commandement allié tardait trop, à lancer moi-même sur Paris la 2ᵉ division blindée.

L'incertitude d'Eisenhower me donnait à penser que le commandement militaire se trouvait quelque peu entravé par le projet politique poursuivi par Laval, favorisé par

Roosevelt, et qui exigeait que Paris fût tenu à l'abri des secousses. À ce projet, la Résistance venait sans doute de mettre un terme en engageant le combat. Mais il fallait quelque temps pour que Washington consentît à l'admettre. Mon impression fut confirmée quand j'appris que la division Leclerc, jusqu'alors très logiquement affectée à l'armée Patton, était depuis trois jours rattachée à celle de Hodges, placée sous la surveillance étroite du général Gerow commandant le Ve corps d'armée américain et maintenue autour d'Argentan comme si l'on redoutait qu'elle filât vers la tour Eiffel. Au surplus, je notais que le fameux accord concernant les relations entre les armées alliées et l'administration française, bien qu'il fût, depuis plusieurs semaines, conclu entre Alger, Washington et Londres, n'était pas encore signé par Kœnig et Eisenhower parce que ce dernier attendait d'en avoir reçu le pouvoir[13]. Comment expliquer ce retard, sinon par une suprême intrigue qui tenait en suspens la résignation de la Maison-Blanche ? Juin étant, à son tour, arrivé au Quartier général, tira de ses contacts avec l'état-major la même conclusion que moi.

Au moment le plus éclatant du succès des armées alliées et tandis que les troupes américaines faisaient preuve sur le terrain d'une valeur qui méritait tous les éloges, cette apparente obstination de la politique de Washington me semblait assez attristante. Mais le réconfort n'était pas loin. Une grande vague d'enthousiasme et d'émotion populaires me saisit quand j'entrai à Cherbourg et me roula jusqu'à Rennes, en passant par Coutances, Avranches, Fougères. Dans les ruines des villes détruites et des villages écroulés, la population massée sur mon passage éclatait en démonstrations. Tout ce qui restait de fenêtres arborait drapeaux et oriflammes. Les dernières cloches sonnaient à toute volée. Les rues, percées d'entonnoirs, semblaient joyeuses sous les fleurs. Les maires prononçaient de martiales adresses qui s'achevaient en sanglots. Je disais, alors, quelques phrases, non de pitié dont on n'eût point voulu, mais d'espérance et de fierté qui finissaient par *La Marseillaise* chantée par la foule avec moi. Le contraste était saisissant entre l'ardeur des âmes et les ravages subis par les biens. Allons ! la France devait vivre puisqu'elle supportait de souffrir[14].

Le soir, en compagnie d'André Le Troquer ministre délégué dans les territoires libérés, des généraux Juin et Kœnig et de Gaston Palewski, j'arrivai à la préfecture de

Rennes. Victor Le Gorgeu commissaire de la République pour la Bretagne, Bernard Cornut-Gentille préfet d'Ille-et-Vilaine, le général Allard commandant la région militaire, m'y présentèrent leur personnel. On voyait la vie administrative reprendre invinciblement. La tradition faisait de même. J'allai à l'Hôtel de Ville, où le maire Yves Millon, entouré de son conseil, des compagnons de la Résistance et des notabilités, me pria de rouvrir le livre d'or de la capitale bretonne qui renouait la chaîne des temps. Puis, sous la pluie, dans la nuit qui tombait, je parlai à la multitude rassemblée devant le bâtiment.

Le lendemain, 21, les nouvelles affluèrent de Paris. J'appris, en particulier, la fin de la tentative de Laval. Édouard Herriot, ayant reçu l'avertissement que lui faisait passer la Résistance, pressenti la tempête qui était à la veille d'éclater, constaté le désarroi des ministres de Vichy, des hauts fonctionnaires parisiens et de l'ambassadeur d'Allemagne, ne s'était pas laissé convaincre de convoquer l'Assemblée « nationale ». Au surplus, les contacts pris par lui avec les parlementaires, notamment Anatole de Monzie, lui avaient montré que ceux-ci, impressionnés par des événements tragiques et qui les touchaient de près, comme l'assassinat de Georges Mandel, de Jean Zay, de Maurice Sarraut par la milice de Darnand, la mise à mort de Philippe Henriot par un groupe de résistants, ne se souciaient plus d'être convoqués dans l'atmosphère menaçante de Paris[15]. Le Maréchal, de son côté, estimant que, tout bien pesé, une telle voie n'avait pas d'issue et suivant maintenant une autre idée[16], n'avait pas consenti à venir dans la capitale. Hitler, enfin, irrité d'une intrigue qui préjugeait de sa défaite, avait enjoint d'y mettre un terme, prescrit que Laval fût transféré à Nancy avec son « gouvernement », ordonné que Pétain allât, de gré ou de force, les y rejoindre. Quant au président de la Chambre, il réintégrerait Maréville. Le 18 août, Laval, Herriot et Abetz s'étaient fait leurs adieux en déjeunant ensemble à Matignon[17]. Le 20 août, le Maréchal quittait Vichy, emmené par les Allemands.

Ainsi tombait au néant la dernière combinaison de Laval. Jusqu'au bout, il avait soutenu une querelle dont nulle habileté ne pouvait empêcher qu'elle fût coupable. Porté de nature, accoutumé par le régime, à aborder les affaires par le bas, Laval tenait que, quoi qu'il arrive, il importe d'être au pouvoir, qu'un certain degré d'astuce maîtrise toujours la conjoncture, qu'il n'est point d'événement qui ne se puisse tourner, d'hommes qui ne soient maniables. Il avait, dans le cataclysme, ressenti le malheur du pays mais aussi saisi l'occasion de prendre les rênes et d'appliquer sur une vaste échelle la capacité qu'il avait de composer avec n'importe quoi. Mais le Reich victorieux était un partenaire qui n'entendait pas transiger. Pour que, malgré tout, le champ s'ouvrît à Pierre Laval, il lui fallait donc épouser le désastre de la France. Il accepta la condition. Il jugea qu'il était possible de tirer parti du pire, d'utiliser jusqu'à la servitude, de s'associer même à l'envahisseur, de se faire un atout de la plus affreuse répression. Pour mener sa politique, il renonça à l'honneur du pays, à l'indépendance de l'État, à la fierté nationale. Or, voici que ces éléments reparaissaient vivants et exigeants à mesure que fléchissait l'ennemi.

Laval avait joué. Il avait perdu. Il eut le courage d'admettre qu'il répondait des conséquences. Sans doute, dans son gouvernement, déployant pour soutenir l'insoutenable toutes les ressources de la ruse, tous les ressorts de l'obstination, chercha-t-il à servir son pays. Que cela lui soit laissé ! C'est un fait, qu'au fond du malheur, ceux des Français qui, en petit nombre, choisirent le chemin de la boue n'y renièrent pas la patrie. Témoignage rendu à la France par ceux de ses fils « qui se sont tant perdus[18] ». Porte entrouverte[d] sur le pardon.

La liquidation de Vichy coïncidait avec le développement du combat dans la capitale. Ce qui m'en était rapporté pendant mon court séjour à Rennes portait au comble ma hâte de voir finir la crise. Il est vrai que le commandement allemand, pour des raisons encore indistinctes, ne semblait pas vouloir pousser les choses à fond. Mais, à cette attitude passive pouvait succéder soudain une répression furieuse. Il m'était, en outre, intolérable que l'ennemi occupât la ville, ne fût-ce qu'un jour de trop, dès lors qu'on avait sous la main les moyens de l'en chasser. Enfin, je ne voulais pas qu'à la faveur du bouleversement la capitale devînt la proie de l'anarchie. Un rapport reçu de Pierre Miné, directeur du ravitaillement à Paris, me dépeignait comme des plus critiques la situation alimentaire. La capitale, coupée de toute communication depuis plusieurs semaines, était, pour ainsi dire, réduite à la famine. Miné signalait que le pillage des derniers stocks de vivres et des boutiques commençait en certains endroits et que, si l'absence de toute police se prolongeait, il fallait s'attendre à de graves excès. Cependant, la journée s'achevait sans que le commandement allié eût donné à Leclerc l'ordre de se porter en avant.

De Rennes, j'avais écrit au général Eisenhower[19], lui communiquant les renseignements que je recevais de Paris, le pressant de hâter le mouvement des troupes françaises et alliées, insistant sur les fâcheuses conséquences qu'entraînerait, même au point de vue des opérations militaires, une situation de désordre qui se créerait dans la capitale. Le 22 août, Kœnig lui remit et lui commenta ma lettre, puis regagna son poste à Londres où les liaisons avec la Résistance étaient plus aisées que dans notre camp volant. Juin alla, de son côté, prendre contact avec le général Patton qui, magistralement, menait la poursuite. Moi-même quittai Rennes, après avoir vérifié que, par réquisition de camions et mobilisation de conducteurs, le commissaire de la République constituait déjà des convois de ravitaillement à destination de Paris. Par Alençon, frémissante et pavoisée, je m'en fus d'abord à Laval.

Comme j'arrivais à la préfecture, accueilli par Michel Debré commissaire de la République, je reçus un officier porteur d'une lettre du général Leclerc. Celui-ci me rendait compte de l'incertitude où il était encore quant à sa mission prochaine et de l'initiative qu'il avait prise d'envoyer au contact de Paris une avant-garde commandée par le commandant de Guillebon. Je lui donnai aussitôt mon approbation sur ce point, lui indiquant, dans ma réponse, qu'Eisenhower m'avait promis de lui fixer Paris comme direction, que Kœnig était, justement pour cette raison, auprès du Commandant en chef, que Juin s'y rendait aussi, enfin que je comptais le voir, lui-même Leclerc, le lendemain, pour lui fixer mes instructions[20]. J'appris bientôt, qu'au moment même où j'écrivais à Leclerc, le général Gerow le blâmait d'avoir porté un détachement vers Paris et lui prescrivait de rappeler tout de suite le commandant de Guillebon.

Finalement, peu d'heures après avoir lu la lettre que je lui avais adressée, le général Eisenhower donnait l'ordre de lancer sur Paris la 2ᵉ division blindée. Il faut dire que les renseignements qui, presque à tout instant, arrivaient de la capitale, ceux notamment que Cocteau et le Dr Monod apportaient au général Bradley, venaient tous à l'appui de mon intervention. D'autre part, le Quartier général n'ignorait plus la fin de la tentative de Laval. Tandis que Leclerc employait la nuit à organiser son mouvement, les messages que je recevais à la préfecture du Mans m'apprenaient que les événements se précipitaient à Paris[21].

Je sus, ainsi, que le 20 au matin l'Hôtel de Ville avait été occupé par un détachement de la police parisienne que conduisaient Roland-Pré et Léo Hamon. Le préfet de la Seine, Flouret, allait y prendre ses fonctions. Mais j'étais également avisé que Parodi et Chaban-Delmas d'une part, la majorité du Conseil de la Résistance d'autre part, prévenus par les agents américains et britanniques qu'il se passerait encore longtemps, — des semaines leur disait-on, — avant que les troupes alliées n'entrent dans la capitale, sachant de quel faible armement disposaient les partisans par rapport aux vingt mille hommes, 80 chars, 60 canons, 60 avions, de la garnison allemande, voulant éviter la destruction des ponts de la Seine qui était prescrite par Hitler et sauver les prisonniers politiques et militaires, avaient cru devoir se ranger aux suggestions de M. Nordling, consul général de Suède, et conclure par son intermédiaire une trêve[22] avec le général von Choltitz, commandant les forces ennemies dans Paris et la banlieue.

Cette nouvelle me fit, je dois le dire, une désagréable impression. D'autant plus, qu'à l'heure où j'apprenais la conclusion de la trêve, celle-ci ne correspondait pas à la situation militaire puisque Leclerc se mettait en marche. Mais, le 23 au matin, au moment où je quittais Le Mans, j'étais informé que la trêve, mal accueillie par la plupart des combattants, n'avait été que partiellement observée, bien qu'elle eût permis à Parodi et à Roland-Pré, arrêtés par les Allemands sur le boulevard Saint-Germain, d'être remis en liberté après une entrevue avec Choltitz lui-même. On me faisait savoir, en outre, que le combat avait repris dans la soirée du 21, que les préfectures, les ministères, les mairies, étaient toujours aux mains des nôtres, que partout les Parisiens élevaient des barricades et que le général allemand, tout en faisant tenir solidement ses points d'appui, ne s'engageait nullement dans la répression. Ces ménagements lui étaient-ils inspirés par la crainte du lendemain, le souci d'épargner Paris, ou bien par un accord qu'il avait fait avec les Alliés dont les agents apparaissaient jusque dans son état-major depuis qu'Oberg et la Gestapo avaient quitté la capitale ? Je ne pouvais le démêler, mais j'étais porté à croire qu'en tout cas le secours arriverait à temps.

Nul n'en doutait le long de la route que je suivis ce 23 août. Passant entre deux haies de drapeaux claquant au vent et de gens criant : « Vive de Gaulle ! » je me sentais entraîné par une espèce de fleuve de joie. À La Ferté-Bernard, à Nogent-le-Rotrou, à Chartres, ainsi que dans tous les bourgs et les villages traversés, il me fallait m'arrêter devant le déferlement des hommages populaires et parler au nom de la France retrouvée. Dans l'après-midi, doublant les colonnes de la 2ᵉ division blindée, je m'établis au château de Rambouillet. Sur la route, Leclerc m'avait écrit qu'il se trouverait dans la ville. Je le convoquai aussitôt[23].

Son plan d'attaque était prêt. Si le gros de sa division, qui accourait d'Argentan, ne devait être en place que dans la nuit, des éléments avancés tenaient, sur la ligne : Athis-Mons, Palaiseau, Toussus-le-Noble, Trappes, le contact d'un ennemi retranché et résolu. Il fallait percer cette position. L'effort principal serait mené par le groupement Billotte, prenant comme axe la route d'Orléans à Paris par Antony. Le groupement de Langlade agirait par Toussus-le-Noble et Clamart, tandis qu'un détachement commandé par Morel-Deville le couvrirait vers Versailles. Quant au groupement Dio, provisoirement en réserve, il suivrait celui de Billotte. L'action commencerait le lendemain au point du jour. J'approuvai ces dispositions et prescrivis à Leclerc de fixer à la gare Montparnasse son poste de commandement quand il serait entré dans Paris. C'est là que je le retrouverais afin de régler la suite. Alors, regardant ce jeune chef en proie déjà à la bataille et qui voyait offrir à sa valeur un concours extraordinaire de circonstances bien agencées, je lui dis : « Vous avez de la chance ! » Je pensais aussi, qu'à la guerre, la chance des généraux c'est l'honneur des gouvernements.

Le Dr Favreau, parti le matin de Paris, était arrivé l'après-midi à Rambouillet. Il m'apportait un rapport de Luizet. D'après le préfet de police, la Résistance avait conquis la maîtrise de la rue. Les Allemands se trouvaient, à présent, enfermés dans leurs points d'appui, sauf à risquer, de temps en temps, quelques raids d'engins blindés. Justement, la radio de Londres annonçait, ce soir-là, que les forces de l'intérieur avaient libéré Paris. Le roi George VI m'enverrait, le lendemain, un télégramme de félicitations[24] qui serait aussitôt publié. L'information et la dépêche étaient, certes, prématurées. Mais sans doute avaient-elles pour but d'amener les Américains à surmonter leurs arrière-pensées que n'approuvaient pas les Anglais. Le contraste que je notais entre la chaleureuse satisfaction marquée par la B.B.C. au sujet des événements de Paris et le ton réservé, voire empreint d'un peu d'aigreur, de la « Voix de l'Amérique » me donnait à entendre que, cette fois, Londres et Washington ne s'accordaient pas tout à fait pour ce qui concernait la France.

Je renvoyai à Paris le vaillant Favreau, porteur de la réponse que j'adressais à Luizet[25]. J'y précisais mon intention d'aller d'abord, non point à l'Hôtel de Ville où siégeaient le Conseil de la Résistance et le Comité parisien de la libération, mais « au centre ». Dans mon esprit, cela signifiait au ministère de la Guerre, centre tout indiqué pour le gouvernement et le commandement français. Ce n'était point que je n'eusse hâte de prendre contact avec les chefs de l'insurrection parisienne. Mais je voulais qu'il fût établi que l'État, après des épreuves qui n'avaient pu ni le détruire, ni l'asservir, rentrait d'abord, tout simplement, chez lui. Lisant les journaux : *Combat, Défense de la France, Franc-Tireur, Front national, L'Humanité, Libération, Le Populaire*, que les éléments politiques de la Résistance publiaient à Paris depuis deux jours, aux lieu et place des feuilles de la collaboration, je me trouvais, tout à la fois, heureux de l'esprit de lutte qui y était exprimé et confirmé dans ma volonté de n'accepter pour mon pouvoir aucune sorte d'investiture, à part celle que la voix des foules me donnerait directement.

C'est ce que je déclarai, d'autre part, à Alexandre de Saint-Phalle, associé à ma délégation et dont je connaissais l'influence dans les milieux d'affaires. Il arrivait, en compagnie de Jean Laurent directeur de la banque d'Indochine, de M. Rolf Nordling frère du consul général de Suède et du baron autrichien Poch-Pastor, officier de l'armée allemande, aide de camp de Choltitz et agent des Alliés[26]. Tous quatre étaient sortis de Paris dans la nuit du 22 août dans le but d'obtenir du commandement américain l'intervention rapide des troupes régulières. Ayant appris d'Eisenhower que Leclerc était déjà en route, ils venaient se présenter à moi. Saint-Phalle me suggéra de convoquer l'Assemblée « nationale » dès mon entrée à Paris, afin qu'un vote de confiance parlementaire conférât à mon gouvernement le caractère de la légalité. Je répondis par la négative. Cependant, la composition et l'odyssée de cette délégation m'ouvraient d'étranges perspectives sur l'état d'esprit du commandement local allemand. Les quatre « missionnaires » étaient munis de deux laissez-passer, l'un délivré par Parodi, l'autre par le général von Choltitz. En franchissant les postes ennemis, ils avaient entendu les soldats gronder : « Trahison ! »

Le 24, dans la soirée, le gros de la 2ᵉ division blindée, après de rudes engagements, parvenait à proximité immédiate de Paris ; Billotte et Dio s'étant emparés de Fresnes et de la Croix de Berny et Langlade tenant le pont de Sèvres. Un détachement commandé par le capitaine Dronne avait atteint l'Hôtel de Ville. La journée du lendemain serait employée à forcer les dernières résistances extérieures de l'ennemi, puis à régler leur compte à ses points d'appui dans la ville, enfin à assurer la couverture vers Le Bourget. Leclerc pousserait le groupement Billotte par la porte de Gentilly, le Luxembourg, l'Hôtel de Ville, le Louvre, jusqu'à l'hôtel Meurice, poste de commandement du général von Choltitz. Le groupement Dio franchirait la porte d'Orléans et marcherait sur les blocs organisés de l'École militaire et du Palais-Bourbon, en deux colonnes : celle de Noiret suivant les boulevards extérieurs jusqu'au viaduc d'Auteuil et remontant ensuite la Seine, celle de Rouvillois passant par Montparnasse et les Invalides. Quant à l'Étoile et au Majestic, ce serait le lot du groupement de Langlade. Tout le monde se retrouverait en liaison à la Concorde. À la droite de Leclerc, les Américains devaient diriger une fraction de leur 4ᵉ division sur la place d'Italie et la gare d'Austerlitz.

Le 25 août, rien ne va manquer de ce qui est décidé. J'ai moi-même, par avance, fixé ce que je dois faire dans la capitale libérée. Cela consiste à rassembler les âmes en un seul élan national, mais aussi à faire paraître tout de suite la figure et l'autorité de l'État. Tandis qu'arpentant la terrasse de Rambouillet je suis tenu, d'heure en heure, informé de l'avance de la 2ᵉ division blindée, j'évoque les malheurs qu'une armée mécanique faite de sept unités[27] semblables aurait pu, naguère, nous éviter. Alors, considérant la cause de l'impuissance qui nous en avait privés, c'est-à-dire la carence du pouvoir, je suis d'autant plus résolu à ne pas laisser entamer le mien. La mission dont je suis investi me semble aussi claire que possible. Montant en voiture pour entrer à Paris, je me sens, à la fois, étreint par l'émotion et rempli de sérénité.

Que de gens, sur la route, guettent mon passage ! Que de drapeaux flottent du haut en bas des maisons ! À partir de Longjumeau, la multitude va grossissant. Vers Bourg-la-

Reine, elle s'entasse. À la porte d'Orléans, près de laquelle on tiraille encore, c'est une exultante marée. L'avenue d'Orléans[28] est noire de monde. On suppose, évidemment, que je me rends à l'Hôtel de Ville. Mais, bifurquant par l'avenue du Maine presque déserte en comparaison, j'atteins la gare Montparnasse vers 4 heures de l'après-midi.

Le général Leclerc vient d'y arriver. Il me rend compte de la reddition du général von Choltitz. Celui-ci, après une ultime négociation menée par M. Nordling, s'est rendu personnellement au commandant de La Horie chef d'état-major de Billotte. Puis, amené par celui-ci à la Préfecture de police, il a signé avec Leclerc une convention aux termes de laquelle les points d'appui allemands dans Paris doivent cesser la résistance. Plusieurs ont, d'ailleurs, été pris de vive force dans la journée. Pour les autres, le général allemand vient de rédiger à l'instant un ordre qui prescrit aux défenseurs de déposer les armes et de se constituer prisonniers. Des officiers de l'état-major de Choltitz, accompagnés d'officiers français, vont aller notifier l'ordre aux troupes allemandes. J'aperçois justement mon fils, enseigne de vaisseau au 2e régiment blindé de fusiliers-marins, qui part pour le Palais-Bourbon en compagnie d'un major allemand, afin de recevoir la reddition de la garnison[29]. L'issue des combats de Paris est aussi satisfaisante que possible. Nos troupes remportent une victoire complète sans que la ville ait subi les destructions, la population les pertes, que l'on pouvait redouter.

J'en félicite Leclerc. Quelle étape sur la route de sa gloire ! J'en félicite aussi Rol-Tanguy que je vois à ses côtés. C'est, en effet, l'action des forces de l'intérieur qui a, au cours des précédentes journées, chassé l'ennemi de nos rues, décimé et démoralisé ses troupes, bloqué ses unités dans leurs îlots fortifiés. En outre, depuis le matin, les groupes de partisans, qui n'ont qu'un bien pauvre armement ! assistent bravement les troupes régulières dans le nettoyage des nids de résistance allemands. Même, à eux seuls, ils viennent de réduire le bloc de la caserne Clignancourt. Cependant, lisant l'exemplaire de la capitulation ennemie que me présente Leclerc, je désapprouve la mention qu'il y a inscrite après coup sur les objurgations de Rol-Tanguy[30] et suivant laquelle c'est à Rol, comme à lui, que s'est rendu le commandement allemand. « D'abord, lui dis-je, cela n'est pas exact. D'autre part, vous êtes, dans l'affaire, l'officier le plus élevé en grade, par conséquent seul responsable. Mais, surtout, la réclamation qui vous a conduit à admettre ce libellé procède d'une tendance inacceptable. » Je fais lire à Leclerc la proclamation publiée, le matin même, par le Conseil national de la Résistance se donnant pour « la nation française » et ne faisant aucune allusion au gouvernement, ni au général de Gaulle[31]. Leclerc comprend aussitôt. De tout mon cœur, je donne l'accolade à ce noble compagnon.

Quittant la gare Montparnasse, je prends la direction du ministère de la Guerre où m'a précédé une petite avant-garde conduite par le colonel de Chevigné. Le cortège est modeste. Quatre voitures : la mienne, celle de Le Troquer, celle de Juin, une automitrailleuse. Nous voulions suivre le boulevard des Invalides jusqu'à la rue Saint-Dominique. Mais, à hauteur de Saint-François-Xavier, une fusillade partie des maisons avoisinantes nous détermine à prendre les rues Vaneau et de Bourgogne. À 5 heures, nous arrivons.

Immédiatement, je suis saisi par l'impression que rien n'est changé à l'intérieur de ces lieux vénérables. Des événements gigantesques ont bouleversé l'univers. Notre armée fut anéantie. La France a failli sombrer. Mais, au ministère de la Guerre, l'aspect des choses demeure immuable. Dans la cour, un peloton de la garde républicaine rend les honneurs, comme autrefois. Le vestibule, l'escalier, les décors d'armures, sont tout juste tels qu'ils étaient. Voici, en personne, les huissiers qui, naguère, faisaient le service. J'entre dans le « bureau du ministre » que M. Paul Reynaud et moi quittâmes ensemble dans la nuit du 10 juin 1940. Pas un meuble, pas une tapisserie, pas un rideau, n'ont été déplacés. Sur la table, le téléphone est resté à la même place et l'on voit, inscrits sous les boutons d'appel, exactement les mêmes noms. Tout à l'heure, on me dira qu'il en est ainsi des autres immeubles où s'encadrait la République. Rien n'y manque, excepté l'État. Il m'appartient de l'y remettre. Aussi m'y suis-je d'abord installé.

Luizet vient me faire son compte rendu. C'est ensuite le tour de Parodi. Tous deux sont radieux, soucieux, épuisés par la semaine sans répit ni sommeil qu'ils viennent de vivre. Pour eux, dans l'immédiat, deux problèmes dominent tout : l'ordre public et le ravitaillement. Ils me dépeignent l'irritation qu'ont ressentie le Conseil de la Résistance et le Comité parisien de la libération quand ils apprirent que je n'allais pas à eux, tout droit, pour commencer. J'en répète les raisons au ministre délégué et au préfet de police. Mais, tout à l'heure, partant de chez moi, je me rendrai à l'Hôtel de Ville après être, toutefois, allé à la Préfecture pour saluer la police parisienne. Nous arrêtons le plan de ces visites. Puis, je fixe celui du défilé du lendemain, dont Parodi et Luizet se montrent à la fois enthousiasmés et préoccupés. Après leur départ, je reçois un message du général Kœnig. Il n'a pu m'accompagner au cours de cette grande journée. Car, le matin, Eisenhower l'a fait prier de venir signer avec lui l'accord réglant les rapports de notre administration et du commandement allié[32]. C'est fait ! Mieux vaut tard que jamais.

À 7 heures du soir, inspection de la police parisienne dans la cour de la Préfecture. À voir ce corps, que son service maintint sur place sous l'occupation, tout frémissant aujourd'hui de joie et de fierté, on discerne qu'en donnant le signal et l'exemple du combat les agents ont pris leur revanche d'une longue humiliation. Ils ont aussi, à juste titre, saisi l'occasion d'accroître leur prestige et leur popularité. Je le leur dis. Les hourras s'élèvent des rangs. Alors[g], à pied, accompagné de Parodi, de Le Troquer, de Juin et de Luizet, fendant difficilement la foule qui m'enveloppe d'assourdissantes clameurs, je parviens à l'Hôtel de Ville. Devant le bâtiment, un détachement des forces de l'intérieur, sous les ordres du commandant Le Percq[33], rend impeccablement les honneurs.

Au bas de l'escalier, Georges Bidault, André Tollet et Marcel Flouret[34] accueillent le général de Gaulle. Sur les marches, des combattants, les larmes aux yeux, présentent leurs armes. Sous un tonnerre de vivats, je suis conduit au centre du salon du premier étage. Là, sont groupés les membres du Conseil national de la Résistance et du Comité parisien de la libération. Tout autour, se tiennent de nombreux compagnons. Beaucoup ont, au bras, l'insigne des forces de l'intérieur, tel qu'il a été fixé par un décret du gouvernement. Tous portent la Croix de Lorraine. Parcourant du regard cette assemblée vibrante d'enthousiasme, d'affection, de curiosité, je sens que, tout de suite, nous nous sommes reconnus, qu'il y a entre nous, combattants du même combat, un lien incomparable et que si l'assistance contient des divergences vigilantes, des ambitions en activité, il suffit que la masse et moi nous trouvions ensemble pour que notre unité l'emporte sur tout le reste. D'ailleurs, malgré la fatigue qui se peint sur les visages, l'excitation des périls courus et des événements vécus, je ne vois pas un seul geste, je n'entends pas un seul mot, qui ne soient d'une dignité parfaite. Admirable réussite d'une réunion depuis longtemps rêvée et qu'ont payée tant d'efforts, de chagrins, de morts !

Le sentiment a parlé. C'est au tour de la politique. Elle aussi le fait noblement. Georges Marrane, substitué à André Tollet, me salue en termes excellents au nom de la nouvelle municipalité parisienne. Puis, Georges Bidault m'adresse une allocution de la plus haute tenue. Dans ma réponse, improvisée, j'exprime « l'émotion sacrée qui nous étreint tous, hommes et femmes, en ces minutes qui dépassent chacune de nos pauvres vies ». Je constate que « Paris a été libéré par son peuple, avec le concours de l'armée et l'appui de la France tout entière ». Je ne manque pas d'associer au succès « les troupes françaises qui, en ce moment, remontent la vallée du Rhône » et les forces de nos alliés. Enfin, j'appelle la nation au devoir de guerre et, pour qu'elle puisse le remplir, à l'unité nationale[35].

J'entre dans le bureau du préfet de la Seine. Marcel Flouret m'y présente les principaux fonctionnaires de son administration. Comme je me dispose à partir, Georges Bidault s'écrie : « Mon général ! Voici, autour de vous, le Conseil national de la Résistance et le Comité parisien de la libération. Nous vous demandons de proclamer solennellement la République devant le peuple ici rassemblé. » Je réponds : « La République n'a jamais cessé d'être. La France Libre, la France Combattante, le Comité français de la libération nationale, l'ont, tour à tour, incorporée. Vichy fut toujours et demeure nul et non avenu. Moi-même suis le président du gouvernement de la République. Pourquoi irais-je la proclamer ? » Allant à une fenêtre, je salue de mes gestes la foule qui remplit la place et me prouve, par ses acclamations, qu'elle ne demande pas autre chose. Puis, je regagne la rue Saint-Dominique.

Dans la soirée, Leclerc me fait le bilan des combats à l'intérieur de Paris. La reddition de tous les points d'appui allemands est, à présent, chose faite. Le bloc dit « du Luxembourg », qui englobait le palais, l'École des mines et le lycée Montaigne, celui de la place de la République, organisé dans la caserne du prince Eugène et complété par le central téléphonique de la rue des Archives, ont cessé le feu les derniers. Nos troupes ont fait, dans la journée, 14 800 prisonniers. 3 200 Allemands sont morts, sans compter ceux, — au moins un millier, — que les partisans, à eux seuls, ont tués les jours précédents. Les pertes de la 2ᵉ division blindée se montent à 28 officiers et 600 soldats. Quant aux forces de l'intérieur, le professeur Pasteur Vallery-Radot, qui a pris en charge le service de santé, évalue à 2 500 hommes tués ou blessés ce que leur ont coûté les combats qu'elles mènent depuis six jours. En outre, plus de 1 000 civils sont tombés.

Leclerc m'indique qu'au nord de Paris la pression de l'ennemi continue à se faire sentir. À Saint-Denis, à La Villette, des éléments ont refusé de déposer les armes, en alléguant qu'ils ne sont pas sous les ordres de Choltitz. Une partie de la 47ᵉ division allemande est en train de s'installer au Bourget et à Montmorency, sans doute pour couvrir des colonnes qui battent en retraite plus au nord. L'adversaire pousse des pointes jusqu'aux entrées de la capitale. Le général Gerow, commandant le 5ᵉ corps d'armée américain, auquel la 2ᵉ division blindée est toujours rattachée pour les opérations, lui a donné la mission de prendre le contact des positions allemandes en vue de les attaquer.

Pourtant, je suis — plus que jamais — résolu à suivre, le lendemain, l'itinéraire : Étoile-Notre-Dame, en y donnant rendez-vous au peuple et j'entends que la 2ᵉ division blindée participe à la cérémonie. Sans doute la manifestation va-t-elle comporter quelque risque. Mais cela en vaut la peine. Il me paraît, d'ailleurs, très peu probable que les arrière-gardes allemandes, se transformant soudain en avant-gardes, marchent vers le centre de Paris dont toute la garnison est, à présent, prisonnière. Des précautions, en tout cas, sont à prendre.

Je conviens avec Leclerc qu'un groupement tactique, commandé par Roumiantzoff, sera porté, dès le matin, en couverture vers Le Bourget et s'agglomérera les fractions des forces de l'intérieur qui escarmouchent de ce côté. Le reste de la division sera, pendant le défilé, formé en trois autres groupements qui se tiendront en alerte respectivement à l'Arc de Triomphe, au rond-point des Champs-Élysées et devant la Basilique et qui, s'il en est besoin, se porteront aux points voulus. Leclerc lui-même, marchant derrière moi, restera en communication constante avec ses divers éléments. Puisque le commandement allié n'a pas jugé bon de prendre avec moi la moindre liaison, je charge Leclerc de lui faire connaître les dispositions que j'ai arrêtées. Ce commandement a, d'ailleurs, tous les moyens nécessaires pour suppléer, le cas échéant, à la réserve momentanée d'une partie de la division française. Aux prescriptions contraires qui lui viendraient des Alliés, Leclerc devra donc répondre qu'il maintient son dispositif, conformément aux ordres du général de Gaulle.

La matinée du samedi 26 août n'apporte rien qui soit de nature à modifier mon projet. Sans doute suis-je averti que Gerow somme Leclerc de se tenir et de tenir ses troupes en dehors de la manifestation[36]. Le général américain m'envoie même un officier pour m'en prévenir directement. Il va de soi que je passe outre, non sans noter ce qu'en un tel jour, en un tel lieu, une telle attitude, qui n'a certes pas été prise sans instructions reçues d'en-haut, témoigne d'incompréhension. Je dois dire, qu'à part cet incident aussi vain que désobligeant, nos alliés ne tentent aucunement de se mêler des affaires de la capitale. Le général Kœnig qui prend les fonctions de gouverneur militaire, poste auquel je l'ai nommé le 21 août[37], le préfet de la Seine, le préfet de police, n'auront pas à relever le moindre essai d'empiétement. Nulle troupe américaine n'est stationnée dans Paris et les éléments qui ont passé la veille du côté de la place d'Italie et de la gare de Lyon se sont retirés aussitôt. N'était la présence de reporters et de photographes, les Alliés ne prendront aucune part au défilé qui va avoir lieu. Sur le parcours, il n'y aura que des Françaises et des Français.

Mais il y en aura beaucoup. Dès la veille au soir, la radio, que Jean Guignebert, Pierre Crénesse et leur équipe s'acharnent à remettre en état et en action, annonce la cérémonie. Au cours de la matinée, on me rapporte que de toute la ville et de toute la banlieue, dans ce Paris qui n'a plus de métro, ni d'autobus, ni de voitures, d'innombrables piétons sont en marche. À 3 heures de l'après-midi, j'arrive à l'Arc de Triomphe. Parodi et Le Troquer, membres du gouvernement, Bidault et le Conseil national de la Résistance, Tollet et le Comité parisien de la libération, des officiers généraux : Juin, Kœnig, Leclerc, d'Argenlieu, Valin, Bloch-Dassault, les préfets : Flouret et Luizet, le délégué militaire Chaban-Delmas, beaucoup de chefs et de combattants des forces de l'intérieur, se tiennent auprès du tombeau. Je salue le régiment du Tchad, rangé en bataille devant l'Arc et dont les officiers et les soldats, debout sur leurs voitures, me regardent passer devant eux, à l'Étoile, comme un rêve qui se réalise. Je ranime la flamme. Depuis le 14 juin 1940, nul n'avait pu le faire qu'en présence de l'envahisseur. Puis, je quitte la voûte et le terre-plein. Les assistants s'écartent. Devant moi, les Champs-Élysées !

Ah ! C'est la mer[38] ! Une foule immense est massée de part et d'autre de la chaussée. Peut-être deux millions d'âmes. Les toits aussi sont noirs de monde. À toutes les fenêtres s'entassent des groupes compacts, pêle-mêle avec des drapeaux. Des grappes humaines sont accrochées à des échelles, des mâts, des réverbères. Si loin que porte ma vue, ce n'est qu'une houle vivante, dans le soleil, sous le tricolore.

Je vais à pied. Ce n'est pas le jour de passer une revue où brillent les armes et sonnent les fanfares. Il s'agit, aujourd'hui, de rendre à lui-même, par le spectacle de sa joie et l'évidence de sa liberté, un peuple qui fut, hier, écrasé par la défaite et dispersé par la servitude. Puisque chacun de ceux qui sont là a, dans son cœur, choisi Charles de Gaulle comme recours de sa peine et symbole de son espérance, il s'agit qu'il le voie, familier et fraternel, et qu'à cette vue resplendisse l'unité nationale. Il est vrai que des états-majors se demandent si l'irruption d'engins blindés ennemis ou le passage d'une escadrille jetant des bombes ou mitraillant le sol ne vont pas décimer cette masse et y déchaîner la panique. Mais moi, ce soir, je crois à la fortune de la France. Il est vrai que le service d'ordre craint de ne pouvoir contenir la poussée de la multitude. Mais je pense, au contraire, que celle-ci se disciplinera. Il est vrai qu'au cortège des compagnons qui ont qualité pour me suivre se joignent, indûment, des figurants de supplément. Mais ce n'est pas eux qu'on regarde. Il est vrai, enfin, que moi-même n'ai pas le physique, ni le goût, des attitudes et des gestes qui peuvent flatter l'assistance. Mais je suis sûr qu'elle ne les attend pas.

Je vais donc, ému et tranquille, au milieu de l'exultation indicible de la foule, sous la tempête des voix qui font retentir mon nom, tâchant, à mesure, de poser mes regards sur chaque flot de cette marée afin que la vue de tous ait pu entrer dans mes yeux, élevant et abaissant les bras pour répondre aux acclamations. Il se passe, en ce moment, un de ces miracles de la conscience nationale, un de ces gestes de la France, qui parfois, au long des siècles, viennent illuminer notre Histoire. Dans cette communauté, qui n'est qu'une seule pensée, un seul élan, un seul cri, les différences s'effacent, les individus disparaissent. Innombrables

Français dont je m'approche tour à tour, à l'Étoile, au Rond-Point, à la Concorde, devant l'Hôtel de Ville, sur le parvis de la cathédrale, si vous saviez comme vous êtes pareils ! Vous, les enfants, si pâles ! qui trépignez et criez de joie ; vous, les femmes, portant tant de chagrins, qui me jetez vivats et sourires ; vous, les hommes, inondés d'une fierté longtemps oubliée, qui me criez votre merci ; vous, les vieilles gens, qui me faites l'honneur de vos larmes, ah ! comme vous vous ressemblez ! Et moi, au centre de ce déchaînement, je me sens remplir une fonction qui dépasse de très haut ma personne, servir d'instrument au destin.

Mais il n'y a pas de joie sans mélange, même à qui suit la voie triomphale. Aux heureuses pensées qui se pressent dans mon esprit beaucoup de soucis sont mêlés. Je sais bien que la France tout entière ne veut plus que sa libération. La même ardeur à revivre qui éclatait, hier, à Rennes et à Marseille et, aujourd'hui, transporte Paris se révélera demain à Lyon, Rouen, Lille, Dijon, Strasbourg, Bordeaux. Il n'est que de voir et d'entendre pour être sûr que le pays veut se remettre debout. Mais la guerre continue. Il reste à la gagner. De quel prix, au total, faudra-t-il payer le résultat ? Quelles ruines s'ajouteront à nos ruines ? Quelles pertes nouvelles décimeront nos soldats ? Quelles peines morales et physiques auront à subir encore les Français prisonniers de guerre ? Combien reviendront parmi nos déportés, les plus militants, les plus souffrants, les plus méritants de nous tous ? Finalement, dans quel état se retrouvera notre peuple et au milieu de quel univers ?

Il est vrai que s'élèvent autour de moi d'extraordinaires témoignages d'unité. On peut donc croire que la nation surmontera ses divisions jusqu'à la fin du conflit ; que les Français, s'étant reconnus, voudront rester rassemblés afin de refaire leur puissance ; qu'ayant choisi leur but et trouvé leur guide, ils se donneront des institutions qui leur permettent d'être conduits. Mais je ne puis, non plus, ignorer l'obstiné dessein des communistes, ni la rancune de tant de notables qui ne me pardonnent pas leur erreur, ni le prurit d'agitation qui, de nouveau, travaille les partis. Tout en marchant à la tête du cortège, je sens qu'en ce moment même des ambitions me font escorte en même temps que des dévouements. Sous les flots de la confiance du peuple, les récifs de la politique ne laissent pas d'affleurer.

À chaque pas que je fais sur l'axe le plus illustre du

monde, il me semble que les gloires du passé s'associent à celle d'aujourd'hui. Sous l'Arc, en notre honneur, la flamme s'élève allégrement. Cette avenue, que l'armée triomphante suivit il y a vingt-cinq ans, s'ouvre radieuse devant nous. Sur son piédestal, Clemenceau, que je salue en passant, a l'air de s'élancer pour venir à nos côtés. Les marronniers des Champs-Élysées, dont rêvait l'Aiglon[39] prisonnier et qui virent, pendant tant de lustres, se déployer les grâces et les prestiges français, s'offrent en estrades joyeuses à des milliers de spectateurs. Les Tuileries, qui encadrèrent la majesté de l'État sous deux empereurs et sous deux royautés, la Concorde et le Carrousel qui assistèrent aux déchaînements de l'enthousiasme révolutionnaire et aux revues des régiments vainqueurs ; les rues et les ponts aux noms de batailles gagnées ; sur l'autre rive de la Seine, les Invalides, dôme étincelant encore de la splendeur du Roi-Soleil, tombeau de Turenne, de Napoléon, de Foch ; l'Institut, qu'honorèrent tant d'illustres esprits, sont les témoins bienveillants du fleuve humain qui coule auprès d'eux. Voici, qu'à leur tour : le Louvre, où la continuité des rois réussit à bâtir la France ; sur leur socle, les statues de Jeanne d'Arc et de Henri IV ; le palais de Saint Louis dont, justement, c'était hier la fête ; Notre-Dame, prière de Paris, et la Cité, son berceau, participent à l'événement. L'Histoire, ramassée dans ces pierres et dans ces places, on dirait qu'elle nous sourit.

Mais, aussi, qu'elle nous avertit. Cette même Cité fut Lutèce, subjuguée par les légions de César, puis Paris, que seule la prière de Geneviève put sauver du feu et du fer d'Attila. Saint Louis, croisé délaissé, mourut aux sables de l'Afrique. À la porte Saint-Honoré, Jeanne d'Arc fut repoussée par la ville qu'elle venait rendre à la France. Tout près d'ici, Henri IV tomba victime d'une haine fanatique. La révolte des Barricades, le massacre de la Saint-Barthélemy, les attentats de la Fronde, le torrent furieux du 10 août, ensanglantèrent les murailles du Louvre. À la Concorde, roulèrent sur le sol la tête du roi et celle de la reine de France. Les Tuileries virent le naufrage de la vieille monarchie, le départ pour l'exil de Charles X et de Louis-Philippe, le désespoir de l'Impératrice, pour être finalement mis en cendres, comme l'ancien Hôtel de Ville. De quelle désastreuse confusion le Palais-Bourbon fut-il fréquemment le théâtre ! Quatre fois, en l'espace de deux vies[40], les Champs-Élysées durent subir l'outrage des envahisseurs défilant derrière d'odieuses fanfares. Paris, ce soir, s'il resplendit des grandeurs de la France, tire les leçons des mauvais jours.

Vers 4 heures et demie, je vais, comme prévu, entrer à Notre-Dame. Tout à l'heure, rue de Rivoli, je suis monté en voiture et, après un court arrêt sur le perron de l'Hôtel de Ville, j'arrive place du Parvis. Le cardinal-archevêque ne m'accueillera pas au seuil de la basilique. Non point qu'il ne l'eût désiré. Mais l'autorité nouvelle l'a prié de s'abstenir. En effet, Mgr Suhard a cru devoir, il y a quatre mois, recevoir solennellement ici le maréchal Pétain lors de son passage dans Paris occupé par les Allemands, puis, le mois dernier, présider le service funèbre que Vichy a fait célébrer après la mort de Philippe Henriot[41]. De ce fait, beaucoup de résistants s'indignent à l'idée que le prélat pourrait, dès à présent, introduire dans la cathédrale le général de Gaulle. Pour moi, sachant que l'Église se considère comme obligée d'accepter « l'ordre établi », n'ignorant pas que chez le cardinal la piété et la charité sont à ce point éminentes qu'elles laissent peu de place dans son âme à l'appréciation de ce qui est temporel, j'aurais volontiers passé outre. Mais l'état de tension d'un grand nombre de combattants au lendemain de la bataille et ma volonté d'éviter toute manifestation désobligeante pour Mgr Suhard m'ont amené à approuver ma délégation qui l'a prié de demeurer à l'archevêché pendant la cérémonie. Ce qui va se passer me confirmera dans l'idée que cette mesure était bonne.

À l'instant où je descends de voiture, des coups de fusil éclatent sur la place. Puis, aussitôt, c'est un feu roulant. Tout ce qui a une arme se met à tirer à l'envi. Ce sont les toits qu'on vise à tout hasard. Les hommes des forces de l'intérieur font, de toutes parts, parler la poudre. Mais je vois même les briscards du détachement de la 2e division blindée, en position près du portail, cribler de balles les tours de Notre-Dame. Il me paraît tout de suite évident qu'il s'agit là d'une de ces contagieuses tirailleries que l'émotion déclenche parfois dans des troupes énervées, à l'occasion de quelque incident fortuit ou provoqué[42]. En ce qui me concerne, rien n'importe davantage que de ne point céder au remous. J'entre donc dans la cathédrale. Faute de courant, les orgues sont muettes. Par contre, des coups de feu retentissent à l'intérieur. Tandis que je me dirige vers le chœur, l'assistance, plus ou moins courbée, fait entendre ses acclamations. Je prends place, ayant derrière moi mes deux ministres : Le Troquer et Parodi. Les chanoines sont à leurs stalles. L'archiprêtre, Mgr Brot, vient me transmettre le salut, les regrets et la protestation du cardinal. Je le charge d'exprimer à Son Éminence mon respect en matière religieuse, mon désir de réconciliation au point de vue national et mon intention de le recevoir avant peu.

Le *Magnificat* s'élève. En fut-il jamais chanté de plus ardent ? Cependant, on tire toujours. Plusieurs gaillards, postés dans les galeries supérieures, entretiennent la fusillade. Aucune balle ne siffle à mes oreilles. Mais les projectiles, dirigés vers la voûte, arrachent des éclats, ricochent, retombent. Plusieurs personnes en sont atteintes. Les agents, que le préfet de police fait monter jusqu'aux parties les plus hautes de l'édifice, y trouveront quelques hommes armés ; ceux-ci disant qu'ils ont fait feu sur des ennemis indistincts. Bien que l'attitude du clergé, des personnages officiels, des assistants, ne cesse pas d'être exemplaire, j'abrège la cérémonie. Aux abords de la cathédrale, la pétarade a maintenant cessé. Mais, à la sortie, on m'apprend qu'en des points aussi éloignés que l'Étoile, le Rond-Point, l'Hôtel de Ville, les mêmes faits se sont produits exactement à la même heure. Il y a des blessés, presque tous par suite de bousculades.

Qui a tiré les premiers coups ? L'enquête ne pourra l'établir. L'hypothèse des tireurs de toits, soldats allemands ou miliciens de Vichy, paraît fort invraisemblable. En dépit de toutes les recherches, on n'en a arrêté aucun. D'ailleurs, comment imaginer que des ennemis auraient pris des cheminées pour cibles au lieu de me viser moi-même quand je passais à découvert ? On peut, si l'on veut, supposer que la coïncidence des fusillades en plusieurs points de Paris a été purement fortuite. Pour ma part, j'ai le sentiment qu'il s'est agi d'une affaire montée par une politique qui voudrait, grâce à l'émoi des foules, justifier le maintien d'un pouvoir révolutionnaire et d'une force d'exception. En faisant tirer, à heure dite, quelques coups de fusil vers le ciel, sans prévoir peut-être les rafales qui en seraient les conséquences, on a cherché à créer l'impression que des menaces se tramaient dans l'ombre, que les organisations de la Résistance devaient rester armées et vigilantes, que le « Comac », le Comité parisien de la libération, les comités de quartier, avaient à procéder eux-mêmes à toutes opérations de police, de justice, d'épuration qui protégeraient le peuple contre de dangereux complots[b].

Il va de soi que c'est l'ordre que j'entends, au contraire, faire régner. L'ennemi, d'ailleurs, se charge de rappeler que la guerre n'admet pas d'autre loi. À minuit, ses avions viennent bombarder la capitale, détruisant cinq cents maisons, incendiant la Halle aux vins, tuant ou blessant un millier de personnes. Si le dimanche 27 août est, pour la population, une journée de relative détente, si j'ai le loisir d'assister, au milieu de plusieurs milliers d'hommes des forces de l'intérieur, à l'office célébré par leur aumônier le P. Bruckberger, si au fond d'une voiture je puis parcourir la ville, voir les traits des gens et l'aspect des choses sans être trop souvent reconnu, la 2ᵉ division blindée n'en est pas moins engagée rudement du matin au soir. Au prix de pertes sensibles, le groupement Dio s'empare de l'aérodrome du Bourget et le groupement de Langlade enlève Stains, Pierrefitte, Montmagny[43].

Comme la lumière d'un projecteur révèle soudain le monument, ainsi la libération de Paris assurée par les Français eux-mêmes et la preuve donnée par le peuple de sa confiance en de Gaulle dissipent les ombres qui cachaient encore la réalité nationale. Conséquence ou coïncidence, il se produit une sorte d'ébranlement où s'écroulent divers obstacles qui encombraient encore la route. La journée du 28 août m'apporte un faisceau de nouvelles satisfaisantes.

J'apprends d'abord que dans la banlieue nord, après la prise de Gonesse par nos troupes, les Allemands sont en pleine retraite, ce qui met le point final à la bataille de Paris. D'autre part, Juin me présente les rapports de la Iʳᵉ armée, confirmant la reddition des garnisons ennemies, à Toulon le 22, à Marseille le 23, et annonçant que nos forces avancent rapidement vers Lyon de part et d'autre du Rhône, tandis que les Américains, suivant la route Napoléon dégagée par les maquisards, ont atteint déjà Grenoble. En outre, les comptes rendus de nos principaux délégués au sud de la Loire : Bénouville pour le Massif central, le général Pfister pour le Sud-Ouest, signalent le repli des Allemands, les uns tentant de gagner la Bourgogne pour échapper à l'encerclement, les autres allant s'enfermer dans les poches fortifiées de la côte de l'Atlantique[44], tous aux prises avec les Forces françaises de l'intérieur qui attaquent leurs colonnes et harcèlent leurs cantonnements. Bourgès-Maunoury, délégué pour le Sud-Est, fait dire que les maquisards sont les maîtres du terrain dans les Alpes, l'Ain, la Drôme, l'Ardèche, le

Cantal, le Puy-de-Dôme, ce qui ne peut qu'accélérer la progression des généraux Patch et de Lattre. Dans l'Est et le Nord, enfin, se multiplie l'activité des nôtres, tandis que, dans l'Ardenne, le Hainaut, le Brabant, la résistance belge mène, elle aussi, une vive guérilla. On peut prévoir que l'ennemi, enfoncé sur la Seine, poursuivi le long du Rhône, assailli en tous les points de notre sol, ne se rétablira plus qu'à proximité immédiate de la frontière du Reich. Ainsi notre pays, quelles que soient ses blessures, va-t-il trouver à bref délai la possibilité du redressement national.

À condition qu'il soit gouverné, ce qui exclut tout pouvoir parallèle au mien. Le fer est chaud. Je le bats. Le matin de ce 28 août, je réunis les vingt principaux chefs des partisans parisiens, pour les connaître, les féliciter, les prévenir de ma décision de verser les forces de l'intérieur dans les rangs de l'armée régulière. Entrent, ensuite, les secrétaires généraux, dont il est clair qu'ils n'attendent d'instructions que de moi et de mes ministres. Puis, je reçois le bureau du Conseil national de la Résistance. Dans l'esprit des compagnons qui prennent place devant moi, il existe à la fois deux tendances que j'accueille d'une manière très différente. Leur fierté de ce qu'ils ont fait, je l'approuve sans réserve. Les arrière-pensées de certains quant à la direction de l'État, je ne saurais les admettre. Or, si la démonstration populaire du 26 août a achevé de mettre en lumière la primauté du général de Gaulle, il en est qui s'en tiennent encore au projet de constituer, à côté et en dehors de lui, une autorité autonome, d'ériger le Conseil en organisme permanent contrôlant le gouvernement, de confier au « Comac » les formations militaires de la Résistance, d'extraire de celles-ci des milices dites « patriotiques » qui agiront pour le compte du « peuple » entendu dans un certain sens. En outre, le Conseil a adopté un « programme du C.N.R. », énumération des mesures à appliquer dans tous les domaines, qu'on se propose de brandir constamment devant l'exécutif.

Tout en reconnaissant hautement la part que mes interlocuteurs ont prise à la lutte, je ne leur laisse aucun doute sur mes intentions à leur égard. Dès lors que Paris est arraché à l'ennemi, le Conseil national de la Résistance entre dans l'histoire glorieuse de la libération mais n'a plus de raison d'être en tant qu'organe d'action. C'est le gouvernement qui assume la responsabilité entière. Sans doute y ferai-je entrer tel ou tel membre du Conseil. Mais, alors, ceux-ci renonceront à toute solidarité qui ne sera pas ministérielle. Par contre, je compte intégrer le Conseil dans l'Assemblée consultative qui va arriver d'Alger et qui doit être élargie. Quant aux forces de l'intérieur, elles font partie de l'armée française. Le ministre de la Guerre prend donc directement en charge leur personnel et leurs armes à mesure qu'elles émergent de la clandestinité. Le « Comac » doit disparaître. Pour ce qui est de l'ordre public, il sera maintenu par la police et la gendarmerie avec, en cas de besoin, le concours des garnisons. Les milices n'ont plus d'objet. Celles qui existent seront dissoutes. Je donne lecture à mes visiteurs d'un ordre que je viens de signer[45] prescrivant l'incorporation régulière des forces de la Résistance et chargeant le général Kœnig, gouverneur militaire, de faire immédiatement le nécessaire à Paris.

Après avoir recueilli les observations résignées ou véhémentes des membres du bureau, je mets un terme à l'audience. La conclusion que j'en tire c'est que certains tâcheront d'entretenir au-dehors des équivoques ou des malentendus pour garder sous leur obédience le plus possible d'éléments armés, qu'il y aura des formalités à remplir, des frictions à subir, des ordres à maintenir, mais que, pour finir, s'imposera l'autorité du gouvernement. Je tiens que, de ce côté, la route sera bientôt libre.

Elle l'est, désormais, du côté des Américains. Le général Eisenhower me rend visite[46]. Nous nous félicitons l'un l'autre de l'heureuse issue des événements de Paris. Je ne lui cache pas, cependant, combien j'ai été mécontent de l'attitude de Gerow au moment même où j'entrais dans ma propre capitale et saisissais un chaudron bouillonnant. Je fais connaître au Commandant en chef que, pour des raisons qui tiennent au moral de la population et, éventuellement, au bon ordre, je garderai quelques jours à ma disposition directe la 2ᵉ division blindée. Eisenhower m'annonce qu'il va installer son quartier général à Versailles. Je l'en approuve, trouvant convenable qu'il ne réside pas à Paris et utile qu'il en soit proche. Au moment où il prend congé, j'exprime à ce bon et grand chef allié l'estime, la confiance et la reconnaissance du gouvernement français. Tout à l'heure, les Américains, sans avoir consulté personne, publieront un communiqué suivant lequel le commandement militaire, conformément aux accords conclus, aurait transmis à l'administration française les pouvoirs qu'il était censé détenir en France. Bien entendu, rien n'a été, de la part des Alliés, transmis de ce qu'on ne détenait pas et qu'on n'a jamais exercé. Mais l'amour-propre du Président a, sans doute, ses exigences, au demeurant d'autant plus grandes que la période électorale commence aux États-Unis et que, dans six semaines, Franklin Roosevelt affrontera le suffrage universel.

Quand le soir tombe, j'apprends le dernier acte du Maréchal « chef de l'État ». Juin m'apporte une communication que l'amiral Auphan, ancien ministre de Vichy, lui a remise pour moi. Il s'agit d'une lettre et d'un mémoire que m'adresse l'amiral, me faisant connaître la mission qu'il a reçue du Maréchal et que celui-ci a formulée en deux documents secrets. Le premier est un acte dit « constitutionnel » du 27 septembre 1943, chargeant un collège de sept membres d'assurer sa fonction de « chef de l'État » si lui-même en est empêché. Le second, daté du 11 août 1944, est un pouvoir donné par lui à l'amiral Auphan « de prendre, éventuellement, contact de sa part avec le général de Gaulle, à l'effet de trouver au problème politique français, au moment de la libération du territoire, une solution de nature à empêcher la guerre civile et à réconcilier tous les Français de bonne foi ». Le Maréchal précise, qu'au cas où Auphan ne pourrait lui en référer, « il lui fait confiance pour agir au mieux des intérêts de la patrie ». Mais il ajoute : « Pourvu que le principe de légitimité que j'incarne soit sauvegardé[47]. »

L'amiral m'écrit que, le 20 août, ayant appris que le Maréchal était emmené par les Allemands, il a tenté de réunir le « collège ». Mais deux des membres désignés, Weygand et Bouthillier, se trouvent détenus en Allemagne ; un, Léon Noël, ambassadeur de France, qui adhère à la Résistance depuis quatre ans, s'est formellement refusé à entrer dans la combinaison ; deux, Porché vice-président du Conseil d'État et Gidel recteur de l'Université de Paris, ne se sont pas rendus à la convocation. Auphan, se voyant seul avec Caous procureur général près la Cour de cassation, a considéré que le « collège » avait vécu avant d'être né et que lui-même se trouvait, désormais, « principal dépositaire des pouvoirs légaux du Maréchal ». Il me prie de le recevoir.

La démarche ne me surprend pas. Je sais que, depuis le début d'août, le Maréchal, qui s'attend à être sommé de partir pour l'Allemagne, a fait prendre des contacts avec des chefs de la Résistance. Henry Ingrand, commissaire de la République à Clermont-Ferrand, m'a rendu compte, le 14 août, d'une visite que lui a faite le capitaine Oliol envoyé par le Maréchal. Celui-ci proposait de se placer sous la sauvegarde des Forces françaises de l'intérieur et d'indiquer, en même temps, qu'il se retirait du pouvoir. Ingrand avait répondu que, si le Maréchal se rendait à lui, les forces de l'intérieur assureraient sa sécurité[48]. Mais Pétain n'avait pas donné suite à ce projet, empêché sans doute de le faire par les mesures de surveillance prises par les Allemands avant qu'ils ne l'emmènent à Belfort et à Sigmaringen. À présent, son mandataire me saisit d'une demande formelle de négociation.

Quel aboutissement ! Quel aveu ! Ainsi, dans l'anéantissement de Vichy, Philippe Pétain se tourne vers Charles de Gaulle. Voilà donc le terme de cette affreuse série d'abandons où, sous prétexte de « sauver les meubles », on accepta la servitude. Quel insondable malheur fit qu'une pareille politique fut endossée par l'extrême vieillesse d'un chef militaire glorieux ! En lisant les textes que l'on m'a fait remettre de sa part, je me sens, tout à la fois, rehaussé dans ce qui fut toujours ma certitude et étreint d'une tristesse indicible. Monsieur le Maréchal ! Vous qui avez fait jadis si grand honneur à nos armes, vous qui fûtes autrefois mon chef et mon exemple, où donc vous a-t-on conduit[49] ?

Mais quelle suite puis-je donner à cette communication ? En l'espèce, le sentiment ne saurait compter en face de la raison d'État. Le Maréchal évoque la guerre civile. S'il entend par là le heurt violent de deux fractions du peuple français, l'hypothèse est tout à fait exclue. Car, chez ceux qui furent ses partisans, personne, nulle part, ne se dresse contre mon pouvoir. Il n'y a pas, sur le sol libéré, un département, une ville, une commune, un fonctionnaire, un soldat, pas même un particulier, qui fassent mine de combattre de Gaulle par fidélité à Pétain. Quant aux représailles, que certaines fractions de la Résistance pourraient commettre à l'encontre des gens qui les ont persécutées en liaison avec l'ennemi, il incombe à l'autorité publique de s'y opposer, tout en assurant l'action de la justice. En cette matière, nul arrangement n'est imaginable.

Par-dessus tout, la condition que met Pétain à un accord avec moi est justement le motif qui rend cet accord impossible. La légitimité, qu'il prétend incarner, le gouvernement de la République la lui dénie absolument, non point tant parce qu'il a recueilli naguère l'abdication d'un Parlement affolé qu'en raison du fait qu'il a accepté l'asservissement de la France, pratiqué la collaboration officielle avec l'envahisseur, ordonné de combattre les soldats français et alliés de la libération, tandis que, pas un seul jour, il ne laissa tirer sur les Allemands. Au surplus, dans la mission donnée à Auphan par Pétain, non plus que dans l'adieu que le Maréchal vient d'adresser aux Français, pas une phrase ne condamne « l'armistice[50] », ni ne crie : « Sus à l'ennemi ! » Or, il ne peut y avoir de gouvernement français légitime qui ait cessé d'être indépendant. Nous, Français, avons au cours du temps subi des désastres, perdu des provinces, payé des indemnités, mais jamais l'État n'a accepté la domination étrangère. Même le roi de Bourges, la Restauration de 1814 et celle de 1815, le gouvernement et l'assemblée de Versailles en 1871, ne se sont pas subordonnés. Si la France se reconnaissait dans un pouvoir qui portait le joug, elle se fermerait l'avenir.

Un appel venu du fond de l'Histoire, ensuite l'instinct du pays, m'ont amené à prendre en compte le trésor en déshérence, à assumer la souveraineté française. C'est moi qui détiens la légitimité. C'est en son nom que je puis appeler la nation à la guerre et à l'unité, imposer l'ordre, la loi, la justice, exiger au-dehors le respect des droits de la France. Dans ce domaine, je ne saurais le moins du monde renoncer, ni même transiger. Sans que je méconnaisse l'intention suprême qui inspire le message du Maréchal, sans que je mette en doute ce qu'il y a d'important, pour l'avenir moral de la nation, dans le fait qu'en fin de compte c'est vers de Gaulle qu'est tombé Pétain, je ne puis lui faire que la réponse de mon silence.

Cette nuit, d'ailleurs, après tant de tumulte, tout se tait autour de moi. C'est le moment de prendre acte de ce qui vient d'être accompli et de me confronter moi-même avec la suite. Aujourd'hui, l'unité l'emporte. Recueillie à Brazzaville, grandie à Alger, elle est consacrée à Paris. Cette France, qui avait paru condamnée au désastre, au désespoir, aux déchirements, a maintenant des chances d'aller, sans se rompre, jusqu'au bout du drame présent, d'être victorieuse elle aussi, de recouvrer ses terres, sa place, sa dignité. On peut croire que les Français, actuellement regroupés, le resteront assez longtemps pour que les catégories entre lesquelles ils se répartissent et qui, par destination, s'efforcent toujours d'entamer la cohésion nationale, ne puissent à nouveau l'emporter jusqu'à ce que le but immédiat soit atteint.

Ayant mesuré la tâche, il me faut me jauger moi-même. Mon rôle, qui consiste à plier à l'intérêt commun les éléments divers de la nation pour la mener au salut, j'ai le devoir, quoi qu'il puisse me manquer, de le jouer tant que durera la crise, puis, si le pays le veut, jusqu'au moment où des institutions dignes de lui, adaptées à notre époque et inspirées par des leçons terribles recevront de mes mains la charge de le conduire.

Devant moi, je le sais bien, je trouverai au long de ma route tous les groupements, toutes les écoles, tous les aréopages, ranimés et hostiles à mesure que le péril s'éloignera. Il n'y aura pas une routine ou une révolte, une paresse ou une prétention, un abandon ou un intérêt, qui ne doivent, d'abord en secret, plus tard tout haut, se dresser contre mon entreprise de rassembler les Français sur la France[51] et de bâtir un État juste et fort. Pour ce qui est des rapports humains, mon lot est donc la solitude. Mais, pour soulever le fardeau, quel levier est l'adhésion du peuple ! Cette massive confiance, cette élémentaire amitié, qui me prodiguent leurs témoignages, voilà de quoi m'affermir.

Peu à peu, l'appel fut entendu. Lentement, durement, l'unité s'est faite. À présent, le peuple et le guide, s'aidant l'un l'autre, commencent l'étape du salut[52].

★★★

LE SALUT

1944-1946

© *Librairie Plon, 1959.*

LA LIBÉRATION

Le rythme de la libération est d'une extrême rapidité. Six semaines après qu'Alliés et Français ont réussi la percée d'Avranches et débarqué dans le Midi, ils atteignent Anvers, débouchent en Lorraine, pénètrent dans les Vosges. Fin septembre, sauf l'Alsace et ses avancées, ainsi que les cols des Alpes et les réduits de la côte Atlantique, le territoire tout entier est purgé d'envahisseurs. L'armée allemande, brisée par la force mécanique des Alliés, assaillie en détail par la résistance française, se voit chassée de notre sol en moins de temps qu'elle n'avait mis, naguère, à s'en emparer. Elle ne se rétablira que sur la frontière du Reich, là où l'insurrection ne paralyse plus ses arrières. La marée, en se retirant, découvre donc soudain, d'un bout à l'autre, le corps bouleversé de la France.

Il en résulte que les problèmes innombrables et d'une urgence extrême que comporte la conduite du pays émergeant du fond de l'abîme se posent au pouvoir, à la fois, de la manière la plus pressante, et cela dans le temps même où il est aussi malaisé que possible de les résoudre.

D'abord, pour que l'autorité centrale puisse s'exercer normalement, il faudrait qu'elle fût en mesure d'être informée, de faire parvenir ses ordres, de contrôler leur exécution. Or, pendant de longues semaines, la capitale restera sans moyens de communiquer régulièrement avec les provinces. Les lignes télégraphiques et téléphoniques ont subi des coupures sans nombre. Les postes radio sont détruits. Il n'y a pas d'avions de liaison français sur les terrains criblés d'entonnoirs. Les chemins de fer sont quasi bloqués. De nos 12 000 locomotives, il nous en reste 2 800. Aucun train, partant de Paris, ne peut atteindre Lyon, Marseille, Toulouse, Bordeaux, Nantes, Lille, Nancy. Aucun ne traverse la Loire entre Nevers et l'Atlantique, ni la Seine entre Mantes et la Manche, ni le Rhône entre Lyon et la Méditerranée. Quant aux routes, 3 000 ponts ont sauté ; 300 000 véhicules, à peine, sont en état de rouler sur trois millions que nous avions eus ; enfin, le manque d'essence fait qu'un voyage en auto est une véritable aventure. Il faudra deux mois, au moins, pour que s'établisse l'échange régulier des ordres et des rapports, faute duquel le pouvoir ne saurait agir que par saccades.

En même temps, l'arrêt des transports désorganise le ravitaillement. D'autant plus que les stocks avoués de vivres, de matières premières, de combustibles, d'objets fabriqués, ont entièrement disparu. Sans doute un « plan de six mois[1] », prévoyant une première série d'importations américaines, avait-il été dressé par accord entre Alger et Washington. Mais comment le faire jouer alors que nos ports sont inutilisables ? Tandis que Dunkerque, Brest, Lorient, Saint-Nazaire, La Rochelle, ainsi que l'accès de Bordeaux, restent aux mains de l'ennemi, Calais, Boulogne, Dieppe, Rouen, Le Havre, Cherbourg, Nantes, Marseille, Toulon, écrasés par les bombardements britanniques et américains et, ensuite, détruits de fond en comble par les garnisons allemandes avant qu'elles mettent bas les armes, n'offrent plus que quais en ruine, bassins crevés, écluses bloquées, chenaux encombrés d'épaves.

Il est vrai que les Alliés s'empressent de nous apporter le concours de leur outillage pour rétablir routes et voies ferrées sur les axes stratégiques : Rouen-Lille-Bruxelles et Marseille-Lyon-Nancy ; qu'ils nous aident sans délai à aménager nos aérodromes, dans le Nord, dans l'Est et autour de Paris ; qu'ils poseront bientôt un pipe-line du Cotentin à la Lorraine ; que, disposant déjà des ports artificiels d'Arromanches et de Saint-Laurent-sur-Mer, ils ont hâte de prendre Brest et de déblayer Cherbourg, Le Havre et Marseille, afin qu'un tonnage suffisant soit déchargé sur nos côtes. Mais les trains et les camions qui roulent, les avions qui atterrissent et les navires qui abordent sont destinés essentiellement aux forces en opérations. Même, à la demande pressante du commandement militaire, nous sommes amenés à lui fournir une partie du charbon resté sur le carreau des mines, à lui permettre d'utiliser un certain nombre de nos usines en état de fonctionner, à mettre à sa disposition une importante fraction de la main-d'œuvre qui nous reste. Ainsi qu'on pouvait le prévoir, la libération ne va, tout d'abord, apporter au pays disloqué et vidé de tout aucune aisance matérielle.

Du moins lui procure-t-elle une subite détente morale. Cet événement quasi surnaturel, dont on avait tant rêvé, le voilà venu tout à coup ! Aussitôt, disparaît dans la masse la psychologie du silence où la plongeaient, depuis quatre ans, les contraintes de l'occupation. Eh quoi ? On peut, du jour au lendemain, parler tout haut, rencontrer qui l'on veut, aller et venir à son gré ! Avec un étonnement ravi, chacun voit s'ouvrir à lui des perspectives auxquelles il n'osait plus penser. Mais, comme le convalescent oublie la crise surmontée et croit la santé revenue, ainsi le peuple français, savourant la joie d'être libre, incline à croire que toutes les épreuves sont finies. Dans l'immédiat, cet état d'esprit porte les gens à une euphorie où le calme trouve son compte. Mais, en même temps, beaucoup se laissent aller à de multiples illusions, d'où résulteront bientôt autant de malentendus.

C'est ainsi que de nombreux Français tendent à confondre la libération avec le terme de la guerre. Les batailles qu'il va falloir livrer, les pertes qu'on devra subir, les restrictions à supporter, jusqu'à ce que l'ennemi soit abattu, on sera porté à les tenir pour des formalités assez vaines et d'autant plus pesantes. Mesurant*a* mal l'étendue de nos ruines, l'effroyable pénurie dans laquelle nous nous trouvons, les servitudes que fait peser sur nous la poursuite du conflit, on suppose que la production va reprendre en grand et rapidement, que le ravitaillement s'améliorera très vite, que tous les éléments d'un renouveau confortable seront bientôt rassemblés. On imagine les Alliés, comme des figures d'images d'Épinal, pourvus de ressources inépuisables, tout prêts à les prodiguer au profit de cette France que, pense-t-on, leur amour pour elle les aurait conduits à délivrer et qu'ils voudraient refaire puissante à leurs côtés. Quant à de Gaulle, personnage quelque peu fabuleux, incorporant aux yeux de tous cette prodigieuse France, on compte qu'il saura accomplir par lui-même tous les miracles attendus.

Pour moi, parvenu en cette fin d'un dramatique été dans un Paris misérable, je ne m'en fais point accroire. Voyant les rations à des taux de famine, les habits élimés, les foyers froids, les lampes éteintes ; passant devant des boutiques vides, des usines arrêtées, des gares mortes ; entendant s'élever, déjà, les plaintes des masses, les revendications des groupes, les surenchères des démagogues ; certain que, si nous disposons de sympathies chez les peuples, la règle de fer des États est de ne donner rien pour rien et que nous ne reprendrons rang qu'à condition de payer ; évaluant les sacrifices à faire avant que nous ayons arraché notre part de la victoire, puis accompli un premier redressement, je ne puis me bercer d'illusions. D'autant moins que je me sais dépourvu de tout talisman qui permettrait à la nation d'atteindre le but sans douleur. Par contre, le crédit que m'ouvre la France, j'entends l'engager tout entier pour la conduire au salut. Pour commencer, cela consiste à mettre en place le pouvoir ; à provoquer autour de moi l'adhésion de toutes les régions et de toutes les catégories ; à fondre en une seule armée les troupes venues de l'Empire et les forces de l'intérieur ; à faire en sorte que le pays reprenne sa vie et son travail sans glisser aux secousses qui le mèneraient à d'autres malheurs.

Il faut agir de haut en bas, mettre au travail le gouvernement. La plupart des « commissaires » d'Alger, qu'ils aient été à mes côtés depuis le temps de « la France Libre » ou qu'ils soient venus me rejoindre en Afrique du Nord, vont rester ministres à Paris. Mais tout me commande d'appeler au pouvoir d'autres personnalités, consacrées elles aussi par la Résistance et demeurées à l'intérieur. Cependant, le remaniement ne pourra être immédiat, les ministres en fonction n'arrivant d'Alger que tour à tour. Quatre d'entre eux : Diethelm, Jacquinot, d'Astier, Philip, ont été visiter les troupes de la Ire armée et les départements du Midi. Massigli s'est rendu à Londres lors de la libération de Paris pour entretenir plus facilement nos rapports avec l'extérieur. Pleven a pu me rejoindre. Mais les autres ont été amenés à différer leur départ. Quant à ceux que je choisis dans la Métropole, plusieurs sortent à peine de la clandestinité et ne peuvent être aussitôt à Paris. C'est seulement le 9 septembre, soit deux semaines après mon arrivée rue Saint-Dominique, que le gouvernement reçoit sa composition nouvelle.

Il comprend deux ministres d'État : le président Jeanneney et le général Catroux. Le premier, qu'on est allé chercher à Grenoble d'où l'ennemi vient de s'enfuir[2], aura pour tâche d'élaborer les mesures successives qui dirigeront vers l'ordre normal les pouvoirs de la République ; le second restera chargé à la fois de la coordination des Affaires musulmanes et du gouvernement général de l'Algérie. François de Menthon conserve la Justice, André Diethelm la Guerre, Louis Jacquinot la Marine, René Pleven les Colonies, René Mayer les Transports et les Travaux publics, René Capitant l'Éducation nationale, Paul Giacobbi le Ravitaillement, Henri Frenay les Prisonniers, Déportés et Réfugiés. D'autre part, l'Économie nationale devient le domaine de Pierre Mendès France, l'Intérieur celui d'Adrien Tixier, la Santé publique celui de François Billoux. Huit ministères sont confiés à des hommes qui viennent d'émerger de la lutte : Affaires étrangères à Georges Bidault, Finances à Aimé Lepercq, Air à Charles Tillon, Production à Robert Lacoste, Agriculture à François Tanguy-Prigent, Travail à Alexandre Parodi, Postes à Augustin Laurent, Information à Pierre-Henri Teitgen[3].

Par contre, huit des commissaires nationaux d'Alger cessent de faire partie du Conseil : Henri Queuille a demandé à le quitter ; René Massigli va nous représenter à Londres, où Pierre Viénot est mort à la peine en juillet ; Henri Bonnet prendra à Washington la charge de notre ambassade, reconnue enfin comme telle par les États-Unis ; André Le Troquer devient président du conseil municipal de Paris ; Emmanuel d'Astier, que j'aurais souhaité détourner des jeux politiques, a décliné le poste diplomatique qui lui était offert ; André Philip[b], dont les bouillantes aptitudes s'accommodent mal du cadre administratif, n'a pu garder de portefeuille ; Fernand Grenier non plus, qu'une manœuvre de son parti à l'occasion des combats du Vercors avait conduit à prendre à Alger, — quitte à s'en excuser ensuite, — une attitude publique contraire à la solidarité du gouvernement[4] ; Jean Monnet dont la mission de négociateur économique aux États-Unis devient incompatible avec une fonction ministérielle, dès lors qu'est créé le département de l'Économie nationale.

Autour de moi vingt et un ministres se mettent à l'œuvre avec le sentiment que celle-ci n'a pas de limites. Il est d'autant plus nécessaire d'en préciser le but. Depuis juin 1940, c'est vers la libération que j'avais conduit la France et c'est la Résistance qui en était le moyen. Il s'agit, maintenant, d'entreprendre une étape nouvelle qui, celle-là, implique l'effort de toute la nation.

Le 12 septembre, au palais de Chaillot, une réunion de huit mille assistants : Conseil de la Résistance, comités directeurs des mouvements et des réseaux, conseil municipal, corps de l'État, principaux fonctionnaires, Université de Paris, représentants de l'économie, du syndicalisme, de la presse, du barreau, etc., me donne l'occasion d'exposer ma politique. Je le fais d'autant plus nettement que, dans un air où, déjà, s'élèvent les vols des chimères, je me sens tenu, quant à moi, de dire les choses telles qu'elles sont[5].

Ayant évoqué « la vague de joie, de fierté, d'espérance » qui soulève la nation et salué la Résistance, les Alliés, l'armée française, c'est sur les obstacles à vaincre et les efforts à fournir que je dirige le projecteur. Point de facilité ni de dispersion qui tiennent ! Aucune latitude accordée à aucune organisation qui prétendrait, indépendamment de l'État, intervenir dans la justice et dans l'administration. Et de poser la brûlante question des « milices[6] ». « Nous faisons la guerre ! m'écrié-je. À la bataille en cours et à celles qui suivront nous entendons participer dans la plus large mesure possible. Il en sera de même, plus tard, de l'occupation de l'Allemagne... Pour cela, nous avons besoin de grandes unités, aptes à manœuvrer, à combattre et à vaincre, où sera incorporée l'ardente jeunesse qui s'est groupée dans nos forces de l'intérieur... Tous les soldats de France font partie de l'armée française et celle-ci doit, comme la France, rester une et indivisible. »

Abordant la question de nos relations extérieures, je ne manque pas de mettre l'accent sur les difficultés, quelque choc qu'en doivent éprouver ceux qui, chez nous, préfèrent l'illusion à la lucidité. « Nous voulons croire, dis-je, que le droit qu'a la France de prendre part au règlement futur du conflit ne lui sera plus, finalement, contesté et que l'espèce de relégation officielle qui lui est infligée au-dehors va faire place à la même sorte de relations que nous avons, depuis quelques siècles, l'honneur et l'habitude d'entretenir avec les autres grandes nations... Nous croyons qu'il est de l'intérêt supérieur des hommes que les dispositions qui régleront demain le sort de l'Allemagne ne soient pas discutées et adoptées sans la France... Nous croyons que décider sans la France de quoi que ce soit qui concerne l'Europe serait une grave erreur... Nous croyons que déterminer sans la

France les conditions politiques, économiques, morales, dans lesquelles les habitants de la terre auront à vivre après le drame, serait assez aventuré,... car, après tout, cent millions d'hommes vivent sous notre drapeau et toute grande construction humaine serait arbitraire et fragile s'il y manquait le sceau de la France. »

Ce n'est pas tout de reprendre son rang. Encore faut-il être capable de le tenir. Cela non plus, cela surtout, n'ira pas sans peines et sans rigueurs. Ayant fait le tableau des ravages que nous avons subis et des conditions qui entravent notre relèvement, je déclare que « nous nous trouvons dans une période très difficile, où la libération ne nous permet nullement l'aisance mais comporte, au contraire, le maintien de sévères restrictions et exige de grands efforts de travail et d'organisation en même temps que de discipline ». J'ajoute que « le gouvernement entend, à cet égard, imposer les règles nécessaires ». Puis, je précise les objectifs que se fixe le pouvoir : « Faire en sorte que le niveau de vie des travailleurs monte à mesure que montera le taux de la production ; placer, par réquisition ou par séquestre, à la disposition directe de l'Etat l'activité de certains services publics et de certaines entreprises ; faire verser à la collectivité nationale les enrichissements coupables obtenus par ceux qui travaillaient pour l'ennemi ; fixer les prix des denrées et contrôler les échanges aussi longtemps que ce qui est produit et transportable n'équivaut point aux demandes de la consommation... »

Ce sont là, sans doute, des mesures de circonstance. Mais elles s'accordent avec les principes de rénovation que la Résistance a, dans son combat, rêvé de voir réaliser : « Faire en sorte que l'intérêt particulier soit contraint de céder à l'intérêt général ; que les grandes ressources de la richesse commune soient exploitées et dirigées à l'avantage de tous ; que les coalitions d'intérêts soient abolies, une fois pour toutes ; qu'enfin chacun des fils et chacune des filles de la France puissent vivre, travailler, élever leurs enfants dans la sécurité et dans la dignité[7]. »

Pour terminer, j'en appelle « aux hommes et aux femmes de la Résistance ». « Et vous, croisés, à la Croix de Lorraine ! Vous qui êtes le ferment de la nation dans son combat pour l'honneur et pour la liberté, il vous appartiendra, demain, de l'entraîner vers l'effort et vers la grandeur. C'est alors, et alors seulement, que sera remportée la grande victoire de la France. »

Cette fois, j'avais parlé, non plus d'intentions formulées en vue de l'avenir, mais de mesures qui engageaient immédiatement les intérêts et les personnes. Hier, à Londres ou en Afrique, il était question de ce qu'un jour on pourrait faire. Maintenant, à Paris, il s'agissait de ce qu'on faisait. La mystique avait inspiré les élans de la France Libre. Elle s'était, par force, estompée dans les projets du comité d'Alger. À présent, c'est la politique[8] qui dominait les actes du gouvernement. Mais les mêmes réalités impérieuses et contradictoires, auxquelles, désormais, étaient en proie les dirigeants, n'allaient-elles pas partager en courants séparés les ambitions et les groupes ? Cette cohésion du sentiment qui s'était finalement établie dans la Résistance pourrait-elle se maintenir dès lors que s'éloignait le grand péril national ? Les impressions que j'emportais de la réunion de Chaillot m'amenaient à en douter.

Il est vrai, qu'entrant dans la salle, prenant place, prononçant mon discours après l'allocution éloquente de Georges Bidault, j'avais été l'objet d'ovations retentissantes. À n'écouter que les vivats, j'aurais pu me croire reporté aux assemblées unanimes de l'Albert Hall et de Brazzaville ou aux auditoires bien accordés d'Alger, de Tunis, d'Ajaccio. Pourtant, je ne sais quelle tonalité différente de l'enthousiasme, une sorte de dosage des applaudissements, les signes et les coups d'œil échangés entre les assistants, les jeux de physionomie calculés suivant mes propos, m'avaient fait sentir que les « politiques », qu'ils fussent anciens ou nouveaux, nuançaient leur approbation. On discernait que, de ce côté, l'action commune irait se compliquant de réserves et de conditions.

Plus que jamais, il me fallait donc prendre appui dans le peuple plutôt que dans les « élites » qui, entre lui et moi, tendaient à s'interposer. Ma popularité était comme un capital qui solderait les déboires, inévitables au milieu des ruines. Pour commencer, j'avais à m'en servir pour établir dans les provinces, comme je l'avais fait à Paris, l'autorité de l'État[d].

Or, les nouvelles parvenues d'un grand nombre de départements révélaient une vaste confusion. Sans doute les commissaires de la République et les préfets nommés d'avance occupaient-ils partout leur poste. Mais ils avaient le plus grand mal à mettre gens et choses à leur place. Trop d'indignations, accumulées depuis quatre ans, fermentaient sous le couvercle pour qu'il n'y eût pas d'explosion dans le bouleversement qui suivait la fuite de l'ennemi et la déconfiture de ses complices. Beaucoup d'éléments de la Résistance entendaient procéder eux-mêmes aux sanctions et à l'épuration. Des groupes armés, sortant des maquis, cédaient à l'impulsion de faire justice, sans forme de procès, à l'encontre de leurs persécuteurs. En maints endroits, la colère publique débordait en réactions brutales. Bien entendu, les calculs politiques, les concurrences professionnelles, les représailles personnelles, utilisaient les circonstances. Bref, des arrestations irrégulières, des amendes arbitraires, des exécutions sommaires, venaient ajouter leur trouble à celui qui résultait de la pénurie générale[9].

Les autorités locales avaient d'autant plus de peine à dominer la situation que la force publique leur faisait gravement défaut. De toute façon, la garde mobile et la gendarmerie, eussent-elles été complètes et sûres d'elles-mêmes, n'auraient pu faire face à tout. À fortiori n'y suffisaient-elles pas, réduites comme elles l'étaient par le départ au maquis de bon nombre de leurs éléments et, en outre, moralement gênées par l'emploi que Vichy avait fait d'elles. Là où passaient les corps de l'armée : en Normandie, en Provence, à Paris, le long du Rhône, de la Saône, du Doubs, la seule présence des troupes empêchait la plupart des incidents fâcheux. Mais, dans les régions où ne pénétraient pas les unités régulières, commissaires de la République et préfets se trouvaient dépourvus des moyens d'assurer l'ordre. J'aurais pu, certes, les leur donner en répartissant à l'intérieur du territoire les forces venues d'Afrique. Mais c'eût été soustraire l'armée française à la bataille et, du même coup, compromettre la participation de nos armes à la victoire. À ce renoncement désastreux je préférai le risque de bouillonnements plus ou moins violents.

Ce risque eût été, à vrai dire, limité si le parti communiste n'avait pas pris à tâche d'exploiter le tumulte afin de saisir le pouvoir en province comme il avait essayé de le faire à Paris. Tandis que les ordonnances du gouvernement prescrivaient la formation, dans chaque département, d'un seul comité de libération destiné à assister provisoirement le préfet et composé de représentants de tous les mouvements, partis et syndicats, on avait vu paraître, dans les localités, les entreprises, les services publics, les administrations, un foisonnement de comités qui prétendaient donner l'impulsion, contrôler les maires, les patrons, les directeurs, rechercher coupables et suspects. Les communistes, habiles et cohérents, revêtant des étiquettes variées, utilisant les sympathies et les camaraderies que beaucoup d'entre eux avaient, au cours de la lutte, acquises dans tous les milieux, ne manquaient pas de susciter et d'inspirer ces organismes appuyés par des groupes armés. Le « Comac », jouant de l'équivoque quant aux pouvoirs respectifs du gouvernement et du Conseil de la Résistance, continuait secrètement de déléguer des chargés de mission, de donner des ordres, de conférer des grades[10]. Je décidai de me rendre tout de suite aux points les plus sensibles pour mettre la machine en route dans le sens qui convenait. Pendant deux mois, une série de déplacements allait me mettre en contact avec les provinces, tandis que dans les intervalles je dirigeais, à Paris, le travail du gouvernement.

Le 14 septembre, j'atterris sur l'aérodrome de Bron couvert de la ferraille de ses hangars démolis. André Diethelm, ministre de la Guerre, se trouvait à mes côtés. Dix jours auparavant, la ville de Lyon avait été libérée par la Ire armée française et par les Américains. Elle s'efforçait maintenant de revivre. C'était un problème ardu. Tous les ponts lyonnais de la Saône et du Rhône avaient été détruits, sauf celui de l'Homme de la Roche, seul intact, et celui de la Guillotière utilisable par les seuls piétons. Les gares de Vaise, des Brotteaux, de Perrache et les voies ferrées desservant la cité se trouvaient hors d'usage. Les faubourgs industriels, en particulier Villeurbanne, étalaient leurs usines éventrées. Mais l'enthousiasme de la population faisait contraste avec ces ruines.

Le commissaire de la République, Yves Farge, l'un des chefs de la Résistance dans une région qui venait de s'y distinguer, était bien à son affaire. Imaginatif et ardent, il s'accommodait volontiers de ce que la situation avait de révolutionnaire, mais se gardait des actes extrêmes. Je lui prescrivis de les interdire aux autres. Au reste, recueillant au long des rues les acclamations de toutes les catégories, recevant à la préfecture fonctionnaires et corps constitués que me présentait le préfet Longchambon, prenant contact, à l'hôtel de ville, avec Justin Godart maire « provisoire », — « en attendant, me dit-il, le retour d'Édouard Herriot », — le conseil municipal, le cardinal Gerlier, les représentants de l'industrie, du commerce, des syndicats ouvriers, des professions libérales, de l'artisanat, je constatai que, dans leur ensemble, les Lyonnais ne méditaient nullement de bouleverser la vie nationale. Sous réserve de certains changements, spectaculaires mais mal définis, et de quelques châtiments, exemplaires mais imprécis, ils souhaitaient au contraire l'équilibre.

Le lendemain, je passai en revue les forces de l'intérieur. Le colonel Descour, qui s'était signalé dans les combats des maquis et, tout récemment, lors de la reprise de Lyon et qui, maintenant, commandait la Région militaire, fit défiler devant moi des troupes aussi émues qu'émouvantes. Il était touchant de les voir, en dépit de leur disparate, s'efforcer de prendre l'aspect d'unités régulières. La tradition militaire imprégnait cette force qui s'était créée elle-même. Je quittai Lyon, convaincu que le gouvernement, à condition de gouverner, y surmonterait les obstacles et laissant la ville dans l'impression que l'ordre avait de l'avenir puisque l'État reparaissait à la tête de la nation.

À Marseille, cependant, l'atmosphère était très lourde. J'y arrivai le matin du 15, accompagné de trois ministres : Diethelm, Jacquinot et Billoux. La destruction par les Allemands du quartier du Vieux-Port en 1943, puis les bombardements alliés, enfin la bataille du mois d'août, avaient démoli complètement de larges secteurs de la ville, les bassins et les jetées. Il faut ajouter que la rade était remplie de mines et que, sur les quais effondrés, tous les moyens de levage avaient été sabotés par l'ennemi. Sans doute les services publics, aidés par les Américains qui désiraient utiliser cette base, s'employaient-ils à déblayer. Mais les dégâts étaient tels qu'on les voyant on doutait que, de longtemps, le port se ranimât. Quant à la population, ravitaillée à grand-peine et très mal, elle végétait dans la misère. En outre, il flottait sur Marseille un air de tension et presque d'oppression qu'entretenaient des actes abusifs. Les communistes, en effet, exploitant d'anciennes divisions locales et faisant état des persécutions auxquelles s'étaient acharnés les agents de Vichy, avaient établi à Marseille une dictature anonyme. Celle-ci prenait à son compte des arrestations, procédait même à des exécutions, sans que l'autorité publique s'y opposât avec vigueur.

À cet égard, le commissaire de la République Raymond Aubrac, qui s'était prodigué dans la Résistance, adoptait malaisément la psychologie du haut fonctionnaire. À lui, aux préfets de la région, à leurs collaborateurs, réunis à la préfecture, je marquai sur le ton voulu que le gouvernement attendait d'eux qu'ils fissent leur métier, qu'il s'agissait désormais d'appliquer les lois et ordonnances, en un mot d'administrer, qu'ils en étaient responsables à l'exclusion de tous les tiers. Les forces de l'intérieur avaient vaillamment aidé les troupes de Monsabert à s'emparer de Marseille. Je les en félicitai en en passant l'inspection. Il était facile de voir quelles unités, — c'était le plus grand nombre, — souhaitaient d'être portées à la bataille en Alsace et quelles fractions, soumises à une obédience cachée, voulaient demeurer sur place. Je prescrivis au général Chadebec de Lavalade, appelé du Levant pour commander la Région militaire, de donner au plus tôt satisfaction aux premières et de dissoudre les secondes et au ministre de la Guerre d'envoyer tout de suite à Marseille un régiment d'Algérie pour faciliter les choses[11].

Nulle part, mieux que dans cette grande cité tumultueuse et blessée, je n'ai senti que seul le mouvement de la Résistance pouvait déterminer le renouveau de la France, mais que cette espérance suprême ne manquerait pas de sombrer si la libération se confondait avec le désordre. Au reste, les mêmes autorités qui, à Marseille, pratiquaient le compromis se montraient fort satisfaites de ma propre fermeté. Il faut dire que l'apparition du général de Gaulle parlant à la foule rassemblée place du Muy et rue Saint-Ferréol, ou parcourant la Canebière, ou reçu à l'hôtel de ville par le maire Gaston Defferre, soulevait une vague d'adhésion populaire qui donnait aux problèmes l'apparence d'être simplifiés. Sans doute l'étaient-ils, en effet, dès lors qu'ils en avaient l'air.

Au cours de l'après-midi, un vol rapide m'amena à Toulon. En fait de désolation, rien ne dépassait le spectacle offert par l'arsenal, le quai Cronstadt, les quartiers voisins, ruinés de fond en comble, et la vue des épaves des navires sabordés en rade ou au bassin. Mais rien, par comparaison, n'était plus réconfortant que l'aspect de l'escadre rangée au large pour la revue. Trois divisions m'étaient présentées, respectivement aux ordres des amiraux Auboyneau et Jaujard et du capitaine de vaisseau Lancelot. Elles comprenaient, au total : le cuirassé *Lorraine* ; les croiseurs : *Georges-Leygues*, *Duguay-Trouin*, *Émile-Bertin*, *Jeanne-d'Arc*, *Montcalm*, *Gloire* ; les croiseurs légers : *Fantasque*, *Malin*, *Terrible* ; une trentaine de torpilleurs, sous-marins, escorteurs, dragueurs. Accompagné de Louis Jacquinot ministre de la Marine, de l'amiral

Lemonnier chef d'état-major général et commandant les forces navales, de l'amiral Lambert préfet maritime, je montai à bord de l'escorteur *La Pique* et longeai lentement la ligne. Passant devant les quarante bâtiments qui arboraient le grand pavois, recevant les saluts que, des passerelles, m'adressaient les états-majors, entendant les hourras poussés par les équipages alignés à la bande des navires, je sentais que notre marine avait dévoré ses chagrins et retrouvé ses espérances.

Le 16 septembre, j'étais à Toulouse, ville passablement agitée. Dans le Sud-Ouest, de tous temps, les divisions étaient vives. Mais la politique de Vichy et le drame de l'Occupation les avaient exaspérées. En outre, il s'était trouvé que les maquis, nombreux dans la région, avaient mené une lutte très dure. De là de profonds remous et beaucoup de comptes à régler. D'autant plus que les troupes ennemies qui opéraient en Aquitaine s'étaient livrées à des sévices particulièrement cruels, non sans d'odieuses complicités. Encore, parmi les forces de l'intérieur, les meilleures unités couraient déjà vers la Bourgogne pour rejoindre la Ire armée[12]. Restaient sur place des groupes plus mélangés. Enfin, la proximité immédiate de l'Espagne rendait la tension plus aiguë. Car beaucoup d'Espagnols, réfugiés depuis la guerre civile dans le Gers, l'Ariège, la Haute-Garonne, avaient naguère gagné le maquis. Ils en sortaient, à présent, affichant le projet de rentrer en armes dans leur pays. Naturellement, les communistes, bien placés et bien organisés, attisaient les foyers de trouble afin de prendre en main les affaires. Ils y avaient en partie réussi.

Je trouvai le commissaire de la République en proie aux empiétements de certains chefs des forces de l'intérieur. Pierre Bertaux, qui dans la Résistance dirigeait un important réseau, s'était vu désigné pour occuper le poste quand le titulaire, Jean Cassou, avait été grièvement blessé au milieu des bagarres marquant la fuite des Allemands. À présent, Bertaux s'efforçait de tenir les leviers de commande. Mais le colonel Asher, alias Ravanel, chef des maquis de la Haute-Garonne, avait pris le commandement de la Région militaire et exerçait une autorité aussi vaste que mal définie.

Autour de Ravanel, des chefs de fractions armées constituaient comme un soviet[f]. Les membres de ce conseil prétendaient assurer eux-mêmes avec leurs hommes l'épuration, tandis que la gendarmerie et la garde mobile étaient consignées dans des casernes éloignées. Il est vrai que le chef d'état-major, colonel Noetinger, officier de grande expérience, s'appliquait à égarer les abus dans le dédale administratif. Mais il n'y réussissait pas toujours. En outre, une « division » espagnole se formait dans la région avec le but, hautement publié, de marcher sur Barcelone. Pour comble, un lieutenant-colonel anglais, intitulé « colonel Hilaire » et introduit dans les maquis du Gers par les services britanniques, tenait sous sa coupe des unités qui n'attendaient d'ordres que de Londres.

Le 17 au matin, avec une solennité calculée, je passai la revue de tous les éléments. En prenant le contact direct des maquisards je comptais susciter en chacun d'eux le soldat qu'il voulait être. À mesure que j'abordais les rangs, un certain frémissement me faisait voir qu'on m'avait compris. Puis, le colonel Ravanel fit défiler tout le monde. Le cortège était pittoresque. En tête, baïonnettes croisées, marchait un bataillon russe formé d'hommes de « l'armée Vlassov[13] » engagés, naguère, chez les Allemands et qui avaient déserté à temps pour rejoindre notre Résistance. Venaient ensuite les Espagnols, conduits par leurs généraux. Après quoi, passèrent les Forces françaises de l'intérieur. La vue de leurs drapeaux et fanions improvisés, leur souci de s'organiser en sections, compagnies, bataillons réglementaires, l'effort qu'elles avaient fait pour donner à leurs vêtements une apparence uniforme, par-dessus tout les attitudes, les regards, les larmes des hommes qui défilaient devant moi, montraient combien la règle militaire a de vertu et d'efficacité. Mais, aussi, il y avait là, à mon égard, la même sorte de plébiscite qui se manifestait partout.

J'avais pu, la veille, recueillir un témoignage semblable à la préfecture et à l'hôtel de ville où je recevais les cadres et les notables, au premier rang desquels se tenait le vaillant archevêque Mgr Saliège[14]. Quant à la foule, criant sa joie sur la place du Capitole où elle s'était massée pour m'entendre, ou bien rangée dans les rues en deux haies d'acclamations, elle avait fourni la même démonstration. J'étais, certes, rien moins que sûr que cette adhésion suppléerait à tout ce qui manquait pour assurer l'ordre public. Du moins pouvais-je compter qu'elle permettrait d'empêcher, soit la dictature de certains, soit l'anarchie générale.

Avant de quitter Toulouse, je fis lever la consigne qui

reléguait les gendarmes et remettre ces braves gens à leur service normal. Je décidai de nommer le général Collet, appelé du Maroc, au commandement de la Région militaire. Je fis connaître aux chefs espagnols que le gouvernement français n'oublierait pas les services qu'eux-mêmes et leurs hommes avaient rendus dans nos maquis, mais que l'accès de la frontière des Pyrénées leur était interdit. D'ailleurs, suivant mes instructions, la Ire armée avait détaché vers Tarbes et Perpignan un solide groupement pour affermir le service d'ordre aux passages des Pyrénées. Quant au « colonel Hilaire », il fut dirigé sur Lyon, pour regagner ensuite l'Angleterre.

À Bordeaux, le 17 septembre, je trouvai les esprits tendus. Les Allemands s'en étaient retirés. Mais ils restaient à proximité, retranchés à Royan et à la pointe de Grave, interdisant l'accès du port et menaçant de revenir. Sous le commandement du colonel Adeline, les forces de l'intérieur de Bordeaux et des environs s'étaient, pour la plupart, portées au contact de l'ennemi sur les deux rives de la Gironde, tandis que le colonel Druille, commandant la Région militaire, s'efforçait d'assurer leur équipement et leur encadrement. À vrai dire, l'amiral allemand Meyer, pendant qu'il évacuait l'agglomération bordelaise et occupait les réduits préparés sur la côte de l'Océan, avait donné à croire qu'il songeait à se rendre. Il poursuivait encore les pourparlers au moment de mon arrivée. Mais on s'aperçut bientôt qu'il ne s'agissait que d'une ruse employée par l'ennemi pour se dégager sans dommage. Comme celui-ci disposait d'un matériel et d'effectifs considérables et que nos forces de l'intérieur n'étaient ni organisées, ni armées, pour soutenir une bataille rangée, Bordeaux mêlait la joie de se trouver libre à la crainte de cesser de l'être. En outre, beaucoup de griefs, accumulés durant l'Occupation au sein d'une cité dont le maire, Marquet[15], était un « collaborateur » notoire, apparaissaient au grand jour. Dans cette atmosphère troublée évoluaient divers groupes armés qui refusaient d'obéir aux autorités officielles.

Ces autorités, là comme ailleurs, je m'appliquai à les consacrer. Gaston Cusin, commissaire de la République, au demeurant plein de bon sens et de sang-froid, me présenta, à la préfecture, l'habituel cortège des fonctionnaires[16], des officiers et des délégations. L'archevêque, Mgr Feltin, était en tête des visiteurs. Du même balcon d'où Gambetta avait harangué la foule en 1870, je m'adressai aux Bordelais. Je me rendis à l'hôtel de ville où m'attendait le nouveau maire, Fernand Audeguil, et parcourus les divers quartiers. Enfin, j'inspectai, sur le cours de l'Intendance, celles des forces de l'intérieur qui se trouvaient encore là. Presque toutes avaient une très bonne attitude dont je leur fis compliment. À quelques chefs affectant d'être réfractaires j'offris le choix immédiat entre deux solutions : ou se soumettre aux ordres du colonel commandant la région, ou bien aller en prison. Tous préférèrent la première. En quittant Bordeaux, il me semblait que le sol s'était raffermi.

Je me dirigeai vers Saintes afin d'y prendre le contact des troupes du colonel Adeline. La Saintonge, sous les drapeaux de la libération qui paraissaient partout aux fenêtres, vivait en état d'alarme. Car les Allemands occupaient, d'une part Royan et l'île d'Oléron, d'autre part La Rochelle et Ré. Ils s'y étaient installés à l'abri d'importants ouvrages, croyant d'abord à l'intervention de grandes unités alliées. Le général Chevance-Bertin, chargé dans le tumulte des premiers jours de coordonner, autant que possible, les actions de nos forces de l'intérieur du Sud-Ouest, avait pu impressionner l'amiral Schirlitz, commandant du centre de résistance de La Rochelle, au point de le déterminer à évacuer Rochefort. Mais les jours passaient sans que les Allemands vissent devant eux autre chose que nos partisans, complètement dépourvus d'armes lourdes, de canons, de blindés, d'avions. D'un moment à l'autre l'ennemi pouvait redevenir offensif. Quant aux nôtres, formés en bandes comme ils l'étaient au maquis, ils affluaient de la Gironde, des deux Charentes, de la Vienne, de la Dordogne, etc., très désireux de combattre mais privés de ce qu'il fallait pour opérer sur un front. En outre, n'ayant ni services, ni magasins, ni convois, ils vivaient de ce qu'ils prenaient sur place. D'où un désordre fréquent, qu'aggravaient des abus commis par tels ou tels chefs qui jugeaient que la hiérarchie n'allait pas plus haut qu'eux-mêmes. Enfin, les interventions du « Comac » et de ses agents faisaient sentir leurs effets. Jean Schuhler, commissaire de la République pour la région de Poitiers, le préfet Vaudreuil, les maires, étaient aux prises avec maints embarras.

Le colonel Adeline s'employait à faire cesser la confusion. Au contact des deux poches allemandes de Royan et de La Rochelle, il installait des postes, constituait des unités aussi régulières que possible et tâchait d'organiser leur ravitaillement. Quand cet ensemble aurait reçu des armes et pris de la consistance, on pourrait songer à l'attaque. Je passai en revue, à Saintes, plusieurs milliers d'hommes mal pourvus mais pleins d'ardeur. Le défilé fut impressionnant. Je réunis ensuite autour de moi les officiers de toutes origines, la plupart arborant des grades improvisés, mais tout fiers, à juste titre, d'être là volontairement et vibrants de voir au milieu d'eux de Gaulle qui, sous les dehors d'une sérénité voulue, ne se sentait pas moins ému. Je leur dis ce que j'avais à dire. Puis, je quittai cette force en gestation, résolu à faire en sorte que les combats de la côte Atlantique finissent par une victoire française.

Orléans fut la dernière étape de ce voyage[17]. Le cœur serré à la vue des décombres, je parcourus la ville massacrée. Le commissaire de la République André Mars m'exposa les problèmes qu'il affrontait avec calme. D'ailleurs, sa région, si éprouvée qu'elle fût, ne se montrait guère agitée. Par contraste avec ce qui se passait sur la Garonne, les riverains de la Loire paraissaient fort modérés. Il faut dire que les colonels Bertrand et Chomel, commandant les forces de l'intérieur de la Beauce, du Berry et de la Touraine, les avaient organisées en bataillons réguliers, puis conduites à de brillants combats contre les troupes allemandes en retraite au sud de la Loire. Du coup, les maquisards, disciplinés et fiers d'eux-mêmes, servaient de recours au bon ordre. En voyant, sur le terrain de Bricy, le beau détachement qui me présentait les armes, je pensais avec mélancolie à ce qu'eussent été les forces de la Résistance si Vichy n'avait pas empêché les cadres militaires de prendre partout la tête de ces jeunes troupes. Le 18 septembre au soir, je rentrai dans la capitale.

Le 25, après avoir passé deux jours avec la Ire armée, je me rendis à Nancy que les troupes du général Patton venaient tout juste de libérer. Pour la Lorraine, l'envahisseur[g] n'avait jamais été autre chose que l'ennemi. C'est pourquoi aucun problème politique ne s'y posait. L'ordre public ne courait pas de risque. Le civisme était tout naturel. Ce jour-là, les acclamations de la foule dans les rues de Mirecourt, de Strasbourg, Saint-Dizier, Saint-Georges et des Dominicains, par où je traversai la capitale lorraine, puis sur la place Stanislas où je me fis entendre du balcon de l'hôtel de ville[18], les allocutions du commissaire de la République Chailley-

Bert et du maire Prouvé, les adresses des délégations, l'attitude des deux mille maquisards que leur chef, le colonel Grandval, fit défiler devant moi, témoignaient de la foi en la France de cette province ravagée et dont une partie était encore entre les mains germaniques.

Revenu à Paris, j'en repartis le 30 septembre en compagnie des ministres : Tixier, Mayer et Laurent, cette fois pour me rendre en Flandre. Nous passâmes par Soissons et Saint-Quentin où Pierre Pène, commissaire de la République, nous guida dans la visite de ces cités démolies. À Lille, François Closon, son collègue pour le Nord et le Pas-de-Calais, s'efforçait de fournir les moyens de travailler à tout un peuple qui les avait perdus. À peine arrivé, je fus saisi par ce que le problème de la subsistance ouvrière avait, dans la région, de dramatique et de pressant. Les masses laborieuses s'étaient vues, pendant l'Occupation, condamnées à des salaires que les ordres de l'ennemi tenaient bloqués au plus bas. Et voici que beaucoup d'ouvriers se trouvaient en chômage au milieu d'usines sans charbon et d'ateliers sans outillage. En outre, le ravitaillement était tombé au-dessous du minimum vital. En parcourant ma ville natale où les Lillois me faisaient fête, je voyais trop de visages dont le sourire n'effaçait ni la pâleur ni la maigreur.

Le sentiment et la réflexion m'avaient, d'avance, convaincu que la libération du pays devrait être accompagnée d'une profonde transformation sociale. Mais, à Lille, j'en discernai, imprimée sur les traits des gens, l'absolue nécessité. Ou bien il serait procédé d'office et rapidement à un changement notable de la condition ouvrière et à des coupes sombres dans les privilèges de l'argent, ou bien la masse souffrante et amère des travailleurs glisserait à des bouleversements où la France risquerait de perdre ce qui lui restait de substance.

Le dimanche 1er octobre, ayant assisté en l'église[b] Saint-Michel à l'office célébré par le cardinal Liénart, visité l'hôtel de ville où m'accueillait le maire Cordonnier, passé en revue sur la place de la République les forces de l'intérieur, reçu les autorités, comités, notabilités, je fis connaître à la foule massée devant la préfecture sur quelles bases le gouvernement entreprenait le redressement économique du pays : « Prise en main par l'État de la direction des grandes richesses communes ;... sécurité et dignité assurées à chaque travailleur. » L'espèce de houle passionnée qui souleva la multitude en entendant ces promesses me fit sentir qu'elles la touchaient au vif[19].

Sur le chemin du retour à Paris, j'allai voir les mines de Lens. Les dégâts des installations, l'absence d'une moitié des mineurs, l'agitation du personnel, maintenaient le rendement à un niveau pire que médiocre. En fait de charbon, il sortait des carreaux à peine le tiers des quantités d'avant-guerre. Pour rétablir la production houillère, il fallait évidemment une réforme de principe propre à changer l'état des esprits et, d'autre part, des travaux impliquant des crédits tels que seule la collectivité nationale était en mesure de les fournir. Que celle-ci devînt propriétaire des charbonnages, c'était l'unique solution. Par Arras, je revins dans la capitale avec mes résolutions.

Une semaine plus tard, j'étais en Normandie, province qui battait le record de la dévastation. Les ruines y semblaient d'autant plus lamentables qu'il s'agissait d'une région pleine de richesses anciennes et récentes. Accompagné de Mendès France et de Tanguy-Prigent, conduit par Bourdeau de Fontenay commissaire de la République et le général Legentilhomme commandant la Région militaire, je visitai, en particulier, Le Havre, Rouen, Évreux, Lisieux et Caen ou, pour mieux dire, leurs décombres. Si, quelques jours auparavant, le contact des foules du Nord m'avait confirmé dans l'idée que l'effort national exigeait de grands changements sociaux, l'étendue des dommages subis par la Normandie m'affermissait dans ma volonté de remettre l'État debout, condition *sine qua non* de la reconstruction du pays.

D'ailleurs, par contraste avec les cités écroulées, la campagne offrait un spectacle encourageant. Au mois d'août, en pleine bataille, on avait trouvé moyen de faire et de rentrer les récoltes. Bien que les villages et les fermes eussent beaucoup souffert et en dépit de tout ce qui faisait défaut aux exploitants, on pouvait voir partout les champs cultivés, le bétail soigné, aussi bien que possible. Au Neubourg, les agriculteurs qui s'y étaient rassemblés me parurent résolus à laisser leurs manches retroussées. Cette obstination au labeur de la paysannerie française éclaircissait les perspectives du ravitaillement et constituait, pour l'avenir, un élément essentiel de redressement[20].

Le 23 octobre, j'éprouvai la même impression en traversant la Brie et la Champagne. Une fois quitté Boissy-Saint-Léger, les plateaux, en se découvrant, apparaissaient sous l'aspect productif qu'ils revêtaient de tous temps. Comme naguère, une forêt de meules annonçait Brie-Comte-Robert. Provins était toujours entouré de labours pour le blé et la betterave. Autant de sillons bien tracés et pas plus de friches qu'autrefois dans les plaines de Romilly-sur-Seine. La pluie, qui tombait à Troyes lorsque j'y fis mon entrée, chagrinait Marcel Grégoire commissaire de la République et les citadins réunis pour crier leur joie, mais, comme d'usage, enchantait les ruraux. Suivant la tradition, des bovins appétissants paissaient les prairies de Vendeuvre et de Bar-sur-Aube. À Colombey-les-Deux-Églises, je fis halte dans le bourg. Les habitants, groupés autour du maire Demarson, m'accueillirent avec transport. Enchantés par la libération, ils s'apprêtaient à en profiter pour mieux travailler les terres. Tandis que j'atteignais Chaumont où m'attendait la réception officielle de la Haute-Marne, c'est l'esprit réconforté que je voyais la nuit descendre sur cette campagne fidèle et familière.

Ayant, de là, fait une nouvelle visite à la Ire armée, je regagnai Paris par Dijon. Cette grande ville n'avait subi que des dégâts relativement restreints. Mais elle était encore toute vibrante d'avoir assisté à la déroute de l'envahisseur. Pendant que les rues et les places retentissaient de vivats, les corps constitués m'étaient présentés dans le palais des Ducs par le commissaire de la République Jean Mairey, — remplaçant Jean Bouhey grièvement blessé lors de la libération de la ville, — et le chanoine Kir, maire populaire et truculent. Le général Giraud, qui retrouvait les siens dans la capitale bourguignonne, était en tête des notabilités. « Comme les choses ont changé ! » me dit-il. « C'est vrai pour les choses », pensais-je. Mais, voyant l'assistance, mobile et bruissante, je doutais que ce fût le cas pour les Français[21].

Les 4, 5, 6 novembre, voyage dans les Alpes. On s'y était battu partout. On s'y battait encore aux abords des cols menant en Italie. Nos montagnes, avec leur population passionnée de liberté, avaient fourni à la Résistance maintes citadelles et beaucoup de combattants. À présent, l'existence commençait à y reprendre un cours normal, au milieu de grandes difficultés d'approvisionnement, de l'action menée contre l'ennemi par les troupes marocaines et les maquisards alpins, d'incidents tumultueux causés par des clandestins qui voulaient faire justice eux-mêmes. Ayant à mes côtés les ministres Diethelm et de Menthon, le commissaire de la

République Farge, les généraux Juin et de Lattre, je me rendis d'abord à Ambérieu. Ce furent ensuite Annecy et Albertville où je passai en revue la division Dody et les tabors. Chambéry, débordant de ferveur, me donna la mesure du loyalisme savoyard. Enfin, j'entrai à Grenoble.

On ne pourrait décrire l'enthousiasme qui soulevait les « Allobroges » sur la place de la Bastille et le boulevard Gambetta, que je parcourus à pied, et sur la place Rivet où la foule s'était massée pour entendre les allocutions. Je remis entre les mains du maire Lafleur la croix de la Libération décernée à la ville de Grenoble. Ensuite, défila la 27ᵉ division alpine. Je la saluai avec une particulière satisfaction. Car, voulant assurer à la France les enclaves naguère possédées par l'Italie sur notre versant et sachant que, dans le concert allié, nous ne les obtiendrions qu'à condition de les prendre, j'avais des vues sur cette force naissante. Le 6 novembre[k], j'étais à Paris.

Ainsi avais-je, en quelques semaines, parcouru une grande partie du territoire, paru aux yeux de dix millions de Français dans l'appareil du pouvoir et au milieu des démonstrations de l'adhésion nationale, ordonné sur place d'urgentes mesures d'autorité, montré aux gens en fonction que l'État avait une tête, fait sentir aux éléments épars de nos forces qu'il n'y avait pour elles d'autre avenir que l'unité, d'autre devoir que la discipline. Mais combien paraissait cruelle la réalité française ! Ce que j'avais constaté, sous les discours, les hourras, les drapeaux, me laissait l'impression de dégâts matériels immenses et d'un éclatement profond de la structure politique, administrative, sociale, morale du pays. Il était clair que, dans ces conditions, le peuple, pour ravi qu'il fût de sa libération, aurait à subir longtemps de dures épreuves que ne manqueraient pas d'exploiter la démagogie des partis et l'ambition des communistes.

Mais, aussi, j'avais pu voir, en province comme à Paris, quelle ferveur se portait vers moi. La nation discernait, d'instinct, que dans le trouble où elle était plongée elle serait à la merci de l'anarchie, puis de la dictature, si je ne me trouvais là pour lui servir de guide et de centre de ralliement. Elle s'attachait aujourd'hui à de Gaulle pour échapper à la subversion comme elle l'avait fait, hier, pour être débarrassée de l'ennemi. De ce fait, je me sentais réinvesti par les Français libérés de la même responsabilité insigne et sans précédent que j'avais assumée tout au long de leur servitude. Il en serait ainsi jusqu'au jour où, toute menace immédiate[1] écartée, le peuple français se disperserait de nouveau dans la facilité.

Cette légitimité de salut public[22], clamée par la voix du peuple, reconnue sans réserve, sinon sans murmure, par tout ce qui était politique, ne se trouvait contestée par aucune institution. Il n'y avait, dans l'administration, la magistrature, l'enseignement, non plus que dans les armées, aucune réticence à l'égard de mon autorité. Le Conseil d'État, à la tête duquel se trouvait maintenant le président Cassin, donnait l'exemple d'un complet loyalisme. La Cour des comptes en faisait autant. Où qu'il m'arrivât de paraître, le clergé s'empressait à déployer ses hommages officiels. Le 20 septembre, j'avais reçu le cardinal Suhard et recueilli l'assurance du concours moral de l'épiscopat. Par l'organe de Georges Duhamel, secrétaire perpétuel, l'Académie française recourait à mon appui. Il n'était pas jusqu'aux représentants de tous les régimes antérieurs qui ne voulussent marquer leur adhésion. Le comte de Paris, l'esprit rempli du souci national, m'écrivait pour m'annoncer l'envoi d'un mandataire. Le prince Napoléon, maquisard exemplaire et capitaine de chasseurs alpins, venait m'offrir son témoignage. Le général Giraud, arrivé d'Algérie où il avait échappé au coup de fusil d'un fanatique[23], se présentait aussitôt à moi[m]. Les anciens tenants de Vichy s'inclinaient devant l'évidence : Pétain, en Allemagne, gardait le silence et ceux des fonctionnaires, des diplomates, des militaires, des publicistes qui l'avaient assidûment servi prodiguaient, à l'adresse du pouvoir, révérences et justifications. Enfin, M. Albert Lebrun vint joindre à l'approbation générale celle du fantôme mélancolique de la IIIe République.

Je le reçus le 13 octobre. « J'ai toujours été, je suis, me déclara le Président, en plein accord avec ce que vous faites. Sans vous, tout était perdu. Grâce à vous, tout peut être sauvé. Personnellement, je ne saurais me manifester d'aucune manière, sauf toutefois par cette visite que je vous prie de faire publier. Il est vrai que, formellement, je n'ai jamais donné ma démission[24]. À qui, d'ailleurs, l'aurais-je remise, puisqu'il n'existait plus d'Assemblée nationale qualifiée pour me remplacer ? Mais je tiens à vous attester que je vous suis tout acquis. »

Nous parlâmes des événements de 1940. Albert Lebrun revint avec chagrin sur cette journée du 16 juin où il avait accepté la démission de M. Paul Reynaud et chargé le

Maréchal de former le nouveau ministère. Les larmes aux yeux, levant les bras au ciel, il confessait son erreur. « Ce qui m'a, dit-il, décidé dans le mauvais sens, comme la plupart des ministres, ce fut l'attitude de Weygand. Il était si catégorique en exigeant l'armistice ! Il affirmait si péremptoirement qu'il n'y avait rien d'autre à faire ! Pourtant, je croyais, comme Reynaud, Jeanneney, Herriot, Mandel, vous-même, qu'il fallait aller en Afrique, qu'on pouvait poursuivre la guerre avec l'armée qui s'y trouvait, les forces que l'on avait encore les moyens d'y transporter, notre flotte intacte, notre Empire, nos alliés. Mais le Conseil a cédé aux arguments véhéments du Commandant en chef. Que voulez-vous ? On lui avait fait une telle réputation ! Ah ! quel malheur quand, dans l'extrême péril, ce sont les généraux qui se refusent à combattre[25] ! »

Le président Lebrun prit congé. Je lui serrai la main avec compassion et cordialité. Au fond, comme chef de l'État, deux choses lui avaient manqué : qu'il fût un chef ; qu'il y eût un État.

Tandis qu'au-dedans du pays cristallisaient les passions, l'action militaire des Alliés se poursuivait dans l'Est et dans le Nord. Eisenhower, portant l'effort principal sur la gauche, visait à traverser promptement la Belgique, puis à franchir le Rhin auprès de son embouchure, enfin à se saisir de la Ruhr et, par là, de la victoire. Telle était, à la fin d'août, la mission confiée au général Montgomery, à qui l'aviation fournissait l'appui maximum. Au centre, le général Bradley devait atteindre le fleuve entre Düsseldorf et Mayence, en liant son mouvement à celui des armées du Nord. Quant à la Iʳᵉ armée française et à la VIIᵉ armée américaine, destinées à se grouper sous les ordres du général Devers, elles viendraient quand elles pourraient, depuis la Méditerranée, prendre la droite du dispositif et aborder le Rhin par l'Alsace. Mon désir était, naturellement, que la progression allât aussi vite que possible, qu'elle menât les armées alliées directement au cœur de l'Allemagne et que les forces françaises eussent leur large part dans les opérations. C'est ce que, dès le 6 septembre, j'avais écrit à Eisenhower[26], en le pressant de hâter le mouvement de notre Iʳᵉ armée, en lui rendant la disposition de la 2ᵉ division blindée, et en lui faisant connaître la volonté du gouvernement français de voir nos troupes pénétrer en territoire allemand en même temps que celles des Américains et des Britanniques. Mais la marche, menée rapidement jusqu'aux abords de la frontière, allait être arrêtée avant d'atteindre le pays ennemi.

En effet, dans les Pays-Bas, l'Ardenne, la Lorraine, les Vosges, l'adversaire trouvait moyen de rétablir sa ligne de bataille. Hitler lui-même, qui avait souffert dans son prestige comme dans son état physique de l'attentat commis contre lui en juillet[27], reprenait maintenant le dessus. Escomptant l'effet des « armes secrètes » : avions à réaction, fusées V 2, chars nouveaux, peut-être même bombes atomiques, que le Reich préparait fébrilement, le Führer méditait de reprendre l'offensive et obtenait du peuple allemand un suprême crédit de confiance. D'ailleurs, les Alliés, réduits à des ravitaillements précaires à mesure de leur avance, voyaient le manque de carburants, d'obus et de rechanges contrarier leurs opérations.

C'était, notamment, le cas pour notre Ire armée. En ce qui concernait les forces marchant du Midi vers le Nord, le commandement allié avait prévu une progression difficile. On admettait que les ensembles fortifiés de Toulon et de Marseille ne pourraient être pris qu'après plusieurs semaines d'efforts, qu'ensuite la nécessité de se couvrir tout au long de la frontière italienne imposerait à Patch et à de Lattre des servitudes et des retards, enfin que les XIXe et Ire armées allemandes, totalisant dix divisions et occupant, l'une la Provence, l'autre l'Aquitaine, le Languedoc et le Limousin, seraient en mesure de tenir longtemps en échec les Français et les Américains sur les contreforts des Alpes, en maints endroits du couloir du Rhône et dans le Massif central. C'est pourquoi les plans de transport des troupes et du matériel depuis l'Afrique, la Corse et l'Italie, puis des approvisionnements à partir de la côte et jusqu'aux grandes unités, comportaient des délais prolongés. Or, il se trouva que les forces des généraux de Lattre et Patch avancèrent à une cadence qui infirma tous les calculs. Le revers de la médaille fut, pour les combattants, une continuelle pénurie d'essence et de munitions.

La Ire armée française, qui avait débarqué ses premiers éléments à Saint-Tropez et aux environs dans la journée du 15 août, était, dès le 28, en possession complète de Toulon et, le 30, maîtresse de la totalité de Marseille. Quarante mille prisonniers et des monceaux d'armes et de matériel étaient tombés entre ses mains. Or, l'intention initiale du général Patch, chargé de coordonner les forces dans le Midi, consistait à faire marcher les Américains droit vers le Nord, tandis que les Français, une fois repris par eux les deux grands ports de la Méditerranée, assureraient, aux débouchés des Alpes, la couverture de leurs alliés. Mais le général de Lattre, fort des succès remportés à Toulon et à Marseille, ne s'était pas contenté de la mission secondaire que l'on envisageait pour lui. Il entendait encadrer à droite et à gauche les Américains et progresser à leur hauteur. J'avais, bien entendu, appuyé cette manière de voir. Quant à Patch, désormais rempli de considération pour la Ire armée française, il s'était, de bonne grâce, rangé à notre avis.

C'est ainsi que notre 2e corps, commandé par Monsabert et comprenant d'abord essentiellement les divisions du Vigier et Brosset, franchissait le Rhône à Avignon, puis, opérant par la rive droite, chassait l'ennemi de Lyon les 2 et 3 septembre. Peu après, dans la région d'Autun, la gauche de ce corps d'armée barrait le passage aux arrière-gardes de la Ire armée allemande, qui, fuyant par le Massif central, essayaient de se frayer la route de la Bourgogne. Mais la porte était fermée par la division du Vigier, tant celle-ci avait marché vite. Après quatre jours de combats désespérés, les derniers échelons ennemis, ayant à leurs trousses les forces de l'intérieur du Sud-Ouest, ainsi que celles du Berry et d'Auvergne, ne pouvaient trouver d'issue et finissaient par capituler. Toutefois, leur chef, le général Elster, se sentant la conscience lourde et épouvanté à l'idée de se rendre aux Français, était entré en contact avec des officiers américains détachés à Orléans. Le 11 septembre, il leur remettait les vingt-deux mille hommes valides qu'il avait encore sous ses ordres. Le même jour, du Vigier libérait Dijon. Le lendemain, la division Brosset, devenue la gauche de l'armée de Lattre, prenait, à Montbard, la liaison avec Leclerc qui arrivait de Paris à la droite des forces de Bradley. Le 13 septembre, Langres était pris par des troupes du 2e corps et les maquis de la Haute-Marne. Après quoi, les avant-gardes du général de Monsabert abordaient la Haute-Saône de Jussey et de Port-sur-Saône.

Pendant ce temps, les Américains avaient marché à la même allure suivant l'axe : Grenoble-Bourg-Besançon, forçant le passage du Rhône entre Lyon et Ambérieu. Mais il avait fallu couvrir sur les Alpes l'ensemble du dispositif. C'est qu'en effet les troupes du maréchal Kesselring, tenant toujours en Italie du Nord, occupaient les passages vers la

France, débordaient dans les Hautes-Alpes, la Savoie, la Haute-Savoie et menaçaient nos communications. Il est vrai que les forces de l'intérieur de la région escarmouchaient sans relâche contre les détachements allemands et les éléments fascistes italiens[28] qui opéraient sur le versant français. Mais cette action de flanc-garde devait être complétée. Y avaient été employées : une division américaine et la 2ᵉ division marocaine de Dody. Celle-ci, aidée par les forces de l'intérieur et par les tabors marocains, s'était emparée de Briançon, de Modane, de Bourg-Saint-Maurice.

Dès lors, le général Béthouart pouvait, le 5 septembre, prendre le commandement du 1ᵉʳ corps d'armée et le déployer sur le Rhône entre Ambérieu et la frontière suisse, à la droite des Américains. Disposant, pour commencer, de la 3ᵉ division nord-africaine de Guillaume et de la 9ᵉ division coloniale de Magnan, il poussait à travers le Jura et, le 12 septembre, atteignait la vallée du Doubs.

Ainsi s'achevait l'extraordinaire poursuite que Français et Américains avaient menée en trois semaines sur 700 kilomètres. Ils eussent été plus vite encore si le manque de carburants ne les avait constamment retardés. C'est à Marseille, à Toulon, à Nice que l'essence débarquait à grand-peine. Il fallait aller l'y chercher. Comme les voies ferrées étaient détruites sur les deux rives du Rhône, seuls des convois de camions assuraient les ravitaillements, soit, pour la Iʳᵉ armée française, 1 500 tonnes en moyenne par jour. Encore les services américains, qui répartissaient les choses entre Patch et de Lattre, se montraient-ils, comme c'était humain, assez portés à pourvoir leurs alliés par priorité. On imagine par quelles crises d'impatience, succédant aux heures d'enthousiasme, passaient les troupes, les états-majors, le général commandant l'armée, quand ils se voyaient frustrés de succès dont ils discernaient l'occasion. La même pénurie de carburants fit que trois grandes unités : 9ᵉ division coloniale, 4ᵉ division marocaine, 5ᵉ division blindée, ainsi que de nombreux éléments de réserve générale, ne purent rattraper le gros de la Iʳᵉ armée qu'après des retards prolongés.

Ces servitudes doivent entrer en compte pour juger à sa valeur le record que représenta la progression accomplie depuis la Méditerranée jusqu'à l'entrée de l'Alsace. En revanche, la marche en avant fut grandement facilitée par l'action des maquisards. L'usure à laquelle ceux-ci avaient soumis l'ennemi, le fait qu'ils s'étaient, à mesure, rendus maîtres d'une grande partie des itinéraires à suivre, le renfort qu'ils apportaient aux unités régulières, avaient compté pour beaucoup dans ce résultat foudroyant. Le 12 septembre, au terme de la grande poursuite, cent vingt mille Allemands se trouvaient en captivité française, pris tant par la Ire armée que par les forces de l'intérieur et par la 2e division blindée. C'était le tiers du total des prisonniers faits par l'ensemble des armées alliées.

Le 13 septembre, le général John Lewis, détaché auprès de moi par Eisenhower, m'apportait une lettre du Commandant en chef[29]. Celui-ci m'annonçait que le dispositif des Alliés était maintenant soudé depuis la Suisse jusqu'à la mer du Nord, la Ire armée française et la VIIe armée américaine constituant, désormais, le groupe d'armées du Sud. À l'intérieur de ce groupe, les Américains devaient former la gauche et prendre pour direction Saverne, plus tard Strasbourg. Quant aux Français, ils avaient à se regrouper sur la droite dans la région de Vesoul, puis à s'emparer de Belfort et, ultérieurement, de Colmar. Eisenhower me demandait mon agrément quant à cet emploi de nos forces. Je le lui donnai, dans l'ensemble, le 21 septembre[30], estimant satisfaisant que les Français eussent leur propre zone d'action, tout comme les Britanniques et les Américains avaient respectivement la leur, et trouvant bon que cette zone fût l'Alsace. Cependant, je faisais connaître au Commandant en chef que je plaçais une hypothèque sur la Ire division française libre, me réservant de la faire venir à Paris en cas de nécessité. D'autre part, j'invitais Eisenhower à diriger sur Bordeaux, dès que possible, une de nos divisions afin de prendre Royan et Grave. Par là le grand port serait dégagé et nous pourrions l'utiliser au ravitaillement de la France. Enfin, j'indiquais au Commandant en chef qu'il y avait lieu de placer une grande unité française sur la direction de Strasbourg.

Ce devait être la division Leclerc. Après l'avoir maintenue quelques jours à Paris, je l'avais, le 6 septembre, remise à la disposition du haut-commandement allié[31]. À présent, je tenais à la voir opérer avec la VIIe armée américaine. En effet, la capitale alsacienne était l'objectif de Patch. Pour d'évidentes raisons nationales, je voulais qu'elle fût, un jour, libérée par des troupes françaises et je ne doutais pas que Leclerc, dès lors qu'il serait axé comme il fallait, saurait en trouver l'occasion. La 2e division blindée continua donc d'agir dans le secteur américain.

Mais tout faisait prévoir que l'affaire de Strasbourg ne serait pas pour demain. Sur les pentes des Vosges, la XIXe armée allemande avait pris solidement position. Son chef, le général Wiese, reprenant en main les troupes qu'il ramenait de Provence et renforcé d'éléments qui lui venaient de l'intérieur, faisait tête dans toute sa zone. Pour les nôtres, une dure bataille allait, sans transition, succéder à une triomphale poursuite. Il en était, du reste, ainsi d'un bout à l'autre du front allié. À l'embouchure de la Meuse, l'offensive déclenchée le 20 septembre par Montgomery se terminait par un échec. En Lorraine et dans le Luxembourg, Bradley devait, lui aussi, s'arrêter. Il était clair qu'à l'Ouest, l'issue se trouvait reportée à plusieurs mois. À l'Est, on devait penser qu'elle ne viendrait pas plus tôt. Car, si les Russes avaient occupé la Roumanie et la Bulgarie, refoulé les Allemands d'une grande partie de la Pologne et de la Yougoslavie, pris pied en Hongrie et dans les pays Baltes, nulle part encore ils ne pénétraient sur le territoire du Reich.

Que la guerre dût se poursuivre, c'était assurément douloureux sous le rapport des pertes, des dommages, des dépenses que nous, Français, aurions encore à supporter. Mais, à considérer l'intérêt supérieur de la France, — lequel est tout autre chose que l'avantage immédiat des Français, — je ne le regrettais pas[32]. Car, les combats se prolongeant, notre concours serait nécessaire dans la bataille du Rhin et du Danube, comme ç'avait été le cas en Afrique et en Italie. Notre rang dans le monde et, plus encore, l'opinion que notre peuple aurait de lui-même pour de longues générations en dépendaient essentiellement. D'autre part, le délai à courir avant la fin des hostilités allait nous permettre de faire valoir à temps ce qui nous était dû. Quelle chance, enfin, offrait à l'unité nationale cette phase suprême où tous les Français traverseraient l'épreuve, non plus séparés, comme ils l'étaient hier, entre l'Empire libre et la Métropole opprimée mais désormais placés dans des conditions identiques et régis par un seul pouvoir ! Pour commencer, il nous était possible de résoudre en temps voulu le problème de notre organisation militaire, si chargé d'hypothèques politiques, bref de fondre en un tout nos forces de toutes origines.

À la Ire armée, des dispositions fragmentaires avaient été prises dans ce sens. Tant bien que mal, un certain jumelage s'était établi entre les divisions d'Afrique et les groupements de maquisards. Déjà, vers le 20 septembre, plus de cinquante mille hommes des forces de l'intérieur prenaient part aux opérations du général de Lattre. Cinquante mille autres s'apprêtaient à en faire autant. S'étaient ainsi accolés aux troupes régulières : treize bataillons alpins formés en Savoie, dans l'Isère, l'Ain, la Drôme, l'Ardèche ; les « maquis » dits : de Provence, de Chambarand, de la Haute-Marne, du Morvan, des Ardennes ; les « groupements » du Charolais, du Lomont, de l'Yonne, de Franche-Comté ; des « commandos » aux noms divers ; beaucoup de menus groupes et un grand nombre d'isolés. Mais, aussi, voici qu'arrivaient les imposantes colonnes de maquisards du Centre et de l'Aquitaine.

À la fin du mois d'août, j'avais reçu à Paris le général Chevance-Bertin, délégué militaire dans le Sud-Ouest, et lui avais donné la mission de porter vers la Ire armée la plus grande partie possible des forces de l'intérieur de sa région. Chevance-Bertin l'avait fait et confié à son adjoint, Schneider, la conduite de ce vaste et tumultueux groupement. Tant bien que mal, Schneider amenait en Bourgogne la division légère de Toulouse comprenant, en particulier, le corps franc des Pyrénées, la brigade Alsace-Lorraine[33], des contingents du Tarn, du Tarn-et-Garonne, de l'Aveyron. Il en faisait autant des brigades du Languedoc, du Lot-et-Garonne, de la Corrèze. Enfin, il dirigeait vers la même destination les brigades du Massif central, l'artillerie du Puy-de-Dôme, voire les gardes mobiles de Vichy, formant ensemble le groupe d'Auvergne.

L'afflux de ces éléments, si divers à tous égards, réjouissait évidemment le commandement de la Ire armée, les états-majors, les services, mais les plongeait d'autre part dans de grandes difficultés. Il est vrai que les questions de subordination étaient bientôt résolues. Le général Cochet, chargé par moi des forces de l'intérieur au sud de la Loire, avait coupé court aux velléités d'indépendance que manifestaient certains chefs et mis directement aux ordres du général de Lattre tous les éléments parvenus dans sa zone d'action. Mais, ces forces, comment les organiser, les équiper, les employer dans des conditions normales ? Il fallait que les règles fussent posées et les moyens fournis par le gouvernement lui-même, suivant le plan qu'il avait adopté pour cette ultime phase de la guerre.

Une certaine démagogie nous requérait alors bruyamment de mobiliser les classes en âge de porter les armes. Cette levée en masse, renouvelée de l'époque révolutionnaire, eût procuré, assurément, des effectifs considérables, en dépit du fait que deux millions et demi d'hommes étaient aux mains de l'ennemi comme prisonniers de guerre, déportés de la Résistance ou requis du travail et que trois cent mille autres avaient été tués ou gravement blessés depuis le début du conflit. Mais on n'était plus au temps où le nombre comptait plus que tout. Qu'eussions-nous fait de la foule des appelés, quand nous n'avions à lui donner ni armes, ni cadres, ni équipement et qu'il eût été à la fois criminel et dérisoire de la pousser telle quelle, en rase campagne, devant les canons, les chars, les mitrailleuses, les avions de l'armée allemande ? Tirant des circonstances ce qu'elles offraient mais prenant les choses comme elles étaient, j'avais fixé mes intentions.

Organiser pour la bataille la bouillante et vaillante jeunesse qui avait mené la lutte clandestine et la joindre aux troupes venues d'Afrique, voilà ce qui me paraissait réalisable au point de vue militaire et nécessaire au point de vue national. Dans l'état d'extrême dénuement matériel où nous nous trouvions, ce serait là tout le possible pour l'automne et l'hiver. S'il arrivait que la guerre parût devoir durer plus longtemps, on aviserait au moment voulu. En pratique, je comptais incorporer à la Ire armée autant de maquisards qu'elle pourrait en absorber et constituer, avec le reliquat, de grandes unités nouvelles.

Dès que nous avions pu connaître avec assez de précision la situation réelle des éléments paramilitaires, c'est-à-dire au retour de mon voyage sur le Rhône et dans le Midi, j'avais arrêté, en comité de Défense nationale, le plan de cette transformation. Quatre cent mille, tel était le total approximatif des hommes comptant aux forces de l'intérieur. On peut penser qu'un pareil flot de combattants, surgis volontairement pour courir les risques des maquis, faisait honneur à la France, étant donné le nombre des jeunes gens qui se trouvaient hors de combat et le fait que l'appareil officiel de Vichy avait, jusqu'à sa dernière heure, traqué et condamné ceux qui luttaient contre l'ennemi. Nous décidâmes d'abord, par décret du 23 septembre[34], que les hommes restant sous les armes auraient à contracter un engagement en bonne et due forme pour la durée de la guerre. De ce fait, la situation des maquisards se trouvait légalement réglée. Quarante mille d'entre eux étaient versés dans la Marine ou l'armée de l'Air. Pour aider le ministre de l'Intérieur à maintenir l'ordre public, les gendarmes et les gardes mobiles passés aux maquis retournaient, d'office, à leur corps d'origine ; étaient, en outre, formées soixante « compagnies républicaines de sécurité[35] », innovation qui, sur le moment, fut blâmée de toutes parts mais qui dure encore aujourd'hui. Enfin, certains spécialistes, dont l'économie du pays avait le plus extrême besoin : mineurs, cheminots, etc., étaient invités à reprendre leur profession. En définitive, l'armée de terre garda, pour son seul compte, plus de trois cent mille soldats venus spontanément des forces de l'intérieur.

De ceux-là, suivant ma décision, de Lattre prendrait aussitôt une centaine de mille en charge. Les autres constitueraient sept nouvelles divisions. Déjà, étaient en formation : dans les Alpes la 27e division sous les ordres de Valette d'Ozia, à Paris la 10e ayant à sa tête Billotte, en Bretagne la 19e que commandait Borgnis-Desbordes. Les maquisards qui se trouvaient au contact des réduits allemands de Saint-Nazaire, La Rochelle, Royan, la pointe de Grave devraient former la 25e avec Chomel et la 23e sous d'Anselme. Au début du printemps, la 1re confiée à Caillies et la 14e aux ordres de Salan seraient mises sur pied respectivement dans le Berry et en Alsace. En dehors de ces grandes unités, le ministre de la Guerre recréerait des régiments de toutes armes, afin d'assurer l'instruction dans les régions de l'intérieur et de combler les pertes sur le front. En décembre, la classe 1943 devait être appelée sous les drapeaux. En avril, ce serait le tour des classes 1940, 1941, 1942, pour autant que les jeunes gens qui en faisaient partie ne se fussent pas engagés déjà. Quant aux écoles militaires, elles étaient rouvertes sans délai.

Ce programme fut réalisé. Mais le problème était moins de créer des corps de troupe que de les armer et de les équiper. Les fusils de tous modèles, les rares mitrailleuses et mortiers, les quelques touchantes autos, que détenaient les maquisards et qu'ils avaient utilisés aux escarmouches et embuscades, n'étaient plus que dérisoires s'il s'agissait de prendre part à des batailles rangées. En regroupant ces moyens de fortune, en faisant venir d'Afrique les quelques disponibilités qui s'y trouvaient encore en fait d'armement français, en collectant et réparant le matériel pris en France à l'ennemi et même celui que, naguère, nous avions pu ramasser en Tunisie et en Italie, on parviendrait à assurer une dotation élémentaire aux unités en formation. Mais ce n'était pas suffisant pour qu'elles puissent se mesurer avec les forces de la Wehrmacht. Il leur fallait de l'armement lourd. Or, il n'existait plus, en France, un seul établissement capable d'en fabriquer. Installations et outillages de nos usines spécialisées avaient été démontés et emportés par les Allemands, les ateliers qui subsistaient n'ayant gardé que ce qu'il fallait pour des travaux accessoires exécutés au compte de l'ennemi. En attendant que nous ayons remis des fabrications en marche, — ce qui durerait de longs mois, — nous étions donc contraints de recourir au bon vouloir des États-Unis.

Ce bon vouloir était mince. Il faut dire que nos alliés éprouvaient d'incontestables difficultés à transporter, depuis l'Amérique, l'énorme tonnage de matériel qui alimentait la bataille. Ils se souciaient donc fort peu d'y ajouter, à l'improviste, des lots à livrer aux Français. D'autant plus que c'eût été au profit d'unités tirées de nos forces de l'intérieur. Or, pour les Anglo-Saxons, celles-ci ne laissaient pas de paraître choquantes aux états-majors et inquiétantes aux politiques. Sans doute avait-on, lors des combats de la libération, fait passer quelques moyens aux « troupes de la révolte ». Mais, à Washington et à Londres, il n'était pas question, maintenant, de leur fournir de l'armement lourd qu'on devrait faire venir d'Amérique en surchargeant les convois. Et qui pouvait assurer qu'un jour ces forces hors série n'emploieraient pas à des fins subversives la puissance qu'elles auraient acquise ? Surtout, en remettant au gouvernement du général de Gaulle de quoi équiper huit ou dix divisions nouvelles, il faudrait prévoir qu'à la fin de l'hiver l'armée française aurait doublé, qu'elle jouerait dans la bataille un rôle accru, peut-être décisif, et qu'alors on devrait admettre la France au règlement de l'armistice, ce que voulait éviter Roosevelt. Ces motifs firent que nos démarches auprès des gouvernements américain et britannique n'obtinrent aucun résultat. Depuis le jour du débarquement jusqu'à celui de la capitulation allemande, nos alliés ne nous procurèrent pas de quoi équiper une seule grande unité de plus. Dès octobre, le général Marshall, passant nous voir à Paris, ne nous avait sur ce point laissé aucune illusion[36].

Les Alliés accepteraient-ils, au moins, de pourvoir les cent mille hommes de renfort que notre Iʳᵉ armée tâchait d'absorber dans ses divisions, ses services et ses réserves ? Pas davantage. Se référant aux plans d'approvisionnement que leurs bureaux avaient établis, ils se refusèrent toujours à tenir compte de cet accroissement. Pour ce qui était des vivres et de l'habillement, notre intendance fournit à la Ire armée les suppléments nécessaires. Mais, pour le reste, il nous fallut recourir à des expédients.

Comme l'hiver dans les Vosges comportait des risques pour l'état sanitaire des Noirs, nous envoyâmes dans le Midi les vingt mille soldats originaires d'Afrique centrale et d'Afrique-Occidentale qui servaient à la Ire division française libre et à la 9e division coloniale. Ils y furent remplacés par autant de maquisards qui se trouvèrent équipés du coup[37]. Plusieurs régiments nord-africains, particulièrement éprouvés par deux années de combat, retournèrent dans leurs garnisons de départ, tandis que des corps tirés des forces de l'intérieur héritaient de leurs armes et de leur rang dans l'ordre de bataille. De Lattre, jouant avec art des volants de matériel alloués d'avance à son armée, en répartit le contenu entre de nouveaux éléments. Enfin, l'ingéniosité déployée à tous les échelons, soit pour tirer des parcs américains un peu de matériel neuf en compensation d'engins déclarés hors d'usage, remettre ceux-ci en état et, ensuite, les aligner à côté des remplacements, soit pour adopter, sans souci d'état-civil, tous blindés, canons, véhicules alliés qui traînaient à portée des nôtres, procura certaines ressources. Hélas ! dans notre misère, tous les moyens nous étaient bons pour redresser notre force qui avait, au long des siècles, souvent connu le superflu, voire pratiqué le gaspillage, et se trouvait à présent si affreusement démunie. Au total, la Ire armée fut, vaille que vaille, dotée du nécessaire pour ses effectifs renforcés.

J'allai la voir, le 23 septembre. Avec Diethelm et Juin, j'atterris à Tavaux près de Dôle. Nous gagnâmes d'abord le quartier général à Besançon et, le lendemain, parcourûmes le terrain. C'était le moment où la Ire armée resserrait le contact avec les positions allemandes. Le général de Lattre, encore tout chaud de son avance rapide depuis la Méditerranée, croyait pouvoir déboucher en Alsace, tambour battant, par sa gauche qui franchirait les Vosges. Dans ce secteur, — celui du 2e corps, — le général de Monsabert menait de vives actions sur les contreforts du massif, vers Servance et vers Ronchamp. Optimiste et gaillard, payant beaucoup de sa personne, promenant, de secteur en secteur, un élan, un coup d'œil, un sens du combat, qui n'étaient jamais en défaut, il employait chacun au maximum. Au demeurant, dévoué aux siens de toute son âme et complètement désintéressé en ce qui concernait sa personne. En un temps où il m'appartenait d'attribuer ce qui se donne, je l'entendis souvent me faire valoir les mérites des autres ; jamais il ne me parla de lui.

Le Ier corps formait la droite de la Ire armée depuis Lure jusqu'au Lomont. Je le trouvai en train d'organiser sa base pour forcer la trouée de Belfort. L'entreprise serait ardue, étant donné l'étroitesse du terrain où il faudrait l'engager et la puissance des organisations allemandes. Mais le chef qui en était chargé semblait fait pour la mener à bien. Le général Béthouart ne laissait rien au hasard. Il était l'homme des plans conçus méthodiquement et poursuivis d'une âme égale. Cela lui valait la confiance de ses subordonnés et aussi, quelquefois, l'impatience de son supérieur.

Seule une réussite parfaite aurait pu, en effet, satisfaire le général de Lattre. Ardent jusqu'à l'effervescence, susceptible autant que brillant, il était tendu à l'extrême dans le désir que rien ne manquât et dans l'impression que les péripéties lui étaient affaires personnelles. Ceux qui dépendaient de lui en recevaient maintes rebuffades ou coups d'aiguillon. Mais leur rancune ne durait pas tant sa valeur en imposait.

À l'occasion de mes inspections je pris maintes fois contact avec le général de Lattre dans l'exercice de son commandement. En dépit des travers qu'on lui reprochait et qui étaient surtout les excès de ses qualités, je le jugeai toujours comme qualifié par excellence pour diriger les opérations. Sans me laisser aller aux préventions favorables de mon amitié pour lui et tout en intervenant parfois dans son domaine quand des raisons d'intérêt national l'exigeaient[38], je ne cesserais^o pas de lui faire confiance dans la tâche à laquelle je l'avais appelé. Au reste, il ne manqua jamais de marquer, dans ses rapports avec moi et tant que je fus en place, non seulement son loyalisme, mais encore sa conviction quant au caractère insigne de la mission dont je portais la charge.

Ce jour-là, en sa compagnie, je rendis visite aux troupes et aux services. Tous y faisaient plaisir à voir. Certes, après la poursuite victorieuse, ils avaient de quoi être fiers^p. Mais, en outre, ils rayonnaient, littéralement, de bonne humeur.

Au reste, techniquement parlant, ils ne le cédaient à personne. On vérifiait aisément que les Français obtenaient, toutes choses égales d'ailleurs, des succès au moins comparables à ceux que remportaient Britanniques et Américains. Les Allemands étaient, bien entendu, les derniers à l'ignorer, qui opposaient aux nôtres une proportion de forces relativement très élevée.

Mais je constatai aussi que l'amalgame des troupes venues d'Afrique et des forces de l'intérieur pourrait être mené à bien. Non point que les préventions réciproques eussent disparu entre éléments d'origines diverses. Les « Français Libres » conservaient, vis-à-vis de quiconque, une fierté assez exclusive. Les hommes de la clandestinité, longtemps traqués, fiévreux, miséreux, auraient volontiers prétendu au monopole de la Résistance. Les régiments d'Algérie, du Maroc, de Tunisie, bien qu'ils aient été naguère partagés en tendances variées, se montraient unanimement ombrageux de leur esprit de corps. Mais, quels que fussent les détours par où le destin avait mené les uns et les autres, la satisfaction de se trouver côte à côte, engagés dans le même combat, l'emportait sur tout le reste dans l'âme des soldats, des officiers, des généraux. Il faut dire que, dans les villes et les villages traversés, l'accueil de la population ne laissait pas le moindre doute sur le sentiment public. En vérité, l'armée française, dans les proportions malheureusement réduites où il était possible de la refaire, montrait une qualité qu'elle n'avait jamais dépassée.

C'était le cas, au premier chef, pour la 2ᵉ division blindée. Le 25 septembre, quittant la zone du général de Lattre, j'allai la voir à Moyen, Vathiménil, Gerbéviller. Pendant son court séjour à Paris, cette division avait recruté plusieurs milliers de jeunes engagés. D'autre part, elle attirait naturellement le matériel comme l'aimant attire le fer. Bref, il ne lui manquait rien. Le 10 septembre, elle avait franchi la Marne au nord de Chaumont, puis, au cours des journées suivantes, atteint, en combattant, Andelot et Vittel, repoussé vers Dompaire les contre-attaques de nombreux chars allemands, enfin abordé la Meurthe pour y tenir un secteur du front. Leclerc et ses lieutenants s'accommodaient mal de cette stabilisation. Je fis appel à leur sagesse. Car, tout comme le génie, l'action d'éclat est une longue patience[39]. Dès lors, Leclerc, voyant devant lui Baccarat, ville prisonnière, concentra sur elle ses désirs, pour la prendre au bon moment.

Un mois plus tard, revenant voir nos troupes, je les trouvai prêtes à l'offensive générale qu'Eisenhower entamerait sous peu. En cette fin d'octobre, dans le secteur français, on se montrait impatient. D'autant plus que, des Vosges, de Belfort, d'Alsace, arrivaient, soit par la Suisse, soit à travers les lignes, des émissaires adjurant les nôtres de se porter en avant. Je rendis d'abord visite à notre groupement d'aviation, que commandait Gérardot, et m'assurai qu'il avait reçu, comme nous y avions invité le commandement allié, la mission d'appuyer principalement l'armée française. Sur les positions de départ que je parcourus ensuite, tout le monde baignait dans l'optimisme. « Lors du désastre, me demanda de Lattre, imaginiez-vous cela ? — C'est, répondis-je, parce que j'y comptais, que nous sommes ici tous les deux. »

Mes déplacements à travers le pays et mes visites aux armées avaient pu produire leur effet. Mais celui-ci serait épisodique si des dispositions pratiques ne suivaient pas. Or, à cet égard, notre plan était fixé depuis Alger. Nous pouvions nous en féliciter. Car, en dépit des conditions confuses où le pouvoir s'installait à Paris, les conseils que je réunis au cours d'un automne surchargé ne se perdirent pas en tergiversations. En l'espace de quelques semaines, le gouvernement prit un ensemble de mesures qui empêchèrent que la nation s'en allât à la dérive.

Plus le trouble est grand, plus il faut gouverner. Sortant d'un immense tumulte, ce qui s'impose, d'abord, c'est de remettre le pays au travail. Mais la première condition est que les travailleurs puissent vivre. Le 16 juillet, à Alger, le gouvernement avait décidé « qu'à la libération il y aurait lieu de procéder à une majoration immédiate et substantielle des salaires[40] ». Le 28 août, surlendemain de la libération de Paris, une réunion des secrétaires généraux des ministères, présidée par Le Troquer ministre délégué dans les territoires libérés, propose que la majoration soit de l'ordre de 40 pour 100. C'est ce coefficient moyen que le Conseil des ministres adopte le 13 septembre. Le 17 octobre, une ordonnance procède, en outre, à la refonte des allocations familiales et les accroît de 50 pour 100. Cette augmentation des salaires et des allocations, pour massive qu'elle puisse paraître, n'en est pas moins modeste puisqu'elle porte à 225, par rapport à l'indice 100 d'octobre 1938, le niveau moyen de rémunération, alors que, dans le même temps, les prix officiels ont monté de 100 à 300 et que certains prix réels s'élèvent jusqu'à 1 000.

Mais à quoi bon mieux payer les gens si la monnaie s'effondre et si l'État fait faillite ? À ce point de vue, nous nous faisons l'effet de marcher au bord d'un gouffre. Il est vrai qu'ont cessé les prélèvements — 520 milliards ! —, opérés par l'ennemi sur les fonds publics. Mais, en revanche, il faut financer l'effort de guerre et payer, à mesure, la reconstruction des chemins de fer, des ports, des canaux, des centrales, des ouvrages d'art, sans laquelle aucune reprise ne saurait être imaginée. En regard d'écrasantes dépenses s'alignent des recettes gravement insuffisantes. L'activité économique du pays est tombée, au mois de septembre, à environ 40 pour 100 du niveau de 1938. D'autre part, la circulation fiduciaire et la dette à court terme atteignent respectivement 630 et 602 milliards, soit trois fois plus qu'avant la guerre. Cet énorme total de moyens de paiements, complètement disproportionné à une production très réduite, entretient une poussée des prix qui menace de devenir, d'un jour à l'autre, irrésistible. Pour procurer des fonds au Trésor et, en même temps, maîtriser l'inflation, il faut un grand emprunt public.

C'est « l'emprunt de la Libération ». Aimé Lepercq, ministre des Finances, nous en fait adopter les modalités ; rentes perpétuelles 3 pour 100 et au pair. L'émission, ouverte le 6 novembre, est close le 20. L'opération fait une victime en la personne de celui-là même qui la dirige. Aimé Lepercq, homme de foi et d'espérance, est tué dans un accident au cours d'une tournée qu'il accomplit dans le Nord pour pousser les souscriptions. Le 19 novembre, trente heures avant la fin de l'émission, j'annonce au pays par radio que les chiffres déjà atteints équivalent à une réussite, mais j'ajoute : « C'est un triomphe que je demande[41] ! »

Tous comptes faits, l'emprunt de la Libération produit 165 milliards qui en feraient 1 200 d'aujourd'hui. Là-dessus, 127 milliards sont en « argent frais », le reste en bons du Trésor. Un tiers du total a été souscrit au cours de la dernière journée[42]. Si l'on songe à l'immense détresse économique où le pays se trouve alors plongé et qui limite à l'extrême les possibilités de presque tous les Français, si l'on note que, depuis la Grande Guerre, jamais aucune opération de crédit n'avait rapporté autant et qu'aucune de celles qui suivront n'approchera de ce résultat, on peut penser que c'est, en effet, un triomphe de la confiance que les Français ont en la France. La circulation des billets va être ramenée aussitôt de 630 à 560 milliards et la dette à court terme de 601 à 555. La catastrophe qu'eût entraînée une inflation effrénée se trouve écartée, du coup. D'autre part, les fonds fournis au Trésor par l'emprunt, ainsi que par la confiscation des profits illicites ordonnée le 18 octobre, nous procurent ce qu'il faut pour financer, tant bien que mal, les dépenses exceptionnelles : effort de guerre et remise en état de nos sources d'énergie et de nos communications. Compte tenu du rendement des impôts, l'État a donc de quoi payer ce qui doit l'être.

Encore faut-il qu'il soit maître chez lui. Au milieu des courants qui soulèvent les passions et, au moindre fléchissement, emporteraient son autorité, il lui faut s'acquitter de deux devoirs impératifs : que la justice soit rendue et l'ordre public assuré. Cela doit être fait vigoureusement et sans tarder sous peine qu'on ne le fasse jamais. Les mesures nécessaires sont prises.

Dès le 13 septembre[43], le gouvernement prescrit de constituer les cours spéciales de justice prévues par l'ordonnance du 24 juin. Dans chaque région va siéger un tribunal présidé par un magistrat et comprenant un jury désigné par le président de la cour d'appel. La liste des citoyens qui peuvent en faire partie est établie par le commissaire de la République. Ce tribunal doit juger les actes d'intelligence avec l'ennemi, sous les formes et garanties légales : droits de la défense, possibilité d'instance auprès de la Cour de cassation, recours au chef de l'État. À mesure que les cours de justice font leur office, les autorités locales achèvent de dissoudre les cours martiales constituées au cours de la lutte par les forces de l'intérieur ; les arrestations arbitraires deviennent formellement illicites ; les amendes doivent être tenues pour de simples escroqueries ; les exécutions sommaires ne sont plus que des crimes qualifiés. Peu à peu, cessent les représailles où la Résistance risquait d'être déshonorée. Il y aura encore quelques séquestrations, pillages ou assassinats, dont les auteurs subiront, d'ailleurs, la rigueur des lois. Mais ces derniers soubresauts seront très exceptionnels.

Parmi les Français qui ont, par le meurtre ou par la délation, causé la mort de combattants de la Résistance, il en aura été tué, sans procès régulier, 10 842, dont 6 675 pendant les combats des maquis avant la Libération, le reste après, au cours de représailles. D'autre part, 779 auront été exécutés en vertu de jugements normalement rendus par les cours de justice et les tribunaux militaires. Total en soi douloureux, très limité, il est vrai, par rapport au nombre des crimes commis et à leurs affreuses conséquences, très éloigné, bien entendu, des chiffres extravagants qu'avanceront plus tard les amants inconsolables de la défaite et de la collaboration, mais attristant par le fait qu'il s'agissait d'hommes dont la conduite ne fut pas toujours inspirée par les motifs de bas étage. De ces miliciens, fonctionnaires, policiers, propagandistes, il en fut qui répondirent aveuglément au postulat de l'obéissance. Certains se laissèrent entraîner par le mirage de l'aventure. Quelques-uns crurent défendre une cause assez haute pour justifier tout. S'ils furent des coupables, nombre d'entre eux n'ont pas été des lâches. Une fois de plus, dans le drame national, le sang français coula des deux côtés. La patrie vit les meilleurs des siens mourir en la défendant. Avec honneur, avec amour, elle les berce en son chagrin. Hélas ! certains de ses fils tombèrent dans le camp opposé. Elle approuve leur châtiment[q], mais pleure tout bas ces enfants morts. Voici que le temps fait son œuvre. Un jour, les larmes seront taries, les fureurs éteintes, les tombes effacées. Mais il restera la France.

Dès lors que la justice fonctionne, il ne subsiste aucun prétexte au maintien des forces armées qui ne sont pas régulières. Or, en dépit des instructions données, plusieurs organisations, avant tout le « Front national », s'obstinent à conserver à leur disposition des éléments paramilitaires. Ces « milices patriotiques » prétendent empêcher « un retour offensif du fascisme ». Mais, aussi, on les sent prêtes à appuyer une pression qui serait tentée sur le pouvoir pour le contraindre ou pour le conquérir. Bien entendu, sous le camouflage, c'est le « Comac » qui tient les commandes. L'ultime équivoque doit cesser. Passant outre aux objections de plusieurs ministres et aux démarches de divers comités, j'amène le gouvernement à ordonner formellement la dissolution des milices. Le 28 octobre, c'est fait, notifié et publié[44].

Comme je m'y attends, les réactions sont vives. Le dimanche 29, le Conseil national de la Résistance me demande audience. Je reçois à mon domicile[45], avec égard et amitié, ces compagnons de la lutte d'hier. Mais, aux objurgations qu'ils m'adressent unanimement de revenir sur la décision prise, je ne puis qu'opposer une fin de non-recevoir. Est-ce l'effet de l'intimidation qu'exercent les communistes ou celui des illusions fréquentes chez les « bien-pensants » ? les plus ardents à protester sont ceux qui représentent les formations modérées. Au contraire, les mandataires du « parti » gardent, au cours de l'entrevue, une attitude réservée, soit qu'ils discernent que l'issue est fixée d'avance, soit qu'ils méditent de manifester leur irritation d'une autre manière. Le 31, des dispositions détaillées sont arrêtées en Conseil des ministres. Toute force qui ne fait pas partie de l'armée ou de la police doit être immédiatement dissoute, au besoin par voie d'autorité. Il est interdit, sous peine de sanctions graves, de détenir des armes sans autorisation motivée des préfets. Tout l'armement qui se trouve en possession des particuliers est à verser, dans le délai d'une semaine, aux commissariats de police et aux brigades de gendarmerie. Sont invités à s'y inscrire, — mais il s'en inscrira fort peu, — « les citoyens qui désirent contribuer à la défense des institutions et libertés républicaines », afin que les autorités puissent, éventuellement, faire appel à leur concours.

Coïncidence ou provocation, le lendemain, 1er novembre, un train de munitions fait explosion à Vitry-sur-Seine. On relève une trentaine de tués et une centaine de blessés. Le sinistre s'est produit pendant la matinée même où je me suis rendu au mont Valérien, au cimetière d'Ivry et au château de Vincennes pour rendre l'hommage de la Toussaint aux morts de la Résistance[46]. Les communistes ne manquent pas d'affirmer que c'est là « un méfait de la 5e colonne fasciste ». Le 2 novembre, le bureau politique du « parti », évoquant « l'attentat de Vitry », attaque vivement dans un communiqué le général de Gaulle qui veut dissoudre les milices. « Une fois de plus, déclare le bureau, le président du gouvernement a pris la responsabilité de traiter comme quantité négligeable la Résistance française. » Deux jours après, au Vélodrome d'Hiver, se tient une réunion publique organisée par le Front national. Les orateurs y clament leurs protestations. Le 25 novembre, dans le Vaucluse, au château de la Timone où cantonne une compagnie républicaine de sécurité, une bombe éclate, tuant trente-deux gardes. L'enquête ne réussira pas à découvrir les auteurs. Mais tout se passe comme si c'était là l'épilogue de l'affaire des milices. Les derniers groupes indûment armés ont disparu. Nulle explosion mystérieuse n'aura plus lieu, désormais.

Pourtant, il est d'intérêt national que les hommes qui ont mené la lutte au premier rang participent également à l'œuvre du redressement. Or, mis à part les dirigeants communistes qui visent un but très défini, les résistants, dans leur ensemble, sont quelque peu désorientés. Tandis que l'ennemi fuyait et que Vichy s'anéantissait, ils avaient été tentés de dire, comme le Faust de Goethe : « Instant ! Arrête-toi. Tu es si beau[47] ! » La libération, en effet, retire à leur activité ses principaux points d'application. Pour eux, la nostalgie commence. Et d'autant plus que ces hommes ardents et aventureux ont éprouvé, au plus fort du danger, les sombres attraits de la lutte clandestine dont ils ne se déprendront plus. Ceux d'entre eux qui sont, surtout, des combattants vont s'absorber dans les rangs de l'armée. Mais la plupart des « politiques », qu'ils le fussent naguère ou qu'ils le soient devenus, ont hâte de voir renaître la vie publique. Ils aspirent à trouver une enceinte où ils puissent se faire entendre et, pour certains, se ménager l'accès aux postes de commande.

De mon côté, je tiens à placer en contact avec le ministère une assemblée aussi représentative que possible. Les ordonnances réglant l'établissement des pouvoirs dans la Métropole prévoient, d'ailleurs, que l'assemblée d'Alger viendra siéger à Paris après avoir été élargie. Ce n'est pas que je prête à un tel collège la capacité d'agir. N'ignorant pas que les assemblées, sous le tranchant des mots, sont dominées par la crainte des actes et connaissant les rivalités qui, déjà, divisent les résistants, je ne m'attends nullement à ce que leurs mandataires appuient effectivement une politique déterminée. Mais, tout au moins, j'espère qu'ils soutiendront une mystique[48] du renouveau dont s'inspirera notre peuple. En tout cas, il me paraît bon d'offrir un exutoire à leurs bouillonnements. Et puis, comment négliger les suggestions qu'une assemblée de cette sorte fournira au gouvernement et le crédit extérieur qu'elle pourra lui procurer ? Le 12 octobre, une ordonnance fixe la composition de l'Assemblée consultative nouvelle[49].

Celle-ci comprend 248 membres, dont 176[r] représentants des organisations de Résistance, 60 parlementaires, 12 conseillers généraux d'outre-mer. En font partie, notamment[s], les 18 membres du Conseil national de la Résistance.

L'Assemblée se réunit le 7 novembre. Elle siège au Luxembourg, car, symboliquement, j'ai tenu à réserver le Palais-Bourbon à la future Assemblée nationale. Félix Gouin est élu président, comme il l'avait été à Alger. Le 9, je viens inaugurer la première séance de travail[50].

De la tribune, où je suis monté pour adresser à l'Assemblée le salut du gouvernement, je vois l'hémicycle rempli de compagnons délégués par tous les mouvements de la Résistance nationale et appartenant à toutes les tendances de l'opinion. D'un bout à l'autre des travées, tous me font l'honneur d'applaudir. Les assistants sont, comme moi-même, pénétrés du sentiment que leur réunion consacre une grande réussite française succédant à un malheur démesuré. Voici, en effet, le terme de l'oppression de la France, mais aussi le dénouement de la dramatique secousse que fut sa libération. Des faits sont accomplis qui rouvrent au vaisseau la mer libre, après lui avoir évité d'être coulé au départ.

Depuis que Paris est repris, dix semaines se sont écoulées. Que de choses auront dépendu de ce qui put être fait dans ce court espace de temps ! Entre le peuple et son guide le contact s'est établi. Par là, se trouve tranchée toute espèce de contestation, quant à l'autorité nationale. L'État exerce ses pouvoirs. Le gouvernement est à l'œuvre. L'armée, réunifiée, accrue, plus ardente que jamais, combat aux portes de l'Alsace, dans les Alpes, sur la côte Atlantique, coude à coude avec nos alliés. L'administration fonctionne. La justice fait son office. L'ordre public s'établit. De vastes réformes sont en cours, écartant la menace du bouleversement qui pesait sur la nation. La banqueroute est conjurée ; le Trésor passablement rempli ; la monnaie sauvée pour un temps. Surtout, la France reprend conscience d'elle-même et regarde vers l'avenir.

L'avenir ? Il va se préparer à travers les épreuves qui nous séparent de la victoire et, plus tard, du renouveau. Tant que dure la guerre, j'en réponds. Mais, ensuite, l'essentiel dépendra de ceux-là même qui sont, aujourd'hui, assemblés autour de moi dans cette salle du Luxembourg. Car, demain, le peuple fera d'eux ses mandataires élus et légaux. Qu'ils restent unis pour le redressement, comme ils le sont encore pour le combat, tous les espoirs resteront permis. Qu'ils me quittent et se divisent pour s'arracher les uns aux autres les apparences du pouvoir, le déclin reprendra son cours.

Mais nous ne sommes qu'au présent. La France en guerre se retrouve chez elle. Il s'agit, maintenant, qu'elle reparaisse au-dehors.

LE RANG

Vers la France libérée tous les États portaient leurs regards. Cette nation, que depuis tant de siècles on voyait à la première place, qui hier s'était effondrée dans un désastre invraisemblable mais pour qui certains de ses fils n'avaient pas cessé de combattre, qui aujourd'hui se déclarait souveraine et belligérante, dans quel état reparaissait-elle, quelle route allait-elle prendre, à quel rang la reverrait-on ?

Sans doute croyait-on que le général de Gaulle, maintenant installé à Paris, s'y maintiendrait pour un temps à la tête de quelque exécutif. Mais sur qui et sur quoi, au juste, s'exercerait son autorité ? Ce chef, que n'avaient investi nul souverain, nul parlement, nul plébiscite, et qui ne disposait en propre d'aucune organisation politique, serait-il longtemps suivi par le peuple le plus mobile et indocile de la terre ? Sur un territoire ravagé, au milieu d'une population recrue de privations, en face d'une opinion profondément divisée, n'allait-il pas se heurter à des difficultés telles qu'il se trouverait impuissant ? Enfin, qui pouvait dire si les communistes, grandis dans la Résistance et n'ayant devant eux que des lambeaux de partis et des débris de police, de justice, d'administration, ne s'empareraient pas du pouvoir ? Avant de prendre, à l'égard du Gouvernement provisoire, une attitude déterminée, les chancelleries voulaient voir comment tournerait la France.

Or, on devait convenir qu'elle tournait bien. Point de guerre civile, de soulèvement social, de désordre militaire, de déroute économique, d'anarchie gouvernementale. Au contraire ! Un pays retrouvant l'équilibre malgré sa misère, empressé à se reconstruire, développant son effort de guerre, sous la conduite d'un gouvernement pratiquement incontesté, voilà, en dépit des ombres, le spectacle que nous offrions aux autres. Les Alliés et les neutres ne pouvaient plus tarder davantage à donner une forme normale à leurs relations avec nous.

Certes, en le faisant plus tôt, celles des grandes puissances qui combattaient à nos côtés auraient pu nous apporter un important appui moral dans la situation critique que nous venions de surmonter. Mais les susceptibilités du président des États-Unis et les griefs du Premier Ministre anglais avaient tenu en suspens la décision jusqu'à l'extrême limite. À présent, plus moyen d'attendre ! D'ailleurs, Franklin Roosevelt lui-même était contraint de régler l'affaire, en considération des électeurs américains auxquels il allait demander un nouveau mandat présidentiel et qui s'impatientaient d'une attitude injustifiable vis-à-vis de la France amie. L'élection devait avoir lieu le 7 novembre. C'est le 23 octobre que Washington, Londres et Moscou reconnurent, en bonne et due forme, le Gouvernement provisoire de la République française[1]. À la Maison-Blanche et à Downing Street, on allégua, pour sauver la face, qu'Eisenhower jugeait maintenant possible de « transmettre son autorité sur le territoire français au gouvernement de Gaulle », comme si, cette autorité, le Commandant en chef l'avait jamais exercée, fût-ce une seule minute, sur d'autres que ses soldats[2]. Voyant que les « grands » s'inclinaient devant l'inévitable, les États retardataires se mirent en règle à leur tour. Nous nous gardâmes, naturellement, de remercier qui que ce fût pour cette formalité accomplie *in extremis*. Lors d'une conférence de presse que je fis, précisément, le 25 octobre, comme on me demandait « quelles étaient mes impressions quant à la reconnaissance du gouvernement par les Alliés » ? Je me bornai à répondre : « Le gouvernement français est satisfait qu'on veuille bien l'appeler par son nom[3]. »

Paris vit, alors, se rouvrir toutes grandes les portes des ambassades qui s'étaient tenues fermées pendant l'Occupation et seulement entrebâillées depuis. Les mêmes diplomates qui avaient été délégués auprès de nous à Alger, défilèrent devant moi pour me remettre leurs lettres de créance, mais, cette fois, sous des titres qui n'étaient plus ambigus. M. Jefferson Caffery, envoyé par Washington pour remplacer M. Edwin Wilson, fut, parmi les Alliés, le seul ambassadeur que nous ne connaissions pas encore. Quant aux neutres, on vit s'évanouir le corps diplomatique qu'ils constituaient à Vichy et c'est avec bonhomie que le gouvernement français accueillit leurs nouveaux mandataires. Il n'y eut de difficulté qu'au sujet du nonce apostolique. Le Vatican, en effet, eût souhaité que Mgr Valerio Valeri fût accrédité auprès du général de Gaulle après l'avoir été auprès du maréchal Pétain. C'était, à nos yeux, impossible. Après diverses péripéties, le Saint-Siège demanda notre agrément pour Mgr Roncalli[4]. Nous le lui donnâmes tout de suite, non sans que j'eusse exprimé à Mgr Valerio Valeri, au moment de son départ, notre haute considération pour sa personne.

De notre côté, nous eûmes à compléter et à remanier notre représentation dans les capitales étrangères. René Massigli s'installa à Londres, Henri Bonnet à Washington, Jacques Maritain[5] au Vatican, le général Pechkoff à Tchoung-King. Auprès des Alliés, nos représentants portèrent, désormais, les titres traditionnels, tandis qu'à Madrid, Ankara, Berne, Stockholm, Lisbonne, etc., nos ambassadeurs prenaient officiellement leurs fonctions. Le Quai d'Orsay, longtemps château de la Belle au bois dormant, s'éveillait à l'activité. Le ministre, Georges Bidault, secondé par le secrétaire général Raymond Brugère, prenait contact avec les affaires, posées soudain toutes à la fois.

Qu'adviendrait-il de l'Europe après la défaite de l'Allemagne et quel sort serait fait à celle-ci ? C'était le problème capital que les événements allaient poser d'un jour à l'autre et dont, on peut le croire, je m'occupais avant tout.

En l'espace d'une vie d'homme, la France avait subi trois guerres par le fait du voisin d'outre-Rhin. La première s'était terminée par la mutilation du territoire national et une écrasante humiliation. Victorieux dans la seconde, nous avions, il est vrai, repris l'Alsace et la Lorraine, mais au prix de pertes et de destructions qui nous laissaient exsangues et ruinés. Encore, la malveillance des puissances anglo-saxonnes utilisant l'inconsistance de notre régime amenait-elle, par la suite, à renoncer aux garanties et aux réparations qu'on nous avait consenties en échange du contrôle du Reich et de la frontière du Rhin. La troisième guerre avait vu notre armée voler en éclats au premier choc, l'État officiel se ruer à la capitulation, le pays subir l'occupation, le pillage organisé, le travail forcé, la détention de deux millions d'hommes. Sans doute, en vertu d'une sorte de miracle, l'indépendance et la souveraineté se maintenaient-elles au plus profond de l'Empire. Peu à peu, une armée s'y était reconstituée, tandis que la Résistance s'étendait dans la Métropole. La France contribuait à sa propre libération avec des forces importantes, un gouvernement solide, une opinion rassemblée. Elle avait, désormais, la certitude d'être présente à la victoire[6]. Mais il était trop évident qu'elle se trouverait, alors, réduite à un tel état d'affaiblissement que sa situation dans le monde, l'adhésion de ses terres d'outre-mer et même les sources de sa vie en seraient compromises pour longtemps. À moins qu'en cette occasion, — la dernière peut-être, — elle ne refît sa puissance. C'est à quoi je voulais aboutir.

Pour que le redressement de la France fût possible, il fallait que le germanisme perdît sa capacité d'agression. Dans le monde dangereux qui se dessinait déjà, vivre à nouveau sous la menace de la guerre du fait d'un voisin qui en avait si souvent montré le goût et le génie, ce serait, pour notre pays, incompatible avec l'essor économique, la stabilité politique, l'équilibre moral, sans lesquels l'effort demeurerait vain. Il est vrai que l'épuisement de l'Allemagne, l'occupation alliée, l'annexion des territoires de l'Est, empêcheraient le pire pendant de nombreuses années. Mais ensuite ? Quelle évolution allait suivre le peuple allemand après sa défaite imminente ? Peut-être choisirait-il la sagesse et la paix ? Peut-être ce changement se révélerait-il durable ? Suivant ce que l'avenir apporterait à ce point de vue, les conditions de notre sécurité varieraient, évidemment. Mais, tant qu'on ne le savait pas, il fallait procéder comme si le germanisme pouvait rester dangereux. De quelles garanties devions-nous nous assurer, tout en laissant au grand peuple allemand la possibilité de vivre, de progresser, de coopérer avec nous-mêmes et avec le monde ?

Plus de Reich centralisé ! C'était, à mon sens, la première condition pour empêcher que l'Allemagne retournât à ses mauvais penchants. Chaque fois qu'un État dominateur et ambitieux s'était saisi des pays allemands en contraignant leur diversité, l'impérialisme avait jailli. On ne l'avait que trop vu sous Guillaume II et sous Hitler. Au contraire, que chacun des États appartenant au corps germanique pût exister par lui-même, se gouverner à sa manière, traiter de ses propres intérêts, il y aurait beaucoup de chances pour que l'ensemble fédéral ne fût pas porté à subjuguer ses voisins. Il y en aurait plus encore si la Ruhr, arsenal de matières stratégiques, recevait un statut spécial sous contrôle international. D'autre part, les territoires rhénans seraient, certes, occupés par les armées française, britannique, belge et hollandaise. Mais, si leur économie était, en outre, liée à un groupement formé par les Occidentaux, — rien ne s'opposant, d'ailleurs, à ce que les autres éléments de l'Allemagne vinssent s'y joindre, eux aussi, — et si le Rhin lui-même devenait une voie libre internationale, on verrait s'instituer la coopération des activités entre pays complémentaires. Tout commandait enfin que la Sarre, gardant son caractère allemand, s'érigeât elle-même en État et s'unît à la France dans le domaine économique, ce qui, grâce au charbon, réglerait la question de nos réparations. Ainsi, le monde germanique, retrouvant sa diversité et tourné vers l'Occident, perdrait les moyens de la guerre mais non ceux de son développement. Au surplus, aucune de ses parcelles ne serait annexée par les Français, ce qui laisserait la porte ouverte à la réconciliation[7].

Cette conception de l'Allemagne de demain se rattachait à l'idée que je me faisais de l'Europe. Celle-ci, après les déchirements horribles qu'elle avait subis en trente ans et les vastes changements qui s'opéraient dans l'univers, ne pourrait trouver l'équilibre et la paix que moyennant l'association entre Slaves, Germains, Gaulois et Latins. Sans doute fallait-il tenir compte de ce que le régime russe avait, sur le moment, de tyrannique et de conquérant. Utilisant les procédés de l'oppression totalitaire et, d'autre part, invoquant la solidarité des peuples du Centre et de l'Est vis-à-vis du péril allemand, le bolchevisme allait, selon toute vraisemblance, tenter de soumettre à sa loi la Vistule, le Danube et les Balkans. Mais, dès lors que l'Allemagne aurait cessé d'être une menace, cette subordination, dépourvue de raison d'être, paraîtrait tôt ou tard intolérable aux vassaux, tandis que les Russes eux-mêmes perdraient toute envie de dépasser leurs frontières. Si le Kremlin persistait dans son entreprise de domination, ce serait contre le gré des nations soumises à son gouvernement. Or il n'est point, à la longue, de régime qui puisse tenir contre les volontés nationales. J'estimais, en outre, qu'une action menée à temps auprès des maîtres du Kremlin par les alliés occidentaux, à condition qu'elle fût concertée et catégorique, sauvegarderait l'indépendance des Polonais, des Tchèques, des Hongrois et des Balkaniques. Après quoi, l'unité de l'Europe pourrait être mise en chantier sous forme d'une association organisée de ses peuples, depuis l'Islande jusqu'à Stamboul et de Gibraltar à l'Oural[8].

Tel était le plan que je m'étais formé, sachant fort bien qu'en pareille matière rien ne s'accomplit jamais exactement comme on l'a voulu, mesurant ce qui manquait à ma politique de crédit au-dehors et de soutien au-dedans en raison de notre affaiblissement, mais convaincu, néanmoins, que la France pouvait, dans ce sens, exercer une grande action, prendre une grande figure, servir grandement son intérêt et celui du genre humain. Mais il fallait, pour commencer, nous introduire dans le débat dissimulé et discordant où l'Amérique, la Russie, l'Angleterre, traitaient sans nous de ce qui était en jeu.

Pour accéder à leur étage nous partions vraiment de très bas. La conférence de Dumbarton Oaks, destinée à préparer la future « Organisation des Nations unies », avait réuni, en septembre et octobre, les représentants des États-Unis, de la Grande-Bretagne, de la Russie et de la Chine, à l'exclusion de la France. Traitant de la composition du « Conseil de sécurité » qui exercerait la direction du système, la conférence avait conclu que ce Conseil serait formé uniquement des mêmes quatre « grands ». « C'est très bien ainsi ! » déclarait M. Connally, président de la commission des Affaires étrangères du Sénat américain, « car les États-Unis, l'Angleterre, la Russie et la Chine sont les quatre nations qui ont versé leur sang pour le reste du monde, tandis que la France n'a eu dans cette guerre que la part d'un petit pays ». À Londres, siégeait, depuis plus d'un an, la « Commission européenne », où les délégués des gouvernements britannique, américain et soviétique étudiaient, en dehors de nous, les questions concernant l'Europe et, en particulier, l'Allemagne. En septembre, le Président et le Premier Ministre s'étaient rencontrés à Québec pour fixer leur position en se gardant de nous en faire part. En octobre, Churchill et Eden étaient allés à Moscou pour se mettre d'accord avec Staline et Molotov sans que personne nous ait informés de ce à quoi l'on avait abouti. Tout se passait comme si nos alliés persistaient à tenir la France à l'écart de leurs arrangements.

Nous ne pouvions directement faire cesser cette relégation, mais il ne tenait qu'à nous de la rendre insupportable à ceux qui nous l'infligeaient. Car rien de ce qu'ils décideraient au sujet de l'Europe et, au premier chef, de l'Allemagne ne saurait être appliqué si la France ne s'y prêtait pas. Nous allions être, avant peu, sur le Rhin et sur le Danube avec une solide armée. D'ailleurs, la fin de la guerre nous laisserait debout sur le vieux continent, tandis que l'Amérique se retrouverait dans son hémisphère et l'Angleterre dans son île[9]. Pour peu que nous sachions vouloir, nous aurions donc les moyens de rompre le cercle d'acceptation résignée et de docile renoncement où nos trois partenaires entendaient nous enfermer. Déjà, la libération du territoire, la restauration de l'État, la remise en ordre du pays, nous mettaient en mesure d'entrer en ligne. Le 30 octobre, nous invitâmes MM. Churchill et Eden à venir nous voir à Paris. Pour la forme et sans illusion, nous avions, en même temps, adressé à MM. Roosevelt et Cordell Hull une invitation semblable qui fut, celle-là, déclinée[10].

Churchill[a] et Eden arrivèrent le 10 novembre. Nous les reçûmes de notre mieux. Paris, pour les acclamer, donna de toute sa voix. Avec Bidault et plusieurs ministres, j'allai les accueillir à Orly et conduisis le Premier au Quai d'Orsay où nous l'installions. Le lendemain était la fête de la Victoire. Après la visite au Soldat inconnu et le défilé des troupes, nous descendîmes la voie triomphale, Churchill et moi dans la même voiture, sous une tempête de vivats. À la statue de Clemenceau, le Premier Ministre déposa une gerbe de fleurs, tandis que, sur mon ordre, la musique jouait : *Le Père la Victoire*[11]. « *For you!* » lui dis-je. C'était justice. Et puis, je me souvenais qu'aux Chequers, le soir d'un mauvais jour, il m'avait chanté l'ancienne chanson de Paulus sans en manquer un seul mot. Nous fûmes aux Invalides nous incliner devant la dalle de Foch. Après quoi, l'illustre Anglais se pencha, un long moment, sur le tombeau de Napoléon. « Dans le monde, me dit-il, il n'y a rien de plus grand[12] ! » Le déjeuner officiel au ministère de la Guerre, siège de la présidence, se termina par des allocutions où, de part et d'autre, retentissait l'amitié[13].

Après le repas, Winston Churchill me dit avoir été profondément touché de ce qu'il venait de voir et d'entendre. « Voudriez-vous m'indiquer, demandai-je, ce qui vous a le plus frappé ? — Ah ! répondit-il, c'est l'unanimité ! Après de tels événements, où nous avons été, vous et moi, si attaqués et outragés en France par tant d'écrits et de paroles, j'ai constaté que, seul, l'enthousiasme se levait à notre passage. C'est donc, qu'au fond de son âme, le peuple français était avec vous qui l'avez servi et avec moi qui vous y ai aidé. » Churchill ajouta qu'il était impressionné par le bon ordre des cérémonies. Il m'avoua que le cabinet britannique avait longuement délibéré avant d'approuver son voyage, tant on appréhendait le tumulte à Paris. Et voilà qu'il avait pu voir chacun à sa place, la foule respectant les barrages et sachant parfaitement se déchaîner ou se taire suivant ce qui convenait, enfin de belles troupes, — les F.F.I. d'hier, — défiler en bonne ordonnance. « Je croyais, déclara-t-il, assister à une résurrection. »

Dans la journée, nous eûmes, dans mon bureau de la rue Saint-Dominique, une conférence[14] où fut examinée la possibilité d'une coopération franco-britannique pour les règlements mondiaux. Auprès de Churchill étaient Eden et Duff Cooper ; auprès de moi, Bidault et Massigli. Il s'agissait, cette fois, d'affaires et non plus de sentiment. Aussi trouvâmes-nous nos interlocuteurs réticents.

Pour ce qui concernait l'armement de l'armée française, ils ne nous consentirent aucune aide appréciable et ne se montrèrent pas disposés à joindre leurs efforts aux nôtres auprès des États-Unis pour en obtenir un concours. Au sujet de l'Allemagne, ils reconnurent que la France devrait y avoir, elle aussi, une zone d'occupation, mais demeurèrent évasifs sur ce que cette zone pourrait être. Encore moins voulurent-ils envisager avec nous rien de précis quant au régime futur des pays germaniques, à la Ruhr, au Rhin, à la Sarre, etc. Par contre, ils ne nous cachèrent pas qu'à Moscou, quelques jours plus tôt, ils avaient souscrit aux projets de Staline relativement aux futures frontières de la Russie et de la Pologne, fait venir de Londres dans la capitale soviétique trois ministres polonais : MM. Mikolajczyk, de Romer et Grabski, pour les sommer de s'arranger avec le « comité de Lublin » ainsi que l'exigeaient les Russes, conclu enfin avec le Kremlin une sorte d'agrément pour le partage des Balkans en deux zones d'influence. « En Roumanie, dit Churchill, les Russes auront 90 pour 100, nous autres Anglais 10 pour 100. En Bulgarie, ils auront 75 pour 100, nous 25 pour 100. Mais, en Grèce, nous aurons 90 pour 100, eux 10 pour 100. En Hongrie et en Yougoslavie, nous serons à part égale[15]. » À nos tentatives d'aborder le fond des choses sur la question du Levant, les ministres britanniques opposèrent une attitude fuyante. Enfin, ils restèrent dans l'imprécision pour ce qui se rapportait à l'Indochine et, d'une manière générale, à l'Extrême-Orient.

Sous la prudence courtoise des réponses de Churchill et d'Eden, on sentait qu'ils se considéraient comme les participants d'un jeu auquel nous-mêmes n'étions pas admis et qu'ils observaient vis-à-vis de nous une réserve imposée par d'autres. Cependant, ils ne laissaient pas d'attester leur confiance en la France et la certitude de la voir reprendre sa place parmi les grands États. Ils proposaient d'entamer tout de suite des pourparlers en vue d'un traité d'alliance franco-britannique. Même, ils nous apportaient l'invitation conjointe de l'Angleterre, des États-Unis et de la Russie soviétique à faire partie, à leurs côtés, de la Commission européenne de Londres[16].

Ce premier pas n'était pas négligeable. Mais il ne nous satisfaisait nullement. En tout cas, Churchill put se convaincre, d'après nos propos, que nous ne nous accommoderions d'aucune autre situation que celle d'associé à part entière. En poursuivant son voyage, il put également constater, comme il en avait eu déjà l'impression sur les Champs-Élysées, que le peuple français ne méritait pas que ses affaires fussent traitées par les autres.

Le 12 novembre, il fut reçu à l'hôtel de ville de Paris et y rencontra, à sa demande, non seulement le conseil municipal, mais aussi le Conseil de la Résistance, le Comité parisien de la Libération et beaucoup de combattants du mois d'août. « J'y vais, m'avait-il dit, pour voir les hommes de la révolte ! » Peut-être, aussi, caressait-il l'idée de rencontrer parmi eux des opposants à de Gaulle. À son retour, il me décrivit l'étonnement qu'il avait ressenti. « Je m'attendais, raconta-t-il, à me trouver au milieu d'insurgés bouillonnants et tumultueux. Or j'ai été accueilli par un cortège de parlementaires ou de gens qui en avaient tout l'air, salué par la garde républicaine en grande tenue, introduit dans une salle remplie d'une foule ardente mais raisonnable, harangué par des orateurs qui préparent certainement leur candidature aux élections. Vos révolutionnaires, on dirait nos travaillistes ! C'est tant mieux pour l'ordre public. Mais c'est dommage pour le pittoresque. » Le soir, après une nouvelle conférence en compagnie d'Eden et de Bidault et un dîner à l'ambassade d'Angleterre, je l'emmenai rendre visite à notre Ire armée.

Toute la journée du 13 novembre, sous la neige qui tombait sans arrêt, M. Churchill vit l'armée française renaissante, ses grandes unités en place, ses services en fonctionnement, ses états-majors à l'ouvrage, ses généraux bien assurés ; le tout prêt à l'attaque qui serait, précisément, déclenchée le lendemain. Il en parut impressionné et déclara que, plus que jamais, il se sentait justifié de faire confiance à la France.

Cette confiance de Churchill ne suffisait pas, cependant, à lui faire adopter, à notre égard, la politique de franche solidarité qui aurait pu rétablir l'Europe et maintenir, en Orient, en Asie, en Afrique, le prestige de l'Occident. La visite qu'il nous rendait était peut-être l'ultime occasion de l'amener à résipiscence. Je ne me fis pas faute de l'essayer au cours des entretiens que nous eûmes en tête à tête.

Je répétais à Churchill : « Vous le voyez, la France se reprend. Mais, quelle que soit ma foi en elle, je sais qu'elle ne retrouvera pas de sitôt sa puissance d'autrefois. Vous, Anglais, de votre côté, terminerez cette guerre couverts de gloire. Cependant, dans quelle mesure, — si injuste que cela soit, — votre situation relative risque-t-elle d'être diminuée, étant donné vos pertes et vos dépenses, les forces centrifuges qui travaillent le Commonwealth et, surtout, l'ascension de l'Amérique et de la Russie, en attendant celle de la Chine ! Voilà donc que, pour affronter un monde tout nouveau, nos deux anciens pays se trouvent affaiblis simultanément. S'ils demeurent, en outre, séparés, pour combien comptera chacun d'eux ? Au contraire, que l'Angleterre et la France s'accordent et agissent ensemble dans les règlements de demain, elles pèseront assez lourd pour que rien ne se fasse qu'elles n'aient elles-mêmes accepté ou décidé. C'est cette commune volonté qui doit être à la base de l'alliance que vous nous proposez. Sinon, à quoi bon signer un document qui serait ambigu ?

« L'équilibre de l'Europe, ajoutais-je, la paix garantie sur le Rhin, l'indépendance des États de la Vistule, du Danube, des Balkans, le maintien à nos côtés, sous forme d'association, des peuples que nous avons ouverts à la civilisation dans toutes les parties du monde, une organisation des nations qui soit autre chose que le champ des querelles de l'Amérique et de la Russie, enfin la primauté reconnue dans la politique à une certaine conception de l'homme[17] en dépit de la mécanisation progressive des sociétés, voilà bien, n'est-il pas vrai ? ce que sont nos grands intérêts dans l'univers qui s'annonce. Ces intérêts, mettons-nous d'accord pour les soutenir de concert. Si vous le voulez, j'y suis prêt. Nos deux pays nous suivront. L'Amérique et la Russie, entravées par leur rivalité, ne pourront pas passer outre. D'ailleurs, nous aurons l'appui de beaucoup d'États et de l'opinion mondiale qui, d'instinct, redoutent les colosses. En fin de compte, l'Angleterre et la France façonneront ensemble la paix, comme deux fois, en trente ans, elles ont ensemble affronté la guerre. »

Winston Churchill me répondait : « Je n'envisage pas, soyez-en sûr ! que la France et la Grande-Bretagne se séparent. Vous êtes le témoin et la preuve de ce que j'ai fait pour l'empêcher, quand c'était le plus difficile. Aujourd'hui même, je vous propose de conclure avec nous une alliance de principe. Mais, dans la politique aussi bien que dans la stratégie, mieux vaut persuader les plus forts que de marcher à leur encontre. C'est à quoi je tâche de réussir. Les Américains ont d'immenses ressources. Ils ne les emploient pas toujours à bon escient. J'essaie de les éclairer, sans oublier, naturellement, d'être utile à mon pays. J'ai noué avec Roosevelt des relations personnelles étroites. Avec lui, je procède par suggestions afin de diriger les choses dans le sens voulu. Pour la Russie, c'est un gros animal qui a eu faim très longtemps. Il n'est pas possible aujourd'hui de l'empêcher de manger, d'autant plus qu'il est parvenu en plein milieu du troupeau des victimes. Mais il s'agit qu'il ne mange pas tout. Je tâche de modérer Staline qui, d'ailleurs, s'il a grand appétit, ne manque pas de sens pratique. Et puis, après le repas, il y a la digestion. Quand l'heure viendra de digérer, ce sera, pour les Russes assoupis, le moment des difficultés. Saint Nicolas pourra peut-être, alors, ressusciter les pauvres enfants que l'ogre aura mis au saloir. En attendant, je suis présent à toutes les affaires, ne consens à rien pour rien et touche quelques dividendes.

« Quant à la France, répétait Churchill, grâce à vous, elle reparaît. Ne vous impatientez pas[18] ! Déjà, les portes s'entrebâillent. Plus tard, elles vous seront ouvertes. On vous verra, tout naturellement, prendre un fauteuil à la table du conseil d'administration. Rien n'empêchera, alors, que nous opérions ensemble. Jusque-là, laissez-moi faire ! »

Le Premier Ministre prit congé de moi, le 14 novembre, pour aller inspecter le secteur britannique du front. Eden était déjà rentré à Londres. De ce qu'ils nous avaient exposé il ressortait que l'Angleterre était favorable à la réapparition politique de la France, qu'elle le serait chaque jour davantage pour des raisons d'équilibre, de tradition et de sécurité, qu'elle souhaitait une alliance de forme avec nous, mais qu'elle ne consentirait pas à lier son jeu au nôtre, se croyant en mesure de jouer seule le sien entre Moscou et Washington, de limiter leurs exigences mais aussi d'en tirer profit. La paix que nous,

Français, voulions aider à bâtir d'après ce qui nous semblait être la logique et la justice, les Anglais, eux, jugeaient expédient de la traiter suivant les recettes de l'empirisme et du compromis. Au demeurant, ils poursuivaient certains objectifs précis, là où l'assiette des États et les situations acquises, n'étant pas encore fixées, offraient à l'ambition britannique des possibilités de manœuvre et d'extension.

C'était le cas, avant tout, pour la Méditerranée. Athènes, Belgrade, Beyrouth, Damas, Tripoli, devraient demain, suivant les plans de Londres, y compléter sous des formules diverses la prépondérance britannique antérieurement appuyée sur Gibraltar, Malte, Chypre, Le Caire, Amman et Bagdad. Ainsi trouveraient leur contrepartie les concessions que la Grande-Bretagne ne pouvait éviter de faire à la voracité des Russes et à l'idéologie capitaliste des Américains. Aucune épreuve ne change la nature de l'homme ; aucune crise, celle des États.

En somme, au club des grands, nous trouvions, assis aux bonnes places, autant d'égoïsmes sacrés qu'il y avait de membres inscrits. À Washington, Roosevelt s'était ouvert à moi des ambitions américaines, drapées d'idéalisme mais pratiques en réalité[19]. Les dirigeants de Londres venaient de nous démontrer qu'ils visaient à atteindre des buts spécifiquement britanniques. Et, maintenant, les maîtres du Kremlin allaient nous faire voir qu'ils servaient les seuls intérêts de la Russie soviétique.

En effet, M. Bogomolov, aussitôt après la visite en France de MM. Churchill et Eden, fit d'actives démarches pour me presser de me rendre à Moscou. Puisque la France reparaissait libre et vivante et que son gouvernement habitait à nouveau Paris, il était dans mes intentions de prendre un contact direct avec Staline et ses ministres. J'acceptai donc leur invitation, ainsi que le programme établi par M. Molotov et notre ambassadeur Roger Garreau. Il fut convenu que j'irais, en compagnie de Georges Bidault, passer une semaine dans la capitale soviétique. On pourrait ainsi s'informer mutuellement de la façon dont, de part et d'autre, on concevait le règlement futur de la paix. Peut-être serait-il possible de renouveler de quelque façon la solidarité franco-russe qui, pour méconnue et trahie qu'elle avait été souvent, n'en demeurait pas moins conforme à l'ordre naturel des choses, tant vis-à-vis du danger allemand que des tentatives d'hégémonie anglo-saxonne. J'envisageais même le projet d'un pacte, en vertu duquel la France et la Russie s'engageraient à agir en commun s'il devait arriver qu'un jour l'Allemagne redevînt menaçante. Cette dangereuse hypothèse ne se produirait, sans doute, pas de sitôt. Mais la conclusion d'un traité franco-russe pourrait nous aider, tout de suite, à déboucher dans le champ des règlements européens.

Avant de prendre la route du Kremlin, je tins à formuler en public les conditions de la France pour les règlements futurs. L'Assemblée consultative avait ouvert un débat sur les Affaires étrangères. Suivant l'usage, les orateurs y déployèrent des généralités où palpitait l'idéalisme, mais qui restaient dans le vague quant aux objectifs pratiques. Tous condamnaient l'hitlérisme, mais s'abstenaient de préciser ce qu'il faudrait faire de l'Allemagne. Ils prodiguaient à nos alliés des témoignages chaleureux, mais ne réclamaient d'eux pas autre chose que leur amitié. Ils tenaient pour nécessaire que la France reprît son rang, mais évitaient d'indiquer suivant quelle voie et par quels moyens. Dans la déclaration que je fis, le 22 novembre, je ne m'en appliquai que mieux à dire ce que nous voulions[20].

J'observai, d'abord, que « nous recommencions à disposer des moyens d'une action diplomatique qui soit à la mesure de la France. Presque tous les gouvernements étrangers, dis-je, ont maintenant reconnu le gouvernement de la République. Quant à l'Allemagne, nos canons, en Alsace et ailleurs, sont en train de le lui faire reconnaître de la seule manière convenable, c'est-à-dire par la victoire... D'autre part, nous siégeons à la Commission européenne de Londres et à celle des Affaires italiennes... Nous venons d'avoir avec le Premier Ministre et le secrétaire d'État aux Affaires étrangères britanniques des entretiens francs, larges et amicaux... Nous nous proposons d'en avoir de la même sorte avec le gouvernement soviétique pendant notre prochain voyage à Moscou... Nous comptons discuter, un jour, dans des conditions semblables, avec le président des États-Unis d'Amérique ». Je faisais voir, ainsi, que la France retrouvait l'audience qu'il lui fallait pour jouer à nouveau son rôle.

Ce rôle devait être celui d'un des plus grands États. Je l'affirmais en évoquant la future organisation des Nations unies et notre volonté d'y faire partie du Conseil dirigeant. « Nous pensons, disais-je, que les puissances qui sont en mesure d'agir matériellement et moralement dans les diverses parties du monde devront exercer en commun le devoir d'impulsion et d'orientation... À nos yeux, la France est, sans nul doute possible, l'une de ces puissances-là. » J'ajoutais : « Nous sommes prêts à porter, une fois de plus, la part des charges que comportent des devoirs prépondérants. En revanche, nous estimons n'être engagés[21] par aucune mesure concernant l'Europe et par aucune grande disposition concernant d'autres parties du monde, dont nous n'aurions pas eu à délibérer dans les mêmes conditions que ceux qui les auraient prises. »

C'était le cas, avant tout, pour ce qui était de l'Allemagne. « Qu'il s'agisse de l'occupation du territoire allemand, ou du système d'administration à appliquer aux peuples allemands occupés, ou du régime futur à déterminer pour eux, ou des frontières, ouest, est, sud, nord, à leur fixer, ou des mesures de contrôle militaire, économique, moral qui devront leur être imposées, ou du destin des populations qui pourront être détachées de l'État allemand, la France ne sera partie que si elle a été juge. » Je précisais : « Ce règlement, nous ne pourrons le concevoir que s'il nous assure la sécurité élémentaire que la nature a placée sur les bords du Rhin, pour nous comme pour la Belgique, la Hollande et, dans une large mesure, l'Angleterre. » Mais j'affirmais, qu'en fixant ainsi à l'Allemagne un destin obligatoirement pacifique, il s'agissait, aux yeux de la France, de permettre enfin cette féconde construction que serait l'unité de l'Europe. « Nous y croyons ! proclamais-je, et nous espérons qu'elle se traduira, pour commencer, en actes précis reliant les trois pôles : Moscou, Londres et Paris[22]. »

Après avoir manifesté notre intention de régler avec l'Italie « la réparation des torts qui nous furent causés » et notre désir « de nouer ensuite, avec le gouvernement et le peuple italiens, les relations dont pourra sortir une franche réconciliation » ; puis, ayant mentionné les événements du Pacifique, notre décision « d'y prendre une part grandissante à l'effort de guerre commun », notre volonté « d'y recouvrer tout ce que l'ennemi nous a arraché », je concluais : « Peut-être la France se trouve-t-elle devant l'une de ces occasions de l'Histoire où un peuple voit s'offrir à lui un destin d'autant plus grand que ses épreuves ont été pires. Mais nous ne saurions ni soutenir nos droits, ni accomplir nos devoirs, si nous renoncions à devenir puissants... Malgré les pertes et les douleurs, malgré la fatigue des hommes, rebâtissons notre puissance ! Voilà quelle est, désormais, la grande querelle de la France[23] ! »

L'Assemblée applaudit chaleureusement mon discours. Elle vota, à l'unanimité, un ordre du jour approuvant l'action extérieure du gouvernement. Dans ce domaine, pourtant, il y avait, entre les « politiques » et moi, des différences d'état d'esprit. Ce n'est point que ces parlementaires d'hier ou de demain fissent des réserves sur les buts concrets que je leur avais montrés. Mais ils les saluaient de loin et, au fond, ne s'y attachaient guère. Plutôt que des problèmes qui se posaient aux États : frontières, sécurité, équilibre des forces, ils se souciaient d'attitudes doctrinales faisant effet sur l'opinion. Encore les choisissaient-ils nébuleuses autant qu'émouvantes.

Qu'on célébrât, par exemple, « le triomphe prochain de la justice et de la liberté par l'écrasement du fascisme », ou « la mission révolutionnaire de la France », ou « la solidarité des démocraties », ou « la paix à établir sur la coopération des peuples », alors les délégués se trouvaient en état de réceptivité. Mais, que l'on traitât explicitement du Rhin, de la Sarre, de la Ruhr, de la Silésie, de la Galicie, du Levant, de l'Indochine ; que l'on dît : « Non ! » par avance, à ce que nos alliés décideraient en dehors de nous ; qu'on fît entendre que, si nous unissions notre sort à leur sort ce n'était pas, à tout prendre, pour la raison que l'Angleterre était parlementaire, l'Amérique, démocratique, la Russie, soviétique, mais parce que toutes les trois combattaient nos envahisseurs, l'auditoire, tout en se montrant attentif et approbateur, faisait sentir par divers signes qu'il trouvait la lumière trop vive[b]. Dans l'immédiat, cependant, l'idée que j'aille à Moscou et que, même, j'y conclue un pacte recueillait l'adhésion des membres de l'Assemblée. Ils lui étaient favorables dans la mesure où ils n'y voulaient voir qu'un geste amical à l'égard d'un allié.

Le 24 novembre, je m'envolai vers la Russie. M. Georges Bidault était avec moi. Nous étions accompagnés par le général Juin, MM. Palewski, Dejean, etc., tandis[c] que M. Bogomolov allait nous servir de guide. En passant au Caire, je fis visite au roi Farouk. Prudent, bien informé, d'esprit agile, le jeune souverain me laissa voir l'anxiété où le plongeait la situation de l'Égypte. Bien que son pays ne prît pas part directement au conflit mondial, le roi se réjouissait de la défaite prochaine d'Hitler. Mais il n'en redoutait pas moins que la victoire de l'Occident n'ébranlât, dans les États arabes d'Orient, un équilibre déjà précaire. Il prévoyait que l'union du Soudan et de l'Égypte pourrait en être empêchée et, surtout, que serait créé un État juif en Palestine. Conséquences chez les Arabes : déferlement d'une vague de nationalisme outrancier, crise grave des relations extérieures, rudes secousses à l'intérieur.

Le souverain, d'ailleurs, attestait sa sympathie et celle de son peuple à l'égard de la France. « Nous avons confiance en votre avenir, dit-il, parce que nous en avons besoin. » Comme je lui faisais observer que, pourtant, son gouvernement s'en prenait âprement à nous au sujet des conditions dans lesquelles la Syrie et le Liban accédaient à l'indépendance, il déclara en souriant : « Ce n'est là que de la politique ! » Je savais que, personnellement, il n'appréciait pas Nahas Pacha que les Anglais lui avaient imposé comme premier ministre. Pour finir, Farouk Ier m'assura de son estime pour la colonie française qui contribuait, au premier chef, au progrès de son pays[24].

Téhéran fut l'étape suivante de notre voyage. La capitale de l'Iran offrait l'aspect tendu d'une ville soumise à une triple occupation. Britanniques, Russes et Américains s'y coudoyaient et s'y observaient au milieu d'une foule misérable, tandis que l'élite persane s'enveloppait de mélancolie. Par contraste, l'inclination que les milieux cultivés éprouvaient à l'égard de la France était au plus haut degré. J'en recueillis des preuves touchantes en recevant à notre légation maints personnages distingués qu'y avait conviés l'ambassadeur Pierre Lafond.

Le Shah, lors de la visite que je lui fis, se montra aussi amical que possible. Avec tristesse, il m'exposa la situation faite à son empire et à lui-même par la présence et les exigences de trois grandes puissances dont les rivalités menaçaient de déchirer l'État et le territoire national. Le souverain, qui laissait voir un profond découragement, me demanda conseil. « Vous voyez, dit-il, où nous en sommes. À votre avis, quelle attitude dois-je prendre ? Vous, qui avez assumé le destin de votre pays au moment le plus difficile, êtes qualifié pour me le dire. »

Je répondis à Mohammed Reza Pahlavi que, s'il avait jamais été nécessaire que l'Iran eût un empereur pour symboliser la souveraineté et l'unité du pays, c'était, à présent, plus qu'à aucune autre époque. Il fallait donc que lui-même ne quittât le trône sous aucun prétexte. « Quant aux puissances étrangères, affirmai-je, Votre Majesté ne peut être, vis-à-vis d'elles, que l'indépendance personnifiée. Vous pouvez vous trouver contraint de subir des empiétements. Vous devez toujours les condamner. Si l'un ou l'autre des trois occupants tente d'obtenir votre concours à son profit, qu'il vous trouve inaccessible, lors même que cette attitude entraînerait pour vous de grandes épreuves ! La souveraineté peut n'être plus qu'une flamme sous le boisseau ; pour peu qu'elle brûle, elle sera, tôt ou tard, ranimée. » J'assurai le Shah que, dans la mesure où la France retrouvait ses forces et son poids, elle ne manquerait pas d'appuyer les efforts que ferait l'Iran pour obtenir le départ des troupes alliées, dès lors que la menace allemande était écartée du pays. L'empereur m'en remercia, en ajoutant que l'avis personnel que je lui avais donné lui était un réconfort[25].

Le 26 novembre, nous atterrîmes à Bakou. Sur le terrain, ayant écouté les souhaits de bienvenue des autorités soviétiques, je reçus le salut et assistai au défilé, — baïonnettes basses, torses bombés, pas martelés, — d'un très beau détachement de troupes. C'était bien là l'éternelle armée russe. Après quoi, à grande vitesse, nous fûmes conduits en ville, dans une maison où nos hôtes, à la tête desquels s'empressait M. Bogomolov, nous prodiguèrent les prévenances. Mais, tandis que nous aurions voulu poursuivre le voyage au plus tôt, les Soviétiques nous indiquèrent, d'abord, que l'équipage de notre avion ne connaissant ni la route, ni les signaux, ce seraient des appareils russes qui devraient nous transporter ; ensuite, que le mauvais temps rendrait le vol trop aléatoire en ce commencement d'hiver ; enfin, qu'un train spécial nous était réservé et arrivait pour nous prendre[26]. Bref, nous dûmes passer à Bakou deux jours que remplirent, tant bien que mal, la visite de la ville à demi déserte, une représentation au théâtre municipal, la lecture des dépêches de l'agence Tass et des repas où se déployaient un luxe et une abondance incroyables.

Le train spécial était dit « du grand-duc », parce qu'il avait servi au grand-duc Nicolas pendant la Première Guerre mondiale. Dans des wagons bien aménagés nous fîmes, à la faible vitesse qu'imposait l'état des voies ferrées, un trajet qui dura quatre jours. Descendant aux stations, nous nous trouvions, invariablement, entourés d'une foule silencieuse mais évidemment cordiale.

J'avais demandé à passer par Stalingrad, geste d'hommage à l'égard des armées russes qui y avaient remporté la victoire décisive de la guerre. Nous trouvâmes la cité complètement démolie. Dans les ruines travaillait, cependant, une population nombreuse, les autorités appliquant, d'une manière spectaculaire, le mot d'ordre de la reconstruction. Après nous avoir fait faire le tour du champ de bataille, nos guides nous conduisirent à une fonderie écroulée, où, d'un four à peine réparé, recommençait à couler la fonte. Mais la grande usine de tanks, que nous visitâmes ensuite, avait été entièrement rebâtie et rééquipée. À notre entrée dans les ateliers, les ouvriers se groupaient pour échanger avec nous les propos de l'amitié. Au retour, nous croisâmes une colonne d'hommes escortés de soldats en armes. C'étaient, nous expliqua-t-on, des prisonniers russes qui allaient aux chantiers. Je dois dire que, par rapport aux travailleurs « en liberté », ces condamnés nous parurent ni plus ni moins passifs, ni mieux ni plus mal vêtus. Ayant remis à la municipalité l'épée d'honneur que j'avais apportée de France pour la ville de Stalingrad et pris part à un banquet dont le menu faisait contraste avec la misère des habitants, nous regagnâmes le train « du grand-duc ». Le samedi 2 décembre, à midi, nous arrivions à Moscou[27].

Sur le quai de la gare, nous accueillit M. Molotov. Il était entouré de commissaires du peuple, de fonctionnaires et de généraux. Le corps diplomatique, au grand complet, était présent. Les hymnes retentirent. Un bataillon de « cadets » défila magnifiquement. En sortant du bâtiment, je vis, massée sur la place, une foule considérable d'où s'éleva, à mon adresse, une rumeur de sympathie. Puis, je gagnai l'ambassade de France, où je voulais résider afin de me tenir personnellement à l'écart des allées et venues que les négociations ne manqueraient pas de provoquer. Bidault, Juin, Dejean, s'installèrent dans la maison que le gouvernement soviétique mettait à leur disposition.

Nous séjournâmes huit jours à Moscou. Pendant ce temps, beaucoup d'idées, d'informations, de suggestions furent échangées entre les Russes et nous. Bidault et Dejean eurent, en compagnie de Garreau et de Laloy, — qui, l'un et l'autre, parlaient bien le russe, — divers entretiens avec Molotov et ses fonctionnaires. Juin, qu'accompagnait Petit, chef de notre mission militaire, conversa longuement avec l'état-major et son chef le général Antonov. Mais, comme il était naturel, ce qui allait être dit et fait d'essentiel le serait entre Staline et moi. En sa personne et sur tous les sujets, j'eus l'impression d'avoir devant moi le champion rusé et implacable d'une Russie recrue de souffrance et de tyrannie, mais brûlant d'ambition nationale.

Staline était possédé de la volonté de puissance. Rompu par une vie de complots à masquer ses traits et son âme, à se passer d'illusions, de pitié, de sincérité, à voir en chaque homme un obstacle ou un danger, tout chez lui était manœuvre, méfiance et obstination. La révolution, le parti, l'État, la guerre, lui avaient offert les occasions et les moyens de dominer. Il y était parvenu, usant à fond des détours de l'exégèse marxiste et des rigueurs totalitaires, mettant au jeu une audace et une astuce surhumaines, subjuguant ou liquidant les autres.

Dès lors, seul en face de la Russie, Staline la vit mystérieuse, plus forte et plus durable que toutes les théories et que tous les régimes. Il l'aima à sa manière. Elle-même l'accepta comme un tsar pour le temps d'une période terrible et supporta le bolchevisme pour s'en servir comme d'un instrument. Rassembler les Slaves, écraser les Germaniques, s'étendre en Asie, accéder aux mers libres, c'étaient les rêves de la patrie, ce furent les buts du despote. Deux conditions, pour y réussir : faire du pays une grande puissance moderne, c'est-à-dire industrielle, et, le moment venu, l'emporter dans une guerre mondiale. La première avait été remplie, au prix d'une dépense inouïe de souffrances et de pertes humaines. Staline, quand je le vis, achevait d'accomplir la seconde au milieu des tombes et des ruines. Sa chance fut qu'il ait trouvé un peuple à ce point vivant et patient que la pire servitude ne le paralysait pas, une terre pleine de telles ressources que les plus affreux gaspillages ne pouvaient pas la tarir, des alliés sans lesquels il n'eût pas vaincu l'adversaire mais qui, sans lui, ne l'eussent point abattu.

Pendant les quelque quinze heures que durèrent, au total, mes entretiens avec Staline, j'aperçus sa politique, grandiose et dissimulée. Communiste[d] habillé en maréchal, dictateur tapi dans sa ruse, conquérant à l'air bonhomme, il s'appliquait à donner le change. Mais, si âpre était sa passion qu'elle transparaissait souvent, non sans une sorte de charme ténébreux.

Notre première conversation eut lieu au Kremlin, le soir du 2 décembre[28]. Un ascenseur porta les Français jusqu'à l'entrée d'un long corridor que jalonnaient, en nombre imposant, les policiers de service et au bout duquel s'ouvrit une grande pièce meublée d'une table et de chaises. Molotov nous introduisit et le « maréchal[29] » parut. Après des compliments banals, on s'assit autour de la table. Qu'il parlât, ou non, Staline, les yeux baissés, crayonnait des hiéroglyphes.

Nous abordâmes, tout de suite, l'affaire allemande. Aucun de ceux qui étaient là ne doutait que le Reich dût s'écrouler à bref délai sous les coups des armées alliées ; le maréchal soulignant que, de ces coups, les plus rudes étaient portés par les Russes. On fut aussitôt d'accord sur le principe qu'il faudrait mettre l'Allemagne hors d'état de nuire. Mais, comme je notais à quel point le fait que la Russie et la France s'étaient séparées l'une de l'autre avait influé sur le déchaînement des ambitions germaniques, puis sur le désastre français et, par voie de conséquence, sur l'invasion du territoire soviétique, comme j'esquissais la perspective d'une entente directe entre les gouvernements de Moscou et de Paris pour fixer les bases d'un règlement qu'ils proposeraient en commun aux autres alliés, Staline se montra réticent. Il insista, au contraire, sur la nécessité d'étudier chaque question avec les États-Unis et la Grande-Bretagne, d'où j'inférais qu'il avait déjà de bonnes raisons d'escompter l'accord de Roosevelt et de Churchill quant à ce qu'il voulait obtenir.

Cependant, il me demanda quelles étaient les garanties que la France souhaitait à l'Ouest. Mais, quand je lui parlai du Rhin, de la Sarre et de la Ruhr, il déclara que, sur ces points, les solutions ne pouvaient être étudiées que dans des négociations à quatre. Par contre, à la question que je posai au sujet de la frontière allemande de l'Est, il répondit catégoriquement : « Les anciennes terres polonaises de la Prusse orientale, de la Poméranie, de la Silésie doivent être restituées à la Pologne. — En somme, dis-je, la frontière de l'Oder ? — L'Oder et la Neisse, précisa-t-il. En outre, des rectifications sont à faire en faveur de la Tchécoslovaquie. »

J'observai que nous n'élevions pas d'objection de principe à l'encontre de ces changements territoriaux qui, au surplus, pourraient permettre de régler, par compensation, l'affaire de la frontière orientale de la Pologne. Mais j'ajoutai : « Laissez-moi constater que si, à vos yeux, la question du Rhin ne saurait être dès à présent tranchée, celle de l'Oder l'est déjà. » Staline garda le silence, tout en traçant des barres et des ronds. Mais bientôt, levant la tête, il me fit cette proposition : « Étudions ensemble un pacte franco-russe, afin que nos deux pays se prémunissent en commun contre une nouvelle agression allemande. »

« Nous y sommes disposés, répondis-je, pour les mêmes raisons qui amenèrent la conclusion de l'ancienne alliance franco-russe et, même, ajoutai-je non sans malignité, du pacte de 1935. » Staline et Molotov, piqués au vif, s'exclamèrent que le pacte de 1935, signé par eux et par Laval, n'avait, du fait de celui-ci, jamais été appliqué dans son esprit ni dans sa lettre. J'indiquai, alors, qu'en évoquant le traité de 1935 et l'alliance de 1892, je voulais souligner que, face au danger germanique, l'action commune de la Russie et de la France était dans la nature des choses. Quant à la manière dont serait, éventuellement, appliqué un pacte nouveau, je croyais que les douloureuses expériences du passé pourraient servir de leçons aux dirigeants de l'un et de l'autre pays. « Pour ce qui est de moi, ajoutai-je, je ne suis pas Pierre Laval. » On convint que Bidault et Molotov élaboreraient le texte d'un traité.

Au cours des journées qui suivirent, les deux ministres se réunirent plusieurs fois. Ils échangèrent des projets qui, d'ailleurs, se ressemblaient fort. En même temps, se déroulait une série de réceptions, visites et excursions. Il y eut notamment, à la Spiridonovka[30], un déjeuner offert par Molotov, entouré de Dekanozov, Litvinov, Lozovsky, vice-ministres des Affaires étrangères. Staline était présent. Au dessert, levant son verre, il célébra l'alliance que nous allions conclure. « Il s'agit, s'écria-t-il, d'une alliance qui soit réelle, non point du tout à la Laval ! » Nous conversâmes longuement tous les deux. Aux compliments que je lui adressai sur les succès de l'armée russe, dont le centre, commandé par Tolboukine, venait d'effectuer une forte avance en Hongrie, il rétorqua : « Peuh ! quelques villes ! C'est à Berlin et à Vienne qu'il nous faut aller. » Par moments, il se montrait détendu, voire plaisant. « Ce doit être bien difficile, me dit-il, de gouverner un pays comme la France où tout le monde est si remuant ! — Oui ! répondis-je. Et, pour le faire, je ne puis prendre exemple sur vous, car vous êtes inimitable. » Il prononça le nom de Thorez, à qui le gouvernement français avait permis de regagner Paris[31]. Devant mon silence mécontent : « Ne vous fâchez pas de mon indiscrétion ! déclara le maréchal. Je me permets seulement de vous dire que je connais Thorez et, qu'à mon avis, il est un bon Français. Si j'étais à votre place, je ne le mettrais pas en prison. » Il ajouta, avec un sourire : « Du moins, pas tout de suite ! — Le gouvernement français, répondis-je, traite les Français d'après les services qu'il attend d'eux. »

Une autre fois, nos hôtes nous donnèrent à admirer un beau ballet dansé au Grand-Théâtre. Ils offrirent un soir en notre honneur, à la Spiridonovka, une réception de vaste envergure où se pressaient nombre de commissaires du peuple, de hauts fonctionnaires, de généraux, leurs femmes, et tout ce que Moscou comptait de diplomates étrangers et d'officiers alliés. Ils nous firent encore assister, à la Maison de l'Armée rouge, à une imposante séance de chants et de danses folkloriques. Pendant ces cérémonies, M. Molotov ne nous quittait pas, toujours précis dans ses paroles et circonspect quant au fond des choses. Il nous laissa, pourtant, à d'autres guides pour assister à la messe de Saint-Louis-des-Français, seule église catholique qui fût ouverte dans la capitale, pour aller voir le mont des Moineaux d'où Napoléon découvrit Moscou, pour visiter l'exposition de guerre où s'accumulaient les trophées, pour descendre dans le métro, parcourir diverses usines, inspecter un hôpital militaire et une école de transmissions. Par les rues, dans le froid, sur la neige, glissaient les passants muets et absorbés. Ceux des Russes avec qui nous prenions contact, qu'ils fussent une foule ou une élite, nous donnaient l'impression d'être très désireux de montrer leur sympathie, mais bridés par des consignes qui écrasaient leur spontanéité.

Nous, Français, n'en marquions que mieux, à l'égard de ce grand peuple, notre amicale admiration, utilisant l'occasion des réunions et rites protocolaires. À l'ambassade, je reçus à ma table une cohorte d'intellectuels et d'écrivains, officiellement catalogués comme « amis de la France » par l'autorité soviétique. Étaient du nombre, en particulier, Victor Fink et Ilya Ehrenbourg[32], tous deux remplis de talent mais appliqués à ne s'en servir que dans le sens et sur le ton prescrits. Le général comte Ignatiev, qui avait été, à Paris, attaché militaire du tsar, puis, pendant longtemps, une des têtes de l'émigration, se trouvait parmi les convives, défiant les années, portant l'uniforme à ravir et prodiguant les grandes manières, mais gêné de son personnage. Jean-Richard Bloch, « réfugié »[33] en Russie, me présentait les uns et les autres avec une bonne grâce contrainte. Tous, piaffants et contrariés, faisaient l'effet de pur-sang entravés. Un soir, nous réunîmes à l'ambassade tout le Moscou officiel. En fait de cordialité, rien ne manquait dans les propos. Mais on sentait peser sur l'assistance une inquiétude diffuse. Par système, la personnalité de chacun s'estompait dans une grisaille qui était le refuge commun.

Cependant, l'affaire du pacte allait en se compliquant. À vrai dire, les menues divergences qui séparaient le texte de Bidault et celui de Molotov pouvaient être réglées en un instant. Mais, peu à peu, les Soviétiques découvraient leur intention d'un marchandage. Ils cherchèrent, d'abord, à prendre barre sur nous en soulevant la question de la ratification. « Étant donné que votre gouvernement est provisoire, qui donc a, chez vous, qualité pour ratifier ? » demandait M. Molotov à Dejean, puis à Bidault. En fin de compte, le ministre des Affaires étrangères soviétique se tourna vers moi. Je mis un terme à ses scrupules. « Vous avez, lui dis-je, signé un pacte avec Benès. Or son gouvernement est, que je sache, provisoire. Au surplus, il réside à Londres[34]. » Dès lors, on ne parla plus de la ratification.

Là-dessus, vint au jour le véritable enjeu du débat. Comme nous nous y attendions, il s'agissait de la Pologne. Voulant savoir ce que, décidément, les Russes projetaient de faire à Varsovie quand leurs troupes y seraient entrées, je posai nettement la question à Staline, au cours d'une conférence que nous tînmes au Kremlin, le 6 décembre[35]. Bidault, Garreau et Dejean étaient à mes côtés ; Molotov, Bogomolov et l'excellent interprète Podzerov se tenaient auprès de Staline.

Je rappelai que, de tous temps, la France avait voulu et soutenu l'indépendance polonaise. Après la Première Guerre mondiale, nous avions fortement contribué à la faire renaître. Sans doute la politique suivie ensuite par Varsovie, celle de Beck[36] en particulier, nous avait-elle mécontentés et, finalement, mis en danger, tandis qu'elle poussait l'Union soviétique à rester éloignée de nous. Cependant, nous tenions pour nécessaire que reparaisse une Pologne maîtresse de ses destinées, pourvu qu'elle soit amicale envers la France et envers la Russie. Ce que nous pouvions avoir d'influence sur les Polonais, — je précisai : « sur tous les Polonais », — nous étions résolus à l'exercer dans ce sens. J'ajoutai que la solution du problème des frontières, telle que Staline nous l'avait lui-même exposée, à savoir : « la ligne

Curzon[37] » à l'est et « l'Oder-Neisse » à l'ouest, nous paraissait acceptable. Mais je répétai qu'à nos yeux il fallait que la Pologne fût un État réellement indépendant. C'est donc au peuple polonais qu'il appartenait de choisir son futur gouvernement. Il ne pourrait le faire qu'après la libération et par des élections libres. Pour le moment, le gouvernement français était en relations avec le gouvernement polonais de Londres, lequel n'avait jamais cessé de combattre les Allemands. S'il devait arriver qu'un jour la France fût amenée à changer cela, elle ne le ferait que d'accord avec ses trois alliés.

Prenant la parole à son tour, le maréchal Staline s'échauffa. À l'entendre, grondant, mordant, éloquent, on sentait que l'affaire polonaise était l'objet principal de sa passion et le centre de sa politique. Il déclara que la Russie avait pris « un grand tournant » vis-à-vis de cette nation qui était son ennemie depuis des siècles et en laquelle, désormais, elle voulait voir une amie. Mais il y avait des conditions. « La Pologne, dit-il, a toujours servi de couloir aux Allemands pour attaquer la Russie. Ce couloir, il faut qu'il soit fermé, et fermé par la Pologne elle-même. » Pour cela, le fait de placer sa frontière sur l'Oder et sur la Neisse pourrait être décisif, dès lors que l'État polonais serait fort et « démocratique ». Car, proclamait le maréchal, « il n'y a pas d'État fort qui ne soit démocratique ».

Staline aborda, alors, la question du gouvernement à instaurer à Varsovie. Il le fit avec brutalité, tenant des propos pleins de haine et de mépris à l'égard des « gens de Londres », louant hautement le comité de Lublin, formé sous l'égide des Soviets, et affirmant qu'en Pologne celui-ci était seul attendu et désiré. Il donnait à ce choix, qu'à l'en croire aurait fait le peuple polonais, des raisons qui ne démontraient que son propre parti pris. « Dans la bataille qui libère leur pays, déclara-t-il, les Polonais ne voient pas à quoi servent le gouvernement réactionnaire de Londres et l'armée d'Anders[38]. Au contraire, ils constatent la présence et l'action du " comité de la libération nationale " et des troupes du général Berling[39]. Ils savent, d'ailleurs, que ce sont les agents du gouvernement de Londres qui furent causes de l'échec de l'insurrection de Varsovie, parce qu'ils la déclenchèrent avec la pire légèreté, sans consulter le commandement soviétique et au moment où les troupes russes n'étaient pas en mesure d'intervenir[40]. En outre, le comité polonais de la libération nationale a commencé d'accomplir sur le territoire libéré une réforme agraire qui lui vaut l'adhésion enthousiaste de la population. Les terres appartenant aux réactionnaires émigrés sont distribuées aux paysans. C'est de là que la Pologne de demain tirera sa force, comme la France de la Révolution tira la sienne de la vente des biens nationaux. »

Staline, alors, m'interpella : « Vous avez dit que la France a de l'influence sur le peuple polonais. C'est vrai ! Mais pourquoi n'en usez-vous pas pour lui recommander la solution nécessaire ? Pourquoi prenez-vous la même position stérile que l'Amérique et l'Angleterre ont adoptée jusqu'à présent ? Nous attendons de vous, je dois le dire, que vous agissiez avec réalisme et dans le même sens que nous. » Il ajouta, en sourdine : « D'autant plus que Londres et Washington n'ont pas dit leur dernier mot. — Je prends note, dis-je, de votre position. J'en aperçois les vastes conséquences. Mais je dois vous répéter que le futur gouvernement de la Pologne est l'affaire du peuple polonais et que celui-ci, suivant nous, doit pouvoir s'exprimer par le suffrage universel. » Je m'attendais à quelque vive réaction du maréchal. Mais, au contraire, il sourit et murmura doucement : « Bah ! nous nous entendrons tout de même. »

Voulant achever l'exploration, je demandai à Staline quel sort il envisageait pour les États balkaniques. Il répondit que la Bulgarie, ayant accepté les conditions d'armistice des Alliés, garderait son indépendance, mais « qu'elle recevrait le châtiment mérité » et qu'elle devrait, elle aussi, devenir « démocratique ». Il en serait de même pour la Roumanie. La Hongrie avait été sur le point de se rendre aux Alliés. Mais les Allemands, l'ayant appris, — « je ne sais comment », dit Staline, — avaient arrêté le régent Horthy[41]. « S'il se forme en Hongrie, ajouta le maréchal, un gouvernement démocratique, nous l'aiderons à se tourner contre l'Allemagne. » Point de problème de cette sorte pour la Yougoslavie, « puisqu'elle était rassemblée et dressée contre le fascisme ». Staline parla avec fureur de Mikhaïlovitch, dont il semblait croire que les Anglais le tenaient caché au Caire. Quant à la Grèce, « les Russes n'y ont pas pénétré, laissant la place aux troupes et aux navires britanniques. Pour savoir ce qui se passe en Grèce, c'est donc aux Britanniques qu'il y a lieu de s'adresser ».

De cette séance, il ressortait que les Soviétiques étaient résolus à traiter suivant leur gré et à leur façon les États et les territoires occupés par leurs forces ou qui le seraient. On devait donc s'attendre, de leur part, à une terrible oppression politique en Europe centrale et balkanique. Il apparaissait qu'à cet égard Moscou ne croyait guère à une opposition déterminée de Washington et de Londres. Enfin, on discernait que Staline allait tâcher de nous vendre le pacte contre notre approbation publique de son opération polonaise.

Comme dans un drame bien monté, où l'intrigue demeure en suspens tandis que les péripéties se mêlent et se multiplient jusqu'à l'instant du dénouement, le problème du pacte prit soudain un aspect inattendu. M. Churchill s'était manifesté. « Je suppose », avait-il télégraphié en substance au maréchal Staline, « qu'à l'occasion de la visite du général de Gaulle, vous pensez à faire avec lui un pacte de sécurité analogue à celui que votre gouvernement et le mien ont conclu en 1942. Dans ce cas, pourquoi ne signerions-nous pas, à trois, un seul et même traité pour la Russie, la Grande-Bretagne et la France ? J'y suis, pour ma part, disposé. » Les Soviétiques nous communiquèrent la proposition anglaise qu'ils semblaient trouver satisfaisante. Mais ce n'était pas mon avis.

Tout d'abord, la forme que Churchill adoptait ne pouvait être admise par nous. Pourquoi s'adressait-il exclusivement à Staline dans une affaire qui concernait la France au même titre que Londres et Moscou ? Surtout, j'estimais que, vis-à-vis du danger allemand, la Russie et la France devaient contracter entre elles un accord particulier, parce qu'elles étaient les plus directement et immédiatement menacées. Les événements l'avaient prouvé, et à quel prix ! En cas de menace germanique, l'intervention britannique risquait de ne se produire ni dans le délai, ni sur l'échelle, qu'il faudrait. D'autant que l'Angleterre ne pourrait, éventuellement, rien faire sans l'assentiment, — aléatoire, — des autres États du Commonwealth[42]. Paris et Moscou devraient-ils attendre pour agir que Londres voulût le faire ? Enfin, si j'étais désireux de renouveler et de préciser, quelque jour, l'alliance de fait qui unissait Français et Anglais, je ne voulais l'entreprendre qu'après avoir réglé avec Londres des questions fondamentales : sort de l'Allemagne, Rhin, Orient, etc., sur lesquelles l'accord n'existait pas. Bref, nous n'agréions pas le projet d'un pacte tripartite. D'autre part, nous estimions que le moment était venu de mettre un terme, positif ou non, à la négociation engagée avec les Russes[43]. En compagnie de Bidault, Garreau et Dejean je me rendis au Kremlin, le 8 décembre, pour y tenir avec Staline, Molotov et Bogomolov une ultime séance de travail[44].

Je commençai par rappeler de quelle manière la France envisageait le règlement du sort de l'Allemagne : sur la rive gauche du Rhin, plus de souveraineté de l'État central germanique ; les territoires ainsi détachés conservant leur caractère allemand mais recevant leur autonomie et faisant partie, au point de vue économique, de la zone occidentale ; le bassin de la Ruhr placé sous contrôle international ; la frontière allemande de l'est marquée par l'Oder et la Neisse. Nous regrettions que la Russie ne consentît pas à conclure dès à présent avec la France, au sujet de ces conditions, un accord qui serait ensuite proposé à l'Angleterre et aux États-Unis. Mais notre position n'en serait pas modifiée.

Quant aux alliances, nous pensions qu'elles devaient être construites « en trois étages » : un traité franco-russe procurant une première sécurité ; le pacte anglo-soviétique et un accord à conclure entre la France et la Grande-Bretagne constituant un second degré ; le futur pacte des Nations unies, dont l'Amérique serait un élément capital, couronnant le tout et servant d'ultime recours. Je répétai les raisons qui nous déterminaient à ne pas adopter la proposition Churchill d'un pacte unique anglo-franco-russe. Enfin, je confirmai que nous quitterions Moscou dans la matinée du 10 décembre, comme il avait été prévu.

Staline ne releva rien de ce que je formulais, une fois de plus, à propos des frontières allemandes. Il fit valoir les avantages que pourrait, à son sens, comporter un pacte tripartite. Mais, soudain, changeant de direction : « Après tout, s'écria-t-il, vous avez raison ! Je ne vois pas pourquoi nous ne ferions pas un pacte à nous deux. Mais il faut que vous compreniez que la Russie a, dans l'affaire polonaise, un intérêt essentiel. Nous voulons une Pologne amie des Alliés et résolument anti-allemande. Cela n'est pas possible avec le gouvernement qui est à Londres et qui représente l'esprit antirusse, virulent depuis toujours. Au contraire, nous pourrions nous entendre avec une autre Pologne, grande, forte, démocratique. Si vous partagez la même manière de voir, reconnaissez publiquement le comité de Lublin et faites avec lui un arrangement officiel. Alors, nous pourrons conclure un pacte avec vous. Observez, au demeurant, que nous, Russes, avons reconnu le comité polonais de la libération nationale, que ce comité gouverne et administre la Pologne à mesure que l'ennemi en est chassé par nos troupes et que, par conséquent, c'est à Lublin que vous devrez vous adresser pour tout ce qui concerne vos intérêts dans le pays, notamment le sort des prisonniers et des déportés français que les Allemands en retraite laissent sur place. Quant à Churchill, je vais lui télégraphier que son projet n'est pas agréé. Il en sera certainement froissé. Ce ne sera qu'une fois de plus. Lui-même m'a froissé bien souvent. »

Désormais, tout était clair. Je déclarai nettement à Staline que la France était prête à conclure avec la Russie un pacte de sécurité ; qu'elle n'éprouvait aucune malveillance à l'égard du comité de Lublin ; mais qu'elle n'avait pas l'intention de le reconnaître comme gouvernement de la Pologne ni de traiter officiellement avec lui. Les questions pratiques relatives aux prisonniers français pouvaient être réglées, à mesure, par un simple délégué que nous enverrions à Lublin sans qu'il ait le caractère d'un représentant diplomatique. J'ajoutai : « La France et la Russie ont un intérêt commun à voir paraître une Pologne indépendante, unie et réelle, non point une Pologne artificielle en laquelle la France, pour sa part, n'aurait pas confiance. Selon nous, la question du futur gouvernement polonais ne pourra être réglée que par les Polonais eux-mêmes, après la libération du pays et avec l'accord des quatre alliés. » Staline ne fit, là-dessus, aucune observation nouvelle. Il dit seulement, avec bonne grâce, qu'il se réjouissait de nous retrouver, le lendemain, au dîner que lui-même offrirait en notre honneur.

L'atmosphère fut lourde dans la journée du 9 décembre. Molotov avait confirmé à Bidault la condition posée par Staline à la conclusion du traité. Bien plus ! Il avait été jusqu'à lui remettre le texte d'un projet d'accord, entre le gouvernement français et Lublin, en vertu duquel Paris reconnaissait officiellement le comité polonais de la libération. Les Russes poussaient leurs bons offices jusqu'à nous proposer, en même temps, les termes d'un communiqué annonçant la nouvelle au monde. Le ministre des Affaires étrangères français fit, naturellement, savoir au commissaire du peuple soviétique que cette suggestion était inacceptable. Quant à moi, j'attribuai l'attitude de nos partenaires, non seulement au désir qu'ils avaient de voir la France s'associer à leur politique polonaise, mais aussi à l'opinion qu'ils s'étaient formée quant à nos intentions. Pour procéder de cette manière, ils devaient se figurer, quoi que j'aie pu leur dire, que nous tenions, par-dessus tout, à signer finalement le pacte, faute de quoi le général de Gaulle risquait de trouver à Paris une situation fâcheuse. Mais c'était là, de leur part, une erreur et j'étais bien décidé à en faire la démonstration.

Cependant, les principaux membres du comité de Lublin, arrivés de Galicie depuis quelques jours, multipliaient les démarches auprès de l'ambassade de France pour être reçus, « à titre d'information », par le général de Gaulle. Ils l'avaient été, deux mois auparavant, par MM. Churchill et Eden lors du voyage de ceux-ci à Moscou. Ils s'étaient, au même moment, rencontrés avec M. Mikolajcyk, chef du gouvernement polonais de Londres, et plusieurs de ses ministres, venus dans la capitale russe à la demande conjointe des Anglais et des Soviétiques. Je n'avais pas de raison de refuser leur visite. Convoqués à l'ambassade, ils furent introduits chez moi dans l'après-midi du 9[45].

Il y avait là, notamment, M. Bierut leur président, M. Osuska-Morawski chargé des Affaires étrangères et le général Rola-Zymiersky responsable de la Défense nationale. Au cours de la conversation, j'eus de leur groupe une impression médiocre. Comme je leur exprimais la profonde sympathie de la France pour leur pays, si éprouvé et qui n'avait jamais cessé de prendre part, partout en Europe, à la guerre contre l'Allemagne ; la volonté du gouvernement français de voir reparaître la Pologne, indépendante, amie de la France et de ses alliés ; le fait que, sans vouloir nous mêler à leurs affaires intérieures, nous souhaitions que les Polonais se mettent d'accord entre eux pour rétablir leurs pouvoirs publics, ils me répondirent sur un ton de partisans, tendus dans leur querelle et dans leur ambition, soumis à une évidente appartenance communiste et tenus à répéter des couplets préparés pour eux.

M. Bierut ne dit rien de la guerre. Il parla de la réforme agraire, exposa ce qu'il en attendait au point de vue politique et se répandit en reproches amers à l'égard du gouvernement « émigré » de Londres. M. Osuska-Morawski voulut bien déclarer que la Pologne, ayant été de tous temps l'amie de la France, l'était aujourd'hui plus que jamais. Aussi demandait-il, dans les mêmes termes dont Staline et Molotov s'étaient servis à ce sujet, qu'un accord fût signé entre le comité polonais et le gouvernement français, qu'on décidât d'échanger des représentants diplomatiques et que l'on publiât, pour l'annoncer, un communiqué commun. Le général Rola-Zymiersky affirma que le comité de la libération avait sous son obédience dix divisions bien équipées et exprima sa totale confiance dans le commandement soviétique. En dépit de mes invites, il ne fit aucune allusion à ce que l'armée polonaise avait accompli, en Pologne en 1939, en France en 1940, en Italie, en France, dans les Pays-Bas, en 1944, ni aux combats menés par la résistance nationale. Entre les propos stéréotypés de mes interlocuteurs et la façon dont la *Pravda* traitait chaque jour de l'affaire polonaise il y avait trop de ressemblance pour que je fusse porté à reconnaître la Pologne indépendante dans le comité de Lublin.

Je dis à MM. Bierut, Morawski et Zymiersky que le gouvernement français était disposé à déléguer un officier, le commandant Christian Fouchet, pour régler en territoire contrôlé par eux les questions pratiques intéressant des Français, nos prisonniers en particulier. Nous ne nous opposions pas à la présence à Paris d'un membre de leur organisation pour s'occuper d'affaires analogues, s'il y en avait. Mais nous restions en relations officielles, comme presque tous les Alliés, avec le gouvernement polonais résidant à Londres et nous n'envisagions ni accord, ni protocole, ni échange de représentants diplomatiques, avec le comité de la libération. Je dois dire que M. Osuska-Morawski déclara alors, avec quelque dignité, que dans ces conditions mieux valait différer l'envoi à Lublin du commandant Fouchet. « Comme vous voudrez ! » répondis-je. Les visiteurs prirent congé.

Entre-temps, étaient venus me voir, à mon invitation, MM. Averell Harriman, ambassadeur des États-Unis et John Balfour chargé d'affaires de Grande-Bretagne. Je tenais, en effet, à les mettre au courant de ce qui se passait entre nous et les Soviétiques et à les informer que nous n'acceptions pas de reconnaître le comité de Lublin. Ils en parurent satisfaits. Harriman, toutefois, me dit : « Quant à nous, Américains, nous avons pris le parti de jouer la confiance vis-à-vis de Moscou. » Entendant ces propos et, d'autre part, ayant à l'esprit ce que Staline m'avait laissé deviner au sujet du changement d'attitude de l'Amérique et de l'Angleterre sur le problème polonais, j'invitai les deux diplomates à faire savoir de ma part, respectivement à MM. Roosevelt et Churchill, que, s'ils devaient un jour modifier leur position, j'attendais d'eux qu'ils nous en avertissent avec la même diligence dont j'usais à leur égard.

Dans cette journée consacrée à l'escrime diplomatique il y eut une heure émouvante, celle où je passai la revue des aviateurs du régiment Normandie-Niémen[46]. Il avait été d'abord convenu avec les Russes que j'irais inspecter le régiment dans la région d'Insterburg où il était en opérations. Mais, ainsi que cela s'était passé pour le voyage Bakou-Moscou, nos alliés me demandèrent de renoncer au déplacement par air en raison du mauvais temps. D'autre part, l'aller et retour par route ou par voie ferrée eût duré trois jours et trois nuits. Alors Staline, mis au courant, avait fait amener à Moscou, dans un train, tout le régiment. Je pus ainsi saluer cette magnifique unité, — seule force occidentale qui combattît sur le front russe, — et prendre contact avec chacun de ceux qui y servaient si vaillamment la France. Je mis leur présence à profit pour décorer, en même temps que nombre d'entre eux, des généraux et officiers russes venus du front pour la circonstance.

À l'heure de nous rendre au dîner offert par Staline, les négociations étaient toujours au point mort. Jusqu'au dernier moment, les Russes s'étaient acharnés à obtenir de nous tout au moins un communiqué qui proclamerait l'établissement de relations officielles entre le gouvernement français et le comité de Lublin et qui serait publié en même temps que l'annonce du traité franco-russe. Nous n'y avions pas consenti. Si j'étais décidé à ne pas engager la responsabilité de la France dans l'entreprise d'asservissement de la nation polonaise, ce n'était pas que j'eusse d'illusions sur ce que ce refus pourrait avoir d'efficacité pratique. Nous n'avions évidemment pas les moyens d'empêcher les Soviets de mettre leur plan à exécution. D'autre part, je pressentais que l'Amérique et la Grande-Bretagne laisseraient faire. Mais, de si peu de poids que fût, dans l'immédiat, l'attitude de la France, il pourrait être, plus tard, important qu'elle l'eût prise à ce moment-là. L'avenir dure longtemps[47]. Tout peut, un jour, arriver, même ceci qu'un acte conforme à l'honneur et à l'honnêteté apparaisse, en fin de compte, comme un bon placement politique.

Quarante Russes : commissaires du peuple, diplomates, généraux, hauts fonctionnaires, presque tous en brillant uniforme, se trouvaient réunis dans le salon du Kremlin où les Français furent introduits. L'ambassadeur des États-Unis et le chargé d'affaires britannique étaient présents. Nous étions montés par l'escalier monumental, décoré des mêmes tableaux qu'au temps du tsar. On y voyait représentés quelques sujets terrifiants : la furieuse bataille de l'Irtych, Ivan le Terrible étranglant son fils, etc. Le maréchal serra les mains et conduisit ses invités à la salle à manger. La table étincelait d'un luxe inimaginable. On servit un repas stupéfiant.

Staline et moi, assis l'un près de l'autre, causâmes à bâtons rompus. M. Podzerov et M. Laloy traduisaient ce que nous disions, à mesure et mot pour mot. Les opérations en cours, la vie que nous menions dans nos fonctions respectives, les appréciations que nous portions sur les principaux personnages ennemis ou alliés, furent les sujets de la conversation. Il ne fut pas question du pacte. Tout au plus le maréchal me demanda-t-il, d'un ton détaché, quelle impression m'avaient faite les gens du comité de Lublin. À quoi j'avais répondu qu'ils me semblaient être un groupe utilisable, mais certainement pas la Pologne indépendante. Staline tenait des propos directs et simples. Il se donnait l'air d'un rustique, d'une culture rudimentaire, appliquant aux plus vastes problèmes les jugements d'un fruste bon sens. Il mangeait copieusement de tout et se servait force rasades d'une bouteille de vin de Crimée qu'on renouvelait devant lui. Mais, sous ces apparences débonnaires, on discernait le champion engagé dans une lutte sans merci. D'ailleurs, autour de la table, tous les Russes, attentifs et contraints, ne cessaient pas de l'épier. De leur part une soumission et une crainte manifestes, de la sienne une autorité concentrée et vigilante, tels étaient, autant qu'on pût le voir, les rapports de cet état-major politique et militaire avec ce chef humainement tout seul.

Soudain, le tableau changea. L'heure des toasts était arrivée. Staline se mit à jouer une scène extraordinaire.

Il eut, d'abord, des mots chaleureux pour la France et aimables à mon intention. J'en prononçai de la même sorte à son adresse et à celle de la Russie. Il salua les États-Unis et le président Roosevelt, puis l'Angleterre et M. Churchill, et écouta avec componction les réponses de Harriman et de Balfour. Il fit honneur à Bidault, à Juin, à chacun des Français qui étaient là, à l'armée française, au régiment Normandie-Niémen. Puis, ces formalités remplies, il entreprit une grande parade.

Trente fois, Staline se leva pour boire à la santé des Russes présents. L'un après l'autre, il les désignait. Molotov, Beria, Boulganine, Vorochilov, Mikoyan, Kaganovitch, etc., commissaires du peuple, eurent les premiers l'apostrophe du maître. Il passa ensuite aux généraux et aux fonctionnaires. Pour chacun d'eux, le maréchal indiquait avec emphase quels étaient son mérite et sa charge. Mais, toujours, il affirmait et exaltait la puissance de la Russie. Il criait, par exemple, à l'inspecteur de l'artillerie : « Voronov ! À ta santé ! C'est toi qui as la mission de déployer sur les champs de bataille le système de nos calibres. C'est grâce à ce système-là que l'ennemi est écrasé en largeur et en profondeur. Vas-y ! Hardi pour tes canons ! » S'adressant au chef d'état-major de la marine : « Amiral Kouznetzov ! On ne sait pas assez tout ce que fait notre flotte. Patience ! Un jour nous dominerons les mers ! » Interpellant l'ingénieur de l'aéronautique Yackovlev qui avait mis au point l'excellent appareil de chasse *Yack* : « Je te salue ! Tes avions balaient le ciel. Mais il nous en faut encore bien plus et de meilleurs. À toi de les faire ! » Parfois, Staline mêlait la menace à l'éloge. Il s'en prenait à Novikov, chef d'état-major de l'air : « Nos avions, c'est toi qui les emploies. Si tu les emploies mal, tu dois savoir ce qui t'attend. » Pointant le doigt vers l'un des assistants : « Le voilà ! C'est le directeur des arrières. À lui d'amener au front le matériel et les hommes. Qu'il tâche de le faire comme il faut ! Sinon, il sera pendu, comme on fait dans ce pays. » En terminant chaque toast Staline criait : « Viens ! » au personnage qu'il avait nommé. Celui-ci, quittant sa place, accourait pour choquer son verre contre le verre du maréchal, sous les regards des autres Russes rigides et silencieux.

Cette scène de tragi-comédie ne pouvait avoir pour but que d'impressionner les Français, en faisant étalage de la force soviétique et de la domination de celui qui en disposait. Mais, pour y avoir assisté, j'étais moins enclin que jamais à prêter mon concours au sacrifice de la Pologne. Aussi fut-ce avec froideur qu'au salon, après le dîner, je regardai, assis autour de Staline et de moi, le chœur obstiné des diplomates : Molotov, Dekanozov et Bogomolov d'un côté ; Bidault, Garreau et Dejean de l'autre. Les Russes reprenaient inlassablement la délibération sur la reconnaissance du comité de Lublin. Mais, comme la question était, pour moi, tranchée et que je l'avais fait savoir, je tenais pour oiseuse cette nouvelle discussion. Même, connaissant la propension des techniciens de la diplomatie à négocier dans tous les cas, fût-ce aux dépens des buts politiques, et me défiant de la chaleur communicative d'une réunion prolongée, j'appréhendais que notre équipe n'en vînt à faire quelques fâcheuses concessions de termes. Certes, l'issue n'en serait pas changée car ma décision était prise. Mais il eût été regrettable que la délégation française parût manquer de cohésion.

J'affectai donc ostensiblement de ne pas prendre intérêt aux débats de l'aréopage. Ce que voyant, Staline surenchérit : « Ah ! ces diplomates, criait-il. Quels bavards ! Pour les faire taire, un seul moyen : les abattre à la mitrailleuse. Boulganine ! Va en chercher une ! » Puis, laissant là les négociateurs et suivi des autres assistants, il m'emmena dans une salle proche voir un film soviétique tourné pour la propagande en l'année 1938. C'était très conformiste et passablement naïf. On y voyait les Allemands envahir traîtreusement la Russie. Mais bientôt, devant l'élan du peuple russe, le courage de son armée, la valeur de ses généraux, il leur fallait battre en retraite. À leur tour, ils étaient envahis. Alors, la révolution éclatait dans toute l'Allemagne. Elle triomphait à Berlin où, sur les ruines du fascisme et grâce à l'aide des Soviets, s'ouvrait une ère de paix et de prospérité. Staline riait, battait des mains. « Je crains, dit-il, que la fin de l'histoire ne plaise pas à M. de Gaulle. » Je ripostai, quelque peu agacé : « Votre victoire, en tout cas, me plaît. Et d'autant plus, qu'au début de la véritable guerre, ce n'est pas comme dans ce film que les choses se sont passées entre vous et les Allemands. »

Entre-temps, j'avais fait appeler auprès de moi Georges Bidault pour lui demander si, oui ou non, les Soviets étaient prêts à signer le pacte. Le ministre des Affaires étrangères me répondit que tout restait suspendu à l'acceptation par nous-mêmes d'une déclaration conjointe du gouvernement français et du comité polonais, déclaration qui serait publiée en même temps que le communiqué relatif au traité franco-russe. « Dans ces conditions, déclarai-je à Bidault, il est inutile et il devient inconvenant d'éterniser la négociation. Je vais donc y mettre un terme. » À minuit, le film étant passé et la lumière revenue, je me levai et dis à Staline : « Je prends congé de vous. Le train va m'emmener tout à l'heure. Je ne saurais trop vous remercier de la façon dont vous-même et le gouvernement soviétique m'avez reçu dans votre vaillant pays. Nous nous y sommes mutuellement informés de nos points de vue respectifs. Nous avons constaté notre accord sur l'essentiel, qui est que la France et la Russie poursuivent ensemble la guerre jusqu'à la victoire complète. Au revoir, monsieur le maréchal ! » Staline, d'abord, parut ne pas comprendre : « Restez donc, murmurait-il. On va projeter un autre film. » Mais, comme je lui tendais la main, il la serra et me laissa partir. Je gagnai la porte en saluant l'assistance qui semblait frappée de stupeur.

M. Molotov accourut. Livide, il m'accompagna jusqu'à ma voiture. À lui aussi, j'exprimai ma satisfaction au sujet de mon séjour. Il balbutia quelques syllabes, sans pouvoir cacher son désarroi. Sans nul doute, le ministre soviétique était profondément marri de voir s'évanouir un projet poursuivi avec ténacité. Maintenant, pour changer de front, il restait bien peu de temps avant que les Français ne quittassent la capitale. La reconnaissance de Lublin par Paris était évidemment manquée. Mais en outre, au point où en étaient les choses, on risquait fort que de Gaulle rentrât en France sans avoir conclu le pacte. Quel effet produirait un pareil aboutissement ? Et ne serait-ce pas à lui, Molotov, que Staline s'en prendrait de l'échec ? Quant à moi, bien résolu à l'emporter, je rentrai tranquillement à l'ambassade de France. Voyant que Bidault ne m'avait pas suivi, je lui envoyai quelqu'un[48] pour l'inviter à le faire. Nous laissions sur place Garreau et Dejean. Ils maintiendraient des contacts qui pourraient être utiles mais ne nous engageraient pas.

Au fond, je ne doutais guère de la suite. En effet, vers 2 heures du matin, Maurice Dejean vint rendre compte d'un fait nouveau. Après un long entretien de Staline avec Molotov, les Russes s'étaient déclarés disposés à s'accommoder, quant aux relations entre Paris et Lublin, d'un texte de déclaration profondément édulcoré. Garreau et Dejean crurent alors pouvoir suggérer une rédaction de ce genre : « Par accord entre le gouvernement français et le comité polonais de la libération nationale, M. Christian Fouchet est envoyé à Lublin, M. X. est envoyé à Paris. » Sur quoi, M. Molotov avait indiqué que, « si le général de Gaulle acceptait cette conclusion de l'affaire polonaise, le pacte franco-russe pouvait être signé à l'instant ».

Je refusai, naturellement, toute mention d'un « accord » avec le comité de Lublin. La seule nouvelle qui, dans quelques jours, pût être conforme à la politique de la France et à la vérité serait tout bonnement celle-ci : « Le commandant Fouchet est arrivé à Lublin. » Dejean alla le dire à Molotov qui, ayant conféré de nouveau avec Staline, fit connaître qu'il se contentait de cela. Il s'accrocha, cependant, à une dernière condition à propos de la date à laquelle serait publiée l'arrivée de Fouchet à Lublin. Le ministre soviétique demandait avec insistance que ce fût fait en même temps qu'on annoncerait la conclusion du traité franco-russe, c'est-à-dire dans les vingt-quatre heures. Mais, justement, je ne voulais pas de cette coïncidence et l'envoyai dire formellement. Nous étions le 10 décembre. Ce serait la date du pacte. Quant à la présence de Fouchet en Galicie, on ne la ferait connaître que le 28, au plus tôt. C'est ce qui fut entendu.

Bidault s'était, entre-temps, rendu au Kremlin pour mettre au point avec nos partenaires le texte définitif du pacte[49]. Celui-ci m'étant présenté, je l'approuvai intégralement. Était spécifié l'engagement des deux parties de poursuivre la guerre jusqu'à la victoire complète, de ne pas conclure de paix séparée avec l'Allemagne et, ultérieurement, de prendre en commun toutes mesures destinées à s'opposer à une nouvelle menace allemande. Était mentionnée la participation des deux pays à l'Organisation des Nations unies. Le traité serait valable pour une durée de vingt ans.

On me rapporta que les tractations ultimes s'étaient déroulées, au Kremlin, dans une pièce voisine de celles où continuaient d'aller et venir les invités de la soirée. Au cours de ces heures difficiles, Staline se tenait constamment au courant de la négociation et l'arbitrait, à mesure, du côté russe. Mais cela ne l'empêchait pas de parcourir les salons pour causer et trinquer avec l'un ou avec l'autre. En particulier, le colonel Pouyade, commandant le régiment Normandie, fut l'objet de ses prévenances. Finalement, on vint m'annoncer que tout était prêt pour la signature du pacte. Celle-ci aurait lieu dans le bureau de M. Molotov. Je m'y rendis à 4 heures du matin.

La cérémonie revêtit une certaine solennité. Des photographes russes opéraient, muets et sans exigences. Les deux ministres des Affaires étrangères, entourés des deux délégations, signèrent les exemplaires rédigés en français et en russe. Staline et moi nous tenions derrière eux. « De cette façon, lui dis-je, voilà le traité ratifié. Sur ce point, je le suppose, votre inquiétude est dissipée. » Puis, nous nous serrâmes la main. « Il faut fêter cela ! » déclara le maréchal. En un instant, des tables furent dressées et l'on se mit à souper.

Staline se montra beau joueur. D'une voix douce, il me fit son compliment : « Vous avez tenu bon. À la bonne heure ! J'aime avoir affaire à quelqu'un qui sache ce qu'il veut, même s'il n'entre pas dans mes vues. » Par contraste avec la scène virulente qu'il avait jouée quelques heures auparavant en portant des toasts à ses collaborateurs, il parlait de tout, à présent, d'une façon détachée, comme s'il considérait les autres, la guerre, l'Histoire, et se regardait lui-même, du haut d'une cime de sérénité. « Après tout, disait-il, il n'y a que la mort qui gagne[50]. » Il plaignait Hitler, « pauvre homme qui ne s'en tirera pas ». À mon invite : « Viendriez-vous nous voir à Paris ? » il répondit : « Comment le faire ? Je suis vieux. Je mourrai bientôt. »

Il leva son verre en l'honneur de la France, « qui avait maintenant des chefs résolus, intraitables, et qu'il souhaitait grande et puissante parce qu'il fallait à la Russie un allié grand et puissant ». Enfin, il but à la Pologne, bien qu'il n'y eût aucun Polonais présent et comme s'il tenait à me prendre à témoin de ses intentions. « Les tsars, dit-il, faisaient une mauvaise politique en voulant dominer les autres peuples slaves. Nous avons, nous, une politique nouvelle. Que les Slaves soient, partout, indépendants et libres ! C'est ainsi qu'ils seront nos amis. Vive la Pologne, forte, indépendante, démocratique ! Vive l'amitié de la France, de la Pologne et de la Russie ! » Il me regardait : « Qu'en pense M. de Gaulle ? » En écoutant Staline, je mesurais l'abîme qui, pour le monde soviétique, sépare les paroles et les actes. Je ripostai : « Je suis d'accord avec ce que M. Staline a dit de la Pologne », et soulignai : « Oui, d'accord avec ce qu'il a dit. »

Les adieux prirent, de son fait, une allure d'effusion. « Comptez sur moi ! déclara-t-il. Si vous, si la France, avez besoin de nous, nous partagerons avec vous jusqu'à notre dernière soupe. » Soudain, avisant près de lui Podzerov, l'interprète russe qui avait assisté à tous les entretiens et traduit tous les propos, le maréchal lui dit, l'air sombre, la voix dure : « Tu en sais trop long, toi ! J'ai bien envie de t'envoyer en Sibérie. » Avec les miens, je quittai la pièce. Me retournant sur le seuil, j'aperçus Staline assis, seul, à table. Il s'était remis à manger.

Notre départ de Moscou eut lieu ce même matin. Le retour se fit, comme l'aller, par Téhéran. En route, je me demandais comment l'opinion française accueillerait le pacte du Kremlin, étant donné les avatars subis depuis trente ans par l'alliance franco-russe et les batailles de propagande qui, par le fait du communisme, avaient longuement faussé le problème. À notre passage au Caire, j'eus une première indication. L'ambassadeur Lescuyer m'y présenta la colonie française, rassemblée cette fois tout entière dans l'enthousiasme alors qu'à l'occasion de mes précédents séjours, en 1941 et en 1942, elle se trouvait divisée. On vérifiait, là comme ailleurs, que de toutes les influences la plus forte est celle du succès.

L'étape de Tunis fut marquée par une imposante réception, que le Bey tint à m'offrir au palais du Bardo. Aux côtés de ce sage souverain, en contact avec des Tunisiens de qualité, dans cette résidence remplie des souvenirs de l'Histoire, je voyais se révéler les éléments nécessaires au fonctionnement d'un État. Celui-ci, préparé par notre protectorat, semblait pouvoir bientôt voler de ses propres ailes moyennant le concours de la France[51]. Le 16 décembre, nous étions à Paris.

On s'y montrait très satisfait de la signature du pacte. Le public voyait dans l'affaire un signe de notre rentrée dans le concert des grands États. Les milieux politiques l'appréciaient comme un anneau rassurant de la chaîne qui liait les Nations unies. Certains professionnels — ou maniaques — des combinaisons chuchotaient que le traité avait dû être accompagné d'un arrangement au sujet du parti communiste français, de sa modération dans la lutte politique et sociale et de sa participation au redressement du pays. En somme, pour des raisons diverses, les jugements portés sur l'accord de Moscou étaient partout favorables. L'Assemblée consultative, elle aussi, exprima très hautement son approbation. Bidault ouvrit le débat, le 21 décembre, par l'exposé des stipulations que comportait effectivement le pacte. Je le clôturai en montrant « ce qu'avait été, ce qu'était, ce que serait la philosophie de l'alliance franco-russe que nous venions de conclure[52] ».

Cependant, l'euphorie générale ne détournait pas mon esprit de ce que les entretiens de Moscou m'avaient fait prévoir de fâcheux. Il fallait s'attendre à ce que la Russie, l'Amérique et l'Angleterre concluent entre elles un marché où les droits de la France, la liberté des peuples, l'équilibre de l'Europe, risquaient fort d'avoir à souffrir.

En effet, dès le début de janvier, sans qu'aucune communication diplomatique nous ait été faite, la presse anglo-saxonne annonça qu'une conférence réunirait incessamment MM. Roosevelt, Staline et Churchill. Ces « Trois » décideraient de ce qu'on ferait en Allemagne quand le Reich se serait « rendu sans condition ». Ils arrêteraient leur conduite à l'égard des peuples de l'Europe centrale et balkanique. Ils prépareraient, enfin, la convocation d'une assemblée en vue d'organiser les Nations unies.

Qu'on s'abstînt de nous inviter me désobligeait, sans nul doute, mais ne m'étonnait aucunement. Quels qu'aient été les progrès accomplis dans la voie qui conduirait la France jusqu'à sa place, je savais trop d'où nous étions partis pour nous croire déjà arrivés. D'ailleurs, l'exclusion dont nous étions l'objet devait, suivant toutes vraisemblances, entraîner une démonstration qui serait à notre avantage. Car les choses avaient assez mûri pour qu'on ne pût nous tenir à l'écart de ce qui allait être fait. Quoi que MM. Roosevelt, Staline et Churchill pussent décider à propos de l'Allemagne et de l'Italie, ils seraient, pour l'appliquer, amenés à demander l'accord du général de Gaulle. Quant à la Vistule, au Danube, aux Balkans, l'Amérique et l'Angleterre les abandonneraient sans doute à la discrétion des Soviets. Mais, alors, le monde constaterait qu'il y avait corrélation entre l'absence de la France et le nouveau déchirement de l'Europe. Enfin, jugeant le moment venu de marquer que la France n'admettait pas la façon dont elle était traitée, je voulais saisir, pour le faire, cette exceptionnelle occasion.

À vrai dire, parmi les « Trois », un seul s'opposait à notre présence. Pour nous le faire comprendre, Britanniques et Russes recoururent aussitôt aux informateurs officieux. Je ne croyais évidemment pas que le maréchal Staline, qui connaissait ma position à l'égard de la Pologne, et M. Churchill, qui comptait bien obtenir de ses partenaires carte blanche en Orient, eussent beaucoup insisté pour que de Gaulle fût à leurs côtés. Mais je ne pouvais douter que le refus explicite vînt du président Roosevelt. Lui-même, d'ailleurs, crut devoir s'en expliquer. Il délégua à Paris dans ce but, à titre d'« envoyé spécial », son premier conseiller et ami intime Harry Hopkins.

Celui-ci arriva quelques jours avant que s'ouvrît la conférence de Yalta. Je le reçus le 27 janvier[53]. Hopkins, accompagné de l'ambassadeur Caffery, avait pour mission de « faire passer la pilule ». Mais, comme il était un esprit élevé et un homme habile, il prit l'affaire par le haut et demanda d'aborder la question fondamentale des relations franco-américaines. C'était ainsi, effectivement, que les choses pouvaient être éclairées. Hopkins s'exprima avec une grande franchise. « Il y a, dit-il, un malaise entre Paris et Washington. Or, la guerre approche de son terme. L'avenir du monde dépendra dans une certaine mesure de l'action concertée des États-Unis et de la France. Comment faire sortir leurs rapports de l'impasse où ils sont engagés ? »

Je demandai à Hopkins quelle était, du fait de l'Amérique, la cause de l'état fâcheux des relations entre les deux pays. « Cette cause, me répondit-il, c'est avant tout la déception stupéfaite que nous a infligée la France quand nous la vîmes, en 1940, s'effondrer dans le désastre, puis dans la capitulation. L'idée que, de tous temps, nous nous étions faite de sa valeur et de son énergie fut bouleversée en un instant. Ajoutez à cela que ceux des grands chefs politiques ou militaires français à qui nous fîmes tour à tour confiance, parce qu'ils nous semblaient symboliques de cette France en laquelle nous avions cru, ne se sont pas montrés, — c'est le moins qu'on puisse dire, — à la hauteur de nos espoirs. Ne cherchez pas ailleurs la raison profonde de l'attitude que nous avons adoptée à l'égard de votre pays. Jugeant que la France n'était plus ce qu'elle avait été, nous ne pouvions avoir foi en elle pour tenir un des grands rôles.

« Il est vrai que vous-même, général de Gaulle, êtes apparu ; qu'une résistance française s'est formée autour de vous ; que des forces françaises sont retournées au combat ; qu'aujourd'hui la France entière vous acclame et reconnaît votre gouvernement. Comme nous n'avions d'abord aucun motif de croire en ce prodige, comme ensuite vous êtes devenu la preuve vivante de notre erreur, comme vous-même enfin ne nous ménagiez pas, nous ne vous avons pas favorisé jusqu'à présent. Mais nous rendons justice à ce que vous avez accompli et nous nous félicitons de voir la France reparaître. Comment pourrions-nous, cependant, oublier ce que, de son fait, nous avons vécu ? D'autre part, connaissant l'inconstance politique qui la ronge, quelles raisons aurions-nous de penser que le général de Gaulle sera en mesure de la conduire longtemps ? Ne sommes-nous donc pas justifiés à user de circonspection quant à ce que nous attendons d'elle pour porter avec nous le poids de la paix de demain ? »

En écoutant Harry Hopkins, je croyais entendre, de nouveau, ce que le président Roosevelt m'avait dit de la France, à Washington, six mois plus tôt. Mais, alors, la libération n'avait pas encore eu lieu. Moi-même et mon gouvernement siégions en Algérie. Il restait aux Américains quelques prétextes pour mettre en doute l'état d'esprit de la Métropole française. À présent, tout était éclairci. On savait que notre peuple voulait prendre part à la victoire. On mesurait ce que valait son armée renaissante. On me voyait installé à Paris et entouré par la ferveur nationale. Mais les États-Unis en étaient-ils plus convaincus que la France fût capable de redevenir une grande puissance ? Voulaient-ils l'y aider vraiment ? Voilà les questions qui, du point de vue français, commandaient le présent et l'avenir de nos relations avec eux.

Je le déclarai à l'envoyé spécial du Président. « Vous m'avez précisé pourquoi, de votre fait, nos rapports se trouvent altérés. Je vais vous indiquer ce qui, de notre part, contribue au même résultat. Passons sur les frictions épisodiques et secondaires qui tiennent aux conditions anormales dans lesquelles fonctionne notre alliance. Pour nous, voici l'essentiel : dans les périls mortels que nous, Français, traversons depuis le début du siècle, les États-Unis ne nous donnent pas l'impression qu'ils tiennent leur destin comme lié à celui de la France, qu'ils la veuillent grande et forte, qu'ils fassent ce qu'ils pourraient faire pour l'aider à le rester ou à le redevenir. Peut-être, en effet, n'en valons-nous pas la peine. Dans ce cas, vous avez raison. Mais peut-être nous redresserons-nous. Alors, vous aurez eu tort. De toute façon, votre comportement tend à nous éloigner de vous. »

Je rappelai que le malheur de 1940 était l'aboutissement des épreuves excessives que les Français avaient subies. Or, pendant la Première Guerre mondiale, les États-Unis n'étaient intervenus qu'après trois années de lutte où nous nous étions épuisés à repousser l'agression allemande. Encore entraient-ils en ligne pour le seul motif des entraves apportées à leur commerce par les sous-marins allemands et après avoir été tentés de faire admettre une paix de compromis où la France n'eût même pas recouvré l'Alsace et la Lorraine[54]. Le Reich une fois vaincu, on avait vu les Américains refuser à la France les garanties de sécurité qu'ils lui avaient formellement promises, exercer sur elle une pression obstinée pour qu'elle renonce aux gages qu'elle détenait et aux réparations qui lui étaient dues, enfin fournir à l'Allemagne toute l'aide nécessaire au redressement de sa puissance. « Le résultat, dis-je, ce fut Hitler. »

J'évoquai l'immobilité qu'avaient observée les États-Unis quand le IIIe Reich entreprit de dominer l'Europe ; la neutralité où ils s'étaient cantonnés tandis que la France subissait le désastre de 1940 ; la fin de non-recevoir opposée par Franklin Roosevelt à l'appel de Paul Reynaud alors qu'il eût suffi d'une simple promesse de secours, fût-elle secrète et à échéance, pour décider nos pouvoirs publics à continuer la guerre ; le soutien longtemps accordé par Washington aux chefs français qui avaient souscrit à la capitulation et les rebuffades prodiguées à ceux qui poursuivaient le combat. « Il est vrai, ajoutai-je, que vous vous êtes trouvés contraints d'entrer dans la lutte, lorsque à Pearl Harbor les Japonais, alliés des Allemands, eurent envoyé vos navires par le fond. L'effort colossal que vous fournissez, depuis lors, est en train d'assurer la victoire. Soyez assurés que la France le reconnaît hautement. Elle n'oubliera jamais que, sans vous, sa libération n'eût pas été possible. Cependant, tandis qu'elle se relève, il ne peut lui échapper que l'Amérique ne compte sur elle qu'accessoirement. À preuve, le fait que Washington ne fournit d'armement à l'armée française que dans une mesure restreinte[55]. À preuve, aussi, ce que vous-même venez de me dire.

— Vous avez, observa M. Harry Hopkins, expliqué le passé d'une manière incisive mais exacte. Maintenant, l'Amérique et la France se trouvent devant l'avenir. Encore une fois, comment faire pour que, désormais, elles agissent d'accord et en pleine confiance réciproque ?

— Si telle est, répondis-je, l'intention des États-Unis, je ne puis comprendre qu'ils entreprennent de régler le sort de l'Europe en l'absence de la France. Je le comprends d'autant moins, qu'après avoir affecté de l'ignorer dans les discussions imminentes des " Trois ", il leur faudra se tourner vers Paris pour demander son agrément à ce qu'on aura décidé. »

MM. Hopkins et Caffery en convinrent. Ils déclarèrent que leur gouvernement attachait, dès à présent, la plus haute importance à la participation de la France à la Commission européenne de Londres, sur le même pied que l'Amérique, la Russie et la Grande-Bretagne. Ils ajoutèrent même, qu'en ce qui concernait le Rhin, les États-Unis étaient plus disposés que nos deux autres grands alliés à régler la question comme nous le souhaitions. Sur ce dernier point, j'observai que la question du Rhin ne serait pas réglée par l'Amérique, non plus que par la Russie ou par la Grande-Bretagne. La solution, s'il y en avait une, ne pourrait être trouvée un jour que par la France ou par l'Allemagne. Toutes deux l'avaient longtemps cherchée l'une contre l'autre. Demain, elles la découvriraient, peut-être, en s'associant[56].

Pour[g] conclure l'entretien, je dis aux deux ambassadeurs : « Vous êtes venus, de la part du président des États-Unis, afin d'éclaircir avec moi le fond des choses au sujet de nos relations. Je crois que nous l'avons fait. Les Français ont l'impression que vous ne considérez plus la grandeur de la France comme nécessaire au monde et à vous-mêmes. De là le souffle froid que vous sentez à notre abord et jusque dans ce bureau. Si vous avez le désir que les rapports de l'Amérique et de la France s'établissent sur des bases différentes, c'est à vous de faire ce qu'il faut. En attendant que vous choisissiez, j'adresse au président Roosevelt le salut de mon amitié à la veille de la conférence où il se rend en Europe. »

Tandis que les « Trois » se trouvaient ensemble à Yalta, je crus devoir rappeler publiquement la France à leur attention, si tant est qu'ils l'eussent oubliée. Le 5 février[57], parlant à la radio, je formulai cet avertissement : « Quant au règlement de la paix future, nous avons fait connaître à nos alliés que la France ne serait, bien entendu, engagée par absolument rien qu'elle n'aurait été à même de discuter et d'approuver au même titre que les autres[58]... Je précise que la présence de la force française d'un bout à l'autre du Rhin, la séparation des territoires de la rive gauche du fleuve et du bassin de la Ruhr de ce que sera l'État allemand, l'indépendance des nations polonaise, tchécoslovaque, autrichienne et balkaniques, sont des conditions que la France juge essentielles... Nous ne sommes pas inquiets, d'ailleurs, quant à la possibilité que nous aurons de réaliser certaines d'entre elles, puisque nous sommes cent millions d'hommes, bien rassemblés sous le drapeau français, à proximité immédiate de ce qui nous intéresse le plus directement. »

Le 12 février, les « Trois », en se séparant, publièrent un communiqué qui proclamait les principes sur lesquels ils s'étaient mis d'accord. Il y était déclaré que la guerre serait poursuivie jusqu'à ce que le Reich ait capitulé sans conditions ; que les trois grandes puissances occuperaient son territoire, chacune dans une région différente ; que l'administration et le contrôle de l'Allemagne seraient exercés par une commission militaire formée des commandants en chef et siégeant à Berlin. Mais, aux termes du communiqué, la France était invitée à se joindre à l'Amérique, à l'Angleterre et à la Russie, à occuper elle aussi une zone du territoire allemand et à être le quatrième membre du gouvernement de l'Allemagne. D'autre part, le communiqué affirmait la volonté des « Trois » de dissoudre toutes les forces allemandes, de détruire à jamais l'état-major allemand, de châtier les criminels de guerre, enfin de faire payer à l'Allemagne, dans toute la mesure du possible, la réparation des dommages qu'elle avait causés.

Pour maintenir dans le monde la paix et la sécurité, une « Organisation générale internationale » devait être créée. À cet effet, une conférence de tous les États signataires de la charte de l'Atlantique serait convoquée à San Francisco, le 25 avril, et prendrait pour bases de l'Organisation celles qu'avait définies la conférence de Dumbarton Oaks. Bien que la France n'eût pas pris part à cette dernière conférence, il était spécifié qu'elle allait être aussitôt consultée par les trois « grands » afin d'arrêter avec eux les dispositions définitives, ce qui signifiait évidemment qu'elle siégerait comme eux au « Conseil de sécurité ».

Le communiqué comportait également une « Déclaration sur l'Europe libérée ». Il s'agissait, en fait, de la Hongrie, de la Roumanie et de la Bulgarie qui avaient marché avec l'Allemagne et se trouvaient, maintenant, occupées par la Russie. À leur sujet, la Déclaration proclamait le droit des peuples à disposer d'eux-mêmes, le rétablissement de la démocratie, la liberté des élections d'où procéderaient les gouvernements, mais restait dans le vague quant aux mesures pratiques qui devraient être appliquées, ce qui revenait à laisser les occupants soviétiques s'y prendre comme ils l'entendaient. Les trois grandes puissances exprimaient leur espoir que « le gouvernement de la République française voudrait bien s'associer à elles pour la procédure proposée ».

Les « Trois » faisaient connaître, enfin, qu'ils s'étaient « accordés » sur la question polonaise. Ils décidaient que la Pologne serait limitée, à l'est, par la ligne Curzon[59] et recevrait, au nord et à l'ouest, « un substantiel accroissement de territoire ». Quant au régime politique, il n'était fait aucune allusion à des élections libres. Un gouvernement, qu'on dénommait « d'unité nationale », devrait être formé « à partir du gouvernement provisoire fonctionnant déjà dans le pays », c'est-à-dire le comité polonais de la libération, dit « de Lublin ». Sans doute était-il indiqué que celui-ci aurait à s'élargir « en incluant les chefs démocratiques résidant en Pologne et à l'étranger ». Mais, comme il n'était pas question du gouvernement siégeant à Londres, que la composition des pouvoirs publics restait dans une imprécision complète, qu'aucun contrôle n'était prévu de la part des Occidentaux, on ne pouvait avoir de doute sur le genre de gouvernement que recevrait la Pologne. On n'en pouvait avoir davantage au sujet de l'autorité qui s'exercerait en Yougoslavie. Bien qu'à propos de ce pays le communiqué des « Trois » invoquât la ratification par une future « Assemblée nationale », en fait la dictature de Tito se trouvait reconnue sans condition. Ainsi était accordé à Staline tout ce qu'il réclamait pour Varsovie et pour Belgrade. À cela et à cela seulement, la France n'était pas — et pour cause ! — invitée à contribuer.

Au cours de la même journée où les chefs des gouvernements américain, britannique et russe publiaient leur communiqué, l'ambassadeur Jefferson Caffery me transmit, de leur part, deux « communications »[60]. La première était l'invitation formelle adressée à la France de se joindre aux trois alliés pour ce qui concernait l'Allemagne. La seconde, imputant aux « circonstances » le fait que la France n'avait pas eu à discuter les termes de la « Déclaration relative à l'Europe libérée », exprimait l'espoir que le gouvernement français accepterait, néanmoins, d'assumer en commun avec les trois autres les obligations éventuelles que comportait cette déclaration. En même temps, M. Caffery me remettait un mémorandum[61] que le président des États-Unis m'adressait au nom des « Trois ». Le Président demandait à la France d'être, avec l'Amérique, la Grande-Bretagne, la Russie et la Chine, « puissance invitante » à la prochaine conférence des Nations unies et de prendre part aux consultations que les gouvernements de Washington, Londres, Moscou et Tchoung-King allaient engager entre eux pour mettre au point les bases d'organisation établies à Dumbarton Oaks.

En somme, s'il demeurait, à nos yeux, inadmissible que nos trois alliés eussent tenu sans nous leur conférence de Crimée, par contre, les démarches qu'ils faisaient, à présent, auprès de nous n'étaient nullement désobligeantes. Certes, plusieurs de leurs conclusions pouvaient nous paraître fâcheuses et les propositions dont ils nous saisissaient devaient être étudiées avec soin avant que nous y donnions suite. Mais, sur certains points essentiels, leurs communications comportaient pour nous d'importantes satisfactions. C'est ainsi que j'en jugeai en prenant, le 12 février, connaissance des documents apportés par M. Caffery.

Mais, au cours de l'après-midi, l'ambassadeur me redemanda audience. Il m'apportait un message personnel du président Roosevelt. Celui-ci me faisait connaître son désir de me rencontrer. Lui-même fixait le lieu de notre entrevue. Ce serait Alger. Si j'acceptais de m'y rendre, il fixerait aussi la date.

L'invitation de Roosevelt me parut intempestive. À M. Harry Hopkins, qui l'avait donné à prévoir lors de son passage à Paris, Georges Bidault avait fait entendre qu'il vaudrait mieux ne pas l'adresser. Aller voir le Président au lendemain d'une conférence où il s'était opposé à ma présence ne me convenait vraiment pas. D'autant moins que ma visite ne présenterait, pratiquement, aucun avantage, puisque les décisions de Yalta étaient prises, mais qu'elle pourrait, au contraire, donner à croire que j'entérinais tout ce qu'on y avait réglé. Or, nous n'approuvions pas le sort arbitrairement imposé, non seulement à la Hongrie, à la Roumanie, à la Bulgarie, qui s'étaient jointes à l'Allemagne, mais aussi à la Pologne et à la Yougoslavie qui étaient nos alliées. Encore soupçonnais-je que, sur certaines questions : Syrie, Liban, Indochine, intéressant directement la France, les « Trois » avaient conclu entre eux quelque arrangement incompatible avec nos intérêts. Si c'était pour le bon motif que Roosevelt souhaitait voir de Gaulle, que ne l'avait-il laissé venir en Crimée ?

Et puis, à quel titre le président américain invitait-il le président français à lui faire visite en France ? Je l'avais, moi, convié dans les premiers jours de novembre à venir me voir à Paris. Bien qu'il ne s'y fût pas rendu, il ne tenait qu'à lui de le faire ou de me demander de choisir un autre endroit. Mais comment accepterais-je d'être convoqué en un point du territoire national par un chef d'État étranger ? Il est vrai que, pour Franklin Roosevelt, Alger, peut-être, n'était pas la France. Raison de plus pour le lui rappeler. Au surplus, le Président commençait son voyage de retour par les États arabes d'Orient. À bord de son cuirassé mouillé dans leurs eaux, il appelait leurs rois et chefs d'État, y compris les présidents des Républiques syrienne et libanaise placées sous le mandat français. Ce qu'il offrait au général de Gaulle, c'était de le recevoir sur le même navire et dans les mêmes conditions. Je trouvai la chose exagérée, quel que fût le rapport actuel des forces. La souveraineté, la dignité, d'une grande nation doivent être intangibles. J'étais en charge de celles de la France.

Après avoir pris l'avis des ministres, je priai, le 13 février, M. Jefferson Caffery de faire savoir de ma part au président des États-Unis « qu'il m'était impossible de me rendre à Alger en ce moment et à l'improviste et que, par conséquent, je ne pourrais, à mon grand regret, l'y recevoir ; que le gouvernement français l'avait invité, en novembre, à se rendre à Paris et beaucoup regretté qu'il n'ait pu s'y rendre alors, mais que nous serions heureux de l'accueillir dans la capitale, s'il voulait y venir à n'importe quelle date ; que, s'il souhaitait, au cours de son voyage, faire, néanmoins, escale à Alger, il ait l'obligeance de nous en prévenir, afin que nous adressions au gouverneur général de l'Algérie les instructions nécessaires pour que tout y soit fait suivant ses désirs[62] ».

Cet incident souleva dans l'opinion mondiale une émotion considérable. J'aurais, pour ma part, préféré qu'on s'abstînt de le gonfler. Mais les journaux américains, évidemment orientés, s'appliquèrent à présenter l'affaire comme un camouflet que le général de Gaulle avait délibérément infligé au Président. Celui-ci ne crut pas, d'ailleurs, devoir cacher sa déconvenue. À son retour à Washington, il publia, au sujet de la rencontre manquée, un communiqué où perçait l'acrimonie. Dans le discours qu'il prononça, le 3 mars, devant le Congrès, pour exposer les résultats de la conférence de Yalta, il fit une allusion transparente à de Gaulle, en évoquant telle *prima donna*[63] à qui son caprice de vedette avait fait manquer un utile rendez-vous. De mon côté, je me bornai à remettre à la presse une note exposant les faits.

Les propos amers de Roosevelt pouvaient, certes, m'offenser. Mais j'étais persuadé qu'ils manifestaient sa mauvaise humeur plutôt que le sentiment profond qui l'animait à mon égard. S'il avait vécu davantage et qu'une fois la guerre gagnée nous eussions trouvé l'occasion de nous expliquer à loisir, je crois qu'il eût compris et apprécié les raisons qui me guidaient dans mon action à la tête de la France. Quant à moi, il n'est point d'incidents qui aient pu m'amener à méconnaître ni l'envergure de son esprit, ni ses mérites, ni son courage. Quand la mort vint, le 12 avril, l'arracher à sa tâche gigantesque, au moment même où il allait en voir le terme victorieux, c'est d'un cœur sincère que je portai vers sa mémoire mon regret et mon admiration[64].

En France, pourtant, la plupart des éléments organisés pour se faire entendre ne manquaient pas de désapprouver la façon dont j'avais accueilli l'« invitation » à me rendre à Alger. Nombre de « politiques », faisant profession de voir en Roosevelt l'infaillible champion de la démocratie et vivant dans un univers passablement éloigné des motifs d'intérêt supérieur et de dignité nationale auxquels j'avais obéi, s'offusquaient de mon attitude. Les communistes la condamnaient parce qu'elle marquait ma réserve vis-à-vis des concessions excessives faites aux Soviets par le Président. Beaucoup de gens d'affaires s'inquiétaient de mon geste qui dérangeait leurs perspectives de concours américain. Les notables étaient portés, en général, à donner raison à l'étranger, pourvu qu'il fût riche et fort, et à blâmer, du côté français, ce qui pouvait sembler résolu. Au reste et en dépit des précautions de forme, toutes ces catégories commençaient à s'écarter de moi, à mesure qu'elles voyaient se dessiner au loin le retour aux jeux savoureux des illusions et du dénigrement.

Il me fallait donc constater que l'idée que je me faisais du rang et des droits de la France n'était guère partagée par beaucoup de ceux qui agissaient sur l'opinion. Pour soutenir ma politique, celle de l'ambition nationale, je devrais de moins en moins compter sur les voix, les plumes, les influences. J'avoue avoir ressenti profondément ce début de dissentiment, qui, demain, à mesure des peines, compromettrait mon effort.

Mais ce qui était acquis l'était bien. Au-dehors aucune opposition, au-dedans aucune discordance, ne pourraient, dorénavant, empêcher que la France reprît son rang. Après tout, la conférence de Yalta venait elle-même de le démontrer. Puisqu'on nous demandait de devenir, tout de suite, un des membres de l'aréopage formé par les grands États pour régler le sort des ennemis et pour organiser la paix, c'est qu'on nous considérait comme une des principales puissances belligérantes et, bientôt, victorieuses. Sur le plan de la politique mondiale, rien ne subsisterait bientôt plus de la situation de nation vaincue où la France avait paru tomber, ni de la légitimité de Vichy qu'on avait affecté d'admettre. Le succès de l'entreprise engagée le 18 juin 1940 se trouvait assuré dans l'ordre international, tout comme il l'était aussi dans le domaine des armes et dans l'âme du peuple français. Le but allait être atteint, parce que l'action s'était inspirée d'une France qui resterait la France pour ses enfants et pour le monde. Or, en dépit des malheurs subis et des renoncements affichés, c'est cela qui était vrai. Il n'y a de réussite qu'à partir de la vérité.

L'ORDRE

S'il n'est de style, suivant Buffon, que par l'ordre et le mouvement[1], c'est aussi vrai de la politique. Le vent du changement souffle en rafales sur la France libérée. Mais la règle doit s'y imposer, sous peine que rien ne vaille rien. Or, si graves sont les blessures subies par notre pays, si pénibles les conditions de vie dans lesquelles le maintiennent les destructions et la guerre, si grand le bouleversement de ce qui était établi : État, hiérarchies, familles, traditions, qu'il est plongé dans une crise à la fois diffuse et générale. La joie de la libération a pu momentanément dissimuler aux Français le véritable état des choses. À présent, les réalités n'en paraissent que plus amères. Pour moi, quand je regarde au loin, j'aperçois bien l'azur du ciel. Mais, de près, voyant bouillir d'affreux éléments de trouble dans le creuset des affaires publiques, je me fais l'effet de Macbeth devant la marmite des sorcières[2].

D'abord, il manque ce qu'il faudrait pour satisfaire les besoins de l'existence des Français. Douze cents calories par jour, c'est tout ce que les rations officielles accordent à l'alimentation de chacun. Quant à se procurer les compléments indispensables, on ne peut y parvenir qu'en allant au marché noir, ce qui est ruineux et démoralisant. Comme il n'y a pas de laine, pas de coton et guère de cuir, beaucoup s'habillent de vêtements élimés et vont sur des semelles de bois. Dans les villes, point de chauffage ! Car le peu de charbon qui sort des mines est réservé aux armées, aux chemins de fer, aux centrales, aux industries de base, aux hôpitaux. Rien n'en arrive jusqu'aux particuliers. Or, il se trouve que cet hiver-là est l'un des plus rudes qu'on ait connus. À la maison, à l'atelier, au bureau, à l'école, tout le monde grelotte. Sauf une heure de temps en temps, le gaz n'a pas de pression, l'électricité est coupée. Comme les trains sont rares, que les cars ont disparu, que l'essence est introuvable, les citadins prolongent leur journée de travail par des heures de marche ou, au mieux, de bicyclette, tandis que les campagnards ne quittent pas les villages. La reprise de la vie normale est, de surcroît, entravée par l'absence de quatre millions de jeunes hommes : mobilisés, prisonniers, déportés, requis en Allemagne, et par le déracinement d'un quart de la population : sinistrés ou réfugiés qui campent dans des ruines ou des baraques.

De tant de gêne et de privations, bien des Français s'étonnent et s'irritent, d'autant plus qu'ils avaient supposé en être, comme par enchantement, débarrassés à la libération. Cependant, le moment est proche où ces mécontentements commenceront à s'atténuer. Il est acquis que les hostilités se termineront dans quelques mois, que les importations reprendront aussitôt après, que les hommes détenus en Allemagne et bon nombre de mobilisés retourneront au travail, que les communications seront peu à peu rétablies, que la production se développera de nouveau. Certes, il faudra des années avant qu'on puisse en revenir aux conditions d'existence de naguère. Malgré tout, on aperçoit la sortie du tunnel. Par rapport à ce qu'on vient de vivre, les épreuves qui restent à subir ne seront plus, par elles-mêmes, assez dures ni assez prolongées pour mettre l'avenir en question. Mais, ce qui rend la situation grave, c'est qu'elles s'ajoutent au profond ébranlement social, moral et politique, où se trouve plongé le pays.

Cette crise nationale occupe ma vie de tous les jours. Non que je me laisse absorber par les difficultés de détail, les avis, les doléances, les critiques, qui affluent de toutes parts. Tout en ressentant, autant que personne, les épreuves quotidiennes de la population, tout en tenant les services en haleine, je sais que les problèmes sont actuellement insolubles. Mais, si le présent se traîne dans les séquelles du malheur, l'avenir est à bâtir. Il y faut une politique. J'en ai une, dont je tâche qu'elle soit à la dimension du sujet. Renouveler les conditions sociales, afin que le travail reprenne et qu'échoue la subversion. Tout préparer pour qu'au moment voulu le peuple reçoive la parole, sans permettre que, jusque-là, rien n'entame mon autorité. Assurer l'action de la justice, de telle sorte que les fautes commises soient sanctionnées rapidement, que la répression échappe aux partisans, qu'une fois les jugements rendus rien n'empêche la réconciliation. Remettre la presse en liberté, en liquidant, toutefois, les organes qui ont servi l'ennemi. Ramener le pays vers l'équilibre économique et financier, en suscitant son activité et en lui épargnant d'excessives secousses. Gouverner à coups d'initiatives, de risques, d'inconvénients. Voilà ce que je veux faire.

À mes yeux, il est clair que l'enjeu du conflit c'est, non seulement le sort des nations et des États, mais aussi la condition humaine. Il n'y a là, d'ailleurs, rien que de très naturel. Toujours, la guerre, sous son aspect technique, est un mouvement des sociétés. Les passions qui l'animent et les prétextes qu'elle invoque ne manquent jamais d'enrober une querelle concernant la destinée matérielle ou spirituelle des hommes. Les victoires d'Alexandre étaient celles d'une civilisation[3]. C'est le désir tremblant du barbare qui fit crouler l'empire de Rome. Point d'invasions arabes sans le Coran. Point de croisades sans l'Évangile. L'Europe de l'Ancien Régime se dressa contre la France, quand l'Assemblée proclama : « Les hommes naissent libres et égaux en droit[4]. »

Comme tout le monde, je constate que, de nos jours, le machinisme domine l'univers. De là s'élève le grand débat du siècle : la classe ouvrière sera-t-elle victime ou bénéficiaire du progrès mécanique en cours ? De là sont sortis, hier, les vastes mouvements : socialisme, communisme, fascisme, qui s'emparèrent de plusieurs grands peuples et divisèrent tous les autres. De là vient, qu'en ce moment, les étendards des idéologies adverses : libérale, marxiste, hitlérienne, flottent dans le ciel des batailles et que tant d'hommes et tant de femmes, emportés par le cataclysme, sont hantés par la pensée de ce qu'il adviendra d'eux-mêmes et de leurs enfants. De là résulte cette évidence que le flot de passions, d'espoirs, de douleurs, répandus sur les belligérants, l'immense brassage humain auquel ils se trouvent soumis, l'effort requis par la reconstruction, placent la question sociale au premier rang de toutes celles qu'ont à résoudre les pouvoirs publics. Je suis sûr que, sans des changements profonds et rapides dans ce domaine, il n'y aura pas d'ordre qui tienne.

Combien est-ce vrai pour la France ! La guerre l'avait saisie en pleine lutte des classes, celle-ci d'autant plus vive que notre économie, gravement retardataire, répugnait aux changements et que le régime politique, dépourvu de vigueur et de foi, ne pouvait les imposer. Sans doute, à cette stagnation y avait-il des causes de force majeure. Contrairement à d'autres, nous n'avions pas la fortune de posséder en abondance le charbon et le pétrole qui nourrissent la grande industrie. Avant la Première Guerre mondiale, la paix armée nous contraignait à consacrer aux forces militaires une large part de nos ressources. Ensuite, faute d'avoir obtenu le règlement des réparations, nous avions été accablés par le fardeau de la reconstruction. Enfin, devant la menace allemande réapparue, il nous avait fallu reprendre l'effort d'armement. Dans de pareilles conditions, les investissements productifs restaient trop souvent négligés, les outillages ne se transformaient guère, les richesses demeuraient étales, tandis que les budgets publics se bouclaient péniblement et que fondait la monnaie. Tant de retards et d'embarras, joints aux routines et aux égoïsmes, disposaient mal l'économie et, avec elle, les pouvoirs à entreprendre les réformes qui eussent donné leur part aux travailleurs. Il est vrai qu'en 1936 la pression populaire imposait quelques concessions. Mais l'élan s'enlisait vite dans la vase parlementaire. Quand la France aborda la guerre, un lourd malaise social tenait son peuple divisé.

Pendant le drame, sous le faix du malheur, un grand travail s'était opéré dans les esprits. Le désastre de 1940 apparaissait à beaucoup comme la faillite, dans tous les domaines, du système et du monde dirigeants. On était donc porté à vouloir les remplacer par d'autres. D'autant plus que la collaboration d'une partie des milieux d'affaires avec les occupants, l'étalage du mercantilisme, le contraste entre la pénurie où presque tous étaient plongés et le luxe de quelques-uns, exaspéraient la masse française. Et puis, cette guerre, où Hitler luttait à la fois contre les démocraties et contre les Soviets, jetait toute la classe ouvrière du côté de la Résistance. La nation voyait les travailleurs reparaître en patriotes en même temps qu'en insurgés, comme ç'avait été le cas à l'époque de la Révolution, des journées de 1830, du soulèvement de 1848, des barricades de la Commune. Mais, cette fois, c'est contre l'ennemi qu'ils faisaient grève ou allaient au maquis. Aussi, l'idée que les ouvriers pourraient de nouveau s'écarter de la communauté nationale était-elle odieuse au pays. Bref, rénover l'économie afin qu'elle serve la collectivité avant de fournir des profits aux intérêts particuliers et, du même coup, rehausser la condition des classes laborieuses, c'est ce que souhaitait le sentiment général.

Le régime de Vichy avait essayé d'y répondre. Si, dans le domaine financier et économique, ses technocrates s'étaient conduits, malgré toutes les traverses, avec une incontestable habileté, d'autre part, les doctrines sociales de la « révolution nationale » : organisation corporative, charte du travail, privilèges de la famille, comportaient des idées qui n'étaient pas sans attraits. Mais le fait que cette entreprise se confondait avec la capitulation ne pouvait que rejeter les masses vers une tout autre mystique.

Celle du communisme s'offre à leur colère et à leur espérance. L'aversion à l'égard des structures d'autrefois s'est exaspérée dans la misère, concentrée dans la Résistance, exaltée à la Libération. Voilà donc, pour le « parti », une extraordinaire occasion. Confondant à dessein l'insurrection contre l'ennemi avec la lutte des classes et se posant comme le champion de ces deux sortes de révolte, il a toutes chances de prendre la tête du pays grâce à la surenchère sociale, lors même qu'il ne pourrait le faire par la voie du Conseil de la Résistance, des comités et des milices. À moins, toutefois, que de Gaulle, saisissant l'initiative, ne réalise des réformes telles qu'il puisse regrouper les esprits, obtenir le concours des travailleurs et assurer, sur de nouvelles bases, le démarrage économique.

C'est à quoi, sans délai, j'attelle le gouvernement. Le plan est arrêté de longue date. Car, dès l'origine, je me suis mis d'accord avec mes arrière-pensées et les résistants, quels qu'ils soient, sont unanimes dans leurs intentions. Les mouvements ont pris position. Les comités d'étude, travaillant en France dans la clandestinité, ou au grand jour à Londres et en Afrique, ont préparé les projets. Les délégués, notamment ceux qui siégeaient à l'Assemblée consultative d'Alger, en ont approuvé les grandes lignes. On peut dire qu'un trait essentiel de la résistance française est la volonté de rénovation sociale. Mais il faut la traduire en actes. Or, en raison de mes pouvoirs et du crédit que m'ouvre l'opinion, j'ai les moyens de le faire. En l'espace d'une année, les ordonnances et les lois promulguées sous ma responsabilité apporteront à la structure de l'économie française et à la condition des travailleurs des changements d'une portée immense, dont le régime d'avant-guerre avait délibéré en vain pendant plus d'un demi-siècle. La construction est, semble-t-il, solide puisque ensuite rien n'y sera, ni ajouté, ni retranché.

C'est ainsi que les sources principales de l'énergie sont mises aux mains de l'État. Dès 1944[5] est institué le Groupement national des houillères du Nord et du Pas-de-Calais, auquel s'ajouteront bientôt celles de la Loire. Un peu plus tard, le gouvernement décidera de prendre sous son contrôle la production et la distribution de l'électricité et du gaz. La réalisation suivra à mesure que les dispositions auront été précisées. En 1945, sera créé le « Bureau des pétroles », chargé de susciter, de mettre en œuvre, de coordonner, tout ce qui concerne la recherche et l'industrie des carburants et des lubrifiants. À la fin de l'année, le Haut-Commissariat à l'énergie atomique verra le jour. Étant donné que l'activité du pays dépend du charbon, du courant électrique, du gaz, du pétrole et dépendra un jour de la fission de l'atome, que pour porter l'économie française au niveau qu'exige le progrès ces sources doivent être développées dans les plus vastes proportions, qu'il y faut des dépenses et des travaux que seule la collectivité est en mesure d'accomplir, la nationalisation s'impose.

Dans le même ordre d'idées, l'État se voit attribuer la direction du crédit. En effet, dès lors qu'il lui incombe de financer lui-même les investissements les plus lourds, il doit en recevoir directement les moyens. Ce sera fait par la nationalisation de la Banque de France et des grands établissements de crédit. Comme la mise en valeur des territoires de l'Union française devient une des chances principales et, peut-être, suprêmes de la France, l'ancienne Caisse centrale de la France Libre est transformée en « Caisse centrale de la France d'outre-mer » et organise la participation de l'État au développement de ces pays neufs. C'est d'une inspiration semblable que procède la décision de grouper en un seul réseau, — Air France, — les lignes aériennes exploitées avant la guerre par des sociétés subventionnées. L'année 1945 ne se terminera pas sans qu'on ait vu nos avions de transport reparaître dans les cinq parties du monde. Quant à la constitution des établissements Renault en une régie nationale, prononcée, il est vrai, non par principe, mais comme une sanction, elle a pour conséquence de placer sous la coupe de l'État « l'usine-pilote » par excellence. Enfin, pour amener l'économie nouvelle à investir, c'est-à-dire à prélever sur le présent afin de bâtir l'avenir, le Haut-Commissariat au Plan d'équipement et de modernisation sera créé pendant cette même année[6].

Mais il n'y a pas de progrès véritable si ceux qui le font de leurs mains ne doivent pas y trouver leur compte. Le gouvernement de la Libération entend qu'il en soit ainsi, non point seulement par des augmentations de salaires, mais surtout par des institutions qui modifient profondément la condition ouvrière. L'année 1945 voit refondre entièrement et étendre à des domaines multiples le régime des assurances sociales. Tout salarié en sera obligatoirement couvert. Ainsi disparaît l'angoisse, aussi ancienne que l'espèce humaine, que la maladie, l'accident, la vieillesse, le chômage, faisaient peser sur les laborieux. « Il y aura toujours des pauvres parmi nous[7] », mais non plus de misérables. D'autre part, un système complet d'allocations familiales est alors mis en vigueur. La nation donne aux familles un soutien proportionné au nombre de leurs enfants et qui dure, pour chacun d'eux, depuis le jour où s'annonce sa naissance jusqu'à celui où il devient capable de subvenir à ses besoins. De ce fait, va se redresser la natalité française, si riche jadis qu'elle nourrissait l'esprit d'entreprise et la grandeur de notre race, mais qui avait, en cent ans, décliné au point que la France n'était plus qu'un pays statique et clairsemé. Dans le même temps, le statut du fermage est renouvelé de fond en comble. Désormais, l'agriculteur qui exploite une terre louée est assuré d'y demeurer aussi longtemps qu'il le voudra, pourvu qu'il remplisse les conditions de son bail. En outre, il a, sur cette terre, un droit de préemption, s'il arrive qu'elle soit mise en vente. Ainsi est-il porté remède à une cause virulente d'agitation paysanne et de désertion des campagnes[8].

Encore, le plan que je me suis formé va-t-il bien au-delà de ces réformes d'ordre matériel. Il vise à attribuer aux travailleurs, dans l'économie nationale, des responsabilités qui rehaussent de beaucoup le rôle d'instruments où ils étaient, jusqu'alors, confinés. Qu'ils soient associés à la marche des entreprises, que leur travail y ait les mêmes droits que détient le capital, que leur rémunération soit liée, comme le revenu des actionnaires, aux résultats de l'exploitation, c'est à quoi je projette d'aboutir. Afin de préparer cette promotion ouvrière, les comités d'entreprise voient le jour en février 1945[9]. Chaque comité réunit le directeur de l'établissement avec les représentants des ouvriers, des employés et des cadres. Il est tenu au courant de l'activité commune. Il formule son avis sur tout ce qui concerne la productivité. Il gère lui-même les fonds consacrés, en dehors des traitements et salaires, à la vie matérielle et sociale du personnel. En rapprochant les uns des autres tous ceux, quels que soient les échelons, qui participent à la même œuvre, en les amenant à en étudier ensemble la marche, les progrès, les lacunes, en suscitant le sentiment et organisant la pratique de leur solidarité, je compte qu'un pas est fait vers l'association du capital, du travail et de la technique, où je vois la structure humaine de l'économie de demain.

Ces transformations, si étendues qu'elles puissent être, sont réalisées sans secousses. Certes, les privilégiés les accueillent mélancoliquement. Certains s'en feront même de secrets griefs pour plus tard. Mais, sur le moment tous, mesurant la force du courant, s'y résignent aussitôt et d'autant plus volontiers qu'ils avaient redouté bien pire. Du côté des communistes, on affecte naturellement de tenir ce qui est fait pour trop peu et d'alléguer que le gouvernement est empêché d'aller plus loin par ses attaches réactionnaires. Mais on se garde de s'y opposer. Quant aux « politiques », ils ne manquent pas, suivant les règles de leur art, de formuler des réserves dans l'un ou dans l'autre sens, mais ils approuvent en gros l'œuvre qui s'accomplit et lui accordent, au sein de l'Assemblée, des majorités massives. Beaucoup d'entre eux y adhèrent parce qu'elle répond, dans l'ensemble, à d'anciennes revendications. D'autres l'acceptent comme une concession accordée à la paix sociale. Tous comptent s'en targuer demain devant le corps électoral. Une fois de plus, je constate que si, pour eux et pour moi, le but peut être le même, les raisons qui les poussent ne sont pas identiques aux miennes. Alors qu'ils règlent leur attitude d'après les préjugés de leurs tendances respectives, ces considérations me touchent peu. Par contre, je les vois médiocrement sensibles au mobile dont je m'inspire et qui est la puissance de la France.

Car, aujourd'hui, comme il en fut toujours, c'est à l'État qu'il incombe de bâtir la puissance nationale, laquelle, désormais, dépend de l'économie. Celle-ci doit donc être dirigée[10], d'autant mieux qu'elle est déficiente, qu'il lui faut se renouveler et qu'elle ne le fera pas à moins qu'on ne l'y détermine. Tel est, à mes yeux, le principal motif des mesures de nationalisation, de contrôle, de modernisation, prises par mon gouvernement. Mais cette conception d'un pouvoir armé pour agir fortement dans le domaine économique est directement liée à l'idée que je me fais de l'État. Je vois en lui, non point, comme il l'était hier et comme les partis voudraient qu'il le redevienne, une juxtaposition d'intérêts particuliers d'où ne peuvent sortir jamais que de faibles compromis, mais bien une institution de décision, d'action, d'ambition, n'exprimant et ne servant que l'intérêt national. Pour concevoir et pour décider, il lui faut des pouvoirs ayant à leur tête un arbitre qualifié. Pour exécuter, il lui faut des serviteurs recrutés et formés de manière à constituer un corps valable et homogène dans tout l'ensemble de la fonction publique. De ces deux conditions, la première est actuellement remplie et je suis prêt à m'employer à ce qu'elle le soit demain. La seconde me conduit à créer, en août 1945, l'École nationale d'administration. Que la structure ainsi dessinée devienne définitive, alors les leviers nouveaux qui sont placés dans les mains de l'État lui donneront assez de prise sur l'activité française pour qu'il puisse faire le pays plus fort et plus rayonnant.

Indépendamment de l'esprit de justice et de l'opportunité, c'est la même intention qui me conduit à promouvoir les travailleurs au rang d'associés responsables. La cohésion de la France exige qu'ils réintègrent moralement la communauté nationale, dont, par révolte ou par désespoir, beaucoup tendent à s'écarter. Si, au surplus, la classe ouvrière applique d'elle-même au rendement les ressources de sa capacité, quel ressort sera mis en œuvre dans l'activité productrice et, par là, dans la puissance française !

Mais il faudra du temps pour que la structure nouvelle puisse produire ses effets. En attendant, il s'agit de vivre. Or, la reprise du travail dans les usines et dans les mines, la reconstruction des ponts, des ports, des voies ferrées, des canaux, des centrales, la remise en marche des trains, des camions, des péniches, exigent que tout le monde s'y mette. Les choses étant ce qu'elles sont, j'entends employer au salut public tout ce qui en est capable. Bien entendu, les communistes ne sauraient en être exclus, dans cette période où la substance de la France serait gravement compromise si le peuple tout entier ne se mettait à la besogne, à fortiori si la guerre sociale le déchirait. Non point que je me fasse d'illusion au sujet du loyalisme du « parti ». Je sais très bien qu'il vise à saisir le pouvoir total et que, s'il m'arrivait de fléchir, il monterait tout de suite à l'assaut. Mais la participation qu'il a prise à la Résistance, l'influence qu'il exerce sur la classe ouvrière, le désir qu'éprouve l'opinion et que je ressens moi-même de le voir revenir à la nation, me déterminent à lui donner sa place dans le travail de redressement. Ruant, mordant, se cabrant, mais attelé entre les brancards et subissant le mors et la bride, il va donc, lui aussi, tirer la lourde charrette. C'est mon affaire de tenir les rênes. J'en ai la force, de par la confiance que me fait le peuple français.

Cette politique d'unité m'a amené, dès Alger, à introduire des communistes parmi les membres de mon gouvernement. J'en ai fait autant à Paris. En outre, un commissaire de la République, trois préfets, plusieurs hauts fonctionnaires, provenant du parti, ont été pris à l'essai. Dans la composition de l'Assemblée consultative, j'ai attribué aux communistes une représentation correspondant à leur importance[11]. Et voici qu'en novembre 1944, j'approuve la proposition du garde des Sceaux tendant à accorder à M. Maurice Thorez, condamné pour désertion cinq ans plus tôt, le bénéfice de la grâce amnistiante. Celle-ci est prononcée par le Conseil des ministres. Le secrétaire général du « parti » peut, dès lors, quitter Moscou et rentrer dans sa patrie. Il y a beau temps, d'ailleurs, qu'à son sujet et des côtés les plus divers on invoque mon indulgence. L'intéressé lui-même m'a adressé maintes requêtes[12]. Pourtant, si je crois devoir adopter cette mesure de clémence, et justement à ce moment-là, c'est très délibérément. Compte tenu des circonstances d'antan, des événements survenus depuis, des nécessités d'aujourd'hui, je considère[b] que le retour de Maurice Thorez à la tête du parti communiste peut comporter, actuellement, plus d'avantages que d'inconvénients.

Ce sera en effet le cas, aussi longtemps que je me trouverai moi-même à la tête de l'État et de la nation. Assurément, jour après jour, les communistes prodigueront les surenchères et les invectives. Cependant, ils n'essaieront aucun mouvement insurrectionnel. Bien mieux, tant que je gouvernerai, il n'y aura pas une seule grève. Il est vrai que « le parti » ne ménagera rien pour diriger la conjoncture, politique, syndicale et électorale, et dominer les autres formations en exploitant leur secret désir d'amener de Gaulle au départ et le complexe d'infériorité que leur inspire leur propre inconsistance. Mais, dès lors qu'au lieu de la révolution les communistes prennent pour but la prépondérance dans un régime parlementaire, la société court moins de risques. Il est vrai que, sur ma route, ils multiplieront les aspérités et mèneront, à la cantonade, une campagne de dénigrement. Pourtant, jusqu'à mon départ, ils se garderont toujours de méconnaître mon autorité ou d'insulter ma personne. Partout où je paraîtrai, leurs représentants seront là pour me rendre hommage et leurs électeurs, dans la foule, crieront, eux aussi : « Vive de Gaulle ! »

Quant à Thorez, tout en s'efforçant d'avancer les affaires du communisme, il va rendre, en plusieurs occasions, service à l'intérêt public. Dès le lendemain de son retour en France, il aide à mettre fin[c] aux dernières séquelles des « milices patriotiques » que certains, parmi les siens, s'obstinent à maintenir dans une nouvelle clandestinité. Dans la mesure où le lui permet la sombre et dure rigidité de son parti, il s'oppose aux tentatives d'empiétement des comités de libération et aux actes de violence auxquels cherchent à se livrer des équipes surexcitées. À ceux, — nombreux, — des ouvriers, en particulier des mineurs[d], qui écoutent ses harangues, il ne cesse de donner pour consigne de travailler autant que possible et de produire coûte que coûte. Est-ce simplement par tactique politique ? Je n'ai pas à le démêler. Il me suffit que la France soit servie.

Au fond, les dirigeants du « parti », renonçant pour l'heure à s'imposer, visaient surtout à préparer ce qui suivrait la victoire. Il en était de même des autres fractions politiques. À mesure que se précisait la perspective électorale, chacune s'occupait d'elle-même, s'organisait pour son compte, dressait un programme séparé. On avait vu, d'abord, les comités de libération se réunir, ici et là, pour réclamer « les États généraux de la Résistance française ». Mais la tentative tournait court en raison de l'opposition immédiatement apparente entre les éléments inspirés par les communistes et ceux qui ne l'étaient pas. Dès lors, le branle était donné aux congrès des différents partis. Dès novembre, les socialistes avaient tenu le leur. En janvier, c'était le tour du « Mouvement de libération nationale[13] », puis celui du « Front national ». En février, se retrouvaient les délégués de la

« Fédération républicaine », bientôt imités par ceux de l'ancien « Parti social français », tandis que se constituait le « Mouvement républicain populaire[14] ». Dans le courant du même mois, socialistes et communistes décidaient d'opérer de concert et formaient un « comité d'entente » pour diriger leur action commune. En avril, les « Jeunesses communistes » tenaient leurs assises. Pendant ce temps, les cadres du parti radical entamaient leur regroupement. Bref, toutes sortes d'instruments, qui depuis des années n'avaient joué qu'en sourdine, déployaient leur sonorité.

Il va de soi que je ne me mêlais directement à l'activité d'aucun groupe. Mais j'observais avec soin cette gestation des forces politiques. Dans l'immédiat, il est vrai, les congrès et leurs motions n'avaient qu'une importance restreinte puisque de Gaulle gouvernait et continuerait de le faire jusqu'à ce qu'il rende la parole au pays. Mais il la lui rendrait bientôt. Ce qui adviendrait, alors, dépendrait dans une large mesure de ce qui était justement en train de s'élaborer. Je dois dire que les ferments à l'œuvre me paraissaient décevants.

Ce qui me frappait surtout, dans les partis qui se reformaient, c'était leur désir passionné de s'attribuer en propre, dès qu'ils en auraient l'occasion, tous les pouvoirs de la République et leur incapacité, qu'ils étalaient par avance, de les exercer efficacement[15]. À cet égard, rien ne laissait prévoir une amélioration quelconque par rapport au vain manège en quoi consistait avant guerre le fonctionnement du régime et qui avait mené le pays à un désastre épouvantable. Verbalement, on reniait à l'envi ces pratiques. « Révolution ! » c'était le slogan qui dominait les discours. Mais nul ne précisait ce que cela signifiait au juste, quels changements effectifs devaient être apportés de gré ou de force à ce qui existait naguère, surtout quelle autorité, et dotée de quels pouvoirs, aurait à les accomplir. Les communistes, eux, savaient ce qu'ils voulaient. Mais ils se gardaient de tout dire. Les fractions qui sous une phraséologie d'audace étaient au fond modérées, abritaient leur circonspection sous la formule de Georges Bidault : « La révolution par la loi ! » Quant aux groupes et aux hommes de gauche, ou qui se donnaient pour tels, ils se montraient rigoureux dans la critique et l'exclusive, mais chimériques et désaccordés dans tout ce qui était constructif. Recevant les délégations, lisant les journaux, écoutant les orateurs, j'en venais à penser que la révolution était, pour les partis renaissants, non pas une entreprise visant des buts définis et impliquant l'action et le risque, mais bien une attitude de constante insatisfaction vis-à-vis de toute politique, même s'ils l'avaient préconisée.

Je ne cache pas que ces indices me causaient beaucoup d'appréhensions. Alors que la confusion et l'impuissance des pouvoirs avaient été les causes directes du désordre social et moral, de la faiblesse diplomatique, de la faillite stratégique, enfin du renoncement national, qui nous avaient jetés aux abîmes, quel génie malfaisant, quel roi des aulnes[16], nous entraînait vers les mêmes brouillards ? Quand on pensait aux problèmes écrasants qui se dressaient devant la France, comment imaginer qu'ils pourraient être résolus, sinon sous l'égide d'un État impartial et fort ? Mais il me fallait bien voir que l'idée que je m'en faisais était rarement partagée.

Pour moi, la séparation des pouvoirs, l'autorité d'un chef de l'État qui en soit un[17], le recours au peuple par la voie du référendum chaque fois qu'il s'agirait de son destin ou de ses institutions, c'étaient, dans un pays tel que le nôtre, les bases nécessaires de la démocratie. Or, il n'était que trop clair que tout ce qui comptait ou allait compter dans la politique penchait dans un sens opposé. Le futur personnel dirigeant concevait les pouvoirs de demain comme confondus organiquement à la discrétion des partis, le chef de l'État, — à condition qu'il y en ait un, — comme un figurant mandaté par des groupes parlementaires, le suffrage universel comme destiné exclusivement à élire des députés. Pour ce qui était de moi-même, tout en admettant ma primauté dans le système provisoire, tout en inscrivant à mon crédit services rendus et popularité, tout en me marquant, à l'occasion, une adhésion spectaculaire, on ne dissimulait pas l'impatience que suscitait l'étendue de mon autorité, ni la méfiance qu'inspirait le pouvoir dit « personnel ». Ainsi, bien qu'il n'y eût pas encore d'opposition directe à mon action, je voyais à l'horizon s'amonceler les nuages et je marchais, dès à présent, dans une atmosphère alourdie de critiques et d'objections.

À l'Assemblée consultative, cette façon de considérer de Gaulle, à la fois sous un angle favorable et sous un autre qui ne l'était guère, apparaissait clairement. Je m'y rendais souvent, tenant à recueillir les idées à la source et à utiliser l'auditoire pour exposer publiquement mon action et mes raisons. Mais aussi, j'étais, de nature, attiré par ce que le corps parlementaire contient de vie profonde et contrariée, d'humanité ardente et voilée, de passions actives et contraintes, et qui, tantôt s'assoupit comme pour donner le change, tantôt éclate en heurts retentissants[18]. Par convenances de protocole, mon entrée et mon départ s'effectuaient avec quelque solennité. Mais, tout le temps que je participais aux travaux de l'Assemblée, je faisais en sorte de ne la contraindre en rien, respectant son ordre du jour, prenant place à l'un de ses bancs, parlant à la même tribune que ses membres, devisant avec eux dans les couloirs. Les séances, il faut dire, étaient souvent assez ternes, la plupart des orateurs lisant un texte monocorde qui dévidait des généralités et accrochait peu l'attention. Cependant, de temps en temps, le talent de certains, ministres ou non, tels MM. Auriol, Bastid, Bidault, Boncour, Cot, Denais, Duclos, Hervé, Laniel, Marin, Mendès France, Philip, Pleven, Schumann, Teitgen[19], etc., donnait du relief aux débats. Parfois, sur un sujet brûlant, les sentiments s'échauffaient, une vive émotion collective planait au-dessus des travées. Alors, des phrases éloquentes, fusant dans l'atmosphère tendue, provoquaient des remous de colère ou d'enthousiasme.

À maintes reprises, je pris la parole à l'Assemblée consultative. Ce fut parfois pour des exposés concernant de vastes sujets, par exemple : le 22 novembre les plans d'ensemble du gouvernement, le 21 décembre le pacte franco-russe qui venait d'être conclu, le 2 mars la politique à suivre à l'intérieur, le 20 mars l'Indochine où les Japonais attaquaient, le 15 mai les leçons à tirer de la guerre après la victoire[20]. Dans d'autres cas, j'intervenais à l'improviste au cours du débat. En chacune de ces occasions, il s'opérait dans l'assistance un rassemblement des esprits qui traduisait, momentanément, quelque imposante manifestation. La grandeur des sujets traités, l'effet des mots, le contact humain pris avec de Gaulle, rappelaient aux délégués la solidarité qui nous liait tous ensemble et leur faisaient sentir l'attrait de la communauté nationale. Pour un instant, nous nous sentions alors plus unis, c'est-à-dire meilleurs.

Mais, s'il était entendu qu'on applaudissait de Gaulle, on ne se faisait pas faute de s'en prendre à son gouvernement. À travers les observations qui s'adressaient au pouvoir, l'aigreur coulait à flots pressés. En certains cas, elle débordait en des attaques en règle contre l'un ou l'autre des ministres. Un jour, Jules Jeanneney, ministre d'État, fut assailli d'invectives à propos de paroles déférentes qu'il avait prononcées, en juillet 1940, à l'adresse du Maréchal[21]. Pourtant, depuis cette époque, il n'avait jamais cessé d'adhérer à la Résistance. Dans les premiers mois de 1945, le budget étant soumis, pour avis, à la Consultative, il y eut de houleux débats. Comme on examinait les crédits de la Justice, l'épuration vint sur le tapis. Le ministre, François de Menthon, dut subir un feu roulant d'implacables réquisitoires. Une énorme majorité prétendit sanctionner « sa criminelle faiblesse » en lui refusant la confiance, manifestation platonique, sans doute, mais qui donnait la mesure de l'excitation. Peu après, Pierre-Henri Teitgen, ministre de l'Information, fut pris à son tour comme cible. Les embarras dans lesquels le manque de papier plongeait alors la presse de toutes tendances lui étaient imputés dans des termes extravagants : « Pornographe, protecteur des agents de l'Allemagne, représentant des trusts, affairiste, contempteur des Droits de l'homme, persécuteur des journaux de la Résistance, responsable de l'absence de la France à Yalta, tels sont les traits sous lesquels on vient de me représenter », pouvait déclarer Teitgen en répondant aux accusateurs. Quand on passa à l'examen du budget des Prisonniers, le ministre, Henri Frenay, fut de tous les côtés l'objet de furieux reproches, bien qu'à cette date, les prisonniers étant encore aux mains de l'ennemi, nul ne pût dire ce que vaudraient les mesures préparées en vue de leur retour.

Cette agitation bouillonnante recouvrait, en réalité, une revendication précise. L'Assemblée ne se résignait pas à n'être que consultative. Elle aurait voulu que le pouvoir dépendît d'elle. La prétention fut bientôt affirmée. Le 19 mars, je reçus une délégation envoyée par tous les groupes. « Nous venons, me dirent les mandataires, vous faire connaître qu'à l'Assemblée il existe un grave malaise. La raison en est le rôle étroit où celle-ci est confinée et le fait que le gouvernement agit sans se croire lié par nos avis et par nos votes. Nous demandons que, désormais, le pouvoir exécutif ne prenne plus de décisions contraires aux positions adoptées par l'Assemblée. »

Céder à cette mise en demeure c'eût été, évidemment, s'enfoncer dans la confusion. « Seul, le peuple est souverain », répondis-je aux délégués. « En attendant qu'il soit en mesure d'exprimer sa volonté, j'ai pris sur moi de le conduire. Vous avez bien voulu m'y aider en répondant à mon appel. Ce fut votre rôle et ce sera votre gloire. Mais ma responsabilité n'en reste pas moins entière. Même la démarche que vous faites en ce moment prouve que tout le pouvoir m'est en charge, puisque c'est à moi que vous demandez qu'il vous en soit remis une part. Mais la situation de la France ne permet pas cette dispersion.

— Pourtant ! s'écrièrent les délégués, nous représentons la Résistance. N'est-ce pas à elle qu'il appartient d'exprimer la volonté du peuple en l'absence de pouvoirs légaux ?

— Vous êtes, dis-je, mandatés par les mouvements et les partis résistants. Cela vous donne, assurément, le droit de vous faire entendre. C'est bien pourquoi j'ai institué l'Assemblée consultative et vous ai désignés pour en faire partie. Tous les problèmes vous y sont soumis. Moi-même et mes ministres participons à vos débats. Vous êtes associés à l'action du gouvernement par les questions que vous lui posez, les explications qu'il vous fournit, les avis que vous formulez. Mais je n'irai pas au-delà. Veuillez, d'ailleurs, considérer que la Résistance française a été plus large que les mouvements et que la France est plus large que la Résistance[22]. Or, c'est au nom de la France tout entière, non d'une fraction, si valable soit-elle, que j'accomplis ma mission. Jusqu'aux futures élections générales, j'ai à répondre du destin du pays devant lui et devant lui seul. »

Les délégués se retirèrent sans cacher leur mécontentement. À la suite de leur visite il y eut, cependant, une détente à l'Assemblée. S'accommodant de ce qui était fixé aussi nettement, elle se remit à son travail. Au total, celui-ci fut utile. L'étude par les commissions et la discussion en séance publique des projets concernant les réformes économiques et sociales, la justice, l'administration, l'enseignement, les territoires d'outre-mer, apportèrent au ministère, non seulement l'appui de votes massifs, mais encore d'heureuses suggestions. L'attention portée et l'hommage rendu à l'action des armées par des hommes eux-mêmes éprouvés encouragea chefs et combattants. À l'étranger, le spectacle d'une préfiguration parlementaire dans l'hémicycle du Luxembourg, les idées qui s'y exprimaient sans entraves, le fait que la politique suivie par le gouvernement y était, somme toute, approuvée, renforcèrent l'audience de la France. Enfin, dans le public, l'impression que les principales mesures arrêtées par le pouvoir étaient débattues au grand jour, qu'il y avait un exutoire aux requêtes et aux critiques, qu'on s'acheminait ainsi vers un état de choses où le peuple serait remis en possession de ses droits, contribuèrent certainement à rétablir le libre cours des opinions et des sentiments qui est, en profondeur, une condition essentielle de l'ordre.

Une autre est la démonstration que la justice est rendue. Or, sous ce rapport, on assistait à un déferlement d'exigences vindicatives. Après ce qui s'était passé, cette réaction était trop explicable. La collaboration avait revêtu, sous les formes variées des décisions politiques, de l'action policière et quelquefois militaire, des mesures administratives, des publications et des discours de propagande, non seulement le caractère de l'abaissement national, mais encore celui de la persécution à l'encontre d'une foule de Français. Avec le concours de bon nombre d'officiels et d'une masse de délateurs, excités et applaudis par un ramas de folliculaires, 60 000 personnes avaient été exécutées, plus de 200 000 déportées dont à peine 50 000 survivraient. En outre, 35 000 hommes et femmes s'étaient vus condamnés par les tribunaux de Vichy ; 70 000 « suspects », internés ; 35 000 fonctionnaires, révoqués ; 15 000 militaires, dégradés, sous l'inculpation d'être des résistants. Maintenant, les fureurs débordaient. Sans doute le gouvernement avait-il le devoir de garder la tête froide. Mais passer l'éponge sur tant de crimes et d'abus c'eût été laisser un monstrueux abcès infecter pour toujours le pays. Il fallait que la justice passe.

Elle passa. Pendant l'hiver, les cours formées pour juger les faits de collaboration firent activement leur office. Certes, la rigueur des condamnations se trouva être assez variable suivant la composition des jurys. L'ambiance locale se fit sentir. Parfois, les audiences furent troublées par des manifestations de foule. Il y eut même, en plusieurs régions, des émeutes pour arracher aux tribunaux des condamnations à mort. Ce fut le cas, par exemple, à Nîmes, à Maubeuge, à Bourges, à Annecy, à Alès, à Rodez. Même, une vingtaine de malheureux prévenus furent, ici ou là, massacrés. Le gouvernement dut, à plusieurs reprises, réprimer ces explosions. J'eus à rappeler à la vigilance et à la fermeté les ministres de l'Intérieur et de la Justice, à imposer des sanctions contre des fonctionnaires coupables de mollesse dans le maintien de l'ordre, à exiger l'inculpation des gens qui l'avaient troublé[23]. Cependant, l'œuvre de la Justice fut accomplie aussi impartialement qu'il était humainement possible au milieu des passions en éveil. Rares ont été les jugements qu'il fallut, après coup, reconnaître pour mal fondés.

2 071 condamnations à mort furent prononcées par les cours, en dehors des contumaces. Les dossiers m'étaient ensuite soumis, après examen et avis de la commission des grâces au ministère de la Justice et appréciation motivée du garde des Sceaux. Je les ai tous étudiés, directement assisté que j'étais par le conseiller Patin, directeur des affaires criminelles et des grâces à la Chancellerie, et recevant les avocats chaque fois qu'ils en faisaient la demande. Rien au monde ne m'a paru plus triste que l'étalage des meurtres, des tortures, des délations, des appels à la trahison, qui venaient ainsi sous mes yeux. En conscience j'atteste, qu'à part une centaine de cas, tous les condamnés avaient mérité d'être exécutés. Pourtant, j'accordai la grâce à 1 303 d'entre eux, commuant, en particulier, la peine de toutes les femmes[24], de presque tous les mineurs et, parmi les hommes, de la plupart de ceux qui avaient agi d'après un ordre formel et en exposant leur vie. Je dus rejeter 768 recours. C'est qu'alors il s'agissait de condamnés dont l'action personnelle et spontanée avait causé la mort d'autres Français ou servi directement l'ennemi.

Quant aux 39 900 condamnations à la détention que prononcèrent les cours de justice, elles furent, dans leur ensemble, équitables et modérées. Il y en eut, dans le même temps, 55 000 en Belgique, plus de 50 000 en Hollande. Encore, par des remises de peine, le gouvernement atténua-t-il l'effet d'un grand nombre de jugements. C'est ce qu'il fit, en particulier, pour beaucoup de malheureux jeunes gens qui s'étaient laissé attirer dans la Milice, la Légion des volontaires français ou la Phalange africaine, et qui reçurent la possibilité de s'engager dans le corps expéditionnaire d'Indochine. Il faut ajouter que les juges d'instruction rendirent 18 000 non-lieux. Au milieu de 1945, parmi les 60 000 coupables ou suspects arrêtés à la Libération, il n'y en avait plus un seul qui fût encore détenu, à moins d'avoir été inculpé suivant les règles. Compte tenu de la masse des faits de collaboration, des flots d'atrocités commises à l'encontre des résistants, et si l'on évoque le torrent des colères qui se répandit en tous sens dès que l'ennemi tourna les talons, on peut dire que l'épuration par la voie des tribunaux comporta autant d'indulgence que possible.

Il en fut de même dans la fonction publique. Là, pourtant, les rancœurs étaient particulièrement vives, car Vichy avait rayé des cadres plus de 50 000[25] personnes et, d'autre part, on avait vu s'étaler chez certains détenteurs de l'autorité publique un zèle odieux au service de l'envahisseur. Le gouvernement provisoire décida de consulter les administrations elles-mêmes pour éclairer les sanctions à prendre. Dans chaque département ministériel, une commission d'épuration recueillait les informations, le ministre statuant ensuite par arrêté ou le gouvernement par décret. Le recours en Conseil d'État restait, naturellement, ouvert. En fait, l'immense majorité des fonctionnaires s'était honorablement comportée. Même, beaucoup d'entre eux avaient, dans l'exercice de leurs attributions, aidé à la lutte contre l'ennemi et ses complices. Sur un effectif de plus de 800 000, les enquêtes ne constituèrent qu'environ 20 000 dossiers, au vu desquels furent prononcées 14 000 sanctions dont à peine 5 000 révocations. C'est en connaissance de cause que je déclarai, par la radio, le 18 janvier : « Ceux qui ont l'honneur de servir l'État le servent, j'en réponds, avec ardeur et discipline et méritent d'être encouragés par l'estime des citoyens[26]. »

La Haute Cour, destinée à juger les actes d'intelligence avec l'ennemi et d'atteinte à la sûreté extérieure de l'État commis aux postes les plus élevés, commença à siéger au mois de mars. Elle était présidée par le premier président de la Cour de cassation M. Mongibeaux, assisté du président de la chambre criminelle M. Donat-Guigne, et du premier président de la cour d'appel de Paris M. Picard. Le jury, tiré au sort sur deux listes de cinquante noms établies par l'Assemblée consultative, comprenait vingt-quatre membres, dont douze étaient en 1940 députés ou sénateurs. Le président Mornet occupait le siège du ministère public. Quant à l'instruction des procès, elle incombait à la « commission d'instruction » formée de cinq magistrats et de six membres de l'Assemblée.

Il m'avait paru nécessaire que les hommes qui avaient pris, dans les plus hautes fonctions, la responsabilité des actes du régime de Vichy eussent à comparaître devant une juridiction instaurée à cet effet. Ni les tribunaux ordinaires, ni les cours de justice, ni les conseils de guerre, ne se trouvaient au plan de telles causes. Comme les personnages visés avaient, soit comme ministres, soit comme hauts-commissaires, résidents généraux ou secrétaires généraux, joué un rôle politique, il fallait une capacité politique à la cour qui les jugerait. Pour tous les cas du même ordre, en tous temps, dans tous les pays, cette condition s'était imposée. C'est pour l'observer moi-même que j'instituai la Haute Cour par ordonnance du 18 novembre 1944[27].

Cette création avait lieu dans des conditions juridiques à coup sûr exceptionnelles. On eût pu imaginer que je laisse aux pouvoirs publics qui seraient plus tard établis en vertu d'une légalité formelle le soin de faire le nécessaire. Mais l'ordre intérieur et la position extérieure de la France exigeaient que la capitulation, la rupture des alliances, la collaboration délibérée avec l'ennemi, fussent jugées sans tarder dans la personne des dirigeants qui s'en étaient rendus responsables. Sans cela, comment, au nom de quoi, châtier les exécutants ? Comment, au nom de quoi, prétendre pour la France à un rang de grande puissance belligérante et victorieuse ? En cette matière, comme en tant d'autres, je pris sur moi de faire ce qu'il fallait. Il appartiendrait ensuite à l'Assemblée nationale, quand elle serait réunie, d'entériner la procédure. C'est ce qu'elle ne manqua pas de faire. Bien entendu, une fois la Haute Cour créée, je me gardai de tout ce qui eût pu, de mon chef, influencer les poursuites, les instructions, les jugements, m'abstenant de toute déposition et ne recevant aucune commission rogatoire. Comme je voulais que les débats eussent lieu dans la sérénité, sans risque d'être troublés par des manifestations ou par des mouvements d'assistance, je refusai de fixer dans le vaisseau du Palais-Bourbon le siège de la Haute Cour, — ce que beaucoup réclamaient ; — je la fis installer tout bonnement au Palais de Justice et lui assurai la garde d'un service d'ordre important.

Le premier procès qui vint devant la Haute Cour fut celui de l'amiral Esteva. Au moment de l'arrivée des Alliés en Afrique du Nord, il occupait le poste de résident général en Tunisie. Conformément aux ordres de Pétain, l'infortuné avait laissé débarquer les Allemands, prescrit qu'on leur ouvrît les voies, interdit aux forces françaises dans la régence de rejoindre celles qui combattaient l'ennemi. Mais l'occupation du territoire tunisien, en particulier de Bizerte, par les troupes de l'Axe contraignit Américains, Français et Britanniques à y livrer une longue bataille. D'autre part, la présence des Allemands et des Italiens dans le royaume de Tunis y fournit aux agitateurs l'occasion de se dresser contre la

France. D'où de lourdes conséquences dans le domaine politique.

L'amiral Esteva fut condamné à la réclusion. Au terme d'une carrière qui, jusqu'à ces événements, avait été exemplaire, ce vieux marin, égaré par une fausse discipline, s'était trouvé complice, puis victime, d'une néfaste entreprise.

Le général Dentz lui succéda au banc des accusés. Dans les fonctions de haut-commissaire au Levant, il avait, au printemps de 1941, permis à des escadrilles allemandes d'atterrir sur les terrains de Syrie comme l'exigeait Vichy, fixé les points où la Wehrmacht pourrait éventuellement débarquer et, en fin de compte, fait combattre les forces qu'il commandait contre les Français Libres et contre les Britanniques. Après une première résistance qui pouvait passer pour un « baroud d'honneur », Dentz avait demandé à quelles conditions un armistice lui serait accordé. Ces conditions, arrêtées par moi-même d'accord avec le commandement anglais, comportaient la transmission des pouvoirs du haut-commissaire de Vichy à celui de la France Libre et, pour tous les militaires et fonctionnaires français, la possibilité de se rallier à moi. Je faisais savoir, qu'en cas d'acceptation de ce que nous proposions, aucune poursuite judiciaire ne serait engagée contre le haut-commissaire et ses subordonnés.

Mais, au lieu de souscrire à la conciliation, le général Dentz s'était lancé dans une lutte à outrance qui ne pouvait profiter qu'à l'ennemi. Le malheureux alla jusqu'à demander l'appui direct de l'aviation allemande. Amené à déposer les armes après que de grandes pertes eurent été subies de part et d'autre, il avait conclu avec les Britanniques une convention qui, assurément, faisait l'affaire de l'Angleterre, mais pas du tout celle de la France. En effet, c'est aux Britanniques, et non point à la France Libre, que le haut-commissaire de Vichy abandonnait le sort des États sous mandat français. Il obtenait, en même temps, que les troupes et les cadres sous ses ordres fussent soustraits au contact des « gaullistes » et immédiatement embarqués pour la Métropole sur des navires qu'envoyait Vichy, d'accord avec les Allemands. Ainsi, rien ne justifiait plus l'immunité que j'avais pu, naguère, envisager à son sujet.

Le général Dentz fut condamné à la peine de mort. Mais, tenant compte des loyaux et beaux services qu'il avait rendus en d'autres temps et compatissant à ce drame du soldat perdu, je le graciai aussitôt.

Les procès faits aux serviteurs du triste régime de Vichy déterminèrent bientôt la Haute Cour à ouvrir celui du maître. Le 17 mars, elle décida que le maréchal Pétain serait jugé par contumace. C'était là une échéance lamentable et inévitable. Mais, autant il était à mes yeux nécessaire, du point de vue national et international, que la justice française rendît un verdict solennel, autant je souhaitais que quelque péripétie tînt éloigné du sol de la France cet accusé de quatre-vingt-neuf ans, ce chef naguère revêtu d'une insigne dignité, ce vieillard en qui, lors de la catastrophe, nombre de Français avaient mis leur confiance et pour qui, en dépit de tout, beaucoup éprouvaient encore du respect ou de la pitié. Au général de Lattre, qui me demandait quelle conduite il devrait tenir s'il advenait que ses troupes, approchant de Sigmaringen, trouvassent là ou ailleurs Pétain et ses anciens ministres j'avais répondu que tous devraient être arrêtés, mais que, pour ce qui était du Maréchal lui-même, je ne désirais pas qu'on eût à le rencontrer.

Or, le 23 avril, Pétain arrivait en Suisse. Il avait obtenu des Allemands qu'ils l'y mènent et des Suisses qu'ils l'y accueillent. M. Karl Burckhardt, ambassadeur de la Confédération, étant venu me l'annoncer, je lui dis que le gouvernement français n'était aucunement pressé de voir extrader Pétain. Mais, quelques heures plus tard, reparaissait Karl Burckhardt. « Le Maréchal, me déclara-t-il, demande à regagner la France. Mon gouvernement ne peut s'y opposer. Philippe Pétain va donc être conduit à votre frontière. » Les dés étaient jetés. Le vieux Maréchal ne pouvait douter qu'il allait être condamné. Mais il entendait comparaître en personne devant la justice française et subir la peine, quelle qu'elle fût, qui lui serait infligée. Cette décision était courageuse. Le général Kœnig prit Pétain en charge à Vallorbe. Voyageant en train spécial et protégé par une solide escorte contre les voies de fait que certains voulaient exercer contre lui, le Maréchal fut interné au fort de Montrouge.

Tandis que la justice accomplissait son œuvre, il eût été désirable que l'opinion fût tenue au courant des raisons de ses jugements. Certes, l'étalage excessif des procès dans la presse aurait été scandaleux. Mais, sur des sujets qui mettaient les passions à vif, une information objective eût mis de l'ordre dans les esprits. Malheureusement, les cours fonctionnaient dans le temps où les journaux, réduits à des formats infimes[28], ne pouvaient consacrer aux débats judiciaires que de très sommaires comptes rendus. C'est, d'ailleurs, la même indigence qui empêchait que le public fût suffisamment renseigné sur les opérations militaires, les affaires diplomatiques, l'état de l'économie, la vie des pays alliés. Les épisodes essentiels de cette période échappaient largement à la connaissance des Français. Nombre d'entre eux pensaient que la censure arrêtait les nouvelles. Mais beaucoup, imaginant les problèmes posés et les événements en cours et ignorant ce qui était fait pour diriger ceux-ci et résoudre ceux-là, en concluaient tristement que la France n'y pouvait rien.

Une affreuse pénurie de papier étranglait, en effet, la presse. En la matière, notre industrie se trouvait dans le pire état, tandis que, faute de devises, nous ne pouvions passer à l'étranger que de maigres commandes et, qu'au surplus, les convois alliés assuraient de tout autres transports. Il avait donc fallu rationner étroitement les journaux, ce qui les limitait à des dimensions dérisoires. Comme, en outre, presque tous appartenaient à des tendances en ébullition, la propagande s'emparait de ce qui s'y trouvait de place au détriment de l'information. Combien la réalité était-elle éloignée des projets caressés au temps de la Résistance !

Créer une grande presse, ç'avait été le rêve des clandestins. Ils la voulaient honnête et sincère, affranchie des puissances d'argent, d'autant plus que l'indignation provoquée par les feuilles de l'Occupation était venue s'ajouter au mauvais souvenir laissé par les journaux d'avant-guerre quant à l'indépendance et à la véracité. Au demeurant, la plupart des mouvements et des partis résistants s'étaient dotés dans l'ombre de quotidiens et d'hebdomadaires. Ils estimaient, à présent, avoir le droit de les faire paraître au grand jour et par priorité.

Dès Alger, le gouvernement avait réglé par avance la situation de la presse lors de la Libération. L'ordonnance du 6 mai 1944 prescrivait que les journaux publiés dans l'une ou l'autre zone quand l'ennemi y faisait la loi ne pourraient plus reparaître. Leurs biens seraient placés sous séquestre et les organes de la clandestinité recevraient la faculté de louer leurs installations. Comme il n'était pas question de créer un monopole, d'autres journaux, nouveaux ou anciens, pourraient voir ou revoir le jour. D'autre part, l'ordonnance visait à sauvegarder l'indépendance de la presse par rapport aux groupes financiers. Aussi les sociétés de presse et la publicité étaient-elles réglementées. Il était, en outre, prévu que les prix de vente des publications devraient être assez élevés pour les faire vivre et que les comptes et bilans seraient obligatoirement publiés.

C'est sur ces bases que la presse française avait réapparu du jour au lendemain. Non point, on le pense bien, sans bouillonnements et bousculades. À Paris et aux chefs-lieux des départements, un personnel généralement nouveau et inexpérimenté installait des feuilles péremptoires dans les immeubles où, autrefois, s'élaboraient des organes connus. Pourtant, si grande était la satisfaction des Français de retrouver en liberté les idées et les informations que les journaux et les revues se vendaient en abondance. On assistait à une extraordinaire floraison de publications. Chacune était, — et pour cause, — minuscule, mais tirait beaucoup d'exemplaires. D'ailleurs, l'ensemble reflétait toute la gamme des opinions.

Profitant des dispositions arrêtées par l'ordonnance, les journaux de la Résistance s'étaient jetés en avant. Bien entendu, les communistes n'avaient pas été les derniers. Sous leur coupe, deux quotidiens de Paris, *L'Humanité* et *Ce soir*, soixante-dix hebdomadaires, parmi lesquels *Action*, *L'Avant-garde*, *La Terre*, *Les Lettres françaises*[20], etc., et cinquante feuilles de province, prétendaient déceler partout le fascisme et ses sabotages et soutenaient tous les griefs. Ils détenaient, en outre, leur large part dans la rédaction du *Front national*, de *Franc-Tireur*, de *Libération*, du *Canard enchaîné*, etc. Les socialistes, se contentant, à Paris, du *Populaire*, mais disposant, dans les départements, de nombreux journaux locaux, tels *Libération-Nord*, *Le Provençal*, *La République du Sud-Ouest*, etc., s'y consacraient à ce qui était pour eux la grande affaire : reconstituer leur parti. Les chrétiens sociaux sentaient le vent souffler en poupe de leur nacelle et s'enchantaient de l'importance de *L'Aube*, du grand tirage d'*Ouest-France*, du développement de *Temps présent* et de *Témoignage chrétien*. Quant aux feuilles issues des mouvements : *Combat*, *Le Parisien libéré*, *Résistance*, *Défense de la France*, *France libre*, éclectiques et multiformes, elles prospéraient, tout comme les régionaux venus de la même origine, *La Voix du Nord*, *L'Espoir¹*, etc.

Dans la carrière où s'élançaient les feuilles naguère clandestines, d'autres organes tâchaient d'accéder. Il leur fallait l'autorisation. J'intervenais pour qu'elle leur soit donnée, chaque fois qu'il s'agissait d'une entreprise ayant assez de moyens pour pouvoir courir sa chance. *Le Figaro*, qui lors de l'occupation de la zone Sud s'était, comme on disait, « sabordé », avait repris sa publication deux jours avant que la capitale ait été libérée. Toutefois, son détenteur[30] n'en avait pas la propriété. Je fis en sorte qu'il pût, néanmoins, éditer le journal. *L'Époque*, *L'Ordre*, qui avaient eux aussi mis un terme à leur existence pour ne pas subir le contrôle de l'ennemi, reçurent la permission de renaître et, par là, leur part de papier. Pour *La Croix*, qui s'était quelque peu prolongée dans la zone Sud après l'arrivée des Allemands, mais dont nombre de rédacteurs participaient à la Résistance, je prononçai le *nihil obstat*. À des journaux nouveaux, tels : *Le Monde*[31], *Paris-Presse*, *Les Nouvelles du matin*, *La Dépêche de Paris*, etc., j'accordai le droit de prendre leur essor. Il me semblait désirable que la presse française s'ouvrît largement à des formules et à des plumes diverses et rajeunies.

La même tornade que les événements avaient déchaînée sur la presse secouait les milieux littéraires et artistiques. Les écrivains, en particulier, du fait de leur vocation de connaître et d'exprimer l'homme, s'étaient trouvés au premier chef sollicités par cette guerre où se heurtaient doctrines et passions. Il faut dire que la plupart et, souvent, les plus grands d'entre eux avaient pris le parti de la France, parfois d'une manière magnifique. Mais d'autres s'étaient, hélas ! rangés dans le camp opposé avec toute la puissance de leurs idées et de leur style. Contre ceux-ci déferlait, à présent, une vague d'indignation. D'autant plus qu'on voyait trop bien vers quels crimes et vers quels châtiments leurs éloquentes excitations avaient poussé de pauvres crédules. Les cours de justice condamnèrent à mort plusieurs écrivains notoires. S'ils n'avaient pas servi directement et passionnément l'ennemi, je commuais leur peine, par principe. Dans un cas contraire, — le seul, — je ne me sentis pas le droit de gracier[32]. Car, dans les lettres, comme en tout, le talent est un titre de responsabilité. Le plus souvent, les cours rendaient des verdicts moins sévères. Mais, en dehors des fautes sanctionnées, certaines légèretés ou inconséquences étaient bruyamment reprochées à nombre de ceux que leur réussite avait mis en vedette. Naturellement, les rivalités ne manquaient pas d'inspirer les rumeurs, c'est-à-dire, parfois, les erreurs. Bref, le monde de la littérature, des arts, du théâtre, vivait sous un ciel d'orage.

L'Académie s'en préoccupait. Elle-même se voyait l'objet

de vives attaques. « Faut-il dissoudre l'Académie ? » C'était le thème d'une campagne qui trouvait beaucoup d'échos. De maints côtés, on mettait en lumière le coupable comportement de plusieurs de ses membres et l'audience qu'ils avaient jusqu'au bout trouvée chez des collègues. On me pressait d'user de mes pouvoirs pour rénover l'Académie, voire pour la supprimer. C'est dans un trouble profond qu'était plongée cette compagnie.

Son secrétaire perpétuel, l'illustre et courageux Georges Duhamel[33], me soumit les éléments de la cause. Il me peignit les difficultés que lui-même avait dû vaincre, avec l'aide de quelques membres, pour empêcher que, sous l'Occupation, l'Académie n'adoptât une attitude fâcheuse quand les plus fortes pressions s'efforçaient de l'y amener. Pour reprendre le cours de sa vie, la compagnie avait maintenant de rudes obstacles à surmonter. Devait-elle exclure ou, tout au moins, suspendre ceux de ses membres qui étaient condamnés ou sous le coup de l'être ? Pénibles débats à prévoir ! D'autre part, une douzaine d'académiciens étaient morts depuis 1939. On ne les avait pas remplacés. Certes, on pouvait à présent procéder à des élections. Mais comment atteindre le quorum, étant donné que certains membres se souciaient peu de se manifester ? Surtout, il fallait redouter que l'institution ne fût, désormais, si bouleversée et si divisée qu'elle eût grand mal à se reprendre. Mais alors, comment resterait-elle l'incomparable représentation de la pensée, de la langue, de la littérature françaises qu'elle devait être par destination et qui avait, depuis trois siècles, si puissamment contribué au rayonnement de notre pays ? « Tout serait rendu plus facile, ajoutait mon éminent interlocuteur, si vous-même acceptiez d'entrer à l'Académie. »

Avec beaucoup de considération, j'écartai cette perspective[34]. « Le chef de l'État, répondis-je à Georges Duhamel, est protecteur de l'Académie. Comment en deviendrait-il membre ? Et puis, de Gaulle, vous le savez bien, ne saurait appartenir à aucune catégorie, ni recevoir aucune distinction. Cela dit, il est du plus haut intérêt français que l'Académie joue de nouveau le rôle qui est le sien. Mon intention est de ne rien changer à la constitution que lui donna Richelieu et, en dehors des instances engagées contre ceux que vous savez[35], de garantir à votre compagnie l'indépendance et la sécurité. Toutefois, je pense qu'elle aurait avantage à mettre à profit les circonstances extraordinaires dans lesquelles nous nous trouvons pour repartir sur de nouvelles bases. Puisque beaucoup de ses fauteuils sont vacants, pourquoi l'Académie, usant d'une procédure exceptionnelle, ne suspendrait-elle pas, pour un jour, la règle de la candidature ? Pourquoi n'appellerait-elle pas spontanément à siéger dans son sein quelques écrivains éminents[36] dont elle sait qu'ils en sont dignes et qui se montrèrent, dans l'épreuve, les champions de la liberté de l'esprit et ceux de la France ? Son prestige, sa popularité, y gagneraient, j'en suis sûr.

Cependant, quelques jours plus tard, réunissant autour de moi tous les académiciens en mesure de s'y trouver, je constatai que, si mes apaisantes promesses étaient très bien accueillies, ma suggestion novatrice l'était moins. En fin de compte, l'Académie[b], rassurée par le bon ordre qu'elle voyait se rétablir partout, en revint à ses habitudes. Pour ma part[i], je me félicitai de voir revivre cette précieuse institution, non sans regretter, pourtant, qu'elle n'ait pu, en corps, assez hautement, rendre hommage à la libération de la France.

Ainsi, par l'effet conjugué du progrès social accompli, de la liberté retrouvée, de la justice rendue, de l'autorité à l'œuvre, la nation reprend ses esprits. Après tous les déchirements occasionnés par la guerre, c'est le début de la convalescence[j]. Celle-ci, pourtant, serait précaire, si le pays ravagé ne retrouvait pas son équilibre physique. Qu'au moment même où la fortune recommence à nous sourire, nos finances aillent à la faillite, notre économie à la ruine, c'en serait fait décidément du rang, de l'ordre, de l'avenir de la France. Au contraire, qu'en dépit des affreuses conditions dans lesquelles nous sommes plongés, le pouvoir parvienne à procurer à l'activité nationale une base solide de redressement, tout le reste, au long des années, pourra nous venir par surcroît. Pas question, bien entendu ! de talisman, ni de baguette magique. Seules, des mesures catégoriques auront de l'efficacité.

Le budget dressé par le gouvernement pour l'année 1945 porte une lumière cruelle sur nos finances, telles qu'elles sont après plus de cinq ans de guerre et plus de quatre ans d'invasion ; 390 milliards de dépenses prévues, dont 175 pour les besoins militaires ; en regard, 176 milliards de recettes normales ; déficit : 55 pour 100. La dette publique se monte à 1 800 milliards, soit quatre fois plus qu'avant-guerre. Dans ce total, la dette à court terme compte pour 800 milliards, dont les créanciers peuvent à tout moment réclamer le remboursement. Comme, au surplus, le quart des frais a été, depuis 1939, réglé par avances de la Banque, la circulation fiduciaire a quadruplé.

Or, cette énorme inflation des dépenses, de la dette et des moyens de paiement est supportée par une économie terriblement déficiente. Quand s'ouvre l'année 1945, le taux de production n'atteint pas la moitié du chiffre de 1938 et les échanges extérieurs sont nuls. Sans doute, l'emprunt de la Libération, en prélevant sur les liquidités, a-t-il évité de justesse la catastrophe qu'eût provoquée l'afflux soudain de cette masse flottante sur des marchés vides aux trois quarts. D'autre part, le Trésor y a trouvé de quoi faire face à l'immédiat. Mais, pour salutaire qu'ait été l'expédient, il faut maintenant tout autre chose : une politique de longue haleine.

À ce sujet, doctrines et experts s'opposent. En dehors du système communiste, qui comporterait une production forcée et une consommation misérable, et du libéralisme intégral, suivant lequel on devrait laisser les choses s'arranger d'elles-mêmes, nous nous trouvons devant deux théories.

Les uns déclarent[*] : « Face à l'inflation, prenons le taureau par les cornes. Opérons dans les liquidités une ponction radicale en décrétant tout à coup que les billets actuels n'ont plus cours, que les porteurs doivent sans délai les échanger aux caisses publiques, qu'il ne leur sera remis en vignettes nouvelles que le quart de leur avoir et que le solde sera inscrit au crédit des propriétaires mais sans pouvoir être utilisé. En même temps, bloquons les comptes et ne laissons à chaque détenteur la faculté de prélever sur le sien que des sommes très limitées. De cette façon, nous réduirons les possibilités d'achat et, du même coup, le champ du marché noir. Quant aux prix, bloquons-les aussi et à un niveau assez bas pour que les consommateurs, restreints dans leurs moyens de paiement, puissent tout de même payer ce qui leur est nécessaire. Seuls les produits de luxe renchériront à volonté. On doit prévoir, évidemment, que les ressources du Trésor seront gravement affectées par un pareil resserrement. Il n'est, pour y parer, que d'instituer un grand impôt sur le capital. Ces dispositions sont dures. Mais, pour peu que le général de Gaulle y applique son autorité, elles permettront de surmonter la crise. »

Ainsi raisonnent les tenants de la manière forte. Ils citent à l'appui de leur thèse l'exemple du gouvernement de Bruxelles, où M. Camille Gutt, ministre des Finances, vient effectivement de stabiliser le franc belge grâce au blocage simultané des billets, des comptes en banque, des prix, des salaires, des traitements.

D'autres disent : « L'inflation est moins la cause que l'effet du déséquilibre. Celui-ci est inévitable. En temps de guerre totale, rien ne peut faire que la production des denrées et des objets de consommation soit maintenue au niveau normal, puisque beaucoup de matières, d'outillages et de travailleurs sont employés à d'autres fins. Rien, non plus, ne peut empêcher les gouvernements de distribuer à un nombre étendu de catégories de vastes rémunérations. Dans tous les États belligérants, on voit donc le public pourvu de ressources nominales supérieures à ce qu'elles étaient, les biens de consommation insuffisants par rapport aux demandes, les prix en pleine ascension, la monnaie battue en brèche. Si la situation est plus grave en France qu'ailleurs, c'est parce que notre pays est, depuis des années, coupé du monde extérieur, que les occupants ont opéré sur ses ressources des prélèvements exorbitants, que leur présence a provoqué l'arrêt ou le ralentissement de maintes branches de l'industrie, que maintenant le manque de matières premières et d'équipements, le défaut d'importations, la nécessité d'employer une large part des moyens qui nous restent à des travaux urgents de reconstruction, retardent la reprise de la production. Or, tout dépend de cette reprise. Des artifices brutaux ajouteraient à notre mal en enlevant aux producteurs l'envie et les moyens de se mettre à l'ouvrage et en ruinant décidément le crédit de l'État et celui de la monnaie. Au contraire, poussons l'économie au démarrage et à l'expansion. Quant à l'excès des liquidités, épongeons-le par des bons du Trésor qui favorisent l'esprit d'épargne et répandent dans le public le sentiment que chacun dispose de ce qui lui appartient. Dans le même ordre d'idées, gardons-nous de tout impôt systématique sur le capital. Poursuivons simplement la confiscation des enrichissements coupables. Cette méthode n'est pas miraculeuse. Mais, grâce à la confiance que le pays fait à de Gaulle, elle nous mènera au redressement. »

C'est à moi, en dernier ressort, qu'il appartient de trancher. Aussi suis-je saisi de la querelle par toutes les voies des rapports administratifs, des avis des groupes d'intérêts, des exposés de la presse. À l'Assemblée consultative, André Philip, rapporteur général du budget, Jules Moch et d'autres délégués se font, au début de mars, les apôtres éloquents du prélèvement sur les signes monétaires, les comptes et le capital, tandis que René Pleven expose un tout autre plan. Il faut dire que cette affaire divise le gouvernement. Les deux thèses y ont chacune un protagoniste ardent autant que qualifié. Mendès France, ministre de l'Économie nationale, s'identifie à la première. Pleven, ministre des Finances, soutient la seconde à fond. Comme tous les deux sont des hommes de qualité et d'ambition, que de ce fait ils rivalisent, qu'ils se trouvent porter en la matière une responsabilité égale, l'un pour les prix et les échanges, l'autre pour le budget et la monnaie, que le litige concerne un problème dont dépend le sort du peuple français, toute cote mal taillée serait, à mes yeux, aussi vaine qu'inconvenante. Après en avoir longuement débattu avec eux et en moi-même, j'opte pour la voie progressive et je repousse le blocage[37].

Ce n'est point que je sois convaincu par des arguments théoriques. En économie, non plus qu'en politique ou en stratégie, il n'existe, à mon sens, de vérité absolue. Mais il y a les circonstances. C'est l'idée que je m'en fais qui emporte ma décision. Le pays est malade et blessé. Je tiens donc pour préférable de ne pas, en ce moment, bouleverser sa subsistance et son activité, d'autant que les mois à venir vont, par la force des choses, améliorer sa condition. S'il n'était pas d'autre moyen de le tirer d'affaire que de jouer le tout pour le tout, je n'y manquerais certes pas. Mais pourquoi le jeter dans de périlleuses convulsions, dès lors que, de toute manière, il va recouvrer la santé ?

Quant à l'expérience que le gouvernement de Bruxelles a réussie, de son côté, je ne crois pas qu'elle vaille pour la France. Car les conditions matérielles et morales sont profondément différentes chez les Belges et chez nous. La Belgique a, moins que la France, souffert de l'Occupation. Les prélèvements sur ses ressources sont restés assez limités. En vertu d'une manœuvre de la propagande allemande, ses prisonniers sont rentrés depuis longtemps. À présent, les Belges prennent à la guerre une part peu dispendieuse. Au surplus, il ne s'est pas trouvé chez eux de régime semblable à Vichy ; les communistes n'y comptent guère ; le trouble national n'atteint pas de grandes profondeurs[38]. Sur ce pays peu étendu, d'une structure simple, dont les armées alliées rétablissent elles-mêmes les communications, le contrôle de l'administration s'exerce sans difficultés. Mais, surtout,

M. Camille Gutt est en mesure d'empêcher que le blocage des prix et de la monnaie étrangle le ravitaillement. Comme le gouvernement de Bruxelles dispose en Amérique d'une vaste réserve de devises, en raison des ventes de minerai et, notamment, d'uranium, effectuées aux États-Unis par le Congo tout au long de la guerre ; comme le port d'Anvers est la destination de la plupart des convois alliés ; comme les Anglo-Saxons, pour des raisons à la fois politiques et stratégiques, veulent faciliter les choses aux autorités belges, le ministère Pierlot-Gutt-Spaak peut importer de grandes quantités de denrées américaines et canadiennes. Ainsi, au lendemain du blocage, les producteurs belges ayant suspendu toute livraison, le gouvernement a pu, aussitôt, garnir les marchés des aliments et des objets qu'il a achetés au Nouveau Monde et qu'il a fait vendre à bas prix. C'est pourquoi, après maintes secousses, l'équilibre s'est rétabli sans que la faim et le désordre aient fait leur apparition.

Mais nous, où sont nos crédits ? Chez les autres, nous n'avons que des dettes. C'est à peine si les accords naguère passés avec Washington et avec Ottawa pour des « importations de six mois[39] » ont reçu, au printemps de 1945, un commencement d'exécution. Indépendamment des motifs politiques qui déterminent nos alliés à nous tenir la dragée haute, ils ne se soucient pas de surcharger leurs navires et de les détourner vers nos ports qui sont loin des champs de bataille. À tout prendre, l'expérience belge ne saurait donc me convaincre d'adopter le système du blocage et des prélèvements. Que la nation libérée produise le plus possible ! Que l'État l'y aide et l'y pousse ! Qu'en échange elle lui fournisse, sous forme d'impositions normales et de placements de l'épargne, de quoi couvrir les dépenses qu'il assume pour le salut public ! Telle est la décision prise en mars 1945.

Celle-ci ne sera pas changée. Jusqu'au bout, elle guidera la politique financière et économique du gouvernement provisoire. Pourtant, il faudra pourvoir, en dehors des charges ordinaires, au déficit énorme que creuseront dans le budget de 1945 les frais de la guerre et de la reconstruction, le retour et le reclassement des prisonniers et des déportés, la remise en place des réfugiés, le renvoi dans leurs foyers des hommes démobilisés, l'expédition de nos troupes en Indochine. Mais les excédents de recettes, la confiscation des profits illicites, la conversion en rentes 3 pour 100 des titres 4 pour 100 de 1917 et de 1918 et 4 1/2 pour 100 de 1932, surtout les bons du Trésor auxquels le public ne cessera pas de souscrire, permettront de faire face à tout. Sans doute procédera-t-on, au mois de juin, à l'échange des billets de banque, ce qui rendra caduques au profit de l'État celles des anciennes vignettes qui ne seront pas présentées. Mais l'opération se fera franc pour franc. Sans doute devra-t-on, entre janvier et décembre, poursuivre des ajustements de prix et de salaires, mais le pouvoir en restera maître et, au total, les augmentations ne dépasseront pas 50 pour 100. En même temps, la production ne cessera pas de s'élever, d'autant mieux qu'à la suite d'accords passés en février et mars avec la Belgique, la Suisse, la Grande-Bretagne et les États-Unis, les importations reprennent. En fin de compte, l'activité économique sera, à la fin de 1945, double de ce qu'elle était lors de la libération et la circulation fiduciaire ne dépassera pas le montant qu'elle atteignait au moment de mon arrivée à Paris. À une époque et dans une matière où il n'y a aucune chance que quiconque soit satisfait, je n'attends pas que ce résultat soulève de l'enthousiasme. Je m'en contente, cependant, puisque après avoir chancelé sur un chemin bordé d'abîmes le pays sera, au terme de l'année, engagé sur la route d'une nouvelle prospérité.

Comme il est naturel, Pierre Mendès France quitte le gouvernement, sur sa demande, au mois d'avril. Il le fait avec dignité[40]. Aussi gardé-je mon estime à ce collaborateur d'une exceptionnelle valeur. Au demeurant, si je n'adopte pas la politique qu'il préconise, je n'exclus nullement de la faire mienne un jour, les circonstances ayant changé. Mais, pour que Mendès France soit, éventuellement, en mesure de l'appliquer, il faut qu'il sache rester fidèle à sa doctrine. C'est dans ce sens que, pour un ministre, le départ peut être un service rendu à l'État. Je réunis en un seul ministère celui des Finances et celui de l'Économie. Pleven en reçoit la charge. Compagnon d'un esprit brillant et étendu qui s'applique à être modeste, commis voué aux tâches compliquées qui les embrasse d'une souple étreinte, il s'acquitte de ses fonctions sans que notre misère lui permette de spectaculaires succès, mais de telle façon que le pays progresse en fait de ressources et de crédit. Bien que, parfois, je juge ses détours superflus, sa plasticité excessive[41], je lui accorde ma confiance et ne cesse de le soutenir.

J'en fais autant pour tous les ministres, obligé que je suis de me tenir à leur égard dans la position singulière qu'exige ma fonction d'arbitre, mais convaincu de leur mérite et sensible à leur amitié. Aujourd'hui, après nombre d'années et de changements dans les attitudes, je n'évoque pas sans émotion la cohésion de cette équipe et le concours que ses membres m'ont apporté dans une tâche historique. Si divers que puissent être mes vingt collaborateurs, il est de fait que nous n'aurons qu'une seule et même politique jusqu'au jour de la victoire. Certes, ils se trouvent, pour la plupart, rattachés à des partis, mais les malheurs de la patrie sont trop récents et mes pouvoirs trop bien reconnus pour qu'aucun veuille et puisse songer à jouer isolément. Quand on est ministre, c'est, en fait, vis-à-vis du général de Gaulle et de lui seul qu'on est responsable. Il en résulte, dans l'action du pouvoir, une unité qui, d'elle-même, commande la remise en ordre de l'État et du pays.

Je consulte souvent Jules Jeanneney, doyen austère et mesuré de notre gouvernement. Ministre de Clemenceau lors de la Première Guerre mondiale[42], il ne voulut, ensuite, être celui de personne. À présent, il est le mien. Totalement dévoué à la chose publique, il nous apporte une capacité juridique et une expérience politique qui m'ont conduit à lui confier la préparation des projets relatifs aux institutions. Nul, plus que l'ancien président du Sénat, n'est convaincu qu'il faut, de fond en comble, transformer le régime d'antan. Constamment, j'ai affaire aux trois ministres « militaires ». André Diethelm, dont je ne crois pas qu'il existe de compagnon plus fidèle, ni de commis d'une conscience plus haute, organise, encadre, équipe l'armée au moral à vif, aux éléments foncièrement différents, aux moyens déficitaires, qui sera celle de la victoire. Louis Jacquinot s'applique adroitement à faire en sorte, qu'en dépit des coups de canon tirés en sens opposés, des navires détruits ou sabordés, des décombres des arsenaux, il renaisse une marine française. Charles Tillon, tendu, soupçonneux, ne s'en consacre pas moins efficacement à la résurrection des fabrications de l'Air. Je travaille chaque jour avec Georges Bidault, ministre des Affaires étrangères. Versé, depuis des années, dans l'histoire et dans la critique des sujets qu'il doit traiter mais tout neuf dans la pratique des choses, impatient déjà de voler de ses propres ailes mais soucieux de ne pas s'écarter encore de la ligne que j'ai tracée, tenté de s'absorber dans sa tâche ministérielle mais en même temps attentif à la gestation du mouvement politique dont il entend prendre la tête[43], il surmonte ces contradictions à force d'intelligente finesse. À maintes reprises, Adrien Tixier m'entretient de l'ordre public. Aucune péripétie n'altère l'égalité d'âme du ministre de l'Intérieur. Pourtant, il ne dispose que de forces insuffisantes et ne cesse pas d'être harcelé par les sommations des vengeurs ou, au contraire, par les adjurations de certaines catégories qui voudraient que l'autorité n'apprît rien et oubliât tout. Enfin[i], ce mutilé de guerre souffre à toute heure le martyre ; dans un an, il sera mort.

Par intervalles, l'aigreur déferle à l'encontre d'autres ministres. Ainsi de François de Menthon, garde des Sceaux, qui a dans ses attributions celle, brûlante, de constituer les cours, les chambres civiques, la Haute Cour et d'assurer leur indépendance et qui le fait comme il le doit. Le jeune, idéaliste, éloquent Pierre-Henri Teitgen se voit aussi porter des coups, puisqu'il dirige l'Information et réglemente les affaires de presse. Ceux qui l'attaquent trouvent, il est vrai, à qui parler[44]. Rien n'ébranle la lucidité robuste de Robert Lacoste, ministre de la Production. Son lot, pourtant, est ingrat. Qu'il s'agisse d'énergie, de l'outillage, des matières premières, que soient en cause les mines, la métallurgie, l'industrie textile, le papier, il n'est pour lui que déficits, impasses, goulots d'étranglement. Mais, sans faire beaucoup de bruit, il abat beaucoup de besogne et n'échoue jamais son bateau. Au ministère du Travail, Alexandre Parodi tisse patiemment et malaisément la toile de Pénélope que constitue l'échelle des salaires. Le retour des prisonniers est préparé par Henri Frenay. Comme les partis surenchérissent d'avance sur les revendications qu'ils élèveront au nom de ces deux millions d'électeurs, l'orage gronde autour du ministre[45]. Mais, de tous les membres de mon gouvernement, celui qui est attelé à la tâche la plus ardue, le plus assuré de ne pouvoir satisfaire personne, le moins ménagé par les critiques et les caricatures, c'est Paul Ramadier, en charge du Ravitaillement. Je l'y ai appelé en novembre. Vaillamment, méthodiquement, il s'acharne et il réussit à réunir et à distribuer les maigres rations de l'époque, opposant au flot des brocards sa rocailleuse solidité, mais sensible à leur injustice.

Quelques ministres sont davantage soustraits aux saccades de l'opinion. C'est le cas pour Paul Giacobbi, esprit habile et cœur ardent, qui a remplacé Pleven aux Colonies et pris en compte, à ce titre, ce qui concerne l'Indochine ; pour

François Billoux, qui dirige la Santé publique sans heurts mais non sans succès ; pour François Tanguy-Prigent, ministre et serviteur de l'Agriculture française, qui s'efforce de l'organiser et de la confédérer ; pour le sage Augustin Laurent qui remet en état les postes, les télégraphes, les téléphones, ravagés par la bataille. C'est également au milieu d'un calme politique relatif, pour ce qui les concerne, que René Capitant, René Mayer, Raoul Dautry, mènent les affaires qu'ils ont en charge. Le premier entreprend avec audace et avec bonheur de rénover la structure et les méthodes de l'Éducation nationale. Le second, responsable des Transports, trouve moyen de résoudre les problèmes immédiats posés par la démolition des chemins de fer, des ports, des ponts, des routes, des canaux, des chantiers navals. Le troisième, riche d'idées et embrassant toutes les techniques, met au travail le ministère de la Reconstruction que j'ai créé au mois de décembre. À la demande de Dautry, j'y ai joint l'Urbanisme, afin que nos villes restaurées le soient d'après des plans d'ensemble[m]. Au total, à voir comment s'y prennent, dans leur domaine respectif, tous mes collaborateurs, je m'assure que la Résistance offre au pays de grandes capacités politiques et administratives, pourvu qu'il y ait un capitaine au gouvernail de l'État.

Comme nous avons à faire beaucoup de choses et des plus difficiles, c'est suivant des règles arrêtées que fonctionne le gouvernement. Sauf dans les matières secrètes concernant les opérations, ou quand il s'agit d'une question posée d'urgence par la diplomatie, toutes les décisions importantes sont adoptées en Conseil. Celui-ci se réunit, en moyenne, deux fois par semaine. Ce n'est pas trop, étant donné le foisonnement des sujets et le fait que le gouvernement doit trancher au législatif aussi bien qu'à l'exécutif. Les séances sont préparées avec le plus de soin possible. La constitution des dossiers, la liaison de la présidence avec les ministères et avec le Conseil d'État, incombent au secrétariat général dirigé par Louis Joxe. Parlant peu et en sourdine, se tenant sous un jour tamisé, Joxe assure sans à-coups la marche de ce mécanisme auquel tout est suspendu.

Le Conseil siège à l'hôtel Matignon. Dans la salle aux murs dépouillés, le ton est d'être objectif. La séance, quelque importante ou émouvante qu'elle soit, se déroule suivant un ordre établi une fois pour toutes. Sur chacun des points traités, le ministre intéressé présente son rapport comme il l'entend. Ceux des membres qui croient devoir formuler des objections ou des suggestions reçoivent toujours la parole. Il m'appartient d'éclaircir complètement le débat en posant les questions voulues. Puis, s'il s'agit d'un problème grave, je consulte tous les membres. Il se trouve, d'ailleurs, comme je l'ai toujours constaté depuis cinq ans, que les principes de notre politique donnent rarement lieu à des discussions. L'action des armées, les buts de guerre, l'attitude à prendre vis-à-vis des Alliés, la transformation de l'Empire en Union française, le devoir d'assurer la justice à l'égard des « collaborateurs », l'obligation de maintenir l'ordre contre quiconque, la nécessité d'accomplir une vaste réforme sociale, ne soulèvent pas de contestations. Là-dessus, tout le monde est d'accord quant à la direction que de Gaulle a lui-même tracée. Mais, dès qu'on aborde les mesures à prendre, c'est-à-dire les intérêts à mettre en cause, le débat aussitôt s'anime. C'est le cas, en particulier, pour les projets d'ordre économique et social, les dispositions financières, la production, le ravitaillement, le mode de suffrage, l'éligibilité. Quand se posent des questions de personnes, la controverse atteint son maximum.

Au cours du débat, j'insiste pour que les opinions soient exprimées sans réserve. En fin de compte, je fais connaître ma propre manière de voir. Souvent, il s'est établi entre les membres une sorte d'accord général. J'en prends acte et tout est dit. Sinon, je formule la décision que je crois bonne. De ce fait, elle est celle du Conseil. Je tâche, dans tous les cas, que ce soit net et rapide. Car, une fois la cause entendue, rien ne coûterait plus cher que l'incertitude du pouvoir.

Comme les heures sont brèves ! Comme il y en a peu dans un jour ! Ces Conseils du gouvernement, il me faut les préparer. En outre, beaucoup d'affaires : défense nationale, économie, finances, population, Indochine, Afrique du Nord, sont examinées d'abord par des comités restreints que je préside et où siègent les ministres responsables en la matière avec leurs principaux seconds. Encore ai-je à m'entretenir de ce qui est en question avec l'un ou avec l'autre des membres du gouvernement. Je dois souvent consulter les experts, prendre l'avis de René Cassin vice-président du Conseil d'État, régler avec Louis Joxe l'ordre des travaux, signer les ordonnances, les décrets, les décisions, qui en sont l'aboutissement.

Ce qui se passe au jour le jour m'est présenté par mes

collaborateurs directs. Palewski m'apporte les télégrammes, missives, rapports, concernant la politique et la diplomatie, les analyses de presse et de radio françaises et étrangères, les messages qui arrivent de tous les points de la France et du monde. Juin me tient au fait des événements militaires et me remet les comptes rendus et les demandes des armées. Sur quoi, j'écris mes propres lettres, dépêches et directives et signe le courrier préparé par le cabinet.

Les audiences que je donne sont limitées au nécessaire. Mais cela en fait beaucoup. En dehors des conférences avec des membres de gouvernements alliés qui viennent négocier à Paris, comme MM. Churchill et Eden en novembre, M. Hopkins en janvier, M. Spaak en février, M. Van Kleffens puis Sir John Anderson en mars, MM. Ford et Evatt en avril, je reçois les ambassadeurs. MM. Duff Cooper, Bogomolov, Caffery, sont des visiteurs assidus. Mais aussi, Mgr Roncalli, MM. Morawski, le baron Guillaume, le général Vanier, Cerny, Burckhardt, etc.[46], s'assoient souvent dans mon bureau. Y ont toujours accès les grands chefs militaires alliés ou français. Périodiquement, les commissaires de la République sont convoqués à Paris et je les réunis chaque fois pour entendre leur rapport et leur donner des instructions d'ensemble. Nos représentants à l'étranger, quand ils sont de passage en France, viennent rendre compte de leur mission. Je reçois, à l'occasion, le gouverneur de la Banque de France, le secrétaire général du Quai d'Orsay, le préfet de police, le directeur du service des renseignements. Il me faut prendre contact avec divers étrangers éminents, ainsi qu'avec des personnalités françaises : présidents d'associations, académiciens, prélats, dirigeants de l'économie, chefs syndicalistes, etc. Bien entendu, les membres du bureau de la Consultative, les présidents de groupe, certains délégués, sont reçus quand ils le demandent.

Jusqu'au jour de la victoire, je vais trente fois à l'Assemblée. J'y prends vingt fois la parole. Pendant la même période, je m'adresse fréquemment au public par la radio[47]. Discours, allocutions, conférences de presse, me permettent de tenir le pays au courant de ses affaires, de lui dire ce que j'attends de lui, et aussi de faire retentir la voix de la France au-dehors. Dans certains cas, je suis amené à improviser mes propos. Alors, me laissant saisir par une émotion calculée, je jette d'emblée à l'auditoire les idées et les mots qui se pressent dans mon esprit. Mais, souvent, j'écris d'avance le texte et le prononce ensuite sans le lire : souci de précision et amour-propre d'orateur[n], lourde sujétion aussi, car, si ma mémoire me sert bien, je n'ai pas la plume facile[48]. Mes déplacements sont nombreux : onze visites aux armées, des tournées dans toutes les provinces, un voyage en Russie en passant par l'Orient et en revenant par l'Afrique du Nord. En huit mois, je suis soixante-dix jours absent de la capitale. Au retour, je vois se dresser des montagnes d'instances accumulées.

C'est rue Saint-Dominique que sont installés mes bureaux. Le vieil hôtel Brienne est central et symbolique. Depuis le matin jusqu'au soir, j'y travaille et j'y donne audience. Là, ont lieu, également, les réceptions présidentielles : remise de lettres de créance, accueil de délégations, repas officiels, etc. Là, se tiennent les comités interministériels, quelquefois le Conseil des ministres. Pour demeure, je n'ai pas voulu du palais de l'Élysée, marquant ainsi que je ne préjuge ni des institutions de demain, ni de la place que j'y prendrai. D'ailleurs[o], le train de vie qu'imposerait au général de Gaulle et que coûterait à l'État l'installation à l'Élysée serait choquant au milieu de la misère nationale. Pour les mêmes raisons, je ne fais aucun séjour à Rambouillet. J'ai loué, à titre personnel, un hôtel particulier[49] en lisière du bois de Boulogne sur le chemin de Bagatelle. Ma femme et moi y habitons. Nos deux filles sont auprès de nous. Notre fils est au combat. Ces soirs d'hiver et de printemps, d'aimables hôtes étrangers et français viennent parfois s'asseoir à notre table. Après leur départ, mes veillées sont remplies par l'étude des dossiers, la rédaction de mes discours, l'examen, face à ma conscience, des recours des condamnés. Le dimanche, je me fais conduire dans une forêt proche de Paris pour y marcher quelques heures.

Au poste où je suis, rien de ce qui est de la France ne m'est inconnu ou caché. Or, à travers les rapports, les audiences, les inspections, les cérémonies, mille signes me font voir que le pays se ressaisit et, dans les contacts directs que je prends avec le public, je sens que l'ordre l'emporte au lieu de l'agitation où la nation aurait, sans nul doute, risqué de se disloquer.

C'est l'impression que je recueille à Nantes, où je vais le 14 janvier, en compagnie des ministres Dautry et Tanguy-Prigent, pour remettre entre les mains du maire Clovis Constant la croix de la Libération. Angers, que je visite ensuite, me fait entendre la même note de confiance et d'apaisement. Président, à Paris, l'ouverture de l'Université, je suis frappé par l'atmosphère allègre qui enveloppe la Sorbonne. Les 27 et 28 janvier, je parcours la banlieue parisienne. Les villes de Boulogne-Billancourt, Montrouge, Sceaux, Ivry, Saint-Maur, Nogent, Neuilly, Asnières, Saint-Denis, Aubervilliers, Montreuil, Vincennes, me voient parcourir à pied leurs rues vibrantes et pavoisées et me reçoivent en leur mairie. Le froid de fer qui sévit rend d'autant plus émouvants l'enthousiasme de la population et l'hommage des municipalités, qu'elles soient, ou non, communistes. Entre-temps, j'ai plusieurs fois porté à l'Alsace le témoignage de la France. Je suis à Metz le 11 février. Les cris du peuple, les fanfares, les allocutions du préfet Rebourset, du gouverneur Dody, du maire Hocquard, de l'évêque Mgr Heintz, font entendre que, comme toujours, c'est là que les triomphes français ont le plus grand retentissement. Le 4 mars, ayant à mes côtés Tixier et Lacoste, je me rends à Limoges. L'accueil y est magnifique. Pourtant, des troubles graves ont agité le Limousin. Mais l'ordre a gagné la partie. Le commissaire de la République Boursicot exerce, maintenant, la plénitude de ses pouvoirs. Chaintron, préfet du moment[50], le seconde effectivement. Le maire Chaudier a fait l'union dans son conseil municipal. Au nom de la France, j'accomplis le pèlerinage d'Oradour-sur-Glane. Le lendemain, randonnée à travers la campagne gasconne. À Périgueux, le voyage s'achève par une réception éclatante de fierté patriotique[51].

Paris clôt, le 2 avril, la série des manifestations qui préludent à la victoire. Le matin, à la Concorde décorée de Croix de Lorraine, en présence du gouvernement, des corps de l'État, de l'Assemblée, du corps diplomatique, je remets solennellement 134 drapeaux et étendards aux colonels des régiments qui viennent d'être reconstitués. Puis, depuis l'Arc de Triomphe sous la voûte duquel flotte un gigantesque drapeau, jusqu'à la place de la République, en suivant les Champs-Élysées, la rue Royale, les grands boulevards, défilent soixante mille hommes et un puissant matériel. Il s'agit, soit de formations nouvelles, soit d'unités venues du front. On ne saurait décrire les transports de la population constatant la résurrection de notre force militaire.

L'après-midi, sur le perron de l'Hôtel de Ville, André Le Troquer reçoit de mes mains la croix de la Libération décernée à la ville de Paris. Auparavant, j'ai répondu à l'éloquente allocution du président du conseil municipal. C'est pour parler de nos devoirs. « La France, dis-je, découvre avec lucidité quel effort il lui faut fournir pour réparer ce que cette guerre, commencée voici plus de trente ans[52], a détruit de sa substance... Nous ne nous rétablirons que par un travail acharné, dans une étroite discipline nationale... Silence aux surenchères des partis ! » Évoquant « le monde durci où notre pays se retrouve », je déclare : « Il est bon que les réalités soient rigoureuses et incommodes. Car, pour un peuple comme le nôtre, qui repousse les caresses infâmes de la décadence, mieux valent les aspérités que les pentes molles et faciles[53]. »

Ce jour-là, comme toujours en de telles cérémonies, je quitte, par intervalles, le cortège officiel afin d'aborder la foule et de m'enfoncer dans ses rangs. Serrant les mains, écoutant les cris, je tâche que ce contact soit un échange de pensées. « Me voilà, tel que Dieu m'a fait ! » voudrais-je faire entendre à ceux[p] qui m'entourent. « Comme vous voyez, je suis votre frère, chez lui au milieu des siens, mais un chef qui ne saurait ni composer avec son devoir, ni plier sous son fardeau. » Inversement, sous les clameurs et à travers les regards, j'aperçois le reflet des âmes. Pour le grand nombre, il s'agit d'émotion, suscitée par ce spectacle, exaltée par cette présence et qui s'exprime en : « Vive de Gaulle ! », en sourires, en larmes aux yeux. Chez beaucoup, transparaît l'inquiétude que des troubles nouveaux viennent menacer la vie de chacun. Ceux-là semblent me dire : « Nous vous acclamons, parce que vous êtes le pouvoir, la fermeté, la sécurité. » Mais qu'elle est grave la question muette que je lis sur certains visages ! « De Gaulle ! cette grandeur, dont grâce à vous nous sentons le souffle[q], résistera-t-elle demain au flot montant de la facilité ? »

Au cœur de la multitude, je me sens pénétré de sa joie et de ses soucis. Combien suis-je près surtout de ceux qui, fêtant le salut de la patrie mais constatant le réveil de ses démons intérieurs, ressentent à son sujet l'inquiétude lucide de l'amour[54] !

LA VICTOIRE

Après les grandes batailles du printemps et de l'été, le front d'Occident s'était fixé près de la frontière du Reich. C'était, de part et d'autre, pour préparer les coups décisifs. Compte tenu de la vaste offensive que les Russes entameraient bientôt, les Alliés de l'Ouest se regroupaient, à la mi-automne, en vue d'en finir dans le courant de l'hiver. Hitler, de son côté, espérait encore briser par un effort suprême l'assaut de ses ennemis et, même, ressaisir l'avantage. Quant à la France, les chocs prochains allaient lui offrir l'occasion de gagner sa part de victoire et de rendre du lustre à ses armes. Aussi mes intentions étaient-elles nettement fixées. J'entendais que nos forces fussent engagées à fond avec celles de la coalition. J'espérais que leur gloire nouvelle ferait renaître dans le pays la fierté dont il avait besoin. Je voulais que leur action assurât, sur le terrain, certains résultats précis qui intéressaient directement la France.

Il est vrai que nos forces de campagne étaient placées, pour les opérations, à l'intérieur du système stratégique occidental. Le général Eisenhower, qui exerçait le commandement suprême, s'y trouvait bien à sa place, loyal et méthodique, assez habile pour maintenir son autorité sur ses difficiles lieutenants et sachant faire preuve de souplesse vis-à-vis des gouvernements qui lui confiaient leurs armées. J'étais, pour ma part, décidé à ne pas compliquer sa tâche et à lui laisser la disposition aussi complète que possible des grandes unités que nous lui avions prêtées. Mais, outre l'intérêt commun qui consistait à gagner la bataille pour le compte de tout le monde, il y avait l'intérêt national français. Cela, c'était mon affaire. Pour imposer nos conditions, je serais, à plusieurs reprises, amené à intervenir dans le domaine stratégique, au cours même de l'exécution.

Il n'en eût pas été de même si la France avait eu sa juste place dans la direction de l'effort commun, si le gouvernement de Paris s'était trouvé, comme ses grands alliés, à même de faire adopter ses buts de guerre par la coalition, si l'état-major français avait pu, lui aussi, concourir régulièrement aux décisions militaires. Mais les gouvernements de

Washington et de Londres prétendaient détenir sans partage le droit de conduire la guerre et le commandement « combiné[1] » anglo-américain gardait jalousement le monopole des plans d'opérations. Étant donné que la France mettait en jeu tout son destin, que l'armée française allait fournir, en fin de compte, près du quart des troupes qu'Eisenhower aurait sous ses ordres, que la bataille avait pour base le sol français, avec ses routes, ses chemins de fer, ses ports, ses transmissions, l'obstination des Anglo-Saxons à détenir seuls les leviers de commande était tout à fait excessive. Pour en compenser l'abus, il me faudrait, à l'occasion, forcer la main au Commandement, voire même employer nos troupes en dehors du cadre allié.

Dans ce que ma tâche comportait de militaire, j'étais assisté par l'état-major de la Défense nationale, constitué dès Alger. Le général Juin était à sa tête, intelligent, diligent, sachant arrondir les angles de mes rapports avec les Alliés, s'employant à amortir les chocs auxquels, parfois, ma manière d'être exposait les subordonnés. S'il s'agissait d'opérations, Juin réglait les affaires quand j'en avais décidé. En matière d'administration, d'armement, d'équipement, de personnel, c'étaient les ministres de la Guerre, de la Marine, de l'Air : Diethelm, Jacquinot, Tillon, avec leurs chefs d'état-major : Leyer, Lemonnier, Valin, qui avaient en compte l'exécution. Mais il m'incombait d'arrêter les mesures les plus importantes. Je le faisais en comité de la Défense nationale, en présence des trois ministres et de leurs seconds. Après quoi, ceux-ci allaient à leurs bureaux et à leurs téléphones, pour s'en prendre aux difficultés inhérentes à une nation dépouillée de ses moyens de guerre et qu'il fallait faire réapparaître, sous l'armure, l'épée à la main.

Le plan d'ensemble, arrêté par Eisenhower dans le courant du mois d'octobre pour la reprise de l'offensive, m'avait paru bien inspiré. Le Commandant en chef voulait porter son effort vers la Ruhr, en poussant jusqu'au Rhin, entre Duisburg et Coblence, le groupe d'armées du général Bradley. Celui de Montgomery avancerait dans les Pays-Bas pour appuyer les Américains sur leur gauche, tandis que, pour les couvrir à droite, les deux armées du groupe Devers déboucheraient en Alsace : Patch par Saverne, de Lattre par Belfort. Il incomberait, en outre, à de Lattre d'assurer, le long des Alpes, la couverture du dispositif.

Des opérations secondaires étaient, d'autre part, prévues.

Les ravitaillements nécessaires à la grande bataille exigeant le débarquement d'un énorme matériel et les ports français et belges qui avaient été libérés se trouvant dans le pire état, le Commandant en chef projetait de débloquer Anvers. Les Britanniques s'empareraient donc des îles à l'embouchure de l'Escaut. Mais aussi, comme le port de Bordeaux était relativement intact et que son utilisation faciliterait grandement le ravitaillement de la France, je pressais Eisenhower de procurer aux Français les moyens d'enlever les réduits allemands sur les deux rives de la Gironde[2]. Il s'y était, en principe, résolu. C'est également aux Français que reviendrait la tâche de bloquer, — en attendant de les prendre, — les autres poches de l'Atlantique : La Rochelle, Saint-Nazaire, Lorient.

Au mois d'octobre, j'avais arrêté, pour nos forces, une répartition répondant aux éventualités probables. La Ire armée, gardant les sept divisions : 1re « française libre », 3e nord-africaine, 2e et 4e marocaines, 9e coloniale, 1re et 5e blindées, ainsi que les deux corps d'armée et les éléments de réserve, qui lui avaient été affectés depuis l'Afrique et l'Italie, absorbait en outre de nombreux renforts provenant des forces de l'intérieur. Elle portait au maximum l'effectif de ses unités, formait des régiments nouveaux et constituerait bientôt une division de plus : la 14e. C'était donc un total de plus de huit divisions, avec tous les soutiens, volants et services correspondants, que le général de Lattre aurait sous ses ordres pour atteindre et franchir le Rhin.

À la bataille d'Alsace prendrait part, également, la 2e division blindée. Suivant mes intentions, celle-ci était initialement rattachée à la VIIe armée américaine avec la mission générale de libérer Strasbourg. D'autre part, la 27e division alpine et deux brigades de montagne demeuraient dans les Alpes pour couvrir la vallée du Rhône où passaient les communications des armées de Lattre et Patch. Sur la côte de l'Atlantique, je confiai, le 14 octobre, au général de Larminat le commandement des forces de l'Ouest[3] et le fis rattacher, pour les ravitaillements en munitions et en essence, au groupe d'armées du général Devers. Larminat avait devant lui 90 000 Allemands solidement retranchés. Des maquisards se trouvant sur place, étayés de plusieurs régiments nord-africains et coloniaux et de batteries d'origines diverses, il devrait faire trois divisions : 19e, 23e, 25e. Dès qu'on pourrait, en outre, prélever sur le front du Rhin les renforts indispensables, les forces de l'Ouest passeraient à l'attaque pour liquider les poches allemandes. Enfin, deux divisions en voie de formation : 10e et 1re, resteraient provisoirement à la disposition du gouvernement, l'une près de Paris, l'autre aux environs de Bourges. Elles seraient, à leur tour, engagées dès que possible. Dans la dernière phase de la guerre, il y aurait finalement en ligne plus de quinze divisions françaises. C'était vraiment tout le possible, compte tenu des misères du présent. Pour la France, hélas ! c'était peu, relativement au passé. « Allah ! qui me rendra ma formidable armée[4] ? »

Tout ce que nous possédions d'aviation allait voler à la bataille. Le 30 septembre, nous constituions le 1er corps aérien sous les ordres du général Gérardot. Ce corps, qui comprenait vingt groupes, tant de chasse que de bombardement et de reconnaissance, déployé dans la région de Dijon, appuierait par priorité la Ire armée française, tout en faisant partie des forces aériennes commandées par l'Air Marshal Tedder. D'autre part, sept groupes restaient basés en Angleterre, dont cinq prêtaient leurs concours aux opérations alliées de Belgique et de Hollande, tandis que deux de bombardement lourd contribuaient, avec tous ceux de l'Occident, à l'écrasement des centres vitaux et industriels de l'Allemagne. Six groupes, sous les ordres du général Corniglion-Molinier, achevaient de se constituer pour appuyer nos forces de l'Ouest. Quelques escadrilles aidaient nos éléments engagés dans les Alpes. Quelques autres, maintenues en Afrique du Nord, participaient à la sécurité des bases et des convois dans la Méditerranée. Sur le front russe, deux de nos groupes poursuivaient le combat aux côtés des chasseurs moscovites. Au total, un millier d'avions français seraient en ligne à la fois.

Quant à notre marine, ses escorteurs, sous-marins, chasseurs, accomplissaient leur tâche incessante de protection des convois, de destruction des sous-marins, vedettes, corsaires, cargos allemands et de mouillage de mines sur les côtes tenues par l'ennemi. L'amiral d'Argenlieu, fixé à Cherbourg, dirigeait leurs opérations dans l'Atlantique, la Manche, la mer du Nord. En même temps, une escadre formée des croiseurs : *Montcalm*, *Georges-Leygues*, *Gloire*, *Émile-Bertin*, *Jeanne-d'Arc*, *Duguay-Trouin*, de sept croiseurs légers et de petits bâtiments, sous les ordres successifs des amiraux Auboyneau et Jaujard, bombardait les rivages du golfe de Gênes, toujours aux mains des troupes de Kesselring, et couvrait la côte méridionale française contre les raids des derniers navires adverses. Une autre escadre, commandée par l'amiral Rüe et comprenant, notamment, le cuirassé *Lorraine* et le croiseur *Duquesne*, assurait le blocus des poches allemandes de l'Atlantique en attendant d'aider à les réduire. Plusieurs flottilles d'aéronavale opéraient dans les mêmes parages. La marine avait, en outre, formé trois régiments blindés de fusiliers, un régiment de canonniers, des bataillons de marins, des commandos, qui prenaient part aux combats de l'armée de terre. Il faut ajouter que nos dragueurs exécutaient le déminage de nos ports et de nos rades. Enfin, dans le Pacifique, le cuirassé *Richelieu*, intégré dans la flotte alliée, combattait les Japonais. Si diminuée que fût la puissance navale des ennemis, tout dépendrait jusqu'à la fin de ce qui se passait sur les mers. Il était donc essentiel que notre marine y soutînt, avec ce qui lui restait, l'honneur des armes de la France.

Le mois de novembre voit se déclencher l'offensive générale des Alliés occidentaux. Du nord au sud, les armées entrent successivement en action. Le 14, c'est au tour de la Iʳᵉ armée française. Il s'agit pour elle de forcer la trouée de Belfort et de déboucher en Haute-Alsace.

Le général de Lattre a chargé le 1ᵉʳ corps d'armée de l'opération principale, tandis qu'au nord le 2ᵉ corps doit s'emparer des cols des Vosges. L'objectif sera atteint après quinze jours de combats menés dans la boue, sous la neige, en dépit de la résistance acharnée de huit divisions allemandes appartenant à la XIXᵉ armée. Il est vrai que Béthouart a pu rapidement porter vers Belfort sa gauche : 2ᵉ division marocaine, 5ᵉ division blindée et divers groupements des forces de l'intérieur, lui faire franchir la Lisaine en tuant à l'ennemi beaucoup de monde, notamment le général Ochsmann commandant la défense de ce secteur, puis pousser vers le Rhin sa droite : 9ᵉ division coloniale et 1ʳᵉ division blindée. Il est vrai que le fleuve est atteint dès le 19 novembre, à Rosenau et à Saint-Louis, par les chars du général du Vigier et qu'ainsi les Français sont, parmi les Alliés, les premiers à l'aborder. Il est vrai que, le 21, nos troupes libèrent Mulhouse et Altkirch. Mais l'ennemi s'accroche, continuant à tenir les ouvrages autour de Belfort et réussissant à couper plusieurs fois par des contre-attaques celles de nos forces qui progressent le long de la frontière suisse[5].

Finalement, ce sont les progrès du 2ᵉ corps dans les

Vosges qui permettent au 1ᵉʳ corps d'obtenir, en plaine, la décision. La 1ʳᵉ division « française libre », formant la droite de Monsabert, parvient à franchir par Giromagny et Masevaux les contreforts sud du massif. Son chef, le général Brosset, combattant digne de la légende, a péri au cours de l'avance[6]. Mais Garbay, qui lui succède, opère sa jonction avec les troupes de Béthouart aux abords de Burnhaupt. Par là s'achève l'encerclement des dernières résistances allemandes entre Belfort et Mulhouse. Plus au nord, Guillaume, avec sa 3ᵉ division nord-africaine, a pu enlever Gérardmer et Cornimont, puis les cols de la Schlucht et de Bussang. En quinze jours, la 1ʳᵉ armée a tué 10 000 Allemands, fait 18 000 prisonniers, enlevé 120 canons. À la fin de novembre, de Lattre est en mesure de porter sur Colmar tout l'effort de son armée.

Tandis qu'il mène cette dure bataille, son voisin, le général Patch, pénètre en Basse-Alsace. Ayant brisé, sur l'axe Lunéville-Blamont, la première position allemande, la VIIᵉ armée américaine vise à atteindre le Rhin de Strasbourg à Lauterbourg. C'est, pour la 2ᵉ division blindée française, l'occasion de libérer la capitale alsacienne.

Le 18 novembre, cette division reçoit l'ordre d'exploiter dans la direction de Saverne le succès des Américains qui ont rompu la ligne ennemie. Leclerc s'élance. Exécutant avec logique sa mission d'exploitation et résolu à faire en sorte que ses soldats parviennent les premiers à Strasbourg, il va manœuvrer de manière à n'être pas accroché par les résistances successives préparées par les Allemands. Aussi l'un de ses groupements déborde-t-il au nord Sarrebourg, puis Phalsbourg, où l'adversaire est en position. Mais, au sud, il faut franchir les Vosges. Les itinéraires que Leclerc y choisit, pour faire cheminer ses chars, ses canons, ses camions, sont les moins bons, les plus risqués, mais ceux qui lui donnent le plus de chances de passer sans coup férir. Si rapide est l'avance des nôtres, si imprévus sont leurs axes de marche, par Cirey, Voyer, Rehtal, Dabo, que les fractions ennemies rencontrées sont presque partout surprises, capturées ou mises en déroute, au point que nos colonnes doublent souvent celles des fuyards. Le 22 novembre, Saverne et Phalsbourg tombent entre nos mains, ainsi que beaucoup d'Allemands, en particulier le général Bruhn commandant les forces de la région.

À présent, devant Leclerc et les siens, il y a Strasbourg.

Pour l'atteindre, il faut traverser trente-cinq kilomètres de plaine, puis briser aux abords et à l'intérieur de l'agglomération la résistance d'une garnison dont l'effectif dépasse le leur et qui s'appuie sur des ouvrages puissants. Mais les nôtres sentent se lever le vent de la victoire. Leclerc demande qu'on lui donne l'ordre de marcher sur Strasbourg. Or, le général Patch sait pourquoi la 2ᵉ division blindée française a été affectée à son armée. Il comprend que le fer chaud doit être aussitôt battu. Il fixe à Leclerc l'objectif mérité.

Le 23 novembre, s'achève un des épisodes les plus brillants de notre histoire militaire. En cinq colonnes, — autant qu'il y a de routes, — la 2ᵉ division blindée charge sur Strasbourg. Les Allemands, surpris de toutes parts, ne parviennent pas à organiser leur défense. Seul, tient bon le réduit qu'ils ont établi en avant des ponts de Kehl et vers lequel courent leurs fuyards pêle-mêle avec nos voitures de combat. Les casernes et bâtiments publics, occupés par 12 000 militaires et 20 000 civils allemands, se rendent presque aussitôt. Au milieu de l'après-midi, nos troupes ont restitué la ville entière à la France. La foule des habitants exulte de joie dans les rues. Quant aux ouvrages extérieurs, ils seront pris en quarante-huit heures. Le général von Vaterrodt, gouverneur allemand de Strasbourg, réfugié dans le fort Ney, capitulera le 25 novembre. La réussite est parfaite. Y ont concouru : de longues prévisions, une exécution magistrale, l'attraction qu'exercent sur les âmes françaises l'Alsace et sa capitale et qui, au moment voulu, s'est traduite chez nos soldats par un irrésistible élan.

Un message du général Leclerc m'apprend l'entrée de ses troupes à Strasbourg à peine y ont-elles pénétré. Au début de la séance tenue, ce jour-là, par l'Assemblée consultative, je viens annoncer la nouvelle. Un frisson parcourt l'assistance, élevée soudain tout entière au-dessus d'un quelconque débat. Les armes ont cette vertu de susciter, parfois, l'unanimité française[7].

Cependant, les succès des Français et des Américains dans le Haut-Rhin et autour de Strasbourg ne déterminent aucunement l'ennemi à abandonner l'Alsace. Au contraire, il s'acharne à tenir ferme au sud, à l'ouest et au nord de Colmar, en attendant de prendre l'offensive pour ressaisir ce qu'il a perdu. Hitler intervient, donne l'ordre à Himmler d'assumer en Alsace la direction militaire, politique et policière, fait renforcer les sept divisions de sa XIXᵉ armée par une division de montagne venue de Norvège, une Panzerdivision armée de chars Panther tout neufs et qui surclassent les Shermans de nos propres unités, de multiples contingents expédiés en hâte de l'intérieur. La poche de Colmar présente de bonnes conditions de défense. Les Allemands y installent leur droite immédiatement au sud de Strasbourg dans une zone que l'Ill, le Rhin et le canal du Rhône au Rhin rendent difficile à franchir. À leur gauche, ils sont couverts par l'épaisse forêt de la Hardt. Au centre, le rempart formé par la crête et le revers des Vosges est toujours entre leurs mains. Alors que, chez les Français, ce qu'on transfère d'un bout à l'autre du champ de bataille doit contourner le massif par de longs et rudes chemins, les Allemands, pour déplacer du nord au sud ou du sud au nord des troupes ou du matériel, n'ont qu'à leur faire parcourir en terrain plat la corde de l'arc. À l'arrière, sur la rive badoise, les hauteurs de la Forêt-Noire offrent à leur artillerie des emplacements et des observatoires excellents pour battre la plaine. Dans les premiers jours de décembre, tout fait prévoir que la Ire armée ne pourra s'emparer de Colmar sans de nouveaux et durs combats.

Au reste, sur tout le front, les Alliés se heurtent à la même résistance farouche. Dans le groupe Montgomery, c'est à grand-peine que l'armée canadienne et polonaise de Crerar réussit à dégager Anvers et que l'armée anglaise de Dempsey progresse autour de Nimègue. Chez Bradley, les armées Simpson et Hodges n'avancent que pas à pas au nord et au sud d'Aix-la-Chapelle. Celle de Patton, ayant libéré Metz, atteint malaisément la Sarre. Quant à Devers, il parvient à pousser Patch jusqu'à Lauterbourg. Mais, contraint d'agir par sa gauche pour aider son voisin du nord, il étend le front de Lattre sans le renforcer en proportion, ce qui rend plus difficile encore la progression de la Ire armée française. D'ailleurs, l'hiver qui est, cette année-là, exceptionnellement rigoureux éprouve les troupes, glace et enneige les routes, ralentit la circulation. Les ravitaillements s'en ressentent ; les manœuvres et les attaques, aussi. En mer, l'effort désespéré des sous-marins allemands décime toujours les convois et, dans les ports détruits, le matériel apporté par les navires alliés est déchargé avec peine et retard.

Malgré tout, la Ire armée va s'efforcer d'accomplir sa mission en achevant de libérer l'Alsace. Sa zone d'action s'étend maintenant, en arc de cercle, depuis la frontière suisse jusqu'aux abords de Strasbourg ; la capitale alsacienne restant incluse dans le secteur de la VIIe armée américaine, bien que la garnison en soit formée par la brigade Alsace-Lorraine. Le général de Lattre voit joindre à son armée la division Leclerc regroupée au sud de Strasbourg et la 36e division américaine. En revanche, Devers lui retire la Ire division « française libre », qui est portée vers Royan.

Au début de décembre, la Ire armée entame l'action vers Colmar. Quinze jours de combats obstinés lui valent quelques succès, au sud vers Thann qu'elle libère, au nord dans la région de Sélestat et de Ribeauvillé. En même temps, à la crête des Vosges, le Hohneck et le col du Bonhomme sont âprement disputés. Mais, dans cet effort linéaire déployé simultanément sur tous les points d'un vaste front, de Lattre n'a pas les moyens d'emporter la décision.

Soudain, les Allemands déclenchent dans les Ardennes une puissante offensive. Du coup, les allocations en munitions et les appuis aériens, qui déjà n'étaient accordés aux nôtres qu'avec une grande parcimonie, sont portés presque en totalité vers le secteur enfoncé par l'ennemi. La Ire armée française est donc contrainte de suspendre l'attaque. Voyant s'éloigner l'issue qu'ils avaient entrevue, chef et soldats sont déconcertenancés. Après tant d'élans prodigués, l'incertitude et le doute leur font sentir leur lassitude.

C'est à mon retour de Russie, au milieu du mois de décembre, que m'apparaît l'épreuve morale traversée par notre armée d'Alsace. J'en suis soucieux mais non surpris. Sachant de quelle énergie guerrière sont capables les Allemands, je n'ai jamais douté qu'ils sauraient, pendant des mois encore, tenir en échec les Occidentaux. Il me faut même ajouter, qu'au point de vue national, je ne déplore guère ces délais[8], où s'accroissent dans la coalition l'importance et le poids de la France. Encore faut-il que, dans nos forces, les âmes gardent leur ressort.

Tout s'arrangerait vite si l'armée se sentait soutenue par l'opinion. Mais, à cet égard, les choses laissent à désirer. Non point que le peuple français méconnaisse théoriquement les mérites de ceux qui combattent pour son service. Mais ceux-ci lui semblent, trop souvent, lointains et presque étrangers. Pour beaucoup de gens, la Libération équivaut à la fin de la guerre et ce qui s'accomplit, depuis, dans le domaine des armes ne présente pas d'intérêt direct. D'ailleurs, ce sont les Alliés qui exercent le commandement et fournissent la plus grande part. Nombre de Français, blessés jusqu'au fond de l'âme par l'effondrement de naguère, se passionnent peu pour des batailles où l'armée française ne joue plus, hélas ! le premier rôle. Et puis, le désastre de 1940, l'aspect militaire que revêtait le régime de la capitulation, l'abus que Vichy a fait du conformisme et de la discipline, ont provoqué, à l'égard de l'ensemble des professionnels, une certaine désaffection. Enfin, dans le monde de la politique, des intérêts, de la presse, la plupart des dirigeants tournent leurs préoccupations vers de tout autres sujets qu'une campagne dont ils croient qu'elle est gagnée d'avance et que le désarmement lui succédera à coup sûr. Constatant moi-même quelle place restreinte et quels fades commentaires les journaux consacrent à nos troupes et ayant convoqué les directeurs pour les inviter à mettre en lumière ce qui se passe sur le front, je m'entends répondre : « Nous allons faire de notre mieux. Mais il nous faut tenir compte des goûts du public. Or, les sujets militaires ne l'intéressent pas beaucoup. »

Justement, le général de Lattre me rend compte, le 18 décembre, de ses préoccupations quant à l'état de son armée. Il m'écrit avoir demandé au général Devers de mettre à sa disposition au moins deux divisions nouvelles, de lui fournir un appui aérien, de lui allouer un supplément de munitions. Faute de quoi, ses troupes ne pourront prendre Colmar. Mais, en même temps, le commandant de la Ire armée me signale la dépression qui sévit dans l'âme de ses subordonnés. Il attribue cette crise, moins aux pertes, à la fatigue, aux souffrances causées par l'hiver, qu'à l'éloignement moral par rapport au pays. « D'un bout à l'autre de la hiérarchie, écrit-il, particulièrement chez les officiers, l'impression générale est que la nation les ignore et les abandonne. » De Lattre poursuit : « Certains vont même jusqu'à s'imaginer que l'armée régulière, venue d'outre-mer, est sacrifiée de propos délibéré. » Il ajoute : « La cause profonde de ce malaise réside dans la non-participation de la nation à la guerre[a]. »

Tout en faisant la part des déceptions causées au général de Lattre par les combats ingrats où son armée est engagée, après une phase des opérations où, au contraire, se multipliaient succès, trophées et vivats ; tout en lui affirmant que ses troupes ne sont nullement abandonnées et en l'invitant à le leur faire comprendre ; tout en lui marquant une confiance encourageante : « Vous êtes, comme toutes les armées alliées, dans un moment difficile, mais vous en sortirez à votre gloire », je prends des dispositions pour renforcer la Ire armée en vue de la crise stratégique qui s'annonce.

Le 18 décembre, des ordres sont donnés pour incorporer dans les unités du front dix mille jeunes soldats à l'instruction dans les dépôts[9]. Le 19, je fais savoir au commandement allié, qu'en raison de l'offensive entamée en Belgique par les Allemands, j'approuve qu'il soit sursis à l'attaque de Royan et que la 1re division « française libre » revienne d'urgence en Alsace, ce qui est fait aussitôt. Quelques jours après, je vais inspecter dans la région de Fontainebleau la 10e division, grande unité toute neuve. Sous les ordres du général Billotte, elle est formée, pour l'essentiel, des Parisiens qui ont pris part aux combats de la Libération dans les rues de la capitale. À les voir, je me convaincs, une fois de plus, qu'avec de bons jardiniers la plante militaire est toujours prête à fleurir. Bien qu'il y ait encore des lacunes dans l'instruction et dans l'équipement de la 10e division, je décide de l'envoyer au front et le lui annonce sur-le-champ. Alors, sur la neige glacée, défilent ses jeunes régiments. Quinze mille regards de fierté se portent vers moi, tour à tour.

La veille et le jour de Noël, accompagné de Diethelm et de Juin, je suis à la Ire armée. Tout en parcourant les lignes je prends contact avec l'Alsace. D'abord, je vais à Strasbourg. La grande ville me fait fête, bien qu'elle vive dans une ambiance de siège, que les Allemands tiennent toujours Kehl, que leurs obus tombent partout, que la garnison, sous les ordres du général Schwartz, soit très réduite et peu armée. Le commissaire de la République Blondel, le préfet Haelling, le maire Frey, m'exposent avec quelle peine ils commencent à rétablir l'administration française. Mais, pour faire tout le nécessaire, il faudrait évidemment que les lendemains soient assurés. Il est clair qu'ils ne le sont pas.

Le 2e corps reçoit ensuite ma visite. En écoutant Monsabert, il m'apparaît que son ardeur ne compense pas ce qui lui manque pour enlever les positions ennemies entre le Rhin de Rhinau et les Vosges de La Poutroye. Me voici à la 2e division blindée. Depuis des semaines, elle se heurte, vers Witternheim, à des défenses qu'elle ne peut franchir. Les unités sont fatiguées ; les villageois, soucieux. À Erstein, en compagnie de Leclerc et de beaucoup de soldats, j'assiste à la messe de minuit. L'atmosphère est à l'espérance, non à la joie. Le lendemain, inspection de la vaillante 3e division américaine qui a relevé la 36ᵉ. Le général O'Daniel, vif et sympathique, me rend compte des progrès restreints que ses troupes réalisent autour de Kaisersberg. À la 3ᵉ division nord-africaine, Guillaume me décrit sa pénible avance dans la région d'Orbey.

Par Gérardmer et Belfort, je gagne le secteur du 1ᵉʳ corps d'armée. Là, Béthouart m'explique que dans l'état de ses forces il est fixé, tout au long du front, à la hauteur de Cernay. Près de Thann, puis à Altkirch, les généraux Carpentier et Sudre me présentent des éléments de leurs divisions respectives : 2ᵉ marocaine, 1ʳᵉ blindée. Tous deux me disent que leurs moyens ne suffisent pas à aller plus avant. À Mulhouse, défilent devant moi les troupes de la division Magnan. Mais les Allemands tiennent toujours la lisière nord de la ville et on ne sait comment les en chasser.

Cependant, là comme ailleurs, la population se montre vibrante de patriotisme. Les témoignages qu'elle en donne ne permettent pas d'oublier, toutefois, à quel point chaque foyer alsacien est éprouvé par la guerre. En recevant les autorités et les délégations, conduites par le préfet Fonlupt-Esperaber, je mesure combien l'occupation allemande, l'instauration des lois de l'ennemi, l'incorporation forcée de beaucoup d'hommes dans les armées du Reich, la perte de nombre d'entre eux, l'angoisse qu'inspire le sort de ceux qui sont en captivité soviétique, ont posé de cas douloureux. En outre, on sent que le trouble subsiste quant à ce qui pourrait advenir, si l'ennemi, qui est tout proche, faisait soudain quelques pas en avant. En rentrant à Paris, je fais le bilan de mes impressions. L'armée est solide mais lasse. L'Alsace est loyale mais inquiète. J'en tire la conclusion que, dans le cas d'un événement fâcheux, il me faudrait intervenir aussitôt et avec vigueur pour empêcher de sérieuses conséquences.

Or voici que, précisément, survient l'événement fâcheux. C'est, à la suite de la percée allemande dans les Ardennes, la décision prise par le commandement allié d'évacuer l'Alsace en repliant sur les Vosges l'armée Patch et l'armée de Lattre.

L'offensive, menée par le maréchal von Rundstedt entre Echternach et Malmédy avec vingt-quatre divisions, dont dix Panzers, a en effet largement progressé. Vers le 25 décembre, la Meuse est près d'être atteinte de part et d'autre de Dinant. Après quoi, par Namur et Liège, les Allemands pourraient faire irruption sur les arrières du front des Pays-Bas. Aussi le général Eisenhower juge-t-il que tout doit être subordonné à la nécessité d'arrêter, puis de refouler, l'avance ennemie, profonde déjà de quatre-vingts kilomètres. Il prescrit donc à Montgomery de prendre à son compte la défense des lignes alliées sur le flanc nord de la poche et à Bradley de lancer Patton à la contre-attaque sur le flanc sud. Mais, à droite de Patton, l'armée Patch donne des signes d'incertitude dans la région de Forbach, ce qui contraint Devers à y porter en soutien la 2e division blindée française prélevée sur l'armée de Lattre. D'autre part, l'ennemi manifeste, à partir de la poche de Colmar, une activité menaçante. La situation en Alsace est rendue aléatoire. Le Commandant en chef estime que si l'ennemi attaque, là aussi, il n'y aura rien d'autre à faire que se retirer sur les Vosges. En premier lieu, c'est Strasbourg qui devra être abandonné. Et de donner des directives dans ce sens.

L'évacuation de l'Alsace et, spécialement, de sa capitale pourrait paraître logique au point de vue de la stratégie alliée. Mais la France, elle, ne peut l'accepter. Que l'armée[b] française abandonne une de nos provinces, et surtout cette province-là, sans même avoir livré bataille pour la défendre ; que les troupes allemandes, suivies de Himmler et de sa Gestapo, rentrent en triomphe à Strasbourg, à Mulhouse, à Sélestat, voilà une affreuse blessure infligée à l'honneur de la nation et de ses soldats, un affreux motif de désespoir jeté aux Alsaciens à l'égard de la patrie, une profonde atteinte portée à la confiance que le pays place en de Gaulle. Je n'y consens évidemment pas. Le prétexte que la résignation pourrait tirer du fait que le commandement allié porte la responsabilité des opérations militaires n'a, dans l'espèce, aucune valeur. Car, si le gouvernement français peut confier ses forces au commandement d'un chef étranger, c'est à la condition formelle que l'emploi qui en est fait soit conforme à l'intérêt du pays. Dans le cas contraire, il a le devoir de les reprendre. C'est ce que je décide de faire, avec d'autant moins de scrupule que le Grand Quartier général n'a pas jugé à propos de m'avertir d'une affaire qui touche la France au plus vif[10].

À vrai dire, malgré le silence observé à mon égard par le commandement allié, divers indices m'avaient alerté. Le 19 décembre, il m'était rapporté qu'à de Lattre, qui lui demandait des renforts pour reprendre l'attaque de Colmar, Devers avait répondu qu'il n'avait rien à donner, que le groupe d'armées tout entier était en danger et que, pour lors, on devait regarder en arrière plutôt qu'en avant. À Noël, lors de mon inspection du front, j'avais appris que de Lattre, sur instructions reçues d'en haut, avait prescrit d'organiser, à hauteur de Giromagny, une position de repli barrant la trouée de Belfort et ramené vers Luxeuil la 4ᵉ division marocaine. Le 27, il venait à ma connaissance que le général Devers retirait de Phalsbourg son poste de commandement et l'installait à Vittel, cent vingt kilomètres en arrière. Le lendemain, Devers adressait aux forces sous ses ordres une instruction leur prescrivant de se replier sur les Vosges en cas d'attaque de l'ennemi[11]. En conséquence, le général de Lattre donnait, le 30 décembre, à la Iʳᵉ armée l'ordre « d'établir des lignes de défense successives, afin de retarder au maximum l'adversaire, au cas où il parviendrait à rompre le dispositif initial... ».

Or, justement, nos renseignements signalaient, entre Bitche et Wissembourg, des préparatifs de l'ennemi pour une attaque en direction de Saverne. Nos officiers de liaison auprès des quartiers généraux observaient que l'offensive allemande provoquait dans les états-majors de l'inquiétude, sinon du désarroi. Sur le front, aux arrières, dans Paris, couraient des bruits alarmants quant aux progrès des troupes de Rundstedt, à de prétendus parachutages de miliciens de Darnand et de commandos ennemis dans diverses régions de la France, à la promesse qu'Hitler aurait faite de rentrer lui-même à Bruxelles et de rendre Strasbourg au Reich à l'occasion du Nouvel An.

Il fallait agir. Le 30 décembre, je chargeai le général du Vigier, nommé gouverneur de Strasbourg et qui allait rejoindre son poste, de passer d'urgence chez de Lattre à Montbéliard et chez Devers à Vittel et de dire de ma part à l'un et à l'autre que, quoi qu'il pût arriver, Strasbourg devait être et serait défendu. Il leur annoncerait l'arrivée prochaine de la 10ᵉ division que j'attribuais à la Iʳᵉ armée française. En même temps, je prescrivais au général Dody, gouverneur de Metz et commandant la région du Nord-Est, de faire tenir les passages de la Meuse, vers Givet, Mézières et Sedan, afin qu'en cas de retraite soudaine des forces américaines opérant dans le voisinage le territoire français y fût, néanmoins, défendu. Des éléments fournis par l'intérieur, sommairement armés, il est vrai, mais totalisant cinquante mille hommes, étaient à cet effet envoyés tout de suite à Dody[12].

Tandis que du Vigier était en route, Juin m'entretenait, le 1ᵉʳ janvier, du péril immédiatement couru par l'Alsace. Le chef d'état-major de la Défense nationale avait été averti par le Grand Quartier de Versailles que l'envoi vers les Ardennes de toutes les réserves alliées était nécessaire sans délai, qu'en conséquence l'attaque allemande qui commençait en direction de Saverne faisait courir de grands risques au groupe d'armées de Devers et que le général Eisenhower lui prescrivait le repli sur les Vosges afin de raccourcir son front. Cette décision s'était précisée en raison d'une impressionnante opération aérienne exécutée par l'ennemi. Des douzaines d'avions à réaction, — les premiers dans le monde, — avaient, ce jour-là même, paru dans le ciel ardennais sous le signe de la croix gammée, balayé les chasseurs américains, détruit beaucoup d'appareils sur leurs bases. Pour épisodique qu'il fût, l'incident portait le Grand Quartier à un pessimisme dont l'Alsace risquait de faire les frais. Il était temps que j'intervienne.

Que Strasbourg fût défendu. C'est cela, d'abord, qu'il me fallait obtenir. Pour être sûr qu'on le ferait, je n'avais d'autre moyen que de l'ordonner moi-même à la Ire armée française. Celle-ci devrait, en conséquence, contrevenir aux instructions du Commandement interallié et, en outre, étendre vers le nord sa zone d'action afin d'y englober Strasbourg qui appartenait au secteur de la VIIe armée américaine. Si, comme je le souhaitais, Eisenhower voulait maintenir sous son commandement l'unité militaire de la coalition, il n'aurait, pour arranger les choses, qu'à adopter le changement apporté, de mon fait, aux mesures qu'il avait prescrites. Le 1er janvier dans l'après-midi, j'envoyai mes ordres au général de Lattre. Évoquant la décision du Commandement de replier le front sur les Vosges, j'écrivais : « Il va de soi que l'armée française, elle, ne saurait consentir à l'abandon de Strasbourg... Dans l'éventualité où les forces alliées se retireraient de leurs positions actuelles au nord du dispositif de la Ire armée française, je vous prescris de prendre à votre compte et d'assurer la défense de Strasbourg[13]. »

En même temps, j'adressai au général Eisenhower une lettre explicite. J'indiquais au Commandant en chef que les raisons stratégiques du repli ne m'avaient pas échappé. Mais j'affirmais : « Le gouvernement français, quant à lui, ne peut évidemment laisser Strasbourg retomber aux mains de l'ennemi sans faire tout ce qui lui est possible pour le défendre. » Je formulais l'avis que, dans l'hypothèse où les Américains ne tiendraient pas le saillant de Wissembourg, « Strasbourg, du moins, pouvait être défendu en s'appuyant, au minimum, sur le canal de la Marne au Rhin » et je me déclarais prêt à « pousser de ce côté toutes les forces françaises en voie de formation, en premier lieu la 10ᵉ division commandée par le général Billotte. Quoi qu'il advienne, écrivais-je pour conclure, les Français défendront Strasbourg ». D'autre part, je télégraphiai à Roosevelt et à Churchill pour les mettre au courant des vues du Haut-Commandement quant à l'évacuation de l'Alsace, attirer leur attention sur les conséquences très graves qui en résulteraient pour la France et leur faire connaître que je n'y consentais pas[14].

Le 2 janvier au matin, je confirmai à de Lattre par télégramme l'ordre que je lui avais envoyé par lettre, la veille au soir. Vers midi, du Vigier, rentré à Paris par avion, me rendait compte de sa mission. Trois heures auparavant, il était passé à Vittel, quartier général du groupe d'armées du sud. Là, Devers lui avait dit que, l'ennemi poussant l'attaque en direction de Saverne, l'ordre de retraite était donné à de Lattre et à Patch, et que les troupes américaines avaient déjà commencé leur mouvement. Sur quoi, je chargeai Juin de confirmer à Eisenhower que la France défendrait seule l'Alsace avec les moyens qu'elle avait. Juin devait, d'autre part, annoncer au Grand Quartier ma visite pour le lendemain.

Je savais, aussi bien que personne, que la mission fixée par moi au général de Lattre comportait de très grands risques. En outre, le fait d'être soustrait, en pleine bataille, à l'ensemble interallié ne pouvait qu'être pénible au commandant de la Iʳᵉ armée qui en discernait forcément le caractère aventuré et qui souffrirait de voir rompre la solidarité et la hiérarchie stratégiques où, jusqu'alors, sa place était marquée. Cependant, il serait amené à reconnaître que, dans ce conflit des devoirs, celui de servir directement la France, autrement dit de m'obéir, l'emportait de beaucoup sur l'autre.

D'ailleurs, de lui-même, à l'avance, il était mentalement préparé à faire ce que je lui prescrivais. La visite du général du Vigier dans la nuit du 31 décembre, les messages reçus du commissaire de la République et du maire de Strasbourg, surtout ses propres réactions, lui avaient fait discerner ce qu'aurait de désastreux la retraite envisagée. Le 2 janvier au matin, il avait écrit au général Devers[15] pour lui exprimer sa manière de voir : « En raison, disait-il, de l'étendue de son secteur et de la faiblesse de ses moyens, la Iʳᵉ armée française n'est pas en mesure de défendre directement Strasbourg. Mais elle est décidée à faire tout ce qui est en son pouvoir pour couvrir la ville au sud. » Et d'adjurer Devers de faire en sorte « que la VIIe armée américaine défende Strasbourg avec la dernière énergie ». Aussi, quand de Lattre reçut, le 2 janvier, ma lettre qui fixait sa mission, il n'y vit rien que de conforme à son propre sentiment. Mais il n'en avait pas moins l'ordre impératif de Devers d'avoir à se replier sur les Vosges et d'y être en ligne le 5 janvier au matin.

Le général de Lattre me répondit le 3 janvier[16]. Il me communiquait le texte de l'ordre de retraite que lui donnait Devers. Il me rendait compte de son intention de porter sur Strasbourg la 3e division nord-africaine, que la 10e division relèverait sur ses positions actuelles. Toutefois, il paraissait penser que l'exécution de ce que je lui avais prescrit devait être suspendue jusqu'à ce que le haut-commandement allié y eût donné son accord, alléguant « la nécessité d'être couvert à sa gauche par la VIIe armée américaine » et, aussi, « le rôle de pivot que jouait la Ire armée française dans le dispositif allié ».

J'étais, naturellement, très désireux qu'Eisenhower entrât dans mes vues. Mais, qu'il y fût amené, ou non, j'entendais que l'armée française fît ce que j'avais prescrit. Une nouvelle lettre, télégraphiée par moi au général de Lattre dans la matinée du 3, fixait nettement ce qui devait l'être. « J'ai peu apprécié, écrivais-je, votre dernière communication... La Ire armée et vous-même faites partie du dispositif allié pour cette unique raison que le gouvernement français l'a ordonné et seulement jusqu'au moment où il en décide autrement... Si vous aviez été amené, ou si vous étiez amené, à évacuer l'Alsace, le gouvernement ne pourrait admettre que ce fût sans une grande bataille, même — et je le répète — si votre gauche s'était trouvée, ou se trouvait, découverte par le retrait de vos voisins. » En même temps, j'écrivais à Eisenhower pour lui confirmer ma décision[17].

Les responsabilités du gouvernement étant ainsi assumées et sa volonté notifiée, de Lattre entreprit aussitôt d'accomplir ce que j'attendais de lui. Il allait le faire de tout son cœur et de toute sa capacité. Le soir même du 3 janvier, il me télégraphiait « qu'un régiment de tirailleurs occuperait Strasbourg dans la nuit et que la division Guillaume serait, le 5, dans la place, en mesure de la défendre[18] ».

Au cours de l'après-midi du 3, je m'étais rendu à Versailles. Juin était à mes côtés. M. Churchill avait cru devoir venir[19], lui aussi, alerté par mon message et disposé, vraisemblablement, à employer ses bons offices. Le général Eisenhower exposa la situation qui était, assurément, sérieuse. Il ne cacha pas que l'ampleur et la vigueur de l'offensive allemande dans les Ardennes et l'apparition subite chez l'ennemi d'armes nouvelles : avions à réaction, chars Panther, etc., avaient moralement ébranlé les forces alliées, non sans le surprendre lui-même. « À présent, dit-il, le plus grand danger semble écarté. Mais il faut reprendre le terrain perdu et, ensuite, ressaisir l'initiative. Je dois donc reconstituer des réserves. Or, en Alsace, où depuis deux jours l'ennemi étend son attaque, la poche de Colmar rend la position précaire. C'est pourquoi j'ai prescrit d'en occuper une autre, plus en arrière et plus courte.

— Si nous étions au Kriegspiel, déclarai-je à Eisenhower, je pourrais vous donner raison. Mais je suis tenu de considérer l'affaire sous un autre angle. Le recul en Alsace livrerait à l'ennemi des terres françaises. Dans le domaine stratégique, il n'y aurait là qu'une manœuvre. Mais, pour la France, ce serait un désastre national. Car l'Alsace lui est sacrée. Comme, d'autre part, les Allemands prétendent que cette province leur appartient, ils ne manqueront pas, s'ils la reprennent, de se venger du patriotisme dont les habitants ont prodigué les preuves. Le gouvernement français ne veut pas laisser l'ennemi y revenir. Pour le moment, il s'agit de Strasbourg. J'ai donné à la Ire armée française l'ordre de défendre la ville. Elle va donc le faire, de toute façon. Mais il serait déplorable qu'il y eût, en cette occasion, dispersion des forces alliées, peut-être même rupture du système de commandement pratiqué par la coalition. C'est pourquoi je vous demande de reconsidérer votre plan et de prescrire vous-même au général Devers de tenir ferme en Alsace. »

Le Commandant en chef parut impressionné. Il crut devoir, cependant, formuler une objection de principe. « Pour que je change mes ordres militaires, me dit cet excellent soldat, vous invoquez des raisons politiques. — Les armées, lui répondis-je, sont faites pour servir la politique des États. Personne, d'ailleurs, ne sait mieux que vous que la stratégie doit embrasser, non seulement les données de la technique militaire, mais aussi les éléments moraux. Or, pour le peuple et les soldats français, le sort de Strasbourg est d'une extrême importance morale. »

Sur ce point, M. Churchill opina dans le même sens. « Toute ma vie, observa-t-il, j'ai pu voir quelle place l'Alsace tient dans le sentiment des Français. Je crois donc, comme le général de Gaulle, que ce fait doit entrer dans le jeu. »

Avant d'en arriver à ce que je souhaitais, le général Eisenhower me demanda d'examiner ce que serait la situation de la Ire armée française si elle venait à opérer indépendamment des armées alliées. Il alla jusqu'à faire entendre que, dans ce cas, les Américains pourraient cesser de la ravitailler en carburants et en munitions. Je l'invitai, de mon côté, à bien peser qu'en laissant l'ennemi écraser isolément les troupes françaises, le Haut-Commandement provoquerait, dans l'équilibre des forces, une rupture peut-être irréparable et, qu'en privant les nôtres des moyens de combattre, lui-même s'exposerait à voir le peuple français lui retirer, dans sa fureur, l'utilisation des chemins de fer et des transmissions indispensables aux opérations. Plutôt que d'imaginer de pareilles perspectives, je croyais devoir faire confiance à la valeur stratégique du général Eisenhower et à son dévouement au service de la coalition, dont faisait partie la France.

Finalement, le Commandant en chef se rangea à ma manière de voir. Il le fit avec la franchise qui était l'un des meilleurs côtés de son sympathique caractère, téléphonant au général Devers que le mouvement de retraite devait être, à l'instant, suspendu et que de nouveaux ordres allaient lui parvenir. Ces ordres lui seraient portés, dans la journée du lendemain, par le général Bedell Smith. Je convins avec Eisenhower que Juin accompagnerait Bedell Smith, ce qui serait pour moi une garantie supplémentaire et, pour les exécutants, la preuve que l'accord était fait[20].

Tandis que nous prenions familièrement le thé après cette chaude discussion, Eisenhower me confia à quel point sa tâche était compliquée, au plus fort de la crise que traversaient les armées, par les exigences des divers gouvernements de la coalition, par les prétentions ombrageuses des différentes catégories de forces : armées, marines, aviations, appartenant à plusieurs pays, par les susceptibilités personnelles de ses principaux lieutenants. « En ce moment même, me dit-il, je rencontre maintes difficultés du côté de Montgomery, général de haute valeur, mais critique acerbe et subordonné méfiant. — La gloire se paie, répondis-je. Or vous allez être vainqueur. » Sur le seuil de l'hôtel Trianon, nous nous quittâmes bons amis.

La quinzaine qui suivit fut occupée par les péripéties d'une dure bataille pour Strasbourg. La Ire armée allemande développait son offensive en débouchant de la forêt d'Haguenau, afin d'atteindre Saverne, tandis que la XIXe armée franchissait le Rhin au nord et au sud de la capitale alsacienne. Dans la région d'Haguenau, les Américains pliaient sous le choc, mais arrêtaient finalement l'assaillant sur la Moder. Autour de Gambsheim la division Guillaume, vers Erstein la division Garbay et la brigade Malraux, devaient céder, elles aussi, du terrain avant de se rétablir. Mais Strasbourg restait entre nos mains. Vers le 20 janvier, l'ennemi paraissait être à bout d'élan et d'espoir. Il en était de même dans les Ardennes, où tout ce qu'il avait gagné lui avait été repris. Sur le front Est, les Russes entamaient leur offensive d'hiver. D'un bout à l'autre du territoire allemand, les bombardiers alliés précipitaient leur œuvre d'écrasement. Sur les mers, les dommages infligés aux convois alliés allaient en diminuant. Sans doute Hitler saurait-il prolonger de plusieurs mois encore la résistance d'un grand peuple et d'une grande armée. Mais l'arrêt du destin était, désormais, rendu et pourvu des sceaux nécessaires. C'est en Alsace que la France y avait apposé le sien.

Hier, l'échec devant Colmar avait ébranlé le moral de la Ire armée. Aujourd'hui, la satisfaction d'avoir sauvé Strasbourg ranimait la confiance de tous. Le général de Lattre, tout le premier, se sentait porté à l'optimisme et, par là, à l'offensive. Dès le milieu de janvier, il arrêtait ses dispositions pour reprendre l'effort contre la poche allemande d'Alsace[21].

Au même moment, le commandement allié envisageait d'entamer les opérations décisives au-delà du Rhin. Mais, avant de franchir le fleuve, il fallait l'avoir atteint. Or ce n'était fait nulle part, sauf dans le secteur français vers Strasbourg et vers Saint-Louis. Eisenhower prescrivait donc à Montgomery et à Bradley de se porter en avant pour s'emparer de toute la rive gauche sur la ligne : Wesel-Coblence-Mayence. Bien entendu, il approuvait le projet d'enlever également Colmar. Mais la zone de la Ire armée s'étendait, à présent, sur plus de deux cents kilomètres, soit le quart du front tenu au total par les Alliés. Pour que de Lattre fût, néanmoins, en mesure de conquérir son objectif, peut-être aussi pour effacer l'effet produit par la crise récente des relations, le Commandant en chef se décidait à renforcer la Ire armée. Celle-ci verrait lui arriver la division Leclerc, revenue des bords de la Sarre, plusieurs divisions américaines et un notable complément d'artillerie.

Tel était, cependant, l'acharnement de l'ennemi, qu'il faudrait à la Ire armée trois semaines de combats incessants pour venir à bout de sa tâche. À partir du 19 janvier, le 1er corps français progressait pas à pas contre le flanc sud de la poche. Le 4 février, il parvenait jusqu'à Rouffach, près de Colmar, ayant accroché par d'ingrates attaques une grande partie des unités allemandes. Sur le flanc nord, le 2e corps avait avancé, lui aussi. Mais, à la fin de janvier, il s'était resserré près du Rhin pour faire place sur sa droite au 21e corps américain. Car c'est au général Milburn, commandant cette grande unité, que le général de Lattre attribuait l'effort principal. Cette fois, il y aurait, au point et au moment voulus, une suffisante concentration de forces. Le 30 janvier, Milburn, disposant des 3e, 28e, 75e divisions d'infanterie américaines et de trois divisions blindées : 12e américaine, 2e et 5e françaises, et agissant dans un secteur étroit, perçait le front adverse au nord-est de Colmar. Le 2 février, il faisait libérer la ville par les chars du général de Vernejoul. Le 4, il atteignait Brisach. Pendant ce temps, les 1er et 2e corps français, appuyés par une artillerie bien pourvue de munitions et bien commandée par Chaillet, liquidaient les résistances ennemies partout ailleurs dans la plaine et la 10e division française nettoyait les pentes des Vosges. Le 9, nos troupes achevaient la conquête de la forêt de la Hardt et s'emparaient de Chalempé. De ce fait, sauf dans la région d'Haguenau et de Wissembourg, il ne restait plus, en fait d'Allemands en Alsace que les vingt-deux mille prisonniers qui venaient d'y être capturés.

Le 11 février, j'allai voir Mulhouse, puis je me rendis à Colmar. Comment décrire la joie et l'émotion où nous étions tous plongés, gouvernants, chefs, soldats, population ? Mais à l'élan patriotique se mêlait, ce jour-là, un autre élément d'enthousiasme : la fraternité d'armes entre Français et Américains. On sentait que celle-ci était portée au plus haut point par le succès remporté en commun dans le cadre de notre armée et justement sur ce terrain-là. Sous le silence immobile des régiments, je sentais vibrer l'amitié qui lie les deux peuples. Au centre de la place Rapp submergée de drapeaux tricolores et de bannières étoilées, devant le front de nos troupes et de celles de nos alliés rangées fièrement côte à côte, sous les vivats de la foule alsacienne, la plus sensible qui soit aux spectacles militaires et la plus apte à saisir le sens des événements, je décorai d'abord le général de Lattre, vainqueur de Colmar. Ce fut ensuite le tour des généraux Milburn, Leclerc et Dalquist. Dans la soirée, Strasbourg, à son tour, célébra en ma présence la libération de l'Alsace et chanta dans sa cathédrale le *Te Deum* entonné par Mgr Ruch. Le lendemain, à Saverne, les généraux Devers, Bradley et Patch recevaient de ma main les insignes des récompenses que je leur avais décernées.

Ainsi se trouvaient aplanies, pour un temps, les traverses qui avaient contrarié nos relations stratégiques avec les Américains. Mais on devait s'attendre à en rencontrer d'autres. Dans l'immédiat, une question capitale et épineuse allait se poser, celle de la participation française à la campagne en Allemagne. Je voulais, évidemment, que notre armée entrât en territoire ennemi, qu'elle y eût son secteur d'opérations, qu'elle y conquît villes, champs et trophées, qu'elle y reçût, avec ses alliés, la reddition des vaincus. Il y avait là, certainement, une condition dictée par le souci de notre prestige. Mais, aussi, c'était pour nous le seul moyen assuré d'être partie à la capitulation, à l'occupation et à l'administration du Reich. Dès lors que nous aurions en main une zone du sol germanique, ce qu'il adviendrait de l'Allemagne ne pourrait être décidé sans nous. Dans le cas contraire, notre droit à la victoire demeurerait à la discrétion des autres. Bref, j'entendais que nous passions le Rhin et portions le front français aussi avant que possible dans les États allemands du Sud.

Dans les premiers jours de mars, les groupes d'armées Montgomery et Bradley atteignaient le Rhin par endroits. Le moment de franchir l'obstacle se présenterait donc bientôt. On peut croire que j'étais attentif à ce qui allait suivre. Sachant que l'effort principal des Alliés viserait la Ruhr et serait mené en aval de Coblence, je pensais que le Commandant en chef ne se soucierait guère de lancer la Ire armée, isolément, en Forêt-Noire. Il me paraissait vraisemblable qu'il la laisserait au bord du Rhin, ce qui, pour les états-majors, pourrait sembler justifié. Mais, si nous nous en accommodions, il y aurait toutes chances pour que l'armée française ne jouât qu'un rôle passif dans la bataille finale. Ma politique ne pouvant pas souscrire à cette stratégie, mes résolutions étaient prises. Il fallait que nos troupes passent, elles aussi, le Rhin. Elles le feraient dans le cadre interallié si cela était possible. Si cela ne l'était pas, elles le feraient pour notre compte. De toute manière, elles devraient saisir, sur la rive droite, une zone française d'occupation.

Nous ne tardâmes pas à apprendre que les projets du Haut-Commandement justifiaient nos appréhensions. Sous le titre d'*Éclipse*, vraiment significatif pour ce qui nous concernait, le plan arrêté par Eisenhower pour les opérations du passage et celles de l'avance en Allemagne attribuait à la Ire armée française une mission strictement défensive. Tout au plus envisageait-on, dans l'hypothèse d'un effondrement total de la Wehrmacht, qu'un de nos corps pourrait gagner la rive droite derrière la VIIe armée américaine, afin de seconder celle-ci dans sa tâche d'occupation du Wurtemberg. Mais la traversée du Rhin par la Ire armée dans son secteur n'était prévue en aucun cas. Les rapports reçus du front nous signalaient, au surplus, que le commandement interallié avait prélevé, pour être utilisés ailleurs, les équipages de pont des divisions blindées françaises, ce qui revenait à priver les nôtres d'une grande partie de leurs moyens organiques de franchissement.

Le 4 mars, je reçus à Paris le général de Lattre et lui précisai les raisons d'ordre national pour lesquelles il était nécessaire que son armée fût portée au-delà du Rhin. Lui-même ne demandait que cela. Cependant, il observa, — avec raison, — que le secteur qu'il occupait le long du fleuve et que bordait, d'un bout à l'autre sur la rive droite, le massif montagneux et boisé de la Forêt-Noire, se prêtait mal à un passage de vive force. L'opération serait aléatoire en présence d'un ennemi qui occupait dans la vallée les ouvrages de la ligne Siegfried et qui, plus en arrière, était retranché dans des positions dominantes. D'autant plus que le commandement allié n'allouerait aux forces françaises qu'un minimum de munitions. En outre, quand bien même les nôtres auraient, néanmoins, réussi à franchir l'obstacle, ils devraient ensuite pénétrer dans une région des plus ardues, dressant en remparts successifs ses crêtes et ses forêts et se prêtant mal à la manœuvre et à l'exploitation.

« Par contre, m'exposait de Lattre, pour peu que le front français fût élargi vers le nord de manière à englober, sur le Rhin, Lauterbourg et Spire, des perspectives meilleures s'ouvriraient. En effet, dans cette région, mon armée trouverait une base avantageuse, la rive droite lui serait d'un accès relativement aisé et, le fleuve une fois franchi, mon aile gauche aurait devant elle la trouée de Pforzheim pour déboucher vers Stuttgart et tourner, par le nord et par l'est, la forteresse naturelle formée par la Forêt-Noire. » De Lattre, aiguisant à l'avance les arguments qu'il tirerait de l'amitié et de la tactique pour convaincre le commandement allié, me promit que, dans les jours prochains, il étendrait son secteur jusqu'à Spire.

Au reste, comme il arrive parfois dans les litiges entre alliés, l'ennemi lui-même allait nous faciliter les choses. Le 7 mars, les troupes du général Bradley avaient saisi, entre Coblence et Bonn, le pont de Remagen, par extraordinaire intact, et s'étaient aussitôt assurées d'un débouché sur la rive droite. Du coup, les Allemands n'opposaient plus sur la rive gauche, en aval de Coblence, qu'une résistance décousue et, dès le 12, les Alliés bordaient partout le Rhin au nord de la Moselle. Mais, au sud de cette rivière, il n'en était pas de même. Le vaste saillant de la Sarre restait aux mains des Allemands. Ceux-ci, couverts à leur droite par le cours de la Moselle, tenaient ferme, sur le front : Trèves-Sarrebruck-Lauterbourg, la position Siegfried plus profonde et mieux fortifiée dans ce secteur que dans aucun autre. Avant de pouvoir faire passer ses groupes d'armées sur la rive droite, le général Eisenhower devait d'abord liquider cette poche. Il y faudrait une rude bataille. Bien que la Ire armée française n'y fût pas invitée, puisque l'affaire se déroulerait en dehors de sa zone normale, elle trouverait moyen de s'en mêler tout de même et d'agir, le long du Rhin, à la droite des Américains. Par là même, elle allait conquérir sur la rive palatine du fleuve la base de départ voulue pour envahir Bade et le Wurtemberg.

Pourtant, d'après les ordres du commandement allié, l'attaque du saillant de la Sarre incombait exclusivement, d'une part à l'armée Patton formant la droite de Bradley, d'autre part à la gauche de Devers, c'est-à-dire à l'armée Patch. Mais, pour Patch, la tâche était particulièrement rude, car c'est lui qui abordait de front les ouvrages de la ligne Siegfried. Aussi de Lattre n'eut-il pas grand-peine à faire admettre par Devers que le concours des Français pourrait avoir sa valeur. Notre 2e corps d'armée prit donc sa part de l'offensive. Entre le 15 et le 24 mars, Monsabert, progressant le long du Rhin, pénétra en territoire allemand, força la ligne Siegfried au nord de Lauterbourg et atteignit Leimersheim. En même temps, nos alliés avaient poussé jusqu'à Worms et liquidé, sur la rive gauche, les dernières résistances allemandes.

Dès lors, pour que la Ire armée disposât en totalité de la zone de franchissement qu'elle voulait dans le Palatinat, il ne lui restait plus qu'à s'étendre jusqu'à Spire. Par plusieurs démarches insistantes je n'avais pas manqué de faire savoir au général Eisenhower quel prix mon gouvernement attachait à ce qu'il fût donné, sur ce point, satisfaction à l'armée française. D'ailleurs, le général Devers, bon allié et bon camarade, sympathisait avec les désirs du général de Lattre. Enfin, c'était à Worms que la VIIe armée américaine entreprenait la traversée ; Spire, pour cette opération, ne pouvait lui servir à rien. Pourquoi ne laisserait-on pas les Français venir dans la ville ? Le 28 mars, la question fut réglée ; Spire et ses abords étant incorporés au secteur de la Ire armée. Ainsi, la base de départ était acquise dans toute son étendue. Il ne restait à faire, en somme, que l'essentiel, c'est-à-dire à passer le Rhin.

J'étais impatient que ce fût accompli. Car Anglais et Américains s'élançaient déjà sur la rive droite. C'était une opération grandiose. Depuis le 21 mars, l'aviation alliée écrasait les communications, les parcs, les terrains de l'ennemi dans toute l'Allemagne occidentale. Elle le faisait d'autant plus sûrement que les chasseurs, disposant maintenant de nombreuses bases avancées dans le nord et l'est de la France, étaient en mesure d'accompagner constamment les bombardiers. Les sorties avaient donc lieu de jour sans rencontrer dans le ciel aucune opposition d'ensemble. Le 23, sous une colossale protection aérienne, Montgomery franchissait le Rhin en aval de Wesel. Au cours des journées suivantes, Bradley se portait en avant par les ponts de Remagen et d'autres construits plus au sud. Le 26 mars, la VIIe armée américaine prenait pied aux abords de Mannheim.

J'avais hâte que les nôtres fussent, eux aussi, de l'autre côté, non seulement par esprit d'émulation nationale, mais aussi parce que je tenais, pour des raisons supérieures, à ce que de Lattre eût le temps de pousser jusqu'à Stuttgart, avant que Patch, son voisin, y fût lui-même parvenu. Un télégramme personnel que j'adressai, le 29, au commandant de la Ire armée le pressait de faire diligence : « Mon cher général, écrivais-je, il faut que vous passiez le Rhin, même si les Américains ne s'y prêtent pas et dussiez-vous le passer sur des barques. Il y a là une question du plus haut intérêt national. Karlsruhe et Stuttgart vous attendent, si même ils ne vous désirent pas[22]... »

De Lattre me répondit, sur-le-champ, que j'allais être satisfait. En effet, le 30 mars au soir, des éléments du 2ᵉ corps commençaient la traversée : 3ᵉ division nord-africaine à Spire, où elle venait tout juste d'arriver ; 2ᵉ division marocaine à Germersheim, où elle n'était que depuis la veille. À Leimersheim, le 1ᵉʳ avril, — jour de Pâques, — la 9ᵉ division coloniale entreprenait à son tour le passage. Pourtant, l'appui aérien fourni à nos unités se réduisait à peu de chose. En outre, elles ne disposaient que d'un nombre très réduit d'engins spéciaux de franchissement. Mais, à force d'ingéniosité, quelques bateaux suffirent à transporter les avant-gardes. Quant aux ponts, le général Dromard, commandant le génie de l'armée, les avait, de longtemps, préparés. Prévoyant qu'il aurait un jour à les établir et qu'il ne pourrait alors compter que sur lui-même, il avait d'avance collecté sur notre territoire le matériel nécessaire. À Spire, dès le 2 avril, était en service un pont français de dix tonnes. À Germersheim, peu après, s'en ouvrait un de cinquante. Le 4, 130 000 Français avec 20 000 véhicules se trouvaient déjà sur la rive droite. Le même jour, Karlsruhe était pris. Le 7 avril, entouré par Diethelm, de Lattre, Juin et Dromard, j'eus la fierté de traverser le Rhin. Après quoi, je rendis visite à la capitale badoise, effroyablement ravagée.

L'irruption au cœur de l'Allemagne de quatre-vingts divisions américaines, britanniques, françaises, canadiennes, polonaises, appuyées par 12 000 avions, ravitaillées par des convois totalisant 25 millions de tonnes et naviguant sur des mers que dominaient 1 000 bâtiments de combat, ne pouvait plus laisser au maître du Reich la moindre illusion d'éviter la catastrophe. D'autant qu'au début d'avril, les Russes, eux aussi, progressaient sans rémission, franchissant l'Oder d'un bout à l'autre, menaçant déjà Berlin et tout près d'atteindre Vienne. Prolonger les hostilités, c'était, pour Hitler, accroître les pertes, les ruines, les souffrances du peuple allemand sans autre contrepartie que de satisfaire, durant quelques semaines encore, un orgueil désespéré. Cependant, le Führer continuait d'exiger des siens la résistance à outrance. Il faut dire qu'il l'obtenait. Sur les champs de bataille du Rhin, de l'Oder, du Danube, du Pô, les débris des armées allemandes, mal pourvues, disparates, incorporant en hâte auprès des derniers vétérans des hommes à peine instruits, des enfants, jusqu'à des infirmes, menaient toujours énergiquement, sous un ciel peuplé d'avions ennemis, un combat qui n'avait plus d'issue hormis la mort ou la captivité. À l'intérieur, dans les villes écrasées et les villages étreints par l'angoisse, la population poursuivait avec une complète discipline un labeur qui, désormais, ne changerait plus rien au destin.

Mais, sans doute, le Führer voulait-il que son œuvre, puisqu'elle était condamnée, s'écroulât dans une apocalypse. Quand il m'arrivait, ces jours-là, d'écouter la radio allemande, j'étais saisi par le caractère de frénésie que revêtaient ses émissions. Une musique héroïque et funèbre, des déclarations insensées de combattants et de travailleurs, les allocutions délirantes de Goebbels proclamant jusqu'à l'extrémité[d] que l'Allemagne allait triompher, tout cela enveloppait d'une sorte de fantasmagorie le désastre germanique. Je crus devoir fixer, pour l'Histoire, les sentiments qu'en éprouvait la France. Par la voie des ondes, je déclarai, le 25 avril : « Les philosophes et les historiens discuteront plus tard des motifs de cet acharnement, qui mène à la ruine complète un grand peuple, coupable, certes, et dont la justice exige qu'il soit châtié, mais dont la raison supérieure de l'Europe déplorerait qu'il fût détruit. Quant à nous, pour le moment, nous n'avons rien de mieux à faire que de redoubler nos efforts, côte à côte avec nos alliés, pour en finir le plus tôt et le plus complètement possible[23]. »

On pouvait, d'ailleurs, se demander si les dirigeants nazis ne tenteraient pas de prolonger la lutte dans le réduit naturel que leur offrait le massif des Alpes bavaroises et autrichiennes. Des renseignements donnaient à croire qu'ils y avaient mis à l'abri de vastes approvisionnements. Certains mouvements signalés de lamentables colonnes semblaient indiquer qu'ils concentraient à l'intérieur de cette forteresse la masse des prisonniers, des déportés, des requis qui leur faisaient autant d'otages. Il n'était pas inconcevable que le Führer voulût tenter là une suprême manœuvre stratégique et politique.

Dans ces montagnes, une bataille défensive menée sous son commandement par toutes les forces qui lui restaient ne pourrait-elle durer longtemps ? Les Alliés de l'Est et de l'Ouest ne devraient-ils pas, dans ce cas, opérer, non plus sur deux fronts, mais côte à côte, sur le même terrain, en s'infligeant réciproquement toutes les frictions inhérentes à ce voisinage ? Si les combats traînaient en longueur, le comportement des Soviétiques dans les États de la Vistule, de l'Elbe et du Danube, celui des Américains aux Indes, en

Indochine, en Indonésie, celui des Britanniques en Orient, ne susciteraient-ils pas maintes divisions entre coalisés ? Du retard causé au ravitaillement de la France, des Pays-Bas, de l'Italie par le prolongement de la guerre, de la misère qui étreindrait les populations germaniques, tchèques, balkaniques, n'allait-il pas sortir des secousses sociales qui jetteraient, peut-être, tout l'Occident dans la révolution ? Le chaos universel serait, alors, la dernière chance ou, tout au moins, la vengeance d'Hitler.

Pendant que la Ire armée progressait en Allemagne aux côtés de nos alliés, d'autres forces françaises exécutaient sur la côte Atlantique des opérations autonomes. Il s'agissait d'en finir avec les enclaves où l'ennemi s'était retranché. Depuis des mois, je le souhaitais. À présent, j'en avais hâte ; les jours de guerre étant comptés.

L'esprit de facilité pouvait, sans doute, nous conseiller de rester passifs sur ce front ; car les fruits y tomberaient tout seuls dès que le Reich aurait capitulé. Mais, à la guerre, la pratique du moindre effort risque toujours de coûter cher. Là comme partout, il fallait frapper. Les coups que nous infligerions aux Allemands sur ce théâtre auraient leur répercussion sur la situation générale. D'autre part, à supposer qu'Hitler continuât la lutte dans les montagnes de Bavière et d'Autriche, notre armée devrait y combattre en employant tous ses moyens. Il faudrait avoir, auparavant, liquidé les poches malencontreuses. De toute façon, je n'admettais pas que des unités allemandes puissent, jusqu'à la fin, rester intactes sur le sol français et nous narguer derrière leurs remparts.

Mon sentiment était partagé par les troupes du détachement d'armée de l'Atlantique. Ces soixante-dix mille anciens maquisards, tout comme les régiments d'Algérie, des Antilles, d'Afrique noire, de Somalie, qui étaient venus les étayer, espéraient de toute leur âme ne devoir point poser les armes avant d'avoir remporté quelque succès signalé. Leur chef, le général de Larminat, y tenait plus que personne. Depuis le 14 octobre[24], où je l'avais appelé au commandement des forces de l'Ouest, il s'était voué à organiser, instruire et équiper la foule militaire ardente, mais confuse et dépourvue, dont il devait faire une armée. Il y avait réussi dans toute la mesure où cela était possible. Sachant ce qu'il voulait et le voulant bien, rompu au métier mais plein d'idées et de sentiment, chef autoritaire mais humain et généreux, subordonné incommode mais inébranlablement fidèle, il s'était fait, de toutes sortes de pièces et de morceaux, trois divisions, des réserves, une artillerie, une aviation, des services, aptes à livrer bataille et qui allaient le prouver.

Cependant, quoi qu'il ait pu faire, cet ensemble ne suffirait pas à enlever les ouvrages, bétons et cuirassements où s'accrochaient les Allemands. Il lui fallait, au moins, le renfort d'une division complètement équipée et qui ne pouvait être prélevée que sur notre armée du Rhin. Dès octobre, j'avais désigné la 1re division « française libre » pour être envoyée au plus tôt sur l'Atlantique par le commandement interallié. Celui-ci s'y était résolu, mais après des tergiversations qui avaient retardé le mouvement jusqu'en décembre, c'est-à-dire trop tard ou trop tôt pour que l'occasion fût bonne. À peine la division Garbay arrivait-elle sur la Gironde qu'on avait dû, en effet, la rappeler vers l'Est en raison de l'offensive allemande dans les Ardennes et en Alsace. La crise passée, cette grande unité était partie pour les Alpes mener certaines opérations qui me tenaient également à cœur. En fin de compte, je choisis la 2e division blindée pour prendre part à l'offensive préparée sur l'Océan[25]. Le Grand Quartier n'y fit pas d'objection. Il voulut même fournir à notre détachement d'armée de l'Ouest le concours d'une brigade d'artillerie américaine. Dans les premiers jours d'avril, les forces destinées à l'attaque se trouvaient toutes à pied d'œuvre.

Le général de Larminat avait pris pour premier objectif les positions ennemies à l'embouchure de la Gironde. Sur la rive droite Royan et ses abords, sur la rive gauche la pointe de Grave, au large l'île d'Oléron, formaient ensemble un système puissant et solidement tenu. Il est vrai que, trois mois auparavant, les bombardiers américains étaient venus, de leur propre chef, jeter en une nuit force bombes sur le terrain. Mais cette opération hâtive, tout en démolissant les maisons de Royan, avait laissé presque intacts les ouvrages militaires. Au moment d'en découdre, 15 000 Allemands, commandés par l'amiral Michahelles, occupaient les organisations avec l'appui de 200 canons. Si l'attaque réussissait, Larminat porterait l'effort sur La Rochelle, tandis qu'on entreprendrait d'ouvrir le port de Bordeaux.

Le 14 avril, nos troupes partent à l'assaut, appuyées du sol par les 300 pièces de Jacobson, du ciel par les 100 avions de Corniglion-Molinier, du large par les navires de Rüe. Le général d'Anselme a le commandement de l'attaque. Il dispose de sa division, la 23ᵉ, d'une grande partie de la 2ᵉ division blindée et d'éléments de renforcement. Depuis le haut jusqu'en bas, les nôtres mènent l'affaire habilement et gaillardement. Le 18, après de durs combats, le grand centre de résistance installé par l'ennemi entre la Seudre et la Gironde est tout entier en notre possession, y compris le réduit de la Coubre. Pendant ce temps, sur l'autre rive, les troupes de Milleret se heurtent, vers la pointe de Grave, à une défense acharnée. Mais, le 20 avril, elles viennent à bout des derniers îlots. Aussitôt, est préparé le débarquement à Oléron et, le 30, le groupement du général Marchand, soutenu par l'escadre, prend pied dans l'île. Dès le lendemain, tout est terminé, non sans que l'adversaire ait lutté jusqu'au bout avec une extrême énergie. Au total, des milliers d'Allemands sont tués. Douze mille sont prisonniers, parmi lesquels l'amiral Michahelles. L'opération de la Gironde est une réussite française. Je ne manque pas de venir la consacrer à ce titre, en visitant, le 21 avril, Royan et la pointe de Grave au milieu des vainqueurs rayonnants.

Cependant, Larminat ne s'endort pas sur ses lauriers. Il va frapper la poche de La Rochelle, qui forme, avec l'île de Ré, un vaste ensemble défensif. Dans les derniers jours d'avril, d'Anselme met en place les troupes d'attaque. Le 30, l'assaut est donné. En trois jours les nôtres enlèvent la ligne de crêtes : pointe du Rocher, Thairé, Aigrefeuille, et refoulent la garnison allemande jusqu'aux abords de la ville. L'amiral Schirlitz entame alors les pourparlers pour la reddition de ses 18 000 hommes. J'irai, peu après, féliciter les vainqueurs, saluer la population en fête et inspecter le port que les Allemands ont laissé intact.

Une fois la Charente libérée, les dispositions sont prises pour enlever les zones fortifiées de Saint-Nazaire et de Lorient. Mais la capitulation du Reich survient avant l'opération. Le général Fahrenbacher met bas les armes. Devant les divisions Borgnis-Desbordes et Chomel, qui, depuis des mois, assiègent les deux places avec la 8ᵉ division américaine maintenue en Bretagne depuis la chute de Brest, défilent de longs cortèges de prisonniers. En fin de compte, des 90 000 Allemands qui garnissaient les poches de l'Ouest, 5 000 sont morts, les autres se trouvent en captivité française. Ce chapitre de la grande bataille se termine comme il convient.

Il en est de même et en même temps pour celui qui s'écrit

dans les Alpes. Là aussi, je tiens beaucoup à ce que les hostilités ne finissent pas sur une cote mal taillée. Nous devons, avant que le feu cesse, laver sur ce terrain les outrages naguère subis, reprendre en combattant les lambeaux de notre territoire que l'ennemi y tient encore, conquérir les enclaves qui appartiennent à l'Italie, aux cols du Petit-Saint-Bernard, de l'Iseran, du mont Cenis, du mont Genèvre, ainsi que les cantons de Tende et de La Brigue artificiellement détachés de la Savoie[26] en 1860. Ensuite, nos Alpins se trouveront disponibles. S'il doit alors arriver qu'Hitler prolonge la lutte dans son « réduit national », ils iront apporter à la Ire armée un renfort très qualifié.

Au mois de mars, il y a dans les Alpes la 27e division, grande unité nombreuse, remplie d'ardeur, dont les maquisards montagnards, notamment les survivants des Glières et du Vercors, ont formé le noyau, mais qui n'a reçu qu'un armement de fortune. Sous les ordres du général Molle, cette division tient le contact de l'ennemi aux abords des cols, depuis le lac Léman jusqu'au mont Thabor. Plus au sud, une brigade incomplètement équipée barre les hautes vallées de la Durance et de l'Ubaye. La région de Nice est tenue par une brigade américaine. Mais celle-ci, appelée sur le Rhin, est en train de plier bagage.

Il faut aux nôtres, pour prendre l'offensive, un commandement et des renforts. Le 1er mars, je crée le détachement d'armée des Alpes et place à sa tête le général Doyen[27]. Celui-ci, alpin confirmé, va conduire la bataille parfaitement bien. Outre les éléments déjà sur place, je mets sous ses ordres la 1re division « française libre », que j'ai reprise à ma disposition après l'affaire de Colmar. J'y ajoute deux régiments d'Afrique, malheureusement assez dépourvus, des compléments d'artillerie, du génie, des services. D'accord avec Eisenhower, le détachement d'armée Doyen est, comme celui de Larminat, théoriquement rattaché au groupe d'armées Devers. Mais celui-ci, qui est engagé sur un tout autre théâtre, se soucie peu de leurs opérations. Il leur procure, toutefois, un minimum d'obus et d'essence.

À la fin de mars, commencent les attaques. Le général Doyen a devant lui quatre divisions. La 5e de montagne tient le Petit-Saint-Bernard, l'Iseran et le mont Cenis ; la 34e occupe, au-dessus de Nice, le massif fortifié de l'Aution et barre, sur la côte, la route de la Corniche ; ces deux-là sont allemandes. Deux divisions fascistes italiennes[28], Monte

Rosa et Littorio, garnissent les intervalles. Doyen veut, d'abord, accrocher, là où elle est, la 5ᵉ division allemande qui comprend les meilleures troupes ennemies, puis enlever l'Aution de vive force. Après quoi, mettant à profit l'avance des armées d'Alexander, qui doivent, de leur côté, prendre l'offensive en Lombardie, il compte déboucher en territoire italien.

À plus de deux mille mètres d'altitude, dans la neige et le froid où est encore plongée la montagne, la division du général Molle donne l'assaut aux organisations du Petit-Saint-Bernard et du mont Cenis. Plusieurs ouvrages sont pris ; d'autres, non. Mais les garnisons allemandes, absorbées et décimées, ne pourront pas aller au secours des défenseurs de l'Aution. Ce massif, c'est la 1ʳᵉ division « française libre » qui a mission de l'enlever. La tâche est rude, ingrate aussi, car il est pénible aux officiers et aux soldats de cette exemplaire division de laisser à d'autres les lauriers qui jonchent le sol de l'Allemagne et de finir, dans un secteur isolé, l'épopée qu'ils ont vécue depuis les jours les plus sombres sur les champs les plus éclatants.

Le 8 avril, quittant le Rhin, je gagne les Alpes. Ayant reçu à Grenoble le rapport du général Doyen, puis passé en revue à Saint-Pierre-d'Albigny une partie des troupes de Molle, j'arrive à Menton au milieu de celles de Garbay. À ces compagnons, qui furent les premiers à répondre à mon appel et qui, depuis, ont sans répit prodigué leur dévouement, je tiens à dire moi-même l'importance que revêt pour la France l'ultime effort qui leur est demandé. Puis, voulant donner à l'opération une résonance nationale, je vais à Nice le 9 et, du balcon de l'hôtel de ville, annonce à la foule « que nos armes vont franchir nos Alpes ». La voix du peuple acclame cette décision. Le 10 avril, nos troupes montent à l'assaut de l'Aution.

Pendant sept jours, elles s'y battent, gravissent les escarpements, s'emparent des forts : La Forclaz, Mille Fourches, Sept Communes, Plan Caval, qui commandent la montagne, nettoient les pentes au-dessus de la Roya. Les cols de Larche et de la Lombarde sont, eux aussi, enlevés de haute lutte. Les Français entrent à Tende et à La Brigue. Les habitants exultent de joie. Peu après, un vote autant vaut dire unanime consacrera leur appartenance à la France. Le 28 avril, le détachement d'armée des Alpes prononce une avance générale. Tandis que sa gauche débouche vers Cuneo et parcourt le

Val d'Aoste tout pavoisé de bleu-blanc-rouge, son centre descend du mont Cenis et du mont Genèvre, sa droite pousse par la Stura et au long de la Corniche. Le 2 mai, jour où les forces allemandes et fascistes d'Italie mettent bas les armes, nos soldats atteignent les abords de Turin, à Ivrea, Lanzo, Bussoleno, touchent Cuneo, occupent Imperia. Ainsi est-il établi que les combats dans les Alpes, commencés en 1940, poursuivis ensuite par la Résistance, repris enfin par l'armée ressuscitée, finissent par notre victoire.

Il en est de la guerre comme de ces pièces de théâtre où, à l'approche du dénouement, tous les acteurs viennent sur la scène. Tandis que les forces françaises sont engagées à fond dans les Alpes et sur l'Atlantique, comme sur le Rhin et le Danube, le combat s'allume en Indochine. Le 9 mars, les troupes japonaises, qui occupent le Tonkin, l'Annam et la Cochinchine, se ruent sur nos garnisons.

Cette échéance était inévitable. Les Nippons, refoulés des Philippines et de l'Indonésie, vivement pressés en Birmanie, impuissants à réduire la Chine, hors d'état de maintenir leurs communications sur mer, ne pouvaient plus tolérer la présence, au milieu de leur dispositif, d'une force étrangère qui menaçait de devenir hostile. En dépit de l'accord conclu entre Tokyo et Vichy pour « la défense commune de l'Indochine », le Japon ne doutait pas que, si les Alliés en venaient à aborder le territoire de l'Union[29], les Français se joindraient à eux. D'ailleurs, Vichy avait disparu. De Gaulle gouvernait à Paris. À la première occasion, il donnerait l'ordre d'attaquer l'envahisseur nippon. Bien que le ralliement de l'Indochine au gouvernement de la République n'eût pas eu lieu officiellement et, qu'à Saïgon, la « collaboration » fût maintenue en apparence, les Japonais ne pouvaient plus se fier à ces fictions. On devait être assuré que, d'un jour à l'autre, ils procéderaient à la liquidation de l'administration et de la force françaises et qu'ils le feraient de la façon la plus soudaine et la plus brutale.

Pour pénible que dût être localement cet aboutissement, je dois dire que, du point de vue de l'intérêt national, j'envisageais volontiers qu'on en vînt aux mains en Indochine. Mesurant l'ébranlement infligé au prestige de la France par la politique de Vichy, sachant quel était dans l'Union l'état d'esprit des populations, prévoyant le déferlement des passions nationalistes en Asie et en Australasie, connaissant la malveillance des Alliés, surtout des Américains, à l'égard de notre position en Extrême-Orient, je tenais pour essentiel que le conflit ne s'y achevât pas sans que nous fussions, là aussi, devenus des belligérants. Faute de quoi, toutes les politiques, toutes les armées, toutes les opinions, se trouveraient résolument d'accord pour exiger notre abdication. Au contraire, si nous prenions part à la lutte, — fût-elle près de son terme, — le sang français versé sur le sol de l'Indochine nous serait un titre imposant. L'agression finale des Japonais ne faisant pas, pour moi, le moindre doute, je voulais donc que nos troupes se battent, en dépit de ce que leur situation aurait de désespéré.

Pour diriger cette résistance, le gouvernement ne pouvait, évidemment, s'en remettre à l'amiral Decoux. Sans doute, le gouverneur général faisait-il secrètement acte d'obéissance depuis l'effondrement de Vichy. Sans doute, ses ordres, ses propos, le ton de sa radio, ne ressemblaient-ils en rien à ce qu'ils étaient naguère. Mais il avait, durant quatre années, si obstinément vilipendé la France Combattante qu'il se trouvait trop compromis pour opérer le retournement. Au surplus, l'amiral, ne pouvant dépouiller entièrement le vieil homme, se refusait à croire à une agression japonaise. J'avais donc, dès 1943, confié au général Mordant, commandant supérieur des troupes, la tâche de diriger éventuellement l'action[30]. L'amiral Decoux en avait, d'ailleurs, reçu notification. Des télégrammes discrets, ainsi que les instructions que le gouverneur de Langlade[31], parachuté deux fois en Indochine, lui avait portées de ma part, lui faisaient savoir ce qui était attendu de lui.

Afin de ne pas provoquer trop tôt l'attaque des Japonais, Decoux devait rester apparemment en fonctions. Mais Mordant deviendrait détenteur de l'autorité dès l'instant où le combat serait engagé. Quoique Vichy l'eût, au printemps de 1944, remplacé comme commandant des troupes par le général Aymé, ce qui compliquait nos affaires, j'avais laissé à Mordant sa lettre de service de délégué général. Aymé, d'ailleurs, était dans les mêmes dispositions que lui. En outre, à Calcutta, le général Blaizot et le personnel de nos services spéciaux, que les Anglais consentaient à laisser venir aux Indes, avaient pu faire organiser en réseaux clandestins d'action et de renseignement les multiples dévouements qui s'offraient en Indochine. Depuis des mois, c'étaient nos réseaux qui éclairaient les actions aériennes menées par les Américains depuis le territoire chinois et par les Britanniques à partir de la Birmanie contre les installations, les navires, les avions japonais.

Les troupes françaises d'Indochine comptaient une cinquantaine de mille hommes, dont douze mille Européens. Numériquement, cette force était faible. Mais elle l'était, en réalité, beaucoup plus que ne l'indiquaient les chiffres. Car les effectifs autochtones, souvent capables de tenir des postes dans la mesure où leur loyalisme demeurait assuré, ne pouvaient généralement être employés en campagne. Quant aux éléments français, n'ayant été depuis six ans l'objet d'aucune relève, ils se trouvaient plus ou moins diminués physiquement sous ce déprimant climat. Surtout, les nôtres ne disposaient que d'un armement et d'un équipement usés et périmés et manquaient presque totalement d'avions, de blindés, de camions. Enfin, ils se trouvaient répartis sur un territoire immense, sans pouvoir modifier leur dispositif, guettés, comme ils l'étaient, par un ennemi prêt à les assaillir.

La directive que j'avais donnée au général Mordant, quant à la conduite à tenir en cas d'attaque, tendait à faire durer le plus longtemps possible en territoire indochinois la résistance des troupes françaises. Celles, peu nombreuses, qui tenaient garnison en Annam, au Cambodge, en Cochinchine, se trouvaient trop isolées pour pouvoir agir en campagne. Elles devraient donc défendre leurs postes tant qu'elles en auraient les moyens, puis tâcher de gagner par petits groupes des régions d'accès difficile pour y former des maquis. Mais la force principale, stationnée au Tonkin, recevait la mission de manœuvrer en retraite vers la frontière chinoise, suivant la direction Hanoi-Lai Chau, en prolongeant le combat autant qu'elle le pourrait. À mesure de ses opérations, peut-être serait-elle secourue, ou tout au moins ravitaillée, par l'aviation américaine déployée en territoire chinois auprès des troupes de Chang Kaï-chek. Sur la base de ces instructions, le général Mordant avait précisé aux commandements subordonnés les consignes éventuelles d'alerte et d'opérations. Le 21 février, je lui renouvelai par télégramme mes directives et mes avertissements[32].

On en était là quand, le 9 mars au soir, les Japonais sommèrent l'amiral Decoux à Saïgon et le général Aymé à Hanoi de se soumettre entièrement à eux et de placer les forces françaises sous leur contrôle immédiat, en attendant qu'elles fussent désarmées. Sur le refus que leur opposèrent le haut-commissaire et le commandant supérieur, ils les arrêtèrent aussitôt et passèrent immédiatement, partout, à l'attaque de nos garnisons[33].

Il se trouva, par malheur, que le général Mordant fut presque aussitôt découvert et fait prisonnier. Cette décapitation de la résistance compromettait beaucoup sa mise en œuvre. Cependant, presque partout, nos officiers et nos soldats, sachant qu'ils livraient un combat sans espoir, abandonnés en certains cas par les auxiliaires autochtones ou amenés à les démobiliser, firent courageusement leur devoir. En particulier, la citadelle d'Hanoï, celle d'Haiphong, la garnison de Hué, les postes de Langson, de Hagiang, de Lao Kay, de Taht-Khé, se défendirent avec énergie. À Monkay, les assauts livrés par les Japonais à grands coups de pertes humaines furent repoussés pendant quinze jours. Vinh se battit jusqu'au 24 mars. Dans la région de Bassac, la résistance ne cessa que le 1er avril. Des colonnes, formées en divers points du Haut-Tonkin, gagnèrent le territoire chinois. Quelques petits bâtiments de la marine et des douanes purent également s'échapper. Mais, surtout, un important groupement, constitué à l'avance dans la région de Sôn Tay sous les ordres du général Alessandri, avec, pour noyau, la Légion, remplit vaillamment sa mission. Ces quelques milliers d'hommes, manœuvrant et combattant d'abord entre le fleuve Rouge et la rivière Noire, puis à l'ouest de celle-ci, tinrent tête aux Japonais pendant cinquante-sept jours avant de se joindre, avec leurs pauvres armes, aux forces alliées en Chine[34].

À l'occasion de ces opérations, le parti pris des Américains apparut en pleine lumière. Malgré les incessantes démarches du gouvernement français, Washington s'était toujours opposé, sous de multiples prétextes, au transport vers l'Extrême-Orient des troupes que nous tenions prêtes en Afrique et à Madagascar. Les combats engagés en Indochine n'amenèrent aucun changement dans l'attitude des États-Unis. Pourtant, la présence en Birmanie d'un corps expéditionnaire français aurait, à coup sûr, encouragé la résistance indochinoise et l'envoi à nos colonnes du Tonkin et du Laos de détachements aéroportés leur eût été d'un grand secours. Mais même l'aviation américaine basée en Chine, à portée immédiate du groupement Alessandri, ne lui prêta pas assistance. Le général Sabattier, nommé délégué général après la disparition de Mordant et qui avait pu se dégager d'Hanoï, atteindre Lai Chau et prendre contact avec le commandement américain en Chine, se vit refuser tout appui. Pour moi, qui de longue date discernais les données du jeu, je n'éprouvais aucune surprise à découvrir l'intention des autres. Mais j'en étais d'autant plus résolu à ramener la France en Indochine, quand, la victoire une fois remportée, nous nous trouverions avoir les mains libres vis-à-vis des Alliés.

À cette victoire, en tout cas, il était acquis, désormais, que les forces françaises d'Indochine auraient, elles aussi, contribué. Deux cents officiers, quatre mille hommes de troupe avaient été tués à l'ennemi. Au mois de mai, six mille soldats, la plupart Européens, se regroupaient au Yunnan. Les combats, succédant soudain à une période prolongée de doutes, de chagrins, d'humiliations, s'étaient déroulés dans les plus amères conditions : surprise, isolement, manque de moyens, impression que Dieu est trop haut et que la France est trop loin. Mais les efforts et les sacrifices n'en furent que plus méritoires. Dans le capital moral d'un peuple, rien ne se perd des peines de ses soldats.

Quelque attention que je porte au développement des affaires sur l'Atlantique, dans les Alpes et en Indochine, c'est ce qui se passe en Allemagne qui me hante par-dessus tout. Là, en effet, se fixe le destin. Et puis, les opérations des diverses armées alliées sur le sol germanique, leurs objectifs, leurs directions, les limites de leurs secteurs, créent à mesure des faits accomplis qui vont pratiquement influer sur ce qui suivra l'armistice. Il m'appartient de faire en sorte que la part de l'armée française, la dimension relative de ses succès, l'étendue du territoire qu'elle aura pu conquérir, soient assez larges pour que la France s'affirme dans les débats et les décisions qui suivront les hostilités. Afin que nul n'en ignore, je le proclame, le 2 avril, à l'occasion d'une cérémonie organisée à Paris sur la place de la Concorde et au cours de laquelle les colonels des régiments nouveaux ou reconstitués reçoivent, de mes mains, leur drapeau ou leur étendard[35].

Or, dans l'esprit du commandement allié, évidemment orienté par Washington, ce sont les forces américaines qui doivent prendre à leur compte l'action presque tout entière dans cette dernière phase de la lutte. Les ordres du Grand Quartier confient aux seuls Américains la tâche de s'emparer de la Ruhr, région essentielle entre toutes, puis de pousser, d'une part vers l'Elbe, d'autre part vers le Danube, pour submerger le corps de l'Allemagne, enfin de prendre contact, du côté de Berlin, de Prague et de Vienne, avec les troupes soviétiques. On laissera les Britanniques se consacrer à la côte de la mer du Nord. Quant aux Français, on a d'abord essayé de les fixer sur la rive gauche du Rhin. Comme ils ont, pourtant, trouvé moyen de passer le fleuve, on tâchera d'obtenir qu'ils s'en éloignent le moins possible. Il va de soi qu'au moment même où les perspectives s'élargissent nous n'allons pas nous prêter à un pareil amenuisement.

Tandis que le groupe d'armées du général Bradley encercle dans le bassin de la Ruhr les forces allemandes du maréchal Model et les fait capituler, puis franchit la Weser, au cœur du Reich, celui du général Devers avance au sud du Main. Mais Devers, au lieu de marcher lui aussi vers l'est, tend continuellement à se rabattre vers le sud. Si les Français laissent faire, cet infléchissement aura pour conséquence de resserrer l'armée Patch sur l'armée de Lattre, de bloquer celle-ci au plus près du Rhin, de limiter à quelques lambeaux du pays de Bade le territoire allemand occupé par nous. En l'occurrence, les opérations ont une incidence directe sur le domaine politique. Aussi n'ai-je pas manqué de préciser à de Lattre, avant même que ses troupes aient entamé le passage du Rhin, quel intérêt national aurait à servir l'action de son armée. Nous avons convenu, qu'en tout état de cause, la Ire armée devrait s'emparer de Stuttgart[36]. La capitale du Wurtemberg sera, en effet, pour nos troupes la porte ouverte vers le Danube, la Bavière, l'Autriche. Sa possession nous assurera, en outre, un gage important pour soutenir nos desseins quant à la zone d'occupation française.

Mais il faut compter avec l'ennemi. Sa XIXe armée fait tête avec énergie dans le massif de la Forêt-Noire. C'est donc dans cette âpre région, non vers Stuttgart, que se porte l'effort de l'armée française au cours de la première quinzaine d'avril. Sans doute le 2e corps a-t-il traversé le Rhin à partir du Palatinat, pris Karlsruhe et, le 7 avril, enlevé Pforzheim. Mais, avant de franchir le Neckar et de courir vers le Danube, de Lattre croit devoir réunir son armée dans la Forêt-Noire et purger d'Allemands cette forteresse naturelle. Il dirige donc Monsabert vers le sud, pour pénétrer au cœur du massif et ouvrir à Béthouart le passage du Rhin à Strasbourg. Ainsi sont pris Rastatt, Baden-Baden, Kehl, Freudenstadt. Ainsi se trouve refoulée dans les hauteurs boisées du Schwarzwald[37] la XIXe armée allemande. Mais la capitale wurtembergeoise demeure aux mains de l'ennemi et à portée de celles des Alliés. Il est grand temps de nous en saisir. Sans interférer dans les dispositions du commandant de la Ire armée, je lui fais savoir à nouveau, le 15 avril, que le gouvernement attend de lui qu'il prenne Stuttgart.

Précisément, le lendemain, le général Devers adresse à son groupe d'armées une « instruction » en sens opposé. D'après cette directive, c'est la VIIe armée américaine, jusqu'alors engagée plus au nord, qui doit s'emparer de Stuttgart et, remontant ensuite le Neckar, atteindre la frontière suisse près de Schaffhouse. Les Français seront confinés au nettoyage de la Forêt-Noire et coupés de toutes les routes qui pourraient les mener plus à l'est. « Je dois, écrit Devers à de Lattre, vous mettre en garde contre une avance prématurée de la Ire armée française. »

Le général de Lattre discerne qu'il est urgent de changer de direction. Il le prescrit au 2e corps. Monsabert lance donc sur Stuttgart et sur Ulm, depuis Pforzheim et Freudenstadt, la 3e division nord-africaine de Guillaume, la 2e division marocaine de Linarès, les 1re et 5e divisions blindées de Sudre et de Schlesser. Le 20 avril, les chars français pénètrent dans la capitale du Wurtemberg, grande ville où six cent mille habitants les attendent en silence au milieu des ruines. Mais, tandis que cette partie de l'armée marche rapidement vers l'est, une autre, conduite par Béthouart, progresse droit vers le sud. La 4e division marocaine de Hesdin, la 9e division coloniale de Valluy, les 1re, 10e, 14e divisions de Caillies, Billotte et Salan, vont s'employer à terminer la conquête de la Forêt-Noire.

En effet, le général de Lattre, tout en saisissant sur le Neckar et sur le Danube les objectifs que je lui ai fixés, ne veut pas laisser derrière lui des forces ennemies encore redoutables. D'ailleurs, le général Guisan, commandant en chef helvétique, qui craint de voir les Allemands aux abois pénétrer en territoire suisse pour y chercher passage ou refuge, a beaucoup insisté auprès du commandant de la Ire armée pour que des troupes françaises viennent border la frontière le long du Rhin depuis Bâle jusqu'au lac de Constance. En d'autres temps, le découplement des nôtres suivant deux axes différents, les uns vers l'est, les autres vers le sud, pourrait comporter de grands risques. Mais l'ennemi en est arrivé à ce point de désorganisation que tout ce qui est fait contre lui s'arrange et se justifie. Le compte rendu que de Lattre m'adresse, le 21 avril, est un bulletin de victoire.

Il écrit : « Succès complet des opérations engagées depuis quinze jours en Wurtemberg, en Forêt-Noire et en pays de Bade. Le Danube est franchi sur plus de soixante kilomètres en aval de Donaueschingen. Nous sommes entrés à Stuttgart par le sud, achevant l'encerclement de forces ennemies importantes. Dans la plaine de Bade, Vieux-Brisach et Fribourg sont tombés entre nos mains. L'enveloppement de la Forêt-Noire est achevé. »

Ce n'est, pourtant, qu'une semaine plus tard que la Ire armée française parvient à en finir avec la XIXe armée allemande. Celle-ci, bien qu'encerclée, s'est regroupée dans le massif boisé à l'est de Fribourg et tente avec fureur de se frayer le passage vers l'est. Ne pouvant y réussir, ses débris mettent enfin bas les armes. Tandis que cette affaire se règle, nos avant-gardes atteignent Ulm et Constance. Quand s'achève le mois d'avril, il n'y a plus, devant les Français, de résistance organisée. Depuis qu'ils ont franchi le Rhin, cent dix mille prisonniers sont tombés entre leurs mains. Chaque jour, des milliers d'autres se rendront encore jusqu'au terme des hostilités.

Mais, dans la coalition, les roses de la gloire ne peuvent être sans épines. Comme nous nous y attendons, le commandement interallié s'oppose à la présence de nos troupes à Stuttgart. Le 22e avril, le général Devers rappelle à la Ire armée que la ville n'est pas dans sa zone et que ce centre de communications est nécessaire à la VIIe armée américaine. Le 24, il donne à de Lattre l'ordre formel de l'évacuer. À celui-ci, qui m'en réfère, je fais connaître que rien n'est changé à ce qui est décidé. « Je vous prescris, précise mon télégramme, de maintenir une garnison française à Stuttgart et d'y instituer, tout de suite, un gouvernement militaire... Aux observations éventuelles des Américains vous répondrez que les ordres de votre gouvernement sont de tenir et d'administrer les territoires conquis par vos troupes, jusqu'à ce que la zone d'occupation française ait été fixée par accord entre les gouvernements intéressés. » De Lattre répond donc à Devers que la question les dépasse l'un et l'autre, puisqu'elle est du domaine des gouvernements. Sans que lui-même s'oppose au passage à travers Stuttgart des colonnes et convois alliés, il maintient dans la ville la garnison qu'il y a placée avec le général Chevillon comme gouverneur militaire[38].

La controverse passe, alors, à un plan plus élevé. C'est pour y perdre de son acuité. Le général Eisenhower m'adresse, le

28 avril, une lettre résignée. Sans doute, déclare-t-il, qu'en intervenant pour des raisons politiques dans les instructions stratégiques, mon gouvernement viole, à son avis, les accords conclus au sujet du réarmement des forces françaises. Cependant, il convient « n'avoir, quant à lui, rien d'autre à faire que d'accepter la situation, parce qu'il se refuse à l'idée de suspendre les ravitaillements fournis par ses services à la Ire armée française et qu'il ne veut personnellement rien faire qui puisse altérer l'esprit exemplaire de coopération entre les forces françaises et américaines dans la bataille[39] ».

À la bonne heure ! Aimablement, je réponds au Commandant en chef que « la difficulté que nous venons de rencontrer provient d'une situation qui ne lui incombe nullement et qui est le défaut d'accord entre les gouvernements américain et britannique, d'une part, et le gouvernement français, d'autre part, en ce qui concerne la politique de guerre en général et l'occupation des territoires allemands en particulier ». Le 2 mai, Eisenhower m'écrit « qu'il comprend ma position et qu'il est heureux de constater que, de mon côté, je comprends la sienne ». Il ne me reste plus qu'à recevoir du président Truman, — en fonctions depuis trois semaines, — un message empreint d'aigreur et à lui mander, en échange, que « les questions touchant la France d'aussi près que l'occupation du territoire allemand doivent être discutées avec elle, ce qui, malheureusement, n'a pas eu lieu ». Les Français restent à Stuttgart[40].

Comme les vagues pressées déferlent sur le navire en train de sombrer, ainsi les forces alliées submergent l'Allemagne en perdition. Leur avance se précipite au milieu de fractions ennemies qui tournoient dans la confusion. Des îlots de résistance luttent toujours avec courage. Dans certaines zones, coupées de tout, s'entassent pêle-mêle des troupes amorphes à force d'épuisement. En maints endroits, des unités, grandes ou petites, se rendent de leur propre chef. Si l'arrivée des Occidentaux est considérée par les populations comme une sorte de délivrance, au contraire, à l'approche des Russes, s'enfuient des foules éperdues. Partout, les vainqueurs recueillent des groupes de prisonniers alliés qui se sont libérés eux-mêmes. Ici ou là, stupéfaits d'horreur et d'indignation, ils découvrent les survivants et les charniers des camps de déportation. Dans le sang et dans les ruines, avec un profond fatalisme, le peuple allemand subit son destin.

À la fin d'avril, Bradley atteint l'Elbe et y établit le contact, dans la région de Torgau, avec les troupes de Joukov qui achèvent de prendre Berlin. Au nord, Montgomery s'empare de Hambourg et, au début de mai, enlève Kiel et Lubeck, à portée de Rokossovsky qui a succédé sur le théâtre de Prusse-Orientale au maréchal Tcherniakhovsky tué au mois de février. Se trouvent ainsi coupées du Reich les forces allemandes d'occupation du Danemark, comme c'est aussi le cas de celles qui, sous Blaskowitz, se sont maintenues en Hollande. Au sud, trois armées alliées marchent sur le réduit des Alpes bavaroises et autrichiennes, où l'ennemi pourrait tenir tête : Patton pénètre en Tchécoslovaquie où il se saisit de Pilsen et, en Autriche, parvient à Linz tout près des Russes de Tolboukine qui ont pris et dépassé Vienne ; Patch met la main sur Munich et pousse jusqu'à Innsbruck ; de Lattre lance sur le Tyrol ses unités blindées et ses divisions marocaines, une colonne remontant l'Iller, une autre longeant le lac de Constance. Les avant-gardes françaises rencontrent dans le Vorarlberg la XXIVe armée allemande, nouvelle dans l'ordre de bataille, mais formée d'une foule de débris et dont le chef, général Schmidt, offre aussitôt sa reddition. Le 6 mai, le drapeau français flotte sur le col de l'Arlberg. Entre-temps, la division Leclerc, revenue en hâte de l'ouest et remise en tête de l'armée Patch, est parvenue à Berchtesgaden.

C'est la fin. L'Axe est vaincu. Ses chefs succombent. Le 1er mai, les dernières antennes de la radio allemande lancent la nouvelle de la mort d'Hitler. On avait, quelques jours avant, appris le meurtre de Mussolini.

Celui-ci, bien qu'il eût jusqu'au bout persévéré dans sa querelle, était déjà effacé par les événements. Que de bruit, cependant, avait fait dans l'univers ce Duce ambitieux, audacieux, orgueilleux, cet homme d'État aux larges visées et aux gestes dramatiques, cet orateur entraînant et excessif ! Il avait saisi l'Italie quand elle glissait à l'anarchie. Mais, pour lui, c'était trop peu de la sauver et de la mettre en ordre. Il voulait en faire un empire. Ayant, pour y parvenir, exilé la liberté et bâti sa propre dictature, il donnait à son pays l'air d'être uni et résolu par le moyen des cortèges, des faisceaux et des licteurs. Puis, appuyé sur ces apparences, il devenait une grande vedette de la scène internationale.

Ses exigences, alors, s'étaient portées vers l'Afrique. Sur les rives de la Méditerranée et de la mer Rouge, il fallait qu'on lui cédât, ou qu'il conquît, la part du lion. Bientôt, c'est en Europe aussi qu'il prétendait s'agrandir. La Savoie, Nice, la Corse, la Croatie, la Slovénie, la Dalmatie, l'Albanie, voilà ce qui lui était dû ! Et d'ameuter « l'Italie fasciste et prolétaire » contre les Français décadents et les Yougoslaves incapables. Enfin, quand il avait vu les Panzerdivisions se ruer à travers la France, tandis que l'Angleterre se repliait dans son île, que la Russie restait l'arme au pied, que l'Amérique demeurait neutre, le Duce s'était joint au Führer et précipité dans la guerre, croyant qu'elle allait finir.

Au moment où l'abattit la mitraillette d'un partisan, Mussolini avait perdu les raisons de vivre. Ayant voulu trop embrasser, il ne lui restait rien à étreindre. Sans doute, au temps de l'apogée fasciste, sa dictature semblait-elle solide. Mais, au fond, comment l'eût-elle été, quand subsistaient auprès d'elle la monarchie, l'Église, les intérêts, et quand le peuple, recru de siècles, demeurait ce qu'il était en dépit des fétiches et des rites ? Il y avait, certes, de la grandeur à prétendre restaurer l'antique primauté de Rome. Mais était-ce un but accessible en ce temps où le monde est aussi vaste que la terre et se fait à la machine ? Dresser contre l'Occident l'Italie mère de son génie, associer au déferlement de l'oppression germanique la métropole de la latinité, bref, faire combattre un peuple pour une cause qui n'était pas la sienne, n'était-ce pas forcer la nature ? Tant que l'Allemagne parut triompher, le Duce réussit à porter aux champs de bataille des armées mal convaincues. Mais, dès que commença le recul de l'allié, la gageure devint insoutenable et la vague des reniements[41] emporta Mussolini.

C'est le suicide, non la trahison, qui mettait fin à l'entreprise d'Hitler. Lui-même l'avait incarnée. Il la terminait lui-même. Pour n'être point enchaîné, Prométhée[42] se jetait au gouffre.

Cet homme, parti de rien, s'était offert à l'Allemagne au moment où elle éprouvait le désir d'un amant nouveau. Lasse de l'empereur tombé, des généraux vaincus, des politiciens dérisoires, elle s'était donnée au passant inconnu qui représentait l'aventure, promettait la domination et dont la voix passionnée remuait ses instincts secrets. D'ailleurs, en dépit de la défaite enregistrée naguère à Versailles, la carrière s'ouvrait largement à ce couple entreprenant. Dans les années 1930, l'Europe, obnubilée ici par l'attrait, là par la peur, du communisme ou du fascisme, énervée de démocratie et encombrée de vieillards, offrait au dynamisme allemand de multiples occasions.

Adolf Hitler voulut les saisir toutes. Fascisme et racisme mêlés lui procurèrent une doctrine. Le système totalitaire lui permit d'agir sans frein. La force mécanique mit en ses mains les atouts du choc et de la surprise. Certes, le tout menait à l'oppression et celle-ci allait au crime. Mais Moloch a tous les droits. D'ailleurs, Hitler, s'il était fort, ne laissait pas d'être habile. Il savait leurrer et caresser. L'Allemagne, séduite au plus profond d'elle-même, suivit son Führer d'un élan. Jusqu'à la fin, elle lui fut soumise[43], le servant de plus d'efforts qu'aucun peuple, jamais, n'en offrit à aucun chef.

Pourtant, Hitler allait rencontrer l'obstacle humain, celui que l'on ne franchit pas. Il fondait son plan gigantesque sur le crédit qu'il faisait à la bassesse des hommes. Mais ceux-ci sont des âmes autant que du limon. Agir comme si les autres n'auraient jamais de courage, c'était trop s'aventurer. Pour le Führer, le Reich devait, en premier lieu, déchirer le traité de Versailles à la faveur de la crainte que la guerre inspirerait aux démocraties. On procéderait, ensuite, à l'annexion de l'Autriche, de la Tchécoslovaquie, de la Pologne, en escomptant le lâche soulagement[44] de Paris et de Londres et la complicité de Moscou. Après quoi, suivant l'occasion, les Français seraient soumis en présence des Russes immobiles, ou bien la Russie abattue devant la France épouvantée. Ce double but une fois atteint, on asservirait l'Angleterre, grâce à la neutralité jouisseuse des États-Unis. Alors, l'Europe tout entière étant groupée, de gré ou de force, sous la férule de l'Ordre nouveau et le Japon fournissant un allié de revers, l'Amérique, coupée du monde, devrait se coucher, à son tour.

Tout alla, d'abord, comme prévu. L'Allemagne nazie, dotée d'engins effrayants et armée de lois sans pitié, marcha de triomphe en triomphe. Genève[45], Munich, le pacte germano-soviétique, justifiaient la méprisante confiance qu'Hitler faisait à ses voisins. Mais voici que chez eux, soudain, sursautaient le courage et l'honneur. Paris et Londres n'acceptaient pas le meurtre de la Pologne. Il semble bien que, dès ce moment, le Führer, dans sa lucidité, sut que le charme était rompu. Sans doute, l'armée cuirassée foudroyait-elle une France sans État et sans commandement. Mais l'Angleterre, derrière la mer, refusait de s'incliner et la flamme de la Résistance[46] s'allumait parmi les Français. De ce fait, la lutte s'étendait aux océans, à l'Afrique, à l'Orient et aux replis clandestins de la France. Quand la Wehrmacht attaquerait la Russie, il lui manquerait pour la réduire tout justement les troupes allemandes qui étaient engagées ailleurs. Dès lors, l'Amérique, jetée dans la guerre par l'agression du Japon, pourrait déployer ses forces à coup sûr. En dépit de l'énergie prodigieuse de l'Allemagne et de son Führer, le destin était scellé.

L'entreprise d'Hitler fut surhumaine et inhumaine. Il la soutint sans répit. Jusqu'aux dernières heures d'agonie au fond du bunker berlinois, il demeura indiscuté, inflexible, impitoyable, comme il l'avait été dans les jours les plus éclatants. Pour la sombre grandeur de son combat et de sa mémoire, il avait choisi de ne jamais hésiter, transiger ou reculer. Le titan qui s'efforce à soulever le monde ne saurait fléchir, ni s'adoucir. Mais, vaincu et écrasé, peut-être redevient-il un homme, juste le temps d'une larme secrète, au moment où tout finit.

La capitulation allemande n'est plus, maintenant, qu'une question de formalités. Encore faut-il qu'elles soient remplies. Avant même la mort d'Hitler, Goering, qu'il a désigné comme son éventuel remplaçant et qui croit le chancelier hors d'état de se faire entendre, esquisse une tentative de négociation. Mais il est, immédiatement, condamné par le Führer. Himmler, second dans l'ordre de la succession, a pris contact de son côté avec le comte Bernadotte, président de la Croix-Rouge suédoise, et fait transmettre, par Stockholm, aux gouvernements occidentaux une proposition d'armistice. Himmler calcule vraisemblablement que si les hostilités cessent sur le front ouest et se poursuivent à l'est il se créera, dans le bloc allié, une fissure dont profitera le Reich. La démarche du grand maître de la Gestapo s'accompagne de quelques gestes destinés à alléger l'abominable réputation que lui ont value ses crimes. C'est ainsi qu'*in extremis* il autorise la Croix-Rouge internationale à distribuer des vivres aux déportés. Aussitôt prévenus par cette organisation nous nous hâtons d'envoyer en Allemagne du Sud, à partir de Berne et de Zurich, sur des camions fournis par nous et conduits par des chauffeurs suisses, des lots de ravitaillement à certains camps de concentration et aux colonnes affamées que les Allemands poussent sur les routes.

À moi-même, Himmler fait parvenir officieusement un mémoire qui laisse apparaître la ruse sous la détresse. « C'est entendu ! Vous avez gagné », reconnaît le document. « Quand on sait d'où vous êtes parti, on doit, général de Gaulle, vous tirer très bas son chapeau... Mais, maintenant, qu'allez-vous faire ? Vous en remettre aux Anglo-Saxons ? Ils vous traiteront en satellite et vous feront perdre l'honneur. Vous associer aux Soviets ? Ils soumettront la France à leur loi et vous liquideront vous-même... En vérité, le seul chemin qui puisse mener votre peuple à la grandeur et à l'indépendance, c'est celui de l'entente avec l'Allemagne vaincue. Proclamez-le tout de suite ! Entrez en rapport, sans délai, avec les hommes qui, dans le Reich, disposent encore d'un pouvoir de fait et veulent conduire leur pays dans une direction nouvelle... Ils y sont prêts. Ils vous le demandent... Si vous dominez l'esprit de la vengeance, si vous saisissez l'occasion que l'Histoire vous offre aujourd'hui, vous serez le plus grand homme de tous les temps[47]. »

Mise à part la flatterie dont s'orne à mon endroit ce message du bord de la tombe, il y a, sans doute, du vrai dans l'aperçu qu'il dessine. Mais le tentateur aux abois, étant ce qu'il est, ne reçoit de moi aucune réponse, non plus que des gouvernements de Londres et de Washington. D'ailleurs, il n'a rien à offrir. Même, Hitler, qui probablement a eu vent de ces menées, déshérite Himmler à son tour. C'est à l'amiral Doenitz que le Führer prescrit qu'on transmette ses pouvoirs après son propre suicide. L'amiral est donc investi par un ultime télégramme lancé de l'abri souterrain de la Chancellerie d'Empire.

Jusqu'à la fin, les derniers tenants de l'autorité du Reich s'efforcent d'obtenir quelque arrangement séparé avec les Occidentaux. En vain ! Ceux-ci excluent toute autre issue qu'une reddition sans condition reçue par tous les Alliés à la fois. Il est vrai que l'amiral Friedeburg conclut, le 4 mai, avec Montgomery la capitulation des armées du nord-ouest de l'Allemagne, du Danemark et de la Hollande. Mais ce n'est là qu'une convention entre chefs militaires locaux, non point un acte engageant le Reich. Finalement, Doenitz se résigne. Le général Jodl, envoyé par lui à Reims, y apporte à Eisenhower la capitulation totale. Celle-ci est conclue le 7 mai à 2 heures du matin. Le feu doit cesser le lendemain à minuit. Comme l'acte est signé au Quartier général du Commandant en chef occidental, il est entendu que, par symétrie, une ratification aura lieu, le 9 mai, au poste de commandement soviétique à Berlin.

Je n'ai naturellement pas manqué de régler à l'avance,

avec les Alliés, la participation française à la signature de ces deux documents. Le texte, d'une extrême et terrible simplicité, ne soulève de notre part aucune objection. Mais il faut que la France, elle aussi, le prenne formellement à son compte. Je dois dire que les Alliés nous le demandent eux-mêmes sans ambages. À Reims, comme on en a convenu, le général Bedell Smith, chef d'état-major du général Eisenhower, préside la cérémonie au nom du Commandant en chef et signe, d'abord, avec Jodl représentant de Doenitz. Ensuite, pour les Russes le général Souslaparov, pour les Français le général Sevez sous-chef d'état-major de la Défense nationale, — Juin étant à San Francisco[48], — apposent leur signature. Quant à l'acte de Berlin, il va comporter une plus grande solennité. Non point qu'il ajoute quelque chose à celui de Reims. Mais les Soviets tiennent beaucoup à le mettre en relief. Pour y représenter la France, je désigne le général de Lattre[49].

Celui-ci, reçu par les Russes avec tous les égards convenables, se heurte cependant à une objection protocolaire. Le maréchal Joukov étant le délégué du commandement soviétique et l'Air Marshal britannique Tedder celui du commandement occidental, les Russes déclarent, qu'en principe, ils sont d'accord pour que le général de Lattre soit, lui aussi, présent. Mais, comme les Américains ont envoyé le général Spaatz afin qu'il signe comme de Lattre, le sourcilleux M. Vichynsky, accouru pour « conseiller » Joukov, observe que l'Américain fait double emploi avec Tedder et ne saurait participer. Le Français serait, dès lors, exclu. Avec adresse et fermeté, de Lattre prétend, au contraire, remplir bel et bien sa mission. L'incident est bientôt réglé. Le 9 mai, le général de Lattre prend place aux côtés des délégués militaires des grandes puissances alliées, sous une panoplie où le tricolore figure avec leurs drapeaux. À l'acte final de la capitulation allemande, le représentant de la France est signataire, comme ceux de la Russie, des États-Unis et de la Grande-Bretagne. Le feld-marschall Keitel, en s'écriant : « Quoi ? Les Français aussi ! » souligne le tour de force qui aboutit, pour la France et pour son armée, à un pareil redressement.

« La guerre est gagnée ! Voici la Victoire ! C'est la victoire des Nations unies et c'est la victoire de la France !... » J'en fais l'annonce, par la radio, le 8 mai à 3 heures de l'après-midi[50]. À Londres Winston Churchill, à Washington Harry Truman, parlent en même temps que moi. Un peu plus tard, je me rends à l'Étoile. La place est remplie d'une foule qui, après mon arrivée, devient énorme en quelques instants. À peine ai-je salué la tombe du Soldat inconnu que la masse se précipite dans une tempête d'acclamations en bousculant les barrages. Malaisément, je m'arrache au torrent. Pourtant, cette manifestation, les cortèges organisés, le son des cloches, les salves d'artillerie, les discours officiels, n'empêchent pas que la joie du peuple, tout comme la mienne, reste grave et contenue.

Il est vrai que, depuis des mois, nul ne doute de l'échéance et que, depuis des semaines, on la tient pour imminente. La nouvelle n'a rien d'une surprise qui puisse provoquer l'explosion des sentiments. Ceux-ci, d'ailleurs, se sont déjà donné libre cours à l'occasion de la libération. Et puis, l'épreuve, si elle fut marquée, pour nous Français, par une gloire tirée du plus profond de l'abîme, n'en a pas moins comporté, d'abord, des défaillances désastreuses. Avec la satisfaction causée par le dénouement, elle laisse, — c'est pour toujours ! — une douleur sourde au fond de la conscience nationale. Au reste, d'un bout du monde à l'autre, les coups de canon de l'armistice sont accueillis, certes, avec un soulagement immense, puisque la mort et la misère s'éloignent, mais ils le sont sans transports, car la lutte fut salie de crimes qui font honte au genre humain. Chacun, quel qu'il soit, où qu'il soit, sent en lui-même l'éternelle espérance prendre à nouveau son essor, mais redoute que, cette fois encore, « la guerre qui enfante tout[51] » n'ait pas enfanté la paix.

La mission qui me fut inspirée par la détresse de la patrie se trouve, maintenant, accomplie[h]. Par une incroyable fortune, il m'a été donné de conduire la France jusqu'au terme d'un combat où elle risquait tout. La voici vivante, respectée, recouvrant ses terres et son rang, appelée, aux côtés des plus grands, à régler le sort du monde[i]. De quelle lumière se dore le jour qui va finir ! Mais, comme ils sont obscurs les lendemains de la France ! Et voici que, déjà, tout s'abaisse et se relâche. Cette flamme d'ambition nationale, ranimée sous la cendre au souffle de la tempête, comment la maintenir ardente quand le vent sera tombé ?

DISCORDANCES

À peine s'éteint l'écho du canon que le monde change de figure. Les forces et les ardeurs des peuples, mobilisées pour la guerre, perdent soudain leur point d'application. Par contre, on voit l'ambition des États apparaître en pleine lumière. Entre coalisés s'effacent les égards et les ménagements qu'on s'accordait, tant bien que mal, quand on faisait face à l'ennemi. C'était, hier, le temps des combats. Voici l'heure des règlements.

Ce moment de vérité met en lumière l'état de faiblesse où la France est encore plongée par rapport aux buts qu'elle poursuit et aux calculs intéressés des autres. Ceux-ci vont, tout naturellement, tirer parti de la situation pour essayer de nous contraindre à propos de litiges en suspens, ou bien de nous reléguer à une place secondaire dans le concert qui bâtira la paix. Mais je veux m'efforcer de ne pas les laisser faire. Bien plus, jugeant que l'effondrement de l'Allemagne, le déchirement de l'Europe, l'antagonisme russo-américain, offrent à la France, sauvée par miracle, des chances d'action exceptionnelles, il me semble que la période nouvelle me permettra, peut-être, d'entamer l'exécution du vaste plan que j'ai formé pour mon pays.

Lui assurer la sécurité en Europe occidentale, en empêchant qu'un nouveau Reich puisse encore la menacer. Collaborer avec l'Ouest et l'Est, au besoin contracter d'un côté ou bien de l'autre les alliances nécessaires, sans accepter jamais aucune espèce de dépendance. Pour prévenir les risques, encore diffus, de dislocation, obtenir que l'Union française se transforme progressivement en libre association. Amener à se grouper, aux points de vue politique, économique, stratégique, les États qui touchent au Rhin, aux Alpes, aux Pyrénées[1]. Faire de cette organisation l'une des trois puissances planétaires et, s'il le faut un jour, l'arbitre entre les deux camps soviétique et anglo-saxon. Depuis 1940, ce que j'ai pu accomplir et dire ménageait ces possibilités. À présent que la France est debout, je vais tâcher de les atteindre.

Les moyens sont bien réduits ! Pourtant, si la France n'a pas encore repris dans son jeu l'atout de sa grande puissance, elle garde quelques bonnes cartes : d'abord, le prestige singulier qu'elle revêtait depuis des siècles et que son étonnant retour depuis le bord de l'abîme lui a, en partie, rendu ; le fait, aussi, que nul ne peut faire fi de son concours au milieu du déséquilibre où chancelle le genre humain ; enfin, les éléments solides que constituent ses territoires, son peuple, ses prolongements outre-mer. En attendant d'avoir repris nos forces, ces éléments nous mettent à même d'agir et de nous faire respecter[a].

À condition qu'on s'en serve. Par excellence, mon devoir est là. Mais, pour compenser ce qui manque, j'ai besoin que la nation me prête un appui déterminé. Si c'est le cas, je réponds que personne ne passera outre à la volonté de la France. Il va de soi que nos partenaires comptent qu'il en sera autrement. Quelle que soit la considération qu'ils témoignent au général de Gaulle, ils portent leur nostalgie vers la France politique de naguère, si malléable et si commode. Ils épient les discordances qui vont se produire entre moi et ceux qui tendent à revenir au régime confus d'autrefois.

Dès le lendemain de la victoire, un sérieux incident surgit sur le sujet du tracé de la frontière des Alpes. Notre gouvernement avait, depuis longtemps, fixé ses intentions en la matière. Nous entendions porter à la crête même du massif la limite de notre territoire, ce qui reviendrait à nous attribuer les quelques enclaves que les Italiens possédaient sur le versant français auprès des cols. Nous voulions aussi nous incorporer les cantons, naguère savoyards[2], de Tende et de La Brigue. Peut-être en ferions-nous autant de Vintimille, suivant ce que souhaiteraient les habitants. Quant au Val d'Aoste, nous aurions eu les meilleures raisons ethniques et linguistiques de nous l'assurer. Nous y rencontrerions d'ailleurs, lors de l'avance de nos troupes, le désir presque général d'appartenir à la partie française. Mais, comme, pendant huit mois de l'année, les neiges du mont Blanc interrompent les communications entre la France et les Valdôtains dont l'existence est, de ce fait, liée à celle de l'Italie, nous avions pris le parti de ne pas revendiquer la possession de la vallée. Il nous suffirait d'obtenir que Rome en reconnût l'autonomie. Au reste, le gouvernement de MM. Bonomi et Sforza laissait entendre à nos représentants qu'il se résignerait à accepter nos conditions. Celles-ci ne pouvaient, en effet, que lui sembler bien modérées par rapport aux épreuves que l'Italie nous avait causées et aux avantages qu'elle tirerait de la réconciliation.

L'offensive finale, menée dans les Alpes par les troupes du général Doyen, avait atteint les objectifs fixés. Les enclaves, le Val d'Aoste, les cantons de la Roya, se trouvaient entre nos mains le 2 mai, jour où les forces allemandes et fascistes opérant en Italie hissaient le drapeau blanc. Au point de vue administratif, Tende, La Brigue et Vintimille étaient aussitôt rattachés au département des Alpes-Maritimes, tandis qu'à Aoste nous laissions faire les comités locaux.

Les choses en étaient là quand, au cours du mois de mai, les Américains manifestèrent leur volonté de voir nos troupes se retirer en deçà de la frontière de 1939. Dans les territoires que nous devions, suivant eux, évacuer, nous serions remplacés par des forces alliées. Cela fut notifié au Quai d'Orsay par M. Caffery, précisé au général Doyen par le général Grittenberg commandant le corps américain d'occupation du Piémont, déclaré par Truman à Bidault lors d'une visite que celui-ci lui faisait à Washington. Pour exiger notre retrait, les Américains ne pouvaient faire état d'aucun accord avec nous, ni exciper désormais des nécessités militaires. Ils se référaient tout bonnement à leur propre décision de ne pas laisser préjuger de changements territoriaux par rapport à l'avant-guerre jusqu'à la signature d'éventuels traités de paix. Bien entendu, Washington ne formulait cette prétention que vis-à-vis des seuls Français et seulement pour les communes alpines.

À l'origine de l'affaire, il y avait, dans une certaine mesure, le goût d'hégémonie que les États-Unis manifestaient volontiers et que je n'avais pas manqué de relever en chaque occasion. Mais j'y voyais surtout l'effet de l'influence britannique. Car, au même moment, l'Angleterre préparait, au Levant, la manœuvre décisive. Pour Londres, il était de bonne guerre de pousser d'abord Washington à chercher querelle à Paris. Divers faits me fournirent la preuve que tel était bien le cas.

Le général Alexander, commandant en chef en Italie, obéissant à M. Churchill, dirigeait vers Tende, La Brigue et Vintimille des troupes italiennes sous ses ordres, ce qui, si nous laissions faire, aurait pour effet d'y rétablir la souveraineté de Rome. Comme d'âpres échanges de vues avaient lieu entre Grittenberg qui voulait prendre notre place et Doyen qui n'y consentait pas, et comme le général français, plus apte à combattre qu'habile à négocier, avait notifié par écrit à son interlocuteur « qu'il pousserait, au besoin, son refus jusqu'à l'extrême conséquence, conformément aux prescriptions du général de Gaulle », le Quartier général en Italie s'empressait d'annoncer aux correspondants des journaux que, par mon ordre, les troupes françaises s'apprêtaient à tirer sur les soldats américains. Enfin, des observateurs secrets me faisaient tenir la copie de télégrammes que le Premier Ministre adressait au Président. M. Churchill m'y qualifiait d'« ennemi des Alliés », pressait M. Truman de se montrer intransigeant à mon égard et lui affirmait, « sur la foi d'informations puisées dans les milieux politiques français, qu'il n'en faudrait pas davantage pour provoquer aussitôt la chute du général de Gaulle ».

Bien que Truman eût moins de passion et plus de discernement, il crut devoir donner de sa personne. Le 6 juin, l'ambassadeur Caffery remettait aux Affaires étrangères une note exprimant « les préoccupations de son gouvernement au sujet du maintien des forces françaises dans certaines parties de l'Italie du Nord-Ouest », protestant contre l'attitude de Doyen et réclamant le retrait de nos troupes[3]. Sur quoi, Duff Cooper accourait à son tour pour dire que « le gouvernement de Sa Majesté était entièrement d'accord avec la position prise par les États-Unis ». Le lendemain, m'arrivait un message personnel du Président. Celui-ci exprimait l'émotion que lui avait causée la menace du général Doyen. Il m'adjurait de prescrire l'évacuation, « en attendant que puisse être effectué normalement et rationnellement le règlement des revendications que le gouvernement français aurait à formuler au sujet de la frontière ». Faute que je veuille donner suite à ce qu'il me demandait, lui-même serait amené « à suspendre les distributions d'équipements et de munitions assurées à l'armée française par les services américains. Toutefois, ajoutait-il assez bizarrement, les rations de vivres continueront à être fournies[4] ».

Je ne pris pas au tragique la communication de Truman. Cependant, il me parut bon de mettre de l'huile aux rouages des relations franco-américaines à l'instant où les Anglais faisaient savoir officiellement qu'ils étaient prêts à attaquer les troupes françaises en Syrie. Je répondis au Président « qu'il n'avait, évidemment, jamais été dans les intentions ni dans les ordres du gouvernement français, ni dans ceux du général Doyen, de s'opposer par la force à la présence des troupes américaines dans la zone alpine, qu'il y avait dans cette zone des troupes américaines en même temps que des troupes françaises et que les unes et les autres vivaient ensemble, là comme partout, en bonne camaraderie ». Ce qui était en question, ce n'était pas la coexistence des Français et de leurs alliés, mais bien « l'éviction des Français par les Alliés, hors d'un terrain conquis par nos soldats contre l'ennemi allemand et l'ennemi fasciste italien et où, au surplus, plusieurs villages avaient une population d'origine française ». Je signalais à Harry Truman que « notre expulsion forcée de cette région, coïncidant avec celle que les Anglais étaient en train de pratiquer à notre égard en Syrie, aurait les plus graves conséquences quant aux sentiments du peuple français ». J'écrivais enfin que, pour donner à lui-même, Truman, « satisfaction dans la mesure où cela nous était possible, j'envoyais Juin auprès d'Alexander, afin qu'ils recherchent ensemble une solution[5] ».

En fin de compte, la solution consista en ceci que nous restâmes en possession de ce que nous voulions avoir. Sans doute, un projet d'accord établi entre l'état-major d'Alexander et le général Carpentier, représentant de Juin, prévoyait-il que nos troupes se retireraient progressivement jusqu'à la frontière de 1939. Mais, sauf pour le Val d'Aoste que nous n'entendions pas garder, je refusai mon agrément à une telle disposition, acceptant seulement que de menus détachements alliés aient accès aux communes contestées sans s'y mêler en rien des affaires. Par contre, j'exigeai que les forces italiennes fussent maintenues au large. D'ailleurs, pendant qu'on discutait, nous créions des faits accomplis. Les cantons de Tende et de La Brigue élisaient des municipalités qui proclamaient leur rattachement à la France. Dans les enclaves anciennement italiennes des cols du Petit-Saint-Bernard, de l'Iseran, du mont Cenis, du mont Genèvre, nous attribuions prés et bois aux villages français les plus voisins. Les Valdôtains, soutenus par les officiers de liaison que nous leur avions envoyés et une milice qu'ils avaient formée, instituaient leur propre autonomie par le truchement de leur « Comité de libération ». Il n'était qu'à Vintimille que nous laissions aller les choses, parce que les sentiments nous y paraissaient mélangés. Au demeurant, les quelques soldats américains et britanniques présents sur le terrain en litige s'en retirèrent aussitôt après la défaite électorale de M. Churchill, fin juillet. Quand, le 25 septembre,

M. Alcide De Gasperi, devenu ministre des Affaires étrangères dans le gouvernement de Rome après la mort du comte Sforza, me fit visite à Paris, il me pria de lui préciser quelles conditions seraient les nôtres lors du prochain traité de paix. Je pus lui dire, comme je l'avais fait à l'ambassadeur Saragat[6], que nous ne voulions nous voir reconnaître en droit que ce qui était réalisé en fait. Gasperi convint, avec quelques soupirs, que le traité pourrait comporter de telles clauses et que l'Italie y souscrirait sans rancœur. C'est ce qui eut lieu, en effet.

Tandis que ces difficultés se dressaient, puis s'aplanissaient, à la manière d'une diversion, une crise majeure éclatait au Levant[7]. Depuis longtemps, la frénésie des nationalistes arabes et la volonté des Britanniques de rester seuls maîtres en Orient s'y coalisaient contre nous. Jusqu'alors, nos adversaires avaient dû prendre quelques précautions. Ce n'était plus, désormais, la peine. Dès que le Reich eut capitulé, ils passèrent ensemble à l'assaut.

C'est la Syrie qui allait être le théâtre de leurs opérations. Depuis les élections de 1943, M. Choukri Kouatly président de la République et ses ministères successifs multipliaient à notre égard les surenchères revendicatives. D'autant plus que, dans ce pays sans équilibre et rongé par l'agitation chronique des politiciens, le gouvernement était constamment porté à dériver contre nous le flot des mécontentements. Pourtant, nous avions, de nous-mêmes, proclamé en 1941 l'indépendance de la Syrie. Tout récemment, celle-ci s'était vue invitée, en qualité d'État souverain, à la conférence de San Francisco, grâce aux démarches de la France. Depuis quatre ans, les attributions de notre autorité : administration, finances, économie, police, diplomatie, lui avaient été progressivement transmises. Mais, comme nous restions mandataires et, par conséquent, responsables dans le domaine de la défense et dans celui du maintien de l'ordre, nous avions gardé les troupes locales sous notre commandement et laissé en quelques points d'infimes garnisons françaises. Grâce à quoi la Syrie n'avait connu aucun désordre depuis 1941, alors que des troubles graves agitaient l'Égypte, la Palestine, la Transjordanie, l'Irak, que les Anglais tenaient sous leur coupe.

Néanmoins, nous étions désireux d'établir sur des bases précises les rapports de la France avec la Syrie et avec le Liban. Pensant que les Nations unies auraient bientôt mis sur pied un système de sécurité mondiale, nous projetions de leur remettre le mandat que nous avait confié l'ancienne Société des Nations, de nous charger sur place de deux bases militaires, de retirer nos forces du territoire et de laisser aux gouvernements de Damas et de Beyrouth la disposition de leurs troupes. D'autre part, des traités conclus avec les deux États détermineraient le concours que nous pourrions leur fournir et le sort des intérêts économiques et culturels que nous détenions chez eux. Tel était le plan que je m'étais fixé dès l'origine, que j'avais poursuivi depuis à travers vents et marées et qui semblait près d'être atteint, si l'Angleterre, par une intervention brutale, ne se mettait pas en travers. Or, voici que cette intervention se produisait tout justement.

Depuis toujours, je l'attendais. Parmi les ambitions nationales qui s'enrobaient dans le conflit mondial, il y avait celle des Britanniques, visant à dominer l'Orient. Que de fois j'avais rencontré cette ambition passionnée, prête à briser les barrières ! Avec la fin de la guerre en Europe, l'occasion était venue. À la France épuisée[b], l'invasion et ses conséquences retiraient son ancienne puissance. Quant aux Arabes, un travail politique habile autant qu'onéreux avait rendu nombre de leurs dirigeants accessibles aux influences anglaises. Surtout, l'organisation économique créée par la Grande-Bretagne, à la faveur du blocus, de la maîtrise de la mer et du monopole des transports, mettait à sa discrétion les échanges, c'est-à-dire l'existence, des États orientaux, tandis que sept cent mille soldats britanniques et de nombreuses escadres aériennes y maîtrisaient la terre et le ciel. Enfin, au marché de Yalta, Churchill avait obtenu de Roosevelt et de Staline qu'on lui laissât les mains libres à Damas et à Beyrouth[c].

Je ne pouvais me faire d'illusions sur les moyens que nous aurions de tenir tête à l'orage. En Syrie et au Liban, nos forces se réduisaient à cinq mille hommes, soit cinq bataillons sénégalais, des embryons de services, une escadrille de 8 avions. En outre, les troupes « spéciales », soit dix-huit mille officiers et soldats autochtones, étaient sous notre commandement. C'était assez pour maintenir et, au besoin, rétablir l'ordre, car la masse de la population ne nous était nullement hostile. Mais, s'il devait arriver que ces faibles éléments fussent accrochés par des émeutes en divers points du pays et, en même temps, assaillis par les forces britanniques, l'issue ne ferait aucun doute. Devant cette évidence, j'avais d'avance fixé mes intentions. Le cas échéant, nous n'irions pas, à moins d'y être forcés, jusqu'à combattre à la fois la révolte et les Anglais.

Mais, si je voulais éviter qu'il y eût des collisions entre nous et nos alliés, je n'entendais en aucun cas souscrire au renoncement. Ce refus serait suffisant pour obliger finalement le gouvernement de Londres à composer. À la condition, toutefois, que je fusse soutenu par mon propre pays. Qu'il parût résolu, comme je l'étais, à ne point céder à des mises en demeure, il y aurait toutes chances pour que la Grande-Bretagne ne poussât pas les choses à l'extrême. Car l'étalage de ses ambitions et l'éventualité d'une rupture avec la France lui eussent été bientôt insoutenables. J'espérais donc que, la crise éclatant, l'opinion voudrait me suivre. Inversement, les Anglais, particulièrement Churchill, comptaient sur les craintes et les calculs des milieux dirigeants français pour retenir de Gaulle et, peut-être, le réduire. En fait, j'allais trouver, dans la politique, la diplomatie, la presse, un soutien très inconsistant, à moins que ce ne fût le blâme.

En Syrie, à la fin d'avril, on voyait, à beaucoup de signes, que l'agitation couvait, notamment à Damas, Alep, Homs, Hamâ, Deirez-Zor. En même temps, le gouvernement syrien élevait sans cesse le ton, exigeant que les troupes « spéciales » lui fussent remises et encourageant les éléments provocateurs. Notre Conseil des ministres, à la demande du général Beynet, avait alors décidé l'envoi au Levant de trois bataillons, dont deux relèveraient un effectif égal de tirailleurs sénégalais qu'il fallait rapatrier. Les croiseurs *Montcalm* et *Jeanne-d'Arc* assureraient les transports, faute que nous ayons pu encore récupérer nos paquebots et nos cargos prêtés au *pool* interallié[8]. Ce très léger remaniement de troupes était d'autant plus justifié qu'une division britannique stationnée en Palestine venait de recevoir l'ordre de gagner la région de Beyrouth, alors que toute une armée anglaise, la IXe, occupait déjà le territoire de la Syrie et du Liban.

À peine était commencé le mouvement des renforts français que l'ambassadeur d'Angleterre vint me voir, le 30 avril[9]. Il était chargé de me demander, de la part de son gouvernement, d'arrêter l'envoi de nos troupes parce que « le général Paget, commandant en chef britannique en Orient, considérait ce transport comme susceptible d'entraîner des troubles ». Londres proposait que nos renforts fussent expédiés, non point à Beyrouth, mais à Alexandrie, sur des navires marchands que les services anglais fourniraient. Il était clair que, dans ces conditions, nos éléments ne pourraient pas atteindre leur destination.

« Nous jugeons plus sûr, répondis-je à Duff Cooper, de transporter nos troupes nous-mêmes. Au surplus, vous le savez, le maintien de l'ordre au Levant incombe aux Français et à eux seuls. Ni le commandement britannique en Orient, ni le gouvernement de Londres, n'ont qualité pour intervenir dans l'affaire. — Mais, dit l'ambassadeur, le général Paget exerce en Orient le commandement de toutes les forces alliées, y compris les vôtres. — Nous avions consenti à cette organisation, déclarai-je, pour le seul cas d'opérations à mener contre l'ennemi commun. Aujourd'hui, il ne s'agit pas de cela et, d'ailleurs, l'ennemi commun a été chassé d'Orient depuis bientôt deux années. Nos troupes du Levant ne sont donc plus, à aucun titre, subordonnées au commandement anglais.

— La situation en Syrie, objecta l'ambassadeur, est liée à celle de tout l'Orient arabe où nous avons, nous autres Britanniques, une responsabilité supérieure. — Dans les États du Levant, lui dis-je, aucune responsabilité n'est supérieure à celle de la France mandataire. Votre démarche prouve, qu'en dépit des assurances prodiguées par votre gouvernement et malgré le départ de Spears que vous avez rappelé en décembre, la politique britannique n'a pas changé. Vous persistez à vous interposer entre la France et les États sous son mandat. Nous sommes donc fondés à penser que votre but c'est notre éviction. » Hochant la tête et murmurant « qu'il fallait craindre des complications », Duff Cooper se retira.

Les complications, en effet, se déroulèrent dans l'ordre prévu. Le 5 mai, M. Churchill m'adressa un message, conforme par l'esprit et le style à tous ceux qu'il m'avait envoyés, depuis quatre ans, sur le sujet. Le Premier Ministre affirmait, une fois de plus, « reconnaître la position spéciale de la France au Levant ». Mais, ayant dit, il faisait entendre que l'Angleterre devait, néanmoins, se mêler des affaires sur place, « en raison des engagements et des devoirs qui étaient les siens ». Comme M. Churchill ne pouvait plus, comme naguère, justifier cette interférence en alléguant l'obligation de défendre la zone du Canal contre Hitler et Mussolini, il invoquait, à présent, les nécessités de la lutte contre le Japon et déclarait : « Cette lutte impose que soient protégées les communications terrestres, maritimes et aériennes des Alliés vers les théâtres d'opérations des Indes et du Pacifique, ainsi que le libre passage du pétrole... Nous, Britanniques, devons donc nous tenir sur nos gardes vis-à-vis de tout désordre qui pourrait survenir, où que ce soit, en Orient. »

Puis, précisant ses exigences, M. Churchill m'invitait « à renoncer à l'envoi de nos renforts, à remettre les troupes spéciales aux gouvernements de Damas et de Beyrouth et à faire, immédiatement, une déclaration sur ce point ». Il terminait en exprimant l'espoir que je voudrais « l'aider à éviter qu'une épreuve nouvelle vienne s'ajouter à nos difficultés[10] ».

Je ne pouvais me tromper sur ce qui allait suivre. Si M. Churchill envoyait le coup de semonce à propos d'un renfort de deux mille cinq cents soldats français, expédié dans un territoire où se trouvaient soixante mille Britanniques, qui allaient être rejoints par quinze mille autres et que 2 000 avions de combat se tenaient prêts à appuyer, c'est qu'on allait, du côté anglais, provoquer une forte secousse.

En répondant au Premier Ministre[11], il me parut bon de mettre en lumière les buts que la France poursuivait au Levant, mais aussi[12] la responsabilité que l'Angleterre assumait en s'y mêlant de nos affaires et l'obstacle qu'elle dressait elle-même contre tout projet d'alliance entre Londres et Paris. « Nous avons, écrivais-je, reconnu l'indépendance des États du Levant, comme vous l'avez fait pour l'Égypte et pour l'Irak, et nous ne cherchons rien d'autre que de concilier ce régime d'indépendance avec nos intérêts dans la région. Ces intérêts sont d'ordre économique et culturel. Ils sont aussi d'ordre stratégique... Nous sommes, tout comme vous, intéressés aux communications avec l'Extrême-Orient. Nous le sommes, également, à la libre disposition de la part du pétrole d'Irak qui nous appartient[c]. » J'ajoutais qu'une fois ces divers points réglés, nous déposerions le mandat.

Prenant ensuite l'offensive sur ce terrain épistolaire, le seul où j'en eusse les moyens, je déclarais à Churchill : « Je crois que cette affaire aurait pu être réglée déjà si les gouvernements de Damas et de Beyrouth n'avaient pas eu la possibilité de croire qu'ils pourraient éviter tout engagement en s'appuyant sur vous contre nous. La présence de vos troupes et l'attitude de vos agents les poussent à cette attitude malheureusement négative. » Et d'insister : « Je dois vous dire que l'entrée au Liban d'une nouvelle division britannique venant de Palestine est, à notre point de vue, très regrettable et inopportune. » Enfin, faisant connaître au Premier Ministre que le général Beynet entamait des négociations à Damas et à Beyrouth, je lui demandais « de faire en sorte que la situation ne soit pas, pendant ce temps, compliquée du côté anglais. C'est là, concluais-je, un des points qui empêchent, pour ce qui nous concerne, que nos deux pays puissent établir entre leurs politiques le concert qui serait, à mon avis, très utile à l'Europe et au monde ».

Ainsi, tout était clair et triste. Ce qui suivit ne le fut pas moins. Deux jours après l'échange des messages, l'épreuve de force s'engagea. Cela commença le 8 mai, à Beyrouth, où l'on célébrait la Victoire. Des cortèges de soldats arabes, appartenant à la division britannique qui arrivait de Palestine, défilèrent en insultant la France. Au cours des journées suivantes, de multiples attentats furent commis contre des Français dans des localités syriennes sans que la gendarmerie fît rien pour les empêcher. Il faut dire que cette gendarmerie, qui s'était montrée exemplaire tant qu'elle relevait de l'autorité française, avait changé du tout au tout depuis que, deux ans plus tôt, nous l'avions transmise au gouvernement syrien. Comme le commandement britannique s'était institué fournisseur de l'armement des gendarmes, en dépit des avertissements prodigués par nos représentants, M. Choukri Kouatly et ses ministres disposaient de dix mille hommes équipés à la moderne. Ils allaient les utiliser pour fomenter et appuyer les troubles. Quant aux négociations que le général Beynet tentait d'engager avec Damas, il n'en sortait naturellement rien.

Cependant, le 27 mai, les forces françaises et les troupes spéciales avaient maîtrisé le désordre dans toutes les régions du pays, à l'exception du djebel Druze où nous n'avions que quelques isolés. C'est alors que les ministres syriens et leurs conseillers britanniques, voyant que le jeu tournait à leur déconfiture, jetèrent les atouts sur la table. Le 28 mai, à Damas, tous nos postes furent attaqués par des bandes d'émeutiers et des unités constituées de la gendarmerie syrienne, le tout armé de mitraillettes, mitrailleuses et grenades anglaises. Vingt-quatre heures durant, la fusillade crépita dans Damas. Mais, le 29, il apparut que les nôtres avaient tenu bon. Au contraire, les insurgés, passablement éprouvés, avaient dû se réfugier dans les bâtiments publics :

parlement, hôtel de ville, direction de la police, sérail, banque de Syrie, etc. Pour en finir, le général Oliva-Roget, délégué français en Syrie, donna l'ordre de réduire ces centres de l'insurrection. Ce fut fait dans les vingt-quatre heures par nos Sénégalais et quelques compagnies syriennes ; deux canons et un avion y étant également employés. Dans la soirée du 30 mai, l'autorité française était maîtresse de la situation et les ministres syriens, emmenés dans des voitures de la légation britannique, avaient gagné une prudente retraite en dehors de la capitale.

Pendant ces trois semaines d'émeute, les Anglais n'avaient pas bougé. Au Caire, Sir Edward Grigg leur ministre d'État chargé des Affaires d'Orient et le général Paget leur commandant en chef étaient restés impassibles. Au Levant, le général Pilleau, commandant leur IXe armée, n'avait, à aucun moment, fait mine de mettre en œuvre les forces considérables dont il disposait partout. À Londres, régnait le silence. Le 27 mai, la réception faite à Paris, par moi-même et par la ville, au maréchal Montgomery, que je décorai solennellement aux Invalides, s'était déroulée le mieux du monde[13]. Tout se passait, au fond, comme si nos « alliés » se bornaient à marquer les coups, tant qu'ils pensaient que les troupes spéciales nous refuseraient l'obéissance et que nous perdrions le contrôle des événements. Vingt-trois jours durant, les raisons qui, à en croire Churchill, les eussent justifiés à arrêter le conflit, même « les nécessités de la lutte contre le Japon », même « l'obligation de protéger les communications des Alliés vers les Indes et le Pacifique et d'assurer le libre passage du pétrole », même « le devoir d'empêcher tout désordre où que ce soit en Orient », ne les déterminèrent pas à sortir de leur passivité. Nous ne le leur demandions d'ailleurs pas. Mais, dès qu'ils virent que l'émeute s'effondrait, leur attitude changea tout à coup. L'Angleterre menaçante se dressa devant la France.

Dans la soirée du 30 mai, Massigli, notre ambassadeur, fut convoqué par M. Churchill en présence de M. Eden. C'était pour recevoir une grave communication. Par la bouche du Premier Ministre, le gouvernement britannique demandait au gouvernement français de faire cesser le feu à Damas et annonçait que, si le combat devait se poursuivre, les forces de Sa Majesté ne pourraient rester passives.

Sitôt prévenu, je reconnus en moi-même que les nôtres, se trouvant dans le cas d'être attaqués à la fois par les troupes britanniques et par les insurgés syriens, étaient placés dans une situation qu'ils ne pourraient soutenir. D'ailleurs, le compte rendu que nous recevions de Beynet, à l'heure même où la démarche anglaise parvenait à notre connaissance, précisait que « les troupes françaises avaient occupé tous les points de la ville de Damas d'où le feu était dirigé contre nos établissements[14] ». Notre action militaire avait donc atteint son but. Quels que pussent être les sentiments qui bouillonnaient dans mon âme, je jugeai qu'il y avait lieu de prescrire la suspension d'armes pour autant qu'on tirât encore et, tout en maintenant les positions acquises, de ne pas nous opposer aux mouvements que les troupes britanniques entreprendraient de leur côté. Georges Bidault, dans le ressort de qui se trouvait notre délégation générale au Levant et qui souhaitait ardemment que les choses n'aillent pas à la catastrophe, télégraphia dans ce sens à Beynet, le 30 mai à 23 heures, avec mon assentiment. L'ambassade britannique fut informée et Massigli reçut l'instruction d'en prévenir aussitôt Eden.

Si, du côté britannique, il ne s'était réellement agi que d'obtenir le cessez-le-feu, on s'en serait tenu là. Mais on voulait bien autre chose. C'est pourquoi Londres, apprenant que les Français avaient décidé de suspendre l'emploi des armes, se hâta de déployer une mise en scène d'avance préparée en vue d'infliger à la France une humiliation publique. M. Churchill, évidemment informé de la fin du combat à Damas, allait lancer, après coup, un menaçant ultimatum, certain que nous ne pourrions y répondre par les moyens appropriés, voulant se poser à bon compte en protecteur des Arabes et espérant qu'en France la secousse entraînerait pour de Gaulle un affaiblissement politique, peut-être même la perte du pouvoir.

Le 31 mai, à 4 heures, M. Eden lut à la Chambre des communes le texte d'un message qu'à l'en croire j'avais reçu du Premier Ministre. Pourtant, le secrétaire d'État savait, qu'à cette heure-là, je n'avais rien reçu du tout[15]. « En raison », me déclarait Churchill par-dessus les bancs des Communes, « de la grave situation qui s'est produite entre vos troupes et les États du Levant et des sévères combats qui ont éclaté, nous avons le profond regret d'ordonner au commandant en chef en Orient d'intervenir afin d'empêcher que le sang coule davantage. Nous le faisons dans l'intérêt de la sécurité de l'ensemble de l'Orient et des communications pour la guerre contre le Japon. En vue d'éviter qu'il y ait collision entre les forces britanniques et les forces françaises, nous vous invitons à donner aux troupes françaises l'ordre immédiat de cesser le feu et de se retirer dans leurs cantonnements. Quand le feu aura cessé et que l'ordre sera rétabli, nous serons disposés à commencer des discussions tripartites à Londres[16]. »

Ainsi, le gouvernement britannique étalait devant l'univers, non seulement le conflit qu'il créait lui-même contre nous, mais encore l'insulte qu'il faisait à la France dans un moment où celle-ci n'était pas en mesure de la relever. Il avait pris, au surplus, toutes les dispositions voulues pour empêcher que la notification officielle du cessez-le-feu lui parvienne, de notre part, avant qu'il lance à tous les échos sa sommation. À Londres, M. Eden s'était arrangé pour ne pas recevoir Massigli avant la séance des Communes, en dépit des demandes d'audience que notre ambassadeur multipliait depuis le matin. Quant au message de Churchill, il me serait remis à 5 heures, soit une heure après qu'il eut été lu aux députés britanniques. Ce retard, qui ajoutait à l'insolence du texte une atteinte à tous les usages, ne pouvait avoir d'autre but que d'éviter que je puisse, à temps, faire connaître que le combat était arrêté à Damas et enlever tout prétexte à l'ultimatum anglais. Je dois dire que M. Duff Cooper, ne voulant pas associer sa personne à une manœuvre de cette espèce, s'abstint de me rendre lui-même le factum de son Premier Ministre. Ce fut fait par le conseiller de l'ambassade britannique qui s'adressa à Gaston Palewski.

Je ne fis, naturellement, aucune réponse au Premier anglais. Au cours de la nuit, j'adressai à Beynet des instructions explicites relativement à la conduite que nos troupes avaient à tenir : « Ne pas reprendre le combat à moins qu'elles n'y fussent contraintes ; conserver leurs positions contre qui que ce soit ; n'accepter en aucun cas les ordres du commandement anglais[17]. » Le 1er juin, notre Conseil des ministres se réunit et prit connaissance de toutes les dépêches et informations reçues et envoyées les jours précédents. Le Conseil se montra unanimement solidaire de ce qui avait été fait et de ce qui était prescrit. Je dois dire que le sentiment des ministres ne fut pas la crainte qu'on en vînt à un conflit armé, puisque nous étions disposés à l'éviter et que, dans les menaces proférées par les Britanniques, la part du bluff était évidente. Mais tous partagèrent la tristesse irritée que j'éprouvais moi-même à voir la Grande-Bretagne abîmer les fondements de l'alliance. Un peu plus tard, je fis savoir publiquement ce qui s'était passé, tant à Damas qu'à Londres et à Paris. Mon communiqué[18] mettait en lumière le fait que l'ordre de cesser le feu avait été donné à nos troupes le 30 mai dans la soirée et exécuté plusieurs heures avant que les Anglais ne procèdent à leur mise en demeure. Je notais que celle-ci m'était, à dessein, parvenue après qu'elle eut été publiée à Londres. Enfin, je répétais que le gouvernement français avait prescrit aux troupes françaises de garder leurs positions.

Au cours de cette même journée du 1er juin, le général Paget vint à Beyrouth et remit au général Beynet un ultimatum détaillé. Aux termes de ce document, l'Anglais, qui s'intitulait : « commandant suprême sur le théâtre d'Orient », bien qu'il n'y eût plus, à dix mille kilomètres à la ronde de ce « théâtre », un seul ennemi à combattre, déclarait « qu'il avait reçu de son gouvernement l'ordre de prendre le commandement en Syrie et au Liban ». À ce titre, il sommait les autorités françaises « d'exécuter sans discussion tous les ordres qu'il leur donnerait ». Pour commencer, il prescrivait à nos troupes « de cesser le combat et de se retirer dans leurs casernes ». Le général Paget avait déployé, à l'occasion de sa visite, une provocante parade militaire. Plusieurs escadrilles de chasse escortaient l'avion qui l'amenait à Beyrouth. Pour aller de l'aérodrome jusqu'à la résidence du délégué général français, il s'était fait précéder d'une colonne de tanks et suivre d'une file de véhicules de combat dont les occupants, en traversant la ville et passant devant nos postes, tenaient leurs armes braquées.

Le général Beynet ne manqua pas de dire au général Paget, qu'en fait d'ordres, il n'avait à en recevoir que du général de Gaulle et de son gouvernement. Il fit remarquer que l'injonction de cesser le combat n'avait, pour l'heure, aucun objet, puisque c'était déjà fait sur l'ordre que lui-même, Beynet, avait donné d'après mes instructions. À présent, nos troupes resteraient là où elles étaient. Quant aux forces britanniques, elles pouvaient, aujourd'hui comme hier, aller et venir à leur guise. Nous ne nous y opposions pas. Le délégué général ajouta, cependant, qu'il espérait que Paget et ses troupes s'abstiendraient d'essayer de contraindre les nôtres et de prendre la responsabilité d'une déplorable collision. Pour sa part, il demeurait prêt à régler, comme auparavant, avec le commandement britannique, les questions de cantonnements, de ravitaillement, de circulation, communes aux deux armées. Le général Paget, ses tanks, ses véhicules de combat, ses escadrilles, se retirèrent alors sans fracas.

Beynet ne tarda pas à savoir qu'il était couvert. Quand j'eus pris connaissance de la communication qui lui avait été faite, je lui mandai aussitôt : « Je vous réitère les ordres que je vous ai donnés... Nos troupes ont à se concentrer sur des positions fixées par le commandement français et à s'y tenir en attente. En aucun cas elles ne sauraient être subordonnées au commandement britannique... Nous souhaitons que ne vienne pas à s'imposer la nécessité de nous opposer par la force aux forces britanniques. Mais cela ne va que jusqu'au point à partir duquel nous perdrions la possibilité d'employer nos armes, ce que le comportement des Anglais peut rendre nécessaire. S'ils menacent de faire feu sur nous, dans quelques circonstances que ce soit, nous devons menacer de faire feu sur eux. S'ils tirent, nous devons tirer. Veuillez indiquer cela très clairement au commandement britannique, car rien ne serait pire qu'un malentendu[19]. »

Pour qu'il n'y eût pas, non plus, de malentendu dans l'opinion nationale et mondiale, je fis, le 2 juin[20], une conférence de presse. Jamais encore l'affluence des journalistes étrangers et français n'avait été plus nombreuse. J'exposai l'affaire sans insultes, mais sans ménagements, pour nos anciens alliés. Enfin, le 4, je convoquai l'ambassadeur de Grande-Bretagne, le fis asseoir et lui dis : « Nous ne sommes pas, je le reconnais, en mesure de vous faire actuellement la guerre. Mais vous avez outragé la France et trahi l'Occident. Cela ne peut être oublié. » Duff Cooper se leva et sortit.

M. Churchill, piqué au vif, prit le lendemain la parole aux Communes en déclarant qu'il allait me répondre. Il proclama que son gouvernement désirait que se maintienne l'alliance de l'Angleterre et de la France. Comme si l'abus de la force qui venait d'être commis n'infligeait pas à l'amitié que les Français portaient aux Anglais une blessure empoisonnée. Il prétendit, une fois de plus, justifier l'intervention britannique au Levant par la responsabilité que son pays, suivant lui, assumait dans tout l'Orient. Mais il ne dit pas un mot de l'engagement formel pris par la Grande-Bretagne, le 25 juillet 1941, sous la signature de son ministre d'État Oliver Lyttelton de respecter la position de la France en

Syrie et au Liban, de ne point y interférer dans notre politique et de ne pas s'y mêler de l'ordre public. Il reconnut que la gendarmerie et la police syriennes avaient reçu des Anglais les armes qu'elles utilisaient, à présent, contre les Français, mais il crut devoir affirmer, — ce qui était vraiment dérisoire, — que le gouvernement français avait approuvé cette initiative britannique. Il exprima le regret de n'avoir pas su que Paris avait donné l'ordre de cesser le feu avant que Londres lançât l'ultimatum et s'excusa de ne m'en avoir fait parvenir le texte qu'une heure après la lecture aux Communes. Mais, de ce retard, il ne donna, — et pour cause ! — aucune sorte d'explication. D'ailleurs, si le Premier Ministre pouvait feindre d'avoir ignoré, jusqu'au 31 mai à 4 heures de l'après-midi, que le combat était terminé, cette lacune de son information se trouvait, dans tous les cas, comblée le 1er juin. Or, c'est ce jour-là que, sur son ordre, Paget était venu notifier à Beynet, sous l'appareil d'une hostilité prête à se traduire en actes, tous les détails du « diktat »[f].

Il est vrai que si le Premier Ministre avait fait fond sur l'isolement où la crise placerait de Gaulle dans les milieux dirigeants français il ne s'était guère trompé[g]. Tout comme ç'avait été le cas lors de la convocation adressée par Roosevelt au lendemain de Yalta, je me trouvai, dans l'affaire du Levant, privé de soutien efficace chez la plupart des hommes qui jouaient un rôle public. Sous le couvert des précautions dont on croyait encore devoir user vis-à-vis de moi, ce furent tantôt le malaise et tantôt la réprobation que mon action suscita chez presque tous les gens d'influence et les personnages en place.

Tout d'abord, le personnel de notre diplomatie ne se conformait que de loin à l'attitude que j'avais prise. Pour beaucoup des hommes qui étaient en charge des relations extérieures, l'accord avec l'Angleterre était une sorte de principe[21]. Quand, du fait des Britanniques, cet accord se trouvait rompu, ce qui paraissait essentiel c'était de le rétablir, en négociant à tout prix pour aboutir quoi qu'il nous en coûtât. Aussi[b] la question du Levant était-elle considérée par ces spécialistes comme une espèce de boîte à chagrin, qu'il fallait manier de manière à éviter, avant tout, une brouille avec la Grande-Bretagne. Mais, entre l'impulsion que je cherchais à donner et le comportement de ceux qui rédigeaient les notes, entretenaient les contacts, inspiraient les informations, le décalage était trop apparent pour échapper à nos partenaires, ce qui altérait l'effet de ma propre fermeté.

Il en était de même du ton pris par la presse française. J'avoue que dans cette crise, où j'avais la conviction qu'une attitude catégorique de notre opinion publique eût fait reculer les Anglais, je trouvais très décevants les commentaires de nos journaux. Ceux-ci, au lieu de témoigner de la résolution nationale, montraient surtout le souci d'amenuiser l'événement. Les articles qu'ils lui accordaient, réservés, en place médiocre, faisaient voir que, pour les feuilles françaises, la cause était entendue, c'est-à-dire perdue, et qu'on avait hâte de s'occuper d'autre chose. Parfois, des griefs s'exprimaient mais c'était à l'encontre du général de Gaulle, dont la ténacité semblait téméraire et intempestive.

L'Assemblée consultative ne m'appuya pas davantage. C'est le 17 juin seulement, soit trois semaines après l'intervention anglaise, qu'elle aborda le sujet. Le ministre des Affaires étrangères fit l'exposé des événements devant une assistance contrainte. Ensuite, divers orateurs défilèrent à la tribune. Maurice Schumann, le P. Carrière, condamnèrent les émeutes soulevées contre nous, firent l'éloge de ce que la France avait réalisé en Orient et déplorèrent en fort bons termes l'attitude prise par la Grande-Bretagne. Mais ils n'obtinrent qu'un succès relatif. Georges Gorse releva, lui aussi, le caractère inacceptable de l'intervention anglaise. Mais il n'en adressa pas moins des reproches au gouvernement. Après quoi, MM. Florimond Bonte, André Hauriou, Marcel Astier et, surtout, M. Pierre Cot, firent le procès de la France et le mien et obtinrent l'approbation de presque toute l'assistance.

À entendre leurs propos ainsi que les applaudissements qui leur étaient prodigués, ce qui arrivait en Syrie était la conséquence d'une politique abusive que nous avions menée de tous temps. Pour en sortir, il n'était que de nous présenter aux peuples du Levant sous les traits de la France libératrice, éducatrice, et révolutionnaire, tout en les laissant à eux-mêmes. Il y avait là une contradiction que ces étranges jacobins ne se souciaient pas de résoudre. En outre, leur idéologie considérait la question sans tenir compte des réalités qu'étaient les émeutes, le meurtre de nos nationaux, les obligations du mandat, la volonté britannique de nous chasser de la place. Ils n'eurent pas un mot pour saluer l'œuvre civilisatrice que la France avait accomplie en Syrie et au Liban, l'indépendance que j'avais moi-même accordée aux deux États, la place que mon gouvernement venait de leur obtenir parmi les Nations unies, les efforts de nos soldats qui, lors de la Première Guerre mondiale, contribuèrent à les libérer du joug de l'Empire ottoman et, au cours de la Seconde, aidèrent à les protéger de la domination d'Hitler.

Quant à moi, j'attendais que, de cette réunion d'hommes voués aux affaires publiques, il s'en levât, ne fût-ce qu'un seul, pour déclarer : « L'honneur et l'intérêt de notre pays sont en cause. Dans le temps et sur le terrain où l'un et l'autre se trouvent battus en brèche, il est vrai que nous ne sommes pas actuellement les plus forts. Mais nous ne renonçons pas à ce qui est notre droit. Que ceux qui l'ont violé sachent qu'ils ont, en même temps, gravement blessé l'alliance qui nous unissait. Qu'ils sachent que la France en tire les conséquences au moment où elle commence à recouvrer sa puissance et son rayonnement. »

Mais nul ne tint ce langage, sauf moi-même à la fin du débat[22]. L'Assemblée m'écouta avec une attention tendue. Elle m'applaudit, comme d'habitude, quand je quittai la tribune. Après quoi, elle vota une motion dépourvue de toute vigueur et qui exprimait, en fait, le renoncement. Il me fallut déclarer que le texte n'engageait pas la politique du gouvernement. Cette occasion me fit mesurer la profondeur du désaccord qui, au-dessous des apparences, me séparait des catégories politiques quant aux affaires extérieures du pays.

Entre-temps, l'intervention britannique en Syrie avait eu pour effet d'y déclencher une nouvelle vague d'agitation antifrançaise, sans qu'il fût cette fois possible à nos faibles éléments, menacés à dos par les Anglais, de maîtriser la situation. Le général Beynet avait donc pris le parti de les regrouper en dehors des grandes villes, celles-ci étant aussitôt occupées par les Britanniques. Il en résultait de multiples et sanglantes agressions, dont étaient victimes nos nationaux. Sur quoi, nos « alliés », sous prétexte d'éviter des heurts, avaient expulsé, de Damas, d'Alep, de Homs, de Hamâ, de Deirez-Zor, les civils français qui y étaient encore. D'autre part, l'impossibilité où nous nous trouvions d'assurer le maintien de l'ordre, ainsi que l'excitation des esprits, risquaient de jeter, à la longue, le désarroi dans les troupes syriennes. L'autorité française avait donc renoncé à les garder sous sa coupe.

Au cours de l'été, il s'établit sur le territoire syrien un état d'équilibre instable, entre les Français qui tenaient toujours certains points : abords d'Alep et de Damas, port de Lattaquié, base aérienne de Rayak, etc., les Anglais qui s'étaient installés dans la plupart des villes et s'efforçaient, sans succès, d'y ramener la tranquillité et les nationalistes qui s'en prenaient, maintenant, aux Britanniques et réclamaient le départ de toutes les forces étrangères. Au Liban, par contraste, les populations restaient calmes, bien qu'à Beyrouth les dirigeants joignissent leurs revendications à celles des gens de Damas.

Dans de telles conditions*, je n'éprouvais aucune hâte à procéder à un règlement. Aussi la proposition de conférence tripartite[23] : France, Angleterre, États-Unis, que M. Churchill avait faite, ne reçut-elle de nous aucune réponse. Mais la façon dont les Anglo-Saxons se comportaient à notre égard justifiait que nous jetions un pavé dans leur mare diplomatique. Comme la Russie soviétique nous avait, dès le 1er juin, remis une note exprimant le souci que lui inspiraient les troubles survenus dans cette partie du monde, comme, d'autre part, l'Égypte, la Palestine, l'Irak, frémissaient du désir d'être affranchis des Britanniques, je déclarai publiquement, le 2 juin[24], que la question devait être, dans son ensemble, soumise à une conférence des cinq « grands » : France, Angleterre, États-Unis, Union soviétique, Chine. La note que nous adressâmes à ce sujet alléguait que ces cinq États venaient d'être reconnus comme membres permanents du Conseil des Nations unies et, qu'en attendant la mise au point de cette organisation, c'est à eux qu'il appartenait de se saisir d'un problème intéressant la paix du monde. Notre projet fut, naturellement, repoussé par les Anglais et par les Américains avec une sombre fureur. Il en fut de même de celui, que nous avançâmes ensuite, de porter toute l'affaire d'Orient devant les Nations unies qui venaient d'être constituées.

Tout restait donc en suspens. Au point où en étaient les choses, mieux valait qu'il en fût ainsi. J'étais*, en effet, convaincu que la tentative des Anglais de se substituer à nous à Damas et à Beyrouth se solderait par un échec. D'ailleurs, le jour viendrait bientôt où la mise en marche de l'Organisation des Nations unies rendrait caduque la responsabilité que la Société des Nations avait naguère confiée à la France en Syrie et au Liban. Nous serions alors justifiés à retirer nous-mêmes du Levant les derniers signes de notre autorité, sans avoir toutefois abandonné celle-ci à aucune autre puissance. Bien entendu et dans tous les cas, nos troupes ne quitteraient pas la place tant que les forces britanniques y resteraient. Quant à la suite, je ne doutais pas que l'agitation soutenue au Levant par nos anciens alliés déferlerait dans tout l'Orient contre ces apprentis sorciers et, qu'au total, les Anglo-Saxons paieraient cher, un jour ou l'autre, l'opération qu'ils y avaient menée contre la France.

Mais, tandis que les Britanniques nous malmenaient au Levant, le consentement général des peuples n'en réintégrait pas moins la France à la place qu'elle occupait naguère parmi les États de premier rang. On eût dit que le monde saluait cette résurrection comme une espèce de miracle, se hâtait d'en profiter pour nous remettre là où il nous avait toujours vus et pensait, qu'au milieu de ses nouvelles inquiétudes, il aurait besoin de nous. C'est à San Francisco que s'opérait la démonstration[m]. La Conférence, réunie le 25 avril, s'y terminait le 26 juin, après avoir adopté la Charte des Nations unies. Franklin Roosevelt était mort une semaine avant l'ouverture. — Quel homme vécut jamais une réussite achevée ? — Mais le plan qu'avaient adopté les délégations unanimes était celui du grand Américain.

Reprenant une idée qui avait hanté l'esprit de plusieurs philosophes et de quelques hommes d'État, enfanté la Société des Nations, puis échoué en raison de la défection des États-Unis[25] et des faiblesses des démocraties, Roosevelt voulait qu'il sortît du conflit une organisation mondiale de la paix. Dans nos conversations de Washington, l'année précédente, le Président m'avait fait sentir à quel point lui tenait à cœur cette monumentale construction. Pour son idéologie, la démocratie internationale était comme une panacée. Suivant lui, les nations, ainsi confrontées, examineraient leurs litiges et prendraient dans chaque cas les mesures voulues pour empêcher qu'on en vienne à la guerre. Elles coopéreraient, également, au progrès du genre humain. « Grâce à cette institution, me disait-il, c'en sera fini de l'isolationnisme américain et, d'autre part, on pourra associer au monde occidental la Russie longtemps reléguée. » En outre, bien qu'il n'en parlât pas, il comptait que la foule des petits pays battrait en brèche les positions des puissances « colonialistes » et assurerait aux États-Unis une vaste clientèle politique et économique.

À Dumbarton Oaks, puis à Yalta, l'Amérique, la Grande-

Bretagne et la Russie s'étaient mises d'accord sur une constitution destinée aux Nations unies. L'assentiment de la Chine avait été obtenu. En revenant de Crimée, on avait demandé celui de la France et prié Paris de se joindre à Washington, Londres, Moscou et Tchoung-King pour lancer les invitations à la conférence de San Francisco. Après mûr examen, nous avions décliné la proposition que nous faisaient les quatre autres « grands » d'être, avec eux, puissance invitante. Il ne nous convenait pas, en effet, de recommander à cinquante et une nations de souscrire à des articles rédigés en dehors de nous[26].

Pour ma part, c'est avec sympathie, mais non sans circonspection, que j'envisageais l'organisation naissante. Certes, son objet universel était, en soi, fort estimable et conforme au génie français. Il pouvait sembler salutaire que les causes des conflits menaçants fussent évoquées par l'instance internationale et que celle-ci s'employât à rechercher des compromis. De toute manière, il était bon que, par intervalles, les États prissent contact en présence des opinions publiques. Toutefois, à la différence de ce que Roosevelt pensait, de ce que Churchill laissait supposer, de ce que Staline faisait semblant de croire, je ne m'exagérais pas la valeur des « Nations unies ».

Les membres seraient des États, c'est-à-dire ce qu'il y a au monde de moins impartial et de plus intéressé. Leur réunion pourrait, assurément, formuler des motions politiques, mais non pas rendre des arrêts de justice. Pourtant, il fallait prévoir qu'elle se prétendrait qualifiée pour ceci comme pour cela. D'autre part, ses délibérations, plus ou moins tumultueuses, se déroulant en la présence d'innombrables rédacteurs, émetteurs et projecteurs, risquaient fort de contrarier les négociations proprement diplomatiques qui sont, dans presque tous les cas, les seules fécondes en raison de leur caractère de précision et de discrétion. Enfin, on devait présumer que beaucoup de petits pays seraient automatiquement défavorables aux grandes puissances, dont la présence et les territoires s'étendaient au loin dans le monde, touchaient à des frontières multiples et inspiraient à beaucoup de l'envie ou de l'inquiétude. L'Amérique et la Russie avaient, sans doute, assez de forces pour qu'on dût les ménager. L'Angleterre, relativement intacte, gardait des moyens de manœuvre. Mais la France, que la guerre laissait terriblement ébranlée et qu'allaient assaillir en Afrique et en

Asie toutes sortes de revendications, quelle audience trouverait-elle à l'occasion de ses difficultés ?

C'est pourquoi, je donnai à notre délégation l'instruction de ne pas se répandre en redondantes déclarations, comme l'avaient fait, jadis, à Genève, beaucoup de nos représentants, mais d'observer, au contraire, une attitude réservée. Elle le fit et s'en trouva bien, sous la direction successive de Georges Bidault, qui prenait part pour la première fois à un concile international, et du président Paul-Boncour, dont la pratique des débats de la Société des Nations avait fait un maître en la matière. La prudence montrée par la représentation française ne l'empêcha pas de prendre place, tout naturellement, dans l'aréopage des cinq « grands » qui mena l'affaire de bout en bout. Elle obtint, à San Francisco, ce à quoi nous tenions le plus. C'est ainsi que, malgré certaines hostilités, le français fut reconnu comme l'une des trois langues officielles des Nations unies[27]. D'autre part, en dehors du droit de veto appartenant à la France comme aux autres grandes puissances, le projet primitif de la Charte était amendé de manière à faire de l'assemblée générale le contrepoids du Conseil de sécurité et, en même temps, à freiner les impulsions de l'assemblée, en exigeant, pour ses motions, la majorité des deux tiers. Il était spécifié, en outre, que l'examen des litiges par l'Organisation ne suspendrait aucunement la mise en œuvre des traités d'alliance. Enfin, le système des *trusteeships*, sous lequel on apercevait des intentions malveillantes à l'égard de l'Union française, comporterait d'étroites limitations.

Les Nations unies étaient nées. Mais leur session, consacrée à leur constitution, n'avait pas eu à s'occuper des problèmes posés par la fin du conflit. Américains et Britanniques couraient sans nous à Potsdam, afin d'y rencontrer les Russes et de fixer avec eux ce que l'on ferait en pratique. La réunion s'ouvrit le 17 juillet. Dans l'esprit[a] de Truman et de Churchill, il s'agissait de mettre au point, d'accord avec Staline, ce qu'on avait projeté à Téhéran, puis décidé à Yalta, au sujet de l'Allemagne, de la Pologne, de l'Europe centrale, des Balkans ; les Anglo-Saxons espérant qu'ils pourraient revenir, dans l'application, sur ce qu'ils avaient concédé dans le principe. Les « Trois » s'entendraient également sur les conditions dans lesquelles la Russie soviétique prendrait part, *in extremis*, à la guerre contre le Japon.

Que nos alliés d'hier se réunissent encore en notre

absence, — d'ailleurs pour la dernière fois, — le procédé ne pouvait que nous causer un renouveau d'irritation. Mais, au fond, nous jugions préférable de n'être pas introduits dans des discussions qui ne pouvaient, désormais, être que superfétatoires.

Car les faits étaient accomplis. L'énorme morceau d'Europe que les accords de Yalta abandonnaient par avance aux Soviets se trouvait maintenant dans leurs mains. Même, les armées américaines, ayant dans les derniers jours du combat dépassé la limite prévue en Allemagne, s'étaient ensuite repliées de cent cinquante kilomètres. Les Russes seuls occupaient la Prusse et la Saxe. Ils avaient, sans plus attendre, annexé la partie du territoire polonais située à l'est de la ligne Curzon[28], transféré les habitants sur l'Oder et sur la Neisse occidentale et chassé vers l'ouest les populations allemandes de Silésie, de Posnanie et de Poméranie. Ainsi était, bel et bien, tranchée par eux la question des frontières. D'autre part, à Varsovie, Budapest, Sofia, Belgrade, Tirana, les gouvernants qu'ils avaient investis étaient à leur discrétion et presque tous de leur obédience. Aussi la soviétisation s'y développait-elle rapidement. Mais ce n'était là que la suite fatale de ce dont on avait convenu à la conférence de Crimée. Les regrets qu'en éprouvaient maintenant Britanniques et Américains étaient tout à fait superflus.

Quant à l'intervention soviétique sur le théâtre du Pacifique, à quoi pourrait-elle servir ? Les bombes atomiques étaient prêtes. En arrivant à Potsdam, Truman et Churchill apprenaient la réussite des expériences du Nevada. D'un jour à l'autre, le Japon allait donc subir les effroyables explosions et, par conséquent, se rendre. L'engagement que prendraient les Russes d'entrer, à présent, dans la guerre n'entraînerait aucune conséquence au point de vue de l'issue militaire. Mais la contrepartie serait le droit reconnu au Kremlin de se mêler, à titre de vainqueur, aux affaires d'Extrême-Orient. Pour l'Asie, comme pour l'Europe, tout permettait donc de prévoir que Potsdam ne réaliserait d'entente durable sur aucun point et préparerait, au contraire, des frictions indéfinies entre Soviets et Anglo-Saxons.

Cette perspective devait me convaincre qu'il valait mieux n'avoir pas fait le voyage. J'avais, certes, pu regretter de ne pas m'être trouvé présent à Téhéran. J'y aurais, en effet, défendu, quand il en était temps, l'équilibre du vieux continent. Plus tard, je m'étais irrité de n'avoir pu prendre part à

Yalta, parce qu'il restait, alors, quelques chances d'empêcher que le rideau de fer[29] vînt à couper l'Europe en deux. Maintenant, tout était consommé[30]. Qu'aurais-je été faire à Potsdam ?

À peine paru le communiqué publié par la Conférence, nous sûmes qu'elle se terminait par une sorte de débandade. En dépit des trésors de conciliation prodigués par M. Truman et des protestations véhémentes de M. Churchill, le généralissime Staline n'était entré dans aucun accommodement. En Pologne notamment, l'entrée de MM. Mikolajczyk, Grabski, Witos et Stanczyk dans l'exécutif formé sur la base du comité de Lublin avait pu amener Washington et Londres et nous obliger nous-mêmes à reconnaître le gouvernement dirigé par MM. Bierut et Osuska-Morawski, mais on s'était bientôt aperçu que le caractère totalitaire du pouvoir à Varsovie n'en était pas atténué. En ce qui concernait l'Asie, Staline, moyennant sa promesse de déclencher la guerre au Japon, obtenait que fussent attribués à la Russie l'archipel des Kouriles et la moitié de Sakhaline, que la Corée fût livrée aux Soviets au nord du 38ᵉ parallèle et qu'on arrachât à Chang Kaï-chek la Mongolie extérieure. Celle-ci deviendrait une « république populaire ». Il est vrai que, pour ce prix-là, le généralissime donnait l'assurance qu'il n'interviendrait pas dans les affaires intérieures de la Chine. Mais il n'en fournirait pas moins aux communistes de Mao Tsé-tung le soutien et l'armement qui devaient, avant peu, leur permettre de l'emporter. Au total, bien loin de consacrer la coopération mondiale de l'Amérique et de la Russie, à quoi Roosevelt avait sacrifié l'équilibre de l'Europe, la conférence de Potsdam aiguisait leur opposition.

M. Churchill était parti avant la fin, écarté du pouvoir par les électeurs anglais. Au lendemain de la reddition du Reich, l'union nationale, qui durait depuis six ans, s'était rompue en Grande-Bretagne. Des élections avaient eu lieu et voici que, le 25 juillet, le dépouillement des suffrages assurait aux travaillistes la majorité aux Communes. Le Premier Ministre, chef du parti conservateur, devait donc se retirer.

Pour les esprits portés aux illusions du sentiment, cette disgrâce, infligée soudain par la nation britannique au grand homme qui l'avait glorieusement menée jusqu'au salut et à la victoire, pouvait paraître surprenante. Il n'y avait là, cependant, rien qui ne fût conforme à l'ordre des choses humaines. Car, dès lors que la guerre cessait, l'opinion et la politique dépouillaient la psychologie de l'union, de l'élan, du sacrifice, pour écouter les intérêts, les préjugés, les antagonismes. Winston Churchill y perdait, non certes son auréole ni sa popularité, mais bien l'adhésion générale qu'il avait obtenue comme guide et comme symbole de la patrie en danger[31]. Sa nature, identifiée à une magnifique entreprise, sa figure, burinée par les feux et les froids des grands événements, devenaient inadéquates au temps de la médiocrité.

Ce départ facilitait, à certains égards, les affaires françaises ; à d'autres, non. En tout cas, j'y assistai avec mélancolie. Il est vrai qu'au sein de l'alliance Churchill ne me ménageait pas. En dernier lieu, au sujet du Levant, son comportement avait même été celui d'un adversaire. En somme, il m'avait soutenu aussi longtemps qu'il me prenait pour le chef d'une fraction française qui lui était favorable et dont il pourrait se servir. D'ailleurs, ce grand politique ne laissait pas d'être convaincu que la France restait nécessaire et cet exceptionnel artiste[32] était certainement sensible au caractère de ma dramatique entreprise. Mais, quand il avait vu en moi la France comme un État ambitieux qui paraissait vouloir recouvrer sa puissance en Europe et au-delà des mers, Churchill avait, naturellement, senti passer dans son âme quelque souffle de l'âme de Pitt. Malgré tout, ceci demeurait, d'essentiel et d'ineffaçable, que, sans lui, ma tentative eût été vaine dès le départ et qu'en me prêtant alors une main forte et secourable il avait, au premier chef, aidé la chance de la France.

L'ayant beaucoup pratiqué, je l'avais fort admiré, mais aussi souvent envié. Car, si sa tâche était gigantesque, du moins se trouvait-il, lui, investi par les instances régulières de l'État, revêtu de toute la puissance et pourvu de tous les leviers de l'autorité légale, mis à la tête d'un peuple unanime, d'un territoire intact, d'un vaste Empire, d'armées redoutables. Mais moi, dans le même temps, condamné que j'étais par des pouvoirs apparemment officiels, réduit à utiliser quelques débris de forces et quelques bribes de fierté nationale, j'avais dû répondre, seul, du sort d'un pays livré à l'ennemi et déchiré jusqu'aux entrailles. Cependant, si différentes que fussent les conditions dans lesquelles Churchill et de Gaulle avaient eu à accomplir leur œuvre, si vives qu'aient été leurs querelles, ils n'en avaient pas moins, pendant plus de cinq années, navigué côte à côte, en se guidant d'après les mêmes étoiles, sur la mer démontée de l'Histoire. La nef que conduisait Churchill était maintenant amarrée. Celle dont je tenais la barre arrivait en vue du port. Apprenant que l'Angleterre invitait à quitter son bord le capitaine qu'elle avait appelé quand se déchaînait la tempête, je prévoyais le moment où je quitterais le gouvernail de la France, mais de moi-même, comme je l'avais pris.

Au cours des ultimes séances de la conférence de Potsdam, le remplacement de M. Churchill par M. Attlee, devenu Premier Ministre, n'avait rien changé au désaccord profond des « Trois ». Les règlements européens et, avant tout, celui qui eût visé le Reich, ne pouvaient donc être conclus. J'étais, pour ma part, convaincu qu'il en serait ainsi longtemps. Car l'Allemagne était désormais l'objet de la rivalité de la Russie et de l'Amérique, en attendant de devenir peut-être l'enjeu de leur futur conflit. Pour le moment, aucun arrangement ne paraissait praticable, sauf quelque *modus vivendi* relatif à l'occupation, à l'administration des zones, au ravitaillement des habitants, au jugement des criminels de guerre. Il est vrai, qu'avant de se séparer, Truman, Staline et Attlee, constatant leur impuissance, avaient décidé que leurs ministres des Affaires étrangères se réuniraient à Londres, plus à loisir, pour essayer de déterminer les bases des traités de paix. Cette fois, la France était invitée. Nous avions accepté, par principe, mais sans illusions.

Il faut dire que, pour l'immédiat, un point venait d'être réglé d'une manière qui nous donnait une relative satisfaction. En juillet, la Commission européenne de Londres, où la France était représentée avec la Grande-Bretagne, les États-Unis et la Russie, avait fixé les limites des zones françaises d'occupation. J'avais moi-même déterminé les territoires que nous prenions en charge. En Autriche, où commandait Béthouart, c'était le Tyrol qui nous incombait, avec, un mois sur quatre, la responsabilité de Vienne. En Allemagne, c'était la rive gauche du Rhin depuis Cologne jusqu'à la frontière suisse et, sur la rive droite, le pays de Bade et une partie du Wurtemberg. L'occupation de Berlin devait être assurée par nous au même titre que par les autres. Aux conditions ainsi formulées les Alliés avaient souscrit, sauf pour Cologne que les Anglais tenaient et qu'ils exigeaient de garder. Une tâche, essentielle au point de vue de notre rang, de l'avenir de l'Europe, des relations humaines entre Français et Germaniques, mais très délicate par le fait des réactions que les cruautés commises par les Allemands risquaient d'entraîner chez les nôtres, incombait à l'armée française. Elle allait s'en acquitter avec une dignité, une modération, une discipline, qui feraient honneur à la France.

Aussitôt après la reddition du Reich, j'avais été saluer cette armée sur le terrain de sa victoire, décorer le général de Lattre et plusieurs de ses lieutenants et leur donner des instructions. Les 19 et 20 mai, dans Stuttgart ruiné de fond en comble mais peuplé autant que jamais, ensuite au pied de l'Arlberg, enfin sous les murs de Constance, le chef de « Rhin et Danube » me présenta de splendides parades. Parmi les Français vainqueurs défilant devant de Gaulle, il subsistait, à coup sûr, des différences d'état d'esprit. Mais l'unité était faite sur le sujet qui, naguère, provoquait tant de divisions. Tous ces soldats étaient aujourd'hui certains que le devoir avait consisté à lutter contre l'envahisseur et que, si l'avenir s'ouvrait devant la France, c'est parce qu'eux-mêmes avaient combattu.

Au cours de mon inspection, j'allai voir, en particulier, la 2ᵉ division blindée. Dans la plaine d'Augsbourg, cette grande unité passa devant moi tout entière, en bataille, à vive allure. À ce spectacle, j'étais fier de penser que, grâce à de tels éléments, cette guerre et ma querelle se terminaient dans l'honneur. Mais, en même temps, je songeais, — *infandum dolorem*[33] ! — qu'il n'eût tenu qu'à nous-mêmes de disposer, six ans plus tôt, de sept divisions semblables et d'un commandement capable de s'en servir. Alors, les armes de la France auraient changé la face du monde.

Celle que présentait l'Allemagne était lamentable, en tout cas. Considérant les monceaux de décombres à quoi les villes étaient réduites, traversant les villages atterrés, recueillant les suppliques des bourgmestres au désespoir, voyant les populations d'où les adultes masculins avaient presque tous disparu, je sentais se serrer mon cœur d'Européen[34]. Mais, aussi, je discernais que le cataclysme, ayant atteint un tel degré, modifierait profondément la psychologie des Allemands.

C'en était fini pour longtemps de ce Reich conquérant, qui, trois fois en l'espace d'une vie d'homme, s'était rué à la domination. Niveau de vie et reconstruction, voilà quelles seraient forcément, pendant de nombreuses années, les ambitions de la nation allemande et les visées de sa politique. D'ailleurs, je ne doutais guère qu'elle dût rester coupée en deux et que la Russie soviétique voulût garder à sa discrétion le morceau des terres germaniques d'où justement étaient parties les impulsions vers « l'espace vital ». Ainsi, au milieu des ruines, des deuils, des humiliations, qui submergeaient l'Allemagne à son tour, je sentais s'atténuer dans mon esprit la méfiance et la rigueur. Même, je croyais apercevoir des possibilités d'entente[35] que le passé n'avait jamais offertes. Au demeurant, il me semblait que le même sentiment se faisait jour chez nos soldats. Le souffle de la vengeance, qui les avait d'abord traversés, était tombé à mesure qu'ils progressaient sur ce sol ravagé. Aujourd'hui, je les voyais miséricordieux devant le malheur des vaincus.

Cependant, le Reich étant anéanti et, d'autre part, les Alliés ne s'accordant pas au sujet de son destin, force était à chacun d'entre eux d'assumer l'administration de sa zone. C'est ce dont avaient convenu, sur instructions des gouvernements, Eisenhower, Joukov, Montgomery, de Lattre, réunis à Berlin pour parer au plus pressé. En outre, il était entendu que les quatre commandants en chef constituaient une « Commission alliée de contrôle » pour l'ensemble du territoire allemand. À la fin de juillet, nos troupes avaient occupé Sarrebruck, Trèves, Coblence, Mayence, Neustadt et leurs environs, où les Américains leur laissaient la place et, en échange, évacué Stuttgart. Sur la rive droite, nous demeurions dans les régions de Fribourg, de Constance et de Tübingen.

Le général de Lattre, quelque peine qu'il en éprouvât, quittait alors son commandement, appelé qu'il était au poste le plus élevé de l'armée, celui de chef d'état-major général[36]. Le général Kœnig prenait la charge de commandant en chef en Allemagne. Un organisme destiné à l'administration et au contrôle se constituait sous ses ordres ; Émile Laffon devenant[e], à ce titre, l'adjoint du commandant en chef et des délégués français prenant en compte les divers territoires : Grandval en Sarre, Billotte dans la province rhénane et la Hesse-Nassau, Boulay au Palatinat, Widmer en Wurtemberg, Schwartz dans le pays de Bade. C'est eux qui auraient à choisir les gouvernants et les fonctionnaires parmi les citoyens allemands qui paraîtraient qualifiés.

Avant l'ouverture de la conférence de Londres, où les ministres des Affaires étrangères devaient chercher une base d'accord, je m'étais rendu à Washington. Depuis trois mois, Harry Truman demandait à me rencontrer[37]. Probablement le nouveau Président désirait-il effacer l'effet produit, au lendemain de Yalta, par la convocation que Roosevelt m'avait adressée et par mon refus de m'y rendre. Mais Truman souhaitait surtout être mis directement au fait des intentions de la France en ce début d'une paix difficile.

L'effondrement de l'Allemagne, qu'allait suivre celui du Japon, plaçait les États-Unis devant une sorte de vide politique. Jusqu'alors, la guerre leur avait dicté leurs plans, leurs efforts, leurs alliances. Tout cela n'avait plus d'objet. L'univers changeait complètement et à un rythme ultra-rapide. Cependant, l'Amérique, la seule intacte des grandes puissances, restait investie dans la paix de la même responsabilité qu'elle avait dû finalement assumer dans le conflit. Or, voici que se dressait la concurrence nationale et idéologique d'un État à sa dimension. Face à l'Union soviétique, les États-Unis se demandaient que faire, à quelles causes extérieures s'attacher ou se refuser, quels autres peuples aider ou non ? Bref, l'isolationnisme leur devenait impossible. Mais, quand on est indemne et puissant, on se doit d'accepter les embarras d'une grande politique.

Il était naturel que le président Truman eût hâte de consulter la France. Celle-ci, malgré les épreuves qu'elle venait de traverser, se trouvait être, sur l'Ancien Continent, le seul pays auquel pût s'accrocher une politique occidentale. Elle demeurait, d'autre part, une grande réalité africaine. On rencontrait sa souveraineté jusque sur les terres de l'Amérique et de l'Océanie. Elle n'avait pas quitté l'Orient. Rien ne pouvait l'empêcher de retourner en Extrême-Asie. Son prestige et son influence refleurissaient par toute la terre. Que l'Amérique essayât d'organiser la paix par la collaboration des peuples, qu'elle s'en tînt au système de l'équilibre des forces*, ou qu'elle fût simplement contrainte de préparer sa propre défense, comment se passer de la France ?

C'est pourquoi, dès la fin de mai, recevant Georges Bidault que la conférence de San Francisco amenait aux États-Unis, le Président l'avait prié de me dire qu'il souhaitait s'entretenir avec moi. Ma réponse fut favorable. J'invitai Truman à venir en France si cela pouvait lui convenir. Sinon, j'irais volontiers lui faire visite aux États-Unis. Mais, comme déjà il était question de la conférence de Potsdam, j'indiquais au Président, « qu'en raison des réactions de l'opinion française, sa venue à Paris, ou bien la mienne à Washington, ne devrait pas avoir lieu immédiatement avant, ni immédiatement après, la réunion que les " Trois " allaient tenir en mon absence ». Truman comprit qu'il valait mieux ne pas atterrir en France quand il irait à Berlin ou quand il en reviendrait. Le 3 juillet, il me télégraphia « qu'il proposait que notre rencontre ait lieu à Washington à la fin d'août ». Je répondis : « J'accepte avec plaisir votre aimable invitation[38]... »

Je m'envolai le 21 août, en compagnie de Bidault, de Juin, de Palewski et de plusieurs diplomates. Par les Açores et les Bermudes, nous arrivâmes à Washington dans l'après-midi du 22. M. Byrnes, secrétaire d'État, le général Marshall, M. Caffery, nous accueillirent à l'aérodrome au milieu d'un nombreux concours d'officiels, de curieux, de journalistes. Le long du parcours qui menait à la Maison-Blanche, la capitale fédérale ne ménagea pas ses vivats. Nous fûmes aussitôt engagés dans la série des entretiens et saisis par l'engrenage des réceptions et des cérémonies, celle, notamment, au cours de laquelle je fis dignitaires de la Légion d'honneur les généraux Marshall, Arnold, Somervell, les amiraux King et Leahy[39], ce dernier quelque peu contrit d'être décoré par de Gaulle. En accomplissant les mêmes rites où j'avais figuré une année auparavant, en entendant les propos des mêmes ministres, grands chefs, fonctionnaires, en écoutant les questions des mêmes représentants de la presse, je constatai combien, aux yeux du monde, la France s'était redressée. Lors de mon précédent voyage, on la regardait encore comme une captive énigmatique. On la tenait, à présent, pour une grande alliée blessée, mais victorieuse, et dont on avait besoin.

C'était là, sans doute, l'idée du Président. Pendant sept heures, les 22, 23, 25 août, j'eus avec lui des entretiens auxquels assistèrent les deux ministres, Joseph Byrnes et Georges Bidault, et les deux ambassadeurs, Jefferson Caffery et Henri Bonnet[40]. M. Truman, sous des manières simples, se montrait très positif. À l'entendre, on se sentait loin des vues d'un vaste idéalisme que déroulait dans ce même bureau son illustre prédécesseur. Le nouveau Président avait renoncé au plan d'une harmonie mondiale et admis que la rivalité du monde libre et du monde soviétique dominait tout, désormais. L'essentiel consistait donc à éviter les querelles entre États et les secousses révolutionnaires, afin que tout ce qui n'était pas communiste ne fût pas conduit à le devenir.

Quant aux problèmes compliqués de notre antique univers, ils n'intimidaient point Truman qui les considérait sous l'angle d'une optique simplifiée. Pour qu'un peuple fût satisfait, il suffisait qu'il pratiquât la démocratie à la manière du Nouveau Monde. Pour mettre fin aux antagonismes qui opposaient des nations voisines, par exemple Français et Allemands, il n'était que d'instituer une fédération des rivaux, comme avaient su le faire entre eux les États d'Amérique du Nord. Pour que les pays sous-développés penchent vers l'Occident, il existait une recette infaillible : l'indépendance ; à preuve l'Amérique elle-même qui, une fois affranchie de ses anciens possesseurs, était devenue un pilier de la civilisation. Enfin, devant la menace, le monde libre n'avait rien de mieux à faire, ni rien d'autre, que d'adopter le *leadership* de Washington.

Le président Truman était, en effet, convaincu que la mission de servir de guide revenait au peuple américain, exempt des entraves extérieures et des contradictions internes dont étaient encombrés les autres. D'ailleurs, à quelle puissance, à quelle richesse, pouvaient se comparer les siennes ? Je dois dire qu'en cette fin de l'été 1945 on était, dès le premier contact avec les États-Unis, saisi par l'impression qu'une activité dévorante et un intense optimisme emportaient toutes les catégories. Parmi les belligérants, ce pays était le seul intact. Son économie, bâtie sur des ressources en apparence illimitées, se hâtait de sortir du régime du temps de guerre pour produire des quantités énormes de biens de consommation. L'avidité de la clientèle et, au-dehors, les besoins de l'univers ravagé garantissaient aux entreprises les plus vastes débouchés, aux travailleurs le plein emploi. Ainsi, les États-Unis se sentaient assurés d'être longtemps les plus prospères. Et puis, ils étaient les plus forts ! Quelques jours avant ma visite à Washington, les bombes atomiques avaient réduit le Japon à la capitulation.

Le Président n'envisageait donc pas que la Russie pût, de sitôt, risquer directement une guerre. C'est pourquoi, m'expliquait-il, les forces américaines achevaient de quitter l'Europe, à l'exception d'un corps d'occupation en Allemagne et en Autriche. Mais il pensait qu'en maints endroits la ruine, la misère, le désordre, pouvaient avoir pour conséquence l'avènement du communisme et procurer aux Soviets autant de victoires sans batailles. Au total, le problème de la paix n'était donc, suivant lui, que d'ordre économique. Les nations d'Europe occidentale, qu'elles aient gagné ou perdu la guerre, avaient à reprendre au plus tôt le cours normal de leur existence. En Asie et en Afrique, les peuples sous-développés devaient recevoir les moyens d'élever leur niveau de vie. Voilà de quoi il s'agissait, et non point de frontières, de griefs, de garanties !

C'est dans cet état d'esprit que le président Truman examina avec moi les questions posées par la victoire. Il m'entendit lui exposer comment nous, Français, envisagions le sort des pays allemands et ne fit d'objection directe à aucune de nos propositions : fin du Reich centralisé, autonomie de la rive gauche du Rhin, régime international de la Ruhr. Mais, sur ces points, il resta réservé. Par contre, il fut catégorique quant à la nécessité de ménager matériellement l'Allemagne. Tout en voulant, — comme moi-même, — qu'on aidât le bassin westphalien à reprendre en grand et rapidement l'extraction du charbon, il n'était guère favorable à l'idée d'en remettre certaines quantités à la France, à la Belgique, à la Hollande, en raison des destructions dont elles avaient été victimes. Tout au plus suggérait-il que ces pays achetassent — en dollars — une part des combustibles. De même, le Président se montrait opposé aux prélèvements de matières premières, de machines, d'objets fabriqués, à opérer par les vainqueurs. Même la récupération des outillages que les Allemands avaient pris chez nous inquiétait Harry Truman. En revanche, il accueillait fort bien la perspective du rattachement économique de la Sarre à la France, parce que la production du charbon et de l'acier en serait certainement accrue[q].

J'expliquai au Président pourquoi la France concevait le monde d'une manière moins simplifiée que le faisaient les États-Unis. « Vous autres, Américains, lui dis-je, avez pris part aux deux guerres mondiales avec une efficacité et un courage devant lesquels on doit s'incliner. Cependant, les invasions, les dévastations, les révolutions, sont pour vous des épreuves inconnues. Mais, en France, les vieillards d'aujourd'hui ont vu, au cours de leur vie, notre pays envahi trois fois, en dernier lieu d'une manière totale. La somme des pertes humaines, des destructions, des dépenses, qui en sont résultées pour nous, est proprement incalculable. Chacune de ces crises, notamment la plus récente, a suscité dans notre peuple des divisions d'une profondeur qui ne peut être mesurée. Notre unité intérieure et notre rang international en sont compromis pour longtemps. Moi-même et mon gouvernement avons donc, vis-à-vis de la France, le devoir de prendre les mesures voulues pour que la menace germanique ne reparaisse jamais. Notre intention n'est certes pas de pousser le peuple allemand au désespoir. Au contraire, nous entendons qu'il vive, qu'il prospère et, même, qu'il se rapproche de nous. Mais il nous faut des garanties. Je vous ai précisé lesquelles. Si, plus tard, il se révèle que nos voisins ont changé de penchants, on pourra revenir sur les précautions initiales. Mais, à présent, l'armature à donner à l'Allemagne doit être obligatoirement pacifique et il s'agit de la forger pendant que le feu du ciel a rendu le fer malléable. »

Je fis observer à M. Truman qu'il y avait là l'espoir de rétablir un jour l'équilibre européen. « Cet équilibre est rompu, dis-je, parce qu'avec le consentement de l'Amérique et de la Grande-Bretagne les États de l'Europe centrale et balkanique sont contraints de servir de satellites à l'Union soviétique. Si ces États ont en commun avec leur " protecteur " une même crainte nationale de voir renaître l'ambitieuse Allemagne, les liens qui les attachent par force à la politique moscovite en seront d'autant plus dangereux. S'ils constatent, au contraire, qu'il n'existe plus de menace germanique, leurs intérêts nationaux ne manqueront pas de se dresser au-dedans du camp soviétique. D'où, entre eux et leur suzerain, d'inévitables discordes qui détourneront le Kremlin des entreprises belliqueuses, d'autant plus que la Russie elle-même sera, dans ses profondeurs, moins portée aux aventures. Il n'est pas jusqu'à l'Allemagne qui ne puisse tirer parti de la structure rassurante qui doit lui être fixée. Car un régime réellement fédéral serait son unique chance de voir les Soviets permettre aux territoires prussiens et saxons de se lier au tronc commun. La voie où la France propose que nous engagions l'ancien Reich, c'est la seule qui puisse conduire au regroupement européen. »

À l'issue de ces échanges de vues entre Truman et moi sur le sujet germanique et des entretiens complémentaires de Byrnes avec Bidault, il fut admis, qu'à la conférence de Londres, la délégation américaine recommanderait que nos propositions soient prises en considération. Sans préjuger de la décision relative au statut de la Ruhr, on convint qu'une commission franco-anglo-américaine serait immédiatement installée dans le bassin. Cet organisme aurait à faire en sorte que l'extraction reprenne rapidement et que la France reçoive une part importante du charbon ; le mode de paiement devant être réglé en même temps que le serait celui des réparations. Les Américains firent connaître qu'ils ne s'opposeraient pas aux mesures que nous voulions prendre relativement à la Sarre. Enfin, on prit occasion de mon voyage à Washington pour conclure la négociation menée par Jean Monnet, depuis plusieurs mois, au sujet d'un prêt à long terme de 650 millions de dollars que l'Amérique nous faisait au moment où elle mettait un terme au « lease-lend [41] ».

Quant aux pays d'Asie et d'Afrique plus ou moins « colonisés », je déclarai qu'à mon avis, l'époque nouvelle marquerait leur accession à l'indépendance, réserve faite des modalités qui seraient forcément variables et progressives. L'Occident devait le comprendre et, même, le vouloir. Mais il fallait que les choses se fassent avec lui, non pas contre lui. Autrement, la transformation de peuples encore frustes et d'États mal assurés déchaînerait la xénophobie, la misère et l'anarchie. Il était facile de prévoir qui, dans le monde, en tirerait avantage.

« Nous sommes décidés, dis-je au Président, à acheminer vers la libre disposition d'eux-mêmes les pays qui dépendent du nôtre. Pour certains, on peut aller vite ; pour d'autres, non ; en juger, c'est l'affaire de la France. Mais, dans ce domaine, rien ne serait déplorable autant que les rivalités des puissances occidentales. Par malheur, c'est ce qui se passe au sujet du Levant. » Et d'exhaler mon irritation quant au soutien que l'Amérique venait d'apporter au chantage des Britanniques. « En définitive, déclarai-je, je prédis que c'est l'Occident qui fera les frais de cette erreur et de cette injustice. »

M. Truman convint que Washington avait fait à la thèse britannique un crédit exagéré. « En tout cas, dit-il, pour ce qui est de l'Indochine, mon gouvernement ne fait pas opposition au retour de l'autorité et de l'armée françaises dans ce pays. » Je répondis : « Bien que la France n'ait rien à demander en une affaire qui est la sienne, je note avec satisfaction les intentions que vous m'exprimez. L'ennemi s'est, naguère, emparé de l'Indochine. Grâce à la victoire, à laquelle l'Amérique a pris une part incomparable, la France va y retourner. C'est avec la volonté que s'y établisse un régime conforme au vœu des populations. Cependant, nous nous trouvons, là aussi, contrariés par des dispositions que nos alliés sont en train de prendre sans nous avoir même consultés. »

Je marquai à M. Truman que nous n'acceptions nullement de voir les troupes anglaises prendre la place des Japonais dans le sud de l'Indochine ; les troupes chinoises, dans le nord. Or, c'est ce qui allait se passer, conformément à un accord conclu au Caire, en 1943, entre Roosevelt, Churchill et Chang Kaï-chek et que la conférence de Potsdam venait d'entériner. Nous n'ignorions pas, d'autre part, que des chargés de mission américains, rassemblés par les soins du général Wedemeyer, délégué des États-Unis auprès du commandement chinois, se disposaient à passer au Tonkin pour y prendre contact avec le pouvoir révolutionnaire. Tout cela n'était pas de nature à nous faciliter les choses. Sur quoi, le Président crut devoir me répéter que, du côté de Washington, on s'abstiendrait décidément de faire obstacle à notre entreprise.

Nous nous séparâmes en bons termes. Sans doute ne pouvait-il y avoir entre nos deux États de compréhension ni de confiance sans réserve. Les entretiens de Washington avaient montré, s'il en était besoin, que l'Amérique suivait une route qui n'était pas identique à la nôtre. Du moins, Harry Truman et moi nous étions-nous franchement expliqués. J'emportais du président Truman l'impression d'un chef d'État bien à sa place, d'un caractère ferme, d'un esprit tourné vers le côté pratique des affaires, bref de quelqu'un qui, sans doute, n'annonçait pas de miracles, mais sur qui, dans les cas graves, on pourrait certainement compter. Lui-même se montra plein de prévenances à mon égard. Les déclarations qu'il fit au lendemain de ma visite passèrent de loin l'éloge banal. Lors de notre dernière entrevue, il fit ouvrir tout à coup les portes de son bureau, derrière lesquelles vingt photographes se tenaient prêts à agir, et me passa par surprise autour du cou le collier du Mérite, se doutant bien que, prévenu, j'eusse décliné toute distinction. Puis, il décora Bidault. À mon départ, il me fit don, au nom des États-Unis, d'un magnifique DC 4. Par la suite, il n'y eut jamais entre nous aucun mot qui fût acide.

Pour recevoir de Gaulle et les siens, New York déchaîne, alors, l'ouragan de son amitié. Nous y arrivons le 26 août, par la route, venant de West Point où j'ai inspecté l'école militaire, après m'être, à Hyde Park, incliné devant la tombe de Roosevelt. C'est dimanche et, au surplus, le premier jour où la vente de l'essence a été rendue libre. Toutes les voitures se trouvent donc dehors. Une file d'autos, rangée sur le côté au long de cent kilomètres, salue notre passage par un vacarme incroyable de klaxons. Le maire, Fiorello La Guardia, prodige d'entrain et de sympathie, nous accueille à l'entrée. Le soir, après diverses cérémonies, il nous mène au Central Park, où Marian Anderson doit chanter *La Marseillaise*. Là, dans la nuit, vingt bras irrésistibles me poussent sur la scène de l'immense amphithéâtre. Les projecteurs s'allument et j'apparais à la foule entassée sur les gradins. Une fois passée la vague des acclamations et quand la voix admirable de la cantatrice a terminé notre hymne national, je lance, de tout cœur, mon salut à la grande cité.

Le lendemain, a lieu le « défilé triomphal ». Nous traversons la ville en grand cortège. Le maire est à mes côtés, exultant de satisfaction, tandis que retentissent les cris de la multitude et que drapeaux et oriflammes s'agitent à tous les étages. Le parcours de Broadway se déroule au milieu d'un indescriptible déferlement de : « *Long live France !* » — « *De Gaulle ! Hurrah !* » — « *Hello, Charlie !* » sous les épais nuages des morceaux de papier lancés de cent mille fenêtres. Au City Hall, ont lieu la réception, l'échange des discours, le défilé des personnalités. Je décore La Guardia qui, depuis juin 1940, s'est montré l'un des plus ardents et efficaces partisans que la France Combattante ait comptés aux États-Unis. Puis, je reçois le diplôme de citoyen d'honneur de New York. Au colossal banquet qui suit, le maire déclare dans son toast : « En levant mon verre à la gloire du général de Gaulle, je voulais le saluer comme le plus jeune des citoyens de New York, car il y a tout juste une heure que nous l'avons inscrit au registre de l'état civil. Mais, depuis ce moment-là, on a déclaré la naissance de quarante-cinq autres bébés ! » Le gouverneur de l'État, John Dewey, m'affirme : « Si calme que je puisse être, j'ai été bouleversé par l'émotion de la cité. » Sans doute ce caractère de pittoresque dans le gigantesque est-il habituel aux manifestations publiques américaines. Mais l'explosion d'enthousiasme qui a marqué celle-là révèle l'extraordinaire dilection à l'égard de la France que recèle le fond des âmes.

Chicago le fait voir aussi[42]. Pourtant, par différence avec New York, la ville n'est pas orientée vers l'Europe et sa population provient des pays les plus divers du monde. « Ici, me dit le maire Edward Kelly, vous serez acclamé en soixante-quatorze langues. » De fait, nous rendant, ce soir-là, au dîner de la municipalité, traversant, le lendemain, les rues et les boulevards pour visiter les constructions symbolisant le nouveau démarrage, reçus à l'hôtel de ville, allant prendre part au banquet monstre offert par l'Association du commerce et l'American Legion, nous sommes entourés d'une foule où se mêlent toutes les races de la terre mais unanime dans ses clameurs.

Le Canada nous fait, à son tour, un accueil démonstratif. Mes hôtes, le comte d'Athlone, gouverneur général, et son épouse, la princesse Alice, me déclarent à l'arrivée : « Vous avez pu constater, l'année dernière, à votre passage, quels sentiments vous portait l'opinion de ce pays. Mais, depuis, la France et vous avez gagné 300 pour 100. — Pourquoi ? — Parce qu'alors vous étiez encore un point d'interrogation. Maintenant, vous êtes un point d'exclamation. » À Ottawa, les autorités et le peuple nous prodiguent, en effet, tous les témoignages imaginables. Le « Premier » Mackenzie King qu'assistent le ministre des Affaires étrangères Saint-Laurent et l'ambassadeur Vanier, et moi-même qu'accompagnent Bidault et notre ambassadeur Jean de Hauteclocque nous trouvons d'autant plus à notre aise pour évoquer les grandes questions que les intérêts de la France ne heurtent nulle part ceux du Canada.

Mackenzie King veut avoir avec moi une intime conversation. Ce vétéran d'une politique résolument canadienne me dit : « Je tiens à vous montrer le fond de notre pensée. Le Canada est limitrophe des États-Unis sur cinq mille kilomètres, — voisinage souvent écrasant. Il est membre du Commonwealth, — ce qui est quelquefois pesant. Mais il entend agir en pleine indépendance. Nous sommes un pays d'une étendue illimitée et doté de grandes ressources. Les mettre en valeur, voilà notre ambition, tout entière tournée vers le dedans. Nous n'avons aucun motif de contrecarrer la France dans aucun de ses champs d'action. Bien au contraire, tout nous rend désireux de lui prêter nos bons offices dans la mesure de nos moyens, chaque fois qu'elle le jugera bon. — Quant à nous, dis-je à Mackenzie King, les deux guerres nous ont montré la valeur de votre alliance. Sans doute aurons-nous, dans la paix, à user de votre amitié. Ce que vous venez de dire achève de me prouver que la France eut mille fois raison de venir ici jadis et d'y semer la civilisation. »

Nous passons par Terre-Neuve pour rentrer à Paris. Pendant l'escale à la base américaine de Gander, au milieu d'une contrée presque déserte en temps normal, je m'entends appeler par une foule de bonnes gens rassemblés le long des clôtures. Je vais les voir. Ce sont des habitants venus de divers points de l'île pour saluer le général de Gaulle. Fidèles aux aïeux normands, bretons et picards qui ont peuplé Terre-Neuve, tous parlent français. Tous aussi, saisis par une émotion ancestrale, crient : « Vive la France ! » et me tendent les mains.

Presque aussitôt après notre voyage, se réunissait la conférence de Londres, dernière chance d'un accord entre les quatre alliés. Du 11 septembre au 3 octobre, Byrnes, Molotov, Bevin et Bidault examinèrent ensemble les problèmes européens. En fait, les séances des Quatre ne firent qu'aigrir l'opposition entre Russes et Anglo-Saxons. C'est à peine si l'on put, au sujet de l'Italie, recueillir l'impression qu'une entente serait possible quant au sort de l'Istrie et de la ville de Trieste. Georges Bidault précisa, d'autre part, en quoi consistaient les menus changements que nous voulions voir apporter au tracé de la frontière des Alpes et obtint, sur ce point-là, l'approbation de ses trois collègues. Mais, lorsque vint sur le tapis la question des anciennes colonies italiennes, que l'Anglais et l'Américain parlèrent d'ériger la Libye en un État indépendant, que le Français proposa de placer ce territoire sous la coupe des Nations unies avec l'Italie comme *trustee*, M. Molotov réclama pour la Russie le mandat sur la Tripolitaine. Du coup, MM. Bevin et Byrnes, suffoqués, suspendirent la conversation et la question italienne s'enfonça dans une impasse.

Il en fut de même des projets de traités relatifs à la Hongrie, à la Roumanie et à la Bulgarie ; les Soviétiques donnant à comprendre qu'il leur appartenait, à eux, d'en fixer les conditions et qu'ils en avaient les moyens puisqu'ils étaient les seuls occupants ; les Anglo-Saxons protestant contre l'oppression politique que subissaient les trois États, comme si celle-ci était autre chose que la conséquence des accords de Téhéran, de Yalta et de Potsdam[43]. Mais c'est sur le problème de l'Allemagne que se manifesta surtout l'impossibilité où l'on était d'adopter quelque solution que ce fût.

La France, pourtant, et elle seulement, en avait formulé une. À la veille de l'ouverture de la conférence de Londres, j'avais fait connaître au public, par la voie d'une interview accordée à Gerald Norman correspondant du *Times* à Paris, quelles conditions nous mettions à la paix avec l'Allemagne[44]. Puis, au cours de la conférence, un mémorandum de notre délégation et un exposé de Bidault précisèrent notre position. La conférence ne fit pas mauvais accueil au programme français. L'idée de remplacer le Reich par une fédération d'États lui parut fort raisonnable. La conception d'une union économique franco-sarroise ne souleva aucune objection. Le projet tendant à constituer le Palatinat, la Hesse, la Province rhénane, en États autonomes et à les intégrer dans un système économique et stratégique occidental ne sembla pas inacceptable. Même, nos partenaires approuvèrent, à première vue, notre proposition de placer la Ruhr sous un régime international. Mais, quand M. Molotov eut déclaré, qu'à ce régime, la Russie devrait prendre part et qu'il faudrait qu'il y eût, à Düsseldorf, des troupes soviétiques avec les détachements des forces de l'Occident, M. Byrnes poussa les hauts cris et M. Bevin fit chorus. La conférence n'alla pas plus avant dans l'examen de notre solution. Nul, d'ailleurs, ne lui en proposa d'autre. Elle finit par se séparer après vingt-trois jours de débats aussi vains pour le présent qu'inquiétants pour l'avenir.

Chacun se trouvait donc amené à procéder dans sa zone comme il lui paraîtrait bon. À l'Est, les Soviétiques allaient instaurer en Prusse et en Saxe un système politique et social de leur façon. À l'Ouest, les Américains, agissant à l'encontre des tendances autonomistes qui se faisaient jour en Bavière, en Basse-Saxe et en Wurtemberg, et les Anglais, qui trouvaient lourde la responsabilité directe de la Ruhr et des grands ports de la mer du Nord, iraient à l'organisation qui leur semblait la plus facile. Ils fondraient leurs deux zones en une seule et y délégueraient les affaires à un collège de secrétaires généraux allemands. Ainsi serait créé, en somme, un gouvernement du Reich, en attendant qu'on procédât à des élections générales. La perspective d'une véritable fédération allemande s'évanouissait dans les faits. Plus tard, les Anglo-Saxons nous presseraient de joindre aux régions où ils rebâtissaient le Reich les territoires que nous occupions. Mais je n'y consentirais pas.

Pour le moment, en tout cas, notre zone n'incombe qu'à nous seuls. Au début du mois d'octobre, j'y vais prendre contact avec les autorités allemandes et avec les populations et voir quelles possibilités s'offrent sur les bords du Rhin à la politique où j'engage la France. Diethelm, Capitant, Dautry, Juin, Kœnig, m'accompagnent. La Sarre, d'abord, reçoit notre visite. Le 3 octobre, à Sarrebruck qui n'est que ruines, le Dr Neureuther, président du gouvernement, et M. Heim, bourgmestre, me mettent au fait des difficultés dans lesquelles ils se débattent. À eux-mêmes, aux fonctionnaires et aux notables sarrois, dévorés en ma présence d'appréhension et de curiosité, je déclare : « Délibérément, je ne veux rien dire ici des événements du passé. Mais, pour l'avenir, il faut nous comprendre, car nous avons beaucoup à faire ensemble. » Puis, j'indique que notre tâche consiste à rétablir la vie normale dans la Sarre et, plus tard, la prospérité. Je conclus en exprimant l'espoir que, « le temps passant et notre collaboration produisant ses effets, nous, Français, découvrirons chez les Sarrois des motifs d'estime et de confiance et qu'eux-mêmes s'apercevront qu'humainement nous sommes tout près d'eux. S'il en est ainsi, ajoutai-je, ce sera tant mieux pour l'Occident et pour l'Europe, dont vous êtes, comme nous, les enfants ». Ayant achevé, je vois des larmes aux yeux de mes auditeurs.

À Trèves, j'ai le même spectacle de résignation muette et de gravats entassés. Cependant, l'antique cité mosellane a conservé sa figure autour de la Porta Nigra sortie intacte du cataclysme. Les personnalités locales, dont l'évêque Mgr Bornewasser, m'ouvrent leur âme déchirée. Je leur tiens le même langage que j'ai fait entendre à Sarrebruck. « La France, dis-je, n'est pas ici pour prendre, mais pour faire renaître. » Le soir, je visite Coblence. M. Boden, président du gouvernement, et les notables qui l'entourent recueillent de ma bouche les encouragements de la France. Là comme ailleurs, ceux-ci sont reçus avec respect et émotion.

C'est aussi le cas, le lendemain, à Mayence. La foule y est nombreuse pour accueillir Charles de Gaulle. On dirait, qu'après des siècles aboutissant à d'immenses épreuves, l'âme des ancêtres gaulois et francs revit en ceux qui sont là. C'est à quoi le Dr Steffan, président de la Hesse-Nassau, le bourgmestre Dr Kraus, l'évêque Mgr Stohr, font allusion dans leurs adresses. J'y réponds par des paroles d'espoir, ajoutant : « Ici, tant que nous sommes, nous sortons de la même race. Et nous voici, aujourd'hui, entre Européens et entre Occidentaux. Que de raisons pour que, désormais, nous nous tenions les uns près des autres ! »

Gagnant le Palatinat aussi ravagé que possible, je reçois

à Neustadt un accueil saisissant. Autour du président le Dr Eisenlaub, de son adjoint le Dr Koch, de l'évêque Mgr Wendel, se pressent conseillers de district, bourgmestres, curés, pasteurs, professeurs, représentants du barreau, de l'économie, du travail. Tous applaudissent avec chaleur le chef de leur gouvernement me déclarant que le territoire demande à redevenir ce qu'il était autrefois, savoir l'État palatin, afin de reprendre en main sa destinée et de se lier à la France.

Fribourg, en Forêt-Noire, groupe pour recevoir de Gaulle tout ce qui est représentatif des régions occupées par nous sur la rive droite du Rhin. Le 4 octobre, le Dr Wohleb me présente les personnalités de Bade. Le 5 dans la matinée, M. Carlo Schmitt introduit celles du Wurtemberg. L'archevêque de Fribourg Mgr Groeber, ainsi que Mgr Fischer du diocèse de Rotthausen, sont parmi les visiteurs. Puis, ces hommes de qualité, frémissants de bonne volonté, se réunissent afin de m'entendre évoquer « les liens qui, jadis, rapprochaient les Français et les Allemands du Sud et qui doivent, maintenant, reparaître, pour servir à bâtir " notre " Europe et " notre " Occident ». Sur quoi, la salle retentit des hourras les plus convaincus. Dans cette atmosphère étonnante, j'en viens à me demander si tant de batailles livrées et tant d'invasions subies depuis des siècles par les deux peuples luttant l'un contre l'autre, tant d'horreurs toutes récentes commises à notre détriment, ne sont pas de mauvais rêves. Comment croire qu'il y ait eu jamais chez les Germains, à l'égard des Gaulois, autre chose que cette cordialité dont on m'offre des preuves éclatantes ? Mais, sortant de la cérémonie pour me retrouver dans les rues démolies, au milieu d'une foule douloureuse, je mesure quel désastre ce pays a dû subir pour écouter, enfin, la raison.

Dans cette journée du 5 octobre, je passe à Baden-Baden où le général Kœnig a son quartier général. Là, tous ceux qui ont à diriger quelque branche de l'organisation administrative française me peignent l'empressement des Allemands à répondre à nos directives et leur désir d'une réconciliation. L'un des signes de cet état d'esprit est l'extraordinaire essor que prennent, ces jours-là même, l'université franco-allemande de Mayence, les écoles, lycées, centres d'études et d'information, que nous venons d'ouvrir en divers points. L'après-midi, quittant l'Allemagne, je gagne Strasbourg. Car c'est de là que j'entends montrer à la nation française vers quel grand but je la dirige pour peu qu'elle veuille me suivre. Émile Bollaert, commissaire de la République, Bernard Cornut-Gentille, préfet du Bas-Rhin, et le général du Vigier, gouverneur, me font arriver par le fleuve. Ayant parcouru le port, le cortège de nos bateaux pénètre dans la cité par les canaux dont les rives et les ponts sont couverts d'une foule plus ardente qu'aucune autre ne le fut jamais. Je préside à la réouverture de l'université de Strasbourg. Puis, je reçois, au palais du Rhin, les autorités de l'Alsace. Enfin, sur la place Broglie, du balcon de l'hôtel de ville, je m'adresse à la multitude :

« Je suis ici, dis-je, pour proclamer la grande tâche rhénane française. Hier, le fleuve du Rhin, notre fleuve, était une barrière, une frontière, une ligne de combat. Aujourd'hui, puisque l'ennemi s'est écroulé grâce à notre victoire, puisqu'ont disparu dans les Allemagnes les attractions furieuses qui les rassemblaient pour le mal, le Rhin peut reprendre le rôle que lui tracent la nature et l'Histoire. Il peut redevenir un lien occidental. » Et de m'écrier : « Regardons-le ! Il porte sur ses eaux l'un des plus grands destins du monde. Depuis la Suisse, d'où il sort ; par l'Alsace, la région mosellane, Bade, les bassins du Main et de la Ruhr, qui sont situés sur ses bords ; à travers les Pays-Bas où il va trouver la mer tout près des côtes de l'Angleterre, les navires peuvent, désormais, le remonter et le descendre et les richesses s'en répandre, librement, d'un bout à l'autre. Il en est de même des idées, des influences, de tout ce qui procède de l'esprit, du cœur, de l'âme... Oui ! Le lien de l'Europe occidentale, il est ici, il est le Rhin, qui passe à Strasbourg[45] ! »

Cette conception d'un groupement organisé de l'Ouest trouve l'audience de la Belgique. Je le constate en lui rendant visite. Le prince régent m'y a invité. J'arrive par son propre train à Bruxelles, le 10 octobre, en compagnie de Georges Bidault. Dès la sortie de la gare où le prince est venu m'attendre, je me trouve saisi par les hommages populaires qui déferlent comme une marée. Pendant deux jours, que nous nous rendions au palais royal, à la tombe du Soldat inconnu, à Ixelles, à Laeken où nous sommes reçus par la reine mère Élisabeth, à l'hôtel de ville, à l'université, au ministère des Affaires étrangères, au lycée français, à l'ambassade de France dont Raymond Brugère fait les honneurs, chacune de nos allées et venues donne lieu à d'ardentes ovations. Il est évident que le peuple belge confond sa joie et son espérance avec celles du peuple français.

C'est ce que me dit le prince Charles. Je recueille son avis avec d'autant plus de considération que mon estime pour lui est grande. Au milieu des divisions amères que la question du roi, — alors éloigné en Suisse, — provoque dans la population et qui rendent très délicate la situation du régent, je vois ce prince lucide et ferme dans l'exercice de ses devoirs, sauvegardant le trône et l'unité, mais certain, bien qu'il n'en dise mot, qu'on ne lui en saura gré dans aucun des camps opposés. Les ministres, notamment le solide Premier M. Van Acker et le toujours avisé et entreprenant ministre des Affaires étrangères M. Spaak, tout comme les présidents des Assemblées, MM. Van Cauwelaert et Gillon, le cardinal primat Van Roey, me tiennent un langage identique. Tous pensent que c'eût été fini de l'Europe si la France n'avait pas été présente à la victoire. Quant à l'avenir, l'intérêt vital que comporterait l'établissement d'étroits rapports entre les États de l'Europe de l'Ouest domine tous les esprits.

Le lendemain, à l'hôtel de ville où nous reçoit le bourgmestre Vandemeulebroek, tandis qu'une foule innombrable remplit l'admirable place, puis à l'université de Bruxelles dont le président Fredrichs et le doyen Cox me font docteur *honoris causa*, je proclame l'espoir que pourrait apporter, un jour, au monde entier l'association de tous les peuples de l'Europe et, dans l'immédiat, « un groupement occidental, ayant pour artères : le Rhin, la Manche, la Méditerranée ». Chaque fois, c'est par des transports que l'assistance accueille ce grandiose projet de la France[46]. Rentré à Paris, je l'expose de nouveau, le 12 octobre, en une vaste conférence de presse[47].

Voilà donc l'idée lancée. Dès que les élections, qui vont avoir lieu dans quinze jours, auront tranché la question de nos institutions et, par là, celle de mon rôle futur, les propositions voulues seront, ou non, adressées par moi au-dehors. Mais, si ce vaste dessein me semble susciter l'attention passionnée des autres peuples intéressés, j'ai l'impression que les dirigeants politiques français y sont, en fait, peu sensibles. Depuis la date de la victoire jusqu'à celle des élections, il n'y a pas à l'Assemblée consultative un seul débat portant sur ces problèmes. En dehors de vagues formules, les multiples congrès, réunions, motions des partis, ne mentionnent pour ainsi dire rien qui se rapporte à l'action de la nation à l'extérieur. La presse mentionne, assurément, les propos et les déplacements du général de Gaulle. Mais les buts qu'il propose ne donnent lieu à aucune campagne, ni même souvent à aucun commentaire, comme s'il s'agissait là d'un domaine hors de la portée nationale. Tout se passe comme si ma conviction que la France a l'occasion de jouer un rôle indépendant et mon effort pour l'y diriger recueillaient, chez ceux qui s'apprêtent à représenter le pays, une estime inexprimée mais un doute universel.

Je ne puis, d'ailleurs, méconnaître que, pour mener en Europe une pareille politique, nous devons avoir les mains libres au-delà des océans. Que les territoires d'outre-mer se détachent de la Métropole ou que nous y laissions accrocher nos forces, pour combien compterons-nous entre la mer du Nord et la Méditerranée ? Qu'ils nous restent, au contraire, associés, voilà la carrière ouverte à notre action sur le continent ! Séculaire destin de la France ! Or, après ce qui s'est passé sur le sol de nos possessions africaines et asiatiques, ce serait une gageure que de prétendre y maintenir notre Empire tel qu'il avait été. À fortiori, n'y peut-on songer quand les nationalités se dressent d'un bout à l'autre du monde et qu'auprès d'elles la Russie et l'Amérique font assaut de surenchères. Afin que les peuples dont nous sommes responsables restent demain avec la France, il nous faut prendre l'initiative de transformer en autonomie leur condition de sujets et, en association, des rapports qui, actuellement, ne sont pour eux que dépendance. À la condition, toutefois, que nous nous tenions droits et fermes, comme une nation qui sait ce qu'elle veut, ne revient pas sur sa parole, mais exige qu'on soit fidèle à celle qu'on lui aura donnée. Cette directive, je l'ai lancée à partir de Brazzaville. À présent, c'est en Indochine et en Afrique du Nord qu'il nous faut d'abord l'appliquer.

Au Maghreb, pour quelque temps encore, l'affaire peut être menée dans le calme et progressivement. Bien que des signes d'agitation s'y manifestent déjà, nous sommes les maîtres du jeu. En Tunisie, la popularité de l'ancien bey Moncef ne soulève guère autre chose que de platoniques regrets ; les deux Destour[48], très éprouvés, se tiennent dans l'expectative ; le résident général Mast manœuvre assez aisément entre les plans de réformes et les actes d'autorité. En Algérie, un commencement d'insurrection[49], survenu dans le Constantinois et synchronisé avec les émeutes syriennes du mois de mai, a été étouffé par le gouverneur général Chataigneau. Au Maroc, les proclamations répandues par l'Istiqlal et les cortèges qu'il organise ne passionnent pas beaucoup les foules ; le sultan Mohammed V, après quelques hésitations et sur la démarche pressante du résident général Puaux, les a d'ailleurs désavoués. Mais, si nous avons du temps, ce ne peut être pour en perdre. J'entame aussitôt la partie.

La souveraineté dans l'empire du Maroc et dans la régence de Tunis se confond avec leurs souverains. C'est directement avec eux que je veux avoir affaire. J'invite le sultan à se rendre en France et le reçois comme un chef d'État qui a droit aux grands honneurs, un féal qui s'est montré fidèle dans les pires circonstances. En dehors des habituelles réceptions, je le prie d'être à mes côtés lors de la grande prise d'armes parisienne du 18 juin et lui décerne, en public, la croix de la Libération. Puis, il est mon compagnon au cours d'un voyage en Auvergne et aborde, à mes côtés, les foules impressionnantes des villes et le peuple touchant des campagnes. Il se rend ensuite en Allemagne auprès de la Iʳᵉ armée et passe l'inspection des glorieuses troupes marocaines. Enfin, il va visiter les grands travaux de barrages. Partout, il est acclamé, ce qui crée une ambiance favorable à nos entretiens personnels.

Je demande au sultan de m'indiquer, en toute confiance, quel est le fond de sa pensée quant aux rapports du Maroc et de la France. « Je reconnais hautement, déclare-t-il, que le protectorat a apporté à mon pays l'ordre, la justice, une base de prospérité, un début d'instruction des masses et de formation des élites. Mais ce régime a été accepté par mon oncle Moulay Hafid, puis par mon père Moulay Youssef, et l'est aujourd'hui par moi, comme une transition entre le Maroc d'autrefois et un État libre et moderne. Après les événements d'hier et avant ceux de demain, je crois le moment venu d'accomplir une étape vers ce but. C'est là ce que mon peuple attend.

— L'objectif que vous envisagez, dis-je, est celui que la France s'est fixé, que formulent le traité de Fez et l'acte d'Algésiras et que Lyautey, initiateur du Maroc moderne, n'a jamais cessé de poursuivre. Je suis, comme vous, convaincu qu'il faut prochainement modifier dans ce sens les bases de nos rapports. Mais, par le temps qui court, la liberté, pour qui que ce soit, ne peut être que relative. N'est-ce pas vrai pour le Maroc qui a encore tant à faire avant de vivre par ses propres moyens ? Il appartient à la France de vous prêter son concours en échange de votre adhésion. Qui d'autre le ferait comme il faut ? Quand, à Anfa, le président Roosevelt fit miroiter à Votre Majesté les merveilles de l'immédiate indépendance, que vous proposait-il en dehors de ses dollars et d'une place dans sa clientèle[50] ?

— Il est bien vrai, affirme Mohammed V, que le progrès de mon pays doit s'accomplir avec l'aide de la France. De toutes les puissances qui pourraient nous prêter appui, c'est celle qui est la mieux placée, la mieux douée et que nous préférons. Vous avez pu constater, pendant la guerre, qu'inversement notre concours n'est pas, pour vous, sans valeur. L'aboutissement des accords nouveaux que nous pourrions négocier serait l'association contractuelle de nos deux pays, aux points de vue économique, diplomatique, culturel et militaire. »

J'indique au sultan que, sous réserve des modalités qui devront être étudiées de près, je suis d'accord avec lui sur le fond des choses. Quant à la date convenable pour l'ouverture des pourparlers, je pense qu'on devra la fixer au lendemain même du jour où la IVe République aura adopté sa propre constitution. Car celle-ci ne pourra, semble-t-il, manquer de définir des liens fédéraux ou confédéraux applicables à certains territoires ou États dont la libre disposition d'eux-mêmes et leur participation à un ensemble commun doivent être ménagées. En tout ce qui concerne l'union de nos deux pays, je propose à Mohammed V que nous nous tenions en liaison personnelle, à supposer, naturellement, que je demeure en fonctions. Il acquiesce aussitôt et, je le crois, de grand cœur. Pour commencer, le sultan me marque son accord quant à l'initiative que prend mon gouvernement de faire rétablir à Tanger l'autorité chérifienne et le statut international abolis en 1940 par un coup de force espagnol[51]. C'est ce qui sera accompli au mois de septembre, à la suite d'une conférence tenue à Paris par les représentants de la France, de l'Angleterre, de l'Amérique et de la Russie et aux conclusions de laquelle le gouvernement de Madrid acceptera de se conformer.

À son tour, le bey de Tunis vient en France à mon invitation. Sidi Lamine est l'objet d'une réception aussi brillante que le permettent les circonstances. À Paris, le 14 juillet, il assiste à l'imposante revue de notre armée victorieuse.

Maintes réunions lui donnent l'occasion de voir des personnalités françaises appartenant à tous les milieux. Au cours de nos entretiens, le souverain m'indique ce que devrait, à son sens, devenir la régence pour répondre aux aspirations de son peuple et aux nécessités de l'époque. En somme, ce que le bey conçoit pour sa part coïncide avec ce que le sultan imagine pour la sienne. Le ton de Sidi Lamine est, sans doute, plus assourdi que celui de Mohammed V, en raison de la différence de l'âge et du tempérament, d'une popularité moins assurée, du fait qu'il parle au nom d'un royaume plus faible que le Maroc. Mais la chanson est la même. Ma réponse, aussi. Le bey l'accueille avec amitié[52].

Des propos échangés avec les souverains du Maghreb, je tire la conclusion qu'il est possible et qu'il est nécessaire de passer avec les deux États des accords de coopération conformes aux exigences du temps et qui, dans un monde mouvant, régleront les rapports tout au moins pour une génération[53].

Si la question d'Afrique du Nord se présente sous un jour assez encourageant, celle d'Indochine se dresse dans les plus difficiles conditions. Depuis la liquidation de nos postes et de notre administration par l'ennemi japonais et le retrait en territoire chinois des détachements demeurés libres, il ne reste plus rien de l'autorité de la France en Cochinchine, en Annam, au Tonkin, au Cambodge et au Laos. Les militaires survivants sont en captivité ; les fonctionnaires, détenus ; les particuliers, étroitement surveillés ; tous, soumis à d'odieux outrages. Dans les États de l'Union[54], les Japonais ont suscité la création de gouvernements autochtones qui sont à leur dévotion, tandis qu'apparaît une résistance tournée contre l'occupant, mais résolue à obtenir ensuite l'indépendance et dirigée par des chefs communistes. Cette ligue organise un pouvoir clandestin qui s'apprête à devenir public. Quant à nous, nous sommes réduits à envoyer à Ceylan une menue avant-garde[55], en vue de l'éventualité où les Alliés consentiraient au transport de notre corps expéditionnaire ; nous faisons, tant bien que mal, fonctionner à partir de la frontière chinoise une mission de renseignements opérant sur l'Indochine ; nous tâchons d'obtenir du gouvernement de Tchoung-King et de ses conseillers militaires américains qu'ils facilitent le regroupement de nos détachements repliés du Tonkin et du Laos.

Mais la capitulation allemande détermine les États-Unis à

en finir avec le Japon. Au mois de juin, leurs forces, avançant d'île en île, sont parvenues assez près du territoire nippon pour pouvoir y débarquer. La flotte des Japonais est balayée de la mer par les navires de Nimitz et leur aviation se trouve trop diminuée pour tenir tête à celle de MacArthur. À Tokyo, cependant, le parti de la guerre garde son influence. Or, c'est avec appréhension que le Président, le Commandement et le Congrès américains envisagent la sanglante conquête, pied à pied, grotte par grotte, du sol d'un peuple vaillant et fanatisé. De ce fait, une notable évolution se produit à Washington au sujet de l'utilité d'un concours militaire français. Le Pentagone nous demande même, au début du mois de juillet, si nous serions disposés à expédier deux divisions au Pacifique. « Ce n'est pas exclu, répondons-nous. Mais, alors, nous entendons pouvoir envoyer aussi, en Birmanie, les forces voulues pour prendre part à l'offensive vers l'Indochine. »

Dès le 15 juin, je fixe la composition de notre corps expéditionnaire[56]. Le général Leclerc en prendra le commandement. Je suis amené, sur ce point, à passer outre à ses désirs. « Envoyez-moi au Maroc, me demande-t-il instamment. — Vous irez en Indochine, lui dis-je, parce que c'est le plus difficile. » Leclerc se met en devoir d'organiser ses unités. Au début d'août, elles sont prêtes. Un grand élan saisit tous ceux, soldats et fonctionnaires, qui se disposent à ramener le drapeau de la France sur le seul de ses territoires où il n'a pas encore reparu.

C'est alors que, les 6 et 10 août, tombe sur Hiroshima et sur Nagasaki la foudre des bombes atomiques. À vrai dire, les Japonais s'étaient montrés, avant le cataclysme, disposés à négocier la paix. Mais c'est la reddition sans condition qu'exigeaient les Américains, certains qu'ils étaient de l'obtenir depuis la réussite des expériences du Nevada. De fait, l'empereur Hiro-Hito s'incline au lendemain de la destruction de ses deux villes bombardées. Il est convenu que l'acte, par lequel l'empire du Soleil levant se soumet aux vainqueurs, sera signé le 2 septembre, en rade de Yokohama, sur le cuirassé *Missouri*.

Je dois dire que la révélation des effroyables engins m'émeut jusqu'au fond de l'âme. Sans doute ai-je été, depuis longtemps, averti que les Américains étaient en voie de réaliser des explosifs irrésistibles en utilisant la dissociation de l'atome[57]. Mais, pour n'être pas surpris, je ne m'en sens pas moins tenté par le désespoir en voyant paraître le moyen qui permettra, peut-être, aux hommes de détruire l'espèce humaine. Pourtant, ces amères prévisions ne sauraient m'empêcher d'exploiter la situation créée par l'effet des bombes. Car la capitulation fait s'écrouler, à la fois, la défense japonaise et le veto américain qui nous barraient le Pacifique. L'Indochine, du jour au lendemain, nous redevient accessible.

Nous n'allons pas perdre un jour pour y rentrer. Encore faut-il que ce soit en qualité de participants reconnus à la victoire. Dès que Tokyo a manifesté l'intention de négocier, nous n'avons pas manqué d'insister à Washington pour que la réponse adressée par les Alliés porte aussi le sceau de la France, et cela a été fait. Puis, quand l'empereur Hiro-Hito décide de se soumettre, il est entendu que le commandement français recevra la reddition en même temps que les chefs alliés. J'y délègue le général Leclerc qui signe l'acte à bord du *Missouri*. Auparavant j'ai, le 15 août, nommé l'amiral d'Argenlieu haut-commissaire en Indochine[58].

L'envoi des troupes est la condition de tout. Soixante-dix mille hommes doivent être transportés avec beaucoup de matériel ; effort considérable, car il nous faut l'entreprendre en pleine période de démobilisation et tandis que nous maintenons une armée en Allemagne. Mais il s'agit, qu'après l'humiliante liquidation de naguère, les armes de la France donnent l'impression de la force et de la résolution. D'ailleurs, une escadre, formée du cuirassé *Richelieu* déjà dans les parages, des croiseurs *Gloire*, *Suffren*, *Triomphant*, du transport *Béarn* et de plusieurs petits bâtiments, le tout aux ordres de l'amiral Auboyneau, gagnera les côtes indochinoises. Une centaine d'avions déploieront leurs ailes dans le ciel de la péninsule. Comme la fin de la guerre nous permet de reprendre les navires de charge prêtés par nous au *pool* interallié, nous pouvons, malgré notre indigence en fait de tonnage, régler les mouvements de telle sorte que le corps expéditionnaire atteigne en totalité, dans les trois mois, sa destination éloignée de quatorze mille kilomètres. Pourtant, si vite qu'il arrive, la situation n'en sera pas moins aussi ardue que possible.

Cent mille Japonais se trouvent en Indochine. Ils ont cessé le combat et attendent qu'on les rembarque. Mais, à présent, ils font bon ménage avec les éléments de la ligue qui va devenir le « Viêt-minh ». Ceux-ci sortent des maquis, proclament l'indépendance, réclament l'union des « trois Ky[59] » et mènent la propagande contre le rétablissement de l'autorité française. Au Tonkin, leur chef politique Hô Chi Minh et leur chef militaire Giap, tous deux communistes, forment un comité qui prend l'allure d'un gouvernement. L'empereur Bao Daï a abdiqué et figure auprès d'Hô Chi Minh en qualité de « conseiller ». Notre délégué pour le Tonkin Jean Sainteny, se posant à Hanoï le 22 août, y trouve l'autorité Viêt-minh établie dans la capitale d'accord avec les Japonais. Dans toute l'Indochine, la population, qui vit récemment les Français perdre la face, se montre menaçante à l'égard de nos compatriotes. À Saïgon, le 2 septembre, plusieurs d'entre eux sont massacrés, en dépit des efforts pacifiques du gouverneur Cédile, parachuté le 23 août. Aux difficultés politiques s'ajoutera la famine. Car, depuis la disparition de l'autorité française, le ravitaillement se trouve paralysé. Enfin, les Alliés, mettant en application le plan qu'ils ont préparé pour l'occupation du pays, Chinois au nord du 16e parallèle, Britanniques au sud, missions américaines partout, vont compromettre gravement l'effet qu'auraient pu produire l'arrivée immédiate des responsables français et le désarmement des Japonais par les nôtres.

Il va de soi que nous n'admettons pas cette triple intrusion étrangère. Sans doute la présence des Anglais en Cochinchine ne nous inquiète-t-elle pas beaucoup. Nous nous arrangerons pour y arriver en même temps qu'eux. Et puis, l'Empire britannique a tant à faire aux Indes, à Ceylan, en Malaisie, en Birmanie, à Hong Kong, il désire si vivement atténuer dans l'esprit des Français le ressentiment provoqué par la crise récente du Levant, qu'on peut le croire décidé à retirer bientôt ses forces. C'est ce qu'il fera, en effet. D'autre part, la présence des équipes envoyées par les États-Unis pour un travail combiné de prospection économique et d'endoctrinement politique nous paraît certes désobligeante mais, à tout prendre, sans grande portée. Par contre, l'occupation du Tonkin, ainsi que celle d'une partie de l'Annam et du Laos, par l'armée chinoise du général Lou-Han présente les pires inconvénients. Notre action politique et administrative en sera longtemps empêchée. Les Chinois une fois implantés, quand s'en iront-ils ? À quel prix ?

Cependant, le gouvernement de Tchoung-King ne cesse de nous prodiguer des assurances de bon vouloir. Dès octobre 1944, le maréchal Chang Kaï-chek, recevant notre ambassadeur Pechkoff, lui a déclaré : « Je vous affirme que nous n'avons aucune visée sur l'Indochine. Même, si, le moment venu, nous pouvons vous aider à y restaurer l'autorité française, nous le ferons volontiers. Dites au général de Gaulle que c'est notre politique. Mais qu'il y voie aussi, de ma part, un engagement personnel à son égard. » Lors de mon séjour à Washington, au mois d'août, je reçois M.T.V. Soong, qui s'y trouve alors de passage. Le président de l'exécutif et ministre des Affaires étrangères de la République chinoise me fait, à son tour, de formelles déclarations. Le 19 septembre, comme le même M. Soong me rend visite à Paris en compagnie de l'ambassadeur Tsien Tai et que je lui parle du comportement fâcheux des troupes du général Lou-Han : « Mon gouvernement, me promet le ministre, va faire cesser cet état de choses et retirer ses forces d'Indochine[60]. » Mais, quelles que soient les intentions, voire les prescriptions, du pouvoir central, le fait est que Lou-Han s'installe en maître au Tonkin.

Arrivée de nos soldats, départ des Japonais, retrait des troupes étrangères, ces conditions doivent être remplies pour que la France retrouve des chances en Indochine. Mais il faut, par-dessus tout, qu'elle sache ce qu'elle veut y faire. Je ne puis, évidemment, arrêter en détail ma politique tant que la situation sur place sera aussi confuse qu'elle l'est. J'en sais assez, cependant, pour être sûr que l'administration directe ne pourra être rétablie. Dès lors, le but à atteindre, c'est l'association de la République française avec chacun des pays dont se compose l'Union. Les accords à conclure devront être négociés en prenant pour interlocuteurs ceux qui paraîtront représenter le mieux les États et les populations et sans qu'aucune exclusive soit prononcée contre quiconque. Telle est l'idée que je me suis fixée.

Pour le Laos et pour le Cambodge, la présence de dynasties solides écarte toute incertitude. Pour le Viêt-nam, l'affaire est beaucoup plus compliquée. Je décide d'aller pas à pas. À Leclerc, lors de son départ, je prescris de prendre pied d'abord en Cochinchine et au Cambodge. Il n'ira en Annam que plus tard. Quant au Tonkin, il n'y portera ses forces que sur mon ordre et je ne veux le lui donner qu'une fois la situation éclaircie, la population excédée de la présence des Chinois, les rapports établis entre Sainteny et Hô Chi Minh. Le haut-commissaire d'Argenlieu reçoit de moi l'instruction de gagner en premier lieu l'Inde française.

C'est depuis Chandernagor qu'il prendra vue sur les affaires. Puis, quand la présence de nos troupes aura produit quelque effet et que ses seconds auront noué les fils dans les divers territoires, il s'installera à Saïgon, établissant, à partir de là, tous les contacts nécessaires.

Aux fins qui pourraient être utiles, je nourris un dessein secret. Il s'agit de donner à l'ancien empereur Duy-Tan[61] les moyens de reparaître, si son successeur et parent Bao Daï se montre, en définitive, dépassé par les événements. Duy-Tan, détrôné en 1916 par l'autorité française, redevenu le prince Vin-Sanh et transféré à La Réunion, a néanmoins, au cours de cette guerre, tenu à servir dans notre armée. Il y a le grade de commandant. C'est une personnalité forte. Quelque trente années d'exil n'ont pas effacé dans l'âme du peuple annamite le souvenir de ce souverain. Le 14 décembre, je le recevrai, pour voir avec lui, d'homme à homme, ce que nous pourrons faire ensemble. Mais, quelles que soient les personnes avec qui mon gouvernement sera amené à conclure les accords, je projette d'aller moi-même les sceller en Indochine dans l'appareil le plus solennel, quand le moment sera venu.

Nous sommes loin d'en être là. Le problème, pour le moment, est d'abord d'ordre militaire. Le 12 septembre, les premières troupes françaises, le 13 une unité britannique, arrivent à Saïgon. C'est pour y voir l'émeute éclater le 23. Plusieurs Européens et Américains sont tués par des fanatiques. Cependant, les forces alliées, parmi lesquelles un régiment formé des cadres et soldats français hier encore prisonniers de guerre, prennent finalement le dessus. Jean Cédile obtient une trêve et, le 5 octobre, le général Leclerc fait son entrée dans la capitale, acclamé par dix mille Français qui y essuient, depuis sept mois, force menaces et injures. À mesure que débarquent les forces du corps expéditionnaire, les choses vont s'améliorant en Cochinchine, où de vives opérations rétablissent l'ordre public, et au Cambodge dont les ministres instaurés par les Nippons, sont remplacés par ceux qu'il faut. D'ailleurs, les troupes japonaises quittent, peu à peu, le pays. L'amiral Mountbatten en retire les forces anglaises. Le 31 octobre, le haut-commissaire de France s'installe au palais Norodom.

En Indochine, la France reparaît, à présent, dans sa dignité. Les problèmes, certes, restent posés sur un terrain semé d'obstacles et sous un ciel chargé d'orages. Mais, déjà, tout est changé par rapport à la grande misère où notre prestige s'était abîmé. Hier, à Saïgon, à Hué, à Hanoï, à Pnom Penh, à Louang-Prabang[62], on nous croyait écartés pour toujours. Aujourd'hui, nul ne doute plus que ce qui doit être fait ne le sera qu'avec nous.

En Europe, en Afrique, en Asie, où la France avait subi un abaissement sans exemple, voici qu'un début étonnant de redressement et un extraordinaire concours de circonstances lui offrent l'occasion d'un rôle conforme à son génie. Sont-ce les rayons d'une nouvelle aurore ou les derniers feux du couchant ? La volonté des Français en décidera. Car, si nous sommes affaiblis, d'autre part la chute des adversaires, les pertes éprouvées par nos anciens concurrents, la rivalité qui oppose l'un à l'autre les deux plus grands États du monde, le désir que ressent l'univers de voir la France remplir sa mission, nous laissent, pour un temps, le champ libre.

Quant à moi, qui ne connais que trop mes limites et mon infirmité et qui sais bien qu'aucun homme ne peut se substituer à un peuple, comme je voudrais faire entrer dans les âmes la conviction qui m'anime ! Les buts que je proclame sont difficiles, mais dignes de nous. La route que je montre est rude, mais s'élève vers les sommets. Ayant lancé mes appels, je prête l'oreille aux échos. La rumeur de la multitude demeure chaleureuse, mais confuse. Peut-être, les voix qui se font entendre, sur le forum, à la tribune des assemblées, aux facultés et aux académies, du haut de la chaire des églises, vont-elles soutenir la mienne ? En ce cas, nul doute que le peuple se conforme à l'élan de ses élites. J'écoute ! C'est pour recueillir les réticences de leur circonspection. Mais quels sont ces cris, péremptoires et contradictoires, qui s'élèvent bruyamment au-dessus de la nation ? Hélas ! Rien autre chose que les clameurs des partisans.

DÉSUNION

La route de la grandeur est libre. Mais la France, pour s'y engager, dans quel état a-t-elle été mise ! Tandis que les dépêches venues de tous les points du globe, les entretiens avec les hommes d'État, les ovations des foules étrangères, me font entendre l'appel de l'univers, en même temps les chiffres, les courbes, les statistiques, qui passent sous mes yeux, les rapports fournis par les services, les spectacles de dévastation que m'offre le territoire, les conseils où j'écoute les ministres exposer l'étendue des ravages et la pénurie des moyens, me donnent la mesure de notre affaiblissement. Nul, au-dehors, ne nous conteste plus l'un des tout premiers rôles du monde. Mais, au-dedans, l'état de la France s'exprime en un bilan de ruines.

Le tiers de la richesse française a été anéanti. Sous toutes les formes, dans toutes les régions, les destructions couvrent notre sol. Naturellement, celles des bâtiments sont les plus spectaculaires. Au cours des combats de 1940, puis des bombardements alliés, enfin de la Libération, 500 000 immeubles ont été complètement détruits, 1 500 000 gravement endommagés. En proportion, ce sont les usines qui ont principalement souffert ; cause supplémentaire de retard pour la reprise économique. Il manque, en outre, des logements pour six millions de Français. Et que dire des gares écroulées, des voies coupées, des ponts sautés, des canaux obstrués, des ports bouleversés ? Les ingénieurs, à qui je demande vers quelle date sera terminée la réfection de nos ouvrages d'art et de nos communications, répondent : « Il y faudra vingt ans ! » Quant aux terres, un million d'hectares sont hors d'état de produire, retournés par les explosions, truffés de mines, creusés de retranchements ; quinze millions d'autres ne rendent guère, faute qu'on ait pu, pendant cinq années, les cultiver comme il faut. Partout, on manque d'outils, d'engrais, de plants, de bonnes semences. Le cheptel est réduit de moitié.

Pour être moins apparents, les dommages causés par les spoliations de biens sont beaucoup plus lourds encore. Cela s'est fait, si l'on peut dire ! régulièrement. Dans le texte de l'« armistice », les Allemands ont spécifié que « les frais des troupes d'occupation sont au compte du gouvernement français ». Sous cette rubrique, l'ennemi s'est attribué des sommes exorbitantes, grâce auxquelles il a, non seulement entretenu ses armées, mais encore payé de notre argent et expédié en Allemagne des outillages innombrables et des quantités massives de biens de consommation. De plus, un soi-disant « accord de compensation » a imputé au Trésor français le règlement des différences entre la valeur des exportations qui se feraient librement vers l'Allemagne et le coût des importations de charbon et de matières premières auxquelles le Reich procéderait chez nous pour alimenter les usines qu'il y ferait tourner pour son compte. Comme il n'y eut pour ainsi dire point de ces exportations-là et que, par contre, de telles importations ne laissèrent pas d'être considérables, l'« accord » nous a été une charge terriblement lourde. Par surcroît, toutes sortes d'achats allemands au marché noir, de réquisitions partielles, d'amendes locales, de vols qualifiés, ont complété le dépouillement de la France. Et comment évaluer les milliards de journées de travail imposées à des Français au profit de l'ennemi et détournées de la production, l'abaissement de valeur physique infligé à notre peuple par la sous-alimentation, le fait que, pendant cinq ans, tout s'est usé chez nous sans qu'on ait pu entretenir, réparer, renouveler ? Au total, c'est plus de deux mille milliards de francs 1938, soit quatre-vingt mille d'aujourd'hui, que nous coûte l'occupation. La paix trouve notre économie privée d'une grande partie de ses moyens de production, nos finances écrasées d'une dette publique colossale, nos budgets condamnés pour longtemps à supporter les dépenses énormes de la reconstruction.

Cette disparition de ressources et d'instruments de travail est d'autant plus ruineuse qu'elle suit de peu les ravages de la Première Guerre mondiale. Or, les vingt années écoulées entre la fin de celle-ci et le début de la Deuxième ne nous avaient pas suffi à recouvrer les richesses perdues. En particulier, la masse des capitaux, que les Français possédaient au-dedans et au-dehors avant 1914, s'était volatilisée à mesure qu'éclataient, au long de cinquante et un mois, les cinq cents millions d'obus tirés par nous de la Somme aux Vosges. Pour reconstruire, ensuite, tout ce qui avait été détruit, pensionner les mutilés, les veuves, les orphelins, régler d'innombrables commandes de guerre, on avait dû continuellement emprunter, dévaluer la monnaie, renoncer aux dépenses de modernisation. En 1939, c'est donc une France très appauvrie et équipée d'une manière vétuste qui était entrée dans la lutte. Et voici qu'elle venait de voir, au cours de la nouvelle épreuve, s'engloutir une large part de ce qui lui était resté. Maintenant, pour réparer encore une fois ses ruines, elle ne dispose plus que de réserves infimes et d'un crédit terriblement réduit. Comment faire, si nous nous en tenons à nos propres et pauvres moyens ? Comment garder l'indépendance si nous recourons aux autres ?

Dans ce domaine, comme en tout, ce qui nous manque

pourrait, jusqu'à un certain point, être compensé par des valeurs humaines. Mais, de celles-là aussi, nous avons perdu beaucoup. Viennent de mourir, du fait de l'ennemi, 635 000 Français, dont 250 000 tués en combattant, 160 000 tombés sous les bombardements ou massacrés par les occupants, 150 000 victimes des sévices des camps de déportation, 75 000 décédés comme prisonniers de guerre ou comme requis du travail. En outre, 585 000 hommes sont devenus des invalides. Par rapport au total de la population, le pourcentage des disparus français n'atteint pas, il est vrai, celui des Allemands ou des Russes. Mais il dépasse celui des Anglais, des Italiens, des Américains. Surtout, la perte éprouvée par notre race est relativement bien plus forte que ne semblent l'exprimer les chiffres. Car c'est dans une jeunesse peu nombreuse que la mort a fauché cette moisson. Encore avait-elle abattu chez nous, lors de la Première Guerre mondiale, un nombre double de victimes, soit la proportion la plus forte parmi tous les belligérants, et cela à une époque où le taux de notre natalité était le plus bas du monde. En somme, le peuple français, en moyenne le plus vieilli, le seul où, depuis le début du siècle, les décès l'aient constamment emporté sur les naissances et qui, en 1939, n'avait nullement comblé le vide de la précédente hécatombe, vient de subir une très grave amputation de ses rares éléments actifs. Naturellement, ceux qu'il a perdus étaient les plus entreprenants, les plus généreux, les meilleurs.

Au surplus, la diminution de substance et, par conséquent, de puissance infligée à la France pendant les deux guerres mondiales n'a fait qu'accentuer l'abaissement qu'elle avait éprouvé en l'espace de deux vies humaines. Au début du siècle dernier, — tout récemment à l'échelle de l'Histoire, — notre pays était le plus peuplé de l'Europe, le plus fort et le plus riche du monde, celui dont le rayonnement ne connaissait point d'égal. Mais des causes désastreuses avaient concouru à le chasser de cette position dominante et à l'engager sur une pente où chaque génération le voyait descendre plus bas. Mutilé dans le territoire que la nature lui destinait, affublé de mauvaises frontières, séparé d'un tiers de la population qui était sortie de sa race[1], il vivait, depuis cent trente ans, en état chronique d'infirmité, d'insécurité, d'amertume. Tandis que la capacité économique des grandes nations dépendait surtout du charbon, la France n'en avait guère. Ensuite, le pétrole avait commandé tout, mais la France n'en avait pas. Dans le même temps, la population doublait en Angleterre, triplait en Allemagne et en Italie, quadruplait en Russie, décuplait en Amérique ; chez nous, elle restait stationnaire.

Déclin physique qui allait de pair avec la dépression morale. Les désastres qui mettaient un terme à l'effort d'hégémonie déployé par la Révolution et par Napoléon Ier ; plus tard, la défaite où le pays roulait sous les coups de la Prusse et de ses satellites allemands, avaient submergé les Français sous de tels flots d'humiliation qu'ils doutaient, désormais, d'eux-mêmes. Il est vrai que la victoire remportée en 1918 ranimait, un instant, leur foi. Mais elle coûtait si cher et portait des fruits si amers que le ressort se brisait net sous le choc de 1940. Encore un peu, mourait l'âme de la France. Grâce au sursaut de la Résistance et au miracle de notre victoire, elle survivait, cependant, mais ralentie et comme sclérosée. D'ailleurs, tant de malheurs n'avaient pas manqué d'infliger d'affreuses blessures à l'unité. Quinze régimes[2] s'étaient succédé depuis 1789, chacun s'imposant à son tour par la révolte ou le coup d'État, aucun ne réussissant à assurer l'équilibre, tous emportés par des catastrophes et laissant après eux d'ineffaçables divisions.

Et me voici, aujourd'hui, en charge d'un pays ruiné, décimé, déchiré, encerclé de malveillances. À ma voix, il a pu s'unir pour marcher à sa libération. Il s'est, ensuite, accommodé de l'ordre jusqu'à ce que la guerre ait cessé. Entretemps, il a, volontiers, accueilli les réformes qui lui évitent la guerre sociale et permettent son redressement. Enfin, il m'a laissé mener l'action extérieure qui lui vaut de retrouver son rang. C'est beaucoup par rapport aux malheurs qui avaient failli l'engloutir. Mais c'est peu en comparaison de tout ce qu'il lui faut faire avant d'avoir recouvré la puissance, sans laquelle il perdrait, à la longue, jusqu'à ses raisons d'exister.

Je me suis formé un plan qui n'est que de simple bon sens. Ce qui nous a si longtemps manqué, en fait de sources d'énergie, il s'agit de nous le procurer. Pour le charbon, l'union avec la Sarre, pratiquement accomplie déjà, et la fourniture annuelle par la Ruhr de cinquante millions de tonnes, que nous sommes en train d'obtenir, nous en procureront deux fois plus que ne le font nos propres mines. Pour le pétrole, tout permet de croire que l'organisme de recherche que nous venons d'instituer[3] ne peut manquer d'en découvrir dans les immensités françaises, puisqu'on en trouve dans chacun des grands ensembles géographiques du monde. Pour l'énergie atomique naissante, les ressources d'uranium qui semblent abondantes chez nous, ainsi que nos capacités scientifiques et industrielles, nous donnent la possibilité d'atteindre un niveau exceptionnel. Le haut-commissariat[4], créé à cet effet, va mettre en œuvre l'entreprise. D'autre part et quelle que soit notre actuelle pénurie, une politique délibérée d'équipement et de modernisation changera notre appareil vétuste. Le haut-commissariat au Plan est chargé de cette mission. Mais de tous les investissements, ceux qui visent à accroître le nombre des Français nous sont les plus nécessaires[5]. Les dispositions déjà prises : aide aux familles, allocations, vont désormais produire leurs effets. Enfin, la paix sociale à établir par l'association du capital, du travail et de la technique, l'indépendance nationale à maintenir face à qui que ce soit, pourront faire régner en France un climat propice à la fierté et à l'effort.

Ces buts, notre pays est en mesure de les atteindre, pourvu qu'il demeure uni et que l'État l'y conduise. Comment, par contre, y parviendra-t-il, s'il se divise contre lui-même[6], s'il n'est pas guidé dans sa marche par un pouvoir qui en soit un ? Or, à mesure qu'il redevient libre, je constate avec chagrin que les forces politiques s'emploient à le disperser et, qu'à des degrés divers, toutes s'appliquent à l'éloigner de moi. En apparence, il me serait loisible de prolonger l'espèce de monarchie que j'ai naguère assumée et qu'a ensuite confirmée le consentement général. Mais le peuple français est ce qu'il est, non point un autre. S'il ne le veut, nul n'en dispose. À quelles secousses le condamnerais-je en prétendant lui imposer d'office et pour un temps illimité mon autorité absolue, dès lors qu'a disparu le péril qui l'a suscitée ? Au long du drame, mes déclarations n'ont, à dessein, jamais laissé de doute sur ma résolution de rendre la parole au peuple dès que les événements lui permettraient de voter. Si mon pouvoir a été progressivement reconnu, c'est, dans une large mesure, à cause de cet engagement. Me refuser, maintenant, à le remplir, ce serait imprimer à mon œuvre une marque frauduleuse. Mais ce serait aussi dresser peu à peu contre moi le pays qui ne distinguerait plus les raisons de cet arbitraire ; les communistes, alors au plus haut de leur élan et de leur influence, prenant la tête de l'opposition et se désignant, du même coup, comme mes nécessaires successeurs.

D'autant plus sûrement, qu'en dehors d'une période de danger public, il ne peut y avoir de dictature qui tienne, à moins qu'une fraction, résolue à écraser les autres, ne la soutienne envers et contre tout. Or, étant le champion de la France, non point celui d'une classe ou d'un parti, je n'ameute les haines contre personne et je n'ai pas de clientèle qui me serve pour être servie. Les résistants eux-mêmes, s'ils demeurent sentimentalement fidèles à l'idéal qui les rassemblait, m'ont déjà, pour beaucoup d'entre eux, politiquement délaissé et militent en sens très divers. Seule, l'armée pourrait me fournir les moyens d'encadrer le pays en contraignant les récalcitrants. Mais cette omnipotence militaire, établie de force en temps de paix, paraîtrait vite injustifiable aux yeux de toutes sortes de gens.

Au fond, quel fut jamais, quel peut être, le ressort de la dictature, sinon une grande ambition nationale ou bien la crainte d'un peuple menacé ? La France a connu deux empires. Elle acclama le premier en un temps où elle se sentait capable de dominer l'Europe et où elle était excédée de désordre et de confusion. Elle consentit au second dans son désir d'effacer l'humiliation des traités qui avaient scellé sa défaite et dans l'angoisse où la plongeaient de récentes secousses sociales. Encore, ces régimes césariens, comment ont-ils fini tous deux ? Aujourd'hui, nulle conquête, nulle revanche, ne tentent les citoyens ; les masses ne redoutent ni invasion, ni révolution. La dictature momentanée, que j'ai exercée au cours de la tempête et que je ne manquerais pas de prolonger ou de ressaisir si la patrie était en danger, je ne veux pas la maintenir puisque le salut public se trouve être un fait accompli. Ainsi que je l'ai promis, je donnerai donc la parole au peuple par des élections générales.

Mais, tout en écartant l'idée de mon propre despotisme, je n'en suis pas moins convaincu que la nation a besoin d'un régime où le pouvoir soit fort et continu. Un tel pouvoir, les partis sont, évidemment, inaptes à le lui donner. Mis à part les communistes, qui se destinent à dominer par n'importe quels moyens, dont le gouvernement serait, éventuellement, étayé par une organisation toute prête, qui trouveraient à l'intérieur l'appui déterminé d'une partie de la population et au-dehors celui des Soviets, mais qui mettraient la France en servitude, je constate qu'aucune des formations politiques n'est en mesure d'assurer la conduite du pays et de l'État. Bien que certaines d'entre elles puissent obtenir les suffrages d'une importante clientèle, il n'en est pas une seule dont on croie qu'elle représente l'intérêt général. Chacune, d'ailleurs, ne recueillera que les voix d'une minorité. Encore, beaucoup d'électeurs qui lui donneront leur bulletin de vote le feront-ils, non point tant pour elle, que contre d'autres. Bref, nulle organisation ne dispose du nombre, ni du crédit, qui lui permettraient de prétendre à l'autorité nationale.

Au caractère fractionnel des partis, qui les frappe d'infirmité, s'ajoute leur propre décadence[a]. Celle-ci se cache encore sous la phraséologie. Mais la passion doctrinale, qui fut jadis la source, l'attrait, la grandeur des partis, ne saurait se maintenir intacte en cette époque de matérialisme indifférente aux idéals. N'étant plus inspirés de principes, ni ambitieux de prosélytisme, faute de trouver audience sur ce terrain, ils vont inévitablement s'abaisser et se rétrécir jusqu'à devenir chacun la représentation d'une catégorie d'intérêts. Si le pouvoir retombe à leur discrétion, il est certain que leurs dirigeants, leurs délégués, leurs militants, se mueront en professionnels faisant carrière dans la politique. La conquête des fonctions publiques, des postes d'influence, des emplois administratifs, absorbera désormais les partis, au point que leur activité se déploiera essentiellement dans ce qu'ils nomment la tactique et qui n'est que la pratique du compromis, parfois du reniement. Étant tous minoritaires, il leur faudra, pour accéder aux postes de commande, les partager avec leurs rivaux. D'où cette double conséquence que, vis-à-vis des citoyens, ils iront se démentant et se déconsidérant et que la juxtaposition constante, à l'intérieur du gouvernement, de groupes et d'hommes opposés ne pourra aboutir qu'à l'impuissance du pouvoir.

Pour moi, considérant ce que sont en France, dans le présent, les réalités politiques et, d'autre part, l'étendue et la difficulté de la tâche de l'État, je me suis fait une claire idée des institutions souhaitables. Pour en venir à ce plan, j'ai tenu compte, bien entendu, de la leçon tirée d'un désastre péniblement réparé, de mon expérience des hommes et des affaires, du rôle, enfin, que les événements me mettent en mesure de jouer dans la mise en marche de la IVe République.

Suivant moi, il est nécessaire que l'État ait une tête, c'est-à-dire un chef, en qui la nation puisse voir, au-dessus des fluctuations, l'homme en charge de l'essentiel et le garant de ses destinées. Il faut aussi que l'exécutif, destiné à ne servir que la seule communauté, ne procède pas du parlement qui réunit les délégations des intérêts particuliers. Ces conditions impliquent que le chef de l'État ne provienne pas d'un parti, qu'il soit désigné par le peuple, qu'il ait à nommer les ministres, qu'il possède le droit de consulter le pays, soit par référendum, soit par élection d'assemblées, qu'il reçoive, enfin, le mandat d'assurer, en cas de péril, l'intégrité et l'indépendance de la France. En dehors des circonstances où il appartiendrait au Président d'intervenir publiquement, gouvernement et parlement auraient à collaborer, celui-ci contrôlant celui-là et pouvant le renverser, mais le magistrat national exerçant son arbitrage et ayant la faculté de recourir à celui du peuple[7].

Je ne puis me dissimuler que mon projet va heurter de front les prétentions des partis. Tel ou tel d'entre eux, par conviction ou par précaution, ne se résout pas encore à s'opposer à de Gaulle. D'autres, qui lui prodiguent déjà les critiques et les avertissements, se retiennent encore de lui livrer ouvertement combat. Les communistes eux-mêmes, tout en multipliant appels du pied et moulinets, se gardent de croiser le fer. Mais il est clair que, dans le débat capital qui va s'engager, le désaccord est inévitable. À des titres divers, tous les partis entendent, en effet, que la constitution future recrée un régime où les pouvoirs dépendront d'eux directement et exclusivement et où de Gaulle n'aura pas sa place, à moins qu'il veuille consentir à n'être qu'un figurant. À cet égard, les leçons du passé, les réalités du présent, les menaces de l'avenir, ne changent absolument rien à leur optique et à leurs exigences.

Que la IIIe République ait, sans cesse, chancelé dans un fâcheux déséquilibre, pour s'abîmer finalement au fond d'un gouffre d'abandon, ils y voient, chacun pour sa part, des motifs de s'en prendre aux autres, mais non point la nécessité de renoncer aux mêmes errements. Que la France ne puisse se rétablir sans la cohésion du peuple, l'abnégation des tendances, l'impulsion d'une autorité reconnue et continue, ces principes sont tout à fait étrangers à leur univers. Pour eux, il s'agit, au contraire, de lutter contre les concurrents, d'exciter celles des passions et des revendications sur lesquelles ils prennent appui, d'occuper le pouvoir, moins pour y servir le pays dans son ensemble que pour y appliquer leur programme particulier. Que de Gaulle, ayant réussi à rassembler la nation et à la conduire au salut, doive être maintenu à sa tête, ce n'est pas leur manière de voir. Sans doute prennent-ils soin de lui décerner des éloges. Pour aujourd'hui leur attachement et, pour demain, leur prudence admettent que son départ ne saurait avoir lieu sans transitions. Ils tâchent, même, d'imaginer dans quel poste décoratif on pourrait le reléguer. Mais[b] aucun d'entre eux n'envisage que la direction des affaires reste longtemps aux mains d'un personnage dont la seule présence serait, évidemment, incompatible avec leur régime.

Cependant, bien que je n'attende pas le soutien spontané des partis, il me paraît concevable que l'instinct du pays et la confiance qu'il m'a, jusqu'alors, accordée se manifestent assez nettement pour que les « politiques » soient obligés de suivre le courant. C'est mon affaire de demander aux Françaises et aux Français de faire connaître s'ils entendent que l'État soit bâti comme je crois qu'il doit être. S'ils répondent affirmativement, les partis s'en accommoderont et la République nouvelle aura ma participation. Sinon, je ne manquerai pas d'en tirer les conséquences.

Mais, si j'ai, dès l'origine, compté qu'en dernier ressort c'est le peuple qui déciderait, je n'en suis pas moins pénétré de doute et d'angoisse quant à ce que sera l'issue. Ce peuple, sous les témoignages émouvants qu'il me prodigue mais qui expriment sa détresse autant que son sentiment, n'est-il pas las, désabusé, divisé ? Ces vastes entreprises, cette action vigoureuse, ces fortes institutions, que je propose à son effort, ne dépassent-elles pas ses moyens et ses désirs ? Et moi, ai-je la capacité, l'habileté, l'éloquence, nécessaires pour le galvaniser[c], dès lors que tout s'aplatit ? Pourtant, quelle que doive être un jour la réponse du pays à la question qui lui sera posée, j'ai le devoir, en attendant, d'employer à le gouverner toute l'autorité qu'il m'accorde.

À vrai dire, pendant les premiers jours qui suivent la capitulation allemande, on pourrait croire à un renouveau d'unité politique autour de moi. Momentanément, la presse ne me ménage pas les louanges. L'Assemblée consultative, le 15 mai, accueille par des salves unanimes d'applaudissements, par une magnifique *Marseillaise* et par d'enthousiastes « Vive de Gaulle ! » le discours que je prononce pour tirer les leçons de la guerre[g]. Les personnages principaux se répandent en gestes démonstratifs à mon égard. C'est le cas, en particulier, des anciens présidents du Conseil que les Allemands détenaient comme otages et qui regagnent la patrie. La première démarche de MM. Paul Reynaud, Daladier, Sarraut, consiste à venir m'assurer de leur concours dévoué. Léon Blum, dès qu'il est libre, déclare : « La France ressuscite grâce au général de Gaulle. Nous avons eu la chance d'avoir un général de Gaulle. Du fond de ma prison, j'ai toujours espéré que mon parti saurait l'appuyer. La France entière a confiance en lui. Sa présence est, pour notre pays, une garantie irremplaçable de la concorde intérieure. » Édouard Herriot, délivré par les Russes et passant à Moscou, y publie par la radio : « Ma conviction est que le pays est groupé autour de Charles de Gaulle, à la disposition de qui je me place moi-même sans réserves. » Mais ces gestes et ces mots n'auront pas tous de lendemain[9].

En fait, ce sont les soucis partisans et électoraux qui, maintenant, dominent la vie publique. Le renouvellement des municipalités leur sert, d'abord, d'aliment. En effet, pour remettre progressivement en marche la machine démocratique, le gouvernement a décidé qu'on commencerait par les communes. Les conseils municipaux, élus en 1937, avaient été soumis aux interventions arbitraires de Vichy, puis aux secousses de la Libération. Ils retournent, à présent, à leur source : le suffrage des citoyens. Bien que maintes contingences locales entrent en ligne de compte dans les deux tours de scrutin du 29 avril et du 13 mai, les tendances dominantes ne laissent pas de s'en dégager. On voit ceux des partis qui sont fortement hiérarchisés et qui se targuent d'être « le mouvement » : communistes, socialistes, républicains populaires, gagner beaucoup de voix et de sièges au détriment des diverses sortes de modérés et de radicaux. On voit s'unir pour les ballottages les deux catégories de marxistes. On voit, enfin, toutes les tendances mettre en vedette ceux de leurs candidats qui ont pris une part active à la lutte contre l'ennemi ; préférence que les électeurs ratifient, d'ailleurs, très volontiers.

La tourmente a donc pu modifier la répartition des suffrages, sans, pour autant, changer la nature d'aucun des partis français, ni susciter l'apparition d'un courant vraiment nouveau[10]. En somme, l'opinion tend plus que jamais à se fractionner suivant des revendications et des querelles particulières, non point du tout à s'assembler pour une grande œuvre nationale. Dans cette ambiance de surenchères, ce sont, tout naturellement, les communistes qui donnent le ton et exercent l'ascendant. En outre, la campagne électorale a montré qu'en ce qui concerne les futures institutions, deux conceptions seulement occupent les « politiques ». Radicaux et modérés préconisent le retour à la constitution de 1875. Les autres proclament leur volonté d'obtenir « une assemblée unique et souveraine ». Mais, par-dessus ces divergences, tous exigent que les partis disposent, comme avant et sans restrictions, de tous les pouvoirs de l'État. Il n'est pas un observateur qui n'en conclue que, demain, c'est à quoi l'on aboutira, au besoin malgré de Gaulle. S'il est vrai, d'après Clemenceau, que « la pire souffrance de l'âme est le froid[11] », on comprend que l'atmosphère dans laquelle j'aurai à me mouvoir, au cours des mois qui vont suivre, me sera chaque jour plus pénible.

Les élections municipales ne sont pas encore achevées que commence la rentrée en France des prisonniers de guerre, des déportés et des requis. Grand événement national, tout chargé d'émotions, de joies, mais aussi de larmes ! En quelques semaines, la patrie, les familles, les cités françaises, recouvrent deux millions et demi de leurs enfants, qui sont parmi les plus chers parce qu'ils furent les plus malheureux. Ce « grand retour »[d] pose au gouvernement de multiples et lourds problèmes. Il n'est pas simple de transporter en France, puis de ramener jusqu'à leurs foyers, un aussi grand nombre d'hommes qui se présentent en vagues impatientes. Il est ardu de les alimenter et de les habiller bien, alors que le pays manque cruellement de vivres et de vêtements. Il est difficile de les réintégrer aussitôt et tous à la fois dans l'activité nationale qui fonctionne encore au ralenti. Il n'est pas aisé d'hospitaliser, de soigner, de rééduquer, la masse de ceux qui sont malades ou mutilés. Or, comme la défaite du Reich libère d'un seul coup tous les Français détenus en Allemagne, les questions qui les concernent doivent être réglées sur-le-champ.

Cette vaste opération a été préparée. Le ministère des Prisonniers, Déportés et Réfugiés, créé à Alger dès 1943, s'y emploie depuis longtemps et la dirige de son mieux. Il faut regrouper les hommes là où ils se trouvent en Allemagne et organiser leur déplacement. C'est relativement facile dans la zone de l'armée française. Ce l'est moins dans celle des armées américaine et britannique. C'est très compliqué chez les Russes, lointains, méfiants, formalistes, qui sont en train de faire mouvoir les habitants de provinces entières. Cependant, un accord, conclu sans délai à Leipzig, a réglé la coopération des divers commandements militaires. Il n'y aura de graves déboires qu'en ce qui concerne les jeunes Alsaciens et Lorrains incorporés de force dans la Wehrmacht, faits prisonniers par les troupes soviétiques et qui sont, à présent, confondus avec les Allemands dans tous les camps de Russie. Notre ambassadeur, le général Catroux, et la mission militaire dont il dispose à Moscou, ont de la peine à prendre leur contact, à constater leur identité, à obtenir leur rapatriement. Certains ne seront retrouvés que plus tard. Il en est qui ne reviendront pas[12].

Cependant, le 1ᵉʳ juin, soit trois semaines après que les mouvements ont commencé, le millionième de nos libérés atteint la frontière française. Un mois après, la plupart des captifs auront retrouvé la patrie. Accueillis, le mieux possible, dans des centres hospitaliers, dotés d'un pécule, démobilisés, ils reprennent leur place dans le pays privé de tout mais à qui ses enfants, jamais, n'ont été plus nécessaires.

En dépit des mesures prises, le retour d'une pareille masse dans des délais aussi courts ne peut aller sans à-coups. D'ailleurs, ce sont parfois le chagrin et la désillusion qui attendent ceux qui reviennent après une aussi longue absence. Et puis, la vie est dure, alors que dans les misères d'hier on l'imaginait autrement. Enfin, certains de ceux qui, dans les barbelés, avaient rêvé d'une patrie renouvelée s'attristent de la médiocrité morale et de l'atonie nationale où baignent trop de Français. Adoucir ces amertumes, c'est ce que commande l'intérêt supérieur du pays. Mais la surenchère partisane cherche, au contraire, à les exploiter. Dans ce concours, les communistes sont, naturellement, les premiers.

Utilisant calculs et rancœurs, ils ont pris sous leur coupe le Mouvement national des prisonniers, qui entame la lutte contre le ministre Henri Frenay. Indépendamment des motions insultantes que le Mouvement publie dans les journaux et des discours que tiennent ses orateurs, il s'efforce d'organiser des manifestations aux points de rassemblement et dans les centres hospitaliers. Les cérémonies auxquelles donnent lieu le retour des captifs et, surtout, celui des déportés de la Résistance lui sont autant d'occasions de faire paraître des équipes vociférantes. À Paris même, des cortèges sont formés, parcourent les boulevards, défilent avenue Foch sous les fenêtres du ministère des Prisonniers aux cris de : « Frenay ! Au poteau ! » Dans leurs rangs, marchent des gens qui revêtent, pour la circonstance, la tenue rayée des martyrs des camps de misère. Sans doute les rapatriés, dans leur immense majorité, ne prennent-ils aucune part à ces incidents scandaleux. Mais les meneurs espèrent que le gouvernement lancera la force publique contre les manifestants, ce qui excitera l'indignation populaire, ou bien que, cédant à la menace, il sacrifiera le ministre vilipendé. Quant aux autres fractions politiques, elles assistent à l'étalage de cette démagogie, sans fournir au pouvoir aucune espèce de soutien.

Pourtant, l'affaire est vite réglée. À mon bureau, je convoque les dirigeants[13] du « Mouvement ». « Ce qui se passe, leur dis-je, est intolérable. J'exige qu'il y soit mis un terme et c'est vous qui m'en répondez. — Il s'agit, m'affirment-ils, d'une explosion de la colère justifiée des prisonniers. Nous-mêmes ne pourrions l'empêcher. » Je leur déclare : « L'ordre public doit être maintenu. Ou bien vous êtes impuissants vis-à-vis de vos propres gens ; dans ce cas, il vous faut, séance tenante, me l'écrire et annoncer votre démission. Ou bien vous êtes, effectivement, les chefs ; alors, vous allez me donner l'engagement formel que toute agitation sera terminée aujourd'hui. Faute qu'avant que vous sortiez d'ici j'aie reçu de vous, soit la lettre, soit la promesse, vous serez, dans l'antichambre, mis en état d'arrestation. Je ne puis vous accorder que trois minutes pour choisir. » Ils vont conférer entre eux dans l'embrasure d'une fenêtre et reviennent aussitôt : « Nous avons compris. Entendu ! Nous pouvons vous garantir que les manifestations vont cesser. » Il en sera ainsi, le jour même.

L'affaire des prisonniers avait montré que l'autorité restait forte tant qu'elle n'était pas partagée, mais aussi que les politiques n'inclinaient pas à l'appuyer. On pouvait faire la même constatation à propos de la question financière et économique. Or, celle-ci se posait de nouveau avec acuité pendant l'été qui suivit la victoire. Comme il n'était pas possible d'éluder cette échéance, mais comme, aussi, les mesures à prendre touchaient au plus vif les intérêts des électeurs, je comptais que les partis laisseraient mon gouvernement faire ce qui était nécessaire, tout en tirant leur épingle du jeu. C'est ce qui eut lieu, en effet.

Il s'agissait, tout à la fois, de procurer au Trésor des ressources exceptionnelles, de s'opposer à l'inflation et de contenir la montée des prix. C'était là le perpétuel problème dans une période où les dépenses publiques s'enflaient inévitablement, où la fin des hostilités provoquait dans la population une tendance générale à consommer davantage et où la production était encore très loin d'atteindre un niveau satisfaisant. Les dispositions prises au lendemain de la Libération avaient permis d'éviter le pire. On devait, maintenant, entreprendre un nouvel effort. Mais, de toute manière, il en résulterait pour chacun maints désagréments et, pour certains, de lourds sacrifices. Les élections générales étant proches, j'aurais pu différer les décisions de quelques semaines, afin que la responsabilité fût partagée par la future Assemblée nationale. Des expédients y eussent suffi. Mais ils auraient été dispendieux. Je choisis de ne point attendre et de prendre entièrement au compte de mon gouvernement les mesures d'assainissement.

La première fut l'échange des billets. L'opération visait, en particulier, à révéler l'avoir de chaque Français. Déjà, l'administration connaissait la valeur des fortunes en biens immobiliers, rentes, actions, obligations nominatives. Il lui restait à savoir comment était répartie la masse des titres au porteur : billets et bons à court terme. Les propriétaires avaient à présenter et, par là même, à déclarer leurs titres. On les leur remplacerait, franc pour franc, par de nouvelles vignettes. Du coup, devenaient caduques les coupures qui n'étaient pas remises aux guichets publics, celles notamment que les Allemands avaient emportées chez eux, celles aussi que leurs possesseurs préféraient perdre plutôt que d'en avouer le total. D'autre part, les détenteurs de grosses sommes en billets de banque jugèrent souvent à propos de les convertir en bons, puisque le chiffre de leur fortune serait, désormais, connu.

Tout se passa très bien, du 4 au 15 juin, sous la direction de Pleven. Il ne se produisit, dans la vie économique française, rien d'analogue à la rude secousse qu'une opération du même ordre, mais comportant, celle-là, le blocage des avoirs, avait causée en Belgique[14]. La circulation fiduciaire, qui se montait à 580 milliards à la fin du mois de mai, n'atteignait plus, en juillet, que 444 milliards. Mais, aussi, cette « photographie » de la matière imposable allait permettre au gouvernement d'établir sur une base solide la contribution extraordinaire qu'il méditait de lever.

En attendant de le faire, il lui fallait empêcher les prix de s'élever à l'excès. Pour n'avoir pas adopté le plan d'extrême rigueur qu'avait proposé Mendès France, supprimé d'office les trois quarts des signes monétaires, bloqué d'une manière absolue le coût des denrées et les rémunérations, bref, tenté d'obtenir d'un coup un résultat décisif au risque de briser les ressorts de l'activité du pays, le gouvernement n'en était pas moins résolu à endiguer le flot ascendant. De toute façon, la stabilisation ne pourrait être réalisée avant que l'offre des produits répondît à la demande, ce qui n'aurait pas lieu de longtemps. Mais on avait les moyens d'empêcher les brutales saccades et de punir les abus. Deux ordonnances du 30 juin codifièrent ce qu'il fallait. L'une fixait la procédure suivant laquelle l'autorité arrêtait ou modifiait les prix. L'autre réglementait la manière dont les infractions devaient être réprimées[15]. Ces ordonnances, aussitôt appliquées, allaient rester en vigueur par la suite. Elles le sont encore aujourd'hui.

Quel que fût notre souci de ménager le pays à peine convalescent et de faire les choses progressivement, il nous fallait boucler le budget de 1945 et prévoir les moyens d'alimenter celui de 1946. Comme il eût été impossible de renouveler l'emprunt de la Libération et dangereux d'accroître la dette à court terme, nous choisîmes de recourir à une contribution spéciale. Une ordonnance du 15 août institua l'impôt de solidarité[16], destiné à régler les frais exceptionnels entraînés par le retour des prisonniers, la démobilisation et le rapatriement des troupes, l'envoi du corps expéditionnaire en Indochine, les premiers travaux de reconstruction. Nous avions évalué à quatre-vingts milliards, — soit à neuf cents d'aujourd'hui, — les ressources à obtenir et décidé qu'elles seraient fournies par les possédants. En dehors d'eux, qui pouvait le faire ? N'étaient-ils pas, au surplus, les principaux intéressés à l'équilibre des finances, tout comme ils venaient de l'être au rétablissement de l'ordre et au maintien de la paix sociale ? Allant au plus simple, l'ordonnance prescrivait un prélèvement sur les patrimoines, une taxe sur les enrichissements acquis au cours de la guerre, une contribution sur les fonds des sociétés, le tout constituant « l'impôt exceptionnel de solidarité nationale ».

Sur le projet, l'Assemblée consultative eut à donner son avis. Les partis, au cours du débat qui eut lieu le 25 juillet, ne nous épargnèrent pas leurs critiques ; ceux de gauche, par la voix de MM. Philip, Moch, Duclos, Ramette, proclamant que le gouvernement n'allait pas assez loin dans la voie de l'amputation des capitaux privés ; ceux de droite, dont MM. Laniel et Denais[17] exprimaient les doléances, faisant valoir que l'impôt projeté allait porter atteinte à la marche des affaires. Cependant, les groupes divers ayant ainsi déployé leurs panneaux, on n'en approuva pas moins le texte à la quasi-unanimité. Ce devait être la dernière fois que l'Assemblée se résoudrait à suivre le gouvernement. Bientôt, les discussions relatives au problème constitutionnel la dresseraient ouvertement, tout entière, dans l'opposition.

Entre-temps, j'avais tenu à ce que fût réglée la douloureuse affaire de Pétain, de Laval, de Darnand, qui occupait tous les esprits et ne laissait pas d'agiter les émotions et les inquiétudes. Sans intervenir aucunement dans l'instruction menée par la Haute Cour, le gouvernement lui avait fait connaître son désir de voir la procédure aboutir dès que possible. Les procès s'étaient donc ouverts, en commençant par celui du Maréchal. On avait annoncé qu'il en résulterait, en sens divers, de profonds remous. Il n'en fut rien. Sans doute, les hommes qui prirent part aux tristes audiences, en qualité de magistrats, de jurés, de témoins, d'avocats, ne continrent pas toujours leur passion, ni leur excitation. Mais le trouble ne dépassa pas les murs du Palais de Justice. Sans doute, le public suivit-il avec un intérêt tendu les débats tels que les lui rapportaient en abrégé les journaux. Mais il n'y eut jamais, dans aucun sens, aucun mouvement de foule. Tout le monde, au fond, estimait nécessaire que la justice rendît son arrêt et, pour l'immense majorité, la cause était entendue.

Je partageais cette manière de voir. Toutefois, ce qui, dans l'accusation, me paraissait essentiel, l'était moins aux yeux de beaucoup. Pour moi, la faute capitale de Pétain et de son gouvernement c'était d'avoir conclu avec l'ennemi au nom de la France, le soi-disant « armistice ». Certes, à la date où on l'avait signé, la bataille dans la Métropole était indiscutablement perdue. Arrêter le combat entre l'Atlantique et les Alpes pour mettre un terme à la déroute, cet acte militaire et local eût été très justifié. Il appartenait au commandement des forces intéressées, — quitte à ce que la tête en fût changée[18], — de faire le nécessaire sur ordre du gouvernement. Celui-ci aurait gagné Alger, emportant le trésor de la souveraineté française, qui, depuis quatorze siècles, n'avait jamais été livré, continuant la lutte jusqu'à son terme, tenant parole aux Alliés et, en échange, exigeant leur concours. Mais, avoir retiré de la guerre l'Empire indemne, la flotte inentamée, l'aviation en grande partie intacte, les troupes d'Afrique et du Levant qui n'avaient pas perdu un soldat, toutes celles qui, depuis la France même, pouvaient être transportées ailleurs ; avoir manqué à nos alliances ; par-dessus tout, avoir soumis l'État à la discrétion du Reich, c'est cela qu'il fallait condamner, de telle sorte que la France fût dégagée de la flétrissure. Toutes les fautes que Vichy avait été amené à commettre ensuite : collaboration avec les envahisseurs ; lutte menée à Dakar, au Gabon, en Syrie, à Madagascar, en Algérie, au Maroc, en Tunisie, contre les Français Libres ou contre les Alliés ; combats livrés à la Résistance en liaison directe avec les polices et les troupes allemandes ; remise à Hitler de prisonniers politiques français, de juifs, d'étrangers réfugiés chez nous ; concours fourni, sous forme de main-d'œuvre, de matières, de fabrications, de propagande, à l'appareil guerrier de l'ennemi, découlaient infailliblement de cette source empoisonnée.

Aussi étais-je contrarié de voir la Haute Cour, les milieux parlementaires, les journaux, s'abstenir dans une large mesure de stigmatiser l'« armistice » et, au contraire, se saisir longuement des faits qui lui étaient accessoires. Encore mettaient-ils en exergue ceux qui se rapportaient à la lutte politique, plutôt qu'à celle du pays contre l'ennemi du dehors. Trop souvent, les débats prenaient l'allure d'un procès partisan, voire quelquefois d'un règlement de comptes, alors que l'affaire ne devait être traitée que du seul point de vue de la défense et de l'indépendance nationale. Les anciens complots de la Cagoule[19], la dispersion du Parlement après qu'il eut abdiqué, la détention de parlementaires, le procès de Riom, le serment exigé des magistrats et des fonctionnaires, la charte du travail, les mesures antisémites, les poursuites contre les communistes, le sort fait aux partis et aux syndicats, les campagnes menées par Maurras, Henriot, Luchaire, Déat, Doriot[20], etc., avant et pendant la guerre, voilà qui tenait, dans les débats et les commentaires, plus de place que la capitulation, l'abandon de nos alliés, la collaboration avec l'envahisseur.

Philippe Pétain, pendant son procès, s'enferma dans le silence. Étant donné son âge, sa lassitude, le fait aussi que ce qu'il avait couvert était indéfendable, cette attitude de sa part me parut être celle de la sagesse. En se taisant, il accorda comme un ultime ménagement à la dignité militaire dont l'avaient revêtu ses grands services d'autrefois. Les faits évoqués, les témoignages apportés, le réquisitoire, les plaidoiries, firent voir que son drame avait été celui d'une vieillesse[21] que la glace des années privait des forces nécessaires pour conduire les hommes et les événements. S'abritant de l'illusion de servir le bien public, sous l'apparence de la fermeté, derrière l'abri de la ruse, le Maréchal n'était qu'une proie offerte aux intrigues serviles ou menaçantes. La Cour prononça la peine capitale mais, en même temps, exprima le vœu qu'il n'y eût point exécution. J'étais, d'ailleurs, décidé à signer la grâce, en tout cas. D'autre part, j'avais fait prendre les dispositions voulues pour soustraire le Maréchal aux injures qui risquaient de l'assaillir. À peine le jugement rendu, le 15 août, il fut transporté par avion au Portalet. Plus tard, il irait à l'île d'Yeu. Mon intention était, qu'après avoir été détenu deux ans dans une enceinte fortifiée, il allât terminer sa vie, retiré chez lui, près d'Antibes[22].

Pierre Laval, à son tour, comparut devant ses juges. Lors de la capitulation du Reich, un avion allemand l'avait amené en Espagne où il comptait trouver refuge. Mais le général Franco l'avait fait arrêter et reconduire, par voie aérienne, en territoire germanique. Peut-être le fugitif espérait-il y trouver un recours du côté des États-Unis ? En vain ! L'armée américaine le livrait à l'autorité française. Au mois d'octobre, le chef du gouvernement de Vichy était traduit devant la Haute Cour.

Laval tenta, d'abord, d'exposer sa conduite, non point comme une collaboration délibérée avec le Reich, mais comme la manœuvre d'un homme d'État qui composait avec le pire et limitait les dégâts. Les jurés étant des parlementaires de la veille ou du lendemain, l'accusé pouvait imaginer que le débat tournerait à une discussion politique, confrontant, entre gens du métier, des théories diverses et aboutissant à une cote mal taillée qui lui vaudrait, finalement, les circonstances atténuantes. Cette tactique, pourtant, n'eut pas de prise sur le tribunal. Ce que voyant, Laval joua le tout pour le tout, adopta vis-à-vis de ses juges une attitude provocante et suscita, de leur part, quelques fâcheuses invectives. Prenant aussitôt prétexte de cette inconvenante sortie, il refusa de comparaître désormais devant la Cour. Ainsi cherchait-il à faire en sorte que son procès parût entaché de quelque chose d'irrégulier et que la justice fût amenée, soit à recourir à une nouvelle procédure, soit à commuer la peine capitale que l'accusé sentait inévitable et qui fut, en effet, prononcée. Il n'y eut, cependant, ni révision, ni grâce. En une suprême tentative pour se soustraire à l'exécution le condamné absorba du poison[23]. Mais il fut remis sur pied. Alors, toutes issues fermées, Pierre Laval se redressa, marcha d'un pas ferme au poteau et mourut courageusement.

Quelques jours auparavant, Joseph Darnand avait subi la même condamnation et accueilli la mort sans plus faiblir. Son procès fut bref. L'accusé portait la responsabilité de bon nombre de crimes commis par Vichy au nom du maintien de l'ordre. L'ancien « secrétaire général[24] » n'invoqua pour sa défense que le service du Maréchal. Ce que le national-socialisme comportait de doctrinal avait assurément séduit l'idéologie de Darnand, excédé de la bassesse et de la mollesse ambiantes. Mais, surtout, à cet homme de main et de risque, la collaboration était apparue comme une passionnante aventure qui, par là même, justifiait toutes les audaces et tous les moyens. Il en eût, à l'occasion, couru d'autres en sens opposé. À preuve, les exploits accomplis par lui, au commencement de la guerre, à la tête des groupes francs. À preuve, aussi, le fait que portant déjà l'uniforme d'officier allemand et couvert du sang des combattants de la Résistance il m'avait fait transmettre sa demande de rejoindre la France Libre. Rien, mieux que la conduite de ce grand dévoyé de l'action[25], ne démontrait la forfaiture d'un régime qui avait détourné de la patrie des hommes faits pour la servir.

La condamnation de Vichy dans la personne de ses dirigeants désolidarisait la France d'une politique qui avait été celle du renoncement national. Encore fallait-il que la nation adoptât, délibérément, la psychologie contraire. Pendant les années d'oppression, c'étaient la foi et l'espoir en la France qui entraînaient peu à peu les Français vers la Résistance et la Libération. Les mêmes ressorts avaient, ensuite, joué pour empêcher la subversion et déclencher le redressement. Aujourd'hui, rien d'autre ne pouvait être efficace, du moment qu'il s'agissait d'aller vers la puissance et la grandeur. Si cet état d'esprit l'emportait dans les masses, la future Assemblée nationale en serait, sans doute, influencée. Jusqu'à la date des élections, je ferais donc tout le possible pour que soufflât sur le pays un certain air d'ardeur à l'effort et de confiance dans ses destinées.

Le 9 mai, lendemain de la victoire, je me rendis à Notre-Dame pour le *Te Deum* solennel. Le cardinal Suhard m'accueillit sous le portail. Tout ce qu'il y avait d'officiel était là. Une multitude emplissait l'édifice et débordait aux alentours. Tandis que le cantique du triomphe faisait retentir les voûtes et qu'une sorte de frémissement, s'élevant de l'assistance, glissait vers le parvis, les quais, les rues de Paris, je me sentais, à la place que la tradition m'avait assignée dans le chœur, envahi des mêmes sentiments qui avaient exalté nos pères chaque fois que la gloire couronnait la patrie. Sans que l'on pût oublier les malheurs qui compensèrent nos réussites[26], ni les obstacles qui, aujourd'hui même, se dressaient devant la nation, il y avait, dans cette pérennité, de quoi soutenir les courages. Quatre jours plus tard, la fête de Jeanne d'Arc offrit une semblable occasion à la ferveur patriotique. C'était, depuis cinq ans, la première fois qu'il était possible de la célébrer suivant les rites traditionnels.

Cependant, le 24 mai, je tins aux Français un langage austère. Ils m'entendirent parler à la radio de nos pertes, de nos devoirs, de la peine qu'il nous en coûterait « pour devenir ce que nous voulions être, c'est-à-dire prospères, puissants et fraternels ». Je marquai quelle rude tâche c'était que de rétablir la France « au milieu d'un univers qui n'était certes pas commode ». Je déclarai que « notre capacité de travailler et de produire et le spectacle de l'ordre que nous saurions offrir dans les domaines politique, social et moral étaient les conditions de notre indépendance, à fortiori de notre influence. Car il n'y avait pas de rayonnement dans la confusion, ni de progrès dans le tohu-bohu ». On devait donc s'attendre à ce que le gouvernement tienne en main les prix, les traitements, les salaires, quels que puissent être les mécontentements et les revendications. Cette rigueur irait, d'ailleurs, de pair avec les réformes. J'annonçai, « qu'avant la fin de l'année, l'État prendrait sous sa coupe la production du charbon et de l'électricité et la distribution du crédit, leviers de commande qui lui permettraient d'orienter l'ensemble de l'activité nationale ». D'autre part, de nouvelles mesures concernant le peuplement du pays seraient appliquées en vue du même but : rétablir notre puissance. Je comparai les Français aux marins de Christophe Colomb, qui aperçurent la terre à l'horizon quand ils étaient au pire moment de leur angoisse et de leur fatigue. Et de m'écrier : « Regardez ! Au-delà des peines et des brumes du présent, un magnifique avenir s'offre à nous[27] ! »

Avec la même intention d'électriser quelque peu l'atmosphère, j'allai voir, le 10 juin, les départements de la Manche et de l'Orne, qui étaient, avec le Calvados, les plus sinistrés de tous. Accompagné de Dautry, je visitai Saint-Lô, Coutances, Villedieu-les-Poêles, Mortain, Flers, Argentan, Alençon, ainsi que de nombreuses bourgades. Le flot des témoignages y déferlait par-dessus les décombres[28]. Le 18 juin, Paris fut tout entier debout pour fêter les troupes venues d'Allemagne qui descendirent les Champs-Élysées ; Leclerc et Béthouart à leur tête. Entre les soldats ravis, le peuple pleurant de joie et de Gaulle placé au centre de la cérémonie, passait ce courant enchanté qui naît d'une grande et commune émotion. Le 30 juin et le 1er juillet, je m'en fus parcourir l'Auvergne qui, dans ses graves cités de Clermont-Ferrand, de Riom, d'Aurillac, comme dans ses villages dispersés, se montra aussi chaleureuse que l'était la capitale[29].

La consultation nationale approchait. Le gouvernement l'envisageait pour le mois d'octobre. Aussi hâtai-je les manifestations. Celle du 14 juillet, à Paris, fut marquée, comme il convenait, par une imposante parade militaire. Mais, cette fois, la marche triomphale avait lieu d'est en ouest. Le général de Lattre me présenta, sur le cours de Vincennes, des détachements fournis par toutes les grandes unités de son armée victorieuse. Puis, le chef et les combattants de « Rhin et Danube » défilèrent, à travers une tempête d'acclamations, sous une profusion de drapeaux, par l'avenue du Trône, la Nation, le faubourg Saint-Antoine, pour passer devant moi sur la place de la Bastille.

La semaine suivante, je me rendis en Bretagne, ayant à mes côtés Pleven et Tanguy-Prigent. On ne saurait décrire l'accueil de Saint-Brieuc, de Quimper et de Vannes. Mais c'est à Brest presque entièrement rasé, à Lorient qu'on devrait rebâtir de fond en comble, à Saint-Nazaire anéanti, que le sentiment populaire paraissait le plus touchant[30]. J'allai ensuite à La Rochelle, libérée sans trop de dommages et qui, déjà, se rouvrait à la mer.

La Picardie et la Flandre me démontrèrent, à leur tour, que leur foi en l'avenir était de taille à tout surmonter. À Beauvais, puis à Amiens, où je fus reçu le 11 août en compagnie de Dautry, Lacoste, Laurent et Mayer, il ne manquait pas une voix au concert de l'enthousiasme. Par Doullens, Saint-Pol, Bruay, je gagnai Béthune où cinquante mille mineurs m'attendaient devant l'hôtel de ville. Du balcon, je m'adressai à eux et à la nation[31].

« Nous avons été, déclarai-je, parmi les plus malheureux, parce que nous étions les plus exposés. Mais nous sommes en train d'accomplir un extraordinaire redressement et je dis, en toute fierté française, que nous marchons à grands pas vers le moment où on dira de nous : " Ils se sont tirés d'affaire ! " » Là-dessus, je citai des chiffres. Pour le charbon, pendant le mois qui suivit la libération des fosses, les mineurs de France avaient tiré du sol un million et demi de tonnes ; mais, au cours des quatre dernières semaines, ils venaient d'en extraire le double. Pour l'électricité, nous étions montés de 400 millions à 1 350 millions de kilowatts par mois, c'est-à-dire jusqu'au niveau de 1938. Dans le même temps, nous avions triplé la production de fonte, d'acier, d'aluminium, et décuplé l'extraction du minerai de fer. Au lendemain de la Libération, nous faisions mensuellement 23 000 tonnes de ciment ; le mois dernier, 120 000 tonnes. Nous sortions de nos fours 40 000 tonnes de chaux en trente jours ; à présent, 125 000 tonnes. Nous chargions, par mois, 160 000 wagons ; maintenant, 470 000. « Pour moi, dis-je, qui par devoir d'État tiens l'œil fixé sur l'aiguille qui marque les degrés, je constate que pas un jour ne s'écoule sans quelque progrès sur la veille. »

Mais, en parlant de la suite, je rejetai toute démagogie. « Qu'il s'agisse de réformes, de prix, de salaires ou d'élections, nous savons qu'aucune décision ne satisfera tout le monde. Pourtant, nous suivons notre route. Nous remettons à plus tard le compte de nos griefs, de nos déboires et de nos chagrins. Nous comprenons qu'il s'agit de vivre, c'est-à-dire d'avancer. Nous le faisons et le ferons par l'effort, la cohésion, la discipline, et non point, — ah ! non, certainement ! — par les divisions intérieures. Nous le faisons et le ferons en bâtissant, peu à peu, du neuf et du raisonnable, et non point, — ah ! non, certainement ! — en retournant aux vieilles formules ou en courant aux aventures... Au travail ! »

Le lendemain, ayant visité Bergues, je me rendis à Dunkerque. À voir les bassins, les écluses, les quais, qui n'étaient plus que débris et entonnoirs, et les maisons aux deux tiers effondrées, on se demandait comment le grand port pourrait jamais revivre. Mais l'immense foule réunie place Jean-Bart se chargea de la réponse. Aux paroles que je lui adressai, elle répondit par des clameurs telles, qu'à les entendre on ne doutait de rien. Tous ensemble, devant la statue du grand marin, restée debout par miracle, nous chantâmes une *Marseillaise*, puis un *Jean Bart ! Jean Bart !* qui mettaient les malheurs en fuite. Après quoi, Calais m'offrit un spectacle pareil. Si Saint-Pierre y paraissait relativement préservé, le port n'était que désolation. Rien ne restait des anciens quartiers, à l'exception de la vieille tour du Guet et des murs de l'église Notre-Dame. Mais les Calaisiens, massés devant l'hôtel de ville où j'étais reçu par le maire, mon beau-frère Jacques Vendroux, donnaient à comprendre par le tonnerre de leurs vivats que l'avenir leur appartenait. À Boulogne, dans la ville basse, tout était ruines et deuils[32], ce qui n'empêchait aucunement la population de manifester une confiance retentissante. C'était le cas, notamment, pour les marins, pêcheurs, dockers, travailleurs des chantiers navals, dont le porte-parole déclara : « Nous voici ! La mer est là ! Il faudra bien que les choses s'arrangent. » Au milieu de l'ardeur générale, les foules ouvrières étaient, comme toujours, les plus vibrantes et spontanées. La visite du Portel, réduit à un fouillis de débris mais bien décidé à revivre, termina cet ultime voyage.

Mais, tandis que le sentiment de la masse se montrait ainsi disposé à surmonter les divisions, à suivre de Gaulle dans la voie du redressement national, à approuver son projet d'instituer un État fort, l'activité politique s'orientait dans un sens opposé. Toutes les décisions et attitudes de mon gouvernement étaient, maintenant, accueillies, de la part des fractions diverses, par la critique ou la hargne. Ce qui était « politique » marquait à mon égard une méfiance accentuée.

Dans le courant de juin, les partis levèrent leurs boucliers. Il faut dire que, le 2, j'avais moi-même indiqué, à l'occasion d'une conférence de presse[33], comment se posait le problème de la Constituante. « Trois solutions, disais-je, sont concevables. Ou bien revenir aux errements d'hier, faire élire séparément une Chambre et un Sénat, puis les réunir à Versailles en une Assemblée nationale qui modifierait, ou non, la constitution de 1875. Ou bien considérer que cette constitution est morte et procéder à des élections pour une Assemblée constituante qui ferait ce qu'elle voudrait. Ou bien, enfin, consulter le pays sur les termes qui serviraient de base à sa consultation et auxquels ses représentants auraient à se conformer. » Je ne précisais pas encore quel était mon propre choix, mais on pouvait le deviner par le fait même que j'invoquais l'hypothèse d'un référendum. Il n'en fallut pas davantage pour que l'on vît se dresser, de toutes parts, une opposition formelle ou, tout au moins, d'expresses réserves.

Mon projet de référendum visait un triple but. Puisque le système de 1875, emporté par le désastre de 1940, se trouvait anéanti, il me semblait qu'il serait arbitraire, soit de le rétablir moi-même, soit d'en interdire le retour. Après tout, le peuple souverain était là pour en décider. Bien que je n'eusse aucun doute sur ce que serait sa réponse, je lui demanderais donc s'il voulait qu'on en revienne à la IIIᵉ République ou bien qu'on en fasse une autre. D'autre part, quand le peuple aurait, par son vote, effacé l'ancienne Constitution, la nouvelle devrait être évidemment élaborée par l'assemblée qui sortirait des élections. Mais, cette assemblée, fallait-il qu'elle fût omnipotente, qu'elle décidât, à elle seule et en dernier ressort, des institutions nationales, qu'elle détînt tous les droits, sans exception, sans frein, sans recours ? Non ! Grâce au référendum, on pourrait, d'abord, imposer quelque équilibre entre ses pouvoirs et ceux du gouvernement et, ensuite, faire en sorte que la constitution qu'elle aurait élaborée soit soumise à l'approbation du suffrage universel. Le référendum, enfin, institué comme le premier et le dernier acte de l'œuvre constitutionnelle m'offrirait la possibilité de saisir le peuple français et procurerait à celui-ci la faculté de me donner raison, ou tort, sur un sujet dont son destin allait dépendre pendant des générations.

Mon intention, dès qu'elle fut entrevue, souleva la réprobation déterminée de tous les partis. Le 14 juin, le bureau politique du parti communiste fit connaître « qu'il avait décidé de poursuivre sa campagne pour l'élection d'une Constituante souveraine... ; qu'il s'était prononcé contre tout plébiscite, couvert, ou non du titre de référendum... ; qu'il rejetait toute constitution de caractère présidentiel ». La Confédération générale du travail ne manqua pas d'adopter aussitôt une résolution semblable. Les socialistes, à leur tour, annoncèrent solennellement, le 21 juin, par l'organe de leur comité directeur, leur volonté d'obtenir « une assemblée constituante et législative » que rien ne devrait entraver. Ils déclaraient, en outre, « s'opposer résolument à la méthode, contraire aux traditions démocratiques, qui consisterait à appeler le corps électoral à se prononcer par voie de référendum sur un projet de constitution établi par des commissions restreintes ». Le comité d'entente socialiste-communiste réuni le 22 juin ; le comité directeur du Mouvement républicain populaire par un communiqué du 24 juin ; l'Union démocratique et socialiste de la Résistance[34], dès sa naissance, le 25 juin ; le Conseil national de la Résistance siégeant le 29 juin ; le comité central de la Ligue des droits de l'homme dans une motion du 1er juillet, réclamèrent tous la fameuse assemblée unique et souveraine et se montrèrent opposés à l'idée d'un référendum.

De leur côté, les tenants du système d'avant-guerre s'indignaient qu'on le mît en cause. Depuis 1940, qu'ils aient été du côté de Vichy ou dans le camp de la Résistance, ils s'étaient appliqués à ménager la restauration de ce qui était naguère. À leur sens, de Gaulle n'avait rien à faire d'autre que d'appeler les électeurs à désigner des députés, et les collèges jadis qualifiés à nommer des sénateurs, afin que le Parlement reparaisse dans sa forme d'autrefois. Que le pays condamnât les errements de la IIIe République, comme on le voyait nettement, c'était à leurs yeux une raison de plus pour ne pas la lui faire juger. Les divers groupements modérés se prononcèrent donc en faveur de l'élection d'une Chambre et d'un Sénat, suivant le mode d'antan. Le 18 juin, le bureau exécutif du parti radical-socialiste demandait le « rétablissement des institutions républicaines », telles qu'elles étaient avant le drame, et se déclarait « hostile à tout plébiscite et à tout référendum ».

Ainsi, les fractions politiques, pour divisées qu'elles fussent entre la création d'une assemblée omnipotente et le retour au système antérieur, se trouvèrent unanimes à rejeter mes propres conceptions. La perspective d'un appel à la décision directe du pays leur paraissait, à toutes, scandaleuse. Rien ne montrait plus clairement à quelle déformation du sens démocratique menait l'esprit des partis. Pour eux, la République devait être leur propriété et le peuple n'existait, en tant que souverain, que pour déléguer ses droits et jusqu'à son libre arbitre aux hommes qu'ils lui désignaient. D'autre part, le souci, — dont j'étais moi-même pénétré, — d'assurer au pouvoir l'autorité et l'efficacité heurtait, au fond, leur nature. Que l'État fût faible, c'est à quoi, d'instinct, ils tendaient, afin de mieux le manier et d'y conquérir plus aisément, non point tant les moyens d'agir, que les fonctions et les influences.

Ne me dissimulant pas que les tendances des partis risquaient de conduire à une constitution néfaste, je m'ancrais dans mon intention de réserver la solution à la décision du pays. Mais, avant d'engager le fer, je tâchai d'obtenir le concours d'hommes qualifiés, placés en des points différents de l'éventail et qui me semblaient susceptibles d'impressionner l'opinion politique. Je m'adressai aux présidents Léon Blum, Édouard Herriot et Louis Marin, à qui, peut-être, les années et les événements conféraient la sérénité.

Léon Blum, tout justement, sortait de la longue détention où l'avaient enfermé Vichy et le IIIe Reich. Il était, je ne l'ignorais pas, plus attaché que jamais au socialisme. Mais je savais aussi, qu'au cours de ses épreuves, des scrupules lui étaient venus quant aux idées professées et à la politique menée, naguère, par son parti. Il les avait réexaminées à la lueur de cette clarté que la lucarne d'un cachot dispense à une âme élevée. En particulier, la question des pouvoirs lui était alors apparue sous un jour nouveau. Dans ses méditations de captif, qu'il devait publier sous le titre : *À l'échelle humaine*, il notait : « Le gouvernement parlementaire n'est pas la forme unique, ni même la forme pure, de la démocratie. » Il indiquait que le régime présidentiel était, à ses yeux, le meilleur : « J'incline pour ma part, écrivait-il, vers un système de type américain, qui se fonde sur la séparation et l'équilibre des pouvoirs. » À peine la liberté lui était-elle rendue, qu'il témoignait publiquement de sa confiance à mon égard[35]. Pour m'aider dans mon dessein de rénover la République, je crus d'abord trouver son appui.

Il me fallut bientôt déchanter. En fait, Léon Blum fut très vite ressaisi par les penchants habituels de la famille socialiste. Dès notre premier entretien, il refusa d'entrer comme ministre d'État dans le gouvernement provisoire, alléguant sa santé déficiente mais aussi sa volonté de se consacrer entièrement à son parti. Le 20 mai, soit dix jours après son retour en France, il déclarait déjà dans une réunion des secrétaires des fédérations socialistes : « Aucun homme n'a le droit au pouvoir. Mais nous avons, nous, le droit à l'ingratitude. » Dans les articles quotidiens qu'il écrivait pour *Le Populaire* et qui, par la qualité du fond et de la forme, exerçaient une grande influence sur les milieux politiques, il soutenait à fond la thèse de l'assemblée unique et souveraine. Au sujet du référendum, il n'en repoussait pas le principe, pourvu que soit seulement posée la question de savoir si le régime d'avant-guerre devait être rétabli. Mais, pour lui, il s'agissait beaucoup moins de rendre l'État plus fort et plus efficace que d'empêcher la réapparition du Sénat des temps révolus, contre lequel il nourrissait de tenaces griefs personnels[36]. Rien, suivant Blum, ne devait être proposé qui pût équilibrer les pouvoirs de l'Assemblée. C'est dans la même perspective qu'il considérait ce qu'il appelait « le cas de Gaulle ». À ma personne, il ne ménageait pas l'expression de son estime, mais, à proportion de ce qu'il en disait de bon, il se défiait de mon autorité et combattait avec âpreté tout projet de désignation du chef de l'État par un suffrage élargi. Bref, il avait, lui aussi, réadopté la règle fondamentale du régime parlementaire français : qu'aucune tête ne dépasse les fourrés de la démocratie !

Peu avant les élections, je le fis venir et lui dis : « Ma tâche de défense nationale et de salut public est à son terme. Le pays est libre, vainqueur, en ordre. Il va parler en toute souveraineté. Pour que je puisse entreprendre à sa tête une nouvelle étape, il faudrait que ses élus s'y prêtent, car, dans l'univers politique, nul ne saurait gouverner en dépit de tout le monde. Or, l'état d'esprit des partis me fait douter que j'aie, demain, la faculté de mener les affaires de la France comme je crois qu'elles doivent l'être. J'envisage donc de me retirer. Dans ce cas, j'ai le sentiment que c'est vous qui devrez assumer la charge du gouvernement, étant donné votre valeur, votre expérience, le fait aussi que votre parti sera l'un des plus nombreux dans la prochaine assemblée et, en outre, s'y trouvera dans l'axe de l'aile prépondérante. Vous pouvez être certain, qu'alors, je vous faciliterais les choses. »

Léon Blum n'objecta rien à mon éventuel départ, ce qui me donnait à comprendre qu'il l'admettait volontiers. Mais, répondant au projet que j'évoquais pour lui-même : « Cela, je ne le veux pas, déclara-t-il, parce que j'ai été, si longtemps ! tellement honni et maudit par une partie de l'opinion[37] que je répugne, désormais, à l'idée même d'exercer le pouvoir. Et puis, je ne le peux pas, pour cette raison que la fonction de chef du gouvernement est proprement épuisante et que mes forces n'en supporteraient pas la charge. » Je lui demandai : « Si, après mon retrait, vous deviez vous récuser, qui, selon vous, pourrait prendre la suite ? — Je ne vois que Gouin ! » me dit-il. Et, faisant allusion au remplacement récent de Churchill par le leader des travaillistes, il ajouta : « Gouin est celui qui ressemble le plus à Attlee[38]. »

Évidemment, Blum considérait sous la seule optique socialiste le grand problème national dont je l'avais entretenu. J'avoue que, pensant aux expériences[b] que le pays venait de faire et dont lui-même avait été victime, j'en éprouvais de la tristesse.

J'eus moins de succès encore du côté d'Édouard Herriot. En dépit de l'attitude ondoyante qu'il avait eue vis-à-vis de Laval et d'Abetz[39], quand ceux-ci, à la veille de la libération de Paris, lui proposaient de réunir l'« Assemblée nationale » de 1940 et de former un gouvernement qui ne serait pas le mien, j'avais accueilli de mon mieux ce vétéran des débats, des rites et des honneurs de la IIIe République, ce chantre toujours émouvant des impulsions contradictoires entre lesquelles oscillait le régime d'hier, ce patriote en qui les malheurs de la France avaient éveillé la désolation plutôt que la résolution, mais qui n'en avait pas moins supporté avec courage les épreuves à lui infligées par Vichy et par Hitler. Tandis qu'il revenait, par la Russie et l'Orient, de sa détention en Allemagne, je lui envoyai à Beyrouth mon propre avion. À la première visite qu'il me fit, je lui rendis sa croix de la Légion d'honneur qu'il avait retournée à Pétain sous l'Occupation. Je le priai, à son tour, de faire partie de mon gouvernement. Il y serait ministre d'État chargé de la question des Nations unies. Je pensais le trouver maniable sous les rondeurs du bon vouloir. Mais il se montra, au contraire, tout bardé de griefs et de piquants.

En somme, Herriot s'irritait surtout de constater le bouleversement de ce qui le concernait lui-même. Il me parla avec amertume de l'accueil assez indifférent qu'il venait de recevoir à Moscou et qui ne ressemblait pas à celui qu'il y avait trouvé en d'autres temps. Il ne cacha pas son dépit du médiocre enthousiasme que la ville de Lyon venait de lui témoigner. Comme il me demandait de le laisser s'installer au palais de la présidence de la Chambre des députés, qui était son ancienne résidence, et que je lui en faisais voir l'impossibilité, il exhala son mécontentement[40]. Enfin et surtout, la relative et, d'ailleurs, assez injuste déconfiture du parti radical, avec lequel il s'identifiait, lui était cruellement sensible. Quant aux institutions, il fallait, suivant lui, en revenir à celles où il avait ses habitudes. Qu'on fasse donc élire au plus tôt une Chambre et un Sénat qui nommeront leurs présidents, enverront à l'Élysée un politique dépourvu de relief et fourniront en série des ministères composés d'interchangeables parlementaires ! Dans tout ce qui s'était passé et, notamment, dans l'écroulement du régime qui lui était cher, il voyait un affreux épisode, mais il n'en tirait pas de leçons. Édouard Herriot déclina mon offre de faire partie du gouvernement. Je lui demandai d'aider à la reconstruction de la France ; il me déclara qu'il se consacrerait à restaurer le parti radical.

Louis Marin me marqua, lui aussi, que son principal souci était de voir renaître un groupement politique conforme aux idées qu'il avait servies tout au long de sa carrière. Son influence et son action, il les employait à rassembler les modérés en vue des prochaines élections. Tant qu'il s'était agi de chasser les Allemands du territoire, ce vieux Lorrain m'avait donné son adhésion sans réserves. À présent, il reprenait sa liberté vis-à-vis de moi. Très ancien parlementaire, il était, d'ailleurs, attaché jusqu'aux moelles à la vie des assemblées, en goûtait les âpres et attrayantes fermentations et, au fond, ne souhaitait rien tant que de les voir reparaître telles qu'il les avait pratiquées. C'est pourquoi, mon intention de limiter leurs attributions lui agréait médiocrement. Pas plus que Blum et qu'Herriot, il n'accepta d'entrer dans le gouvernement provisoire. Toutefois, il tint à m'assurer que, dans ma politique de sécurité nationale, il m'appuierait de tous ses moyens[41].

Faute d'avoir à mes côtés ces trois personnalités qui eussent pu contribuer à marquer l'avènement de la IVe République du signe de l'unité et de la notoriété, j'abordai donc le débat constitutionnel entouré du gouvernement que j'avais reconstitué au lendemain de la libération de Paris. Cependant, pour que ce ne soient pas toujours les mêmes qui servent de cibles, j'avais, à la fin de mai, remplacé Paul Ramadier, comme ministre du Ravitaillement, par Christian Pineau à peine sorti de Buchenwald, et attribué la Justice à Pierre-Henri Teitgen tandis que François de Menthon irait occuper le siège de la France au tribunal de Nuremberg. Teitgen transmettait à Jacques Soustelle le ministère de l'Information. Peu après, Augustin Laurent quittait, pour raisons de santé, le ministère des Postes que je confiais à Eugène Thomas revenu de déportation[42]. C'est le 9 juillet que je saisis le Conseil du projet d'ordonnance que j'avais établi avec la collaboration dévouée de Jules Jeanneney.

La délibération fut calme et approfondie. Comme la plupart des ministres appartenaient à des partis et que ceux-ci avaient tous manifesté leur désapprobation, je fis connaître que j'acceptais d'avance les démissions qui me seraient offertes. On ne m'en remit aucune. Le Conseil adopta le texte, sans changement, à l'unanimité.

L'élection d'une assemblée était prévue pour le mois d'octobre. Le pays déciderait par référendum si l'assemblée serait constituante. La réponse par oui ou par non à cette question signifierait, soit l'avènement de la IVe République, soit le retour à la IIIe. Dans le cas où l'assemblée devrait être constituante, ses pouvoirs seraient réglés par la deuxième question du référendum. Ou bien le pays adopterait le projet du gouvernement ; limitant à sept mois la durée du mandat de l'assemblée ; bornant ses attributions, dans le domaine législatif, au vote des budgets, des réformes de structure et des traités internationaux ; ne lui accordant pas l'initiative des dépenses ; mais lui attribuant le droit d'élire le président du gouvernement qui resterait en fonctions aussi longtemps que les députés ; enfin et surtout, subordonnant la mise en vigueur de la constitution à sa ratification par le suffrage universel. Ou bien, le pays refusant ce qui lui était proposé, l'Assemblée serait omnipotente en toutes matières et pour tout le temps qu'il lui plairait d'exister. La réponse, par oui ou par non, établirait, ou n'établirait pas, l'équilibre entre les pouvoirs exécutif et législatif pour la « période préconstitutionnelle ».

Au cours de la même séance, le Conseil décida, d'autre part, que les élections cantonales auraient lieu en deux tours de scrutin les 23 et 30 septembre. De cette façon, les conseils généraux seraient constitués avant le référendum. Si, contrairement à toute attente, celui-ci décidait le rétablissement des anciennes institutions, on pourrait alors faire élire le Sénat au suffrage restreint, comme il en était jadis[43].

Le 12 juillet, par la radio, je fis connaître au pays sur quels points il allait être consulté et ce que je lui demandais de faire. Après avoir énoncé le texte des questions que poserait le référendum, je déclarai : « Quant à mon opinion, je l'exprime en disant ceci : j'espère et je crois que les Français et les Françaises répondront : " Oui " à chacune de ces deux questions[44]. »

Là-dessus, la parole fut passée à l'Assemblée consultative. Je prévoyais un débat animé, plein d'aigreur et sans conclusion. Ce fut, en effet, le cas. Les délégués exprimèrent leur opposition, autant vaut dire unanime, au texte du gouvernement, mais ne purent adopter aucune proposition constructive.

Au nom des radicaux et de certains modérés, MM. Plaisant, Bonnevay, Labrousse, Bastid, Astier, réclamèrent avec passion la remise en vigueur de l'ancienne Constitution et, d'abord, l'élection d'un Sénat en même temps que d'une Chambre. Pour corser leurs interventions, ces délégués ne se firent pas faute d'assimiler le référendum du général de Gaulle au plébiscite de Bonaparte et du prince-président. Les communistes et ceux des membres de l'Assemblée qui s'étaient liés à eux agitèrent le même épouvantail par la voix de MM. Cogniot, Duclos, Cot, Copeau, mais pour conclure, à l'opposé des orateurs précédents, qu'il fallait laisser à la Constituante le pouvoir de décider à son seul gré de toutes choses, notamment des institutions. Les socialistes, les républicains populaires, les représentants de la nouvelle Union démocratique de la Résistance, ainsi que quelques modérés, calculant probablement qu'il y avait avantage électoral à ne pas rompre avec moi, adoptèrent une position moyenne. Ces fractions acceptaient, à présent, le principe d'un référendum, mais n'en proclamaient pas moins leur volonté d'obtenir une assemblée unique et souveraine et leur refus d'admettre que celle-ci vît limiter ses attributions.

Ainsi, la Consultative se partageait entre trois tendances dont aucune n'était en mesure de réunir la majorité. Mais, sans pouvoir s'accorder sur les institutions de demain, ni sur la voie à suivre pour y parvenir, on y était unanime à exiger, en tout état de cause, la primauté absolue des partis. D'autre part, personne ne faisait de concession, ni même d'allusion, aux nécessités capitales de séparation, d'équilibre, d'efficacité des pouvoirs de l'État.

Or, ce sont ces conditions-là que je fis surtout ressortir en prenant la parole à la fin de la discussion[45]. À mon sens, c'était pour les remplir que le pays devait fixer à l'Assemblée constituante une limite à sa durée, des bornes à ses attributions, un règlement quant à ses rapports avec l'exécutif. Cette limite, ces bornes, ce règlement, il était de la responsabilité du gouvernement provisoire de les proposer au suffrage universel. Mais j'invitais les délégués à se joindre à lui pour le faire. Je soulignais ce qu'il y avait de mensonger dans la comparaison que beaucoup feignaient d'établir entre le référendum que j'allais mettre en œuvre et le plébiscite napoléonien. Affecter de craindre que j'étouffe la République, quand je la tirais du tombeau, était simplement dérisoire. Alors qu'en 1940 les partis et le Parlement l'avaient trahie et reniée, moi « j'avais relevé ses armes, ses lois, jusqu'à son nom ». Maintenant, je faisais le nécessaire pour que sorte des élections une assemblée à laquelle je remettrais mes pouvoirs, ce qui ne ressemblait guère à la procédure employée le 2 décembre ou le 18 Brumaire. Mais il fallait que, demain et plus tard, la République ait un gouvernement, que celui-ci en soit vraiment un et qu'on n'aille pas en revenir aux déplorables pratiques d'antan.

Insistant sur ce point, qui pour moi était capital, je déclarai : « Ce que cette sorte de perpétuelle menace pesant sur les hommes qui avaient la charge de gouverner, cet état presque chronique de crise, ces marchandages à l'extérieur et ces intrigues à l'intérieur du Conseil des ministres, qui en étaient les conséquences, auront pu coûter au pays est proprement incalculable. » Je rappelai que, « de 1875 à 1940, nous avions eu cent deux gouvernements, tandis que la Grande-Bretagne en comptait vingt et l'Amérique quatorze ». Et qu'était donc l'autorité intérieure et extérieure des cabinets formés chez nous dans de pareilles conditions, par rapport à celle des ministères qui fonctionnaient à l'étranger ? J'indiquai que Franklin Roosevelt m'avait dit : « Figurez-vous qu'à moi, président des États-Unis, il m'est parfois arrivé, avant cette guerre, de ne même pas me rappeler le nom du président du Conseil français[46] ! — Demain, plus encore qu'hier, affirmai-je, il ne saurait y avoir aucune efficacité dans l'action de l'État et, je le dis catégoriquement, aucun avenir pour la démocratie française, si nous en revenons à un système de cette espèce. » Et d'ajouter : « Dans le désastre de 1940, l'abdication de la République et l'avènement de Vichy, pour combien a compté le dégoût qu'éprouvait le pays à l'égard de cet absurde jeu auquel il avait si longtemps assisté et qui faisait si mal ses affaires ! »

Mais ces considérations n'étaient point de celles qui préoccupaient les partis. L'Assemblée consultative m'écouta avec déférence. Puis, elle montra par ses votes que mes soucis n'étaient pas les siens ; 210 voix contre 19 rejetèrent l'ensemble du projet du gouvernement[47]. Une très grande majorité repoussa, ensuite, un amendement qui réclamait l'élection d'un Sénat et, par là même, le retour aux institutions d'avant-guerre. Comme, pour finir, MM. Vincent Auriol et Claude Bourdet défendaient une proposition transactionnelle, acceptant un référendum mais amenuisant largement le projet du gouvernement, leur texte était écarté par 108 voix contre 101. Le débat se terminait donc sans que la Consultative fût parvenue à formuler aucun avis positif.

Une fois encore, il me fallait trancher d'autorité. Le Conseil des ministres adopta, le 17 août, les termes définitifs de l'ordonnance relative au référendum et aux élections. Par rapport au texte primitif, les seules modifications étaient des précisions destinées à rendre improbable l'ouverture d'une crise ministérielle pendant la durée du mandat de l'Assemblée constituante. Celle-ci ne pourrait, en effet, renverser le gouvernement que par un vote spécial, à la majorité absolue du nombre des députés et après un délai d'au moins quarante-huit heures. Aucun changement n'était apporté aux deux points essentiels. Le peuple devait régler lui-même le sort final de la IIIe République. La souveraineté du peuple, formellement établie au-dessus de l'Assemblée, allait, en dernier ressort, décider des institutions.

L'ordonnance du 17 août, en même temps qu'elle formulait le texte des deux questions du référendum, arrêtait les modalités du scrutin pour les élections. Mais, sur ce dernier point, les décisions prises faisaient aussitôt l'objet de véhémentes protestations.

Deux conceptions opposées et, à mon sens, également fâcheuses divisaient les fractions politiques. Pour les partisans des institutions d'avant-guerre, il fallait en revenir aussi à l'ancien régime électoral, c'est-à-dire au scrutin uninominal d'arrondissement. Indépendamment des principes, radicaux et modérés tendaient à penser, en effet, que les notables qu'ils faisaient jadis élire retrouveraient individuellement l'audience des électeurs dans les circonscriptions d'antan. Au contraire, communistes, socialistes, républicains populaires, qui comptaient obtenir les suffrages grâce à l'attrait de leurs programmes plutôt qu'à la notoriété personnelle de leurs candidats, réclamaient la représentation proportionnelle « intégrale ». À en croire ces doctrinaires, l'équité ne pourrait être arithmétiquement et moralement satisfaite que si chaque parti, proposant à la France entière une seule liste de candidats, se voyait attribuer un nombre de sièges exactement proportionnel au total des voix recueillies par lui sur l'ensemble du territoire. À défaut de ce système « parfait » et si, plus modestement, la proportionnelle jouait dans des circonscriptions multiples, par exemple les départements, tout au moins fallait-il que les voix qui n'entreraient pas dans les quotients locaux fussent additionnées à l'échelon national. Grâce à ces restes, qui procureraient un supplément d'élus, chaque parti serait assuré de faire passer tels de ses chefs qui auraient mordu la poussière en province ou même ne se seraient présentés nulle part. Bref, l'arrondissement trop étroit et la proportionnelle trop large se combattaient par la voix d'apôtres enflammés et intéressés. Je ne me rendis aux arguments ni de l'un ni de l'autre camp.

Le mode de scrutin d'autrefois n'avait pas mon agrément. Je le trouvais, d'abord, assez injuste, compte tenu des grandes différences de population qui existaient entre les arrondissements. Naguère, Briançon avec 7 138 électeurs, Florac avec 7 343, une partie du VIe arrondissement de Paris avec 7 731, élisaient un député, tout comme Dunkerque, Pontoise, Noisy-le-Sec, qui comptaient respectivement 33 840, 35 199, 37 180 électeurs. Pour introduire plus d'équité dans ce système, il eût fallu procéder, d'un bout à l'autre du territoire, à un découpage précipité des circonscriptions, au milieu d'innombrables et farouches contestations. Mais ce qui, à cette époque[48], me détournait surtout du scrutin d'arrondissement, c'était la perspective du résultat qu'il risquait d'avoir quant à l'avenir de la nation en assurant infailliblement la primauté du parti communiste.

Si l'élection comportait un seul tour, comme beaucoup le demandaient par analogie avec la loi anglaise, il n'y avait aucun doute qu'un communiste serait élu dans la plupart des circonscriptions. Car chaque arrondissement verrait, face au candidat du parti, se présenter, tout au moins, un socialiste, un radical, un républicain populaire, un modéré, un combattant exemplaire de la Résistance, sans compter plusieurs dissidents et divers théoriciens. Étant donné le nombre des suffrages qu'allait recueillir partout dans le pays la IIIe Internationale et que donnaient à prévoir les élections municipales et cantonales, le communiste viendrait donc en tête le plus souvent et serait élu[49]. Si le scrutin était à deux tours, communistes et socialistes, alors liés entre eux par leur entente contractuelle et par les tendances de la base, uniraient leurs voix dans tous les ballottages, ce qui procurerait à leur coalition le plus grand nombre de sièges et, d'autre part, riverait entre elles, par l'intérêt électoral commun, les deux sortes de marxistes. De toutes façons, le scrutin d'arrondissement amènerait donc au Palais-Bourbon une majorité votant comme le voudraient les communistes. Cette conséquence échappait, sans doute, aux tenants de l'ancienne formule. Mais, étant moi-même responsable du destin de la France, je n'en courrais pas le risque.

La proportionnelle « intégrale » n'obtint pas, non plus, mon adhésion. Proposer à l'ensemble des vingt-cinq millions d'électeurs un nombre illimité de listes portant chacune six cents noms, ce serait marquer du caractère de l'anonymat presque tous les mandataires et empêcher tout rapport humain entre élus et votants. Or, en vertu du sens commun, de la tradition, de l'intérêt public, il faut que les diverses régions du pays soient, en elles-mêmes, représentées à l'intérieur des Assemblées, qu'elles le soient par des gens qu'elles connaissent et que ceux-ci se tiennent à leur contact. D'ailleurs, il convient que, seul, le chef de l'État soit l'élu de toute la nation[50]. Quant à admettre l'utilisation par chaque parti sur le plan national des restes de voix qu'il obtiendrait dans les circonscriptions, ce serait instituer deux sortes de députés, les uns élus par les départements, les autres procédant d'un collecteur mythique de suffrages sans qu'en fait on eût voté pour eux. J'y étais nettement opposé.

Le gouvernement provisoire adopta donc simplement le scrutin de liste et la représentation proportionnelle à l'échelle départementale. Encore les départements les plus peuplés étaient-ils divisés. Aucune circonscription n'aurait plus de neuf députés. Aucune n'en compterait moins de deux. Au total, l'Assemblée comprendrait cinq cent vingt-deux élus de la Métropole et soixante-quatre d'outre-mer. Le système électoral institué par mon ordonnance resta, par la suite, en vigueur. Les partis n'y apportèrent plus tard qu'une seule modification, au demeurant peu honnête : l'apparentement[51].

Sur le moment, un violent tollé s'éleva de toutes parts contre la décision prise. Comme l'Assemblée consultative s'était séparée le 3 août, on vit se constituer une « Délégation des gauches », destinée à organiser le concert des protestations. À l'initiative de la Confédération générale du travail, groupant alors quatre millions de cotisants, et sous la présidence de son secrétaire général Léon Jouhaux, se réunirent les mandataires des partis communiste, socialiste, radical et de la Ligue des droits de l'homme. Bien que les membres de la délégation ne fussent nullement d'accord entre eux au sujet du mode de scrutin, ils se trouvèrent unanimes à réprouver la solution adoptée par le gouvernement et convinrent d'effectuer auprès du général de Gaulle une démarche spectaculaire pour marquer leur opposition. Le 1er septembre, Jouhaux me demanda de le recevoir avec plusieurs délégués[52].

Je portais à Léon Jouhaux beaucoup de cordiale estime. Cet éminent syndicaliste avait consacré toute sa vie au service de la classe ouvrière, appliquant son intelligence et son habileté, qui étaient grandes, à frayer aux travailleurs le chemin du bien-être et de la dignité. Sous l'Occupation, il avait pris immédiatement une attitude d'opposition tranchée vis-à-vis de la « révolution nationale » et montré qu'il tenait l'ennemi pour l'ennemi. Détenu par Vichy, puis déporté en Allemagne, il avait repris, maintenant, la tête de la Confédération, autant que le lui permettait l'influence croissante des communistes. Je l'avais, à plusieurs reprises, entretenu des problèmes sociaux. Mais, cette fois, mon devoir d'État m'empêchait de le recevoir. De par la loi, la Confédération générale du travail avait pour objet exclusif « l'étude et la défense d'intérêts économiques ». J'entendais, moins que jamais, reconnaître aux syndicats qualité pour se mêler de questions politiques et électorales. À la lettre de Jouhaux, je répondis que je ne pouvais donner suite à sa demande d'audience. Puis, en dépit de l'indignation qu'affectèrent d'en éprouver tous les groupements et tous les journaux, je m'en tins à ma position. Ce que voyant, chacun jugea bon de s'en accommoder aussi. Sur les bases fixées par l'ordonnance, les partis se disposèrent à affronter le suffrage universel.

La campagne électorale fut extrêmement animée, en raison, moins de la concurrence des listes, que de la passion soulevée par les questions du référendum au sujet desquelles de Gaulle s'était engagé. À vrai dire, la réponse que le public ferait à la première était connue à l'avance. Il s'agissait seulement de savoir dans quelle proportion les Français demanderaient autre chose que la IIIe République. Sur la deuxième question, une lutte passionnée se déroula dans le pays.

Les communistes, imités en maints endroits par des éléments socialistes et indirectement aidés par les radicaux et par quelques modérés, s'efforcèrent d'obtenir une majorité de « non », afin de me mettre en échec. Ainsi la section française de la IIIe Internationale montrait-elle ouvertement qui était, à ses yeux, le principal adversaire. Ce que voyant, le Mouvement républicain populaire, l'Union démocratique de la Résistance et plusieurs groupements de droite se firent les champions du « oui ». Quant au parti socialiste, il avait, en fin de compte, officiellement rallié ma thèse. Mais, plutôt que de se battre sur un sujet qui n'était point son fait et divisait ses militants, il laissait les « questions » dans l'ombre et s'appliquait surtout à faire valoir son programme, ce qui ne soulevait guère l'exaltation du public. En somme, la bataille électorale, menée à grand renfort d'affiches, de tracts, d'inscriptions peintes sur les murs, eut pour enjeux le « Oui » demandé par de Gaulle et le « Non » réclamé par le parti communiste. Tout en m'abstenant de paraître aux réunions ou aux cérémonies pendant les trois semaines que dura la campagne, je tins à rappeler aux Français, le 17 octobre, ce qui dépendait du scrutin et quel était mon avis[53].

Le 21 octobre, les bureaux de vote recueillirent les bulletins en deux urnes, l'une pour le référendum, l'autre pour l'élection des députés. Sur quelque vingt-cinq millions d'inscrits, il y eut environ vingt millions de votants. Des cinq millions d'abstentionnistes, la plupart étaient des femmes[54] qui évitaient des formalités dont elles n'avaient pas l'habitude. Tous comptes faits pour la Métropole et l'Afrique du Nord, et une fois éclaircies quelques étiquettes imprécises, les communistes eurent 160 élus, les socialistes 142, les résistants de l'Union démocratique socialiste 30, les républicains populaires 152, les radicaux 29, les modérés 66.

Ainsi, le parti communiste, bien qu'il eût obtenu le quart des suffrages exprimés, n'emportait pas l'adhésion de la grande masse de la nation. Pourtant, les événements dont la France sortait à peine lui avaient offert des chances exceptionnelles de triompher. Le désastre de 1940, la défaillance nationale de beaucoup d'éléments dirigeants, la Résistance à laquelle il avait largement contribué, la longue misère populaire au cours de l'Occupation, les bouleversements politiques, économiques, sociaux, moraux qu'avait subis le pays, la victoire de la Russie soviétique, les abus commis à notre égard par les démocraties de l'Ouest, étaient autant de conditions favorables à son succès. Si, décidément, le parti n'avait pu en saisir l'occasion, c'est parce que je m'étais trouvé là pour incarner la France tout entière. Par contre, en l'associant à la libération de la patrie et, ensuite, à son redressement, je lui avais donné le moyen de s'intégrer dans la communauté. Maintenant, le peuple lui accordait une audience considérable mais non le droit à la domination.

Choisirait-il d'être l'aile marchante de la démocratie française ou bien un groupe séparé[55] que des maîtres étrangers utiliseraient du dehors ? La réponse allait, pour une part, dépendre de ce que serait la République elle-même. Forte, fière, fraternelle, elle apaiserait peut-être, à la longue, cette révolte. Impuissante et immobile, elle déterminerait cette force à redevenir centrifuge.

Mais les autres fractions politiques voudraient-elles s'unir autour de moi pour rebâtir l'édifice ? La consultation nationale prouvait que tel était le vœu profond de la nation. Celle-ci, par plus de 96 pour 100 des voix, avait répondu « oui » à la première question posée, attestant qu'elle condamnait, pour ainsi dire unanimement, le régime sans tête, et, partant, sans volonté et sans autorité qui avait fait faillite dans le désastre. D'autre part, elle m'exprimait personnellement sa confiance, en approuvant, par plus de 66 pour 100 de « oui », le projet que je lui proposais contre l'omnipotence des partis. Ce témoignage se trouvait confirmé par ce qui était électoralement advenu des diverses formations politiques, suivant l'attitude qu'elles avaient prise à mon sujet. L'hostilité que me montraient les communistes leur coûtait, assurément, nombre de suffrages populaires. Les radicaux étaient écrasés, tant parce qu'ils symbolisaient et réclamaient le système d'antan, que parce que leurs principaux chefs s'opposaient à Charles de Gaulle. C'est faute d'avoir collectivement adopté à mon égard une position favorable, que les modérés perdaient presque les deux tiers des voix qui étaient, autrefois, les leurs. Si les socialistes, d'ailleurs surpris et déçus du résultat, n'arrivaient pas au premier rang, l'éloignement croissant qu'ils marquaient vis-à-vis de moi, alors que tant de leurs hommes s'en étaient tenus très proches pendant longtemps, suffisait à l'expliquer. Au contraire, on pouvait voir le Mouvement républicain populaire, à peine sorti du berceau mais affichant, dans le moment, un « gaullisme » résolu, venir en tête[56] de toutes les formations en fait de suffrages et de sièges.

Sans doute, la consultation nationale n'avait-elle pas révélé de grand élan. Cependant, j'en tirais l'impression que le pays, dans son ensemble, souhaitait que je le conduise, tout au moins jusqu'au moment où il aurait ratifié ses institutions nouvelles. Il me semblait d'ailleurs essentiel, historiquement et politiquement, que ce fût fait d'accord avec moi, étant donné ce que les événements m'avaient amené à représenter.

Mais il me fallait reconnaître, qu'à ce point de mon parcours, les appuis que m'offrait la nation devenaient rares et incertains. Voici que s'effaçaient les forces élémentaires qu'elle m'avait naguère procurées pour le combat ; la dispersion des résistants étant un fait accompli. D'autre part, le courant d'ardeur populaire qu'elle m'avait si largement prêté était, à présent, capté en sens divers. Quant aux voix qui, traditionnellement, exprimaient sa conscience profonde, j'en recevais peu d'encouragements. En fait, elle ne déléguait plus, autour de moi, que les partis. Or, ceux-ci, après les élections, qu'ils aient été heureux ou malheureux, se souciaient moins que jamais de me suivre. D'autant que, si l'horizon lointain restait chargé de nuages, on n'y discernait pas de menaces immédiates. La France avait recouvré son intégrité, son rang, son équilibre, ses prolongements outre-mer. Il y avait là de quoi nourrir, pour quelque temps, les jeux des partisans, leur désir de disposer de l'État, leur opinion que « l'homme des tempêtes[57] » avait, maintenant, joué son rôle et qu'il devait laisser la place.

Pour moi, ayant fait le compte de mes possibilités, j'avais fixé ma conduite. Il me revenait d'être et de demeurer le champion d'une République ordonnée et vigoureuse et l'adversaire de la confusion qui avait mené la France au gouffre et risquerait, demain, de l'y rejeter. Quant au pouvoir, je saurais, en tout cas, quitter les choses avant qu'elles ne me quittent.

DÉPART

Voici novembre. Depuis deux mois, la guerre est finie, les ressorts fléchissent, les grandes actions n'ont plus cours. Tout annonce que le régime d'antan va reparaître, moins adapté que jamais aux nécessités nationales. Si je garde la direction, ce ne peut être qu'à titre transitoire. Mais, à la France et aux Français, je dois encore quelque chose : partir en homme moralement intact.

L'Assemblée constituante se réunit le 6 novembre. Cuttoli, député radical et doyen d'âge, présidait. Bien que cette première séance ne pût être que de forme, j'avais tenu à être présent. Certains auraient souhaité que la transmission par de Gaulle des pouvoirs de la République à la représentation nationale revêtît quelque solennité. Mais l'idée que mon entrée au Palais-Bourbon pût comporter de l'apparat indisposait le bureau provisoire et jusqu'aux gens du protocole. Tout se fit donc sans cérémonie et, en somme, médiocrement.

Cuttoli prononça un discours qui rendait hommage à Charles de Gaulle mais prodiguait les critiques à l'égard de sa politique. Les éloges trouvèrent peu d'échos. Mais les aigreurs recueillirent les applaudissements appuyés de la gauche, tandis que la droite s'abstenait de manifester. Puis, le doyen donna lecture de ma lettre annonçant que le gouvernement démissionnerait dès que la Constituante aurait élu son bureau. Il n'y eut pas de réaction notable. Quant à moi, assis au bas de l'hémicycle, je sentais converger dans ma direction les regards lourds des six cents parlementaires et j'éprouvais, presque physiquement, le poids du malaise général.

Après que l'Assemblée eut porté Félix Gouin à sa présidence, il s'agissait pour elle d'élire le président du gouvernement. Je me gardai, bien entendu, de poser ma candidature, ni de rien dire au sujet de mon éventuel programme. On me prendrait comme j'étais, ou on ne me prendrait pas. Pendant toute une semaine, il y eut entre les groupes maints pourparlers embarrassés. Entre-temps, le 11 novembre, je présidai la cérémonie de l'Étoile. Quinze cercueils, amenés de tous les champs de bataille, étaient rangés autour de l'Inconnu, comme si ces combattants venaient lui rendre compte de leur propre sacrifice avant d'être transférés dans une casemate du mont Valérien. Au pied de l'Arc, prononçant quelques mots, j'en appelai à l'unité et à la fraternité « pour guérir la France blessée. Marchons, disais-je, sur la même route, du même pas, chantant la même chanson ! Levons vers l'avenir les regards d'un grand peuple rassemblé[1] » ! Sur le pourtour de la place, la foule était aussi chaleureuse que jamais. Mais, près de moi, les figures officielles me signifiaient que le pouvoir allait changer de nature.

Cependant, deux jours plus tard, l'Assemblée nationale m'élisait, à l'unanimité, président du gouvernement de la République française et proclamait que « Charles de Gaulle avait bien mérité de la patrie ». Quoique cette manifestation n'ait eu lieu qu'après huit jours de désobligeantes palabres, il pouvait sembler qu'elle exprimait l'intention délibérée de se grouper autour de moi pour appuyer ma politique[2]. C'est ce que parut penser, par exemple, M. Winston Churchill, qui, traversant Paris ce jour-là, ayant déjeuné à ma table et apprenant ensuite l'élection, exprima[a] son enthousiasme en une lettre généreuse. Se souvenant de cette phrase de Plutarque : « L'ingratitude envers les grands hommes est la marque des peuples forts », qui avait naguère servi d'épigraphe à un livre célèbre, il écrivait, à son tour : « Plutarque a menti[3] ! » Mais moi, je savais que le vote était une révérence adressée à mon action passée, non point du tout une promesse qui engageât l'avenir.

Cela fut vérifié tout de suite. Le 15 novembre, entreprenant de constituer le gouvernement, j'eus à marcher sur des nids d'intrigues. Les fractions de la gauche, qui formaient à l'Assemblée une notable majorité, soulevaient de multiples réserves. Les radicaux me faisaient connaître qu'ils ne seraient pas des miens. Si tel d'entre eux acceptait, néanmoins, un portefeuille, ce serait, disaient-ils, contre l'agrément de leur groupe. Les socialistes, méfiants et sourcilleux, s'enquéraient de mon programme, multipliaient les conditions et déclaraient, qu'en tout cas, ils n'accorderaient leurs votes qu'à un cabinet ayant l'appui et la participation des communistes. Enfin, ceux-ci, jouant le grand jeu, exigeaient, par la voix de Maurice Thorez, l'un au moins des trois ministères qu'ils tenaient pour les principaux : Défense nationale, Intérieur, Affaires étrangères. Là était bien la question. Si je venais à céder, les communistes, disposant d'un des leviers de commande essentiels de l'État, auraient, dans un moment de trouble, le moyen de s'imposer. Si je refusais, je risquais de me trouver impuissant à former le gouvernement. Mais alors, « le parti », ayant démontré qu'il était plus fort que de Gaulle, deviendrait le maître de l'heure.

Je décidai de trancher dans le vif et d'obliger les communistes, soit à entrer au gouvernement aux conditions que je leur ferais, soit à prendre le grand large. Je notifiai à Thorez que ni les Affaires étrangères, ni la Guerre, ni l'Intérieur ne seraient attribués à quelqu'un de son parti. À celui-ci, j'offrais seulement des ministères « économiques ». Sur quoi, les communistes publièrent de furieuses diatribes, affirmant qu'en refusant de leur donner ce qu'ils réclamaient « j'insultais la mémoire des morts de la guerre ». Et d'invoquer « leurs 75 000 fusillés », chiffre tout à fait arbitraire, d'ailleurs, car heureusement le total de leurs adhérents tombés sous les balles des pelotons d'exécution n'en atteignait pas le cinquième et, d'autre part, ceux des Français qui avaient sacrifié leur vie l'avaient fait, — communistes compris, — pour la France, non pour un parti.

Là-dessus, il me fallut subir les objurgations alarmées des diverses sortes de gens de gauche[4] qui m'adjuraient de céder pour éviter une crise fatale, tandis que les autres groupes se tenaient muets et à l'écart. Mais ma résolution était prise. Contraindre l'Assemblée nationale à me donner raison contre l'extrême gauche marxiste, c'est à quoi je voulais aboutir. Le 17, j'écrivis donc au président de la Constituante que, ne pouvant constituer un gouvernement d'unité, je remettais à la représentation nationale le mandat qu'elle m'avait confié. Puis, le lendemain, parlant à la radio, je pris le peuple à témoin des exigences abusives que des partisans prétendaient me dicter. J'annonçai que, pour de claires raisons nationales et internationales, je ne mettrais pas les communistes à même de dominer notre politique, en leur livrant « la diplomatie qui l'exprime, l'armée qui la soutient ou la police qui la couvre[5] ». Cela étant, je formerais le gouvernement avec l'appui de ceux qui choisiraient de me suivre. Sinon, je quitterais le pouvoir aussitôt et sans amertume.

D'ailleurs, si basse que fût l'ambiance, tous les impondérables, émanant de toutes les frayeurs, me faisaient croire que j'allais l'emporter. De fait, après un débat auquel je n'assistai pas, l'Assemblée me réélut président du gouvernement par toutes ses voix, sauf celles des communistes. Il est vrai qu'André Philip, porte-parole des socialistes, s'était efforcé d'expliquer l'adhésion gênée des siens en proclamant que la Chambre m'attribuait « le mandat impératif[6] » de constituer un ministère où l'extrême gauche serait représentée. Cette sommation ne trompa personne. Il était clair que les communistes n'avaient pu imposer leur loi. Pas un seul député, en dehors de leur propre groupe, ne les avait approuvés et, dans le vote décisif, ils se trouvaient isolés contre tous sans exception. Ainsi était rompu, d'emblée, un charme qui risquait fort de devenir malfaisant.

Les communistes en tirèrent immédiatement les conséquences. Dès le lendemain, leur délégation vint me dire qu'ils étaient prêts à entrer dans mon gouvernement en dehors de toute condition et que je n'aurais pas de soutien plus ferme que le leur. Sans me leurrer sur la sincérité de ce repentir soudain, je les fis, en effet, embarquer, jugeant, qu'au moins pour un temps, leur ralliement sous ma coupe pourrait servir la paix sociale, dont le pays avait tant besoin !

Le 21, le gouvernement était constitué. Quatre portefeuilles allaient à des députés communistes : Billoux, Croizat, Paul et Tillon ; quatre à des socialistes : Moch, Tanguy-Prigent, Thomas et Tixier ; quatre à des républicains populaires : Bidault, Michelet, Prigent et Teitgen ; deux à des résistants de l'Union démocratique : Pleven et Soustelle ; un à Giacobbi, radical ; un à Dautry et un à Malraux qui n'étaient pas parlementaires et n'avaient aucune appartenance ; l'ensemble étant surmonté de quatre ministres d'État : un socialiste, Auriol ; un républicain populaire, Gay ; un modéré, Jacquinot ; un communiste, Thorez. Comme prévu et annoncé, l'extrême gauche marxiste ne recevait que des ministères économiques : Économie nationale, Travail, Production, Fabrications d'armement[7].

Le 23 novembre, je prononçai devant l'Assemblée un discours[8] où je fis ressortir la gravité des conditions où le pays était placé, la nécessité d'adopter au plus tôt des institutions assurant « la responsabilité, la stabilité, l'autorité du pouvoir exécutif », enfin le devoir des Français et de leurs représentants de s'unir pour refaire la France. Cette fois encore, la représentation nationale m'approuva à l'unanimité. Dans la crise qui, sans aucune raison valable, s'était prolongée pendant dix-sept jours, seuls les partis avaient trouvé leur aliment et leur satisfaction.

En dépit de l'accord apparemment réalisé, je ne pouvais pas douter que mon pouvoir fût en porte à faux. Sans doute, au cours du mois de décembre, fis-je adopter par le gouvernement, puis voter par l'Assemblée, la loi qui nationalisait la Banque de France et quatre établissements de crédit et instituait un Conseil national du crédit auprès du ministre des Finances[9]. Peu après, une autre loi réglait les modalités à appliquer pour le transfert à l'État de la production et de la distribution de l'électricité et du gaz. Au cours de ces deux débats, tous amendements démagogiques avaient pu être écartés. D'autre part, la satisfaction m'était donnée, le 15 décembre, d'inaugurer l'École nationale d'administration, institution capitale qui allait rendre rationnels et homogènes le recrutement et la formation des principaux serviteurs de l'État, jusqu'alors originaires de disciplines dispersées. L'École, sortie tout armée[10] du cerveau et des travaux de mon conseiller Michel Debré, recevait le jour, il est vrai, dans l'atmosphère assez sceptique dont l'entouraient les grands corps de la fonction publique et les milieux parlementaires. Mais elle n'en verrait pas moins se dissoudre les préventions, jusqu'à devenir peu à peu, au point de vue de la formation, de la conception et de l'action administratives, la base de l'État nouveau. Cependant, et comme par une sorte d'ironique coïncidence, au moment même où naissait cette pépinière des futurs commis de la République, la menace d'une grève générale des fonctionnaires venait mettre brutalement en cause la cohésion du gouvernement et ma propre autorité.

Il n'était, certes, que trop vrai que le niveau de vie des personnels des services publics souffrait beaucoup de l'inflation. L'augmentation de leurs traitements n'atteignait pas celle des prix. Mais ce que réclamaient, pour eux, les syndicats ne pouvait être accordé, sous peine d'effondrement du budget et de la monnaie. Bien que cela fût constaté par le Conseil des ministres, que j'y eusse marqué ma détermination de n'allouer aux intéressés que le supplément raisonnable proposé par René Pleven et ma résolution d'interdire la grève sous peine de sanctions à infliger aux contrevenants, je vis une vive agitation se lever au sein du ministère. Plusieurs membres socialistes, suivant les consignes que leur donnait leur parti, me firent entendre qu'ils se retireraient, plutôt que d'opposer un refus aux syndicats et de pénaliser les agents et employés qui manqueraient à leur service. En même temps, les fonctionnaires étaient convoqués par leurs fédérations, le 15 décembre, au Vélodrome d'Hiver, afin d'y stigmatiser « l'insuffisance dérisoire des mesures envisagées par le gouvernement » et d'y décider la grève générale.

Par un étrange détour, au moment où une crise grave paraissait inévitable, le soutien des communistes me permit de la surmonter. Au sein du Conseil, qui tenait une nouvelle séance, Maurice Thorez affirma soudain qu'il ne fallait point céder à une pression intolérable et que, moyennant quelques menus aménagements, les dispositions proposées par le ministre des Finances et approuvées par le Président devaient être entérinées. Du coup, la perspective d'un éclatement du Cabinet s'éloignait à l'horizon. L'après-midi, au Vélodrome d'Hiver, alors que des orateurs, mandatés par des syndicats et liés au parti socialiste, avaient invité l'assistance à cesser le travail et à entrer en conflit avec le gouvernement, le représentant communiste, à l'étonnement général, s'en prit vivement aux agitateurs. « Pour les fonctionnaires, déclara-t-il, faire grève, ce serait commettre un crime contre la patrie ! » Puis, à la faveur du désarroi produit par cet éclat imprévu du « parti des travailleurs », il fit décider que la grève était, tout au moins, différée. Dès lors, pour régler la question, il ne restait à accomplir que des rites parlementaires.

Le 18 décembre, à la fin du débat que l'Assemblée nationale avait ouvert sur le sujet, je précisai que le gouvernement n'irait pas au-delà des mesures qu'il avait arrêtées, quel que fût son regret de ne pouvoir faire davantage pour les serviteurs de l'État. « Nous sommes parvenus, dis-je, au moment même où il s'agit, économiquement et financièrement parlant, de tout perdre ou de tout sauver[11]. » J'ajoutai : « Il faut savoir si, se trouvant devant une difficulté sérieuse et présentant sa solution, le gouvernement, tel qu'il est, a ou n'a pas votre confiance. Il faut savoir également si, par-dessus les préoccupations qui concernent les partis, l'Assemblée nationale saura, ou non, faire passer l'intérêt général de la nation. » L'ordre du jour finalement voté fut aussi confus et anodin que je pouvais le souhaiter.

Mais ce succès était momentané. Quelques jours après, on allait voir, plus clairement encore, à quel point devenait précaire le pouvoir du général de Gaulle face aux partis et à l'Assemblée.

Le budget de 1946 se trouvait en discussion. Pour le bon ordre, le gouvernement tenait à ce que le vote final eût lieu le 1er janvier. Mais, ce jour-là, tandis que les débats semblaient toucher à leur terme, les socialistes demandèrent, tout à coup, un abattement de 20 pour 100 sur les crédits prévus pour la Défense nationale. Il était évident qu'une proposition aussi sommaire et aussi soudaine, visant un ordre de dépenses dont personne n'ignorait qu'on ne pouvait, du jour au lendemain, le comprimer dans de telles proportions, s'inspirait, tout à la fois, de démagogie électorale et de malveillance à mon égard.

Comme j'étais retenu rue Saint-Dominique par les visites protocolaires que m'y rendaient, en ce Jour de l'An, le corps diplomatique et les autorités, le débat au Palais-Bourbon se traînait sans trouver d'issue. Pleven ministre des Finances, Michelet ministre des Armées, Tillon ministre de l'Armement, Auriol ministre d'État, eurent beau, suivant mes instructions, déclarer que le gouvernement repoussait la proposition, la gauche : socialistes, communistes et la plupart des radicaux, soit au total la majorité, s'apprêtait à la voter. Cependant et comme pour prouver que de Gaulle était en cause, l'Assemblée attendait, pour conclure, que je vienne en personne prendre part à la discussion.

Je le fis dans l'après-midi. En ma présence, MM. Philip et Gazier menèrent l'attaque avec passion, soutenus par les applaudissements de leurs collègues socialistes ; les radicaux comptant les coups. À vrai dire, les interpellateurs protestaient que leur intention n'était pas de renverser le gouvernement. Il s'agissait seulement, disaient-ils, de l'obliger à s'incliner devant la volonté parlementaire. Les républicains populaires laissaient voir qu'ils n'approuvaient pas l'agression déclenchée contre moi sur un pareil terrain, tandis que la droite exprimait son inquiétude, mais ces fractions de l'Assemblée se gardaient de condamner explicitement les opposants. Quant aux communistes, hésitant entre l'impératif immédiat de la démagogie et leur tactique du moment, ils me faisaient dire que l'assaut n'avait aucunement leur accord, mais que, si les socialistes devaient le pousser à fond, eux-mêmes ne pourraient éviter de me refuser leurs suffrages.

Ce soir-là, sondant les cœurs et les reins, je reconnus que, décidément, la cause était entendue[b], qu'il serait vain et, même, indigne d'affecter de gouverner, dès lors que les partis, ayant recouvré leurs moyens, reprenaient leurs jeux d'antan, bref que je devais maintenant régler mon propre départ.

En deux brèves interventions[12], je marquai à l'Assemblée ce qu'avaient de dérisoire la contrainte qu'on voulait m'imposer et la légèreté avec laquelle des représentants du peuple se disposaient à tailler dans la défense nationale pour se donner l'avantage d'une manœuvre partisane. Puis, allant au fond du débat, je déclarai que cette discussion posait tout le problème des institutions de demain. Le gouvernement ayant, en connaissance de cause, assumé sa responsabilité en une matière aussi grave, était-il acceptable que le Parlement voulût l'obliger à se démentir et à s'humilier ? Entrait-on dans le régime d'assemblée ? Pour ma part, je m'y refusais. Si les crédits demandés n'étaient pas votés le soir même, le gouvernement ne resterait pas en fonction une heure de plus. « J'ajouterai un mot, déclarai-je. Ce mot n'est pas pour le présent, il est déjà pour l'avenir. Le point qui nous sépare, c'est une conception générale du gouvernement et de ses rapports avec la représentation nationale. Nous avons commencé à reconstruire la République. Après moi, vous continuerez de le faire. Je dois vous dire en conscience, — et sans doute est-ce la dernière fois que je parle dans cette enceinte, — que si vous le faites en méconnaissant notre histoire politique des cinquante dernières années, si vous ne tenez pas compte des nécessités absolues d'autorité, de dignité, de responsabilité du gouvernement, vous irez à une situation telle, qu'un jour ou l'autre, je vous le prédis, vous regretterez amèrement d'avoir pris la voie que vous aurez prise. »

Comme s'ils voulaient eux-mêmes souligner que leur attitude n'avait été que manœuvre et palinodie, les malveillants se turent tout à coup. L'ordre du jour adopté par l'Assemblée quasi unanime ne me dictait aucune condition. Après quoi, le budget fut tout simplement voté. Mais, bien que ma défaite n'eût pas été accomplie, le seul fait qu'elle eût paru possible produisit un effet profond. On avait vu mon gouvernement battu en brèche par la majorité au long d'une discussion remplie de sommations menaçantes. On sentait que, désormais, il pourrait en être de même à propos de n'importe quoi. On comprenait que, si de Gaulle se résignait à cette situation pour tenter de rester en place, son prestige irait à vau-l'eau, jusqu'au jour où les partis en finiraient avec lui ou bien le relégueraient en quelque fonction inoffensive et décorative. Mais je n'avais ni le droit, ni le goût, de me prêter à ces calculs. En quittant le Palais-Bourbon dans la soirée du 1ᵉʳ janvier, mon départ se trouvait formellement décidé dans mon esprit[d]. Il n'était plus que d'en choisir la date, sans me la laisser fixer au gré de qui que ce fût.

En tout cas ce serait avant la fin du mois. Car le débat constitutionnel devait s'ouvrir à ce moment et j'étais sûr, qu'en demeurant à l'intérieur du régime naissant, je n'aurais pas la possibilité de faire triompher mes vues, ni même de les soutenir. Le projet que la commission désignée à cet effet par la Constituante s'apprêtait à présenter était tout juste à l'opposé de ce que j'estimais nécessaire. Il instituait le gouvernement absolu d'une assemblée unique et souveraine ; l'exécutif n'ayant d'autre rôle que d'appliquer ce qui lui serait prescrit ; le président du Conseil étant élu par le Parlement et ne pouvant former son équipe qu'après avoir satisfait à un examen complet de sa tendance et de son programme et pris des engagements qui le lieraient étroitement d'avance. Quant au président de la République, on inclinait, avec beaucoup d'hésitations, à prévoir qu'il y en aurait un, mais soigneusement privé de tout rôle politique, n'ayant pas la moindre prise sur les rouages de l'État et confiné dans une fade fonction de représentation. Sans doute était-ce là l'emploi que les meneurs du jeu destinaient au général de Gaulle. D'ailleurs, les commissaires, aussi bien que les partis se gardaient de prendre avec moi aucun contact sur le sujet. Comme j'avais, un jour, convoqué le rapporteur, M. François de Menthon, pour m'enquérir de l'état des travaux, je m'entendis répondre que l'Assemblée et sa commission considéraient que « je n'avais pas à me mêler du débat, n'étant pas moi-même constituant ». Essayer de poursuivre ma route avec les partis, c'eût donc été, dans ce domaine capital comme à tous autres égards, accepter à l'avance l'impuissance et les avanies.

L'imminence du démembrement du pouvoir de Charles de Gaulle n'échappait naturellement pas aux chancelleries étrangères. Aussi, les conditions de notre action extérieure, qui d'abord, s'étaient éclaircies, s'assombrissaient-elles de nouveau. Dès le début de décembre, Paris apprenait par les agences qu'une réunion des ministres des Affaires étrangères américain, britannique et soviétique aurait lieu, le 15, à Moscou, « afin d'y tenir des conversations sur un certain nombre de questions intéressant particulièrement les trois pays ». On semblait en revenir au système d'exclusion de la France, auquel la conférence de Londres, l'installation de gouvernements quadripartites en Allemagne et en Autriche, le fait que nous occupions un siège permanent au Conseil de sécurité des Nations unies, notre participation à l'armistice japonais, etc., avaient paru mettre fin.

Il est vrai que l'objet de la réunion des « Trois » était de préparer les traités de paix concernant la Bulgarie, la Roumanie, la Hongrie et la Finlande et que Londres, Moscou et Washington alléguaient, pour justifier notre mise à l'écart, que la France n'avait pas été officiellement en guerre avec Sofia, Bucarest, Budapest et Helsinki, l'ouverture des hostilités contre les satellites du Reich s'étant produite au temps de Vichy. Mais, pour les participants de Yalta et de Potsdam, il s'agissait, en réalité, de mettre en application ce qu'ils avaient décidé naguère, en dehors de nous, à propos de ces malheureux États, c'est-à-dire de les livrer à la discrétion des Soviets. À la notification que nos alliés nous firent, le 28 décembre, des conclusions de leur conférence, nous répondîmes, le 3 janvier, qu'elles ne nous engageaient pas et d'autant moins que la France avait, dans ces diverses parties de l'Europe, des intérêts de premier ordre dont il n'était pas tenu compte. Mais l'accueil dilatoire qui fut fait à notre note donnait à comprendre que les « Trois » attendaient un prochain changement dans la conduite des affaires françaises pour faire passer la muscade.

Il en était de même pour le règlement final de la cruelle affaire du Levant. Depuis la crise du mois de mai, les rapports franco-britanniques étaient restés au frigidaire[13] conformément à mes directives. En Syrie et au Liban, les faibles forces que nous y maintenions et les grandes unités qu'y avaient portées les Britanniques demeuraient sur leurs positions ; l'agitation des politiciens continuant de provoquer des troubles ; les gouvernements de Damas et de Beyrouth multipliant les notes et les communiqués pour réclamer le départ de toutes les troupes étrangères ; enfin, les États arabes voisins : Égypte, Irak, Transjordanie, Palestine, faisant chorus avec « leurs frères opprimés », tout en s'accommodant, pour eux-mêmes, de la tutelle et de l'occupation britanniques.

Les choses en étaient là, quand, au début de décembre, je fus saisi d'un projet d'accord qui venait d'être établi entre le gouvernement anglais et notre ambassade à Londres. Le texte paraissait prévoir que Français et Britanniques évacueraient simultanément le territoire syrien ; les Français se regroupant au Liban, sans qu'il fût aucunement spécifié que les Anglais en feraient autant. Cela ne changerait pas grand-chose à notre situation, car la plupart de nos éléments se trouvaient déjà stationnés sur le sol libanais. Mais, pour les Anglais, il semblait que l'accord comportât, de leur part, des concessions importantes : d'abord, le terme mis à leur présence militaire en Syrie en même temps que cesserait la nôtre ; ensuite, leur départ du Liban où, quant à nous, nous demeurerions ; enfin, la reconnaissance de notre droit à maintenir un établissement militaire au Liban, jusqu'à ce que l'Organisation des Nations unies fût en mesure de nous relever des responsabilités du mandat. Sachant quels étaient, d'une part, le savoir-faire du Foreign Office et, d'autre part, l'horreur du vide de notre diplomatie quand il s'agissait de nos relations avec l'Angleterre, je doutai, à première vue, que les choses fussent ce qu'elles semblaient être. Mais, comme à Paris le Quai d'Orsay, à Londres notre ambassade, me certifiaient que telle était bien la signification du projet, je donnai mon agrément. Le 13 décembre, MM. Bevin et Massigli signèrent, à Whitehall, deux accords ; l'un relatif au regroupement des troupes ; l'autre prévoyant des consultations entre les deux gouvernements pour éviter le retour d'incidents en Orient[14].

Cependant, il apparut bientôt que l'interprétation donnée par notre diplomatie n'était pas celle des Anglais. Le général de Larminat, envoyé à Beyrouth pour régler avec le général Pilleau, commandant la IXᵉ armée britannique, les détails des mesures militaires à prendre de part et d'autre, constata, dès le premier contact, qu'il existait de profondes divergences entre les instructions reçues respectivement par lui-même et par son partenaire. Les Anglais admettaient bien que tout le monde quittât la Syrie. Mais ils considéraient qu'alors, leurs forces, tout comme les nôtres, se regrouperaient au Liban, soit pour nous environ 7 000 hommes, pour eux plus de 35 000. Après quoi, ils n'en partiraient que si nous en partions nous-mêmes. En fin de compte, l'« accord » reviendrait à ceci : que les Français se retireraient de tout le Moyen-Orient, — car nos troupes, embarquées à Beyrouth, ne pourraient aller ailleurs qu'à Alger, Bizerte ou Marseille, — tandis que les Anglais, restant en force au Caire, à Bagdad, à Amman et à Jérusalem, domineraient seuls cette région du monde.

J'arrêtai aussitôt les frais et rappelai Larminat. Mais, dans l'action à entreprendre sur le terrain diplomatique, ou bien pour redresser cet étrange malentendu, ou bien pour dénoncer l'accord, je trouvai chez les nôtres toutes sortes de réticences. Les Anglais, de leur côté, se refusaient d'autant plus nettement à revenir sur ce qu'ils tenaient pour acquis qu'ils discernaient qu'un peu de patience leur permettrait, — moi parti, — de parvenir à leurs fins. Je dois dire que, dans une affaire grave et qui me tenait fort à cœur, la preuve que je n'avais plus prise sur un levier essentiel eût fait déborder le vase si, déjà, pour maintes autres raisons, il n'avait pas ruisselé de toutes parts[15].

Avant d'accomplir les gestes décisifs, je jugeai bon de me recueillir. Antibes m'offrait le refuge d'Eden-Roc. Pour la première fois depuis plus de sept ans, je pris quelques jours de repos. Ainsi m'assurais-je moi-même et pourrais-je faire voir aux autres que mon départ ne serait pas l'effet d'une colère irréfléchie ou d'une dépression causée par la fatigue. En méditant devant la mer, j'arrêtai la façon dont j'allais m'en aller : quitter la barre en silence, sans m'en prendre à personne, ni en public, ni en privé, sans accepter aucune sorte de fonction, de dignité ou de retraite, enfin sans rien annoncer de ce que je ferais ensuite. Plus que jamais, je devais me tenir au-dessus des contingences.

Après huit jours passés dans le Midi, je rentrai à Paris le 14 janvier. C'était lundi. Ma démission serait pour le dimanche. J'employai la semaine à promulguer des lois et à arrêter des décrets, dont les textes, accumulés en mon absence et qu'il était urgent d'appliquer, requéraient ma signature. À plusieurs de mes ministres, notamment à ceux de l'Intérieur, de la Justice et des Armées, j'annonçai mon retrait imminent. J'en fis autant à l'adresse des commissaires de la République que j'avais spécialement convoqués. Ainsi, ceux qui étaient, soit au gouvernement, soit localement, responsables de l'ordre public ne seraient pas surpris par l'événement.

Je pus, avant l'échéance, vérifier encore une fois quelle était, à mon égard, l'ambiance parlementaire. M. Herriot, qui l'appréciait en expert consommé, jugea le moment venu de me prendre personnellement à partie. Il le fit le 16 janvier. Quelques jours auparavant, avait été publiée la régularisation d'un certain nombre de citations, attribuées en Afrique du Nord, trois ans plus tôt, par le général Giraud à des soldats, marins et aviateurs tués ou estropiés au cours des tristes engagements que Darlan avait prescrits contre les Américains. Je n'avais pas voulu effacer ces pauvres témoignages. Le président du parti radical, brandissant la liste parue au *Journal officiel*, en appelait à « ma propre justice », pour condamner une mesure où il disait voir une injure à l'égard de nos alliés et la glorification d'une bataille néfaste à la patrie. Applaudissements et ricanements, fusant sur de nombreux bancs, appuyaient cette intervention.

Une telle sortie, sur un pareil sujet, m'était certes désobligeante. Mais l'accueil que lui faisait, en ma présence, une assemblée dont la plupart des membres avaient naguère suivi mon appel me remplit, je dois l'avouer, de tristesse et de dégoût. Je répondis à Édouard Herriot qu'il n'était pas question d'arracher du cercueil de pauvres morts et de la poitrine de malheureux mutilés les croix qu'on leur avait décernées, trois ans plus tôt, pour avoir combattu suivant les ordres de leurs chefs et bien que ces ordres eussent été donnés à tort. Puis, marquant mes distances par rapport à l'interpellateur, qui, à la veille de la libération de Paris, avait eu la faiblesse de négocier et de déjeuner avec Laval et avec Abetz[16], j'ajoutai que j'étais le meilleur juge de ces citations, parce que : « Moi, je n'avais jamais eu affaire avec Vichy, ni avec l'ennemi, excepté à coups de canon. » La querelle que m'avait cherchée Herriot tourna court. Mais j'avais vu comment les partis pris et les rancœurs politiques altéraient les âmes jusqu'au fond.

Le 19 janvier, je fis convoquer les ministres, pour le lendemain, rue Saint-Dominique. À l'exception d'Auriol et de Bidault, qui se trouvaient alors à Londres, et de Soustelle en tournée au Gabon, tous étaient réunis, le dimanche 20 au matin, dans la salle dite « des armures ». J'entrai, serrai les mains et, sans que personne s'assît, prononçai ces quelques paroles : « Le régime exclusif des partis a reparu. Je le réprouve. Mais, à moins d'établir par la force une dictature dont je ne veux pas et qui, sans doute, tournerait mal, je n'ai pas les moyens d'empêcher cette expérience. Il me faut donc me retirer. Aujourd'hui même, j'adresserai au président de l'Assemblée nationale une lettre lui faisant connaître la démission du gouvernement. Je remercie bien sincèrement chacun de vous du concours qu'il m'a prêté et je vous prie de rester à vos postes pour assurer l'expédition des affaires jusqu'à ce que vos successeurs soient désignés. » Les ministres me firent l'effet d'être plus attristés qu'étonnés. Aucun d'entre eux ne prononça un mot, soit pour me demander de revenir sur ma décision, soit même pour dire qu'il la regrettait. Après avoir pris congé, je me rendis à mon domicile, route du Champ d'entraînement[17].

On me rapporta, qu'après ma sortie, les ministres conférèrent entre eux quelques instants. M. Thorez observa, paraît-il : « Voilà un départ qui ne manque pas de grandeur ! » M. Moch dit : « Cette retraite est grave, à coup sûr ! Mais d'un mal peut sortir un bien. La personnalité du Général étouffait l'Assemblée nationale. Celle-ci va pouvoir, maintenant, se révéler librement. » M. Pleven fit entendre la voix de l'amertume et de l'inquiétude : « Voyez à quoi vos groupes ont abouti ! » reprocha-t-il à ceux de ses collègues dont les partis avaient fait obstacle à mon action. « Nous sommes placés, déclarèrent MM. Gay et Teitgen, devant la lourde responsabilité de succéder à de Gaulle. Notre mouvement tâchera d'en être digne. » « Allons donc ! s'écria M. Thorez. Du moment qu'avec le Général vous ne pouviez pas en sortir, comment le ferez-vous sans lui ? »

Dans la lettre que j'écrivis au président de l'Assemblée, je fis en sorte qu'il n'y eût pas une ombre de polémique. « Si je suis resté, disais-je, à la tête du gouvernement après le 13 novembre 1945, c'était pour assurer une transition nécessaire... Maintenant, les partis sont en mesure de porter leurs responsabilités. » Je m'abstenais de rappeler en quel état se trouvait la nation, quand « j'avais assumé la charge de la diriger vers sa libération, sa victoire et sa souveraineté ». Mais je constatais : « Aujourd'hui, après d'immenses épreuves, la France n'est plus en situation d'alarme. Certes, maintes souffrances pèsent encore sur notre peuple et de graves problèmes demeurent. Mais la vie même des Français est, pour l'essentiel, assurée. L'activité économique se relève. Nos territoires sont entre nos mains. Nous avons repris pied en Indochine. La paix publique n'est pas troublée. À l'extérieur, en dépit des inquiétudes qui subsistent, l'indépendance est fermement rétablie. Nous tenons le Rhin. Nous participons, au premier rang, à l'organisation internationale du monde et c'est à Paris que doit se réunir, au printemps, la première conférence de la paix. » Enfin, j'exprimai « le vœu profondément sincère que le gouvernement de demain pût réussir dans sa tâche ». M. Félix Gouin m'adressa une réponse de très bon ton[18].

Mais, si j'avais l'âme tranquille, ce n'était pas le cas pour le monde des politiques. Après s'y être fort agité en raison de ma présence, on s'agitait à cause de mon absence. Dans ce milieu courut le bruit que je pensais à un coup d'État, comme si le fait que, de mon gré, j'abandonnais le pouvoir ne suffisait pas à marquer cette crainte du caractère de l'absurdité. Sans aller jusqu'à de tels soupçons, certains crurent opportun de montrer leur vigilance. C'est ainsi que M. Vincent Auriol, rentré précipitamment de Londres et supposant que j'allais parler à la radio pour soulever la colère populaire, m'écrivit, le 20 au soir, pour me dire qu'en agissant de la sorte, « je diviserais le pays pour l'avantage et la satisfaction des ennemis de la démocratie ». Je calmai les alarmes du ministre d'État. À vrai dire, s'il m'avait convenu d'exposer les raisons de ma retraite, je n'aurais pas manqué de le faire et cette explication, donnée au peuple souverain, n'eût été en rien contraire aux principes démocratiques. Mais je jugeais que mon silence pèserait plus lourd que tout, que les esprits réfléchis comprendraient pourquoi j'étais parti et que les autres seraient, tôt ou tard, éclairés par les événements[19].

Où aller ? Depuis que j'envisageais la perspective de mon éloignement, j'avais résolu de résider, le cas échéant, à Colombey-les-Deux-Églises et commencé à faire réparer ma maison endommagée pendant la guerre. Mais il y faudrait plusieurs mois. Je songeai, d'abord, à gagner quelque contrée lointaine où je pourrais attendre en paix. Mais le déferlement d'invectives et d'outrages lancés contre moi par les officines politiciennes et la plupart des journaux me détermina à rester dans la Métropole afin que nul n'eût l'impression que ces attaques pouvaient me toucher. Je louai donc au Service des beaux-arts le pavillon de Marly, que j'habitai sans bouger jusqu'en mai.

Cependant, tandis que le personnel du régime se livrait à l'euphorie des habitudes retrouvées, au contraire la masse française se repliait dans la tristesse. Avec de Gaulle s'éloignaient ce souffle venu des sommets, cet espoir de réussite, cette ambition de la France, qui soutenaient l'âme nationale. Chacun, quelle que fût sa tendance, avait, au fond, le sentiment que le Général emportait avec lui quelque chose de primordial, de permanent, de nécessaire, qu'il incarnait de par l'Histoire et que le régime des partis ne pouvait pas représenter. Dans le chef tenu à l'écart, on continuait de voir une sorte de détenteur désigné de la souveraineté, un recours choisi d'avance. On concevait que cette légitimité restât latente au cours d'une période sans angoisse. Mais on savait qu'elle s'imposerait, par consentement général, dès lors que le pays courrait le risque d'être, encore une fois, déchiré et menacé.

Ma manière d'être, au long des années, se trouverait commandée par cette mission que la France continuait de m'assigner, lors même que, dans l'immédiat, maintes fractions ne me suivissent pas. Quoi que je dise ou qu'on me fît dire, mes paroles, réelles ou supposées, passeraient au domaine public. Tous ceux à qui j'aurais affaire prendraient la même attitude que si en tant qu'autorité suprême, je les avais reçus dans les palais nationaux. Où qu'il m'arrivât de paraître, l'assistance éclaterait en ardentes manifestations.

C'est cette atmosphère qui m'enveloppa au cours de

l'action publique que je menai, tout d'abord, une fois quitté mon rang officiel : faisant connaître, à Bayeux[20], ce que devraient être nos institutions ; condamnant, en toute occasion, la constitution arrachée à la lassitude du pays ; appelant le peuple français à se rassembler sur la France[21] pour changer le mauvais régime ; lançant, depuis maintes tribunes, des idées faites pour l'avenir ; paraissant devant les foules dans tous les départements français et algériens, deux fois au moins pour chacun d'eux et, pour certains, davantage, afin d'entretenir la flamme et de prendre le contact de beaucoup d'émouvantes fidélités. Ce sont les mêmes témoignages qui m'ont été prodigués, après 1952[22], quand je pris le parti de laisser là la conjoncture, jugeant le mal trop avancé pour qu'on pût y porter remède avant que ne se déchaînât l'inévitable secousse ; quand il m'arriva, quelquefois, de présider une cérémonie ; quand j'allai visiter nos territoires d'Afrique et ceux de l'océan Indien, faire le tour du monde de terre française en terre française, assister au jaillissement du pétrole au Sahara. Au moment d'achever ce livre[23], je sens, autant que jamais, d'innombrables sollicitudes se tourner vers une simple maison.

C'est ma demeure. Dans le tumulte des hommes et des événements[24], la solitude était ma tentation. Maintenant, elle est mon amie. De quelle autre se contenter quand on a rencontré l'Histoire ? D'ailleurs, cette partie de la Champagne est tout imprégnée de calme : vastes, frustes et tristes horizons ; bois, prés, cultures et friches mélancoliques ; relief d'anciennes montagnes très usées et résignées ; villages tranquilles et peu fortunés, dont rien, depuis des millénaires, n'a changé l'âme, ni la place. Ainsi, du mien. Situé haut sur le plateau, marqué d'une colline boisée, il passe les siècles au centre des terres que cultivent ses habitants. Ceux-ci, bien que je me garde de m'imposer au milieu d'eux, m'entourent d'une amitié discrète. Leurs familles, je les connais, je les estime et je les aime.

Le silence emplit ma maison. De la pièce d'angle où je passe la plupart des heures du jour, je découvre les lointains dans la direction du couchant. Au long de quinze kilomètres, aucune construction n'apparaît. Par-dessus la plaine et les bois, ma vue suit les longues pentes descendant vers la vallée de l'Aube, puis les hauteurs du versant opposé. D'un point élevé du jardin, j'embrasse les fonds sauvages où la forêt enveloppe le site, comme la mer bat le promontoire. Je vois la nuit couvrir le paysage. Ensuite, regardant les étoiles, je me pénètre de l'insignifiance des choses.

Sans doute, les lettres, la radio, les journaux, font-ils entrer dans l'ermitage les nouvelles de notre monde. Au cours de brefs passages à Paris, je reçois des visiteurs dont les propos me révèlent quel est le cheminement des âmes. Aux vacances, nos enfants, nos petits-enfants, nous entourent de leur jeunesse, à l'exception de notre fille Anne qui a quitté ce monde avant nous[25]. Mais que d'heures s'écoulent, où, lisant, écrivant, rêvant, aucune illusion n'adoucit mon amère sérénité !

Pourtant, dans le petit parc, — j'en ai fait quinze mille fois le tour ! — les arbres que le froid dépouille manquent rarement de reverdir et les fleurs plantées par ma femme renaissent après s'être fanées. Les maisons du bourg sont vétustes ; mais il en sort, tout à coup, nombre de filles et de garçons rieurs. Quand je dirige ma promenade vers l'une des forêts voisines : Les Dhuits, Clairvaux, Le Heu, Blinfeix, La Chapelle, leur sombre profondeur me submerge de nostalgie ; mais, soudain, le chant d'un oiseau, le soleil sur le feuillage ou les bourgeons d'un taillis me rappellent que la vie, depuis qu'elle parut sur la terre, livre un combat qu'elle n'a jamais perdu[g]. Alors, je me sens traversé par un réconfort secret. Puisque tout recommence toujours, ce que j'ai fait sera, tôt ou tard, une source d'ardeurs nouvelles après que j'aurai disparu.

À mesure que l'âge m'envahit, la nature me devient plus proche. Chaque année, en quatre saisons qui sont autant de leçons, sa sagesse vient me consoler. Elle chante, au printemps : « Quoi qu'il ait pu, jadis, arriver, je suis au commencement ! Tout est clair, malgré les giboulées ; jeune, y compris les arbres rabougris ; beau, même ces champs cailloux. L'amour fait monter en moi des sèves et des certitudes si radieuses et si puissantes qu'elles ne finiront jamais ! »

Elle proclame, en été : « Quelle gloire est ma fécondité ! À grand effort, sort de moi tout ce qui nourrit les êtres. Chaque vie dépend de ma chaleur. Ces grains, ces fruits, ces troupeaux, qu'inonde à présent le soleil, ils sont une réussite que rien ne saurait détruire. Désormais, l'avenir m'appartient ! »

En automne, elle soupire : « Ma tâche est près de son terme. J'ai donné mes fleurs, mes moissons, mes fruits. Maintenant, je me recueille. Voyez comme je suis belle encore, dans ma robe de pourpre et d'or, sous la déchirante lumière. Hélas! les vents et les frimas viendront bientôt m'arracher ma parure. Mais, un jour, sur mon corps dépouillé, refleurira ma jeunesse! »

En hiver, elle gémit : « Me voici, stérile et glacée. Combien de plantes, de bêtes, d'oiseaux, que je fis naître et que j'aimais, meurent sur mon sein qui ne peut plus les nourrir ni les réchauffer! Le destin est-il donc scellé? Est-ce, pour toujours, la victoire de la mort? Non! Déjà, sous mon sol inerte, un sourd travail s'accomplit. Immobile au fond des ténèbres, je pressens le merveilleux retour de la lumière et de la vie. »

Vieille Terre, rongée par les âges, rabotée de pluies et de tempêtes, épuisée de végétation, mais prête, indéfiniment, à produire ce qu'il faut pour que se succèdent les vivants!

Vieille France, accablée d'Histoire[26], meurtrie de guerres et de révolutions, allant et venant sans relâche de la grandeur au déclin, mais redressée, de siècle en siècle, par le génie du renouveau!

Vieil homme[b], recru d'épreuves, détaché des entreprises, sentant venir le froid éternel, mais jamais las de guetter dans l'ombre la lueur de l'espérance!

MÉMOIRES D'ESPOIR[a]

LE RENOUVEAU
1958-1962

© *Librairie Plon*, 1970.

LES INSTITUTIONS

La France vient du fond des âges[1]. Elle vit. Les siècles l'appellent. Mais elle demeure elle-même au long du temps. Ses limites peuvent se modifier sans que changent le relief, le climat, les fleuves, les mers, qui la marquent indéfiniment. Y habitent des peuples qu'étreignent, au cours de l'Histoire, les épreuves les plus diverses, mais que la nature des choses, utilisée par la politique, pétrit sans cesse en une seule nation. Celle-ci a embrassé de nombreuses générations. Elle en comprend actuellement plusieurs. Elle en enfantera beaucoup d'autres. Mais, de par la géographie du pays qui est le sien, de par le génie des races qui la composent, de par les voisinages qui l'entourent, elle revêt un caractère constant qui fait dépendre de leurs pères les Français de chaque époque et les engage pour leurs descendants. À moins de se rompre, cet ensemble humain, sur ce territoire, au sein de cet univers, comporte donc un passé, un présent, un avenir, indissolubles. Aussi l'État, qui répond de la France, est-il en charge, à la fois, de son héritage d'hier, de ses intérêts d'aujourd'hui et de ses espoirs[a] de demain.

Nécessité vitale, qui en cas de péril public s'impose tôt ou tard à la collectivité ! Dès lors, pour un pouvoir, la légitimité procède du sentiment qu'il inspire et qu'il a d'incorporer l'unité et la continuité nationales quand la patrie est en danger. En France, toujours, c'est en raison de la guerre que les Mérovingiens, les Carolingiens, les Capétiens, les Bonaparte, la IIIe République, ont reçu et perdu cette autorité suprême. Celle dont, au fond du désastre, j'ai été investi à mon tour dans notre Histoire a été reconnue, d'abord par ceux des Français qui ne renonçaient pas à combattre, puis à mesure des événements par l'ensemble de la population, enfin à travers beaucoup de heurts et de dépits par tous les gouvernements du monde. Grâce à quoi, j'ai pu conduire le pays jusqu'à son salut[2].

Au sortir du gouffre[b] on l'avait vu, en effet, reparaître comme un État indépendant et victorieux ; en possession de son territoire et de son Empire ; recevant avec la Russie, l'Amérique et l'Angleterre la capitulation du Reich, prenant acte, à leurs côtés, de la reddition du Japon ; disposant, pour compenser ses dommages, de l'économie de la Sarre et d'une redevance de charbon de la Ruhr ; accédant, aux côtés des quatre autres « grands », au rang de fondateur de l'Organisation des Nations unies et de membre de son Conseil de sécurité avec le droit de veto.

Alors, qu'après toutes les humiliations et répressions endurées dans la servitude, on pouvait croire notre peuple voué aux convulsions politiques, sociales, coloniales, et pour finir au communisme totalitaire, on constatait bientôt, malgré quelques incidents et tumultes limités, que de Gaulle était partout acclamé ; qu'aucune force armée ne subsistait en dehors des troupes régulières ; que la justice faisait normalement son office ; que des fonctionnaires qualifiés assuraient le service public ; que de profondes réformes étouffaient dans l'œuf l'entreprise révolutionnaire ; que nos dépendances d'outre-mer attendaient avec confiance et patience une émancipation annoncée et commencée ; qu'en tout et partout c'est l'ordre, le progrès, la liberté, qu'instituait le nouveau pouvoir.

Tandis que notre économie avait pu sembler pour longtemps — certains pensaient pour toujours — condamnée à la paralysie, en raison des terribles dégâts matériels et humains que nous avions subis, de la destruction de nos chemins de fer, de nos ports, de nos ponts, de nos moyens de transport et de transmission et d'un grand nombre de nos bâtiments, de la ruine financière résultant des prélèvements énormes opérés par les Allemands sur nos ressources, notre équipement, notre trésor, du déracinement prolongé de plusieurs millions de Français, prisonniers, déportés, réfugiés, des réparations écrasantes que nous imposaient tant de dommages causés aux personnes et aux biens, voici que déjà le redressement était en cours. Au milieu des décombres l'activité reprenait sa marche. Tant bien que mal, les besoins élémentaires de la population recevaient satisfaction. Les absents retrouvaient leur place, non sans peines, mais sans bouleversements. L'accroissement des recettes, le rude impôt de solidarité nationale, l'immense succès de l'emprunt de 1945, nous rapprochaient de l'équilibre budgétaire et nous rouvraient la voie du crédit. Bref, quelques mois après la victoire, l'État était debout, l'unité rétablie, l'espérance ranimée, la France à sa place en Europe et dans l'univers.

Pour en arriver là, j'avais trouvé l'adhésion massive du sentiment populaire. Par contre, très réticent était le consentement des organisations, électorales, économiques, syndicales, vite revenues à la lumière. Cependant, bien qu'à peine l'ennemi parti elles élevassent vers moi sur tous les tons et sur tous les sujets de multiples récriminations, je n'avais pas, de leur fait, rencontré d'obstacles tels que je fusse empêché d'accomplir ce qui devait l'être, aussi longtemps qu'il s'était agi du sort immédiat de la patrie. Mais, celui-ci une fois assuré, toutes les prétentions, ambitions et surenchères d'antan se levaient sur notre peuple, comme si les malheurs inouïs qu'elles venaient de lui coûter se trouvaient aussitôt oubliés.

Car les partis reparaissaient, autant vaut dire avec les mêmes noms, les mêmes illusions, les mêmes clientèles, que naguère. Tout en affichant, vis-à-vis de ma personne, la considération que requérait l'opinion, ils prodiguaient les critiques à l'égard de ma politique. Sans contester la valeur des services que j'avais pu rendre au cours d'événements excessifs et, en somme, en leur absence, tous réclamaient à grands cris le retour à ce qui était, à leurs yeux, la normale, c'est-à-dire leur propre régime, prétendant qu'il leur appartenait de disposer du pouvoir. Je dois dire que, dans le public, ne se manifestait aucun courant en sens contraire. Pour chacun de ceux qui, au sein de chaque milieu, du haut de chaque tribune, au nom de chaque groupement, dans les colonnes de chaque journal, avaient à dire ou à écrire quelque chose, tout se passait comme si, en effet, rien ni personne ne représentait le pays, hormis les fractions discordantes qui ne faisaient que le diviser.

Or, si j'étais convaincu que la souveraineté appartient au peuple dès lors qu'il s'exprime directement et dans son ensemble, je n'admettais pas qu'elle pût être morcelée entre les intérêts différents représentés par les partis. Certes, ceux-ci devaient, suivant moi, contribuer à l'expression des opinions et, par suite, à l'élection des députés qui, au sein des Assemblées, délibéreraient et voteraient les lois. Mais, pour que l'État soit, comme il le faut, l'instrument de l'unité française, de l'intérêt supérieur du pays, de la continuité dans l'action nationale, je tenais pour nécessaire que le gouvernement procédât, non point du Parlement, autrement dit des partis, mais, au-dessus d'eux, d'une tête directement mandatée par l'ensemble de la nation[3] et mise à même de vouloir, de décider et d'agir. Faute de quoi, la multiplicité des tendances qui nous est propre, en raison de notre individualisme, de notre diversité, des ferments de division que nous ont laissés nos malheurs, réduirait l'État à n'être, une fois encore, qu'une scène pour la confrontation d'inconsistantes idéologies, de rivalités fragmentaires, de simulacres d'action intérieure et extérieure sans durée et sans portée. Ayant vérifié[c] que la victoire n'avait pu être acquise à la nation que grâce à une autorité qui surmontait toutes ses divergences et mesurant la dimension des problèmes que le présent et l'avenir lui posaient, je voyais que ma grande querelle consisterait, désormais, à la doter d'une République capable de répondre de son destin.

Cependant, je ne pouvais me dissimuler que, le danger passé, une pareille rénovation ne serait pas réalisable avant de dures et nouvelles expériences. D'autant plus certainement que, les contraintes de l'occupation et du régime de Vichy ayant longuement écrasé les libertés françaises, le jeu politique d'autrefois, qualifié de démocratique, recouvrait un lustre perdu. À ce point que beaucoup de mes compagnons d'hier, qui naguère, chefs dans la Résistance, maudissaient les partis, s'efforçaient maintenant de s'y placer au premier rang. D'ailleurs, en reprenant le départ, toutes les organisations électorales ne manquaient pas de jurer qu'elles réprouvaient les anciens abus et sauraient désormais s'en garder. Comme, après la dictature de l'ennemi et de ses complices, je n'avais aucunement l'intention d'établir la mienne, que je voulais noyer dans le suffrage universel la menace, alors immédiate et puissante, du communisme[4] et que j'appelais le peuple à élire une Assemblée nationale, il me fallait prévoir qu'inévitablement celle-ci appartiendrait aux partis, qu'entre elle et moi il y aurait tout de suite incompatibilité, que nous serions en complet désaccord au sujet de la Constitution qui remplacerait celle de la IIIe République défunte, que de ce fait le pouvoir — fût-il arithmétiquement légal — qui remplacerait le mien serait privé de légitimité nationale.

Dès que les canons s'étaient tus, j'avais fixé mon comportement. À moins de prendre à l'égard des élus des mesures d'ostracisme, de me donner les traits d'un oppresseur succédant à d'autres, de me détruire moi-même en adoptant une position que le courant général des esprits en France et dans tout l'Occident eût rendue très vite intenable, je devrais, plus ou moins longtemps, laisser le régime des partis étaler une fois encore sa nocivité, bien résolu que j'étais à ne pas lui servir de couverture ni de figurant. Je partirais donc, mais intact. Ainsi, le moment venu, pourrais-je être de nouveau le recours, soit en personne, soit par l'exemple que j'aurais laissé. Toutefois, en vue de la suite et avant que ne fût élue l'Assemblée, j'instituai le référendum, fis décider par le peuple que dorénavant son approbation directe était nécessaire pour qu'une constitution fût valable et créai, par là, le moyen démocratique d'en fonder moi-même, un jour, une bonne, au lieu et place de la mauvaise qui allait être faite par et pour les partis.

Pendant douze ans, leur système fit donc, une fois de plus, ses preuves. Tandis que se nouait et se dénouait sans relâche dans l'enceinte du Palais-Bourbon et dans celle du Luxembourg l'écheveau des combinaisons, intrigues et défections parlementaires, alimentées par les motions des congrès et des comités, sous les sommations des journaux, des colloques, des groupes de pression, dix-sept présidents du Conseil, constituant vingt-quatre ministères, campèrent tour à tour à Matignon. C'étaient Félix Gouin, Georges Bidault, Léon Blum, Paul Ramadier, Robert Schuman, André Marie, Henri Queuille, René Pleven, Edgar Faure, Antoine Pinay, René Mayer, Joseph Laniel, Pierre Mendès France, Guy Mollet, Maurice Bourgès-Maunoury, Félix Gaillard, Pierre Pflimlin, tous hommes de valeur et, à coup sûr, qualifiés pour les affaires publiques — six d'entre ces dix-sept avaient été mes ministres, quatre autres le seraient plus tard[5] — mais successivement privés, par l'absurdité du régime, de toute réelle emprise sur les événements. Combien de fois, les voyant se débattre loin de moi dans l'impossible, me suis-je attristé de ce gaspillage ! Quoi que chacun d'eux pût tenter, le pays et l'étranger assistaient donc au spectacle scandaleux de « gouvernements » formés à force de compromis, battus en brèche de toutes parts à peine étaient-ils réunis, ébranlés dans leur propre sein par les discordes et les dissidences, bientôt renversés par un vote qui n'exprimait, le plus souvent, que l'appétit impatient de candidats aux portefeuilles, et laissant dans leurs intervalles des vacances dont la durée atteignait jusqu'à plusieurs semaines. Encore, sur les tréteaux où se jouait la comédie, assistait-on, en intermèdes, aux entrées et sorties des présidents « consultés », ou « pressentis », ou « investis », avant que l'un fût en charge. À l'Élysée, Vincent Auriol, puis René Coty, chefs de l'État qui n'en pouvaient mais quel que fût leur souci du bien public et de la dignité nationale, présidaient avec résignation aux dérisoires figures de ce ballet.

Pourtant, comme les événements suivaient leur cours et que la vie ne pouvait s'en abstraire, le pays subissait souvent d'autres impulsions que celles qu'aurait dû lui donner l'autorité politique. S'il s'agissait d'affaires intérieures, l'administration, les techniciens, les militaires, faisaient face de leur propre chef aux cas pressants que les gens et les choses posaient d'office devant eux. Quant aux questions extérieures, nonobstant les apparences de la figuration diplomatique et, parfois, quelques velléités ministérielles, l'étranger, en fin de compte, déterminait et obtenait ce qu'il attendait de la France.

Il est vrai que, dans le domaine économique, les exigences de la consommation, succédant à une longue pénurie, et les immenses besoins de la reconstruction suscitaient automatiquement une forte activité, que l'organisation du Plan, que j'avais créée avant mon départ, s'efforçait d'orienter. Aussi, la production industrielle et agricole ne cessait-elle pas d'augmenter. Mais c'était à grands frais d'achats au-dehors non compensés par nos ventes et d'accroissements de salaires sans améliorations adéquates de la productivité. Faute que l'État mît les choses en ordre, il payait les déficits. Les crédits du plan Marshall, ceux qu'en outre on sollicitait sans relâche à Washington, les réserves d'or de la Banque de France, mises à l'abri pendant la guerre à la Martinique, au Soudan français et aux États-Unis, et que j'avais conservées intactes, surtout le découvert du budget, autrement dit l'inflation, finançaient le déséquilibre. Mais il en résultait la baisse chronique de la valeur du franc, la paralysie des échanges, l'épuisement de notre crédit, bref la menace grandissante d'une faillite monétaire et financière et d'un effondrement économique. Sans doute, par épisodes, l'heureuse action de certains ministres, comme Antoine Pinay et Edgar Faure[6], amenait-elle quelque soulagement. Mais, après leur passage, la confusion reprenait son cours.

Dans de telles conditions, rien n'était fait au point de vue social pour ajouter quoi que ce fût à ce que mon gouvernement avait réalisé lors de la Libération. À travers des grèves en série, on se bornait à ajouter aux rémunérations de toutes sortes des pourcentages que réglaient, en réalité, des émissions de billets de banque et de bons du Trésor et que la hausse des prix remettait, à mesure, en cause. Il est vrai que les assurances sociales, les allocations familiales, les nouvelles règles des baux agricoles, telles que je les avais naguère mises en vigueur, remédiaient suffisamment aux drames de la misère, de la maladie, du chômage, de la vieillesse, pour qu'il n'en sortît pas de révoltes. Mais, quant aux problèmes de longue haleine, comme ceux du logement, des écoles, des hôpitaux, des communications, on laissait s'accumuler des retards qui compromettaient l'avenir.

Tandis qu'à l'intérieur l'élasticité naturelle de notre pays atténuait quelque peu les conséquences immédiates de l'inconsistance officielle, il n'en était pas de même pour sa situation au-dehors. Ce que j'avais réalisé, moyennant d'âpres efforts, quant à l'indépendance, au rang et aux intérêts de la France, fut aussitôt compromis. Faute du ressort grâce auquel nous nous tenions debout, c'est à satisfaire les autres qu'en somme s'employait le régime. Bien entendu, il trouvait, pour couvrir cet effacement, les idéologies voulues : l'une, au nom de l'unité de l'Europe, liquidant les avantages que nous avait valus la victoire ; l'autre, sous prétexte de solidarité atlantique, soumettant la France à l'hégémonie des Anglo-Saxons.

Ainsi était accepté, malgré l'absence de garanties valables, le rétablissement d'un pouvoir central allemand dans les trois zones occidentales. Ainsi était instituée la « Communauté européenne du charbon et de l'acier », qui, sans donner à nos mines détruites les moyens de se rétablir, dispensait les Allemands de nous fournir des redevances en combustibles et procurait aux Italiens ce qu'il fallait pour se doter d'une grande sidérurgie. Ainsi étaient abandonnés le rattachement à la France de l'économie de la Sarre et le maintien dans ce territoire de l'État autonome qui s'y était créé. Ainsi était conclue — et eût été appliquée si un sursaut national ne l'avait *in extremis* exorcisée — la création d'une

« Communauté européenne de défense[7] », qui consistait à priver la France victorieuse du droit d'avoir une armée, à confondre les forces militaires qu'elle devrait, néanmoins, lever avec celles de l'Allemagne et de l'Italie vaincues — l'Angleterre se refusant pour son compte à un pareil abandon — enfin à remettre en toute propriété le commandement de cet ensemble apatride aux États-Unis d'Amérique. Ainsi, une fois adoptée, à Washington, la déclaration de principe dite « Alliance atlantique », était mise sur pied l'« Organisation du traité de l'Atlantique-Nord », en vertu de laquelle notre défense et, par là, notre politique disparaissaient dans un système dirigé par l'étranger, tandis que le généralissime américain, installé près de Versailles, exerçait sur l'Ancien Monde l'autorité militaire du Nouveau. Ainsi, lors de l'affaire de Suez, l'expédition que Londres et Paris entreprenaient contre Nasser était montée de telle sorte que les forces françaises de toute nature et à tous les échelons se trouvaient placées sous les ordres des Britanniques et qu'il suffit que ceux-ci aient décidé de rappeler les leurs sur sommation de Washington et de Moscou pour que les nôtres fussent retirées.

Mais c'était sur l'évolution des rapports entre la Métropole et les territoires d'outre-mer que l'indécision de l'État se faisait surtout sentir. D'autant plus qu'un immense mouvement d'indépendance soulevait au même moment tous les peuples colonisés. Par suite de l'affaiblissement relatif de l'Angleterre et de la France, de la défaite de l'Italie, de la subordination de la Hollande et de la Belgique aux intentions des États-Unis, de l'effet produit sur les Asiatiques et sur les Africains par les batailles livrées sur leur sol et pour lesquelles les colonisateurs avaient eu besoin de leur concours, du déferlement des doctrines qui, libérales ou socialistes, exigeaient pareillement l'affranchissement des races et des hommes, enfin de la vague des désirs que suscitait dans ces masses dépourvues le spectacle de l'économie moderne, l'univers s'offrait à un bouleversement en sens inverse mais aussi profond que celui qui avait jadis déclenché les découvertes et les conquêtes des puissances de la vieille Europe. Il était clair que c'en était fait des lointaines dominations qui avaient fondé les empires. Mais peut-être serait-il possible de transformer les anciennes relations de dépendance en liens préférentiels de coopération politique, économique et culturelle ?

Au nom de la France, j'avais, dès janvier 1944, lors de la conférence de Brazzaville, pris sur ce vaste sujet l'orientation nécessaire, puis, en 1945, poursuivi dans la même voie, en accordant le droit de vote à tous, en Algérie, en Afrique noire, à Madagascar, en recevant solennellement à Paris, comme des souverains appelés à l'être à part entière, le bey de Tunis et le roi du Maroc, en donnant à d'Argenlieu et à Leclerc, que j'envoyais en Indochine avec des forces considérables, l'instruction de s'établir seulement dans le Sud et, à moins que j'en donne l'ordre, de ne pas aller au Nord où gouvernait déjà Hô Chi Minh avec qui ma mission Sainteny était en contact préalable à des négociations. N'ayant aucunement l'illusion que, du jour au lendemain, un ensemble fondé sur une association libre et contractuelle remplacerait notre Empire sans heurts et sans difficultés, je tenais, cependant, cette grande œuvre pour possible. Mais il fallait qu'elle fût conduite avec continuité par un gouvernement résolu et qui parût aux peuples intéressés représenter réellement cette France généreuse et vigoureuse qui, lors de la Libération, leur avait semblé se révéler.

Évidemment, le régime des partis ne répondait pas à de telles conditions. Juxtaposition de tendances opposées, chacune d'ailleurs faite pour le verbe, non pour l'action, comment eût-il assumé les choix catégoriques qu'imposait la décolonisation ? Comment eût-il surmonté et, au besoin, brisé toutes les oppositions de sentiments, d'habitudes, d'intérêts, qu'une pareille entreprise ne pourrait manquer de dresser ? Sans doute, au milieu de ses attitudes successives et disparates, certains de ses principaux représentants prirent-ils des initiatives qui étaient bien inspirées. Mais celles-ci n'allaient point jusqu'au terme en raison des contradictions où se débattaient les pouvoirs.

Pour l'Indochine, la première tendance qui avait suivi mon départ avait été d'inviter Hô Chi Minh à Paris et de traiter avec lui, qui d'ailleurs s'y était prêté. Mais, ensuite, c'est l'emploi de la force qu'on avait laissé prévaloir. Après quoi, s'était déroulée une lutte sombre et lointaine de huit ans au cours de laquelle alternaient, sans qu'on parvînt à se décider, l'intention de gagner la guerre et celle de faire la paix. Quels que fussent, sur le terrain, le courage et les pertes des combattants, les efforts et les mérites des administrateurs, le résultat final était un grave revers militaire suivi d'une inévitable, mais humiliante, liquidation politique[8].

Quant aux protectorats du Maroc et de la Tunisie, tantôt on penchait vers la contrainte, allant jusqu'à arrêter et détenir en exil le sultan Mohammed V et à mettre Bourguiba en résidence surveillée, tantôt on essayait une ouverture cordiale, rétablissant sur son trône le souverain chérifien, accordant l'autonomie interne à la régence de Tunisie, reconnaissant même l'indépendance formelle de chacun des deux États. Mais, faute de se résoudre à achever la transformation, on maintenait sur place un reste d'autorité française chaque jour battue en brèche et des forces militaires qui n'y faisaient plus rien qu'essuyer des avanies.

Dans les territoires d'Afrique noire et de Madagascar, après avoir résisté au mouvement qui les portait à revendiquer le droit de disposer d'eux-mêmes et, notamment, réprimé une révolte sanglante dans la grande île de l'océan Indien, on avait, à l'initiative de Gaston Defferre, appliqué la loi-cadre qui créait des gouvernements et des parlements autochtones avec d'importantes attributions législatives et administratives, sans toutefois qu'on prît son parti d'aller plus loin que ce début ; la réforme restant incomplète et en porte à faux[9].

Mais c'est au sujet du sort de l'Algérie que l'indécision du régime s'étalait le plus cruellement. Jusqu'à ce que l'insurrection ait éclaté, les ministères successifs et éphémères de Paris n'avaient fait que louvoyer. Il est vrai qu'en 1947 était adopté un statut de l'Algérie qui y créait une assemblée élue au suffrage universel, ayant qualité pour voter le budget et délibérer des affaires du gouvernement général. C'était là un pas important dans la bonne voie et, pour peu qu'on en voulût faire d'autres, la marche du territoire vers la prise en main de ses affaires par ses propres habitants et l'apparition progressive d'un État algérien associé à la République française se fussent sans doute accomplies pacifiquement. Par malheur, l'action d'une grande partie des éléments de souche française et la routine administrative avaient bloqué l'évolution. Ainsi se refusait-on à modifier le système des deux collèges électoraux, celui des Français à part entière[10], soit un dixième des citoyens, et celui de tous les autres, alors que chaque collège élisait la moitié des représentants et que, pour le second, les pressions officielles influaient fortement sur les candidatures et les résultats du scrutin. Après avoir, tout d'abord, envisagé favorablement le statut de l'Algérie, la masse musulmane et son élite politique devaient bientôt reconnaître que la réforme était faussée, renonçaient à l'espérance qui les avait saisies au moment de la libération de la France et concluaient que la leur ne viendrait pas par la voie légale.

Les combats ayant commencé le 1ᵉʳ novembre 1954 pour ne plus cesser de s'étendre, le régime se mit à osciller entre des attitudes diverses. En fait, beaucoup de ses dirigeants discernaient que le problème exigeait une solution fondamentale. Mais, prendre les dures résolutions que celle-ci comportait, vaincre tous les obstacles qui s'y opposaient sur place et dans la Métropole, braver la malveillance de la presse et des groupes parlementaires qui se nourrissaient de l'émotion publique et des crises politiques provoquées par cette énorme affaire, c'était trop pour des ministères chancelants. En dehors de quelques gestes dans le sens de la négociation, de certains contacts indirects avec l'organisation insurrectionnelle réfugiée au Caire, de mesures épisodiques d'adoucissement de la répression, de la nomination, presque aussitôt rapportée, d'un ministre, le général Catroux[11], symbolique de l'apaisement, on se bornait donc à entretenir, en soldats, en armes et en argent, la lutte qui sévissait dans toutes les régions de l'Algérie et au long de ses frontières. Matériellement c'était coûteux, car il y fallait des forces totalisant cinq cent mille hommes. Vis-à-vis du dehors c'était cher, parce que le monde, dans son ensemble, réprouvait ce drame sans issue. Enfin, du point de vue de l'autorité de l'État, c'était proprement ruineux.

Ce l'était surtout eu égard à l'armée. Assumant non seulement les épreuves du combat, mais aussi la rigueur, parfois l'odieux[12], de la répression, étant au contact des alarmes de la population française d'Algérie et des auxiliaires musulmans, hantée par l'angoisse d'un aboutissement qui serait, comme en Indochine, le revers militaire infligé à ses drapeaux, l'armée, plus que tout autre corps, éprouvait une irritation croissante à l'égard d'un système politique qui n'était qu'irrésolution.

Au début du printemps de 1958, si passive que la masse française demeurât en apparence, tout concourait donc à y répandre l'inquiétude. Chacun sentait que le déséquilibre financier exigeait des mesures rigoureuses, qu'à l'extérieur seul l'étranger tirait profit du rôle subordonné auquel nous nous étions réduits, surtout que la colonisation et, d'abord, celle de l'Algérie n'étaient plus qu'hypothèques stériles. Or, il devenait évident, même aux yeux les plus prévenus, que le régime étant impuissant à résoudre ces problèmes, la question du salut public risquait fort de se poser. Du même coup se levait d'instinct au fond de beaucoup d'esprits, soit qu'on l'exprimât tout haut, soit qu'on en convînt en silence, un mouvement grandissant vers le recours à de Gaulle.

J'étais, alors, complètement retiré, vivant à La Boisserie dont la porte ne s'ouvrait qu'à ma famille ou à des personnes du village, et n'allant que de loin en loin à Paris où je n'acceptais de recevoir que de très rares visiteurs. Pourtant, j'avais fait beaucoup pour essayer de changer la situation avant qu'elle ne tournât mal. Dès le 16 juin 1946, j'exposais, à Bayeux, ce que devrait être notre Constitution, étant donné ce que sont notre peuple et notre temps[13]. Puis, comme était finalement votée celle qui, à l'opposé, instituait la IVe République, j'avais tenté de rassembler le peuple français[14] sur l'intérêt primordial et permanent de la France et d'aboutir à un régime nouveau. Mais, en dépit d'un grand effort d'information populaire, d'innombrables réunions publiques que j'animais en personne dans tous les départements de la Métropole et de l'Algérie et dans tous les départements et territoires d'outre-mer, d'un vaste et ardent concours d'adhésions et de dévouements fourni par tous les milieux, surtout par les plus modestes, je n'avais pu l'emporter. Sans doute le Rassemblement obtenait-il, en 1947, d'impressionnants succès aux élections municipales, en particulier dans la capitale où mon frère Pierre devenait président du Conseil de Paris, pour le rester — fait sans précédent — cinq années consécutives. Sans doute le Conseil de la République, qui venait d'être créé, voyait-il plus d'un tiers de ses membres former sous sa présidence un « intergroupe du Rassemblement ». Mais la résistance acharnée et conjuguée des partis, la malveillance des syndicats et, simultanément, celle des dirigeants d'entreprises, qui, bien qu'opposés entre eux, se méfiaient, les uns et les autres, de mes projets de réforme sociale[15], l'hostilité de presque toute la presse, parisienne, provinciale, étrangère, l'interdiction faite par le gouvernement à la Radio française de diffuser mes discours, enfin un système électoral dit « des apparentements[16] », adopté pour la circonstance et qui truquait la représentation des opinions par les suffrages, parvenaient à empêcher l'entrée à l'Assemblée nationale d'un nombre suffisant de députés décidés à changer le régime. Aux élections législatives de 1951, cent vingt-cinq élus seulement l'étaient sous le signe de la Croix de Lorraine. Ce que voyant, certains d'entre eux quittaient l'organisation dont ils s'étaient réclamés. C'est pourquoi, bientôt après[17], constatant la tournure des choses, je mettais un terme au Rassemblement. Depuis 1952 jusqu'en 1958, j'allais employer six années[18] à écrire mes *Mémoires de guerre*, sans intervenir dans les affaires publiques, mais sans douter que l'infirmité du système aboutirait, tôt ou tard, à une grave crise nationale.

Celle qui éclata, le 13 mai, à Alger ne me surprit donc nullement. Cependant, je ne m'étais mêlé d'aucune façon, ni à l'agitation locale, ni au mouvement militaire, ni aux projets politiques qui la provoquaient, et je n'avais aucune liaison avec aucun élément sur place ni aucun ministre à Paris. Il est vrai que Jacques Soustelle, un de mes compagnons les plus proches pendant la guerre puis au Rassemblement, avait été gouverneur général de l'Algérie, nommé par Pierre Mendès France et rappelé par Guy Mollet. Mais jamais, ni au cours de sa mission, ni après son retour, il ne m'avait adressé la moindre communication. Il est vrai que, passant au Sahara, en 1957, pour assister à des tirs de fusées sur le terrain de Hammaguir et pour visiter l'exploitation commencée du pétrole à Edjelé et à Hassi-Messaoud, j'avais reçu à Colomb-Béchar Robert Lacoste, ministre de l'Algérie, mais sans le revoir ensuite. Il est vrai que deux ou trois personnages entreprenants[19], qui avaient participé à mon action au temps où j'en exerçais une, séjournaient en Algérie pour répandre l'idée qu'il faudrait bien, un jour, me charger du salut public. Mais ils le faisaient en dehors de mon aval et sans m'avoir même consulté. Il est vrai, enfin, qu'après la dissolution du Rassemblement, plusieurs parlementaires qui en faisaient partie étaient devenus membres de tel ou tel des ministères qui se succédaient. Mais je n'avais avec eux aucun contact[20]. Pourtant, je n'en voyais pas moins apparaître tous les signes de la tension croissante où se trouvaient à la fois les instances politiques à Paris et les milieux militaires, administratifs et populaires en Algérie.

Le 15 avril, était renversé le ministère Félix Gaillard. Après quoi, pendant quatre semaines, Georges Bidault, puis René Pleven ne parvenaient pas à en tirer un autre de la déliquescence du régime. Si Pierre Pflimlin semblait y réussir le 12 mai, c'était dans une atmosphère telle que nul ne croyait que cela pût être efficace. En même temps, à Alger, la fièvre ne cessait pas de monter et d'autant plus que le ministre Robert Lacoste exprimait publiquement la crainte d'un « Diên Biên Phû diplomatique », que l'Union des associations d'anciens combattants exigeait que, « par tous les moyens, soit instauré un gouvernement de salut public », que le général Salan, commandant en chef, télégraphiait à Paris pour évoquer la possibilité « d'une réaction de désespoir de l'armée ». Je ne pouvais donc douter que l'explosion fût imminente.

Je ne doutais pas non plus que, du coup, il me faudrait entrer en ligne. En effet, à partir du moment où l'armée, passionnément acclamée par une nombreuse population locale et approuvée dans la Métropole par beaucoup de gens écœurés, se dressait à l'encontre de l'appareil officiel où celui-ci ne faisait qu'étaler son désarroi et son impuissance, où dans la masse aucun mouvement d'adhésion et de confiance ne soutenait les gens en place, il était clair qu'on allait directement vers la subversion, l'arrivée soudaine à Paris d'une avant-garde aéroportée, l'établissement d'une dictature militaire fondée sur un état de siège analogue à celui d'Alger, ce qui ne manquerait pas de provoquer, à l'opposé, des grèves de plus en plus étendues, une obstruction peu à peu généralisée, des résistances actives grandissantes. Bref, ce serait l'aventure, débouchant sur la guerre civile, en la présence et, bientôt, avec la participation en sens divers des étrangers[21]. À moins qu'une autorité nationale, extérieure et supérieure au régime politique du moment aussi bien qu'à l'entreprise qui s'apprêtait à le renverser, rassemblât soudain l'opinion, prît le pouvoir et redressât l'État. Or, cette autorité-là ne pouvait être que la mienne.

Du recommencement, dont l'obligation fond sur moi dans ma retraite, je me sens donc l'instrument désigné. Le 18 juin 1940, répondant à l'appel de la patrie éternelle privée de tout autre recours pour sauver son honneur et son âme, de Gaulle, seul, presque inconnu, avait dû assumer la France. Au mois de mai 1958, à la veille d'un déchirement désastreux de la nation et devant l'anéantissement du système prétendument responsable, de Gaulle, notoire à présent, mais n'ayant pour moyen que sa légitimité, doit prendre en charge le destin.

J'ai peu d'heures pour m'y décider. Car les révolutions vont vite. Cependant, il me faut fixer le moment où, fermant le théâtre d'ombres, je ferai sortir « le dieu de la machine[22] », autrement dit où j'entrerai en scène. Vaut-il mieux intervenir sans délai afin d'étouffer dans l'œuf le malheur qui va naître, quitte à être ensuite contesté et contrarié par des gens rassérénés, ou au contraire attendre que, les faits devenant violents, le concert de toutes les terreurs m'assure un consentement général et prolongé ? Évaluant les frais, je choisis d'agir aussitôt. Mais, alors, vais-je m'en tenir à rétablir dans l'immédiat une certaine autorité du pouvoir, à remettre momentanément l'armée à sa place, à trouver une cote mal taillée pour atténuer quelque temps les affres de l'affaire algérienne, puis à me retirer en rouvrant à un système politique détestable une carrière de nouveau dégagée ? Ou bien vais-je saisir l'occasion historique que m'offre la déconfiture des partis pour doter l'État d'institutions qui lui rendent, sous une forme appropriée aux temps modernes, la stabilité et la continuité dont il est privé depuis cent soixante-neuf ans[23] ? Vais-je faire en sorte qu'à partir de là il devienne possible de résoudre le problème vital de la décolonisation, de mettre en œuvre la transformation économique et sociale de notre pays à l'époque de la science et de la technique, de rétablir l'indépendance de notre politique et de notre défense, de faire de la France le champion d'une Europe européenne tout entière réunie, de lui rendre dans l'univers, notamment auprès du tiers monde, l'audience et le rayonnement qui furent les siens au long des siècles ? Sans nul doute, voilà le but que je puis et que je dois atteindre[24].

Soit ! En dépit des difficultés que je rencontre en moi-même : mon âge — soixante-sept ans —, les lacunes de mes connaissances et les limites de mes capacités, si rudes que puissent être les obstacles que je ne manquerai pas de trouver dans notre peuple, toujours mobile, et que presque tous ses cadres, politiques, intellectuels, sociaux, voudront mener en sens opposé, enfin, malgré la résistance que les États étrangers opposeront à la puissance renaissante de la France, je vais, pour la servir, personnifier cette grande ambition nationale.

Il s'agit, pour commencer, de reprendre en main l'État. À cet égard, j'ai le sentiment que, sur le moment, les résistances ne tiendront guère. Connaissant mon monde, je pense qu'à Alger, aussi bien qu'à Paris, ce qui domine chez ceux qui sont en charge c'est la crainte d'être entraînés dans des actions de force et que beaucoup pensent à moi dans l'espoir que je saurai leur éviter de les entreprendre. Certes, le 13 mai, sont apparus en Algérie les « Comités de salut public », formés d'officiers et de civils, qui poussent aux attitudes de combat et s'emparent des attributions des préfets et des sous-préfets. Mais le haut-commandement militaire donne l'impression qu'il ne tient pas à entrer dans l'irréparable. Si l'armée réprouve ouvertement l'impuissance du système politique qui risque d'avoir des conséquences désastreuses pour elle, si elle trouve expédient de mettre sous sa coupe l'administration locale en alléguant qu'ainsi sera facilitée la lutte contre l'insurrection, maints éléments militaires n'envisagent pas volontiers la perspective de la rupture avec la Métropole, de l'expédition lancée sur la capitale et de la prise du pouvoir. Au bord du large Rubicon qu'est la Méditerranée, grands chefs, officiers, soldats, souhaitent, en général, qu'apparaisse à Paris un gouvernement capable d'assumer les responsabilités nationales et qui leur épargne à eux-mêmes les aventures de l'indiscipline. Mais, étant convaincus qu'un tel gouvernement le régime ne le fournira pas, leur angoisse découvre soudain que c'est à moi d'y pourvoir. Dès le 15 mai, le général Salan, qui l'avant-veille a dû céder pièce par pièce à la foule déchaînée le bâtiment du gouvernement, prononce au balcon du Forum quelques phrases terminées par le cri de « Vive de Gaulle ! ». Ainsi est publiquement posée la question qui déjà, partout, hante l'esprit de tout le monde.

À Paris, les milieux officiels ne pensent plus à autre chose. En dehors des nouvelles que j'en ai par la radio et par les journaux, les communications d'Olivier Guichard, mon agent de liaison, me tiennent au courant d'une confusion qui met mon personnage à l'ordre du jour dans les propos et les calculs. D'autant plus que, face à la dissidence, ce qu'on appelle encore par habitude le pouvoir donne aussitôt des signes d'abandon. Le 13 mai, après l'émeute d'Alger, Félix Gaillard, renversé un mois plus tôt, mais qui, faute qu'un autre ministère que le sien ait été depuis mis en place, expédie les affaires courantes de la présidence du Conseil, a télégraphié à Salan qu'il n'y a pas lieu d'employer les armes contre les manifestants et lui a attribué les pouvoirs civils en Algérie. Pendant la nuit suivante, si le gouvernement de Pierre Pflimlin est investi par l'Assemblée nationale, c'est après un débat où s'étale le désarroi général et à la faveur d'un vote qui n'accorde à la confiance que 274 voix, tandis que le refus et l'abstention en totalisent 319. Résultat qui, aux yeux de tous, exclut jusqu'aux velléités de mesures vigoureuses. D'ailleurs, le matin du 14, le gouvernement confirme le général Salan dans ses pouvoirs et, après avoir prescrit d'interrompre les communications avec l'Algérie, autorise qu'elles soient rétablies. Au cours de l'après-midi, passant quelques heures dans la capitale, comme je le fais souvent le mercredi, le flot des informations qu'on m'apporte rue de Solferino[25] me donne la mesure des anxiétés qui, de toutes parts, tout haut ou tout bas, interrogent le général de Gaulle.

De Colombey, je leur réponds, le 15 mai. En une déclaration de sept lignes[26], est constatée la dégradation de l'État qui est la cause du malheur menaçant, stigmatisée la responsabilité du régime des partis dans ce processus désastreux, affirmée mon intention d'y porter remède en assumant de nouveau — j'y suis prêt — les pouvoirs de la République.

À peine cette déclaration lancée, chacun comprend que les faits vont s'accomplir. Assurément, les oppositions partisanes se raidissent à mon sujet. Mais ce sont là gestes de convention. Personne ne doute, en réalité, qu'à moins d'aller à la dérive jusqu'au déchirement national, la situation ne peut avoir d'autre issue que de Gaulle. On voit[d] alors se former pour me rejoindre le cortège, à chaque heure grossissant, des consentements, sinon des ardeurs. En fait, la seule question qui, désormais, se pose à l'appareil politique est celle des formes dans lesquelles s'accomplira son renoncement.

Mais il faut faire vite. Pour prudent que soit encore le Commandement à Alger, tous les impondérables sont maintenant en mouvement et risquent de tout emporter. Alors que le président Coty s'est adressé publiquement, le 14, aux généraux, officiers et soldats servant en Algérie pour les adjurer « de ne pas ajouter aux épreuves de la patrie celle de la division des Français », toutes les nouvelles annoncent que la tension militaire va croissant. Au reste, dès le lendemain, la démission du général Ély, chef d'état-major général, qui exerce l'autorité militaire la plus haute et dont la conscience qu'il a de ses devoirs est réputée, montre que l'armée, dans son ensemble, ne soutient plus le régime. Pour m'engager plus avant vis-à-vis de la nation et faute de disposer de la radio qui m'est barrée, je convoque la presse pour le 19 mai à l'hôtel d'Orsay.

En arrivant à Paris, je sens combien, en quelques jours,

l'atmosphère s'est alourdie. Il est vrai que le ministre de l'Intérieur, Jules Moch, y contribue pour sa part. Suivant ses ordres, la police a déployé le maximum de forces aux abords de la conférence, comme si on pouvait penser que de Gaulle allait se présenter à la tête d'une troupe de choc pour s'emparer des bâtiments publics. Au moment même où, venant de Colombey, incognito, sans autre escorte que celle du colonel de Bonneval, mon aide de camp, et du chauffeur Paul Fontenil, je vais voir les seuls journalistes, le ministre inspecte en personne les longues colonnes de voitures blindées et de camions armés qui occupent les deux rives de la Seine. Ce spectacle dérisoire me confirmant dans ma certitude qu'il est grand temps de remettre la République en équilibre, je prends devant la presse le ton du maître de l'heure. Au reste, les questions qu'elle me pose et qui ont trait à ce que je ferai au pouvoir n'expriment pas le moindre doute sur le fait que je vais m'y trouver. Bien entendu, c'est ma volonté de rétablir l'État à la fois dans son autorité et dans la confiance nationale que j'affirme à cette occasion. Ma conclusion est que je me tiens à la disposition du pays[27].

Or, les choses se précipitent. En Algérie, où Jacques Soustelle est parvenu sans que j'y sois pour rien, les Comités de salut public continuent d'installer leur dictature[28]. Voulant savoir ce qui se passe dans les faits et dans les intentions, j'invite par télégramme le commandement militaire à m'envoyer quelqu'un qui me rende compte de la situation. Mon message lui est transmis normalement, sans nul mystère, par le général Lorillot, nouveau chef d'état-major général, avec l'accord de son ministre Pierre de Chevigné. Effectivement, peu après, le général Dulac, accompagné de plusieurs officiers, viendra à Colombey pour me dire, de la part de Salan, que, si à très bref délai je ne prends pas le pouvoir, le Commandement ne pourra pas empêcher un déferlement militaire sur la Métropole. À Paris, les milieux officiels affectent encore, il est vrai, de maintenir en fonctionnement le ministère et le Parlement. C'est ainsi que sont renouvelés par les Chambres les « pouvoirs spéciaux » attribués au gouvernement et que celui-ci dépose un projet de réforme de la Constitution[29], tandis que les partis de la droite et du centre affectent de s'inquiéter de mon programme, que les partis de gauche parlent de « défendre la République », que la C.G.T. donne un ordre de grève, au demeurant très peu suivi. Mais l'opinion tout entière comprend à quel point ce jeu est vain.

Les joueurs eux-mêmes n'y croient plus. Certains d'entre eux, non des moindres, se tournent ouvertement vers moi.

C'est ce que font, par exemple : Georges Bidault qui publie le 21 mai : « Je suis aux côtés du général de Gaulle » ; Antoine Pinay qui demande et obtient, le 22, de venir à Colombey et qui, m'ayant vu, dit partout : « Le Général ? Mais c'est un brave homme » et invite Pflimlin à me rencontrer d'urgence ; Guy Mollet, vice-président du Conseil, qui, le 25, prenant occasion de quelques mots que j'ai prononcés à son sujet devant la presse, m'adresse une lettre où, sous les précautions, se dessine le ralliement ; Vincent Auriol qui, le 26, m'écrit : « C'est votre ministre d'État de 1945 qui vient vers vous... et qui, pour vous donner sa confiance, n'attend que d'être assuré que vous ramènerez au devoir les officiers qui ont désobéi[30]. »

Au reste, les événements pressent cette évolution. Le 24 mai, un détachement parti d'Alger a atterri en Corse sans coup férir, grâce à quoi des Comités de salut public ont saisi l'autorité à Ajaccio et à Bastia. Les forces de police envoyées, depuis Marseille, dans l'île pour y rétablir l'ordre se sont laissé facilement désarmer. Que la solution politique soit retardée et l'on verra certainement de semblables opérations exécutées dans la Métropole, puis dirigées sur Paris. On me rapporte, de source officielle, que cette irruption est prévue par le ministère de l'Intérieur pour la nuit du 27 au 28. À partir de là, où ira-t-on ?

J'accélère donc le progrès du bon sens. Le 26, je convoque à La Boisserie le préfet de la Haute-Marne Marcel Diebolt et le charge d'aller immédiatement dire de ma part à Pflimlin que l'intérêt public lui commande de me voir. Comme lieu de rencontre, je fixe la résidence, discrètement située, du conservateur de Saint-Cloud, mon ami Félix Bruneau. Le préfet remplit sa mission et le président du Conseil me fait savoir que, le soir même, il se rendra à l'endroit indiqué.

Je trouve Pierre Pflimlin calme et digne. Il me fait le tableau de sa situation, celle d'un pilote aux mains de qui ne répondent plus les leviers de commande. Je lui déclare que son devoir est d'en tirer les conséquences et de ne pas demeurer dans une fonction qu'en somme il n'exerce pas, étant entendu que je suis prêt à faire ensuite le nécessaire. Sans se prononcer explicitement sur cette perspective, le président du Conseil me fait sentir qu'il ne l'exclut pas.

Cependant, il me prie d'user tout de suite de mon prestige pour ramener à la discipline le Commandement en Algérie, ce à quoi lui-même reconnaît être impuissant. « Rien ne montre, lui dis-je, mieux que votre demande, quelle solution s'impose à la République. » Nous nous séparons cordialement et, à l'aurore, je rentre chez moi, convaincu que Pierre Pflimlin prendra bientôt la détermination que je lui ai tracée cette nuit-là[31].

Dès le matin, je hâte la marche en avant. Dans une nouvelle déclaration publique, j'annonce que : « J'ai entamé le processus régulier nécessaire à l'établissement d'un gouvernement républicain capable d'assurer l'unité et l'indépendance du pays » ; que « dans ces conditions je ne saurais approuver toute action, d'où qu'elle vienne, qui mette en cause l'ordre public » ; que « j'attends des forces terrestres, navales et aériennes présentes en Algérie qu'elles demeurent exemplaires sous les ordres de leurs chefs : le général Salan, l'amiral Auboyneau et le général Jouhaud[32] ». Ainsi, laissant les augures des couloirs du Palais-Bourbon et des salles de rédaction s'interroger sur ce que peut être le « processus régulier » entamé par mon avènement, je prescris aux chefs militaires d'arrêter toute intervention nouvelle. Ils le font effectivement.

La journée du 27 mai marque l'ultime essai de survivre tenté par le régime. Car le gouvernement fait adopter par l'Assemblée nationale une réforme constitutionnelle[33] qui, théoriquement, comporte de bonnes dispositions pour renforcer l'exécutif. Mais tout le monde sent qu'il est trop tard et que rien n'est plus possible. Également irréelles paraissent les réunions et les motions que multiplient les partis et leurs groupes. Sans plus d'importance est le conseil de cabinet qui siège au cours de la nuit, dont la plupart des membres sont hagards par manque de sommeil et auquel plusieurs ministres s'abstiennent de participer. C'est fini ! Le 28, aux premières heures du matin, Pierre Pflimlin dit à ses collègues : « qu'il va s'entretenir avec le président de la République ». Il y va, en effet, et lui donne sa démission.

Il ne reste plus au régime qu'à se démettre entre mes mains. Heureusement, le président Coty prend les initiatives voulues pour que cela n'aille pas sans quelque dignité. Ce vieux et bon Français, bien qu'il soit depuis longtemps incorporé aux rites et coutumes en usage, veut avant tout servir la patrie. Au bord de l'abîme où celle-ci risque d'être de nouveau plongée, trois données l'emportent dans sa conscience sur toutes autres considérations. La première est que, pour sauver le pays en conservant la République, il faut absolument changer un système politique disqualifié. La seconde est que l'armée doit, sans délai, être ramenée à l'obéissance. La troisième est que, seul, de Gaulle peut faire ceci et cela. Mais, comme il est naturel, le Président souhaite que le pouvoir me soit remis suivant des règles et non jeté dans la fuite. C'est bien ainsi, d'ailleurs, que je l'entends. Aussi, quand, à midi, René Coty me fait demander si j'accepterais de recevoir les présidents des deux Assemblées, Le Troquer et Monnerville, pour ménager les formes avant que lui-même prenne une position publique, je réponds favorablement.

L'entrevue a lieu tard le soir dans la maison de Félix Bruneau. Gaston Monnerville est acquis à l'idée de me voir assumer le gouvernement. Tout au plus me suggère-t-il de ne pas exiger pour plus de six mois les pleins pouvoirs que je tiens, au départ, pour nécessaires. Mais André Le Troquer paraît bouleversé par le changement imminent. Lui, qui fut mon ministre de la Guerre au temps du comité d'Alger, qui lors de la libération de Paris descendit à mes côtés l'avenue des Champs-Élysées, qui se tint auprès de moi quand on tirait à Notre-Dame, ne va pas jusqu'à m'imputer la volonté d'être dictateur. Mais il déclare que je ne pourrai pas éviter de le devenir étant donné les conditions de mon accession au pouvoir. « C'est pourquoi, ajoute-t-il avec passion, je m'y oppose ! — Eh bien ! lui dis-je, si le Parlement vous suit, je n'aurai pas autre chose à faire que vous laisser vous expliquer avec les parachutistes et rentrer dans ma retraite en m'enfermant dans mon chagrin ! » Là-dessus se termine l'entretien. En sortant, j'indique au secrétaire général de la présidence de la République, Charles Merveilleux du Vignaux, qui est accouru aux nouvelles, que je regrette de m'être infligé un dérangement inutile et que je reprends la route de Colombey. J'y arrive à 5 heures du matin.

Avant midi, René Coty annonce qu'il adresse un message aux Chambres. À 15 heures, ce message leur est lu. Tout y est de ce qu'il faut dire : nécessité de changer de système politique ; évidence de la dégradation de l'État et de la menace d'une guerre civile imminente ; évocation du général de Gaulle, « le plus illustre des Français, qui, aux années les plus sombres de notre Histoire, fut notre chef pour la conquête de la liberté et qui, ayant réalisé autour de lui l'unanimité nationale, refusa la dictature pour établir la République » ; appel à lui afin qu'il vienne examiner avec le chef de l'État ce qui est immédiatement nécessaire à un gouvernement de salut national et ce qui pourra être fait pour une réforme profonde de nos institutions ; engagement pris, si cette suprême tentative échoue, de donner sa démission de Président. Ce texte, qui sonne le glas, est écouté dans un silence complet par l'Assemblée nationale et par le Conseil de la République. À l'Élysée, qui me l'a adressé par téléphone, je fais répondre que je vais venir. C'est par le parc que j'arrive, non par la cour d'honneur, dans l'espoir, du reste assez vague, d'échapper aux flots des photographes. J'y suis peu avant 20 heures. Les photographes y sont aussi.

René Coty, débordant d'émotion, m'accueille sur le perron. Seul à seul dans son bureau, nous nous entendons aussitôt. Il se range à mon plan : pleins pouvoirs, puis congé donné au Parlement, enfin Constitution nouvelle à préparer par mon gouvernement et à soumettre au référendum. J'accepte d'être « investi » le 1er juin par l'Assemblée nationale, où je lirai une brève déclaration sans prendre part au débat. Nous nous séparons au milieu d'un tumulte de journalistes effrénés et de curieux enthousiastes qui ont envahi le parc. Après quoi, je fais publier que nous sommes d'accord et à quelles conditions[34]. Ensuite, tout au long de la route qui me ramène en Haute-Marne, des groupes nombreux, qui guettent mon passage, crient : « Vive de Gaulle ! » à travers la nuit.

La journée du vendredi 30 mai est employée par les partis à aménager leur résignation. Je reçois la visite et prends acte de la conversion, tout d'abord de Vincent Auriol qui s'offre à être vice-président du prochain Conseil des ministres, puis de Guy Mollet et de Maurice Deixonne qui, en rentrant, diront à leur groupe socialiste « qu'ils ont vécu là un des plus grands moments de leur vie ». De son côté, le maréchal Juin est venu me certifier que l'armée me suit comme un seul homme. Sur ma maison je regarde alors tomber le dernier soir d'une longue solitude. Quelle est donc cette force des choses qui m'oblige à m'en arracher ?

Tout est décidé. Restent les formalités. Je vais les accomplir sans excès de désinvolture. Car il est bon que devant le pays, dont l'équilibre est fragile, les choses se passent suivant une procédure régulière. Ce qui arrive, c'est, à coup sûr, une transformation profonde ; non point une révolution. La République se renouvelle ; elle reste la République. C'est pourquoi, si le retour du général de Gaulle à la tête des affaires de la France ne saurait ressembler à l'intronisation des ministères du régime expirant, j'ai cependant convenu avec René Coty des détails de la transition.

À l'hôtel La Pérouse, où je descends d'habitude lors de mes passages à Paris, je réunis, le 31 mai, les présidents des groupes du Parlement. Seuls sont absents les communistes. Sauf François Mitterrand qui exhale sa réprobation, les délégués présents, qui presque tous depuis douze ans m'ont ouvertement combattu, n'élèvent aucune objection à l'exposé que je leur fais de ce que je vais entreprendre. Entre-temps, je forme le gouvernement. André Malraux[35] sera à mon côté et assumera les Affaires culturelles. Quatre ministres d'État : Guy Mollet, Pierre Pflimlin, Félix Houphouët-Boigny, Louis Jacquinot, et le garde des Sceaux Michel Debré, représentant l'ensemble des formations politiques à l'exception des communistes, vont travailler sous ma direction à la Constitution future. Quatre autres parlementaires : Antoine Pinay, Jean Berthoin, Paul Bacon, Max Lejeune, seront en charge respectivement des Finances, de l'Éducation nationale, du Travail, du Sahara. L'ambassadeur Couve de Murville aux Affaires étrangères, le préfet Émile Pelletier à l'Intérieur, l'ingénieur Pierre Guillaumat aux Armées, le gouverneur Bernard Cornut-Gentille à la France d'outre-mer, se trouveront sous ma coupe plus directe et je prends à mon propre compte les affaires de l'Algérie. Un peu plus tard, six parlementaires : Édouard Ramonet à l'Industrie et au Commerce, Robert Buron aux Travaux publics et aux Transports, Edmond Michelet aux Anciens Combattants, Roger Houdet à l'Agriculture, Eugène Thomas aux P.T.T., Jacques Soustelle à l'Information[36], et trois hauts fonctionnaires : Pierre Sudreau à la Construction, Bernard Chenot à la Santé publique, André Boulloche délégué à la présidence du Conseil, compléteront le gouvernement.

Le dimanche 1er juin, je fais mon entrée à l'Assemblée nationale. La dernière fois que j'y étais venu, en janvier 1946, j'avais dû adresser à Édouard Herriot, qui se risquait à me faire rétrospectivement la leçon au sujet de la Résistance, la réponse assez rude et ironique qu'il méritait[37]. L'incident avait eu lieu dans l'atmosphère de sourde hostilité dont m'entouraient alors les parlementaires. Par contraste, je sens aujourd'hui l'hémicycle débordant à mon égard d'une curiosité intense et, à tout prendre, sympathique. Dans ma courte déclaration j'évoque la situation : dégradation de l'État, unité française menacée, Algérie plongée dans la tempête, Corse en proie à une fiévreuse contagion, armée longuement éprouvée par des tâches sanglantes et méritoires mais scandalisée par la carence des pouvoirs, position internationale de la France battue en brèche jusqu'au sein de ses alliances. Puis j'indique ce que j'attends de la représentation nationale : pleins pouvoirs, mandat de soumettre au pays une nouvelle Constitution, mise en congé des Assemblées. Tandis que je parle, tous les bancs font totalement silence, ce qui convient aux circonstances. Ensuite, je me retire, laissant l'Assemblée débattre pour la forme. Malgré quelques interventions malveillantes, notamment celles de Pierre Mendès France, de François de Menthon, de Jacques Duclos et de Jacques Isorni, qui sont comme d'ultimes soubresauts, l'investiture est largement votée[38].

Il en est de même, le lendemain, des lois sur les pouvoirs spéciaux en Algérie et en métropole et, le surlendemain, de celle qui concerne la Constitution et exige une majorité des deux tiers. Je suis venu assister à cette suprême discussion, prenant plusieurs fois la parole en réponse aux orateurs, afin d'entourer de bonne grâce les derniers instants de la dernière Assemblée du régime. Le Conseil de la République ayant de son côté donné son approbation, le Parlement se sépare[39].

Si cette fin d'époque laisse de l'amertume en l'âme de beaucoup de ceux qui en furent les acteurs, c'est, par contre, un immense soulagement qui s'étend sur le pays. Car mon retour donne l'impression que l'ordre normal est rétabli. Du coup, se dissipent les nuages de tempête qui couvraient l'horizon national. Puisque, à la barre du navire de l'État, il y a maintenant le capitaine, chacun sent que les durs problèmes, toujours posés, jamais résolus, auxquels est confrontée la nation, pourront être à la fin tranchés. Même, le caractère quelque peu mythique[40] dont on décore mon personnage contribue à répandre l'idée que des obstacles pour tous autres infranchissables, vont s'aplanir devant moi. Et me voici, engagé comme naguère par ce contrat que la France du passé, du présent et de l'avenir m'a imposé, il y a dix-huit ans[g], pour échapper au désastre. Me voici, toujours contraint par l'exceptionnel crédit que me fait le peuple français. Me voici, obligé autant que jamais d'être ce de Gaulle à qui tout ce qui arrive au-dedans et au-dehors est personnellement imputé, dont chaque mot et chaque geste, même quand on les lui prête à tort, deviennent partout des sujets de discussion dans tous les sens et qui, nulle part, ne peut paraître qu'au milieu d'ardentes clameurs. Éminente dignité du chef, lourde chaîne du serviteur[41] !

Ayant taillé, il me faut coudre. À Matignon, où je réside, m'assaillent les questions du moment : Algérie, finances et monnaie, action extérieure, etc. Mais, tout en prenant celles-ci en main, je dirige le travail de réforme des institutions. Sur ce sujet, dont tout dépend, j'ai depuis douze ans fixé et publié l'essentiel. Ce qui va être fait c'est, en somme, ce que l'on a appelé « la Constitution de Bayeux », parce que là, le 16 juin 1946, j'ai tracé celle qu'il faut à la France.

Michel Debré[b], secondé par une jeune équipe tirée du Conseil d'État, élabore le projet que j'examine à mesure avec les ministres désignés. Après quoi est demandé l'avis du « Conseil consultatif constitutionnel » de trente-neuf membres dont vingt-six parlementaires, créé par la même loi qui décida la révision et que préside Paul Reynaud. Je m'y rends à plusieurs reprises pour écouter d'utiles suggestions et préciser ma propre pensée. Le Conseil d'État présente ensuite ses observations. Enfin, le Conseil des ministres délibère sur l'ensemble, chacun, et pour commencer le président Coty, faisant valoir ses remarques. Le texte, ainsi arrêté, va être soumis au peuple par référendum.

Dans aucune de ces discussions ne se dresse d'opposition de principe contre ce que j'ai, depuis longtemps, voulu. Que, désormais, le chef de l'État soit réellement la tête du pouvoir, qu'il réponde réellement[42] de la France et de la République, qu'il désigne réellement le gouvernement et en préside les réunions, qu'il nomme réellement aux emplois civils, militaires et judiciaires, qu'il soit réellement le chef de l'armée, bref qu'émanent réellement de lui toute décision importante aussi bien que toute autorité, qu'il puisse de par son seul gré dissoudre l'Assemblée nationale, qu'il ait la faculté de proposer au pays par voie de référendum tout projet de loi portant sur l'organisation des pouvoirs publics, qu'en cas de crise grave, intérieure ou extérieure, il lui appartienne de prendre les mesures exigées par les circonstances, enfin qu'il doive être élu par un collège beaucoup plus large que le Parlement, cela est admis par chacune des instances consultées.

C'est aussi le cas pour l'institution d'un premier ministre, ayant, avec ses collègues, à déterminer et à conduire la politique, mais qui, ne procédant que du Président dont le rôle est capital, ne pourra évidemment agir sur de graves sujets que d'après ses directives.

Ont été l'objet du même assentiment général les dispositions concernant le Parlement, notamment celles qui placent certains de ses votes sous le contrôle d'un Conseil constitutionnel tout justement appelé à la vie ; celles qui limitent avec précision le domaine législatif ; celles qui par le vote bloqué, l'obligation de respecter l'ordre du jour, l'exclusion des interpellations à la manière d'autrefois et des scrutins qui les sanctionnaient, affranchissent le gouvernement des pressions, contraintes et chausse-trapes abusives, voire humiliantes, qui marquaient les débats de naguère ; celles qui rendent incompatibles la fonction de ministre et le mandat de parlementaire ; celles qui mettent des conditions rigoureuses à la pratique de la censure. Enfin, pour ce qui est des territoires d'outre-mer, le droit qui leur est reconnu, soit de rester dans la République avec un statut spécial, soit, à titre d'États autonomes, d'entrer dans la Communauté formée avec la Métropole, soit, devenant indépendants, de s'associer à elle par des engagements contractuels, soit de s'en séparer aussitôt et complètement, est admis par tout le monde.

En fait, trois questions majeures donnent lieu à des échanges de vues entre le Comité consultatif et moi. « Pourrons-nous encore, s'inquiètent les députés, renverser le ministère, bien que celui-ci ne doive désormais procéder que du président ? » Ma réponse est que la censure prononcée par l'Assemblée nationale entraîne obligatoirement la démission du gouvernement. « Quelle est, demande-t-on de maints côtés, la justification de l'article 16, qui charge le chef de l'État de pourvoir au salut de la France au cas où elle serait menacée de catastrophe ? » Je rappelle que, faute d'une telle obligation, le président Lebrun, en juin 1940, au lieu de se transporter à Alger avec les pouvoirs publics, appela le maréchal Pétain et ouvrit ainsi la voie à la capitulation, et qu'au contraire c'est en annonçant l'article 16 avant la lettre que le président Coty évita la guerre civile quand il exigea du Parlement de cesser son opposition au retour du général de Gaulle. « La Communauté, s'interrogent les commissaires, sera-t-elle une fédération comme le propose Félix Houphouët-Boigny, ou bien une confédération suivant le vœu de Léopold Senghor ? » Je fais observer qu'au départ elle n'entrera dans aucun catalogue et que l'évolution, au demeurant prévue par le projet, la pétrira sans secousses. Au total, le texte de la Constitution, tel qu'il sort, suivant mes indications, du travail de Debré et de ses collaborateurs, de l'examen qu'en ont fait en ma présence les ministres d'État, du rapport établi par le Comité consultatif, de l'avis donné par le Conseil d'État, des décisions finales prises par le gouvernement, est conforme à ce que je tiens pour nécessaire à la République[i].

Pourtant, ce qui est écrit, fût-ce sur un parchemin, ne vaut que par l'application. Une fois votée la Constitution nouvelle, il restera à la mettre en pratique de telle sorte qu'elle soit marquée, en fait, par l'autorité et l'efficacité qu'elle va comporter en droit. Ce combat-là, aussi, sera le mien. Car il est clair, qu'en la matière, ma conception n'est pas celle des tenants du régime qui disparaît. Ceux-là, tout en affirmant que c'en est fini de la confusion d'hier, comptent bien, au fond, que le jeu d'antan rendra la prépondérance aux formations politiques et que le chef de l'État, sous prétexte qu'il est un arbitre dont on voudrait qu'il ne choisisse pas, devra la leur abandonner. Beaucoup d'entre eux apprennent donc sans plaisir mon intention d'assumer la charge. Quand ce sera chose faite, ils s'accommoderont d'abord de me voir jouer le rôle tel qu'il est et tel que je suis, comptant que je vais écarter d'eux la poire d'angoisse de l'Algérie et calculant qu'aussitôt après je quitterai bon gré mal gré la place. Mais comme, ce nœud gordien tranché, j'entreprendrai d'en dénouer d'autres, ils crieront au viol de la Constitution, parce que le tour qu'elle aura pris ne répondra pas à leurs arrière-pensées[43].

D'arrière-pensées, le peuple français n'en a pas, lui, en accueillant la Ve République. Pour la masse, il s'agit d'instituer un régime qui, tout en respectant nos libertés, soit capable d'action et de responsabilité. Il s'agit d'avoir un gouvernement qui veuille et puisse résoudre effectivement les problèmes qui sont posés. Il s'agit de répondre : « Oui ! » à de Gaulle à qui l'on fait confiance parce que la France est en question. M'adressant aux grandes foules, le 4 septembre à Paris, place de la République, le 20 à Rennes et à Bordeaux, le 21 à Strasbourg et à Lille, puis au pays tout entier le 26 par la radio, je sens se lever une vague immense d'approbation[44].

Le 28 septembre 1958, la Métropole adopte la Constitution par dix-sept millions et demi de « oui » contre quatre millions et demi de « non », soit 79 pour 100 des votants. On compte 15 pour 100 d'abstentions, moins qu'il n'y en eut jamais.

Mais le sentiment public, aussi massivement exprimé sur une question capitale et qui n'appelle qu'une seule réponse, ne peut manquer de se disperser lors des élections législatives ; l'Assemblée nationale étant dissoute par le référendum. Car, sur ce terrain-là, les oppositions habituelles des tendances, les intérêts variés des catégories, les diverses conditions locales, la propagande des militants, le savoir-faire des candidats, entrent en jeu dans tous les sens. Pourtant, il est nécessaire que le vaste mouvement d'adhésion que mon appel vient de susciter se prolonge suffisamment dans le domaine des choix politiques et qu'il y ait au Parlement un groupe de députés assez nombreux et cohérent pour vouloir, appuyer, accomplir par le vote des lois, l'œuvre de redressement qui peut maintenant être entreprise.

Afin d'avoir une majorité, il faut un scrutin majoritaire. C'est ce que décide mon gouvernement qui fixe le système électoral en vertu de ses pouvoirs spéciaux, rejetant la représentation proportionnelle, chère aux rivalités et aux exclusives des partis mais incompatible avec le soutien continu d'une politique, et adoptant tout bonnement le scrutin uninominal à deux tours. Bien que je me sois abstenu de prendre part à la campagne électorale et que j'aie même invité mes compagnons de toujours à ne pas arborer mon nom pour étiquette, les résultats dépassent mes espérances. Au sein de l'Assemblée nationale, qui totalise 576 membres, un groupe fidèle de l'« Union pour la nouvelle République » en comprend 206 et constitue un noyau assez compact et résolu pour s'imposer longtemps à côté d'une « droite » et d'un « centre » multiformes et d'une « gauche » très diminuée. Signe caractéristique de ce profond renouvellement, Jacques Chaban-Delmas est élu président[45] pour la durée de la législature.

Le 21 décembre, les électeurs présidentiels : députés, sénateurs, conseillers généraux, maires et nombre de conseillers municipaux, élisent le chef de l'État. Si remplie que soit ma carrière publique, c'est la première fois que je fais acte de candidature. Car c'est sans la poser que j'avais été élu deux fois par l'Assemblée nationale de 1945 président du gouvernement provisoire après avoir, pendant cinq ans et en vertu des seuls événements, conduit la France dans la guerre. Georges Marrane au nom des communistes, le doyen Albert Chatelet, pour une « Union des forces démocratiques », se sont présentés également. Le collège des 76 000 notables donne au général de Gaulle 78 pour 100 des voix.

Le 8 janvier 1959, je me rends à l'Élysée pour assumer mes fonctions. Le président René Coty m'accueille avec des gestes dignes et des propos émouvants. « Le premier des Français, dit-il, est maintenant le premier en France[46]. » Tandis qu'ensuite nous parcourons côte à côte dans la même voiture l'avenue des Champs-Élysées pour accomplir le rite du salut au Soldat inconnu, la foule crie à la fois : « Merci, Coty ! » et « Vive de Gaulle ! ». En rentrant, j'entends se refermer sur moi, désormais captif de ma charge, toutes les portes du palais.

Mais, en même temps, je vois s'ouvrir l'horizon d'une grande entreprise. Certes, par contraste avec celle qui m'incomba dix-huit ans plus tôt, ma tâche sera dépouillée des impératifs exaltants d'une période héroïque. Les peuples et, d'abord, le nôtre n'éprouvent plus ce besoin de s'élever au-dessus d'eux-mêmes que leur imposait le danger. Pour presque tous — nous sommes de ceux-là — l'enjeu immédiat est, non plus la victoire ou l'écrasement, mais une vie plus ou moins facile. Parmi les hommes d'État avec qui j'aurai à traiter des problèmes de l'univers, ont disparu la plupart des géants, ennemis ou alliés, qu'avait fait se dresser la guerre. Restent des chefs politiques, visant à assurer des avantages à leur pays, fût-ce bien sûr au détriment des autres, mais soucieux d'éviter les risques et les aventures. Combien, dans ces conditions, l'époque est-elle propice aux prétentions centrifuges des féodalités d'à présent : les partis, l'argent, les syndicats, la presse, aux chimères de ceux qui voudraient remplacer notre action dans le monde par l'effacement international, au dénigrement corrosif de tant de milieux, affairistes, journalistiques, intellectuels, mondains, délivrés de leurs terreurs ! Bref, c'est en un temps de toutes parts sollicité par la médiocrité que je devrai agir pour la grandeur.

Et, pourtant, il faut le faire ! Si la France dans ses profondeurs m'a, cette fois encore, appelé à lui servir de guide, ce n'est certes pas, je le sens, pour présider à son sommeil. Après le terrible déclin qu'elle a subi depuis plus de cent ans[47], c'est à rétablir, suivant le génie des temps modernes, sa puissance, sa richesse, son rayonnement, qu'elle doit employer le répit qui lui est, par chance, accordé, sous peine qu'un jour une épreuve tragique à la dimension du siècle vienne à l'abattre pour jamais. Or, les moyens de ce renouveau, ce sont l'État, le progrès, l'indépendance. Mon devoir est donc tracé et pour aussi longtemps que le peuple voudra me suivre.

L'OUTRE-MER[a]

En reprenant la direction de la France, j'étais résolu à la dégager des astreintes, désormais sans contrepartie, que lui imposait son Empire. On peut penser que je ne le ferais pas, comme on dit, de gaieté de cœur. Pour un homme de mon âge et de ma formation, il était proprement cruel de devenir, de son propre chef, le maître d'œuvre d'un pareil changement. Notre pays avait fourni, naguère, un immense et glorieux effort pour conquérir, organiser, mettre en valeur, l'ensemble de ses dépendances. Par l'épopée coloniale, il avait cherché à se consoler de la perte de ses possessions lointaines des XVIIe et XVIIIe siècles, puis de ses défaites en Europe : 1815, 1870. Il appréciait les succès de prestige que lui procuraient, à l'échelle universelle, des proconsuls de la taille des Bugeaud, Faidherbe, Archinard, Brazza, Doumer, Gallieni, Ponty, Sarraut, Lyautey. Il mesurait les services rendus dans les rangs de notre armée depuis plusieurs générations par de vaillants contingents africains, malgaches et asiatiques, la part prise par eux à notre victoire lors de la Première Guerre mondiale, le rôle joué au cours de la Seconde dans l'épopée de la France Combattante par nos territoires d'outre-mer, leurs troupes, leurs travailleurs et leurs ressources. Il était fier de la réussite humaine que représentait le début de développement moderne réalisé dans ces frustes contrées grâce à l'action de tant de soldats, d'administrateurs, de colons, d'enseignants, de missionnaires, d'ingénieurs. Quelle épreuve morale ce serait donc pour moi que d'y transmettre notre pouvoir, d'y replier nos drapeaux, d'y fermer un grand livre d'Histoire !

Cependant, à travers la tristesse, je voyais briller l'espérance. Certes, en d'autres temps, le bilan des charges que nous coûtaient nos colonies par rapport aux avantages que nous pouvions en tirer avait semblé positif. Une fois obtenue, d'une manière ou d'une autre, la soumission des populations, ce qu'il nous fallait dépenser pour entretenir et encadrer leur vie lente et reléguée n'excédait pas nos moyens, alors que le champ d'activité et le surcroît de puissance que nous offraient ces possessions étaient loin d'être négligeables. Mais tout changeait à vue d'œil ! Tandis que le progrès multipliait, là comme ailleurs, les besoins, nous avions à supporter sur de vastes étendues des frais croissants d'administration, de travaux publics, d'enseignement, de services sociaux, de soins sanitaires, de sécurité, en même temps que nous voyions grandir chez nos sujets une volonté d'émancipation qui leur faisait paraître notre joug comme pesant, voire intolérable. D'autant plus qu'en leur apportant notre civilisation nous avions institué dans chacun des territoires, au lieu des divisions anarchiques d'autrefois, un système centralisé préfigurant un État national, et formé des élites pénétrées de nos principes de droits de l'homme et de liberté et avides de nous remplacer tout au long des hiérarchies. Il faut ajouter que, du dehors, la solidarité affichée par le tiers monde à l'égard des non-affranchis, les propagandes et les promesses de l'Amérique, de la Russie, de la Chine, rivales entre elles mais cherchant toutes les trois des clientèles idéologiques et politiques, précipitaient le mouvement. Bref, quelque mélancolie que l'on pût en ressentir, le maintien de notre domination sur des pays qui n'y consentaient plus devenait une gageure où, pour ne rien gagner, nous avions tout à perdre.

Est-ce à dire, qu'en les laissant désormais se gouverner eux-mêmes, il nous fallait les lâcher, les « brader », loin de nos yeux et de notre cœur ? Évidemment, non. En raison de leur rattachement prolongé et de l'attrait que les anges et les démons de la France exerçaient sur eux comme sur tous ceux qui s'en sont approchés, ils inclinaient à conserver d'étroits rapports avec nous. Réciproquement, ce que nous avions déjà fait de bon pour leur progrès, les amitiés, les habitudes, les intérêts, qui en étaient résultés, notre vocation millénaire d'influence et d'expansion, nous engageaient à voir en eux des partenaires privilégiés. Pour qu'ils parlent notre langue et partagent notre culture, nous devrions donc les aider. Si leur administration novice, leur économie naissante, leurs finances inorganisées, leur diplomatie tâtonnante, leur défense à ses débuts, recouraient à nous pour s'établir, il faudrait nous y prêter. En somme, conduire les peuples de la France d'outre-mer à disposer d'eux-mêmes et, en même temps, aménager entre eux et nous une coopération directe, voilà quelles étaient mes simples et franches intentions.

Mais, parmi les territoires en cause, les réalités ne laissaient pas d'être diverses. Certains, qui sont depuis longtemps[b] — parfois des siècles — confondus avec la France, voudraient sans doute le rester, soit en tant que départements : Martinique, Guadeloupe, Guyane, Réunion, soit avec un statut d'autonomie intérieure : Saint-Pierre-et-Miquelon, Côte des Somalis, Comores, Nouvelle-Calédonie, Polynésie, Wallis-et-Futuna. À ceux-là, il n'était que de donner, par la Constitution nouvelle, la possibilité de choisir. En Afrique noire, marquée par l'extrême variété des contrées, des tribus, des idiomes, les entités administratives que nous avions nous-mêmes créées : Sénégal, Soudan[1], Guinée, Mauritanie, Dahomey, Côte-d'Ivoire, Haute-Volta, Niger, Congo, Tchad, Oubangui, Gabon, offriraient tout naturellement un cadre aux futurs États. Pour ceux-ci, il n'était pas douteux que, sous l'impulsion des élites, les populations décideraient d'aller à l'indépendance. Mais il s'agissait de savoir si ce serait d'accord avec nous, ou sans et, même, contre nous. Or, une grande partie des éléments évolués, qu'endoctrinaient plus ou moins les surenchères totalitaires, rêvaient que l'affranchissement fût, non pas le terme d'une évolution, mais une défaite infligée par les colonisés à leurs colonisateurs. D'indépendance, ils ne voulaient que celle-là. Malgré tout, on pouvait penser que, mis au pied du mur, la plupart des dirigeants souhaiteraient, par raison et par sentiment, garder de solides liens avec la France. C'est à quoi répondrait, au début, la Communauté, quitte à se transformer ensuite en série d'engagements contractuels.

D'autre part, Madagascar, anciennement un État avec son peuple, sa langue, sa tradition, traiterait à coup sûr de préférence avec nous. Deux territoires : le Togo et le Cameroun, placés sous notre tutelle par les Nations unies, voudraient en être dégagés, mais ne manqueraient sans doute pas de demander que notre aide soit poursuivie. Quant à nos protectorats, dont l'indépendance était en principe reconnue, le Maroc où régnait son roi, la Tunisie devenue république, il ne s'agissait que de leur rendre leur entière souveraineté. J'y étais bien décidé, pensant, d'ailleurs, qu'ils voudraient nous rester attachés en esprit et en pratique. Il en était ainsi, déjà, pour les royaumes du Laos et du Cambodge, dont nous n'étions plus les suzerains mais où j'entendais maintenir l'exceptionnelle position de la France. Il en serait ainsi peut-être — je projetais d'y travailler — pour le Viêt-nam du Nord et du Sud, le jour où ce pays, durement éprouvé et qui allait être bientôt décimé et ravagé[2], sortirait enfin du malheur.

À condition de respecter les nationalités naissantes ou réapparues, de nous garder d'abuser des troubles qui ne pouvaient manquer de nous assaillir, de fournir à chacune l'appui raisonnable qui lui serait nécessaire, la chance s'offrait qu'un vaste ensemble, fondé sur l'amitié et sur la coopération, se formât autour de nous. Cette chance, je voulais faire en sorte qu'elle fût assurée à la France, en passant outre aux regrets du passé, en surmontant les préjugés, en donnant le tour voulu à nos relations avec d'anciens sujets devenus des associés.

Et l'Algérie ? Là, nous étions, non point en face d'une situation à régler à l'amiable, mais en plein drame ; drame français autant que local. Dans notre vie nationale, l'Algérie revêtait une importance sans comparaison avec celle d'aucune de nos autres dépendances. Après les longs et sombres épisodes de l'époque des Barbaresques, nous l'avions conquise au prix d'un énorme effort militaire où les deux adversaires prodiguaient les pertes et le courage. Encore nous avait-il fallu y réprimer ensuite maintes révoltes[3]. Aussi étions-nous satisfaits d'être devenus les maîtres d'une terre qui nous avait coûté si cher. D'ailleurs, grâce à l'Algérie, notre situation en Afrique et dans la Méditerranée était puissamment renforcée. Nous y avions trouvé la base de départ de notre pénétration en Tunisie, au Maroc et au Sahara. Récemment, tout en y mobilisant, une fois de plus, nombre de bons « tirailleurs », nous y avions formé le gouvernement de notre libération et, avec nos alliés, rassemblé une bonne partie des moyens de notre victoire. Un million de Français y étaient installés qui, grâce à leurs capacités, à l'appoint de capitaux venus de la Métropole et au concours de l'administration, réalisaient une éclatante mise en valeur économique de ce pays, tandis qu'y était créée, par notre argent, notre technique et le travail local, une magnifique infrastructure. Et voici que nous venions d'y découvrir des gisements de pétrole et de gaz qui pouvaient combler notre grave pénurie énergétique. Toutes sortes de raisons portaient donc le peuple français à tenir pour utile et, au surplus, méritée la possession de l'Algérie. Certes, ce n'était pas sans malaise et sans impatience qu'il supportait la lutte coûteuse qui y était engagée et, s'il avait condamné la IVe République, c'est surtout parce qu'elle n'en sortait pas. Mais il pensait que de Gaulle, maintenant qu'il était en place, allait trouver le moyen d'en finir au meilleur prix.

Aux « colons », le maintien de l'état des choses, quoi qu'il pût coûter à la France, apparaissait comme vital. Vivant au contact d'une population arabe et kabyle dix fois plus nombreuse que la leur et qui s'accroissait plus vite, ils étaient hantés par la pensée que, si la France cessait de gouverner, d'administrer, de réprimer, eux-mêmes seraient inéluctablement submergés, dépouillés, chassés. D'ailleurs, leur propre société et celle des musulmans, bien qu'elles fussent juxtaposées, restaient en réalité tout à fait étrangères l'une à l'autre. Ceux qui se nommaient « pieds-noirs », venus ou nés sur une terre conquise, fiers de l'œuvre qu'ils avaient réussie non sans risques à force d'énergie, forts de leurs privilèges de condition, d'instruction, d'emploi, de fortune, disposant de tout ce qui était important en fait d'entreprises agricoles, industrielles et commerciales, fournissant presque entièrement les cadres de chaque activité et les professions libérales, naturellement appuyés par le corps des fonctionnaires, assurés qu'en tout cas l'armée finirait, une fois de plus, par rétablir l'ordre à leur profit, n'avaient jamais cessé de se tenir au-dessus et en dehors de la masse plus ou moins soumise dont ils étaient entourés. Toute réforme allant dans le sens de l'égalité des deux catégories leur semblait être un grave danger. À leurs yeux, la tragédie dont, depuis plusieurs années, la région était le théâtre devait absolument aboutir après l'écrasement de l'insurrection, au maintien de ce qu'ils appelaient « l'Algérie française[4] », c'est-à-dire à la confirmation de notre autorité directe et de leur propre suprématie. C'est par crainte d'être abandonnés qu'ils avaient soutenu le mouvement du 13 mai contre le régime d'hier. C'est pour changer en apparence, sans la modifier au fond, la domination française, qu'ils affectaient à présent de réclamer « l'intégration ». Ils y voyaient, en effet, le moyen de parer à l'évolution vers l'égalité des droits et l'autonomie algérienne, d'éviter de disparaître au milieu de dix millions de musulmans et, au contraire, de noyer ceux-ci parmi cinquante millions de Français. Armés d'une longue expérience, ils pensaient que, de cette façon, avec un solide gouverneur général, de bons préfets et, surtout, la présence de puissantes forces de l'ordre, leur situation sur place resterait ce qu'elle était. C'est cela qu'ils attendaient et, au besoin, exigeraient du général de Gaulle, croyant qu'il était « l'homme fort », mais n'imaginant pas qu'il pût l'être pour une autre cause que la leur.

À leur intransigeance s'opposait celle, maintenant déterminée et parfois armée, des musulmans. Après avoir longuement pratiqué la résignation, périodiquement rompue par la révolte ; après avoir, pendant un siècle, fourni aux Français l'adhésion, plus ou moins sincère, de notables soucieux de leurs propriétés ou candidats aux fonctions et aux honneurs, d'anciens combattants fidèles à la fraternité des armes, d'un certain nombre de personnes faisant carrière dans le service public ou la représentation politique ; après avoir caressé, puis perdu, des illusions successives quant à leur accession sans restrictions aux droits civiques et quant à un statut autonome de l'Algérie, les musulmans, dans leur ensemble, étaient désormais favorables au Front de libération nationale et à l'insurrection, même s'ils n'y participaient pas. Ils savaient bien, d'ailleurs, que si, jadis, le sort de leurs pères avait laissé le monde indifférent, à présent un vaste courant de sympathies, parfois actives, soutenait leur cause au-dehors. C'était le cas chez leurs voisins du Maghreb et les autres pays arabes. Mais même ailleurs se manifestait à leur égard une opinion favorable que formulait régulièrement l'assemblée des Nations unies. Au surplus, puisque la République française avait, en 1954, renoncé à sa souveraineté en Indochine, qu'en 1956 le Parlement avait voté une loi-cadre attribuant à chacun des territoires d'Afrique noire, ainsi qu'à Madagascar, un Conseil autochtone de gouvernement et une assemblée élue, que la Tunisie et le Maroc venaient de se voir, en 1957, émanciper par Paris, les Algériens jugeaient qu'en fin de compte la force des choses, pourvu qu'eux-mêmes lui ouvrent la brèche, aboutirait à leur indépendance.

Cependant, tout en souffrant, les uns mort et passion dans les djebels où ils s'embusquaient, les autres mille avanies dans les villes et les villages où ils étaient en surveillance, tout en maudissant ceux des Français qui prétendaient les maintenir sous le joug, ils ne désespéraient pas de la France. Distinguant celle-ci de ceux-là, ils éprouvaient, en dépit de tout, de l'attachement pour une nation naturellement humaine et historiquement généreuse et souhaitaient lui rester associés dès lors qu'ils seraient libérés. Ce sentiment, ils l'exprimaient par l'attitude sans haine qu'ils observaient le plus souvent à l'égard de nos officiers, hommes de cœur et sans détour, et de nos soldats, garçons honnêtes et désintéressés. Et voici que l'avènement du général de Gaulle, en qui eux aussi voulaient voir le représentant d'une France auréolée par leurs espoirs, semblait ouvrir une ère nouvelle. À peine Salan et d'autres eurent-ils crié publiquement « Vive de Gaulle ! » qu'en maints endroits les musulmans se mêlèrent aux démonstrations des Français, ce qu'auparavant, et la veille même, ils ne faisaient spontanément jamais.

Quant à l'armée, elle attendait beaucoup de mon retour, notamment dans ses cadres généraux et supérieurs. Car, aux prises avec la rébellion, elle se préoccupait de ne pas être frappée dans le dos par la politique. Elle redoutait donc sans cesse l'anéantissement du pouvoir, la pression des puissances étrangères, un mouvement d'abandon de l'opinion excédée par l'effort militaire et financier et indignée des épisodes fâcheux de la répression[5] qu'exploitaient certaines campagnes, le tout risquant d'avoir pour effet la dégradation de l'action militaire sur le terrain et, finalement, quelque grave revers. Au contraire, l'armée croyait que la restauration de l'autorité nationale lui donnerait le temps et les moyens de vaincre et découragerait l'adversaire. Quant à la solution politique qui devrait couronner son succès, elle la concevait sommairement comme un nouveau ralliement de l'Algérie à la France, avec, en compensation, une grande œuvre de développement économique, social et scolaire que la Métropole aurait à entreprendre. Ce qu'elle voyait sur place, en effet, lui inspirait de la sympathie pour des populations souffrantes et misérables et de rudes griefs à l'égard d'une colonisation qui les laissait si dépourvues. Mais, par-dessus tout, quels que pussent être les calculs personnels de tel ou tel de ses chefs et les ferments de trouble qu'entretenait dans ses états-majors un lot restreint d'officiers chimériques et ambitieux, l'armée ressentait le besoin d'être commandée par l'État. C'est pourquoi, dans l'immédiat, elle se félicitait de me voir gouverner la France et me faisait confiance au sujet de l'Algérie.

À l'instant même où je prenais la barre, j'étais donc, de pied en cap, devant ce sujet-là. Il va sans dire que je l'abordais sans avoir un plan rigoureusement préétabli. Les données en étaient trop diverses, trop complexes, trop mobiles, pour que je puisse fixer exactement à l'avance les détails, les phases, le rythme de la solution. En particulier, comment savoir, alors, quels Algériens pourraient et voudraient s'y prêter en fin de compte ? Mais les grandes lignes étaient arrêtées dans mon esprit. Au reste, dès le 30 juin 1955, alors que la rébellion sévissait sur la plus large échelle, j'avais déclaré dans une conférence de presse où l'on m'interrogeait sur le sujet : « Aucune autre politique que celle qui vise à substituer l'association à la domination en Afrique du Nord française ne saurait être ni valable, ni digne de la France[6]. »

En premier lieu, j'excluais du domaine des possibilités toute idée d'assimilation des musulmans au peuple français. Peut-être eût-ce été concevable cent ans plus tôt, pourvu qu'on fût alors capable d'implanter en Algérie plusieurs millions de métropolitains et, réciproquement, d'installer en France autant d'Algériens immigrés ; tous les habitants de la patrie commune ayant alors effectivement les mêmes lois et les mêmes droits. Peut-être aurait-on pu encore s'y essayer au lendemain de la Première Guerre mondiale, dans l'euphorique fierté de la victoire. Peut-être, après la Seconde et dans l'esprit de la Libération, l'institution progressive d'une Algérie autonome et qui eût évolué d'elle-même vers un État rattaché à la France par des liens d'ordre fédéral, solution que contenait en germe le statut mort-né de 1947[7], eût-elle été réalisable. À présent[c], il était trop tard pour n'importe quelle forme d'assujettissement. La communauté musulmane, étant donné ses origines ethniques, sa religion, sa manière de vivre, après avoir été si longtemps traitée en inférieure, tenue à l'écart, combattue, avait une personnalité trop forte et trop douloureuse pour se laisser désormais ni dissoudre, ni dominer, surtout à l'époque où, d'un bout à l'autre du monde, chaque peuple reprenait en main sa destinée. L'intégration n'était donc pour moi qu'une formule astucieuse et vide. Mais pouvais-je, à l'opposé, imaginer de prolonger le *statu quo* ? Non ! Car cela reviendrait à maintenir la France[d] enlisée politiquement, financièrement et militairement dans un marécage sans fond, tandis qu'il lui fallait, au contraire, avoir les mains libres pour accomplir au-dedans d'elle-même la transformation exigée par le siècle et exercer sans hypothèque son action à l'extérieur. Ce serait, en même temps, enfermer notre armée dans l'impasse d'une vaine et interminable lutte de répression coloniale, alors que l'avenir du pays commandait qu'on la mît à l'échelle de la puissance moderne. Pour l'essentiel, j'étais donc fixé. Quoi qu'on ait pu rêver jadis ou qu'on pût regretter aujourd'hui, quoi que j'aie moi-même, assurément, espéré à d'autres époques, il n'y avait plus, à mes yeux, d'issue en dehors du droit de l'Algérie à disposer d'elle-même.

Mais, décidé à le lui reconnaître, je le ferais dans certaines conditions. D'abord, c'est la France, celle de toujours, qui, seule, dans sa force, au nom de ses principes et suivant ses intérêts, l'accorderait aux Algériens. Pas question qu'elle y fût contrainte par des échecs militaires, ou déterminée par l'intervention des étrangers, ou amenée par une agitation partisane et parlementaire ! Nous ferions donc sur le terrain l'effort voulu pour en être les maîtres. Nous ne tiendrions aucun compte d'aucune démarche d'aucune capitale, d'aucune offre de « bons offices », d'aucune menace de « révision déchirante » dans nos relations extérieures, d'aucune délibération des Nations unies. Le moment venu, c'est, non point une assemblée conjoncturelle de députés, mais notre peuple tout entier, qui voterait les changements nécessaires. D'autre part, s'il était souhaitable, d'ailleurs pour l'Algérie surtout, qu'il y restât des Français, c'est à chacun d'entre eux qu'il appartiendrait d'en décider, notre armée assurant leur liberté et leur sécurité jusqu'à ce qu'ils aient choisi, dans un sens ou dans l'autre, où serait leur établissement. Enfin, il faudrait, qu'à l'avantage commun de la France et de l'Algérie, des traités aient institué entre elles des relations privilégiées, notamment quant à la condition des personnes, aux échanges économiques, aux rapports culturels, à l'exploitation des carburants sahariens. Ainsi, tenant pour une ruineuse utopie « l'Algérie française » telle qu'au début de mon gouvernement je l'entendais réclamer à grands cris, je comptais aboutir à ceci, qu'à l'exemple de la France, qui, à partir de la Gaule, n'avait pas cessé de rester en quelque façon romaine, l'Algérie de l'avenir, en vertu d'une certaine empreinte qu'elle a reçue et qu'elle voudrait garder, demeurerait, à maints égards, française.

Pour accomplir cette politique, telle était ma stratégie. Quant à la tactique, je devrais régler la marche par étapes, avec précaution. Ce n'est que progressivement, en utilisant chaque secousse comme l'occasion d'aller plus loin, que j'obtiendrais un courant de consentement assez fort pour emporter tout. Au contraire, si de but en blanc j'affichais mes intentions, nul doute que, sur l'océan des ignorances alarmées, des étonnements scandalisés, des malveillances coalisées, se fût levée dans tous les milieux une vague de stupeurs et de fureurs qui eût fait chavirer le navire. Sans jamais changer de cap, il me faudrait donc manœuvrer, jusqu'au moment où, décidément, le bon sens aurait percé les brumes.

Dès le 4 juin, à peine ai-je pris le pouvoir, je m'envole vers Alger. M'accompagnent : trois ministres, Louis Jacquinot, Pierre Guillaumat et Max Lejeune, le général Ély que j'ai remis à son poste de chef d'état-major général, et René Brouillet chargé auprès de moi des affaires d'Algérie. Sur le terrain de Maison-Blanche, le général Salan m'accueille, entouré des élus, des principaux fonctionnaires et chefs militaires et de la municipalité. Traversant la ville, je suis, tout au long du parcours, l'objet d'acclamations effrénées. Au Palais d'été, les corps constitués me sont présentés suivant le rite traditionnel et j'écoute l'adresse du Comité de salut public que me lit le général Massu. Puis je vais à l'Amirauté pour saluer la marine. Vers 7 heures du soir, j'arrive au Forum.

Quand je parais au balcon du gouvernement général, un déferlement inouï de vivats soulève l'énorme foule qui est rassemblée sur la place. Alors, en quelques minutes, je lui jette les mots apparemment spontanés dans la forme, mais au fond bien calculés, dont je veux qu'elle s'enthousiasme sans qu'ils m'emportent plus loin que je n'ai résolu d'aller. Ayant crié : « Je vous ai compris ! » pour saisir le contact des âmes, j'évoque le mouvement de mai auquel je prête deux mobiles, nobles entre tous : rénovation et fraternité. J'en prends acte et déclare qu'en conséquence la France accorde l'égalité des droits à tous les Algériens quelle que soit leur communauté. Ainsi sont balayées, du coup, la différence des statuts civiques et la séparation des collèges électoraux, ce qui, à terme et de toute façon, permettra à la majorité musulmane de se manifester comme telle. Ainsi est affirmé : « Qu'il faut ouvrir des voies qui étaient fermées devant beaucoup ; ... qu'il faut donner des moyens de vivre à ceux qui ne les avaient pas ; ... qu'il faut reconnaître la dignité de ceux à qui on la contestait ; ... qu'il faut assurer une patrie à ceux qui pouvaient douter d'en avoir une. » Au rapprochement des deux communautés, dont Alger donne ce soir l'exemple, j'appelle à participer « tous les habitants des villes, des douars, des plaines et des djebels, et même ceux qui, par désespoir, ont cru devoir mener sur ce sol un combat, certes cruel et fratricide, mais dont je reconnais qu'il est courageux. Oui ! moi, de Gaulle, à ceux-là j'ouvre les portes de la réconciliation ! » Entre-temps, je ne manque pas de décerner à l'armée, « qui accomplit ici une œuvre magnifique de compréhension et de pacification », le témoignage public de ma confiance.

Une ovation frénétique salue ce que j'ai dit[8]. Pourtant, les perspectives ouvertes par mes propos ne comblent certainement pas les désirs de la masse — française pour les trois quarts — de mes auditeurs du Forum. Mais un souffle passe auquel, sur le moment, nul ne résiste. Chacun comprend que, cette fois, c'est la France qui parle, en toute autorité et en toute générosité. Chacun voit, qu'après la grande secousse que l'on vient de traverser, c'est l'État qui se dresse et s'impose. Chacun sent que, quoi qu'il arrive, c'est de Gaulle qui a le devoir et le droit de résoudre le problème. À Constantine, où l'assistance est formée principalement de musulmans, à Oran où au contraire les Français dominent de beaucoup, à Mostaganem[9] où les deux communautés sont en nombre égal, je tiens le même langage : plus de discrimination entre les Algériens quels qu'ils soient ! Ce qui veut dire que le jour viendra où la majorité d'entre eux pourra choisir le destin de tous. C'est par cette voie que l'Algérie restera, à sa façon, française et non pas en vertu d'une loi que lui impose la contrainte.

Indépendamment de ces rencontres avec les foules, les multiples personnalités et délégations que je reçois me précisent les données immédiates de la situation algérienne. Si les Français de souche, dans leur ensemble, sont par-dessus tout français et, tout en comptant bien influencer, voire contraindre, la Métropole, ne supporteraient pas d'en être effectivement séparés, ils n'en sont pas moins très accessibles aux menaces de leurs activistes. Or, ceux-ci, dont les formations apparaissent, il est vrai, comme diverses et souvent rivales, semblent viser, à la faveur des émotions et des inquiétudes ambiantes, des buts politiques qui dépassent les limites de l'Algérie. Profitant des crises d'agitation qu'ils excellent à provoquer dans ces foules passionnées de la côte méditerranéenne, ils organisent réseaux et groupes de choc qui pourraient mener à la subversion sur place et, même, la susciter ailleurs. Naturellement, ils trouvent le concours de quelques militaires, théoriciens d'une action directe qui tendrait à la prise du pouvoir, au besoin par personnes interposées. Il va de soi que ces trublions se tiennent en liaison avec des éléments de la même sorte qui existent en métropole. Au reste, plusieurs incidents me démontrent leurs façons et leurs intentions. C'est ainsi qu'au Forum deux ministres, Jacquinot et Lejeune, ont été secrètement enfermés dans un bureau pour qu'ils ne puissent paraître au balcon. C'est ainsi qu'à Oran, pendant mon discours, des noyaux de gens agglomérés de-ci de-là dans l'auditoire font entendre, au milieu des « Vive de Gaulle ! » et des applaudissements, les cris perçants et rythmés de : « L'armée au pouvoir ! » — « Soustelle ! Soustelle ! » — au point qu'il me faut m'interrompre pour les sommer de se taire. C'est ainsi qu'avant de regagner Paris, comme je donne audience au bureau du Comité de salut public, certains de ses membres m'adjurent véhémentement de proclamer « l'intégration » en évoquant la menace d'une émeute, ce qui m'amène à leur répondre que, dans cette hypothèse, ils iraient tout de suite en prison.

Les musulmans, que je les voie assemblés pour m'entendre ou que je m'entretienne avec l'un ou avec l'autre, ne cachent pas le respect et l'espoir que ma personne leur inspire, mais, sur le fond, restent très réservés. Il est clair qu'à part un petit nombre dont le dévouement est sincère et émouvant, et en dehors de ceux qu'une fonction officielle ou un mandat électif rangent apparemment parmi les loyalistes, le parti qu'ils ont pris en masse c'est : endurer et ne se point livrer.

Quant à l'armée, après la tension où elle a été plongée, mon apparition sur place la remet dans l'ordre normal. Recevant, partout où je vais, le rapport des généraux, réunissant toujours les officiers et, souvent, les sous-officiers pour leur adresser la parole et en interroger plusieurs, il m'est aisé de pénétrer ce que l'on pense. En fait, ce grand corps, qui par nature regarde l'immédiat plutôt que le lointain, est dans l'ensemble attaché à l'idée que la France doit garder la possession de l'Algérie, témoin de son ancienne puissance, terre imprégnée de glorieux souvenirs. Cependant, sous l'uniformité de l'attitude militaire, je vois que trois tendances sollicitent mes interlocuteurs. Pour les uns, « l'Algérie française » est une véritable mystique. Croyant ce qu'ils désirent, ceux-là sont convaincus qu'il suffit de la vouloir et de l'affirmer pour que cette solution s'impose et que la population « bascule » du côté qu'ils souhaitent. Pour certains, chez qui domine par-dessus tout la confiance qu'ils me portent, il n'est que de me suivre à présent comme autrefois. Pour d'autres enfin, et sans doute est-ce le plus grand nombre, du moment qu'à la tête du pays il y a maintenant un gouvernement qui en est un et qui gouverne, c'est à lui qu'il appartient de trancher ; l'armée, quoi que l'on puisse désirer dans ses rangs, n'ayant dès lors qu'à obéir. La conclusion que je tire c'est qu'en fin de compte c'est ce qu'elle fera.

Au demeurant, la situation ne lui inspire pas d'angoisse. En particulier, la protection des personnes et des biens est assurée aussi efficacement que possible par les cinq cent mille hommes qu'elle compte en Algérie. Ses éléments de choc : légion, parachutistes, blindés, tirailleurs, commandos, formés surtout de volontaires et solidement encadrés, mènent périodiquement dans tel ou tel massif montagneux ou forestier, à grands coups de tirs d'artillerie et de bombardements aériens, des opérations offensives pour y réduire les « fellaghas ». Souvent, les accrochages sont durs, tant le terrain est difficile et l'adversaire acharné. La plupart des autres unités, dont l'effectif est à base d'appelés du contingent, protègent les localités, les voies de communication, les points sensibles, les ports, les aérodromes, escortent les convois, ratissent les zones suspectes, soutiennent les actions de police. Tout au long de la frontière de Tunisie et de celle du Maroc, sont établis les « barrages », constitués d'ouvrages défensifs, couverts d'obstacles, de mines, de réseaux, et occupés en permanence ; grâce à quoi les forces rebelles qui s'abritent chez les voisins ne pourront à aucun moment pénétrer en Algérie avant que, la paix conclue, nous ne leur ayons nous-mêmes gratuitement ouvert le passage. L'aviation éclaire et appuie assidûment les actions au sol, surveille le territoire, assure maints transports et liaisons. La marine interdit par les croisières incessantes de ses escorteurs et les patrouilles de ses vedettes tout débarquement d'armes et de renforts destinés aux insurgés. En outre, nos forces, indépendamment de leurs missions opérationnelles, prêtent leurs hommes et leurs moyens à de multiples aides, économiques, sociales, scolaires, sanitaires, fournies à la population. Dans tout ce dispositif, qui excelle à empêcher que les choses tournent mal, mais qui ne saurait saisir l'insaisissable[10], sont prodigués des trésors d'ingéniosité, de conscience et de patience.

En vertu de tant d'efforts, la vie continue en Algérie. Si, dans certaines régions très accidentées : les Aurès, les Nementchas, le Hodna, les Bibans, l'Ouarsenis, le Dahra, les monts de Daia et de Tlemcen, l'Atlas saharien, etc., les îlots de l'insurrection sont continuellement reformés à peine ont-ils été dispersés ; si, à partir de là, ont lieu maintes agressions et destructions exécutées par des bandes ; si la résistance combattante ou latente obtient partout le concours et les subsides de la population, le fait est que, sur la partie la plus grande, et de beaucoup, du territoire, on ne tire que rarement ; qu'en général dans la campagne c'est la nuit seulement qu'il est dangereux de sortir ; que dans les villes on ne se bat pas, moyennant le couvre-feu et sauf attentats isolés. D'ailleurs, ceux des fellaghas qui sont organisés en troupes régulières et dont à aucun moment le nombre ne dépassera trente mille ne s'arment qu'à grand-peine de fusils, de grenades, parfois de mitrailleuses et de mortiers, mais ne disposent pas d'un seul canon, d'un seul char, d'un seul avion. Aussi, les champs sont cultivés. Les transports et les transmissions fonctionnent. Les bureaux font leur office. Les écoles regorgent d'élèves. Les magasins servent les clients. Cultivateurs, ouvriers, dockers, mineurs, employés, fonctionnaires, travaillent régulièrement. Sur un million et demi[11] de Français de souche, civils et militaires, qui se trouvent en Algérie et dont il meurt en moyenne soixante-dix quotidiennement, dix au plus sont tués chaque jour par l'insurrection. En Algérie, il n'y a pas, il n'y aura jamais, de soulèvement général.

Pendant mon inspection, j'ai à mes côtés le général Salan, commandant en chef et chargé des pouvoirs civils. Il est, de par sa carrière, très au fait des troupes et des services en, en vertu de son expérience aussi bien que de ses goûts, fort à son aise dans ce complexe de renseignements exploités et interprétés, d'intelligences entretenues chez les adversaires, d'entreprises feintes pour les tromper, de pièges tendus à leurs chefs, qui enveloppe traditionnellement les expéditions coloniales. Quant aux opérations elles-mêmes, réparties qu'elles sont entre des zones différentes, il s'en remet volontiers aux commandants de corps d'armée du soin de les mener. L'administration du territoire, la direction de l'économie, la gestion des finances, lui sont certes moins familières que le domaine militaire. Mais il dispose, pour les traiter, d'un cadre de fonctionnaires rompus aux affaires locales. C'est surtout le côté politique de sa tâche qui l'occupe, manœuvrant et intervenant parmi les courants qui agitent les Français de souche et s'efforçant de pénétrer et d'influencer les mouvements des esprits dans les milieux musulmans. Naturellement très impressionné par ce qui s'est passé à Paris, il semble éprouver à la fois le soulagement d'avoir été mis à l'abri de l'aventure et le regret de n'avoir pas cédé. Au reste, marquant à mon égard une discipline qui paraît convaincue, il ne formule aucune objection à ce que je lui indique de mes intentions au sujet de l'Algérie et qui, pourtant, ne répond pas, j'en suis sûr, à sa manière de voir. En somme, son personnage, capable, habile et, par certains côtés, séduisant, comporte quelque chose d'ondoyant et d'énigmatique qui me semble assez mal cadrer avec ce qu'une grande et droite responsabilité exige de certitude et de rectitude. Mais, déjà, j'envisage de lui donner un autre emploi avant longtemps[12].

Je rentre à Paris le 7 juin. La semaine d'après sont mis en application avec la Tunisie et le Maroc les accords que j'ai proposés à leurs chefs d'État dès le 3 et en vertu desquels nos troupes sont retirées de leur territoire, à l'exception de Bizerte d'une part, de Meknès, Port-Lyautey, Marrakech et Agadir d'autre part. Au début de juillet, je retourne en Algérie, accompagné de Pierre Guillaumat et, aussi, de Guy Mollet. Celui-ci y était venu, en 1956, comme président du Conseil et sa présence avait soulevé chez les « pieds-noirs » un tel ouragan de menaces qu'il s'était vu contraint de renvoyer de son ministère le général Catroux nommé huit jours auparavant[13]. À présent, nonobstant quelques huées entendues à Alger et qu'il affronte d'ailleurs crânement, il participe sans encombre à la tournée que je consacre essentiellement aux postes militaires. Après ces deux voyages et jusqu'en décembre 1960, je me rendrai en Algérie à six autres reprises, la parcourant plusieurs fois tout entière. Quels chefs d'État ou de gouvernement en firent autant depuis 1830, bien que, pour la plupart, ils ne fussent pas septuagénaires ? Mais, afin de décider, là aussi, là surtout, il me faut voir et entendre, me faire entendre et me faire voir.

C'est pour cela qu'au mois d'août, je me rends en Afrique noire. Pierre Pflimlin ministre d'État[14], Bernard Cornut-Gentille ministre de la France d'outre-mer, Jacques Foccart chargé à mon cabinet des affaires africaines et malgaches, s'envolent avec moi. Il s'agit d'exposer solennellement à nos territoires en quoi consiste le référendum imminent ; que, pour eux, voter « Oui ! » c'est, tout en devenant souverains, maintenir la solidarité avec la Métropole, et que voter « Non ! » c'est rompre tous les liens. Il est certain que ma visite, l'impression qu'elle fera, les propos que je tiendrai, vont influer fortement sur l'attitude des évolués et la réaction des foules, par conséquent sur le résultat.

Ayant, le 21 août, fait escale à Fort-Lamy, où le président Toura Gaba me promet que, cette fois encore, le Tchad me suivra d'emblée, je vais à Madagascar. À côté du haut-commissaire Jean Soucadaux, m'accueille Philibert Tsiranana, président du Conseil de gouvernement. Ce qui ressort de nos entretiens, ainsi que des applaudissements de l'Assemblée représentative à laquelle je m'adresse d'abord, c'est que la réponse de la grande île a toutes chances d'être positive. Mais la passion de la multitude rassemblée au stade de Tananarive pour écouter mon allocution achève de m'en convaincre. Une tempête d'acclamations s'élève quand je déclare, en montrant sur la colline voisine la demeure historique des souverains, qui fut, en dernier lieu, celle de la reine Ranavalo[15] : « Demain, vous serez de nouveau un État, comme vous l'étiez quand ce palais de vos rois, là-haut, était habité par eux ! » Brazzaville me reçoit ensuite. Dans ses faubourgs bouillonnants de Bas-Congo et de Poto-Poto, dans ses rues archipavoisées, autour du gouvernement général où viennent me voir les notabilités, devant la « case de Gaulle » où je descends, enfin sur le stade Éboué tout près de la cathédrale Sainte-Anne où je prononce mon discours, la capitale manifeste un enthousiasme délirant. Cependant, le milieu politique de la Fédération[16] n'est pas tout entier convaincu. Si l'abbé Fulbert Youlou, maire de la ville, et ses amis ont déjà choisi le « Oui ! », Barthélemy Boganda, président du Grand Conseil de l'Afrique-Équatoriale, affiche quelques réticences. Suivant le haut-commissaire Yvon Bourges, il n'y a, d'ailleurs, aucun doute sur ce que feront les territoires. En fin de compte, avant mon départ, Boganda qui est l'homme célèbre et le guide de l'Oubangui et Léon M'Ba qui gouverne le Gabon me l'affirment, chacun au nom de son pays, avec la même chaleur que j'ai rencontrée au Congo.

Me voici à Abidjan. Là aussi, l'accueil est magnifique, organisé par le président Houphouët-Boigny avec le vibrant concours de toute la population. Ce pays, en effet, tout comme l'homme qui le dirige, n'éprouve aucune hésitation et me le démontre sur le stade Géo-André où je prends la parole devant une immense assistance[17]. Mais, si la Côte-d'Ivoire est, grâce à son chef, engagée dans la bonne direction, s'il en est de même pour la Haute-Volta et le Dahomey gouvernés respectivement par Ouezzin-Coulibali et par Sourou-Migan Apithy, si le vote de la Mauritanie qui suit Moktar-Ould-Daddah doit être, à coup sûr, favorable, le haut-commissaire Pierre Messmer m'indique que dans le reste de l'Afrique-Occidentale l'issue est très aléatoire. Sans doute le « Rassemblement démocratique africain », qui représente le parti dominant, pour ne pas dire unique, dans les divers territoires — à l'exception du Sénégal — penche-t-il, en somme, vers le « oui ! ». Mais cette tendance risque fort de se retourner là où le chef du gouvernement, disposant d'une équipe politique active et voulant jouer le rôle de champion du marxisme intégral et de la revanche sur l'impérialisme, s'apprête à afficher un « non ! » qui sera une proclamation.

C'est le cas en Guinée. Le jeune, brillant et ambitieux Sékou Touré me le fait bien voir. À peine ai-je atterri sur le terrain de Conakry que je me trouve enveloppé par l'organisation d'une république totalitaire. Rien, d'ailleurs, qui soit hostile ni outrageant à mon égard. Mais, depuis l'aérodrome jusqu'au centre de la ville, la foule régulièrement disposée des deux côtés de la route en bataillons bien encadrés obéit comme un seul homme aux ordres des responsables, crie d'une seule voix : « Indépendance ! » et agite des banderoles innombrables où est inscrit ce seul mot. Au-devant, s'alignent les femmes, rangées centaine par centaine, dont chaque groupe porte des robes de coupe et de couleur uniformes, et qui toutes, au passage du cortège, sautent, dansent et chantent au commandement.

La « réunion de travail » a lieu à l'Assemblée territoriale où le président du Conseil a rassemblé ses militants. Sur un ton péremptoire, il m'adresse un discours fait pour sa propagande et coupé par des rafales bien rythmées de hourras et d'applaudissements. Il en ressort que la Guinée, jusqu'à présent opprimée et exploitée par la France, refusera toute solution qui comporterait autre chose que l'indépendance pure et simple. Je réponds nettement et posément que la France a fait beaucoup pour la Guinée ; qu'il y en a des signes éclatants, par exemple celui-ci que l'orateur que je viens d'entendre a parlé en très bon français ; qu'elle propose une communauté de pays disposant d'eux-mêmes et pratiquant la coopération et que, malgré ses charges qui sont lourdes, elle fournira son aide à ceux qui en feront partie ; que la Guinée est entièrement libre de dire « Oui ! » ou de dire « Non ! » ; que si elle dit : « Non ! » ce sera la séparation ; que la France n'y fera certainement pas obstacle, mais qu'évidemment elle en tirera les conséquences.

Pendant l'entretien que j'ai ensuite avec Sékou Touré et au cours de la réception que je donne au palais du gouvernement, j'achève de mettre les choses au point. « Ne vous y trompez pas ! lui dis-je. La République française à laquelle vous avez affaire n'est plus celle que vous avez connue et qui rusait plutôt que de décider. Pour la France d'aujourd'hui le colonialisme est fini. C'est dire qu'elle est indifférente à vos reproches rétrospectifs. Désormais elle accepte de prêter son concours à l'État que vous allez être. Mais elle envisage fort bien d'en faire l'économie. Elle a vécu très longtemps sans la Guinée. Elle vivra très longtemps encore si elle en est séparée. Dans cette hypothèse, il va de soi que nous retirerons aussitôt d'ici notre assistance administrative, technique et scolaire et que nous cesserons toute subvention à votre budget. J'ajoute qu'étant donné les liens qui ont uni nos deux pays, vous ne pouvez douter qu'un " Non ! ", solennellement adressé par vous à la solidarité que la France vous propose, fera que nos relations perdront le caractère de l'amitié et de la préférence au milieu des États du monde. »

Le lendemain, allant retrouver l'avion par la route que j'ai prise la veille, je n'y vois plus âme qui vive. La même discipline imposée qui l'avait, hier, garnie d'une foule compacte l'a, aujourd'hui, totalement vidée. Ainsi suis-je fixé sur ce qui, demain, sortira des urnes. À Sékou Touré, qui me salue à mon départ, je dis : « Adieu, la Guinée[18] ! »

L'atmosphère est tendue à Dakar. Le président du Conseil Mamadou Dia et nombre de politiques s'abstiennent d'être là pour me recevoir. Dans les faubourgs et dans la ville que je traverse d'un bout à l'autre, la multitude est noyautée de groupes houleux et vociférants. Le maire Lamine-Gueye, qui se tient à côté de moi, s'en montre navré et atterré. Sur la place Protêt où je vais me faire entendre, sont brandies de multiples pancartes et poussées de violentes clameurs réclamant l'indépendance. Prenant tout de suite le taureau par les cornes, je m'adresse comme suit à ceux qui crient et s'agitent devant moi : « Un mot d'abord aux porteurs de pancartes ! S'ils veulent l'indépendance à leur façon, qu'ils la prennent le 28 septembre ! Mais, s'ils ne la prennent pas, alors, qu'ils fassent ce que la France leur propose : la Communauté franco-africaine ! Qu'ils la fassent en toute indépendance, indépendance de l'Afrique et indépendance de la France ! Qu'ils la fassent avec moi, pour le meilleur et pour le pire ! Qu'ils la fassent dans les conditions que j'ai évoquées d'une manière précise, en particulier l'autre jour à Brazzaville, conditions dont je n'admets pas qu'on mette en doute la sincérité !... Nous sommes à l'époque de l'efficacité, c'est-à-dire à l'époque des ensembles organisés. Nous ne sommes pas à l'époque des démagogues. Qu'ils s'en aillent, les démagogues, d'où ils viennent, où on les attend[19] ! » À mesure que je parle, les banderoles se replient et les hurlements se taisent. Ce que j'expose ensuite au sujet de la coopération franco-africaine telle que doit l'instituer la Constitution de demain est largement applaudi. Quittant la tribune, je vois les visages des élus et des officiels éclairés de sourires optimistes.

De fait, après mon départ, les éléments politiques sénégalais, qui avaient d'abord marqué une forte opposition au projet, s'y rallient presque tous. Du même coup paraît acquis le vote positif du Soudan, malgré les réserves de son guide politique Madeira[20] Keita. Au Niger, enfin, où Djibo Bakari, chef du gouvernement, de connivence avec Sékou Touré, veut entraîner la masse vers le « Non ! » mais sans avoir pu, à temps, s'assurer des moyens de la dictature, un vigoureux mouvement d'opinion le laisse seul sur sa position. Bientôt, il sera contraint de s'enfuir au Ghana, tandis qu'Hamani Diori prendra la direction du pays.

Rentré à Paris le 29 août, après un nouveau séjour à Alger[21], je conclus de mon voyage, qu'à l'exception — sera-t-elle définitive ? — de la seule Guinée, toutes nos colonies d'Afrique noire et celle de Madagascar sont résolues à rester attachées à la France, tout en devenant maîtresses d'elles-mêmes. Mais j'ai pu voir aussi qu'il est grand temps que nous leur ouvrions la voie ; qu'à refuser ou même différer de prendre cette initiative, nous irions partout aux plus graves affrontements ; qu'au contraire, en le faisant, nous inaugurons une féconde et exemplaire entreprise.

Le référendum constitutionnel, triomphal en métropole,

l'est davantage encore outre-mer. Sauf la Guinée, tous les territoires d'Afrique noire et Madagascar votent : « Oui ! » à des majorités qui dépassent 95 pour 100. En décembre, les mêmes chiffres y sont atteints pour ma propre élection comme président de la Communauté.

En Algérie, l'enjeu n'est naturellement pas le même. Car, au point où en sont encore les choses, il ne saurait être question que le référendum soit l'autodétermination. Toutefois, et sans préjuger de ce que sera plus tard le statut de l'Algérie, c'est une magnifique occasion d'y mettre en œuvre le collège unique, d'y faire pour la première fois voter les femmes comme les hommes, d'y donner aux musulmans le moyen de montrer, sans se compromettre, qu'ils n'envisagent nullement de rompre avec la France et qu'ils sont sensibles aux intentions du général de Gaulle. Malgré les consignes d'abstention données par le Front, le fait est que, sur quatre millions et demi d'électrices et d'électeurs inscrits, trois millions et demi prennent part au scrutin ; que les « Non ! » sont en nombre infime ; que si dans les villages l'influence des autorités s'est exercée pour qu'on se rende au scrutin, cette pression n'a pu jouer dans les grosses agglomérations où, pourtant, les pourcentages sont les mêmes qu'à la campagne ; qu'enfin la Commission de contrôle électoral, créée pour la circonstance, à la tête de laquelle se trouve la haute conscience de l'ambassadeur de France Henri Hoppenot[22], composée de personnalités choisies pour être impartiales et qui a installé des commissaires dans tous les secteurs, rapporte que le mouvement des musulmans vers les urnes est général, qu'ils votent partout librement et que, souvent, en le faisant, ils disent : « C'est pour de Gaulle ! » En novembre, les élections législatives, bien que le concours des votants y soit moindre, que ne s'y présente et que, par suite, ne soit élu aucun membre du Front, donnent lieu à de semblables constatations.

Cependant, je n'avais pas attendu ces résultats électoraux en Algérie, ni les interprétations diverses auxquelles ils devaient donner lieu, pour faire avancer les affaires autant que le permettaient les conditions du moment. Remettre entièrement sous la coupe de Paris l'autorité à Alger ; montrer aux insurgés que la France visait la paix, une paix qu'elle voulait conclure, un jour, avec eux et dans laquelle elle comptait que l'Algérie lui resterait attachée ; mais, en même temps, renforcer notre appareil militaire de telle sorte qu'en aucun cas rien ne pût nous empêcher sur place d'être maîtres de nos décisions, c'est à quoi je m'employai d'abord.

Pour que l'autorité nationale s'exerçât avec régularité, tout ce qui était important au sujet de l'Algérie était évoqué sous ma présidence au sein d'un Conseil restreint réunissant les ministres — et, tout d'abord, le Premier[23] — les hauts fonctionnaires et les généraux directement intéressés ; René Brouillet, puis Roger Moris, ayant à centraliser les affaires comme secrétaire général. Les mesures que j'avais à prendre l'étaient donc en toute connaissance de cause.

C'est ainsi que disparaissait l'espèce de gouvernement parallèle que prétendait exercer localement, depuis le 13 mai, le Comité de salut public d'Alger. En juillet, comme ce Comité déclarait s'opposer aux élections municipales prévues et qui, précisément, devaient avoir pour effet d'en finir avec ses interventions dans les communes, comme Salan le laissait faire et, même, me transmettait le texte de ses proclamations, je rappelais publiquement à l'ordre le délégué général et faisais connaître que l'aréopage du 13 mai n'ayant droit à aucune autorité, ses motions n'avaient aucune valeur, ni légale, ni administrative. Passant à Alger au mois d'août, je refusais d'accorder au Comité l'audience qu'il me demandait. En octobre, je prescrivais aux officiers et fonctionnaires qui en étaient membres de cesser d'en faire partie. Ils s'en retiraient aussitôt. Du coup, le Comité et ses succursales perdaient l'apparence d'instances officielles qu'ils s'étaient donnée. En décembre, le général Salan était rappelé en France et nommé inspecteur général des armées. En janvier, ce poste ayant été supprimé, il deviendrait gouverneur militaire de Paris. Paul Delouvrier le remplaçait comme délégué général et le général Challe comme commandant en chef. Ces désignations mettaient un terme à la confusion du pouvoir civil et du commandement militaire, rendaient au premier sa prépondérance et, par voie de conséquence, rétablissaient les préfets dans leurs attributions[24].

Il n'y avait pas plus de temps perdu pour faire savoir à l'organisme dirigeant de l'insurrection que la voie serait ouverte à des négociations lorsqu'il aurait reconnu que c'est celle-là qu'il fallait prendre. Dès le 12 juin, j'avais convoqué Abderrahmane Farès, président de la défunte Assemblée algérienne, dont je savais que, sans prendre publiquement parti, il se ménageait le moyen de correspondre avec Ferhat Abbas, président du comité qui allait s'intituler le « gouvernement provisoire de la République algérienne ». Je proposai tout de go à Farès d'entrer dans mon gouvernement à titre de ministre d'État. Il y serait pour participer aux mesures relatives au destin de l'Algérie, comme Houphouët-Boigny y était pour ce qui concernait l'avenir de l'Afrique noire. Ainsi que je m'y attendais, Farès réserva sa réponse « jusqu'à ce qu'il ait consulté quelques personnes ». Il se rendit alors en Suisse avec mon agrément et revint quinze jours plus tard. Ce fut pour me dire que mon offre l'honorait grandement, bien qu'il ne pût l'accepter. Ce fut aussi pour me développer des vues, dont il ne me cacha pas qu'elles étaient celles de ses lointains amis et d'après lesquelles des négociations pourraient être un jour engagées au sujet des conditions politiques et militaires d'un cessez-le-feu, sans que fût au préalable exigée la reconnaissance de l'indépendance, mais dans le but d'y aboutir ensuite. Peu après, je revis Farès. « Sachez, lui dis-je, que nous serions, le cas échéant, disposés à parler de tout. Encore faudrait-il qu'on parlât. Si donc, un jour, quelqu'un était qualifié pour venir le faire, il trouverait dans la Métropole la discrétion et la protection voulues. » D'un côté comme de l'autre, il n'y eut pas, alors, de nouvelle communication. Mais une bonne action est-elle jamais perdue ?

Peut-être aussi ne le serait pas celle qui consistait à proposer « la paix des braves[25] », ce que je fis avec éclat, le 23 octobre, au cours d'une conférence de presse. Je précisais qu'on pourrait y parvenir, soit par des cessez-le-feu locaux réglés entre les combattants, soit par un accord négocié entre le gouvernement français et « l'Organisation extérieure » qui dirigeait la rébellion. Il est vrai que le « gouvernement provisoire algérien », à qui ses dissensions intérieures interdisaient, à ce moment, toute autre attitude qu'une intransigeance passive, accueillit mon offre par une fin de non-recevoir. Mais la proposition pacifique de la France avait retenti profondément dans les esprits.

Il en avait été de même, quelques jours auparavant, pour le Plan de Constantine. Ce titre couvrait des actions de développement dont l'ensemble était plus considérable, de beaucoup, que tout ce qui avait été fait jusqu'alors d'un seul tenant. Après des études précises, menées sur la base du rapport établi par le conseiller d'État Roland Maspetiol, le gouvernement avait, en effet, arrêté les décisions et ouvert les crédits nécessaires pour qu'en cinq ans les conditions de vie des musulmans algériens soient profondément transformées. Au point de vue économique et social, une phase bien déterminée de la mise en valeur industrielle et agricole de l'Algérie devait être menée à son terme pendant ces cinq années-là : distribution de gaz saharien dans toutes les régions du territoire et, par ce moyen énergétique, établissement de grands ensembles, soit chimiques, comme celui d'Arzew, soit métallurgiques, telle la sidérurgie de Bône ; importants travaux de routes, de ports, de transmissions, d'équipement sanitaire ; construction de logements pour un million de personnes ; attribution à des agriculteurs musulmans de 250 000 hectares de terres aménagées pour la culture ; création de 400 000 emplois nouveaux. Dans le domaine de l'instruction, au cours du même espace de temps, la scolarisation serait effective pour les deux tiers des filles et des garçons, en attendant d'être achevée après les trois années suivantes. Dans la fonction publique, en France métropolitaine, sur la totalité des jeunes gens accédant à l'administration, à la magistrature, à l'armée, à l'enseignement, aux services, un sur dix serait obligatoirement un Arabe ou un Kabyle et, en Algérie même, on accroîtrait notablement la proportion des musulmans travaillant dans les mêmes branches. Pour que le Plan portât un nom qui fût significatif, c'est à Constantine, place de la Brèche, que le 3 octobre j'annonçais au grand public ce qu'allaient être ces progrès. Je soulignais qu'ils seraient les fruits de la coopération de la Métropole et de l'Algérie. Enfin, parlant de l'avenir, je déclarais que « celui-ci ne pouvait être fixé d'avance et par des mots, mais que, de toute manière, l'Algérie bâtirait le sien sur deux piliers : sa personnalité à elle et sa solidarité avec la France[26] ».

Aussitôt le plan connu, l'exécution commençait partout, activement dirigée par Delouvrier. Je la suivais avec soin. Dès décembre, j'allai voir sur place où en étaient l'exploitation du pétrole à Edjelé et à Hassi-Messaoud et la construction du pipe-line vers Bougie. En raison de sa vocation sidérurgique, Bône avait aussi reçu ma visite[27].

Il n'y aurait pas non plus de relâchement dans l'effort militaire. Rien n'eût été pire, en effet, que quelque incident fâcheux où nous aurions eu le dessous. Or, tant que se maintenaient dans plusieurs régions des îlots de résistance actifs et organisés, un accrochage malheureux avec des pertes sérieuses en hommes et en armement était à tout moment possible et, dans ce cas, nul doute que l'insurrection se fût aussitôt embrasée de tous côtés. En nommant le général Challe commandant en chef et en séparant au sommet l'action des forces et les affaires civiles, j'entendais que les opérations prissent une tournure dynamique et aboutissent partout à la maîtrise certaine du terrain. Challe était, par excellence, qualifié pour y parvenir. Avant qu'il partît pour Alger, j'avais étudié avec lui et approuvé son projet, qui consistait à porter l'offensive, en concentrant les moyens voulus, successivement sur chacune des « poches » rebelles, à les réduire l'une après l'autre et à tenir ensuite les emplacements, fussent-ils très inconfortables, où elles pourraient se reformer. Cela comportait le choix des unités qui auraient à mener les attaques et qu'il fallait faire sortir du « quadrillage » général, organiser spécialement, renforcer en hommes et en matériel et, notamment, doter massivement d'hélicoptères. Grâce à la diligence de Pierre Guillaumat, ministre des Armées, le nécessaire fut fait pour que la phase nouvelle et décisive pût commencer au printemps de 1959.

Ces mesures militaires étant naturellement secrètes ne touchaient pas l'opinion. Au contraire, la direction imprimée à l'évolution politique de l'Algérie commençait à provoquer des remous. En effet, l'orientation que découvraient peu à peu mes actes et mes propos n'inquiétait pas seulement sur place les partisans de l'intégration, elle agitait en même temps, en France même, nombre de gens appartenant aux milieux de « droite » et du « centre », qui, dans ce domaine aussi, tenaient d'instinct pour la conservation. Mais, chez ceux qui se disaient de « gauche », on se gardait également, quoique pour des raisons différentes, d'affirmer l'approbation ; le parti communiste niant systématiquement que de Gaulle voulût finir la guerre ; les autres, d'ailleurs divisés à l'intérieur d'eux-mêmes sur le sujet, s'abstenant d'adopter à mon égard une attitude confiante et à fortiori élogieuse, alors même qu'au fond ils fussent pour la plupart satisfaits de la tournure que prenaient les choses. Parmi les « gaullistes », il n'était certes pas de mise de douter ouvertement que la voie suivie fût la bonne. Mais, pour ne pas se formuler tout haut, les appréhensions n'étaient pas moins réelles jusqu'au sein de mon gouvernement[28]. Il va de soi que, comme d'habitude, aucun soutien ne me venait de l'ensemble de la presse, toujours confinée dans l'aigreur, la critique et la ratiocination. Du côté des musulmans, c'est par un mutisme obstiné, dû non point à l'indifférence — à preuve le référendum — mais à la prudence, que le grand nombre accueillait mes initiatives ; les seuls à élever la voix étant ou bien au-dehors les propagandistes du « Front », ou bien à Paris les quelques fidèles de « l'Algérie française ». Il faut ajouter que l'étranger, bien qu'il suivît partout mon entreprise avec beaucoup d'attention et non sans étonnement, se partageait entre le scepticisme quant à ma sincérité ou à mes possibilités — c'était là la tendance de l'Occident — et la méfiance hostile qui inspirait à la fois les officiels du tiers monde et ceux du bloc totalitaire. Assurément, à l'intérieur de notre pays, les oppositions et les doutes n'étaient pas assez déclarés et rassemblés pour me faire réellement obstacle ; à l'extérieur, on se résignait à n'avoir pas de prise sur mon action. Mais, s'il s'agissait de servir la France, elle seulement, elle tout entière, une impulsion qui fût assez forte ne pouvait venir que de moi.

Cependant, au long des années 1959 et 1960, les territoires d'Afrique et de Madagascar s'organisent en tant qu'États. Tous le font sur des bases et sous des formes démocratiques, à l'exception de la Guinée totalitaire[29], sortie de notre orbite et qui, dès lors, ne manquera pas, à défaut de notre concours, de recourir à ceux que lui offrent des étrangers : Union soviétique, États-Unis, Allemagne, Grande-Bretagne, Ghâna, également satisfaits, quoique pour des raisons diverses, de la voir s'éloigner de la France. Nos anciennes colonies du continent noir, ainsi que la grande île de l'océan Indien, deviennent donc des républiques, se votent une constitution, élisent chacune un président et un parlement, mettent en fonction une administration. Cet avènement à la souveraineté a lieu partout sans incident notable dans l'euphorie habituelle des commencements. Il faut dire que nous aidons puissamment à la mise en marche ; la Communauté jouant, à cet égard, son rôle de soutien et de transition. Sous ma présidence se réunit à Paris, en février, mars, mai, septembre 1959, le « Conseil exécutif », formé des chefs d'État, qui règle les multiples questions posées par le transfert des compétences. En juillet, c'est à Tananarive que je réunis le Conseil. La capitale me prouve par ses manifestations à quel point Madagascar est reconnaissant à la France de lui rendre l'indépendance passée tout en l'aidant à s'ouvrir l'avenir. À l'occasion de ce voyage, je fais de nouveau visite à la Côte française des Somalis et aux Comores ; territoires de la République, qui témoignent avec enthousiasme leur joie d'avoir choisi de l'être. Je vais aussi revoir la Réunion, notre ancienne île Bourbon, passionnément française aux lointains de l'océan Indien et qui me le démontre, cette fois encore, d'une inoubliable façon[30].

Le « Sénat de la Communauté », constitué par les délégations de notre Parlement et d'élus africains et malgaches, s'ouvre en ma présence en juillet au Luxembourg et donne à certains éléments politiques de France et des pays d'outre-mer l'occasion de débattre de sujets d'intérêt commun. Le 14 juillet, sur la place de la Concorde, treize chefs d'État reçoivent de mes mains le « drapeau de la Communauté » et assistent au défilé de nos troupes et des leurs[31]. Enfin, c'est progressivement, sans manquer de solliciter et de suivre nos conseils, que les jeunes gouvernements assument leurs responsabilités. Encore, à leur demande, maintenons-nous dans leurs cadres nombre de fonctionnaires, de techniciens, de professeurs, de médecins, d'officiers.

L'apparition de ces nations, presque toutes à leurs débuts, chacune assemblant des fractions ethniques très différentes, à l'intérieur de frontières qui n'avaient été tracées, au temps de la colonisation, que pour des considérations de partage entre États européens ou de commodités administratives, pourrait conduire à un morcellement désordonné après la disparition de nos anciennes « Fédérations », d'Afrique-Occidentale et d'Afrique-Équatoriale. Mais il se forme entre voisines des groupements que nous-mêmes aidons à naître et à fonctionner. C'est ainsi que, dès janvier 1959, le Congo-Brazzaville, la République centrafricaine, le Tchad, le Gabon, auxquels se joindra bientôt le Cameroun, concluent à Paris l'« Union douanière équatoriale ». C'est ainsi qu'en avril le « Conseil de l'Entente », qui comprend : la Côte d'Ivoire, le Dahomey, le Niger et la Haute-Volta, et dont plus tard se rapprochera le Togo, établit des règles et une pratique communes dans les relations de ces pays étendus du Sahara jusqu'au golfe du Bénin. Il est vrai que la tentative du Sénégal et du Soudan de se fondre en une fédération appelée « Mali » échouera, parce que les dirigeants libéraux et démocrates de Dakar redouteront d'être étouffés par les marxistes de Bamako, que Senghor, président de l'Assemblée fédérale, rompra avec Modibo Keita, chef du gouvernement, que le Sénégal reprendra son nom tandis que le Soudan gardera celui de Mali[32]. Mais ensuite se constituera une « Organisation des États riverains du fleuve Sénégal », où travailleront ensemble le Sénégal, le Mali, la Mauritanie et, même, la Guinée. En outre, dans maintes régions africaines, la navigation sur les fleuves, l'utilisation des accès maritimes, la construction de voies ferrées et de routes, font l'objet, avec notre concours, d'arrangements multilatéraux. Sur tout l'ensemble de nos anciens territoires, les lignes aériennes sont exploitées par une société unique Air Afrique. Plus tard sera instituée l'« Organisation commune africaine et malgache » à laquelle, sauf les Guinéens, adhéreront tous les francophones, y compris même en dernier ressort le Ruanda et le Congo-Léopoldville.

Mais, comme on devait s'y attendre, à mesure que les États s'établissent en droit et en fait, ils sont portés à affirmer de plus en plus nettement chacun sa personnalité. Aussi notre Constitution a-t-elle sagement prévu, quant à leurs rapports avec nous, non seulement au départ le régime de la « Communauté » qui place dans le domaine commun les affaires étrangères, la monnaie, la défense, la Cour de cassation et l'enseignement supérieur, mais aussi, en vue de la suite, celui de l'« Association », en vertu duquel en tous domaines, et notamment en ceux-là, les engagements de coopération sont pris par traités spéciaux. Vers la fin de 1959, c'est le régime de l'Association que les nouvelles républiques sont, l'une après l'autre, amenées à nous proposer.

Les premières à le faire sont Madagascar et le Mali, celui-ci groupant encore à ce moment le Sénégal et le Soudan. Comme cette transformation est de droit, qu'elle ne comporte pour nous aucun dommage, qu'elle ne fait que modifier la forme sans nullement changer le fond de la solidarité franco-africaine, nous l'acceptons volontiers. Le 11 décembre, après être passé à Nouakchott, j'arrive à Saint-Louis pour y présider, le lendemain, le Conseil exécutif de la Communauté. Là, vivement encouragé par le premier ministre Michel Debré qui se trouve à mes côtés, je donne publiquement à entendre que la France est prête à approuver ce qui lui est demandé. Cependant, je dis aux chefs d'État réunis autour de moi, comme les pèlerins d'Emmaüs le disaient au voyageur : « Restez avec nous ! Il se fait tard ! La nuit descend sur le monde[33] ! » Le 13 décembre, à Dakar, parlant à l'Assemblée fédérale du Mali, j'annonce officiellement que nous, Français, sommes d'accord pour que l'Association remplace la Communauté, ce qui déclenche, de la part des autres États, des démarches dans le même sens. Entretemps, d'ailleurs, les Nations unies ont, avec notre assentiment, levé la tutelle dont nous étions chargés sur le Togo et le Cameroun, reconnu leur entière souveraineté internationale et introduit dans son[b] sein leurs délégations, tandis que ces deux pays nous demandent de maintenir avec nous, par voie d'accords, des rapports très étroits. L'année 1960 va donc être employée à conclure des traités de coopération pour l'économie, l'enseignement, la culture, la défense, les communications, la condition des personnes et des biens, etc., avec quatorze États dont six : Madagascar, le Sénégal, le Congo-Brazzaville, le Tchad, la République centrafricaine et le Gabon[34], n'en voudront pas moins rester en titre membres de la Communauté. Au mois de mai est précisé à ces divers égards, par la voie parlementaire, le texte de la Constitution[35].

Ainsi s'édifie décidément entre la France, d'une part, une importante partie de l'Afrique et Madagascar, d'autre part, un ensemble d'hommes, de territoires, de ressources dont la langue commune est le français, qui au point de vue de la monnaie constitue la « zone franc », où les produits de toute nature s'échangent sur la base de la préférence, où on se consulte régulièrement sur les sujets politiques et diplomatiques, où, en cas de péril, on se porte mutuellement secours, où sont conjugués les transports maritimes et aériens et les réseaux du télégraphe, du téléphone et de la radio, où chaque citoyen se sait et se sent, d'où qu'il vienne et où qu'il se trouve, non point du tout un étranger mais quelqu'un qui est bien vu, bienvenu et, dans une large mesure, chez lui.

Pour que ces rapports nouveaux soient couronnés au sommet et conformes à ce qui est pour moi un devoir, un honneur et un plaisir, j'entretiens avec les chefs d'État des relations personnelles d'amitié. Un secrétariat général, qui est initialement celui de la Communauté ayant à sa tête successivement Raymond Jannot et Jacques Foccart et devient ensuite celui des « Affaires africaines et malgaches », est, pour traiter celles-ci, l'instrument de travail, l'organisme de liaison avec le gouvernement, le centre de correspondance, que j'ai besoin d'avoir auprès de moi. C'est là, notamment, que se préparent et se règlent les voyages officiels auxquels les chefs d'État sont conviés et les fréquentes visites qu'ils me font à l'occasion de leurs séjours et de leurs passages en France. Entre juillet 1960 et juin 1962, tous sont reçus solennellement à Paris. En outre, j'ai près de deux cents entretiens avec les uns et les autres.

De cette façon, Modibo Keita, Maurice Yameogo, Hubert Maga, Sylvanus Olympio, Fulbert Youlou, David Dacko, qui se trouvent à cette époque à la tête respectivement du Mali, de la Haute-Volta, du Dahomey, du Togo, du Congo, de la République centrafricaine, sont fort bien connus de moi et, j'ajoute, hautement appréciés. Mais ceux qui, en vertu des circonstances et de leur personnalité, sont destinés à rester chefs d'État tant que je le serai moi-même deviennent mes familiers.

Ainsi d'Houphouët-Boigny, en Côte d'Ivoire, cerveau politique de premier ordre, de plain-pied avec toutes les questions qui concernent non seulement son pays, mais aussi l'Afrique et le monde entier, ayant chez lui une autorité exceptionnelle et, au-dehors, une indiscutable influence et les employant à servir la cause de la raison. Ainsi de Philibert Tsiranana, qui déploie tout son bon sens et toute sa persévérance pour conduire Madagascar dans la voie du progrès moderne, pour lier la grande île au continent africain tout en l'en maintenant distincte, pour la mettre à l'abri des intrusions asiatiques. Ainsi de Léopold Senghor, ouvert à tous les arts et, d'abord, à celui de la politique, aussi fier de sa négritude que de sa culture française et qui gouverne avec constance le remuant Sénégal. Ainsi de Hamani Diori, président du Niger, qui, à l'image de son pays où se joignent le désert et la savane, sait unir les vues lointaines et le sens pratique dans l'action qu'il mène au-dedans et au-dehors. Ainsi de Ahmadou Ahidjo, surmontant magistralement les complexités ethniques, religieuses, linguistiques et économiques du Cameroun, grâce à la prudence qu'il applique à l'intérieur et à la réserve qu'il observe à l'extérieur. Ainsi de Léon M'Ba, modèle de fidélité dans son attachement à la France et de dévouement au Gabon qu'il aura vu, avant de mourir, émerger d'une accablante misère et marcher vers la prospérité. Ainsi de François Tombalbaye, qui a pour mission de rassembler le Tchad au milieu des courants qui traversent le cœur de l'Afrique et que son ombrageuse passion maintient à la hauteur de la tâche. Ainsi de Moktar Ould Daddah, dont l'habileté se prodigue pour nous amener à tirer de dessous le sol pauvre de la Mauritanie les minerais qui l'enrichissent, tout en lui conservant son caractère de fière solitude. Au total, ces peuples africains et cette nation malgache, que la France, en les colonisant, avait ouverts à tous les génies, bons et mauvais, des temps modernes, accèdent sans grave secousse à la liberté humaine et à la souveraineté nationale. Peut-être les amicales relations que le général de Gaulle entretient avec leurs chefs d'État y sont-elles pour quelque chose.

Cependant, leur accession à l'indépendance avec le concours de la France ne peut manquer d'entraîner sur la situation algérienne de profondes répercussions. Le sentiment qu'il y a là le signe d'une évolution générale et qui, après tout, peut être satisfaisante fait travailler les esprits. Sans doute une grande partie des colons et certains militaires sur place, ainsi que les gens qui, en métropole, encouragent leurs exigences, n'en sont-ils que plus portés à compter sur l'intransigeance pour briser la force des choses. Mais, chez les musulmans, on se demande : « Ce que la France fait pour les Noirs, ne le fera-t-elle pas pour nous ? » Dans notre pays, la même idée gagne le sentiment populaire. Quant à moi, constatant dans toutes nos anciennes dépendances ce que sont les réalités psychologiques et politiques, quelles révoltes s'y lèveraient si nous refusions d'admettre ce qui est à la fois équitable et inéluctable et, au contraire, quelles perspectives de féconde coopération s'y sont ouvertes devant nous, je me sens confirmé, au sujet de l'Algérie, dans la conception que j'ai du problème et de sa solution. En tout cas, par-dessus tout, il me faut parvenir à dégager la France de charges et de pertes dont, autrement, le poids ira toujours croissant, tandis que les avantages qu'elle en tirait autrefois ne sont plus que de vides apparences. Mais, pour parvenir au but, que de chemin à parcourir ! Encore dois-je le faire pas à pas.

L'année 1959 est employée à gagner du terrain. Le 8 janvier, venant assumer à l'Élysée mes fonctions de président de la République, j'évoque dans mon allocution l'avenir de l'Algérie « pacifiée, transformée, développant elle-même sa personnalité et étroitement associée à la France[36] ». Le jour même, je prends des mesures de détente. Sept mille des musulmans détenus en Algérie sont remis en liberté. Tous les rebelles condamnés à mort voient leur peine commuée. Ben Bella et ses compagnons, qui avaient été naguère arrêtés à Maison-Blanche à la suite du détournement de l'avion qui les transportait vers Le Caire, quittent la prison de la Santé. Ils seront désormais gardés à l'île d'Aix dans des conditions honorables. Messali Hadj, vieux champion de l'indépendance, qui était assigné à résidence dans la Métropole, est entièrement libéré[37]. Le 25 mars, dans la première conférence de presse que je tiens à l'Élysée, je réponds à quelqu'un qui me demande si l'Algérie restera française : « La France, tout en s'efforçant d'aboutir à la pacification, travaille à la transformation où l'Algérie trouvera sa nouvelle personnalité[38]. » Peu après, m'entretenant avec Pierre Laffont, directeur de *L'Écho d'Oran*, je dis : « Ce que veulent les activistes et ceux qui les suivent, c'est conserver " l'Algérie de papa ". Mais " l'Algérie de papa " est morte ! On mourra comme elle si on ne le comprend pas[39]. » À l'occasion de chacun des voyages que je fais successivement dans le Sud-Ouest, le Centre, le Berry, la Touraine, le Massif central[40], je ne manque pas de tenir aux foules des propos du même genre. Par exemple, je déclare à Saint-Étienne : « Je ne préjuge pas de ce que sera demain l'Algérie... Mais il faut vouloir que la transformation humaine s'y fasse, et s'y fasse avec la France. » Entre-temps, des musulmans prennent la tête d'un grand nombre de communes algériennes, notamment de la ville d'Alger, à la suite des élections municipales qui ont lieu au mois de mai sur la base du collège unique et deviennent, en juin, la grande majorité des sénateurs algériens lors de leur renouvellement.

Bien entendu, mes déclarations et les faits qui les accompagnent ébranlent profondément ce qui paraissait immuable. Il en résulte un durcissement de l'opposition qui, à Alger, réaffirme que « la seule solution est l'extermination totale des hors-la-loi ou leur reddition sans condition » et s'efforce d'organiser des manifestations bruyantes, en particulier pour l'anniversaire du 13 mai. Chez les musulmans, commencent à apparaître quelques signes positifs. C'est ainsi que, le 1er mai, Ferhat Abbas déclare à Beyrouth : « Nous sommes prêts à rencontrer le général de Gaulle en terrain neutre, sans préalable... Nous discuterions avec le gouvernement français... Il n'est pas exclu que le Front de libération nationale envoie une délégation à Paris. » C'est ainsi que, parmi les élus musulmans, la plupart des nouveaux sénateurs publient « qu'ils adhèrent entièrement à ma politique », que Chibi Abdelbaki Mosbah, député de Bône, dépose une proposition de loi tendant à constituer en Algérie une « commission d'apaisement et de réconciliation » destinée à s'interposer entre les combattants, que Ali Khodja, président de la Commission départementale d'Alger, exprime publiquement le souhait « que l'on ouvre le dialogue avec le Front national de libération en vue du cessez-le-feu ». Dans les milieux politiques français, bien qu'on ne s'empresse pas d'adopter ouvertement la même tendance et le même vocabulaire que moi, la confiance de principe qu'une large fraction professe à mon égard et, de la part de plusieurs autres, des calculs d'opportunité font prévaloir l'opinion « qu'il faut laisser faire de Gaulle ». Seuls refusent leur consentement les communistes toujours de parti pris et, à l'autre bout du tableau, le groupement de plus en plus isolé et passionné d'éléments que réunissent pêle-mêle soit l'attachement traditionnel à « l'Algérie française », soit des raisons locales d'intérêt, soit des rancunes datant de l'époque de Vichy. Mais, dans le grand public, le sentiment se répand que de Gaulle suit la bonne voie pour sortir d'une situation dont on veut voir la fin. Ce profond sentiment populaire n'est assurément que très peu et très mal exprimé par ceux qui parlent ou qui écrivent, mais en fait il ne cessera plus d'orienter les attitudes.

Là-dessus commence l'offensive dirigée par le général Challe contre les poches de la rébellion. La première phase, en mars et avril, se déroule en Oranie où commande le général Gambiez. Elle est portée sur le massif de Frenda, la partie occidentale de l'Ouarsenis, celle du Dahra, et aboutit à la destruction d'une bonne moitié des « katibas »[41] qui y sont embusquées. En mai et juin, dans l'Algérois, sous les ordres du général Massu, l'est de l'Ouarsenis et les hauteurs qui, près de Médéa, de Blida et de Miliana, enveloppent la capitale sont à leur tour le théâtre de vifs combats. Là aussi, les résultats sont bons. La Grande et la Petite Kabylie — les deux « jumelles » — vont être ensuite attaquées. Comme c'est une très importante zone-refuge de l'adversaire et qui empiète sur les deux corps d'armée d'Alger et de Constantine, impartis aux généraux Massu et Olié, le général Challe exerce lui-même le Commandement. Il le fait avec beaucoup d'autorité, de méthode et d'efficacité. L'opération débute par une pénétration profonde réalisée par surprise dans le Hodna, vaste massif par où, de crête en crête, de ravin en ravin et de forêt en forêt, les insurgés des deux Kabylies se tiennent en liaison avec ceux des Aurès et des Nemencha. Cela fait, la citadelle kabyle est investie à son tour.

À la fin du mois d'août, je vais voir les troupes et leurs chefs à l'ouest, au centre et à l'est de l'Algérie. Pierre Guillaumat et le général Ély m'accompagnent. Sur place m'attendent Challe et Delouvrier. Le 27, j'arrive à Saïda d'où je rayonne par hélicoptère pour me poser en divers points de l'Ouarsenis et du Dahra et prendre contact avec les éléments qui sont maintenant implantés au cœur de ces massifs. Le 28, j'en fais autant dans l'Ouarsenis algérois, puis dans le Hodna, entre M'Sila et Bordj Bou Arreridj. Le 29, en voiture ! pour l'inspection de tout le barrage sur la frontière tunisienne depuis Tébessa jusqu'à la mer. Le 30, par Tizi-Ouzou, me voici en Grande Kabylie, d'abord à Tizi-Hibel où stationnent les unités de réserve de l'opération « Jumelles », puis dans le Djurdjura, au col de Chellata. C'est là qu'au printemps fut tué le fameux chef rebelle Amirouche. C'est là aussi, à 1 800 mètres d'altitude, que Challe a installé son poste de commandement, forêt d'antennes de radio grâce auxquelles il se tient continuellement au courant de la marche et du combat des commandos de chasse, des parachutistes et des légionnaires épars sur les sommets et les pentes de ces montagnes incroyablement creusées et tourmentées. Ainsi est-il en mesure d'envoyer à chaque instant aux points voulus des renforts héliportés tenus prêts en permanence et de régler tout accrochage sans délai. Après une dernière halte au col des Chênes je retourne à Paris.

Comme toujours, le contact pris directement avec les gens, là où ils opèrent, a précisé dans mon esprit des données que tous les comptes rendus n'éclairaient qu'insuffisamment. Il est maintenant pour moi évident que, si nous ne nous abandonnons pas, l'insurrection est et restera impuissante à maîtriser l'Algérie. Mais il ne l'est pas moins qu'elle peut et pourra indéfiniment entretenir ou faire renaître sa résistance dans des zones appropriées grâce à la complicité générale de la population. À ce sujet divers indices m'ont frappé. Partout où je suis passé dans le bled, les paysans que les militaires avaient rassemblés devant moi se tenaient pleins de déférence, mais muets et impénétrables. Cependant, à Tizi-Ouzou, agglomération trop nombreuse pour qu'on pût, d'autorité, en réunir les habitants, presque personne n'était là, en dépit de force haut-parleurs qui annonçaient mon arrivée. Dans un village kabyle que l'on me faisait visiter et dont, manifestement, on s'efforçait qu'il soit un modèle, mon entrée à la maison commune était saluée de vivats, la municipalité se confondait en hommages, les enfants de l'école entonnaient *La Marseillaise*. Mais, au moment où j'allais partir, le secrétaire de mairie musulman m'arrêtait, courbé et tremblant, pour murmurer : « Mon général, ne vous y laissez pas prendre ! Tout le monde, ici, veut l'indépendance. » À Saïda, où l'héroïque Bigeard me présentait le « commando Georges » formé de fellaghas faits prisonniers et ralliés, j'avisai un jeune médecin arabe affecté à cette formation : « Eh bien, docteur, qu'en pensez-vous ? — Ce que nous voulons, nous autres, ce dont nous avons besoin », me répondit-il, les yeux remplis de larmes, « c'est d'être responsables de nous-mêmes et qu'on ne le soit pas pour nous. » Je suis donc plus certain que jamais que, malgré la supériorité écrasante de nos moyens, ce serait perdre inutilement nos hommes et notre argent que de prétendre imposer « l'Algérie française », que la paix ne peut résulter que d'initiatives politiques allant dans un autre sens et que la France peut et doit les prendre.

D'autre part, j'ai pu vérifier qu'à poursuivre indéfiniment une lutte chimérique nous mettrions en cause l'âme même de notre armée et, à travers elle, notre unité nationale. La nature des opérations conduit, en effet, à diviser nos forces en deux fractions de plus en plus distinctes. Tandis que la masse principale, soit plus de 400 000 hommes, est employée à occuper les villes et les campagnes et à défendre les barrages des frontières, ce sont des troupes spécialisées qui mènent les actions offensives. Challe y affecte, d'abord, les 10e et 25e divisions parachutistes et les commandos de l'Air qui arment les hélicoptères. Un peu plus tard, il y joint la 11e division d'infanterie à base de légionnaires et de tirailleurs. Cela fait, au total, 40 000 combattants, à peine plus que n'en comptent les « katibas » qui leur sont opposées. Ces unités de choc, formées de volontaires et de militaires de carrière, dotées d'un matériel de choix, constamment engagées à part, attirant dans leurs rangs une élite d'officiers et de gradés, se font comme un apanage de leur rôle et de leur combat. Cadres et soldats en sont fiers, et à juste titre. Car il s'agit d'une lutte, à coup sûr périlleuse, souvent décevante, parfois épuisante, mais consistant en continuels affûts, quêtes, traques, surprises, débuscades, dérobades, poursuites, hallalis, qui ne manquent jamais d'imprévu ni d'attrait technique. Mais il s'agit aussi d'une sorte de croisade où se cultivent et s'affirment, dans un milieu tenu à l'écart, les valeurs propres au risque et à l'action. Pour profondément sensible et sympathique que je sois à cet ensemble concentré de qualités militaires, il me faut discerner combien il pourrait être tentant pour l'ambition dévoyée d'un chef de s'en faire, un jour, un instrument pour l'aventure.

À dessein, c'est donc aux officiers des « Forces d'intervention » réunis autour de moi au poste de commandement de Challe que j'ai révélé ce que serait l'étape prochaine de mon plan, sachant bien que mes paroles allaient être soigneusement notées et répandues. Ayant exprimé ma vive satisfaction quant à ce que mon inspection m'avait permis de constater au point de vue militaire, je déclarais que, « si la réussite des opérations en cours était, en tout état de cause, essentielle, le problème algérien ne serait pas pour autant résolu,... qu'il ne pourrait l'être, un jour, qu'à condition d'avoir les Algériens d'accord avec nous,... que nous ne les aurions jamais que s'ils le voulaient eux-mêmes,... que l'ère de l'administration par les Européens était révolue,... que nous nous trouvions aux prises avec ce drame à une époque où tous les peuples colonisés de la terre étaient en train de s'affranchir,... que nous ne devions donc agir en Algérie que pour l'Algérie et avec l'Algérie et de telle sorte que le monde le comprenne,... que c'était l'intérêt de la France, le seul qui dût nous importer ». Je concluais : « Quant à vous, écoutez-moi bien ! Vous n'êtes pas l'armée pour l'armée. Vous êtes l'armée de la France. Vous n'existez que par elle, pour elle et à son service. Or, celui que je suis, à son échelon, avec ses responsabilités, doit être obéi par l'armée pour que la France vive. Je suis sûr de l'être par vous et vous en remercie pour la France[42]. » C'était donc faire entrevoir à mes auditeurs ma décision de reconnaître le droit de l'Algérie à l'autodétermination. C'était aussi requérir à l'avance leur discipline. Au commandant en chef, en présence du ministre des Armées, du chef d'état-major général et du délégué général en Algérie, je précisai ensuite explicitement ce que j'allais, peu après, publier. Challe me répondit : « C'est jouable ! » et m'affirma qu'en tout cas je pourrais compter sur lui.

Le 16 septembre 1959[43], par ma voix, la France annonçait son intention de remettre aux Algériens le destin de l'Algérie. Suivant moi, ce destin pourrait être : ou bien la sécession complète par rapport à la France qui, alors, « cesserait de fournir à l'Algérie tant de valeurs et tant de milliards », ne ferait désormais plus rien pour l'aider à éviter « la misère et le chaos » et « prendrait les mesures voulues pour le regroupement et l'établissement de ceux des Algériens qui voudraient rester français » ; ou bien « la francisation », par laquelle « les Algériens deviendraient partie intégrante du peuple français », recevraient l'entière égalité des droits politiques, économiques et sociaux, « résideraient où bon leur semblerait sur tout notre territoire » ; ou bien « le gouvernement des Algériens par les Algériens », gouvernement appuyé sur l'aide de la France, fondé sur le suffrage universel, pouvant certainement inclure « l'actuelle organisation politique du soulèvement », mais ne lui attribuant pas « le privilège de s'imposer par le couteau et la mitraillette ». Je constatais que l'Algérie ne serait en mesure de disposer d'elle-même qu'après de nouveaux progrès de la pacification, lesquels s'étendraient sans doute sur plusieurs années, et qu'en attendant la France continuerait l'effort qu'elle fournissait pour sa transformation.

Le pas décisif était franchi. Assurément, avant que tout fût réglé, il y aurait encore des délais, des combats, des crises, des marchandages. Mais la France proclamait que c'était aux Algériens, c'est-à-dire en fait aux musulmans, qu'il appartenait de choisir ce qu'ils seraient ; elle ne prétendait pas en décider à leur place sous couvert de « l'Algérie française » ; elle prévoyait et admettait que l'Algérie deviendrait un État et, cela fait, envisageait aussi bien de s'en désintéresser totalement que de lui prêter sa coopération. Le 10 novembre, au cours d'une conférence de presse, je confirmais la position prise. Je réitérais l'offre déjà faite aux dirigeants de l'insurrection de discuter avec le gouvernement français, en toute sécurité, « les conditions politiques et militaires de la fin des combats ». En même temps, je citais quelques chiffres relatifs, soit à la pacification : deux fois moins d'exactions chaque mois et deux fois moins de victimes civiles qu'il n'y en avait deux ans plus tôt ; soit aux investissements financés directement par le Trésor français : deux cents milliards de francs anciens dans l'année, trois cents milliards l'année prochaine ; soit au développement du pays par rapport à ce qu'il était avant le début de la rébellion : accroissement de 50 pour 100 de la production agricole, doublement de la consommation électrique, des échanges extérieurs, de la scolarité, quadruplement du nombre des logements construits, quintuplement des travaux de route, décuplement des implantations d'usines ; soit à l'arrivée jusqu'au port d'embarquement de Bougie du pipe-line du pétrole saharien, ce qui assurait, désormais, à l'Algérie les ressources financières de base dont elle avait toujours manqué[44].

Comme le catalyseur jeté dans le liquide bouillant y précipite la cristallisation, ainsi la position prise par moi quant à l'autodétermination provoque dans l'opinion la séparation radicale des tendances. Dans la Métropole, l'approbation l'emporte massivement. J'en ai la preuve au cours du voyage que je fais à la fin de septembre dans le Nord et le Pas-de-Calais[45]. Partout où j'y évoque ma décision, l'enthousiasme des foules se déchaîne. Déjà, les ministres, à qui j'ai indiqué en Conseil le 26 août, à la veille de mon inspection militaire en Algérie, et précisé le 16 septembre avant de prononcer mon allocution publique ce que je compte déclarer, se sont montrés, dans leur ensemble, très favorables. Le 16 octobre, l'Assemblée nationale, où le premier ministre a fait ouvrir sur le sujet un débat dont lui-même a demandé qu'il se terminât par un vote, exprime sa confiance à une énorme majorité[46]. Mais, en même temps, se dressent avec virulence tous ceux qui sont résolus à faire échouer mes projets.

En Algérie, excitant et exploitant l'émotion des Français de souche, les activistes, dans les palabres qu'ils tiennent et les tracts qu'ils répandent, parlent déjà de s'insurger. Un « Front national français » s'y organise dans une semi-clandestinité sous la direction d'Ortiz. « Il nous faut une Charlotte Corday ! » crie, au cours d'une réunion, un orateur vivement applaudi. Le grand journal des pieds-noirs, *L'Écho d'Alger*, qui par la plume de son directeur Alain de Sérigny[47] avait jusqu'alors montré à mon endroit des dispositions modérées, adopte maintenant le ton le plus hostile. Bon nombre des députés d'Algérie multiplient d'âpres diatribes. Dans le bouillon de culture algérois, des fonctionnaires et des officiers entretiennent maints contacts fâcheux pour leur loyalisme. « On pourrait trouver, chuchote-t-on dans leurs bureaux ou leurs mess, le moyen d'obliger le Général à venir à résipiscence. » En France même, Georges Bidault, avec quelques parlementaires, fonde le « Rassemblement pour l'Algérie française », où se montrent incontinent les agitateurs habituels des groupements dits « d'extrême droite ». En décembre, l'ancien président du Conseil entreprend en Algérie une série de conférences qui contribuent à ameuter les passions. À Paris, les propos et les articles où le maréchal Juin, natif de Bône, marié à Constantine, vieil officier de l'armée d'Afrique, exprime sa mélancolie, ceux où le général Weygand utilise l'occasion pour exhaler les rancœurs de Vichy, alimentent la malveillance de certains cercles, journaux, salons, états-majors[48]. Bref, au début de 1960, à mesure que s'accentue l'adhésion nationale, on voit se former, au contraire, à l'horizon algérien le nuage précurseur d'un orage.

Celui-ci éclate, en effet. L'incident qui fait tomber la foudre est un entretien qu'un journaliste allemand a, dans le courant de janvier, obtenu par surprise du général Massu, commandant le corps d'armée d'Alger où il est très populaire, et dans lequel ce valeureux soldat, mon compagnon de toujours, s'est laissé aller à déblatérer à l'encontre de ma politique. Bien que je comprenne que celle-ci puisse chagriner un homme comme celui-là — si je la fais, en suis-je moi-même heureux ? — bien que je mesure l'influence qu'exerce le milieu qui l'entoure, bien que je tienne compte du démenti partiel et surtout de l'assurance de fidélité qu'il a pris sur lui de publier, j'estime nécessaire de sanctionner son incartade. Il est appelé à Paris d'où il ne retournera pas à Alger. Comme, sur les entrefaites, Challe assiste le 22 janvier à un conseil sur l'Algérie que je tiens à l'Élysée, je lui notifie la mutation de Massu. En dépit des objurgations du commandant en chef qui fait valoir les risques d'explosion et parle de prendre sa retraite, je maintiens ma décision[49].

De fait, les activistes civils et militaires d'Alger se saisissent de ce prétexte pour déclencher l'action qu'ils avaient préparée. Le 23, Pierre Lagaillarde, député à l'Assemblée nationale, jeune homme d'action et de tribune qu'acclament les étudiants dont il préside l'association, occupe les facultés à la tête d'une troupe nombreuse de manifestants, dont beaucoup qui appartiennent aux « Unités de défense territoriales », sorte de milice « pieds-noirs » créée en 1954, sont en armes et en uniforme. Lagaillarde lui-même porte sa tenue d'officier de réserve. Alors s'organise une citadelle, dont les occupants, retranchés dans les locaux et les souterrains, mettent l'université en état de défense, observent la discipline militaire et jurent de faire de la place le réduit de « l'Algérie française ». D'autre part, des mots d'ordre appellent la population à se réunir dans l'après-midi du lendemain, qui est un dimanche, au centre de la ville sur le « plateau des Glières », pour démontrer qu'on est solidaire des « défenseurs » des facultés et faire pression sur les autorités.

Celles-ci, pourtant, prennent des mesures pour dégager le

« plateau » où s'assemble une foule considérable, française d'ailleurs dans sa quasi-totalité. Deux colonnes, l'une de gardes mobiles, l'autre de parachutistes, doivent converger sur la place et disperser les manifestants. La première exécute sa mission, mais, au moment où elle débouche, est prise sous le feu de groupes armés, subit des pertes graves en tués et en blessés et riposte par une rafale qui fait tomber plusieurs civils. Cependant, les parachutistes ne sont pas intervenus, ce qui donne aussitôt l'impression que le loyalisme d'une partie, au moins, des forces de l'ordre n'est plus désormais assuré. Du coup et tandis que bouillonne le chaudron algérois, l'émotion et l'inquiétude se répandent dans la Métropole et jusqu'au sein du gouvernement. Pour moi, qui crois que les émeutiers n'ont pour but, dans l'immédiat, que de me contraindre à revenir sur l'autodétermination, je suis résolu à vider l'abcès, à ne faire aucune concession et à obtenir de l'armée une entière obéissance.

C'est ce que j'indique brièvement à la radio le 25 janvier, qualifiant l'événement de la veille comme « un mauvais coup porté à la France », exprimant ma confiance à Delouvrier et à Challe et déclarant que « je ferai mon devoir[50] ». Les jours suivants sont marqués d'une lourde incertitude. Le général Challe, qui a d'abord réagi comme un chef, condamné publiquement le désordre, affirmé qu'il le réprimerait, rassemblé d'importants renforts, placé un cordon de troupes autour de l'université pour l'isoler de la population, change ensuite d'attitude, s'absorbe en consultations de militaires et de civils, ne fait rien pour réduire Lagaillarde et ses gens et les laisse communiquer à leur gré avec la ville. Mais aussi, il donne à entendre à Paris qu'il va falloir composer. À Michel Debré, qui s'est rendu à Alger en compagnie de Pierre Guillaumat dans la nuit du 25 au 26, il le dit et le fait dire par un lot de colonels réunis pour la circonstance. Il m'en envoie le lendemain deux ou trois à l'Élysée pour que ce me soit répété. En fin de compte, comme Paul Delouvrier, craignant d'être soudain emporté par quelque hourvari, se résout, le 28 janvier, à se retirer d'Alger et à gagner Reghaïa, d'où il adresse à la ville une émouvante adjuration, le général en chef quitte son poste de commandement et accompagne le délégué général. Ce jour-là même, il donne au général Ély, qui vient le voir de ma part et lui fixe la conduite à suivre, tous les signes de l'irrésolution. Pendant ce temps, les forces de l'ordre tergiversent ; une espèce de kermesse scandaleuse, mélangeant les insurgés, des civils et des soldats, se déroule sur les barricades autour des facultés ; enfin Alger, en grève, sans transports, magasins fermés, paraît glisser à la dissidence. Mais, sans méconnaître la possibilité du pire, j'ai l'impression que, dans tout cela, il y a vis-à-vis de moi essai d'intimidation plutôt qu'ardeur à en découdre. Ayant laissé pendant quelques jours l'agitation « cuire dans son jus », je sens le moment venu d'en finir avec cette affaire en dissipant toute illusion[51].

Le 29 janvier, me voici donc de nouveau au micro et sur l'écran. J'ai revêtu l'uniforme. Pour l'essentiel, mon propos consiste, en premier lieu, à confirmer que « les Algériens auront le droit de choisir leur destin » et que « l'autodétermination, définie par le chef de l'État, décidée par le gouvernement, approuvée par le Parlement, adoptée par la nation française, est la seule issue possible ». Puis, je m'adresse « à la communauté de souche française en Algérie » pour apaiser ses angoisses, à l'armée pour l'appeler à observer la discipline et lui donner l'ordre formel de faire en sorte que « force reste à la loi », enfin « à mon vieux et cher pays », la France, pour « lui demander de me soutenir quoi qu'il arrive ». Je termine en disant : « Tandis que les coupables, qui rêvent d'être des usurpateurs, se donnent pour prétexte la décision que j'ai arrêtée au sujet de l'Algérie, qu'on sache partout, qu'on sache bien, que je n'y reviendrai pas[52] ! »

L'effet produit est immédiat. En France, tous les indices attestent une approbation générale. À Alger, où mon discours a été écouté sous un orage qui paraît symbolique, chaque Français comprend que les aventuriers doivent, ou bien se soumettre, ou bien aller aux extrémités vers lesquelles fort peu de gens se soucient de les accompagner. Dès lors, ceux qui commandent prennent décidément leur parti. Dans la journée du 30, le général Gracieux, placé par Challe à la tête du secteur d'Alger et à qui le général Crépin, successeur de Massu, donne des ordres formels, fait évacuer par la troupe les abords des facultés et, ainsi, bloquer les rebelles ; ce que voyant, nombre d'entre eux quittent les lieux et viennent se rendre. Après quoi, ceux qui restent, sommés d'en faire autant, remettent leurs armes et demandent à s'engager dans des unités régulières. Ils y sont autorisés à l'exception de leurs chefs. Le 1er février, tout est terminé. Lagaillarde est arrêté et envoyé à Paris pour y passer en jugement. Ainsi est fait en même temps pour quelques autres meneurs, dont Alain de Sérigny et l'ancien député Demarquet. Ortiz, qui s'est enfui, réussit à gagner l'Espagne[53]. Alger se calme et l'armée reprend sa tâche de pacification.

Dans le pénible règlement algérien, l'annonce de l'autodétermination, l'affaire des barricades, la démonstration de l'autorité de l'État, marquent une étape décisive. Il n'est plus douteux, désormais, que si dures et dramatiques que soient encore les traverses, une issue puisse être trouvée, que celle-ci doive déboucher sur l'émancipation accordée par la France à l'Algérie et quelque forme d'association entre les deux pays, qu'il n'en résultera pas la rupture de notre unité nationale. Compte tenu du libre choix qu'ont fait les départements et les territoires d'outre-mer qui restent dans la République, de ce qui est réalisé en Afrique noire et à Madagascar, de ce qui se passe au sujet du Maroc et de la Tunisie, de ce qui continue au Laos et au Cambodge, de ce que l'on entrevoit comme possible, un jour, au Viêt-nam, on discerne que le changement de la colonisation en coopération moderne a maintenant de grandes chances d'être accompli de manière qu'il apporte à la France, non seulement l'allégement de charges devenues injustifiables, mais encore de fructueuses promesses pour l'avenir.

Cette œuvre capitale, le destin veut qu'il m'incombe de la diriger. Comme il est advenu au long de notre Histoire à ceux qui eurent, eux aussi, à imposer l'intérêt suprême, comme cela m'est arrivé à moi-même en d'autres temps, il me faut, pour y réussir, contraindre, parfois châtier, d'autres Français qui s'y opposent mais dont le premier mouvement a pu être de bonne foi. Il me faut surmonter le déchirement qui m'étreint tandis que je mets délibérément fin à une domination coloniale, jadis glorieuse, mais qui serait désormais ruineuse. Il me faut, à grand-peine, porter ailleurs l'ambition nationale. Cette tâche, je sens que la France m'appelle à l'accomplir. Je crois que le peuple m'écoute. Au jour voulu, je lui demanderai s'il me donne raison ou tort. Alors, pour moi, sa voix sera la voix de Dieu[54].

L'ALGÉRIE

Ma décision d'accorder aux Algériens le droit d'être maîtres d'eux-mêmes a tracé la route à suivre. La liquidation de la révolte des barricades a montré que l'armée est fidèle au devoir, dès lors que, du haut de l'État, je lui donne les ordres voulus. Mieux que jamais, je vois ce qu'il faut faire. Moins que jamais[a], je doute qu'il m'incombe d'y parvenir. Mais, autant que jamais, j'ai besoin du concours des Français.

Du côté des Algériens, la masse musulmane se trouve, assurément, confirmée dans le sentiment que c'est du général de Gaulle qu'elle peut attendre la justice et la paix. Mais elle le pense sans le dire. Les dirigeants du Front de libération nationale se déclarent, en principe, disposés à entrer en négociations[1]. Mais ils ne les engagent pas, empêtrés qu'ils sont dans leurs méfiances, leurs surenchères et leurs divisions. En France, tout donne à penser que la nation ne compte que sur moi pour aboutir à une solution. Mais elle ne pourra le prouver que quand elle aura la parole. Dans les milieux opposants, les tenants de l'Algérie française ne sont certes pas capables de m'imposer le maintien du *statu quo*, ni les communistes de me contraindre à l'aplatissement. Mais la perspective de la libre autodétermination exaspère la fureur des premiers et provoque, chez les seconds, la même hostilité systématique qu'ils me témoignent dans tous les cas. Les partis, tout en jugeant, au fond, que mon chemin est le bon et qu'il faut me laisser faire, se gardent de le proclamer et ne cessent de prodiguer les critiques et les réserves. Presque tous les éléments qui se sont, politiquement, rassemblés autour de moi pour le renouveau national maintiennent à ma personne leur adhésion déterminée. Mais beaucoup jugent très amer le calice de l'inéluctable. Parmi les fonctionnaires et les militaires qui, soit sur place, soit à Paris, ont en charge l'exécution, on pense le plus souvent que mon autorité est nécessaire et que l'on doit s'y plier. Mais ce n'est pas volontiers qu'on renonce aux illusions algériennes dont on avait l'habitude. Les ministres se conforment, sans nul doute, à mes directives. Mais la plupart d'entre eux ne font que s'y résigner. Michel Debré lui-même adopte avec un complet loyalisme chacune de mes initiatives et, d'ailleurs, sait bien que l'État ne peut connaître que la raison. Mais il en souffre et ne le cache pas[b]. Le matin où je lui donne à lire, avant que je ne la prononce, l'allocution où je prévois « qu'il y aura, un jour, une République algérienne[2] », il laisse éclater son chagrin.

Dans cette vaste et pénible opération, ma responsabilité est par conséquent sans partage. Soit ! Mais, faute qu'un courant assez fort porte le pays vers le but et eu égard aux possibilités encore intactes des résistances, je devrai procéder, non point par bonds, mais pas à pas, déclenchant moi-même chaque étape et seulement après l'avoir préparée dans les faits et dans les esprits. Constamment, je m'appliquerai à rester maître de l'heure, sans que ni les remous de la politique, ni les aigreurs de la presse, ni les pressions des étrangers, ni les émotions de l'armée, ni les troubles des populations locales, n'infléchissent jamais ma route. À deux moments essentiels[3], pour créer l'irrévocable, j'appellerai le peuple à approuver mes décisions par-dessus les calculs, les embarras et les compromis. Bref, je mènerai le jeu de façon à accorder peu à peu le sentiment des Français avec l'intérêt de la France en évitant qu'il y ait jamais rupture de l'unité nationale.

Dans l'immédiat, après la crise d'Alger, je m'emploie à consolider l'acquis. Au Parlement, convoqué le 2 février 1960 en session extraordinaire, il est demandé d'attribuer au gouvernement des pouvoirs spéciaux pour aménager l'administration et la justice, quant à leur organisation et quant à la situation des personnes, en conséquence des faits qui viennent d'être révélés. Ces pouvoirs sont aussitôt votés, non sans que les socialistes aient fait spécifier que c'est au président de la République lui-même qu'il appartient de les exercer, ce qui ne les empêchera pas, plus tard, d'incriminer mon « pouvoir personnel ». Au gouvernement, deux ministres voient mettre un terme à leurs fonctions. Il s'agit, d'abord, de Jacques Soustelle. Depuis 1940 et jusqu'au jour où, douze ans après, je me suis éloigné de tout, cet homme de talent, cet intellectuel brillant, ce politique passionné, s'était tenu auprès de moi. Mon retrait de l'action politique l'avait laissé à lui-même. Nommé gouverneur général de l'Algérie, il avait vu, en 1954, se déclencher l'insurrection, s'étaler les horreurs des massacres, s'élever vers lui les adjurations et les acclamations des « pieds-noirs ». Devenu leur homme, il était aussi celui de « l'Algérie française » à leur façon. Si, en raison de nos anciens rapports, je l'avais cependant fait entrer au gouvernement — les tueurs du F.L.N. tentant alors de l'assassiner — la tournure des événements ne me permet plus de l'y maintenir. Bernard Cornut-Gentille, moins ouvertement engagé, mais porté vers la même tendance, quitte lui aussi son poste ministériel. D'autre part, comme Pierre Guillaumat doit assumer maintenant notre politique scientifique, atomique et spatiale, c'est Pierre Messmer qui est mis en charge des Armées[4]. Il va de soi que je garde sous ma coupe directe les Affaires algériennes. Au sein du conseil spécial institué pour les traiter et dont, auprès de moi, Bernard Tricot assure le secrétariat, sont décidées, en particulier, la mutation nécessaire de certains hauts fonctionnaires et chefs militaires, la dissolution des « Unités territoriales », qui ont été lors des « Barricades » des éléments de trouble, voire de révolte, la suppression dans les états-majors des « Bureaux d'action psychologique », créés naguère dans l'intention de tenir le Commandement informé de l'état d'esprit des populations, mais qui, sous l'impulsion de quelques théoriciens militaires de l'activisme, sont devenus des officines d'excitation et d'agitation.

Du 3 au 7 mars 1960, accompagné par les ministres Messmer et Terrenoire, les généraux Ély, Lavaud et Challe, je vais revoir l'armée d'Algérie. D'est en ouest, aux points les plus sensibles des zones les plus actives : Hadjer-Mafrouch, Catinat, col de Tamentout, Batna, Menaa, Barika, Aumale, Souk el-Khemis, Ouled-Moussa, Bir-Rabalou, Boghari, Paul-Cazelles, Tiaret, Zenata, Zarifete, Cote 811, Souani, Montagnac, j'entends les rapports et donne mes instructions sur le terrain, passant les journées et les nuits au milieu des troupes, ne m'arrêtant dans aucune ville et n'admettant dans mon escorte aucun correspondant de journal. J'entends, en effet, que le voyage ait un caractère exclusivement militaire. Mais c'est compter sans la faculté d'invention et d'interprétation de la presse. Suivant sa trop fréquente propension à considérer tout événement d'en bas et sous l'angle de l'anecdote, elle intitule « tournée des popotes » le contact que le général de Gaulle prend avec les combattants. Mais, en outre, ne discernant pas que, si je conduis la France au dégagement, je veux aussi que nos forces soient maîtresses du territoire jusqu'au jour où je jugerai à propos de les en retirer, elle présente comme un retournement subit de ma politique les paroles d'action que j'ai adressées aux unités en opérations. Car, à ces soldats qui risquent et, parfois, sacrifient leur vie pour « l'honneur des armes de la France », j'ai dit, naturellement, que la lutte n'était pas finie, qu'elle pouvait se prolonger des mois et des mois encore, que tant qu'elle durerait l'adversaire devait être partout recherché, réduit, vaincu. Il est vrai que j'ai dit aussi que l'aboutissement serait une « Algérie algérienne[5] », par décision et avec le concours de la nation française, ce qui précisait mon but. Mais la relation tendancieuse de ma visite provoque, sur le moment, une ébullition politicienne et journalistique et suscite, de la part des dirigeants du Front de libération nationale, des déclarations belliqueuses, qui ajoutent leurs épines aux aspérités de ma tâche.

Cependant, à la fin de mai, les élections cantonales ont lieu en Algérie. L'événement est d'importance, parce que les conseils généraux sont, pour la première fois, renouvelés au collège unique, parce que le gouvernement a l'intention d'en tirer des commissions d'élus qui, à tous les échelons, assisteront les autorités, surtout parce que la sommation de ne pas voter, adressée aux musulmans par le F.L.N., et aux Européens par plusieurs organisations activistes, en fait un témoignage de l'opinion. Or, la participation atteint 57 pour 100 des inscrits, ce qui, compte tenu des très nombreux absents et du médiocre intérêt que soulève partout et toujours cette sorte de consultation, est une proportion très forte. Les musulmans ont voté en masse pour les listes qui se recommandaient de la politique du général de Gaulle. Quant aux « pieds-noirs », s'ils ont le plus souvent donné leurs voix aux candidats « Algérie française », un nombre appréciable d'entre eux, qui s'intitulent « libéraux », a cependant choisi l'opposé. J'en conclus que c'est le moment de faire un nouveau pas vers la paix.

Le 14 juin, parlant à la nation de son évolution générale, je déclare : « Le génie du siècle change aussi les conditions de notre action outre-mer et nous conduit à mettre un terme à la colonisation... Il est tout à fait naturel que l'on ressente la nostalgie de ce qui était l'Empire, tout comme on peut regretter la douceur des lampes à huile, la splendeur de la marine à voile, le charme du temps des équipages. Mais quoi ? Il n'y a pas de politique qui vaille en dehors des réalités. » Puis, j'en viens au sujet brûlant : « Et l'Algérie ? Ah ! je n'ai jamais cru que je pourrais, d'un instant à l'autre, trancher ce problème posé depuis cent trente ans[6]... Mais, le 16 septembre, a été ouverte la route droite et claire qui doit mener vers la paix... L'autodétermination des Algériens quant à leur destin est la seule issue possible d'un drame complexe et douloureux. » Et, pour terminer : « Une fois de plus, je me tourne, au nom de la France, vers les dirigeants de l'insurrection. Nous les attendons ici pour trouver avec eux une fin honorable aux combats qui se traînent encore... Après quoi, tout sera fait pour que le peuple algérien ait la parole dans l'apaisement. La décision ne sera que la sienne. Mais je suis sûr qu'il prendra celle du bon sens : accomplir, en union avec la France et dans la coopération des communautés, la transformation de l'Algérie algérienne en un pays prospère et fraternel[7]. »

Le 20 juin[8], arrivent à Melun, dont nous leur avons ouvert la préfecture, Ali Boumendjel et Mohammed Ben Yahia. Je sais trop ce que ceux qui les envoient doivent d'apparente intransigeance aux passions de leurs militants, à la cohésion de leur propre comité et à la curiosité de la galerie mondiale pour attendre qu'un accord sorte de ce premier contact. D'ailleurs, l'organisme dirigeant du F.L.N. a publiquement spécifié que ses deux émissaires ne venaient que pour régler les conditions dans lesquelles une délégation, conduite par Ferhat Abbas, « président du gouvernement provisoire de la République algérienne », rencontrerait ensuite le gouvernement français. Ces conditions, telles que Boumendjel et Ben Yahia les indiquent à leurs interlocuteurs, Roger Moris secrétaire général des Affaires algériennes et le général de Gastines, devraient impérativement comporter : des entretiens directs entre Ferhat Abbas et le général de Gaulle et la faculté assurée aux négociateurs qui s'installeraient dans notre pays, même, pourquoi pas ? dans la capitale, de recevoir et d'aller voir qui bon leur semblerait, de faire toutes déclarations et conférences publiques qu'ils voudraient, de s'associer Ben Bella et ses compagnons de l'île d'Aix qui seraient mis en liberté. Il leur est, naturellement, répondu que tout cela ne serait concevable que si, d'abord, avaient cessé les combats et les attentats, et qu'en particulier le général de Gaulle, pendant qu'on tire sur ses soldats en Algérie et qu'on assassine jusque dans les rues de Paris des civils ses compatriotes, ne va pas conférer avec le chef des rebelles. Mais, précisément, nous sommes prêts à régler les modalités d'un cessez-le-feu et, ensuite, celles de l'autodétermination, en supposant et en attendant que celle-ci soit votée par les Français et les Algériens. Si les délégués du F.L.N. sont, de leur côté, disposés à de tels pourparlers, toutes facilités de communications avec Tunis leur seront constamment assurées. Huit jours durant, les entretiens se prolongent sans résultat autre que celui-ci, à mon sens d'ailleurs considérable : des mandataires de l'insurrection ont ouvertement sollicité et obtenu d'être reçus dans la Métropole et longuement conversé avec ceux du gouvernement. On s'est séparés courtoisement, en marquant de part et d'autre l'intention de se retrouver.

Le 5 septembre, devant la presse, j'explique nettement où nous allons, dans quel esprit, avec quel espoir. Ayant fourni des précisions sur ce qui se réalise au point de vue de la gestion des affaires : communales par les conseils municipaux dont les maires sont, maintenant, en grande majorité des musulmans, départementales par les treize conseils généraux dont les présidents le sont tous, régionales par les commissions d'élus dont les trois quarts des membres vont l'être[9], je parle de l'avenir tel qu'il résultera prochainement des suffrages des Algériens : « En tout cas, je crois qu'ils voudront que l'Algérie soit algérienne. À mon sens, la seule question qui se pose est de savoir si cette Algérie sera algérienne contre la France... ou en association avec elle. » Quant aux modalités de la consultation par laquelle les Algériens en décideront, j'affirme qu'elles devront être délibérées « avec toutes les tendances », ce qui veut dire évidemment que le gouvernement négociera avec le F.L.N. Alors, j'élève le ton de la chanson : « Je ne suis pas assez aveugle, ni assez injuste, pour méconnaître l'importance du mouvement des âmes blessées, des espérances éveillées, qui a conduit en Algérie à l'insurrection... Tout en condamnant les attentats commis contre les civils, tout en jugeant que les épisodiques embuscades, à quoi se réduisent maintenant les combats, ne sont que du temps, des douleurs et du sang perdus,... je n'en reconnais pas moins le courage déployé par les combattants... Même, je suis convaincu, qu'une fois finis les derniers accrochages, le souffle qui se lèvera sur l'Algérie déchirée sera celui de la fraternité pour la coopération et pour la paix... » J'achève ainsi ma conférence : « De divers côtés, j'entends dire : " C'est de Gaulle qui peut résoudre le problème. S'il ne le fait pas, personne ne le fera. " — Eh bien ! alors, qu'on me laisse le faire[10] ! »

Deux mois après, nouvelle intervention. Je suis, en effet, sur le point de fixer la date du référendum et cette approche soulève des agitations multiples. Ainsi, à Tunis, où ils se sont fixés, les dirigeants de l'insurrection récusent-ils d'avance le résultat en déclarant qu'aucun vote ne sera valable en Algérie tant que l'armée française sera présente sur le territoire. Ainsi, dans la Métropole, relève-t-on un accroissement spectaculaire des attentats du F.L.N. contre des Français ou contre des musulmans favorables à Messali Hadj[11]. Ainsi, à Alger, les activistes « pieds-noirs » organisent-ils des manifestations anti-de Gaulle à l'occasion du prochain 11 novembre. Ainsi, en France, l'âpreté qui, pour la première fois depuis 1958, marque la discussion du budget étale-t-elle la vivacité des impatiences et des inquiétudes. Mais, le 4 novembre[12], dans une allocution à la nation, j'apparais, à dessein, en pleine résolution et en complète assurance. « Ayant repris la tête de la France, dis-je, j'ai décidé, en son nom, de suivre le chemin qui conduit, non plus à l'Algérie gouvernée par la métropole française, mais à l'Algérie algérienne. Cela veut dire une Algérie émancipée,... une Algérie qui, si les Algériens le veulent — et j'estime que c'est le cas — aura son gouvernement, ses institutions et ses lois. » Je répète que « l'Algérie de demain, telle qu'en décidera l'autodétermination, pourra être bâtie, ou bien avec la France, ou bien contre la France », et que celle-ci « ne s'opposera pas à la solution, quelle qu'elle soit, qui sortira des urnes ». De nouveau, j'offre aux dirigeants de l'organisation extérieure de la rébellion[13] « de prendre part, sans restriction, aux pourparlers relatifs à la consultation future, puis à la campagne qui se déroulera librement à ce sujet, enfin au contrôle du scrutin, demandant simplement qu'on se mette d'accord pour cesser de s'entre-tuer ». Mais je repousse catégoriquement leur prétention d'accéder au pouvoir par la seule vertu des mitraillettes, après que la France aurait retiré ses troupes et sans que le suffrage universel eût, au préalable, décidé du destin de l'Algérie, sous prétextes qu'ils seraient d'ores et déjà « le gouvernement de la République algérienne ». Or, « celle-ci existera un jour, mais n'a encore jamais existé ». Puis, je m'en prends aux éléments qui, chez nous, « tendent à créer un tumulte qui pourrait troubler l'opinion... C'est ainsi que deux meutes ennemies, celle de l'immobilisme stérile et celle de l'abandon vulgaire, s'enragent et se ruent dans des directions opposées mais dont chacune conduirait l'Algérie et la France à une catastrophe ». Je ne ménage pas non plus les étrangers qui prennent sur ce sujet des attitudes de propagande : « Tandis que l'Empire soviétique, qui est la puissance la plus terriblement impérialiste et colonialiste que l'on ait jamais connue, travaille à étendre sa domination, tandis que la Chine communiste s'apprête à prendre sa relève, tandis que d'énormes problèmes raciaux agitent maintes régions de la terre, et notamment l'Amérique, on voit s'élever contre la France des déclarations menaçantes de la part des oppresseurs de l'Est, mais on voit aussi, dans le monde libre, paraître des commentaires tendancieux... Contre ces essais d'agitation du dedans et du dehors,... l'État est là !... Il y a un gouvernement, que j'ai nommé et qui remplit sa tâche avec une capacité et un dévouement exemplaires... Il y a un Parlement, qui délibère, légifère et contrôle... Le pouvoir exécutif et le pouvoir législatif ne sont plus du tout confondus, ce qui assure au gouvernement l'initiative et la latitude voulues... Il y a un chef de l'État à qui la Constitution impose un devoir qui domine tout. » Je termine : « La République est debout. Les responsables sont à leur place. La nation sera appelée à trancher dans ses profondeurs. Françaises, Français, je compte sur vous. Vous pouvez compter sur moi ! » Au reste, c'est sur le même ton, qu'au cours de mes voyages de cette année 1960, j'ai parlé à nos provinces : le Languedoc en février, la Normandie en juillet, la Bretagne en septembre, les Alpes au début et à la fin d'octobre[14]. Toutes m'ont manifesté leur ardente approbation.

Cependant, les bons entendeurs à qui s'adressent mes avertissements réagissent autant qu'ils le peuvent. Les dirigeants du « Front de libération nationale » communiquent au sujet du référendum : « Il est clair qu'il s'agit de doter l'Algérie d'un statut octroyé,... afin d'empêcher le peuple algérien de se prononcer pour l'indépendance. » Aussi adjurent-ils les musulmans de ne pas aller aux urnes. En France, les communistes déclarent : « Voter Oui, c'est dire Non à la paix ! » Les activistes dressent partout leur opposition. Sur place, ils se rassemblent en un « Front de l'Algérie française » qui enrôle, du premier coup, plus de 200 000 adhérents et auquel répond, dans la Métropole, le « Front national pour l'Algérie française ». À Alger, on a pu croire, au lendemain de mon allocution, à une dissidence massive de fonctionnaires. Toutefois, un seul d'entre eux se démet de son poste, il est vrai des plus importants, et est aussitôt révoqué. Mais beaucoup d'autres expriment ouvertement leur désaccord. Le 11 novembre, une foule très houleuse manifeste dans les rues, pille divers bâtiments et lapide les forces de l'ordre. Dès le lendemain, commence la série des explosions de plastic, dont cette fois les ultras sont les auteurs. À Paris, le maréchal Juin fait connaître que : « Malgré l'amitié cinquantenaire qui l'a lié au général de Gaulle, il entend protester, en sa qualité de plus haut dignitaire de l'armée et en tant qu'Algérien, contre l'idée d'abandonner nos frères algériens[15]. » À Saint-Sébastien, où déjà l'ont amené ses calculs, le général Salan déclare à la presse : « Je dis Non ! à cette Algérie algérienne... Il faut, dès maintenant, que chacun prenne ses responsabilités... Le temps des faux-fuyants est révolu. » Au procès qui vient de s'ouvrir pour juger les meneurs de la révolte des barricades : Lagaillarde, Susini, Demarquet, Perez, Ronda, le tribunal militaire, usant d'une indulgence qui confine à la complicité, met aussitôt les inculpés en liberté provisoire, ce qui leur permet de gagner l'Espagne, d'où ils pourront, à leur gré, retourner en Algérie dans la clandestinité.

Mais, de mon côté, je hâte la marche en avant. Le 16 novembre, ma décision de procéder dès le début de janvier au référendum par lequel le peuple français accordera, ou non, aux Algériens le droit à l'autodétermination, est prise en Conseil des ministres, au sein duquel, peu après, sont arrêtés le texte de la question et la date de la consultation. Entre-temps, j'ai reçu nombre de notabilités algériennes, notamment beaucoup de musulmans récemment élus : maires de villes importantes, sénateurs, présidents de conseil général ; tous m'ont clairement fait entendre que la solution finale ne peut résulter que d'un accord avec le « Front de libération nationale » et qu'autrement aucun gouvernement algérien ne serait possible. Le 22 novembre, Louis Joxe est nommé ministre d'État chargé des Affaires algériennes, de telle sorte que, dorénavant, le gouvernement pourra, en sa personne, aller et venir constamment entre Paris et Alger. Le lendemain, Paul Delouvrier, délégué général, dont le loyalisme n'a fléchi à aucun moment mais qui avoue une extrême lassitude, est remplacé par Jean Morin[16]. Le 5 décembre, avant que je ne prenne le décret convoquant les électeurs, Michel Debré expose la politique algérienne du gouvernement à l'Assemblée nationale qui en débat ensuite deux jours durant. Enfin, le 9 décembre, une Caravelle me transporte encore une fois en Algérie où je veux visiter plusieurs centres de population et m'adresser aux cadres de l'armée. À mes côtés sont Louis Joxe et Pierre Messmer. Partout, les faits et les gens me sont présentés par Jean Morin pour ce qui est civil et par le général Crépin pour ce qui est militaire. Crépin a, en effet, depuis six mois, remplacé Challe devenu commandant en chef des forces alliées « Centre-Europe ».

Mon inspection est agitée. À Alger et à Oran, où cependant je ne dois pas passer, le « Front de l'Algérie française » a ordonné la grève générale et la fermeture des magasins. Le dimanche 11 décembre sera une journée sanglante dans les deux villes où se heurteront des cortèges opposés d'Européens et d'Arabes et où les forces de l'ordre seront amenées à faire feu. Dès mon arrivée, le 9, à Aïn-Témouchent dans l'Oranais, je constate l'attitude malveillante de beaucoup de « pieds-noirs ». Si, à Tenezara et à Tlemcen, l'accueil paraît plus sympathique, c'est parce que les Arabes n'ont pas été empêchés d'y prendre part. Mais, le lendemain, dans l'Algérois, je trouve, à Blida, à Cherchell, à Zeddine, à Orléansville, une atmosphère pesante. Les Français de souche me regardent passer en silence tandis que les musulmans n'osent pas quitter leurs maisons. Au contraire, en Kabylie, où les Européens sont en petit nombre, la population est dehors. Ainsi, à Tizi-Ouzou, par contraste avec ce qui s'était passé à mon égard l'année précédente[17], une foule kabyle considérable est assemblée devant l'hôtel de ville pour m'entendre et m'acclamer. Il en est de même à Akbou. J'aborde alors le Constantinois par Bougie où, autour de la préfecture qui est ma résidence pour la nuit, des heurts violents se produisent entre les deux communautés. Le 12, par Sétif et Télergma me voici dans l'Aurès, berceau et citadelle de l'insurrection. Or, à Arris, à Kef-Messara, à Biskra, parcourant les rues à pied, je me vois accompagné de chaleureuses escortes populaires. Le 13 décembre, de Tébessa jusqu'à Bône, je longe près de la frontière tunisienne le barrage de défense sans qu'on y tire un seul coup de feu. À Ouenza, a lieu ma visite des mines de fer qui sont en pleine activité et où nombre de mineurs me font fête. Enfin, à Bône, sur le terrain de départ, c'est l'ultime réunion d'officiers autour de moi. En effet, comme Gambiez l'a fait dans l'Oranais et Vézinet dans l'Algérois, le général Gouraud m'a présenté ceux du Constantinois à mesure de mon passage. Tous m'ont entendu leur parler, assez clair pour comprendre que l'Algérie va disposer d'elle-même, assez ferme pour savoir que moi, leur chef, j'ai fixé mon but et que je n'en changerai pas, assez haut pour mesurer quel désastre national serait la défection des soldats et, au contraire, quelle est la valeur exemplaire de leur discipline[18]. Quittant la terre d'Algérie, le dernier salut que je reçois est celui de Gouraud. « Mon général, me dit-il, très ému, je vous réponds de moi-même et de mes subordonnés[19] ! »

Pendant cinq jours, ce qui a passé devant mes yeux, retenti à mes oreilles et pénétré dans mon esprit me laisse une nette impression des réalités algériennes au moment où le vote sur l'autodétermination va déchirer les derniers voiles. La guerre est quasi finie. Le succès militaire est acquis. Les opérations se réduisent pour ainsi dire à rien. La politique prend toute la place et, dans ce domaine-là, les deux communautés sont plus éloignées l'une de l'autre qu'elles ne l'ont jamais été : la masse musulmane convaincue qu'elle a droit à l'indépendance et qu'elle l'obtiendra tôt ou tard, les Européens résolus pour la plupart à la lui refuser à tout prix. Le risque va donc croissant de voir les attentats et la révolte changer de sens. On doit, dans ces conditions, prévoir que les activistes de « l'Algérie française », quoi qu'ils entreprennent d'excessif, trouveront le concours du plus grand nombre de « pieds-noirs » et maintes connivences dans la police, la fonction publique et la justice locales. Il faut également penser que des incidents plus ou moins graves surviendront du fait de certaines unités militaires dont une partie des cadres considère que l'Algérie[d] est une conquête indispensable à la France. Par contre, je ne doute pas qu'en fin de compte l'armée, dans son ensemble, restera disciplinée et que je serai suivi par la masse du peuple français. Par-dessus tout, je tiens pour évident que la situation, à mesure qu'elle se prolonge, ne peut plus offrir à notre pays que des déboires, peut-être des malheurs, bref, qu'il est temps d'en finir.

Avant le référendum, je m'adresse encore par trois fois à la nation. Qui donc, en effet, mieux que celui qui porte la charge peut préciser de quoi il retourne ? Le 20 décembre, je déclare : « Le peuple français est appelé à dire s'il approuve, comme je le lui propose, que les populations algériennes choisissent elles-mêmes leur destin... La France va donc prendre, d'une manière solennelle, la décision d'y consentir. Elle va la prendre suivant son génie qui est de libérer les autres quand le moment est venu... Elle va la prendre avec l'espoir, conforme à son intérêt, d'avoir affaire dans l'avenir, non point à une Algérie inorganique et révoltée, mais à une Algérie apaisée et responsable... Je demande donc un Oui franc et massif aux Françaises et aux Français. » C'est sur ce point que j'insiste, le 31 décembre, dans mon allocution de fin d'année. « Donnez, dis-je, au projet qui vous est soumis une majorité immense. D'abord parce que c'est le bon sens... Mais aussi, parce que s'il arrivait, par malheur, que la réponse du pays fût négative, ou indécise, ou marquée par beaucoup d'abstentions, quelles conséquences entraîneraient cette impuissance et cette division ! Au contraire, que le référendum soit positif et éclatant, voilà la nation, son gouvernement, son Parlement, son administration, son armée, bien fixés sur la route à suivre et sur le but à atteindre ! Voilà les Algériens bien éclairés sur l'avenir ! Voilà l'étranger bien prévenu que la France sait ce qu'elle veut ! » J'ajoute, pour qu'il n'y ait de mon fait aucune ambiguïté, qu'il dépend du vote national que je poursuive, ou non, ma tâche. C'est là-dessus, enfin, que je conclus mon appel du 6 janvier : « Françaises, Français... en vérité — qui ne le sait ? — l'affaire est entre chacune de vous, chacun de vous, et moi-même[20]. »

Le 8 janvier 1961, la nation, comme je le lui ai demandé, me répond franchement et massivement. Sur vingt-sept millions et demi d'inscrits, il y a plus de vingt et un millions de votants. Quinze millions cinq cent mille disent : « Oui ! », cinq millions disent : « Non ! », soit une majorité positive qui atteint 76 pour 100. Le résultat est d'autant plus frappant que le « Non » ardemment préconisé par les tenants de l'« Algérie française » et par le parti communiste, offre en outre aux rancunes et aux mécontentements de toutes sortes l'occasion de se manifester. En Algérie, où 4 760 000 électeurs sont inscrits, 2 800 000 vont aux urnes. Cette proportion de 59 pour 100 de votants est remarquable dans une région que les chefs de l'insurrection ont sommée de s'abstenir et qui compte au moins un million d'hommes éloignés de leur commune. Le « Oui » obtient 1 920 000 voix — 70 pour 100 des suffrages —, le « non » 790 000.

C'est fait ! Le peuple français, offrant la liberté à sa conquête, accorde aux Algériens le droit de disposer de leur sort. Or, il est certain qu'ils choisiront l'indépendance. Reste à conduire l'affaire de telle sorte qu'ils le fassent au moment que nous aurons choisi et que cet avènement de leur territoire au rang d'un État souverain soit prononcé par nous-mêmes. Un référendum final sera donc nécessaire. Mais nous, Français, pouvons-nous demander si le mieux n'est pas que cela nous conduise à abandonner délibérément l'Algérie, considérée comme « boîte à chagrins », à en retirer notre administration, notre enseignement, notre action économique, nos crédits, nos forces, à concentrer d'office autour d'Alger et d'Oran les habitants qui veulent rester français, à renvoyer d'où ils viennent les Algériens qui vivent chez nous, à assister de loin et sans y prendre intérêt à l'existence d'un pays qui ne nous serait plus de rien, bref à y agir comme si, en matière de colonisation comme en amour, « la victoire, c'est la fuite[21] ». Au demeurant, cette séparation totale, désastreuse pour l'Algérie, ne le serait pas pour nous et il m'arrive de l'envisager franchement. Cependant, tout compris, je persiste à croire qu'il peut y avoir mieux à faire : parvenir à une association réciproquement privilégiée de la France et de l'Algérie.

Or, à cet égard, rien de ce qui serait imaginé et, le cas échéant, voté n'aurait de réalité si ceux qui luttent pour l'indépendance n'y participaient pas au premier chef. Car c'est en eux qu'à présent les Algériens, même si tous, à beaucoup près, ne les suivent pas ouvertement, se reconnaissent dans leur immense majorité. En somme, il s'agit d'amener le « Front de libération nationale » à s'accorder avec nous, afin que, tout combat ayant cessé, il soit proposé aux citoyens de l'un et de l'autre pays de décider, par leur vote, tout à la fois l'institution de l'Algérie indépendante et une organisation contractuelle de ses rapports avec la France.

Je ne doute évidemment pas, qu'avant que de tels pourparlers puissent aboutir et, même, s'engager, nous devions rencontrer du côté de la partie adverse beaucoup de tergiversations, de préventions, de marchandages. Par toutes sortes de renseignements nous en savons assez sur le compte de l'organisme qui se dit le « G.P.R.A.[22] » pour discerner qu'il serait contraire à sa nature d'en venir rapidement à des décisions constructives. Non point que, parmi les dirigeants de l'insurrection, il y ait des doutes sur la nécessité, pour un futur État algérien, d'avoir des relations préférentielles avec la France. D'ailleurs, tout en brandissant l'étendard de la révolte, des hommes comme Ferhat Abbas, Krim Belkacem, Boumendjel, Ben Khedda, Boulahrouf, Ahmed Francis, etc., sont trop pénétrés de nos idées, trop liés à nos valeurs, trop conscients des conditions géographiques, historiques, politiques, économiques, intellectuelles, sociales, où leur pays se trouve par rapport au nôtre, pour ne point désirer un avenir d'association. Mais la méfiance qu'ils éprouvent vis-à-vis des instances officielles françaises telles qu'ils les ont naguère connues, le doute dont les nourrit la lecture de notre presse quant à la sincérité et à la solidité de mon gouvernement, le manque de compétences pratiques dont ils sont eux-mêmes marqués, enfin les rivalités qui les opposent les uns aux autres de plus en plus âprement à mesure que se rapproche la perspective d'un pouvoir effectif, les portent à s'en tenir à de verbeuses attitudes de propagande. Ils redoutent la confrontation et les engagements précis que comporterait une véritable négociation.

Comment, pourtant, pourraient-ils s'y dérober longtemps encore ? Quoi qu'ils en disent, le vote du 8 janvier pèse maintenant d'un poids décisif et les met au pied du mur. Ils savent, d'ailleurs, que l'opinion mondiale en tire déjà les conséquences. En Tunisie et au Maroc, dont le concours est indispensable aux troupes qu'ils forment en dehors des frontières, ainsi qu'à leurs liaisons avec la résistance intérieure, ils constatent que les gouvernements ont grand-hâte qu'on en finisse. Ils n'ignorent pas que même les maquisards des djebels en viennent à se demander pourquoi se prolongent leurs terribles épreuves, puisque les offres du général de Gaulle les rendent désormais sans objet. Déjà, en juin 1960, les chefs de ce que les rebelles appellent la wilaya IV, c'est-à-dire de l'Algérois, avaient demandé à traiter d'un cessez-le-feu pour leurs bandes. J'avais fait venir à Paris en grand secret et reçu moi-même avec égards ces délégués : deux « militaires » Si Salah et Si Lakdar et un « politique » Si Mohammed. M'ayant vu et entendu, ils s'étaient montrés très désireux d'arriver à un arrangement, très assurés d'entraîner dans la bonne voie la plupart de leurs camarades et, en dépit de mes mises en garde, très convaincus d'obtenir le consentement tacite des dirigeants du « Front ». Il est vrai, qu'après plusieurs mois d'allées et venues à travers les maquis et, sans doute, l'intervention de l'organisme suprême, le responsable « politique » avait fait assassiner les deux autres. Mais la tentative en disait long sur l'ébranlement moral que mes propositions suscitaient chez les combattants[23].

En février 1961, répondant à des sollicitations que nous adressent, depuis la Suisse, des émissaires du « Front », je juge utile d'envoyer à Lucerne un porte-parole officieux[24]. Celui-ci sera quelqu'un dont la partie adverse ne puisse douter qu'il exprime directement ma manière de voir. D'après mes instructions il devra faire comprendre à ses interlocuteurs que mon but consiste, non point du tout à tenir la France accrochée à l'Algérie, mais au contraire à l'en dégager et que c'est cela qui aura lieu de toute façon. C'est donc aux Algériens qu'il appartient de faire en sorte que, s'ils croient en avoir besoin, elle continue ensuite à les aider. Georges Pompidou, accompagné de Bruno de Leusse, confère à loisir, le 20 février et le 5 mars, avec Ali Boumendjel et Taïeb Boulahrouf. Après leurs échanges de vues, nous proposons et le « Front » accepte d'ouvrir enfin sur notre territoire des négociations réelles, portant à la fois sur le cessez-le-feu, les modalités de l'ultime référendum et l'avenir de l'Algérie. Ainsi va commencer à Évian, reprendre à Lugrin, se renouer aux Rousses, se terminer à Évian[25], la série des entretiens qui, en l'espace de neuf mois, aboutira aux conventions sur la base desquelles le peuple français accordera explicitement l'indépendance à l'Algérie et remplacera par une étroite coopération la domination qui, depuis cent trente-deux ans, résultait de sa conquête. Mais, avant qu'on en vienne là, des scènes d'apaisement et des crises déchirantes vont encore alterner sur le théâtre où le drame se joue.

Le président Bourguiba, pour sa part, a tout de suite compris que le référendum du 8 janvier ouvre une issue dont, pour la Tunisie, les conséquences seront capitales. Il demande à me voir. Nous passons ensemble à Rambouillet la journée du 27 février. J'ai devant moi un lutteur, un politique, un chef d'État, dont l'envergure et l'ambition dépassent la dimension de son pays. Depuis toujours, il est le champion de l'indépendance tunisienne, ce qui l'oblige à surmonter en lui-même maintes contradictions. Il s'est sans cesse opposé à la France, à laquelle, cependant l'attachent sa culture et son sentiment. À Tunis, il a renversé le régime beylical et épousé la révolution, bien qu'il croie à la vertu de ce qui est permanent et traditionnel. Il s'incorpore à la grande querelle arabe et islamique, tout libre-penseur qu'il soit et imbu de l'esprit et des manières de l'Occident.

Présentement, il soutient l'insurrection en Algérie, non sans redouter pour demain le voisinage malaisé d'une république bouillonnante. S'il a tenu à me faire visite, c'est assurément pour marquer qu'il approuve mon action en vue d'une négociation algérienne et qu'il souhaite jouer un rôle conciliateur au cours de la confrontation. Mais c'est aussi pour obtenir quelques avantages au moment où l'Algérie va en recevoir beaucoup.

Habib Bourguiba pose, d'abord, la question de Bizerte. Il en demande l'évacuation. Je lui rappelle que, dès 1958, en retirant *proprio motu* les forces françaises du territoire tunisien, j'ai tenu à ce qu'elles gardent la base navale jusqu'à nouvel ordre. Ce maintien fut, d'ailleurs, spécifié dans les lettres que, tous deux, nous avons alors échangées. Depuis, les Français ont cessé d'occuper militairement l'arsenal, rendu aux Tunisiens l'administration de la ville et laissé leurs troupes y cantonner, elles aussi. En fait, la présence de notre petite garnison et les travaux de réparation de quelques navires de guerre sont, pour Bizerte, d'un bon rapport. « De toute façon, dis-je au Président, cela ne durera plus longtemps. Il est vrai que, dans la situation actuelle de tension internationale, où l'O.T.A.N. ne couvre pas la Tunisie et où celle-ci entend rester neutre, la France ne saurait laisser à la merci d'un coup de main hostile cette base dont l'emplacement, au milieu de la Méditerranée, peut être d'une très grande importance stratégique. Mais nous sommes, comme vous le savez, en train de nous doter d'un armement atomique. Dès que nous aurons des bombes, les conditions de notre sécurité changeront du tout au tout. En particulier, nous aurons de quoi nous garantir de ce qui pourrait éventuellement se passer à Bizerte quand nous en serons partis. Vous pouvez donc être assuré que nous nous en retirerons dans un délai de l'ordre d'une année. — J'en prends acte volontiers, me répond Habib Bourguiba. Dans ces conditions, je n'insiste pas pour la solution immédiate du problème. » Il le répétera au cours de la séance plénière que nous tiendrons ensuite en présence de Michel Debré, de Maurice Couve de Murville, de Mohammed Masmoudi et de Sadok Mokaddem.

Mais la question de Bizerte n'est, pour le Président, qu'un détour pour en venir à l'essentiel. Ce dont il est anxieux surtout, c'est de procurer à son pays certains agrandissements du côté de ses confins sahariens, si, comme on peut le prévoir, le grand désert doit être un jour remis à une Algérie souveraine. Bien entendu, c'est le pétrole qui soulève cette convoitise. On n'en a pas découvert sur le territoire tunisien. Or, justement, les Français en trouvent et en exploitent des sources abondantes à proximité, dans les régions d'Hassi-Messaoud et d'Edjelé. Ne pourrait-on modifier la frontière de telle sorte que la Tunisie soit mise en possession de terrains pétrolifères ? Ce serait, suivant Bourguiba, d'autant plus justifiable que la délimitation entre le Sahara et le sud de l'ancienne régence a été naguère tracée d'une façon vague et contestable. Mais je ne puis donner suite à cette demande du Président. Pour nous, Français, le développement de nos recherches et de notre exploitation du pétrole saharien sera, demain, un élément capital de la coopération avec les Algériens. Pourquoi irions-nous d'avance la compromettre en livrant à d'autres un sol qui, à cette condition, peut revenir à l'Algérie ? Si, d'ailleurs, nous le faisions au profit de la Tunisie, quel prurit d'excitation en recevraient les prétentions marocaines sur Colomb-Béchar et sur Tindouf, pour ne point parler de ce que la Mauritanie, le Mali, le Niger, le Tchad, la Libye, pourraient vouloir revendiquer ! Or, il est de notre intérêt de régler, le moment venu, l'exploitation rationnelle du pétrole saharien d'un seul tenant. Certes, nous prenons en considération les avantages que certains pays voisins voudraient tirer de cette mise en valeur et la participation qu'ils seraient prêts à y prendre. Précisément, par faveur accordée à la Tunisie, nous achevons d'y construire un pipe-line qui amènera à La Skhirra une partie du pétrole provenant d'Edjelé et nous allons bâtir une raffinerie sur le port d'embarquement. D'autre part, nous proposons aux riverains du Sahara d'organiser avec nous, en attendant qu'ils le fassent aussi avec l'Algérie souveraine, un groupement pour la recherche, le financement, l'évacuation, l'achat, de tout ce qui est et sera trouvé d'huile et de gaz dans le désert. Mais rien ne justifierait que nous consentions à en démembrer le territoire. Bourguiba accueille sans plaisir cette fin de non-recevoir. Cependant, nos entretiens m'ont paru assez francs et cordiaux pour que je croie pouvoir lui dire au moment de nous séparer : « J'envisage avec confiance l'avenir de nos relations. » Il acquiesce chaleureusement.

La veille, était mort subitement Mohammed V, roi du Maroc. Nous étions liés par une amitié de vingt ans. Au nom de la France, je lui savais gré d'être resté pendant la guerre, et jusque dans les plus mauvais jours, fidèle à ses engagements, de n'avoir pas cédé, après notre défaite initiale, aux avis de dissidence que lui faisait passer Hitler, ni plus tard aux insidieux conseils de Roosevelt qui, lors de la conférence d'Anfa, l'incitait à dénoncer le traité de protectorat. Parce qu'ensuite il personnifiait l'important concours en combattants et en ressources que le Maroc apportait à notre effort pour la victoire, je l'avais fait compagnon de la Libération. De son côté, le souverain m'avait, de tous temps, remercié d'avoir, en sauvegardant l'intégrité et l'honneur de la France, permis au Maroc de conserver les siens. Il était sensible aux égards qu'en Afrique du Nord, puis à Paris, je lui avais témoignés. Il partageait mon intention de transformer les rapports franco-marocains en une coopération étroite de deux États souverains. Enfin, il m'était resté reconnaissant de lui avoir adressé l'assurance de ma sympathie et de ma compréhension, quand il s'était vu, en 1953, exiler à Madagascar et n'oubliait pas qu'en le recevant discrètement à son retour de Tananarive deux ans après je lui avais dit : « Sire, vous avez souffert. Je vous en félicite. En vous infligeant cette épreuve, on vous a rendu service. Car il faut avoir souffert pour être grand ! » Depuis mon retour au gouvernail, nous nous étions retrouvés en relations de confiance. Tandis qu'il n'accordait aux insurgés algériens réfugiés sur son territoire d'autres facilités que celles que lui imposait l'élémentaire solidarité arabe, il poussait les dirigeants rebelles à entrer dans la voie de la paix. En tout cas, j'étais sûr que, lui régnant, les difficultés que nous causait le Maroc demeureraient limitées[26].

Or, voici qu'à ce sujet la disparition soudaine de Mohammed V risque de poser un sérieux problème. Car, en raison de l'agitation des milieux politiques du pays, on peut redouter que la crise ouverte par la succession du roi ne provoque de grandes secousses. Mais il n'en est rien. Le jeune prince Hassan, saisissant immédiatement l'initiative, accède d'autorité au trône de son père. Pour ombrageux que soit le nouveau roi en ce qui concerne la souveraineté nationale, il entend maintenir avec la France des rapports exceptionnels. Au total, nous pouvons penser que, de la part du Maroc, comme de celle de la Tunisie, le « Front » algérien va, désormais, recevoir des encouragements à bien faire, autrement dit à négocier.

Au lendemain du référendum, indépendamment des contacts secrets[27] qui préparent les pourparlers, c'est en vue de leur ouverture que se prennent les positions publiques. Le 16 janvier 1961, le G.P.R.A. déclare, une fois de plus, qu'il est prêt à entrer en négociations avec le gouvernement français, quitte à proclamer, le 2 février, par la voix de Ferhat Abbas et de Boumendjel, alors reçus en Malaisie, que l'autodétermination exige, au préalable, l'évacuation de l'Algérie par l'armée française. En France, nombre de parlementaires algériens musulmans, parmi lesquels tous les sénateurs, s'organisent pour la première fois en un « Rassemblement démocratique algérien » et réclament l'ouverture d'entretiens avec le G.P.R.A. À l'inverse, divers indices annoncent qu'une crise grave soulevée par l'activisme est en train de couver. Le 25 janvier, le général Challe fait connaître qu'il prend sa retraite parce qu'il est en opposition avec la politique du gouvernement. En mars, le tribunal militaire, bien que la fuite en Espagne des meneurs des « barricades » ait bafoué la justice, prononce à leur égard des verdicts d'indulgence scandaleuse. Les éléments politiques qui tiennent pour « l'intégration » se groupent à Vincennes sous l'impulsion de Jacques Soustelle, en un comité dont le manifeste affirme : « C'est nous qui servons la loi, c'est le pouvoir qui l'enfreint ! » À Alger et à Oran, les commandos ultras de toutes sortes forment clandestinement « l'Organisation de l'armée secrète ». En métropole, comme en Algérie, redoublent les attentats au plastic montés par cette O.A.S. et qui prennent l'allure de menaces ou de châtiments dirigés contre des notables du Parlement ou de la fonction publique et des responsables de l'ordre. Sentant que le vent mauvais va se lever sans rémission[28] je m'explique moi-même, le 11 avril, au cours d'une conférence de presse[29], plus ouvertement que jamais.

Observant que : « L'Algérie nous coûte — c'est le moins qu'on puisse dire — plus cher qu'elle ne nous rapporte », je répète que « la France considère avec le plus grand sang-froid une solution telle que l'Algérie cesserait de lui appartenir... et ne fait aucune objection au fait que les populations algériennes décideraient de s'ériger en un État qui prendrait leur pays en charge ». Je précise ma conviction que « cet État sera souverain au-dedans et au-dehors ». Ce ne sont pas, d'ailleurs, les résultats militaires obtenus par le F.L.N. qui me font parler comme je parle. « En effet, la rébellion, qui, naguère, tuait quotidiennement une cinquantaine de personnes, en tue à présent en moyenne sept ou huit, dont quatre ou cinq musulmans... Cependant, les événements m'ont confirmé dans ce que j'ai démontré depuis vingt[30] ans, sans aucune joie, certes, mais avec la certitude de bien servir, ainsi, la France. » Suit le rappel de ce qu'a été mon action pour la décolonisation. Puis, je déclare : « Si j'ai fait tout cela, ce n'est pas seulement en raison de l'immense mouvement d'affranchissement que la guerre mondiale et ses conséquences déclenchaient d'un bout à l'autre du monde,... mais c'est aussi parce qu'il m'apparaît contraire à l'intérêt actuel et à l'ambition nouvelle de la France de la tenir rivée à des obligations et à des charges qui ne sont plus conformes à ce qu'exigent sa puissance et son rayonnement. » Je mets, alors, les dirigeants de la rébellion en demeure de négocier. « Certes, il est malaisé à un appareil essentiellement insurrectionnel d'aborder, avec le minimum de sérénité nécessaire et au plan voulu, des questions comme celles de la paix, de l'organisation d'un État et du développement économique d'un pays. Mais ces dirigeants, étant donné qu'ils ne domineront pas sur le terrain, où c'est notre armée qui tient la situation, étant donné qu'ils ont de grandes responsabilités à cause de l'influence qu'ils exercent sur les musulmans, étant donné qu'ils semblent appelés à jouer un rôle éminent dans les débuts de l'Algérie nouvelle, il s'agit de savoir si, en définitive, ils seront capables de passer au positif. »

Tout est dit ! Les jours suivants, du haut de vingt tribunes, au cours de mon voyage en Aquitaine et dans le Périgord[31], je renouvelle mes propos qui sont salués par de grandes ovations populaires. Toutes les conditions se trouvent ainsi réunies pour que le « Front » ne puisse plus différer de répondre à la convocation. Mais, auparavant, je dois m'attendre à ce que les ultras passent à l'attaque en prenant directement pour cibles ma personne et mon pouvoir.

Aux premières heures du 22 avril 1961, j'apprends que le général Challe, transporté secrètement à Alger par un avion de l'armée de l'Air, vient de déclencher un coup de force. Exécutant ce qui a été préparé par l'équipe des colonels : Argoud, Broizat, Gardes, Godard, plusieurs régiments de parachutistes se rangent sous ses ordres, ce qui lui permet de faire arrêter le délégué général Jean Morin, le général Gambiez commandant en chef, le général Vézinet commandant le corps d'armée d'Alger, le préfet de police René Jannin, ainsi que le ministre Robert Buron qui est là en inspection, de s'emparer des principaux bâtiments publics et d'obtenir le concours d'une partie de l'état-major et de certains éléments de l'administration et de la police. Il a trouvé sur place les généraux Zeller et Jouhaud et va être incessamment rejoint par le général Salan. Avec ces trois complices, il forme une sorte de directoire qui proclame l'état de siège et se donne, en toutes matières, les attributions d'un gouvernement. Il semblerait, à première vue, que leur groupe puisse entraîner une notable partie des troupes et des services. En effet, Challe a commandés récemment et brillamment. Avant lui, Salan a exercé sur place tous les pouvoirs. Zeller et Jouhaud furent chefs d'état-major respectivement de l'Armée et de l'armée de l'Air et le dernier, originaire d'Oran, y a une grande popularité. C'est dire, qu'indépendamment de l'attachement à l'« Algérie française » et de l'esprit d'aventure qui animent certaines unités, ils peuvent trouver partout, dans les cadres et les rangs, pour faire admettre leur autorité, des réflexes d'obéissance et des liens personnels. D'autre part, le fait que les mutins se dressent contre moi et mon gouvernement, mettent en prison les représentants de l'autorité publique, proclament que « les individus ayant participé directement à l'entreprise d'abandon de l'Algérie et du Sahara seront déférés devant un tribunal militaire créé pour connaître des crimes commis contre la sûreté de l'État », leur coupe toutes les issues et les engage aux extrêmes. Je ne me dissimule donc pas que cette tentative effrénée ait, en Algérie, des chances de saisir initialement l'avantage et je m'attends à ce qu'elle soit conduite à lancer sur Paris une expédition qui, grâce à d'actives complicités au milieu d'une passivité assez généralisée, essaierait de submerger le pouvoir. Ma décision est prise. Il faut réduire la dissidence sans composer, ni différer, en affirmant dans toute sa rigueur la légitimité qui est mienne et en amenant ainsi le peuple à prendre parti pour la loi et l'armée pour la discipline.

Afin que cela soit marqué immédiatement sur le terrain, Louis Joxe, ministre d'État, et le général Olié, devenu chef d'état-major général de la Défense nationale depuis que le général Ély a atteint la limite d'âge, sont envoyés à tous risques en Algérie dès le matin du 22 avril. Ils y notifieront leurs ordres aux échelons hésitants. C'est ce qu'annonce aussitôt par la radio Michel Debré, déclarant que « le gouvernement a la volonté de faire respecter la volonté nationale... et que tous les chefs en Algérie ne doivent l'obéissance qu'au chef de la nation : le général de Gaulle ». Le même jour, sont suspendus les transports maritimes et aériens vers l'Algérie. En métropole, il est procédé à des arrestations préventives, notamment celles de suspects dans les milieux militaires. Le Conseil des ministres décrète l'état d'urgence et défère nommément à la justice les chefs de la mutinerie. Le lendemain, après avoir, conformément à la loi[32], consulté le premier ministre, ainsi que les présidents du Sénat, de l'Assemblée nationale et du Conseil constitutionnel, qui tous, dans leur inquiétude, me donnent un avis favorable, je décide d'appliquer l'article 16 de la Constitution. Ainsi, quoi qu'il arrive, serais-je en mesure de prendre sans délai et sans intermédiaire toutes les dispositions qu'exigerait le péril public. En même temps, chacun comprend par là qu'à l'exemple du chef de l'État on ne saurait ruser avec le devoir.

Pourtant, il apparaît, le dimanche 23 avril, que Challe a marqué quelques points. Il a été rallié par une quinzaine de régiments, la plupart parachutistes. Le faux « commandant en chef » a pu faire arrêter le général de Pouilly, commandant le corps d'armée d'Oran, qui, voulant lui prêcher la raison, avait consenti à le voir à la condition de rester libre. Après diverses tergiversations, le général Gouraud[33], commandant le corps d'armée de Constantine, s'est décidé pour la rébellion. En font également partie : le général Bigot commandant l'Aviation en Algérie, le général Petit adjoint au commandant militaire du Sahara et le général en retraite Gardy ancien inspecteur de la Légion. C'est à grand-peine que Louis Joxe et le général Olié ont pu regagner Paris après être passés par Tlemcen, Constantine et Bône. À Alger et à Oran, apparaît la milice O.A.S., en tenue spéciale, qui prend le contrôle des commissariats de police et des prisons, libère les détenus activistes et commence à mettre des gens sous clef. Cependant, à 8 heures du soir, je suis, en uniforme, sur les écrans et au micro[34], pour assumer *urbi et orbi* mes responsabilités.

« Un pouvoir insurrectionnel s'est établi en Algérie par un pronunciamiento militaire. Ce pouvoir a une apparence : un quarteron de généraux en retraite. Il a une réalité : un groupe d'officiers partisans, ambitieux et fanatiques. Ce groupe et ce quarteron possèdent un savoir-faire expéditif. Mais ils ne voient la nation et le monde que déformés à travers leur frénésie. Leur entreprise conduit tout droit à un désastre national… Et par qui ? Hélas ! Hélas ! par des hommes dont c'était le devoir, l'honneur, la raison d'être, de servir et d'obéir… Au nom de la France, j'ordonne que tous les moyens, je dis tous les moyens, soient employés pour barrer la route à ces hommes-là, en attendant de les réduire. J'interdis à tout Français, et d'abord à tout soldat, d'exécuter aucun de leurs ordres… L'avenir des usurpateurs ne doit être que celui que leur destine la rigueur des lois… Devant le malheur qui plane sur la patrie et la menace qui pèse sur la République,… j'ai décidé de mettre en œuvre l'article 16 de la Constitution. À partir d'aujourd'hui, je prendrai, au besoin directement, les mesures qui me paraîtront exigées par les circonstances. Par là même, je m'affirme, pour aujourd'hui et pour demain, en la légitimité française et républicaine que la nation m'a confiée, que je maintiendrai, quoi qu'il arrive, jusqu'au terme de mon mandat ou jusqu'à ce que me manquent soit les forces, soit la vie, et dont je prendrai les moyens qu'elle demeure après moi… Françaises, Français ! Aidez-moi ! »

Tous, partout, m'ont entendu. En métropole, il n'est personne qui n'ait pris l'écoute. En Algérie, un million de transistors ont fonctionné. À partir de ce moment, la dissidence rencontre sur place une résistance passive qui se précise à chaque instant. Il est vrai que, ce soir-là même, le gouvernement, alerté de divers côtés, a pu tenir pour possible une irruption des rebelles aux environs de Paris, averti ceux qui le peuvent de leur barrer éventuellement la route et mis en place les forces de l'ordre dont il dispose dans la capitale[35]. Mais, au long de la journée suivante, se multiplient les indices de la déconfiture de Challe. Dans le Constantinois, la défaillance de Gouraud n'est pas suivie par ses subordonnés. Les généraux Lennuyeux à Constantine, Ailleret à Bône, Géliot à Sétif, restent dans le devoir, ainsi que le général Fourquet commandant l'Aviation. En Kabylie, le général Simon a gagné le bled pour échapper aux mutins. Dans la région d'Alger, le général Arfouilloux, que Joxe, lors de son passage, a nommé commandant du corps d'armée en remplacement de Vézinet prisonnier, tient bon à Médéa où il regroupe des éléments fidèles. Si, à Oran même, le général Gardy, secondé par le colonel Argoud, a été installé par les parachutistes pour le compte de la rébellion, au contraire, à Tlemcen, les généraux Perrotat et Fouquault leur interdisent l'accès de la zone. À Sidi-bel-Abbès, centre de la Légion étrangère, le colonel Brothier rétablit la discipline. À Mers el-Kébir, où s'est rendu l'amiral Querville commandant la Marine, qui, ensuite, coupant court aux questions qu'il se pose à lui-même, a sagement pris la mer[36], la base navale ne se laisse pas circonvenir. Aucun des navires de guerre qui patrouillent au large de la côte ne fait mine de passer à la mutinerie. À Alger même, la garde mobile, rassemblée dans sa caserne, n'accepte pas d'obtempérer aux ordres des usurpateurs. En outre, sur tout le territoire, un nombre croissant de soldats, de sous-officiers, d'officiers, expriment leur refus de se prêter à l'entreprise de la dissidence. Comme les hommes du contingent se montrent à cet égard d'heure en heure plus déterminés, le « quarteron » rebelle fait savoir qu'il va avancer la date de leur libération sans qu'il obtienne, pour autant, la fin de l'agitation. Il n'est pas jusqu'à ceux des régiments d'intervention où l'on a d'abord été entraîné à la « malaventure » qui ne montrent des signes d'hésitation, voire de retournement. Dans la soirée de ce lundi 24, les quatre généraux rebelles se décident à paraître au Forum où la population est convoquée pour les entendre. Bien qu'ils se disent certains de l'emporter, bien que Challe proclame « qu'ils sont là pour se battre, pour souffrir, pour mourir s'il le faut », bien que la foule les acclame, l'anxiété plane sur cette assemblée de « pieds-noirs ».

Sans qu'on ait, d'aucun côté, engagé le moindre combat, la journée du 25 avril voit l'écroulement de l'absurde et odieuse tentative. À Constantine, Gouraud déclare qu'il s'est trompé et qu'il se replace sous mon autorité. À Oran, les parachutistes évacuent la ville pour retourner à leurs précédents emplacements, Gardy et Argoud disparaissent et le général Perrotat reprend en main tout le corps d'armée. De Blida et de Maison-Blanche se sont envolés les avions Nord qui auraient pu, techniquement parlant, transporter sur Paris les commandos du coup d'État. Tous ont gagné la Métropole aux ordres du gouvernement. À Alger, les zouaves se réunissent « pour adresser au général de Gaulle une motion de fidélité » ; près de La Redoute, les recrues de l'Aviation défilent en criant : « Vive de Gaulle ! » ; les gardes mobiles, sortant de leur quartier des Tagarins, prennent position aux principaux carrefours, liquident la permanence de l'O.A.S.

et rentrent en possession du commissariat central. Quand la nuit tombe, il ne reste plus dans la capitale algérienne d'autre troupe rebelle que le 1er régiment étranger de parachutistes qui garde encore le gouvernement général et le quartier Rignot où fonctionne un débris d'état-major rebelle. Vers minuit, à la radio qui vient d'être libérée, la speakerine annonce : « L'ordre et la légalité vont être restaurés en Algérie. » Peu après, le « quarteron », que des civils pleins d'angoisse adjurent sur le Forum, paraît au fameux balcon. Comme le courant électrique est coupé à leur micro, les quatre ne peuvent se faire entendre. Qu'auraient-ils à dire, d'ailleurs ? Zeller, en civil, se perd dans la foule. Il se rendra quelques jours après. Au milieu des derniers légionnaires qui quittent la ville en chantant le refrain d'Édith Piaf : « Je ne regrette rien ! », Salan et Jouhaud, dans un camion, fuient vers le camp de Zeralda. De là, tous deux s'enfonceront dans la clandestinité pour diriger l'action de l'O.A.S. Quant à Challe, après avoir, dès l'après-midi, envoyé à son ministre un officier pour annoncer sa soumission, il a paru ensuite changer d'avis et, finalement, au lever du jour, se constitue prisonnier entre les mains des gendarmes. Transporté aussitôt à Paris, il est écroué à la Santé.

L'effondrement de cette équipée exorcise désormais dans les esprits le spectre d'une intervention militaire s'emparant de l'État ou, tout au moins, le contraignant à maintenir le *statu quo* en Algérie. Pour assuré que je fusse d'être, en définitive, obéi par l'armée et suivi par le pays, je trouve, bien sûr, satisfaisant de voir l'hypothèque décidément dissipée. Je n'en suis pas moins attristé jusqu'au fond de l'âme par le gaspillage de valeurs qui résulte de l'événement et, notamment, par la perdition[g] des grands chefs qui l'ont suscité et de certains des exécutants. Joxe se rend aussitôt sur place pour remettre en ordre la police et l'administration. À Messmer, qui l'accompagne, incombe la tâche cruelle d'amputer, dissoudre et sanctionner dans tout l'ensemble des unités coupables.

Mais, si la loi est dure, elle est la loi et il faut que passe la justice. Pour ce qui est des chefs rebelles, quelle instance va devoir la rendre ? Aucune cour civile ne serait compétente. Le tribunal militaire normal n'atteindrait pas au plan voulu et, d'ailleurs, ce qui s'est passé pour l'affaire des « barricades » fait redouter, en l'occurrence, une nouvelle défaillance[37] de sa part. C'est pourquoi, en vertu de l'article 16 de la Constitution, est institué, pour juger les principaux inculpés, un haut tribunal militaire. Sous la présidence d'un magistrat éminent et entre tous qualifié, Maurice Patin, président de la chambre criminelle de la Cour de cassation, il comprendra neuf juges : cinq officiers et quatre civils, et c'est le procureur général près la Cour de cassation qui soutiendra l'accusation. Dès le 29 mai, s'ouvre le procès de Challe, de Zeller et de Gouraud. Trois jours après, l'arrêt est rendu. La peine infligée aux coupables, quinze années de réclusion aux deux premiers, dix au troisième, tient compte avec indulgence[b] de leurs états de service d'antan, du fait qu'ils se sont d'eux-mêmes livrés aux autorités sans qu'il ait eu perte d'hommes, enfin des mobiles de leur faute qui — je le sais, je le sens — n'étaient pas tous de bas étage.

Une fois prononcé en justice l'épilogue de cet attristant complot, il va encore s'écouler un an avant que le problème de l'Algérie, maintenant tranché dans les principes, soit résolu dans les faits. Certes, les combats se réduiront, désormais, à de rares et minimes escarmouches. Mais la suite des jours n'en sera pas moins agitée. Des négociations traînées en longueur en raison de l'incertitude collégiale et des ambitions rivales des dirigeants du F.L.N. ; une agression subite et vaine lancée par ordre du président de la République tunisienne contre nos troupes à Bizerte et à la frontière du Sahara ; des crimes sans nombre perpétrés par l'O.A.S. et qui visent à établir en Algérie et à étendre en métropole un pouvoir clandestin de la terreur ; des actions de défense menées par les musulmans, surtout à Alger et à Oran, pour répondre à ceux qui les massacrent ; enfin, dans les partis français, une malveillance qui ne se retient plus dès lors qu'on voit s'évanouir le fantôme de la subversion militaire et apparaître l'issue du drame, voilà qui va, pendant ce temps, remplir la vie publique du pays ainsi que ma propre existence. Mais, pour combattre ces adversités, j'ai de bonnes armes : la cuirasse dont me revêt le soutien lucide du peuple, le glaive qu'est la certitude de suivre la seule route qui vaille.

Le 20 mai 1961, les deux délégations se réunissent à Évian. Louis Joxe conduit celle du gouvernement, Krim Belkacem celle du « Front ». Pour bien marquer qu'il s'agit de la paix, j'ai pris, la veille, plusieurs mesures significatives. Une trêve d'un mois est prescrite à nos troupes, ce qui veut dire qu'elles suspendront toutes opérations offensives et se borneront, si on les attaque, à repousser les assaillants. Une division tout entière et plusieurs escadrilles d'aviation sont ramenées dans la Métropole. Parmi les dix mille musulmans condamnés en Algérie pour des actes de rébellion, six mille sont libérés. Ahmed Ben Bella et ses codétenus quittent l'île d'Aix pour être installés au château de Turquant. Pendant les neuf mois que durera la négociation en quatre phases officielles[38], les intervalles étant meublés de contacts officieux, nous ne cesserons pas de nous montrer à la fois clairs, patients et fermes. Attitude qui répond, d'ailleurs, au caractère de Louis Joxe, chargé de mener les pourparlers. Il souhaite ardemment parvenir à un accord, mais il entend le bâtir valable et, par conséquent, raisonnable. Comme ses laborieuses fonctions de secrétaire général du gouvernement, puis de ministre, l'ont placé depuis vingt ans au centre de l'éventail des affaires publiques, il embrasse complètement les multiples questions, politiques, économiques, financières, sociales, administratives, scolaires, militaires, posées par la construction d'un État algérien à partir de l'État français, puis par leur coopération étroite. Comme il est un homme de cœur, il s'applique à ce que les conventions à conclure ménagent la condition des personnes et, d'abord, celle des Européens qui va être péniblement mise en cause par la mutation des pouvoirs. Comme il est dévoué à l'entreprise du renouveau national, il s'attache à faire en sorte que l'affranchissement de l'Algérie porte la marque de la générosité et de la dignité de la France.

Mais, pour que nous consentions à accorder à l'Algérie un régime d'association, plutôt que de l'abandonner à elle-même, certaines conditions doivent être remplies. Il faut que soit décidée une profonde osmose, humaine, économique, culturelle, entre elle et notre métropole ; que se maintiennent, dans tous les domaines, des courants d'échanges préférentiels ; que les produits soient importés et exportés en franchise réciproque ; que les monnaies respectives appartiennent à la zone franc ; que les nationaux de chaque pays puissent, à leur gré, se rendre dans l'autre, y résider où bon leur semble, y exercer leur profession, y introduire, y laisser ou en retirer librement ce qui leur appartient. Il faut que la communauté française y reçoive, quant à ses personnes, ses biens, ses droits civiques, son mode de vie, sa langue, ses écoles, etc., des garanties rigoureuses, soit que ses membres choisissent, tout en gardant en France leur nationalité française, de devenir algériens et, dans ce cas, aient obligatoirement leur part dans les pouvoirs publics, l'administration, la justice, soit qu'ils veuillent, en Algérie, rester citoyens français et, alors, bénéficient d'une convention privilégiée d'établissement. Il faut que l'énorme investissement réalisé par la France pour la découverte, l'exploitation, le transport, des pétroles sahariens nous reste acquis dans le présent et nous assure, dans l'avenir, une préférence formelle quant à la recherche et à la mise en œuvre de nouvelles sources de carburants. Il faut que la série des expériences atomiques et spatiales, que nous avons ouverte dans le désert et qui revêt une importance extrême, s'achève comme il est prévu, ce qui implique le maintien sur place de notre appareil militaire et technique. Moyennant quoi, nous sommes disposés à aider par excellence au développement de l'Algérie, en lui allouant chaque année une importante subvention financière, en poursuivant l'exécution de notre plan de Constantine, en prêtant aux diverses activités le concours de nos techniciens, en accueillant sur la plus vaste échelle ses travailleurs et ses étudiants, en fournissant assez d'enseignants à chaque échelon dans l'éducation nationale pour que l'élite algérienne soit formée à la culture française et que le peuple soit instruit en français.

Mais l'opération historique qui consiste, pour la France, à doter l'Algérie de la souveraineté et de la responsabilité, pour celle-ci à les assumer, pour toutes deux à demeurer largement solidaires, nous voulons qu'elle s'accomplisse d'une manière délibérée, par la voie démocratique. Il n'y aura donc d'accord que s'il commence par la fin des combats. Il n'y aura d'indépendance algérienne et d'association entre les deux pays qu'après qu'elles auront été votées par les Français et les Algériens. Il n'y aura de gouvernement souverain de l'Algérie que celui qui y sera régulièrement élu, quitte à prévoir une période transitoire pendant laquelle se maintiendra l'autorité suprême de la France. En outre, l'armée française restera en Algérie jusqu'à ce que l'État nouveau ait fait la preuve de sa capacité de tenir ses engagements.

Pour qu'il en soit ainsi, nous aurons, au long des discussions, à franchir les montagnes de méfiance et les abîmes d'outrecuidance derrière lesquels se retranche le F.L.N. Car, dans tout sujet débattu, il voit, de notre part, l'intention de garder une emprise directe sur l'Algérie ou, pour le moins, des prétextes à y intervenir, alors qu'au contraire c'est de cela que nous voulons nous débarrasser. Aussi accumule-t-il les préalables à un arrangement. Invoquant tour à tour la « légitimité » de son pouvoir, l'unité de la nation algérienne, l'intégrité du territoire, il réclame : tantôt que le cessez-le-feu ne soit prescrit qu'après le règlement de toutes les autres questions, tantôt que nos forces aient d'abord quitté la place, tantôt qu'avant tout l'organisme dirigeant de la rébellion prenne le pouvoir effectif du pays, tantôt que nous n'exigions pas pour la communauté française une situation spéciale, tantôt que nous renoncions à exercer au Sahara des droits particuliers. Quant à nous, pour surmonter les obstacles de cette dialectique et aboutir à l'essentiel, nous nous servons des arguments irréfutables que nous procure ce que nous tenons dans nos mains. Pour que le texte et l'application de l'accord commencent par le cessez-le-feu et non pas par le transfert de notre autorité, pour que l'autodétermination résulte d'un référendum, en France, puis en Algérie, et non pas du seul serment prononcé naguère sur la Soumman[39], pour que le pouvoir algérien procède, lui aussi, de l'élection et non pas d'un décret révolutionnaire, nous donnons à nos interlocuteurs le choix entre l'aide généreuse et fructueuse de la France et le chaos qu'aurait à subir une Algérie abandonnée par nous. Pour que des garanties soient assurées aux « pieds-noirs », répondant à leurs droits et laissant une chance à la coopération des deux communautés, nous évoquons l'alternative qui consisterait à regrouper les Européens et ceux des musulmans qui voudraient rester français dans une zone restreinte où ils seraient majoritaires et que la France protégerait comme étant de son territoire[40]. Pour garder la disposition des gisements de pétrole que nous avons mis en œuvre et celle des bases d'expérimentation de nos bombes et de nos fusées, nous sommes en mesure, quoi qu'il arrive, de rester au Sahara, quitte à instituer l'autonomie de ce vide immense. Pour qu'aussi longtemps qu'il sera utile notre armée reste en Algérie, dont elle domine entièrement le territoire et les frontières, il ne tient qu'à nous d'en décider.

En somme, la négociation consiste, en ce qui nous concerne, à amener le F.L.N. à se résoudre aux dispositions que comportent nécessairement, d'une part une procédure satisfaisante quant à l'accession de l'Algérie à l'indépendance, d'autre part une association effective du nouvel État et de la France, faute de quoi nous en viendrions à une rupture complète en assurant nos intérêts, ce dont, bien évidemment, nous avons tous les moyens ; dilemme qui ne manque naturellement pas d'imprimer maintes saccades aux pourparlers. Ceux-ci, qui s'engagent à Évian, sont suspendus le 13 juin. On se retrouve au château de Lugrin à la fin du mois de juillet sans parvenir encore à s'entendre. Pendant que les discussions déroulent leurs péripéties, mes instructions orales et écrites orientent, à mesure, notre délégation.

Mais aussi, je ne cesse pas d'expliquer en public ce à quoi nous sommes résolus. Ainsi s'éclairent et, souvent, se convainquent les esprits. Ainsi sont remises au point les réalités que les organes de l'information déforment inlassablement. Le 8 mai 1961[41], parlant au pays à l'occasion de l'anniversaire de la Victoire et quelques jours après la crise d'Alger, je dis : « Aux populations algériennes de prendre en main leurs affaires. À elles de décider si l'Algérie sera un État souverain au-dedans et au-dehors. À elles aussi de décider si cet État sera associé à la France, ce que la France pourra accepter moyennant une contrepartie effective à son concours et une coopération organique des communautés. » Je m'adresse alors aux « pieds-noirs » : « Quelle tâche féconde peut s'offrir, dans ces conditions, aux Algériens de souche française ! De tout cœur, je leur demande, au nom de la France, le jour même où nous commémorons une victoire à laquelle ils ont tant contribué, de renoncer aux mythes périmés et aux agitations absurdes d'où ne sortent que des malheurs et de tourner leur courage et leur capacité vers la grande œuvre à accomplir. » Parcourant, du 28 juin au 2 juillet, la Lorraine[42] qui me fait un magnifique accueil, je m'exprime dans le même sens devant beaucoup d'auditoires populaires. Le 12 juillet, je m'adresse de nouveau à la France « qui a épousé son siècle » : « En Algérie, il fallait que notre armée l'emportât sur le terrain de telle sorte que nous gardions la liberté entière de nos décisions et de nos actes. Ce résultat est atteint. Nous pouvons donc prendre sur place maintes mesures d'apaisement, transférer dans la Métropole d'importantes unités, réduire de plusieurs semaines la durée du service militaire... Cela étant, la France accepte sans aucune réserve que les populations algériennes instituent un État complètement indépendant. Elle est prête à organiser, pour cela, avec les éléments politiques algériens, et notamment ceux de l'insurrection, la libre autodétermination. Elle demeure disposée à maintenir son aide à l'Algérie, dès lors qu'y serait assurée la coopération organique des communautés et qu'y seraient garantis ses propres intérêts. Faute de cette association, il lui faudrait, en fin de compte, regrouper dans telle ou telle zone, afin de les protéger, ceux des habitants qui se refuseraient à faire partie d'un État voué au chaos, leur procurer les moyens de s'installer dans la Métropole si tel était leur désir, ne s'occuper en aucune façon du destin de tous les autres et leur fermer l'accès de son territoire[43]. »

S'il semble que la pièce aille à son dénouement, j'aurai donc fait mon possible pour bien éclairer la scène. Il est vrai que, plus mon action apparaît comme claire et droite, plus les équipes professionnelles de l'objection la présentent comme obscure et tortueuse aux lecteurs et aux électeurs. Le moindre inconvénient de leur contestation sans trêve n'est pas l'effet produit au-dehors. Car, de ce fait, l'étranger, naguère accoutumé à voir le gouvernement de la France perpétuellement affaibli par l'esprit général d'abandon, incline volontiers à croire que de Gaulle, battu en brèche à son tour, ne saurait tenir, lui non plus, une position de fermeté.

Sans doute est-ce dans cette illusion que le président Bourguiba se risque à exiger soudain, par une note comminatoire du 6 juillet, que la France retire immédiatement ses forces de Bizerte et accepte de rectifier la frontière entre le Sahara et le Sud-Tunisien. Le 18, il passe à l'attaque[44]. Des troupes tunisiennes, amenées de l'intérieur, jointes à la garnison de la ville et accompagnées de nombreux miliciens du « Destour », ouvrent le feu sur nos soldats, leur coupent les accès à la rade, bloquent les installations de la base, notamment l'aérodrome, et obstruent le goulet pour l'interdire à nos bâtiments. En même temps, dans l'extrême sud, un important détachement tunisien franchit la frontière saharienne, assiège notre poste de Garet el-Hammel et occupe le terrain dit « de la borne 233 ». Vraisemblablement, Bourguiba estime que Paris reculera devant la décision de déclencher une action d'envergure au moment même où vont commencer les pourparlers de Lugrin et où l'opinion française et internationale n'attend plus que la fin de tout conflit en Afrique du Nord. Il compte donc qu'une négociation s'ouvrira sur la base des faits qu'il vient d'accomplir et, par conséquent, lui donnera satisfaction. Ainsi, le « combattant suprême » reprendra-t-il aux yeux du monde arabe, pendant qu'il en est temps encore, la figure d'intransigeant ennemi du « colonialisme français » et, d'autre part, obtiendra-t-il la cession des terrains pétrolifères désirés.

Mais, pour résolu que je sois à dégager notre pays de ses entraves outre-mer, pour conciliant, voire prévenant, que j'aie été depuis toujours à l'égard de la Tunisie, je n'admets pas qu'on manque à la France. C'est pourquoi notre riposte militaire est rude et rapide. À Bizerte, dès le 19 juillet, une vive action aérienne et une descente de parachutistes nous remettent en possession de l'aérodrome où débarquent ensuite des renforts. D'autres seront, un peu plus tard, amenés par mer à la baie des Carrières. L'amiral Amman, qui commande la base, peut alors rompre le blocus, s'emparer des quartiers de la ville qui bordent le port, débarrasser le goulet des éléments adverses qui le tiennent et des épaves qui l'obstruent, rétablir les communications maritimes et aériennes et mettre en débandade les assaillants très éprouvés[45]. Cela fait, le cessez-le-feu est accordé au gouverneur tunisien et nos troupes prêtent leur assistance à la population privée de ravitaillement et qui cherche à fuir de toutes parts. Quant à la frontière saharienne, elle est vite et brillamment dégagée par nos forces mobiles du désert. Au total, leur vaine agression a coûté aux Tunisiens plus de sept cents pauvres morts, plus de huit cents infortunés prisonniers et plusieurs milliers de malheureux blessés. Nous avons eu vingt-sept soldats tués.

Il est vrai qu'en France c'est à de Gaulle que s'en prennent les partis. Tous, sur des tons différents, condamnent notre action militaire et réclament l'ouverture immédiate d'une négociation avec Tunis sans tenir le moindre compte de l'agression commise contre nos troupes à Bizerte et au Sahara. Comme d'usage, à l'opposé de ces multiples sommations du lâcher-tout, il ne s'élève, pour m'appuyer, que des voix rares et mal assurées. Mais, sachant ce que vaut, par rapport à ce qui est en jeu, l'aune de tels discours et écrits, je me garde d'arrêter notre contre-offensive militaire avant qu'elle l'ait emporté totalement sur le terrain.

Ne changent rien non plus à notre action, ni l'agitation de l'O.N.U., ni l'essai d'intervention de son secrétaire général Dag Hammarskjöld. Celui-ci, qui au même moment se trouve ouvertement en désaccord avec nous parce qu'il se mêle directement du gouvernement du Congo[46], prend en personne position en faveur de Bourguiba. Il va le voir à

Tunis, tient avec lui d'amicales conférences et, de là, le 26 juillet, alors que les combats ont cessé, se rend à Bizerte comme s'il lui appartenait de régler le litige sur place. Cette démarche tourne à sa confusion. Car, suivant les instructions données, nos troupes ne tiennent aucun compte des allées et venues du médiateur non qualifié et l'amiral Amman refuse de le recevoir. Il ne reste au président Bourguiba qu'à enregistrer comme pertes sèches son erreur et son échec. Il s'en remettra d'ailleurs, comme un jour sera guérie l'amitié blessée de la Tunisie et de la France.

Au demeurant, ce fâcheux événement n'a influé en rien sur les négociations en cours avec le F.L.N. Mais en sera-t-il de même des changements soudains que les rebelles apportent, le 27 août, à leur organisme dirigeant ? En particulier, Ferhat Abbas n'est plus président. Benyoussef Ben Khedda lui succède. On peut se demander, d'abord, si ce remplacement de l'ancien chef nationaliste par quelqu'un de plus jeune et, apparemment, de plus « révolutionnaire » ne va pas conduire le G.P.R.A. à durcir son intransigeance. Mais, bientôt, un communiqué du nouveau Premier donne à penser le contraire. « Quant à nous, déclare Ben Khedda, nous sommes persuadés qu'une négociation franche et loyale, qui permettra à notre peuple d'exercer son droit à l'autodétermination et d'accéder à l'indépendance, pourra mettre fin à la guerre et ouvrir la voie à une coopération fructueuse des peuples algérien et français. Voilà ce que nous souhaitons ! » Il est vrai qu'ensuite un discours du même Ben Khedda semble tout remettre en question, en affirmant que le référendum n'est aucunement nécessaire et qu'« on doit en faire l'économie ». Mais, peu après, on nous fait savoir « qu'il n'y a là qu'une clause de style ». Chez nos interlocuteurs se poursuit donc le cheminement vers l'objectif que nous leur avons désigné.

Pour Ferhat Abbas, sa mise à l'écart anéantit de longues ambitions, parmi lesquelles celle que, depuis vingt ans, il nourrissait à mon sujet et dont lui-même m'avait fait part à Alger pendant la guerre mondiale. Avec passion et intelligence, il me développait alors, au cours d'un entretien, le projet politique qu'il poursuivait à la tête de l'« Union populaire algérienne » : instituer, d'accord avec nous, un État algérien démocratique qui serait fédéré avec la France. Mais il fallait que fussent brisées les résistances acharnées que les colons et l'administration opposaient à cette évolution.

« Parce que vous êtes qui vous êtes et que votre action présente va vous rendre tout-puissant, me disait-il, vous pourrez agir dans ce sens comme aucun autre Français ne l'a jamais osé et ne l'osera jamais. » Mais, étant donné qu'en pleine guerre, dans la situation terrible où était alors notre pays, il y avait à résoudre des questions plus impératives et plus urgentes que celle-là, j'avais écouté Ferhat Abbas avec réserve autant qu'avec intérêt. Comme, en souriant, je lui disais : « De la future République algérienne, telle que vous la concevez, vous voyez, sans doute, le président ? » il m'avait gravement répondu : « Je ne puis rien souhaiter de mieux que de me trouver un jour auprès de vous, au nom de l'Algérie, pour accompagner la France ! » Dix ans[47] après, lorsque la rébellion était déjà déclenchée, sans qu'il y eût d'abord participé, et que lui-même, parlementaire français, s'apprêtait à aller prendre, au Caire, la tête du F.L.N., Ferhat Abbas avait sollicité mon audience. Je ne la lui avais pas accordée. Car, à quoi bon cette entrevue en un temps où, détaché de toutes affaires publiques, je n'avais en main aucun pouvoir ?

Naguère, pour la même raison, j'avais fait la même réponse à Hô Chi Minh, président du Viêt-nam, qui venant, en 1946, de négocier à Fontainebleau avec la IVe République sentait que l'accord envisagé allait mourir avant de naître et demandait instamment à me voir dans ma retraite[48]. Peut-être, l'un et l'autre de ces chefs d'un mouvement qui emportait leur peuple dans la lutte contre le nôtre espéraient-ils, avant qu'on en vînt là, rencontrer en ma personne une France déliée des impuissantes astuces des partisans ? Peut-être, si j'étais à cette époque resté en place, les événements, en effet, eussent-ils tourné autrement ? Mais à quoi et pourquoi aurais-je feint d'engager la France quand je n'en répondais pas ?

Tandis que le F.L.N., tout en changeant de guide, marche maintenant vers la paix, c'est au contraire la guerre à outrance que déchaînent, à leur façon, les éléments groupés sous le vocable de l'O.A.S. Il n'y a pas là simplement une explosion spontanée de colères et de déceptions. Il s'agit d'une entreprise de grande envergure, visant à imposer, à force de crimes, une politique intitulée dérisoirement « l'Algérie française » et qui ne tend qu'à creuser entre les deux peuples un infranchissable fossé. Cette sédition compte qu'en multipliant les tueries de musulmans, elle amènera leur communauté à redoubler, de son côté, les combats et les assassinats et qu'une telle ambiance algérienne de massacres réciproques empêchera les pourparlers prévus. Mais aussi, pensant que la peur, jadis « ressort des assemblées[49] », est devenue celui de la société tout entière, les doctrinaires du terrorisme visent à épouvanter par des attentats incessants l'opinion et les pouvoirs publics, afin de les contraindre à aller dans le sens qui leur est enjoint. Pendant plus d'une année, l'O.A.S. déploie donc son activité sanglante. Elle le fait sous l'autorité théorique de Salan et de Jouhaud, respectivement cachés à Alger et à Oran, et qui gardent maintes influences dans l'administration, la police et l'armée. Elle obéit, en réalité, à des hommes de main, comme Jean-Jacques Susini[50], possédés par la passion totalitaire. Elle utilise les déserteurs et les fanatiques que lui procurent l'écume de la masse militaire, celle surtout des unités étrangères, et la pègre suscitée comme toujours par le tumulte latent. Elle exploite l'illusion et la fureur de la plupart des « pieds-noirs » qui ne cessent d'attendre d'un coup de force providentiel ce qu'ils croient être le salut. Elle se relie, enfin, à toutes sortes d'officines politiques, de réseaux comploteurs, de résidus des anciennes « milices », qui dans la Métropole veulent à tout prix faire échouer la République et, souvent, assouvir des rancunes accumulées contre de Gaulle depuis 1940[51].

À partir des premiers entretiens d'Évian, les principales villes algériennes, avant tout Alger et Oran, deviennent le théâtre d'une tragédie quotidienne. Contre les musulmans, les tueurs de l'O.A.S. emploient de préférence la mitraillette et le pistolet, exterminant des gens d'avance désignés, ou tirant indistinctement sur tout ce qu'ils rencontrent aux rayons des boutiques, à la terrasse des cafés, sur le trottoir des rues. Généralement, les commandos du crime opèrent en automobile pour se soustraire rapidement à la poursuite, d'ailleurs bien rare et molle, des policiers. Contre ceux des Français que l'on veut faire disparaître ou, tout au moins, effrayer, on se sert principalement de bazookas ou de bombes, dont les explosions nocturnes — plus de quinze cents en quelques mois — entretiennent l'atmosphère belliqueuse et que salue, du haut des balcons pavoisés aux couleurs de l'O.A.S., un tintamarre général de casseroles et de hurlements. De leur côté, les musulmans, retranchés la nuit dans leurs quartiers où flottent des drapeaux F.L.N., tirent sur ce qui leur paraît menaçant et répondent par leurs clameurs à celles des Européens. En l'espace d'une année, au cours des « ratonnades », une douzaine de milliers d'hommes, de femmes, d'enfants, sont abattus par l'O.A.S. Celle-ci tue ou blesse, en outre, plusieurs centaines de membres des forces de l'ordre : inspecteurs de police, gendarmes, C.R.S., et organise méthodiquement l'assassinat d'une trentaine de commissaires, d'officiers, de magistrats. Du reste, le 23 février 1962, Salan, sous sa signature, prescrit aux équipes du meurtre « d'ouvrir systématiquement le feu sur les unités de la gendarmerie mobile et des C.R.S. ». Les complicités sont telles dans la population européenne et, même, à divers étages de la fonction et de l'ordre publics que l'arrestation, à fortiori la condamnation des coupables ne se produisent qu'exceptionnellement. Si, dans de telles conditions, le délégué général Jean Morin et le général en chef Ailleret parviennent à exercer leurs fonctions, c'est parce qu'ils sont installés hors d'Alger, respectivement à Rocher-Noir et à Reghaïa[52].

En métropole, bien que le ministre de l'Intérieur Roger Frey et la police déploient les plus grands efforts, se multiplient les destructions par le plastic : plus d'un millier. Ainsi de celle où le maire d'Évian, Camille Blanc, trouve la mort, ou de celle qui vise André Malraux et aveugle une petite fille. Le coup de maître est tenté, le 9 septembre 1961. Dans la nuit, au sortir de Pont-sur-Seine, sur la route qui conduit de l'Élysée à Colombey, la voiture où je me trouve avec ma femme, l'aide de camp, colonel Teissseire, et le garde Francis Marroux est tout à coup enveloppée d'une grande flamme. C'est l'explosion d'un mélange détonant destiné à faire sauter une charge de dix kilos de plastic cachée dans un tas de sable et beaucoup plus puissante pour anéantir « l'objectif ». Par extraordinaire, cette masse n'éclate pas[53].

Aussi les choses suivent-elles leur cours. Quelques jours plus tôt, à l'occasion d'une conférence de presse[54], j'avais précisé dans quelles conditions serait créé l'État algérien : « Normalement, un tel État ne peut sortir que du suffrage des habitants... Cela veut dire : un référendum qui instituera l'État et, ensuite, des élections d'où sortira le gouvernement définitif... Un pouvoir provisoire algérien peut mener le pays à cette autodétermination et à ces élections pourvu qu'il ait assez de consistance et qu'il soit d'accord avec nous... Mais si, malgré ce que propose la France on ne pouvait aboutir, alors il faudrait bien que nous en tirions les conséquences. » J'indiquais lesquelles : fin de notre aide, regroupement des Français. J'abordais aussi l'affaire du Sahara : « Notre ligne de conduite est celle qui assure nos intérêts et qui tient compte de la réalité... Nos intérêts consistent en ceci : libre exploitation du pétrole et du gaz que nous avons découverts, disposition de terrains d'aviation et droits de circulation... La réalité c'est qu'il n'y a pas un seul Algérien qui ne pense que le Sahara doive faire partie de l'Algérie... C'est dire que dans le débat franco-algérien, la question de la souveraineté du Sahara n'a pas à être considérée. Mais il nous faut une association qui sauvegarde nos intérêts. Si la sauvegarde et l'association ne sont pas possibles, nous devrons, de toutes les pierres et de tous les sables sahariens, faire quelque chose de particulier... » Du 20 au 24 septembre, les départements de l'Aveyron, de la Lozère, de l'Ardèche[55], reçoivent ma visite, m'entendent expliquer mon action et m'approuvent chaleureusement.

Comme toujours, le destin de la France dépend de ses soldats. Le 2 octobre, je l'affirme dans une allocution à la radio : « Pour ce qui est de l'Algérie, nous n'avons pas cessé, depuis trois ans, de nous approcher du but que j'ai fixé au nom de la France... Mais, pour que s'accomplisse cette solution claire et ferme, l'armée française devait et doit être maîtresse du terrain. Cela a été. Cela est. Il fallait, il faut, que l'armée restât et reste fidèle au devoir. Elle l'a été. Elle l'est. Honneur à elle[56] ! » Mon voyage en Corse et en Provence, entre le 7 et le 10 novembre[57], me donne maintes occasions de faire applaudir ce thème, maintenant familier au bon sens du grand nombre. Le 23 novembre, je suis à Strasbourg, qui fête l'anniversaire de sa libération. Beaucoup d'officiers y ont été convoqués pour assister à la prise d'armes et écouter ce que de Gaulle va dire. Aux Strasbourgeois et, à travers eux, aux Français, c'est de l'armée que je parle. Après avoir célébré l'exploit de la division Leclerc, j'indique pourquoi et comment le désengagement voulu de la France et de ses armes, que l'Algérie accrocha si longtemps, va nous permettre de bâtir une défense nationale adaptée à notre époque. J'indique en quoi celle-ci doit consister. Ainsi est mis en lumière l'intérêt essentiel que la fin de l'affaire algérienne présente quant à notre puissance. Ainsi est offert à notre armée un champ immense de rénovation. Mais comment ne ferais-je pas sentir tout ce que le renoncement aux services accomplis et aux succès remportés outre-mer depuis tant et tant d'années exige d'abnégation militaire ? Évoquant les souhaits émouvants qu'a si longtemps suscités le rêve de l'« Algérie française », je déclare : « Chacun peut s'expliquer, et moi tout le premier, que dans l'esprit et le cœur de beaucoup se soient fait jour l'espoir, voire l'illusion, qu'à force de le vouloir on puisse faire que, dans le domaine ethnique et psychologique, les choses soient ce que l'on désire et le contraire de ce qu'elles sont. » Mais, pour conclure, je m'écrie : « Malgré tout, dès que l'État et la nation ont choisi leur chemin, le devoir militaire est tracé une fois pour toutes. Hors de lui, il ne peut y avoir, il n'y a, que des soldats perdus. En lui, au contraire, le pays trouve l'exemple et le recours[58] ! »

Le 29 décembre[59], dans mon message de fin d'année, j'affirme encore ce que nous voulons, et j'observe : « Il semble aujourd'hui possible que tel doive être, en effet, l'aboutissement d'un drame cruel. » Trois jours après, des ordres sont donnés qui ramènent en France deux nouvelles divisions et la quasi-totalité de l'aviation de combat. Enfin, le 5 février 1962, j'annonce que, sans doute, l'épreuve est près de son terme : « Qui peut contester de bonne foi que l'œuvre généreuse et indispensable consistant à changer en rapports de coopération les rapports de domination qui nous liaient à nos colonies doive être achevée là où elle ne l'est pas, c'est-à-dire en Algérie ?... Nous approchons de notre objectif... L'issue que nous tenons pour la meilleure, et dont nous avons avec quelque peine fait mûrir les éléments, j'espère, positivement, que nous allons l'atteindre bientôt[60]. »

Là-dessus, s'ouvre, aux Rousses, la phase décisive de la négociation. Louis Joxe, accompagné cette fois de deux autres ministres, Robert Buron et Jean de Broglie, reprend directement contact avec les mandataires du Front, Krim Belkacem, Saad Dahlab, Lakdar Ben Tobbal. Pour finir, la conférence se transporte à Évian. Les accords sont conclus le 18 mars 1962[61]. Il s'y trouve tout ce que nous avons voulu qu'il y soit. Dans l'immédiat, c'est le cessez-le-feu. Pour l'avenir, une fois l'indépendance de l'Algérie accordée par le peuple français et, ensuite, votée par le peuple algérien, ce sera : l'association étroite de la France et de l'Algérie en matière économique et monétaire ; une coopération culturelle et technique approfondie ; une condition privilégiée des nationaux de chaque pays sur le territoire de l'autre ; des garanties complètes et précises aux membres de la communauté française qui voudront rester sur place ; des droits privilégiés pour nos recherches et notre exploitation du pétrole au Sahara ; la poursuite de nos expériences atomiques et spatiales dans le désert ; la disposition de la base de Mers el-Kébir et de divers aérodromes assurée à nos forces pendant au moins quinze années ; le maintien pour trois ans de notre armée en Algérie là où nous le jugerons à propos. Pour la transition, il est entendu que la République française va, d'une part, envoyer en Algérie un haut-commissaire qui sera l'autorité suprême, notamment quant à l'ordre public, et d'autre part instituer un « exécutif provisoire algérien » qui assumera l'administration, organisera le référendum et, la réponse du peuple étant prévue comme positive, fera élire une Assemblée nationale constituante d'où procédera le gouvernement. Comme, en attendant, il n'existe pas de souveraineté algérienne et que, par conséquent, les accords d'Évian ne constituent pas un traité, c'est sur une déclaration du gouvernement français proposant aux électeurs d'approuver le texte, que le peuple votera en France et en Algérie.

Le soir même[62], j'annonce à la nation que, sous réserve qu'elle y souscrive, le drame est terminé et le problème résolu. « Ce qui vient d'être décidé, dis-je, répond à trois vérités qui sont aussi claires que le jour. La première, c'est que notre intérêt national, les réalités françaises, algériennes et mondiales, l'œuvre et le génie traditionnels de notre pays, nous commandent de vouloir qu'en notre temps l'Algérie dispose d'elle-même. La seconde, c'est que les grands besoins et les vastes désirs des Algériens pour ce qui est de leur développement imposent à l'Algérie de s'associer à notre pays. Enfin, la troisième vérité, c'est que, par-dessus les combats, les attentats et les épreuves et en dépit de toutes les différences de vie, de race, de religion, il y a, entre la France et l'Algérie, non seulement les multiples liens tissés au long des cent trente-deux ans de leur existence commune, non seulement les souvenirs des grandes batailles où les enfants de l'un et de l'autre pays luttèrent côte à côte dans nos rangs pour la liberté du monde, mais encore une sorte d'attrait particulier et élémentaire. Qui sait même si la lutte qui se termine et le sacrifice des morts tombés des deux côtés n'auront pas, en définitive, aidé les deux peuples à mieux comprendre qu'ils sont faits, non pour se combattre, mais pour marcher fraternellement ensemble sur la route de la civilisation ? » Puis j'affirme que : « Si la solution du bon sens a fini par l'emporter, cela est dû, d'abord, à la République qui a su se donner les institutions nécessaires à l'autorité de l'État. Cela est dû, ensuite, à l'armée qui, au prix de pertes glorieuses et de méritoires efforts, s'est assuré la maîtrise du terrain dans chaque région et aux frontières, a établi avec les populations des contacts humains et amicaux et, malgré la nostalgie de nombre de ses cadres et les tentatives de subversion de quelques chefs dévoyés, est restée ferme dans le devoir. Cela est dû, enfin, au peuple français qui, grâce à la confiance qu'il a constamment témoignée à celui qui porte la charge de l'État, a permis que mûrisse, puis aboutisse, la solution. » Deux jours après, par message adressé au Parlement, je fais connaître que la nation va être appelée à se prononcer par référendum.

Le scrutin a lieu le 8 avril. L'avant-veille, parlant encore au pays[63], j'avais demandé à chaque citoyen de se faire, en votant Oui, « l'artisan d'un événement d'une immense portée, car, ainsi, sera achevée l'œuvre française de décolonisation ». En Métropole et dans les départements et territoires d'outre-mer, 20 800 000 Françaises et Français vont aux urnes, soit 76 pour 100 des inscrits. Il y a 17 900 000 oui, 1 800 000 non, 1 000 000 de bulletins blancs ou nuls. La réponse est positive à 91 pour 100 des suffrages exprimés.

Pourtant, cette quasi-unanimité nationale, qui tranche la question à fond et qui ne laisse aucun doute sur l'achèvement, ne détourne pas l'O.A.S. de poursuivre ses exactions. Dès lors qu'il avait été clair que la négociation finale allait s'engager et que beaucoup de Français d'Algérie, prévoyant la conclusion et, d'ailleurs, effrayés par la marée de crimes qui submergeait le pays, se disposaient à gagner la Métropole, les terroristes avaient prétendu que l'exode allait livrer le terrain à l'ennemi. Ils interdisaient donc tout départ sous peine que soient brûlés les biens laissés en arrière, voire « exécutés » les propriétaires. De fait, des actes suivaient les menaces. Au contraire, une fois les accords signés, la tactique employée devenait celle « de la terre brûlée ». Il fallait, à tout prix, que les Européens quittent l'Algérie et qu'il n'y reste que des ruines. « Laissons-la telle que nous l'avons trouvée en 1830 ! » telle était la devise. En même temps, s'allumaient de toutes parts les incendies organisés des écoles, des mairies, des ateliers, des magasins, des bureaux. Ainsi flambaient, à Alger, l'hôtel de ville, l'université, les réservoirs de carburant, les installations portuaires.

Sans doute était-il normalement prévu par le gouvernement qu'une grande partie de la colonie française envisagerait le rapatriement. Dès août 1961, Michel Debré avait chargé Robert Boulin, secrétaire d'État, de préparer cette vaste opération. En décembre 1961, était votée la loi réglant, au bénéfice de ceux qui choisiraient de s'implanter en France, les premières conditions de leur transport, de leur hébergement, de leur reclassement, de leur sécurité sociale. Mais le retour aurait pu et dû s'accomplir progressivement et sans précipitation. Au reste, il était très indiqué et très souhaitable, dans leur propre intérêt et dans celui de notre pays, que beaucoup demeurent en Algérie où ils formaient les cadres des principales activités. Mais, pressés par l'O.A.S., presque tous les Français s'en vont et, souvent, en une fuite panique. En mai et juin 1962, sept mille personnes en moyenne par jour s'entassent éperdument dans les bateaux ou les avions qui les portent à Marseille. Indépendamment des militaires et des fonctionnaires, il y avait un million d'Européens installés en Algérie. Il n'en restera pas cent mille. Aussi, beaucoup de maisons, abandonnées dans l'affolement, changeront-elles forcément de mains et des quantités de marchandises, de meubles, de bagages, seront-elles mises à sac[64].

Tout a une fin. Le 25 mars, Jouhaud est découvert et arrêté à Oran. Sous la présidence du président Bornet, qui remplace Maurice Patin malade, le haut tribunal militaire le condamne à mort. Le 20 avril, à Alger, Salan, à son tour, est pris. Mais le haut tribunal lui inflige la réclusion criminelle à perpétuité et lui épargne la peine capitale. Combien sont graves, pourtant, les crimes qu'il a commis ! D'autre part, comment justifier que les deux arrêts rendus par la même instance, à six semaines d'intervalle, montrent la moindre sévérité à l'égard de celui qui est le principal coupable, d'ailleurs reconnu comme tel par le texte du jugement ? Sur le moment, je décide d'abord de laisser le cas Jouhaud suivre son cours. Puis, sur les instances de Georges Pompidou, devenu premier ministre, et du garde des Sceaux Jean Foyer, qui ont usé d'une astuce juridique pour suspendre l'exécution, j'accorde la grâce du malheureux puisque son chef a sauvé sa tête[65].

Successivement, les deux condamnés feront savoir peu après qu'ils demandent à l'O.A.S. de cesser « un combat » qui ne peut plus mener à rien[66]. Cependant, dans des circonstances aussi dangereuses pour l'État, l'emploi aussi éclatant, dans des procès aussi retentissants, de deux poids et de deux mesures ne me permet pas de maintenir une juridiction qui s'est elle-même rendue contestable. Au demeurant, les grands chefs séditieux ont, maintenant, tous été jugés. Le haut tribunal militaire est donc supprimé[67]. Une simple « Cour militaire de justice » est, ensuite, instituée par ordonnance pour fonctionner jusqu'à ce que la vie publique soit revenue à la normale. Ces mesures, qui soulèvent des mouvements divers parmi les juristes engagés dans la politique, ne choquent nullement la masse française, satisfaite de voir s'achever les drames algériens. C'est ce que me font entendre les retentissantes acclamations du Limousin, puis de la Franche-Comté, que je vais visiter aux mois de mai et de juin[68].

L'ébullition sanglante des grandes villes algériennes et le départ massif de la population française n'empêchent pas que soient mis en place les pouvoirs transitoires prévus par les accords d'Évian. Christian Fouchet, nommé haut-commissaire de la République française et secondé par Bernard Tricot, se rend à Rocher-Noir d'où il va diriger cette dernière phase. À peine est-il arrivé qu'il lui faut assumer la responsabilité de l'ordre, plus que jamais bouleversé, le 26 mars, par l'émeute, rue d'Isly, d'une foule algéroise furieuse de l'arrestation de Jouhaud et qui ne peut être dispersée que par le feu meurtrier des troupes[69]. Pour former l'exécutif provisoire, je fais appel au président Abderrahmane Farès, qui reparaît[70] rempli d'optimisme et de dynamisme. L'exécutif est bientôt constitué. Trois de ses membres sont des Français, notables politiques d'Algérie. Huit sont des musulmans ayant, ou non, appartenu au F.L.N. Installés, eux aussi, à Rocher-Noir, Farès et ses collègues ont en charge la mise en œuvre du référendum et celle des élections. Chacun ayant pris ses fonctions, Louis Joxe se rend à Alger pour marquer l'appui du gouvernement. En dépit des continuelles échauffourées montées par les commandos de Susini et auxquelles répondent celles que suscitent les musulmans, nonobstant la paralysie qu'inflige aux activités la disparition d'un grand nombre d'Européens, enfin, malgré les graves dissensions qui se révèlent à Tunis parmi les dirigeants du F.L.N., notamment entre Ben Bella et Ben Khedda, l'Algérie s'achemine, dans la douleur, vers l'indépendance.

La consultation populaire est fixée au 1er juillet sur la question suivante : « Voulez-vous que l'Algérie devienne un État indépendant coopérant avec la France, dans les conditions définies par la déclaration du 19 mars 1962 ? » Or, avant cette date[71], soudainement, l'O.A.S. renonce à elle-même. Utilisant l'intermédiaire de personnalités françaises libérales et, en particulier, de Jacques Chevallier, ancien maire d'Alger, Jean-Jacques Susini entre en contact avec l'exécutif provisoire et, sous le prétexte d'aider à la réconciliation des deux communautés, offre, à l'étonnement général, de cesser tous les attentats. C'est ce que, de leur prison, recommandent aussi Jouhaud d'abord et Salan[72] ensuite. Farès accepte la proposition et un accord est conclu. Le scrutin a donc lieu dans un calme complet. Plus de 90 pour 100 des inscrits sont votants, plus de 99 pour 100 des votants répondent oui, ce qui prouve que les « pieds-noirs » encore présents font partie du total[73]. Le 3 juillet, j'écris au président de l'exécutif provisoire que « la France reconnaît solennellement l'indépendance de l'Algérie[74] ». L'Assemblée nationale constituante, qui sera élue le 20 septembre, désignera Ahmed Ben Bella comme chef du premier gouvernement de la République algérienne.

La fin de la colonisation est une page de notre Histoire. En la tournant, la France ressent à la fois le regret de ce qui est passé et l'espoir de ce qui va venir. Mais celui qui l'a écrite pour elle doit-il survivre à l'accomplissement ? Au destin d'en décider ! Il le fait, le 22 août 1962. Ce jour-là, au Petit-Clamart, la voiture qui me conduit à un avion de Villacoublay avec ma femme, mon gendre Alain de Boissieu et le chauffeur Francis Marroux est prise soudain dans une embuscade soigneusement organisée : mitraillade à bout portant par plusieurs armes automatiques, puis poursuite menée par tireurs en automobile. Des quelque cent cinquante balles qui nous visent, quatorze touchent notre véhicule. Pourtant — hasard incroyable ! — aucun de nous n'est atteint. Que de Gaulle continue donc de suivre son chemin et sa vocation !

L'ÉCONOMIE

La politique et l'économie sont liées l'une à l'autre comme le sont l'action et la vie. Si l'œuvre nationale que j'entreprends exige l'adhésion des esprits, elle implique évidemment que le pays en ait les moyens. Ce qu'il gagne grâce à ses ressources et à son travail ; ce que, sur ce revenu total, il prélève par ses budgets, soit pour financer le fonctionnement de l'État qui le conduit, l'administre, lui rend la justice, le fait instruire, le défend, soit pour entretenir et développer par des investissements les instruments de son activité, soit pour assister ses enfants dans les épreuves que l'évolution fait subir à la condition humaine ; enfin, ce qu'il vaut au sens physique du terme et, par conséquent, ce qu'il pèse par rapport aux autres, telles sont les bases sur lesquelles se fondent nécessairement la puissance, l'influence, la grandeur, aussi bien que ce degré relatif de bien-être et de sécurité que pour un peuple, ici-bas, on est convenu d'appeler le bonheur[1].

Cela fut vrai de tous temps. Ce l'est aujourd'hui plus que jamais, parce que tout individu est constamment en proie au désir de posséder les biens nouveaux créés par l'époque moderne ; parce qu'il sait qu'à cet égard son sort dépend d'une manière directe de ce qui se passe globalement et de ce qui se décide au sommet ; parce que la rapidité et l'étendue de l'information font que chaque homme et chaque peuple peuvent à tout instant comparer ce qu'ils ont relativement à leurs semblables. Aussi est-ce là l'objet principal des préoccupations publiques. Il n'y a pas de gouvernement qui tienne en dehors de ces réalités. L'efficacité et l'ambition de la politique sont conjuguées avec la force et l'espérance de l'économie.

Je le sais — et pour cause ! — aussi bien que quiconque. Car, au lendemain de la Libération, j'ai pu, grâce à de grandes réformes, détourner le pays du bouleversement mortel dont il était menacé. Car, aujourd'hui, je dois le remettre debout à partir de la situation lamentable où les partis l'ont mené. Car, pendant dix années, je présiderai, pour ce qui est de sa prospérité, de son progrès, de sa monnaie, à une réussite à laquelle n'équivaut rien de ce qui eut lieu pour lui depuis plus d'un demi-siècle[2]. Car, plus tard, je le retiendrai, au dernier moment, de se précipiter au gouffre, alors qu'une campagne unanime et acharnée dirigée contre mon pouvoir par tous les milieux de notables, la passivité morbide qui le saisit tout à coup, l'abandon de leurs devoirs par presque tous ceux qui, dans tous les domaines, sont réputés être responsables, l'auront fait céder à l'anarchie[3]. C'est pourquoi, à la tête de la France, dans le calme ou dans l'ouragan, les problèmes économiques et sociaux ne cesseront jamais d'être au premier plan de mon activité comme de mes soucis[4]. J'y consacrerai une bonne moitié de mon travail, de mes audiences, de mes visites, de mes discours, aussi longtemps que je porterai la charge de la nation. C'est dire, entre parenthèses, à quel point le reproche obstinément adressé à de Gaulle de s'en désintéresser m'a toujours paru dérisoire.

Il est vrai que, pour traiter le sujet, je m'efforcerai sans cesse, conformément à ma nature, de le ramener à l'essentiel. Il est vrai que je ne m'en remettrai pas aux leçons changeantes de maints docteurs[5] qui manient en tous sens et dans l'abstrait le kaléidoscope des théories. Il est vrai que je ne me livrerai pas à la voltige d'idées et de formules que pratiquent les jongleurs de doutes et de contres, les illusionnistes pour colloques et journaux, les acrobates de la démagogie. Il est vrai que si, à l'échelon suprême où je suis placé, il me revient de provoquer les expertises et les avis, puis de choisir et d'endosser, je ne me substituerai pas à ceux, ministres et fonctionnaires, qui doivent étudier, proposer, exécuter, en tenant compte des données complexes au milieu desquelles ils ont l'habitude et la vocation de vivre. Il est vrai, enfin, que les résultats, quels qu'ils soient, ne manqueront pas d'être contestés dans une matière où, par définition, les vœux de tous sont infinis et où rien n'apparaît jamais, à personne, comme suffisant. Mais pour moi, dans ce domaine comme dans les autres, pas de positions de retrait ni de faux-fuyants possibles, à supposer que je veuille en chercher ! Tout ce qui sera fait par l'État le sera de par mon autorité, sous ma responsabilité, en bien des cas sur mon impulsion, en vertu du rôle primordial que, d'instinct, m'attribue le pays et par application normale des pouvoirs que la Constitution nouvelle confère à qui tient la tête.

Quelle direction dois-je donner à l'effort économique pour qu'il réponde à la politique où je vais engager la

France ? Au départ, puis au long de la route, l'idée que je m'en fais est simplement celle du bon sens. Notre pays ne peut s'accommoder de lui-même à l'intérieur et compter à l'extérieur que si son activité est accordée à son époque. À l'ère industrielle, il doit être industriel. À l'ère de la compétition, il doit être compétitif. À l'ère de la science et de la technique, il doit cultiver la recherche. Mais, pour produire beaucoup, pour le faire à des conditions qui facilitent les échanges, pour renouveler constamment par l'invention ce qu'il fabrique dans ses usines et récolte dans ses champs, il lui faut se transformer à mesure et profondément.

Non point, certes, que, tel qu'il est, on puisse méconnaître sa grande valeur fondamentale. Tout en voulant le porter à de vastes changements dans sa structure et dans ses habitudes, j'ai beaucoup de respect pour ce que nos pères ont longuement fait de lui. Au moment où j'assume à nouveau le gouvernement des Français, le fait est, qu'en dépit de ce qui leur manque en matières premières et en sources d'énergie et malgré les guerres qui les ont ruinés et décimés, la quantité et la qualité de leur production industrielle et agricole ne laissent pas d'être remarquables. Le fait est qu'ils travaillent assidûment et, somme toute, régulièrement aux tâches coutumières auxquelles ils sont attachés, qu'ils pourvoient eux-mêmes dans l'ensemble à leurs besoins, que dans certaines branches ils vendent assez largement au-dehors, que leurs savants et leurs techniciens sont partout fort estimés. Le fait est que leurs exploitations sont multiples et variées, ce qui, après tout, n'est que conforme à la diversité de leur race et de leur territoire et à l'individualisme qui marque leur caractère national. Le fait est que, sans les mettre à l'abri des crises, l'élasticité de leur existence collective leur épargne de trop rudes secousses et atténue souvent chez eux la virulence des conflits sociaux. Bref, le fait est que leur économie possède, grâce à leurs efforts millénaires, les éléments de la capacité et de la solidité.

Mais, à l'inverse, les mêmes traits, faute qu'ils aient été à temps adaptés et rectifiés, tendent maintenant à ralentir la marche en avant de la France. Car, depuis que les hommes dépendent des machines et que, par là, leurs lois sont désormais le rendement et l'accélération, il ne suffit pas à l'industrie, à l'agriculture, au commerce, de fabriquer, récolter, échanger, toujours autant, il faut qu'ils fabriquent, récoltent, échangent, de plus en plus. Il ne suffit pas de faire bien ce que l'on fait, il faut le faire mieux que les autres. Il ne suffit pas de « joindre les deux bouts », il faut gagner assez pour se payer le meilleur outillage. Il ne suffit pas d'entretenir, pour vivre, des entreprises nombreuses, séparées, à faible rayon, il faut qu'elles s'unissent pour vaincre. Expansion, productivité, concurrence, concentration, voilà, bien évidemment, les règles que doit dorénavant s'imposer l'économie française, traditionnellement circonspecte, conservatrice, protégée et dispersée.

Dans un pays et sous un régime tels que les nôtres, il va de soi qu'une pareille mutation exige constamment, non pas tant des édits lancés par l'instance suprême, que beaucoup d'actes spécifiques, spontanés et démultipliés de la part des intéressés aussi bien que du gouvernement et de l'administration. Chef de l'État, j'aurai à les y appeler et à en saisir l'opinion nationale, mais aussi à m'appliquer personnellement à certains points essentiels. Pour moi, à mon échelon, il s'agit du Plan, parce qu'il embrasse l'ensemble, fixe les objectifs, établit une hiérarchie des urgences et des importances, introduit parmi les responsables et même dans l'esprit public le sens de ce qui est global, ordonné et continu, compense l'inconvénient de la liberté sans en perdre l'avantage ; je ferai donc en sorte que la préparation et l'exécution du Plan prennent un relief qu'elles n'avaient pas en lui donnant un caractère « d'ardente obligation[6] » et en le proclamant comme mien. Il s'agit de la compétition internationale, parce que c'est le levier qui peut soulever le monde de nos entreprises, les contraindre à la productivité, les amener à s'assembler, les entraîner à la lutte au-dehors ; d'où ma résolution de pratiquer le Marché commun qui n'est encore qu'un cahier de papier, d'aller à la suppression des douanes entre les Six[7], de libérer largement notre commerce mondial. Il s'agit des investissements, privés et publics, qui doivent nous permettre de moderniser nos outillages, d'adapter nos moyens de communication à la vitesse du siècle, de nous doter des logements, des écoles, des hôpitaux, des équipements sportifs, exigés par l'évolution ; dans les budgets dont je signerai les projets et promulguerai les textes, les dépenses de développement dépasseront toujours celles de fonctionnement. Il s'agit des activités « de pointe » : recherche fondamentale, atome, aviation, espace, informatique, etc., parce que c'est à partir de leurs laboratoires et de leurs fabrications que se répand dans tout l'appareil l'incitation au progrès ;

aussi les suivrai-je de près, intervenant à maintes reprises en faveur de leurs dotations, faisant ostensiblement visite à leurs établissements, recevant et écoutant nombre de leurs dirigeants. Il s'agit de la monnaie, critère de la santé économique et condition du crédit, dont la solidité garantit et attire l'épargne, encourage l'esprit d'entreprise, contribue à la paix sociale, procure l'influence internationale, mais dont l'affaiblissement déchaîne l'inflation et le gaspillage, étouffe l'essor, suscite le trouble, compromet l'indépendance ; je donnerai à la France un franc modèle, dont la parité ne changera pas aussi longtemps que je serai là et que même, malgré les mauvais coups portés à notre pays au printemps de 1968 par l'alliance des chimères, des chantages et des lâchetés, je maintiendrai jusqu'au bout[8] grâce aux énormes réserves de devises et d'or que la confiance aura, en dix ans, accumulées dans nos caisses. Encore, lors de mon départ, ces réserves, en dépit des pertes que la secousse leur aura infligées, laisseront-elles à notre disposition quatre milliards de dollars, dont une somme nette de près de deux milliards et demi de dollars, sans compter les crédits considérables qui nous seront, de toutes parts, immédiatement proposés.

Cependant, depuis longtemps, je suis convaincu qu'il manque à la société mécanique moderne un ressort humain qui assure son équilibre. Le système social qui relègue le travailleur — fût-il convenablement rémunéré — au rang d'instrument et d'engrenage est, suivant moi, en contradiction avec la nature de notre espèce, voire avec l'esprit d'une saine productivité. Sans contester ce que le capitalisme réalise, au profit, non seulement de quelques-uns, mais aussi de la collectivité, le fait est qu'il porte en lui-même les motifs d'une insatisfaction massive et perpétuelle. Il est vrai que des palliatifs atténuent les excès du régime fondé sur le « laissez faire, laissez passer », mais ils ne guérissent pas son infirmité morale. D'autre part, le communisme, s'il empêche en principe l'exploitation des hommes par d'autres hommes, comporte une tyrannie odieuse imposée à la personne et plonge la vie dans l'atmosphère lugubre du totalitarisme, sans obtenir, à beaucoup près, quant au niveau d'existence, aux conditions du travail, à la diffusion des produits, à l'ensemble du progrès technique, des résultats égaux à ceux qui s'obtiennent dans la liberté. Condamnant l'un et l'autre de ces régimes opposés, je crois donc que tout commande à notre civilisation d'en construire un nouveau, qui règle les rapports humains de telle sorte que chacun participe directement aux résultats de l'entreprise à laquelle il apporte son effort et revête la dignité d'être, pour sa part, responsable de la marche de l'œuvre collective dont dépend son propre destin. N'est-ce pas là la transposition sur le plan économique, compte tenu des données qui lui sont propres, de ce que sont dans l'ordre politique les droits et les devoirs du citoyen ?

C'est dans ce sens que j'ai, naguère, créé les comités d'entreprise. C'est dans ce sens que, par la suite, étant écarté des affaires, je me suis fait le champion de l'« association ». C'est dans ce sens que, reprenant les leviers de commande, j'entends que soit, de par la loi, institué l'intéressement des travailleurs aux bénéfices, ce qui, en effet, le sera[9]. C'est dans ce sens que, tirant la leçon et saisissant l'occasion des évidences mises en lumière aux usines et à l'Université par les scandales de mai[b] 1968, je tenterai d'ouvrir toute grande, en France, la porte à la participation[10], ce qui dressera contre moi l'opposition déterminée de toutes les féodalités, économiques, sociales, politiques, journalistiques, qu'elles soient marxistes, libérales ou immobilistes. Leur coalition, en obtenant du peuple que, dans sa majorité, il désavoue solennellement de Gaulle, brisera, sur le moment, la chance de la réforme en même temps que mon pouvoir. Mais, par-delà les épreuves, les délais, les tombeaux, ce qui est légitime peut, un jour, être légalisé, ce qui est raisonnable peut finir par avoir raison.

À vrai dire, en avril 1969, bien peu se souviendront — mais l'auront-ils jamais su ? — de la situation dans laquelle étaient l'économie, les finances et la monnaie de la France, lorsque, onze ans plus tôt, j'en reprenais la conduite.

À peine suis-je à Matignon qu'Antoine Pinay[11] m'en fait le tableau. Sur tous les postes à la fois nous sommes au bord du désastre. Le budget de 1958 va présenter un découvert d'au moins mille deux cents milliards de francs. Notre dette extérieure dépasse trois milliards de dollars, dont, pour la moitié, le remboursement est exigible avant un an. Dans notre balance commerciale, les rentrées atteignent à peine 75 pour 100 des sorties, malgré la dévaluation de fait, dite « opération 20 pour 100 », que le gouvernement Félix Gaillard a réalisée en 1957. Comme réserves, nous n'avons plus, le 1er juin, que l'équivalent de six cent trente millions de dollars en or et en devises, soit la valeur de cinq semaines d'importations, et toutes les ressources extérieures de crédit, auxquelles le régime précédent avait puisé sans relâche, sont maintenant complètement taries. Il ne reste rien des dernières possibilités d'emprunt — soit environ cinq cents millions de dollars — qui ont été à grand-peine accordées au début de l'année, tant par le Fonds monétaire international que par les banques américaines, à l'implorante mission de Jean Monnet[12]. Quant à l'activité économique, qui était longtemps demeurée vive, quoique toujours désordonnée, elle marque un ralentissement de plus en plus accentué à cause des restrictions que, sous peine d'effondrement, il a fallu imposer à nos achats extérieurs. Enfin, les engagements qui ont été pris sur les plans européen et mondial de procéder avant la fin de 1958 à une certaine libération de nos échanges, pour que la France soit placée, comme les autres pays développés, dans un début de compétition, ne peuvent pas être tenus. On ne voit pas non plus comment le seraient ceux qui résultent du traité de Rome et qui comportent, pour le jour de l'an 1959, un premier abaissement des douanes entre les six États membres du Marché commun. En somme, l'alternative, c'est le miracle ou la faillite.

Mais le retournement psychologique qu'entraîne mon retour au pouvoir ne rend-il pas le miracle possible ? Antoine Pinay le pense. Si j'ai choisi comme ministre de l'Économie et des Finances ce personnage éminent, notoire pour son bon sens, considéré pour son caractère, populaire pour son dévouement à l'intérêt public, c'est parce que sa présence à mes côtés doit renforcer la confiance qui, seule, nous évitera peut-être la catastrophe imminente. Dans la longue suite d'expédients et d'échecs que fut l'histoire financière de la IVe République, son passage à la tête des affaires en 1952 et, notamment, la réussite de l'emprunt qu'il avait ouvert marquaient un répit certain. Depuis lors, l'opinion faisait de lui comme le symbole d'une gestion raisonnable. Il y a donc une chance pour qu'en appuyant son expérience et sa réputation de ce que je peux avoir d'autorité nationale les dures mesures qui sont immédiatement et absolument nécessaires puissent être prises dans une atmosphère favorable, pour qu'ainsi mon gouvernement ait le temps d'élaborer un plan complet de redressement, pour que cet ensemble, qui sera sans nul doute très pénible, trouve le concours sincère que les milieux spécialisés de l'administration et des affaires prêteront à ce ministre-là plus volontiers qu'à aucun autre.

La première chose à faire, et qui est d'extrême urgence, consiste à procurer de l'argent aux caisses du Trésor, afin de pourvoir aux dépenses de l'État autrement qu'en actionnant la presse à billets de banque. Je suis d'accord avec Antoine Pinay pour lancer tout de suite un emprunt qui, par le fait que de Gaulle est là et que c'est lui qui décide de l'ouvrir, prend l'allure d'une grande entreprise nationale. C'est ce que je déclare au pays le 13 juin dans une allocution radiodiffusée et télévisée. C'est ce que je lui répète par la même voie, le 26, en donnant à chaque souscription le caractère d'un acte de confiance en notre peuple et en moi-même. De son côté, le ministre fait connaître avec clarté et sincérité dans quel péril nous sommes, comment nous pouvons y parer et quelles modalités comporte l'opération. Celle-ci, ouverte le 17 juin et close le 12 juillet, est un succès sans aucun précédent, sinon, treize ans plus tôt, l'emprunt, également triomphal, de la Libération. 324 milliards, dont 293 « d'argent frais », ont été apportés aux guichets. En outre, 150 tonnes d'or, équivalentes à 170 millions de dollars, sont revenues à la Banque de France, soit presque autant qu'en 1945 et cinq fois plus qu'en 1952[13]. Le soulagement qui en résulte dans le règlement des dépenses publiques et dans les échanges extérieurs est notable et immédiat. En outre, l'effet produit par cette adhésion à l'effort que je réclame améliore le crédit de la France. On constate, littéralement du jour au lendemain, un premier mouvement de rentrée des capitaux qui avaient fui et, par là, une tendance sensible vers le retour à l'équilibre de notre balance des paiements. Enfin, l'optimisme, soudain ressuscité quant aux perspectives d'avenir, émousse les revendications innombrables et pressantes que l'inquiétude aigrissait dans tous les milieux sociaux.

Or, satisfaire ces demandes, lors même qu'elles sont en principe justifiées et quelques promesses qui aient pu être arrachées à la faiblesse du régime d'hier, ce serait perdre la partie. Dans les derniers jours de juillet, mon gouvernement prend une série de décisions dont le moins qu'on puisse dire est que, pour le salut commun, elles vont à l'encontre de tous les intérêts particuliers.

C'est ainsi que les majorations des traitements et des salaires, qui devaient intervenir précisément à ce moment-là dans la fonction et les services publics, sont reportées aux années futures. C'est ainsi qu'on fera de même pour l'augmentation des prix des produits agricoles, bien qu'une loi de

1957 ait prescrit leur indexation sur l'indice général ; par exemple, le quintal de blé sera vendu 113 francs de moins que l'escomptaient les agriculteurs. C'est ainsi que des baisses importantes sont imposées aux prix de vente du commerce. C'est ainsi qu'un supplément de taxes d'une cinquantaine de milliards est mis sur les sociétés et sur les biens de luxe. C'est ainsi que l'essence est payée plus cher. C'est ainsi que les crédits alloués à beaucoup de constructions et de travaux d'équipement sont réduits ou suspendus. De cette façon, les dépenses prévues pour le budget de l'année en cours subissent une diminution d'environ six cents milliards, la consommation intérieure est restreinte au profit des exportations, la montée des prix, qui avait atteint plus de 1 pour 100 par mois pour chacun des six premiers de 1958, sera trois fois moindre pour chacun des six derniers. Au total, l'inflation recule et, sans que la production éprouve de nouvelles atteintes, on voit apparaître les signes de la stabilisation.

D'ailleurs, comme malgré tout et même en France la vertu a parfois de la chance, il se trouve que, dans d'autres pays, notamment aux États-Unis, l'activité subit un certain ralentissement, ce qui arrête l'augmentation du prix des matières premières, rend nos importations moins onéreuses et contribue, par contagion, à dissiper le prurit de « surchauffe ». Il est vrai qu'en conséquence, quelque inquiétude surgit au sujet du plein emploi. Le nombre des chômeurs secourus s'élève de 19 000 à 36 000 et la durée hebdomadaire du travail s'abaisse en moyenne d'une demi-heure. Mais, dans l'ambiance de détente sociale qui coïncide avec la relâche politique, le gouvernement obtient que les entreprises s'imposent une contribution permanente égale à 1 pour 100 des rémunérations, que les syndicats acceptent d'en gérer l'utilisation concurremment avec le patronat et que soit créé un « Fonds commun de salaires garantis » qui, quoi qu'il arrive, assure aux travailleurs une rémunération de base et organise le reclassement de ceux qui perdraient leur emploi.

Pour donner tout son sens à ce début de remise en ordre, je m'adresse à la nation. « Ce qui se fait, lui dis-je le 1ᵉʳ août[14], c'est stabiliser notre situation financière, monétaire, économique, arrêter la descente aux abîmes de l'inflation, nous assurer la base sur laquelle nous pourrons construire notre aisance et notre puissance. » Puis, ayant déclaré que « je demande à toutes les catégories françaises de prendre une part des sacrifices », j'énumère explicitement les mesures sans en cacher la rigueur. Mais j'ajoute que « ce n'est pas en vain » : le budget de 1958 sera bouclé dans de bonnes conditions, la balance des paiements est renversée dans le bon sens, le niveau des prix se fixe, la valeur du franc s'améliore. Je conclus : « La France a pris le départ dans la course à la prospérité. Pourvu qu'elle tienne la ligne en ordre et résolument, je réponds d'une belle arrivée. »

Nous avons paré au plus pressé. Mais il s'agit de bien davantage : faire ce qu'il faut pour que, sans perdre l'équilibre, l'élan se maintienne longtemps. Au demeurant, c'est dans cette intention qu'a été prévue par le référendum du 28 septembre une disposition très large et portant que, jusqu'à la date où seront mises en place les institutions nouvelles — c'est-à-dire celle de mon installation à l'Élysée, le 8 janvier — « le gouvernement prendra en toutes matières par ordonnances ayant force de loi les mesures qu'il jugera nécessaires à la vie de la nation ».

Cependant, en quelque estime que je tienne l'administration des Finances, j'ai le sentiment que les décisions à prendre sont si étendues et profondes qu'elles dépassent l'horizon du service normal. Après avoir formulé des objections, Antoine Pinay se range à mon avis[15]. Une commission de neuf personnalités, hautement compétentes, issues de l'Institut, de l'inspection des Finances, du Conseil d'État, de l'Université, de l'ordre des experts-comptables, de la banque et de l'industrie, est formée le 30 septembre « pour faire rapport sur l'ensemble du problème financier français... et fournir toutes suggestions utiles pour l'utilisation des pouvoirs spéciaux que le référendum a attribués au gouvernement ».

Le président en est Jacques Rueff. Par l'envergure de son esprit et la nature de sa formation il possède à fond le sujet. À ce théoricien consommé, à ce praticien éprouvé, rien n'échappe de ce qui concerne les finances, l'économie, la monnaie. Doctrinaire de leurs rapports, poète de leurs vicissitudes, il les veut libres. Mais, sachant de quelles emprises abusives elles se trouvent constamment menacées, il entend qu'elles soient protégées. Le projet que, le 8 décembre, il remet de la part de sa commission à moi-même et à Antoine Pinay forme un tout suivant lequel, moyennant beaucoup de sacrifices, maintes barrières seront abaissées, de telle sorte qu'en rejetant les artifices la France reprenne l'équilibre, que ce soient l'épargne et le crédit qui, dans des conditions normales, assurent les investissements indispensables à son progrès, qu'elle entre délibérément en concurrence avec les grands pays modernes.

Le plan comporte, en effet, trois éléments essentiels, liés entre eux et qui sont de nature à changer de fond en comble l'activité économique et la politique financière françaises. Le premier est l'arrêt effectif de l'inflation ; celle-ci n'étant qu'une drogue qui par phases alternées d'agitation et d'euphorie mène la société à la mort. On va s'en guérir, d'abord en comprimant les dépenses et en augmentant les recettes de l'État pour que le découvert des budgets, à commencer par celui de 1959, ne donne plus lieu à la création de moyens de paiement artificiels, ensuite en réduisant momentanément la consommation interne afin qu'une part excessive du revenu national ne soit pas ainsi dévorée, qu'au contraire s'accroisse l'épargne, mère des investissements, et que la production se tourne vers l'exportation. Un rude ensemble de dispositions est proposé dans ce sens : limitation à 4 pour 100 *ne varietur* de la majoration des traitements et salaires publics, réduction des subventions que l'État verse aux entreprises nationalisées et à la Sécurité sociale pour combler leur déficit et de celles qu'il accorde à des produits de consommation, non-paiement en 1959 de la retraite des anciens combattants valides. En même temps, nouvelle augmentation des impôts sur les sociétés et sur les gros revenus, taxation plus forte du vin, de l'alcool, du tabac, accroissement des tarifs de 15 pour 100 pour le gaz, l'électricité, les transports, de 10 pour 100 pour le charbon, de 16 pour 100 pour la poste. Par contre et afin que ce surcroît de charges épargne, autant que possible, les ressources des plus modestes, supplément de 4 pour 100 au salaire minimum garanti, majoration de 10 pour 100 des allocations familiales dans un délai de six mois, versement de 5 200 francs ajouté immédiatement à la retraite des gens âgés.

La deuxième série de décisions prévue par le projet se rapporte à la monnaie. Le but est que celle-ci, après les onze diminutions de parité qu'elle a subies depuis 1914 où elle était encore le franc-or de Napoléon[16], soit, à la fin des fins, rétablie sur une base stable et fixée de manière à ce que les prix de nos produits deviennent compétitifs dans la concurrence mondiale où nous allons nous engager. Aussi, une dévaluation de 17,5 pour 100 est-elle recommandée. Mais il s'agit qu'à partir de là notre monnaie ait désormais une valeur immuable, non point seulement proclamée en France — ce qui conduit à interdire, comme autant de doutes affichés, toutes les indexations à l'exception de celle du S.M.I.G.[17] — mais aussi reconnue par l'étranger. Le franc sera donc convertible, c'est-à-dire librement interchangeable avec les autres devises. En outre, pour rendre au vieux franc français[18], dont les pertes expriment nos épreuves, une substance respectable, le franc nouveau, valant cent anciens, apparaîtra dans les comptes ainsi que sur l'avers des pièces et le libellé des billets.

Le troisième ordre de mesures tend à la libération des échanges. C'est là une révolution ! Le Plan nous conseille, en effet, de faire sortir la France de l'ancien protectionnisme qu'elle pratique depuis un siècle[19]. Certes, à l'abri de ce rempart, elle avait pu, avant les grandes guerres, amasser une énorme fortune et, ensuite, quoique ruinée, retrouver sa vie économique propre sans devenir la colonie d'autrui. Mais, à présent, le système l'isole et l'endort, alors que de vastes courants d'échanges innervent l'activité mondiale. C'est une certaine sécurité mais une médiocrité certaine que les barrières des douanes, les bornes des interdictions et les clôtures des contingents ont apportées à notre industrie, à notre agriculture, à notre commerce. Au contraire, la compétition leur fera tout à la fois courir des risques et sentir l'aiguillon. On peut penser que, dans le combat, l'économie française adaptera son équipement, son esprit d'entreprise, ses méthodes, aux exigences de la productivité et fera de l'expansion au-dehors le critérium de sa réussite. Jacques Rueff et ses associés suggèrent que, de but en blanc, à partir du 1er janvier prochain, 90 pour 100 des produits puissent être échangés avec les pays de l'Europe et 50 pour 100 avec ceux de la zone dollar.

J'adopte le projet des experts. D'ailleurs, à mesure de leur travail, j'en ai été tenu au courant par ceux de mes collaborateurs : Georges Pompidou et Roger Goetze[20], qui gardaient étroitement le contact de la commission. Du point de vue de la technique : taux, dates, spécifications, etc., je m'en remets dans l'ensemble aux spécialistes qui me les soumettent. Mais c'est ce que le projet a de cohérent et d'ardent, en même temps que d'audacieux et d'ambitieux, qui emporte mon jugement. Pour qu'il se traduise en actes sans qu'on se laisse aller à composer avec les réactions nationales et internationales qu'il va forcément entraîner, je dois maintenant le prendre à mon compte. Or, j'y suis puissamment aidé par la confiance que la masse du peuple, à défaut de ses élites, me témoigne en signes émouvants et qu'il m'exprime, au cours de cet automne, par le référendum de septembre, le scrutin législatif de novembre, mon élection en décembre.

Cependant, bien que les principes et les textes doivent être arrêtés en l'absence du Parlement, des obstacles politiques se présentent. Le premier est élevé par le ministre de l'Économie et des Finances lui-même qui, très ému, vient me déclarer qu'il s'oppose au projet Rueff sur deux points essentiels : la dévaluation et les impôts nouveaux. « Comprenez, me dit Antoine Pinay, qu'après avoir toujours condamné ceux-ci et celle-là, je ne puisse y souscrire aujourd'hui. » Tout en reconnaissant qu'il aura grand mérite à donner son consentement, j'invite instamment le ministre à s'y résoudre en considération de ce que sont ma tâche, ma responsabilité et, par suite, mon droit et mon devoir de trancher. Or, j'ai choisi de donner suite, sans demi-mesures, au plan tout entier, y compris sur les sujets en cause. Devant cette haute raison, Antoine Pinay veut bien s'incliner. Pourtant, quand tout sera réglé, il m'adressera une lettre m'exprimant ses réserves et ses appréhensions. Mais, bientôt, les membres socialistes du gouvernement font, à leur tour, connaître leur refus. « Il m'est impossible, me déclare Guy Mollet, d'approuver une dévaluation et des dispositions qui vont imposer de lourds sacrifices aux petites gens et que ne compense même pas une dose suffisante de dirigisme. » Pour répondre, je mentionne le supplément de charges qu'auront à supporter les plus riches, les allégements prévus en faveur des plus pauvres, par-dessus tout le caractère impératif du redressement dans la situation désastreuse où les gouvernements d'hier ont laissé notre pays. Mais Guy Mollet maintient son opposition. Comme je ne doute pas que ce doive être de plus en plus nettement l'attitude des socialistes à mesure que s'approchera la fin du drame algérien et à la suite de la déconvenue qu'a causée à leur parti le résultat des élections, j'accepte la démission de leur secrétaire général. Eugène Thomas et Max Lejeune me remettent aussi la leur. Je les prie tous les trois, cependant, de rester en fonctions jusqu'à ce que, le 8 janvier, s'instaure la Ve République qu'ils m'auront aidé à fonder. Ils le feront de bonne grâce[21].

Les décisions sont prises le 26 décembre, au cours d'un Conseil interministériel long d'une dizaine d'heures auquel assistent tous les membres du gouvernement ainsi que Jacques Rueff et de hauts fonctionnaires des Finances. En dirigeant le débat de bout en bout, je me suis engagé assez à fond sur toutes les dispositions pour que leur adoption soit inéluctable. Le lendemain, l'ensemble est entériné par le Conseil des ministres, essentiellement sous la forme d'une ordonnance qui est le budget de 1959, d'une autre ordonnance créant le franc nouveau, d'un arrêté fixant sa parité et d'une notification adressée à l'étranger pour la libération des échanges. Le 28, par les ondes, j'annonce au pays ce qui a lieu, pourquoi ? comment ?

Constatant, tout d'abord, que la tâche nationale qui m'incombe depuis dix-huit ans vient d'être confirmée par mon élection du dimanche précédent, je déclare que : « Guide de la France et chef de l'État républicain, j'exercerai le pouvoir suprême dans toute l'étendue qu'il comporte désormais et dans l'esprit nouveau qui me l'a fait attribuer. » Or, c'est l'instinct du salut qui inspire l'appel que m'adresse le peuple français. « Il me charge de le conduire, parce qu'il veut aller, non certes à la facilité, mais à l'effort et au renouveau. » En vertu de ma mission et avec mon gouvernement, « j'ai donc décidé de remettre nos affaires en ordre réellement et profondément ». J'indique, « qu'à l'occasion du budget, nous avons adopté et, demain, nous appliquerons tout un ensemble de mesures financières, économiques, sociales, qui établit la nation sur une base de vérité et de sévérité,... que notre pays va se trouver à l'épreuve,... mais que le rétablissement visé est tel qu'il peut nous payer de tout ». Suit, alors, l'énoncé de toutes les dispositions qu'après moi développera en détail le ministre de l'Économie et des Finances. Je termine en disant : « Sans cet effort et ces sacrifices, nous resterions un pays à la traîne, oscillant perpétuellement entre le drame et la médiocrité. Au contraire, si nous réussissons, quelle étape sur la route qui nous mène vers les sommets[22] ! »

Dans le pays et au-dehors, l'impression produite est immense. Aux professionnels de l'opinion il paraît en effet saisissant qu'après tant et tant d'essais fragmentaires, épisodiques et velléitaires, auxquels se sont livrés les gouvernements de naguère, le nouveau pouvoir entreprenne cette fois une action fondamentale, soutenue et résolue. Ni les partis, ni les journaux, dont la malveillance se trouve, un instant, déconcertée, ne contestent que le plan soit cohérent et important. À l'étranger, on ne se cache pas d'être frappé par le fait que je me sois engagé aussi complètement. Mais, tandis qu'au-delà des frontières les jugements exprimés ne cesseront pas d'être favorables, ce qui, d'ailleurs, contribuera à renverser dans le bon sens le mouvement des capitaux, chez nous, au contraire, une fois passé l'effet de choc, le rétablissement de nos affaires s'accomplira au milieu de l'océan des critiques brandies par les partis politiques, les syndicats et la quasi-totalité de la presse.

Bien entendu, ce sont les rigueurs inhérentes au redressement qui soulèvent les protestations. Sans que jamais soit défendue l'idée que le salut commun doive prévaloir sur les intérêts particuliers, tous ces opposants s'accordent à taxer d'injustes les sacrifices imposés. À partir de ce blâme général, chaque organisme professionnel ne manque naturellement pas de s'élever contre celles des décisions qui, à l'en croire, lèsent tout justement sa clientèle en particulier. Le patronat proteste contre les charges qui pèsent sur l'industrie et réclame, pour qu'elles soient allégées, la compression des dépenses publiques. Les petites et moyennes entreprises s'en prennent à la libération des échanges dont elles prétendent que nombre d'entre elles vont s'en trouver jetées dans une concurrence impossible à supporter. C'est la prise en compte des signes extérieurs de richesse dans le calcul des revenus qui irrite les représentants des cadres et ceux des professions libérales. Les porte-parole du commerce condamnent le Plan qui tend à réduire le pouvoir d'achat des consommateurs. Les syndicats ouvriers se déchaînent contre l'abaissement du niveau de vie des salariés que vont, suivant eux, entraîner, d'une part l'augmentation des prix en conséquence de la dévaluation, d'autre part la récession accompagnant l'austérité. Les organisations agricoles n'admettent pas qu'il soit mis un terme à l'indexation et, par là, clament-elles, violé le principe de la parité des revenus paysans. Les associations d'anciens combattants s'indignent avec véhémence de la suspension, fût-elle partielle, des retraites des survivants de la Grande Guerre[23].

À vrai dire, je n'attends rien d'autre de tous les groupes politiques ou sociaux. Les partis, tels qu'ils sont, ne sauraient évidemment approuver l'action d'un régime bâti à leur encontre, surtout quand ce qu'il fait soulève des mécontentements qui, pour eux, sont autant de chances. Quant aux organisations professionnelles, comme elles n'existent et ne fonctionnent que pour formuler et soutenir des revendications, on ne peut compter qu'elles coopèrent avec le pouvoir à quelque chose de constructif, *a fortiori* si cela implique des contraintes pour leurs mandants. Il va de soi que cette hostilité naturelle des féodalités à l'égard de l'État, principalement s'il se montre fort, se fait acharnée et systématique chez celles que dominent les communistes et qui, dans tous les cas, s'efforcent d'affaiblir la société nationale, en attendant de la détruire. Devant la levée de tant de boucliers, je me vois comme le mécanicien qui, dans le film américain, conduit le train sans écouter les sonneries d'alarme déclenchées par des voyageurs inquiets ou malintentionnés[24]. Au cours de cette période cruciale, mon gouvernement, en dépit des mises en demeure, ne changera autant vaut dire rien à ce qu'il a décidé. D'ailleurs, les ardentes démonstrations populaires, qui marquent à cette époque mes visites à seize départements du Sud-Ouest, du Centre, du Berry, de la Touraine, du Massif central[25], me prouvent, qu'au fond, la nation est favorable à l'entreprise. Même l'Assemblée nationale, à qui, dès le 15 janvier, le premier ministre Michel Debré expose notre politique et pose la question de confiance, exprime son approbation à une grande majorité. Une fois de plus, les récriminations comptent peu, à condition que l'on réussisse.

Or, justement, le succès s'affirme. Six mois après qu'a commencé l'application du Plan[26], le début de récession qu'on avait pu constater fait place à une nette reprise. Le nombre des chômeurs diminue, la durée du travail augmente. Le 30 juin 1959, la majoration des prix, qu'on pensait voir atteindre 7 ou 8 pour 100, s'élève à peine à 3 pour 100. Aussi nos exportations prennent-elles un essor depuis longtemps inconnu. Pendant ce premier semestre, nos réserves de change, qui déjà s'étaient accrues à la fin de 1958, encaissent neuf cents millions de dollars, si bien qu'après avoir remboursé six cents millions de dettes extérieures nous restons en possession de plus d'un milliard et demi de dollars. L'activité de la Bourse de Paris reflète ces bons résultats : l'indice du nombre des transactions de valeurs françaises double au cours de cette période. Dès le 30 janvier[27], j'avais pu annoncer au pays que le vent était favorable. « La chance, disais-je, la belle et bonne chance, que notre peuple a parfois rencontrée, voici qu'elle s'offre de nouveau... Une France toute neuve reprend le cours de l'Histoire... Mais, pour qu'elle trouve une base solide sur quoi bâtir sa puissance, nous devons mettre en ordre, largement et profondément, finances, monnaie, économie... C'est ce que nous sommes en train de faire à l'étonnement du monde entier... » Puis, j'en appelais, non pas aux notables et aux nantis, qui certainement ne m'entendraient pas, mais au peuple : « Ah ! je sais bien ce qu'il en coûte à toutes les catégories, notamment aux plus modestes. Je sais bien que c'est toujours l'infanterie qui gagne les batailles. Je sais bien que la grandeur de la France n'a jamais été faite que par la masse de ses enfants. » Enfin, je saluais les prodromes de la victoire : « Malgré les désagréments subis par les uns et par les autres, malgré ce qu'ont à accepter ouvriers, cultivateurs, commerçants, bourgeois, employés, fonctionnaires et beaucoup[28] d'anciens combattants, la volonté du peuple français de s'épargner à lui-même la pagaille, l'inflation, la mendicité, apparaît en pleine lumière. Du coup, se font déjà voir les signes avant-coureurs du redressement. Qu'il s'agisse de production, de rémunération, de prix, d'échanges, de monnaie, d'harmonie sociale, les conditions de vie des Français doivent être stabilisées avant que se termine l'année. À partir de là, la technique, le travail, l'épargne, réaliseront leur œuvre de prospérité générale. »

La fin de 1959 et les trois années suivantes marquent pour notre pays une sorte de triomphe de l'expansion dans la stabilité, alors que maints idoines tenaient ces deux termes pour inconciliables. Expansion considérable, puisque les taux d'accroissement du produit national brut seront : 3 pour 100 pendant le deuxième semestre de 1959, 7,9 pour 100 en 1960, 4,6 pour 100 en 1961, 6,8 pour 100 en 1962, correspondant à l'avance annuelle de la production industrielle qui atteindra en moyenne 5,4 pour 100 et à celle de la production agricole qui dépassera 5 pour 100. Stabilité éclatante, car les budgets de l'État seront tous bouclés en équilibre, la balance commerciale se réglera de mois en mois par un excédent constant, les réserves d'or et de devises dépasseront quatre milliards de dollars en 1962, les dettes extérieures à court et à moyen terme seront à la même date intégralement remboursées, la majoration annuelle des prix de détail et de gros n'atteindra pas 3,5 pour 100. Quel succès serait plus évident ? Il aboutit, d'ailleurs, à une majoration effective de 4 pour 100 par an du niveau de vie des Français, tandis que le chômage tombe à moins de 0,5 pour 100 de la population active. En même temps, et bien que la consommation — ou, si l'on veut, le bien-être — suive la progression des salaires, les dépôts dans les caisses d'épargne augmenteront de trois milliards de francs nouveaux en 1958, de quatre milliards et demi en 1959 et 1960, de cinq milliards en 1961, de six milliards en 1962, les investissements privés augmenteront chaque année de plus de 10 pour 100 et les crédits affectés par l'État au développement équivaudront toujours à la moitié au moins de ses dépenses.

Ainsi est établie la base solide sur laquelle le pays doit poursuivre sa transformation. Mais celle-ci, comment la faire ? Bouleverser brutalement ce qui est ? Ce serait théoriquement concevable dans une situation à ce point dramatique que, pour tenter d'éviter la mort, la nation se soumettrait à la terrible chirurgie d'un régime totalitaire qui ferait d'abord table rase, puis reconstruirait à grands coups de normes et de rigueurs implacables. Mais nulle catastrophe ne menace la France et, si la Ve République comporte l'autorité, elle n'a rien d'une dictature. Le pouvoir s'y exerce dans une libre démocratie où chaque individu et chaque groupe ont leurs droits, où tout se fait au grand jour et moyennant la sanction des votes, où le pouvoir n'utilise ni la prison et la confiscation vis-à-vis des possédants récalcitrants, ni le travail forcé ou la déportation à l'encontre des ouvriers et employés indociles. Chez nous, la tâche de l'État consiste donc, non pas à faire entrer de force la nation dans un carcan, mais à conduire son évolution. Pourtant, bien que la liberté reste un levier essentiel de l'œuvre économique, celle-ci n'en est pas moins collective, commande directement le destin national et engage à tout instant les rapports sociaux. Cela implique donc une impulsion, une harmonisation, des règles, qui ne sauraient procéder que de l'État. Bref, il y faut le dirigisme[29]. Pour ma part, j'y suis décidé et c'est une des raisons pour lesquelles j'ai voulu pour la République des institutions telles que les moyens du pouvoir correspondent à ses responsabilités.

En fait, il s'agit tout d'abord d'arrêter le Plan, c'est-à-dire de déterminer les objectifs à atteindre, le rythme à suivre, les conditions à observer par l'économie du pays, et de fixer à l'État lui-même l'effort financier à fournir, les domaines du développement dans lesquels il doit intervenir, les mesures à prendre en conséquence par ses décrets, ses lois et ses budgets. C'est dans le cadre ainsi tracé que l'État renforce ou allège les taxes et impôts qu'il perçoit, facilite ou restreint le crédit dont il est maître, modifie les tarifs que ses douanes font payer ; qu'il aménage l'infrastructure nationale : voies routières, ferrées, navigables, ports, aérodromes, transmissions, villes nouvelles, logements, etc. ; qu'il adapte les sources d'énergie : électricité, gaz, charbon, pétrole, atome ; qu'il suscite la recherche dans le secteur public et l'encourage dans le privé ; qu'il incite les activités à se répartir rationnellement sur l'ensemble du territoire ; que, par la sécurité sociale, l'enseignement, la formation professionnelle, il facilite les mutations d'emploi qu'impose à de nombreux Français la modernisation de la France. Pour que notre pays repétrisse ses structures et rajeunisse sa figure, mon gouvernement, fort de l'équilibre maintenant rétabli, va engager de multiples et vigoureuses interventions.

D'autant plus et d'autant mieux que le premier ministre est Michel Debré. Depuis janvier 1959, s'applique la Constitution nouvelle en vertu de laquelle, sous la coupe du président de la République et nommé par lui, il y a le premier ministre, dirigeant le gouvernement et chef de l'administration. À partir des directives que je donne, ou bien de mon propre fait, ou bien sur sa proposition, c'est à lui qu'il appartient de mettre en action les ministères, d'élaborer les mesures à prendre, de régler la présentation qui en est faite, soit à moi-même, soit au Conseil, soit au Parlement, enfin, quand elles ont abouti à des décrets ou à des lois, d'en diriger l'application. Cette tâche capitale et quasi illimitée, Michel Debré est le premier qui l'assume dans la Ve République. Il la marque de son empreinte et celle-ci est forte et profonde. Convaincu qu'il faut à la France la grandeur et que c'est par l'État qu'elle l'obtient ou qu'elle la perd, il s'est voué à la vie publique pour servir l'État et la France. S'il s'agit de cela, point d'idées qui soient étrangères à son intelligence, point d'événements qui n'éprouvent et, souvent, ne blessent son sentiment, point d'actions qui dépassent sa volonté ! Toujours tendu dans l'ardeur d'entreprendre, de réformer, de rectifier, il combat sans se ménager et endure sans se rebuter. D'ailleurs, très au fait des personnes, des ressorts et des rouages, il est aussi un homme de textes et de débats qui se distingue dans les Assemblées. Mais certain, depuis juin 1940, que de Gaulle est nécessaire à la patrie, il m'a donné son adhésion sans réserve. Jamais, quoi que puisse parfois lui coûter ma manière de voir, ne me manquera le concours résolu de sa valeur et de sa foi[30].

C'est le cas pour ce que requiert l'industrialisation du pays. Comme la formule est simple ! Comme l'entreprise est difficile ! Comme la réalisation est odieuse à toutes les routines ! Michel Debré, en accord avec moi, y engage à fond le gouvernement. Il ne s'agit évidemment pas de tailler dans le neuf, comme avaient pu le faire autrefois les États-Unis qui se peuplaient à mesure qu'ils découvraient d'énormes sources de matières premières, la Grande-Bretagne remplie de houille alors que c'était justement la condition de l'industrie, l'Allemagne riche du charbon de la Ruhr et de la Silésie, géographiquement homogène et parcourue par de grands fleuves parallèles et navigables, ou comme le font aujourd'hui la Russie pourvue, avec la Sibérie, de toutes les ressources imaginables, le Japon contraint par la pression d'une population débordante, l'Italie disposant pour ses grandes usines du Nord de la main-d'œuvre inemployée du Sud. Notre vie économique à nous est depuis longtemps définie par nos possibilités et celles-ci ne changent guère. Mais, si nous fabriquons déjà beaucoup et autant vaut dire dans toutes les branches, la question est de le faire à meilleur compte et en meilleure qualité. Cela implique des équipements modernisés, une organisation qui réduise les frais généraux, un affrontement de la concurrence. Aider l'expansion, l'investissement, l'exportation, voilà donc ce que sera dans ce domaine le rôle de mon gouvernement. Œuvre de longue portée et de longue haleine, puisque, faute de découvrir, comme certains avaient pu le faire en d'autres temps dans d'autres pays, des sources nouvelles de richesse, nous n'avons, pour soutenir notre avance, que les prélèvements opérés à mesure sur les bénéfices de la nation.

Le IIIe Plan, qui avait été établi avant mon retour au pouvoir pour la période : 1958-1961, ne répond évidemment pas à ce que permet à présent le redressement financier et monétaire et à ce qu'exige la libération des échanges. Un « Plan intérimaire » est donc mis en œuvre, visant hardiment à un accroissement annuel moyen de 5,5 pour 100 de la production et à un total d'investissements qui atteigne une large part du revenu global. Sur ces bases, toutes sortes de mesures législatives et réglementaires sont prises pour alléger, par la voie fiscale, l'amortissement des frais d'outillage engagés par les entreprises, pour faire baisser les taux auxquels elles contractent des emprunts de modernisation, pour les pousser à se fondre avec d'autres, pour les amener à installer leurs usines et leurs filiales dans des provinces où leur présence suscite le concours des capacités et des collectivités locales. Le IVe Plan, qui doit couvrir la période 1962-1965, vise à accentuer cette progression générale et, notamment, fixe à 24 pour 100 ce que doit être, en fin d'application, l'augmentation de notre développement. Le 17 novembre 1961, entouré par le gouvernement, je me rends solennellement au Conseil économique et social pour y entendre exposer ses avis et proclamer moi-même les objectifs à atteindre par la nation[31].

Entre-temps, par ordonnance du 7 janvier 1959, la voie est ouverte à l'intéressement des travailleurs aux profits des entreprises. Que les contrats passés à ce titre entre la direction et le personnel comportent simplement un prélèvement sur les résultats, ou qu'ils instituent la participation au capital et à l'autofinancement, ou qu'ils organisent une société dont chaque ingénieur, chaque ouvrier, chaque employé, est membre et actionnaire, les exonérations fiscales assurées par l'État sont considérables. Il est vrai que si la loi fixe ainsi les conditions dans lesquelles doit jouer l'association elle admet que celle-ci soit encore facultative. Aussi, quels que soient les avantages qu'offre une pareille innovation quant à la productivité et quant aux rapports sociaux et les conclusions favorables qu'en tirent tous ceux qui l'expérimentent, elle ne va être appliquée que par un nombre restreint d'entreprises. À son encontre se conjuguent, en effet, les préventions des patrons et celles des syndicats, figés dans un état d'opposition réciproque, où les premiers pensent pouvoir, grâce à une résistance éprouvée, se maintenir dans leurs citadelles et où les seconds trouvent la justification de leur action exclusivement revendicative et de leur refus d'en exercer une autre qui puisse être positive. Malgré tout, une brèche est ouverte dans le mur qui sépare les classes. C'est en élargissant le passage qu'on pourra, un jour, faire en sorte que la réforme capitale de la participation[32] donne à la société moderne la base nouvelle de sa vie.

Mon gouvernement, en se faisant honneur de parcourir les premiers pas vers ce progrès[d] social qui pourrait être décisif, s'efforce aussi de devancer le développement économique et déploie pour l'équipement national un effort auquel dans le passé ne se compare aucun autre. Cet effort, il le consacre à soutenir des espoirs nouveaux. Ainsi des sources d'énergie : gaz de Lacq dont la production est portée à quatre milliards de mètres cubes par an et la distribution organisée sur tout le territoire ; hydrocarbures d'Algérie qui, grâce aux pipe-lines achevés jusqu'à Bougie et jusqu'à La Skhirra, arrivent maintenant en quantités croissantes — vingt-cinq millions de tonnes en 1962 — et nous évitent d'en acheter autant ailleurs à coups de dollars et de livres ; centrales atomiques de Marcoule et de Chinon qui commencent à produire de l'électricité. Ainsi du centre de Cadarache, bâti pour l'étude des « surgénérateurs ». Ainsi du Centre d'études spatiales, qui s'établit à Brétigny et, tout de suite, prépare le lancement de satellites français. Ainsi des communications : en quatre ans, 2 000 nouveaux kilomètres de chemins de fer sont électrifiés, le réseau d'autoroutes passe de 125 kilomètres à 300, la percée du mont Blanc est entamée, la loi-programme du 23 avril 1959 déclenche ou hâte de vastes travaux pour nos voies navigables : élargissement du canal Dunkerque-Lille-Valenciennes, construction du canal du Nord, accélération de l'aménagement du Rhône, de la Seine, de la Moselle, etc. Ainsi des ports : puissant développement des bassins, accès, cales de radoub, de Dunkerque, Le Havre, Rouen, Brest, Bordeaux, Marseille. Ainsi des aérodromes : construction de nouvelles pistes et aérogares à Orly et en province, aménagement moderne du trafic. Ainsi des logements : plus de 300 000 sont construits chaque année, la plupart avec le concours des fonds publics. Ainsi de la recherche scientifique, dont les crédits sont triplés et qui est dotée, en 1958, de ses organismes dirigeants : Délégation générale et Comité des sages. Entre 1958 et 1962, nos budgets auront consacré aux investissements soixante-quinze milliards de francs lourds. Cela ne s'est jamais vu !

Jamais non plus un Français parcourant la France n'a pu y constater d'aussi grands et rapides changements. Et pour cause ! Des permis de construire sur quatorze millions de mètres carrés — presque tous en province — sont accordés à l'industrie dont en même temps le nombre des entreprises est, par fusions ou concentrations, réduit d'environ 5 000. Dans le secteur commercial où fonctionnaient, en 1958, 8 supermarchés et 1 500 « magasins en libre-service » on en compte respectivement 207 et 4 000 en 1962. L'atome déploie l'appareil nouveau et mystérieux de ses seize centres et installations. Ce sont maintenant des ensembles-modèles qui inventent, mettent au point, fabriquent, nos avions, nos hélicoptères, nos fusées, de classe internationale. Deux fois plus de laboratoires, certains du plus haut niveau, fonctionnent à présent partout. Des régions, qui sont choisies pour réunir sur leur territoire les éléments de telle ou telle industrie « de pointe », adoptent une vocation moderne : en Aquitaine[33] s'implante l'aéronautique, en Bretagne s'installe l'électronique, au pied des Pyrénées s'édifient les industries dérivées du gaz, aux abords de Marseille s'organisent le débarquement, le stockage et le raffinage du pétrole. Nos vieilles villes et nos anciens bourgs sont en proie aux chantiers qui travaillent à les rajeunir. Par exemple, Paris, blanchi[34] tout en conservant ses lignes, débordant d'automobiles autour de ses monuments restaurés, se pénètre de trois autoroutes, s'entoure d'un boulevard périphérique et dresse d'innombrables immeubles neufs dans ses murs et ses environs.

La médaille a son revers. Notre développement industriel réduit inéluctablement l'importance relative de notre agriculture. Comment, étant qui je suis, ne serais-je pas ému et soucieux en voyant s'estomper cette société campagnarde, installée depuis toujours dans ses constantes occupations et encadrée par ses traditions ; ce pays des villages immuables, des églises anciennes, des familles solides, de l'éternel retour des labours, des semailles et des moissons ; cette contrée des légendes, chansons et danses ancestrales, des patois, costumes et marchés locaux ; cette France millénaire, que sa nature, son activité, son génie, avaient faite essentiellement rurale ? Comment méconnaître que si, dans notre existence de peuple, la cité — et, d'abord, la capitale — ne cessa jamais d'être le siège et le décor de l'appareil officiel, le foyer des arts et des sciences, le rendez-vous principal du commerce, la meilleure place pour les ateliers, c'est la campagne qui demeurait la source de la vie, la mère de la population, la base des institutions, le recours de la patrie ? Comment oublier qu'au long des âges et jusqu'au siècle dernier sept Français sur dix vivaient aux champs, que ceux qui les avaient quittés n'étaient pour la plupart que des émigrés gardant leurs racines au terroir, qu'à l'époque où je suis né et en dépit de l'afflux que, depuis deux générations, les usines et les chemins de fer avaient déclenché vers les villes, plus de la moitié des habitants de notre pays étaient encore des ruraux, que c'est notre terre qui produisait la presque totalité de l'alimentation nationale, que jusqu'alors nos armées incorporaient surtout de jeunes campagnards et que même, pendant la Grande Guerre, le plus grand nombre de nos combattants et les deux tiers de nos morts avaient été des agriculteurs ? Comment ne pas comprendre que les paysans français ont d'instinct le sentiment d'être, en somme, la France elle-même et que la colossale mutation qui diminue leur volume social et leur rôle économique suscite inévitablement leur inquiétude et leur mélancolie ?

Auxquelles se joint le souci de plus en plus aigu de vivre. Il est fini, en effet, le temps où l'agriculture française était celle de la subsistance, où le paysan, sans changer jamais rien à ce qu'il faisait pousser sur son lopin de terre, cultivait surtout de quoi se nourrir lui-même et nourrir sa famille, où les surplus suffisaient à l'alimentation des villes, où les douanes et les octrois[35] empêchaient l'intrusion des denrées du dehors. La machine est passée par là, bouleversant l'antique équilibre, imposant le rendement, accumulant des excédents, créant partout des biens et, du coup, des désirs nouveaux, suscitant chez les paysans le besoin de gagner davantage, provoquant la pression massive des produits étrangers et exigeant de nous en contrepartie l'offre de la qualité. C'est donc le marché qui, désormais, dicte à l'agriculture ses lois qui sont : la spécialisation, la sélection, la vente. Mais, dès lors qu'il faut à toute entreprise assez d'étendue, d'outillage, de capitaux, pour répondre à ces conditions, comment maintenir sur notre territoire plus de deux millions d'exploitations dont les trois quarts sont trop exiguës et dépourvues pour être rentables et sur lesquelles vit encore, cependant, presque un cinquième du peuple français ? Comment laisser la profession agricole errer, par le temps qui court, sans la formation technique, l'organisation des transactions, l'aide rationnelle du crédit, indispensables à la concurrence ? Comment résoudre sans drame ce problème gigantesque et éminemment national, à moins que la collectivité tout entière ne le prenne à son compte[f] ?

C'est par la Loi d'orientation agricole de 1960, la loi complémentaire de 1962[36], et les décrets qui les complètent, qu'est mise en œuvre l'évolution. Des organismes à activités et à initiales multiples sont créés pour mener le mouvement : « Sociétés d'aménagement foncier et d'aménagement rural »

(SAFER), « Sociétés pour le financement et le développement de l'économie agricole » (SOFIDECA), « Fonds d'orientation et de régularisation des marchés agricoles » (FORMA), « Fonds d'action sociale pour l'assainissement des structures agricoles » (FASASA). D'autre part, l'allocation de crédits pour la distribution de l'eau, l'habitat, l'assainissement, le remembrement, est accélérée partout. Il s'agit, en somme, d'aider à s'agrandir, à modifier leur structure, à adapter leur production, les exploitations qui sont économiquement valables et d'amener à se joindre à d'autres celles qui ne le sont pas faute d'une dimension suffisante. Il s'agit d'obtenir que le cultivateur produise les denrées qu'il faut et les envoie à la vente présentées comme il faut, au cours qu'il faut, là et quand il faut. Il s'agit de mettre en place un réseau de « Marchés d'intérêt régional » — dont feront un jour partie les halles de Rungis — où les produits sont commercialisés en grand et rationnellement. Il s'agit d'organiser l'enseignement agricole et les consultations d'experts. Il s'agit d'aménager la retraite et de favoriser le départ des exploitants âgés. Il s'agit, enfin, d'attribuer aux paysans un régime spécial d'assurances sociales. Le montant des crédits publics consacrés à l'agriculture passe de neuf cent quarante millions de nouveaux francs en 1958 à trois milliards en 1962. Mais, à ce prix, s'accomplissent de vastes et rudes changements. Par exemple, au cours de ces quatre années, le nombre des exploitations descend de 2 200 000 à 1 900 000 tandis que la valeur de la production monte de trente-deux à quarante-deux milliards. Ce rythme, s'il est maintenu, permettra de régler la question en l'espace d'une génération. Pour la première fois et moyennant un effort proportionné au problème, la République prend réellement en charge — en attendant d'en tirer bénéfice — la conduite de l'agriculture française vers son destin des temps nouveaux.

Au demeurant, l'entreprise dépasse le cadre national. La France, qui est faite pour cent millions d'habitants[37], peut produire sur ses belles et bonnes terres beaucoup plus d'aliments qu'elle n'en consomme. Malgré les récents accroissements de sa population, ce déséquilibre va s'accentuant à mesure que l'amélioration de l'équipement, des méthodes, du traitement des sols, augmente les rendements des cultures et de l'élevage. Il nous faut donc exporter et, dans un monde où les surplus agricoles sont offerts en masse, nous devons le faire, malgré tout, à des prix qui répondent aux besoins de nos producteurs, à moins que l'État leur fournisse des subventions telles qu'elles écraseraient ses finances. Je dois dire que si, reprenant nos affaires en main, j'adopte d'emblée le Marché commun, c'est en raison de notre condition de pays agricole aussi bien que du progrès à imposer à notre industrie. Certes, je ne me dissimule pas que, pour faire effectivement entrer l'agriculture dans la Communauté, nous devrons agir vigoureusement auprès de nos partenaires dont, en cette matière, les intérêts ne sont pas les nôtres. Mais je tiens qu'il y a là, pour la France, une condition *sine qua non* de sa participation. Car, dans un ensemble débarrassé en principe de douanes et taxes nationales et où seuls les fruits de la terre n'auraient pas libre accès partout, dans un groupement de consommateurs où les produits agricoles du dedans ne seraient pas préférés à ceux du dehors, notre agriculture constituerait pour nous une charge qui nous mettrait, relativement aux autres, en état de chronique infériorité. Pour imposer au Marché commun, à mesure de sa mise sur pied, ce qui nous est, à cet égard, nécessaire, il nous faudra donc déployer des efforts littéralement acharnés, allant parfois jusqu'à la menace de rompre[38]. Cependant, nous y réussirons.

L'été de 1962 marque le terme d'une période au cours de laquelle notre pays n'a pas cessé de progresser. Pendant ces quatre années, la Ve République a déployé dans le domaine économique et social une action dont le moins qu'on puisse dire est qu'elle fut plus soutenue et plus continue que celle d'aucun des régimes qui l'avaient précédée. Sans doute, sous peine de s'écrouler elle-même, y était-elle obligée par la nécessité de tirer le pays de la situation très grave où elle l'avait trouvé au départ. En outre et de toute manière, les changements requis par l'évolution générale exigeaient l'intervention, plus déterminée que jamais, du pouvoir et de la loi. Mais, justement, l'esprit, la lettre, le fonctionnement, des nouvelles institutions répondaient à ces conditions. Dans le gouvernement une cohésion sans précédent, au Parlement la présence d'un noyau majoritaire que rien ne pouvait briser, dans le peuple un consentement massif, incitaient à entreprendre et permettaient de persévérer. Assurément, l'ensemble de ce qui était accompli imposait des épreuves à tous. Mais on voyait le résultat : pour la nation une prospérité notablement accrue, pour chacun une amélioration sensible de son sort, pour la France la confiance en elle-même recouvrée et la considération extérieure réapparue.

Tandis que le pays travaille, c'est à moi, d'abord, qu'il appartient de donner à la somme de tout ce qui se fait un caractère d'ambition nationale, d'exiger que l'intérêt commun passe au-dessus des routines et prétentions des catégories et de montrer que le but de l'effort pour la prospérité n'est pas tant de rendre la vie plus commode à tels ou tels Français que de bâtir l'aisance, la puissance et la grandeur de la France. C'est cela que j'ai dans l'esprit toutes les fois — elles sont fréquentes — que je traite les affaires directement avec Michel Debré au cours de nos entretiens pluri-hebdomadaires ; avec Antoine Pinay tant qu'il sera ministre de l'Économie et des Finances, ensuite avec son successeur Wilfrid Baumgartner quand, à la demande du premier ministre, ce changement aura eu lieu en raison de la discordance, non certes de deux politiques, mais de deux personnalités[39] ; avec Jean-Marcel Jeanneney, qui est en charge de l'Industrie ; avec Henri Rochereau, puis Edgard Pisani, tour à tour titulaires de l'Agriculture ; avec Paul Bacon et Robert Buron, responsables, l'un du Travail, l'autre des Travaux publics et des Transports. C'est cela qui marque les audiences que j'accorde, par exemple, à Pierre Massé qui dirige la mise sur pied du IVe Plan ; à Jacques Brunet, gouverneur de la Banque de France, qui me rend compte de la situation de l'économie, du crédit et de la monnaie ; à François Bloch-Lainé, directeur général de la Caisse des dépôts et consignations, qui m'informe des emprunts consentis aux collectivités locales et des ressources des caisses d'épargne ; à Éric de Carbonnel, Georges Gorse, Jean-Marc Bœgner, représentants successifs du gouvernement au Marché commun, qui m'indiquent ce qui s'y passe dans les intervalles des réunions de ministres à Bruxelles, etc. C'est cela qui inspire mes décisions en conclusion des Conseils interministériels, dont l'économique et le social occupent toujours la plus grande partie. C'est cela que j'exprime quand je parle de la France, soit par déclarations faites au micro et sur les écrans, soit par conférences de presse, soit par centaines d'appels adressés aux populations au cours de mes voyages dans soixante-sept départements de la Métropole, soit par allocutions prononcées devant le personnel, à l'occasion des visites rendues au long de mes parcours à quelque quatre-vingts usines, mines, centrales, grands chantiers, exploitations agricoles, coopératives, marchés, installations de chemins de fer, travaux routiers, voies navigables, ports, aérodromes, ensembles urbains, écoles techniques, foires, expositions, etc.

Il est vrai que rien de ce qui est fait et dit pour servir la cause nationale ne désarme l'opposition d'aucun intérêt particulier. Les organismes socio-professionnels, tout en reprochant à mon pouvoir, par clause de style et parti pris, de s'attacher aux abus du passé et de négliger les réformes, sont, au fond, hostiles aux changements qui risquent, pour les possédants de restreindre leurs privilèges, pour les syndicats d'ôter de la substance à leurs revendications. On voit donc certains dirigeants d'entreprise actionner dans le sens du doute et de la méfiance les organes d'information dont ils disposent grâce à leur argent et gêner l'assainissement économique en retardant les concentrations utiles, voire même, parfois, en vendant de préférence leur affaire à des étrangers. On voit les fédérations et associations agricoles multiplier les protestations, allant jusqu'à déchaîner, ici et là, des commandos de « militants » qui barrent des routes et cassent des carreaux. On voit les syndicats ouvriers accuser « le pouvoir gaulliste » de chercher à les étouffer, de faire « la politique des monopoles » et de vouer les travailleurs à en être les victimes. Cependant, l'adhésion populaire aux intentions et à l'autorité du général de Gaulle est si large et si profonde que les agitations des milieux spécialisés ne troublent guère, au total, le travail de la nation. C'est ainsi que la rénovation de nos entreprises, bien que souvent tâtonnante, n'en suit pas moins effectivement son cours. C'est ainsi que les manifestations paysannes déclenchées en certains points jusqu'au printemps de 1960 s'apaisent partout après cette date. C'est ainsi qu'à partir de 1958, dans les secteurs public et privé, il n'y a pas, au total, pour treize millions de travailleurs, un million de jours de grève par an, c'est-à-dire huit fois moins qu'avant.

Le 5 février 1962[40], j'appelle la nation à constater son propre progrès. « Personne au monde, lui dis-je, excepté des partisans aveugles, ne méconnaît le puissant développement de la France. Chacun de nous en est saisi quand il parcourt le pays, fût-ce en regardant les images. Jamais il n'a été, en France, produit, construit, instruit, autant. Jamais le niveau de vie moyen des Français n'a atteint celui d'aujourd'hui. Jamais, nulle part, on n'a compté moins de chômeurs que nous n'en avons. Jamais notre monnaie et notre crédit ne furent plus forts qu'ils ne le sont, au point qu'au lieu d'emprunter nous prêtons maintenant aux plus riches. Et voici qu'entre en application le grand Plan qui, en quatre ans, doit accroître d'un quart notre puissance et notre prospérité. Assurément, cet ensemble comporte encore beaucoup de lacunes et de défauts. Nous ne sommes pas au bout de nos peines. Nous savons quel monde nous entoure et comment les événements peuvent influer sur nos affaires. Mais pourquoi, dans le temps même où apparaît notre réussite, irions-nous nous décourager, imitant le pêcheur qu'évoquait Shakespeare et qui, ayant trouvé une perle et effrayé de la voir si belle, la rejetait à la mer[41] ? »

Je ne rejette pas la perle[a]. Pourtant, aux prises avec les réalités matérielles et humaines, dans un domaine où tout n'est qu'âpreté, où rien ne se trouve acquis une bonne fois et sans retour, où, quoi que l'on obtienne, personne ne s'en contente à beaucoup près, je vérifie chaque jour que l'économie, comme la vie, est un combat au long duquel il n'y a jamais de victoire qui soit décidément gagnée. Même le jour d'un Austerlitz, le soleil n'y vient pas illuminer le champ de bataille.

L'EUROPE

La guerre fait naître et mourir les États[1]. Dans l'intervalle, elle ne cesse pas de planer sur leur existence[a]. Pour nous, Français, depuis 1815 et jusqu'à 1870, ce qu'il est advenu de notre vie nationale, de nos régimes politiques, de notre situation dans le monde, a été déterminé par la coalition hostile qui unissait les États de l'Europe contre la Révolution, les foudroyantes victoires, puis l'écroulement, de Napoléon et, en fin de compte, les traités désastreux qui sanctionnèrent tant de batailles. Après quoi et au cours des quarante-quatre ans que dura « la paix armée », c'est notre défaite, le sourd désir de la réparer, mais aussi la crainte que l'Allemagne unifiée ne nous en inflige une nouvelle, qui dominèrent notre comportement intérieur et extérieur. Si l'effort gigantesque fourni par notre peuple, lors de la Première Guerre mondiale, pouvait nous ouvrir la carrière du renouveau, nous nous la fermions à nous-mêmes en manquant d'achever notre victoire militaire[2], en renonçant aux réparations qui eussent pu nous procurer les moyens d'industrialiser notre pays et, par là, de compenser nos énormes pertes humaines et matérielles, enfin en nous enfermant dans une politique et une stratégie passives qui livraient l'Europe aux ambitions d'Hitler. À présent et en conséquence du dernier conflit où elle faillit périr, d'après quelles données la nation française peut-elle régler sa marche et son action ?

De ces données, la première est, qu'en dépit de tout, elle est vivante, souveraine et victorieuse. Il y a là, certes, un prodige. Combien avaient cru, en effet, qu'ayant essuyé d'abord un désastre inouï, assisté à l'asservissement de ses gouvernants sous l'autorité de l'ennemi, éprouvé les ravages des deux plus grandes batailles de la guerre[3] et, entre-temps, le pillage prolongé exercé par l'envahisseur, subi l'abaissement systématique que lui infligeait un pouvoir érigé sur l'abandon et l'humiliation, elle ne guérirait jamais les blessures de son corps et de son âme ? Combien avaient tenu pour certain, qu'après un pareil écrasement, sa libération, si elle devait avoir lieu, ne serait due qu'à l'étranger et que c'est lui qui déciderait de ce qu'il adviendrait d'elle au-dehors et au-dedans ? Combien, dans l'anéantissement presque total de sa résistance, avaient jugé absurde l'espoir qu'un jour l'ennemi capitulerait devant elle comme devant ses alliés ? Cependant, en fin de compte, elle était sortie du drame intacte dans ses frontières et dans son unité, disposant d'elle-même et au rang des vainqueurs. Rien ne l'empêche donc, maintenant, d'être telle qu'elle l'entend et de se conduire comme elle veut.

D'autant mieux que, pour la première fois dans son histoire, elle n'est étreinte par aucune menace d'aucun voisin immédiat. L'Allemagne, démembrée, s'est effondrée en tant que puissance redoutable et dominatrice. L'Italie déplore d'avoir tourné ses ambitions contre nous. L'alliance avec l'Angleterre, sauvegardée par la France Libre, puis la décolonisation qui éloigne les anciens griefs, font que le vent de la méfiance ne souffle plus sur la Manche. Par-dessus les Pyrénées, la sympathie et l'intérêt rapprochent une France sans inquiétude et une Espagne pacifiée[4]. Quelles hostilités pourraient surgir des terres amicales de la Belgique, du Luxembourg, de la Hollande, ou bien de celles, toujours neutres, de la Suisse ? Nous voilà donc débarrassés de cet état de tension où nous tenaient des voisins dangereux et qui hypothéquait lourdement nos entreprises.

Il est vrai que, si la France a perdu la vocation spéciale d'être constamment en danger, le monde entier se trouve soumis à la hantise permanente d'un conflit généralisé. Deux empires, l'américain et le soviétique, devenus des colosses par rapport aux anciennes puissances, confrontent leurs forces, leurs hégémonies et leurs idéologies. Tous deux disposent d'armements nucléaires qui peuvent à tout instant bouleverser l'univers et qui font d'eux, chacun dans son camp, des protecteurs irrésistibles. Périlleux équilibre, qui risque de se rompre un jour en une guerre démesurée s'il n'évolue pas vers une détente générale ! Pour la France, si éprouvée dans sa substance et dans sa puissance par les conflits qu'elle a menés depuis deux siècles, aussi exposée que possible par sa géographie de cap de l'Ancien Monde vers le Nouveau, telle dans sa dimension et dans sa population qu'elle est mortellement vulnérable, l'intérêt proprement vital est, évidemment, la paix. Or, justement, tout l'appelle à s'en faire le champion. Elle se trouve, en effet, dans cette position singulière qu'elle ne revendique rien de ce que d'autres possèdent et que ceux-ci n'ont rien à réclamer de ce qui lui appartient ; qu'elle ne nourrit, pour ce qui la concerne, aucun grief à l'égard d'aucun des géants ; qu'au contraire, elle porte à leurs deux peuples une amitié séculaire confirmée au long des événements, tandis qu'ils ressentent pour elle une exceptionnelle inclination ; bref, que s'il est une voix qui puisse être entendue, une action qui puisse être efficace, quant à l'ordre à établir en remplacement de la guerre froide, ce sont par excellence la voix et l'action de la France. Mais à la condition que ce soient bien les siennes et que les mains qu'elle tend soient libres.

Simultanément, la France se voit ouvrir un vaste crédit d'intérêt et de confiance chez beaucoup de peuples dont le destin est en gestation mais qui refusent d'être inféodés à l'une ou à l'autre des dominations en présence. La Chine, qui est dotée de tant d'hommes et de tant de ressources que toutes les possibilités d'avenir lui sont accessibles ; le Japon, qui se reforge, en commençant par l'économie, la capacité de jouer un rôle mondial qui ne soit que le sien ; l'Inde, aux prises avec des problèmes de subsistance à la mesure de sa taille, mais qui est appelée à se tourner un jour vers le dehors ; un grand nombre d'États anciens ou nouveaux d'Afrique, d'Asie, d'Amérique latine, qui, pour les besoins immédiats de leur développement, acceptent le concours fourni par l'un des deux côtés ou par les deux, mais qui répugnent à « s'aligner », regardent aujourd'hui et de préférence vers la France. Sans doute, tant qu'elle n'a pas achevé la décolonisation, lui adressent-ils d'âpres critiques, mais celles-ci ne manqueront pas de se taire dès qu'elle aura affranchi ses anciennes possessions. Le potentiel d'attrait, d'estime et de prestige qui existe en sa faveur sur une grande partie du globe, il ne tient qu'à elle de le mettre en œuvre, pourvu que, suivant ce que le monde attend, elle serve la cause universelle, celle de la dignité et du progrès de tous les hommes[5].

Ainsi, le même destin, qui a permis, au cours de la crise terrible de la guerre, le salut de notre patrie, lui offre-t-il ensuite, malgré tout ce qu'elle a perdu depuis deux siècles de force et de richesse relatives, un rôle international de premier plan, conforme à son génie, répondant à son intérêt, proportionné à ses moyens. Comment ne serais-je pas résolu à le lui faire jouer, et d'autant mieux que, suivant moi, l'effort intérieur de transformation, la stabilité politique, le progrès social, faute desquels elle serait décidément vouée au désordre et au déclin, exigent qu'elle se sente, cette fois encore dans son histoire, revêtue d'une responsabilité mondiale ? Telle est ma philosophie. Quelle va être ma politique devant les problèmes pratiques qui sont posés à la France au-dehors ?

À part celui de l'Algérie et de nos colonies, qu'il n'appartient qu'à nous de résoudre, ceux-ci sont d'une envergure et d'une portée qui font de leur règlement une œuvre de très longue haleine, à moins qu'un jour la guerre ne vienne, de nouveau, trancher les nœuds gordiens qu'elle-même a partout serrés. C'est dire qu'à leur sujet l'action de la France doit être soutenue et continue, ce que, par contraste avec les velléités sans cesse changeantes d'autrefois, permettent tout justement nos nouvelles institutions.

Mais, ces problèmes-là, quels sont-ils ? Il s'agit de l'Allemagne, coupée en trois par l'existence d'une république parlementaire à l'Ouest, d'une dictature communiste à l'Est et d'un statut spécial à Berlin, en proie aux remous que soulève en elle-même un pareil état de choses et devenue l'enjeu capital de la rivalité des deux camps. Il s'agit de l'Europe, à qui, après les déchirements terribles qu'elle a subis, la raison et le sentiment recommandent de s'unir, mais que divisent radicalement l'asservissement forcé de son centre et de ses

Balkans à la domination soviétique, le système des deux blocs et le rideau de fer. Il s'agit de l'organisation imposée à l'Alliance atlantique[6] et qui n'est que la subordination militaire et politique de l'Europe occidentale aux États-Unis d'Amérique. Il s'agit de l'aide que requiert le développement du tiers monde et dont Washington et Moscou font un champ de leur concurrence. Il s'agit des crises, en Orient, en Afrique, en Asie, en Amérique latine, que les interventions opposées des deux géants rendent chroniques et inguérissables. Il s'agit des institutions internationales où, sur tous les sujets, les deux rivaux polarisent les jugements et interdisent l'impartialité.

Dans chacun de ces domaines, je veux faire que la France entre en ligne. Certes, en ce pauvre monde qui mérite d'être ménagé et dont chacun des dirigeants est en proie à de lourdes difficultés, il faut avancer pas à pas, procéder d'après les circonstances et respecter les personnes. J'ai, pour ma part, souvent porté des coups, mais jamais au fierté d'un peuple ni à la dignité de leurs chefs. Mais il est essentiel que ce que nous disons et faisons le soit indépendamment des autres. Dès mon retour, voilà notre règle ! Changement si complet dans l'attitude de notre pays que le jeu politique mondial en est, soudain, profondément modifié.

Il est vrai que, du côté de l'Est, on se borne d'abord à observer ce que va être le nouveau comportement de Paris. Mais nos partenaires occidentaux, au milieu desquels, jusqu'alors, la France officielle figurait docilement sous l'hégémonie qualifiée de solidarité atlantique, ne laisseront pas d'en être contrariés. Ils en prendront tout de même leur parti. Il faut dire que l'expérience des rapports avec de Gaulle, que certains d'entre eux[7] ont acquise pendant la guerre et tous au lendemain de la victoire, fait qu'ils n'attendent pas de la République d'aujourd'hui qu'elle leur soit aussi facile que l'était celle d'hier. Au demeurant, dans leurs chancelleries, leurs parlements, leurs journaux, on pense souvent que l'épreuve sera brève, que de Gaulle devra nécessairement disparaître bientôt et qu'alors les choses en reviendront à ce qu'elles avaient été. Par contre, il ne manque pas chez eux, surtout dans leurs masses populaires, de gens qui constatent sans déplaisir le redressement de la France et qui éprouvent quelque satisfaction, ou quelque envie, à la voir se dégager d'une suprématie pesante à tout l'Ancien Monde. À cela s'ajoutent les sentiments que les foules étrangères veulent bien porter à ma personne et que, chaque fois qu'il m'arrive de me trouver à leur contact, elles manifestent avec un éclat qui impressionne les gouvernements. Au total, à l'étranger, malgré les désagréments que l'on éprouve, les propos aigres-doux que l'on tient, les articles défavorables et les caricatures agressives que l'on prodigue, on va s'accommoder de cette France qui, de nouveau, se comporte en grande puissance et, désormais, suivre ses faits, gestes et mots avec une attention qu'on ne leur accordait plus.

Je trouverai moins de résignation dans tout ce qui se dit et se publie là où l'on croyait, jusqu'à présent, trouver l'expression de la pensée politique française. Car il y est, depuis longtemps, pour ainsi dire entendu que notre pays ne fait plus rien qui ne lui soit dicté de l'extérieur. Sans doute cet état d'esprit remonte-t-il à l'époque où les dangers que courait la France la contraignaient perpétuellement à s'assurer de concours au-dehors et où, en outre, l'inconsistance du régime politique interdisait au gouvernement d'assumer de son propre chef les risques des grandes décisions. Déjà, avant la Première Guerre mondiale, dans l'alliance avec la Russie, la IIIe République avait dû s'engager à respecter le traité de Francfort[8] et laisser Saint-Pétersbourg mener le jeu plutôt que Paris. Il est vrai que, dans la longue bataille livrée ensuite sur notre sol, en compagnie des Anglais, des Belges, en dernier lieu des Américains, le premier rôle, puis le commandement, étaient revenus aux Français qui, d'ailleurs, fournissaient l'effort principal. Mais, dans l'arrêt hâtif[9] des combats qui, le 11 novembre 1918, survenait au moment même où nous allions triomphalement cueillir les fruits de la victoire, pour combien avait compté le « Halte-là ! » des Anglo-Saxons ? Le traité de Versailles, qui sans doute nous rendait l'Alsace et la Lorraine, mais laissait l'ennemi intact dans son unité, son territoire et ses ressources, quelle part n'avait-il pas faite aux souhaits et aux promesses du Président américain[10] ? Par la suite, n'est-ce pas pour donner satisfaction à Washington et à Londres que le gouvernement de Paris abandonnait les gages dont nous nous étions saisis et renonçait aux réparations qui nous étaient dues par l'Allemagne en échange de plans fallacieux que nous offraient les États-Unis ? Quand parut la menace d'Hitler, que celui-ci se risqua à faire entrer ses troupes en Rhénanie, qu'il eût suffi d'une action préventive ou répressive de notre part pour amener le recul et la déconfiture du Führer encore dépourvu d'armements, ne vit-on pas nos ministres rester passifs parce que l'Angleterre ne prenait pas l'initiative ? Lors de l'Anschluss autrichien, puis du démembrement, suivi de l'annexion, de la Tchécoslovaquie par le Reich, d'où procéda le consentement des Français sinon de celui des Anglais ? Dans la soumission de Vichy à la loi de l'envahisseur et dans la « collaboration » visant à faire participer notre pays à un ordre dit européen et qui n'était que germanique, n'y eut-il rien de cette longue accoutumance à l'état de satellite ? Simultanément et tandis qu'en combattant l'ennemi je m'appliquais à sauvegarder vis-à-vis de nos alliés les droits souverains de la France, de quelle source, sinon de l'idée que nous devions toujours céder, coulait la réprobation qui s'élevait jusqu'au plus près de moi[11] ?

Après tant de leçons, on pourrait penser que, la guerre finie, les milieux qui prétendent conduire l'opinion se montreraient moins disposés à la subordination. Il n'en est rien. Au contraire ! Pour l'école dirigeante de chaque parti politique, l'effacement de notre pays est devenu une doctrine établie et affichée. Tandis que, du côté communiste, il est de règle absolue que Moscou a toujours raison, toutes les anciennes formations professent le « supranational », autrement dit la soumission de la France à une loi qui ne serait pas la sienne. De là, l'adhésion à « l'Europe » vue comme une construction dans laquelle des technocrates formant un « exécutif » et des parlementaires s'investissant du législatif — la grande majorité des uns et des autres étant formée d'étrangers — auraient qualité pour régler le sort du peuple français. De là, aussi, la passion pour l'Organisation atlantique qui mettrait la sécurité, par conséquent la politique, de notre pays à la discrétion d'un autre. De là, encore, l'empressement à subordonner les actes de nos pouvoirs publics à l'agrément d'institutions internationales où, sous les apparences de délibérations collectives, s'exerce en toutes matières, politiques, militaires, économiques, techniques, monétaires, l'autorité suprême du protecteur et où nos représentants, sans jamais dire : « Nous voulons », ne feraient que « plaider le dossier de la France ». De là, enfin, l'incessante irritation provoquée dans la gent partisane par l'action que je vais mener au nom d'une nation indépendante[b].

Mais, en revanche, les soutiens ne me manqueront pas. Sentimentalement, j'aurai celui de notre peuple qui, sans être aucunement porté à l'outrecuidance, tient à garder sa personnalité, d'autant plus qu'il a failli la perdre et qu'il constate que, partout, les autres affirment ardemment la leur, qu'il s'agisse de souveraineté, de langue, de culture, de production, voire de sport. Chaque fois que je m'expliquerai en public à ce propos, je sentirai palpiter les âmes. Politiquement, l'organisation qui s'est formée pour me suivre[12] en dehors et au-dessus de tous les anciens partis et qui a fait élire au Parlement un groupe nombreux et compact, m'accompagnera sans défaillance. Pratiquement, j'aurai à mes côtés un gouvernement solide, dont le premier ministre est convaincu du droit et du devoir qu'a la France d'agir à l'échelle de l'univers et dont le ministre des Affaires étrangères déploie dans ce domaine une capacité que peu d'autres ont égalée au long d'une difficile Histoire.

Maurice Couve de Murville a le don. Au milieu des problèmes qui se mêlent et des arguments qui s'enchevêtrent, il distingue aussitôt l'essentiel de l'accessoire, si bien qu'il est clair et précis dans des matières que les calculs rendent à l'envi obscures et confuses. Il a l'expérience, ayant, au cours d'une grande carrière, traité maintes questions du jour et connu beaucoup d'hommes en place. Il a l'assurance, certain qu'il est de demeurer longtemps au poste où je l'ai appelé. Il a la manière, habile à prendre contact en écoutant, observant, notant, puis excellant, au moment voulu, à formuler avec autorité la position dont il ne se départira plus. Il a la foi, persuadé que la France ne saurait durer qu'au premier rang, qu'avec de Gaulle on peut l'y remettre, que rien ne compte ici-bas excepté d'y travailler[13].

C'est ce que nous allons faire sur le vaste champ de l'Europe. Pour moi j'ai, de tous temps, mais aujourd'hui plus que jamais, ressenti ce qu'ont en commun les nations qui la peuplent. Toutes étant de même race blanche, de même origine chrétienne, de même manière de vivre, liées entre elles depuis toujours par d'innombrables relations de pensée, d'art, de science, de politique, de commerce, il est conforme à leur nature qu'elles en viennent à former un tout, ayant au milieu du monde son caractère et son organisation. C'est en vertu de cette destination de l'Europe qu'y régnèrent les empereurs romains, que Charlemagne, Charles Quint, Napoléon, tentèrent de la rassembler, qu'Hitler prétendit lui imposer son écrasante domination. Comment, pourtant, ne pas observer qu'aucun de ces fédérateurs n'obtint des pays soumis qu'ils renoncent à être eux-mêmes ? Au contraire, l'arbitraire centralisation provoqua toujours, par choc en retour, la virulence des nationalités. Je crois donc qu'à présent, non plus qu'à d'autres époques, l'union de l'Europe ne saurait être la fusion des peuples, mais qu'elle peut et doit résulter de leur systématique rapprochement. Or, tout les y pousse en notre temps d'échanges massifs, d'entreprises communes, de science et de technique sans frontières, de communications rapides, de voyages multipliés. Ma politique vise donc à l'institution du concert des États européens, afin qu'en développant entre eux des liens de toutes sortes grandisse leur solidarité. Rien n'empêche de penser, qu'à partir de là, et surtout s'ils sont un jour l'objet d'une même menace, l'évolution puisse aboutir à leur confédération[14].

En fait, cela nous conduit à mettre en œuvre la Communauté économique des Six[15] ; à provoquer leur concertation régulière dans le domaine politique ; à faire en sorte que certains autres, avant tout la Grande-Bretagne, n'entraînent pas l'Occident vers un système atlantique qui serait incompatible avec toute possibilité d'une Europe européenne, mais qu'au contraire ces centrifuges se décident à faire corps avec le continent en changeant d'orientation, d'habitudes et de clientèles ; enfin à donner l'exemple de la détente, puis de l'entente et de la coopération avec les pays de l'Est, dans la pensée que, par-dessus les partis pris des régimes et des propagandes, ce sont la paix et le progrès qui répondent aux besoins et aux désirs communs des hommes dans l'une et dans l'autre moitié de l'Europe accidentellement brisée.

Au cœur du problème et au centre du continent, il y a l'Allemagne. C'est son destin que rien ne peut être bâti sans elle et que rien, plus que ses méfaits, n'a déchiré l'Ancien Monde. Sans doute, coupée maintenant en trois morceaux dans chacun desquels stationnent les forces de ses vainqueurs, ne menace-t-elle directement personne. Mais comment effacer de la mémoire des peuples son ambition qui, hier, déclenchait soudain un appareil militaire capable de briser d'un seul coup l'armée de la France et celle de ses alliés ; son audace qui, grâce à la complicité de l'Italie, poussait ses armées jusqu'en Afrique et au bassin du Nil ; sa puissance qui, à travers la Pologne et la Russie et avec les concours italien, hongrois, bulgare et roumain, atteignait les portes de Moscou et les contreforts du Caucase ; sa tyrannie qui régnait, à force d'oppression, d'exactions et de crimes, partout où la fortune des armes faisait flotter ses étendards ? Désormais, toutes précautions doivent être prises pour prévenir le retour en force des mauvais démons germaniques. Mais, d'autre part, comment imaginer qu'une paix véritable et durable se fonde sur des bases telles que ce grand peuple ne puisse s'y résigner, qu'une réelle union du continent s'établisse sans qu'il y soit associé, que de part et d'autre du Rhin soit dissipée l'hypothèque millénaire de la ruine et de la mort tant que se prolongerait l'inimitié d'autrefois[16] ?

Sur le sujet capital du sort à faire à l'Allemagne, mon parti est pris. D'abord, je tiens qu'il serait injuste et dangereux de revenir sur les frontières de fait que la guerre lui a imposées. Cela veut dire que la ligne Oder-Neisse, qui la sépare de la Pologne, est sa limite définitive, que rien ne saurait subsister de ses prétentions d'antan à l'égard de la Tchécoslovaquie, que sous n'importe quelle forme un nouvel Anschluss est exclu. En outre, à aucun prix, le droit à la possession et à la fabrication d'armes atomiques — auquel, d'ailleurs, elle a déclaré renoncer — ne peut lui être concédé. Cela étant, j'estime nécessaire qu'elle fasse partie intégrante de la coopération organisée des États, à laquelle je vise pour l'ensemble de notre continent. Ainsi serait garantie la sécurité de tous entre l'Atlantique et l'Oural et créé dans la situation des choses, des esprits et des rapports un changement tel que la réunion des trois tronçons du peuple allemand y trouverait sans doute sa chance. En attendant, la République fédérale doit jouer un rôle essentiel au sein de la Communauté économique et, le cas échéant, du concert politique des Six. Enfin, j'entends agir pour que la France tisse avec l'Allemagne un réseau de liens préférentiels qui, peu à peu, amèneront les deux peuples à se comprendre et à s'apprécier, comme leur instinct les y pousse dès lors qu'ils n'emploient plus leurs forces vives à se combattre.

Par une frappante rencontre, au moment où je reprends les rênes à Paris, il advient qu'à la tête du gouvernement de Bonn se trouve depuis longtemps déjà et pour assez longtemps encore Konrad Adenauer[17], c'est-à-dire, de tous les Allemands, le plus capable et le plus désireux d'engager son pays sur la route et aux côtés de la France. Ce Rhénan est, en effet, pénétré du sentiment de ce que Gaulois et Germains ont entre eux de complémentaire et qui, jadis, féconda la présence de l'Empire romain sur le Rhin, fit la fortune des Francs, glorifia Charlemagne, servit d'excuse à l'Austrasie, justifia les relations du roi de France et des princes-électeurs, fit s'enflammer l'Allemagne au brasier de la Révolution, inspira Goethe, Heine, madame de Staël, Victor Hugo et, en dépit des luttes furieuses qui opposèrent les deux peuples, ne cessa pas de chercher un chemin, à tâtons, dans les ténèbres. Ce patriote mesure quelles montagnes de méfiance et de haine les frénétiques ambitions d'Hitler, passionnément obéies par les masses et les élites allemandes[18], ont dressées entre son pays et tous ceux qui l'entourent et dont il sait que, seule, la France, si elle tend franchement la main à l'ennemi héréditaire, pourra permettre de les aplanir. Ce politique, qui, à force de persévérante habileté, parvint jusqu'à présent à maintenir la République fédérale en équilibre et en progrès, manœuvre pour que ni la menace de l'Est ni la protection de l'Ouest n'y mettent en cause l'édifice fragile d'un État bâti dans les décombres et discerne de quel prix serait, au-dedans et au-dehors, la caution déterminée de la nouvelle République française ».

Dès qu'il comprend que mon retour est autre chose qu'un épisode, le chancelier demande à me voir. C'est à Colombey-les-Deux-Églises que je le reçois, les 14 et 15 septembre 1958. Il me semble, en effet, qu'il convient de donner à la rencontre une marque exceptionnelle et que, pour l'explication historique que vont avoir entre eux, au nom de leurs deux peuples, ce vieux Français et ce très vieil Allemand, le cadre d'une maison familiale a plus de signification que n'en aurait le décor d'un palais. Ma femme et moi faisons donc au chancelier les modestes honneurs de La Boisserie.

Me voici en tête à tête avec Konrad Adenauer. Tout de suite, il me pose la question de confiance. « Je viens à vous, me dit-il, parce que je vous considère comme quelqu'un qui est en mesure d'orienter le cours des événements. Votre personnalité, ce que vous avez fait déjà au service de votre pays, enfin les conditions dans lesquelles vous avez repris le pouvoir, vous en donnent les moyens. Or, nos deux peuples se trouvent, l'un par rapport à l'autre, actuellement et pour la première fois, dans une situation qui leur permet de placer leurs relations sur des bases entièrement nouvelles, celles d'une cordiale coopération. Certes, les choses ne sont pas, pour le moment, en mauvaise voie à cet égard. Mais ce qui a été fait déjà dans le bon sens n'a tenu qu'à des circonstances, extrêmement pressantes il est vrai, mais passagères à l'échelle de l'Histoire : la défaite du côté allemand, la lassitude du côté français. Il s'agit maintenant de savoir si quelque chose de durable va être réalisé. Suivant ce que, personnellement, vous voudrez et ferez, la France et l'Allemagne pourront, ou bien vraiment s'entendre pour un long avenir, à l'immense bénéfice de toutes deux et de l'Europe, ou bien rester mutuellement éloignées et, par là, vouées à s'opposer encore pour leur malheur. Si le rapprochement réel de nos pays est dans vos intentions, laissez-moi vous dire que je suis résolu à y travailler avec vous et que j'ai moi-même, à cet égard, certaines possibilités. Il y a, en effet, onze ans[19] que j'exerce les fonctions de chancelier et, malgré mon grand âge, je pense pouvoir le faire encore quelque temps. Or, le crédit qui m'est accordé et, d'autre part, mon passé, au cours duquel je n'ai eu pour Hitler et ses gens que réprobation et mépris et reçu d'eux que sévices infligés à moi-même et aux miens, me mettent à même de conduire dans le sens voulu la politique de l'Allemagne. Mais vous ? Quelle direction comptez-vous donner à celle de la France ? »

Je réponds au chancelier que si nous sommes tous deux ensemble dans ma maison c'est parce que je crois le moment venu pour mon pays de faire, vis-à-vis du sien, l'essai d'une politique nouvelle. La France, après les terribles épreuves déchaînées contre elle, en 1870, en 1914, en 1939, par l'ambition germanique, voit en effet l'Allemagne vaincue, démantelée et réduite à une pénible condition internationale, ce qui change du tout au tout les conditions de leurs rapports en comparaison du passé. Sans doute le peuple français ne peut-il perdre le souvenir de ce qu'il a souffert jadis du fait de son voisin d'outre-Rhin et négliger les précautions qui s'imposent pour l'avenir. J'avais, d'ailleurs, avant la fin des hostilités, envisagé que, de notre fait, ces précautions devraient être prises matériellement et sur le terrain. Mais, étant donné, d'une part la dimension des événements accomplis depuis lors et la situation qui en résulte pour l'Allemagne, d'autre part la tournure des choses et l'orientation des esprits en République fédérale grâce à l'action menée par le gouvernement de Konrad Adenauer, enfin l'intérêt primordial que présenterait l'union de l'Europe, union qui exige avant tout la coopération de Paris et de Bonn, j'estime qu'il faut tenter de renverser le cours de l'Histoire, de réconcilier nos deux peuples et d'associer leurs efforts et leurs capacités.

Cela dit, Adenauer et moi en venons à considérer comment y parvenir dans la pratique. Nous nous accordons aisément sur ce principe qu'il y a lieu, non point de confondre les politiques respectives des deux pays, comme avaient prétendu le faire les théoriciens de la C.E.C.A., de l'Euratom, de la Communauté européenne de défense, mais au contraire de reconnaître que les situations sont très différentes et de bâtir sur cette réalité. Suivant le chancelier, ce que l'Allemagne, abaissée et hypothéquée, se risque à demander à la France, c'est de l'aider à retrouver au-dehors la considération et la confiance qui lui rendront son rang international, de contribuer à sa sécurité en face du camp soviétique, notamment pour ce qui concerne la menace qui plane sur Berlin, enfin d'admettre son droit à la réunification. Pour ma part, je fais observer au chancelier, qu'en regard de tant de requêtes, la France, elle, n'a rien à demander à l'Allemagne aux points de vue de son unité, de sa sécurité, de son rang, tandis qu'elle peut, assurément, favoriser le rétablissement de son séculaire agresseur. Elle le fera — avec quel mérite ! — au nom de l'entente à construire entre les deux peuples, ainsi que de l'équilibre, de l'union et de la paix de l'Europe. Mais, pour que le soutien qu'elle apporte se justifie, elle entend que, du côté allemand, certaines conditions soient remplies. Ce sont : l'acceptation des faits accomplis pour ce qui est des frontières, une attitude de bonne volonté pour les rapports avec l'Est, un renoncement complet aux armements atomiques, une patience à toute épreuve pour la réunification.

Je dois dire que, sur ces points, le pragmatisme du chancelier s'accommode de ma position. Si dévoué qu'il soit à son pays, il n'entend pas faire de la révision des frontières l'objet actuel et principal de sa politique, sachant bien qu'à poser la question, il n'obtiendrait des Russes et des Polonais qu'alarmes et fureurs redoublées et, des Occidentaux, que malaise réprobateur. Quelles que puissent être l'hostilité sans faille qu'il porte au régime communiste et la crainte que lui inspire l'impérialisme de Moscou, il n'exclut nullement la perspective d'un *modus vivendi*. « Dès 1955, me fait-il remarquer, je suis allé officiellement en visite au Kremlin et j'étais alors, de tous les chefs d'État ou de gouvernement occidentaux, le premier qui s'y rendît depuis la guerre. » Il nie catégoriquement que l'Allemagne ait l'intention de posséder des bombes atomiques et mesure les dangers que courrait immédiatement la paix s'il en était autrement. Bien qu'il souhaite de toute son âme qu'un jour il n'y ait plus qu'un seul État allemand et que soit mis un terme à l'oppression totalitaire que les communistes imposent, pour le compte des Soviets, à ce qu'il appelle « la Zone », je crois apercevoir chez ce Rhénan catholique et chef d'un parti de démocrates traditionnels l'idée qu'éventuellement, l'actuelle République fédérale pourrait éprouver quelque malaise en s'incorporant, de but en blanc, le complexe prussien, protestant et socialiste des territoires séparés. En tout cas, il convient que, s'il s'agit là d'un but auquel l'Allemagne ne renoncera jamais, on doive se garder de fixer une limite aux délais.

Nous traitons longuement de l'Europe. Pour Adenauer, non plus que pour moi, il ne saurait être question de faire disparaître nos peuples, leurs États, leurs lois, dans quelque construction apatride, quoiqu'il admette avoir tiré, au profit de l'Allemagne, de solides avantages de la mystique de l'intégration et que, pour cette raison, il garde à ses protagonistes français, tels Jean Monnet et Robert Schuman, de la reconnaissance pour leurs cadeaux. Mais, étant chancelier d'une Allemagne vaincue, divisée et menacée, il penche naturellement vers une organisation occidentale du continent, qui assurerait à son pays, avec l'égalité des droits, une influence éminente, qui lui apporterait, face à l'Est, un soutien considérable et qui, par son existence même, encouragerait les États-Unis à rester présents en Europe et à maintenir ainsi leur garantie à l'Allemagne fédérale. Or, à cette garantie, Adenauer tient absolument, parce que, dit-il : « du fait qu'elle procure au peuple allemand sa sécurité et qu'elle le met en bonne compagnie, elle le détourne de l'obsession d'isolement et de l'exaltation de puissance qui, naguère, pour son malheur, l'avaient entraîné vers Hitler ».

J'indique à Adenauer que la France, du strict point de vue de son intérêt national et par profonde différence avec l'Allemagne, n'a pas, à proprement parler, besoin d'une organisation de l'Europe occidentale, puisque la guerre ne lui a fait perdre ni sa réputation, ni son intégrité. Cependant, elle vise au rapprochement pratique et, si possible, politique de tous les États européens parce que, pour elle, le but à atteindre c'est l'apaisement et le progrès général. En attendant et à condition que sa personnalité n'en soit pas atteinte, elle va tenter la mise en œuvre du traité de Rome et, en outre, compte proposer aux Six de se concerter régulièrement sur toutes les questions politiques qui sont posées à l'univers. Pour ce qui est de la Communauté économique européenne, les difficultés viendront, à mesure, du problème de l'agriculture dont il est nécessaire à la France qu'il soit résolu, et de la candidature anglaise qu'elle estime devoir écarter tant que la Grande-Bretagne demeurera économiquement et politiquement ce qu'elle est. Sur ces deux points, le gouvernement français doit pouvoir compter sur l'accord du gouvernement allemand, faute de quoi l'union réelle des Six ne serait pas réalisable. « Personnellement, me déclare le chancelier, je comprends fort bien vos raisons. Mais, en Allemagne, on est en général défavorable au Marché commun agricole et désireux que satisfaction soit donnée à l'Angleterre. Pourtant, comme rien n'est, suivant moi, plus important que de réussir l'union des Six, je vous promets d'agir pour que les deux problèmes dont vous parlez n'empêchent pas de la faire aboutir. Quant à l'idée d'amener nos partenaires à des entretiens politiques réguliers, j'y suis, d'avance, tout acquis. »

Au sujet du pacte Atlantique, j'assure mon interlocuteur que nous, Français, trouvons tout naturel que la République fédérale y adhère sans restriction. Comment, d'ailleurs, ferait-elle autrement ? En cette époque de bombes atomiques et tant que les Soviets la menacent, il lui faut, évidemment, la protection des États-Unis. Mais, à cet égard comme à d'autres, la France n'est pas dans les mêmes conditions. Aussi, tout en continuant d'appartenir à l'alliance de principe, prévue, en cas d'agression adverse, par le traité de Washington, compte-t-elle sortir, un jour ou l'autre, du système de l'O.T.A.N.[20] et d'autant plus qu'elle-même va se doter d'armements nucléaires auxquels l'intégration ne saurait être appliquée. Par-dessus tout, l'indépendance politique, qui répond à la situation et aux buts de mon pays, lui est indispensable pour survivre dans l'avenir. À son tour, le chancelier allemand m'entend lui expliquer pourquoi. « Le peuple français, lui dis-je, avait, pendant des siècles, pris l'habitude d'être le mastodonte de l'Europe et c'est le sentiment qu'il avait de sa grandeur, par conséquent de sa responsabilité, qui maintenait son unité, alors qu'il est par nature, et cela depuis les Gaulois, perpétuellement porté aux divisions et aux chimères. Or, voici que les événements, je veux dire :

son salut à l'issue de la guerre, de fortes institutions, la gestation profonde de l'univers, lui offrent la chance de retrouver une mission internationale, faute de laquelle il se désintéresserait de lui-même et irait à la dislocation. D'ailleurs, je pense que chaque peuple du monde, y compris l'Allemagne, aurait, en fin de compte, beaucoup à perdre et rien à gagner à la disparition de la France. Tout ce qui porte mon pays au renoncement est donc pour lui le pire danger et, pour les autres, un risque grave. — Je le crois, moi aussi, répond Adenauer, et c'est vraiment de tout cœur que je me félicite d'assister au redressement mondial de la France. Mais permettez-moi de penser que le peuple allemand, bien que ses démons ne soient pas les mêmes que ceux du peuple français, a également besoin de sa dignité. Vous ayant vu et entendu, j'ai confiance que vous voudrez bien l'aider à la recouvrer. » En conclusion de nos entretiens, nous décidons de faire en sorte que nos deux pays établissent entre eux, dans tous les domaines, des rapports directs et préférentiels et ne se bornent pas à figurer parmi les autres dans des organismes où s'efface leur personnalité. Tous deux, nous resterons, désormais, en contact personnel étroit[21].

Dès le 26 novembre suivant, accompagné de Michel Debré et de Maurice Couve de Murville, je vais à Bad Kreuznach pour rendre à Adenauer sa visite. Il a à ses côtés, comme second, le dynamique Ludwig Erhard qui, mettant à profit l'esprit d'entreprise du patronat, la coopération constructive des syndicats et les crédits du plan Marshall, a reconstitué les moyens de production et dirige, en ce moment même, une grande réussite économique de son pays. Heinrich von Brentano, ministre des Affaires étrangères, est là aussi, convaincu autant que son chef que l'entente avec la France doit être désormais un principe absolu de la politique de l'Allemagne. Au cours de cette réunion, les deux gouvernements précisent les conditions de leur coopération suivant ce qui a été convenu à Colombey-les-Deux-Églises. Ils s'accordent, en particulier, pour mettre un terme aux négociations menées par Richard Maudling[22] et qui tendent à noyer, au départ, la Communauté des Six en les plongeant dans une vaste zone de libre-échange où ils trouveraient l'Angleterre et, bientôt, tout l'Occident. C'est en même temps, pour nous Français, l'occasion d'assurer les Allemands, alors très inquiets, que nous nous opposerons au changement du statut de Berlin que, tout justement, Nikita Khrouchtchev se déclare prêt à imposer.

Jusqu'au milieu de 1962, Konrad Adenauer et moi nous écrirons une quarantaine de fois. Nous nous verrons à quinze reprises, soit le plus souvent à Paris, Marly, Rambouillet, soit à Baden-Baden et Bonn. Nous nous entretiendrons plus de cent heures, ou en tête à tête, ou aux côtés de nos ministres, ou en compagnie de nos familles. Puis, comme j'entends que les rapports nouveaux des deux nations si longtemps adverses soient consacrés avec solennité, j'invite le chancelier à faire en France une visite officielle. Déjà, en juin 1961, le président de la République fédérale, Heinrich Lübke, avait avec discrétion fait à Paris un voyage d'État[23]. Au mois de juillet 1962, voici que paraît en public sur les places et les avenues de notre capitale le chef du gouvernement allemand. L'accueil qui lui est fait, en particulier par la foule, témoigne de l'estime que l'on porte à sa personne, ainsi que du crédit qui est ouvert à la politique de réconciliation et de coopération à laquelle il s'est voué. Après l'accueil de Paris, a lieu, au camp de Mourmelon, une imposante cérémonie militaire. Là, le général de Gaulle reçoit devant les drapeaux le chancelier Konrad Adenauer. Tous deux, debout côte à côte dans une voiture de commandement, passent en revue une division blindée française et une division blindée allemande qui font assaut de belle tenue. Ensuite, entourés de leurs ministres et de beaucoup de notabilités, ils voient défiler devant eux ces grandes unités survolées par des formations aériennes des deux pays. Le voyage se termine à Reims, symbole de nos anciennes traditions, mais aussi théâtre de maints affrontements des ennemis héréditaires depuis les anciennes invasions germaniques jusqu'aux batailles de la Marne. À la cathédrale, dont toutes les blessures ne sont pas encore guéries, le premier Français et le premier Allemand unissent leurs prières pour que, des deux côtés du Rhin, les œuvres de l'amitié remplacent pour toujours les malheurs de la guerre[24].

Plus tard et jusqu'à la mort de mon illustre ami, nos relations se poursuivront suivant le même rythme et avec la même cordialité. En somme, tout ce qui aura été dit, écrit et manifesté entre nous n'aura fait que développer et adapter aux événements l'accord de bonne foi conclu en 1958. Certes, des divergences apparaîtront à mesure des circonstances. Mais elles seront toujours surmontées. À travers nous, les rapports de la France et de l'Allemagne s'établiront sur des bases et dans une atmosphère que leur histoire n'avait jamais connues.

Cette coopération des deux adversaires de jadis est, pour que l'Europe puisse s'organiser, une condition nécessaire, mais non point, assurément, suffisante. Il est vrai qu'à n'en juger que par les discours et les articles qui, de toutes parts, fusent à ce sujet, l'union de notre continent serait aisée, autant qu'enchantée. Mais, dès lors qu'entrent en jeu les réalités : besoins, intérêts, préjugés, les choses prennent un tout autre aspect. Tandis que de vaines tractations menées avec les Britanniques montrent à la Communauté naissante que les intentions ne suffisent pas à concilier l'inconciliable, les Six constatent que, dans le seul domaine économique, l'ajustement de leurs situations respectives est hérissé de difficultés, lesquelles ne sauraient se résoudre suivant les seules conditions des traités conclus à cet effet. Ainsi doit-on remarquer que les soi-disant « exécutifs », installés à la tête des organismes communs en vertu des illusions d'intégration qui sévissaient avant mon retour, se trouvent impuissants dès lors qu'il faut trancher et imposer, que seuls les gouvernements sont en mesure de le faire et qu'eux-mêmes n'y parviennent qu'au prix de négociations en bonne et due forme entre ministres ou ambassadeurs.

C'est ainsi que, pour la C.E.C.A., une fois épuisés les dons de joyeux avènement qui lui ont été, d'emblée, accordés par les États et dont aucun, d'ailleurs, ne le fut à notre profit : renoncement des Français à des redevances de coke de la Ruhr, livraisons de charbon et de fer aux Italiens, subventions financières apportées aux mines du Benelux, la « Haute Autorité », bien qu'elle dispose de pouvoirs théoriques très étendus et de ressources très considérables, est rapidement dépassée par les problèmes que posent les nécessités nationales. Qu'il s'agisse de fixer le prix de l'acier, ou de réglementer les achats de combustibles au-dehors, ou de reconvertir les houillères du Borinage, etc., l'aréopage siégeant à Luxembourg est hors d'état de faire la loi. Il en résulte une carence chronique de cette organisation, dont son instigateur Jean Monnet a, d'ailleurs, quitté la présidence.

En même temps, pour l'Euratom, apparaît irréductible l'opposition entre la situation de la France, déjà dotée depuis quelque quinze ans d'un actif Commissariat à l'énergie atomique, pourvue d'installations multiples, appliquée à mettre en œuvre des programmes précis et étendus de recherche et de développement, et celle des autres pays qui, n'ayant rien fait par eux-mêmes, voudraient que les crédits du budget commun servent à leur procurer ce qui leur manque en passant les commandes aux fournisseurs américains.

Enfin, pour la Communauté économique, l'adoption des règlements agricoles liée à l'abaissement des douanes industrielles dresse des obstacles que la Commission de Bruxelles ne peut franchir par elle-même. Il faut dire qu'à cet égard l'esprit et les termes du traité de Rome[25] ne répondent pas à ce qui est nécessaire à notre pays. Autant les dispositions qui concernent l'industrie y sont précises et explicites, autant sont vagues celles qui évoquent l'agriculture. Cela tient, apparemment, à ce que nos négociateurs de 1957, emportés par le rêve d'une Europe supranationale et voulant conclure à tout prix quelque chose qui s'en approchât, n'ont pas cru devoir exiger qu'un intérêt français, essentiel pourtant, reçût satisfaction au départ. Il faudra donc, soit l'obtenir en cours de route, soit liquider le Marché commun. Cependant, et pour résolu qu'il soit à l'emporter en définitive, le gouvernement français, grâce au rétablissement de notre balance des paiements et à la stabilisation du franc, peut accepter que se déclenchent les mécanismes du traité. En décembre 1958, il fait connaître qu'il appliquera, à partir du Jour de l'An, les premières mesures prévues, notamment un abaissement de 10 pour 100 des droits de douane et une augmentation de 20 pour 100 des contingents[26].

Ainsi commencée, la mise en œuvre du Marché commun va donner lieu à un vaste déploiement d'activités, non seulement techniques, mais aussi diplomatiques. En effet, l'opération, indépendamment de sa très grande portée économique, se trouve enveloppée d'intentions politiques caractérisées et qui tendent à empêcher la France de disposer d'elle-même. C'est pourquoi, tandis que la Communauté se bâtira dans les faits, je serai, à plusieurs reprises, amené à intervenir pour repousser les menaces qui pèsent sur notre cause.

La première tient à l'équivoque originelle de l'institution. Celle-ci vise-t-elle — ce qui serait déjà beaucoup ! — à l'harmonisation des intérêts pratiques des six États, à leur solidarité économique vis-à-vis de l'extérieur et, si possible, à leur concertation dans l'action internationale ? Ou bien est-elle destinée à réaliser la fusion totale de leurs économies et de leurs politiques respectives afin qu'ils disparaissent en une entité unique ayant son gouvernement, son Parlement, ses lois, et qui régira à tous égards ses sujets d'origine française, allemande, italienne, hollandaise, belge ou luxembourgeoise, devenus des concitoyens au sein de la patrie artificielle qu'aura enfantée la cervelle des technocrates ? Il va de soi que, faute de goût pour les chimères, je fais mienne la première conception. Mais la seconde porte tous les espoirs et toutes les illusions de l'école supranationale.

Pour ces champions de l'intégration, l'exécutif européen existe déjà bel et bien : c'est la commission de la Communauté économique, formée, il est vrai, de personnalités désignées par les six États, mais qui, cela fait, ne dépend d'eux à aucun égard. À entendre le chœur de ceux qui veulent que l'Europe soit une fédération, quoique sans fédérateur, l'autorité, l'initiative, le contrôle, le budget, apanages d'un gouvernement, doivent désormais appartenir, dans l'ordre économique, à ce chœur d'experts, y compris — ce qui peut être indéfiniment extensif — au point de vue des rapports avec les pays étrangers[27]. Quant aux ministres « nationaux », dont on ne peut encore se passer pour l'application, il n'est que de les convoquer périodiquement à Bruxelles, où ils recevront dans le domaine de leur spécialité les instructions de la commission. D'autre part, les mêmes créateurs de mythes veulent faire voir dans l'Assemblée, réunissant à Strasbourg des députés et des sénateurs délégués par les Chambres des pays membres, un Parlement européen, lequel n'a, sans doute, aucun pouvoir effectif, mais qui donne à l'exécutif de Bruxelles une apparence de responsabilité démocratique.

Walter Hallstein est le président de la commission. Il épouse ardemment la thèse du super-État et emploie toute son habile activité à obtenir que la Communauté en prenne le caractère et la figure. De Bruxelles, où il réside, il a fait comme sa capitale. Il est là, revêtu des aspects de la souveraineté, dirigeant ses collègues entre lesquels il répartit les attributions, disposant de plusieurs milliers de fonctionnaires qui sont nommés, affectés, promus, rétribués, en vertu de ses décisions, recevant les lettres de créance d'ambassadeurs étrangers, prétendant aux grands honneurs lors de ses visites officielles, soucieux, d'ailleurs, de faire progresser l'assemblage des Six dont il croit que la force des choses fera ce qu'il imagine. Mais, le voyant, le revoyant et attentif à son action, je pense que si Walter Hallstein est, à sa manière, un Européen sincère c'est parce qu'il est d'abord un Allemand ambitieux pour sa patrie. Car, dans l'Europe telle qu'il la voudrait, il y a le cadre où son pays pourrait, gratuitement, retrouver la respectabilité et l'égalité des droits que la frénésie et la défaite d'Hitler lui ont fait perdre, puis acquérir le poids prépondérant que lui vaudra sans doute sa capacité économique, enfin obtenir que la querelle de ses frontières et de son unité soit assumée par un puissant ensemble d'après la doctrine à laquelle, comme ministre des Affaires étrangères de la République fédérale, il a naguère donné son nom. Ces raisons n'altèrent pas l'estime et la considération que je porte à Walter Hallstein mais font que les buts que je poursuis pour la France sont incompatibles avec de tels projets[28].

Cette divergence capitale entre la façon dont la commission de Bruxelles conçoit son rôle et le fait que mon gouvernement, tout en attendant d'elle des études et des avis, subordonne les mesures importantes à la décision des États, entretient un désaccord latent. Mais, comme le traité spécifie qu'au cours du démarrage rien ne vaut sans l'unanimité, il suffit de tenir la main à ce qu'il soit appliqué pour qu'on ne puisse passer outre à la souveraineté française. J'y veille avec soin. Aussi, au cours de cette période, l'institution prend-elle son essor dans le domaine qui est, et doit rester, économique, sans que, malgré les heurts, la politique lui fasse traverser de crise mortelle. D'ailleurs, en novembre 1959, à l'initiative de Paris, la décision est prise de réunir tous les trois mois les six ministres des Affaires étrangères, afin d'examiner l'ensemble et ses diverses incidences et de faire rapport à leurs gouvernements qui tranchent, le cas échéant. On peut croire que le nôtre ne se laisse pas gagner à la main.

Mais ce n'est pas seulement sous l'angle de la politique que la Communauté, à peine venue au monde, doit surmonter l'épreuve de vérité. Au point de vue de l'économie même, deux obstacles redoutables, recelant toutes sortes d'intérêts et de calculs contradictoires, risquent de lui barrer la route. Il s'agit, naturellement, du tarif extérieur et de l'agriculture, les deux sujets étant étroitement liés l'un à l'autre. Nos partenaires ont paru, il est vrai, admettre en signant le traité que des taxes communes soient mises en place vers le dehors à mesure qu'entre eux disparaîtront les douanes. Mais, si tous reconnaissent, en principe, que cette disposition est nécessaire à leur solidarité, certains d'entre eux ne laissent pas d'en être contrariés, parce qu'elle interdit des facilités commerciales jusque-là inhérentes à leur existence.

Ceux-là voudraient donc que le tarif extérieur commun soit le plus bas possible et, en tout cas, comporte une souplesse telle qu'ils ne soient pas gênés dans leurs habitudes. Les mêmes, pour les mêmes raisons, ne sont nullement pressés de voir les Six prendre à leur compte la consommation et, par conséquent, l'achat des produits agricoles continentaux qui, justement, sont français pour près de la moitié. À suivre l'Allemagne, par exemple, qui se nourrit presque aux deux tiers de denrées achetées à bon compte en dehors de la Communauté et qui, en échange, vend à ses fournisseurs de vivres beaucoup de ses fabrications, on en viendrait à n'avoir de Marché commun que pour les produits industriels où l'avance de la République fédérale ne manquerait pas d'être écrasante. Pour la France, c'est inacceptable. Il nous faut donc lutter à Bruxelles.

La bataille est longue et dure. Nos partenaires, qui voudraient beaucoup que nous n'ayons pas changé de République, comptent en effet que, cette fois encore, nous nous laisserons aller à sacrifier notre cause à l'« intégration européenne », comme cela avait eu lieu successivement pour la C.E.C.A. où tous les avantages étaient, à nos frais, attribués à d'autres ; pour l'Euratom[29] où notre pays fournissait sans contrepartie la quasi-totalité de la mise, non sans subir, en outre, un contrôle étranger sur ses moyens atomiques ; pour le traité de Rome qui ne réglait pas la question de l'agriculture alors qu'elle était pour nous d'intérêt capital. Mais, maintenant, la France veut avoir ce qu'il lui faut, et d'ailleurs ses exigences sont conformes à la logique du système communautaire. Aussi, le nécessaire finira-t-il par être acquis.

C'est ainsi qu'en mai 1960, sur notre insistance pressante, les Six s'entendent pour mettre en place le tarif extérieur et adopter le calendrier des décisions à prendre pour la politique agricole. C'est ainsi qu'en décembre de la même année, tout en prescrivant d'accélérer le processus d'abaissement des douanes qui les séparent, ils s'accordent pour que toute importation de denrées alimentaires venant d'ailleurs donne lieu à un sévère prélèvement financier aux frais de l'État qui les achète. C'est ainsi qu'en janvier 1962, sont prises par eux des résolutions décisives.

Car, à cette date, la première phase d'application étant accomplie, il s'agit de savoir, suivant les termes du traité, si, oui ou non, on passe à la seconde, sorte de point de non-retour, qui comporte un abaissement des douanes de

50 pour 100. Nous, Français, entendons saisir cette occasion pour déchirer les voiles et amener nos partenaires à prendre des engagements formels sur ce qui nous est essentiel. Comme ils ne s'y résignent pas et laissent voir d'inquiétantes arrière-pensées, j'estime que c'est, ou jamais, le moment de jouer le grand jeu. À Bruxelles, nos ministres : Couve de Murville, Baumgartner, Pisani[30], marquent donc très clairement que nous sommes prêts à la rupture si le nécessaire n'est pas fait. Je l'écris moi-même au chancelier Adenauer[31] dont le gouvernement est, en la matière, notre principal contradicteur et je le lui répète par télégramme formel le soir où s'engage la suprême discussion. Une émotion considérable se répand dans toutes les capitales. En France, les partis et la plupart des journaux, faisant chorus avec l'étranger, s'inquiètent et se scandalisent de l'attitude du général de Gaulle dont l'intransigeance met en péril « l'espérance européenne ». Mais la France et le bon sens l'emportent. Au cours de la nuit du 13 au 14 janvier 1962, après des débats dramatiques, le Conseil des ministres des six États décide formellement l'entrée de l'agriculture dans le Marché commun, lui donne, sur-le-champ, un large commencement d'exécution et arrête les dispositions voulues pour que les règlements agricoles soient établis au même titre et en même temps que les autres. Moyennant quoi, l'application du traité peut entamer sa deuxième phase[32].

Mais jusqu'où pourra-t-elle aller, étant donné les troubles que, de leur côté, les Anglais s'efforcent de susciter et la propension de nos cinq partenaires à se tenir sous leur influence ? Que la Grande-Bretagne soit foncièrement opposée à l'entreprise, comment s'en étonnerait-on, sachant qu'en vertu de sa géographie, par conséquent de sa politique[33], elle n'a jamais admis, ni de voir le continent s'unir, ni de se confondre avec lui ? On peut même dire d'une certaine façon que, depuis huit siècles, toute l'histoire de l'Europe est là. Quant au présent, nos voisins d'outre-Manche étant faits pour le libre-échange de par la nature maritime de leur vie économique, ils ne sauraient sincèrement consentir à s'enfermer dans la clôture d'un tarif extérieur continental et, moins encore, à acheter cher leurs aliments chez nous, au lieu de les faire venir à bon marché de partout ailleurs, par exemple du Commonwealth. Mais, sans le tarif commun et sans la préférence agricole, point de Communauté européenne qui vaille ! Aussi, lors des études et discussions préalables au traité de Rome, le gouvernement de Londres, qui d'abord y était représenté, n'avait pas tardé à s'en retirer. Puis, dans l'intention de rendre vaine la tentative des Six, il leur avait proposé de mettre sur pied avec lui-même et quelques autres une vaste zone de libre-échange européenne. Les choses en étaient là le jour de mon retour au pouvoir.

Or, dès le 29 juin 1958, je vois venir à Paris le premier ministre Harold Macmillan. Au milieu de nos amicales conversations portant sur beaucoup de sujets, il me déclare soudain, très ému : « Le Marché commun, c'est le blocus continental ! L'Angleterre ne l'accepte pas. Je vous en prie, renoncez-y ! Ou bien nous entrons dans une guerre qui, sans doute, ne sera qu'économique au départ, mais qui risque de s'étendre ensuite par degrés à d'autres domaines. » Jugeant que ce qui est exagéré ne compte pas[34], je tâche d'apaiser le Premier anglais, tout en lui demandant pourquoi le Royaume-Uni s'indignerait de voir s'établir entre les Six une préférence qui existe à l'intérieur du Commonwealth[35] ? Entre-temps, le ministre Reginald Maudling s'acharne à mener, au sein de l'organisation dite de « Coopération économique européenne », dont l'Angleterre fait partie, une négociation qui tient les Six en haleine et retarde la mise en marche de leur Communauté en proposant que celle-ci soit absorbée et, par conséquent, dissoute dans une zone de libre-échange. Par plusieurs lettres très pressantes[36], Harold Macmillan s'efforce d'obtenir mon consentement. Mais mon gouvernement rompt le charme et fait connaître qu'il n'acceptera rien qui ne comporte le tarif extérieur commun et le règlement agricole. Londres paraît alors renoncer à l'obstruction et, changeant son fusil d'épaule, crée pour son compte l'« Association européenne de libre-échange » avec les seuls Scandinaves, Portugais, Suisses et Autrichiens. Du coup, nos partenaires de Bruxelles suspendent leurs hésitations et se mettent en devoir de déclencher le Marché commun.

Mais la partie n'est que remise. Au milieu de 1961, les Anglais reprennent l'offensive. Comme, du dehors, ils n'ont pu empêcher la Communauté de naître, ils projettent maintenant de la paralyser du dedans. Cessant d'en réclamer la fin, ils se déclarent, au contraire, désireux d'y accéder. Aussi proposent-ils d'examiner à quelles conditions cela doit se faire, « pourvu qu'il soit tenu compte de leurs relations spéciales avec le Commonwealth et avec leurs associés de la zone de libre-échange, ainsi que de leurs intérêts essentiels concernant l'agriculture ». En passer par là, ce serait, évidemment, renoncer au Marché commun tel qu'il a été conçu. Nos partenaires ne peuvent s'y résoudre. Mais, d'autre part, dire « Non ! » à l'Angleterre, c'est au-dessus de leurs forces. Alors, affectant de croire qu'on peut résoudre la quadrature du cercle, ils s'engagent à Bruxelles, avec Edward Heath, ministre britannique, dans une série de projets et contre-projets qui entretiennent le doute sur l'avenir de la Communauté. Je vois donc approcher le jour où je devrai, ou bien lever l'hypothèque et mettre fin aux tergiversations, ou bien dégager la France d'une entreprise qui serait dévoyée à peine aurait-elle commencé. De toute façon et comme c'était à prévoir, on vérifie que, pour aller à l'union de l'Europe, les États sont les seuls éléments valables[37], que si l'intérêt national est en cause rien ni personne ne doit pouvoir leur forcer la main et qu'aucune voie ne mène nulle part sinon celle de leur coopération.

Ce qui, à cet égard, est vrai dans l'ordre économique est évident dans le politique. Il n'y a là, d'ailleurs, rien qui ne soit tout naturel. À quelle profondeur d'illusion ou de parti pris faudrait-il plonger, en effet, pour croire que des nations européennes, forgées au long des siècles par des efforts et des douleurs sans nombre, ayant chacune sa géographie, son histoire, sa langue, ses traditions, ses institutions, pourraient cesser d'être elles-mêmes et n'en plus former qu'une seule ? À quelles vues sommaires répond la comparaison, souvent brandie par des naïfs, entre ce que l'Europe devrait faire et ce qu'ont fait les États-Unis, alors que ceux-ci furent créés, eux, à partir de rien, sur une terre toute nouvelle, par des flots successifs de colons déracinés ? Pour les Six, en particulier, comment imaginer que leurs buts extérieurs leur deviennent soudain communs, alors que leur origine, leur situation, leur ambition, sont très différentes ? Dans la décolonisation, que la France doit, dans l'immédiat, mener à son terme, que viendraient faire ses voisins ? Si, de tous temps, il est dans sa nature d'accomplir « les gestes de Dieu[38] », de répandre la pensée libre, d'être un champion de l'humanité, pourquoi serait-ce, au même titre, l'affaire de ses partenaires ? L'Allemagne, frustrée par sa défaite de l'espoir de dominer, à présent divisée et, aux yeux de beaucoup, suspectée de chercher sa revanche, a désormais sa grande blessure. Au nom de quoi faudrait-il que ce devienne automatiquement celle des autres ? Dès lors que l'Italie, cessant d'être l'annexe de l'empire des Germaniques, ou bien de celui des Français, puis écartée des Balkans où elle avait voulu s'étendre, demeure péninsulaire, confinée en Méditerranée et naturellement placée dans l'orbite des puissances maritimes, pour quelle raison se confondrait-elle avec les continentaux ? Les Pays-Bas, qui depuis toujours ne doivent leur vie qu'aux navires et leur indépendance qu'aux recours venus d'outre-mer, par quel miracle consentiraient-ils à s'absorber parmi les terriens ? Comment la Belgique, tendue à maintenir en un tout la juxtaposition des Flamands et des Wallons, depuis que, par compromis, les puissances rivales parvinrent à faire d'elle un État, pourrait-elle se consacrer sincèrement à autre chose ? Au milieu des arrangements succédant aux rivalités des deux grands pays riverains de la Moselle, quel souci dominant peuvent avoir les Luxembourgeois, sinon que dure le Luxembourg ?

Par contre, étant reconnu que ces pays ont leur personnalité nationale et admis qu'ils doivent la garder, ne sauraient-ils organiser leur concertation en tous domaines, réunir régulièrement leurs ministres, périodiquement leurs chefs d'État ou de gouvernement, constituer des organes permanents pour débattre de la politique, de l'économie, de la culture, de la défense, en faire délibérer normalement par l'assemblée des délégations de leurs Parlements respectifs, prendre le goût et l'habitude de considérer ensemble tous les problèmes d'intérêt commun et, pour autant que ce soit possible, d'adopter à leur sujet une seule et même attitude ? Cette coopération générale, reliée à celle qu'ils pratiquent déjà dans l'ordre économique, à Bruxelles et à Luxembourg[39], ne pourrait-elle conduire, pour ce qui est du progrès, de la sécurité, de l'influence, des rapports avec l'extérieur, de l'aide à apporter au développement des peuples qui en ont besoin, enfin et surtout de la paix, à une action qui soit européenne ? Le groupement ainsi formé par les Six n'amènerait-il pas peu à peu les autres États du continent à se joindre à lui dans les mêmes conditions ? N'est-ce pas ainsi que, contre la guerre, qui est l'histoire des hommes[40], se réaliserait peut-être l'Europe unie, qui est le rêve des sages ?

Avant de m'en entretenir avec le chancelier d'Allemagne, j'ai soumis l'idée au président du Conseil italien. Amintore Fanfani est venu me rendre visite, le 7 août 1958. Je le recevrai de nouveau en décembre et en janvier[41]. Chacun de ces entretiens me fait apprécier l'envergure de son esprit, la prudence de son jugement, l'urbanité de ses manières. À travers lui, je vois l'Italie, désireuse d'être informée de toutes les parties qui se jouent, disposée à y entrer à condition d'être traitée avec la considération qui est due à une nation de très grand passé et de très important avenir, prête à souscrire aux déclarations de principe qui expriment de bonnes intentions, mais attentive à ne prendre que des engagements réservés. C'est le cas pour l'union de l'Europe. Le chef du gouvernement de Rome y est, certes, favorable. Il approuve même la tendance supranationale que Gasperi lui a léguée. Mais, passant outre avec aisance à une évidente contradiction, il ne voudrait pas que rien fût fait sans l'Angleterre, bien qu'il sache péremptoirement qu'elle se refuse à l'intégration. Tout en se disant convaincu qu'il faut rendre solidaires les peuples de l'Ancien Monde, il n'envisage pas que cela les conduise à un changement de leurs liens — fussent-ils ceux de la dépendance — avec les États-Unis. En particulier, l'organisation de l'alliance atlantique ne saurait, suivant lui, être aucunement modifiée. Cependant, il ne repousse pas mon projet de coopération politique organisée des Six, quitte à se prononcer sur les modalités à mesure qu'on en discutera.

Tout justement, je vais, bientôt après, prendre directement contact avec le gouvernement et le peuple italiens. Nos voisins célèbrent solennellement le centenaire des victoires franco-piémontaises de 1859. Comme le président de la République Giovanni Gronchi m'invite à y assister, j'accepte avec empressement. Couve de Murville et Guillaumat sont du voyage. C'est par une tempête de vivats que Milan m'accueille, le 23 juin. Le même enthousiasme déferle vers moi le lendemain, lors de la revue militaire à laquelle des troupes françaises prennent part aux côtés de l'armée italienne. À Magenta, puis à Solferino, où s'est portée une foule énorme et où je prends la parole sur le champ de bataille, d'ardentes manifestations ne laissent, non plus, aucun doute sur le sentiment public au sujet de notre pays et du général de Gaulle. Au cours du service religieux, l'archevêque, Mgr Montini, prononce un sermon tout imprégné de la dilection que porte à la France le prélat qui, plus tard, sera le pape Paul VI. Peu après, la réception que me fera, au Capitole, la municipalité romaine attestera la même chaleur[42]. Rien ne montre mieux à quel égarement répondit l'agression commise contre nous dix-neuf ans plus tôt sur l'ordre de Mussolini. Mais rien n'est plus encourageant pour l'avenir des relations des deux nations qui sont cousines. Le président Gronchi, le président du Conseil Antonio Segni et le ministre des Affaires étrangères Giuseppe Pella en sont d'accord avec moi et les ministres qui m'accompagnent.

Il n'empêche que les entretiens que nous avons, d'abord dans le train qui nous amène à Rome, ensuite au Quirinal où je suis, avec ma femme, l'hôte du chef de l'État et de Mme Gronchi et où les deux présidents se réunissent avec les membres de leurs gouvernements, font apparaître, de part et d'autre, des inclinations qui sont loin d'être identiques. Nous, Français, voulons qu'on aille vers une Europe européenne. Les Italiens tiennent par-dessus tout à ce que ne soient pas modifiés les rapports existants avec les Anglo-Saxons. Au fond, le gouvernement de Rome préconise l'intégration, parce que, sous le couvert de cet appareil mythique, il compte bien manœuvrer à sa guise, parce que rien dans une telle construction ne porte atteinte à l'hégémonie protectrice de Washington, enfin parce qu'il n'y voit que du provisoire en attendant que l'Angleterre soit là. Bientôt, je vérifierai que le Benelux considère l'affaire de la même façon. Tout de même que la transformation de la France est réclamée à grands cris par les féodalités économiques et sociales et les partis politiques français, mais que toute réforme qui change l'ordre établi est mal accueillie par tous, ainsi l'union du continent, proclamée comme nécessaire par les milieux dirigeants de nos partenaires européens et par nos propres chapelles, se heurtera-t-elle à un mur de réserves, d'exégèses et de surenchères quand je tâcherai de lui frayer la voie. Mais je pense que, si Rome ne fut pas bâtie en un jour, il est dans l'ordre des choses que la construction de l'Europe requière des efforts prolongés.

Pour ce qui est de persévérer, je trouve d'ailleurs au Vatican la plus haute leçon possible. J'y suis reçu par le pape Jean XXIII. Il a voulu que la pompe déployée à cette occasion marquât l'exceptionnelle attention en laquelle il tient la France. Il prend acte avec satisfaction de ce que je lui dis au sujet de notre entreprise de redressement national dans un pays qu'il connaît bien et dont il a vu de près, comme nonce à Paris, le trouble politique d'antan. Puis, avec une anxiété que maîtrise sa sérénité, le souverain pontife m'entretient de l'ébranlement spirituel qu'infligent à la chrétienté les gigantesques bouleversements du siècle. Chez tous ceux des peuples d'Europe et d'Asie qui sont soumis au communisme, la communauté catholique est opprimée et coupée de Rome. Mais partout ailleurs, sous de libres régimes, une sorte de contestation diffuse bat en brèche, sinon la religion, tout au moins son action, ses règles, sa hiérarchie, ses rites. Cependant, quelque souci que lui cause cette situation, le pape n'y voit qu'une crise, ajoutée en notre époque à celles que l'Église a traversées et surmontées depuis Jésus-Christ. Il croit qu'en mettant en œuvre ses valeurs propres d'inspiration et d'examen elle ne manquera pas, une fois encore, de rétablir son équilibre. C'est à cela qu'il veut consacrer son pontificat. Ma femme ayant été introduite, Jean XXIII nous bénit. Nous ne le reverrons plus[43].

L'Europe, elle, n'a pas les promesses de la vie éternelle[44]. Pourtant, en se regroupant, elle aussi, pour se saisir de ses propres problèmes, peut-être voudrait-elle prendre un nouvel essor ? Mais pour une telle confrontation, depuis qu'on parle et reparle de l'unir, aucun projet n'a jamais été soumis aux Six. Je prends sur moi de le faire dès qu'il est devenu clair que notre pays se dégage de l'emprise du drame algérien et va retrouver sa liberté de manœuvre. Mon intention est de réunir à Paris les chefs d'État ou de gouvernement, afin que la France présente ses propositions dans un cadre qui soit à la dimension du sujet. Le chancelier Adenauer est le premier informé. En juillet 1960[45], à Rambouillet où je l'ai prié de se rendre, je lui annonce mon plan de conférence au sommet et lui indique comment, suivant moi, devrait jouer la concertation des Six, par rencontres périodiques de leurs dirigeants et, dans les intervalles, par fonctionnement d'organismes permanents qui prépareraient les réunions et suivraient l'exécution des décisions. Nous sommes, lui et moi, d'accord sur l'essentiel. En août[46], c'est à Jean-Édouard De Quay premier ministre, et à Joseph Luns ministre des Affaires étrangères des Pays-Bas, venus à Paris, que je m'ouvre de mon projet. Comme prévu, je les trouve orientés beaucoup moins vers le continent que vers l'Amérique et l'Angleterre et, par-dessus tout, désireux de voir celle-ci se joindre aux Six quelles que soient les conditions. Il en est à peu près de même pour les Belges : Gaston Eyskens premier ministre, et Paul-Henri Spaak de nouveau en charge des Affaires étrangères, que je reçois, eux aussi, à l'Élysée. Y sont accueillis, à leur tour, les prudents Luxembourgeois : Pierre Werner et Eugène Schauss. Entre-temps, j'ai conféré à loisir avec Amintore Fanfani, redevenu président du Conseil italien, et le ministre Antonio Segni, en séjour à Rambouillet, et j'ai mis, à Bonn, les choses au point avec Konrad Adenauer[47].

Au surplus, suivant ma méthode, je crois bon de saisir l'opinion. Le 5 septembre, au cours d'une conférence de presse[48], je précise ce qui est entrepris. Ayant dit que « construire l'Europe, c'est-à-dire l'unir, est pour nous un but essentiel », je déclare qu'il faut, pour cela : « Procéder, non pas d'après des rêves, mais suivant des réalités. Or, quelles sont les réalités de l'Europe, quels sont les piliers sur lesquels on peut la bâtir ? En vérité, ce sont les États,... des États ayant, sans doute, chacun son âme, son histoire, son langage à lui, ses malheurs, ses gloires, ses ambitions à lui ; mais des États qui sont les seules entités qui aient le droit d'ordonner et le pouvoir d'être obéies. » Puis, tout en reconnaissant « la valeur technique de certains organismes plus ou moins extra ou supranationaux », je constate qu'ils n'ont pas et ne peuvent avoir d'efficacité politique, comme le prouve ce qui se passe, au moment même, à la C.E.C.A., à l'Euratom et à la Communauté de Bruxelles. J'insiste : « Il est tout naturel que les États de l'Europe aient à leur disposition des organismes spécialisés pour préparer et, au besoin, pour suivre leurs décisions. Mais ces décisions leur appartiennent. » Alors, je formule mon projet : « Assurer la coopération régulière des États de l'Europe occidentale, c'est ce que la France considère comme souhaitable, possible et pratique, dans les domaines politique, économique, culturel, et dans celui de la défense... Cela comporte un concert organisé, régulier, des gouvernements responsables et le travail d'organismes spécialisés dans chacun des domaines communs et subordonnés aux gouvernements. Cela comporte la délibération périodique d'une assemblée formée par les délégués des parlements nationaux. Cela doit, à mon sens, comporter, le plus tôt possible, un solennel référendum européen, de manière à donner à ce démarrage de l'Europe le caractère d'adhésion populaire qui lui est indispensable. » Je conclus : « Si on entre dans cette voie,... des liens se forgeront, des habitudes se prendront et, le temps faisant son œuvre, il est possible qu'on en vienne à avancer d'autres pas vers l'unité européenne. »

Les 10 et 11 février 1961, dans le salon de l'Horloge du Quai d'Orsay, je préside la réunion des présidents du Conseil ou premiers ministres, des ministres des Affaires étrangères, de hauts fonctionnaires et d'ambassadeurs, d'Allemagne, d'Italie, des Pays-Bas, de Belgique, du Luxembourg, de France. Le débat est animé, car les arrière-pensées sont brûlantes. À vrai dire, celles-ci se rapportent toutes à l'Amérique et à l'Angleterre. À ma proposition formelle d'organiser tout de suite la coopération politique des Six, Adenauer donne son entière approbation. Werner en fait autant. Fanfani s'y rallie avec quelques réserves. Eyskens et Wigny ne s'y opposent d'abord pas. Mais Luns exprime, non sans âpreté, toutes sortes de réticences. Ce que voyant, Eyskens adopte la même attitude. Il est clair que la Hollande et la Belgique, petites puissances toujours en garde vis-à-vis des « grands » du continent, riveraines de la mer du Nord, traditionnellement protégées par la marine des Britanniques que relaie désormais celle des Américains, s'accommodent mal d'un système où n'entrent pas les Anglo-Saxons. Mais il n'est pas moins évident que, si les Occidentaux de l'Ancien Monde demeurent subordonnés au Nouveau, jamais l'Europe ne sera européenne et jamais non plus elle ne pourra rassembler ses deux moitiés. Pourtant, l'impression qui prévaut en conclusion de la rencontre, c'est que l'Europe a fait ses premiers pas, que tous les participants ont pris grand intérêt et éprouvé grande satisfaction à se trouver et à délibérer ensemble, enfin qu'il faut tenter d'aller plus avant. À cet effet, il est entendu qu'on se retrouvera à Bonn dans les trois mois et décidé qu'en vue de cette nouvelle conférence au sommet une commission politique, formée des représentants des Six, élaborera à Paris des propositions quant à l'organisation de leur coopération dans tous les domaines[49].

Il est, pourtant, peu vraisemblable qu'étant donné la dimension des obstacles la réussite puisse être proche. De fait, un actif travail destiné à l'empêcher s'engage aussitôt dans les coulisses. Les partisans de l'entrée sans condition de l'Angleterre au sein de la Communauté économique et, le cas échéant, politique y conjuguent leurs efforts négatifs avec ceux des champions du supranational, sans que l'opposition apparente[50] des thèses des uns et des autres les détourne aucunement de s'accorder pour combattre la solution française. Allant à Bonn le 20 mai, j'y constate l'agitation soulevée par l'attitude positive prise dans mon sens par le chancelier. Recevant, à la fin du même mois[51], le roi et la reine des Belges, que Paris acclame de grand cœur, je trouve sans doute l'occasion de témoigner à ces jeunes souverains et à leur pays la chaleureuse sympathie de la France, mais aussi j'entends Spaak, qui les accompagne, me répéter des propos défavorables à la coopération politique des Six. En même temps, n'arrivent d'Italie que des échos dubitatifs et de Hollande que des critiques.

Malgré tout, avec quelque retard[52], la nouvelle réunion des chefs d'État et de gouvernement a lieu à Bonn les 18 et 19 juillet. Chacun y fait connaître la même manière de voir qu'il avait exposée à Paris. Mais, comme, cette fois encore, le chancelier Adenauer et le général de Gaulle marquent nettement qu'ils sont d'accord, les objecteurs modèrent leur virulence. Même, sur le Rhin, où après la séance les Allemands ont embarqué tout le monde pour une promenade et un déjeuner, on ne voit guère de nuages autour des effusions européennes. La décision prise par la conférence est de poursuivre dans le sens que recommande le gouvernement français. À cet effet, la commission politique, déjà formée et dont Christian Fouchet est président, reçoit mandat d'arrêter le texte d'un traité en bonne et due forme qui pourra être entériné par une réunion au sommet à tenir à Rome ultérieurement.

La prudence et les convenances ont donc retenu l'instance suprême d'étaler ses discordances. Celles-ci, toutefois, ne manquent pas d'apparaître au grand jour à travers les travaux de la commission Fouchet. Un seul projet y est présenté, celui de la France. L'Allemagne ne cesse pas de le soutenir. Mais l'opposition déterminée de la Hollande et de la Belgique et l'indécision calculée de l'Italie feront en sorte qu'il n'aboutira pas. En dernier ressort, cependant, on a pu croire que le gouvernement de Rome ralliait ceux de Paris et de Bonn, ce qui eût, à coup sûr, emporté la décision. Le 4 avril 1962, je m'étais rendu à Turin pour y revoir Amintore Fanfani. Notre entretien m'avait donné à penser que nous étions d'accord sur le texte, plus ou moins amendé, du « plan Fouchet ». Sans doute était-ce vrai, ce jour-là, pour mon interlocuteur lui-même. Car l'homme d'État italien avait assez le goût des grandes choses et le sens des hautes nécessités d'aujourd'hui pour désirer que son pays fût, avec la France et l'Allemagne, un pilier de l'union européenne. Mais une résolution aussi simple et catégorique eût été incompatible avec les complexités politiques propres à nos voisins transalpins. C'est pourquoi, le 17 avril, quand les ministres des Affaires étrangères des Six se réunissent à Paris pour faire connaître en définitive la position de leurs gouvernements, Antonio Segni désapprouve le projet français. Spaak a, dès lors, beau jeu de se faire le porte-parole de toutes les négations. Vivement appuyé par Luns, il déclare que la Belgique ne signera pas le traité, « même s'il lui convient tel qu'il est », aussi longtemps que l'Angleterre ne sera pas entrée dans la Communauté. Quelques jours après, il m'écrit que son pays est prêt à conclure un accord entre les Six, à condition que la commission politique prévue dans notre plan comme instrument du Conseil des États soit érigée en un pouvoir indépendant des gouvernements. Ainsi Spaak, sans la moindre gêne, épouse-t-il simultanément les deux thèses, exclusives l'une de l'autre, des partisans de l'hégémonie anglo-saxonne et des champions du supranational.

Désormais, les choses resteront en suspens[53] avant qu'on sache si l'offre faite par la France d'instituer la coopération de l'Ancien Monde déchiré aura été, pour l'Histoire, « quelque armada sombrée à l'éternel mensonge[54] », ou bien, pour l'avenir, un bel espoir élevé sur les flots ?

LE MONDE

Si[a] nos voisins ont refusé de suivre l'appel de la France pour l'union et l'indépendance d'une Europe européenne, c'est quelque peu pour cette raison que, suivant leur tradition, ils redoutent notre primauté, mais c'est surtout parce que, dans l'état de guerre froide où se trouve l'univers, tout passe pour eux après le désir d'avoir la protection américaine. Or, sur ce point, notre appréciation n'est pas la même que la leur. Eux voient encore les choses comme elles étaient il y a quinze ans. Nous les voyons autrement.

Sans doute, après Yalta qui permettait à la Russie de Staline de s'adjoindre d'office, lors de l'effondrement du Reich, l'Europe centrale et les Balkans, pouvait-on redouter que le bloc soviétique voulût s'étendre plus loin. Dans l'hypothèse d'une telle agression, les États occidentaux du continent n'auraient pu, par eux-mêmes, lui opposer une résistance assez puissante. L'organisation franco-britannique de défense européenne, ébauchée en 1946[1] et qui comportait le commandement unique du maréchal Montgomery, n'y eût évidemment pas suffi. Rien ne fut donc plus justifié et, peut-être, plus salutaire que le concours américain, qui en vertu du plan Marshall mettait l'Europe de l'Ouest à même de rétablir ses moyens de production et lui évitait ainsi de dramatiques secousses économiques, sociales et politiques, tandis que grâce à l'armement atomique était assurée sa couverture. Mais une conséquence quasi inévitable avait été l'institution de l'O.T.A.N., système de sécurité suivant lequel Washington disposait de la défense, par conséquent de la politique[2] et, même, du territoire de ses alliés.

Parmi ceux-ci, l'Allemagne, séparée de la Prusse et de la Saxe, située au contact immédiat des totalitaires, constamment vilipendée par eux pour ses mauvaises actions d'hier, accusée de se préparer à les recommencer demain, tenue sous la poire d'angoisse de la saisie de Berlin, voyait dans ce protectorat son salut quotidien. Les autres, qui n'étaient pas directement menacés, mais qui croyaient, à juste titre, que l'arrivée des Soviets sur le Rhin et dans les Alpes les condamnerait eux-mêmes aussitôt, considéraient comme essentielle la garantie américaine et, au surplus, appréciaient fort les économies que valaient à leurs budgets militaires les renforts de troupes, de navires, d'avions et les dons de matériel accordés par les États-Unis. Certes, le regret nostalgique de l'indépendance d'autrefois traversait de temps en temps l'âme de ces peuples anciens et fiers. Mais l'utilité et la commodité de l'hégémonie atlantique du monde, et quoi que les États-Unis jugeassent à propos d'y faire, les ramenaient vite à la subordination. Il n'advenait donc jamais qu'un gouvernement appartenant à l'O.T.A.N. prît une attitude divergente de celle de la Maison-Blanche. Si l'application à l'Europe d'un régime d'intégration trouvait tant de faveurs chez nos partenaires, c'est notamment pour cette raison qu'un système apatride, ne pouvant avoir en propre ni défense, ni politique, s'en remettrait forcément à celles que dicterait l'Amérique. Si, à défaut de technocratie supranationale, ils voulaient voir la Communauté se joindre au Commonwealth britannique, c'est parce que cette voie-là menait tout aussi bien au protectorat de Washington. Inversement, si mon projet d'Europe européenne n'avait pu encore aboutir, c'est parce qu'il aurait conduit à affranchir l'Ancien Monde et que celui-ci n'osait pas s'y risquer.

Or, en 1958, j'estime que la situation générale a changé par rapport à ce qu'elle était lors de la création de l'O.T.A.N. Il semble maintenant assez invraisemblable que, du côté soviétique, on entreprenne de marcher à la conquête de l'Ouest, dès lors que tous les États y ont retrouvé des assises normales et sont en progrès matériel incessant. Le communisme, qu'il surgisse du dedans ou qu'il accoure du dehors, n'a de chances de s'implanter qu'à la faveur du malheur national. Le Kremlin le sait fort bien. Quant à imposer le joug totalitaire à trois cents millions d'étrangers récalcitrants, à quoi bon s'y essayerait-il, alors qu'il a grand-peine à le maintenir sur trois fois moins de sujets satellites ? Encore faut-il ajouter que, suivant l'éternelle alternance qui domine l'histoire des Russes, c'est aujourd'hui vers l'Asie, plutôt que vers l'Europe, qu'ils doivent tourner leurs soucis à cause des ambitions de la Chine et pourvu que l'Ouest ne les menace pas. Par-dessus tout, quelle folie ce serait pour Moscou, comme pour quiconque, de déclencher un conflit mondial qui pourrait finir, à coups de bombes, par une destruction générale ! Mais, si on ne fait pas la guerre, il faut, tôt ou tard, faire la paix. Il n'y a pas de régime, si écrasant qu'il soit, capable de maintenir indéfiniment en état de tension belliqueuse des peuples qui pensent qu'ils ne se battront pas. Tout donne donc à croire que l'Est ressentira de plus en plus le besoin et l'attrait de la détente.

Du côté de l'Occident, d'ailleurs, les conditions militaires de la sécurité sont devenues, en douze ans, profondément différentes de ce qu'elles avaient été. Car, à partir du moment où les Soviets ont acquis ce qu'il faut pour exterminer l'Amérique, tout comme celle-ci a les moyens de les anéantir, peut-on penser qu'éventuellement les deux rivaux en viendraient à se frapper l'un l'autre, sinon en dernier ressort ? Mais qu'est-ce qui les retiendrait de lancer leurs bombes entre eux deux, autrement dit sur l'Europe centrale et occidentale ? Pour les Européens de l'Ouest, l'O.T.A.N. a donc cessé de garantir leur existence. Mais, dès lors que l'efficacité de la protection est douteuse, pourquoi confierait-on son destin au protecteur ?

Enfin, quelque chose vient de se transformer quant au rôle international de la France. Car ce rôle, tel que je le conçois, exclut la docilité atlantique que la République d'hier pratiquait pendant mon absence. Notre pays est, suivant moi, en mesure d'agir par lui-même en Europe et dans le monde, et il doit le faire parce que c'est là, moralement, un moteur indispensable à son effort. Cette indépendance implique, évidemment, qu'il possède, pour sa sécurité, les moyens modernes de la dissuasion. Eh bien ! Il faut qu'il se les donne !

Mon dessein consiste donc à dégager la France, non pas de l'alliance atlantique que j'entends maintenir à titre d'ultime précaution, mais de l'intégration réalisée par l'O.T.A.N. sous commandement américain ; à nouer avec chacun des États du bloc de l'Est et, d'abord, avec la Russie des relations visant à la détente, puis à l'entente et à la coopération ; à en faire autant, le moment venu, avec la Chine ; enfin, à nous doter d'une puissance nucléaire telle que nul ne puisse nous attaquer sans risquer d'effroyables blessures. Mais, ce chemin, je veux le suivre à pas comptés, en liant chaque étape à l'évolution générale et sans cesser de ménager les amitiés traditionnelles de la France.

Dès le 14 septembre 1958, je hisse les couleurs[3]. Par un mémorandum adressé personnellement au président Eisenhower et au premier ministre Macmillan, je mets en question notre appartenance à l'O.T.A.N., dont je déclare qu'elle ne correspond plus aux nécessités de notre défense. Sans émettre explicitement de doute quant à la protection de l'Europe continentale par les bombes américaines et britanniques, mon mémorandum constate qu'une véritable organisation de la défense collective exigerait que celle-ci s'étendît à toute la surface de la terre au lieu d'être limitée au secteur de l'Atlantique Nord et que le caractère mondial de la responsabilité et de la sécurité de la France fait que Paris devrait participer directement aux décisions politiques et stratégiques de l'alliance, décisions qui, en réalité, sont prises par la seule Amérique avec consultation *a parte* de l'Angleterre. L'accession de la France à ce sommet serait d'autant plus indiquée que le monopole occidental des armements atomiques cessera très prochainement d'appartenir aux Anglo-Saxons, puisque nous allons nous en procurer. Je propose donc que la direction de l'alliance soit exercée à trois, non plus à deux, faute de quoi la France ne participera, désormais, à aucun développement de l'O.T.A.N. et se réserve, en vertu de l'article 12 du traité qui a institué le système, soit d'en exiger la réforme, soit d'en sortir. Ainsi que je m'y attends, les deux destinataires de mon mémorandum me répondent évasivement[4]. Rien ne nous retient donc d'agir.

Mais tout nous commande de le faire sans secousses. Nous n'avons pas encore de bombes. L'Algérie tient sous hypothèque notre armée, notre aviation, notre flotte. Nous ne savons pas quelle orientation le Kremlin voudra prendre en fin de compte dans ses rapports avec l'Ouest. Pour le moment, reste inquiétante la menace brandie par Nikita Khrouchtchev de conclure une paix séparée avec l'Allemagne de l'Est, de livrer le sort de Berlin aux communistes de Pankow — ce qui, pour l'Union soviétique, reviendrait à en disposer — et d'obliger ainsi l'Amérique, la Grande-Bretagne et la France, dont les forces occupent la partie ouest de la ville, ou bien de la défendre, c'est-à-dire d'accepter le conflit, ou bien de la lâcher, c'est-à-dire de subir une faillite politique et une humiliation militaire désastreuses. Nous allons donc, à la fois, entrer par des mesures appropriées dans la voie du dégagement atlantique et maintenir notre coopération directe avec les États-Unis et avec l'Angleterre.

En mars 1959[5], notre flotte de la Méditerranée est retirée de l'O.T.A.N. Peu après, vient l'interdiction faite aux forces américaines d'introduire des bombes atomiques en France, qu'elles soient au sol ou dans des avions, et d'y installer des rampes de lancement. Plus tard, nous replacerons sous l'autorité nationale nos moyens de défense aérienne et le contrôle des appareils qui survolent notre territoire. À mesure que nous ramènerons dans la Métropole nos unités d'Afrique du Nord, nous ne les transférerons pas au commandement allié. Le 3 novembre 1959[6], j'inspecte à l'École militaire les centres où sont étudiés les principes et les ressources de la Défense nationale, ainsi que les règles et les moyens d'action des trois armées. Ensuite, réunissant les professeurs et les auditeurs, je prononce une allocution qui fixe aux pouvoirs publics et au commandement militaire la directive nouvelle de l'État au sujet de la sécurité du pays.

« Il faut, dis-je, que la défense de la France soit française. Une nation comme la France, s'il lui arrive de faire la guerre, il faut que ce soit sa guerre ; il faut que son effort soit son effort. Sans doute la défense française pourrait-elle être, le cas échéant, conjuguée avec celle d'autres pays. Mais il serait indispensable qu'elle nous soit propre, que la France se défende par elle-même, pour elle-même et à sa façon. » Puis je montre que, chez nous, l'État n'a jamais eu et ne peut avoir de justification, *a fortiori* de durée, s'il n'assume pas directement la responsabilité de la Défense nationale, et que le commandement militaire n'a d'autorité, de dignité, de prestige, devant la nation et devant les armées, que s'il répond lui-même sur les champs de bataille du destin du pays. Je précise : « C'est dire que, pour la France, le système qu'on a appelé " l'intégration " et que le monde libre a pratiqué jusqu'à présent, ce système-là a vécu... Il va de soi que notre stratégie devrait être combinée avec la stratégie des autres. Car il est infiniment probable qu'en cas de conflit nous nous trouverions côte à côte avec des alliés... Mais, que chacun ait sa part à lui ! » Ayant invité ceux qui m'écoutent à faire, dorénavant, de cette conception la base de leur philosophie et de leurs travaux, je déclare : « La conséquence, c'est qu'il faut nous pourvoir, au cours des prochaines années, d'une force capable d'agir pour notre compte, de ce qu'il est convenu d'appeler " une force de frappe ", susceptible de se déployer à tout moment et n'importe où. L'essentiel de cette force sera, évidemment, un armement atomique. »

Ces propos, que je fais publier, et ces premières mesures de dégagement ont un vaste retentissement. D'autant plus que, successivement, d'autres occasions confirment que la Ve République a sa politique. C'est ainsi qu'au moment où Américains et Britanniques débarquent des forces respectivement au Liban et en Jordanie, alléguant qu'il s'agit de protéger ces États d'une éventuelle agression de la République arabe unie[7], nous nous tenons à l'écart et que nous envoyons devant Beyrouth, pour marquer séparément notre présence, un croiseur qui n'a rien à faire avec leur expédition. C'est ainsi, qu'une fois reconnue l'indépendance du Congo-Léopoldville et formé le gouvernement de Patrice Lumumba, nous désapprouvons ouvertement l'action menée par Washington sous le couvert de l'assemblée générale des Nations unies et qui conduit l'Organisation, contrairement à sa propre charte, à intervenir avec ses forces et son budget dans les affaires intérieures du nouvel État[8]. C'est ainsi que, les États-Unis rompant leurs relations avec Cuba et nous invitant à interdire à nos navires de s'y rendre, nous maintenons notre ambassade à La Havane et nous nous refusons à pratiquer l'embargo. C'est ainsi que nous blâmons la mainmise des Américains sur le pouvoir au Sud-Viêt-nam. C'est ainsi que nous refusons d'affecter des forces à la disposition éventuelle de l'« Organisation du traité de l'Asie du sud-est[9] ».

Enfin et surtout, c'est ainsi que, dans le débat international en cours sur le désarmement, nous soutenons notre thèse à nous. Celle-ci ne tend à rien de moins qu'à interdire la fabrication, la détention et l'emploi de tout moyen de destruction atomique. Mais, comme il est évident qu'une telle condamnation de principe risquerait fort de ne conduire à rien étant donné les arrière-pensées des deux rivaux nucléaires et les difficultés inextricables d'un contrôle appliqué à tout, nous proposons qu'au moins soit empêchée la construction des rampes et des véhicules spéciaux : fusées, sous-marins, avions, propres à lancer les bombes. Déceler leur apparition et vérifier leur disparition serait, en effet, dans l'ordre des choses possibles. Or, au cas où, dans les deux camps, on n'aurait plus de quoi lancer les projectiles atomiques, sans doute éviterait-on de se ruiner à les fabriquer. C'est là la position que j'adopte une fois pour toutes. Jules Moch, notre représentant, la fait valoir au sein des commissions qui, à New York, puis à Genève, discutent indéfiniment du sujet. Cependant, tel n'est pas l'objectif des Américains qui ne visent, au fond, qu'à conclure directement avec les Soviétiques, sous les dehors d'un accord mondial, un arrangement qui consacrerait le monopole des géants, limiterait contractuellement la frénésie de leurs dépenses et empêcherait tout État qui n'a pas encore de projectiles d'en fabriquer ou d'en acquérir. Mais cette consolidation du partage à deux de l'autorité mondiale ne répondant pas à nos buts et ne faisant nullement avancer le désarmement général, nous nous tenons, en la matière, séparés des Américains, tandis que les suit, bon gré mal gré, toute l'escorte des Occidentaux.

L'attitude nouvelle d'une France qui prend ainsi ses responsabilités provoque des réactions en tous sens. Chez nous, le blâme et la mise en garde soulèvent partis et journaux. Nos partenaires de la Communauté sont contrariés de nous voir prendre une position si différente de la leur. À Washington et à Londres, cette déchirure dans la subordination générale provoque pêle-mêle de la surprise, de l'irritation et de la compréhension, qui s'expriment par des flots d'articles et de déclarations. À ce point de vue, les mêmes feuilles et les mêmes micros qui, avant 1958, ne traitaient guère de la France, sauf parfois pour lui accorder quelque commisération, s'occupent d'elle maintenant sans relâche. Ce qu'elle dit et ce qu'elle fait notamment en la personne de son chef d'État, la situation qu'on lui attribue, les intentions qu'on lui prête, donnent lieu à d'innombrables appréciations, ou bien amères et ironiques, ou bien confiantes et élogieuses, mais jamais indifférentes. Pour l'opinion étrangère, notre pays est devenu soudain un des acteurs principaux d'une pièce où l'on ne voyait plus en lui qu'un figurant. Quant aux gouvernements, qu'ils soient ceux du camp allié, ou des pays de l'Est, ou du tiers monde, ils comprennent qu'on est entré dans une période politique où la France, renouant la chaîne des temps, se commande désormais elle-même et que le mieux est, suivant les cas, de s'en accommoder ou bien d'en tirer parti.

Il faut dire que, par contraste avec les errements jusqu'alors habituels, les États étrangers voient en place et à l'œuvre à Paris un pouvoir solide, homogène et sûr de lui-même. Leurs représentants, par exemple : le nonce, doyen du corps diplomatique, Mgr Marella puis Mgr Bertoli, Amery Houghton puis James Gavin pour les États-Unis, Sir Gladwyn Jebb puis Sir Pierson Dixon pour l'Angleterre, Serge Vinogradov pour l'Union soviétique, Herbert Blankenhorn pour l'Allemagne, Leonardo Vitteti puis Manlio Brosio pour l'Italie, Tetsuro Furukaki pour le Japon, etc., bien que, suivant l'usage, ils lisent chez nous dans la presse ou recueillent de la bouche des personnages jadis « consulaires » force critiques à l'égard du gouvernement, n'ont plus jamais de crises politiques françaises à rapporter à leurs chancelleries. Recevant tour à tour ces perspicaces diplomates, je leur montre que la France suit sa ligne avec continuité et, quand ils quittent l'Élysée pour aller à Matignon, au Quai d'Orsay, ou dans tout autre ministère, ils entendent le même langage et n'y relèvent aucune discordance. Quant à nos ambassadeurs, tels Éric de Carbonnel secrétaire général des Affaires étrangères, Hervé Alphand à Washington, Jean Chauvel puis Geoffroy de Courcel à Londres, Gaston Palewski à Rome, Roland de Margerie au Vatican puis à Madrid, François Seydoux de Clausonne à Bonn, Maurice Dejean à Moscou, Étienne Dennery à Tokyo, Armand Bérard aux Nations unies, etc., qui, au demeurant, forment un ensemble de grande qualité, ils parlent maintenant haut et clair, satisfaits d'être dans leur poste au nom d'un pays qui s'affirme, ne demande plus rien à personne et ne se contredit jamais.

L'attentive considération qui nous est portée de toutes parts me détermine à multiplier les contacts avec l'extérieur. Il en résulte un actif échange de visites, toutes occasions où l'on s'explique à défaut de toujours se convaincre, où s'animent les relations, où se concluent les accords, où se font entendre toutes les voix de l'information, où se manifestent les sentiments publics. J'y attache la plus grande importance, sachant quelle résonance prennent souvent de telles rencontres. Certes, les circonstances ne leur confèrent pas le caractère dramatique qu'elles avaient eu en d'autres temps et les facilités actuelles de déplacement les banalisent. Il reste que, pendant ces années où la France reprend dans le monde sa figure et son envergure, les séjours à Paris de beaucoup de chefs d'État et de gouvernants étrangers et, chez eux, mes propres voyages et ceux des ministres français forment la trame et l'illustration de notre redressement mondial.

À peine ai-je repris la direction des affaires que je vois venir le secrétaire d'État américain Foster Dulles[10]. Avec conviction, cet apôtre du *containment* et du *deterrent* occidental m'expose les intentions qui guident, sous son impulsion, la politique de son grand pays. Pour Dulles tout se ramène à endiguer et, s'il le faut, à briser l'impérialisme soviétique, tel qu'il résulte de l'ambition mondiale du communisme. Or, celui-ci rassemble déjà un milliard d'hommes en Europe et en Asie et, grâce aux moyens de la dictature, a l'avantage de pouvoir prélever ce qu'il veut sur la substance humaine de ses sujets en vue de son armement ou bien d'entreprises de prestige comme la conquête de l'espace. Suivant Foster Dulles, c'est aux États-Unis qu'il revient d'être en tête de la résistance. Lui-même consacre toute son activité à en organiser les môles dans chacune des régions du monde où l'irruption idéologique, politique, militaire, de l'adversaire paraît la plus menaçante. Ainsi de l'O.T.A.N. en Europe, du C.E.N.T.O. en Orient, de l'O.T.A.S.E. en Asie du sud-est, des alliances qui, dans le Pacifique, protègent la Corée du Sud, Formose, Hong Kong, et même le Japon. L'O.T.A.N. est, naturellement, l'objet principal de ses efforts, non seulement pour barrer la route aux éventuels agresseurs, mais aussi parce qu'il y voit le meilleur moyen d'encadrer l'Allemagne et de l'empêcher de mal faire. Le secrétaire d'État me parle avec émotion de l'amitié que l'Amérique porte à la France et qui, pour des raisons sentimentales en même temps que pratiques, lui fait désirer vivement que nous participions d'une manière active au système de sécurité réalisé sur l'Ancien Continent. À ce sujet il me dit : « Nous savons que vous êtes sur le point de vous doter d'armes atomiques. Mais, au lieu que vous les expérimentiez et fabriquiez vous-mêmes à grands frais, vaudrait-il pas mieux que nous vous en fournissions ? »

Je réponds à Foster Dulles que je tiens, moi aussi, pour nécessaire de prendre de solides précautions politiques et militaires vis-à-vis d'une éventuelle agression des Soviets. Si celle-ci se produisait, nul doute que mon pays serait aux côtés des États-Unis. Mais le fait est qu'elle ne se produit pas. À mon sens, ce qui, au fond, domine dans le comportement de Moscou, c'est le fait russe au moins autant que le fait communiste. Or, l'intérêt russe c'est la paix. Il semble donc que, sans négliger les moyens de se défendre, on doive s'orienter vers des contacts avec le Kremlin. Et je demande : « N'est-ce pas là, d'ailleurs, ce que fait déjà pour son compte votre gouvernement dans le domaine nucléaire ? » Le secrétaire d'État en convient. « La France, dis-je, se propose de travailler à la détente et, en même temps, elle ne néglige pas de se préparer au pire. Mais, en ceci et en cela, sans aucunement renier son alliance avec vous, elle entend rester elle-même et mener sa propre action. Il n'y a pas de France qui vaille, notamment aux yeux des Français, sans responsabilité mondiale. C'est pourquoi elle n'approuve pas l'O.T.A.N., qui ne lui fait pas sa part dans les décisions et qui se limite à l'Europe. C'est pourquoi aussi elle va se pourvoir d'un armement atomique. Par là, notre défense et notre politique pourront être indépendantes, ce à quoi nous tenons par-dessus tout. Si vous acceptez de nous vendre des bombes, nous vous les achèterons volontiers, pourvu qu'elles nous appartiennent entièrement et sans restrictions. » Foster Dulles n'insiste pas. Nous nous séparons sur cette franche explication franco-américaine. Je le reverrai de nouveau en février 1959, toujours aussi net et ferme, mais se sachant marqué par la mort qui le frappera trois mois après[11].

Le président Eisenhower ressent profondément la perte du secrétaire d'État, son adjoint et collaborateur intime depuis plus de sept années. La façon dont lui-même conçoit l'action des États-Unis n'en sera pas foncièrement changée, quoiqu'elle doive revêtir moins de rigueur. Dans ce domaine, je retrouve le général Eisenhower tel que je l'ai connu et estimé quand il commandait pendant la guerre les forces alliées. Sans doute partage-t-il la conviction, quelque peu élémentaire, qui anime le peuple américain sur la mission primordiale qui incomberait aux États-Unis comme par décret de la Providence et sur la prépondérance qui leur reviendrait de droit. Mais la foi du Président n'est pas ostentatoire, ni sa manière intransigeante. Il est un homme de haute conscience, appliqué à ne juger qu'en connaissance de cause et à ne décider que sur avis des gens qualifiés. Il est prudent, n'appréciant pas les spéculations hasardeuses et serrant le frein dès que l'allure s'accélère. Il est conciliant, tâchant d'éviter les heurts et de sortir des impasses. Cependant, cette circonspection, méritoire chez le guide d'un pays que sa puissance sollicite vers la domination, chez un chef d'État qui dispose des pouvoirs les plus étendus et d'une très grande popularité, ne va pas sans une fermeté qu'il révèle à l'occasion. Jusqu'au terme de son mandat, en janvier 1961, Dwight Eisenhower se tiendra avec moi en fréquent contact épistolaire[12]. Nous nous verrons en trois grandes circonstances et, à chacune, pendant de longues heures. Nous nous mettrons sans cesse au fait de nos intentions, nous traitant toujours l'un l'autre avec une amicale sincérité.

À mon invitation, il vient en France en visite d'État, au mois de septembre 1959. Nos autorités et les Parisiens font de leur mieux pour que sa réception soit digne et populaire. Lors des apparitions publiques du Président : accueil à Orly, traversée de Paris jusqu'à la résidence du Quai d'Orsay, salut au Soldat inconnu, visite à l'Hôtel de Ville, etc.[13], l'enthousiasme d'une foule très considérable se manifeste sur l'emplacement des cérémonies et au long des itinéraires. Il est évident que la fraternité d'armes franco-américaine, dont notre visiteur est le plus glorieux symbole, demeure très vivante dans l'esprit de notre peuple. Eisenhower en est, d'ailleurs, impressionné. « Combien de personnes étaient, au total, sur ma route depuis ce matin ? » me demande-t-il, le soir du premier jour. Je lui réponds, ce qui est vrai : « Un million, au moins. » Et lui, très ému : « Je n'en espérais pas la moitié ! »

Nos entretiens commencent à l'Élysée et se terminent à Rambouillet. Je dois dire, qu'à défaut de Versailles, de

Compiègne, de Fontainebleau, dont la dimension se prête mal à des réunions restreintes, j'apprécie ce site pour y tenir de telles conférences. Les hôtes, logés dans la tour médiévale où passèrent tant de nos rois, traversant les appartements qu'ont habités nos Valois, nos Bourbons, nos empereurs, nos présidents, délibérant dans l'antique salle des marbres avec le chef de l'État et les ministres français, voyant s'étendre sous leurs yeux la majesté profonde des pièces d'eau, parcourant le parc et la forêt où s'accomplissent depuis dix siècles les rites des chasses officielles, sont conduits à ressentir ce que le pays qui les reçoit a de noble dans sa bonhomie et de permanent dans ses vicissitudes.

Nous conversons, soit tête à tête, soit en présence de nos ministres et ambassadeurs : Christian Herter et James Gavin aux côtés d'Eisenhower, Michel Debré, Maurice Couve de Murville et Hervé Alphand auprès de moi. Il est clair que les préoccupations du président des États-Unis se concentrent sur la question des relations de son pays avec la Russie soviétique. Pour lui, ce qui se passe où ce soit dans l'univers n'est considéré que par rapport à ce sujet-là, étant d'ailleurs entendu que, dans le camp de la liberté, qu'il s'agisse de sécurité, d'économie, de monnaie, de science, de technique, etc., la réalité capitale, sinon unique, est celle de l'Amérique. Quant aux autres, tout en faisant valoir auprès d'elle leurs points de vue, ils n'ont qu'à l'accompagner. C'est pourquoi l'O.T.A.N., système dans lequel les alliés apportent leurs forces à la stratégie élaborée à Washington, donne toute satisfaction au général Eisenhower.

Cependant, il dit et répète que les États-Unis n'ont pas d'objectifs belliqueux et envisagent, au contraire, d'en venir tôt ou tard à quelque accord avec les Soviets, avant tout pour limiter les gigantesques dépenses militaires. Il a, tout récemment, envoyé le vice-président Richard Nixon faire une visite à Moscou. Et voici que Nikita Khrouchtchev va arriver en Amérique. « Mon intention, m'indique le Président, est de tâcher d'engager avec lui une négociation constructive, de lui montrer ce qu'est la vie chez nous, par là de le faire réfléchir sur les réalisations de nos régimes respectifs. » Évoquant la grève des métallurgistes qui, alors, se prolonge aux États-Unis, il ajoute, non peut-être sans candeur voulue : « Je lui ferai même voir ce qu'est une grève américaine ! »

J'expose à Eisenhower qu'à mon sens les rapports entre l'Ouest et l'Est ne doivent pas être traités sous le seul angle de la rivalité des idéologies et des régimes. Certes, le communisme pèse très lourd dans l'actuelle tension internationale. Mais, sous sa dictature, il y a toujours la Russie, la Pologne, la Hongrie, la Tchécoslovaquie, la Bulgarie, la Roumanie, la Yougoslavie, l'Albanie, la Prusse, la Saxe, comme aussi la Chine, la Mongolie, la Corée et le Tonkin. « Après ce qui s'est passé pour la Russie lors des deux guerres mondiales, lui dis-je, croyez-vous qu'un Pierre le Grand aurait réglé l'affaire des frontières et des territoires autrement que le fit Staline ? » Parlant de la détente, je précise que, pour être valable, elle doit donc être fondée sur les réalités nationales. Sans méconnaître qu'un arrangement technique sur les armements entre Washington et Moscou pourrait faciliter les choses, je pense que ce ne serait pas une véritable solution. Ce n'en serait pas une non plus qu'un accord, fût-il spectaculaire, de ménagements mutuels que conclueraient les deux camps, chacun rassemblé sous l'égide de son protecteur. Car on ne ferait ainsi que perpétuer les blocs, dont la seule existence est exclusive d'une véritable paix. Au contraire, de nation européenne à nation européenne, un rapprochement, effectué à partir des faits accomplis et n'ayant, pour commencer, que des objets économiques, culturels, techniques, touristiques, offrirait des chances de briser pan par pan le rideau de fer, de rendre peu à peu injustifiable la frénésie des armements, même de conduire pas à pas les totalitaires à relâcher leur rigueur. La France, qui n'a rien pris et rien à prendre au peuple russe ni à aucun de ceux qu'il s'est adjoints, qui est connue d'eux tous depuis toujours et vers qui les porte, au long des siècles, un attrait exceptionnel, peut et doit donner l'exemple. C'est ce qu'elle a l'intention de faire. J'indique à Eisenhower que je compte, moi aussi, inviter Khrouchtchev, dont je sais qu'il ne demande pas mieux, que je suis sûr qu'il me parlera surtout de l'Allemagne et de la nécessité de la maintenir coupée en deux, que je ne le contredirai pas actuellement sur ce point, que d'ailleurs je pense qu'il n'y a pas pour elle d'avenir satisfaisant et, en particulier, de chance d'être jamais réunifiée autrement que grâce à l'entente de l'Europe tout entière, mais que, sans plus attendre, je me propose de traiter avec le Premier soviétique d'une coopération franco-russe dans divers domaines pratiques.

Eisenhower observe que, du côté de Moscou et après la suggestion de Londres, on lance maints ballons d'essai quant à la réunion d'une « Conférence au sommet » entre la Russie, l'Amérique, la Grande-Bretagne et la France. Pour sa part, il est disposé à l'accepter. Je réponds que je n'y fais pas d'objection de principe[b], que cependant l'issue négative d'une réunion récente à Genève des quatre ministres des Affaires étrangères semble indiquer qu'il ne faut pas se presser et que, d'abord, je veux voir Khrouchtchev[14].

Avec insistance, le président des États-Unis m'entretient de l'O.T.A.N. et de l'attitude de la France vis-à-vis de cette institution. Ce qui le préoccupe surtout, c'est notre décision de nous doter d'armes atomiques. Reprenant la proposition qu'avait naguère esquissée Foster Dulles[15], il offre de nous en céder, à condition que les Américains en aient le contrôle, autrement dit en détiennent les clefs, afin que les projectiles ne puissent être utilisés que par ordre du commandant en chef de l'O.T.A.N. Comme je lui réponds que, précisément, nous ne voulons de bombes chez nous que si nous en disposons, il me déclare y voir une marque de méfiance envers les États-Unis, ce qui m'amène à lui dire ceci : « Si la Russie nous attaque, nous sommes vos alliés, vous les nôtres. Mais, dans cette hypothèse de conflit et, au demeurant, dans toute autre, nous voulons tenir dans nos mains notre destin, lequel dépendrait surtout du fait que nous serions, ou non, victimes des engins nucléaires. Il nous faut donc avoir de quoi dissuader tout agresseur éventuel de nous frapper chez nous, ce qui exige que nous soyons en mesure de le frapper chez lui et qu'il sache que nous le ferions sans attendre aucune permission du dehors. Dans une lutte entre l'Ouest et l'Est, vous, Américains, avez assurément les moyens d'anéantir l'adversaire sur son territoire. Mais il a ceux de vous mettre en pièces sur le vôtre. Comment nous, Français, serions-nous sûrs, qu'à moins que vous soyez bombardés directement sur le sol des États-Unis, vous vous mettriez dans ce cas que la mort vous tombe sur la tête même si, en expirant, vous pourriez croire que le peuple russe disparaît en même temps que vous ? La réciproque est d'ailleurs vraie, de telle sorte que, pour la Russie et pour l'Amérique, la dissuasion existe. Mais elle n'existe pas pour les alliés respectifs de celle-ci et de celle-là. Qu'est-ce qui, en effet, empêcherait l'une et l'autre d'écraser ce qui se trouve entre leurs œuvres vives, c'est-à-dire essentiellement le champ de bataille européen ? N'est-ce pas, d'ailleurs, ce à quoi se prépare l'O.T.A.N. ? Au surplus, dans cette éventualité, la France serait condamnée par préférence, pour beaucoup de raisons géographiques, politiques, stratégiques, comme l'ont, à l'avance, montré les deux guerres mondiales. Elle tient donc à se donner une chance de subsister, et cela quel que soit et d'où que vienne le péril qui la menacerait. »

« Pourquoi, demande Eisenhower, doutez-vous que les États-Unis confondent leur sort avec celui de l'Europe ? » Je réponds : « Si l'Europe, roulant au malheur, devait être un jour tout entière conquise par vos rivaux, il est vrai que les États-Unis seraient bientôt mal en point. Aussi l'idéologie, qui suivant l'usage recouvre des intérêts vitaux, s'appelle-t-elle aujourd'hui pour vous : " cause de la liberté " et " solidarité atlantique ". Mais, entre le début et la fin du compte, qu'adviendrait-il de mon pays ? Au cours des deux guerres mondiales, les États-Unis furent les alliés de la France et celle-ci — vous venez d'en avoir la preuve en remontant les Champs-Élysées — n'oublie pas ce qu'elle a dû à leur concours. Mais elle n'oublie pas non plus que, pendant la Première, celui-ci ne lui est venu qu'après trois longues années d'épreuves qui faillirent lui être mortelles et que, pendant la Seconde, elle avait été écrasée avant votre intervention. Dans cette constatation, ne voyez pas, de ma part, le moindre reproche. Car je sais, comme vous-même le savez, ce qu'est un État, avec sa géographie, ses intérêts, son régime, son opinion publique, ses passions, ses craintes, ses erreurs. Il peut en aider un autre, non point s'identifier à lui. Voilà pourquoi, bien que fidèle à notre alliance, je n'admets pas, pour la France, l'intégration dans l'O.T.A.N. Quant à harmoniser — si l'on ose appliquer ce mot céleste à cet infernal sujet — l'emploi éventuel de nos bombes et celui des vôtres autant que ce serait possible, nous pourrions le faire dans le cadre de la coopération directe des trois puissances atomiques que je vous ai proposée[16]. En attendant que vous l'acceptiez, nous garderons entière, nous comme vous, la liberté d'initiative. »

« Mais, objecte le Président, étant donné le coût de cette sorte d'armements, la France ne pourra pas, à beaucoup près, atteindre au niveau soviétique. Dès lors, quelle sera la valeur de sa propre dissuasion ? — Vous savez bien, lui dis-je, qu'à l'échelle des mégatonnes, il ne faudrait que quelques volées de bombes pour démolir n'importe quel pays. Afin que notre dissuasion puisse être efficace, il nous suffit d'avoir de quoi tuer l'adversaire une fois, même s'il possède les moyens de nous tuer dix fois. » Nous nous quittons, Eisenhower et moi, ayant ainsi mis les choses au point sur ce qu'est et doit demeurer l'alliance franco-américaine. Par la suite, l'action menée par la France pour s'armer à sa guise et sortir de l'intégration lui vaudra maints reproches et invectives de la part de beaucoup de milieux américains, mais ne donnera jamais lieu à rupture, ni même à brouille, entre les deux gouvernements.

Le 13 février 1960, la première bombe atomique française est expérimentée avec succès à Reggane. L'événement a été précédé, sur le plan international, par toutes sortes de mises en garde inspirées par les Anglo-Saxons et portant sur les dangers de contamination atmosphérique que ferait courir l'explosion. Ainsi l'O.N.U. nous avait-elle sommés d'y renoncer. Ainsi plusieurs gouvernements africains protestaient-ils contre l'utilisation du Sahara pour ces expériences. Ainsi le Nigeria allait-il jusqu'à rompre les relations. Nous avions assisté, en marquant quelque ironie, à cette coalition d'alarmes de la part de tant d'États qui avaient vu, sans montrer aucune indignation, Américains, Britanniques, Soviétiques, procéder déjà à quelque deux cents explosions. Mais, le fait étant accompli par nous avec toutes les précautions possibles et sans qu'en soit résultée la mort de personne, les émotions s'apaisent bientôt. Reste la preuve donnée par la France qu'elle a su — puisque, hélas ! il le fallait — accomplir par ses seuls moyens et sans nul concours extérieur la série d'exploits scientifiques, techniques et industriels que représente l'aboutissement et que, décidément, elle reprend son indépendance.

Cet avènement de notre pays au domaine suprême de la force, s'il dérange les données du jeu de Washington, ne manque pas d'éveiller à Londres, sinon de la satisfaction, tout au moins beaucoup d'intérêt. Au milieu de l'univers tel qu'il évolue, l'Angleterre est inquiète et mélancolique. La victoire, que le monde libre n'a remportée que grâce au courage de son peuple, l'a pourtant effacée du premier rang. L'immense Empire, qui faisait sa puissance, s'en est allé morceau par morceau. La mer, où elle régnait, est maintenant dominée par d'autres. Son économie, ses finances, sa monnaie, ont perdu leur prépondérance. Depuis les jours de détresse où, pour n'être pas engloutie en dépit de ses sacrifices, il lui fallut le prêt-bail[17] accordé par Roosevelt, elle se trouve placée sous l'hégémonie américaine. Alors qu'elle aurait besoin de la paix et du temps pour s'adapter, à l'intérieur d'elle-même, aux conditions d'une époque bouleversée, elle voit la race des hommes déchirée sous un ciel chargé d'orages. Bref, sa situation lui semble injuste et alarmante. Mais, comme elle n'a pas cessé d'être ambitieuse et entreprenante, elle cherche de quel côté, de quelle façon, avec quels appuis, s'ouvrir une carrière nouvelle. Deux voies lui sont accessibles. L'une est l'acceptation définitive de la suprématie américaine qui dès à présent, en échange de sa docilité, lui découvre les secrets nucléaires, l'aide à maintenir ses liens économiques avec ses anciens dominions, lui permet de conserver des bases sur les océans : Singapour, Hong Kong, Aden, Bahreïn, Trinidad, Chypre, Tobrouk, Malte, Gibraltar. L'autre la mène vers l'Europe, qu'elle a toujours, jusqu'alors, travaillé à diviser, mais dont aujourd'hui l'union, si elle y participait en acceptant certaines entraves, pourrait assurer un rôle éminent à sa valeur et à son expérience.

Ce danger suspendu et ce dilemme posé hantent l'esprit du Premier britannique. Au cours des nombreux entretiens[18] que nous avons à cette époque, il ne me dissimule pas son anxiété et sa perplexité. Du reste, nous sommes des amis, depuis la période de la guerre où, ministre de Churchill, il était auprès de moi et de mon « Comité » d'Alger. Ces souvenirs, joints à l'estime que j'ai pour son caractère, ainsi qu'à l'intérêt et à l'agrément que me procure sa compagnie, font que je l'écoute avec confiance et lui parle avec sincérité. Et puis, j'admire l'Angleterre, toujours jeune dans sa vieille ordonnance, grâce à son génie d'adapter le moderne au traditionnel, inébranlable quand le danger atteint le paroxysme et qui l'a récemment prouvé pour son salut et celui de l'Europe. Sitôt revenu au pouvoir, j'ai, d'ailleurs, tenu à marquer mes sentiments en recevant, pour lui remettre la croix de la Libération, Churchill vieilli mais fidèle à l'Histoire qui nous a réunis[19]. Harold Macmillan me trouve donc disposé à m'accorder avec lui, dès lors qu'il serait possible à son pays et au mien de marcher sur la même route.

C'est le cas pour ce qui concerne la détente avec les Soviétiques. Sur ce sujet, en effet, le gouvernement britannique me paraît bien orienté, à la condition toutefois qu'il ne pousse pas la conciliation jusqu'à admettre l'abandon. Dès

1955, Khrouchtchev avait pu venir à Londres en voyage d'exploration. En février 1959, Macmillan lui avait fait une visite qui montrait sa bonne volonté et d'autant plus que les foucades de son hôte lui rendaient le contact assez pénible[20]. Parmi les interlocuteurs qui, maintenant, envisagent avec moi la perspective d'une troisième guerre mondiale, aucun n'en ressent plus d'horreur que le Premier ministre anglais, convaincu que son pays, tout insulaire qu'il soit, risquerait fort d'y sombrer corps et biens. Aussi est-il peu favorable aux griefs de l'Allemagne, réservé quant aux mesures à prendre pour briser, le cas échéant, un nouveau blocus de Berlin, froid à l'égard de la tendance à « refouler » les Soviets que manifeste épisodiquement la politique américaine.

Mais c'est de l'Europe qu'Harold Macmillan m'entretient le plus souvent. Vis-à-vis de l'ébauche d'union que représente le Marché commun, il a d'abord pris une attitude passionnément hostile[21]. Ensuite, son gouvernement s'est efforcé d'amener l'organisation de Bruxelles à s'élargir, c'est-à-dire à se dissoudre, dans un libre-échange général. Faute d'y avoir réussi, les Anglais ont alors paru se contenter de dresser en face du groupe des Six une association des Sept[22]. Plus tard, ils poseront carrément leur candidature à un siège de la Communauté. Pourtant, quelles que soient ces apparentes fluctuations, Macmillan ne me cache à aucun moment que, pour la Grande-Bretagne, il s'agit de choisir son destin et que lui-même a pris parti pour l'union avec le continent. Sans doute sait-il quels obstacles il faut franchir pour y parvenir. Mais il affirme pouvoir surmonter ceux qui se dressent du côté britannique et m'adjure d'abaisser les barrières du côté de la Communauté.

« La question économique présente, certes, des difficultés, me répète le premier ministre. Mais ce qui l'emporte et me détermine moi-même, c'est la suite politique de cette opération. Croyez-moi ! Nous ne sommes plus l'Angleterre de la reine Victoria, de Kipling, du *British Empire*, du " splendide isolement ". Chez nous, beaucoup de gens, en particulier dans la jeunesse, sentent qu'il nous faut faire une autre Histoire que celle-là. Les guerres mondiales nous ont montré à quel point nous sommes solidaires de ce qui se passe, non seulement comme autrefois sur le Rhin et dans les Alpes, mais désormais sur le Danube, la Vistule, même la Volga. Or, le drame récent, qui a fait apparaître l'énorme bloc soviétique et affaibli les autres puissances de notre

Ancien Monde, nous met tous, Occidentaux d'Europe, dans une situation en permanence dangereuse. Il faut rétablir l'équilibre. Certes, pour le moment, la présence américaine nous garantit l'essentiel. Mais on peut douter qu'elle doive durer indéfiniment. D'autre part, il en résulte pour les Européens une pénible sujétion, à laquelle vous, Français, voudriez vous soustraire et que nous, Anglais, supportons malaisément. Rassemblons l'Europe, mon cher ami ! Nous sommes trois hommes qui pouvons le faire ensemble : vous, moi et Adenauer. Au cas où, pour le temps où tous les trois nous nous trouvons en vie et au pouvoir, nous laisserions passer cette occasion historique, Dieu sait si, quand et à qui elle se représentera jamais[23] ! »

Ce langage a de quoi m'émouvoir. Nul n'est plus convaincu que moi qu'il serait du plus grand intérêt que l'Angleterre fît partie d'un groupement organisé et indépendant des États occidentaux d'Europe et que l'évolution qu'elle accomplirait dans ce sens serait hautement satisfaisante. Mais est-elle actuellement en mesure de s'imposer à elle-même les contraintes nécessaires à une adhésion aussi contraire à ce que fut, de tous temps, sa nature et à ce que sont, aujourd'hui encore, les conditions de son existence ? Or, pour qu'une construction puisse tenir, il lui faut des bases solides et non pas seulement les bonnes intentions de ses dessinateurs. « Au point de vue économique, dis-je au premier ministre, vous, les Britanniques, dont l'activité repose principalement sur de larges échanges avec les États-Unis et sur un système de ventes et d'achats préférentiels avec le Commonwealth, accepteriez-vous vraiment de vous enfermer avec les continentaux dans un tarif extérieur qui contrarierait gravement votre commerce américain et exclurait vos anciens dominions et vos colonies d'hier ? Vous, qui mangez pour pas cher le blé du Canada, les moutons de Nouvelle-Zélande, les bœufs et les pommes de terre d'Irlande, le beurre, les fruits, les légumes, d'Australie, le sucre de la Jamaïque, etc., consentiriez-vous à vous nourrir des produits agricoles continentaux, en particulier français, nécessairement plus coûteux ? Vous, dont la monnaie est celle de la vaste zone sterling, comment la débarrasseriez-vous des hypothèques, dettes et obligations que comporte ce caractère international, pour la ramener au rang modeste d'une bonne livre simplement anglaise[24] ? »

Macmillan reconnaît que le Marché commun aurait des concessions à faire et, qu'en outre, il faudrait une longue période de transition. « Ces concessions accordées et cette transition passée, lui dis-je, que resterait-il de la Communauté ? Or, à quoi bon vous joindre à elle si cela revient à la détruire ? Vaut-il pas mieux attendre que, de votre côté, vous vous soyez mis en état d'en faire partie telle qu'elle est ? D'ailleurs, n'en serait-il pas de même pour une union politique ? Celle-ci ne pourrait, en effet, avoir de raison d'être et de ressort que si elle organisait une Europe européenne, présentement alliée, il est vrai, avec les États-Unis, mais ayant sa politique et sa défense à elle. Or, étant donné les liens privilégiés qui vous attachent à l'Amérique, viendriez-vous à une telle Europe ou, si vous y veniez, serait-ce pas pour qu'elle s'intègre et se noie dans quelque atlantisme ? » Le premier ministre proteste, à coup sûr très sincèrement, de sa volonté d'indépendance européenne. Mais rien n'indique qu'il soit résolu à en tirer les conséquences vis-à-vis des États-Unis.

Macmillan et moi passerons ensemble beaucoup d'heures, que nous soyons seul à seul, ou secondés par nos ministres : pour lui les distingués Douglas Home puis Selwyn Lloyd, et le très avisé Edward Heath, pour moi Debré et Couve de Murville toujours précis et assurés. Nous traiterons de ce grand sujet à Paris, à Londres, à Rambouillet, dans sa propriété de Birchgrove, au château de Champs[25], sans que je parvienne à croire, malgré le désir que j'en ai, que son pays soit prêt à devenir l'Angleterre nouvelle qui s'amarrerait au continent. Plus tard, un jour viendra où un certain accord spécial, concernant la fourniture de fusées américaines, précisant la subordination des moyens nucléaires britanniques et conclu séparément à Nassau avec John Kennedy, justifiera ma circonspection[26].

On n'en est pas là vers la fin de 1959, où dans le monde ce qui domine le jeu c'est la perspective de détente ouverte entre l'Est et l'Ouest par l'action de Nikita Khrouchtchev. La visite prolongée, animée, colorée, qu'il a faite, en novembre, aux États-Unis, y a sans nul doute brisé la glace. Comme, pour les Américains, le parti communiste n'existe pratiquement pas chez eux, le passage du Premier soviétique dans leurs villes et leurs villages ne soulevait localement aucun remous politique. Au contraire, en raison de l'inquiétude causée par la tension internationale, sa présence aux côtés du Président semblait à tous satisfaisante. D'ailleurs, l'aspect du personnage, jovial et primesautier, n'avait rien qui pût alarmer. Son langage était rassurant qui célébrait la coexistence pacifique. Enfin, la volonté de concurrence, qu'il affichait en matière de production, de machinisme, de technique, de conquête de l'espace, paraissait inspirée par un esprit sportif de bon aloi. Dans ses conversations avec Eisenhower, n'avaient été traités, en dehors de lieux communs sur la paix, que des sujets qui importaient également aux deux pays et concernaient la manière de consolider leur monopole nucléaire. À la suite de cette tournée, l'idée d'une conférence au sommet des quatre Grands se présente à tous les esprits.

Sans être convaincu que les choses soient encore assez mûres, je ne puis me refuser de répondre au désir universel. Je m'en explique, le 10 novembre[27], devant la presse du monde entier. « Il semble, dis-je, qu'après des années de tension internationale, se dessinent du côté soviétique quelques indices de détente. » Puis j'en donne les raisons : certitude, du côté russe, qu'un conflit aboutirait à l'anéantissement général ; moindre virulence à l'intérieur du régime communiste sous la poussée profonde du peuple qui souhaite une vie meilleure et la liberté ; tendances nationales centrifuges dans les pays satellisés que Moscou régit sans les avoir acquis ; enfin, ascension de la Chine. « Devant celle-ci, la Russie soviétique constate que rien ne peut faire qu'elle-même ne soit la Russie, nation blanche de l'Europe, conquérante d'une partie de l'Asie, en somme fort bien dotée en terres, mines, usines et richesses, en face de la multitude jaune, innombrable et misérable, indestructible et ambitieuse, bâtissant à force d'épreuves une puissance qu'on ne peut mesurer et regardant autour d'elle les étendues sur lesquelles il lui faudra se répandre un jour. » Enfin et « peut-être surtout », j'attribue le début de la nouvelle orientation du Kremlin à « la personnalité du chef actuel de la Russie soviétique, discernant, qu'à l'échelon suprême des responsabilités, le service rendu à l'Homme, à sa condition, à sa paix, est le réalisme le plus réaliste, la politique la plus politique ». J'observe alors « que de cet ensemble est sortie l'idée d'une conférence des chefs des États ayant des responsabilités mondiales ; que, sur le principe d'une telle réunion, il n'y a d'aucun côté aucune opposition ; que la France y est favorable ; mais que, justement parce qu'elle souhaite que la rencontre aboutisse à quelque chose de positif, elle croit nécessaire de ne pas se hâter ». Je précise : « S'il s'agissait simplement d'organiser entre quatre ou cinq présidents un concert d'assurances mutuelles de bonne volonté et d'effusions réciproques,... la conférence au sommet présenterait peu d'avantages. Mais, si l'on estime au contraire qu'un pareil aréopage devrait ouvrir la voie au règlement pratique des problèmes qui étreignent l'univers : course aux armements, misère des pays sous-développés, immixtion dans les affaires des autres, destin de l'Allemagne, situation dangereuse en Orient, en Afrique, en Asie, alors, avant de se réunir, des conditions doivent être remplies. » Je les énumère : « Amélioration des relations internationales à poursuivre au cours des prochains mois ; entente préalable des chefs d'État occidentaux qui auraient à participer à la future conférence Est-Ouest ; contact personnel de M. Khrouchtchev avec moi-même, avec M. Debré et avec notre gouvernement, afin que la Russie et la France s'expliquent directement l'une avec l'autre sur les problèmes du monde. » J'annonce que, d'ailleurs, « M. Khrouchtchev sera en France au mois de mars ». Je conclus : « Il semble donc que se prépare, en vertu des impondérables, autant que des désirs des dirigeants, une sorte de confrontation du monde moderne avec lui-même. Cette échéance, nous l'abordons avec foi et avec espérance, quoique non sans prudence et non sans modestie[28]. »

Le 19 décembre, je réunis à Paris autour de moi Eisenhower, Macmillan et Adenauer. Nous nous transportons ensuite à Rambouillet[29]. Cette conférence occidentale est double. Elle se déroule, tantôt à trois partenaires : le Français, l'Américain, l'Anglais ; tantôt à quatre quand l'Allemand y est introduit. En outre, dans toutes les réunions, Debré est à mes côtés. Ce qui s'y passe n'est pas de nature à dissiper mes appréhensions. En effet, les Anglo-Saxons se montrent fort indécis. Non point, bien entendu, quant à l'invitation à adresser à Khrouchtchev. Car, sur ce point, l'opinion publique étant saisie et très intéressée, il n'est pas, dans ces démocraties, question de la décevoir. Mais quel programme va-t-on proposer au Kremlin ? Quand j'indique que deux sujets s'imposent : l'Allemagne et le désarmement, et qu'un troisième : l'aide à fournir aux pays sous-développés, pourrait permettre d'amorcer avec les Russes un commencement de coopération, on ne me contredit pas. Mais les entretiens font voir que, sur chacun de ces problèmes, la position de Washington et de Londres n'est pas solidement fixée.

En ce qui concerne Berlin, Eisenhower et Macmillan penchent pour un compromis, sans d'ailleurs dessiner lequel. Le Président et le premier ministre croient que Khrouchtchev, malgré ses airs bien intentionnés, est réellement résolu à obtenir que la ville soit coupée de l'Ouest et, s'il le faut, à passer aux actes. Ils admettent que, dans ce cas extrême, il y aurait des mesures à prendre. Mais ils ne sont aucunement prêts à les définir et ne cachent pas que, le cas échéant, ils le seraient encore moins à les prescrire. Au fond, tous deux inclinent à faire tout pour éviter le pire. Macmillan, en particulier, déclare avec émotion qu'il n'envisage pas que lui-même, pour le simple motif de la destination — déjà fort hypothéquée — d'une ville germanique, puisse assumer la responsabilité de conduire son pays à une épouvantable destruction. Quant à moi, j'estime au contraire que, si l'on cède à la menace, l'équilibre psychologique sera rompu. Alors, la pente naturelle des choses entraînera les Soviétiques à exiger toujours davantage et les Occidentaux à ajouter sans cesse à leurs concessions, jusqu'au moment où, le recul devenant inacceptable pour ceux-ci et la conciliation impossible pour ceux-là, se produira la déflagration. « Vous ne voulez pas mourir pour Berlin, dis-je à mes deux amis, mais soyez sûrs que les Russes ne le veulent pas non plus. S'ils nous voient déterminés à maintenir le *statu quo*, pourquoi iraient-ils prendre l'initiative du choc et du chaos ? D'ailleurs, même si notre éventuel laisser-aller n'aboutissait pas, dans l'immédiat, à une aggravation générale de la crise, la conséquence en serait sans doute la défection de l'Allemagne, qui irait chercher à l'Est un avenir qu'elle désespérerait de se voir garantir à l'Ouest. » Tout justement, Adenauer, qui n'assiste naturellement pas à ces tergiversations, mais qui sait à quoi s'en tenir sur l'état d'esprit des dirigeants américains et britanniques, vient conférer avec moi pour m'adjurer de faire barrage à l'abandon. Invité à s'expliquer en réunion, il déclare : « Si Berlin devait être perdu, ma situation politique deviendrait aussitôt intenable. À Bonn, ce sont les socialistes qui prendraient le pouvoir. Ils iraient à un arrangement direct avec Moscou et c'en serait fini de l'Europe ! » L'angoisse, peut-être excessive mais certainement sincère, du chancelier et mes propres observations réchauffent un peu la fermeté, sans toutefois que rien de précis ne soit arrêté pour le cas où, au sommet, Khrouchtchev exigerait le règlement de l'affaire.

Pas plus nettement n'est tracée la position commune à prendre à propos du désarmement. Tandis qu'Eisenhower, appuyé par Macmillan, voudrait que la future conférence scellât l'accord russo-américain en gestation sur l'arrêt des expériences atomiques, l'interdiction à faire aux États qui n'ont pas de bombes d'en fabriquer ou d'en acquérir, bref l'affirmation définitive du privilège des deux géants, je réserve entièrement à cet égard la liberté d'action de la France. Inversement, ma proposition de mettre en avant la destruction contrôlée des véhicules de lancement est trop éloignée des intentions des États-Unis pour que leur président la fasse sienne à ce stade.

Enfin, l'idée française de créer à quatre : Washington, Londres, Paris et Moscou, pour le progrès des pays en voie de développement, une organisation commune à laquelle chacun apporterait d'office un certain pourcentage de son revenu national soulève des appréhensions du côté des Américains, qui redoutent de voir le Kremlin s'immiscer, sous ce couvert, dans leurs opérations d'assistance. Même notre projet de concentrer l'action commune sur des objectifs bien déterminés, par exemple : la mise en valeur de la vallée du Nil, l'alimentation de l'Inde, la lutte contre le cancer ou la leucémie, n'emporte pas leur adhésion. En fin de compte, on se sépare en pleine cordialité, mais sans que soit levée l'incertitude sur ce qu'on devrait dire d'une seule voix au Premier soviétique, ni même sur un ordre du jour à proposer pour la conférence. Il est simplement entendu, à la demande d'Eisenhower, que si Khrouchtchev en est d'accord celle-ci aura lieu à Paris.

Le 23 mars 1960[30], à Orly, les micros diffusent les paroles que j'adresse au chef du gouvernement soviétique, le premier qui soit reçu en France : « Vous voilà donc, monsieur le président ! » Je souligne qu'en sa personne nous accueillons le dirigeant d'un grand pays dont le peuple fut, de tout temps, l'ami du peuple français, qui a été notre allié dans les deux guerres mondiales, qui a, par sa valeur et ses sacrifices, assuré la victoire finale et qui est, aujourd'hui, indispensable à la paix. Sur le parcours jusqu'au Quai d'Orsay, le public, assez nombreux, regarde passer notre hôte avec curiosité. Cette réserve relative fait contraste avec les démonstrations bruyantes de quelques groupes de communistes disposés de place en place. Par la suite, à mesure du séjour, l'atmosphère de Paris se réchauffera notablement. D'ailleurs, Khrouchtchev fait de grands efforts pour qu'il en soit ainsi. Se donnant l'allure bon enfant, il est venu en famille avec Mme Khrouchtchev, leur fils, leurs deux filles et leur gendre. Partout, il paraît chaleureux, alerte et preste malgré son embonpoint, prodiguant les rires et les gestes de la cordialité. Après trois jours passés dans la capitale, où se déroule l'habituel programme des entretiens, réceptions et repas officiels ; des cérémonies publiques : Arc de Triomphe, Hôtel de Ville, mont Valérien ; des visites : Versailles, maison de Lénine, usine de Flins, centre atomique de Saclay, Chambre de commerce, etc., le président, accompagné successivement par Louis Joxe, Louis Jacquinot et Jean-Marcel Jeanneney, se rend à Bordeaux, Lacq, Arles, Nîmes, Marseille, Dijon, Verdun, Reims, Rouen. Car j'ai tenu à ce qu'il aille et qu'on le voie en province. Là, comme à Paris, il se montre dispos, pittoresque, principalement intéressé par les techniques et les rendements et ne manquant jamais, devant ce qu'on lui fait voir, de proclamer les réussites soviétiques. Enfin, Rambouillet l'attend, où nous passerons deux jours studieux au milieu des nôtres, lui et moi conférant à loisir, tandis que ma femme fait visiter aux dames russes les sites de l'Île-de-France.

À l'Élysée et à Rambouillet, nous trouvant longtemps ensemble, nous parlons beaucoup, mais non pas pour ne rien dire. Je mets, tout de suite, les points sur les i : « Je ne vois en vous que le chef du gouvernement actuel de la Russie. Veuillez ne voir en moi que le président de la République française. Nous ne discuterons donc que des intérêts nationaux de nos deux pays et des moyens de les accorder. — Vous avez raison, me répond-il. D'ailleurs, je ne suis pas venu pour autre chose et je sais à qui j'ai affaire. » Les sujets de nos entretiens et de nos réunions que nous tiendrons avec nos ministres : Kossyguine et Gromyko d'une part, Debré et Couve de Murville d'autre part, et avec les ambassadeurs Vinogradov et Dejean, n'ont rien qui n'ait été prévu et, s'ils révèlent maintes divergences, ne provoqueront pas de choc. Au reste, Khrouchtchev, qui cause très volontiers, est dans la conversation détendu et désinvolte, surtout quand — n'étaient les interprètes — nous nous trouvons seul à seul. Pour grandes que soient les différences d'origine, de formation, de conviction, il s'établira entre nous un réel contact d'homme à homme[31].

Sur le compte de l'Allemagne, mon interlocuteur étale

une méfiance passionnée. Cela tient, certes, au souvenir toujours brûlant des invasions germaniques au cours des deux guerres mondiales, des malheurs où faillit s'abîmer la Russie, des dangers mortels qu'y a courus le régime des Soviets et des affreuses épreuves infligées à la population. Mais il y a là, aussi, une attitude politique bien calculée. Pour justifier le maintien de la situation imposée par Moscou au centre et à l'est de l'Europe grâce au consentement accordé à Yalta par les Anglo-Saxons, le postulat du « revanchisme » allemand est, en effet, nécessaire. Quand je fais observer à Khrouchtchev qu'il n'y a plus aucun rapport entre la puissance relative du Reich d'Hitler et celle de la République fédérale et que la capacité militaire, économique, politique, de la Russie d'aujourd'hui n'a rien de comparable à ce qu'elle était autrefois, il en convient évidemment, mais affirme que la menace demeure parce que le gouvernement de Bonn entretient l'antisoviétisme parmi les Occidentaux et qu'ainsi l'incendie risque de s'allumer à tout moment. C'est pourquoi la division de l'Allemagne en deux États est indispensable. « Après tout, me déclare Khrouchtchev, cette division est aussi dans l'intérêt de la France, qui a payé cher l'unité germanique. Pourquoi donc ne reconnaissez-vous pas la république de Pankow[32] ? »

Je relève qu'en effet mon pays, qui a terriblement souffert des agressions de l'Allemagne, est par excellence habilité à décider des précautions à prendre à son égard. Je rappelle à Khrouchtchev — qui m'avait été présenté à Moscou en 1944[33] — quelle solution j'avais alors proposée à Staline et qui consistait, sans briser le peuple allemand, à le ramener à la structure politique qui lui était naturelle et dans laquelle il avait vécu jusqu'à ce que la Prusse fît l'Empire à la faveur d'une défaite de la France. Chaque région, en tant qu'État, eût recouvré son ancienne autonomie. Toutes, à égalité, auraient organisé leur Confédération, à l'exclusion d'un Reich centralisé. Quant au contrôle international, au lieu qu'il fût réparti en zones séparées, il eût été établi en commun par les vainqueurs et se serait exercé notamment sur le bassin de la Ruhr. Cela aurait permis de prélever à leur source les réparations dont l'Allemagne était redevable et de l'empêcher de se fabriquer des armements dangereux. Un tel programme, si la Russie et la France l'avaient fait leur, aurait été la base du règlement. Mais Staline ne l'a pas voulu. Il a préféré se servir lui-même, directement et largement, en arrachant au corps allemand la Prusse et la Saxe pour y installer de force un régime à sa dévotion et en laissant le reste à la discrétion de l'Ouest. Dès lors, comment éviter que la République fédérale, ulcérée et redoutant d'être un jour annexée à son tour, se constitue en un État unitaire, fasse de la réunification le but de sa politique et entretienne à l'Occident la malveillance vis-à-vis des Soviets ? Quant à la France, qui a certes les meilleures raisons d'empêcher que son principal voisin ne redevienne belliqueux, mais aussi celles de coopérer continuellement avec lui, elle prend acte de ce qui est et elle fait en sorte que Bonn, encadré par un ensemble européen raisonnable, se lie à elle autant qu'il est possible.

« Je comprends votre position », me dit Khrouchtchev. « Mais soyez assuré que la république de l'Est continuera d'exister et ne sera jamais absorbée par celle de l'Ouest. Ne serait-il pas, de votre part, réaliste de vous mettre en relation avec la première aussi bien qu'avec la seconde ? D'autant mieux, qu'au fond, vous n'êtes certainement pas pressé de voir l'Allemagne rassemblée. » Revenant sur toutes les notes que Moscou a déjà adressées sur le sujet à Washington, à Londres et à Paris, il me déclare qu'il est temps de régler la question allemande en concluant formellement la paix avec les deux républiques. Au cas où sa proposition ne serait pas agréée, Moscou signerait séparément un traité avec Pankow. Alors, la souveraineté de Pankow devenant entière aux yeux du gouvernement soviétique, celui-ci transmettrait à la république de l'Est le contrôle de sa frontière, ce qui entraînerait le changement complet du régime des communications entre la République fédérale et Berlin et soumettrait aux visas du gouvernement présidé par Walter Ulbricht les mouvements intéressant les troupes françaises, américaines et britanniques stationnées dans l'ancienne capitale. Au cas où ces conditions donneraient lieu, du côté des Occidentaux, à des actes de force contre la république de l'Est, son alliance avec l'Union soviétique jouerait automatiquement. Le mieux à faire, pour éviter de graves complications, serait d'ériger Berlin-Ouest en une ville libre qu'évacueraient les forces des trois puissances de l'Ouest et qui réglerait elle-même avec Pankow les modalités de son existence. Moscou, pour sa part, est prêt à lui reconnaître ce caractère de ville libre. Mais les Occidentaux doivent se décider promptement, faute de quoi l'Union soviétique, ne pouvant attendre davantage, agira unilatéralement.

M'enveloppant de glace[34], je fais comprendre à Khrouchtchev que la menace qu'il agite ne m'impressionne pas beaucoup. « Personne, lui dis-je, ne saurait vous empêcher de signer ce que vous appelez un traité avec Pankow et qui ne sera rien d'autre qu'un papier rédigé entre communistes et que vous vous adresserez à vous-même. Mais, quand vous l'aurez fait, le problème allemand restera posé tout entier. D'ailleurs, les difficultés que votre initiative entraînerait pour les contingents français, américains et britanniques qui occupent Berlin, tout le monde saurait que c'est de vous qu'elles viendraient. Or, les trois puissances ne laisseront pas bafouer leurs troupes. Si cela mène à la guerre, ce sera bien par votre faute. Mais vous parlez à tous les échos de coexistence pacifique, vous blâmez chez vous rétrospectivement Staline, vous étiez, il y a trois mois, l'hôte d'Eisenhower, vous êtes, aujourd'hui, le mien. Si vous ne voulez pas la guerre, n'en prenez pas le chemin ! La question n'est pas de susciter des risques de se battre mais d'organiser la paix. À cet égard, je suis d'accord avec vous pour penser qu'il ne faut pas que l'Allemagne se retrouve en état de nuire, que ses actuelles frontières ne sauraient être remises en cause et qu'elle ne doit disposer d'aucun armement atomique. Mais reconnaissez avec moi que rien, non plus, ne serait acquis au point de vue de la paix, tant que ce grand peuple subirait une situation nationale insupportable. La solution, nous devons la chercher, non point en dressant face à face deux blocs monolithiques, mais au contraire en mettant en œuvre successivement la détente, l'entente et la coopération dans le cadre de notre continent. Nous créerons ainsi entre Européens, depuis l'Atlantique jusqu'à l'Oural, des rapports, des liens, une atmosphère, qui d'abord ôteront leur virulence aux problèmes allemands, y compris celui de Berlin, ensuite conduiront la République fédérale et votre république de l'Est à se rapprocher et à se conjuguer, enfin tiendront l'ensemble germanique encadré dans une Europe de paix et de progrès où il pourra faire une carrière nouvelle. »

Ces perspectives semblent intéresser Khrouchtchev. Radouci, il se dit très disposé à la détente et affirme même que son projet de traité ne vise qu'à la favoriser. En tout cas, il ne précipitera rien et est prêt, avant de conclure, à laisser passer un délai de deux ans. Quant à la coopération européenne, il veut y travailler et, pour commencer, mettre en route des échanges de toutes sortes entre la Russie et la

France. Cependant, il me met en garde contre toute illusion au sujet de l'Allemagne. « Qui vous dit, me demande-t-il, que la république de l'Est n'absorbera jamais celle de l'Ouest ? Et qui vous dit, qu'un jour, le gouvernement de Bonn ne s'accordera pas directement avec l'Union soviétique ? » Je lui réponds que, s'il arrivait que le peuple allemand changeât de camp, l'équilibre en Europe serait rompu, et c'est alors qu'on verrait accourir la guerre. « Lénine, Staline, vous-même, chefs historiques du bolchevisme russe, qu'étiez-vous ? demandé-je à Khrouchtchev, sinon les disciples du Prussien-Rhénan Karl Marx ? À quelles extrémités d'impérialisme et de tyrannie la Russie totalitaire pourrait-elle être entraînée, le jour où elle ferait corps avec une Allemagne tout entière communisée et possédée par ses instincts de conquête et de domination ? »

Khrouchtchev s'applique à me démontrer que, partout, l'action de son gouvernement est résolument pacifique. Il en donne pour preuves les bonnes relations qu'il a rétablies avec l'Inde, la Turquie, l'Iran, après la tension de l'époque stalinienne. S'il fournit un concours important à certains États, qui pourtant ne sont pas communistes, tels, en Orient : l'Égypte ; en Afrique : le Ghana, la Guinée, la Somalie ; en Asie : l'Afghanistan, le Pakistan, l'Indonésie, ce n'est pas par tentation d'impérialisme ou d'idéologie, mais parce qu'il n'y a pas de raison pour les laisser à la discrétion des États-Unis, ce qui est, suivant lui, le cas pour l'Amérique latine et, en ce moment même, pour le Congo-Léopoldville. Sur ma remarque que le gouvernement de Paris consacre au tiers monde une part de son revenu national qui est relativement la plus forte parmi tous les pays de l'univers, qu'il n'admet pas que d'autres y contrarient son œuvre et qu'il condamne, en particulier, les rapports que Moscou entretient avec le comité de Ferhat Abbas, le Premier soviétique proteste de son respect pour l'action et l'influence mondiales de la France, affirme qu'il n'a, avec l'organisation algérienne, que « des relations de circonstance », qu'enfin, depuis ma déclaration de septembre sur l'autodétermination, il est convaincu que la France résoudra le problème[35].

Aux questions que je lui pose sur la Chine et sur Mao-Tsé-Toung, il répond avec un optimisme évidemment simulé : « Tout va très bien entre Moscou et Pékin. Certes, beaucoup de gens croient que l'immense population chinoise, n'ayant chez elle ni assez de place ni assez de ressources, en cherchera tôt ou tard chez ses voisins et qu'il y aura conflit avec la Russie soviétique, dont les terres immenses de Sibérie et d'Asie centrale sont limitrophes de ce pays sur six mille kilomètres. Mais ceux qui font ces prédictions ne tiennent pas compte des possibilités offertes par le progrès moderne. En réalité, la Chine contient de vastes régions désertiques et d'autres mal exploitées qu'il n'est que d'irriguer, d'amender et de peupler pour les rendre fertiles. D'ailleurs, l'industrialisation y est à peine commencée ; il suffit qu'elle se développe pour procurer de quoi vivre à des centaines de millions d'hommes. C'est dans ces vues que nous, Russes, aidons la Chine de tous nos moyens. Là aussi, nous travaillons pour la paix. »

« Peut-être le voulez-vous, dis-je. Les Américains déclarent le vouloir, eux aussi. Cependant, votre pays et le leur se sont dotés d'une colossale puissance de destruction, qu'au surplus ils ne cessent pas d'accroître. Tant que cette double menace de mort subite sera suspendue sur le monde, comment y faire régner l'esprit de la paix ? » Avec véhémence, Khrouchtchev m'expose la thèse que son gouvernement présente inlassablement à la conférence de Genève[36] et qu'il m'a lui-même développée à travers un fleuve de dialectique dans les nombreuses lettres et notes qu'il m'a adressées depuis mon retour aux affaires. En bref, il propose que soient détruites toutes les armes atomiques, mais il s'oppose au contrôle, ce qui, bien évidemment, rendrait vaine l'interdiction. Mon opinion est que, sans manquer de condamner à grands cris les moyens de la terreur, il n'a garde de s'en dépouiller. Au demeurant c'est là également la raison de l'attitude des Américains. J'indique que, du côté français, on ne s'y trompe pas. Cependant, pour le cas où il y aurait quelque sincérité dans ce qu'affectent les deux rivaux quant à leur intention de renoncer à ces instruments monstrueux de leur puissance, la France a pris une position que je rappelle au Premier soviétique. Tout en tenant pour nécessaire d'interdire sans aucune réserve la fabrication et la détention des projectiles nucléaires et d'organiser, à cet effet, un rigoureux contrôle international, nous soutenons, qu'à défaut de cette solution totale, tout au moins devraient être détruits — il serait possible de le constater sur place — les véhicules, quels qu'ils soient, qui peuvent porter et lancer les bombes[37].

Bien que notre proposition soit connue de lui depuis longtemps et que nous en ayons tous deux maintes fois traité par correspondance, Khrouchtchev paraît soudain la découvrir. Rentré à Moscou, il déclarera même publiquement que : « Les conceptions du général de Gaulle sur le désarmement répondent à celles de l'Union soviétique. » Mais les choses n'iront pas plus loin ; les Russes et les Américains étant pareillement résolus à conserver l'écrasant argument de suprématie que leur assurent leurs engins et leurs explosifs et à s'accorder pour que les autres n'en aient pas.

À Khrouchtchev, comme récemment à Eisenhower, je donne à entendre que la France, qui veut être indépendante, n'entrera pas dans leur combinaison et se dotera elle aussi, dans la mesure de ses moyens, d'un armement nucléaire complet. Il se trouve tout justement que nous procédons, le 1ᵉʳ avril au Sahara, à notre deuxième expérience atomique. Le compte rendu de son succès me parvient à Rambouillet ce matin-là. Je l'annonce à Nikita Khrouchtchev, en ajoutant que je tiens à ce qu'il ne l'apprenne pas par les agences. Il me répond avec bonne grâce et une remarquable note humaine : « Merci de votre attention ! Je comprends votre joie. De notre côté, nous avons naguère éprouvé la même. » Puis, après un instant : « Mais, vous savez, c'est très cher ! »

Depuis le début de leur séjour en France, les dirigeants russes ont abondamment discuté avec les nôtres de la coopération pratique des deux pays. Le sujet vient en discussion dans une réunion plénière où Debré et Couve de Murville, Kossyguine et Gromyko font connaître les résultats de leurs négociations. Un important accord culturel et technique est conclu aussitôt. Mais, en matière économique, tout est à faire. En somme, la Russie, qui a de vastes besoins d'équipements industriels, s'offre à nous en acheter sur une grande échelle pourvu que nous lui passions des commandes d'une valeur équivalente. Or, ce sont des matières premières : minerais, charbon, pétrole, etc., qu'elle peut nous fournir surtout et pour lesquelles nos courants d'échanges fonctionnent actuellement dans d'autres directions. Nos interlocuteurs russes font, en outre, grand état des possibilités soviétiques quant aux ventes de produits finis, notamment de machines-outils, que jusqu'à présent nous trouvons ailleurs. De toute façon, il existe, pour les rapports commerciaux, de très notables perspectives d'accroissement. Mais cela implique que l'on surmonte beaucoup d'habitudes et de préjugés et que l'on organise en conséquence informations, études et contacts. C'est ce qui est décidé et le fait est, qu'à partir de là, les choses progresseront à un rythme qui ira en s'accélérant.

Avec beaucoup de chaleur, Alexis Kossyguine plaide pour qu'il en soit ainsi. Cet ingénieur, ministre du Plan, en impose par son intelligence, la connaissance approfondie qu'il a des ressources et des besoins de son pays, enfin la passion qui l'anime quand il vient à parler de la Sibérie qui est, à ses yeux, pour les Russes quelque chose comme ce que fut le Far West pour les Américains. Khrouchtchev l'appuie dans ses exposés, mais, quand la conversation a cessé d'être officielle, ne lui ménage pas les railleries et les brocards. « Il travaille trop ! » déclare le président. Au cours d'une promenade dans le parc, nous embarquons sur un canot amarré au bord d'une pièce d'eau. Khrouchtchev s'écrie : « Kossyguine ! À toi de ramer, comme toujours ! » L'interpellé saisit les avirons. En plaisantant, je demande au Premier soviétique : « Au fait, vous-même, quand travaillez-vous ? On publie constamment que vous êtes en voyage en Russie ou à l'étranger. On annonce sans cesse que vous accordez à toutes sortes de gens des entretiens prolongés. Quel temps vous reste-t-il pour les dossiers ? » Et Khrouchtchev : « Mais je ne travaille pas ! Un décret de notre comité central prescrit qu'après soixante-cinq ans — j'en ai soixante-six — on n'exerce ses fonctions que six heures par jour et quatre jours par semaine. C'est tout juste assez pour mes voyages et mes audiences. — Comment, alors, se règlent les affaires ? — Elles n'ont pas besoin de moi. Le Plan les a réglées d'avance ! » Khrouchtchev ajoute, montrant Kossyguine qui pousse le bateau : « Le Plan ! C'est lui ! » Cela n'est-il dit que pour rire ? Ou bien est-ce que n'y transparaît pas quelque obscure rivalité d'hommes et d'attributions ?

Au terme de nos entretiens, le Premier soviétique me promet sa présence enthousiaste à la conférence des quatre et s'en remet à moi quant à la date, au lieu et au programme. Il me promet qu'à Moscou, où à son invitation j'ai, en principe, accepté de me rendre, je trouverai un magnifique accueil. Nous échangeons les cadeaux d'usage. Parmi les siens figure la miniature du fameux Spoutnik. Le dernier soir, pour faire compensation aux attitudes débonnaires qu'il a prises pendant son voyage, il prononce à la radio un discours de rigoureux doctrinaire communiste. Il repart le 3 avril, cordial et guilleret, me laissant, je dois le dire, impressionné par la force et le ressort de sa personnalité, disposé à croire, qu'en dépit de tout, la paix mondiale a des chances, l'Europe de l'avenir, et pensant que quelque chose d'important s'est produit, en profondeur, dans les relations séculaires de la Russie et de la France.

À mon tour d'aller voir les autres ! Le 5 avril 1960, la Grande-Bretagne me reçoit. Elle le fait avec grandeur. Tout y a été préparé de telle façon que la visite du général de Gaulle sorte de l'ordinaire. Évidemment[d], le Royaume-Uni tient à montrer avec éclat qu'il n'oublie pas que la France Libre resta fidèle à l'alliance, qu'il apprécie l'espèce de performance historique que fut, à l'actif de la France initialement taillée en pièces, la participation à toute la guerre et à la victoire, qu'il considère avec estime le redressement national accompli par nous depuis deux ans. En même temps, du côté des visiteurs français, en particulier du mien, il ne sera pas fait un geste, ni prononcé un mot, qui ne témoignent du respect que nous avons pour le peuple britannique, de l'admiration que nous inspire la façon dont il s'est conduit dans un drame où, soudain, tout ne dépendait plus que de lui, de la confiance que nous portons, pour l'avenir, à sa valeur et à son amitié. Cet accord des sentiments fait que l'accueil prendra une signification très élevée et sans précédent.

La reine Elizabeth donne le ton. C'est ainsi, qu'à notre arrivée, où elle est venue avec le prince Philip à la gare de Victoria me recevoir ainsi que ma femme et ceux qui nous accompagnent et où nous traversons Londres, elle et moi, dans son carrosse découvert, la souveraine ne cesse d'encourager de la manière la plus ostensible, par des signes et des sourires, l'enthousiasme de la foule massée le long du parcours. C'est ainsi que, pour donner un cachet exceptionnel à la solennité du dîner et de la réception de Buckingham, elle fait, pour la première fois, tirer autour du palais un brillant feu d'artifice et, au milieu des illuminations, se tient longuement au balcon à mes côtés devant l'énorme foule qui nous acclame sur la place. C'est ainsi que, par son ordre, à la soirée d'opéra de Covent Garden, la salle a été, du haut en bas, tapissée d'œillets du printemps. C'est ainsi qu'au dîner que j'offre à l'ambassade de France, la famille royale tout entière est présente autour de la reine. C'est ainsi qu'à son invitation, j'ai l'honneur inusité de passer en revue sa garde. Ayant près de moi le duc d'Édimbourg, en présence des états-majors de l'armée, de la marine et de l'aviation britanniques, je reçois le salut, parcours les rangs et assiste au défilé de ce corps, dont la tenue, l'allure et l'ordonnance proclament le loyalisme, la discipline et la tradition.

Dans les entretiens, officiels ou privés, que j'ai avec la souveraine à Buckingham où elle nous a, ma femme et moi, installés, il m'est donné de constater qu'elle est informée de tout, que les jugements qu'elle porte sur les gens et sur les événements sont aussi nets que réfléchis, qu'aucune personne n'est, plus qu'elle-même, pénétrée des soucis que comporte notre époque bouleversée. Comme elle me demande ce que je pense de son propre rôle face à tant d'incertitudes, je lui réponds : « À la place où Dieu vous a mise, soyez qui vous êtes, Madame ! Je veux dire quelqu'un par rapport à qui, en vertu de la légitimité, tout s'ordonne dans votre royaume, en qui votre peuple voit la patrie et qui, par sa présence et par sa dignité, l'aide à l'unité nationale. »

De l'équilibre et de la stabilité, qui sont les apanages politiques de la Grande-Bretagne, j'ai sous les yeux la preuve vivante quand je suis reçu par le Parlement. Dans le grand hall de Westminster sont réunis les lords, les députés aux Communes, les ministres, les principaux dignitaires, les plus hauts fonctionnaires, les représentants de l'économie, des syndicats, des universités, de la presse, etc., bref, tous ceux qui, en tous domaines, ont à conduire le pays. Après les discours de bienvenue du lord-chancelier et du *speaker* de la Chambre des communes, je m'adresse à cette assemblée des plus éminents Britanniques. C'est, d'abord, pour rendre hommage à l'Angleterre qui, naguère, « héroïque et solitaire, assuma la liberté du monde ». Et de rappeler mon dernier passage sur la terre de Grande-Bretagne : « Quand, à partir de vos rivages, les armées de l'Occident reprenaient pied sur le sol de la France afin de libérer l'Europe, cet événement marquait l'éclatante réussite guerrière de votre royaume et du Commonwealth, glorifiait les efforts et les sacrifices que votre peuple avait prodigués dans les combats sur terre, sur mer et dans les airs, comme aux usines, aux mines, aux champs et aux bureaux, récompensait toutes les angoisses et toutes les larmes qu'il avait secrètement refoulées, décernait à Winston Churchill la gloire immortelle d'avoir été, dans la plus grande épreuve que l'Angleterre ait connue, son chef, son inspirateur et celui de beaucoup d'autres. » J'observe que : « Ce rôle exceptionnel au milieu de la tempête, vous le devez, non seulement à vos profondes qualités nationales, mais aussi à la valeur de vos institutions. » Suit l'éloge du régime politique britannique, que : « sûrs de vous-mêmes, sans presque en avoir l'air, vous pratiquez dans la liberté ». « Si fortes, dis-je, sont chez vous la tradition, la loyauté, la règle du jeu, que votre gouvernement est tout naturellement doté de cohésion et de durée ; que votre parlement a, au long de chaque législature, une majorité assurée ;... que vos pouvoirs, exécutif et législatif, s'équilibrent et collaborent en quelque sorte par définition... La preuve en est que quatre hommes d'État seulement, mes amis : Sir Winston Churchill, Lord Attlee, Sir Anthony Eden et M. Harold Macmillan — lesquels sont, d'ailleurs, présents et côte à côte[38] — ont conduit vos affaires pendant vingt extraordinaires années. » Je déclare alors que : « Cette Angleterre-là inspire confiance à la France », et que : « Anglais et Français, assurés de ce qu'ils valent, mais à l'abri du vertige qui, parfois, entraîne les colosses et qu'eux-mêmes ont naguère éprouvé, sont faits pour agir ensemble afin d'aider à construire la paix. » Cette paix, j'en indique les conditions fondamentales : réaliser le désarmement nucléaire, empêcher que s'élargissent les séparations et que s'enveniment les blessures, « y compris celles qu'a subies le peuple allemand », établir l'entente et la coopération entre les deux parties de l'Europe, organiser l'aide que les peuples qui ne manquent de rien doivent fournir à ceux qui manquent de tout. Enfin, ayant évoqué la réunion prochaine de la conférence au sommet, « qui aura tenu pour beaucoup à l'action du premier ministre M. Harold Macmillan » et où les Quatre vont se rendre « dans l'état d'esprit de voyageurs qui entreprennent une navigation prolongée et difficile », j'affirme que la France, en cette occasion, est aux côtés de l'Angleterre et je demande, pour conclure : « Quels peuples savent, mieux que la France et la Grande-Bretagne, que rien ne sauvera le monde, sinon ce dont elles sont par excellence capables : la sagesse et la fermeté ? »

J'ai parlé en français et, d'après mon habitude, sans recourir à des notes. Beaucoup de mes auditeurs m'ont directement compris. Les autres ont suivi mon discours sur une traduction distribuée à l'avance. Il arrive qu'un détail calculé puisse compter dans une grave affaire. En tout cas, et bien que je n'aie pas dit un mot de la « Communauté européenne », mes propos sont accueillis par une grandiose approbation qui apparaît comme le signe du désir des Britanniques de s'accorder avec la France telle que, ce jour-là, elle s'est fait entendre et voir.

On ne saurait, non plus, interpréter autrement le concours et les vivats du peuple de Londres partout où je me rends, comme prévu, accompagné de Maurice Couve de Murville et de notre très bon ambassadeur Jean Chauvel : mausolée du Soldat inconnu, que les Anglais, suivant l'esprit nordique, ont creusé dans une abbaye[39] et non pas, à la manière latine, exposé sur une place publique ; hôpital Royal de Chelsea où, après que j'y eus passé en revue les invalides et les vétérans, nous reçoit le gouvernement ; Guild Hall, qui sert de cadre traditionnel au banquet offert par le lord-maire Sir Edmund Stockdale, à des contacts avec les dirigeants de l'économie britannique et au défilé des cortèges folkloriques de la Cité ; Société franco-britannique, que me présente éloquemment son président Lord Harvey ; Institut et lycée français, que je trouve en plein essor ; Carlton Gardens, qui fut le siège de la France Libre et où je viens en pèlerinage au milieu d'une multitude débordant d'émotion ; Clarence House, où nous allons rendre visite à la reine mère Elizabeth. C'est le même sentiment que m'exprime Harold Macmillan au cours de nos entretiens, ainsi que tous les ministres, les nombreux parlementaires et les multiples personnalités que je rencontre à mesure. Churchill[e] — lumière qui s'éteint — assiste cependant aux réceptions et cérémonies. Comme je vais le voir dans sa demeure, il me répète : « Vive la France ! », les derniers mots que j'entendrai de lui[40].

Quelques jours après, c'est par le Canada que commence mon voyage en Amérique. Nous sommes à Ottawa le 19 avril[41]. À deux reprises déjà, je m'étais rendu en visite officielle dans ce pays. Voici quatre siècles, la France l'avait mis au monde. Après deux cents ans d'admirables efforts, elle s'en était éloignée pour cause d'épreuves européennes. Mais, de nos jours, par un véritable miracle de fécondité et de fidélité, la substance française y demeure très vivante sous la forme d'une population de cinq millions d'habitants agglomérés dans le Québec sur les rives du Saint-Laurent et de deux millions d'autres répartis dans le reste du territoire. Lors de mes précédents passages, en 1944 et en 1945, l'appareil de la guerre couvrant tout, je n'avais pu qu'entrevoir les réalités profondes qui font de la Fédération canadienne un État perpétuellement mal à son aise, ambigu et artificiel.

Cette fois, je vais le discerner nettement, quoique ce ne doive être encore que sous une lumière tamisée[42].

Mon ami, le général Vanier, nous reçoit en sa qualité de gouverneur général. Sa personne est, au plus haut degré, respectable et respectée. Il exerce sa fonction avec la plus grande dignité et le plus complet loyalisme. Il déploie des trésors de bonne grâce pour que tout nous semble normal et bien en place. Mais, quoi qu'il puisse faire, les contradictions inhérentes à la Fédération ne manquent pas d'apparaître. Lui-même, d'ailleurs, n'y échappe pas. Il fait fonction de chef de l'État, alors qu'il est nommé par la reine d'Angleterre et que, pourtant, le territoire se veut exempt de toute dépendance. Il est, ainsi que sa femme, entièrement français de souche, d'esprit, de goût, bien que sa race ne se soit maintenue qu'en luttant sans relâche contre toutes les formes d'oppression ou de séduction déployées par les conquérants pour la réduire et la dissoudre. Il préside au destin d'un pays presque sans bornes mais à peine peuplé, plein de ressources mais sans capitaux, apparemment garanti dans sa sécurité par son immense étendue, mais situé tout au long de l'océan Boréal face à la côte sibérienne et russe allongée sur l'autre rive, tandis que les États-Unis, limitrophes de son territoire sur cinq mille kilomètres, débordent d'hommes, d'argent et de puissance. Le Canada, sous la chaleur de son accueil et à travers le spectacle du grand effort de son économie, ne peut me dissimuler les hypothèques de sa structure et de sa situation.

C'est le cas pour la capitale fédérale. Dans les cérémonies organisées en mon honneur, dans les réceptions qui ont lieu au gouvernement général, au Parlement, à l'ambassade de France où notre ambassadeur Francis Lacoste me présente les personnalités, dans la séance du Conseil des ministres à laquelle le Premier John Diefenbaker m'a prié de prendre part, ainsi que Couve de Murville, il y a toujours, présent et pesant, le fait que le Canada est séparé en deux communautés ethniques radicalement différentes. Sans doute s'accommode-t-on plus ou moins bien les uns des autres, en raison des nécessités de l'existence sur le même espace géographique, des souvenirs des deux guerres mondiales où l'on avait vaillamment combattu ensemble et, d'ailleurs, en France seulement, des avances et prévenances avec lesquelles, du côté canadien anglais, on traite les personnalités politiques et intellectuelles qui, de l'autre côté, se prêtent au jeu de la Fédération, enfin des intérêts et des calculs qui, chez les Français, portent une partie de la classe supérieure à pratiquer le système. Mais il est clair qu'il y a là compromis entre des résignations, non point du tout unité nationale.

John Diefenbaker m'entretient de ses soucis et de ses projets. Dans la dualité des deux peuples qui cohabitent sous son gouvernement, il affecte de voir surtout une question de langue que le bilinguisme devrait résoudre peu à peu. Lui-même s'efforce de donner l'exemple en s'exprimant par moments et à grand-peine en français. Pour contenir la pénétration économique, technique et financière des États-Unis, il voudrait que l'Europe et, notamment, la France concourent le plus possible au développement du Canada et se dit prêt à conclure à cette fin des accords avec Paris et, même, à laisser la province du Québec le faire elle-même pour ce qui la concerne. Enfin, la sécurité de son pays, qui au surplus couvre au nord sur d'immenses espaces le continent américain et doit subir en conséquence la mainmise militaire de Washington, préoccupe fort le premier ministre. Aussi est-ce sur le désarmement nucléaire qu'il fait porter l'essentiel de son action extérieure. Car, éventuellement, le ciel canadien serait le plus court chemin des projectiles stratégiques entre l'Union soviétique et le Nouveau Monde par-dessus la région polaire et, d'autre part, en supprimant la menace, on pourrait se dégager de l'emprise des Yankees.

J'indique au premier ministre que la France attache maintenant au Canada une importance considérable, par comparaison avec l'indifférence relative qu'elle lui a si souvent montrée. D'abord, son propre renouveau ramène son attention et ses sentiments vers le rameau d'elle-même qui s'y est maintenu et développé. Le sort du Québec et ses populations françaises implantées dans d'autres provinces la touche, désormais, de très près. En outre, tout en étant l'amie et l'alliée des États-Unis, elle ne se soumet pas à leur hégémonie, qui risque d'entraîner pour le monde et pour eux de graves inconvénients. C'est pourquoi, pendant qu'elle-même s'en affranchit en Europe, elle trouverait bon qu'existent en Amérique des éléments qui fassent contrepoids. Elle est donc opposée à toute perspective d'absorption du Canada et envisage volontiers d'y accroître ses investissements industriels, techniques et culturels. Nous en concluons qu'il y a lieu de mettre en chantier des accords à ce sujet et j'invite le premier ministre à venir en discuter à Paris[43]. Enfin, pour ce qui est des armements nucléaires, je rappelle à Diefenbaker en quoi consiste la conception de la France. « Si, comme nous le proposons, lui dis-je, étaient interdits, pour commencer, rampes, fusées, bombardiers, sous-marins, porteurs et lanceurs de bombes, la sécurité et, du coup, l'indépendance du Canada y trouveraient certainement leur compte. En dépit du conformisme atlantique qui vous lie à d'autres projets, je souhaite pour vous que vous souteniez le nôtre. » Pour conclure, je déclare au premier ministre, dont les intentions sont certainement très estimables, que la France serait disposée à se rapprocher beaucoup de son pays. Mais, pour qu'elle le fasse de grand cœur et, d'ailleurs, pour que l'ensemble canadien ait le ressort et le poids voulus, il faudrait qu'il veuille et sache résoudre le problème posé par ses deux peuples, dont l'un est un peuple français qui doit, comme tout autre, pouvoir disposer de lui-même.

Telle est bien l'évidence qui paraît à Québec à travers fictions et précautions. Étant, là aussi, reçu par le gouvernement fédéral, mon passage est organisé en vue de contacts avec les notabilités, de cérémonies militaires et de visites aux hauts lieux historiques, sans qu'il y ait place pour aucune manifestation populaire. Pourtant, une sorte de bouillonnement de la foule des gens qui se trouvent là, les cris ardents de : « Vive la France ! », « Vive de Gaulle ! » qui sont les seuls qui soient poussés, le fait qu'apparaisse partout une profusion d'emblèmes à fleurs de lis du Québec à côté de très rares drapeaux de la Fédération, me révèlent que depuis mes précédents voyages un courant nouveau s'est déclenché. Au reste, le gouverneur du Québec Onésime Gagnon et le premier ministre Antoine Barrette, tous deux grands érudits de l'histoire de Champlain et des suprêmes batailles de Montcalm et de Lévis, n'en sont nullement contrariés. Lors du dîner officiel, les verres se lèvent : « À la France ! » Je dis : « Chacun de vous, j'en suis sûr, pense : " Le pays d'où je viens ! " » Passe alors dans l'assistance un frémissement qui ne trompe pas.

Montréal fait la même impression que Québec, accentuée toutefois par le caractère massif et populeux de l'agglomération, par l'angoisse diffuse que répand l'emprise grandissante des Anglo-Saxons possesseurs et directeurs des usines, des banques, des magasins, des bureaux, par la subordination économique, sociale, linguistique, qui en résulte pour les Français, par l'action de l'administration fédérale qui anglicise d'office les immigrants. Le maire Fournier, me faisant traverser la grande cité, me montre force constructions et entreprises sortant de terre sous l'empire des capitaux américains et se désole de ne voir venir de la patrie d'origine que bien peu d'investissements vers « la deuxième ville française du monde ». Jamais je n'ai vérifié plus nettement que ce jour-là à quel point l'expansion au-dehors est nécessaire à la situation mondiale de la France et ce que lui coûtent, à cet égard, ses longues routines commerciales.

Le voyage au Canada se termine à Toronto. Dans ce chef-lieu de l'Ontario, je vois comme la réplique anglaise de Montréal français. L'industrie y est très active, le bâtiment en plein essor, l'université florissante. Mais on y sent l'inquiétude de devenir, par-dessus le grand lac[44], une succursale des États-Unis. Le gouverneur Keiller Mackay, glorieux mutilé de Vimy, et le premier ministre Leslie Frost trouvent dans cette osmose avec le colossal voisin des facilités matérielles quant au progrès de la province. Mais ils en éprouvent aussi beaucoup de mélancolie. En quittant ce pays, je me demande si ce n'est pas grâce à l'institution d'un État de souche française, à côté d'un autre de souche britannique, coopérant entre eux dans tous les domaines librement et de préférence, associant leurs deux indépendances afin de les sauvegarder, qu'un jour le Canada effacera l'injustice historique qui le marque, s'organisera conformément à ses propres réalités et pourra rester canadien[f].

À Washington, le 22 avril, nous sommes jetés dans le grand tumulte de l'enthousiasme américain. Depuis l'aérodrome jusqu'à Blair House, aux côtés du président Eisenhower, je roule sous un déchaînement d'acclamations, de sirènes et d'orchestres, au milieu d'une forêt de banderoles et de drapeaux. Le même accueil sera fait aux hôtes français d'un bout à l'autre de leur voyage, exprimant de la manière la plus démonstrative possible une extraordinaire sympathie populaire. Il y a là un fait sentimental d'une telle évidence et d'une telle dimension qu'il s'impose comme un élément politique majeur[45]. J'en avais été frappé déjà lors de mes précédents passages aux États-Unis. Mais c'était pendant la guerre et, dans l'accueil reçu, je devais faire la part des circonstances héroïques du moment. Cette fois, il faut reconnaître que la chose est fondamentale et d'autant plus impressionnante pour moi qu'elle contraste avec ce que, d'ordinaire, me font lire et entendre sur le compte de la France et sur le mien la plupart des feuilles et des émissions américaines. En tout cas, dans la capitale fédérale, l'atmosphère chaleureuse qui règne lors de notre entrée en ville et des cérémonies publiques du cimetière d'Arlington et du monument de La Fayette enveloppe nos actes officiels.

Ce sont, d'abord, pendant deux jours, des entretiens à la Maison-Blanche[46]. Y participent, par intervalles, le secrétaire d'État Herter et l'ambassadeur Houghton, ainsi que Couve de Murville et Alphand. Le 23, au National Press Club, vaste conférence de presse où la plupart des questions qu'on me pose visent le projet de réunion des quatre. Le dimanche 24, Mme Eisenhower emmène les dames naviguer sur le Potomac et le Président me transporte dans sa ferme de Gettysburg. Nous y devisons en toute intimité. En vieux soldats, nous visitons le champ de bataille qui vit, presque cent ans plus tôt, la victoire décisive des nordistes. Nous rentrons à Washington par Camp David, groupe de baraques au milieu des bois, qu'Eisenhower affectionne pour conférer avec ses hôtes. Il me raconte comment il a tenté d'y endoctriner Khrouchtchev. Dans toutes nos conversations, le président des États-Unis revient sans cesse sur la prochaine conférence au sommet. Il me dit : « J'y tiens beaucoup ! Mon mandat se termine avec l'année et je ne me représenterai pas. Quelle belle fin de carrière ce serait pour moi que d'aboutir, sans nuire aux principes, à un accord entre l'Est et l'Ouest ! » Je réponds à Dwight Eisenhower qu'en quittant ses fonctions il emportera l'estime générale quoi qu'il advienne de la conférence. Quant à moi, je n'attends guère de résultats positifs de la réunion des Quatre. La coexistence pacifique est trop récente et trop limitée. Le problème allemand n'est pas mûr. Mais, quelle que soit l'issue de la confrontation de Paris, je travaillerai à la détente et à la coopération bilatérales avec la Russie et tâcherai de les faire passer sur le plan européen en y mêlant progressivement, en dehors des blocs et des hégémonies, tout ce qui borde le Rhin, le Danube et la Vistule.

Le Président convient que les États-Unis ne doivent pas tout faire, qu'il appartient à l'Europe de régler elle-même, si elle le peut, les questions qui lui sont propres, qu'à cet égard la France a le droit d'initiative et que son redressement est un événement capital pour l'Ancien Continent, pour l'Occident et pour le monde entier. Toutefois, il m'invite à considérer que l'Amérique est, par nature, portée à rester chez elle et que, dans l'état présent du globe, il pourrait être désastreux que, lassée et déçue par ceux-là mêmes qui ont besoin de son concours, elle retourne à l'isolationnisme. J'avoue à Eisenhower que, tout en pensant que l'Amérique est indispensable au monde, je ne souhaite pas la voir s'ériger en juge et en gendarme universels. Quant à la perspective inverse, celle du repliement sur elle-même, je la tiens pour peu vraisemblable. Au degré de puissance où elle est parvenue, les tentations les plus fortes la sollicitent vers des interventions et, d'ailleurs, comment, en cas de drame mondial, resterait-elle détachée, alors qu'à tout instant et à partir de tout point de la terre la mort pourrait la frapper ?

Mes entretiens avec le Président sont complétés par ceux que j'ai avec Richard Nixon. À son poste assez étrange de vice-président, je trouve en lui une de ces personnalités franches et fermes sur lesquelles on sent qu'on pourrait compter pour les grandes affaires, s'il lui incombait, un jour, d'en répondre au premier rang[47].

25 avril, au Capitole ! J'y suis reçu par le Congrès. Tous les sénateurs, tous les représentants, sont là, remplis de cordialité et de curiosité. Le *speaker*, Sam Rayburn, m'adresse une excellente allocution de bienvenue. Comme à Westminster, mon discours a été d'avance traduit et distribué. Ce que j'expose, c'est la politique de la France. Ce que je montre, c'est qu'elle en a une. Et de développer ses buts : devant le danger d'une guerre qui détruirait notre espèce, instaurer la détente internationale... Créer ainsi une ambiance pacifique qui réduise peu à peu l'opposition entre les régimes et dont puissent sortir les conditions d'un règlement des problèmes posés, avant tout celui de l'Allemagne... Organiser, par coopération de l'Ouest et de l'Est, l'aide aux pays qui en ont besoin... Réaliser le désarmement et, d'abord, la destruction de tous véhicules des projectiles atomiques, faute de quoi mon pays est contraint de se doter d'un armement nucléaire... Je fais une prudente allusion à la rencontre imminente des Quatre : « Il ne suffira pas que MM. Eisenhower, Macmillan, Khrouchtchev et moi nous trouvions ensemble pour régler aussitôt des problèmes d'une telle dimension. Mais peut-être pourrons-nous décider de la route à suivre, si longues et difficiles que doivent être les étapes. » Je termine en affirmant « qu'en tout cas la France a fixé ses intentions et ses espoirs[48] ».

L'ovation du Congrès, puis, au cours de la réception qui suit la séance, les propos que me tiennent nombre d'auditeurs me montrent qu'à la satisfaction que leur cause mon discours se mêle de l'étonnement. Jusqu'alors, en effet, ils ne savaient guère de mon action que ce qu'en rapportaient, interprétaient et commentaient les voix de l'information. Or, celles-ci, dans leur ensemble, n'avaient jamais cessé d'être dénigrantes à l'égard du « machiavélisme » supposé du général de Gaulle. « Comment expliquez-vous cela ? » me demande Richard Nixon. Je lui réponds : « C'est peut-être pour cette raison que ce que je dis et tâche de faire, depuis juin 1940, est toujours aussi net et droit que possible. Comme beaucoup de professionnels de la politique et de la presse ne conçoivent pas l'action publique sans tromperies et reniements, ils ne voient que de la ruse dans ma franchise et ma sincérité. »

Ce n'est certes pas la ruse que New York acclame en ma personne dans un déferlement inouï de population, tandis que je remonte Broadway sous les torrents de papier qui tombent des toits et des fenêtres, ou que je m'adresse à la foule sur la place de l'Hôtel de Ville, ou que je suis les avenues pour me rendre aux réceptions prévues[49]. Je dois dire que le gouverneur Nelson Rockefeller et le maire Robert Wagner ont tout fait pour que rien ne gêne l'enthousiasme colossal de la colossale cité. Passant à l'autre bout des États-Unis, où m'accompagne Douglas Dillon[50], j'atteins San Francisco qui déborde, à son tour, de chaleureuse ardeur. D'ailleurs, la Californie est en proie à l'euphorie de sa croissance. Je l'entends proclamer par le gouverneur Edmund Brown, par le maire George Christopher, par les présidents des multiples associations qui me reçoivent d'heure en heure. Je le constate en parcourant la zone industrielle et en faisant le tour de la rade. Que sera-ce pour cette Amérique du Pacifique le jour où l'immense marché chinois s'ouvrira à des échanges !

Mon voyage aux États-Unis prend fin à La Nouvelle-Orléans. Là, les démonstrations exaltées de la multitude me touchent d'autant plus que surgissent partout les souvenirs de la Louisiane française. Arrivant à l'aérodrome Moisant, traversant la ville dont le centre est resté tel qu'il était « au temps royal », invité par le gouverneur Earl Long à passer les troupes en revue sur la place même où, jadis, les nôtres faisaient l'exercice, assistant au *Te Deum* dans l'ancienne cathédrale bondée de gens pleurant d'émotion, perçevant maintes clameurs en français parmi celles que pousse la foule des Blancs et des Noirs autour du monument Bienville, naviguant sur le Mississippi qui fut l'artère magnifique de la « Nouvelle France », entendant les allocutions du maire de Lesseps, de l'évêque coadjuteur et du « président des Créoles » qui tous deux s'appellent Bezou, du porte-parole des Acadiens qui porte le nom d'Arescaux, je me sens saisi par la grandeur du passé, mais aussi convaincu que son legs peut être, dans l'avenir, utile à notre rayonnement. Si ce que nous avons semé là-bas est demeuré une plante vivace, cultivons-la par-dessus l'océan ! Je regagne notre capitale par la Guyane, la Martinique et la Guadeloupe. L'explosion des sentiments de ces trois départements à l'occasion de ma présence montre, une fois de plus, avec quelle passion on veut y être français et d'autant plus qu'on se trouve justement sur les bords du Nouveau Monde[51].

En rentrant, je vois l'attention universelle concentrée sur Paris où doit se réunir la conférence au sommet. J'avais, à Londres prévenu Macmillan, à Washington Eisenhower, de Cayenne, écrit à Khrouchtchev, que je fixais au 16 mai la date de la première séance. Mais, le jour même où ma lettre volait vers Moscou, le rideau se levait sur la mauvaise comédie qui ferait tout avorter. Le 1er mai, un avion photographe américain était abattu et son pilote fait prisonnier au-dessus du polygone des rampes de lancement russes dans la région de la mer d'Aral. C'était là, sans aucun doute, de la part des services secrets des États-Unis, une violation absurde, tant elle était intempestive, du ciel de l'Union soviétique. D'ailleurs, le département d'État déclarait — peut-être voulait-il le croire ? — qu'il ne pouvait s'agir que d'une erreur de navigation aérienne. Puis, la Maison-Blanche faisait connaître, avec quelque humilité, que des dispositions étaient prises pour que de tels vols ne se renouvellent pas. Mais on devait bientôt constater que le Kremlin était résolu à donner à l'incident des dimensions dramatiques et que, du coup, le travail de la conférence allait être compromis. Dès le 5 mai, le Premier soviétique, en répondant à ma lettre de convocation, développait les pires récriminations à l'encontre des Américains. Dans des propos tenus en public et dans une note adressée à Washington il les accusait d'agression, d'espionnage criminel et de mauvaise foi. Cependant, il faisait dire qu'il serait présent à mon rendez-vous de Paris.

De fait, je le recevais, le 15 mai, à l'Élysée. Mais il était accompagné, non seulement de Gromyko et de Vinogradov, mais aussi de Malinovski, le « maréchal des fusées ». Khrouchtchev, après avoir protesté de son respect et de sa confiance à mon égard, me remettait le texte d'une déclaration suivant laquelle il ne pourrait prendre part à la conférence, à moins qu'Eisenhower, publiquement, adressât des excuses à l'Union soviétique, condamnât l'agression commise par les États-Unis, fît connaître quelles sanctions étaient infligées aux coupables et prît l'engagement que jamais plus un avion d'espionnage américain ne survolerait le territoire russe. Il était clair que les Soviets voulaient, soit obtenir une humiliation sensationnelle des États-Unis, soit se dégager d'une conférence qu'à présent ils ne souhaitaient plus après l'avoir vivement réclamée.

Je marquai à Khrouchtchev que cette affaire d'avion photographe n'était qu'un épisode de la guerre froide et de la concurrence d'armements entre l'Union soviétique et les États-Unis ; que c'est précisément en raison de cet état de tension qu'il y avait des actes d'espionnage du côté américain et qu'il y en avait aussi du côté russe ; que la véritable question était de savoir si, de part et d'autre, on voulait mettre fin à une pareille situation et organiser la détente ; que tel était justement l'objet de la conférence au sommet et que rien, plus clairement que ce qui venait de se passer, ne montrait qu'elle pouvait être utile. Si, du fait des Soviétiques, la réunion n'avait pas lieu, la France pourrait le regretter, surtout pour les deux rivaux, mais elle en prendrait son parti, car ce n'était pas elle, c'étaient eux qui avaient depuis longtemps demandé cette convocation. Là-dessus, le Premier soviétique, affectant toujours la plus vive irritation, affirma que son pays était blessé dans son honneur, qu'il ne tolérerait pas les outrages, qu'il avait tous les moyens d'écraser ses adversaires et, qu'en particulier, il pouvait à tout instant détruire leurs bases là où elles se trouvaient. « Je sais, dit-il, que la France n'est pour rien dans les provocations américaines. Mais elle est l'alliée des États-Unis qui ont des forces sur son territoire. Sans que nous l'ayons cherché, quels malheurs pourraient la frapper ! » Je répondis rudement à Khrouchtchev qu'il était vain de prédire ce qui se passerait dans le cas d'un conflit et que, deux fois déjà dans ma vie, j'avais vu battre un État qui, dans sa certitude de vaincre, s'était risqué à en ouvrir un. Je conclus l'entretien en disant :

« Ce n'est pas pour parler de guerre que j'ai convoqué la conférence à Paris, mais pour chercher à assurer la paix. Dans ce but, la première réunion a lieu ici demain matin. »

L'après-midi, Eisenhower et Macmillan ayant été avertis de la communication soviétique, je les réunis à l'Élysée. Ce fut, d'abord, pour entendre Adenauer, qui lui aussi était à Paris, tant il s'inquiétait des concessions que les Occidentaux pourraient être amenés à faire sur Berlin. Le chancelier craignait en effet que Khrouchtchev, prenant barre sur le président américain qui s'était mis dans son tort, n'obtînt, par compensation, des changements dans la situation de l'ancienne capitale allemande. Il faut dire que les Anglo-Saxons, principalement les Britanniques, ne semblaient pas résolus à refuser ce marchandage. Macmillan se montrait même favorable à un arrangement qui, comme Khrouchtchev l'avait naguère proposé, érigerait Berlin en « ville libre ». Les forces anglo-franco-américaines en seraient alors retirées, quitte à masquer plus ou moins la portée de l'opération sous une « garantie » que l'on demanderait aux Nations unies. Bien entendu, Adenauer s'élevait contre une pareille « solution ». Quant à moi, je m'y opposais pour les raisons que j'avais déjà exposées à mes interlocuteurs. Abandonner Berlin dans l'état de tension où l'on se trouvait plongé, ce serait afficher le recul et déchaîner tous les démons des crises. Ce n'est qu'une fois instaurées la détente et la coopération qu'il serait possible de chercher à résoudre les problèmes allemands. On parut s'accorder sur cette manière de voir et Adenauer repartit pour Bonn.

Cependant, le Président et le premier ministre se montraient mal assurés quant à l'attitude à prendre le lendemain devant Khrouchtchev. Eisenhower, fort contrarié par la tournure que prenaient les choses, annonça son intention de faire à la réunion des quatre une déclaration lénifiante en réponse à celle, brutale, que m'avait lue le chef du gouvernement soviétique. Macmillan, qui venait justement d'aller voir celui-ci, pensait que son intransigeance s'expliquait par un revirement des instances dirigeantes de Moscou, Khrouchtchev, critiqué pour l'apparente faiblesse de sa politique de coexistence pacifique, aurait saisi le prétexte offert par le vol d'espionnage américain pour changer momentanément de cap. Suivant le premier ministre, il fallait gagner du temps et, quant à la réponse à faire à la mise en demeure soviétique, traîner les choses en longueur au cours d'une série de séances à quatre et d'entretiens bilatéraux. Pour ma part, j'annonçai quelle position j'allais prendre à la réunion plénière. « Je me refuse, dis-je, à admettre que la conférence puisse consister en un échange d'invectives entre Russes et Américains. J'entends placer les choses sur le seul terrain qui soit digne et, le cas échéant, utile. Veut-on aborder l'étude des grandes questions qui doivent faire l'objet de la rencontre : désarmement, Allemagne, aide aux pays sous-développés ? Si oui, le débat est ouvert. Si non, la conférence n'a pas actuellement d'objet et est remise *sine die*. »

Le 16 mai, les quatre délégations prennent place autour de la table. J'ai mis à ma droite les Anglais, à ma gauche les Soviétiques, en face les Américains. Auprès de moi sont Debré et Couve de Murville ; auprès d'Eisenhower, Herter et Thomas Gates ; auprès de Macmillan, Selwyn Lloyd et Hoyar Miller ; auprès de Khrouchtchev, Malinovski et Gromyko. Dès l'ouverture, Khrouchtchev s'empare de la parole. Il donne connaissance d'une déclaration analogue à celle qu'il m'a lue la veille, exigeant que les États-Unis reconnaissent et condamnent publiquement leur agression, fassent des excuses et châtient les coupables. Faute de quoi, lui-même ne prendra part à aucun autre débat. Il ajoute qu'en outre la visite, prévue pour le 15 juin, du président des États-Unis en Union soviétique ne pourrait pas avoir lieu. Tandis que parle Khrouchtchev, on voit le maréchal Malinovski ponctuer le discours de gestes impératifs et de mimiques martiales. À son tour, Eisenhower lit un long document affirmant que le survol du territoire soviétique par un avion américain n'était en rien un acte d'agression, qu'il ne s'agissait là que d'une mesure défensive et, qu'en tout cas, l'affaire ne se reproduirait pas. Macmillan exhale son émotion et son inquiétude. Pour lui, il faut absolument sauver la conférence. Il propose donc qu'on se donne tout le temps de la réflexion, que chacun examine à loisir les deux déclarations qui viennent d'être faites, qu'on laisse la porte ouverte à des rencontres bilatérales, en particulier à celle du président américain avec le chef du gouvernement soviétique, qu'on se garde de publier ce qui vient d'être formulé de part et d'autre et qu'on se retrouve après deux ou trois jours de délai.

Ayant laissé les autres s'exprimer, je prends la parole à mon tour[52]. C'est d'abord, en direction de Khrouchtchev, pour observer que, l'affaire de l'avion ayant eu lieu le 1er mai et la conférence étant convoquée pour le 16, on aurait dû pendant ces quinze jours ou bien parvenir au règlement bilatéral de l'incident puisqu'on le jugeait nécessaire, ou bien faire savoir qu'on ne se rendrait pas à la réunion convenue. Il était, en effet, fâcheux qu'on laissât venir à Paris deux autres chefs d'État ou de gouvernement et qu'on y vînt soi-même pour formuler des exigences qui risquaient d'empêcher les travaux. « En tout cas, nous sommes là tous les quatre et la raison qui nous y amène c'est le souci commun d'instaurer la détente internationale et d'examiner ensemble les problèmes qui s'y opposent. Pourquoi ne pas commencer ? L'espionnage est, à coup sûr, une pratique déplorable. Mais comment faire pour qu'il n'y en ait pas, dès lors que deux puissances rivales et surarmées se donnent mutuellement l'impression qu'on peut en découdre à tout moment ? Un avion américain a survolé la Russie. Aujourd'hui[b] même, en vingt-quatre heures, un satellite soviétique passe dix-huit fois au-dessus de la France. Comment savoir s'il ne la photographie pas ? Comment être assuré que les engins de toutes sortes qui traversent le ciel ne vont pas jeter, tout à coup, de terribles projectiles sur n'importe quelle nation ? La seule garantie possible serait la détente pacifique assortie de mesures adéquates de désarmement. Or, voilà précisément l'objet de notre conférence. Je propose donc d'ouvrir ce débat. Puisque deux déclarations ont été faites tout à l'heure sur l'incident de l'avion, laissons aux deux intéressés le loisir d'y réfléchir et de se rencontrer à part et réunissons-nous demain pour aborder décidément les problèmes inscrits à notre ordre du jour. D'ici là, il est évidemment indispensable que les textes lus ce matin ne soient pas lancés dans le public. »

Khrouchtchev fait connaître alors que, quel que soit son désir de voir s'ouvrir les travaux, il n'y participera pas tant qu'il n'aura pas publiquement reçu du président Eisenhower les excuses et les engagements nécessaires. D'autre part, il va publier tout de suite le texte de sa déclaration. En effet, l'honneur et la souveraineté de l'Union soviétique étant en jeu, l'opinion de son pays n'admettrait pas que lui-même s'entretînt d'autre chose avec les Occidentaux, « tous trois solidaires dans l'O.T.A.N. » sans avoir obtenu réparation. Et il s'exclame : « Quel est le diable qui a poussé les Américains à commettre cet acte odieux ? » Là-dessus, je remarque : « qu'il y a, dans le monde, beaucoup de diables qui gâtent les affaires », et je lève la séance en disant que je me tiendrai en contact avec les délégations et que, s'il est possible de tenir une nouvelle séance pour entamer l'ordre du jour, elle aura lieu demain.

Ce qui suit n'est que formalités. Le 17 mai, de bonne heure, conférence de presse improvisée que le président du Conseil soviétique tient devant la porte de son ambassade sur le trottoir de la rue de Grenelle et qui publie ses exigences en attendant que, le jour suivant, il les expose en détail à cinq centaines de journalistes. Réunion des trois Occidentaux à l'Élysée, où Eisenhower se montre blessé par les invectives maintenant publiques de Khrouchtchev et sans illusion sur le sort de la conférence. Convocation de principe que j'adresse aux quatre délégations les invitant à se réunir dans l'après-midi « pour vérifier s'il est possible que la conférence commence ses travaux ». Refus de Khrouchtchev, qui fait savoir, puis écrit, qu'il ne peut venir tant que les obstacles n'auront pas été levés par le président des États-Unis. Couplet de la désolation prononcé par Macmillan qui, dit-il, « voit s'effondrer l'action pacifique menée depuis deux ans... et son pays jeté dans la pire épreuve qu'il ait connue depuis la guerre ». Publication d'un communiqué franco-anglo-américain constatant que la conférence se sépare sans avoir pu commencer. Le 18 mai, visite d'adieux du président du Conseil soviétique, lequel, tout en récriminant sur le compte du président des États-Unis, « personnage médiocre, jouet de ses services, incapable de commander », semble soucieux de ce que va être la suite. Enfin, concert des éloges et des remerciements que m'adressent tous les participants. Eisenhower écrit : « J'emporte de Paris la chaleur et la force de notre amitié, plus appréciée que jamais... et je porte à votre personne un respect et une admiration que je n'éprouve que pour peu d'hommes. » Macmillan déclare : « Je remercie le Général de la façon magistrale dont il a présidé les entretiens... Les trois Occidentaux y ont connu des déceptions... mais aussi renforcé leur amitié. » Khrouchtchev télégraphie : « Je vous remercie sincèrement de l'accueil chaleureux et hospitalier que vous m'avez accordé... Permettez-moi d'exprimer l'espoir que les contacts personnels établis entre nous en mars-avril et nos conversations de ces derniers jours serviront la compréhension entre l'Union soviétique et la France, le développement fructueux de leurs relations et la consolidation de la paix du monde[53]. » Adenauer mande : « Combien je me félicite que le général de Gaulle ait présidé les entretiens de Paris ! Grâce à la fermeté et à la force de sa personnalité l'Occident a évité un recul grave dont l'Allemagne, la première, aurait eu à payer les frais. » Sans faire fi des sentiments aimables que veulent bien m'exprimer mes correspondants, je ne puis me dissimuler qu'il s'y trouve, de la part de tous, le soulagement d'être sortis sans catastrophe d'une crise dangereuse et l'impression satisfaisante qu'après tout, c'est déjà beaucoup que de pouvoir continuer à vivre, fût-ce dans le *statu quo*.

Du côté soviétique, après avoir remué ciel et terre pour intimider les autres, on adopte, au cours des mois suivants, une attitude de modération. Jusqu'à la fin de 1960, le Kremlin ne parle plus d'obtenir de la Maison-Blanche les réparations qu'il exigeait lors de la réunion de Paris et met une sourdine à son projet de traité séparé avec l'Allemagne de l'Est. Khrouchtchev se borne à des propos désobligeants sur le compte de l'actuel président américain et en appelle d'avance à celui, quel qu'il soit, qui aura à prendre la place.

Le successeur est John Kennedy. Choisi pour entreprendre, mais élu d'extrême justesse[54] ; mis à la tête d'un pays colossal, mais dont les problèmes intérieurs sont graves ; enclin à agir vite et fort, mais aux prises avec la lourde machine des pouvoirs et des services fédéraux ; entrant en scène dans un univers où s'étalent la puissance et la gloire américaines, mais dont toutes les plaies suppurent et où se dresse, à l'opposé, un bloc hostile et monolithique ; trouvant, pour jouer la partie, le crédit ouvert à sa jeunesse, mais aussi les doutes qui entourent un novice, le nouveau Président, en dépit de tant d'obstacles, est résolu à faire carrière au service de la liberté, de la justice et du progrès. Il est vrai que, persuadé du devoir que les États-Unis et lui-même auraient de redresser les torts, il sera porté d'abord à des interventions que le calcul ne justifie pas. Mais l'expérience de l'homme d'État eût sans doute contenu peu à peu l'impulsion de l'idéaliste. John Kennedy avait les moyens et, sans le crime qui le tua, il aurait pu avoir le temps d'imprimer sa marque à l'époque.

À peine est-il en fonction, encore quelque peu tâtonnant et foisonnant, qu'il entre en correspondance avec moi[55]. En février, c'est pour me demander d'appuyer son gouvernement qui veut voir les Nations unies s'emparer de la direction militaire, politique et administrative du Congo-Léopoldville, à quoi d'ailleurs je dois me refuser. En mars, c'est pour me proposer de le suivre dans son projet de placer d'office le Laos sous la protection de l'O.T.A.S.E., ce que non plus je ne puis accepter. En avril, c'est pour me dire sa joie de se rendre bientôt en France à mon invitation. En mai, c'est pour me confier qu'il compte, après m'avoir vu, rencontrer Khrouchtchev à Vienne. Entre-temps, il a permis et couvert l'expédition malheureuse vers Cuba[56] des exilés partis de Floride. Le 31 mai 1961, il arrive à Paris, débordant de dynamisme, entouré par une atmosphère de vive curiosité, formant avec son épouse brillante et cultivée un couple rempli de charme. De la part du public, l'accueil est sympathique au plus haut degré. Les réceptions officielles offertes dans la capitale et au palais de Versailles revêtent le plus grand éclat. Mais l'essentiel est, évidemment, la série des entretiens du Président, secondé par Dean Rusk et Gavin, avec moi-même qu'accompagnent Debré, Couve de Murville et Alphand.

Il en ressort que l'attitude des États-Unis à l'égard de la France a décidément bien changé! Il est déjà loin le temps où — amitié traditionnelle mise à part — Washington s'en tenait à considérer Paris comme l'un quelconque de ses protégés, avec lequel on ne traitait, ainsi qu'on faisait pour les autres, qu'au sein d'organismes collectifs: O.T.A.N., O.T.A.S.E., O.N.U., O.C.D.E., F.M.I.[57], etc. Maintenant, les Américains ont pris leur parti de notre indépendance et ont affaire à nous directement et spécialement. Mais ils n'imaginent pas pour autant que leur action cesse d'être prépondérante et que la nôtre puisse s'en séparer. En somme, ce que Kennedy me propose dans chaque cas, c'est de recevoir une part dans ses entreprises. Ce qu'il m'entend lui répondre, c'est que Paris est assurément très disposé à une concertation étroite avec Washington, mais que, ce que fait la France, elle le fait de son propre chef.

Comme le Président revient sur l'affaire du Congo[58], où le secrétaire général de l'O.N.U., Dag Hammarskjöld, sur l'impulsion de l'Amérique, suscite lui-même un gouvernement au lieu et place de celui de Patrice Lumumba, je décline toute participation à l'opération en cours. Mais c'est surtout au sujet de l'Indochine que je marque à Kennedy combien nos politiques divergent. Il ne me cache pas, en effet, que les États-Unis se préparent à intervenir. Au Siam, ils implantent des bases aériennes, grâce à l'influence quasi exclusive qu'ils exercent sur le gouvernement du maréchal Sarit. Au Laos, dont cependant la neutralité va être réaffirmée par une conférence à Genève[59], ils introduisent leurs « conseillers militaires » en liant partie avec des chefs locaux, malgré les réticences du prince Souvanna Phouma et du parti des « neutralistes ». Au Sud-Viêt-nam, après avoir poussé à la prise du pouvoir dictatorial par Ngô Dinh Diêm et au départ des conseillers français, ils commencent à mettre en place, sous prétexte d'assistance, les premiers éléments d'un corps expéditionnaire. John Kennedy me fait comprendre que l'affaire va se développer en vue d'établir dans la péninsule indochinoise un môle de résistance aux Soviets. Mais, au lieu de lui donner l'avis favorable qu'il souhaite, je déclare au Président qu'il s'engage sur une mauvaise voie. « Pour vous, lui dis-je, l'intervention dans cette région sera un engrenage sans fin. À partir du moment où des nations se sont éveillées, aucune autorité étrangère, quels que soient ses moyens, n'a de chance de s'y imposer. Vous allez vous en apercevoir. Car, si vous trouvez sur place des gouvernants qui, par intérêt, consentent à vous obéir, les peuples, eux, n'y consentent pas et, d'ailleurs, ne vous appellent pas. L'idéologie que vous invoquez n'y changera rien. Bien plus, les masses la confondront avec votre volonté de puissance. C'est pourquoi, plus vous vous engagerez là-bas contre le communisme, plus les communistes y apparaîtront comme les champions de l'indépendance nationale, plus ils recevront de concours et, d'abord, celui du désespoir. Nous, Français, en avons fait l'expérience. Vous, les Américains, avez voulu, hier, prendre notre place en Indochine. Vous voulez, maintenant, y prendre notre suite pour rallumer une guerre que nous avons terminée[60]. Je vous prédis que vous irez vous enlisant pas à pas dans un bourbier militaire et politique sans fond, malgré les pertes et les dépenses que vous pourrez y prodiguer. Ce que vous, nous et d'autres devons faire dans cette malheureuse Asie, ce n'est pas de nous substituer aux États sur leur propre sol, mais c'est de leur fournir de quoi sortir de la misère et de l'humiliation qui sont, là comme ailleurs, les causes des régimes totalitaires. Je vous le dis au nom de notre Occident. »

Kennedy m'écoute. Mais l'événement fera voir que je ne l'ai pas convaincu. Par contre, il a adopté, pour ce qui est de l'Amérique latine, une doctrine qui semble se rapprocher de celle que je lui expose. Il m'indique quelle importance son gouvernement attache à un projet d'alliance conclue sous le signe du progrès et en vertu de laquelle les États-Unis prêteraient massivement leur concours au développement des autres pays du Nouveau Monde. Toutefois, conscient de l'inconvénient que présente ce quasi-monopole, des abus et des contrecoups qui pourraient en résulter, il insiste pour que l'Europe et, en particulier, la France fassent sentir davantage, dans le centre et dans le sud du continent américain, leur influence et leur activité. Il me demande même de faire en sorte que le Marché commun envoie des observateurs à la prochaine conférence interaméricaine, qui aura lieu à Punta del Este. Je compliment le Président sur une orientation aussi peu conforme au principe exclusif de Monroe et lui annonce que mon intention est, en effet, de multiplier les liens déjà existants entre la France et les États latins d'outre-Atlantique. D'autre part, je lui rappelle quelle est la position de Paris dans le débat mondial en cours sur le commerce international. Mon gouvernement préconise que les matières premières et les produits tropicaux, qu'exportent beaucoup de régions en voie de développement, notamment l'Amérique latine, et qui leur permettent d'acheter les équipements dont elles ont besoin, voient leurs prix stabilisés d'office et à un niveau suffisant au lieu d'être constamment mis en cause par une abusive spéculation. Mais, sur ce sujet, qui touche de près des intérêts d'affaires aux États-Unis, John Kennedy ne semble pas porté à prendre une route nouvelle.

Ce qui lui tient à cœur par-dessus tout, c'est la situation dominante de son pays dans la défense de l'Occident. Il s'ingénie à chercher le moyen de la maintenir sans paraître aller à l'encontre de l'indépendance française. À propos de l'emploi éventuel des armes atomiques, il affirme que l'Amérique y recourrait certainement plutôt que de laisser l'Europe de l'Ouest tomber aux mains des Soviets. Mais, sur mes questions précises, il ne peut m'indiquer, ni à quel moment, ni à partir de quelle ligne atteinte par l'invasion, ni sur quels objectifs, lointains ou proches, stratégiques ou tactiques, situés ou non en Russie même, les projectiles seraient effectivement lancés. « Je n'en suis pas surpris », lui dis-je. « Le général Norstad, commandant en chef allié, que j'estime au plus haut point et qui me marque une grande confiance, n'a jamais pu me fixer sur ces points, essentiels pour mon pays. » D'autre part, le Président, dans son désir d'éviter que la France se fabrique des bombes, propose d'attribuer à l'O.T.A.N. des sous-marins armés de fusées Polaris, engins atomiques nouveaux et portant loin, ce qui, suivant lui, assurerait une dissuasion proprement européenne. L'ayant entendu, je ne puis que lui confirmer la volonté de la France de devenir une puissance nucléaire. C'est pour elle le seul moyen de faire en sorte que quiconque ne puisse tenter de la tuer sans risquer la mort. Quant aux sous-marins Polaris, le fait que l'O.T.A.N. en recevrait quelques-uns ne serait qu'un transfert opéré d'un commandement américain à un autre et qui laisserait le déclenchement des fusées à la décision du seul président des États-Unis[61].

John Kennedy se montre assez anxieux de ce qui va se passer entre lui et Nikita Khrouchtchev. « En allant à Vienne, m'indique-t-il, je ne veux que lui faire une bonne manière, prendre contact et échanger des vues. » Cette réserve me paraît sage. Je le dis au Président, en ajoutant : « Puisqu'on ne se bat pas et que la guerre froide coûte très cher, l'avenir peut être la paix. Mais on ne saurait l'organiser que moyennant une détente générale et prolongée. Or, celle-ci exige l'équilibre. Ce qui viendrait à le rompre et, d'abord, pour ce qui est de l'Allemagne, risquerait de faire rouler l'univers aux pires dangers. Aussi, quand demain Khrouchtchev vous sommera de changer le statut de Berlin, c'est-à-dire de lui livrer la ville, tenez bon ! C'est le meilleur service que vous puissiez rendre au monde entier, Russie comprise. »

Kennedy quitte Paris. J'ai eu affaire à un homme que sa valeur, son âge, sa juste ambition, chargent de vastes espoirs. Il m'a semblé être sur le point de prendre son essor pour monter haut, comme un oiseau de grande envergure bat des ailes à l'appel des cimes. De son côté, rentré à Washington, il dira le 6 juin dans un discours à la nation américaine : « J'ai trouvé dans le général de Gaulle un conseiller avisé pour l'avenir et un guide éclairé pour l'Histoire qu'il a contribué à faire... Je ne pourrais avoir une confiance plus grande en qui que ce soit. » Nous étant l'un l'autre reconnus, nous continuons notre route, chacun portant son fardeau et marchant vers sa destinée !

Ainsi qu'il était à prévoir, l'entretien de Khrouchtchev et de Kennedy a porté sur Berlin. Comme le serpent de mer sortant de l'onde, le projet soviétique d'institution d'une soi-disant ville libre est venu au jour une fois de plus. Le président américain ne s'est pas laissé aller à l'approuver tout de go, mais n'a pas manqué d'être impressionné par l'assurance apparente de son interlocuteur. Celui-ci, qui s'en est aperçu, a proclamé quelques jours après dans deux discours solennels que, décidément, la Russie va signer un traité de paix séparée avec l'Allemagne de l'Est et lui reconnaître une entière souveraineté sur sa frontière et sur son territoire. John Kennedy en conclut qu'une crise grave est au moment d'éclater. Il ne cessera pas de le croire et de m'écrire, de mois en mois[62], qu'il faudrait, pour empêcher le pire, accepter de négocier sur l'Allemagne avec les Soviets. Cependant, il entend renforcer les moyens de défense de l'Europe. Sur ce dernier point, je suis d'accord et, pour ce qui nous concerne, fais compléter ostensiblement les effectifs et le matériel de nos forces sur le Rhin[63]. Mais, quant au reste, je précise ma position — qui n'est pas celle de Washington ni de Londres — dans une lettre adressée, le 6 juillet, au président des États-Unis et dans une allocution à la nation prononcée le 12 juillet.

« Dans le cas d'une crise suscitée par les Soviets, écrivé-je à Kennedy, seule une attitude de fermeté et de solidarité, prise et affirmée à temps par l'Amérique, l'Angleterre et la France, empêcherait de mauvaises conséquences... C'est seulement après une longue période de détente internationale — ce qui ne dépend que de Moscou — que nous pourrions négocier avec la Russie sur l'ensemble de la question allemande[64]. » Aux Françaises et aux Français, à qui, par la voie des ondes, je parle de la situation intérieure et extérieure de notre pays, je déclare : « Voici que la perspective d'une crise réapparaît à l'horizon. Bien entendu, l'affaire est engagée par les Soviets... Ils renouvellent leur prétention de régler unilatéralement le sort de Berlin en mettant en cause les communications de l'ancienne capitale allemande et la situation des troupes américaines, britanniques et françaises qui s'y trouvent, au cas où Washington, Londres et Paris ne renonceraient pas au statut actuel de la ville suivant ce que veut Moscou... Il n'y a aucune chance pour que cela soit accepté... Comme j'ai eu maintes fois l'occasion de le dire, et notamment l'année dernière à M. le président Khrouchtchev, si les Soviets veulent, comme ils le publient, la détente et la coexistence, qu'ils commencent par les rendre possibles en cessant de menacer !... Dans une atmosphère mondiale qui deviendrait celle de la coopération des États et du rapprochement des peuples, un problème comme celui de l'Allemagne perdrait de son acuité et pourrait, à un moment donné, être considéré objectivement par les puissances intéressées. Mais, dès lors qu'en remuant le tonnerre dans la coulisse on manifeste l'intention de disposer de Berlin, comme si trois grandes puissances n'y avaient pas les droits qui sont les leurs et comme si les Berlinois ne devaient pas être maîtres d'eux-mêmes, on prend d'avance à son compte la responsabilité des graves conséquences qui pourraient en résulter[65]. »

Du côté allemand, Adenauer me fait savoir qu'il est transporté de confiance et de joie par l'appui catégorique qui est ainsi prêté à l'Allemagne dans ses alarmes. Du côté anglo-saxon, Kennedy et Macmillan jugent qu'ils ne peuvent passer outre au jugement de la France et, sans cesser d'évoquer dans leur correspondance l'intérêt que pourrait présenter une négociation avec Khrouchtchev, se gardent de l'aborder. Du côté soviétique on en tire les conséquences en changeant soudain d'attitude au sujet de Berlin. Au mois d'août 1961[66], un mur s'élève, qui sépare les quartiers de la ville occupés respectivement par les Russes et par les trois Occidentaux. Du coup, est bloqué le courant qui amenait constamment à l'Ouest les fugitifs de l'Allemagne de l'Est et hypothéquait l'activité économique de celle-ci. Mais, en même temps, cette construction marque, sur le terrain même, que le gouvernement de Moscou ne compte plus sur le consentement effrayé des Américains, des Britanniques et des Français pour mettre la main sur la ville.

L'action d'une France qui n'évite pas, ni ne se cache, d'être la France éveille l'attention des peuples du « tiers monde ». Il est vrai que certains d'entre eux, en raison du drame algérien, maintiennent encore à notre égard une attitude de réprobation. Comme il est naturel, c'est le cas surtout chez les musulmans : pays arabes, régions mahométanes d'Afrique en dehors de la Communauté[67], contrées islamiques de l'Asie. Mais il en est également ainsi de quelques autres États « non alignés » ou qui voudraient pouvoir ne pas l'être. Cependant, pour tous ceux-là, l'éloignement par rapport à notre pays est si contraire à leur tradition et si grand est leur désir de voir, parmi les têtes de la civilisation moderne, d'autres puissances que les deux grands rivaux, qu'ils considèrent avec faveur la réapparition des

« Francs ». D'autant plus que notre politique de désengagement colonial éteint peu à peu leurs griefs. Nous voyons donc se tourner vers nous des sympathies populaires nouvelles ou renouvelées et, chez maints gouvernements, l'intention de nouer ou de renouer des rapports actifs avec le nôtre. Le changement de la situation morale, diplomatique et matérielle de la France déclenche vers Paris des visites qui iront se multipliant et contribueront à faire de notre capitale un centre de politique mondiale plus actif qu'il ne l'avait été depuis des générations.

En dehors de douze présidents d'Afrique noire et de celui de Madagascar qui sont reçus officiellement, du roi du Maroc Hassan II et du président tunisien Bourguiba qui viennent régler des questions concernant l'indépendance récente de leur pays, nombre de chefs d'État et de gouvernement qui n'appartiennent ni à l'O.T.A.N. ni au pacte de Varsovie sont nos hôtes au cours de cette période. Plusieurs d'entre eux : l'empereur d'Éthiopie, le président du Pérou, le président de l'Argentine, le prince Rainier de Monaco, le roi de Thaïlande, l'empereur d'Iran, tiennent même, par le caractère solennel de leur voyage, à nous donner publiquement les marques de leur amitié[68]. Ainsi, indépendamment de nos relations avec nos alliés, des contacts que nous prenons avec l'Est européen, des liens qui nous unissent à nos anciennes dépendances d'outre-mer, commence à s'établir entre nous et beaucoup d'autres États un réseau de rapports, puis d'accords, qui place la France dans une situation d'influence grandissante et lui ouvre des champs étendus d'activité économique et culturelle.

Le pandit Nehru[j] vient me voir et me revoir[69]. Après une vie partagée entre la révolte et la prison, il incarne l'Inde indépendante et rassemblée. Il a changé la mystique de patience et de non-violence de Gandhi en une politique active de progrès. Grand homme, pour qui la cause de l'homme est celle même du peuple indien, sans cesse démenti dans ses plans par l'excessive dimension de l'œuvre, mais inlassable dans sa foi et dans son effort, il m'expose les problèmes gigantesques de subsistance et d'unité avec lesquels son pays est aux prises et la façon dont le mien pourrait, non sans bénéfice futur, contribuer à l'en soulager. À l'Inde, océan de misères et de rêves mais aussi de valeurs et de vertus, terre éternellement en proie aux routines des castes et aux ravages de la nature mais capable de doubles récoltes et d'amples fabrications, la France est effectivement en mesure d'apporter une aide technique, alimentaire, sanitaire et culturelle importante. Elle y trouverait en échange une audience et une clientèle dont elle avait été écartée depuis la fin de l'entreprise des La Bourdonnais, des Dupleix et des Lally-Tollendal. Au surplus, champions de l'équilibre, nous avons les meilleures raisons de souhaiter que, face à la Chine, l'Hindoustan affirme sa consistance. Nous répondons positivement à l'appel du pandit Nehru. Ainsi faisons-nous, d'autre part, à ce que demande sur une très modeste échelle, lors de son passage à Paris, le roi Mahendra du Népal, petit pays accroché entre les deux géants indien et chinois sur la pente de l'Himalaya[70].

Tour à tour, je reçois les deux chefs successifs du gouvernement japonais : Nobusuke Kishi et Hayato Ikeda, puis Eisaku Sato[71] qui est de taille à prendre la place et, d'ailleurs, la prendra bientôt. Au nom d'une grande nation, terriblement éprouvée par son désastre, mais intacte dans sa vitalité, tirant parti de sa soumission, mais impatiente du joug américain, bornant jusqu'à nouvel ordre son effort national au domaine économique, mais déployant pour y accéder au rang des principales puissances d'extraordinaires qualités de travail et de discipline, ces dirigeants très avisés proposent à la France d'échanger plus largement ses produits, ses idées et ses sentiments avec ceux d'un peuple qui, jusqu'alors, lui est resté presque hermétique. Leur requête est entendue. Les rapports franco-nippons vont prendre une dimension nouvelle.

Le jeune roi de Thaïlande, Bhumibol Adulyadej, fait à Paris un voyage officiel[72], cherchant à y retrouver l'atmosphère des relations confiantes que son pays avait nouées et entretenues avec la France depuis le siècle de Louis XIV. Le souverain me dit combien l'inquiètent les pressions extérieures que la conjoncture indochinoise attire sur son royaume. Il espère pourtant voir renaître chez nous l'amitié active d'autrefois. Je lui indique que telle est également notre intention pourvu que la Thaïlande veuille rester maîtresse d'elle-même. De son côté, le prudent et intelligent prince Souvanna Phouma[73], devenu, quoique avec des éclipses, premier ministre du Laos, où nos écoles, nos compétences administratives, notre mission militaire, nos entreprises économiques, jouent dans le développement un rôle capital, m'entretient périodiquement des menaces que les prodromes de la guerre au Viêt-nam font courir à l'unité et à l'intégrité du pays. Dans le nord, s'implantent la dictature et les bandes du Pathet Lao, mouvement dirigé par le prince Souphanouvong et qu'Hanoï utilise en face de la pénétration américaine. Sur le reste du territoire, dans les milieux des fonctionnaires, des militaires et des propriétaires, s'organise au contraire, sous l'égide du prince Boun Oum, une tendance favorable à l'intervention des États-Unis. Enfin, la politique de neutralité, c'est celle de Souvanna Phouma lui-même. Nous soutenons le premier ministre, tant sur place qu'à l'étranger. Nous lui recommandons de s'en tenir, quoi qu'il arrive, à sa position qui seule est compatible avec l'indépendance du Laos et à ce qui a été décidé à Genève[74] sur le plan international. Nous l'aidons à lier l'attitude de son gouvernement à celle que maintient avec beaucoup d'énergie et une extrême habileté Norodom Sihanouk[75], chef de l'État voisin du Cambodge. De fait, la tragédie vietnamienne va se dérouler sur les frontières de ces deux pays et déborder sur leur territoire, sans que ni l'un ni l'autre, tant que je serai moi-même en place, laissent aliéner leur souveraineté.

Au Moyen-Orient, nos affaires sont, d'abord, au plus bas. Car la crise algérienne et celle du canal de Suez nous ont fermé l'accès de l'ensemble des pays arabes. Dans cette région où, depuis toujours, la France fut présente et active, j'entends naturellement rétablir notre position. D'autant plus que la grande importance politique et stratégique des bassins du Nil, de l'Euphrate et du Tigre, de la mer Rouge et du golfe Persique est maintenant, de par le pétrole, assortie d'une valeur économique de premier ordre. Tout nous commande de reparaître au Caire, à Damas, à Amman, à Bagdad, à Khartoum, comme nous sommes restés à Beyrouth, en amis et en coopérants. En attendant, les chefs des trois États limitrophes du monde arabe viennent s'enquérir de ce que va faire la France à présent rentrée en ligne.

Avec le négus Hailé Sélassié, mes entretiens sont fréquents. Depuis longtemps, nous nous connaissons. Il fut, pendant la guerre, l'âme de son peuple, d'abord écrasé puis vainqueur. Il veut, à présent, en faire un pays moderne. Il joue un rôle personnel éminent dans les efforts que l'Afrique affranchie déploie pour s'organiser. Comme il règne sur un État chrétien mais entouré de contrées musulmanes, comme le principal débouché de l'Éthiopie est le port français de

Djibouti, comme l'aide des Américains et celle des Soviétiques entraînent de pesantes servitudes, l'Empereur tient à ce que s'accroisse le concours multiforme qui lui est prêté par la France. Nous-mêmes avons intérêt à soutenir l'Éthiopie millénaire, amicale et raisonnable. Nous conclurons avec elle des accords fort étendus[76].

Chaque année, je revois le shah d'Iran[77]. Au cours du conflit mondial, je l'avais rencontré à Téhéran, quand, tout jeune souverain, il héritait d'un empire en proie aux pressions rivales des étrangers et aux complots des factions intérieures. Ayant maintenu l'unité et sauvegardé l'indépendance, Reza Pahlavi est maintenant en train de diriger la transformation matérielle, intellectuelle et sociale de la Perse, État aussi ancien que l'Histoire du monde. Que de fois, l'entendant traiter de problèmes de développement, j'ai admiré sa connaissance approfondie de toutes les réalités de son pays ! Il se trouve, d'ailleurs, que le vaste Iran recèle des ressources pétrolières et minières considérables et comporte de grandes possibilités industrielles et agricoles. Il se trouve aussi que cet empire, voisin des Russes et exposé, de tous temps, aux empiétements des Anglo-Saxons, tient à s'assurer d'autres appuis que les leurs. Le shah offre donc à ce qui est français une place de choix dans les affaires, les recherches, les écoles, les universités. Appréciant cette sagesse, la France pratique avec l'Iran une coopération qui ne cesse pas de grandir.

Voici et revoici David Ben Gourion[78] ! D'emblée, j'ai pour ce lutteur et ce champion courageux beaucoup de sympathique considération. Sa personne symbolise Israël, qu'il gouverne après avoir dirigé sa fondation et son combat. Bien que la France n'ait pas, dans la forme, participé à la création de cet État né d'une décision conjointe des Britanniques, des Américains et des Soviétiques, elle l'a chaudement approuvée. La grandeur d'une entreprise, qui consiste à replacer un peuple juif disposant de lui-même sur une terre marquée par sa fabuleuse histoire et qu'il possédait il y a dix-neuf siècles, ne peut manquer de me séduire. Humainement, je tiens pour satisfaisant qu'il retrouve un foyer national et je vois là une sorte de compensation à tant de souffrances endurées au long des âges et portées au pire lors des massacres perpétrés par l'Allemagne d'Hitler. Mais, si l'existence d'Israël me paraît très justifiée, j'estime que beaucoup de prudence s'impose à lui à l'égard des Arabes. Ceux-ci sont ses voisins, et le sont pour toujours. C'est à leur détriment et sur leurs terres qu'il vient de s'installer souverainement. Par là, il les a blessés dans tout ce que leur religion et leur fierté ont de plus sensible. C'est pourquoi, quand Ben Gourion me parle de son projet d'implanter quatre ou cinq millions de Juifs en Israël qui, tel qu'il est, ne pourrait les contenir et que ses propos me révèlent son intention d'étendre les frontières dès que s'offrirait l'occasion, je l'invite à ne pas le faire. « La France, lui dis-je, vous aidera demain, comme elle vous a aidé hier, à vous maintenir quoi qu'il arrive. Mais elle n'est pas disposée à vous fournir les moyens de conquérir de nouveaux territoires. Vous avez réussi un tour de force. Maintenant, n'exagérez pas ! Faites taire l'orgueil qui, suivant Eschyle, " est le fils du bonheur et dévore son père[79] ". Plutôt que d'écouter des ambitions qui jetteraient l'Orient dans d'affreuses secousses et vous feraient perdre peu à peu les sympathies internationales, consacrez-vous à poursuivre l'étonnante mise en valeur d'une contrée naguère désertique et à nouer avec vos voisins des rapports qui, de longtemps, ne seront que d'utilité. » Tandis que je donne ces conseils à Ben Gourion, je mets un terme à d'abusives pratiques de collaboration établies sur le plan militaire, depuis l'expédition de Suez, entre Tel-Aviv et Paris et qui introduisent en permanence des Israéliens à tous les échelons des états-majors et des services français. Ainsi cesse, en particulier, le concours prêté par nous à un début, près de Beersheba, d'une usine de transformation d'uranium en plutonium, d'où, un beau jour, pourraient sortir des bombes atomiques[80].

Manuel Prado, président du Pérou, veut faire de sa visite officielle le témoignage de l'attachement d'esprit et de sentiment que son pays voue à la France et qui, d'ailleurs, l'a porté, en tête de tous les États d'Amérique du Sud et du Nord, à reconnaître la France Libre au cours de la guerre mondiale[81]. Ce sage, que tourmentent les intrigues du dedans et les exigences du dehors, me fait sentir l'importance que le soutien organisé des nations latines de l'Ancien Monde, et notamment de la France, revêtirait pour les États sortis jadis des empires espagnol et portugais. J'en suis confirmé dans l'idée que l'Europe unie, à condition qu'elle soit européenne et qu'elle englobe les Ibères et les Lusitaniens, pourrait remplir une tâche aussi grande que la terre. C'est ce que me donne, à son tour, à penser le président Arturo Frondizi, reçu solennellement à Paris, quand il me décrit ce que l'Argentine a déjà accompli, ce qu'elle contient de possibilités, ce dont elle aurait besoin, pour asseoir sur des bases solides son activité et, par là, sa politique. Les flammes et les laves du péronisme ne s'expliquent que trop bien. Comme le gouvernement de Buenos Aires rejette la tutelle des États-Unis, c'est vers l'Europe et, d'abord, vers la France et vers l'Italie que Frondizi se tourne pour être aidé. En prêtant à l'Argentine le concours qu'il nous demande, nous ajoutons quelque chose à l'espérance du monde latin[82].

Justement — événement nouveau et de taille ! — l'Espagne envoie par deux fois officiellement en France son ministre des Affaires étrangères, Fernando Castiella, qui a entre-temps et avec quelque solennité rencontré dans l'île des Faisans, sur la Bidassoa, Maurice Couve de Murville. Le moment est venu, en effet, de rendre aux relations des deux peuples leur étendue et leur lustre d'antan. Car le gouvernement du général Franco veut sortir de l'isolement où il a été placé, soit de son fait, soit de celui des autres, en raison de la guerre civile, puis d'épisodes de la guerre mondiale. Au reste, la paix qu'il a rétablie à l'intérieur et maintenue à l'extérieur permet à l'Espagne moderne de mettre en valeur ses ressources et ses capacités et la nature des choses implique qu'elle les conjugue avec celles de la France voisine, familière et complémentaire. De mon côté, je mesure quelle peut être la portée du rapprochement auquel nous invite ce peuple grand à tant d'égards et qui nous touche de si près ! Aussi les relations politiques sont-elles remises au plan de la cordialité, tandis que s'animent les rapports économiques et culturels[83].

Le chancelier fédéral d'Autriche, Alfons Gorbach[84], n'a pas à nous proposer d'arrangements particuliers. Mais il veut vérifier que la France, en s'associant à l'Allemagne fédérale, n'en tient pas moins fermement à l'indépendance de son pays. Sur ce point, il reçoit les apaisements les plus formels. Car, si j'ai entrepris de faire en sorte que la solidarité des Gaulois et des Germains remplace leur inimitié, c'est à la condition qu'il n'y ait plus jamais d'Anschluss pour nos voisins d'outre-Rhin, pas plus d'ailleurs que de révision de leurs frontières ni d'emprise sur la Bohême. Le traité de 1955, en vertu duquel Russes, Français, Britanniques et Américains ont reconnu et garanti la souveraineté et la neutralité de l'Autriche, demeure l'un des piliers d'une construction toujours précaire et toujours nécessaire : l'équilibre européen.

Pour des raisons du même ordre, auxquelles se joignent celles d'une amitié de tous les temps, nous accueillons les visites du premier ministre de Grèce. Ce peuple, dont la vie politique est aussi dentelée que les côtes et complexe que le relief, Constantin Caramanlis parvient à le gouverner. Du coup, l'économie, le niveau de vie, la situation sociale, ne cessent de s'y améliorer. Caramanlis, tout naturellement, souhaite que la France prenne une part plus active à ce progrès et il demande qu'elle aide la Grèce à obtenir du Marché commun un traité d'association qui multiplierait les échanges[85]. D'autre part, le premier ministre d'un royaume constamment en butte aux visées de ses voisins, toujours inquiet des projets balkaniques éventuels de la Russie, contrarié par la sollicitude excessive des Anglo-Saxons, soucieux de ce qui se passe à Chypre, voudrait retrouver l'appui traditionnel de Paris. Il aura satisfaction.

Je reçois — non sans émotion — Jean Lesage[86] devenu premier ministre du Québec. Il vient pour traiter d'affaires qui sont bel et bien françaises. Ce dont il s'agit, en effet, c'est d'organiser le concours direct de la France au rameau canadien de son peuple, perdu pour sa souveraineté, mais qui, pressé de tous côtés sur le sol américain par des éléments d'autres origines, veut rester fidèle à sa langue et à son âme et, pour cela, disposer en propre des moyens de vivre et de s'instruire. La mission de Jean Lesage n'a jamais eu de précédent. Elle atteste les alarmes de la communauté française du Canada et l'espérance que ranime en elle le renouveau de l'ancienne patrie. Il faut dire que le Québec fait de lui-même un grand effort pour son salut. Il multiplie les écoles, crée son enseignement technique, développe ses universités de Québec, Montréal, Sherbrooke, monte une gigantesque entreprise énergétique l'Hydro-Québec, s'efforce de se doter d'usines qui ne soient pas étrangères. Son gouvernement et celui de Paris règlent entre eux et sans intermédiaire le début de l'assistance que la France consacre désormais aux Français du Canada.

Ainsi, de toutes les parties du monde, se portent à présent vers nous les attentions et les anxiétés. En même temps, sur le continent, c'est de nous que procèdent les initiatives et les actes qui peuvent le conduire à l'union : solidarité franco-allemande, projet d'un groupement des Six qui ne soit qu'européen, début de coopération avec la Russie soviétique. D'ailleurs, quand il s'agit de la paix des hommes, c'est auprès de nous que viennent s'expliquer les dirigeants de l'Est et de l'Ouest. Notre indépendance répond donc, non pas seulement à ce qu'exigent l'estime et l'espérance de notre peuple envers lui-même, mais encore à ce qu'attend de nous tout l'univers. Pour la France, il en résulte à la fois de puissantes raisons de fierté et de pesantes obligations. Mais n'est-ce pas sa destinée[j] ? Pour moi, cela ne va pas sans l'attrait, et aussi le poids, d'une lourde responsabilité. Mais suis-je là pour autre chose ?

LE CHEF DE L'ÉTAT

Les institutions nouvelles sont en place. Du sommet de l'État, comment vais-je les façonner ? Dans une large mesure, il m'appartient de le faire. Car les raisons qui m'y ont amené et les conditions dans lesquelles je m'y trouve ne ressortent pas des textes. Au surplus, elles n'ont, dans l'Histoire, aucun précédent. Sous la monarchie, en vertu d'un principe traditionnel admis par tous, y compris ceux qui se révoltaient, l'hérédité faisait du roi la source unique des pouvoirs, lors même qu'il octroyait des droits ou déléguait des attributions. Les plébiscites qui instaurèrent chacun de nos deux empereurs leur conféraient, à vie, l'autorité entière, quelles que fussent les instances établies à côté d'eux. À l'opposé, sous nos IIIe et IVe Républiques, le président, élu pour sept ans et par le seul Parlement, ne disposait de la décision que pour commuer la peine de mort, bien qu'il fût partiellement revêtu des apparences de la souveraineté, que son influence pût s'exercer en certains cas, que tout fût décrété ou promulgué en son nom. Mais moi, c'est sans droit héréditaire, sans plébiscite, sans élection[1], au seul appel, impératif mais muet, de la France, que j'ai été naguère conduit à prendre en charge sa défense, son unité et son destin. Si j'y assume à présent la fonction suprême, c'est parce que je suis, depuis lors, consacré comme son recours. Il y a là un fait qui, à côté des littérales dispositions constitutionnelles, s'impose à tous et à moi-même. Quelle que puisse être l'interprétation que l'on veuille donner à tel ou tel article, c'est vers de Gaulle en tout cas que se tournent les Français. C'est de lui qu'ils attendent la solution de leurs problèmes. C'est à lui que va leur confiance ou que s'adressent leurs reproches. Pour vérifier que l'on rapporte à sa personne les espérances aussi bien que les déceptions, il n'est que d'entendre les discours, les conversations, les chansons, d'écouter les cris et les rumeurs, de lire ce qui est imprimé dans les journaux ou affiché sur les murs. De mon côté, je ressens comme inhérents à ma propre existence le droit et le devoir d'assurer l'intérêt national.

Il est vrai que la Constitution que j'ai fait adopter par le pays définit les attributions des diverses autorités, mais sans contredire l'idée que le peuple et moi nous faisons de mes obligations. Que le Président soit, comme cela est formulé, « le garant de l'indépendance nationale, de l'intégrité du territoire et du respect des traités et assure, par son arbitrage, le fonctionnement régulier des pouvoirs publics et la continuité de l'État », voilà qui ne fait qu'exprimer le rôle capital qui est le mien à mes yeux et à ceux des citoyens. Certes, il existe un gouvernement qui « détermine la politique de la nation ». Mais tout le monde sait et attend qu'il procède de mon choix et n'agisse que moyennant ma confiance. Certes, il y a un parlement, dont l'une des deux chambres a la faculté de censurer les ministres. Mais la masse nationale et moi-même ne voyons là rien qui limite ma responsabilité, d'autant mieux que je suis juridiquement en mesure de dissoudre, le cas échéant, l'assemblée opposante, d'en appeler au pays au-dessus du Parlement par la voie du référendum et, en cas de péril public, de prendre toutes les mesures qui me paraîtraient nécessaires. Cependant et précisément parce que ma fonction, telle qu'elle est, résulte de mon initiative et de ce qui se passe à mon égard dans la conscience nationale, il est nécessaire qu'existe et se maintienne entre le peuple et moi un accord fondamental. Or, cet accord, les votes d'ensemble qui ont lieu pour répondre à ce que je demande le traduisent manifestement. Bref, rien, ni dans mon esprit, ni dans le sentiment public, ni dans les textes constitutionnels, n'altère ce que les événements avaient naguère institué quant au caractère et à l'étendue de ma tâche. À moi donc de régler les conditions dans lesquelles je m'en acquitte, sans nullement méconnaître le libellé des parchemins.

En dehors de situations dramatiques exigeant soudain de l'État une attitude qui soit tranchée et que je prenne alors directement à mon compte, mon action consiste avant tout à tracer des orientations, fixer des buts, donner des directives, à l'organisme de prévision, de préparation, d'exécution, que constitue le gouvernement. Cela a lieu normalement en Conseil. Une fois par semaine, rarement plus souvent, toujours sous ma présidence, est réuni le Conseil des ministres. Tous y assistent ainsi que les secrétaires d'État, car il n'y a qu'une politique du gouvernement et, pour ceux qui l'assument, la solidarité ne se divise pas. En face de moi est Michel Debré. À ma droite[2], j'ai et j'aurai toujours André Malraux. La présence à mes côtés de cet ami génial, fervent des hautes destinées, me donne l'impression que, par là, je suis couvert du terre-à-terre. L'idée que se fait de moi cet incomparable témoin contribue à m'affermir. Je sais que, dans le débat, quand le sujet est grave, son fulgurant jugement m'aidera à dissiper les ombres. La séance se déroule d'après l'ordre du jour que j'ai fixé et notifié à l'avance en suivant, d'ordinaire, ce que m'a demandé le premier ministre et que m'ont présenté conjointement le secrétaire général de la présidence Geoffroy de Courcel et le secrétaire général du gouvernement Roger Belin. Ces deux hauts fonctionnaires, au centre et au courant de tout, sont spectateurs muets de la réunion et enregistrent les décisions. Par « communications » des ministres, sont tour à tour soumises au Conseil toutes les questions qui concernent les pouvoirs publics, soit qu'elles donnent lieu à des exposés et à des discussions d'ensemble, soit qu'elles comportent l'adoption d'un texte : projet de loi, décret, communiqué, soit qu'elles impliquent une solution immédiate. Chacun peut demander la parole ; elle lui est toujours donnée. Dans les cas les plus importants, j'invite tous les membres à faire connaître leur avis. De toute façon, le premier ministre présente ses arguments et ses propositions. En fin de compte, j'indique quelle est ma manière de voir et je formule la conclusion. Après quoi, le « relevé des décisions » est arrêté par moi-même et c'est auprès de moi que le ministre de l'Information[3] vient prendre ses directives pour ce qu'il va faire connaître au public de la réunion qui s'achève. Il faut dire qu'aucune semaine ne se passe sans que je donne, au moins une fois, audience au premier ministre et considère avec lui, à loisir, la marche des affaires. En outre, je le reçois avant d'ouvrir toute séance du Conseil afin de préciser ce à quoi il convient d'aboutir. D'ailleurs, les membres du gouvernement viennent me voir à tour de rôle, chacun me rendant compte de ce qu'il fait et projette de faire et prenant acte de mes intentions. Enfin, et à moins d'extrême urgence, des Conseils restreints, groupant les ministres intéressés et leurs principaux fonctionnaires, étudient avec moi les problèmes qui sont en cause. Ce qui fut décidé, de mon fait, à cette époque a pu l'être à tort ou à raison. Je ne crois pas que, jamais, ç'ait été à la légère.

Si, dans le champ des affaires, il n'y a pas pour moi de domaine qui soit ou négligé, ou réservé[4], je ne manque évidemment pas de me concentrer sur les questions qui revêtent la plus grande importance générale. Au point de vue politique, ce sont, au premier chef, celles qui concernent l'unité nationale : ainsi du problème de l'Algérie, des rapports d'association qui remplacent notre souveraineté dans l'Union française, du statut de l'enseignement privé qui met un terme à soixante ans de guerre des écoles[5], des mesures à prendre pour notre agriculture, soit de nous-mêmes, soit dans le Marché commun, du début de participation à la marche des entreprises que représente l'intéressement. Dans l'ordre économique et financier, c'est avant tout à propos du Plan, du budget, de la situation monétaire, que j'ai à intervenir, car tout en dépend et, d'ailleurs, il y faut un arbitrage indiscutable qui naturellement m'incombe. Notre action extérieure requiert mon impulsion, puisqu'elle engage notre pays à longue échéance et d'une manière vitale ; au demeurant, la Constitution rend explicitement le président de la République garant de l'indépendance et spécifie qu'il négocie et ratifie les traités, fait de nos ambassadeurs ses représentants personnels et dispose que ceux des États étrangers sont accrédités auprès de lui. Il va de soi, enfin, que j'imprime ma marque à notre défense, dont la transformation est tracée suivant ce que j'indique et où le moral et la discipline de tous font partie de mon ressort ; cela pour d'évidentes raisons qui tiennent à mon personnage, mais aussi parce que, dans nos institutions, le président répond de « l'intégrité du territoire », qu'il est « le chef des armées », qu'il préside « les conseils et comités de la Défense nationale ».

Avec mon gouvernement, je me trouve donc en rapports constants et approfondis. Cependant, mon rôle n'absorbe pas le sien. Sans doute, l'ayant entendu, ai-je à fixer la direction d'ensemble qu'il doit suivre. Mais la conduite de l'administration est entièrement laissée aux ministres et jamais je n'adresse par-dessus leur tête aucun ordre aux fonctionnaires. Sans doute les Conseils que je tiens donnent-ils lieu à des décisions. Mais tous ceux qui y prennent part s'y font entendre librement et complètement et, au surplus, on n'est ministre que parce qu'on l'a bien voulu et on peut, à son gré, cesser de l'être. Sans doute, s'il m'arrive de téléphoner à Michel Debré ou à l'un de ses collègues, ne suis-je jamais appelé à l'appareil par aucun d'entre eux, mes collaborateurs recevant les communications[6]. Mais tout membre du gouvernement, quand il m'adresse un rapport, est sûr que je le lirai et, quand il me demande audience, est certain que je le recevrai. En somme, je me tiens à distance, mais non point dans une « tour d'ivoire ».

Étant donné l'importance et l'ampleur des attributions du premier ministre, il ne peut être que « le mien ». Aussi l'est-il, choisi à dessein, maintenu longuement en fonction, collaborant avec moi constamment et de très près. Mais, comme nos activités respectives sont non point séparées mais distinctes, comme pour chaque problème posé les données politiques et administratives qu'embrasse le gouvernement doivent m'être présentées sans fard, comme il est bon que les idées et l'action du chef de l'État soient complétées, soutenues et, même, quelquefois compensées par une initiative, une capacité, une volonté, autres que les siennes, il faut que le premier ministre affirme sa personnalité. Michel Debré le fait vigoureusement, tant dans la conception à laquelle il participe que dans la préparation qu'il organise et dans l'exécution qu'il dirige. Tout de même, qu'à bord du navire, l'antique expérience des marins veut qu'un second ait son rôle à lui à côté du commandant, ainsi dans notre nouvelle République l'exécutif comporte-t-il, après le président voué à ce qui est essentiel et permanent, un premier ministre aux prises avec les contingences. Du reste, je tiens pour raisonnable que celui-ci porte sa charge, lourde et lassante entre toutes, pendant une phase déterminée de l'action des pouvoirs publics et soit ensuite placé en réserve. En nommant Michel Debré, je lui ai fait connaître mon intention à cet égard. Quand les institutions, dont il fut au premier rang de leurs architectes, ont fait leurs preuves, quand le redressement économique, financier et monétaire du pays est assuré, quand l'association de la France et de ses anciennes dépendances est réalisée, quand la question de l'Algérie est réglée, quand l'Assemblée nationale élue en 1958 a accompli l'œuvre législative de grande portée que l'on pouvait en attendre, quand, une fois les périls passés, va s'ouvrir une période politique très différente, je juge le moment venu de soulager du présent, en prévision de l'avenir, mon éminent premier ministre. Au mois d'avril 1962, Georges Pompidou prend la place[7].

Au long de ces quarante mois, pas plus que n'ont manqué la valeur et le dévouement de Debré, n'a fait défaut la cohésion du gouvernement nommé sur sa proposition. Certes, à mesure du temps, il s'est produit des changements dans la composition de cet ensemble de vingt-sept personnes. En sont sortis : Félix Houphouët-Boigny, quand la Côte-d'Ivoire l'eut élu président ; Antoine Pinay, faute qu'il ait voulu être ministre d'État en quittant les Finances ; Max Fléchet, qui l'a suivi ; Jean Berthoin et Pierre Chatenet, l'un après l'autre, pour des raisons de santé ; André Boulloche qui, ayant mis sur pied le projet de loi sur l'enseignement privé, a préféré ne pas en faire lui-même l'application ; Jacques Soustelle et Bernard Cornut-Gentille, à cause de l'Algérie ; Roger Houdet qui, après son passage à l'Agriculture, a tenu à retrouver son siège de sénateur ; Robert Lecourt et Henri Rochereau, pour devenir respectivement président de la Cour de justice et membre de la commission de la Communauté économique européenne. Sont entrés au ministère : Wilfrid Baumgartner, qui toutefois pour des motifs privés se retirera avant le terme, Pierre Messmer, Louis Terrenoire, Jean Foyer, Lucien Paye, Edgard Pisani, Robert Boulin, François Missoffe, Jean de Broglie, Christian de La Malène. Mais, s'il y a eu ainsi certains échanges de personnes, André Malraux, Edmond Michelet, Maurice Couve de Murville, Roger Frey, Louis Joxe, Pierre Guillaumat, Jean-Marcel Jeanneney, Robert Buron, Paul Bacon, Bernard Chenot, Pierre Sudreau, Maurice Bokanowski, Raymond Triboulet, Mlle Nafissa Sid Cara, Joseph Fontanet, Valéry Giscard d'Estaing, ont, du premier jusqu'au dernier jour, fait partie du ministère. Certes, ceux qui en furent membres étaient entre eux très différents. Si beaucoup provenaient de groupes divers du Parlement, nombre d'autres sortaient directement de la fonction publique. S'ils étaient tous, au même titre, saisis par l'attrait du pouvoir, empressés à leur fonction, passionnés pour l'intérêt national, ils se montraient inégaux en savoir-faire et en capacité. Si l'aîné approchait de ses soixante-dix ans, le plus jeune en avait trente-deux[8]. Mais, les voyant confrontés à des problèmes aussi brûlants et enchevêtrés que ne le furent, à aucune époque, ceux qui se posèrent à l'État et, d'autre part, toujours entravés par les limites des moyens, je les jugeais, dans leur ensemble, comparables à ce que furent les meilleurs ministres de la France. Aussi longtemps qu'ils furent en place, j'ai porté sincèrement à tous estime et amitié. De tous j'ai reçu des témoignages d'attachement. Chez tous j'ai senti la conviction que l'œuvre de renouveau menée à mon appel par leur équipe était à la dimension de l'Histoire.

Dans l'opinion nationale et internationale, cette unité et cette solidité, qui font contraste avec les errements antérieurs, irritent les groupes de pression. Mais quel profit en tire l'autorité publique ! D'autant mieux qu'en même temps, le Parlement subit dans son activité et dans son comportement des changements qui séparent les pouvoirs et, les tirant d'une confusion chronique, les établissent dans la stabilité. Sans doute est-ce avec peine que maints élus ressentent les contraintes des règles nouvelles et voient que le gouvernement cesse d'être à leur continuelle discrétion. Sans doute se trouve contrarié le désir de ceux qui, naguère, à la faveur des crises, espéraient inlassablement devenir ou redevenir ministres. Sans doute disparaît, par là, un ferment qui animait la vie et l'éloquence parlementaires et sans lequel les discussions perdent de leur dramatique attrait. D'ailleurs, la complexité de la société moderne pour laquelle légifèrent les Chambres complique leur tâche de plus en plus. Les sujets de leurs délibérations sont si variés et divers que les interventions foisonnent. Mais, comme sessions et séances sont limitées, il en résulte que les « temps de parole » se trouvent réduits à l'extrême. De ce fait, auquel s'ajoutent la primauté des considérations techniques et l'embrigadement des opinions, on ne mêle plus guère aux débats les émouvantes généralités, envolées et argumentations dont les grandes voix d'autrefois remuaient et charmaient l'assistance. Une sorte de mécanisation morose régit maintenant les Assemblées. À moi, qui ai toujours révéré les talents oratoires dont s'illustrait la tribune française, cet effacement de la rhétorique inspire de la mélancolie. Mais je me console en voyant disparaître le trouble qui, sous le signe « des jeux, des poisons, des délices[9] » parlementaires, marqua la IIIe et la IVe République et les emporta toutes les deux.

En prenant mes fonctions, je fais connaître au Parlement par un message qu'il faut qu'il en soit ainsi : « Le caractère de notre époque et le péril couru par l'État faute de l'avoir discerné ont conduit le peuple français à réformer profondément l'institution parlementaire. Cela est fait dans les textes. Il reste à mettre en pratique les grands changements apportés au fonctionnement des assemblées et aux rapports entre les pouvoirs. En le faisant, l'Assemblée nationale assurera, pour ce qui la concerne, à l'État républicain l'efficacité, la stabilité et la continuité exigées pour le redressement de la France... Là sera l'épreuve décisive du Parlement[10]. » Par la suite, je vais m'employer à ce que ne soit pas altérée peu à peu et en détail la réforme capitale du système représentatif, suivant laquelle le Parlement, s'il délibère et vote les lois et contrôle le ministère, a cessé d'être la source d'où procèdent la politique et le gouvernement. C'est pourquoi les messages, qu'à plusieurs reprises j'adresse aux Chambres[11], leur notifient de graves initiatives qu'en dehors d'elles j'assume de mon propre chef. C'est pourquoi, lors de la formation du ministère Debré, puis de celui qui le remplace, je me garde de consulter les groupes parlementaires, parce que ce serait les faire entrer, comme jadis, dans une opération qui n'est plus de leur ressort. C'est pourquoi j'appelle à faire partie du ministère maintes personnalités qui ne sont pas parlementaires. C'est pourquoi j'invite le gouvernement à saisir le Conseil constitutionnel des règlements que tentent de se donner les Chambres et qui excèdent leurs attributions ; par cette voie, les règlements sont, en effet, amendés. C'est pourquoi, en trois ans et demi, je n'autorise que quatre fois le premier ministre à poser la question de confiance, car le droit à censure suffit. C'est pourquoi, en mars 1960, je ne consens pas à la convocation d'une session extraordinaire pour discuter des problèmes agricoles[12], session que demandent cependant, à des fins évidentes de propagande électorale, plus de la moitié des députés et des sénateurs, mais qui, suivant les textes, ne peut avoir lieu que si je la décrète. C'est pourquoi, enfin, jugeant que Georges Pompidou est qualifié pour devenir à son tour mon premier ministre, je le nomme à cette fonction, bien qu'il ne soit ni membre, ni familier, du Parlement.

Mais, tout en empêchant l'institution de retourner par des détours aux abus qui l'avaient compromise et risquaient de détruire l'État, je ne lui témoigne pas moins la considération qu'elle m'inspire et ma conviction qu'elle est indispensable à notre pays à condition de ne pas sortir des limites exigées. D'ailleurs, et faute de pouvoir prendre directement le contact des Assemblées, je me tiens constamment au courant de ce qui s'y passe. Jacques Chaban-Delmas, président de l'Assemblée nationale, vient fréquemment m'en entretenir. J'apprécie fort l'intelligence déliée des choses et la bonne grâce à l'égard des gens qui le désignent comme un modèle pour conduire les travaux de la Chambre, soit du haut de son fauteuil, soit en maniant les hommes, les groupes et les commissions. Venu tout jeune et d'un bond au premier rang de l'action dans la Résistance, il y est resté dans la politique, sans que les années semblent marquer son ardeur, ni son allure. Mais, s'il paraît ouvert aux contacts, éclectique quant aux idées, flexible dans les procédés, Chaban-Delmas s'est, depuis 1940, résolu à me suivre et attaché à la cause du salut et du renouveau national. Tant que je dirige ce combat, je constate que son adresse va de pair avec son mérite sans estomper sa rectitude[13].

Le président du Sénat, Gaston Monnerville, m'expose, lui aussi, ce qu'il pense des sujets politiques. Il n'a pas encore pris l'attitude qui, un jour, l'éloignera de moi. Cet Antillais est habile et, par là, bien établi dans sa fonction. Il est passionné pour tout ce qui concerne les attributions et le prestige de l'Assemblée qu'il préside littéralement de fondation. Il est exclusif dans la conception qu'il s'est faite, en d'autres temps, du régime républicain. À l'époque de Vichy et de l'Occupation, cette conception, jointe à son patriotisme, l'avait jeté dans la Résistance. Mais, à présent, figée comme elle l'est, elle risque de le porter à méconnaître une évolution nécessaire et à en juger sans équité[14].

Outre ces entretiens avec les deux présidents, maints autres chemins me relient au Parlement. Les bureaux de l'une et de l'autre Chambre, ceux des groupes, ceux des commissions, sont reçus régulièrement à l'Élysée. De nombreuses audiences individuelles y amènent tel ou tel député ou sénateur et je trouve, la plupart du temps, grand intérêt aux propos de ces hommes qui se font l'écho des soucis et des souhaits des électeurs. D'ailleurs, mon frère Pierre a été sénateur de la Seine et président du conseil municipal de Paris et mon beau-frère Jacques Vendroux est député et maire de Calais. Ma visite à chaque département comporte toujours une réunion autour de moi des parlementaires pour l'étude de la situation locale. Il n'est point de cérémonie ou de réception officielle qui ne placent des représentants du peuple aux côtés du chef de l'État. Enfin, je prends connaissance des principaux débats du Parlement avec soin et, dans une large mesure, avec satisfaction, car leurs résultats sont, dans l'ensemble, positifs. Il est vrai que, tant que dure le drame algérien, les partis se résignent vaille que vaille à la sourdine ; que les règles posées par la Constitution sont telles qu'une crise ministérielle est difficile à provoquer ; que l'on sait que la dissolution serait prononcée aussitôt si la censure était votée[15] ; qu'il existe à l'Assemblée nationale un groupe de plus de deux cents membres élus pour soutenir de Gaulle et, par suite, son gouvernement et qui, sauf quelques dissidents moins nombreux que les doigts des deux mains, demeure compact et résolu[16] ; qu'enfin le premier ministre, qui fixe l'ordre du jour des Chambres, organise leur coopération avec l'exécutif et prend part aux délibérations, trouve chez les parlementaires la considération que lui mérite son talent. En tout cas, l'œuvre législative réalisée pendant cette période sera des plus importantes.

Indépendamment des budgets qui, régulièrement discutés et toujours votés à temps, maintiennent les finances en équilibre et contribuent à l'ordre dans les domaines économique, administratif et social, un grand ensemble de réformes est accompli par la loi. Par exemple : sont mis en œuvre les programmes d'équipement de la nation, quant aux industries de base, aux universités, aux lycées et aux écoles, à la santé publique et aux hôpitaux, à la recherche scientifique, à la construction de logements, à l'activité sportive. Sont fixés le cadre dans lequel évolue notre agriculture et les moyens nécessaires à sa transformation : orientation, investissements, marchés, assurances sociales, enseignement, distribution de l'eau. Est facilitée la promotion sociale des travailleurs par la formation professionnelle, l'adaptation à des emplois nouveaux, la création d'instituts universitaires du travail, l'accès au rang de technicien supérieur et d'ingénieur. Sont réglés, sur le rapport de la commission présidée par Pierre-Olivier Lapie et où se rencontrent des compétences et des tendances très diverses, le concours que l'État apporte à l'enseignement privé, le contrôle qu'il y exerce et les obligations qui y sont imposées[17]. Sont assurées la protection des monuments historiques et l'exécution des travaux qui restituent les plus grands dans leur originelle splendeur. Est érigée en une région l'agglomération parisienne et créé le district qui en fera un tout planifié. Est mis en route le développement rationnel des départements et des territoires d'outre-mer. Est limité le privilège abusif des bouilleurs de cru. Est adopté le plan de modernisation de la Défense nationale, désormais fondée sur trois éléments : une force atomique destinée à agir par le sol, par la mer et par l'air ; un ensemble de grandes unités de l'armée, de la marine et de l'aviation, fait pour le choc, la manœuvre et l'intervention ; un système terrestre, naval et aérien de défense du territoire.

Les mêmes épreuves nationales, qui bouleversèrent les pouvoirs exécutif et législatif, n'avaient pas laissé d'ébranler le pouvoir judiciaire. Reprenant la tête, je le trouvais en pleine crise de dépression. C'était vrai, d'abord, pour son recrutement. Bien que le niveau d'entrée dans la magistrature ait été abaissé, bien qu'on en ait ouvert l'accès aux femmes, bien que les avocats, les avoués, les professeurs de droit, y fussent admis pour ainsi dire d'office, il devenait impossible de pourvoir à tous les emplois et on pouvait se demander si, parmi ceux qui les remplissaient, n'allait pas apparaître un lot d'insuffisants et d'incapables. En effet, cette vocation, par excellence honorable et désintéressée, comportait peu d'avantages matériels en un temps où les affaires semblaient en offrir beaucoup. En outre, les secousses morales que les événements avaient fait subir à un corps qui, entre tous, y est le plus sensible en diminuaient à la fois l'attrait et la cohésion. Telles étaient les conséquences accumulées des serments d'obédience imposés naguère par Vichy, des pressions qu'avaient exercées ce régime et l'ennemi pour que soient condamnés les résistants et les opposants, des sanctions prises à l'égard des juges qui n'y obtempéraient pas, à quoi avait succédé l'inévitable épuration opérée lors de la Libération. Plus récemment, la carrière judiciaire, qui exige l'indépendance, avait dû subir l'intrusion de la politique dans son administration, puisque, aux termes de la Constitution de 1946, plusieurs membres du Conseil supérieur de la magistrature étaient désignés par l'Assemblée nationale, autrement dit par les partis. Enfin, le malaise de la justice était accru par le caractère périmé de son organisation — les tribunaux se trouvant mal répartis et trop nombreux pour une population de plus en plus concentrée dans les villes — et par l'insuffisance de ses moyens techniques et matériels, alors que sa mission revêt une croissante complexité.

Une profonde réforme judiciaire était donc indispensable. Le 22 décembre 1958, je la réalisais, sur la proposition de Michel Debré alors garde des Sceaux, par deux ordonnances portant lois organiques liées à la Constitution nouvelle et relatives, l'une au statut de la magistrature, l'autre à son Conseil supérieur. Pour recruter les magistrats, unifier leur origine, leur donner une première formation, était créé le Centre d'études judiciaires qui s'installait à Bordeaux et qui serait à la justice ce que l'École nationale d'administration est à la fonction publique. Pour que les juges aient une situation matérielle et morale digne de leur état, la hiérarchie était ramenée à deux grades, ce qui régularisait et accélérait l'avancement, les traitements recevaient une très notable majoration, le Conseil supérieur de la magistrature était, par les changements apportés à sa composition et à ses attributions, dégagé de la politique. Pour adapter l'organisation judiciaire à la structure actuelle du pays, étaient supprimés les tribunaux d'arrondissement et les justices de paix et institués les tribunaux de grande instance où se concentraient les affaires, tandis qu'étaient renforcées les cours d'appel et, du haut en bas, simplifiées les procédures[18].

À l'Élysée, je préside le Conseil supérieur de la magistrature, dont le secrétariat général est assuré auprès de moi par Pierre Chabrand. Là me sont rapportées, en vue des nominations, affectations, distinctions, que j'aurai à décréter, les propositions adressées par le garde des Sceaux ou par la Cour de cassation. Là me sont exposées les causes des condamnés qui demandent leur grâce. Là me sont fournis, sur chaque sujet général ou particulier, les avis du ministre et des neuf autres membres. Afin que ce qui est exprimé ne soit en rien influencé par ma propre manière de voir, je ne formule mes décisions qu'une fois la séance terminée.

En dehors du Conseil, pour suivre l'application de la grande réforme, j'écoute les rapports que m'en fait le ministre, Edmond Michelet, esprit ouvert, cœur généreux, compagnon fidèle, dont les combats de la Résistance, les horreurs de la déportation, les blessures de la lutte politique, ont assombri les illusions sans entamer l'indulgence. J'entends Nicolas Battestini, premier président de la Cour de cassation, et mon ami Maurice Patin, président de la chambre criminelle. Je recueille l'avis des premiers présidents de cour d'appel et des procureurs généraux que je reçois périodiquement à Paris et avec qui je prends contact lors de mes voyages en province. Ainsi puis-je voir les magistrats français émerger du doute et de l'amertume où ils étaient souvent plongés, mais rester exposés aux coups que leur porte notre époque. Je les vois, tels qu'ils sont presque tous, modestes dans leur existence, dignes et honnêtes dans leur conduite, mais, par là, assez isolés au milieu d'une société matériellement avide et moralement bouleversée. Je les vois, scrupuleux dans les enquêtes qu'ils mènent et les procès qu'ils jugent, mais contrariés et intimidés par le tumulte des spécialistes d'opinion publique qui, d'ordinaire, aspirent au scandale et prennent parti pour l'impunité. Bref, je les vois attachés avec conscience et, souvent, avec distinction à leur exigeant devoir, mais en proie à l'esprit d'une fin de siècle où les vents dominants sont ceux du relâchement et de la médiocrité. Cependant, l'effort de redressement entrepris dans ce domaine comme dans les autres commence à porter ses fruits. À partir de la réforme, s'améliorent progressivement la situation des magistrats et le fonctionnement des tribunaux, s'accroissent le nombre et la qualité des jeunes candidats à la carrière, s'affermit le pouvoir judiciaire dont dépendent, à tant d'égards, la condition de l'homme et les assises de l'État.

En somme, j'exerce ma fonction de manière à conduire l'exécutif, à maintenir le législatif dans les limites qui lui sont imparties, à garantir l'indépendance et la dignité du judiciaire. Mais, en outre, j'ai activement affaire aux grands corps qui conseillent l'État, au lieu de n'avoir avec eux que des rapports de forme et de convenance. Le Conseil constitutionnel, qui vient d'être créé, est en liaison régulière avec moi, notamment en la personne de son président, Léon Noël. Tout ce que peut offrir une vaste expérience juridique, administrative, diplomatique et politique, quand elle est jointe à la valeur d'un esprit d'envergure et à l'ardeur d'un patriote, il l'apporte aux avis qu'il me donne sur le fonctionnement de nos nouvelles institutions. Au Conseil économique et social[19], les représentants des principales activités du pays examinent les projets touchant au progrès et au développement, en particulier le Plan. Je consulte leurs compétences : le président Émile Roche, bien informé de tout, Robert Bothereau et Gabriel Ventejol de la C.G.T.F.O., Maurice Bouladoux et Georges Levard de la C.F.T.C., Pierre Le Brun de la C.G.T., André Malterre et Roger Millot de la C.G.C., Léon Gingembre des P.M.E., Joseph Courau et

Albert Génin de la F.N.S.E.A., Marcel Deneux et Michel Debatisse des Jeunes Agriculteurs, René Blondelle des chambres d'agriculture, Georges Villiers du Patronat, Georges Desbrière des chambres de commerce, etc. Avec intérêt, j'écoute ces hommes qualifiés, d'autant plus volontiers que, pendant nos entretiens, leurs propos gardent un ton mesuré qui fait contraste avec le tour virulent de leurs déclarations publiques. Cependant, intransigeants qu'ils sont à faire valoir leurs points de vue opposés, mais sachant que l'État est l'arbitre et, souvent, le dispensateur, c'est sur lui que chacun concentre ses griefs et ses exigences.

Le Conseil d'État est, autant que jamais, une élite d'intelligences formées par l'étude du droit et des sciences économiques et dont les plus jeunes ont fleuri récemment aux parterres de l'École nationale d'administration. Dans ses examens juridiques et ses jugements au contentieux, beaucoup de ses membres demeurent, à tout âge, fidèles aux principes d'impartialité qui sont sa raison d'être et ont fait sa grandeur. Plusieurs d'entre eux qui sont auprès de moi et nombre d'autres détachés dans des postes administratifs ou aux côtés des ministres y déploient de brillants mérites. Mais certains se livrent volontiers aux courants de la politique. C'est le cas, en particulier, de ceux qui, ayant naguère quitté le Conseil pour être parlementaires et, même, devenir ministres, l'ont réintégré après des déboires électoraux. Il en résulte que les « avis » formulés au Palais-Royal sur les décrets et projets de loi préparés par le gouvernement se ressentent quelquefois des tendances. René Cassin, qui fut en temps de guerre et de paix un champion de la démocratie et un apôtre des Droits de l'homme, puis Alexandre Parodi, consacré par les grands services qu'il a rendus à la République quand le danger était au plus fort, dirigent successivement les travaux du Conseil. Ils m'en font l'exposé assez clairement pour que j'en tire profit et assez sincèrement pour que j'y discerne ce qui doit être pris et laissé[20]. La situation du corps judiciaire, ses besoins, ses souhaits, le fonctionnement de la Cour de cassation, toujours formée de magistrats éminents mais submergée de causes accumulées et à qui manquent moyens et auxiliaires, sont les sujets qu'éclairent pour moi le premier président Battestini et le procureur général Besson. Le rôle de la Cour des comptes est remis en honneur et en vigueur, dès lors que le sont l'équilibre du budget et l'ordre dans les dépenses. Le premier président Roger Léonard et le procureur général Vincent Bourrel, quand ils viennent me soumettre les résultats des contrôles de l'Assemblée, savent que je les utiliserai moi-même, d'autant mieux que, les retards quasi séculaires étant maintenant comblés, ils s'appliquent aux exercices récents[21].

Le délégué général : Pierre Piganiol puis André Maréchal, me tient au fait des travaux de plus en plus vastes de la recherche scientifique, des désirs de plus en plus étendus des chercheurs, des besoins de plus en plus grands des laboratoires. Je suis de près l'activité du Commissariat à l'énergie atomique dont me rendent compte le haut-commissaire Francis Perrin, l'administrateur général Pierre Couture et le directeur des applications militaires l'ingénieur principal Jacques Robert, ce dernier étant l'animateur et le maître d'œuvre des recherches, travaux et expériences d'où sort notre armement nucléaire. Ce qui se passe dans les armées et ce qu'on y souhaite m'est exposé régulièrement par le général chef d'état-major de leur ensemble, successivement : Ely, Olié et Ailleret, ainsi que par le chef d'état-major et l'inspecteur de chacune des trois ; leurs rapports complètent utilement, pour ma gouverne, ceux que m'en fait le ministre. Enfin, j'ai souvent affaire au général Catroux, grand chancelier de la Légion d'honneur. Pour couronner sa magnifique carrière, il élabore le code nouveau en vertu duquel l'Ordre va être guéri de sa maladie d'inflation et prépare l'acte qui, bientôt, instituera l'ordre du Mérite national[22]. Quant à l'ordre de la Libération, la vie exemplaire qu'il mène et dont m'entretient son chancelier : le général Ingold puis Claude Hettier de Boislambert, est pour moi un réconfort.

Sur un plan complètement différent, mais auquel j'attache un grand prix, je reçois à plusieurs reprises la visite, toujours discrète et pleine d'intérêt, du comte de Paris. Avec beaucoup de hauteur de vues et de pertinence, l'héritier de nos rois ne se montre soucieux que de l'unité nationale, du progrès social, du prestige de notre pays. C'est de cela qu'il me parle et de la même remarquable manière qu'en traite le *Bulletin* où sont exposées ses idées. Je dois dire que, de chaque entretien avec le chef de la maison de France, je tire profit et encouragement[23].

C'est pour me rendre compte de leur action et de leurs difficultés que viennent me voir, sur ma convocation, les hommes qui, au premier rang de la fonction publique, répondent de l'exécution. Ainsi des principaux directeurs de ministère : leur tâche ne cesse de s'accroître à mesure que s'étend le domaine administratif. Ainsi des dirigeants des services publics et des entreprises nationalisées : sans doute sont-ils épargnés par les affres de la concurrence, mais, en revanche, il leur faut subir les entraves de la tutelle des Finances et, en même temps, les revendications dispendieuses des syndicats. Ainsi des préfets : tout leur est imputé de ce qui se passe dans leur département, notamment pour ce qui concerne l'économique et le social et qui est, à présent, au premier plan, mais le fait est que leur autorité est reconnue partout et qu'ils sont effectivement les chefs de la vie locale. Ainsi de nos ambassadeurs : pour eux aussi, les questions pratiques, techniques, commerciales, deviennent essentielles à leur mission et, à cet égard-là comme à d'autres, ils mesurent ce que vaut la restauration du crédit politique de la France. Ainsi nos recteurs d'académie : ils voient avec satisfaction sortir de terre des universités, des lycées, des collèges, des écoles, et affluer des professeurs nouveaux, mais ils pressentent les secousses qu'entraînera, tôt ou tard, la marée montante des effectifs scolaires et ils s'inquiètent de la crise qui menace d'éclater, un jour, dans leurs établissements, où une partie du corps enseignant ne cesse de battre en brèche l'autorité, quelle qu'elle soit, et compromet son prestige traditionnel par des grèves répétées qui scandalisent ses disciples. Ainsi des commandants des régions militaires, maritimes et aériennes : les événements d'Algérie n'ont dévoyé aucun d'entre eux mais les ont moralement éprouvés ; tous sont anxieux, par-dessus tout, de voir la France reconstruire sa puissance.

En somme, les corps constitués français forment toujours un tout capable et digne. Grâce au sens des réalités et de l'organisation qui inspira jadis les architectes du monument, celui-ci dure depuis Napoléon en dépit de toutes nos épreuves et de l'incroyable instabilité de nos régimes et gouvernements. Certes, il faut maintenant assouplir les modes de recrutement, élargir les domaines et les circonscriptions, adapter ces divers corps à l'évolution qui met l'économique, le social, le scolaire, au premier plan de l'action publique et fait passer la France d'une existence rurale et villageoise à une autre industrielle et urbaine. Mais demeurent valables : leur conception d'origine, l'expérience qu'ils ont acquise, l'idée que s'en fait la nation qui, volontiers, les fronde et les brocarde mais n'entend pas les détruire. De leur côté, ils apprécient l'espèce de révolution qui donne une tête à la République. Un sentiment d'allègre contentement plane sur les réunions qui groupent leurs représentants autour du général de Gaulle, comme à l'Élysée pour les vœux de nouvelle année, ou dans les départements à l'occasion de mes visites. Chacun y est fort aise de sentir que l'édifice de l'État a désormais sa clef de voûte, cimentée avec les piliers.

Mais c'est au peuple lui-même, et non seulement à ses cadres, que je veux être lié par les yeux et les oreilles. Il faut que les Français me voient et m'entendent, que je les entende et les voie. La télévision et les voyages publics m'en donnent la possibilité.

Pendant la guerre, j'avais tiré beaucoup de la radio. Ce que je pouvais dire et répandre de cette façon avait certainement compté dans le resserrement de l'unité nationale contre l'ennemi. Après mon départ, les ondes m'étant refusées[24], ma voix n'avait plus retenti que dans des réunions locales. Or, voici que la combinaison du micro et de l'écran s'offre à moi au moment même où l'innovation commence son foudroyant développement. Pour être présent partout, c'est là soudain un moyen sans égal. À condition toutefois que je réussisse dans mes apparitions. Pour moi, le risque n'est pas le premier, ni le seul, mais il est grand[25].

Si, depuis les temps héroïques, je m'étais toujours contraint, quand je discourais en public, à le faire sans consulter de notes, au contraire, parlant dans un studio, mon habitude était de lire un texte. Mais, à présent, les téléspectateurs regardent de Gaulle sur l'écran en l'entendant sur les ondes. Pour être fidèle à mon personnage, il me faut m'adresser à eux comme si c'était les yeux dans les yeux, sans papier et sans lunettes. Cependant, mes allocutions à la nation étant prononcées *ex cathedra* et destinées à toutes sortes d'analyses et d'exégèses, je les écris avec soin, quitte à fournir ensuite le grand effort nécessaire pour ne dire devant les caméras que ce que j'ai d'avance préparé. Pour ce septuagénaire, assis seul derrière une table sous d'implacables lumières, il s'agit qu'il paraisse assez animé et spontané pour saisir et retenir l'attention, sans se commettre en gestes excessifs et en mimiques déplacées.

Maintes fois en ces quatre ans[26], les Français, par millions et par millions, rencontrent ainsi le général de Gaulle. Toujours, je leur parle beaucoup moins d'eux-mêmes que de la France. Me gardant de dresser parmi eux ceux-ci contre ceux-là, de flatter l'une ou l'autre de leurs diverses fractions, de caresser tel ou tel de leurs intérêts particuliers bref d'utiliser les vieilles recettes de la démagogie, je m'efforce au contraire de rassembler les cœurs et les esprits sur ce qui leur est commun, de faire sentir à tous qu'ils appartiennent au même ensemble, de susciter l'effort national. En chaque occasion, je vise à montrer où nous en sommes collectivement devant le problème du moment, à indiquer comment nous pouvons et devons le résoudre, à exalter notre volonté et notre confiance d'y réussir. Cela dure vingt minutes environ. Le soir, le spectacle paraît sur la scène universelle sans que murmures ni applaudissements me fassent savoir ce qu'en pense l'immense et mystérieuse assistance. Mais ensuite, dans les milieux de l'information, s'élève, à côté du chœur modeste des voix favorables, le bruyant concert du doute, de la critique et du persiflage stigmatisant mon « autosatisfaction ». Par contre, il se découvre que, dans les profondeurs nationales, l'impression produite est que : « C'est du sérieux ! », que : « De Gaulle est bien toujours pareil ! », que : « Ah ! tout de même ! la France, c'est quelque chose ! » L'effet voulu est donc atteint, puisque le peuple a levé la tête et regardé vers les sommets.

Cependant, mes allocutions sont nécessairement trop sommaires pour que j'y traite des grandes questions avec assez de précision. Pour le faire, j'utilise la conférence de presse, d'ailleurs télévisée et radiodiffusée et dont la plupart des journaux reproduisent le texte intégral. Deux fois par an[27], sont invités à l'Élysée les délégués de toutes les publications françaises, les représentants de toutes les agences internationales, les correspondants de tous les organes étrangers. Il s'y joint quelques fonctionnaires spécialisés des ministères et des ambassades. Le gouvernement est là, groupé à côté de moi. Un millier de participants sont assis dans la salle des fêtes pour assister à cette espèce de cérémonie rituelle à laquelle les souvenirs du passé et les curiosités du présent donnent une dimension mondiale. Je m'y trouve devant la sorte d'assistance qui est la moins saisissable, formée de gens que leur métier blase au sujet des valeurs humaines, dont les jugements ne portent qu'à condition d'être acérés et qui, souvent, en vue du titre, du tirage, de la sensation, souhaitent d'avoir à décrire des échecs plutôt que des réussites. Il n'empêche qu'à travers leur réserve, leur ironie, leur scepticisme, je discerne l'avidité de ces informateurs et la considération de ces connaisseurs. À l'intérêt qu'ils me témoignent répond celui que je leur prête. Il en résulte qu'une atmosphère d'attention soutenue enveloppe la conférence et souligne le caractère qu'elle a d'être, à chaque fois, un événement.

D'ailleurs, j'ai soin qu'elle annonce des décisions, en même temps qu'elle prend le tour d'un examen des problèmes. Les sujets sont, naturellement, imposés par les circonstances. Ce que je compte dire de chacun a été, quant à l'essentiel, bien préparé. D'autre part, mon chargé de mission pour la presse s'est assuré avant la réunion que des questions me seront posées à leur propos. J'y réponds donc à mesure, de telle sorte que le tout soit l'affirmation d'une politique. Bien entendu, il ne manque pas d'interrogations malicieuses qui visent à m'embarrasser. J'arrête ces tentatives par quelques boutades qui font rire. Pendant une heure et demie, l'action et les intentions de la France en ce qui concerne : les institutions, l'économie, les finances, les questions sociales, la décolonisation, l'Algérie, les affaires étrangères, la défense, etc., sont ainsi mises en lumière et, je le crois bien, plus franchement et complètement qu'elles ne le furent jamais auparavant. À peine ai-je terminé que se déchaîne la ruée vers les téléscripteurs, les téléphones, les salles de rédaction. Le lendemain, paraissent les déclarations que les porte-parole de toutes les tendances prodiguent sur mes propos, les interprétations qu'en donnent en exergue les radios françaises et étrangères, les articles, généralement hostiles, ou du moins pointus et piquants, qui les évoquent dans tout ce qui s'imprime. Puis l'information, ayant montré par son propre tumulte que mes déclarations ont « passé la rampe », se rassure elle-même en concluant : « Il n'a rien dit de nouveau ! »

Par le son et l'image, je suis proche de la nation, mais en quelque sorte dans l'abstrait. D'autre part, les cérémonies publiques, les prises d'armes, les inaugurations, auxquelles je donne assurément toute la solennité voulue, mais où je figure entouré du rituel qui est de rigueur, ne me mettent guère au contact direct des personnes. Pour qu'un lien vivant s'établisse entre elles et moi, j'entends me rendre dans tous les départements. Entre le début et le milieu de ce septennat, indépendamment des tournées outre-mer, j'en aurai vu, en trois ans et demi, soixante-sept dans la Métropole. Ainsi se déroulent en province dix-neuf voyages de quatre, cinq ou six jours. Pendant l'année 1959, je visite, en février : la Haute-Garonne, le Gers, l'Ariège, les Pyrénées-Orientales, les Hautes-Pyrénées, les Basses-Pyrénées ; en avril : l'Yonne, la Nièvre, l'Allier, la Saône-et-Loire, la Côte-d'Or ; en mai : le Cher, l'Indre, le Loiret, le Loir-et-Cher, l'Indre-et-Loire ; en juin : le Cantal, la Haute-Loire, le Puy-de-Dôme, la Loire ; en septembre : le Pas-de-Calais, le Nord ; en novembre : le Territoire de Belfort, le Haut-Rhin, le Bas-Rhin. Pour 1960, ce sont, en février : le Tarn, l'Aude, le Gard, l'Hérault ; en juillet : la Manche, l'Orne, le Calvados, l'Eure, la Seine-Maritime ; en septembre : le Finistère, les Côtes-du-Nord, le Morbihan, la Loire-Atlantique, l'Ille-et-Vilaine ; au début d'octobre : l'Isère, la Haute-Savoie, la Savoie ; à la fin du même mois : les Hautes-Alpes, les Basses-Alpes, les Alpes-Maritimes. Pour 1961, en avril : les Landes, le Tarn-et-Garonne, le Lot-et-Garonne, la Dordogne, la Gironde ; en fin de juin et début de juillet : la Meuse, les Vosges, la Meurthe-et-Moselle, la Moselle ; en septembre : l'Aveyron, la Lozère, l'Ardèche ; en novembre : la Corse, le Var, les Bouches-du-Rhône. Pour le premier semestre de 1962, en mai : le Lot, la Corrèze, la Creuse, la Haute-Vienne ; en juin : la Haute-Saône, le Jura, le Doubs[28].

Chaque département est parcouru tout entier du matin au soir. Le programme ne change guère de l'un à l'autre. Grande réception au chef-lieu, comportant : sur l'esplanade, la revue des troupes ; à la préfecture, les réunions successives des parlementaires, du conseil général, des corps constitués, des maires de toutes les communes, et les audiences données aux délégations, à l'évêque du diocèse, au pasteur, au rabbin, aux principaux fonctionnaires, aux officiers généraux ; à l'hôtel de ville, la présentation du conseil municipal, puis celle des personnalités ; sur la grande place, où est amassée une foule considérable et où l'enthousiasme se déchaîne, le discours à la population ; entre-temps, si c'est dimanche, la messe à la cathédrale ; en tout cas, le grand dîner offert aux élus et aux notables à la préfecture où je passe la nuit. Cérémonies du même genre dans les sous-préfectures et d'autres agglomérations, où ont toujours lieu l'accueil à l'hôtel de ville, l'adresse solennelle de la municipalité, l'allocution aux habitants rassemblés. Traversée de multiples bourgs et villages, où le cortège fait halte afin que, devant tout le monde, le maire salue le général de Gaulle et que celui-ci lui réponde. Au long du chemin, visites d'usines, de chantiers, de mines, d'exploitations agricoles, d'universités, de laboratoires, d'écoles, d'établissements militaires, etc. Dans toutes les localités, grandes ou petites, où je m'arrête, l'attroupement populaire est chaleureux, l'ambiance joyeuse, le pavoisement touchant. Sur les routes que je suis, les gens viennent en grand nombre pour applaudir. Où que je prenne la parole en public retentissent d'ardentes acclamations. Toutes les *Marseillaises* que j'entonne sont chantées en chœur par toutes les voix. Quand je me mêle à la foule ou vais à pied par les rues, tous les visages s'éclairent, toutes les bouches crient leur plaisir, toutes les mains se tendent vers moi. En soixante-dix jours, j'ai vu douze millions de Français, parcouru quarante mille kilomètres, parlé six cents fois dans des conseils ou des réunions, quatre cents fois du haut des tribunes, serré cent milliers de mains. Pendant le même temps, ma femme, en toute discrétion, est allée voir quelque trois cents hôpitaux, maternités, maisons de retraite, orphelinats, centres d'enfants malades ou handicapés. Au cours de tous mes voyages, deux seuls épisodes discordants : peu de monde à Grenoble pour m'écouter devant la préfecture ; coïncidence de mon passage dans le port de Marseille avec une grève des dockers qui déploient, au bout des jetées, les banderoles de leurs revendications[29]. Au total, il se produit autour de moi, d'un bout à l'autre du territoire, une éclatante démonstration du sentiment national qui émeut vivement les assistants, frappe fortement les observateurs et apparaît ensuite partout grâce à la télévision. Dans chacune de ses contrées, notre pays se donne ainsi à lui-même la preuve spectaculaire de son unité retrouvée. Il en est ému, ragaillardi, et moi j'en suis rempli de joie.

D'ailleurs, des moissons d'impressions et de précisions pratiques sont récoltées au cours de ces tournées. Sur le relief immuable de la France et le fond permanent de ses populations, je vois sur place comment est accomplie et peut être améliorée la transformation que lui font subir une industrie devenue primordiale, une agriculture désormais mécanisée, une natalité maintenant considérable, une scolarité de plus en plus débordante, des transports que le moteur multiplie et accélère de jour en jour. Bien que notre pays, comparé à d'autres, tels que l'Allemagne, l'Angleterre, la Belgique, les Pays-Bas, rencontre en lui-même, à cause de sa géographie, de son manque de matières premières, de sa faible densité humaine et de son caractère à la fois contestataire et conservateur, des résistances particulièrement fortes quant aux changements nécessaires, bien que ceux-ci présentent entre les régions, plus diverses qu'elles ne le sont ailleurs, de grandes différences de dimension et de rythme, ils n'en sont pas moins en cours partout. Où que j'aille, une fois évoqué dans les adresses ce qui est dû aux souvenirs de la Libération, les préfets, les élus, les délégués, les fonctionnaires, ne m'entretiennent que de construction, d'urbanisation, de création de zones industrielles, pour les villes en expansion ; de crédits, de marchés, de remembrement, de distribution de l'eau, de travaux de voirie, pour les campagnes qui se modernisent ; de facultés, d'écoles, de lycées, de collèges techniques, qui ne sont jamais assez nombreux ni assez grands ; de routes à élargir, de canaux à creuser, d'aérodromes à installer, afin que la vie circule mieux et que la prospérité vienne plus vite. Ce que j'entends et vois me fait discerner sur place, dans leur rigueur et leur étendue, les nécessités nationales que sont : l'équipement et l'aménagement du territoire, la création de régions et la fusion de communes en vue d'agrandir des circonscriptions administratives trop petites pour notre temps, la participation directe, depuis le haut jusqu'en bas, des organismes économiques et sociaux à l'étude et à l'application des plans qui n'incombent encore qu'à des conseils sortis de l'élection politique[30]. Au retour à Paris, les conclusions que je tire de mes voyages et les observations qu'en rapportent les ministres qui m'ont accompagné contribuent à éclairer l'action du gouvernement.

Mis à part les déplacements officiels en France et à l'étranger, les conférences à Rambouillet, les séjours à Colombey-les-Deux-Églises, soit au total le quart de mon temps, c'est naturellement à l'Élysée que se déroule mon existence[31]. Le déterminisme de l'Histoire m'a installé dans ce palais, dont j'apprécie la grâce quelque peu désuète et la situation assez commode par rapport aux divers ministères, mais qui présente, à mes yeux, certains inconvénients. Naguère en bordure de Paris, l'Élysée est maintenant enclavé dans la capitale, ce qui, compte tenu des servitudes que m'imposent conjointement la sécurité, le protocole, la circulation, la curiosité publique, fait qu'en somme j'y suis enfermé, à moins que, dûment escorté sur les avenues vidées de voitures et bordées d'assistants chaleureux, je ne me rende à la cérémonie, au monument ou à l'exposition. L'édifice comporte des salons fort beaux, garnis de meubles anciens, à peine suffisants pour les inévitables réceptions, mais n'offre que très peu de place aux services d'une présidence devenue très active. En outre, depuis que l'immeuble appartient au domaine national, en vertu du legs que Mme de Pompadour fit au roi, peu de grands événements y ont laissé leur souvenir, à l'exception, non exemplaire, de l'ultime abdication de Napoléon 1er et du déclenchement par son neveu du coup d'État du 2 décembre. Pour toutes ces raisons, je me suis demandé s'il ne convenait pas de fixer ailleurs ma résidence et mes bureaux. Mais, comme ont disparu, depuis 1871, les châteaux jadis appropriés à une telle destination, celui des Tuileries incendié par la Commune, celui de Saint-Cloud brûlé par les Prussiens ; comme Versailles serait excessif ; comme le Trianon menace ruine ; comme Fontainebleau, Rambouillet, Compiègne, sont trop éloignés ; comme Vincennes — à quoi j'ai songé — se trouve en pleine restauration, je m'accommode de ce qui est tout de suite disponible et, au surplus, conforme à de longues habitudes administratives et parisiennes. Du vieil Élysée, la République nouvelle va donc tirer, quant à son fonctionnement et à sa réputation, le meilleur parti possible.

On y travaille méthodiquement, en dehors de toute agitation. À mon bureau, que j'ai installé dans la pièce capitale du premier étage, j'arrive chaque jour à 9 heures et demie, ayant déjà pris connaissance des principales nouvelles et parcouru les journaux. Ma matinée est employée à lire telles ou telles notes relatives aux affaires intérieures et les dépêches diplomatiques ; à formuler, le cas échéant, au sujet de celles-ci et de celles-là, des observations aussitôt transmises à qui de droit ; à présider, chaque mercredi, le Conseil des ministres, une ou deux fois par semaine des conseils restreints dont les plus fréquents concernent : l'Algérie, l'économie, les affaires étrangères, périodiquement le Conseil supérieur de la Défense nationale et le Conseil supérieur de la magistrature ; à recevoir le premier ministre, un autre membre du gouvernement, un ministre étranger de passage, un ambassadeur, un académicien. Après le déjeuner, qu'il s'y trouve, ou non, des invités, les affaires reprennent incontinent. Quelques hauts fonctionnaires, délégations ou personnalités reçoivent audience. Une ou deux heures sont consacrées à l'étude des dossiers relatifs aux prochains Conseils. Enfin, j'écoute les rapports que viennent me faire successivement mes principaux collaborateurs[32] : le secrétaire général de la présidence Geoffroy de Courcel, le directeur du cabinet René Brouillet, le chef de l'état-major particulier général de Beaufort[33], puis général Olié, enfin général Dodelier, le secrétaire général pour la Communauté et les affaires africaines et malgaches Jacques Foccart. À eux se joint parfois l'un ou l'autre des « conseillers techniques » ou « chargés de mission » : Olivier Guichard, puis Pierre Lefranc, pour les affaires politiques, Jean-Marc Boegner, puis Pierre Maillard, pour les Affaires étrangères, André de Lattre, puis Jean-Maxime Levesque et Jean Méo pour les Finances et l'Économie, Bernard Tricot, puis Jacques Boitreaud, pour les questions constitutionnelles et législatives, Jean-Jacques de Bresson pour l'Algérie et pour les problèmes judiciaires, Pierre Lelong et Guy Camus pour l'Éducation nationale et la recherche scientifique, Jean Chauveau pour l'Information, Xavier de Beaulaincourt pour la correspondance privée. Tel est « l'entourage[34] », peu nombreux, mais de qualité. Ayant entendu les exposés, j'arrête les décisions et signe décrets et courrier. À 8 heures du soir, je quitte ma table de travail. Il est extrêmement rare que j'y revienne avant le lendemain. Par principe et par expérience[a], je sais en effet qu'à mon plan, pour conduire les événements, il ne faut pas se précipiter.

La résidence du Président est naturellement le cadre de continuelles visites, invitations et cérémonies. Comme tout compte, s'il s'agit du prestige de l'État, je tiens pour important qu'à cet égard, les choses se passent avec ampleur et mesure, bonne grâce et dignité. C'est bien aussi ce que veut la maîtresse de maison, ma femme. Le directeur du protocole, Ludovic Chancel, puis Pierre Siraud, s'y emploie efficacement. Nos réceptions sont donc fréquentes et nous tâchons qu'elles soient de bon ton. Au cours de cette période, indépendamment de mes quatre milliers d'invités dans toutes les préfectures de France, quinze mille Français et étrangers s'assoient à notre table à l'Élysée. Autant d'autres y sont accueillis. Quelles que soient l'occasion et l'envergure de ces réunions, qui vont depuis le dîner d'apparat et la pompeuse soirée en l'honneur d'un chef d'État, jusqu'au déjeuner intime offert à quelques hôtes choisis, en passant par toutes sortes de repas et de réceptions pour le gouvernement, le Parlement, les grands Conseils, le corps diplomatique, les corps constitués, la magistrature, les armées, le corps enseignant, le monde économique et social, celui des lettres, des arts, des sciences, celui des sports, etc., ces devoirs de représentation ajoutent beaucoup aux astreintes intellectuelles et physiques de ma charge, tout en me permettant d'aborder, d'homme à homme, bon nombre de gens de valeur.

Le temps, bien court, que ne me prend pas l'exercice de mes fonctions, je le passe avec ma femme en toute intimité. Le soir, la télévision et, quelquefois, le cinéma font défiler devant nous nos contemporains, au lieu que ce soit l'inverse. Le dimanche, viennent nous voir nos enfants et petits-enfants s'ils sont présents à Paris et que mes obligations le permettent. Mon fils et mon gendre, après avoir durement et brillamment combattu dans les rangs des Forces françaises libres, ont poursuivi, l'un dans l'aéronautique navale, l'autre dans l'arme blindée, leur stricte carrière d'officier. Pendant que leur père et beau-père accomplit les quatre premières années de sa mission renouvelée, le capitaine de corvette, puis capitaine de frégate de Gaulle va tour à tour, après les cours de l'École de guerre navale, embarquer sur l'escorteur d'escadre *Duperré*, être affecté à l'état-major de la Marine, commander l'escorteur rapide *Le Picard* qui croise sur les côtes algériennes et arraisonne les navires suspects, enfin servir à l'état-major des armées ; le colonel Alain de Boissieu commande à Châteaudun-du-Rummel, dans le Constantinois, le 4ᵉ régiment de chasseurs à cheval, puis dirige à Alger le cabinet militaire du délégué général Delouvrier, devient ensuite chef d'état-major de l'inspection de son arme, pour, de là, passer au Centre des hautes études militaires et à l'Institut de défense nationale. Tous deux, ainsi que notre fille, notre belle-fille et leurs enfants, voient la France comme je la vois. Il en est de même de nos frères et sœurs et de l'ensemble de nos neveux et nièces. Cette harmonie familiale m'est précieuse. Chaque fois que cela est possible, nous gagnons notre maison de La Boisserie. Là, pour penser, je me retire. Là, j'écris les discours qui me sont un pénible et perpétuel labeur. Là, je lis quelques-uns des livres qu'on m'envoie. Là, regardant l'horizon de la terre ou l'immensité du ciel, je restaure ma sérénité[35].

Comment celle-ci ne se ressentirait-elle pas de la fatigue éprouvée, des obstacles rencontrés, de l'hypothèque qui pèse sur l'avenir de ce que j'entreprends ? Il me faut bien voir, notamment, que l'évident redressement de la France ne fait qu'exaspérer l'opposition de ceux qui, naguère, se tenaient et étaient tenus pour les dirigeants de l'opinion politique. Ce que je puis accomplir ne trouve grâce d'aucun côté de l'éventail des partis et des journaux et, à peine est en vue le règlement du drame algérien, que le concours des malveillances redouble. François Mauriac, dont son attachement à la France, sa compréhension de l'Histoire, son appréciation patriotique et esthétique de la grandeur, son art de pénétrer et de peindre les ressorts des passions humaines, font un observateur incomparable de notre temps, constate dans son *Bloc-notes*, le 12 mars 1962 : « Ce qui n'est pas un rêve, c'est l'incroyable force de ce vieil homme dont tout ce qui compte en politique, à droite et à gauche, souhaite, attend, prépare la chute, une fois la paix acquise,... et dont nous sentons bien que sa solitude même le fortifie face à cette meute épuisée et grondante qui l'entoure[36]. »

À vrai dire, la coalition hostile des comités et des stylographes, si parfois elle me désoblige, ne m'atteint pas profondément. Je sais que le papier supporte tout et que le micro diffuse n'importe quoi. Je sais à quel point les mots provocants tentent les professionnels du style. Je sais ce que les institutions nouvelles, ma présence à la tête de l'État, ma façon de conduire les affaires, enlèvent d'importance et de moyens d'intervention d'anciennes influences, dominantes sous l'Ancien Régime et navrées de ne l'être plus. Je sais, en particulier, combien leur coûte la distance où, non par dédain, mais par principe, je crois devoir les tenir. Pour m'apaiser à leur égard, quand leurs rancœurs dépassent la mesure, je me répète, comme Corneille le fait dire à Octave :

Quoi ! Tu veux qu'on t'épargne et n'as rien épargné[37] *!*

Mais, si je suis peu sensible aux coups portés à ma personne par paroles et par écrits, je le suis davantage à l'impression qu'à travers moi c'est l'idée même du redressement national qui provoque tant de refus et de colères dans les milieux notables de la nation. Tout se passe comme si les anciennes écoles dirigeantes, quelles que soient leurs activités, leurs étiquettes, leurs idéologies, avaient pris parti pour la décadence, soit par vertige devant les failles à franchir pour la conjurer, soit parce qu'en se pénétrant du sentiment qu'on ne saurait l'éviter elles l'érigent intellectuellement en défi et en doctrine, soit enfin pour cette raison que leurs routines et leurs faiblesses y trouveraient une chance

Le Chef de l'État

de durée et une apparence de justification. Par là se pose de la manière la plus préoccupante la question de savoir ce qu'il adviendra du pays quand, avec moi, aura disparu cette sorte de phénomène que représente, à la direction de l'État, une autorité effective, légitimée par les événements et confondue avec la foi et l'espérance du peuple français.

Cependant, avant que je n'en vienne à aborder ce problème « de la succession », je dois dire que les résultats atteints quatre ans après mon retour me paraissent encourageants. Au lieu que notre pays restât plongé dans la confusion politique dérisoire où il se débattait, j'ai voulu l'amener à choisir un État qui ait une tête, un gouvernement, un équilibre, une autorité. C'est fait ! Plutôt que de le laisser verser son sang, perdre son argent, déchirer son unité, en s'accrochant à une domination coloniale périmée et injustifiable, j'ai voulu remplacer l'ancien Empire par l'association amicale et pratique des peuples qui en dépendaient. Nous y sommes ! Alors que le laisser-aller économique, le déficit financier, la chute chronique du franc, l'immobilisme social, entravaient le progrès nécessaire à la prospérité et à la puissance de la France, j'ai voulu qu'un plan règle vraiment son développement moderne, que ses budgets soient en ordre, que sa monnaie ait une valeur solide et indiscutée, que la porte soit ouverte au changement des rapports entre ses enfants par un début de participation de tous à la marche des entreprises. Elle y est parvenue ! Afin que l'Europe cessât d'être un champ de haines et de dangers, d'étaler de part et d'autre du Rhin et des Alpes sa division économique et politique, de dresser les uns contre les autres ses peuples de l'Ouest et de l'Est sous prétexte d'idéologies, j'ai voulu que la France et l'Allemagne deviennent de bonnes voisines, que prenne corps le Marché commun des six, que soit tracé le cadre dans lequel ils peuvent conjuguer leur action vers le dehors, que renaissent la sympathie et la confiance naturelles entre les Slaves et les Français. Le tout est en bonne voie ! Tandis que la France renonçait à elle-même, en s'égarant dans d'astucieuses nuées supranationales, en abandonnant sa défense, sa politique, son destin, à l'hégémonie atlantique, en laissant à d'autres les champs d'influence, de coopération, d'amitié, qui lui étaient jadis familiers dans le tiers monde, j'ai voulu que parmi ses voisins elle fasse valoir sa personnalité tout en respectant la leur, que sans renier l'alliance elle refuse le protectorat, qu'elle se dote d'une force capable de dissuader toute agression et comportant, au premier chef, un armement nucléaire, qu'elle reparaisse dans les pensées, les activités et les espoirs de l'univers, au total qu'elle recouvre son indépendance et son rayonnement. C'est bien là ce qui se passe[38] !

Sur la pente que gravit la France, ma mission est toujours de la guider vers le haut, tandis que toutes les voix d'en bas l'appellent sans cesse à redescendre. Ayant[b], une fois encore, choisi de m'écouter, elle s'est tirée du marasme et vient de franchir l'étape du renouveau. Mais, à partir de là, tout comme hier, je n'ai à lui montrer d'autre but que la cime, d'autre route que celle de l'effort[39].

L'EFFORT
1962-...

NOTE DE L'ÉDITEUR

Les *Mémoires d'espoir* devaient comprendre trois volumes, respectivement appelés :

Le Renouveau 1958-1962
L'Effort 1962-1965
Le Terme 1966-1969

Nous publions aujourd'hui le deuxième tome *L'Effort* ; avec, pour seule indication de date : 1962-... Ce tome est constitué des deux premiers chapitres qui se trouvaient, le 9 novembre 1970, en état d'être imprimés.

En fin de volume, nous donnons le fac-similé de quelques pages manuscrites du texte[1].

1971.

© *Librairie Plon, 1971.*

CHAPITRE PREMIER[1]

En l'an de grâce 1962, fleurit le renouveau de la France[2]. Elle avait été menacée de guerre civile. La faillite allait l'accabler. Le monde oubliait sa voix. La voici tirée d'affaire. L'État[a] a pu y réussir parce qu'en vertu d'un complet changement il comporte actuellement une autorité suprême, légitimée par les événements et appuyée par la confiance du peuple[3]. Mais le présent n'assure pas l'avenir. Un édifice dont la solidité dépend de la présence d'un homme est nécessairement fragile. Puisqu'il n'y a plus de péril en vue, beaucoup chez nous sont aussitôt portés à retourner à la facilité. Certains, en particulier, supportent de plus en plus mal que le pouvoir en soit un. Demain, faute que la digue ait été bien cimentée, la marée pourrait emporter ce qui semble acquis aujourd'hui. D'autant plus que, dans la suite des temps, sévirront à coup sûr des tempêtes, soit qu'elles soufflent du dehors, soit qu'elles se lèvent au sein d'un pays qui, depuis les Gaulois, est périodiquement le théâtre de ces « secousses soudaines et imprévues[4] » qui, déjà, étonnaient César. Surtout, pour que la France reprenne et garde, non pas momentanément mais d'une manière durable, l'unité, la puissance, le rang, sans lesquels elle serait condamnée, il faut que le régime qui la dirige demeure constant et cohérent. Pour moi, qui n'ai jamais cessé de penser et d'agir en raison de cette nécessité nationale, il est clair que l'État, présentement bien ordonné, devra le rester plus tard. Cela exige qu'il ne redevienne pas la proie des fractions multiples, divergentes et dévorantes qui l'avaient dominé, abaissé et paralysé si longtemps.

À la continuité, l'ancienne monarchie était parvenue au prix d'un effort plusieurs fois séculaire à l'encontre des vassaux, mais il ne lui avait fallu rien de moins que l'hérédité, le sacre et l'absolutisme. Les deux Empires avaient pu pour un temps empêcher la dispersion, mais moyennant la dictature. Après quoi, la République, bien qu'elle comportât, à l'origine, quelques sauvegardes théoriques[5], s'abandonnait aux partis pour devenir une jachère perpétuelle du pouvoir. Or, voici que sa carence devant le péril public et le fait que je me trouvais consacré comme le recours m'avaient permis de mettre en œuvre avec le concours direct du peuple, c'est-à-dire sur une base par excellence démocratique, des institutions faites pour embrasser l'avenir. Car l'intérêt supérieur et permanent de la France y avait, au-dessus de tout, son instrument et son répondant en la personne du chef de l'État. Comment douter, cependant, que cette profonde transformation, donnant à la République une tête qu'organiquement elle n'avait jamais eue, serait bientôt battue en brèche par toutes les féodalités ? Comment lui assurer un caractère et un relief assez forts pour qu'il fût possible de la maintenir dans le droit et dans la pratique, alors qu'auraient disparu les circonstances dramatiques et le personnage d'exception qui l'avaient, d'abord, imposée ?

Depuis longtemps, je crois que le seul moyen est l'élection par le peuple du président de la République[6]. Celui-ci, s'il était désigné par l'ensemble des Français — personne d'autre n'étant dans ce cas — pourrait être « l'homme du pays », revêtu, par là, aux yeux de tous et aux siens d'une responsabilité capitale, correspondant justement à celle que lui attribuent les textes. Sans doute faudrait-il, en outre, qu'il voulût porter la charge et qu'il en fût capable. Cela, bien évidemment, la loi ne peut le garantir. Car, en aucun temps et dans aucun domaine, ce que l'infirmité du chef a, en soi, d'irrémédiable ne saurait être compensé par la valeur de l'institution. Mais, à l'inverse, le succès n'est possible que si le talent trouve son instrument et rien n'est pire qu'un système tel que la qualité s'y consume dans l'impuissance.

Il est vrai que, parlant à Bayeux en 1946 du régime qu'il faut à la France, puis dirigeant en 1958 les travaux et les débats où s'élaborait la Constitution, je n'avais pas encore spécifié que le chef de l'État devrait être élu au suffrage universel et m'en étais d'abord tenu, pour sa désignation, à un large collège qui serait, à l'échelon national, du même genre que ceux qui, à l'échelon départemental, choisissaient les sénateurs. C'est qu'en effet je jugeais préférable de ne pas tout faire à la fois. Dès lors que je demandais au pays d'arracher l'État à la discrétion des partis en décidant que le Président, et non plus le Parlement, serait la source du pouvoir et de la politique, mieux valait prendre quelque délai avant d'achever cette immense mutation. J'ajoute que, sur le moment, afin de ne pas contrarier le mouvement presque unanime de l'adhésion nationale, je jugeais bon de tenir compte des préventions passionnées que, depuis Louis-Napoléon, l'idée de « plébiscite » soulevait dans maints secteurs de l'opinion. Quand la pratique de la Constitution nouvelle aurait montré que l'échelon suprême y détenait l'autorité sans qu'il y eût dictature, il serait temps de proposer au peuple la réforme définitive. Au surplus, j'avais l'intention d'assumer moi-même, au départ, les fonctions de chef de l'État et, en raison de l'Histoire d'hier et des circonstances d'à présent, la façon dont j'y accéderais ne serait qu'une formalité sans conséquence quant à mon rôle. Mais, en considération de la suite, j'étais résolu à parfaire l'édifice à cet égard avant la fin de mon septennat.

Cependant, l'instinct de conservation tient en haleine les partis. Mon dessein, qu'ils pressentent, leur est une raison de plus de m'écarter avant que j'aie pu l'accomplir ou, tout au moins, de m'affaiblir assez pour que j'en vienne à y renoncer. Aussi, à mesure qu'est réglé le problème de l'Algérie, qu'est décidément confirmé le loyalisme de l'armée, qu'est démantelée la subversion terroriste, leurs diverses oppositions se renforcent et se conjuguent. Il apparaît que va cesser la relative expectative qu'ils avaient jusqu'alors observée, que des obstacles dressés par eux à tout propos iront désormais grandissant, que leur querelle prendra pour cibles les actions et les intentions du général de Gaulle. On peut prévoir que tous les chefs politiques vont faire trêve à ce qui les divise et nouer une conjuration afin d'ouvrir une crise latente. Des harcèlements continuels, au moment voulu la censure de l'Assemblée nationale appliquée au ministère et, le cas échéant, à tout autre qui lui succéderait, des élections législatives ramenant au Palais-Bourbon, soit à la date normale, soit à la suite d'une dissolution, leur majorité disparate mais opposante, le déchaînement de campagnes en sens divers mais toutes dénigrantes par la quasi-totalité des journaux et des micros, viseront à me mettre dans de graves embarras, à obtenir que je résilie, ou bien mes fonctions, ou bien ma suprématie, à ruiner dans l'esprit public l'idée que le chef de l'État puisse en être un[7], en tout cas à replacer les futurs présidents dans la condition qui, naguère, était celle de « l'hôte de l'Élysée ».

Qu'ils réussissent et, une fois de plus, tout se serait passé comme si le redressement de l'État ne devait être que momentané, pour cesser avec le danger. Une fois de plus, il serait arrivé que, devant un drame national ayant pour cause première l'incapacité du régime des partis, ceux-ci auraient feint d'abdiquer entre les mains d'un démiurge tout à coup chargé du salut — ainsi : en 1914 Joffre ; en 1917 Clemenceau ; en 1940 Pétain ; puis, l'erreur reconnue, de Gaulle ; en 1958 de Gaulle encore — quitte, l'abîme franchi, à reparaître bardés de prétentions et d'exigences proportionnées à ce qu'avaient été leur discrédit et leur humiliation. Une fois de plus, exploitant la faculté démesurée d'oubli des clientèles électorales, l'antique propension française à se disperser en tendances verbeuses et à s'amuser des jeux politiques comme on le fait des luttes du cirque ou des concours au mât de cocagne, enfin l'aversion des intérêts organisés à l'égard d'un pouvoir fort, les partis restaureraient leur primauté et remettraient en marche le déclin. Il va de soi que je suis résolu à faire échouer leur tentative. Mais cela implique que, contre eux tous, les Français me donnent raison.

Ils peuvent le faire et, par là, résoudre à la fois le problème politique et la question constitutionnelle s'ils votent à ma demande que le chef de l'État sera élu dorénavant au suffrage universel. Ainsi auront-ils, dans l'immédiat, démenti les partis en totalité et, pour l'avenir, affermi les nouvelles institutions. D'ailleurs, ce n'est que de leur masse, et certes pas du Parlement, qu'il est possible d'attendre l'adoption d'une pareille mesure, car les deux tiers des députés et les neuf dixièmes des sénateurs ne l'accepteront à aucun prix. En outre, c'est un principe de base de la Ve République et de ma propre doctrine que le peuple français doit trancher lui-même dans ce qui est essentiel à son destin. Je veux donc lui proposer directement cette confirmation décisive. Mais je vais le faire sans tarder, car, à la seule exception de l'U.N.R.[8], tous les groupes parlementaires entament les hostilités.

Dès le début de 1962 et avant que j'aie fait connaître mon projet, on commence à s'en prendre à moi. Déjà, l'application de l'article 16 de la Constitution, que j'avais décidée lors de la rébellion des quatre généraux à Alger, provoquait dans les milieux politiques beaucoup de feintes alarmes et d'artificielles agitations, jusqu'à ce que la dislocation de l'O.A.S. m'eût conduit à décider le retour à la normale[9]. Au mois de mars, à la veille des négociations d'Évian, la Commission de la défense nationale du Palais-Bourbon prend le relais de l'escarmouche et manifeste très haut sa désapprobation au sujet du retour dans la Métropole de deux divisions et de l'aviation de combat rappelées d'Afrique par mon ordre. Aussitôt après le référendum sur l'indépendance algérienne, l'attaque se précise et s'étend. Le 17 avril, le ministère Pompidou, à qui, puisqu'il vient de naître, on n'a rien à reprocher sinon que je l'ai nommé, n'obtient la confiance que de 259 députés, tandis que 247 la lui refusent ou s'abstiennent. Le 15 mai, cinq ministres issus du Mouvement républicain populaire, prenant prétexte d'une conférence de presse dans laquelle, de nouveau, j'ai préconisé l'union de l'Europe par le concert organisé des États et rejeté l'intégration, se retirent du gouvernement. Il est vrai que deux d'entre eux, Pierre Pflimlin et Maurice Schumann, qui n'y sont que depuis un mois et doivent d'ailleurs, ce jour-là même, opter entre leur portefeuille de ministre et leur siège de parlementaire, peuvent affecter d'être surpris par mes propos. Mais les trois autres : Robert Buron, Paul Bacon et Joseph Fontanet s'en vont aussi, alors qu'ils ont fait, sans interruption, partie de mon gouvernement en s'accommodant fort bien du fond et de la forme des directives que j'ai toujours données à la politique de la France. En fait, si les cinq se séparent tout à coup de moi, c'est parce que leur parti, à son tour, entre dans la coalition adverse[10]. Le 22 mai, les indépendants en font autant, somment les quatre ministres qui proviennent de leur groupe de donner leur démission[11] et sur leur réponse négative, prononcent leur exclusion.

Pour abréger le combat d'usure, je prends les devants et l'offensive. Le 9 juin[12], parlant à la radio, j'annonce à la nation que, « par la voie du suffrage universel, nous aurons, au moment voulu, à assurer que dans l'avenir et par-delà les hommes qui passent la République puisse demeurer forte, ordonnée et continue ». Il n'est point d'augure qui ne comprenne ce que cela signifie. Aussi, le 13 du même mois, à titre de manifestation organisée à mon adresse, 296 députés à l'Assemblée nationale, qui se qualifient d'« Européens », souscrivent-ils à une déclaration blâmant le plan de concert politique que j'ai proposé aux États membres du Marché commun et qui vient d'être repoussé par la Hollande, la Belgique et l'Italie, et réclamant au contraire la « solution » supranationale. Les signataires représentent une forte majorité de la Chambre[13]. Encore, les dix députés communistes, qui n'ont pas voté le texte, ne m'en condamnent pas moins de leur côté. À peine cette vague a-t-elle déferlé qu'il s'en élève une autre. Le lendemain du référendum final des Algériens, j'ai reconnu au nom de la France l'indépendance de leur pays, conformément aux engagements pris solennellement par le nôtre. Dès lors, le mandat des parlementaires d'Algérie n'ayant plus d'objet, j'y mets un terme par ordonnance, en vertu des pouvoirs que la loi référendaire m'a formellement octroyés[14]. Aussitôt se déchaîne, au Palais-Bourbon et au Luxembourg, un ouragan de protestations qui n'a pas, en droit, la moindre justification, mais où s'exprime l'esprit agressif du plus grand nombre. Nul doute qu'une bataille sans merci s'engagera dès que j'aurai formulé ce que je projette de faire.

Or, l'occasion d'en découdre et l'avertissement qu'il n'y a peut-être pas de temps à perdre me sont apportés soudain, le 22 août, par l'attentat du Petit-Clamart. En effet, après celui qui, l'année précédente près de Pont-sur-Seine, avait failli me tuer et dans la perspective de nouvelles tentatives dont tout indique qu'on les prépare, la question de savoir ce qu'il adviendra de l'État si de Gaulle disparaît soudain se pose d'une manière pressante à l'opinion émue et alarmée. À moi-même il est démontré que l'échéance pourrait survenir à tout instant. J'estime donc qu'il faut hâter la marche. Le 29 août, le Conseil des ministres est prévenu que « j'envisage de proposer une modification de la Constitution en vue d'assurer la continuité de l'État » et la nouvelle est publiée. Toutefois et pour ne pas mêler les genres, je ne déchire complètement le voile qu'après mon grand voyage d'Allemagne[15]. Mais, sitôt celui-ci terminé, un communiqué paraît le 12 septembre, à l'issue du Conseil des ministres, faisant connaître que « le général de Gaulle a confirmé son intention de proposer au pays par voie de référendum que le président de la République sera élu, dorénavant, au suffrage universel ».

Le 20 septembre[16], dans une allocution radiodiffusée et télévisée, j'expose à la nation pourquoi je lui demande d'accomplir cette réforme essentielle et comment elle va pouvoir le faire. Je constate que « les institutions en vigueur depuis tantôt quatre ans ont remplacé, dans l'action de l'État, la confusion chronique et les crises perpétuelles par la continuité, la stabilité, l'efficacité et l'équilibre des pouvoirs » ; que « personne ne doute que notre pays se trouverait vite jeté à l'abîme si, par malheur, nous le livrions de nouveau aux jeux stériles et dérisoires d'autrefois » ; que « la clé de voûte de notre régime, c'est l'institution d'un président de la République désigné par la raison et le sentiment des Français pour être le chef de l'État et le guide de la France ». Ayant rappelé quelles attributions et responsabilités capitales sont les siennes aux termes de la Constitution, je déclare que, « pour qu'il puisse porter efficacement une charge pareille, il lui faut la confiance explicite de la nation ». Pour ce qui me concerne, « je pensais, dis-je, en reprenant la tête de l'État en 1958, que les événements avaient déjà fait le nécessaire et j'avais, pour cette raison, accepté d'être élu autrement. Mais la question serait très différente pour ceux qui, n'ayant pas reçu la même marque nationale, viendront après moi, tour à tour, prendre le poste que j'occupe à présent... Ceux-là, pour qu'ils soient entièrement en mesure et complètement obligés de porter la charge suprême, quel que puisse être son poids, et pour qu'ainsi notre République continue d'avoir une bonne chance de demeurer solide, efficace et populaire en dépit des démons de nos divisions, il faudra qu'ils en reçoivent directement mission de l'ensemble des citoyens ». Alors, vient l'énoncé de la proposition que je fais à notre pays : « Quand sera achevé mon propre septennat ou si la mort ou la maladie l'interrompent avant le terme, le président de la République sera dorénavant élu au suffrage universel. » Mais par quelle voie convient-il que le pays exprime sa décision ? Je réponds : « Par la voie la plus démocratique, la voie du référendum, ce que la Constitution prévoit d'une manière très simple et très claire en disposant que " le président de la République peut proposer au pays par voie de référendum tout projet de loi ", je souligne : " tout projet de loi ", " portant sur l'organisation des pouvoirs publics ". » Je termine en disant aux Françaises et aux Français : « Comme toujours, je ne peux et ne veux rien accomplir sans votre concours. Comme toujours, je vais donc bientôt vous le demander. Comme toujours, c'est vous qui déciderez. »

Mais précisément, comme toujours, le principe même d'une décision directe du peuple est odieux à toutes les anciennes catégories politiques. D'ailleurs, mon succès éventuel reporterait à plus tard l'espérance qu'elles caressent de me voir m'en aller bientôt. Surtout, l'adoption de ma proposition réduirait de beaucoup leurs chances de retourner aux errements de jadis. Or, faute que, dans l'avenir, le chef de l'État détienne un mandat sans égal par le fait qu'il l'aurait reçu de l'ensemble des citoyens, les partis comptent bien, moi disparu d'une manière ou d'une autre, faire en sorte que l'on en revienne à ce qui avait été. Leurs pressions et leurs influences sur le collège de notables qui élirait le président, les engagements qu'ils sauraient faire prendre aux candidats, puis, le vainqueur mis en place, une certaine façon d'interpréter les textes, d'habiles détours du juridisme, quelques révisions opérées par la voie parlementaire, les remettraient sans secousse en complète possession de la République[b]. Mais, pour cela, il faut d'abord me vaincre. C'est pourquoi, dans la lutte qui s'engage, aucune fraction, qu'elle soit de gauche, du centre ou de droite, ne fera défaut au camp des opposants. Rien ne manquera, en fait d'acharnement, à la coalition de leurs gestes et de leurs discours.

Ainsi qu'il en est le plus souvent de nos combats politiques, ce n'est pas la question posée qui sera, par elle-même, l'objet du débat. Comme, pour la masse des Français, l'idée de faire élire par eux le président de la République paraît très naturelle, comme il leur semble normal que le chef de l'État soit chargé de le conduire, comme ils pensent que de Gaulle a raison de préparer sa succession, l'armée du « Non » se gardera de s'attaquer au principe même d'une réforme qui est, au fond, populaire. Mais c'est sur les conditions juridiques dans lesquelles je la propose et qui paraissent forcément obscures au plus grand nombre que se déchaîne l'océan de leurs accusations. On va donc assister à une frénétique campagne, apparemment inspirée par la défense du droit, mais en réalité dirigée contre ma seule personne et tendant à faire croire, à coups d'imputations venues de tous les horizons politiques, appuyées par toutes sortes de juristes engagés, répétées à l'envi autant vaut dire par tous les journaux, que le général de Gaulle viole la Constitution pour instaurer sa dictature. L'argument brandi est celui-ci : l'article 89 prévoit la possibilité d'une révision par la voie parlementaire ; aucun autre n'est spécialement consacré à la révision ; y procéder par référendum est donc contraire à la loi.

Si rompu que je sois aux fallacieuses querelles qui me sont faites depuis bien longtemps, il me semble que toutes les bornes sont franchies par celle-là. Car, pour soumettre la réforme au suffrage direct du peuple, je ne fais qu'appliquer une disposition constitutionnelle aussi éclatante que possible de netteté et de simplicité. Y a-t-il, en effet, rien de plus clair et de plus formel que l'article 2 qui dispose que « le président de la République peut, sur la proposition du gouvernement, proposer au pays tout projet de loi portant sur l'organisation des pouvoirs publics » ? Y a-t-il quoi que ce soit qui, par nature et par définition, puisse plus évidemment porter sur l'organisation des pouvoirs publics que la Constitution et, notamment, ce qu'elle fixe quant au mode d'élection du chef de l'État ? Cela n'est-il pas admis depuis toujours par la doctrine et le langage juridiques, au point que la Constitution de 1875, qui instaura la République, s'intitulait précisément : « Loi sur l'organisation des pouvoirs publics » ? Dans cet article 2, qui embrasse d'une manière aussi certaine l'ordre constitutionnel, pourquoi aurait-il été nécessaire de mentionner ce qui va de soi, à savoir qu'il peut ouvrir la voie à une révision ? Si, par un extraordinaire démenti à son propre texte, le législateur entendait le contraire, comment aurait-il négligé de le spécifier ? En quoi la faculté de recourir au référendum pour modifier la loi constitutionnelle serait-elle contradictoire avec la procédure prévue à l'article 89, celle-ci jouant quand les pouvoirs publics jugent préférable d'utiliser la voie du Parlement ? N'est-il pas de bon sens, d'ailleurs, qu'en matière aussi grave, ceux-ci aient, suivant les cas et les circonstances, l'une ou l'autre possibilité, et n'est-ce pas là le sens de l'article 3 qui proclame : « La souveraineté nationale appartient au peuple qui l'exerce par ses représentants et par la voie du référendum » ? Enfin et par-dessus tout, la Constitution de 1958 procédant d'un vote direct du pays, au nom de quoi lui refuserait-on le pouvoir d'apporter lui-même un changement à ce qu'il a fait ?

Je dois dire que l'obstination mise par les partis à interpréter la Constitution de telle sorte que soit refusé au peuple un droit qui lui appartient me paraît d'autant plus arbitraire que je suis moi-même le principal inspirateur des institutions nouvelles et que c'est vraiment un comble que de prétendre me démentir sur ce qu'elles signifient. En particulier, si le référendum existe dans notre droit, c'est parce que je l'ai fait adopter en 1945 par le suffrage universel. S'il a été mis en œuvre pour appeler à la vie la Constitution de 1958, c'est parce que j'ai imposé à la IVe République expirante cette disposition testamentaire. S'il y a un article 2, c'est parce que, étant légalement et expressément mandaté pour élaborer et proposer au pays la Constitution, j'ai voulu qu'elle comporte tout justement cet article, à sa place, avec son sens, dans sa portée. D'ailleurs, lors de l'examen de cette partie du projet auquel je procédais, le 26 et le 30 juin 1958, en Conseil réunissant Michel Debré, garde des Sceaux, chargé de la rédaction, et les ministres d'État : Guy Mollet, Pierre Pflimlin, Louis Jacquinot, Félix Houphouët-Boigny, j'avais insisté sur ce point qu'il fallait laisser au pays dans tous les domaines, et d'abord dans celui de la Constitution, tout le pouvoir que le référendum lui permettait d'exercer. Tous avaient observé, et j'avais reconnu, que le texte de l'article 2 me donnait entière satisfaction. Que les anciennes écoles dirigeantes s'accordent maintenant sans vergogne à ignorer les principes, l'esprit, l'origine de la Constitution, à ne pas lire ce qui y est écrit ou, l'ayant lu, à ne pas admettre que les mots veuillent dire ce qu'ils disent, voilà qui, s'il en était besoin, achèverait de m'éclairer, non certes sur une bonne foi que je n'attends pas de leur part, mais sur l'inextinguible nostalgie que leur inspire un absurde passé.

Cependant[c], mon allocution du 20 septembre, qui place les choses en pleine clarté, met fin aux combats d'avant-garde et ouvre la bataille rangée. Il est vrai que, presque en même temps, des élections au suffrage restreint, qui renouvellent un tiers des sièges au Sénat, se déroulent sans passion apparente. Mais, nonobstant le calme qui enveloppe cette formalité, tous les partis entrent en ligne, bien serrés en rangs et en files, en vue de la consultation nationale annoncée. Le 23, les socialistes communiquent : « Une nouvelle et éclatante violation de la Constitution est en voie d'être consommée... L'élection du président de la République au suffrage universel n'est qu'un moyen démagogique de faire plébisciter les atteintes successives portées aux prérogatives du gouvernement et du Parlement. » Le 23, les communistes « appellent à l'union de tous les républicains pour frapper ensemble l'adversaire commun : le pouvoir personnel, qui ne cesse d'évoluer vers une dictature de fait ».

Chapitre premier

Le 25, le P.S.U. proclame « son hostilité unanime au projet de référendum plébiscitaire du président de la République ». Le 30, les radicaux, réunis en congrès à Vichy, font une ovation enthousiaste au discours enflammé de Gaston Monnerville qui s'écrie : « À la tentative de plébiscite qui est en train de se développer, je réponds : Non !... Permettre que l'on viole la Constitution, c'est permettre tout. » Et le président du Sénat invite l'Assemblée nationale à voter une motion de censure, en ajoutant : « Ce sera une réplique directe, légale, constitutionnelle, et ce que j'appelle une forfaiture. » Sans attendre les 8 et 9 octobre, dates théoriquement fixées par le M.R.P. et par les indépendants pour formuler leur décision, tout le monde sait qu'ils rallient l'opposition. Il n'est pas jusqu'au centre républicain, au mouvement Poujade, aux rapatriés d'Algérie, qui, avec véhémence, ne prennent parti pour le Non[17].

Sur les entrefaites, le projet de loi à soumettre à la nation et qui est élaboré, suivant mes directives, par les soins du premier ministre, est soumis, comme il est normal, à l'examen du Conseil d'État. Mais celui-ci, au lieu de s'en tenir à proposer les rectifications de texte qui lui paraîtraient souhaitables, se fait juge abusivement de la façon dont le chef de l'État, garant de la Constitution, a décidé de l'appliquer et formule un avis défavorable au recours à l'article 2 et à l'emploi du référendum. Or, ce corps, composé de fonctionnaires qui tiennent leur poste de décrets du gouvernement et non point d'une élection quelconque, est qualifié pour donner au pouvoir exécutif les appréciations juridiques qui lui sont demandées, mais nullement pour intervenir en matière politique, ni à plus forte raison dans le domaine constitutionnel. Connaissant les tendances du Conseil, dont sont absents de ses réunions ceux des membres qui se trouvent détachés auprès de moi ou du gouvernement tandis qu'y siègent et se font bruyamment entendre des partisans notoires et déclarés, parlementaires ou ministres d'hier et candidats de demain, je ne suis nullement surpris de l'attitude de son assemblée. Je ne le suis pas non plus d'apprendre qu'au mépris de toutes les obligations et traditions du Conseil le secret de la délibération et du vote est trahi à l'instant même où sa séance est levée. En effet, sans le moindre délai, les agences de presse publient ses conclusions et les partis s'en emparent pour soutenir leur campagne. C'est pourquoi, au vice-président Alexandre Parodi, qui vient me les apporter quand je les ai déjà lues dans les journaux, je réponds que je ne tiendrai aucun compte d'un « avis » de cette sorte et qui, au demeurant, suivant la loi, ne m'engage à rien. Dès le lendemain, le Conseil des ministres adopte le texte du projet. À chacun, successivement, j'ai demandé s'il l'avalise. Tous l'ont fait sans restriction, à part Pierre Sudreau qui, en conséquence, quittera le gouvernement[18].

Pour qu'il soit, de mon côté, satisfait aux convenances jusqu'à leur extrême limite, j'adresse au Parlement, le 2 octobre, un message[19] qui lui expose solennellement la décision que j'ai prise et les raisons qui la justifient. Constatant que « les institutions dont le peuple français s'est doté depuis quatre ans, au lendemain d'une crise grave et à la veille d'autres périls, ont pu, grâce à la stabilité des pouvoirs et à la continuité des desseins,... résoudre de difficiles problèmes et surmonter de rudes épreuves », je déclare : « Il s'agit maintenant de faire en sorte que ces institutions demeurent. C'est dire que, dans l'avenir et à travers les hommes qui passent, l'État doit avoir à sa tête un garant effectif du destin de la France et de celui de la République. Or, un tel rôle implique,... pour celui qui doit le tenir, la confiance directe et explicite de la nation. » J'en indique la conséquence : projet de loi qui prévoit l'élection du président de la République au suffrage universel et qui va être soumis au référendum. « J'ai jugé, dis-je, qu'il n'est pas de voie meilleure pour apporter au texte adopté en 1958 par le peuple français la modification qui s'impose et qui touche chacun des citoyens. » Pour finir, faisant allusion aux attentats récents, je conclus : « La nation, qui vient d'être placée soudain devant une alarmante perspective, trouvera ainsi l'occasion de conférer à nos institutions une garantie nouvelle et solennelle. »

Mon message ayant été écouté par l'une et l'autre Chambre dans un silence absolu, tous les partis, de gauche, du centre et de droite, me lancent aussitôt leur déclaration de guerre. Une motion de censure du gouvernement est déposée à l'Assemblée nationale, en commun par les délégués des socialistes, des radicaux et apparentés, du Mouvement républicain populaire et des indépendants. Bien que les communistes n'en soient pas signataires, il est certain qu'ils la voteront. La discussion, suivant la loi, commencera deux jours après. Personne ne peut douter qu'une crise va s'ouvrir, que le pays devra trancher et que de Gaulle, son rôle historique, sa politique, sa république, y trouveront, ou bien leur fin, ou bien un nouvel essor.

Le 4 octobre, sans attendre le débat et le vote sur la censure, paraissent à l'*Officiel* les décrets concernant le référendum : texte de ma proposition, convocation des électeurs. Ce même jour, avant que les députés n'entrent en séance, je m'adresse directement par radio et télévision aux Françaises et aux Français[20]. Mon propos est catégorique. Évoquant la Constitution, je rappelle que c'est le peuple qui se l'est donnée et qu'il l'a fait « au lendemain d'une crise qui faillit jeter la France au gouffre et emporter la République ». Puis je compare les résultats éclatants qu'elle a permis d'atteindre à la faillite du régime des partis : « Notre vie publique, qui, hier, offrait le spectacle des jeux, des combinaisons et des crises que l'on sait, porte aujourd'hui la marque de la consistance et de l'efficacité. Au lieu qu'une monnaie malade, des finances en déficit, une économie menacée, nous soient, comme naguère, des sujets constants d'angoisse et d'humiliation, nous sommes, à présent, en plein essor de prospérité et en plein progrès social sur la base d'un franc solide, d'échanges extérieurs positifs et de budgets équilibrés. Alors que nous étions en train de déchirer notre unité nationale et de gaspiller les éléments de notre puissance militaire, faute d'accomplir la décolonisation, de mettre un terme au conflit algérien et de briser la subversion qui s'apprêtait aux coups d'État, voici que la coopération est établie entre la France et ses anciennes colonies, que l'Algérie y accède à son tour, que nous pouvons entreprendre de moderniser notre armée et que les graves complots qui menaçaient la République n'ont plus comme honteuse carrière que le vol, le chantage et l'assassinat. Enfin, si, récemment encore, notre pays était considéré comme " l'homme malade " de l'Europe, aujourd'hui son poids et son rayonnement sont reconnus partout dans l'univers. »

Soulignant, ensuite, que cette bienfaisante Constitution fait réellement du président de la République « le chef de l'État et le guide de la France », que c'est ce caractère essentiel « que voudraient, bien sûr, lui ôter les partisans du régime condamné » parce qu'alors nous retomberions dans ce qui était hier, je déclare que « pour être, vis-à-vis de lui-même et vis-à-vis des autres, en mesure de remplir une pareille mission le Président a besoin de la confiance directe de la nation ». « Cette confiance, que j'avais moi-même implicitement en 1958 pour une raison historique et exceptionnelle », il s'agit que, dorénavant, le Président la reçoive du suffrage universel.

Ce qu'ont de dramatique les conditions et le moment où le peuple est invité à adopter mon projet, je ne manque pas de le mettre en avant. « Dès l'origine, dis-je, je savais que je devrais, avant la fin de mon septennat, proposer au pays qu'il en soit ainsi que je l'indique. Mais des raisons pressantes me déterminent à prendre dès maintenant cette initiative, comme j'en ai le droit et le devoir. » Et d'évoquer « les attentats perpétrés ou préparés contre ma vie, qui me font une obligation d'assurer après moi, pour autant que je le puisse, une république solide ». Et de peindre « l'inquiétude générale suscitée par les risques de confusion que la France pourrait courir soudain » et qui doit conduire la nation à attester par un vote massif « qu'elle entend maintenir ses institutions et qu'elle ne veut pas, après de Gaulle, revoir l'État livré à des pratiques politiques qui la mèneraient à une odieuse catastrophe, cette fois sans aucun recours ». Et de dessiner ce que nous sommes en train d'accomplir, à l'intérieur pour le progrès économique et social de notre pays, au-dehors pour la paix du monde et l'entente de l'Est et de l'Ouest ; « toute cette immense entreprise exigeant que la France ait, au long de l'avenir, le moyen de choisir elle-même ceux qui devront, tour à tour, à sa tête,... répondre de son destin ».

Enfin, sur mon projet « clair, simple et droit[21] », au sujet duquel le peuple va faire usage du référendum, je pose la question de confiance aux Françaises et aux Français : « Ce sont vos réponses qui, le 28 octobre, me diront si je puis et si je dois poursuivre ma tâche au service de la France ! »

C'est à 13 heures que j'ai parlé. Deux heures après est ouverte la séance au Palais-Bourbon. La position des partis s'y révèle aussi complètement hostile à mon égard que la mienne est ferme au leur. Paul Reynaud[22] et Bertrand Motte pour les indépendants, Guy Mollet et Francis Leenhardt pour les socialistes, Paul Coste-Floret pour les républicains populaires, Maurice Faure pour les radicaux, Jean-Paul David pour d'autres centristes, Waldeck-Rochet pour les communistes, montent à la tribune et à l'assaut. Quoi que puissent dire Georges Pompidou et les orateurs de mon bord, Lucien Neuwirth et Michel Habib-Deloncle, le siège de chacun est fait. En somme, on assiste au heurt de deux républiques, celle d'hier dont l'espoir de renaître se profile derrière les rancœurs des partisans, celle d'aujourd'hui que j'incarne et dont je tâche qu'elle puisse durer demain. Mais j'ai fait en sorte que la décision ne soit pas prise dans cette enceinte et la censure, qui est votée par 280 voix sur 480 députés[23], ne change rien à ma résolution de remporter ailleurs la victoire.

Telles sont, pourtant, les habitudes et les illusions des milieux politiques et des organes d'information qu'on pourrait croire, à les entendre ou à les lire, que le vote de l'Assemblée marque ma propre défaite. Parcourant la presse parisienne, je la trouve, autant vaut dire, unanime sur ce point. C'est ainsi que *L'Aurore* affirme, sous la plume de Jules Romains : « La République est sauvée ! », que *Le Figaro* proclame avec André François-Poncet : « La vraie démocratie est parlementaire[24] ! », que *Paris-Jour* me menace des risques que je courrais si je dissolvais l'Assemblée, que suivant *Combat* la preuve est faite que je ne saurais me passer des partis et qu'il me faut en tirer les conclusions, que *Le Monde* annonce, si je ne m'incline pas, « une crise de régime ». Je n'en suis que plus porté à bien marquer, qu'en réalité, ce que l'Assemblée nationale vient de faire à mon encontre n'aura de conséquence que pour elle. À dessein, toute la journée du 5 octobre, sans m'occuper de la conjoncture, j'assiste à une manœuvre militaire dans la région de Mourmelon. Ce n'est que le 6 vers midi que je reçois Georges Pompidou, venu conformément à la Constitution me remettre sa démission et que j'invite, incontinent, à demeurer en fonction ainsi que tous ses collègues. Bien entendu, je me dispose ostensiblement à prononcer la dissolution et, ainsi que m'y obligent les textes, je consulte à ce sujet les présidents des deux Chambres au cours d'entretiens, dont l'un, avec Jacques Chaban-Delmas, dure cordialement une demi-heure et, l'autre, avec Gaston Monnerville, prend deux minutes sans poignée de main. Le 10 octobre ma décision est publiée, ainsi que le décret qui fixe au 18 novembre le premier tour, au 25 novembre le deuxième tour, des élections législatives. Tout comme en 1958, quoique dans des circonstances évidemment très différentes, j'appelle donc le pays, d'abord à se prononcer sur les institutions, puis à se donner, du même élan, une nouvelle Chambre.

La campagne qui précède le vote du référendum marque, du côté des partis, la même unanimité qu'ils avaient montrée au Parlement. Il est vrai que tels de leurs membres, tout en préconisant passionnément le Non, crient bien haut — tactique ou conviction ? — qu'ils ne veulent pas d'un retour aux anciens errements et formulent des propositions en apparence constructives. Ainsi Paul Reynaud, qui malgré tous les avatars historiques, politiques, personnels de sa longue carrière n'a jamais cessé de mettre au-dessus de tout la vie, la tribune, la prépondérance du Palais-Bourbon, mais qui paraît admettre qu'il faut en contenir les vices, répand-il l'idée du « gouvernement de législature ». Suivant lui, à chaque fois que serait élue l'Assemblée nationale, un ministère se formerait à partir et à l'image de la majorité et demeurerait en fonction tant que les députés resteraient eux-mêmes en place. S'il leur arrivait de renverser le gouvernement, l'Assemblée serait *ipso facto* dissoute et de nouvelles élections auraient lieu. L'ancien président du Conseil estime que cela suffirait à éviter les crises ministérielles à répétition qui avaient déconsidéré les IIIe et IVe Républiques. Mais sans doute Paul Reynaud a-t-il dans l'esprit que, de ce fait, il n'y aurait plus de droit de dissolution, ni par suite possibilité d'intervention du président et qu'ainsi le Parlement redeviendrait seul souverain. Pour moi, je pense que, dans un pareil système, disparaîtrait, une fois de plus, par l'effacement du chef de l'État, tout moyen de faire valoir et, au besoin, d'imposer l'intérêt supérieur et permanent du pays. Quant à croire que la sagesse prévaudrait à l'Assemblée dès lors qu'elle se saurait condamnée à retourner devant les électeurs au cas où elle refuserait explicitement sa confiance, ce serait méconnaître les astucieux détours dont se serviraient les groupes pour faire partir les ministres sans renverser le ministère ni provoquer la dissolution. Car, quelle serait la cohésion d'un gouvernement formé de leurs propres délégués et à partir de leurs combinaisons, s'ils jugeaient à propos de désavouer ou de retirer ceux de leurs membres qu'ils lui auraient prêtés ? C'est par rupture des ministères, non par renvoi des députés, que le savoir-faire des caciques aménagerait désormais les crises. Il y aurait là, certes, de la pâture pour les intrigues des comités. Mais qu'en serait-il de l'efficacité et de la dignité du pouvoir ?

D'autres manœuvriers, également théoriciens, par exemple Paul Coste-Floret et Gaston Defferre[25], affirment vouloir, eux aussi, remédier aux abus que l'omnipotence impuissante du Parlement étalait naguère à tous les yeux ; mais, soucieux par-dessus tout de rendre l'Assemblée nationale intangible, ils mettent en avant le régime dit « présidentiel » à la façon des Américains. D'après eux, le chef de l'État, qui serait en même temps celui du gouvernement, pourrait être élu directement par le peuple. Pas plus que l'Assemblée n'aurait le moyen de le renverser, il n'aurait le droit de la dissoudre. L'exécutif et le législatif accompliraient donc toute la durée de leurs mandats respectifs sans qu'aucun des deux pût jamais contraindre l'autre. Pour ma part, je suis convaincu qu'un pareil système, dont on sait d'ailleurs qu'aux États-Unis il ne va pas sans inconvénients, serait en contradiction avec la nature politique et le caractère des Français qui les portent, sauf dans les drames, à ne supporter qu'à grand-peine un véritable gouvernement et, à moins que ne puissent jouer d'indiscutables soupapes de sûreté, déterminent leurs représentants à s'efforcer de le soumettre, autrement dit de l'anéantir.

L'Amérique, depuis qu'elle devint un État indépendant, a traversé, voici plus d'un siècle, la seule guerre civile qu'elle ait connue, mais sans subir jamais aucune révolution ni aucune invasion étrangère, par conséquent sans ressentir les divisions chroniques que de telles tragédies laissent dans les profondeurs nationales et qui mettent le pouvoir, vis-à-vis de maintes catégories, en situation permanente de prévention et de suspicion. Elle ne connaît que deux partis, lesquels ne sont opposés en rien de ce qui est fondamental : la patrie, la loi morale, les institutions, la défense, la liberté, la propriété. Elle est une fédération d'États dont chacun assume pour son compte, avec son gouverneur, ses députés, ses magistrats et ses fonctionnaires — tous élus — une grande partie des domaines brûlants de la politique, de l'administration, de la justice, de l'ordre public, de l'économie, de la santé, de l'école, etc., tandis que le pouvoir central et le Congrès s'en tiennent normalement aux grands sujets : relations mondiales, droits et devoirs civiques, armée, monnaie, impôts et tarifs d'ensemble. Pour ces raisons, le régime a pu jusqu'à présent fonctionner dans le nord du Nouveau Monde. Mais où mènerait-il la France, toute remplie, elle, des séquelles des déchirements que lui infligèrent tant et tant de drames intérieurs et extérieurs ; la France où tout, dans les domaines politique, social, moral, religieux, national, se trouve toujours totalement en cause ; la France, dont le peuple a coutume de se diviser en tendances inconciliables ; la France, que les conditions de son unité et les perpétuelles menaces du dehors ont amenée à centraliser à l'extrême son administration, devenue, par là même, l'objet de tous les griefs ? Comment douter que, chez nous, le fait que les deux pouvoirs seraient érigés face à face dans des remparts théoriquement inexpugnables les conduirait à être intransigeants, c'est-à-dire, pour le Parlement, à refuser le vote des lois et du budget à tout gouvernement indocile et, du coup, pour celui-là à sortir de la légalité, faute que, par la dissolution appliquée à l'un ou par la censure infligée à l'autre, il y ait une issue normale à leurs conflits ? L'inévitable résultat serait : ou bien la soumission du Président aux exigences des députés, ou bien le pronunciamiento. Pourquoi, dès lors, parler d'équilibre ? Il faut ajouter que, notre pays étant ce qu'il est, le bon sens commande de n'y point confondre en une seule personne le rôle suprême de chef de l'État, à qui incombe le destin, c'est-à-dire le lointain et le continu, et la charge seconde de premier ministre, qui, au milieu des saccades de toutes les sortes et de tous les jours, mène l'action du moment et dirige les exécutants.

Au reste, les champions du gouvernement de législature et ceux du régime présidentiel, qui rejettent avec indignation la procédure de vote du peuple pour modifier la Constitution, n'ignorent évidemment pas que jamais le Sénat et la Chambre des députés[26] n'adopteraient aucune des deux propositions. S'ils les brandissent cependant, à la veille du scrutin national, ce ne peut être que pour donner le change. Pour eux comme pour tous les autres partisans, il ne s'agit que de faire échouer mon projet. C'est ce que démontre, le 10 octobre, une conférence de presse tenue en commun par les chefs de ce qu'on nomme « le cartel du Non ». Sous la présidence retentissante de Paul Reynaud, qui a, quelques jours auparavant, déclaré que « le président de Gaulle a violé la Constitution et insulté le Parlement » et auprès de qui se tient Guy Mollet[27] qui, de son côté, écrivait : « Si le peuple répond oui, de Gaulle le mènera fatalement à la guerre civile », s'expriment les passions conjuguées des indépendants, des socialistes, des républicains populaires, des radicaux, de l'entente démocratique, du parti libéral européen. En même temps, le P.S.U. annonce son Non « contre la monarchie gaulliste ». La veille, Gaston Monnerville, qui a été réélu président du Sénat à l'unanimité des votants — le groupe U.N.R. s'étant abstenu — a affirmé, aux applaudissements frénétiques de l'Assemblée, que « la Constitution est violée », que « le peuple est abusé », que ce que propose de Gaulle « ce n'est pas la République, c'est au mieux une sorte de bonapartisme éclairé », que « c'est abolir la démocratie », que « la lutte sera peut-être longue et dure, mais que la République sera sauvée ». De son côté, Vincent Auriol, se faisant le champion des erreurs que, tout le premier, il avait naguère mesurées et déplorées, écrit : « Le référendum est un acte de pouvoir absolu... Sous le prétexte de rendre hommage à la souveraineté populaire, on tâche d'en déposséder définitivement le peuple au profit d'un homme... Je vote Non ! » En même temps, les communistes « appellent les Françaises et les Français à répondre Non, pour empêcher de Gaulle de franchir une nouvelle étape sur le chemin de la dictature, de liquider les derniers vestiges de la démocratie,... d'accentuer sa politique de réaction et de guerre ». Enfin, le C.N.R.[28], créé par Georges Bidault et Jacques Soustelle et lié à ce qui reste de l'O.A.S., donne pour consigne de voter Non.

L'offensive de tous les partis est accompagnée par beaucoup d'organisations professionnelles. Toutes celles qui se font entendre expriment le même refus et, bien qu'en principe elles n'aient pas à se mêler aux débats politiques, courent prendre part à celui-là. C'est le cas, par exemple, pour la C.G.T. qui prescrit à ses mandants : « Les travailleurs agiront pour emporter par un Non sans équivoque le refus du blanc-seing que de Gaulle demande aux Français » ; pour l'union des syndicats F.O. de la région parisienne qui, « comme son comité général, appelle les travailleurs à répondre Non au référendum » ; pour la C.F.T.C. dont le comité national, tout en affirmant qu'il n'entend pas influencer les votes, « confirme le jugement défavorable porté par le conseil confédéral sur le référendum » ; pour la Ligue de l'enseignement qui publie : « Pour rester maître de son destin et préserver l'avenir de la démocratie, le peuple répondra Non » ; pour le Syndicat national de l'enseignement technique qui se prononce « à l'unanimité pour le Non » ; pour le Syndicat national de l'enseignement secondaire qui « invite les enseignants à répondre Non à cette entreprise de destruction des libertés fondamentales » ; pour l'Union française universitaire qui « appelle tous les universitaires à voter Non » ; pour la commission administrative de la F.N.S.E.A. qui « condamne la procédure imposée au pays, le projet tel qu'il est présenté, les objectifs réels du président de la République et les pressions morales exercées par le pouvoir » ; pour l'association d'exploitations agricoles M.O.D.E.F. dont le comité « demande aux agriculteurs de se prononcer contre la politique agricole du gouvernement en votant Non au référendum » ; etc.

À toutes ces oppositions, le Conseil d'État rappelle avec fracas qu'il joint la sienne. Le 21 octobre, il renouvelle la charge que quelques jours avant, à propos de l'article 2, il avait poussée contre le président de la République. Son assemblée du contentieux rend, en effet, un arrêt aux termes duquel serait tout bonnement « annulée » la Cour militaire de justice. Celle-ci a été instituée par ordonnance, le 1er juin, en application des pouvoirs d'ordre législatif ou réglementaire que m'a conférés le référendum d'avril sur l'indépendance algérienne et qui mettent le gouvernement en mesure de faire juger rapidement les criminels de l'O.A.S. Depuis bientôt cinq mois, cette juridiction, remplissant son office, s'est prononcée sur nombre de procès sans que le Conseil d'État ait contesté sa valeur. Or, voici qu'il le fait soudain et, du même coup, me met moi-même en cause, sept jours avant la consultation nationale. L'occasion est le cas d'un certain « Canal », trésorier de l'O.A.S., qui vient d'être, à son tour, condamné. Le Conseil se proclame compétent en cette affaire qui, suivant lui, serait « d'ordre administratif » ! Il s'en saisit donc et déclare que la procédure prévue pour le fonctionnement du tribunal « n'est pas conforme aux principes généraux du droit », parce qu'elle ne comporte pas le recours en cassation et que, par conséquent, mon ordonnance comporte « un excès de pouvoir ». Le Conseil prétend donc que la Cour de justice est dissoute et que ses sentences sont annulées[29].

Céder à une telle injonction, surtout en pareille matière, serait évidemment souscrire à une intolérable usurpation. Chef de l'État, investi par la plus dure Histoire d'une légitimité, par ma fonction d'un mandat, par le vote référendaire du peuple d'une mission législative, qui ne sont et ne sauraient être justiciables d'un corps que rien n'y habilite, qui, au contraire, s'insurge contre ce qui est la loi et dont il est clair que l'ambiance politique le fait sortir de ses attributions, je tiens pour nul et non avenu l'arrêt du Conseil d'État. En quoi, d'ailleurs, les « principes généraux du droit » seraient-ils violés par le fait que la Cour de cassation n'est pas saisie de certains jugements, alors que le peuple souverain a voulu qu'ils soient exceptionnels et expéditifs au point de me donner la faculté d'instituer par la loi un tribunal spécial pour les rendre ? En combien de circonstances de guerre ou de danger public la justice française, militaire ou civile, comme celle de tous autres pays, a-t-elle été organisée déjà de manière à agir rapidement sans que l'instance suprême ait chaque fois à entrer en ligne ? Le Conseil d'État, depuis cent soixante-deux ans qu'il existe, y fit-il jamais opposition ? L'a-t-il fait même pour le haut tribunal militaire qui précédait la Cour de justice et dont les sentences n'étaient pas non plus soumises à cassation ? Enfin, n'est-il pas scandaleux de voir ce corps, fait pour aider l'État, se signaler sous une forme pareille au sujet de la cause d'un criminel à ce point notoire ? Aussi, trois jours après, le Conseil des ministres condamne-t-il sévèrement « le caractère d'une intervention dont il est clair qu'elle sort du domaine du contentieux administratif, qui est celui du Conseil d'État, et telle que par son objet, ainsi que par les conditions et le moment dans lesquels elle survient, elle est de nature à compromettre l'action des pouvoirs publics à l'égard de la subversion criminelle qui n'est pas encore réduite ». En même temps, la décision est prise d'apporter par la loi à ce corps abusif la réforme qui s'impose. Mais la prise de position de l'aréopage du Palais-Royal, publiée à grand bruit par toutes les trompettes de l'information, est exploitée à fond par le « cartel ».

Celui-ci trouve d'ailleurs dans la presse, pour dénoncer « l'arbitraire » du général de Gaulle et les atteintes que le recours au référendum porterait à la Constitution, un concours souvent affiché, parfois feutré, mais dans l'ensemble déterminé. Presque toutes les feuilles parisiennes et provinciales s'efforcent d'amener l'opinion et les électeurs à refuser mon projet. Elles le font, soit en prenant parti ouvertement pour le Non, soit en publiant en exergue les avis des porte-parole des groupes politiques et des syndicats opposants, soit en ne faisant état que de la consultation de juristes politiquement engagés et figés dans la notion du régime parlementaire tel qu'il était quand ils faisaient leur droit, soit en redoublant, vis-à-vis de ma personne, les désobligeantes appréciations, anecdotes et caricatures.

À cette attitude de la presse, je suis devenu à la longue

assez insensible. Je reconnais d'ailleurs que, compte tenu des clientèles frondeuses, méchantes et revendicatrices de notre époque, la critique du pouvoir semble *a priori* plus commode et rémunératrice aux éditeurs et aux rédacteurs que le soutien d'une rude et ambitieuse entreprise nationale. Je reconnais que ceux dont c'est le métier de traiter de « l'actualité » ont des raisons d'intérêt personnel de regretter le régime d'hier qui, beaucoup plus que celui d'à présent, leur procurait des contacts, des avances et des influences. Je reconnais, enfin, que pour moi-même, bien que je lise les journaux et écoute la radio, bien que je prenne toujours intérêt aux talents qui s'y révèlent, bien qu'autant que quiconque je me serve de la plume et du micro, c'est un trait de ma nature et une règle de ma fonction de ne point me livrer, attitude qui ne peut satisfaire les professionnels de l'information. Mais, cuirassé contre leurs flèches, je n'en suis pas moins, au nom de la mesure, affligé par leurs excès. C'est le cas par exemple quand, à la radiotélévision, la plupart des journalistes ajoutent leur manifestation à toutes celles qui me sont opposées en déclenchant une grève quelques jours avant le scrutin. Criant, eux aussi, à l'injustice, ils prennent pour prétexte que les temps d'émission attribués aux partis dans la campagne du référendum ne seraient pas suffisants. Les mêmes, pourtant, n'avaient pas protesté quand, pendant plus de douze ans, les gouvernants d'alors interdisaient au général de Gaulle de se servir des ondes françaises[30].

En vérité, il est grand temps de prouver que les fiefs politiques, professionnels, journalistiques, fussent-ils additionnés, n'expriment pas la volonté du peuple non plus qu'ils ne défendent son intérêt collectif. Que tant d'hommes de tant de sortes, qui ne manquent certes pas de valeur, ayant longuement vécu l'odieuse confusion d'autrefois, veuillent retourner à un régime dont ils savent qu'il fut désastreux ; qu'assistant aujourd'hui à l'évident renouveau du pays, ils s'appliquent à faire en sorte que l'essor s'arrête et que reprenne le déclin ; qu'ayant depuis un quart de siècle bien vu, bien entendu, bien connu, le général de Gaulle et, quelles que fussent leurs familles de pensée, participé auprès de lui, à un moment ou à un autre, à son effort national, voire, pour les principaux d'entre eux, à l'œuvre de son gouvernement, ils ne lui montrent, dès qu'ils n'ont plus peur, que méfiance et aversion, ce sont là des faits dont je me sens, à coup sûr, attristé, mais qui renforcent ma résolution. Au point de vue de l'esprit aussi bien qu'à celui du cœur, le succès de leur coalition serait néfaste à l'État et indigne de la France.

C'est pourquoi je m'engage à fond. L'allocution que j'adresse au pays, le 18 octobre[31], met de nouveau l'enjeu en pleine lumière. Retournerons-nous au système du passé ou assurerons-nous l'avenir de nos institutions ? Mais, de même que je l'avais fait lors de l'affaire algérienne, j'indique sans ambages quelle conséquence personnelle je tirerai du scrutin. « Si votre réponse est Non, dis-je aux Françaises et aux Français, comme le voudraient tous les anciens partis afin de rétablir leur régime de malheur, ainsi que tous les factieux pour se lancer dans la subversion, ou même si la majorité des Oui est faible, médiocre, aléatoire, il est bien évident que ma tâche sera terminée aussitôt et sans retour. Car, que pourrais-je faire ensuite sans la confiance chaleureuse de la nation ? Mais si, comme je l'espère, comme je le crois, comme j'en suis sûr, vous me répondez Oui une fois de plus et en masse, alors me voilà confirmé dans la charge que je porte ! Voilà le pays fixé, la République assurée et l'horizon dégagé ! Voilà le monde décidément certain du grand avenir de la France ! » Le 26 octobre[32], je répète au peuple qu'il dépend de lui « que ma tâche historique se termine ou se poursuive ».

Sans doute, quand le pays sort à peine des secousses qu'il a traversées et s'alarme des récents attentats, la conjoncture semble-t-elle à bien des gens assez inquiétante pour que la perspective de mon départ puisse influer sur leur vote. Mais ai-je le droit de dissimuler à mes concitoyens de quoi il retourne en ce qui me concerne et qui est, évidemment, un élément d'importance dans le jugement qu'ils vont porter ? Cependant, maints opposants crient au « chantage plébiscitaire » et vont jusqu'à me dénier la faculté de me retirer si mon projet était rejeté. Certes, cette manière de voir les choses s'explique à l'étage politicien où, dans toute compétition, la question est de prendre ou de conserver une place, quelque sort que doivent subir ensuite les idées que l'on a soutenues. Elle s'explique dans l'optique du régime d'hier où le chef de l'État, en dépit de ses convictions, n'avait qu'à s'accommoder de ce qui était imposé à sa signature. Elle s'explique par référence aux usages d'autrefois suivant lesquels la vedette ne quittait la scène qu'une fois étranglée par « les muets du sérail ». Mais, au plan national — le sien —

comment de Gaulle pourrait-il continuer de répondre de la France si, sur ce sujet qui engage le destin, les Français, consultés par lui d'une manière pressante et solennelle, décidaient de lui donner tort ? Au cas inimaginable où, dans une pareille hypothèse, il choisirait de se maintenir, que garderait-il d'honneur et d'autorité, lui qui a fondé la République nouvelle en lui donnant pour origine, pour base et pour ressort l'accord direct du peuple et de son guide ?

À la veille du référendum se multiplient, enfin, les commentaires intéressés sur ce que serait au juste cette majorité « faible, médiocre, aléatoire », dont je ne saurais me contenter. Parmi les notables de l'opinion, il existe, en effet, des calculateurs qui, par prudence, ne souhaitent pas encore ma chute, mais qui tiennent à ce que mon éventuel succès soit aussi restreint que possible, afin que je me trouve placé dans une situation précaire où leurs interventions critiques reprendraient, comme jadis, du poids. Ainsi Pierre Brisson, directeur bien informé du *Figaro*, est-il certain, comme il l'écrit à un éminent correspondant, que « si de Gaulle s'en va en ce moment, c'est le désastre », que « ce qui était en place au moment de Clamart, et qui reste en place, est affreux », que « les dispositions sont prises pour une amnistie totale et immédiate, absoudre les tueurs, faire rentrer Bidault et ses séides », que « le mot " forfaiture " prononcé par Monnerville est un mot clé », que « voter non en ce moment et dans ces conditions c'est voter le pire ». Mais il n'en déclare pas moins aux lecteurs de son journal que lui-même ne prend pas parti et mettra un bulletin blanc dans l'urne.

Le 28 octobre 1962, le peuple français décide, à une très forte majorité, que le président de la République sera élu désormais au suffrage universel. Sur 28 185 000 inscrits, 21 695 000 ont voté. Il y a 21 125 000 suffrages exprimés, dont 13 151 000 oui — soit plus de 62 pour 100 — et 7 974 000 non. Considérant que, pour la première fois depuis l'époque du Rassemblement[33], et par différence avec les trois référendums précédents, les partis me livraient bataille tous ensemble, sans réserve et sans exception, j'avais fixé dans mon esprit qu'un pourcentage positif dans la dizaine des soixante, reléguant les refus dans celle des trente, me serait satisfaisant. C'est le cas. Je dois donc poursuivre[34]. Cependant, du côté des adversaires, il semble d'abord que, devant le résultat proclamé, on ne veuille croire ses yeux ni ses oreilles. Le président du Sénat s'adresse publiquement au

Conseil constitutionnel pour l'inviter à déclarer nul le vote de la nation française. Vincent Auriol, membre de droit du Conseil en sa qualité d'ancien président de la République, mais qui jusqu'alors n'y a jamais paru, vient y siéger soudain pour appuyer Gaston Monnerville. Leur requête est naturellement rejetée. Mais que de tels « démocrates » d'affirmation et de profession n'hésitent pas à réclamer qu'il soit fait fi de la volonté du peuple en dit long sur l'extrême arbitraire où peut mener l'esprit de parti.

Cependant, la coalition, dépassant sa déconvenue, porte aussitôt son espoir sur les élections imminentes. Celles-ci, en effet, n'auront rien d'un référendum où l'affaire se joue tout d'un trait entre de Gaulle et la nation. L'épreuve sera, au contraire, démultipliée en quatre cent quatre-vingt-deux circonscriptions, dans chacune desquelles vont compter, dans des conditions très diverses, l'action personnelle des candidats, les habitudes bien établies des clientèles électorales, la position des notables politiques locaux : sénateurs, députés, conseillers généraux, maires, le plus souvent liés aux partis, l'influence des journaux du cru presque toujours attachés aux mœurs et aux hommes d'hier. Or, la majorité de l'Assemblée nationale était, en dernier lieu, largement formée d'opposants. Que cette majorité s'accroisse, ou simplement se maintienne, voilà de Gaulle, à travers son gouvernement, en proie aux pires difficultés parlementaires. D'autant plus qu'aux termes de la Constitution il ne pourra pas, avant un an, dissoudre la nouvelle Chambre. Pour que vive un ministère et soit mis en œuvre un budget, il lui faudra, ou renoncer, ou s'incliner devant les groupes, ou prendre des mesures d'exception que l'absence de danger public fera paraître injustifiables. En vue d'en arriver là, les anciennes formations, résolues à la revanche, vont donc se garder partout de lutter entre elles comme autrefois, mais se tourner toutes en chaque endroit contre « l'Association pour la nouvelle République ». Celle-ci, qui s'est donné pour raison d'être de soutenir mon entreprise, est née sous l'ardente égide d'André Malraux et comprend, outre l'U.N.R. et l'U.D.T. déjà confondues[35], quelques éléments détachés de plusieurs autres fractions. Puisqu'il s'agit dans la compétition qui s'ouvre, comme hier lors du référendum, de sauvegarder les institutions et, notamment, le pouvoir du chef de l'État, je suis, cette fois, amené à entrer moi-même en ligne sur le terrain des élections. Je le ferai sans m'en prendre à quiconque en particulier et sans nommer jamais aucun de ceux qui me prodiguent personnellement leurs invectives. Mais j'y mettrai assez de vigueur pour exorciser le système d'où sont issus les assaillants et auquel, s'ils parviennent à m'abattre, ils retourneront à coup sûr.

Le 7 novembre[36], la nation me voit et m'entend lui dire que « la décision qu'elle a prise dix jours plus tôt revêt la plus vaste portée pour l'avenir de la France ». En outre, dis-je, « le référendum a mis en pleine lumière une donnée fondamentale de notre temps : le fait que les partis de jadis ne représentent pas la nation. On s'en était clairement et terriblement aperçu quand, en 1940, leur régime abdiqua dans le désastre. On l'avait de nouveau constaté en 1958, lorsqu'il me passa la main au bord de l'anarchie, de la faillite et de la guerre civile. On vient de le vérifier en 1962 ».

Je rappelle alors ce qui s'est passé en dernier lieu : « La nation étant maintenant en plein essor, les caisses remplies, le franc plus fort qu'il ne le fut jamais, la décolonisation achevée, le drame algérien terminé, l'armée rentrée tout entière dans la discipline, le prestige français replacé au plus haut dans l'univers,... on vit tous les partis de jadis se tourner contre de Gaulle... On les vit s'opposer tous ensemble au référendum... On les vit se coaliser, sans qu'il en manquât un seul, d'abord au Parlement pour censurer le ministère, ensuite devant le pays pour l'amener à répondre Non. Or, voici que tout leur ensemble vient d'être désavoué par le peuple français... C'est donc un fait qu'aujourd'hui confondre les partis de jadis avec la France et la République serait absolument dérisoire. »

Puis, je montre ce qui doit se faire à présent : « En votant Oui en dehors d'eux et malgré eux, la nation vient de dégager une large majorité de rénovation politique... Il est tout à fait nécessaire que cette majorité s'affermisse et s'agrandisse d'abord, qu'elle s'établisse au Parlement... Car, si le Parlement devait reparaître demain dominé par les fractions que l'on sait, il ne manquerait pas de foisonner dans l'obstruction et de plonger les pouvoirs publics dans une confusion trop connue, en attendant de faire, tôt ou tard, sombrer l'État dans une nouvelle crise nationale... Au contraire, quel rôle peut jouer le Parlement si, échappant aux prétentions et illusions des partisans, il veut que continue, avec son concours résolu, l'œuvre de redressement qui s'accomplit depuis plus de quatre ans ! »

Chapitre premier

Enfin, je lance mon appel : « Françaises, Français, vous avez, le 28 octobre, scellé la condamnation du régime désastreux des partis... Mais, les 18 et 25 novembre, vous allez élire les députés. Ah ! Puissiez-vous faire en sorte que cette deuxième consultation n'aille pas à l'encontre de la première ! En dépit de toutes les habitudes locales et considérations fragmentaires, puissiez-vous confirmer par la désignation des hommes le choix qu'en votant oui vous avez fait quant à notre destin !... Je vous le demande, en me plaçant une fois encore sur le terrain — le seul qui m'importe — du bien de l'État, du sort de la République et de l'avenir de la France. »

Le premier tour, le 18 novembre 1962, révèle ce que les informateurs appellent « un raz de marée gaulliste ». 32 pour 100 des électeurs ont voté, de but en blanc, pour les candidats de « l'Union pour la nouvelle République » et 5 pour 100 pour ceux qui leur sont explicitement associés. Aux élections précédentes de 1958, qui dès l'abord procuraient au groupement rassemblé pour me suivre ce que l'on considérait comme un succès éclatant, le pourcentage obtenu ne dépassait pas 22 pour 100. Ainsi qu'il arrive ordinairement avec le scrutin majoritaire, les résultats sont massivement accentués au second tour et d'autant plus que les partis, unanimes pour s'opposer, ne le sont pas pour s'entendre. Le 25 novembre, c'est 43 pour 100 des voix qui, dans les ballottages, assurent à l'Association une victoire triomphale. Sur 482 sièges à l'Assemblée nationale, « l'Union pour la nouvelle République », qui en gagne 64, en occupera 233, constituant le groupe le plus nombreux qu'ait jamais vu le Palais-Bourbon et auquel se joindront constamment, comme ils s'y sont engagés pour être élus, une quarantaine d'autres députés. Pour comble et pour la première fois dans l'histoire du suffrage universel, les représentants de Paris — ils sont à présent trente et un — appartiennent tous à la même formation, celle qui a pour règle de soutenir le général de Gaulle.

Le 7 décembre, une fois élu le bureau et constituées les commissions de la nouvelle Assemblée nationale, je renomme pour la forme le gouvernement. Il reste autant vaut dire identique à lui-même. Georges Pompidou demeure premier ministre sans avoir cessé de l'être. Se trouvent à ses côtés comme ministres d'État : André Malraux, Louis Jacquinot, Louis Joxe, Gaston Palewski, à qui incombent respectivement les Affaires culturelles, les Départements et les Territoires d'outre-mer, la Réforme administrative, la Recherche scientifique et les questions atomiques et spatiales. Sont en charge des départements ministériels : Jean Foyer à la Justice, Maurice Couve de Murville aux Affaires étrangères, Roger Frey à l'Intérieur, Pierre Messmer aux Armées, Valéry Giscard d'Estaing aux Finances et Affaires économiques, Raymond Triboulet à la Coopération, Christian Fouchet à l'Éducation nationale, Marc Jacquet aux Travaux publics et aux Transports, Maurice Bokanowski à l'Industrie, Edgard Pisani à l'Agriculture, Gilbert Grandval au Travail, Jacques Maziol à la Construction, Jean Sainteny aux Anciens Combattants, Jacques Marette aux Postes et Télécommunications, Alain Peyrefitte à l'Information, François Missoffe aux Rapatriés. Deux secrétaires d'État auprès du premier ministre : Jean de Broglie pour les Affaires algériennes et Pierre Dumas pour les Relations avec le Parlement, un aux Affaires étrangères Michel Habib-Deloncle, un au Budget Robert Boulin, complètent l'exécutif. Sur vingt-six membres qui le forment, trois nouveaux seulement y entrent : Jacquet, Sainteny, Habib-Deloncle. En sortent : Roger Dusseaulx élu président du groupe de l'U.N.R. à l'Assemblée nationale, Georges Gorse devenu ambassadeur de France en Algérie.

Ainsi, la tempête politique que les partis ont déchaînée en vain pour empêcher que ne se consolide l'édifice de nos institutions et, du même coup, m'arracher le pouvoir n'a pas eu de conséquence pour ce qui est du gouvernement. Comme devant, le chef de l'État a désigné les hommes qui le composent pour accomplir en commun la tâche que lui-même a tracée. Il a choisi le Premier d'entre eux de manière qu'il soit son second. Il a nommé les autres en fonction de leurs capacités et de leur personnalité mais sans admettre de conditions. Aucun n'est délégué par une quelconque instance ni soumis à une obédience extérieure. Compte tenu des inévitables et respectables divergences humaines, leur ensemble, formé autour de lui, et, de par sa désignation, lié par l'ambition de jouer un rôle éminent dans le progrès de notre pays, présente une cohésion qui n'eut aucun précédent dans les annales des anciennes Républiques. De son côté, le Parlement montre qu'il a subi, non plus seulement dans les textes mais dans les faits, une incroyable transformation. Il est vrai que le Sénat, faute d'avoir encore reçu une destination économique et sociale moderne[37] et, par là, une effective responsabilité, se confine dans une contestation aussi morose qu'elle est vaine. Mais l'Assemblée nationale, qui, seule, détient en dernier ressort le pouvoir de faire la loi et de contrôler le ministère, est devenue au contraire représentative d'une opinion française dont tout indique que, dans ses profondeurs et en dépit de virulentes survivances, elle adopte le régime nouveau. Il se trouve maintenant au Palais-Bourbon une majorité assez compacte, homogène et résolue pour appuyer constamment par sa confiance et rendre efficace par son œuvre législative une seule et même politique en excluant toute crise jusqu'au terme de son mandat.

L'État eut-il jamais chez nous cette continuité et cette solidité sans qu'il fût porté atteinte à aucune de nos libertés ? Depuis quand le monde avait-il vu à nos pouvoirs publics cette figure d'assurance et de sérénité ? N'était-ce pas bien servir la France que d'avoir conduit son peuple à ce changement miraculeux ?

CHAPITRE 2

Dans la cinquième année de son âge[1], la Ve République est établie sur les bases que j'ai tracées. À moins de bouleversement, rien ne saurait maintenant l'empêcher de conduire l'effort national. Mais ce qu'elle doit faire demain, tout comme ce qu'elle a déjà fait, et même l'assaut qui vient d'être mené contre moi par l'ensemble de ses adversaires, mettent en relief l'insigne devoir qui m'incombe. J'en suis, d'ailleurs, pénétré. Tout en mesurant combien l'autorité politique, fût-elle hautement reconnue, est, par essence, relative, tout en tenant pour excessive la tendance générale de l'opinion à m'imputer, à travers quelques éloges et beaucoup de blâmes, ce qui arrive dans chaque cas, tout en me gaussant des outrances avec lesquelles certains imaginent ma prétendue omnipotence — ainsi des journaux anglais qui m'intitulent « le Président-Soleil » —, je sais ce à quoi le passé et le présent m'engagent. Je sais qu'il n'appartient qu'à moi de piloter le navire. Je sais qu'il n'y a pas de relâche à la houle des difficultés.

Cependant, après avoir gouverné l'esquif à travers des

flots agités, je pense pouvoir, pour quelque temps, le conduire sur une mer plus calme. Notre pays, qui a complètement rénové ses institutions politiques, changé son Empire en un vaste système de coopération d'États, réduit une grave subversion militaire, liquidé la sinistre entreprise terroriste, mis un terme au drame algérien, guéri au bord de la mort son économie, ses finances, sa monnaie, rallumé en lui-même une lumière et une chaleur depuis longtemps oubliées, doit, à partir de là, développer son progrès, restaurer sa puissance, assurer son indépendance. Il y faut, à l'intérieur, un grand effort de travail, d'organisation, de rendement, en empêchant les inévitables heurts de tourner mal comme il en fut naguère. C'est à quoi j'entends que les pouvoirs publics se consacrent par priorité. En même temps, mettant à profit le crédit et le prestige que nous vaut l'espèce de prodige que nous venons de réaliser, je veux accroître et élargir l'action que nous menons dans le monde pour y jouer un rôle à nous. Enfin, convaincu qu'au-delà de ce qui est fait et de ce qui va l'être il nous restera à accomplir la profonde réforme humaine et sociale de la participation[2], mais qu'étant donné sa dimension aussi bien que l'actuelle ambiance il est d'abord nécessaire qu'elle mûrisse, je ne cesserai pas, tout au moins, d'orienter la nation dans ce sens. En somme, il s'agit pour la France, qui a subi beaucoup de retards et de confusion et n'en est récemment sortie qu'au prix de dangereuses secousses, de se plier à une rude période d'adaptation afin de maîtriser l'époque moderne.

Cette politique, pour assez paisible qu'elle doive être apparemment, ne saurait manquer, cependant, de rencontrer bien des écueils. Car au sein de la nation, qui pour la première fois depuis l'aurore du siècle est délivrée de ses angoisses, qui ne se sent plus menacée ni d'invasion, ni de ruine, qui n'a plus à tirer aucun coup de canon, ni à solliciter aucun concours extérieur, ni à faire face à aucun soulèvement, la cohésion, récemment imposée par les dangers de guerre civile et d'effondrement financier, va faire place à la dispersion en soucis et griefs de détail. C'est dire que, si la conjoncture ne m'absorbe pas d'une manière aussi fréquente et évidente que l'avaient fait les événements des quatre dernières années, elle n'en requiert pas moins mon impulsion et mon intervention. Les vues lointaines en effet continuent d'être de mon ressort et tout me fait sentir qu'en cas d'incident grave le salut ou le naufrage dépendraient encore une fois de moi. Il convient, en somme, que l'activité officielle rende moins manifeste au jour le jour le rôle du chef de l'État, qu'elle mette en ligne et en lumière, plus ouvertement qu'hier, celui du gouvernement pour l'étude, le choix, l'application, de nombreuses mesures à prendre sur les sujets les plus différents, mais qu'elle comporte de ma part la décision quant à l'essentiel.

Georges Pompidou m'a paru capable et digne de mener l'affaire à mes côtés. Ayant éprouvé depuis longtemps sa valeur et son attachement, j'entends maintenant qu'il traite, comme premier ministre, les questions multiples et complexes que la période qui s'ouvre va nécessairement poser. En effet, bien que son intelligence et sa culture le mettent à la hauteur de toutes les idées, il est porté, par nature, à considérer surtout le côté pratique des choses. Tout en révérant l'éclat dans l'action, le risque dans l'entreprise, l'audace dans l'autorité, il incline vers les attitudes prudentes et les démarches réservées, excellant d'ailleurs dans chaque cas à en embrasser les données et à dégager une issue. Voilà donc que ce néophyte du forum, inconnu de l'opinion jusque dans la cinquantaine, se voit soudain, de mon fait et sans l'avoir cherché, investi d'une charge illimitée, jeté au centre de la vie publique, criblé par les projecteurs concentrés de l'information. Mais, pour sa chance, il trouve au sommet de l'État un appui cordial et vigoureux, au gouvernement des ministres qui, dévoués à la même cause que lui, ne lui ménagent pas leur concours, au Parlement, après la courte épreuve du référendum et des élections, une majorité compacte, dans le pays une grande masse de gens disposés à approuver de Gaulle. Ainsi couvert par le haut et étayé par le bas, mais en outre confiant en lui-même à travers sa circonspection, il se saisit des problèmes en usant, suivant l'occasion, de la faculté de comprendre et de la tendance à douter, du talent d'exposer et du goût de se taire, du désir de résoudre et de l'art de temporiser, qui sont les ressources variées de sa personnalité. Tel que je suis et tel qu'il est, j'ai mis Pompidou en fonction afin qu'il m'assiste au cours d'une phase déterminée. Les circonstances pèseront assez lourd pour que je l'y maintienne plus longtemps qu'aucun chef de gouvernement ne l'est resté depuis un siècle[3].

Au reste, le répit relatif que recommande la situation, s'il répond aux traits dominants du caractère du premier ministre, convient aussi à la population qui s'accoutume assez malaisément aux conditions d'une activité industrielle généralisée. Par rapport à l'existence individualiste de ruraux, d'artisans, de commerçants, de rentiers, qui depuis tant de siècles avait été celle de nos pères, les Français d'aujourd'hui se voient contraints, non sans quelque peine, à une vie mécanisée et agglomérée. Aux usines, ateliers, chantiers, magasins, le travail exige des gestes uniformément réglés, dans d'immuables engrenages, avec les mêmes compagnons. Point d'imprévu dans les bureaux, où l'on ne change ni de sujets ni de voisins, suivant les lignes sans fantaisie d'un plan ou les schémas d'un ordinateur. N'étaient les aléas que comportent les intempéries, l'agriculture n'est plus que la mise en œuvre d'un appareillage automatique et motorisé en vue de productions étroitement normalisées. Quant au commerce, il s'installe en marchés types, rayons de série, publicité autoritaire. Le logement de chacun est un alvéole quelconque dans un ensemble indifférent. C'est une foule grise et anonyme que déplacent les transports en commun et nul ne roule ni ne marche sur une route ou dans une rue sans s'y trouver encastré dans des files et commandé par des signaux. Les loisirs mêmes sont, à présent, collectifs et réglementés : repas rationnellement distribués dans des cantines ; acclamations à l'unisson dans les enceintes des stades sportifs ; congés qui se passent sur des sites encombrés, parmi des visiteurs, campeurs, baigneurs, alignés ; détente du jour et de la nuit, chronométrée pour les familles dans d'homothétiques appartements où toutes, avant de s'endormir, voient et entendent simultanément les mêmes émissions des mêmes ondes. Il s'agit là d'une force des choses, dont je sais qu'elle est pesante à notre peuple plus qu'à aucun autre en raison de sa nature et de ses[a] antécédents et dont je sens que, par une addition soudaine d'irritations, elle risque de le jeter un jour dans quelque crise irraisonnée[4].

D'autant plus qu'au spectacle de son propre développement s'accroissent et s'attisent ses désirs. Toutes les couches et catégories, tendues dans la hâte de voir monter leur niveau de vie, mais heurtées par les privilèges brutaux du système capitaliste, sont en état permanent de reproche et de soupçon à l'égard d'intérêts plus ou moins distincts qui leur paraissent s'opposer à leur élévation. Et puis, les syndicats, faute d'être parties délibérantes aux études et aux débats d'où procèdent les décisions — les principaux d'entre eux étant, au surplus, liés à l'opposition systématique du communisme — se consacrent exclusivement à la revendication. C'est pourquoi, malgré la progression certaine des salaires, le plein emploi accessible à tous, la sécurité élémentaire assurée vis-à-vis de la maladie, du chômage, des accidents, de la vieillesse, les primes allouées à la maternité, l'aide donnée aux familles nombreuses, la constante amélioration de l'équipement du pays, notamment en fait d'habitations, d'écoles, d'hôpitaux, de maisons de retraite, de lieux de vacances, etc., bref le progrès matériel des Français, le fait est que les rapports sociaux demeurent empreints de méfiance et d'aigreur. Ont beau s'étaler la variété et la qualité des aliments sur toutes les tables et des vêtements sur toutes les personnes, s'accroître le nombre des appareils ménagers dans les logis, des autos le long des routes, des antennes sur les toits, chacun ressent ce qui lui manque plutôt qu'il n'apprécie ce qu'il a.

Encore l'adaptation de la France aux conditions de l'économie moderne ne peut-elle aller sans des à-coups qui, forcément, engendrent des troubles. Nos activités, longuement fixées dans leurs objets, leurs emplacements, leurs coutumes, subissent maintenant des changements de nature, d'implantation, de technique, d'outillage, de rythme, qui influent sur la situation et la manière de vivre de beaucoup. La concurrence internationale, à laquelle nous soumettent la fin des douanes à l'intérieur du Marché commun et la libéralisation des échanges mondiaux, met nos entreprises devant des problèmes que jadis leur épargnait le protectionnisme. À l'évolution globale commencée depuis plus d'un siècle et qui portait les campagnards vers les villes et les manufactures s'ajoute à présent celle qui saisit spécifiquement les mines, les usines, les transports. Il en résulte par places et par moments des crises qui tiennent à d'insurmontables impératifs économiques et touchent au plus vif les intéressés. Ce que voyant, la masse laborieuse n'échappe pas à l'inquiétude inspirée par le sentiment que cette immense mutation pourrait mettre en cause le métier, la qualification, la résidence de chacun. Dans le progrès général, un nuage est suspendu sur le sort des individus. À l'antique sérénité d'un peuple de paysans certains de tirer de la terre une existence médiocre mais assurée, a succédé chez les enfants du siècle la sourde angoisse des déracinés[5].

Au total, ce que la nation va avoir à faire pour quelque temps au-dedans d'elle-même c'est de poursuivre la transformation dont dépend son avenir et de panser à mesure les blessures qui en résulteront. Au point de vue de l'État cela devra être accompli, non pas certes en écrasant la liberté ni l'esprit d'entreprise, mais en appliquant cependant un plan bien déterminé. D'où, de la part des pouvoirs publics, une action constante et multiforme par les moyens de la loi et de l'administration. De cette action je serai la tête, en la prenant publiquement à mon compte, en inspirant ou redressant ceux qui ont à la mener, ministres et fonctionnaires, en imposant telles mesures de progrès ou de défense commandées par l'avenir national mais qui, dans l'immédiat, contrarient d'autres intérêts.

Mais mon devoir social demeure. Sans doute le malaise des âmes, qui résulte d'une civilisation dominée par la matière, ne saurait-il être guéri par quelque régime que ce soit. Tout au moins pourrait-il être un jour adouci par un changement de condition morale, qui fasse de l'homme un responsable au lieu d'être un instrument. D'autre part, pour que les inévitables inégalités, mutations, prélèvements, que comporte une économie moderne, apparaissent aux yeux de tous comme réguliers et justifiés, il y faudrait une organisation où chacun serait un sociétaire en même temps qu'un employé. Je dois, cependant, reconnaître qu'à froid, dans l'atmosphère d'immobilisme qui suit la fin des drames et l'éloignement des périls et où se raidissent les routines, les égoïsmes et les sectarismes, la révolution pacifique de la participation ne saurait être déclenchée avec l'ampleur qu'elle exige. Mais, après tout, ce n'est pas du jour au lendemain que j'ai pu naguère rassembler le pays du côté de la Résistance, ou l'amener à se donner un régime digne de lui, ou décoloniser l'outre-mer et émanciper l'Algérie. Le consentement qui rend les lois fécondes n'apparaît souvent, je le sais, qu'à la lueur du tonnerre. Sans désirer que l'orage se lève, je devrai donc en tirer parti s'il vient un jour à éclater[6]. En politique, comme en stratégie, en affaires ou en amour, il faut assurément le don. Il y faut aussi l'occasion.

Sous l'égide de pouvoirs publics désormais stables et cohérents, le pays travaille beaucoup et bien. Il le fait, à cette époque, dans le cadre du IVe Plan qui tend à une forte expansion de la production française. Or, le taux annuel moyen de 5,5 pour 100, ambitieusement prévu pour l'accroissement de la production intérieure brute[7], sera nettement dépassé, allant jusqu'à 7,2 pour 100 en 1962,

6,3 pour 100 en 1963, 7 pour 100 en 1964, cela notamment en raison de l'activité industrielle qui, au cours de ces trois années, monte respectivement aux indices 122, 128, 138 par rapport à celui de 100 en 1959. Ce qui, pendant la même période, est réalisé chez nous au point de vue du taux de croissance en comparaison des autres, le Japon étant seul excepté, nous place bons premiers entre toutes les grandes nations du monde, y compris les États-Unis, l'Allemagne, l'Angleterre et l'Italie. Jamais encore cela ne nous était arrivé.

Grâce à cette réussite nationale, la consommation des ménages, qui pratiquement mesure leur niveau de vie, est augmentée d'un tiers en 1964 relativement à 1959. En même temps, nos échanges extérieurs prennent un essor que la France n'avait pas encore connu. Nous en venons à vendre et à acheter au-dehors deux fois plus que cinq ans avant. Dans le monde entier, sur les marchés et aux expositions, paraît, en fait de produits de France, tout autre chose que les objets de luxe qui étaient naguère presque nos seuls envois. Parmi les plus puissantes machines, les plus lourds engins et véhicules, les appareils les plus complexes, on voit les nôtres s'offrir partout, et souvent avec succès. Inversement, les étrangers commencent à considérer les Français comme des gens capables de se payer ce qu'il y a de mieux. Il est vrai que chez nous on travaille régulièrement et assidûment. Dans le « secteur privé », la semaine est en moyenne de quarante-six heures et il ne se produit pour ainsi dire aucune grève. La France, pour la première fois depuis qu'elle est la France, ne compte que 24 000 chômeurs proprement dits. À peine 110 000 personnes[b] n'obtiennent pas d'occupation au moment où elles en demandent une. Pourtant, c'est l'époque où les jeunes gens nés en grand nombre après la guerre commencent leur carrière active, où la fin du conflit algérien et la réduction de moitié de la durée du service militaire rendent à la vie civile trois cents milliers de conscrits, où l'économie métropolitaine incorpore d'un seul coup 400 000 travailleurs rapatriés d'Algérie, où nos frontières s'ouvrent à 120 000 étrangers nouveaux.

Comme l'exige l'avenir de notre développement, les gains croissants des Français ne sont pas en totalité, et à beaucoup près, consommés. Pour entretenir les installations, équipements et outillages, à fortiori pour les renouveler — ce qui, dans la concurrence, s'impose à nos entreprises trop souvent vétustes — il faut largement investir. Le Plan fixe à 24 pour 100 le prélèvement à opérer en quatre ans dans ce but sur le produit national. Or, nous faisons davantage, grâce principalement à l'épargne, qui place dans les caisses publiques près de six milliards en 1962, six milliards et demi en 1963, huit milliards et demi en 1964. D'autre part, le budget de l'État, dont les recettes ne cessent de s'accroître à mesure de l'enrichissement, consacre au développement du pays, tant par les aides et les services qu'il fournit que par l'infrastructure qu'il construit, des sommes sans précédent et supérieures aux prévisions.

Naturellement, les activités et même les traits de la France évoluent à mesure du progrès. Pendant ces trois ans, les permis accordés pour construire des usines sur plus de cinq cents mètres carrés sont au nombre de 14 000 ; il s'agit presque toujours d'implantations en province. L'effort de concentration entrepris dans l'agriculture fait disparaître environ 150 000 exploitations et le remembrement porte sur près de deux millions d'hectares. Le commerce ouvre un millier de nouveaux magasins en libre service et 207 supermarchés. Abritant quatre millions de Français, un million de logements sont bâtis, presque tous grâce à la participation des fonds et des crédits publics. L'électrification des chemins de fer porte sur 1 000 kilomètres. Partout sont accélérés les travaux de canaux, de ports, d'aérodromes, de télécommunications. Ainsi se développe la colossale entreprise, qui reliera directement la mer du Nord à la Méditerranée par des trains de grands chalands en rendant le Rhône navigable sur tout son cours et en le joignant au Rhin. Ainsi la Moselle est-elle ouverte entre Apach — bientôt Metz — et Trèves aux péniches de 1 350 tonnes, mettant l'industrie lorraine en communication facile avec le Rhin pour les transports pondéreux. Ainsi s'érige dans le port de Strasbourg, pour toute la région rhénane, un centre de raffinage du pétrole débarqué désormais près de Marseille à Lavéra et amené à destination par un oléoduc « européen » de 700 kilomètres. Ainsi l'aéroport de Paris, groupant les terrains d'Orly et du Bourget, en attendant celui de Roissy, est-il organisé et équipé pour un trafic national et international qui, sur l'Ancien Continent, ne le cède à aucun autre. Ainsi, sortant peu à peu du grand retard où nous nous sommes mis dès l'origine pour ce qui est du téléphone, installons-nous chaque année 190 000 postes au lieu de 110 000 auparavant.

Chapitre 2

Ainsi entre en service la station ultramoderne de télécommunications spatiales de Pleumeur-Bodou. Ainsi notre quadruple usine de séparation isotopique sort-elle de terre à Pierrelatte. Ainsi l'Électricité de France édifie-t-elle plusieurs nouveaux centres atomiques de production.

En outre, c'est le moment où démarre la construction de nos autoroutes. Alors que, cinq ans plus tôt, presque rien n'avait été fait, 480 kilomètres sont en service et 150 autres en chantier dans l'année 1964 d'après le plan adopté en 1959. À cet égard, nous entendons rattraper l'avance des Allemands, des Anglais, des Italiens. Il faut dire que, s'ils s'y étaient mis plus tôt que nous, c'est parce qu'au temps où débutait le règne de l'automobile leur réseau routier ordinaire se trouvait gravement déficient. Au contraire, nous disposions de celui, incomparable, que nous avait légué l'époque antérieure aux chemins de fer et que, depuis lors, notre service des Ponts et Chaussées avait consciencieusement entretenu. C'est pourquoi, bien que nos voitures fussent en nombre égal ou supérieur à celles de nos voisins, nous avions ressenti moins vite le besoin de construire de grands axes utilitaires. Mais, dans ce domaine de la modernisation tout comme dans les autres, notre résolution est prise et l'exécution commencée.

Tandis que l'évolution accroît et précipite chez nous le développement général, elle entraîne inévitablement des réductions et du ralentissement dans certains secteurs particuliers. Pour ceux-là, la conséquence ne peut être que des transferts d'activité à des branches différentes. Reconversion difficile, car elle exige que des métiers, des courants, des emplacements, soient tout à coup remplacés par d'autres. Or, dans notre pays, les gens ni les choses ne sont naturellement mobiles. Les installations se prêtent mal aux risques des innovations. Le personnel en éprouve péniblement les effets pour ce qui est de ses emplois, de ses logements, de ses habitudes. C'est le cas pour nos charbonnages, dont se réduisent progressivement la production et la part relative qu'ils ont parmi nos sources d'énergie. Mais cette contrainte économique déclenche une épreuve sociale.

D'autant plus grave qu'on ne l'a guère prévue. En effet, les nécessités immédiates de l'après-guerre nous avaient conduits à tirer de nos mines tout ce qu'elles pouvaient fournir. En dépit de l'épuisement de leurs meilleures couches de houille et des frais souvent excessifs de leur exploitation, nous avions cru devoir consacrer de très coûteux efforts à accroître l'extraction et à renouveler l'équipement. Car, pour remettre en marche notre sidérurgie, nos usines, nos chemins de fer, et fabriquer du courant électrique, c'était presque la seule source d'énergie dont nous disposions en propre. Les charbonnages français, en la personne de leurs dirigeants, de leurs ingénieurs, de leurs mineurs, s'étaient donc installés dans la situation d'une catégorie capitale et qui se voyait sans cesse sollicitée d'augmenter son effort[8]. Or, les conditions ont changé. Le pétrole s'offre maintenant de tous côtés et pour tous les usages. De nombreux barrages construits depuis vingt ans produisent de l'électricité au lieu et place des centrales thermiques. Le gaz naturel entre en ligne. L'atome paraît, avec ses possibilités et ses ambitions sans limites. D'ailleurs, les communications, le crédit, les échanges, rétablis avec l'extérieur, nous permettent d'importer des charbons meilleurs que les nôtres pour diverses utilisations industrielles ou domestiques. Enfin, nos propres gisements, à force d'être fouillés, excluent de plus en plus une exploitation rentable. Il faut nous résoudre à restreindre les tonnages extraits, à concentrer le travail sur les points les plus favorables, à l'arrêter tout à fait sur d'autres. Bien entendu, cela implique que de nouvelles destinations soient procurées à ceux des mineurs qui doivent cesser de l'être et à ceux de leurs enfants qui ne pourront le devenir. Cette contraction et cette mutation sont en cours depuis qu'en 1960 le gouvernement, sur le rapport de Jean-Marcel Jeanneney ministre de l'Industrie, a décidé que la production de charbon descendrait en cinq ans de 59 à 52 millions de tonnes et que des facilités seraient offertes au personnel obligé de changer d'emploi et d'habitation.

Mais les mineurs sont fiers. Ils le sont de leur métier auquel son caractère rude et dangereux confère une particulière noblesse. Ils le sont de la sympathie dont, pour la même raison, la population les entoure. Ils le sont de leur rôle, exceptionnel dans la nation tant que celle-ci a, au premier chef, besoin d'eux. C'est pourquoi, si dure que leur soit la mine où ils arrachent le charbon, péniblement, dans les ténèbres, menacés et parfois victimes d'éboulements, de coups de grisou, de silicose, ils y tiennent profondément. D'ailleurs, divers avantages de salaire, de retraite, de logement, qui leur sont attribués, contribuent à les y attacher.

Pour des motifs qui sont d'ordre moral en même temps que matériel, ils ressentent donc les mesures restrictives, non pas seulement comme un tort infligé à certains d'entre eux, mais encore comme une injustice et une erreur à l'égard de leur vocation. Aussi sont-ils massivement disposés à agir pour amener l'autorité à résipiscence. Ce que voyant, leurs organisations préparent une grève qu'elles veulent décisive.

Le triste accroc qui annonce ce triste épisode a lieu à Decazeville. Des conditions très défavorables y avaient fait décider de réduire à l'extrême l'exploitation du bassin, tout en aidant l'implantation d'industries de remplacement. En septembre 1962, commençait un arrêt de travail qui durerait plus de cinq mois. Mais, au moment où il semblait que ce conflit local était en voie d'apaisement, les syndicats l'étendaient à tout l'ensemble des houillères, mettant les directions et, à travers elles, le pouvoir en demeure d'accorder sur-le-champ des augmentations inacceptables de salaires et de revenir sur les restrictions d'activité adoptées ou envisagées. Cette fois, les ingénieurs et les cadres s'associaient au mouvement, ce qui montrait que celui-ci était réellement inspiré par l'angoisse de toute la profession au sujet de son avenir. Malgré l'engagement pris par le gouvernement d'ajouter aux rémunérations un équitable pourcentage, compte tenu de la situation des autres services publics, et de faire examiner conjointement par l'administration et par les représentants du personnel le destin de la production charbonnière et les problèmes d'aménagement, de formation professionnelle, de réemploi, de retraite, qui se posaient à ce sujet, les syndicats unanimes décidaient, pour le 1er mars 1963, une grève illimitée.

L'hiver, très rigoureux cette année-là, devait se prolonger plusieurs semaines encore. Il entraînait une consommation de charbon plus forte qu'à l'ordinaire et ne laissait pas de stocks sur les carreaux. Les dirigeants du mouvement croyaient donc que l'industrie, les transports, les foyers domestiques ne supporteraient pas d'être privés de combustibles et qu'afin d'éviter une catastrophe le pouvoir serait bientôt contraint de souscrire à leurs conditions. Mais ils comptaient surtout que, la preuve étant ainsi faite que rien ne pouvait remplacer en France le charbon français, on renoncerait à lui appliquer un programme de réduction. Or, pour ma part, c'est justement ce programme que j'entendais maintenir en tout cas. Non, certes, que je visse personnellement sans mélancolie cette diminution de leur rôle infligée à nos charbonnages. Je savais bien quels trésors de labeur avaient été dépensés par des générations de mineurs à faire valoir un patrimoine dont, au lendemain de la Libération, j'avais moi-même voulu qu'il devînt national. En ma qualité d'homme du Nord, je portais à ces travailleurs une estime particulière[9]. D'ailleurs, mes frères Xavier et Jacques et mon beau-frère Alfred Cailliau avaient été ingénieurs des Mines. Mais, dans ce domaine-là aussi, je ne devais considérer que l'avantage général du pays. Et puis j'avais, je le reconnais, l'illusion qu'en dernier ressort les mineurs ne voudraient pas prendre la responsabilité de nuire gravement à la communauté française en lui refusant le charbon au moment même où on pouvait croire qu'elle en avait un besoin vital. Si le problème était ainsi posé, ne se résoudraient-ils pas à demeurer à l'ouvrage tandis que se dérouleraient les discussions proposées ? Précisément, les directions donnaient à entendre que le pouvoir, en intervenant dans ce sens, avait chance d'éviter la grève. C'est pourquoi, quand le gouvernement soumit à ma décision la réquisition du personnel, j'accédai à sa demande. Non point que j'aie jamais cru qu'on pût contraindre quatre cent mille hommes à travailler s'ils n'y consentaient pas. Mais je tenais pour concevable que tout ou partie de la corporation verrait dans le décret signé par moi l'affirmation de l'intérêt national et jugerait devoir s'y soumettre[10].

Il n'en fut rien. Sauf dans le service des cokeries et celui de la sécurité, c'est la paralysie totale qui saisit les charbonnages. Pour des raisons de sentimentalité traditionnelle, auxquelles se joignaient les calculs des oppositions politiques, les milieux les plus variés prodiguaient aux mineurs des sympathies, parfois des concours. Entre-temps, l'essai tenté par le gouvernement de chercher avec les grévistes un arrangement grâce au truchement d'un « comité des sages » aboutissait à un échec. De semaine en semaine la crise se prolongeait, montrant que je m'étais trompé dans mon espoir. Mais aussi, et contrairement à ce que les mineurs avaient cru, la France se passait de charbon français. Sans doute l'activité industrielle et le chauffage des immeubles s'en ressentaient-ils quelque peu, mais dans des limites supportables. D'ailleurs, en augmentant les achats de combustibles américains, anglais, russes, polonais, et en recourant davantage au pétrole et aux barrages pour produire de

Chapitre 2

l'électricité, on parait aux plus graves déficiences. Au lieu que la grève démontrât au pays que ses houillères lui étaient nécessaires, elle lui révélait, au contraire, qu'il pouvait vivre par d'autres moyens. Du coup, le doute saisissait la profession minière quant à son propre destin et le mouvement se mourait faute du ressort qui l'avait suscité. Après trente-cinq jours de grève, le travail reprenait autant vaut dire aux conditions qui avaient été, dès l'abord, proposées. Ensuite, se réunissaient les représentants de l'administration et ceux du personnel des mines pour étudier en commun, ainsi que le gouvernement l'avait offert avant la crise, la situation réelle des charbonnages, le choix des fosses à fermer, les mesures de reconversion qui devraient accompagner la réduction de la production et celle des effectifs. De ces entretiens officieux autour de « la table ronde » sortaient des conclusions qui éclaireraient d'année en année les décisions officielles.

De-ci, de-là, la transformation économique du pays lui inflige, d'ailleurs, d'autres plaies. Le système libéral eût passé outre en les laissant saigner. L'ordre totalitaire les aurait traitées au fer rouge. Le dirigisme[11] du régime nouveau entend y porter remède. Tantôt il le fait à petite échelle, dans des crises locales provoquées par le marasme de certains établissements, par exemple les forges d'Hennebont ou la manufacture d'armes de Châtellerault, aidant dans de tels cas des liquidations difficiles et suscitant alentour l'implantation d'usines nouvelles pour donner de l'emploi aux travailleurs congédiés. Tantôt c'est à une intervention d'envergure qu'il est conduit. Ainsi, à Saint-Nazaire et à Nantes, nos chantiers navals doivent-ils être complètement réorganisés, face à une concurrence étrangère que l'entrée en ligne du Japon dans ce domaine risquerait de rendre écrasante. Or, il serait, de notre part, absurde de renoncer à faire des bateaux, puisque nous disposons dans cette branche d'ingénieurs et d'ouvriers qualifiés, puisque notre pays s'ouvre sur quatre mers, puisque le trafic maritime ne cesse de croître à travers le monde, puisque partout on a besoin de navires pétroliers et minéraliers. Encore faut-il que les dirigeants des entreprises intéressées ne reculent pas devant les concentrations et rééquipements indispensables et que le personnel se prête aux mutations qui en résultent. L'impulsion officielle, où se distingue Marc Jacquet ministre des Travaux publics et des Transports, secondé par Jean Morin délégué général à la Marine marchande, obtient cette mise en condition d'une industrie française de premier ordre. En effet, le gouvernement fournit les prêts et les subventions nécessaires à la réinstallation des cales et au relogement des familles, mais aussi impose un programme pour l'aménagement et la production des chantiers. Ainsi la France demeure-t-elle en bonne place dans la construction navale[12].

Les rapatriés d'Afrique posent un problème sans précédent par sa dimension numérique et son importance nationale. En 1964, on évalue à plus d'un million trois cent mille personnes le total de celles qui, en moins de trois ans, s'installent dans la Métropole et parmi lesquelles neuf cent quatre-vingt mille viennent d'Algérie. Pour celles-là, on aurait pu penser qu'en raison des dispositions assurées par les accords d'Évian le repli aurait été moins massif et moins rapide. Mais les consignes données par l'O.A.S. et appuyées par la terreur avaient généralisé et précipité le mouvement. Peut-être aussi l'état d'esprit des « pieds-noirs » à l'égard des Arabes excluait-il le maintien d'une notable minorité française sous le gouvernement algérien. Quoi qu'il en soit, l'afflux d'un aussi grand nombre de nos nationaux, déracinés de leur demeure, privés de leur emploi, gonflés d'amertume, mais dont le retour apporte à la patrie un appréciable renfort de population et de capacités, exige de mon pouvoir une politique et non pas seulement des mesures de circonstance. Aussi la loi du 26 décembre 1961 a-t-elle prescrit à temps, dans son ensemble, l'œuvre de solidarité nationale qui doit être réalisée et qui, en effet, le sera.

Celle-ci s'applique à tout ce qu'il y a à faire pour recevoir, intégrer et indemniser ces Français revenus à la terre ancestrale. Comme les moyens qu'y consacre l'État, pour considérables qu'ils soient, ne peuvent qu'être limités et échelonnés, c'est à ce qui concerne d'abord l'accueil, puis l'implantation et l'emploi des intéressés qu'il est décidé d'appliquer l'action et les ressources publiques. On remettra donc à plus tard une grande partie des compensations à apporter aux pertes subies. Avec une chaleureuse efficacité, François Missoffe porte la charge de ministre des Rapatriés. Grâce aux dispositions prises en grand pour nourrir et héberger leur masse dépourvue et désorientée, l'arrivée se passe comme il faut[13]. Ensuite entre en vigueur tout un code de mesures qui se rapportent, soit à la destination active de chacun suivant sa profession, à sa résidence suivant son désir, à sa sécurité sociale suivant sa situation, soit à l'aide fournie aux familles et aux gens âgés, soit aux concours et aux prêts qui permettent d'acquérir ou de créer des entreprises industrielles, agricoles ou commerciales. En outre, des ordonnances, prises en vertu des pouvoirs que m'attribue la loi référendaire[14], affectent aux rapatriés 120 000 logements, construits à titre d'H.L.M., ou préfabriqués, ou primés, ou réquisitionnés. En trois ans, dix milliards de nouveaux francs sont consacrés par l'État aux rapatriés d'Afrique, sans compter ce qui est fourni par les collectivités locales et beaucoup de particuliers. Cette vaste opération ne peut, évidemment, désarmer les griefs ni consoler les chagrins. Mais elle atteint le but visé qui consiste à replacer dignement et utilement plus d'un million de Français dans le giron national.

Il est vrai que leur reclassement se trouve facilité par le développement général. Mais, tandis que celui-ci est, à maints égards, synonyme d'industrialisation, il ne faut pas que, pour autant, l'agriculture française soit écrasée. Les moyens d'action existent, grâce à la loi d'orientation de 1960 et à la loi complémentaire de 1962. Il reste à les mettre en œuvre. Le ministre Edgard Pisani[15] s'y applique de tout son savoir-faire qui est lucide et vigoureux. On voit donc s'accélérer l'extension des exploitations rentables, la disparition de celles qui ne le sont pas, le remembrement des terres, l'équipement rural, le départ en retraite des cultivateurs âgés. En juillet 1963, la loi forestière place sous l'autorité de l'État la sauvegarde de nos bois, organise son contrôle sur leur coupe et son concours pour leur replantation. Un décret de mai 1964 impose au vignoble français des règles quant à sa production, en vue d'en limiter rationnellement la quantité et d'en améliorer la qualité. Enfin, un autre décret réaménage le marché de la viande au niveau des éleveurs et crée sur place à cet effet des abattoirs industriels. Avant que toutes ces mesures soient prises, le ministre a longuement consulté les organisations professionnelles, pour y trouver, d'ailleurs, plus d'objections que d'encouragements. Au demeurant, les mêmes milieux interprètent mal, plus souvent que bien, l'effort acharné qu'Edgard Pisani déploie au nom du gouvernement, dans les conseils de Bruxelles, pour obtenir que les produits de nos terres soient pratiquement admis au Marché commun européen. Même quand l'accord passé à ce sujet avec nos partenaires, le 23 décembre 1963[16], marque le triomphe de nos exigences, ce ne sont guère que des murmures que l'on entend s'élever des chambres d'agriculture et des fédérations d'exploitants. Mais quoi ? N'est-ce pas le penchant fréquent des Français, chacun dans sa spécialité, de réclamer la marche en avant en souhaitant que rien ne bouge ? Alors que maints chefs d'entreprise considèrent avec méfiance ce qui est fait pour moderniser l'industrie, que nombre de professeurs n'accueillent que par des critiques les réformes dans l'enseignement, que pas mal d'officiers s'incommodent de la rénovation de l'armée, comment attendre que les agriculteurs approuvent tous le progrès de l'agriculture ?

Aux épreuves épisodiques que provoquent, pendant cette période, les charbonnages, les chantiers navals, les rapatriés, telle ou telle activité rurale, aux alarmes que suscite parmi les commerçants l'apparition des « grandes surfaces », à la mélancolie que ressent l'artisanat à mesure que se répandent les fabrications de masse, s'ajoutent par moments les secousses qui troublent les services publics. Cela, non point à cause de leur équipement qui, sauf à rattraper le retard du téléphone, répond en somme aux besoins, mais en raison de l'agitation chronique de leur personnel. Il faut dire que les fonctionnaires, agents, techniciens, employés, ouvriers, qui servent, ou bien l'État dans les administrations, ou bien la collectivité dans les entreprises nationales, voient se réduire, au milieu de la transformation économique de la France, la situation assez privilégiée qui était autrefois la leur. Hier, sans doute leurs traitements et salaires étaient-ils calculés au plus juste, tout comme ils le sont aujourd'hui. Mais la valeur en était assurée au temps de la monnaie d'or et c'est sur une base solide, quoique modeste, qu'ils menaient leur vie et celle de leur famille. D'autant mieux que, par exception dans la société d'alors, un statut garantissait leur emploi et leur avancement et qu'une pension de retraite tranquillisait la fin de leur carrière. Encore appréciaient-ils le caractère d'honorabilité qui marquait leur condition aux yeux des proches et des voisins. Or, ces avantages se dissipent. Chez les travailleurs du « secteur public », dont les rémunérations sont fixées par des budgets et des barèmes nécessairement rigoureux, l'inflation entretient le souci permanent de ce que vaut réellement, d'un mois à l'autre, ce qu'ils gagnent, tandis que l'industrie privée, à mesure de son expansion, accroît à tout moment les salaires et les indemnités. D'ailleurs, en ce temps où toutes les branches connaissent le plein emploi et recherchent les éléments qualifiés, la certitude qu'ils ont de garder leur place n'a plus le même attrait relatif. Quant à la précieuse retraite, jadis leur apanage, voici que la Sécurité sociale en verse une à tous les autres. Il en résulte, dans la fonction et les services publics, un état d'âme favorable aux revendications. Comme c'est au pouvoir qu'il incombe de leur donner suite, ou non, c'est à lui que s'adressent ou contre lui que se dressent les personnels qu'il administre ou qu'il fait administrer. Au cours de ces années de vive expansion économique le gouvernement a donc à faire face, dans l'éducation nationale, les chemins de fer, l'électricité et le gaz, les postes et télécommunications, les hôpitaux, les transports parisiens, etc., à des mouvements répétés, accompagnés d'arrêts du travail.

Mais la grève dans un service public revêt, bien évidemment, un tout autre caractère que dans un établissement privé. Car elle est une atteinte portée à la communauté nationale précisément par ceux qui, en vertu de la profession qu'ils ont choisie et qui les protège, sont engagés à lui assurer un élément essentiel de son activité et même de son existence. En cessant de faire la classe, en coupant le courant, le gaz, l'eau, en bloquant le courrier, le télégraphe, le téléphone, on se propose, non point de contrarier l'enrichissement d'un patron, mais de mettre en cause l'intérêt général pour faire pression sur les pouvoirs qui en répondent. C'est là certes, pour ceux qui revendiquent, un puissant argument de fait. Mais c'est aussi, pour le gouvernement, une raison péremptoire de ne pas se laisser contraindre. D'autant mieux que, par contraste avec un ordinaire employeur qui accorde des augmentations en réduisant ses bénéfices, en faisant monter ses prix, en comprimant les effectifs à l'intérieur de son entreprise, l'État n'a pas les mêmes moyens, lui qui ne peut, à tout instant, ni diminuer ses frais dans un domaine sans prélever sur ce qu'il doit à une autre partie prenante, ni accroître les impôts sans violer les lois qui en fixent le taux, ni élever les tarifs sans alourdir au détriment de tous l'indice du coût de la vie, ni modifier le nombre ou la destination des agents sans contrevenir à leur statut, ni, en raison des « grilles », attribuer quelque chose à quelqu'un sans le donner à tout le monde. Bref, sous peine de rompre l'équilibre du budget et de fabriquer des billets, le pouvoir est en principe tenu de résister aux grèves du secteur public. Du même coup, celles-ci prennent l'aspect de brimades infligées à la collectivité et de sommations lancées au gouvernement. Il n'empêche qu'elles se répètent. Car l'interruption des services nationaux pèse lourd sur la vie de chacun, tandis que, dans ces catégories, l'emploi ne court aucun risque. Au surplus, les principaux syndicats y sont ceux de la C.G.T. liée au parti communiste qui en fait un instrument de sa lutte politique et sociale.

Pour prévenir autant que possible les arrêts de travail dans les secteurs publics et, s'ils surviennent néanmoins, limiter leurs conséquences, mon gouvernement agit de deux façons. D'abord, il tâche que la concertation devienne une pratique régulière. À ce sujet, les commissions Toutée et Grégoire[17] mettent en contact les intéressés et les directions pour établir en commun les données de la situation dans les entreprises publiques et décider de la répartition de la « masse salariale » entre les différents échelons du personnel. Dans le même sens, le commissaire général Pierre Massé consulte officiellement les organisations syndicales pour élaborer le Ve Plan ; celui-ci visant à tracer des règles quant à la part du produit national que doit recevoir chacune des catégories sociales, autrement dit inaugurant une « politique des revenus ». Mais ces pas en avant vers la participation vont de pair avec des mesures concernant l'exercice du droit de grève. Conformément à la Constitution, le gouvernement fait adopter à ce sujet par le Parlement en juillet 1963 une loi qui, sans altérer ce droit dans les services publics, y met certaines limites aux abus. Désormais, toute décision syndicale déclenchant un arrêt du travail devra être notifiée dans les formes à la direction et l'exécution précédée d'un délai d'au moins cinq jours. D'autre part, une telle décision ne pourra s'appliquer successivement à des fractions diverses du personnel. Ainsi sont interdites les grèves-surprises qui bouleversent à l'improviste la vie de la population et les grèves tournantes qui, affectant de n'impliquer qu'un groupe à la fois, paralysent en fait tout l'ensemble[18].

Régler les difficultés de cette sorte à mesure qu'elles se présentent, c'est essentiellement l'affaire de Georges Pompidou et de ceux de ses collègues qui se trouvent concernés. Ils s'en acquittent avec compétence et pondération. Je m'en remets à eux, cas par cas. Mais je fixe, soit en Conseil, soit en particulier, l'attitude qu'il y a lieu de prendre. Que le budget prévoie pour la fonction et les services publics des traitements et salaires tels qu'ils croissent suivant l'augmentation du produit national ; que soient rendues organiques l'information et la consultation des personnels par les directions et aussi par les ministres ; mais que le pouvoir ne se laisse pas aller à céder aux mises en demeure, c'est à quoi je tiens la main. Au total, les incidents qui surviennent dans les services publics sont fâcheux, non point ruineux. Cependant, j'y vois une preuve, entre beaucoup d'autres, de ce que notre structure sociale a d'infirme et de précaire. S'il en était besoin, j'achèverais de me convaincre que, pour guérir ce vice fondamental, il faut que ceux qui, par leur travail, font la richesse de la nation soient directement associés à la marche de l'activité à laquelle ils appartiennent et, par là, deviennent des responsables. Faute d'avoir à forger la réforme au feu de la guerre ou de la révolution, je la proposerai au peuple dès que je pourrai croire que l'événement l'y aura disposé[19].

Il en sera ainsi, à coup sûr, pour l'Éducation nationale. Mais quand ? Dans quelles conditions ? Pour le moment, cette institution est en proie à une gestation énorme. Car la même évolution qui procure à la masse, grâce à la production industrielle, une situation matérielle meilleure et qui, sans doute, l'amènera un jour, par la participation, à une condition morale plus élevée, entraîne un vaste développement de l'instruction du peuple français. Depuis la base de départ créée jadis dans le primaire par l'obligation, renforcée dans le secondaire par la gratuité, complétée dans le supérieur par l'extension des bourses, une poussée élémentaire précipite filles et garçons vers un savoir plus étendu. Dans un monde où tous les étages sont devenus accessibles, le désir de connaître se joint au sentiment que l'on monte si l'on apprend. Inversement, le progrès général exige que les aptitudes offertes à chaque échelon de la société soient de plus en plus nombreuses. C'est pourquoi la marée des disciples s'étale sur les écoles, les collèges, les lycées, les universités. D'autant plus que la natalité, heureusement redressée depuis la Libération, porte presque au double, par rapport à ce qui était avant guerre, l'effectif à scolariser. Or, puisque l'État s'est, à juste titre, chargé d'instruire la jeunesse, c'est à lui d'en fournir les moyens. En outre, pour ce qui est de l'accès des élèves aux divers degrés, des titres des professeurs, des matières, des programmes, des examens, des diplômes, la variété qui avait été jadis en usage chez nous est aujourd'hui quasi exclue, bien que la liberté demeure accordée à l'enseignement. En permanence, gouvernement et Parlement se trouvent donc, par priorité, aux prises avec ces problèmes, essentiels et retentissants, comme le sont, de leur côté, les familles et l'opinion.

Pour le pouvoir, la tâche est d'autant plus épineuse qu'il s'agit d'un domaine où se heurtent, non seulement des conceptions pédagogiques, mais aussi des idéologies, et dont la politique s'empare passionnément. Elle est d'autant plus lourde que les seules questions de locaux, de fonctionnement, de recrutement des maîtres, imposent au budget des charges indéfiniment grandissantes. Elle est d'autant plus malaisée que le personnel enseignant est écarté et déshabitué du champ de l'initiative par la centralisation rigoureusement appliquée à l'Université depuis Napoléon et Fontanes[20] et, en même temps, porté par le siècle à une attitude constamment critique et contestataire. Elle est d'autant plus mouvementée que, dans l'Éducation nationale, les organisations de professeurs et d'étudiants ne se complaisent qu'aux théories extrêmes, n'avancent de solutions que les plus outrecuidantes, ne cessent de se diviser suivant toutes les catégories du marxisme et de l'anarchie et ne s'accordent que pour souhaiter faire de l'instruction publique le grand levier destructeur de l'actuelle société.

Au contraire, dans ma fonction et d'après l'ambition que je nourris pour la France, je vois dans l'Éducation nationale un service public au premier chef et qui revêt une importance et une noblesse exceptionnelles. À mon sens, la mission des hommes et des femmes qui font accéder les jeunes au domaine de la connaissance comporte, au point de vue humain, une responsabilité primordiale. Le fait d'influer puissamment sur notre destin en instruisant la fleur du peuple implique un devoir national incomparable. Sans doute, dans la haute idée que je me fais du rôle des maîtres, entre le souvenir de mon père qui, au long de sa vie, prodigua comme professeur à des générations d'élèves sa valeur et son dévouement. D'ailleurs, dans tous les dits et écrits qui accompagnèrent mon action, qu'ai-je jamais été moi-même sinon quelqu'un qui tâchait d'enseigner[21] ? Mais le jugement que je porte sur le sujet, s'il est imprégné d'idéal, ne laisse pas non plus d'être politique. Puisque en notre temps la France doit se transformer pour survivre, elle va dépendre autant que jamais de ce que vaudra l'esprit de ses enfants à mesure qu'ils auront à assumer son existence, son rôle et son prestige. Il s'agit donc que, sans leur inculquer, à la manière totalitaire, ce qu'ils devront penser et croire, on se garde, à l'opposé, de stériliser chez eux les élans et les espérances. Il s'agit aussi que l'enseignement qui leur est donné, tout en développant comme naguère leur raison et leur réflexion, réponde aux conditions de l'époque qui sont utilitaires, scientifiques et techniques. Bref, c'est une formation massive et populaire, fondée sur l'expérience de toujours, mais tournée vers l'horizon nouveau, qui doit être désormais dispensée à notre jeunesse.

Pour ce faire, toutes les questions sont posées à la fois. Il y a celle de la multitude scolaire qui, chiffrée à sept millions en 1958, s'élèvera à plus de neuf millions en 1964, sans compter les deux millions instruits dans les écoles privées. Il y a celle du nombre des maîtres qui, pendant la même période, passera de 350 000 à 500 000. Il y a celle des nouvelles classes dans les écoles, les collèges, les lycées ; il faudra en ouvrir 100 000. Il y a celle des universités qui, partant de 160 000 étudiants, en compteront 350 000 et, de 30 000 enseignants, en comprendront 75 000, ce qui exigera la construction de quatre-vingt-deux établissements d'enseignement supérieur, l'agrandissement de beaucoup d'autres, l'attribution d'un équipement moderne à tous. Il y a celle du financement de l'Education nationale qui doublera en six années et, de 11 pour 100 du budget total de l'État en 1959, montera à 18 pour 100 en 1964. Il y a, dominant le tout, celle des principes qui vont régir la finalité ainsi que l'organisation du colossal appareil. Or, sur ce dernier point, deux données de base coexistent et s'affrontent. L'une est l'élémentaire mouvement qui tend à ouvrir à tous les jeunes de toutes les catégories sociales l'accès à tous les degrés. L'autre est la nécessité d'une intervention constante et régulière des maîtres pour qu'une telle irruption se fasse en ordre et soit profitable. Mais c'est à quoi le corps enseignant, compte tenu de la philosophie qui l'inspire en général, n'est aucunement disposé.

Je m'en suis bientôt aperçu. Dès le 6 mars[22] 1959, j'ai, par ordonnance, prolongé la scolarité jusqu'à seize ans au lieu de quatorze. Sans doute cette disposition ne heurte-t-elle nullement par elle-même les milieux de l'enseignement. Mais le texte tend aussi à instituer un début d'orientation, afin que chaque élève soit engagé par ses maîtres vers le but et dans la voie qui répondent à ses aptitudes. Or, cette mesure, qui est dans mon esprit organiquement liée à la première, rencontre une malveillance générale et reste lettre morte. C'est pourquoi Jean Berthoin, André Boulloche, Louis Joxe, Lucien Paye, Pierre Sudreau, ministres que les extrêmes difficultés de leur tâche inclinent à rester passagers[23], s'épuisent à régulariser le courant des disciples qui monte et bouillonne dans la plupart des établissements. Cependant, en 1963, les affaires concernant les institutions, l'Algérie, l'économie, le redressement extérieur, étant décidément réglées, j'entreprends de fixer la politique de l'Éducation nationale. Cela donne lieu à une série de conseils, restreints ou non, au sein desquels j'ai toujours devant moi le Premier Georges Pompidou, lui-même agrégé et ancien normalien, et à mon côté le ministre Christian Fouchet qui n'entend pas être, à son tour, désarçonné par sa monture et qui restera en selle plus longtemps qu'aucun prédécesseur n'y parvint depuis cent ans[24].

À ce moment, les choses en sont encore au point que, pour la quasi-totalité des jeunes, la carrière scolaire est déterminée par avance vers onze ans. À cet âge, celui de la sixième, ou bien on accède à l'enseignement secondaire pour le suivre dans un lycée jusqu'à l'examen, heureux ou non, du baccalauréat ; ou bien on reste dans le primaire jusqu'à ce que commence l'apprentissage de la vie active. Quelques-uns seulement, à la fin du primaire, reçoivent dans des collèges techniques des rudiments de formation professionnelle. Quelques autres, au titre du secondaire, entrent dans des lycées techniques pour y trouver un enseignement à la fois général et pratique. Les décrets pris cette année-là[25] et qui complètent l'ordonnance de 1959 modifient profondément le système. L'égalité des chances est instaurée. Déjà nous avions créé, en 1960, les « collèges d'enseignement général » où était poursuivi, jusqu'à la troisième incluse, le cycle complet du primaire. Mais voici que sont institués, dans l'enceinte même des lycées, les « collèges d'enseignement secondaire » ouverts à tous ceux qui voudront y entrer et que la direction en jugera capables. Dans ces établissements polyvalents, les élèves recevront un enseignement secondaire différencié suivant leurs aptitudes mais sur la base des mêmes programmes. De là, ils pourront, à seize ans, terme de la scolarité obligatoire, ou bien cesser leurs études, ou bien les poursuivre dans le secondaire, ou bien se rendre dans les collèges ou les lycées techniques. Ainsi, sans que soient confondus les enseignements primaire et secondaire, s'abaissent les barrières qui les séparaient. Ainsi est abolie l'antique prédestination qui fixait, dès le départ et sauf quelques exceptions, le destin scolaire et, dans une large mesure, social de tous les enfants de France. Ainsi est offerte à la jeunesse une Éducation nationale où toutes les voies sont ouvertes aux capacités de chacun.

Le fleuve qui, dès lors, coule entre les rives du secondaire, il faut le canaliser. Cela veut dire d'abord que les élèves, dont on constate qu'ils sont faits pour autre chose, doivent être dérivés ailleurs. Cela veut dire aussi que, parmi les matières que peut comporter l'enseignement, à notre époque où les sciences, les langues vivantes, les techniques se font jour à côté des lettres, des choix sont à organiser suivant les capacités. Pourquoi laisserait-on certains se morfondre dans des études qui ne leur conviennent pas ? Pourquoi appliquerait-on à ceux qui peuvent les suivre, mais dont les aptitudes sont naturellement variées, une identique formation ? Voilà donc que la répartition des disciples devient une impérative nécessité et que l'intervention des maîtres apparaît comme une obligation inhérente à leur vocation.

Si c'est vrai pour le secondaire, à quel point est-ce évident pour l'enseignement supérieur ! Des rapports qui me sont faits dans les conseils de cette année 1963, il ressort qu'un laisser-aller général livre les universités à des flots d'éléments inaptes à suivre les cours. Déjà, la proportion des étudiants qui obtiennent un diplôme est à peine de 30 pour 100, soit la plus basse du monde. Se résigner à l'inondation, c'est, soit aller au gaspillage d'une foule de jeunes carrières et à la révolte d'un grand nombre, soit consentir à l'abaissement dérisoire du niveau des études et des examens et à l'attribution de titres sans valeur, bref c'est mener l'institution à la faillite. Au contraire, celle-ci peut redevenir efficace et rayonnante à une double condition : d'abord qu'on endigue l'inflation ; ensuite qu'on démultiplie les disciplines traditionnelles : lettres, sciences, droit, et qu'on en crée de nouvelles, de manière à diversifier les voies offertes aux aptitudes, à relier l'enseignement des facultés aux activités pratiques de la société moderne, à préparer la jeune élite française à se répartir entre les branches dans lesquelles elle fera sa vie.

Ayant moi-même élargi à l'extrême l'enseignement

public, je tiens donc à y faire s'instaurer, depuis le bas jusqu'en haut, l'orientation et la sélection[26]. Mais le fait est qu'à cet égard mes invites, voire mes prescriptions, trouveront chez les intéressés une résistance sourde et passive. Il me sera une fois de plus démontré qu'à moins de faire table rase par la dictature ou par la révolution, aucune institution ne peut être vraiment réformée si ses membres n'y consentent pas. Or, c'est le cas du corps enseignant. Tandis qu'il agrée volontiers la « démocratisation », qui répond à la conception de principe qu'il s'est formée et lui procure l'impression que son rôle grandit avec le nombre de ses disciples, tandis qu'il est porté à tenir toutes les vannes ouvertes, fût-ce en rendant plus faciles les succès aux examens et notamment au baccalauréat, tandis qu'il s'emploie par tous les moyens à obtenir que soient accrus ses propres effectifs et construits force locaux, il ne se prête nullement à assumer des actes d'autorité et des charges de responsabilité. Diriger d'office des élèves dans tel ou tel sens, fermer *proprio motu* des portes à certains d'entre eux, engager délibérément une part de l'avenir des uns et des autres, c'est là quelque chose de discordant par rapport, non certes à la valeur des maîtres pris dans leur ensemble, mais à leur état d'esprit et à leurs habitudes. Sur le mol oreiller du doute[27], beaucoup d'entre eux accueillent mal les changements, dès lors qu'eux-mêmes y sont impliqués et qu'ils leur sont prescrits par le pouvoir. En cela, d'ailleurs, ce milieu éminent de l'intelligence française exprime une psychologie générale, résultant de trop de destructions accumulées depuis deux siècles et qui, tôt ou tard, à mon sens, emportera la société à moins qu'elle ne se réédifie sous une discipline renouvelée.

C'est pourquoi, tout en m'appliquant à mettre en œuvre dans l'Éducation nationale des palliatifs à la marée qui pourrait submerger l'édifice, j'envisage d'en bâtir un jour un autre tel que tous ceux qui auront à l'habiter ou à l'utiliser : professeurs, administrateurs, étudiants, parents d'élèves, prendront part directement à la marche, à la gestion, à l'ordre, aux sanctions et aux résultats d'établissements devenus autonomes et qui devront, ou bien fonctionner comme il faut, ou bien fermer leurs portes et cesser de gaspiller le temps des maîtres et des disciples, ainsi que l'argent de l'État. Mais, dans ce domaine aussi, je sais bien qu'un pareil projet n'aura de chances d'aboutir que si quelque tempête dissipe les nébuleuses où s'égarent les milieux qualifiés. En

1968, l'ouragan soufflera, en effet. Dès qu'il aura passé, sans avoir emporté de Gaulle et son régime, l'Université, sous l'impulsion du grand ministre[28] que j'y aurai appelé, sera, de par la loi, réformée de fond en comble sur la base jusqu'alors réprouvée de la participation.

La même psychologie qui freine cet aboutissement dans l'Éducation nationale retarde aussi les changements de structure administrative dont notre pays a besoin. Il est bien clair que le système adopté par la Révolution, codifié par Napoléon, pratiqué tel quel depuis lors, qui coupe en quatre-vingt-dix morceaux le territoire métropolitain et pulvérise la vie municipale en trente-six mille cellules, ne répond plus au temps présent. Certes, ce système avait eu à l'origine sa justification. À la France du XVIIIe siècle faite de paroisses campagnardes, qu'avait trouvée la Convention[29], convenait l'existence d'un grand nombre de communes ayant chacune ses terres, son site, son caractère, aussi bien que son clocher. Au reste, l'ambition des plus petites, en fait d'entreprises collectives, se limitant à l'entretien d'un chemin, à l'exploitation d'un bois, à la construction d'un lavoir, n'excédait pas leurs moyens. D'autre part, puisque l'Assemblée, par passion politique, abolissait les anciennes provinces et, par souci géométrique, voulait que les nouvelles fractions eussent toutes une semblable étendue, la division en départements ne manquait pas de logique. C'est l'époque où l'État nouveau, émergeant soudain des décombres, entendait que sur place son autorité fût uniforme, centralisée et proche de la population, où l'industrie était encore presque partout artisanale, où l'agriculteur dans son champ ne considérait rien au-delà de son horizon, où ce qui s'échangeait sur les marchés villageois ne cheminait que lentement, à courte distance, par charrois routiers et coches d'eau. Dès lors, l'installation du pouvoir, autrement dit de la préfecture, dans la ville principale d'une circonscription assez grande pour mener au jour le jour son immuable existence et assez petite pour que tout maire, tout plaideur, tout contribuable, tout gendarme, pût dans les vingt-quatre heures gagner le chef-lieu à cheval ou en voiture, répondait aux circonstances. Par la suite, l'apparition des grandes usines, l'invention des chemins de fer, du télégraphe, du téléphone, de l'auto, les déplacements de plus en plus fréquents et lointains des personnes et des matières, bref le rapetissement relatif des dimensions, étriquèrent le département. Mais les habitudes étaient prises.

À cet égard, d'ailleurs, le Sénat, élu par les communes à l'échelon des départements, devenait dans le régime parlementaire qui succédait au second Empire l'assemblée privilégiée, avec assez d'influence politique, de puissance législative et d'esprit conservateur pour faire en sorte que rien ne vînt changer l'ordre établi pour les collectivités locales. De fait, celles-ci étaient, à la naissance de la Ve République, tout juste telles qu'elles furent créées à la mort de l'Ancien Régime.

C'est-à-dire bien trop exiguës pour la vie moderne où l'économie domine tout avec ses exigences d'aménagement et d'équipement étendus et planifiés. Or, les trois quarts de nos communes n'ont pas les ressources nécessaires pour y pourvoir en ce qui les concerne, parce que la grande part de la fortune de la France, détenue jadis par les villages, est à présent dans les villes, comme l'essentiel de son activité et la masse de sa population. Ce n'est qu'en faisant disparaître par groupement de bourgades un grand nombre de municipalités qu'on élèverait à l'échelle voulue l'élément de base de l'administration locale. Mais il va de soi qu'une pareille transformation doit être une partie d'un tout et faire corps avec la grande réforme qui, entre les ministères de Paris et les communes de partout, élargirait les circonscriptions françaises à la mesure de ce que requièrent désormais la vie pratique et le développement. Comme il se trouve que les anciennes provinces ont conservé leur réalité humaine, en dépit de leur officielle abolition et des mouvements subséquents de population, il n'est que de les faire renaître sur le plan économique par-dessus les départements sous la forme et le nom de régions ; chacune ayant la taille voulue pour devenir le cadre d'une activité déterminée.

Cela implique que le chef de l'administration locale — le préfet — reçoive l'autorité et dispose de l'armature adaptées à une telle dimension et à une telle destination ; que la délibération des plans, le vote du budget régional, le contrôle de l'exécution appartiennent à un conseil nouveau associant aux élus politiques les représentants des organisations professionnelles et sociales ; enfin que le Sénat, jadis symbole et citadelle des errements de la IIIe République et réduit depuis sa mort à un rôle parlementaire accessoire[30], réunisse en son sein les mandataires des collectivités locales et les délégués des branches d'activité du pays, au lieu que les premiers se morfondent au Luxembourg dans la vaine apparence d'un pouvoir législatif qu'ils n'ont plus et que les seconds demeurent confinés en un conseil consultatif naturellement peu consulté[31]. Ainsi naîtrait la grande assemblée économique et sociale qui élaborerait, en cette matière devenue capitale, la législation française. Ainsi fonctionnerait dans l'État l'instance suprême de la participation. Ainsi la structure administrative que l'époque moderne nous impose serait-elle directement liée à la réforme de la condition et des relations humaines. Ainsi serait parachevée l'œuvre constitutionnelle tracée à Bayeux au lendemain de la Libération, à la lumière des leçons reçues en deux siècles d'Histoire et en vue d'un long avenir[32].

C'est bien là mon intention. Quand je m'adresse au pays, soit par allocutions télé et radiodiffusées, soit par conférences de presse, soit par propos tenus en public au cours de mes voyages, je ne cesse pas de l'affirmer. Mais, en attendant que l'événement nous montre le moment d'atteindre le but, prenons-en tout au moins le chemin. Dès 1960, un décret avait fait entrer les vingt et une « régions de programme » dans le plan d'équipement national. En fin d'année 1963, d'irréversibles décisions sont prises. Dans chaque région, un préfet, doté d'un état-major adéquat de fonctionnaires, reçoit des pouvoirs effectifs sur ses collègues des départements pour tout ce qui a trait à l'équipement et à la mise en valeur. En même temps, il est créé auprès de lui une « Commission de développement économique régional », dont font partie les représentants des « forces vives », associés avec les élus à la préparation de toutes mesures économiques. Il n'en faut pas plus pour que l'esprit régional commence à souffler dans les C.O.D.E.R. qui, pour embryonnaires qu'elles soient, esquissent les réalités et les aspirations actuelles de nos provinces. Des contrées en plein essor, mais contrariées par un morcellement artificiel, comme la Lorraine, l'Alsace, le Nord-Pas-de-Calais, le Rhône et les Alpes, la Haute et la Basse-Normandie, la Franche-Comté, y trouvent un cadre approprié pour considérer des problèmes et soutenir des projets qui sont à leur dimension. D'autres, telles que la Provence, le Languedoc-Roussillon, l'Aquitaine, le Sud-Ouest, les pays de la Loire, le Centre, la Picardie, la Champagne, que l'expansion sollicite en tous sens, y voient le moyen d'unir tant d'impulsions disparates en un ensemble ordonné. Certaines, enfin, que leur situation a longtemps tenues à l'écart des grands courants de l'ère industrielle et qu'étreignait l'angoisse du déclin, ainsi de la Bretagne, de l'Auvergne, du Limousin, des Charentes-Poitou, de la Corse, s'y découvrent vivantes et résolues à faire valoir les conditions de leur renouveau. Que le génie des temps modernes ranime ces flammes tenues sous le boisseau, qu'il ressuscite dans nos régions un élan et une émulation dont un excès de centralisation attribuait le monopole à la capitale, il n'y a rien là qui ne serve l'effort, l'équilibre et l'unité de notre pays[33].

D'ailleurs, l'hypertrophie de l'agglomération parisienne y provoque des troubles profonds. Au point de vue administratif, le département de la Seine, englobant Paris et la banlieue, est un corps énorme qui, malgré ses cinquante mille fonctionnaires et ses multiples services, n'embrasse ni n'encadre la vie d'un tel groupement humain. Certes, la capitale elle-même, avec son préfet de police, ses arrondissements, ses mairies, son conseil municipal, la richesse qui la remplit, l'unité qui la marque à l'intérieur de ses successives enceintes, les concours que l'État lui prodigue depuis toujours, maintient sa personnalité malgré les débordements. Mais la plupart des communes qui l'environnent, poussées hâtivement, chacune pour son compte, au hasard des circonstances, ne forment qu'une juxtaposition désordonnée de malaises et de besoins. Auxquels s'ajoutent ceux qui étreignent bon nombre de localités de Seine-et-Oise, de l'Oise, de Seine-et-Marne, liées d'office, elles aussi, au géant parisien. Dans un ensemble aussi touffu, l'autorité ne peut s'exercer, ni assurer les services publics, d'une manière satisfaisante. Mais les déficiences administratives, qui pèsent sur la vie quotidienne, deviennent intolérables pour ce qui est du développement. La construction, la voirie, les écoles, les hôpitaux, l'implantation des usines et des chantiers, les espaces verts, les stades, la circulation, etc., requièrent des plans unifiés et des règles communes. Au surplus, tout commande de prévoir que l'agglomération, qui s'est accrue en dix ans d'un million et demi d'âmes et en compte à présent dix millions, va continuer d'augmenter en nombre et en étendue, quoi qui puisse être fait pour revitaliser les provinces. Or, la Ve République n'entend pas que l'extension de demain s'accomplisse dans la confusion comme il en fut de celle d'hier. Dans la même série de conseils où sont prises à l'Élysée les mesures relatives au début de l'organisation régionale, j'arrête celles qui règlent au fond la question de l'ensemble parisien.

Roger Frey, ministre de l'Intérieur, propose les unes et les autres. Il y a d'autant plus de mérite que l'administration dont il a la charge n'est pas tournée, dans son domaine, vers les réformes de structure. Séculairement, le corps préfectoral s'est adapté, en effet, aux circonscriptions, missions et attributions existantes. Non point certes — et pour cause ! — qu'il en méconnaisse les défauts. Mais son expérience et sa dextérité l'ont rompu à s'en accommoder. Ce n'est pas sans quelque appréhension qu'il envisage des changements à l'équilibre longuement établi des situations et des pratiques locales, ainsi que des échelons de sa propre hiérarchie. Au demeurant, les perspectives d'une transformation réelle d'un conglomérat aussi vaste, aussi imprégné de routines, aussi marqué d'emprises politiques, que celui qui contient Paris, déchaînent dans tous les milieux toutes les émotions et passions imaginables et soulèvent dans les partis, la presse, les cercles spécialisés, d'innombrables pressions, discussions et oppositions. Cependant, le sens de l'intérêt national que possède Roger Frey, qu'il a montré dans les combats de la Résistance, puis dans l'effort du Rassemblement[34], et qui l'anime aujourd'hui à sa place au gouvernement, le détermine à la réforme. Dans les projets qu'il avance au sujet de la capitale et de son environnement, il est, d'ailleurs, secondé par deux hommes de haute valeur : Raymond Haas-Picard préfet de la Seine, bon conseiller pour ce qui concerne l'organisation administrative ; Paul Delouvrier délégué général au district, ardent inspirateur du Plan qui va modeler l'avenir du grand Paris en harmonie avec celui d'une France moderne.

Après beaucoup d'études et de débats, il faut trancher. Je le fais. Après quoi, la région parisienne est créée et organisée de par la loi, en 1964. Elle aura son préfet, chargé de l'urbanisme, de l'aménagement, de l'équipement, des services communs, dans toute l'agglomération. Elle aura ses assemblées : conseil d'administration et comité économique et social, formés, l'un de représentants des conseils généraux et des municipalités, l'autre de délégués des organisations professionnelles. Elle aura son budget, alimenté par une part de ses propres contributions, par les emprunts qu'elle contracte et par les subventions de l'État. Sous cette égide apparaissent sept départements : Ville de Paris, Hauts-de-Seine, Seine-Saint-Denis, Val-d'Oise, Val-de-Marne, Essonne, Yvelines, grâce auxquels l'action et la protection publiques pénètrent à l'intérieur de la masse jusqu'alors compacte et reléguée des citoyens. D'autre part est dressé le « schéma directeur d'urbanisme et d'aménagement de la région parisienne », qui doit, jusqu'à la fin du siècle, en guider la croissance et le progrès. Plutôt que de laisser l'activité et la population s'entasser concentriquement comme il en fut depuis l'origine, l'extension sera désormais dirigée suivant des axes naturels bien séparés : la vallée de la Seine en aval vers Rouen, celle de la Marne en amont vers Meaux, celle de l'Oise vers Pontoise, le long desquels seront édifiés en ordre et rationnellement des centres urbains nouveaux. Un réseau de communications approprié à ce colosse est décidé et tout de suite entrepris : autoroutes, boulevards, radiales, voies sur berge, métropolitain régional, etc. Enfin, toutes mesures sont prises pour réserver à l'administration l'achat des terrains nécessaires et empêcher les constructions qui iraient à l'encontre du Plan.

Grâce à la République nouvelle, le pays surmonte donc sans trouble grave les épreuves inhérentes à sa propre transformation, notamment celles que lui causent les charbonnages, les chantiers navals, les rapatriés, l'agriculture, les services publics. C'est là, en quelque sorte, le revers d'une médaille dont la face montre en relief l'évolution générale favorable et la paix complètement rétablie. Le pouvoir y pourvoit sans en être ébranlé, alors qu'en d'autres temps il eût été jeté dans une suite stérile de crises. De même, il peut entamer, en particulier dans l'Éducation nationale, l'administration, l'aménagement du territoire, des réformes dont, naguère, on aurait indéfiniment discuté sans s'y décider jamais et dont, aujourd'hui encore, des controverses à perte de vue empêcheraient qu'on les abordât s'il n'y avait pour le faire une effective autorité. Au demeurant, cela se passe au milieu d'une expansion économique qui résulte, elle aussi, de l'heureuse conjoncture, mais qui voit, comme il arrive toujours, émerger de son bouillonnement le monstre de l'inflation. Sous le régime d'antan, celle-ci eût, une fois de plus, dévoré quelque chose de la substance de la France. Or, il va être à présent repoussé en vertu de la résolution manifestée au sommet de l'État.

Déjà, en 1962, l'équilibre établi trois ans plus tôt commence à être ébranlé. Trois causes principales y concourent. Il s'agit, d'abord, du privilège monumentalement abusif que l'univers accorde à la monnaie américaine depuis que la

Première puis la Seconde Guerre mondiale l'avaient laissée debout au milieu de la ruine des autres ; la livre sterling étant seule et momentanément préservée. Du même coup, tout le stock d'or du monde s'entassait aux États-Unis. Faute de pouvoir faire autrement, les pays occidentaux et ceux qui leur étaient peu ou prou rattachés avaient alors accepté le système monétaire international dit *gold exchange standard*, suivant lequel le dollar était automatiquement tenu comme valant l'or. Il le valait, en effet, tant que le gouvernement fédéral limitait ses émissions de billets en fonction de ses réserves d'or et remboursait ses créanciers, à leur demande, indistinctement en devises ou en métal précieux. Mais les énormes dépenses de puissance, d'assistance et de prestige prodiguées au-dehors par Washington à la suite de la victoire, ainsi que les appels de fonds qui lui venaient de tous les pays contraints de se reconstruire ou avides de développement, avaient, dans les années cinquante, engagé l'Amérique dans un processus de virulente inflation. L'attrait de l'hégémonie la portait à fabriquer sans relâche des capitaux nominaux, c'est-à-dire à émettre des dollars, avec lesquels elle prêtait aux autres, ou leur payait ses dettes, ou leur achetait de leurs biens, fort au-delà de ce que ses réserves représentaient de valeur réelle. Au surplus, elle avait assez de poids politique et économique pour que le « Fonds monétaire international », chargé depuis Bretton Woods[35] de veiller à l'équilibre, n'en exigeât pas le maintien et pour que nombre d'États étrangers ayant avec elle une balance des paiements positive acceptassent qu'elle fût réglée en billets et bons de la banque fédérale, non point en or. En France même, l'excès de dollars qu'en vertu du *gold exchange standard* y exportent les États-Unis, soit pour acquérir des parts dans certaines de nos industries, soit pour leur ouvrir dans nos banques des crédits destinés à acheter de l'équipement, pèse sur notre monnaie. Car, ces apports étrangers étant naturellement convertis en francs sur place, il en résulte, en effet, un accroissement artificiel de notre masse monétaire.

Un autre motif de trouble est le déficit de fait qui se creuse dans notre budget. À vrai dire, le rapport de la commission Rueff et le plan rigoureux qui en était sorti admettaient qu'il y eût une « impasse », dont on tenait pour normal, en prévision du progrès des ressources de l'État, qu'elle fût comblée d'année en année par le crédit à court ou moyen terme. Au reste, pendant quelque trois ans, les recettes ordinaires avaient été si fortes que « l'impasse » n'atteignait pas le total accordé par le budget. Mais, en 1962, les aides massives fournies aux rapatriés d'Afrique avaient retourné la tendance. En outre, le secteur privé dépassant le niveau des salaires indiqué par le IVe Plan, l'État en avait, bon gré mal gré, fait autant dans le secteur public. On avait même vu la Régie Renault prendre soudain, à la surprise du ministre de l'Industrie, l'initiative d'ajouter une semaine[36] au congé payé de son personnel, ce qui, par contagion dans toutes les branches, aboutissait à une réduction générale de la durée du travail pour la même somme de rémunérations. Enfin, dans les programmes d'équipements collectifs adoptés pour l'Éducation nationale, la recherche, le logement, l'armement, l'hospitalisation, etc., une mystérieuse incitation accélérait les décisions des administrations et les travaux des entrepreneurs, mais aussi et du même coup le rythme du financement tel qu'il avait été prévu. Tant de petits ruisseaux jaillis de ces sources de déficit finissaient par faire une rivière. Sans doute le ministère de la rue de Rivoli n'éprouvait-il aucune peine à y parer dans l'immédiat en plaçant force bons du Trésor. Mais c'était accentuer encore le début d'une tension malsaine.

Par-dessus tout, la psychologie directement liée à l'expansion moderne et qui pourrait un jour la ruiner, comme l'optimisme des gens bien portants les conduit quelquefois à abuser de leur santé, déchaîne dans l'économie le prurit de l'inflation. Mieux vont les affaires, plus s'insinue la facilité, chacun misant sur l'avenir un peu plus que ce qu'il a. Du côté des entreprises, on n'hésite pas à recourir abondamment au crédit, on se prête aux largesses quant aux salaires et aux indemnités, on exagère les frais somptuaires. Dans le camp des syndicats, la propension en est d'autant plus forte à réclamer des augmentations, qui ne seront guère discutées et dont on se donnera l'avantage de les avoir obtenues. Au sein des administrations, la rigueur s'atténue pour ce qui est des rémunérations, aussi bien qu'en ce qui concerne les travaux et les marchés. Dans le public, le système du paiement à crédit se développe pour les achats. Bref ; une espèce de poussée générale porte insensiblement la dépense à dépasser le gain. D'où un accroissement excessif des moyens de paiement par rapport à ce qui est produit, une montée constante des prix, une insidieuse détérioration de la balance commerciale.

Le fait est qu'en été 1963, alors que depuis un an l'augmentation du produit national a atteint tout juste 5,8 pour 100, l'ensemble de la masse monétaire : billets, bons du Trésor, dépôts dans les banques, chèques postaux, est passé de cent vingt-trois à cent quarante-deux milliards, que la progression des salaires a été de l'ordre de 10 pour 100, que l'indice des prix s'est élevé de 6 pour 100, que si les exportations ont gagné 11,5 pour 100 c'est de 23 pour 100 qu'ont monté les importations. Au cas où se poursuivrait cette dégradation de l'équilibre économique, le franc serait bientôt en cause.

Il me faut bien, d'ailleurs, reconnaître que le souci, à plus forte raison le dogme d'une monnaie inébranlable n'occupent pas beaucoup d'esprits. En particulier, dans les milieux qui mènent les activités nationales, on tire certes à l'occasion la révérence aux principes, mais on utilise volontiers les commodités offertes par l'inflation à ses débuts. L'industrie apprécie le rythme, fût-il quelque peu morbide, imprimé à ses affaires. Les syndicats trouvent dans la hausse des prix un ressort pour celle des salaires, si fâcheuse que soit la « spirale ». Il n'est pas jusqu'au Trésor public qui ne soit dans l'instant soulagé quant au poids de ses arrérages. Mais l'euphorie de la drogue ne fait que cacher pour un temps l'érosion de l'organisme, c'est-à-dire le tort infligé à notre monnaie. Or la solidité de celle-ci mesure dans le monde la réalité et l'efficacité de l'économie du pays, dont dépendent celles de sa politique. Elle est, à l'intérieur, la condition essentielle de l'honnêteté des rapports, de la modération des désirs, de la sérénité des destins, de l'ordre social et moral. Elle est, pour l'État qui marque les pièces à son effigie : le roi, l'empereur, la république, l'attestation de sa capacité, la justification de l'autorité qu'il exerce et de la confiance qu'il requiert, l'argument qui lui est nécessaire pour demander l'effort, imposer le sacrifice et réprimer les abus. En cette occurrence, je suis, comme je le fus et le serai toujours[37], décidé à maintenir le franc au taux que je lui ai fixé en me chargeant de redresser la France.

Les moyens appropriés sont connus. Il n'est que de les prendre. Au printemps de 1963, j'y appelle le gouvernement. Puis, au mois d'août, constatant que les résolutions ont l'air de s'émousser, je fais brusquer et renforcer les choses. Sans doute Georges Pompidou semble-t-il moins convaincu que moi de l'importance primordiale de la stabilité du franc au point de vue national et international et tient-il par-dessus tout à ce que rien ne vienne compromettre l'expansion qui est en cours. Sans doute Valéry Giscard d'Estaing, jeune ministre de l'Économie et des Finances, qui certes condamne l'inflation au nom des principes de[d] « l'inspection[38] », mais à qui l'exécution va incomber au premier chef, est-il assez impressionné par ce que sa tâche d'intérêt général implique de rigoureux à l'égard de chacun des intérêts particuliers. Cependant, l'un et l'autre font leurs, sans réserve, mes résolutions. Le 12 septembre 1963, le plan de stabilisation, dressé au cours de nos entretiens avec la participation des hauts fonctionnaires intéressés, est arrêté en Conseil des ministres et aussitôt mis en application. Économies budgétaires, resserrement du crédit, blocage des prix, tels sont naturellement les principaux champs de l'action du gouvernement où se déploient les dons du premier ministre et ceux du grand argentier. D'autre part, il a été prescrit à la Banque de France d'exiger des Américains que ce qu'ils nous doivent à mesure, au titre de la balance des paiements, nous soit pour 80 pour 100 soldé en or.

Au bout d'un an, après quelques saccades, le résultat est atteint. La progression de la masse monétaire, en effet, se trouve ramenée de vingt à treize milliards[39]. Le niveau des prix de gros redevient tel qu'il était douze mois plus tôt. Celui des prix de détail n'a monté que d'à peine 2,5 pour 100. La balance commerciale est de nouveau positive. En dépit des prévisions funestes du chœur des cassandres, l'expansion, qui s'est à peine ralentie en cours d'exécution du Plan, reprend son puissant essor. Quant aux menus symptômes de chômage apparus ici et là, ils ont bientôt disparu. Au reste, le « Fonds national de l'emploi », créé par la loi en 1963, a commencé à faire son office. Pour la seconde fois, la nouvelle République a donc remis l'économie en ordre sans arrêter, bien au contraire, la marche à la prospérité[e]. Peu de voix s'élèvent, il est vrai, pour reconnaître l'avantage général de l'opération, tandis que beaucoup font entendre récriminations et plaintes suscitées par des grèves partielles et momentanées. Mais comment n'aurais-je pas appris que ce qui est salutaire à la nation ne va pas sans blâmes dans l'opinion, ni sans pertes dans l'élection[40] ?

Lettre adressée par le général de Gaulle, le 30 mai 1970, à M. Pierre-Louis Blanc, chargé par l'auteur de rassembler les documents nécessaires à la rédaction des *Mémoires d'Espoir*, dont les deux premiers chapitres ont été entièrement rédigés et font l'objet du présent volume.

Cette lettre contient le plan de cet ouvrage. Plus tard, l'auteur précisera qu'il a pour dessein, au cours du dernier chapitre, d'évoquer les grandes figures de l'Histoire de France.

LE GÉNÉRAL DE GAULLE

30 mai 1970

Mon cher ami,

Pour « L'Effort », j'ai l'intention d'écrire sept chapitres.

Deux seront « politiques », et consacrés respectivement surtout : au référendum *d'octobre 1962 (formation du gouvernement Pompidou, censure, dissolution, référendum même, élections) et à la* réélection *de décembre 1965 (assaut général des partis, etc.).*

Deux seront économiques et sociaux. Je voudrais y traiter : des difficultés *(par exemple : la grève des mineurs de 1963 ; la stabilisation ; l'affaire agricole, etc.), et des* progrès *(développement — avec des chiffres — industriel, agricole, commercial, scolaire, les pointes, les communications, etc.).*

Deux chapitres auront trait aux affaires étrangères : les drames *(Cuba, barrage à l'entrée de l'Angleterre dans le Marché commun, assassinat de Kennedy, Vietnam, élections anglaises, départ d'Adenauer, etc.), les* actes *(accord franco-allemand, notre rigueur à Bruxelles, notre éloignement de l'O.T.A.N., notre attitude monétaire, notre reconnaissance de Pékin, etc.), les* visites *(celles que j'ai faites, celles que j'ai reçues).*

Un chapitre d'ordre « philosophique », où je formulerai mon jugement sur la situation de la France, de l'Europe, du monde.

Ceci dit pour vous éclairer quant aux documents.

Croyez, mon cher Blanc, à ma sincère amitié.

C. de Gaulle.

APPENDICES

© *Librairie Plon,* 1954, 1956, 1959.

APPEL DU GÉNÉRAL DE GAULLE AUX FRANÇAIS

Le 18 juin 1940.

Les chefs qui, depuis de nombreuses années, sont à la tête des armées françaises, ont formé un gouvernement.

Ce gouvernement, alléguant la défaite de nos armées, s'est mis en rapport avec l'ennemi pour cesser le combat.

Certes, nous avons été, nous sommes, submergés par la force mécanique, terrestre et aérienne, de l'ennemi.

Infiniment plus que leur nombre, ce sont les chars, les avions, la tactique des Allemands qui nous font reculer. Ce sont les chars, les avions, la tactique des Allemands qui ont surpris nos chefs au point de les amener là où ils en sont aujourd'hui.

Mais le dernier mot est-il dit ? L'espérance doit-elle disparaître ? La défaite est-elle définitive ? Non !

Croyez-moi, moi qui vous parle en connaissance de cause et vous dis que rien n'est perdu pour la France. Les mêmes moyens qui nous ont vaincus peuvent faire venir un jour la victoire.

Car la France n'est pas seule ! Elle n'est pas seule ! Elle n'est pas seule ! Elle a un vaste Empire derrière elle. Elle peut faire bloc avec l'Empire britannique qui tient la mer et continue la lutte. Elle peut, comme l'Angleterre, utiliser sans limites l'immense industrie des États-Unis.

Cette guerre n'est pas limitée au territoire malheureux de notre pays. Cette guerre n'est pas tranchée par la bataille de France. Cette guerre est une guerre mondiale. Toutes les fautes, tous les retards, toutes les souffrances, n'empêchent pas qu'il y a, dans l'univers, tous les moyens pour écraser un jour nos ennemis. Foudroyés aujourd'hui par la force mécanique, nous pourrons vaincre dans l'avenir par une force mécanique supérieure. Le destin du monde est là.

Moi, général de Gaulle, actuellement à Londres, j'invite les officiers et les soldats français qui se trouvent en territoire britannique ou qui viendraient à s'y trouver, avec leurs armes ou sans leurs armes, j'invite les ingénieurs et les ouvriers spécialistes des industries d'armement qui se trouvent en territoire britannique ou qui viendraient à s'y trouver, à se mettre en rapport avec moi.

Quoi qu'il arrive, la flamme de la résistance française ne doit pas s'éteindre et ne s'éteindra pas.

Demain, comme aujourd'hui, je parlerai à la radio de Londres.

NOTE MANUSCRITE ET PERSONNELLE REMISE
PAR LE GÉNÉRAL DE GAULLE
À MM. PLEVEN, DIETHELM, COULET

Londres, 18 mars 1942.

Si je suis amené à renoncer à l'œuvre que j'ai entreprise, la nation française devra savoir pourquoi.

J'ai voulu maintenir la France dans la guerre contre l'envahisseur. Cela n'est possible, actuellement, qu'aux côtés et avec l'appui des Britanniques. Mais cela n'est concevable que dans l'indépendance et la dignité.

Or, l'intervention du gouvernement britannique dans la vilaine crise provoquée par Muselier est intolérable autant qu'absurde. Il y a là, en outre, une violation flagrante des engagements pris envers moi par le gouvernement britannique. Céder, ce serait détruire moi-même ce qui reste à la France de souveraineté et d'honneur. Je ne ferai pas cela.

L'intervention anglaise dans l'affaire Muselier succède, d'ailleurs, à une série d'autres pressions et abus du même genre — (exemple : ce qui s'est passé en Syrie) — que je n'ai pu repousser qu'à grand-peine et qui harassent ma confiance dans la sincérité des Britanniques en tant qu'alliés.

La France a déjà compris dans quelle voie et de quelle façon j'ai fait tout pour la servir. Elle comprendra que, si je m'arrête, c'est parce que mon devoir envers elle m'interdit d'aller plus loin. Elle choisira sa route en conséquence.

Les hommes passent. La France continue.

DÉCLARATION DU GÉNÉRAL DE GAULLE
PUBLIÉE EN FRANCE
DANS LES JOURNAUX CLANDESTINS,
le 23 juin 1942

Les derniers voiles, sous lesquels l'ennemi et la trahison opéraient contre la France, sont désormais déchirés. L'enjeu de cette guerre est clair pour tous les Français : c'est l'indépendance ou l'esclavage. Chacun a le devoir sacré de faire tout pour contribuer à libérer la patrie par l'écrasement de l'envahisseur. Il n'y a d'issue et d'avenir que par la victoire.

Mais cette épreuve gigantesque a révélé à la nation que le danger qui menace son existence n'est pas venu seulement du dehors et qu'une victoire qui n'entraînerait pas un courageux et profond renouvellement intérieur ne serait pas la victoire.

Un régime, moral, social, politique, économique, a abdiqué dans la défaite, après s'être lui-même paralysé dans la licence. Un autre, sorti d'une criminelle capitulation, s'exalte en pouvoir personnel. Le peuple français les condamne tous les deux. Tandis qu'il s'unit pour la victoire, il s'assemble pour une révolution.

Malgré les chaînes et le bâillon qui tiennent la nation en servitude, mille témoignages, venus du plus profond d'elle-même, font apercevoir son désir et entendre son espérance. Nous les proclamons en son nom. Nous affirmons les buts de guerre du peuple français.

Nous voulons que tout ce qui appartient à la nation française revienne en sa possession. Le terme de la guerre est, pour nous, à la fois la restauration de la complète intégrité du territoire, de l'Empire, du patrimoine français et celle de la souveraineté complète de la nation sur elle-même. Toute usurpation, qu'elle vienne du dedans ou qu'elle vienne du dehors, doit être détruite et balayée. De même que nous prétendons rendre la France seule et unique maîtresse chez elle, ainsi ferons-nous en sorte que le peuple français soit seul et unique maître chez lui. En même temps que les Français seront libérés de l'oppression ennemie, toutes leurs libertés intérieures devront leur être rendues. Une fois l'ennemi chassé du territoire, tous les hommes et toutes les femmes de chez nous éliront l'Assemblée nationale qui décidera souverainement des destinées du pays.

Nous voulons que tout ce qui a porté et tout ce qui porte atteinte aux droits, aux intérêts, à l'honneur de la nation française soit châtié et aboli. Cela signifie, d'abord, que les chefs ennemis qui abusent des droits de la guerre au détriment des personnes et des propriétés françaises, aussi bien que les traîtres qui coopèrent avec eux, devront être punis. Cela signifie, ensuite, que le système totalitaire qui a soulevé, armé, poussé nos ennemis contre nous, aussi bien que le système de coalition des intérêts particuliers qui a, chez nous, joué contre l'intérêt national, devront être simultanément et à tout jamais renversés.

Nous voulons que les Français puissent vivre dans la sécurité. À l'extérieur, il faudra que soient obtenues, contre l'envahisseur séculaire, les garanties matérielles qui le rendront incapable d'agression et d'oppression. À l'intérieur, il faudra que soient réalisées, contre la tyrannie du perpétuel abus, les garanties pratiques qui assureront à chacun la liberté et la dignité dans son travail et dans son existence. La sécurité nationale et la sécurité sociale sont, pour nous, des buts impératifs et conjugués.

Nous voulons que l'organisation mécanique des masses humaines, que l'ennemi a réalisée au mépris de toute religion, de toute morale, de toute charité, sous prétexte d'être assez fort pour pouvoir opprimer les autres, soit définitivement abolie. Et nous voulons en même temps que, dans un puissant renouveau des ressources de la nation et de l'Empire par une technique dirigée, l'idéal séculaire français de liberté, d'égalité, de fraternité soit désormais mis en pratique chez nous, de telle sorte que chacun soit libre de sa pensée, de ses croyances, de ses actions, que chacun ait, au départ de son activité sociale, des chances égales à celles de tous les autres, que chacun soit respecté par tous et aidé s'il en a besoin.

Nous voulons que cette guerre, qui affecte au même titre le destin de tous les peuples et qui unit les démocraties dans un seul et même effort, ait pour conséquence une organisation du monde établissant, d'une manière durable, la solidarité et l'aide mutuelle des nations dans tous les domaines. Et nous entendons que la France occupe, dans ce système international, la place éminente qui lui est assignée par sa valeur et par son génie.

La France et le monde luttent et souffrent pour la liberté, la justice, le droit des gens à disposer d'eux-mêmes. Il faut que le droit des gens à disposer d'eux-mêmes, la justice et la liberté gagnent cette guerre, en fait comme en droit, au profit de chaque homme, comme au profit de chaque État.

Une telle victoire française et humaine est la seule qui puisse compenser les épreuves sans exemple que traverse notre patrie, la seule qui puisse lui ouvrir de nouveau la route de la grandeur. Une telle victoire vaut tous les efforts et tous les sacrifices. Nous vaincrons !

TÉLÉGRAMME DU GÉNÉRAL DE GAULLE
À R. PLEVEN ET M. DEJEAN,
À LONDRES

Beyrouth, 27 août 1942.

J'ai la conviction, étayée par beaucoup d'indices, que les États-Unis ont maintenant pris la décision de débarquer des troupes en Afrique du Nord française.

L'opération serait déclenchée en conjugaison avec une offensive très prochaine des Britanniques en Égypte.

D'autre part, les Britanniques se tiennent prêts à exploiter militairement eux-mêmes la réussite des Américains vers Casablanca en pénétrant dans nos colonies de l'Afrique occidentale.

Les Américains se figurent qu'ils obtiendront, tout au moins, la passivité partielle des autorités de Vichy actuellement en place. Ils se sont, d'ailleurs, ménagé des concours en utilisant la bonne volonté de nos partisans, notamment au Maroc, et en leur laissant croire qu'ils agissent d'accord avec nous, tout en interceptant toutes les communications entre nos services et nos amis. Les Anglais entrent dans ce jeu, quoique avec moins d'illusions…

Le cas échéant, le maréchal Pétain donnera, sans aucun doute, l'ordre de se battre en Afrique contre les Alliés en invoquant l'agression. L'armée, la flotte et l'aviation ne manqueront pas d'obéir. Les Allemands pourront, en outre, trouver dans l'affaire un prétexte pour accourir, en alléguant qu'ils aident la France à défendre son Empire.

Laval se garderait, d'ailleurs, de déclarer la guerre aux Alliés, afin de conserver toujours un moyen de chantage et de ne pas pousser à bout la population française. Il compte que sa complaisance lui vaudra, de la part des Allemands, certaines concessions pour les prisonniers de guerre et le ravitaillement ainsi qu'un appui contre les prétentions italiennes.

Il ne faut pas, à mon avis, chercher ailleurs les raisons de l'attitude actuelle de Washington à notre égard.

Les Américains avaient, d'abord, cru qu'il leur serait possible d'ouvrir un second front en France cette année.

C'est pourquoi, ayant besoin de nous, ils étaient entrés dans la voie définie par leur mémorandum. Maintenant, leur plan a changé et, du même coup, nous les voyons reprendre leur réserve vis-à-vis du Comité national…

Veuillez communiquer ceci au Comité national.

LETTRE DU GÉNÉRAL DE GAULLE
AU PRÉSIDENT F. D. ROOSEVELT,
À WASHINGTON

Londres, le 26 octobre 1942.

Monsieur le Président.

M. André Philip vous remettra cette lettre. Il vous exposera la condition où se trouvait la France quand il l'a quittée. Aux informations qu'il vous apportera sur le développement et la cohésion des groupes de résistance français et, d'une manière générale, sur l'état d'esprit du pays, je désire ajouter ceci :

Vous avez suivi l'évolution morale et politique de la France depuis 1918. Vous savez, qu'ayant supporté le poids principal de la dernière guerre, elle en est sortie épuisée. Elle a senti profondément que l'état d'infériorité relative qui en résultait pour elle l'exposait à un grave péril. Elle a cru à la nécessité d'une coopération alliée pour compenser cette infériorité et réaliser l'équilibre des forces.

Vous n'ignorez pas dans quelles conditions cette coopération lui a manqué. Or, c'est principalement le doute où la France se trouvait, quant au soutien réel qu'elle pourrait trouver contre l'adversaire de la veille et du lendemain, qui a été à l'origine de la politique ondoyante et de la mauvaise stratégie d'où est sortie notre défaite. Les erreurs intérieures que nous avons commises, les divisions et les abus qui contrariaient le jeu de nos institutions, ne sont que des causes accessoires à côté de ce fait capital.

La France a donc le sentiment profond de l'humiliation qui lui a été infligée et de l'injustice du sort qu'elle a subi. C'est pourquoi il faut qu'avant la fin de la guerre la France reprenne sa place dans le combat et, qu'en attendant, elle n'ait pas l'impression qu'elle l'ait jamais entièrement abandonnée. Il faut qu'elle ait conscience d'être l'un des pays dont l'effort aura amené la victoire. Ceci est important pour la guerre et essentiel pour l'après-guerre.

Si la France, fût-elle libérée par la victoire des démocraties, se faisait à elle-même l'effet d'une nation vaincue, il serait fort à craindre que son amertume, son humiliation, ses divisions, loin de l'orienter vers les démocraties, l'inciteraient à s'ouvrir à d'autres influences. Vous savez lesquelles. Ce n'est pas là un péril imaginaire, car la structure sociale de notre pays va se trouver plus ou moins ébranlée par les privations et les spoliations. J'ajoute que la haine de l'Allemand, actuellement très violente parce que l'Allemand est présent et vainqueur, s'atténuera vis-à-vis de l'Allemand absent et vaincu. Nous avons vu cela déjà après 1918. En tous cas, quelque inspiration qu'accepte une France qui serait jetée dans une situation révolutionnaire, la reconstruction européenne et même l'organisation mondiale de la paix s'en trouveraient dangereusement faussées. Il faut donc que la victoire réconcilie la France avec elle-même et avec ses amis, ce qui n'est pas possible si elle n'y participe pas.

Voilà pourquoi, si l'effort de la France Combattante se limitait à grossir de quelques bataillons les forces du parti de la liberté ou même à rallier une partie de l'Empire français, cet effort serait, en lui-même, presque négligeable en face du problème essentiel : remettre la France, tout entière, dans la guerre.

Vous me direz : « Pourquoi vous êtes-vous assigné ce but ? et à quel titre y êtes-vous fondé ? »

Il est vrai que je me suis trouvé, au moment de l'armistice de Vichy, dans une situation proprement inouïe. Appartenant au dernier gouvernement régulier et indépendant de la IIIe République, je déclarai tout haut vouloir maintenir la France dans la guerre. Le gouvernement qui s'était emparé du pouvoir dans le désespoir et la panique de la nation ordonnait : « Cessez le combat ! » En France et hors de France, les corps élus, les représentants du gouvernement, les présidents des Assemblées, se résignaient ou gardaient le silence. Si le président de la République, si le Parlement et ses chefs, avaient appelé le pays à continuer la lutte, je n'aurais même pas pensé à parler au pays ou en son nom. Des hommes politiques, des chefs militaires considérables, se sont trouvés, en telle ou telle occasion, libres de parler et d'agir, par exemple en Afrique du Nord. Ils n'ont montré, à aucun moment, soit la conviction, soit la confiance en leur mandat, suffisantes pour faire la guerre. Qu'il s'agisse là d'une faillite de l'élite, cela n'est pas contestable. Dans son esprit, le peuple français en a, d'ailleurs, déjà tiré la conclusion. Quoi qu'il en soit, j'étais seul. Fallait-il me taire ?

C'est pourquoi j'ai entrepris l'action qui me semblait nécessaire pour que la France n'abandonnât pas la lutte et pour appeler, en France et hors de France, tous les Français à continuer le combat. Est-ce à dire que mes compagnons et moi nous soyons posés, à aucun moment, comme le gouvernement de la France ? En aucune manière. Nous nous sommes tenus et proclamés comme une autorité essentiellement provisoire, responsable devant la future représentation nationale et appliquant les lois de la IIIe République.

Je n'étais pas un homme politique. Toute ma vie j'étais resté enfermé dans ma spécialité. Quand, avant la guerre, j'essayais d'intéresser à mes idées des hommes politiques, c'était pour les amener à réaliser, pour le pays, un objet militaire. De même, au moment de l'armistice de Vichy, c'est d'abord sous une forme militaire que j'ai fait appel au pays. Mais, du fait que des éléments de plus en plus nombreux ont répondu, que des territoires se sont joints ou ont été joints à la France Combattante et que nous étions toujours seuls à agir d'une manière organisée, nous avons vu venir à nous des responsabilités plus larges. Nous avons vu se créer en France une sorte de mystique dont nous sommes le centre et qui unit, peu à peu, tous les éléments de résistance. C'est ainsi que nous sommes, par la force des choses, devenus une entité morale française. Cette réalité nous crée des devoirs que nous sentons peser lourdement sur nous et auxquels nous considérons que nous ne pourrions nous soustraire sans forfaiture à l'égard du pays et sans trahison vis-à-vis des espérances que place en nous le peuple de France.

On nous dit que nous n'avons pas à faire de la politique. Si l'on entend par là qu'il ne nous appartient pas de prendre parti dans les luttes partisanes de jadis ou de dicter un jour les institutions du pays, nous n'avons nul besoin de telles recommandations, car c'est notre principe même de nous abstenir de telles prétentions. Mais nous ne reculons pas devant le mot « politique », s'il s'agit de rassembler, non point seulement quelques troupes, mais bien la nation française dans la guerre, ou s'il s'agit de traiter avec nos alliés des intérêts de la France en même temps que nous les défendons, pour la France, contre l'ennemi. En effet, ces intérêts, qui donc, sauf nous-mêmes, pourrait les représenter ? Ou bien faut-il que la France soit muette pour ce qui la concerne ? Ou bien faut-il que ses affaires soient traitées avec les Nations unies par les gens de Vichy dans la mesure et sous la forme que M. Hitler juge convenables ? Il n'est pas question de défiance de notre part vis-à-vis de nos alliés, mais bien des trois faits suivants qui dominent et commandent nos personnes : seuls des Français peuvent être juges des intérêts français ; le peuple français est naturellement convaincu que, parmi ses alliés, nous parlons pour lui comme nous combattons pour lui à leurs côtés ; dans leur malheur, les Français sont extrêmement sensibles à ce qu'il advient de leur Empire et toute apparence d'abus commis à cet égard par un allié est exploitée par l'ennemi et par Vichy d'une manière dangereuse quant au sentiment national.

Parce que des circonstances sans précédent dans notre Histoire nous ont assigné cette tâche, est-ce à dire que nous pensions imposer à la France un pouvoir personnel, comme quelques-uns le murmurent à l'étranger ? Si nous nourrissions des sentiments assez bas pour chercher à escroquer le peuple français de sa liberté future, nous ferions preuve d'une ignorance singulière de notre propre peuple. Le peuple français est, par nature, le plus opposé au pouvoir personnel. À aucun moment, il n'eût été facile de lui en imposer un. Mais, demain, après l'expérience odieuse de pouvoir personnel faite par Pétain, grâce à la connivence des Allemands et à l'oppression intérieure, et après la longue et dure contrainte de l'invasion, qui donc aurait l'absurdité d'imaginer qu'on pût établir et maintenir, en France, un pouvoir personnel ? Quelques services qu'il ait pu rendre dans le passé, le rêveur qui tenterait cela réaliserait contre lui l'unanimité.

Il est, d'ailleurs, remarquable que nous ne soyons taxés par personne en France d'aspirer à la dictature. Je ne fais pas seulement allusion au fait que des hommes tels que M. Jouhaux, président de la Confédération générale du travail, M. Édouard Herriot, chef du parti radical, M. Léon Blum, chef du parti socialiste, les chefs mêmes du parti communiste, se sont mis à notre disposition et nous ont fait savoir que nous pouvions compter sur eux dans notre effort, dont ils approuvent sans réserve la tendance et les buts. Mais, chez nos adversaires mêmes, non seulement ceux de Vichy, mais aussi les Doriot et les Déat, nous n'avons été, à aucun moment, accusés de viser à la dictature. Ils nous reprochent d'être des mercenaires à la solde des démocraties. Ils ne nous ont jamais reproché de vouloir instaurer en France un pouvoir personnel et antidémocratique.

Je me permets de vous dire, Monsieur le Président, que dans cette guerre immense, qui exige la coopération et l'union de tout ce qui lutte contre les mêmes ennemis, la sagesse et la justice imposent que la France Combattante soit réellement et puissamment aidée. Or, indépendamment de l'appui moral et matériel que les Alliés peuvent nous donner et sans que nous demandions aucunement à être reconnus comme le gouvernement de la France, nous estimons nécessaire d'être abordés chaque fois qu'il s'agit soit des intérêts généraux de la France, soit de la participation française à la guerre, soit de l'administration des territoires français que le développement de la guerre met graduellement en mesure de reprendre le combat et qui n'ont pu se rallier spontanément à nous.

Lettre au Président Roosevelt. 26 octobre 1942

Votre nom et votre personne ont, en France, un prestige immense et incontesté. La France sait qu'elle peut compter sur votre amitié. Mais enfin, dans votre dialogue avec elle, qui peut être votre interlocuteur ? Est-ce la France d'hier ? Les hommes qui en furent les plus représentatifs me font dire qu'ils se confondent avec nous. Est-ce la France de Vichy ? Peut-être pensez-vous que ses chefs pourraient, un jour, reprendre les armes à nos côtés ? Hélas ! Je ne le crois pas. Mais, en admettant que cela fût possible, il existe actuellement une certitude, c'est qu'ils collaborent avec Hitler. Dans vos dialogues avec eux, il y a toujours ce tiers présent. Est-ce la France de demain ? Comment savoir où elle réside tant qu'elle n'aura pas désigné ses chefs par une assemblée librement constituée ? En attendant, ne faut-il pas que la nation française ait cependant, la preuve qu'elle n'a pas quitté le camp des Alliés et qu'elle y est politiquement présente, comme elle l'est, malgré tout et par nous, militairement et territorialement ?

On me dit que des personnes de votre entourage craindraient, qu'en reconnaissant notre existence, vous compromettiez la possibilité que certains éléments, notamment militaires, qui dépendent actuellement du gouvernement de Vichy, rentrent bientôt dans la guerre. Mais, croyez-vous que ce soit en ignorant les Français qui combattent, en les laissant se décourager dans l'isolement, que vous attirerez les autres dans le combat ? D'autre part, quel danger comporterait, pour la France, le fait que ses alliés provoqueraient sa propre division en favorisant la formation de plusieurs tronçons rivaux, les uns neutralisés avec l'accord des Alliés eux-mêmes, les autres luttant dispersés pour la même patrie ! Enfin, plus de deux ans de cruelles expériences n'ont-ils pas montré que tout élément qui se sépare de Vichy est amené, soit à rejoindre la France Combattante, soit à figurer individuellement comme isolé sans importance ? Le peuple français, dans sa situation terrible, voit naturellement très simple. Pour lui, il n'y a pas de choix qu'entre le combat et la capitulation. Pour lui, le combat c'est la France Combattante et son instinct exige la concentration autour de ceux dans lesquels il voit le symbole même de son effort. C'est là, d'ailleurs, la raison profonde qui, malgré les difficultés incroyables dans lesquelles la France Combattante vit et lutte depuis plus de deux ans, a maintenu et accru sa cohésion.

Malgré la capitulation et l'armistice, la France garde, dans le monde, une puissance qu'il n'est pas possible de négliger. Il s'agit de savoir comment elle retournera au combat dans le camp des Nations unies, sauvegardant à la fois sa sensibilité et son unité. Parmi les problèmes de la guerre, celui-là est l'un des plus importants. C'est pourquoi je vous demande d'accepter l'idée d'un examen général et direct des relations entre les États-Unis et la France Combattante. Quelle que doive être la forme d'un pareil examen, je ne crois pas qu'il y ait une autre manière d'aborder franchement un problème dont je sens profondément que, dans l'intérêt de la cause sacrée pour laquelle nous combattons, il doit être résolu.

Je vous prie de bien vouloir agréer, Monsieur le Président, les assurances de ma haute considération[1].

NOTE ÉTABLIE
PAR LE CABINET DU GÉNÉRAL DE GAULLE
AU SUJET DE L'ENTRETIEN
DU GÉNÉRAL DE GAULLE ET DU GÉNÉRAL EISENHOWER,
à la villa des Glycines, le 30 décembre 1943

LE GÉNÉRAL DE GAULLE : Je suis très heureux de vous voir, mon Général.

LE GÉNÉRAL EISENHOWER : J'avais d'abord pensé, mon Général, rester quelque temps encore en Afrique du Nord. Cela m'aurait permis de vous rendre visite à loisir. Mais je suis appelé à partir immédiatement pour les États-Unis et, craignant qu'il me soit plus difficile, à mon retour, de venir vous voir, — il se peut que je ne repasse ici que quelques heures, — j'ai jugé souhaitable de vous faire aujourd'hui cette visite « impromptu ».

LE GÉNÉRAL DE GAULLE : Je tiens à vous dire la satisfaction que nous, Français, éprouvons à vous voir prendre le commandement qui vient de vous être confié. Les opérations que vous allez avoir à diriger en France sont vitales pour mon pays.

Pour ce qui est des forces françaises mon souci constant est celui-ci : qu'elles soient prêtes toutes et à temps. La réalité est que nous serons en mesure, le 1ᵉʳ avril, de mettre en ligne :

5 ou 6 divisions d'infanterie,
3 divisions blindées,
et 3 états-majors de corps d'armée.

Mon gouvernement et moi-même nous en tenons à cette réalité, pour modeste qu'elle puisse paraître.

LE GÉNÉRAL EISENHOWER : Puisque vous me parlez : organisation, je m'excuse, mon Général, de dire ce que je pense et comme je le pense.

J'ai reçu avant-hier la visite du général de Lattre. Il m'a parlé de ce qu'il allait faire. Je n'en ai pas retenu le détail et je ne connais pas les antécédents du général de Lattre. Toutefois, il m'a parlé de ses projets de telle manière que j'en ai retiré une grande confiance. Il me paraît avoir mesuré, en particulier, la complexité de l'organisation des services et des arrières des unités.

LE GÉNÉRAL DE GAULLE : Le général de Lattre, en effet, est désigné pour prendre en main cette affaire et organiser les divisions et les services. Je le crois très qualifié.

---

1. Cette lettre n'a pas reçu de réponse.

LE GÉNÉRAL EISENHOWER : J'emporterai donc aux États-Unis une impression de confiance. En ce qui concerne les divisions françaises à organiser, il me semble qu'il ne faut pas être obnubilé par leur nombre. Je crois qu'il vaut mieux avoir une division complètement organisée que plusieurs qui le soient mal.

LE GÉNÉRAL DE GAULLE : Je suis d'accord avec vous sur ce point. Si vous vous en souvenez, c'est ce que je vous avais dit quand je vous ai vu dans ce bureau dans les premiers jours de juin.

LE GÉNÉRAL EISENHOWER : C'est vrai.

LE GÉNÉRAL DE GAULLE : Le général de Lattre procédera à l'organisation. C'est une affaire à mener minutieusement et en profondeur.

LE GÉNÉRAL EISENHOWER : Voudriez-vous me dire quelle est l'importance de vos forces terrestres actuellement en Grande-Bretagne ?

LE GÉNÉRAL DE GAULLE : Pour ainsi dire, rien. Disons : 2 000 hommes comme forces terrestres.

LE GÉNÉRAL EISENHOWER : Il faudrait pourtant que je puisse disposer de troupes françaises pour l'opération du Nord. Or, je ne crois pas possible de soustraire de grandes unités du théâtre d'opérations méditerranéen qui est la principale zone d'action des forces françaises. D'ailleurs, combien difficile serait le problème de leur transport en Angleterre ! Surtout s'il s'agit d'une division blindée.

LE GÉNÉRAL DE GAULLE : Oui ! Mais il nous faut au moins une division française en Angleterre. Or, nos divisions d'infanterie comprennent de nombreux indigènes et les Anglais feraient opposition à leur présence. Au contraire, nos divisions blindées sont composées essentiellement d'éléments français.

LE GÉNÉRAL EISENHOWER : Il y aura peut-être une solution. Je ne sais pas ce que je vais trouver en Angleterre. Mais il se pourrait que j'y trouve du matériel disponible. Dans ce cas, il suffirait de transporter le personnel à partir d'ici. Cela simplifierait beaucoup le problème.

LE GÉNÉRAL DE GAULLE : Vous verrez cela sur place. Mais, je vous le répète : « N'arrivez pas à Paris sans troupes françaises. »

LE GÉNÉRAL EISENHOWER : Soyez certain que je n'imagine pas d'entrer à Paris sans vos troupes.

Je demanderai maintenant au général de Gaulle de me permettre de m'expliquer avec lui sur le plan personnel.

On me fait une réputation de brusquerie et je crois, mon Général, qu'à votre arrivée à Alger, vous vous êtes quelque peu fondé sur cette réputation dans vos rapports avec moi. J'ai eu, à ce moment-là, l'impression que vous me jugiez sans tenir suffisamment compte des problèmes qui se posaient à moi dans l'exécution de ma mission et vis-à-vis de mon gouvernement. Je n'ai qu'un but : mener la guerre à bonne fin. Il m'a semblé que vous ne vouliez pas m'apporter votre entier concours. Je comprenais bien que vous-même et le Comité français de la libération nationale aviez, en tant que gouvernement, vos très difficiles problèmes. Mais les responsabilités du Commandant en chef des forces alliées pour la conduite des opérations sur ce théâtre me semblaient dominer tout.

Je reconnais aujourd'hui que j'ai commis une injustice à votre égard et j'ai tenu à vous le dire.

LE GÉNÉRAL DE GAULLE : *You are a man.*

Tout cela compte peu. Prenons les choses au point où elles en sont. En conscience, moi-même, le gouvernement français, l'armée française, sommes satisfaits de vous voir appelé à commander l'opération décisive. Nous ferons tout pour vous aider. Quand une difficulté surgira, je vous prie de me faire confiance et de prendre contact avec moi. Par exemple, je prévois déjà — et vous aussi — que c'est cela qu'il faudra faire quand se posera sur le terrain la question de Paris.

LE GÉNÉRAL EISENHOWER : Il nous appartient, en effet, d'aplanir entre nous les frictions quand elles se produisent.

Je doute qu'aux États-Unis il me soit possible de me taire sur la question de nos rapports communs. De même que le Comité a ses responsabilités devant l'opinion des Français, nous avons à tenir compte de l'opinion publique aux États-Unis. Cela est très important. Ce sont les opinions publiques qui gagnent les guerres.

Si j'en trouve l'occasion, je suis prêt à faire une déclaration exprimant la confiance que j'emporte de nos contacts, reconnaissant l'injustice que j'ai commise à votre égard et ajoutant que vous vous êtes déclaré prêt, en ce qui vous concerne, à m'aider dans ma mission. Pour la prochaine campagne de France j'aurai besoin de votre appui, du concours de vos fonctionnaires, du soutien de l'opinion française. Je ne sais encore quelle position théorique mon gouvernement me prescrira de prendre dans mes rapports avec vous. Mais, en dehors des principes, il y a les faits. Je tiens à vous dire que, dans les faits, je ne connaîtrai en France d'autre autorité que la vôtre.

LE GÉNÉRAL DE GAULLE : Si nous avons éprouvé quelques difficultés dans nos rapports, ce n'est ni de votre faute ni de la mienne. Cela a dépendu des conditions qui ne sont pas en nous-mêmes mais qui résultent de la situation très compliquée dans laquelle se trouvent nos deux pays, l'un par rapport à l'autre, dès lors que la France n'est plus établie dans sa puissance. Mais tout cela n'est que momentané. Quand nous aurons gagné la guerre il n'en restera plus trace, sauf, naturellement, pour les historiens.

TÉLÉGRAMME
DU GÉNÉRAL DE GAULLE
AU GÉNÉRAL DE LATTRE

Paris, 3 janvier [1945] (matin).

J'ai peu apprécié vos dernières communications, qui paraissent faire dépendre de l'accord du haut-commandement allié l'exécution de la mission de défendre Strasbourg fixée à votre Armée par ma lettre du 1er janvier.

La Ire Armée et vous-même faites partie du dispositif allié, pour cette unique raison que le gouvernement français l'a ordonné et seulement jusqu'au moment où il en décide autrement. Si vous aviez été amené, ou si vous étiez amené, à évacuer l'Alsace, le gouvernement ne pourrait admettre que ce fût sans une grande bataille, même — et je le répète — si votre gauche s'était trouvée, ou se trouvait, découverte par le retrait de vos voisins.

DÉCLARATION
FAITE PAR LE GÉNÉRAL DE GAULLE
À L'ASSEMBLÉE CONSTITUANTE

le 1er janvier 1946

Je tiens à répondre à l'orateur qui vient de parler[1] en lui signalant à quel point le débat qui l'oppose à moi-même ainsi qu'au Gouvernement est un débat de fond.

Je me demande quelle étrange conception cet orateur se fait du gouvernement de la République ! Il nous dit : « Dans la matière grave qu'est celle des crédits de la Défense nationale, le gouvernement considère une chose comme nécessaire. L'Assemblée ne veut pas la reconnaître comme telle. Le gouvernement n'a qu'à en prendre son parti. »

La même question s'est posée hier à propos des fonctionnaires et avant-hier à propos de la nationalisation du crédit. Elle se posera demain sur n'importe quelle autre question.

Or, ce régime d'une Assemblée qui gouverne elle-même, — car, en dernier ressort, c'est bien cela que l'on veut, — ce régime est concevable, mais ce n'est pas celui que conçoit le gouvernement. Je ne l'ai jamais caché en prenant les fonctions que vous avez bien voulu m'attribuer. Je ne vous ai pas caché dans quel esprit j'accep-

---

1. M. André Philip.

tais la responsabilité de former et de diriger le gouvernement. Je vous en prends tous à témoin.

Oui, il y a deux conceptions. Elles ne sont pas conciliables.

C'est d'ailleurs là le débat qui va s'engager bientôt à l'Assemblée — dont je vais me trouver absent — et demain, devant le pays, à propos de la Constitution. C'est là la question qu'il faut résoudre.

Veut-on un gouvernement qui gouverne ou bien veut-on une Assemblée omnipotente déléguant un gouvernement pour accomplir ses volontés ? Cette deuxième solution, c'est un régime dont nous avons nous-mêmes fait parfois l'expérience, et d'autres aussi l'ont faite.

Personnellement, je suis convaincu qu'elle ne répond en rien aux nécessités du pays dans lequel nous vivons, ni à celles de la période où nous sommes et où les problèmes sont si nombreux, si complexes, si précipités, si brutaux, qu'il paraît impossible de les résoudre dans un tel cadre constitutionnel.

Alors, à quelle formule devrait-on s'arrêter ? Je ne parle pas pour moi, bien entendu, je parle pour vous. Mais j'ai hâte de le faire pendant que cela m'est encore possible ici.

La formule qui s'impose, à mon avis, après toutes les expériences que nous avons faites, c'est un gouvernement qui ait et qui porte seul — je dis : seul — la responsabilité entière du pouvoir exécutif.

Si l'Assemblée, ou les Assemblées, lui refusent tout ou partie des moyens qu'il juge nécessaires pour porter la responsabilité du pouvoir exécutif, eh bien ! ce gouvernement se retire. Un autre gouvernement apparaît. C'est d'ailleurs, me semble-t-il, ce qui va, justement, arriver...

NOTICES, NOTES ET VARIANTES

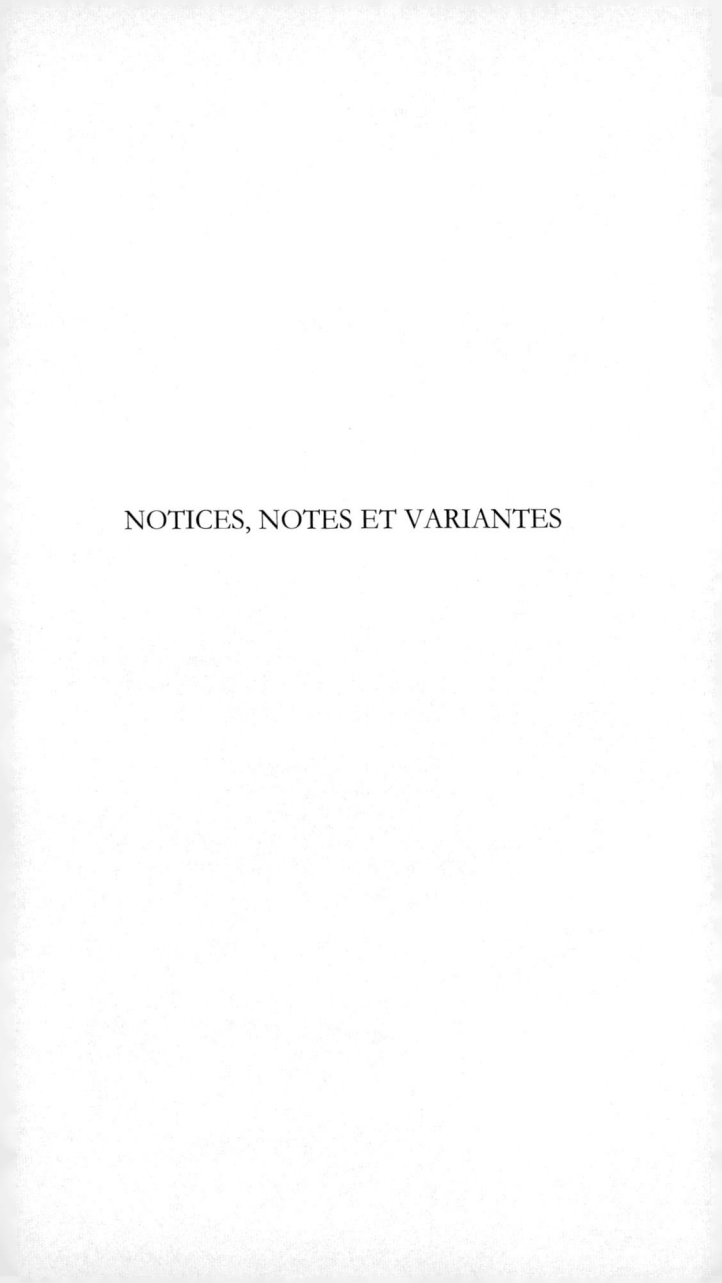

MÉMOIRES DE GUERRE

NOTICE

Genèse.

« Depuis 1952 jusqu'en 1958, j'allais employer six années à écrire mes " Mémoires de guerre "[1] », affirme l'auteur du *Renouveau*. Cette période, il est vrai, est celle où Charles de Gaulle a consacré à son œuvre la majeure partie de son temps, mais la rédaction a commencé plus tôt, en 1946, et ne s'est achevée qu'en 1959.

1946 : à peine campé à Marly, le Général, persuadé qu'on le rappellera très vite « aux affaires », entreprend « l'ébauche d'une première partie[2] ». En mars, en avril, en mai, son secrétaire, Claude Mauriac, voit s'empiler sur son bureau « les pages manuscrites serrées de ses *Mémoires*[3] ». Mais bientôt le mémorialiste abandonne son travail pour préparer un discours : celui qu'il prononcera, le 16 juin, à Bayeux. Si, en juillet, il prie René Thibault de réunir des documents[4], la politique l'absorbe tout l'été. La France vit alors entre deux référendums constitutionnels. Le peuple a rejeté un premier projet ; adoptera-t-il le second, auquel s'oppose le Général ? « Si la Constitution passe », dit-il le 4 septembre devant Claude Mauriac, « ce sera le moment de reprendre la rédaction de mes *Mémoires*[5] ». Il la reprendra en décembre. « Plongé » en janvier 1947 « dans les *Mémoires d'outre-tombe*[6] », il affirme en février avoir mené les siens « assez avant[7] ».

Le lancement et le développement du R.P.F. ne favorisent guère le travail de l'écrivain. Il faut attendre le 12 janvier 1949 pour qu'il annonce à Claude Guy, « avec une fierté presque juvénile, qu'il a repris la rédaction de ses *Mémoires*, interrompue pratiquement plusieurs mois avant la

---

1. *Le Renouveau*, p. 893.
2. À Rémy Roure, 1ᵉʳ juillet 1946. *Lettres, notes et carnets, 1945-1951*, Plon, 1984, p. 202.
3. *Un autre de Gaulle*, Hachette, 1970, p. 198.
4. *Lettres, notes et carnets, 1969-1970*, Plon, 1988, p. 392.
5. *Un autre de Gaulle*, p. 234.
6. Claude Guy, *En écoutant de Gaulle*, Grasset, 1996, p. 202.
7. Claude Mauriac, *Un autre de Gaulle*, p. 260.

création du Rassemblement ». « Jusqu'ici, déclare-t-il à son aide de camp, j'avais entrepris seulement de rédiger, à propos de telle ou telle affaire (par exemple : la constitution des premières forces en Grande-Bretagne, Dakar ou la Syrie), des fragments incomplets. Maintenant, je m'y suis réellement " mis ". Et j'ai bien l'intention de continuer[1]. »

En effet il continue, encore que son activité politique ne lui laisse guère de temps pour écrire. Le 26 juillet 1950, s'il est en mesure d'adresser à Churchill le récit de leur première rencontre, le 8 juin 1940[2], c'est assurément que le texte a reçu une forme quasi définitive. Question : la rédaction entamée l'année précédente a-t-elle, alors, dépassé le chapitre II de *L'Appel* ?

À partir de 1952 et jusqu'en mai 1958, l'effort créateur sera continu. Au cours de l'année 1953, le Général lit à Claude Guy et à André Malraux des morceaux choisis de son œuvre[3]. À Philippe de Gaulle il écrit, le 3 février 1954 : « J'achève mon premier volume de *Mémoires*. Ç'aura été un énorme travail[4]. » Énorme en effet pour dominer et les souvenirs personnels et les documents rassemblés par René Thibault. Énorme surtout, si l'on considère l'application du rédacteur : pour chaque chapitre, au moins deux versions manuscrites et deux dactylographies réalisées par Élisabeth de Boissieu et toujours corrigées de la main du mémorialiste.

Quand va paraître ce premier volume, *L'Appel*, en octobre 1954, l'auteur est déjà « plongé[5] » dans le deuxième, qui paraîtra le 18 juin 1956. Cette fois encore, le travail a été énorme. Relativement rapide aussi, ce qui, peut-être, explique les inexactitudes relevées par Jean-Louis Crémieux-Brilhac. Pour la documentation, René Thibault a poursuivi son labeur : d'autres informateurs, par exemple Geoffroy de Courcel ou René Teyssot, ont été sollicités[6]. À en juger par les manuscrits et les dactylogrammes, l'auteur de *L'Unité* a été aussi attentif et exigeant que celui de *L'Appel*. Davantage même : pour des chapitres comme « Intermède » ou « Alger », on connaît une demi-douzaine de versions, si ce n'est plus.

En juin 1957, de Gaulle prévoit de terminer « ce mois-ci » le « 3ᵉ chapitre[7] » du *Salut*. 27 mars 1958 : il annonce que le dernier volume de *Mémoires* sera achevé « fin août[8] ». Mais entre-temps, il sera revenu au pouvoir — ce qui ne l'empêchera pas d'envoyer le 30 juillet à sa fille « les chapitres IV, V, VI [...]. Restera le chapitre VII (textes et documents) que je n'ai pu encore commencer[9] ».

Charles de Gaulle est alors président du Conseil. Élu président de la République, il s'installe à l'Élysée le 8 janvier 1959. Dès le lendemain, il écrit à son éditeur : « Ayant désormais, je pense, un peu plus de temps

---

1. *En écoutant de Gaulle*, p. 247.
2. *Lettres, notes et carnets, 1945-1951*, p. 488. Voir *L'Appel*, p. 50.
3. Claude Guy, *En écoutant de Gaulle*, p. 483-491 ; Claude Mauriac, *Un autre de Gaulle*, p. 387-388.
4. *Lettres, notes et carnets, 1951-1958*, Plon, 1985, p. 183.
5. À Philippe de Gaulle, 12 octobre 1954, *ibid.*, p. 215.
6. *Ibid.*, p. 244 et 257.
7. À Élisabeth de Boissieu, 10 juin 1957, *ibid.*, p. 297.
8. À Alain de Boissieu, *ibid.*, p. 354.
9. *Lettres, notes et carnets, 1958-1960*, Plon, 1985, p. 57.

disponible, j'espère bien terminer cet hiver le troisième tome[1]! » Il devra attendre l'été : le 14 août, il écrit à Élisabeth : « Voilà le dernier chapitre[2] ! » Et *Le Salut* paraîtra en octobre.

Contexte.

Six années à peine depuis l'appel du 18 juin, moins d'un an après la capitulation du Reich, peu de jours après son départ, le Général entreprend d'écrire ses *Mémoires de guerre*. Face aux événements dont il veut faire le récit, il n'a guère de recul ; il témoignera presque à chaud. Le recul va venir : douze années en moyenne sépareront le temps de l'écriture du temps du récit. Ainsi *L'Appel*, rédigé pour la plus grande partie entre 1952 et 1954, relatera ce que de Gaulle a vécu de 1940 à 1942.

Prendre du recul, c'est aussi prendre de l'âge. Et l'âge n'épargne pas l'auteur au long de l'élaboration de son œuvre : s'il cesse de fumer, c'est qu'il se croit menacé d'un cancer ; viendra plus tard la cataracte ; et inexorable, l'alourdissement. Ces faits, dira-t-on, ne concernent que Charles ; or « Il n'y a pas de Charles dans les *Mémoires*[3] ». Malraux l'a dit et il a raison : dans le texte, il n'y a que de Gaulle. Mais de Gaulle, s'il choisit d'ignorer Charles, peut-il oublier la maladie, le vieillissement ? Peut-il oublier la mort de sa fille Anne, qu'il tient d'ailleurs à nommer ? Si l'homme privé souffre et vieillit, l'homme public en ces mêmes années passe de l'action au retrait et, le désert traversé, atteint la terre promise des plus hauts devoirs. Autour de lui, que de choses ont bougé, de 1946 à 1958, en France, dans l'Empire, dans le monde ! Tous ces changements, qui sont souvent des bouleversements, le rédacteur des *Mémoires* ne peut en faire abstraction. Qu'il choisisse de les évoquer ou de les passer sous silence, son regard sur le passé est celui qu'il porte dans le présent — et sur le présent.

L'écrivain enfin, qui organise ses souvenirs, appuyé sur les documents qu'on rassemble pour lui, sait que l'on confrontera son témoignage avec ceux d'autres acteurs de la guerre, publiés avant le sien : Giraud, Einsenhower, Churchill. Si le premier s'est longtemps opposé à de Gaulle, son livre posthume, *Un seul but : la victoire*, supporte mal la comparaison avec les *Mémoires de guerre* : un bon soldat peut être un médiocre écrivain. La *Croisade en Europe* d'Eisenhower contredit rarement les analyses de Charles de Gaulle, qui estime fort le général américain mais juge sans doute un peu terne le mémorialiste. Reste Churchill. Dans la guerre il a été l'ami-adversaire, toujours admiré, tour à tour — ou à la fois — aimé et combattu. Dans la compétition littéraire, le prix Nobel de littérature est encore le rival du Général, qui le lit et veut faire autre chose : au « bout à bout » churchillien, s'opposera, fermement construite et écrite, « une œuvre ».

C'est dans ce contexte personnel, politique, littéraire que naissent et se développent les *Mémoires de guerre*. Dans chacune de leurs trois parties, le temps du récit reflète le temps de l'écriture.

---

1. À Maurice Bourdel, *ibid.*, p. 177.
2. *Ibid.*, p. 250.
3. Malraux, *Les Chênes qu'on abat...*, *Œuvres complètes*, Bibl. de la Pléiade, t. III, p. 582.

Ébauché alors que de Gaulle escompte revenir au pouvoir, continué dans la phase ascendante du R.P.F., *L'Appel*, pour l'essentiel, est composé après l'échec du Rassemblement. Le peuple a voté une constitution tout opposée au projet de Bayeux. Si elle a vaincu — à quel prix ! — le soulèvement de Madagascar, la IVe République s'enlise dans le conflit indochinois. Diên Biên Phu tombera le 7 mai 1954, quelques mois avant la sortie de *L'Appel*, qui précédera de peu le déclenchement des troubles algériens. Cette année-là a connu pourtant un sursaut national : grâce, pour une part, à de Gaulle, le projet de Communauté européenne de défense (C.E.D.) a été enterré. Malgré les vices du « système », un gaulliste d'hier, Pierre Mendès France, que le Général estime, semble engager la France dans la bonne voie : celle de la rigueur et, avant la lettre, de la décolonisation. Entrepris dans l'amertume et le « chagrin », le livre s'achève dans l'espérance que symbolise Bir Hakeim. Mais sur le monde planent toujours les menaces de la guerre froide.

Celle-ci se poursuit tandis que grandit *L'Unité*. En ces années 1954-1956, le Maroc et la Tunisie accèdent à l'indépendance, cependant que la loi Defferre organise l'évolution de nos territoires africains et malgaches. Contredisant cette politique d'émancipation, la guerre se développe sur cette terre d'Algérie qui, selon François Mitterrand et tant d'autres, « est la France ». Le mémorialiste pense à tout cela quand il raconte la conférence de Brazzaville ou fait l'éloge du sultan marocain, son ami. S'il s'agit d'interpréter le rôle des communistes à la Libération, l'auteur le fera à la manière du président du R.P.F. qui appelait « séparatistes » les défenseurs, en pleine guerre froide, d'une Union soviétique si menaçante pour l'Occident.

Le Salut porte l'empreinte d'un temps qui fut pour le Général celui de la plus grande solitude avant de le porter à la tête de tout un peuple. Pour la France, de 1956 à 1959, quel parcours accidenté tandis qu'à Colombey le solitaire revit, le stylo à la main, les dix-sept mois qui le menèrent de la libération de Paris à sa démission ! Il y a l'expédition de Suez, où Français et Britanniques doivent s'incliner non devant Nasser, mais devant l'alliance « objective » des deux vrais Grands : Soviétiques et Américains. Il y a la valse des gouvernements : trois de mai 1957 à mai 1958 ; sur l'année, douze mois de crises ministérielles, pendant lesquelles les ministères renversés expédient les affaires courantes. Le 13 mai voit à Paris l'investiture de Pierre Pflimlin et, à Alger, la prise du Gouvernement général par des manifestants. Là encore, on peut lire *Le Salut* en mettant en parallèle les événements qu'il rapporte et ceux que vivent l'auteur et son pays. Ainsi, « Désunion » décrit l'offensive, finalement victorieuse, du « régime des partis », cause avouée du « Départ ». Mais ce dernier chapitre est rédigé après le retour de 1958 : les partis ont dû rappeler l'homme qu'ils avaient écarté douze ans plus tôt. Revenu à cause de l'Algérie, où notre armée affronte les fellaghas, le mémorialiste minimisera les événements qui, en 1944, ont ensanglanté le Constantinois. Passant en revue les problèmes du Maghreb cette année-là et la suivante, il traitera du Maroc et de la Tunisie et omettra purement et simplement l'Algérie.

L'Événement.

Mai 1953 : de Gaulle rend leur liberté aux élus du R.P.F.
Avril 1954 : il tient une conférence de presse, où il exprime son opposition au projet de C.E.D.
Octobre 1954 : il publie *L'Appel*.
Juin 1955 : il donne sa dernière conférence de presse avant le retour au pouvoir.
Septembre 1955 : il met définitivement en sommeil le R.P.F.
Juin 1956 : il publie *L'Unité*.

Ainsi, les deux premiers volumes des *Mémoires de guerre* paraissent au cours d'une période qui voit de Gaulle se dégager par étapes de l'action politique et singulièrement du R.P.F. Malgré quelques déclarations ou apparitions en public, l'opinion générale en 1954 fait remonter ce détachement à l'année précédente. Telle est encore, de nos jours, la position de René Rémond[1].

On comprend qu'aux yeux des Français d'alors, la publication de *L'Appel*, puis de *L'Unité*, transforme l'image de Charles de Gaulle : il était le Général, le président de la Libération, hier celui du Rassemblement ; il devient un auteur qui se souvient d'avoir été de Gaulle et parle de lui-même comme d'un acteur d'une histoire encore récente, certes, mais déjà ancienne.

Jean-Louis Crémieux-Brilhac dit ailleurs l'essentiel sur l'accueil réservé aux *Mémoires de guerre* par la critique et le public[2]. Il souligne à juste titre la signification politique des événements que furent la publication de *L'Appel* et celle de *L'Unité*. Les *Mémoires* assurent la relève d'un Rassemblement devenu un parti comme les autres, au surplus fort mal en point, éclaté. Par la vertu du verbe écrit cette fois, surgit l'image rajeunie, purifiée, du héros historique, vrai rassembleur et libérateur, champion de notre indépendance aux pires moments, restaurateur de nos libertés.

L'événement fut aussi littéraire. On avait, somme toute, peu lu l'écrivain d'avant-guerre. Même si ses œuvres avaient été rééditées après la Libération, on les avait souvent regardées comme des documents pour une meilleure connaissance de l'inconnu qui, à partir du 18 juin 1940, avait assumé le destin national. Certes, on appréciait le style du Général, mais c'était celui de ses discours, entendus à la radio ou sur les places de maintes villes de France. Et voilà qu'il s'affirmait comme un écrivain de race. D'autres acteurs de la Seconde Guerre mondiale avaient déjà, avant 1954, publié leurs mémoires, mais les plus grands avaient été lus chez nous en traduction de l'anglais ou de l'américain. On s'émerveillait, à présent, de découvrir un texte digne de nos meilleurs prosateurs. Pour pasticher une de ses formules, Charles de Gaulle était « un saint-cyrien sachant écrire », le sachant si bien que François Mauriac allait jusqu'à évoquer « le grand ton de Bossuet ». À dater de 1954, « l'homme des tempêtes » est aussi leur peintre.

---

1. « De Gaulle avait quitté la politique active en 1953 » (*Notre siècle*, nouvelle édition augmentée, Fayard, 1991, p. 523).
2. Voir son Introduction, p. XLI-XLIX.

Le Monument.

Du vivant de Charles de Gaulle, les *Mémoires de guerre* connaissent plusieurs rééditions. Elles permettent à l'auteur de corriger de menues erreurs de l'originale. Ainsi, il avait fait venir Jules Jeanneney, en 1944, de la Haute-Saône, alors que le président du Sénat se trouvait près de Grenoble ; il rectifie[1]. Il avait cité *Le Canard enchaîné* parmi les journaux communistes, d'où procès intenté par l'hebdomadaire satirique ; il déplace *Le Canard* dans le groupe des publications où sont présents des communistes[2].

En cours de rédaction, de Gaulle, soit qu'il ait recueilli lui-même une information, soit qu'un correspondant l'ait alerté sur tel ou tel épisode, avait parfois modifié son texte initial, ajouté une précision, voire introduit un développement nouveau. L'œuvre publiée, volume après volume, il n'y touche plus, sauf en de rares endroits comme ceux qu'on vient de signaler. Contrairement à maints historiens — mais est-il seulement un historien ? —, il ignore ce qui a paru après ses livres. Pourquoi ?

On devine que le président de la République, qui a déjà réussi à terminer *Le Salut*, a autre chose à faire que de produire une édition « revue ou même augmentée ». Mais l'écrivain solitaire de Colombey ? Certes il travaille en continu, n'attendant pas la sortie d'un volume pour attaquer le suivant. Mais cette continuité n'explique pas une apparente indifférence aux éventuelles données nouvelles. L'« ami génial », André Malraux, peut bien, d'une édition à l'autre, corriger, enrichir ses *Antimémoires*, œuvre au départ ouverte. Les *Mémoires de guerre*, eux, sont une œuvre fermée : *quod scripsi, scripsi*. Le général ne changera rien, n'a rien à changer à ce qu'il a construit, au prix de tant d'efforts, avec un art si maîtrisé. Pour parler comme lui latin en français, il a achevé un monument plus pérenne que l'airain.

MARIUS-FRANÇOIS GUYARD.

NOTES ET VARIANTES

L'APPEL

LA PENTE

Nous disposons pour ce chapitre de deux manuscrits (*ms. 1* et *ms. 2*).

a. Fin du § dans ms. 1 : Bref, [à nos yeux, la France ne peut être et *corrigé en* selon moi, la France n'a pu devenir et ne peut] rester la France sans la grandeur.

---

1. Voir *Le Salut*, p. 591 et n. 2.
2. Voir *ibid.*, p. 700 et n. 30.

Notes et variantes des pages 5 à 46   1235

b. Texte du § dans ms. 1 : Quand [...] monde. Mon premier colonel, Pétain, m'enseigna ce que l'art du commandement, utilisant un système d'action bien établi, peut donner à un chef d'assurance et de prestige. Par contraste, je n'en ressentais que plus amèrement les divisions intestines et la confusion politique qui marquaient le régime d'alors. *[plusieurs phrases biffées illisibles]* Le prodige accompli, je pouvais voir le pays rompu, épuisé de pertes et de ruines, bouleversé dans sa structure sociale et son équilibre moral, mais prêt à reprendre, une fois encore, sa marche vers le destin.

c. paix. Témoin silencieux mais passionné des grandes affaires, j'assistais au spectacle que donnait l'Allemagne revenant à ses ambitions, *ms. 1*

d. discontinue faute, pour son propre régime, de pouvoir en avoir une autre. D'abord elle avait usé de la force. Clemenceau prétendait tirer du Traité de Versailles tout ce qu'il comportait de garanties, de contrôles et de réparations. Par la suite, Poincaré faisait occuper la Ruhr comme gage de ce qui nous était dû. Mais le régime écartait tour à tour Clemenceau et Poincaré. Alors était apparue l'idée de la réconciliation franco-allemande. Briand s'en faisait l'artisan, échangeant *[plusieurs mots illisibles]* l'occupation du Rhin contre les promesses de Locarno. Ces abandons accomplis et Briand laissé pour compte, le régime se réfugie dans la sécurité collective. Mais *ms. 1*

e. Fin du § dans ms. 1 : prendre me faisaient mesurer à la fois ce que la France comptait de ressources et de capacités et comment l'État, tel qu'il était, manquait à sa fonction première qui est d'assurer la défense du pays.

f. Fin du § dans ms. 1 : politique. Le régime que se disputaient les intérêts particuliers mais dans lequel personne, jamais, n'imposait l'intérêt général, se trouvait, en fait, dépassé par les problèmes posés à l'État.

g. conformisme. Ainsi qu'il arrive souvent quand le pouvoir est déficient, l'armée s'attribue une sorte de fief pour sa propre conservation. *[plusieurs mots illisibles]* elle se figeait *ms. 1*

h. L'organisation bâtie par la loi de 1927, l'instruction définie par les règlements, l'incitation des esprits pratiquée par les écoles, les fabrications d'armements régies par les plans et les budgets, en *ms. 1*

i. Fin du § dans ms. 1 : déplorable de donner au pays l'illusion que, pour lui, la guerre dût consister à se battre le moins possible, comme si le moindre effort n'était pas le renoncement. Apercevant la faille de l'épée et le défaut de l'armure et, d'autre part, croyant discerner la façon d'y remédier, je résolus d'intervenir dans la mesure de mes moyens, d'entraîner l'opinion vers une solution convenable et, par là, de déterminer les pouvoirs publics et le commandement militaire à réformer un système dangereux.

j. guerre. Il me fallait passer du spéculatif au positif et apporter un plan susceptible de changer du tout au tout la situation de la nation menacée. Il me fallait donner à ce projet une âme et une figure, c'est-à-dire m'y incorporer. Comme il y avait toutes chances que l'affaire eût, un jour ou l'autre, les plus vastes conséquences quant au salut et à la défaite de la France, il me fallait me préparer à entrer dans le temps des ruptures. Mais *ms. 1*

k. Début du § dans ms. 1 : Enfin, l'extrême urgence du changement que l'armée mécanique devait imposer à l'esprit de l'institution militaire en même temps qu'à la technique et à la politique de la guerre, c'est à l'État que j'en appelais pour le vouloir et le réaliser. Il y faudrait, cette fois encore, un Louvois ou un Carnot. Sans doute les pouvoirs publics ne se résigneraient-ils pas à une pareille réforme s'ils n'y étaient déterminés par un courant général de rénovation du pays.

l. Fin du § dans ms. 1 : débat au cœur du régime, c'est-à-dire dans la presse et au Parlement.

m. Trois députés [dits *biffé*] « de gauche » :   *ms. 1*

n. un jeu de mots pour donner le change en public. Quand   *ms. 1*

o. Début du § dans ms. 1 :   Pour moi, c'était avec chagrin que je voyais ces hommes éminents et, en tout cas, dignes de respect, se faire en vertu d'une sorte de loyalisme à l'envers, non point les guides exigeants, mais les protagonistes mal convaincus de l'impuissance où se trouvaient ployés le régime et l'opinion. Mais sous les dehors d'assurance *[plusieurs mots illisibles]*, je

p. avec la complicité effrayée de Londres,   *ms. 1*

q. L'espèce de satisfaction que   *ms. 1*

r. apercevoir dans quel état de dégradation étaient parvenus le régime et l'opinion. Dans   *ms. 1*

s. m'écarter. [« Je ne partage pas, avait-il dit, les idées du Colonel de Gaulle, ce n'est pas une raison pour compromettre sa carrière ». *biffé*] Mais   *ms. 1*

t. Quant à moi, dévoré de chagrin, discernant la vérité à travers des bribes de nouvelles, et voyant que la France roulait déjà vers l'abîme, il   *ms. 1*

u. ajoute : « Pour vous qui avez formulé les conceptions que l'ennemi applique, voilà l'occasion d'agir. Allez de Gaulle, et à vous maintenant de montrer qui vous êtes ». Les   *ms. 1*

v. bête ! Nous valons tout de même, mieux que cela. La guerre   *ms. 1*

w. cuirassée. Le général de Gaulle, promu la veille, regroupe celle-ci aux environs de Beauvais. Il s'agit de dépanner les engins laissés sur le terrain, de réparer tout ce qui doit l'être, de répartir le personnel restant, bref de remettre en état de combattre la seule grande unité mécanique dont dispose encore l'armée française. Avec   *ms. 1*

x. concours. Il m'apparaît que le sort du pays tient désormais, à cette question : le régime qui a la charge de la France et qui porte déjà la responsabilité capitale d'une défaite sans précédent saura-t-il, au moment suprême, mettre l'État   *ms. 1*

1. Cf. Barrès : « Donner de la France une certaine idée, c'est aussi nous permettre de jouer un certain rôle » (note de juin 1920, *Mes cahiers*, t. XIII, Plon, 1950, p. 4).

2. Avocat, puis professeur, Henri de Gaulle a épousé en 1886 sa cousine Jeanne Maillot. Le ménage a cinq enfants : Xavier, Marie-Agnès, Charles, Jacques et Pierre. En 1891, Henri de Gaulle et les siens quittent Lille, où est né Charles, pour Paris.

3. Après une première visite en 1896, Nicolas II revient en France en 1901. À Longchamp, a lieu, chaque 14 juillet, une revue des troupes. L'Exposition est celle de 1900.

4. La mission Marchand dut quitter Fachoda en 1898, l'année de

« J'accuse ». Comme Zola, le monarchiste Henri de Gaulle était convaincu de l'innocence de Dreyfus. Au tournant du siècle, il y eut nombre de « conflits sociaux » et de graves « discordes religieuses » (loi sur les congrégations de 1901, suivie en 1905 de la séparation des Églises et de l'État).

5. Henri de Gaulle s'était engagé dans les mobiles. Bazaine avait capitulé à Metz le 27 octobre 1870 ; l'évocation d'un maréchal capitulard n'est pas vraiment innocente.

6. « Voyez-vous, Guy, j'ai toujours pensé que je serais, un jour, à la tête de l'État », déclare le Général en mai 1946 (Claude Guy, *En écoutant de Gaulle*, Grasset, 1996, p. 71).

7. Reçu à Saint-Cyr en septembre 1909, de Gaulle fera son « apprentissage d'officier » de 1912 à la déclaration de guerre. Le 15 août 1914, il reçoit le « baptême du feu » à Dinant, en Belgique. Il y est blessé, le sera à nouveau en Argonne, puis à Douaumont, le 2 mars 1916. Commence alors sa captivité, coupée de cinq tentatives d'évasion.

8. Surnom de Georges Clemenceau, qui devient président du Conseil en novembre 1917. « Le régime » le renversera en 1920, quand le Parlement, écartant sa candidature à la présidence de la République, lui préférera Paul Deschanel.

9. Du maréchal Pétain.

10. « Les États nouveaux », nés des traités de paix : Pologne, Tchécoslovaquie, Yougoslavie, principalement.

11. Raymond Poincaré, président du Conseil, a fait occuper la Ruhr en janvier 1923.

12. Le 6 novembre 1931.

13. André Tardieu et Joseph Paul-Boncour, présidents du Conseil dans les années 30. « Le cabinet Doumergue » fut formé, au lendemain de l'émeute du 6 février 1934, par l'ancien président de la République ; le maréchal Pétain y était ministre de la Guerre.

14. Ce projet devint loi en 1938.

15. Au général Weygand, ancien adjoint de Foch, succède en 1935 comme généralissime le général Gamelin, ancien adjoint de Joffre.

16. Écho d'une formule d'Aristide Briand, longtemps ministre des Affaires étrangères : « Plus de guerre [...] Arrière les fusils, les mitrailleuses, les canons ! » (discours à la Société des Nations, 10 septembre 1926).

17. Jusqu'en 1935, la Sarre eut un statut d'autonomie contrôlée par la France.

18. *La Discorde chez l'ennemi* (1924) analysait les causes internes de la défaite allemande de 1918. *Le Fil de l'épée* (1932) rassemblait, en les remaniant, des conférences faites à l'École de guerre et répétées en avril 1927 au cercle Fustel de Coulanges, d'inspiration maurrassienne ; le mémorialiste préfère écrire « à la Sorbonne », lieu des réunions du cercle : voir n. 36, p. 17.

19. « Vers l'armée de métier », *Revue politique et parlementaire*, n° 10, 10 mai 1933.

20. L'auteur va résumer son livre, divisé en deux parties et six chapitres : I « Pourquoi ? » (« Couverture », « Technique », « Politique ») ; II « Comment ? » (« Composition », « Emploi », « Commandement »).

21. Citation littérale de la fin du chapitre « Couverture », p. 47.

22. Reprise textuelle du chapitre « Technique », p. 82, où la phrase est suivie de la citation de Valéry (réponse au « remerciement » du maréchal Pétain, reçu le 22 janvier 1931 à l'Académie française, *Œuvres*, Bibl. de la Pléiade, t. I, p. 1103).

23. Citation du chapitre « Politique », p. 94-95, où la liste des pays dont le sort « touche » la France comprenait aussi le Danemark et la Suisse.

24. Citation libre de « Politique », p. 113.

25. Cette phrase est en réalité la première de « Comment ? », p. 117.

26. Citation libre de « Composition », p. 117-118.

27. On lit dans « Composition », p. 119 : « Six divisions de ligne, motorisées et chenillées tout entières, blindées en partie, constitueront l'armée propre à créer l'" événement ". » Dans *Vers l'armée de métier*, la « division légère » n'apparaît qu'à la p. 125.

28. Citations des p. 187-188 et 191 d'« Emploi », où on lisait : « Cette extension stratégique [...] que ne purent jamais obtenir Joffre ni Falkenhayn, non plus qu'Hindenburg ou Foch, et qui constituait [...]. ».

29. Citation libre d'« Emploi », p. 192.

30. Le début de la citation résume un développement de « Commandement » sur « les puissants [qui] se forment eux-mêmes » ; il s'achevait ainsi : « C'est pourquoi, dans les heures tragiques [...] ils se trouvent seuls debout et, par là, nécessaires. Rien n'importe plus à l'État que de ménager dans les cadres ces personnages d'exception qui seront son suprême recours » (p. 221).

31. Cette citation rassemble la première et les deux dernières phrases du paragraphe final de *Vers l'armée de métier*, p. 229-230.

32. Jean-Baptiste Estienne, praticien et théoricien des chars dès 1917-1918, est « le modèle (le seul probablement) du général de Gaulle » (Pierre Messmer et Alain Larcan, *Les Écrits militaires de Charles de Gaulle*, P.U.F., 1985, p. 322). John Fuller, commandant le Royal Tank Corps, auteur après la Grande Guerre de nombreux ouvrages militaires, avait prédit avant 1940 que la ligne Maginot serait « la pierre tombale de la France ». Sir Basil Liddell Hart, écrivain militaire disciple de Fuller, prônait dans *Modern War* (1925) une guerre mécanisée.

33. *Gedanken eines Soldaten* (traduction française en 1932). Hans von Seeckt (1866-1936) commandait la Reichswehr, dont le traité de Versailles limitait les effectifs à 100 000 hommes. Giulio Douhet, aviateur, auteur de *El Dominio del aire* (1921).

34. « Lebensraum » : l'espace vital.

35. Le maréchal Wilhelm Keitel, commandant en chef de la Wehrmacht de 1938 à 1945, exécuté à Nuremberg en 1946. Le maréchal Gerd von Rundstedt. Heinz Guderian, qui commandera les blindés victorieux à Sedan en mai 1940, avait publié en 1934 *Achtung Panzer*. *Vers l'armée de métier* avait été traduit en allemand et publié à Potsdam en 1935 (*Frankreichs Stossarmee. Das Berufsheer - die Lösung von morgen*) ; la traduction fut détruite, parce qu'elle prouvait que Charles de Gaulle avait devancé Guderian.

36. *L'Écho de Paris* (où avait écrit Barrès) était un journal nationaliste, auquel succéda *L'Époque* qui se signala, avec Henri de Kerillis, par son ardeur antimunichoise. Signé Pierre Fervacque, l'article de Rémy Roure (compagnon de captivité de Charles de Gaulle) parut le 16 juin 1934,

suivi peu après d'une chronique de Baratier. Sur le compte rendu favorable du colonel Larpent dans *L'Action française*, l'auteur observe le même silence qu'à propos du cercle Fustel de Coulanges (voir n. 18, p. 10).

37. Le gouvernement ayant prévu de porter à deux ans la durée du service militaire, Paul Reynaud dépose, le 28 mars 1935, « sur le bureau de la Chambre un contre-projet, dont tout le mérite revient au général de Gaulle » (*La France a sauvé l'Europe*, Flammarion, 1947, t. I, p. 322). Cette proposition de loi sera définitivement rejetée par la Chambre le 26 décembre de la même année. Le passage cité ici entre guillemets reprend librement des formules de ce contre-projet (*ibid.*, p. 322-333). *Le Problème militaire français* paraît chez Flammarion en mai 1937.

38. Philippe Serre appartenait à la Jeune République, parti chrétien de gauche de Marc Sangnier. Marcel Déat était néo-socialiste ; il deviendra un collaborateur notoire. Léo Lagrange, membre de la S.F.I.O., dont le leader, Léon Blum, avait pris position contre les thèses de *Vers l'armée de métier*. Pour l'attirance qu'exerçait Déat sur de Gaulle, voir Jean Lacouture, *De Gaulle*, t. I, Seuil, 1984, p. 349-350.

39. Par son titre — « Encore l'armée de métier » — comme par l'allusion initiale aux « manifestations littéraires », l'article de Debeney (*R.D.M.*, 15 juillet 1935, p. 279-293) évoque l'ouvrage de Charles de Gaulle, mais il s'agit maintenant d'« un contre-projet de loi » (p. 279 ; voir n. 37, p. 18, « inutile en la matière », p. 285). La conclusion du général veut ridiculiser Reynaud et, à travers lui, de Gaulle : « Contentons-nous de saluer l'armée de métier dans les salles glorieuses du musée des Invalides » (p. 285). Debeney ne veut pas plus d'« une seconde armée » (p. 285), pas plus que Weygand. Ce dernier déclare dans « L'État militaire de la France » (*R.D.M.*, 15 octobre 1936, p. 721-736) : « Non, à aucun prix deux armées, quand même la chose serait matériellement possible » (p. 725). « Quant à la réserve mécanisée, motorisée et montée de cette couverture [...]. Rien de tout cela n'est à créer, car tout existe » (p. 726-727). En 1939, à Lille, Weygand affirme : « L'armée française a une valeur plus grande qu'à aucun moment de son histoire [...] si on nous oblige à gagner une nouvelle victoire, nous la gagnerons. »

40. La préface de Pétain au livre de Chauvineau (1938) portait en sous-titre : « Éléments d'une doctrine de guerre ». De Gaulle résume honnêtement cette « doctrine » dont la guerre réelle va montrer l'inanité. Le général « trois étoiles » (Duchêne ?) dans son article du *Mercure de France* (1er avril 1936, p. 9-18) salue d'abord l'« excellent ouvrage » (p. 9) du colonel de Gaulle. Sans rejeter « le principe même de la motorisation », il réserve l'emploi de « deux ou trois divisions » mécaniques à une « contre-attaque » derrière nos lignes, dans l'hypothèse où les blindés ennemis les auraient percées. Pour le général X***, si l'Allemagne est « motorisatrice », la France ne peut être « que contre-motorisatrice » (p. 14-15).

41. La « grande revue littéraire » est le *Mercure de France*, où Jean Nobel, rendant compte de *Vers l'armée de métier* (15 septembre 1934, p. 606-607), terminait sur les phrases, citées ici, empruntées à *Ubu roi* (acte IV, sc. III, où on lit, comme dans le *Mercure* : « une voiture à vent »).

42. De ces articles des 28, 30 novembre et 1er décembre 1934, Léon Blum devait reprendre les arguments en intervenant à la Chambre, le 15 mars 1935, contre le projet Reynaud (voir n. 37, p. 18).

43. Au général Maurin, ministre de la Guerre dans le cabinet Flandin (novembre 1934-juin 1935), succède dans le cabinet Laval (juin 1935-janvier 1936) le colonel Fabry, que Maurin remplace dans le cabinet Sarraut (janvier-juin 1936).

44. Après avoir cité librement une phrase du discours de Sarraut à la radio (7 mars 1936), de Gaulle évoque le vote, à la fin de mars, du Conseil de la S.D.N. blâmant la violation par le Reich du traité de Locarno (1925).

45. Cette entrevue, que Léon Blum situe à la fin d'août ou au début de septembre, eut lieu le 14 octobre 1936. Ce jour-là, Léopold III, en Conseil des ministres, fit la déclaration que résume de Gaulle et qui fut aussitôt rendue publique.

46. À Jean Auburtin, de Gaulle, qui vient de quitter Blum, déclare : « Sa puissance de compréhension est égale à 100 ; sa puissance d'action à… ! » (« Le Colonel de Gaulle », *L'Herne*, n. 21, p. 124). Quant au téléphone, de Gaulle lui, saura s'en affranchir : voir p. 436.

47. Voir André François-Poncet : « Le 20 avril 1936, jour de la fête de Hitler, on a vu, d'ailleurs, pour la première fois, défiler en public, dans les rues de la capitale du Reich, une division cuirassée », dont l'ambassadeur détaille la composition, analogue à celle que préconisait *Vers l'armée de métier*. Il ajoute : « C'est une véritable armée, avec tous ses services, toutes ses annexes » (*Souvenirs d'une ambassade à Berlin*, Flammarion, 1946, p. 278-279). Quant aux « rapports » demeurés sans écho à Paris, ces *Souvenirs* en donnent de nombreux exemples.

48. « Ah ! les c… ! », aurait dit Daladier, surpris d'être acclamé à son retour de Munich (30 septembre 1938).

49. Cf. le finale de *La France et son armée*, p. 277 : « Ah ! grand peuple […] dont le génie, tour à tour négligent ou bien terrible, se reflète fidèlement au miroir de son armée. »

50. Ce mémorandum sera publié en 1945, chez Berger-Levrault, dans *Trois études*. On notera la hardiesse d'un colonel qui, négligeant la voie hiérarchique et son « devoir de réserve », adresse au commandement, mais aussi au gouvernement (Daladier, Reynaud), et à des hommes politiques (Blum), un texte en opposition complète avec la stratégie officielle.

51. 20 mars : chute du gouvernement d'Édouard Daladier, qui refuse, le même jour, de former un nouveau cabinet. 21 mars : date prévue pour la déclaration ministérielle ; Paul Reynaud ne la lira à la Chambre que le 22. Légèrement corrigée par un collaborateur du président du Conseil, elle contient un alexandrin cornélien qu'on peut sans nul doute attribuer à son principal rédacteur : « Vaincre, c'est tout sauver. Succomber, c'est tout perdre. »

52. Lancement de l'offensive allemande au Danemark et en Norvège : 9 avril 1940.

53. Selon Pierre Messmer et Alain Larcan, la France disposait en 1940 de plus de chars que l'Allemagne (*Les Écrits militaires de Charles de Gaulle*, p. 329). Mais, en 1939, le nombre de blindés était d'environ 3 000, de part et d'autre.

54. Lord Gort commandait les forces britanniques engagées en France.

55. C'est le bataillon mentionné plus haut (6ᵉ ligne de la page).

56. Egid Gehring, *Abbeville. Erinnerungsbuch der Division Blum*, München, 1941. Le Général possède dans sa bibliothèque un exemplaire de cet ouvrage, trouvé à Karlsruhe par un ancien de la 4ᵉ division cuirassée (communication du professeur Larcan).

57. Cette citation à l'ordre de l'Armée évoque les combats du Laonnois et d'Abbeville et s'achève ainsi : « La 4ᵉ DCR a bien mérité de la patrie. » Elle sera annulée par Vichy.

58. Au colonel d'Escrienne, son aide de camp, le Général tient des propos analogues sur Weygand, ajoutant même : « C'est en mai 1940 [qu'il] a vu pour la première fois la guerre de près » (cité par Messmer et Larcan, *Les Écrits militaires de Charles de Gaulle*, p. 119).

LA CHUTE

Nous disposons pour ce chapitre d'un seul manuscrit (*ms. 2*).

a. n'importe comment mais au plus tôt, à   *ms. 2*
b. Conseil, Weygand est un drapeau. Mais   *ms. 2*
c. le conformisme   *ms. 2*
d. ressaisir. Tout ce qu'on envisageait procédait de conceptions périmées et prenait   *ms. 2*
e. pimentait la dislocation, comme si dans la chute de la France, roulant du bout de l'Histoire jusqu'au plus profond de l'abîme, intervenait quelque ironique génie. / Tout le jour ; mon antichambre fut occupée par un officier général qui revenait de Dunkerque et qui, pour suggérer qu'on voulût bien ne pas l'oublier, réclamait la Légion d'honneur en faveur de son aide de camp. C'est   *ms. 2*
f. je m'y étais aussitôt rallié, non point pour des raisons de stratégie métropolitaine, mais comme à une transition vers le rétablissement de l'État et des armées là où il était possible, c'est-à-dire dans l'Empire. Inversement   *ms. 2*
g. répondis-je, qu'il y a pour un ministre, autre chose qui compte que de faire la politique [de ceux   *biffé ms. 1*] [des soldats   *biffé ms. 2*] de ceux qui perdent l'État ». Au   *ms. 2*
h. lassitude. [La prudence d'autrefois n'était plus que doutes moroses, la lucidité que sécheresse, la ténacité qu'entêtement.   *biffé*] La vieillesse   *ms. 2*

1. « Je n'ai rien noté qui valût d'être retenu de l'entretien que j'eus le 8 juin avec le général de Gaulle. » Cette phrase des *Mémoires* de Weygand (*Rappelé au service*, Flammarion, 1950, p. 185) a dû d'autant plus étonner de Gaulle que cet entretien, il l'avait déjà rapporté, le 19 octobre 1945, au général Héring, en des termes très proches de ce qu'on va lire (Tournoux, *Pétain et la France*, Plon, 1980, p. 64, n. 1). En 1955, Weygand affirmera encore que ce dialogue est faux (*En lisant les mémoires de guerre du général de Gaulle*, Flammarion, p. 35-36).

2. Commandant la IIᵉ armée, le général Huntziger est sans doute le premier responsable du désastre de Sedan, mais c'est le général Corap que Paul Reynaud a mis en cause devant le Sénat. En juin 1940, de Gaulle et lui font encore confiance à Huntziger (voir p. 55). Si l'auteur

des *Mémoires de guerre* a pu lire *La France a sauvé l'Europe*, où Reynaud, en 1947, souligne la responsabilité de Huntziger (t. II, p. 72), il choisit ici d'ignorer ce qu'il ignorait en 1940.

3. Le récit de cette première entrevue, de Gaulle a tenu à l'envoyer dès le 26 juillet 1950 à Churchill (*Lettres, notes et carnets, 1945-1951*, Plon, 1984, p. 488), chargeant son « compagnon » Emmanuel d'Harcourt de remettre son texte à l'ancien Premier britannique.

4. Voir p. 42.

5. Élaboré de 1894 à 1899 par le généralissime allemand Schlieffen, ce plan inspira en 1914 l'offensive en Belgique et en France de Moltke, chef de l'état-major allemand depuis 1906.

6. Après Munich, François-Poncet avait obtenu d'être transféré à l'ambassade de Rome, où il espérait, par Mussolini, pouvoir contrecarrer les desseins de Hitler.

7. Lisant cela, Weygand proteste : « Je sais vivre » (*En lisant [...]*, p. 51).

8. De Gaulle arrive à Briare le 11 juin.

9. Depuis leur désaccord sur *La France et son armée* : voir p. 26.

10. Le Général à Claude Guy en 1953 : « Je ne l'ai pas indiqué ici, mais, en réalité, Reynaud — qui venait de dîner — m'avait reçu en présence d'Hélène de Portes, qui nous interrompait à tout propos, ainsi que des " fidèles ", qui ne s'écartaient jamais d'un pouce. Je m'emportai et déclarai tout de go à Reynaud qu'on ne pouvait traiter des affaires de l'État, et probablement de la plus importante d'entre elles, " dans cette atmosphère de volière ". Reynaud s'emporta à son tour, conserva, non signée, la lettre à Weygand, me promettant de la faire tenir incessamment au général en chef. Au moment de reprendre la route, j'ai laissé derrière moi le colonel Humbert avec mission de reprendre la lettre signée et de la porter lui-même à Weygand. En fait, Mme de Portes reprit cette lettre au président du Conseil. On perdit ainsi vingt-quatre heures. Trop tard, alors ! Si bien que cette fameuse lettre ne partit jamais » (*En écoutant de Gaulle*, p. 488-489).

11. Jules Jeanneney avait été, de novembre 1917 à janvier 1920, sous-secrétaire d'État à la présidence du Conseil.

12. À Claude Guy, le 5 août 1946, le Général affirme : Reynaud souhaitait qu'il « n'assiste pas à cette réunion du Conseil suprême », dont Margerie l'informa (*En écoutant de Gaulle*, p. 88).

13. Arrivé à la conférence franco-britannique de Tours après une suspension de séance, le Général ignore que Churchill et ses ministres ont refusé de libérer la France de son engagement (ne pas conclure de paix séparée). Selon Spears, Churchill a dit en français : « Je comprends » ; s'il avait été d'accord, il eût dit : *I agree*. Ce 12 juin, le Premier Ministre ne songe pas « à marchander son renoncement à l'accord du 28 mars contre des garanties » sur le sort de la flotte française : la question sera posée le 16 juin par un télégramme du cabinet britannique au gouvernement de Bordeaux.

14. Au Sénat, le 21 mai 1940, Reynaud concluait une déclaration sur ces mots, longuement applaudis : « Pour moi, si l'on venait me dire un jour que seul un miracle peut sauver la France, ce jour-là, je dirais : je crois au miracle parce que je crois à la France. » « Tout est consommé », dit Jésus en croix.

15. Adrien Marquet, dissident comme Déat du parti socialiste, deviendra comme lui un franc collaborateur.

16. Jean Ybarnegaray, vice-président du parti social français du colonel de la Rocque, membre du cabinet Reynaud, sera, pendant quelques mois, ministre de Pétain. Voir p. 226.

17. Ce portrait du Maréchal, de Gaulle l'a esquissé dès 1938 (*Lettres, notes et carnets, 1940-1941*, Plon, 1981, p. 429-431).

18. Une lecture hâtive de cette phrase a fait croire que l'eau lourde se trouvait à bord du *Milan*. En réalité, elle ne quitte Bordeaux que le 18 juin, à bord du *Broompark*.

19. Voir n. 13, p. 61.

20. Cette appréciation équilibrée des qualités et des insuffisances de Paul Reynaud était déjà celle du Général en mai 1943 : « Un homme de cœur et d'intelligence et un Français de grande classe », victime d'une « ambiance atroce » et de son propre « épuisement » (À André Géraud (Pertinax), *Lettres, notes et carnets, 1941-1943*, Plon, 1982, p. 595). En 1949, de Gaulle disait à Claude Guy que Reynaud crut que « Pétain échouerait et finirait par passer la main » aux adversaires d'un armistice dont les conditions paraîtraient inacceptables (*En écoutant de Gaulle*, p. 468).

21. Plutôt : l'avant-dernier, Pétain ayant été appelé par le président de la République à former un gouvernement.

22. Albert Lebrun, dont le Général exécutera le portrait dans *Le Salut* (p. 608-609).

23. « Sans romantisme » : l'auteur détruit la légende créée par Spears autour de ce départ.

24. Mme Henri de Gaulle est morte à Paimpont le 16 juillet 1940.

LA FRANCE LIBRE

Nous disposons pour ce chapitre d'un seul manuscrit (*ms. 2*).

a. mandataire   *ms. 2*

b. Fin du § dans ms. 2 :   armée. À cinquante ans, j'entrais dans l'aventure comme un homme [que le destin arrachait à toutes les séries et qui désormais ne s'appartenait plus.   *biffé*] que le destin jetait hors de toutes les séries.

c. marquait [son désaccord.   *biffé*] sa malveillance.   *ms. 2*

d. défense de l'Empire, dont feraient également partie les gouverneurs généraux de l'Afrique occidentale, de l'Afrique équatoriale, de Madagascar. Je me plaçais à leur disposition pour assurer tout de suite leurs liaisons avec Londres.   *ms. 2*

e. Après ces mots, on trouve dans ms. 2 un § dont voici le texte :   La situation était claire. je partais de la table rase. Il importait, avant tout, de constituer des forces de combat.

f. notre [*6 lignes plus haut*] résolution. [Et pourtant, vers la fin de juillet, le total de nos effectifs atteignait à peine six mille hommes. Mais ils étaient de cette puissante espèce à laquelle devaient appartenir les combattants de la résistance française où qu'ils aient pu se trouver. Je parle, bien entendu, de ceux qui luttaient simplement pour la France   *biffé*] Tout à coup un événement affreux vint   *ms. 2 g. Fin du § dans ms. 2 :* la vocation et la dignité de la France.

h. Texte de ce § dans ms. 2 : Nommé Consul à Shangaï, m'annonçait Roland de Margerie, je passe à Londres pour gagner la Chine. Il faut servir, là où ils sont, les intérêts de la France. Votre mouvement, si généreux qu'il soit, ne saurait avoir d'avenir.

i. Fin du § dans ms. 2 : navires [et des marins *corr. marg.*] français [, soit qu'ils se fussent ralliés, soit qu'ils eussent été saisis. *biffé*]

j. aucune. [Dans les bureaux, les clubs, le monde, on l'accusait d'être instable, intéressé. Certains affectaient de nous plaindre de l'avoir comme intermédiaire. *biffé*] Mais lui, *ms. 2*

k. politiques, d'aristocrates, d'évêques, *ms. 2*

1. C'est l'appel, premier des « Documents » rassemblés dans l'édition originale (Plon, 1954, p. 267-268). Parlant à la B.B.C. le 18 juin, le Général modifia, à la demande des Britanniques, ses deux premières phrases (voir Jean-Louis Crémieux-Brilhac, *La France Libre*, Gallimard, 1996, p. 49-50). Pour le texte complet de l'appel, voir ici, p. 1213.

2. « Le 18 juin, le général de Gaulle n'entretenait plus qu'un seul espoir, dont il m'avait fait part aussitôt après avoir lancé son appel, c'était que le général Noguès, commandant en chef en Afrique du Nord, prît la tête de la résistance de l'Empire » (Geoffroy de Courcel, « L'appel du 18 juin », *Charles de Gaulle. La Conquête de l'Histoire*, Bibliothèque nationale, 1990, p. 66).

3. « Si le colonel en retraite de Gaulle veut entrer en communication avec le général Weygand, il doit le faire par la voie régulière. » Texte du « papillon dactylographié » joint à la lettre « retournée de Vichy au général de Gaulle en septembre 1940 » (*L'Appel*, « Documents », Plon, p. 269). Les guillemets sont expressément demandés par l'auteur pour « l'ambassade de France » (*ms. 2*).

4. « Dans l'Afrique de Clauzel, de Bugeaud, de Lyautey, de Noguès, tout ce qui a de l'honneur a le strict devoir de refuser l'exécution des conditions ennemies. / Il ne serait pas tolérable que la panique de Bordeaux ait pu traverser la mer » (*Discours et messages*, t. I, Plon, 1970, p. 5). La diffusion de ce discours fut interdite par le cabinet britannique qui, ce 19 juin, négociait avec le gouvernement de Bordeaux.

5. Le général Noguès refusa en effet de recevoir les envoyés britanniques.

6. Le 18 juin, Catroux télégraphie au gouvernement : il ne peut, en Indochine, cesser de coopérer avec les Britanniques. Dès le 25, à Bordeaux, on décide de le remplacer par Decoux. Vichy destitue Legentilhomme le 1er août 1940. Sur « les troubles de conscience des proconsuls », voir Jean-Baptiste Duroselle, *L'Abîme. 1939-1945*, Imprimerie nationale, 1982, p. 320-321 ; Boisson lui-même, que le Général ici ne nomme pas, fut troublé.

7. « Les fameux " Quatre-Vingts " [...] *pas un seul* [...] qui ait dénoncé Pétain, l'armistice, la trahison [...]. Ce n'est pas de la Résistance que de refuser de livrer son fromage » : déclaration à Claude Guy, le 15 février 1946 (*En écoutant de Gaulle*, p. 43). Sur le *Massilia* s'étaient embarqués le 21 juin au Verdon vingt-cinq parlementaires dont Mandel ; arrivés le 24 à Casablanca, ils se virent interdire par Noguès tout contact avec la mission britannique conduite par Duff Cooper et Lord Gort (p. 74).

8. Le mémorialiste anticipe : l'*Ode à la France* de Charles Morgan date de septembre 1942 (l'auteur devait la lire, le 27 octobre 1944, à la Comédie-Française, devant le Général) ; l'article de François Mauriac, « Les Arbres et les Pierres », parut dans *Le Figaro littéraire* le 30 juin 1942 et fut cité (librement) par de Gaulle à Alger le 30 octobre 1943 (*Discours et messages*, t. I, p. 335).

9. Respectivement ambassadeurs de Grande-Bretagne et du Canada.

10. Cf. la première phrase de *La France et son armée*, « La France fut faite à coups d'épée. »

11. Ce général est Béthouart, nommé plus haut.

12. Avant d'accepter le concours de Muselier, de Gaulle a pris l'avis de l'attaché naval français à Londres, l'amiral Odend'hal, qui lui a dit : « Un aventurier. Mais un aventurier qui n'a pas failli à l'honneur » (Claude Guy, *En écoutant de Gaulle*, p. 183).

13. Le capitaine Jean Bécourt-Foch, qu'on retrouvera à Dakar (p. 108), est le petit-fils du vainqueur de 1918.

14. Décidée par Churchill, l'opération *Catapult* avait pour objectif de neutraliser tous les bâtiments de guerre français. Le 3 juillet 1940, les Britanniques interviennent à Mers el-Kébir, dans les ports du Royaume-Uni et à Alexandrie (où les amiraux Andrew Cunningham et Godfroy concluront, le 7, un accord de désarmement). Le 6 juillet, à Mers el-Kébir, le *Dunkerque* est à nouveau attaqué. Le 7, au large de Dakar, c'est le tour du *Richelieu*. Auparavant, le 18 juin, à Bordeaux, Alexander et Dudley Pound avaient reçu les assurances de Darlan, confirmées le 19 aux mêmes et à Lord Lloyd par Baudouin et Pétain. Le 20, Lloyd rencontrait à son tour Darlan. L'article 8 de la convention d'armistice, s'il prévoyait le désarmement de la flotte française, stipulait qu'elle ne serait en aucun cas utilisée par le Reich. Le 26 juin, de Gaulle affirmait : « Notre flotte, nos avions, nos chars, nos armes, à livrer intacts, pour que l'adversaire puisse s'en servir contre nos propres alliés » (*Discours et messages*, t. I, p. 9). Sur *Catapult*, voir Philippe Masson, *La Marine française et la Guerre. 1939-1945*, Tallandier, 1991, en particulier le chapitre « Mers el-Kébir », p. 114-166.

15. Cette déclaration est en effet ponctuée de termes « désagréables [...] pour les Anglais » : « affreuse canonnade d'Orcus », « colère » ; ces « navires [...] en réalité, hors d'état de se battre [...] leur destruction n'est pas le résultat d'un combat glorieux » (*L'Appel*, « Documents », Plon, p. 275-277 ; *Discours et messages*, t. I, p. 13-15).

16. « Moi, j'ai ramassé le tronçon du glaive » (discours du 13 juillet 1940, *Discours et messages*, t. I, p. 16). Le Général a songé à intituler ses *Mémoires* « Le Tronçon du glaive », mais a renoncé à reprendre ce titre utilisé, au pluriel, par les frères Margueritte pour le second volume d'*Une époque* (1898-1904), consacré aux années 1870-1871. Dans *L'Unité*, il s'exclamera encore : « Comme elle est courte, l'épée de la France [...] ! » (p. 507).

17. Christian Fouchet, Français libre de la première heure, dit de cette « mélancolie » : « Je n'en ai point le souvenir » (*Au service du général de Gaulle*, Plon, 1971, p. 8).

18. Ces deux déclarations du gouvernement britannique faisaient suite à l'annonce faite, le 23 juin, par de Gaulle à la B.B.C. d'un projet de « Comité national français ». Ni dans les *Mémoires de guerre*, ni dans les

Discours et messages, ni dans *Lettres, notes et carnets*, on ne trouve trace de cette intervention à la radio, que cite J.-L. Crémieux-Brilhac (*La France Libre*, p. 56), d'après des sources incontestables.

19. Arrêtés au 30 juin 1943, les comptes de la France Libre constatent alors une dette de trente-cinq millions de livres sterling, dont l'apurement interviendra en mai 1945 (J.-L. Crémieux-Brilhac, *La France Libre*, p. 562).

20. Résidence du Premier Ministre, dans le Buckinghamshire.

21. Le gouvernement belge, d'abord replié en France, a choisi l'exil, tandis que le roi Léopold III, qui a signé la capitulation de son armée, demeure en Belgique. Cette situation engendre « la question royale » (cf. p. 212).

22. Édouard Benès, ministre des Affaires étrangères (1918-1935), puis président de la Tchécoslovaquie (1935-1938), s'était retiré après Munich. Il redeviendra président de la République en 1945 et sera éliminé en 1948 par le coup d'État communiste. Voir p. 213.

23. Le général Sikorski, premier ministre du gouvernement polonais en exil.

24. Cet académicien est André Maurois, l'anglophile dont l'abstention décevra Churchill autant que de Gaulle. L'« homme politique connu » est sans doute Camille Chautemps, ancien président du Conseil ; à l'été 1940, il se trouve à Lisbonne, d'où il gagnera les États-Unis, chargé par Vichy d'une mission officieuse, qui prendra fin en novembre 1941. Mais qui désigne « tel général célèbre » ?

25. Citations légèrement arrangées de la lettre de Monnet, publiée dans les « Documents » de *L'Appel*, p. 270-271 ; le 23 juin, il écrivait au Général : « Je considère que ce serait une grande faute que d'essayer de constituer en Angleterre une organisation [...] ce n'est pas de Londres qu'en ce moment-ci peut partir l'effort de résurrection. » Commentaire de Charles de Gaulle en 1953 : « Après quoi il se satisfit d'aller se battre aux États-Unis... » (*En écoutant de Gaulle*, p. 498).

26. René Mayer deviendra ministre du Général à Alger. Il sera président du Conseil sous la IVe République.

27. Embarqué le 17 juin à la pointe de Grave (avec Pertinax, E. Bois, G. Tabouis, Alexis Léger, J. Cain et Pierre Cot), Paul-Louis Bret, chef de bureau londonien de l'agence Havas, rejoindra la France, après avoir contribué à Londres en août 1940 à la création de l'A. F. I. (Agence française indépendante) qui gardera ses distances par rapport à la France Libre. Après la guerre, Bret sera directeur général de l'Agence française de Presse (A.F.P.).

28. Henri Bonnet entrera au gouvernement d'Alger. Seul député de droite à avoir voté contre Munich, Henri de Kerillis, directeur de *L'Époque* (voir n. 36, p. 17), se présenta chez le Général le 19 juin, puis se rendit aux États-Unis. Il devait passer là-bas du gaullisme à l'antigaullisme qui lui inspira en 1945 un *De Gaulle dictateur*.

29. « M. Pierre Cot [...] trop voyant ». Le Général lui aurait dit : « Tous mes aviateurs me quitteraient ! » Cot avait été le ministre de l'Air très contesté du Front populaire. Le Général acceptera en revanche le jeune député socialiste Pierre-Olivier Lapie, qui restera longtemps le seul parlementaire rallié à la France Libre.

30. René Cassin avait pu s'embarquer le 28 juin à Saint-Jean-de-Luz.

Sur le même bateau se trouvaient Bécourt-Foch et Saphir (voir, p. 79 et 108).

31. La propagande collaboratrice présentait l'entourage du Général comme un « ramassis » judéo-maçonnique ; selon d'autres rumeurs, en France et chez certains émigrés français, c'était une clique réactionnaire.

32. On retrouvera Spears, ami fidèle en Afrique, agent de la perfide Albion au Levant. Voir les chapitres « L'Afrique » et « L'Orient ».

33. Parmi ces représentants de la France Libre à l'étranger, il faut détacher Jacques de Sieyès, camarade de Charles de Gaulle à Saint-Cyr, préféré à Henri de Kerillis. Ce dernier sollicite en vain du Général d'être son délégué à New York. Cette ambition déçue explique-t-elle l'éloignement, puis la violente rupture entre deux hommes que tout au départ rapprochait ?

34. On reconnaît les formules de Michelet et de Valéry : « L'Angleterre est une île », « cap européen ». Des formules analogues reviendront dans *Le Salut* et dans *Mémoires d'espoir*.

L'AFRIQUE

Nous disposons pour ce chapitre de deux manuscrits (*ms. 1* et *ms. 2*).

a. Fin du § dans ms. 1 : guerre. Si les moyens, hélas, s'étaient restreints, l'objectif ne changeait pas.

b. Fin du § dans ms. 1 : l'attentisme. [L'entrée du général Weygand ne contribua pas à répandre cet état d'esprit. Il s'était fait nommer haut-commissaire en Afrique du Nord au milieu du mois de septembre, c'est-à-dire quand il fut avéré d'une part que l'Angleterre n'entrerait pas en pourparlers avec le Reich, d'autre part que l'offensive aérienne allemande contre les îles Britanniques avait passé le point critique. Dès ce moment, il apparaissait, en effet, que contrairement aux affirmations dont on s'était servi pour exiger l'armistice, la guerre ne se terminait pas avec la bataille de France.   biffé] Il n'y avait guère de chance pour que à l'intérieur quelque mouvement spontané entraînât vers la résistance active l'Algérie, le Maroc, la Tunisie. Il […] songer.

c. venu du Tchad, pour la circonstance, se   *orig.*

d. de Gaulle. Pleven y arrivait aussitôt, par avion, pour sanctionner en mon nom l'événement.   *orig.*

e. Après ces mots, on trouve dans ms. 1 un § dont voici le texte : Le changement de régime à Pointe-Noire donna lieu à quelques incidents. Il était essentiel que nous fût acquis ce port par où passaient toutes les relations directes de Brazzaville et du Congo avec le monde extérieur. Hettier de Boislambert y fut dépêché et son savoir-faire obtint le résultat voulu.

f. comme écrasé par la disproportion terrible entre le but et les moyens. Au   *ms. 1*

g. Fin du § dans ms. 1 : arrêter l'entreprise de Vichy quoi que cela pût coûter.

h. Début du § dans ms. 1 : Avant de partir, il me fallait cependant subir, une fois de plus, cette « pression » britannique qui s'exerce habituellement à l'égard du partenaire pour en tirer quelque avantage quand la situation se trouve être difficile. En l'occurrence, c'était le bon et brave amiral Cunningham qui prétendait m'imposer de passer moi-même sous son commandement, ainsi que mes modestes forces. Il voulait bien, en compensation, m'offrir l'hospitalité à bord de son cuirassé-amiral le Barham. Je refusai, bien entendu, la demande et l'invitation. D'abord, par principe, car la France Libre, en ma personne, ne pouvait être subordonnée. Mais aussi pour des raisons qui tenaient à l'opération elle-même. Le rôle que j'entendais y jouer ne se confondait nullement avec celui de l'allié anglais, bien qu'il y eût, évidemment, liaison entre les deux. En me tenant sur le « Westerland », dépourvu de moyens de combat, je marquai cette distinction. D'autre part, je voulais garder les mains libres, à mesure des péripéties, quant à l'emploi de nos propres compagnons. Il y eut,

i. l'envahisseur. J'aurais moi-même partagé cette pénible stupéfaction si je n'avais éprouvé déjà à quel degré d'obstination dans l'erreur pouvaient aller des chefs coupables. Ce *ms. 1*

j. Fin du § dans ms. 1 : actions. J'en fus profondément frappé.

k. mais sans résistance de la place, après que celle-ci eût insisté, mais en vain, pour que nos avisos tirassent contre elle au moins une salve, « fût-ce à blanc ». La seule *ms. 1*

l. Du coup, la lumière de l'espérance avait commencé de luire dans d'innombrables cœurs français, tandis que les Allemands, surpris et alarmés étaient *ms. 1*

m. proclamée et pratiquée. Enfin, *ms. 1*

1. Mussolini revendiquait dès avant la guerre la Tunisie. En 1940, ses ambitions s'étendaient à l'Est algérien, cependant que Franco avait des visées sur le Maroc et l'ouest de l'Oranie.

2. Le lecteur de 1954 reconnaissait une formule de Léon Blum, souvent citée et détachée de son contexte. Le 20 septembre 1938, Blum concluait ainsi son éditorial du *Populaire* : « La guerre est probablement écartée. Mais dans des conditions telles que […] je n'en puis éprouver de joie et que je me sens partagé entre un lâche soulagement et la honte. » Selon de Gaulle, Hitler dans ses discours de conquête « [escomptait] le lâche soulagement de Paris et de Londres » (*Le Salut*, p. 760).

3. Allusion à la Légion des combattants et aux dispositions antisémites adoptées par Vichy dès l'été 1940. En Afrique du Nord, selon le général Giraud, « la politique antisémite […] avait recueilli l'unanimité des suffrages » (*Un seul but, la victoire*, Julliard, 1949, p. 30).

4. « L'affaire d'Oran » désigne le drame de Mers el-Kébir.

5. Voir *L'Appel*, « Documents », Plon, p. 285.

6. Le discours à la radio du 27 août 1940 se terminait par la lecture de cette citation (*Discours et messages*, t. I, p. 30-31), qui figure dans les « Documents » de *L'Appel*, Plon, p. 289.

7. Accra : port et capitale de la Côte-de-l'Or (Gold Coast).

8. Victoria : port du Cameroun sous mandat britannique.

9. *L'Appel*, « Documents », Plon, p. 287-288 : télégramme du 16 août 1940.

10. « Le Général ne soulève pas véritablement le voile », note Claude Guy en 1953 (*En écoutant de Gaulle*, p. 491). Ce gouverneur « ne se rallia que devant l'évidence de la réussite » (*ibid.*) d'Éboué, de Leclerc et de Larminat — ce que dit, à demi-mot, le texte des *Mémoires de guerre*.

Notes et variantes des pages 91 à 123 1249

11. Ce torpillage du 10 juillet 1940 a été rapporté p. 79.
12. Avant d'aborder le récit d'un échec, le mémorialiste s'attache à faire connaître et sa « conviction » et son « projet initial » — qu'écartera Churchill.
13. « Scènes de la vie future » : titre d'un livre de Georges Duhamel sur les États-Unis (1930).
14. Paul-Henri Spaak, Auguste Zaleski, ministres des Affaires étrangères des gouvernements belge et polonais.
15. Lettre du 29 août 1940, publiée dans *L'Appel*, « Documents », Plon, p. 290-292.
16. Ce « pauvre navire » rappelle la barque qui emportait « César et sa fortune » (*Mémoires d'outre-tombe*, livre XXIV, chap. IV — à propos de Napoléon).
17. Freetown : port et capitale de la Sierra Leone.
18. Après quoi l'amiral Bourragué fut relevé de son commandement par Darlan.
19. « Ce fait seul justifiait cent fois l'expédition » : justification *a posteriori*. Voir n. 12, p. 99.
20. « L'avis du Général est qu'un temps découvert eût nui au mouvement des navires de Vichy » (Claude Guy, *En écoutant de Gaulle*, p. 488).
21. Pourquoi « ce peu d'ardeur » ? demande Claude Guy en 1953. « Il m'explique que, sans aucun doute, Boisson comme l'amiral Cunningham éprouvaient l'espoir secret qu'il serait inutile d'en venir à l'utilisation totale des moyens disponibles dans les deux camps... » (*En écoutant de Gaulle*, p. 488.)
22. Le 28 septembre, le Général écrit de Freetown à Mme de Gaulle : « Pour le moment, tous les plâtras me tombent sur la tête » (*Lettres, notes et carnets, 1940-1941*, p. 127).
23. Cf. Claude Guy : « À Carlton Gardens même, ceux que le Général avait laissés derrière lui ne lui ménageaient pas leurs critiques » (*En écoutant de Gaulle*, p. 488). Cf. dernier paragraphe de cette page.
24. Fin d'« Aymerillot », *La Légende des siècles*, X, III.
25. Le capitaine Luizet deviendra préfet de la Corse en 1943 et, à la Libération, préfet de police de Paris. Voir p. 273 et 554.
26. « Perpétuelle sujétion », « joug bien lourd » : le mémorialiste veut que l'on sache que sous le « personnage » il y a une personne et, derrière de Gaulle, Charles, avec tout « ce qu'il y a en [lui], d'affectif » (p. 5).
27. De Londres, le 20 août 1940, le Général avait écrit à Catroux qu'il apprenait « avec quelle joie » son arrivée prochaine (*Lettres, notes et carnets. Compléments 1924-1970*, Plon, 1997, p. 31).
28. Le Général a « réagi nettement » par un télégramme à Churchill du 21 septembre 1940. Le Premier Ministre lui répondit le 22 : Catroux « ne tient son poste que de vous et je le lui préciserai de nouveau » ; il invoque ensuite l'urgence (*L'Appel*, « Documents », Plon, p. 366-367).
29. Sur Catroux, de Gaulle portera plus loin un jugement nuancé ; voir p. 176-177 et n. 37, p. 177.
30. L'actuelle Kinshasa.
31. Sur le gouverneur Masson, voir p. 98. Si « ce malheureux se pendit », confie le Général à Claude Guy, c'est aussi qu'il « venait

d'apprendre que sa femme le trompait » (*En écoutant de Gaulle*, p. 117). Comme à propos de Mme de Portes (voir n. 10, p. 60), l'écrivain se censure : de tels détails détonneraient dans ses Mémoires.

32. Les deux ordonnances et le manifeste du 27 octobre 1940 se réfèrent au « peuple français » ainsi qu'à ses futurs « représentants », « dès qu'il lui aura été possible de les désigner librement ». Aucun de ces textes ne nomme « la République », mais l'ordonnance n° 1 dispose que « les pouvoirs publics [...] seront exercés sur la base de la législation française antérieure au 23 juin 1940 » (*L'Appel*, « Documents », Plon, p. 304-305). La « déclaration organique » du 15 novembre 1940 (*ibid.*, p. 315-317) se réfère, elle, à la République, reprochant à Vichy d'avoir « banni [...] jusqu'au mot de " République " » (p. 315) ; le Général s'y engage à accomplir sa « mission dans le respect des institutions de la France » (p. 317).

33. Télégramme, envoyé de Brazzaville à Churchill (*L'Appel*, « Documents », Plon, p. 309-310, où il est daté du 2 novembre).

34. « Je voulais, moi, occuper les Français à la gloire, les attacher en haut, essayer de les mener à la réalité par des songes : c'est ce qu'ils aiment » (*Mémoires d'outre-tombe*, livre XXVIII, chap. XVII).

LONDRES

Nous disposons pour ce chapitre de deux manuscrits (*ms. 1* et *ms. 2*).

a. limitée tandis que la rigueur des tribunaux alliée au sens civique incomparable des Anglais étouffait à mesure tout germe de marché noir. *ms. 1*

b. Fin du § dans ms. 1 : métro. Bref, courageux et disciplinés, mais assiégés dans leur île et astreints aux plus sévères devoirs, les Anglais se sentaient, en cette fin de 1940, engagés au plus noir du tunnel.

c. Fin du § dans ms. 1 : leur place et d'adopter l'instrument aux tâches grandissantes qui lui incombaient. Mais, à peine avais-je commencé qu'une brutale erreur du gouvernement britannique, fourvoyé par l'Intelligence et égaré par les ragots que suscitait au-dehors de cet organisme son infantile désordre, faillit ébranler l'édifice.

d. massivement. Après tout, les rêves consolent et on ne les regrette qu'au réveil. Nous *ms. 1*

e. Nous nous doutions que [Vichy n'était pas monolithique *biffé*] divers *ms. 1*

f. Fin du § dans ms. 1 : en même temps que de goût du risque.

g. subir à mesure le Bureau central de renseignements et d'action, je le gardais toujours directement sous ma coupe et je *ms. 1*

h. où foisonneraient, pensions-nous, les bonnes volontés et où on pourrait trouver partout des personnes bien placées pour s'informer et pour agir, c'étaient *ms. 1*

i. Début du § dans ms. 1 : Ces points de vue très différents s'aménagèrent, sans se satisfaire, dans une sorte de compromis en vertu duquel la France

j. Fin du § dans ms. 1 : comme il convenait à nos grands devoirs et à nos grands intérêts.

k. semaines. C'était là, sans aucun doute, un événement capital, non seulement par le fait que l'Angleterre et ses alliés se trouvaient   *ms. 1*
l. Fin du § dans ms. 1 :   de voir notre force lointaine grandir par d'autres ralliements, frapper l'ennemi et se rapprocher de la France.

1. « M. Churchill, tout le premier » (p. 90-91).
2. Le 23 octobre 1940, à Hendaye. Franco refusa alors de permettre à l'armée allemande de passer par l'Espagne pour attaquer l'Afrique du Nord.
3. Cf. le discours du 1er mars 1941 au Kingsway Hall : « Homme par homme, morceau par morceau, elle [la France] redeviendra libre et forte » (*Discours et messages*, t. I, p. 76).
4. À Ellesmere.
5. Lettre à Anthony Eden du 4 janvier 1941 ; « Observations » remises au général Spears le 7 janvier (*L'Appel*, « Documents », Plon, p. 333-336).
6. Voir p. 222 : Le Premier lord de l'amirauté soutient Muselier.
7. L'accord de trésorerie et l'accord financier entre la France Libre et le gouvernement britannique furent signés le 19 mars 1941 ; la Caisse centrale fut créée en décembre 1941.
8. Au « B.C.R.A. en question », J.-L. Crémieux-Brilhac consacre un chapitre de *La France Libre* (p. 718-744).
9. Depuis 1950, Rémy a rompu, politiquement, avec de Gaulle. En 1954, le mémorialiste prouve, comme il l'écrivait lors de cette rupture, que son « amitié », son « estime », son « affection » demeurent « inaltérables ». Quant au « génie » de l'« agent secret de la France Libre », ses livres bien connus en apportent la preuve.
10. Pour la seconde fois, plutôt : le colonel de Gaulle avait donné, le 21 mai 1940, à la demande du G.Q.G., une interview radiodiffusée, dont les thèmes et le ton préfiguraient ceux de l'appel du 18 juin (voir Alain Peyrefitte, *C'était de Gaulle*, I, de Fallois/Fayard, 1994, p. 25-29).
11. « Tous les huit jours environ » : en réalité, plus souvent dans les premiers temps, après quoi la cadence des interventions à la radio de Londres se ralentit.
12. « Notre dame la France » : le Général évoque en ces termes la patrie à la radio de Londres, le 16 décembre 1940 (*Discours et messages*, t. I, p. 48). Il reprendra l'expression à Tunis, en juin 1943 (*L'Unité*, p. 387).
13. Le 13 décembre 1940, Pétain renvoie Laval, qu'il fait arrêter.
14. Lancé le 28 décembre 1940 à la radio de Londres, l'appel à « l'heure d'espérance » fut répété le 31 (*Discours et messages*, t. I, p. 52-53).
15. Le 14 juillet 1940, en réponse à un télégramme du 12 juillet de Wavell, le Général lui télégraphie dans le sens qu'indiquent les *Mémoires de guerre* (*L'Appel*, « Documents », Plon, p. 319).
16. Sidi-Barrani : en Égypte, près d'El Alamein.
17. Le duc d'Aoste, prince de la Maison de Savoie, était vice-roi d'Éthiopie, dont Victor-Emmanuel III avait été proclamé empereur, après la conquête italienne (1936).
18. Rayak : au Liban, dans la plaine de la Bekka, à l'est de Beyrouth.
19. Voir p. 96 : le général Legentilhomme commandait en juin 1940 les troupes de la Côte française des Somalis.

20. Koufra se trouve dans l'est de la Libye, assez proche de l'Égypte, d'où les revendications britanniques.

21. Télégramme du 2 novembre 1940 (*L'Appel*, « Documents », Plon, p. 322).

22. Ayant pris ses fonctions le 20 juillet 1940, l'amiral Decoux restera gouverneur général jusqu'en mars 1945 ; il sera alors emprisonné par les Japonais.

23. Le télégramme de Cazaux était parvenu à Haïphong le 16 septembre 1940. La réponse du Général exprime l'« entière confiance » qu'il accorde à son correspondant et reconnaît : « il est actuellement impossible aux Forces françaises libres de vous prêter une aide efficace » (*L'Appel*, « Documents », Plon, p. 320-321).

24. Cette négociation entre le gouverneur Sautot et « la mission australienne » dura de mars à mai 1941. Le Général donna son approbation à l'accord conclu entre les deux parties par un télégramme envoyé du Caire le 2 juin. Il fixait certaines conditions et spécifiait : « Le gouverneur Sautot doit conclure l'accord, non pas au nom de la Nouvelle-Calédonie, mais au nom du général de Gaulle et du Conseil de défense de l'Empire français » (*L'Appel*, « Documents », Plon, p. 361-363).

25. Cf. l'anglais : *civil servant*, fonctionnaire civil.

26. Le Général reviendra sur cette propension des diplomates : voir p. 781 et 868.

27. Ce « froid glacial » ne sévit qu'une fois — en septembre 1941 —, sur instructions de Churchill.

28. Par la loi Prêt-bail (*Lend-Lease Act*), le président des États-Unis était autorisé à prêter à des pays tiers tout matériel utile à leur défense. C'est le 10 janvier 1941 que Roosevelt avait déposé au Congrès son projet. Il affirmait à la radio : « Les États-Unis doivent devenir l'arsenal des démocraties. »

29. L'ordonnance de Brazzaville créait l'Ordre. Le décret de Londres lui donnait un Conseil (président : le Général ; membres : Thierry d'Argenlieu, chancelier, Éboué, d'Ollonde, Popieul, Bouquillard), un insigne et un code de discipline (*L'Appel*, « Documents », Plon, p. 323 et 342-343).

L'ORIENT

Nous disposons pour ce chapitre de deux manuscrits (*ms. 1* et *ms. 2*) et d'une dactylographie.

a. Cet état d'esprit, [de beaucoup *biffé*] plus ou moins   *ms. 1*
b. Fin du § dans *ms. 2* :   question ! Certes ! mais, après les avoir fait battre, on les aveugle. C'est le drame de la France !
c. Fin du § dans *ms. 2* :   communications. [Car, en Méditerranée, malgré l'autorité de la flotte de l'amiral Cunningham et la ténacité des défenseurs de Malte, c'était un tour de force que de faire passer un convoi. *biffé*]
d. contribution. [Mais, si les Français du Levant restaient plongés dans l'immobilisme, cette chance serait perdue, *biffé*] il   *ms. 2*

Notes et variantes des pages 145 à 181 1253

e. après ses armistices, les avait détournés de l'aventure en leur permettant de rentrer chez eux, en France.   ms. 2

f. voisinage. Un peu plus tard, il y joignait le mémorandum. Si   ms. 2

g. suite. [Passant en vedette dans la rade d'Alexandrie pour aller visiter à son bord l'amiral Cunningham après sa victoire de Tarente, je pouvais voir, le cœur serré, les beaux navires français somnolents au milieu de la flotte anglaise en plein branle-bas de combat.   *biffé*] De   ms. 2

h. disposé [, moins peut-être par conviction que par système d'obéissance, à appliquer jusqu'aux extrêmes   *biffé*] les consignes   ms. 2

i. prenait pied. [Il nous semblait, d'ailleurs, probable qu'à Beyrouth et à Damas, les Français subiraient, dans ce cas, une secousse qui nous faciliterait les choses.   *biffé*] En   ms. 2

j. c'est [naturellement   *add. interl.*] à la mise sur pied   ms. 2

k. inutile dès lors que nos alliés agissaient en dehors de nous dans des matières qui nous concernaient. Enfin   ms. 1

l. justifier la politique anglaise et américaine d'apaisement   ms. 1

m. Quant au général Wavell, j'appris bientôt que son gouvernement lui imposait [malgré ses objections,   *add. interl.*] d'accepter l'action prévue.   ms. 1

n. Fin du § dans ms. 1 : M. Churchill, il était porté à ne consacrer à l'affaire syrienne qu'un strict minimum de forces [et à ne pas précipiter les choses.   *add. interl.*] À nos objurgations d'engager plus de moyens, il opposait une bonne grâce imperturbable mais négative, nous menant devant la carte pour nous décrire la situation difficile de son armée de Libye, ou bien dressant devant nous la liste de tout ce qu'il venait de perdre dans l'expédition de Grèce que les ministres de Londres l'avaient, contre son gré, obligé à exécuter. On voyait trop bien que l'entreprise du Levant coïncidait chez nos alliés britanniques avec un de ces moments où des *[un mot illisible]* excessifs joints à des griefs pesants mettaient en discordance gouvernement et commandement.

o. partie de ses troupes. Le 31 mai, en Irak, la révolte était réduite par les Anglais et Rachid Ali fuyait en Allemagne. Le 6 juin, M. Churchill et moi échangions des télégrammes qui exprimaient notre accord. Le 8 juin,   ms. 1

p. Il était d'avance certain que les jalousies et ambitions britanniques joueraient à fond contre nous. Il   ms. 1

q. prétention,   ms. 1

r. immédiat   ms. 1

s. Début du § dans ms. 1 : [Voici : ce que je viens de vous dire peut avoir, vous le savez, de grandes conséquences pour notre alliance. Il est juste que vous preniez un délai pour y réfléchir   *biffé*] Voici :   ms. 1

t. Après ces mots, on trouve dans ms. 1 un § biffé dont voici le texte : D'après les rapports que je reçois, répondis-je, le général Catroux et ses délégués n'ont aucune peine à établir partout leur autorité politique et administrative, sauf au djebel Druze et dans l'Euphrate où ils se trouvent contrariés par des interférences que vous pouvez, je l'espère, faire cesser.

u. Début du § dans ms. 1 : Pour la première, qui est d'extrême urgence, je

v. Beyrouth. Le général Catroux était à mes côtés. Les   ms. 1

w. Cette phrase est un ajout manuscrit sur dactyl.

x. Cette prétention à s'immiscer dans notre politique, autant que les empiétements qui se multipliaient partout, me donnaient de graves inquiétudes quant à l'avenir des rapports franco-britanniques. Le *ms. 1*

y. Début du § dans ms. 1 : La brouille ! Ce n'était pas encore pour cette fois. Londres

z. récit et qui prouveraient le comportement abusif de nos alliés. Il *ms. 1*

aa. la coopération et que nous préférions rompre les rapports plutôt que de continuer ainsi. Comme *ms. 1*

ab. Fin du § dans ms. 1 : domaine. Or, l'idée même d'établir un tel plan n'occupait nullement, à notre connaissance, l'esprit de commandement britannique, lorsque nous le lui avions proposé.

ac. quelque accord, saisit *ms. 1*

ad. recommencerait. [Par contre, cette perspective avait à ce point impressionné notre délégation à Londres que je devais me demander si, la France Libre s'élargissant, je trouverais toujours autour de moi une fermeté suffisante pour que je puisse de nouveau jouer le tout pour le tout. *biffé*] Mais, *ms. 2*

ae. de sa propre valeur mais très loyalement dévoué *ms. 2*

af. émouvoir. Lors de mon entrée solennelle à Damas le 25 juillet, on avait pu voir l'enthousiasme soulever cette grande cité qui, jusqu'alors, en toute occasion, affectait de marquer publiquement sa froideur à l'autorité française. Le lendemain, m'adressant dans l'enceinte de l'Université à presque toutes les personnalités du pays réunies autour du gouvernement syrien et précisant le but que s'était, désormais, fixé la France au Levant, j'avais recueilli une adhésion évidente. Les mêmes *ms. 2*

ag. élargies, assez représentatifs pour exercer en maintes matières les *[un mot illisible]* de la souveraineté et préparer l'indépendance, outre qu'elle entraînait de multiples aléas, portait au *ms. 1*

ah. Fin du § dans ms. 2 : occasions de nous nuire.

ai. révéler au peuple français le caractère odieux des procédés *ms. 2*

aj. arabes sans risquer une grande bataille. La *ms. 1*

1. L'escadre d'Alexandrie : voir p. 80 et n. 14, et p. 150.
2. À la demande d'avis formulée le 3 mars 1941 par le Général, les membres du Conseil répondirent du 7 au 28 mars. Les réponses de Catroux, Larminat, Sicé, Éboué, Leclerc, Cassin et Muselier manifestent toutes le souci de préserver la position de la France au Levant mais diffèrent sur les moyens à employer : ainsi Catroux a déjà envisagé avec Eden l'entrée en Syrie et au Liban d'« un contingent des Forces françaises libres », tandis que Leclerc déclare : « Aucune intervention des Forces françaises libres de l'extérieur ne doit être prévue » (*L'Appel*, « Documents », Plon, p. 377-382).
3. Allusion à l'affaire de Fachoda. Deux ans auparavant (défaite d'Adoua), l'Italie avait dû renoncer à établir son protectorat sur l'Éthiopie.
4. « Mouvement » évoqué dans « L'Afrique », p. 96.
5. Le texte des *Discours et messages* (t. I, p. 51-53) diffère légèrement de la version des *Mémoires de guerre* : « Nous proclamons que tous les chefs [...] et sans ambitions. Nous proclamons que si l'Afrique française se lève enfin pour faire la guerre [...]. » Dans les *Mémoires*, une ponctuation expressive met en valeur « enfin ».

6. Sur les contacts, par émissaires interposés, entre Weygand et Catroux — contacts approuvés par de Gaulle —, voir la note de Catroux dans *La France a sauvé l'Europe* de Paul Reynaud (t. II, p. 457-460). Au cours d'une première rencontre, Weygand déclara que « si [de Gaulle] lui tombait dans les mains, il le ferait fusiller ». Après cet échec, Churchill et Eden renvoyèrent l'émissaire de Catroux en Algérie ; si Weygand reprenait les armes, ils lui promettaient « le renfort immédiat de trois ou quatre divisions » et « d'éléments de la R.A.F. ». De Gaulle passe sous silence l'intervention britannique. Une seconde rencontre eut lieu à Oran « vers la fin de janvier 1941 ». Le 24 février, de Gaulle adressait à Weygand une lettre qui s'achevait sur ces mots : « Si votre réponse est : oui, je vous assure de mes respects » (*L'Appel*, « Documents », Plon, p. 375). Quant à l'espionnage, Weygand visait les amiraux Abrial, gouverneur général de l'Algérie et Fénard, secrétaire de la Délégation générale dont lui-même avait la charge.

7. Ancien préfet de police, nommé par Vichy haut-commissaire au Levant. Il rejoignait son poste quand son avion fut abattu par la R.A.F. en Méditerranée.

8. Le passage entre guillemets condense le texte du télégramme de Spears (*L'Appel*, « Documents », Plon, p. 396-397).

9. « Au général Spears pour le général Wavell » (*L'Appel*, « Documents », Plon, p. 397). Les passages entre guillemets reprennent librement des expressions de ce télégramme du 10 mai.

10. Télégramme du 12 mai 1941 (*L'Appel*, « Documents », Plon, p. 399) : « La présence d'un haut-commissaire ne se justifie plus actuellement. » Le présent télégramme résume les propos tenus par de Gaulle au consul général britannique, sans mentionner la visite de Darlan à Hitler (11 mai) que le Général n'a pu connaître qu'un peu plus tard.

11. Télégramme du 15 mai 1941 : « 1. *Thank you*. 2. *Catroux remains in Palestine*. 3. *I shall go to Cairo soon*. 4. *You will win the war* » (*L'Appel*, « Documents », Plon, p. 408).

12. Churchill aurait placé « un jour, dans un câble d'instructions adressé au général britannique, une phrase du genre de celle-ci : " Je vous demande de faire cela et je précise, pour une fois, que ce n'est pas le général de Gaulle qui m'a demandé de vous le demander " » (Claude Guy, *En écoutant de Gaulle*, p. 490).

13. « Déclaration [...] remise à la presse et à la radio des pays libres » le 10 juin 1941, au Caire : « [...] nos camarades des troupes du Levant. Certains d'entre eux, mal éclairés, estiment à contre-cœur devoir nous opposer la force. Contre ceux-là, jamais nous ne tirerons les premiers. Mais, s'il se produit de leur fait quelques engagements, nous ferons notre devoir » (*L'Appel*, « Documents », Plon, p. 419).

14. Télégramme envoyé de Jérusalem à Larminat, le 13 juin 1941 (*L'Appel*, « Documents », Plon, p. 419-420).

15. La déclaration de Catroux fut faite le 8 juin 1941, jour de l'entrée des troupes britanniques et françaises libres au Levant.

16. Le capitaine de corvette Détroyat fut abattu par le chef d'une patrouille vichyste, qu'il venait de faire prisonnier, sans l'avoir désarmé (Tournoux, *Pétain et la France*, p. 264).

17. *Discours et messages*, t. I, p. 89-90.

18. Le Général va reprendre librement, mais sans en altérer la

substance, le texte de cette note remise le 19 juin 1941 à l'ambassadeur et à Wavell (*L'Appel*, « Documents », Plon, p. 424-425).

19. Le 19 juin. Eden adresse à l'ambassadeur britannique à Washington et communique au général de Gaulle un télégramme où, s'il n'est pas question, à la lettre, de « la France Libre », il est tout de même spécifié : « L'occasion de rallier les Français Libres sera donnée au personnel militaire. » La « protestation formelle » du Général est exprimée dans un télégramme du 20 juin, où l'emploi de « Votre Excellence », au lieu du « vous » habituel, souligne la froideur calculée du rédacteur (*L'Appel*, « Documents », Plon, p. 427-429).

20. Dans ce paragraphe, de Gaulle reprend librement des formules de ses instructions à Catroux (lettre du 24 juin 1941, *L'Appel*, « Documents », Plon, p. 430-431).

21. Pour le Général, s'exprimant en 1953, la nomination de Wavell aux Indes s'inscrivait dans le dessein britannique de supplanter la France au Levant : « Honnête homme jusqu'à la moelle », Wavell « ne se prêtait pas à ce sale jeu » (Claude Guy, *En écoutant de Gaulle*, p. 490, où un lapsus répété substitue « Gort » à « Wavell »).

22. Cet accord fut signé le 14 juillet 1941. De Brazzaville, le 15, le Général envoie à Catroux un télégramme qui commence ainsi : « J'espère que vous n'avez pas été amené à signer cette convention d'armistice qui est contraire à mes intentions et instructions » (*L'Appel*, « Documents », Plon, p. 442). Il fait connaître son opposition, en communiquant ce télégramme à Spears, à Sir Miles Lampson et à Wavell ; en outre, la délégation France Libre à Londres remet le 17 juillet au Foreign Office un mémorandum argumenté en sept points (*L'Appel*, « Documents », Plon, p. 442-445).

23. Même image pour décrire l'attitude du Général envers Khrouchtchev à Rambouillet (*Mémoires d'espoir*, p. 1081).

24. Voir p. 82.

25. Note publiée dans *L'Appel*, « Documents », Plon, p. 445-446.

26. Télégramme du 21 juillet (*L'Appel*, « Documents », Plon, p. 446-447). Les points de suspension signalent une coupure.

27. Texte de cet « accord interprétatif » dans *L'Appel*, « Documents », Plon, p. 451-453. Le passage placé ici entre guillemets figure dans la lettre d'envoi de Lyttleton à de Gaulle, où on lit : « une violation substantielle de la convention d'armistice par les troupes de Vichy » (*ibid.*, p. 450).

28. Télégramme du 24 juillet 1941 (*L'Appel*, « Documents », Plon, p. 453-454).

29. Lettre publiée dans *L'Appel*, où elle est suivie du texte des deux accords (« Documents », Plon, p. 455-458).

30. Discours du 29 juillet 1941, publié dans *L'Appel*, « Documents », Plon, p. 459-461, et repris dans *Discours et messages*, t. I, p. 94-97.

31. On trouvera dans *Discours et messages* (t. I, p. 97-100) le texte des déclarations du Général à Beyrouth le 5 et le 15 août 1941.

32. « Féaux husseinites » : les souverains d'Irak et de Transjordanie appartenaient à la dynastie de Hussein, qu'avait soutenue Lawrence d'Arabie.

33. Télégramme publié dans *L'Appel*, « Documents », Plon, p. 464, et cité librement ici.

34. Lettre du 7 août 1941 (*L'Appel*, « Documents », Plon, p. 465-466).

35. La délégation de Londres, dirigée par René Cassin, avait exprimé son inquiétude par un télégramme du 10 août, auquel de Gaulle répondit le 13. Il cite ici la fin de sa réponse (*L'Appel*, « Documents », Plon, p. 466-469).

36. Pour Catroux, ces ralliements se limitèrent à « quelques dizaines d'officiers déjà acquis et deux mille soldats » (cité par Tournoux, *Pétain et la France*, p. 266). Dans *La France Libre* (p. 164-165), J.-L. Crémieux-Brilhac donne, à partir de documents sérieux, une évaluation assez proche de celle des *Mémoires de guerre*.

37. « Là encore, il interrompit sa lecture, pour me confier, avec un rire moqueur : " Vous conviendrez que Catroux s'en tire à bon compte ! " J'ai préféré taire que, sans avoir négocié directement l'accord de Saint-Jean-d'Acre, auquel il n'assista qu'en " observateur ", il laissa faire, ne m'alerta point et se montra fort conciliant à l'égard des Anglais, qui, sous ses yeux, venaient tout bonnement de nous chaparder la Syrie et le Liban » (Claude Guy, *En écoutant de Gaulle*, p. 489).

38. Interrogé par Claude Guy sur les responsables de ce « jeu » (le cabinet de guerre ? Lyttleton ? les agents britanniques locaux ?), le Général, en 1953, répond : « Mais voyons, *c'était Churchill !* » (*ibid.*).

LES ALLIÉS

Nous disposons pour ce chapitre de deux manuscrits (*ms. 1* et *ms. 2*).

a. l'ironie, le sourire et les larmes.   *ms. 1*
b. fond. Le résultat devait être atteint avant que les Alliés ne passent au choc décisif. Il   *ms. 1*
c. l'indépendance était ma seule chance d'assurer son rang à la France. Bref,   *ms. 2*
d. d'illogique   *ms. 1*
e. Washington. Aussi, quand au début de décembre, j'appris que [, sans nous avoir consultés,   *biffé*] les Américains envoyaient l'amiral Horne à Fort-de-France   *ms. 1*
f. Alysse, sous prétexte de leur faire exécuter des exercices au grand large, il   *ms. 1*
g. Fin du § dans ms. 2 :   départ », c'est-à-dire de désobéir.
h. Fin du § dans ms. 1 :   dont nous avions grand besoin.
i. Fin du § dans ms. 1 :   possible. [Ce n'était pas, évidemment, que la Russie en guerre pût compter de notre part sur un concours matériel notable. Mais il était facile de dénoter dans l'attitude des Soviets d'abord l'intention de trouver en nous au-dedans du camp allié un contrepoids à la prépondérance des Anglo-saxons, ensuite le désir que notre influence relativement plus grande que nos forces les aidât à sortir de l'isolement moral où ils se trouvaient relégués, enfin la volonté de s'entendre un jour spécialement avec la France pour la réorganisation de l'Europe. Dans ce domaine, la Russie était sûre de trouver en nous des interlocuteurs bien disposés.   *biffé*]
j. Fin du § dans ms. 1 :   dans mon bureau, me demander les assurances qui soulageraient ses scrupules et s'en excuser avec la politesse timide qui marquait cet homme excellent.

k. il en souffrait jusqu'au plus profond de lui-même comme   *ms. 1*

l. Tout circonspect que je fusse quand il s'agissait d'apprivoiser les institutions britanniques, j'en   *ms. 1*

m. Fin du § dans ms. 1 :   faire fi. Après que des documents formels et solennels auront défini les principes, les actes ne cesseraient plus de démentir les engagements.

n. Début du § dans ms. 1 :   C'est pourquoi, Gaston Palewski, qui n'avait pas les moyens d'entrer à Djibouti de force, n'obtenait

o. Fin du § dans ms. 2 :   consultés ! [C'était là une atteinte grave à notre souveraineté. C'était aussi, vis-à-vis de la France Libre une marque éclatante de méfiance et de dédain.   *biffé*]

p. Ces mots dans ms. 1 étaient suivis d'un § dont voici le texte :   C'était bien là, en effet, l'essentiel. Sans doute qu'après avoir caressé d'autres projets, nos alliés anglo-saxons en vinrent-ils, au début de l'été, à envisager une action prochaine et directe en Europe. Dès lors passaient au second plan les entreprises africaines et, au premier, les concours d'ordre matériel et moral que pourraient fournir les diverses branches et la résistance française.

q. Début du § dans ms. 2 :   Le 1ᵉʳ avril 1942 [, jugeant le moment venu d'impressionner l'opinion anglo-saxonne,   *biffé*] je

r. Fin du § dans ms. 2 :   du dehors [et qu'en fin de compte elle s'imposât sur le plan international.   *biffé*]

1. Télégramme du 19 mai 1941 (*L'Appel*, « Documents », Plon, p. 471), résumé ici entre guillemets. On lit dans *L'Appel* : « le rétablissement de nos relations » « le concours des bonnes volontés privées américaines ».

2. Cordell Hull est le secrétaire d'État ; Sumner Welles est son adjoint.

3. Henri Focillon, historien de l'art, professeur au Collège de France, crée le 3 février 1942 l'École libre des Hautes-Études, dont le Comité national ratifiera les diplômes (J.-L. Crémieux-Brilhac, *La France Libre*, p. 271).

4. Par une lettre du 10 décembre 1941 à Churchill (*L'Appel*, « Documents », Plon, p. 490). C'est le 9 décembre que Muselier se déclarait « prêt à faire l'opération de Saint-Pierre et Miquelon » dès qu'il aurait obtenu, à Ottawa, l'« accord Canada et Amérique » (télégramme au Général, *ibid.*).

5. Alain Savary, enseigne de vaisseau, administra les îles jusqu'en 1943. Il en fut le député sous la IVᵉ République, avant de devenir, sous la Vᵉ, ministre de l'Éducation nationale.

6. Une dépêche d'agence, datée du 25 décembre 1941, précise : « M. Cordell Hull a interrompu ses vacances de Noël pour retourner à son bureau ». Suivait le « communiqué du Département d'État », cité ici dans un texte voisin de celui que donnent les « Documents », Plon, p. 499.

7. Télégramme à Churchill du 27 décembre 1941 ; réponse du Premier Ministre du 31 décembre. Télégramme à Tixier du 27 décembre. Télégramme à Catroux et au baron de Benoist, « délégué France Libre au Caire », suggérant d'exposer la situation à William Bullitt (*L'Appel*, « Documents », Plon, p. 500-505). Le 5 janvier 1942, le baron de Vaux

rend compte au Général qu'« en l'absence de M. de Benoist, *il a* fait la démarche prescrite auprès de M. Bullitt » (*ibid.*, p. 507-508).

8. Le 15 janvier 1942, de Gaulle résume dans un télégramme à Muselier « deux conversations » qu'il a eues la veille avec Eden. Il conclut : « je crois que c'était là le dernier assaut du State Department et que, maintenant, le plus fort est fait » (*L'Appel*, « Documents », Plon, p. 513).

9. Selon le télégramme de Tixier (21 janvier, *L'Appel*, « Documents », Plon, p. 517-519), l'audience du 19 janvier « a duré plus d'une heure et demie », Cordell Hull « justifiant longuement la politique du Département d'État à l'égard de Vichy », mais professant « son admiration pour le général de Gaulle et sa profonde sympathie pour les Français Libres » ; selon Tixier, cette « conversation si cordiale [...] clarifie l'atmosphère ». Dans un télégramme à Muselier du 22 janvier, le Général résume l'entretien qu'il a eu dans l'après-midi avec un Premier Ministre « très nerveux » ; le Comité national a accepté le communiqué prévu par Churchill, dans le souci de « rétablir des relations amicales avec les États-Unis et, surtout, en considération de la personne de M. Churchill » (*L'Appel*, « Documents », Plon, p. 519-520).

10. Du Caire, le 9 juillet 1941, de Gaulle informe sa délégation de Londres qu'il « nomme, par décret d'aujourd'hui, » « le capitaine de vaisseau d'Argenlieu [...] haut-commissaire de France dans le Pacifique » (*L'Appel*, « Documents », Plon, p. 474). D'Argenlieu sera nommé contre-amiral en septembre.

11. Le 15 janvier 1942, Tixier, délégué de la France Libre à Washington, communique au Comité national une lettre de ce jour du Département d'État. Le 25 janvier, le Comité communique à d'Argenlieu le texte du télégramme adressé le 23 par Cordell Hull à de Gaulle (*L'Appel*, « Documents », Plon, p. 512 et 521).

12. En fait, le haut-commissaire avait été arrêté par des « broussards ». Les *Mémoires de guerre* donnent une vision simplifiée d'événements où l'amiral d'Argenlieu multiplia les maladresses vis-à-vis des Calédoniens comme des Américains. De son côté, le général Patch ne brilla pas par la diplomatie.

13. « Message personnel » au général Patch, envoyé le 9 mai 1942 à d'Argenlieu : « moi-même et tous les Français Libres nous tournons avec confiance vers vous [...] si vous faites voir que vous marchez la main dans la main avec d'Argenlieu » (*L'Appel*, « Documents », Plon, p. 538).

14. Cf. le titre choisi par Eisenhower pour ses mémoires : *Croisade en Europe*.

15. *L'Appel*, « Documents », Plon, p. 533-534.

16. *Primum vivere, deinde philosophari.*

17. Télégramme de Jérusalem, *L'Appel*, « Documents », Plon, p. 541.

18. Citation libre du télégramme à René Cassin (*L'Appel*, « Documents », Plon, p. 543). Le Général demandait que les « conversations » avec Maisky fussent « officieuses, absolument secrètes » ; il ajoutait : « En échange de telles déclarations, quel engagement la Russie souhaiterait-elle recevoir de notre part ? » Les lettres échangées le 26 septembre sont reproduites dans *L'Appel*, « Documents », Plon, p. 545-546.

19. Sur le « bouclier » (Pétain) et « l'épée » (de Gaulle), voir p. 583 et n. 50.

20. Le général Petit, ancien condisciple à Saint-Cyr de Charles de Gaulle, devint après la guerre un compagnon de route du parti communiste, siégeant au Sénat parmi les « apparentés » et participant en vedette à maintes manifestations prosoviétiques.

21. Dans *Le Salut*, de Gaulle, voyant en Staline un « communiste habillé en maréchal » (p. 648 et n. 29).

22. C'est dès le 6 décembre 1941 que de Gaulle a proposé à Bogomolov de mettre une division française à la disposition du haut-commandement russe. Sans doute s'agissait-il d'un « chantage » pour obtenir des Britanniques les équipements sollicités et l'engagement des Forces françaises libres en Libye (J.-L. Crémieux-Brilhac, *La France Libre*, p. 322-323).

23. *L'Appel*, « Documents », Plon, p. 546-547 ; *Discours et messages*, t. I, p. 168-170.

24. Cf. de Gaulle lui-même : « Car, c'est une révolution, la plus grande de son Histoire, que la France, trahie par ses élites dirigeantes et par ses privilégiés, a commencé d'accomplir » (1er avril 1942, *Discours et messages*, p. 180). Cf. n. 47, p. 217.

25. En réalité, le 12 septembre (François Kersaudy, *De Gaulle et Churchill*, Plon, 1982, p. 132). Le 15, de Gaulle télégraphie à Catroux : « J'ai vu longuement Churchill. Le Premier Ministre m'a confirmé que la politique britannique, relativement à la Syrie, était et demeurait telle qu'elle est définie dans nos accords du Caire » (*L'Appel*, « Documents », Plon, p. 555) ; il s'agit des accords Lyttelton-de Gaulle (voir p. 168).

26. « Il était, en outre [...] en Orient » : reprise d'une formule du télégramme envoyé le 16 novembre 1941 par le Comité national à Catroux (*L'Appel*, « Documents », Plon, p. 564).

27. Les lettres au secrétaire général de la S.D.N. et aux représentants des Alliés et de la Turquie figurent dans *L'Appel* (« Documents », Plon, p. 572-575), où l'on trouve également une lettre, ayant le même objet, à l'ambassadeur des États-Unis à Londres.

28. Ce paragraphe se réfère, malgré les apparences (« j'en vins moi-même à écrire »), à une période légèrement antérieure à celle que résumait le paragraphe précédent : c'est le 14 novembre que de Gaulle adressait à Catroux le télégramme dont il cite, approximativement, quelques formules (*L'Appel*, « Documents », Plon, p. 563-564).

29. Litote. Au rapport de Catroux, daté du 20 mai 1942, de Gaulle répond le 26 par un télégramme où il reproche à son délégué de placer le Comité national « devant une question qui n'est plus entière, puisque vous vous êtes déjà engagé ». Qu'il retarde les élections le plus possible. « En tout cas, nous ne saurions accepter qu'en invitant les populations à voter, vous disiez agir au nom des Alliés [...]. Nous sommes les seuls mandataires au Levant » (*L'Appel*, « Documents », Plon, p. 599-601).

30. Le Général rappelle le 11 février 1942 à Sir Alan Brooke sa visite du 10 décembre. Il l'informe qu'il écrit, ce 11 février, à Churchill à qui il envoie une note sur Madagascar, dont il communique une copie au chef d'état-major impérial (*L'Appel*, « Documents », Plon, p. 580-582). La lettre à Eden du 9 avril revient avec insistance sur les démarches du Général (*ibid.*, p. 591).

31. Fils naturel de Gorki, Pechkoff était devenu officier dans la Légion étrangère. Il tient de Gaulle informé des réactions sud-africaines

sur Madagascar (télégrammes des 17 février, 13 mars et 20 mars 1942, *L'Appel*, « Documents », Plon, p. 583, 586-588). De son côté, Sicé envoie, de Brazzaville, le 20 mars, un compte rendu de sa mission en Afrique du Sud, où il a rencontré Smuts et le chef d'état-major général. Il écrit : « Nous ne devons pas [...] nous laisser manœuvrer par les Britanniques qui travaillent activement sur Madagascar... » (*L'Appel*, « Documents », Plon, p. 587-588).

32. Marcel de Coppet, gendre de Roger Martin du Gard, qui avait accueilli Gide au Tchad dont il était gouverneur, fait partie en 1940 de ces « autres résidents, gouverneurs, commandants supérieurs » qui ont très vite obtempéré « aux sommations de Pétain et de Weygand » (p. 75).

33. Dans le mémorandum du 6 mai (voir n. 34, p. 208), ce passage de la déclaration du Département d'État est cité plus longuement ; on y lit : « [...] restitué à la France après la guerre ou à un moment quelconque dès que l'occupation [...] » (*L'Appel*, « Documents », Plon, p. 596).

34. 5 mai : les Britanniques attaquent Diégo-Suarez. 6 mai : Dejean, commissaire national aux Affaires étrangères, remet à Sir Alexander Cadogan, secrétaire permanent au Foreign Office, un mémorandum rappelant des démarches effectuées depuis le 10 décembre 1941 par le général de Gaulle et exprimant la « surprise justifiée » du Comité national devant l'action britannique. Le Général attend « six jours » pour rencontrer Eden. Entre-temps, il a tenu à son état-major « un discours qui a toutes les apparences de la démoralisation s'il n'est pas un coup de bluff : " Messieurs, je vous rends votre liberté. [...] J'ai signé des accords avec les Britanniques. Les Britanniques ne les respectent pas. Ils se sont emparé de Madagascar. [...] La France Libre, c'est fini " » (J.-L. Crémieux-Brilhac, *La France Libre*, p. 307). Le 14 mai, est publié le communiqué dont la fin est citée ici (*L'Appel*, « Documents », Plon, p. 594-597).

35. Le 14 mai (*Discours et messages*, t. I, p. 186-187), de Gaulle parlait de « la loyauté de nos alliés britanniques », de leur « loyauté entière ». Il cite ici, en les condensant, plusieurs passages de son discours. Le même jour, il télégraphie à Leclerc à Brazzaville de tenir prêts à intervenir des « éléments » dont il fixe le détail (*ibid.*, p. 598).

36. Le général britannique Giffard a sous son autorité la Gambie et la Sierra Leone.

37. Le même télégramme fut adressé à d'Argenlieu (*L'Appel*, « Documents », Plon, p. 602-603). Évoquant l'hypothèse d'un repli « dans les territoires que nous avons libérés », de Gaulle disait : « Ce serait, je crois, le moyen suprême à tenter, le cas échéant, pour faire reculer l'impérialisme. » Il mentionnait aussi les entraves à sa propre liberté de circulation, signalées ici, p. 209.

38. Cf. « Une ample comédie à cent actes divers, / Et dont la scène est l'univers » (La Fontaine, *Fables*, II, 1).

39. Du nom de Vidrun Quisling, chef d'un gouvernement collaborateur norvégien (le roi et le gouvernement légitimes étant à Londres), la propagande alliée avait fait un nom commun pour désigner tous les gouvernants « collabos ».

40. « La question royale ». Voir p. 84 et n. 21.

41. Aymon, duc de Spolète, prince de la Maison de Savoie désigné en mars 1941 comme roi de Croatie, ne rejoignit pas son royaume, que

dirigeait le dictateur Ante Pavelic. En 1943, à Genève, il eut des négociations secrètes avec les Britanniques.

42. Le premier président de la Tchécoslovaquie fut, de 1918 à 1935, Thomas Mazaryk, père du ministre nommé ici. Benès lui succéda. Voir p. 85 et n. 22.

43. Cf. « L'ordre règne à Varsovie », formule malheureuse du ministre français Sébastiani, en 1831, alors que les Russes venaient de réprimer un soulèvement polonais.

44. Le Général a tenu à faire figurer dans les « Documents » de *L'Appel* trois de ces discours (Oxford, National Defence Public Interest Committee, Édimbourg). On les retrouve, avec la plupart de ceux qui sont cités ici, au tome I des *Discours et messages*.

45. Le 27 mai 1942 (*Discours et messages*, t. I, p. 190-194).

46. Appel aux États-Unis, *Discours et messages*, t. I, p. 93-94 ; « Columbia », *ibid.*, p. 211-212 ; 14 juillet 1942, *ibid.*, p. 214-215.

47. Discours prononcé devant le « National Defence Public Interest Committee », reproduit dans *L'Appel* (« Documents », Plon, p. 530-535), repris dans *Discours et messages* (t. I, p. 176-181).

48. Le Général reviendra au début de *L'Unité* sur ce changement d'appellation (p. 270). Pour lui, la France Combattante, c'est la France Libre plus tous ceux qui résistent, en France et dans l'Empire, à l'ennemi.

LA FRANCE COMBATTANTE

Nous disposons pour ce chapitre de deux manuscrits (*ms. 1* et *ms. 2*).

a. Début du § dans ms. 1 :   Comme il fallait s'y attendre, ma décision, dès qu'elle fut connue, provoqua des remous. Pour beaucoup de combattants, le fait seul d'instituer un organisme qui ne fût pas proprement militaire éveillait la crainte de voir reparaître le jeu redoutable des partis et des partisans. Cependant, ils s'en accommodaient puisque de Gaulle le voulait, quitte à considérer ensuite sans bienveillance le « Comité de Londres » dont les intrigues ne pourraient manquer de gêner le Général. Par contre les réactions furent vives au sein du quarteron d'éléments français qui, sous prétexte d'être « politiques »,

b. servit, hélas ! d'instrument.   *ms. 1*

c. possesseur. [Il organisa au siège de son état-major, avec lequel j'étais venu prendre contact, une bruyante manifestation de plusieurs de ses officiers. *biffé*] Cela   *ms. 1*

d. « Navy ». [Il s'agissait d'obtenir que la Marine devînt indépendante de la France Libre et constituât l'instrument de ceux qui voulaient contrebalancer l'autorité du Général de Gaulle. *biffé*] Les   *ms. 2*

e. Il fallait, coûte que coûte, que l'Amiral fût liquidé et que   *ms. 1*

f. manifestation. J'infligeai alors à l'amiral Muselier une punition qui devait le priver, pour un mois,   *ms. 1*

g. pour notre marine, avant de glisser à l'insubordination avec l'appui, d'ailleurs trompeur, de l'étranger, me   *ms. 1*

h. libération, quelles qu'en fussent les théâtres, les formes, les péripéties, c'était   *ms. 1*

Notes et variantes des pages 219 à 262 1263

i. c'était de Gaulle qui la représentait   *ms. 1*

j. mal délimitées [, procédant d'initiatives variées et n'ayant d'abord de commun que leurs intentions et leur clandestinité. *biffé*] Ici   *ms. 2*

k. etc. Il est vrai que les participants à ces multiples organisations appartenaient souvent à plusieurs à la fois et prenaient part, suivant l'occasion, à telle ou telle espèce d'aventureuse entreprise. Bref,   *ms. 2*

l. septembre   *ms. 1, ms. 2, orig. La rectification s'explique : c'est en août que Fabien a tué un capitaine au métro Barbès-Rochechouart.*

m. Fin du § dans ms. 2 :   débarquement. [Dans l'immédiat, il fallait, autant que possible, éviter que des organisations encore *[un mot illisible]* et inconsistantes fussent décimées et décapitées en conséquence d'attaques effectuées au hasard et au gré des individus.   *biffé*]

n. Fin du § dans ms. 1 :   gouverner. [S'il en était ainsi de chacun des mouvements de résistance, c'était vrai surtout de l'ensemble formé par leurs dirigeants. Ceux-ci, dans leur vie secrète et menacée, se défiaient de tout contact extérieur à leur propre clan. Entre eux, ils se trouvaient plus ou moins en rivalité, se disputant des ressources étroitement limitées en fait d'armes, d'argent, d'hommes. Encore, l'individualisme français jouait-il là comme ailleurs son rôle, provoquant maintes fractions et divisions personnelles parmi ces hommes ardents et ambitieux.   *biffé*]

o. ressaisir. Ils y étaient poussés par les habitudes et les ambitions de certains de leurs dirigeants, par le comportement de Vichy qui, ne tenant que d'eux ses pouvoirs, les vouait maintenant aux gémonies, enfin par l'entrée en lice des communistes à qui leurs anciens et futurs concurrents électoraux ne voulaient pas laisser le privilège du combat. Certains   *ms. 1*

p. l'allégresse. [Chacun sent profondément qu'à travers d'immenses épreuves, une grande étape a été franchie. Chacun sait que la France Libre, bâtie homme par homme et morceau par morceau, est devenue moralement, politiquement une force solide et cohérente et que, *[plusieurs mots illisibles]*, un grand mouvement commence à réunir la nation.   *biffé*] Je parle   *ms. 1*

q. épreuves ? Certes, le pays verra [alors   *add. interl.*] s'ouvrir à lui de belles perspectives. Mais dans quel état sera-t-il ? Entre-temps,   *ms. 2*

r. Fin du § dans ms. 2 :   Le péril passé, les lampions éteints, pourrais-je l'entraîner encore ?

s. Fin du § dans ms. 1 :   pour vous servir aujourd'hui et demain, comme hier, voici mes bras, ma tête et mon cœur.

1. Le Général en avait annoncé la création dès le 23 juin 1940 (voir « La France Libre », p. 82 et n. 18), puis avait institué le Conseil de défense de l'Empire (27 octobre 1940). Texte de l'ordonnance du 24 septembre 1941 dans *L'Appel* (« Documents », Plon, p. 616-618). Le même jour, de Gaulle fixe par deux décrets la composition du Comité national et du Conseil de défense (*ibid.*, p. 619-620).

2. Si les « petits groupes français » de Grande-Bretagne et des États-Unis, non ralliés à la France Libre, peuvent être soupçonnés de « s'en remettre » à Roosevelt ou à Churchill, on ne voit pas qu'ils fassent confiance à Staline : les dirigeants du parti communiste français se trouvent alors soit, clandestinement, en France, soit, internés, en Algérie, soit enfin, comme Thorez, en U.R.S.S.

3. Cette deuxième affaire Muselier fut réglée grâce à une « médiation britannique » entre l'amiral et de Gaulle : le premier « se soumit » par écrit ; le second retira la lettre-ultimatum qu'il avait adressée le 23 septembre à Muselier. Le lendemain, il fit entrer ce dernier au Comité national. Voir J.-L. Crémieux-Brilhac, *La France Libre*, p. 200-206. Les *Mémoires de guerre* passent sous silence l'intervention personnelle et décisive de Churchill et de deux de ses ministres dans cette affaire franco-française.

4. C'est seulement le 4 mars 1942 que Catroux fut nommé « commissaire national sans département » (*L'Appel*, « Documents », Plon, p. 620). Jusqu'à cette date, il était déjà délégué général et commandant en chef au Levant, membre du Conseil de défense de l'Empire français. On notera la place prépondérante donnée à René Pleven, que le décret du 24 septembre charge « de la coordination des départements administratifs civils » (*L'Appel*, « Documents », Plon, p. 619).

5. Le philosophe catholique Jacques Maritain, l'ex-secrétaire général des Affaires étrangères Alexis Leger (Saint-John Perse) étaient aux yeux d'Anthony Eden les seuls Français des États-Unis susceptibles de « renforcer le mouvement [de la France Libre] ou d'accroître son prestige. » Sur les démarches faites auprès de Leger par Churchill lui-même, voir J.-L. Crémieux-Brilhac, *La France Libre*, p. 317.

6. Cette « nouvelle crise » est narrée avec précision par J.-L. Crémieux-Brilhac, *ibid.*, p. 288-292.

7. Le 3 mars, Muselier confirme par lettre au Général sa démission du Comité national. Par un décret du 4 mars, cosigné par Pleven, de Gaulle lui retire le commandement des Forces navales françaises libres. Le même jour, de Gaulle demande à d'Argenlieu d'envoyer à Londres Auboyneau, nommé contre-amiral et commissaire national à la Marine (*L'Appel*, « Documents », Plon, p. 656-657). On lira *ibid.*, p. 657-659, la lettre adressée le 8 mars à Eden par de Gaulle ; il en cite ici plusieurs passages. Le texte original du premier passage spécifiait : « l'appui des Britanniques ne doit pas être l'objet de perpétuelles révisions et restrictions ou donné [...] ». Les points de suspension indiquent une coupure. Le deuxième passage est la fin de la lettre, que suivait une formule de courtoisie.

8. Publié dans *L'Appel* (« Documents », Plon, p. 659), ce « testament secret » daté du 18 mars 1942 est donné en appendice, p. 1214.

9. Dès le 15 juillet 1940, le Reich annexait *de facto* l'Alsace et la Moselle. Les départements du Nord et du Pas-de-Calais étaient rattachés au gouvernement militaire allemand de Bruxelles. En outre, de la Somme au Jura, « une zone interdite » regroupait plusieurs départements.

10. De Gaulle dira plus tard, par exemple : « Les Chantiers de jeunesse, ce n'était pas si bête ! »

11. Il s'agit des membres de la Légion des combattants dans laquelle Vichy voulait regrouper les anciens combattants des deux guerres.

12. Le 27 août 1941, Laval est blessé lors d'un attentat commis pendant une revue de la L.V.F. (Légion des volontaires français contre le bolchévisme).

13. Après avoir résumé l'histoire de Vichy, de l'armistice à 1942 (retour de Laval), le Général cite deux discours de Pétain. Le 12 août

1941, le maréchal déclare : « De plusieurs régions de France, je sens se lever, depuis quelques semaines, un vent mauvais […]. Un véritable malaise atteint le peuple français. »

14. Discours du 17 juin 1942.

15. « Exécutions » : le mot n'est pas choisi au hasard. Le 23 octobre 1941, de Gaulle déclarait à la radio de Londres : « Nous avons entendu hier la voix tremblante du vieillard que ces gens ont pris comme enseigne, qualifier de " crime sans nom " l'exécution de deux des envahisseurs » (*Discours et messages*, t. I, p. 122).

16. Le texte publié en 1970 dans *Discours et messages* (t. I, p. 123) ne reproduit pas fidèlement les propos tenus à la radio le 23 octobre. Comme ici, le Général ajoute « ouvertement », ce qui rend assez bizarre une consigne qui allait à l'encontre des vœux du cabinet britannique, à Londres, et des communistes en France.

17. Si l'auteur cite littéralement les deux première phrases de son discours, il arrange ensuite le texte prononcé, dont il reprend les expressions les plus frappantes. De Gaulle renouvela son appel à « la grève nationale » le 30 octobre 1941 (*Discours et messages*, t. I, p. 124-125).

18. La Fédération républicaine, parti de droite, dont le chef, Louis Marin, après avoir été dans le gouvernement Reynaud, un adversaire de l'armistice, se ralliera à de Gaulle.

19. Jean Moulin, arrivé en Angleterre le 20 octobre 1941, rencontrera le Général dès le 25. Dans sa lettre du 22 décembre 1941 à Eden, de Gaulle écrit : « M. Mercier [Jean Moulin] […] n'a pu encore quitter l'Angleterre » (*L'Appel*, « Documents », Plon, p. 647).

20. Faut-il reconnaître dans cette citation un écho du *Sacrifice du matin* de Guillain de Bénouville (Laffont, 1946), où l'épigraphe et l'épilogue opposent les deux sacrifices, du soir et du matin ?

21. « Tous sans exception » : ce n'est pas une exagération gaullienne car, en juin-juillet 1940, s'il y eut des personnes, venues de tous horizons, pour refuser l'armistice et la fin de la République, aucun parti comme tel n'éleva de protestation.

22. Ces « sources » sont celles du socialisme, de la droite « nationale », du radicalisme et de la démocratie chrétienne.

23. Le Général anticipe : le gouvernement Laval institue le Service du Travail obligatoire (S.T.O.) le 4 septembre 1942 ; c'est à partir de 1943 que de nombreux « réfractaires » à ce service rejoignirent les maquis.

24. Jean Moulin fut parachuté, près de Salon, dans la nuit du 1ᵉʳ au 2 janvier 1943. Il était porteur d'un « ordre de mission » (*L'Appel*, « Documents », Plon, p. 647-648) et avait reçu du Général lui-même des instructions très précises, dont le texte a été publié en 1999 par Daniel Cordier (*La République des catacombes*, Gallimard, p. 143-145).

25. Dans un rapport du 30 mars 1942, Jean Moulin souligne « l'adhésion totale des mouvements au gaullisme » (cité dans J.-L. Crémieux-Brilhac, *La France Libre*, p. 350). De fait, les trois mouvements de zone Sud — Combat, Libération, Franc-Tireur — publient alors des « déclarations de loyalisme envers de Gaulle » (*ibid.*, p. 349). Le titre de la « déclaration commune » supposée rappelle la devise du journal *Libération* : « Un seul chef : de Gaulle ; une seule lutte : pour nos libertés. »

26. Voir p. 132 et n. 9.

27. Christian Pineau séjourna à Londres en mars-avril 1942. Il en

repartit, après avoir adhéré à la France Libre, porteur de la « déclaration aux mouvements » (voir n. 29, p. 238) qu'il avait aidé de Gaulle à formuler.

28. Paul Simon (pseudonyme de Paulin Bertrand) est venu à Londres en décembre 1941. Il y a ici confusion avec Jacques Sermois-Simon : voir p. 353 et n. 32. Daniel Mayer s'efforçait de reconstituer, dans la clandestinité, le parti socialiste, qu'il dirigera après la guerre. Comme Viénot, il rejoignit Londres au printemps 1943. Philip et Viénot deviendront des proches collaborateurs du Général. Pour Vallin, député P.S.F. de Paris, voir p. 303.

29. C'est la « Déclaration aux mouvements de résistance » (*L'Appel*, « Documents », Plon, p. 578-580 ; *Discours et messages*, t. I, p. 305-307). Elle fut rendue publique à Londres le 24 juin 1942, après sa publication dans la presse clandestine des deux zones, mais non « dans tous les journaux » de cette presse, ni, évidemment, à une seule et même date. Les citations qui suivent reprennent librement, sans en modifier l'esprit, quelques formules de ce « manifeste » qui « marque un tournant de l'histoire de la France Libre » (J.-L. Crémieux-Brilhac, *La France Libre*, p. 336). Nous donnons en appendices, p. 1214-1216, le texte complet de cette déclaration.

30. S'il est avare de détails personnels, de Gaulle répète, volume après volume, qu'il n'a « pas la plume facile » (*Le Salut*, p. 714 ; *L'Unité*, p. 436 ; *Le Renouveau*, p. 1141). Tous ses manuscrits — et pas seulement ceux des discours — confirment cet aveu : en vrai écrivain, Charles de Gaulle ne trouve l'expression définitive de sa pensée qu'au prix d'un « grand travail ».

31. Au Kingsway Hall, de Gaulle s'était adressé aux « Français de Grande-Bretagne » (*Discours et messages*, t. I, p. 69-76). C'est la même association qu'il retrouvait à l'Albert Hall. Il reproduit dans *L'Appel* (« Documents », Plon, p. 628-633) le texte de son discours, repris dans *Discours et messages* (t. I, p. 132-138). Dans le paragraphe qui suit figurent quelques formules, librement citées, de ce texte. Dans la version originale on lit : « La nation ne pourra revivre que dans l'air de la victoire [...] principes démocratiques que nos ancêtres ont tirés du génie de notre race et qui sont l'enjeu de cette guerre pour la vie et la mort. [...] si l'effort ne doit pas se terminer avant la défaite et le châtiment de l'ennemi, il est d'autre part nécessaire qu'il ait comme aboutissement, pour chacun des Français, une condition telle qu'il lui soit possible de vivre, de penser, de travailler, d'agir, dans la dignité et dans la sécurité. »

32. Note du 28 février 1942 à Legentilhomme, Muselier et Valin (*L'Appel*, « Documents », Plon, p. 653-655).

33. « *Lease and lend* » ; voir p. 144 et n. 28.

34. « Asdic », d'A.S.D.I.C. (*Allied Submarine Detection Investigation Committee*) : appareil de détection par ultrasons des sous-marins, mis au point par les Britanniques à la veille de la guerre. On dit aujourd'hui : sonar.

35. *L'Appel*, « Documents », Plon, p. 613.

36. « L'accord Hitler-Darlan » ; voir p. 158.

37. Le Général adresse le 7 octobre au général Ismay et au ministre de la Guerre une lettre à laquelle il joint une « note pour le Premier Ministre » ; il écrit le même jour à Auchinleck. Ces textes, ainsi que la

lettre à Catroux du 30 octobre figurent dans *L'Appel*, « Documents », Plon, p. 620-627.

38. Lettre d'Ismay, suivie le 28 novembre d'une lettre du Général à Catroux : *L'Appel*, « Documents », Plon, p. 635-636.

39. La « lettre chaleureuse » de Churchill est citée, en traduction, dans *L'Appel*, « Documents », Plon, p. 640. Sur l'entretien avec Bogomolov, voir p. 197-199 et n. 22, p. 197.

40. Sur les tractations au sujet de la 2ᵉ division, voir *L'Appel*, « Documents », Plon, p. 648-652.

41. Télégramme du 10 juin 1942 (*L'Appel*, « Documents », Plon, p. 671).

42. Cf. Pascal : « Joie, joie, joie, pleurs de joie. »

43. « 5 500 hommes » : effectif un peu gonflé, selon Pierre Messmer qui, « présent à ce combat », note sur les « pertes trois fois supérieures » : « Ce n'est pas certain » (*Les Écrits militaires de Charles de Gaulle*, p. 101).

44. Tobrouk (Cyrénaïque) tomba le 20 juin. Dès le 16, Catroux, qui venait de se rendre sur le terrain, concluait un télégramme à de Gaulle sur une vue assez pessimiste de « la situation générale » (*L'Appel*, « Documents », Plon, p. 671-672).

45. Ce discours du 18 juin 1942 figure dans les « Documents » de *L'Appel* (p. 672-678). Repris dans *Discours et messages* (t. I, p. 197-204).

46. Le capitaine de Gaulle a lu Chamfort en captivité. Texte exact : « Les passions font vivre l'homme, la sagesse le fait seulement durer » (*Maximes et Pensées*, 115).

47. Formule (déjà citée, p. 126 et n. 3) du discours du 1ᵉʳ mars 1941 au Kingsway Hall.

48. Sur cette conclusion, voir l'introduction de J.-L. Crémieux-Brilhac, p. XVII-XVIII ; le discours du 18 juin 1942, dont s'inspire ce finale de *L'Appel* s'achevait sur ce vers de Péguy : « Mère, voyez vos fils qui se sont tant battus ! » — vers qui était déjà l'épigraphe de *La France et son armée*.

L'UNITÉ

INTERMÈDE

Nous disposons pour ce chapitre de deux manuscrits (*ms. 1* et *ms. 2*) et de deux dactylogrammes (*dactyl. 1* et *dactyl. 2*).

a. Début du § dans ms. 1 :   En 1942 se fixe le sort de la guerre. Aux   :
Début du § dans ms. 2 et dactyl. 1 :   Voici venu l'été 1942. La balance des forces se renverse. Le sort de la guerre se fixe ; Aux

b. et comme État. À cet égard, j'ai la conviction que tout est d'avance perdu si la guerre se termine sans que la France y ait pris part, dans son unité recouvrée, avec pour l'exprimer, la représenter, la conduire, un gouvernement qu'elle ait, dans ses profondeurs, reconnu. Lors des grandes crises de son Histoire, ce fut toujours la voie du salut. Cette   *ms. 1, ms. 2 (à quelques variantes près)*

c. Début du § dans ms. 2 :   Il y faut un centre. Lequel ?

d. Début du § dans ms. 1, ms. 2 et dactyl. 2 :   Voilà ma tâche. À partir de ce qui est acquis dans les faits et dans les sentiments, [j'ai le devoir   *ms. 1*] [il me faut   *ms. 2*] [je dois   *dactyl. 2*] acquérir le reste. Hier

e. rassembler et guider entre des précipices. Contre   *ms. 1, ms. 2*

f. Fin du texte dans ms. 1 et ms. 2 :   France déchirée. Mais, par là, ce qui est mystique dans la mission qui m'incombe va s'estomper à mesure que [s'éclaire   *ms. 1*] [viendra à la lumière   *ms. 2*] ce qu'elle a de politique.

g. Début du § dans m. 2 :   En réalité, sous les dehors de l'assurance, les Américains

h. tête de pont et que l'affaire n'allait pas sans controverses entre eux-mêmes et les Anglais. / Mais tout en [flirtant avec   *ms. 1*] [caressant   *ms. 2*] l'audace,   *ms. 1, ms. 2*

i. décision. Peut-être même, en cas de réussite du débarquement, les Allemands, en bons stratèges, tâcheraient-ils de liquider la guerre qui, dès lors, ne leur offrirait plus la possibilité de vaincre. Il n'était pas invraisemblable qu'Hitler fût écarté par quelque conspiration de généraux, de politiques et d'hommes d'affaire et que l'ennemi, jouant des craintes qu'inspirait à Washington et à Londres le déferlement britannique sur l'Europe, acclamât la démocratie et demandât la paix. Il serait alors à la merci des Alliés. Dans mes discussions avec M. Winant, j'avais insisté sur ces perspectives. D'ailleurs,   *ms. 2*

j. Fin du § dans ms. 1 :   concours qu'apporteraient à la bataille, d'abord les Forces françaises libres et celles de la résistance intérieure, ensuite les troupes qui viendraient d'Afrique, enfin celles qui seraient levées en France à mesure de la libération. La même note précisait quelles fournitures d'armement et d'équipement étaient demandées aux Alliés pour ces diverses catégories et qu'il s'agissait, suivant les cas, d'attribuer tout de suite ou, simplement, de préparer.

k. Fin du § dans ms. 1 :   États-Unis pour se procurer, tant sur place qu'à Vichy, les concours qui, le cas échéant, leur permettraient, du moins l'espéraient-ils, de débarquer sans coup férir en Afrique du Nord française.

l. dans une certaine société, assez porté par ses habitudes autant que par ses désirs à croire   *ms. 1*

m. de palais qui, au moment voulu, contraindrait le gouvernement à faciliter les choses à Alger, Oran, Casablanca. C'est   *ms. 1* : de palais qui, au moment voulu, faciliterait les choses à Alger, Oran, Casablanca. C'est   *ms. 2*

n. et dont j'étais sûr qu'aucune intrigue ou combinaison, qu'elles fussent montées par des Français ou suscitées par les étrangers, ne la détourneraient de   *ms. 1, ms. 2*

o. défilant « devant » le grand Charles sous l'écrasant   *ms. 1, ms. 2, dactyl. 1, dactyl. 2*

p. divisateur. Convaincu, après maintes expériences, qu'entre eux et nous il n'y avait pas de réel accord possible sur le Levant, je souhaitais tout au moins quelque « modus vivendi ». M. Churchill   *ms. 2*

q. Fin du § dans ms. 2 :   au Liban, qui s'opposait directement à la France et à moi-même, ensuite ce qui se passait à Madagascar où les Britanniques avaient débarqué sans le concours ni même l'avis de la

Notes et variantes des pages 265 à 304 1269

France Combattante, enfin l'entreprise prochaine des Anglo-Saxons en Afrique du Nord où ils allaient pénétrer en tenant à distance les Français à Croix de Lorraine et où ils tâcheraient d'instaurer un pouvoir qui ne fût pas le mien.

r. Fin du § dans ms. 2 : des États. Ceux-ci, en raison des charges et des périls dont ils devraient assumer désormais la responsabilité, pourraient même être portés à entretenir avec nous des relations particulièrement étroites, à condition, bien entendu, que nous recouvrions nos moyens et nos attraits de grande puissance. Quant au domaine militaire, les choses pouvaient être réglées sous la forme d'un arrangement qui, en temps de paix, nous laisserait l'accès à telles ou telles bases locales, assurerait réciproquement aux forces syriennes et libanaises la possibilité d'utiliser certaines des nôtres, organiserait l'unité de l'armement et des méthodes ainsi que les échanges d'officiers et de techniciens et qui, en temps de guerre, comporterait l'action commune dans les hypothèses déterminées. Voilà le but que je voulais atteindre pour ce qui concernait les rapports entre la France et les États du Levant devenus, grâce à elle, souverains et indépendants.

s. Après ces mots, on trouve dans ms. 2 un § dont voici le texte : Tout en m'adressant de la sorte à M. Churchill, je télégraphiais à Londres pour charger Pleven et Dejean de préciser à M. Eden le caractère très sérieux de la situation. « Celle-ci, écrivais-je, ne peut évidemment être attribuée aux mauvais procédés du seul Général Spears. Elle est le résultat de la politique du gouvernement britannique lui-même. »

t. Londres. Dans son télégramme, [long, et *ms. 1*]par exception sans couleur, il niait [simplement la manière *ms. 1*] [le mauvais cas. *ms. 2*]. « Nous *ms. 1, ms. 2*

u. désirais. Sans doute, M. Cordell Hull, voulant tenir la balance égale et, dans ce but, nous prêtant gratuitement certains torts, affectait-il de penser que notre promesse d'accorder l'indépendance à la Syrie et au Liban comportait des restrictions. Selon lui, j'aurais affirmé qu'il faudrait encore « nombre d'années » pour que cette promesse fût tenue, alors que je n'avais parlé que « du délai imposé par les circonstances de la guerre ». Mais, en même temps, le secrétaire *ms. 1, ms. 2*

v. Après ces mots, on trouve dans ms. 1 un § dont voici le texte : Ainsi, par principe et aussi par tactique, je ne cherchais nullement à atténuer, ni à dissimuler l'état de tension que créaient entre nous et nos alliés les empiétements commis par eux au détriment de la France. J'entendais, au contraire, qu'il fût notoire et public que ceux qui la représentaient n'acceptaient à aucun prix aucune atteinte portée à son domaine. Sans doute n'était-ce là qu'une arme morale et politique. Je n'en avais pratiquement pas d'autre. Mais elle avait sa valeur, parce qu'en dépit de notre désastre et de nos divisions, nous demeurions, dès à présent, un élément essentiel de la guerre et nous serions plus tard un facteur capital de la paix. C'est sur ce fait que j'appuyais mon perpétuel refus de dépendance et d'abandon. À la veille d'événements qui allaient être mis en cause nos territoires, notre rang, notre souveraineté, je jugeais bon de brandir plus haut que jamais l'étendard de l'intransigeance. Mon attitude produisit d'ailleurs son effet. On vit en quelques semaines notre position relative au Liban s'améliorer considérablement. Partout s'affermissaient les représentants de l'autorité française, tandis que les gouvernants, les fonctionnaires, les notables syriens et libanais se tournaient vers eux avec une confiance accrue et que les agents britanniques, à commencer par Spears, mettaient une sourdine à leur malveillance.

w. Fin du § dans ms. 1 : avec M. Casey. » En même temps je faisais connaître à M. Casey, ainsi qu'au général Alexander, que, sans récuser l'autorité stratégique supérieure du commandant en chef britannique en Orient, c'était au commandant français qu'il appartenait d'assumer la direction militaire des forces alliées en Syrie et au Liban étant donné le rapport des enjeux *[lecture conjecturale]* dans ces deux pays. Je proposais que le changement fût effectué le 10 septembre et que les deux commandants règlent auparavant les modalités qui pourraient être utiles. Les Anglais, comme je m'y attendais, repoussèrent cette suggestion.

x. Fin du § dans ms. 2 : hôte. Nous conversâmes longuement. Mais je m'aperçus que, sous les dehors de l'objectivité, l'homme de parti qu'il était avait sur toutes les questions des idées acquises à l'avance en fonction des penchants de son électeur.

y. Début du § dans ms. 1 et ms. 2 (à quelques variantes près) : Sur sa demande, je lui exposai en quoi la présence française au Levant, succédant à la domination turque, avait contribué au développement du pays et comment, après l'expulsion de l'autorité de Vichy, elle constituait un facteur important de la situation stratégique. Je lui fis part aussi des abus commis sur place par nos alliés communs les Anglais à l'encontre de la France et des États. Je lui indiquai, enfin, quelles conséquences fâcheuses en résultaient quant à la solidarité des peuples libres.

z. détestables et que la participation de la Syrie et du Liban à la lutte commune serait beaucoup plus efficace si les Anglais et les Français s'en retiraient tout bonnement en laissant les Américains, modèles de désintéressement, fournir aux deux États des armes et des conseils. Au *ms. 1, ms. 2*

aa. Fin du § dans ms. 2 : Jeanne d'Arc. Je dois dire que cette expérience me confirma dans ma conviction qu'en temps de guerre la politique est une chose trop grave pour qu'on la laisse aux politiciens.

ab. Après ces mots, on trouve dans ms. 1 un § entièrement biffé dont voici le texte : Du moins le comité national était-il fortement uni autour de moi pour affronter les événements prochains. Sans doute, tel ou tel de ses membres eût-il souhaité me voir plus conciliant à l'égard des Alliés. Sans doute, plusieurs d'entre eux pensaient-ils que, devant un obstacle [en apparence infranchissable *biffé*], mieux valait essayer d'en faire longuement le tour plutôt que de le briser.

ac. l'intention qu'avait Roosevelt d'entretenir les rivalités entre les diverses autorités françaises et de les prendre toutes sous sa coupe, de manière à devenir l'arbitre et par là être en mesure de décider lui-même un jour du destin de la France, éprouvait *ms. 1, ms. 2 (à quelques variantes près)*

1. On le verra de septembre 1942 au 2 février 1943, où le maréchal von Paulus capitule.
2. Écho du roman de Vercors, paru précisément sous le manteau en 1942. De Gaulle mentionnera encore cette œuvre, p. 434.
3. Parmi ces « quelques-uns », il y a évidemment Pierre Laval, homme de la IIIe République, qui revient au pouvoir en avril 1942. Cette même

année, « beaucoup » se rallient en effet à de Gaulle : tels Jules Jeanneney et Léon Blum.

4. « *Being your ardent and active lieutenant* », écrit Churchill à Roosevelt le 22 novembre 1942.

5. Commencée en 1941, la construction, près de Washington, du Pentagone (siège du War Department) ne fut achevée qu'en 1942.

6. On peut lire dans *L'Unité* les notes établies par le cabinet du Général sur les entretiens du 21 mai et du 30 juin 1942 avec l'ambassadeur américain (« Documents », Plon, p. 327-330, 333-335). Le Général, par un télégramme du 3 juin à Tixier, son délégué à Washington, résume l'entretien du 1ᵉʳ juin avec Winant et Eden (*ibid.*, p. 330-331).

7. Dans ce paragraphe, le Général cite librement — en dépit des guillemets — le communiqué publié le 9 juillet par le gouvernement américain (traduction française dans *L'Unité*, « Documents », Plon, p. 337-338). Si le texte des *Mémoires de guerre* n'altère pas la substance du document, il fait disparaître le nom du général Bolte, associé à Stark comme représentant des États-Unis auprès du Comité national français.

8. Le Général ne cite pas intégralement le texte de la déclaration britannique où l'on pouvait lire — là où les *Mémoires* mettent des points de suspension — que le Comité national français était aussi le « symbole de la résistance à l'Axe » des ressortissants et territoires français (*L'Unité*, « Documents », Plon, p. 340).

9. « Cette fois » ; allusion à un précédent passage à Londres de Marshall et King, en mai 1942, où ils avaient évité de rencontrer de Gaulle (p. 209). Une note établie par le cabinet du Général résume son entretien avec les chefs militaires américains (*L'Unité*, « Documents », Plon, p. 343-345).

10. L'essentiel des citations de ce paragraphe correspond aux propos tenus par le Général lors de son entretien du 21 mai 1942 avec Winant (*L'Unité*, « Documents », Plon, p. 328-329).

11. Le 21 juillet, de Gaulle adresse à Churchill une lettre à laquelle est jointe une « note indiquant la nature du concours organisé que la France est susceptible d'apporter à l'action offensive des Alliés à l'ouest de l'Europe ». Il remet « la même note personnellement et directement » à l'amiral Stark (*Lettres, notes et carnets, 1941-1943*, p. 320-321).

12. Sur Murphy, adversaire tenace, on pourrait croire que le Général « manque de sérénité. Mais bien des témoignages viennent confirmer ces propos » (Jean-Baptiste Duroselle, *L'Abîme*, p. 366). Ancien délégué à Paris du gouvernement de Vichy, La Laurencie a rencontré plusieurs chefs de la Résistance : Pineau, Bourdet, Frenay, Bénouville. Il était appuyé par les services américains. Darlan le fit interner.

13. Le 27 mai 1942, de Gaulle tient une conférence de presse. Le texte, tel qu'il est publié dans *Discours et messages* (t. I, p. 190-196), ne contient pas de référence à Giraud. On imagine mal qu'il y ait confusion avec une autre conférence de presse du 21 avril 1944, où il fait un éloge appuyé de ce général (*L'Unité*, « Documents », Plon, p. 632). On suppose donc que le texte du 27 mai 1942 a été censuré lors de la publication des *Discours et messages* en 1970.

14. Giraud évoque ce plan dans le premier chapitre d'*Un seul but, la victoire*.

15. Un télégramme du 28 juillet informe Catroux et d'Argenlieu,

« membres du Comité national en mission » de ces nominations et de celle de Diethelm, qui devient « commissaire national aux Finances » (*L'Unité*, « Documents », Plon, p. 345).

16. La note établie par le cabinet du Général sur cet entretien du 29 juillet mentionne le Levant et Madagascar. Elle s'achève ainsi : « L'entretien porte ensuite sur l'éventualité du second front. Ce qui en est dit ne peut être reproduit » (*L'Unité*, « Documents », Plon, p. 346). Une autre rédaction, plus étendue, figure dans *Lettres, notes et carnets, 1941-1943*, p. 332-334.

17. « Au ministère d'État » : le cabinet britannique était représenté au Caire par un ministre d'État (voir p. 166), l'Australien Richard Casey.

18. « Comme naguère » : cf. *L'Appel*, p. 260, où est soulignée la noblesse d'Auchinleck.

19. Dans un télégramme du 9 août 1942 à Pleven et Dejean, le Général commente à chaud le déjeuner du 7 avec Churchill et la « conférence » du 9 avec Casey. Au premier il a « précisé [sa] manière de voir quant à la conduite de la guerre et à la nécessité du second front ». Le second lui a « paru sympathique, mais assez superficiellement informé » (*L'Unité*, « Documents », Plon, p. 350).

20. Le 9 août, notait de Gaulle, Casey « m'a, tout de suite, parlé d'élections en Syrie » (*ibid.*). Le 11, le Général télégraphie à Pleven et Dejean : « J'ai revu aujourd'hui Casey. Il n'a pas dit, cette fois, un seul mot des élections » (*L'Unité*, « Documents », Plon, p. 351).

21. Le télégramme du 9 août (voir n. 19, p. 280) rapporte l'entrevue du 7 avec Smuts : « Nous avons tout de suite sympathisé. » « Il m'a dit que [...] nous avions sauvé l'Afrique en arrêtant l'esprit de capitulation au nord de l'Équateur » (*L'Unité*, « Documents », Plon, p. 351). Les choses se passeront moins bien entre les deux hommes le 4 juin 1944 (voir p. 486-488).

22. Sur l'office du blé et les empiétements britanniques, voir J.-L. Crémieux-Brilhac, *La France Libre*, p. 396-398, où on lit cette phrase révélatrice du *Journal* de Spears : « Catroux a compris qu'il ne peut pas gouverner sans moi et, l'ayant compris, est devenu plus souple. »

23. Sur cet « accord financier », voir J.-L. Crémieux-Brilhac, *La France Libre*, p. 184.

24. Le Général cite, en marquant les coupures par des points de suspension, plusieurs passages de son télégramme à Churchill du 14 août (*L'Unité*, « Documents », Plon, p. 353-354).

25. Le Général cite assez librement plusieurs passages du télégramme de Churchill (*L'Unité*, « Documents », Plon, p. 357-358) qu'il dispose dans un ordre tout différent de celui qu'avait suivi son correspondant.

26. C'est dans une lettre à Churchill, commençant par « Mon cher Premier Ministre » et datée de « Beyrouth, le 24 août 1942 » qu'on trouve les phrases citées ici, assez librement (*L'Unité*, « Documents », Plon, p. 359).

27. Un télégramme du Général à Pleven et Dejean rapporte cette audience du consul général américain (*L'Unité*, « Documents », Plon, p. 355-356). Dans *La France Libre*, p. 398-399, J.-L. Crémieux-Brilhac cite le compte rendu de Gwynn : on y voit de Gaulle menacer de rompre au Levant avec les Britanniques ; ses propos reviendront au Foreign Office.

28. Le Général a revu Gwynn le 23 août et lui a écrit le 24, joignant à sa lettre un « mémorandum » (la « note » dont il parle ici). Il reçoit à nouveau Gwynn le 25 août (*Lettres, notes et carnets, 1941-1943*, p. 349-351).

29. De Beyrouth, le 24 août, de Gaulle envoie à Pleven et Dejean le texte du télégramme de Cordell Hull et son propre mémorandum : « Veuillez tenir Stark au courant [...]. Il convient aussi d'avertir Bogomolov » (*ibid.*, p. 348).

30. Citations du télégramme du 27 août à Pleven et Dejean (*L'Unité*, « Documents », Plon, p. 360-361), reproduit en Appendices, p. 1216-1217. « Mémorandum du 9 juillet » : voir p. 270 et n. 7.

31. Citations libres des télégrammes échangés le 30 août entre Casey et de Gaulle (*L'Unité*, « Documents », Plon, p. 361-362). Casey n'invitait pas abruptement le Général à le rencontrer au Caire : il ajoutait : « dès qu'il vous conviendra » et justifiait par « plusieurs importantes affaires » l'impossibilité de s'absenter « en ce moment » de la capitale égyptienne.

32. Au télégramme envoyé par Churchill le 31 août, de Gaulle répond le 1er septembre (*L'Unité*, « Documents », Plon, p. 362-363).

33. Un télégramme du 4 septembre informe Pleven et Dejean de ces deux audiences. Le Général y parle d'élections « au printemps prochain » (*L'Unité*, « Documents », Plon, p. 364).

34. Le Général a d'autant plus de raisons de bien accueillir Wilkie que celui-ci vient, en juillet 1942, d'inaugurer à New York l'exposition de la France Libre en prononçant l'éloge de son chef. Par la suite, Wilkie publiera *One World* où il souhaitera la fin de tous les colonialismes. Dans son télégramme à Pleven et Dejean du 12 septembre, de Gaulle rapporte la « longue conversation » qu'il a eue à Beyrouth avec l'envoyé de Roosevelt (*L'Unité*, « Documents », Plon, p. 368-369). Voir *Lettres, notes et carnets, 1941-1943*, p. 383.

35. Pleven et Dejean rendent compte au Général les 8 et 10 septembre de leurs entretiens avec Eden des 7 et 9 septembre (*L'Unité*, « Documents », Plon, p. 365-368). Le 12, de Gaulle adresse aux deux commissaires le texte d'une « communication » qu'il les prie de faire à Eden : il accepte de venir à Londres (comme Pleven et Dejean l'y engageaient) (*ibid.*, p. 370).

36. À Pleven et Dejean, le 12 septembre : « Comme il s'agit d'une question capitale, je ne crois pas pouvoir refuser de me rendre à Londres pour la traiter. Toutefois, je ne m'y rendrai qu'après être passé en Afrique française libre » (*L'Unité*, « Documents », Plon, p. 371).

37. De Beyrouth, le 1er septembre 1942, le Général a informé Éboué et Leclerc de cet « échange » (*L'Unité*, « Documents », Plon, p. 364).

38. Zinder : au Niger, qui appartient à l'Afrique occidentale française (A.O.F.) alors contrôlée par Vichy.

39. Cette instruction, qui ne figure pas dans les « Documents » de *L'Unité*, a été publiée dans *Lettres, notes et carnets, 1941-1943*, p. 401-402. Datée de Brazzaville, elle indique à Leclerc, « en vue de l'offensive », « Trois opérations [...] citées ci-après par ordre d'urgence : a) Ralliement du Niger [...] ; b) Offensive en Libye du sud [...] ; c) Participation [...] à des opérations alliées en territoire métropolitain français ». Le 14 novembre, de Gaulle, renonçant au premier objectif, optait pour le seul Fezzan. Voir J.-L. Crémieux-Brilhac, *La France Libre*, p. 428-429 et ici, p. 325.

40. En réalité, le 30 septembre (François Kersaudy, *De Gaulle et Churchill*, p. 172). L'entrevue fut particulièrement violente, comme l'atteste le compte rendu anglais traduit par Kersaudy (p. 172 et suiv.). Voir J.-L. Crémieux-Brilhac, *La France Libre*, p. 414-415.

41. Dejean, après un vif échange de propos avec le Général, fut en fait révoqué par lui le 18 octobre 1942 (J.-L. Crémieux-Brilhac, *ibid.*, p. 415-416).

42. René Massigli, ancien directeur des affaires politiques au Quai d'Orsay. Jean Moulin avait conseillé ce choix au Général (*ibid.*).

43. Morton vint voir de Gaulle le 30 octobre (F. Kersaudy, *De Gaulle et Churchill*, p. 180). Compte rendu de sa visite, établi par le cabinet du Général (*L'Unité*, « Documents », Plon, p. 380-381).

44. On lit dans le compte rendu de la visite de Smuts : « Il croit, pour sa part, que le Comité national français devra être formellement appelé à prendre en charge l'administration de ces territoires » (*L'Unité*, « Documents », Plon, p. 387-388).

45. Le 6 novembre, Eden, assisté de Strang, propose au Général « de publier un communiqué relatif à Madagascar, annonçant l'envoi du général Legentilhomme » (*L'Unité*, « Documents », Plon, p. 389). Le 8 novembre, un télégramme du Comité national à Catroux, Éboué, Leclerc et d'Argenlieu annonce « un communiqué commun » (*ibid.*, p. 392). Celui-ci paraîtra le 11 novembre (*ibid.*, p. 395).

46. Le 7 août, Dejean a rendu compte au Général de son entretien avec Beneš. De Beyrouth de Gaulle répond le 13 août. Le 29 septembre, a lieu l'échange de lettres entre lui-même et Mgr Shramek, dont les *Mémoires de guerre* citent quelques passages (*L'Unité*, « Documents », Plon, p. 348-349, 352-353, 371-373). Le 30, le Général commente à la radio l'accord franco-tchécoslovaque (*Discours et messages*, t. I, p. 227-228).

47. L'accord franco-soviétique du 28 septembre portait sur deux définitions — de la « France Combattante » et du « Comité national français » — dont les *Mémoires de guerre* citent quelques formules (*L'Unité*, « Documents », Plon, p. 371).

48. Le 22 juin 1942 (premier anniversaire de l'invasion de l'Union soviétique), Laval déclare : « Je souhaite la victoire de l'Allemagne parce que, sans elle, le bolchevisme demain s'installerait partout en Europe. » La « légion » est celle « des volontaires français contre le bolchevisme » (L.V.F.).

49. Par le vote de l'Assemblée nationale (Sénat et Chambre des députés) le 10 juillet 1940.

50. Le Général reviendra sur cette « persécution » : voir p. 434.

51. À cette époque, Rémy est en France. Plusieurs des mouvements cités sont donc inconnus de la France Combattante.

52. Cette longue lettre du 26 octobre 1942 fut remise par André Philip à Sumner Welles, adjoint du secrétaire d'État Cordell Hull qui reçut à son tour l'envoyé du Général. En novembre, Philip et Tixier furent reçus à nouveau par Welles et Hull. Ils rencontrèrent Roosevelt le 20 novembre. La lettre du Général est reproduite dans *L'Unité* (« Documents », Plon, p. 381-385) où l'on indique qu'elle « n'a pas reçu de réponse ». On la trouvera en Appendices, p. 1217-1222.

53. Charles Vallin, n'ayant, vu son âge, pas fait la guerre en 1914-1918, ne pouvait appartenir à la « ligue » des Croix de Feu, dissoute en

Notes et variantes des pages 304 à 333   1275

1936 par le gouvernement de Front populaire. Il était en revanche « l'un des espoirs » du P.S.F. (parti social français), fondé par le colonel de La Rocque, après cette dissolution. Le Général a tenu à publier le télégramme à Tixier du 15 octobre 1942 où il justifie « le ralliement de Vallin », d'abord maréchaliste, à la France Libre. Dans ce texte, comme dans ses *Mémoires*, il se réfère aux « Croix de Feu » (*L'Unité*, « Documents », Plon, p. 374-375).

54. Qu'il s'agisse des deux généraux ou de Fernand Grenier, le Général anticipe : leur ralliement est postérieur au débarquement en Afrique du Nord.

55. On trouve parmi les « Documents » des lettres ou notes de Georges Mandel (20 août 1942), Léon Blum et Jules Jeanneney (octobre 1942) qui illustrent cette « adhésion » (*L'Unité*, p. 356-357 et 377-380).

56. Tels les réseaux dépendant en France des services spéciaux britanniques.

57. Voir p. 288.

58. *Sic* dans le manuscrit et dans l'édition originale ; c'est le 23 octobre que Montgomery lance son offensive sur le front d'El-Alamein.

TRAGÉDIE

Nous disposons pour ce chapitre de deux manuscrits (*ms. 1* et *ms. 2*).

a. Fin du § dans ms. 2 :   au premier chef. [Mais après tout, c'est votre affaire.   *add.*] »

b. la lamentable bataille.   *ms. 2*

c. Fin du § dans m. 1 :   France ! » Une heure après que j'ai parlé, entre dans mon bureau le bon amiral Stark. Les larmes aux yeux, il vient m'exprimer « ses remerciements et son admiration ». « J'y suis sensible, lui dis-je. Mais je crains que la façon dont vous avez procédé à notre égard ne vous nuise sur place au lieu de vous aider. D'autre part, toute l'affaire serait, sans doute, en meilleure voie si, bien sûr, les divisions Kœnig avaient débarqué à Bizerte.

d. Après ces mots, on trouve dans ms. 1 un § dont voici le texte :   On peut comprendre de quels sentiments ces nouvelles remplissent l'âme des Français Libres. À Carlton Gardens, nous sommes, par liaisons, tenus heure par heure au courant des péripéties de la lutte. La valeur combative démontrée *[lecture conjecturale]* par la marine et l'armée d'Afrique n'a rien qui désoblige notre amour-propre national. Au contraire, je dois dire franchement que le combat des navires de Casablanca, la défense des batteries et des troupes de Port-Lyautey, la résistance des forces navales et terrestres d'Oran, recueillent notre hommage, sinon notre approbation. Mais nous n'en sommes que plus désolés du gaspillage d'hommes et de moyens du combat à quoi conduit une fois de plus la politique de Vichy. Les courageux soldats, marins, aviateurs, les vaillants navires, les bons avions qui *[un mot illisible]* de disparaître pour le seul avantage de l'ennemi ne seront plus là pour aider à libérer la France. D'autre part, nous ne pouvons douter que cette absurde bataille *[plusieurs mots illisibles]* va compliquer le nécessaire regroupement.

e. Texte du § dans ms. 1 : Aussi ai-je hâte d'être informé directement de ce qui se passe en Afrique du Nord. Dans l'après-midi du 9, je convoque l'amiral Stark. Comme il m'exprime, les larmes aux yeux, l'*[mot illisible]* et l'admiration que lui inspirent mon appel la veille à la radio, je lui marque mon intention d'envoyer à Alger le plus tôt possible une mission qui prendra des contacts. Le bon amiral me répond qu'il va tout faire pour qu'on me facilite les choses. Au cours de la nuit, il va trouver Churchill et lui demande « à titre personnel » de télégraphier à Roosevelt. « Je veux bien, répond le Premier Ministre, mais je ne puis le faire que si j'ai l'accord explicite du Général de Gaulle. »

f. Fin du § dans ms. 1 : différent. Soupirant et hochant la tête, ils en tirent la conclusion qu'une fois de plus la France Combattante ne consent pas à se plier à n'importe quel accommodement.

g. de la flotte, pris dans les rets absurdes et inextricables de leurs propres doctrines et consignes, ne trouvent   *ms. 1*

h. impossible. Vous êtes l'honneur. Vous êtes la voie droite. Vous resterez   *ms. 1*

i. déshonorée par un quarteron de traîtres camouflés pour la circonstance sous un parjure supplémentaire ? » et   *ms. 2*

j. Début du § dans ms. 1 :   Je dois dire que plus je souffrais des déboires d'Afrique du Nord, plus je me sentais porté à une fermeté rigoureuse. D'ailleurs, c'était par

k. obscures que jamais. En dépit de la censure que le « Chef de l'État français en Afrique du Nord » continuait d'appliquer à l'intérieur du territoire et de celle que le commandement militaire américain y exerçait sur les nouvelles destinées à l'extérieur, nous étions à Carlton Gardens renseignés sur l'état des choses. Car,   *ms. 1*

l. Les « gaullistes » étaient bouleversés par l'issue, odieuse à leurs yeux, de l'intervention alliée. Le groupe des notables   *ms. 1*

m. Fin du § dans ms. 1 : disposé. [Darlan lui fit savoir que c'était là une question appartenant à son propre domaine et, du coup, on n'en parla plus.   *biffé*]

n. Fin du § dans ms. 1 : la place et qu'il n'y avait pas lieu, pour nous, de concentrer nos batteries contre un homme qui, virtuellement, était déjà sur son départ.

o. des événements. [Il avait eu, lors du désastre de 1940, l'occasion de rendre à la France le plus grand service possible et ne l'avait pas saisie. Il lui avait été donné, tout récemment, de mettre un terme aux combats engagés contre les Américains. Cela fait, on pouvait concevoir qu'il *biffé*] Car   *ms. 2*

1. Un télégramme du Comité national (*L'Unité*, « Documents », Plon, p. 391-393) résume les propos de Churchill. « En faisant part, il y a plusieurs mois, à M. Churchill de son plan stratégique, le président Roosevelt lui avait nettement marqué son désir que les Français combattants ne fussent pas mis dans la confidence et le Premier Ministre n'avait pu que lui donner sa promesse à cet égard. »

2. Cf. le télégramme du Général à Catroux, Leclerc et d'Argenlieu (10 novembre 1942) : « Les Américains ont annexé Giraud avec l'idée

que l'annonce de son nom ferait tomber les murs de Jéricho. Giraud n'a pris aucun contact avec moi... » (*L'Unité*, « Documents », Plon, p. 395). Les points de suspension indiquent une coupure. J.-B. Duroselle a retrouvé le passage censuré : « Je pense qu'il y a aussi dans cette affaire le désir de certains militaires de Vichy de se voir assurer par un vieux camarade une issue favorable dans le présent et sans l'avenir. C'est pour cela que le départ de France de Giraud a été si facile. Cela vous expliquera aussi la présence de Darlan et son attitude » (*L'Abîme*, p. 403). Darlan a quitté Vichy le 5 novembre, appelé à Alger auprès de son fils gravement malade. Était-ce le seul mobile de sa présence, à la veille du débarquement ? L'amiral, semble-t-il, ne prévoyait pas celui-ci « avant le printemps 1943 » (Philippe Masson, *La Marine française et la Guerre*, p. 368). On notera qu'au début de 1942, il avait autorisé son fils et l'amiral Fenard à prendre des contacts avec Robert Murphy.

3. « Ce fut une inspiration heureuse de la part des Alliés de ne pas faire paraître dans la guerre le général de Gaulle et le comité de Londres » (H. Giraud, *Un seul but, la victoire*, p. 32).

4. « Les Français de Londres, dépourvus de liaison avec l'Afrique du Nord, ignorent beaucoup de choses » (J.-L. Crémieux-Brilhac, *La France Libre*, p. 429), à commencer par la faiblesse du gaullisme et la force du pétainisme chez les Européens du Maghreb. Ils ignorent aussi que, le 14 juin 1942, Churchill écrivait à Eden : « Vichy y est la seule instance qui peut nous offrir ces merveilleux cadeaux » (La Flotte et l'Afrique du Nord — cité par Marc Ferro, *Pétain*, Fayard, 1987, p. 400).

5. Reproduite dans *L'Unité* (« Documents », Plon, p. 393), cette allocution est reprise dans *Discours et messages*, t. I, p. 231-232.

6. Ces conjurés gaullistes firent également prisonniers les généraux Juin, Koeltz et Mendigal. Si l'auteur choisit le silence, c'est que les deux premiers se rallieront en définitive à la bonne cause ; quant à Mendigal, de Gaulle exigera son éviction. Ni Vanhecke ni Esquerre ne participèrent à cette action.

7. Cette proclamation du 8 novembre était adressée à l'armée, Giraud ayant accepté, après une longue discussion avec Eisenhower, de n'être commandant en chef que des forces françaises. « Nous n'avons, disait-il, qu'une passion, la France, qu'un seul but, la victoire » (*Un seul but, la victoire*, p. 16 et suiv.).

8. Le 10 novembre, le Comité national télégraphie à Tixier, son délégué à Washington, pour l'informer des entretiens Stark-de Gaulle et Stark-Churchill et lui communiquer le texte de la lettre du Général au Premier Ministre. Dans cette lettre, d'Astier et Frenay sont désignés par leurs noms de guerre Bernard et Charvet (*L'Unité*, « Documents », Plon, p. 394-395).

9. La réunion était prévue « depuis dix jours » (J.-L. Crémieux-Brilhac, *La France Libre*, p. 427). De Gaulle va citer plusieurs passages de son discours (texte intégral dans *Discours et messages*, t. I, p. 233-240). Le « général en retraite » est Joseph Éon, qui a rejoint la France Libre dès septembre 1940, ce pourquoi sans doute l'auteur ne nomme pas « le pauvre homme ». Après l'incident de l'Albert Hall, Éon gagna les États-Unis, où il manifesta un vif antigaullisme.

10. Rethondes, où fut signé l'armistice franco-allemand du 23 juin 1940, dans le même wagon où avait été signé celui du 11 novembre 1918.

11. Noguès, résident général au Maroc ; Châtel, gouverneur général de l'Algérie ; général Bergeret, ancien secrétaire d'État à l'Air de Vichy.

12. Ce paragraphe résume l'histoire très confuse de Vichy en novembre 1942. On sait aujourd'hui que Pétain n'a pas donné « une délégation de pouvoirs » à Noguès, que Weygand et Auphan ont bien tenté d'amener le Maréchal à admettre la situation créée en Afrique du Nord par le débarquement allié. La lettre de Giraud, par laquelle il assurait le chef de l'État français de son « loyalisme », sera à nouveau évoquée à Anfa : voir p. 344.

13. Ce télégramme aurait été envoyé de Vichy par le capitaine de frégate Jouanin le 10 novembre. On peut en lire le texte dans le *Pétain* de Marc Ferro (p. 438), mais « nombre d'historiens doutent de *son* existence » (*ibid.*).

14. Dans un long télégramme le général Tixier rend compte de l'audience accordée par Roosevelt, le 20 novembre 1942, à André Philip et à lui-même (*L'Unité*, « Documents », Plon, p. 408-412). Les Français, a dit Philip, « ont attaché une grande importance à l'affirmation publique du président Roosevelt que l'utilisation de Darlan n'était qu'un expédient militaire temporaire [...]. Le Président a justifié sa position en rappelant le proverbe roumain d'après lequel, pour traverser un pont, on peut marcher avec le diable. " J'emploierai Darlan tant que j'en aurai besoin. Je l'emploie au jour le jour. Il doit obéir, sinon il sera brisé. " [...] Le Président accepterait même la collaboration d'un autre diable nommé Laval, si cette collaboration livrait Paris aux Alliés ».

15. Condamné le 9 janvier 1943 à dix ans de prison pour sa tentative de résistance aux Allemands, le général de Lattre s'évade en septembre 1943 de la prison de Riom et arrive en décembre à Alger. Weygand est arrêté peu après sa dernière visite à Pétain, en novembre 1942.

16. Par télégramme du Führer en date du 11 novembre 1942, le Reich confiait à « la flotte française la défense de Toulon [...] contre des Anglo-Saxons et des Français ennemis du gouvernement » (cité par François-Georges Dreyfus, *Histoire de Vichy*, Perrin, 1990, p. 676). Les 11 et 12 novembre, Darlan incitait Laborde à diriger sa flotte vers l'Afrique occidentale. Le 15, les amiraux de Laborde et Marquis signaient un accord avec une délégation allemande. Le 27, les forces allemandes pénétraient dans le camp retranché de Toulon.

17. Lettre du 29 janvier 1941 qui s'achevait sur des « sentiments respectueux » (*Lettres, notes et carnets, 1940-1941*, p. 241-242).

18. Le soir même du sabordage, de Gaulle parle à la radio de Londres (*Discours et messages*, t. I, p. 244).

19. Lapsus pour « 20 ».

20. Note établie par le cabinet du Général sur l'entretien avec Stark. Télégramme de Philip sur sa conversation avec Sumner Welles (11 novembre), de Tixier sur l'entrevue avec Hull, de Tixier sur l'audience de Roosevelt (20 novembre) (*L'Unité*, « Documents », Plon, p. 396-403 et 408-412).

21. Dans la note établie par le cabinet du Général sur cet entretien on lit : « M. Churchill a l'apparence d'être d'assez bonne humeur, quoique préoccupé. M. Eden semble troublé. » Le Premier Ministre « lit au Général » son télégramme à Roosevelt, qui « dit, en substance : 1) Je reçois votre réponse et en déduis que les mesures prises par le général

Eisenhower ont un caractère uniquement utilitaire et intérimaire " » (*L'Unité*, « Documents », Plon, p. 403-404).

22. Texte de ce communiqué dans *L'Unité*, « Documents », Plon, p. 406. Il fut lu à la B.B.C. dès le 16 novembre par Maurice Schumann, envoyé le même jour par de Gaulle à Jean Moulin et emporté en France par Emmanuel d'Astier et Frenay.

23. « Elle n'est pas propre, lui répond le général de Gaulle, et je regrette que nous vous y salissiez quelque peu » (sur cette note, voir ici p. 314 et n. 21, et « Documents », Plon, p. 405).

24. Dans cette même note, on lit : « Puis, M. Churchill s'emporte contre Darlan. Il ne trouve pas, dit-il, de mots pour le qualifier et pour exprimer son dégoût » (*ibid.*). Au « pas propre », au « dégoût », mots du Général et de Churchill cités ci-dessus, fait écho la formule « ces nauséabondes histoires », à la fin d'un long télégramme où de Gaulle indique à Tixier comment celui-ci doit présenter aux responsables américains la position de la France Combattante sur « l'affaire de l'Afrique du Nord » (*L'Unité*, « Documents », Plon, p. 412-414). En reproduisant ce texte, l'auteur des *Mémoires de guerre* le censure, sans signaler par des points de suspension la coupure opérée. Il avait dénoncé « certains éléments américains qui jouent une nouvelle Europe faite *autour de Pétain, Franco, Sikorski et Goering* contre les Soviets et même contre l'Angleterre » (nous indiquons en italique les mots censurés, rétablis par J.-B. Duroselle, *L'Abîme*, p. 412). Cf. « Au fond, [Giraud] est entouré d'une équipe qui veut lui faire jouer un rôle politique analogue à celui de Franco » (27 janvier 1943, *ibid.*, p. 427).

25. Ce message de la Résistance est reproduit dans *L'Unité*, « Documents », Plon, p. 407-408.

26. L'allocution du 21 novembre figure dans *L'Unité* (« Documents », Plon, p. 406-407) et dans *Discours et messages* (t. I, p. 242-243).

27. « Au cours de la visite, les personnalités présentes du côté britannique [Churchill, Eden, Morton] ont constamment marqué une gêne évidente » (note établie par le cabinet du Général, *L'Unité*, « Documents », Plon, p. 417).

28. Dans ce paragraphe, le Général reprend plusieurs formules du communiqué publié à Londres le 30 novembre par le Comité national (*L'Unité*, « Documents », Plon, p. 422-423).

29. Texte de ce « communiqué commun » dans *L'Unité*, « Documents », Plon, p. 395.

30. L'accord conclu fait l'objet le 14 décembre d'un nouveau communiqué commun (*L'Unité*, « Documents », Plon, p. 426-427, où le texte est suivi de l'allocution prononcée le soir par le Général). On retrouve cette allocution dans *Discours et messages*, t. I, p. 248-249, sous le titre « Déclaration ».

31. Délégué de la France Combattante en Afrique orientale, Ludovic Chancel échange avec le Général, de la fin novembre à la fin décembre 1942, des télégrammes qui permettent de suivre les étapes du ralliement de la Côte française des Somalis (*L'Unité*, « Documents », Plon, p. 418, 419, 422, 425 et 431-433).

32. Ancien secrétaire général de la Nouvelle-Calédonie, rallié dès juin 1940 à de Gaulle, le gouverneur Bayardelle adresse, le 8 janvier 1943, au Comité national un rapport sur les conditions du ralliement (*L'Unité*, « Documents », Plon, p. 434-436).

33. Il s'agit des troupes d'Afrique du Nord qui, à cette époque, relèvent du général Giraud. De Gaulle exalte leur valeur et celle de leur chef dans son discours du 28 décembre 1942 (*Discours et messages*, t. I, p. 250-252).

34. Créée en novembre 1942 à l'initiative de Darnand, la Phalange africaine regroupa quatre cent cinquante volontaires qui, intégrés aux forces allemandes, combattirent en Tunisie en avril 1943. Les rares survivants furent accueillis et célébrés en France par Fernand de Brinon.

35. Sur ce prince géorgien, héros de Bir Hakeim, voir p. 278. Churchill, on l'a vu, a envoyé le major Morton, son chef de cabinet, présenter au Général ses félicitations et ses condoléances pour les exploits et les pertes des forces françaises. Voir p. 298.

36. La Méditerranée, *nostrum mare*, selon César et Salluste.

37. Larminat informe de Gaulle, le 31 décembre 1942, que le général Alexander est favorable à « la mise sur pied de notre division au complet, c'est-à-dire à deux brigades semblables dotées de leur artillerie » (*L'Unité*, « Documents », Plon, p. 430).

38. « Confirmant » : en partie seulement, puisque, le 22 septembre et le 13 novembre, de Gaulle fixait à Leclerc deux objectifs africains : le Niger et le Fezzan (voir p. 295, n. 39). Aussi, le 14 novembre, ayant « pris une décision définitive » insista-t-il : « Je vous prescrirai la date à laquelle vous devrez prendre l'offensive sur le Fezzan, je dis Fezzan » (cité par J.-L. Crémieux-Brilhac, *La France Libre*, p. 428). Le texte publié dans *L'Unité* (« Documents », Plon, p. 403) ne comprend pas cette précision.

39. Zinder : voir p. 294, n. 38. Le 13 novembre encore, de Gaulle prescrivait à Leclerc d'entrer en A.O.F. et classait « l'opération sur le Fezzan [...] en deuxième lieu et en deuxième urgence » (*Lettres, notes et carnets, 1941-1943*, p. 427).

40. *L'Unité*, « Documents », Plon, p. 420.

41. Télégramme de Leclerc du 28 novembre ; télégrammes du Général à Leclerc des 1er et 2 décembre ; on lit dans ce dernier : « Vous devez repousser purement et simplement [...] » (*L'Unité*, « Documents », Plon, p. 420-421 et 423-424).

42. Le 12 janvier 1943, Leclerc télégraphie à de Gaulle : « La conquête du Fezzan est terminée » (*L'Unité*, « Documents », Plon, p. 436). Le 13, le Général prononce à la radio de Londres le discours dont il cite ici quelques passages (*Discours et messages*, t. I, p. 256-257).

43. Au vrai, ces renseignements étaient assez « flous » (J.-L. Crémieux-Brilhac, *La France Libre*, p. 446).

44. « L'expédient temporaire » c'est Darlan (voir p. 310). Télégraphiant au Président le 17 novembre 1942, Churchill disait : « un expédient provisoire » (*Mémoires sur la Seconde Guerre mondiale*, II, 2, Plon, 1951, p. 231). Roosevelt reprit l'expression dans sa conférence de presse du 18 novembre.

45. Le Général a écrit à Churchill le 10 novembre, sollicitant son « intervention » pour l'envoi d'une mission de la France Combattante à Alger ; il remet une note sur ce même sujet à l'amiral Stark le 12 novembre ; il donne un ordre de mission au général d'Astier le 18 décembre et, le même jour, il annonce à Eisenhower la venue de d'Astier en Algérie (*L'Unité*, « Documents », Plon, p. 394-397 et 428).

46. « Je crains d'avoir été un peu naïf dans cette affaire — pour ne pas dire plus » (Giraud, *Un seul but, la victoire*, p. 44).

47. Si l'auteur, en 1956, veut ménager le comte de Paris avec qui il entretient depuis 1954 de bonnes relations, il ne peut ignorer le témoignage du général Giraud (publié en 1949) à qui le Prétendant aurait proposé de restaurer la monarchie (*Un seul but, la victoire*, p. 76). Selon le comte de Paris, Giraud, qui l'appelait « jeune homme », lui déclara « qu'il était lui-même un monarchiste, fervent lecteur de l'*Action française* » (*Au service de la France. Mémoires d'exil et de combats*, Atelier Marcel Jullian, 1979, p. 211).

48. Pour le général Giraud, Bonnier de la Chapelle n'a été l'instrument ni des Allemands, ni des vichystes, ni des communistes. Notant « des présomptions troublantes » en faveur des hypothèses royaliste et gaulliste, il rapporte que le comte de Paris vint lui demander la grâce du jeune homme, qui venait d'être exécuté (*Un seul but, la victoire*, p. 75-76). Après l'exécution il y eut une enquête pour vérifier les « hypothèses » sur les inspirateurs de Bonnier, après quoi Giraud classa l'affaire.

49. En 1963, de Gaulle dira à Alain Peyrefitte qu'il ignorait le « projet », ajoutant : « Mais je savais bien que Darlan serait exécuté un jour ou l'autre. Pour moi, la chose était comme faite » (*C'était de Gaulle*, t. I, p. 438).

COMÉDIE

Nous disposons pour ce chapitre de deux manuscrits (*ms. 1* et *ms. 2*).

a. Début du § dans ms. 1 : Le drame d'Alger, en tout cas, comportait : *Début du § dans ms. 2 :* L'événement, en tout cas, comportait

b. Ma première réaction fut tout à fait défavorable. Ainsi donc si Giraud n'avait pas trouvé le temps de me voir, [d'homme à homme et de Français à Français, comme je le lui demandais, *biffé*] c'était parce qu'il convenait aux étrangers d'organiser [eux-mêmes *add. interl.*] la rencontre. Sans doute, *ms. 1*

c. Début du § dans ms. 1 : Le repas fut néanmoins aussi cordial que pouvaient le permettre les circonstances. L'évocation de souvenirs communs et le récit qu'à ma demande notre hôte fit de son évasion extraordinaire de Koenigstein suffirent à la conversation. Quand nous fûmes sortis de table, je fis à bâtons rompus parler le général Giraud. De ce qu'il dit, nous recueillîmes l'impression que, sous prétexte de ne pas vouloir s'occuper de politique et de ne penser qu'au combat, il était en réalité sous la coupe de M. Murphy et Lemaigre-Dubreuil.

d. s'écria-t-il. [« Comme nos Antilles, lui répondis-je. *biffé*] Nous *ms. 1*

e. Fin du § dans ms. 2 : avec honneur. [Or, quelle estime la nation française garderait-elle au général de Gaulle s'il laissait aux postes de commande des hommes symboliques de l'erreur qu'il avait lui-même condamnée et s'il venait à subordonner ce qu'il représentait d'idéal et d'espérance à un chef militaire très distingué sans contredit mais qui, dans l'ordre politique, n'avait pas le moindre titre et n'offrait aucune garantie. *biffé*] *f. Début du § dans ms. 1 :* [Le président Roosevelt était, de par son caractère, sa fonction, la nature des institutions américaines, perpétuellement confronté avec l'opinion publique. Elle seule, je dois le dire, l'intéressait. D'elle seule il tenait le pouvoir. Doué au plus haut degré de l'art de séduire, il avait de ce jeu une passion presque exclusive. Or, le système politique des États-Unis soumettrait tout, constamment, au jugement de cette souveraine *[suite illisible]* biffé] Les

g. Début du § dans ms. 1 : La conception de Giraud me sembla tellement simpliste que j'en fus presque découragé. Comment lui faire comprendre qu'un peuple n'est pas une troupe, que le pouvoir ne tient pas du grade, que la guerre même n'a d'âme que celle de la nation ? J'essayai de l'impressionner : « Ce que vous imaginez,

h. Début du § dans ms. 1 : Le général Giraud ne contredit point à mes arguments. Mais, déclarant une fois de plus que « c'était là de la politique et qu'il ne voulait pas s'y mêler », il entreprit d'amener le débat sur le seul terrain militaire. « Ce qui importe avant tout, dit-il, c'est de refaire une armée française et de la conduire au combat. Or, je dispose en Afrique du Nord, de cadres et d'une population qui me permettent de former une douzaine de divisions. C'est à peine si vous-même pourriez en lever le tiers. D'autre part, le président Roosevelt vient de prendre l'engagement [formel *add. interl.*] de fournir à mes troupes tout le matériel nécessaire. Je ne crois pas qu'il veuille en faire autant pour les vôtres. Enfin, le commandement américain collabore avec moi pour la bataille de Tunisie. Avez-vous avec lui les mêmes rapports ? Au point de vue des moyens de combat et des conditions de leur emploi, l'avantage appartient donc à l'organisation que je dirige à Alger. Quant à la résistance, elle comprend maints éléments avec qui je suis en relation et qui se placent sous mes ordres. Ces données de fait justifient à mes yeux, comme à ceux des Américains et des Anglais, les propositions que je vous ai soumises pour ce qui est de notre union. Quant à vous,

i. Fin du § dans ms. 1 : gouvernement. Sous cet appareil étrange et dénué à dessein de tout caractère et, par suite, de toute capacité politique, fonctionnerait en réalité, jusqu'à la fin de la guerre, sans recours ni autre *[un mot illisible]*, le seul pouvoir militaire — pouvoir militaire d'un seul — lui-même placé certainement sous la dépendance de l'étranger. Ainsi, comme le voulait Roosevelt, la France n'existerait pas, en tant qu'État, jusqu'à la victoire ; son destin à l'intérieur et sa place au milieu des nations étant alors dans à la discrétion du président des États-Unis.

1. Le Général résume le début, puis cite librement la fin de son télégramme (*L'Unité*, « Documents », Plon, p. 429).
2. Le Général cite librement, sans en altérer le sens, la réponse de Giraud (*L'Unité*, « Documents », Plon, p. 429-430).
3. *L'Unité*, « Documents », Plon, p. 430-431.
4. Publiée dans *L'Unité* (« Documents », Plon, p. 432), la déclaration du 2 janvier 1943 est reprise dans *Discours et messages*, t. I, p. 255-256.
5. Kœnigstein : la forteresse saxonne d'où Giraud s'est évadé en avril 1942, gagnant ensuite la zone libre par la Suisse.
6. Selon un télégramme de Tixier, envoyé le 6 janvier au Comité national, la presse américaine « nous reproche même de chercher à détruire l'autorité du général Eisenhower et de mettre en péril l'expé-

dition américaine par des troubles intérieurs » (*L'Unité*, « Documents », Plon, p. 434).

7. Le 18 décembre 1942, Tixier télégraphie au Général : « Le président Roosevelt vous recevra volontiers le 10 janvier pour une longue conversation. » Le 19, de Gaulle répond : « Je compte être à Washington le 9 janvier à la disposition entière du Président. » Le 11 janvier 1943, Tixier communique au Général le texte d'une note de Roosevelt : « Je recevrai avec plaisir le général de Gaulle s'il décide de venir aux États-Unis en fin janvier. Je serai en mesure, dans quelques jours, de fixer une date plus précise » (*L'Unité*, « Documents », Plon, p. 428 et 436). Le mémorialiste, qui cite cette note dans ses « Documents », Plon, la néglige quand il rédige ce passage de *L'Unité*. Pour lui, le projet de voyage aux États-Unis a été enterré dès la fin de décembre, comme le prouvent ses lettres à Catroux et à l'amiral américain Kirk des 26 et 27 de ce mois (*Lettres, notes et carnets, 1941-1943*, p. 473-475). Ce dernier l'avait informé, de la part de l'amiral Leahy (ancien ambassadeur à Vichy et chef d'état-major de Roosevelt), qu'il était préférable de différer le voyage.

8. Au télégramme envoyé par Giraud le 5 janvier, de Gaulle répond le 7 (*L'Unité*, « Documents », Plon, p. 433). Daté du 16 janvier, le télégramme de Churchill est ici cité librement : le Premier Ministre ne disait pas « sous les meilleurs auspices » mais « avec les meilleures perspectives » (*L'Unité*, « Documents », Plon, p. 437).

9. Télégrammes à Churchill et à Giraud datés du 17 janvier (*L'Unité*, « Documents », Plon, p. 437-438).

10. Le Général cite librement le télégramme du 19 janvier de Churchill, où on peut lire : « Nous aurions été heureux que vous participiez aux conversations, mais celles-ci devront avoir lieu, même en votre absence. » De Gaulle répond, par télégramme, le 20 janvier (*L'Unité*, « Documents », Plon, p. 438-440).

11. Sur la conférence d'Anfa, cf. le témoignage de Giraud (*Un seul but, la victoire*, chap. v, p. 81-114).

12. « Un entretien glacial », selon Churchill (*Second World War*, Plon, 1951, t. IV, p. 611).

13. Harry Hopkins est le conseiller très écouté de Roosevelt.

14. « Ainsi qu'une vedette » : le Général riposte à l'avance au Président qui le traitera de *prima donna*, voir p. 675.

15. Selon Giraud, de Gaulle lui a montré à Anfa sa lettre du 4 mai 1942 (où il exprimait au Maréchal ses « sentiments de parfait loyalisme » et lui donnait sa « parole d'officier » de ne faire « rien qui puisse gêner [...] nos rapports avec le gouvernement allemand ou entraver l'œuvre » dont étaient chargés Darlan et Laval). À quoi Giraud aurait répliqué que cette lettre était « annulée par sa lettre du 8 novembre 1942 au Maréchal » ; de Gaulle, gêné, aurait déclaré ne pas la connaître (*Un seul but, la victoire*, p. 106). Une copie de ce texte, où Giraud reprenait sa parole, en se disant sûr d'être fidèle à la « pensée profonde » de Pétain se trouve dans les archives des Affaires étrangères (Duroselle, *L'Abîme*, p. 378 et 567).

16. Cf. p. 389 : « Ce sont là [...] les 10 pour 100 de gaullistes que vous aviez comptés à Alger. »

17. Conclu le 24 janvier, cet accord prévoyait l'équipement d'une dizaine de divisions. Churchill avait refusé de le signer.

18. Le 22 janvier. Voir p. 389.
19. Ce communiqué du 26 janvier 1943 figure dans *L'Unité*, « Documents », Plon, p. 440.
20. *Discours et messages*, t. I, p. 260-269.
21. Lettre de Charles Peake à René Massigli, commissaire aux Affaires étrangères (*L'Unité*, « Documents », Plon, p. 450-451).
22. La « Cagoule » : surnom d'une organisation secrète, le C.S.A.R. (Comité secret d'Action révolutionnaire) animé par Eugène Deloncle. Le C.S.A.R. fut actif à la veille de la Seconde Guerre. Après l'armistice, certains cagoulards optèrent, comme Deloncle, pour la collaboration.
23. Le *Richelieu* arrive à New York le 16 février 1943. Sur le ralliement de l'*Eridan* et du *Groix*, voir les télégrammes-marine envoyés de Greenock, les 23 et 24 février 1943 (*L'Unité*, « Documents », Plon, p. 448-449).
24. Par un télégramme du 2 février 1943 à Tixier (*L'Unité*, « Documents », Plon, p. 443).
25. Cette fois, Roosevelt proposait de recevoir de Gaulle en avril. Le Général acceptait le 27 février (*L'Unité*, « Documents », Plon, p. 449-450).
26. Le 17 novembre 1942, le Maréchal, par un « acte constitutionnel », désignait Laval comme son successeur éventuel ; le même jour, il décrétait : « Hors les lois constitutionnelles, le chef du gouvernement pourra, sous sa seule signature, promulguer les lois ainsi que les décrets. »
27. « La persécution des Juifs » a déjà été évoquée p. 301. Par le Service du travail obligatoire (S.T.O.) les jeunes Français des classes 1920-1922 étaient mobilisés pour le travail en Allemagne. L'entrevue Hitler-Laval (la dernière) du 29 avril faisait suite à la lettre que le Führer avait envoyée le 23 à Pétain pour lui interdire de renvoyer le chef du gouvernement.
28. Pendant ces quatre mois, 308 agents ou « émissaires » furent transportés par la R.A.F. Le « service » créé par Jean Moulin assurait la prospection des terrains, l'embarquement et l'accueil des passagers clandestins.
29. Ces parlementaires sont des modérés comme Jacquinot ou Marin, des radicaux, comme Queuille, des socialistes comme Auriol, Gouin, Le Troquer. Hymans a voté à Vichy le 10 juillet 1940 la délégation de pouvoirs à Pétain, puis s'est engagé dans un réseau britannique. Le général comprime les temps : les arrivées s'étalent de 1942 à 1944.
30. *L'Unité* publie les messages de Jeanneney, Herriot, Blum et Mandel (« Documents », Plon, p. 356-357, 377-380 et 475). Dans un télégramme à Catroux, s. d. [15-19 mai 1943], le Général fait état de « l'approbation expresse » que donnent Marin, Herriot, Blum, Jouhaux et les communistes à son action ; il a chargé Viénot de remettre à Roosevelt et à Churchill le « message » d'Édouard Herriot (*Lettres, notes et carnets, 1941-1943*, p. 593).
31. Voir p. 236-237.
32. Jacques-Henri Simon (dit Sermois), responsable de l'O.C.M. (Organisation civile et militaire), mouvement de résistance de la zone Nord, qu'il représente au C.N.R.
33. Revenu à Londres en janvier 1943, Rémy n'eut plus l'autorisation

de repartir en France. Bingen partit pour la France en août 1943 et fut nommé délégué du C.F.L.N. pour la zone Sud en avril 1944.

34. Sur le général Delestraint, voir p. 235. Le 22 octobre 1942, de Gaulle lui avait adressé un message particulièrement chaleureux, qui s'achevait ainsi : « Je vous embrasse, mon Général. / Nous referons l'armée française. » Le 31 mars 1943, il lui remet « une instruction personnelle et secrète » (*L'Unité*, « Documents », Plon, p. 376 et 477-478).

35. Extraits dans *L'Unité*, « Documents », Plon, p. 445-446 ; texte complet dans Daniel Cordier, *Jean Moulin et le C.N.R.*, C.N.R.S., Institut d'histoire des temps présents, 1983, p. 189.

36. En quelques phrases, le Général va résumer ce mémorandum (*L'Unité*, « Documents », Plon, p. 446-448). Celui-ci est communiqué pour avis à Catroux, responsable des négociations d'Alger, qui fait attendre sa réponse, si bien que le Comité national s'en tient « au texte primitif » (*Lettres, notes et carnets, 1941-1943*, p. 531, 536).

37. Monnet, parti de Washington le 23 février, est reçu à Alger par Giraud le 1er mars. À Anfa, Roosevelt a recommandé à Giraud de s'adjoindre Jean Monnet, que ce général ne connaissait pas. Ayant suivi le conseil présidentiel, Giraud note chez Monnet une « orientation à gauche » et une « hostilité foncière à la position gaulliste » (*Un seul but, la victoire*, p. 118-119). Quand de Gaulle, dans sa conférence de presse du 12 novembre 1953, attaquera le projet de Communauté européenne de défense (C.E.D.), il désignera à nouveau Monnet, sans le nommer, comme « l'inspirateur » (*Discours et messages*, t. II, p. 590-591).

38. Ce fut « le premier discours démocratique de ma vie », écrit le général Giraud, qui admet avoir été inspiré par Monnet (*Un seul but, la victoire*, p. 121).

39. Télégramme à Catroux du 16 mars : « Je vous serais obligé de bien vouloir faire connaître au général Giraud que j'ai reçu avec plaisir le message qu'il m'a adressé par votre intermédiaire. Je compte pouvoir me rendre à Alger après que vous y serez vous-même arrivé. » Le même jour, paraît à Londres le communiqué du Comité national (*L'Unité*, « Documents », Plon, p. 454) reprenant la déclaration faite le 14 par de Gaulle sur le discours démocratique de Giraud. Le 26, à la radio, le Général intervenait, annonçant qu'il irait « très prochainement en Afrique du Nord », qu'il y verrait « le général Giraud, grand soldat et noble figure » ; il concluait : « Le devoir, c'est l'union nationale, recours de nos suprêmes efforts, source de nos éternelles grandeurs » (*Discours et messages*, t. I, p. 273 et 275-276). Par lettre du 31 mars à Churchill, de Gaulle lui demande « si le gouvernement de Sa majesté britannique est disposé à faire assurer [le] transport jusqu'à Alger » de lui-même et de Massigli, Philip et Diethelm (*Lettres, notes et carnets, 1941-1943*, p. 558).

40. Dans un télégramme du 20 mars à Catroux, le Général évoque « la pression de l'étranger, telle qu'elle s'exerce actuellement sur nous » et le « soutien qui est, en ce moment, fourni à Giraud de l'extérieur » (*L'Unité*, « Documents », Plon, p. 453).

41. Un télégramme du 24 mars à Catroux rapporte l'entretien du 23 avec Mgr Spellman : le prélat « s'est donné comme ayant des instructions du président Roosevelt. Il revenait d'Alger, où il avait vu, entre autres, Eisenhower, Murphy et Giraud. [...] Il m'a paru chargé de me faire entendre qu'on espérait, à Washington, que mon séjour à Alger per-

mettrait de reprendre le tout sur des bases nouvelles » (*L'Unité*, « Documents », Plon, p. 457).

42. S'appuyant en particulier sur le témoignage de René Massigli, J.-L. Crémieux-Brilhac donne de l'entretien du 2 avril une version assez différente de celle que présentent les *Mémoires de guerre* : Churchill s'y montra « assez cordial et encourageant » (J. Soustelle), priant toutefois le Général de retarder son départ de trois ou quatre jours, jusqu'au retour d'Eden de Washington. Le 4 avril, Massigli, convoqué au Foreign Office, se voyait remettre une note selon laquelle Eisenhower souhaitait un ajournement du voyage, note confirmée par un message du Premier Ministre à de Gaulle. On sait depuis 1984 que l'« instigateur » de l'ajournement ne fut ni Roosevelt ni Churchill, mais Catroux : persuadé qu'une venue prématurée du Général à Alger aboutirait à une rupture entre lui et Giraud, Catroux « avait mis secrètement en branle l'état-major d'Eisenhower » (*La France Libre*, p. 468).

43. Le 28 mars, Catroux télégraphie à de Gaulle qu'il a « suggéré, à titre tout à fait personnel », à Giraud « le système que voici : a) Le général de Gaulle présiderait un organisme exécutif et législatif de l'Empire [...]. b) Giraud serait une sorte de chef constitutionnel de la France Combattante avec le titre de lieutenant général de la République. Il assurerait le commandement des armées [...] ». Réponse du Général le 31 mars : « J'ai lu avec surprise votre télégramme du 28 mars. [...] Ce système reviendrait, essentiellement, à placer l'Empire et, demain, la France elle-même sous l'autorité personnelle d'un homme que rien ne qualifie pour l'exercer » (*L'Unité*, « Documents », Plon, p. 459-460).

44. L'essentiel de ce mémorandum du 1ᵉʳ avril est cité dans *Un seul but, la victoire*, p. 134-137. Le Général ne l'a pas retenu parmi les « Documents » de *L'Unité*.

45. Communiqué du Comité national, publié le 16 avril (*L'Unité*, « Documents », Plon, p. 463-464).

46. Télégramme de Catroux du 27 avril, à la suite « d'une conversation très objective » avec Peyrouton. Ancien ministre de Vichy, le gouverneur général démissionnera en effet dès le 1ᵉʳ juin, deux jours après l'arrivée du Général à Alger (*L'Unité*, « Documents », Plon, p. 467).

47. Selon le général Giraud, la séparation, lors de ce défilé de la victoire, entre forces françaises d'Afrique et Forces françaises libres le scandalisa ainsi que maints témoins (*Un seul but, la victoire*, p. 177-178).

48. Le 27 avril, Catroux câble à de Gaulle : « L'accord est acquis sur les pouvoirs [...]. D'accord avec moi, Giraud vous propose [de le rencontrer], à partir du 5 mai, soit à Marrakech, soit à Biskra. » Le 28 avril, de Gaulle exige Alger. « Alger s'impose », répète-t-il dans sa lettre du 6 mai à Catroux, où il développe la position du Comité national que résument les *Mémoires de guerre* (*L'Unité*, « Documents », Plon, p. 466 et 470-473). Le 4 mai, à Grosvenor House, le Général avait déclaré : « Nous sommes prêts à nous rendre à Alger immédiatement et sans délai, pourvu que nous en soit laissée la possibilité physique. Nous ne voyons pas de raisons pour que cela soit différé davantage. » Dans ce discours, où il rendait « un ardent hommage » aux généraux Juin, Koeltz, Barré, il ne nommait pas Giraud, désigné « assez rudement » par une périphrase : « Commandant en chef civil et militaire, en vertu de l'élection par quatre

hauts fonctionnaires demeurés, cependant, fidèles au maréchal Pétain » (*Discours et messages*, t. I, p. 284-290).

49. En réalité, trois télégrammes : dans le premier, Jean Moulin annonce : « Conseil de la Résistance constitué » ; les deux autres donnent le texte qu'il se propose de faire adopter par ce Conseil lors d'une « réunion prochaine ». Le 14 mai, Philip et Soustelle amalgament l'ensemble dans un communiqué que de Gaulle ne fait « qu'entrevoir » et qui est diffusé le 15 mai à Londres, New York et Brazzaville. Voir J.-L. Crémieux-Brilhac, *La France Libre*, p. 540-542. Texte du « message » de la Résistance : *L'Unité*, « Documents », Plon, p. 475.

50. Le « Conseil de la Résistance » — ce fut sa première appellation — comprendra, sous la présidence de Jean Moulin, délégué du général de Gaulle, dix-sept membres : huit représentaient les mouvements, six, les partis, deux, les syndicats. Dans son rapport du 4 juin au Comité national, Moulin rend compte de la réunion du 27 mai, où il donna lecture d'un message du Général (*L'Unité*, « Documents », Plon, p. 491-492 et 473-474).

51. À la lettre de Giraud du 17 mai, de Gaulle répond par une lettre du 25, où l'on trouve, à deux mots près, la phrase citée ici (*L'Unité*, « Documents », Plon, p. 475-476 et 478-479).

52. Ne pouvant rencontrer le Premier Ministre, le Général lui adresse, le 27 mai, une lettre chaleureuse : « Je suis [...] plus que jamais convaincu que vous serez personnellement l'homme des jours de gloire comme vous avez été l'homme des pires moments » (*Lettres, notes et carnets, 1941-1943*, p. 600). Quelques jours avant, Churchill, alors à Washington, a demandé au cabinet britannique « d'examiner s'il n'y a pas lieu d'éliminer de Gaulle en tant que force politique ». Cette demande, inspirée par Roosevelt et Alexis Leger, s'est heurtée au refus unanime du Cabinet (J.-L. Crémieux-Brilhac, *La France Libre*, p. 546-549). De cet épisode la presse britannique, relayée par la française, a fait en janvier 2000 une pseudo-révélation : il était connu des historiens depuis une vingtaine d'années...

ALGER

Nous disposons pour ce chapitre de deux manuscrits (*ms. 1* et *ms. 2*).

a. Fin du § dans ms. 1 : du général Eisenhower. Je pensai, qu'à ce titre, elle avait été dictée par la politique alliée mais nullement par la stratégie du loyal Eisenhower.

b. Texte du § dans ms. 1 : Cependant, par le fait même qu'il avait à employer les forces de plusieurs nations, à atteindre des objectifs dont dépendait le sort des États, sa fonction s'étendait bien au-delà de ce qu'il lui avait été donné de prévoir et de préparer. À travers le système docile *[lecture conjecturale]* des unités sous ses ordres, faisait irruption le tumulte des ambitions *[plusieurs mots illisibles]* nationales. De là beaucoup de frictions auxquelles le général Eisenhower dut faire face avec une habileté d'autant plus méritoire qu'il n'aurait pas *[suite illisible]*. Il est vrai qu'on pouvait concevoir *[lecture conjecturale]* que le commandant en chef ferait délibérément entrer dans l'action ce que ces éléments comportaient de puissance, que, par exemple, à l'amour-propre américain et à l'orgueil britannique, il attellerait la fierté française, qu'il lierait sa stratégie, non seulement aux devoirs des États anglo-saxons, mais encore à la grande querelle de la France. C'est en effet dans l'Empire français qu'il avait à déployer ses forces. C'est sur le territoire et au milieu du peuple français qu'il livrerait la bataille décisive. *[Une phrase illisible]* Si Dwight Eisenhower avait nettement rejeté pour son compte le jeu qui, du dehors, entretenait nos divisions, s'il nous avait laissé sans hésiter établir le pouvoir qu'exigeait l'intérêt national, s'il avait consenti à armer massivement nos troupes, y compris celles qui se formaient dans la clandestinité, s'il avait attribué à notre armée renaissante le grand effort, la force importante, la principale direction, son entreprise eût trouvé chez nous dans le présent un concours plus efficace et marqué plus profondément l'avenir.

c. Texte du § dans ms. 1 :   Dans mes rapports avec lui, j'eus souvent le sentiment que cet homme, absorbé sans doute par sa tactique, mais à l'esprit ouvert, au cœur sans bassesse, *[plusieurs mots illisibles]*, inclinait vers de telles perspectives, qu'il entendait le mystérieux appel que son pays et le nôtre échangent dans la grande détresse, qu'il était prêt à aider à fond au redressement guerrier de la France. Mais il devait *[trois mots illisibles]* à la générosité moyenne et à la bienveillance réservée. C'est qu'en effet la politique qui, de Washington, régentait son comportement lui commandait ces réticences. Bien plus, elle les lui imputait. C'était les nécessités militaires que brandissait son gouvernement — *[plusieurs mots illisibles]* — pour justifier les obstacles opposés à l'unité et au renouveau de la France. Cependant Eisenhower n'apporta jamais *[plusieurs mots illisibles]* de conviction à soutenir ces médiocres prétextes.

d. Texte du § dans ms. 1 :   De leur côté, les milieux informés trouvaient quelque peu déplaisante l'attitude de subordination que le général Giraud crut devoir adopter sur place, se gardant d'évoquer [jamais *add. interl.*] le gouvernement dont il faisait partie et la politique française dont il avait assumé sa part de responsabilité. *[mots illisibles]* qu'il n'était pas fait pour gouverner son pays et que, dès lors, dans le drame de la France, à moins qu'il [ne] servît d'instrument aux desseins étrangers, il ne pouvait être autre chose qu'un honorable accessoire.   *biffé]*

e. Fin du § dans ms. 2 :   l'espoir ressuscitait. Un peu plus tard, entouré par les ministres, le corps diplomatique, les autorités civiles et militaires, la municipalité d'Alger, je m'adressais à la foule innombrable massée sur la place du Gouvernement et la pris à témoin de sa propre unité.

f. à eux et à moi. Je lisais à travers leur âme. Ils pouvaient voir le fond de mon cœur. L'allocution   *ms. 1, ms. 2*

g. Fin du § dans ms. 2 :   ce n'était pas le cas. [Dès lors, rompant les ménagements que j'avais cru devoir observer, il me faudrait mener l'évolution jusqu'à son terme logique, en finir avec toute juxtaposition des pouvoirs, reformer moi-même le Comité de manière à ne laisser au commandant en chef ni présidence ni siège de ministre, attribuant au général Giraud une tâche purement militaire sous la dépendance imposée du gouvernement.   *biffé]*

h. l'effet   *orig. Nous corrigeons d'après ms. 1.*

i. Fin du § dans ms. 1 :   d'une manière qu'on ne pouvait admettre. L'existence même de l'opération était du ressort du Commandant en chef, l'affaire de Corse faisait, dans son ensemble, partie d'un tout national et international, dont le Comité de la Libération, et en particulier son chef, portaient la responsabilité et qui s'appelait la guerre. À ce titre, la décision d'entamer l'entreprise, d'y engager une proportion des forces françaises, d'y faire participer la résistance, c'est-à-dire la population, d'utiliser sur place le concours des Italiens, de demander l'aide des Alliés, et puis d'agir sans leur appui, impliquait, que fût acquis, à temps, l'accord du gouvernement. Cet accord pouvait être obtenu en ma personne, soit directement soit au sein du Comité de la Défense nationale sans exposer le secret aux risques d'une délibération en Conseil des ministres. Au cours même de l'opération, le général Giraud, bien qu'il n'y eût pas cinquante mètres entre le Palais d'Été où se trouvait son bureau et les Glycines où était le mien, bien qu'il siégeât en face de moi au Comité de Libération, bien que je l'eusse plusieurs fois invité à me faire connaître ce qu'il faisait et comptait faire, se garda, sous divers prétextes, de me tenir au courant. Il en usa, d'ailleurs, de même avec le général Le gentilhomme, Commissaire à la Défense nationale. Mais aussi, la façon dont il avait *[plusieurs mots illisibles]* traité en Corse avec les chefs du Parti communiste constituait un fâcheux abus d'attribution et aurait pu avoir localement des conséquences sérieuses, s'il ne s'était trouvé que le sentiment public avait choisi, d'avance, un auteur *[un mot illisible]*. Pensant à ce qui pourrait se passer lors de l'entrée de nos troupes en territoire métropolitain, j'estimais que ce précédent ne devait pas se reproduire. Je dois dire que, pour les mêmes raisons, le comportement du général Giraud remplissait du même malaise la presque unanimité du Comité de Libération.

1. Les capitaines Teyssot et Charles-Roux sont les aides de camp du Général.

2. Sur *Combat*, qu'anime le professeur René Capitant, voir p. 329.

3. « Avec le grade [...] d'une unité de la France Combattante » (lettre de Vuillemin, du 26 mai). Le 30 mai, de Gaulle eut avec Vuillemin un « entretien émouvant », au cours duquel il le félicita « du noble exemple qu'il voulait donner » et l'affecta « immédiatement, avec le grade de lieutenant-colonel, au groupe d'aviation " Bretagne ", actuellement en Tunisie » (communiqué du cabinet du Général, 30 mai 1943, *L'Unité*, « Documents », Plon, p. 482).

4. Dans son télégramme du 31 mai au Comité national, de Gaulle cite aussi le général Bergeret parmi ceux qui doivent partir « sans délai » (*L'Unité*, « Documents », Plon, p. 482).

5. Dans sa « déclaration », le Général posait trois conditions pour « l'établissement [...] d'un pouvoir central français » : 1) Composition (« On n'a pas le droit de conduire les Français à des combats et à des souffrances quand on n'est pas soi-même qualifié pour le faire. Vous comprenez ce que je veux dire par là. ») ; 2) « souveraineté réelle » ; 3) « accord avec la masse de l'opinion française » (*Discours et messages*, t. I, p. 295-296). Le texte des *Mémoires de guerre* sera plus tranché, parlant d'exclusion et de « Résistance ».

6. Le cabinet du Général publie le 1ᵉʳ juin les lettres échangées ce même jour entre Peyrouton et de Gaulle. Le 2 juin, un télégramme de Washington commence ainsi : « La presse annonce en gros titres et en

première page la démission de Peyrouton »; le correspondant à Alger du *New York Times* câblait : « Les derniers vestiges du pouvoir de Giraud disparaissent... De Gaulle gagne la victoire politique » (*L'Unité*, « Documents », Plon, p. 485-486).

7. « Eisenhower somme les troupes françaises libres de quitter la Tunisie », câblait de Gaulle, le 1er juin, au Comité national, après avoir vu Giraud (*L'Unité*, « Documents », Plon, p. 483).

8. Sur les « cagoulards », voir p. 349 et n. 22. Le mot ne figure pas dans la lettre « signée par » Giraud (*L'Unité*, « Documents », Plon, p. 487-480), où celui-ci parle de « Gestapo » et de « nazisme ».

9. Le Général cite librement des formules de la déclaration du Comité français de la libération nationale (C.F.L.N.) et de l'ordonnance du 3 juin 1943 instituant ce Comité. On lit notamment dans les deux documents : « Commandement [et non : " commandant "] civil et militaire » (*L'Unité*, « Documents », Plon, p. 488-490).

10. Au Comité national de Gaulle télégraphie le 4 juin : « [...] nous n'avions pas le droit de refuser cette médiocre combinaison. Tout le monde la considère comme une simple étape » (*L'Unité*, « Documents », Plon, p. 490).

11. Le discours radiodiffusé du 4 juin et le discours du 6 au congrès de la France Combattante sont reproduits dans *Discours et messages*, t. I, p. 296-300.

12. Selon un télégramme au Comité national du 8 juin, cette répartition des commissariats aurait été faite au cours de deux séances du C.F.L.N., le « 3 » *(sic)* et le 7 juin (*L'Unité*, « Documents », Plon, p. 493).

13. Lettre du 9 juin, où de Gaulle voyait « les affaires civiles et militaires dans un état d'anarchie dont certains énergumènes, ou intrigants, ou dévots de Vichy, ou même agents de l'ennemi, profitent pour pratiquer le sabotage et créer, à tout moment, une atmosphère de " putsch " » (*L'Unité*, « Documents », Plon, p. 493-494). Un télégramme du 15 juin à Cassin et à Soustelle évoque encore un départ possible pour Brazzaville (*ibid.*, p. 498).

14. « Je voudrais te voir », écrivait, le 2 juin, de Gaulle à Juin. Celui-ci répondait, le 3 : « J'irais bien volontiers te voir avant la fin de la semaine, si Giraud voulait bien m'autoriser à quitter Tunis pour vingt-quatre heures. Avec ce diable d'homme, on ne sait jamais. Il a toujours peur qu'on lui embrouille ses affaires » (*L'Unité*, « Documents », Plon, p. 486-487).

15. Par lettre du 15 juin, de Gaulle invite Giraud à signer avec lui « la convocation » des commissaires (*L'Unité*, « Documents », Plon, p. 497).

16. Le 19 juin, de Gaulle envoie à Cassin et à Soustelle un récit de cette rencontre avec Eisenhower, où il mentionne la présence, mais non les propos de Giraud (*L'Unité*, « Documents », Plon, p. 499-500). Un récit fondé sur un résumé établi par le Général a été publié par J.-L. Crémieux-Brilhac (*La France Libre*, p. 563-565).

17. Daté du 20 juin, le mémorandum américain est publié dans *L'Unité*, « Documents », Plon, p. 500-501.

18. « Ses pairs — ses rivaux » : cf. p. 735.

19. Au terme de « trente heures de débats et de conciliabules » (J.-L. Crémieux-Brilhac, *La France Libre*, p. 566), tenus les 21 et 22 juin, Giraud reste président du C.F.L.N. Entre « rupture ou statu quo », écrit

de Gaulle à Cassin et Soustelle, « j'ai jugé que la moins mauvaise solution était le statu quo. / Le Comité a donc décidé de ne rien décider, si ce n'est la création d'un " Comité militaire permanent " » (télégramme du 22 juin, *L'Unité*, « Documents », Plon, p. 505-506).

20. La « note d'orientation » de Churchill, rédigée le 12 juin, inspira, le 13, un « commentaire officieux » de l'*Observer*. Le 12 juillet, le *Washington Post* publia la note. Le 22 juillet, la délégation française de Londres rendait compte au C.F.L.N. d'une question posée aux Communes sur ce « mémorandum » par un député conservateur : « M. Churchill a répondu... qu'il prenait l'entière responsabilité du mémorandum. " Mais, a-t-il dit, ce document est confidentiel et je ne suis disposé à en discuter qu'en séance secrète " » (*L'Unité*, « Documents », Plon, p. 517). Les députés purent se rappeler alors comment, dans une telle séance secrète, Churchill avait, le 10 décembre 1942, exhalé sa fureur contre de Gaulle (J.-L. Crémieux-Brilhac, *La France Libre*, p. 437-439).

21. Giraud consacre le chapitre IV de ses mémoires à son « voyage en Amérique », dont le résultat, pour l'équipement des forces françaises, fut loin d'être négligeable. Sur ce voyage, de Gaulle en 1943 est informé par la délégation française aux États-Unis (*L'Unité*, « Documents », Plon, p. 509-512).

22. « Au dernier moment » le War Department a « censuré » le passage suivant de la déclaration que Giraud « devait lire à sa conférence de presse : / " Je suis aussi ici, aujourd'hui, en qualité de représentant de l'unité française que j'ai toujours recherchée, et en tant que co-président du Comité français de la libération nationale, conformément aux aspirations naturelles de notre pays. Le C.F.L.N. s'est engagé à se démettre de ses fonctions, selon les lois constitutionnelles françaises, dès que le pays sera en mesure d'exprimer sa libre volonté " » (*L'Unité*, « Documents », Plon, p. 511).

23. Lors du dîner à la Maison-Blanche, « à aucun moment, ni dans le toast du Président, ni dans la réponse du général Giraud, il n'a été fait mention du général de Gaulle, ni du Comité de la libération, ni de l'unité française... ». Le 14 juillet, au cours d'« une réception privée [...] au Waldorf Astoria », Giraud « prononça une allocution [...]. Il n'eut pas un seul mot sur l'union, ni sur le général de Gaulle, malgré l'insistance que le général Béthouart, M. Hoppenot et moi-même [Philippe Baudet] avions apportée à lui démontrer que ces références étaient indispensables pour le regroupement des Français de New York » (*L'Unité*, « Documents », Plon, p. 512 et 516).

24. À Londres, Giraud fut tout de même reçu par George VI (*Un seul but, la victoire*, p. 233). Quant à son inaptitude à « diriger son pays en guerre », l'auteur des *Mémoires* n'est pas plus sévère qu'Eisenhower, écrivant à Roosevelt que « le pays, y compris l'armée et la population civile », estime Giraud « réactionnaire, vieux jeu, et inapte à se laisser convaincre de moderniser les forces françaises ». Le général américain ajoutait : « Il faut admettre qu'il n'agit qu'avec une pesante lenteur. Il n'a pas la moindre, je le répète, pas la moindre perspicacité politique » (cité par J.-L. Crémieux-Brilhac, *La France Libre*, p. 568).

25. Cf. : « La légitimité naît des victoires remportées par les armes dans la défense de la patrie. L'amendement Wallon, est-ce que cela

compte ? à côté de la légitimité apportée par Gambetta ? » (Propos du Général notés par Pierre Messmer, *Les Écrits militaires* [...], p. 445.)

26. Le vieux et le néo-Destour, partis nationalistes tunisiens, le second étant animé par Bourguiba, futur président de la Tunisie indépendante.

27. Sur cette Phalange, voir p. 323 et n. 34.

28. Citation, abrégée et retouchée, de la fin du discours du 27 juin 1943 (*Discours et messages*, t. I, p. 306-309). Cf. *L'Appel*, p. 134 et n. 12.

29. Discours cité intégralement dans les « Documents » de *L'Unité* (p. 512-516) et repris dans *Discours et messages*, t. I, p. 309-313. Les passages retenus dans le texte des *Mémoires de guerre* y sont quelque peu abrégés et retouchés : ainsi, l'orateur avait dit : « [...] et l'infamie de ses tyrans. La France, délivrée, ne voudra, ni reprendre la route de l'abîme, ni demeurer sur celle de l'esclavage. La France a d'avance [...]. » La péroraison était : « [...] il y a quinze cents ans que nous sommes la France et il y a eu quinze cents ans que la patrie [...] tous ensemble, par la lutte et par la victoire [...]. » Si à New York, le 14 juillet, Giraud n'avait pas cru bon de citer de Gaulle, celui-ci, le même jour, à Alger, ne nommait pas Giraud.

30. « 10 pour 100 de gaullistes » : cf. p. 345.

31. Le 22 janvier 1943. Voir p. 346.

32. *Discours et messages*, t. I, p. 316.

33. De Brazzaville, le 25 avril 1941, le Général câblait à Pleven : « J'approuve la mission de Massip à Trinidad, qui peut être très utile à notre recrutement et à notre action sur les colonies françaises d'Amérique. Je considère cette mission comme un commencement, car je vais l'envoyer ensuite organiser diverses choses importantes en d'autres points. / Dites à Massip que son désintéressement est un bel exemple et que je l'aime bien » (*Lettres, notes et carnets, 1940-1941*, p. 307). Responsable de l'information dans les débuts de la France Libre, le journaliste Jean Massip est en 1943 délégué de la France Combattante pour les Antilles.

34. Par une lettre du 28 juin 1943, Albert Darnal, président du Conseil de gouvernement de la Guyane — qui avait dès juillet 1940 manifesté sa sympathie pour la France Libre —, rend compte au Général des événements que résume ce paragraphe (*L'Unité*, « Documents », Plon, p. 507-508). Mais les 17 et 18 mars, Sophie avait télégraphié à de Gaulle et celui-ci, le 20 mars, nommait Bertaut gouverneur de la Guyane française. Le 21, de Gaulle informait Giraud de cette nomination, voulant éviter « tout incident ». Le 5 avril, apprenant que Giraud avait « aussitôt désigné M. Rapenne », il refusait de ratifier ce choix d'un fonctionnaire « dont la nomination de gouverneur avant la guerre » avait créé « un véritable scandale dans l'administration coloniale » (*L'Unité*, « Documents », Plon, p. 455-456 et 507-508 ; *Lettres, notes et carnets, 1941-1943*, p. 543-551, 554-555, 559 et 561).

35. Le 1er mai 1943, de Gaulle télégraphie de Londres à Catroux : « dire de ma part au général Giraud qu'il serait fâcheux, pour l'avenir, que son administration prenne, le cas échéant, des mesures unilatérales comme cela a été fait malheureusement pour la Guyane ». Catroux répond le 5 mai que Giraud a désigné deux délégués pour opérer, avec ceux du Comité national, « la prise en charge de la colonie » (*L'Unité*,

« Documents », Plon, p. 467, 470). Le 7 mai, de Gaulle mande à Catroux que le Comité « a pris note de l'acceptation de Giraud concernant l'envoi éventuel à la Martinique d'une délégation commune ». Il suggère d'autre part « un appel public et commun de de Gaulle et Giraud adressé à l'amiral Robert », appel dont il communique le texte à Catroux le 10 mai (*Lettres, notes et carnets, 1941-1943*, p. 587-588 et 590). Le 30 juin, Robert entreprend de négocier son départ avec les Américains — qui, à ce moment, ne veulent plus d'autre interlocuteur que le C.F.L.N. De Sainte-Lucie, le 4 juillet, Massip transmet le message de ralliement de Sévère, député de la Martinique (*L'Unité*, « Documents », Plon, p. 509).

36. Nommé le 3 juillet délégué du C.F.L.N. aux Antilles, Henri Hoppenot arrive à Fort-de-France le 14 juillet. Dans son rapport du 26 août à René Pleven, commissaire aux Colonies, Hoppenot évoque « cette matinée du 14 juillet où il s'en est fallu de bien peu que les choses ne prennent une autre tournure ». Le 26 août, le député Sévère écrit à Pleven : il l'informe qu'avant la libération de la Martinique, Washington a retenu les télégrammes envoyés par le canal du State Department au C.F.L.N. : celui-ci a donc été laissé « dans l'ignorance des événements, jusqu'au jour où [Sévère et les siens] purent [le] toucher par la Dominique et Londres » (*L'Unité*, « Documents », Plon, p. 509 et 521-523).

37. Cédant à un ultimatum britannique, l'amiral Godfroy a décidé, le 17 mai 1943, de remettre son escadre dans la guerre. Arrivé à Dakar, il doit quitter son commandement le 10 septembre 1943 ; il sera mis à la retraite d'office à la fin de l'année. Dans sa note du 17 mai 1943 à ses équipages, l'amiral réaffirmait son « fidèle attachement au chef de l'État [...] moralement prisonnier » dont « l'autorité restait » la seule légitime pour tous les Français (cité par Ph. Masson, *La Marine française et la guerre 1939-1945*, p. 516-517). Onze ans plus tard, l'auteur des *Mémoires de guerre* lui promettra de « souligner » la contribution de ses navires à la victoire (*Lettres, notes et carnets, 1951-1958*, Plon, 1985, p. 212).

38. Cf. le discours du 15 novembre 1941 : « Peut-être l'Italie sera-t-elle bientôt, une fois de plus, suivant le mot de Byron, " la triste mère d'un empire mort " » (*Discours et messages*, t. I, p. 138). C'est Rome que le poète nommait *Lone mother of dead empires* (*Childe Harold's Pilgrimage*, IV, LXXVIII).

39. Le 27 juillet, le Général commençait ainsi son allocution à la radio d'Alger : « La chute de Mussolini est le signe éclatant de la défaite certaine de l'Axe. Elle est, en même temps, la preuve de l'échec de ce système politique social et moral, qualifié de totalitarisme, qui prétendait acheter la grandeur au prix de la liberté. / La chute de Mussolini est, pour la France, la première revanche de la justice. [...] L'exemple de Mussolini s'ajoute à celui de tous ceux qui ont outragé la majesté de la France [...]. » Les autres citations de ce discours reprennent, en les abrégeant et en les retouchant, les expressions employées à la radio (*Discours et messages*, t. I, p. 314-315).

40. Le 2 août, de Gaulle, répondant à Giraud, exalte « le grand soldat et le grand chef » appelé à mener les forces françaises « à la bataille décisive qui libérera la patrie ». Le 4, le Général précise à Legentilhomme : « Si le général Giraud était amené à s'éloigner du siège du Comité et à prendre un commandement effectif, il cesserait de faire partie du Comité » (*L'Unité*, « Documents », Plon, p. 511-520).

41. Pour commander la Marine, de Gaulle a d'abord songé au

vice-amiral Collinet ; devant le « tollé » provoqué par des propos imprudents de ce marin, il choisit Lemmonier, « d'une notoriété sensiblement moindre » (Philippe de Gaulle, *Mémoires accessoires*, p. 293).

42. Une ordonnance du 17 septembre définit les attributions et la composition de l'Assemblée : représentants des mouvements de résistance, parlementaires, conseillers généraux d'Algérie et d'outre-mer, délégués de la Résistance extérieure (*L'Unité*, « Documents », Plon, p. 539). Le 3 septembre, une ordonnance fixe les objectifs de la Justice, dans les termes cités ici.

43. Sur cet accord financier, voir p. 130 et n. 7.

44. Le 7 septembre, Massigli, commissaire aux Affaires étrangères, adresse ce « projet d'accord » à Macmillan et à Murphy, pour transmission, « aussi rapidement que possible », au Foreign Office et au State Department (*L'Unité*, « Documents », Plon, p. 524). « Quand, neuf mois plus tard, les avant-gardes alliées prendront pied en Normandie, non seulement le C.F.L.N. n'aura pas obtenu un accord sur ces propositions, mais aucune négociation avec lui n'aura été sérieusement engagée » (J.-L. Crémieux-Brilhac, *La France Libre*, p. 689).

45. Larges citations de la note du 2 août dans *L'Unité*, « Documents », Plon, p. 519-520.

46. De Gaulle et Giraud adressent, le 18 septembre 1943, à Roosevelt et Churchill une lettre commune, accompagnée d'un mémorandum. Ces deux documents sont, le même jour, communiqués à Staline (*L'Unité*, « Documents », Plon, p. 663-666).

47. Une lettre à Giraud du 23 août 1943 félicite le commandant en chef pour la qualité des « grandes unités » inspectées l'avant-veille (*L'Unité*, « Documents », Plon, p. 521).

48. Parmi les pays qui ont déjà « fait le nécessaire », quatre sont représentés par des gouvernements en exil : Norvège, Grèce, Pologne, Belgique.

49. *Discours et messages*, t. I, p. 321.

50. Le Général amalgame dans son récit les indications fournies par deux rapports — du 8 et du 9 septembre — de René Massigli (*L'Unité*, « Documents », Plon, p. 524-527). Si le premier mentionne que, selon Macmillan, « le général Giraud était au courant », le second ne revient pas là-dessus. De Gaulle a pu compléter le texte par un souvenir du compte rendu oral qu'a dû lui faire Massigli.

51. Fin du communiqué du 9 septembre (*L'Unité*, « Documents », Plon, p. 527-528).

52. Rapports de Massigli au Général des 9 et 10 septembre (*L'Unité*, « Documents », Plon, p. 528-529). Selon Macmillan, « le général Bedell-Smith ne savait pas le français et le général Dewinck ne savait pas l'anglais. Cela ne facilitait pas les conversations ».

53. *L'Unité* (« Documents », Plon, p. 529-530) présente des extraits de ce discours (texte intégral dans *Discours et messages*, t. I, p. 322-326). Le Général cite librement son texte. Il avait dit à Oran : « La France [...] se souvient que, pendant toute une année, ce sont ses forces, à peu près seules, qui firent face à Hitler.[...] L'esprit d'abandon d'une fraction de ce qu'il était convenu d'appeler nos élites et la trahison que quelques misérables d'envergure commirent à la faveur du désastre militaire ont en partie saboté l'effort national dans la guerre. »

54. Fred Scamaroni s'est embarqué pour l'Angleterre le 19 juin 1940. Fait prisonnier à Dakar, transféré en zone libre, il rejoint l'Angleterre en janvier 1942. Au B.C.R.A. de Passy, il prépare une action en Corse, où il débarque en janvier 1943. Capturé par les Italiens, il se donne la mort en prison le 19 mai ; il n'a pas parlé.

55. Sur cette « action », voir le chapitre « Libération de la Corse » dans *Un seul but, la victoire* de Giraud. Les *Mémoires de guerre* minimisent le rôle des agents giraudistes, présents dans l'île dès décembre 1942.

56. Mme Henri de Gaulle était née Jeanne Maillot.

57. « Ce matin » : le 9 septembre.

58. Le 3 septembre 1943.

59. Dernier paragraphe du discours, où le Général avait dit : « pour se libérer eux-mêmes dès que s'en offrit l'occasion » (*Discours et messages*, t. I, p. 327).

60. En fait, le Comité a répugné, le 21 septembre, « à évincer » Giraud (alors en Corse) « par surprise » : six commissaires sur neuf se prononcèrent contre cette éviction (J.-L. Crémieux-Brilhac, *La France Libre*, p. 578-579). Le 25 septembre, Giraud présent, le Comité examine un projet d'ordonnance et un projet de décret sur son propre fonctionnement et sur l'organisation des forces armées. « Ces dispositions [...] je ne saurais les accepter », écrit Giraud dans l'après-midi. Il finit tout de même par signer, le 3 octobre, l'ordonnance et le décret (*L'Unité*, « Documents », Plon, p. 531-534). Il demeure d'ailleurs membre du C.F.L.N. et signera à ce titre la « décision » du 6 novembre (voir n. 62, p. 411).

61. À Ajaccio, l'orateur avait dit : « Qu'est devenu ici, je le demande, le régime dit de Vichy ? Où en est la fameuse révolution nationale ? À quoi tenait donc cette bâtisse de mensonges, de police et de délation ? Comment se fait-il que tant de portraits, d'insignes et de devises aient cédé la place [...] à la Croix de Lorraine, signe national, s'il en fut, de la fierté et de la délivrance ? Il a suffi que l'ennemi ait reculé pour que fût, en un instant, balayé le pitoyable échafaudage. Il a suffi que le peuple ait pu relever la tête pour qu'il criât : " Liberté, nous voilà ! " Il a suffi que le premier [...] d'un seul mouvement, vers le Comité de la libération nationale, gouvernement [...] » « Chacun peut constater à quel point étaient absurdes les ambitions d'un voisin latin qui prétextait notre décadence pour tâcher de saisir la Corse [...] nous nous devons de souligner la vanité des prétentions qui s'affichaient à notre détriment et qui poussaient une nation apparentée à la France dans une alliance monstrueuse avec la cupidité germanique. / Est-ce à dire qu'une fois la victoire remportée et la justice rendue, la France de demain voudra se figer [...] à l'égard d'un peuple longtemps dévoyé mais que rien de fondamental ne devrait séparer de nous ? » Le mémorialiste cite enfin les trois dernières phrases de son discours du 8 septembre (*L'Unité*, « Documents », Plon, p. 534-537 ; *Discours et messages*, t. I, p. 328-330).

62. « Dans le courant d'octobre » : voir, n. 60, p. 409. « Le 6 novembre », une décision du C.F.L.N., signée par de Gaulle, Giraud et tous les commissaires, confie au général de Gaulle la mission « de procéder à tous changements dans la composition du Comité qu'il jugera nécessaires pour assurer », entre autres, « la séparation complète du pouvoir de gouvernement et de l'action du commandement militaire, ainsi

que la subordination de celui-ci à celui-là » (*L'Unité*, « Documents », Plon, p. 537).

63. Décret fixant la composition du C.F.L.N. (*L'Unité*, « Documents », Plon, p. 547-548).

POLITIQUE

Nous disposons pour ce chapitre de deux manuscrits (*ms. 1* et *ms. 2*).

a. Début du chapitre dans ms. 2 : L'hiver approche. Ce sera, tout l'annonce, le dernier avant les grands hasards de la libération de la France. Depuis le début de mon entreprise, que de jours se sont passés à préparer à longue échéance ce retour à la lumière ! Or l'événement maintenant, est en vue. On peut croire que, dans moins d'une année, les armes auront rendu la France aux Français. Sous peine de n'être, alors, rien qu'un vaincu affranchi par d'autres, il faut que notre peuple prenne sa part des batailles. Sauf à faire, plus ou moins, les frais de la paix qui suivra, il doit paraître, dans cette phase décisive, comme un État belligérant assuré, résolu. À moins de choir, enfin, dans la misère et la guerre civile, il aura besoin, à la fois, d'une autorité qui le guide et d'un élan qui le rassemble. De là, pour moi, une tâche en trois parties dont je me sens éminemment et plus que jamais responsable. Pour aider à l'exposé, ce récit rend compte séparément de la façon dont moi-même, mon gouvernement et les hommes que nous avons en charge avons agi dans le domaine politique, diplomatique et militaire jusqu'au jour du débarquement. Mais, pour être ainsi présentée sous trois formes, l'action n'en sera pas moins *[un blanc]* et d'un seul tenant. Cependant, quoi que nous fassions, rien ne vaut que par la nation. Où en est-elle ? À Alger les informations nous parviennent plus malaisément qu'à Londres. Notre action quotidienne sur la France est moins rapide et moins directe. Tout le système de liaisons entre nous et la métropole a été, de longues années *[lecture conjecturale]*, centré sur la capitale britannique. En Afrique, nous nous trouvons, à cet égard, très dépourvus.

b. représentatives. Je prévoyais que le drame constitutionnel [français *add. interl.*] consisterait en ceci que le Parlement prétendrait détenir tout le pouvoir sans être apte à l'exercer. Mais quoi ? plus que jamais délibérer est *ms. 1*

c. il n'était pas un seul d'entre eux — fût-ce le maréchal Pétain — qui me cherchât *ms. 1*

d. de Gaulle au sein d'un gouvernement terriblement dépourvu [mais qui répond de la France *biffé*]. Ils *ms. 2*

e. Début du § dans ms. 2 : [Pour le Comité de Libération, il ne saurait être question de fixer à Alger les mesures précises qu'il lui faudra prendre à Paris. Mais il doit, à l'avance, choisir sa politique. Entre deux extrêmes, il adopte une solution moyenne. *biffé*] Pour le gouvernement,

1. « Pour mieux dire », le Général recourt à une formule barrésienne : « familles spirituelles ».
2. Le 4 avril 1944, de Gaulle informe Mgr Hincky que « l'archevêque d'Alger ne peut donner son assentiment sans l'autorisation du Saint-Père

[...]. C'est une chose que je tiens essentiellement à faire aboutir » (*Lettres, notes et carnets, 1943-1945*, Plon, 1983, p. 18). Faute de l'accord de Rome, le prélat alsacien n'entrera pas au C.F.L.N.

3. À l'exception de Legentilhomme, ce sont des giraudistes qui « quittent » le C.F.L.N.

4. Le 24 mars 1944, la délégation du comité central du P.C.F. en Afrique du Nord sollicite une audience du Général. Celui-ci reçoit le 28 Billoux, Bonte et Marty. Le 4 avril, un décret nomme des commissaires du C.F.L.N. : outre les nominations mentionnées dans les *Mémoires de guerre*, le décret stipule que Giacobbi remplace Diethelm au Ravitaillement et à la Production (*L'Unité*, « Documents », Plon, p. 568-569). Mendès France, partisan d'une politique financière et économique dure, contre l'avis de Pleven, Queuille et René Mayer, avait démissionné du C.F.L.N. le 15 mars, puis retiré sa démission après le discours à la Consultative du Général, qui se prononçait pour des « mesures rigoureuses » (*L'Unité*, « Documents », Plon, p. 563 ; *Discours et messages*, t. I, p. 385).

5. « Assemblée consultative de la Résistance » : à l'appellation officielle, « Assemblée consultative provisoire », le Général substitue une formule plus significative : selon lui, « ce qui qualifiait [l'assemblée], c'est qu'elle procédait de la Résistance » (p. 416). Il la désignera encore comme « l'assemblée de la Résistance » (p. 417).

6. Sur un « ton de certitude », de Gaulle dira, le 30 octobre 1944, à Claude Mauriac : « Il n'y a qu'un révolutionnaire en France : c'est moi » (*Un autre de Gaulle*, p. 62).

7. Fin du discours du 3 novembre, résumé et cité librement dans les deux paragraphes qu'on vient de lire. Le Général avait dit à Alger : « Le Comité de la libération est d'avance certain du résultat, car vingt siècles d'histoire sont là pour attester qu'on a toujours raison d'avoir foi en la France » (*L'Unité*, « Documents », Plon, p. 544-547 ; *Discours et messages*, t. I, p. 336-342). Sur l'âge de la France, voir p. 508 et n. 1.

8. Les « services » attaqués par les délégués sont essentiellement les services spéciaux, c'est-à-dire le B.C.R.A. Cf. J.-L. Crémieux-Brilhac, « Le B.C.R.A. en question » (*La France Libre*, p. 718-744).

9. L'analyse des théories constitutionnelles de la Consultative simplifie la réalité algéroise de 1943-1944. Le Général y apparaît comme l'auteur du discours de Bayeux, opposé aux constituants de 1945-1946.

10. Texte de l'ordonnance du 21 avril 1944 dans *L'Unité*, « Documents », Plon, p. 571-574. Article 17 : « Les femmes sont électrices et éligibles dans les mêmes conditions que les hommes. » Peu avant la guerre, le Sénat, dominé par les radicaux, avait refusé aux femmes le droit de vote. Dès sa déclaration aux mouvements de Résistance (juin 1942), le Général avait prévu le vote des femmes (voir en Appendices, p. 1214-1216).

11. Par exemple, un des « politiques », Vincent Auriol, ancien ministre de Léon Blum, proclame, le 12 mai 1944, devant l'Assemblée, son attachement indivisible à la République et à de Gaulle qui en dirige le « gouvernement ».

12. Par les mots « attributions politiques et administratives », le Général vise l'A.M.G.O.T. (voir p. 475-476). « Quant à la conduite de la guerre », il en a exposé les principes devant l'Assemblée à plusieurs

reprises, en particulier le 18 mars 1944 (*Discours et messages*, t. I, p. 380-390).

13. Le 18 avril 1942, Pétain abandonne au « chef du gouvernement » « la direction effective de la politique intérieure et extérieure de la France ». Le 17 novembre 1942, il donne à Laval le pouvoir de « promulguer les lois ainsi que les décrets » et le désigne comme son successeur (Actes constitutionnels 11, 12 et *quinquies*).

14. Le 13 novembre 1943, Pétain se voit interdire de lire à la radio un message aux Français, où il annonçait qu'après son décès, « le pouvoir constituant » reviendrait à l'Assemblée nationale (Sénat et Chambre des députés) de 1940. Le message parut le 19 novembre dans le *Journal de Genève*. En décembre, Hitler décide que Déat, Darnand et Henriot doivent entrer dans le gouvernement de Vichy ; le 7 janvier, Laval remanie son cabinet : à Darnand le Maintien de l'ordre, à Henriot la Propagande (Déat, momentanément récusé, deviendra le 16 mars un ministre « illégal », le Maréchal ayant refusé de signer sa nomination). Quant au Maréchal, après son sursaut de novembre 1943, il « capitule et signe » (Marc Ferro, *Pétain*, p. 512-513) : le 18 décembre 1943, il écrit au Führer : « Comme suite à votre lettre du 11 décembre et au désir que vous avez fait exprimer, je précise que les modifications de lois seront soumises, avant publication, aux autorités d'occupation » (*ibid.*, p. 513). « Par la suite », le Maréchal fut acclamé en mai-juin 1944 dans les villes que cite de Gaulle, mais aussi à Épinal, Dijon et Lyon, comme il l'avait été à Paris le 26 avril.

15. Jean-Hérold Paquis sévit pendant l'Occupation, à Radio-Paris, poste contrôlé par les Allemands.

16. Le « collège » désigné par Pétain comprenait, outre l'amiral Auphan — l'homme aux « mains sûres » —, de hauts fonctionnaires, parmi lesquels les ambassadeurs Charles-Roux et Léon Noël. Ce dernier refusa d'entrer dans la combinaison par une lettre au Maréchal du 23 septembre 1943. Intervient alors la tentative de recours à l'Assemblée nationale (voir n. 14, p. 423). On retrouvera l'amiral Auphan p. 581.

17. Sur cette agitation parlementaire, voir F.-G. Dreyfus, *Histoire de Vichy*, où l'on trouve le texte d'une lettre de Monzie au Maréchal (p. 730-731). Il semble bien que Monzie avait l'assentiment, sinon de « plusieurs centaines » de parlementaires, du moins de beaucoup d'entre eux.

18. En 1945, le président Lebrun rappellera au Général qu'en 1940, il n'a pas démissionné (*Le Salut*, p. 608).

19. Delestraint : voir p. 353 et n. 34. Quant à l'« opération menée par la Gestapo et, pour le moins étrange » qui aboutit à l'arrestation de Jean Moulin, le Général ne produit dans *L'Unité* aucun « document ». Sa formule indique qu'en dépit de l'acquittement de René Hardy, il conserve un doute, celui même qu'il a conçu à l'époque : au début de juillet 1943, le B.C.R.A. télégraphiait à Serreules (voir p. 427) : « Si Didot [Hardy] libre, mesures prudence nécessaires, car nous avons contre lui très fortes présomptions » (cité par J.-L. Crémieux-Brilhac, *La France Libre*, p. 746).

20. Le Général minimise le rôle de Jacques Bingen, rôle essentiel dans la délégation générale en France, et pas seulement en zone Sud.

21. Désigné par de Gaulle le 1er septembre, Bollaert est arrêté, avec Brossolette, en février 1944. Transféré à Paris à la Gestapo de l'avenue

Foch, torturé, Brossolette se tue le 22 mars. Jacques Bingen avale son cyanure le 12 mai.

22. Bidault est élu président du C.N.R. le 30 août 1943. La disparition de Jean Moulin, longtemps non remplacé, permet à la Résistance intérieure de prendre une certaine autonomie vis-à-vis de de Gaulle, dont le délégué général, Alexandre Parudi, ne sera en place qu'en avril 1944. Créé en janvier 1944 par le bureau du C.N.R., le « Comité militaire d'action » (C.O.M.A.C.) comprend, sur trois membres, deux communistes (dont l'un a dissimulé son appartenance).

23. Cette nomination signifie évidemment que le B.C.R.A. coiffera le service des renseignements de l'armée. De Gaulle, à qui « l'ensemble » était « rattaché », pouvait-il vraiment donner à Giraud « toute latitude pour actionner » ce même « ensemble » ? Il l'écrira plus loin. Parlant du B.C.R.A. Giraud évoque la Gestapo et le Guépéou (*Un seul but, la victoire*, p. 284).

24. Giraud a déjà publié ces deux lettres du 8 avril 1944 dans ses mémoires, où le chapitre XII raconte « la rupture » entre lui et de Gaulle, qu'après Kerillis, il qualifie de « dictateur » (*Un seul but, la victoire*, p. 282). Le Général les publie à nouveau dans *L'Unité*, « Documents », Plon, p. 570-571.

25. Sur le procès de Pucheu, voir p. 442-443. Giraud, lui, reproche à de Gaulle d'avoir cédé dans cette affaire à « certain parti » (*Un seul but, la victoire*, p. 269).

26. Cette première rencontre, le 2 décembre 1943, avec François Mitterrand, se passa mal : le Général ordonna à son visiteur, qui refusa, de placer son réseau de résistance de prisonniers de guerre sous l'autorité de son neveu Michel Cailliau (fils de Marie-Agnès) qui avait constitué un autre réseau de prisonniers. À la Libération, Mitterrand, qui avait regagné la France, par l'Angleterre, fut nommé secrétaire général du ministère des Prisonniers ; à ce titre, il se heurta à nouveau au Général : voir p. 831.

27. En vertu de la « relève » (échange de prisonniers contre l'envoi de travailleurs en Allemagne).

28. 18 août 1942 : raid britannique sur Dieppe. 27 mars 1942 : raid sur Saint-Nazaire. Dans les deux cas, « des groupes français » ont bien participé aux opérations, mais le mémorialiste inverse l'ordre chronologique.

29. Si la plupart des « chefs » que cite de Gaulle sont morts dans « la période qui précéda le débarquement », Gabriel Péri fut fusillé en 1941 et Politzer en 1942. Le Général a déjà évoqué « la persécution », p. 301.

30. Déjà cité p. 265.

31. *Discours et messages*, t. I, p. 331-335. C'est là que de Gaulle cite un article de François Mauriac : voir p. 75.

32. Proverbe espagnol, noté en 1916 par le capitaine de Gaulle (*Lettres, notes et carnets, 1905-1918*, Plon, 1980, p. 372).

33. « Sermois-Simon », voir p. 353, n. 32.

34. Une atteinte de paludisme en janvier 1944. À Londres, en avril 1942, le Général avait eu une première crise, non mentionnée dans les *Mémoires de guerre*.

35. Née en juin 1940, la France Libre est devenue en juillet 1942 la France Combattante. Voir p. 218 et n. 48.

36. Cf. dans *L'Appel* le contre-exemple de Léon Blum (p. 25).

37. Cf. p. 240 et n. 30.

38. Le mémorialiste cite ses frères et sœur en respectant l'ordre des âges. Geneviève, fille de Xavier, est devenue Mme Anthonioz. Mme Alfred Cailliau est la mère de Michel, cité p. 432. Jacques Vendroux, frère d'Yvonne de Gaulle, sera après la Libération, maire de Calais et parlementaire gaulliste.

39. Le 7 mars 1944, par exemple, Philip adresse au Général une lettre où il le prie d'« établir un contact humain » avec l'Assemblée : « Votre intelligence est républicaine, vos instincts ne le sont pas [...] je ne puis accepter d'être ni le garde-chiourme de l'Assemblée ni le chaouch qui lui transmet vos ordres » (cité par J.-L. Crémieux-Brilhac, *La France Libre*, p. 593). Philip était « commissaire chargé des rapports avec l'Assemblée consultative ».

40. Dans ce palmarès des ministres, Louis Jacquinot est oublié et les anciens de la France Libre sont particulièrement à l'honneur.

41. L'ordonnance du 10 janvier 1944 crée les « commissariats régionaux de la République » (*L'Unité*, « Documents », Plon, p. 553-554, où l'on trouve la liste des premiers commissaires chargés des dix-sept régions ; parmi eux, à Angers, le futur Premier ministre, Michel Debré. L'ordonnance du 14 mars concerne « la délégation du pouvoir et l'exercice de l'autorité militaire sur le territoire métropolitain au cours de sa libération » (*ibid.*, p. 559). Le 24 avril, une ordonnance règle l'« organisation des pouvoirs publics en France après la libération » ; elle institue des « comités départementaux de libération » (*ibid.*, p. 571-574). Le 19 mai, une ordonnance créait des « secrétaires généraux provisoires, nommés, après consultation du Conseil national de la Résistance, par décret du C.F.L.N. » ; il y aura, parmi eux, François Mitterrand (*ibid.*, p. 574). Par décret du 4 avril, Le Troquer est nommé « commissaire à l'Administration des territoires métropolitains libérés » (*ibid.*, p. 569).

42. Dès le 3 septembre 1943, le C.F.L.N. a, par ordonnance, prévu une action de justice contre « ceux qui ont capitulé ou collaboré avec l'ennemi ». Les ordonnances des 26 juin et 26 août 1944 organisent l'application du principe.

43. À Me Buttin, défenseur de Pucheu, le Général déclarera : « si je refuse son recours en grâce, c'est par raison d'État » (C. Guy, *En écoutant de Gaulle*, p. 436).

44. 18 mars 1944 (quatre jours avant l'exécution de Pucheu) : *L'Unité*, « Documents », Plon, p. 567-568 ; *Discours et messages*, t. I, p. 390.

45. Pucheu a été jugé par le « tribunal d'armée à compétence particulière » qu'avaient institué les ordonnances des 2 et 21 octobre 1943. Le procès fut « mal conduit et dans des formes discutables » (J.-L. Crémieux-Brilhac, *La France Libre*, p. 604). On dut abandonner, « faute de preuves » « le chef d'accusation relatif à la désignation des otages » (*ibid.*). Voir n. 25, p. 432.

46. À Washington, Jean Monnet négocie depuis septembre 1943 l'aide américaine. Il fait admettre la France métropolitaine au bénéfice du prêt-bail (voir p. 144 et n. 28) et, le 1er août 1944, obtient un « plan de six mois », comprenant du ravitaillement et des matières premières. À cette date, une partie de l'ensemble a déjà été stockée en Afrique du Nord.

Notes et variantes des pages 449 à 507 1301

47. En réalité, le 18.
48. « La voie de l'association », de Gaulle la suivra jusqu'au terme de son action publique, sans toutefois parvenir à imposer ses vues en la matière. Dans son discours du 18 mars 1944 à l'Assemblée, le Général n'emploie pas le mot « association » ; il annonce en revanche la nationalisation des « grandes sources de la richesse commune » (*L'Unité*, « Documents », Plon, p. 567 ; *Discours et messages*, t. I, p. 389).
49. Le C.F.L.N. a pris, le 7 mars 1944, une ordonnance sur le statut des Français musulmans d'Algérie. Entre Catroux, plus hardi, et Pleven, très réservé, de Gaulle et le C.F.L.N. ont adopté une demi-mesure, qui marque toutefois un réel progrès dans la condition civique des musulmans. Nulle référence aux « Chambres françaises » dans l'ordonnance. Celle-ci stipule en revanche : « L'Assemblée nationale constituante fixera les conditions » de l'accession à la citoyenneté française des Français musulmans (*L'Unité*, « Documents », Plon, p. 557-559).
50. Le 12 décembre 1943, à Constantine, le Général annonce : « Le gouvernement [...] vient de prendre à l'égard de l'Algérie, d'importantes résolutions » (*L'Unité*, « Documents », Plon, p. 549 ; *Discours et messages*, t. I, p. 353-354). Cette annonce précède, de plusieurs mois, les « décisions » qu'après maintes discussions l'ordonnance du 7 mars 1944 mettra en forme.
51. Citations libres du discours de Brazzaville, où de Gaulle avait dit : « chaque individu lève la tête, regarde au-delà du jour et s'interroge sur son destin » ; « la France est aujourd'hui animée pour ce qui la concerne elle-même et pour ce qui concerne tous ceux qui dépendent d'elle, d'une volonté ardente et pratique de renouveau » (*L'Unité*, « Documents », Plon, p. 556 ; *Discours et messages*, t. I, p. 372).
52. En 1916, le capitaine de Gaulle notait : « M. de Falloux disait : " Il y a dans le monde plus de repentirs que d'aveux " » (*Lettres, notes et carnets, 1905-1918*, p. 357).
53. Le Général amalgame deux passages de son discours de Tunis où il avait, ironiquement, voulu « rassurer certains esprits anxieux qui, paraît-il, redoutent parfois de trouver, au cours de la libération, une France encore féodale, qui se répartirait elle-même entre plusieurs pouvoirs différents ». Plus loin, « à ceux qui n'auraient pas les mêmes certitudes », il disait : « Nous leur proposons, en toute amitié, de venir demain avec nous aux rendez-vous du peuple de France, sur la Canebière à Marseille, sur la place Bellecour à Lyon, sur la Grand-Place à Lille, sur le Broglie à Strasbourg ou, dans n'importe lequel de nos villages une fois délivrés, ou enfin quelque part entre l'Arc de Triomphe de l'Étoile et Notre-Dame-de-Paris » (*Discours et messages*, t. I, p. 403-404).
54. Texte de l'ordonnance dans *L'Unité*, « Documents », Plon, p. 574-575.

DIPLOMATIE

Nous disposons pour ce chapitre de deux manuscrits (*ms. 1* et *ms. 2*).

a. limitent les rapports officiels et s'en tiennent à l'indispensable. [Non point que leurs gouvernements voient la question sous le même angle.

Dans ce qui touche au présent et à l'avenir français, leurs intérêts sont différents et, souvent, contradictoires. Mais leurs calculs les portent tous trois à demeurer encore dans une certaine expectative. Une grande puissance mondiale avait été presque effacée par un cataclysme inouï. Or, voici qu'elle se relève. C'est assurément souhaitable. Mais la partie en est plus compliquée. Il faut prendre des précautions. *biffé*] Pour   *ms. 1*

b. qu'elle le veuille. Il en serait, certes autrement si l'esprit, la politique, les hommes de Vichy avaient, pour eux, la nation. Car, alors, la France ne sortirait du drame qu'entourée du mépris du monde. Mais, maintenant, l'inverse est acquis. La résistance, sous toutes ses formes, a déjà fait le nécessaire et chaque jour qui passera complétera la démonstration. Mieux vaudrait assurément que nos alliés en tirent sans [plus *add. interl.*] tarder les conséquences, qu'ils reconnaissent les formes mon gouvernement comme étant celui de la France, qu'ils l'associent, en égal, à leurs propres discussions sur la conduite de la guerre et le règlement de la paix. Mais leurs restrictions persistantes ne sauraient plus empêcher que, pour nous, les choses soient ce qu'elles sont devenues *[suite illisible]*. La certitude   *ms. 1*

c. Début du § dans ms. 1 :   Telles sont les données du jeu. Il en résulte que les rapports diplomatiques des Alliés avec le Comité consistent [, de leur part,   *add. interl.*] en une perpétuelle alternance d'avances et dérobades, de bonne grâce et de désagréments, de notre part, en une série de consentements conditionnels et de refus intempestifs mitigés.

d. Duff Cooper était un grand Anglais. Beaucoup   *ms. 1, ms. 2*

e. son arbitrage. À la base de ce projet, se trouvaient [, à mon sens,   *add. interl.*] trois illusions largement nourries dans l'esprit du Président. La première avait trait au prestige dont il pensait jouir en France et qu'il jugeait de nature à justifier aux yeux des autres peuples toute initiative qu'il prendrait à notre sujet. La seconde se rapportait aux hommes politiques qu'il avait, toute sa vie, vus s'agiter sur notre scène publique et dont il pensait que, par nature, ils se fieraient à lui plutôt qu'à moi. La troisième lui faisait croire, d'une manière assez simpliste, que le destin des Français dépendant de l'action des forces alliées, celles-ci seraient, de ce fait même, justifiées à disposer de tout. Cette prétention   *ms. 2*

f. que le vôtre. — Cela me suffit, observai-je. Car des formules, je m'en soucie peu. » Je   *ms. 2*

g. dans les vues du Président [et quels risques j'allais courir si la libération de la France me trouvait en désaccord avec lui.   *biffé*] Il s'agissait   *ms. 2*

h. Début du § dans ms. 1 :   De la meilleure […] l'intérêt que lui-même et Roosevelt portaient à nos affaires intérieures était, à mes yeux, la preuve du redressement de la France, de l'importance qu'ils lui attribuaient, de l'influence que celle-ci exerçait sur leur esprit. Aussi

i. Fin du § dans ms. 2 :   d'autre chose que des opérations ; quand il serait admis, décidément, que le destin politique des Français ne dépendait que d'eux-mêmes, que, pour l'heure, leur choix était fait et que la France, une et indivisible, était groupée autour de moi. Le 21 avril, dans une conférence de presse, je mis les points sur les i.

j. à l'hôtel Connaught. C'est là, qu'une fois de plus, je vais jouer le grand jeu. Avec   *ms. 1, ms. 2 k.* devoir de la conduire. En face de cette évidence, que peuvent peser les calculs, étrangers ? Dans   *ms. 1*

l. relations régulières avec le Vatican. Le   *ms. 2*

m. Début du § dans ms. 2 :   Le 12 juillet, rendant visite à la chère ville de Québec, je me sens comme submergé par une vague de fierté française, bientôt recouverte par celle d'une douleur inconsolée, toutes deux déferlant des grands fonds de l'Histoire. Puis, je gagne

n. Fin du § dans ms. 1 et ms. 2 :   souveraineté. Nous avions pris l'indépendance en charge. Nous la rapportons à la France, l'âme tranquille, l'épée à la main.

1. Elle ne sera réellement « tranchée » qu'en 1947, avec l'indépendance de l'Inde et du Pakistan.

2. Application ironique à la Russie de l'adage britannique : *Wait and see.*

3. À Washington, Jean Monnet, « commissaire en mission », a la charge des négociations économiques et financières ; Henri Hoppenot, diplomate de carrière, rallié à la France Libre en 1942, représente le C.F.L.N. auprès du gouvernement américain.

4. Le 27 septembre, Massigli rend compte au Général de la visite que lui ont faite, ce jour, les représentants britannique et américain : ils lui ont remis un « projet d'armistice » qui doit être présenté « aujourd'hui même au maréchal Badoglio ». Ils ont « répété » que la France participerait « à la commission d'armistice méditerranéenne » (*L'Unité*, « Documents », Plon, p. 592-593).

5. La conférence de Moscou (19-30 octobre 1943) a réuni les ministres des Affaires étrangères des trois Grands : Hull, Eden et Molotov. Elle a préparé le terrain pour la rencontre à Téhéran (28 novembre-1er décembre 1943) de Roosevelt, Churchill et Staline.

6. Le cabinet du Général a rédigé une longue note sur l'entretien du « 23 novembre » avec Vychinski (*L'Unité*, « Documents », Plon, p. 603-606). Le départ de Couve de Murville, jusqu'alors financier, pour la commission des Affaires italiennes marque le début d'une grande carrière diplomatique.

7. Le comte Sforza, né en 1872, avait été ministre des Affaires étrangères en 1920-1921. Il le redeviendra de 1947 à 1951. Tende et La Brigue, Val d'Aoste : on retrouvera ces lieux — et ces problèmes — dans *Le Salut*, p. 747-749 et 766-767.

8. Sur le soutien apporté à l'Italie par la France, voir *infra*, p. 456.

9. Sous le commandement de Juin, deux divisions françaises ont débarqué en novembre en Italie. Deux autres divisions les rejoindront, comme suite aux décisions prises en décembre.

10. Le vœu sera exaucé le 12 avril : Victor-Emmanuel III abdiquera en faveur de son fils, Humbert II ; Bonomi remplacera Badoglio à la tête du gouvernement.

11. « Comme chrétien, latin, européen » : formule d'autant plus frappante que le Général, dans ses *Mémoires*, fait rarement état de ses convictions religieuses et qu'on l'accusera, plus tard, d'être peu « européen ».

12. Le prince de Piémont (« Umberto ») n'était encore qu'héritier de la couronne, lors du premier voyage (mars 1944) du Général en Italie.

13. Sur l'imbroglio libanais de l'automne 1943, voir J.-L. Crémieux-Brilhac, *La France Libre*, « Crise à Beyrouth », p. 652-659.

14. La lettre d'instructions que de Gaulle adresse le 13 novembre à Catroux, comme son télégramme à Helleu, le même jour, montrent que le C.F.L.N. a été mis devant le fait accompli, mais n'entend pas désavouer le délégué général au Levant (*L'Unité*, « Documents », Plon, p. 597-599).

15. La déclaration du 16 novembre est reproduite dans *Discours et messages*, t. I, p. 344-347. Le Général avait dit : « l'incident sérieux qui s'est produit à Beyrouth se trouve actuellement en voie de règlement. [...] L'incident, si sérieux qu'il puisse paraître, n'est en somme qu'un incident. Il n'altère ni la politique de la France au Liban, ni les engagements que nous avons pris, ni notre résolution de les tenir. L'intention du C.F.L.N. [...] consiste à voir s'établir au Liban une situation constitutionnelle normale, afin que nous puissions traiter avec le gouvernement du Liban de nos affaires communes [...]. » À l'Assemblée, le Général attribuait à « M. Poincaré » la formule sur « le nuage qui passe ».

16. Le 14 novembre, Catroux rend compte au Général de l'entretien qu'il a eu, « le 18, au soir », avec Béchara Khoury (*L'Unité*, « Documents », Plon, p. 599-600).

17. « Le remaniement tout récent » : celui qu'avait opéré le décret du 9 novembre 1943, éliminant les généraux Giraud et Georges. Voir n. 62 et 63, p. 411.

18. Texte de cette « note verbale » : *L'Unité*, « Documents », Plon, p. 597-598. On y lisait : « Le gouvernement de Sa Majesté se chargera immédiatement de convoquer une conférence à laquelle des représentants français, libanais, syriens et américains seront invités » ; « j'ai, en outre, pour instruction de recommander le rappel immédiat de M. Helleu. »

19. « Quant à l'esprit qui anime le mémorandum, j'ai déclaré qu'il me reportait à l'époque de Fachoda... » (Catroux, télégramme du 20 novembre à de Gaulle, *L'Unité*, « Documents », Plon, p. 600).

20. Réuni le 21 novembre, le C.F.L.N. avait donné à Catroux, pour régler « d'urgence » « l'incident », des instructions que Catroux n'appliqua pas, rendant immédiatement compte au Comité de son attitude. Celle-ci, moins intransigeante que celle du Général, fut, le 23 novembre, approuvée, en réunion du C.F.L.N., par douze voix contre trois. Le mémorialiste voile ces divergences. Sur cet épisode, il faut compléter les documents produits dans *L'Unité* (p. 601-602) par ceux que donnent *Lettres, notes et carnets, 1943-1945*, p. 112-116.

21. Helleu rappelé à Alger, Yves Chataigneau avait assuré l'intérim de la délégation générale au Levant. *L'Unité* donne les messages du Général aux présidents syrien et libanais, leur présentant le général Beynet (« Documents », Plon, p. 618-619). Celui-ci prit ses fonctions le 9 mars 1944.

22. Spaak et Gutt : ministres belges. Bech : ministre luxembourgeois. Trygve Lie, ministre des Affaires étrangères norvégien, sera le premier secrétaire général de l'O.N.U. Le 17 décembre 1943, M. de Hougen parle au Général « d'un accord atlantique » (*L'Unité*, « Documents », Plon, p. 610).

23. Du 28 novembre au 1er décembre.

24. Churchill, du moins, désira rencontrer de Gaulle après Téhéran. Voir p. 477.

25. Notamment lors des guerres d'indépendance et de 1914-1918.

26. Voir p. 213.

27. Dans une lettre au chef du gouvernement yougoslave, de Gaulle exaltait les « héroïques Chetniki du général Mikhaïlovitch » (13 juillet 1942, *Lettres, notes et carnets, 1941-1943*, p. 315). Celui-ci sera fusillé en 1946 sur les ordres de son rival Tito.

28. Les conversations des 2 et 3 janvier 1944 de Beneš avec de Gaulle et Massigli font l'objet d'une note publiée dans *L'Unité*, « Documents », Plon, p. 613-616.

29. Voir p. 214.

30. « Non sans apparence de raison » : de fait, le massacre de Katyn (1940) fut l'œuvre des Soviétiques. Les Allemands découvrirent en 1943 la vérité, que leur propagande exploita, entre autres en France occupée. La thèse officielle soviétique attribua jusqu'en 1990 aux nazis l'élimination des officiers polonais. Staline, évidemment, savait à quoi s'en tenir, mais la protestation des Polonais lui donnait un beau prétexte pour nuire à leur gouvernement de Londres.

31. La ligne Curzon : voir p. 651-652 et n. 37.

32. En particulier le 20 décembre 1943 (*L'Unité*, « Documents », Plon, p. 611-612).

33. Comme l'or belge : voir *L'Appel*, p. 102-103.

34. À Madrid règne Franco. Le Général, qui considère les États et les nations plutôt que les idéologies, n'en a cure. Dans ses *Mémoires d'espoir*, il constatera la présence en Europe d'« une Espagne pacifiée » (p. 1023).

35. Murphy et les « gaullistes » : voir p. 273.

36. Peu avant la guerre, Vychinski avait été le redoutable procureur des procès de Moscou, dont l'une des nombreuses victimes fut le maréchal Toukhatchevski, ancien compagnon de captivité de Charles de Gaulle.

37. En réponse à l'adresse de Macmillan (et non Duff Cooper, voir n. 42, p. 477), le Général prononça une allocution (*Discours et messages*, t. I, p. 361).

38. Voir p. 397 et n. 44. Le 7 septembre 1943, Massigli adresse à Macmillan et à Murphy « le texte d'un projet d'accord » sur « la coopération à établir, lors du débarquement en France, entre les forces alliées » et « les autorités françaises » (*L'Unité*, « Documents », Plon, p. 524). Stimson et Mac Cluy proposent à Roosevelt une réponse impliquant la reconnaissance *de facto* du C.F.L.N. C'est elle que le Président conserve « sur sa table », selon un rapport d'Hervé Alphand, cité par J.-B. Duroselle : « Chaque fois qu'elle remontait à la surface, le Président, en silence, la replaçait sous la pile » (*L'Abîme*, p. 494). Pour de Gaulle, si Roosevelt refuse de répondre au C.F.L.N., c'est qu'il entend régler le problème en s'inspirant d'un autre document : un « mémorandum [...] remis par le gouvernement des États-Unis au gouvernement britannique et parvenu à la connaissance du Comité » (*L'Unité*, « Documents », Plon, p. 591-592). Daté de septembre 1943, ce mémorandum, probablement « dû à des militaires proches de l'A.M.G.O.T., ne sera à aucun moment pris en considération par les gouvernements anglais et américain » (J.-L. Crémieux-Brilhac, *La France Libre*, p. 690). Les réticences d'Eisenhower

apparaissent dans le télégramme envoyé le 20 mai 1944 par Hoppenot : « d'une source très sûre », il a appris « que le général Eisenhower se serait refusé à accepter la responsabilité dont la décision présidentielle voulait l'investir » (*L'Unité*, « Documents », Plon, p. 620). Voir n. 40, p. 477.

39. Cette déclaration du 15 mars 1944 (« la France ne se considère pas comme engagée par des arrangements qui purent être faits naguère entre », Clark et Darlan, le 22 novembre 1942) n'est qu'une étape dans la renégociation de ces « arrangements », commencée en septembre 1943, achevée seulement en juillet 1944.

40. Après une conférence interalliée, présidée par de Gaulle le 27 décembre 1943, où Bedell-Smith représentait Eisenhower, celui-ci vint voir le Général le 30. On peut lire dans *L'Unité* le compte rendu de cet entretien (« Documents », Plon, p. 674-676) et dans *La France Libre* de J.-L. Crémieux-Brilhac des extraits d'une « version originale [...] plus rugueuse » (p. 646-647). Les deux textes confirment qu'il s'établit, ce 30 décembre, une entente d'homme à homme, le Français disant à l'Américain : *You are a man*, l'Américain promettant : « dans les faits, je ne reconnaîtrai en France d'autre autorité que la vôtre ».

41. Le mémorandum adressé le 18 septembre par de Gaulle et Giraud à Roosevelt et à Churchill prévoyait pour les « opérations dans le Nord de la France [...] deux divisions blindées » (*L'Unité*, « Documents », Plon, p. 665). Le 30 décembre, de Gaulle accepta la suggestion d'Eisenhower d'en prévoir une seule : ce sera la 2ᵉ DB de Leclerc.

42. C'est Macmillan qui vint, le 3 janvier 1944, inviter le Général à rencontrer Churchill. La confusion s'explique aisément : Duff Cooper remplaça Macmillan à Alger, peu de jours après la démarche de son prédécesseur.

43. Le 22 janvier, Emmanuel d'Astier rend compte au Général de ses conversations avec Churchill, « à Marrakech, le 14 janvier » : le Premier Ministre souhaite « que nous montrions de la mansuétude à l'égard de Boisson, Peyrouton, Flandin (dans cet ordre de préférence) ». D'Astier conclut : « Si étrange que cela soit, il apparaît que le seul obstacle sérieux à une entente complète est le sort réservé à Boisson, Peyrouton et Flandin... » (*L'Unité*, « Documents », Plon, p. 616-617).

44. On peut être surpris de l'importance accordée à l'affaire Dufour : trois pages de *L'Unité*, auxquelles s'ajoutent deux pages de « Documents » (p. 593-595). Les *Lettres, notes et carnets, 1943-1945* contiennent plusieurs télégrammes de Viénot à Passy, et à Kœnig sur cette même affaire (p. 92-93, 100-101, 118-119, 123, 143 et 265). Voir la mise au point de J.-L. Crémieux-Brilhac (*La France Libre*, p. 730-733) sur « un épisode mineur devenu prétexte à machination politique ». Le procès devait se dérouler en juin 1944, peu après le débarquement. Le gouvernement britannique désintéressa Dufour et son avocat. La plainte fut retirée ; en échange, Viénot garantit que les autorités françaises annulaient rétroactivement l'engagement du maître chanteur, abandonnant en conséquence les poursuites pour désertion.

45. Le 9 octobre 1943, le Général répond au rapport de Viénot qui a été reçu par « un haut fonctionnaire du Foreign Office », William Strang (*L'Unité*, « Documents », Plon, p. 593-594). Cette entrevue date probablement des premiers jours du mois.

46. Citation libre du télégramme du 25 octobre 1943 à Pierre Viénot (*L'Unité*, « Documents », Plon, p. 594-595), où ne figurent pas les mots « " Mystère de New York ", ou de Washington ».

47. L'Assemblée consultative avait approuvé le projet du C.F.L.N. le 24 mars. L'ordonnance fut promulguée le 21 avril. D'où le lapsus, qui amalgame quantième et mois.

48. « De ce jour » : lequel ? En fait, l'affaire Dufour ne fut enterrée qu'en juin 1944. Le 14 juillet suivant, de Gaulle mande à Kœnig qu'il faut éviter de la « reprendre par la bande » (*Lettres, notes et carnets, 1943-1945*, p. 265).

49. Les 14 et 17 avril, Duff Cooper est venu parler au Général de sa visite souhaitable au président Roosevelt. Le 18, « auprès avoir consulté M. Massigli », de Gaulle adresse à l'ambassadeur britannique une « lettre laissant la porte ouverte sans, toutefois, franchir le seuil » (*L'Unité*, « Documents », Plon, p. 624-626). Ces jours-là, il n'est pas question des « relations entre notre administration et le commandement militaires » : elles seront abordées dans l'entretien que le Général accorde à Duff Cooper le 23 mai : voir le télégramme à Viénot du 25 mai où de Gaulle rapporte les propos qu'il a tenus le 23, disant, entre autres, à Duff Cooper : « Il y a nous, ou bien le chaos » (*ibid.*, p. 636-637).

50. Le 20 avril, Massigli, par télégramme en clair à Viénot, lui demande « d'attirer l'attention des autorités britanniques sur la situation extraordinaire où nous placent les mesures qu'elles viennent d'édicter [...] elles nous assimilent tant à des pays limitrophes de l'Allemagne qu'aux neutres les plus suspects » (*L'Unité*, « Documents », Plon, p. 627). Le 12 mai, de Gaulle télégraphie à Kœnig : « Le gouvernement a décidé d'interrompre toute négociation avec les Alliés à Londres [...] tant qu'il n'aura pas la possibilité de communiquer par code français avec ses représentants diplomatique et militaire, c'est-à-dire avec M. Viénot et avec vous » (*Lettres, notes et carnets, 1943-1945*, p. 212).

51. Audience Duff Cooper du 23 mai : voir n. 49, p. 483.

52. À cette « assurance » donnée le 27 mai, le Général répond le 29 : « Je vous sais gré [...] de m'assurer que, dans le cas où je me trouverais en Grande-Bretagne, j'y disposerais d'une entière liberté de mouvement et de communication » (*L'Unité*, « Documents », Plon, p. 639).

53. Message et lettre de Churchill : *L'Unité*, « Documents », Plon, p. 640. Très cordiale, la lettre commence par : « Mon cher général de Gaulle, / Bienvenue sur ces rivages ! » Le Premier Ministre invite le Général « avec une ou deux personnes de *son* groupe » ; il y en aura quatre : les généraux Béthouart, Billotte et Kœnig, et l'ambassadeur Viénot.

54. Cf. la première rencontre entre de Gaulle et Smuts où ils avaient « tout de suite sympathisé » (p. 280). C'était en 1941. Depuis lors, en plusieurs occasions, Smuts s'est prononcé contre la présence française en Afrique ; en décembre 1943, il a déclaré qu'il ne fallait plus compter la France au nombre des grandes puissances.

55. Allusion à la note du C.F.L.N. du 7 septembre 1943. Voir p. 476 et n. 38.

56. Duff Cooper confirme cette version. Selon Béthouart, autre témoin, Eisenhower aurait dit qu'il ne pouvait « rien changer » à un texte « approuvé par son gouvernement » (F. Kersaudy, *De Gaulle et Churchill*,

p. 295). Selon Eden, il y a un « malentendu ». De Gaulle, en tout cas, rédige et fait remettre à Eisenhower, le 5 juin, un contre-projet (*Lettres, notes et carnets, 1943-1945*, p. 229-230).

57. Le roi des Belges, Léopold III, est resté en Belgique depuis 1940.

58. La soirée du 5 juin, Charles de Gaulle la passe avec son fils Philippe, qu'il ne libère qu'à l'heure où se déclenchent les opérations (Ph. de Gaulle, *Mémoires accessoires*, p. 293-299).

59. *Discours et messages*, t. I, p. 407-408.

60. Un télégramme de Massigli au Général l'assure, le 8 juin, du « complet accord » du « gouvernement unanime ». À la même date, le C.F.L.N. adresse aux gouvernements américain et britannique une « protestation [...] touchant l'émission de billets sans notre accord ». Le 9 juin, de Gaulle informe Queuille et Massigli de sa conversation avec Eden, après laquelle le secrétaire d'État a écrit à Viénot pour proposer, « cette fois formellement », d'ouvrir une négociation (*L'Unité*, « Documents », Plon, p. 640-643).

61. Interview accordée à l'Agence A.F.I. (*L'Unité*, « Documents », Plon, p. 643-644).

62. Un télégramme de Hoppenot commente cette campagne hostile qui « a pris son origine au Département d'État » ; Roosevelt lui-même, « à deux reprises, sur la question de la monnaie et sur la question des officiers de liaison [...] a fait [...] des déclarations non provoquées condamnant en termes sévères l'attitude du général de Gaulle » (*L'Unité*, « Documents », Plon, p. 648). Pour les officiers de liaison, les instructions données à Kœnig les 2, 6 et 7 juin et précisées le 15 (*Lettres, notes et carnets, 1943-1945*, p. 228, 234-235 et 246) sont moins restrictives que ne le donnent à penser les *Mémoires de guerre*.

63. Le 8 juin, le Général rend visite à la grande-duchesse de Luxembourg ; il rencontre, le même jour, Édouard Benès. Le soir, il assiste à un dîner offert par le gouvernement belge (télégramme du 9 juin à Massigli, *Lettres, notes et carnets, 1943-1945*, p. 236-239.) Le 16 juin, il tient à écrire au roi Pierre II de Yougoslavie, absent de Londres (*ibid.*, p. 247).

64. Allocution de Bayeux : *ibid.*, p. 245-246. De retour à Londres, le Général publie sur sa visite en France un communiqué dont il s'inspire pour écrire cette page de ses *Mémoires* (*L'Unité*, « Documents », Plon, p. 644-645).

65. La lettre du Général et la réponse de Churchill sont datées du 16 juin 1944 (*L'Unité*, « Documents », Plon, p. 646-648). Le Premier Ministre écrivait : « Dès 1907 [où il avait assisté aux grandes manœuvres françaises], dans les bons et dans les mauvais jours, j'ai été un ami sincère de la France, comme le montrent mes paroles et mes actes. [...] Si je peux, néanmoins, me permettre de donner un conseil, ce serait celui que vous fassiez la visite prévue au président Roosevelt et que vous essayiez d'établir, pour la France, ces bonnes relations avec les États-Unis qui sont une part très précieuse de son héritage. »

66. Bonomi écrit au Général de Salerne, le 6 juillet (*L'Unité*, « Documents », Plon, p. 653-654). Au palais Farnèse (siège de l'ambassade de France), de Gaulle fait une déclaration à la presse, où il commente son « inspection militaire », sa visite au Vatican et souhaite que les peuples français et italien trouvent « le chemin commun d'une marche

en avant pour le bien général et pour leur propre grandeur » (*Lettres, notes et carnets, 1943-1945*, p. 255-257).

67. La lettre du Général à Pie XII est datée d'« Alger, le 28 mai 1944 » ; de Gaulle s'y exprime en catholique, chef d'un peuple catholique. Le 15 juin, le pape lui répond : « C'est avec grand plaisir que Nous avons pris connaissance, cher Fils, du message solennel que vous Nous avez adressé » (*L'Unité*, « Documents », Plon, p. 638 et 645-646). Au cours de l'audience pontificale, Pie XII parlera à de Gaulle de violences et d'exactions commises par les troupes musulmanes du Corps expéditionnaire français. À ce sujet et après enquête, le cardinal Tisserant écrit le 20 juillet au Général, qui le remercie de « cette marque nouvelle de sollicitude », ajoutant : « Tout cela a été exagéré » (*Lettres, notes et carnets, 1943-1945*, p. 272-273).

68. Le 9 juin, le Général informe Queuille et Massigli de la démarche de l'amiral Fénard. Le 10, dans son interview (voir n. 61, p. 492), il répond à une question sur l'invitation de Roosevelt. Revenu à Alger, il précise, le 24, à Hoppenot, les conditions et les dates de son séjour aux États-Unis. D'Ottawa, le 29, Bonneau lui transmet l'invitation canadienne. De Rome, le 30, de Gaulle télégraphie à Massigli : « Mon intention est, décidément, de me rendre à Washington en ne donnant à mon voyage qu'un caractère de contact personnel avec le président Roosevelt, d'hommage rendu par la France au peuple américain et à ses armées et d'information générale. / Je suis tout à fait décidé à n'entreprendre et à n'accepter aucune négociation proprement dite sur aucun sujet. » Le 12 juillet, il confirme à Hoppenot qu'il arrivera le 6 à Washington et qu'il est d'accord sur le programme prévu. « Par contre, je n'entends pas négocier, je dis négocier, sur l'affaire des billets » (*L'Unité*, « Documents », Plon, p. 643-644 et 648-652).

69. À son arrivée à l'aéroport, le Général fait une brève et amicale déclaration *en anglais* (*L'Unité*, « Documents », Plon, p. 653).

70. Ancien ambassadeur de Roosevelt à Vichy, l'amiral Leahy était, parmi les conseillers du Président, l'un des plus hostiles à de Gaulle.

71. Né en 1860, ancien commandant des forces américaines en France pendant la Grande Guerre, en retraite depuis 1924, le général Pershing mourra en 1948.

72. *L'Unité* ne donne que la déclaration liminaire de cette conférence de presse (« Documents », Plon, p. 655-656) ; texte complet dans *Discours et messages*, t. I, p. 415-422.

73. De ces conversations de Gaulle envoie, le 9 juillet, à Queuille et Massigli un bref compte rendu (*L'Unité*, « Documents », Plon, p. 655). Le 12 novembre 1947, dans une conférence de presse, il esquissera un récit de ses entretiens avec Roosevelt (*Discours et messages*, t. II, p. 156-157).

74. Ce sous-marin, le Président l'offrit, dès Noël 1944, à l'aîné de ses petits-fils, Curtis Roosevelt. Son épouse lui faisant observer qu'il ne pouvait ainsi disposer d'un présent de chef d'État, Roosevelt répliqua que de Gaulle n'était pas un chef d'État, mais le chef de quelque comité français (Churchill and Roosevelt, *The Complete Correspondence*, t. III, Princeton University Press, 1984, p. 369).

75. On peut lire la traduction de cette lettre du 19 juillet au représentant Baldwin dans *L'Unité* (« Documents », Plon, p. 662). Une traduction

exacte (*egoistical* : « vaniteux, plein de soi ») eût privé le mémorialiste d'une belle exégèse.

76. En réponse à La Guardia, le Général prononce le 10 juillet une allocution (*Lettres, notes et carnets, 1943-1945*, p. 262-263) ; le même jour, il adresse au maire une lettre de remerciement (*ibid.*, p. 263-264). Pour la réception au Waldorf Astoria, il a donné, le 30 juin, ses instructions à Massigli : « Hoppenot doit organiser cela d'une manière très très libérale, je dis très très libérale. Ceci n'empêchera d'ailleurs pas ma visite spéciale à " France for ever " » (*L'Unité*, « Documents », Plon, p. 651). Il fixe à Hoppenot le 2 juillet les limites de son libéralisme : « Je ne veux naturellement rencontrer ni Alexis Léger, ni Labarthe, ni Tabouis, ni Kerillis, ni Géraud, ni Chautemps. Je ne fais pas d'exclusive pour les autres » (*Lettres, notes et carnets, 1943-1945*, p. 257-258).

77. C'est le 11 juillet 1944 que les trois savants français initièrent de Gaulle « au secret atomique », pour qu'il « pût à la fois tenir compte de l'avantage que représenterait pour les États-Unis la possession de l'arme nouvelle, prendre en France les mesures nécessaires à une rapide reprise des recherches atomiques et enfin connaître l'existence des ressources en uranium à Madagascar » (B. Goldschmidt, cité par J.-L. Crémieux-Brilhac, *La France Libre*, p. 855).

78. Discours d'Ottawa : *L'Unité*, « Documents », Plon, p. 656-658 ; *Discours et messages*, t. I, p. 423-426.

79. Ce discours de Montréal ne figure ni dans les « Documents » de *L'Unité* ni dans *Discours et messages*.

80. « Un texte satisfaisant » : le 30 juin, Viénot informe le Général qu'Eden et lui sont « arrivés » à un « projet d'accord », qui représente un « succès à 90 pour 100 ». Ce projet est appuyé à Washington par plusieurs ministres américains et Roosevelt l'approuve. Mais la reconnaissance américaine ne désigne le C.F.L.N. que comme « l'autorité *de facto* ayant qualité [...] pendant la période de libération ». La reconnaissance *de jure* interviendra le 21 octobre 1944. Quant à l'accord sur la coopération entre autorités françaises et commandement allié, il sera signé à Londres le 25 août par Massigli et Eden et, le même jour, en France par Kœnig et Eisenhower (*L'Unité*, « Documents », Plon, p. 651-652 et 662 ; *Lettres, notes et carnets, 1943-1945*, p. 261-262). Voir ici p. 569.

COMBAT

Nous disposons pour ce chapitre d'un manuscrit (*ms. 1*) et d'un dactylogramme (*dactyl. 1*).

a. Fin du § dans m. 1 : la présidence unique du Comité. [Désormais, j'avais la possibilité d'agir sur le plan qui était le mien et j'étais en mesure d'agencer le mécanisme de l'autorité ; il m'appartenait enfin de fixer les tâches et de choisir les exécutants. *biffé*]

b. Début du § dans ms. 1 : Mais comment intervenir ? Si la France avait occupé dans la coalition la place qui lui revenait malgré les pertes qu'elle avait subies, je ne me serais pas trouvé dans l'obligation d'agir, de temps en temps, d'une façon indépendante. Étant donné

c. à orig. Nous corrigeons d'après ms. 1.

d. Fin du § dans ms. 1 : l'affirment hautement. L'ennemi, lui-même, le reconnaît.

e. Il me rend compte de sa situation comme au chef d'un des gouvernements qui ont placé des forces sous ses ordres. Moi-même, en cette qualité, me garde d'intervenir dans la conduite de ses opérations.   *ms. 1*

f. Ce § et le suivant ne figurent pas ms. 1. Le général de Gaulle les ajoute dans ms. 2. Entre-temps, il a découvert l'ouvrage de Böhmler (voir n. 32).

g. forces   *orig. Nous corrigeons d'après dactyl. 1.*

h. Début du § dans ms. 1 : Pour moi, le but à atteindre [en Extrême orient *add. interl.*] c'était la participation de nos forces à la victoire du Pacifique et, par là, la possibilité de maintenir ou de rétablir la France en Indochine. L'idée

i. Dans la soirée, a lieu, sous   *orig. Nous corrigeons d'après dactyl. 1.*

1. L'âge de la France varie entre mille et deux mille ans : voir p. 416 ; les « quatorze siècles » (ou « quinze cent ans ») qui font naître la patrie au baptême de Clovis fréquentent l'estimation la plus fréquente.

2. Écho de la formule initiale des *Mémoires de guerre* : « Toute ma vie, je me suis fait une certaine idée de la France. »

3. L'armistice franco-allemand fut signé à Rethondes le 22 juin 1940 ; l'armistice franco-italien, près de Rome, le 24 juin. Le lapsus du Général s'explique : Turin fut le siège de la commission d'armistice franco-italienne, homologue de celle qui réunissait, à Wiesbaden, puis à Paris, les délégués français et allemands.

4. Dans leur mémorandum du 18 septembre 1943 adressé à Roosevelt et à Churchill, les généraux de Gaulle et Giraud exprimaient « le souci [...] d'assurer, ensuite, une participation substantielle à la libération de l'Indochine française » (*L'Unité*, « Documents », Plon, p. 664).

5. *L'Unité*, « Documents », Plon, p. 677.

6. Voir p. 396 et n. 41.

7. *L'Unité*, « Documents », Plon, p. 666-667.

8. *L'Unité*, « Documents », Plon, p. 667-668.

9. Les « serments » de fidélité au chef de l'État français.

10. Le S.T.O. n'était pas imposé aux seuls ouvriers des classes 1940-1942, puis 1943 ; mais il est vrai que beaucoup d'étudiants furent réfractaires.

11. Ce souci est partagé par l'Assemblée consultative, où siègent de nombreux résistants venus de France.

12. J.-L. Crémieux-Brilhac consacre, d'après les meilleurs sources, une annexe au « financement de la Résistance » (*La France libre*, p. 790-795) ; il arrive à un total d'« une dizaine de milliards, l'équivalent de trois semaines d'indemnité d'occupation » — montant inférieur à celui qu'indique le Général. Quant aux « réquisitions » opérées par « des chefs locaux », certaines précédèrent « la crise suprême » : ainsi, le 9 février 1944, les F.T.P. saisirent, à Clermont-Ferrand, « un milliard trois cent millions en billets, dont la moitié sera restituée après la Libération » (*ibid.*, p. 795).

13. O.R.A. : Organisation de résistance de l'Armée.

14. Sur le C.N.R. et le C.O.M.A.C., voir p. 429 et n. 22.

15. Michel Brault est reçu en janvier 1944 par Churchill, qu'il convainc de l'importance des maquis.

16. D'abord « chargé de coordonner l'activité paramilitaire des mouvements de résistance dans la zone Sud » (1er juin 1943, *Lettres, notes et carnets, 1943-1945*, p. 15), Louis Mangin (fils du général de 1914-1918) succède à Marchal qui exerçait en fait les fonctions de délégué militaire national. Bourgès-Maunoury (futur ministre et président du Conseil de la IVe République) remplace Mangin le 1er février 1944. Le 10 mars, de Gaulle crée la fonction de délégué militaire national qui sera exercée par le colonel Ely (futur chef d'état-major général), qui choisit d'être le second de Chaban-Delmas, jusqu'alors intérimaire.

17. Malraux, qui depuis 1942 était en contact avec l'organisation britannique de Buckmaster, a pris d'autorité au printemps 1944 le commandement des maquis de ces départements.

18. Sur Hardy, voir p. 426, n. 19. Louis Armand deviendra président de la S.N.C.F.

19. Une ordonnance du 14 mars 1944 dispose qu'« un officier général, délégué militaire » représentera le C.F.L.N. auprès du commandement allié. Une décision du 28 mars nomme délégués militaires « pour le théâtre d'opérations Nord » le général Kœnig, « pour le théâtre du Sud » le général Cochet. Le 16 mai, de Gaulle rédige une directive sur les opérations des « forces de l'intérieur » (*L'Unité*, « Documents », Plon, p. 559, 684 et 689-690) : c'est le plan « Caïman » évoqué p. 544. Le 30 mai, Eisenhower reconnaît Kœnig comme commandant en chef des F.F.I. : il disposera, à ce titre, d'un état-major interallié, où figurera le colonel Buckmaster, du S.O.E. Le réseau « Alliance », jusque-là indépendant, se range, avant le débarquement de Normandie, sous l'autorité française. Du War Office dépendait le service secret M.I.6 qui avait ses propres agents en France.

20. Écho de la formule de Churchill, qui voulait frapper « le ventre mou » de l'Europe.

21. « L'Union française » : inscrite dans la constitution de 1946, la formule est anachronique dans le contexte de 1943-1944, où de Gaulle, comme tout le monde, parlait de « l'Empire ».

22. Le 16 décembre 1943, le Général reçoit l'ambassadeur américain Wilson ; le 17, Macmillan (*L'Unité*, « Documents », Plon, p. 668-670). Il est « d'accord pour une négociation à trois [...] il s'agit d'un accord à établir entre les trois gouvernements ».

23. Sur cette « conférence », voir p. 477 et n. 40.

24. Le 31 décembre, Massigli informe les postes diplomatiques de l'accord intervenu le 27, « consacré par des lettres [qu'il vient] d'échanger avec MM. Wilson et Macmillan » (*L'Unité*, « Documents », Plon, p. 613).

25. Ordonnance du 4 avril 1944, article 2 : « Le président du C.F.L.N. est chef des armées. Les pouvoirs dévolus au président du Conseil des ministres par la loi du 11 juillet 1938 sur l'organisation de la nation en temps de guerre, en ce qui concerne la direction et la coordination de la Défense nationale, sont exercés par le président du C.F.L.N. » (*L'Unité*, « Documents », Plon, p. 685). Cette loi de 1938, le Général la connaît bien, pour avoir participé à son élaboration : cf. *L'Appel*, p. 7-8.

26. En octobre 1943, le général Béthouart, chef de la mission militaire à Washington, est rappelé à Alger, où il devient chef d'état-major de la Défense nationale. Juin lui succédera après le débarquement de Normandie.

27. Jusqu'en novembre 1942, Juin, à Alger, et de Lattre, à Montpellier, servaient dans le cadre de l'État français.

28. Anzio : sur la mer Tyrrhénienne, au sud-est de Rome. Les Alliés y débarquèrent le 22 janvier 1944.

29. Après l'armistice de Syracuse (voir n. 38, p. 538), le gouvernement italien a remis son armée au combat aux côtés des Alliés.

30. Du 4 au 6 mars. Voir p. 456.

31. Sur la 1re DFL, voir p. 523. Une « décision » du Général, en date du 5 février 1944, précise la composition des renforts qu'il est possible d'envoyer en Italie.

32. Böhmler, *Monte Cassino*, Plon, 1956. Ce livre se trouve dans la bibliothèque du Général (communication du professeur Larcan).

33. Télégramme envoyé de Londres le 5 juin 1944. Par lettre du 14 juin, Juin remercie son « cher de Gaulle » (*L'Unité*, « Documents », Plon, p. 695).

34. Le commandant Gambiez deviendra général et sera commandant en chef lors de la guerre d'Algérie. Voir *Mémoires d'espoir*, p. 941.

35. Télégramme du 19 juin qui s'achève ainsi : « Je suis profondément heureux que ce succès ait coïncidé avec l'anniversaire historique du 18 juin » (*L'Unité*, « Documents », Plon, p. 696).

36. Du 27 au 30 ; voir p. 496.

37. À la lettre du 14 juin, où le général Juin ne dissimulait pas son « amertume » et sa tristesse « de quitter le commandement de belles divisions [qu'il avait] dressées » (*L'Unité*, « Documents », Plon, p. 695), de Gaulle répond, le 17, par télégramme : « Tout en comprenant profondément ton regret de voir tes unités passer successivement maintenant dans la zone de commandement d'un autre [...]. Calme ta généreuse impatience et fais-moi confiance. J'irai te voir en Italie très prochainement. » Le 25 juillet, le Général confirme à Juin son « intention » de le nommer chef d'état-major de la Défense nationale (*Lettres, notes et carnets, 1943-1945*, p. 251-252 et 270). La nomination interviendra peu après.

38. Armistice italo-anglo-américain signé le 3 septembre 1943.

39. Sabang ; sur la côte est de l'île de Pulau (au nord de Sumatra). Soerabaya : port de Java.

40. L'avion de Saint-Exupéry fut abattu, le 31 juillet 1944, en Méditerranée, au retour d'une mission sur les Alpes, accomplie malgré l'interdiction de voler signifiée au « pilote de guerre ». « Le Grand Cirque » : titre du livre de Pierre Clostermann, paru en 1948.

41. D'abord établi dans l'Aveyron, le maquis « Bir Hakeim » passa en août 1943 au plateau de Dourch (Hérault). Marcel de Roquemaurel était l'un de ses chefs. Au printemps de 1944, les maquisards gagnèrent, sur le causse Méjean, la ferme-château de La Borie (Lozère). Attaqués le dimanche de Pentecôte (28 mai), ils se défendirent vaillamment, trente-deux d'entre eux étant tués à l'ennemi. Faits prisonniers, vingt-sept autres furent torturés et assassinés par la gestapo de Mende.

42. Il faut lire : « Sainte-Ferréol (Corrèze) où, le 11 novembre 1943, comme à Oyonnax, les maquisards défilèrent, d'où les représailles allemandes. À Terrasson (Dordogne), village limitrophe de la Corrèze, eurent lieu en 1943 « de vifs engagements ».

43. On a beaucoup écrit sur les Glières. Si l'héroïsme des maquisards est éclatant, si leur nombre (entre cinq et six cents) est connu, les

effectifs engagés par les Allemands et Vichy varient, selon les auteurs, de « sept mille » (chiffre que retient de Gaulle) à vingt mille (Malraux) en passant par douze mille (Henri Michel). Le Général assure que « les deux tiers » des défenseurs du plateau « ont échappé » à l'ennemi, mais plus de cent maquisards furent massacrés dans les jours qui suivirent leur retraite opérée à la faveur de la nuit. Quand aux pertes allemandes, elles furent très faibles.

44. Le 11 novembre 1943, soit sept mois avant le débarquement de Normandie.

45. Tous les lieux cités dans ce paragraphe sont dans la Drôme.

46. Le futur général, gendre de François Mauriac.

47. Texte de la directive dans *L'Unité*, « Documents », Plon, p. 689-690. Elle ne « prescrit » pas, à proprement parler, une « action généralisée », réservant, pour des raisons évidentes le cas de l'« agglomération parisienne ». Les objectifs fixés sont ceux qu'il faut atteindre au cours des batailles de France.

48. Cette allusion, qui n'est pas en contradiction avec celle d'Eisenhower, ne figure pas dans les « Documents » de *L'Unité*. On la trouve dans *Discours et messages*, t. I, p. 407-408.

49. Traduction de *Combined Chiefs of Staff Committee*.

50. Voir la finale analogue du récit des Glières, p. 542. Si les parachutistes survivants ont pu se retirer, ils auront perdu en deux mois 40 pour 100 de leur effectif. Le chiffre de « trente mille hommes » peut surprendre, mais il correspond à la réalité bretonne de l'été 1944 ; les deux tiers de ces insurgés étaient armés.

51. À Alger, devant l'Assemblée consultative, le Général évoque, le 25 juillet 1944, les combats du Vercors (*Discours et messages*, t. I, p. 430).

52. À Ascq (Nord) en avril 1944, à Tulle et à Oradour en juin, à Cerdon (Ain) en juillet, « le massacre et l'incendie » firent au total près d'un millier de victimes.

53. Cf. discours du 25 juillet 1944 cité n. 51, p. 546 : « Les effectifs que les Allemands sont contraints d'employer à lutter contre nos troupes sur le sol métropolitain atteignent la valeur de sept à huit divisions au moins. »

54. Seule l'infanterie divisionnaire a été retardée (de dix jours), les blindés étant transportés par voie ferrée. Dans ce paragraphe, le Général reprend une interprétation des faits alors courante, aujourd'hui rectifiée.

55. Zeller a vu Soustelle le 4 août et de Gaulle le 5. Le 6, le Général l'envoie à Naples, où se trouvent Patch et de Lattre. Les renseignements fournis par Zeller, confirmés par l'interception de messages allemands, conduisent l'état-major allié à modifier ses plans.

56. En novembre 1943, le Général est informé par Massigli des contacts établis par Boisanger avec la mission française à Tchoung-King (*Lettres, notes et carnets, 1943-1945*, p. 99-100).

57. Le gouvernement chinois siège dans cette ville du Se-Tchouen, la capitale étant occupée par les Japonais.

58. « La Fédération » : l'Indochine française (Tonkin, Annam, Laos, Cambodge et Cochinchine).

59. *L'Unité*, « Documents », Plon, p. 680-683.

60. « Peu après » : c'est le 23 août 1944 que le général Mordant est nommé délégué général du G.P.R.F. en Indochine ; il doit être assisté

Notes et variantes des pages 551 à 584 1315

d'un délégué politique, François de Langlade, et d'un délégué militaire, le général Blaizot. Ce dernier arrivera le 26 octobre à Kandy (Ceylan) ; il sera intégré au South East Asia Command, que dirige Lord Mountbatten.

61. Le 12 août, de Gaulle télégraphie à Kœnig : « Vos différents comptes rendus indiquent que la division Leclerc serait engagée » (*L'Unité*, « Documents », Plon, p. 697). Ce jour-là, la 2ᵉ DB prenait Alençon.

62. Cf. : « Bien entendu, c'est la bataille de France et c'est la bataille de la France ! » (Appel du 6 juin 1944 à la radio de Londres, *Discours et messages*, t. I, p. 407.)

63. Derniers mots du discours du 11 novembre 1942 (*L'Unité*, « Documents », Plon, p. 407 ; *Discours et messages*, t. I, p. 240).

PARIS

Nous disposons pour ce chapitre de deux manuscrits (*ms. 1* et *ms. 2*).

a. Après ces mots, on trouve dans ms. 1 un passage largement biffé d'où nous avons pu extraire les quelques lignes que nous donnons ci-après : Chacun sait que tout peut changer. [Tant que le géant semblait incarcéré et stupéfié, il ne représentait partout qu'un souvenir. Le monde s'accommodait de sa formidable absence. Or soudain le geôlier chancelle, les libérateurs approchent, le prisonnier remue dans ses chaînes. Voici qu'il s'éveille. *biffé*]

b. et [*milieu du 2ᵉ §*] nationale. C'est pourquoi, prenant le risque, j'approuve entièrement le soulèvement imminent sans rejeter aucune des influences qui sont propres à le provoquer, [y compris celles des communistes *add. interl.*], et en tâchant, au contraire, que le torrent collecte tous les courants. Mais j'entends que la crise soit brève pour limiter autant que possible les ravages de la bataille et les bouleversements inhérents à l'insurrection ; D'ailleurs, j'ai pris, à l'avance, les mesures propres à empêcher que l'affaire ne dégénère. C'est ainsi que le nécessaire a été fait pour que les forces *ms. 1*

c. les affaires par le bas [, à manœuvrer les gens par ce qu'ils ont d'inférieur, à se servir de la médiocrité, issu d'un régime qui plongeait depuis des lustres la vie politique dans des jeux sans foi ni grandeur, *biffé*], Laval tenait *ms. 2*

d. ouverte *ms. 2*

e. entamer celui dont je suis détenteur. [Les événements font en sorte que ce devoir m'incombe à moi seul, que si j'y manque la France risque de ne plus s'en relever jamais et que, suivant la loi de notre histoire, il n'y a pas d'autre moyen d'assurer l'unité française. *biffé*] La mission *ms. 2*

f. Après ces mots, on trouve dans ms. 1 un § biffé dont voici le texte : J'indique alors au général Leclerc que je compte traverser publiquement Paris le lendemain et qu'il lui faut prévoir qu'une partie de sa Division, au moins, aura l'honneur de figurer dans cette manifestation nationale. Leclerc en est enchanté, non sans me faire prévoir les difficultés qu'il s'attend à rencontrer de la part du général Gerow commandant de corps d'armée américain auquel il est tactiquement rattaché. Ensuite, il lui faudra, sitôt achevé le « nettoyage » de Paris, porter une fraction de ses forces sur Saint-Denis où la pression des troupes ennemies venues du Nord continue à se faire sentir. Je dis à Leclerc qu'à cet égard il fasse le nécessaire, que néanmoins il prenne part au défilé du 26 août avec ses disponibilités et qu'il en prévienne le commandement américain qui sera, me semble-t-il, très heureux de savoir que la capitale française va fêter sa libération autour du chef de son gouvernement. S'il en était, par hasard, autrement, il conviendrait de porter à la connaissance des chefs militaires alliés que ce sont là les ordres donnés par le général de Gaulle.

g. popularité. Je le dis aux agents alignés. Des milliers de regards me répondent. Alors, *ms. 1*

h. Fin du § dans *ms. 2* : dangereux complot. Au reste, ce sont les affirmations que publièrent le lendemain « L'Humanité » et le « Front National » en présentant l'incident comme une agression des fascistes possédés par l'esprit de vengeance. Chaque nuit, pendant plus d'une semaine, des coups de feu sporadiques continuèrent à se faire entendre, çà et là, à travers Paris.

i. au fond d'une voiture de série, je *ms. 2*

j. l'adhésion du peuple ! Paris vient de me faire voir que, parfois, les Français sont le seul parti de la France. Cette massive confiance, *ms. 2*

1. Cf. Mauriac, cité le 30 octobre 1943 : « Paris, assoupi au bord de son fleuve » (p. 75 et n. 8 ; p. 434 et n. 31).

2. Président de la Chambre des députés jusqu'en 1940, interné par Vichy, très apprécié des dirigeants anglo-saxons et soviétiques, Herriot remplit évidemment les trois conditions posées.

3. Ayant contacté Allen Dulles, le radical André Enfière croit pouvoir dire à Laval : « Si vous faites libérer Herriot, Roosevelt vous en tiendra compte » (Duroselle, *L'Abîme*, p. 469) — ce qu'on ne peut interpréter comme un appui formel au plan imaginé par le chef du gouvernement de Vichy.

4. Un télégramme du 15 juillet de la délégation de Paris informe le G.P.R.F. de ces manifestations « dans plusieurs quartiers » de la capitale et à Arcueil (*L'Unité*, « Documents », Plon, p. 699). Dans son *Journal secret de la Libération* (Albin Michel, 1975), Yves Cazaux note d'autres « manifestations sporadiques » dans une dizaine de communes (p. 63).

5. Le télégramme cité dans la note 4 de cette page signale une révolte des « prisonniers de la Santé » et la riposte armée de la Milice. Selon Galtier-Boissière, la révolte éclate dans le quartier des détenus de « droit commun », les politiques refusant de s'y joindre ; une cour martiale prononcera vingt-huit condamnations à mort, immédiatement exécutées (*Histoire de la guerre 1939-1945*, t. V, *Crapouillot*, 1949, p. 354). Peu avant la Libération, les gardiens laissèrent sortir les détenus politiques.

6. Selon J.-L. Crémieux-Brilhac, les *Mémoires de guerre*, « écrits en pleine guerre froide », dramatisent « à coup sûr » la « pensée de 1944 » du Général (*La France Libre*, p. 889). Il est certain que, pour obtenir du commandement allié l'entrée de troupes françaises à Paris, de Gaulle, à côté d'autres arguments, a évoqué le risque d'« une situation de désordre » (lettre à Eisenhower du 21 août 1944, *L'Unité*, « Documents », Plon,

p. 703). Mais, s'il craignait le « désordre », le Général n'a sans doute jamais cru à une prise de pouvoir par les communistes. Les consignes de Moscou et du « parti » écartaient du reste cette possibilité.

7. Le Comité militaire d'action de la Résistance (C.O.M.A.C.), créé à la mi-janvier 1944, comprend trois membres, dont un communiste déclaré, Villon, et un communiste camouflé, Kriegel-Valrimont. Le colonel Dejussieu (Pontcarral) fut arrêté le 5 mai 1944. Pour Rol-Tanguy, voir p. 567 et n. 30.

8. Il s'agit du Conseil national de la Résistance (C.N.R.).

9. Deux décrets du 14 août concernent « M. Alexandre Parodi, dit Quartus » : par le premier il entre au G.P.R.F. ; le second le nomme « commissaire délégué aux Territoires occupés » (*L'Unité*, « Documents », Plon, p. 700-701).

10. Les « Secrétaires généraux provisoires » créés par ordonnance du 19 mai 1944 (*L'Unité*, « Documents », Plon, p. 574).

11. Haut-commissaire au Levant en 1940, Puaux, après avoir envisagé de résister, ne rallie pas alors la France Libre, mais est révoqué en novembre 1940 par Vichy (voir p. 74 et 151). En juin 1943, il succède à Noguès comme résident général au Maroc.

12. Ce « départ forcé » aura lieu le 20 août au matin.

13. D'Alger, le 16 août, le Général donne « pleins pouvoirs » à Kœnig « pour signer avec le général Eisenhower les dits accords » (*L'Unité*, « Documents », Plon, p. 662). La signature interviendra le 25 août, le jour même de la libération de Paris ; voir p. 569.

14. D'Alger, le 14 août, le Général envoie une lettre à Roosevelt : « Je compte [...] me rendre très prochainement au Nord [...] je ne veux pas attendre jusque-là pour vous dire avec quelle admiration et quelle reconnaissance les Français suivent les magnifiques opérations des troupes d'Eisenhower, de Bradley et de Patton » (*Lettres, notes et carnets, 1943-1945*, p. 292). À son arrivée à Cherbourg, le 20 août, il déclare : « le calvaire que nous gravissons est la plus grande épreuve de notre Histoire. Mais nous savons de quel abîme nous émergeons et vers quels sommets nous montons » (*L'Unité*, « Documents », Plon, p. 702).

15. Maurice Sarraut, frère d'Albert, directeur de la *Dépêche de Toulouse*, fut assassiné près de cette ville le 2 décembre 1943. Jean Zay, ancien ministre de l'Éducation nationale, condamné en 1940 à la détention perpétuelle pour désertion (prétendue), fut extrait de la prison de Riom le 20 juin 1944 et assassiné le lendemain près de Cusset. Georges Mandel, déporté à Buchenwald avec Léon Blum, fut renvoyé en France sur ordre de Himmler, écroué le 6 juillet à la Santé, remis le 7 à la Milice et assassiné en forêt de Fontainebleau. Ces trois meurtres sont tous imputables à des miliciens. « La mise à mort » de Philippe Henriot, secrétaire d'État à la Propagande de Vichy, fut exécutée dans son ministère, rue de Solférino le 28 juin 1944, par un groupe de résistants du Mouvement de libération nationale (M.L.N.).

16. Pétain avait envisagé de s'établir à Paris sous certaines conditions, refusées par les Allemands. Il se rallia finalement à « une autre idée » : s'il ne pouvait « se mettre sous la sauvegarde des forces françaises de l'intérieur », il refuserait de quitter Vichy et ne le ferait que sous la contrainte. Cf. *L'Unité*, « Documents », Plon, p. 701.

17. Abetz avait, le 16 août, invité Herriot à déjeuner le 17 à l'ambas-

sade d'Allemagne. « En fait, ce déjeuner n'aura pas lieu » (Duroselle, *L'Abîme*, p. 470) et, le 17, Herriot sera emmené en Allemagne.

18. Cf. « Mère, voici vos fils qui se sont tant perdus. / Qu'ils ne soient pas jugés sur une basse intrigue » (Péguy, *Œuvres poétiques*, Pléiade, p. 803). Ces vers d'*Ève*, le président du R.P.F. les a cités de mémoire, en faveur de l'amnistie, dans sa conférence de presse du 24 novembre 1949 (*Discours et messages*, t. II, p. 329).

19. Lettre du 21 août, où l'on trouve une formule reprise par le mémorialiste : « Une situation de désordre ». Le même jour, dans un télégramme au gouvernement d'Alger, le Général disait : « Si les forces alliées n'occupent pas Paris à bref délai, des troubles graves peuvent se produire » (*L'Unité*, « Documents », Plon, p. 702-703).

20. De son P.C., le 21 août, Leclerc rend compte au Général. De Laval, le lendemain, de Gaulle envoie les informations que reprend ce paragraphe (*L'Unité*, « Documents », Plon, p. 704-705).

21. Attaché à l'état-major de Rol-Tanguy, le commandant Cocteau, dit Gallois, se rendit le 20 août de Paris à Corbeil auprès du général Patton, pour le convaincre d'entrer au plus tôt dans la capitale. Patton renvoya Cocteau chez Bradley. À son tour, celui-ci pressa Eisenhower d'intervenir : ce qu'il fit en permettant à Leclerc de foncer. À la préfecture du Mans, de Gaulle a reçu un rapport de Kœnig, daté du « 22 août 1944, 23 heures », sur la situation parisienne.

22. Cette trêve ne dura qu'un jour : le dimanche 20 août.

23. « Je viens d'arriver à Rambouillet », écrit Leclerc le 23 août à 13 h 30. De Chartres à 14 h 55, le Général répond qu'il sera lui-même « à Rambouillet ce soir » ; il achève sa « note » sur : « Je vous embrasse » (*L'Unité*, « Documents », Plon, p. 707).

24. Le communiqué diffusé par la B.B.C. le 23 août annonçait qu'à Paris « les patriotes occupaient tous les édifices publics », et s'achevait sur cette formule : « Ainsi les Parisiens auront apporté une contribution décisive à leur libération. » — Ce qui fut vite traduit : *Paris is free !* D'où les félicitations royales du 24 août (*L'Unité*, « Documents », Plon, p. 708).

25. Lettre à Luizet, de Rambouillet, 23 août 1944 à 20 heures : *L'Unité*, « Documents », Plon, p. 707-708.

26. Jean Laurent, chef de cabinet du Général quand il était sous-secrétaire d'État à la Guerre dans le dernier cabinet Reynaud, ne le suivit pas Londres, mais lui donna les clefs de son appartement de Mayfair. Pastor : « En réalité, agent des Américains » (C. Guy, *En écoutant de Gaulle*, p. 417). Le Général affirme que la suggestion de convoquer l'Assemblée lui fut faite par Saint-Phalle et Laurent (*ibid.*).

27. Pourquoi « sept » ? L'auteur de *Vers l'armée de métier* demandait six divisions blindées et une division légère. Cf. *L'Appel*, p. 12 et n. 27.

28. L'avenue d'Orléans est aujourd'hui l'avenue du général Leclerc.

29. Voir Philippe de Gaulle, *Mémoires accessoires*, p. 320-324.

30. « Sur les objurgations de Rol-Tanguy » et de Kriegel-Valrimont, tous deux communistes, mais aussi de Chaban-Delmas.

31. Quelques heures plus tard, dans son allocution « improvisée » à l'Hôtel de Ville, de Gaulle ne nommera pas le Conseil national de la Résistance.

32. Voir n. 13, p. 559.

33. Aimé Le Percq entrera quelques jours plus tard au gouvernement

comme ministre des Finances. Il périra en novembre dans un accident et sera remplacé par René Pleven.

34. André Tollet est le président du Comité parisien de la libération, Marcel Flouret, le préfet de la Seine.

35. Georges Marrane sera en 1958 le candidat du parti communiste à l'élection présidentielle. « Dans ma réponse, improvisée » : préparée tout de même la veille, à Rambouillet, selon le témoignage de Claude Guy (*En écoutant de Gaulle*). Ce discours, le Général, quand il le publie dans *L'Unité* (« Documents », Plon, p. 709-710), en omet la partie politique, celle où il appelle un régime où nul Français ne « puisse redouter la faim, la misère, les lendemains » (cité par J.-L. Crémieux-Brilhac, *La France Libre*, p. 902). Dans les *Discours et messages* (t. I, p. 439-440), le texte est encore abrégé. Ici, les citations sont faites librement.

36. Traduction de la note de Gerow dans *L'Unité* (« Documents », Plon, p. 710). Le général américain y interdit à Leclerc de « faire participer [ses] troupes à cette parade » selon « l'instruction » que lui a donnée de Gaulle, nommément cité.

37. Ce 21 août, de Gaulle a écrit à Eisenhower : « Je vous envoie le général Kœnig, nommé gouverneur militaire de Paris et commandant de la région de Paris » (*L'Unité*, « Documents », Plon, p. 703).

38. « Voyez, c'est la mer ! » disait Lamartine à Hugo en lui montrant une autre foule parisienne (*Choses vues*, 25 février 1848).

39. Cf. « Parfum des marronniers de ces Champs-Élysées / Que je vais descendre à cheval ! » (Rostand, *L'Aiglon*, acte V, sc. II). Charles de Gaulle reste fidèle à ses enthousiasmes littéraires de jeunesse.

40. « Quatre fois » : en 1814, 1815, 1871 et 1940. « Deux vies » : 126 ans.

41. Pétain était venu à Paris le 26 avril 1944. Les « obsèques nationales » de Philippe Henriot avaient eu lieu le 1er juillet.

42. Écrivant à sa femme le 27 août, le Général mentionne cette « fusillade qui n'était qu'une tartarinade [...]. Le premier coup de feu déclenche une pétarade générale aux moineaux ». Souci de rassurer une épouse ? Non, car, le même jour, il parle à Henri Queuille d'« une vulgaire tartarinade » (*Lettres, notes et carnets, 1943-1945*, p. 297-298). Les *Mémoires de guerre*, ici, sont fidèles à la réaction du moment. Plus loin, avec le recul, l'auteur parlera d'« une affaire montée » par le parti communiste, mais ce ne sera qu'un « sentiment ».

43. De son « P.C. avancé », Leclerc rend compte au Général de ces opérations (*L'Unité*, « Documents », Plon, p. 710).

44. Ces « poches » (Lorient, Saint-Nazaire, Royan) resteront de longs mois contrôlées par l'ennemi.

45. *L'Unité*, « Documents », Plon, p. 711.

46. Au cours de cette visite, le dimanche 27 août, Eisenhower, qu'accompagnait Bradley, se vit demander par de Gaulle « le prêt de deux divisions américaines afin de faire un étalage de force, comme il disait, pour asseoir fortement sa position [...]. Je lui promis que deux de nos divisions montant en ligne passeraient par les principales artères de la ville [...] organiser un défilé, et je l'invitai à passer ces unités en revue » (*Croisade en Europe*, Laffont, 1949, p. 349). À la suite de la publication dans la presse d'extraits de ce livre, de Gaulle fit une déclaration, qui y fut publiée en appendice : « La traversée de la capitale, quelques jours plus tard, par deux divisions américaines, n'avait rien à voir avec le

rétablissement de la souveraineté nationale. JE FUS NATURELLEMENT SALUER, À LEUR PASSAGE DANS LA CAPITALE, LES DIVISIONS AMÉRICAINES MARCHANT AU COMBAT, MAIS JE NE LES AVAIS PAS DEMANDÉES » (*Croisade en Europe*, p. 577). Le défilé eut lieu aux Champs-Élysées le mardi 29 août devant de Gaulle et Bradley (voir Claude Mauriac, *Un autre de Gaulle*, p. 14-15).

47. Voir n. 14, p. 559 et n. 16, p. 560. Cette nouvelle version de l'acte constitutionnel n° 4 *sexties* (non promulgué) prévoyait le retour du pouvoir constituant à l'Assemblée nationale (Sénat et Chambre des députés). La lettre du 11 août 1944 est citée par Marc Ferro (*Pétain*, p. 583).

48. Cf. le télégramme de la délégation en zone Sud envoyé à de Gaulle, à Alger, le 14 août 1944, rendant compte de la démarche d'Oliol, ce même jour (*L'Unité*, « Documents », Plon, p. 701).

49. Cf. « La vieillesse est un naufrage » (p. 65). Au général Héring, de Gaulle avait déjà déclaré : « Le Maréchal n'a jamais trahi, mais il était trop vieux » (cité par Tournoux, *Pétain et la France*, p. 542).

50. En partie rédigé, en août 1944, par Henri Massis — à qui « le Maréchal [...] avait demandé de faire appel à de Gaulle sans le nommer » (*ibid.*, p. 511) —, ce long message ne fut diffusé par aucune radio ; certains Français le connurent par voie d'affiches ou de tracts. On peut lire cet adieu dans Marc Ferro, *Pétain*, p. 593-596. « Vos malheurs, déclarait Pétain, ne sont pas sortis de l'armistice mais de la défaite. » Il écrivait aussi : « S'il est vrai que de Gaulle a levé hardiment l'épée de la France, l'Histoire n'oubliera pas que j'ai tenu patiemment le bouclier des Français. » Ces images seront souvent reprises après la guerre par les défenseurs du Maréchal. À ses fidèles, celui-ci recommandait : « Qu'ils s'unissent autour du chef le plus capable de les unir » : c'était bien « faire appel à de Gaulle sans le nommer ».

51. Cf. la fin du discours de Bruneval (30 mars 1947) : « Le jour va venir où [...] la masse immense des Français se rassemblera sur la France » (*Discours et messages*, t. II, p. 46).

52. Ce finale fait écho à celui de *L'Appel* (p. 262) : même confrontation avec soi, mêmes espérances pour la patrie, même résolution de poursuivre la route.

LE SALUT

LA LIBÉRATION

Nous disposons pour ce chapitre de deux états manuscrits (*ms. 1* et *ms. 2*) et de trois états dactylographiés (*dactyl. 1*, *dactyl. 2*, *dactyl. 3*).

a. formalités. [, plutôt que pour l'indispensable et glorieux effort du pays pour *[trois mots illisibles]* sa part de victoire aux côtés des alliés. En outre *biffé*] Mesurant *ms. 1*

b. offert [à l'intérieur *biffé ms. 1*] et choisi d'être tout de suite un champion du progressisme ; André Philip *ms. 1*, *ms. 2*, *dactyl. 1*, *dactyl. 2*

Notes et variantes des pages 587 à 629 1321

c. Début du § dans ms. 2 : Abordant la question de nos relations extérieures, je ne manque pas de mettre les points sur les i, quelque choc qu'en doivent éprouver ceux qui, chez nous, dans ce domaine, inclinent à remplacer la fermeté par l'idéologie. « Nous voulons croire

d. Fin du § dans ms. 1 : l'autorité de l'État sans laquelle aucune réforme d'aucune sorte n'était possible.

e. qui s'était prodigué dans la Résistance, dépouillait [mal *biffé et corrigé en* malaisément *ms. 2*] la psychologie du combattant clandestin [pour revêtir celle du fonctionnaire *biffé ms. 1*] [pour adopter celle du haut fonctionnaire *ms. 2*]. À lui *ms. 1, ms. 2*

f. Fin de la phrase dans ms. 1 et ms. 2 : comme un soviet dont l'obéissance [l'appartenance *ms. 2*] communiste ne pouvait faire aucun doute.

g. Pour la Lorraine, enjeu séculaire du destin de la patrie, l'envahisseur *ms. 1, ms. 2, dactyl. 1*

h. Le dimanche 1er octobre, après avoir, entouré d'un vaste concours populaire, assisté en l'église *ms. 1*

i. transport. S'ils étaient fiers que de Gaulle eût sa maison parmi les leurs, ils se félicitaient aussi d'avoir pu sauvegarder les [leurs *ms. 2*] granges, les [leurs *ms. 2*] bêtes, les [leurs *ms. 2*] instruments aratoires et, tout heureux de la libération, s'apprêtaient *ms. 1, ms. 2*

j. Fin du § dans ms. 2 : des notabilités. « Ici, les choses ont bien changé ! » me dit-il. Je répondis, lui montrant l'assistance : « Oui ! Mais les Français, eux, ne sont-ils pas toujours pareils ? » : *fin du § dans dactyl. 1 :* des notabilités. « Comment les choses ont changé ! *[comme dans ms. 2]* « Les choses Oui ! Mais ne croyez-vous pas que les français sont restés pareils ! »

k. force naissante. [Dans la soirée, je pus aller voir, — ce fut la dernière fois —, mon frère Jacques, paralysé depuis des années, recueillir son témoignage et lui donner des nouvelles de ses trois fils aînés engagés à la Ire Armée. *biffé ms. 2*] Le 6 novembre *ms. 1, ms. 2*

l. Fin du § dans ms. 1 : toute menace immédiate étant éloignée, le pays retournerait, sans moi et malgré moi, à ses anciennes dérives.

m. Fin de la phrase dans ms. 1 et ms. 2 : aussitôt à moi pour demander un commandement.

n. Les éditions portent toutes de . *Nous avons adopté la leçon de ms. 1.*

o. Sans m'abandonner jamais aux avis faciles de l'amitié, ce que m'interdisaient mes propres attributions et mes responsabilités, je ne cesserais *ms. 1*

p. Fin de la phrase dans ms. 1 : de quoi être fiers de ce qui s'était passé. Mais, pour ce qu'ils feraient demain, ils donnaient l'impression de gens assurés d'eux-mêmes, et chargés d'un devoir clair et simple, convaincus d'être en possession d'un outillage adéquat et, de ce fait, éprouvant pour leur tâche une sorte d'attrait sportif et désinvolte.

q. Fin du § dans ms. 2 : Elle approuve leur châtiment. Cependant, mère impitoyable, elle fait, dans son deuil, une part secrète à ces enfants morts. Le temps accomplira son œuvre, effaçant fureurs et tombeaux. Un jour, les Français, évoquant la tragédie, ne maudiront plus que les malheurs qui causèrent de tels déchirements.

r. Toutes les éditions donnent 173 . *Nous avons adopté la leçon de ms. 1.*

s. En font partie, par priorité *ms. 1. Les membres du C.N.R. venaient en tête de la liste dans le décret du 14 novembre. « Notamment » n'est pas une correction neutre.*

1. Sur ce « plan de six mois », voir *L'Unité*, p. 444 et n. 46.
2. Texte de l'édition originale : « Le premier, qu'on est allé chercher en Haute-Saône où l'ennemi se trouve encore, aura pour tâche [...] ». Cette erreur, corrigée ultérieurement, est explicable, la Haute-Saône étant le fief électoral et familial de Jules Jeanneney. Celui-ci a, le 4 septembre, un entretien avec le Général, montrant leur « accord complet [...] sur les grandes lignes de la politique qui s'impose pour achever la victoire de la France ». Dans la même lettre à Jeanneney — du 7 septembre — de Gaulle exprime l'espoir que Herriot, Blum et Marin rejoindront, le jour venu, le gouvernement (*Lettres, notes et carnets, 1943-1945*, p. 306-307).
3. Les 8 et 9 septembre, deux communiqués de la présidence du gouvernement annoncent la constitution et la composition du ministère (*Le Salut*, « Documents », Plon, p. 301-302). Dans le second communiqué, Catroux ne figure pas comme « ministre d'État », mais comme « ministre délégué en Afrique du Nord ». Un premier projet, du 8 septembre, diffère quelque peu de la liste définitive, quant aux attributions, mais aussi quant aux personnes : Jacquinot n'y figure pas, la Marine étant attribuée au démocrate-chrétien Champetier de Ribes (*Lettres, notes et carnets, 1943-1945*, p. 308).
4. Aux ex-commissaires nationaux d'Alger, le Général adresse, le 9 septembre, des lettres cordiales (*ibid.*, p. 310-312). Sur l'attitude de Grenier, lors de l'affaire du Vercors, voir Jean Lacouture, *De Gaulle*, t. I, p. 812-813. Grenier, commissaire à l'Air, ayant publiquement accusé le gouvernement d'être responsable de l'écrasement du maquis, de Gaulle exige de lui et obtient des excuses écrites (21 juillet 1944).
5. Le mémorialiste va citer le discours de Chaillot (« Documents », Plon, p. 302-310 ; *Discours et messages*, t. I, p. 443-451) assez librement et sans respecter l'enchaînement des propos de l'orateur : ainsi la question des « milices » — dont le nom ne fut pas prononcé le 12 septembre — venait alors après celle des « relations internationales ».
6. Les « milices patriotiques », animées par le parti communiste. Voir p. 625.
7. Ce passage reprend l'inspiration de l'allocution du 25 août à l'Hôtel de Ville : cf. *L'Unité*, p. 570 et n. 35.
8. À Claude Mauriac, le 1ᵉʳ février 1947, le Général, « l'œil brillant et comme victorieux », lira la page où Péguy oppose deux « races » : « les mystiques qui sont même pratiques [...] qui *font* quelque chose » et les « politiques [...] qui ne font rien » (*Un autre de Gaulle*, p. 255-256).
9. Envoyé en mission dans « les régions de Clermont-Ferrand, de Limoges et de Montpellier, parvenu à Toulouse le 6 septembre, un haut fonctionnaire adresse au gouvernement un rapport qui éclaire ce paragraphe (*Le Salut*, « Documents », Plon, p. 297-299) : « Des décisions urgentes [lui] semblent nécessaires. Mais [il] doute que le général de Gaulle puisse les prendre avant d'avoir visité les régions de la zone Sud » — ce qu'il fera bientôt.
10. À titre d'exemple, le Général cite une lettre d'un colonel des F.F.I. au général Malleret-Joinville : « Tous nos cadres et nos troupes

sont prêtes à seconder les efforts de l'état-major national [des F.F.I.], du C.O.M.A.C. et du C.N.R. » ; il s'agit d'« obtenir l'annulation de la décision du général de Gaulle au sujet des forces de l'intérieur » (*Le Salut*, « Documents », Plon, p. 300).

11. « Pour faciliter les choses » : bel exemple de litote. Les propos tenus à Marseille ne sont reproduits ni dans les « Documents » du *Salut*, ni dans *Discours et messages*, ni dans *Lettres, notes et carnets*. « Quelle mascarade ! », aurait grommelé le Général en assistant au défilé des troupes (Lucie Aubrac, citée par Lacouture, *De Gaulle*, t. II, p. 47).

12. Tel était le cas de la brigade Alsace-Lorraine de Malraux, Chamson et Jacquot.

13. L'armée « Vlassov » était formée de Soviétiques enrégimentés par les Allemands. Certains de ses éléments avaient participé à l'occupation de la France.

14. Mgr Saliège, futur cardinal, s'était montré « vaillant » en dénonçant publiquement les violences antisémites : voir *L'Unité*, p. 351.

15. Adrien Marquet, dès 1940, appuie la politique de Laval.

16. Parmi eux, Maurice Papon.

17. À Orléans, le Général prononcera une allocution, recueillie dans *Lettres, notes et carnets, 1943-1945*, p. 315-317.

18. Texte du discours dans *Lettres, notes et carnets, 1943-1945*, p. 319-320.

19. À Lille, le Général a dit : « Pour cette économie dirigée [...] il y a des conditions à remplir dont la première est, évidemment, que la collectivité, c'est-à-dire l'État, prenne la direction des grandes sources de la richesse commune. » Il a souhaité que « chacun de ceux qui peuplent la France et même son Empire puisse avoir une vie meilleure dans une plus grande dignité et dans la sécurité de son travail et de sa vie » (*Lettres, notes et carnets, 1943-1945*, p. 324).

20. Texte des discours prononcés à Louviers, à Évreux, au Neubourg et à Caen dans *Lettres, notes et carnets, 1943-1945*, p. 328-334.

21. Discours de Dijon, *Lettres, notes et carnets, 1943-1945*, p. 345-346.

22. Cf. Malraux, *Les Chênes qu'on abat...* : « Au 18 juin, le général de Gaulle a posé des principes de Salut public » (*Œuvres complètes*, Bibl. de la Pléiade, t. III, p. 663).

23. Giraud a été blessé le 28 août par un tirailleur algérien. Le 2 septembre, de Gaulle lui exprime son « indignation » contre cet « attentat ». À Roosevelt, qui s'est inquiété de la santé de Giraud, il donne, le 13 septembre, des nouvelles rassurantes (*Lettres, notes et carnets, 1943-1945*, p. 303 et 314-315). De Gaulle a reçu Giraud à Paris le 18 octobre, avant de le retrouver à Dijon (voir p. 606).

24. Voir p. 69. Selon Yves Cazaux, c'est le 11 octobre que le Général reçoit Lebrun (*Journal secret de la Libération*, p. 250).

25. Voir *L'Appel*, p. 44-46.

26. À la lettre du Général, Eisenhower répondra le 13 septembre (*Le Salut*, « Documents », Plon, p. 297 et 311).

27. Attentat du 20 juillet 1944, à son quartier général.

28. « Les éléments fascistes italiens » : tandis que le gouvernement royal avait rangé ses troupes aux côtés des Alliés, la république mussolinienne de Salo faisait combattre les siennes avec la Wehrmacht.

29. C'est la réponse citée n. 26, p. 609.

30. *Le Salut*, « Documents », Plon, p. 467-468.

31. Voir p. 580.

32. Le Général réaffirmera ce sentiment p. 725. Toute sa philosophie politique est la distinction entre « l'intérêt supérieur de la France » et « l'avantage immédiat des Français ». Il dira plus tard : « L'intérêt de la France a cessé de se confondre avec celui des pieds-noirs » (cité par A. Peyrefitte, *C'était de Gaulle*, t. I, p. 124).

33. Voir n. 12, p. 599.

34. *Le Salut*, « Documents », Plon, p. 313-314, où le décret est daté du 20 septembre.

35. Plus connues sous leur sigle « C.R.S. ».

36. Voir le rapport de Juin sur son entretien avec Marshall. Copie de ce rapport du 16 octobre est transmise, le même jour, par le Général à Diethelm, ministre de la Guerre (*Le Salut*, « Documents », Plon, p. 331-333).

37. Cf. la lettre du Général à de Lattre (7 octobre 1944) : il faut a) « " blanchir " à fond la division Magnan et envoyer les Sénégalais dans le Midi *avec des cadres*. b) Imposer à toutes les divisions la valeur d'un régiment de F.F.I. » (*Le Salut*, « Documents », Plon, p. 469-470).

38. Comme dans l'affaire de Strasbourg : voir p. 731-733.

39. Cf. : « Le génie n'est qu'une plus grande aptitude à la patience », mot de Buffon rapporté par Hérault de Séchelles (*La Visite à Buffon*) et souvent repris sous la forme : « Le génie n'est qu'une longue patience. »

40. *L'Unité*, « Documents », Plon, p. 577.

41. « Aujourd'hui […] les résultats obtenus font de l'emprunt une réussite. / Mais, écoutez-moi bien ! / C'est un triomphe que je demande ! » (*Discours et messages*, t. I, p. 480).

42. Autrement dit : après l'intervention du Général à la radio.

43. Le lendemain du discours de Chaillot.

44. Le 25 octobre, le Général reçoit « une délégation du Conseil national de la Résistance » et fait connaître, par un communiqué, la réponse qu'il a donnée à ses visiteurs. Par un autre communiqué il annonce et explique, le 28 octobre, les décisions prises en Conseil des ministres (*Le Salut*, « Documents », Plon, p. 335-336 et 344-345).

45. « À mon domicile » : route du Champ d'entraînement (voir, p. 714). Le C.N.R. s'était réuni dans la nuit et la matinée du dimanche.

46. Allocution de Vincennes : *Discours et messages*, t. I, p. 470-471.

47. « Werd ich zum Augenblick sagen : / Verweile doch : du bist so schön ! » (*Faust*, v. 1699-1700).

48. Mystique, politique : cf. n. 8, p. 594.

49. Un décret du 14 octobre 1944 donne la liste des membres de l'Assemblée : *Le Salut*, « Documents », Plon, p. 325-331. Cent quarante-huit membres représentent la résistance métropolitaine ; vingt-huit, la Corse et la résistance extra-métropolitaine ; soixante, la résistance parlementaire ; douze, les conseils généraux d'outre-mer.

50. Le 8 novembre, de Gaulle félicite Gouin « pour [sa] réélection vraiment triomphale » (*Lettres, notes et carnets, 1943-1945*, p. 351). Discours à l'Assemblée : *Le Salut*, « Documents », Plon, p. 345-348 ; *Discours et messages*, t. I, p. 471-474.

Notes et variantes des pages 629 à 677 1325

LE RANG

Nous disposons pour ce chapitre de deux états manuscrits (*ms. 1* et *ms. 2*) et de deux états dactylographiés (*dactyl. 1* et *dactyl. 2*).

a. [Churchill et Eden arrivèrent le 10 novembre. Les conférences auxquelles prirent part les ministres des affaires étrangères et les ambassadeurs, et surtout les conversations que nous tînmes entre nous deux me confirmèrent dans l'opinion que l'Amérique et la Russie, tout en s'épiant l'une l'autre comme des rivales, sinon comme des adversaires, s'apprêtaient à procéder entre elles au règlement de la paix et à l'organisation du monde. L'Angleterre n'était admise que par convenance et à titre secondaire. Quant à la France, la maison-Blanche voulait la laisser à la porte et le Kremlin n'y contredisait pas. Dans cette collaboration entre Washington et Moscou se préparait pour l'Europe un destin plus qu'inquiétant, les Britanniques s'accommodant de ce qu'ils jugeaient ne pouvoir empêcher, tâchant de faire quelque profit de leur consentement et ne faisant guère d'effort pour les Français. *biffé*] Churchill *ms. 1*

b. Après ces mots, on trouve dans ms. 1 et ms. 2 (à quelques variantes près) un passage. Le texte étant peu lisible dans ms. 1 à partir de sa grandeur *, nous donnons la leçon de ms. 2* : Au reste, les mêmes motifs qui, du point de vue de l'action extérieure, créaient entre moi-même et les états-majors des partis et des mouvements une certaine antinomie du ton et de la chanson, avaient dans la résistance donné lieu à quelques différences psychologiques du même ordre. Ce qui m'avait immédiatement déterminé à poursuivre la lutte contre l'ennemi et à condamner Vichy, c'était le refus d'admettre que la France fût vaincue, occupée et asservie, quand il lui restait des moyens de combattre. Pour moi, il s'agissait essentiellement de faire en sorte qu'elle sauvegardât l'indépendance, qu'elle participât à la victoire, qu'elle reparût, sinon agrandie, tout au moins avec sa grandeur. Ce n'était point, assurément que je crusse devoir négliger le flot d'idées et de sentiments qui enveloppait le conflit et, pour ma part, je n'avais pas manqué de me servir des courants. Ce n'était point, non plus, que je méconnaisse l'existence ni l'importance des destins et des passions qui préexistaient à la guerre et que le drame agitait. Au contraire, je les utilisais toutes et en appelais, tour à tour, au culte de la tradition, à la fierté nationale, à la mystique chrétienne, à l'inspiration libérale, à la fureur jacobine, à la révolution sociale. Plus que jamais, la guerre était une politique. Mais, pour moi, cela signifiait qu'elle était une action dans laquelle tout n'était que moyens avec un but unique : le salut du pays. Or, les éléments politiques qui avaient surgi ou reparu à l'occasion de la résistance, n'avaient pas, je puis le dire, exactement la même manière de voir. Dans la défaite de 1940 et l'instauration de Vichy, ils avaient vu, et certes avec douleur, l'humiliation de la France. Mais, quel que fût leur patriotisme, c'étaient le destin malheureux de leurs idéologies, les persécutions infligées à leurs groupements, le triomphe d'adversaires politiques, que beaucoup avaient ressentis surtout. En luttant pour la libération, ils entendaient assurément contribuer à chasser l'ennemi du territoire. D'ailleurs, tous avaient cruellement souffert et nombre des leurs étaient morts héroïquement. Mais chacune des tendances, entre lesquelles ils se répartissaient, voulait aussi, tout naturellement, utiliser les circonstances pour préparer son propre avenir. Les rivalités opposant les comités directeurs des mouvements n'avaient pas, au fond, d'autre mobile. C'est l'ambition de saisir le pouvoir qui possédait les chefs communistes. Refaire l'unité socialiste, ressusciter le parti radical, rendre une base aux modérés, ménager l'avènement du mouvement démocrate-chrétien, créer une formation électorale nouvelle à partir de la résistance, voilà ce qui hantait, en même temps que le sort du pays, l'esprit des hommes voués à la vie publique. Mon souci était différent. Sans m'opposer à leurs rêves, à leurs griefs, à leurs programmes, je ne m'y livrais jamais et, au milieu des évangiles divers, ne connaissais que « la loi suprême ». D'où, entre les « politiques » et moi, dans le domaine intérieur, la même espèce de dissonance qui se faisait sentir aussi à propos des affaires étrangères.

c. général Juin, Palewski, Dejean et Guy Laloy, tandis   *dactyl. 1*

d. avec Staline, il me parut avoir, une fois pour toute, fixé pour chaque problème ce à quoi il voulait aboutir. Communiste   *ms. 1 ; on retrouve, à quelques variantes près, le même texte dans ms. 2.*

e. à notre propre présence. D'ailleurs, les Britanniques et les Russes recoururent aussitôt aux informateurs officieux pour nous faire savoir qu'eux-mêmes eussent souhaité nous voir aussi, mais que les Américains n'y avaient pas consenti. Je ne croyais   *ms. 1*

f. Enfin, lors de la Première Guerre mondiale, nous nous étions épuisés depuis trois ans à repousser l'agression allemande quand les États-Unis se décidèrent à intervenir. Certes, ils nous ont alors apporté un soutien précieux, surtout au point de vue moral. Mais combien avaient-ils tardé ! Encore entraient-ils   *ms. 1*

g. Pour ce §, on lit dans ms. 1 : En concluant l'entretien, je dis à Hopkins et à Caffery : « Vous m'avez franchement indiqué que la politique de l'Amérique en ce qui concerne la France tient au doute que vous inspire notre capacité de renaître. Je vous ai indiqué qu'au fond de notre attitude à votre égard, il y a le sentiment que vous ne considérez plus la grandeur de la France comme nécessaire au monde et à vous-mêmes. On peut imaginer que vous ayez raison. Dans cette éventualité, ce que je vous ai dit *[plusieurs mots illisibles]*. On peut aussi concevoir que vous ayez tort. Soit que pour l'équilibre et pour la vie du monde, rien ne puisse remplacer la France et que le malheur général accompagne son abaissement. Soit qu'elle trouve moyen de redevenir un jour grande et puissante sans que vous l'ayez aidée par les moyens en votre pouvoir. Dans l'un et l'autre de ces deux cas, c'est une bien grave faute que l'Amérique aura commise devant Dieu et devant les hommes. En attendant que l'avenir décide, dites de ma part au président Roosevelt que je lui adresse les vœux de mon amitié à la veille de la conférence où il se rend en Europe et où la France ne sera pas parce qu'il ne l'a pas voulu.

1. Télégramme de Georges Bidault, ministre des Affaires étrangères, aux postes diplomatiques : « Le 23 octobre, à 17 heures, les représentants soviétique, britannique, canadien et américain sont venus ensemble me notifier la reconnaissance du Gouvernement provisoire par leurs gouvernements respectifs » (*Le Salut*, « Documents », Plon, p. 335).

2. Cf. *L'Unité*, p. 580-581.
3. *Le Salut*, « Documents », Plon, p. 339 ; *Discours et messages*, t. I, p. 461.
4. Le futur Jean XXIII.
5. Le philosophe catholique avait en 1942 refusé d'entrer dans le Comité de Londres : voir dans *Lettres, notes et carnets, 1941-1943*, p. 273, la lettre où le Général charge Tixier de lui demander, ainsi qu'à Alexis Leger, son concours.
6. Le 2 juillet 1940, le Général achevait un discours à la radio de Londres sur ces mots : « L'âme de la France ! Elle est [...] avec ceux qui, un jour, seront présents à la Victoire » (*Discours et messages*, t. I, p. 12).
7. Quand ces lignes sont publiées, de Gaulle a ouvert à Adenauer cette « porte ».
8. C'est une certaine idée de l'Europe que ne cessera de reprendre de Gaulle ; une Europe, « de l'Atlantique à l'Oural », associant des peuples indépendants.
9. Cf. la conclusion analogue d'un entretien de 1940 avec Churchill (*L'Appel*, p. 91).
10. Churchill accepte « immédiatement », en souhaitant être à Paris le 11 novembre (télégramme de Massigli du 31 octobre, *Le Salut*, « Documents », Plon, p. 349). Quant à Roosevelt, à nouveau candidat à l'élection présidentielle du 7 novembre 1944, il lui était difficile de ne pas « décliner » l'invitation.
11. Célèbre chanson de Paulus, dont le titre était devenu le surnom affectueux de Clemenceau.
12. Cf. *La France et son armée*, p. 150 : « des foules, venues de tous les points du monde [...] s'abandonnent, près de son tombeau, au frisson de la grandeur ».
13. Allocution du Général : *Le Salut*, « Documents », Plon, p. 359-360 ; *Discours et messages*, t. I, p. 475-476. Réponses de Churchill et Eden : *Le Salut*, « Documents », Plon, p. 361-362.
14. Assistaient aussi à cette « conférence » Gaston Palewski et Sir Alexander Cadogan. Compte rendu dans *Le Salut*, « Documents », Plon, p. 350-359. Sur le partage des influences dans les Balkans, Churchill aurait dit : « La Roumanie et la Hongrie zones d'influences russe, la Yougoslavie et la Bulgarie zones d'intérêts communs » (p. 353).
15. Le 9 octobre 1944, Churchill inscrivit « sur une demi-feuille de papier » les pourcentages que cite le Général. Staline « prit son crayon bleu, y traça un gros trait en manière d'approbation, et nous le rendit. Tout fut réglé en moins de temps qu'il ne faut pour l'écrire » (Churchill, *Mémoires sur la Deuxième Guerre mondiale*, t. VI, *Triomphe et tragédie*, 1 *La Victoire*, Plon, 1953, p. 235).
16. « M. Churchill. — Ce soir, à 6 heures, on annoncera officiellement votre entrée à la commission consultative de Londres » (*ibid.*). Cette entrée, « sur un pied de parfaite égalité », est confirmée, le 14 novembre, par un communiqué du gouvernement français (*Le Salut*, « Documents », Plon, p. 362-363).
17. « Une certaine conception de l'homme » : thème récurrent de la pensée gaullienne. Cf. par exemple le discours d'Oxford (25 novembre 1941), où l'orateur exaltait la « dignité » de « l'individu » menacée par « une sorte de mécanisation générale » (*Discours et messages*, t. I, p. 144-145).

18. Le 11 novembre, Churchill déclarait à de Gaulle : « Les événements dans le monde ont évolué si vite dans le sens que vous espériez que vous pouvez maintenant prendre patience et faire confiance à l'avenir » (*Le Salut*, « Documents », Plon, p. 358).

19. Cf. *L'Unité*, p. 502 : « J'écoute Roosevelt me décrire ses projets. Comme cela est humain, l'idéalisme y habille la volonté de puissance. »

20. *Discours et messages*, t. I, p. 480-485. Le mémorialiste cite assez librement ses propos. On lit, par exemple, p. 481 : « les entretiens que nous espérons avoir quelque jour avec le Président ».

21. Texte de *Discours et messages* : « À nos yeux, la France est, sans nul doute possible, de ces puissances-là. Elle se déclare, dès à présent, prête à porter une fois de plus la part de charges que comportent des devoirs prépondérants, notamment pour ce qui concerne ses forces armées et certaines de ses ressources. En revanche, elle estime évidemment ne pouvoir être à aucun degré engagée […] » (t. I, p. 482).

22. Cf. « cette unité de l'Europe à laquelle nous croyons et dont nous espérons qu'elle se traduira en actes précis reliant ces trois pôles : Moscou, Londres et Paris » (*ibid.*, p. 484). Le mémorialiste accentue le caractère oratoire de son texte.

23. Fin du discours, dont l'auteur des *Mémoires*, resserre heureusement le texte en supprimant « malgré les difficultés matérielles » (*ibid.*, p. 485).

24. Télégramme du 26 novembre 1944 à Jeanneney et Pleven : « J'ai fait longuement visite au roi d'Égypte et au shah d'Iran. L'un comme l'autre se félicitent de la réapparition de la France. […] je crois que les déclarations des deux rois à notre égard sont sincères » (*Lettres, notes et carnets, 1943-1945*, p. 357-358).

25. Malraux reprendra ces conseils donnés au shah dans *Les Chênes qu'on abat…* (*Œuvres complètes*, t. III, p. 587).

26. Dès l'escale de Téhéran, le Général était prévenu : « Un train spécial nous mènera à Moscou par Stalingrad, ce qui, paraît-il, est plus sûr que l'avion en raison des retards aériens que fait prévoir le mauvais temps sur la plaine russe » (télégramme à Jeanneney et Pleven, *Lettres, notes et carnets, 1943-1945*, p. 357).

27. Le récit du séjour à Moscou s'appuie sur les documents retenus en annexe dans *Le Salut* (p. 362-383), mais aussi sur le témoignage, sollicité au début de 1957, de Jean Laloy. Ce diplomate, qui avait été en U.R.S.S. l'interprète du Général, lui remit alors un texte de 22 pages dactylographiées (B.N.F., R 130 037, f°s 21-42) qu'utilisa le mémorialiste, allant parfois jusqu'à l'emprunt littéral. Entre ce document et le récit gaullien existe pourtant une différence notable : Laloy suit l'ordre chronologique, dont le Général ne retient que les repères essentiels, situant les événements mineurs à l'aide de formules aussi vagues qu'« une autre fois » ou « un soir ». Grâce à Jean Laloy on peut établir une chronologie précise, tout en la rectifiant ses rares erreurs grâce à Charles de Gaulle.

CHRONOLOGIE DU SÉJOUR À MOSCOU
(entre parenthèses : pages concernées du *Salut*)

Samedi 2 décembre   midi : arrivée (p. 645) ;
                         21 heures : première entrevue de Gaulle-Staline (p. 647-649) ;

Dimanche 3 décembre	10 heures : messe à Saint-Louis-des-Français (p. 650) ; réception de la colonie française à l'ambassade ; 14 heures : déjeuner officiel à la Spiridonovka (p. 649) ; 19 heures : Grand-Théâtre (p. 650) ;
Lundi 4 décembre	matin : visite de Moscou : mont des Moineaux, trophées, métro (p. 650) ; déjeuner à l'ambassade : Ehrenbourg, Bloch (p. 650) ; après-midi : Bidault chez Molotov (p. 651) ; soirée : réception à la Spiridonovka (p. 650) ;
Mardi 5 décembre	réception à l'ambassade de France (p. 650) ;
Mercredi 6 décembre	matin : école des cadres de l'aviation ; 14 heures : « repas officiel » ; 18 heures : deuxième entrevue de Gaulle-Staline (p. 652-654) ; soirée : chants et danses de l'Armée rouge (p. 650) ;
Jeudi 7 décembre	« premier coup de théâtre » (Laloy) : la proposition Churchill, p. 654 ; 22 heures : de Gaulle reçoit Bogomolov (*Le Salut*, « Documents », Plon, p. 475-478) ;
Vendredi 8 décembre	« le Général se refuse à sortir » (Laloy) ; mais le soir rencontre Staline (p. 655-656) ;
Samedi 9 décembre	Normandie-Niémen (p. 659) ; après-midi : le Général reçoit les délégués de Lublin (p. 657-658) ; soir : dîner au Kremlin (p. 659 et suiv.) ; séance de cinéma (p. 662) ; départ du Général (p. 662-663) ;
Dimanche 10 décembre	premières heures : signature du pacte et banquet (p. 664-665) ; « À 6 heures, le Général se lève » (p. 665-666).

28. Compte rendu établi par l'ambassadeur Garreau (*Le Salut*, « Documents », Plon, p. 364-367). Garreau note que Staline « trac[e] des figures géométriques au crayon rouge sur sa feuille de papier » (p. 364) : cf. *infra*, « des hiéroglyphes », « des barres et des ronds ».

29. Staline est un « communiste habillé en maréchal », d'où ces guillemets ironiques.

30. La Spiridonovka est la maison des hôtes du gouvernement soviétique.

31. Sur les conditions du retour de Thorez, voir p. 686 et n. 12.

32. Ilya Ehrenbourg, écrivain et journaliste stalinien, auteur de *La Chute de Paris* (1942) dont il offrit un exemplaire dédicacé au Général.

33. Ici encore, les guillemets ont une valeur ironique : Jean-Richard Bloch, intellectuel communiste, a trouvé un refuge dans la patrie du socialisme.

34. Propos tenus « d'un air innocent » à la sortie du Grand-Théâtre le 3 décembre (témoignage Laloy).

35. Compte rendu établi par Garreau et Dejean : *Le Salut*, « Documents », Plon, p. 367-375.

36. Le colonel Beck, ministre polonais des Affaires étrangères de 1932 à 1939, avait longtemps mené une politique d'entente avec l'Allemagne, allant jusqu'à s'emparer, après Munich, de la ville tchécoslovaque de Teschen.

37. Tracé de la frontière polono-soviétique proposé en 1919 par Lord Curzon, secrétaire d'État au Foreign Office. Par le traité de Riga en 1921, cette frontière fut reculée vers l'est, au détriment des Soviétiques.

38. Le général Anders commandait les forces polonaises engagées en Italie, puis aux Pays-Bas.

39. Berling. Voir p. 469.

40. Lors du soulèvement de Varsovie (août-octobre 1944), l'Armée rouge était aux portes de la capitale polonaise et aurait fort bien pu « intervenir ».

41. L'amiral Horthy, régent de Hongrie de 1920 à 1944.

42. Ce dernier argument semble au moins discutable.

43. À Bogomolov, le 7 décembre, le Général a déclaré : « Nous sommes en mesure de faire avec vous une alliance de ce genre, aujourd'hui même si vous voulez » (*Le Salut*, « Documents », Plon, p. 375).

44. Compte rendu établi par Roger Garreau : *Le Salut*, « Documents », Plon, p. 376-379. On y trouve les formules des « trois étages » et d'« un pacte à nous deux », reprises, plus bas dans cette page.

45. Sur cette visite des Polonais, Garreau a établi une note (*Le Salut*, « Documents », Plon, p. 379-380).

46. Voir le message à ce régiment, daté de Moscou, 9 décembre 1944 (*Lettres, notes et carnets, 1943-1945*, p. 359).

47. « L'avenir dure longtemps » : cf. p. 434 et n. 32.

48. « Quelqu'un » : Gaston Palewski.

49. Texte du pacte dans *Le Salut*, « Documents », Plon, p. 381-383 ; communiqué franco-soviétique, daté de « Moscou, 10 décembre 1944 (5 heures du matin) », annonçant la signature, *ibid.*, p. 381.

50. Cf. Malraux, *Les Chênes qu'on abat...* : « Staline m'a dit une chose sérieuse [...] " À la fin, il n'y a que la mort qui gagne " » (*Œuvres complètes*, t. III, p. 598).

51. Le gouvernement Mendès France accordera l'autonomie interne à la Tunisie en 1954.

52. Discours du 21 décembre : *Le Salut*, « Documents », Plon, p. 384-387 ; *Discours et messages*, t. I, p. 486-491. Le Général y parlait, comme ici, d'« alliance franco-russe » et soulignait la nécessité « pour la France et la Russie » d'« être unies ».

53. Le 15 janvier 1945, le Gouvernement français adresse aux trois Grands un mémorandum soulignant que la France devrait participer aux « conférences » alliées sur la guerre en cours et sur la paix à venir. Le 27 janvier, le Général reçoit Harry Hopkins qui vient de voir Bidault et le reverra le lendemain (*Le Salut*, « Documents », Plon, p. 387-393).

54. « Où la France [...] et la Lorraine » : ces mots ne figurent pas dans le compte rendu de l'entretien de Gaulle-Hopkins (*Le Salut*, « Documents », Plon, p. 390), où la phrase s'achève sur « une paix de compromis » ; mais il est vrai qu'à la différence des Alliés, Wilson avait prôné une paix sans victoire et sans restitution à la France des départements annexés au Reich en 1871.

55. Le 1ᵉʳ janvier 1945, le Général a écrit à Roosevelt pour lui demander d'armer et d'équiper de nouvelles divisions françaises (*Lettres, notes et carnets, 1943-1945*, p. 366).

56. En 1945, le Général n'allait pas jusque-là. Selon le compte rendu cité n. 54, p. 669, il aurait dit à Hopkins : « La France [...] est en mesure de régler la question rhénane pour ce qui la concerne. Elle la réglera bien ou mal. Elle la réglera, soit avec, soit contre, l'Allemagne. Mais, pour finir, elle la réglera » (*Le Salut*, « Documents », Plon, p. 392).

57. *Discours et messages*, t. I, p. 515-519.

58. Le Général reprend à la radio l'inspiration du mémorandum du 15 janvier, cité n. 53, p. 668.

59. Ligne Curzon : voir n. 37, p. 652.

60. Traduction de ces deux « communications » : *Le Salut*, « Documents », Plon, p. 395-396.

61. Traduction de ce « mémorandum » : *ibid.*, p. 396-397. Le Général répondra le 22 par une lettre à l'ambassadeur Caffery (*ibid.*, p. 400-401).

62. À la suite de son entretien du 28 janvier avec Hopkins, Bidault informe le Général que Roosevelt souhaite le rencontrer : « Je ne lui ai pas dissimulé que l'occasion ne me paraissait pas la meilleure possible, au contraire. » Au « message » remis le 12 février par Caffery, de Gaulle fait, le 13, une réponse « verbale » (*Le Salut*, « Documents », Plon, p. 390 et 398). Le 20 février, un communiqué de la présidence du gouvernement justifiait la position du Général en « exposant les faits » (*ibid.*, p. 399-400).

63. Le 4 juin 1944, Roosevelt écrivait déjà à Churchill : « All good luck in your talks with the prima donna ». Dans une lettre du 12 juin 1944 au Premier britannique, il reprenait l'expression (*The Complete Correspondence*, t. III, p. 167 et 181). Antérieurement, il croyait voir en de Gaulle « le complexe de Jeanne d'Arc » et même « le complexe messianique » (*ibid.*, t. II, p. 626 et 209).

64. Cf. le télégramme de condoléances adressé le 14 avril au président Truman (*Le Salut*, « Documents », Plon, p. 402).

L'ORDRE

Nous disposons pour ce chapitre de deux états manuscrits (*ms. 1* et *ms. 2*) et de deux états dactylographiés.

a. Début du chapitre dans ms. 1 et ms. 2 (à quelques variantes près) : Pendant ce long hiver où la France ravagée reparaît, tout en combattant, parmi les guides du monde, il s'agit qu'au-dedans elle reprenne son équilibre. Ce ne peut être fait sans peines et sans saccades. Si graves

b. Fin du § dans ms. 1 : je considère comme utile au pays de jeter sur le feu allumé à une tout autre époque de la cendre et non de l'huile et je compte que le retour de Maurice Thorez à la tête du parti communiste comportera, pour l'intérêt public, plus d'avantages que d'inconvénients.

c. France, il met fin   *ms. 1*

d. Fin du § dans ms. 1 :   des mineurs, qui écoutaient ses harangues, il ne cessa de donner la consigne de porter la production française au plus haut degré possible. Fût-ce faux-semblant, calcul, tactique ? Fût-ce instinct national, penchant humain d'une personnalité *[un blanc assez important]* mais non médiocre, révérences pour le Chef de l'État qui associait pour la première fois les communistes aux affaires publiques ? Le tout à la fois ? Je ne saurai le démêler. Mais c'est un fait que la France y trouva son compte.

e. Pour ce §, on trouve dans ms. 1 le texte que voici :   Je ne cache pas que mes convictions en étaient heurtées. Alors que la carence des institutions et l'inertie des pouvoirs avaient été les causes directes, sinon profondes, du désordre social et moral, de la faiblesse diplomatique, de l'erreur stratégique, enfin du renoncement national, qui nous avaient jeté aux abîmes, alors que le régime, ayant abdiqué totalement, [quand il aurait dû se dresser   *add. interl.*] n'avait pas pris la moindre part au redressement de la France, il me semblait déplorable qu'on y retournât tout droit. Étaient-elles oubliées les leçons administrées par les événements ? Étaient-elles évanouies toutes les déclarations prodiguées dans la résistance ?

f. Fin du § dans ms. 1 et ms. 2 :   L'Espoir, [et d'autres éclectiques et multiformes   *ms. 2*] [tous   *ms. 1*] soucieux d'être au centre de tout comme des échos sonores plutôt que de se fixer suivant des lignes déterminées.

g. directement l'ennemi et les graciais par principe. Dans le cas contraire, je rejetais le recours, si fort que j'aie pu jadis, admirer les écrits de ces hommes aujourd'hui coupables, car à mon sens le talent impose d'éminentes responsabilités.   *ms. 1*

h. moins, dès lors qu'on avait compris que je ne l'imposerais pas. En fait, l'Académie   *ms. 1*

i. Fin du § dans ms. 1 :   Pour ma part, je me félicitais que le souffle revînt à cette précieuse institution, non sans regretter, pourtant, qu'elle n'eût pas saisi d'elle-même l'occasion d'une renaissance.

j. Pour cette phrase, on trouve dans ms. 1 et ms. 2 (à quelques variantes près) le texte que voici :   Après tous les déchirements causés par le drame de la guerre, et succédant à tant d'autres qui, en l'espace d'un siècle et demi, ont blessé l'âme de la France c'est non point la guérison, mais le début de la convalescence.

k. devant deux théories. [Comme en dernier ressort, il m'appartient de décider, je me trouve saisi de l'une et de l'autre par toutes les voies des rapports administratifs, des exposés de la presse, des avis des groupes d'intérêts, des conflits ministériels.   *biffé*] / Les uns déclarent   *ms. 2*

l. oubliât tout. Il lui faut se dominer lui-même, car nourri autrefois des mythes socialistes [et syndicalistes   *biffé*], il est maintenant à la tête des préfets et des polices. Enfin   *ms. 2*

m. Fin du § dans ms. 2 :   plans d'ensemble, non point au gré des routines locales. La façon dont ces trois administrateurs dirigent leurs propres services me cause peu de soucis. Au contraire, je me réconforte au contact de leur capacité.

n. amour-propre d'auteur.   *ms. 1, ms. 2*

o. palais de l'Elysée. Le régime qu'évoque cette résidence n'a, en effet, aucun rapport avec les pouvoirs que j'assume et la façon dont je les exerce. [Si demain, en dépit de tout, le pays revient aux pratiques et aux rites d'autrefois, j'entends que mon *[un mot illisible]* ne puisse gêner en rien *[un mot illisible]* de la maison   *ms. 1*]. D'ailleurs   *ms. 1, ms. 2*

p. voudrais-je, sans employer les mots, exprimer [faire entendre   *ms. 2*] à ceux   *ms. 1, ms. 2*

q. Fin du chapitre dans ms. 2 : nous sentons le souffle, et sans laquelle notre pays glisserait de nouveau vers le sommeil de la mort, résistera-t-elle demain au flot montant de la médiocrité ? / Au cœur de la multitude, je me sens tout proche de la joie et des soucis des simples Français qui se pressent autour de moi. Combien suis-je près surtout de ceux qui, fêtant aujourd'hui le salut de la patrie, mais constatant le réveil des démons [familiers   *biffé et corrigé en*   intérieurs,] demeurent anxieux de son avenir !

1. « Le style n'est que l'ordre et le mouvement qu'on met dans ses pensées » (*Discours sur le style*).

2. Cf. *Macbeth*, acte I, scène II. Comme la précédente, cette allusion littéraire est un ajout à un paragraphe plus sobre et « factuel » dans les manuscrits.

3. Cf. « Au fond des victoires d'Alexandre on retrouve toujours Aristote » (*Vers l'armée de métier*, p. 218).

4. *Sic.* Cf. *Déclaration des droits de l'homme et du citoyen*, art. Ier : « Les hommes naissent et demeurent libres et égaux en droits. »

5. Ordonnance du 13 décembre 1944 (*Le Salut*, « Documents », Plon, p. 410-412), signée par Jules Jeanneney, « par mandat du général de Gaulle en voyage à Moscou ».

6. Le 24 mai 1945, de Gaulle annonce à la radio qu'il faut mettre « entre les mains de l'État [...] deux leviers de commande essentiels, savoir : la production du charbon et de l'électricité [...] et la distribution du crédit » (*Discours et messages*, t. I, p. 567). Pour le charbon, c'était déjà fait ; pour l'électricité, ce ne sera qu'en avril 1946, après le départ du Général ; la nationalisation de la Banque de France et de quatre établissements de crédit (Crédit lyonnais, Société générale, Crédit foncier et Banque nationale de Paris) interviendra le 2 décembre 1945. En octobre avait été créés le Bureau des pétroles et le Commissariat à l'énergie atomique. Le 26 juin les transports aériens avaient été nationalisés. Quant à la « sanction » infligée dès le 23 décembre 1944 à l'industriel Louis Renault, elle ne fut pas isolée : pour les mêmes motifs de collaboration économique, la société privée Gnome et Rhône devient la S.N.E.C.M.A. Enfin le Haut Commissariat au Plan, créé le 21 décembre 1945, fut confié à Jean Monnet, dont le Général avait approuvé les propositions du 4 décembre (*Le Salut*, « Documents », Plon, p. 634-639).

7. Paroles de Jésus à ses disciples (Jean, XII, 8 ; cf. Matthieu, XXVI, 11 et Marc, XIV, 7).

8. L'ordonnance du 4 octobre 1945 institue « une organisation de la Sécurité sociale » (*Le Salut*, « Documents », Plon, p. 607-611). À l'Assemblée consultative, le 2 mars 1945, le Général parle des « 12 millions de beaux bébés qu'il faut à la France en dix ans » (*Le Salut*,

« Documents », Plon, p. 456 ; *Discours et messages*, t. I, p. 530). Le surlendemain, une ordonnance crée le Haut Comité de la Population et de la Famille (*ibid.*, p. 407-408). Le statut de fermage est « renouvelé » par l'ordonnance du 17 octobre 1945 et, après le départ du Général, par la loi du 13 avril 1946.

9. Ordonnance du 22 février 1945 (*Le Salut*, « Documents », Plon, p. 437-439).

10. Cette conception survivra aux circonstances de la Libération : cf. *Mémoires d'espoir*, p. 1011 : « Bref, il y faut le dirigisme. »

11. Sur les deux cent quarante-huit membres de l'Assemblée, une cinquantaine au moins sont communistes — sous l'étiquette du P.C.F. ou celles d'autres groupements (C.G.T., Front national, etc.).

12. De Moscou, le 19 octobre 1944, Thorez, rappelant ses « télégrammes antérieurs », demande à rentrer en France (*Le Salut*, « Documents », Plon, p. 333-334). En février, le G.P.R.F. avait estimé « inopportune » « la présence de Maurice Thorez en Afrique du Nord ». Le 2 octobre, à Paris, le gouvernement adopte « une ordonnance permettant d'amnistier les condamnations prononcées par les tribunaux militaires avant le 17 juin 1940 » et autorise l'ambassadeur à Moscou, Roger Garreau, à informer Thorez que ce texte lui « permettra sans doute très prochainement [...] de rentrer en France ». Un décret du 7 novembre fait bénéficier le chef communiste de la grâce amnistiante » : Garreau peut désormais « lui accorder le visa » (*Lettres, notes et carnets, 1943-1945*, p. 158-159 et 348-349).

13. Le Mouvement de Libération nationale (M.L.N.) refuse à ce congrès la fusion avec le Front national, dominé par les communistes. L'intervention de Malraux contribue à ce refus : voir *Antimémoires*, *Œuvres complètes*, Bibl. de la Pléiade, t. III, p. 83-85.

14. Sur ces différents congrès existe un mémento manuscrit du Général (B.N.F. R 130019, f° 226 r° et v°). Pour le M.L.N. il a noté : « Il refuse de se fondre avec le Front national » ; après « Parti social français » : « Barrachin » (ancien député P.S.F. qui deviendra l'un des dirigeants du R.P.F.).

15. Définition de ce « régime des partis », que de Gaulle ne cessera de condamner.

16. Cf. la ballade de Goethe.

17. Cf. p. 608, la contre-définition d'Albert Lebrun.

18. Au début de *L'Appel*, de Gaulle a noté « l'attrait » qu'il éprouvait, dès sa jeunesse, pour « la pièce qui se jouait, sans relâche, sur le forum ». Il reviendra dans les *Mémoires d'espoir* sur « ce dramatique attrait » (p. 1123).

19. Ce palmarès alphabétique de l'éloquence est doublement éclectique : il fait place aux vétérans de la IIIe République près des nouveaux venus et retient, de la droite à la gauche, des orateurs de toutes tendances.

20. Références de ces interventions : 22 novembre : *Discours et messages*, t. I, p. 480-485. 21 décembre : *Le Salut*, « Documents », Plon, p. 384-387 ; *Discours et messages*, t. I, p. 486-491. 2 mars : *Le Salut*, « Documents », Plon, p. 448-457 ; *Discours et messages*, t. I, p. 521-532. 20 mars : *Lettres, notes et carnets, 1943-1945*, p. 400-402. 15 mai : *Le Salut*, « Documents », Plon, p. 498-502 ; *Discours et messages*, t. I, p. 547-552.

21. Lors de la réunion de l'Assemblée nationale, que Jeanneney présidait de droit en tant que président du Sénat, il avait assuré le Maréchal de la « vénération » et de « la reconnaissance qui lui [était] due pour un don nouveau de sa personne ». Sans nommer son ministre d'État, de Gaulle, le 27 décembre 1944, dit à l'Assemblée consultative : « Je vous prends seulement à témoin qu'on pouvait concevoir de différentes manières le service de la Patrie et de la République à ce moment-là » (*Lettres, notes et carnets, 1943-1945*, p. 363).

22. Remarquable formulation de l'idée gaullienne de la France : c'est sur elle que le Général veut rassembler, refusant, dès mars 1945, de la réduire à la Résistance qu'il a incarnée. Rien n'est moins gaullien que le « résistantialisme », comme on disait alors chez les anti-gaullistes.

23. Cf. la note adressée le 30 décembre 1944 aux ministres de la Justice, de l'Intérieur et de la Guerre, et le rapport d'Adrien Tixier du 8 janvier 1945. Le 12 avril, le Général demande à Tixier une sanction contre le préfet de l'Aveyron qui a « toléré » un meeting où « il s'agissait de faire pression » sur la cour de justice de Rodez (*Le Salut*, « Documents », Plon, p. 418-419, 422-423 et 461).

24. « Toutes les femmes » : à Claude Mauriac, le 1ᵉʳ août 1945, le Général déclare : « On ne fusille pas les femmes ! », et cite Giraudoux qui a dit dans *Les Anges du péché* : « les femmes, n'importe quelle femme, sont capables du meilleur et du pire... » (*Un autre de Gaulle*, p. 138). Pour les grâces, les exécutions, les condamnations, de Gaulle reprend les chiffres que lui a fournis en 1957 le procureur général Boissarie (B.N.F., R 130 037, f⁰ 45 et suiv.).

25. 50 000 : est le nombre des « 35 000 fonctionnaires révoqués » et des « 15 000 militaires dégradés » mentionnés p. 693.

26. Le mémorialiste renforce par un « j'en réponds » une phrase de son allocution du 17 janvier 1945 (*Le Salut*, « Documents », Plon, p. 426 ; *Discours et messages*, t. I, p. 500).

27. Texte de l'ordonnance : *Le Salut*, « Documents », Plon, p. 408-409.

28. Une feuille recto verso.

29. Texte de l'édition originale : « Bien entendu, les communistes n'avaient pas été les derniers. Sous leur coupe [...] soixante-dix hebdomadaires [...] *Les Lettres françaises*, *Le Canard enchaîné*, etc. » Le journal satirique ayant attaqué en justice cette rédaction et obtenu gain de cause, le texte incriminé fut modifié en conséquence dès la réédition d'avril 1960.

30. Pierre Brisson, la propriétaire du journal étant Mme Cotnereanu.

31. Le premier numéro du *Monde* parut le 18 décembre 1944. Son directeur, Hubert Beuve-Méry, a conté dans *Onze ans de règne* (Flammarion, 1974) sa première entrevue avec le Général, en janvier 1945.

32. « Le seul » : Robert Brasillach, fusillé le 6 février 1945, après que de Gaulle eut reçu une demande de grâce signée de cinquante-neuf écrivains — dont François Mauriac et Albert Camus.

33. Dès le 7 septembre 1944, le Général a reçu à dîner un Georges Duhamel d'abord « intimidé, puis fort bavard » selon Claude Mauriac (*Un autre de Gaulle*, p. 24-28).

34. « Cette perspective », de Gaulle, alors qu'il a quitté le pouvoir, l'écarte à nouveau, disant à Claude Mauriac, le 7 juin 1946 : « Il est

impossible d'avoir représenté la France, d'avoir été la France, et d'entrer dans une catégorie quelconque de la Nation » (*Un autre de Gaulle*, p. 206). Claude Guy confirme en substance ce propos (*En écoutant de Gaulle*, p. 81).

35. « Ceux que vous savez » : les académiciens Bonnard, Hermant, Maurras et Pétain.

36. De Gaulle songeait alors à Aragon, Bernanos, Claudel, Gide et Malraux.

37. Le Général a tenu à présenter dans ses « Documents » les deux thèses : la lettre que Mendès France lui a adressée le 18 janvier 1945, demandant *in fine* à reprendre sa « liberté » ; le rapport, daté du 24 février, de René Pleven (*Le Salut*, Plon, p. 426-436, 440-448). De la thèse dure, le gouvernement retiendra l'idée d'« un grand impôt sur le capital » : en août 1945, ce sera « l'impôt de solidarité » ; voir p. 833.

38. La Belgique est cependant très divisée sur « la question royale ».

39. Sur « le plan de six mois », voir p. 444 et 588.

40. Par une lettre du 2 avril, en effet très digne, à la fois ferme et respectueuse (*Le Salut*, « Documents », Plon, p. 460).

41. Ainsi, René Pleven lui ayant proposé « une pause » en matière de budget militaire, le Général lui répond que ce « seul nom évoque une stagnation contraire aux buts de rénovation qu'il nous faut poursuivre dans l'armée comme dans toutes les institutions de l'État » (28 avril 1945, *Lettres, notes et carnets, 1943-1945*, p. 430).

42. Jules Jeanneney a été sous-secrétaire d'État dans le gouvernement Clemenceau, de novembre 1917 à janvier 1920. En 1932, il est élu président du Sénat.

43. Le Mouvement républicain populaire (M.R.P.), d'inspiration démocrate-chrétienne.

44. Comme l'a montré la réplique citée, p. 691.

45. Cf. p. 830-831, le récit d'un « orage » où de Gaulle défend son ministre contre des manifestations conduits, entre autres, par François Mitterrand.

46. Churchill, Eden, Hopkins : voir p. 635-639 et 667-671. Spaak, Van Kleffens, ministres des Affaires étrangères, belge et hollandais. Evatt, ministre des Affaires étrangères d'Australie. « Les ambassadeurs » : Duff Cooper, Bogomolov, Caffery représentent la Grande-Bretagne, l'U.R.S.S. et les États-Unis. Mgr Roncalli, le Saint-Siège. Morawski, la Pologne. Guillaume, la Belgique. Vanier, le Canada. Cerny, la Tchécoslovaquie. Burckhardt, la Suisse. Anderson, lord-président du Conseil britannique. Ford : Gerald Ford, le futur président américain ?

47. D'août 1944 à décembre 1945, quatorze interventions à la radio, recueillies dans *Discours et messages*, t. I.

48. Cf. *L'Appel*, p. 240 et n. 30.

49. Situé au n° 4 de la route du Champ d'entraînement, cet hôtel, propriété de la Ville de Paris, aurait, pendant l'Occupation, été réquisitionné pour Goering. Il abritera, à partir de 1953, le duc et la duchesse de Windsor (Philippe de Gaulle, *Mémoires accessoires*, p. 380).

50. L'un des trois préfets communistes mentionnés, p. 686.

51. Pas de trace dans les « Documents », Plon, ni dans les *Discours et messages*, ni dans *Lettres, notes et carnets* des déplacements à Nantes, Angers, Limoges, Périgueux et en banlieue parisienne. Sorbonne :

Notes et variantes des pages 717 à 764 1337

« Documents », Plon, p. 436-437 ; *Discours et messages*, t. I, p. 501-502. Metz : *Lettres, notes et carnets, 1943-1945*, p. 385-388.

52. La « guerre de trente ans » est un thème récurrent depuis Londres en 1940.

53. Avant de remettre aux cent trente-quatre régiments « drapeaux et étendards », le Général prononce, place de la Concorde, une brève allocution (*Le Salut*, « Documents », Plon, p. 490-491). Discours sur la place de l'Hôtel-de-Ville : « Documents », Plon, p. 461-465 ; *Discours et messages*, t. I, p. 535-540. Ce discours s'achève sur l'annonce de la remise à Le Troquer de la croix de la Libération ; le 24 mars, le Général avait rédigé la citation justifiant cet honneur (*Lettres, notes et carnets, 1943-1945*, p. 402).

54. Cette belle clausule, l'écrivain ne l'a trouvée qu'au prix d'un travail attesté par ses manuscrits.

LA VICTOIRE

Nous disposons pour ce chapitre de deux états manuscrits (*ms. 1* et *ms. 2*) et de deux états dactylographiés.

a. Fin du § dans ms. 1 : de la nation à la guerre. Et comme, pour un Commandant en chef, les comptes rendus psychologiques ne peuvent manquer de comporter quelque requête d'ordre pratique, il me pria de lui envoyer « huit ou dix mille jeunes Français qu'il incorpora aussitôt dans le corps nord-africain » sans préjuger de l'intégration des régiments FFI à l'intérieur des grandes unités.

b. Début du § dans ms. 1 : L'évacuation de tout ou partie de l'Alsace et, spécialement, de sa capitale aurait du point de vue de la stratégie alliée, des conséquences très discutables. Mais, pour la France, se serait un désastre. Que l'armée

c. subordonné méfiant — « J'ai observé, dis-je à Eisenhower, qu'aux passages les plus difficiles la route directe est la meilleure et qu'aux moments les plus embrouillés, la franchise est plus habile que les préceptes de Machiavel. De toute façon, la gloire se paie. *ms. 1*

d. Fin du § dans ms. 1 : jusqu'à l'extrémité la victoire de l'Allemagne parce que c'était vaincre que de croire nous avoir fléchis, tout cela enveloppait d'une dramatique fantasmagorie le désastre d'un grand peuple.

e. la situation générale. Que l'adversaire vint à perdre, au bord de l'Océan, ses points d'appui et ses garnisons, ce serait un atout de moins dans le jeu de ses généraux. D'autre part *ms. 2*

f. Fin du § dans ms. 1 : Pour moi, l'agression finale des japonais contre nos troupes ne faisait pas le moindre doute, il s'agissait donc d'obtenir qu'elles se battent en dépit de ce que leur situation aurait de désespéré et, si possible que l'engagement de nos militaires, conjugué avec l'action de certains éléments civils et, mieux, l'opposition des autochtones, dressent devant l'envahisseur une résistance indochinoise qui pourrait peser assez lourd.

g. Les éditions donnent 28 *. Nous adoptons la leçon de ms. 1.*

h. Début du § dans ms. 1 : Et moi, je sais ce soir là que la tâche se trouve maintenant achevée.

i. Fin du paragraphe dans ms. 1 : du monde. Qu'il est beau le jour qui s'achève ! Mais, les lendemains, que seront-ils sinon durs, difficiles, et dangereux ? En quel état sont, pour les affronter, le corps et l'âme de la France ?

1. Le « Combined Chiefs of Staff Committee », cité p. 520.
2. Lettre du 13 octobre 1944 à Eisenhower (*Le Salut*, « Documents », Plon, p. 470-471).
3. Le 14 octobre, le Général désigne Larminat et lui donne des instructions écrites (*Le Salut*, « Documents », Plon, p. 471-472). Le 26 octobre, Juin écrit au commandement suprême pour solliciter « la décision du général Eisenhower » après les dispositions envisagées par de Gaulle pour le front de l'Atlantique (B.N.F., R 130 037, f⁰ˢ 15-16).
4. Premier vers de « La Bataille perdue » (Hugo, *Les Orientales*). En août 1944, le Général l'avait appliqué à Hitler (C. Guy, *En écoutant de Gaulle*, p. 36).
5. Le 19 et le 20 novembre, de Gaulle envoie à de Lattre des télégrammes de félicitations pour les succès de la Iʳᵉ Armée (*Le Salut*, « Documents », Plon, p. 472-473).
6. À Mme Brosset, le Général adresse le 22 novembre une lettre de condoléances. Le 23, il télégraphie à « la Iʳᵉ Division motorisée d'infanterie » (ex Iʳᵉ D.F.L.) pour rendre hommage à son chef, « mort pour la France » (*Lettres, notes et carnets, 1943-1945*, p. 353-355).
7. « De Brazzaville à Strasbourg, par le combat et par la victoire ! voilà, mon général, le chemin que vous avez suivi avec nos chers et braves compagnons ! Nous finirons cette entreprise d'une manière qui sera digne de la France » (télégramme du 23 novembre à Leclerc, *Lettres, notes et carnets, 1943-1945*, p. 355).
8. La même idée a été exprimée p. 614. À son fils, le 18 décembre, le Général écrit : « L'ennemi [...] est loin d'être à bout de forces. La victoire ne pourra être obtenue sans le concours puissant de la France et de ses armées » (*Lettres, notes et carnets, 1943-1945*, p. 361).
9. « Il faut fournir au général de Lattre un effectif de 10 000 hommes à prélever sur l'intérieur (F.F.I) pour compléter d'urgence ses trois divisions nord-africaines [...]. » (Note du 19 décembre pour le général Juin, *Lettres, notes et carnets, 1943-1945*, p. 361).
10. Le 13 octobre déjà, de Gaulle écrivait à Eisenhower : « Vous ne m'avez fourni, jusqu'à présent, aucune indication quant à vos projets, bien qu'ils intéressent la France au premier chef » (*Le Salut*, « Documents », Plon, p. 470-471).
11. Une traduction de cette instruction est donnée dans *Le Salut*, « Documents », Plon, p. 474-475.
12. Le 28 décembre, « il est décidé d'organiser avec des forces françaises un barrage de sécurité sur la Meuse et entre Sambre et Meuse » (*Le Salut*, « Documents », Plon, p. 474).
13. *Le Salut*, « Documents », Plon, p. 476. Ici, les points de suspension indiquent une coupure : il s'agit d'une phrase indiquant à de Lattre que de Gaulle lui adresse copie de sa lettre du même jour à Eisenhower.
14. On trouvera dans *Le Salut*, « Documents », Plon, p. 476-478, les textes de la lettre du 1ᵉʳ janvier à Eisenhower et des télégrammes envoyés le 2 à Roosevelt et à Churchill. À ce dernier de Gaulle commu-

niquait le texte de son appel à Roosevelt, ajoutant : « Je vous demande de m'appuyer dans cette très grave affaire. » Plus loin (p. 734 et n. 19) et plus tard, le Général s'étonnera de la présence à Versailles, le 3 janvier, de Churchill, venu, en effet, l'« appuyer » auprès d'Eisenhower.

15. *Le Salut*, « Documents », Plon, p. 477-478. De Lattre écrivait : « la Ire Armée française n'est pas actuellement en mesure » ; le mémorialiste supprime l'adverbe.

16. Un télégramme de Juin avait confirmé le 2 janvier à de Lattre « les ordres » du général de Gaulle. Le 3, de Lattre télégraphie pour « demander instamment » à de Gaulle « d'obtenir d'urgence et avant toute chose l'accord du haut-commandement allié » (*Le Salut*, « Documents », Plon, p. 479) — ce qui provoquera, le même jour, la dure réplique du Général : « J'ai peu apprécié vos dernières communications » (*ibid.*, p. 481).

17. *Le Salut*, « Documents », Plon, p. 481. Le 3 janvier, de Gaulle adresse à de Lattre un autre message, « très secret » : « Je vous confirme mon ordre de tenir votre position actuelle et de tenir également Strasbourg. Je fais en ce moment un grand effort pour obtenir que la décision de retraite de S.H.A.E.F. soit rapportée en ce qui concerne la VIIe armée américaine. Mais, de toute façon nous ne pouvons pas abandonner l'Alsace sans combat » (*Lettres, notes et carnets, 1943-1945*, p. 368).

18. *Le Salut*, « Documents », Plon, p. 481-482.

19. Au Dr Pogue, qui recueillait informations et témoignages en vue des mémoires d'Eisenhower, le Général disait en janvier 1947 : « Je me demande encore, à l'heure qu'il est, ce que le Premier britannique était venu y faire » (Claude Guy, *En écoutant de Gaulle*, p. 217). Cf. n. 14, p. 732.

20. Avant l'arrivée du Général, Churchill avait déjà convaincu Eisenhower de ne pas abandonner Strasbourg. Juin confirme la version du Premier Ministre (F. Kersaudy, *De Gaulle et Churchill*, p. 337). On remarquera pourtant que l'intervention orale de Churchill auprès du Commandant en chef a été précédée par les lettres du Général. Reste que l'auteur des *Mémoires de guerre* minimise le rôle d'un allié dont il avait sollicité l'appui. Un communiqué de la présidence du gouvernement rend compte, le 4 janvier, de la « conférence relative aux opérations militaires sur le front Ouest » qui s'est tenu la veille. Il mentionne la présence de Churchill avec qui de Gaulle s'est « longuement entretenu » après la conférence. Le 4, Devers confirme à de Lattre les « instructions verbales » qu'il a données le 3 – à la suite du coup de téléphone d'Eisenhower : il faut « tenir la zone de Strasbourg » (*Le Salut*, « Documents », Plon, p. 482).

21. Lettre du 18 janvier à de Gaulle (*Le Salut*, « Documents », Plon, p. 484).

22. *Le Salut*, « Documents », Plon, p. 490.

23. *Discours et messages*, t. I, p. 541-545. Les *Mémoires de guerre* citent le début du second paragraphe.

24. Voir p. 719 et n. 2.

25. Décision du 27 mars 1945 (*Lettres, notes et carnets, 1943-1945*, p. 403).

26. Si Tende et La Brigue ont appartenu à la Maison de Savoie, elles n'ont jamais été savoyardes, comme l'auteur le dira p. 766 : ces deux localités étaient situées dans le comté de Nice (aujourd'hui Alpes-Maritimes).

27. Celui-ci reçoit le 21 février 1945 les instructions du Général : « le

commandement du front des Alpes est créé à la date du 1ᵉʳ mars 1945 » (*Le Salut*, « Documents », Plon, p. 486).

28. Dépendant de la république de Salo. Voir p. 455.

29. Sur cet accord, voir p. 139-140. « L'Union » désigne l'Union indochinoise (Tonkin, Annam, Cochinchine, Laos et Cambodge).

30. Voir p. 548.

31. Dès août 1944, François de Langlade avait été désigné comme « délégué politique ». À son retour d'Indochine, il soumet, le 15 janvier 1945, un rapport au Général (*Le Salut*, « Documents », Plon, p. 483). En mars 1945, il est nommé à la tête du Comité interministériel pour l'Indochine.

32. Le 26 janvier 1945, une directive « très secrète » précise les éléments d'un plan de défense de l'Indochine (*Lettres, notes et carnets, 1943-1945*, p. 375-383). Elle envisage deux « hypothèses » auxquelles se réfère le télégramme adressé le 21 février à Mordant (*Le Salut*, « Documents », Plon, p. 487).

33. Un communiqué de la présidence du gouvernement annonce, le 10 mars, l'agression japonaise (*Le Salut*, « Documents », Plon, p. 487-488). Le même jour, de Gaulle avait télégraphié à Mordant : « En tout cas, il faut combattre » (*ibid.*, p. 487).

34. À la radio, le 14 mars, de Gaulle cite plusieurs des garnisons qui résistent aux Japonais, par exemple : « À Monkay, tous les assauts japonais ont été, jusqu'à présent, brisés. » Texte de l'allocution dans *Le Salut*, « Documents », Plon, p. 488-490 et dans *Discours et messages*, t. I, p. 532-534.

35. Voir p. 715. Dans sa brève allocution, de Gaulle « proclame » : « Rien n'aura pu empêcher que, dans les dernières batailles aussi bien que dans les premières, la France fût debout, les armes à la main » (*Le Salut*, « Documents », Plon, p. 491).

36. Voir p. 741 : dès le 29 mars, Stuttgart était l'un des objectifs indiqués à de Lattre.

37. La Forêt-Noire.

38. En prescrivant, le 25, à de Lattre de demeurer dans cette ville et d'y établir « un gouverneur militaire », le Général ajoutait : « Vous [...] n'accepterez aucun empiétement à ce sujet » (*Lettres, notes et carnets, 1943-1945*, p. 426).

39. Présentée dans les « Documents » (Plon, p. 491), cette lettre n'est pas aussi « résignée » que l'écrit le mémorialiste. Le passage placé ici entre guillemets est une citation assez libre.

40. 1ᵉʳ mai : lettre du Général à Eisenhower. 2 mai : réponse d'Eisenhower et télégramme de Truman. 4 mai : télégramme du Général à Truman, librement cité ici (*Le Salut*, « Documents », Plon, p. 493-496).

41. Au Grand Conseil fasciste du 25 juillet 1943, Mussolini a été renié par une majorité de dignitaires du régime, y compris son gendre, le comte Ciano : cf. p. 395.

42. Cf. cette déclaration à Claude Guy, en novembre 1947 : « Hitler ne pouvait mourir que de son propre fait » (*En écoutant de Gaulle*, p. 368). Comparer Hitler à Prométhée, n'est-ce pas lui reconnaître, comme à Mussolini, une certaine « grandeur » ? Mais le Führer va devenir un « Moloch » (p. 760). « Il n'était pas un grand homme [...]. Il n'était qu'une colère instable » (cité par Tournoux, *Jamais dit*, p. 164).

43. Bien qu'en 1958 il ait déjà, en rencontrant Adenauer, préparé la

Notes et variantes des pages 765 à 818 1341

réconciliation franco-allemande, le Général n'a pas la mémoire courte : il tient à souligner l'adhésion au Führer d'une Allemagne qui l'a suivi « jusqu'à la fin ».

44. Voir p. 93 et n. 2.

45. Allusion à la dérisoire condamnation par la S.D.N. de l'occupation de la Rhénanie : voir p. 22.

46. Écho de l'appel du 18 juin : « Quoi qu'il arrive, la flamme de la résistance française ne doit pas s'éteindre et ne s'éteindra pas. »

47. Himmler a fait une tentative analogue auprès des Britanniques et des Américains. Lorsqu'il s'adresse à Charles de Gaulle, le Reichsführer des S.S. sait qu'il écrit à un homme dont plusieurs proches sont en son pouvoir. « Contrairement à certaines légendes, la Gestapo [...] n'a jamais proposé et ne s'est jamais vu proposer de tractations à ce sujet. Mon père s'est contenté de faire savoir à Himmler qu'il le tenait pour responsable de leur sort, comme de celui des autres Français d'ailleurs » (Philippe de Gaulle, *Mémoires accessoires*, p. 294).

48. À la conférence des Nations unies. Voir p. 672.

49. Par un télégramme du 7 mai 1945 (*Le Salut*, « Documents », Plon, p. 497).

50. *Le Salut*, « Documents », Plon, p. 497 ; *Discours et messages*, t. I, p. 545-546.

51. Formule d'Héraclite. Citation chère à de Gaulle, notée dès 1916 (*Lettres, notes et carnets, 1905-1918*, Plon, 1980, p. 374), reprise, par exemple, en 1965 dans une conférence de presse (*Discours et messages*, t. IV, p.334).

DISCORDANCES

Nous disposons pour ce chapitre de deux états manuscrits (*ms. 1* et *ms. 2*) et de trois états dactylographiés.

a. Fin du § dans ms. 1 : En mettant à profit ces éléments pour obtenir ce qui nous est dû et faire valoir la justice et l'ordre dans la renaissance du monde, nous avons dès aujourd'hui de quoi nous faire respecter en attendant d'avoir repris nos forces.

b. prête à briser les barrières quand s'offrirait l'occasion. Je ne pouvais, d'ailleurs, méconnaître le poids, non plus que l'âpreté, des raisons de la Grande-Bretagne. Cherchant traditionnellement un marché privilégié, avide aujourd'hui de pétrole, voulant tenir les routes qui mènent aux Indes, attirée vers les Arabes par une sorte d'amour obstinément malheureux, elle poursuivait son plan d'hégémonie sans relâche depuis près d'un siècle. Après avoir mis la main sur l'Égypte et sur le Soudan dès les années quatre-vingt, elle trouvait dans la Première Guerre mondiale l'occasion de s'attribuer par l'intermédiaire de la dynastie husseinite la suzeraineté sur la Transjordanie et l'Irak, d'administrer la Palestine en qualité d'arbitre des querelles judéo-arabes et de prendre sous son protectorat la côte méridionale de l'Arabie depuis Aden jusqu'à Bahrein. Si elle avait dû laisser aux français le mandat sur la Syrie et le Liban, jamais elle ne s'y était sincèrement résignée. Car à la France épuisée   *ms. 2*

c. Dans ms. 2 on trouve, inséré entre ce § et le suivant, le texte que voici : L'Angleterre avait d'autant plus hâte de régler l'affaire d'Orient que partout ailleurs son Empire se disloquait. La puissance et la richesse anglaises, sur lesquelles reposait l'édifice tant qu'elles étaient incomparables, n'y suffisaient plus dès lors qu'elles avaient perdu leur rang. Certes, le courage que le Royaume-Uni venait de déployer pour barrer la route aux tyrans était largement reconnu. Mais ce n'était point assez pour conserver la primauté. Voyant les visées de l'Amérique et de la Russie s'étendre sur toute la terre et entendant les masses crier partout : « À nous, l'indépendance ! » l'Angleterre savait que son Empire mondial n'était plus qu'une anomalie. Du moins, le Proche-Orient ne pourrait-il faire compensations à tout ce qu'elle allait perdre ? À moi-même, qui avais assisté tout au long de la guerre au développement de la politique britannique dans la Méditerranée, il paraissait inévitable que l'Angleterre déchaînât contre nous la crise suprême dans le Levant.

d. les buts [...] aussi *mots omis dans orig. et rétablis d'après ms. 1 et dactyl. Restitution rendue obligatoire pour la compréhension du passage :* Levant *renvoie à l'adverbe de lieu* y *qui apparaît dans la suite de la phrase* en s'y mêlant de nos affaires

e. Fin du § dans ms. 1 : qui nous appartient. Évoquant, même, la perspective de frictions entre les Soviétiques et les Occidentaux et des contre-temps qui pourraient en résulter, j'indiquais notre intention de conserver la possibilité d'être présent en Méditerranée orientale dans la période difficile que nous vivons et qui va, probablement se prolonger pour vous et pour nous. Il en résultait que la France devait conserver des bases en Syrie et au Liban. J'ajoutais qu'une fois ces divers points réglés avec Damas et Beyrouth, nous déposerions l'autorité que nous tenions du mandat, *[plusieurs mots illisibles]* de leur administration et nous leur laisserions la disposition des troupes spéciales.

f. Fin du § dans ms. 1 : du « diktat ». En somme, l'événement prouvait que pour l'Angleterre, quant elle est la plus forte, il n'y a pas d'alliance qui tienne, ni de traité qui vaille, ni de vérité qui compte. À mon avis, W. Churchill n'ajoutait rien à sa réputation, cachant une telle évidence sous des affirmations contraires.

g. Début du § dans ms. 1 : Il est vrai que s'il avait fait fond sur l'inconsistance des milieux dirigeants français, il ne s'était pas trompé.

h. nous en coûtât. Aux yeux de ces spécialistes, le succès consistait bien mieux à sauvegarder nos intérêts qu'à renouer les bons rapports. Aussi *ms. 1. Même texte dans ms. 2 à quelques variantes près.*

i. cette crise, où je ressentais profondément le tort qui nous était fait et le coup que notre allié d'hier portait à la solidarité et au prestige de l'Occident, et où j'avais la nette impression qu'une attitude *ms. 1*

j. Entre-temps, les États-Unis et la Russie soviétique, conformément au marché de Yalta, avaient laissé les mains libres aux Anglais. M. Truman s'était borné à m'adresser, au début de la crise, un télégramme me recommandant d'user de modération, comme si c'était la France qui violait le droit des autres ; le Kremlin nous avait fait tenir une note par laquelle il prenait acte des troubles qui agitaient l'Orient, manifestant son souci d'y voir régner la paix. L'intervention *ms. 1*

k. Début du § dans ms. 1 : Dans de pareilles conditions, tout règlement auquel nous aurions procédé avec la Grande-Bretagne eût été honteux et désastreux.

Notes et variantes des pages 765 à 818 1343

l. Début du § dans ms. 1 : Mais nos démarches avaient produit les effets que nous attendions, en particulier celui-ci que personne ne parla plus d'aller négocier à Londres le destin de la France en Syrie et au Liban. J'étais

m. Début du § dans ms. 1 : Tandis que les Britanniques, appuyés par les Américains, s'efforçaient d'abuser de nous avant que nous ayons repris nos forces, le consentement général des peuples restituait à la France, d'une manière extraordinaire, la place qu'elle occupait naguère au premier rang des États. La conférence de San Francisco en faisait la démonstration.

n. le 17 juillet. Elle avait été préparée par le séjour à Moscou de M. Harry Hopkins, dont la Maison-Blanche croyait que les grandes qualités humaines parviendraient à émouvoir et à influencer l'inflexibilité du Kremlin. Dans l'esprit *ms. 1. On retrouve ce texte, à quelques variantes près, dans ms. 2.*

o. devenait *orig. Rectifié d'après ms. 2.*

p. Fin du § dans ms. 1 et ms. 2 (à quelques variantes près) : des forces antagonistes ou qu'on fût tout bonnement contraint de se défendre, rien ne serait possible sans la France. Il fallait donc que celle-ci s'y prêtât et, d'abord, qu'elle restât debout. Roosevelt, qui s'était bercé de l'illusion d'une entente directe avec Staline, n'avait pas cru nécessaire le redressement de la puissance française. Maintenant, Truman était porté à voir les choses autrement.

q. Après ce §, on trouve dans ms. 1 un passage biffé dont voici le texte : Je retirai de ces entretiens l'impression que les États-Unis abordaient l'époque nouvelle sans méconnaître qu'eux-mêmes venaient d'accroître cette menace en laissant le Kremlin étendre sa loi du feu à 150 millions d'Européens, sans nier que l'imprévoyance de leur propre isolationnisme eût naguère contribué à l'essor du Reich allemand et de ce qui en était résulté ; il était clair que devant la nouvelle situation du monde, les Américains se tenaient pour les guides *[trois mots illisibles]* des peuples d'Occident. D'ailleurs, ils étaient les plus forts. Quatre jours avant ma visite, les bombes atomiques avaient réduit le Japon à la capitulation. Les États-Unis savaient que, de longtemps, ils seraient seuls à en posséder. Aussi n'imaginaient-ils pas que la Russie pût risquer une guerre proprement dite.

r. Fin du § dans ms. 1 et ms. 2 (à quelques variantes près) : c'est l'affaire de la France. Mais tous, quand ils seront politiquement affranchis auront besoin que leur soit prêté un large concours économique, technique, militaire, culturel, administratif. La France, pour sa part, n'y manquera pas. Mais rien ne serait déplorable dans ce domaine autant que les surenchères et les rivalités entre puissances occidentales et, du côté américain, une attitude de parti pris à l'encontre de notre nation. Par malheur, c'est ce qui se passe au sujet du Levant. Comment ? Parmi les États arabes de l'Orient, deux et deux seulement : la Syrie et le Liban, ont reçu l'indépendance. C'est moi-même qui la leur ai donnée. En fait, la souveraineté des deux États est effective. Pour qu'elle soit totale, en fait, il ne reste à accomplir que d'ultimes formalités imposées par la liquidation du mandat que le monde avait confié à la France. Et voilà que l'Angleterre, dans l'illusion de prendre notre place à Damas et à Beyrouth et de se maintenir aux alentours excite contre nous la frénésie nationaliste, fournit des armes à l'émeute, menace d'attaquer nos soldats. En même temps, les États-Unis l'en approuvent et nous condamnent. Je ne crains pas de me tromper en prédisant, qu'en définitive, c'est l'Occident qui fera les frais de cette erreur et de cette injustice.

s. faire renaître. Vous renaîtrez comme elle, en même temps qu'elle, avec mon appui ». Le soir je visitai Coblence. *ms. 1 :* faire renaître. Aider ce pays à recouvrer, non seulement les moyens de vivre, mais ceux de vivre avec dignité, aux points de vue matériel, moral, religieux, politique, administratif, voilà quelle est notre intention. » Le soir, je visite Coblence. *ms. 2*

t. Fin du § dans ms. 1 et ms. 2 (à quelques variantes près) : Rentré à Paris, je tiens dès le lendemain une vaste conférence de presse pour préciser, de nouveau, ce que devrait être la structure de l'Allemagne et quelles possibilités le destin pacifique qui lui serait ainsi fixé ouvrirait à une organisation entre nations situées de part et d'autre des Alpes et du Rhin, en attendant que celle-ci puisse s'étendre à l'ancien continent. Je ne pouvais, d'ailleurs, douter que les oreilles attentives du Kremlin recueilleraient l'écho de mes paroles sans la moindre satisfaction. Staline, lors de nos entretiens de Moscou, Molotoff s'adressant à Bidault pendant la conférence de Londres, Bogomoloff au cours de maintes démarches, les journaux russes à chaque occasion, s'étaient toujours montrés méfiants au sujet de telles perspectives, affectant d'y voir le plan d'un « bloc occidental » qui serait dirigé contre l'Union Soviétique. Mais il n'y avait là rien qui pût m'y faire renoncer. Car, si Moscou méditait d'étendre plus avant sa domination vers l'Ouest, il fallait que les pays encore libres du continent fussent unis pour se défendre. Si, au contraire, les intentions du Kremlin sont réellement pacifiques, une association de l'Europe occidentale, établie autour de la France et indépendante de toute emprise américaine, ne pourrait constituer un péril pour la Russie. C'est ce que je déclarai, après avoir exposé, une fois de plus, les buts de ma politique. « Il y a très longtemps, dis-je, que les Français, les Belges, les Hollandais, les Italiens, les Rhénans, etc., naissent du côté où le soleil se couche. Il y a très longtemps que d'autres Européens naissent du côté où le soleil se lève. Je ne vois pas pourquoi les premiers renieraient leur qualité d'occidentaux et je ne vois aucun inconvénient à ce que les seconds proclament leur qualité d'européens de l'Est. Tous sont Européens. Mais les fleuves qui les parcourent ne sont pas les mêmes : leurs économies ne sont pas identiques ; leurs frontières ne sont pas communes à tous ; les mêmes océans ne baignent pas leurs côtes toutes à la fois. En ce qui concerne, d'une part ceux-ci, d'autre part ceux-là, il y a des éléments naturels et il y en a d'acquis, qui sont distincts et qu'il ne faut pas méconnaître. Autrement, comment organiser le monde ? Or, tout le monde nouveau doit être organisé. » J'ajoutais : « Une organisation occidentale ne peut faire aucun tort à une organisation européenne, au contraire ! Non plus qu'une organisation européenne ne saurait nuire, — bien au contraire ! —, à une organisation mondiale. »

u. nationale. La diplomatie, enfin, sans contredire, cela va de soi, la politique que je veux mettre en œuvre, ne la sert qu'avec réticence. Plutôt que faire valoir devant les autres ce que nous voulons, ses démarches tendent principalement à tenir compte de ce qu'ils veulent. Tout se passe *ms. 1. On retrouve, à quelques variantes près, ce texte dans ms. 2.*

v. Fin du § dans ms. 1 : tous les contacts, par exemple celui d'Ho-Chi-Minh avec qui Sainteny se trouvait déjà en rapport.

1. Dans ce projet européen, place semble donc faite à l'Espagne, alors qu'en octobre 1944 un journaliste interrogeait le Général sur « la guerre civile » qui se déroulerait alors dans ce pays (*Discours et messages*, t. I, p. 460).
2. Voir p. 747 et n. 26.
3. Traduction de la note de Caffery dans *Le Salut*, « Documents », Plon, p. 533-534 : « [.] le général Doyen, dans sa lettre, aurait fait savoir que le fait d'insister pour le retrait des troupes françaises revêtirait un caractère nettement inamical et même hostile et pourrait avoir " de graves conséquences " ».
4. Traduction du message de Truman, du 7 juin 1945, dans *Le Salut*, « Documents », Plon, p. 537-539. Dernière phrase : « Les vivres continueront à être fournis. »
5. Au message de Truman, le Général répond le jour même (*Le Salut*, « Documents », Plon, p. 539-540). Il se cite ici librement, en renforçant les termes employés le 7 juin : ainsi « notre expulsion » devient « notre expulsion forcée » ; et le mémorialiste prédit « les plus graves conséquences », là où le message signalait « une coïncidence, si fâcheuse ».
6. Sforza ne mourra qu'en 1952, après avoir succédé à De Gasperi aux Affaires étrangères en 1947. Le Général avait reçu Saragat le 16 juillet et le 12 septembre 1945 (comptes rendus d'audience dans *Le Salut*, « Documents », Plon, p. 543-545 et 562-564). Chargé de l'intérim aux Affaires étrangères, René Mayer établit une note sur l'entretien avec Gasperi (*ibid.*, p. 567-569), où « il n'a pas été question du Dodécanèse, du Fezzan » mais où l'on a évoqué les colonies italiennes et Trieste. Sur « la frontière italo-française », Gasperi « a fait entendre quelques gémissements », à quoi le Général a répondu « fermement ».
7. François Kersaudy relève dans le récit de cette crise « plusieurs éléments pour le moins étranges » et de flagrantes « inexactitudes ». Pour lui, le Général prête à Churchill un « extraordinaire machiavélisme » (*De Gaulle et Churchill*, p. 349-351). Si l'action de Spears, rappelé du Levant depuis plusieurs mois, a bien été hostile à la France, la politique britannique, lors des troubles de 1945, ne manifeste à notre égard aucune agressivité systématique : elle vise plutôt à rétablir en Syrie une paix compromise par les imprudences des représentants français.
8. Le 30 avril, de Gaulle donne des instructions en ce sens au ministre de la Marine, Louis Jacquinot (*Le Salut*, « Documents », Plon, p. 509). Dans un paragraphe biffé par le Général, celui-ci écrivait : « Il ne faut à aucun prix céder ni aux caresses, ni aux grognements britanniques. C'est le moment de marquer le coup » (B.N.F., R 130 007, f° 87).
9. Note sur cet entretien avec Duff Cooper dans *Le Salut*, « Documents », Plon, p. 510-511.
10. Citations libres du message de Churchill (*Le Salut*, « Documents », Plon, p. 511-512).
11. Par une lettre du 6 mai, suivie, le même jour, d'un communiqué de la présidence du gouvernement français (*Le Salut*, « Documents », Plon, p. 512-514).
12. Pour la restitution de ce membre de phrase d'après *ms. 1* et *dactyl.*, voir var. *d.*

13. L'accueil réservé à Montgomery, « le jour même où l'on rédigeait l'ultimatum », est évoqué dans la conférence de presse du 2 juin (*Discours et messages*, t. I, p. 567).

14. Le 30 mai, le général Beynet télégraphie au gouvernement : « À Damas, les troupes françaises ont occupé les parties de la ville d'où le feu était dirigé sur nos établissements et, en particulier, le Parlement, la banque de Syrie, la direction de la police et le Sérail » (*Le Salut*, « Documents », Plon, p. 517).

15. « Rien reçu du tout » : voir p. 778.

16. Le Général cite intégralement la traduction du message de Churchill (*Le Salut*, « Documents », Plon, p. 517-518). Celui-ci fut remis le 31 mai à 17 heures à Palewski par « M. Holman, conseiller à l'ambassade britannique » (*ibid.*, p. 521).

17. « Au cours de la nuit », à 3 heures, le Général a envoyé un premier télégramme à Beynet. Après le Conseil des ministres, il lui confirme et précise ses instructions. Les formules placées ici entre guillemets résument ce deuxième télégramme (*Le Salut*, « Documents », Plon, p. 517-520).

18. Texte dans *Le Salut*, « Documents », Plon, p. 520-521.

19. Le 2 juin, le Général, ayant pris connaissance de « la communication écrite » de Paget à Beynet, prescrit à celui-ci de s'en tenir aux « ordres » qu'il a reçus. Le 3, de Gaulle adresse à son délégué au Levant un télégramme plus long, dont il cite ici librement quelques formules, les points de suspension signalant des coupures (*Le Salut*, « Documents », Plon, p. 530-531).

20. Extraits de cette conférence de presse dans *Le Salut*, « Documents », Plon, p. 521-530. Texte complet dans *Discours et messages*, t. I, p. 558-572.

21. Cet « état d'esprit fâcheux », le Général l'a constaté, par exemple, chez Massigli et Ostrorog : voir ses notes à Georges Bidault des 17 janvier et 7 septembre 1945 (*Lettres, notes et carnets, 1943-1945*, p. 373 ; *1945-1951*, p. 75-77). Ces notes ne sont données que partiellement dans *Le Salut*, « Documents », Plon, p. 389 et 557-558.

22. Le 19 juin : *Discours et messages*, t. I, p. 573-580.

23. Voir p. 777-778.

24. Dans sa conférence de presse du 2 juin, le Général a bien affirmé que « la question de l'Orient » devait être traitée « dans son ensemble », mais n'a pas fait référence aux cinq « grands » : la charte des Nations unies ne sera adoptée qu'à la fin du mois.

25. Si le président Wilson avait beaucoup œuvré pour créer la S.D.N., le Sénat américain refusa d'y faire entrer les États-Unis.

26. Télégramme du 28 avril 1945 à Georges Bidault : « Nous avons eu raison de ne pas être parmi les puissances invitantes. Nous avons tout intérêt à paraître comme une réserve de l'organisation internationale » (*Le Salut*, « Documents », Plon, p. 509). Ce message se terminait par un rappel à l'ordre (« Je vous demande de m'adresser chaque jour un télégramme mentionnant l'essentiel. Amitiés »), non repris dans les « Documents » (B.N.F., R 130 037, f° 86).

27. Voir les instructions du gouvernement à la délégation française dans *Lettres, notes et carnets, 1943-1945*, p. 417-425. Sur plusieurs points, elles prescrivent la réserve. Le 28 avril, le Général télégraphie à Bidault :

« Je vous fais mon compliment pour avoir maintenu la langue française à sa place » (*Le Salut*, « Documents », Plon, p. 509).

28. Ligne Curzon : voir p. 652 et n. 37.

29. « Le rideau de fer » : formule de Churchill, dans son discours de 1946. Il intitule *Le Rideau de fer* le dernier tome de ses *Mémoires sur la Deuxième Guerre mondiale* (trad. franç., Plon, 1954).

30. « Tout est consommé », dit Jésus en croix (Jean, XIX, 30).

31. « Comme guide et comme symbole » : c'est ainsi que de Gaulle parle de lui-même.

32. « Cet exceptionnel artiste » : écho de la formule de *L'Appel*, p. 51 : « le grand artiste d'une grande histoire ».

33. « Indicible douleur. » À Didon, qui l'invite à raconter la chute de Troie, Énée déclare : *Infandum, regina, jubes renovare dolorem* (*Énéide*, II, 3). « Sept divisions » : voir p. 12 et n. 27.

34. « Je sentais […] européen » : alexandrin. De Gaulle n'a pas attendu 1959 pour avoir une certaine idée de l'Europe : cf. p. 633-634.

35. En 1958 en tout cas, de Gaulle, en invitant Adenauer à Colombey, a voulu transformer ces « possibilités » en réalités.

36. À la lettre du Général lui annonçant le 24 juillet la dissolution de la Ire armée, « en tant que commandement », de Lattre répond le 25 : il accueillera Kœnig « en toute sérénité » (*Le Salut*, « Documents », Plon, p. 545-546).

37. Le 29 mai, de Gaulle remercie Truman d'avoir exprimé « le désir de [le] rencontrer » : il lui donne son accord, que cette « rencontre doive avoir lieu ici ou aux États-Unis » (*Le Salut*, « Documents », Plon, p. 516-517) : voir, p. 795-798.

38. Citations libres des messages des 3 et 5 juillet (*Le Salut*, « Documents », Plon, p. 542-543).

39. Cf. dans *L'Unité*, p. 499-504, le récit de la visite de 1944 aux États-Unis. Leahy semble « contrit » parce qu'ancien représentant de Roosevelt à Vichy, il a longtemps combattu la France Libre et son chef.

40. Sur les entretiens de Gaulle-Truman, l'ambassadeur Henri Bonnet a rédigé deux notes ; elles sont largement corrigées de la main du Général avant d'être reprises dans les « Documents », Plon, (B.N.F., R 130 038, f°s 167-172, 178-180). Le 25 août, Bonnet adressait au gouvernement un rapport sur la manière dont les journaux américains avaient présenté « l'arrivée du général de Gaulle » (*Le Salut*, « Documents », Plon, p. 550-557). Dans l'ensemble favorable, cette présentation devait faciliter la conférence de presse tenue le 24 août par le Général (*Discours et messages*, t. I, p. 602-609).

41. Voir la lettre adressée le 18 août à Jean Monnet par Leo T. Crowley, administrateur du Prêt-bail, auquel il est mis un terme, étant donné la fin des hostilités (*Le Salut*, « Documents », Plon, p. 597-598).

42. À New York, répondant à La Guardia, à Chicago, au banquet offert par Kelly, de Gaulle prononce des allocutions (*Lettres, notes et carnets, 1945-1951*, p. 62-66).

43. Cf. les lettres adressées à Bidault, le 29 septembre et le 1er octobre 1945 (*Lettres, notes et carnets, 1943-1945*, p. 89-90 ; *Le Salut*, « Documents », Plon, p. 569-570) : « Je ne vois pas ce qui vous retiendrait » (à Londres) ; « de toute manière, la Conférence est à l'agonie ».

44. Les déclarations faites le 10 septembre à Gerald Norman sont

reproduites dans *Le Salut* (« Documents », Plon, p. 558-562) et reprises dans *Discours et messages*, t. I, p. 614-619.

45. Citations libres du discours de Strasbourg (*Discours et messages*, t. I, p. 622-623). On trouve dans *Lettres, notes et carnets, 1945-1951*, p. 91-98, les allocutions prononcées auparavant à Trèves, Coblence, Fribourg, Salzbach et Baden-Baden.

46. Toast en réponse au prince Charles (10 octobre), discours à l'université libre de Bruxelles (11 octobre) : *Discours et messages*, t. I, p. 624-626. Revenu à Paris, le président du gouvernement publie un communiqué sur sa visite en Belgique (*Le Salut*, « Documents », Plon, p. 570-571).

47. Texte de cette « vaste conférence de presse » : *Discours et messages*, t. I, p. 627-641.

48. « Les deux Destours » : voir p. 386 et n. 26.

49. Le jour même de la Victoire, le 8 mai 1945, ce « commencement d'insurrection », à Sétif et à Guelma, fit des milliers de victimes. Rien dans les « Documents » du *Salut* ne vient éclairer ces événements.

50. Voir *L'Unité*, p. 346.

51. L'empire marocain, au temps des protectorats, comprenait trois zones : la française, l'espagnole (le Rif) et Tanger qui avait jusqu'en 1940 un statut international, aboli alors par Franco.

52. Le 15 juillet, le Général adresse un toast chaleureux au bey (*Lettres, notes et carnets, 1945-1951*, p. 44-45).

53. Dans ce paragraphe, l'Algérie est mise entre parenthèses : c'est qu'au « commencement d'insurrection » de 1945 font écho depuis 1954 des « événements », comme on dit alors, qui provoqueront la chute de la IVe République et le retour du Général. L'auteur du *Salut*, publié après ce retour, doit s'imposer une réserve certaine, s'il veut sauvegarder les chances du chef de l'État.

54. « L'Union » : voir p. 749, n. 29.

55. Cette « menue avant-garde » était commandée par le général Blaizot. Il faudra attendre septembre 1945 pour que les premiers éléments du corps expéditionnaire français débarquent en Indochine. Voir p. 817.

56. « Il est décidé de créer un corps d'armée à deux divisions pour la participation aux opérations en Extrême-Orient. » (Décision du 4 juin 1945, *Le Salut*, « Documents », Plon, p. 582.)

57. Cf. *L'Unité*, p. 505-506.

58. Un ordre du 19 août désigne Leclerc pour « participer à l'instrument de capitulation du Japon ». Deux jours plus tôt, Leclerc avait été nommé « commandant supérieur des troupes » devant opérer en Indochine, où d'Argenlieu serait haut-commissaire (*Le Salut*, « Documents », Plon, p. 549-550). De Gaulle a donné le 14 août ses directives aux ministres concernés et, le 16, rédigé une instruction à d'Argenlieu (*Lettres, notes et carnets, 1945-1951*, p. 57-59).

59. « Trois Ky » : la Cochinchine, l'Annam, le Tonkin, qui formeront le Viêt-Nam.

60. Cet entretien avec Soong fait l'objet d'une longue note établie par le cabinet du Général (*Le Salut*, « Documents », Plon, p. 564-567). On y lit que Tchang Kaï-shek « ne conteste en aucune manière les droits que la France détient sur l'Indochine » et va prescrire une enquête sur les

Notes et variantes des pages 818 à 857 1349

agissements du général Lou-Han — qui occupe le Tonkin et retarde « l'entrée des troupes françaises » dans cette région.

61. Thierry d'Argenlieu avait rédigé à Saigon, le 17 décembre 1945, une « note d'information » sur Duy-Tân où il écrivait : « On dit actuellement à Saïgon que le Prince est à Paris, qu'il s'est entretenu avec le général de Gaulle dont il a obtenu l'union du Viêt-nam avec la France dans l'égalité totale des deux peuples. » À la demande du mémorialiste, il lui renvoie ce document, avec une « note additionnelle », où il mentionne la « lettre importante » qu'il avait adressée le 23 décembre 1945 à de Gaulle — sur le « facteur nouveau » qu'apporterait l'« apparition en Indochine » de l'ex-empereur. Celui-ci devait « malheureusement » périr le 26 décembre 1945, « dans le Dakota qui le ramenait à Madagascar » (B.N.F., R 130 037, f° 56).

62. Capitales de la Cochinchine, de l'Annam, du Tonkin, du Cambodge et du Laos.

DÉSUNION

Nous disposons pour ce chapitre de deux états manuscrits (*ms. 1* et *ms. 2*) et de trois états dactylographiés.

a. Début du § dans ms. 1 : Ce caractère fractionnel des partis, comparé à l'extrême rigueur de notre époque et de ses problèmes, explique qu'ils ne puissent avoir prise sur les réalités d'aujourd'hui. À quoi s'ajoute leur propre décadence.

b. Fin du § dans ms. 1 : Mais aucun d'entre eux n'envisage de maintenir longtemps à la direction des affaires un personnage qui, par sa seule présence, contredirait le régime qu'ils sont avides de bâtir.

c. Fin du § dans ms. 1 : la galvaniser ? Comment être à la mesure de ce qu'il faut à la France ? *: fin du § dans ms. 2 :* la galvaniser, dès lors que tout s'aplatit ? Suis-je à la mesure de ce qu'il faut à la France ? Dans tous les cas, et quelle que doive être [...] toute l'autorité qu'il m'accorde.

d. les plus malheureux. Ceux que le cours ou la suite de la lamentable bataille de mai-juin 1940 ont livré à la captivité viennent de consacrer cinq années de leur jeunesse dans la tristesse de l'exil et de la détention. Parmi les hommes et les femmes qu'on a retrouvés vivants dans les camps de concentration, beaucoup sont des résistants, — et des plus braves —, beaucoup sont des juifs que leur race a voués à la persécution. Les uns et les autres furent soumis par l'ennemi au système organisé d'exploitation de leurs dernières forces, d'avilissement et d'extermination. Épuisés des misères, ils arrivent des rives de la mort qui a englouti six sur sept de leurs compagnons. Rentrent, enfin, les garçons que le Reich et Vichy ont soit dupés, soit mobilisés, pour qu'ils aillent travailler en Allemagne et qui se trouvent soudain débarrassés d'un joug odieux. Ce retour, grand retour *ms. 1*

e. cette source empoisonnée *[fin du premier §, 21 lignes plus haut]* qu'était la capitulation. Il est vrai que les accusés, après s'être vantés de leur politique tant qu'il restait des chances à Hitler, cherchaient à s'en disculper devant leurs juges en alléguant qu'ils l'avaient adoptée comme le Maréchal. « Nous avons, disaient-ils, protégé le peuple français, autant qu'il était possible, de l'oppression directe que les Allemands auraient exercé en l'absence de tout gouvernement. » D'ailleurs, l'armistice instituait une zone libre où les pouvoirs publics pouvaient vivre dans une situation d'indépendance relative. Du fait que l'autorité centrale et l'administration fonctionnaient en France, un certain ordre intérieur y fut, malgré tout, maintenu, notamment dans les domaines économique, social et financier. Enfin, si l'Afrique du Nord a pu servir de base aux armées de la libération, n'est-ce pas que sa neutralité a détourné Hitler de l'occuper ? Certes, nous fûmes soumis, de la part des Allemands, à une pression écrasante ; du moins, par l'inertie, la ruse, le double jeu, avons-nous limité les effets de leurs exigences. / Mais, pour la justice, admettre, suivant la thèse des dirigeants de Vichy qu'en un moment où se joue le destin du pays, le rôle du gouvernement consiste à épargner des sacrifices aux individus au prix de l'indépendance nationale, qu'aussi longtemps que dure la guerre, il s'agit, par prudence, de ménager les envahisseurs, qu'en définitive la servitude vaut mieux que le risque et l'effort, c'eût été reconnaître que la France n'était plus la France et ne le serait jamais plus. / Au demeurant, qu'avaient valu les prétendues sauvegardes que le régime de Vichy s'était targué d'assurer aux Français à travers la capitulation de la nation et de l'État ? on pouvait maintenant *[plusieurs mots biffés]* de cette faillite. Jamais les Allemands n'avaient consenti à libérer aucun de nos prisonniers de guerre. S'ils s'étaient décidés, par tactique, à en renvoyer cent mille que leur âge ou leur santé empêchaient d'être utilisés, ils *[plusieurs mots illisibles]* de travailleurs. L'ennemi s'était sans ménagement approprié les ressources et le labeur des Français, au point de ruiner le pays. Il avait annexé l'Alsace et la Lorraine, détaché du corps national la région du Nord, coupé le pays en deux par la ligne de démarcation, finalement occupé le territoire tout entier et imposé que chaque loi du soi-disant gouvernement français fût soumise à son agrément. En quoi Vichy avait-il empêché cet asservissement ? / Passer à travers l'Espagne, s'emparer de Gibraltar, installer les bases nécessaires à la *[un mot illisible]* pour que celle-ci pût agir contre le Maroc français, organiser du Nord au Sud de la péninsule pauvre en routes et en chemins de fer les communications destinées à *[un mot illisible]* un vaste corps expéditionnaire ? Mais on avait aujourd'hui toutes les raisons de croire que Madrid n'y eût pas consenti. Même si Franco s'était laissé faire, les préparatifs de l'offensive en Afrique n'auraient-ils pas exigé de longs délais pendant lesquels notre défense se fût organisée en grand avec le concours des Anglais dès lors certains que leurs îles ne seraient pas envahies ? Ou bien l'ennemi, payant d'audace, aurait-il tenté de *[un mot illisible]* sur Bizerte à partir de l'Italie quelques commandos d'aventure ? Mais alors, il eût fallu, en raison de la distance, qu'il s'abstînt de les faire appuyer par l'aviation, ce qui revenait à les sacrifier. De toute manière, que la Wehrmacht tentât de franchir la Méditerranée depuis l'Espagne ou l'Italie, par quels moyens l'aurait-elle fait ? La marine italienne, la seule que l'Axe pût mettre en ligne dans ces parages, n'était certainement pas de taille à assurer le passage en présence de toute la flotte française et de plusieurs escadres britanniques solidement basées à Alger, Bizerte, Malte, Alexandrie. À fortiori ne pouvait-elle rester maîtresse de la mer pendant toute la durée des batailles à livrer. D'ailleurs, pour venir à bout des forces considérables dont les Français et les

Notes et variantes des pages 818 à 857

Anglais disposaient et des renforts qu'ils eussent amenés, il aurait fallu que le Reich y transportât des armées entières. Mais où étaient les armadas de cargos et de paquebots indispensables à une opération pareille ? On aurait pu voir quelles difficultés comportaient pour nos adversaires le transport et le ravitaillement de corps de *[plusieurs mots illisibles]*, bien que Vichy maintînt dans la neutralité le Maghreb et la *[un mot illisible]*. On aurait pu assister au désastre qui terminerait l'expédition de l'Axe en Tunisie, alors que Vichy, pourtant, lui assurait la tête de pont, lui livrait Bizerte et faisait saborder notre flotte de Toulon. En fin de compte, le gouvernement du Maréchal s'était chargé lui-même de prouver qu'en empêchant l'Afrique de faire la guerre, son intention n'était nullement d'y aménager la place future des alliés. Car, quand ceux-ci s'étaient présentés, c'est par une résistance *[suite de la phrase illisible]*. Il est vrai que les Allemands, faute d'avoir trouvé en France le Maréchal et son gouvernement, eussent aussitôt occupé et pris sous leur coupe la métropole tout entière ; *[fin de la phrase illisible]*. Dans ce cas, conformément aux conventions internationales, nos préfets, nos maires, nos directeurs d'entreprises etc. auraient rempli leur devoir en subissant à leur poste le contact de l'envahisseur pour protéger leurs administrés dans la mesure du possible. C'est d'ailleurs ce que beaucoup ont fait, non sans courage, pour autant que Vichy ne les en ait pas empêchés ! Les rapports entre les autorités locales françaises et le commandement militaire allemand n'auraient pas mis en cause la souveraineté nationale et sans doute n'auraient-ils pas été plus onéreux pour la population que le système officiel de la collaboration. Peut-être Hitler eût-il institué à Paris une fiction de « gouvernement ». Le seigneur du moment trouve toujours assez de politiciens, d'aventuriers, de vaniteux, pour n'importe quelle besogne, s'il les paie d'un titre de ministre et d'une apparence de pouvoir. Mais la nation entière eût connu qu'il s'agissait de traîtres vulgaires. Dans l'univers, personne ne s'y serait, non plus, trompé. Si Vichy n'avait pas existé, la présence en Afrique du Nord d'un gouvernement légal de la République française, partie intégrante d'une puissante coalition, disposant d'armées de terre, de mer, de l'air considérables, entouré d'ambassadeurs de tous les États alliés, aurait sans doute déterminé l'occupant à modérer ses exactions mieux que ne pouvait le faire une organisation à sa discrétion. *[fin de la phrase illisible]*. Pour tous les Français, il n'y aurait eu qu'un seul devoir, qu'un seul combat. Pour les nations, il n'y aurait eu qu'une France, indomptable et digne d'elle-même. C'étaient là les attendus dont j'aurais, pour ma part, souhaité que la Haute-Cour les mît plus nettement en exergue. En tout cas, la cause fut jugée et il fallait qu'elle le fût. Philippe Pétain   *ms. 1*

f. tous les partis. L'idée qu'il pût y avoir des bornes à leurs droits et que de Gaulle recourût au corps électoral sans passer par leur intermédiaire leur était insupportable. Dès le 14 juin   *ms. 1. Le même texte à quelques variantes près, mais biffé, se trouve dans ms. 2.*

g. Fin du § dans ms. 1 : Je m'adressai, autant, aux présidents Léon Blum, Édouard Herriot et Louis Marin dont je pensais que, peut-être, les années et les événements auraient tout à la fois amorti les ambitions et grandi la sérénité.

h. Fin du § dans ms. 1 et ms. 2 (à quelques variantes près) : Pensant aux expériences terribles que le pays venaient de faire et dont lui-même avait été victime, connaissant l'émergence de son intelligence, appréciant la sympathie qu'il ne cessait de me montrer, j'éprouvais de la tristesse à constater qu'en dernier ressort rien chez lui ne pouvait prévaloir sur son esprit de parti.

1. L'auteur de *Vers l'armée de métier* parlait déjà en 1934 « de la pire frontière » ; il s'exclamait : « Hélas ! notre pays est aujourd'hui le moins peuplé des grandes puissances » (p. 14 et 107). Le « tiers de la population sortie de sa race » rassemble sans doute les francophones du Canada, de Belgique et de Suisse, et les Alsaciens-Lorrains séparés de la France entre 1871 et 1918.

2. Cf. discours de Bayeux : « Au cours d'une période de temps qui ne dépasse pas deux fois la vie d'un homme, la France [...] a pratiqué treize régimes » (*Le Salut*, « Documents », Plon, p. 649 ; *Discours et messages*, t. II, p. 7). Pour passer de treize à quinze, il faut compter l'État français et la République de la Libération. Il n'y eut de « catastrophe » ni en 1791, ni en 1795.

3. L'ordonnance du 12 octobre 1945 institue le Bureau de recherches des pétroles, déjà mentionné p. 682 (*Le Salut*, « Documents », Plon, p. 616).

4. Ce haut-commissariat est créé le 18 octobre 1945.

5. Pour le Général, l'objectif est d'« appeler à la vie les douze millions de beaux bébés qu'il faut à la France en dix ans » ; voir p. 683 et n. 8.

6. Comme le royaume des Évangiles (Matthieu, XII, 25 ; Marc, III, 24 ; Luc, XI, 17).

7. Publié en 1959, ce développement sur le chef de l'État « désigné par le peuple » annonce la réforme constitutionnelle de 1962. À Bayeux, le Général envisageait seulement un « chef de l'État [...] élu par un collège qui englobe le parlement mais beaucoup plus large » (*Le Salut*, « Documents », Plon, p. 65 ; *Discours et messages*, t. II, p. 10) — ce que réalisera la Constitution de 1958.

8. *Le Salut*, « Documents », Plon, p. 498-502 ; *Discours et messages*, t. I, p. 547-552.

9. Léon Blum et Édouard Herriot refuseront d'entrer au gouvernement ; le second attaquera publiquement le Général.

10. Si le M.R.P. est l'héritier du parti démocrate populaire d'avant-guerre, sa place en 1945 est sans commune mesure avec celle de son devancier, et l'opinion voit en lui « un courant vraiment nouveau ». Le Général lui-même encourage Pleven à rejoindre « ce jeune mouvement déjà très important » (6 octobre 1945, *Lettres, notes et carnets, 1945-1951*, p. 99).

11. Formule déjà citée dans *Le Fil de l'épée*, p. 70.

12. Il s'agit des « malgré nous », internés en particulier au camp soviétique de Tambow.

13. L'auteur des *Mémoires de guerre* ne donne pas les noms de ces « dirigeants ». En racontant plus tard la scène à Alain Peyrefitte, le Président nommera le premier d'entre eux : François Mitterrand (*C'était de Gaulle*, t. II, p. 579-580), qu'accompagnaient, ce 1er juin 1945, « deux ou trois autres serviteurs de l'État » (Philippe de Gaulle, *Mémoires accessoires*, p. 394).

14. « En Belgique » : p. 629.

15. Ces deux ordonnances n'ont pas été retenues parmi les « documents » du *Salut* : est-ce parce qu'elles n'empêchèrent nullement « par la suite » la montée des prix ?

16. Autrement dit, l'impôt sur le capital réclamé naguère par Mendès France : cf. p. 705.

17. Philip et Moch sont socialistes ; Duclos et Ramette, communistes ; Laniel (futur président du Conseil) et Denais siègent à droite.

18. Cf. *L'Appel*, p. 49 : Reynaud et de Gaulle avaient envisagé de remplacer Weygand par Huntziger.

19. La Cagoule ; voir p. 349 et n. 22.

20. Maurras dirigeait *L'Action française*, qui continua, après la défaite, de paraître en zone Sud. Henriot, député de droite avant la guerre, devenu en 1944 secrétaire d'État à la Propagande (voir p. 423). Luchaire dirigeait le journal collaborationniste de Paris, *Les Nouveaux Temps* ; Déat, qui à la veille de la guerre refusait de « mourir pour Dantzig », fonda à Paris, sous l'Occupation, le Rassemblement national populaire (R.N.P.), parti collaborateur ; Doriot, ex-dirigeant communiste, avait créé, avant la guerre, le Parti populaire français (P.P.F.), qui poursuivit son activité après l'armistice de juin 1940.

21. Écho du thème de *L'Appel* : « La vieillesse est un naufrage » (p. 65).

22. La condamnation fut prononcée à une voix de majorité. Le transport du condamné fut effectué dans l'avion personnel du Général, Jean Verdier — futur préfet de Paris — escortant le Maréchal (Tournoux, *Jamais dit*, p. 117). « Près d'Antibes » : à Villeneuve-Loubet.

23. Le 12 octobre, le Général demande au ministre de la Justice, P.-H. Teitgen : « convient-il de recommencer le procès ou non ? ». Le lendemain, Teitgen adresse à de Gaulle son avis : en dépit des « incidents [...] évidemment regrettables [...] voulus et provoqués par l'inculpé » pour « retarder son jugement », celui-ci doit être exécuté. Le ministre indique cependant la procédure à suivre, au cas où le Général estimerait préférable de tout recommencer (*Le Salut*, « Documents », Plon, p. 617-618).

24. « Secrétaire général » au Maintien de l'ordre.

25. Ce paragraphe sur Darnand peut surprendre ; mais de Gaulle avait dit au général Billotte : « Qui sait même si, sans le Maréchal, un homme comme Darnand, héroïque combattant des corps francs, n'aurait pas été à la tête de nos bataillons de choc ? » (Tournoux, *Pétain et la France*, p. 542).

26. Cf. *L'Appel*, p. 5 : « [...] la France [...] la Providence l'a créée pour des succès achevés ou des malheurs exemplaires ».

27. Citation libre, comme les précédentes, de l'allocution radiodiffusée du 24 mai (*Le Salut*, « Documents », Plon, p. 575-579 ; *Discours et messages*, t. I, p. 553-557).

28. Discours à l'hôtel de ville d'Alençon : *Lettres, notes et carnets, 1945-1951*, p. 33-34.

29. Aucune trace des discours d'Auvergne dans les « Documents », Plon, ni dans *Lettres, notes et carnets*.

30. Discours de Brest (21 juillet), *Discours et messages*, t. I, p. 585-589.

31. Discours de Béthune : *Le Salut*, « Documents », Plon, p. 594-597 ; *Discours et messages*, t. I, p. 597-601. Le Général se cite librement sans

toujours indiquer les coupures qu'il opère : ainsi avant de dire : « Pour moi, qui par devoir d'État... », il avait reconnu : « Certes, nous n'en sommes pas même encore à la moitié du niveau de la production d'avant-guerre. »

32. Cf. le premier vers de « L'Enfant » : « Les Turcs ont passé là. Tout est ruine et deuil » (Hugo, *Les Orientales*, XVIII).

33. Publiée dans *Discours et messages*, t. I, p. 558-572, cette conférence de presse y est datée du 2 juin, comme les extraits donnés dans *Le Salut*, « Documents », Plon, p. 521-530. Nous rectifions en conséquence le texte du *Salut* — qui donne « 3 »).

34. L'U.D.S.R., dont les députés siégeront entre le M.R.P. et les socialistes ; René Pleven en sera le président de 1946 à 1953. Parmi les vedettes de ce groupe charnière : François Mitterrand.

35. Publié en 1945 chez Gallimard, *À l'échelle humaine* a été écrit par Léon Blum en 1940-1941 dans ses prisons de Bourassol et du Portalet. La première phrase citée ici se trouve p. 128. Blum écrivait ensuite : « J'incline, pour ma part, vers les systèmes du type américain ou helvétique qui se fondent sur la séparation et l'équilibre des pouvoirs » (*ibid.*, p. 128-129). Pour la « confiance » faite à de Gaulle, voir p. 828.

36. Le Sénat avait en juin 1937 et avril 1938 renversé les deux gouvernements formés par Léon Blum.

37. Malraux reprendra ces propos de Blum dans les *Antimémoires* : « Je traîne trop de haines après moi » (*Œuvres complètes*, t. III, p. 102).

38. Rapportant à Claude Guy cette opinion sur Félix Gouin, le Général « ne peut s'empêcher de se tordre » (*En écoutant de Gaulle*, p. 180).

39. Voir *L'Unité*, p. 301 et 353.

40. Ces propos sur Herriot et l'hôtel de Lassay seront repris dans *Les Chênes qu'on abat...* (Malraux, *Œuvres complètes*, t. III, p. 630).

41. Président de la Fédération républicaine, plusieurs fois ministre sous la IIIe République, opposé à l'armistice et au régime de Vichy, Louis Marin avait rejoint de Gaulle à Londres et à Alger.

42. Ce remaniement ministériel ne modifie pas l'équilibre politique du gouvernement : deux socialistes, Ramadier et Laurent, sont remplacés par Pineau et Thomas, du même parti ; le M.R.P. Teitgen succède au M.R.P. Menthon. Mais on notera l'entrée significative de deux déportés.

43. Sous la IIIe République, les sénateurs étaient élus par un collège restreint, comportant des délégués des collectivités locales.

44. Dans son allocution radiodiffusée du 12 juillet (*Le Salut*, « Documents », Plon, p. 584-587 ; *Discours et messages*, t. I, p. 581-585), le Général déclare : « Le moment venu, c'est-à-dire bientôt, je donnerai publiquement mon opinion à ce sujet. » C'est à Brest, le 21 juillet, qu'« après avoir énoncé le texte des questions », il donne son opinion, dans la forme citée ici (*Discours et messages*, t. I, p. 589).

45. Le Général intervient à quatre reprises au cours de ce long débat : le 27 juillet, il répond au rapporteur, Marcel Plaisant, qui a parlé des « plébiscites » ; le 28, il traite de la responsabilité du gouvernement devant la future assemblée ; le 29, il prend la parole après « le très beau et très intéressant discours de M. Vincent Auriol » (*Lettres, notes et carnets, 1945-1951*, p. 46-51). Le 29 encore, « à la fin de la discussion », il pro-

nonce le discours publié dans *Le Salut* (« Documents », Plon, p. 588-593) et repris dans *Discours et messages*, t. I, p. 590-596. Les citations des *Mémoires de guerre* ne sont pas toutes empruntées à ce dernier texte : c'est en répondant à Plaisant que de Gaulle avait dit : « Ce gouvernement-ci [...] qui a relevé la République, son drapeau, ses lois et jusqu'à son nom. » Ailleurs, le mémorialiste se cite librement, sans jamais altérer le sens de ses interventions.

46. Cf. *L'Unité*, p. 503.

47. Première résolution adoptée par l'Assemblée le 29 juillet. Il y en eut deux autres qui réclamaient 1) « la responsabilité ministérielle immédiate et absolue devant les élus du peuple », tout « en assurant la stabilité ministérielle » ; 2) « une Assemblée constituante souveraine » (*Le Salut*, « Documents », Plon, p. 593).

48. « À cette époque » : la précision est nécessaire pour les lecteurs de 1959 qui savent le président de la République attaché maintenant au scrutin d'arrondissement. Le 12 septembre 1945, paraissait un communiqué de la présidence du gouvernement sur le mode de scrutin où l'argument du péril communiste n'était évidemment pas avancé (*Le Salut*, « Documents », Plon, p. 605-607).

49. À Michel Debré, partisan du « scrutin uninominal à majorité relative » (à un seul tour), le Général écrira, le 3 juillet 1946, qu'avec ce système « nous aurions eu, l'automne dernier, [...] au moins 250 communistes à L'Assemblée ». « Plus tard, ajoute-t-il, on pourra inaugurer un mode de scrutin tel que celui que vous préconisez » (*Lettres, notes et carnets, 1945-1951*, p. 203-204).

50. Le mémorialiste annonce ce que le Président réalisera en 1962.

51. Système électoral adopté en mai 1951, pour faire échec au R.P.F. aux élections législatives : les listes qui se sont « apparentées » emportent tous les sièges du département, si le total des suffrages qu'elles ont obtenus atteint la majorité. Grâce à cet « expédient ingénieux » (René Rémond, *Notre siècle*, Fayard, 1988, p. 446), la « troisième force » (socialistes, radicaux, U.D.S.R., M.R.P.) triompha le 17 juin 1951, aux dépens des gaullistes et des communistes.

52. La lettre de Jouhaux indique la composition de la délégation : il sera accompagné de représentants de trois partis (radical-socialiste, communiste et socialiste) et de la ligue des Droits de l'homme. Le Général répond le jour même à Jouhaux qu'il est « surpris de cette démarche », contraire à « la loi de 1884 », dont l'article 3 stipule : « Les syndicats professionnels ont exclusivement pour objet l'étude et la défense des intérêts économiques, industriels, commerciaux et agricoles » (*Le Salut*, « Documents », Plon, p. 598-599).

53. Texte de l'allocution radiodiffusée dans *Le Salut*, « Documents », Plon, p. 618-621. Repris dans *Discours et messages*, t. I, p. 641-645.

54. Les femmes, à qui le droit de vote et l'éligibilité ont été donnés par de Gaulle dès 1944 (voir p. 420), avaient déjà pu participer aux élections municipales et cantonales.

55. Au temps du R.P.F., de Gaulle désignera les communistes comme des « séparatistes ».

56. Il faut entendre : en tête des formations non communistes, l'auteur ayant lui-même indiqué (p. 855) que « les communistes eurent cent soixante élus [...] les républicains populaires cent cinquante-deux ».

57. En 1946, Maurice Schumann, ancien porte-parole de la France Libre et l'un des ténors du M.R.P., a intitulé *L'Homme des tempêtes* son livre sur de Gaulle.

DÉPART

Nous disposons pour ce chapitre de deux états manuscrits (*ms. 1* et *ms. 2*) et de deux états dactylographiés.

a. Fin de la phrase dans ms. 1 : exprima généreusement son enthousiaste stupéfaction.
b. Fin du § dans ms. 1 : la cause était entendue, qu'il me fallait régler mon départ, qu'il serait vain et même indigne d'affecter de gouverner, dès lors que, décidément, les partis, pour reprendre leurs jeux, négligeaient les leçons du passé, les devoirs du présent et mes propres efforts.
c. les *ms. 1*
d. Fin du § dans ms. 1 : dans mon esprit. Il ne s'agissait plus que d'en choisir moi-même le moment sans me le laisser imposer au gré de mes adversaires.
e. toute cette région du monde. *[14 lignes plus haut]* / Mais il me fallut constater que dans l'action à entreprendre ou bien pour redresser cet étrange malentendu ou bien pour dénoncer l'accord, je ne trouvais aux Affaires Étrangères ni la résolution dont j'étais animé ni aucun empressement à appliquer mes instructions. Nos partenaires de Londres discernaient qu'un peu de patience leur permettrait de parvenir à leurs fins. En effet, dans le secteur diplomatique comme dans d'autres, je sentais se relâcher à l'intérieur du gouvernement cette adhésion que j'avais pu maintenir à grand-peine depuis juin 1940. Or, c'était là, à mes yeux, une condition essentielle, instrument dans le domaine de notre action au-dedans qui m'importait par-dessus tout. En vérité, l'exécutif, constitué sur la base des partis et par des hommes qui y occupaient les positions éminentes, tendait déjà, à moins de se rompre, vers ce qu'il était jadis, une juxtaposition de situations différentes et d'individualités centrifuges. La preuve qui en était donnée, une fois de plus, achevait de me convaincre qu'il y avait incompatibilité entre moi-même et les partis et que le temps était venu d'en tirer les conséquences. Pourtant, la chose était si grave, qu'avant d'accomplir les gestes *ms. 1*
f. représenter. Mais nul ne voulait admettre que ce fût définitif. Dans *ms 1 ; biffé ms. 2*
g. Fin du § dans ms. 1 et ms. 2 : qu'elle n'a jamais perdu. Mais alors, y a-t-il là pour moi-même, un encouragement ? Après tout, de ce que j'ai fait, peut-être sortira-t-il des ardeurs, des actions nouvelles, lors même que j'aurai disparu.
h. Dernier § dans ms. 1 : Vieil homme, recru d'expériences et d'efforts, détaché de toute entreprise, sentant venir le froid éternel, mais jamais las de guetter, à travers l'ombre qui va s'épaississant, les lueurs de l'espérance.

1. Dans son allocution à l'Arc de Triomphe le Général déclare : « Il faut que nous acceptions de nous unir fraternellement afin de guérir la

France blessée. Fraternellement : c'est-à-dire en taisant d'absurdes querelles, pour marcher sur la même route, du même pas, en chantant la même chanson ! [...] levons vers l'avenir les regards et les cœurs d'un grand peuple rassemblé. / Vive la France ! » (*Le Salut*, « Documents », Plon, p. 623-624 ; *Discours et messages*, t. I, p. 645-646).

2. « Après avoir reçu le président et le Bureau de l'Assemblée nationale constituante », le Général fait le 13 novembre une « déclaration » reproduite dans *Le Salut*, « Documents », Plon, p. 624-625 et reprise dans *Discours et messages*, t. I, p. 647-648. Il y évoque « les conditions indispensables » à la formation du gouvernement.

3. « Un livre célèbre » : *Plutarque a menti* de Jean de Pierrefeu (Grasset, 1923). L'épigraphe résume la pensée de l'auteur, sévère pour « les grands hommes » de la Première Guerre.

4. Par exemple, Vincent Auriol qui, par une lettre du 15 novembre, presse le Général de ne pas « rompre définitivement » avec le P.C.F. et lui suggère, pour la constitution du gouvernement, une « solution » qui « concilierait [son] point de vue et également les revendications communistes » (*Le Salut*, « Documents », Plon, p. 625-626).

5. Citation littérale de l'allocution radiodiffusée du 17 novembre (*Le Salut*, « Documents », Plon, p. 627-628 ; *Discours et messages*, t. I, p. 649-651), où il s'agit de « la politique étrangère ».

6. L'expression est relevée par François Mauriac dans *Le Figaro* du 20 novembre 1945. Intitulé « La Tentation de Pilate », son article est largement cité dans *Le Salut*, « Documents », Plon, p. 628-629.

7. Dans le gouvernement du 21 novembre 1945, dont la composition est donnée dans *Le Salut* (« Documents », Plon, p. 629), le communiste Charles Tillon est « ministre de l'Armement », Edmond Michelet gardant le contrôle « des Armées ». S'il n'a cédé ni sur l'Intérieur, ni sur les Affaires étrangères, de Gaulle a, pour la Défense, accepté un compromis assez proche de la solution suggérée par Auriol (voir n. 4, p. 860).

8. Publié dans *Le Salut*, « Documents », Plon, p. 630-633 ; repris dans *Discours et messages*, t. I, p. 651-656.

9. Le 2 décembre, l'Assemblée vote la loi nationalisant la Banque de France et quatre établissements de crédit : voir p. 682-683 et n. 6. De Gaulle est intervenu pour écarter les « changements assez profonds » que certains députés voulaient apporter au projet du gouvernement (*Lettres, notes et carnets, 1945-1951*, p. 130-131).

10. L'É.N.A. a été créée par l'ordonnance du 9 octobre 1945, titre II (*Le Salut*, « Documents », Plon, p. 612). Le 19 octobre, de Gaulle a désigné Michel Debré pour la diriger à titre provisoire. Le 15 décembre, à Matignon, le Général préside la première séance du Conseil d'administration de l'École et installe le directeur, Bourdeau de Fontenay.

11. Citation libre, comme la suivante, de l'intervention du Général à l'Assemblée (*Lettres, notes et carnets, 1945-1951*, p. 143-145). « Tout perdre ou tout sauver » : écho de la déclaration ministérielle de Reynaud, rédigée par le colonel de Gaulle (voir p. 18 et n. 37).

12. *Le Salut*, « Documents », Plon, p. 642-644. En fait, le Général est intervenu à huit reprises : 1. en arrivant à l'Assemblée ; 2. après André Philip ; 3. après Albert Gazier ; 4. après Jacques Duclos et Maurice Schumann ; 5. de nouveau après Philip : 6. et 7. deux fois après Lucien Rose (U.D.S.R.), auteur d'un sous-amendement auquel se rallient les

socialistes et le gouvernement ; 8. après le vote du budget des armées (*Lettres, notes et carnets, 1945-1951*, p. 156-170). Le passage entre guillemets du *Salut* est une citation libre de la quatrième intervention. Plusieurs fois au cours du débat, le Général a laissé prévoir son départ — et celui du gouvernement —, disant, par exemple : « Si l'Assemblée » refuse la confiance, « eh bien ! ce gouvernement se retire, un autre gouvernement apparaît, et c'est, me semble-t-il, ce qui va arriver ce soir » (texte des *Lettres, notes et carnets, 1945-1951*, p. 167 ; cf. *Le Salut*, « Documents », Plon, p. 644).

13. De Gaulle écrit, pour une fois, comme s'exprimaient nombre de Français, en désignant d'un nom de marque un réfrigérateur.

14. Texte de ces accords : *Le Salut*, « Documents », Plon, p. 639-640.

15. Le 17 décembre, le Général rédige une instruction secrète à Beynet et Larminat, ce dernier devant diriger les négociations de Beyrouth (*Lettres, notes et carnets, 1945-1951*, p. 140-142). Le 24, il affirme dans une note à Bidault : les « intentions » anglaises « n'ont aucun rapport avec ce que nos négociateurs nous avaient représenté ». Le 24, il prescrit par télégramme à Larminat de suspendre les négociations. C'est chose faite, annonce ce dernier le 31 (*Le Salut*, « Documents », Plon, p. 641-642). Le 3 janvier 1946, de Gaulle confirme à Larminat ses instructions du 29 décembre (*Lettres, notes et carnets, 1945-1951*, p. 172). Enfin, le 4 janvier, « avant [son] départ pour Antibes », le Général écrit à Francisque Gay, qui assure l'intérim aux Affaires étrangères : « J'exige qu'aucune décision nouvelle ne soit prise en mon absence dans cette matière capitale » (*Le Salut*, « Documents », Plon, p. 645). Expurgée dans *Le Salut*, cette lettre à Gay est publiée intégralement dans les *Lettres, notes et carnets, 1945-1951*, p. 173. De Gaulle y traite durement l'ambassadeur à Londres, Massigli, le secrétaire général du Quai d'Orsay, Chauvel, et le ministre lui-même : « Tout ce que j'ai pu dire à M. Bidault n'a servi à rien. Je crains qu'il soit dans cette affaire tout à fait aveugle. / En tout cas, la coupe est pleine. » Cf. ici : « le vase » qui déborde.

16. Herriot-Laval-Abetz : voir p. 551-552 et 560. L'intervention du 16 janvier est publiée dans *Lettres, notes et carnets, 1945-1951*, p. 178-179. On y lit : « [...] avec Vichy, depuis 1940, je ne me suis pas borné à échanger des lettres ou des messages, mais [...] tout de suite, j'ai procédé à coups de canon ».

17. Sur le Conseil de la salle des Armures, Jean Lacouture a rassemblé plusieurs témoignages (*De Gaulle*, t. II, p. 238-241).

18. Texte des lettres échangées entre de Gaulle et Gouin : *Le Salut*, « Documents », Plon, p. 645-646.

19. Le Général « calme les alarmes » de Vincent Auriol par une lettre du 20 janvier : « Soyez tranquille pour la radio. Je ne parlerai pas au pays, puisque je me mets moi-même hors de cause et j'entends me retirer en pleine et entière sérénité » (*Lettres, notes et carnets, 1945-1951*, p. 184). Serein, Charles de Gaulle l'est d'autant plus que pour lui « [son] départ est une péripétie » (à Charbonnières, 17 février 1946). Il voit dans « l'expérience politique en cours » (à Philippe de Gaulle, 21 février 1946) un intermède entre le « drame dont nous sommes récemment sortis et [...] celui où, tôt ou tard, nous allons entrer » (à Maurice Schumann, 14 mars 1946) (*Lettres, notes et carnets, 1945-1951*, p. 188, 190-193). L'intermède fini, sonnera à nouveau, croit-il, l'heure de

Mémoires d'espoir

« l'homme des tempêtes ». Avec les années, cette « sérénité » deviendra « amère ».

20. Discours de Bayeux (16 juin 1946) : *Le Salut*, « Documents », Plon, p. 647-652 ; *Discours et messages*, t. II, p. 5-11.

21. Cf. le discours de Strasbourg (7 avril 1947) : « Il est temps que se forme et s'organise le Rassemblement du peuple français », le R.P.F. que le mémorialiste évite de nommer (*Discours et messages*, t. II, p. 55).

22. Si de Gaulle a attendu le 6 mai 1953 pour se dégager formellement du R.P.F., c'est bien en 1952 qu'il a « laissé là la conjoncture ».

23. L'auteur écrit comme s'il était encore le solitaire de Colombey, mais, quand son livre sera achevé et publié, il sera revenu au pouvoir.

24. Cf. « dans le tumulte des hommes et des choses » (Clemenceau, *Grandeurs et misères d'une victoire*, Plon, 1930, p. 340 — livre possédé et lu par de Gaulle).

25. Enfants : Philippe, époux d'Henriette de Montalembert ; Élisabeth, épouse d'Alain de Boissieu ; Anne (1928-1948). Petits-enfants, à l'époque du récit : Charles (1948), Yves (1951), Jean (1953), fils de Philippe ; Anne de Boissieu, fille d'Elisabeth, et Pierre, fils de Philippe, naîtront en 1959 et 1963.

26. Cf. le discours du 18 juin 1944, à Alger : « Vieux peuple façonné par les leçons d'une dure Histoire » (*Discours et messages*, t. I, p. 410).

MÉMOIRES D'ESPOIR

NOTICE

Genèse

À peine quitté, définitivement, l'Élysée, de Gaulle décide d'écrire de nouveaux *Mémoires*. Il lui faudra des documents : au début de mai, il prie Pierre-Louis Blanc de lui en fournir une première série[1]. En ce diplomate il trouvera jusqu'au terme un collaborateur aussi dévoué que compétent. Juin voit le Général en Irlande, où il entame la rédaction du premier chapitre du *Renouveau*[2].

Rentré à Colombey le 19 juin, il annonce à son gendre, quelques jours plus tard : « Je me suis remis à travailler à d'autres Mémoires[3]. »

Le 6 juillet, de Gaulle a déjà arrêté les titres et le découpage de l'œuvre à venir : *Le Renouveau* (mai 1958-juin 1962), *L'Effort* (juillet 1962-décembre 1965), *Le Terme* (janvier 1966-avril 1969). Il prévoit de faire paraître les trois volumes à l'automne de 1970, de 1971 et de 1972. Il souhaite en effet que le dernier sorte à la « fin de son second septennat[4] ».

---

1. Pierre-Louis Blanc, *De Gaulle au soir de sa vie*, Fayard, 1990, p. 293.
2. *De Gaulle et l'Histoire*, Bibliothèque nationale, p. 199.
3. *Lettres, notes et carnets, 1969-1970*, Plon, 1988, p. 49.
4. *De Gaulle au soir de sa vie*, p. 290.

Selon Pierre-Louis Blanc, qui recueille ces propos, l'écrivain « travaille tous les jours, environ six ou sept heures » : trois ou quatre heures de rédaction, le reste du temps étant consacré à la documentation.

Le 11 juillet 1969, il écrit à Philippe de Gaulle : « J'utilise mes loisirs en écrivant d'autres *Mémoires*, ceux qui se rapporteront à l'époque 1958-1969. C'est un énorme travail. Peut-être aura-t-il pour l'avenir quelque intérêt[1] ? » Les mois passent et, le 20 octobre, il « aborde le quatrième chapitre des sept qui feront [son] premier volume[2] ! ». En novembre, il est encore « plongé dans le quatrième chapitre — la politique étrangère », ajoutant : « J'espère avoir terminé pour Noël [...]. Après quoi [...] deux (peut-être trois) chapitres pour achever mon premier volume[3]. »

Ainsi, ayant rédigé trois chapitres en quatre mois, de Gaulle envisage de consacrer quelque six semaines à la seule politique étrangère : le sujet, qui lui tient particulièrement à cœur, est pour lui plus délicat que les institutions ou même l'outre-mer.

C'est un « difficile travail » que les *Mémoires*. « Aurai-je le temps de finir[4] ? » Comment, écrit de Gaulle à Pompidou, le 30 décembre, « faire " tenir " beaucoup de choses en quelques centaines de pages[5] ? »

Il prévoit, au début de janvier 1970, que « le premier des trois volumes de souvenirs [...] sera [...] terminé l'été prochain[6] ». L'auteur tiendra ce délai. Dans une lettre à son neveu, le père Bernard de Gaulle, il envisage cependant pour la suite une cadence moins rapide : « Il faudrait que Dieu m'accorde quelque cinq années pour en venir à bout[7] ! »

Le 13 janvier 1970, à Philippe de Gaulle : « Je te demanderai de lire les deux chapitres [...] consacrés à la politique étrangère : " L'Europe " et " Le Monde ". Je suis maintenant attelé à l'avant-dernier chapitre (fin de l'affaire algérienne)[8]. »

Ici encore il faut s'arrêter moins sur le dédoublement du chapitre de politique étrangère que sur « l'affaire algérienne ». De Gaulle, on le constate, s'y est « attelé » après avoir traité de l'Europe et du monde. Ainsi, des trois chapitres écrits pendant l'été et l'automne de 1969, le troisième était « L'Économie ». L'informateur du Général en la matière était Alain Prate, invité à déjeuner à La Boisserie le 2 octobre[9], alors que le Général était, comme il dit, « plongé » dans les affaires économiques et financières. Celles-ci glisseront dans le livre de la troisième à la quatrième place. « L'Algérie », ex-« avant-dernier chapitre », devient du reste, dans une lettre du 15 mars à Philippe, « un troisième[10] ».

« J'achève mon livre *Le Renouveau*. Tu auras lu tous les chapitres à l'exception du dernier dont il me reste à écrire une vingtaine de pages.

---

1. *Lettres, notes et carnets, 1969-1970*, p. 49.
2. *Ibid.*, p. 59.
3. Lettre du 14 novembre 1969 à Alain de Boissieu, *Lettres, notes et carnets. Compléments 1924-1970*, Plon, 1997, p. 112.
4. *Lettres, notes et carnets, 1969-1970*, p. 87. Lettre du 29 décembre 1969 à Philippe de Guitaut.
5. *Ibid.*, p. 97.
6. Au général Olié, 2 janvier 1970, *ibid.*, p. 91.
7. 9 janvier 1970, *ibid.*, p. 97.
8. *Ibid.*, p. 109.
9. Pierre-Louis Blanc, *De Gaulle au soir de sa vie*, p. 296.
10. *Lettres, notes et carnets, 1969-1970*, p. 115.

Cela paraîtra avant la fin de l'année[1] » (à Philippe de Gaulle, 29 avril 1970). Le 27 janvier 1970, déjà, de Gaulle avait indiqué à Alain Peyrefitte la même période[2]. Le 11 mai, la rédaction n'est pas tout à fait terminée : « Ici, j'achève le premier volume (il y en aura trois ?) de mes nouveaux Mémoires[3]. » Le point final a dû être mis avant le voyage de Charles et Yvonne de Gaulle en Espagne ; en juin suivant, à Ojen, près de Marbella, le Général corrige déjà des épreuves[4]. *Le Renouveau* aura été écrit en moins d'une année. Le manuscrit est remis à Colombey, le 10 juillet, à Marcel Jullian et Pierre-Louis Blanc. Le volume paraîtra le 7 octobre.

Dès l'été, le Général a entrepris la suite. Il peut annoncer le 25 août à Alain de Boissieu : « J'ai achevé [...] le premier chapitre de mon deuxième tome [...]. Me voici actuellement plongé dans le second[5] ! » « Je poursuis mon grand travail », écrit Charles de Gaulle, le 6 novembre à sa sœur Marie-Agnès. Il le poursuivait encore ce 9 novembre où la mort vint le prendre.

Il avait travaillé à ses *Mémoires d'espoir* avec la même persévérance qu'à ses *Mémoires de guerre*, non sur le même rythme. Jour après jour, il avait achevé un volume en un an, quand, naguère, il en fallait au moins deux pour écrire *L'Appel* ou *Le Salut*. Or, il le reconnaissait, n'avait « pas la plume facile[6] » et ses réussites littéraires étaient le résultat d'un patient effort. Plus que l'âge, une genèse rapide explique la déception, non du public, mais des lecteurs qui voudraient retrouver dans *Le Renouveau* l'éclat du *Fil de l'épée* et les accents superbes des *Mémoires de guerre*.

Contexte.

Dix-huit mois séparent la démission du Président de la mort de Charles de Gaulle : mois de retraite à Colombey, que coupent seulement les voyages d'Irlande et d'Espagne et un déplacement familial à Paris. Tout autre chose que la traversée du désert, d'« un désert bien fertile[7] » selon le titre malicieux de Jean Lacouture. En 1969-1970, peu de visiteurs à La Boisserie en dehors de la famille et de quelques anciens collaborateurs comme Geoffroy de Courcel ou Léon Noël. Parmi ses anciens ministres, le Général ne reçoit que Jean-Marcel Jeanneney et André Malraux, qui ont, comme lui, quitté la scène politique : Jeanneney a été l'artisan convaincu et dévoué du projet de loi rejeté par le référendum d'avril 1969 ; Malraux, depuis 1945, est le compagnon fidèle et « génial », à qui cette dernière rencontre, le 11 décembre 1969, inspirera *Les Chênes qu'on abat*... C'est devant lui que de Gaulle répète ce qu'il a dit à tant d'autres : « Je n'ai rien à voir avec ce qu'ils font[8] », avec ceux qui sont « restés » aux affaires. Lui, n'a désormais à voir qu'avec ce qu'il a fait et à l'écrire, « pour l'avenir[9] ».

---

1. *Ibid.*, p. 128.
2. *Ibid.*, p. 106.
3. À Gaston Palewski, *ibid.*, p. 131.
4. Voir Jean Lacouture, *De Gaulle*, t. II, p. 778.
5. *Lettres, notes et carnets. Compléments 1924-1970*, p. 114.
6. *Mémoires de guerre. Le Salut*, p. 714.
7. Jean Lacouture, *De Gaulle*, t. II, p. 400.
8. *Les Chênes qu'on abat*..., *Œuvres complètes*, Bibl. de la Pléiade, t. III, p. 607.
9. Voir la lettre du 11 juillet 1969 à Philippe de Gaulle, citée p. 1360.

Ce qu'il a dit, ces paroles qui accompagnaient et parfois créaient l'action, il le revit en relisant ses *Discours et messages*, dont les cinq volumes paraissent en 1970. Certes, cette édition a été préparée par François Goguel et Pierre-Louis Blanc, mais la révision qu'opère le Général empiète fatalement sur le temps qu'il peut consacrer aux *Mémoires d'espoir*. Il faut pourtant qu'il en ait fini avec ceux-ci avant de disparaître. Dieu lui accordera-t-il les cinq années, les trois au moins, qui lui permettront de mener l'entreprise jusqu'au « terme » ? À ses proches, il demande de prier pour que cette grâce lui soit donnée ; il la demande aussi à Stanislas Fumet : « Puisque vous êtes capable de prière, veuillez en faire une pour mon travail actuel de Mémoires[1] ! » Le 9 novembre 1970, il aura encore travaillé au récit de l'année 1963. L'écriture aura été, jusqu'au bout, une course contre la mort.

Entouré de documents, de Gaulle en remet la publication à la fin du troisième volume[2] ; ce devrait être en 1972 : encore la volonté d'achever au moins l'essentiel, son texte. Il écrit dans la hâte toujours, dans la mélancolie d'abord, puis dans cette « sérénité nuancée de tristesse[3] » que note l'un de ses derniers visiteurs, Léon Noël. L'ancien président du Conseil constitutionnel a trouvé d'ailleurs le Général « plein d'entrain[4] ». L'écrivain vient alors d'achever le premier chapitre de *L'Effort* où il raconte son combat pour l'élection du président de la République au suffrage universel avec la « jubilation » qui frappe Jean-Louis Crémieux-Brilhac[5].

Bien entendu, ce mémorialiste retranché du monde n'ignore pas ce qui s'y passe — et qui n'est pas fait pour atténuer son « chagrin ». En France règne Georges Pompidou. Il l'a félicité pour son élection, mais, lors du scrutin, il se trouvait en Irlande, loin de débats qu'il voulait désormais ignorer. L'ancien Premier ministre aura nécessairement sa place dans les *Mémoires d'espoir* où son portrait fait l'objet de nombreuses retouches. Si le Général rend hommage aux grandes capacités de Pompidou, il le peint « porté, par nature, à considérer surtout le côté pratique des choses », « [inclinant] vers les attitudes prudentes et les démarches réservées[6] ». Bref s'il n'est pas « l'anti de Gaulle » qu'a dénoncé dès 1969 Louis Vallon[7], le nouveau Président, « tel qu'il est[8] », n'étant plus « couvert par le haut[9] », ramène la France des visions épiques aux considérations réalistes : ainsi a-t-il, dès le mois d'août 1969, dévalué ce « franc nouveau » auquel de Gaulle avait voulu rendre le prestige du « vieux franc français[10] ». Aux yeux du Général, c'est un signe, parmi tant d'autres, du glissement de la grandeur à la médiocrité. Injuste ? Sans doute, mais on lirait mal les *Mémoires d'espoir*, si l'on oubliait qu'ils sont aussi, en dépit de la sérénité voulue et souvent atteinte, le fruit d'une amertume.

---

1. 19 janvier 1970. *Lettres, notes et carnets, 1969-1970*, p. 104.
2. Pierre-Louis Blanc, *De Gaulle au soir de sa vie*, p. 304.
3. Cité par Jean Lacouture, *De Gaulle*, t. III, p. 781.
4. Léon Noël est venu à La Boisserie au début de septembre.
5. Voir son Introduction, p. XXVII.
6. *L'Effort*, p. 1177.
7. *L'Anti de Gaulle* paraît au Seuil à l'automne de 1969. Il est dédié au Général.
8. *L'Effort*, p. 1177.
9. *Ibid.*
10. *Le Renouveau*, p. 1005.

Le spectacle du monde, en 1969-1970, n'offre pas davantage d'occasions de se réjouir. Les géants ont disparu, à l'exception de Mao que de Gaulle rêve de rencontrer. Richard Nixon, qu'il estime de longue date et qu'il a reçu peu avant de quitter l'Élysée, s'enlise dans la guerre du Viêt-nam. Les successeurs d'Adenauer ont déçu les espoirs qu'avait fait naître son entente avec le Général ; « même les Anglais n'ont plus d'ambition nationale »[1]. L'Angleterre va, tout de même, Pompidou aidant, entrer dans le Marché commun, en cheval de Troie des « Anglo-Saxons ». « Pourquoi écrire ? », demandera de Gaulle, « la main sur le feuillet en cours de ses *Mémoires*[2] ».

C'est à Malraux qu'il pose la question, bien évidemment pour recevoir de son ami un encouragement à persévérer. Authentique ou non, l'interrogation exprime une vérité : les *Mémoires* sont composés sur fond de mélancolie. À la mélancolie personnelle, due à son âge, au « jamais plus », se mêle la tristesse de voir la France engagée sur une pente encore douce, mais qui peut la conduire à perdre son âme, au milieu d'un monde médiocre souvent et parfois menaçant.

L'Œuvre inachevée.

Jean-Louis Crémieux-Brilhac a décrit l'immense succès du *Renouveau* et de *L'Effort*, le lancement spectaculaire du premier volume, ses énormes tirages, la curiosité passionnée qui accueillit le second[3].

Qu'aurait été la suite ? Trente ans après, la présente édition n'apporte pas une réponse que, sans doute, nul ne pourra jamais donner. Une seule certitude : l'ensemble devait, comme les *Mémoires de guerre*, comprendre trois volumes, de sept ou huit chapitres chacun[4]. Selon Pierre-Louis Blanc, le Général envisageait de placer à la fin du « tome II » un « dialogue imaginaire » avec « des personnages de notre histoire », dont Lazare Carnot[5]. Au-delà, on risquera une conjecture, fondée sur la volonté de l'auteur de donner aux *Mémoires d'espoir* une architecture analogue à celle des *Mémoires de guerre*. Ceux-ci s'ouvraient sur « une certaine idée de la France » pour se clore sur le poème en prose des quatre saisons. Au départ des nouveaux *Mémoires*, il y a encore la France, qui « vient du fond des âges », qui « vit » et que « les siècles appellent »[6]. Au terme, n'y aurait-il pas eu une page poétique, montrant aux Français, comme à la fin du *Salut*, « la lueur de l'espérance »[7] ? De l'« espoir » du titre à cette fin (supposée), la boucle se serait refermée.

Dans l'intervalle de 1963, où la mort a arrêté le mémorialiste, à 1969, terme qu'il s'était fixé, quelle eût été la justification gaullienne du fameux « Vive le Québec libre ! » ? Quel est le récit des folles semaines de mai 1968 où le Général, à la fin, saisit l'« insaisissable » ? Aurait-il démenti la thèse du référendum-suicide, soutenue — avec peu de vraisemblance —

---

1. *Les Chênes qu'on abat...*, *Œuvres complètes*, t. III, p. 579.
2. *Ibid.*, p. 593.
3. Voir son Introduction, p. LVII-LVIII.
4. Voir p. 1359.
5. Pierre-Louis Blanc, *De Gaulle au soir de sa vie*, p. 163.
6. *Le Renouveau*, p. 881.
7. *Le Salut*, p. 875.

par son cher Malraux ? « Le destin s'est chargé de l'épilogue[1] », écrivait de son livre l'auteur des *Chênes qu'on abat*... Staline avait dit à de Gaulle « une chose sérieuse [...]. À la fin, il n'y a que la mort qui gagne[2] ».

MARIUS-FRANÇOIS GUYARD.

NOTES ET VARIANTES

[Page de titre des « Mémoires d'espoir »]

a. *On trouve en tête du dactyl. 2, de la main du Général, le titre* Mémoires d'Espérance.

LE RENOUVEAU

LES INSTITUTIONS

Nous disposons pour ce chapitre de deux états manuscrits (*ms. 1* et *ms. 2*) ; d'une première dactylographie mise au net (dénommée par l'auteur « 1ʳᵉ frappe, juillet 1969 »), *dactyl. 1* ; d'un deuxième état dactylographié, dénommé « 2ᵉ frappe », *dactyl. 2* ; d'un premier état complet de la dactylographie corrigée, dénommée « 1ʳᵉ frappe rectifiée », *dactyl. 3*, et enfin d'un premier jeu d'épreuves corrigées.

Le premier paragraphe de la version définitive n'est présent ni dans *ms. 1*, ni dans *ms. 2*, ni dans *dactyl. 1*. Il apparaît sur un feuillet manuscrit (f° 2) postérieur à *dactyl. 1*. Ce feuillet est suivi d'une mise au net manuscrite (f° 3), elle-même recorrigée. Cette mise au net a été dactylographiée (f° 4), puis abondamment modifiée de la main du Général. À la suite immédiate de ce feuillet dactylographié et corrigé, on trouve un nouveau feuillet manuscrit (f° 5) qui tient compte des corrections demandées sur l'état précédent et en ajoute de nouvelles. Cet ensemble a été inséré en tête de *dactyl. 2*, avant le feuillet portant, de la main du général, « 2ᵉ frappe ». Cette deuxième frappe s'ouvre sur un feuillet (f° 8) résultant de l'état précédent et portant de rares corrections manuscrites.

a. *Nous avons choisi pour le premier § de donner ci-dessous le texte tel qu'il apparaît dans le folio 4 avant toute correction manuscrite (voir, ci-dessus, la description des états) :* La France vient du fond des âges et va vers un long avenir. Nulle science ne discerne jusqu'où remontent ses origines ni ne mesure sa durée. Cependant, à moins de se dissoudre, elle fut, est et restera, non certes immuable, mais permanente au milieu du monde. Son sol, au cours de l'Histoire, a pu, peut, pourra voir déplacer ses limites et

---

1. *Les Chênes qu'on abat...*, *Œuvres complètes*, t. III, p. 598.
2. Déjà citée dans les *Antimémoires* (*ibid.*, p. 110), la formule revient dans *Les Chênes [...]*, p. 647. Voir *Le Salut*, p. 665.

modifier ses ressources sans que changent la nature, le relief, le climat qui le marquent, les fleuves qui l'arrosent, les mers qui le baignent. Or, y ont vécu, vivent, vivront des peuples que la force des choses, utilisée par la politique, pétrit sans cesse en une seule nation. Celle-ci a embrassé, jadis d'innombrables générations. Elle en comprend plusieurs. Elle en enfantera beaucoup d'autres. Mais, de par la géographie du pays qu'elle habite, de par le génie des races qui la composent, de par les voisinages qui l'entourent, elle revêt un caractère constant et des traits bien déterminés qui lient les Français de chaque époque à leurs pères et à leurs descendants. Au total, cet ensemble humain, sur ce territoire, au sein de cet univers est formé d'un passé, d'un présent et d'un avenir indissociables. Dès lors, l'État, qui répond de la France est en charge, à la fois, de son héritage, de ses affaires et de ses espoirs.

b. Début du chapitre dans ms. 1 (voir, ci-dessus, la description des états) : Le drame de la pire des guerres m'avait investi de la légitimité française ; celle-ci reconnue d'abord par ceux des Français qui, malgré le désastre, ne renonçaient pas à la France ; puis, pendant et après la libération par l'ensemble de la population ; enfin, à travers beaucoup d'étonnement et de dépits, par tous les gouvernements du monde. / Au sortir du gouffre : *début du chapitre dans ms. 2 (voir, ci-dessus, la description des états) :* En France, toujours c'est la guerre qui confère ou retire la légitimité. Celle dont elle m'a investi, à mon tour dans notre Histoire, a été reconnue d'abord par ceux des Français qui, au lendemain du désastre, ne renonçaient pas [...] jusqu'à son salut. / Au sortir du gouffre

c. nos malheurs, ferait de l'État, une fois encore et peut-être sans rémission, une scène pour la confrontation d'inconsistantes idéologies, de rivalités fragmentaires, de tentatives d'entreprises intérieures et extérieures sans durée et sans portée. Perpétuelle alternance de la grandeur et du déclin qui, en tous temps, sous toutes les formes, est le tissu de notre Histoire. Quant à moi ayant vérifié *ms. 2*

d. d'autre issue que de Gaulle dans sa légitimité. On voit *ms. 1, ms. 2*

e. Au reste, dès le matin, j'accentue mon attitude. Dans *ms. 1*

f. Fin du § dans ms. 1 : Ils le font effectivement. Ce qui reste, maintenant, à accomplir n'est plus que formalités.

g. Fin du § dans ms. 1 : il y a dix-huit ans pour échapper au déclin. Me voici, exceptionnellement obligé par l'extraordinaire crédit que me fait le peuple français. Me voici toujours contraint d'être ce de Gaulle à qui tout ce qui nous arrive est personnellement et passionnément imputé, qu'évoquent tous les esprits au-dehors et au-dedans dès qu'il s'agit de nos affaires, dont chaque mot et chaque geste, même quand ils lui sont prêtés, deviennent les sujets d'innombrables analyses en tous sens, qui ne paraît en public qu'au milieu d'ardentes clameurs et qui ne va nulle part à l'improviste sans qu'on crie : « Le voilà ! C'est lui ! »

h. parce que c'est là que, le 16 juin 1946, j'ai indiqué ce que devait être celle de la France. / [Avant tout — c'est le cas de le dire — il faut une tête à l'État. Quelqu'un qui, par-dessus toutes les tendances et tous les intérêts, et quels que soient les événements, garantit le destin de la France. *biffé*] Michel Debré *ms. 1*

i. Entre ce § et le suivant, on trouve dans ms. 2 le texte que voici : À vrai dire, je pense que, plus tard, il faudra le compléter sur deux points fondamentaux. Tout d'abord, c'est par le suffrage universel, non point par un collège, même très large, de notables politiques, que devra être élu le Chef de l'État. Car ses responsabilités nationales sont telles qu'elles impliquent un mandat direct de la nation. Pour le moment, pourtant, je juge préférable de ménager les transitions. Au sortir de l'ébranlement que le pays vient de subir, mon souci est, en effet, de lui éviter tout nouveau sujet de division. Or, pour momentanément résigné à la sagesse que soit le monde politique, ce serait l'agiter beaucoup que de procéder à ce qu'il appellerait mon plébiscite en ma faveur. Au demeurant, rien ne presse. Je vais être le président de la République nouvelle. Mais le caractère que me confèrent les événements, ceux de naguère et ceux d'à présent, fait que, pour moi, la fonction ne dépend pas du mode d'élection. Attendons donc une autre occasion de régler l'affaire à fond. / Il en est également ainsi de celle qui concerne le Sénat. À Bayeux, j'avais déclaré qu'il en fallait un, alors que les partis dominants voulaient « une assemblée unique et souveraine ». Mais comme le régime que je préconisais comportait un Chef de l'État chargé de l'équilibre des pouvoirs et un gouvernement assez fort pour endiguer les penchants démagogiques des députés, je jugeais injustifié d'y attribuer au Sénat un rôle politique et législatif semblable à celui qu'il y avait sous la IIIe République. Je le voulais consultatif. Mais j'entendais que sa composition donnât à ses avis un poids considérable, notamment dans le domaine économique et social qui marque évidemment le siècle. Il devait donc suivant moi, comprendre, non seulement des représentants des collectivités locales : communes et départements, auxquels ceux des régions viendraient un jour s'ajouter, mais aussi des délégués des organisations industrielles, agricoles, commerciales, scolaires, etc. qui animent et encadrent l'activité pratique du pays. Cependant, quoi que j'aie pu proposer à Bayeux, la Constitution de 1946 s'en était tenue à un infirme compromis, autrement dit à l'existence languissante et séparée d'un Conseil de la République et d'un Conseil économique et social fort dépourvus l'un et l'autre de pouvoirs et d'influence. / Mais, si convaincu que je sois de l'importance de la réforme que j'envisage pour le Sénat, il me faut voir qu'elle soulèverait en ce moment beaucoup de remous. Car l'état présent des choses, pour médiocre qu'il puisse être, répond aux commodités des partis, dont le personnel apprécie les sièges du Luxembourg, et aux préventions des syndicats, qui plutôt que d'être associés aux choix d'intérêt national, préfèrent se confiner dans leurs fragmentaires revendications. Comme je le fais pour l'élection du président au suffrage universel, je remets donc à plus tard un changement qui soulèverait l'opposition conjuguée de tous les intéressés et qui n'apparaîtrait pas au pays comme essentiel. En attendant de proposer un jour la fusion des deux Conseils, il me suffira, dans l'immédiat, qu'on rende au Sénat son nom et qu'on rehausse tant soit peu les « navettes » grâce auxquelles il fait valoir ses avis auprès de l'Assemblée nationale.

1. « Une certaine idée de la France » commandait l'ouverture des *Mémoires de guerre*. Ici, comme au début de *Vers l'armée de métier*, c'est la réalité, géographique et historique de la patrie, qui est au point de départ.

2. Cette fin de paragraphe reprend le mouvement des *Mémoires de guerre*, de *L'Appel* au *Salut*. Les pages qui suivent rappelleront les thèmes de ce dernier livre.

3. « Une tête directement mandatée par l'ensemble de la nation » : première annonce du dessein réalisé en 1962.

4. Cf. *Le Salut*, p. 852-853.

5. Alors qu'il a refusé, sous la IVe République, d'être classé parmi les « anciens présidents du Conseil », le Général intègre à sa liste Gouin, Bidault et Blum qui furent après lui, en 1946-1947, présidents du gouvernement provisoire et, comme lui, à la fois chefs d'État et du gouvernement. Ses six anciens ministres sont Bidault, Mayer, Mendès France, Pleven, Queuille et Ramadier. Les quatre qui « le seraient plus tard » : Faure, Mollet, Pflimlin et Pinay.

6. Le Général n'avait pas toujours jugé « heureuse » l'action de ces présidents du Conseil de la IVe République ; mais le mémorialiste ne peut oublier qu'ils sont devenus ses ministres et qu'il leur rendra hommage. Voir p. 999-1000 et 1199.

7. La C.E.D. : projet repoussé en août 1954 grâce à « un sursaut national » qui, du comte de Paris au parti communiste, en passant par de Gaulle, Herriot et Mendès France, s'opposa aux « Européens » de la Troisième Force.

8. Devenu président du Conseil après la défaite de Diên Biên Phu, Mendès France signa à Genève, le 20 juillet 1954, le cessez-le-feu et un accord établissant au Viêt-nam deux États, celui du Nord étant abandonné au Viêt-minh.

9. La « révolte sanglante » de Madagascar en 1947 causa quelque 80 000 morts, victimes de la répression et de la famine. La loi-cadre, préparée par Defferre, ministre de la France d'outre-mer dans le gouvernement Guy Mollet, votée en juin 1956, a permis de mettre en place les dirigeants africains et malgaches avec qui de Gaulle, deux ans plus tard, créera la Communauté.

10. Outre les « Européens », le premier collège comprenait un certain nombre d'Algériens musulmans choisis en raison de leurs titres militaires ou civils. Dans son discours du 4 juin 1958, au Forum d'Alger, le Général déclarera : « à partir d'aujourd'hui [...] dans toute l'Algérie, [...] il n'y a que des Français à part entière » (*Discours et messages*, t. III, p. 15-16. Cf. dans le présent volume, p. 919).

11. Le 2 février 1956, Catroux est nommé ministre résident en Algérie dans le gouvernement de Guy Mollet. Il remplace Jacques Soustelle, très populaire chez les Pieds-noirs. Mollet, venu à Alger le 6 février, y est conspué. Catroux démissionne le même jour.

12. « L'odieux de la répression » : l'auteur songe sans doute à la torture.

13. Voir *Le Salut*, p. 873 et *Discours et messages*, t. II, p. 5-11.

14. À l'entreprise du R.P.F., le mémorialiste ne consacre qu'un paragraphe ; il s'était montré encore plus concis dans *Le Salut* (p. 873).

15. « Mes projets de réforme sociale » : les *Mémoires d'espoir* reviendront, à maintes reprises, sur les projets sociaux du Général et les obstacles qui en ont freiné ou empêché la réalisation. Voir p. 998-999, 1014 et 1180.

16. « Apparentements » : voir *Le Salut*, p. 853 et n. 51.

17. « Bientôt après » : aux assises de Saint-Maur (juillet 1952), le R.P.F. avait déjà constaté son échec. Par une déclaration du 6 mai 1953, de Gaulle mit le Rassemblement en veilleuse (*Discours et messages*, t. II,

p. 395). En 1954, il s'opposa publiquement au projet du C.E.D. En 1955, il fit une conférence de presse — la dernière avant son retour — où il affirma, comme ici : « Mon intention est [...] de ne pas intervenir dans ce qu'il est convenu d'appeler " la conduite des affaires publiques " » (*Dicours et messages*, t. II, p. 633).

18. Le Général a commencé à écrire ses *Mémoires de guerre* en 1946, à Marly et ne les a achevés qu'en 1959. Toutefois, les six années 1952-1958 sont bien celles où, pour l'essentiel, il les a rédigés.

19. « Deux ou trois personnages entreprenants » : tels Léon Delbecque (mis en place à Alger par Jacques Chaban-Delmas, ministre de la Défense) et Lucien Neuwirth, que le Général a reçus à la fin d'avril.

20. « D'aucune façon », « aucune liaison », « la moindre communication », « sans m'avoir même consulté », « aucun contact » : en accumulant les formules négatives, le mémorialiste veut dissiper toute équivoque sur le rôle qu'il aurait joué dans les événements d'Alger. S'il n'en fut pas l'initiateur, il en a été fort bien informé, refusant jusqu'au dernier moment de condamner l'action entreprise le 13 mai. Entre un pouvoir légal, mais impuissant, et une autorité de fait, son jeu a consisté à apparaître chaque jour davantage comme le recours nécessaire. Il a gagné, réussissant à être appelé légalement au terme d'« un parcours sans faute » (Jean-Pierre Rioux, *La France de la IVe République*, Seuil, 1963, p. 163).

21. « Des étrangers » : la formule vise sans doute Américains et Soviétiques.

22. *Deus ex machina* : comme souvent, l'auteur file une métaphore théâtrale : après « le théâtre d'ombres », il va « entrer en scène ».

23. C'est-à-dire : depuis 1789. Cf. *Le Salut*, p. 822.

24. Cette fin de paragraphe annonce le plan du *Renouveau* : « Je n'écris pas un récit chronologique », dit le Général à Malraux (*Les Chênes qu'on abat...*, *Œuvres complètes*, t. III, p. 583).

25. L'auteur a dit plus haut (p. 892) qu'il n'allait « que de loin en loin à Paris ». Ici, il est plus proche de la vérité : même pendant la traversée du désert », il vient « souvent le mercredi dans la capitale » au 5 de la rue de Solférino, naguère siège du R.P.F., aujourd'hui celui de l'Institut Charles-de-Gaulle.

26. *Discours et messages*, t. III, p. 3. Plusieurs formules de cette déclaration sont reprises ici : « la dégradation de l'État », le « régime des partis », « je me tiens prêt à assumer les pouvoirs de la République ».

27. Texte de cette conférence de presse : *Discours et messages*, t. III, p. 4-10. Interrogé sur une éventuelle atteinte « aux libertés publiques », il répond : « L'ai-je jamais fait ? Au contraire, je les ai rétablies quand elles avaient disparu. Croit-on qu'à soixante-sept ans, je vais commencer une carrière de dictateur ? », et conclut sur ces mots : « À présent je vais rentrer dans mon village et m'y tiendrai à la disposition du pays » (p. 10).

28. « Dictature » : au sens romain de magistrature provisoire, de Gaulle a employé le mot pour qualifier son entreprise de 1940-1945 ; ici, le terme a une signification plus moderne et nettement péjorative : revenu au pouvoir, il éliminera ces comités (p. 930).

29. Le 27 mai, à 16 heures, est remis au général Lorillot un télégramme du Général à Salan, demandant l'envoi d'« un mandataire militaire. Il s'agit pour moi d'être informé de votre situation et de celle des

forces sous vos ordres. Il s'agit pour vous de recevoir communication de ma manière de voir et de mes intentions dans la situation actuelle ». Ce message vaut aussi pour Auboyneau et Jouhaud, à qui il doit être communiqué. Pour finir, de Gaulle assure Salan de sa « cordiale confiance » (*Lettres, notes et carnets, 1951-1958*, p. 362). Le général Dulac vient à Colombey le 28 mai, précédant les présidents des assemblées, Le Troquer et Monnerville. De son entretien, Dulac dégage cette conclusion : « Ainsi le général Salan a le feu vert pour déclencher ou non l'opération » (*Nos guerres perdues*, Fayard, 1969, p. 88), c'est-à-dire l'intervention de l'armée en métropole. Sur le projet de réforme de la constitution présenté à l'Assemblée nationale le 27 mai, voir Pierre Pflimlin, *Mémoires d'un Européen*, Fayard, 1991, p. 123-126.

30. Du 20 au 28 mai, de Gaulle répond aux lettres que lui ont adressées Bidault, Mollet et Auriol (*Lettres, notes et carnets, 1951-1958*, p. 357, 360 et 362-363). Le 19 mai, « devant la presse », le Général avait dit sa grande « estime pour Guy Mollet », résistant « à tous risques », et donc son « compagnon ». Il avait aussi évoqué la présence à ses côtés de Mollet à Arras, après la Libération, mais sur ce point, sa mémoire le trahissait : c'est l'« occasion » saisie par le leader socialiste.

31. Pierre Pflimlin donne en annexe de ses *Mémoires d'un Européen* le fac-similé de la communication manuscrite remise à son intention par le Général au préfet Diebolt (p. 377-378). Sur l'entrevue de Saint-Cloud — qui dura « environ une heure trois quarts », son récit détaillé (p. 131-135) diffère notablement de celui des *Mémoires d'espoir*; ses « derniers mots » au Général sont : « Je m'efforcerais de faire une déclaration aussi apaisante que possible, mais je ne pourrais pas dissimuler qu'aucun accord n'est intervenu. » Là-dessus, le Général publiera le communiqué cité dans le paragraphe suivant et qui laissera Pflimlin « surpris et choqué » (p. 136).

32. Texte intégral de ce communiqué : « J'ai entamé hier le processus régulier nécessaire à l'établissement d'un gouvernement républicain capable d'assurer l'unité et l'indépendance du pays. / Je compte que ce processus va se poursuivre et que le pays fera voir, par son calme et sa dignité, qu'il souhaite le voir aboutir. / Dans ces conditions, toute action, de quelque côté qu'elle vienne, qui met en cause l'ordre public, risque d'avoir de graves conséquences. Tout en faisant la part des circonstances, je ne saurais l'approuver. / J'attends des forces terrestres, navales et aériennes présentes en Algérie qu'elles demeurent exemplaires, sous les ordres de leurs chefs : le général Salan, l'amiral Auboyneau, le général Jouhaud. À ces chefs, j'exprime ma confiance et mon intention de prendre incessamment contact avec eux » (*Discours et messages*, t. III, p. 11 ; *Lettres, notes et carnets, 1951-1958*, p. 361).

33. Voir n. 29, p. 898.

34. *Discours et messages*, t. III, p. 12-13.

35. Dans le gouvernement formé le 2 juin, Malraux fut d'abord chargé, comme en 1945, de l'Information avant de devenir, le 7 juillet, responsable de l'expansion et du rayonnement de la culture française. C'est dans le cabinet Debré (8 janvier 1959) qu'il devient ministre d'État, puis chargé des Affaires culturelles (22 juillet 1959).

36. Où il succède à André Malraux.

37. Voir *Le Salut*, p. 869-870.

38. Malraux a déjà rendu compte dans les *Antimémoires* de cette séance du 1er juin 1958 et de la suivante (*Œuvres complètes*, t. III, p. 114-115), où il a perçu « une attention intense et sans objet, à l'affût de l'imprévisible ». Mendès France, radical, Menthon, M.R.P., Isorni, député de droite, ancien avocat de Pétain, Duclos, communiste : autant d'« adversaires », qui, selon Malraux, ne peuvent « convaincre ». L'investiture fut votée par 329 voix contre 224, les communistes et la moitié des socialistes votant contre.

39. « Le lendemain », 2 juin, l'Assemblée vote la loi sur « les pouvoirs spéciaux » et « celle qui concerne la Constitution ». Parmi les orateurs, Mitterrand et Pineau qui « parlèrent devant le rideau » (Malraux, *ibid.*, p. 115). C'est ce jour-là, et non « le surlendemain », que le Général marqua sa « bonne grâce » en achevant sa dernière intervention sur ces mots : « L'homme qui vous parle considère qu'il en portera, tout le reste de sa vie, l'honneur » (*ibid.*). Le 3 juin, le Conseil de la République adopta à son tour les deux projets de loi adoptés la veille par l'Assemblée nationale.

40. Cf. « J'étais un mythe aussi... » (à Malraux, *Les Chênes qu'on abat...*, *Œuvres complètes*, t. III, p. 640).

41. L'auteur du *Fil de l'épée* soulignait déjà ce double aspect du commandement.

42. Ce « réellement » insistant s'oppose à un « formellement » non dit : les pouvoirs énumérés étaient déjà, formellement, ceux du président de la République dans la constitution de 1875 ; la pratique les lui avait rapidement retirés.

43. Cf. p. 1164-1165, où l'on verra, la guerre d'Algérie finie, se former un « cartel des non » contre la réforme constitutionnelle voulue par de Gaulle.

44. Discours de la place de la République, allocution radiotélévisée du 26 septembre : *Discours et messages*, t. III, p. 41-47.

45. En 1945, le Général avait opté pour la proportionnelle (voir p. 853). L'Union pour la Nouvelle République, connue sous son sigle U.N.R. En félicitant Chaban-Delmas de son élection, de Gaulle lui écrit, le 10 décembre 1958 : « Vous savez certainement que je m'étais fait de votre activité, au cours des prochaines années, une idée différente et, pour tout dire, " exécutive " plutôt que " législative " » (*Lettres, notes et carnets, 1958-1960*, Plon, 1985, p. 149). De Gaulle avait en effet souhaité que Paul Reynaud fût élu président de l'Assemblée nationale.

46. Après les allocutions de René Cassin et du président Coty, le Général prend la parole. Il évoque au passage « l'Algérie de demain, pacifiée et transformée, développant elle-même sa personnalité et étroitement associée à la France » (*Discours et messages*, t. III, p. 72).

47. « Depuis plus de cent ans » : sans doute faut-il entendre : depuis 1815, où Napoléon « a laissé la France écrasée, envahie, vidée de sang et de courage, plus petite qu'il ne l'avait prise [...] exposée à la méfiance de l'Europe, dont, après plus d'un siècle, elle porte encore le poids » (*La France et son armée*, p. 149).

L'OUTRE-MER

Nous disposons pour ce chapitre de deux états manuscrits (*ms. 1* et *ms. 2*); d'une première dactylographie mise au net (dénommée par l'auteur « 1ʳᵉ frappe, août 1969 »), *dactyl. 1*; d'un deuxième état dactylographié, *dactyl. 2*, et enfin d'un premier jeu d'épreuves corrigées.

a. Dans dactyl. 2, on trouve pour ce chapitre, de la main du Général, le titre L'Afrique .
b. Début du § dans ms. 1 : Mais, à côté de la philosophie, il y a la politique. Or, en l'espèce, les réalités étaient diverses autant que brûlantes et je ne les maîtriserais qu'en y adaptant mon action cas par cas et pas à pas. Parmi les territoires, [*un mot illisible*] certains qui sont depuis longtemps
c. dans la fierté, l'euphorie et le prestige de notre victoire *[5 lignes plus haut].* Encore est-il bien douteux qu'une pareille fusion fût jamais devenu effective, tant étaient grandes les différences à surmonter. À présent *ms. 1*
d. à maintenir à grands frais la France *ms. 1*
e. Fin du § dans ms. 1 : destinés aux insurgés. Je constate que ce dispositif remplit comme il faut sa mission. Sans doute y aura-t-il lieu de le pousser à plus d'autorité, compte tenu de ses moyens. C'est ce qui sera bientôt fait.
f. délégations de notre Haute Assemblée *orig.*
g. générale *orig. Corrigé d'après ms. 1*
h. Sic *dans orig. pour* leur .
i. toujours manqué. / [Tout de même que l'autodétermination accordée à l'Algérie mettait décidément un terme aux équivoques que certains s'acharnaient à entretenir quant aux possibilités de « reddition sans conditions » des hors-la-loi, d'« intégration », d'« Algérie Française », ainsi déclenchait-elle dans le clivage catégorique des opposants par rapport à l'ensemble de l'opinion métropolitaine. *biffé*] / Comme le catalyseur *ms. 1*
j. les parachutistes — connivence ou passivité ? — ne sont pas *ms. 1*
k. Fin du chapitre dans ms. 2 : l'ambition de la France. Puisse le peuple français me suivre ! Mais que Dieu ait pitié de moi ! *: fin du chapitre dans dactyl. 1 et dactyl. 2 :* l'ambition nationale. À Cette tâche, je sens que la France m'appelle. Je crois que le peuple m'écoute. Mais que Dieu ait pitié de moi !

1. Aujourd'hui le Soudan est devenu le Mali ; le Dahomey, le Bénin ; la Haute-Volta, le Burkina Faso ; l'Oubangui, la République centrafricaine.
2. Annonce de la guerre américaine qui ravagera le Viêt-nam de 1965 à 1973.
3. Ainsi, « au lendemain de la guerre » de 1870, « l'insurrection kabyle » (*La France et son armée*, p. 205) ; au lendemain d'une autre guerre, ce que l'auteur des *Mémoires de guerre* a appelé « un commencement d'insurrection » (p. 812 et n. 53). Le mouvement, qui deviendra la guerre d'Algérie, commence dans la nuit du 31 octobre au 1ᵉʳ novembre 1954.

4. Entre guillemets. De Gaulle lui-même emploiera une fois la formule ; voir p. 918 et n. 9, p. 920.

5. Cf. « l'odieux de la répression » (p. 891 et n. 12).

6. Dans cette dernière conférence de presse — la dernière avant son retour au pouvoir, le Général s'est longuement exprimé sur l'Algérie, disant notamment ce qu'il cite ici, en abrégeant : « [...] aucune autre politique que celle qui vise à substituer l'association à la domination dans l'Afrique du Nord française, en y apportant, bien sûr, la fermeté qui est nécessaire et en châtiant tous les crimes, ne saurait être ni valable, ni digne de la France ». Rejetant les interventions « des étrangers », il concluait : « Notre territoire d'Algérie, l'Empire du Maroc, le royaume de Tunis [...] ont beaucoup mieux à faire avec la France. Mais il s'agit que ce soit la France qui ait affaire à eux » (*Discours et messages*, t. II, p. 638-639).

7. Ce statut du 10 septembre 1947 instituait une Assemblée algérienne, élue par deux collèges distincts (voir p. 890 et n. 10) et dotée de certains pouvoirs. L'auteur le juge « mort-né », car son application fut faussée, entre autres procédés, par le trucage des élections aux dépens des candidats jugés trop peu dociles.

8. Dans *Discours et messages*, t. III, p. 16, on lit : « Puissent-ils même y participer ceux qui, par désespoir, ont cru devoir mener sur ce sol un combat dont je reconnais, moi, qu'il est courageux — car le courage ne manque pas ici aux nôtres —, qu'il est courageux, mais qu'il n'en est pas moins cruel et fratricide ! »

9. À Mostaganem, le Général a fait acclamer « l'Algérie française ». Non retenue dans *Discours et messages*, l'allocution de Mostaganem figure dans *Lettres, notes et carnets, 1958-1960*, p. 19-20, où l'expression « Algérie française » a disparu. De cette formulation exceptionnelle, de Gaulle donnera à A. Peyrefitte une explication qui peut ne pas convaincre (*C'était de Gaulle*, t. II, p. 434).

10. Le Général qualifiera aussi d'« insaisissable » la situation française de mai 1968.

11. Soit un million d'« Européens » d'Algérie et 500 000 militaires.

12. « Avant longtemps » : ce sera fait en décembre 1958. Voir p. 930.

13. Sur le voyage de Guy Mollet, voir p. 891 et n. 11. Du 1er au 3 juillet 1958, le Général se rend à Constantine, Taka, Tizi-Ouzou, Fort-National. Le 3, à la radio d'Alger, il prononce une allocution annonçant un accroissement de l'effort d'équipement de l'Algérie et prévoyant, au sein d'un collège désormais unique, « l'exercice du droit de vote des femmes musulmanes » (*Discours et messages*, t. III, p. 22-24).

14. Et ancien ministre de la France d'outre-mer.

15. Ranavalo III, dernière reine de Madagascar, déposée en 1897 par le général Gallieni. À Tananarive, de Gaulle prononce le 22 août deux discours (*ibid.*, p. 30-37).

16. La Fédération : l'Afrique-Équatoriale Française (Congo, Gabon, Oubangui, Tchad). Le discours du stade Éboué n'a pas été retenu dans *Discours et messages*. Il ne figure pas davantage dans *Lettres, notes et carnets*. Larges extraits dans J. Lacouture, *De Gaulle*, t. II, p. 576-577.

17. Discours non publié dans *Discours et messages*, ni dans *Lettres, notes et carnets*.

18. Le discours du Général à l'Assemblée territoriale — absent des *Discours et messages* comme des *Lettres, notes et carnets* — est largement cité par J. Lacouture, *De Gaulle*, t. II, p. 581-582. Selon J. Lacouture, témoin

de l'événement, il y eut un malentendu entre Sékou Touré, dont le Général n'avait pas lu le texte, et son visiteur, fatigué et choqué par le ton du Guinéen. Autour de Charles de Gaulle, les avis étaient partagés, mais lui-même, au soir de cette journée, avait résolu de dire adieu à la Guinée.

19. *Discours et messages*, t. III, p. 38-39.

20. *Sic* pour Modibo.

21. Du 27 au 29 août. Discours à la radio d'Alger, le 29 : *Discours et messages*, t. III, p. 39-41.

22. Henri Hoppenot avait rallié les Antilles au C.F.L.N. (voir p. 393). Le 3 septembre 1958, le Général lui écrit pour lui « redire quelle importance [il] attache » aux travaux de la commission : tout en tenant compte des « conditions particulières » où aura lieu le référendum en Algérie, il faut que « ses résultats signifient globalement " quelque chose " » et puissent « éclairer le gouvernement » sur les « sentiments des électeurs musulmans » (*Lettres, notes et carnets, 1958-1960*, p. 76).

23. Confusion entre le temps où le Général est à Matignon et le temps de l'Élysée. Le récit va revenir à l'été 1958, où Charles de Gaulle est président du Conseil.

24. Le 12 décembre, le Général annonce à Salan qu'il est nommé, ce jour même, « inspecteur général de la Défense ». Le 18 décembre, il adresse une directive à Paul Delouvrier, délégué général en Algérie, à qui il assignera une « responsabilité supérieure » à celle du général commandant en chef (*ibid.*, p. 151-154).

25. En réponse à une question sur les « possibilités de paix en Algérie », le Général affirme d'abord « la lutte [...] ne sert vraiment plus à rien [...] l'issue n'est pas là [...]. Elle est tracée par le fait que les forces de l'ordre maîtrisent peu à peu le terrain. Mais, surtout, elle est tracée par la manifestation décisive du 28 septembre. Cependant, je dis sans ambages que pour la plupart d'entre eux, les hommes de l'insurrection ont combattu courageusement. Que vienne la paix des braves et je suis sûr que les haines iront en s'effaçant. / J'ai parlé de la paix des braves. Qu'est-ce à dire ? Simplement ceci : que ceux qui ont ouvert le feu le cessent et qu'ils retournent, sans humiliation, à leur famille et à leur travail ! [...] La vieille sagesse guerrière utilise depuis très longtemps [...] le drapeau blanc des parlementaires. Et je réponds que, dans ce cas, les combattants seraient reçus honorablement » (*Discours et messages*, t. III, p. 55-59). Dès le 25 octobre, le G.P.R.A. rejetait l'offre du Général et demandait une négociation politique pour dégager « une véritable solution d'ensemble du problème algérien ».

26. Discours de Constantine : « Il me paraît bien inutile de fixer d'avance et par des mots ce que l'entreprise elle-même va façonner peu à peu. [...] De toute manière, parce que c'est la nature des choses, l'Algérie aura pour bases, tout à la fois, sa personnalité et une solidarité étroite avec la métropole française » (*ibid.*, p. 49-50).

27. Le 27 octobre, le Général charge Paul Delouvrier, son « représentant personnel, d'une mission d'information sur la mise en valeur de l'Algérie et l'application du programme de Constantine » (*Lettres, notes et carnets, 1958-1960*, p. 123). Du 3 au 7 décembre, il inspecte, outre les lieux cité ici, Telergma, Aïn-Abid, Ouenza, Tebessa, Touggourt et Hassi-R'Mel. À Alger, le 7 décembre, il prononce à la radio une courte allo-

cution qui s'achève sur « vivent ensemble l'Algérie, la Communauté, la France ! » (*Discours et messages*, t. III, p. 62-63).

28. Le mémorialiste vise sans doute les ministres qui, plus tard, quitteront le gouvernement « à cause de l'Algérie » (p. 952-953).

29. Une correspondance avec Sékou Touré, de novembre 1958 à janvier 1959, montre que la rupture ne fut pas totale. Des protocoles règlèrent les relations entre les deux pays et, le 16 janvier 1959, en réponse à un message de Sékou Touré, le Général « souhaite que se resserrent les liens de coopération » (*Lettres, notes et carnets, 1958-1960*, p. 127, 138-139, 144-145 et 181). Vœu sans lendemain : en 1962, le Général écrira, en marge d'une note sur l'économie guinéenne : « Vis-à-vis de la Guinée, nous devons être d'une indifférence de fer. » La même année, il déclarera à Jacques Foccart : « Encore une fois, c'est le moment, ou jamais, de ne pas nous " attendrir " sur la Guinée de Sékou Touré » (*Lettres, notes et carnets, 1961-1963*, Plon, 1986, p. 198 et 226).

30. Le Général quitte Paris le 2 juillet 1959. Il fait escale à Djibouti le 3, arrive à Tananarive le 4, visite le 5 Tamatave et Diégo-Suarez, le 6, Tuléar et Ihosy. De retour à Tananarive, il y préside la quatrième session du Conseil exécutif de la communauté et prononce, le 8, un discours au stade. Le 9, par Majunga et Moroni (Comores), il gagne la Réunion où, le 10, il prend la parole au stade de Saint-Denis. Texte des discours de Tananarive et de Saint-Denis : *Discours et messages*, t. III, p. 107-110.

31. Discours du 15 juillet au Luxembourg : *Discours et messages*, t. III, p. 110-112. Le Général y évoque en conclusion « la grande fête d'hier » qui célébrait « tout à la fois, la naissance de la Communauté et l'anniversaire du jour où le peuple français proclama [...] la Liberté, l'Égalité et la Fraternité ». Dans *Les Chênes qu'on abat...*, Malraux évoque lui aussi « cette fin d'empire devenue fête des Fédérations » (*Œuvres complètes*, t. III, p. 670).

32. Les 11 et 12 décembre 1959, le Général préside à Saint-Louis (Sénégal) la sixième session du Conseil exécutif de la communauté. Le 12, dans une allocution publique, il parle de « la Fédération du Mali » (formée par le Soudan et le Sénégal le 17 janvier). Le 13, il s'adresse à l'Assemblée fédérale, que préside le Sénégalais Senghor (*Discours et messages*, t. III, p. 148-154). Le 19 juillet 1960, le Sénégal quitte la Fédération. La rupture définitive interviendra le 20 août.

33. Les disciples d'Emmaüs disent à Jésus : « Reste avec nous, car le soir vient et le jour déjà décline » (Luc, XXIV, 29).

34. Texte de l'édition originale : « La République centrafricaine et le Congo. » Lapsus évident, corrigé ultérieurement.

35. Adoptée le 12 mai par l'Assemblée nationale et le 18 mai par le Sénat, la révision du titre XII de la constitution est ratifiée par le Sénat de la Communauté le 2 juin 1960. Le 3, le Général prononce le discours de clôture de la session de ce Sénat, qui va disparaître : « La Communauté va prendre [...] une forme nouvelle. Je ne crois pas, cependant, que l'esprit, ni la valeur de cette grande institution doivent s'en trouver altérés » (*Discours et messages*, t. III, p. 323).

36. Cf. p. 909, n. 46.

37. Le 22 octobre 1956, l'avion marocain qui transportait Ben Bella était intercepté par les Français et contraint d'atterrir à Alger. Ben Bella sera le premier président de la République algérienne. Messali

Hadj, leader indépendantiste, déporté en 1944 à Brazzaville par le gouvernement provisoire. En libérant « entièrement » ce rival du F.L.N., de Gaulle espère sans doute enfoncer un coin dans l'unité des « rebelles ». En métropole, les partisans de Messali sont poursuivis, voire assassinés par ceux du F.L.N.

38. Lors de la conférence de presse (*Discours et messages*, t. III, p. 82-94), le Général a bien prononcé cette phrase (un peu abrégée ici), mais en réponse à une question sur « la paix des braves ».

39. Le 30 avril 1959, un communiqué rédigé de la main du Général annonce qu'il « a reçu le 29 avril plusieurs parlementaires algériens parmi lesquels M. Pierre Laffont, député d'Oran. / Celui-ci a cru pouvoir reproduire dans un journal la conversation telle qu'il l'a retenue. / Le général de Gaulle n'a accordé aucune interview à M. Laffont. Seule la substance de ce qu'il rapporte peut donc être tenue pour conforme à ce qui lui a été dit » (*Lettres, notes et carnets, 1958-1960*, p. 220).

40. Voyages dans le Sud-Ouest : 14-17 février 1959 ; le Centre : 16-19 avril ; le Berry, la Touraine : 7-9 mai ; le Massif central : 5-7 juin. Aucune des allocutions prononcées au cours de ces voyages n'est recueillie dans les *Discours et messages*, ni dans *Lettres, notes et carnets*. À Vichy, le 17 avril, il dit à la foule : « Vous ne le répéterez pas, mais c'est une émotion particulière pour moi que de parler devant vous, vous en comprenez les raisons »... À Issoudun, le 7 mai, il parle de « l'affaire algérienne » qui « ne sera pas résolue par la guerre ni par les mots, mais par un immense effort de transformation, afin qu'elle devienne une Algérie nouvelle liée pour toujours à la France de son propre mouvement ». À Aurillac et à Saint-Flour le 5 juin, il plaide pour « une œuvre humaine » : l'aide aux peuples non ou peu développés, « qui sont la grande majorité des habitants de la terre ».

41. Chez les fellaghas, la katiba désigne une compagnie d'infanterie (environ cent vingt hommes).

42. Cette tournée s'est déroulée du 27 au 30 août 1959. Le 30, c'est au P.C. du général Challe que de Gaulle tient les propos rapportés ici, non recueillis dans *Discours et messages*. Au terme de sa visite, le Général exprimera à Challe sa « profonde satisfaction » pour « les progrès importants effectués dans le sens de la pacification » (*Lettres, notes et carnets, 1958-1960*, p. 253). Mais à Paul Delouvrier il a déjà confié : « Il va falloir le remplacer, Challe » (cité par J. Lacouture, *De Gaulle*, t. III, p. 70).

43. Texte de ce discours radiotélévisé : *Discours et messages*, t. III, p. 117-123, où on lit : « La sécession entraînerait une misère épouvantable, un affreux chaos politique, l'égorgement généralisé et, bientôt, la dictature belliqueuse des communistes » (p. 121). Derniers mots : « [...] la route est tracée. La décision est prise. La partie est digne de la France » (p. 123). Entre les deux passages, les *Mémoires d'espoir* citent librement.

44. Texte de la conférence de presse : *Discours et messages*, t. III, p. 129-144. L'exposé introductif portait sur la politique étrangère, mais à une question sur l'Algérie, le Général répondit longuement, lançant pour finir un appel aux Français d'Algérie (« Plus que jamais la France a besoin de vous en Algérie ! ») et aux « peuples et États étrangers » : « Si vous croyez, comme il faut le croire, qu'en fin de compte la seule querelle qui vaille est celle de l'homme, reconnaissez que la France soutient cette querelle-là en Algérie pour l'Algérie, avec l'Algérie. Alors, s'il vous plaît, respectez son effort ! » (p. 139.)

45. Du 24 au 27 septembre. Aucun texte d'allocution recueilli dans *Discours et messages*, ni dans *Lettres, notes et carnets*. À Lille, le 27 septembre, le Général évoque « l'immense menace » qui pèse sur la paix mondiale.

46. Avant ce débat, le Général a lu la déclaration de Michel Debré et lui a suggéré quelques modifications (*Lettres, notes et carnets, 1958-1960*, p. 268-269). La confiance est votée par 441 voix contre 23 et 28 abstentions.

47. Le 9 août 1958, de Gaulle remerciait Sérigny pour son livre : *La Révolution du 13 mai* (*Lettres, notes et carnets, 1958-1960*, p. 66).

48. À Juin, qui n'accepte pas l'autodétermination et lui a demandé audience, le Général écrit, le 28 octobre 1959 : « Crois-bien que je n'oublie ni ne méconnais, tout ce que nous avons fait ensemble. Toi, ne l'oublie pas non plus ! » Quelques jours auparavant, il avait demandé au Premier ministre, à la suite d'« une déclaration très désagréable » de Weygand sur l'Algérie, de rappeler à « cet officier général [...] toujours en activité de service » la réserve que lui imposait « cette situation » (*Lettres, notes et carnets, 1958-1960*, p. 279-280 et 274).

49. Au général Massu étaient attribués dans le *Süddeutsche Zeitung* de Munich du 18 janvier des propos, démentis aussitôt par le général Challe, mais inacceptables pour de Gaulle : « Nous ne comprenons plus la politique du président de Gaulle », devenu « un homme de gauche » ; en l'appelant, « l'armée a peut-être commis une faute ». Par lettres adressées à Michel Debré et au ministre des Armées — qui voudrait sauver Massu —, le Général exige, le 19 et le 21 janvier, que son « compagnon de toujours » ne retourne pas à Alger, même si cette décision doit provoquer « des remous locaux » (*Lettres, notes et carnets, 1958-1960*, p. 317-318).

50. « L'émeute qui vient d'être déclenchée à Alger est un mauvais coup porté à la France, [...] en Algérie [...] devant le monde [...] au sein de la France. J'exprime ma confiance profonde à Paul Delouvrier [...] au général Challe » (*Discours et messages*, t. III, p. 160-161).

51. À Michel Debré, qui allait se rendre à Alger, le Général a écrit le 25 janvier 1960 une lettre prescrivant la fermeté et souhaitant « que le ministre des Armées procède sans délai au " nettoyage " des étatsmajors » (*Lettres, notes et carnets, 1958-1960*, p. 320-321). Michel Debré revient si ébranlé de son voyage qu'il offre au Général sa démission, aussitôt refusée.

52. Allocution du 29 janvier : *Discours et messages*, t. III, p. 162-166. L'auteur se cite assez librement, sans fausser le ton de son intervention. Il altère une de ses plus célèbres formules : « Mon cher et vieux pays. » Après les mots présentés ici comme les derniers — « je n'y reviendrai pas ! » — et qui forment une belle chute, l'orateur avait ajouté : « Céder sur ce point, et dans ces conditions, ce serait brûler en Algérie les atouts que nous avons encore, mais ce serait aussi abaisser l'État devant l'outrage qui lui est fait et la menace qui le vise. Du coup, la France ne serait plus qu'un pauvre jouet disloqué sur l'océan des aventures. »

53. Deux lettres à Debré (31 janvier, 2 février) prescrivent la liquidation du secteur des barricades, l'arrestation de tous les « meneurs », l'incorporation dispersée des rebelles repentants (*Lettres, notes et carnets, 1958-1960*, p. 322-323).

54. *Vox populi, vox Dei.*

L'ALGÉRIE

Nous disposons pour ce chapitre de deux manuscrits (*ms. 1* et *ms. 2*), de deux états dactylographiés et enfin d'un jeu d'épreuves corrigées.

a. Fin du § dans ms. 2 :   Moins que jamais, je doute qu'il m'incombe d'y arriver. Autant que jamais, l'opinion paraît indistincte et troublée.

b. Fin du § dans ms. 1 :   cache pas. Le soir où je lui aurai donné à entendre, avant que je ne la prononce, l'allocution par laquelle j'annoncerai qu'il y aura un jour une République algérienne, il éclatera en sanglots et son chagrin dont je suis profondément remué *[fin de la phrase illisible]* : *fin du § dans ms. 2 :* cache pas. Le matin où je lui donne à lire, avant que je ne la prononce, l'allocution où je prévois « qu'il y aura, un jour, une République algérienne », il laisse éclater un chagrin qui ne manque pas de m'émouvoir.

c. Fin du § dans ms. 1 :   serait une « Algérie algérienne », par libre décision et avec le généreux concours de la nation française, ce qui précisait pour mes auditeurs, plus nettement que jamais, le but politique que je voulais atteindre. Cependant l'interprétation tendancieuse donnée aux encouragements que j'adresse aux soldats provoque une certaine ébullition politicienne et journalistique et soulève du côté des dirigeants du F.L.N. des déclarations belliqueuses.   : *fin du § dans ms. 2 :* serait une « Algérie algérienne », par décision et avec le concours de la nation française, ce qui précisait mon but et impliquait justement que nous soyons les plus forts. Cependant la narration tendancieuse de ma visite par les organes d'informations provoque sur le moment [...].

d. Fin du § dans ms. 1 :   que l'Algérie ne doit être, demain comme hier, qu'une conquête. La discipline et la fidélité sont, en fin de compte, assurées dans l'ensemble de l'armée. Par-dessus tout, certitude que, pour la France, [devant   *lecture conjecturale*] une situation qui ne peut désormais lui valoir que des charges sinon des malheurs, sans compensation et sans justification, il est temps d'en finir et d'aller à d'autres affaires.

e. De son côté, ce souverain, bon exemple et bon juge en fait de fierté et de dignité, m'avait   *ms. 1*

f. en affirmant dans toute son ampleur et dans toute sa rigueur   *ms. 1*

g. Fin de la phrase dans ms. 1 :   la perdition des grands chefs qui l'ont conduite et d'un certain nombre de bons officiers qui les ont suivis.

h. avec une grande indulgence   *ms. 1*

1. Le 9 janvier 1960, le Général estime « acceptable » une rencontre entre un diplomate français et un « mandataire » de « l'organisation extérieure de la rébellion ». Le 20 janvier est publié un communiqué, revu par le Président, à la suite de la réunion sur les affaires algériennes. On y rappelle la politique « fixée sans ambiguïté le 16 septembre 1959 ». On précise que « cette décision, qui se démentirait elle-même par des négociations politiques, ne s'infléchira pas » (*Lettres, notes et carnets, 1958-1960*, p. 314 et 319).

2. Il s'agit de l'allocution du 4 novembre 1960 (*Discours et messages*, t. III, p. 256-262), où de Gaulle parlait des « dirigeants rebelles » qui

« se disent être le gouvernement de la République algérienne, laquelle existera un jour, mais n'a encore jamais existé ! » (p. 359).

3. Les référendums du 6 janvier 1961 et du 8 avril 1962 sur l'autodétermination et la ratification des accords d'Évian.

4. C'est le 5 février 1960 que Soustelle et Cornut-Gentille quittent le gouvernement. Le même jour, Guillaumat passe des Armées à l'Énergie atomique. Si cette mutation n'a pas la portée politique des deux démissions, elle marque que de Gaulle n'a pas trouvé, aux Armées, le concours qu'il attendait de Guillaumat lors de l'affaire Massu et des journées des barricades. Pierre Messmer, lui, agira dans le sens souhaité par le Général.

5. L'expression figure dans le communiqué publié le 7 mars 1960, après le voyage d'inspection militaire : repoussant la « domination » et la « sécession », le Général déclare : « Dès lors, ce qui est probable, c'est une Algérie algérienne, liée à la France et unissant des communautés dont on sait combien elles sont diverses » (*Lettres, notes et carnets, 1958-1960*, p. 337).

6. Soit, depuis la prise d'Alger en 1830.

7. Allocution du 14 juin 1960 : *Discours et messages*, t. III, p. 224-229. Les points de suspension ici marquent des coupures dans un texte cité librement. On lit, par exemple, dans *Discours et messages* : « en un pays moderne et fraternel ».

8. C'est le 20 juin que le G.P.R.A., répondant à l'appel lancé le 14 par de Gaulle, annonce l'envoi d'émissaires en France pour préparer la venue d'une délégation que conduirait Ferhat Abbas. Les conversations de Melun se déroulent du 25 au 29 juin. Le 4 juillet, le G.P.R.A. ajourne l'envoi de la délégation. Le 5, Ferhat Abbas annonce publiquement un renforcement de la lutte.

9. Conférence de presse du 5 septembre : *Discours et messages*, t. III, p. 234-251. On lit p. 239 : « les commissions d'élus, en grande majorité musulmans ». Ces commissions, formées de parlementaires, de délégués des collectivités locales et des chambres de commerce et d'agriculture, ont été instituées par décret du 18 juillet 1960.

10. Texte de la conférence : « De divers côtés, on veut bien quelquefois dire que c'est de Gaulle qui peut résoudre le problème algérien et que, s'il ne le fait pas, personne d'autre ne le fera. Alors, qu'on veuille bien me laisser faire » (p. 250). La conférence ne s'achève pas sur ces mots : elle se poursuit par une question et une réponse sur les relations franco-soviétiques.

11. Voir n. 37, p. 940.

12. Allocution du 4 novembre : *Discours et messages*, t. III, p. 256-262. Le Général va se citer en abrégeant. Il supprime ici deux mots importants : « demandant simplement, qu'*au préalable*, on se mette d'accord pour cesser de s'entre-tuer » (p. 259) ; plus loin, il atténue le caractère personnel de ses propos : « Enfin, il y a un chef de l'État […] l'esprit, les termes de notre nouvelle constitution m'imposent un devoir qui domine tout » (p. 261).

13. « L'organisation extérieure de la rébellion » : malgré l'absence de guillemets, c'est ainsi que le Général, dans sa conférence de presse, désigne les dirigeants du F.L.N.

14. Calendrier de ces voyages : Languedoc : 25-27 février ; Normandie : 6-10 juillet ; Bretagne : 7-11 septembre ; Lyon, Isère, Savoie :

6-9 octobre ; Hautes et Basses-Alpes, Alpes-Maritimes, Monaco : 21-23 octobre. Aucune allocution retenue dans *Discours et messages*. Dans *Lettres, notes et carnets, 1958-1960*, on trouve des notes de février 1960 pour un discours en Languedoc et un plan de discours en Normandie (p. 333-334 et 375-376).

15. André Jacomet, secrétaire général de l'administration en Algérie, démissionne après l'allocution du 4 novembre. D'autres fonctionnaires, « MM. Hoppenot, Bloch-Lainé, etc. » adressent au Général une lettre approuvant sa politique algérienne. Le président de la République note, le 3 décembre : « Sans contester que l'intention soit bonne, je considère que le fait est mauvais. / Des fonctionnaires [...] n'ont pas à donner collectivement leur opinion au sujet de la politique de l'État » (*Lettres, notes et carnets, 1958-1960*, p. 414-415). Le 11 novembre, à Alger, la foule conspue le délégué général Paul Delouvrier. Dès le 6 octobre, le maréchal Juin avait pris position contre « l'Algérie algérienne ».

16. À peine arrivé en Algérie, le nouveau délégué général « s'exprime en public » d'une manière qui indispose le Général : « Il faut [...] se décider à dire ce que je dis, ou bien, tout au moins, se taire » (5 décembre 1960, *ibid.*, p. 416).

17. Voir p. 942.

18. Au cours de cette inspection « agitée », le Général prononce de nombreuses allocutions devant les corps constitués, les officiers (à qui il dit avoir arrêté « sans joie [...] mais de toute sa conscience » sa politique algérienne), les maires, les parlementaires, mais aussi, à Tlemcen, à Tizi-Ouzou et à Akbou, devant la population (*Lettres, notes et carnets, 1958-1960*, p. 421-452).

19. Cf. p. 972.

20. Allocutions des 20 et 31 décembre 1960 et du 6 janvier 1961 : *Discours et messages*, t. III, p. 262-269, 274-275. Le 31 décembre, le Général a dit : « Et à moi-même, vous le savez bien, quel coup serait ainsi porté, m'empêchant de poursuivre ma tâche » (*ibid.*, p. 269).

21. « En amour, disait Napoléon, il n'y a qu'une victoire : c'est la fuite » (noté en 1916, *Lettres, notes et carnets, 1905-1918*, p. 374). Cf. au Conseil des ministres du 4 mai 1962 : « Napoléon disait qu'en amour, la seule victoire, c'est la fuite. En matière de décolonisation aussi, la seule victoire, c'est de s'en aller » (A. Peyrefitte, *C'était de Gaulle*, t. I, p. 125). Quant au regroupement des « habitants qui veulent rester français », A. Peyrefitte l'a étudié à la demande du Général — qui, ensuite, le désavouera — dans un essai publié en 1961, *Faut-il partager l'Algérie ?* : voir *C'était de Gaulle*, t. I, p. 75-92.

22. Gouvernement provisoire de la République algérienne.

23. L'entrevue secrète entre le Général et les hommes de la wilaya IV eut lieu le 10 juin 1960 — peu avant le discours du 14 juin et les entretiens de Melun. Si Mohammed fit tuer Lakhbar à la fin de juin. Si Salah, lui, périt dans un combat avec des chasseurs alpins français le 21 juillet 1961. Si Mohammed fut abattu le 8 août 1961 par une troupe de choc française.

24. Le 18 février 1961, de Gaulle rédige ses instructions à Pompidou et de Leusse (*Lettres, notes et carnets, 1961-1963*, p. 44-46). Première phrase : « Votre mission est d'information ».

25. Les négociations avec le F.L.N. s'étendent sur dix mois : Évian I :

20 mai-13 juin 1961 ; Lugrin : 20-28 juillet 1961 ; Les Rousses : 12-18 février 1962 ; Évian II : 5-18 mars 1962.

26. Déposé le 20 août 1953, Mohammed V est remplacé par Moulay Ben Arafa. Le 9 novembre 1955, il est rétabli sur son trône. Entre-temps, le Général a fait publiquement son éloge, dans sa conférence de presse du 30 juin 1955 (*Discours et messages*, t. II, p. 638). Mohammed meurt le 26 février 1961. Hassan II charge « le président Balafredj » d'un message pour de Gaulle, qui répond au roi le 12 avril : rappelant « les sentiments de fidèle amitié qui [l]'attachaient » au souverain défunt, il assure son successeur qu'il veut resserrer les liens entre la France et le Maroc (*Lettres, notes et carnets, 1961-1963*, p. 68-69).

27. Voir p. 965 et n. 24.

28. Pétain déjà avait parlé de « vent mauvais » (p. 227). Attentats de l'O.A.S. : à Paris, les 17-18 mai ; en Algérie, et en métropole, presque quotidiennement en avril 1961.

29. Conférence de presse du 11 avril : *Discours et messages*, t. III, p. 286-304.

30. Ayant rappelé que « la rébellion, qui, naguère, tuait quotidiennement une cinquantaine de personnes […] en tue à présent, en moyenne, chaque jour, sept ou huit, dont quatre ou cinq musulmans », le Général enchaînait : « Ce n'est donc pas cela qui me fait parler comme je parle, bien que je ne disconvienne point que les événements qui se sont passés et qui se passent en Algérie m'aient confirmé dans ce que j'ai pensé et démontré depuis plus de vingt ans, sans aucune joie, certes — et on comprend bien pourquoi — mais avec la certitude, ainsi, de bien servir la France » (*ibid.*, p. 289).

31. Du 12 au 16 avril. Dans *Lettres, notes et carnets, 1961-1963*, p. 66-68, on trouve le plan développé de l'allocution prononcée le 14 à Bordeaux, où l'accueille le maire, Jacques Chaban-Delmas. Le 15, à Langon, il reçoit François Mauriac : « Je suis heureux de saluer ici ce très, très grand écrivain, qui explique, qui assiste, qui rehausse l'homme et qui illustre la France. »

32. La Constitution impose au président de la République de consulter, avant de faire jouer l'article 16, le Premier ministre (Michel Debré) et les présidents du Sénat (Gaston Monnerville), de l'Assemblée nationale (Jacques Chaban-Delmas) et du Conseil constitutionnel (Léon Noël).

33. Cf. p. 961.

34. Message du 23 avril 1961 : *Discours et messages*, t. III, p. 366-368. Outre les coupures signalées par des points de suspension, le mémorialiste se cite librement. Il a dit, par exemple : « Un savoir-faire expéditif et limité. Mais ils ne voient et ne comprennent […] que la nation m'a conférée […] les moyens d'assurer qu'elle demeure après moi. » Dès le 24, de Gaulle se « réserve directement toutes décisions concernant l'affaire algérienne et ce qui s'y rapporte, à tous égards, en métropole ». Le 25, une directive précise une formule de l'allocution du 23 : « tous les moyens voulus, y compris l'emploi des armes […] tous le moyens y compris le feu » (*Lettres, notes et carnets, 1961-1963*, p. 72-74).

35. Sur cette folle nuit où certains à Paris attendent les parachutistes, voir les souvenirs de Malraux dans *Hôtes de passage* (*Œuvres complètes*, t. III, p. 551-552).

36. Venu d'Alger, le vice-amiral Querville était arrivé à Mers el-Kébir, où se trouvait le capitaine de corvette Philippe de Gaulle. Ce dernier s'abstint de débarquer du *Picard* qu'il commandait, évitant ainsi de tomber « à la discrétion des mutins » — comme le redoutait son père (*Lettres, notes et carnets, 1961-1963*, p. 72-73). Quant à l'amiral, soumis à de fortes pressions, il prit le sage parti qu'indique le mémorialiste, non sans une discrète ironie.

37. Sur cette « nouvelle défaillance », voir p. 969.

38. « Quatre phases officielles » : voir n. 25, p. 965.

39. Le serment de la Soumman (cours inférieur de l'oued Sahel, en Kabylie) : réunis dans cette vallée à partir du 24 août 1956, les chefs rebelles ont adopté une charte de la révolution algérienne, divisé l'Algérie en six wilayas, créé l'Armée de Libération nationale (A.L.N.) et constitué un conseil de trente-quatre membres. Le tout devait être coiffé par un comité exécutif, formé d'Abane, Ben Mehidi, Belkacem Krim, Ben Khedda et Dahlem.

40. Sur le regroupement, voir p. 944-945.

41. *Discours et messages*, t. III, p. 310-314.

42. Aucun des discours prononcés en Lorraine n'est retenu dans *Discours et messages*, ni dans *Lettres, notes et carnets*. À propos de l'affaire algérienne, le Général déclare à Bar-le-Duc le 29 juin : « S'il reste ce qu'on appelle le terrorisme, il faut que cela cesse. S'il ne devait pas en être ainsi par malheur [...] la France serait amenée à regrouper sur une partie du territoire algérien ceux qui ne veulent pas appartenir à un pays en désordre. »

43. « La France a épousé son siècle » : ainsi commence l'allocution du 12 juillet (*Discours et messages*, t. III, p. 327-332). « Mesures d'apaisement » : voir p. 976-977. Après le passage cité ici, le Général avait ajouté : « Après quoi, elle verrait venir. En tout cas, elle est bien décidée à ne plus engouffrer à fonds perdus en Algérie, non plus qu'ailleurs, ses efforts, ses hommes, son argent » (*Discours et messages*, p. 330).

44. À la « note comminatoire du 6 juillet », de Gaulle répond, le 7, par une « communication », qu'il charge notre ambassade de remettre à Bourguiba. Le 17 juillet, le Quai d'Orsay, adresse au gouvernement de Tunis une note d'avertissement, corrigée de la main du Général : « la responsabilité de tout acte de violence » serait rejetée « sur les autorités tunisiennes » (*Lettres, notes et carnets, 1961-1963*, p. 104-106).

45. Une directive du 21 juillet définit les objectifs et les limites de « notre action militaire ». Le 25, de Gaulle peut adresser ses félicitations à l'amiral Amman. Il précise qu'après le « cessez-le-feu que nous avons accordé », « il ne faut pas laisser la " garnison " de la Médina de Bizerte se renforcer » : qu'on en barre les accès (*Lettres, notes et carnets, 1961-1963*, p. 109, 111).

46. Sur plainte de la Tunisie, le Conseil de sécurité condamnera, le 25 août 1961, l'action de la France. Auparavant, le 25 juillet, a été adressée aux Américains une note exposant la position française. Le 26, le Général, dans une longue lettre, répond à celle de Hammarskjöld, qui lui a paru « exposer les vues du gouvernement tunisien », dont le secrétaire général est l'invité (*Lettres, notes et carnets, 1961-1963*, p. 111-115). Pour le Congo, voir p. 1059.

47. Dix ans après : pendant « la traversée du désert », Ferhat Abbas

plaçait alors tous ses espoirs en de Gaulle : voir J. Lacouture, *De Gaulle*, t. II, p. 440 et 610.

48. En 1946, Hô Chi Minh est venu « négocier à Fontainebleau » avec le gouvernement provisoire, présidé par Gouin, puis par Bidault. À cette époque, le Général disait à Henri Laurentie, venu le voir à Colombey : « Ne donnez pas la Cochinchine à Hô Chi Minh ! » (cité par J. Lacouture, *De Gaulle*, t. II, p. 168).

49. Cf. dans *Le Fil de l'épée*, p. 84 : « La peur est le ressort des assemblées ». La formule revient, le 13 janvier 1948, dans la conversation du Général (C. Guy, *En écoutant de Gaulle*, p. 409).

50. Voir p. 959 et 992.

51. En Algérie, mais aussi en métropole, si l'opposition à la politique algérienne du Général est souvent le fait d'anciens vichyssois, elle regroupe aussi d'autres éléments, de gauche comme de droite.

52. C'est à Rocher-Noir que sera installé, après les accords d'Évian, l'exécutif provisoire algérien.

53. L'attentat contre le maire d'Évian (début d'avril 1961) précède de loin celui qui visait Malraux et aveugla Delphine Renard (7 février 1962). L'attentat de Pont-sur-Seine (8 septembre 1961) vaudra au Général de nombreux messages de sympathie, comme ceux de René Coty, de Vincent Auriol et de Winston Churchill (*Lettres, notes et carnets, 1961-1963*, p. 140-141).

54. Conférence de presse du 5 septembre 1961 : *Discours et messages*, t. III, p. 333-349. C'est sur « l'affaire du Sahara » qu'avaient été rompus en juin les pourparlers d'Évian. Le Général, passant outre aux objections du Premier ministre, abandonne ce qu'il refusait naguère de négocier.

55. Le 20 septembre, le Président recevait à l'Élysée la reine Juliana des Pays-Bas. C'est du 21 au 24 septembre qu'il parcourt ces trois départements. Aucune des allocutions qu'il y prononce ne figure dans *Discours et messages*, ni dans *Lettres, notes et carnets*. À Rodez, il préside une cérémonie en l'honneur de Jean Moulin — qui fut préfet de l'Aveyron — et rend visite à Paul Ramadier, hospitalisé.

56. À la fin de cette allocution du 2 octobre (*Discours et messages*, t. III, p. 349-352), le Général annonce que, la veille, il a cessé d'utiliser l'article 16.

57. On trouve dans *Lettres, notes et carnets, 1961-1963*, p. 144, quelques notes en vue d'un voyage en Corse, mais aucune des allocutions prononcées dans l'île ou en Provence. Même absence dans *Discours et messages*. À Toulon, le 8 novembre, le Général monte à bord du *Picard* que commande son fils. À Brignoles, le 9, il « adjure » ceux des Français d'Algérie « qui sont prêts à agir et qui agissent en dehors de la France [...] de revenir à l'unité nationale ».

58. Discours de Strasbourg : *Discours et messages*, t. III, p. 367-371, où on lit : « se soient fait jour naguère d'autres espoirs [...] et le contraire de ce qu'elles sont. Mais, dès lors que l'État [...] le pays trouve son exemple et son recours » (p. 371).

59. *Discours et messages*, t. III, p. 372-376.

60. *Discours et messages*, t. III, p. 382-387, où on lit : « Pour la France, dans l'affaire algérienne, il y a au moins deux issues possibles en fait de décolonisation. Celle que nous tenons, non pour la seule, mais pour la meilleure [...] » (p. 387).

61. Voir n. 25, p. 965.

62. Allocution du 18 mars 1962 : *Discours et messages*, t. III, p. 391-393. Le 20 mars, le Président adresse au Parlement le message mentionné en fin de paragraphe : *Discours et messages*, t. III, p. 393-395.

63. Le Général prononce deux allocutions pour recommander une réponse affirmative : le 26 mars et le 6 avril (*Discours et messages*, t. III, p. 395-399). L'auteur cite ici librement le début de son intervention du 6.

64. Cf. A. Peyrefitte, *C'était de Gaulle*, t. I, *passim* : on y entend le Général déplorer le nombre de départs des « pieds-noirs » et tonner contre « l'anarchie » en Algérois. Ses ministres, il est vrai, lui donnent des informations « contrastées » (p. 191).

65. Voir *C'était de Gaulle*, t. I, p. 169-171. Pompidou a envisagé de démissionner, si le Général ne graciait pas Jouhaud ; Foyer a transmis à la Cour de cassation une requête en révision présentée par les défenseurs : requête irrecevable — mais qui, en effet, suspend l'exécution de la peine.

66. Jouhaud, le 3 juin, demande à l'O.A.S. de cesser le combat. Salan, le 19 juin, approuve les « accords d'Alger » entre l'O.A.S. et le F.L.N.

67. Dès le 27 mai, quatre jours après le verdict prononcé contre Salan. De Gaulle choisit pour présider la Cour militaire de justice le général de Larminat. Celui-ci accepte la mission mais, peu après, le 3 juillet 1962, il se donne la mort, « se sachant atteint d'une maladie incurable ». Cette fin donne lieu à des « élucubrations haineuses », que stigmatisera de Gaulle (*Lettres, notes et carnets, 1961-1963*, p. 390).

68. Voyage en Limousin : 17-20 mai ; en Franche-Comté : 14-17 juin. À Lons-le-Saunier, le 15 juin, il assure Edgar Faure de sa « très grande et très haute considération » ; il fait une allusion à l'avenir politique qui attend son hôte.

69. Avant l'arrestation de Jouhaud, le 25 mars, il y a eu, depuis le 23, le soulèvement de Bab-el-Oued, quartier populaire d'Alger, que l'O.A.S. a proclamé « zone insurrectionnelle ». Rue d'Isly, le 26, il y eut « au moins quarante-six morts et cent vingt et un blessés parmi les civils » (J. Lacouture, *De Gaulle*, t. III, p. 264).

70. Voir p. 931. L'exécutif provisoire est mis en place le 27 mars.

71. « Avant cette date » : il faut entendre : avant le 1er juillet. L'accord entre l'O.A.S. et le F.L.N. fut conclu le 17 juin, non sans difficultés d'un côté et de l'autre. Christian Fouchet les fait revivre dans ses *Mémoires* (*Au service du général de Gaulle*, p. 180-187). Le 17 juin, à Montbéliard, de Gaulle, tenu informé de l'« opération Chevallier » déclare : « Aujourd'hui est sans doute une journée décisive pour l'accord sur place entre les deux communautés [...] elles sont sur le point de s'entendre, à la fin des fins » (cité *ibid.*, p. 289).

72. Voir n. 66, p. 992.

73. On pourrait aussi observer que le pourcentage des abstentionnistes correspond à celui de la population européenne d'Algérie.

74. Derniers mots de la déclaration de reconnaissance du 3 juillet 1962 (*Lettres, notes et carnets, 1961-1963*, p. 242).

L'ÉCONOMIE

Nous disposons pour ce chapitre de deux manuscrits (*ms. 1* et *ms. 2*), de deux états dactylographiés et enfin d'un jeu d'épreuves corrigées.

a. Début du chapitre dans ms. 1 : Comme l'âme et le corps, comme l'action et la vie, ainsi sont liées l'une à l'autre la politique et l'économie. Si
b. les fameux « scandales de Mai »   *ms. 1*
c. la détruire. En somme, du moment où le train est lancé, il faut qu'il arrive, ce qui exclut que le mécanicien règle la marche d'après les récriminations des voyageurs mécontents d'avoir dû payer leur billet, surtout de ceux qui voulaient faire dérailler le train. Au cours   *ms. 1* : la détruire devant la levée de tant de boucliers, je me vois comme le mécanicien [de la période aventureuse qu'il lui faut à tous risques conduire à sa destination lointaine, sans s'arrêter aux sommations voire aux coups de feu des malintentionnés.   *biffé*] qui, dans le film américain conduit le train à tous risques sans écouter [...]. Au cours   *ms. 2*
d. procès   *orig. Lapsus corrigé ici.*
e. Direction   *orig. Lapsus corrigé ici.*
f. Entre ce § et le suivant, on trouve dans ms. 2 un passage biffé (déjà présent dans ms. 1, mais moins lisible). En voici le texte : Certes, il serait théoriquement inimaginable d'abandonner à eux-mêmes les intéressés dont, alors, la plupart finiraient, en effet, par quitter la terre pour former des files d'attente interminables et révoltées devant les bureaux d'embauche pour manœuvres qualifiés des ateliers et des usines. Certes on pourrait concevoir un régime totalitaire qui supprimerait la propriété, constituerait de vastes unités collectives, attacherait à la plèbe comme travailleurs obligés une partie des paysans français et, d'office, répartirait le reste entre toutes les régions et au hasard des emplois. Mais, pour moi, rejetant dans ce domaine comme dans les autres les deux doctrines excessives, je suis convaincu que la transformation de l'agriculture française doit être, elle aussi, dirigée et qu'elle doit l'être humainement. J'approuve donc franchement et j'apprécie *[un mot illisible]* les interventions que me proposent Michel Debré et ses ministres, Henri *[nom illisible]* et Pisani.
g. Fin du chapitre dans ms. 1 : Quant à moi, je ne rejette pas la perle. Et cependant, étant constamment aux prises avec les réalités matérielles et humaines, dans une matière où tout est toujours incertain, aléatoire, révisable, où rien ne se trouve acquis une bonne fois et sans retour, où quoi que ce soit qu'on obtienne, nul à commencer par moi-même, ne s'en contente à beaucoup près, je n'ignore pas qu'en fait l'économie, le politique, comme la vie, est un combat qui n'est jamais gagné. Vauvenargues l'a dit, et je le sais : « il n'y a de gloire achevée que celle des armes ! »

1. Cf. : « L'illusion du bonheur, d'Astier, c'est fait pour les crétins ! » (Malraux, *Les Chênes qu'on abat...*, *Œuvres complètes*, t. III, p. 619).
2. La formule renvoie à l'avant-Grande Guerre.
3. « L'anarchie » de mai 1968.
4. Le Général sait qu'on lui a prêté la formule : « L'intendance

suivra », que dément la place faite à l'économie dans ses messages aux Français, ses conférences de presse et son action.

5. De Gaulle, à propos du plan de redressement de 1958, avait composé « une revue de presse étincelante », où il ironisait sur les « spécialistes » (P.-L. Blanc, *De Gaulle au soir de sa vie*, Fayard, 1990, p. 300). Ce morceau disparut dans le texte définitif.

6. Allocution du 8 mai 1961 : « Il faut que les objectifs à déterminer par le Plan [...] revêtent pour tous les Français un caractère d'ardente obligation » (*Discours et messages*, t. III, p. 314).

7. Par le traité de Rome (27 mars 1957), les Six (France, R.F.A., Italie, Belgique, Pays-Bas, Luxembourg) se sont engagés à abaisser entre eux les droits de douane à dater du 1er janvier 1959.

8. En novembre 1968 encore, le Général refusera de dévaluer le franc.

9. Sur les comités d'entreprise, voir *Le Salut*, p. 683-684. Au temps du R.P.F., de Gaulle a prôné l'« association ». Quant à l'intéressement des salariés, il est institué par une ordonnance du 7 janvier 1959. Voir p. 1014.

10. En mai 1968, le Général avait prévu un référendum sur la « participation », auquel il dut renoncer ; le mémorialiste fait ensuite allusion au référendum d'avril 1969, dont le résultat négatif entraîna son départ.

11. Antoine Pinay fut ministre des Finances dans le cabinet de Gaulle puis, jusqu'au 13 janvier 1960, dans le cabinet Debré.

12. « L'implorante mission de Jean Monnet », envoyé aux États-Unis par le gouvernement Félix Gaillard en novembre 1957.

13. Allocutions des 13 et 27 juin dans *Discours et messages*, t. III, p. 17-21. Le 13 juin, le Général parlait pour la première fois à la télévision ; on le jugea et il se jugea médiocre : n'avait-il pas gardé ses lunettes ? La référence à 1952 n'est pas innocente : c'est l'année Pinay...

14. De Gaulle commente, ce jour-là, les décisions prises en juillet (*Discours et messages*, t. III, p. 26-28).

15. Passant outre aux « objections » de Pinay, de Gaulle accorde toute sa confiance à l'un de ces « docteurs » qu'il a brocardés plus haut. La commission Rueff se substitue en fait au ministre des Finances, qui accepte mal la situation.

16. Ou plutôt : de Bonaparte, ce franc ayant été créé sous le Consulat.

17. Salaire minimum interprofessionnel garanti — qui deviendra le S.M.I.C. (« C » pour croissance).

18. Le 28 décembre 1958, de Gaulle évoque « le vieux franc français, si souvent mutilé à mesure de nos vicissitudes » (*Discours et messages*, t. III, p. 67).

19. Mis à part le libre-échangisme de Napoléon III, le protectionnisme, souhaité par les industriels et les agriculteurs, a bien dominé « un siècle » de politique économique française.

20. Inspecteur des finances, ancien collaborateur de Mendès France, Roger Goetze est, au cabinet du président du Conseil, l'un de ceux qui ont poussé de Gaulle à créer la commission Rueff.

21. Le 27 décembre 1958 ; de Gaulle, prie son « cher Guy Mollet » de rester au gouvernement jusqu'au 8 janvier, où « le régime parlementaire » sera « rétabli » (*Lettres, notes et carnets, 1958-1960*, p. 157-158).

22. *Discours et messages*, t. III, p. 64-67. L'allocution ne s'achevait pas sur la dernière phrase citée ici.

23. Les plaintes des anciens combattants seront encore évoquées longuement dans la conférence de presse du 10 novembre 1959 (*Discours et messages*, t. III, p. 142-144).

24. Souvenir du film muet de Buster Keaton, *Le Mécano de la « General »* (1926).

25. Voyages dans le Sud-Ouest : 14-17 février ; dans le Centre : 16-19 avril ; en Berry et en Touraine : 7-9 mai ; dans le Massif central : 5-7 juin. Aucune allocution recueillie dans *Discours et messages*, ni dans *Lettres, notes et carnets*.

26. Il s'agit ici du plan Rueff.

27. *Discours et messages*, t. III, p. 76-79.

28. « Beaucoup » : « Les anciens combattants qui sont pourvus du nécessaire et qui ne sont pas invalides » (28 décembre 1958, *Discours et messages*, t. III, p. 66).

29. Dans *L'Effort*, l'auteur opposera « le dirigisme » au « système libéral » et à l'« ordre totalitaire » (p. 1187).

30. Sur la souffrance de Debré à propos de l'Algérie, voir p. 952. C'est au Maroc, en 1941, qu'il est « devenu gaulliste » (*Trois Républiques pour une France, Mémoires*, I, *Combattre*, Albin Michel, 1984, p. 103) ; mais, « depuis juin 1940 », il était ardemment hostile à la collaboration et à Vichy.

31. « Ses avis » sur le IVe Plan. Devant le Conseil, de Gaulle prononce une allocution (*Discours et messages*, t. III, p. 361-363).

32. Idée chère au Général et aux gaullistes de gauche, la participation sera à nouveau évoquée dans *L'Effort*, p. 1193.

33. Lapsus pour Midi-Pyrénées, où Toulouse devient la capitale de l'aéronautique ?

34. Les édifices publics de Paris furent « blanchis » grâce à l'action conjointe des ministres Pierre Sudreau et André Malraux. Dès mars 1959, le Général avait fait ravaler la façade de l'Élysée.

35. Les octrois jouaient aux portes des villes le rôle des postes de douanes aux frontières : on y percevait des taxes sur les marchandises importées de l'extérieur.

36. En mars 1960, deux cent trente-sept membres de l'Assemblée nationale avaient demandé que le Parlement fût réuni en session extraordinaire pour examiner les problèmes de l'agriculture. Dans une lettre au président de l'Assemblée, Jacques Chaban-Delmas, le Général refuse de convoquer une telle session, observant que « la raison d'être essentielle du Parlement consiste évidemment à légiférer. Comment pourrait-il le faire » alors que le gouvernement prépare des « projets de loi qui, pour la première fois, visent à embrasser dans un même ensemble tout le problème de l'avenir de l'agriculture » et que « ces projets ne sont pas encore en état d'être déposés » ? (*Lettres, notes et carnets, 1958-1960*, p. 342). Parmi les textes qui « complètent » la loi de 1960, il faut citer l'arrêté du 1er octobre établissant un salaire minimum garanti dans l'agriculture.

37. « Cent millions d'habitants » : c'était, selon une formule célèbre avant la Seconde Guerre, la population de l'Empire français. Le Général, qui a toujours eu le souci de notre démographie (cf. p. 683 et n. 8) rêve de retrouver un jour ce chiffre dans l'Hexagone.

38. « La menace de rompre » sera employée en janvier 1962 : voir p. 1044.

39. Le 3 janvier 1960, de Gaulle écrit à Michel Debré : « En ce qui concerne M. Pinay, il est clair que la situation ne pouvait durer plus longtemps. Cependant, je crois qu'il eût été bon d'obtenir la promesse de M. Baumgartner avant de recevoir la démission de M. Pinay. Au besoin, j'aurais pu intervenir. Espérons que le gouverneur acceptera » (*Lettres, notes et carnets, 1958-1960*, p. 313). Finalement, de Gaulle intervint, obligeant Baumgartner à accepter : « Mais vous n'êtes plus gouverneur de la Banque de France ! » (A. Peyrefitte, *C'était de Gaulle*, t. I, p. 76).

40. *Discours et messages*, t. III, p. 382-387.

41. *Ibid.*, p. 384. Cf. *Othello*, acte V, sc. II : « *One whose hand like the base Indian threw a pearl richer than all his tribe.* »

L'EUROPE

Nous disposons pour ce chapitre de deux manuscrits (*ms. 1* et *ms. 2*), de deux états dactylographiés et enfin d'un jeu d'épreuves corrigées.

a. Dans l'intervalle, elle renouvelle à mesure les conditions de leur existence   *ms. 1* :   Dans l'intervalle, ses œuvres pèsent lourd dans leur existence   *ms. 2*

b. Après ces mots, on trouve dans ms. 1 le passage que voici :   À ce système délibéré de capitulation à froid, je n'entends faire aucune concession. Autant, je suis résolu à rendre aussi vivantes et cordiales que possible nos relations extérieures, autant je tiens pour nécessaire la coopération des États sur chaque sujet d'intérêt commun *[suite illisible]*.

c. Fin du § dans ms. 2 :   française. [Du jour où nous nous sommes connus jusqu'à celui où il quitta ce monde, je trouvai près de moi l'intelligence insigne, l'esprit ouvert et le cœur fidèle d'Adenauer.   *biffé*]

1. Pensée d'Héraclite, citée dans *Le Salut* (p. 764) ; elle reviendra p. 1047. Cf. la première phrase de *La France et son armée* : « La France fut faite à coups d'épée. »

2. En accordant à l'Allemagne l'armistice du 11 novembre 1918 et en renonçant à l'offensive préparée par Pétain : cf. p. 1027.

3. Les combats de 1940 et ceux qui suivirent les débarquements de 1944.

4. « Une Espagne pacifiée » : trois mots qui ont dû heurter Malraux, jusqu'au bout opposé au pacificateur Franco. Sur l'Espagne, voir p. 472, 600 et 1115.

5. Cf. le discours d'Oxford (25 novembre 1941) : « le parti de la libération » doit parvenir « à construire un ordre tel que la liberté, la sécurité, la dignité de chacun y soient exaltées et garanties » (*Discours et messages*, t. I, p. 145).

6. L'Organisation du traité de l'Atlantique-Nord (O.T.A.N.), dont le Général dégagera la France sans renoncer à « l'Alliance atlantique ».

7. « Certains d'entre eux » : entre autres, Harold Macmillan et Dwight D. Eisenhower.

8. Signé le 10 mai 1871, ce traité faisait perdre à la France l'Alsace (moins Belfort) et le nord de la Lorraine (actuelle Moselle).

9. Voir n. 2, p. 1022.

10. Le traité de Versailles ne laissait pas « l'ennemi intact [...] dans son territoire » : outre la France, la Belgique, le Danemark et la Pologne amputaient ce qui avait été le Ier Reich. Le « Président américain » : Wilson.

11. Dans cette fin de paragraphe, le Général évoque l'occupation de la Ruhr sur ordre du gouvernement Poincaré (« les gages dont nous nous étions saisis »), la succession des plans qui réduisaient le montant des « réparations » allemandes, l'entrée de la Reichswehr en Rhénanie, l'Anschluss autrichien, les accords de Munich (cf. *L'Appel*, « La Pente »). Quant à « la réprobation qui s'élevait jusqu'auprès de [lui] », voir, par exemple, les réticences de Bidault et des diplomates de carrière évoquées p. 781.

12. Cette « organisation » est l'Union pour la Nouvelle République (U.N.R.), créée le 3 octobre 1958.

13. Voir le témoignage de Couve de Murville : *Une politique étrangère, 1958-1969*, Plon, 1971. Ministre des Affaires étrangères de 1958 à 1968, il fut en 1968-1969 le dernier Premier ministre du Général. Dès 1967, de Gaulle eût souhaité le faire succéder à Pompidou — projet que l'échec du ministre aux législatives fit avorter.

14. Ce paragraphe exprime très clairement la conception gaullienne de l'Europe et les moyens de la construire ; à l'horizon, lointain, une « confédération ».

15. Les « Six » : France, Italie, R.F.A., Benelux.

16. Dès le 5 octobre 1945, à Strasbourg, de Gaulle proclamait : « Oui, le lien de l'Europe occidentale, il est à deux pas d'ici, il est le Rhin qui passe à Strasbourg » (*Discours et messages*, t. I, p. 623).

17. Adenauer, au pouvoir depuis 1949, restera chancelier jusqu'en 1963.

18. Sur l'obéissance des Allemands à Hitler, cf. *Le Salut*, p. 760.

19. « Onze ans » : si Adenauer est devenu chancelier en 1949, il a eu dès 1947 un rôle dirigeant dans l'organisation provisoire de l'Allemagne de l'Ouest mise sur pied par les Américains et les Britanniques.

20. À Colombey, les deux hommes ont bien « parlé de l'O.T.A.N. ». Répondant à une lettre du chancelier, le Général lui confirme le 15 octobre 1958 que « cette organisation, telle qu'elle est, répond mal à son objet ». Aussi a-t-il adressé à Eisenhower et Macmillan « un mémorandum », dont il a remis le texte à Spaak, secrétaire général de l'O.T.A.N. (*Lettres, notes et carnets, 1958-1960*, p. 109-110).

21. Le 15 septembre, après leur rencontre à Colombey, Adenauer et de Gaulle échangent des messages cordiaux (*Lettres, notes et carnets, 1958-1960*, p. 80). Le « contact personnel étroit » sera maintenu par de fréquentes rencontres, rapportées dans les *Mémoires d'espoir* comme par une correspondance directe, dont les *Lettres, notes et carnets* ont recueilli bien des preuves.

22. Richard Maudling est le chancelier de l'Échiquier (ministre des Finances) britannique.

23. Dans le toast adressé le 21 juin au président Luebke, de Gaulle a tenu à « évoquer [...] ce grand Allemand, ce grand Européen, ce grand

homme : le chancelier Konrad Adenauer » (*Discours et messages*, t. III, p. 326).

24. Lors de la visite d'Adenauer en juillet 1962, le Général prononce trois allocutions (*Discours et messages*, t. III, p. 427-431). Le 15 juillet, il lui écrit « qu'un fait historique capital se trouve aujourd'hui accompli » et souligne la nécessité de maintenir, dans les prochaines négociations européennes une complète « solidarité franco-allemande » (*Lettres, notes et carnets, 1961-1963*, p. 248-249).

25. Voir p. 997 et n. 7.

26. S'adressant aux Français le 28 décembre 1958, de Gaulle leur annonçait « l'élargissement imminent du marché européen » (*Discours et messages*, t. III, p. 65). Ce fut fait le 1er janvier 1959.

27. Ainsi, le 20 octobre 1963, le Général protestera contre l'ouverture par Walter Hallstein de négociations avec l'Afghanistan (*Lettres, notes et carnets, 1961-1963*, p. 379).

28. Hallstein : ministre des Affaires étrangères (1951-1957) puis président de la Commission européenne (1958-1967). Le Général le reçoit le 16 novembre 1961.

29. Cf. p. 887.

30. Wilfrid Baumgartner, ministre des Finances de janvier 1960 à janvier 1962 ; en 1961, le Général voyait en lui un « candidat de choix pour la présidence de la commission économique européenne en remplacement de M. Hallstein, le moment venu » (*Lettres, notes et carnets, 1961-1963*, p. 118-119). Edgar Pisani, ministre de l'Agriculture d'août 1961 à janvier 1966.

31. Le 22 décembre 1961 (*Lettres, notes et carnets, 1961-1963*, p. 174).

32. Le Conseil des ministres français examina et approuva le 17 janvier les dispositions arrêtées par les Six (Procès-verbal dans *Lettres, notes et carnets, 1961-1963*, p. 196-197).

33. Cf. *L'Appel*, p. 91, où Churchill et de Gaulle conviennent, après Michelet, que « l'Angleterre est une île ».

34. Mot de Talleyrand, volontiers cité par de Gaulle, par exemple dans une lettre à René Cassin du 15 juin 1943 (*Lettres, notes et carnets, 1943-1945*, p. 78).

35. Après cet entretien du 29 juin, Macmillan écrit le 30 à de Gaulle. Celui-ci répond le 5 juillet, en confirmant amicalement ses propos sur la zone de libre-échange et les Six (*Lettres, notes et carnets, 1958-1960*, p. 42-43).

36. Lettres du 7 novembre 1958 et du 7 avril 1960, auxquelles de Gaulle répond le 15 novembre 1958 et le 13 avril 1960 (*Lettres, notes et carnets, 1958-1960*, p. 131-135 et 348-349). Entre-temps, l'Association européenne de libre-échange (A.E.L.E.) a été créée le 20 novembre 1959, avec, outre les pays cités ici, l'Irlande.

37. « Il n'y a que des États et leur union », a noté le Général le 17 janvier 1962 (*Lettres, notes et carnets*, p. 197).

38. Cf. *gesta Dei per Francos*.

39. À Bruxelles, siège la Commission européenne ; à Luxembourg, la Communauté européenne du charbon et de l'acier (C.E.C.A.).

40. Rappel de la formule héraclitéenne citée en tête du chapitre. Cf. *Le Salut*, p. 764.

41. De Gaulle, président du Conseil, a reçu le 7 août 1958 Fanfani,

alors ministre des Affaires étrangères. Devenu président du Conseil, Fanfani est reçu le 14 janvier 1959 par de Gaulle, président de la République. Entre-temps, le Général écrit le 20 décembre 1958, à Adenauer, une lettre où il note « incidemment » que Fanfani ne l'« a pas entretenu d'un projet » de médiation entre les Six et la Grande-Bretagne.

42. Discours d'Italie : *Discours et messages*, t. III, p. 99-107.

43. On trouve dans *Lettres, notes et carnets, 1958-1960*, p. 234-235, un résumé de l'entretien avec Jean XXIII, corrigé de la main du Général. Les *Mémoires d'espoir* rendent mal compte d'une audience où le pape parla de « la crise morale du jeune clergé », particulièrement en France, des prêtres africains, des écoles privées. Le Général a déclaré qu'il ne fallait pas « lâcher Berlin ». « Sur l'Algérie, le pape a écouté sans prendre position les indications que lui a données le Général. »

44. Expression évangélique (Jean, VI, 68).

45. Le 29 juillet, de Gaulle s'entretient à Rambouillet avec Adenauer. Une note en neuf points, écrite de sa main, résume sa position sur l'organisation de l'Europe. Le lendemain, il accompagne le chancelier à Chartres. Le 1er août, il écrit à Couve de Murville : « À la suite de la visite du chancelier, il nous faut battre le fer de l'organisation de l'Europe, car ce fer est chaud. » Suit une directive sur la conduite à tenir « tout de suite » et dans les semaines à venir (*Lettres, notes et carnets, 1958-1960*, p. 382-384).

46. Le 31, à l'Élysée. Les 3 et 4 septembre, le Général s'entretient avec Fanfani et Segni. Le 13, il reçoit Eyskens et son ministre des Affaires étrangères, Wigny (et non Spaak). Le 17, c'est le tour des « prudents Luxembourgeois ».

47. Le 22 septembre, le Général écrit à Adenauer pour lui communiquer ses impressions après ses entretiens avec les responsables italiens, néerlandais, belges et luxembourgeois (*Lettres, notes et carnets, 1958-1960*, p. 396-397).

48. *Discours et messages*, t. III, p. 234-251.

49. À l'issue de la conférence des six, un communiqué fut publié, d'après un projet revu et corrigé par le Général (*Lettres, notes et carnets, 1961-1963*, p. 39-41).

50. Cf. p. 1048 : Fanfani « passant outre avec aisance à une évidente contradiction ».

51. La visite officielle des souverains belges eut lieu du 24 au 27 mai. Le 24, au Louvre, de Gaulle adresse au roi Baudouin un toast chaleureux (*Discours et messages*, t. III, p. 317-318).

52. Cette réunion était d'abord prévue en mai : le retard pris est révélateur des difficultés rencontrées par la France.

53. Le 20 avril 1962, le Général adresse à Couve de Murville une note prescrivant que « la " Commission politique " des Six ne doit plus siéger tant que les gouvernements n'auront pas repris quelque chose au sujet du projet d'Union. / Ne pas créer une équivoque pour avoir le plaisir de siéger et de parler » (*Lettres, notes et carnets, 1961-1963*, p. 233).

54. Alexandrin.

LE MONDE

Nous disposons pour ce chapitre de deux manuscrits (*ms. 1* et *ms. 2*), de deux états dactylographiés (*dactyl. 1* et *dactyl. 2*) et enfin d'un jeu d'épreuves corrigées.

a. Premier § du chapitre dans ms. 1 : Mais s'il est vrai qu'en répondant alors à l'appel de la France, nos voisins auraient fait faire un pas décisif à l'union de l'Europe et à son indépendance, on voit bien que le danger qui plane sur notre continent est pour beaucoup dans leur réserve. Car, dans l'état de guerre froide où se trouve alors l'univers, tout passe aux yeux de l'Occident après la nécessaire protection américaine. Or, c'est précisément sur ce point [capital *biffé*] que notre appréciation des choses et notre *[un mot illisible]* se distinguent de celles de nos partenaires.

b. Fin du § dans ms. 1 : de principe. Il est possible qu'à travers les exhibitions de la propagande, le Kremlin vise dans une pareille réunion l'occasion de nouer avec l'ensemble des Occidentaux les contacts qu'il recherche en vue de ce qu'il nomme déjà la « coexistence pacifique ». Nous, Français, n'en repoussons certes pas la perspective. Cependant, ce qui vient de se passer à Genève où une conférence des quatre ministres d'Affaires Étrangères *[un mot illisible]* n'a abouti à rien, ne nous encourage pas à précipiter l'entreprise. Je fixerai ma position lorsque j'aurai vu Khrouchtchev.

c. Début du § dans ms. 1 : Aux termes de mes entretiens, le Premier soviétique me presse de donner mon agrément définitif à la réunion d'une conférence des quatre au sommet. Pour son compte, il s'en remet à moi d'en fixer le lieu, la date et le programme. Je lui dis que je ne m'y oppose pas, quoique je me demande si la compréhension et les relations entre son gouvernement et celui de Washington se sont déjà assez améliorées pour qu'on ne risque point d'incident. Mais il se montre plein d'optimisme. Il me promet

d. Tout y a été imaginé et préparé de telle sorte que la visite du général de Gaulle revête un caractère exceptionnel. Évidemment   *ms. 1*

e. Fin du § dans ms. 1 : "Winston Churchill qui — lumière qui s'éteint — a voulu, pourtant assister aux cérémonies et que je vais voir dans sa demeure, me répète le mot « Amitié », le dernier que j'entendrai de lui. Quant à moi, serrant la main d'Harold Macmillan au moment du départ, je lui dis qu'ayant discerné quelle vie puissante, en dépit de *[un mot illisible]* anime aujourd'hui son pays et quelle trame de sentiments et d'intérêts s'est, malgré les contingences, tissée entre nos deux peuples, je suis fidèle, autant que jamais, au mouvement qui, vingt ans plus tôt m'avait porté à lier le destin de la France à celui de l'Angleterre.

f. Fin du § dans ms. 1 : rester canadien. De quel cœur, alors, y aidera la France !

g. n'est pour rien dans les provocations américaines   *add. manuscrite sur épreuves.*

h. La Russie. C'est certainement regrettable. Aujourd'hui   *dactyl. 1*

i. Début du § dans ms. 1 : Pour ma part, rien, mieux que ces entretiens directs ne m'éclaire sur la réalité d'un univers rempli de tous contacts et sur ce que la France peut y faire pour être fidèle à sa vocation. D'Asie viennent me faire visite les responsables supérieurs. Par exemple le Pandit Nehru

j. Fin du § dans ms. 1 : sa destinée. Pour moi, cela ne va pas sans les attraits d'une grande entreprise aussi bien que le poids d'une lourde responsabilité, sans d'innombrables témoignages de confiance en même temps que beaucoup de marques de scepticisme ou d'hostilité. Mais suis-je fait, suis-je là pour autre chose ?

1. Par le traité de Dunkerque, complété le 17 mars 1948 par le « traité des 5 » (France, Grande-Bretagne, Pays-Bas, Belgique, Luxembourg), signé à Bruxelles.
2. Voir p. 1026.
3. Comme à Londres en juin 1940, où « la première chose à faire était de hisser les couleurs » (*L'Appel*, p. 73). Daté du 11 septembre 1958, revu personnellement par le Général, le mémorandum est adressé le 17 à Eisenhower et à Macmillan. Le 14 est le jour de la visite d'Adenauer à Colombey, au cours de laquelle de Gaulle a déjà exposé ses vues sur l'O.T.A.N. Dès le premier paragraphe du mémorandum, on lit : « L'organisation actuelle de l'alliance occidentale ne répond plus aux conditions nécessaires de la sécurité, pour ce qui concerne l'ensemble du monde libre. » La France souhaite que « soit instituée une organisation dont elle fasse directement partie » (*Lettres, notes et carnets, 1958-1960*, p. 82-85).
4. Le 27 octobre, le Général écrit à Adenauer qu'il a « maintenant reçu les réponses du président Eisenhower et du Premier ministre Macmillan ». Une note manuscrite pour Hervé Alphand, ambassadeur à Washington, indique « qu'une discussion ne pourrait s'engager avec fruit [...] qu'après que les trois gouvernements se seraient mis d'accord sur les deux questions de principe » : élargissement du champ d'application de l'alliance ; en cas de risque de « conflit militaire », une action stratégique commune des trois puissances, et « tout d'abord [...] pour la décision d'employer les armes atomiques » (*Lettres, notes et carnets, 1958-1960*, p. 123, 147-148).
5. Prise le 7 mars, la décision est commentée par le Général dans sa conférence de presse du 25. Il « observe simplement que la zone d'action éventuelle de l'O.T.A.N. ne s'étend pas au sud de la Méditerranée ». Du reste, Américains et Britanniques « ont pris leurs dispositions pour que la plus grande part de leurs forces navales ne soit pas intégrée dans l'O.T.A.N. » (*Discours et messages*, t. III, p. 92). Le 25 mai 1959, dans une longue lettre à Eisenhower, le Général, après avoir rappelé son attachement à « l'alliance des États libres », lui annonce la prochaine institution d'« un commandement français, pour la Méditerranée » qui « recevra ses missions du gouvernement français ». Il pose ensuite la question « du déclenchement éventuel de la lutte atomique » : la France ne peut « s'en remettre entièrement de sa vie ou de sa mort à quelque État que ce soit, fût-ce au plus amical » (*Lettres, notes et carnets, 1958-1960*, p. 225-227).
6. *Discours et messages*, t. III, p. 125-129. Le Général achevait son allocution en reprenant librement les dernières phrases du *Fil de l'épée* : « Il n'y a pas de talent ni de génie militaire qui n'aient servi une vaste

politique. Il n'y a pas de grande gloire d'homme d'État que n'ait dorée l'éclat de la défense nationale. »

7. La République arabe unie (R.A.U.) formée en 1957 de l'Égypte et de la Syrie, qui rompt l'union à l'automne 1961.

8. Sur l'affaire du « Congo-Léopoldville », de Gaulle écrit le 5 août 1960 à Macmillan, le 9 août à Einsenhower. À l'un comme à l'autre, il exprime son « regret » devant « la dispersion de l'Occident » ; « il eût probablement suffi de l'accord des États-Unis, de la Grande-Bretagne et de la France pour amener ce tout jeune État à prendre une voie raisonnable » (*Lettres, notes et carnets, 1958-1960*, p. 385, 388). Il revient sur la question dans une lettre à John Kennedy, le 8 février 1961. Une note du 2 janvier 1962, adressée à Debré et Couve de Murville, affirme : « Nous n'approuvons pas du tout les " opérations " de l'O.N.U. au Congo. / Nous ne devons pas leur prêter notre concours, même indirectement » (*Lettres, notes et carnets, 1961-1963*, p. 36, 186). Le 14 juin 1962, la France refusera de participer aux dépenses de l'O.N.U. au Congo.

9. L'O.T.A.S.E., créée en 1954. Le 26 mars 1961, de Colombey, de Gaulle précise à Kennedy : « Quant à utiliser l'O.T.A.S.E. comme couverture éventuelle d'une intervention directe des Occidentaux au Laos [...] la France [...] n'y est pas actuellement disposée » (*Lettres, notes et carnets, 1961-1963*, p. 61).

10. Le 5 juillet 1958. Après le retrait de l'Irak du pacte de Bagdad, les États-Unis forment, le 19 août 1959, le C.E.N.T.O., groupant avec la Turquie (par ailleurs membre de l'O.T.A.N.), le Pakistan, l'Iran et la Grande-Bretagne. Avec Foster Dulles, le Général développe déjà les idées de son mémorandum du 17 septembre 1958 (voir p. 1057).

11. Le 6 février 1959, de Gaulle reçoit à l'Élysée Dulles, qui mourra le 24 mai suivant. Ce jour-là, le Général adresse à Einsenhower un télégramme de condoléances : « la disparition » du secrétaire d'État est une « grande perte [...] pour tous les hommes attachés à la liberté ». Il restera « pour tous un grand exemple » (*Lettres, notes et carnets, 1958-1960*, p. 223).

12. De 1958 à 1961, les *Lettres, notes et carnets* ont recueilli une vingtaine de lettres ou télégrammes du Général à Einsenhower. En 1958-1959, la fréquence moyenne est d'une communication par mois ; elle est nettement inférieure en 1960.

13. C'est au Bourget (non à Orly) qu'arriva le 25 septembre Eisenhower. Le Général y prononça quelques mots de bienvenue. Le même jour, il prit la parole en l'honneur de son hôte à l'Hôtel de Ville, puis à l'Élysée (*Discours et messages*, t. III, p. 114-116). Le lendemain, les deux présidents eurent un nouvel entretien à Rambouillet. Le 4, Eisenhower quittait la France.

14. « La suggestion de Londres » : cf. la lettre à Macmillan du 24 août 1959 : « Quant à un entretien " occidental " au sommet, je crois comme vous qu'il serait utile à la fin de cette année ou au début de l'année prochaine » (*Lettres, notes et carnets, 1958-1960*, p. 252). Un tel entretien devrait précéder une conférence à quatre (avec « la Russie »). La réunion de Genève s'est tenue du 11 mai au 20 juin : « elle devait régler le problème de Berlin », sans que le Général se fît « beaucoup d'illusions sur la probabilité d'un règlement effectif », comme il l'avait écrit le 11 mars à Einsenhower (*ibid.*, p. 204).

15. Voir p. 1062-1063. Après l'entretien de Rambouillet, de Gaulle

aborde le 6 octobre dans une lettre à Einsenhower « la question du stockage d'armes nucléaires américaines en France [...] l'avenir nous permettra de parvenir à un arrangement à ce sujet, dès lors que nous aurons pu convenir que le déclenchement par l'Occident de la guerre atomique [...] requerrait la décision conjointe des États-Unis, de la Grande-Bretagne et de la France ». Il ajoute : « le début assez prochain de la réalisation d'un armement atomique français par la France nous facilitera les choses... » (*Lettres, notes et carnets, 1958-1960*, p. 263).

16. Par le mémorandum de septembre 1958.

17. Prêt-bail : voir p. 144 et n. 28.

18. Dès la fin de juin 1958, Macmillan est venu voir de Gaulle (voir p. 1045). Par la suite, non seulement les deux hommes d'État ont de « nombreux entretiens », mais ils échangent une abondante correspondance : pour les années 1959-1960, une quinzaine de lettres du Général recueillies dans *Lettres, notes et carnets*.

19. La cérémonie eut lieu à l'hôtel Matignon le 6 novembre 1958 (*Discours et messages*, t. III, p. 60). André Malraux a décrit la scène de façon saisissante dans *Antimémoires* (*Œuvres complètes*, t. III, p. 417) : « Les soldats regardaient passer lentement devant eux le Vieux Lion foudroyé. » De Gaulle avait rédigé lui-même le 18 juin précédent la citation du « Vieux Lion » (*Lettres, notes et carnets, 1958-1960*, p. 28).

20. Le 27 février 1959, de Gaulle remercie Macmillan d'avoir informé Debré et lui-même des « conclusions » qu'il tire de ses « entretiens de Moscou » (*ibid.*, p. 200).

21. Voir p. 1045.

22. Les Sept — Grande-Bretagne, Norvège, Suède, Danemark, Irlande, Suisse, Portugal — ont formé le 20 novembre 1959 l'A.E.L.E. (voir n. 36, p. 1045).

23. Dans ce paragraphe, le mémorialiste recompose et rassemble les propos tenus par Macmillan, comme certaines formules de ses lettres. En bon rhétoricien, il se réserve d'y répondre ensuite.

24. Comme le précédent, et en dépit des guillemets, ce paragraphe est une recomposition : aux « bonnes intentions » du premier, le Général oppose les réalités — au nom desquelles il fermera au Royaume-Uni la porte du Marché commun.

25. De Gaulle voit Macmillan à Paris dès le 30 juin 1958, puis le 16 mars 1959. À Paris encore, en décembre de la même année, ils se retrouvent pour une conférence des Occidentaux, et en mai 1960 pour la conférence au sommet que quittera Khrouchtchev (voir p. 1098 et suiv.). À Londres, les deux hommes se voient lors du voyage officiel du Général (5 avril 1960). Leurs entretiens de Rambouillet se déroulent les 28-29 janvier 1961 et les 14-15 décembre 1962. Entre-temps, accompagné de Mme de Gaulle, le Général séjourne du 24 au 26 novembre 1961 à Birch Grove (Sussex) et reçoit Macmillan à Champs les 2 et 3 juin 1962.

26. À la conférence de Nassau (Bahamas), Kennedy accepte de fournir à la Grande-Bretagne de quoi équiper ses sous-marins des fusées Polaris qui resteront sous contrôle américain. Cet « accord spécial », intervenu quelques jours après la difficile rencontre Macmillan-de Gaulle à Rambouillet (14-15 décembre 1962), provoquera, à la conférence de presse du 14 janvier 1963, le refus gaullien d'admettre la Grande-Bretagne dans la Communauté européenne.

27. *Discours et messages*, t. III, p. 129-144.
28. Dernières phrases de l'exposé initial, *ibid.*, p. 132.
29. Le 19, à l'Élysée, sont réunis autour du Général Einsenhower, Macmillan et Adenauer ; de Gaulle a un entretien particulier avec le président américain. Le 20, à Rambouillet, il reçoit Einsenhower et Macmillan, puis Adenauer. Le 21, à l'Élysée, réunion plénière pour laquelle le Général a préparé un « canevas » de son intervention — en cinq points : rapports Est-Ouest, Allemagne, désarmement, pays sous-développés, économie (*Lettres, notes et carnets, 1958-1960*, p. 290-291).
30. La visite de Khrouchtchev en France dura du 23 mars au 3 avril. Après des entretiens à l'Élysée les 23 et 24 mars, le Premier soviétique voyagea en province avant de reprendre ses échanges avec de Gaulle, à Rambouillet, les 1er et 2 avril. À Orly, comme à l'Élysée, le Général dans ses allocutions parle de « la Russie » plus volontiers que de l'Union soviétique, qualifiée tout de même de « grande » dans le toast élyséen (*Discours et messages*, t. III, p. 172-174).
31. Malraux dira : « une relation coriacement chaleureuse » (*Antimémoires, Œuvres complètes*, t. III, p. 332).
32. La République démocratique allemande (R.D.A.).
33. Khrouchtchev n'est pas nommé dans *Le Salut*. Pour la suite, cf. p. 655 et suiv.
34. Retour d'une image employée dans *L'Appel* pour définir l'attitude du Général lors d'une entrevue difficile avec Lyttelton (p. 166).
35. « Le comité » : à cette époque le Général ne veut pas dire : le Gouvernement provisoire de la République algérienne (G.P.R.A.). Dans son allocution du 16 septembre 1959, il a prôné, pour « résoudre la question algérienne », le « recours à l'autodétermination » (*Discours et messages*, t. III, p. 119-120).
36. Voir. p. 1060.
37. Voir *ibid*. Dès le 30 juin 1958, le Général écrivait à Khrouchtchev : « Le véritable problème est, à mon sens, celui du contrôle collectif par un organisme international destiné à aboutir à l'élimination progressive des stocks d'armes nucléaires et à l'interdiction de toute fabrication nouvelle » (*Lettres, notes et carnets, 1958-1960*, p. 41).
38. « Lesquels [...] côte à côte » : parenthèse du mémorialiste dans le texte, librement cité, de son discours. Ce dernier, précédé du toast à la reine et de l'allocution au Guildhall, se trouve dans *Discours et messages*, t. III, p. 175-182. À son départ, le 8 avril, le Général adresse à la reine un message de remerciements. Le lendemain, il charge son directeur de cabinet, René Brouillet, de féliciter le personnel de l'ambassade, où la reine et le duc d'Édimbourg ont été reçus le 6 avril (*Lettres, notes et carnets, 1958-1960*, p. 346-347).
39. L'abbaye de Westminster.
40. Non pas « les derniers », puisque de Gaulle reverra Churchill à Nice le 22 octobre 1960, mais il faut, littérairement, que ce soit les derniers.
41. Le 18 avril, de l'avion qui le conduit au Canada, le Général adresse un message « aux autorités et à la population de Saint-Pierre-et-Miquelon ». Le 19, il prononce un discours à Ottawa (*Discours et messages*, t. III, p. 183-186).
42. L'auteur et le lecteur de 1970 se rappellent que, plus tard, on

passera de cette « lumière tamisée » à l'éclatant « Vive le Québec libre ! ».

43. Le général Vanier est un ami de longue date de Charles de Gaulle, à qui il a rendu visite le 22 avril 1959 ; il le reverra à l'Élysée le 20 août 1960. Le Premier ministre Diefenbaker ne viendra pas à Paris. De Gaulle recevra son successeur, Lester Pearson, les 15 et 17 janvier 1964.

44. Le lac Ontario.

45. De San Francisco, le 27 avril 1960, le Général écrit à Paul Reynaud : « L'amitié franco-américaine demeure une donnée politique très effective et très émouvante » (*Lettres, notes et carnets, 1958-1960*, p. 351).

46. Chronologie du voyage aux État-Unis : 22-23 avril, Washington ; 24 avril, Gettysburg et Camp David ; 25 avril, Washington ; 26 avril, Washington et New York ; 27 avril, San Francisco ; 28-29 avril, La Nouvelle-Orléans. Texte des allocutions et de la conférence de presse : *Discours et messages*, t. III, p. 187-208.

47. Lorsqu'il quittera « son poste assez étrange de vice-président », Nixon adressera un message à de Gaulle. Gardant « un excellent souvenir » de leurs « rapports, tant officiels que personnels », le Général répond, le 1er février 1961, en l'invitant, ainsi que Mme Nixon, à venir le voir à l'Élysée où il serait heureux de l'accueillir. Quand paraissent les *Mémoires d'espoir*, on n'a pas oublié qu'au début de 1969, la visite en France de Nixon, devenu président, a permis de constater l'entente particulièrement cordiale des deux hommes d'État.

48. Après cette phrase, l'orateur terminait en exaltant l'amitié franco-américaine : « Rien ne compte davantage pour la France [...]. Je suis venu vous le dire » (*Discours et messages*, t. III, p. 200).

49. Le Général passe sous silence sa rencontre avec le secrétaire général de l'O.N.U., Dag Hammarskjöld.

50. Dillon, qui fut ambassadeur des États-Unis en France, est alors sous-secrétaire d'État. Le 6 mai, de Gaulle le remercie d'avoir été son « compagnon » et son « guide » « au cours de ces sept jours » (*Lettres, notes et carnets, 1958-1960*, p. 354-355).

51. De Cayenne, où il arrive le 30 avril et prononce un discours, le Général envoie à Michel Debré un message où il insiste sur « le capital moral que [...] représente en faveur de la France » « l'amitié [...] des Américains » ; « sur la ligne générale à tenir à la conférence au sommet » il constate qu'Einsenhower et lui étaient « à peu près » d'accord, mais le Président américain a du mal, quant à l'Afrique, à « renoncer à sa démagogie interventionniste » (*Lettres, notes et carnets, 1958-1960*, p. 352). Parti de Cayenne le 1er mai, de Gaulle arrive en Martinique et prononce un discours à Fort-de-France. Le 2, il s'envole pour la Guadeloupe, prend la parole à Basse-Terre. Le 3, il parle à Pointe-à-Pitre et rentre à Paris. Seuls les discours de Cayenne et de Fort-de-France sont recueillis dans *Discours et messages*, t. III, p. 208-214.

52. Voir « Notes sur lesquelles j'ai parlé à la réunion du 16 mai » (*Lettres, notes et carnets, 1958-1960*, p. 357-358). Le mémorialiste s'inspire de ce texte, où on lit, par exemple : « À l'heure où il est, un spoutnik russe survole la Terre. Il passe dans le ciel de France dix-huit fois par jour. Qui me dit qu'il ne photographie pas ? »

53. Aux messages de départ des présidents américain et russe, de Gaulle répond le 19 mai (*Lettres, notes et carnets, 1958-1960*, p. 359-360).

54. Le 8 novembre 1961, contre le candidat républicain, Richard Nixon.

55. Entré en fonction en janvier, Kennedy adresse le 2 février une longue lettre au Général qui lui répond le 6. En mars, c'est de Colombey que de Gaulle répond au « message au sujet du Laos » (*Lettres, notes et carnets, 1958-1960*, p. 36-39 et 60-61). Après la visite du Président en France, les échanges épistolaires se poursuivent : 30 juin-6 juillet, 21-27 juillet, 18-25-26 août, 14-21 octobre 1961 ; 31 décembre 1961-11 janvier 1962, 26-29 juillet, 20-22 novembre-1er décembre 1962 ; mars, 25 juillet-4 août 1963.

56. C'est l'expédition de la baie des Cochons (avril 1961).

57. Organisation du traité de l'Atlantique-Nord — Organisation du traité de l'Asie du Sud-Est — Organisation de coopération et de développement économique — Fonds monétaire international.

58. Voir p. 1059. Le 11 décembre 1961, un communiqué du gouvernement — rédigé par de Gaulle — définit la position française sur le Congo : « complète réserve quant à l'action de l'O.N.U. » ; aux « Congolais eux-mêmes » de « déterminer » les « conditions » d'« un règlement pacifique » (*Lettres, notes et carnets, 1958-1960*, p. 171).

59. Cette conférence, rassemblant quatorze États, a « affirmé », au terme d'un an de négociations, la neutralité du Laos le 23 juillet 1962.

60. En 1954, après Diên Biên Phu et les accords de Genève conclus par Mendès France.

61. Sur les Polaris, voir p. 1073 et n. 26.

62. Voir n. 55, p. 1103.

63. À Kennedy, 27 juillet 1961 : « Nous prenons des dispositions pour renforcer notre dispositif en Allemagne et en France. » Suit l'annonce d'un accroissement « de 30 % », « au cours de cet été », des « unités mises à la disposition de l'O.T.A.N. » (*Lettres, notes et carnets, 1961-1963*, p. 116).

64. *Ibid.*, p. 103 — où on lit : « après une longue période de réelle détente internationale ».

65. *Discours et messages*, t. III, p. 331. Menues variantes et coupures signalées ici par des points de suspension.

66. Le 13 août 1961, la R.D.A. ferme sa frontière ; le mur va suivre.

67. De la Communauté instituée en 1958 entre la France et ses anciennes colonies.

68. Le Général a traité plus haut dans ses *Mémoires* des relations avec les présidents africains, malgache, tunisien et avec le roi du Maroc. Il cite ici les visites d'État de l'empereur d'Éthiopie (juillet 1959), des présidents péruvien (février 1960) et argentin (juin 1960), du prince de Monaco (octobre 1959), des souverains de Thaïlande (octobre 1960) et d'Iran (octobre 1961).

69. Nehru est reçu par le Général à l'Élysée le 8 mai 1960 et le 27 septembre 1962.

70. Lors d'un séjour privé en France, le roi du Népal est reçu par de Gaulle le 20 juin 1960. Tous deux se reverront le 28 mai 1964.

71. De Gaulle reçoit Kishi le 21 juillet 1959 ; Ikeda, le 9 novembre 1962. Sato sera Premier ministre de 1964 à 1972.

72. Du 11 au 14 octobre 1960. Toast du 11 octobre dans *Discours et messages*, t. III, p. 253-254.

73. De 1961 à 1965, Souvanna Phouma rencontre de Gaulle à l'Élysée une fois par an. Après la visite officielle en France du roi du Laos (juillet 1966), de Gaulle revoit le Premier ministre laotien en octobre 1967.
74. Voir p. 1105 et n. 59.
75. De Gaulle reçoit Sihanouk le 21 mai 1959 et le 16 novembre 1960. En 1966, il se rendra au Cambodge et y prononcera, le 1er septembre, le retentissant discours de Phnom Penh.
76. Haïlé Sélassié a effectué en juillet 1959 une visite d'État en France. Il reverra de Gaulle à Paris le 28 octobre 1963. Le Général se rendra en Éthiopie en août 1966. Le 20 octobre suivant il recevra le Négus à l'Élysée, où celui-ci reviendra le 8 mai 1967.
77. Le shah fait une visite officielle en octobre 1961 (*Discours et messages*, t. III, p. 355-357) à laquelle répondra celle du Général en Iran (octobre 1963). À Paris, les deux chefs d'État se retrouvent, sinon « chaque année », du moins fréquemment : 26 mai 1959 (en octobre, de Gaulle recevra le Premier ministre iranien), 28 mai 1965. Sur leur première rencontre à Téhéran, en 1944, voir *Le Salut*, p. 644-645.
78. Golda Meir, ministre des Affaires étrangères d'Israël, a été reçue à Matignon dès le 5 août 1958. Le Premier ministre Ben Gourion rencontre le Général à l'Élysée les 14 et 17 juin 1960 ; le « revoici » le 6 juin 1961. Les deux hommes correspondent ensuite : voir *Lettres, notes et carnets, 1958-1960*, p. 57-58 et 407-408 ; *1961-1963*, p. 89-90 et 340-342. Dans les propos tenus à Ben Gourion, le mémorialiste justifie à l'avance sa position à l'égard d'Israël, lors de la guerre des Six Jours (juin 1967), position qui provoquera un nouvel échange épistolaire avec Ben Gourion.
79. Une note de 1924 attribue cette maxime aux Perses (*Lettres, notes et carnets, 1919-1940*, Plon, 1980, p. 215).
80. Peu avant de recevoir Ben Gourion, le Général lui adresse, le 16 mai 1961, une lettre sur « la pile atomique israélienne en cours de construction dans le Néguev avec l'aide de la France ». Il rappelle au Premier israélien que lors de leur entretien à Paris, le 17 juin 1960, ils avaient constaté leur « accord pour que le programme israélien de développement de l'énergie atomique auquel la France apporte son concours soit affecté à des fins uniquement pacifiques ». Cet accord a été confirmé par un échange de lettres entre les deux gouvernements le 21 février 1961 (*Lettres, notes et carnets, 1961-1963*, p. 89-90).
81. Lors de la visite officielle de Manuel Prado (15-18 février 1960), le Général dans son toast au président du Pérou rappelle qu'« en 1941 [...] sous *son* impulsion, le gouvernement de Lima fut le premier de toute l'Amérique du Sud qui entra dans le camp de la liberté et le premier qui reconnut la France combattante ». Il remercie également le Pérou d'avoir en décembre 1959 soutenu à l'O.N.U. la position française sur l'Algérie (*Discours et messages*, t. III, p. 167-168). Pour la reconnaissance de la France Libre, voir *L'Unité* p. 471-472.
82. Le toast à Frondizi (22 juin 1960) s'achevait, comme ce paragraphe, sur le « monde latin » (*Discours et messages*, t. III, p. 231).
83. Le Général reçoit Castiella le 5 septembre 1959 et le 16 novembre 1961. L'île des Faisans a été choisie pour des raisons historiques : là fut signé en 1659, entre l'Espagne et la France, le traité des Pyrénées. Le

mémorialiste a déjà parlé de « l'Espagne pacifiée » (p. 1023). Le 24 mars 1962, de Gaulle, dans une lettre au « cher général » Franco, dira : « l'Espagne amie » (*Lettres, notes et carnets, 1961-1963*, p. 222).

84. Reçu le 26 juin 1962.

85. Le Général reçoit Caramanlis le 12 juillet 1960. Dans une note du 27 septembre suivant, il estime « qu'il faut marcher beaucoup plus carrément vers l'accession de la Grèce au Marché commun » (*Lettres, notes et carnets, 1958-1960*, p. 397). Il revoit Caramanlis le 5 avril 1962, à Paris, puis, le 17 mai 1963, à Athènes, lors de son voyage officiel en Grèce.

86. Jean Lesage rencontre fréquemment le Général : leur entretien du 4 octobre 1961 est suivi le lendemain d'une réception, où de Gaulle, comme ici, salue son hôte « avec une particulière émotion » (*Discours et messages*, t. III, p. 353). Jean Lesage reviendra à l'Élysée le 14 mai 1963 et le 12 mai 1964. La place du Québec, à la fin du chapitre consacré au « monde », le met en valeur et annonce la suite que l'auteur ne pourra écrire.

LE CHEF DE L'ÉTAT

Nous disposons pour ce chapitre de deux manuscrits (*ms. 1* et *ms. 2*), de deux états dactylographiés et enfin d'un jeu d'épreuves corrigées.

a. Fin du § dans ms. 1 : Par principe et par expérience, j'estime, en effet, qu'au plan où je me trouve, il convient que je conduise les événements et non pas qu'ils me conduisent.

b. Fin du chapitre dans ms. 1 : Ayant, cette fois encore, choisi de m'écouter et de me suivre, elle a été tirée du marasme et vient de parcourir l'étape du renouveau. Mais la cime est loin. Pour l'atteindre, point d'autre route que celle de l'effort ! : *fin du chapitre dans ms. 2 :* Ayant, cette fois encore, choisi de m'écouter, elle a été tirée du marasme et vient de franchir l'étape du renouveau. À partir de là, demain comme hier, pour elle et pour moi, la route à suivre est celle de l'effort.

1. « Sans élection » : évidente si l'on songe à juin 1940, la formule l'est moins pour 1958 où le Général a reçu, comme président du Conseil, l'investiture de l'Assemblée nationale et a été élu président de la République par le collège qu'avait institué la nouvelle constitution — « une formalité sans conséquence », écrira-t-il dans *L'Effort*, p. 1149.

2. En tant que premier des ministres d'État.

3. Sous Debré, Roger Frey, puis Louis Terrenoire. Sous Pompidou, Alain Peyrefitte, d'abord secrétaire d'État, puis, après un passage aux Rapatriés, ministre de 1962 à 1966. De ses entretiens avec le Général après le Conseil des ministres, ou en d'autres circonstances, Alain Peyrefitte a tiré la matière de son *C'était de Gaulle*, document irremplaçable.

4. L'auteur fait allusion à l'expression « domaine réservé », en usage sous sa présidence pour désigner les Affaires étrangères, l'Outre-mer et la Défense.

5. À Jean XXIII, qui intervenait en faveur de l'enseignement catholique, le Général avait répondu : « Il ne faut pas que cela se fasse dans

une atmosphère de bataille » (*Lettres, notes et carnets, 1958-1960*, p. 234). Cf. p. 1050 et n. 43.

6. On se rappelle le contre-exemple de Léon Blum qui, en son temps, a tant frappé le colonel de Gaulle (*L'Appel*, p. 25).

7. Le 14 avril 1962, le Général adresse à Michel Debré une longue lettre amicale où il accepte son « retrait », conforme, ajoute-t-il, « à ce dont nous étions, depuis longtemps, convenus » (*Lettres, notes et carnets, 1961-1963*, p. 229).

8. Antoine Pinay et Valéry Giscard d'Estaing.

9. Au début de ses *Mémoires de guerre*, de Gaulle confesse « l'attrait » qu'exerçaient sur lui, dans sa jeunesse « l'intelligence, l'ardeur, l'éloquence » parlementaires (p. 6). Ici, il reprend, entre guillemets, une formule utilisée dans sa déclaration du 6 mai 1953 : « La série des combinaisons, marchandages, votes de conférence, investitures, qui sont les jeux, les poisons et les délices du système » (*Discours et messages*, t. II, p. 582).

10. Message au Parlement du 15 janvier 1959 (*Discours et messages*, t. III, p. 74-75). Citation légèrement abrégée du deuxième paragraphe.

11. Le 25 avril 1961, après le putsch d'Alger ; le 20 mars 1962, après les accords d'Évian ; le 20 octobre 1962, pour annoncer le référendum constitutionnel (*Discours et messages*, t. III, p. 308-309 et 393-395 ; t. IV, p. 28-29).

12. Le président de la République expose les raisons de ce refus dans sa lettre du 18 mars 1960 à Jacques Chaban-Delmas, président de l'Assemblée nationale (*Lettres, notes et carnets, 1958-1960*, p. 341-343). Voir p. 1017 et n. 36.

13. Sur Chaban-Delmas, cf. p. 908 et n. 45.

14. Né en Guyane, Gaston Monnerville a été élu président du Conseil de la République en 1947. Il préside donc bien « littéralement de fondation » la Haute Assemblée, redevenue Sénat en 1958. Sur « l'attitude » qui « l'éloignera » du Général, voir *L'Effort*, p. 1157 et 1161.

15. Ce sera le cas le 6 octobre 1962, quand l'Assemblée censurera le gouvernement Pompidou : dès le 10, sera prononcée la dissolution.

16. Neuf députés de l'U.N.R. (sur deux cent six) font dissidence après la déclaration du Général sur l'autodétermination des Algériens. Comme on l'a vu, il y eut aussi des départs de ministres « à cause de l'Algérie » (p. 952-953).

17. C'est la « loi Debré » adoptée par l'Assemblée nationale le 24 décembre 1959.

18. Dans son allocution à la Cour de cassation du 2 octobre 1959, le Général évoque « la grande et récente réforme » de l'organisation judiciaire (*Discours et messages*, t. III, p. 123).

19. Le 17 novembre 1961, le Général assiste à une séance du Conseil. Cf. p. 1014 et n. 31.

20. Ce développement sur le Conseil d'État prépare le lecteur au récit des tensions à venir entre le Général et cette institution : voir *L'Effort*, p. 1157.

21. À la Cour des comptes, le Général prononce, le 20 septembre 1960, une allocution où il souligne « l'importance de sa mission » (*Discours et messages*, t. III, p. 251-252).

22. « Le code nouveau » de la Légion d'honneur (1962) combat

l'« inflation » en fixant, année après année, le contingent des nominations et promotions aux différents grades et dignités. L'Ordre du Mérite sera créé en 1963. Sa création entraînera la suppression de la plupart des différents « mérites », à l'exception du Mérite agricole, des Palmes académiques et des Arts et Lettres.

23. Sur les rapports entre le comte de Paris et le Général, le prince a apporté son témoignage dans ses *Mémoires d'exil et de combat*, p. 240-322. Les égards remarqués du président de la République envers « l'héritier de nos rois » ont pu faire croire, avant 1965, que de Gaulle voyait dans le comte de Paris un successeur possible. Le prétendant lui-même l'a cru, à tort. Cf. A. Peyrefitte, *C'était de Gaulle*, t. II, p. 532-538.

24. Par une décision du gouvernement Ramadier en 1947.

25. Après la première intervention télévisée du Général (13 juin 1958), Marcel Bleustein-Blanchet lui déclare qu'il a été « très mauvais » et lui explique pourquoi (« lunettes sur le nez », texte lu). De Gaulle répond : « J'ai compris la leçon. Je saurai en tirer les conséquences » (cité par Olivier Germain-Thomas et Philippe Barthelet, *Charles de Gaulle jour après jour*, Nathan, 1990, p. 166).

26. De juin 1958 à juillet 1962, de Matignon puis de l'Élysée, le Général s'adresse aux Français, par radio et télévision, à vingt-cinq reprises — sans compter les conférences de presse.

27. De Gaulle, président du Conseil, tient, le 23 octobre 1958, une conférence de presse à Matignon. Président de la République, il tient à l'Élysée deux conférences en 1959 (25 mars et 10 novembre), une en 1960 (5 septembre), deux en 1961 (11 avril, 5 septembre) et une en 1962 (15 mai). On notera qu'en 1960, il prononcera plus d'allocutions radiodiffusées et télévisées qu'en aucune autre année de cette période.

28. Si cette liste comprend bien soixante-sept départements, ceux-ci ont été visités en dix-sept voyages. Le chiffre « dix-neuf » tient compte des déplacements en province, au temps de Matignon. On trouvera dans *Charles de Gaulle jour après jour* de nombreux exemples des commentaires suscités par ces voyages dans la presse nationale et régionale.

29. À Grenoble, le 7 octobre 1960 ; à Marseille, les 9 et 10 octobre 1961.

30. Le mémorialiste définit déjà les objectifs du référendum manqué de 1969.

31. Voir Claude Dulong, *La Vie quotidienne à l'Élysée au temps de Charles de Gaulle*, Hachette, 1974.

32. C'est chaque jour, lorsqu'il est à l'Élysée, que le Général reçoit ses quatre « principaux collaborateurs ».

33. Le général de Beaufort a démissionné « à cause de l'Algérie ».

34. Les guillemets détachent une expression fort employée au temps de la présidence du Général. Elle sera reprise dans le titre d'un colloque organisé plus tard par l'Institut Charles-de-Gaulle.

35. Cf. à la fin du *Salut* : « Ensuite, regardant les étoiles je me pénètre de l'insignifiance des choses [...] aucune illusion n'adoucit mon amère sincérité » (p. 874).

36. Citation abrégée, Mauriac écrivait : « Une fois la paix acquise, et dont nous sentons bien que la volonté, tant qu'il sera vivant, demeurera souveraine et que sa solitude [...] qui l'entoure et qui ne peut rien faire qu'attendre qu'il décide lui-même de lui laisser la place » (*Le Nouveau Bloc-notes, 1961-1964*, Flammarion, 1968, p. 119).

37. Monologue d'Auguste : « Rentre en toi-même, Octave, et cesse de te plaindre. / Quoi ! Tu veux qu'on t'épargne et n'as rien épargné ! » (*Cinna*, acte V, sc. II).

38. Cinquième et dernière des exclamations qui séparent les périodes d'ampleur croissante, ayant chacune pour sommet un « j'ai voulu ». Ce n'est pas un hasard si la plus longue période est consacrée à l'indépendance.

39. Ayant de façon oratoire rappelé dans le paragraphe précédent la succession des thèmes de ce premier volume (Institutions, Outre-mer, Économie, Europe, Monde), le mémorialiste reprend ici, sur un fond moins pathétique, les images de la fin de *L'Appel* : la France qui gravit une pente, et a, une fois encore, « choisi d'écouter » de Gaulle. Jadis, il lui montrait « la voie du salut » ; aujourd'hui, il lui montre « la route [...] de l'effort » ; *L'Effort* sera le titre du second volume.

L'EFFORT

NOTE DE L'ÉDITEUR

1. L'édition originale reproduisait plusieurs pages du manuscrit. Nous avons choisi de donner ci-contre, à titre d'exemple, le folio 1 (*ms. 1*) du premier chapitre de *L'Effort*. La lettre à Pierre-Louis Blanc figure dans notre édition, p. 1209-1210.

CHAPITRE PREMIER

Pour ce chapitre nous disposons de deux états manuscrits (*ms. 1* et *ms. 2*) et d'un état dactylographié.

a. Début du chapitre dans ms. 1 : L'été de 1962 marque le succès d'un effort national de quatre ans. La France, qui était menacée de guerre civile et de faillite et dont le monde oubliait la voix, le poids, les droits, se trouve tirée d'affaire. L'État

b. Début du § dans ms. 1 : Mais précisément, et comme toujours, l'appel au peuple est aussi odieux que possible à toutes les anciennes catégories politiques qui n'admettent pas qu'il exerce jamais directement sa souveraineté et exigent de le faire à sa place d'autant plus qu'en *[plusieurs mots illisibles]* l'adoption de ma proposition *[plusieurs mots illisibles]* le rôle primordial de chef de l'État risquerait de les maintenir longtemps au rang secondaire qui est actuellement le leur et reporterait à *[trois mots illisibles]* l'espérance qu'elles nourrissent de voir de Gaulle s'en aller et les errements d'antan s'offrir à elles de nouveau. Car, faute que le Président soit élu par-dessus leurs têtes, et reçoive son mandat de l'ensemble des citoyens et *[deux mots illisibles]* à un degré incomparable d'autorité et de responsabilité, elles comptent bien que, moi parti, la combinaison de leurs influences, une certaine façon d'interpréter les textes constitutionnels, d'habiles détours du juridisme et quelques révisions

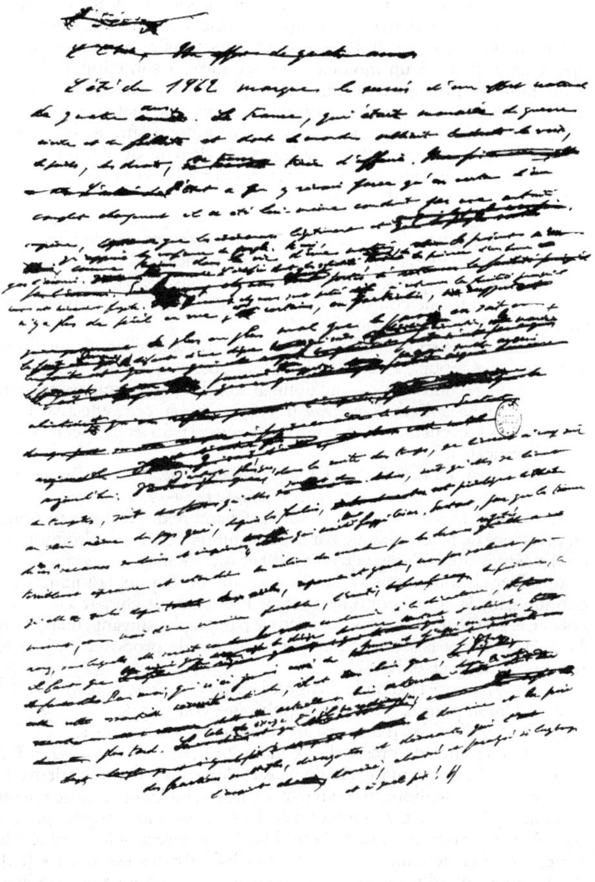
L'été de 1962 marque le succès d'un effort national

opérées par la voie parlementaire les remettent peu à peu en complète possession de la République.

c. passé. / [Or, que tant d'hommes, dont beaucoup ne manquent certes pas de valeur et qui ont longuement vécu l'odieuse confusion d'autrefois, retournent aveuglément à leur passion pour un régime de vacuité et de stérilité ; qu'assistant aujourd'hui à l'évident renouveau du pays, ils s'appliquent à faire en sorte que l'essor s'arrête et que reprenne le déclin ; qu'ayant depuis un quart de siècle vu, entendu, connu le général de Gaulle et, quelles que fussent leurs familles politiques, participé auprès de lui, à un moment ou à un autre, à son effort national, voire, pour les principaux d'entre eux, à [l'œuvre *lecture conjecturale*] de son gouvernement, ils ne lui montrent à présent que méfiance ou aversion, ce sont là des faits, dont je me sens, à coup sûr, attristé, mais qui renforcent ma conviction, qu'au point de vue de l'esprit et du cœur, le succès de leur coalition serait néfaste à l'État et indigne de la France *biffé*] / Cependant *ms. 2*

1. À la différence des autres volumes des *Mémoires*, ce chapitre et le suivant ne portent pas de titres. Comme au début du *Renouveau*, de Gaulle commence par « les institutions » : il consacre l'essentiel de ce chapitre à la réforme constitutionnelle de 1962 — tournant capital dans l'histoire de la Ve République.

2. Loin d'être spontané, ce début a été très travaillé : il faut donc admettre que, pour l'auteur, la fin de la guerre d'Algérie marque la floraison du « renouveau » — qui donnait son titre au volume précédent.

3. Rappel de la fin du *Renouveau*, p. 1143 : « une autorité effective, légitimée par les événements et confondue avec la foi et l'espérance du peuple français ».

4. Cf. César, *De Bello Gallico*, III, 8, 3 : *Gallorum subita et repentina consilia*, formule notée en 1921 (*Lettres, notes et carnets, 1919-1940*, p. 108).

5. Comme le pouvoir de dissoudre la Chambre des députés reconnu au président de la République par la constitution de 1875 — droit tombé en désuétude après l'usage qu'en avait fait Mac-Mahon en 1877.

6. « Depuis longtemps » : dans le discours de Bayeux (16 juin 1946) comme dans la constitution de 1958, le Président est élu par « un large collège ». Le Général le rappellera dans le paragraphe suivant ; mais, dans *Le Renouveau*, il a laissé entendre son intention de proposer un jour le recours au suffrage universel.

7. Cf. *a contrario* l'exemple d'Albert Lebrun (*Le Salut*, p. 608).

8. L'Union pour la Nouvelle République ; voir p. 908.

9. De Gaulle cesse d'utiliser l'article 16 le 1er octobre 1961.

10. Conférence de presse du 15 mai 1962 : *Discours et messages*, t. III, p. 402-417. Les cinq ministres du M.R.P. démissionnent le lendemain ; de Gaulle, par téléphone, puis en tête-à-tête, a vainement tenté de retenir Pflimlin, qui raconte ces journées dans les *Mémoires d'un Européen*, p. 210-220. À Annemasse, le 20 mai, Pierre Pflimlin déclarera : « Je considère le général de Gaulle comme le rempart de nos libertés essentielles [...]. Nous nous interdirons toute destruction, toute opposition systématique » (*ibid.*, p. 220).

11. Parmi ces quatre ministres, Valéry Giscard d'Estaing qui, plus tard, se séparera du Général.

12. *Sic* pour « 8 juin », *Discours et messages*, t. III, p. 420-423. Le mémorialiste amalgame deux phrases prononcées à la fin de son allocution.

13. Ce *Manifeste européen* « est une véritable déclaration de guerre à de Gaulle. Mais les conjurés " européens " n'oseront pas passer à l'acte » (J. Lacouture, *De Gaulle*, t. III, p. 571).

14. Ce « référendum final des Algériens » a lieu le 1er juillet. Le 3, de Gaulle met fin au mandat des députés et sénateurs d'Algérie.

15. Le « grand voyage d'Allemagne » se déroule du 4 au 9 septembre. Le communiqué du 12 septembre confirme bien une « intention » manifestée, après le Conseil des ministres du 29 août, dans une déclaration du ministre de l'Information, Alain Peyrefitte.

16. *Discours et messages*, t. IV, p. 20-24. Dans son allocution, le Général, posant d'entrée de jeu la « question [...] du mode d'élection du chef de l'État », ajoutait : « Des raisons que chacun connaît m'ont récemment donné à penser qu'il pouvait être temps de le faire. » En réalité, l'attentat du Petit-Clamart a fourni l'« occasion » de présenter une réforme à laquelle de Gaulle songeait depuis longtemps. Les citations qui suivent ici sont, comme presque toujours, non littérales.

17. Le « Non » fait ainsi l'unanimité des partis et des notables, à l'exception de l'U.N.R. et, parmi les personnalités, du comte de Paris.

18. Le Conseil d'État a rendu son avis le 1er octobre à l'unanimité, moins une voix. Au Conseil constitutionnel, qui a refusé de se prononcer, les deux anciens présidents de la République, membres de droit, Vincent Auriol et René Coty, ont fait connaître leur opposition.

19. *Discours et messages*, t. IV, p. 28-29.

20. Cette allocution est prononcée à 13 heures, alors que le Général s'adresse habituellement aux Français à 20 heures. « Dès l'origine », affirme de Gaulle, j'envisageais de proposer une telle réforme « avant la fin de mon septennat ». Aujourd'hui, je le fais pour « des raisons pressantes » et « tout d'abord, les attentats perpétrés ou préparés contre ma vie » (*ibid.*, p. 30-33). Avançant l'heure de son intervention et recourant à des arguments auxquels l'opinion est sensible, le président de la République tente de faire pression sur l'Assemblée.

21. C'est de l'élection du président au suffrage universel que de Gaulle a dit : « Rien n'est plus républicain. Rien n'est plus démocratique. J'ajoute que rien n'est plus français, tant cela est clair, simple et droit » (*ibid.*, p. 32).

22. À Reynaud, de Gaulle avait écrit le 15 septembre : « J'aurais souhaité que vous vouliez bien réserver votre jugement à mon projet jusqu'à ce que je m'en sois expliqué — ce que je ne vais pas manquer de faire » (*Lettres, notes et carnets, 1961-1963*, Plon, 1986, p. 263).

23. La motion de censure est votée le 5, au petit matin.

24. Jules Romains, « Lettres à un ami : La République est sauvée », *L'Aurore*, 6 octobre 1962 ; André François-Poncet, *Le Figaro*, même date.

25. Paul Coste-Floret, ancien ministre M.R.P. sous la IVe République ; Gaston Defferre, ancien et futur ministre socialiste, maire de Marseille : voir p. 598.

26. *Sic* pour « Assemblée nationale ».

27. La présidence de Paul Reynaud est d'autant plus « retentissante » qu'on le sait lié à de Gaulle depuis 1935. Quant à Guy Mollet, il avait fortement aidé en 1958 au retour du Général, qui fit de lui un ministre d'État.

28. Le nouveau Conseil national de la Résistance a été créé contre la politique algérienne du Général, au printemps de 1962 ; Bidault, ancien président du C.N.R. de l'Occupation, prend la tête de l'organisation, flanqué du colonel Argoud et de Soustelle.

29. André Canal, dit « le Monocle », l'un des chefs de l'O.A.S. en métropole, avait été arrêté le 4 mai 1962. Condamné à mort, il sera gracié le 28 novembre par le Général.

30. Sur cette interdiction, voir p. 1133.

31. *Discours et messages*, t. IV, p. 34-36.

32. *Ibid.*, p. 40-41.

33. Du Rassemblement du peuple français (R.P.F.).

34. Cette interprétation des résultats du référendum masque la déception éprouvée, au soir du 28 octobre, par le Général. « Moins de cinquante pour cent des inscrits » ayant voté « oui », « ça lui fait l'effet d'une défaite », confie Pompidou à Peyrefitte ; il veut « rester à Colombey » et son Premier ministre a « toutes les peines du monde à le convaincre de revenir », sans être « encore sûr d'y avoir réussi » (Peyrefitte, *C'était de Gaulle*, t. I, p. 259).

35. Pour l'U.N.R., voir p. 1150 et n. 8. L'U.D.T. (Union démocratique du travail) regroupe les gaullistes de gauche autour de René Capitant et Louis Vallon.

36. *Discours et messages*, t. IV, p. 42-44. La fin de cette allocution accordait un patronage appuyé aux candidats gaullistes — contrairement à l'attitude observée par le Général lors des précédentes élections législatives.

37. Voir p. 1200. Le mémorialiste prépare son lecteur à la tentative de réforme de 1969.

CHAPITRE 2

Pour ce chapitre nous disposons de deux états manuscrits (*ms. 1* et *ms. 2*) et d'un état dactylographié (*dactyl.*).

a. de sa nature profondément individualiste et de ses   *ms. 1*
b. 18 000 chômeurs [...] cent mille personnes   *dactyl.*
c. de distractions   *orig.* Texte rétabli d'après *dactyl.*
d. des principes traditionnels de   *ms. 2, dactyl.*
e. Fin du chapitre dans *ms. 1* :   prospérité. Ce service rendu au pays tout entier n'est guère reconnu par la voix d'aucun des intérêts particuliers. Ceux-ci font état des gênes temporaires qu'ils ont rencontrées, non point des malheurs évités pour l'avenir à la collectivité. Surtout la ferme [consistance *lecture conjecturale*] que les pouvoirs publics ont, à cette occasion, démontrée à leur égard, par contraste avec les [*trois mots illisibles*] largement pratiqués jadis, ne laisse pas de les heurter. L'opération, qui est assurément salutaire dans l'ordre national, comporte donc des risques de pertes au point de vue de l'opinion et, le cas échéant, de l'élection. Mais n'est-ce pas là ma raison d'être ?

1. « La cinquième année » : de Gaulle fait partir la Ve République de son retour au pouvoir, sous la IVe, en juin 1958.

2. Sur la participation, voir p. 1143, 1180 et 1192.

3. Les états successifs du texte montrent que ce portrait de Georges Pompidou — président de la République lors de leur rédaction — a été particulièrement travaillé. En ce qui concerne la durée du mandat du Premier ministre, le Général a d'abord écrit : « au cours d'une phase déterminée. Il le fera assez bien pour que, les circonstances aidant, je l'y maintienne ». Il corrige de sa main le dactylogramme conforme au manuscrit : « au cours d'une phase déterminée. Les circonstances pèseront assez lourd pour que je l'y maintienne ». Cette dernière rédaction rappelle discrètement qu'en 1967, c'est au poids des circonstances que Pompidou a dû de rester à son poste.

4. Annonce de 1968.

5. Double allusion littéraire à Musset et à Barrès.

6. Cf. les « orages désirés » de Chateaubriand. En 1968, de Gaulle, surpris par « l'orage », tentera d'« en tirer parti » en faveur de la participation. Voir p. 1176 et n. 2.

7. Voir n. 31, p. 1014.

8. Voir *Le Salut*, p. 840.

9. Voir *ibid.*, p. 604.

10. Ce décret fut signé à Colombey le 2 mars 1963. Le 14, Pompidou dira à Peyrefitte que de Gaulle lui « en veut de lui avoir fait signer le décret de réquisition à Colombey, ce qui a donné à son geste une allure ostentatoire, comme si c'était sa volonté solitaire. C'est une gaffe » (*C'était de Gaulle*, t. I, p. 568).

11. De Gaulle a déjà affirmé le caractère dirigiste de sa politique économique : voir p. 1011.

12. Marc Jacquet est ministre des Travaux publics et des Transports du 28 novembre 1962 au 8 janvier 1966. Jean Morin, ancien délégué général en Algérie, est secrétaire général de la Marine marchande depuis 1962.

13. « L'arrivée se passe comme il faut » : on corrigera cet euphémisme en se reportant, par exemple, à *C'était de Gaulle*, t. I, IIe partie, chap. XIII et XVII. Le Général fut d'abord mal informé par le gouvernement d'une réalité que, plus ou moins consciemment, il préférait peut-être ne pas voir.

14. « La loi référendaire » du 8 avril 1962.

15. Edgard Pisani, déjà ministre de l'Agriculture dans le cabinet Debré, le restera sous Pompidou, jusqu'en janvier 1966.

16. Cet accord entre les Six sur la politique agricole commune fut passé à Bruxelles les 23 et 24 décembre 1963. Des difficultés ultérieures conduiront la France à pratiquer la politique de « la chaise vide » jusqu'à ce qu'elle obtienne satisfaction en 1966.

17. Du nom des hauts magistrats qui les président.

18. Loi du 27 juillet 1963 sur la grève dans les services publics.

19. Cette « réforme », de Gaulle la proposera — vainement — au peuple en 1968-1969.

20. Fontanes : grand maître de l'Université napoléonienne.

21. De Gaulle a évoqué son père au début de ses *Mémoires de guerre* (p. 5). Il se définit ici lui-même comme un professeur — ce qu'il a été, à la lettre, en Pologne et à Saint-Cyr.

22. Lapsus du manuscrit non corrigé sur la dactylographie. Il faut

lire : 6 janvier 1959. Devenu président de la République le 8 janvier, le Général dès lors ne légifère plus par ordonnances, sauf lorsqu'il fait jouer l'article 16 de la Constitution.

23. La liste est longue, mais incomplète : il y manque Pierre Guillaumat qui, entre Joxe et Paye, assura un intérim de trois mois (novembre 1960-février 1961). « Environ trois quarts d'heure avant sa mort », le 9 novembre 1970, le Général notait, pour vérification : « Suite des ministres de l'Éd. N^{le} depuis 1958 jusqu'à Fouchet » (Philippe de Gaulle, *De Gaulle*, France Loisirs, 1990, hors texte entre les pages 146 et 147).

24. Christian Fouchet est ministre de l'Éducation nationale de novembre 1962 à avril 1967. Alain Peyrrefitte lui succédera.

25. « Cette année-là » : 1963, où, en juin, sont créés les collèges d'enseignement secondaire (C.E.S.) ; l'enseignement devait y être « différencié » selon les « aptitudes » des élèves, répartis en « filières », que supprimera plus tard la réforme Haby.

26. Jusqu'en 1968, la « sélection », chère au Général, se heurtera en effet à la résistance des « intéressés », y compris au niveau ministériel. En pleine crise de mai, le Général félicitera publiquement les Roumains de pratiquer la sélection à l'entrée dans l'université. « Cela se fera pourtant en France aussi », écrivait-il le 8 mai à sa fille (*Lettres, notes et carnets. Compléments 1924-1970*, Plon, 1997, p. 106).

27. Selon Montaigne, « l'ignorance » et « l'incuriosité » sont « un doux et mol chevet » (*Essais*, III, 13) ; pour Pascal, ce sont « deux doux oreillers » (*Entretiens avec M. de Saci*).

28. Edgar Faure, ministre de l'Éducation nationale dans le gouvernement Couve de Murville, fera adopter en 1968 une loi d'orientation de l'enseignement supérieur, dont la « participation » sera l'un des principes.

29. Lapsus pour « la Constituante », qui, en 1790, divise le royaume en quatre-vingt-trois départements.

30. Sous la IIIe République, le Sénat pouvait rejeter définitivement un point de loi. Sous les IVe et Ve Républiques, il ne peut qu'en freiner l'adoption, l'Assemblée nationale ayant le dernier mot.

31. C'est le Conseil économique et social. Voir p. 1129.

32. Ainsi est exposé à l'avance l'un des projets soumis au référendum d'avril 1969 : la transformation du Sénat.

33. Le Général modifie les noms de certaines régions : « le Rhône et les Alpes » = Rhône-Alpes ; « le Sud-Ouest » = Midi-Pyrénées ; « les Charentes-Poitou » = Poitou-Charentes.

34. Roger Frey, ministre de l'Intérieur dans les cabinets Debré et Pompidou de mai 1961 à avril 1967, avait été l'un des piliers du R.P.F.

35. À Bretton Woods (New Hampshire), en juillet 1944, une conférence monétaire a fait de l'or l'unité de change internationale, du dollar et de la livre les deux monnaies de réserve, et a créé le F.M.I.

36. C'est le 29 décembre 1962 que la Régie Renault a accordé à ses soixante-huit mille salariés une quatrième semaine de congés payés. Le ministre de l'Industrie était alors Michel Maurice-Bokanowski.

37. Voir p. 1004-1005. En 1968 encore, le Général refusera de dévaluer le franc.

38. L'Inspection des Finances.

39. Dans le manuscrit, ces chiffres sont restés en blanc. À partir de

« Grâce à la République nouvelle » (p. 1204), le dactylogramme ne porte plus de corrections manuscrites.

40. Ces mots laissent présager les « pertes » des élections de 1967, où la majorité à l'Assemblée nationale ne fut atteinte que d'extrême justesse : 245 sièges contre 242. Le 9 novembre 1970, le Général écrivait encore la note citée plus haut (voir n. 23, p. 1196).

Appendices

◆ APPEL DU GÉNÉRAL DE GAULLE AUX FRANÇAIS. — Ce texte figure dans *L'Appel*, « Documents », Plon, p. 267-268. Nous rappelons qu'à la demande des Britanniques le Général modifia les deux premières phrases de son texte. À la version officielle que nous publions, il substitua le texte que voici : « Le gouvernement français a demandé à l'ennemi à quelles conditions pourrait cesser le combat. / Il a déclaré que, si ces conditions étaient contraires à l'honneur, la lutte devait continuer. » Voir dans le présent volume, n. 1, p. 73.

◆ NOTE REMISE À MM. PLEVEN, DIETHELM, COULET (18 mars 1942). — Ce texte figure dans *L'Appel*, « Documents », Plon, p. 659. Voir, dans le présent volume, p. 223 et n. 8.

◆ DÉCLARATION PUBLIÉE DANS LES JOURNAUX CLANDESTINS (23 juin 1942). — Ce texte figure dans *L'Appel*, « Documents », Plon, p. 678-680. Voir, dans le présent volume, p. 238 et n. 29.

◆ TÉLÉGRAMME À R. PLEVEN ET M. DEJEAN (27 août 1942). — Ce texte figure dans *L'Unité*, « Documents », Plon, p. 360-361. Voir, dans le présent volume, p. 288 et n. 30.

◆ LETTRE AU PRÉSIDENT F. D. ROOSEVELT (26 OCTOBRE 1942). — Ce texte figure dans *L'Unité*, « Documents », Plon, p. 381-385. Voir, dans le présent volume, p. 302 et n. 52.

◆ ENTRETIEN DU GÉNÉRAL DE GAULLE ET DU GÉNÉRAL EISENHOWER (30 décembre 1943). — Ce texte figure dans *L'Unité*, « Documents », Plon, p. 674-676. Voir, dans le présent volume, p. 476-477.

◆ TÉLÉGRAMME AU GÉNÉRAL DE LATTRE (3 janvier 1945). — Ce texte figure dans *Le Salut*, « Documents », Plon, p. 481. Voir, dans le présent volume, p. 733 et n. 16.

◆ DÉCLARATION À L'ASSEMBLÉE CONSTITUANTE (1er janvier 1946). — Ce texte figure dans *Le Salut*, « Documents », Plon, p. 644. Voir, dans le présent volume, p. 864 et n. 12.

CARTES

1412 *Opérations de Laon (mai 1940)*

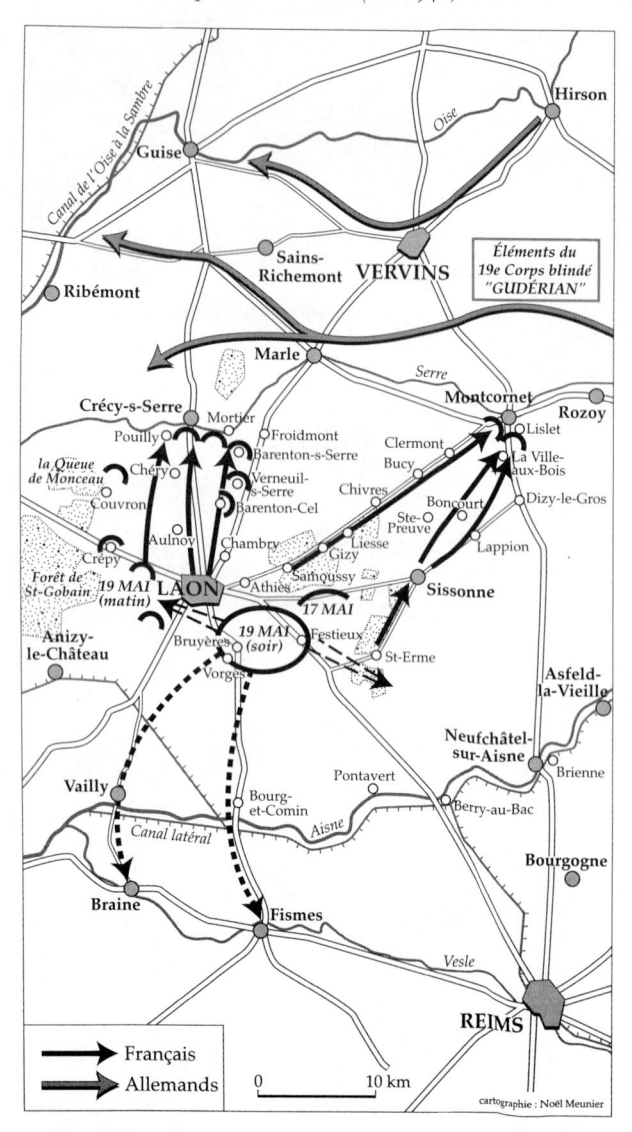

Opération d'Abbeville (mai 1940) 1413

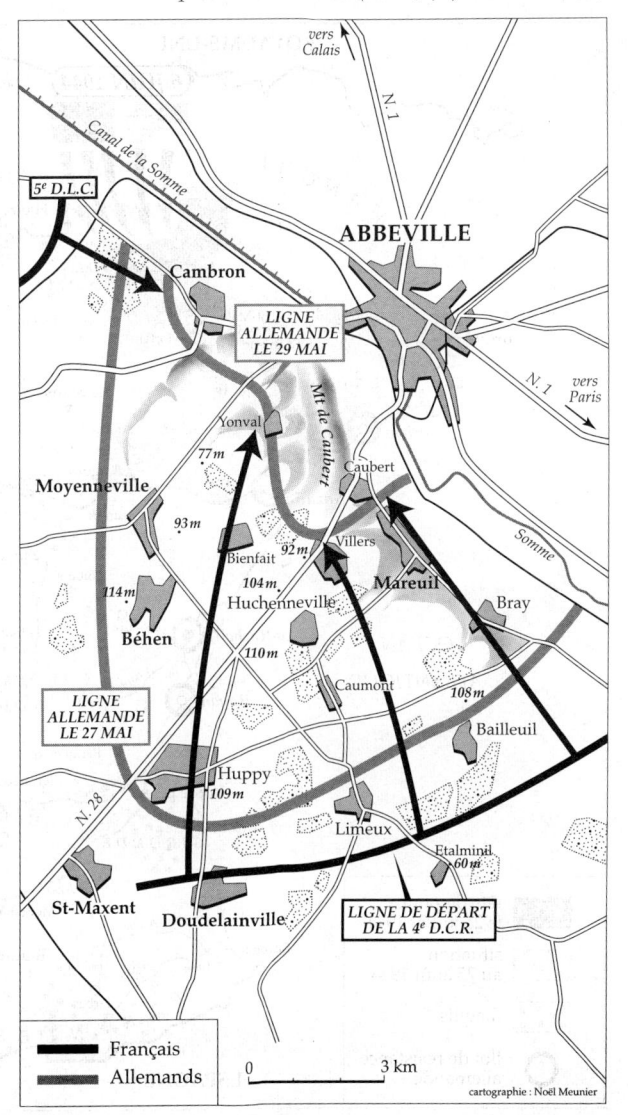

1414   *Bataille de France (1944)*

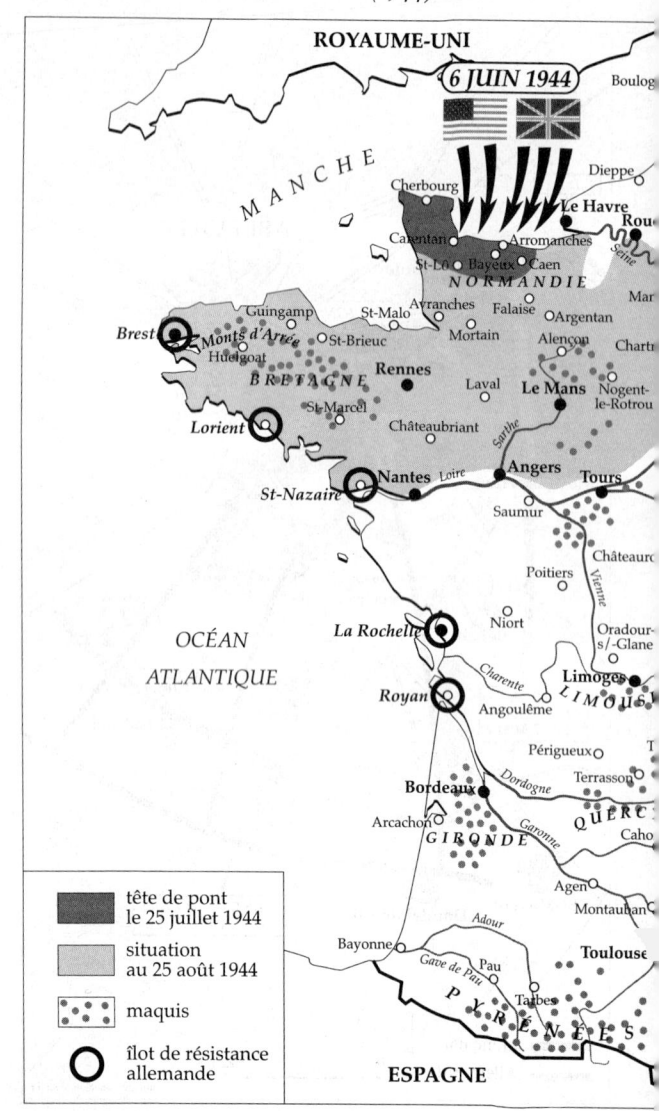

Bataille de France (1944)

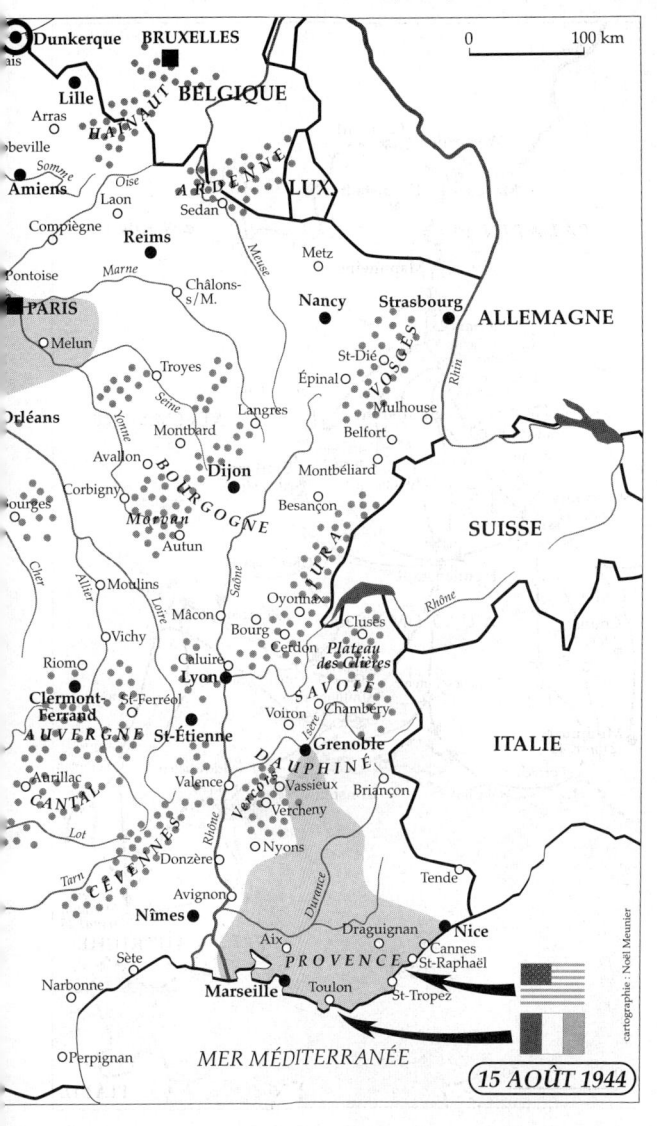

0   100 km

Dunkerque **BRUXELLES**
Lille **BELGIQUE**
Arras   HAINAUT
Abbeville   Somme   Oise   ARDENNE   **LUX.**
Amiens   Laon   Sedan
Compiègne   **Reims**   Metz
Pontoise   Marne   Châlons-s/M.   **Nancy**   **Strasbourg**   **ALLEMAGNE**
PARIS   St-Dié   VOSGES   Rhin
○Melun   Troyes   Épinal○   Mulhouse
Seine   Langres   Belfort○
Orléans   Montbard   Montbéliard
Avallon   **Dijon**
Bourges   Corbigny   MORVAN   Besançon   **SUISSE**
Cher   Autun   JURA
Allier   Moulins   Saône   Oyonnax   Rhône
○Vichy   Mâcon   Bourg   Cluses
Riom   Loire   Caluire   Cerdon   *Plateau des Glières*
Clermont-Ferrand   St-Ferréol   **Lyon**   SAVOIE
AUVERGNE   St-Étienne   Voiron   Chambéry
Aurillac   Valence○   Isère   **Grenoble**   **ITALIE**
CANTAL   ○Vassieux   DAUPHINÉ   Briançon
Lot   Vercheny   Vercors
Tarn   Donzère   ○Nyons   Durance
CÉVENNES   Avignon○   Tende
Nîmes   Aix○   Draguignan   ●**Nice**
Sète   *PROVENCE*   Cannes   St-Raphaël
Narbonne   **Marseille**   Toulon   St-Tropez
○Perpignan

MER MÉDITERRANÉE

cartographie : Noël Meunier

15 AOÛT 1944

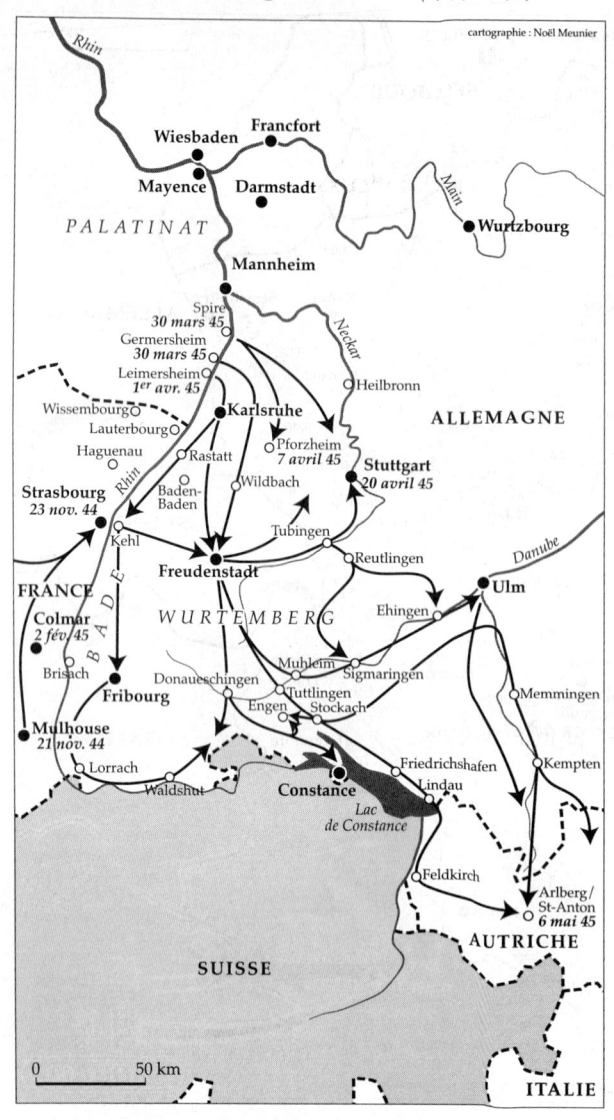

1416 *Campagne d'Allemagne et d'Autriche (1944-1945)*

BIBLIOGRAPHIE

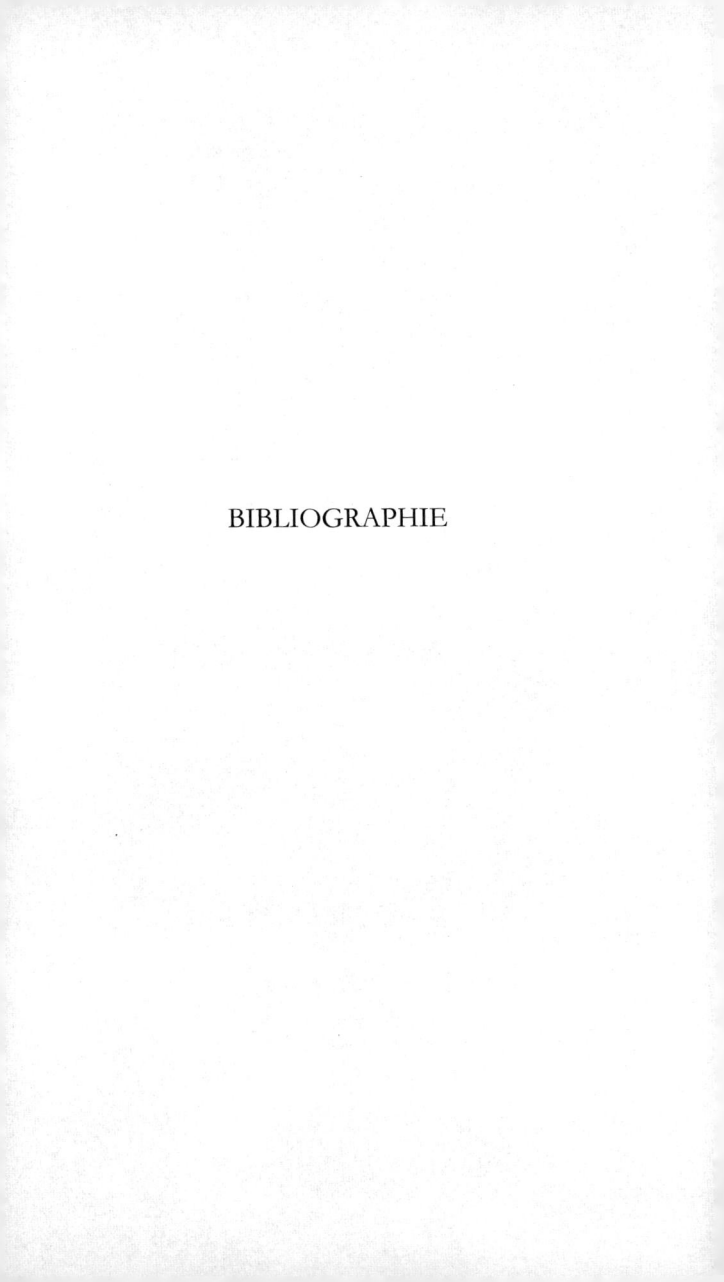

I. ŒUVRES DE CHARLES DE GAULLE

Pour les *Mémoires de guerre* et les *Mémoires d'espoir*, voir leur Notice, respectivement, p. 1233-1234 et p. 1363-1364.
Après l'édition originale est indiquée, le cas échéant, l'édition à laquelle renvoient les notes.

La Discorde chez l'ennemi, Berger-Levrault, 1924.
Le Fil de l'épée, Berger-Levrault, 1932 (Le Monde en 10/18, 1962).
Vers l'armée de métier, Berger-Levrault, 1934 (Berger-Levrault, 1944).
La France et son armée, « Présences », Plon, 1938.
Trois études, Berger-Levrault, 1945.
Discours et messages, Plon, 1970.
　I. *Pendant la guerre. Juin 1940-janvier 1946.*
　II. *Dans l'attente. Février 1946-avril 1958.*
　III. *Avec le renouveau. Mai 1958-juillet 1962.*
　IV. *Pour l'effort. Août 1962-décembre 1965.*
　V. *Vers le terme. Janvier 1966-avril 1969.*
Lettres, notes et carnets.
　1905-1918, Plon, 1980.
　1919-juin 1940, Plon, 1980.
　Juin 1940-juillet 1941, Plon, 1981.
　Juillet 1941-mai 1943, Plon, 1982.
　Juin 1943-mai 1945, Plon, 1983.
　Mai 1945-juin 1951, Plon, 1984.
　Juin 1951-mai 1958, Plon, 1985.
　Juin 1958-décembre 1960, Plon, 1985.
　1961-1963, Plon, 1986.
　Janvier 1964-juin 1966, Plon, 1987.
　Juillet 1966-avril 1969, Plon, 1987.

Mai 1969-novembre 1970, Plon, 1988.
Compléments. 1924-1970, Plon, 1997.

II. OUVRAGES SUR CHARLES DE GAULLE ET SON TEMPS

Ils se comptent par centaines. Voir la *Bibliographie internationale sur Charles de Gaulle*, Plon, 1981, suivie chez le même éditeur en 1990 d'une *Nouvelle bibliographie [...]*. Pour les années postérieures à 1990, on consultera les bibliographies d'études approfondies, comme *La France Libre* de Jean-Louis Crémieux-Brilhac et la *Bibliographie de la littérature française*, publiée annuellement par la *Société d'étude littéraire de la France* (Armand Colin, puis Presse universitaires de France).

Ne sont retenus ici que les ouvrages cités dans la présente édition.

Années de Gaulle (Les), « Les collections de " L'Histoire " », Hors-série, n° 1, février 1998.
BEUVE-MÉRY (Hubert), *Onze ans de règne, 1958-1969*, Flammarion, 1976.
BLANC (Pierre-Louis), *De Gaulle au soir de sa vie*, Fayard, 1990.
BLUM (Léon), *À l'échelle humaine*, Gallimard, 1945.
BOLY (Joseph), *Charles de Gaulle écrivain*, Cercle d'études Charles-de-Gaulle, Bierges-Wavre, 1978.
—, *De Gaulle et la République des lettres*, Cercle d'études Charles-de-Gaulle, Communauté française Wallonie-Bruxelles, 1990.
CAZAUX (Yves), *Journal secret de la Libération, 6 juin 1944-17 novembre 1944*, Albin-Michel, 1975.
Charles de Gaulle, ouvrage collectif dirigé par Michel Cazenave et Olivier Germain-Thomas, L'Herne, n° 21, 1973.
Charles de Gaulle, sous la direction de Catherine Lecrand, « Chroniques de l'Histoire », Éditions Chronique, 1997.
Charles de Gaulle, 1932. Le Fil de l'épée, musée de l'Ordre de la Libération, juin 1983, Plon.
CHURCHILL (Winston S.), *Mémoires sur la Deuxième Guerre mondiale*, 12 vol.
  I. *La guerre approche*. 1. *D'une guerre à l'autre*. 2. *La « Drôle de guerre »*, Plon, 1948.
  II. *L'Heure tragique*. 1. *La Chute de la France*. 2. *Seule*, Plon, 1949.
  III. *La Grande Alliance*. 1. *La Russie envahie*. 2. *L'Amérique en guerre*, Plon, 1950.
  IV. *Le Tournant du destin*. 1. *La Ruée japonaise*. 2. *L'Afrique*, Plon, 1951.
  V. *L'Étau se referme*. 1. *L'Italie capitule*. 2. *De Téhéran à Rome*, Plon, 1952.
  VI. *Triomphe et tragédie*. 1. *Vers la victoire*. 2. *Le Rideau de fer*, Plon, 1953-1954.
CHURCHILL-ROOSEVELT, *The complete Correspondance*, t. III, Princeton University Press, 1986.

CLEMENCEAU (Georges), *Grandeurs et misères d'une victoire*, Plon, 1930.
CORDIER (Daniel), *La République des catacombes*, Gallimard, 1999.
COUVE DE MURVILLE (Maurice), *Une politique étrangère, 1958-1969*, Plon, 1971.
CRÉMIEUX-BRILHAC (Jean-Louis), *Les Français de l'an 40*.
   I. *La Guerre oui ou non ?*, Gallimard, 1990.
   II. *Ouvriers et soldats*, Gallimard, 1990.
—, *La France Libre*, Gallimard, 1996.
DEBRÉ (Michel) : *Trois Républiques pour une France. Mémoires*
   I. *Combattre*, Albin-Michel, 1984.
   II. *Agir*, Albin-Michel, 1988.
   III. *Gouverner*, Albin-Michel, 1988.
De Gaulle en son siècle. t. VII, *De Gaulle et la culture*, coll. « Espoir », Plon, 1992.
DREYFUS (François-Georges), *Histoire de Vichy*, Perrin, 1990.
DULONG (Claude), *La Vie quotidienne à l'Élysée au temps de Charles de Gaulle*, Hachette, 1974.
DUROSELLE (Jean-Baptiste), *L'Abîme*, Imprimerie nationale, 1983.
EISENHOWER (Dwight), *Croisade en Europe*, Laffont, 1949.
« *Entourage (L')* » *et de Gaulle*, ouvrage collectif présenté par Gilbert Filleul, coll. « Espoir », Plon, 1979.
FERRO (Marc), *Pétain*, Fayard, 1997.
FOCCART (Jacques), *Le Général en mai. Journal de l'Élysée II 1968-1969*, Jeune Afrique, 1998.
FOUCHET (Christian), *Mémoires d'hier et de demain*. I. *Au service du général de Gaulle*, Plon, 1971.
FRANÇOIS-PONCET (André), *Souvenirs d'une ambassade à Berlin*, Flammarion, 1946.
GALLO (Max), *De Gaulle*, roman, 4 vol. : *L'Appel du Destin. La Solitude du combattant. Le Premier des Français. La Statue du commandeur*, Laffont, 1998.
GALTIER-BOISSIÈRE (Jean), *Histoire de la guerre 1939-1945*, t. VI, Crapouillot, 1949.
GAULLE (Philippe de), *De Gaulle*, France Loisirs, 1970.
—, *Mémoires accessoires. 1941-1946*, Plon, 1997.
GAULMIER (Jean), *Les Écrits du général de Gaulle*, coll. « Problèmes français », Beyrouth, 1944.
—, *Charles de Gaulle écrivain*, Charlot, 1946.
GARRIGOUX (Alice), « Archiviste du général de Gaulle », *Espoir*, n° 69 (décembre 1989), p. 41-43.
GERMAIN-THOMAS (Olivier) et BARTHELET (Philippe), *Charles de Gaulle jour après jour*, Nathan, 1990.
GIRAUD (général Henri), *Un seul but, la victoire. Alger 1942-1944*, Julliard, 1949.
GUILLAIN DE BÉNOUVILLE (Pierre), *Le Sacrifice du matin*, Laffont, 1946.
GUY (Claude), *En écoutant de Gaulle. Journal 1946-1949*, Grasset, 1996.

KERSAUDY (François), *De Gaulle et Churchill*, Plon, 1992.
LACOUTURE (Jean), *De Gaulle*,
  I. *Le Rebelle*, Éd. du Seuil, 1984.
  II. *Le Politique*, Éd. du Seuil, 1985.
  III. *Le Souverain*, Éd. du Seuil, 1986.
LARCAN (Alain), *Charles de Gaulle. Itinéraires intellectuels et spirituels*, Presses universitaires de Nancy, 1993.
LEDWIGE (Bernard), *De Gaulle*, Flammarion, 1982.
MALRAUX (André), *Antimémoires, Les Chênes qu'on abat...*, *Œuvres complètes*, t. III, Bibl. de la Pléiade, Gallimard, 1996.
MASSON (Philippe), *La Marine française et la guerre 1939-1945*, Tallandier, 1991.
MAURIAC (Claude), *Un autre de Gaulle. Journal 1944-1954*, Hachette, 1970.
MAURIAC (François), *De Gaulle*, Grasset, 1964.
—, *Le Nouveau Bloc-notes. 1961-1964*, Flammarion, 1968.
MESSMER (Pierre) et LARCAN (Alain), *Les Écrits militaires de Charles de Gaulle*, Presses universitaires de France, 1985.
PARIS (Henri, comte de), *Au service de la France. Mémoires d'exil et de combats*, Atelier Marcel Jullian, 1979.
PEYREFITTE (Alain), *C'était de Gaulle*,
  I. « La France redevient la France », Fayard, 1994.
  II. « La France reprend sa place dans le monde », Fayard, 1997.
PFLIMLIN (Pierre), *Mémoires d'un Européen*, Fayard, 1991.
QUESNOY (Francis), *Le Style de Charles de Gaulle dans les « Mémoires de guerre » et les « Mémoires d'espoir »*, 3 vol., thèse, Université Paris-Sorbonne, 1987.
RÉMOND (René), *Notre siècle*, Fayard, 1991.
REVEL (Jean-François), *Le Style du Général*, Julliard, 1959.
REY-HERME (Yves), *« Mémoires de guerre ». De Gaulle écrivain*, « Profil d'une œuvre », Hatier, 1978.
REYNAUD (Paul), *Le Problème militaire français*, Flammarion, 1937.
—, *La France a sauvé l'Europe*, t. I et II, Flammarion, 1947.
TOURNOUX (Raymond), *Jamais dit*, Plon, 1971.
—, *Pétain et la France*, Plon, 1980.
VALLON (Louis), *L'Anti de Gaulle*, Éd. du Seuil, 1969.
WEYGAND (général Maxime), *Mémoires*, III. *Rappelé au service*, Flammarion, 1950.
—, *En lisant les « Mémoires de guerre » du général de Gaulle*, Flammarion, 1955.

M.-F. G.

INDEX

Index établi par Aurore de Saulieu et Isabelle de Wulf.

Cet index recense les noms de personnes et de lieux ; les titres d'œuvres, de journaux et de revues ; les principaux mouvements, groupements ou institutions mentionnés par l'auteur ; les événements historiques les plus marquants (conférences, traités, etc.) ; et quelques-uns des termes dont le général de Gaulle a fait un usage demeuré célèbre (par exemple, « quarteron »). On a relevé en outre, à l'article « Gaulle (Charles de) », les pages où il parle de lui-même à la troisième personne, sous quelque forme que ce soit.

Les occurrences du mot « France » n'ont pas été indexées : il aurait fallu citer la quasi-totalité des pages de ce volume. Pour la même raison, « Grande-Bretagne », « États-Unis », « Russie » et « Allemagne » n'ont pas été pris en compte, non plus que « Paris » et « Londres » ; on trouvera toutefois, regroupés sous le nom de ces deux villes, les principaux lieux de chacune d'entre elles.

Les noms des personnes sont imprimés en majuscules ; les toponymes et les noms des institutions ou des associations, en minuscules ; les titres des œuvres, ceux des journaux, et les noms des navires, en minuscules italiques.

Mme Laetitia de Linarès, de la Fondation Charles de Gaulle, Mlle Sarah Illiaquer, M. Philippe Delpuech, et le Service historique de l'Armée de terre ont bien voulu répondre à nos questions et nous prêter leur concours ; nous leur disons toute notre reconnaissance.

A.-É. F. Voir Afrique-Équatoriale française.
A.-O.F. Voir Afrique-Occidentale française.
À bas l'armée de métier, article de Léon Blum dans *Le Populaire* : 19.
À l'échelle humaine, ouvrage de Léon Blum : 844.
A.M.G.O.T. Voir Allied Military Government of Occupied Territories.
ABADIE (Jules), chirurgien d'Alger : 374, 413.

ABBAS (Ferhat) [1899-1985] : 930, 940, 955, 964, 969, 983, 984, 1082.

Abbeville : 39-44.

Abbeville, ouvrage du major Gehring : 41.

ABDULLAH IBN HUSSEIN [1882-1951], émir puis roi de Transjordanie : 173, 462.

Abéché, Tchad : 153.

ABETZ (Otto) [1903-1958], ambassadeur du Reich à Paris : 552, 560, 846, 870.

Abidjan, Côte d'Ivoire : 294, 447, 925.

ABOULKER (José) [né en 1920], « gaulliste » d'Alger : 306.

Abrons (tribu des), Côte d'Ivoire : 295.

Abruzzes : 529, 531.

Abyssinie : 136, 147-149, 205, 208, 321.

ABZAC (Charles d'), officier : 326.

Académie française : 701-703.

Accra, Gold Coast : 336.

ACHARD (Louis-Jean) [1908-1953], secrétaire d'État à Vichy : 226.

ACHIARY, commissaire de police à Alger : 306.

Aconit, corvette : 186, 244.

Açores (archipel des) : 795.

Acquafundata, Italie : 529.

Action, hebdomadaire : 700.

ADAM, représentant de la France Libre au Nigéria : 295.

Addis-Abéba : 136, 148, 205, 320.

ADELINE, colonel : 601, 602.

Aden, Arabie : 147, 154, 204, 321, 1070.

ADENAUER (Konrad) [1876-1967] : 1031-1038, 1044, 1047, 1050-1053, 1072, 1075, 1076, 1099, 1103, 1109, 1209.

Adriatique (mer) : 451, 529, 533, 540.

Afghanistan : 1082.

Afrika-Korps : 256.

Afrique, Africains : 21, 36, 49, 56, 59, 70, 74, 91-123, 124, 126, 128, 129, 136, 144, 145, 147, 150, 158, 159, 161, 163, 168, 181, 182, 189, 199, 208, 219, 238, 242, 244, 255, 277, 295, 296, 298, 302-305, 311, 312, 314, 316, 320, 322, 324, 326-328, 331, 332, 349, 350, 355, 361, 363, 373, 380, 394, 409, 421, 431, 437, 446, 447, 450, 457, 461, 472, 476, 502, 508, 509, 511, 516, 519, 524, 536-539, 548, 575, 594, 595, 609, 610, 614, 616, 617, 619, 638, 681, 719, 747, 752, 758, 760, 786, 797, 799, 818, 835, 873, 888, 913, 917, 928, 934, 937, 938, 946, 1024, 1026, 1030, 1075, 1082, 1151, 1188, 1189, 1206.

Afrique du Nord : 47, 49, 58, 74-75, 79, 93, 99, 162, 218, 226, 245, 248-250, 253, 269-274, 276, 280, 281, 286-288, 293, 298-300, 305-324, 335, 336, 338, 344-346, 349, 350, 354-361, 365, 368, 370-373, 377-382, 385, 393, 394, 398, 403, 408, 410, 422, 424, 429, 430, 432, 438, 464, 473, 476, 478, 482, 512, 515, 523, 525, 532, 540, 589, 712, 714, 720, 809, 812, 855, 869, 917, 968, 981, 1058.

Afrique du Sud : 149, 206, 244, 281, 282, 318.

Afrique française libre : 158, 249-251, 276, 293, 320, 391.

Afrique noire : 373, 436, 447, 476, 508, 744, 889, 890, 912, 915, 924, 928, 929, 931, 950, 1110.

Afrique-Équatoriale française (A.-É. F.) : 93, 95, 97, 98, 104, 106, 122, 135, 137, 151, 158, 226, 272, 281, 349, 393, 446, 448, 472, 935.

Afrique-Occidentale française (A.-O. F.) : 93, 95, 98, 99, 151, 209, 226, 271, 272, 295, 346, 349, 379, 385, 446, 472, 619, 926, 935.

Agadir, Maroc : 924.

Agence française indépendante : 134, 349.

Agordat (aérodrome d'), Érythrée : 147.

AHIDJO (Ahmadou) [1924-1989], homme politique camerounais : 938.

AHMED (bey), chef d'Afrique équatoriale : 295.

AHNE OU AHNNE (Georges) [1903-1949], gouverneur en Océanie : 106.

AIGLON (François Charles Joseph Napoléon Bonaparte, Napoléon II, dit l') [1811-1832] : 575.

Aigrefeuille, Charente-Maritime : 746.

Ailette, affluent de l'Oise : 37.

AILLERET (Charles) [1907-1968], général : 973, 986, 1131.

Ain : 433, 518, 542, 578, 615.

Aïn-Témouchent, Algérie : 960.

Aintree (camp d'), Grande-Bretagne : 34, 78.

Air France : 294, 682.

Aisne : 34-39, 44.

Aix (île d'), Charente-Maritime : 939, 955, 977.

Aix-la-Chapelle, Allemagne : 724.

Ajaccio : 405, 407, 409, 410, 430, 594, 899.

Ajax, sous-marin : 111, 245.

Akbou, Algérie : 960.

Alaouites (État des), territoire syrien : 173, 177, 283.

Albanie : 759, 1066.

Albatros, contre-torpilleur : 308.

Albert (canal), Belgique : 27.

Albertville, Savoie : 607.

Alcyon, torpilleur : 407.

Alençon, Orne : 547, 562, 839.

Alep, Syrie : 155, 164, 173, 177, 226, 283, 294, 772, 783, 784.

Alès, Gard : 693.

ALESSANDRI (Marcel) [1895-1968], général : 324, 752.

ALEXANDER (Albert), amiral britannique : 52, 80, 141, 222.

ALEXANDER (Harold George, comte — de Tunis) [1891-1969], général britannique : 288, 295, 325, 326, 394, 496, 522, 525, 529, 531, 532, 535, 537, 748, 767, 769.

ALEXANDRE LE GRAND [356-323 av. J.-C.] : 679.

Alexandrie, Égypte : 146, 150, 201, 245, 247, 260, 272, 277, 280, 332, 345, 773.

Alger : 60, 62, 63, 66, 75, 120, 121, 147, 226, 273, 281, 299, 305-307, 311-318, 322, 323, 327-337, 340, 341, 344, 346, 350-371, 375, 376, 383-389, 392, 393, 397, 399, 404, 405, 408, 411, 414, 418, 420, 422, 424, 426, 428-430, 434, 436-442, 448, 451-453, 458-463, 466, 471-473, 478, 484, 491, 495, 496, 499, 507, 516, 517, 525, 532, 546, 550, 556, 559, 580, 583, 588, 590, 591, 594, 622, 627, 630, 674-676, 686, 699, 718, 829, 834, 868, 893-897, 899, 901, 906, 919-921, 928, 933, 940, 941, 947-951, 957-960, 963, 969-976, 980, 983, 985, 986, 991-993, 1025, 1058, 1070, 1120-1122, 1132, 1139, 1141, 1151.

Algérie, Algériens : 92, 269, 273, 302, 305, 308, 313, 318, 322, 324, 327, 333, 339, 345, 349, 361-364, 366, 368-370, 373, 385, 390, 399, 410, 411, 414, 436, 446, 476, 478, 508, 511, 591, 598, 608, 621, 669, 744, 809, 835, 889-893, 896-900, 903-907, 913-922, 924, 929-933, 939-950, 951-993, 1015, 1149, 1152, 1157, 1159, 1166, 1172, 1174, 1176, 1180, 1181, 1188, 1196.

Algérie algérienne : 954, 955, 957, 959.

Algérie française : 914, 918, 921, 934, 941, 943, 945-947, 951, 953, 954, 958, 961, 962, 971, 984, 988.

Algérie, croiseur : 313.

Algérois : 960, 964.

Index

Algésiras (conférence d') [1906] : 810.
ALIBERT (Raphaël) [1887-1963], homme politique : 226.
ALLAH : 720.
ALLARD, général : 560.
Allemagne de l'Est. Voir République démocratique allemande.
Allemagne de l'Ouest. Voir République fédérale d'Allemagne.
Alliance (réseau) : 519.
Alliance française : 240, 434.
Allied Military Government of Occupied Territories (A.M.G.O.T.) : 475.
Allier : 1136.
Allobroges (désigne les Grenoblois) : 607.
Alpes : 428, 433, 467, 513, 521, 541, 546, 548, 578, 587, 606, 610, 611, 617, 628, 718-720, 745, 747-749, 753, 765-767, 803, 834, 958, 1071.
Alpes autrichiennes : 758.
Alpes bavaroises : 743, 758.
Alpes-Maritimes : 404, 767, 1136.
ALPHAND (Hervé) [1907-1994], diplomate : 144, 439, 507, 1061, 1065, 1094, 1104.
Alsace, Alsaciens : 26, 225, 259, 356, 587, 598, 609, 612, 613, 617, 619, 622, 628, 631, 641, 669, 715, 718, 719, 723, 725, 727-738, 745, 807, 830, 1027, 1201.
Alsace (groupe de chasse) : 249, 255.
Alsace-Lorraine (brigade) : 615, 725, 736.
Altkirch, Haut-Rhin : 721, 728.
ALTMAYER (René) [1882-1976], général : 65.
ALTMAYER (Robert) [1875-1959], frère du précédent, général : 40, 42.
Alysse, corvette : 186, 244.
Ambérieu-en-Bugey, Ain : 607, 611, 612.
American Legion : 802.

Amérique latine : 471, 1024, 1026, 1082, 1105, 1106, 1114.
AMERY, ministre britannique : 96.
Amiens : 39, 40, 57, 839.
Amiens, navire : 244.
AMILAKVARI (prince Dimitri) [1906-1942], officier (géorgien) de la Légion étrangère : 278, 324.
AMIROUCHE [mort en 1959], chef rebelle algérien : 942.
Amis des volontaires français, à Londres : 240.
AMMAN, amiral : 982, 983.
Amman, Jordanie : 462, 640, 868, 1112.
AMROUCHE (Jean) [1906-1962], écrivain, journaliste : 429.
Amsterdam (île d') : 320.
AMYOT D'INVILLE (mort en 1944) commande le bataillon de fusiliers marins de la France Libre : 245, 536.
Anadyr, cargo : 102.
ANCELME, officier : 43.
Ancien Régime : 419, 679, 1142, 1200.
Andelot, Haute-Marne : 621.
ANDERS (Wladislaw) [1892-1970], général polonais : 214, 468, 469, 471, 532, 652.
ANDERSON (Marian) [née en 1902], cantatrice américaine : 801.
ANDERSON (Sir John), homme politique britannique : 141, 713.
ANDERSON (Sir Kenneth Arthur) [1891-1959], général britannique : 323, 362.
ANDUS-FARIZE (Gustave), haut fonctionnaire : 246, 439.
Anfa, Maroc : 337, 338, 339, 345, 346, 348, 354, 358, 365, 389, 811.
Anfa (conférence d') [14 au 24 janvier 1943] : 509, 968.
ANGENOT (Paul) [1893-1979], officier : 144.
Angers, Maine-et-Loire : 439, 714.
Anglo-saxons : 273, 275, 281, 287,

300, 311, 332, 339, 344, 348, 358, 379-381, 400, 402, 411, 418, 425, 451, 456, 468, 469, 479, 483, 488, 492, 522, 618, 707, 718, 762, 784, 785, 787, 788, 803, 804.
Anjot (Maurice), officier [mort en 1944] : 541.
Anjou : 547.
Ankara, Turquie : 161, 631.
Annam : 749, 751, 812, 815, 816.
Annecy, Haute-Savoie : 607, 693.
Annet (Armand), gouverneur général de Madagascar : 206-208, 292, 319.
Anschluss : 25, 1028, 1031, 1115.
Anselme (André d') [1891-1945], général : 617, 745, 746.
Antibes, Alpes-Maritimes : 836, 868.
Antier (Paul) [1905-1996], homme politique : 144.
Antilles : 185, 226, 245, 345, 390, 393, 394, 516, 744.
Antoine (Aristide), dit Fontaine, haut fonctionnaire : 144.
Antonov, officier soviétique : 646.
Antony, Hauts-de-Seine : 564.
Anvers : 587, 707, 719, 724.
Anvil (plan) : 522, 525, 533, 537, 539.
Anzio, Italie : 530, 537, 540.
Aoste (Amédée II, duc d') [1898-1942], vice-roi d'Éthiopie : 136.
Aoste (val d') : 455, 749, 766, 767, 769.
Apach, Moselle : 1182.
Appert, officier : 205, 214, 320, 321.
Appienne (voie) : 540.
Aquitaine : 599, 610, 615, 970, 1016, 1201.
Arabes : 149, 180, 280, 288, 644, 770, 771, 777, 1188.
Arabes (pays et États) : 149, 153, 162, 186, 269.
Arabie : 147.
Aral (mer d') : 1097.
Aramburu (de), diplomate péruvien : 472.

Archinard (Louis) [1850-1932], général : 910.
Arcis-sur-Aube : 56.
Arctique (océan) : 197, 242, 539.
Ardèche : 578, 615, 987, 1136.
Ardenne (région partagée entre la France, la Belgique et le Luxembourg) : 33, 513, 579, 610.
Ardennes (département français) : 35, 615, 725, 728, 731, 734, 736, 745.
Ardent, aviso : 540.
Arescaux, porte-parole des Acadiens à la Nouvelle-Orléans : 1097.
Aréthuse, sous-marin : 407.
Arfouilloux, général : 973.
Argenlieu (Georges Thierry d') [1889-1964], carme et amiral : 78, 81, 87, 105, 189-193, 221, 338, 345, 451, 491, 493, 527, 539, 572, 720, 814, 816, 889.
Argentan, Orne : 559, 564, 839.
Argentine : 89, 1110, 1115.
Argoat, Bretagne : 513.
Argoud, officier : 970, 973, 974.
Argyropoulo, représentant de la Grèce auprès du C.F.L.N. : 465.
Ariège : 599, 1136.
Ark Royal, porte-avion britannique : 102, 107, 111.
Arkhangelsk, port de l'U.R.S.S. : 197.
Arlabosse (Paul) [1886-1970], général : 151.
Arlberg, Alpes autrichiennes : 758, 792.
Arles, Bouches-du-Rhône : 1078.
Arlington (cimetière militaire d'), Virginie : 501, 1094.
Armand (Louis) [1905-1971], scientifique, résistant : 518.
Armée secrète : 230, 235, 273, 277, 302, 353, 354, 426, 515, 517, 546.
Arnim (Hans von) [1889-1962], général allemand : 362.
Arno (vallée de l') : 538.
Arnold (Henry Harley) [1886-

1950], général américain : 271, 500, 795.
Aron (Raymond) [1905-1983] : 134.
Arras : 6, 39, 605.
Arras, navire : 244.
Arris, Algérie : 960.
Arromanches, Calvados : 539, 588.
Art libre (L'), revue : 434.
Arvengas, délégué du gouvernement d'Alger en Amérique latine : 453.
Arzew, Algérie : 932.
Ascq, Nord : 547.
Asher (Serge). Voir ravanel.
Asie, Asiatiques : 124, 139, 180, 446, 450, 502, 638, 647, 749, 787, 788, 789, 797, 799, 818, 888, 1024, 1026, 1050, 1056, 1062, 1074, 1075, 1082, 1083, 1105.
Asie Mineure : 145, 283, 291.
Asnières-sur-Seine, Hauts-de-Seine : 715.
Assemblée européenne : 1041.
Assemblée constituante [1789-1791] : 679.
Assemblée constituante [1945, 1946] : 841, 842, 848, 849, 851, 853, 857-861, 863-865, 866, 870, 871.
Assemblée consultative provisoire : 219, 397, 414, 416-422, 432, 442, 447, 449, 460, 476, 580, 627-628, 641, 643, 666, 681, 684, 686, 689-692, 695, 705, 713, 723, 782, 783, 808, 827, 833, 834, 848-851, 853.
Assemblée nationale : 20, 75, 301, 360, 418, 420, 424, 551, 560, 565, 608, 628, 832, 837, 845, 846, 849, 884, 885, 892, 896, 900-908, 946, 947, 959, 972, 1009, 1012, 1122, 1124-1127, 1149, 1151, 1152, 1157, 1158, 1161-1165, 1171, 1173-1175, 1199. Voir aussi Palais-Bourbon.
Association de la Presse étrangère : 216.

Association des Français de Grande-Bretagne : 240.
Association du commerce, États-Unis d'Amérique : 802.
Association européenne de libre-échange : 1045.
Association pour la nouvelle République : 1171, 1173.
Astier (Marcel) [1885-1947], parlementaire : 418, 782, 849.
Astier de La Vigerie (Emmanuel d') [1900-1969], officier, journaliste et homme politique : 230, 237, 277, 302, 308, 412, 438, 590, 591.
Astier de La Vigerie (François d') [1886-1956], frère du précédent, général d'aviation : 277, 303, 328, 329, 334.
Astier de La Vigerie (Henri d') [1897-1952], frère des précédents, officier : 329, 330.
Astier de Villatte (Robert) [1895-1986], officier : 79, 146.
Athènes : 162, 640.
Athis-Mons, Seine-et-Oise : 564.
Athlone (comte d'), gouverneur général du Canada : 506, 802.
Atlantic City, États-Unis : 463.
Atlantique (côte) : 237, 603, 628, 719, 721, 744, 749, 753.
Atlantique (océan) : 242, 243, 268, 294, 436, 507, 539, 588, 601, 720, 745, 834.
Atlantique (alliance) : 463, 888, 1026, 1048, 1057.
Atlantique (mur de l') : 433.
Atlantique (pacte) : 1036.
Atlas saharien, Algérie : 923.
Attila [Vᵉ siècle] : 575.
Attlee (Clement Richard, comte) [1883-1967], homme politique britannique : 141, 200, 493, 791, 845, 1088.
Aube (vallée de l') : 873.
Aube (L'), quotidien : 17, 700.
Aubert, gouverneur général de la Réunion : 319.
Aubervilliers, Seine-Saint-Denis : 715.
Auboyneau (Philippe) [1899- ?],

Index

amiral : 149-150, 221, 223, 350, 396, 527, 598, 720, 814, 900.
AUBRAC (Raymond) [né en 1914], résistant : 597.
AUBURTIN (Jean), journaliste et écrivain politique : 17, 69.
AUCHINLECK (Sir Claude John Eyre) [1884-?], maréchal britannique : 165, 181, 252-256, 260, 278.
Audacieux, croiseur léger : 104, 111.
Aude : 1136.
AUDEGUIL (Fernand), maire de Bordeaux : 602.
AUDIBERT [1874-1955], général : 518.
AUGER (Pierre-Victor) [1899-?], physicien : 506.
Augsbourg, Bavière : 792.
Aumale, Algérie : 953.
AUPHAN (Gabriel) [1894-?], amiral : 310, 581, 583.
Aurès, Algérie : 923, 941, 960.
Aurillac : 839.
AURIOL (Vincent) [1884-1966] : 352, 417, 420, 690, 850, 861, 863, 870, 871, 886, 899, 902, 1165, 1171.
Aurore (L'), quotidien : 1161.
Aurunci (monts), Italie : 531, 533, 534.
Austerlitz (bataille d') [2 décembre 1805] : 1022.
Australasie : 463, 502, 749.
Australie, Australiens : 122, 140, 141, 149, 190, 192, 193, 246, 1072.
Aution (massif de l'), Alpes : 747, 748.
Autriche, Autrichiens : 10, 23, 115, 451, 510, 520, 521, 671, 744, 754, 760, 791, 796, 866.
Autun, Saône-et-Loire : 611.
Auvergne : 513, 518, 611, 615, 810, 839, 1202.
Avant-garde (L'), hebdomadaire : 700.
Aventure, frégate : 245.
Aveyron : 541, 615, 987, 1136.
Avignon : 611.

Avranches, Manche : 380, 545, 559, 587.
Axe (pays et forces de l') : 76, 92, 125, 138, 139, 145, 150, 158, 159, 166, 175, 180, 270, 277, 281, 311, 385, 395, 696, 758.
AYMÉ (Georges) [1889-1950], général : 750, 751.
AYMERI DE NARBONNE, personnage de Hugo (*La Légende des siècles*) : 112.

B.B.C. Voir British Broadcasting Corporation.
B.C.R.A., B.C.R.A.M. Voir Bureau central de renseignement et d'action (militaire).
BABONNEAU, officier : 259.
Baccarat, Meurthe-et-Moselle : 621.
BACCOUCHE, homme politique tunisien : 386.
BACON (Paul) [1907-1999], homme politique : 903, 1020, 1122, 1151.
Bade (pays de) : 740, 754, 756, 791, 793, 806, 807.
Baden-Baden : 754, 806, 1038.
Bad-Kreuznach, Rhénanie : 1037.
BADOGLIO (Pietro) [1871-1956], maréchal et homme politique italien : 395, 400, 405, 425, 453, 456, 457, 495.
BAELEN (Jean), diplomate : 453.
Bagdad, Irak : 146, 155, 254, 462, 640, 868, 1112.
Bahrein, golfe Persique : 1070.
Bailleul (bois de), Somme : 40, 41.
BAKARI (Djibo), homme politique nigérien : 928.
Bakou : 30, 645, 659.
BALDWIN (Stanley) [1867-1947], homme politique britannique : 21.
Bâle : 755.
BALFOUR (John), diplomate britannique : 658, 660.
Balkans (États des) : 92, 138, 197, 450, 451, 463, 464, 502, 520-522, 633, 638, 653, 654, 667, 671, 787, 798, 1026, 1047, 1054.

Baltes (États) : 10, 614.
Baltique (mer) : 181, 470.
Bamako, Mali : 102, 471, 935.
Bangkok, Thaïlande : 140, 177, 198.
Bangui, Oubangui : 98, 153, 294, 295, 448.
Banque de France : 102, 393, 471, 516, 682, 713, 861, 1208.
BAO DAI (Nguyên Vinh Thuy) [né en 1913], empereur d'Annam : 815, 817.
Baranton, rivière de l'Aisne : 38.
BARATIER, général : 17.
BARBÉ, représentant de la France Libre au Japon : 89.
Barcelone : 600.
Bardia, Libye : 254.
Barfleur, croiseur auxiliaire : 390, 511.
Barham, cuirassé britannique : 107, 109, 110.
Barika, Algérie : 953.
BARIL (Louis) [1896-1943], général : 306, 327.
BARJOT (Pierre-Émile) [1899-1960], officier de marine : 306, 526.
BARON, représentant de la France Libre à Singapour : 140.
BARRÉ (Georges), général : 308, 322.
BARRETTE (Antoine), premier ministre du Québec : 1092.
Bar-sur-Aube, Aube : 606.
BART (Pierre), représentant de la France Libre auprès du gouvernement libanais : 177.
BARTHE, amiral : 527, 539.
Basque, contre-torpilleur : 150, 394.
Bas-Rhin : 1136.
BASS, officier de marine britannique : 173.
Bassac, Laos : 752.
Basse-Alsace : 722.
Basse-Normandie : 1201.
Basse-Saxe : 804.
Basse-Terre, Guadeloupe : 391, 393.
Basses-Alpes : 1136.

Basses-Pyrénées : 1136.
Bassin parisien : 515.
Bastia : 407, 410, 899.
BASTID (Paul) [1892-1974], homme politique : 236, 690, 849.
Bataan (péninsule de), Philippines : 190.
Bataille perdue (La), poème de Victor Hugo dans *Les Orientales* : 720 (n. 4).
Batavia (*auj.* Djakarta), Indonésie : 190.
Batékés (population des), Congo : 295.
Bathurst (*auj.* Banjul), Gambie : 123, 145, 209.
Batna, Algérie : 953.
Batroun, Liban : 283.
BATTESTINI (Nicolas) [1893- ?], magistrat : 1128, 1130.
BATTET, amiral : 527.
BAUBÉ, conseiller diplomatique du Général : 499.
BAUDOIN, officier : 242.
BAUDOUIN (Paul) [1894-1964], homme politique : 31, 53, 59-61, 80, 121, 226.
BAUMGARTNER (Wilfrid) [né en 1902], haut fonctionnaire : 1020, 1044, 1122.
Bavière : 744, 754, 804.
BAYARDELLE (André), haut fonctionnaire : 216, 321.
Bayeux : 436, 490, 493-495, 537.
Bayeux (discours de) [16 juin 1946] : 873, 892, 905, 1148, 1201.
BAZAINE (Achille) [1811-1888], général : 6.
Béarn, transport d'avions : 390, 511, 814.
Beauce : 603.
BEAUFORT (Guy Grout de) [1904-1981], général : 1140.
BEAUFRE (André) [1902-1974], général : 345.
BEAULAINCOURT (Xavier de) [né en 1920], administrateur : 1140.
Beauvais : 40, 42, 58, 60, 61, 839.
BEAVERBROOK (Lord William)

Index

[1879-1964], homme politique britannique : 61, 478.
BECH (Joseph), homme politique luxembourgeois : 212, 463.
BÉCHAMP, représentant de la France Libre à Tchoung-King : 140.
BÉCHARA EL-KOURY, homme politique libanais : 179, 457, 460, 461.
BECK (Józef) [1894-1944], officier et homme politique polonais : 214, 651.
BÉCOURT-FOCH (Jean), officier : 79, 108.
BEDELL SMITH (Walter). Voir SMITH (Walter Bedell).
Beersheba (Israël) : 1114.
Beja, Tunisie : 322.
Bekaa, plaine du Liban : 282.
Bekerbé, Liban : 282.
Belfort : 582, 613, 620, 622, 721, 722, 728, 730, 1136.
Belgique, Belges : 9-11, 22, 27, 32, 39, 51, 76, 84, 85, 103, 212, 378, 379, 399, 462, 463, 489, 492, 498, 609, 642, 706, 708, 720, 727, 797, 807-808, 832, 888, 1023, 1027, 1047, 1050, 1052-1054, 1137, 1152.
Belgrade : 640, 673, 788.
BELIN (Roger) [né en 1916], haut fonctionnaire : 1119.
BELKACEM (Krim) [1922-1970], fondateur du F.L.N. : 964, 976, 988.
Belle-Poule, goélette : 246.
Belvédère (le), position clef sur la ligne Gustav : 530, 535.
BEN BELLA (Mohammed) [né en 1916] : 939, 955, 977, 993.
BEN GOURION (David) [1886-1973] : 1113, 1114.
BEN KHEDDA (Benyoussef), homme politique algérien : 964, 983, 993.
BEN TOBBAL (Lakdar), membre du F.L.N. : 988.
BEN YAHIA (Mohammed), homme politique algérien : 955.

BÉNAZET (Henri), journaliste : 429.
BENDJELLOUL (Mohamed) [1893-1985], parlementaire : 447.
Benelux : 1039, 1049.
BENÈS (Édouard) [1884-1948], président de la République tchécoslovaque : 85, 213, 214, 300, 466, 467, 468, 492, 651.
Bénin (golfe du) : 935.
BENOIST (Jean, baron de) [mort en 1999] : 89, 152, 279, 453.
BENOIST-MÉCHIN (Jacques) [1901-1983], historien et homme politique : 161.
BÉNOUVILLE (Pierre de). Voir GUILLAIN DE BÉNOUVILLE (Pierre).
BÉRARD (Armand) [né en 1904], diplomate : 1061.
BÉRARD (Léon) [1876-1960], homme politique : 496.
Berbères : 390.
Berchtesgaden, Bavière : 155, 158, 758.
BERGÉ (Georges) [1909-1997], officier aviateur : 260.
BERGERET (Jean-Marie), général : 310, 312, 329, 333, 339, 340, 343, 344, 356, 370.
Bergues, Nord : 840.
BERIA (Lavrenti Pavlovitch) [1899-1953] : 661.
Berkhamsted, Grande-Bretagne : 239.
Berlin : 7, 23, 25, 30, 111, 124, 125, 214, 649, 662, 672, 742, 754, 758, 762, 763, 791, 793, 795, 1034, 1037, 1055, 1058, 1071, 1076, 1080, 1081, 1099, 1107-1109.
Berlin (mur de) : 1109.
BERLING, général polonais : 469, 652.
Bermudes (Archipel des) : 511, 795.
BERNADOTTE (comte Folke Af Wisborg) [1895-1948], président de la Croix-Rouge suédoise : 761.
Berne : 631, 761.
BERNHARDT (prince — de Lippe)

[né en 1911], époux de la reine Juliana des Pays-Bas : 212.
Berre, Bouches-du-Rhône : 58.
Berry: 518, 603, 611, 617, 940, 1009.
BERTAUT, administrateur colonial : 391, 393.
BERTAUX (Pierre) [né en 1907], haut fonctionnaire : 599.
BERTHOIN (Jean) [1895-1979], homme politique : 903, 1122, 1196.
BERTOLI (Mgr), nonce apostolique : 1061.
BERTRAND, officier : 43, 518, 603.
Besançon, Doubs : 611, 619.
BESSON (Antoine) [1876-1969], général : 57.
BESSON (Antonin) [1895-?], magistrat : 1130.
BÉTHOUART (Émile) [1889-1982], général : 76, 306, 327, 486, 493, 499, 526, 527, 534, 612, 620, 721, 722, 728, 754, 755, 791, 839.
Béthune, Pas-de-Calais : 839.
BEVAN (Aneurin) [1897-1960], homme politique britannique : 141.
BEVIN (Ernest) [1881-1951], homme politique britannique : 141, 486, 488, 803, 804, 868.
BEYNET (Etienne) [1883-1969], général : 352, 462, 772, 775, 777-781, 783.
Beyrouth : 150-154, 156, 159-168, 171-175, 177, 179, 195, 204, 226, 282, 283, 285, 287, 289-292, 297, 317, 334, 336, 354, 375, 458-462, 464, 640, 771-775, 779, 784, 846, 867, 868, 940, 1059, 1112.
BEZOU (Mgr), évêque coadjuteur de La Nouvelle-Orléans : 1097.
BEZOU, président des Créoles de La Nouvelle-Orléans : 1097.
BHUMIBOL ADULYADEJ [né en 1928], roi de Thaïlande : 1110, 1111.
Bibans, montagnes d'Algérie : 923.

Bidassoa, fleuve des Pyrénées : 1115.
BIDAULT (Georges) [1899-1983], homme politique : 236, 428, 429, 556, 569, 570, 572, 591, 594, 631, 635-637, 640, 643, 646, 649, 651, 655, 656, 660-664, 666, 674, 688, 690, 709-710, 767, 777, 782, 787, 794, 795, 798, 800, 802, 803, 807, 861, 870, 885, 893, 899, 946, 1165, 1170.
BIDDLE (Drexel), diplomate américain : 54, 184.
Bienfay, Somme : 40-42.
BIERUT (Boleslaw) [1892-1956], homme politique polonais : 657, 658, 789.
BIGEARD (Marcel) [né en 1916] : 943.
BIGOT, général d'aviation : 972.
BILLOTTE (Gaston) [1875-1940], général : 28.
BILLOTTE (Pierre) [1906-1992], général, fils du précédent : 239, 308, 365, 366, 384, 435, 486, 493, 564, 566, 567, 617, 727, 732, 755, 793.
BILLOUX (François) [1903-1978], homme politique : 413, 438, 591, 597, 711, 861.
BINGEN (Jacques), résistant : 87, 246, 353, 427.
Birchgrove, Grande-Bretagne : 1073.
Bir-Hakeim (bataille de) [26 mai-11 juin 1942] : 210, 254-261, 278, 365, 536.
Bir-Hakeim, dépôt des équipages à Portsmouth : 244.
Bir-Kadeim, Algérie : 365.
Birmanie : 548, 549, 749, 751, 752, 813, 815.
Birmingham, Grande-Bretagne : 216, 259.
BIROT [mort en 1942], officier de marine : 164.
Bir-Rabalou, Algérie : 953.
Biskra, Algérie : 363, 960.
BISSAGNET (Ernest), aviateur : 120, 416, 420.

Bitche, Moselle : 730.
Bizerte, Tunisie : 272, 305, 307, 323, 332, 362, 504, 511, 696, 868, 924, 966, 976, 981-983.
Blaison [mort en 1941], officier de marine : 191.
Blaizot (Roger) [1891-1981], général : 549, 750.
Blamont, Meurthe-et-Moselle : 722.
Blanc (Camille) [mort en 1961], maire d'Évian : 986.
Blanc (mont) : 766, 1015.
Blankenhorn (Herbert) [1904-1991], diplomate allemand : 1061.
Blaskowitz (Johann) [1883-1948], général allemand : 758.
Blida, Algérie : 306, 941, 960.
Blinfeix (forêt de), Haute-Marne : 874.
Bloch (Jean-Richard) [1884-1947], écrivain : 650.
Bloch (Pierre), adjoint du colonel Passy : 131.
Bloch-Dassault (Paul) [1882-1962], général : 229, 555, 572.
Bloch-Lainé (François), administrateur : 236, 1020.
Blondel, commissaire de la République : 727, 732.
Blondelle (René) [né en 1907], parlementaire : 1130.
Blum (Léon) [1872-1950] : 19, 20, 23, 25, 27, 29, 301, 303, 353, 434, 828, 844-847, 885.
Bock (Fedor von) [1880-1945], maréchal allemand : 197.
Boden, président du gouvernement de Rhénanie : 805.
Boegner (Jean-Marc) [né en 1913], fils du suivant, diplomate : 1020, 1140.
Boegner (Marc) [1881-1970], président de la Fédération protestante de France : 351.
Boganda (Barthélemy) [1910-1959], homme politique centrafricain : 925.
Boghari, Algérie : 953.
Bogomolov (Alexandre), diplomate soviétique : 76, 195, 196, 198, 213, 253, 254, 287, 300, 454, 471, 474, 640, 643, 645, 651, 655, 661, 713.
Bohême : 23, 520, 1115.
Böhmler (Rudolf), écrivain allemand : 535.
Boisanger (Claude de) [1889- ?], diplomate : 548.
Boislambert (Claude Hettier de) [né en 1906], général : 87, 95-97, 120, 338, 345, 475, 493, 1131.
Boisserie (La), résidence privée du Général à Colombey-les-Deux-Églises : 892, 899, 1032, 1141.
Boissieu (Alain de) [né en 1914], officier, gendre du Général : 993, 1141.
Boisson (Pierre), haut-commissaire à Dakar : 93, 94, 99, 112, 120, 182, 310, 312, 333, 339, 340, 343, 344, 356, 367, 370, 375, 478, 479.
Boissoudy (Guy Baucheron de) [1908-1972], officier : 161.
Boissy-Saint-Léger, Seine-et-Oise : 605.
Boitreaud (Jacques) [né en 1922], conseiller d'État : 1140.
Bolchevisme : 633, 647, 1082.
Bollaert (Émile) [1890- ?], homme politique : 428, 807.
Bolsena (lac), Italie : 536.
Bonaparte (Napoléon). Voir Napoléon Ier.
Bône, Algérie : 932, 940, 946, 960, 972, 973.
Bonhomme (col du), Vosges : 725.
Bonifacio, Corse : 407.
Boniteau, personnalité établie en Égypte : 152.
Bonn : 740, 1031, 1033, 1038, 1051-1053, 1061, 1076, 1079, 1080, 1082, 1099.
Bonne (caserne de), Isère : 542.
Bonneau (Gabriel), diplomate : 453, 499.
Bonnet (Henri) [1888- ?], diplomate : 86, 374, 412, 429, 438, 591, 631, 795.

BONNEVAL (de) [né en 1911], officier : 898.
BONNEVAY (Laurent) [1870-1957], homme politique : 849.
BONNIER DE LA CHAPELLE (Fernand) [mort en 1942], assassin de Darlan : 330, 331.
BONOMI (Ivanoe) [1873-1951], homme politique italien : 495, 496, 766.
BONTE (Florimond) [1890-1977], parlementaire : 420, 782.
BONVIN, administrateur colonial : 106.
Bordeaux, Bordelais : 59, 63, 65-69, 73-75, 80, 82, 195, 227, 228, 237, 439, 449, 547, 573, 588, 601, 602, 613, 719, 745, 907, 1015, 1078.
Bordighera, Italie : 125.
Bordj Bou Arreridj, Algérie : 942.
BORGNIS-DESBORDES (André) [1895-1982], général : 617, 746.
Borie (La), Aveyron : 541.
Borinage (houillères du), Belgique : 1039.
BORIS (Georges), haut fonctionnaire : 144.
Bornéo, Insulinde : 463.
BORNET (Charles) [1894-1970], magistrat : 991.
BORNEWASSER (Mgr), évêque de Trèves : 805.
BOTHEREAU (Robert) [1901- ?], syndicaliste : 1129.
Bouches-du-Rhône : 1136.
BOUCHINET-SERREULLES (Claude), assure à Paris l'intérim de la délégation clandestine : 427.
Bouclier, torpilleur : 243, 244.
Boufarik, Algérie : 365, 372.
BOUFFET, préfet : 556.
Bougainville, aviso : 118, 119, 245.
Bougie (*auj.* Bejaïa), Algérie : 932, 945, 960, 1015.
BOUHEY (Jean), haut fonctionnaire : 440, 606.
BOUILLON, officier méhariste : 204.
BOULADOUX (Maurice) [né en 1907], syndicaliste : 1129.

BOULAHROUF (Taïeb), membre du F.L.N. : 964, 965.
BOULAY, général : 793.
BOULGANINE (Nicolaï Alexandrovitch) [1895-1975], dirigeant soviétique : 661, 662.
BOULIN (Robert) [1920-1979], homme politique : 991, 1122, 1174.
BOULLOCHE (André) [1915-1978], homme politique : 903, 1122, 1196.
Boulogne-Billancourt, Hauts-de-Seine : 715.
Boulogne-sur-Mer, Pas-de-Calais : 39, 588, 841.
BOUMENDJEL (Ahmed, prénommé Ali par le Général) [1908-1982], homme politique algérien : 955, 964, 965, 969.
BOUN OUM (prince), homme politique laotien : 1112.
BOUQUIN (Mgr), prélat : 498.
Bourbon (île). Voir Réunion (île de la).
BOURBON-PARME (prince Félix de) [1893- ?], époux de la grande-duchesse de Luxembourg : 212.
BOURDAN (Pierre) [1909-1948], directeur de l'Agence française indépendante : 134, 1140.
BOURDEAU DE FONTENAY (Henri) [1900- ?], administrateur : 494, 605.
BOURDET (Claude) [1909-1996], journaliste politique : 850.
BOURDILLON (Sir Bernard Henry), gouverneur général du Nigéria : 96, 117.
BOURDIN, journaliste : 492.
BOURGES (Yvon) [né en 1921], homme politique : 925.
Bourges, Cher : 693, 720.
BOURGÈS-MAUNOURY (Maurice) [1914-1993], homme politique : 432, 517, 578, 885.
BOURGET (Jean-Marie), journaliste : 17.
Bourget (aérodrome du) : 6, 52, 566, 571, 578, 1182.

Bourg-la-Reine, Hauts-de-Seine : 566.

Bourgogne : 599, 611, 615.

BOURGOIN (Georges) [1907-1971], officier : 544, 545.

Bourg-Saint-Maurice, Savoie : 611, 612.

BOURGUIBA (Habib) [né en 1903] : 890, 965-967, 981-983, 1110.

BOURRAGUÉ, amiral : 105-107.

BOURREL (Vincent) [né en 1900], haut fonctionnaire : 1131.

BOURSICOT (Pierre) [1899- ?], haut fonctionnaire : 715.

BOUSCAT (René) [1891- ?], général : 355, 376, 396, 511, 512, 528.

BOUTET, officier : 242.

BOUTHILLIER (Yvon), homme politique : 581.

Brabant, province de Belgique : 33, 579.

BRADLEY (Omar Nelson) [1893-1981], général américain : 362, 557, 562, 609, 611, 614, 718, 724, 729, 736, 738, 740, 754, 758.

Braine, Aisne : 38.

BRASILLACH (Robert) [1909-1945], écrivain : 701.

BRAULT (Michel), chef national des maquis : 517.

Bray-lès-Mareuil, Somme : 40.

BRAZZA (Pierre Savorgnan de) [1852-1905], colonisateur : 910.

Brazzaville : 93-98, 115, 117, 118, 120, 122, 134, 145, 152, 155, 165, 181, 183, 193, 194, 206, 216, 238, 281, 294, 296, 317, 334, 349, 375, 376, 429, 447, 448, 583, 594, 809, 889, 925, 928.

Breda, Pays-Bas : 34.

BRÉNAC, représentant de la France Libre à Sidney : 140.

BRENDAN-BRACKEN, homme politique britannique : 141.

BRENTANO (Franck), représentant de la France Libre au Maroc : 273.

BRENTANO (Heinrich von) [1904-1964], juriste et homme politique allemand : 1037.

Brésil : 89, 145, 369, 472, 532.

BRESSON (Jean-Jacques de) [né en 1920], magistrat : 1140.

Brest, Finistère : 65, 71, 76, 237, 545, 588, 746, 839, 1015.

BRET (Paul-Louis), diplomate : 86.

Bretagne : 59, 60, 63, 65, 76, 513, 518, 544, 545, 547, 560, 617, 746, 839, 958, 1016, 1202.

Bretagne (groupe mixte) : 249, 326.

Brétigny, Essonne : 1015.

Bretton Woods (conférence de) [juillet 1944] : 1205.

BREUILLAC (Jean) [1890-1982], officier : 273.

Briançon, Hautes-Alpes : 542, 612, 852.

BRIAND (Aristide) [1862-1932] : 7.

Briare, Loiret : 55, 56.

BRICOGNE [mort en 1942], officier : 259.

Bricy, Loiret : 603.

Brie : 605.

Brie-Comte-Robert, Seine-et-Marne : 606.

Brigham (chantiers navals de), Grande-Bretagne : 216.

Brigue (La), Alpes-Maritimes : 455, 747, 748, 766, 767, 769.

BRINON (Fernand de) [1885-1947], journaliste et homme politique : 423.

BRISAC (Pierre) [1897-1975], général : 432.

Brisach, Alsace : 737.

BRISSON (Pierre) [1896-1970], journaliste : 27, 701, 1170.

British Broadcasting Corporation (B.B.C.) : 73, 81, 89, 133, 135, 166, 215, 259, 313, 315-317, 490, 565.

BROCHE (Félix) [mort en 1942], officier : 189, 256, 259.

BROGLIE (Jean, prince de) [1921-1976], homme politique : 988, 1122, 1174.

BROIZAT, officier : 970.

Broke, destroyer britannique : 308.
Bron, Rhône : 596.
BROOKE (Sir Alan), général britannique : 205, 258, 259, 354.
Brooklyn, croiseur américain : 308.
BROSIO (Manlio), diplomate italien : 1061.
BROSSET (Diego Charles) [1898-1944], général : 144, 177, 324, 527, 534, 536, 550, 611, 722.
BROSSOLETTE (Pierre) [1903-1944], conseiller politique du Général : 237, 303, 353, 428.
BROT (Mgr Pierre) [1892- ?], archiprêtre de N.-D. de Paris en 1944 : 577.
BROTHIER, officier : 974.
BROUILLET (René), [né en 1909], diplomate : 919, 930, 1140.
BROWN (Edmund), homme politique américain : 1096.
BROZ (Joseph). Voir TITO.
BROZEN-FAVEREAU (André), résistant : 517.
Bruay-en-Artois, Nord : 839.
BRUCKBERGER (R.P. Raymond) [né en 1907], aumônier des maquis : 578.
BRUGÈRE (Raymond), diplomate : 631, 807.
BRUHN, général allemand : 722.
Brumaire (18) [9 novembre 1799] : 850.
BRUNEAU (Félix) [1901- ?], haut fonctionnaire : 899, 901.
BRUNEL (Dr), envoyé du Général à Dakar : 120.
BRUNET (Jacques) [1901- ?], haut fonctionnaire : 1020.
BRUNOT (Richard), gouverneur général du Cameroun : 94, 189, 190.
Bruxelles : 24, 588, 704, 706, 707, 730, 807, 808, 1020, 1041, 1043, 1044, 1046, 1047, 1071, 1189, 1209.
Bruyères, Vosges : 35.
Bucarest : 866.
Buchenwald : 428, 437, 847.
Budapest : 463, 788, 866.

Buenos Aires : 258, 1115.
BUFFON (Georges Louis Leclerc, comte de) [1707-1788] : 677.
BUGEAUD (Thomas —, marquis de la Piconnerie, duc d'Isly) [1784-1849] : 74, 910.
BUISSON (Georges), syndicaliste : 352.
Bulgarie, Bulgares : 138, 265, 614, 636, 653, 672, 674, 803, 866, 1030, 1066.
BULLITT (William) [1891-1967], diplomate américain : 53, 54, 187.
BURCKHARDT (Karl), diplomate suisse : 698, 713.
BURÉ (Émile) [1876-1956], journaliste : 17.
BUREAU, officier : 144, 320.
Bureau central de renseignement et d'action (militaire) (B.C.R.A. ou B.C.R.A.M.) : 131, 132, 352, 353, 479, 543.
Bureau d'information et de presse : 236.
Burnhaupt, Haut-Rhin : 722.
BURON (Robert) [1910-1973], journaliste et homme politique : 903, 971, 988, 1020, 1122, 1151.
Bussang (col de), Vosges : 722.
BUSSIÈRE, préfet de police : 556.
Bussoleno, Piémont : 749.
BUTLER (de), officier : 407.
BUTLER (Richard Austen) [né en 1902], homme politique britannique : 141.
BYRNES (Joseph) [1879- ?], homme politique américain : 795, 798, 803, 804.
BYRON (George Gordon, Lord) [1788-1824] : 394.

C.E.C.A. Voir Communauté européenne du charbon et de l'acier.
C.E.D. Voir Communauté européenne de défense.
C.E.E. Voir Communauté économique européenne.
C.F.T.C. Voir Confédération

Index 1439

française des travailleurs chrétiens.

C.G.C. Voir Confédération générale des cadres.

C.G.T. Voir Confédération générale du travail.

C.G.T.F.O. Voir Confédération générale du travail-Force ouvrière.

C.N.R. Voir Conseil national de la Résistance.

C.O.D.E.R. Voir Commissions de développement économique régional.

C.O.M.A.C. Voir Comité d'action militaire de la Résistance.

C.R.S. Voir Compagnies républicaines de sécurité.

CABANIER (Georges) [né en 1906], officier de marine : 78.

Cadarache, Bouches-du-Rhône : 1015.

CADOGAN (Sir Alexander), homme politique britannique : 61, 141, 358.

Caen : 493, 547, 605.

CAFFERY (Jefferson), diplomate américain : 630, 668, 670, 673-675, 713, 767, 768, 795.

Cagoule (la), surnom du Comité secret d'action révolutionnaire : 835.

Cahiers de la Libération (Les), revue : 434.

Cahiers du témoignage chrétien (Les), revue : 434.

CAILLIAU (Alfred) [1877-1956], beau-frère du Général : 437, 1186.

CAILLIAU (Charles) [1916-1940], fils d'Alfred, officier de chasseurs : 437.

CAILLIAU (Michel) [né en 1913], fils d'Alfred, membre d'un réseau de résistance : 432.

CAILLIES (Jean) [1896-1986], général : 617, 755.

Caire (Le) : 89, 96, 116, 146, 148-150, 152, 154-156, 158, 159, 161, 166, 179, 181, 187, 248, 250, 251, 254, 258, 260, 277-280, 285, 287, 289, 453, 458-462, 464, 520, 640, 643, 653, 666, 776, 800, 868, 891, 939, 984, 1112.

Caire (accords du) [décembre 1943] : 202, 204, 277-280, 285, 287, 289.

Caisse centrale de la France Libre : 130.

Caisse des dépôts et consignations : 1020.

Calabre : 400.

Calais : 588, 841.

Calcutta : 89, 750.

Californie : 1096.

Caluire-et-Cuire, Rhône : 426.

Calvados : 839, 1136.

CALVERT (Léontel), personnalité martiniquaise : 392.

CALVET, personnalité algéroise : 306.

Camberley (camp de), Grande-Bretagne : 242, 480.

Cambodge : 140, 751, 812, 816, 817, 913, 950, 1112.

Cambrai : 14, 39.

Cambron, Somme : 42.

Cameroun : 93, 95, 96, 98, 103, 104, 114, 119, 122, 144, 153, 158, 183, 189, 294, 375, 912, 935, 937, 938.

Camp David, près de Washington : 1094.

CAMPBELL (Sir Ronald), diplomate britannique : 71, 76.

Campo (baie de), île d'Elbe : 537.

Campo del Oro, Corse : 407.

CAMUS (Guy) [né en 1921], scientifique : 1140.

Canada : 76, 90, 145, 150, 151, 153, 155-157, 160-165, 168, 172, 173, 174-178, 185-187, 244, 383, 436, 471, 499, 505, 506, 802, 1072, 1089-1093, 1116.

CANAL (« un certain — »), trésorier de l'O.A.S : 1166.

Canard enchaîné (Le) : 700.

Canberra, Australie : 453.

Candie (terrain de), Crète : 260.

Cangey, Indre-et-Loire : 40.

Cantal : 541, 579, 1136.
Canterbury : 91.
CAOUS (Pierre) [1877-1958], magistrat : 581.
Cap (Le), Afrique du Sud : 124, 146, 281, 318, 394.
Cap Bon, Tunisie : 362.
Cap des Palmes, croiseur auxiliaire : 511.
CAPAGORRY, gouverneur de la Réunion : 318, 319.
Cap-des-Palmes, croiseur auxiliaire : 191, 244, 511.
CAPITANT (René) [1903-1970], homme politique : 329, 349, 371, 412, 438, 591, 711, 805.
Capitole, États-Unis d'Amérique : 1048, 1095.
Capo Olmo, navire : 79.
Caporetto (défaite de) [1917] : 456.
CARAMANLIS (Constantin) [1907-1998], homme politique grec : 1116.
Carantec, Finistère : 70.
CARBONNEL (Éric de) [né en 1910], diplomate : 1020, 1061.
CARNOT (Lazare) [1753-1823] : 14.
Carnoules, Var : 550.
CARPENTIER (Marcel de), amiral : 74.
CARPENTIER (Marcel Maurice) [1895-1977], général : 728, 769.
CARRETIER, officier aviateur : 97, 294.
CARRIÈRE (Père Victor) [1872-1946], membre de l'Assemblée consultative d'Alger : 420, 782.
Carthage : 386.
Casabianca, sous-marin : 313, 404, 405, 407.
Casablanca : 104, 105, 226, 247, 272, 299, 305-307, 312, 332, 346, 390, 486, 511, 556.
Casamance, cargo : 102.
Caserte, Italie : 531.
CASEY (Richard), homme politique britannique : 204, 280, 288, 289, 460-462.
CASSIN (René) [1887-1976], juriste et homme politique : 83, 87, 122, 129, 144, 195, 221, 384, 420, 439, 531, 535, 608, 712, 1130.
Cassin (mont) ou Cassino (monte), Italie : 471, 529-531, 535.
CASSOU (Jean) [1897-1986], écrivain : 440, 599.
Castelfiorentino, Italie : 538.
Castelnuovo (massif du), Italie : 530.
CASTERAN, représentant de la France Libre en Amérique latine : 453.
CASTET (Jean) [né en 1903], journaliste : 429.
CASTIELLA (Fernando), homme politique espagnol : 1115.
Catinat, Algérie : 953.
CATROUX (Georges) [1877-1969], général : 74, 75, 103, 111, 116, 122, 136, 137, 139, 145, 197, 203, 204, 209, 221, 252-255, 259, 282, 284, 286, 290, 336, 338, 343, 345, 354, 356-361, 365, 367, 370, 374, 375, 412, 438, 446, 447, 459-461, 590, 830, 891, 924, 1131.
CATROUX (Mme Georges), épouse du précédent : 534.
Caubert (mont), Somme : 40, 41, 42.
Caucase : 214, 254, 290, 303.
Caumont, Aisne : 41.
CAVAILLÈS (Jean) [1903-1944], mathématicien et philosophe, résistant : 231, 353, 433.
Cavalaire, Var : 550.
Cayenne : 1097.
CAYLA, gouverneur général de Madagascar : 206.
CAZAUD (Alfred) [1893-1970], général : 255, 260, 278.
CAZAUX (Jacques), inspecteur général des colonies : 139.
Ce soir, quotidien : 700.
CÉDILE (Jean), gouverneur de l'Indochine : 815, 817.
Celtes : 513.
Cenis (mont), Alpes du Nord : 455, 747-749, 769.

Centre (région): 544, 615, 940, 1009, 1201.
Cerdon, Ain: 547.
Cernay, Haut-Rhin: 728.
CERNY, diplomate tchèque: 466, 713.
CÉSAR (Caius Julius Caesar) [101 ou 100-44 av. J.-C.]: 575, 1147.
Ceux de la Libération, mouvement de résistance: 231, 302.
Ceux de la Résistance, mouvement de résistance: 231, 302.
Cévennes: 513.
Ceylan: 812, 815.
CHABAN-DELMAS (Jacques) [né en 1915]: 517, 555, 557, 563, 572, 908, 1125, 1161.
CHABRAND (Pierre) [né en 1924], magistrat: 1128.
CHADEBEC DE LAVALADE (Georges) [1881-1967], général: 352, 442, 598.
CHAILLET (Claude) [1893-1955], général: 527, 737.
CHAILLEY-BERT, commissaire de la République: 603-604.
CHAINTRON, préfet: 715.
CHAIR (de), officier britannique: 78.
Chalempé, Haut-Rhin: 737.
CHALLE (Maurice) [1905-1979], général: 930, 933, 941-944, 947-949, 953, 960, 969-976.
Châlons-sur-Marne: 439.
Chambarrand (maquis de): 615.
Chambéry: 607.
Chambre des députés. Voir Assemblée nationale.
Chambry, Aisne: 38.
CHAMFORT (Nicolas) [1741-1794]: 261.
CHAMOUN (Camille) [1899-?], homme politique libanais: 458, 462.
Champagne: 52, 56, 95, 605, 873, 1201.
CHAMPLAIN (Samuel de) [1567-1635]: 1092.
Champollion, transport: 350.
Champs (château de), Seine-et-Marne: 1073.

CHANCEL (Ludovic) [né en 1901], diplomate: 205, 216, 320, 321, 1140.
Chandernagor: 817.
CHANDON (Claude), officier: 391, 493.
CHANG KAÏ-CHEK. Voir TCHANG KAÏ-CHEK.
Chantiers de jeunesse: 229.
Chapelle (forêt de La): 874.
CHAPIN (Seldon), diplomate américain: 499.
CHARBONNIÈRES (Guy de), diplomate: 354, 357.
Charente-Maritime: 602.
CHARLES DE BELGIQUE [né en 1903], prince régent: 807, 808.
CHARLES X [1757-1836]: 575.
CHARLES-ROUX (François) [né en 1909], diplomate: 365.
CHARLOTTE DE NASSAU, grande-duchesse de Luxembourg, 212, 490.
Charolais: 615.
CHARRIER, officier de marine: 294.
Chars ne sont pas invincibles (Les), article de Jean Rivière dans le *Figaro*: 19.
Chartres: 233, 564.
CHATAIGNEAU (Yves) [1891-?], diplomate: 810.
CHATEAUBRIAND (François René, vicomte de) [1768-1848]: 442.
Châteaubriant, Loire-Atlantique: 123, 228.
Châteaudun-du-Rummel, Algérie: 1141.
CHÂTEL (Yves), administrateur: 310, 312, 333, 339, 344.
CHATELET (Albert), candidat à l'élection présidentielle de 1958: 909.
Châtellerault, Vienne: 1187.
CHATENET (Pierre) [né en 1917], homme politique: 1122.
CHAUDESOLLE, officier: 43.
CHAUDIER, maire de Limoges: 715.
Chaumont, Haute-Marne: 606, 621.
CHAUVEAU (Jean), résistant: 1140.

CHAUVEL (Jean) [1897- ?], diplomate : 438, 1061, 1089.
CHAUVINEAU (Narcisse) [1874-1969], général : 19.
CHAYLA (Armand, comte du) [1898- ?], diplomate : 453.
CHEHAB (Fouad), officier libanais : 291.
Chellata (col de), Algérie : 942.
CHENOT (Bernard) [né en 1909], homme politique : 903, 1122.
Chequers (les), résidence du Premier Ministre britannique dans le Buckinghamshire : 84, 91, 144, 635.
Cher : 1136.
Cherbourg : 76, 493, 559, 588, 720.
Cherchell, Algérie : 960.
CHEVALIER (Jacques) [1882-1962], philosophe, ministre de Vichy : 226.
CHEVALLIER (Jacques) [né en 1911], homme politique : 993.
CHEVANCE-BERTIN (Maurice), général : 518, 602, 615.
CHEVIGNÉ (Pierre de) [né en 1909], officier et homme politique : 161, 193, 314, 493, 568, 898.
CHEVILLON, général : 756.
Chevreuil, aviso : 190, 244.
CHEVREUX, haut fonctionnaire : 439.
CHIAPPE (Jean) [1878-1940], administrateur et homme politique : 151.
CHIBI (Abdelbaki) [1915-1989], parlementaire : 940.
Chicago : 801-802.
CHICHAKLI, officier syrien : 291.
Chili : 89, 399.
Chine, Chinois : 86, 190, 265, 501, 502, 549, 634, 638, 673, 749, 753, 784, 786, 789, 815, 816, 911, 958, 1024, 1056, 1057, 1066, 1074, 1082, 1083, 1096, 1111.
Chinon : 1015.
Chissay-en-Touraine, Loir-et-Cher : 59, 60.

Chivres, Aisne : 36.
CHOLTITZ (Dietrich von) [1894-1966], général allemand : 563, 566, 567, 571.
CHOMEL (Raymond) [1897-1989], officier : 43, 518, 603, 617, 746.
CHOPIN (Frédéric) [1810-1849] : 214.
CHRÉTIEN, officier : 306.
CHRISTOPHER (George), maire de San Francisco : 1096.
CHURCHILL (Lord Ivor), animateur des Amis des volontaires français, à Londres : 240, 305.
CHURCHILL (Sir Winston) [1874-1965] : 47-51, 55-61, 65-69, 73, 77, 82, 84, 90, 99-103, 106-113, 116, 118, 121, 127, 129, 137, 141, 144, 149, 155, 160, 162, 165, 169, 171, 187, 188, 195, 200-202, 205, 210, 220, 252, 253, 258, 267, 270, 272, 273, 277, 279, 281, 285-289, 293, 296-298, 304, 306, 308, 313-317, 328, 336-338, 340, 341, 343, 346-349, 356, 358, 359, 361, 364, 372, 382, 398, 415, 463-465, 467, 470, 473, 477-479, 482, 483, 486, 488-491, 493, 495, 520-522, 526, 630, 634-641, 648, 654-658, 660, 667, 713, 732, 734, 735, 763, 767-769, 771-778, 780, 781, 784, 786-791, 800, 845, 859, 1070, 1087-1089.
CHURCHILL (Lady), épouse de Winston Churchill : 315.
CHURCHILL (Randolph), fils des précédents : 465.
Chypre : 79, 135, 269, 640, 1070, 1116.
CILLIE (Darcy), journaliste britannique : 492.
Cirey-sur-Vezouze, Meurthe-et-Moselle : 722.
Clairvaux (forêt de), Aube : 874.
Clamart : 564.
CLARAC (Achille) [né en 1902], diplomate : 453.
CLARK (Mark Wayne) [1896-1984], général américain : 267,

307, 310, 311, 400, 476, 496, 525, 529-532.
CLARK BALDWIN (Joseph), membre du Congrès des États-Unis d'Amérique : 504.
CLAUZEL ou CLAUSEL (Bertrand, comte) [1772-1842], maréchal de France : 74.
CLEMENCEAU (Georges) [1841-1929] : 7, 60, 442, 468, 575, 635, 709, 829, 1150.
Clermont-Ferrand : 439, 582, 839.
CLOSON (François), commissaire de la République : 432, 604.
CLOSTERMANN (Pierre) [né en 1921], officier aviateur : 540.
Cluses, Haute-Savoie : 541.
Clyde, fleuve de Grande-Bretagne : 124.
Coblence : 718, 736, 738, 740, 793, 805.
COCHET (Gabriel) [1888-1973], général : 229, 277, 303, 442, 475, 615.
Cochinchine : 226, 749, 751, 812, 815-817.
COCTEAU, agent de renseignements de l'armée secrète : 562.
CODRINGTON, conseiller de Churchill : 338.
COGNIOT (Georges) [1901-1978], parlementaire : 849.
COIFFARD (Jacques) [1899- ?], diplomate : 453.
Colbert, croiseur : 313.
COLETTE [mort en 1944], résistant : 226.
COLLET (Philibert) [1896-1945], officier : 157, 177, 601.
COLLINET, amiral : 527, 539.
COLLINGWOOD (Charles), journaliste américain : 492.
Colmar : 613, 722-726, 729, 734, 736-738, 747.
Cologne : 791.
COLOMB (Christophe) [1451-1506] : 838.
Colomb-Béchar, Algérie : 893, 967.
Colombey-les-Deux-Églises, Haute-Marne : 606, 872, 897-899, 901, 986, 1032, 1037, 1138.
Voir aussi Boisserie (La).
COLONNA D'ISTRIA (Paul), officier : 404.
COLSON (Louis) [1908-1951], général : 58.
Combat, réseau de résistance : 230, 277, 302, 316, 329, 349, 361, 366.
Combat, journal : 434, 565, 700, 1161.
Combattante (La), contre-torpilleur : 245, 493, 495, 540.
Combined Chiefs of Staff Committee : 520.
COMERT (Pierre), directeur de l'Agence française indépendante : 134.
Comité d'action en France (C.O.M.I.D.A.C.) : 410.
Comité d'action militaire de la Résistance (C.O.M.A.C.) : 555, 577, 579, 580, 596, 602, 625.
Comité d'action socialiste (C.A.S.) : 316.
Comité de coordination de la France combattante : 240.
Comité de Londres : 223, 360, 391.
Comité français de la libération nationale (C.F.L.N.) : 370-377, 381-384, 392-402, 405-413, 416, 417, 420, 421, 428, 430, 431, 439-446, 449, 454, 456, 459-463, 466, 471, 472, 475, 476, 481-485, 507, 524, 570, 577.
Comité général des études : 236.
Comité national français : 82, 85, 184, 187, 191, 193, 195, 198, 204, 205, 207, 209, 212, 215, 219-222, 224, 234, 236, 238, 253, 260, 270, 271, 279, 280, 282, 285, 290, 293, 298, 299-301, 309, 314-316, 319, 321, 322, 337, 340, 352, 355-357, 359, 361, 363, 367.
Comité parisien de la libération : 565, 568-570, 572, 637.
Comité polonais de la libération nationale. Voir Lublin (comité de).

Comités d'entreprise : 999.
Comités de salut public (Algérie) : 896, 898, 899, 919, 921, 930.
Commandant-d'Estienne-d'Orves, corvette : 244.
Commandant-Détroyat, corvette : 244.
Commandant-Dominé, aviso : 102, 119, 244.
Commandant-Drogou, corvette : 244.
Commandant-Duboc, aviso : 102, 109, 113, 136, 244.
Commission de la Communauté économique (Bruxelles) : 1040-1042.
Commission européenne de Londres : 634, 637, 641, 655, 670, 791.
Commissions de développement économique régional (C.O.D.E.R.) : 1201.
Commonwealth : 486, 638, 654, 802, 1044-1046, 1055, 1072, 1087.
Communauté économique européenne (C.E.E.), les Six : 997, 1000, 1030, 1031, 1036-1055, 1060, 1071, 1073, 1088, 1116, 1143.
Communauté européenne de défense (C.E.D.) : 888, 1034.
Communauté européenne du charbon et de l'acier (C.E.C.A.) : 887, 1034, 1039, 1043, 1051.
Communauté franco-africaine : 928.
Commune de Paris [1871] : 64, 680.
Communes (chambre des), Grande-Bretagne : 87, 112, 113, 126, 141, 200, 202, 216, 222, 278, 286, 405, 409, 413-415, 417, 418, 420, 427-429, 444, 457, 464, 497, 517, 553-555, 777, 778, 780, 781, 789, 1087.
Communisme, communistes : 231, 232, 237, 417, 596, 597, 599, 607, 626, 627, 629, 666, 676, 679, 681, 684, 686-688, 700, 704, 706, 759, 789, 795, 796, 812, 815, 823, 824, 826, 828, 830, 835, 843, 849, 851, 853-856, 859, 860, 862, 864, 882, 884, 903, 909, 941, 951, 958, 962, 997, 1009, 1025, 1028, 1035, 1050, 1056, 1058, 1062, 1063, 1066, 1074, 1077, 1081, 1082, 1085, 1156, 1158, 1160, 1165, 1178-1179.
Communiste (parti) : 266, 595, 626, 666, 686, 687, 842, 852, 853, 855, 859, 863, 933, 1073, 1192.
Communistes (Jeunesses) : 688.
Comores (îles des) : 320, 912, 934.
Compagnie des volontaires françaises : 242.
Compagnie générale transatlantique : 504.
Compagnies républicaines de sécurité (C.R.S.) : 617, 626.
Compiègne : 40, 1065.
Conakry ou Konakry, capitale de la Guinée : 926.
Concarneau : 65, 68, 69.
CONCHARD (de), officier : 78, 130, 192.
Confédération française des travailleurs chrétiens (C.F.T.C.) : 230, 1129, 1165.
Confédération générale des cadres (C.G.C.) : 1129.
Confédération générale du travail (C.G.T.) : 230, 316, 352, 842, 853, 854, 898, 1129, 1165, 1192.
Confédération générale du travail-Force ouvrière (C.G.T.F.O.) : 1129, 1165.
Confrérie Notre-Dame, réseau de résistance : 237.
Congo (fleuve) : 447.
Congo-Brazzaville : 85, 94, 96, 97, 103, 104, 153, 158, 183, 239, 281, 294, 912, 925, 935, 937, 938, 982.
Congo-Léopoldville, Congo belge, Zaïre : 117, 158, 281, 707, 936, 1059, 1082, 1104.
Congre, dragueur de mines : 244.

Congrès des États-Unis d'Amérique : 144, 675, 813, 1095, 1096, 1163.
CONNALLY (John), sénateur américain : 500, 634.
Conseil constitutionnel : 905, 906, 972, 1124, 1129, 1171.
Conseil d'État : 608, 695, 711, 905, 907, 1157, 1166, 1167.
Conseil de défense de l'Empire : 122, 144, 146, 151, 195.
Conseil de l'Entente : 935.
Conseil de Paris : 892.
Conseil des territoires d'outre-mer : 360.
Conseil économique et social : 1014, 1201.
Conseil impérial : 312, 333, 343.
Conseil national de la Résistance (C.N.R.) : 302, 354, 363, 364, 427-429, 439, 440, 517, 553-556, 563, 565, 568, 569, 570, 572, 579, 580, 592, 596, 625, 627, 637, 681, 843.
Conseil national de la Résistance (C.N.R.), créé en 1962 contre la politique algérienne du Général : 1165.
Conseil national du crédit : 861.
Conseil supérieur de la Défense nationale : 20, 28.
Constance : 756, 792, 793.
Constance (lac de) : 755, 758.
CONSTANT (Clovis), maire de Nantes : 714.
Constantine, Algérie : 322, 329, 361, 447, 920, 932, 941, 946, 972-974, 977, 978.
Constantinois, Algérie : 809, 960, 961, 973, 1141.
Constantinople. Voir Istanbul.
Constitution de la IIIe République : 829, 841, 842, 849, 884, 1155.
Constitution de la IVe République : 811, 834, 842, 865, 1127.
Constitution de la Ve République : 903, 904, 907, 908, 912, 937, 1118, 1128, 1148-1161, 1164, 1165, 1167, 1171, 1192.

Consulat [10 novembre 1799-18 mai 1804] : 343.
CONTY, homme politique américain : 162.
Convention [1792-1795] : 1199 (lapsus pour « Constituante » [1789-1791]).
COOPER (Alfred Duff —, vicomte Norwich) [1890-1954], homme politique, diplomate et écrivain britannique : 74, 81, 141, 473, 474, 477, 478, 481, 482, 484, 485, 491, 636, 768, 713, 772, 773, 778, 780.
COPEAU (Pascal) [1908-1982], parlementaire : 849.
COPPET (Marcel de) [1881-1968], gouverneur des colonies : 206.
Corail (mer de), océan Pacifique : 193.
Coran (Le) : 679.
CORBIN (Charles) [1881- ?], diplomate : 52, 65-67, 86.
CORDAY (Charlotte de — d'Armont) [1768-1793] : 946.
CORDONNIER, maire de Lille : 604.
Corée : 789, 1066.
Corée du Sud : 1062.
CORNEILLE (Pierre) [1606-1684] : 1142.
CORNEZ, officier aviateur : 136.
CORNIGLION - MOLINIER (Édouard) [1898-1963], général d'aviation : 249, 720, 745.
Cornimont, Vosges : 722.
Cornouaille, Grande-Bretagne : 79, 244.
CORNUT-GENTILLE (Bernard) [1909-1992], diplomate et homme politique : 560, 807, 903, 924, 953, 1122.
Corregidor, île des Philippines : 193.
Corrèze : 518, 541, 547, 615, 1136.
Corse : 403-410, 436, 450, 476, 509, 511, 537, 540, 554, 610, 759, 899, 904, 987, 1136, 1202.
Corte, Corse : 410.
COSTE-FLORET (Paul) [1911-1979], homme politique : 1160, 1162.

Cot (Pierre) [1895-1977], homme politique : 86, 690, 782, 849.
Cote 811, Algérie : 953.
Côte d'Azur : 305.
Côte-d'Ivoire : 97, 158, 295, 349, 912, 926, 935, 938, 1122.
Côte-d'Or : 1136.
Cotentin : 588.
Côtes-du-Nord : 544, 1136.
Cotnereanu (Mme), propriétaire du *Figaro* : 701 (n. 30).
Cotonou, Bénin : 294, 447.
Coty (René) [1882-1962] : 886, 897, 900-903, 905, 906, 909.
Coubre (pointe de la), Charente-Maritime : 746.
Coulet (François) [1906-1984], officier et diplomate : 157, 223, 239, 493, 494, 557.
Cour des comptes : 516, 608.
Courau (Joseph) [né en 1902], président de la F.N.S.E.A. : 1129.
Courbet, cuirassé : 244, 539.
Courcel (Geoffroy Chodron de) [1912-1992], aide de camp du Général : 49, 63, 71, 87, 239, 486, 493, 1061, 1119, 1140.
Cournarie (Pierre), haut fonctionnaire : 83, 103, 122, 153, 375.
Courseulles, Calvados : 493, 494.
Courtin (René), membre du Comité général des études : 236.
Coutances, Manche : 559, 839.
Couture (Pierre) [né en 1909], ingénieur : 1131.
Couve de Murville (Maurice) [1907-1999] : 366, 374, 397, 409, 454, 457, 496, 903, 966, 1029, 1037, 1044, 1048, 1065, 1073, 1078, 1084, 1089, 1090, 1094, 1100, 1104, 1115, 1122, 1174.
Coventry, Grande-Bretagne : 91, 125.
Cowan, chantier de construction navale, Grande-Bretagne : 216.
Cowes, Grande-Bretagne : 243.
Cox, doyen de l'université de Bruxelles : 808.

Cranborne (Lord) homme politique britannique : 141.
Craonne (plateau de), Aisne : 39.
Crécy-en-Ponthieu, Somme : 37.
Crénesse (Pierre) [né en 1919], journaliste : 572.
Crépin (Jean) [1908-1996], général : 949, 960.
Crerar (armée canadienne et polonaise de) : 724.
Crescent, officier de marine : 313.
Crète : 153, 156, 259.
Creuse : 1136.
Crimée (conférence de). Voir Yalta (conférence de).
Cripps (Sir Stafford) [1849-1952], homme politique britannique : 141.
Croatie : 465, 759.
Crochu, officier : 119.
Croix (La), quotidien : 701.
Croix-de-Berny (La) : 566.
Croix de Feu (ligue des) : 303.
Croix de Lorraine : 76, 81, 94, 106, 114, 116, 183, 200, 211, 260, 282, 303, 318, 324, 350, 351, 361, 363, 366, 369, 391-394, 398, 409, 505, 514, 547, 569, 593, 715, 893.
Croix-de-Lorraine, frégate : 95, 245.
Croix-Rouge : 761.
Croizat (Ambroise) [1901-1951], homme politique : 861.
Crozet (îles), océan Indien : 320.
Cru (Robert), directeur de la Maison de l'Institut de France à Londres : 240.
Cuba : 399, 472, 1059, 1104, 1209.
Cugnac (Henri de) [1895-1996], général : 17.
Cumberland, croiseur britannique : 108.
Cuneo, Piémont : 748, 749.
Cunningham, officier américain : 184.
Cunningham (Sir Andrew) [1883-1963], amiral britannique : 150, 253, 525, 538.
Cunningham (John), amiral britannique : 102, 105-113, 118, 119.

Curie, sous-marin : 245.
Curzon (ligne), frontière orientale de la Pologne : 469, 651-652, 672, 788.
Cusin (Gaston) [né en 1903], haut fonctionnaire : 601.
Cuttoli, doyen d'âge de la Constituante : 857, 858.
Cyrénaïque : 135, 148, 250, 251, 253-255, 295, 455, 458.

D.O.M.-T.O.M. Voir Départements et territoires d'Outre-mer.
D'Iberville, aviso : 204.
Da Cunha (Vasco), diplomate brésilien : 472.
Dabo, Bas-Rhin : 722.
Dacko (David), président de la République centrafricaine : 938.
Daguin, administrateur du port de Pointe-Noire : 117.
Dahlab (Saad), membre du F.L.N. : 988.
Dahomey, *auj.* Bénin : 295, 349, 912, 926, 935, 938.
Dahra, Algérie : 923, 941, 942.
Daia (monts de), Algérie : 923.
Dakar : 65, 80, 93-95, 98-112, 118, 120, 127, 226, 245, 247, 294, 312, 338, 350, 358, 370, 375, 394, 447, 511, 539, 835, 927, 935, 936.
Daladier (Édouard) [1884-1970] : 24, 26, 29, 31, 301, 434, 828.
Dalmatie : 213, 465, 521, 759.
Dalquist, général américain : 738.
Dalton (Hugh), homme politique britannique : 141.
Damas : 146, 150, 155-167, 171, 172, 174, 177-179, 194, 204, 226, 283-285, 290, 294, 297, 640, 771-779, 783, 784, 867, 1112.
Dames de Sion (couvent des), Acton Burnell, Grande-Bretagne : 239.
Damour, Liban : 164.
Danemark : 33, 758, 762.
Danube : 23, 450, 464, 502, 614, 633, 634, 638, 667, 742, 743, 749, 753-756, 1071, 1094.
Darlan (François) [1881-1942] : 58, 63, 67, 80, 95, 151, 153-155, 158, 166, 172, 226, 276, 305-307, 310-315, 327-333, 336, 337, 344, 476, 869.
Dar-Mahidine, Algérie : 307.
Darnand (Joseph) [1897-1945], homme politique : 351, 423, 433, 442, 560, 730, 834, 837.
Dartmouth, Grande-Bretagne : 243.
Dassonville [1890-?], général : 144.
Dauphiné : 513.
Dautry (Raoul) [1880-1951], ingénieur et homme politique : 65, 303, 711, 714, 805, 839, 861.
David, représentant de la France Libre à Alep : 177.
David (Jean-Paul) [né en 1912], parlementaire : 1160.
De Gasperi (Alcide) [1881-1954], homme politique italien : 770, 1048.
Déat (Marcel) [1894-1955], homme politique : 18, 226, 423, 835.
Debatisse (Michel) [né en 1929], homme politique : 1130.
Debeaumarché, haut fonctionnaire : 518.
Debeney (Marie Eugène) [1864-1943], général : 18.
Debré (Michel) [1912-1996] : 236, 440, 562, 861, 903, 905, 907, 936, 948, 952, 959, 966, 972, 991, 1009, 1012, 1013, 1020, 1037, 1065, 1073, 1075, 1078, 1084, 1100, 1104, 1119, 1121, 1122, 1124, 1128, 1156.
Decazeville, Aveyron : 1185.
Déclaration des droits de l'homme et du citoyen [1789] : 679 (n. 4).
Découverte, frégate : 245.
Decoux (Jean) [1884-1963], amiral : 139, 191, 750, 751.
Decugis [mort en 1942], ingé-

nieur des travaux publics : 214, 318, 319.
Défense de la France, journal clandestin : 434, 437, 565, 700.
DEFFERRE (Gaston) [1910-1986] : 432, 598, 890, 1162.
DEGÉ, officier de marine : 313.
Deir-ez-Zor (pont de), sur l'Euphrate, en Syrie : 164, 283, 294, 772, 783.
DEIXONNE (Maurice) [1904-1987], homme politique : 902.
DEJEAN (Maurice) [1899- ?], diplomate : 144, 159, 195, 198, 212, 221, 287, 293, 298, 300, 453, 463, 466, 643, 646, 651, 655, 661, 663, 664, 1061, 1078.
DEJUSSIEU (Pierre), dit Pontcarral, chef d'état-major de l'armée secrète : 517, 555.
DEKANOZOV, dirigeant soviétique : 649, 661.
DELANGE (Jean-Marie) officier : 97, 294, 326.
DELAY (Achille) [1886-1965], général : 322.
DELESTRAINT (Charles) [1879-1945], général, chef de l'armée secrète : 44, 46, 229, 235, 277, 353, 354, 426, 517, 543.
DELIGNE (Agathon) [1890-1961], général : 323.
DELONCLE (Eugène) [1890-1943], homme politique : 226.
DELOUVRIER (Paul) [1914-1995], haut fonctionnaire : 930, 932, 942, 948, 959, 1141, 1203.
DEMARQUET (Jean) [1923-1989], parlementaire : 950, 959.
DEMARSON, maire de Colombey-les-Deux-Églises : 606.
DEMPSEY (Sir Miles Christopher), général britannique : 724.
DENAIS (Joseph) [1877-1960], parlementaire : 690, 834.
DENEUX (Marcel), président du C.N.J.A. : 1130.
DENIS (Pierre), dit Rauzan, responsable des finances de la France Libre : 87, 129.

DENNERY (Étienne) [né en 1903], universitaire, diplomate : 144, 1061.
Dents de Lanfon, Haute-Savoie : 541.
DENTZ (Fernand) [1871-1945], général : 151, 153-156, 161, 163, 165, 172, 175, 252, 291, 697.
Département d'État américain : 124, 183, 186-188, 191, 193, 269, 270, 350.
Départements et territoires d'Outre-mer.
— Départements : 892, 929, 935, 950, 954, 990, 1097, 1110.
— Territoires : 64, 399, 444-448, 888, 892, 906, 910, 929, 935, 950, 954 990.
Dépêche de Paris (*La*) : 701.
Deraa, Syrie : 157.
DERRIEN (Louis), amiral : 307, 323.
DESBRIÈRE (Georges) [né en 1901], industriel : 1130.
DESCHATRES, officier de marine : 78.
DESCOUR (Marcel) [1899- ?], officier : 543, 597.
DESMAZES, général : 517.
Destour, parti politique tunisien : 809, 981.
Detna, Cyrénaïque : 135, 260.
DÉTROYAT (Robert), officier de marine : 161, 245.
DEVERS (Jacob) [1887- ?], général américain : 525, 609, 718, 719, 724-726, 729-735, 738, 740, 741, 747, 754-756.
DEWAVRIN (André). Voir PASSY (colonel).
DEWEY (John), gouverneur de l'État de New York : 505, 801.
DEYRON, président du conseil général de Constantine : 329.
Dhuits (forêt des), Haute-Marne : 874.
DIA (Mamadou) [né en 1910], homme politique sénégalais : 927.
DIEBOLT (Marcel) [né en 1912], préfet : 899.

DIEFENBAKER (John) [1895-?], homme politique canadien : 1090-1092.
Diégo-Suarez (*auj.* Antsiranana), Madagascar : 205-208, 282, 293, 320.
Diên Biên Phû : 894.
Dieppe : 433, 588.
DIETHELM (André) [1886-1954], homme politique : 62, 221, 223, 298, 350, 374, 412, 413, 438, 534, 590, 591, 596-598, 606, 617, 619, 709, 718, 727, 742, 805.
Dijon : 439, 544, 573, 606, 611, 720, 1078.
Diligente, navire : 244.
DILL (Sir John) [1881-1944], maréchal britannique : 52, 141.
DILLON, général britannique : 51, 75.
DILLON (Douglas), homme politique américain : 1096.
Dinan, Côtes du Nord : 33.
Dinant, Belgique : 728.
DIO (Louis) [1908-1994], officier : 294, 326, 566, 578.
DIORI (Hamani) [1916-1989], homme politique nigérien : 928, 938.
Discorde chez l'ennemi (La), ouvrage de Charles de Gaulle : 10.
Discours sur le style, ouvrage de Buffon : 677 (n. 1).
Dixmude, transport d'avions : 511.
DIXON (Sir Pierson), diplomate britannique : 1061.
Djebel Druze : 163, 173, 175, 177, 282, 775.
Djeddah, Arabie saoudite : 146.
DJEMIL MARDAM BEY, homme politique syrien : 178.
Djerba, Tunisie : 362.
Djezireh, région du Proche-Orient : 163, 172, 175, 177, 203.
Djibouti : 30, 96, 135, 137, 146-148, 154, 204, 205, 208, 320, 321, 324, 1113.
Djurdjura, Algérie : 942.
DODELIER (Louis) [1904-1991], général : 136, 1140.

DODEMAN, maire de Bayeux : 494.
DODY (André) [1887-1960], général : 527, 530, 534, 538, 550, 607, 612, 715, 730.
DOENITZ (Karl) [1891-1980], amiral allemand, successeur de Hitler : 762, 763.
Dole : 619.
Dominique (la), île des Petites Antilles : 391, 392.
Dompaire, Vosges : 621.
DONAT-GUIGNE (Charles) [1879-1948], magistrat : 695.
Donaueschingen, Bade-Wurtemberg : 756.
Donzère, Drôme : 542.
DOOLITTLE (James) [1896-?], général d'aviation américain : 525.
Dordogne : 433, 518, 546, 602, 1136.
DORIOT (Jacques) [1898-1945], homme politique : 835.
Doris, sous-marin : 245.
Douai : 39.
Douala, Cameroun : 93, 95-97, 104, 106, 113-119, 122, 153, 294, 295, 317, 375, 447.
Dourch, Hérault : 541.
Doubs : 544, 595, 1136.
DOUHET (Giulio) [1869-1930], général italien : 15.
Doullens, Somme : 839.
DOUMENC (Joseph) [1888-1948], général : 32, 34.
DOUMER (Paul) [1857-1932] : 910.
DOUMERGUE (Gaston) [1863-1937] : 8.
DOYEN (Paul) [1881-1974], général : 747, 748, 767, 768.
Draguignan : 550.
DREYFUS, homme politique algérois : 306.
Dreyfus (affaire) [1894-1906] : 6.
DROGOU, officier de marine : 78.
Drôle de guerre (la) : 29.
DROMARD (Robert) [1894-1982], général : 527, 534, 742.
Drôme : 542, 546, 578, 615.
DRONNE (Raymond) [né en 1908],

officier et homme politique : 566.

DROUOT, pseudonyme de Georges Lecot, officier : 542.

DRUILLE, officier : 601.

DUCHESNE (Jacques), journaliste : 133.

DUCLOS (Jacques) [1896-1975], dirigeant du P.C.F. : 690, 833, 849, 904.

DUCLOS (Maurice), dit Saint-Jacques, membre du B.C.R.A. : 132.

DUFOUR (Maurice), agent français de l'Intelligence Service : 479-482.

Duguay-Trouin, croiseur : 150, 394, 511, 598, 720.

DUHAMEL (Georges) [1884-1966] : 608, 702.

Duisburg, Rhénanie : 718.

DULAC (André) [1907-1982], général : 898.

DULLES (Allen), diplomate américain : 552.

DULLES (John Foster) [1888-1959], homme politique américain : 1062, 1063, 1067.

DUMARÇAY [né en 1906], diplomate : 177.

DUMAS (Pierre) [né en 1924], homme politique : 1174.

Dumbarton Oaks (conférence de) [août-octobre 1944] : 463, 634, 672, 673, 785.

DUMESNIL DE GRAMONT, membre de l'Assemblée consultative d'Alger : 420.

Dunkerque : 33, 39, 43, 45, 48, 51, 67, 69, 79, 269, 508, 588, 840, 852, 1015.

Dunkerque, cuirassé : 313.

Dunkerque-Lille-Valenciennes (canal) : 1015.

DUPÉRIER (Bernard) [né en 1907], officier aviateur : 249.

Duperré, escorteur d'escadre : 1141.

DUPLEIX (Joseph - François) [1697-1763] : 1111.

Dupleix, croiseur : 313.

DUPONT (Edmond) [1888-1957], général : 216, 321.

DUPUIS ou DUPUY (Pierre), diplomate canadien : 76.

Duquesne, croiseur : 150, 394, 511, 721.

Durance (vallée de la) : 747.

DURRMEYER (Robert) [1877-1954], général : 229.

DUSSEAULX (Roger) [1913-1988], homme politique : 1174.

Düsseldorf : 609, 804.

DUVAL (Charles) [1869-1958], général : 17.

DUY-TAN [mort en 1945], empereur d'Annam : 817.

E.A.M., organisation de résistance grecque : 464.

E.L.A.S., organe militaire de l'E.A.M. : 464.

É.N.A. Voir École nationale d'administration.

EAKER, général américain : 525.

ÉBOUÉ (Félix) [1884-1944] : 94-96, 115, 116, 122, 209, 296, 325, 343, 447, 448, 925.

Écho d'Alger (L') : 946.

Écho d'Oran (L') : 940.

Écho de Paris (L') : 16.

Echternach, Luxembourg : 728.

École de guerre : 7, 338.

École des cadets de la France Libre : 242.

École nationale d'administration (É.N.A.) : 685, 861.

École navale de la France Libre : 246.

Écosse : 240.

EDDÉ (Émile), président de la République libanaise : 178, 179, 459.

EDEN (Sir Anthony —, comte d'Avon) [1897-1977] : 52, 121, 127, 129, 141, 149, 155, 158, 163, 165, 174, 187, 188, 199, 200, 202, 206, 207, 211, 222, 233, 254, 270-272, 277, 287, 293, 297-299, 304, 305, 314, 315, 319, 326, 337, 358, 359, 364, 365, 372, 454, 470, 486,

Index

488, 491, 493, 495, 634-637, 639-641, 657, 713, 776-778, 1088.

Édimbourg (Philip, duc d') [né en 1925] : 1086.

Édimbourg (université d') : 216.

Edjelé, Algérie : 893, 932, 967.

Effort (L'), deuxième volume, inachevé, des *Mémoires d'espoir*, ouvrage de Charles de Gaulle : 1209.

Égal, représentant de la France libre à Shangaï : 140.

Égypte, Égyptiens : 96, 124, 145, 149, 152, 155, 161, 180, 181, 245, 248, 249, 257, 265, 269, 277-280, 288, 290, 291, 453, 458, 469, 643-644, 770, 774, 784, 867, 1082.

Ehrenbourg (Ilya) [1891-1967], écrivain soviétique : 650.

Eisenberg (camp d') : 437.

Eisenhower (Dwight David) [1890-1969] : 267, 271, 304, 307-311, 314, 323, 327-329, 333, 336, 343, 357, 359, 369, 377-381, 400-402, 454, 456, 475-477, 484, 487-490, 498, 519, 523-526, 531, 537, 539, 544, 557-559, 562, 565, 569, 580, 609, 613, 622, 630, 717-719, 729, 731, 733-736, 738-741, 747, 756-757, 762, 763, 793, 1057, 1063-1069, 1074-1077, 1081, 1084, 1093-1102.

Eisenhower (Mme Dwight) : 1094.

Eisenlaub (Dr), président du Palatinat : 806.

El-Agheila, Tripolitaine : 326.

El-Alamein, Égypte : 260, 277, 298, 324, 493.

El-Alaouina, Tunisie : 307.

Elbe (île d') : 407, 536, 537.

Elbe, fleuve : 23, 743, 753, 758.

El-Gobi, Cyrénaïque : 259.

Elisabeth (Lady — Bowes Lyon) [née en 1900], épouse du roi George VI : 1089.

Élisabeth de Bavière [1876-1965], reine des Belges : 807.

Elisabeth II [née en 1926], reine d'Angleterre : 1086, 1087, 1090.

Ellesmere, Grande-Bretagne : 239.

Elster, général allemand : 611.

El-Tageddine (Cheik), homme politique syrien : 203, 283, 289.

Ély (Paul) [1897-1975], général : 517, 897, 919, 941, 948, 953, 971, 1131.

Émile-Bertin, croiseur : 390, 511, 598, 720.

Empire (Premier) [1804-1814] : 824, 1148.

Empire (Second) [1856-1870] : 11, 824, 1148, 1200.

Empire britannique : 71, 201, 343, 790, 815.

Empire français (colonies) : 47-49, 51, 60, 73-75, 81-86, 92, 117, 151, 199, 205, 208, 210, 211, 218, 225, 261, 271, 276, 331, 334-337, 340, 341, 343, 344, 346, 354, 372, 373, 383, 387, 389, 390, 393, 402, 403, 408, 445, 448, 450, 456, 495, 507, 590, 609, 614, 631, 712, 809, 835, 882, 889, 954, 1176.

Empire ottoman : 783.

Empire romain : 513, 679, 759.

Énéide, poème épique de Virgile : 792 (n. 33).

Enfière, « ami de M. Herriot » : 552.

English Electric (usine), Grande-Bretagne : 216.

English Speaking Union : 216.

Épervier, contre-torpilleur : 308.

Époque (L'), quotidien : 16, 701.

Équateur : 472.

Erhard (Ludwig) [1897-?], homme politique allemand : 1037.

Éridan, transport : 350.

Erstein, Bas-Rhin : 727, 736.

Érythrée : 122, 136, 138, 146-149, 157, 248, 456.

Escarra (Jean) [1885-1955], juriste et diplomate : 87, 190.

Escaut : 719.

Espagne, Espagnols : 30, 79, 92, 95, 132, 265, 307, 323, 437, 442,

453, 472, 498, 509, 541, 556, 599, 836, 950, 959, 969, 1023, 1115.
Esperia, Italie : 534.
Espoir (L'), périodique : 700.
ESQUERRE, personnalité algéroise : 306.
ESSARS (des), officier : 177.
Essonne : 1203.
Est (pays de l') : 1030, 1035.
Esterel, croiseur auxiliaire : 390.
ESTÉVA (Jean-Pierre) [1880-1951], amiral : 307, 696-697.
ESTIENNE (Jean-Baptiste) [1860-1936], général : 14.
ESTIENNE D'ORVES (Honoré d') [1901-1941], officier de marine : 131.
Étaples, Pas-de-Calais : 39.
État croate. Voir Croatie.
État palatin. Voir Palatinat.
Éthiopie : 21, 136, 205, 291, 1110, 1112, 1113.
Étoile, goélette : 246.
Eton (collège d'), Grande-Bretagne : 199.
EUGÉNIE (Eugenia Maria de Montijo) [1826-1920], impératrice des Français : 575.
Euphrate : 162, 164, 283, 1112.
Euratom : 1034, 1039, 1043, 1051.
Eure : 1136.
Eure-et-Loire : 233.
Europe, Européens : 7, 11, 15, 20, 23, 26, 47, 84, 85, 91, 92, 125, 139, 158, 170, 181, 183, 199, 210, 211, 214, 266-268, 271, 288, 301, 305, 316, 342, 347, 365, 377, 394, 395, 399, 402, 450, 455, 462, 463, 465, 468, 486-490, 492, 497, 501-503, 507, 510, 520, 522, 631, 633, 634, 638, 642, 657, 667, 670, 679, 751, 759, 760, 765, 771, 775, 788-792, 797, 801, 805-809, 817, 818, 821, 824, 867, 883, 887, 888, 895, 910, 944, 954, 960, 961, 977, 979, 986, 990, 992, 1005, 1023, 1025, 1026, 1028-1030, 1033-1035, 1039, 1041, 1046, 1048, 1050-1052, 1055-1057, 1062, 1063, 1068, 1070-1076, 1079, 1081, 1082, 1086-1088, 1091, 1095, 1106, 1108, 1114, 1115, 1143, 1151, 1159, 1182, 1210.
Europe balkanique. Voir Balkans.
Europe centrale : 463, 464, 498, 521, 633, 654, 667, 787, 798, 1054-1056.
Europe de l'Est : 421, 633.
Europe européenne : 1030, 1049, 1073.
Europe supranationale : 1040.
Évangile : 679.
EVATT, homme politique australien : 713.
Évian (négociations et accords [18 mars 1962] d') : 965, 976, 980, 985, 986, 988, 989, 992, 1151, 1188.
Évreux : 605.
Exposition universelle [1900] : 6.
Extrême-Asie : 794.
Extrême-Orient : 139, 190, 245, 399, 548, 549, 636, 750, 752, 774, 788.
EYSKENS (Gaston) [1905-?], homme politique belge : 1050, 1052.
Ezraa, Syrie : 161.

F.F.I. Voir Forces françaises de l'intérieur.
F.F.L. Voir Forces françaises libres.
F.L.N. Voir Front de libération nationale.
F.M.I. Voir Fonds monétaire international.
F.N.S.E.A. Voir Fédération nationale des syndicats d'exploitants agricoles.
F.T.P. Voir Francs-Tireurs et Partisans.
FABRY (Jean) [1876-1968], homme politique : 20.
Fachoda (affaire de) [1898] : 6, 461.
Fada, Congo : 153, 294.
FAHRENBACHER, général allemand : 746.

Faiblesse des chars (*La*), article de Jean Rivière dans le *Figaro* : 19.

FAIDHERBE (Louis) [1818-1889] : 910.

Faisans (île des), frontière franco-espagnole : 1115.

FANFANI (Amintore) [né en 1908], président du Conseil italien : 1047, 1048, 1051-1053.

Fantasque, croiseur léger : 104, 350, 407, 511, 540, 598.

Far West : 1085.

FARÈS (Abderrahmane) [1911-1991], homme politique algérien : 930, 931, 992, 993.

FARES EL KOURY, homme politique syrien : 178.

FARGE (Yves) [1899-1953], homme politique : 596, 607.

FARJON (Étienne) [né en 1906], parlementaire : 352.

FAROUK Ier [1920-1965], roi d'Égypte : 277, 288, 462, 643-644.

Fascisme, fascistes : 23, 394, 395, 498, 625, 643, 662, 679, 700, 759-760.

FAUQUENOT, représentant de la France Libre à Alep : 177.

FAURE (Edgar) [1908-1988] : 384, 885, 887, 1199.

FAURE (Maurice) [né en 1922], homme politique : 1160.

Faust, poème dramatique et personnage de Goethe : 627.

Favone, Corse : 407.

FAVREAU (Dr), renseigne le Général sur les événements de Paris en août 1944 : 564, 565.

Faya-Largeau, Tchad : 115, 153, 294.

FAYOLLE (François), officier aviateur : 249.

Fédala, Maroc : 307, 338.

Federal Bank (américaine) : 103.

Fédération nationale des syndicats d'exploitants agricoles (F.N.S.E.A.) : 1130, 1166.

Fédération protestante de France : 351.

FÉLIX (prince), chef traditionnel gabonnais : 295.

Félix-Roussel, paquebot : 246.

FELTIN (Mgr Maurice) [1883-1975], prélat : 601.

FÉNARD (Raymond), amiral : 351, 485, 486, 498, 501.

Fère (La), Aisne : 37.

Fernando-Pó, île de Guinée équatoriale : 93.

FERRIÈRE, membre de l'Assemblée consultative d'Alger : 416.

Ferté-Bernard (La), Sarthe : 564.

Ferté-sous-Jouarre (La), Seine-et-Marne : 32.

Festieux, Aisne : 39.

Fez : 390.

Fez (traité de) [1912] : 810.

Fezzan, province de Libye : 114, 137, 138, 250-252, 295, 322, 325, 326, 456, 536.

FIERLINGER (Zdenek) [1891- ?], homme politique tchécoslovaque : 213.

Figaro (*Le*), quotidien : 19, 27, 701, 1161, 1170.

Fil de l'épée (*Le*), ouvrage de Charles de Gaulle : 10.

FILLIOL (René), représentant de la France Libre au Caire : 279.

Finistère : 1136.

FINK (Victor), écrivain soviétique : 650.

Finlande, Finlandais : 30, 265, 463, 866.

FISCHER, magistrat : 442.

FISCHER (Mgr), évêque de Rotthausen : 806.

Fismes, Marne : 38, 40.

FLANDIN (Pierre-Étienne) [1889-1958], homme politique : 22, 226, 478.

Flandre, Flamands : 231, 604, 839, 1047.

FLÉCHET (Max) [né en 1901], homme politique : 1122.

Flers, Orne : 839.

Flins-sur-Seine (usine de), Yvelines : 1078.

Florac, Lozère : 852.

Florence : 315, 538.

Floride : 1104.

FLOURET (Marcel) [1892- ?], admi-

nistrateur : 556, 563, 569, 570, 572.
FOCH (Ferdinand) [1851-1929] : 45, 81, 175, 575, 635.
Foch, croiseur : 313.
FOCILLON (Henri) [1881-1943], historien de l'art : 184.
FOCCARD (Jacques) [né en 1913], conseiller de la présidence de la République : 924, 937, 1140.
FOLLIOT, officier : 135.
Fonds monétaire international (F.M.I.) : 1000, 1104, 1205.
FONLUPT-ESPERABER (Jacques) [1886- ?], administrateur : 728.
FONTAINE. Voir ANTOINE (Aristide).
Fontainebleau : 727, 984, 1065.
FONTANES (Louis de) [1757-1821] : 1194.
FONTANET (Joseph) [1921-1980], homme politique : 1122, 1151.
FONTENIL (Paul), chauffeur du Général : 898.
Forbach, Moselle : 729.
Forbin, contre-torpilleur : 150, 394.
Force ouvrière (F.O.). Voir Confédération générale du travail-Force ouvrière (C.G.T.F.O).
Forces françaises de l'intérieur (F.F.I.) : 518, 519, 547, 555, 567, 569, 571, 582, 600, 636.
Forces françaises libres (F.F.L.) : 115, 167-170, 189, 293, 346, 350, 361, 398.
Forces navales françaises libres : 222.
Forclaz (fort de La), Haute-Savoie : 748.
Foreign Office : 66, 127, 159, 160, 186, 200, 209, 267, 298, 299, 465, 480, 481, 490, 493, 867.
Forêt-Noire : 724, 738-740, 754-756, 806.
Formose : 1062.
FORRESTAL (James), homme politique américain : 500.
Fort-Archambault, Tchad : 153, 295.

Fort-Binger, cargo : 247.
Fort-de-France : 185, 247, 272, 332, 375, 391-393.
Fort-Lamy, *auj.* N'Djamena : 115-117, 152, 294, 295, 325, 334, 448, 925.
Fort-Lamy, cargo : 115.
Fort-Umberto, Érythrée : 148.
FORTUNE, général britannique : 42.
FORTUNÉ, administrateur colonial : 153.
Fortuné, contre-torpilleur : 102, 150, 394.
FOTICH, diplomate yougoslave : 466.
FOUCHET (Christian) [1911-1974], homme politique : 658, 663, 664, 992, 1053, 1174, 1196.
Fouchet (commission) : 1053.
FOUGÈRE, général : 151.
Fougères, Ille-et-Vilaine : 559.
FOUQUAULT, général : 974.
FOURCADE, commissaire de la République : 440.
FOURCAULT, officier : 132, 312.
FOURNIER, maire de Montréal : 1093.
FOURQUET (Michel) [né en 1914], général : 973.
FOWKES, général britannique : 321.
FOYER (Jean) [né en 1921], juriste et homme politique : 991, 1122, 1174.
Franc-Tireur, réseau : 230, 277, 316.
Franc-Tireur, journal : 230, 434, 565, 700.
Français parlent aux Français (Les), émission diffusée par la B.B.C. : 133, 134, 349.
France, journal : 134, 349.
France Combattante, Français Combattants : 103, 198, 207, 208, 210, 217-262, 265, 269, 270, 272, 276, 281, 282, 285, 293-301, 306, 309, 312, 314, 316-321, 328, 330, 335, 336, 338, 341, 344, 346, 348-350, 352, 356-362, 365, 366, 370,

371, 378, 382, 387, 390, 393, 397, 430, 446, 479, 480, 496, 503, 570, 750, 801, 910.

France et son armée (La), ouvrage de Charles de Gaulle : 26.

France Libre, Français Libres : 77, 81, 83-84, 86-89, 91-94, 98-101, 104, 106, 108, 109, 111-114, 120, 122, 125, 126, 129-140, 144, 145, 150, 152, 155-157, 159-161, 163, 166-170, 174, 177, 180-186, 188, 189, 191, 193, 194, 195, 198-200, 202, 205-211, 215, 218, 221-223, 225, 233, 241-245, 247, 255, 261, 272, 273, 279, 281, 286, 295, 305, 313, 324, 343, 362, 364, 383, 389, 391-393, 397, 403, 435, 438, 479, 480, 482, 491, 509, 570, 589, 594, 621, 682, 697, 835, 837, 1023, 1089, 1114.

France libre, revue : 134, 349, 700.

Francfort (traité de) [10 mai 1871] : 1027.

Franche-Comté : 615, 992, 1201.

FRANCIS (Ahmed), homme politique algérien : 964.

FRANCO (Francisco) [1892-1975] : 125, 836, 1115.

FRANÇOIS, directeur de banque : 548.

FRANÇOIS, officier : 42.

FRANÇOIS-PONCET (André) [1887-1978], diplomate et homme politique : 25, 52, 434, 1161.

Francs (les) : 513.

Francs-Tireurs et Partisans (F.T.P.) : 232, 302, 517, 546.

FRANK, agent britannique : 208.

FRÉDÉRIC II [1712-1786], roi de Prusse : 315.

FREDRICHS, président de l'université de Bruxelles : 808.

Freetown, Sierra Leone : 104, 105, 111, 123, 145, 209.

FRENAY (Henri) [1905-1988], homme politique : 230, 277, 302, 308, 412, 438, 591, 691, 710, 830.

Frenda (massif de), Algérie : 941.

FRÈRE (Aubert) [1881-1944], général : 45, 229.

Fresnes (prison de) : 566.

Freudenstadt, Allemagne : 754, 755.

FREY, maire de Strasbourg : 727, 732.

FREY (Roger) [né en 1913], homme politique : 986, 1122, 1174, 1203.

Fribourg-en-Brisgau : 756, 793, 806.

FRIEDEBURG (Hans Georg von), amiral allemand : 762.

FROGER, président du conseil général d'Oran : 329.

Fronde (la) [1648-1652] : 575.

FRONDIZI (Arturo) [né en 1908], homme politique argentin : 1114, 1115.

Front de libération nationale (F.L.N.) : 915, 929, 934, 940, 941, 951, 954-959, 963-965, 968-970, 976, 978, 979, 983-985, 988, 992, 993.

Front national, mouvement : 232, 403-405, 554, 555, 625, 626, 687.

Front national, organe du mouvement : 565, 700.

Front national français, fondé par Ortiz en 1959 : 946, 958, 960.

Front populaire : 23.

FROST (Leslie), homme politique canadien : 1093.

FRUCHAUT (Dr), Français Libre d'Orient : 161.

FÜHRER (le). Voir HITLER (Adolf).

FULLER (John) [1878- ?], général et théoricien militaire britannique : 15.

FURUKAKI (Tetsuro), diplomate japonais : 1061

G.P.R.A. Voir Gouvernement provisoire de la République algérienne.

GABA (Toura), président de la République du Tchad : 925.

Gabès, Tunisie : 158, 322, 323, 325, 362.

Gabon : 95, 98, 114, 118, 119, 153, 226, 245, 294, 295, 835, 870, 912, 925, 935, 937, 938.
Gafsa, Tunisie : 322, 362.
GAGNON (Onésime), gouverneur du Québec : 1092.
GAILLARD (Félix) [1919-1970], parlementaire : 885, 893, 896, 999.
GAILLET, officier : 107.
Galets (pointe des), Réunion : 318.
Galicie : 214, 468, 469, 498, 643, 657, 664.
Galissonnière, croiseur : 313.
GALL, général allemand : 537.
GALLIENI (Joseph) [1849-1916] : 910.
GAMBETTA (Léon) [1838-1882] : 601.
Gambie : 95, 120.
GAMBIEZ (Fernand) [1903-1989], général : 407, 537, 941, 960, 970.
Gambsheim, Bas-Rhin : 736.
GAMELIN (Maurice) [1872-1958], général : 20, 24, 32, 39, 301, 434.
GAMMEL, général américain : 525.
Gander (base américaine de), Terre-Neuve : 803.
GANDHI (Mohandas Karamchand, dit le Mahatma) [1869-1948] : 288, 1110.
Gannat (prison de), Allier : 338.
Gao, Mali : 448.
GARBAY (Pierre) [1903-1980], général : 136, 722, 736, 745, 748.
GARCIE, officier : 518, 541.
Gard : 1136.
GARDES, officier : 970.
GARDY (Pierre), général [1901-1975] : 972-974.
Garet el-Hammel, Algérie : 981.
Garigliano, fleuve d'Italie : 495, 529, 531, 534.
Garonne (fleuve) : 603.
GARREAU (Roger) [1891- ?], diplomate : 198, 254, 303, 453, 640, 646, 651, 655, 661, 663.
GARREAU-DOMBASLE (Maurice), diplomate : 140, 145, 183, 453.

GASTALDO, officier adjoint au général Delestraint : 517.
GASTINES (Hubert de Macé de) [1903-1981], général : 955.
GATES (Thomas), conseiller du président Eisenhower : 1100.
Gatroum, Libye : 326.
Gaule, Gaulois : 513, 633, 806, 1147.
GAULLE (Alain de), fils de Pierre de Gaulle : 437.
GAULLE (Anne de) [1928-1948], fille du Général : 71, 239, 436, 714, 874.
GAULLE (Bernard de) [né en 1923], fils de Jacques de Gaulle : 437.
GAULLE (Chantal de), fille de Pierre de Gaulle : 437.
GAULLE (Charles de) [1890-1970]. Mentions à la troisième personne sous les formes « de Gaulle », « Charles de Gaulle », « général de Gaulle », « le chef de l'État », etc. : 5, 19, 20, 68, 77-79, 82, 88, 89, 94, 100, 106, 108, 110, 112-114, 116, 120, 129, 130, 133, 135, 143, 151, 152, 165, 171, 182, 184, 187, 190, 199, 200, 202, 203, 210, 215, 216, 219, 220, 222-224, 236, 247, 259, 266, 269-271, 273, 275, 278, 281, 282, 287, 288, 292, 295, 299-302, 309, 311, 313-317, 319, 321, 322, 329, 330, 336, 339, 340, 342, 344, 346, 350, 353, 355-357, 360, 361, 363, 370, 375, 377, 381, 382, 385, 387, 389, 391, 392, 396, 399, 410, 411, 414, 415, 420-426, 428, 435, 438, 443, 450-452, 460, 477, 479-481, 494, 496, 499, 503, 505, 517, 525, 552-555, 568, 569, 572, 573, 576, 578, 579, 581-583, 589, 598, 603, 607, 618, 626, 629, 637, 657, 663, 667, 674, 675, 681, 687-690, 702, 709, 712, 714, 729, 749, 766, 772, 777, 779, 781, 782, 790, 792, 795, 800, 803, 805, 806,

809, 826, 829, 839, 841, 843, 849, 854-859, 863-866, 872, 882, 892, 894, 897-899, 901, 903, 904, 906, 907, 909, 914-916, 920, 929, 933, 939-941, 946, 951, 953-956, 959, 964, 972, 974, 981, 982, 985, 987, 993, 995, 999, 1001, 1012, 1021, 1026, 1029, 1038, 1044, 1048, 1053, 1084, 1086, 1094-1096, 1099, 1101, 1126, 1133, 1136, 1149, 1150, 1152, 1154, 1157, 1159, 1160, 1165, 1167, 1168, 1170-1174, 1177, 1199.

GAULLE (Mme Charles de —, née Yvonne Vendroux) [1900-1979], épouse du Général : 71, 237, 239, 436, 714, 1049, 1137, 1140, 1141.

GAULLE (Charles de) [né en 1948], fils de Philippe de Gaulle : 874.

GAULLE (Élisabeth de —, Mme Alain de Boissieu) [née en 1924], fille du Général : 71, 239, 436, 714, 874, 1141.

GAULLE (François de) [né en 1922], fils de Jacques de Gaulle : 437.

GAULLE (Geneviève de), fille de Xavier de Gaulle : 437.

GAULLE (Henri de) [1848-1932], père du Général : 5, 6.

GAULLE (Mme Henri de —, née Jeanne Maillot) [1860-1940], mère du Général : 5, 6, 71, 88.

GAULLE (Jacques de) [1893-1946], frère du Général : 5, 437, 1186.

GAULLE (Jean de) [né en 1925], fils de Jacques de Gaulle : 437.

GAULLE (Jean de) [né en 1953], fils de Philippe de Gaulle : 874.

GAULLE (Marie-Agnès de —, Mme Alfred Caillau) [1889-1982], sœur du Général : 5, 437.

GAULLE (Olivier de), fils de Pierre de Gaulle : 437.

GAULLE (Philippe de) [né en 1921], fils du Général : 71, 239, 436, 567, 714, 874, 1141.

GAULLE (Mme Philippe de —, née Henriette de Montalembert) : 1141.

GAULLE (Pierre de) [1897-1959], frère du Général : 5, 437, 892, 1125.

GAULLE (Mme Pierre de) : 437.

GAULLE (René de), fils de Pierre de Gaulle : 437.

GAULLE (Roger de) [né en 1923], fils de Xavier de Gaulle : 437.

GAULLE (Véronique de), fille de Pierre de Gaulle : 437.

GAULLE (Xavier de) [1887-1955], frère du Général : 5, 437, 1186.

GAULLE (Yves de) [né en 1951], fils de Philippe de Gaulle : 874.

Gaullisme, gaullistes : 154, 162, 194, 216, 226, 231, 233, 237, 295, 310, 345, 349, 365, 405, 428, 472, 697, 856.

GAUTRIES (Adigard des), résistant : 391.

GAVIN (James), diplomate américain : 1061, 1065, 1104.

GAY (Francisque) [1885-1963], homme politique : 861, 870.

GAYRAL, amiral : 246, 350.

Gazala (position de), Cyrénaïque : 254, 256.

GAZIER (Albert) [1908-1970], parlementaire : 449, 864.

GEERBRANDY, homme politique néerlandais : 212.

GEHRING (Egid), officier allemand : 41.

GÉLIOT (Christian) [1905-1990], général : 973.

GENCE, officier des forces aériennes libres : 291.

Gênes : 58, 720.

Genève : 8, 15, 21, 760, 787, 1060, 1067, 1112.

Genève (conférence de) : 1083, 1105.

Geneviève (sainte) : 575.

Genèvre (mont), Hautes-Alpes : 455, 747-749, 769.

GÉNIN [mort en 1941], officier : 147, 161.

GÉNIN (Albert) [né en 1911], dirigeant de la F.N.S.E.A. : 1130.

GEOFFROY (André), officier : 326.

GEORGE VI [1895-1952], roi

d'Angleterre : 81, 89, 121, 141, 364, 506, 531, 564.
GEORGES II [1890-1947], roi de Grèce : 211, 213, 464.
GEORGES (Joseph) [1875-1951], général : 32, 34, 35, 38, 57, 340, 343, 365, 367, 370, 372, 374, 375, 413, 478, 479.
Georges (commando) : 943.
Georges-Leygues, croiseur : 104, 109, 511, 539, 598, 720.
GÉRARD, personnalité guadeloupéenne : 392.
Gérardmer, Vosges : 722, 728.
GÉRARDOT, général d'aviation : 528, 622, 720.
Gerbéviller, Meurthe-et-Moselle : 621.
GERLIER (Mgr Pierre) [1880-1965], cardinal archevêque de Lyon : 351, 596.
Germanie, Germains : 513, 633, 806.
Germaniques : 647, 791.
Germersheim, Allemagne : 742.
GEROW (Leonard), général américain : 559, 562, 571, 572, 580.
Gers : 599, 1136.
Gestapo (Geheime Staatspolizei) : 231, 312, 425, 426, 428, 433, 437, 563, 729, 761.
Gettysburg, Pennsylvanie : 1094.
Ghadamès, Libye : 295, 349.
Ghâna : 928, 934, 1082.
Ghât, Libye : 295.
Ghisonaccia, Corse : 407.
GIACOBBI (Paul), homme politique : 418, 591, 710, 861.
GIAP. Voir VÔ NGUYÊN GIAP.
Gibraltar : 79, 104, 113, 121, 123, 138, 145, 269, 276, 277, 305, 307, 327, 469, 486, 633, 640, 1070.
GIDEL, recteur de l'université de Paris : 581.
GIFFARD (George), général britannique : 97, 208.
GILLET (Louis) [1876-1943], écrivain d'art : 303.
GILLON, homme politique belge : 808.

GINGEMBRE (Léon), conseiller économique : 1129.
GIOVONI Arthur [né en 1909], parlementaire : 403-405.
GIRAUD (Henri) [1879-1949] : 274-276, 305-310, 312, 315, 323, 327-330, 333-340, 343-350, 355-383, 391, 392, 395, 396, 398, 401-414, 424, 430-432, 442, 443, 478, 479, 509, 519, 522-524, 537, 606, 608, 869.
Giromagny, territoire de Belfort : 722, 730.
GIRON (Charles), journaliste : 17.
Gironde (département) : 602, 1136.
Gironde (fleuve) : 601, 719, 745, 746.
GISCARD D'ESTAING (Valéry) [né en 1926] : 1122, 1174, 1208.
Givet, Ardennes : 33, 730.
GLARNER, écrivain britannique : 492.
Glasgow : 125, 216.
Glières (plateau des) : 541, 542, 747, 947.
Gloire, croiseur : 104, 105, 511, 598, 720, 814.
Glorieux, sous-marin : 313.
GLUBB-PACHA (Sir John Bagot, dit) [1897- ?], officier britannique : 173, 462.
GODARD, Français Libre de Téhéran : 89.
GODARD, officier « putschiste » : 970.
GODART (Justin) [1871- ?], homme politique : 596.
GODFROY (René) [1885- ?], amiral : 150, 151, 394.
GOEBBELS (Josef) [1897-1945] : 743.
GOERING (Hermann) [1893-1946] : 16, 761.
GOETHE (Wolfgang von) [1749-1832] : 627, 1032.
GOETZE (Roger) [né en 1912], haut fonctionnaire : 1005.
Gold Coast, *auj.* Ghâna : 95, 97, 208, 295.

Goldschmidt (Bertrand) [né en 1912], chercheur : 506.
Gonesse, Val-d'Oise : 578.
Gorbach (Alfons) [1898- ?], chancelier fédéral d'Autriche : 1115.
Gorse (Georges) [né en 1915], homme politique : 279, 429, 782, 1020, 1174.
Gort (John Vereker, vicomte) [1886-1946], général britannique : 39, 74.
Got-el-Skarab, Libye : 256, 257.
Gouin (Félix) [1884-1977], homme politique : 303, 352, 416, 447, 628, 845, 858, 860, 870, 871, 885.
Gouraud (Marie Michel) [1905-1991], général rallié au putsch d'avril 1961 : 960, 961, 972, 974, 976.
Gouvernement provisoire de la République algérienne (G.P.R.A.) : 931, 955, 957, 963, 969, 983.
Grabski (Stanislaw), homme politique polonais : 636, 789.
Gracieux (Jean) [né en 1908], général : 949.
Grand Conseil de l'Afrique-Équatoriale : 925.
Grandcamp, Calvados : 494.
Grande Guerre. Voir Guerre mondiale (Première).
Grandin de L'Éprevier, représentant de la France Libre à Pretoria : 453.
Grandval (Gilbert) [1904-1981], homme politique : 518, 604, 793, 1174.
Grandvilliers, Oise : 40.
Grave (pointe de), à l'embouchure de la Gironde : 601, 613, 617, 745, 746.
Grèce, Grecs : 138, 162, 212, 213, 265, 269, 299, 463-465, 520, 521, 636, 1116.
Greenock, Grande-Bretagne : 243, 244, 350.
Gregh (Didier), haut fonctionnaire : 439.

Grégoire (Marcel), haut fonctionnaire : 606.
Grégoire (Roger) [né en 1913], conseiller d'État : 1192.
Grenier (Fernand) [1901-1992], parlementaire : 303, 352, 413, 420, 438, 591.
Grenoble : 542, 550, 578, 591, 607, 611, 748, 1137.
Grigg (Sir Edward), homme politique britannique : 141, 776.
Grittenberg, général américain : 767.
Groeber (Mgr), évêque de Fribourg : 806.
Groix, transport : 350.
Gromand, contrôleur général au Maroc : 327.
Gromyko (Andreï Andreievitch) [1909-1989], dirigeant soviétique : 1078, 1084, 1098.
Gronchi (Giovanni) [1887-1978], homme politique italien : 1048, 1049.
Gronchi (Mme), épouse du précédent : 1049.
Grousset (Philippe), diplomate : 453.
Guadeloupe : 391-393, 912, 1097.
Guam, Micronésie : 190.
Guariglia, diplomate italien : 53.
Guderian (Heinz) [1888-1954], général allemand : 16, 56.
Guédin, officier : 518.
Guedj (Max), officier aviateur : 249.
Guéret, Creuse : 312.
Guérin (Hubert) [1896- ?], diplomate : 89, 438.
Guérin de Beaumont, diplomate : 505.
Guéritte, diplomate : 89.
Guéron (Jules) [né en 1907], savant atomiste : 506.
Guerre civile espagnole : 25, 599, 1115.
Guerre franco-allemande [1870-1871] : 631.
Guerre froide : 1024, 1054, 1098, 1107.

Guerre mondiale (Première) : 9, 18, 30, 33, 404, 503, 506, 623, 631, 645, 651, 669, 680, 709, 783, 820, 821, 910, 917, 1008, 1017, 1022, 1027, 1068, 1077, 1079, 1205.

Guerre mondiale (Seconde) : 503, 631, 820, 821, 910, 917, 1023, 1068, 1077, 1079, 1115, 1205.

GUIBAUT (André), représentant du Général auprès de la Chine nationaliste : 140.

GUICHARD (Olivier) [né en 1920], homme politique : 896, 1140.

GUIGNEBERT (Jean), publiciste : 572.

GUIGUI (Albert), syndicaliste : 352.

GUILLAIN DE BÉNOUVILLE (Pierre) [né en 1914] : 432, 578.

GUILLAUDOT, officier : 518.

GUILLAUMAT (Pierre) [1904-1991], ingénieur, homme politique : 903, 919, 924, 933, 941, 948, 953, 1048, 1122.

GUILLAUME II [1859-1941], empereur d'Allemagne : 632.

GUILLAUME (Augustin) [1895-1983], général : 527, 530, 534, 550, 722, 728, 733, 736, 755.

GUILLAUME (baron Jules) [1892-1962], diplomate belge : 713.

GUILLEBON (Jacques de) [né en 1909], officier : 562.

GUINDEY (Guillaume), haut fonctionnaire : 439.

Guinée : 349, 912, 926-929, 934, 936, 1082.

Guingamp : 545.

GUINGOUIN (Georges), colonel maquisard : 518.

GUISAN (Henri) [1874-1960], général, commandant en chef des forces helvétiques : 755.

Guise, Aisne : 38.

GUITRY (Jean) [1874-1941], général : 65.

GUTT (Camille), homme politique belge : 212, 463, 492, 704, 707.

Guyane : 185, 345, 391, 392, 912, 1097.

GWYNN (William M.), diplomate américain : 286, 287.

HAAKON VII [1872-1957], roi de Norvège : 212, 490, 492.

HAAS-PICARD (Raymond), [né en 1906], administrateur : 1203.

HABIB-DELONCLE (Michel) [né en 1921], homme politique : 1161, 1174.

HACHA (Emil) [1872-1945], président de la République tchécoslovaque : 26.

HACHEM BEY EL ATASSI, président de la République syrienne : 178, 204, 283.

HACKIN (Joseph) [mort en 1940], archéologue : 87.

Hadjer-Mafrouch, Algérie : 953.

HAELLING, préfet : 727.

Hagiang, Viêt-nam : 752.

Haguenau, Bas-Rhin : 736, 737.

Haïfa, Israël : 284.

HAILÉ SÉLASSIÉ Ier [1892-1975], empereur d'Éthiopie : 148, 205, 320, 456, 1110, 1112-1113.

Hainaut, province de Belgique : 231, 579.

Haiphong, Tonkin : 752.

HALIFAX (Lord Edward Wood) [1881-1959], homme politique britannique : 61, 68, 82.

Halifax, Canada : 127, 185, 186.

HALLSTEIN (Walter) [né en 1901], homme politique allemand : 1041, 1042.

HAM (de), officier : 42.

Hama, Syrie : 283, 772, 783.

Hambourg : 758.

Hammaguir, Algérie : 893.

HAMMARSKJÖLD (Dag) [1905-1961], homme politique suédois : 982, 983, 1104.

HAMON (Léo), dirigeant du Comité parisien de libération : 563.

HANKEY (Lord), homme politique britannique : 141.

Hanoï, capitale du Tonkin : 548, 751, 752, 815, 818, 1112.

Hardt (forêt de la), Allemagne : 724, 737.

Hardy (René), dirigeant de la résistance « Fer » : 518.
Harmelin (manufactures), Grande-Bretagne : 216.
Harriman (Averell) [1891-1986], homme politique américain : 277, 658, 659.
Hartland, escorteur britannique : 308.
Harvey (Lord), président de la Société franco-britannique : 1089.
Hary, général : 554.
Hassan II [1929-1999], roi du Maroc : 968, 1110.
Hassi-Messaoud, Algérie : 893, 932, 967.
Hauck (Henri), syndicaliste : 352.
Hauran, Syrie : 163, 173, 282.
Hauriou (André), homme politique : 416, 420, 782.
Haut-commissariat à l'énergie atomique : 682, 823.
Haut-commissariat au plan : 683, 823.
Haut-Rhin : 723, 1136.
Haut-Tonkin : 752.
Haute Cour : 441, 442, 479, 695, 696, 698, 710, 834-836.
Haute-Alsace : 721.
Haute-Garonne : 518, 546, 599, 1136.
Haute-Loire : 1136.
Haute-Marne : 606, 611, 615.
Haute-Normandie : 1201.
Haute-Saône : 611, 1136.
Haute-Savoie : 518, 541, 612, 1136.
Haute-Vienne : 547, 1136.
Haute-Volta, *auj.* Burkina : 99, 295, 349, 912, 926, 935, 938.
Hauteclocque (Jean de), diplomate : 802.
Hautes-Alpes : 612, 1136.
Hautes-Pyrénées : 1136.
Hauts-de-Seine : 1203.
Havane (La) : 453, 1059.
Havre (Le) : 588, 605, 1015.
Hawkins (Eric), journaliste et écrivain américain : 492.
Haydock (camp de), Grande-Bretagne : 78.

Heath (Edward) [né en 1916], homme politique britannique : 1046, 1073.
Heim, bourgmestre de Sarrebruck : 805.
Heine (Heinrich) [1797-1856] : 1032.
Heintz (Mgr), évêque de Metz : 715.
Helfrich, amiral néerlandais : 212.
Hellou (Jean), diplomate : 289, 374, 458-462.
Helsinki : 866.
Hennebont (forges d'), Morbihan : 1187.
Henri d'Orléans, comte de Paris [1908-1999] : 328, 608, 1131.
Henri IV [1553-1610] : 575.
Henriot (Philippe) [1889-1944], homme politique : 423, 434, 560, 576, 835.
Héraclite [VIe-Ve s. av. J.-C.] : 764.
Hérault : 1136.
Herriot (Édouard) [1872-1957], homme politique : 30, 60, 61, 301, 352, 552, 560, 596, 609, 828, 844, 846, 847, 869, 870, 903.
Herter (Christian) [1895-1966], diplomate et homme politique américain : 1065, 1094, 1100.
Hervé (Pierre) [né en 1913], homme politique : 690.
Hesdin (René de) [1890-1966], général : 755.
Hesse-Nassau : 793, 804, 805.
Hettier de Boislambert (Claude). Voir boislambert.
Heu (forêt de Le), Haute-Marne : 874.
Hewitt, amiral américain : 525.
Hilaire (colonel), pseudonyme de George Starr, lieutenant-colonel britannique : 600, 601.
Himalaya : 1111.
Himeimat, Libye : 324.
Himmler (Heinrich) [1900-1945] : 723, 729, 761, 762.

HINCKY (Mgr), évêque alsacien : 412.
Hindoustan : 1111.
HINTIG (von), général allemand : 139.
HIRO-HITO [1901-1989], empereur du Japon : 813, 814.
Hiroshima : 813.
HIRSCH (Étienne), dit commandant Bernard, officier : 242.
Hirson, Aisne : 34.
HITLER (Adolf) [1889-1945] : 7, 8, 10, 15, 16, 21-26, 30, 31, 64, 84, 91, 93, 121, 124, 125, 153-155, 158, 161, 163, 180, 181, 194, 197, 217, 231, 250, 266, 316, 351, 352, 395, 403, 423-425, 474, 496, 536, 560, 563, 610, 632, 643, 665, 670, 680, 717, 723, 730, 736, 742-744, 747, 758-762, 773, 783, 835, 846, 968, 1023, 1027-1029, 1032, 1033, 1035, 1042, 1079, 1113.
HÔ CHI MINH (Nguyên Aï Quôc, dit) [vers 1890-1969], révolutionnaire et chef d'État vietnamien : 815, 816, 889, 984.
HOARE (Samuel —, vicomte Templehood) [1880-1959], homme politique britannique : 121.
HOCQUARD, maire de Metz : 715.
HODGES (Courtney) [1887- ?], général américain : 557, 559, 724.
Hodna, Algérie : 923, 941, 942.
Hohneck, sommet vosgien : 725.
Hollande. Voir Pays-Bas.
HOME (Douglas), homme politique britannique : 1073.
Home Guard, garde territoriale britannique : 90.
Homs, Syrie : 164, 177, 283, 291, 772, 783.
Hong-Kong : 190, 815, 1062, 1070.
Hongrie, Hongrois : 125, 213, 265, 451, 467, 520, 521, 614, 633, 636, 649, 653, 672, 674, 803, 866, 1030, 1066.
HOPKINS (Harry L.) [1890-1946], conseiller de F. D. Roosevelt : 341, 667-671, 674, 713.

HOPPENOT (Henri) [1891-1968], ambassadeur : 383, 393, 397, 452, 476, 499, 501, 507, 929.
HORNE, amiral américain : 185.
HORTHY (Miklos) [1869-1957], amiral hongrois, régent de Hongrie : 653.
Hot Springs, Arkansas : 463.
HOTH, général allemand : 33.
HOUCKE (Jules) [1898-1968], parlementaire : 231.
HOUDET (Roger) [1899- ?], homme politique : 903, 1122.
HOUDRY (Eugène) [1892-1962], ingénieur : 89.
HOUGEN (de), diplomate norvégien : 463.
HOUGHTON (Amery), diplomate américain : 1094.
HOUPHOUËT-BOIGNY (Félix) [1905-1993] : 903, 906, 925, 931, 938, 1122, 1156.
Huchenneville, Somme : 40, 41.
HUDDLESTON (Sir Arthur), général britannique : 166.
Hué, capitale de l'Annam : 752, 818.
HUGO (Victor) [1802-1885] : 112, 1032.
HULL (Cordell) [1871-1955], homme politique américain : 184, 186-188, 191, 216, 287, 314, 356, 453, 454, 469, 500, 635.
Hull, Grande-Bretagne : 125.
Humanité (L') : 565, 700.
HUMBERT (Jacques) [1893-1993], officier : 69.
HUMBLOT (Émile) [1881-1962], général : 180, 291.
HUNTZIGER (Charles) [1880-1941], général : 49, 55, 56.
Huppy, Somme : 40, 41.
HUSSON (Edmond) [1883-1973], général : 94, 97.
HYMANS (Max) [1900-1961], homme politique : 352.

Ifrane, Maroc : 390.
IGNATIEV (Alexei Alexeievitch) [1877-1954], général soviétique : 650.

IKEDA (Hayato) [1899-1965], homme politique japonais : 1111.

Île de France, groupe de chasse : 249.

Ile-de-France, paquebot : 246.

Ill, affluent du Rhin : 724.

Ille-et-Vilaine : 65, 518, 560, 1136.

Iller, rivière d'Autriche : 758.

Imperia, Italie : 749.

Inde, Indiens : 106, 124, 139, 149, 165, 190, 212, 246, 288, 450, 530, 549, 743, 750, 774, 776, 815, 816, 1024, 1077, 1082, 1110.

Indien (océan) : 299, 318, 321, 549, 873.

Indochine : 74, 75, 103, 139-141, 226, 345, 393, 399, 421, 450, 510, 525, 548, 549, 565, 636, 643, 674, 690, 694, 707, 710, 712, 744, 749-753, 799, 800, 809, 812-817, 833, 871, 889, 891, 915, 1104, 1105.

Indonésie : 84, 450, 492, 744, 749, 1082.

Indre : 1136.

Indre-et-Loire : 1136.

Ingerfield, destroyer britannique : 105.

INGOLD (François) [1894-1980], général : 294, 326, 1131.

INGR (Serge) [1894-1956], général tchécoslovaque : 213.

INGRAND (Henry) [né en 1908], médecin, administrateur : 581, 582.

Innsbruck : 758.

Insterburg, Prusse-Orientale : 659.

Institut de France : 575.

Intelligence Service : 126-128, 133, 179, 200, 208, 233, 404, 479, 480, 482.

Internationale (IIIe) : 554, 852, 854.

INVERCLYDE (Lord), président du Comité de coordination de la France Combattante, en Écosse : 240.

Inzecca, Corse : 407.

Irak : 149, 155-157, 162, 164, 180, 203, 280, 284, 288, 291, 458, 770, 774, 784, 867.

Iran : 197, 644, 645, 1082, 1110, 1113.

Iris, sous-marin : 313.

Irlande : 453, 1072.

Irlande (mer d') : 244.

Irtych (bataille de l'), Russie : 660.

IRWIN (David), général britannique : 102.

Iseran (col de l'), Savoie : 747, 769.

Isère : 542, 615, 1136.

Isigny-sur-Mer, Calvados : 494.

Islande : 244, 633.

Ismaïlia, Égypte : 255, 279.

ISMAY (Lionel) [1887-1965], général britannique : 141, 252, 254, 255, 354, 486.

ISORNI (Jacques) [1911-1995], avocat, parlementaire : 904.

Israël : 1113, 1114.

Istanbul : 30, 89, 633.

Istiqlâl, parti nationaliste marocain : 810.

Istrie : 803.

Italie, Italiens : 10, 27, 53, 84, 92, 106, 123, 138, 139, 145-148, 213, 226, 250, 253, 260, 265, 273, 295, 303, 305, 307, 314, 322, 373, 377, 380, 386, 394-406, 409, 410, 421, 425, 436, 437, 450, 454-457, 463, 465, 466, 471-473, 495, 496, 498, 502, 510, 511, 519-524, 529, 532-541, 606, 607, 610, 611, 614, 618, 642, 658, 667, 696, 719, 747, 758, 759, 766-770, 803, 821, 822, 887, 888, 1013, 1023, 1030, 1039, 1047-1049, 1052, 1053, 1061, 1115, 1152, 1181, 1183.

IVAN LE TERRIBLE [1530-1584] : 660.

Ivrea, Italie : 749.

Ivry-sur-Seine : 626, 715.

Ixelles, Belgique : 807.

JACOBSON, général : 745.

JACOMET (Robert) [1881- ?], conseiller d'État : 434.

JACQUET (Marc) [1913-1983], homme politique : 1174, 1187.
JACQUINOT (Louis) [1898-1993], homme politique : 303, 352, 412, 590, 591, 597, 598, 709, 718, 861, 903, 919, 921, 1078, 1156, 1173.
Jamaïque : 1072.
Jamaïque, transport : 350.
JANNIN (René) [né en 1914], préfet : 971.
JANNOT (Raymond), conseiller d'État : 937.
Japon, Japonais ou Nippons : 125, 139-141, 181, 188, 190, 193, 206, 226, 265, 292, 318, 393, 399, 548, 549, 670, 690, 721, 749-752, 760, 761, 773, 776, 778-789, 794, 796, 800, 812-817, 882, 1013, 1024, 1061, 1062, 1181, 1187.
JAUJARD (Robert) [1896-?], amiral : 539, 598, 720.
Java, Indonésie : 463.
JEAN XXIII (Angelo Giuseppe Roncalli) [1881-1963] : 631, 713, 1049, 1050.
Jean-Bart, cuirassé : 308.
Jean-de-Vienne, croiseur : 313.
JEANNE D'ARC [1412-1431] : 292, 575, 838.
Jeanne-d'Arc, croiseur : 390, 407, 511, 598, 720, 772.
JEANNENEY (Jean-Marcel) [né en 1910], fils du suivant, homme politique : 1020, 1078, 1122, 1184.
JEANNENEY (Jules) [1864-1957], homme politique : 60, 61, 301, 303, 353, 590, 609, 690, 709, 847.
JEAUNAUD, général d'aviation : 206.
JEBB (Sir Gladwyn), diplomate britannique : 1061.
Jersey (île de) : 71.
Jérusalem : 107, 146, 159, 161, 868.
Jezzin, Liban : 164.
JODJVANOVITCH, homme politique yougoslave : 466.

JODL (Alfred) [1890-1946], général allemand : 762, 763.
JOFFRE (Joseph) [1852-1931] : 7, 33, 1150.
Jordanie : 1059.
JOUGUET (Pierre) [1869-1949], universitaire : 152.
JOUHAUD (Edmond) [1905-1995], général : 900, 971, 975, 985, 991-993.
JOUHAUX (Léon) [1879-1954], syndicaliste : 303, 353, 853, 854.
JOUKOV (Gheorghi Konstantinovitch) [1896-1974], maréchal soviétique : 197, 758, 763, 793.
JOURDEN, officier de marine : 78.
JOURDIER, officier de cavalerie : 136.
Journal des débats (Le) : 17.
Journal officiel d'Afrique du Nord : 356.
Journal officiel de la République française : 439, 869, 1159.
JOUSSE (Germain) [1895-1988], officier : 306, 368.
JOUVE (Géraud) [1901-1991], parlementaire : 89, 429.
JOXE (Louis) [1901-1991], homme politique : 384, 439, 711, 712, 959, 960, 971-977, 988, 992, 1078, 1122, 1173, 1196.
Juifs : 149, 301, 351.
JUIN (Alphonse) [1888-1967] : 307, 322, 362, 376, 396, 406, 496, 523, 528-536, 538, 556, 562, 568, 569, 572, 578, 581, 607, 619, 643, 646, 660, 713, 718, 727, 730-735, 742, 763, 769, 795, 805, 902, 946, 959.
JULITTE (Pierre) [né en 1910] : 159, 236.
Junon, sous-marin : 243, 298.
Jura : 513, 546, 1136.
Jussey, Haute-Saône : 611.

Kabylie, Kabyles : 437, 446, 914, 932, 941, 942, 960, 973.
KAGANOVITCH (Lazare) [1893-?], dirigeant soviétique : 661.
Kairouan, Tunisie : 362.

Kaisersberg, Haut-Rhin : 728.
Kampala, Ouganda : 166.
Kanem, Tchad : 295.
KAOUZA (Maurice) [1911-1986], parlementaire : 120.
Karlsruhe : 741, 742, 754.
Katyn, U.R.S.S. : 468.
Kef-Messara, Algérie : 960.
Kehl, Bade-Wurtemberg : 723, 727, 754.
KEITA (Madeira), homme politique soudanais : 928.
KEITA (Modibo) [1915-1977], homme politique malien : 935, 938.
KEITEL (Wilhelm) [1882-1946], maréchal allemand : 16, 763.
KELLY (Edward), maire de Chicago : 801.
KENNEDY (John Fitzgerald) [1917-1963] : 1073, 1103-1109, 1209.
Keren, Érythrée : 146, 147, 536.
Kerguelen (îles), océan Indien : 320.
KERILLIS (Henri de), journaliste : 86.
KERSAUSON (de), officier : 324.
KESSELRING (Albert) [1885-1960], maréchal allemand : 529, 535, 611, 720.
KHALED BEY AZEM, homme politique syrien : 178.
Khartoum, Soudan : 117, 136, 137, 146, 166, 1112.
KHODJA (Ali), homme politique algérien : 940.
KHROUCHTCHEV (Nikita) [1894-1971] : 1037, 1058, 1065-1067, 1071, 1073, 1075-1085, 1094, 1095, 1097-1104, 1107-1109.
KIEFFER (Philippe), officier de marine, chef d'un commando : 245, 539.
Kiel, Allemagne : 758.
Kiev : 139.
KING (Ernest J.) [1878-1956], amiral américain : 209, 271, 500, 795.
KING (Harold), écrivain britannique : 492.

KING (William Lyon Mackenzie) [1874-1950], homme politique canadien : 499, 505, 506, 802.
KIPLING (Rudyard) [1865-1936] : 1071.
KIR (chanoine Félix) [1876-1968], député-maire de Dijon : 606.
KIRKPATRICK (Helen), écrivain américain : 492.
KISHI (Nobusuke) [1896- ?], homme politique japonais : 1111.
Kistina, Égypte : 156.
Kiswa, Syrie : 161, 163.
KLEIST (Paul Edward von) [1881-1954], général allemand : 33.
KOCH (Dr), adjoint au président du Palatinat : 806.
KŒLTZ (Louis) [1884-1970], général : 322, 362.
KŒNIG (Pierre) [1898-1970], général : 78, 87, 118, 119, 254-259, 278, 305, 324, 396, 475, 484, 491, 519, 529, 543, 555, 557, 559, 562, 569, 572, 580, 698, 793, 805, 806.
Kœnigstein, Allemagne : 336, 339.
KOLB-BERNARD, officier de marine : 291.
KOMOROWSKI [1895-1966], dit Bor, général polonais : 470.
Konakry ou Conakry, capitale de la Guinée : 93, 99, 100, 104, 447.
KOSSYGUINE (Alexeï Nicolaievitch) [1904-1980], dirigeant soviétique : 1078, 1084, 1085.
KOUATLY (Choukri), président de la République de Syrie : 770, 775.
Koufra, oasis de Libye : 122, 137, 138, 325.
Kouriles (archipel des) : 789.
KOURY. Voir BÉCHARA EL-KOURY.
KOUZNETZOV (Nicolaï) [né en 1902], amiral soviétique : 661.
KRAUS (Dr), bourgmestre de Mayence : 805.
Kremlin (le) : 194, 213-215, 452, 469, 633, 636, 640, 641, 647, 651, 655, 659-666, 788, 798,

1034, 1056, 1058, 1074, 1075, 1077, 1097, 1103.
Kriegel-Valrimont (Maurice), dirigeant du C.O.M.A.C. : 555.
Kub-Kub, Érythrée : 136, 147.
Kukiel, général polonais : 214.
Kuneitra, Syrie : 157, 161.
Ky (Union des trois), Cochinchine, Annam, Tonkin : 815.

La Baume (de), diplomate : 121.
La Bourdonnais (Bertrand François Mahé, comte de) [1699-1753], marin : 1111.
La Guardia (Fiorello Henry) [1882-1967], maire de New York : 216, 505, 801.
La Horie (Jean Fanneau de), officier : 567.
La Laurencie (Léon de Fornel de) [1879-1958], général : 273, 274.
La Malène (Christian Lunet de) [né en 1920], homme politique : 1122.
La Morlaye (de), officier : 545.
La Rocque (François de) [1886-1946], officier, homme politique : 434.
La Warr (Lord de), dirigeant des Amis des volontaires français à Londres : 240.
Labarthe (André) [1902-1970], scientifique et directeur de revues : 126, 134.
Laborde (Jean de) [1878- ?], amiral : 65, 312.
Labrousse, parlementaire : 849.
Lacoste (Robert) [1898-1989], homme politique : 236, 591, 710, 715, 839, 893, 894, 1090.
Lacq, Pyrénées-Atlantiques : 1078.
Lacroix (Dr), médecin du Général à Alger : 435.
Laeken, Belgique : 807.
Laffon (Émile) [né en 1907], membre du C.F.L.N. : 793.
Laffont (Pierre) [né en 1913], parlementaire : 940.
Lafleur, maire de Grenoble : 607.
Lafond (Pierre), diplomate : 644.
Laforcade (de), délégué de la France Libre en Irlande : 453.
Lagaillarde (Pierre) [né en 1931], parlementaire : 947-949, 959.
Lagarde, gouverneur en Océanie : 62, 159.
Lagos, Nigéria : 95, 115, 117, 123, 145.
Lagrange (Léo) [1900-1940], homme politique : 18.
Lai Chau, Tonkin : 751, 752.
Lally-Tollendal (Thomas) [1703-1766] : 1111.
Laloy (Jean) [né en 1912], diplomate, interprète du Général : 646, 660.
Lambaréné, Gabon : 118.
Lambert, amiral : 599.
Lambilly (Jean de) [1893-1986], officier : 407.
Lamine-Gueye (Amadou) [1891-1968], homme politique sénégalais : 927.
Lampson (Sir Miles) diplomate britannique : 149, 160, 162, 277.
Lancelot, officier de marine : 539, 598.
Lancial, diplomate : 453.
Landes : 1136.
Langlade (François de), diplomate : 140, 750.
Langlade (Paul de), officier : 564, 566, 578.
Langres, Haute-Marne : 513, 611.
Langson, Tonkin : 752.
Languedoc-Roussillon : 610, 615, 958, 1201.
Laniel (Joseph) [1889-1975], homme politique : 690, 834, 885.
Lannemezan, Hautes-Pyrénées : 513.
Lanzo, Italie : 749.
Lao Kay, Tonkin : 752.
Laon : 34-38.
Laonnais : 39.
Laos : 140, 752, 812, 815, 816, 913, 950, 1104, 1105, 1111, 1112.

LAPIE (Pierre-Olivier) [1901-1994], homme politique : 87, 122, 153, 1126.
Larche (col de), frontière franco-italienne : 455, 748.
LARMINAT (Edgard de) [1895-1962], général : 95-98, 112, 117, 118, 122, 135, 137, 145, 158, 170, 176, 181, 197, 209, 250-252, 255, 256, 278, 324, 350, 352, 362, 369, 398, 527, 529, 536, 538, 550, 719, 744-747, 868.
LARREA (Freila), diplomate équatorien : 472.
LASSAIGNE (Jacques), universitaire, directeur de Radio-France à Alger : 429.
Latins : 633.
LATOUR (de), officier : 407.
Lattaquié, Syrie : 177, 784.
LATTRE (André de) [né en 1926], inspecteur des finances : 1140.
LATTRE DE TASSIGNY (Jean-Marie de) [1889-1952] : 55, 312, 528, 529, 534, 537, 548-550, 557, 579, 607, 610-612, 615, 617, 619, 620, 622, 698, 718, 719, 721, 722, 724-726, 728-733, 736, 738-742, 754-756, 758, 763, 792, 793, 839.
LAURENT, pilote : 236.
LAURENT (Augustin) : 591, 604, 711, 839, 847.
LAURENT (Jean), haut fonctionnaire : 62, 565.
LAURENT-CHAMPROSAY (Jean-Claude) [mort en 1944], officier : 257, 536.
LAURENTIE (Henri) [né en 1901], administrateur colonial : 94, 439.
Lauterbourg, Bas-Rhin : 722, 724, 739, 740.
LAVAL (Pierre) [1883-1945] : 21, 30, 135, 226, 274, 292, 301, 307, 310, 351, 352, 422, 442, 551-553, 557-562, 649, 834, 836-837, 846, 870.
Lavandou (Le), Var : 550.
LAVAUD, général : 953.

Lavéra, Bouches-du-Rhône : 1182.
LE BRUN (Pierre) [1906-1970], syndicaliste : 1129.
LE COUR GRANDMAISON, homme politique : 18.
LE DANTEC, médecin général : 392.
LE GARREC, officier : 545.
LE GORGEU (Victor) [1881-?], homme politique : 560.
LE PERCQ, officier : 569.
LE PROVOST DE LAUNAY, homme politique : 58, 63.
LE RAY (Alain) [né en 1910], officier : 543.
LE TACON, officier : 43.
LE TROQUER (André) [1884-1963], homme politique : 352, 412, 413, 438, 440, 475, 559, 568, 569, 572, 577, 591, 622, 715, 901.
LEAHY (William Daniel) [1875-1959], amiral et diplomate américain : 76, 154, 307, 500, 795.
LEBAHAR, magistrat : 384.
LEBRUN (Albert) [1871-1950] : 27, 52, 69, 418, 424, 425, 608, 609, 906.
LECHENET, diplomate : 453.
LECHÈRES, général d'aviation : 528.
LECLERC (Philippe de Hautecloque, dit) [1902-1947] : 95-97, 112, 113, 118, 122, 137, 138, 153, 189, 209, 250-252, 294, 295, 325, 326, 349, 350, 362, 363, 369, 398, 491, 527, 529, 558, 559, 562-572, 611, 613, 621, 722, 723, 727, 738, 813-817, 839, 889.
Leclerc (division), 2ᵉ division blindée : 550, 558, 609, 612, 613, 621, 723, 725, 727, 729, 736, 745, 746, 758, 792, 987.
LECOMPTE-BOINET (Jacques) [né en 1905], diplomate : 231.
LECOMTE (André), journaliste : 17.
LECOURT (Robert) [né en 1908], homme politique : 1122.
LEDOUX (Albert), diplomate : 145, 453.

Leeds, Grande-Bretagne : 216.
LEENHARDT (Francis) [1908-1983], parlementaire : 1160.
LEESE, général britannique : 525.
LEFRANC (Pierre) [né en 1922], conseiller technique à l'Élysée : 1140.
LEGENTILHOMME (Paul) [1884-1975], général : 75, 96, 135, 137, 146, 152-157, 161, 164, 221, 299, 300, 319, 320, 396, 413, 491, 605.
LÉGER (Alexis) [1887-1975], Saint-John Perse : 221.
Légion d'honneur : 301, 795, 846.
Légion des volontaires français contre le bolchevisme (L.V.F.) : 361, 694.
Légion étrangère : 78, 119, 136, 148, 324, 752.
Leimersheim, Allemagne : 740, 742.
Leipzig : 829.
LEJEUNE (Max) [1909-1995], homme politique : 903, 919, 921, 1006.
LELONG (Pierre) [né en 1931], parlementaire : 1140.
LELONG (Pierre Paul) [1891-1947], officier : 273, 324.
LEMAIGRE-DUBREUIL (Jacques), homme politique algérois : 306, 329, 356.
Léman (lac) : 747.
LEMOINE (Émile) [1878-1943], général : 65.
LEMONNIER (André Georges) [1896-1963], amiral, chef d'état-major de la Marine : 396, 439, 510, 527, 599, 718.
LÉNINE (Vladimir Illitch Oulianov) [1870-1924] : 1078, 1082.
Leningrad, *auj.* Saint-Petersbourg : 197.
LENNUYEUX (René) [1904-1990] : 973.
Lens, Pas-de-Calais : 605.
LÉONARD (Roger) [1898- ?], administrateur : 1131.
Léonille, chalutier patrouilleur : 244.
Léopard, contre-torpilleur : 243, 244, 318.

LÉOPOLD III [1901-1983], roi des Belges : 23, 24, 39, 43, 808.
Léopoldville (*auj.* Kinshasa), capitale du Congo belge : 96.
LEPERCQ (Aimé) [1889-1944], homme politique : 591, 623.
LEPISSIÉ (Paul), haut fonctionnaire : 177.
LEROY-BEAULIEU (Paul) [né en 1902], haut fonctionnaire : 439.
LESAGE (Jean) [né en 1912], homme politique canadien : 1116.
LESCUYER (René) [né en 1901], diplomate : 666.
LESSEPS (Ferdinand, vicomte de) [1805-1894] : 279.
LESSEPS S. MORRISSON (de), maire de La Nouvelle-Orléans : 1097.
Lettres françaises (Les), journal clandestin : 434, 700.
LEUSSE (Bruno de) [né en 1916], diplomate : 453, 965.
Levant : 7, 96, 146, 150-171, 174-181, 197, 202-204, 216, 226, 245, 248, 250, 254, 255, 276, 280, 283-294, 297, 298, 302, 352, 373, 374, 457-462, 598, 636, 643, 697, 767, 770-777, 780-785, 790, 799, 815, 835, 867.
LEVARD (Georges) [né en 1912], syndicaliste : 1129.
LEVAY, représentant de la France Libre à Calcutta : 89.
LEVESQUE (Jean-Maxime) [né en 1923], conseiller technique à l'Élysée : 1140.
Levie, Corse : 407.
LÉVIS (François Gaston, duc de) [1720-1787] : 1092.
LÉVY (Jean-Pierre) [1911-1996], dit Lenoir, résistant : 230, 277, 353.
Lewis (John), général américain : 613.
LEYER (Roger) [1888-1980], général, chef d'état-major de l'Armée de terre : 396, 439, 510, 718.

Lherminier ou L'Herminier (Jean) [1902-1953], officier de marine : 313.

Liban, Libanais : 146, 150, 159-161, 165-178, 180, 202-204, 279-291, 297, 457, 459-461, 644, 674, 675, 770-772, 775, 779, 781, 783, 784, 867, 868, 1059.

Libération (la) : 237, 353, 607, 623, 625, 681, 683, 694, 699, 704, 714, 715, 725, 727, 810, 819, 828, 832, 833, 837, 840, 887, 889, 917, 968, 994, 1070, 1127, 1131, 1138, 1186, 1193, 1201.

Libération, réseau de résistance : 230, 231, 237, 277, 302, 316.

Libération, journal : 565, 700.

Libération-Nord, réseau de résistance : 231, 237, 302.

Libération-Nord, journal : 700.

Libreville, capitale du Gabon : 98, 104, 118-120, 152, 245, 294, 447.

Libye : 94, 114-116, 137, 138, 146, 148, 152, 156, 157, 181, 197, 209, 239, 248-255, 260, 269, 291, 294, 303, 318, 321-325, 348, 352, 436, 803, 967.

Lichtwitz (André) [1899-1964], médecin du Général à Alger : 435.

Liddell Hart (Sir Basil) [1895-1970], critique et théoricien militaire : 15.

Liège : 27, 34, 728.

Liénart (Mgr Achille) [1884- ?], cardinal évêque de Lille : 604.

Ligue des droits de l'homme : 843, 853.

Lille : 439, 449, 573, 588, 604, 907.

Limeux (bois de), près d'Abbeville : 40, 41.

Limoges : 439, 715.

Limousin : 433, 513, 518, 541, 546, 610, 715, 992, 1202.

Linarès (François Gonzalès de) [1897-1955], général : 338, 345, 366, 755.

Linz, Autriche : 758.

Lippmann (Walter), journaliste américain : 492.

Liri (plaine du), Italie : 529, 531, 534.

Lisaine, rivière des Vosges : 721.

Lisbonne : 85, 225, 233, 425, 631.

Lisieux : 494, 605.

Litani, fleuve du Liban : 161.

Littolf, officier commandant Normandie-Niémen : 249.

Littorio, général italien : 748.

Lituanie : 214, 468.

Litvinov (Maxime Maximovitch Meir Walach, dit) [1876-1951], diplomate et homme politique soviétique : 300, 649.

Liverpool : 78, 85, 216, 247.

Livourne : 407.

Livry-Level (Philippe), officier aviateur : 236.

Ljubljana : 213, 465.

Lloyd (Lord George David), homme politique britannique : 80, 95, 141.

Lloyd (Selwyn), homme politique britannique : 1073, 1100.

Lobelia, corvette : 244.

Locarno (accords de) [5-16 octobre 1925] : 22.

Loir-et-Cher : 1136.

Loire (département) : 682, 1136.

Loire (fleuve) : 51, 59, 578, 588, 603, 615, 682.

Loire (pays de) : 1201.

Loire-Atlantique : 1136.

Loiret : 1136.

Lombarde (col de la), frontière franco-italienne : 748.

Lombardie : 748.

Lomé, capitale du Togo : 93, 447.

Lomont, sommet du Jura : 615, 620.

Londres.
— Albert Hall : 241, 260, 308, 594.
— Buckingham Palace : 1086-1087.
— Carlton Club : 67, 224, 239, 240.
— Carlton Gardens : 67, 88, 89, 126, 306, 327, 350, 352, 490, 495, 499, 1089.

— Clarence House : 1089.
— Covent Garden : 1086, 1089.
— 10, Downing Street : 50, 68, 129, 296, 304, 315, 425, 481, 630.
— Duke street : 352.
— Foyles Literary Luncheon Club : 216.
— gare Victoria : 1086.
— Guild Hall : 1089.
— Hampstead : 239, 354.
— Harrow Park : 78.
— hôpital français : 240.
— hôtel Connaught : 239, 490.
— hôtel Hyde Park : 65.
— Kingsway Hall : 240.
— Patriotic School : 133, 482.
— Trentham Park : 77.
— Saint-Stephen's House : 88.
— Westminster : 1087, 1095.
— White City : 79.
— Whitehall : 81, 113.
Londres (conférence de) [1945] : 791, 793, 798, 803, 866.
LONG (Earl), gouverneur de Louisiane : 1096.
LONGAUD, amiral : 527, 539.
LONGCHAMBON (Henri) [1896-1971], homme politique : 596.
Longjumeau : 566.
LONGMORE, maréchal de l'air britannique : 152, 249.
LONGUEMAR (de), officier : 43.
Lorient : 76, 237, 545, 588, 719, 746, 839.
LORILLOT (Henri) [1901-1985], général : 898.
LOROTTE, officier : 79.
Lorraine, Lorrains : 225, 356, 518, 557, 587, 588, 603, 610, 614, 631, 669, 830, 847, 980, 1027, 1201.
Lorraine, groupe de bombardement : 249, 255, 259, 409.
Lorraine, cuirassé : 150, 394, 511, 598, 721.
Lot : 518, 547, 1136.
Lot, cargo : 350.
Lot-et-Garonne : 615, 1136.
LOU-HAN, général chinois : 815, 816.
Louang-Prabang, Laos : 818.

LOUCHET (Charles) [1890-1973], général : 407.
Louis IX [1214-1270], saint Louis : 575.
Louis XIV [1635-1715] : 292, 575, 1111.
LOUIS-PHILIPPE Ier [1773-1850] : 575.
Louisiane : 1096.
LOUVEAU (Edmond), administrateur colonial : 99.
LOUVOIS (François Michel Le Tellier, marquis de) [1639-1691] : 14.
Lozère : 987, 1136.
LOZOVSKY, dirigeant soviétique : 198, 649.
LUART (Mme du), responsable des infirmières conductrices de la Croix-Rouge : 534.
Lübeck : 758.
LÜBKE (Heinrich) [1894-1972], homme politique allemand : 1038.
Lublin, Pologne : 656, 658, 663, 664.
Lublin (comité de) : 469, 636, 652, 655-663, 673, 789.
Luc (Le), Var : 550.
Lucerne, Suisse : 965.
LUCHAIRE (Jean) [1901-1946], journaliste, collaborateur : 226, 835.
Lucienne-Jeanne, dragueur de mines : 244.
Ludlow, destroyer américain : 308.
Luftwaffe : 153, 155, 269, 275.
Lugrin, Suisse : 965, 980, 981.
LUGUET (Charles), officier : 501.
LUIZET (Charles), officier de renseignements, puis préfet : 113, 273, 406, 554, 556, 557, 564, 565, 568, 569, 572.
LUMUMBA (Patrice) [1925-1961], homme politique congolais : 1059, 1104.
Lunéville, Meurthe-et-Moselle : 722.
LUNS (Joseph), homme politique néerlandais : 1050, 1052, 1054.
Lure, Haute-Saône : 620.

Lush, général britannique : 208, 211.

Luxembourg, Luxembourgeois : 84, 212, 462, 489, 490, 492, 614, 1023, 1039, 1047, 1051, 1052.

Luxembourg (palais du) : 628, 692, 885, 935, 1152, 1200. Voir aussi Sénat.

Luxeuil-les-Bains, Haute-Saône : 730.

Lyautey (Louis Hubert) [1854-1934] : 74, 810, 910.

Lyon : 351, 433, 439, 449, 515, 521, 542, 544, 548, 573, 578, 588, 596, 597, 601, 611, 846.

Lyttelton (Oliver), homme politique britannique : 136, 166-175, 179, 202, 204, 461, 780.

M'Ba (Léon) [1902-1967], homme politique gabonais : 925, 938.

M'Baiki (Mamadou), chef traditionnel à Bangui : 295.

M'Sila, Algérie : 942.

M.O.D.E.F., association d'exploitations agricoles : 1166.

MacArthur (Douglas) [1880-1964], général américain : 190, 548, 813.

Macbeth, pièce et personnage de Shakespeare : 677.

Macchini (Eugène), maire d'Ajaccio : 410.

MacCloy, conseiller du président Roosevelt : 314.

MacFarlane (Mason), général britannique, gouverneur de Madagascar : 277.

Mackay (Keiller), homme politique canadien : 1093.

MacMillan (Harold) [1894-1986] : 340, 346, 356, 357, 359, 361, 377, 398, 400-403, 454, 461, 473, 523-525, 1045, 1057, 1070-1077, 1088, 1089, 1094, 1095, 1097, 1099-1102, 1109.

MacWane (John), publiciste américain : 492.

Madagascar : 139, 147, 199, 204-211, 226, 258, 280-282, 286, 292, 293, 295, 297, 299, 318, 319-321, 396, 508, 752, 835, 889, 890, 912, 915, 925, 928, 929, 934, 936-938, 950, 968, 1110.

Madrid : 23, 30, 113, 121, 225, 472, 631, 811, 1061.

Maga (Hubert) [né en 1916], homme politique béninois : 938.

Magenta, Italie : 1048.

Maghreb : 809, 812, 915.

Maginot (ligne) : 9, 20, 27, 33.

Magli, général italien : 407.

Maglione (Mgr), cardinal de la Curie romaine : 496.

Magnan (Joseph) [1896-1976], général : 327, 362, 527, 537, 550, 728.

Magrin-Verneret (Raoul). Voir Monclar.

Mahendra Bir Bikram Shah Deva [1920-1972], roi du Népal : 1111.

Maho, Afrique-Équatoriale française : 295.

Maillaud (Pierre). Voir Bourdan (Pierre).

Maillot (Henri), cousin du Général : 405.

Main, affluent du Rhin : 754, 807.

Mainarde, massif italien : 530.

Mainguy, intendant général : 491.

Mairey (Jean), commissaire de la République : 606.

Maisky (Ivan Mikhaïlovitch) [1884-1952], diplomate soviétique : 195.

Maismont (de), officier aviateur : 136.

Maison Blanche (la), Washington : 204, 351, 383, 425, 450, 473, 476, 481, 485, 499, 500, 559, 630, 795, 1055, 1094, 1097, 1103.

Maison-Blanche, Algérie : 365, 919, 939, 974.

Majo (mont), Italie : 533, 534.

Majunga, Madagascar : 206, 293.

Makins, diplomate britannique : 461.

Malaisie : 190, 201, 815, 969.
Malcolm, destroyer britannique : 308.
Malestroit, Morbihan : 545.
MALGLAIVE (Pierre de), directeur de la Marine marchande : 89, 246.
Mali : 935, 936, 938, 967.
Malin, croiseur léger : 104, 511, 540, 598.
MALINOVSKI (Rodion) [1898-1967], maréchal soviétique : 1098, 1100.
MALLERET-JOINVILLE (Alfred), membre du C.N.R. : 555.
Malmédy, Belgique : 728.
MALRAUX (André) [1901-1976] : 518, 861, 903, 986, 1119, 1122, 1171, 1173.
Malraux (brigade). Voir Alsace-Lorraine (brigade).
Malte : 78, 132, 243, 269, 276, 640, 1070.
MALTERRE (André) [1909-1975], président de la C.G.C. : 1129.
Malvern, Grande-Bretagne : 242.
Manche (la) : 50, 132, 237, 239, 242-244, 270, 436, 451, 588, 720, 808, 1023.
Manche (département) : 839, 1136.
MANDEL (Georges) [1885-1944], homme politique : 62, 301, 303, 353, 434, 560, 609.
MANGIN (Louis-Eugène), délégué militaire national : 432, 517.
MANIER (Stéphane) [mort en 1943], Français détaché à la radio britannique d'Accra : 482.
Manille : 190.
Mannheim, Bade-Wurtemberg : 741.
Mans (Le) : 563.
Mantes : 557, 558, 588.
MANUEL (André), adjoint du colonel Passy : 131, 353.
MAO TSÉ-TOUNG [1893-1976] : 789, 1082.
MARCHAL (Pierre), officier : 354, 433.
MARCHAND (René) [1894-1985], officier : 115, 122, 746.

Marche lorraine (*La*) : 260.
Marché commun européen : 997, 1000, 1019, 1020, 1036, 1040, 1043-1046, 1071, 1072, 1106, 1116, 1120, 1143, 1152, 1179, 1189, 1209.
Marcoule, Gard : 1015.
MARÉCHAL (André) [né en 1916], scientifique : 1131.
MARELLA (Mgr), nonce apostolique : 1061.
Mareth (fortifications de), Tunisie : 362.
MARETTE (Jacques) [1922-1984], homme politique : 1174.
Mareuil, Somme : 40, 41.
Maréville, près de Nancy : 552, 560.
MARGERIE (Roland de) [1899- ?], diplomate : 50, 60, 61, 71, 86, 1061.
MARGESSON, homme politique britannique : 252.
MARGUERITTES (de), officier : 518, 555.
MARIDOR (Jean), officier aviateur : 540.
MARIE (André) [1897-1974], homme politique : 885.
Marie-Mad, dragueur : 540.
MARIN (Jean) [né en 1909], journaliste : 134.
MARIN (Louis) [1871-1960], homme politique : 61, 303, 352, 690, 844, 847.
MARIN LA MESLÉE, officier : 540.
Marino di Campo, île d'Elbe : 537.
MARION (François), juriste : 384.
MARITAIN (Jacques) [1882-1973], philosophe : 221, 631.
Marle, Aisne : 37, 38.
MARMIER (Lionel de), officier aviateur : 119, 194, 294, 365, 556.
Marne : 27, 48, 621, 1204.
Marne (batailles de la) : 53, 56, 1038.
Marne (canal de la — au Rhin) : 732.
Maroc : 74, 92, 95, 269, 273, 302-308, 318, 323-328, 337, 339, 345, 346, 349, 362, 373, 374,

385, 389, 390, 398, 411, 436, 437, 442, 447, 472, 476, 508, 511, 601, 621, 810-813, 835, 890, 912, 913, 915, 922, 924, 950, 964, 967, 968.
Maroni, fleuve d'Amérique du Sud : 391.
Maroselli (André) [1893-1970], homme politique : 352.
Maroua, Cameroun : 153.
Marquet (Adrien) [1885-1955], homme politique : 63, 226, 601.
Marquis, amiral : 312.
Marquises (îles), Polynésie : 188.
Marrakech : 363, 477, 479, 924.
Marranne Georges [1888-1976], homme politique : 570, 909.
Marroux (Francis), garde républicain : 986, 993.
Mars (André), commissaire de la République : 603.
Marseillaise (*La*), hymne national : 260, 365, 366, 553, 559, 801, 827, 841, 942, 1137.
Marseillaise (*La*), journal : 349.
Marseillaise, croiseur : 313.
Marseille : 154, 172, 229, 439, 449, 542, 548, 550, 573, 578, 588, 597, 598, 610-612, 868, 899, 991, 1015, 1016, 1078, 1137, 1182.
Marshall (George Catlett) [1880-1959], général et homme politique américain : 209, 268, 271-273, 499, 500, 537, 618, 795.
Marshall (plan) : 886, 1055.
Marsouin, sous-marin : 313.
Martel (de), haut fonctionnaire : 292.
Martin, administrateur colonial : 106.
Martin (Henri) [1888-1984], général : 407, 410, 527, 537.
Martin-Prevel (J.-E.), dit colonel Pierrené, représentant de la France Libre au Canada : 145.
Martinique : 103, 391-393, 886, 912, 1097.
Marty (André) [1886-1956], homme politique : 303, 413, 417.

Marx (Karl) [1818-1883] : 1082.
Marxisme, marxistes : 647, 679, 828, 852, 860, 861.
Masaryk (Jan) [1886-1948], fils du suivant, homme politique tchécoslovaque : 213.
Masaryk (Tomas) [1850-1937], homme politique tchécoslovaque : 468.
Mascanheras, général brésilien : 532.
Masevaux, Haut-Rhin : 722.
Masmoudi (Mohammed) [né en 1921], homme politique tunisien : 966.
Maspetiol (Roland) [né en 1905], conseiller d'État : 931.
Massachusetts, cuirassé américain : 308.
Massaoua, Éthiopie : 148.
Massé (Pierre) [1898- ?], commissaire général du Plan : 1020, 1192.
Massif central : 60, 428, 433, 513, 541, 546-548, 578, 610, 611, 615, 940, 1009.
Massigli (René) [1888- ?], diplomate : 277, 298, 352, 358, 365-367, 370, 374, 398, 400-402, 412, 417, 437, 452-454, 459, 461, 481, 482, 491, 524, 525, 590, 591, 631, 636, 776-778, 868.
Massilia, paquebot : 75.
Massip (Jean), dit colonel Perrel, officier : 87, 391-393.
Masson (Georges-Pierre) [mort en 1940], gouverneur du Gabon : 98, 119.
Massu (Jacques) [né en 1908], général : 294, 326, 919, 941, 947, 949.
Mast (Charles-Emmanuel) [1889-1977], général : 306, 327, 386, 809.
Mathenet (Maurice) [1889-1961], officier : 323.
Mathieu (Mme), chef de la Compagnie des volontaires françaises : 242.
Maubeuge : 693.

Mauclère (R.), directeur des Travaux publics au Cameroun : 93, 95.

Maudling (Reginald), homme politique britannique : 1037, 1045.

Maupertuis, Manche : 556, 557.

Mauriac (François) [1885-1970] : 75, 1142.

Maurice-Bokanowski (Michel) [né en 1912], homme politique : 1122, 1174, 1206.

Maurin (Louis) [1869-1956], général, ministre de la Guerre de 1934 à 1936 : 20.

Mauritanie : 912, 926, 936, 938, 967.

Maurois (André) [1885-1967] : 86.

Maurras (Charles) [1868-1952] : 835.

Mauze (Dr), personnalité établie à Douala : 97.

Mayence : 16, 609, 736, 793, 805, 806.

Mayenne : 65.

Mayer (Daniel) [1909-1996], homme politique : 86, 237, 353.

Mayer (Émile) [1851-1938], officier : 17.

Mayer (René) [1895-1972], homme politique : 366, 374, 412, 438, 591, 604, 711, 839, 885.

Mayoux (Jean-Jacques), membre de l'Assemblée consultative d'Alger : 420.

Mazagran, Algérie : 432.

Maziol (Jacques) [1918-1990], homme politique : 1174.

Meaux : 1204.

Médéa, Algérie : 941, 973.

Médénine, Tunisie : 362.

Médéric (Jacques), pseudonyme de Gilbert Védy [mort en 1944], dirigeant du mouvement Ceux de la Libération : 433.

Méditerranée : 49, 53, 78, 91, 100, 114, 115, 124, 136, 139, 150, 153, 181, 214, 250, 251, 269, 277, 306, 325, 340, 372, 457, 464, 467, 507, 511, 512, 520-522, 529, 538, 539, 588, 609, 611, 612, 619, 640, 720, 758, 808, 809, 1182.

Medjez-el-Bab, Tunisie : 308, 322, 362.

Meknès, Maroc : 390, 924.

Mékong : 140, 141.

Mékong, pétrolier : 390.

Melbourne : 190.

Méloir, personnalité de la Guadeloupe : 392.

Melpomène, torpilleur : 243, 244.

Melun : 557, 558, 955.

Mémoires de guerre, ouvrage de Charles de Gaulle : 893.

Menaa, Algérie : 953.

Mendès France (Pierre) [1907-1982] : 302, 409, 412, 413, 417, 438, 591, 605, 690, 706, 708, 833, 885, 893, 904.

Menthon (François de) [1900-1984], homme politique : 236, 409, 412, 417, 438, 591, 606, 686, 691, 693, 694, 710, 748, 847, 866, 904.

Menzies (Robert Gordon) [1894-?], homme politique australien : 140.

Méo (Jean) [né en 1927], conseiller technique à l'Élysée : 1140.

Meonia, bateau de transport : 350.

Mercier (François) [1891-1963], parlementaire : 420.

Mercure de France (Le), revue : 19.

Merdjayoun, Liban : 157.

Mers el-Kébir, Algérie : 79, 80, 93, 974, 989.

Mersey, fleuve de Grande-Bretagne : 124.

Merveilleux du Vignaux, officier de marine : 540.

Merveilleux du Vignaux (Charles) [né en 1908], secrétaire général de la présidence de la République : 901.

Méry-sur-Seine, Aube : 56.

Messali Hadj (Ahmed) [1898-?], nationaliste algérien : 939, 957.

Messmer (Pierre) [né en 1916] : 926, 953, 960, 975, 1122, 1174.

METAXAS (Ioánnis) [1871-1941], général et homme politique grec : 138.
Metz : 26, 380, 715, 724, 730, 1182.
Meurthe : 621.
Meurthe-et-Moselle : 1136.
Meuse (département) : 1136.
Meuse (fleuve) : 33, 614, 728, 730.
Mexique : 89, 399.
MEYER, amiral allemand : 601.
MEYNIER, officier de marine : 313.
Mézières, Ardennes : 35, 730.
MICHAHELLES, amiral allemand : 745, 746.
MICHELET (Edmond) [1899-1970], homme politique : 861, 863, 903, 1122, 1128.
Midi de la France : 519, 538, 587, 590, 610, 611, 616, 619, 869.
Midi-Pyrénées : 1201.
MIKHAÏLOVITCH (Draga) [1893-1946], général yougoslave : 213, 455, 465, 466, 469, 653.
MIKOLAJCZYK, chef du gouvernement polonais de Londres : 469-471, 636, 657, 789.
MIKOYAN (Anastase Ivanovitch) [1895-1970], général et dirigeant soviétique : 661.
Milan : 1048.
Milan, contre-torpilleur : 65, 308.
MILBURN, général américain : 737, 738.
Miliana, Algérie : 941.
Milice française : 351, 433, 577, 694.
Mille Fourches (fort de), Alpes-Maritimes : 748.
MILLER (Hoyar), homme politique britannique : 1100.
MILLERAND (Alexandre) [1859-1943] : 18.
MILLERET, général : 746.
MILLON (Yves), maire de Rennes : 560.
MILLOT (Roger) [1909-1973], ingénieur, syndicaliste : 1129.
MILON DE PEILLON, diplomate : 453.

Mimosa, corvette : 185, 186, 244.
Mindanao, île des Philippines : 193.
MINE, officier de marine : 313.
MINÉ (Pierre), directeur du ravitaillement à Paris : 561.
Minerve, sous-marin : 243.
MINOST, personnalité française du Caire : 152.
Miranda (camp de), Espagne : 79.
Mississippi : 1097.
MISSOFFE (François) [né en 1919], homme politique : 527, 1122, 1174, 1188.
Missouri, cuirassé américain : 813, 814.
MITTELHAUSSER (Eugène) [1873-1949], général : 74, 96.
MITTERRAND (François) [1916-1996] : 432, 831 (n. 13), 903.
Mitzic (poste de), Gabon : 118.
MOCH (Jules) [1893-1985], homme politique : 352, 705, 833, 861, 870, 898, 1060.
Modane, Savoie : 612.
MODEL (Walter) [1891-1945], maréchal allemand : 754.
Moder, affluent du Rhin : 736.
Mogador, croiseur : 313.
MOHAMED ALI, prince héritier d'Égypte, cousin du roi Farouk : 152.
MOHAMMED REZA PAHLAVI [1919-1980], shah d'Iran : 644-645, 1110, 1113.
MOHAMMED V (Mohammed Ben Youssef) [1909-1961], sultan puis roi du Maroc : 389, 810-812, 889, 890, 967, 968.
MOKADDEM (Sadok), homme politique tunisien : 966.
MOKTAR-OULD-DADDAH, homme politique mauritanien : 926, 938.
MOLLARD (Amédée Joseph) [1879-1964], général : 406, 410.
MOLLE (Marie Eugène Aimé) [1895-1978], général : 534, 747, 748.
MOLLET (Guy) [1905-1975] : 885, 893, 899, 902, 903, 924, 1006, 1156, 1160, 1164.

MOLOCH (désigne Hitler) : 760.
MOLOTOV (Viatcheslav Mikhaïlovitch Skriabine, dit) [1890-1986], dirigeant soviétique : 30, 198, 254, 470, 634, 640, 646, 648-651, 655-657, 661, 663, 664, 803, 804.
MONCEF BEY, sultan de Tunisie : 386, 809.
MONCLAR, pseudonyme de Raoul Magrin-Verneret [1892-1964], général : 77, 87, 173, 174, 177.
Mondah (pointe de), Gabon : 119.
Monde (Le), quotidien : 701, 1161.
MONGIBEAUX (Paul), magistrat : 695.
Mongolie : 1066.
Mongolie extérieure : 789.
Monkay, Tonkin : 752.
MONMAYOU [1905- ?], diplomate : 453.
MONNERVILLE (Gaston) [1897-1991], homme politique : 901, 1125, 1157, 1161, 1164, 1170, 1171.
MONNET (Jean) [1888-1976] : 52, 65-67, 86, 355, 356, 365, 367, 370, 374, 397, 412, 438, 452, 476, 591, 799, 1000, 1035, 1039.
MONOD (Dr Robert) [1884- ?], résistant : 562.
MONROE (James) [1758-1831], homme politique américain : 1106.
MONSABERT (Joseph Jean Goislard de) [1887-1981], général : 527, 530, 534, 536, 538, 550, 598, 611, 619-620, 722, 727, 740, 754, 755.
Montagnac, Algérie : 953.
Montagne Noire, au sud du Massif central : 312.
Montauban : 547.
Montbard : 611.
Montbéliard : 730.
MONTCALM (Louis Joseph, marquis de) [1712-1759] : 1092.
Montcalm, croiseur : 104, 109, 407, 511, 539, 598, 720, 772.
MONTCHAMP (Henri), haut fonctionnaire : 192.

Montcornet, Aisne : 36, 38, 40, 43.
Montdidier, Somme : 40.
MONTE ROSA, général italien : 747-748.
Montecullo, Érythrée : 148.
MONTGOMERY (Bernard Law —, vicomte d'Alamein) [1887-1976], général puis maréchal britannique : 260, 288, 295, 324, 325, 362, 493, 557, 609, 614, 718, 724, 729, 735, 736, 738, 741, 758, 762, 776, 793, 1055.
Monthermé, Ardennes : 33.
MONTINI (Mgr). Voir PAUL VI.
MONTJOU (Gérard de) [1903-1998], parlementaire : 177.
Montmagny, Seine-et-Oise : 578.
Montmorency : 571.
Montoire (entrevue de) [24 octobre 1940] : 121, 135.
Montpellier : 312, 439.
Montréal (le « — français ») : 1093.
Montréal, Canada : 258, 506, 1092.
MONTRELAY, général d'aviation : 528.
Montreuil-sous-Bois : 557, 715.
Montrouge : 715.
Montrouge (fort de) : 698.
Montry, Seine-et-Marne : 32, 44.
MONZIE (Anatole de) [1876-1947], homme politique : 424, 560.
Moqueuse, navire : 244.
Morbihan : 518, 544, 545, 1136.
MORDANT (Eugène) [1885-1959], général : 548, 549, 750-752.
Morée, ancien nom du Péloponnèse : 540.
MOREL (Théodose) [mort en 1944], dit Tom, officier : 541.
MOREL-DEVILLE, officier : 564.
MORGAN (Charles Langbridge) [1894-1958], écrivain britannique : 75.
MORGENTHAU (Henry), financier et homme politique américain : 500.
MORICE, officier : 518.
MORIN, officier : 242.
MORIN (Jean) [né en 1916], admi-

nistrateur : 959, 960, 970, 986, 1187.

Moris (Roger) [né en 1906], haut fonctionnaire : 930, 955.

Morlaix (Jean Demozay, dit) [1915-1945], officier aviateur : 249.

Mornet (André), magistrat : 695.

Morrison, homme politique britannique : 141.

Mortain, Manche : 839.

Mortiers, Aisne : 37.

Morton (Desmond), officier britannique, chef de cabinet de Churchill : 67, 141, 298.

Morvan (Yves). Voir Marin (Jean).

Morvan : 513, 615.

Moscou : 27, 30, 139, 163, 181, 182, 194-197, 199, 212-214, 239, 253, 254, 268, 273, 277, 279, 285, 287, 300, 303, 400, 413, 450-456, 466-471, 630, 634, 636, 639-643, 646-666, 673, 686, 760, 786, 828, 830, 846, 866, 888, 1026, 1028, 1030, 1034, 1056, 1061, 1063, 1065-1067, 1077, 1079, 1080, 1082, 1084, 1085, 1097, 1099, 1108.

Moselle (département) : 1136.

Moselle (rivière) : 740, 1015, 1047, 1182.

Mostaganem, Algérie : 920.

Motte (Bertrand) [1914-1980], parlementaire : 1160.

Mouchet (Le), Puy-de-Dôme : 541.

Mouchotte (René) [1914-1943], officier aviateur : 249.

Moulay Hafid [1875-1937], sultan du Maroc : 810.

Moulay Youssef [mort en 1927], sultan du Maroc, frère du précédent : 810.

Moulec ou Moullec (Raymond), dit Moret, officier de marine : 78.

Moulin (Jean) [1899-1943] : 233-236, 276, 302, 353, 354, 363, 364, 426-428.

Mounier (André) [1913-1941], résistant : 132.

Mount Vernon, Virginie : 501.

Mountbatten (Louis, comte — of Burma) [1900-1979], amiral britannique, vice-roi des Indes : 245, 548, 549, 817.

Mourmansk, U.R.S.S. : 197.

Mourmelon (camp de), Marne : 1038, 1161.

Mourzouk, Libye : 122, 137.

Moussoro, Tchad : 153.

Mouvement de libération nationale (M.L.N.) : 687.

Mouvement national des prisonniers : 830, 831.

Mouvement ouvrier français : 316.

Mouvement républicain populaire (M.R.P.) : 688, 709, 828, 843, 849, 851, 852, 854-856, 864, 1151, 1157, 1158, 1160.

Mowrer (Edgar), publiciste américain : 492.

Moyen, Meurthe-et-Moselle : 621.

Moyen-Orient : 114, 123, 160, 468, 868, 1112.

Moyenneville, Somme : 41, 42.

Mulhouse : 721, 722, 728, 729, 737.

Munich : 758.

Munich (accords de) [29-30 septembre 1938] : 25, 26, 217, 300, 341, 760.

Murphy (Robert D.) [1887-1973], diplomate américain : 273, 274, 304, 307, 327, 329, 333, 335, 340, 345, 346, 356, 359, 377, 389, 398, 400-403, 454, 472.

Murphy, destroyer américain : 308.

Muselier (Émile) [1882-1965], amiral : 78, 87, 103, 112, 122, 126-129, 185-187, 220-223, 369.

Mussolini (Benito) [1883-1945] : 21, 30, 31, 124, 125, 394, 395, 403, 456, 758-759, 773, 1049.

Musulmans : 93, 446, 447, 914, 915-917, 929, 932, 933, 939, 940, 942, 945, 954-960, 969, 970, 976, 977, 979, 984, 985, 992.

Muy (Le), Var : 550.

N.B.C. Voir National Broadcasting Corporation.

Naccache (Alfred), chef du gou-

vernement libanais : 171, 179, 203, 282, 284, 289.
NACHIN (Lucien) [1885-1952], journaliste : 17.
Nagasaki : 813.
NAHAS-PACHA ou NAHHAS PACHA (Mustafa al-) [1876-1965], homme politique égyptien : 277, 462, 644.
Nairobi, Kenya : 146, 205.
Namur : 34, 728.
Nancy : 423, 439, 560, 588, 603.
Nantes : 228, 237, 433, 588, 714, 1187.
Naples : 400, 425, 456, 496, 529.
NAPOLÉON Ier [1769-1821] : 292, 343, 575, 635, 650, 822, 849, 1139, 1194, 1199.
NAPOLÉON III [1808-1873] : 849, 1139, 1149.
NAPOLÉON (prince) [né en 1914] : 608.
Napoléon (maison), île d'Elbe : 537.
Narval, sous-marin : 78, 243.
Narval, sous-marin (ancien *Bronzo* italien) : 511.
Nassau, archipel des Bahamas : 1073.
NASSER (Gamal Abdel) [1918-1970] : 888.
Natal, Sénégal : 539.
National Broadcasting Corporation (N.B.C.) : 216.
National Defence Public Interest Committee : 216.
National Press Club : 1094.
National-socialisme : 15, 23, 94, 679, 837.
NAUFAL, officier libanais : 291.
Nazisme, nazis. Voir National-socialisme.
Nebeck, Syrie : 164.
Neckar, affluent du Rhin : 754, 755.
NÉGUS (le), souverain d'Éthiopie. VOIR HAÏLÉ SÉLASSIÉ Ier.
NEHRING (Walter Kurt) [1892-1983], général allemand : 16, 323, 362.
NEHRU (Jawaharlal) [1889-1964] : 288, 1110, 1111.
Neisse, rivière de Pologne : 468, 648, 655, 788. Voir aussi Oder-Neisse (ligne).
Nementchas, Algérie : 923, 941.
Népal : 1111.
Neubourg (Le), Eure : 605.
Neuilly-sur-Seine : 557, 715.
NEUREUTHER (Dr), président du gouvernement sarrois : 805.
Neustadt, Palatinat : 793, 806.
NEUWIRTH (Lucien) [né en 1924], homme politique : 1161.
Nevada (expériences atomiques du) : 788, 813.
Nevers : 588.
New Delhi : 140, 549.
New York : 184, 216, 220, 225, 258, 349, 350, 357, 365, 383, 504, 505, 511, 546, 800-801, 1060, 1096.
New York Herald Tribune : 362.
NGÔ DINH DIÊM [1901-1963], homme politique vietnamien : 1105.
Niamey, Niger : 448.
Nice : 404, 612, 747, 748, 759.
NICHOLSON (Harold), publiciste britannique : 492.
NICOLAS (saint) : 639.
NICOLAS II [1868-1918], tsar de Russie : 6, 650, 660.
NICOLAS (grand-duc) [1856-1929] : 645.
Nièvre : 1136.
Niger : 116, 158, 208, 295, 325, 349, 912, 928, 935, 938, 967.
Nigéria : 94-95, 117, 295, 1069.
Nil : 122-123, 137, 146, 290, 294, 1030, 1077, 1112.
Nimègue : 724.
Nîmes : 693, 1078.
NIMITZ (Chester William) [1885-1966], amiral américain : 813.
Nivôse, pétrolier : 540.
NIXON (Richard) [1913-1994] : 1065, 1095, 1096.
NOAILHETAS, gouverneur de Djibouti : 147, 154, 321.
NOBLE (Sir Percy), amiral britannique : 247.
NOËL (Léon) [1888- ?], diplomate et homme politique : 581, 1129.

Noetinger, officier : 600.
Nogent-le-Rotrou, Eure-et-Loire : 564.
Nogent-sur-Marne : 715.
Noguès (Charles) [1876-1971], général : 74-75, 93, 121-122, 182, 307, 310, 312, 327, 333, 339, 340, 343, 344, 356, 367, 370, 390.
Noire (mer) : 181.
Noire (rivière), Tonkin : 752.
Noiret, général : 566.
Noisy-le-Sec : 852.
Nomy (Henry) [1899-?], officier de marine : 527.
Nord (mer du) : 90, 242, 244, 470, 507, 539, 720, 804, 809, 1182.
Nord (département) : 604, 682, 946, 1136.
Nord (région) : 515, 519, 522, 1186.
Nord-Pas-de-Calais : 1201.
Nordling (Raoul) [1882-1962], consul général de Suède : 563, 565, 567.
Nordling (Rolf), frère du précédent : 565.
Norman (Gerald), journaliste britannique : 804.
Normandie : 51, 436, 491, 494, 499, 507, 520, 537, 540, 544, 547, 550, 551, 557, 595, 605, 958.
Normandie, paquebot : 185.
Normandie-Niémen (régiment), auparavant groupement d'aviation Normandie : 197, 249, 254, 659, 660, 664.
Norstad (Lauris), général américain : 1106.
Norvège, Norvégiens : 33, 76, 78, 84, 85, 212, 298, 399, 463, 489, 492, 724.
Norvège (expédition de) [avril 1940] : 242.
Nouakchott, Mauritanie : 936.
Nouméa : 106, 189, 191, 192, 193, 244, 375.
Noury Pacha Saïd, homme politique irakien : 462.
Nouveau Monde : 707, 796, 1024, 1052, 1091, 1097, 1106.
Nouvelle-Calédonie : 139-140, 184, 188, 190, 191, 193, 912.
Nouvelle-Orléans (La) : 1096, 1097.
Nouvelle-Zélande, Néo-Zélandais : 122, 140, 149, 190, 192, 530, 1072.
Nouvelles du matin (Les), quotidien : 701.
Nouvelles-Hébrides : 106, 184.
Novikov, général soviétique : 661.
Nuremberg (tribunal de) : 847.
Nyons, Drôme : 437.

O'Daniel, général américain : 728.
O.A.S. Voir Organisation armée secrète.
Oberg (Carl), général allemand, chef de la Gestapo en France : 563.
Oberlé (Jean) [1900-1961], peintre, dessinateur et chroniqueur : 134.
Occident, Occidentaux : 91, 215, 218, 265, 303, 321, 372, 632, 633, 638, 644, 673, 717, 720, 725, 757, 759, 762, 780, 796, 799, 804-806.
Occupation : 599, 601, 630, 699, 702, 706, 846, 854, 855, 1125.
Océanie : 106, 129, 183, 189, 190, 226, 244, 794.
Ochsmann [mort en 1944], général allemand : 721.
Odend'hal (Jean), amiral : 46, 67.
Oder : 468, 648, 655, 742, 788.
Oder-Neisse (ligne), frontière occidentale de la Pologne : 648, 652, 655, 1031.
Odessa : 139.
Offroy (Raymond) [né en 1909], parlementaire : 384.
Ogooué, fleuve du Gabon : 118.
Oise (département) : 1202.
Oise (vallée de l') : 1204.
Oléron (île d') : 602, 745, 746.
Olié [né en 1904], général : 941, 971, 972, 1131, 1140.
Oliol, officier : 582.

OLIVA-ROGET (Fernand-François Olive, dit) [1891-1949], général : 177, 776.
OLYMPIO (Sylvanus) [mort en 1963], chef d'État togolais : 938.
Ontario : 1093.
Oradour - sur - Glane, Haute - Vienne : 547, 715.
ORAHOLA, notable du Tchad : 295.
Oran : 305, 307, 329, 332, 361, 399, 402, 430, 920, 921, 960, 963, 969, 971-974, 976, 985, 991.
Oranie, Oranais : 941, 960.
Orbey, Haut-Rhin : 728.
Orcia, rivière d'Italie : 536.
Ordre (L'), quotidien : 17, 701.
Organisation armée secrète (O.A.S.) : 969, 972, 974-976, 984-986, 990-993, 1151, 1165, 1166, 1188.
Organisation civile et militaire (O.C.M.) : 231, 237, 302.
Organisation commune africaine et malgache : 936.
Organisation de coopération et de développement économique (O.C.D.E) : 1104.
Organisation de résistance de l'armée (O.R.A.) : 230, 516, 546.
Organisation des États riverains du fleuve Sénégal : 936.
Organisation des Nations unies (O.N.U.) : 185, 207, 208, 260, 270, 286, 293, 346, 400, 421, 501, 634, 641, 655, 664, 667, 672, 673, 770, 783, 784-787, 803, 846, 866, 867, 882, 912, 915, 918, 937, 982, 1059, 1061, 1069, 1103, 1104.
Organisation du traité de l'Asie du sud-est (O.T.A.S.E.) : 1060, 1062, 1104.
Organisation du traité de l'Atlantique Nord (O.T.A.N.) : 888, 966, 1026, 1028, 1036, 1055-1057, 1062, 1063, 1065, 1067, 1068, 1101, 1104, 1107, 1110, 1209.

Organisation franco-britannique de défense européenne : 1055.
Orient : 96, 124, 137, 144, 145-181, 189, 199, 201, 203, 208, 218, 219, 239, 242, 246, 249, 252, 260, 272, 276-280, 285, 287, 290, 292, 293, 297, 300, 321, 325, 348, 362, 421, 458, 464, 467, 638, 644, 654, 667, 674-675, 714, 744, 761, 770-774, 776, 777, 780, 782, 784, 785, 846, 868, 1026, 1062, 1075.
Orléans : 55, 439, 564, 603, 611.
Orléansville, Algérie : 960.
Orly (aérodrome d') : 1015, 1064, 1077, 1182.
ORNANO (Jean Colonna d') [1895-1941], officier : 137.
Orne : 557, 839, 1136.
ORSELLI, gouverneur de Tahiti : 190.
ORTIZ (Joseph) [1917-1995], partisan de l'Algérie française : 946, 950.
ORTOLI (Paul) [1900- ?], officier de marine : 239.
OSUSKA-MORAWSKI, diplomate polonais : 469, 471, 657, 658, 713, 789.
Ottawa : 186, 188, 383, 453, 499, 505, 506, 707, 802, 1089.
Où est notre force ?, article paru dans *New York Herald Tribune* : 362.
Ouadaï, Tchad : 295.
Ouadi-Halfa, Soudan : 166.
Ouagadougou, Haute-Volta : 93.
Ouakam (aérodrome de), Sénégal : 107, 120.
Ouarsenis, Algérie : 923, 941, 942.
Oubangui, *auj.* République centrafricaine : 94, 95, 98, 103, 117, 153, 299, 912, 925.
Ouenza, Algérie : 960.
Ouest (pays de l') : 765, 807, 855, 1160.
Ouest-France, quotidien : 700.
OUEZZIN-COULIBALI, homme politique de Haute-Volta : 926.
Ouistreham, Calvados : 539.
Ouled-Moussa, Algérie : 953.
Oum-el-Araneb, Libye : 326.

Ouragan, navire : 244.
Oural : 633.
Outre-mer : 910-950. Voir aussi Départements et territoires d'Outre-mer.
Overlord (opération) : 522, 525, 539.
Oxford : 91, 216, 436.
Oxford (université d') : 199, 239.
Oyonnax, Ain : 542.

Pacifique (archipels français du) : 139-141, 181, 183, 188, 190-193, 199, 244.
Pacifique (océan et zone) : 188, 191, 221, 223, 255, 265, 298, 463, 540, 548, 642, 721, 774, 776, 788, 813, 814, 1062.
Pacte germano-soviétique : 198, 760.
PADILLA, homme politique mexicain : 501.
PAGET, général britannique : 772, 776-781.
Paimpont, Ille-et-Vilaine : 71, 88.
Pakistan : 1082.
Palais-Bourbon : 29, 566, 567, 575, 628, 696, 852, 858, 863, 865, 885, 900, 1149, 1151, 1152, 1160, 1162, 1173, 1175. Voir aussi Assemblée nationale.
Palais-Royal : 1167. Voir aussi Conseil d'État.
Palaiseau : 564.
Palatinat : 741, 754, 793, 804-806.
Palestine : 150, 152, 156, 157, 175, 180, 279, 291, 458, 644, 770, 772, 775, 784, 867.
Palestine Post, journal : 159.
PALEWSKI (Gaston) [1901-1984], diplomate et homme politique : 144, 148, 205, 320, 338, 345, 365, 366, 435, 478, 486, 493, 499, 559, 643, 663 (n. 48), 713, 778, 795, 1161, 1173.
Palmyre (*auj.* Tadmor), Syrie : 163, 173, 175, 283.
PANAFIEU (François de), officier : 496.
Panama (canal de) : 191.
PANFILOV, général soviétique : 254.

Pankow, Allemagne : 1079-1081.
Pantano, massif forestier italien : 530.
PAPANDRÉOU (Gorgios) [1888-1968], homme politique grec : 464.
Papeete, Polynésie française : 189.
PAQUIS (Jean-Hérold) [mort en 1945], journaliste collaborateur : 423.
PARAISO, chef camerounais : 295.
PARANT, officier, gouverneur du Gabon : 65, 95, 97, 118-119, 153.
Paris.
— arc de triomphe de l'Étoile : 6, 135, 499, 571, 572, 575, 715, 858, 1078.
— arc de triomphe du Carrousel : 575.
— avenue des Champs-Élysées : 573, 575, 577, 637, 715, 839, 901.
— avenue Foch : 830.
— avenue du Maine : 567.
— avenue et porte d'Orléans : 566, 567.
— avenue du Trône : 839.
— Bagatelle : 714.
— bois de Boulogne : 714.
— boulevard Saint-Germain : 563.
— caserne de Clignancourt : 567.
— cours de Vincennes : 839.
— École des mines : 570.
— église Saint-François-Xavier : 568.
— faubourg Saint-Antoine : 839.
— gare d'Austerlitz : 566.
— gare de Lyon : 572.
— gare Montparnasse : 564-568.
— grands boulevards : 715.
— Hôtel de Ville : 563, 565-567, 569, 573, 575-577, 637, 715, 1064, 1078.
— hôtel et boulevard des Invalides : 6, 566, 568, 575, 635, 776.
— hôtel La Pérouse : 903.
— hôtel Matignon : 556, 560, 711, 885, 905, 999, 1061.
— hôtel Meurice : 566.

- hôtel d'Orsay : 897.
- île de la Cité : 575.
- Louvre : 566, 575.
- Luxembourg : 566, 570.
- La Villette : 571.
- lycée Montaigne : 570.
- Notre-Dame : 6, 449, 571, 575, 576, 838, 901.
- Olympia : 77.
- palais de l'Elysée : 20, 714, 846, 886, 902, 909, 939, 940, 947, 948, 986, 1003, 1051, 1061, 1064, 1078, 1098, 1099, 1102, 1125, 1128, 1133, 1134, 1138-1140, 1150, 1202.
- Palais de Justice : 696, 834.
- palais de Chaillot : 592, 594.
- pavillon de Marly : 872, 1038.
- place de la Bastille : 839.
- place de la Concorde : 566, 573, 575, 715, 753, 935.
- place de l'Étoile : 88, 575, 763, 858.
- place d'Italie : 566, 572.
- place de la Nation : 839.
- porte de Gentilly : 566.
- prison de la Santé : 553, 975.
- Quai d'Orsay : 631, 635, 713, 767, 868, 1052, 1061, 1064, 1077.
- revue de Longchamp : 6.
- route du Champ d'entraînement : 625, 714, 870.
- rue de Bourgogne : 568, 578.
- rue Championnet : 227.
- rue du Four : 48.
- rue de Rivoli : 27, 576, 1206.
- rue Royale : 237, 715.
- rue Saint-Dominique (hôtel de Brienne), ministère de la Guerre : 52, 568, 570, 590, 635, 636, 714, 863, 870.
- rue de Solférino : 897.
- rue Vaneau : 568.
- Sorbonne : 10, 715.
- tombeau du Soldat inconnu : 88, 635, 763, 858.
- Tuileries : 575.
- Vélodrome d'Hiver : 626, 862.
- viaduc d'Auteuil : 566.

Paris-Jour : 1161.
Paris-Presse, quotidien : 701.
Parisien libéré (Le), quotidien : 700.
Parlement européen : 1041.
PARODI (Alexandre) [1901-1979], dit Quartus, Cérat ou Belladone ; homme politique et diplomate : 236, 428, 440, 555-557, 563, 566, 568, 569, 572, 577, 591, 701, 710, 1130, 1157.
PARODI (René), frère du précédent : 428.
PARR (Robert), consul général britannique à Brazzaville : 155.
PARSONS (Jeff), publiciste américain : 492.
Participation : 999, 1014, 1176, 1180, 1201.
Pas-de-Calais : 32, 244, 604, 682, 946, 1136.
PASSY (colonel), pseudonyme de André Dewavrin [né en 1911] : 78, 87, 103, 131, 236, 239, 277, 353.
PASTEUR VALLERY-RADOT (Louis) [1886-1970], médecin : 571.
Pasteur, navire : 67.
PATCH (Alexander McCarrell) [1889-1945], général américain : 191-193, 548, 549, 557, 579, 610-613, 718, 719, 722-724, 728, 729, 732, 738, 740, 741, 754, 758.
Pathet Lao, parti politique laotien : 1112.
PATIN (Maurice) [1895-1963], magistrat : 694, 976, 991, 1128.
PATOU [né en 1910], officier de marine : 493.
PATTERSON, diplomate et homme politique américain : 500.
PATTON (George Smith) [1885-1945], général américain : 362, 380, 545, 557, 559, 562, 603, 724, 729, 740, 758.
PAUL VI (Giovanni Battista Montini) [1897-1978] : 1048.
PAUL (Marcel) [1900-1982], homme politique : 861.
PAUL-BONCOUR (Joseph) [1873-1972], juriste et homme politique : 7, 15, 18, 353, 690, 787.
Paul-Cazelles, Algérie : 953.

PAULUS (Jean-Paul Habans, dit) [1845-1908], chanteur de café-concert : 635.

PAUPHILET, dirigeant « gaulliste » : 306.

PAYE (Lucien) [1907-1972], homme politique : 1122, 1196.

Pays-Bas, Néerlandais : 32, 33, 84, 140, 212, 269, 450, 463, 489, 492, 610, 642, 658, 718, 720, 728, 758, 762, 797, 807, 888, 1023, 1047, 1050, 1052, 1053, 1137, 1152.

PEAKE (Charles), diplomate britannique : 209, 223, 317, 326, 490.

PEAKE-PACHA, général britannique : 462.

Pearl Harbor (attaque japonaise sur) [7 décembre 1941] : 184, 190, 205, 670.

PECHKOFF (Zinovi) [1884-1970], général français d'origine russe : 138-142, 206, 208, 211, 354, 453, 548, 631, 816.

Pékin : 1082, 1210.

PÉLABON (André) [né en 1910], administrateur : 354.

PELLA (Giuseppe), homme politique italien : 1049.

PELLETIER (Émile) [1898-1975], homme politique : 903.

PÈNE (Pierre) [1898- ?], administrateur : 604.

Pennland, paquebot néerlandais : 102, 103, 108.

Pensées d'un soldat, ouvrage de Hans von Seeckt : 15.

Père la Victoire (Le), chanson de Paulus : 635.

PERETTI (Alphonse de), officier : 403.

PÉREZ, partisan de l'Algérie française : 959.

PÉRI (Gabriel) [1902-1941], journaliste, parlementaire : 433.

Périgord : 541, 970.

Périgueux : 715.

Pérou : 472, 1110, 1114.

Perpignan : 601.

PERRIN, officier : 108.

PERRIN (Francis) [né en 1901], physicien : 1131.

PERROTAT, général : 974.

Perse : 254, 1113.

Persée, sous-marin : 111.

PERSHING (John Joseph) [1860-1948], général américain : 501.

Persique (golfe) : 1112.

PÉTAIN (Philippe) [1856-1951] : 6, 19, 30, 46-47, 56-57, 64-70, 73, 75, 80, 95, 120-121, 134-135, 154, 158, 182, 187, 195, 196, 206, 226-227, 229, 273-276, 288, 301, 307, 310-312, 314, 317, 327, 329, 336, 344, 351, 352, 356, 359, 390, 397, 414, 418, 422-424, 428, 441, 456, 494, 496, 516, 552, 557, 560, 576, 582, 583, 608, 609, 691, 698, 834-837, 846, 906, 1150.

PETIET (Robert) [1880-1967], général : 37.

PETIT, général adjoint au commandant militaire du Sahara : 972.

PETIT (Ernest) [1888-1971], général : 144, 196, 239, 254, 646.

Petit-Clamart (attentat du) [22 août 1962] : 993, 1152, 1170.

Petit-Saint-Bernard (col du) : 455, 747, 748, 769.

Petrella, massif italien : 534.

PEYREFITTE (Alain) [1925-1999] : 1174.

PEYROUTON (Bernard-Marcel) [1887- ?], administrateur colonial, ministre de Vichy : 74, 226, 339, 340, 343, 361, 367, 368, 370, 478.

PFISTER, général : 578.

PFLIMLIN (Pierre) [né en 1907] : 885, 893, 896, 899, 900, 903, 924, 1151, 1156.

Pforzheim, Bade-Wurtemberg : 739, 754, 755.

Phalange africaine : 323, 386, 694.

Phalange espagnole : 23.

Phalsbourg, Moselle : 722, 730.

PHILIP (André) [1902-1970], homme politique : 237, 276,

302, 311, 314, 363, 365-367, 370, 371, 374, 409, 412, 417, 438, 590, 591, 690, 705, 833, 860, 864.
Philippines : 190, 193, 548, 749.
Piave, fleuve d'Italie : 456.
PICARD, magistrat : 695.
Picard (Le), escorteur : 1141.
Picardie : 43, 839, 1201.
PICAUD (Mgr), évêque de Bayeux et de Lisieux : 494.
Pico, Italie : 534, 535.
PIE XII (Eugenio Pacelli) [1876-1958] : 76, 496-498.
Pieds-noirs : 914, 924, 946, 947, 953, 954, 957, 960, 961, 974, 979, 980, 985, 1188.
Piémont : 767.
PIERLOT (Hubert, comte) [1883-1963], homme politique belge : 212, 492, 707.
PIERRE LE GRAND [1672-1725] : 1066.
PIERRE II KARAGEORGEVIC [1923-1971], roi de Yougoslavie : 211, 212, 213, 465, 466.
PIERRE (Henri Grouès, l'Abbé) [né en 1912] : 437.
Pierrefitte, Seine-Saint-Denis : 578.
Pierrelatte, Drôme : 1183.
PIGANIOL (Pierre) [né en 1915], physicien : 1131.
PIJEAUD (Félix Charles), officier aviateur : 79, 87, 249.
PILLAFORT [mort en 1942], personnalité algéroise : 306.
PILLEAU, général britannique : 776, 868.
Pilsen, Tchécoslovaquie : 758.
PILSUDSKI (Józef) [1867-1935], maréchal et chef d'État polonais : 45, 214.
PINAY (Antoine) [1891-1994] : 885, 887, 899, 903, 999-1001, 1003, 1006, 1020, 1122.
PINEAU (Christian) [1904-1995], homme politique : 237, 353, 847.
Pique (La), escorteur : 599.
PIRAUD, personnalité française au Chili : 89.

PIRONNEAU (André), journaliste : 16, 17, 20.
PISANI (Edgard) [né en 1918], homme politique : 1020, 1044, 1122, 1174, 1189.
PITT (William) [1708-1778], dit le Premier Pitt : 790.
PLAGAAY, officier de marine néerlandais : 103.
PLAISANT (Marcel), parlementaire : 849.
Plan Caval (fort de) : 748.
PLATON (Charles) [1886-1944], amiral et homme politique : 95, 307, 311, 323.
PLATT, général britannique : 146-147, 205.
Pleumeur-Bodou, Côtes d'Armor : 1183.
PLEVEN (René) [1901-1993], homme politique : 87, 95, 96, 117, 129, 144, 159, 183, 184, 188, 221, 223, 270, 293, 296-298, 308, 374, 412, 438, 447, 590, 591, 690, 706, 708, 710, 832, 839, 861-863, 870, 885, 893.
PLUTARQUE [50-125] : 859.
Plutarque a menti, ouvrage de Jean de Pierrefeu : 859 (n. 3).
Plymouth : 65, 244.
Pnom Penh : 818.
Pô : 742.
POCH-PASTOR (baron), agent des Alliés dans l'armée allemande : 565.
PODZEROV, interprète lors des entretiens Staline-de Gaulle : 651, 660, 665.
POIMBŒUF (Marcel), syndicaliste : 352.
POINCARÉ (Raymond) [1860-1934] : 7.
Pointe-Noire, Congo : 104, 117, 153, 193, 194, 294, 295.
POIRIER, haut fonctionnaire : 393.
Poitiers : 439, 547, 602.
Poitiers, cargo : 104.
Poitou-Charentes : 1202.
Pola, Croatie : 540.
POLITZER (Georges) [1903-1942], philosophe : 433.

Pologne, Polonais : 7, 10, 19, 22, 23, 26, 45, 85, 103, 197, 212-215, 265, 399, 451, 464, 467-471, 492, 535, 614, 633, 636, 648, 651-653, 655-658, 660, 661, 665, 667, 671-674, 760, 787, 789, 1030, 1031, 1034, 1066.

Polynésie : 912.

Poméranie : 648, 788.

POMMIÈS (Jean), officier : 518, 520.

POMPADOUR (Jeanne-Antoinette Poisson, marquise de) [1721-1764] : 1139.

POMPIDOU (Georges) [1911-1974] : 965, 991, 1005, 1122, 1124, 1151, 1157, 1160, 1161, 1173, 1174, 1177, 1192, 1196, 1207, 1209.

Poncelet, sous-marin : 118-119, 245.

Pondichéry : 226.

PONIATOWSKI, officier à Alger : 345.

Pont-du-Fahs, Tunisie : 362.

Pont-sur-Seine (attentat de) [8 septembre 1961] : 852, 1204.

PONTON, gouverneur de la Martinique : 295, 393.

PONTY (William), gouverneur de l'A.-O.F. : 910.

Populaire (Le), quotidien : 19, 565, 700, 844.

PORCHÉ, conseiller d'État : 581.

PORGÈS (Jacques), officier : 108.

Port-au-Prince : 453.

Port-en-Bessin, Calvados : 539.

Port-Gentil, Gabon : 119, 153, 245.

Port-Lyautey (*auj.* Kenitra), Maroc : 307, 924.

Port-Saïd, Égypte : 153, 279.

Port-Soudan : 136.

Port-sur-Saône, Haute-Saône : 611.

PORTAL, maréchal britannique : 141, 249.

Portalet (Le), Pyrénées-Atlantiques : 836.

Portel (Le), Pas-de-Calais : 841.

Portes-lès-Valence, Drôme : 542.

Portland, navire allemand : 539.

Porto Rico : 393.

Porto-Ferrajo, île d'Elbe : 537.

Porto-Longone, île d'Elbe : 537.

Porto-Vecchio : 407.

Portsmouth : 125, 216, 244, 486, 493, 495, 539.

Portugal, Portugais : 132, 453, 498, 1045.

Posnanie : 788.

POSTEL-VINAY (André) [né en 1911], haut fonctionnaire : 439.

Potomac : 1094.

Potsdam (conférence de) [17 juillet-2 août 1945] : 787-789, 791, 794, 800, 803, 866.

POUILLY (de), général : 972.

Pouilly, Aisne : 37.

POUJADE (Pierre) [né en 1920], fondateur de l'U.D.C.A., dit « mouvement Poujade » : 1157.

POULIGUEN, officier aviateur : 249.

Poulmic, chalutier patrouilleur : 244.

POUND (Sir Dudley) [1877-1943], amiral britannique : 128, 141.

Pour la Victoire, journal : 349.

POURITCH, homme politique yougoslave : 465.

POURTALET (Henri) [1899-1974], parlementaire : 404.

Poutroye (La), Vosges : 727.

POUYADE (Pierre) [né en 1917], général commandant Normandie-Niémen : 249, 664.

POYDENOT (Olivier) [1895- ?], général : 527, 534.

PRADO (Manuel), homme politique péruvien : 1110, 1114.

Prague : 16, 23, 26, 213, 463, 468, 521, 754.

Pravda, quotidien soviétique : 658.

PRÉ (Roland) [né en 1907], résistant, administrateur : 563.

Président-Honduce, chalutier patrouilleur : 78, 244.

Président-Paul-Doumer, paquebot : 246.

Président-Soleil (le), surnom donné au Général par les journalistes anglais : 1175.

Président-Théodore-Tissier, navire-école : 246.

Prêt-bail (loi), ou Lease-Lend : 144, 184, 242, 267, 799, 1070.
Pretoria, Afrique du Sud : 206, 280, 282, 453.
PRIGENT (Robert) [né en 1910], syndicaliste, parlementaire : 861.
Primauguet, croiseur : 104, 105, 308.
Prince of Wales, cuirassé britannique : 201.
Problème militaire et français (Le), ouvrage de Paul Reynaud : 17.
PROMÉTHÉE (désigne Hitler) : 759.
Pronunciamiento : 273, 972, 1164.
Protée, sous-marin : 150, 394, 540.
PROUVÉ, maire de Nancy : 604.
Provencal (Le), quotidien : 700.
Provence : 518, 537, 547, 549-551, 595, 610, 614, 615, 987, 1201.
Provence, cuirassé : 313.
Providence, paquebot : 154.
Provins : 606.
PRUNAS, haut fonctionnaire italien : 496.
Prusse : 470, 788, 798, 804, 822, 1066, 1079, 1080.
Prusse-Orientale : 648, 758.
PUAUX (Gabriel) [1883-1969], diplomate : 74, 151, 374, 389, 556, 810.
PUCHEU (Pierre) [1899-1944], homme politique : 432, 441-443.
PUCHOIS, officier : 259.
Punta del Este, Uruguay : 1106.
Puy-de-Dôme : 541, 579, 615, 1136.
Pyrénées : 432, 437, 472, 513, 518, 601, 615, 765, 1016, 1023.
Pyrénées-Orientales : 1136.

Quand les hommes politiques s'égarent, article de Jean Rivière dans le *Figaro* : 19.
Quarteron (« un — de généraux en retraite ») : 972-975.
Québec : 187, 505, 634, 1089, 1091, 1092, 1116.
Quenza, Corse : 407.
Quercy : 541.
Quercy, croiseur auxiliaire : 390, 511.

QUERVILLE [1903-1970], amiral : 974.
QUEUILLE (Henri) [1884-1970], homme politique : 352, 412, 437, 591, 885.
QUILICI ou QUILLICI (François) [1905-1977], journaliste, parlementaire : 349.
Quimper : 59, 839.
QUISLING (Vidkun) [1887-1945], homme politique norvégien, pronazi : 211 (n. 39).

Rabat : 322, 358, 375, 389, 429.
RACHID ALI KILANI [1892-1956], homme politique irakien : 155, 161, 288.
RACKIEWICZ (Wladyslaw) [1885-1947], président de la République polonaise : 214, 471, 492.
RACZYNSKI, homme politique polonais : 214.
Radical et radical-socialiste (parti), radicaux : 316, 688, 828, 829, 843, 846, 847, 849, 852-855, 859, 864, 869, 1157, 1158, 1160.
Radicofani, Italie : 536.
Radio Accra : 482.
Radio d'Alger : 408.
Radio de Berlin : 259.
Radio de Beyrouth : 238.
Radio de Brazzaville : 198.
Radio de Londres : 89, 135, 202, 238. Voir aussi B.B.C.
Radio de Moscou : 194.
Radio de Saigon : 191.
Radio France (Alger) : 429.
RAIMONDI, résistant : 403.
RAINIER III [né en 1923], prince de Monaco : 1110.
RAMADIER (Paul) [1888-1961] : 710, 847, 885.
Rambouillet : 564, 566, 714, 965, 1038, 1050, 1051, 1064, 1073, 1075, 1078, 1084, 1138.
RAMETTE (Arthur) [1897- ?], parlementaire : 833.
RAMONET (Édouard) [1909-1980], homme politique : 903.
RANCOURT (Henri de) [né en

1910], officier aviateur : 79, 87, 499, 526.
RAPENNE, administrateur colonial : 391.
Rapido, fleuve d'Italie : 529.
Rassemblement démocratique africain : 926.
Rassemblement démocratique algérien : 969.
Rassemblement du peuple français (R.P.F.) : 892, 893, 1170, 1203.
Rassemblement national populaire : 226.
Rassemblement pour l'Algérie française : 946.
Rastatt, Bade-Wurtemberg : 754.
RAUX, diplomate : 453.
RAVANEL, pseudonyme de Serge Asher [né en 1918], colonel F.F.I. : 518, 599.
Ravensbrück : 437.
Rayak, Syrie : 136, 153, 249, 784.
RAYBURN (Sam), homme politique américain : 1095.
RAYNAL, officier : 216, 321.
RAYNAULT (Adhémar), maire de Montréal : 506.
Rayol (Le), Var : 550.
Ré (île de) : 602, 746.
REBATTET (Georges), résistant : 517.
REBOURSET, préfet de la Moselle : 715.
Redoute (La), Algérie : 974.
Reggane, Algérie : 1069.
Reghaia, Algérie : 948, 986.
Rehtal, Bas-Rhin : 722.
Reich (IIIe) : 7, 10, 15, 16, 21, 22, 25, 26, 30, 48, 124, 138, 194, 214, 225, 226, 269, 301, 394, 432, 434, 442, 452, 453, 497, 519, 561, 579, 587, 610, 614, 631, 632, 648, 667, 669, 670, 672, 717, 728, 730, 738, 742, 744, 746, 754, 758, 761, 762, 765, 770, 789, 791-793, 797, 798, 804, 820, 829, 835, 836, 844, 866, 882, 1028, 1054, 1079.
Reichswehr : 15.
Reims : 36, 38, 44, 195, 762, 763, 1038, 1078.

Reine-des-Flots, chalutier patrouilleur : 244.
Remagen (pont de), sur le Rhin : 740, 741.
RÉMY (colonel), pseudonyme de Gilbert Renault [1904-1984], dit aussi Roulier : 132, 236, 237, 255, 260, 278, 302, 324, 352, 353.
Renault (Régie) : 682-683, 1206.
RENDU (Auguste), Français Libre du Brésil : 61.
RENNEL (Lord), administrateur britannique : 215, 319.
Rennes : 65, 439, 560-562, 573, 907.
Renoncule, corvette : 244.
RENOUARD (Louis) [1885-1974], officier : 242.
RENTHE-FINK, représentant du Reich à Vichy : 423.
REPITON-PRÉNEUF (Paul), officier : 157.
République (IIIe) : 20, 53, 70, 393, 419, 437, 608, 826, 842, 843, 846, 848, 851, 854, 881, 884, 1027, 1117, 1123, 1162, 1200.
République (IVe) : 811, 825, 827, 847, 848, 892, 914, 984, 1000, 1117, 1123, 1156, 1162.
République (V^e) : 907, 1006, 1011, 1012, 1019, 1032, 1059, 1150, 1170, 1175, 1200, 1202, 1204, 1208.
République Arabe Unie (R.A.U.) : 1059.
République centrafricaine : 935, 937, 938.
République démocratique allemande (R.D.A.) : 1025, 1035, 1058, 1103, 1108, 1109.
République du Sud-Ouest (La) : 700.
République fédérale d'Allemagne (R.F.A.) : 1025, 1031-1033, 1035, 1036, 1042, 1043, 1079-1082, 1115.
Repulse, croiseur britannique : 201.
Résistance : 230, 232, 234, 237, 238, 271, 273, 275, 276, 303, 306, 317, 334, 343, 352, 353, 355, 363, 364, 368, 388, 397, 402, 406, 407, 409, 410, 412-

419, 426-428, 434, 439, 441, 442, 445, 464, 514-517, 519, 521, 542-546, 550, 552, 553, 557-560, 562, 564, 565, 577, 580-582, 590-595, 597-599, 603, 606, 616, 621, 624, 626-629, 631, 680, 681, 686, 687, 691, 692, 699-701, 711, 749, 760, 822, 830, 835, 837, 843, 852, 855, 856, 884, 903, 1125, 1180, 1203.

Résistance, journal : 434, 700.
Resolution, cuirassé britannique : 102, 111.
Restauration [1814 et 1815] : 583.
Rethel, Ardennes : 55.
Rethondes : 309, 508.
Réunion (île de la) : 244, 318, 320, 817, 912, 935.
REVERS (Georges) [1891-1974], général : 516, 555.
Révolution française [1789] : 653, 680, 822, 1199.
Révolution de 1830 : 680.
Révolution de 1848 : 680.
Révolution nationale (Vichy) : 93, 681.
Revue des Deux Mondes (La) : 18, 19.
Revue politique et parlementaire : 10.
REYNAUD (Paul) [1878-1966] : 8, 17, 20, 23-27, 29-31, 46, 47, 49, 51-71, 301, 434, 568, 608, 609, 670, 828, 905, 1160, 1162, 1164.
REYNIERS [né en 1902], officier : 172.
Rhénanie : 1027.
Rhin : 7, 11, 21-23, 27, 176, 467, 507, 520, 527, 609, 614, 631, 633, 634, 636, 638, 642, 643, 648, 654, 655, 671, 718, 719, 721, 722, 724, 727, 736-742, 745, 747-749, 754-756, 765, 791, 797, 804, 806-808, 871, 1071, 1094, 1108, 1182.
Rhin (canal de la Marne au) : 732.
Rhin (canal du Rhône au) : 724.
Rhinau, Bas-Rhin : 727.
Rhône : 507, 520, 547, 570, 578, 579, 588, 595, 596, 610-612, 616, 719, 1015, 1182.
Rhône (canal du — au Rhin) : 724.

Rhône-Alpes : 1201.
RIBBENTROP (Joachim von) [1893-1946], diplomate allemand : 30, 198.
Ribbersford, Grande-Bretagne : 242, 424, 552.
Ribeauvillé, Haut-Rhin : 725.
RICHARD-ÉVENOU, officier de marine : 318, 319.
RICHELIEU (Armand Jean du Plessis, cardinal de) [1585-1642] : 702.
Richelieu, cuirassé : 65, 79, 99, 101, 107, 111, 350, 383, 511, 540, 721, 814.
Rideau de fer : 1026.
RIGAULT (Jean), personnalité de l'entourage du général Giraud : 306, 356.
RIMBAUD (Emmanuel), Français Libre en Martinique : 392.
Rio de Janeiro : 258.
Riom, Puy-de-Dôme : 839.
Riom (procès de) [février-avril 1942] : 226, 835.
RIPKA (Hubert), homme politique tchécoslovaque : 213.
RIPOCHE [mort en 1944], dirigeant de Ceux de la Libération : 231, 433.
RITCHIE (Neil Methuen) [1897- ?], général britannique : 256-258.
RIVET (Pierre) [1883-1958], officier : 430.
RIVIÈRE (Jean), journaliste : 19.
ROBERT, résistant : 132.
ROBERT (Georges) [1871-1965], amiral : 185, 390, 392, 393.
ROBERT (Jacques) [né en 1921], ingénieur : 1131.
ROCHAT, sous-préfet de Bayeux : 494.
ROCHE (Émile) [1893- ?], industriel, économiste : 1129.
Rochefort, Charente-Maritime : 71, 237, 602.
Rochelle (La) : 71, 237, 588, 602, 617, 719, 745, 746, 839.
Rocher (pointe du), côte Atlantique : 746.
Rocher-Noir, Algérie : 986, 992.

Index

ROCHEREAU (Henri) [né en 1908], homme politique : 1020, 1122.
ROCHET (Waldeck) [1905-1983], dit Waldeck-Rochet, homme politique : 1160.
ROCKEFELLER (Nelson A.) [1908-1979], homme politique américain : 1096.
Rocroi, Ardennes : 35.
Rodez : 693.
Roi des aulnes (Le), poème de Goethe : 689.
ROIRE (Jean), journaliste : 429.
Roissy (aéroport de) : 1182.
ROKOSSOVSKY (Constantin Constantinovitch) [1896-1968], maréchal soviétique : 758.
ROL-TANGUY (Henri), colonel commandant les F.T.P. de la région parisienne : 518, 555, 567.
ROLA-ZYMIERSKY, général polonais : 657, 658.
ROLAND-PRÉ. Voir PRÉ (Roland).
ROMAINS (Jules) [1885-1972] : 1161.
ROMANS-PETIT (Henri), officier : 518, 542.
Rome : 23, 124-125, 395, 400, 425, 495, 496, 498, 529, 531, 533, 535, 536, 759, 766, 767, 770, 1049, 1050, 1053, 1061.
Rome (traité de) [25 mars 1957] : 1000, 1036, 1040, 1043, 1045.
Rome antique. Voir Empire romain.
ROMER (de), homme politique polonais : 471, 636.
Romilly-sur-Seine, Aube : 56, 606.
ROMMEL (Erwin) [1891-1944] : 149, 163, 181, 197, 201, 250, 253-258, 260, 277, 280, 284, 316, 324, 361, 493.
ROMRÉE (de), diplomate belge : 463.
RONARC'H (Pierre-Jean) [1892-1960], amiral : 527.
RONCALLI (Mgr Angelo Giuseppe). Voir JEAN XXIII.
Ronchamp, Haute-Saône : 619.
RONDA, partisan de l'Algérie française : 959.
RONDENAY (André), résistant, délégué militaire national : 518.
RONIN (Emmanuel) [1886-1953], officier : 430.
ROOKS, général américain : 525.
ROOSEVELT (Franklin Delano) [1882-1945] : 62, 121, 124, 144, 182-185, 187, 190, 201, 220, 267, 268, 270, 277, 292, 300, 302, 307, 308, 311, 314-317, 328, 335-351, 360, 369, 371, 380, 382, 383, 389, 398, 415, 463, 464, 467, 469, 472, 474-478, 481-488, 491, 492, 495, 498-505, 509, 511, 520, 523, 526, 559, 581, 618, 630, 634, 635, 639-641, 648, 658, 660, 667-676, 732, 771, 781, 785, 786, 789, 794, 800, 811, 850, 968, 1070.
ROQUEMOREL, officier de l'armée secrète : 541.
ROQUES (Philippe) [mort en 1942], dit Rondeau, parlementaire, résistant : 237.
Roselys, corvette : 239, 244.
Rosenau, Haut-Rhin : 721.
ROSER, officier allemand : 139.
Rotonda Signali, Libye : 256.
Rotthausen, Wurtemberg : 806.
Rouen : 423, 433, 439, 494, 557, 558, 573, 588, 605, 1015, 1078, 1204.
Rouffach, Haut-Rhin : 737.
Rouge (fleuve), Tonkin : 752.
Rouge (mer) : 136, 137, 148, 321, 394, 457, 758, 1112.
ROULIER. Voir RÉMY (colonel).
Roumanie, Roumains : 125, 265, 379, 614, 636, 653, 672, 674, 803, 866, 1030, 1066.
ROUMIANTZOFF, officier : 571.
ROURE (Rémy) [1885-1966], journaliste : 17.
Rousses (Les), Jura : 965, 988.
ROUSSY DE SALES (Raoul), délégué de la France Libre aux États-Unis : 187.
ROUVILLOIS, officier : 566.
ROUX [mort en 1944], officier : 530.

Roya (La), Alpes-Maritimes : 748, 767.
Royal African Society : 216.
Royal Air Force (R.A.F.) : 45, 47, 51, 90, 124, 156, 248, 249, 259, 267, 269, 505.
Royal Navy : 222, 486.
Royal Tank Corps : 14.
Royan, Charente-maritime : 393, 601, 602, 613, 617, 725, 727, 745, 746.
Rozoy (Marie-Joseph), général : 127.
Ruanda, *auj.* Rwanda : 936.
Rubicon : 896.
Rubis, sous-marin : 78, 243.
Rucart (Marc) [1893-1964], homme politique : 418, 420.
Ruch (Mgr), évêque de Strasbourg : 738.
Rüe, amiral : 721, 745.
Rueff (Jacques) [1896-1978], économiste : 1003-1009, 1205.
Rufisque, Sénégal : 108, 109.
Ruhr : 23, 81, 609, 632, 636, 643, 648, 655, 671, 718, 738, 753, 754, 797, 798, 804, 807, 822, 882, 1013, 1039, 1079.
Rundstedt (Gerd von) [1875-1953], maréchal allemand : 16, 197, 728, 730.
Rusk (Dean), homme politique américain : 1104.
Ryckmans, général belge, gouverneur général du Congo-Léopoldville : 96, 117.
Rydz-Smigly (Edward) [1886-1944 ?], maréchal polonais : 214.

S.D.N. Voir Société des Nations.
S.T.O. Voir Service du travail obligatoire.
Sabang, île du Pacifique : 540.
Sabattier (Gabriel) [1892-1966], général : 752.
Saclay (centre atomique de) : 1078.
Sadowa (bataille de) [3 juillet 1866] : 11.
SAFER, sociétés d'aménagement foncier et d'aménagement rural : 1017.
Sahara, Sahariens : 122-123, 873, 893, 913, 935, 967, 971, 972, 976, 979, 981, 982, 987, 989, 1069, 1084.
Saïda, Algérie : 942, 943.
Saïda, Liban : 157, 177, 282.
Saigon, *auj.* Hô Chi Minh-Ville : 139, 141, 548, 749, 751, 815, 817, 818.
Saillant (Louis), syndicaliste : 353.
Saint-Atham (camp d'aviation de), Grande-Bretagne : 79.
Saint-Barthélemy (massacre de la) [23-24 août 1572] : 575.
Saint-Brieuc : 839.
Saint-Cloud (domaine de) : 899.
Saint-Cyr-l'École, Seine-et-Oise : 6, 7.
Saint-Denis de la Réunion : 318.
Saint-Denis, Seine-Saint-Denis : 571, 715.
Saint-Didier (de), général : 501.
Saint-Étienne : 423, 433, 940.
Saint-Exupéry (Antoine de) [1900-1944] : 540.
Saint-Ferréol, Haute-Garonne : 541.
Saint-Florent, Corse : 407.
Saint-Hardouin (de), personnalité d'Algérie : 306, 453.
Saint-Jean d'Acre : 164, 165.
Saint-Jean d'Acre (convention de) [14 juillet 1941] : 166, 169, 170, 172.
Saint-John Perse. Voir Léger (Alexis).
Saint-Laurent (Louis) [1882-1973], homme politique canadien : 506, 802.
Saint-Laurent (fleuve) : 1089.
Saint-Laurent-sur-Mer, Calvados : 588.
Saint-Lô : 839.
Saint-Louis du Sénégal : 93, 936.
Saint-Louis, Haut-Rhin : 721, 736.
Saint-Malo : 545.
Saint-Marcel, Morbihan : 545.
Saint-Mart (Pierre de), gouver-

neur de l'Oubangui : 98, 117, 153, 299, 320.
Saint-Maur-des-Fossés : 715.
Saint-Nazaire : 433, 588, 617, 719, 746, 839, 1187.
Saint-Paul, île de l'océan Indien : 320.
SAINT-PÉREUSE, officier aviateur : 249.
Saint-Pétersbourg : 1027.
SAINT-PHALLE (Alexandre de) [né en 1900], économiste, résistant : 565.
Saint-Pierre-d'Albigny, Savoie : 748.
Saint-Pierre-et-Miquelon : 106, 185-188, 221, 226, 245, 912.
Saint-Pol-sur-Ternoise, Pas-de-Calais : 839.
Saint-Quentin, Aisne : 33, 35, 36, 38, 39, 604.
Saint-Sébastien, Espagne : 125, 959.
Saint-Siège. Voir Vatican.
Saint-Tropez : 550, 610.
Sainte-Lucie, Petites Antilles britanniques : 391.
Sainte-Maxime, Var : 550.
Sainte-Mère-Église : 493.
SAINTENY (Jean) [1907-1978], homme politique : 815, 816, 889, 1174.
Saintes, Charente-Maritime : 602, 603.
Saintonge : 602.
Sakhaline (île de), Sibérie : 789.
SALA [1897- ?], officier de marine : 539.
SALAN (Raoul) [1899-1984], général : 617, 755, 894, 896-898, 900, 916, 919, 923, 930, 959, 971, 975, 985, 986, 991, 993.
Salerne, Campanie : 406, 495, 496, 540.
SALIÈGE (Jules) [1870-1956], archevêque de Toulouse : 351, 600.
SALMON (Mlle), responsable de l'Alliance française à Londres : 240.
SALVATORI (Joseph), Français Libre de Martinique : 391.

San Angelo, Italie : 535.
San Francisco (conférence de) [25 avril-26 juin 1945] : 672, 763, 770, 785-787, 794, 1096.
San Giorgio, Italie : 534.
San Oliva, Italie : 534.
SANGRONIZ (de), délégué de l'Espagne auprès du C.F.L.N. : 472.
Saône : 595, 596.
Saône-et-Loire : 1136.
SARAGAT (Giuseppe) [1898- ?], homme politique italien : 770.
SARAZAC (Maurice) [1908-1974], officier : 326.
SARDA. Voir SERDA.
Sardaigne : 406, 407.
SARIT THANARAT [1908-1963], maréchal et homme politique thaïlandais : 1105.
SARRAUT (Albert) [1872-1962], homme politique : 22, 434, 828, 910.
SARRAUT (Maurice) [1869-1943], homme politique : 560.
Sarre, Sarrois : 10, 11, 21, 633, 636, 643, 648, 724, 737, 740, 793, 797, 799, 805, 822, 887.
Sarre (plébiscite de la) [13 janvier 1935] : 21.
Sarrebourg, Moselle : 722.
Sarrebruck, Sarre : 740, 793, 805.
Sartène, Corse : 410.
SATO (Eisaku) [1901-1975], homme politique japonais : 1111.
SAURAT (Denis) [1890-1958], directeur de l'Institut français de Londres : 240.
SAURIN, président du Conseil général d'Oran : 329.
SAUSSINE (de), officier de marine : 119.
SAUTOT (Henri), gouverneur de la Nouvelle-Calédonie : 106, 122, 141, 189, 192.
SAVARY (Alain) [né en 1918], administrateur puis homme politique : 186.
Saverne, Bas-Rhin : 613, 718, 722, 730-732, 736, 738.

Savey [mort en 1942], officier : 259.

Savoie : 513, 612, 615, 747, 759, 1136.

Savorgnan-de-Brazza, aviso : 102, 119, 136, 244.

Saxe : 788, 798, 804, 1066, 1080.

Sbeïtla, Tunisie : 322.

Scamaroni (Fred) [1914-1943], dit Severi, résistant : 107, 403, 404.

Scandinaves : 32, 1045.

Sceaux : 715.

Schaffhouse, Suisse : 755.

Scharnhorst, cuirassé allemand : 538.

Schauss (Eugène), homme politique luxembourgeois : 1051.

Schirlitz, amiral allemand : 602, 746.

Schlesser (Guy) [1896-1970], général : 755.

Schlieffen (Alfred, comte von) [1833-1913], maréchal allemand : 52.

Schlucht (col de la), Vosges : 722.

Schmidt, général allemand : 758.

Schmidt (Charles) [1891-1977], général : 442.

Schmitt (Carlo), homme politique wurtembergeois : 806.

Schmittlein (Raymond), officier : 157.

Schneider, général : 615.

Schœffler, administrateur colonial : 177.

Schompré, représentant de la France Libre à Singapour : 140.

Schuhler (Jean), commissaire de la République : 602.

Schuman (Robert) [1886-1963], homme politique : 885, 1035.

Schumann (Maurice) [1911-1998], journaliste, officier, homme politique : 87, 239, 349, 494, 690, 782, 1151.

Schwartz (Jacques) [1889-1960], général : 727, 793.

Schwarzwald. Voir Forêt-Noire.

Scitivaux (Philippe de) [né en 1911], officier de marine : 249.

Scotland Yard : 128.

Sébastopol : 197.

Sebha, Libye : 326.

Sécurité sociale : 1191.

Sedan : 33, 34, 64, 69, 508, 730.

Séderon, Drôme : 542.

Seeckt (Hans von) [1866-1936], général allemand : 15, 16.

Segni (Antonio) [1891-1972], homme politique italien : 1049, 1051, 1054.

Sein (île de) : 79.

Seine (département) : 414, 439, 572, 1202, 1203.

Seine (fleuve) : 48, 52, 59, 439, 544, 558, 566, 575, 579, 588, 1015, 1204.

Seine-et-Marne : 1202.

Seine-et-Oise : 1202.

Seine-Maritime : 1136.

Seine-Saint-Denis : 1203.

Sélestat, Bas-Rhin : 725, 729.

Sénac (Jean) [1872-1943], parlementaire : 20.

Sénat : 18, 60, 301, 419, 709, 841, 843, 845, 846, 848-850, 885, 901, 972, 1012, 1156-1158, 1161, 1163, 1165, 1170, 1174, 1200. Voir aussi Luxembourg (palais du).

Sénat américain : 634.

Sénat de la Communauté : 935.

Sénégal, Sénégalais : 102, 118-119, 447, 912, 926, 935-938.

Sénégalais, torpilleur : 511.

Senghor (Léopold Sédar) [né en 1906] : 907, 935, 938.

Sens, Yonne : 37, 56.

Sept Communes (fort de) : 748.

Serbie, Serbes : 213, 378, 379, 465.

Serda (Joseph) [1889-1965], parlementaire : 329.

Sérigny (Alain de) [né en 1912], personnalité d'Alger : 946, 950.

Sermoy-Simon. Voir Simon (Jacques-Henri).

Serre (Philippe) [1901-1991], homme politique : 18.

Index

Serre, affluent de l'Aisne : 35, 36, 37, 38.
SERRES, général : 97, 250.
SERREULLES. Voir BOUCHINET-SERREULLES (Claude).
Servance (ballon de), Vosges : 619.
Service du travail obligatoire (S.T.O.) : 351, 432, 512.
Sétif, Algérie : 960, 973.
Seudre, fleuve côtier de Saintonge : 746.
SÉVÈRE (Victor) [1867-1957], parlementaire : 392, 393.
SEVERI. Voir SCAMARONI (Fred).
SEVEZ (François) [1891-1948], général : 527, 530, 534, 550, 763.
SEYDOUX DE CLAUSONNE (François) [né en 1908], diplomate : 1061.
Sfax, Tunisie : 78, 158, 362, 363.
SFORZA (comte) [1872-1952], diplomate et homme politique italien : 455, 766, 770.
SHAKESPEARE (William) [1564-1616] : 1022.
Shanghai : 86, 140.
SHRAMEK (Mgr) président du Conseil tchécoslovaque : 213, 300.
Shropshire, comté de Grande-Bretagne : 127, 239.
SI LAKDAR, dirigeant F.L.N. : 964.
SI MOHAMMED, dirigeant F.L.N. : 964.
SI SALAH, dirigeant F.L.N. : 964.
Siam, Siamois : 140, 1104. Voir aussi Thaïlande.
Sibérie : 665, 1013, 1083, 1085.
SICÉ (Adolphe), médecin, inspecteur général des colonies : 97, 181, 206.
Sicile : 322, 394.
SID CARA (Nafissa) [née en 1910], parlementaire, secrétaire d'État : 1122.
SIDI LAMINE [1882-1962], bey de Tunisie : 386, 666, 811-812, 889.
Sidi-Barrani, Égypte : 135, 259.
Sidi-bel-Abbès, Algérie : 974.

Siegfried (ligne) : 739, 743.
Sienne : 536, 538.
Sierra Leone : 95.
SIEYÈS (Jacques de), représ. de la France Libre aux . Unis : 89, 182.
Sigmaringen : 582, 698.
SIHANOUK (Norodom) [né e 1922], roi du Cambodge : 1112
SIKORSKI (Wladyslaw) [1881-1943], général et homme politique polonais : 85, 241, 215, 468, 469, 471.
SIKRY PACHA, homme politique égyptien : 152.
Silence de la mer (Le), roman de Vercors : 434.
Silésie : 315, 470, 643, 648, 788, 1013.
SIMON (Jacques-Henri), dit Sermoy, dirigeant de l'O.C.M. : 353, 435.
SIMON (Jean) [né en 1912], général : 973.
SIMON (Paul) [mort en 1944], membre de l'O.C.M. : 237.
SIMONIN, officier : 42.
SIMOVITCH, général et homme politique yougoslave : 213.
SIMPSON (William) [1888-?], général américain : 724.
SINCLAIR (Sir Archibald), ministre britannique de l'Air : 52, 141, 248.
Singapour : 140, 190, 201, 1070.
SIRAUD (Pierre) [né en 1907], diplomate : 1140.
Sissone (canal de), Loannais : 35.
Six (les). Voir Communauté économique européenne.
Skhirra (La), Tunisie : 967, 1015.
Slaves : 633, 647, 665.
SLESSOR, maréchal britannique : 525.
Slovaquie : 125, 467.
Slovénie : 759.
SMEYERS, directeur de la marine marchande : 246.
SMITH (Walter Bedell), général américain : 377, 498, 499, 524, 525, 543, 735, 763.

Index

1494 ...ristiaan) [1870-
...chal et homme
Smuts sud-africain : 206,
198.

... socialistes : 412, 679,
..., 700, 828, 842, 844,
...51-856, 859-864, 888,
1006, 1076, 1156, 1158,
..., 1164.

...é (îles de la), Polynésie française : 188, 192.

...iété des Nations (S.D.N.) : 7,
15, 16, 22, 203, 459, 760 (n. 45),
771, 784-787.
Soerabaya, Indonésie : 540.
Sofia : 788, 866.
Soissons, Aisne : 38, 40, 604.
Sol Bloom, homme politique américain : 500.
Solar (Suarez), personnalité cubaine : 472.
Soldats de métier et armée de métier, article de Léon Blum dans *Le Populaire* : 19.
Solférino, Italie : 1048.
Solh (Riad), homme politique libanais : 179, 457, 458, 460.
Sollum, Égypte : 254.
Somalie : 147-148, 205, 208, 211, 226, 321, 456, 744, 1082.
Somalis (côte des), *auj.* République de Djibouti : 75, 96, 135-136, 320, 912, 934.
Somerwell, général américain : 795.
Somme : 39-42, 44, 48, 820.
Sôn Tay, Tonkin : 752.
Soong (M.T.V.), homme politique chinois : 816.
Sophie, maire de Cayenne : 391.
Sosnkowski (Kasimierz) [1885-?], général et homme politique polonais : 471.
Souani, Algérie : 953.
Soubachitch, homme politique yougoslave : 466.
Soucadaux (Jean) [né en 1904], administrateur colonial : 925.
Soudan : 117, 146-147, 152, 458, 644, 886, 912, 928, 935, 936.
Soueïda, Syrie : 173-174, 282.

Soufflet (Jacques) [1912-1990], officier puis parlementaire : 107.
Souk el-Khemis, Algérie : 953.
Soumman, oued d'Algérie : 979.
Souphanouvong (prince) [né en 1909], homme politique laotien : 1112.
Souques, intendant général à Brazzaville : 97.
Souslaparov, général soviétique : 763.
Sousse, Tunisie : 362.
Soustelle (Jacques) [1912-1990], ethnologue et homme politique : 89, 215, 239, 276, 352, 363, 430, 435, 847, 861, 870, 893, 898, 903, 921, 952, 969, 1122, 1165.
Southampton, Grande-Bretagne : 125.
Souvanna Phouma (prince) [1901-1984], homme politique laotien : 1105, 1111, 1112.
Spaak (Paul-Henri) [1899-1972], homme politique belge : 103, 212, 707, 713, 808, 1050, 1053, 1054.
Spaatz (Carl) [1891- ?], général d'aviation américain : 267, 763.
Spears (Sir Edward) [1886-1974], général britannique : 61, 71, 77, 87-88, 103, 111-112, 128, 144, 154, 155, 174, 179, 204, 284, 287, 461-463, 492, 773.
Spears (Mme), épouse du général Spears : 161, 284, 287.
Spellman (Mgr Joseph Francis) [1889- ?], archevêque de New York : 357, 358.
Spire, Allemagne : 739-742.
Spitzberg, archipel norvégien : 197.
Spolète (Aymon, duc de —, puis duc d'Aoste) [1900-1948], un temps roi de Croatie sous le nom de Tomislav II : 213.
Spoutnik : 1085.
Staël (Germaine Necker, Mme de) [1766-1817] : 1032.
Stafford, Grande-Bretagne : 216.
Stains, Seine-Saint-Denis : 6, 578.

STALINE (Joseph Vissarionovitch Djougatchvili dit) [1879-1953] : 26, 30, 196, 214, 215, 220, 292, 315, 398, 463, 466-470, 526, 634, 636, 639, 640, 647-665, 667, 673, 771, 786, 787, 789, 791, 1066, 1079, 1081, 1082.
Stalingrad : 265, 646.
Stamboul. Voir Istanbul.
STANCZYK, homme politique polonais : 789.
STARK (Harold R.), amiral américain : 267, 270, 271, 308, 314, 336, 350, 351, 354.
State Department. Voir Département d'État américain.
STAUB (Dr), Français Libre au Congo-Léopoldville : 66.
STEFFAN (Dr), président de la Hesse-Nassau : 805.
STETTINIUS (Edward Reilly) [1900-1949], homme politique américain : 184.
STOCKDALE (Sir Edmund) : 1089.
Stockholm : 631, 761.
STOHR (Mgr), évêque de Mayence : 805.
STRANG (William), diplomate britannique : 141, 293.
Strasbourg : 22, 195, 439, 449, 521, 547, 573, 613, 614, 719, 722-725, 729-734, 736, 738, 754, 806-807, 907, 987, 1041, 1182.
Strasbourg, cuirassé : 313.
Stura, rivière du Piémont : 749.
Stuttgart : 740, 741, 754-757, 792, 793.
SUAREZ (Georges) [mort en 1944], historien : 226.
Sud-Est : 547, 578.
Sud-Ouest : 428, 544, 578, 599, 602, 611.
Sudètes : 213, 467.
SUDRE (Aimé) [1890-1980], général : 42, 728, 755.
SUDREAU (Pierre) [né en 1919], homme politique : 903, 1122, 1158, 1196.
Suède, Suédois : 453, 463, 563.
Suez, Égypte : 92, 138, 153.

Suez (canal et crise de) : 145, 152, 246, 279, 773, 888, 1112, 1114.
Suffren, croiseur : 150, 394, 511, 814.
SUHARD (Mgr Emmanuel) [1874-1949], cardinal archevêque de Paris : 576, 608, 838.
Suippes (camp de), Marne : 15.
Suisse : 453, 520, 613, 622, 698, 708, 807, 808, 931, 965, 1023, 1045.
Sumatra : 463.
Surcouf, sous-marin : 127, 185, 186, 191, 243.
Surprise, frégate : 245.
SUSINI (Jean-Jacques), dirigeant de l'O.A.S. : 959, 985, 992, 993.
Swansea, Grande-Bretagne : 125.
Sydney : 140, 244.
Syracuse : 400, 405, 538.
Syrie, Syriens : 136, 138, 146, 149-180, 193, 202-204, 208, 209, 211, 219, 226, 249-255, 269, 279-291, 294, 297, 305, 457, 459, 644, 674, 675, 697, 768-773, 779, 781-783, 835, 867, 868.
Syrte (golfe de), Méditerranée : 325.

Tabarca, Tunisie : 362.
Tabriz, Iran : 254.
Tahiti : 140, 188, 190.
Taht-Khé, Tonkin : 752.
Takrouna, Tunisie : 362.
TAMARA (Sonia), journaliste américaine : 492.
Tamentout (col de), Algérie : 953.
Tamise : 88.
Tananarive (*auj*. Antananarivo), Madagascar : 93, 206, 294, 297, 299, 320, 375, 934, 968.
Tanger : 225, 472, 811.
TANGUY-PRIGENT (François) [1909-1970], homme politique : 591, 605, 710, 714, 839, 861.
Tarbes : 601.
TARDIEU (André) [1876-1945], homme politique : 7.

Tardy (Mgr), évêque de Libreville : 120.
Tarn : 547, 615, 1136.
Tarn-et-Garonne : 615, 1136.
Tass (agence) : 645.
Taurus, massif montagneux de Turquie : 294.
Tavaux, Jura : 619.
Tchad : 30, 94, 95, 103, 114-115, 122, 136-137, 146, 155, 158, 183, 184, 192, 249-251, 276, 281, 325, 326, 333, 362, 572, 912, 925, 935, 937, 938, 967.
Tchad (lac) : 294.
Tchang Kaï-chek [1887-1975] : 190, 292, 502, 548, 751, 789, 800, 815.
Tchécoslovaquie, Tchécoslovaques : 10, 22, 25, 84, 85, 212, 213, 300, 451, 466, 467, 492, 633, 648, 671, 758, 760, 1028, 1031, 1066.
Tcherniakhovsky (Ivan Danilovitch) [1906-1945], maréchal soviétique : 758.
Tchoung-King, capitale de la Chine nationaliste : 140, 190, 453, 548, 549, 673, 786, 812, 815.
Te Deum : 738, 838.
Tebessa, massif en Algérie et en Tunisie : 322, 362, 942, 960.
Tedder (Arthur) [1890-1967], maréchal britannique : 249, 278, 288, 525, 720, 763.
Téhéran : 89, 289, 463, 464, 467, 477, 520, 644, 666.
Téhéran (conférence de) [28 novembre-2 décembre 1943) : 463, 787, 788, 803.
Teisseire (Jean) [né en 1917], officier : 986.
Teitgen (Pierre-Henri) [1908-1997], homme politique : 236, 591, 690, 691, 710, 847, 861, 870.
Tel-Aviv : 1114.
Tel-Kotchek, Syrie : 155.
Telergma, Algérie : 960.
Témoignage chrétien, revue : 700.
Tempête, torpilleur : 407.

Temps (Le), quotidien : 17
Temps présent, revue : 700.
Tende, Alpes-Maritimes : 455, 747, 748, 766, 767, 769.
Tenezara, Algérie : 960.
Ter Porten, général néerlandais : 212.
Terrasson, Dordogne : 541.
Terre (La), hebdomadaire : 700.
Terré (Hélène), capitaine commandant la Compagnie des volontaires françaises : 242.
Terre-Neuve, Canada : 185, 244, 247, 803.
Terrenoire (Louis) [1908-1992], homme politique : 953, 1122.
Terrible, croiseur : 407, 511, 540, 598.
Teschen ou Cieszyn, Pologne : 213, 467.
Têtu (Marcel), général : 98, 118-120.
Teyssot (Léon), membre du Cabinet du Général : 365, 486, 493, 499.
Thabor (mont), frontière franco-italienne : 747.
Thaïlande, Thaïlandais : 1110, 1111. Voir aussi Siam.
Thairé, Charente-Maritime : 746.
Thann, Haut-Rhin : 725, 728.
Thémoin, animateur de l'Alliance française à Londres : 240.
Thiers (Adolphe) [1797-1877] : 64.
Thomas (Eugène) [1903-1969], homme politique : 847, 903, 1006.
Thomas (Yeo), officier britannique : 353.
Thompson (Dorothy), journaliste américaine : 492.
Thorez (Maurice) [1900-1964] : 413, 649-650, 686, 687, 859, 861, 862, 870, 871.
Tiaret, Algérie : 953.
Tigre, fleuve d'Asie : 1112.
Tigre, torpilleur : 511.
Tillon (Charles) [1897-1996], homme politique : 591, 709, 718, 861, 863.

Times (The), quotidien britannique : 216, 804.
Timone (château de la), Vaucluse : 626.
Tindouf, Algérie : 967.
Tirana : 788.
Tirpitz, cuirassé allemand : 538.
TISSERANT (Mgr Eugène) [1884-1972], cardinal : 496, 498.
TISSIER (Pierre), président du Comité du contentieux à Alger : 384.
TISSIER (Raymond) [né en 1906], officier : 78, 87, 144.
TISZO (Mgr) [1887-1947], homme politique tchécoslovaque : 467.
TITO (Josip Broz, dit) [1892-1980] : 213, 455, 465, 466, 673.
TIXIER (Adrien) [1893-1946], homme politique : 184, 187, 188, 311, 314, 336, 350, 351, 374, 412, 438, 591, 604, 617, 693, 709, 715, 861.
Tizi-Hibel, Algérie : 942.
Tizi-Ouzou, Algérie : 942, 960.
Tlemcen, Algérie : 923, 960, 972, 974.
Tobrouk, Libye : 135, 148, 201, 244, 260, 324, 1070.
Togo : 158, 295, 349, 912, 935, 937, 938.
Tohu-bohu : 838.
Tôkyô : 89, 140, 749, 813, 814, 1061.
TOLBOUKINE (Fedor Ivanovitch) [1894-1949], maréchal soviétique : 649, 758.
TOLLET (André), membre du Conseil national de la Libération : 569, 570, 572.
TOMBALBAYE (François N'Garta) [1918-1975], président du Tchad : 938.
Tonkin : 226, 749, 751, 800, 812, 815, 816, 1066.
Torgau, Allemagne : 758.
Toronto : 1093.
TORRÈS (Henry) [1891-1966], avocat, parlementaire : 349, 505.
Touamotou (archipel de), Polynésie française : 188, 192.

TOUCHON (Robert) [1878-1960], général : 34.
Toulon : 95, 104, 105, 111, 113, 247, 272, 276, 308, 312, 327, 332, 548, 550, 578, 588, 598, 610-612.
Toulouse : 351, 439, 547, 588, 599, 600, 615.
TOUNY, officier, dirigeant de l'O.C.M. : 231, 433.
Touraine : 518, 547, 603, 940, 1009.
TOURÉ (Sékou) [1922-1984], homme politique guinéen : 926-928.
Tours : 60, 67.
TOURTET [mort en 1945], officier : 392, 393.
Tourville, croiseur : 150, 511.
Toussus-le-Noble, Seine-et-Oise : 564.
Toutée (commission) : 1192.
Transjordanie : 180, 279, 280, 291, 458, 770, 867.
Transvaal : 280.
Trappes, Seine-et-Oise : 564.
TRAUB, amiral : 65.
Trayas (Le), Var : 322, 550.
Tréveneuc (loi) [1872] : 360.
Trèves : 7, 740, 793, 805, 1182.
TRIBOULET (Raymond) [né en 1906], homme politique : 494, 1122, 1174.
TRICOT (Bernard) [né en 1920], conseiller d'État : 953, 992, 1140.
Trieste : 455, 803.
TRIFUNOVITCH, homme politique yougoslave : 213.
Trinidad, île des Antilles : 391, 1070.
Triomphant, croiseur léger : 190, 239, 511, 814.
Tripoli, Liban : 145, 172, 177, 283, 284.
Tripoli, Libye : 250, 251, 295, 325, 369, 640.
Tripolitaine, province de Libye : 148, 244, 250, 251, 253, 295, 322, 325, 326, 456, 803.
Trombe, torpilleur : 511.

Trouville, croiseur : 394.
Troyes : 606.
TRUELLE (Jacques), diplomate : 453.
TRUMAN (Harry S.) [1884-1972] : 757, 763, 767-769, 787-789, 791, 793-800, 813.
TRYGVE LIE, homme politique norvégien : 212, 463.
TSIEN TAI, diplomate chinois : 816.
TSIRANANA (Philibert) [1912-1978], homme politique malgache : 925, 938.
TSOUDEROS, homme politique grec : 213, 464.
Tübingen : 793.
TULASNE (Jean-Louis) [1912-1943], officier aviateur : 249.
Tulle, Corrèze : 547.
Tunis : 136, 158, 226, 307, 308, 323, 362, 363, 375, 429, 466, 477, 594, 666, 809-811, 889, 956, 957, 965, 982, 983, 992.
Tunisie : 30, 74, 92, 132, 145, 158, 251, 269, 273, 295, 303, 305, 322, 324-326, 328, 345, 350, 355, 361-363, 373, 375, 385-387, 390, 398, 404, 436, 450, 455, 476, 508, 511, 519, 536, 618, 621, 666, 696, 809, 810, 835, 890, 912, 913, 915, 922, 924, 950, 964-968, 982, 983.
TURENNE (Henri de La Tour d'Auvergne, vicomte de) [1611-1675] : 575.
Turin : 508, 749, 1053.
Turquant, Maine-et-Loire : 977.
Turquie, Turcs : 146, 161, 164, 180, 203, 265, 291, 453, 520, 1082.
TUTENGES, officier de renseignements : 548.
Tyr, Liban : 157.
Tyrol : 758, 791.
TYRRELL (Lord), dirigeant des Amis des volontaires français, à Londres : 240.

Ubaye (vallée de l') : 747.
ULBRICHT (Walter) [1893-1973], homme politique allemand : 1080.
Ulm, Bade-Wurtemberg : 755, 756.
UMBERTO II [1904-1983], roi d'Italie : 457, 495.
Umberto (fort), Érythrée : 148.
Un seul combat ; un seul chef, ouvrage de H. Frenay, E. d'Astier de La Vigerie et J.-P. Lévy : 236.
Une invasion est-elle encore possible ?, ouvrage de Chauvineau : 19.
Union démocratique de la Résistance : 849, 854, 861.
Union démocratique du travail (U.D.T.) : 1171.
Union démocratique et socialiste de la Résistance (U.D.S.R.) : 843, 855.
Union des associations d'anciens combattants : 894.
Union européenne : 1053.
Union française : 521, 682, 712, 765, 816, 1120.
Union indochinoise (Tonkin, Annam, Cochinchine, Laos, Cambodge) : 749, 812.
Union pour la nouvelle République (U.N.R.) : 908, 1150, 1165, 1171, 1173, 1174.
Union sud-africaine : 76, 205, 206, 280, 281.
Université libre (L'), revue : 434.
UTILE, général italien : 530, 532.

VACHET, officier : 294.
Vaillant, chalutier armé : 102, 244.
Val-d'Oise : 1203.
Val-de-Marne : 1203.
VALENTIN-SMITH, gouverneur du Gabon : 153.
VALENTINO (Paul), élu de Guadeloupe : 392, 393.
VALERI (Mgr Valerio), nonce apostolique à Paris puis à Vichy : 76, 496, 630-631.
Valérien (mont) : 302, 626, 858, 1078.
VALÉRY (Paul) [1871-1945] : 11.
VALIN (Martial) [1898- ?], général : 145, 170, 221, 248, 374, 396, 528, 572, 718.

VALLERY-RADOT (Louis-Pasteur). Voir PASTEUR VALLERY-RADOT (Louis).
VALLETTE d'OZIA (Jean), général : 518, 617.
VALLIN (Charles) [1903-1948], parlementaire : 237, 303.
VALLON (Louis) [1908-1981], parlementaire : 131, 420.
Vallorbe, Suisse : 698.
VALLUY (Jean) [1899-1970], général : 755.
VAN ACKER (Achille) [1898-?], homme politique belge : 808.
VAN CAUWELAERT, homme politique belge : 808.
VAN HECKE, personnalité algéroise : 306.
VAN HECKE ou VANHECKE (Jean), officier : 363.
VAN KLEFFENS, homme politique néerlandais : 212, 463, 713.
VAN ROEY (Mgr), cardinal primat de Belgique : 808.
VAN WIJK, diplomate néerlandais : 463.
VANDEMEULEBROEK, bourgmestre de Bruxelles : 808.
VANIER (Georges) [1888-1967], général et diplomate canadien : 76, 471, 505, 713, 802, 1090.
Vannes : 839.
VANSITTART (Sir Robert), diplomate britannique : 66, 141.
Var : 1136.
Var, pétrolier : 390.
Varsovie : 16, 23, 214, 468, 469, 470, 651, 652, 673, 788, 789.
Varsovie (pacte de) : 1110.
Vassieux, Drôme : 546.
VATERRODT (von), général allemand : 723.
Vathiménil, Meurthe-et-Moselle : 621.
Vatican : 496-498, 630, 631, 1049, 1061.
Vaucluse : 626.
VAUDREUIL, préfet : 602.
VAUTRIN (Jean-Émile), officier : 352.

VAUX (baron de), personnalité du Caire : 279.
VAUX-SAINT-CYR (de), représentant du C.F.L.N. en Suède : 453.
Vendeuvre, Aube : 606.
VENDROUX (Jacques) [1897-1988], beau-frère du Général, parlementaire : 437, 841, 1125.
VENIZELOS (Sophocles) [1894-1964], homme politique grec : 464.
VENTEJOL (Gabriel) [né en 1919], syndicaliste : 1129.
Vénus, sous-marin : 313.
Vercheny, Drôme : 542.
VERCORS (Jean Bruller, dit) [1902-1991] : 434.
Vercors (maquis et combats du) : 545, 546, 591, 747.
VERDIER, commissaire de la République : 440.
VERDILHAC (Joseph Antoine de) [1883-1963], général : 152, 165, 167.
Verdun : 1078.
VERGÈS (Michel), personnalité de Nouvelle-Calédonie : 106.
VÉRIN, magistrat : 442.
VERNEAU (Jean-Édouard) [1890-1944], général : 229.
VERNEJOUL (de), général : 527, 550, 737.
Vers l'armée de métier, ouvrage de Charles de Gaulle : 10, 15.
Vers l'armée de métier ?, article de Léon Blum dans *Le Populaire* : 19.
Versailles : 6, 564, 580, 841, 888, 1064, 1078, 1104.
Versailles (gouvernement et assemblée de) [1871] : 583.
Versailles (traité de) [28 juin 1919] : 15, 22, 759, 760, 1027.
VÉSINET (Adolphe) [1906-1996], général : 960, 970, 973.
Vésinet (Le), Yvelines : 34.
Vesoul : 613.
Vichy : 75-77, 80, 81, 83-86, 89, 93-95, 98-99, 104-106, 109, 111-113, 116, 118-122, 124-

125, 127, 129-130, 135-136, 139-141, 144-147, 150-176, 182, 185, 190, 195, 196, 205-211, 217, 223, 225-227, 229, 230, 233, 241, 261, 266, 271, 273, 274, 282, 286, 288, 292, 295, 299, 301, 303, 305-313, 316, 318-321, 323, 329, 332, 338, 339, 343-345, 351, 355, 356, 361, 367, 369, 376, 384-386, 391, 393, 397, 399, 409, 417, 422-424, 428, 430, 432, 434, 439, 441, 442, 445, 446, 451, 478, 479, 496, 508, 515, 516, 521, 526, 549, 552, 554, 557, 560, 561, 570, 576, 581, 582, 595, 597, 599, 603, 608, 615, 616, 627, 630, 677, 681, 693, 695, 697, 698, 706, 726, 749, 750, 828, 835-837, 843, 844, 846, 850, 854, 866, 870, 884, 941, 947, 1028, 1125, 1127, 1157.

VICHYNSKY. Voir VYCHINSKI.
VICTOR EMMANUEL III [1869-1947], roi d'Italie : 400, 425, 456, 495.
VICTOR, représentant de la France Libre à Dehli : 89, 140.
VICTORIA [1819-1901], reine d'Angleterre : 1071.
Victoria, Cameroun : 97.
Vienne (département) : 602.
Vienne, Autriche : 16, 23, 25, 315, 463, 649, 742, 754, 758, 791, 1104.
VIÉNOT (Pierre) [1897-1944], homme politique : 237, 277, 352, 397, 452, 480, 481, 484, 486, 490, 491, 493, 495, 507, 591.
Viêt-minh : 814, 815.
Viêt-nam : 816, 950, 984, 1112, 1209.
Viêt-nam du Nord : 913.
Viêt-nam du Sud : 913, 1060, 1105.
Vieux-Brisach : 756.
VIGIER (Jean Touzet du) [1888-1980], général : 527, 550, 611, 721, 730, 732, 807.

VIGNES, représentant officieux de la France Libre à Tôkyô : 140.
Viking, chalutier patrouilleur : 244.
Vilis, tribu congolaise : 295.
Villacoublay, Seine-et-Oise : 993.
Ville-d'Oran, transport : 350.
Villedieu-les-Poêles, Manche : 839.
Villers-Cotterêts, Aisne : 40.
Villers-sur-Mareuil, Somme : 41, 42.
Villeurbanne : 596.
VILLIERS (Georges) [1899-?], président du C.N.P.F. : 1130.
VILLON (Pierre), pseudonyme de Roger Gintzburger, membre du C.O.M.A.C. : 555.
VILLOUTREYS (de), officier : 161.
Vimy, Pas-de-Calais : 1093.
Vincennes : 715, 969.
Vincennes (château de) : 32, 626.
Vinh, Tonkin : 752.
VINOGRADOV (Serguei), diplomate soviétique : 1061, 1078, 1098.
Vintimille : 766, 767, 769.
Vistule, fleuve de Pologne : 23, 27, 450, 464, 468, 502, 633, 638, 667, 743, 1071, 1094.
Vitry-sur-Seine : 626.
Vittel : 621, 730, 732.
VITTETI (Leonardo), diplomate italien : 1061.
VITTORI, résistant en Corse : 403, 404.
Vizille, Isère : 424, 425.
VLASSOV (Andreï Andreievitch) [1900-1946], général soviétique rallié aux Allemands : 600.
VÔ NGUYÊN GIAP [né en 1912], général vietnamien : 815.
Voix de la France (La) : 349.
Voix du Nord (La), mouvement de résistance : 231, 302.
Voix du Nord (La), journal : 700.
VOIZARD (Pierre), officier : 496.
Volga : 1071.
Vorarlberg, Autriche : 758.
Vorges, Laonnais : 38.
VOROCHILOV (Clement Efremovitch) [1881-1969], maréchal soviétique : 661.

Voronov (Nicolaï) [1899-?], maréchal soviétique : 661.
Vosges : 513, 587, 610, 619, 622, 721-733, 737, 820, 1136.
Voyer, Meurthe-et-Moselle : 722.
Vuillemin, officier de marine : 79.
Vuillemin (Joseph) [1883-1963], général : 58, 366.
Vychinski (Andreï Ianouarievitch) [1883-1954], dirigeant soviétique : 198, 454, 474, 763.

Wagner (Robert), maire de New York : 1096.
Wake, atoll du Pacifique : 190.
Waldeck-Rochet. Voir Rochet (Waldeck).
Wallace (Henry) [1888-1965], homme politique américain : 501.
Wallis et Futuna, Océanie : 244, 912.
Walney, escorteur britannique : 308.
Wangenbourg, Bas-Rhin : 27, 30.
Washington (George) [1732-1799] : 501.
Washington : 53, 111, 117, 124, 140, 158, 162, 181-188, 191-194, 199, 201, 207, 210, 267-269, 288, 292, 300, 302, 311, 314, 317, 321, 328, 335, 336, 348, 350-352, 355, 359, 364, 379-383, 393, 394, 397, 399, 401, 424, 444, 450-452, 456, 462, 466, 468, 471, 472, 475, 476, 481-483, 485, 487, 489, 491, 492, 495, 498, 499, 501, 502, 504, 507, 520, 524, 532, 549, 552, 559, 565, 588, 591, 618, 630, 639, 640, 653, 654, 668-670, 673, 675, 707, 718, 752, 753, 762, 763, 767, 785, 786, 789, 793-800, 813, 814, 816, 866, 886, 888, 1026, 1027, 1049, 1055, 1059, 1060, 1061, 1065, 1066, 1069, 1075, 1077, 1080, 1091, 1093, 1094, 1097, 1104, 1107, 1108, 1205.
Wavell (Archibald Percival, comte) [1883-1950], maréchal britannique : 96, 135-138, 148, 149, 152-157, 162, 165.
Wedermeyer, général américain : 800.
Wehrmacht : 16, 23, 135, 153, 213, 268, 275, 290, 424, 468, 514, 542, 618, 697, 739, 761, 830.
Weiss, général : 442.
Welles (Sumner) [1892-1961], homme politique américain : 184, 314, 336, 351.
Welvert (Marie-Joseph) [1884-1943], général : 322, 362.
Wendel (Mgr Joseph) [1901-1960], évêque de Neustadt : 806.
Werner (Pierre) [né en 1913], homme politique luxembourgeois : 1051, 1052.
Wesel, Rhénanie-Westphalie : 736, 741.
Weser, fleuve d'Allemagne : 754.
West Point (école militaire de), États-Unis d'Amérique : 800.
Westerland, paquebot néerlandais : 102-104, 107-108.
Westphalie : 797.
Weygand (Maxime) [1867-1965] : 18-20, 39, 44-49, 54-60, 62, 64, 73, 75, 121-122, 151, 158, 182, 226, 250, 273, 274, 310, 312, 359, 456, 581, 609, 947.
Widmer (Guillaume) [1906-1971], administrateur : 793.
Wiese, général allemand : 614.
Wietzel (Roger) [1896-?], officier de marine : 78, 246, 539.
Wigny, homme politique belge : 1052.
Wichita, croiseur américain : 308.
Wilbur, général américain : 338, 346.
Wilhelmine [1880-1962], reine des Pays-Bas : 212.
Wilkie (Wendell), homme politique américain : 292.
Williams, officier britannique : 78.

WILSON (Edwin), diplomate américain : 472, 473, 496, 499, 523-526, 630.
WILSON (Henry Maitland, baron) [1881-1964], général britannique : 157, 165, 172-175, 179, 204, 522, 525, 531-533, 537.
WINANT (John), diplomate américain : 270, 272, 287, 359.
Wissembourg, Bas-Rhin : 730, 731, 737.
WITOS, homme politique polonais : 789.
Witternheim, Haut-Rhin : 727.
WOHLEB (Dr), président du pays de Bade : 806.
Worms, Palatinat : 740, 741.
Wouri, fleuve du Cameroun : 113.
Wurtemberg : 739, 740, 754-756, 791, 793, 804, 806.
WYBOT (Roger), pseudonyme du lieutenant Warin, membre du B.C.R.A. : 131.
Wyoming, navire ravitailleur : 350.

YACKOVLEV, ingénieur soviétique : 661.
Yalta (conférence de) [4-11 février 1945] : 667-668, 671-676, 691, 771, 781, 785-789, 794, 803, 866, 1054, 1079.
YAMEOGO (Maurice), homme politique de Haute-Volta : 938.
Yaoundé, capitale du Cameroun : 96, 97, 115, 153.
YBARNEGARAY (Jean) [1883-1956], homme politique : 63, 226.
Yeu (île d') : 836.
Yokohama : 813.
Yonne : 615, 1136.
Yougoslavie, Yougoslaves : 138, 153, 265, 269, 455, 463, 465, 492, 520, 614, 636, 653, 673, 674, 759, 1066.
YOULOU (abbé Fulbert) [1917-1972], président du Congo : 925, 938.
YOVANOVITCH, homme politique yougoslave : 213.
Yunnan, Chine : 548, 753.
Yvelines : 1203.

Zaïre. Voir Congo-Léopoldville.
ZALESKI (Auguste), homme politique polonais : 103, 214.
Zarifete, Algérie : 953.
Zarzis, Tunisie : 362.
ZAY (Jean) [1904-1944], homme politique : 560.
Zeddine, Algérie : 960.
ZELLER (André) [1898-1979], général : 971, 975, 976.
ZELLER (Henry) [1896- ?], officier : 432, 547, 548.
Zeralda (camp de), Algérie : 953, 975.
Zinder, Niger : 294, 325, 448.
ZNAÏM, officier syrien : 291.
ZOG ou ZOGU Ier [1895-1961], roi d'Albanie : 84.
Zone occupée (zone Nord) : 231, 232, 234, 235, 237, 363.
Zone Sud : 230, 234-236, 311, 316, 355, 363, 420, 428, 516, 701.
Zouar, Lybie : 294.
Zurich : 761.

TABLE

Introduction	IX
« Un écrivain nommé Charles de Gaulle »	LXV
Chronologie	XCIII
Note sur les variantes	CXXXI
Note sur la présente édition	CXXXVII

MÉMOIRES DE GUERRE

L'APPEL (1940-1942)

La Pente	5
La Chute	46
La France Libre	71
L'Afrique	91
Londres	123
L'Orient	145
Les Alliés	182
La France Combattante	219

L'UNITÉ (1942-1944)

Intermède	265
Tragédie	304
Comédie	333
Alger	365
Politique	411
Diplomatie	449

Combat	507
Paris	551

LE SALUT (1944-1946)

La Libération	587
Le Rang	629
L'Ordre	677
La Victoire	717
Discordances	765
Désunion	818
Départ	857

MÉMOIRES D'ESPOIR

LE RENOUVEAU (1958-1962)

Les Institutions	881
L'Outre-mer	910
L'Algérie	951
L'Économie	994
L'Europe	1022
Le Monde	1054
Le Chef de l'État	1117

L'EFFORT (1962-...)

Note de l'éditeur	1146
Chapitre premier	1147
Chapitre 2	1175

Appendices

Appel du général de Gaulle aux Français (18 juin 1940)	1213
Note manuscrite et personnelle remise par le général de Gaulle à MM. Pleven, Diethelm, Coulet (18 mars 1942)	1214
Déclaration du général de Gaulle publiée en France dans les journaux clandestins (23 juin 1942)	1214
Télégramme du général de Gaulle à R. Pleven et M. Dejean, à Londres (27 août 1942)	1216
Lettre du général de Gaulle au président F. D. Roosevelt, à Washington (26 octobre 1942)	1217
Note établie par le Cabinet du général de Gaulle au sujet de l'entretien du général de Gaulle et du général Eisenhower (30 décembre 1943)	1222

Télégramme du général de Gaulle au général de Lattre (3 janvier [1945]) — 1225
Déclaration faite par le général de Gaulle à l'Assemblée constituante (1ᵉʳ janvier 1946) — 1225

NOTICES, NOTES ET VARIANTES

MÉMOIRES DE GUERRE

Notice — 1229

Notes et variantes — 1234

    L'APPEL — 1234

    L'UNITÉ — 1267

    LE SALUT — 1320

MÉMOIRES D'ESPOIR

Notice — 1359

Notes et variantes — 1364

    LE RENOUVEAU — 1364

    L'EFFORT — 1402

Appendices

  Notes — 1409

Cartes — 1411

Bibliographie — 1417

Index — 1423

*Ce volume, portant le numéro
quatre cent soixante-cinq
de la « Bibliothèque de la Pléiade »
publiée aux Éditions Gallimard,
a été mis en page par CMB Graphic
à Saint-Herblain,
et achevé d'imprimer
sur Bible des Papeteries Bolloré Technologies
le 14 mars 2000
par Aubin Imprimeur
à Ligugé,
et relié en pleine peau,
dorée à l'or fin 23 carats,
par Babouot à Lagny.*

ISBN : 2-07-011583-6.

*N° d'édition : 84703 - N° d'impression : L 59531.
Dépôt légal : mars 2000.
Imprimé en France.*